D1755646

Korintenberg/Lappe/Bengel/Reimann

Kostenordnung

Kostenordnung

Gesetz über die Kosten in Angelegenheiten
der freiwilligen Gerichtsbarkeit

Kommentar

Begründet von

Werner Korintenberg

17. Auflage von

Professor Friedrich Lappe
Berlin

Professor Dr. Manfred Bengel
Notar in Fürth/Bayern
Honorarprofessor an der Universität
Erlangen-Nürnberg

Professor Dr. Wolfgang Reimann
Notar in Passau
Honorarprofessor an der Universität
Regensburg

Heinrich Hellstab
Regierungsdirektor
in Berlin/Leipzig

Dr. Henning Schwarz
LL. M. (Georgetown Univ.)
Notar in Passau

Werner Tiedtke
Notariatsoberrat in München

Verlag Franz Vahlen München 2008

Zitiervorschlag: Korintenberg/Bearbeiter § ... Rn. ...
Beispiel: Korintenberg/Lappe § 8 Rn. 10

Verlag Franz Vahlen im Internet:
www.beck.de

ISBN 978 3 8006 3503 0

© 2008 Verlag Franz Vahlen GmbH
Wilhelmstraße 9, 80801 München
Satz und Druck: Druckerei C. H. Beck Nördlingen
(Adresse wie Verlag)

Gedruckt auf säurefreiem, alterungsbeständigem Papier
(hergestellt aus chlorfrei gebleichtem Zellstoff)

Vorwort

Der Rechtsstand hat sich gegenüber der Vorauflage wesentlich geändert, insbesondere durch das Justizkommunikationsgesetz vom 22. 3. 2005, das Gesetz über das elektronische Handels- und Unternehmensregister (EHUG) vom 10. 11. 2006, das 2. Justizmodernisierungsgesetz vom 22. 12. 2006, das Gesetz zur Neuregelung des Rechtsberatungsrechts vom 12. 12. 2007 und das Gesetz zur Änderung des Unterhaltsrechts vom 21. 12. 2007. Sie lassen einen Nachdruck nicht mehr zu, auch weil die elektronischen Gebühren- und Auslagentatbestände neue Fragen aufwerfen.

Zwar stehen weitere Änderungen bevor: Reform der freiwilligen Gerichtsbarkeit und „Modernisierung" der Kostenordnung über ein Kostenverzeichnis. Zur ersten gibt es bereits einen Regierungsentwurf, die zweite wird durch eine Kommission vorbereitet; Inkrafttreten – so hört man – frühestens Mitte der nächsten Legislaturperiode; bis dahin „geht es nicht ohne Neuauflage". Als Besonderheit weist ihre Kommentierung auf die FGG-Pläne der Bundesregierung hin, sie mögen Vorwirkung erzeugen.

Aber nicht nur die Gesetzgebung bedarf der Berücksichtigung, auch die Rechtsprechung bringt Neues. Zu nennen ist vor allem die des Bundesgerichtshofs in Notarkostensachen. Wenngleich sie mehr Kritik als Beifall gefunden hat, kommt die Rechtspraxis an ihr nicht vorbei, sie erzwingt also ebenfalls die vorliegende Neuauflage. Erst recht gilt das für die Entscheidung des Bundesverfassungsgerichts zum Vormundschafts-, Pflegschafts- und Betreuungswert, weil ihr über den konkreten Fall hinaus Bedeutung zukommt.

Aus dem Vorwort der 14. Auflage wiederholen wir, was heute mehr denn je richtig ist. Inhaltlich spitzen sich viele Probleme auf die Alternative: juristische oder wirtschaftliche Lösung zu. Hier tut sich bereits der Gesetzgeber schwer, und die Gerichte geben durchweg der begrifflichen, weil „leichteren" Argumentation den Vorzug. Dagegen ist mit Gleichheit und Verhältnismäßigkeit schwer anzukommen, was heißen soll, dass wir nicht jede Entscheidung billigen, die wir zitieren. Die Praxis strebt gerade bei der Kostenberechnung eine effiziente Arbeit an. Die dafür gewünschten „einfachen und klaren Antworten" können wir angesichts der Komplexität der Materie und der andauernden Divergenzen nicht geben. Als generelle Lösungsbasis bieten wir die der Kommentierung vorangestellte Einführung an: „allgemeines Kostenrecht".

Die vorliegende 17. Auflage hat den Rechtsstand vom Dezember 2007. Wir hoffen, dass sie wiederum vielen hilft, bei den Kosten der freiwilligen Gerichtsbarkeit „zu Recht zu kommen". Kritik und Verbesserungsvorschläge sind erwünscht (über den Verlag Franz Vahlen, Postfach 40 03 40, 80703 München; Fax 0 89/38 18 93 98; E-Mail info@vahlen.de).

Berlin, Fürth, Passau, Januar 2008
                                                  Friedrich Lappe
                                                  Manfred Bengel
                                               Wolfgang Reimann

Im Einzelnen haben bearbeitet:

Einl. I–IV	Wolfgang Reimann
Einl. V	Friedrich Lappe
§§ 1–10	Friedrich Lappe
§ 11	Heinrich Hellstab
§§ 12–15	Friedrich Lappe
§ 16	Manfred Bengel/Werner Tiedtke
§ 17	Friedrich Lappe
§ 18	Henning Schwarz
§§ 19, 20	Manfred Bengel/Werner Tiedtke
§§ 21–25	Henning Schwarz
§§ 26–29	Manfred Bengel/Werner Tiedtke
§ 30	Wolfgang Reimann
§ 31	Friedrich Lappe
§ 31 a	Henning Schwarz
§§ 32–35	Friedrich Lappe
§ 36	Manfred Bengel/Werner Tiedtke
§ 37	Wolfgang Reimann
§ 38	Henning Schwarz
§§ 39–44	Manfred Bengel/Werner Tiedtke
§ 45	Henning Schwarz
§§ 46–55	Wolfgang Reimann
§§ 55 a–59	Henning Schwarz
§§ 60–120	Friedrich Lappe
§ 121	Heinrich Hellstab
§§ 122–132	Friedrich Lappe
§ 133	Henning Schwarz
§§ 134–139	Friedrich Lappe
§§ 140–143	Manfred Bengel/Werner Tiedtke
§ 144	Henning Schwarz
§§ 145–147	Manfred Bengel/Werner Tiedtke
§§ 148–152	Wolfgang Reimann
§ 153	Henning Schwarz
§§ 154–157	Manfred Bengel/Werner Tiedtke
§§ 157 a–164	Friedrich Lappe
Anhang A	Friedrich Lappe
Anhang B I	Heinrich Hellstab
Anhang B II	Werner Tiedtke
Anhang C–D IV	Heinrich Hellstab
Anhang D V	Werner Tiedtke
Anhang E	Friedrich Lappe
Sachverzeichnis Gerichtskosten	Heinrich Hellstab
Sachverzeichnis Notarkosten	Sigmar Harreiter

Inhaltsverzeichnis

Vorwort V
Bearbeiterverzeichnis VI
Abkürzungen XV

Gesetz über die Kosten in Angelegenheiten der freiwilligen Gerichtsbarkeit (Kostenordnung)

Gesetzestext mit Orientierungshinweisen 1

Kommentar

Einführung 67

Erster Teil. Gerichtskosten

Erster Abschnitt. Allgemeine Vorschriften

1. Geltungsbereich

§ 1	Geltungsbereich	83
§ 1 a	Elektronisches Dokument	85

2. Kostenschuldner

§ 2	Allgemeiner Grundsatz	87
§ 3	Weitere Kostenschuldner	102
§ 4	Gebührenschuldner in besonderen Fällen	110
§ 5	Mehrere Kostenschuldner	110
§ 6	Haftung der Erben	113

3. Fälligkeit

§ 7	....	115

4. Vorauszahlung und Sicherstellung

§ 8	Vorschüsse	117
§ 9	Zurückzahlung von Vorschüssen	123
§ 10	Zurückbehaltungsrecht	124

5. Kostenbefreiungen

§ 11	Allgemeine Vorschriften	129
§ 12	Einschränkungen	134
§ 13	Gebührenfreiheit für einzelne Gesamtschuldner	135

Inhaltsverzeichnis

6. Der Kostenanspruch

§ 14	Kostenansatz, Erinnerung, Beschwerde	138
	Zusatz zu § 14: § 30a EGGVG, Anfechtung von Verwaltungsakten	162
§ 15	Nachforderung	164
§ 16	Nichterhebung von Kosten wegen unrichtiger Sachbehandlung	170
§ 17	Verjährung, Verzinsung	184

7. Geschäftswert

	Vorbemerkungen	191
§ 18	Grundsatz	192
§ 19	Sachen	202
§ 20	Kauf, Vorkaufs- und Wiederkaufsrecht	228
§ 21	Erbbaurecht, Wohnungseigentum, Wohnungserbbaurecht	248
§ 22	Grunddienstbarkeiten	259
§ 23	Pfandrechte und sonstige Sicherheiten, Rangänderungen	262
§ 24	Wiederkehrende Nutzungen oder Leistungen	271
§ 25	Miet- und Pachtrechte, Dienstverträge	289
§§ 26, 26a, 27 *aufgehoben*		292
§ 28	Anmeldungen zum Güterrechtsregister, Eintragungen in das Güterrechtsregister, Eintragungen auf Grund von Eheverträgen	293
§ 29	Sonstige Anmeldungen zu einem Register, Eintragungen in das Vereinsregister, Beurkundung von sonstigen Beschlüssen	293
§ 30	Angelegenheiten ohne bestimmten Geschäftswert, nichtvermögensrechtliche Angelegenheiten	296
§ 31	Festsetzung des Geschäftswerts	322
§ 31a	Auskunftspflicht des Notars	332

8. Volle Gebühr, Rahmengebühren, Nebengeschäfte

§ 32	Volle Gebühr	334
§ 33	Mindestbetrag einer Gebühr	336
§ 34	Rahmengebühren	337
§ 35	Nebengeschäfte	337

Zweiter Abschnitt. Gebühren in Angelegenheiten der freiwilligen Gerichtsbarkeit

1. Beurkundungen und ähnliche Geschäfte

	Vorbemerkungen	341
§ 36	Einseitige Erklärungen und Verträge	342
§ 37	Vertragsangebot	350
§ 38	Besondere Fälle	354
§ 39	Geschäftswert	371
§ 40	Geschäftswert bei zustimmenden Erklärungen	412
§ 41	Geschäftswert bei Vollmachten	417
§ 41a	Geschäftswert bei Anmeldungen zum Handelsregister	426
§ 41b	Geschäftswert bei Anmeldungen zum Partnerschaftsregister	457
§ 41c	Beschlüsse von Organen bestimmter Gesellschaften	459
§ 42	Ergänzung und Änderung beurkundeter Erklärungen	486
§ 43	Anerkennung einer schriftlich abgegebenen Erklärung	494
§ 44	Mehrere Erklärungen in einer Urkunde	495
§ 45	Beglaubigung von Unterschriften	532

Inhaltsverzeichnis

§ 46	Verfügungen von Todes wegen	542
§ 47	Beschlüsse von Gesellschaftsorganen	554
§ 48	Verlosung, Auslosung und Vernichtung von Wertpapieren, Wahlversammlungen	559
§ 49	Eide, eidesstattliche Versicherungen, Vernehmung von Zeugen und Sachverständigen, Augenscheinseinnahmen	561
§ 50	Bescheinigungen, Abmarkungen, Verklarungen, Proteste, Schätzungen	564
§ 51	Wechsel- und Scheckproteste	569
§ 52	Vermögensverzeichnisse, Siegelungen	572
§ 53	Freiwillige Versteigerung von Grundstücken	574
§ 54	Versteigerung von beweglichen Sachen und Rechten	578
§ 55	Beglaubigung von Abschriften	579
§ 55 a	Gebührenfreiheit in Kindschafts- und Unterhaltssachen	581
§ 56	Sicherstellung der Zeit	582
§ 57	Erfolglose Verhandlung	583
§ 58	Geschäfte außerhalb der Gerichtsstelle, an Sonn- und Feiertagen und zur Nachtzeit	585
§ 59	Erklärungen in fremder Sprache	592

2. Grundbuchsachen

	Vorbemerkungen	595
§ 60	Eintragung des Eigentümers	595
§ 61	Eigentumswechsel bei Gemeinschaften zur gesamten Hand	609
§ 62	Eintragung von Belastungen	611
§ 63	Eintragung mehrerer Rechte, Belastung mehrerer Grundstücke	615
§ 64	Eintragung von Veränderungen und Löschungsvormerkungen	620
§ 65	Eintragung von Verfügungsbeschränkungen	632
§ 66	Eintragung von Vormerkungen und Widersprüchen	636
§ 67	Sonstige Eintragungen	639
§ 68	Löschungen und Entlassung aus der Mithaft	645
§ 69	Gebührenfreie Eintragungen und Löschungen, Zwischenverfügungen	648
§ 70	Löschung gegenstandsloser Rechte und Klarstellung der Rangverhältnisse	652
§ 71	Erteilung von Hypotheken-, Grundschuld- oder Rentenschuldbriefen	653
§ 72	Vermerke auf dem Brief	657
§ 73	Ablichtungen und Ausdrucke	658
§ 74	Grundbucheinsicht	660
§ 75	Eintragungsanträge	660
§ 76	Wohnungs- und Teileigentum	661
§ 77	Grundstücksgleiche Rechte	664
§ 78	Bahneinheiten	667

3. Registersachen

	Vorbemerkungen	670
§ 79	Gebühren für Eintragungen in das Handels-, Partnerschafts- oder Genossenschaftsregister	670
§ 79 a	Verordnungsermächtigung	670
	Handelsregistergebührenverordnung	671
§ 80	Eintragungen in das Vereinsregister	689
§ 81	Eintragungen in das Güterrechtsregister	693
§§ 82, 83 *aufgehoben*		693
§ 84	Eintragungen in das Schiffsregister, Schiffsurkunden	693
§ 85	Eintragungen in das Schiffsbauregister	699
§ 86	Anmeldungen und Anträge	700
§ 87	Gebührenfreie Geschäfte des Registergerichts	700

XI

Inhaltsverzeichnis

§ 88	Löschungsverfahren, Auflösungsverfahren	701
§ 89	Ablichtungen und Ausdrucke	703
§ 90	Registereinsicht	706

4. Familienrechtliche Angelegenheiten und Lebenspartnerschaftssachen

	Vorbemerkungen	707
§ 91	Gebührenfreie Tätigkeiten	718
§ 92	Vormundschaft, Dauerbetreuung und Dauerpflegschaft	723
§ 93	Betreuung und Pflegschaft für einzelne Rechtshandlungen	733
§ 93a	Verfahrenspflegschaft	739
§ 94	Einzelne Verrichtungen des Vormundschaftsgerichts und des Familiengerichts	740
§ 95	Weitere Verrichtungen des Vormundschafts- und des Familiengerichts	748
§ 96	Nichterhebung von Auslagen in besonderen Fällen	756
§ 97	Verfügungen des Vormundschaftsgerichts oder des Familiengerichts, die sich nicht auf Minderjährige, Betreute oder Pflegebefohlene beziehen	757
§ 97a	Befreiung vom Eheerfordernis der Volljährigkeit und vom Eheverbot der durch die Annahme als Kind begründeten Verwandtschaft	762
§ 98	Annahme als Kind	763
§ 99	Versorgungsausgleich	765
§ 100	Wohnung, Hausrat	772
§ 100a	Maßnahmen nach dem Gewaltschutzgesetz	775

5. Nachlaß- und Teilungssachen

	Vorbemerkungen	777
§ 101	Verwahrung von Verfügungen von Todes wegen	777
§ 102	Eröffnung einer Verfügung von Todes wegen	779
§ 103	Gemeinsame Vorschriften zu den §§ 101, 102	781
§ 104	Sicherung des Nachlasses	785
§ 105	Ermittlung des Erben	787
§ 106	Nachlaßpflegschaften, Gesamtgutsverwaltung	787
§ 106a	Stundung des Pflichtteilsanspruchs	790
§ 107	Erbschein	791
§ 107a	Erbscheine für bestimmte Zwecke	799
§ 108	Einziehung des Erbscheins	801
§ 109	Andere Zeugnisse	803
§ 110	Feststellung des Erbrechts des Fiskus	805
§ 111	Beschränkte Zeugnisse, Bescheinigungen	806
§ 112	Erklärungen gegenüber dem Nachlaßgericht	807
§ 113	Testamentsvollstrecker	811
§ 114	Nachlaßinventar, Fristbestimmungen	814
§ 115	Gebührenfreie Erledigung in den Fällen der §§ 112 bis 114	816
§ 116	Gerichtliche Vermittlung der Auseinandersetzung	818
§ 117	*aufgehoben*	822

6. Sonstige Angelegenheiten

	Vorbemerkungen	822
§ 118	Genehmigung und Beaufsichtigung von Stiftungen	822
§ 119	Verfahren bei Festsetzung von Zwangs- und Ordnungsgeld	823
§ 120	Ernennung von Sachverständigen, Bestellung eines Verwahrers, Verkauf oder Hinterlegung von Pfändern	828
§ 121	Ernennung und Abberufung von Vorstandsmitgliedern usw.	829
§ 122	Bestellung eines Vertreters des Grundstücks- oder Schiffseigentümers, Zustellung von Willenserklärungen, Kraftloserklärung von Vollmachten	832

§ 123	Dispache	833
§ 124	Eidesstattliche Versicherung	834
§ 125	Verteilungsverfahren bei Enteignungen und dgl.	835
§ 126	Kapitalkreditbeschaffung für landwirtschaftliche Pächter	836
§ 127	Personenstandsangelegenheiten	838
§ 128	Todeserklärung und Feststellung der Todeszeit	839
§ 128a	Änderung der Vornamen und Feststellung der Geschlechtszugehörigkeit in besonderen Fällen	840
§ 128b	Unterbringungssachen	841

7. Ergänzende Gebührenvorschriften für Anträge, Beschwerden usw.

	Vorbemerkungen	843
§ 129	Gesuche, Anträge	844
§ 130	Zurückweisung und Zurücknahme von Anträgen	844
§ 131	Beschwerden, Anrufung des Gerichts gegen Entscheidungen anderer Behörden oder Dienststellen	849
§ 131a	Bestimmte Beschwerden in Familien- und Lebenspartnerschaftssachen	857
§ 131b	Beschwerden in Prozeßkostenhilfesachen	858
§ 131c	Beschwerden in bestimmten Registersachen	861
§ 131d	Rüge wegen Verletzung des Anspruchs auf rechtliches Gehör	862
§ 132	Beglaubigte Ablichtungen oder Ausdrucke	864
§ 133	Vollstreckbare Ausfertigungen	865
§ 134	Vollstreckungshandlungen	871
§ 135	Rechtskraftzeugnisse, Kostenfestsetzung	873

Dritter Abschnitt. Auslagen

	Vorbemerkungen	875
§ 136	Dokumentenpauschale	875
§ 137	Sonstige Auslagen	882
§ 138	*aufgehoben*	890
§ 139	Rechnungsgebühren	890

Zweiter Teil. Kosten der Notare

	Vorbemerkungen	893
§ 140	Verbot der Gebührenvereinbarung	897
§ 141	Anwendung des Ersten Teils	901
§ 142	Entscheidung durch das Amtsgericht in Baden-Württemberg	901
§ 143	Nichtanwendung des Ersten Teils	901
§ 144	Gebührenermäßigung	905
§ 144a	*Besondere Gebührenermäßigung*	921
§ 145	Entwürfe	928
§ 146	Vollzug des Geschäfts	951
§ 147	Sonstige Geschäfte, Nebentätigkeit, gebührenfreie Geschäfte	971
§ 148	Auseinandersetzungen	1010
§ 148a	Vollstreckbarerklärungen und Bescheinigungen in besonderen Fällen	1015
§ 149	Erhebung, Verwahrung und Ablieferung von Geld, Wertpapieren und Kostbarkeiten	1018
§ 150	Bescheinigung	1029
§ 151	Zuziehung eines zweiten Notars	1030
§ 151a	Umsatzsteuer	1032

Inhaltsverzeichnis

§ 152	Weitere Auslagen des Notars, dem die Gebühren selbst zufließen	1036
§ 153	Reisekosten	1047
	Vorbemerkungen zu den §§ 154–157	1050
§ 154	Einforderung der Kosten	1052
§ 154a	Verzinsung des Kostenanspruchs	1060
§ 155	Beitreibung der Kosten und Zinsen	1065
§ 156	Einwendungen gegen die Kostenberechnung	1067
§ 157	Zurückzahlung, Schadensersatz	1090

Dritter Teil. Schluss- und Übergangsvorschriften

§ 157a	Abhilfe bei Verletzung des Anspruchs auf rechtliches Gehör	1095
§ 158	Landesrechtliche Vorschriften	1099
§ 159	Andere Behörden und Dienststellen	1101
§ 160	Gerichtstage, Sprechtage	1102
§ 161	Übergangsvorschrift	1102
§ 162	Aufhebung des Ermäßigungssatzes	1106
§ 163	Übergangsvorschrift zum Kostenrechtsmodernisierungsgesetz	1106
§ 164	Zusätzliche Übergangsvorschriften aus Anlass des Inkrafttretens des Handelsregistergebühren-Neuordnungsgesetzes	1107

Anhang

A. Justizverwaltungskosten
  I. Justizverwaltungskostenordnung (JVKostO) ... 1113
  II. Grundbuchverfügung (GBV) ... 1119
  III. Verordnung über Grundbuchabrufverfahrengebühren (GBAbVfV) ... 1120
B. Gerichtskosten nach FG-Nebengesetzen
  I. Lexikon des Bundes- und Landesrechts ... 1121
  II. Auslandskostengesetz (AKostG) – Auslandskostenverordnung (AKostV) ... 1140
C. Gerichtskostenbefreiungen nach FG-Nebengesetzen
  I. Lexikon des Bundes- und Landesrechts ... 1161
  II. Gebührenbefreiungsgesetze der Länder (Text) ... 1193
D. Verwaltungsvorschriften
  I. Kostenverfügung (mit Zusatzbestimmungen der Länder und Anlagen, Text) ... 1215
  II. Reiseentschädigung mittelloser Personen, Vorschusszahlungen an Zeugen und Sachverständige (Text) ... 1234
  III. Prozesskostenhilfe-Durchführungsbestimmungen (Textauszug) ... 1236
  IV. Ermittlung des Nachlasswertes (Formblatt) ... 1241
  V. Gebäudebrandversicherungswert (zur Bewertung von Gebäuden gemäß § 19 KostO) ... 1243
E. Gebührentabellen
  I. Gerichts- und Notargebühren (§§ 32, 144 KostO) ... 1250
  II. Hebegebühren des Notars (§ 149 KostO) ... 1263
  III. Jahresgebühren des Vormundschaftsgerichts (§ 92 KostO) ... 1265

Sachverzeichnisse

  I. Gerichtskosten ... 1267
  II. Notarkosten ... 1291

Abkürzungen

aA	anderer Ansicht
aaO	am angegebenen Ort
abl.	ablehnend
ABl.	Amtsblatt
Abs.	Absatz
abw.	abweichend
AcP	Archiv für die civilistische Praxis (zitiert nach Band und Seite)
AdVermiG	Adoptionsvermittlungsgesetz
aE	am Ende
aF	alte Fassung
AG	Amtsgericht; Aktiengesellschaft
AHK	Alliierte Hohe Kommission
AkaGrG	Gesetz über die Führung akademischer Grade
AKostG	Auslandskostengesetz
AKostV	Auslandskostenverordnung
AktG	Aktiengesetz
AkWiss.	Akademie der Wissenschaften und der Literatur (zitiert nach Jahr und Seite)
allgM	allgemeine Meinung
Alt.	Alternative
aM	anderer Meinung
AMG	Arzneimittelgesetz
Amtl. Begr.	Amtliche Begründung
ÄndG	Änderungsgesetz
ÄndVO	Änderungsverordnung
Anh.	Anhang
Anm.	Anmerkung
AnwBl.	Anwaltsblatt (zitiert nach Jahr und Seite)
AO	Abgabenordnung
ArbGG	Arbeitsgerichtsgesetz
arg.	argumentum (hergeleitet aus)
Art.	Artikel
Assenmacher/Mathias	Hans-Jörg Assenmacher/Wolfgang Mathias, Kostenordnung, Kommentar, begründet von Walter Göttlich/Alfred Mümmler, 15. Aufl. 2003
Aufl.	Auflage
AV	Allgemeine Verfügung
AWG	Außenwirtschaftsgesetz
AWV	Außenwirtschaftsverordnung
AZR-G	Gesetz über das Ausländerzentralregister (AZR-Gesetz)
BAnz	Bundesanzeiger (ab 1983 zitiert nach Jahr und Seite)
BArchG	Bundesarchivgesetz
BauGB	Baugesetzbuch
BayBS	Bereinigte Sammlung des bayerischen Landesrecht
BayBSVJu	Bereinigte Sammlung der bayerischen Justizverwaltungsvorschriften
BayLStVG	Bayerisches Landesstraf- und Verordnungsgesetz
BayObLG	Bayerisches Oberstes Landesgericht
BayObLGR	BayObLG-Report, Schnelldienst Zivilrechtsprechung
BayVBl.	Bayerische Verwaltungsblätter (zitiert nach Jahr und Seite)
BB	Der Betriebsberater (zitiert nach Jahr und Seite)
BBankG	Gesetz über die Deutsche Bundesbank
BBesG	Bundesbesoldungsgesetz
BBG	Bundesbeamtengesetz
BBiG	Berufsbildungsgesetz

Abkürzungen

BBl.	Büro-Blatt für gerichtliche Beamte, 1855–1932
Bd.	Band
BDH	Bundesdisziplinarhof
BDO	Bundesdisziplinarordnung
BDSG	Bundesdatenschutzgesetz
BeckRS	Beck'sche Rechtsprechungssammlung in Beck-Online (Jahr, Nr.)
Begr.	Begründung des Regierungsentwurfs, insbesondere des KostÄndG 1957 (BR-Drucks. 138/56)
Beil.	Beilage
Bek.	Bekanntmachung
Bespr.	Besprechung
betr.	betreffend
BetrEW	Betriebseinheitswert
BetrVG	Betriebsverfassungsgesetz
BtG	Gesetz zur Reform des Rechts der Vormundschaft und Pflegschaft für Volljährige (Betreuungsgesetz)
BetrVW	Betriebsvermögenswert
BeurkG	Beurkundungsgesetz
Beushausen	Wilhelm Beushausen, Das Deutsche Notariatskostenrecht, Kommentar, 3. Aufl. 1951
BewG	Bewertungsgesetz
BezG	Bezirksgericht
BFH	Bundesfinanzhof
BGB	Bürgerliches Gesetzbuch
BGBl. I, II, III	Bundesgesetzblatt Teil I, Teil II; die Verweisung auf Teil III entspricht dem jährlich veröffentlichten Fundstellennachweis A (FNA) des BGBl.
BGHR	BGH-Report
BGHSt.	Entscheidungen des Bundesgerichtshofs in Strafsachen (zitiert nach Band und Seite)
BGHZ	Entscheidungen des Bundesgerichtshofs in Zivilsachen (zitiert nach Band und Seite)
BGSG	Gesetz über den Bundesgrenzschutz
BHO	Bundeshaushaltsordnung
BJagdG	Bundesjagdgesetz
Bln.	Berlin
BLV	Bundeslaufbahnverordnung
BMI	Bundesministerium des Innern
BMinG	Bundesministergesetz
BMJ	Bundesministerium der Justiz
BNotO	Bundesnotarordnung
BoSog	Bodensonderungsgesetz
BrandenbgVerfG	Brandenburgisches Verfassungsgericht
BRAO	Bundesrechtsanwaltsordnung
BR	Bundesrat, auch Plenarprotokoll (zitiert nach Sitzungsnummer)
BR-Drucks.	Drucksache des Bundesrats (zitiert nach Nummer und Jahr)
BReg.	Bundesregierung
Brem.	Freie Hansestadt Bremen
BRep.	Bundesrepublik Deutschland
BRRG	Beamtenrechtsrahmengesetz
BSozG	Bundessozialgericht
BStBl.	Bundessteuerblatt (zitiert nach Jahr und Seite)
BT	Deutscher Bundestag, auch Plenarprotokoll (zitiert nach Wahlperiode und Nummer)
BT-Drucks.	Drucksache des Deutschen Bundestags (zitiert nach Wahlperiode und Nummer)
BtG	Betreuungsgesetz
Bühling	Selmar Bühling, Kostenordnung, Kommentar, 5. Aufl. 1965
BVerfG	Bundesverfassungsgericht
BVerfGE	Entscheidungen des Bundesverfassungsgerichts (zitiert nach Band und Seite)

Abkürzungen

BVerfGG	Gesetz über das Bundesverfassungsgericht
BVerwG	Bundesverwaltungsgericht
BVerwGE	Entscheidungen des Bundesverwaltungsgerichts (zitiert nach Band und Seite)
BW	Baden-Württemberg
BWNotZ	Zeitschrift für das Notariat in Baden-Württemberg (zitiert nach Band und Seite)
BWöDG	Gesetz zur Regelung der Wiedergutmachung nationalsozialistischen Unrechts für Angehörige des Öffentlichen Dienstes
BWStAnz.	Staatsanzeiger Baden-Württemberg
BZRG	Gesetz über das Zentralregister und das Erziehungsregister (Bundeszentralregistergesetz)
bzw.	beziehungsweise
CR	Computer und Recht (zitiert nach Jahr und Seite)
DB	Der Betrieb (zitiert nach Jahr und Seite)
DepotG	Gesetz über die Verwahrung und Anschaffung von Wertpapieren (Depotgesetz)
ders./dies.	derselbe/dieselbe
DFG	Deutsche Freiwillige Gerichtsbarkeit, 1936–1944
DGVZ	Deutsche Gerichtsvollzieherzeitung (zitiert nach Jahr und Seite)
d. h.	das heißt
DiätAssG	Gesetz über den Beruf der Diätassistentin und des Diätassistenten (Diätassistentengesetz)
Die Justiz	Amtsblatt des Justizministeriums Baden-Württemberg (zitiert nach Jahr und Seite)
Diss.	Dissertation
DJ	Deutsche Justiz, 1933–1945
DJT	Deutscher Juristentag
DJZ	Deutsche Juristenzeitung (zitiert nach Jahr und Seite)
DNotV	Zeitschrift des Deutschen Notarvereins, 1901–1933
DNotVBayB	Bayerische Beilage zur DNotV
DNotZ	Deutsche Notar-Zeitschrift (zitiert nach Band und Seite)
DÖD	Der öffentliche Dienst (zitiert nach Jahr und Seite)
DÖV	Deutsche Öffentliche Verwaltung (zitiert nach Jahr und Seite)
DR	Deutsches Recht (Wochenausgabe)
DRiB	Deutscher Richterbund
DRiG	Deutsches Richtergesetz
DRiZ	Deutsche Richterzeitung (zitiert nach Jahr und Nummer)
DRM	Deutsches Recht, Monatsausgabe, 1939–1942
DRW	Deutsches Recht, vereinigt mit Juristischer Wochenschrift, Wochenausgabe, 1939–1945 (zitiert nach Jahr und Seite)
DRZ	Deutsche Rechtszeitschrift (zitiert nach Jahr und Seite)
DtRpfl.	Deutsche Rechtspflege, 1936–1939
DtZ	Deutsch-Deutsche Rechtszeitschrift (zitiert nach Jahr und Seite)
DVBl.	Deutsches Verwaltungsblatt (zitiert nach Jahr und Seite)
DVO	Durchführungsverordnung
DWiR	Deutsche Zeitschrift für Wirtschaftsrecht (zitiert nach Jahr und Seite)
E	Entwurf
EBAO	Einforderungs- und Beitreibungsanordnung
ebd.	ebenda
EBO	Eisenbahn-Bau- und Betriebsordnung
EFG	Entscheidungen der Finanzgerichte (zitiert nach Band und Seite)
EG	Einführungsgesetz
EGBGB	Einführungsgesetz zum Bürgerlichen Gesetzbuch
EGGVG	Einführungsgesetz zum Gerichtsverfassungsgesetz
EGH	Entscheidungen der Ehrengerichtshöfe der Rechtsanwaltschaft des Bundesgebietes und des Landes Berlin (zitiert nach Band und Seite)
EGInsO	Einführungsgesetz zur Insolvenzordnung

Abkürzungen

EHUG	Gesetz über elektronische Handelsregister und Genossenschaftsregister sowie das Unternehmensregister
Einf.	Einführung
Einl.	Einleitung
einschr.	einschränkend
ENeuOG	Eisenbahnneuordnungsgesetz
entspr.	entsprechend
ER	Erbbaurecht
Erl.	Erlass
EStG	Einkommensteuergesetz
EU	Europäische Union
EuGH	Europäischer Gerichtshof
EuroEG	Euro-Einführungsgesetz
EUV	Vertrag vom 7. 2. 1992 über die Europäische Union
EV	Einigungsvertrag
EVO	Eisenbahn-Verkehrsordnung
EW	Einheitswert
EWG	Europäische Wirtschaftsgemeinschaft
EWiR	Entscheidungen für Wirtschaftsrecht
EWIV-AG	Gesetz zur Ausführung der EWG-Verordnung über die Europäische wirtschaftliche Interessenvereinigung vom 14. 4. 1988 (BGBl. I S. 514)
EWIV–VO	VO über die Schaffung einer Europäischen wirtschaftlichen Interessenvereinigung (EWIV) vom 25. 7. 1985 (ABl. EG Nr. L 199, S. 1)
f.	folgende
FamFG	Gesetz über das Verfahren in Familiensachen und in den Angelegenheiten der freiwilligen Gerichtsbarkeit (Entwurf)
FamGKG	Gesetz über Gerichtskosten in Familiensachen
FamRZ	Ehe und Familie im privaten und öffentlichen Recht (zitiert nach Jahr und Seite)
ff.	fortfolgende
FGG	Gesetz über Angelegenheiten der freiwilligen Gerichtsbarkeit
FGO	Finanzgerichtsordnung
FGPrax	Praxis der freiwilligen Gerichtsbarkeit
Fn.	Fußnote
FS	Festschrift
FVG	Gesetz über die Finanzverwaltung
G	Gesetz
GastG	Gaststättengesetz
GBBerG	Grundbuchbereinigungsgesetz
GBMaßnG	Gesetz über Maßnahmen auf dem Gebiet des Grundbuchwesens
GBO	Grundbuchordnung
GebrMG	Gebrauchsmustergesetz
GedS	Gedächtnisschrift
GenG	Gesetz betreffend die Erwerbs- und Wirtschaftsgenossenschaften
GeschmMG	Geschmacksmustergesetz
GeschO BR	Geschäftsordnung des Bundesrates
GeschO BReg.	Geschäftsordnung der Bundesregierung
GeschO BT	Geschäftsordnung des Deutschen Bundestages
GesE	Gesetzentwurf
GewA	Gewerbearchiv, Zeitschrift für Gewerbe- und Wirtschaftsverwaltungsrecht (zitiert nach Jahr und Seite)
GewO	Gewerbeordnung
GG	Grundgesetz für die Bundesrepublik Deutschland
ggf.	gegebenenfalls
GmbH	Gesellschaft mit beschränkter Haftung
GmbHG	Gesetz betreffend die Gesellschaften mit beschränkter Haftung
GmbHR	GmbH-Rundschau
GMBl.	Gemeinsames Ministerialblatt

Abkürzungen

Göttlich/Mümmler	siehe Assenmacher/Matthias
grds.	grundsätzlich
GRUR	Gewerblicher Rechtsschutz und Urheberrecht (zitiert nach Jahr und Seite)
GVBl.	Gesetz- und Verordnungsblatt
GVG	Gerichtsverfassungsgesetz
GWB	Gesetz gegen Wettbewerbsbeschränkungen
Haferland/Schmidt/ Tiedtke	Holger Schmidt/Werner Tiedtke, Praxis des Handels- und Kostenrechts, begründet von Berthold Haferland, 4. Aufl. 2003
Hamb.JVBl.	Hamburgisches Justizverwaltungsblatt, Amtsblatt der Justizbehörde
HannRPflege	Hannoversche Rechtspflege, Verordnungen und Mitteilungen für den OLG-Bezirk Celle (zitiert nach Jahr und Seite)
Hartmann	Peter Hartmann, Kostengesetze, Kommentar, 37. Aufl. 2007
HaushGrG	Haushaltsgrundsätzegesetz
HdB	Handbuch
Hess.	Hessen
HGB	Handelsgesetzbuch
hL	herrschende Lehre
hM	herrschende Meinung
Hmb.	Freie und Hansestadt Hamburg
Hrsg.	Herausgeber
Halbs.	Halbsatz
HRefG	Handelsrechtsreformgesetz
HRR	Höchstrichterliche Rechtsprechung, 1928–1942
idF	in der Fassung (Bekanntmachung der Neufassung auf Grund einer Ermächtigung)
idR	in der Regel
ieS	im engeren Sinne
IHKG	Gesetz zur vorläufigen Regelung des Rechts der Industrie- und Handelskammern
insbes.	insbesondere
InsO	Insolvenzordnung
iS	im Sinne
iVm.	in Verbindung mit
iwS	im weiteren Sinne
JA	Juristische Arbeitsblätter (zitiert nach Jahr und Seite)
JBeitrO	Justizbeitreibungsordnung
JBl.	Juristische Blätter (zitiert nach Jahr und Seite)
JFG	Jahrbuch für Entscheidungen in Angelegenheiten der freiwilligen Gerichtsbarkeit und des Grundbuchwesens, 1924–1943
JFGErg.	Ergänzungsband zum JFG, 1924–1944
JMBl.	Justizministerialblatt
Jonas/Melsheimer	Jonas u. a., Reichskostenordnung, Kommentar, 4. Aufl. 1942
JR	Juristische Rundschau (zitiert nach Jahr und Seite)
Jura	Juristische Ausbildung (zitiert nach Jahr und Seite)
JurA	Juristische Analysen (zitiert nach Jahr und Seite)
JurBüro	Das Juristische Büro (zitiert nach Jahr und Seite)
JuS	Juristische Schulung (zitiert nach Jahr und Seite)
Justiz	Die Justiz, Amtsblatt des Justizministeriums Baden-Württemberg
JVBl.	Justizverwaltungsblatt, 1933–1944; 1957–1972
JW	Juristische Wochenschrift (zitiert nach Jahr und Seite)
JZ	Juristenzeitung (zitiert nach Jahr und Seite)
JZ-GD	Juristenzeitung, Gesetzgebungsdienst (zitiert nach Jahr und Seite)
KG	Kammergericht; Kommanditgesellschaft
KGaA	Kommanditgesellschaft auf Aktien
KGR	KG-Report, Schnelldienst Zivilrechtsprechung

Abkürzungen

KGJ	Jahrbuch für Entscheidungen des Kammergerichts, 1881–1922
KindRG	Kindschaftsrechtsreformgesetz
KindUG	Kindesunterhaltsgesetz
KonsularG	Gesetz über die Konsularbeamten, ihre Aufgaben und Befugnisse
KostO	Kostenordnung
KostRMoG	Gesetz zur Modernisierung des Kostenrechts vom 5. 5. 2004 (BGBl. I S. 718)
KostRsp.	Kostenrechtsprechung, Nachschlagewerk wichtiger Kostenentscheidungen mit kritischen Anmerkungen von Lappe u. a., 1961 ff.
Küntzel	Küntzel/Kersten, Kostenordnung, Kommentar, 1951
krit.	kritisch
KritV	Kritische Vierteljahreszeitschrift für die Gesetzgebung und Rechtswissenschaft (zitiert nach Jahr und Seite)
KWG	Gesetz über das Kreditwesen
LadSchlG	Gesetz über den Ladenschluss
LAG	Lastenausgleichsgesetz
Lappe GKG	Friedrich Lappe, Gerichtskostengesetz, Kommentar, 1975
Lappe/Stöber	Friedrich Lappe/Kurt Stöber, Kosten in Handelssachen, 1963
LFGB	Lebensmittel-, Bedarfsgegenstände- und Futtermittelgesetzbuch
LG	Landgericht
LM	Lindenmaier/Möhring, Entscheidungen des Bundesgerichtshofs im Nachschlagewerk des Bundesgerichtshofs (zitiert nach Gesetz, Paragraph und Nr.)
LPartG	Lebenspartnerschaftsgesetz
LöschG	Löschungsgesetz vom 9. 10. 1934 (RGBl. I S. 914)
LRiG	Landesrichtergesetz
LVO	Landesverordnung
LwVG	Gesetz über das gerichtliche Verfahren in Landwirtschaftssachen vom 21. 7. 1953 (BGBl. I S. 667)
LZ	Leipziger Zeitschrift (zitiert nach Jahr und Seite)
MarkenG	Markengesetz
Mat.	Materialien
MDR	Monatsschrift für deutsches Recht (zitiert nach Jahr und Seite)
MittBayNot	Mitteilungen des Bayerischen Notarvereins (zitiert nach Jahr und Seite)
MittRhNotK	Mitteilungen der Rheinischen Notarkammer (zitiert nach Jahr und Seite)
MBl.	Ministerialblatt
MMR	MultiMedia und Recht, Zeitschrift für Information, Telekommunikation und Medienrecht (zitiert nach Jahr und Seite)
MMW	Münchener Medizinische Wochenschrift (zitiert nach Jahr und Seite)
MRK	Konvention vom 4. 11. 1950 zum Schutze der Menschenrechte und Grundfreiheiten
mwN	mit weiteren Nachweisen
NatSchG	Naturschutzgesetze der Länder
Nds.	Niedersachsen
Nds.Rpfl.	Niedersächsische Rechtspflege, Amtsblatt des niedersächsischen Ministeriums der Justiz (zitiert nach Jahr und Seite)
nF	neue Fassung
NJ	Neue Justiz (zitiert nach Jahr und Seite)
NJW	Neue Juristische Wochenschrift (zitiert nach Jahr und Seite)
NJWE-FER	NJW-Entscheidungsdienst Familien- und Erbrecht (zitiert nach Jahr und Seite)
NJW-RR	NJW-Rechtsprechungs-Report Zivilrecht (zitiert nach Jahr und Seite)
NotBZ	Zeitschrift für die notarielle Beratungs- und Beurkundungspraxis (zitiert nach Jahr und Seite)
NRW	Nordrhein-Westfalen
NRW SGV	Sammlung des bereinigten Gesetz- und Verordnungsblattes für das Land Nordrhein-Westfalen

Abkürzungen

NRW VBl.	Verwaltungsblatt des Landes Nordrhein-Westfalen
NStZ	Neue Zeitschrift für Strafrecht (zitiert nach Jahr und Seite)
NVwZ	Neue Zeitschrift für Verwaltungsrecht (zitiert nach Jahr und Seite)
NVwZ-RR	NVwZ-Rechtsprechungs-Report Verwaltungsrecht (zitiert nach Jahr und Seite)
NZA	Neue Zeitschrift für Arbeitsrecht (zitiert nach Jahr und Seite)
NZG	Neue Zeitschrift für Gesellschaftsrecht (zitiert nach Jahr und Seite)
NZI	Neue Zeitschrift für Insolvenz und Sanierung (zitiert nach Jahr und Seite)
OEG	Opferentschädigungsgesetz
OHG	Offene Handelsgesellschaft
OLG	Oberlandesgericht; Die Rechtsprechung der Oberlandesgerichte, 1900–1928
OLG-NL	OLG-Rechtsprechung – Neue Länder (zitiert nach Jahr und Seite)
OLGR	OLG-Report, Schnelldienst Zivilrechtsprechung (zitiert nach Jahr und Seite)
OLGZ	Entscheidungen der Oberlandesgerichte in Zivilsachen (zitiert nach Band und Seite)
OVG	Oberverwaltungsgericht
OWiG	Gesetz über Ordnungswidrigkeiten
Palandt/Bearbeiter	Palandt, Bürgerliches Gesetzbuch, Kommentar, 66. Aufl. 2007
PAngV	Preisangabenverordnung
ParlStG	Gesetz über die Rechtsverhältnisse der Parlamentarischen Staatssekretäre
PartG	Parteiengesetz
PartGG	Partnerschaftsgesellschaftsgesetz
PatAnwO	Patentanwaltsordnung
PatG	Patentgesetz
PflVG	Pflichtversicherungsgesetz
PStG	Personenstandsgesetz
PTNeuOG	Postneuordnungsgesetz
RA	Rechtsausschuss bzw. Rechtsanwalt
RBerG	Rechtsberatungsgesetz
RdErl.	Runderlass
RDG	Rechtsdienstleistungsgesetz
RdSchr.	Rundschreiben
recht	recht, Informationen des Bundesministers der Justiz (zitiert nach Jahr und Seite)
RefE	Referentenentwurf
RegBl.	Regierungsblatt
RegE	Regierungsentwurf (des jeweiligen Änderungsgesetzes)
RegelsatzVO	Regelsatzverordnung
RegVBG	Registerverfahrensbeschleunigungsgesetz
RGBl. I, II	Reichsgesetzblatt Teil I, Teil II
RGZ	Entscheidungen des Reichsgerichts in Zivilsachen (zitiert nach Band und Seite)
RhPf.	Rheinland-Pfalz
RKostO	Kostenordnung vom 25. 11. 1935 (RGBl. I S. 1371)
Rn.	Randnummer, Randnummern
Rohs/Wedewer/Rohs	Günther Rohs/Paul Wedewer/Peter Rohs/Wolfram Waldner, Kostenordnung, Kommentar, Loseblattsammlung, 3. Aufl. 1984 ff.
RPflBegrV	Verordnung über die Begrenzung der Geschäfte des Rechtspflegers bei der Vollstreckung in Straf- und Bußgeldsachen
Rpfleger	Der Deutsche Rechtspfleger (zitiert nach Jahr und Seite)
RPflG	Rechtspflegergesetz
RpflStud.	Rechtspfleger-Studienhefte
Rspr.	Rechtsprechung
RVG	Rechtsanwaltsvergütungsgesetz

Abkürzungen

SachenRÄndG	Sachenrechtsänderungsgesetz
SachenRBerG	Sachenrechtsbereinigungsgesetz
Schippel/Bracker/ Bearbeiter	Helmut Schippel/Ulrich Bracker, Bundesnotarordnung, Kommentar, begründet von Karl Seybold/Erich Hornig, 8. Aufl. 2006
SchlH	Schleswig-Holstein
SchlHA	Schleswig-Holsteinische Anzeigen, Justizministerialblatt für Schleswig-Holstein (zitiert nach Jahr und Seite)
SE	Europäische Gesellschaft
SEAG	Gesetz zur Ausführung der Verordnung (EG) Nr. 2157/2001 des Rates vom 8. 10. 2001 über das Statut der Europäischen Gesellschaft (SE-Ausführungsgesetz) vom 22. 12. 2004 (BGBl. I S. 3675)
Sen.	Senat
SeuffA	Seufferts Archiv für Entscheidungen der obersten Gerichte
SGB I–XII	Sozialgesetzbuch I–XII
SJZ	Süddeutsche Juristenzeitung (zitiert nach Jahr und Seite)
sog.	so genannt
SorgeR ÜbkAG	Gesetz zur Ausführung des Haager Übereinkommens vom 25. 10. 1980 über die zivilrechtlichen Aspekte internationaler Kindesentführung und des Europäischen Übereinkommens vom 20. 5. 1980 über die Anerkennung und Vollstreckung von Entscheidungen über das Sorgerecht für Kinder und die Wiederherstellung des Sorgeverhältnisses (Sorgerechtsübereinkommens-Ausführungsgesetz) vom 5. 4. 1990 (BGBl. I S. 701)
StBerG	Steuerberatungsgesetz
Streifzug	Streifzug durch die Kostenordnung, hrsg. von der Bayerischen Notarkasse, 7. Aufl. 2008
StGB	Strafgesetzbuch
StPO	Strafprozessordnung
str.	streitig
StVG	Straßenverkehrsgesetz
StVO	Straßenverkehrs-Ordnung
Thür.	Thüringen
Tiedtke Notarkosten	Werner Tiedtke, Notarkosten im Grundstücksrecht, 2. Aufl. 2007
TKG	Telekommunikationsgesetz
TMG	Telemediengesetz
TranspR	Transportrecht (zitiert nach Jahr und Seite)
u. a.	unter anderem
Übk.	Übereinkommen
umstr.	umstritten
UmwBerG	Umwandlungsbereinigungsgesetz
UmwG	Umwandlungsgesetz
UrhG	Urheberrechtsgesetz
UStG	Umsatzsteuergesetz
uU	unter Umständen
UWG	Gesetz gegen den unlauteren Wettbewerb
VA	Vermittlungsausschuss; Verwaltungsakt
VereinheitlG	Gesetz zur Wiederherstellung der Rechtseinheit auf dem Gebiete der Gerichtsverfassung, der bürgerlichen Rechtspflege, des Strafverfahrens und des Kostenrechts
VereinsG	Gesetz zur Regelung des öffentlichen Vereinsrechts
VerkFlBerG	Verkehrsflächenbereinigungsgesetz
VermG	Vermögensgesetz
VermZOG	Vermögenszuordnungsgesetz
VersammlG	Gesetz über Versammlungen und Aufzüge
VersR	Versicherungsrecht Juristische Rundschau für die Individualversicherung (zitiert nach Jahr und Seite)

Abkürzungen

VerwArch.	Verwaltungsarchiv (zitiert nach Jahr und Seite)
VG	Verwaltungsgericht
VGH	Verwaltungsgerichtshof
vgl.	vergleiche
VO	Verordnung
Vor/Vorbem.	Vorbemerkung
VVG	Versicherungsvertragsgesetz
VwGO	Verwaltungsgerichtsordnung
VwKostG	Verwaltungskostengesetz
VwV	Allgemeine Verwaltungsvorschriften
VwVfG	Verwaltungsverfahrensgesetz
VwVG	Verwaltungsvollstreckungsgesetz
WE	Wohnungseigentum
WER	Wohnungserbbaurecht
WG	Wechselgesetz
WiGBl.	Gesetzblatt des vereinigten Wirtschaftsgebietes
WM	Wertpapiermitteilungen (zitiert nach Jahr und Seite)
WoM	Wohnungswirtschaft und Mietrecht (zitiert nach Jahr und Seite)
WRP	Wettbewerb in Recht und Praxis (zitiert nach Jahr und Seite)
WRV	Verfassung des Deutschen Reiches vom 11. 8. 1919 (Weimarer Reichsverfassung)
ZAP	Zeitschrift für die Anwaltspraxis (zitiert nach Jahr und Seite)
zB	zum Beispiel
ZEV	Zeitschrift für Erbrecht und Vermögensnachfolge (zitiert nach Jahr und Seite)
ZIP	Zeitschrift für Wirtschaftsrecht und Insolvenzpraxis (zitiert nach Jahr und Seite)
ZNotP	Zeitschrift für die Notarpraxis (zitiert nach Jahr und Seite)
ZPO	Zivilprozessordnung
ZRP	Zeitschrift für Rechtspolitik (zitiert nach Jahr und Seite)
zT	zum Teil
zust.	zustimmend
zutr.	zutreffend
ZVG	Gesetz über die Zwangsversteigerung und die Zwangsverwaltung

Gesetz über die Kosten in Angelegenheiten der freiwilligen Gerichtsbarkeit (Kostenordnung)

In der Fassung vom 26. Juli 1957 (BGBl. I S. 960),
zuletzt geändert durch Gesetz vom 12. Dezember 2007 (BGBl. I S. 2840)

(BGBl. III/FNA 3/361-1)

Der Kostenordnung ist keine gesetzliche Inhaltsübersicht vorangestellt; ihre Funktion erfüllt hier das Inhaltsverzeichnis Seite VII. Die Paragrafenüberschriften sind gesetzlich.

Gesetzestext

mit Orientierungshinweisen

Erster Teil. Gerichtskosten

Erster Abschnitt. Allgemeine Vorschriften

1. Geltungsbereich, elektronisches Dokument

§ 1 Geltungsbereich

[1] In den Angelegenheiten der freiwilligen Gerichtsbarkeit werden, soweit bundesrechtlich nichts anderes bestimmt ist, Kosten (Gebühren und Auslagen) nur nach diesem Gesetz erhoben. [2] Dies gilt auch für Verfahren über eine Beschwerde, die mit diesen Angelegenheiten im Zusammenhang steht.

§ 1 stellt klar, dass die KostO die Gerichtskosten der freiwilligen Gerichtsbarkeit nicht abschließend regelt (s. insbesondere § 1 Nr. 1 Buchst. a, b GKG sowie Anhang B). Für Gerichtskosten setzt er ein – belastendes – Analogieverbot, das § 140 für die Notarkosten wiederholt.

§ 1a Elektronisches Dokument

(1) [1] Soweit für Anträge und Erklärungen in der Angelegenheit, in der die Kosten anfallen, die Aufzeichnung als elektronisches Dokument genügt, genügt diese Form auch für Anträge und Erklärungen nach diesem Gesetz. [2] Die verantwortende Person soll das Dokument mit einer qualifizierten elektronischen Signatur nach dem Signaturgesetz versehen. [3] Ist ein übermitteltes elektronisches Dokument für das Gericht zur Bearbeitung nicht geeignet, ist dies dem Absender unter Angabe der geltenden technischen Rahmenbedingungen unverzüglich mitzuteilen.

(2) Ein elektronisches Dokument ist eingereicht, sobald die für den Empfang bestimmte Einrichtung des Gerichts es aufgezeichnet hat.

Der durch das Justizkommunikationsgesetz 2006 eingefügte § 1a erstreckt die Zulässigkeit elektronischer Dokumente im „Ausgangs"-Verfahrensrecht auf die Verfahren nach der KostO.

2. Kostenschuldner

§ 2 Allgemeiner Grundsatz

Zur Zahlung der Kosten ist verpflichtet
1. bei Geschäften, die nur auf Antrag vorzunehmen sind mit Ausnahmen der Verfahren zur Festsetzung eines Zwangs- oder Ordnungsgeldes, jeder, der die Tätigkeit des Gerichts veranlaßt, bei der Beurkundung von Rechtsgeschäften insbesondere jeder Teil, dessen Erklärung beurkundet ist;
1 a. im Verfahren auf Bewilligung von Prozesskostenhilfe der Antragsteller, wenn der Antrag zurückgenommen oder abgelehnt wird;
2. bei Geschäften, die von Amts wegen vorgenommen werden, derjenige, dessen Interesse wahrgenommen wird.

§ 2 bestimmt entsprechend den Verfahrensarten der freiwilligen Gerichtsbarkeit die Kostenschuldner: in Amtsverfahren – Regelfall des FGG – mit Nr. 2, in Antragsverfahren – systematische Ausnahme – mit Nr. 1, Einschränkungen in Nr. 1 und durch Nr. 1 a. Einzelvorschriften gehen vor (so § 93 Abs. 3). Nr. 1 gilt auch für die Notarkosten (§ 141).

§ 3 Weitere Kostenschuldner

Kostenschuldner ist ferner
1. derjenige, dem durch eine gerichtliche Entscheidung die Kosten auferlegt sind;
2. derjenige, der sie durch eine vor Gericht abgegebene oder dem Gericht mitgeteilte Erklärung übernommen hat;
3. derjenige, der nach den Vorschriften des bürgerlichen Rechts für die Kostenschuld eines anderen kraft Gesetzes haftet;
4. der Vollstreckungsschuldner für die notwendigen Kosten der Zwangsvollstreckung.

§ 3 ergänzt § 2 um weitere Schuldner (Nr. 1, 2, 4), die allerdings – zufolge Einschränkung des § 2 Nr. 1 – zum alleinigen Schuldner werden können; er unterwirft bürgerlichrechtliche Schuldner (Nr. 3) dem Kostenansatz (§§ 14, 141) und der Notarkostenberechnung (§§ 143 Abs. 1, 154ff.).

§ 4 Gebührenschuldner in besonderen Fällen

Die Gebühr für die Eintragung des Erstehers als Eigentümer wird nur von diesem erhoben; für die Gebühren, die durch die Eintragung der Sicherungshypothek für Forderungen gegen den Ersteher erwachsen, haftet neben den Gläubigern auch der Ersteher.

§ 4 beschränkt und erweitert § 2.

§ 5 Mehrere Kostenschuldner

(1) [1]Mehrere Kostenschuldner haften als Gesamtschuldner. [2]Sind an einer Beurkundung mehrere beteiligt und betreffen ihre Erklärungen verschiedene Gegenstände, so beschränkt sich die Haftung des einzelnen auf den Betrag, der entstanden wäre, wenn die übrigen Erklärungen nicht beurkundet worden wären.

(2) Sind durch besondere Anträge eines Beteiligten Mehrkosten entstanden, so fallen diese ihm allein zur Last.

§ 5 unterwirft mehrere Kostenschuldner, zumal nach den §§ 2 bis 4, der Gesamtschuldnerschaft der §§ 421ff. BGB (Abs. 1 S. 1), stellt dabei jedoch klar, dass sie die Kostenhaftung, insbesondere nach § 2 Nr. 1, nicht erweitert (Abs. 1 S. 2, Abs. 2). Bei Kosten-(Gebühren-)befreiung schränkt ihn § 13, bei Notargebührenermäßigung § 144 Abs. 3 ein.

§ 6 Haftung der Erben

¹ Für die Kosten, die durch die Eröffnung einer Verfügung von Todes wegen, die Sicherung eines Nachlasses, die Errichtung eines Nachlaßinventars, eine Nachlaßpflegschaft, eine Nachlaßverwaltung, die Ernennung oder Entlassung eines Testamentsvollstreckers oder eine Pflegschaft für einen Nacherben entstehen, haften nur die Erben, und zwar nach den Vorschriften des Bürgerlichen Gesetzbuches über Nachlaßverbindlichkeiten. ² Das gleiche gilt für die Kosten, die durch die Entgegennahme von Erklärungen über die Annahme, Ablehnung oder Kündigung des Amtes als Testamentsvollstrecker sowie im Verfahren nach § 1964 des Bürgerlichen Gesetzbuchs entstehen.

§ 6 beschränkt die aus § 2 folgende Kostenhaftung für die Kosten bestimmter Geschäfte.

3. Fälligkeit

§ 7

Gebühren werden mit der Beendigung des gebührenpflichtigen Geschäfts, Auslagen sofort nach ihrer Entstehung fällig.

§ 7 regelt die generelle Fälligkeit der Gerichts- und Notarkosten (§ 141), Einzelvorschriften (so § 101) gehen ihm vor.

4. Vorauszahlung und Sicherstellung

§ 8 Vorschüsse

(1) ¹ Bei Geschäften, die auf Antrag vorzunehmen sind, hat der zur Zahlung der Kosten Verpflichtete einen zur Deckung der Kosten hinreichenden Vorschuß zu zahlen. ² Bei Verrichtungen von Amts wegen kann ein Vorschuß nur zur Deckung der Auslagen erhoben werden. ³ Auf die Verpflichtung zur Zahlung des Vorschusses finden die allgemeinen Vorschriften über die Zahlungspflicht Anwendung.

(2) ¹ Bei Geschäften, die auf Antrag vorzunehmen sind, soll die Vornahme des Geschäfts davon abhängig gemacht werden, daß der Vorschuß gezahlt oder sichergestellt wird, in Grundbuch- und Nachlaßsachen jedoch nur dann, wenn dies zur Sicherung des Eingangs der Kosten angebracht erscheint. ² Satz 1 gilt nicht, wenn

1. dem Antragsteller die Prozeßkostenhilfe bewilligt ist,
2. dem Antragsteller Gebührenfreiheit zusteht,
3. ein Notar erklärt, dass er für die Kostenschuld des Antragstellers die persönliche Haftung übernimmt,
4. glaubhaft gemacht ist, dass eine etwaige Verzögerung einem Beteiligten einen nicht oder nur schwer zu ersetzenden Schaden bringen würde, oder
5. aus einem anderen Grund das Verlangen nach vorheriger Zahlung oder Sicherstellung der Kosten nicht angebracht erscheint, insbesondere wenn die Berichtigung des Grundbuchs oder die Eintragung eines Widerspruchs beantragt wird.

(3) ¹ Gegen Anordnungen nach Absatz 2 findet stets, auch wegen der Höhe des Vorschusses, die Beschwerde statt. ² § 14 Abs. 4 bis 7 ist entsprechend anzuwenden; jedoch findet die Beschwerde in Grundbuchsachen nach den §§ 71 bis 81 der Grundbuchordnung und in Schiffsregistersachen nach den §§ 75 bis 89 der Schiffsregisterordnung statt. ³ Das Verfahren über die Beschwerde ist gebührenfrei. ⁴ Kosten werden nicht erstattet.

§ 8 ergänzt für Gerichts- und Notarkosten (§ 141) § 7 um die Vorschußpflicht des Kostenschuldners (Abs. 1) und sieht zudem die Abhängigmachung des Geschäfts durch das Gericht bzw. den

Notar von der Vorschusszahlung vor (Abs. 2). Während es zur Vorschusserhebung (Abs. 1) bei den allgemeinen Kosten-Rechtswegen (§§ 14, 141, 156) bleibt, gibt Abs. 3 gegen die Abhängigmachung (Abs. 2) teils die Sachbeschwerde, an deren Stelle beim Notar die Beschwerde gegen die Amtsverweigerung (§ 15 BNotO) tritt (§ 141).

§ 9 Zurückzahlung von Vorschüssen

Vorschüsse werden nur insoweit zurückgezahlt, als sie den Gesamtbetrag der für das Geschäft bis zu dessen Beendigung entstandenen Kosten übersteigen.

§ 9 löst die Verrechnung des Vorschusses von seiner Berechnung (§ 8 Abs. 1).

§ 10 Zurückbehaltungsrecht

(1) Ausfertigungen, Ablichtungen, Ausdrucke sowie zurückzugebende Urkunden, die aus Anlaß des Geschäfts eingereicht sind, können zurückbehalten werden, bis die in der Angelegenheit erwachsenen Kosten bezahlt sind.

(2) Von der Zurückbehaltung ist abzusehen,

1. wenn der Eingang der Kosten mit Sicherheit zu erwarten ist;
2. wenn glaubhaft gemacht wird, daß die Verzögerung der Herausgabe einem Beteiligten einen nicht oder nur schwer zu ersetzenden Schaden bringen würde, und nicht anzunehmen ist, daß die Kosten entzogen werden sollen;
3. wenn das Schriftstück nicht vom Kostenschuldner, sondern von einem Dritten eingereicht ist, dem gegenüber die Zurückbehaltung eine unbillige Härte wäre.

(3) § 14 Abs. 2 bis 10 gilt entsprechend.

§ 10 ergänzt § 8 um ein Zurückbehaltungsrecht für die Gerichts- und Notarkosten (§ 141) der gesamten Angelegenheit.

5. Kostenbefreiungen

§ 11 Allgemeine Vorschriften

(1) [1]Von der Zahlung der Kosten sind befreit der Bund und die Länder sowie die nach den Haushaltsplänen des Bundes und der Länder für Rechnung des Bundes oder eines Landes verwalteten öffentlichen Anstalten und Kassen. [2]Bei der Vollstreckung wegen öffentlich-rechtlicher Geldforderungen ist maßgebend, wer ohne Berücksichtigung des § 252 der Abgabenordnung oder entsprechender Vorschriften Gläubiger der Forderung ist.

(2) [1]Sonstige bundesrechtliche Vorschriften, durch die eine sachliche oder persönliche Befreiung von Kosten gewährt ist, bleiben in Kraft. [2]Landesrechtliche Vorschriften, die in weiteren Fällen eine sachliche oder persönliche Befreiung von Kosten gewähren, bleiben unberührt.

§ 11 gewährt selbst Befreiung von Gerichtskosten (Abs. 1) und lässt weitere Befreiungen durch Bundes- und Landesrecht zu (Abs. 2); er wird durch die §§ 12 und 13 ergänzt. § 11 gilt für die Nichtgebührennotare im Landesdienst Baden-Württembergs (§§ 141, 142), bei Gebührennotaren (§ 154) tritt an seine Stelle eine Gebührenermäßigung (§§ 143, 144; s. aber § 143 Abs. 2 S. 2).

§ 12 Einschränkungen

(1) Die persönliche Gebührenfreiheit steht der Inanspruchnahme für die Gebühren nicht entgegen, wenn die Haftung auf der Vorschrift des § 3 Nr. 3 (Haftung nach bürgerlichem Recht) beruht, oder wenn der Kostenschuldner als Erbe nach § 6 oder als Anteilsberechtigter nach § 116 Abs. 6 für die Kosten haftet.

(2) Die Gebührenfreiheit entbindet, soweit nicht ein anderes bestimmt ist, nicht von der Verpflichtung zur Zahlung der Auslagen.

6. Der Kostenanspruch **Text**

§ 12 schränkt die persönliche Befreiung des § 11 ein. Er gilt auch für die Gebührenermäßigung der Gebührennotare (§§ 141, 143 Abs. 1, 144, 154).

§ 13 Gebührenfreiheit für einzelne Gesamtschuldner

Wenn einzelnen von mehreren Gesamtschuldnern Gebührenfreiheit zusteht, so vermindert sich der Gesamtbetrag der Gebühren um den Betrag, den die befreiten Beteiligten an die Nichtbefreiten auf Grund gesetzlicher Vorschrift zu erstatten hätten.

§ 13 schränkt die Gesamtschuldnerschaft (§ 5 Abs. 1 S. 1) bei Beteiligung persönlich befreiter Schuldner (§ 11) ein. Er gilt für die Nichtgebührennotare im Landesdienst Baden-Württembergs (§§ 141, 142), für die Gebührenermäßigung der Gebührennotare (§ 154) gibt es eine gleiche Regelung (§§ 143 Abs. 1, 144 Abs. 3).

6. Der Kostenanspruch

§ 14 Kostenansatz, Erinnerung, Beschwerde

(1) [1]Die Kosten werden bei dem Gericht angesetzt, bei dem die Angelegenheit anhängig ist oder zuletzt anhängig war, auch wenn die Kosten bei einem ersuchten Gericht entstanden sind oder die Angelegenheit bei einem anderen Gericht anhängig war. [2]Die Kosten eines Rechtsmittelverfahrens werden bei dem mit dem Rechtsmittel befassten Gericht angesetzt.

(2) [1]Über Erinnerungen des Kostenschuldners und der Staatskasse gegen den Kostenansatz entscheidet das Gericht, bei dem die Kosten angesetzt sind. [2]War das Verfahren im ersten Rechtszug bei mehreren Gerichten anhängig, ist das Gericht, bei dem es zuletzt anhängig war, auch insoweit zuständig, als Kosten bei den anderen Gerichten angesetzt worden sind.

(3) [1]Gegen die Entscheidung über die Erinnerung können der Kostenschuldner und die Staatskasse Beschwerde einlegen, wenn der Wert des Beschwerdegegenstands 200 Euro übersteigt. [2]Die Beschwerde ist auch zulässig, wenn sie das Gericht, das die angefochtene Entscheidung erlassen hat, wegen der grundsätzlichen Bedeutung der zur Entscheidung stehenden Frage in dem Beschluss zulässt.

(4) [1]Soweit das Gericht die Beschwerde für zulässig und begründet erachtet, hat es ihr abzuhelfen; im Übrigen ist die Beschwerde unverzüglich dem Beschwerdegericht vorzulegen. [2]Beschwerdegericht ist das nächsthöhere Gericht; in den Fällen, in denen das Familiengericht (§ 23b Abs. 1 des Gerichtsverfassungsgesetzes) über die Erinnerung entschieden hat, ist Beschwerdegericht das Oberlandesgericht. [3]Eine Beschwerde an einen obersten Gerichtshof des Bundes findet nicht statt. [4]Das Beschwerdegericht ist an die Zulassung der Beschwerde gebunden; die Nichtzulassung ist unanfechtbar.

(5) [1]Die weitere Beschwerde ist nur zulässig, wenn das Landgericht als Beschwerdegericht entschieden und sie wegen der grundsätzlichen Bedeutung der zur Entscheidung stehenden Frage in dem Beschluss zugelassen hat. [2]Sie kann nur darauf gestützt werden, dass die Entscheidung auf einer Verletzung des Rechts beruht; die §§ 546 und 547 der Zivilprozessordnung gelten entsprechend. [3]Beschwerdegericht ist das Oberlandesgericht. [4]Absatz 4 Satz 1 und 4 gilt entsprechend.

(6) [1]Anträge und Erklärungen können zu Protokoll der Geschäftsstelle abgegeben oder schriftlich eingereicht werden; § 129a der Zivilprozessordnung gilt entsprechend. [2]Für die Bevollmächtigung gelten die Regelungen der für das zugrunde liegende Verfahren geltenden Verfahrensordnung entsprechend. [3]Die Erinnerung ist bei dem Gericht einzulegen, das für die Entscheidung über die Erinnerung zuständig ist. [4]Die Beschwerde ist bei dem Gericht einzulegen, dessen Entscheidung angefochten wird.

(7) [1]Das Gericht entscheidet über die Erinnerung durch eines seiner Mitglieder als Einzelrichter; dies gilt auch für die Beschwerde, wenn die angefochtene Entscheidung von

einem Einzelrichter oder einem Rechtspfleger erlassen wurde. ²Der Einzelrichter überträgt das Verfahren dem Gericht zur Entscheidung in der im Gerichtsverfassungsgesetz vorgeschriebenen Besetzung, wenn die Sache besondere Schwierigkeiten tatsächlicher oder rechtlicher Art aufweist oder die Rechtssache grundsätzliche Bedeutung hat. ³Das Gericht entscheidet jedoch immer ohne Mitwirkung ehrenamtlicher Richter. ⁴Auf eine erfolgte oder unterlassene Übertragung kann ein Rechtsmittel nicht gestützt werden.

(8) ¹Erinnerung und Beschwerde haben keine aufschiebende Wirkung. ²Das Gericht oder das Beschwerdegericht kann auf Antrag oder von Amts wegen die aufschiebende Wirkung ganz oder teilweise anordnen; ist nicht der Einzelrichter zur Entscheidung berufen, entscheidet der Vorsitzende des Gerichts.

(9) ¹Die Verfahren sind gebührenfrei. ²Kosten werden nicht erstattet.

(10) ¹Der Kostenansatz kann im Verwaltungsweg berichtigt werden, solange nicht eine gerichtliche Entscheidung getroffen ist. ²Ergeht nach der gerichtlichen Entscheidung über den Kostenansatz eine Entscheidung, durch die der Geschäftswert anders festgesetzt wird, kann der Kostenansatz ebenfalls berichtigt werden.

§ 14 regelt die Zuständigkeit zum Kostenansatz (das Verwaltungsverfahren selbst ist nicht gesetzlich normiert) sowie den Rechtsweg mit Erinnerung, Beschwerde und weiterer (Rechts-)Beschwerde, alle unbefristet. Die Vorschrift betrifft auch Vorschuss (§ 8 Abs. 1), Abhängigmachung (§ 8 Abs. 2, 3), unrichtige Sachbehandlung (§ 16), Geschäftswertfestsetzung (§ 31 Abs. 3) und Einwendungen nach § 8 Abs. 1 JBeitrO. § 14 gilt für die Nichtgebührennotare im Landesdienst Baden-Württembergs (§§ 141, 142), für Gebührennotare (§ 154) treten an seine Stelle die §§ 154 bis 157. Zur Gehörsrüge s. § 157a.

§ 15 Nachforderung

(1) ¹Wegen eines unrichtigen Ansatzes dürfen Kosten nur nachgefordert werden, wenn der berichtigte Ansatz dem Zahlungspflichtigen vor Ablauf des nächsten Kalenderjahres nach Absendung der abschließenden Kostenrechnung nach endgültiger Erledigung des Geschäfts (Schlusskostenrechnung), bei Vormundschaften, Dauerbetreuungen und Dauerpflegschaften der Jahresrechnung, mitgeteilt worden ist. ²Dies gilt nicht, wenn die Nachforderung auf vorsätzlich oder grob fahrlässig falschen Angaben des Kostenschuldners beruht oder wenn der ursprüngliche Kostenansatz unter einem bestimmten Vorbehalt erfolgt ist.

(2) Ist innerhalb der Frist des Absatzes 1 ein Rechtsmittel in der Hauptsache oder wegen der Kosten eingelegt oder dem Zahlungspflichtigen mitgeteilt worden, dass ein Wertermittlungsverfahren eingeleitet ist, ist die Nachforderung bis zum Ablauf des nächsten Kalenderjahres nach Beendigung dieser Verfahren möglich.

(3) Ist der Wert gerichtlich festgesetzt worden, genügt es, wenn der berichtigte Ansatz dem Zahlungspflichtigen drei Monate nach der letzten Wertfestsetzung mitgeteilt worden ist.

§ 15 setzt neben die Verjährung (§ 17 Abs. 1) ein dem Vertrauensschutz dienendes Nachforderungsverbot für Gerichtskosten und die Kosten der Nichtgebührennotare im Landesdienst Baden-Württembergs (§§ 141, 142). Ergänzende Regelungen finden sich vielfach (so § 46 Abs. 5 S. 2). Auf Gebührennotare (§ 154) ist § 15 nicht anwendbar (§ 143 Abs. 1).

§ 16 Nichterhebung von Kosten wegen unrichtiger Sachbehandlung

(1) ¹Kosten, die bei richtiger Behandlung der Sache nicht entstanden wären, werden nicht erhoben. ²Das gleiche gilt von Auslagen, die durch eine von Amts wegen veranlaßte Verlegung eines Termins oder Vertagung einer Verhandlung entstanden sind.

(2) ¹Die Entscheidung trifft das Gericht. ²Solange nicht das Gericht entschieden hat, können Anordnungen nach Absatz 1 im Verwaltungsweg erlassen werden. ³Eine im Verwaltungsweg getroffene Anordnung kann nur im Verwaltungsweg geändert werden.

§ 16 Abs. 1 S. 1 muss nach der Rechtsprechung etwa wie folgt gelesen werden: Gerichts- und Notarkosten (§ 141), die durch eine unvertretbare Bearbeitung entstehen, werden nicht geschuldet. Der Gebührennotar (§ 154) entscheidet selbst über die Nichterhebung (§ 143 Abs. 1).

§ 17 Verjährung, Verzinsung

(1) Ansprüche auf Zahlung von Kosten verjähren in vier Jahren nach Ablauf des Kalenderjahres, in dem der Anspruch fällig geworden ist.

(2) [1] Ansprüche auf Rückerstattung von Kosten verjähren in vier Jahren nach Ablauf des Kalenderjahres, in dem die Zahlung erfolgt ist. [2] Die Verjährung beginnt jedoch nicht vor dem im Absatz 1 bezeichneten Zeitpunkt. [3] Durch die Einlegung eines Rechtsbehelfs mit dem Ziel der Rückerstattung wird die Verjährung wie durch Klageerhebung gehemmt.

(3) [1] Auf die Verjährung sind die Vorschriften des Bürgerlichen Gesetzbuchs anzuwenden; die Verjährung wird nicht von Amts wegen berücksichtigt. [2] Die Verjährung der Ansprüche auf Zahlung von Kosten beginnt auch durch die Aufforderung zur Zahlung oder durch eine dem Schuldner mitgeteilte Stundung erneut; ist der Aufenthalt des Kostenschuldners unbekannt, so genügt die Zustellung durch Aufgabe zur Post unter seiner letzten bekannten Anschrift. [3] Bei Kostenbeträgen unter 25 Euro beginnt die Verjährung weder erneut noch wird sie oder ihr Ablauf gehemmt.

(4) Ansprüche auf Zahlung und Rückerstattung von Kosten werden nicht verzinst.

§ 17 regelt die Verjährung der Ansprüche auf Zahlung und Rückzahlung von Gerichts- und Notarkosten (§ 141) nach dem Vorbild des bürgerlichen Rechts. Die Zahlungsaufforderung (Abs. 3 S. 2) bewirkt den Neubeginn während einer laufenden Verjährung (Abs. 1, 2), dann aber nur einmal. Das Verzinsungsverbot (Abs. 4) gilt nicht für Notare (§ 143 Abs. 1), die §§ 154a und 157 Abs. 1 treffen eine besondere Regelung.

7. Geschäftswert

§ 18 Grundsatz

(1) [1] Die Gebühren werden nach dem Wert berechnet, den der Gegenstand des Geschäfts zur Zeit der Fälligkeit hat (Geschäftswert). [2] Der Geschäftswert beträgt höchstens 60 Millionen Euro, soweit kein niedrigerer Höchstwert bestimmt ist.

(2) [1] Maßgebend ist der Hauptgegenstand des Geschäfts. [2] Früchte, Nutzungen, Zinsen, Vertragsstrafen und Kosten werden nur berücksichtigt, wenn sie Gegenstand eines besonderen Geschäfts sind.

(3) Verbindlichkeiten, die auf dem Gegenstand lasten, werden bei Ermittlung des Geschäftswerts nicht abgezogen; dies gilt auch dann, wenn Gegenstand des Geschäfts ein Nachlaß oder eine sonstige Vermögensmasse ist.

§ 18 definiert den Geschäftswert und bestimmt für die Wertgebühren des Gerichts und des Notars (§ 141) den Bewertungszeitpunkt sowie einen allgemeinen Höchstwert (Abs. 1; zum Zeitpunkt § 7, abweichend § 107 Abs. 2 S. 1; vielfach geringere Höchstwerte, beispielsweise §§ 30 Abs. 2, 39 Abs. 4, 41 Abs. 4). Maßgebend ist grundsätzlich der Bruttowert (Abs. 3), doch sehen Einzelvorschriften den Nettowert vor (so § 107 Abs. 2 S. 1). Außerdem untersagt § 18 die Addition von Nebenforderungen zu ihrem Hauptgegenstand (Abs. 2).

§ 19 Sachen

(1) [1] Der Wert einer Sache ist der gemeine Wert. [2] Er wird durch den Preis bestimmt, der im gewöhnlichen Geschäftsverkehr nach der Beschaffenheit der Sache unter Berücksichti-

gung aller den Preis beeinflussenden Umstände bei einer Veräußerung zu erzielen wäre; ungewöhnliche oder nur persönliche Verhältnisse bleiben außer Betracht.

(2) [1]Bei der Bewertung von Grundbesitz ist der letzte Einheitswert maßgebend, der zur Zeit der Fälligkeit der Gebühr bereits festgestellt ist, sofern sich nicht aus dem Inhalt des Geschäfts, den Angaben der Beteiligten, Grundstücksbelastungen, amtlich bekannten oder aus den Grundakten ersichtlichen Tatsachen oder Vergleichswerten oder aus sonstigen ausreichenden Anhaltspunkten ein höherer Wert ergibt; jedoch soll von einer Beweisaufnahme zur Feststellung eines höheren Wertes abgesehen werden. [2]Wird der Einheitswert nicht nachgewiesen, so ist das Finanzamt um Auskunft über die Höhe des Einheitswerts zu ersuchen; § 30 der Abgabenordnung steht der Auskunft nicht entgegen. [3]Ist der Einheitswert noch nicht festgestellt, so ist dieser vorläufig zu schätzen; die Schätzung ist nach der ersten Feststellung des Einheitswerts zu berichtigen; die Frist des § 15 Abs. 1 beginnt erst mit der Feststellung des Einheitswerts.

(3) Ist der Einheitswert maßgebend, weicht aber der Gegenstand des gebührenpflichtigen Geschäfts vom Gegenstand der Einheitsbewertung wesentlich ab oder hat sich der Wert infolge bestimmter Umstände, die nach dem Feststellungszeitpunkt des Einheitswerts eingetreten sind, wesentlich verändert, so ist der nach den Grundsätzen der Einheitsbewertung geschätzte Wert maßgebend.

(4) [1]Bei einem Geschäft, das die Überlassung eines land- oder forstwirtschaftlichen Betriebes mit Hofstelle durch Übergabevertrag, Erbvertrag oder Testament, Erb- oder Gesamtgutsauseinandersetzung oder die Fortführung des Betriebes in sonstiger Weise einschließlich der Abfindung weichender Erben betrifft, ist das land- und forstwirtschaftliche Vermögen im Sinne des Bewertungsgesetzes mit dem Vierfachen des letzten Einheitswertes, der zur Zeit der Fälligkeit der Gebühr bereits festgestellt ist, zu bewerten; Absatz 2 Satz 2 und 3 und Absatz 3 gelten entsprechend. [2]In dem in Artikel 3 des Einigungsvertrages genannten Gebiet gelten für die Bewertung des land- und forstwirtschaftlichen Vermögens die Vorschriften des Dritten Abschnitts im Zweiten Teil des Bewertungsgesetzes mit Ausnahme von § 125 Abs. 3; § 126 Abs. 2 des Bewertungsgesetzes ist sinngemäß anzuwenden.

(5) Ist der nach Absatz 2 bis 4 festgestellte Wert höher als der gemeine Wert, so ist der gemeine Wert maßgebend.

§ 19 definiert den Verkehrswert von Sachen (beweglichen sowie Grundstücken und grundstücksgleichen Rechten) und erklärt ihn grundsätzlich als maßgeblich (Abs. 1) für Gerichts- und Notargebühren (§ 141). Bei Grundstücken (grundstücksgleichen Rechten) setzt er den praktischen Bewertungsschwierigkeiten ein Beweisaufnahmeverbot entgegen und nimmt mit ihm einen geringeren Wert bis zum steuerlichen Einheitswert hin (Abs. 2). Land- und forstwirtschaftliche Grundstücke werden bei der Überlassung im Regelfall unterbewertet (Abs. 4). Alle Werte gelten sowohl für Grundstücke allein als auch für Vermögen mit Grundstücken (vgl. § 107).

§ 20 Kauf, Vorkaufs- und Wiederkaufsrecht

(1) [1]Beim Kauf von Sachen ist der Kaufpreis maßgebend; der Wert der vorbehaltenen Nutzungen und der vom Käufer übernommenen oder ihm sonst infolge der Veräußerung obliegenden Leistungen wird hinzugerechnet. [2]Ist der Kaufpreis niedriger als der Wert der Sache (§ 19), so ist dieser maßgebend; beim Kauf eines Grundstücks bleibt eine für Rechnung des Erwerbers vorgenommene Bebauung bei der Ermittlung des Werts außer Betracht.

(2) Als Wert eines Vorkaufs- oder Wiederkaufsrechts ist in der Regel der halbe Wert der Sache anzunehmen.

§ 20 setzt für Gerichts- und Notargebühren (§ 141) beim Kauf von Sachen (wie § 19) den wirtschaftlichen Kaufpreis an die Stelle des nominellen (Abs. 1 S. 1) und vergleicht ihn bei Grundstücken mit dem Wert der wirtschaftlichen – nicht rechtlichen (§ 94 BGB) – Gegenleistung (Abs. 1 S. 2). Dem bedingten Kauf gibt er einen niedrigeren Wert (Abs. 2).

§ 21 Erbbaurecht, Wohnungseigentum, Wohnungserbbaurecht

(1) ¹Bei der Bestellung eines Erbbaurechts beträgt der Wert achtzig vom Hundert des Werts des belasteten Grundstücks (§ 19 Abs. 2). ²Eine für Rechnung des Erbbauberechtigten erfolgte Bebauung des Grundstücks bleibt bei der Ermittlung des Grundstückswerts außer Betracht. ³Ist als Entgelt für die Bestellung des Erbbaurechts ein Erbbauzins vereinbart, dessen nach § 24 errechneter Wert den nach Satz 1 und 2 berechneten Wert übersteigt, so ist der Wert des Erbbauzinses maßgebend; entsprechendes gilt, wenn statt des Erbbauzinses ein fester Kapitalbetrag vereinbart ist.

(2) Bei der Begründung von Wohnungseigentum (Teileigentum) sowie bei Geschäften, die die Aufhebung oder das Erlöschen von Sondereigentum betreffen, ist als Geschäftswert die Hälfte des Werts des Grundstücks (§ 19 Abs. 2) anzunehmen.

(3) Bei Wohnungserbbaurechten (Teilerbbaurechten) gilt Absatz 2 entsprechend mit der Maßgabe, daß an die Stelle des Werts des Grundstücks der Einheitswert des Erbbaurechts oder, wenn ein solcher nicht festgestellt ist, der nach Absatz 1 zu bestimmende Wert des Erbbaurechts tritt.

§ 21 bestimmt für Gerichts- und Notargebühren (§ 141) den Wert der Bestellung – damit auch der Verlängerung, nicht aber der Veräußerung und Beendigung – des Erbbaurechts; ferner den Wert der Begründung, Veränderung und Beendigung – nicht also der Veräußerung – von Raumeigentum (Abs. 2, 3).

§ 22 Grunddienstbarkeiten

Der Wert einer Grunddienstbarkeit bestimmt sich nach dem Wert, den sie für das herrschende Grundstück hat; ist der Betrag, um den sich der Wert des dienenden Grundstücks durch die Dienstbarkeit mindert, größer, so ist dieser höhere Betrag maßgebend.

§ 22 sieht für Gerichts- und Notargebühren (§ 141) bei Grunddienstbarkeiten einen Vergleich der – nach den sonstigen Vorschriften bestimmten – Werte für das herrschende und das dienende Grundstück vor.

§ 23 Pfandrechte und sonstige Sicherheiten, Rangänderungen

(1) Der Wert eines Pfandrechts oder der sonstigen Sicherstellung einer Forderung durch Bürgschaft, Sicherungsübereignung oder dgl. bestimmt sich nach dem Betrag der Forderung und, wenn der als Pfand oder zur Sicherung dienende Gegenstand einen geringeren Wert hat, nach diesem.

(2) Als Wert einer Hypothek, Schiffshypothek oder Grundschuld gilt der Nennbetrag der Schuld, als Wert einer Rentenschuld der Nennbetrag der Ablösungssumme; bei der Einbeziehung in die Mithaft und bei der Entlassung aus der Mithaft ist jedoch der Wert des Grundstücks (Schiffs, Schiffsbauwerks) maßgebend, wenn er geringer ist.

(3) ¹Bei Einräumung des Vorrangs oder des gleichen Rangs ist der Wert des vortretenden Rechts, höchstens jedoch der Wert des zurücktretenden Rechts maßgebend. ²Die Vormerkung gemäß § 1179 des Bürgerlichen Gesetzbuchs zugunsten eines nach- oder gleichstehenden Berechtigten steht der Vorrangseinräumung gleich. ³Der Ausschluß des Löschungsanspruchs nach § 1179a Abs. 5 des Bürgerlichen Gesetzbuchs ist wie ein Rangrücktritt des Rechts zu behandeln, als dessen Inhalt der Ausschluß vereinbart wird.

§ 23 begrenzt für Gerichts- und Notargebühren (§ 141) den Geschäftswert von Pfand- und anderen Sicherungsrechten auf den Wert des Sicherungsgegenstands (Abs. 1 Halbs. 2), nimmt davon jedoch Grundpfandrechte, abgesehen von Mithaft-Geschäften, aus und ordnet ihre nominelle (Über-?)Bewertung an (Abs. 2 Halbs. 1). Außerdem bestimmt § 23 eine wirtschaftliche Bewertung von Rangänderungen und ähnlichen Gegenständen (Abs. 3).

§ 24 Wiederkehrende Nutzungen oder Leistungen

(1) Der Wert des Rechts auf wiederkehrende oder dauernde Nutzungen oder Leistungen wird unter Zugrundelegung des einjährigen Bezugswerts nach Maßgabe folgender Vorschriften berechnet:

a) Der Wert von Nutzungen oder Leistungen, die auf bestimmte Zeit beschränkt sind, ist die Summe der einzelnen Jahreswerte, höchstens jedoch das Fünfundzwanzigfache des Jahreswerts; ist die Dauer des Rechts außerdem durch das Leben einer oder mehrerer Personen bedingt, so darf der nach Absatz 2 zu berechnende Wert nicht überschritten werden;

b) Bezugsrechte von unbeschränkter Dauer sind mit dem Fünfundzwanzigfachen, Nutzungen oder Leistungen von unbestimmter Dauer – vorbehaltlich der Vorschriften des Absatzes 2 – mit dem Zwölfeinhalbfachen des Jahreswerts zu bewerten.

(2) ^{1}Ist die Nutzung oder Leistung auf die Lebensdauer einer Person beschränkt, so gilt als Geschäftswert bei einem Lebensalter

von 15 Jahren oder weniger	der 22fache Betrag,
über 15 Jahren bis zu 25 Jahren	der 21fache Betrag,
über 25 Jahren bis zu 35 Jahren	der 20fache Betrag,
über 35 Jahren bis zu 45 Jahren	der 18fache Betrag,
über 45 Jahren bis zu 55 Jahren	der 15fache Betrag,
über 55 Jahren bis zu 65 Jahren	der 11fache Betrag,
über 65 Jahren bis zu 75 Jahren	der $7^1/_2$fache Betrag,
über 75 Jahren bis zu 80 Jahren	der 5fache Betrag,
über 80 Jahren	der 3fache Betrag

der einjährigen Nutzung oder Leistung. ^{2}Hängt die Dauer der Nutzung oder Leistung von der Lebensdauer mehrerer Personen ab, so entscheidet, je nachdem ob das Recht mit dem Tode des zuerst oder des zuletzt Sterbenden erlischt, das Lebensalter des Ältesten oder des Jüngsten.

(3) Der Geschäftswert ist höchstens das Fünffache des einjährigen Bezugs, wenn das Recht dem Ehegatten, einem früheren Ehegatten, dem Lebenspartner oder einem früheren Lebenspartner des Verpflichteten oder einer Person zusteht, die mit dem Verpflichteten in gerader Linie verwandt, verschwägert oder in der Seitenlinie bis zum dritten Grad verwandt oder bis zum zweiten Grad verschwägert ist, auch wenn die die Schwägerschaft begründende Ehe oder die Lebenspartnerschaft, aufgrund derer jemand als verschwägert gilt, nicht mehr besteht.

(4) ^{1}Der Geschäftswert für Unterhaltsansprüche nach den §§ 1612a bis 1612c des Bürgerlichen Gesetzbuchs bestimmt sich nach dem Betrag des einjährigen Bezugs. ^{2}Dem Wert nach Satz 1 ist der Monatsbetrag des zum Zeitpunkt der Beurkundung geltenden Mindestunterhalts nach der zu diesem Zeitpunkt maßgebenden Altersstufe zugrunde zu legen.

(5) Der einjährige Wert von Nutzungen wird zu vier vom Hundert des Werts des Gegenstandes, der die Nutzungen gewährt, angenommen, sofern nicht ein anderer Wert festgestellt werden kann.

(6) ^{1}Für die Berechnung des Geschäftswerts ist der Beginn des Bezugsrechts maßgebend. ^{2}Bildet das Recht später den Gegenstand eines gebührenpflichtigen Geschäfts, so ist der spätere Zeitpunkt maßgebend. ^{3}Steht im Zeitpunkt des Geschäfts der Beginn des Bezugsrechts noch nicht fest oder ist das Recht in anderer Weise bedingt, so ist der Geschäftswert nach den Umständen des Falles niedriger anzusetzen.

§ 24 bestimmt für Gerichts- und Notargebühren (§ 141) den Wert der meisten (s. im übrigen § 25) wiederkehrenden Nutzungen und Leistungen; sei es, dass sie selbständig Geschäftsgegenstand sind, Teil eines Rechtsverhältnisses (vgl. §§ 21 Abs. 1 S. 3, 39 Abs. 2) oder eines Vermögens (so nach § 107 Abs. 2). Die Vorschrift gilt für die Begründung, Veränderung und Aufhebung von Rech-

ten, auch bedingter Rechte (Abs. 6). Der Wert wird nach dem Jahreswert berechnet, für den § 24 einen Hilfswert vorsieht (Abs. 5). Bei unterschiedlicher Höhe stellt Abs. 4 S. 2 als Ausnahme von der überkommenen Regel – höchste Beträge – auf die ersten ab. Der Vervielfältiger folgt aus der Laufzeit (Abs. 1, 2), bestimmte Rechte sind begünstigt (Abs. 3, 4).

§ 25 Miet- und Pachtrechte, Dienstverträge

(1) [1]Der Wert eines Miet- oder Pachtrechts bemißt sich nach dem Wert aller Leistungen des Mieters oder Pächters während der ganzen Vertragszeit. [2]Bei Miet- oder Pachtrechten von unbestimmter Vertragsdauer ist der Wert dreier Jahre maßgebend; ist jedoch die Auflösung des Vertrags erst nach einem längeren Zeitraum zulässig, so ist dieser maßgebend. [3]In keinem Fall darf der Wert den fünfundzwanzigfachen Betrag der einjährigen Leistung übersteigen.

(2) Der Wert eines Dienstvertrags bemißt sich nach dem Wert aller Bezüge des zur Dienstleistung Verpflichteten während der ganzen Vertragszeit, höchstens jedoch nach dem dreifachen Jahresbetrag der Bezüge.

§ 25 bestimmt für Gerichts- und Notargebühren (§ 141) den Geschäftswert von Miet- und Pachtverträgen (Abs. 1; redaktionelle Korrektur des Wortlauts, weil es Miet- und Pacht„rechte" nicht gibt) und Dienstverträgen (Abs. 2; also nicht ohne weiteres nur von Dienstleistungen); beide ohne Rücksicht auf die – praktisch schwer bewertbare – Gegenleistung.

§§ 26, 26a, 27 *(aufgehoben)*

Die §§ 26 (Handelsregisterwerte), 26a (Partnerschaftsregisterwerte) und 27 (Werte von Organbeschlüssen) sind durch das Handelsregistergebühren-Neuordnungsgesetz aufgehoben worden, weil die Gerichte aufgrund der EG-Richtlinie Betragsgebühren berechnen (§§ 79, 79a). Die Werte für die Notargebühren stehen jetzt im Beurkundungsabschnitt: §§ 41a, 41b, 41c, fast wortgleich mit den aufgehobenen Paragrafen, soweit sie sich auf Beurkundungen bezogen.

§ 28 Anmeldungen zum Güterrechtsregister, Eintragungen in das Güterrechtsregister, Eintragungen auf Grund von Eheverträgen

Bei Anmeldungen zum Güterrechtsregister und Eintragungen in dieses Register bestimmt sich der Wert nach § 30 Abs. 2, bei Eintragungen auf Grund von Eheverträgen nach § 39 Abs. 3.

§ 28 hat mit dem Güterrechtsregister seine praktische Bedeutung verloren.

§ 29 Sonstige Anmeldungen zu einem Register, Eintragungen in das Vereinsregister, Beurkundung von sonstigen Beschlüssen

[1]Für sonstige Anmeldungen zu einem Register, für Eintragungen in das Vereinsregister und bei der Beurkundung von Beschlüssen (§ 47) bestimmt sich der Geschäftswert, wenn der Gegenstand keinen bestimmten Geldwert hat, nach § 30 Abs. 2. [2]Die §§ 41a und 41b bleiben unberührt.

§ 29 ergänzt die §§ 41a bis 41c (früher §§ 26 bis 27) und 28. Er findet insbesondere in Genossenschafts- und Vereins(register)sachen (für die Gebühren der §§ 38 Abs. 2 Nr. 7, 141, 80) und bei Beschlüssen von Wohnungseigentümerversammlungen (für die Gebühren der §§ 45 – dazu § 26 Abs. 3 WEG – und 47) Anwendung.

§ 30 Angelegenheiten ohne bestimmten Geschäftswert, nichtvermögensrechtliche Angelegenheiten

(1) Soweit in einer vermögensrechtlichen Angelegenheit der Wert sich aus den Vorschriften dieses Gesetzes nicht ergibt und auch sonst nicht feststeht, ist er nach freiem Ermessen zu bestimmen; insbesondere ist bei Änderungen bestehender Rechte, sofern die

Änderung nicht einen bestimmten Geldwert hat, sowie bei Verfügungsbeschränkungen der Wert nach freiem Ermessen festzusetzen.

(2) [1]In Ermangelung genügender tatsächlicher Anhaltspunkte für eine Schätzung ist der Wert regelmäßig auf 3000 Euro anzunehmen. [2]Er kann nach Lage des Falles niedriger oder höher, jedoch nicht über 500 000 Euro angenommen werden.

(3) [1]In nichtvermögensrechtlichen Angelegenheiten ist der Wert nach Absatz 2 zu bestimmen. [2]In Angelegenheiten, die die Annahme eines Minderjährigen betreffen, beträgt der Wert stets 3000 Euro.

§ 30 bestimmt für Gerichts- und Notargebühren (§ 141) den Wert in nichtvermögensrechtlichen Angelegenheiten (Abs. 3). Ferner in vermögensrechtlichen Angelegenheiten, wenn der Wert sich weder aus den §§ 18 bis 29 noch aus Einzelvorschriften ergibt; maßgebend ist der „feststehende" wirtschaftliche Wert, hilfsweise der Schätzwert (Abs. 1: „nach freiem Ermessen", vgl. Abs. 2), ganz hilfsweise der fiktive Wert des Abs. 2. § 30 ist ferner bei ausdrücklicher Verweisung auf ihn statt der „an sich" maßgebenden Vorschriften anzuwenden (etwa nach § 131 Abs. 2) sowie dann, wenn diese zu unverhältnismäßig hohen Gebühren führen würden (insbesondere nach § 147 Abs. 2).

§ 31 Festsetzung des Geschäftswerts

(1) [1]Das Gericht setzt den Geschäftswert durch Beschluß gebührenfrei fest, wenn ein Zahlungspflichtiger oder die Staatskasse dies beantragt oder es sonst angemessen erscheint. [2]Die Festsetzung kann von dem Gericht, das sie getroffen hat, und, wenn das Verfahren wegen der Hauptsache oder wegen der Entscheidung über den Geschäftswert, den Kostenansatz oder die Kostenfestsetzung in der Rechtsmittelinstanz schwebt, von dem Rechtsmittelgericht von Amts wegen geändert werden. [3]Die Änderung ist nur innerhalb von sechs Monaten zulässig, nachdem die Entscheidung in der Hauptsache Rechtskraft erlangt oder das Verfahren sich anderweitig erledigt hat.

(2) [1]Das Gericht kann eine Beweisaufnahme, insbesondere die Begutachtung durch Sachverständige auf Antrag oder von Amts wegen anordnen. [2]Die Kosten können ganz oder teilweise einem Beteiligten auferlegt werden, der durch Unterlassung der Wertangabe, durch unrichtige Angabe, unbegründetes Bestreiten oder unbegründete Beschwerde die Abschätzung veranlaßt hat.

(3) [1]Gegen den Beschluss nach Absatz 1 findet die Beschwerde statt, wenn der Wert des Beschwerdegegenstands 200 Euro übersteigt. [2]Die Beschwerde findet auch statt, wenn sie das Gericht, das die angefochtene Entscheidung erlassen hat, wegen der grundsätzlichen Bedeutung der zur Entscheidung stehenden Frage in dem Beschluss zulässt. [3]Die Beschwerde ist nur zulässig, wenn sie innerhalb der in Absatz 1 Satz 3 bestimmten Frist eingelegt wird; ist der Geschäftswert später als einen Monat vor Ablauf dieser Frist festgesetzt worden, kann sie noch innerhalb eines Monats nach Zustellung oder nach Bekanntmachung durch formlose Mitteilung des Festsetzungsbeschlusses eingelegt werden. [4]Im Falle der formlosen Mitteilung gilt der Beschluss mit dem dritten Tage nach der Aufgabe zur Post als bekannt gemacht. [5]§ 14 Abs. 4, 5, 6 Satz 1, 2 und 4 sowie Abs. 7 ist entsprechend anzuwenden. [6]Die weitere Beschwerde ist innerhalb eines Monats nach Zustellung der Entscheidung des Beschwerdegerichts einzulegen.

(4) [1]War der Beschwerdeführer ohne sein Verschulden verhindert, die Frist einzuhalten, ist ihm auf Antrag von dem Gericht, das über die Beschwerde zu entscheiden hat, Wiedereinsetzung in den vorigen Stand zu gewähren, wenn er die Beschwerde binnen zwei Wochen nach der Beseitigung des Hindernisses einlegt und die Tatsachen, welche die Wiedereinsetzung begründen, glaubhaft macht. [2]Nach dem Ablauf eines Jahres, von dem Ende der versäumten Frist an gerechnet, kann die Wiedereinsetzung nicht mehr beantragt werden. [3]Gegen die Entscheidung über den Antrag findet die Beschwerde statt. [4]Sie ist nur zulässig, wenn sie innerhalb von zwei Wochen eingelegt wird. [5]Die Frist beginnt mit der Zustellung der Entscheidung. [6]§ 14 Abs. 4 Satz 1 bis 3, Abs. 6 Satz 1, 2 und 4 sowie Abs. 7 ist entsprechend anzuwenden.

8. Volle Gebühr, Rahmengebühren, Nebengeschäfte **Text**

(5) ¹Die Verfahren sind gebührenfrei. ²Kosten werden nicht erstattet.

§ 31 *regelt das Verfahren zur Festsetzung des Geschäftswerts für die Gebühren der Gerichte, der Nichtgebührennotare im Landesdienst Baden-Württembergs (§§ 141, 142) und der Rechtsanwälte, wenn der Geschäftswert den Gegenstandswert bildet (§§ 23 Abs. 1 S. 1, 32 RVG). Eine besondere Wertfestsetzung für die Gebühren der Gebührennotare (§ 154) gibt es nicht (§ 143 Abs. 1; s. dazu §§ 154 ff.), ein vom Geschäftswert abweichender oder „Nur"-Anwaltsgebührenwert (§§ 2 Abs. 1, 23 Abs. 2, 3, 24 RVG) wird nach § 33 RVG festgesetzt.*

§ 31 a Auskunftspflicht des Notars

¹Ein Notar, der in einer Angelegenheit der freiwilligen Gerichtsbarkeit einen Antrag bei Gericht einreicht, hat Umstände und Anhaltspunkte mitzuteilen, die bei seiner Kostenberechnung zu einem Abweichen des Geschäftswerts vom Einheitswert geführt haben und für die von dem Gericht zu erhebenden Gebühren von Bedeutung sind. ²Die gleichen Auskünfte hat auf Ersuchen der Notar zu erteilen, der Erklärungen beurkundet oder beglaubigt hat, die in Angelegenheiten der freiwilligen Gerichtsbarkeit von anderer Seite beim Gericht eingereicht worden sind.

§ 31 a *dient der Feststellung des Geschäftswerts für die Gerichtsgebühren nach § 19 Abs. 2 und in ähnlichen Fällen.*

8. Volle Gebühr, Rahmengebühren, Nebengeschäfte

§ 32 Volle Gebühr

(1) ¹Die volle Gebühr bei einem Geschäftswert bis 1 000 Euro beträgt 10 Euro. ²Die Gebühr erhöht sich bei einem

Geschäftswert bis ... Euro	für jeden angefangenen Betrag von weiteren ... Euro	um ... Euro
5 000	1 000	8
50 000	3 000	6
5 000 000	10 000	15
25 000 000	25 000	16
50 000 000	50 000	11
Über 50 000 000	250 000	7

³Eine Gebührentabelle für Geschäftswerte bis 1 000 000 Euro ist diesem Gesetz als Anlage[1]) beigefügt.

(2) Gebühren werden auf den nächstliegenden Cent auf- oder abgerundet; 0,5 Cent werden aufgerundet.

§ 32 *bringt die allgemeine Gebührentabelle für die Wertgebühren der Gerichte und Notare (§ 141). Besondere Tabellen enthalten die §§ 92 und 149. DM und andere Währungen sind vor Anwendung der Tabellen in Euro umzurechnen. Höchstwert: § 18 Abs. 1 S. 2.*

§ 33 Mindestbetrag einer Gebühr

Der Mindestbetrag einer Gebühr ist 10 Euro.

§ 33 *bringt eine generelle Regelung für die Gerichte und Notare (§ 141). Abweichende Einzelvorschriften (so § 149 Abs. 3) gehen vor.*

---

[1]) Die gesetzliche Tabelle ist nicht abgedruckt; s. die ausführliche Gebührentabelle Anh. E I.

§ 34 Rahmengebühren

Ist die Gebühr nur nach einem Mindest- und Höchstbetrag bestimmt, so ist die Gebühr im Einzelfall unter Berücksichtigung aller Umstände, insbesondere des Umfangs und der Bedeutung der Sache, nach billigem Ermessen zu bestimmen.

§ 34 gilt für Gerichte und Notare (§ 141).

§ 35 Nebengeschäfte

Die für ein Geschäft bestimmte Gebühr umfaßt die gesamte auf das Geschäft verwendete Tätigkeit des Gerichts, einschließlich der Nebengeschäfte.

§ 35 gilt für Gerichte und Notare (§ 141). Praktische Bedeutung kommt ihm zu, wenn das Nebengeschäft isoliert eine besondere Gebühr auslöst, ferner für die Abgrenzung der „Tätigkeit" des § 147 Abs. 2 (s. dort Abs. 3, 4).

Zweiter Abschnitt.
Gebühren in Angelegenheiten der freiwilligen Gerichtsbarkeit

1. Beurkundungen und ähnliche Geschäfte

§ 36 Einseitige Erklärungen und Verträge

(1) Für die Beurkundung einseitiger Erklärungen wird die volle Gebühr erhoben; unerheblich ist, ob die Erklärung von einer oder von mehreren Personen abgegeben wird.

(2) Für die Beurkundung von Verträgen wird das Doppelte der vollen Gebühr erhoben.

§ 36 bestimmt die Gerichts- und Notargebühren (§ 141) der Beurkundung von Willenserklärungen (§§ 6ff. BeurkG); nicht also letztwilliger Verfügungen (§§ 27ff. BeurkG; dazu § 46) und sonstiger Erklärungen (§§ 36ff. BeurkG; dazu §§ 47ff.). Ihm gehen Regelungen für bestimmte Willenserklärungen (§§ 37, 38) vor. Der Bundesgerichtshof wendet Abs. 1 auch auf „jegliche einseitige Erklärungen", insbesondere Verweisungsurkunden (§ 13a BeurkG) an.

§ 37 Vertragsangebot

Für die Beurkundung eines Antrags zum Abschluß eines Vertrags wird das Eineinhalbfache der vollen Gebühr erhoben.

§ 37 bestimmt für das Vertragsangebot eine spezielle Gebühr gegenüber § 36 Abs. 1. Die Erhöhung gleicht § 38 Abs. 2 Nr. 2 aus.

§ 38 Besondere Fälle

(1) ¹Die volle Gebühr wird erhoben für die Beurkundung eines Vertrags über die Verpflichtung zur Übertragung des Eigentums an einem Grundstück, wenn sich der eine Teil bereits vorher in einem beurkundeten Vertrag zur Übertragung oder zum Erwerb des Eigentums verpflichtet hatte. ²Das gleiche gilt für Verträge über Verpflichtungen, auf die nach besonderer gesetzlicher Vorschrift § 311b Abs. 1 des Bürgerlichen Gesetzbuchs anzuwenden ist.

(2) Die Hälfte der vollen Gebühr wird erhoben
1. für jede besondere Beurkundung von Zustimmungserklärungen einzelner Teilnehmer zu einer bereits anderweitig beurkundeten Erklärung;
2. für die Beurkundung der Annahme eines anderweitig beurkundeten Vertragsantrags;
3. für die Beurkundung der Wiederaufhebung eines noch von keiner Seite erfüllten Vertrags;

1. Beurkundungen und ähnliche Geschäfte **Text**

4. für die Beurkundung einer Vollmacht oder des Widerrufs einer Vollmacht;
5. für die Beurkundung
   a) des Antrags auf Eintragung oder Löschung im Grundbuch, im Schiffsregister und im Schiffsbauregister sowie einer Eintragungs- oder Löschungsbewilligung,
   b) der Zustimmung nach § 27 der Grundbuchordnung und nach §§ 35, 74 der Schiffsregisterordnung;
6. für die Beurkundung
   a) der Auflassung,
   b) der Einigung über die Einräumung oder Aufhebung von Sondereigentum,
   c) der Einigung über die Bestellung oder Übertragung eines Erbbaurechts,
   d) der Abtretung von Geschäftsanteilen einer Gesellschaft mit beschränkter Haftung,
   wenn das zugrunde liegende Rechtsgeschäft bereits beurkundet ist;
7. für die Beurkundung der Anmeldung zum Handelsregister und ähnlichen Registern.

(3) Ein Viertel der vollen Gebühr wird erhoben für die Beurkundung von Erklärungen, die dem Nachlaßgericht gegenüber abzugeben sind (§ 112 Abs. 1); die Wertvorschrift des § 112 Abs. 2 gilt entsprechend.

(4) Ein Viertel der vollen Gebühr wird ferner erhoben für die Beurkundung von Zustimmungserklärungen zur Anerkennung der Vaterschaft oder zur Annahme als Kind.

§ 38 begünstigt bestimmte Willenserklärungen gegenüber § 36, geht aber über dessen Anwendungsbereich hinaus (so Abs. 3 iVm. § 112 Abs. 1 Nr. 5: Anzeige des Eintritts der Nacherbfolge).

§ 39 Geschäftswert

(1) ¹Der Geschäftswert bestimmt sich nach dem Wert des Rechtsverhältnisses, auf das sich die beurkundete Erklärung bezieht. ²Handelt es sich um Veränderungen eines Rechtsverhältnisses, so darf der Wert des von der Veränderung betroffenen Rechtsverhältnisses nicht überschritten werden, und zwar auch dann nicht, wenn es sich um mehrere Veränderungen desselben Rechtsverhältnisses handelt.

(2) Bei Verträgen, die den Austausch von Leistungen zum Gegenstand haben, ist nur der Wert der Leistungen des einen Teils und, wenn der Wert der Leistungen verschieden ist, der höhere maßgebend.

(3) ¹Bei Eheverträgen bestimmt sich der Geschäftswert nach dem zusammengerechneten Wert der gegenwärtigen Vermögen beider Ehegatten und, wenn der Ehevertrag nur das Vermögen eines Ehegatten betrifft, nach diesem. ²Bei Ermittlung des Vermögens werden die Schulden abgezogen. ³Betrifft der Ehevertrag nur bestimmte Gegenstände, so ist deren Wert maßgebend. ⁴Die Sätze 1 bis 3 gelten entsprechend bei Lebenspartnerschaftsverträgen.

(4) Bei der Beurkundung von Gesellschaftsverträgen und Satzungen sowie von Plänen und Verträgen nach dem Umwandlungsgesetz ist der Wert höchstens auf 5 000 000 Euro, in den Fällen des § 38 Abs. 2 Nr. 7, auch wenn mehrere Anmeldungen in derselben Verhandlung beurkundet werden, auf höchstens 500 000 Euro anzunehmen.

§ 39 nennt für die Gebühren der §§ 36 bis 38 den – nach dem §§ 18 ff. zu bewertenden – Gegenstand: insbesondere das Rechtsverhältnis und nicht nur die einzelne Erklärung (Abs. 1), die Leistung oder Gegenleistung und nicht deren Summe (Abs. 2, wobei spezielle Regelungen, so die §§ 20 Abs. 1, 25 Abs. 1, vorgehen), die Vermögen beider Ehegatten (Lebenspartner) und nicht nur die Wirkung des Ehe-(Lebenspartnerschafts-)vertrags (Abs. 3 S. 1), jedoch nach Schuldenabzug (Abs. 3 S. 2; nicht § 18 Abs. 3). Für Veränderungen (§ 30 Abs. 1 Halbs. 2) bestimmt § 39 zudem individuelle Höchstwerte (Abs. 1 S. 2), für gesellschafts- und umwandlungsrechtliche Beurkundungen sowie für Registeranmeldungen generelle (Abs. 4). Die Sonderregelungen der §§ 40, 41 gehen dem § 39 vor.

§ 40 Geschäftswert bei zustimmenden Erklärungen

(1) Bei einer Zustimmungserklärung ist der Wert des Geschäfts maßgebend, auf das sich die Zustimmungserklärung bezieht.

(2) ¹Bei Zustimmungserklärungen auf Grund einer gegenwärtigen oder künftigen Mitberechtigung ermäßigt sich der Geschäftswert nach Absatz 1 auf den Bruchteil, der dem Anteil der Mitberechtigung entspricht. ²Entsprechendes gilt für Zustimmungserklärungen von Anteilsinhabern (§ 2 des Umwandlungsgesetzes). ³Bei Gesamthandsverhältnissen ist der Anteil entsprechend der Beteiligung an dem Gesamthandvermögen zu bemessen.

§ 40 Abs. 1 bestätigt die Maßgeblichkeit des ganzen Rechtsverhältnisses (§ 39 Abs. 1 S. 1, Abs. 2) für Zustimmungserklärungen, Abs. 2 ersetzt es durch den Anteil des Mitberechtigten. Eine gleiche Regelung trifft § 41 Abs. 3 für die Vollmacht.

§ 41 Geschäftswert bei Vollmachten

(1) Bei Vollmachten zum Abschluß eines bestimmten Rechtsgeschäfts ist der für dieses maßgebende Wert zugrunde zu legen.

(2) Der Wert einer allgemeinen Vollmacht ist nach freiem Ermessen zu bestimmen; dabei ist der Umfang der erteilten Ermächtigung und das Vermögen des Vollmachtgebers angemessen zu berücksichtigen.

(3) § 40 gilt entsprechend.

(4) In allen Fällen ist der Wert mit höchstens 500 000 Euro anzunehmen.

(5) Auf den Widerruf einer Vollmacht finden die vorstehenden Vorschriften entsprechende Anwendung.

§ 41 setzt bei Vollmachten an die Stelle des Rechtsverhältnisses zwischen Vollmachtgeber und Bevollmächtigtem (§ 39 Abs. 1 S. 1) das Rechtsverhältnis, für das die Vollmacht erteilt wird. Einer Überbewertung beugt Abs. 4 vor. Abs. 3 behandelt Zustimmungserklärungen entsprechend § 40.

§ 41a Geschäftswert bei Anmeldungen zum Handelsregister

(1) Bei den folgenden Anmeldungen zum Handelsregister ist Geschäftswert der in das Handelsregister einzutragende Geldbetrag, bei Änderung bereits eingetragener Geldbeträge der Unterschiedsbetrag:

1. erste Anmeldung einer Kapitalgesellschaft; ein in der Satzung einer Aktiengesellschaft oder einer Kommanditgesellschaft auf Aktien bestimmtes genehmigtes Kapital ist dem Grundkapital hinzuzurechnen;
2. erste Anmeldung eines Versicherungsvereins auf Gegenseitigkeit;
3. Erhöhung oder Herabsetzung des Stammkapitals einer Gesellschaft mit beschränkter Haftung;
4. Beschluss der Hauptversammlung einer Aktiengesellschaft oder einer Kommanditgesellschaft auf Aktien über
    a) Maßnahmen der Kapitalbeschaffung (§§ 182 bis 221 des Aktiengesetzes); dem Beschluss über die genehmigte Kapitalerhöhung steht der Beschluss über die Verlängerung der Frist, innerhalb derer der Vorstand das Kapital erhöhen kann, gleich;
    b) Maßnahmen der Kapitalherabsetzung (§§ 222 bis 240 des Aktiengesetzes);
5. erste Anmeldung einer Kommanditgesellschaft; maßgebend ist die Summe der Kommanditeinlagen; hinzuzurechnen sind 25 000 Euro für den ersten und 12 500 Euro für jeden weiteren persönlich haftenden Gesellschafter;
6. Eintritt eines Kommanditisten in eine bestehende Personenhandelsgesellschaft oder Ausscheiden eines Kommanditisten; ist ein Kommanditist als Nachfolger eines anderen, ein bisher persönlich haftender Gesellschafter als Kommanditist oder ein bisheriger Kom-

1. Beurkundungen und ähnliche Geschäfte **Text**

manditist als persönlich haftender Gesellschafter einzutragen, ist die einfache Kommanditeinlage maßgebend;

7. Erhöhung oder Herabsetzung einer Kommanditeinlage.

(2) Bei sonstigen Anmeldungen bestimmt sich der Geschäftswert nach den Absätzen 3 bis 6.

(3) Der Geschäftswert beträgt bei der ersten Anmeldung

1. eines Einzelkaufmanns 25 000 Euro;
2. einer offenen Handelsgesellschaft mit zwei Gesellschaftern 37 500 Euro; hat die Gesellschaft mehr als zwei Gesellschafter, erhöht sich der Wert für den dritten und jeden weiteren Gesellschafter um jeweils 12 500 Euro;
3. einer juristischen Person (§ 33 des Handelsgesetzbuchs) 50 000 Euro.

(4) Bei einer späteren Anmeldung beträgt der Geschäftswert, wenn diese

1. eine Kapitalgesellschaft betrifft, 1 Prozent des eingetragenen Grund- oder Stammkapitals, mindestens 25 000 Euro;
2. einen Versicherungsverein auf Gegenseitigkeit betrifft, 50 000 Euro;
3. eine Personenhandelsgesellschaft betrifft, 25 000 Euro; bei Eintritt oder Ausscheiden von mehr als zwei persönlich haftenden Gesellschaftern sind als Wert 12 500 Euro für jeden eintretenden und ausscheidenden Gesellschafter anzunehmen;
4. einen Einzelkaufmann oder eine juristische Person (§ 33 des Handelsgesetzbuchs) betrifft, 25 000 Euro.

(5) [1]Betrifft die Anmeldung eine Zweigniederlassung, so beträgt der Geschäftswert die Hälfte des nach den Absätzen 1, 3 oder 4 bestimmten Wertes. [2]Hat das Unternehmen mehrere Zweigniederlassungen, so ist der Wert für jede Zweigniederlassung durch Teilung des nach Satz 1 bestimmten Betrages durch die Anzahl der eingetragenen Zweigniederlassungen zu ermitteln; bei der Anmeldung der ersten Eintragung von Zweigniederlassungen sind diese mitzurechnen. [3]Der Wert nach den vorstehenden Sätzen beträgt mindestens 12 500 Euro.

(6) Ist eine Anmeldung nur deshalb erforderlich, weil sich der Ortsname geändert hat, oder handelt es sich um eine ähnliche Anmeldung, die für das Unternehmen keine wirtschaftliche Bedeutung hat, so beträgt der Geschäftswert 3 000 Euro.

§ 41a ist an die Stelle des früheren § 26 getreten und bestimmt – fast ohne inhaltliche Änderung – den Geschäftswert für Handelsregisteranmeldungen (§§ 38 Abs. 2 Nr. 7, 141; s. im Übrigen die §§ 28, 29). Maßgebend ist der in das Handelsregister einzutragende Geldbetrag (Abs. 1) oder ein Teil davon (Abs. 4 Nr. 1). Im Übrigen gibt es Festwerte, wobei zwischen ersten (Abs. 3) und späteren Anmeldungen (Abs. 4) unterschieden wird. Sonderregelungen gelten für Zweigniederlassungen (Abs. 5) und Registertatsachen ohne wirtschaftliche Bedeutung (Abs. 6). Das Gesetz sieht Mindestwerte (Abs. 4 Nr. 1, Abs. 5 S. 3) vor, einen Höchstwert bestimmt § 39 Abs. 4. Die Häufung von Anmeldungen fällt unter § 44.

§ 41b Geschäftswert bei Anmeldungen zum Partnerschaftsregister

Für Anmeldungen zum Partnerschaftsregister gilt § 41a, soweit er auf die offene Handelsgesellschaft Anwendung findet, entsprechend.

§ 41b ist an die Stelle des früheren § 26a getreten und bestimmt – wortgleich – den Geschäftswert für Anmeldungen zum Partnerschaftsregister (§§ 38 Abs. 2 Nr. 7, 141) durch Verweisung auf § 41a, weil die Partnerschaft der offenen Handelsgesellschaft und das Partnerschaftsregister dem Handelsregister nachgebildet ist.

§ 41c Beschlüsse von Organen bestimmter Gesellschaften

(1) § 41a Abs. 4 gilt entsprechend für Beschlüsse von Organen von Kapital- oder Personenhandelsgesellschaften, Versicherungsvereinen auf Gegenseitigkeit oder juristischen Personen (§ 33 des Handelsgesetzbuchs), deren Gegenstand keinen bestimmten Geldwert hat.

(2) ¹Beschlüsse nach dem Umwandlungsgesetz sind mit dem Wert des Aktivvermögens des übertragenden oder formwechselnden Rechtsträgers anzusetzen. ²Bei Abspaltungen oder Ausgliederungen ist der Wert des übergehenden Aktivvermögens maßgebend.

(3) ¹Werden in einer Verhandlung mehrere Beschlüsse beurkundet, so gilt § 44 entsprechend. ²Dies gilt auch, wenn Beschlüsse, deren Gegenstand keinen bestimmten Geldwert hat, und andere Beschlüsse zusammentreffen. ³Mehrere Wahlen oder Wahlen zusammen mit Beschlüssen über die Entlastung der Verwaltungsträger gelten als ein Beschluss.

(4) Der Wert von Beschlüssen der in Absatz 1 bezeichneten Art beträgt, auch wenn in einer Verhandlung mehrere Beschlüsse beurkundet werden, in keinem Fall mehr als 500 000 Euro.

§ 41c ist an die Stelle des früheren § 27 getreten und bestimmt – wortgleich – für die Beurkundungsgebühr der §§ 47, 141 den Geschäftswert von Beschlüssen der in Abs. 1 genannten Organe (sonstige s. § 29), die keinen bestimmten Geldwert (nicht: ... beträgt!) haben; im Übrigen bleibt es bei den allgemeinen Wertvorschriften der §§ 18 bis 30. Für Beschlüsse nach dem UmwG bestätigt er die Regel des § 18 Abs. 3 und erstreckt den Aktivwert trotz fortbestehender Identität (§ 202 Abs. 1 Nr. 1 UmwG) auf den Formwechsel. Auf eine Häufung von Beschlüssen wird § 44 für anwendbar erklärt und ergänzt (Abs. 3). Treffen Beschlüsse mit Willenserklärungen zusammen, sind die Gebühren mangels einer anderweitigen Regelung gesondert zu berechnen. Neben den Höchstwert des Abs. 4 für Beschlüsse ohne bestimmten Geldwert tritt die generelle Höchstgebühr des § 47 S. 2.

§ 42 Ergänzung und Änderung beurkundeter Erklärungen

Für die Beurkundung von Ergänzungen und Änderungen einer beurkundeten Erklärung wird derselbe Gebührensatz wie für die ursprüngliche Beurkundung erhoben, jedoch nicht mehr als die volle Gebühr.

§ 42 begrenzt den Gebührensatz der §§ 36ff. bei der Ergänzung und Änderung von Erklärungen; nicht also für die Erweiterung sowie die Änderung des durch sie begründeten Rechtsverhältnisses (praktisch weithin verkannt).

§ 43 Anerkennung einer schriftlich abgegebenen Erklärung

Für die Anerkennung des Inhalts einer schriftlich abgegebenen Erklärung (§ 9 Abs. 1 Satz 2 des Beurkundungsgesetzes), einschließlich der Beurkundung ergänzender oder ändernder Erklärungen, wird dieselbe Gebühr wie für die Beurkundung der Erklärung erhoben.

§ 43 stellt die Beurkundung durch Verweisung auf eine Anlage der Niederschrift (§ 9 Abs. 1 S. 2, 3 BeurkG) der Beurkundung in der Niederschrift gleich.

§ 44 Mehrere Erklärungen in einer Urkunde

(1) ¹Werden in einer Verhandlung mehrere Erklärungen beurkundet, die denselben Gegenstand haben (z.B. der Kauf und die Auflassung, die Schulderklärung und die zur Hypothekenbestellung erforderlichen Erklärungen), so wird die Gebühr nur einmal von dem Wert dieses Gegenstandes nach dem höchsten in Betracht kommenden Gebührensatz berechnet. ²Dies gilt auch dann, wenn von mehreren Erklärungen die einen den ganzen Gegenstand, die anderen nur einen Teil davon betreffen (z.B. das Schuldversprechen und die Bürgschaft für einen Teil der Schuld); unterliegen in diesem Fall die Erklärungen verschiedenen Gebührensätzen, so werden die Gebühren gesondert berechnet, wenn dies für den Kostenschuldner günstiger ist.

(2) Haben die in einer Verhandlung beurkundeten Erklärungen einen verschiedenen Gegenstand, so gilt folgendes:

a) Unterliegen alle Erklärungen dem gleichen Gebührensatz, so wird dieser nur einmal nach den zusammengerechneten Werten berechnet.

b) Sind verschiedene Gebührensätze anzuwenden, so wird jede Gebühr für sich berechnet; soweit mehrere Erklärungen dem gleichen Gebührensatz unterliegen, werden die Werte

1. Beurkundungen und ähnliche Geschäfte **Text**

zusammengerechnet; insgesamt darf in diesem Fall nicht mehr erhoben werden, als bei Zugrundelegung des höchsten der angewendeten Gebührensätze vom Gesamtwert zu erheben sein würde.

(3) [1] Treffen Erklärungen, die sich auf eine Rangänderung beziehen, mit anderen Erklärungen in einer Urkunde zusammen, so gilt als Gegenstand der Rangänderung das vortretende oder das zurücktretende Recht, je nachdem es für den Kostenschuldner nach den vorstehenden Vorschriften günstiger ist. [2] Die Vormerkung gemäß § 1179 des Bürgerlichen Gesetzbuchs zugunsten eines nach- oder gleichstehenden Berechtigten steht der Rangänderung gleich. [3] Das gleiche gilt für den Ausschluß des Löschungsanspruchs nach § 1179a Abs. 5 des Bürgerlichen Gesetzbuchs.

§ 44 begünstigt mehrere Willenserklärungen in einer Urkunde: Die Gebühren der §§ 36 bis 43 werden aus demselben Gegenstand, meist: demselben Rechtsverhältnis, nur einmal berechnet (Abs. 1), bei verschiedenen Gegenständen (Rechtsverhältnissen) aus der Wertesumme (Abs. 2). Bei Rangänderungen und ähnlichen Erklärungen tritt für § 44 an die Stelle des Rechtsverhältnisses zwischen beiden Rechten fiktiv das zwischen Eigentümer und einem der Berechtigten (Abs. 3). Abs. 1 und 2 treffen Vorsorge, dass die Begünstigung nicht in eine Benachteiligung umschlägt. § 44 ist auf Beschlüsse entsprechend anzuwenden (§ 41c Abs. 3 S. 1); nicht auf das Zusammentreffen von Willenserklärungen und Beschlüssen.

§ 45 Beglaubigung von Unterschriften

(1) [1] Für die Beglaubigung von Unterschriften oder Handzeichen wird ein Viertel der vollen Gebühr, höchstens jedoch ein Betrag von 130 Euro, erhoben. [2] Der Wert ist ebenso zu bestimmen, wie wenn die Erklärung, unter der die Unterschrift oder das Handzeichen beglaubigt wird, beurkundet würde.

(2) Für die nach den Staatsschuldbuchgesetzen erforderlichen Unterschriftsbeglaubigungen wird nur die Mindestgebühr erhoben.

§ 45 bestimmt die Gerichts- und Notargebühr (§ 141) der Beglaubigung von Unterschriften. Der Wert wird nach den §§ 18ff., 39ff. berechnet. Die Gebühr ist auf die Entwurfsgebühr anzurechnen (§ 145 Abs. 1 S. 4). Wegen anderer Beglaubigungsorgane s. § 159.

§ 46 Verfügungen von Todes wegen

(1) Für die Beurkundung eines Testaments wird die volle, für die Beurkundung eines Erbvertrags oder eines gemeinschaftlichen Testaments wird das Doppelte der vollen Gebühr erhoben.

(2) [1] Für die Beurkundung des Widerrufs einer letztwilligen Verfügung, der Aufhebung oder Anfechtung eines Erbvertrags sowie des Rücktritts von einem Erbvertrag wird die Hälfte der vollen Gebühr erhoben; ist die Anfechtung dem Nachlaßgericht gegenüber zu erklären, so gilt § 38 Abs. 3. [2] Wird gleichzeitig eine neue Verfügung von Todes wegen beurkundet, so wird die Gebühr für den Widerruf oder die Aufhebung nur insoweit erhoben, als der Geschäftswert der neu errichteten Verfügung hinter dem der widerrufenen oder aufgehobenen Verfügung zurückbleibt.

(3) Wird ein Erbvertrag gleichzeitig mit einem Ehevertrag oder einem Lebenspartnerschaftsvertrag beurkundet, so wird die Gebühr nur einmal berechnet, und zwar nach dem Vertrag, der den höchsten Geschäftswert hat.

(4) [1] Wird über den ganzen Nachlaß oder einen Bruchteil davon verfügt, so ist der Gebührenberechnung der Wert des nach Abzug der Verbindlichkeiten verbleibenden reinen Vermögens oder der Wert des entsprechenden Bruchteils des reinen Vermögens zugrunde zu legen. [2] Vermächtnisse, Pflichtteilsrechte und Auflagen werden nicht abgezogen.

(5) [1] Der Berechnung der Gebühren sind in der Regel die Angaben des Verfügenden über den Geschäftswert zugrunde zu legen. [2] Eine Nachforderung des deshalb zu wenig angesetzten Betrags wird durch § 15 nicht ausgeschlossen; die Verjährung des Anspruchs

(§ 17) beginnt in diesem Fall erst mit dem Ablauf des Jahres, in dem die Verfügung eröffnet oder zurückgegeben ist.

§ 46 bestimmt für die notarielle Beurkundung (§ 141) letztwilliger Verfügungen und damit zusammenhängender Erklärungen die Gebühren (Abs. 1, 2 S. 1), den Wert (Abs. 4; Abweichung von § 18 Abs. 3) und die Bewertung (Abs. 5; wegen S. 2 bei Gebührennotaren, § 154, s. § 143 Abs. 1). Für eine Mehrheit von Erklärungen trifft er eine spezielle Regelung (Abs. 2 S. 2). Beim Zusammentreffen von Erb- und Ehe-(Lebenspartnerschafts-)vertrag ist entsprechend § 44 Abs. 1 zu verfahren (Abs. 3); über diese „Brücke" bleibt § 44 anwendbar, wenn er zwischen den letztgenannten und weiteren Erklärungen gilt.

§ 47 Beschlüsse von Gesellschaftsorganen

[1] Für die Beurkundung von Beschlüssen von Hauptversammlungen, Aufsichtsräten und sonstigen Organen von Aktiengesellschaften, anderen Vereinigungen und Stiftungen wird das Doppelte der vollen Gebühr erhoben; als gebührenfreies Nebengeschäft (§ 35) gilt bei Änderungen einer Satzung oder eines Gesellschaftsvertrags auch die für die Anmeldung zum Handelsregister erforderliche Bescheinigung des neuen vollständigen Wortlauts der Satzung oder des Gesellschaftsvertrags. [2] Die Gebühr beträgt in keinem Falle mehr als 5000 Euro.

§ 47 bestimmt die Notargebühr (§ 141) der Beurkundung (§ 37 BeurkG) von Beschlüssen: der Willensbildung durch Abstimmung. Den Wert und die Mehrheit von Beschlüssen regeln die §§ 41c, 29.

§ 48 Verlosung, Auslosung und Vernichtung von Wertpapieren, Wahlversammlungen

(1) Das Doppelte der vollen Gebühr wird erhoben für die Beurkundung des Hergangs bei Verlosungen, bei der Auslosung oder Vernichtung von Wertpapieren sowie bei Wahlversammlungen.

(2) Für das Einzählen von Losen wird neben der im Absatz 1 bestimmten Gebühr eine weitere Gebühr in Höhe der Hälfte der vollen Gebühr erhoben.

(3) Der Geschäftswert bestimmt sich, soweit nicht ein bestimmter Geldbetrag feststeht, nach § 30 Abs. 2; er beträgt in allen Fällen höchstens 500 000 Euro.

(4) Wird die Auslosung und Vernichtung in einer Verhandlung beurkundet, so wird die Gebühr nur einmal erhoben.

§ 48 bestimmt Gebühren und Wert der Beurkundung (§ 37 BeurkG) bestimmter tatsächlicher Vorgänge.

§ 49 Eide, eidesstattliche Versicherungen, Vernehmung von Zeugen und Sachverständigen, Augenscheinseinnahmen

(1) Die volle Gebühr wird erhoben für die Abnahme von Eiden und Versicherungen an Eides Statt, für die Vernehmung von Zeugen und Sachverständigen sowie für die Mitwirkung bei Augenscheinseinnahmen, sofern diese Geschäfte nicht Teil eines anderen Verfahrens sind.

(2) [1] Bei einer eidesstattlichen Versicherung zur Erlangung eines Erbscheins oder eines Zeugnisses der in §§ 109 bis 111 bezeichneten Art bestimmt sich der Geschäftswert nach §§ 107, 109 und 111. [2] Treten in Erbscheinsverfahren weitere Erben einer anderweit beurkundeten eidesstattlichen Versicherung bei, so bestimmt sich die Gebühr nach dem Wert ihres Anteils an dem Nachlaß.

(3) Wird mit der eidesstattlichen Versicherung zugleich der Antrag auf Erteilung eines Erbscheins oder eines Zeugnisses der in §§ 109 und 111 bestimmten Art beurkundet, so wird dafür eine besondere Gebühr nicht erhoben.

§ 49 bestimmt insbesondere Gerichts- und Notargebühr (§ 141) sowie den Wert des Erbscheinsantrags mit eidesstattlicher Versicherung und entsprechender Anträge auf ähnliche Zeugnisse (§ 38 BeurkG); ferner sonstiger tatsächlicher Vorgänge. Welche Gebühr für einen isolierten Erbscheinsantrag

1. Beurkundungen und ähnliche Geschäfte **Text**

anzusetzen ist, bleibt offen (§ 147 Abs. 2?). Eine Begünstigung mehrerer Vorgänge fehlt, es sind mithin Einzelgebühren zu erheben.

§ 50 Bescheinigungen, Abmarkungen, Verklarungen, Proteste, Schätzungen

(1) Die volle Gebühr wird erhoben

1. für die Erteilung von Bescheinigungen über Tatsachen oder Verhältnisse, die urkundlich nachgewiesen oder offenkundig sind;
2. für die Mitwirkung bei Abmarkungen;
3. für die Aufnahme von Protesten und ähnlichen Urkunden;
4. für die Aufnahme von Schätzungen.

(2) Für die Aufnahme von Verklarungen sowie Beweisaufnahmen nach dem Fünften Buch des Handelsgesetzbuchs und nach dem Binnenschiffahrtsgesetz wird das Doppelte der vollen Gebühr, für die nachträgliche Ergänzung der Verklarung wird eine volle Gebühr erhoben.

§ 50 bestimmt die Notargebühr (§ 141) bestimmter Vermerk-Beurkundungen (§ 39 BeurkG) sowie der Beurkundung weiterer tatsächlicher Vorgänge nach Bundes- und Landesrecht. Rechtsfolgen als Gegenstand notarieller Tätigkeit überschreiten seine Gebührentatbestände (dazu § 147). Dem Abs. 1 Nr. 3 geht § 51 für Wechsel- und Scheckproteste vor.

§ 51 Wechsel- und Scheckproteste

(1) Für die Aufnahme von Wechsel- und Scheckprotesten wird die Hälfte der vollen Gebühr erhoben.

(2) [1]Daneben wird für jeden Weg, der zur Erledigung des Protestes zurückzulegen ist, eine Wegegebühr von 1,50 Euro erhoben. [2]Die dem Protestbeamten zustehenden Reisekosten werden auf die Wegegebühr angerechnet. [3]Die Wegegebühr wird auch dann erhoben, wenn der Auftrag zur Protesterhebung nach Antritt des Weges seine Erledigung gefunden hat.

(3) Die Protestgebühr ist auch dann zu zahlen, wenn ohne Aufnahme des Protestes an den Protestbeamten gezahlt oder die Zahlung ihm nachgewiesen wird.

(4) Enthält der Wechsel Notadressen, so ist für die Aufnahme eines jeden Protestes wegen Verweigerung der Ehrenannahme oder wegen unterbliebener Ehrenzahlung ein Viertel der vollen Gebühr zu erheben.

(5) Für das Zeugnis über die Protesterhebung (Artikel 90 Abs. 2 des Wechselgesetzes und Artikel 59 Abs. 2 des Scheckgesetzes) werden eine Gebühr von 1,50 Euro und die für die Ablichtungen und Ausdrucke entstandene Dokumentenpauschale erhoben.

§ 51 bestimmt die Gebühren des Notars (§ 141) und Gerichtsvollziehers (§ 12 Abs. 1 S. 1 GvKostG) für Wechsel- und Scheckproteste (Art. 79ff. WG, Art. 55 Abs. 3 ScheckG) und regelt die Auslagen.

§ 52 Vermögensverzeichnisse, Siegelungen

(1) [1]Für die Aufnahme von Vermögensverzeichnissen sowie für Siegelungen und Entsiegelungen wird nach dem Wert der verzeichneten oder versiegelten Gegenstände die Hälfte der vollen Gebühr erhoben. [2]Das gleiche gilt für die Mitwirkung als Urkundsperson bei der Aufnahme von Vermögensverzeichnissen. [3]Nimmt das Geschäft einen Zeitaufwand von mehr als zwei Stunden in Anspruch, so erhöht sich die Gebühr für jede weitere angefangene Stunde um die Mindestgebühr (§ 33).

(2) Für die Siegelung, einschließlich der Entsiegelung und der Aufnahme eines Vermögensverzeichnisses, wird die Gebühr nur einmal nach dem Gesamtzeitaufwand erhoben.

§ 52 bestimmt die Gebühr des Gerichts, Notars (§ 141) und Gerichtsvollziehers (§ 12 Abs. 1 S. 1 GvKostG) für Vermögensverzeichnisse und Siegelungen, wie sie in vielen Vorschriften des BGB und landesrechtlichen Regelungen vorgesehen sind.

§ 53 Freiwillige Versteigerung von Grundstücken

(1) Bei freiwilligen Versteigerungen zum Zwecke der Veräußerung oder Verpachtung von Grundstücken und sonstigen Gegenständen, die der Zwangsvollstreckung in das unbewegliche Vermögen unterliegen, werden erhoben
1. für das Verfahren im Allgemeinen die Hälfte der vollen Gebühr;
2. für die Aufnahme einer gerichtlichen Schätzung die Hälfte der vollen Gebühr;
3. für die Abhaltung des Versteigerungstermins die volle Gebühr;
4. für die Beurkundung des Zuschlags die volle Gebühr.

(2) Die in Absatz 1 Nr. 1 bestimmte Gebühr wird mit dem Eingang des Antrags fällig und ist auch dann zu erheben, wenn die Versteigerung einer Ortsbehörde übertragen wird.

(3) Der Versteigerungstermin gilt als abgehalten, wenn zur Abgabe von Geboten aufgefordert ist.

(4) [1] Werden mehrere Grundstücke zum Zwecke der Veräußerung in demselben Verfahren versteigert, so werden die Gebühren von dem zusammengerechneten Wert der mehreren Grundstücke berechnet. [2] Die Gebühr für die Beurkundung des Zuschlags wird jedoch für jeden Ersteher nach dem zusammengerechneten Betrag seiner Gebote erhoben; ist der zusammengerechnete Wert der ihm zugeschlagenen Grundstücke höher, so ist dieser maßgebend.

(5) Werden in dem Verfahren mehrere Versteigerungstermine abgehalten, so werden für jeden Termin die Gebühren besonders erhoben.

(6) [1] Schuldner der Kosten für die Beurkundung des Zuschlags ist, vorbehaltlich der Vorschrift in § 3 Nr. 3, nur der Ersteher. [2] Hinsichtlich der übrigen Kosten gelten die allgemeinen Vorschriften über die Zahlungspflicht.

(7) [1] Tritt der Meistbietende die Rechte aus dem Meistgebot oder der Veräußerer den Anspruch gegen den Ersteher ab, oder erklärt der Meistbietende, für einen Dritten geboten zu haben, oder tritt ein Dritter diesen Erklärungen bei, so bleibt die Beurkundung gebührenfrei, wenn sie in dem Protokoll über die Versteigerung geschieht. [2] Das gleiche gilt, wenn nach Maßgabe der Versteigerungsbedingungen für den Anspruch gegen den Ersteher die Bürgschaft übernommen oder eine sonstige Sicherheit bestellt und dies in dem Protokoll über die Versteigerung beurkundet wird.

§ 53 bestimmt die Gebühren der freiwilligen Versteigerung von Grundstücken und grundstücksgleichen Rechten nach Bundes- und Landesrecht (vgl. § 15 BeurkG), auch durch den Notar (§ 141; § 20 Abs. 3 S. 1 BNotO).

§ 54 Versteigerung von beweglichen Sachen und Rechten

(1) Für die Versteigerung von beweglichen Sachen, von Früchten auf dem Halm oder von Holz auf dem Stamm sowie von Forderungen oder sonstigen Rechten wird das Dreifache der vollen Gebühr nach dem zusammengerechneten Wert der Gegenstände erhoben.

(2) Soweit sich das Verfahren erledigt, bevor zur Abgabe von Geboten aufgefordert worden ist, ermäßigt sich die Gebühr auf ein Viertel der vollen Gebühr.

(3) Die Kosten können aus dem Erlös vorweg entnommen werden.

§ 54 bestimmt die Gebühren der freiwilligen Versteigerung beweglicher Sachen nach Bundes- und Landesrecht (vgl. § 15 BeurkG), auch durch den Notar (§ 141; § 20 Abs. 3 S. 2 BNotO).

§ 55 Beglaubigung von Ablichtungen und Ausdrucken

(1) [1] Für die Beglaubigung von Ablichtungen und Ausdrucken wird, soweit nicht § 132 anzuwenden ist, eine Gebühr von 0,50 Euro für jede angefangene Seite erhoben. [2] Mindestens wird ein Betrag in Höhe der Mindestgebühr (§ 33) erhoben.

(2) Werden die Ablichtungen und Ausdrucke durch das Gericht hergestellt, so kommt die Dokumentenpauschale hinzu.

§ 55 bestimmt die Gebühr der Beglaubigung von Kopien durch Gericht und Notar (§ 141; er tritt in Abs. 2 an die Stelle des Gerichts). Die §§ 132, 136 Abs. 1 Nr. 2 schränken ihn ein, die speziellen Regelungen für Grundbuch, Register und Pachtkredit (§§ 73, 89, 126 Abs. 3) gehen ihm bei gerichtlicher Beglaubigung vor.

§ 55 a Gebührenfreiheit in Kindschafts- und Unterhaltssachen

Beurkundungen nach § 62 Abs. 1 des Beurkundungsgesetzes sind gebührenfrei.

§ 55a erstreckt die Kostenfreiheit (§ 64 Abs. 1 SGB X) der Beurkundung und Beglaubigung durch das Jugendamt als Gebührenfreiheit auf gleiche Geschäfte des Gerichts und der Nichtgebührennotare im Landesdienst Baden-Württembergs (§§ 141, 142). Auf Gebührennotare (§ 154) findet er wohl keine Anwendung (§ 143 Abs. 2 S. 1), die Rechtsprechung zur bis 1998 geltenden Fassung verfuhr gegenteilig.

§ 56 Sicherstellung der Zeit

Für die Sicherstellung der Zeit, zu der eine Privaturkunde ausgestellt ist, einschließlich der über die Vorlegung ausgestellten Bescheinigung, wird eine Gebühr von 13 Euro erhoben.

§ 56 bestimmt die Notargebühr (§ 141) der Vermerk-Beurkundung des § 43 BeurkG.

§ 57 Erfolglose Verhandlung

Unterbleibt die beantragte Beurkundung infolge Zurücknahme des Antrags oder aus ähnlichen Gründen, nachdem das Gericht mit den Beteiligten darüber verhandelt hat, so wird die Hälfte der vollen Gebühr, jedoch nicht mehr als die für die beantragte Beurkundung bestimmte Gebühr erhoben; die Gebühr darf 50 Euro nicht übersteigen.

§ 57 bestimmt die Gerichts- und Notargebühr (§ 141) bei vorzeitiger Beendigung des Beurkundungsverfahren der §§ 36 bis 56 nach Beginn der Verhandlung. Bei einer früheren Beendigung finden die §§ 130 Abs. 2, 141 Anwendung. In beiden Fällen geht § 145 Abs. 2, 3 als spezielle Regelung vor.

§ 58 Geschäfte außerhalb der Gerichtsstelle, an Sonn- und Feiertagen und zur Nachtzeit

(1) [1] Wird ein Geschäft auf Verlangen des Antragstellers oder mit Rücksicht auf die Art des Geschäfts außerhalb der Gerichtsstelle vorgenommen, so wird eine Zusatzgebühr in Höhe der Hälfte der vollen Gebühr erhoben, die jedoch den Betrag von 30 Euro und die für das Geschäft selbst zu erhebende Gebühr nicht übersteigen darf. [2] Werden mehrere Erklärungen in einer Verhandlung beurkundet, so wird die Gebühr nur einmal erhoben, und zwar, soweit die beurkundeten Erklärungen verschiedene Gegenstände betreffen, nach deren zusammengerechnetem Wert.

(2) Haben die Gerichtspersonen den Weg zu dem Ort des Geschäfts angetreten, so wird die Zusatzgebühr auch dann erhoben, wenn das Geschäft aus einem in der Person der Beteiligten liegenden Grund nicht ausgeführt wird.

(3) [1] Für Beurkundungen an Sonntagen und allgemeinen Feiertagen sowie an Werktagen außerhalb der Zeit von acht bis achtzehn Uhr, jedoch an Sonnabenden nach dreizehn Uhr, wird eine Gebühr in Höhe der Hälfte der vollen Gebühr erhoben, die jedoch den Betrag von 30 Euro und die für das Geschäft selbst zu erhebende Gebühr nicht übersteigen darf. [2] Treffen mehrere der in Satz 1 genannten Voraussetzungen zu, so wird die Zusatzgebühr nur einmal erhoben.

(4) Die Vorschriften dieses Paragraphen gelten nicht für Geschäfte der in § 50 Nr. 2 und 4 sowie in §§ 51, 52 und 54 bezeichneten Art; im Fall des § 53 wird die Zusatzgebühr nur erhoben, wenn der Versteigerungstermin außerhalb der Gerichtsstelle abgehalten wird.

§ 58 bestimmt für alle Beurkundungen der §§ 36 bis 57, mit Ausnahme der in Abs. 4 genannten, Zusatzgebühren des Gerichts und Notars (§ 141): die Auswärtsgebühr (Abs. 1, 2) und die Unzeitgebühr (Abs. 3), sie können nebeneinander anfallen. Eine weitere Zusatzgebühr sieht § 59 vor.

§ 59 Erklärungen in fremder Sprache

(1) Gibt ein Beteiligter die zu beurkundende Erklärung in einer fremden Sprache ab, so wird für die Beurkundung eine Zusatzgebühr in Höhe der Hälfte der für die Beurkundung erwachsenden Gebühr bis zum Höchstbetrag von 30 Euro erhoben.

(2) Schuldner der Zusatzgebühr sowie der durch die Zuziehung eines Dolmetschers entstandenen Auslagen ist der Beteiligte, der die Verhandlung in der fremden Sprache veranlaßt hat.

§ 59 ergänzt § 58 um eine weitere Zusatzgebühr, bei der sich die Frage stellt, ob sie nur für die Beurkundung von Willenserklärungen oder für alle Beurkundungen gilt.

2. Grundbuchsachen

§ 60 Eintragung des Eigentümers

(1) Für die Eintragung eines Eigentümers oder von Miteigentümern wird die volle Gebühr erhoben.

(2) Die Gebühr ermäßigt sich auf die Hälfte bei Eintragung des Ehegatten, des Lebenspartners oder von Abkömmlingen des eingetragenen Eigentümers, auch wenn die Genannten infolge der Auseinandersetzung des Gesamtguts einer Gütergemeinschaft oder eines Nachlasses oder wenn sie nachträglich als Miteigentümer von Grundstücken eingetragen werden, die zu einer Gütergemeinschaft gehören; bei der Eintragung infolge einer Erbauseinandersetzung oder der Auseinandersetzung einer Gütergemeinschaft macht es keinen Unterschied, ob inzwischen die Erben oder diejenigen, die die Gütergemeinschaft fortgesetzt haben, im Grundbuch eingetragen worden sind oder nicht.

(3) Werden Gebühren auf Grund der Absätze 1 und 2 nebeneinander erhoben, so wird zunächst die volle Gebühr nach dem Gesamtwert berechnet; die so berechnete Gebühr mindert sich um die Hälfte des Anteils der Personen, deren Eintragung nach Absatz 2 nur die halbe Gebühr erfordert.

(4) Die Gebühren nach den Absätzen 1 bis 3 werden nicht erhoben bei Eintragung von Erben des eingetragenen Eigentümers, wenn der Eintragungsantrag binnen zwei Jahren seit dem Erbfall bei dem Grundbuchamt eingereicht wird.

(5) Werden auf Grund eines gleichzeitig gestellten Antrags derselbe Eigentümer oder dieselben Miteigentümer bei mehreren Grundstücken eingetragen, über die das Grundbuch bei demselben Grundbuchamt geführt wird, so werden die Gebühren nur einmal nach dem zusammengerechneten Wert erhoben.

(6) Wird der Eigentümer auf Grund des § 82a der Grundbuchordnung von Amts wegen eingetragen, so wird für die Eintragung einschließlich des vorangegangenen Verfahrens vor dem Grundbuchamt oder Nachlaßgericht das Doppelte der in den Absätzen 1 und 2 bestimmten Gebühren erhoben.

§ 60 bestimmt die Gebühr für die Eintragung des Eigentümers eines (Abs. 1) und mehrerer Grundstücke (Abs. 5) sowie grundstücksgleicher Rechte (§ 77 Abs. 1). Er begünstigt Ehegatten und Abkömmlinge sowie Lebenspartner (Abs. 2). Gebührenfrei bleibt die alsbaldige Eintragung der Erben als Eigentümer (Abs. 4). Für Gesamthandsgemeinschaften trifft § 61 eine ergänzende Regelung.

§ 61 Eigentumswechsel bei Gemeinschaften zur gesamten Hand

(1) ¹Geht ein Grundstück, das für mehrere zur gesamten Hand eingetragen ist, auf einen oder mehrere der Mitberechtigten oder auf eine aus denselben Personen bestehende andere

Gesamthandgemeinschaft über, so wird die Gebühr so berechnet, als ob die Beteiligten nach Bruchteilen berechtigt wären; die Anteile der Erwerber bleiben unberücksichtigt. ²Geht ein Grundstück von einem oder mehreren eingetragenen Eigentümern, die in einer Gesamthandgemeinschaft stehen, auf diese Gemeinschaft über, so wird die Gebühr so berechnet, als ob es sich um eine Gemeinschaft nach Bruchteilen handele; die Anteile der Veräußerer bleiben unberücksichtigt. ³Treten sonst Änderungen in der Person der an der gesamten Hand Berechtigten ein, so wird der Anteil des ausscheidenden oder neu eintretenden Mitberechtigten zugrunde gelegt.

(2) ¹Die Anteile sind entsprechend der Beteiligung an dem Gesamthandvermögen zu bemessen. ²Mindestens sind die Gebühren nach dem kleinsten Anteil zu berechnen.

(3) Die Vorschriften der Absätze 1 und 2 gelten nicht für offene Handelsgesellschaften und Kommanditgesellschaften.

§ 61 *ermäßigt den Wert der Gebühren des § 60 bei Gesamthandsgemeinschaften (Abs. 1, 2), nimmt jedoch OHG und KG aus, weil sie unter ihrer Firma eingetragen werden (§§ 124 Abs. 1, 161 Abs. 2 HGB).*

§ 62 Eintragung von Belastungen

(1) Für die Eintragung einer Hypothek, Grundschuld oder Rentenschuld, einer Dienstbarkeit, eines Dauerwohnrechts, eines Dauernutzungsrechts, eines Vorkaufsrechts, einer Reallast, eines Erbbaurechts oder eines ähnlichen Rechts an einem Grundstück wird die volle Gebühr erhoben.

(2) Werden Belastungen auf Grund von Gutsüberlassungsverträgen oder von Erb- oder Gesamtgutsauseinandersetzungen zugleich mit der Eintragung des neuen Eigentümers eingetragen, so wird die im Absatz 1 bestimmte Gebühr nur zur Hälfte erhoben.

(3) ¹Als gebührenfreies Nebengeschäft der Eintragung des Rechts (§ 35) gilt insbesondere die gleichzeitig beantragte Eintragung der Unterwerfung unter die sofortige Zwangsvollstreckung, eines Rangvorbehalts oder des Ausschlusses der Brieferteilung. ²Wird gleichzeitig mit dem Antrag auf Eintragung des Rechts beantragt, eine Löschungsvormerkung gemäß § 1179 des Bürgerlichen Gesetzbuchs zugunsten des Berechtigten einzutragen, so wird für diese Eintragung eine weitere Gebühr nicht erhoben.

§ 62 bestimmt die Gebühr für die Eintragung aller Belastungen von Grundstücken (Abs. 1, 3 S. 1) und grundstücksgleichen Rechten (§ 77 Abs. 1). Er begünstigt Überlassungen und Auseinandersetzungen (Abs. 2) sowie Löschungsvormerkungen (Abs. 3 S. 2). Für mehrere Grundstücke, mehrere Belastungen und Gesamtbelastungen trifft § 63 eine ergänzende Regelung.

§ 63 Eintragung mehrerer Rechte, Belastung mehrerer Grundstücke

(1) ¹Werden ein oder mehrere Grundstücke mit mehreren Rechten der in § 62 bezeichneten Art belastet, so wird die Gebühr für die Eintragung jedes Rechts besonders erhoben. ²Wird gemäß § 50 der Grundbuchordnung bei einer Hypothek, Grundschuld oder Rentenschuld, die in Teilbeträgen mehreren Berechtigten zusteht, lediglich der Gesamtbetrag des Rechts eingetragen, so gilt dies als Belastung mit nur einem Recht.

(2) ¹Werden mehrere Grundstücke mit einem und demselben Recht belastet, so wird die Gebühr nur einmal erhoben, wenn die Eintragung auf Grund eines gleichzeitig gestellten Antrags erfolgt und das Grundbuch über die Grundstücke bei demselben Grundbuchamt geführt wird. ²Als Belastung mit einem und demselben Recht gilt auch die Belastung mehrerer Grundstücke mit einem Nießbrauch, mit einer beschränkten persönlichen Dienstbarkeit, mit einem Altenteil oder mit einem Vorkaufsrecht.

(3) ¹Wird gleichzeitig die Belastung mehrerer Grundstücke mit einem und demselben Recht beantragt und wird das Grundbuch über die Grundstücke bei verschiedenen Grundbuchämtern geführt, so wird für die Eintragung auf dem Grundstück, das den höchsten Wert hat, die in § 62 Abs. 1 oder 2 bestimmte Gebühr in voller Höhe erhoben;

für jede weitere Eintragung wird die Hälfte der in § 62 Abs. 1 oder 2 bestimmten Gebühr angesetzt, und zwar nach dem Wert des Grundstücks, wenn er geringer ist als der Wert des Rechts. ²Dabei wird der Wert mehrerer Grundstücke, über die das Grundbuch bei demselben Grundbuchamt geführt wird, zusammengerechnet. ³Gleichzeitig sind die Anträge gestellt, wenn sie bei einem Grundbuchamt gemeinsam eingereicht sind, bei gesonderter Antragstellung, wenn sie innerhalb eines Monats bei den beteiligten Grundbuchämtern eingehen.

(4) ¹Soweit der Antrag nicht gleichzeitig gestellt ist, wird für jede Eintragung die Hälfte der in § 62 Abs. 1 oder 2 bestimmten Gebühr erhoben, und zwar nach dem Wert des Grundstücks, wenn er geringer ist als der Wert des Rechts. ²Dabei wird der Wert mehrerer Grundstücke, über die das Grundbuch bei demselben Grundbuchamt geführt wird, zusammengerechnet.

§ 63 regelt die Gebühr des § 62 bei mehreren Belastungen des § 62 (Abs. 1), die Belastung mehrerer Grundstücke desselben Grundbuchamts und verschiedener Grundbuchämter mit einem Gesamtrecht bei gleichzeitigen (Abs. 2, 3) und nichtgleichzeitigen Anträgen (Abs. 4). Dabei werden gleiche Rechte wie Gesamtrechte behandelt (Abs. 2 S. 2).

§ 64 Eintragung von Veränderungen und Löschungsvormerkungen

(1) ¹Für die Eintragung von Veränderungen eines Rechts wird die Hälfte der vollen Gebühr erhoben. ²Als Veränderung eines Rechts gilt auch die Löschungsvormerkung (§ 1179 des Bürgerlichen Gesetzbuchs), soweit sie nicht gemäß § 62 Abs. 3 Satz 2 gebührenfrei einzutragen ist.

(2) Bezieht sich eine Veränderung auf mehrere Rechte, so wird die in Absatz 1 bestimmte Gebühr für jedes Recht besonders erhoben, auch wenn es nur der Eintragung eines einheitlichen Vermerks bedarf.

(3) Beziehen sich mehrere Veränderungen, deren Eintragung gleichzeitig beantragt ist, auf ein und dasselbe Recht, so wird, gleichviel ob es der Eintragung eines oder mehrerer Vermerke bedarf, die Gebühr nur einmal nach dem zusammengerechneten Wert der Veränderungen erhoben.

(4) ¹Der Wert des veränderten Rechts darf, auch wenn es sich um mehrere Veränderungen desselben Rechts handelt, nicht überschritten werden. ²Handelt es sich um den Übergang eines Rechts, so finden die Vorschriften des § 61 entsprechende Anwendung.

(5) Änderungen des Ranges eingetragener Rechte sind nur als Veränderungen des zurücktretenden Rechts, Löschungsvormerkungen zugunsten eines nach- oder gleichstehenden Gläubigers (§ 1179 des Bürgerlichen Gesetzbuchs) nur als Veränderungen des Rechts zu behandeln, auf dessen Löschung der vorgemerkte Anspruch gerichtet ist; für die Wertberechnung bleibt die Vorschrift des § 23 Abs. 3 unberührt.

(6) Betreffen die Veränderungen Rechte, mit denen mehrere Grundstücke gemeinsam belastet sind, so gelten die Vorschriften des § 63 Abs. 2 und 3 entsprechend.

§ 64 bestimmt die Gebühr von Veränderungen und Löschungsvormerkungen (Abs. 1) sowie den Höchstwert (Abs. 4); auch der Veränderung mehrerer Rechte (Abs. 2), wobei Rangänderung und Löschungsvormerkung als eine Veränderung behandelt werden (Abs. 5); mehrerer Veränderungen desselben Rechts (Abs. 3) und der Veränderung von Gesamtrechten (Abs. 6).

§ 65 Eintragung von Verfügungsbeschränkungen

(1) Für die Eintragung von Verfügungsbeschränkungen, insbesondere einer Nacherbfolge, einer Testamentsvollstreckung oder einer Belastung des Anteils gemäß § 1010 des Bürgerlichen Gesetzbuchs, wird, soweit nicht die Eintragung nach § 69 gebührenfrei vorzunehmen ist, die Hälfte der vollen Gebühr erhoben.

(2) ¹Bezieht sich eine Verfügungsbeschränkung auf mehrere Rechte, so wird die im Absatz 1 bestimmte Gebühr für jedes Recht besonders erhoben, auch wenn es nur der Eintragung eines Vermerks bedarf. ²Betreffen die Eintragungen Rechte, mit denen mehrere

2. Grundbuchsachen **Text**

Grundstücke gemeinsam belastet sind, so gilt § 63 Abs. 2 und 3 entsprechend; eine Verfügungsbeschränkung, die Eigentum an mehreren Grundstücken betrifft, steht einer Belastung der Grundstücke mit einem und demselben Recht gleich.

(3) Beziehen sich mehrere Verfügungsbeschränkungen, deren Eintragung gleichzeitig beantragt ist, auf ein und dasselbe Recht, so wird die Gebühr, gleichviel ob es eines oder mehrerer Vermerke bedarf, nur einmal nach dem zusammengerechneten Wert erhoben.

(4) Der Wert des betroffenen Rechts darf, auch wenn es sich um mehrere Verfügungsbeschränkungen hinsichtlich desselben Rechts handelt, nicht überschritten werden.

§ 65 bestimmt Gebühr (Abs. 1) und Höchstwert (Abs. 4) von Verfügungsbeschränkungen zum Eigentum und zu Belastungen sowie Rechten daran, auch wenn sie von Amts wegen eingetragen werden. Er regelt dabei Verfügungsbeschränkungen zu mehreren Rechten (Abs. 2) und mehrere Verfügungsbeschränkungen zum selben Recht (Abs. 3).

§ 66 Eintragung von Vormerkungen und Widersprüchen

(1) ¹Für die Eintragung einer Vormerkung wird die Hälfte der Gebühr erhoben, die für die endgültige Eintragung zu erheben sein würde, mindestens jedoch ein Viertel der vollen Gebühr. ²Für die Eintragung einer Vormerkung, durch die der Anspruch auf Eintragung einer Veränderung oder der Aufhebung eines Rechts am Grundstück gesichert werden soll, wird die gleiche Gebühr erhoben, die für die gesicherte Eintragung zu erheben sein würde; die Vorschriften über die Eintragung einer Löschungsvormerkung (§ 64) bleiben unberührt.

(2) Für die Eintragung eines Widerspruchs wird die Hälfte der Gebühr erhoben, die für die Grundbuchberichtigung zu erheben sein würde, zu deren Sicherung der Widerspruch eingetragen wird; mindestens wird jedoch ein Viertel der vollen Gebühr erhoben.

§ 66 bestimmt die Gebühr für Vormerkungen (Abs. 1, mit Ausnahme der Löschungsvormerkungen, § 64 Abs. 1 S. 2) und Widersprüche (Abs. 2). Die Anknüpfung an die Gebühr der gesicherten Eintragung wirkt sich sowohl auf den Wert als auch auf die Mehrheit von Eintragungen aus.

§ 67 Sonstige Eintragungen

(1) ¹Für alle Eintragungen, die unter keine der vorstehenden Vorschriften fallen und auch nicht als Nebengeschäft gebührenfrei sind, wird ein Viertel der vollen Gebühr erhoben. ²Dies gilt insbesondere
1. für die Eintragung des Verzichts auf das Eigentum am Grundstück;
2. für die Eintragung des Ausschlusses der Erteilung eines Briefs sowie für die Eintragung der Aufhebung dieses Ausschlusses;
3. für den Vermerk von Rechten, die dem jeweiligen Eigentümer zustehen, einschließlich des Vermerks hierüber auf dem Grundbuchblatt des belasteten Grundstücks;
4. für die Eintragung der ohne Eigentumsübergang stattfindenden Teilungen, Vereinigungen und Zuschreibungen von Grundstücken;
5. für die Anlegung eines Grundbuchblatts für ein noch nicht im Grundbuch eingetragenes oder aus dem Grundbuch ausgeschiedenes Grundstück sowie für die nachträgliche Ausscheidung eines Grundstücks aus dem Grundbuch;
6. für die Eintragung der Unterwerfung unter die sofortige Zwangsvollstreckung bei einer Hypothek, Grundschuld oder Rentenschuld.

(2) § 60 Abs. 5, § 63 Abs. 2, § 64 Abs. 3 gelten entsprechend, jedoch ist mindestens ein Viertel der vollen Gebühr zu erheben.

(3) Der Wert bestimmt sich nach § 30.

§ 67 setzt einen Auffangtatbestand für Eintragungen, die nicht von den §§ 60 bis 66 erfasst werden (Abs. 1), und bestimmt deren Wert (Abs. 2). Die Mehrheit solcher Eintragungen wird durch

Bezugnahme geregelt (Abs. 2). § 69 grenzt § 67 ein, indem er bestimmte Eintragungen gebührenfrei stellt.

§ 68 Löschungen und Entlassung aus der Mithaft

¹Für jede Löschung wird die Hälfte der für die Eintragung bestimmten Gebühr erhoben; für die Eintragung der Entlassung aus der Mithaft wird die Hälfte der Gebühr erhoben, die für die Eintragung der Einbeziehung in die Mithaft zu erheben sein würde. ²Mindestens wird ein Viertel der vollen Gebühr erhoben.

§ 68 bestimmt die Gebühr der Löschung aller löschungsfähigen Eintragungen der §§ 60 bis 67 sowie der Entlassung aus der Mithaft. Die Anknüpfung an die – fiktive jetzige, nicht die tatsächliche – Eintragungsgebühr wirkt sich auf den Gebührensatz, den Wert, auf die Mehrheit von Löschungen und dabei die Behandlung gleicher Rechte als Gesamtrecht (§ 63 Abs. 2 S. 2) aus.

§ 69 Gebührenfreie Eintragungen und Löschungen, Zwischenverfügungen

(1) Gebühren werden nicht erhoben

1. für die Umschreibung unübersichtlicher Grundbuchblätter und für die Neufassung einzelner Teile eines Grundbuchblatts;
2. für Eintragungen und Löschungen, die gemäß § 18 Abs. 2 oder § 53 der Grundbuchordnung von Amts wegen erfolgen;
3. für Eintragungen und Löschungen, die vorgenommen werden, um Übereinstimmung zwischen dem Grundbuch und den nach § 2 Abs. 2 der Grundbuchordnung maßgebenden amtlichen Verzeichnissen zu erhalten;
4. für die Eintragung der Vereinigung mehrerer Grundstücke zu einem Grundstück und für die Zuschreibung eines oder mehrerer Grundstücke zu einem anderen Grundstück als dessen Bestandteil, einschließlich hierzu notwendiger Grundstücksteilungen und der Aufnahme des erforderlichen Antrags durch das Grundbuchamt, sofern die das amtliche Verzeichnis (§ 2 Abs. 2 der Grundbuchordnung) führende Behörde bescheinigt, daß die Grundstücke örtlich und wirtschaftlich ein einheitliches Grundstück darstellen;
5. für die Zusammenschreibung mehrerer Grundstücke auf einem Grundbuchblatt (§ 4 der Grundbuchordnung);
6. für die Beseitigung von Doppelbuchungen, einschließlich des vorangegangenen Verfahrens vor dem Grundbuchamt.

(2) ¹Gebührenfrei sind ferner, soweit nicht ein anderes bestimmt ist, Eintragungen und Löschungen, die auf Ersuchen oder Anordnung eines Gerichts, insbesondere des Insolvenz- oder Vollstreckungsgerichts, erfolgen; ausgenommen sind die Eintragung des Erstehers als Eigentümer, die Eintragung der Sicherungshypothek für die Forderung gegen den Ersteher und Eintragungen auf Grund einer einstweiligen Verfügung (§ 941 der Zivilprozeßordnung). ²Soweit eine Eintragung oder Löschung nach den Vorschriften der Insolvenzordnung statt auf Ersuchen des Insolvenzgerichts auf Antrag des Insolvenzverwalters oder, wenn kein Verwalter bestellt ist, auf Antrag des Schuldners erfolgt, ist sie ebenfalls gebührenfrei.

(3) Für Zwischenverfügungen des Grundbuchamts (§ 18 Abs. 1 der Grundbuchordnung) werden besondere Gebühren nicht erhoben.

§ 69 befreit bestimmte Geschäfte von den Gebühren der §§ 60 bis 67.

§ 70 Löschung gegenstandsloser Rechte und Klarstellung der Rangverhältnisse

(1) ¹Für die Löschung gegenstandsloser Eintragungen (§ 84 der Grundbuchordnung) sowie für das vorausgegangene Verfahren vor dem Grundbuchamt, einschließlich der Beurkundung der Erklärungen der Beteiligten, werden Gebühren nicht erhoben. ²Das Grundbuchamt kann die Gebühr für die Löschung einem Beteiligten auferlegen, wenn dies nach den Umständen angemessen erscheint.

(2) ¹Für Eintragungen und Löschungen zur Beseitigung unklarer oder unübersichtlicher Rangverhältnisse (§ 102 Abs. 2, § 111 der Grundbuchordnung) werden Gebühren nicht erhoben; gebührenfrei ist auch das vorangegangene Verfahren vor dem Grundbuchamt, einschließlich der Beurkundung von Erklärungen der Beteiligten. ²Die Auslagen werden von demjenigen erhoben, dem das Grundbuchamt sie gemäß § 114 der Grundbuchordnung auferlegt hat.

§ 70 regelt seltene Grundbuchverfahren sowie die ihnen folgenden Eintragungen und Löschungen.

§ 71 Erteilung von Hypotheken-, Grundschuld- oder Rentenschuldbriefen

(1) ¹Für die Erteilung eines Hypotheken-, Grundschuld- oder Rentenschuldbriefs, eines Teilbriefs oder eines neuen Briefs wird ein Viertel der vollen Gebühr erhoben. ²Für die Eintragung des Erteilungsvermerks in das Grundbuch wird daneben keine Gebühr erhoben.

(2) ¹Für die Erteilung eines Gesamtbriefs wird die im Absatz 1 bestimmte Gebühr nur einmal erhoben, wenn die mehreren Grundstücke bei demselben Grundbuchamt eingetragen sind. ²Sind die belasteten Grundstücke bei verschiedenen Grundbuchämtern eingetragen, so werden für die gemäß § 59 Abs. 2 der Grundbuchordnung zu erteilenden besonderen Briefe die Gebühren besonders erhoben, und zwar nach dem Wert, nach dem sich die Gebühren für die Eintragung des Rechts bestimmen; ist das Recht schon eingetragen, so ist der Wert maßgebend, nach dem die Eintragungsgebühr zu erheben wäre, falls das Recht im Zeitpunkt der Brieferteilung eingetragen würde. ³Wird im Fall des Eintritts in die Mithaft die Mitbelastung lediglich auf dem bisherigen Brief vermerkt (§ 63 der Grundbuchordnung), so wird hierfür neben der Eintragungsgebühr eine besondere Gebühr nicht erhoben.

(3) Bei Erteilung eines gemeinschaftlichen Briefs (§ 66 der Grundbuchordnung) werden die Werte der einzelnen Hypotheken zusammengerechnet.

§ 71 bestimmt die Gebühr für die Erteilung von Grundpfandbriefen und regelt dabei Teilbrief (Abs. 1), Gesamtbrief (Abs. 2) und gemeinschaftlichen Brief (Abs. 3). Er gilt auch für den Notar (§ 141; § 20 Abs. 2 BNotO).

§ 72 Vermerke auf dem Brief

Für die Ergänzung des Grundbuchauszugs auf dem Brief sowie für sonstige Vermerke auf dem Brief wird, sofern es sich nicht um eine gebührenfreie Nebentätigkeit handelt, eine Gebühr von 13 Euro erhoben.

§ 72 bestimmt die Gebühr für Briefergänzungen, die nicht von Amts wegen gebührenfrei erfolgen.

§ 73 Ablichtungen und Ausdrucke

(1) Für die Erteilung von Ablichtungen aus dem Grundbuch werden erhoben
1. für unbeglaubigte Ablichtungen eine Gebühr von 10 Euro;
2. für beglaubigte Ablichtungen eine Gebühr von 18 Euro.

(2) Für die Erteilung von Ausdrucken aus dem maschinell geführten Grundbuch werden erhoben
1. für Ausdrucke eine Gebühr von 10 Euro;
2. für amtliche Ausdrucke eine Gebühr von 18 Euro.

(3) Für die Ergänzung oder Bestätigung von Ablichtungen nach Absatz 1 und von Ausdrucken nach Absatz 2 wird dieselbe Gebühr wie für die Erteilung erhoben.

(4) In den Fällen der Absätze 1 bis 3 wird die Dokumentenpauschale nicht erhoben.

(5) Für die Erteilung von Ablichtungen, Auskünften und Mitteilungen nach § 19 Abs. 2 und 3 des Gesetzes über die Zwangsversteigerung und die Zwangsverwaltung werden weder Gebühren noch Auslagen erhoben.

(6) Für die Erteilung eines Ausdrucks aus einem maschinell geführten Verzeichnis, das der Auffindung der Grundbuchblätter dient, wird eine Gebühr von 10 Euro erhoben.

§ 73 ersetzt die allgemeine Beglaubigungsgebühr des § 55 durch eine besondere für den Grundbuchauszug und pauschaliert die Dokumentenpauschale für einen unbeglaubigten Grundbuchauszug zu einer Gebühr.

§ 74 Grundbucheinsicht

Für die Einsicht des Grundbuchs werden Gebühren nicht erhoben.

§ 74 trifft eine klarstellende Regelung zu § 12 Abs. 1 GBO, gilt jedoch nicht für die von der Justizverwaltung gewährte Einsicht.

§ 75 Eintragungsanträge

[1] Für die Aufnahme von Anträgen auf Eintragungen und Löschungen werden Gebühren nach Maßgabe des Beurkundungsabschnitts besonders erhoben, soweit sie in der Form des § 29 der Grundbuchordnung gestellt werden müssen. [2] Im übrigen ist die Aufnahme und Entgegennahme von Anträgen gebührenfrei.

§ 75 hat angesichts der nicht mehr gegebenen Beurkundungszuständigkeit der Gerichte nur noch Bedeutung für die baden-württembergischen Notariate (§ 159 S. 2).

§ 76 Wohnungs- und Teileigentum

(1) [1] Für die Eintragung der vertraglichen Einräumung von Sondereigentum (§ 7 Abs. 1 des Wohnungseigentumsgesetzes) und für die Anlegung der Wohnungsgrundbücher (Teileigentumsgrundbücher) im Falle des § 8 des Wohnungseigentumsgesetzes wird die Hälfte der vollen Gebühr erhoben. [2] Die Gebühr wird auch dann besonders erhoben, wenn die Eintragung von Miteigentum und die Eintragung des Sondereigentums gleichzeitig beantragt werden.

(2) Für die Eintragung von Änderungen des Inhalts des Sondereigentums gilt § 64 entsprechend.

(3) Für die Eintragung der Aufhebung von Sondereigentum (§ 4 Abs. 1 des Wohnungseigentumsgesetzes) und für die Anlegung des Grundbuchblatts für das Grundstück (§ 9 Abs. 1 Nr. 2 und 3, Abs. 3 des Wohnungseigentumsgesetzes) wird die Hälfte der vollen Gebühr erhoben.

(4) Für das Wohnungserbbaurecht (Teilerbbaurecht) gelten die Absätze 1 bis 3 entsprechend.

§ 76 bestimmt die Gebühren für die Begründung und die Aufhebung von Wohnungs- und Teileigentum (-erbbaurecht); seine Gebühren treten neben die nach den allgemeinen Gebührenvorschriften (vgl. Abs. 1 S. 2). Das bestehende Wohnungseigentum usw. wird als grundstücksgleiches Recht behandelt, es sind mithin die Gebühren der §§ 60 bis 75 zu erheben (§ 77 Abs. 1).

§ 77 Grundstücksgleiche Rechte

(1) Die für Grundstücke geltenden Vorschriften finden auf Erbbaurechte sowie auf das Bergwerkseigentum und sonstige Berechtigungen, die den für Grundstücke geltenden Vorschriften unterliegen, entsprechende Anwendung.

(2) [1] Wird ein Bergwerk mit unbeweglichen Anteilen der Gewerken in Ausführung eines nach den maßgebenden bergrechtlichen Vorschriften gefaßten Beschlusses auf die Gewerkschaft eingetragen, so wird für die Eintragung, einschließlich der vorläufigen Vermerke, der Anlegung des Gewerkenbuchs und der Ausfertigung und Aufbewahrung der Kuxscheine, die volle Gebühr erhoben. [2] Die gleiche Gebühr wird für die Umschreibung eines Kuxes in dem Gewerkenbuch auf einen anderen Berechtigten erhoben. [3] Für die Eintragung von Pfandrechten auf Kuxscheinen und die Eintragung von Veränderungen und Löschungen

werden dieselben Gebühren erhoben wie bei entsprechenden Eintragungen und Löschungen im Grundbuch. [4] Für die Erteilung beglaubigter Ablichtungen und Ausdrucke aus dem Gewerkenbuch und dessen Einsicht gelten die Vorschriften der §§ 73, 74 entsprechend.

§ 77 unterwirft grundstücksgleiche Rechte, vor allem das Erbbaurecht sowie Wohnungs- und Teileigentum(-erbbaurecht), neuerdings auch das Gebäudeeigentum in der ehemaligen DDR, den Gebühren der §§ 60 bis 75 (Abs. 1), soweit nicht besondere Regelungen vorgehen (insbesondere §§ 62 Abs. 1, 68 für das Erbbaurecht, § 76 für das Wohnungseigentum usw.). Abs. 2 regelt das Bergwerkseigentum.

§ 78 Bahneinheiten

(1) Die für Grundstücke geltenden Vorschriften finden auf Bahneinheiten entsprechende Anwendung.

(2) Die Gebühr für die Anlegung und die Schließung des Bahngrundbuchs bestimmt sich nach § 67; das gleiche gilt für den Vermerk über das Erlöschen der Genehmigung, einschließlich der erforderlichen öffentlichen Bekanntmachung des Vermerks.

(3) Wird infolge Veräußerung der Bahn der Eigentumswechsel auf dem Grundbuchblatt des Bahngrundstücks eingetragen, so werden dafür Gebühren nicht erhoben.

(4) [1] Die Kosten der Anlegung des Bahngrundbuchs sowie der Vermerke über die Zugehörigkeit eines Grundstücks zur Bahneinheit trägt der Bahneigentümer. [2] Die Kosten fallen jedoch, wenn ein Gläubiger durch den Antrag auf Eintragung einer vollstreckbaren Forderung die Anlegung des Bahngrundbuchs veranlaßt hat, diesem Gläubiger, und wenn das Bahngrundbuch aus Anlaß eines Zwangsversteigerungsverfahrens auf Ersuchen des Vollstreckungsgerichts angelegt ist, dem Ersteher zur Last.

§ 78 regelt das landesrechtliche Bahneigentum.

3. Registersachen

§ 79 Gebühren für Eintragungen in das Handels-, Partnerschafts- oder Genossenschaftsregister

(1) Für Eintragungen in das Handels-, Partnerschafts- oder Genossenschaftsregister, Fälle der Zurücknahme oder Zurückweisung von Anmeldungen zu diesen Registern, die Entgegennahme, Prüfung und Aufbewahrung der zum Handels- oder Genossenschaftsregister einzureichenden Unterlagen, die Bekanntmachung von Verträgen oder Vertragsentwürfen nach dem Umwandlungsgesetz sowie die Übertragung von Schriftstücken in ein elektronisches Dokument nach § 9 Abs. 2 des Handelsgesetzbuchs und Artikel 61 Abs. 3 des Einführungsgesetzes zum Handelsgesetzbuch werden Gebühren nur auf Grund einer Rechtsverordnung nach § 79a erhoben.

(2) Zur Zahlung der Gebühr für die Entgegennahme, Prüfung und Aufbewahrung der zum Handels- oder Genossenschaftsregister einzureichenden Unterlagen und der Kosten für die Bekanntmachung von Verträgen oder Vertragsentwürfen nach dem Umwandlungsgesetz ist das einreichende Unternehmen verpflichtet.

§ 79 bezieht sich auf die Rechtsverordnung nach § 79a: Er bestimmt die Ausschließlichkeit ihrer Gebühren und für zwei davon den speziellen Kostenschuldner (im ersten Fall statt des früheren § 86 Abs. 2 S. 3).

§ 79a Verordnungsermächtigung

[1] Das Bundesministerium der Justiz bestimmt durch Rechtsverordnung mit Zustimmung des Bundesrates Gebühren für Eintragungen in das Handels-, Partnerschafts- oder Genossenschaftsregister, für Fälle der Zurücknahme oder Zurückweisung von Anmeldungen

zu diesen Registern, für die Entgegennahme, Prüfung und Aufbewahrung der zum Handels- oder Genossenschaftsregister einzureichenden Unterlagen, für die Bekanntmachung von Verträgen oder Vertragsentwürfen nach dem Umwandlungsgesetz sowie für die Übertragung von Schriftstücken in ein elektronisches Dokument nach § 9 Abs. 2 des Handelsgesetzbuchs und Artikel 61 Abs. 3 des Einführungsgesetzes zum Handelsgesetzbuch. [2]Die Höhe der Gebühren richtet sich nach den auf die Amtshandlungen entfallenden durchschnittlichen Personal- und Sachkosten; Gebühren für Fälle der Zurücknahme oder Zurückweisung von Anmeldungen können jedoch durch pauschale Ab- oder Zuschläge auf die für die entsprechenden Eintragungen zu erhebenden Gebühren bestimmt werden. [3]Die auf gebührenfreie Eintragungen entfallenden Personal- und Sachkosten können bei der Höhe der für andere Eintragungen festzusetzenden Gebühren berücksichtigt werden.

§ 79a setzt die Vorgaben des EuGH (Aufwands- statt Wertgebühren) in eine Ermächtigung zum Erlass einer Rechtsverordnung um. Sie ist im Kommentarteil nach § 79a wiedergegeben und erläutert. § 79 ergänzt sie.

§ 80 Eintragungen in das Vereinsregister

(1) Für Eintragungen in das Vereinsregister werden erhoben
1. für die erste Eintragung des Vereins das Doppelte der vollen Gebühr;
2. für alle späteren Eintragungen die volle Gebühr;
3. für Löschung der Gesamteintragung die Hälfte der vollen Gebühr.

(2) Werden auf Grund derselben Anmeldung mehrere Eintragungen der in Absatz 1 Nr. 2 bezeichneten Art vorgenommen, so wird die Gebühr nur einmal erhoben.

§ 80 bestimmt die Gebühren aller Eintragungen ins Vereinsregister. Ihre Höhe hängt vor allem von dem nicht näher geregelten Wert der §§ 29, 30 Abs. 2 ab.

§ 81 Eintragungen in das Güterrechtsregister

Für Eintragungen in das Güterrechtsregister wird die volle Gebühr erhoben.

§ 81 hat kaum noch praktische Bedeutung.

§ 82 *(aufgehoben)*

§ 82 erklärte für Eintragungen in das Partnerschaftsregister § 79 aF für entsprechend anwendbar. Die §§ 79, 79a und die Rechtsverordnung dazu regeln sie jetzt unmittelbar.

§ 83 *(aufgehoben)*

§ 83 stellte Eintragungen in das Genossenschaftsregister gebührenfrei. Die §§ 79, 79a und die Rechtsverordnung dazu sehen jetzt Gebühren vor.

§ 84 Eintragungen in das Schiffsregister, Schiffsurkunden

(1) [1]Für die Eintragung des Schiffs in das Schiffsregister und für die Eintragung von Veränderungen, die das Schiff betreffen, wird ein Viertel der vollen Gebühr erhoben. [2]Der Wert bestimmt sich bei der Eintragung des Schiffs nach dem Wert des Schiffs; bei der Eintragung von Veränderungen gilt § 30 Abs. 2. [3]Bei der Verlegung des Heimathafens (Heimatorts) wird nur eine Gebühr bei dem Gericht des neuen Heimathafens (Heimatorts) erhoben. [4]Die Eintragung von Veränderungen der amtlichen Kennzeichen des Schiffs ist gebührenfrei.

(2) [1]Für die Löschung der Eintragung des Schiffs wird eine Gebühr nur im Fall des § 20 Abs. 2 Satz 2 der Schiffsregisterordnung erhoben; die Gebühr beträgt ein Viertel der vollen Gebühr; der Wert bestimmt sich nach dem Wert des Schiffs. [2]Für die Eintragung, daß das Schiff das Recht zur Führung der Bundesflagge verloren hat oder daß das Schiff seinen

Heimatort im Ausland hat, wird eine Gebühr nicht erhoben; das gleiche gilt für Eintragungen in den Fällen des § 17 Abs. 2 der Schiffsregisterordnung.

(3) Für die Eintragung eines neuen Eigentümers, für die Eintragung oder Löschung einer Schiffshypothek, eines Arrestpfandrechts oder eines Nießbrauchs und für die Eintragung von Veränderungen, die sich auf das Eigentum, die Schiffshypothek oder den Nießbrauch beziehen, ferner für die Eintragung oder Löschung von Vormerkungen, Widersprüchen und Verfügungsbeschränkungen gelten die für die entsprechenden Eintragungen im Grundbuch gegebenen Vorschriften sinngemäß mit der Maßgabe, daß in jedem Fall nur ein Viertel der vollen Gebühr erhoben wird.

(4) Bei einer Reederei wird für die Eintragung eines neuen Mitreeders oder der Verpfändung oder Pfändung einer Schiffspart, für die Eintragung einer Verfügungsbeschränkung, die eine Schiffspart betrifft, und für die Eintragung eines Korrespondentreeders eine Gebühr von 10 bis 140 Euro erhoben.

(5) [1] Für die Erteilung des Schiffszertifikats, des Schiffsbriefs oder des Flaggenzeugnisses und für den Vermerk von Veränderungen auf dem Zertifikat oder dem Brief wird eine Gebühr von 13 Euro erhoben. [2] Für den Vermerk von Veränderungen der amtlichen Kennzeichen werden weder Gebühren noch die Dokumentenpauschale erhoben. [3] Für die Erteilung eines Auszugs aus dem Schiffszertifikat wird nur die Dokumentenpauschale erhoben.

§ 84 bestimmt die Gebühren für das gerichtliche Schiffsregister nach dem Vorbild der §§ 60 ff. Für das Schiffsbauregister trifft § 85 eine ergänzende Regelung.

§ 85 Eintragungen in das Schiffsbauregister

[1] Für Eintragungen in das Schiffsbauregister gilt § 84 Abs. 1 bis 4 entsprechend. [2] Für die Eintragung des Schiffsbauwerks wird eine Gebühr nicht erhoben. [3] Die Übertragung der im Schiffsbauregister eingetragenen Hypotheken in das Schiffsregister ist gebührenfrei.

§ 85 erstreckt § 84 auf das Schiffsbauregister und trifft dabei ergänzende Bestimmungen.

§ 86 Anmeldungen und Anträge

[1] Für die Aufnahme von Anmeldungen zum Handels-, Vereins-, Güterrechts- und Partnerschaftsregister werden Gebühren nach Maßgabe des Beurkundungsabschnitts besonders erhoben. [2] Das gleiche gilt in Schiffsregister- und Schiffsbauregistersachen für die Aufnahme von Anträgen, die in der Form des § 37 der Schiffsregisterordnung gestellt werden müssen. [3] Im übrigen ist die Aufnahme und Entgegennahme von Anträgen und Anmeldungen gebührenfrei.

§ 86 hat nach Beseitigung der gerichtlichen Beurkundungszuständigkeit keine praktische Bedeutung mehr.

§ 87 Gebührenfreie Geschäfte des Registergerichts

Gebühren werden nicht erhoben

1. für die aus Anlass eines Insolvenzverfahrens von Amts wegen vorzunehmenden Eintragungen sowie für Eintragungen und Löschungen, die auf Ersuchen und Anordnung eines Gerichts, insbesondere des Insolvenz- oder Vollstreckungsgerichts erfolgen; ausgenommen sind die Eintragung des Erstehers als Eigentümer eines Schiffs oder eines Schiffsbauwerks, die Eintragung der Schiffshypothek für die Forderung gegen den Ersteher sowie Eintragungen auf Grund einer einstweiligen Verfügung (§ 941 der Zivilprozeßordnung); ferner für Eintragungen oder Löschungen, die nach den Vorschriften der Insolvenzordnung statt auf Ersuchen des Insolvenzgerichts auf Antrag des Insolvenzverwalters oder, wenn kein Verwalter bestellt ist, auf Antrag des Schuldners erfolgen;

2. für Entscheidungen über Anträge und Beschwerden der in § 126 des Gesetzes über die Angelegenheiten der freiwilligen Gerichtsbarkeit bezeichneten Art.

Text

§ 87 sieht bei bestimmten Eintragungen sachliche (Nr. 1), für Industrie- und Handels- sowie weitere Kammern eine sachlich begrenzte persönliche Gebührenbefreiung vor (Nr. 2).

§ 88 Löschungsverfahren, Auflösungsverfahren

(1) Für Löschungen nach den §§ 159 und 161 des Gesetzes über die Angelegenheiten der freiwilligen Gerichtsbarkeit werden keine Gebühren erhoben.

(2) ¹Für die Zurückweisung des Widerspruchs gegen eine angedrohte Löschung in den Fällen der §§ 141 bis 144, 147 Abs. 1, §§ 159, 160b Abs. 1 und § 161 des Gesetzes über die Angelegenheiten der freiwilligen Gerichtsbarkeit und für die Zurückweisung des Widerspruchs gegen eine Aufforderung nach § 144a oder § 144b des Gesetzes über die Angelegenheiten der freiwilligen Gerichtsbarkeit wird das Doppelte der vollen Gebühr erhoben. ²Das Gleiche gilt für die Verwerfung oder Zurückweisung der Beschwerde gegen die Zurückweisung des Widerspruchs. ³Der Geschäftswert bestimmt sich nach § 30 Abs. 2.

§ 88 bestimmt Gebühren für Verfahren „gegen" unzulässige Firmen und Eintragungen. Zwangs- und Ordnungsgeldverfahren regelt § 119.

§ 89 Ablichtungen und Ausdrucke

(1) ¹Für die Erteilung von Ablichtungen aus den in diesem Abschnitt genannten Registern und die Erteilung von Ausdrucken aus diesen Registern, die elektronisch geführt werden, gilt § 73 Abs. 1 bis 4 entsprechend. ²Wird anstelle eines Ausdrucks die elektronische Übermittlung einer Datei beantragt, werden erhoben

1. für eine unbeglaubigte Datei 5 Euro und
2. für eine beglaubigte Datei 10 Euro;

die Dokumentenpauschale wird nicht erhoben.

(2) Für Bescheinigungen aus den genannten Registern wird die Mindestgebühr (§ 33) erhoben.

(3) Bescheinigungen nach § 66 Abs. 2 des Bürgerlichen Gesetzbuchs sind frei von Gebühren und der Dokumentenpauschale.

(4) § 73 Abs. 5 gilt entsprechend.

§ 89 ersetzt die allgemeine Beglaubigungsgebühr des § 55 durch eine besondere für Registerabschriften und pauschaliert die Dokumentenpauschale für einen unbeglaubigten Auszug zu einer Gebühr (Abs. 1). Außerdem sieht er eine besondere Gebühr für Bescheinigungen vor (Abs. 2).

§ 90 Registereinsicht

Für die Einsicht der in diesem Abschnitt genannten Register werden Gebühren nicht erhoben.

§ 90 trifft eine klarstellende Regelung zu § 9 Abs. 1 HGB und gleichen Vorschriften.

4. Familienrechtliche Angelegenheiten und Lebenspartnerschaftssachen

§ 91 Gebührenfreie Tätigkeiten

¹Für die in den §§ 92 bis 95, 97 und 98 genannten Tätigkeiten werden nur die in diesen Vorschriften bestimmten Gebühren erhoben; im Übrigen ist die Tätigkeit gebührenfrei. ²Für einstweilige Anordnungen werden keine Gebühren erhoben.

§ 91 bewirkt die Gebührenfreiheit der Zurückweisung und Zurücknahme von Anträgen (Ausschaltung des § 130) in Vormundschafts- und Familien- sowie Lebenspartnerschaftssachen. Dem S. 2 geht die spezielle Regelung des § 92 Abs. 4 vor.

§ 92 Vormundschaft, Dauerbetreuung und Dauerpflegschaft

(1) ¹Bei Vormundschaften sowie bei Betreuungen und Pflegschaften für Minderjährige, die nicht auf einzelne Rechtshandlungen beschränkt sind, werden Kosten nur erhoben, wenn das Vermögen des Fürsorgebedürftigen nach Abzug der Verbindlichkeiten mehr als 25 000 Euro beträgt; der in § 90 Abs. 2 Nr. 8 des Zwölften Buches Sozialgesetzbuch genannte Vermögenswert wird nicht mitgerechnet. ²Für jedes angefangene Kalenderjahr wird eine Gebühr in Höhe von 5 Euro für jede angefangenen 5 000 Euro erhoben, um die das reine Vermögen die in Satz 1 genannten Vermögenswerte übersteigt; die Gebühr beträgt mindestens 50 Euro. ³Ist Gegenstand der Maßnahme ein Teil des Vermögens, ist höchstens dieser Teil des Vermögens zu berücksichtigen. ⁴Ist vom Aufgabenkreis nicht unmittelbar das Vermögen erfasst, beträgt die Gebühr 200 Euro, jedoch nicht mehr als die sich nach Satz 2 ergebende Gebühr. ⁵Für das bei der Einleitung der Fürsorgemaßnahme laufende und das folgende Kalenderjahr wird nur eine Jahresgebühr erhoben. ⁶Die Gebühr wird erstmals bei Anordnung der Fürsorgemaßnahme und später jeweils zu Beginn eines Kalenderjahres fällig.

(2) ¹Bei Dauerpflegschaften, die nicht minderjährige Personen betreffen, wird für jedes angefangene Kalenderjahr eine Gebühr in Höhe von 5 Euro für jede angefangenen 5000 Euro des reinen Vermögens erhoben. ²Absatz 1 Satz 3, 5 und 6 ist anzuwenden.

(3) Erstreckt sich eine Fürsorgemaßnahme nach den Absätzen 1 und 2 auf mehrere Fürsorgebedürftige, so werden die Gebühren für jeden von ihnen besonders erhoben.

(4) Geht eine vorläufige Betreuung in eine endgültige oder kraft Gesetzes eine Pflegschaft in eine Vormundschaft über oder wird eine Vormundschaft, Betreuung oder Pflegschaft von einem anderen Gericht übernommen, so bildet das Verfahren eine Einheit.

§ 92 bestimmt Jahresgebühren für alle Dauerfürsorgemaßnahmen nach dem Nettovermögen (nicht: § 18 Abs. 3), soweit es – ausgenommen Dauerpersonalpflegschaften für Volljährige und Dauerrealpflegschaften (Abs. 2) – eine Freigrenze von 25 000 Euro übersteigt. Sie gelten weitere Tätigkeiten ab (§§ 93 S. 6, 94 Abs. 1 Nr. 8, 95 Abs. 1 S. 3). Der neue Mindestbetrag des Abs. 1 S. 2 führt bei Vermögen von 30 000 bis 45 000 Euro zu einer höheren Gebühr mit als ohne Freigrenze.

§ 93 Betreuung und Pflegschaft für einzelne Rechtshandlungen

¹Bei Betreuungen oder Pflegschaften für einzelne Rechtshandlungen wird die volle Gebühr nach dem Wert des Gegenstands erhoben, auf den sich die Rechtshandlung bezieht. ²Ist der Fürsorgebedürftige an dem Gegenstand der Rechtshandlung nur mitberechtigt, so ist der Wert seines Anteils maßgebend; bei Gesamthandverhältnissen ist der Anteil entsprechend der Beteiligung an dem Gesamthandvermögen zu bemessen. ³Bei einer Pflegschaft für mehrere Fürsorgebedürftige wird die Gebühr nach dem zusammengerechneten Wert einheitlich erhoben. ⁴Die Gebühr wird mit der Anordnung fällig. ⁵Die Gebühr für eine Betreuung darf eine Gebühr nach § 92 Abs. 1 Satz 2, die Gebühr für eine Pflegschaft eine Gebühr nach § 92 Abs. 2 nicht übersteigen. ⁶Eine Gebühr wird nicht erhoben, wenn für den Fürsorgebedürftigen eine Vormundschaft, Dauerbetreuung oder -pflegschaft besteht oder gleichzeitig anzuordnen ist.

§ 93 bestimmt die Gebühr für Einzelfürsorgemaßnahmen und begrenzt ihren Wert im Falle der Mitberechtigung (S. 2). Mit Ausnahme der Personalpflegschaft für Volljährige und der Realpflegschaft gilt eine Freigrenze von 25 000 Euro (S. 5).

§ 93 a Verfahrenspflegschaft

(1) ¹Die Bestellung eines Pflegers für das Verfahren und deren Aufhebung sind Teil des Verfahrens, für das der Pfleger bestellt worden ist. ²Bestellung und Aufhebung sind gebührenfrei.

(2) Die Auslagen nach § 137 Nr. 16 können von dem Betroffenen nach Maßgabe des § 1836c des Bürgerlichen Gesetzbuches erhoben werden.

§ 93a nimmt Verfahrenspflegschaften jeder Art von den §§ 92, 93 aus und unterwirft sie dem Verfahren, für das der Pfleger bestellt wird (Abs. 1 S. 1), beseitigt zugleich in ihm mögliche Gebühren (Abs. 1 S. 2). Bei Verfahrenspflegschaften im Anwendungsbereich der KostO erweitert er die Schuldnerschaft für § 137 Nr. 16 auf den Betroffenen (Abs. 2).

§ 94 Einzelne Verrichtungen des Vormundschaftsgerichts und des Familiengerichts

(1) Die volle Gebühr wird erhoben

1. für Entscheidungen über den Unterhalt eines Kindes nach § 1612 des Bürgerlichen Gesetzbuchs;
2. für die Tätigkeit im Falle der Heirat eines Elternteils, der das Vermögen seines Kindes verwaltet;
3. für die in § 1632 Abs. 4, § 1640 Abs. 3 und den §§ 1666 bis 1667 des Bürgerlichen Gesetzbuchs vorgesehenen Entscheidungen und Anordnungen;
4. für die Übertragung der elterlichen Sorge oder ihrer Ausübung, für die Übertragung des Rechts, für die Person oder das Vermögen des Kindes zu sorgen, sowie für Entscheidungen nach §§ 1684 bis 1686 des Bürgerlichen Gesetzbuchs;
5. für die Übertragung der Entscheidungsbefugnis in den persönlichen und vermögensrechtlichen Angelegenheiten des Kindes und für die Einschränkung oder Ausschließung der Entscheidungsbefugnis in Angelegenheiten des täglichen Lebens oder über den Umgang;
6. für die Anordnung auf Herausgabe des Kindes an die Eltern oder einen Elternteil und für die Bestimmung des Umgangs mit dem Kinde auf Antrag eines Elternteils nach § 1632 Abs. 3 des Bürgerlichen Gesetzbuchs;
7. für Verfahren über die Feststellung oder Anfechtung der Vaterschaft nach § 1600e Abs. 2 des Bürgerlichen Gesetzbuchs;
8. für die Ersetzung der Zustimmung des gesetzlichen Vertreters zur Bestätigung der Ehe (§ 1315 Abs. 1 Satz 3 des Bürgerlichen Gesetzbuchs); für die Ersetzung der Zustimmung eines Vormundes oder Pflegers wird eine Gebühr nicht erhoben.

(2) ¹Der Geschäftswert bestimmt sich nach § 30 Abs. 2. ²Bezieht sich die Entscheidung oder Anordnung auf mehrere Fürsorgebedürftige, so wird nur eine Gebühr erhoben.

(3) ¹In den Fällen des Absatzes 1 Nr. 2 ist nur der Elternteil, der heiraten will, in den Fällen des Absatzes 1 Nr. 8 nur der Elternteil, dessen Einwilligung, Genehmigung oder Zustimmung ersetzt wird, zahlungspflichtig. ²In den Fällen des Absatzes 1 Nr. 3 bis 6 ist nur der Beteiligte, ausgenommen das Kind, zahlungspflichtig, den das Gericht nach billigem Ermessen bestimmt; es kann auch anordnen, daß von der Erhebung der Kosten abzusehen ist.

§ 94 bestimmt Gebühren und Wert für Einzelmaßnahmen, die vor allem das Verhältnis Eltern/Kind betreffen; bei Betreuungen, Vormundschaften und Pflegschaften kommen sie praktisch nicht vor (Ausnahme: Abs. 1 Nr. 8). Weil die Maßnahmen regelmäßig von den Eltern veranlasst oder verursacht werden, treten diese weithin an die Stelle der allgemeinen Kostenschuldner (§§ 2ff.; Abs. 3); ob dies auch für die Auslagen gilt, war sehr streitig, wird aber nach der Neufassung bejaht.

§ 95 Weitere Verrichtungen des Vormundschafts- und des Familiengerichts

(1) ¹Die volle Gebühr wird erhoben

1. für die nach § 1643 des Bürgerlichen Gesetzbuchs erforderliche Genehmigung zu einem Rechtsgeschäft;

2. für Verfügungen nach § 112, § 1629 Abs. 2, § 1631 Abs. 3, §§ 1645, 1674, 1693, § 2282 Abs. 2, § 2290 Abs. 3, §§ 2347, 2351 des Bürgerlichen Gesetzbuchs;
3. für sonstige Fürsorgetätigkeiten für ein unter elterlicher Sorge stehendes Kind mit Ausnahme der Tätigkeit in Angelegenheiten der Annahme als Kind.

²§ 92 Abs. 1 Satz 1 gilt entsprechend. ³Eine Gebühr für die Tätigkeit des Vormundschaftsgerichts wird nicht erhoben, wenn für den Fürsorgebedürftigen eine Vormundschaft, Dauerbetreuung, -pflegschaft oder -beistandschaft besteht oder wenn die Tätigkeit in den Rahmen einer Betreuung, Pflegschaft oder Beistandschaft für einzelne Rechtshandlungen fällt.

(2) ¹Im Falle des Absatzes 1 Nr. 1 bestimmt sich der Geschäftswert nach dem Wert des Gegenstandes, auf den sich das Rechtsgeschäft bezieht; ist der Fürsorgebedürftige an dem Gegenstand des Rechtsgeschäfts nur mitberechtigt, so ist der Wert seines Anteils maßgebend; bei Gesamthandverhältnissen ist der Anteil entsprechend der Beteiligung an dem Gesamthandvermögen zu bemessen. ²In den Fällen des Absatzes 1 Nr. 2, 3 bestimmt sich der Wert nach § 30 Abs. 2.

(3) Die Vorschrift des § 94 Abs. 2 Satz 2 gilt entsprechend.

§ 95 bestimmt Gebühren für Einzelmaßnahmen im Interesse des Kindeswohls (Abs. 1), dazu den Wert, auch im Falle der Mitberechtigung (Abs. 2, 3), wobei eine Freigrenze von 25 000 Euro gilt (Abs. 1 S. 2). Die Gebühren werden bei Vormundschaften, Betreuungen, Pflegschaften und Beistandschaften nicht erhoben (Abs. 1 S. 3).

§ 96 Nichterhebung von Auslagen in besonderen Fällen

Wird

a) die Bestellung eines Betreuers oder ihre Verlängerung,

b) die Erweiterung des Aufgabenkreises des Betreuers,

c) die Anordnung oder Verlängerung eines Einwilligungsvorbehalts,

d) die Erweiterung des Kreises der einwilligungsbedürftigen Willenserklärungen oder

e) eine Genehmigung nach den §§ 1904 und 1905 des Bürgerlichen Gesetzbuchs

abgelehnt oder das Verfahren ohne Entscheidung über die Maßnahme beendet oder wird eine dieser Maßnahmen als ungerechtfertigt aufgehoben oder eingeschränkt, so werden Auslagen, die im Zusammenhang mit der Vorbereitung oder dem Erlaß der Entscheidung entstehen, von dem Betroffenen in keinem Fall erhoben.

§ 96 begründet eine spezielle Auslagenfreiheit, nimmt hiervon jedoch insbesondere Entscheidungsschuldner (§ 3 Nr. 1, § 13 a Abs. 2 S. 2 FGG) aus.

§ 97 Verfügungen des Vormundschaftsgerichts oder des Familiengerichts, die sich nicht auf Minderjährige, Betreute oder Pflegebefohlene beziehen

(1) Die volle Gebühr wird erhoben

1. für Entscheidungen, welche die persönlichen Rechtsbeziehungen der Ehegatten oder früherer Ehegatten zueinander oder das eheliche Güterrecht betreffen;
2. für die Ersetzung der Zustimmung anteilsberechtigter Abkömmlinge zu Rechtsgeschäften des überlebenden Ehegatten im Fall der fortgesetzten Gütergemeinschaft;
3. für sonstige Verfügungen des Vormundschaftsgerichts, die sich nicht auf Minderjährige, Betreute oder Pflegebefohlene beziehen;
4. für Entscheidungen, welche die persönlichen Rechtsbeziehungen der Lebenspartner oder früheren Lebenspartner zueinander oder deren Güterstand betreffen.

(2) Der Geschäftswert bestimmt sich nach § 30 Abs. 2.

§ 97 bestimmt Gebühren und Wert für Entscheidungen zwischen den Ehegatten oder Lebenspartnern, den an die Stelle eines Ehegatten tretenden Abkömmlingen sowie im Verhältnis zu volljährigen Kindern. Eine spezielle Ergänzung zu Abs. 1 Nr. 3 findet sich in § 97a.

§ 97a Befreiung vom Eheerfordernis der Volljährigkeit und vom Eheverbot der durch die Annahme als Kind begründeten Verwandtschaft

(1) Die volle Gebühr wird erhoben für die Befreiung vom Erfordernis der Volljährigkeit und vom Eheverbot der durch die Annahme als Kind begründeten Verwandtschaft in der Seitenlinie (§ 1303 Abs. 2 und § 1308 Abs. 2 des Bürgerlichen Gesetzbuchs).

(2) Der Geschäftswert bestimmt sich nach § 30 Abs. 2.

§ 97a konkretisiert § 97 Abs. 1 Nr. 3.

§ 98 Annahme als Kind

(1) Die volle Gebühr wird erhoben für eine Entscheidung, durch die die Annahme eines Volljährigen als Kind ausgesprochen oder ein solches Annahmeverhältnis aufgehoben wird.

(2) Der Geschäftswert bestimmt sich nach § 30 Abs. 2.

§ 98 bestimmt Gebühren und Wert bei der Adoption Volljähriger, die Minderjähriger bleibt gebührenfrei (§ 91). Weitere bei beiden anfallende Geschäfte sind teils nach anderen Vorschriften gebührenpflichtig, teils bleiben sie gebührenfrei.

§ 99 Versorgungsausgleich

(1) ¹Für das Verfahren über den Versorgungsausgleich nach § 1587b oder nach § 1587g Abs. 1 des Bürgerlichen Gesetzbuchs wird die volle Gebühr erhoben. ²Kommt es zum Versorgungsausgleich durch richterliche Entscheidung nach § 1587b oder nach § 1587g Abs. 1 des Bürgerlichen Gesetzbuchs, so erhöht sich die Gebühr auf das Dreifache der vollen Gebühr. ³Wird im Falle des § 1587g Abs. 1 des Bürgerlichen Gesetzbuchs der Antrag zurückgenommen, bevor es zu einer Entscheidung oder einer vom Gericht vermittelten Einigung gekommen ist, so ermäßigt sich die Gebühr auf die Hälfte der vollen Gebühr.

(2) Die volle Gebühr wird erhoben

1. für Entscheidungen nach § 1587d Abs. 1, § 1587i Abs. 1, § 1587l Abs. 1, 3 Satz 3 des Bürgerlichen Gesetzbuchs, sofern der Antrag nicht in einem der in Absatz 1 aufgeführten Verfahren gestellt worden ist,
2. für die Aufhebung oder Änderung von Entscheidungen nach § 1587d Abs. 2, § 1587g Abs. 3, § 1587i Abs. 3 des Bürgerlichen Gesetzbuchs,
3. für die Entscheidung über den Antrag auf Neufestsetzung des zu leistenden Betrages nach § 53e Abs. 3 des Gesetzes über die Angelegenheiten der freiwilligen Gerichtsbarkeit.

(3) ¹Im Verfahren über den Versorgungsausgleich beträgt der Geschäftswert, wenn dem Versorgungsausgleich

1. ausschließlich Anrechte
   a) aus einem öffentlich-rechtlichen Dienstverhältnis oder aus einem Arbeitsverhältnis mit Anspruch auf Versorgung nach beamtenrechtlichen Grundsätzen,
   b) der gesetzlichen Rentenversicherung und
   c) der Alterssicherung der Landwirte
   unterliegen, 1000 Euro;
2. ausschließlich sonstige Anrechte unterliegen, 1000 Euro;
3. Anrechte im Sinne von Nummern 1 und 2 unterliegen, 2000 Euro.

²Im Verfahren nach § 1587l Abs. 1 des Bürgerlichen Gesetzbuchs beträgt der Geschäftswert 1000 Euro, im Verfahren zur Neufestsetzung des zu leistenden Betrags nach § 53e Abs. 3 des Gesetzes über die Angelegenheiten der freiwilligen Gerichtsbarkeit 300 Euro. ³Im Übrigen bestimmt sich der Geschäftswert nach § 30.

(4) Die Absätze 1 bis 3 finden für das Verfahren über den Versorgungsausgleich nach Aufhebung der Lebenspartnerschaft (§ 20 des Lebenspartnerschaftsgesetzes) entsprechende Anwendung.

§ 99 regelt den Versorgungsausgleich als selbständige Familiensache; wegen des Scheidungsverbunds (§§ 623, 661 Abs. 2 ZPO) kommt sie selten vor. Darüber hinaus bestimmt § 99 Gebühren und Wert von Änderungs- und Folgeentscheidungen. Angelegenheiten nach dem VAHRG werden teils von ihm erfasst, im Übrigen bleiben sie gebührenfrei (§ 91).

§ 100 Wohnung, Hausrat

(1) ¹Für das gerichtliche Verfahren nach der Verordnung über die Behandlung der Ehewohnung und des Hausrats wird die volle Gebühr erhoben. ²Kommt es zur richterlichen Entscheidung, so erhöht sich die Gebühr auf das Dreifache der vollen Gebühr. ³Wird der Antrag zurückgenommen, bevor es zu einer Entscheidung oder einer vom Gericht vermittelten Einigung gekommen ist, so ermäßigt sich die Gebühr auf die Hälfte der vollen Gebühr.

(2) Sind für Teile des Gegenstands verschiedene Gebührensätze anzuwenden, so sind die Gebühren für die Teile gesondert zu berechnen; die aus dem Gesamtbetrag der Wertteile nach dem höchsten Gebührensatz berechnete Gebühr darf jedoch nicht überschritten werden.

(3) ¹Der Geschäftswert bestimmt sich, soweit der Streit die Wohnung betrifft, nach dem einjährigen Mietwert, soweit der Streit den Hausrat betrifft, nach dem Wert des Hausrats. ²Betrifft jedoch der Streit im Wesentlichen nur die Benutzung des Hausrats, so ist das Interesse der Beteiligten an der Regelung maßgebend. ³Der Richter setzt den Wert in jedem Fall von Amts wegen fest.

(4) Die Absätze 1 bis 3 gelten entsprechend für Lebenspartnerschaftssachen nach § 661 Abs. 1 Nr. 5 der Zivilprozessordnung.

§ 100 ersetzt § 21 HausratsVO, bestimmt statt seiner die Gerichtsgebühren der gerichtlichen Verfahren und erstreckt sie auf entsprechende Lebenspartnerschaftssachen.

§ 100a Maßnahmen nach dem Gewaltschutzgesetz

(1) Für Entscheidungen in Familiensachen nach § 621 Abs. 1 Nr. 13 der Zivilprozessordnung wird die volle Gebühr erhoben.

(2) Der Geschäftswert bestimmt sich nach § 30 Abs. 2.

(3) Zahlungspflichtig ist nur der Beteiligte, den das Gericht nach billigem Ermessen bestimmt; es kann auch anordnen, dass von der Erhebung der Kosten abzusehen ist.

§ 100a bestimmt die Gebühr für Gewaltschutzsachen, die den vorbeugenden Opferschutz im sozialen Nahbereich betreffen (Abs. 1; im Übrigen handelt es sich um Zivilprozesse), dazu den Geschäftswert (Abs. 2). Die Regelung über die Zahlungspflicht (Abs. 3) bezieht sich auf Gebühren und Auslagen. Einstweilige Anordnungen bleiben gebührenfrei (§ 91).

5. Nachlaß- und Teilungssachen

§ 101 Verwahrung von Verfügungen von Todes wegen

Für die amtliche Verwahrung einer Verfügung von Todes wegen wird bei der Annahme ein Viertel der vollen Gebühr erhoben.

§ 101 bestimmt die Gebühr der besonderen amtlichen Verwahrung letztwilliger Verfügungen; sie wird (abweichend von § 7) bereits bei der Annahme fällig. Den Wert regelt § 103.

§ 102 Eröffnung einer Verfügung von Todes wegen

Für die Eröffnung einer Verfügung von Todes wegen wird die Hälfte der vollen Gebühr erhoben.

Text

§ 102 bestimmt die Gebühr der gerichtlichen Eröffnung letztwilliger Verfügungen. Den Wert regelt § 103.

§ 103 Gemeinsame Vorschriften zu den §§ 101, 102

(1) In den Fällen der §§ 101 und 102 finden die Wertvorschriften des § 46 Abs. 4 entsprechende Anwendung.

(2) Werden mehrere Verfügungen von Todes wegen desselben Erblassers bei demselben Gericht gleichzeitig eröffnet, so ist nur eine Gebühr nach dem zusammengerechneten Wert zu erheben; soweit mehrfach über den ganzen Nachlaß oder über denselben Bruchteil verfügt ist, kommt der Wert nur einmal in Betracht.

(3) Die Gebühr nach § 102 wird von dem Nachlaßgericht erhoben, auch wenn die Eröffnung bei einem anderen Gericht stattgefunden hat.

(4) Für die Nachforderung und die Verjährung der Gebühr des § 101 gelten die Vorschriften des § 46 Abs. 5 entsprechend.

§ 103 bestimmt den Wert der Gebühren der §§ 101, 102 sowie die Zuständigkeit zum Kostenansatz, wenn die Eröffnung nicht durch das Nachlassgericht erfolgt. Problematisch ist vor allem die Bewertung nichtiger, widerrufener und inhaltlich gleicher Verfügungen von Todes wegen.

§ 104 Sicherung des Nachlasses

(1) ¹Bei der Sicherung eines Nachlasses durch Siegelung oder auf andere Weise wird für das ganze Verfahren, einschließlich der erforderlichen Anordnungen wegen Aufbewahrung und Auslieferung des Nachlasses, die volle Gebühr erhoben. ²Die Gebühr wird mit der Anordnung fällig.

(2) Neben der Gebühr werden die Gebühren für die Siegelung, Entsiegelung oder Aufnahme des Vermögensverzeichnisses (§ 52) besonders erhoben.

§ 104 bestimmt die Gebühr der Nachlasssicherung nach Bundes- und Landesrecht und ihre (von § 7 abweichende) Fälligkeit. § 106 über die Nachlasspflegschaft geht als spezielle Regelung vor; er bestimmt zudem eine Anrechnung der Gebühr des § 104.

§ 105 Ermittlung des Erben

Für die Ermittlung von Erben wird auch dann, wenn sie nach landesgesetzlichen Vorschriften von Amts wegen stattfindet, keine Gebühr erhoben.

§ 105 stellt die landesrechtliche Erbenermittlung gebührenfrei.

§ 106 Nachlaßpflegschaften, Gesamtgutsverwaltung

(1) ¹Für eine Nachlaßverwaltung, eine Gesamtgutsverwaltung, eine sonstige Nachlaßpflegschaft oder eine Pflegschaft für einen abwesenden Beteiligten nach § 88 des Gesetzes über die Angelegenheiten der freiwilligen Gerichtsbarkeit wird die volle Gebühr erhoben. ²Sie wird mit der Anordnung fällig. ³Maßgebend ist der Wert des von der Verwaltung oder Pflegschaft betroffenen Vermögens.

(2) Auf die Gebühr wird eine nach § 104 entstandene Gebühr angerechnet, wenn die Nachlaßpflegschaft zur Sicherung des Nachlasses eingeleitet wird.

(3) Wird der Antrag auf Anordnung einer Nachlaß- oder Gesamtgutsverwaltung abgelehnt oder vor Erlaß einer Entscheidung zurückgenommen, so wird ein Viertel der vollen Gebühr von dem Antragsteller erhoben; ist der Antrag von einem Gläubiger gestellt, so bestimmt sich der Geschäftswert nach der Forderung, jedoch nach dem Wert der Masse (Absatz 1 Satz 3), wenn dieser geringer ist.

§ 106 bestimmt Gebühren für Nachlasspflegschaften aller Art, ihre (von § 7 abweichende) Fälligkeit, den (von § 18 Abs. 3 abweichenden) Wert; bei Zurückweisung und Zurücknahme von Anträgen tritt Abs. 3 an die Stelle des § 130.

§ 106 a Stundung des Pflichtteilsanspruchs

(1) Für Entscheidungen über die Stundung eines Pflichtteilsanspruchs wird die volle Gebühr erhoben.

(2) Der Geschäftswert ist nach § 30 zu bestimmen.

§ 106a bestimmt die Gebühren der Stundungsentscheidung, dazu den Wert durch Verweisung auf § 30, so dass an die Stelle des Betrags des Anspruchs das Stundungsinteresse tritt.

§ 107 Erbschein

(1) ¹Für die Erteilung eines Erbscheins, einschließlich des vorangegangenen Verfahrens, wird die volle Gebühr erhoben. ²Für die Beurkundung der eidesstattlichen Versicherung wird daneben die Gebühr des § 49 besonders erhoben; sie wird beim Nachlaßgericht angesetzt, auch wenn die Erklärung von einem anderen Gericht aufgenommen ist.

(2) ¹Maßgebend ist der Wert des nach Abzug der Nachlaßverbindlichkeiten verbleibenden reinen Nachlasses im Zeitpunkt des Erbfalls; bei einem zum Nachlaß gehörenden land- oder forstwirtschaftlichen Betrieb mit Hofstelle findet § 19 Abs. 4 und 5 Anwendung. ²Wird der Erbschein nur über das Erbrecht eines Miterben erteilt, so bestimmt sich der Wert nach dessen Erbteil. ³Bei Erteilung eines beschränkten Erbscheins (§ 2369 des Bürgerlichen Gesetzbuchs) ist der Wert der im Inland befindlichen Gegenstände maßgebend.

(3) ¹Wird dem Nachlaßgericht glaubhaft gemacht, daß der Erbschein nur zur Verfügung über Grundstücke oder im Grundbuch eingetragene Rechte oder zum Zwecke der Berichtigung des Grundbuchs gebraucht wird, so werden die in Absatz 1 genannten Gebühren nur nach dem Werte der im Grundbuch des Grundbuchamts eingetragenen Grundstücke und Rechte berechnet, über die auf Grund des Erbscheins verfügt werden kann; bei einem zum Nachlaß gehörenden land- oder forstwirtschaftlichen Betrieb mit Hofstelle findet § 19 Abs. 4 und 5 Anwendung. ²Wird der Erbschein für mehrere Grundbuchämter benötigt, so ist der Gesamtwert der in den Grundbüchern eingetragenen Grundstücke und Rechte maßgebend. ³Sind die Grundstücke und Rechte mit dinglichen Rechten belastet, so werden diese bei der Wertberechnung abgezogen.

(4) Die Vorschriften des Absatzes 3 gelten entsprechend, wenn dem Nachlaßgericht glaubhaft gemacht wird, daß der Erbschein nur zur Verfügung über eingetragene Schiffe oder Schiffsbauwerke oder im Schiffsregister oder Schiffsbauregister eingetragene Rechte oder zur Berichtigung dieser Register gebraucht wird.

§ 107 bestimmt die Gebühr des Erbscheins, dazu den (von § 18 Abs. 1 abweichenden) Bewertungszeitpunkt und den (von § 18 Abs. 3 abweichenden) Wert. Für beschränkte Erbscheine gelten ermäßigte Werte (Abs. 2 S. 3, Abs. 3, 4), jedoch kommt eine Nacherhebung nach dem vollen Wert in Betracht (§ 107a).

§ 107 a Erbscheine für bestimmte Zwecke

(1) Wird ein Erbschein für einen bestimmten Zweck gebührenfrei oder zu ermäßigten Gebühren erteilt, so werden die in § 107 Abs. 1 genannten Gebühren nacherhoben, wenn von dem Erbschein zu einem anderen Zweck Gebrauch gemacht wird.

(2) ¹Wird der Erbschein für ein gerichtliches oder behördliches Verfahren benötigt, so ist die Ausfertigung des Erbscheins dem Gericht oder der Behörde zur Aufbewahrung bei den Akten zu übersenden. ²Wird eine Ausfertigung, eine Ablichtung oder ein Ausdruck des Erbscheins auch für andere Zwecke erteilt oder nimmt der Antragsteller bei der Erledigung einer anderen Angelegenheit auf die Akten Bezug, in denen sich der Erbschein befindet, so hat der Antragsteller die in § 107 Abs. 1 genannten Gebühren nach dem in § 107 Abs. 2 bezeichneten Wert nachzuentrichten; die Frist des § 15 Abs. 1 beginnt erst mit der Ertei-

lung der Ausfertigung, der Ablichtung oder des Ausdrucks oder mit der Bezugnahme auf die Akten. ³In den Fällen des Satzes 2 hat das Nachlaßgericht die Stelle zu benachrichtigen, welche die nach § 2356 des Bürgerlichen Gesetzbuches erforderliche eidesstattliche Versicherung beurkundet hat.

§ 107a ordnet insbesondere zum Erbschein für bestimmte Zwecke (§ 107 Abs. 3, 4) die Nacherhebung der vollen Gebühren an (Abs. 1) und sichert ihre Nachentrichtung (Abs. 2), wenn der Erbschein für andere Zwecke benutzt oder benötigt wird.

§ 108 Einziehung des Erbscheins

¹Für die Einziehung oder Kraftloserklärung eines Erbscheins wird die Hälfte der vollen Gebühr erhoben. ²§ 107 Abs. 2 bis 4 gilt entsprechend. ³Die Gebühr bleibt außer Ansatz, wenn in demselben Verfahren ein neuer Erbschein erteilt wird.

§ 108 bestimmt die Gebühr der Einziehung oder Kraftloserklärung des Erbscheins und ihren Wert, lässt sie jedoch außer Ansatz, wenn ein neuer Erbschein erteilt wird. Schwierigkeiten können sich ergeben, wenn ein Erbschein wegen eines unrichtigen Teils eingezogen wird.

§ 109 Andere Zeugnisse

(1) ¹Die Vorschriften über den Erbschein gelten entsprechend
1. für das Zeugnis über die Fortsetzung der Gütergemeinschaft nach § 1507 des Bürgerlichen Gesetzbuchs; an Stelle des Nachlasses tritt der halbe Wert des Gesamtguts der fortgesetzten Gütergemeinschaft;
2. für das erste Zeugnis über die Ernennung eines Testamentsvollstreckers; für jedes weitere Zeugnis wird ein Viertel der vollen Gebühr erhoben. ²Der Wert bestimmt sich nach § 30 Abs. 2.

(2) Absatz 1 findet auf Zeugnisse für Samtgutsverwalter, auf Besitzbescheinigungen und ähnliche Zeugnisse des Nachlaßgerichts entsprechende Anwendung.

§ 109 erstreckt die §§ 107 bis 108 auf andere Zeugnisse, von denen insbesondere dem Testamentsvollstreckerzeugnis praktische Bedeutung zukommt. Der Wert ist geringer, bei wiederholten Zeugnissen auch der Gebührensatz.

§ 110 Feststellung des Erbrechts des Fiskus

(1) Für das Verfahren zur Feststellung des Erbrechts des Fiskus oder der an seine Stelle tretenden Körperschaft, Stiftung oder Anstalt des öffentlichen Rechts wird dieselbe Gebühr wie für die Erteilung eines Erbscheins erhoben.

(2) Wird auf Grund der Feststellung ein Erbschein erteilt, so wird hierfür eine besondere Gebühr nicht erhoben.

§ 110 regelt die an die Stelle des Erbscheins tretende Feststellung des Erbrechts des Fiskus.

§ 111 Beschränkte Zeugnisse, Bescheinigungen

(1) Die Mindestgebühr (§ 33) wird erhoben
1. für die Zeugnisse nach §§ 36, 37 der Grundbuchordnung und § 42 der Schiffsregisterordnung;
2. für die nach den Staatsschuldbuchgesetzen erforderlichen Bescheinigungen, daß ein Rechtsnachfolger von Todes wegen, ein die Gütergemeinschaft fortsetzender Ehegatte oder ein Testamentsvollstrecker über die Buchforderung verfügen kann.

(2) Für die in dem Verfahren abgegebene eidesstattliche Versicherung wird die Gebühr des § 49 besonders erhoben.

(3) § 107a gilt entsprechend.

§ 111 regelt einige selten vorkommende Zeugnisse.

§ 112 Erklärungen gegenüber dem Nachlaßgericht

(1) Ein Viertel der vollen Gebühr wird für die Entgegennahme folgender Erklärungen erhoben:

1. Ablehnung der fortgesetzten Gütergemeinschaft (§ 1484 des Bürgerlichen Gesetzbuchs), Verzicht eines anteilsberechtigten Abkömmlings (§ 1491 des Bürgerlichen Gesetzbuchs) oder Aufhebung der fortgesetzten Gütergemeinschaft (§ 1492 des Bürgerlichen Gesetzbuchs);
2. Ausschlagung der Erbschaft, Anfechtung der Annahme oder Ausschlagung der Erbschaft oder Anfechtung der Versäumung der Ausschlagungsfrist (§§ 1945, 1955, 1956, 2308 Abs. 1 des Bürgerlichen Gesetzbuchs);
3. Anmeldung von Forderungen im Falle des § 2061 des Bürgerlichen Gesetzbuchs;
4. Anfechtung eines Testaments oder Erbvertrags (§§ 2081, 2281 Abs. 2 des Bürgerlichen Gesetzbuchs);
5. Anzeige des Vorerben oder des Nacherben über den Eintritt der Nacherbfolge (§ 2146 des Bürgerlichen Gesetzbuchs);
6. Bestimmung der Person des Testamentsvollstreckers oder Ernennung von Mitvollstreckern (§ 2198 Abs. 1 Satz 2 und § 2199 Abs. 3 des Bürgerlichen Gesetzbuchs); Annahme oder Ablehnung des Amtes des Testamentsvollstreckers (§ 2202 des Bürgerlichen Gesetzbuchs) sowie Kündigung dieses Amtes (§ 2226 des Bürgerlichen Gesetzbuchs);
7. Anzeigen des Verkäufers oder Käufers einer Erbschaft über deren Verkauf nach § 2384 des Bürgerlichen Gesetzbuchs sowie Anzeigen in den Fällen des § 2385 des Bürgerlichen Gesetzbuchs.

(2) ¹Bei der Berechnung der Gebühren wird, wenn eine vermögensrechtliche Angelegenheit vorliegt, der Wert der Vermögensmasse nach Abzug der Schulden zugrunde gelegt; im übrigen ist der Wert nach § 30 Abs. 2 zu bestimmen. ²Im Fall des Absatzes 1 Nr. 3 wird die Gebühr einheitlich nach dem Gesamtbetrag der angemeldeten Forderungen erhoben; Schuldner der Gebühr ist der Miterbe, der die Aufforderung erlassen hat. ³Wird im Fall des Absatzes 1 Nr. 2 die Erbschaft von mehreren neben- oder nacheinander berufenen Personen gleichzeitig durch Erklärung vor dem Nachlaßgericht oder durch Einreichung einer Urkunde ausgeschlagen, so wird die Gebühr nur einmal nach dem Wert der ausgeschlagenen Erbschaft erhoben.

(3) Für die Aufnahme der Anmeldungen und Erklärungen werden Gebühren nach § 38 Abs. 3 besonders erhoben, soweit sie in öffentlich beglaubigter Form abzugeben oder notariell zu beurkunden sind; im übrigen ist die Aufnahme der Anmeldungen und Erklärungen gebührenfrei.

§ 112 bestimmt Gebühren und Wert für die Entgegennahme von Erklärungen und Anzeigen durch das Nachlassgericht, teils auch Schuldner und Gebührenberechnung bei Häufung. Beurkundungs- und Beglaubigungsgebühren werden aus demselben Wert zusätzlich erhoben (§ 38 Abs. 3).

§ 113 Testamentsvollstrecker

¹Die Hälfte der vollen Gebühr wird erhoben für die Ernennung oder Entlassung von Testamentsvollstreckern und für sonstige anlässlich einer Testamentsvollstreckung zu treffenden Anordnungen. ²Der Wert bestimmt sich nach § 30 Abs. 2.

§ 113 bestimmt Gebühren und Wert nachlassgerichtlicher Anordnungen bei der Testamentsvollstreckung.

§ 114 Nachlaßinventar, Fristbestimmungen

Die Hälfte der vollen Gebühr wird erhoben

1. für die Entgegennahme eines Nachlaßinventars, für die Bestimmung einer Inventarfrist oder einer neuen Inventarfrist und für die Verlängerung der Inventarfrist, einschließlich

Text

der Anordnung wegen Aufnahme des Inventars durch einen Notar oder einen sonstigen zuständigen Beamten; maßgebend ist der Wert des Nachlasses nach Abzug der Schulden;
2. für die Fristbestimmungen nach §§ 2151, 2153 bis 2155, 2192, 2193 des Bürgerlichen Gesetzbuchs.

§ 114 bestimmt Gebühr und Wert zum Nachlassinventar (Nr. 1) sowie die Gebühr nachlassgerichtlicher Fristsetzung bei Vermächtnis und Auflage (Nr. 2; Wert nach §§ 18ff.).

§ 115 Gebührenfreie Erledigung in den Fällen der §§ 112 bis 114

Die in §§ 112 bis 114 aufgeführten Verrichtungen bleiben gebührenfrei, wenn sie im Zusammenhang mit einem anderen nach den Vorschriften dieses Unterabschnitts gebührenpflichtigen Verfahren stehen.

§ 115 beugt, Einzelvorschriften ergänzend, generell der Häufung von Gebühren der §§ 101 bis 117 vor.

§ 116 Gerichtliche Vermittlung der Auseinandersetzung

(1) ¹Für die gerichtliche Vermittlung der Auseinandersetzung eines Nachlasses oder des Gesamtguts einer Gütergemeinschaft, einschließlich des vorangegangenen Verfahrens, wird das Vierfache der vollen Gebühr erhoben. ²Die Gebühr ermäßigt sich
1. auf das Doppelte der vollen Gebühr, wenn das Verfahren ohne Bestätigung der Auseinandersetzung abgeschlossen wird;
2. auf die Hälfte der vollen Gebühr, wenn sich das Verfahren vor Eintritt in die Verhandlung durch Zurücknahme oder auf andere Weise erledigt.
³Die Vorschriften des § 59 gelten entsprechend.

(2) Wird mit einem Dritten vor dem Teilungsgericht zum Zweck der Auseinandersetzung ein Vertrag geschlossen, so wird von dem Dritten die Hälfte der nach dem Beurkundungsabschnitt zu berechnenden Gebühr erhoben.

(3) Für die Beurkundung einer vertragsmäßigen Auseinandersetzung, für die Aufnahme von Vermögensverzeichnissen und Schätzungen sowie für Versteigerungen werden die Gebühren nach Maßgabe des Beurkundungsabschnitts besonders erhoben.

(4) Wird die Vermittlung der Auseinandersetzung einem Notar übertragen, so wird je die Hälfte der vollen Gebühr erhoben
1. für das gerichtliche Verfahren, einschließlich der Anordnung von Beweisaufnahmen,
2. für die Bestätigung der Auseinandersetzung.

(5) ¹Die Gebühr bestimmt sich nach dem Wert der den Gegenstand der Auseinandersetzung bildenden Vermögensmasse. ²Dabei werden die Werte mehrerer Massen, die in demselben Verfahren auseinandergesetzt werden, zusammengerechnet. ³Trifft die Auseinandersetzung des Gesamtguts einer Gütergemeinschaft mit der Auseinandersetzung des Nachlasses eines Ehegatten zusammen, so wird die Gebühr einheitlich nach dem zusammengerechneten Wert des Gesamtguts und des übrigen Nachlasses erhoben.

(6) Für die Kosten des Verfahrens (Absätze 1 und 4) haften die Anteilsberechtigten als Gesamtschuldner.

§ 116 bestimmt Gebühren und Wert der – seltenen – Vermittlung der Auseinandersetzung durch das Gericht oder den nach Landesrecht zuständigen Notar (§ 141). Bei Übertragung durch das Gericht auf den Notar ergeben sich die Gerichtsgebühren aus § 116, die Notargebühren aus § 148.

§ 117 *(aufgehoben)*

6. Sonstige Angelegenheiten

§ 118 Genehmigung und Beaufsichtigung von Stiftungen

(1) Für die Genehmigung einer Familienstiftung wird die volle Gebühr erhoben.

(2) ¹Für die Aufsicht über Stiftungen oder deren Verwaltung wird für jedes angefangene Kalenderjahr die volle Gebühr erhoben. ²Die Gebühr wird zu Beginn jedes Zeitabschnitts im voraus fällig. ³Sie kann in einfach liegenden Fällen nach Ermessen des Gerichts bis auf ein Viertel der vollen Gebühr ermäßigt werden.

(3) Die Gebühr bestimmt sich nach dem Wert des Stiftungsvermögens nach Abzug der Schulden.

§ 118 bestimmt Gebühren und Wert gerichtlicher Stiftungsgeschäfte.

§ 119 Verfahren bei Festsetzung von Zwangs- und Ordnungsgeld

(1) In einem Verfahren nach den §§ 132 bis 139, 159 des Gesetzes über die Angelegenheiten der freiwilligen Gerichtsbarkeit wird in jedem Rechtszug das Dreifache der vollen Gebühr erhoben
1. für die Festsetzung des Zwangsgeldes,
2. für die Verwerfung des Einspruchs.

(2) Die Gebühr wird nach dem festgesetzten oder angedrohten Betrag des Zwangsgeldes berechnet; sie darf den Betrag des Zwangsgeldes nicht übersteigen.

(3) Jede Wiederholung der Festsetzung des Zwangsgeldes gilt als ein besonderes Verfahren.

(4) Für die Androhung von Zwangsgeld werden Gebühren nicht erhoben.

(5) ¹Die Vorschriften der Absätze 1 bis 4 gelten in anderen Fällen der Festsetzung von Zwangs- und Ordnungsgeld entsprechend. ²Sie gelten auch für die Festsetzung von Zwangsgeld gegen Vormünder, Betreuer, Pfleger und Beistände. ³Sie gelten nicht für die Festsetzung von Zwangs- und Ordnungsmittel gegen Zeugen und Sachverständige.

(6) ¹Für die Anordnung von Zwangshaft (§ 33 Abs. 1 und 3 des Gesetzes über die Angelegenheiten der freiwilligen Gerichtsbarkeit) wird in jedem Rechtszug das Dreifache der vollen Gebühr erhoben, neben einer Gebühr nach Absatz 5 gesondert. ²Der Geschäftswert bestimmt sich nach § 30 Abs. 2.

§ 119 bestimmt die Gebühren der Zwangs- und Ordnungsgeldverfahren sowie – in der gesetzlichen Überschrift nicht genannt – der Anordnung der Zwangshaft zur Herausgabe einer Person, in allen Fällen auch der Beschwerde (statt § 131). Einige Angelegenheiten bleiben gebührenfrei (Abs. 5 S. 3 sowie bei der Vollstreckung nach der ZPO, § 134).

§ 120 Ernennung von Sachverständigen, Bestellung eines Verwahrers, Verkauf oder Hinterlegung von Pfändern

Die volle Gebühr wird erhoben
1. für die Ernennung und Beeidigung von Sachverständigen zur Feststellung des Zustands oder Werts von Sachen; wird gerichtlich Beweis erhoben, so werden daneben die Gebühren nach § 49 Abs. 1 und § 50 Abs. 1 Nr. 4 erhoben;
2. für die Bestellung eines Verwahrers nach §§ 432, 1217, 1281, 2039 des Bürgerlichen Gesetzbuchs, einschließlich der Entscheidung über seine Vergütung;
3. für Anordnungen des Gerichts über den Verkauf oder die Hinterlegung von Pfändern und anderen Gegenständen.

§ 120 bestimmt Gebühren einiger seltener Geschäfte.

§ 121 Ernennung und Abberufung von Vorstandsmitgliedern usw.

Soweit nicht in diesem Gesetz oder in sonstigen bundesrechtlichen Vorschriften ein anderes bestimmt ist, wird das Doppelte der vollen Gebühr erhoben für die Erledigung der im Bürgerlichen Gesetzbuch in dem Titel „Juristische Personen", im Handelsgesetzbuch, im Aktiengesetz, im Genossenschaftsgesetz oder im Gesetz, betreffend die Gesellschaften mit beschränkter Haftung, den Gerichten zugewiesenen Angelegenheiten (Ernennung und Abberufung von Vorstandsmitgliedern und Liquidatoren, Bestellung und Abberufung von Abschlußprüfern und Prüfern, Ermächtigung zur Berufung einer Hauptversammlung oder Generalversammlung oder zur Einsicht von Büchern) sowie für Entscheidungen und Anordnungen ähnlicher Art.

§ 121 bestimmt Gebühren für eine Fülle von Personal-, Vergütungs-, Streit- und Aufsichtsentscheidungen.

§ 122 Bestellung eines Vertreters des Grundstücks- oder Schiffseigentümers, Zustellung von Willenserklärungen, Kraftloserklärung von Vollmachten

(1) Die Hälfte der vollen Gebühr wird erhoben

1. für die Bestellung eines Vertreters des Grundstückseigentümers oder des Schiffseigentümers nach § 1141 Abs. 2 des Bürgerlichen Gesetzbuchs und § 42 Abs. 2 des Gesetzes über Rechte an eingetragenen Schiffen und Schiffsbauwerken vom 15. November 1940 (Reichsgesetzbl. I S. 1499);
2. für die Bewilligung der öffentlichen Zustellung einer Willenserklärung nach § 132 Abs. 2 des Bürgerlichen Gesetzbuchs;
3. für die Bewilligung der Kraftloserklärung von Vollmachten nach § 176 Abs. 2 des Bürgerlichen Gesetzbuchs.

(2) Der Wert bestimmt sich nach § 30 Abs. 2.

§ 122 bestimmt Gebühr und Wert einiger seltener Geschäfte.

§ 123 Dispache

(1) ¹Für die Bestellung eines Dispacheurs, einschließlich der Bestimmung seiner Vergütung, und für die Entscheidung über seine Verpflichtung zu der von ihm abgelehnten Aufmachung der Dispache wird insgesamt die volle Gebühr erhoben. ²Maßgebend für die Gebühr ist der Betrag des Havarieschadens und, wenn der Wert des Geretteten an Schiff, Fracht und Ladung geringer ist, dieser geringere Wert.

(2) ¹Für die Verhandlung über die Dispache, einschließlich der Bestätigung, wird ebenfalls die volle Gebühr erhoben. ²Maßgebend ist die Summe der Anteile, die die an der Verhandlung Beteiligten an dem Schaden zu tragen haben. ³Wird die Dispache bestätigt, so haften die an dem Verfahren Beteiligten für die Kosten als Gesamtschuldner.

§ 123 bestimmt Gebühren und Wert der Dispache (§§ 149 bis 158 FGG).

§ 124 Eidesstattliche Versicherung

(1) Für die Verhandlung in dem Termin zur Abnahme einer eidesstattlichen Versicherung nach §§ 259, 260, 1580 Satz 2, § 1587e Abs. 1, § 1587k Abs. 1, § 1605 Abs. 1 Satz 3, §§ 2006, 2028 Abs. 2, § 2057 des Bürgerlichen Gesetzbuchs und nach § 83 Abs. 2 des Gesetzes über die Angelegenheiten der freiwilligen Gerichtsbarkeit wird die volle Gebühr erhoben, auch wenn die Abgabe der eidesstattlichen Versicherung unterbleibt.

(2) Erledigt sich das Verfahren vor Eintritt in die Verhandlung infolge Zurücknahme des Antrags oder in anderer Weise, so ermäßigt sich die Gebühr entsprechend den Vorschriften des § 130.

§ 124 bestimmt die Gebühr der freiwilligen bürgerlichrechtlichen eidesstattlichen Versicherung (zur Zwangsvollstreckung s. § 134) und der öffentlichrechtlichen Versicherung im Zwangsverfahren zur Ablieferung letztwilliger und Betreuungsverfügungen.

6. Sonstige Angelegenheiten **Text**

§ 125 Verteilungsverfahren bei Enteignungen und dgl.

(1) Soweit bei der Enteignung, bei der Flurbereinigung, bei der Beschädigung von Grundstücken durch Bergbau oder in ähnlichen Fällen ein Verteilungsverfahren vorgesehen ist, wird dafür das Doppelte der vollen Gebühr nach dem zu verteilenden Gesamtbetrag erhoben.

(2) Wird der Antrag auf Eröffnung des Verfahrens zurückgewiesen oder wird der Antrag vor Eröffnung des Verfahrens zurückgenommen, so bemißt sich die nach § 130 zu erhebende Gebühr nach dem zu verteilenden Gesamtbetrag und, wenn ein Berechtigter den Antrag gestellt hat, nach dem von ihm beanspruchten Betrag, falls er geringer ist als der Gesamtbetrag.

§ 125 bestimmt die Gebühr für Verteilungsverfahren außerhalb der Zwangsvollstreckung.

§ 126 Kapitalkreditbeschaffung für landwirtschaftliche Pächter

(1) Für die Niederlegung des Verpfändungsvertrags nach dem Pachtkreditgesetz vom 5. August 1951 (Bundesgesetzbl. I S. 494), einschließlich der Erteilung einer Bescheinigung über die erfolgte Niederlegung, wird die Hälfte der vollen Gebühr erhoben.

(2) Ein Viertel der vollen Gebühr wird erhoben
1. für die Entgegennahme der Anzeige über die Abtretung der pfandgesicherten Forderung;
2. für die Herausgabe des Verpfändungsvertrags.

(3) [1] Für die Erteilung einer beglaubigten Ablichtung des Verpfändungsvertrags sowie einer Bescheinigung an den Pächter, daß ein Verpfändungsvertrag bei dem Amtsgericht nicht niedergelegt ist, wird eine Gebühr von 13 Euro erhoben. [2] Für Ablichtungen wird daneben die entstandene Dokumentenpauschale angesetzt.

(4) Für die Niederlegung einer Vereinbarung des Pächters und des Pfandgläubigers, durch welche die Erstreckung des Pfandrechts auf die nach seiner Entstehung vom Pächter erworbenen Inventarstücke ausgeschlossen wird, sowie für die Gestattung der Einsicht in die bei dem Amtsgericht niedergelegten Verpfändungsverträge werden Gebühren nicht erhoben.

§ 126 regelt die Gebühren – seltener – Pachtkreditgeschäfte. Abs. 3 tritt dabei an die Stelle des § 55.

§ 127 Personenstandsangelegenheiten

(1) Für die Familienregister sowie für die bei den Gerichten aufbewahrten Standesregister und Kirchenbücher gelten die Kostenvorschriften für die Amtstätigkeit des Standesbeamten (ab 1. 1. 2009: Standesamts) entsprechend.

(2) Im übrigen werden in Personenstandsangelegenheiten für die Zurückweisung von Anträgen auf eine gerichtliche Anordnung sowie für die Verwerfung oder Zurückweisung einer Beschwerde gegen eine gerichtliche Entscheidung die in §§ 130 und 131 bestimmten Gebühren erhoben.

§ 127 Abs. 1 hat kaum noch praktische Bedeutung. Abs. 2 lässt Personenstandsangelegenheiten, bis auf die Gebühren der §§ 130, 131, gebührenfrei.

§ 128 Todeserklärung und Feststellung der Todeszeit

(1) Das Doppelte der vollen Gebühr wird erhoben für
a) die Todeserklärung,
b) die Feststellung der Todeszeit,
c) die Aufhebung oder Änderung der Todeserklärung oder der Feststellung der Todeszeit.

(2) Wird ein Aufgebotsverfahren in ein Verfahren zur Feststellung der Todeszeit übergeleitet, so ist es für die Gebührenberechnung als ein einheitliches Verfahren zu behandeln.

(3) Der Geschäftswert bestimmt sich nach § 30 Abs. 2.

§ 128 bestimmt Gebühren und Wert der im Verschollenheitsgesetz vorgesehenen, praktisch kaum noch vorkommenden Geschäfte.

§ 128a Änderung der Vornamen und Feststellung der Geschlechtszugehörigkeit in besonderen Fällen

(1) In Verfahren nach dem Gesetz über die Änderung der Vornamen und die Feststellung der Geschlechtszugehörigkeit in besonderen Fällen vom 10. September 1980 (BGBl. I S. 1654) wird erhoben

1. das Doppelte der vollen Gebühr
   a) für die Änderung der Vornamen nach § 1 des Gesetzes,
   b) für die Aufhebung der Entscheidung, durch welche die Vornamen geändert worden sind, nach § 6 des Gesetzes,
   c) für die Feststellung, daß der Antragsteller als dem anderen Geschlecht zugehörig anzusehen ist, nach § 8 oder § 9 Abs. 2 des Gesetzes; eine nach Nummer 2 entstandene Gebühr wird angerechnet,
   d) für die Aufhebung der Feststellung, daß der Antragsteller als dem anderen Geschlecht zugehörig anzusehen ist, nach § 9 Abs. 3 in Verbindung mit § 6 des Gesetzes;
2. das Eineinhalbfache der vollen Gebühr

für die Feststellung nach § 9 Abs. 1 des Gesetzes.

(2) Der Geschäftswert bestimmt sich nach § 30 Abs. 2.

§ 128a bestimmt Gebühren und Wert der „Geschlechtsumwandlung".

§ 128b Unterbringungssachen

¹ In Unterbringungssachen nach den §§ 70 bis 70n des Gesetzes über die Angelegenheiten der freiwilligen Gerichtsbarkeit werden keine Gebühren erhoben. ² Von dem Betroffenen werden Auslagen nur nach § 137 Nr. 16 erhoben und wenn die Voraussetzungen des § 93a Abs. 2 gegeben sind.

§ 128b stellt sowohl die zivilrechtliche Unterbringung – ihre vormundschaftsgerichtliche Genehmigung – als auch die öffentlichrechtliche psychisch Kranker – das gerichtliche Verfahren – kostenfrei; gebührenpflichtig bleibt die sonstige öffentlichrechtliche Unterbringung (Anhang B. Unterbringung). Wegen der Verfahrenspflegschaft s. § 93a.

7. Ergänzende Gebührenvorschriften für Anträge, Beschwerden usw.

§ 129 Gesuche, Anträge

Gesuche und Anträge werden, soweit nichts anderes bestimmt ist, gebührenfrei aufgenommen.

§ 129 läßt, wie die §§ 75, 86 Abs. 1, nicht der Beurkundung oder Beglaubigung bedürfende Anträge gebührenfrei. Die praktische Bedeutung ist angesichts der wenigen gerichtlichen Beurkundungszuständigkeiten gering. Anwendungsbeispiel: Erbscheinsantrag ohne eidesstattliche Versicherung (vgl. §§ 107 Abs. 1 S. 2, 49 Abs. 2, 3).

§ 130 Zurückweisung und Zurücknahme von Anträgen

(1) Wird in Fällen, in denen das Gericht nur auf Antrag tätig wird, ein Antrag zurückgewiesen, so wird, soweit nichts anderes bestimmt ist, die Hälfte der vollen Gebühr, höchstens jedoch ein Betrag von 35 Euro erhoben.

7. *Ergänzende Gebührenvorschriften* **Text**

(2) Wird ein Antrag zurückgenommen, bevor über ihn eine Entscheidung ergangen ist oder die beantragte Handlung stattgefunden hat, so wird, soweit nichts anderes bestimmt ist, ein Viertel der vollen Gebühr, höchstens jedoch ein Betrag von 20 Euro erhoben.

(3) Der für die beantragte Verhandlung oder Entscheidung bestimmte Gebührensatz darf nicht überschritten werden.

(4) Im Fall einer teilweisen Zurückweisung oder Zurücknahme ist die Gebühr nach dem Wert des zurückgewiesenen oder zurückgenommenen Teils, jedoch nur insoweit zu erheben, als die Gebühr für die Erledigung des ganzen Antrags die Gebühr für die teilweise Erledigung übersteigt.

(5) ¹Bei Zurückweisung oder Zurücknahme eines Antrags kann von der Erhebung von Kosten abgesehen werden, wenn der Antrag auf unverschuldeter Unkenntnis der tatsächlichen oder rechtlichen Verhältnisse beruht. ² § 16 Abs. 2 gilt entsprechend.

§ 130 sieht besondere Gebühren für die Zurückweisung und Zurücknahme von Anträgen vor. Die Regelung beruht darauf, dass die KostO grundsätzlich nur Vornahmegeschäfte mit einer Gebühr belegt. In familienrechtlichen Angelegenheiten ist § 130 nicht anzuwenden (§ 91), im Übrigen gehen besondere Vorschriften vor (so die §§ 57, 106 Abs. 3). Abs. 5 ergänzt § 16. § 130 gilt auch für Notare (§ 141), vor allem bei der Zurücknahme eines Beurkundungsantrags, aber auch bei der Ablehnung der Beurkundung (§ 4 BeurkG).

§ 131 Beschwerden, Anrufung des Gerichts gegen Entscheidungen anderer Behörden oder Dienststellen

(1) ¹Für das Verfahren über Beschwerden wird, soweit nichts anderes bestimmt ist, erhoben

1. in den Fällen der Verwerfung oder Zurückweisung die Hälfte der vollen Gebühr;
2. in den Fällen der Zurücknahme ein Viertel der vollen Gebühr; betrifft die Zurücknahme nur einen Teil des Beschwerdegegenstandes, so ist die Gebühr nur insoweit zu erheben, als sich die Beschwerdegebühr erhöht haben würde, wenn die Entscheidung auf den zurückgenommenen Teil erstreckt worden wäre.

²Im übrigen ist das Beschwerdeverfahren gebührenfrei.

(2) Der Wert ist in allen Fällen nach § 30 zu bestimmen.

(3) Richtet sich die Beschwerde gegen eine Entscheidung des Vormundschaftsgerichts oder des Familiengerichts und ist sie von dem Minderjährigen, dem Betreuten oder dem Pflegebefohlenen oder im Interesse dieser Personen eingelegt, so ist sie in jedem Fall gebührenfrei.

(4) ¹Werden Angelegenheiten der in diesem Abschnitt bezeichneten Art von anderen Behörden oder Stellen, insbesondere von Notaren, erledigt und ist in diesen Fällen eine Anrufung des Gerichts vorgesehen, so steht diese hinsichtlich der Gebühren einer Beschwerde gleich. ²Dies gilt nicht bei Anträgen auf Änderung von Entscheidungen des ersuchten oder beauftragten Richters oder des Urkundsbeamten der Geschäftsstelle. ³Es gilt ferner nicht, wenn nach einem Verwaltungsverfahren der Antrag auf gerichtliche Entscheidung gestellt wird.

(5) Auslagen, die durch eine für begründet befundene Beschwerde entstanden sind, werden nicht erhoben, soweit das Beschwerdeverfahren gemäß Absatz 1 Satz 2 gebührenfrei ist.

§ 131 bestimmt die Gebühren der Beschwerde, auch der weiteren Beschwerde, sowie gleichstehender Verfahren (Abs. 4; zur Rechtspflegererinnerung s. § 11 Abs. 4 RPflG); dazu den Wert durch Verweisung auf § 30, womit an die Stelle der Hauptsache das „Beschwerdeinteresse" tritt. Auf die Auslagenerhebung wirkt § 131 ebenfalls ein (Abs. 5). Spezielle Regelungen gehen ihm vor (so die §§ 119, 131 a bis 131 c), sie stellen vor allem auch die erfolgreiche Beschwerde gebührenpflichtig. Begünstigt sind viele familienrechtliche Beschwerden (Abs. 3). § 131 wirkt sich auf die Gebühren der

§§ 36ff., 130 aus: *Sie fallen weg, wenn das Beschwerdegericht den Gebührentatbestand aufhebt; sie fallen an, wenn die Beschwerdeentscheidung den Gebührentatbestand erfüllt.*

§ 131a Bestimmte Beschwerden in Familien- und Lebenspartnerschaftssachen

In Verfahren über Beschwerden nach § 621e der Zivilprozessordnung in

1. Versorgungsausgleichssachen,
2. Familiensachen nach § 621 Abs. 1 Nr. 7 der Zivilprozessordnung,
3. Lebenspartnerschaftssachen nach § 661 Abs. 1 Nr. 4a und 5 in Verbindung mit § 661 Abs. 2 der Zivilprozessordnung

werden die gleichen Gebühren wie im ersten Rechtszug erhoben.

§ 131a trifft von § 131 abweichende Regelungen.

§ 131b Beschwerden in Prozeßkostenhilfesachen

[1] Für das Verfahren über Beschwerden gegen Entscheidungen in Verfahren über die Prozeßkostenhilfe wird eine Gebühr von 25 Euro erhoben, wenn die Beschwerde verworfen oder zurückgewiesen wird. [2] Wird die Beschwerde nur teilweise verworfen oder zurückgewiesen, kann das Gericht die Gebühr nach billigem Ermessen auf die Hälfte ermäßigen oder bestimmen, daß eine Gebühr nicht zu erheben ist. [3] Wird die Beschwerde zurückgenommen, bevor eine Entscheidung über sie ergangen ist, wird keine Gebühr erhoben. [4] § 131 Abs. 3 bleibt unberührt.

§ 131b trifft eine von § 131 abweichende Sonderregelung, die insbesondere die Wert- durch eine Betragsgebühr ersetzt.

§ 131c Beschwerden in bestimmten Registersachen

(1) [1] Für das Verfahren über Beschwerden gegen Entscheidungen, die sich auf solche Tätigkeiten des Registergerichts beziehen, für die Gebühren aufgrund einer Rechtsverordnung nach § 79a zu erheben sind, wird das Doppelte der Gebühr erhoben, die in der Rechtsverordnung für die Zurückweisung der Anmeldung vorgesehen ist, wenn die Beschwerde verworfen oder zurückgewiesen wird. [2] Wird die Beschwerde nur teilweise verworfen oder zurückgewiesen, wird das Doppelte der Gebühr erhoben, die in der Rechtsverordnung für die Zurückweisung dieses Teils der Anmeldung vorgesehen ist.

(2) [1] Wird die Beschwerde zurückgenommen, bevor eine Entscheidung über sie ergangen ist, wird das Doppelte der Gebühr erhoben, die in einer Rechtsverordnung nach § 79a für die Zurücknahme der Anmeldung vorgesehen ist. [2] Wird die Beschwerde nur teilweise zurückgenommen, wird das Doppelte der Gebühr erhoben, die in der Rechtsverordnung für die Zurücknahme dieses Teils der Anmeldung vorgesehen ist.

§ 131c trifft eine weitere von § 131 abweichende Sonderregelung.

§ 131d Rüge wegen Verletzung des Anspruchs auf rechtliches Gehör

[1] Für das Verfahren über die Rüge wegen Verletzung des Anspruchs auf rechtliches Gehör (§ 29a des Gesetzes über die Angelegenheiten der freiwilligen Gerichtsbarkeit, auch in Verbindung mit § 81 Abs. 3 der Grundbuchordnung und § 89 Abs. 3 der Schiffsregisterordnung) wird eine Gebühr von 50 Euro erhoben, wenn die Rüge in vollem Umfang verworfen oder zurückgewiesen wird. [2] Wird die Rüge zurückgenommen, bevor eine Entscheidung über sie ergangen ist, wird keine Gebühr erhoben. [3] § 131 Abs. 3 gilt entsprechend.

§ 131d sieht eine Gebühr für die erfolglose Anhörungsrüge vor.

§ 132 Beglaubigte Abschriften

Soweit nichts anderes bestimmt ist, wird bei der Erteilung beglaubigter Ablichtungen oder Ausdrucke der vom Gericht erlassenen Entscheidungen sowie der von ihm aufgenommenen oder in Urschrift in seiner dauernden Verwahrung befindlichen Urkunden eine Beglaubigungsgebühr nicht erhoben.

§ 132 nimmt bestimmte beglaubigte Ablichtungen von der Beglaubigungsgebühr des Gerichts und Notars (§§ 55, 141) aus. Ihm gehen spezielle Regelungen vor (§§ 73, 89, 126 Abs. 3).

§ 133 Vollstreckbare Ausfertigungen

¹Für die Erteilung vollstreckbarer Ausfertigungen von gerichtlichen oder notariellen Urkunden wird die Hälfte der vollen Gebühr erhoben, wenn der Eintritt einer Tatsache oder einer Rechtsnachfolge zu prüfen ist (§§ 726 bis 729 der Zivilprozeßordnung) oder es sich um die Erteilung einer weiteren vollstreckbaren Ausfertigung handelt. ²Das gleiche gilt im Fall der Erteilung vollstreckbarer Ausfertigungen einer bestätigten Auseinandersetzung sowie in ähnlichen Fällen.

§ 133 bestimmt die Gerichts- und Notargebühr (§ 141) bestimmter vollstreckbarer Ausfertigungen. Die Dokumentenpauschale gilt sie wohl nicht ab.

§ 134 Vollstreckungshandlungen

Für die Vornahme von gerichtlichen Vollstreckungshandlungen in Angelegenheiten der freiwilligen Gerichtsbarkeit werden, soweit nichts anderes bestimmt ist, die für solche Handlungen im Gerichtskostengesetz vorgesehenen Gebühren erhoben.

§ 134 unterwirft Vollstreckungshandlungen der freiwilligen Gerichtsbarkeit, soweit es sich nicht um Zwangs- und Ordnungsgeldverfahren und die Anordnung der Zwangshaft bei der Herausgabe einer Person handelt (§ 119), dem GKG. Seit seiner Neufassung durch das KostRMoG sieht es wieder Gebühren dafür vor. Erfolgt die Vollstreckung zufolge verfahrensrechtlicher Verweisung nach der ZPO, findet das GKG ohnehin Anwendung. Vollstreckt das Gericht nach der JBeitrO, ist dessen § 11 Abs. 1 maßgebend.

§ 135 Rechtskraftzeugnisse, Kostenfestsetzung

Für die Erteilung von Rechtskraftzeugnissen und für die gerichtliche Festsetzung der einem Beteiligten zu erstattenden Kosten werden Gebühren nicht erhoben.

§ 135 enthält eine überflüssige Klarstellung.

Dritter Abschnitt. Auslagen

§ 136 Dokumentenpauschale

(1) ¹Eine Dokumentenpauschale wird erhoben für
1. Ausfertigungen, Ablichtungen oder Ausdrucke, die auf Antrag erteilt, angefertigt oder per Telefax übermittelt werden;
2. Ausfertigungen und Ablichtungen, die angefertigt werden müssen, weil zu den Akten gegebene Urkunden, von denen eine Ablichtung zurückbehalten werden muss, zurückgefordert werden; in diesem Fall wird die bei den Akten zurückbehaltene Ablichtung gebührenfrei beglaubigt.

²§ 191a Abs. 1 Satz 2 des Gerichtsverfassungsgesetzes bleibt unberührt.

(2) ¹Die Dokumentenpauschale beträgt unabhängig von der Art der Herstellung in derselben Angelegenheit, in gerichtlichen Verfahren in demselben Rechtszug und bei Vormundschaften, Dauerbetreuungen und -pflegschaften in jedem Kalenderjahr für die ersten 50 Seiten 0,50 Euro je Seite und für jede weitere Seite 0,15 Euro. ²Die Höhe der Dokumentenpauschale ist für jeden Kostenschuldner nach § 2 gesondert zu berechnen; Gesamtschuldner gelten als ein Schuldner.

(3) Für die Überlassung von elektronisch gespeicherten Dateien anstelle der in Absatz 1 Nr. 1 genannten Ausfertigungen, Ablichtungen und Ausdrucke beträgt die Dokumentenpauschale je Datei 2,50 Euro.

(4) Frei von der Dokumentenpauschale sind
1. bei Beurkundungen von Verträgen zwei Ausfertigungen, Ablichtungen oder Ausdrucke, bei sonstigen Beurkundungen eine Ausfertigung, eine Ablichtung oder ein Ausdruck;
2. für jeden Beteiligten und seinen bevollmächtigten Vertreter jeweils
   a) eine vollständige Ausfertigung oder Ablichtung oder ein vollständiger Ausdruck jeder gerichtlichen Entscheidung und jedes vor Gericht abgeschlossenen Vergleichs,
   b) eine Ausfertigung ohne Entscheidungsgründe und
   c) eine Ablichtung oder ein Ausdruck jeder Niederschrift über eine Sitzung.

§ 136 bestimmt „Dokumentenpauschale" als Oberbegriff für die bisherigen Schreibauslagen und die Aufwendungen durch die Überlassung elektronisch gespeicherter Dateien. Er regelt ihre Erhebung als Ausnahmen von dem Grundsatz, dass Gebühren den Aufwand abgelten (Abs. 1–3), stellt zugleich „als Ausnahme von der Ausnahme" bestimmte Kopien wieder frei (Abs. 4). § 136 gilt auch für Notare (§ 141), für sie erweitert § 152 Abs. 1 die Dokumentenpauschale.

§ 137 Sonstige Auslagen

(1) Als Auslagen werden ferner erhoben
1. Entgelte für Telegramme;
2. für jede Zustellung mit Zustellungsurkunde, Einschreiben gegen Rückschein oder durch Justizbedienstete nach § 168 Abs. 1 der Zivilprozessordnung pauschal ein Betrag von 3,50 Euro;
3. für die Versendung von Akten auf Antrag je Sendung einschließlich der Rücksendung durch Gerichte pauschal ein Betrag von 12 Euro;
4. Auslagen für öffentliche Bekanntmachungen
   a) bei Veröffentlichung in einem elektronischen Informations- und Kommunikationssystem, wenn ein Entgelt nicht zu zahlen ist oder das Entgelt nicht für den Einzelfall berechnet wird, je Veröffentlichung pauschal 1 Euro,
   b) in sonstigen Fällen die zu zahlenden Entgelte;
5. nach dem Justizvergütungs- und -entschädigungsgesetz zu zahlende Beträge mit Ausnahme der an ehrenamtliche Richter (§ 1 Abs. 1 Satz 1 Nr. 2 des Justizvergütungs- und -entschädigungsgesetzes), Gebärdensprachdolmetscher und an Übersetzer, die zur Erfüllung der Rechte blinder oder sehbehinderter Personen herangezogen werden (§ 191a Abs. 1 des Gerichtsverfassungsgesetzes), zu zahlenden Beträge, und zwar auch dann, wenn aus Gründen der Gegenseitigkeit, der Verwaltungsvereinfachung oder aus vergleichbaren Gründen keine Zahlungen zu leisten sind; ist aufgrund des § 1 Abs. 2 Satz 2 des Justizvergütungs- und -entschädigungsgesetzes keine Vergütung zu zahlen, ist der Betrag zu erheben, der ohne diese Vorschrift zu zahlen wäre;
6. bei Geschäften außerhalb der Gerichtsstelle
   a) die den Gerichtspersonen aufgrund gesetzlicher Vorschriften gewährte Vergütung (Reisekosten, Auslagenersatz),
   b) die Auslagen für die Bereitstellung von Räumen,
   c) für den Einsatz von Dienstkraftfahrzeugen für jeden gefahrenen Kilometer 0,30 Euro;
7. an Rechtsanwälte zu zahlende Beträge mit Ausnahme der nach § 59 des Rechtsanwaltsvergütungsgesetzes auf die Staatskasse übergegangenen Ansprüche;
8. Rechnungsgebühren (§ 139);
9. Auslagen für die Beförderung von Personen;
10. Beträge, die mittellosen Personen für die Reise zum Ort einer Verhandlung, Vernehmung oder Untersuchung und für die Rückreise gezahlt werden, bis zur Höhe der nach dem Justizvergütungs- und -entschädigungsgesetz an Zeugen zu zahlenden Beträge;

11. an Dritte zu zahlende Beträge für

   a) die Beförderung von Tieren und Sachen mit Ausnahme der für Postdienstleistungen zu zahlenden Entgelte, die Verwahrung von Tieren und Sachen sowie die Fütterung von Tieren,

   b) die Durchsuchung oder Untersuchung von Räumen und Sachen einschließlich der die Durchsuchung oder Untersuchung vorbereitenden Maßnahmen;

12. Kosten einer Zwangshaft in Höhe des Haftkostenbeitrags nach § 50 Abs. 2 und 3 des Strafvollzugsgesetzes, Kosten einer sonstigen Haft nur dann, wenn sie nach § 50 Abs. 1 des Strafvollzugsgesetzes zu erheben wären;

13. nach dem Auslandskostengesetz gezahlte Beträge;

14. Beträge, die inländischen Behörden, öffentlichen Einrichtungen oder Bediensteten als Ersatz für Auslagen der in den Nummern 1 bis 13 [Redaktionsversehen: 12?] bezeichneten Art zustehen, und zwar auch dann, wenn aus Gründen der Gegenseitigkeit, der Verwaltungsvereinfachung oder aus vergleichbaren Gründen keine Zahlungen zu leisten sind; diese Beträge sind durch die Höchstsätze für die bezeichneten Auslagen begrenzt;

15. Beträge, die ausländischen Behörden, Einrichtungen oder Personen im Ausland zustehen, sowie Kosten des Rechtshilfeverkehrs mit dem Ausland, und zwar auch dann, wenn aus Gründen der Gegenseitigkeit, der Verwaltungsvereinfachung oder aus vergleichbaren Gründen keine Zahlungen zu leisten sind;

16. an Verfahrenspfleger gezahlte Beträge.

(2) Sind Auslagen durch verschiedene Geschäfte veranlasst, werden sie auf die mehreren Geschäfte angemessen verteilt.

§ 137 engt den Grundsatz, dass Gebühren den gesamten Aufwand des Gerichts abgelten (§ 35), ein und bestimmt abschließend die neben ihnen zu erhebenden Auslagen. § 137 gilt auch für Notare (§ 141), jedoch tritt an die Stelle der „gesetzlichen Vorschriften" der Nr. 7 Buchst. a § 153. Für Gebührennotare (§ 154) sehen die §§ 151, 151a und 152 Abs. 2 weitere Auslagen vor; § 154 Abs. 2 setzt einen Anspruch auf Aufwendungsersatz entsprechend § 670 BGB voraus.

§ 138 *(aufgehoben)*

§ 139 Rechnungsgebühren

(1) [1] Für Rechnungsarbeiten, die durch einen dafür besonders bestellten Beamten oder Angestellten (Rechnungsbeamten) vorgenommen werden, sind als Auslagen Rechnungsgebühren zu erheben, die nach dem für die Arbeit erforderlichen Zeitaufwand bemessen werden. [2] Sie betragen für jede Stunde 10 Euro. [3] Die letzte bereits begonnene Stunde wird voll gerechnet, wenn sie zu mehr als 30 Minuten für die Erbringung der Arbeit erforderlich war; anderenfalls sind 5 Euro zu erheben.

(2) [1] In Vormundschafts-, Betreuungs- und Pflegschaftssachen werden unbeschadet der Vorschrift des § 92 Abs. 1 Satz 1 für die Prüfung eingereichter Rechnungen Rechnungsgebühren nur erhoben, wenn die nachgewiesenen Bruttoeinnahmen mehr als 1 000 Euro für das Jahr betragen. [2] Einnahmen aus dem Verkauf von Vermögensstücken rechnen nicht mit.

(3) [1] Die Rechnungsgebühren setzt das Gericht, das den Rechnungsbeamten beauftragt hat, von Amts wegen fest. [2] Gegen die Festsetzung findet die Beschwerde statt, wenn der Wert des Beschwerdegegenstands 200 Euro übersteigt oder das Gericht, das die angefochtene Entscheidung erlassen hat, die Beschwerde wegen der grundsätzlichen Bedeutung der zur Entscheidung stehenden Frage in dem Beschluss zugelassen hat. [3] § 14 Abs. 4 bis 9 gilt entsprechend. [4] Beschwerdeberechtigt sind die Staatskasse und derjenige, der für die Rechnungsgebühren als Kostenschuldner in Anspruch genommen worden ist.

§ 139 trifft eine nähere Regelung zu § 137 Abs. 1 Nr. 8.

Zweiter Teil. Kosten der Notare

§ 140 Verbot der Gebührenvereinbarung

¹Die Kosten der Notare bestimmen sich, soweit bundesrechtlich nichts anderes vorgeschrieben ist, ausschließlich nach diesem Gesetz. ²Vereinbarungen über die Höhe der Kosten sind unwirksam.

§ 140 verschärft für Notarkosten das Analogieverbot des § 1 (S. 1: „ausschließlich" statt „nur"), es wird allerdings durch die „Auffanggebühr" des § 147 Abs. 2 gemildert. Das – mittelbare – Verbot von Kostenvereinbarungen ergänzt die strikte Bindung des Notars an die KostO (S. 2). Es erstreckt sich ohne weiteres auf den Geschäftswert und die Vergünstigung durch sachlich nicht gebotene Zusammenbeurkundung (Wertesumme statt Einzelgebühren, insbesondere nach § 44 Abs. 2) sowie auf die Entlassung eines Kostenschuldners aus der Mithaft. Einem öffentlich-rechtlichen Vergleich über Streit- und Zweifelsfragen steht § 140 jedoch nicht entgegen. S. auch § 17 BNotO.

§ 141 Anwendung des Ersten Teils

Für die Kosten der Notare gelten die Vorschriften des Ersten Teils dieses Gesetzes entsprechend, soweit in den nachstehenden Vorschriften nichts anderes bestimmt ist.

§ 141 erklärt den gesamten ersten Teil auf die Notarkosten für anwendbar, damit auch Einzelvorschriften wie beispielsweise § 71 über die Gebühr des Grundbuchamts auf die Erteilung eines Teilgrundpfandbriefs durch den Notar (§ 20 Abs. 2 BNotO). Die §§ 142 ff. enthalten Einschränkungen, Abweichungen und Ergänzungen, teils für alle Notare, teils nur für Nichtgebührennotare im Landesdienst Baden-Württembergs (§ 142) oder Gebührennotare (§ 154).

§ 142 Entscheidung durch das Amtsgericht in Baden-Württemberg

Soweit im Lande Baden-Württemberg die Gebühren für die Tätigkeit des Notars der Staatskasse zufließen, entscheidet in den Fällen des § 14 Abs. 2 und des § 31 (Erinnerung gegen den Kostenansatz, Festsetzung des Geschäftswerts) das Amtsgericht, in dessen Bezirk der Notar (Bezirksnotar) seinen Amtssitz hat.

§ 142 bestimmt das erstinstanzliche Gericht der Rechtswege nach den §§ 14 und 31 für Kosten der Notare im Landesdienst Baden-Württembergs (§ 141), soweit sie Gläubiger sind (§§ 10ff. LJKG, s. § 154).

§ 143 Nichtanwendung des Ersten Teils

(1) Fließen die Gebühren für die Tätigkeit des Notars diesem selbst zu, so finden die folgenden Vorschriften des Ersten Teils keine Anwendung:

§§ 11 und 13 (Allgemeine Vorschriften über Kostenbefreiungen, Gebührenfreiheit für einzelne Gesamtschuldner),
§ 14 (Kostenansatz, Erinnerung, Beschwerde),
§ 15 (Nachforderung),
§ 16 Abs. 2 (Entscheidung über die Nichterhebung von Kosten),
§ 17 Abs. 4 (Verzinsung),
§ 31 (Festsetzung des Geschäftswerts),
§ 136 Abs. 5 (Dokumentenpauschale bei zur Verfügung gestellten Entwürfen),
§ 137 Abs. 1 Nr. 8, § 139 (Rechnungsgebühren).

(2) ¹Bundes- oder landesrechtliche Vorschriften, die Gebühren- oder Auslagenbefreiung gewähren, finden keine Anwendung auf den Notar, dem die Gebühren für seine Tätigkeit selbst zufließen. ²Außer in den Fällen der Kostenerstattung zwischen den Trägern der Sozialhilfe gilt die in § 64 Abs. 2 Satz 3 Nr. 2 des Zehnten Buches Sozialgesetzbuch bestimmte Gebührenfreiheit auch für den Notar.

Kosten der Notare **Text**

§ 143 nimmt von der Anwendung des ersten Teils auf die Notare (§ 141) bei Gebührennotaren (§ 154) bestimmte Vorschriften aus (Abs. 1), teils ersatzlos (so § 15), teils treten an ihre Stelle andere Vorschriften (so die §§ 154 bis 157 an die Stelle der §§ 14, 16 Abs. 2, 17 Abs. 4 und 31; die Nichtanwendbarerklärung des § 136 Abs. 5 ist durch dessen Aufhebung gegenstandslos). Eine weitergehende oder besondere (?) Regelung trifft Abs. 2 für die Gebühren- und Auslagenbefreiung.

§ 144 Gebührenermäßigung

(1) ¹Erhebt ein Notar, dem die Gebühren für seine Tätigkeit selbst zufließen, die in den §§ 36 bis 59, 71, 133, 145 und 148 bestimmten Gebühren von

1. dem Bund, einem Land sowie einer nach dem Haushaltsplan des Bundes oder eines Landes für Rechnung des Bundes oder eines Landes verwalteten öffentlichen Körperschaft oder Anstalt,
2. einer Gemeinde, einem Gemeindeverband, einer sonstigen Gebietskörperschaft oder einem Zusammenschluss von Gebietskörperschaften, einem Regionalverband, einem Zweckverband,
3. einer Kirche, sonstigen Religions- oder Weltanschauungsgemeinschaft, jeweils soweit sie die Rechtsstellung einer juristischen Person des öffentlichen Rechts hat,

und betrifft die Angelegenheit nicht deren wirtschaftliche Unternehmen, so ermäßigen sich die Gebühren bei einem Geschäftswert von mehr als 26 000 Euro bis zu einem

Geschäftswert	
von ... Euro	um ... Prozent
100 000	30
260 000	40
1 000 000	50
über 1 000 000	60

²Eine ermäßigte Gebühr darf jedoch die bei einem niedrigeren Geschäftswert nach Satz 1 zu erhebende Gebühr nicht unterschreiten. ³Wenn die Tätigkeit mit dem Erwerb eines Grundstücks oder grundstücksgleichen Rechts zusammenhängt, ermäßigen sich die Gebühren nur, wenn dargelegt wird, daß eine auch nur teilweise Weiterveräußerung an einen nichtbegünstigten Dritten nicht beabsichtigt ist. ⁴Ändert sich diese Absicht innerhalb von drei Jahren nach Beurkundung der Auflassung, entfällt eine bereits gewährte Ermäßigung. ⁵Der Begünstigte ist verpflichtet, den Notar zu unterrichten.

(2) Die Gebührenermäßigung ist auch einer Körperschaft, Vereinigung oder Stiftung zu gewähren, die ausschließlich und unmittelbar mildtätige oder kirchliche Zwecke im Sinne der Abgabenordnung verfolgt, wenn diese Voraussetzung durch einen Freistellungs- oder Körperschaftsteuerbescheid oder durch eine vorläufige Bescheinigung des Finanzamts nachgewiesen und dargelegt wird, daß die Angelegenheit nicht einen steuerpflichtigen wirtschaftlichen Geschäftsbetrieb betrifft.

(3) Die Ermäßigung erstreckt sich auf andere Beteiligte, die mit dem Begünstigten als Gesamtschuldner haften, nur insoweit, als sie von dem Begünstigten auf Grund gesetzlicher Vorschrift Erstattung verlangen können.

§ 144 setzt an die Stelle der Gebührenbefreiung (§ 143 Abs. 1 iVm. §§ 11, 13; § 143 Abs. 2 S. 1) für bestimmte Gebühren des Gebührennotars (§ 154) eine geschäftswertabhängige persönliche Gebührenermäßigung, wobei die Prüfung der Voraussetzungen teils dem Notar selbst obliegt (Abs. 1 S. 1), teils dem Finanzamt vorbehalten ist (Abs. 2). Die persönliche Begünstigung wird sachlich begrenzt (Abs. 1 S. 2, 3, Abs. 2 letzter Satzteil), diese Feststellung obliegt immer dem Notar. Die Gesamtschuldnerschaft (§ 5 Abs. 1 S. 1) ist, wie nach § 13, bei Beteiligung begünstigter Schuldner eingeschränkt (Abs. 2, 3). S. die besondere Gebührentabelle im Anhang E II.

Lappe

§ 144a *(wirkungslos)*

§ 144a ermäßigte für Geschäfte über Grundstücke in den neuen Bundesländern die Notargebühren, „die vor dem 1. Januar 2004 fällig werden".

§ 145 Entwürfe

(1) ¹Fertigt der Notar auf Erfordern nur den Entwurf einer Urkunde, so wird die für die Beurkundung bestimmte Gebühr erhoben. ²Überprüft der Notar auf Erfordern einen ihm vorgelegten Entwurf einer Urkunde oder einen Teil des Entwurfs, so wird die Hälfte der für die Beurkundung der gesamten Erklärung bestimmten Gebühr, mindestens jedoch ein Viertel der vollen Gebühr erhoben; dies gilt auch dann, wenn der Notar den Entwurf auf Grund der Überprüfung ändert oder ergänzt. ³Nimmt der Notar demnächst aufgrund des von ihm gefertigten oder überprüften Entwurfs eine oder mehrere Beurkundungen vor, so wird die Entwurfsgebühr auf die Beurkundungsgebühren in der Reihenfolge ihrer Entstehung angerechnet. ⁴Beglaubigt der Notar demnächst unter einer von ihm entworfenen oder überprüften Urkunde Unterschriften oder Handzeichen, so wird für die erste Beglaubigung keine Gebühr erhoben, für weitere gesonderte Beglaubigungen werden die Gebühren gesondert erhoben.

(2) Fertigt der Notar über ein Rechtsgeschäft, das der behördlichen Nachprüfung unterliegt, im Einverständnis mit den Beteiligten einen Entwurf zur Vorlegung bei einer Behörde, kommt das Rechtsgeschäft jedoch auf Grund der behördlichen Maßnahme nicht zustande, so wird die Hälfte der für die Beurkundung bestimmten Gebühr, mindestens aber eine volle Gebühr, erhoben; jedoch wird die für die Beurkundung bestimmte Gebühr erhoben, wenn sie geringer ist als eine volle Gebühr.

(3) ¹Die im Absatz 2 bestimmte Gebühr wird auch erhoben, wenn der Notar auf Erfordern den Entwurf einer Urkunde für ein Rechtsgeschäft, das der notariellen Beurkundung bedarf, aushändigt, die Beurkundung aber infolge Zurücknahme des Auftrags oder aus ähnlichen Gründen unterbleibt. ²Daneben werden die im § 57 und im § 130 Abs. 2 bestimmten Gebühren nicht erhoben.

§ 145 bestimmt Gebühren des Notars für die Entwürfe von „Urkunden"; sonstige Entwürfe fallen unter die §§ 146, 147 Abs. 2. Bei einem selbständigen Auftrag – sonst: § 35 – löst die Fertigung des Entwurfs die Beurkundungsgebühr aus (Abs. 1 S. 1; womit auch deren Wert maßgebend ist), die Überprüfung, Änderung oder Ergänzung eines Entwurfs jedoch nur zur Hälfte (Abs. 1 S. 2). In beiden Fällen wird die Entwurfsgebühr bei der späteren Beurkundung oder Beglaubigung berücksichtigt (Abs. 1 S. 3, 4) mit der Folge, dass der Entwurf oder die Überprüfung im Regelfall keine Verteuerung bewirkt. Entwürfe nur zur behördlichen Genehmigung sind bei deren Versagung begünstigt (Abs. 2). Die antragsgemäße Aushändigung eines vom Notar zur Vorbereitung der Beurkundung gefertigten Entwurfs stellt einen besonderen Gebührentatbestand gegenüber den §§ 57 und 130 Abs. 2 dar, allerdings nur bei beurkundungspflichtigen Geschäften (Abs. 3; bei nicht beurkundungspflichtigen Abs. 1?). Die Rechtsprechung wendet sie auch auf die Fertigung eines Entwurfs nach einem Beurkundungsauftrag an.

§ 146 Vollzug des Geschäfts

(1) ¹Wird der Notar bei der Veräußerung von Grundstücken und Erbbaurechten sowie bei der Bestellung von Erbbaurechten und bei der Begründung und Veräußerung von Wohnungs- oder Teileigentum auf Verlangen der Beteiligten zum Zwecke des Vollzugs des Geschäfts tätig, so erhält er neben der Entwurfs- oder Beurkundungsgebühr die Hälfte der vollen Gebühr; beschränkt sich seine Tätigkeit auf die Einholung des Zeugnisses nach § 28 Abs. 1 des Baugesetzbuchs, so erhält er nur ein Zehntel der vollen Gebühr. ²Die dem Notar nach besonderen Vorschriften obliegenden Mitteilungen an Behörden und der Verkehr mit dem Grundbuchamt ist durch die Entwurfs- oder Beurkundungsgebühr abgegolten (§ 35).

(2) Betreibt der Notar, der den Entwurf nicht gefertigt oder überprüft, sondern nur die Unterschrift oder das Handzeichen beglaubigt hat, im Auftrag des Antragstellers den Vollzug eines Antrags auf Eintragung, Veränderung oder Löschung einer Hypothek, Grundschuld oder Rentenschuld oder einer Schiffshypothek, so erhält er ein Viertel der vollen Gebühr.

(3) ¹Für den Vollzug des Geschäfts in anderen Fällen erhält der Notar neben der Beurkundungs- oder Entwurfsgebühr die Hälfte der vollen Gebühr, wenn es erforderlich ist, Anträge oder Beschwerden, die er aufgrund einer von ihm aufgenommenen, entworfenen oder geprüften Urkunde bei Gerichten, Behörden oder anderen Dienststellen einreicht, tatsächlich oder rechtlich näher zu begründen, und der Beteiligte dies verlangt. ²Die Gebühr ist für jeden Antrag oder jede Beschwerde gesondert zu erheben.

(4) Der Geschäftswert ist in den Fällen der Absätze 1 und 2 wie bei der Beurkundung, im Fall des Absatzes 3 nach § 30 zu bestimmen.

§ 146 bestimmt Gebühren für den „Vollzug des Geschäfts". Das ist die Tätigkeit, die die Eintragung einer Rechtsänderung in das Grundbuch erfordert (§ 873 Abs. 1 BGB), soweit sie über den Verkehr mit dem Grundbuchamt hinausgeht (Abs. 1 S. 2, § 147 Abs. 4 Nr. 1, 2). Weithin werden dem Begriff auch Geschäfte zur Herbeiführung der Wirksamkeit eines Rechtsgeschäfts (Beispiel: vormundschaftsgerichtliche Genehmigung) und zur Erfüllung (Beispiel: zugesicherte Lastenfreiheit) unterworfen. Bei bestimmten Grundbuchgeschäften tritt zur Entwurfs- oder Beurkundungsgebühr (sonst: § 147 Abs. 2) die Vollzugsgebühr des Abs. 1, bei anderen zur Beglaubigungsgebühr die des Abs. 2; die Vollzugsgebühr „in anderen Fällen" erlangt kaum praktische Bedeutung (vgl. § 147 Abs. 4 Nr. 5). Die eigenständige Wertvorschrift (Abs. 4) bezieht sich nur auf den Gegenstand der Beurkundung, der des Vollzugs bedarf.

§ 147 Sonstige Geschäfte, Nebentätigkeit, gebührenfreie Geschäfte

(1) ¹Für die Einsicht des Grundbuchs, öffentlicher Register und von Akten und für eine im Auftrage eines Beteiligten erfolgte Mitteilung über den Inhalt des Grundbuchs oder öffentlicher Register erhält der Notar die Mindestgebühr (§ 33). ²Schließt die Tätigkeit des Notars die Mitteilung über die dem Grundbuchamt bei Einreichung eines Antrags durch den Notar vorliegenden weiteren Anträge einschließlich des sich daraus ergebenden Ranges für das beantragte Recht ein, erhält er ein Viertel der vollen Gebühr nach dem Wert des beantragten Rechts.

(2) Soweit für eine im Auftrag eines Beteiligten ausgeübte Tätigkeit eine Gebühr nicht bestimmt ist, erhält der Notar die Hälfte der vollen Gebühr.

(3) Für die ein Geschäft vorbereitende oder fördernde Tätigkeit (z.B. Raterteilung, Einsicht des Grundbuchs, öffentlicher Register oder von Akten) erhält der Notar die Gebühr des Absatzes 1 oder 2 nur, wenn diese Tätigkeit nicht schon als Nebengeschäft (§ 35) durch eine dem Notar für das Hauptgeschäft oder für erfolglose Verhandlungen (§ 57) zustehende Gebühr abgegolten wird.

(4) Keine Gebühr erhält der Notar für

1. die Übermittlung von Anträgen an das Grundbuchamt oder das Registergericht, wenn der Antrag mit einer anderen gebührenpflichtigen Tätigkeit im Zusammenhang steht,
2. die Stellung von Anträgen im Namen der Beteiligten beim Grundbuchamt oder beim Registergericht aufgrund gesetzlicher Ermächtigung,
3. das Aufsuchen von Urkunden, die von dem Notar aufgenommen sind oder von ihm verwahrt werden,
4. die Erwirkung der Legalisation der eigenen Unterschrift,
5. die Erledigung von Beanstandungen, einschließlich des Beschwerdeverfahrens, soweit er die zugrunde liegende Urkunde aufgenommen, entworfen oder geprüft hat und
6. die Übermittlung von Anträgen an das Zentrale Vorsorgeregister nach § 78a Abs. 1 der Bundesnotarordnung, wenn der Antrag mit einer anderen gebührenpflichtigen Tätigkeit

in Zusammenhang steht; Gleiches gilt für die Stellung von Anträgen bei dem Zentralen Vorsorgeregister im Namen der Beteiligten.

§ 147 sah ursprünglich die wegen des Analogie- und Gebührenvereinbarungsverbots (§ 140) insbesondere für Gebührennotare erforderliche Auffanggebühr vor. Einige von ihr erfasste Geschäfte sind jetzt in Abs. 1 ausdrücklich geregelt; er konkurriert mit § 50 Abs. 1 Nr. 1. Der Auffangtatbestand ist Abs. 2 geworden. Er erfasst vor allem die „sonstige Betreuung der Beteiligten" (§ 24 Abs. 1 BNotO), soweit sie nicht unter die §§ 145, 146 und § 147 Abs. 1 fällt. Der weite Anwendungsbereich hat angesichts des festen Gebührensatzes zu einer Differenzierung über den Geschäftswert (§ 30 statt §§ 18 ff.) geführt. Abs. 3 und 4 grenzen die Tatbestände der Abs. 1 und 2 negativ ab, haben aber auch für andere Vorschriften, insbesondere § 146, Bedeutung.

§ 148 Auseinandersetzungen

(1) Für die Vermittlung einer Auseinandersetzung durch den Notar gelten nach Maßgabe des Absatzes 2 die Vorschriften des § 116.

(2) ¹Ist die Vermittlung dem Notar von dem Gericht übertragen, so erhält er das Dreieinhalbfache und, wenn die Bestätigung der Auseinandersetzung dem Gericht zusteht, das Dreifache der vollen Gebühr. ²Die Gebühr ermäßigt sich
1. auf das Doppelte der vollen Gebühr, wenn das Verfahren ohne Bestätigung der Auseinandersetzung abgeschlossen wird;
2. auf die Hälfte der vollen Gebühr, wenn sich das Verfahren vor Eintritt in die Verhandlung durch Zurücknahme oder auf andere Weise erledigt.

§ 148 ergänzt den bereits nach § 141 anwendbaren § 116 für den Fall, dass das Gericht die Vermittlung der Auseinandersetzung dem Notar überträgt.

§ 148a Vollstreckbarerklärungen und Bescheinigungen in besonderen Fällen

(1) ¹Für das Verfahren über den Antrag auf Vollstreckbarerklärung eines Vergleichs (§§ 796a bis 796c der Zivilprozeßordnung) oder eines Schiedsspruchs mit vereinbartem Wortlaut (§ 1053 der Zivilprozeßordnung) erhält der Notar die Hälfte der vollen Gebühr. ²Für die Erteilung vollstreckbarer Ausfertigungen gilt § 133 entsprechend.

(2) In den Fällen des Absatzes 1 Satz 1 richtet sich der Geschäftswert nach den Ansprüchen, die Gegenstand der Vollstreckbarerklärung sein sollen.

(3) ¹Für Verfahren über einen Antrag auf Vollstreckbarerklärung einer notariellen Urkunde nach § 55 Abs. 3 des Anerkennungs- und Vollstreckungsausführungsgesetzes erhält der Notar eine Gebühr in Höhe von 200 Euro. ²Für die Ausstellung einer Bescheinigung nach § 56 des Anerkennungs- und Vollstreckungsausführungsgesetzes erhält der Notar eine Gebühr in Höhe von 10 Euro, für die Ausstellung einer Bestätigung nach § 1079 der Zivilprozessordnung eine Gebühr in Höhe von 15 Euro.

§ 148a sieht Gebühr (Abs. 1 S. 1) und Wert (Abs. 2) für die notarielle Vollstreckbarerklärung eines Anwaltsvergleichs (§ 796c Abs. 1 ZPO) und ihre Ablehnung (§ 796c Abs. 2 ZPO) vor; ebenso eines Vergleichs-Schiedsspruchs (§ 1053 Abs. 4 S. 1 bzw. 2 ZPO); ferner (Abs. 3) Festgebühren für die Geschäfte nach der „Brüssel I"-EGVO. Für die Erteilung vollstreckbarer Ausfertigungen (§§ 797 Abs. 6, 795, 724ff. ZPO) gilt § 133.

§ 149 Erhebung, Verwahrung und Ablieferung von Geld, Wertpapieren und Kostbarkeiten

(1) ¹Werden an den Notar Zahlungen geleistet, so erhält er für die Auszahlung oder Rückzahlung bei Beträgen

bis zu 2500 Euro einschließlich	1 vom Hundert,
von dem Mehrbetrag bis zu 10000 Euro einschließlich	0,5 vom Hundert,
von dem Mehrbetrag über 10000 Euro	0,25 vom Hundert.

²Unbare Zahlungen stehen baren Zahlungen gleich. ³Der Notar kann die Gebühr bei der Ablieferung an den Auftraggeber entnehmen.

(2) Ist Geld in mehreren Beträgen gesondert ausgezahlt oder zurückgezahlt, so wird die Gebühr von jedem Betrag besonders erhoben.

(3) Die Mindestgebühr beträgt 1 Euro.

(4) Für die Ablieferung oder Rücklieferung von Wertpapieren und Kostbarkeiten erhält der Notar die in den Absätzen 1 bis 3 bestimmte Gebühr nach dem Wert.

(5) Die Gebühr wird im Fall des § 51 Abs. 3 auf die Protestgebühr, nicht jedoch auf die Wegegebühr, angerechnet.

§ 149 bestimmt eine besondere Gebühr für die notarielle Verwahrung von Geld, Wertpapieren und Kostbarkeiten (§ 23 BNotO, §§ 54a bis 54e BeurkG); für andere Verwahrungen bleibt nur die Gebühr des § 147 Abs. 2. Der Abgeltungsbereich des § 149 wird, insbesondere im Hinblick auf Tätigkeiten des § 147 Abs. 2, meist sehr weit gezogen; bei seiner Bestimmung hilft jetzt die gesetzliche(!) Überschrift. S. die Gebührentabellen im Anhang E III.

§ 150 Bescheinigung

Der Notar erhält für die Erteilung einer Bescheinigung nach
1. § 21 Abs. 1 Nr. 1 der Bundesnotarordnung eine Gebühr von 13 Euro und
2. § 21 Abs. 1 Nr. 2 der Bundesnotarordnung eine Gebühr von 25 Euro.

§ 150 bestimmt Festgebühren für Bescheinigungen des Notars. Sie sollen die Registereinsicht (§ 21 Abs. 2 BNotO) abgelten (also nicht zusätzlich § 147 Abs. 1 S. 1).

§ 151 Zuziehung eines zweiten Notars

(1) Der zweite Notar, der auf Verlangen eines Beteiligten zu einer Beurkundung zugezogen wird, erhält die Hälfte der dem beurkundenden Notar zustehenden Gebühr und im Fall des § 58 daneben die dort bestimmte Zusatzgebühr.

(2) ¹Ist der zweite Notar ohne Verlangen eines Beteiligten zugezogen, so darf der mit der Beurkundung beauftragte Notar, dem die Gebühren für seine Tätigkeit selbst zufließen, dafür nicht mehr als 1,30 Euro für jede angefangene Stunde in Rechnung stellen; Auslagen des zweiten Notars werden daneben angesetzt. ²Fließen die Gebühren dem mit der Beurkundung beauftragten Notar nicht selbst zu, werden keine Kosten erhoben.

§ 151 bestimmt die Gebühr, die einem zweiten Notar (§§ 22, 25, 29 BeurkG) gegen seinen Auftraggeber (§ 2 Nr. 1) zusteht (Abs. 1); alternativ die Auslagen, die ein Notar für die amtswegige Zuziehung eines zweiten Notars seinem Auftraggeber in Rechnung stellt (§ 137 Abs. 1 Nr. 5).

§ 151a Umsatzsteuer

Der Notar erhält Ersatz der auf seine Kosten entfallenden Umsatzsteuer, sofern diese nicht nach § 19 Abs. 1 des Umsatzsteuergesetzes unerhoben bleibt.

§ 151a gibt dem Gebührennotar (§ 154) und der Staatskasse Baden-Württembergs bezüglich ihrer Nichtgebührennotare im Landesdienst (§ 142) einen Anspruch auf Ersatz der geschuldeten Umsatzsteuer und unterwirft ihn der KostO (§§ 154 ff.; 14, 141).

§ 152 Weitere Auslagen des Notars, dem die Gebühren selbst zufließen

(1) Der Notar, dem die Gebühren für seine Tätigkeit selbst zufließen, erhält die Dokumentenpauschale auch für die ihm aufgrund besonderer Vorschriften obliegenden Mitteilungen an Behörden.

(2) Er kann außer den im Dritten Abschnitt des Ersten Teils genannten Auslagen erheben
1. Entgelte für Postdienstleistungen
   a) für die Übersendung auf Antrag erteilter Ausfertigungen, Ablichtungen und Ausdrucke,
   b) für die in Absatz 1 genannten Mitteilungen;

2. Entgelte für Telekommunikationsdienstleistungen; dies gilt nicht, wenn dem Notar für die Tätigkeit eine Dokumentenpauschale nach § 136 Abs. 3 zusteht;
3. an Gebärdensprachdolmetscher sowie an Urkundszeugen zu zahlende Vergütungen; sind die Auslagen durch verschiedene Geschäfte veranlasst, werden sie unter Berücksichtigung der auf die einzelnen Geschäfte verwendeten Zeit angemessen verteilt; und
4. die gezahlte Prämie für eine für den Einzelfall abgeschlossene Haftpflichtversicherung gegen Vermögensschäden, soweit die Prämie auf Haftungsbeträge von mehr als 60 Millionen Euro entfällt; soweit sich aus der Rechnung des Versicherers nichts anderes ergibt, ist von der Gesamtprämie der Betrag zu erstatten, der sich aus dem Verhältnis der 60 Millionen Euro übersteigenden Versicherungssumme zu der Gesamtversicherungssumme ergibt.

§ 152 erweitert die Auslagen des Gebührennotars (§ 154) gegenüber den §§ 136, 137 (§ 141) und ergänzt insoweit § 143 Abs. 1.

§ 153 Reisekosten

(1) ¹Der Notar erhält für Geschäftsreisen, die er im Auftrag eines Beteiligten vornimmt, Reisekosten. ²Eine Geschäftsreise liegt vor, wenn das Reiseziel außerhalb der Gemeinde liegt, in der sich der Amtssitz oder die Wohnung des Notars befindet.

(2) ¹Der Notar, dem die Gebühren für seine Tätigkeit selbst zufließen, erhält als Reisekosten
1. bei Benutzung eines eigenen Kraftfahrzeugs Fahrtkosten nach Absatz 4; bei Benutzung anderer Verkehrsmittel die tatsächlichen Aufwendungen, soweit sie angemessen sind;
2. als Tage- und Abwesenheitsgeld bei einer Geschäftsreise von nicht mehr als 4 Stunden 20 Euro, von mehr als 4 bis 8 Stunden 35 Euro, von mehr als 8 Stunden 60 Euro; die Hälfte dieses Satzes ist auf die in § 58 Abs. 1 bestimmte Zusatzgebühr anzurechnen;
3. Ersatz der Übernachtungskosten, soweit sie angemessen sind.

²Die Regelung über die Verteilung der Reisekosten bei Erledigung mehrerer Geschäfte auf derselben Geschäftsreise des Notars gilt auch, wenn auf derselben Reise Notargeschäfte und Rechtsanwaltsgeschäfte erledigt werden.

(3) ¹Fließen die Gebühren für die Tätigkeit des Notars der Staatskasse zu, so erhält der Notar bei Geschäftsreisen nach Absatz 1 Reisekostenvergütung nach den für Bundesbeamte geltenden Vorschriften. ²Ist es nach den Umständen, insbesondere nach dem Zweck der Geschäftsreise, erforderlich, ein anderes als ein öffentliches, regelmäßig verkehrendes Beförderungsmittel zu benutzen, so erhält der Notar Ersatz der notwendigen Aufwendungen, bei Benutzung eines eigenen Kraftfahrzeugs Fahrtkosten nach Absatz 4; diese Entschädigung ist stets zu gewähren, wenn der Hin- und Rückweg zusammen nicht mehr als zweihundert Kilometer beträgt oder der Notar Fahrtkosten für nicht mehr als zweihundert Kilometer verlangt.

(4) Als Fahrtkosten bei Benutzung eines eigenen Kraftfahrzeugs sind zur Abgeltung der Anschaffungs-, Unterhaltungs- und Betriebskosten sowie der Abnutzung des Kraftfahrzeugs 0,30 Euro für jeden gefahrenen Kilometer zuzüglich der durch die Benutzung des Kraftfahrzeugs aus Anlaß der Geschäftsreise regelmäßig anfallenden baren Auslagen, insbesondere der Parkgebühren, zu erstatten.

§ 153 definiert die Geschäftsreise für alle Notare (Abs. 1), bestimmt die Reisekosten, die die Gebührennotare (Abs. 2, 4; dazu § 154) und die Nichtgebührennotare im Landesdienst Baden-Württembergs (Abs. 3, 4; dazu § 142) als Auslagen erheben (§ 137 Abs. 1 Nr. 6 Buchst. a), sofern es sich nicht um einen Amts- oder Sprechtag handelt (§ 160). Daneben kann die Auswärtsgebühr (§ 58 Abs. 1) anfallen, auf sie ist das halbe Tages- und Abwesenheitsgeld des Gebührennotars anzurechnen (Abs. 2 S. 1 Nr. 2).

§ 154 Einforderung der Kosten

(1) Fließen die Kosten dem Notar selbst zu, so dürfen sie nur auf Grund einer dem Zahlungspflichtigen mitgeteilten, von dem Notar unterschriebenen Berechnung der Gebühren und Auslagen eingefordert werden.

(2) In der Berechnung sind der Geschäftswert, die Kostenvorschriften, eine kurze Bezeichnung des jeweiligen Gebührentatbestands, die Bezeichnung der Auslagen, die Beträge der angesetzten Gebühren und Auslagen sowie etwa verauslagte Gerichtskosten und empfangene Vorschüsse anzugeben.

(3) [1] Der Notar hat eine Ablichtung oder einen Ausdruck der Berechnung zu seinen Akten zu bringen. [2] Er hat sie ferner unter jeder von ihm erteilten Ausfertigung sowie unter jedem Beglaubigungsvermerk aufzustellen. [3] Hat der Notar eine Urkunde entworfen und demnächst beglaubigt, so sind auch die Kosten des Entwurfs unter der Beglaubigung zu vermerken.

§ 154 ersetzt (§ 143 Abs. 1) den Kostenansatz (§ 14 Abs. 1) und die Geschäftswertfestsetzung (§ 31) durch die förmliche Berechnung des Gebührennotars. Gebührennotare sind die Nurnotare, die Anwaltsnotare (§ 3 BNotO) und die Notare im Landesdienst Baden-Württembergs als Gläubiger, auch wenn sie die Kosten an die Staatskasse abzuliefern haben und ihnen nur ein Anteil daran verbleibt (§§ 10ff. LJKG). Die Berechnung des § 154 erstreckt sich über die Notarkosten hinaus auf vom Notar verauslagte Gerichtskosten (Abs. 2; und gleiche Aufwendungen entsprechend § 670 BGB). Das Zitiergebot (Abs. 2) ist wegen der §§ 155, 156 von größerer Bedeutung als nach § 10 Abs. 2 RVG. Abs. 3 gerät bei öffentlich zugänglichen Urkunden mit Steuerwerten (§ 19 Abs. 2, 4) in Konkurrenz zum Steuergeheimnis (§ 30 Abs. 2 Nr. 1c AO); praktische Bedeutung kommt ihm aus verschiedenen Gründen kaum noch zu.

§ 154a Verzinsung des Kostenanspruchs

[1] Der Zahlungspflichtige hat die Kosten zu verzinsen, wenn ihm eine vollstreckbare Ausfertigung der Kostenberechnung (§ 154) zugestellt wird, die Angaben über die Höhe der zu verzinsenden Forderung, den Verzinsungsbeginn und den Zinssatz enthält. [2] Die Verzinsung beginnt einen Monat nach der Zustellung. [3] Der Zinssatz beträgt für das Jahr fünf Prozentpunkte über dem Basiszinssatz nach § 247 des Bürgerlichen Gesetzbuchs.

§ 154a regelt, abweichend von § 17 Abs. 4 (§ 143 Abs. 1), die Verzinsung des Kostenanspruchs (wozu die Umsatzsteuer, § 151a, nicht gehört). Ihn ergänzt § 157 Abs. 1 für den Rückzahlungsanspruch.

§ 155 Beitreibung der Kosten und Zinsen

[1] Die Kosten und die auf diese entfallenden Zinsen werden auf Grund einer mit der Vollstreckungsklausel des Notars versehenen Ausfertigung der Kostenberechnung (§ 154) nach den Vorschriften der Zivilprozeßordnung beigetrieben; § 798 der Zivilprozeßordnung gilt entsprechend. [2] Die Vollstreckungsklausel, die zum Zwecke der Zwangsvollstreckung gegen einen zur Duldung der Zwangsvollstreckung Verpflichteten erteilt wird, hat den Ausspruch der Duldungspflicht zu enthalten.

§ 155 setzt für die Gebührennotare (§ 154) an die Stelle des Verwaltungszwangs nach der JBeitrO die Vollstreckung nach der ZPO, wobei die Berechnung des § 154 mit Vollstreckungsklausel (ggf. auch nach § 154a) als Vollstreckungstitel dient. Die Klausel ist zugunsten eines ausgeschiedenen Notars oder seiner Rechtsnachfolger vom Notariatsverwalter zu erteilen (§ 58 Abs. 3 BNotO); dieser erteilt sich für seine Kosten die Klausel selbst (§§ 57 Abs. 1, 58 Abs. 2 BNotO), nach Beendigung des Amts ist die Notarkammer zuständig (§ 64 Abs. 4 BNotO, an ihre Stelle kann die Notarkasse bzw. Ländernotarkasse treten). Aus der Eigenart der Vollstreckungsregelung ergeben sich gegenüber der allgemeinen Vollstreckung nach der ZPO Besonderheiten. So ist die Vergütung eines Anwalts des

Notars nicht erstattungsfähig, auch nicht bei der Selbstvertretung eines Anwaltsnotars (§ 91 Abs. 2 S. 4 ZPO). An die Stelle der Rechtsnachfolgeklausel (§§ 727ff. ZPO) tritt die unmittelbare Inanspruchnahme des Rechtsnachfolgers (§ 3 Nr. 3).

§ 156 Einwendungen gegen die Kostenberechnung

(1) ¹Einwendungen gegen die Kostenberechnung (§ 154), einschließlich solcher gegen die Verzinsungspflicht (§ 154a), die Zahlungspflicht und gegen die Erteilung der Vollstreckungsklausel, sind bei dem Landgericht, in dessen Bezirk der Notar den Amtssitz hat, im Wege der Beschwerde geltend zu machen. ²Das Gericht soll vor der Entscheidung die Beteiligten und die vorgesetzte Dienstbehörde des Notars hören. ³Beanstandet der Zahlungspflichtige dem Notar gegenüber die Kostenberechnung, so kann der Notar die Entscheidung des Landgerichts beantragen.

(2) ¹Gegen die Entscheidung des Landgerichts findet binnen der Notfrist von einem Monat seit der Zustellung die weitere Beschwerde statt. ²Sie ist nur zulässig, wenn das Beschwerdegericht sie wegen der grundsätzlichen Bedeutung der zur Entscheidung stehenden Frage zulässt. ³Die weitere Beschwerde kann nur darauf gestützt werden, dass die Entscheidung auf einer Verletzung des Rechts beruht.

(3) ¹Nach Ablauf des Kalenderjahrs, das auf das Jahr folgt, in dem die vollstreckbare Ausfertigung der Kostenberechnung zugestellt ist, können neue Beschwerden (Absatz 1) nicht mehr erhoben werden. ²Soweit die Einwendungen gegen den Kostenanspruch auf Gründen beruhen, die nach der Zustellung der vollstreckbaren Ausfertigung entstanden sind, können sie auch nach Ablauf dieser Frist geltend gemacht werden.

(4) ¹Die Beschwerden können in allen Fällen zu Protokoll der Geschäftsstelle oder schriftlich ohne Mitwirkung eines Rechtsanwalts eingelegt werden. ²Sie haben keine aufschiebende Wirkung. ³Der Vorsitzende des Beschwerdegerichts kann auf Antrag oder von Amts wegen die aufschiebende Wirkung ganz oder teilweise anordnen. ⁴Im Übrigen sind die für die Beschwerde geltenden Vorschriften des Gesetzes über die Angelegenheiten der freiwilligen Gerichtsbarkeit anzuwenden.

(5) ¹Das Verfahren vor dem Landgericht ist gebührenfrei. ²Die Kosten für die weitere Beschwerde bestimmen sich nach den §§ 131, 136 bis 139. ³Die gerichtlichen Auslagen einer für begründet befundenen Beschwerde können ganz oder teilweise dem Gegner des Beschwerdeführers auferlegt werden.

(6) ¹Die dem Notar vorgesetzte Dienstbehörde kann den Notar in jedem Fall anweisen, die Entscheidung des Landgerichts herbeizuführen (Absatz 1) und gegen die Entscheidung des Landgerichts die weitere Beschwerde zu erheben (Absatz 2). ²Die hierauf ergehende gerichtliche Entscheidung kann auch auf eine Erhöhung der Kostenberechnung lauten. ³Gebühren und Auslagen werden in diesem Verfahren von dem Notar nicht erhoben.

§ 156 ersetzt (§ 143 Abs. 1) für Gebührennotare (§ 154) den Rechtsweg der §§ 14, 31 durch die Beschwerde zum Landgericht – unmittelbar oder über den „Antrag", richtig: die Vorlage des Notars – (Abs. 1) und die weitere, der Zulassung bedürfende Rechtsbeschwerde zum Oberlandesgericht (Abs. 2). Abweichend von den genannten Vorschriften kann die Notarkostenbeschwerde bis zum Bundesgerichtshof führen (Abs. 4 S. 4, § 28 Abs. 2, 3 FGG). Der Rechtsweg des § 156 steht auch für die in § 8 JBeitrO genannten Einwendungen zur Verfügung, wobei die Aufrechnung mit einem Schadensersatzanspruch gegen den Notar überwiegend nicht von seiner Feststellung im Rechtsweg des § 19 BNotO abhängig gemacht wird. Die Erstbeschwerde ist nicht befristet, unterliegt jedoch einer zeitlichen Präklusion (Abs. 3 S. 1), die weitere Beschwerde befristet (Abs. 2 S. 1). Eine Besonderheit dieses Rechtswegs ist die Befugnis des Landgerichtspräsidenten als Aufsichtsbehörde, den Notar zur Einlegung der Beschwerde und weiteren Beschwerde anzuweisen (Abs. 6: „Weisungsbeschwerde"). Die Gerichtskostenregelungen (Abs. 5, Abs. 6 S. 3) werden für die Erstattung der außergerichtlichen Kosten durch § 13a FGG ergänzt. Neben ihm bejaht die Rechtsprechung einen materiellen Kostenerstattungsanspruch aus Amtspflichtverletzung.

§ 157 Zurückzahlung, Schadensersatz

(1) ¹Wird die Kostenberechnung abgeändert oder ist der endgültige Kostenbetrag geringer als der erhobene Vorschuß, so hat der Notar die zuviel empfangenen Beträge zu erstatten. ²Hatte der Kostenschuldner seine Einwendungen gegen die Kostenberechnung innerhalb eines Monats seit der Zustellung der vollstreckbaren Ausfertigung im Wege der Beschwerde (§ 156 Abs. 1 Satz 1) erhoben, so hat der Notar darüber hinaus den Schaden zu ersetzen, der dem Kostenschuldner durch die Vollstreckung oder durch eine zur Abwendung der Vollstreckung erbrachte Leistung entstanden ist. ³Im Fall des Satzes 2 hat der Notar den zuviel empfangenen Betrag vom Tag des Eingangs der Beschwerde bei dem Landgericht mit jährlich fünf Prozentpunkten über dem Basiszinssatz nach § 247 des Bürgerlichen Gesetzbuchs zu verzinsen; die Geltendmachung eines weitergehenden Schadens ist nicht ausgeschlossen. ⁴Im Übrigen kann der Kostenschuldner eine Verzinsung des zu viel gezahlten Betrags nicht fordern.

(2) ¹Über die Verpflichtungen gemäß Absatz 1 wird auf Antrag des Kostenschuldners in dem Verfahren nach § 156 entschieden. ²Die Entscheidung ist nach den Vorschriften der Zivilprozeßordnung vollstreckbar.

§ 157 stellt die Kostenberechnung mit Vollstreckungsklausel (§§ 154, 155) für die Dauer eines Monats einem vorläufig vollstreckbaren Zivilurteil gleich (Abs. 1 S. 2), so dass der Notar mit einem Schadensersatzrisiko vollstreckt (wie § 717 Abs. 2 S. 1 ZPO), außerdem ist der überhobene Betrag zu verzinsen (Abs. 1 S. 3). Der Anspruch des Schuldners kann nur im Rechtsweg des § 156 geltend gemacht werden (Abs. 2). Bei späterer erfolgreicher Anfechtung der Kostenberechnung braucht der Notar nur den überhobenen Betrag zu erstatten, keine Verzinsung (Abs. 1 S. 4).

Dritter Teil. Schluß- und Übergangsvorschriften

§ 157 a Abhilfe bei Verletzung des Anspruchs auf rechtliches Gehör

(1) Auf die Rüge eines durch die Entscheidung nach diesem Gesetz beschwerten Beteiligten ist das Verfahren fortzuführen, wenn

1. ein Rechtsmittel oder ein anderer Rechtsbehelf gegen die Entscheidung nicht gegeben ist und
2. das Gericht den Anspruch dieses Beteiligten auf rechtliches Gehör in entscheidungserheblicher Weise verletzt hat.

(2) ¹Die Rüge ist innerhalb von zwei Wochen nach Kenntnis von der Verletzung des rechtlichen Gehörs zu erheben; der Zeitpunkt der Kenntniserlangung ist glaubhaft zu machen. ²Nach Ablauf eines Jahres seit Bekanntmachung der angegriffenen Entscheidung kann die Rüge nicht mehr erhoben werden. ³Formlos mitgeteilte Entscheidungen gelten mit dem dritten Tage nach Aufgabe zur Post als bekannt gemacht. ⁴Die Rüge ist bei dem Gericht zu erheben, dessen Entscheidung angegriffen wird; § 14 Abs. 6 Satz 1 gilt entsprechend. ⁵Die Rüge muss die angegriffene Entscheidung bezeichnen und das Vorliegen der in Absatz 1 Nr. 2 genannten Voraussetzungen darlegen.

(3) Den übrigen Beteiligten ist, soweit erforderlich, Gelegenheit zur Stellungnahme zu geben.

(4) ¹Das Gericht hat von Amts wegen zu prüfen, ob die Rüge an sich statthaft und ob sie in der gesetzlichen Form und Frist erhoben ist. ²Mangelt es an einem dieser Erfordernisse, so ist die Rüge als unzulässig zu verwerfen. ³Ist die Rüge unbegründet, weist das Gericht sie zurück. ⁴Die Entscheidung ergeht durch unanfechtbaren Beschluss. ⁵Der Beschluss soll kurz begründet werden.

(5) Ist die Rüge begründet, so hilft ihr das Gericht ab, indem es das Verfahren fortführt, soweit dies aufgrund der Rüge geboten ist.

(6) Kosten werden nicht erstattet.

§ 157a regelt die bei unanfechtbaren Entscheidungen an die Stelle des Rechtsmittels tretende Anhörungsrüge wegen der Verletzung des rechtlichen Gehörs (Art. 103 Abs. 1 GG) für alle Kostenverfahren der KostO, insbesondere die Beschwerde gegen Kostenansatz, Streitwertfestsetzung und Notarkostenberechnung.

§ 158 Landesrechtliche Vorschriften

(1) Unberührt bleiben die landesrechtlichen Kostenvorschriften für
1. Verfahren zwecks anderweitiger Festsetzung von Altenteils- und ähnlichen Bezügen;
2. die in landesrechtlichen Vorschriften vorgesehenen Geschäfte der freiwilligen Gerichtsbarkeit.

(2) Ist für ein in landesrechtlichen Vorschriften vorgesehenes Geschäft der freiwilligen Gerichtsbarkeit wegen der Gebühren nichts bestimmt, so wird die Hälfte der vollen Gebühr erhoben.

§ 158 lässt wegen Art. 74 Nr. 1, 72 Abs. 1 GG ausdrücklich (wie § 11 Abs. 2) den Ländern einige Gesetzgebungsbefugnisse (Abs. 1) und bestimmt eine bundesrechtliche Auffanggebühr (Abs. 2).

§ 159 Andere Behörden und Dienststellen

[1]Soweit andere Stellen als Gerichte, Notare oder Gerichtsvollzieher in bestimmten Angelegenheiten der freiwilligen Gerichtsbarkeit zuständig sind oder als gerichtliche Hilfsbeamte tätig werden, bleiben die landesrechtlichen Kostenvorschriften unberührt. [2]Sind jedoch diesen Stellen die Aufgaben des Grundbuchamts, des Vormundschaftsgerichts oder des Nachlaßgerichts übertragen, so finden auf ihre Tätigkeit die Vorschriften des Ersten Teils dieses Gesetzes Anwendung; in den Fällen des § 14 Abs. 2 und des § 31 (Erinnerung gegen den Kostenansatz, Festsetzung des Geschäftswerts) entscheidet das Amtsgericht, in dessen Bezirk die Stelle ihren Sitz hat.

§ 159 lässt bei abweichender landesrechtlicher Organisation der freiwilligen Gerichtsbarkeit teils die KostO auch für sie gelten, teils erlaubt er besondere landesrechtliche Kostenvorschriften, zB für die Unterschriftsbeglaubigung durch Ortsgerichte.

§ 160 Gerichtstage, Sprechtage

[1]Die zur Abhaltung eines Gerichtstags (auswärtigen Amtstags) bestimmten Räumlichkeiten gelten als Gerichtsstelle im Sinne dieses Gesetzes. [2]Hält ein Notar außerhalb seiner Geschäftsstelle regelmäßige Sprechtage ab, so gilt dieser Ort als Amtssitz im Sinne dieses Gesetzes.

§ 160 setzt für die Auswärtsgebühr und die Reisekosten (§§ 58, 137 Nr. 7, 141, 153) auswärtige Amts- und Sprechtage des Gerichts oder Notars der Gerichts- oder Geschäftsstelle gleich.

§ 161 Übergangsvorschrift

[1]Für Kosten, die vor dem Inkrafttreten einer Gesetzesänderung fällig geworden sind, gilt das bisherige Recht. [2]Werden Gebühren für ein Verfahren erhoben, so werden die Kosten für die jeweilige Instanz nach bisherigem Recht erhoben, wenn die Instanz vor dem Inkrafttreten einer Gesetzesänderung eingeleitet worden ist. [3]Die Sätze 1 und 2 gelten auch, wenn Vorschriften geändert werden, auf die dieses Gesetz verweist.

§ 161 enthält eine „ewige" Übergangsvorschrift für Gesetzesänderungen, insbesondere Gebührenerhöhungen. Grundsätzlich entscheidet die Fälligkeit (S. 1), die Instanz geht jedoch nach bisherigem Recht zu Ende (S. 2). Die Praxis versteht die Gebühren der KostO weithin als „Aktgebühren", unterwirft sie so S. 1 und nimmt damit dem Vertrauensschutz des S. 2 seine Wirkung.

§ 162 Aufhebung des Ermäßigungssatzes

[1] In dem Teil des Landes Berlin, in dem das Grundgesetz vor dem 3. Oktober 1990 nicht galt, sind die Maßgaben in Anlage I Kapitel III Sachgebiet A Abschnitt III Nr. 20 Buchstabe a und in Anlage I Kapitel III Sachgebiet A Abschnitt IV Nr. 3 Buchstabe g des Einigungsvertrages vom 31. August 1990 (BGBl. 1990 II S. 885, 935, 940) ab 1. März 2002 nicht mehr anzuwenden. [2] In dem in Artikel 1 Abs. 1 des Einigungsvertrages genannten Gebiet sind die Maßgaben in Anlage I Kapitel III Sachgebiet A Abschnitt III Nr. 20 Buchstabe a des Einigungsvertrages vom 31. August 1990 (BGBl. II S. 885, 935, 940) ab 1. Juli 2004 nicht mehr anzuwenden,

§ 162 beseitigt die Ermäßigung der Gerichts- und Notargebühren nach dem Einigungsvertrag, zunächst für Berlin (S. 1), sodann für das gesamte Beitrittsgebiet (S. 2).

§ 163 Übergangsvorschrift zum Kostenrechtsmodernisierungsgesetz

Für die Beschwerde und die Erinnerung finden die vor dem 1. Juli 2004 geltenden Vorschriften weiter Anwendung, wenn die Kosten vor dem 1. Juli 2004 angesetzt oder die anzufechtende Entscheidung vor dem 1. Juli 2004 der Geschäftsstelle übermittelt worden ist.

§ 163 ergänzt die materiell-rechtliche Regelung des § 161 angesichts der neuen §§ 14 und 31 um das Verfahrensrecht.

§ 164 Zusätzliche Übergangsvorschriften aus Anlass des Inkrafttretens des Handelsregistergebühren-Neuordnungsgesetzes

(1) [1] Die vor dem Tag des Inkrafttretens einer Rechtsverordnung nach § 79a fällig gewordenen Gebühren für alle eine Gesellschaft oder Partnerschaft betreffenden Eintragungen in das Handels- und das Partnerschaftsregister sind der Höhe nach durch die in dieser Rechtsverordnung bestimmten Gebührenbeträge begrenzt, soweit diese an ihre Stelle treten. [2] Dabei sind die Maßgaben in Anlage I Kapitel III Sachgebiet A Abschnitt III Nr. 20 Buchstabe a des Einigungsvertrages vom 31. August 1990 (BGBl. 1990 II S. 885, 935, 940) in Verbindung mit der Ermäßigungssatz-Anpassungsverordnung vom 15. April 1996 (BGBl. I S. 604) in dem in Artikel 3 des Einigungsvertrages genannten Gebiet bis zum 28. Februar 2002 und in dem in Artikel 1 Abs. 1 des Einigungsvertrages genannten Gebiet bis zum 30. Juni 2004 entsprechend anzuwenden. [3] Die Sätze 1 und 2 gelten nicht, soweit Ansprüche auf Rückerstattung von Gebühren zum Zeitpunkt des Inkrafttretens dieser Rechtsverordnung bereits verjährt sind.

(2) [1] Rückerstattungsansprüche, die auf der Gebührenbegrenzung nach Absatz 1 beruhen, können nur im Wege der Erinnerung geltend gemacht werden, es sei denn, die dem Rückerstattungsanspruch zugrunde liegende Zahlung erfolgte aufgrund eines vorläufigen Kostenansatzes. [2] Eine gerichtliche Entscheidung über den Kostenansatz steht der Einlegung einer Erinnerung insoweit nicht entgegen, als der Rückerstattungsanspruch auf der Gebührenbegrenzung nach Absatz 1 beruht.

(3) [1] § 17 Abs. 2 findet in der ab 1. Juli 2004 geltenden Fassung auf alle Rückerstattungsansprüche Anwendung, die auf der Gebührenbegrenzung nach Absatz 1 beruhen. [2] Rückerstattungsansprüche nach Absatz 1, die auf Zahlungen beruhen, die aufgrund eines vorläufigen Kostenansatzes geleistet worden sind, verjähren frühestens in vier Jahren nach Ablauf des Kalenderjahrs, in dem der endgültige Kostenansatz dem Kostenschuldner mitgeteilt worden ist.

§ 164 regelt die Fälle, in denen die Gebühren der §§ 79, 82 aF nach der Entscheidung des EuGH über die Ersetzung der Betrags- durch Aufwandsgebühren, aber vor dem Inkrafttreten der jetzigen Neuregelung fällig geworden sind: die Höhe der Gebühren (Abs. 1 S. 1), ihre Ermäßigung nach dem Einigungsvertrag (Abs. 1 S. 2), den Rückzahlungsanspruch und seine Verjährung (Abs. 1 S. 3, Abs. 2, 3).

Kommentar

Einführung

Übersicht

	Rn.		Rn.
I. Die Kostengesetzgebung	1–10	IV. Die Wertgebühr in der KostO	29–39
1. Geschichte	1–6	1. Degressive Wertgebühr als Grundsatz	29–32
2. Bundesrecht, Landesrecht	7	2. Erfolgsgebühr und Festgebühr	33, 34
3. Eingriffe durch Verfassungsrechtsprechung und EuGH	8	3. Individualgebühr und Pauschalgebühr	35
4. Justizreform und Rechtseinheit	9, 10	4. Die Modifizierung der Wertgebühr in der KostO	36–39
II. Die KostO als Gesetz für Gerichte und Notare	11–15	V. Aufbau des Gesetzes und seine Handhabung	40–75
III. Grundlagen des Kostenrechts	16–28	1. Gliederung des Gesetzes	40
1. Kostenrecht, Verfahrensrecht und Formzwang	16–19	2. Grundbegriffe	41–48
2. Kostenrecht und Justizgewährungsanspruch	20–28	3. Systematik	49, 50
a) Justizgewährungsanspruch, Sozialstaatsgebot und Wertgebühr	20	4. Amtsnotar/Gebührennotar	51, 52
		5. Gebührentatbestände	53–60
b) Äquivalenzprinzip und Kostendeckungsgrundsatz	21–27	6. Gegenstandshäufung	61–63 a
		7. Geschäftswert	64–68
		8. Beurkundung	69, 70
c) Sozialstaatsgebot und Wertgebühr	28	9. Kostenschuldner	71
		10. Kostenverfahren	72–74
		11. Vollstreckung	75

Schrifttum: *Lappe,* Justizkostenrecht, 2. Aufl. 1995, S. 50 ff., 95 ff.

I. Die Kostengesetzgebung

1. Geschichte

Als im Jahre 1877 die sog. **Reichsjustizgesetze** (Gerichtsverfassungsgesetz, Zivilprozessordnung, Konkursordnung und Strafprozessordnung) auf den Weg gebracht wurden, schuf man entsprechend der Bestimmung in § 2 EGZPO, dass das Kostenwesen in bürgerlichen Rechtsstreitigkeiten für den ganzen Umfang des Reichs durch eine Gebührenordnung geregelt werde, das Gerichtskostengesetz vom 18. 6. 1878 (RGBl. I S. 140), die Gebührenordnung für Gerichtsvollzieher vom 24. 6. 1878 (RGBl. I S. 166), die Gebührenordnung für Zeugen und Sachverständige vom 30. 6. 1878 (RGBl. I S. 173) und die Gebührenordnung für Rechtsanwälte vom 7. 7. 1879 (RGBl. I S. 176). Sie traten mit den Prozessgesetzen am 1. 10. 1879 in Kraft. Sie regelten aber das Kostenwesen nur für die Rechtssachen, auf die jene Prozessgesetze Anwendung fanden. Später kam dann noch das Vergleichsverfahren dazu. 1

In den Angelegenheiten der freiwilligen Gerichtsbarkeit und der Zwangsvollstreckung in das unbewegliche Vermögen war damals für eine reichsgesetzliche Regelung des Kostenwesens wegen der Vielgestaltigkeit des bürgerlichen und des Verfahrensrechts die Zeit offenbar noch nicht gekommen. Mit dem Inkrafttreten des Bürgerlichen Gesetzbuches, der Grundbuchordnung, des Gesetzes über die Angelegenheiten der freiwilligen Gerichtsbarkeit und des Gesetzes über die Zwangsversteigerung und Zwangsverwaltung am 1. 1. 1900 wäre allerdings auch dafür der Boden geebnet gewesen.[1] Sowohl für die gerichtliche Tätig- 2

---

[1] Vgl. *Korintenberg/Wenz,* KostO, 1. Aufl. 1936, XIII.

Einf.

keit wie für die diejenige des Notars galt **Landesrecht,** desgleichen für den Rechtsanwalt, soweit er in derartigen Angelegenheiten der freiwilligen Gerichtsbarkeit tätig wurde.[2]

3 Doch erst die Verordnung über die Kosten in Angelegenheiten der freiwilligen Gerichtsbarkeit und der Zwangsvollstreckung in das unbewegliche Vermögen (Kostenordnung) vom 25. 11. 1935 (RGBl. I S. 1371) brachte die **Vereinheitlichung des Kostenrechts** durch Erlass der KostO, die am 1. 4. 1936 in Kraft trat. Sie wurde auf der Grundlage des Ersten Gesetzes zur Überleitung der Rechtspflege auf das Reich vom 16. 2. 1934 (RGBl. I S. 91) als gesetzesvertretende Verordnung des Reichsjustizministers erlassen. Parallel dazu erging die Verordnung über die Anwendung von Gebührenbefreiungsvorschriften auf die Notare vom 15. 4. 1936 (RGBl. I S. 368). Vorausgegangen waren jahrzehntelange Erörterungen zur Vereinheitlichung des Kostenrechts im Bereich der freiwilligen Gerichtsbarkeit, die jedoch u.a. auf Grund unterschiedlicher Gebührenpolitik der Länder.[3] und 16 verschiedener Notariatsverfassungen[4] nicht in konkrete gesetzgeberische Schritte mündeten. Bereits auf dem außerordentlichen Deutschen Notartag 1922 in Berlin waren Fragen des Notargebührenrechts ausführlich diskutiert worden.[5]

4 Die KostO vom 25. 11. 1935 war keine eigentliche Neuschöpfung. Sie hatte ihre Vorgänger in den **Landeskostengesetzen** oder -ordnungen. Diese dienten ihr auch zum Vorbild. Vor allem sind es das Preußische Gerichtskostengesetz und die Preußische Gebührenordnung für Notare, die Paten standen, so schon im ganzen Aufbau, der nur wenig von dem der preußischen Gesetze abwich.[6]

5 Nach dem **Zusammenbruch des Deutschen Reiches** und dem Aufbau der Länder galt die KostO dort zunächst als Landesrecht weiter, ehe sie mit Inkrafttreten des Grundgesetzes am 24. 5. 1949 Bundesrecht wurde (vgl. Art. 123 Abs. 1, 125, 74 Nr. 1 GG). Durch das Gesetz zur Wiederherstellung der Rechtseinheit auf dem Gebiet der Gerichtsverfassung, der bürgerlichen Rechtspflege, des Strafverfahrens und des Kostenrechts vom 19. 2. 1950 (BGBl. I S. 455) wurde die KostO formelles Gesetz. Mit dem Gesetz zur Änderung und Ergänzung kostenrechtlicher Vorschriften vom 26. 7. 1957 (BGBl. I S. 861) wurde der im Wesentlichen noch immer geltende Gesetzestext neu bekannt gemacht. Nach der Eingliederung des **Saarlandes** zum 1. 1. 1957 wurde die KostO zunächst nur mit einigen Vorschriften dorthin übernommen (Gesetz vom 18. 6. 1958, ABl. Saar S. 1093), insgesamt erst durch das Gesetz zur Einführung des Bundesrechts im Saarland vom 30. 6. 1959 (BGBl. I S. 313). Seit dem 30. 10. 1990 gilt sie „wieder" in den **neuen Bundesländern** und in Ost-Berlin (Einigungsvertrag, Anhang A). Durch das Gesetz zur Modernisierung des Kostenrechts vom 5. 5. 2004 (BGBl. I S. 718) wurde der Gebührenabschlag für die Beitrittsländer aufgehoben (§ 162 S. 2) und damit die Rechtseinheitlichkeit im Bundesgebiet insoweit eingeführt.

6 Die KostO wurde auch im Übrigen **häufig geändert.** Es sind hier insbesondere zu nennen das Beurkundungsgesetz vom 28. 6. 1969 (BGBl. I S. 1513), das Gesetz zur Änderung des Gerichtskostengesetzes, das Gesetzes über Kosten der Gerichtsvollzieher, der Bundesgebührenordnung für Rechtsanwälte und andere Vorschriften vom 20. 8. 1975 (BGBl. I S. 2189), das Gesetz zur Änderung von Kostengesetzen vom 9. 12. 1986 (BGBl. I S. 2326), das Betreuungsgesetz vom 12. 9. 1990 (BGBl. I S. 2002), des Rechtspflegevereinfachungsgesetzes vom 17. 12. 1990 (BGBl. I S. 2847), die Familienrechtsreformgesetze der Jahre 1997 (BGBl. I S. 2942, 2846, 2968) und 1998 (BGBl. I S. 666), das Handelsrechtsreformgesetz vom 22. 6. 1998 (BGBl. I S. 1474) und alle Gesetze, welche mit der Euro-Einführung zu tun haben. Dies sind nur beispielhafte Aufführungen. Zahlreiche Gesetze haben **in jüngerer Zeit** kostenrechtliche Änderungen mit sich gebracht. So wurde die KostO geändert durch das Anhörungsrügengesetz vom 9. 12. 2004 (BGBl. I S. 3220), das

---

[2] *Melsheimer* DNotZ 1936, 5.
[3] Vgl. *Melsheimer* DNotZ 1936, 5 ff.
[4] Jahresbericht 1929 des Vereins für das Notariat in Rheinpreußen in Zeitschrift für das Nota-riat 1929/1930, 227.
[5] Vgl. Zeitschrift des Deutschen Notarvereins 1922, 113 ff.
[6] *Korintenberg/Wenz,* KostO, 1. Aufl. 1936, XIII ff.

I. Die Kostengesetzgebung **Einf.**

EG-Prozesskostenhilfegesetz vom 15. 12. 2004 (BGBl. I S. 3392), das Gesetz zur Überarbeitung des Lebenspartnerschaftsrechts vom 15. 12. 2004 (BGBl. I S. 3396), das Gesetz über die Verwendung elektronischer Kommunikationsformen in der Justiz (Justizkommunikationsgesetz – JKomG) vom 22. 3. 2005 (BGBl. I S. 837), das Zweite Gesetz zur Änderung des Betreuungsrechtes (Zweites Betreuungsrechtsänderungsgesetz – 2. BtÄndG) vom 21. 4. 2005 (BGBl. I S. 1073), das Gesetz zur Durchführung der Verordnung (EG) Nr. 805/2004 über einen Europäischen Vollstreckungstitel für unbestrittene Forderungen (EG-Vollstreckungstitel-Durchführungsgesetz) vom 18. 8. 2005 (BGBl. I S. 2477), das Erste Gesetz über die Bereinigung von Bundesrecht im Zuständigkeitsbericht des Bundesministeriums der Justiz vom 19. 4. 2006 (BGBl. I S. 866), das Gesetz zur Einführung der Europäischen Genossenschaft und zur Änderung des Genossenschaftsrechtes vom 14. 8. 2006 (BGBl. I S. 1911), das Gesetz über elektronische Handelsregister und Genossenschaftsregister sowie das Unternehmensregister (EHUG) vom 10. 11. 2006 (BGBl. I S. 2553) und das Zweite Gesetz zur Modernisierung der Justiz (2. Justizmodernisierungsgesetz) vom 22. 12. 2006 (BGBl. I S. 3416). Diese regelmäßigen Eingriffe in die KostO sind plausibel, ist doch das Kostenrecht stets nur Sekundärrecht zu anderen Rechtsnormen (vgl. § 2 EGZPO).

2. Bundesrecht, Landesrecht

Die KostO ist – auch nach der am 1. 9. 2006 in Kraft getretenen Föderalismusreform – **7** Teil der konkurrierenden Gesetzgebung des Bundes (Art. 74 Abs. 1 Nr. 1 GG). Sie schöpft die Bundeskompetenz jedoch nicht aus, überlässt den Ländern ausdrücklich – wegen Art. 72 Abs. 1 GG – den Erlass ergänzender Vorschriften über die Kostenbefreiung (§ 11 Abs. 2 S. 2; s. weiter §§ 158, 159). § 158 Abs. 1 Nr. 2 enthält eine Öffnungsklausel für „die in den landesrechtlichen Vorschriften vorgesehenen Geschäfte der freiwilligen Gerichtsbarkeit". Die Länder haben also eine eigene Gesetzgebungskompetenz in landesrechtlichen Angelegenheiten (Beispiel: Anerbenrecht, Art. 64 EGBGB).[7] Die Vorschriften über die Gebührenermäßigung der Gebührennotare sind ausschließlich Bundesrecht (§§ 143, 144, vormals auch § 144a).[8]

3. Eingriffe durch Verfassungsrechtsprechung und EuGH

Seit dem Bestand der Bundesrepublik Deutschland greift nicht nur der Gesetzgeber re- **8** gelmäßig in die Kostengesetze ein, vielmehr tut dies auch mit gesetzgeberischer Gewalt das BVerfG, wie durch den Gebührenermäßigungsbeschluss vom 1. 3. 1978.[9] In neuerer Zeit ist auch der Einfluss des EuGH deutlich geworden, wie etwa das „Fantask"-Urteil des EuGH vom 2. 12. 1999, das „Modelo"-Urteil vom 29. 9. 1999 und das Urteil „Gründerzentrum-Betriebs-GmbH" vom 21. 3. 2002[10] zeigen, die in der Folge zu starken Veränderungen des Kostenrechts im Bereich der freiwilligen Gerichtsbarkeit führten, insbesondere durch das Gesetz zur Neuordnung der Gebühren im Handels- Partnerschafts- und Genossenschaftsregister vom 3. 7. 2004 (BGBl. I S. 1410); vgl. Kommentierung zu § 79.

4. Justizreform und Rechtseinheit

Wegen des Sekundärcharakters des Kostenrechtes wird es notwendigerweise zu **Ände-** **9** **rungen** durch die geplante Justizreform kommen, auch wenn diese vor allem die streitige Gerichtsbarkeit, weniger die freiwillige Gerichtsbarkeit erfasst.

Trotz des bundeseinheitlichen Gesetzes über die Kosten in Angelegenheiten der freiwil- **10** ligen Gerichtsbarkeit ist die **Rechtseinheit** in Deutschland in diesem Bereich bislang nur bedingt gegeben. Dies liegt daran, dass nach § 156 (frühere Fassung) der Instanzenweg beim zuständigen Oberlandesgericht bzw. beim Bayerischen Obersten Landesgericht zu

---

[7] S. Anhang B; neuerdings Art. 1 Abs. 1 BayAGLPartG; vgl. dazu *Vollrath* MittBayNot 2001/Sonderheft, S. 1 ff.
[8] Dazu BVerfGE 47, 285.
[9] BVerfGE 47, 285; vgl. dazu ausführlich *Sälzer* DNotZ 1978, 197; *Reimann* NJW 1979, 580.
[10] EuGH Slg. 1997 I S. 6783 ff. = ZIP 1998, 206 – Fantask; DNotZ 1999, 936 – Modelo; DNotZ 2002, 389 – Gründerzentrum-Betriebs-GmbH.

Ende war. Dass es bei einem so technischen Gesetz wie der KostO zu unterschiedlichen Auslegungen einzelner Bestimmungen durch die Oberlandesgerichte kommen musste, liegt in der Natur der Sache bzw. der Menschen, die über solchen Sekundärrechtsfragen zu urteilen haben. Dies machte die Anwendung der KostO bislang nicht einfacher, wie ein Blick vor allem auf die außerordentlich uneinheitliche und unübersichtliche Rechtsprechung zu § 147 zeigt. Es bleibt zu hoffen, dass durch die ab 1. 1. 2002 geltende (§ 156 Abs. 4 S. 4 iVm. § 28 Abs. 2, 3 FGG) Divergenzvorlagepflicht zum Bundesgerichtshof nach dem Erlass der KostO im Jahr 1935 ein weiterer wichtiger Schritt in Richtung Rechtseinheit getan wurde.

II. Die KostO als Gesetz für Gerichte und Notare

11   Die KostO ist nach der Legaldefinition der Gesetzesüberschrift das „Gesetz über die Kosten in Angelegenheit der freiwilligen Gerichtsbarkeit". Sie ist also nicht allein eine Gerichtskostenordnung, aber auch nicht allein eine Notarkostenordnung. Das Gesetz gilt also in Angelegenheiten der freiwilligen Gerichtsbarkeit für **Gerichte und Notare**.

12   Diese **Verklammerung** ist nicht nur historisch zu verstehen: Das Beurkundungsmonopol der Notare besteht in der jetzigen Fassung erst seit dem Inkrafttreten des Beurkundungsgesetzes am 1. 1. 1970 bundeseinheitlich. Bis dahin gab es auch eine Beurkundungsbefugnis der Gerichte neben derjenigen der Notare, soweit nicht landesrechtliche Besonderheiten (wie etwa in Bayern) ohnehin das Urkundsmonopol der Notare kannten.

13   Wenn es gleichwohl bei der bis dahin selbstverständlichen **Einheit von Kosten für Gerichte und Notare** in Angelegenheiten der freiwilligen Gerichtsbarkeit geblieben ist, so hat dies seinen guten Grund in dem Sachzusammenhang und der Verzahnung von notarieller und gerichtlicher Tätigkeit in Angelegenheiten der freiwilligen Gerichtsbarkeit und der weiterhin bestehenden strukturellen Gemeinsamkeiten. Vor allem in Grundbuch- und Registersachen tritt dieser Sachzusammenhang deutlich zutage. Ein Vorgang wird sowohl vom Notar wie auch vom Gericht bearbeitet. Gleiches gilt für Handelsregisteranmeldungen und die anderen Verfahren in Angelegenheiten der freiwilligen Gerichtsbarkeit. Ein einheitlicher Geschäftswert ist hier logisch, im Sinne der Transparenz der Kosten für die Beteiligten zweckmäßig und auch unter arbeitsökonomischen Gesichtspunkten sowohl für die Notare wie auch für die Gerichte wegen der wechselseitigen Bezugnahme auf die Wertfestlegung sinnvoll. Die Einheitlichkeit in Angelegenheiten der freiwilligen Gerichtsbarkeit ist allerdings für Kapitalgesellschaften durchbrochen worden zunächst durch die Verwaltungsregelungen, die infolge des *Fantask*-Urteils des EuGH vom 2. 12. 1997 landesrechtlich ergangen sind,[11] nunmehr durch das Gesetz zur Neuordnung der Gebühren im Handels-, Partnerschafts- und Genossenschaftsregistersachen vom 3. 7. 2004 (BGBl. I S. 1420), durch welches die §§ 26, 26 a und 27 aufgehoben und durch die §§ 41 a, 41 b und 41 c (für Notarkosten) und durch die §§ 79, 79 a (für Gerichtskosten) ersetzt wurden. Sie besteht aber im Übrigen im Registerrecht unverändert fort. Auch in den anderen von der Kostenordnungen erfassten Bereichen bleibt eine einheitliche Regelung auf Grund des gegebenen Sachzusammenhangs sinnvoll, auch wenn eine Abschichtung in einzelnen Bereichen im Einzelfall möglich und notwendig sein mag.

14   Gerechtfertigt ist die einheitliche KostO auch im Hinblick auf die gemeinsame **rechtspolitische Zielsetzung** im Rahmen der freiwilligen Gerichtsbarkeit in Abgrenzung von der streitigen Gerichtsbarkeit. Da die freiwillige Gerichtsbarkeit nicht zuletzt der **Streitvermeidung** dient, ist die kostenrechtliche Privilegierung solcher Verfahren gegenüber den Verfahren der streitigen Gerichtsbarkeit durch die Lenkungsfunktion der Gebührenhöhe für das Verhalten der Rechtsuchenden gerechtfertigt. Dies gilt gleichermaßen für die Tätigkeiten der Notare und der Gerichte.

15   Die unterschiedliche rechtspolitische Zielsetzung der beiden Formen der Gerichtsbarkeit wirkt sich nicht zuletzt auf die Festlegung der jeweiligen Gebühren aus. Die KostO trägt

---

[11] Vgl. Runderlass JW BW vom 27. 4. 1998/2. 6. 1998, ZIP 1998, 1246.

einerseits **sozialen Gesichtspunkten** weitgehend Rechnung. Auf der anderen Seite muss sie sicherstellen, dass die Finanzierung der Einrichtungen der Rechtspflege gewährleistet bleibt. Demgegenüber haben sich die Kosten im Rahmen der streitigen Gerichtsbarkeit daran zu orientieren, einerseits im Rahmen der Justizgewährungspflicht des Staates allen Schichten der Bevölkerung den Weg zur gerichtlichen Streitentscheidung zu ermöglichen, andererseits durch die Höhe der Gebühren keinen Anreiz für die leichtfertige Inanspruchnahme der Gerichte zu schaffen. Auch in Zukunft wird das Bedürfnis bestehen, durch geringere Gebühren im Rahmen der freiwilligen Gerichtsbarkeit weniger vermögenden Bevölkerungsschichten den Zugang zu derartigen gerichtlichen Leistungen zu ermöglichen und zudem durch höhere Gebühren für Verfahren der streitigen Gerichtsbarkeit **Anreize zur außergerichtlichen Streitbeilegung** zu schaffen.

III. Grundlagen des Kostenrechts

1. Kostenrecht, Verfahrensrecht und Formzwang

Die KostO regelt die Gebühren und Auslagen für Verfahren in Angelegenheiten der freiwilligen Gerichtsbarkeit. Die KostO ist also **kostenrechtliches Sekundärgesetz** zu verfahrensrechtlichen Vorschriften aus dem Bereich der freiwilligen Gerichtsbarkeit. Es sind dies vor allem das FGG und BeurkG. Die materiellrechtlichen Grundlagen dafür, dass eine bestimmte Form (Beurkundung oder Beglaubigung) einzuhalten ist, sind nicht in den Verfahrensgesetzen der freiwilligen Gerichtsbarkeit enthalten, sondern – verstreut – in mancherlei Gesetzen, so zB in §§ 311b Abs. 1, 1410, 2033 Abs. 1, 2276 BGB, § 15 GmbHG, § 6 UmwG, § 29 GBO, § 12 HGB und in vielen anderen Vorschriften. 16

Das deutsche Recht ist in hohem Maße von der **Vertragsfreiheit** geprägt. Wenn es die Rechtsordnung für nötig hält, die Vertragsfreiheit durch **Formvorschriften** einzuengen, geschieht dies regelmäßig nicht ohne triftigen Grund. Nur bei einer verkürzten Betrachtungsweise ergibt sich aus diesem Formzwang eine Erschwerung und Verteuerung des Rechtsverkehrs. Systeme ohne Beurkundungszwang und ohne Grundbuch bzw. Register (beide bedingen sich weitgehend gegenseitig) gelangen regelmäßig zu höheren Transaktionskosten. Die durch Beurkundungs- und Registrierzwang entstehenden Kosten sind Elemente der Qualitätssicherung und führen im Endergebnis durch die mit dem Beurkundungszwang verbundene Beratung und Belehrung und die mit dem Registrierzwang verbundene gerichtliche Kontrolle im Ergebnis zu einer verbesserten Richtigkeitsgewähr. Beurkundungs- und Registrierzwang sind also zwar mit Kosten verbunden, sie führen aber wegen der damit verbundenen Qualitätssicherung und Richtigkeitsgewähr letztlich zu einer Verbilligung der Transaktionskosten, dies vor allem im Hinblick darauf, dass in Ländern ohne die Einschränkung der Vertragsfreiheit durch Formvorschriften die Sicherheitsgarantien auf andere Weise, insbesondere durch private Versicherungen, herbeigeführt werden müssen.[12] 17

Der **Hauptzweck des Formzwangs** besteht in der Bundesrepublik Deutschland darin, die Beteiligten vor übereilten Entschlüssen zu schützen und zu überlegtem Handeln anzuhalten und für klare Regelungen zu sorgen. Der Formzwang hat also streitvermeidenden Charakter und dient der Entlastung der streitigen Gerichtsbarkeit. Im Gesellschaftsrecht dient der Formzwang darüber hinaus in Deutschland vor allem dazu, nur konventionelle Versprechen von gegen jeden Gesellschafter und seine Rechtsnachfolger wirkenden Bestimmungen abzugrenzen, also den side letter vom statutarisch geltenden Satzungsrecht.[13] Die Bedeutung des Formzwangs wird unterstrichen durch die grundlegenden Aussagen des BGH in seinem Beschluss vom 24. 10. 1988.[14] Durch diesen wurde der Formzwang für Unternehmensverträge über die gesetzlichen Vorgaben hinausgehend eingeführt. Darüber hinaus dient der Formzwang im Gesellschaftsrecht nach deutschem Rechtsverständnis vor allem der materiellen Richtigkeitsgewähr.[15] 18

---

[12] *Vollrath* MittBayNot 2001, 1 ff.
[13] Vgl. für viele andere: *Gustav Boehmer,* Einführung in das bürgerliche Recht, 1954, S. 198.
[14] DNotZ 1989, 102.
[15] *Scholz/Priester* § 53 GmbHG Rn. 72.

19   Die Kosten sind nach der KostO demnach zu erheben, wenn es zu einer **Verfahrenshandlung nach der freiwilligen Gerichtsbarkeit** kommt, also der vom deutschen Recht vorgegebene Formzwang gewahrt wird. Kosten im Bereich der freiwilligen Gerichtsbarkeit sind damit stets Korrelat und Folge dieses Formzwangs.

2. Kostenrecht und Justizgewährungsanspruch

20   a) **Justizgewährungsanspruch, Sozialstaatsgebot und Wertgebühr.** Unter diesen Vorgaben hat ein Kostengesetz den Justizgewährungsanspruch abzusichern. Die KostO muss die materiellrechtliche Bedeutung des Geschäfts berücksichtigen, aber auch darauf achten, mit welchem Nachdruck die materielle Rechtsnorm diesen Erfolg durchsetzen will. Die Gesamthöhe der Gebühren muss dabei im Hinblick auf Art. 19 Abs. 4 GG in einem angemessenen Verhältnis zur wirtschaftlichen Bedeutung des Geschäfts stehen, damit die Durchsetzung materiellen Rechts nicht an den Kosten scheitert.[16]

21   b) **Äquivalenzprinzip und Kostendeckungsgrundsatz.** Sobald die Kosten eine bestimmte Höhe erreicht haben, scheiden sich – wie auch bei der Steuer – die Geister. Es wird dann die Frage nach der **Legitimation von Kosten** gestellt. Besonders deutlich wurde dies in der Folge der EuGH-Entscheidungen in den Verfahren „Ponente Carni", „Fantask", „Modelo" und „Gründerzentrum-Betriebs-GmbH".[17]

22   Die Gebührenvorschriften der KostO, die sowohl für Gerichte als auch für Notare als Organe der freiwilligen Gerichtsbarkeit gelten, sind öffentlich-rechtliche Normen. Das BVerfG hat in mehreren Entscheidungen[18] Gebühren definiert als öffentlich-rechtliche Geldleistungen, die aus Anlass individuell zurechenbarer, öffentlicher Leistungen dem Gebührenschuldner durch eine öffentlich-rechtliche Norm oder sonstige hoheitliche Maßnahme auferlegt werden und dazu bestimmt sind, in Anknüpfung an diese Leistung deren Kosten ganz oder teilweise zu decken. Die nach der KostO zu erhebenden Gebühren unterliegen daher dem aus dem Verfassungsrecht abgeleiteten **Äquivalenzprinzip** und dem **Kostendeckungsprinzip**.

23   Das BVerfG[19] hat darauf hingewiesen, dass die besondere Zweckbestimmung der Einnahmeerzielung zur völligen oder teilweisen **Kostendeckung** individuell zurechenbarer öffentlicher Leistungen die Gebühr regelmäßig von der Steuer unterscheide. Es hat diese Aussage insofern eingeschränkt, als es dem Gesetzgeber einen weiten Entscheidungs- und Gestaltungsspielraum sowohl bei der Gebührenbemessung als auch bei deren Zwecksetzung eingeräumt hat: Innerhalb der jeweiligen Regelungskompetenz könne der Gebührengesetzgeber mit der Gebührenbemessung auch über die Kostendeckung hinausgehende Zwecke verfolgen, soweit sich nicht aus den Grundrechten materiell-verfassungsrechtliche Grenzen einer Regelung der Gebührenhöhe ergäben, etwa im Hinblick auf die Auswirkungen, die eine Gebühr auf die Wahrnehmung von Grundrechten habe.[20] Auch der EuGH sah in den genannten Streitfällen „Ponente Carni", „Fantask", „Modelo" und „Gründerzentrum-Betriebs-GmbH", wo zur Entscheidung stand, ob nationale Gebührenvorschriften dem Anwendungsbereich der sog. Gesellschaftsteuerrichtlinie 69/335/EWG unterfallen,[21] das Merkmal der Kostendeckung im Einzelfall als konstitutiv für den Begriff der Gebühr an. Er ging von einer Steuer aus, wenn dem Staat durch das Vereinnehmen der Gebühr nach Abzug der Kosten Mittel verblieben, die in den allgemeinen Haushalt flossen und nicht im Zusammenhang mit der die Gebühr auslösenden Tätigkeit verwendet wurden.

---

[16] Vgl. BVerfGE 10, 264, 267 f.; 74, 228, 234; 85, 337, 347.
[17] EuGH vom 20. 4. 1993 – Rs. C-71/91 und C-178/91, Slg. 1993, I-1915; EuGH vom 2. 12. 1997 – Rs. C-188/95, Slg. 1997, I-6783 = ZIP 1998, 206; EuGH vom 29. 9. 1999 – Rs. C-56/98, DNotZ 1999, 936, EuGH vom 21. 3. 2002 – Rs. C-264/00, DNotZ 2002, 389.
[18] BVerfGE 7, 244, 254; 18, 392, 396; 20, 257, 269; 28, 66, 86 ff.; 50, 217, 226; 83, 363, 392; 91, 207, 223; 97, 332, 345.
[19] BVerfGE 50, 217, 226 ff.; 79, 1, 27 f.; 85, 337, 346; 91, 207, 223; 97, 332, 345.
[20] BVerfGE aaO.
[21] Hierzu auch *Görk* DNotZ 1999, 851; *Vollrath* MittBayNot 1999, 499; *Reimann* ZNotP 2000, 268; *Fabis* DNotZ 2002, 394.

III. Grundlagen des Kostenrechts **Einf.**

Die vorgenannten Entscheidungen des EuGH verdeutlichen, dass die Beachtung des **24** Kostendeckungsprinzips für die **Abgrenzung von Gebühr und Steuer** erforderlich ist. Dabei ist jedoch – entgegen dem vom EuGH in den vorgenannten Entscheidungen für den Bereich der Gesellschaftsteuerrichtlinie aufgestellten Erfordernis[22] – nicht auf die kostendeckende Abrechnung jeder einzelnen Tätigkeit (zB jeder Beurkundung), sondern auf das gesamte Tätigkeitsfeld des Gebührengläubigers abzustellen. Nur durch eine solche Gesamtbetrachtung kann auf dem Gebiet der freiwilligen Gerichtsbarkeit eine dem Justizgewährungsgebot (vgl. Art. 19 Abs. 4 GG) und dem Sozialstaatsprinzip (vgl. Art. 20 Abs. 1 GG) angemessene Gebührenstruktur mit Quersubventionierungsfunktion erhalten werden.[23]

Kostendeckend sind die Gebühren im Bereich der freiwilligen Gerichtsbarkeit dann, wenn **25** Personal- und Sachaufwendungen, Alters-, Krankheits-, Berufsunfähigkeits- und Haftungsvorsorge sowie im Bereich des freiberuflichen Notariats ein angemessener Lebensunterhalt hieraus finanziert werden können.[24] Diese Voraussetzungen sind wegen der **degressiven Gebührenstaffelung** der KostO im mittleren Geschäftswertbereich, nicht jedoch im Zusammenhang mit sehr niedrigen oder sehr hohen Geschäftswerten gegeben. Letzteres beruht auf der Höhe der marktüblichen Versicherungsprämien. Im Bereich der Notarhaftung reicht der Mindestversicherungsschutz nach § 19a BNotO iVm. § 67 Abs. 2 Nr. 3 BNotO häufig nicht aus, um das Haftungsrisiko bei Angelegenheiten mit sehr hohen Geschäftswerten abzudecken. Die Prämien für Einzelzusatzversicherungen zu der in solchen Fällen nicht hinreichenden gesetzlich vorgeschriebenen Berufshaftpflichtversicherung liegen bei sehr hohen Geschäftswerten über der anfallenden Gebühr, was aus verfassungsrechtlicher Sicht mit Blick auf Art. 12 Abs. 1 GG im Übrigen nicht unproblematisch wäre, wenn nicht das Gebührenaufkommen insgesamt nach einer Mischkalkulation kostendeckend wäre.[25] Diese Frage betrifft jedoch nicht nur die Kosten der Notare, sondern darüber hinaus auch die staatliche Gerichtsbarkeit, deren Haftungsrisiken entsprechend in den Länderhaushalten berücksichtigt werden müssen. Bei der Anwendung des Kostendeckungsprinzips stellt sich die Frage, wie zu verfahren ist, wenn der Landesgesetzgeber von der Öffnungsklausel gemäß § 158 Abs. 1 Nr. 2 in zulässiger Weise Gebrauch macht. Der Landesgesetzgeber hat seinerseits dem Kostendeckungsgrundsatz Rechnung zu tragen. Die Freiheit des Landesgesetzgebers, notarielle Zuständigkeiten zu schaffen, zieht dann die Frage nach sich, ob in Landesgesetzen vorgesehene Notargebühren *für sich genommen* diesem Postulat genügen müssen oder ob der Landesgesetzgeber von der in der Wertgebühr angelegten Quersubventionierung im Übrigen (also auch soweit sie bundesrechtlich bedingt ist) profitieren darf, wenn er für sich genommen nicht ertragbringende Gebühren festlegt. Da § 158 Abs. 1 Nr. 2 ausdrücklich voneinander unabhängige Zuständigkeitsbereiche begründet, haben auch die landesrechtlich festgelegten Gebühren den kostenrechtlichen Grundsätzen zu genügen. Dies bedeutet, dass die in landesrechtlichen Gebührenvorschriften festgelegten Gebühren *jeweils für sich betrachtet* den Aufwand des Notars zu decken und eine angemessene Vergütung des Notars darzustellen haben. Wollte man zum gegenteiligen Ergebnis gelangen, würde das Kostendeckungsprinzip insgesamt durch Landesgesetze eingeengt werden können.[26]

Das **Äquivalenzprinzip** wird aus dem verfassungsrechtlichen Übermaßverbot hergeleitet[27] und ist dem Begriff der Gebühr immanent. Danach sollen Gebühren in den Grenzen **26** der Praktikabilität sowie unter Beachtung des Gleichheitssatzes und des Grundsatzes der Verhältnismäßigkeit so gestaffelt sein, dass eine in etwa angemessene Gegenleistung für die Inanspruchnahme öffentlicher Leistungen erbracht wird.[28] Das Äquivalenzprinzip stellt also im Gegensatz zum Kostendeckungsprinzip auf den Einzelfall ab. Der Wert der Leistungen

---

[22] Zuletzt EuGH vom 21. 6. 2001 in der Rs. C-206/99 – Sonae.
[23] BVerfGE 85, 337, 347 ff.
[24] BVerfGE 85, 337, 349 – Anwaltsgebühren.
[25] BVerfGE 85, 337, 349 f.
[26] *Vollrath* MittBayNot 2001/Sonderheft, S. 1 ff., sub 8.
[27] BVerfGE 20, 270; 83, 363, 392.
[28] BVerfGE 50, 217, 226 f.; 79, 1, 27 f.

der freiwilligen Gerichtsbarkeit für denjenigen, der deren Tätigkeit veranlasst oder in Anspruch nimmt, lässt sich allenfalls mittelbar bestimmen, da es auf dem Markt keine vergleichbaren Leistungen und damit auch keine Möglichkeit des Preisvergleichs gibt. Der Wert des Formzwangs als auslösendes Element der Kosten wird vom Kostenschuldner im Einzelfall kaum objektiv gewürdigt werden.

27 Auch ein Vergleich mit den Gebühren, die für ähnliche **Leistungen außerhalb Deutschlands** erhoben werden, ist nicht ohne weiteres aussagekräftig. Eine staatliche freiwillige Gerichtsbarkeit, die ein ähnlich hohes Maß an Rechtssicherheit wie das in Deutschland bestehende Grundbuch- und Registerwesen gewährleistet, wird man in anderen Ländern schwerlich finden. Vergleiche mit den Preisen notarieller Leistungen in anderen Staaten sind kaum möglich, da an die notarielle Tätigkeit außerhalb Deutschlands vielfach weitaus geringere Anforderungen gestellt werden und somit einer möglicherweise geringeren Gebühr auch eine geringere Gegenleistung gegenüber steht. Während der deutsche Notar gemäß § 17 Abs. 1 BeurkG umfassende Beratungs- und Belehrungspflichten hat, meistens noch den Vollzug des beurkundeten Geschäfts übernimmt und für etwaige Amtspflichtverletzungen unbeschränkbar haftet, übernehmen ausländische Notare in „Billigbeurkundungsländern" keine Beratung und Belehrung, schließen die Haftung aus, betreiben keinen Vollzug und übernehmen auch keine Richtigkeitsgewähr für die Beurkundung, die regelmäßig auf Grund eines vorgelegten Entwurfes erfolgt. Das System von notarieller Beurkundung, Handelsregisteranmeldung und Handelsregistereintragung hat sich, vor allem gemessen an den Bedürfnissen des Handelsstandes und eines verlässlichen Handelsverkehrs, bewährt. Wenn überhaupt ein Marktpreis Aufschluss über die Angemessenheit von Struktur und Höhe der Gebühren der freiwilligen Gerichtsbarkeit in Deutschland geben kann, so ist dies wiederum die für die Abdeckung des mit einer spezifischen Tätigkeit verbundenen Haftungsrisikos zu zahlende Versicherungsprämie. Die Absicherung des notariellen Haftungsrisikos durch eine Versicherung stellt einen im Rahmen der Äquivalenzüberlegungen zu berücksichtigenden Vorteil dar. Der Umstand, dass Versicherungsprämien neben dem Aufwandsanteil auch einen kalkulatorischen Gewinn beinhalten, steht deren grundsätzlicher Berücksichtigung in diesem Zusammenhang nicht entgegen. Dass auch die Versicherungsprämie an dem Geschäftswert orientiert ist, macht deutlich, dass das Äquivalenzprinzip die Wertgebühr nicht etwa ausschließt, sondern diese sogar nach sich zieht.

28 **c) Sozialstaatsgebot und Wertgebühr.** Der Justizgewährungsanspruch steht in innerem Zusammenhang mit dem Sozialstaatsgebot. Dass die Rechtsdurchsetzung nicht an den Kosten scheitert, ist hinsichtlich der Geschäfte mit niedrigem wirtschaftlichen Wert im Zweifel nur über eine interne Quersubventionierung durch Geschäfte mit höheren Werten zu erreichen. Das tradierte Wertgebührensystem der KostO beruht auf dem Prinzip der Mischkalkulation, in dem Vorgänge mit niedrigen Geschäftswerten regelmäßig nicht kostendeckende Gebühren auslösen und durch die Gebühren für Vorgänge mit hohen Geschäftswerten quersubventioniert werden. Hierdurch soll für finanziell schwächere Bevölkerungskreise der kostengünstige Zugang zu hochqualifizierten Leistungen der vorsorgenden Rechtspflege sichergestellt werden. Durch das System der Quersubventionierung wird die Tätigkeit der Notare auch auf solchen Tätigkeitsfeldern ermöglicht, die nicht kostendeckend bearbeitet werden konnten. Dass auch das Sozialstaatsgebot im Rahmen des Gebührenrechts zu berücksichtigen ist, hat das BVerfG in einer Entscheidung vom 10. 3. 1998 zur Staffelung von Kindergartengebühren zum Ausdruck gebracht.[29] Die Wertgebühr ist das geeignete Instrument, den Zielkonflikt zwischen einer aufwandsbezogenen Tätigkeitsvergütung einerseits und dem Justizgewährungsanspruch im Bereich der freiwilligen Gerichtsbarkeit unter Berücksichtigung der Bezahlbarkeit hochwertiger juristischer Arbeit auch bei geringer wirtschaftlicher Bedeutung der Angelegenheit Rechnung zu tragen.

---

[29] BVerfGE 97, 332, 347.

IV. Die Wertgebühr in der KostO

1. Degressive Wertgebühr als Grundsatz

Das Gebührensystem der KostO basiert im Grundsatz auf dem **Modell der Wertgebühr**. Die Gebührenhöhe hängt vom Geschäftswert ab (§ 32). Das BVerfG hat die Anknüpfung gerichtlicher Gebühren an den Streit- bzw. Geschäftswert als zulässig erachtet.[30] Dem Begriff der Wertgebühr lassen sich weitere Untermodelle zuordnen, die danach unterschieden werden können, ob die Gebühr mit steigenden Geschäftswerten degressiv, progressiv oder linear ansteigt. Je nach Ausgestaltung des Wertgebührensystems können Gebühren im Einzelfall zu einer Kostenüber- oder -unterdeckung führen. In degressiv gestaffelten Wertgebührensystemen stehen nicht kostendeckende Gebühren bei sehr niedrigen (Unterdeckung) und sehr hohen Geschäftswerten (Über-deckung) gegenüber. Die KostO hat sich für eine degressive Gebührenhöhe entschieden. 29

Die Anknüpfung der Gebühr an den **Gesamtaufwand der Tätigkeit** stellt nur bei vordergründiger Betrachtung einen Gegensatz zur Wertgebühr dar. Berücksichtigt man im Rahmen der Ermittlung des jeweiligen Aufwandes neben Sach- und Personalkosten, Alters-, Krankheits-, Berufsunfähigkeits- und Unfallvorsorge sowie einem angemessenen Einkommen auch die Haftungsvorsorge, so nähert sich die aufwandsbezogene Gebühr der Wertgebühr an. 30

Demgegenüber bergen Gebührensysteme, die ausschließlich an den **Zeitaufwand** anknüpfen, die Gefahr, dass rechtspolitisch nicht wünschenswerte Anreize geschaffen werden, indem der langsam bzw. ineffektiv Arbeitende gegenüber dem schnell bzw. effektiv Arbeitenden bevorzugt wird. 31

In der KostO wird dem unterschiedlichen Aufwand typisierend durch gestaffelte (degressive) Gebührensätze, die von $1/10$ Gebühr bis zum Vierfachen der vollen Gebühr reichen, Rechnung getragen. Eine weitergehende Berücksichtigung des Einzelfalls ist nach dem geltenden System der KostO nicht möglich. Die freie Gebührenvereinbarung ist den Notaren gemäß § 140 S. 2 untersagt. Das **Gebührenvereinbarungsverbot** des § 140 S. 2 bringt zugleich zum Ausdruck, dass sich der Gesetzgeber gegen eine am Einzelfall orientiert aufwands- oder erfolgsbezogene Abrechnung entschieden hat. Dadurch wird gewährleistet, dass die Gebühren für die Inanspruchnahme der freiwilligen Gerichtsbarkeit in vergleichbaren Fällen eine vergleichbare Höhe aufweisen. 32

2. Erfolgsgebühr und Festgebühr

Die Anknüpfung an den **Erfolg der Tätigkeit** ist dem System der KostO fremd (vgl. § 140 S. 2). Erfolgshonorare setzen einen Werkvertrag voraus und sind auf Grund dieser Verbindung zu gewerblicher Tätigkeit mit der Stellung der freiwilligen Gerichtsbarkeit im System der Rechtspflege und insbesondere der Rolle des Notars als unhängigem Träger eines öffentlichen Amtes nicht zu vereinbaren. 33

Gegensatz der Wertgebühr sowie der aufwands- bzw. erfolgsbezogenen Gebühr ist die **Festgebühr,** die unabhängig vom Wert der Tätigkeit für deren Veranlasser und ungeachtet des jeweiligen Aufwandes in einer bestimmten Höhe erhoben wird (bei-spielsweise §§ 58, 150). Ein Festbetrag ist regelmäßig in Fällen mit geringen Geschäftswerten (= Risiken) zu hoch, in Fällen mit hohen Geschäftswerten zu niedrig. Festgebühren verteuern die Leistungen der freiwilligen Gerichtsbarkeit bei kleinen Geschäftswerten und begünstigen große Geschäftswerte. Sie konterkarieren daher die vorgenannten Ansätze zur Berücksichtigung des Sozialstaatsgebots und des Justizgewährungsanspruchs. Zudem ist der gesetzgeberische Aufwand im Zusammenhang mit Festgebühren höher als bei der Wertgebühr, denn in regelmäßigen Zeitabständen bedarf es im Hinblick auf die allgemeine Preisentwicklung einer angemessenen Gebührenerhöhung. Festgebühren können allerdings für einfachere standardisierte Verfahren (zB Entgegennahme bestimmter Erklärungen durch das Nachlassgericht, Beglaubigung von Abschriften, Identitätsbescheinigungen durch den Notar etc.) sinnvoll sein. Festgebühren sind zudem nur legitimiert, wenn sie, sofern sie denn unvermeidlich 34

---

[30] BVerfGE 85, 337, 346.

sein sollten, *für sich betrachtet* kostendeckend sind, soweit nicht übergeordnete Erwägungen, wie sozialstaatliche Überlegungen, eingreifen.

3. Individualgebühr und Pauschalgebühr

35 Als weiteres Begriffspaar lassen sich die Individual- und die Pauschalgebühren abgrenzen. Diese unterscheiden sich dadurch, dass bei dem einen Modell jede einzelne abgrenzbare Tätigkeit einen Gebührentatbestand darstellt (vgl. zB § 147 Abs. 2), während im anderen Fall mehrere grundsätzlich abgrenzbare Tätigkeiten zusammengefasst und als pauschaler Gebührentatbestand abgerechnet werden (vgl. zB § 146 Abs. 1 S. 1 Halbs. 1). Pauschaliert werden also die Gebührentatbestände, nicht dagegen – insofern anders als bei der Festgebühr – die Gebührenhöhe. Nicht alle Tätigkeiten sind allerdings solchen Pauschalierungen zugänglich; vielmehr sind in jedem Fall die Wertungen des materiellrechtlichen Systems der zivilrechtlichen Vorschriften besonders zu beachten. Pauschalgebühren werden im Übrigen der wirtschaftlichen Bedeutung des Einzelfalles und dem individuellen Beratungsaufwand regelmäßig nicht gerecht.

4. Die Modifizierung der Wertgebühr in der KostO

36 Die KostO modifiziert das System der Wertgebühr im Hinblick auf tatsächlich oder vermeintlich übergeordnete Erwägungen auf verschiedene Weise. Diese Modifizierungen lassen sich wie folgt **systematisieren:**

37 Die KostO kennt **Festgebühren,** wie etwa gemäß §§ 58, 150. Sie stehen zwar im Widerspruch zu dem System der Wertgebühr, wurden aber im Hinblick auf die untergeordnete Bedeutung des zu honorierenden Verfahrens als vertretbar angesehen.

38 **Höchstgebühren** enthält zB § 47 S. 2. Auch **Geschäftswertbegrenzungen** limitieren die Gebühren. Solche Wertbegrenzungen finden sich zB in § 39 Abs. 4 und den §§ 41a, 41b, 41c. Unter die Geschäftswertbegrenzungen fallen auch die Privilegierung der Landwirtschaft (§§ 19 Abs. 4, 107 Abs. 3 S. 1) und die Gebührenermäßigungen nach § 144. § 18 Abs. 1 S. 2 idF des Kostenrechtsmodernisierungsgesetzes vom 5. 5. 2004 (BGBl. I S. 718) normiert eine allgemeine Geschäftswertobergrenze in Höhe von 60 Millionen Euro. Diese wird zwar durch den Auslagentatbestand des § 152 Abs. 2 lit. d Ziffer 4 (nF) teilweise kompensiert, die Vorschrift ist aber – wie jede Höchstgebühr und Geschäftswertbegrenzung – im Wertgebührensystem ein Fremdkörper und gefährdet im Grundsatz dessen Funktion. Es handelt sich in der Sache, unabhängig von der Deklarierung der Motive im Gesetzgebungsverfahren, um Maßnahmen zur Förderung bestimmter Wirtschaftsbereiche, die einen systematischen und wirtschaftlichen Eingriff in das sozial motivierte Wertgebührensystem darstellen. Der Anteil der Transaktionskosten ist bei sehr hohen Werten niedriger, bei kleineren und mittleren Werten dagegen höher. Dies hat eine Umverteilung der Gebührenlast von den wirtschaftlich starken Bevölkerungsteilen auf die wirtschaftlich schwächeren zur Folge. Derartige gesetzgeberische Maßnahmen bedürfen daher im Einzelfall einer besonderen Legitimation, Eingrenzung und Kompensation, wenn sie nicht das gesamte System in seiner Funktionsfähigkeit gefährden sollen. Auch Höchstgebühren sind unabhängig vom gesetzgeberischen Motiv nur dann legitimiert, wenn sie nicht das Kostendeckungsprinzip einengen.[31]

39 Der Grundsatz der Wertgebühr ist in der KostO also nicht „in Reinkultur", sondern **modifiziert verwirklicht.** Da die Wertgebühr aber gegenwärtige nach wie vor und trotz aller Eingriffe überwiegt, ist sie als wesentliches Strukturprinzip des Kostenrechts insgesamt nicht in Frage gestellt.

V. Aufbau des Gesetzes und seine Handhabung
1. Gliederung des Gesetzes

40 Die KostO ist in **drei Teile** gegliedert. Der **erste Teil** (Gerichtskosten) enthält drei Abschnitte. Erster Abschnitt, Allgemeine Vorschriften (§§ 1 bis 35: Geltungsbereich, Kosten-

---

[31] Vgl. *Haeder* DNotZ 2004, 405.

V. Aufbau des Gesetzes und seine Handhabung **Einf.**

schuldner, Fälligkeit, Vorauszahlung und Sicherstellung, Kostenbefreiungen, Kostenanspruch, Geschäftswert, volle Gebühr, Rahmengebühren, Nebengeschäfte). Der zweite Abschnitt (§§ 36 bis 135) bestimmt in sieben Unterabschnitten die Gebühren in Angelegenheiten der freiwilligen Gerichtsbarkeit, der dritte Abschnitt (§§ 136 bis 139) die Auslagen. Der **zweite Teil** (§§ 140 bis 157) regelt die Kosten der Notare. Der **dritte Teil** (§§ 157a bis 164) enthält die Schluss- und Übergangsvorschriften.

2. Grundbegriffe

Kosten: Die KostO regelt die öffentlich-rechtlichen Gebühren der Gerichte und Notare 41
und nennt sie Kosten, gegliedert in Gebühren und Auslagen (§§ 1, 141).

Gebühr: Sie ist ein pauschales Entgelt, das für eine öffentlich-rechtliche Tätigkeit des 42
Gerichts oder Notars erhoben wird.

Auslagen: Neben den Gebühren werden nur die im Gesetz genannten Aufwendungen 43
sowie vom Notar verauslagte Gerichtskosten (§ 154 Abs. 2) u. Ä. als Auslagen erhoben. Sie
brauchen nicht „bar" anzufallen, sondern sind teils ebenfalls ein pauschales Entgelt, wie
sich insbesondere an der Dokumentenpauschale zeigt.

Geschäft: Mit diesem zentralen Begriff erfasst die KostO die einzelne, eine Gebühr aus- 44
lösende Tätigkeit des Gerichts oder Notars, im Bereich der Gerichtskosten meist eine gerichtliche Maßnahme oder Entscheidung.

Angelegenheit: Der Begriff folgt dem FGG und meint vor allem ein gerichtliches oder 45
notarielles Verfahren.

Gegenstand: Diesen weiten juristischen Begriff (vgl. § 90 BGB) verwendet die KostO 46
nicht einheitlich. Sie versteht darunter sowohl den Verfahrensgegenstand als auch (insbesondere in § 44) das Rechtsverhältnis.

Entwurf: Der Entwurfsbegriff der KostO wird von § 24 Abs. 1 S. 1 BNotO bestimmt: 47
Entwurf zu beurkundender Willenserklärungen.

Vollzug: Darunter ist, jedenfalls in erster Linie, der dingliche Vollzug: einer Auflassung 48
oder Grundbuchbewilligung durch Eintragung zu verstehen, im Gegensatz zur Erfüllung
einer schuldrechtlichen Verpflichtung.

3. Systematik

Die KostO ordnet ihre Gerichtskostenvorschriften nach dem üblichen Schema: **allge-** 49
meine Vorschriften (1., auch 3. Abschnitt), **einzelne** Angelegenheiten (2. Abschnitt). Dabei
zeigt sie sich noch auf dem Stand vor Erlass des BeurkG: Sie regelt die **Beurkundung** als
gerichtliche Tätigkeit (§§ 36 ff.) und erklärt die Vorschriften auf die notarielle Beurkundung
für anwendbar (§ 141). Nach der Herausnahme der Beurkundung aus dem FGG und Erlass
eines besonderen BeurkG mit einem „Beurkundungsmonopol" der Notare müsste die Beurkundung als notarielle Tätigkeit behandelt und für die wenigen Fälle der gerichtlichen
Beurkundungszuständigkeit auf sie verwiesen werden.

Die Vorschriften der KostO sind in erster Linie **materielles** Recht, sie enthält jedoch 50
auch **formellrechtliche** Normen, insbesondere die §§ 14, 31 und 156 über das Verfahren
und den Rechtsweg bei der Berechnung der Gerichts- und Notarkosten sowie der Festsetzung des Geschäftswerts.

4. Amtsnotar/Gebührennotar

Die unterschiedlichen deutschen Notariatsformen schlagen sich in der KostO nieder. 51
Die Vorschriften des 2. Teils unterscheiden zwischen den Notaren im Landesdienst Baden-
Württembergs, deren Gebühren – in Baden – der Staatskasse zufließen (so § 142), und den
„Gebührennotaren": denen die Gebühren für ihre Tätigkeit selbst zufließen (so insbesondere §§ 154 ff.); zu Letzteren gehören im Regelfall auch die Notare im Landesdienst Baden-
Württembergs im württembergischen Rechtsgebiet.

Allen Notaren im Landesdienst Baden-Württembergs stehen **Anteile** an den Gebühren 52
nach näherer Regelung im LJKG zu. Die der Notarkasse in München angehörenden Notare (§ 113 BNotO) haben Anteile ihrer Gebühreneinnahmen an diese abzuliefern. Gleiches gilt für die Notare in den neuen Bundesländern – also ohne Ost-Berlin – gegenüber

der Ländernotarkasse in Leipzig (§ 113a BNotO). Auf das Verhältnis zum Kostenschuldner wirken sich diese dienstrechtlichen Regelungen jedoch nicht aus (Ausnahme: § 13 Abs. 2 Bad.-Württ. LJKG).

5. Gebührentatbestände
Schrifttum: *Lappe* Rpfleger 1984, 337.

53 Die Gebühren **entstehen** als Rechtsfolge, wenn der konkrete Lebenssachverhalt den gesetzlichen Gebührentatbestand erfüllt.

54 Die Angelegenheiten der freiwilligen Gerichtsbarkeit sind grundsätzlich **Amtsverfahren**, eines **Antrags** bedarf es nur, wenn das Gesetz einen solchen ausdrücklich vorsieht, wobei es sich meist mit einem **Verfahrensantrag** begnügt und nur ausnahmsweise einen bestimmten Antrag: einen **Sachantrag**, fordert. Dem folgt die KostO: Als Gebührentatbestand benutzt sie in der Regel die **Maßnahme oder Entscheidung**, nicht das Verfahren; und da das Amtsverfahren nur eine **Vornahmeentscheidung** und nicht die Zurückweisung eines Antrags kennt, ist Gebührentatbestand die positive, die Vornahmeentscheidung. Die **Zurückweisung oder Zurücknahme eines Antrags** löst eine besondere, andere Gebühr aus (§ 130).

55 Soweit sich unter die einzelne Formulierung eines Gebührentatbestands auch die Zurückweisung eines Antrags subsumieren lässt, ist im Zweifel gleichwohl nur die Vornahmeentscheidung gemeint. Für eine unterschiedliche Handhabung gibt es keinen Anhalt, sie würde auf Zufälligkeiten abstellen und wäre mithin Willkür. Anderes gilt mithin nur Kraft ausdrücklicher gesetzlicher Regelung.

56 Fehlt ein Gebührentatbestand, bleibt das Geschäft bei Gericht gebührenfrei, eine **Analogie** zu Lasten des Schuldners ist nicht zulässig (§ 1); dies gilt auch für den Notar (vgl. §§ 140, 141), er erhält stattdessen die **Auffanggebühr** des § 147 Abs. 2.

57 Die **Erfüllung** des Gebührentatbestands richtet sich nach dem Verfahrensrecht, wobei jedoch das Wesen der öffentlich-rechtlichen Gebühr – Entgelt für eine dem Bürger zurechenbare staatliche Leistung – und der Normzweck der Gebührenvorschriften zu berücksichtigen sind. Das bedeutet: Setzt die Gebühr ein **Verfahren** voraus, so entsteht sie damit, dass der Antrag in den gerichtlichen Machtbereich gelangt, der Antragsteller mithin den Schriftsatz nicht mehr zurückholen, sondern nur noch den Antrag zurücknehmen kann; das ist auch beim Einwurf in den Gerichtsbriefkasten und bei der Übermittlung durch Telefax u. Ä. der Fall. Auf die Zulässigkeit des Antrags kommt es nicht an; sind allerdings Mindestanforderungen einer Verfahrenshandlung nicht erfüllt, handelt es sich also lediglich um eine „Eingabe", die durch eine Belehrung erledigt wird, liegt kein Antrag vor.

58 Erfordert der Gebührentatbestand eine gerichtliche **Entscheidung**, so ist er nicht bereits mit ihrem **Unterschreiben** erfüllt. Auch kann der **Erlass** (so wir bis zur 12. Aufl.), d. h. die Herausgabe der Entscheidung aus dem Gericht,[32] nicht mehr maßgebend sein, seitdem das BetrG ein früheres Wirksamwerden von Entscheidungen vorsieht (§§ 69a Abs. 3 S. 2, 69f Abs. 4 S. 1, 70g Abs. 3 S. 3, 70h Abs. 1 S. 2 FGG). Abzustellen ist vielmehr auf die **Wirksamkeit** der Entscheidung, im Regelfall mithin auf ihre Bekanntmachung (§ 16 FGG), im Ausnahmefall auf den gesetzlich vorgesehenen früheren (vgl. die vorgenannten Vorschriften des FGG) oder späteren (Beispiel: § 53g Abs. 1 FGG) Zeitpunkt. Wegen der Auswirkung der Abhängigmachung (§ 8 Abs. 2 S. 1) vgl. § 107 Rn. 4. Damit wird auch erreicht, dass eine Entscheidung, die trotz Antragsrücknahme ergeht und daher unwirksam ist,[33] die Gebühr nicht auslöst. Eine durch **Antragsrücknahme** nach wirksamem Erlass der Entscheidung eintretende Unwirksamkeit (vgl. § 269 Abs. 3 S. 1 ZPO) bringt die Gebühr hingegen nicht in Wegfall, sondern erst ihre **Aufhebung** im Rechtsmittelzug (vgl. § 131).

59 Bei **Eintragungen** in ein öffentliches Register, insbesondere ins Grundbuch und ins Handelsregister, ist die Bekanntmachung zur Wirksamkeit nicht erforderlich, es genügt die

---

[32] BGHR 2004, 1053 = Rpfleger 2004, 506.
[33] Vgl. OVG Münster NJW-RR 1994, 702.

V. Aufbau des Gesetzes und seine Handhabung **Einf.**

– ordnungsgemäße[34] – Unterschrift des (der) Befugten oder die „wiedergebbare Aufnahme in den Datenspeicher" (§ 129 GBO usw.).

Der Gebührentatbestand **Beurkundung** wird durch ihren Abschluss erfüllt, also mit der 60 Unterschrift des Notars (Richters, Rechtspflegers), wie sich auch mittelbar aus § 57 ergibt; eines Ausfertigens der Urkunde bedarf es mithin nicht.

6. Gegenstandshäufung

Schrifttum: *Lappe* Rpfleger 1985, 421.

Das **Verfahrensrecht** der freiwilligen Gerichtsbarkeit kennt keine Gegenstands- und 61 Beteiligtenhäufung im Sinne der Anspruchs- und Parteienhäufung des Zivilprozesses. Soweit sie gleichwohl, insbesondere in Streitverfahren, praktiziert wird, bleibt sie ohne die Auswirkungen des Zivilprozesses auf den Wert und damit auf sachliche Zuständigkeit und Rechtsmittelzulässigkeit. Da die KostO dem FGG folgt, sieht sie **Einzelgebühren aus Einzelwerten** vor. Verfahrensrechtliche Häufungen wirken sich als solche im Gebührenrecht nicht aus, sondern nur nach Maßgabe der Vorschriften der KostO, die – ohne System – eine unangemessene Gebührenhäufung verhindern.

Teils setzt die KostO dabei eine Gegenstandshäufung voraus, so insbesondere § 44 über die 62 Beurkundung „mehrerer Erklärungen in einer Verhandlung"; eine verfahrensrechtliche Grundlage dafür fehlt. Im Bereich der Gerichtskosten genügt meist eine **gleichzeitige** Erledigung (Beispiel: § 60 Abs. 5). Weithin sieht die KostO aber auch schlicht beim Anfall **mehrerer Gebühren in einer Angelegenheit** eine Ermäßigung vor (Beispiele: §§ 93 S. 6, 115).

Die Begünstigung besteht teils darin, dass eine Gebühr **wegfällt** (Beispiel: §§ 44 Abs. 1, 63 93 S. 6), teils liegt sie in der **Werteaddition** (Beispiele: §§ 44 Abs. 2, 60 Abs. 5), teils wird aber auch nur eine Gebühr aus dem **einfachen Wert** erhoben (Beispiel: § 46 Abs. 2 S. 2).

Generell darf eine Gegenstandshäufung die verfassungsrechtliche Obergrenze des wirt- 63 a schaftlichen Werts nicht übersteigen. Dies gilt insbesondere bei **wirtschaftlicher Identität** der mehreren Gegenstände. Im Zivilpozess unterbleibt die Addition von Klageansprüchen (§ 5 ZPO, § 48 Abs. 1 S. 1 GKG), wenn sie gegeben ist; Beispiel: Leistung und ihre Sicherung. Gleiches muss in der KostO gelten, etwa bei Genehmigung eines Darlehens und der Grundschuld für dieses (§ 95 Abs. 1 S. 1 Nr. 1; *Lappe* Rpfleger 2008, Heft 2).

7. Geschäftswert

Die Gebühren der KostO sind durchweg **Wertgebühren:** Sie richten sich mittels Ge- 64 bührensatz und Gebührentabelle nach dem Wert des Gegenstands des **Geschäfts** (§ 18 Abs. 1). Eine Bewertung erfährt mithin nur der Gegenstand des gebührenpflichtigen Geschäfts, nicht des Verfahrens. Wird einem Antrag nur teilweise stattgegeben und er im Übrigen zurückgewiesen, so handelt es sich um zwei Geschäfte, so dass auch zwei Werte festzustellen sind.

Geschäftswert ist grundsätzlich der **wirtschaftliche** Wert (§ 30 Abs. 1), soweit nicht 65 Wertvorschriften einen besonderen **Gebührenwert** vorsehen (Beispiel: § 24). Führt der nominelle wirtschaftliche Wert zu einer überhöhten Gebühr, nimmt man ihn nur als „Beziehungswert" und bildet den Geschäftswert mit einem Bruchteil davon. Das sieht die KostO teils ausdrücklich vor (Beispiel: § 146 Abs. 4 2. Alt.), teils hat die Rechtsprechung diese Bewertung entwickelt (insbesondere zu § 147 Abs. 2).

Steht ein wirtschaftlicher Wert weder fest noch lässt er sich schätzen, tritt an seine Stelle 66 der **fiktive** Wert des § 30 Abs. 2, bei dem Umstände berücksichtigt werden, die beim wirtschaftlichen Wert belanglos sind: Umfang und Schwierigkeit der gerichtlichen oder notariellen Tätigkeit, Haftungsrisiko, Einkommen und Vermögen des Kostenschuldners. Er gilt auch bei **nichtvermögensrechtlichen** Gegenständen, die also keinen wirtschaftlichen Wert haben (§ 30 Abs. 3).

---

[34] OLG Zweibrücken Rpfleger 2000, 267.

Einf. *Einführung*

67 Bei **Austauschverträgen** wird nur der höhere Wert **einer** Leistung angesetzt (§§ 20 Abs. 1, 21 Abs. 1, 39 Abs. 2).

68 **Verbindlichkeiten** werden grundsätzlich nicht abgezogen (§ 18 Abs. 3), ausnahmsweise nach Maßgabe von Einzelvorschriften (Beispiele: §§ 46 Abs. 4, 107 Abs. 2).

8. Beurkundung

69 Die größten Schwierigkeiten bereitet die Systematik der Beurkundungsgebühren. Sie folgt dem **Beurkundungsverfahrensrecht:** Willenserklärungen (§§ 6 ff. BeurkG), Verfügungen von Todes wegen (§§ 27 ff. BeurkG), sonstige Niederschrift-Beurkundungen (§§ 36 ff. BeurkG), Vermerk-Beurkundungen (§§ 39 ff. BeurkG). Die **allgemeinen Willenserklärungen** finden sich in den §§ 36 ff., bei Gegenstandshäufung gilt § 44. Die **Verfügungen von Todes** wegen sind einschließlich Gegenstandshäufung in § 46 geregelt. Die **sonstigen Niederschriften** folgen in den §§ 47 ff.; für die **Beschlüsse** des § 47 bestimmt § 41 c Abs. 3 und Abs. 4, was bei Gegenstandshäufung zu gelten hat, während zum **Erbscheinsantrag** (§ 49) jegliche Regelung für eine Gegenstandshäufung fehlt, so dass Einzelgebühren aus Einzelwerten zu erheben sind. Mit den **Vermerken** befassen sich Einzelvorschriften (§§ 45, 50, 55, 150), wobei die Verweisung in § 45 Abs. 1 S. 2 bei der Unterschriftsbeglaubigung unter Willenserklärungen zu einer Anwendung des § 44 führt. Beim Zusammentreffen der **verschiedenen** Beurkundungsarten greift generell keine Begünstigungsvorschrift ein, so dass Einzelgebühren anzusetzen sind (Abweichung: § 49 Abs. 3).

70 Innerhalb der Willenserklärungen ist zwischen **einseitigen Erklärungen** und **Verträgen** zu unterscheiden (§§ 36, 37), viele Erklärungen sind **begünstigt** (§ 38).

9. Kostenschuldner

71 Entsprechend der Unterscheidung von Amts- und Antragsverfahren (Rn. 54) bestimmt § 2 den Kostenschuldner: den „**Interessenten**" des Amtsverfahrens (Nr. 2) oder den **Antragsteller** (bei Beurkundungen: Ansuchenden) des Antragsverfahrens (Nr. 1). Von den **weiteren** Kostenschuldnern (§ 3) ist der **Entscheidungsschuldner** (Nr. 1) von geringer praktischer Bedeutung, weil das Verfahrensrecht nur ausnahmsweise eine Entscheidung über die Gerichtskosten vorsieht (Rn. 2; anderes gilt nach Separatgesetzen, Beispiel: § 44 LwVG). Die in der Praxis immer wieder ohne Rechtsgrundlage ergehenden Kostenentscheidungen begründen keine Kostenhaftung.

10. Kostenverfahren

72 Zur Vorbereitung des Kostenansatzes kann der **Geschäftswert** festgesetzt werden (§ 31), jedoch nur für die Gerichtskosten, nicht für die Kosten der Gebührennotare (§ 143 Abs. 1). Der **Kostenansatz** erfolgt durch Justizverwaltungsakt (§ 14 Abs. 1), dem die Kostenberechnung des Gebührennotars nachgebildet ist (§ 154).

73 Für Gerichtskosten und zur Staatskasse fließende Notarkosten gilt der **Rechtsweg** des § 14 (§ 142), für die Kosten des Gebührennotars der besondere Rechtsweg des § 156. Beschwerdegerichte sind regelmäßig die **Landgerichte,** ausnahmsweise – in Familiensachen und bei erstinstanzlicher Zuständigkeit der Landgerichte – die **Oberlandesgerichte.** Letztere entscheiden auch über weitere Beschwerden, womit ihnen letztinstanzlich Rechtsfragen von grundsätzlicher Bedeutung anvertraut sind. Für die Rechtseinheit sorgt, allerdings nur in Notarkostensachen und erst seit 2002, die Vorlage an den **BGH** (§ 156 Abs. 4 S. 4 KostO, § 28 Abs. 2, 3 FGG).

74 Im Geltungsbereich der KostO von 1935 waren die weiteren Beschwerden in den Angelegenheiten der freiwilligen Gerichtsbarkeit einschließlich der Kostensachen beim KG für die norddeutschen und beim OLG München für die süddeutschen Oberlandesgerichtsbezirke **konzentriert.**[35] Diese beiden Gerichte haben die Auslegung der KostO geprägt. Nach dem Zweiten Weltkrieg ist es zu einer Konzentration nur für Bayern beim BayOb-

---

[35] VO vom 23. 3. 1936 (RGBl. I S. 251).

V. Aufbau des Gesetzes und seine Handhabung **Einf.**

LG in München (aufgehoben) und für Rheinland-Pfalz beim OLG Zweibrücken gekommen.[36]

11. Vollstreckung

Gerichtskosten und die unmittelbar zur Staatskasse fließenden Kosten der **Amtsnotare** werden mit Verwaltungszwang eingezogen (§ 1 Abs. 1 Nr. 4, Abs. 2 JBeitrO, § 141), die **Gebührennotare** erteilen sich selbst die Vollstreckungsklausel zu ihrer Kostenberechnung und vollstrecken nach der ZPO (§ 155). 75

---

[36] Art. 23 Nr. 1 BayAGGVG vom 17. 11. 1956 idF vom 7. 11. 1974 (GVBl. I S. 652), Gesetz vom 25. 10. 2004 (BayGVBl. S. 400) bzw. § 1 Abs. 2 Gesetz vom 15. 6. 1949 (GVBl. I S. 225).

Erster Teil.
Gerichtskosten

Erster Abschnitt.
Allgemeine Vorschriften

1. Geltungsbereich, elektronisches Dokument*

§ 1** Geltungsbereich

¹In den Angelegenheiten der freiwilligen Gerichtsbarkeit werden, soweit bundesrechtlich nichts anderes bestimmt ist, Kosten (Gebühren und Auslagen) nur nach diesem Gesetz erhoben. ²Dies gilt auch für Verfahren über eine Beschwerde, die mit diesen Angelegenheiten im Zusammenhang steht.

Entsprechend: § 1 GKG, § 1 JVKostO, § 1 GvKostG.

I. Geltungsbereich

1. Angelegenheiten der freiwilligen Gerichtsbarkeit

§ 1 regelt den sachlichen Geltungsbereich des ersten Teils der KostO: Angelegenheiten der freiwilligen Gerichtsbarkeit. Weder gibt es einen materiellen Begriff der freiwilligen Gerichtsbarkeit noch eine umfassende theoretische Definition. Maßgebend ist vielmehr die Zuweisung durch Gesetz: durch Bezeichnung der Sache als Angelegenheit der freiwilligen Gerichtsbarkeit, Übertragung auf ihre Organe oder verfahrensrechtliche Zuordnung. Das gilt selbst dann, wenn es sich um die Vollstreckbarkeit und die Vollstreckung einer ausländischen Entscheidung handelt.¹ **1**

§ 1 S. 1 meint mit „Angelegenheiten" die konkreten Verfahren nach dem FGG (Einf. Rn. 45). Das schließt grundsätzlich auch **Neben- und Folgeverfahren** der betreffenden Angelegenheit (Prozesskostenhilfe, Beschwerde, Kostenfestsetzung, Zwangsvollstreckung) ein, selbst wenn andere Verfahrensvorschriften herangezogen werden (Beispiel: Beweisaufnahme, § 15 FGG), es sei denn, in deren Anwendbarerklärung liegt zugleich eine Zuweisung an ein Organ außerhalb der freiwilligen Gerichtsbarkeit (Beispiel: Zwangsvollstreckung durch das Vollstreckungsgericht, § 16 Abs. 3 HausratsVO). Die Eintragung einer **Zwangshypothek** (§§ 866 ff. ZPO) ist, weil sie dem Grundbuchamt nach den Vorschriften der GBO obliegt, iS des § 1 eine Angelegenheit der freiwilligen Gerichtsbarkeit (allgM). **2**

Der neue S. 2 soll nach der Gesetzesbegründung klarstellen, dass in Beschwerdeverfahren, „die in das Verfahren der freiwilligen Gerichtsbarkeit als Nebenverfahren ‚eingebettet' sind", Kosten ebenfalls nach der KostO erhoben werden. Als Beispiele nennt sie die §§ 159, 181 GVG, § 33 RVG. Selbst wenn also das erstinstanzliche Verfahren keine Angelegenheit der freiwilligen Gerichtsbarkeit ist, sondern erst das Beschwerdeverfahren, findet die KostO (insbesondere ihr § 131) Anwendung. **2a**

Die KostO wird nur angewandt, „soweit bundesrechtlich nichts anderes bestimmt ist"; mithin nicht in **Familien- und Lebenspartnerschaftssachen,** wenn sie Folgesachen sind oder über den Zugewinnausgleich einheitlich zu entscheiden ist (§ 1 Nr. 1 Buchst. a, b GKG); s. dazu insbesondere § 99 mit Erläuterungen. **3**

---

* Überschrift ergänzt durch Gesetz vom 22. 3. 2005 (BGBl. I S. 837).
** § 1 Überschrift eingefügt durch Gesetz vom 22. 3. 2005 (BGBl. I S. 837), Satz 2 angefügt durch Gesetz vom 22. 12. 2006 (BGBl. I S. 3416).
¹ BGHZ 88, 113 = FamRZ 1983, 1008 = NJW 1983, 2775.

2. Rechtspflegegeschäfte

4 Aus der Überschrift des ersten Teils „Gerichtskosten" folgt, dass nur die **den Gerichten zugewiesenen** Angelegenheiten der freiwilligen Gerichtsbarkeit von der KostO erfasst werden. § 141 – im zweiten Teil – erstreckt sie auf die **Notare**, § 159 S. 1 – im dritten Teil – auf bestimmte **Behörden** der freiwilligen Gerichtsbarkeit.

5 Des Weiteren ergibt sich aus der Regelung der „Gerichtskosten" für die „Angelegenheiten der freiwilligen Gerichtsbarkeit", dass nur **gerichtliche** Tätigkeit der KostO unterliegt. **Justizverwaltungsgeschäfte** innerhalb gerichtlicher Verfahren (Legalisation von Urkunden, Rechtshilfe usw.) richten sich nach der JVKostO, **Hinterlegungsgeschäfte** nach den landesrechtlichen Kostenvorschriften. Die Gebühren der Beurkundungen nach dem **Konsulargesetz** (vgl. § 1 Abs. 2 BeurkG) regeln AKostG vom 21. 2. 1978 (BGBl. I S. 301) und AKostV vom 20. 12. 2001 (BGBl. I S. 4161); Anh. B II.

6 Die Vergütung der **Rechtsanwälte** in Angelegenheiten der freiwilligen Gerichtsbarkeit ist durch das RVG (insbesondere VV 3100 ff.) geregelt, für die Kosten der **Gerichtsvollzieher** gilt das GvKostG.

II. Kodifikation, Landesrecht

7 Im Bereich des Bundesrechts versteht sich die KostO zwar als **Kodifikation** (vgl. dazu auch § 147 Abs. 2), die jedoch – wie § 1 ausdrücklich erklärt – hinsichtlich der Gerichtskosten durch weitere bundesrechtliche Vorschriften ergänzt wird (Einf. Rn. 7; Anh. B).

8 Die freiwillige Gerichtsbarkeit einschl. ihres Kostenrechts gehört zur konkurrierenden Gesetzgebung des Bundes (Art. 74 Abs. 1 Nr. 1 GG). Von ihr ist bezüglich der Kosten mit der KostO (und den sie ergänzenden Bestimmungen, Rn. 7) „Gebrauch gemacht" iS von Art. 72 Abs. 1 GG, so dass **Landesrecht** neben der KostO nur gilt (Art. 31 GG), soweit das Bundesrecht es ausdrücklich zulässt (s. §§ 11 Abs. 2 S. 2, 158, auch 159), oder es sich um landesrechtliche Geschäfte handelt (Einf. Rn. 7).

9 **Fehlt eine Kostenvorschrift,** so ist die Sache kostenfrei (bzw. gebührenfrei) – „nur nach diesem Gesetz" (§ 1; Einf. Rn. 5, 6);[2] „Analogieverbot" –; wegen der Notargebühren s. die abweichende Regelung § 147 Abs. 2. Dies gilt zB für einen vor einem Gericht der freiwilligen Gerichtsbarkeit abgeschlossenen Vergleich, auch wenn er den Verfahrensgegenstand übersteigt oder eine Beurkundung enthält;[3] des Weiteren für einstweilige oder vorläufige Anordnungen als Zwischenentscheidung, soweit nicht anderes ausdrücklich bestimmt ist (wie zB in § 92 Abs. 4, § 39 LwVG, GKG KV 1422).

III. Gebühren, Auslagen

1. Gebühren

10 Die KostO regelt „Gebühren und Auslagen" (Legaldefinition des Begriffs „Kosten" in § 1). Gebühren sind eine öffentliche Abgabe, die aus Anlass einer besonderen, individuell zurechenbaren Inanspruchnahme oder Leistung des Staates, hier der Gerichte, erhoben wird.

11 Die den **Notaren** zufließenden Gebühren (§ 17 Abs. 1 BNotO) sind die Einkünfte aus einer selbständigen freiberuflichen Tätigkeit (§ 18 Abs. 1 S. 2 EStG), der jedoch nicht ein bürgerlich-rechtliches Vertragsverhältnis, sondern die Ausübung eines öffentlich-rechtlichen Amtes zugrunde liegt (§ 1 BNotO); s. im Einzelnen Vor §§ 154 bis 157.

2. Auslagen

12 Unter Auslagen versteht die KostO nicht nur „bare Auslagen", sondern auch die nicht „bar" anfallenden Kosten des Schreibwerks (§ 136) und an Dritte zu zahlende „Entgelte", „Kosten", „Vergütungen" und „Beträge" (§ 137). Grundsätzlich wird der gesamte Aufwand des **Gerichts** durch die Gebühren abgegolten, Auslagen können daher nur angesetzt

---

[2] Vgl. BVerfG NJW 1996, 3146; BGHR 2007, 684.
[3] OLG Düsseldorf JurBüro 1950, 909; die ältere gegenteilige Rspr. ist durch das BeurkG überholt.

werden, soweit die KostO dies ausdrücklich zulässt. Beim **Notar** kommen sonstige Aufwendungen in entsprechender Anwendung der §§ 675, 670 BGB auf das öffentlich-rechtliche Auftragsverhältnis hinzu (vgl. § 154 Abs. 2: „verauslagte Gerichtskosten").

Das Recht der öffentlichen Gebühren (s. Rn. 10) kennt die Unterscheidung zwischen Gebühren und Auslagen nicht, nach seiner Begriffsbildung gehören die Auslagen zu den Gebühren (so in § 17 BNotO). 13

IV. Verweisung

Wird **aus dem Geltungsbereich des GKG in den der KostO** verwiesen oder abgegeben, so werden die nach dem GKG anfallenden Gebühren nicht erhoben, vielmehr ist allein nach der KostO zu verfahren, unter Berücksichtigung der Gebührentatbestände aus dem Verfahren vor dem verweisenden Gericht (§ 4 Abs. 1 GKG; § 23 HausratsVO, § 12 Abs. 3 LwVG unmittelbar oder in entsprechenden Anwendungen; allgemeiner Rechtsgedanke: Durch die Verweisung sollen die Beteiligten nicht schlechter, aber auch nicht besser gestellt werden). Vgl. auch § 17b Abs. 2 S. 1 GVG, das man über seinem originären Geltungsbereich (§ 13 GVG) hinaus auf die freiwillige Gerichtsbarkeit anwendet. 14

Gleiches gilt bei einer Verweisung (Abgabe) **aus dem Geltungsbereich der KostO in den des GKG** (vgl. BT-Drucks. 7/2016 S. 69). 15

Auslagen sind immer nach dem Recht ihrer Entstehung anzusetzen. 16

Die **Beschwerde** gegen eine Verweisung (Abgabe) unterliegt dem Kostenrecht des Verfahrens, „aus dem" verwiesen wird. 17

Zum **Verbund** s. Rn. 3, § 99 Rn. 3 ff., 22 ff., 42 ff., § 100 Rn. 7. 18

V. FG-Reform

Ein neuer Abs. 2 soll bestimmen, dass die KostO nicht in Verfahren gilt, in denen Kosten nach dem **FamGKG** zu erheben sind. 19

§ 1 a* Elektronisches Dokument

(1) ¹Soweit für Anträge und Erklärungen in der Angelegenheit, in der die Kosten anfallen, die Aufzeichnung als elektronisches Dokument genügt, genügt diese Form auch für Anträge und Erklärungen nach diesem Gesetz. ²Die verantwortende Person soll das Dokument mit einer qualifizierten elektronischen Signatur nach dem Signaturgesetz versehen. ³Ist ein übermitteltes elektronisches Dokument für das Gericht zur Bearbeitung nicht geeignet, ist dies dem Absender unter Angabe der geltenden technischen Rahmenbedingungen unverzüglich mitzuteilen.

(2) Ein elektronisches Dokument ist eingereicht, sobald die für den Empfang bestimmte Einrichtung des Gerichts es aufgezeichnet hat.

I. Anwendungsbereich

Im **Verfahrensrecht** wahren elektronische Dokumente die Schriftform (§ 130a ZPO, § 21 FGG, § 81 GBO usw.). § 1a erstreckt das Prinzip auf „Anträge und Erklärungen nach diesem Gesetz", also die „dazugehörigen" Kostenverfahren. Er betrifft *nicht* die Erfüllung der **Gebührentatbestände** der KostO durch elektronische Dokumente, etwa die Frage, ob eine elektronische Unterschriftsbeglaubigung (§§ 39, 39a BeurkG) die Gebühr des § 45 auslöst. Dieser Anwendungsbereich ergibt sich neben dem Wortlaut aus dem System: § 1a ist mit dem Justizkommunikationsgesetz eingefügt worden, es ändert nur Verfahrensgesetze. 1

---

*§ 1a eingefügt durch Gesetz vom 22. 3. 2005 (BGBl. I S. 837).

§ 1a

II. Begriffe

1. Elektronisches Dokument

2   Der Inhalt des Begriffs ergibt sich aus vielen Gesetzen, am vollständigsten aus § 130a ZPO; Kurzfassung: elektronische Aufzeichnung von (Papier-)Schriften, und zwar jeglichen „Formats" (s. dazu die VO über den elektronischen Rechtsverkehr beim BGH vom 26. 11. 2001, BGBl. I S. 3225).

2. Anträge und Erklärungen „nach diesem Gesetz"

3   Die Vorschrift ist unglücklich gefasst. Sie steht im Ersten Teil. Gerichtskosten, bezieht sich also originär nur auf diese (wegen der Notarkosten s. Rn. 11). Und zwar auf alle *verfahrensrechtlichen* Schriften der Beteiligten, die der 1. Teil vorsieht; insbesondere Erinnerung und Beschwerde gegen den Kostenansatz (§ 14), Geschäftswertfestsetzungsantrag, Beschwerde (§ 31). § 1a betrifft nicht *gerichtliche* Erklärungen" wie Kostenrechnungen, Verfügungen und Beschlüsse.

3. „Genügen"

4   Das elektronische Dokument muss genügen. Voraussetzung dafür ist sein Genügen in der zugrunde liegenden Angelegenheit (Abs. 1 S. 1). Dies ergibt sich für die freiwillige Gerichtsbarkeit (§ 1) aus § 21 FGG (Abs. 2 S. 2) und den ergänzenden Verfahrenvorschriften; landesrechtliche Regelungen können sich auf „einzelne Gerichte oder Verfahren beschränken" (§ 21 Abs. 3 S. 3 FGG) mit der entsprechenden Folge für die Kostenverfahren.

5   **Zeitlich** bedarf es zudem einer Inkraftsetzung jenes Genügens durch Rechtsverordnung (§ 21 Abs. 3 S. 1 FGG); Beispiel: § 3 der in Rn. 2 genannten BGH-VO. Die Rechtslage ist über www.justiz.de unter „Informationen zum Elektronischen Rechtsverkehr" abfragbar.

III. Elektronische Signatur

6   Das elektronische Dokument allein reicht nicht, es bedarf einer qualifizierten elektronischen **Signatur** nach dem Signaturgesetz (Abs. 1 S. 2); dazu § 2 Nr. 3 des Gesetzes vom 16. 5. 2001 (BGBl. I S. 876, geändert). Das gesetzliche „soll" eröffnet kein Ermessen, vermeidet vielmehr, wie andere Vorschriften der KostO, etwa § 19 Abs. 2 S. 1, das „muss", um Verstöße folgenlos zu lassen (§ 19 Rn. 10).

7   Die Signatur obliegt der **verantwortenden Person.** Das ist der Beteiligte, gesetzliche Vertreter, (Verfahrens-)Bevollmächtigte; also derjenige, der die Schrift zu unterzeichnen pflegt.

IV. Eignung

8   Ist das eingereichte elektronische Dokument nicht geeignet, muss das Gericht dies dem Absender mitteilen (Abs. 1 S. 3). Als Ursache kommt nur die „generelle" Nichteignung, also die Nichterfüllung der Rechtsvorschriften in Betracht (dazu wiederum die BGH-VO Rn. 2), nicht aber ein „Computer-Problem" des Gerichts, dieses muss es selbst lösen. In der Regelung liegt das Verbot der sofortigen Zurückweisung des Antrags usw. als unzulässig, dem Antragsteller wird mit dem Hinweis Gelegenheit gegeben, einen zulässigen Antrag nachzuholen. Sofern die Ungeeignetheit eine förmliche Zurückweisung ermöglicht, folgt sie nach einer angemessenen Frist, andernfalls erledigt die Mitteilung das Verfahren.

V. Einreichung

9   Die Einreichung mit der Aufzeichnung durch die Empfangseinrichtung des Gerichts (Abs. 2) folgt der allgemeinen Auffassung über Schriften: Eingang in den Machtbereich des Gerichts (Einf. Rn. 57) und stimmt mit gleichen Regelungen, insbesondere § 130a Abs. 3 ZPO, wörtlich überein. Für den E-Mail-Anhang kommt es folglich auf die „Box" an und nicht den Gerichtscomputer.

VI. Kosten

Die Kostenfolgen sind die gleichen wie bei Schriften, besondere gerichtliche Auslagen entstehen nicht. **10**

VII. Notare

§ 1 a gilt auch für Notare (§ 141), insbesondere Einwendungen gegen die Kostenberechnung (§ 156) sowie Zurückzahlung und Gehörsrüge (§§ 157 Abs. 2, 157 a). Der Notar tritt also nicht generell an die Stelle des Gerichts, sondern nur als „verfahrensrechtliche Adresse", etwa einer Beanstandung seiner Kostenberechnung (§ 156 Abs. 1 S. 3). **11**

2. Kostenschuldner

§ 2* Allgemeiner Grundsatz

Zur Zahlung der Kosten ist verpflichtet

1. bei Geschäften, die nur auf Antrag vorzunehmen sind mit Ausnahme der Verfahren zur Festsetzung eines Zwangs- oder Ordnungsgeldes, jeder, der die Tätigkeit des Gerichts veranlaßt, bei der Beurkundung von Rechtsgeschäften insbesondere jeder Teil, dessen Erklärung beurkundet ist;
1 a. im Verfahren auf Bewilligung von Prozeßkostenhilfe der Antragsteller, wenn der Antrag zurückgenommen oder abgelehnt wird;
2. bei Geschäften, die von Amts wegen vorgenommen werden, derjenige, dessen Interesse wahrgenommen wird.

Entsprechend: §§ 22 ff. GKG (zu Nr. 1), § 6 Abs. 1 Nr. 1 JVKostO (zu Nr. 1 und 2), § 13 Abs. 1 Nr. 1 GvKostG (zu Nr. 1).

Übersicht

	Rn.		Rn.
I. Allgemeine Grundsätze	1–39	3. Registersachen	68–91
1. Öffentlich-rechtliches Kostenschuldverhältnis	1–5	a) Einzelfirma	69
		b) Personengesellschaften	70–73
2. Geschäft	6–8	c) Partnerschaft	74
3. Auslagen	9–12	d) Juristische Personen	75–79
4. Antragsteller	13–18	e) Prokura	80
5. Interessent	19–21	f) Antragsteller	81–91
6. Umfang	22–24	4. Familienrechtssachen	92–94
7. Rechtsfähigkeit	25–27	5. Nachlasssachen	95–97
8. Geschäftsfähigkeit	28	III. Notare	98–106
9. Vertretung	29–32	1. Ansuchen	98–100
10. Ermächtigung	33, 34	2. Beurkundungen	101
11. Verwalter fremden Vermögens	35, 36	3. Betreuungsgeschäfte	102–104
12. Haftungsbeschränkung	37	4. Insolvenzverwalter	105
13. Kostenansatz	38, 39	5. Kostenberechnung	106
II. Die einzelnen Geschäfte	40–97	IV. FG-Reform	107–109
1. Beurkundungen	40–58		
2. Grundbuchsachen	59–67		

I. Allgemeine Grundsätze

1. Öffentlich-rechtliches Kostenschuldverhältnis

§ 2 regelt, wie auch die §§ 3 bis 6 und ergänzende Einzelvorschriften der KostO (zB § 53 Abs. 6) sowie von Separatgesetzen der freiwilligen Gerichtsbarkeit (zB § 99 Abs. 6 **1**

---

*§ 2 Nr. 1 geändert durch Gesetz vom 24. 2. 2000 (BGBl. I S. 154), Nr. 1 a eingefügt durch Gesetz vom 15. 12. 2004 (BGBl. I S. 3392).

§ 2

S. 7 AktG), ein öffentlich-rechtliches Kostenschuldverhältnis zwischen der Staatskasse als Kostengläubiger und dem Verfahrensbeteiligten als Kostenschuldner: Wer den Tatbestand des § 2 erfüllt, ist Kostenschuldner.

2   Merkmale dieser öffentlich-rechtlichen Kostenschuld sind:
– Einer privatrechtlichen Willenserklärung, eines Rechtsgeschäfts bedarf es nicht, auf die bürgerlich-rechtliche **Geschäftsfähigkeit** kommt es mithin generell nicht an,[1] vielmehr ist die **Handlungsfähigkeit für die konkrete Veranlassung** entscheidend (Beispiele: § 2229 BGB, § 59 FGG), insbesondere die Verfahrensfähigkeit. So wird der Geschäftsunfähige Schuldner der Beschwerdegebühr, wenn er, etwa gegen die Anordnung der Betreuung (§§ 1896 ff. BGB, § 66 FGG), Beschwerde einlegen kann. S. iÜ Rn. 28.

3   – Der Tatbestand muss **unmittelbar** und mit der erforderlichen **Bestimmtheit** erfüllt sein, Analogie ist – wie im Recht der einseitig auferlegten öffentlichen Abgaben allgemein – unzulässig (§ 1 Rn. 9).

4   – Staatskasse und Kostenschuldner können über die Kostenschuld **nicht verfügen** (Art. 20 Abs. 3 GG: „Gesetzmäßigkeit der Verwaltung"); die Staatskasse darf den Kostenschuldner nur nach Gesetz oder auf Grund einer gesetzlichen Ermächtigung durch Verwaltungshandeln – und den dafür geltenden Regeln – freistellen.

5   – Die Kosten werden durch **Verwaltungsakt** geltend gemacht und mit **Verwaltungszwang** eingezogen (§ 1 Abs. 1 Nr. 4, Abs. 2 JBeitrO), der ordentliche Rechtsweg ist unzulässig.

2. Geschäft

6   Geschuldet werden die Kosten des „Geschäfts". Darunter versteht die KostO die einzelne, einen Gebührentatbestand bildende Tätigkeit des Gerichts, also weder die Angelegenheit (§ 1 Rn. 2) noch das Verfahren – es sei denn, die KostO benutzt sie als Gebührentatbestand –.

7   In **Amtsverfahren** kann das nur die **positive** Maßnahme oder Entscheidung („Vornahme") sein (Beispiel: § 94 Abs. 1 Nr. 4), nicht aber die formlose und daher unbestimmte Einstellung des Verfahrens.

8   In **Antragsverfahren** belässt es die KostO dabei (Beispiel: § 62 Abs. 1), nennt aber ergänzend die Zurückweisung oder Zurücknahme des Antrags als – weiteren, anderen! – Gebührentatbestand (§ 130) und damit als Geschäft. Gelegentlich macht sie zwar die „Entscheidung" zum gebührenpflichtigen Geschäft (Beispiel: § 97 Abs. 1 Nr. 1), doch kann darunter in aller Regel ebenfalls nur die Vornahmeentscheidung verstanden werden (s. die einzelnen Erläuterungen).

3. Auslagen

9   „Bei Geschäften" werden nach § 2 die „Kosten" geschuldet: die Gebühren des jeweiligen Geschäfts und die im Zusammenhang mit dem Geschäft entstehenden (so die Formulierung des § 10 VwKostG) Auslagen. In Amtsverfahren sind das nur die durch das förmliche Verfahren, nicht aber die durch Vorermittlungen – zur Prüfung, ob überhaupt ein Verfahren einzuleiten ist – entstandenen Auslagen. Bei formlosem Übergang von den Vorermittlungen zum Verfahren bleiben im Zweifel die Auslagen außer Ansatz (Bestimmtheitsgrundsatz!).

10 Eine Sonderregelung trifft § 52a Abs. 5 S. 3 FGG: Die im **Umgangs-Vermittlungsverfahren** entstandenen Auslagen – Gebühren fallen nicht an – werden als Kosten eines alsbald folgenden gerichtlichen Verfahrens behandelt: also mit seinen Auslagen angesetzt, wenn sie zu erheben sind (nach dem Sprachgebrauch der KostO sind unter „Kosten des Verfahrens" die Gerichtskosten zu verstehen, vgl. § 3 Rn. 2 ff.).

11 Endet das **Amtsverfahren ohne eine gerichtliche Maßnahme oder Vornahmeentscheidung,** so können Auslagen nicht erhoben werden: Weder bildet ein eingestelltes Amtsverfahren ein Geschäft (Rn. 7) noch ergibt sich aus der Führung dieses Verfahrens mit der erforderlichen Bestimmtheit die Wahrnehmung eines konkreten Interesses (Nr. 2). Aus

---

[1] OLG Frankfurt KostRsp. Nr. 17; KG DNotZ 1977, 500; s. auch Rn. 100.

Allgemeiner Grundsatz **§ 2**

gutem Grund sieht die KostO in diesem Fall keine Gebühr vor; es gibt keinen Sinn, den „angeblichen Interessenten" gleichwohl mit Auslagen zu belasten, die vielleicht zufolge einer falschen Information des Gerichts aufgewendet worden sind und für die er „nichts kann" (s. auch Rn. 21). Der Rechtsgedanke kommt auch in den §§ 131 Abs. 5 und 96 zum Ausdruck.

Gegenteilig verfuhr lange die Praxis, gestützt von der Rspr.:[2] Sie setzte die Auslagen **12** auch bei Einstellung eines Amtsverfahrens an. In den letzten Jahren mehren sich jedoch die Entscheidungen iS der hier vertretenen Auffassung.[3]

4. Antragsteller

Die Angelegenheiten der freiwilligen Gerichtsbarkeit sind systematisch grundsätzlich **13** Amtsverfahren (Nr. 2). Eines **Antrags** bedarf es nur, wenn er ausdrücklich vorgesehen ist. Der Antrag kann ein **Verfahrensantrag** (Beispiel: § 1587f BGB) oder ein **Sachantrag** (Beispiel: § 2357 Abs. 2 BGB)[4] sein; für beide gilt Nr. 1. Der Antrag bezieht sich immer auf die Angelegenheit, das Verfahren, nicht aber auf das Geschäft iS der KostO (Rn. 6); er ist mit anderen Worten Verfahrenshandlung und nicht „Gebührenhandlung". Deshalb können **einem Antrag mehrere Geschäfte** folgen (Beispiel: §§ 62 Abs. 1, 71 Abs. 1). In diesem Falle kommt es nicht darauf an, ob das einzelne Geschäft einen besonderen Antrag erfordert, vielmehr gilt Nr. 1 für alle durch den Antrag ausgelösten Geschäfte, also auch dann, wenn in derselben Angelegenheit ein weiteres Geschäft von Amts wegen dem ersten folgt, dies jedoch ein Antragsgeschäft ist (vgl. Rn. 20).

Andererseits kann es **innerhalb eines Geschäfts** Anträge oder weitere Anträge geben. **14** Sie veranlassen jedoch nicht das Geschäft iS von Nr. 1, so dass sie keine Schuldnerschaft begründen. Beispielsweise gehört die **Beweisaufnahme** zum Geschäft, so dass ein Beweisantrag keine Kostenschuld auslöst.

Mehrere Antragsteller schulden bei gesonderten Geschäften (zB Beurkundungen) ge- **15** sonderte Gebühren, bei demselben Geschäft sind sie Gesamtschuldner (§ 5); Letzteres gilt auch, wenn sie den Antrag in Rechtsgemeinschaft (zB Erbengemeinschaft) stellen; vgl. auch Rn. 25.

Auf die **Zulässigkeit** des Antrags kommt es nicht an. Ein unzulässiger Antrag in einem An- **16** tragsverfahren begründet also die Kostenschuld des Antragstellers nach Nr. 1; im Amtsverfahren ist er hingegen ohne Belang, er gilt nur als „Anregung" an das Gericht, von Amts wegen tätig zu werden.[5]

Bei Geschäften, die **alternativ Amts- und Antragsverfahren** sind, scheidet Nr. 1 aus **17** („nur auf Antrag"; Beispiele §§ 1632 Abs. 4, 1682 BGB); das Verfahren gilt als Amtsverfahren (Nr. 2).[6]

Antragsverfahren ohne Antragstellerschuldner ergeben die Ausnahme in Nr. 1 und **18** Nr. 1a. Die erste dient beim **Zwangs- und Ordnungsgeld** der Gleichbehandlung von Antrags- und Amtsverfahren (allerdings gilt statt Nr. 1 nicht Nr. 2, Schuldner folglich nur nach § 3 Nr. 1). Die zweite schränkt die Auslagenschuldnerschaft – Gebühren entstehen nicht – für das **Prozesskostenhilfebewilligungsverfahren** ein, stellt es damit bei Bewilligung auslagenfrei. S. iÜ § 131 b.

5. Interessent

Nur ein **Beteiligter** kann als Interessent (Nr. 2) Kostenschuldner sein. **Materielle** Be- **19** teiligung genügt zumindest im Regelfall nicht, vielmehr muss sich der Interessent auch **formell** beteiligt haben.[7] Als formell Beteiligter gilt auch, wer als materiell Beteiligter vom

---

[2] Zuletzt OLG Zweibrücken FamRZ 2001, 113 = OLGR 2000, 473.
[3] OLG Oldenburg Rpfleger 1985, 492; LG Mönchengladbach JurBüro 1986, 750; LG Bayreuth JurBüro 1987, 578; OLG Celle Nds.Rpfl. 1987, 284 = KostRsp. Nr. 71; OLG Frankfurt Rpfleger 1988, 106; OLG Düsseldorf Rpfleger 1993, 66.
[4] Vgl. BayObLGZ 2004, 55 = Rpfleger 2004, 525.
[5] KGJ 29 B 7; KG OLG 39, 103. S. auch Rn. 22.
[6] Vgl. – zu § 1672 BGB aF – KG Rpfleger 1985, 256; OLG München Rpfleger 1956, 197.
[7] AA KG Rpfleger 1996, 247.

Gericht hinzugezogen worden ist, gleichwohl am Verfahren nicht teilnimmt. Wird das Verfahren im **öffentlichen Interesse** – im Interesse einer „unbestimmten Vielzahl" von Personen – geführt, so gibt es keinen konkreten Interessenten als Schuldner nach Nr. 2.

20 Setzt das Amtsgeschäft ein **Antragsgeschäft voraus** und ist es zugleich mit diesem vorzunehmen, so schuldet dem Normzweck gemäß der Antragsteller auch die Kosten des Amtsgeschäfts (Nr. 1; Rn. 13); Beispiel: Eintragung des Nacherben mit dem Vorerben (§ 51 GBO).

21 Im Übrigen hängt die Wahrnehmung eines Interesses davon ab, ob die gerichtliche Entscheidung oder Maßnahme für den „Interessenten" eine **ihm zurechenbare**[8] **staatliche Leistung** darstellt. Denn die Gebühr ist wesensmäßig das Entgelt für eine solche Leistung, und entweder muss die Leistung unmittelbar veranlasst sein (dann Nr. 1), oder mittelbar (dann § 3 Nr. 1), oder es sie muss in seinem Interesse liegen (dann Nr. 2). § 13 Abs. 1 Nr. 1 des „modernen" VwKostG (von 1970) brachte das dadurch zum Ausdruck, dass er zur Zahlung der Kosten verpflichtet, „wer die Amtshandlung veranlasst oder zu wessen Gunsten (!) sie vorgenommen wird". Versuche der Praxis, den Elternteil, dem die elterliche Sorge oder das Umgangsrecht entzogen wird, als Interessenten zum Kostenschuldner zu machen,[9] sind damit unvereinbar; sie lassen die „Betroffenheit", insbesondere durch Grundrechte, genügen, obwohl Nr. 2 die Interessenwahrnehmung – also mehr! – voraussetzt.[10] Das Problem hat an Bedeutung verloren, seit man § 94 Abs. 3 S. 2 (s. dort) auf die Kosten bezieht („nur"), womit jede Schuldnerschaft nach § 2 entfällt. S. auch Rn. 107 f.

6. Umfang

22 Der Umfang der Schuldnerschaft wird in Antragsverfahren durch den Antrag, in Amtsverfahren durch die Entscheidung oder Maßnahme bestimmt. Bei **unzulässigen** Anträgen ist zu unterscheiden:

23 Da das **Amtsverfahren** keinen Antrag kennt, bleibt ein unzulässiger Antrag immer belanglos.

24 Genügt in **Antragsverfahren** ein Verfahrensantrag, wird jedoch ein Sachantrag gestellt, so handelt es sich um einen „Sachantrag im kostenrechtlichen Sinn". Er kann keine höhere Gebühr auslösen, wohl aber die Schuldnerschaft begrenzen.

Beispiele: Im Verfahren nach der HausratsVO wird die Übertragung des Eigentums am Familienheim beantragt. Unzulässiger Sachantrag im verfahrensrechtlichen Sinn, den Geschäftswert bildet der Mietwert des § 100 Abs. 3 S. 1 und nicht der Verkehrswert des Familienheims.

Antrag auf eine weitere vollstreckbare Ausfertigung wegen eines Teilbetrags. Die Gebühr des § 133 entsteht nur aus ihm, selbst wenn sie auf den Verfahrensantrag hin ohne Beschränkung erteilt wird.

7. Rechtsfähigkeit

25 Kostenschuldner kann nur sein, wer rechtsfähig ist oder als rechtsfähig gilt (so § 1923 Abs. 2 BGB: Die Leibesfrucht schuldet die durch die Anordnung der Pflegschaft, § 1912 BGB, ausgelöste Gebühr, Nr. 2; s. aber § 6 Rn. 10) oder, ohne rechtsfähig zu sein, Träger von Rechten und Pflichten sein kann (insbesondere OHG und KG, §§ 124 Abs. 1, 161 Abs. 2 HGB; Partnerschaft, § 7 Abs. 2 PartGG; Vorgesellschaft juristischer Personen).[11]

26 Die **BGB-Gesellschaft** (§§ 705 ff. BGB) ist, soweit sie durch Teilnahme am Rechtsverkehr eigene Rechte und Pflichten begründet, rechtsfähig.[12] Schuldner sind daher die Gesellschaft als solche sowie alle Gesellschafter als Gesamtschuldner (§ 736 ZPO), weil sie selbst im Rechtsverkehr tätig geworden sind (§ 709 BGB) oder Mitgesellschafter als Geschäftsführer (§§ 710, 714 BGB) sie vertreten haben; oder entsprechend den §§ 128, 130

---

[8] BayObLGZ 1998, 171 = Rpfleger 1998, 541.
[9] Etwa OLG München Rpfleger 1992, 297 = KostRsp. § 94 Nr. 50 m. abl. Anm. *Lappe*; vgl. auch *Lappe* NJW 1986, 2550, 2555; s. iÜ § 94 Rn. 89.
[10] *Lappe* KostRsp. Nr. 85 gegen BayObLGZ 1995, 168 = JurBüro 1995, 599; OLG Hamm FGPrax 1995, 250 m. zust. Anm. *Kuntze* = Rpfleger 1996, 172; OLG Karlsruhe FamRZ 2002, 1576 = OLGR 2002, 257; OLG Schleswig SchlHA 2002, 195.
[11] BayObLGZ 1985, 368 = DNotZ 1986, 177; vgl. Rn. 77 ff.; s. auch § 3 Rn. 33.
[12] BGHZ 146, 341 = NJW 2001, 1056.

HGB,[13] also auch für Altschulden. Jeder Gesellschafter kann persönlich mit seinem gesamten Vermögen in Anspruch genommen werden. Zur Zwangsvollstreckung in das Gesellschaftsvermögen (§ 718 BGB) bedarf es der Schuldnerschaft (§§ 14, 154, 155) der GbR oder aller Gesellschafter (§ 736 ZPO).

Lässt das Verfahrensrecht nicht rechtsfähige **Behörden** als Antragsteller oder Beschwerdeführer zu – etwa das Jugendamt –, so ist Schuldner der Staat oder die Körperschaft, der die Behörde angehört, als ihr Rechtsträger (vgl. § 80 Abs. 1 S. 1 VwVfG). 27

8. Geschäftsfähigkeit

Die Verfahrensfähigkeit setzt generell volle Geschäftsfähigkeit voraus (s. aber Rn. 2). Fehlt sie, liegt kein wirksamer Antrag vor, der „Antragsteller" ist mithin nicht Schuldner nach Nr. 1. Auf die **Erkennbarkeit** der Geschäftsunfähigkeit – und damit auf § 16 – kommt es deshalb nicht an. Es gibt bereits im Privatrecht keinen guten Glauben an die Geschäftsfähigkeit, im öffentlichen Recht allgemein und im Verfahrensrecht im Besonderen kann es nicht anders sein,[14] zumal die Folgen hier leichter – insbesondere vom Staat als Kostengläubiger – hinzunehmen sind als im Privatrechtsverkehr. Die gegenteilige Rspr.[15] stammt aus dem Zivil- und dort aus dem – mittlerweile beseitigten – Entmündigungsprozess, sie beruht auf dem Fortschreiben von „Belegen"[16] ohne Erörterung der heutigen Rechtslage. Der Frage kommt deshalb erhöhte praktische Bedeutung zu, weil das Betreuungsrecht, abgesehen vom Einwilligungsvorbehalt (§ 1903 BGB), keine konstitutive Geschäftsunfähigkeit durch Staatsakt nach dem Vorbild der Entmündigung mehr kennt, sondern nur noch die natürliche Geschäftsunfähigkeit gemäß § 104 Nr. 2 BGB. 28

9. Vertretung

Soweit gesetzliche (satzungsmäßige) und rechtsgeschäftliche Vertreter (Bevollmächtigte) als solche handeln, ist Kostenschuldner nach Nr. 1 allein der Vertretene.[17] Mängel des „Auftrags", des Innenverhältnisses sind ohne Belang, es kommt allein auf die Vertretungsmacht im Außenverhältnis an. Dass der Vertreter zum Handeln verpflichtet ist (etwa gemäß den §§ 78, 79 GmbHG), ändert daran nichts. Kann der Handelnde im eigenen Namen und als Vertreter Beschwerde einlegen (Beispiel: § 69g Abs. 1 FGG), gilt im Zweifel ersteres.[18] 29

Fehlt die Vertretungsmacht und wird der Antrag deshalb zurückgewiesen, so ist Kostenschuldner der Vertreter (entsprechende Anwendung der §§ 180, 179 Abs. 1, 2 BGB im öffentlichen Recht);[19] s. aber Rn. 79. 30

Eine **offene Vertretung ohne Vertretungsmacht** ist vom Verfahrensrecht her grundsätzlich unzulässig, der Antrag des Vertreters daher zurückzuweisen mit der Kostenfolge wie Rn. 30.[20] Wird der Vertreter ohne Vertretungsmacht einstweilen zugelassen (vgl. § 89 ZPO) und genehmigt der Vertretene später das Handeln des Vertreters, so wird er Kostenschuldner (vgl. § 177 BGB); genehmigt er nicht, gibt es keinen Kostenschuldner (vgl. § 179 Abs. 3 BGB). Gleiches gilt, wenn der Mangel der Vollmacht zunächst nicht erkannt worden ist und der Vertretene genehmigt; genehmigt er nicht: Rn. 30. 31

Da in Angelegenheiten der freiwilligen Gerichtsbarkeit eine schriftliche Vollmacht nicht Voraussetzung zum Handeln ist (§ 13 FGG), kann sie nicht erheblich sein; maßgebend ist vielmehr die materielle Rechtslage.[21] 32

---

[13] BGH NJW 2003, 1445.
[14] *Palandt/Heinrichs* Überblick vor § 104 Rn. 8.
[15] Etwa BayObLGZ 1991, 113 = KostRsp. Nr. 80m. abl. Anm. *Lappe*.
[16] Vgl. nur BGH NJW 1993, 1865.
[17] KGJ 34 B 9, 37 B 59.
[18] LG München FamRZ 2006, 1861 = OLGR 2006, 876.
[19] KG Rpfleger 1971, 193; OLG Frankfurt Rpfleger 1980, 315; OLG Hamm FamRZ 1998, 37: Kostenentscheidung gegen ihn.
[20] OLG Köln Rpfleger 1982, 98.
[21] OLG Frankfurt Rpfleger 1980, 315.

10. Ermächtigung

Schrifttum: *Lappe* Rpfleger 2007, 594.

33 Der – gesetzlich oder rechtsgeschäftlich – Ermächtigte macht ein fremdes Recht im eigenen Namen geltend, als **Verfahrensstandschafter;** er ist mithin Antragsteller und Kostenschuldner (Nr. 1). Es entscheidet nicht der Begriff, sondern sein Inhalt; was hier besondere Beachtung erfordert, weil sich selbst das Gesetz falsch ausdrückt (§ 15 GBO: Der Notar ist Bevollmächtigter, nicht Ermächtigter). Versteht man die Ermächtigung als verdeckte Vertretung, bleiben die Vertretenen Schuldner (vgl. Rn. 31). So wird auch verhindert, dass allein mit der Ermächtigung eine Gebührenbefreiung oder -begünstigung erzielt wird (Rechtsgedanke des § 2 Abs. 1 S. 2 GvKostG, § 11 Abs. 1 S. 2). Für die **Prozesskostenhilfe** kommt es auf die Einkommens- und Vermögensverhältnisse des Ermächtigten an; zu ihnen kann allerdings ein Freistellungs- oder Erstattungsanspruch gegen den Ermächtigenden gehören, er ist zu berücksichtigen und in diesem Rahmen auch die Zahlungsfähigkeit des Dritten. Im Übrigen kann die Staatskasse wegen der Kostenschuld des Ermächtigten in den Anspruch vollstrecken. Zur Kostenbefreiung s. § 11 Rn. 37 ff.

34 Der **Wohnungseigentums-Verwalter** ist Vertreter mit eingeschränkter, aber insoweit unabdingbarer gesetzlicher Vertretungsmacht (§ 27 WEG); bei der Zustimmung zur Veräußerung handelt er als verdeckter Stellvertreter aller Wohnungseigentümer.[22] Schuldner sind mithin der oder die vertretenen Wohnungseigentümer. Sieht man generell oder im Einzelfall den Verwalter als Ermächtigten an, schuldet er selbst mit dem verwalteten Geldvermögen (vor- und nachstehend), jedoch stehen seine Ersatzansprüche gegen die Eigentümer (§§ 675 Abs. 1, 670 BGB) für die Vollstreckung zur Verfügung.

11. Verwalter fremden Vermögens

35 Insolvenzverwalter,[23] Testamentsvollstrecker usw., „Parteien kraft Amtes" also, können als solche Schuldner sein; sie schulden dann nur mit dem verwalteten Vermögen (vgl. dazu § 6 Abs. 1 Nr. 1 JBeitrO, § 748 ZPO). Ob darüber hinaus zB beim Testamentsvollstrecker die Erben, beim Insolvenzverwalter der Gemeinschuldner mit welcher Vermögensmasse haften, ist eine Frage des materiellen Rechts iVm. § 3 Nr. 3.

36 Beim Insolvenzverwalter als Schuldner kann es sich um eine **Masseverbindlichkeit** (§§ 53 ff. InsO) oder den Anspruch eines Insolvenzgläubigers (§§ 38 ff. InsO) handeln; s. Rn. 105.

12. Haftungsbeschränkung

37 Die Haftung kann auch sonst beschränkt sein. Das gilt insbesondere dann, wenn die Kostenschuld Nachlassverbindlichkeit ist (§§ 1967 ff. BGB; dazu als Auslegungshilfe § 324 InsO), wobei noch zwischen der gemeinschaftlichen Nachlassverbindlichkeit aller Erben (§ 2058 BGB; Beispiel: Testamentseröffnungsgebühr, § 112) und der Nachlassverbindlichkeit des einzelnen Erben (§ 2046 Abs. 2 BGB; Beispiel: Nachlasspflegschaftsgebühr für den Anteil eines Miterben, § 106) unterschieden werden muss; s. iÜ § 6 sowie die Erl. bei den einzelnen Gebührenvorschriften. Die Haftungsbeschränkung wird in der Vollstreckung geltend gemacht (§ 6 Abs. 1 Nr. 1 JBeitrO, § 781 ZPO; § 5 JBeitrO).[24] „Selbstverständlich" ist sie bereits beim Kostenansatz und im Rechtsweg gegen ihn (§ 14) zu berücksichtigen, wenn sie feststeht (Art. 19 Abs. 3 GG).[25] Erhebt der Schuldner die Einwendung nicht, schließt das eine spätere Vollstreckungsgegenklage nicht aus (Nichtanwendbarerklärung von § 780 ZPO durch § 6 Abs. 1 Nr. 1, § 8 Abs. 2 JBeitrO).

13. Kostenansatz

38 Die Schuldnerschaft nach § 2 wird beim Kostensatz (§ 14 Abs. 1) festgestellt; dazu § 6 Abs. 1 Nr. 1 JBeitrO (etwa bezüglich der BGB-Gesellschaft, Rn. 26). Ein gerichtlicher

---

[22] Ländernotarkasse NotBZ 2000, 258.
[23] Vgl. BayObLGZ 2003, 221 = Rpfleger 2004, 36.
[24] Dazu OLG Düsseldorf Rpfleger 1990, 134 zum massearmen Konkursverwalter.
[25] AA OLG München JurBüro 1994, 112 = KostRsp. JBeitrO § 8 Nr. 7 m. abl. Anm. *Lappe*.

Ausspruch ist generell weder erforderlich noch zulässig, er kann jedoch im Einzelfall zur Klarstellung geboten sein,[26] iÜ gehört er nach § 3 Nr. 1 (s. dort).

Ob das Geschäft **sachlich geboten** war, ist gemäß § 16 von Amts wegen zu prüfen.[27] 39

II. Die einzelnen Geschäfte

1. Beurkundungen

Beurkundungen (§§ 36 ff.) erfolgen auf Grund eines öffentlich-rechtlichen Ansuchens 40 (vgl. §§ 1, 14, 15 BNotO). Der Ansuchende ist Kostenschuldner nach Nr. 1. Wer nicht formell **Beteiligter einer Willenserklärungsbeurkundung** (§ 6 Abs. 2 BeurkG) ist, kann nicht Ansuchender und folglich auch nicht Schuldner nach Nr. 1 sein.[28] Allenfalls lässt sich die Schuldnerschaft materiell Beteiligter vertreten,[29] nicht aber beliebiger Dritter.[30] Die Auflassungserklärung einer Partei nach Verurteilung der anderen (§ 894 ZPO) schuldet allein sie.[31]

Handelt es sich um ein Rechtsgeschäft, das Willenserklärungen **mehrerer** erfordert 41 und für das eine einheitliche Gebühr vorgesehen ist (insbesondere §§ 36 Abs. 2, 44 Abs. 1), so werden mit der Beurkundung alle Parteien Kostenschuldner nach Nr. 1;[32] dies kann nicht abbedungen werden (Rn. 4).[33] Unterbleibt die Beurkundung, so ist für die Gebühr des § 57, ggf. auch des § 145 der Ansuchende alleiniger Kostenschuldner. Wegen der Gebühren des § 58 s. dort.

Der **Umfang** der Schuldnerschaft folgt aus dem Erklärungsgegenstand (§ 18 Abs. 1, 42 dazu insbesondere §§ 39 Abs. 1 S. 1, 40, 41, bei einzelnen Gesamthändern in Rechtsanalogie der §§ 40 Abs. 2 S. 3, 61 Abs. 2 S. 1, 93 S. 2 Halbs. 2, 95 Abs. 2 S. 1 Teils. 3).

Grundstücke werden oft als **Hälfteanteile** verkauft, sei es dass die Verkäufer oder die Käufer 43 Eigentümer zur Hälfte sind bzw. werden (häufigster praktischer Fall: Eheleute). Bleibt der Kaufpreis einschließlich der Vollstreckungsunterwerfung gleichwohl ungeteilt, sind also die Verkäufer Gesamt- oder Gesamthandsgläubiger, die Käufer Gesamtschuldner, ist jede Partei Kostenschuldner nach dem vollen Geschäftswert (§ 18 Abs. 1). Das entspricht im Zweifelsfall – oft durch den Formulartext hervorgerufen – durchweg dem Interesse des alleinigen Verkäufers, ihm ist die Teilung unter den Käufern „egal".

Wer nicht Partei des Rechtsgeschäfts ist, sondern lediglich eine Erklärung abgibt, die des- 44 sen Wirksamkeit herbeiführt (**Einwilligung** des gesetzlichen Vertreters, § 107 BGB, oder des Ehegatten, § 1365 Abs. 1 S. 2 BGB) oder seiner **Erfüllung** dient (Bürgschaft usw.), schuldet nur bis zur Höhe der Kosten der alleinigen Beurkundung dieser Erklärung, weil seine Veranlassung nur soweit reicht.[34] Das gilt erst recht, wenn die Erklärung **gesondert** beurkundet wird; in diesem Fall schulden die Parteien nur als materiell Beteiligte zufolge Übernahme (§ 3 Nr. 2).

Bei **sonstigen Beurkundungen** (§§ 36 ff. BeurkG), insbesondere also bei Versamm- 45 lungsbeschlüssen und Unterschriftsbeglaubigungen, bei denen nicht der Einzelne „beurkunden lässt", ist Schuldner nur der Ansuchende (also beispielsweise die AG für die Beurkundung der Hauptversammlung, § 47, der Gläubiger für die Unterschriftsbeglaubigung des Schuldners, § 45).

---

[26] KG Rpfleger 1971, 193.
[27] Vgl. auch BVerfG NJW 1970, 853.
[28] LG Bremen KostRsp. Nr. 78.
[29] OLG Schleswig DNotZ 1994, 721 mwN = KostRsp. Nr. 84 m. krit. Anm. *Lappe*.
[30] So aber KG DNotZ 1984, 446 = KostRsp. Nr. 55 m. abl. Anm. *Lappe*.
[31] BayObLG FGPrax 2005, 178 = Rpfleger 2005, 362.
[32] KGJ 34 B 10; BayObLGZ 1973, 298 = DNotZ 1974, 118.
[33] AA offenbar KG DNotZ 1975, 755 = KostRsp. Nr. 25 m. abl. Anm. *Lappe*; vgl. auch 15. Aufl. § 144 a.
[34] LG Flensburg JurBüro 1985, 1223.

46 Gleiches gilt für die Herstellung eines **Beurkundungsentwurfs,** ihn schuldet ohne Rücksicht auf den Inhalt allein der Auftraggeber,[35] sofern er Beteiligter ist (wie Rn. 40). S. auch Vor §§ 154 bis 157.

47 Ebenso begründet die **Beurkundung innerhalb eines Verfahrens** oder im Zusammenhang mit einem sonstigen Geschäft keine Haftung der Erklärenden für die dafür vorgesehene Gebühr (zB §§ 51, 53).

48 Bei **juristischen Personen** des Privatrechts und **Personenhandelsgesellschaften** gilt, ausgehend von Rn. 25, 29:
– **Gründungsverträge.** In Gründungsverträgen jeder Art geben die Gründer persönliche Erklärungen ab, sie schulden daher selbst.[36] Ist Auftraggeber die **Vorgründungsgesellschaft**, etwa bei Nebengeschäften, so schuldet sie als BGB-Gesellschaft (Rn. 26); ihre Haftung erlischt weder mit dem Entstehen der Vorgesellschaft noch dem der GmbH usw., es besteht keine personelle Identität.

49 – **Änderung des Gesellschaftsvertrages.** Gleiches gilt für die Änderung des Gesellschaftsvertrages von Personengesellschaften. Sieht der Gesellschaftsvertrag allerdings eine Änderung durch Beschluss vor, so schuldet entsprechend Rn. 50 die OHG oder KG (§§ 124, 161 Abs. 2 HGB).

50 – **Beschlussorgan.** Hauptversammlung der Aktiengesellschaft, Gesellschafterversammlung der GmbH und entsprechende Organe juristischer Personen entscheiden hingegen immer als Beschlussorgan, auch bei Änderung des Gesellschaftsvertrages (der Satzung), so dass allein die juristische Person schuldet;[37] vgl. aber auch Rn. 52. Ein Beurkundungsauftrag der Gesellschafter sollte, von der Natur des Geschäfts her, einen Antrag der zur Vertretung befugten Geschäftsführer erübrigen.

51 – **Geschäftsführungsbeschlüsse.** Bei Personengesellschaften kann gleiches für Geschäftsführungsbeschlüsse (§ 119 HGB) gelten; wegen der Änderung des Gesellschaftsvertrages durch Mehrheitsbeschluss s. Rn. 49.

52 – **Vorstandsmitglieder, Geschäftsführer usw.** Diese handeln immer als Vertreter, es schuldet mithin allein die juristische Person; anders Minderheitsgesellschafter im Falle des § 50 GmbHG.[38] Verletzung der Geschäftsführer-usw.-Pflichten, etwa ein Beurkundungsansuchen trotz Zahlungsunfähigkeit der juristischen Person, kann einen Schadensersatzanspruch gegenüber dem Staat oder Notar auslösen, begründet aber nicht eine unmittelbare Kostenhaftung;[39] auch Gegenschluss aus § 69 AO. Ansprüche der Gesellschaft[40] können bei der Vollstreckung gegen sie gepfändet werden).

53 – **Gesellschafter von Personengesellschaften.** Die Gesellschafter von Personengesellschaften handeln entweder für die Gesellschaft, so bei Verträgen der Gesellschaft mit Dritten, bei der Erteilung der Prokura und der Errichtung einer Zweigniederlassung und den entsprechenden Anmeldungen zum Handelsregister. Oder aber sie geben eigene Erklärungen ab, insbesondere bei allen sonstigen Registeranmeldungen (§ 108 Abs. 1 HGB), und schulden deshalb selbst.

54 – **Kommanditisten.** Letzteres gilt auch für Kommanditisten, so dass die Haftungsbeschränkung des § 171 HGB für Verpflichtungen der Gesellschaft nicht eingreift.[41]

55 Der **Sequester** (§ 848 ZPO) handelt als gesetzlicher Vertreter des Schuldners, so dass dieser allein Kostenschuldner ist.

56 Bei der **rechtsgeschäftlichen Vertretung** sind zu unterscheiden das Rechtsverhältnis zwischen dem Ansuchenden und dem Beurkundungsorgan, idR dem Notar, einerseits und die Erklärung, die beurkundet wird, andererseits. Meist folgt aus der Vertretung in der Erklärung eine Vertretung beim Ansuchen, so dass Schuldner allein der Vertretene ist. Insbe-

---

[35] OLG Frankfurt JurBüro 1961, 402 = MDR 1961, 863.
[36] OLG Karlsruhe DNotZ 1965, 372.
[37] OLG Celle DNotZ 1967, 331 = Rpfleger 1966, 374.
[38] OLG Frankfurt JurBüro 1983, 419.
[39] KG NJW-RR 1998, 211.
[40] Dazu *Kerkhoff* ZAP F. 15, S. 227.
[41] KG DNotZ 1937, 511 = JVBl. 1937, 66.

Allgemeiner Grundsatz **§ 2**

sondere bei der offenen Vertretung **ohne Vertretungsmacht** veranlasst üblicherweise der Vertreter die Beurkundung und schuldet daher die Kosten;[42] es sei denn, ihm ist Vollmacht zur Vertretung für das Ansuchen erteilt mit der Folge, dass allein der Vertretene schuldet.[43] Die spätere Genehmigung der beurkundeten Erklärung des vollmachtlosen Vertreters bewirkt nicht, dass der Genehmigende anstelle des Vertreters Schuldner wird, weil er das Ansuchen selbst und nicht als Vertreter gestellt hat, so dass § 177 BGB nicht eingreift[44] (abweichend von Rn. 33, wo ein Antrag fehlt!); doch kann darin eine Kostenübernahme (Nr. 2) liegen, muss es aber nicht, zumal bei atypischen Geschäften.[45]

In der Beurkundungspraxis hat sich wegen § 179 Abs. 3 S. 1, Abs. 1 BGB die – richtige – **57** Übung entwickelt, dass der **Vertreter ohne Vollmachtsnachweis** ausdrücklich entweder die Vollmacht (Genehmigung) zusichert oder sich vorbehält; im ersten Fall schuldet er bei Nichtvollmacht (-genehmigung), im zweiten grundsätzlich sofort als Erklärender.

Die **Vollmacht** kann eine allgemeine (Beispiel: Generalvollmacht) oder eine spezielle, **58** insbesondere für das Beurkundungsansuchen, sein. Die Erteilung der Letzteren muss als Verfahrenshandlung angesehen werden mit der Folge, dass sie bedingungsfeindlich und unanfechtbar ist. Gleiches sollte für weitergehende Vollmachten gelten, soweit sie sich auf das Beurkundungsansuchen erstrecken, weil es – beispielsweise – praktisch kaum möglich ist, den Eintritt einer Bedingung außerhalb des Beurkundungsverfahrens zu prüfen.

2. Grundbuchsachen

In Grundbuchsachen (§§ 60 ff.) ist Kostenschuldner gemäß Nr. 1, wer nach dem Verfah- **59** rensrecht (§ 13 GBO) dem Grundbuchamt gegenüber als Antragsteller gilt. Dass ihm ein Antragsrecht tatsächlich zusteht, ist nicht erforderlich (s. Rn. 16). Der Antrag in der Urkunde genügt nicht,[46] er muss zum wirksamen Verfahrensantrag geworden sein (etwa durch Einreichen der Urkunde „zum Vollzug"). Andererseits bedarf es keines beurkundeten Antrags, die einfache Erklärung eines Antragstellers dem Grundbuchamt gegenüber genügt. Auch in der Zustimmung oder Genehmigung eines Antragsberechtigten[47] kann ein Antrag liegen (aber nicht allein in der Mitwirkung bei der Auflassung).

Der **Notar** hat, jedenfalls iS von Nr. 1, kein eigenes Antragsrecht, er ist deshalb niemals **60** Kostenschuldner nach dieser Vorschrift. Überreicht er Urkunden als „Bote", so kommt es allein auf die Anträge in den Urkunden an (vgl. Rn. 59). Stellt der Anträge auf Grund nachgewiesener oder vermuteter (§ 15 GBO) Vollmacht, dann ist der benannte Vollmachtgeber Antragsteller. Ein Antrag ohne Nennung des Vollmachtgebers entspricht nicht den verfahrensrechtlichen Anforderungen,[48] die Rspr.[49] lässt ihn gleichwohl genügen als Antrag aller Antragsberechtigten; also nicht nur derjenigen, deren Erklärungen der Notar beurkundet hat.[50] Zu einer Beschränkung gelangt sie im Wege der Auslegung, etwa nach der Interessenlage der Beteiligten[51] oder den Anträgen in der Urkunde.[52]

Die Vollmachtsvermutung des § 15 GBO soll widerlegbar sein,[53] bis zur Eintragung[54] und **61** sogar formlos,[55] obwohl Vermutungen nach § 292 ZPO nur durch den Hauptbeweis des Ge-

---

[42] OLG Düsseldorf MDR 1978, 324; OLG Köln JurBüro 1976, 1681; 1986, 1226; kritisch KG FGPrax 1998, 30, das die Anwendung des § 164 Abs. 2 BGB von einer Aufklärung durch den Beurkundenden abhängig macht.
[43] OLG Düsseldorf MDR 1989, 830; OLG Köln JurBüro 1976, 1681.
[44] AA KGR 1996, 71 = KostRsp. Nr. 89 m. abl. Anm. *Lappe*.
[45] BayObLGZ 1993, 198.
[46] OLG Hamburg DNotZ 1965, 371.
[47] KG JVBl. 1942, 125 = Rpfleger 1943, 52.
[48] *Lappe* Rpfleger 1984, 368; vgl. auch *Pöschl* BWNotZ 1987, 119.
[49] Etwa BayObLG Rpfleger 1987, 14; DNotZ 1989, 707.
[50] AA KG Rpfleger 1991, 305; OLG Schleswig DNotZ 1988, 787; OLG Zweibrücken Rpfleger 1989, 17.
[51] OLG Zweibrücken KostRsp. Nr. 94.
[52] OLG Köln OLGR 1999, 125 = KostRsp. Nr. 99 m. krit. Anm. *Lappe*.
[53] Kritisch dazu *Lappe* aaO.
[54] BayObLG DNotZ 1984, 643 = Rpfleger 1984, 101.
[55] OLG Frankfurt NJW 1984, 489.

genteils widerlegt werden. Der mangelnde Auftrag zur Antragstellung widerlegt die Vollmacht nicht;[56] auch nicht eine „negative Kostenübernahme", die sich möglicherweise allein auf das Innenverhältnis bezieht;[57] weiter nicht die Gebührenbefreiung eines Antragsberechtigten, zumal seinem Antrag rangwahrende Wirkung für den Fall der Rücknahme der übrigen Anträge zukommen kann.[58]

62 Die Vollmacht erfasst alle Geschäfte, die sich aus der beurkundeten Erklärung ergeben, ggf. also nicht nur die Eintragung einer Hypothek, sondern auch die Brieferteilung; nicht aber die Erteilung von Grundbuchauszügen.[59]

63 Bei **Eintragungsersuchen** von Gerichten und Behörden (§ 38 GBO) ist zu unterscheiden:
– Tritt das Ersuchen voll an die Stelle des **Antrags,** so schuldet die ersuchende Stelle gemäß Nr. 1, es sei denn, sie ist befreit (§ 11; s. auch § 4) oder die Eintragung erfolgt gebührenfrei (§§ 69 Abs. 2 Halbs. 1, 87 Nr. 1). Das „ersuchte" Geschäft ist kein Amtsgeschäft des Grundbuchamts gemäß § 2 Nr. 2.

64 – Handelt die ersuchende Stelle hingegen als „**Vertreter**" des Antragstellers, was insbesondere darin zum Ausdruck kommt, dass dieser auf den in dem Ersuchen liegenden „Antrag" verzichten (wie im Falle des § 128 Abs. 2 ZVG) oder ihn zurücknehmen kann (wie im Falle des § 941 ZPO), so ist Antragsteller derjenige, der das Ersuchen ausgelöst hat (zu § 941 ZPO also der Verfügungskläger), in dessen Interesse es erfolgt.[60]

65 Erfolgt eine Eintragung, die nur auf Antrag erfolgen soll, **ohne Antrag,** so ist sie deshalb nicht unwirksam. Als Kostenschuldner (Nr. 2) soll bei der Eintragung eines Rechts der Berechtigte, bei der Löschung eines Rechts der Eigentümer gelten.[61] Richtigerweise lässt sich § 2 überhaupt nicht anwenden: Nr. 1 nicht, weil ein Antrag fehlt, Nr. 2 nicht, weil es sich nicht um ein Amtsverfahren handelt. Geht das Grundbuchamt weiter, als es sachlich und im Interesse der Beteiligten notwendig ist, schreibt es zB einen nicht abgetretenen Teil einer zur Eigentümergrundschuld gewordenen Hypothek auf den Eigentümer über, so fehlt erst recht ein Kostenschuldner.[62]

66 Gleiches gilt, wenn der Antrag auf einer **Vollmacht** beruht und ihren Umfang überschreitet, das Grundbuchamt gleichwohl einträgt: Der Vollmachtgeber schuldet nach der Vollmacht, nicht nach der Eintragung. Das ist erst recht so bei mehreren Antragsberechtigten, von denen einer vertreten wird.

67 Wird das Grundbuchamt **von Amts wegen** tätig, wie zB bei der Löschung gegenstandsloser Eintragungen (§ 84 GBO), nimmt es idR das öffentliche Interesse wahr und es werden keine Gebühren erhoben (vgl. zB § 69). Ist das Geschäft eine Folge des Antrags, wie zB bei Eintragung des Nacherben, gilt allein Nr. 1 (§ 65 Rn. 5). Bei Löschung gegenstandsloser Eintragungen schuldet die Gebühren allein der zur Kostentragung Verurteilte aus der Auferlegung nach § 70 Abs. 1 S. 2; der Interessent ist nur Schuldner (Mitschuldner) der Auslagen.[63]

3. Registersachen

68 In Registersachen ist die Anmeldung die „Veranlassung", der Antrag iS von Nr. 1.[64] Schuldner wird also derjenige, der nach den Vorschriften des Handelsrechts **anmeldet;** dabei steht die erzwungene Anmeldung (§ 14 HGB) der freiwilligen Anmeldung gleich. Handelt der Anmeldende nicht im eigenen Namen, sondern als Organ (gesetzlicher Ver-

---

[56] OLG Hamm DNotZ 1952, 86 = Rpfleger 1955, 256; BayObLG aaO.
[57] BayObLG Rpfleger 1987, 14.
[58] BayObLG Rpfleger 1987, 14; OLG Köln JurBüro 1981, 1553; Rpfleger 1986, 411; *Meyer-Stolte* Rpfleger 1980, 475; aA OLG Frankfurt DNotZ 1965, 369 = Rpfleger 1965, 182; OLG Düsseldorf KostRsp. Nr. 12; DNotZ 1977, 696 = Rpfleger 1977, 266.
[59] OLG Düsseldorf JurBüro 1974, 1017.
[60] KG Rpfleger 1996, 479.
[61] KGJ 52, 228.
[62] KG JVBl. 1933, 75.
[63] BayObLGZ 1952, 65.
[64] Rn. 13; KGJ 31 B 22; 34 B 9.

Allgemeiner Grundsatz **§ 2**

treter, Aufsichtsrat) einer juristischen Person, so ist diese allein Kostenschuldner.⁶⁵ Im Einzelnen ergibt sich daraus:

a) Einzelfirma. Bei der Einzelfirma ist Anmeldender immer der Einzelkaufmann, er 69 schuldet. Melden seine Erben an, so haften sie nach den Vorschriften des bürgerlichen Rechts (beschränkbare Haftung), ausnahmsweise unbeschränkt nach Handelsrecht (§ 27 HGB).

b) Personengesellschaften. Bei den Personengesellschaften (OHG, KG) melden in al- 70 ler Regel die Gesellschafter, und zwar auch die Kommanditisten (zB §§ 108 Abs. 1, 161 Abs. 2, 175 HGB),⁶⁶ im eigenen Namen an. Sie sind daher persönlich Kostenschuldner, die Gesellschaft haftet nicht unmittelbar (§ 124 Abs. 2 HGB), jedoch kann wegen der Forderung gegen die Gesellschafter in das Gesellschaftsvermögen vollstreckt werden (vgl. § 135 HGB).

Dies gilt für die **Kommanditisten** jedenfalls beim gesetzlichen Typus der KG. Bei der 71 atypischen Form der Massen- und Publikums-KG hingegen steht der Kommanditist mit seiner Anmeldung nicht mehr für die Richtigkeit der angemeldeten Tatsachen ein, er erfüllt nur noch eine Formalie (weshalb sich auch eine Register-Generalvollmacht vertreten lässt). Ihn gleichwohl zum Schuldner der gesamten Eintragungskosten zu machen, ist unverhältnismäßig; eine Beschränkung seiner Schuld zumindest auf den Betrag der Kommanditeinlage erscheint geboten.⁶⁷

Ausnahmsweise meldet die Gesellschaft als solche an (bzgl. **Zweigniederlassung, Sitz-** 72 **verlegung** und **Prokura**, §§ 13ff., 53 HGB). Sie allein ist dann Antragsteller, jedoch haften die Gesellschafter unmittelbar (§ 3 Nr. 3), die Komplementäre unbeschränkt (§ 128 HGB), die Kommanditisten nach Maßgabe der §§ 171 ff. HGB.

Die Anmeldung des **Erlöschens** der Gesellschaft obliegt den Liquidatoren (§§ 157 73 Abs. 1, 161 Abs. 2 HGB). Soweit Gesellschafter Liquidatoren sind, handeln und haften sie als solche (Rn. 70). Dritte (§ 146 Abs. 1 HGB) handeln als Liquidatoren nicht im eigenen Namen, sondern kraft Amtes (vgl. Rn. 35); sie sind daher zwar Antragsteller, haften aber nur mit dem Gesellschaftsvermögen (die Gesellschaft selbst ist beendet; dazu Rn. 82).

c) Partnerschaft. Bei der Partnerschaft gilt das Gleiche wie bei der OHG (Rn. 70, 72, 73; 74 §§ 8 Abs. 1, 10 Abs. 1 PartGG).

d) Juristische Personen. Bei GmbH, AG, EWIV, Verein usw. melden in aller Regel 75 die Vorstandsmitglieder, Geschäftsführer, Liquidatoren als **Organ** der juristischen Person an, so dass auch nur diese Kostenschuldner nach Nr. 1 ist. Wegen der Minderheitsgesellschafter im Falle des § 50 GmbHG s. Rn. 52. Bei der EWIV ist ausnahmsweise jeder Beteiligte anmeldungsberechtigt (§ 3 Abs. 2 EWIV-AG), mithin Kostenschuldner (Nr. 1). Zur **SE** s. §§ 21, 40, 46 SEAG.

Die AG wird neben den Vorstands- und Aufsichtsratsmitgliedern von den **Gründern** 76 angemeldet (§ 36 Abs. 1 AktG); sie handeln ebenfalls im Namen der Gesellschaft,⁶⁸ so dass diese allein Schuldner ist und nicht jeder Gründer persönlich.

Bei der Erstanmeldung einer GmbH, einer AG, eines Vereins usw. fehlt die juristische 77 Person (Rn. 75), sie entsteht erst mit der Eintragung, die Vorstandsmitglieder usw. können daher nur bedingt in ihrem Namen handeln, so dass diese auch nicht unmittelbar Antragsteller iS von Nr. 1 sein kann. In Übereinstimmung mit der neueren Entwicklung in Rspr.⁶⁹ und Schrifttum ist vielmehr anzunehmen, dass die Vorstandsmitglieder usw. im Namen der **Vorgesellschaft** (des Vorvereins) handeln, diese(r) also Veranlasser und somit

---

⁶⁵ OLG Düsseldorf DNotZ 1955, 223 = Rpfleger 1956, 209; OLG Frankfurt DNotZ 1957, 210 = Rpfleger 1957, 314; OLG Celle DNotZ 1967, 331 = Rpfleger 1966, 374 = KostRsp. Nr. 9.
⁶⁶ KG JVBl. 1937, 166 = DNotZ 1937, 511.
⁶⁷ *Lappe* KostRsp. Nr. 28 Anm.; dagegen LG Berlin KostRsp. Nr. 41; vgl. auch *Lappe* NJW 1982, 1736, 1740; dazu die neuere Rspr. zum Wert der Kommanditistenvollmacht, s. die Erl. zu § 41 Abs. 3.
⁶⁸ BGH NJW 1992, 1824.
⁶⁹ BGH DNotZ 1998, 142 = NJW 1997, 1507.

Kostenschuldner ist. Die Gesellschafter haften nicht persönlich („Innenhaftung"), doch kann der Kostengläubiger den Verlustdeckungsanspruch der Vorgesellschaft gegen die Gründer pfänden. Ein unmittelbarer Zugriff ist allein bei der Einpersonen- und der vermögenslosen Vorgesellschaft möglich.

78   Führt die Anmeldung zur **Eintragung** und damit zum Entstehen der juristischen Person, so erlischt die Vorgesellschaft, die juristische Person übernimmt ihre Rechte und Pflichten im Wege der Gesamtrechtsnachfolge, folglich ist sie nunmehr Kostenschuldner gemäß Nr. 1. Auch die Haftung der Handelnden (§ 11 Abs. 2 GmbHG, § 41 Abs. 1 S. 2 AktG; dazu Rn. 79) erlischt.

79   Wird die Eintragung hingegen rechtskräftig **versagt,** so bleibt Kostenschuldner die – jetzt „unechte" – Vorgesellschaft, entweder als Liquidationsgesellschaft oder in ihrer fortbestehenden Rechtsform (BGB-Gesellschaft, OHG, nichtrechtsfähiger Verein), was in den letztgenannten Fälle auch zu einer Haftung der Gründungsgesellschafter nach § 3 Nr. 3 führt (§ 3 Rn. 33). Eine persönliche Haftung der anmeldenden Vorstandsmitglieder oder Geschäftsführer tritt nicht ein; die Haftung der Handelnden (§ 11 Abs. 2 GmbHG, § 41 Abs. 1 S. 2 AktG) dient allein dem Schutz Dritter im rechtsgeschäftlichen Verkehr, erfasst aber nicht notwendige Registergeschäfte. Etwas anderes kann nur gelten, wenn die Zurückweisung deshalb erfolgt, weil die Vertretungsmacht gefehlt hat.[70]

80   e) **Prokura.** Die Prokura wird von dem Inhaber des Handelsgeschäfts angemeldet (§ 53 Abs. 1 HGB), Schuldner ist also die OHG oder KG, die GmbH, die AG, die EWIV. Erfolgt die Anmeldung mit der Anmeldung der Gesellschaft, so gilt bei einer Istkaufmann-OHG oder -KG (§ 1 HGB) das in Rn. 72 Ausgeführte. Handelt es sich hingegen um ein Gewerbe gemäß den §§ 2, 3 HGB, so entsteht die OHG oder KG erst mit der Eintragung; Schuldner ist daher zunächst die bereits bestehende BGB-Gesellschaft, die mit der Eintragung zur Handelsgesellschaft wird. Für GmbH und AG gilt Rn. 77–79.

81   f) **Antragsteller.** Antragsteller sind immer nur die **zur Anmeldung Berufenen;** im Zweifel also nicht Personen, die bei Zusammenfassung mehrerer Anmeldungen in einer Urkunde diese unterzeichnet haben, für solche Anmeldungen, zu denen ihnen die Legitimation fehlt.[71]

82   Haben Organmitglieder es schuldhaft versäumt, die Kosten einer Handelsregistereintragung – etwa bei der Liquidation – **zurückzuhalten,** so begründet dies keine Haftung nach Nr. 1, sondern einen Schadensersatzanspruch, den der Staat erforderlichenfalls im Prozessweg durchsetzen muss.

83   Ist versehentlich **ohne Anmeldung** eingetragen worden, so soll Kostenschuldner nach Nr. 2 der zur Anmeldung Verpflichtete sein;[72] richtigerweise gilt jedoch das Gleiche wie Rn. 65.

84   **Von Amts wegen** kann das Registergericht sowohl im öffentlichen Interesse als auch im Interesse eines Beteiligten tätig werden. Dabei ist grundsätzlich davon auszugehen, dass die Einrichtung der Register überhaupt im öffentlichen Interesse liegt, die einzelne Eintragung jedoch unmittelbar im Interesse der Beteiligten. Im Einzelnen gilt:

85   – Das **Anmeldungszwangsverfahren** (§ 14 HGB, §§ 132 bis 139 FGG, usw.) ist ein Amtsverfahren, einen „Antragsteller" gibt es nicht (Rn. 16); wer es anregt, ist kein Beteiligter und deshalb nicht Schuldner nach Nr. 1.[73] Kostenschuldner (Gebühr § 119) ist mithin derjenige, gegen den sich das Verfahren richtet, auf Grund der Kostenentscheidung im Zusammenhang mit der Festsetzung des Zwangsgelds (§ 3 Nr. 1; § 138 FGG; s. aber auch § 3 Rn. 9); ferner der Einspruchsführer nach Nr. 1 bzgl. der durch den Einspruch ausgelösten Kosten (s. § 119 Rn. 5). Wegen der durch die erzwungene Anmeldung ausgelösten Eintragungskosten s. Rn. 13. Zu den Besonderheiten bei den sonstigen Verfahrensgegenständen s. die Erl. zu § 119.

---

[70] KGJ 34 B 15; KG Rpfleger 1971, 193; vgl. Rn. 30.
[71] OLG Hamm Rpfleger 1975, 376.
[72] KGJ 31 B 22; OLG 17, 251; JVBl. 1936, 177.
[73] KGJ 36 B 36.

Allgemeiner Grundsatz § 2

- Entsprechendes gilt für das **Firmenmissbrauchsverfahren** (§ 14 HGB, § 140 FGG) und das Namensmissbrauchsverfahren bei der Partnerschaft (§ 5 Abs. 2 PartGG, § 160 b Abs. 1 FGG). 86
- Das Verfahren auf **Löschung einer Firma von Amts wegen** (§ 31 Abs. 2 S. 2 HGB, § 141 FGG) ist partiell gebührenpflichtig (§ 88 Abs. 2), der Widersprechende ist insoweit und bzgl. der Auslagen Kostenschuldner nach Nr. 1. Während das Verfahren der Funktionstüchtigkeit des Handelsregisters dient und damit im öffentlichen Interesse geführt wird, erfolgt die eigentliche Löschung im Register im Interesse derjenigen Beteiligten, die anmeldepflichtig sind (vgl. Rn. 68 ff.); sie sind Schuldner nach Nr. 2 (KG KostRsp. Nr. 28). Gleiches gilt bei der **Partnerschaft** (§ 2 Abs. 2 PartGG, § 160 b Abs. 1 FGG). 87
- Entsprechendes gilt für die weiteren in **§ 88 Abs. 2 genannten Amtsverfahren**.[74] Allerdings ist hier die eigentliche Löschung im Register gebührenfrei, so dass sich die Schuld nach Nr. 2 nur auf die Auslagen erstreckt (die ggf. außer Ansatz bleiben müssen, § 16). 88
- Die Feststellung gemäß **§ 144 a FGG** ist nach § 121 gebührenpflichtig (s. dort Rn. 10). Schuldner ist entsprechend Rn. 87 nur der Widerspruchsführer, auch der durch den Widerspruch ausgelösten Auslagen (Nr. 1). Die sich aus dem Verfahren ergebenden Registereintragungen lösen – wie Rn. 87 – die Schuldnerschaft nach Nr. 2 aus. 89
- Ist das Amtsgeschäft die zwangsläufige **Folge eines Antrags,** so ist der Antragsteller auch Kostenschuldner der durch das Amtsgeschäft ausgelösten Folgekosten (Rn. 13); ggf. – wie bei Eintragungen auf Grund des UmwG – greift Nr. 2 ein.[75] 90

Zur Vollmacht des **Notars** gilt das in Rn. 60–62 Ausgeführte entsprechend. Die Vollmachtsvermutung des § 129 FGG gilt jedoch – im Gegensatz zu der des § 15 GBO – nur für Geschäfte, für die Anmeldepflicht besteht. Zu **Einreichungen** s. § 79 ff. 91

4. Familienrechtssachen

In familienrechtlichen Angelegenheiten (§§ 91 ff.) wird das Gericht teils auf Antrag, teils von Amts wegen tätig. Die Amtsverfahren liegen idR im Interesse eines Beteiligten (des Fürsorgebedürftigen; bei Ersetzung von Willenserklärungen desjenigen, der die Willenserklärung benötigt – also nicht des „Ersetzten"!), so dass Nr. 2 Anwendung findet. Öffentliches Interesse (und damit Fehlen eines Kostenschuldners) ist angenommen worden bei der Bestellung eines Pflegers für einen Beamten auf Antrag des Dienstvorgesetzten, der dessen Versetzung in den Ruhestand beabsichtigte.[76] Richtig erfolgt die Bestellung im Interesse des Beamten,[77] so dass, wie bei allen Betreuungen, Nr. 2 gilt. § 2 wird ergänzt durch § 94 Abs. 3. 92

Oft führt das Amtsverfahren nicht zu einer gerichtlichen Maßnahme, etwa wenn ein Gutachten ergibt, dass sie nicht geboten ist. Lange ist ganz überwiegend angenommen worden, dass der Beteiligte, gegen den sich das Verfahren richtete, gleichwohl Schuldner der Auslagen (Gutachterkosten!) sei.[78] Wir haben diese bis zur 8. Aufl. auch von uns vertretene Auffassung aufgegeben und bejahen völlige Kostenfreiheit mangels eines Kostenschuldners (Rn. 10 ff. iVm. § 1 Rn. 9). 93

Stellt sich später heraus, dass die Voraussetzungen zB einer Pflegschaft nicht vorlagen und wird sie deshalb aufgehoben,[79] so kann nur noch über § 16 oder Kostenerlass im Justizverwaltungsweg (von Amts wegen!) geholfen werden (vgl. § 11 Rn. 43). 94

---

[74] KG OLG 12, 221.
[75] BayObLG Rpfleger 1961, 367.
[76] KG JW 1938, 129.
[77] BVerwGE 27, 314, 318.
[78] KG OLG 39, 103; JVBl. 1934, 20; KostRsp. Nr. 22; OLG Düsseldorf JurBüro 1966, 1049 = MDR 1967, 129; OLG Bremen KostRsp. Nr. 16.
[79] Vgl. KG KostRsp. Nr. 22.

5. Nachlasssachen

95 In Nachlasssachen (§§ 101 ff.) sind die Geschäfte teils Antragsgeschäfte (zB Erbscheinserteilung), teils Amtsverfahren im Interesse der Erben (zB Nachlasspflegschaft). Nr. 2 wird ergänzt durch § 6, dieser wiederum durch § 106 Abs. 3.

96 Die Kosten des Erbscheins zahlt der Erbe, beim gemeinschaftlichen Erbschein nur der antragstellende Erbe,[80] im Falle des § 792 ZPO allein der antragstellende Gläubiger.

97 Die Kosten des Testamentsvollstreckerzeugnisses schuldet der Testamentsvollstrecker als Antragsteller (Nr. 1), er haftet jedoch nur mit dem Nachlass; die Kosten sind Nachlassverbindlichkeiten,[81] so dass für sie die Erben gemäß §§ 1967, 2213 BGB einstehen müssen (§ 3 Nr. 3).

III. Notare

1. Ansuchen

98 § 2 gilt für Notare entsprechend (§ 141); die **obigen Erl. I und II 1** betreffen daher auch sie. Zu den Auslagen gehören nicht **Aufwendungen** des Notars für die Beteiligten wie Gerichts- und Grundbuchabrufkosten, der Anspruch auf ihre Erstattung ergibt aus § 670 BGB (analog), die KostO regelt lediglich ihre Geltendmachung (§ 154 Abs. 2, ggf. analog) und damit den Rechtsweg (§ 156).

99 Ausgelöst wird die notarielle Tätigkeit durch das öffentlich-rechtliche **Ansuchen,** es ist Antrag und Veranlassung iS von Nr. 1. Das bedeutet auch, dass das Ansuchen nicht gekündigt, sondern nur zurückgenommen werden kann (Gebührenfolgen insbesondere §§ 57, 130). Ob der Ausschluss der Handelndenhaftung (Rn. 79) auch das Notaransuchen erfasst, ist fraglich, es steht rechtsgeschäftlichen Erklärungen wesentlich näher als ein Verfahrensantrag an das Gericht.

100 Eine andere Veranlassung gibt es nicht, auch nicht bei den **Betreuungsgeschäften** der §§ 145 ff. Deshalb können an das Ansuchen nicht unterschiedliche Anforderungen bezüglich der Geschäftsfähigkeit gestellt werden, es bleibt bei Rn. 2, 28 (die gegenteilige, differenzierende Rspr.[82] kann keine Billigung mehr finden, vgl. jetzt § 12 VwVfG). Fehlt es also an der Geschäftsfähigkeit für die konkrete Beurkundung, ist das Ansuchen nicht deshalb wirksam, weil der Notar die Geschäftsunfähigkeit **weder erkannte** noch erkennen konnte.[83]

2. Beurkundungen

101 Zu Rn. 40 ff. ist darauf hinzuweisen, dass sich das Ansuchen auf die konkrete Beurkundung bezieht und es eine „Erstreckung" zufolge eines öffentlich-rechtlichen oder gar privatrechtlichen Auftrags nicht gibt. So schuldet beispielsweise der Verkäufer die Kosten der Beurkundung des **Angebots** und der Käufer die der Annahme, nicht aber ist einer von ihnen zufolge der Beurkundung des Angebots bzw. der Annahme nach Nr. 1 Veranlasser für die Beurkundung des gesamten Vertrags. Wegen der Übernahme s. § 3 Rn. 54, 55.

3. Betreuungsgeschäfte

102 Auch hier gilt, dass nur ein **Beteiligter** Ansuchender sein kann (Rn. 19, 40). Die Feststellung bereitet gelegentlich Schwierigkeiten. Im Hintergrund steht § 19 BNotO, der die Amtshaftung mit dem „Auftraggeber": dem Ansuchenden verknüpft. Nur diesem gegenüber besteht grundsätzlich eine Belehrungspflicht, zB bei Entwürfen. Entgegen einer verbreiteten Praxis kann deshalb der **Makler** nicht Ansuchender für den Entwurf eines konkreten Grundstückskaufvertrags sein, sondern nur der Verkäufer und/oder der Käufer. Der

---

[80] KGJ 34 B 3; OLG Stuttgart JurBüro 1978, 407.
[81] RGZ 60, 30.
[82] Insbesondere einerseits die zu Rn. 2 genannten Entscheidungen und andererseits KG DNotZ 1978, 568.
[83] AA OLG Stuttgart Justiz 1990, 24 = KostRsp. Nr. 76 m. abl. Anm. *Lappe*; BayObLGZ 1991, 113 = KostRsp. Nr. 80; OLG Köln RNotZ 2000, 56: jedenfalls dann, wenn der Notar nach § 15 Abs. 1 S. 1 BNotO zur Beurkundung verpflichtet war.

Allgemeiner Grundsatz **§ 2**

Makler handelt mithin immer – auch ohne ausdrückliche Behauptung – als Vertreter eines Beteiligten, meist seines Auftraggebers. Weist er seine Vertretungsmacht nicht nach, ist er selbst Schuldner (wie Rn. 46 ff.).

Den Vollzugs"auftrag" erteilen im Zweifel alle Beteiligten (§ 146 Abs. 1 S. 1: „auf Verlangen der Beteiligten"), während für die sonstigen **Betreuungsgeschäfte** auf den einzelnen Interessierten abzustellen ist (§ 147 Abs. 2: „eines Beteiligten"). So erteilt also der minderjährige Verkäufer den Auftrag zur Einholung der vormundschaftsgerichtlichen Genehmigung und der Käufer den Auftrag, die Genehmigung für ihn von dem Minderjährigen entgegenzunehmen. **103**

Einer besonderen **Form** bedarf ein solcher „Auftrag" auch bei Gemeinden nicht.[84] **104**

4. Insolvenzverwalter

Aufträge eines Insolvenzverwalters begründen grundsätzlich eine Masseverbindlichkeit (Rn. 35). Wird er Schuldner durch Genehmigung (Rn. 56 ff.), ist das nur der Fall, wenn der genehmigte Auftrag nach der Insolvenzeröffnung erteilt worden ist, während bei früheren Aufträgen der Notar nur Insolvenzgläubiger wird (§ 38 InsO, §§ 184 Abs. 1, 185 Abs. 2 S. 1 BGB). **105**

5. Kostenberechnung

An die Stelle des Kostenansatzes tritt die Kostenberechnung (§ 154). Mit ihr erfolgt die Inanspruchnahme der Schuldner, etwa bei der BGB-Gesellschaft (vgl. Rn. 26, 38). **106**

IV. FG-Reform

Nr. 2 soll durch die folgenden Nr. 2 bis Nr. 5 ersetzt werden: **107**
„2. bei einer Betreuung, einer Dauerpflegschaft oder einer Pflegschaft nach § 364 des Gesetzes über das Verfahren in Familiensachen und in den Angelegenheiten der freiwilligen Gerichtsbarkeit der von der Maßnahme Betroffene; dies gilt nicht für Kosten, die das Gericht einem anderen auferlegt hat;
3. in Unterbringungssachen der Betroffene, wenn die Unterbringung angeordnet wird;
4. in Handels-, Genossenschafts-, Partnerschafts- und Vereinsregistersachen bei solchen Geschäften, die von Amts wegen vorgenommen werden, die Gesellschaft oder der Kaufmann, die Genossenschaft, die Partnerschaft oder der Verein;
5. bei sonstigen Geschäften, die von Amts wegen vorgenommen werden, derjenige, dessen Interesse wahrgenommen wird; dies gilt nicht für Kosten, die das Gericht einem anderen auferlegt hat."

Der Regierungsentwurf **begründet:** Der Interessenschuldner ist derzeit in erster Linie in Familien-, Vormundschafts- und Betreuungssachen von Bedeutung. Das Rechtsinstitut soll nicht in das FamGKG übernommen werden (vgl. Begründung zu § 21 FamGKG). In Verfahren, in denen Kosten nach der KostO erhoben werden, soll sich die Kostenhaftung ebenfalls vorrangig nach anderen, treffenderen Kriterien richten. Daher soll für solche Amtsverfahren, in denen dies allgemein möglich ist, der Kostenschuldner ausdrücklich bestimmt werden. Vergleichbar der Regelung in § 22 FamGKG soll der Betroffene als Kostenschuldner der Jahresgebühr und der Auslagen in Betreuungssachen und bei Dauerpflegschaften ausdrücklich bestimmt werden. **108**

Dies soll auch für den Betroffenen einer Pflegschaft nach § 364 FamFG, die keine Dauerpflegschaft ist, gelten. Ferner soll der Betroffene in Unterbringungssachen Schuldner der entstanden Auslagen sein, wenn er untergebracht wird. Gebühren fallen in diesen Verfahren nicht an (§ 128b KostO). Für Registersachen soll klargestellt werden, dass in Amtsverfahren jeweils der Eingetragene Kostenschuldner sein soll. Das Institut des Interessenschuldners soll nur für sonstige Amtsverfahren als Auffangregelung aufrecht erhalten bleiben. **109**

---

[84] AA OLG Stuttgart JurBüro 1983, 1079; LG Stuttgart BWNotZ 1982, 721 = Justiz 1982, 296 = KostRsp. § 145 Nr. 43 m. abl. Anm. *Lappe*.

§ 3 Weitere Kostenschuldner

Kostenschuldner ist ferner
1. derjenige, dem durch eine gerichtliche Entscheidung die Kosten auferlegt sind;
2. derjenige, der sie durch eine vor Gericht abgegebene oder dem Gericht mitgeteilte Erklärung übernommen hat;
3. derjenige, der nach den Vorschriften des bürgerlichen Rechts für die Kostenschuld eines anderen kraft Gesetzes haftet;
4. der Vollstreckungsschuldner für die notwendigen Kosten der Zwangsvollstreckung.

Entsprechend: § 29 GKG, § 6 Nr. 2, 3 JVKostO (zu Nr. 2, 3) § 13 Abs. 1 Nr. 2 GvKostG (zu Nr. 4).

Übersicht

	Rn.		Rn.
I. Weitere Kostenschuldner	1	7. Zahlungspflicht von Mitschuldnern	23, 24
II. Entscheidungsschuldner (Nr. 1)	2–8	8. Übernahme durch Befreien	25
1. Gerichtskosten-Entscheidung	2–4	IV. Haftungsschuldner (Nr. 3)	26–42
2. Klarstellende Kostenentscheidung	5	1. Allgemeines	26–28
		2. Anwendungsfälle	29–41
3. Entscheidungen nach §§ 16, 130 Abs. 5	6	3. Kostenansatz, Rechtsweg	42
4. Wirksamkeit der Entscheidung, Aufhebung	7	V. Vollstreckungsschuldner (Nr. 4)	43–51
		1. Vollstreckung nach § 33 FGG	43–46
5. Kostenerstattung	8	2. Vollstreckung nach der ZPO	47
III. Übernahmeschuldner (Nr. 2)	9–25	3. Grundbuchamt als Vollstreckungsorgan	48, 48a
1. Statt Auferlegung	9		
2. Verfahrenshandlung	10, 11	4. Notwendige Kosten	49, 50
3. Gegenüber der Staatskasse	12, 13	5. Rückerstattungsanspruch	51
4. Nur Gerichtskosten	14	VI. Notare	52–57
5. Abgrenzung	15–21	VII. FG-Reform	58
6. Erstattungsanspruch	22		

I. Weitere Kostenschuldner

1 § 3 schafft teils einen zusätzlichen Schuldner zu § 2, teils aber auch einen originären Schuldner. Spezielle Vorschriften schließen § 2 neben § 3 aus (so die §§ 6, 94 Abs. 3). Bei genereller Verweisung auf die KostO (so in § 33 LwVG) bleibt es durchweg dabei, dass die Schuldner des § 3 weitere Schuldner sind.[1] Zum Umfang s. § 2 Rn. 22–24.

II. Entscheidungsschuldner (Nr. 1)

1. Gerichtskosten-Entscheidung

2 Während das GKG (§ 29 Nr. 1) an die nach dem Prozessrecht zwischen den Parteien ergehende und wirkende Entscheidung über die gerichtlichen und außergerichtlichen Kosten eine unmittelbare Verpflichtung zur Zahlung der Gerichtskosten an die Staatskasse knüpft, ergänzt Nr. 1 diejenigen **Vorschriften des Verfahrensrechts** der freiwilligen Gerichtsbarkeit, die eine Entscheidung nur über die Verpflichtung zur Zahlung der Gerichtskosten vorsehen (§§ 13a Abs. 2 S. 2, 33 Abs. 1 S. 3, 138 FGG; § 114 GBO; §§ 34 Abs. 1, 44 Abs. 1 LwVG; § 20 S. 1 HausratsVO; § 201 BRAO; §§ 99 Abs. 6 S. 8, 132 Abs. 5 S. 7, 260 Abs. 4 S. 6 AktG; § 15 Abs. 2 S. 2 SpruchG; §§ 31 Abs. 2 S. 2, 70 Abs. 1 S. 2, 94 Abs. 3 S. 2, 100a Abs. 3 KostO, usw.). Diese Entscheidungen ergehen im Verfahren, an dem die Staatskasse nicht beteiligt ist. § 3 Nr. 1 iVm. der JBeitrO gibt der Staatskasse aus diesen Verfahrensentscheidungen einen unmittelbaren, im Verwaltungszwangsverfahren durchsetzbaren Anspruch gegen den in ihnen bezeichneten Kostenschuldner. Erweisen sich die gesetzlichen Regelungen als lückenhaft, bedarf es der **Analogie**. Insbesondere bei Er-

---

[1] Vgl. BayObLG KostRsp. WEG § 47 Nr. 13 m. Anm. *Lappe*.

ledigung der Hauptsache im Beschwerdeverfahren kann entsprechend **§ 91a ZPO** eine Kostenentscheidung geboten sein, weil § 131 diesen Fall nicht erfasst.[2]

In den Verfahren, deren Kosten das GKG regelt, ist eine Entscheidung über die Kosten die Regel, in der freiwilligen Gerichtsbarkeit hingegen die Ausnahme, sie kann nur ergehen, wenn sie **gesetzlich vorgesehen** ist (s. Rn. 2). Eine ohne eine solche gesetzliche Basis ergehende Kostenentscheidung, etwa durch „kostenpflichtige Zurückweisung" einer Beschwerde,[3] begründet keine Kostenpflicht nach Nr. 1. Die gesetzwidrige Kostenentscheidung entfaltet also keine Bindungswirkung für den Kostenansatz (§ 14), zu dem auch die Feststellung des Kostenschuldners gehört.[4] Unabhängig davon, ob man die Anfechtung der verfahrensmäßig unzulässigen Kostenentscheidung für zulässig hält oder nicht,[5] steht dem Beschwerten auf jeden Fall der Rechtsweg des § 14 offen. 3

Unterbleibt die nach dem Verfahrensrecht gebotene Entscheidung über die Gerichtskosten, so gibt es keine Kostenhaftung nach Nr. 1. Der Staatskasse steht, weil sie am Verfahren nicht beteiligt sein kann, die Entscheidung zudem sozusagen „absolut" wirkt und ihr Anspruch sich erst aus Nr. 1 ergibt, die Beschwerde nicht zu (vgl. auch § 20a FGG). Das Gericht kann jedoch entsprechend §§ 319, 321 ZPO die Entscheidung über die Kosten nachholen. 4

2. Klarstellende Kostenentscheidung

Außer in den Rn. 2 bezeichneten Fällen kommt in den Angelegenheiten der freiwilligen Gerichtsbarkeit eine Kostenentscheidung nicht in Betracht, der Kostenschuldner ergibt sich aus dem Gesetz und ist im Kostenansatzverfahren (§ 14) festzustellen.[6] Für zulässig wird zwar eine „Klarstellung" der Kostentragungspflicht durch einen gerichtlichen Ausspruch gehalten;[7] insbesondere dann, wenn die Kosten einen Anwalt als vollmachtlosen Vertreter treffen.[8] Einem solchen Ausspruch kommt jedoch keine Bindungswirkung (vgl. § 14 Rn. 28) für den Kostenansatz und den Rechtsweg nach § 14 zu (§ 14 Rn. 31). 5

3. Entscheidungen nach §§ 16, 130 Abs. 5

Diese Entscheidungen sind keine Kostenentscheidungen, für sie gilt daher auch nicht die Beschränkung des § 20a FGG. Soweit im Einzelfall in der „Auferlegung" von Kosten die Verweigerung der Nichterhebung nach den genannten Vorschriften zu erblicken ist, gilt für die Anfechtung dieser Entscheidung § 16 Abs. 2 (s. dort Rn. 76). 6

4. Wirksamkeit der Entscheidung, Aufhebung

Die Entscheidung muss wirksam sein (§ 16 FGG; Einf. Rn. 57 ff.), Rechtskraft ist nicht erforderlich. Wird die Kostenentscheidung (Rn. 2) aufgehoben, so ist entsprechend § 30 GKG zu verfahren.[9] 7

5. Kostenerstattung

Eine Kostenerstattung kennt die freiwillige Gerichtsbarkeit nur für die außergerichtlichen Kosten (§ 13a FGG, § 20 S. 2 HausratsVO, § 45 LwVG usw.). Hat die Staatskasse die Kosten bereits erhoben (insbesondere nach §§ 2 Nr. 1, 8 vom Antragsteller) und werden sie später einem anderen Beteiligten auferlegt, so sind nicht etwa die Kosten dem Antragsteller zu erstatten und dem Entscheidungsschuldner in Rechnung zu stellen (§ 9), vielmehr findet – in erweiternder Auslegung der Kostenfestsetzungsvorschriften analog §§ 91, 103 ff. ZPO – die Festsetzung der Gerichtskosten entsprechend der über sie ergangenen Entscheidung statt. Wegen der Bindungswirkung der Entscheidung gilt – abweichend vom Zivil- 8

---

[2] *Lappe* KostRsp. Nr. 32 Anm.
[3] Vgl. KG Rpfleger 1968, 152.
[4] KGJ 37 B 43; 47, 275; OLG München JFG 16, 169.
[5] Vgl. dazu auch §§ 20, 20a FGG; für zulässig LG Hannover Nds.Rpfl. 1987, 36, für unzulässig KGJ 47, 275, überholt wohl durch die Entwicklung der außerordentlichen Beschwerde wegen greifbarer „Gesetzwidrigkeit", deren Statthaftigkeit allerdings seit der ZPO-Reform 2001 verneint wird.
[6] BayObLG Rpfleger 1959, 384.
[7] S. etwa KG Rpfleger 1971, 193; BayObLG MDR 1963, 690 = Rpfleger 1963, 310.
[8] OLG Frankfurt Rpfleger 1980, 315.
[9] KG DNotZ 1939, 81.

prozess – das in Rn. 3 Ausgeführte. Für den Fall der persönlichen Befreiung des Entscheidungsschuldners s. § 13 Rn. 7.

III. Übernahmeschuldner (Nr. 2)

1. Statt Auferlegung

9   An die Stelle der Auferlegung der Gerichtskosten durch eine gerichtliche Entscheidung, die „absolut" erfolgt und an die Nr. 1 einen im Verwaltungszwangsverfahren durchsetzbaren Anspruch der Staatskasse knüpft (Rn. 2), kann die einseitige Übernahme der Kosten treten, etwa im Zusammenhang mit einem Vergleich. Nr. 2 gibt der Staatskasse auch in diesem Falle einen unmittelbaren Anspruch. Die Übernahme nach Nr. 2 ist also **nicht** – wie oft angenommen wird – **die Übernahme der Kostenschuld eines anderen** (etwa entsprechend § 414 BGB), vielmehr bildet die einseitige Erklärung den Tatbestand für das Entstehen eines öffentlich-rechtlichen Anspruchs nach Nr. 2. Die Übernahme kann deshalb auch die originäre und alleinige Kostenhaftung begründen.

Beispiel: Im Firmenmissbrauchsverfahren fällt mit der Verwerfung des Einspruchs die Gebühr des § 119 Abs. 1 Nr. 2 an; sie kann aber erst erhoben werden, wenn es zur Festsetzung des Ordnungsgeldes kommt (§§ 140 Nr. 2, 138 FGG). Beantragt nun der Zuwiderhandelnde, von der Festsetzung des Ordnungsgeldes abzusehen – §§ 140, 135 Abs. 2 S. 2 FGG – und übernimmt dabei die Kosten des Verfahrens, so ist er Schuldner nach Nr. 2.

2. Verfahrenshandlung

10 Die Übernahme kann aber nicht nur an die Stelle einer gerichtlichen Kostenentscheidung (Rn. 9) treten, sie ist vielmehr auch ansonsten zulässig, zur Begründung einer originären oder zusätzlichen Kostenhaftung. Voraussetzung ist jedoch immer, dass die Erklärung **innerhalb eines Verfahrens** abgegeben wird und nicht erst nach seiner Beendigung, und dass – entgegen der hM[10] – **der Übernehmende Beteiligter ist** (oder – als materiell Beteiligter – im Zusammenhang mit der Übernahme formell Beteiligter wird, etwa weil sie Teil eines Vergleichs ist, dem oder zu dessen Abschluss der Übernehmer beitritt; oder weil der Berechtigte sein Vorkaufsrecht ausübt und damit in die Kostenhaftung des Käufers eintritt).[11] Dies folgt aus dem Anwendungsbereich der KostO (§ 1); aus dem Umstand, dass sie die Erhebung öffentlich-rechtlicher Gebühren für staatliche Leistungen regelt und diese bei Erfüllung des öffentlich-rechtlichen Gebühren- und Haftungstatbestandes im Verwaltungszwangsverfahren beigetrieben werden können; schließlich daraus, dass die öffentlich-rechtliche Kostenschuldnerschaft eine Verfahrenshandlung (Rn. 11) voraussetzt und eine gelegentlich eines Verfahrens abgegebene bürgerlich-rechtliche Willenserklärung als Gebühren- und Haftungstatbestand zu unbestimmt und – auch im Hinblick auf etwaige Willensmängel – als Grundlage eines Verwaltungszwanges mit einem eingeschränkten Rechtsweg (§ 14; vgl. auch Rn. 35) ungeeignet ist; zusammen gefasst: Nr. 2 dingt nicht das bürgerliche Recht für Gerichts- und Notarkosten ab. Gibt ein Nichtbeteiligter eine „Übernahmeerklärung" ab oder auch ein Beteiligter nach Abschluss des Verfahrens, so kann nur ein bürgerlich-rechtlicher Anspruch der Staatskasse entstehen (s. Rn. 15), für den das Verwaltungszwangsverfahren nicht zur Verfügung steht (vgl. die Regelung im Steuerrecht, §§ 48 Abs. 2, 192, 249 Abs. 1, 253 AO).

11 Die Übernahme ist eine **Verfahrenserklärung** und unterliegt den für sie entwickelten Grundsätzen; sie ist also formfrei, unbedingt, unwiderruflich, unbefristbar und unanfechtbar,[12] sie kann von einem Bevollmächtigten (§ 13 FGG) erklärt werden. Den **Notar** hindert § 14 Abs. 4 BNotO nicht an einer Kostenübernahme,[13] doch ist er in aller Regel nicht Beteiligter. Seine Bitte, die Kosten über ihn anzufordern, ist erst recht keine Übernahme.[14]

---

[10] Etwa OLG Schleswig JurBüro 1988, 1038 = KostRsp. Nr. 28 m. abl. Anm. *Lappe*.
[11] AA OLG Düsseldorf KostRsp. Nr. 31 m. abl. Anm. *Lappe*.
[12] KG DRM 1939, 1829.
[13] OLG Celle DNotZ 1994, 117.
[14] LG Bayreuth JurBüro 1994, 558.

3. Gegenüber der Staatskasse

Es ist – entgegen der hM – weiter nicht erforderlich, dass ausdrücklich die Kostenübernahme der Staatskasse gegenüber erklärt wird. Nr. 2 hat vielmehr gerade den Zweck, aus einer **Verfahrenserklärung** einen unmittelbaren Anspruch der Staatskasse abzuleiten, er will – unter gesicherten Voraussetzungen (Rn. 11) – den Umweg vermeiden, den die Staatskasse sonst ggf. mit der Pfändung des sich aus der Kostenübernahme ergebenden Anspruchs ihres Schuldners gegen den Kostenübernehmer und seiner Durchsetzung im ordentlichen Rechtsweg machen müsste. 12

Etwas anderes gilt – scheinbar – allein bei der **Beurkundung**, insbesondere bei der Anwendung der Bestimmung auf die Gebühren der Notare (§ 141). Vertragliche Kostenübernahmeerklärungen der Beteiligten untereinander werden durch die Beurkundung nicht zu einer „vor Gericht abgegebenen" Erklärung iS der Nr. 2 und damit auch nicht zu einer Kostenübernahme gegenüber dem Notar.[15] Erforderlich, aber auch genügend ist vielmehr eine einseitige Erklärung eines formell, aber auch materiell[16] Beteiligten in oder außerhalb der Urkunde gegenüber dem Gericht (Notar), dass er die Kosten der Beurkundung trägt. Derselben Erklärung kann dabei die vom Prozessvergleich bekannte „Doppelnatur" zukommen: privatrechtliche Übernahmeerklärung gegenüber dem Vertragspartner und öffentlich-rechtliche Übernahmeerklärung gegenüber dem Notar zugleich. 13

4. Nur Gerichtskosten

Im Hinblick darauf, dass in der freiwilligen Gerichtsbarkeit scharf zwischen der Entscheidung über die Gerichtskosten und die außergerichtlichen Kosten unterschieden wird (Rn. 2), muss auch die Kostenübernahmeerklärung deutlich ergeben, dass sie sich auf die Gerichtskosten bezieht. Die Erklärung kann schriftlich oder mündlich – zu Protokoll –, also nach den Regeln für Verfahrenserklärungen (vgl. § 14 Abs. 6 S. 1) abgegeben werden, sich auf alle oder bestimmte Kosten oder nur einen Bruchteil beziehen. 14

5. Abgrenzung

Ob eine Kostenübernahme gewollt ist, muss im Zweifel entsprechend § 133 BGB geklärt werden. Abzugrenzen ist 15
– zur vertraglichen haftungsbegründenden Übernahme gegenüber dem Vertragspartner, etwa in Abweichung von der nachgiebigen gesetzlichen Regel des § 448 Abs. 2 BGB; 16
– zum Angebot einer befreienden Schuldübernahme gemäß § 414 BGB; der Vertrag kommt erst mit Annahme oder Genehmigung durch die Staatskasse zustande; 17
– zur kumulativen, im BGB nicht geregelten Schuldübernahme; hier bedarf es ebenfalls eines Vertrags und eines eigenen unmittelbaren wirtschaftlichen Interesses des Übernehmers;[17] 18
– zur Bürgschaft (§§ 765 ff. BGB); 19
– zum öffentlich-rechtlichen Vertrag mit Unterwerfung unter die Zwangsvollstreckung (vgl. § 61 Abs. 1 VwVfG). 20

In den Fällen Rn. 16–19 kann sich nur ein bürgerlich-rechtlicher Anspruch ergeben, der nicht im Verwaltungszwangsverfahren durchzusetzen ist; dies galt bisher für die Erklärungen des Notars zur Vermeidung der Abhängigmachung gemäß § 8 („Gutsagen" als Bürgschaft)[18], s. jetzt § 8 Abs. 2 Nr. 3 Wegen des Falles Rn. 20 – sollte er überhaupt praktisch werden – s. § 61 Abs. 2 VwVfG. 21

6. Erstattungsanspruch

Die Übernahme allein begründet für den, der Kosten bereits gezahlt hat, keinen Erstattungsanspruch (vgl. Rn. 2, 9); etwas anderes kann nur gelten, wenn sie Teil eines gerichtlichen Vergleichs ist. 22

---

[15] OLG Schleswig Rpfleger 1962, 396; OLG Frankfurt DNotZ 1965, 369 = Rpfleger 1965, 18; OLG Karlsruhe DNotZ 1965, 372; OLG Stuttgart BWNotZ 1986, 89.
[16] Vgl. OLG Schleswig DNotZ 1994, 721 = KostRsp. § 2 Nr. 84 m. Anm. *Lappe*.
[17] Abzulehnen deshalb OLG Köln DNotZ 1978, 121 = KostRsp. § 144 Nr. 35 m. abl. Anm. *Lappe*.
[18] OLG Hamm DNotZ 1975, 757 = Rpfleger 1975, 37.

7. Zahlungspflicht von Mitschuldnern

23 Durch die Übernahme wird die Zahlungspflicht anderer Kostenschuldner nicht berührt. Daraus ergibt sich:
– Besteht für das Geschäft **sachliche Gebührenfreiheit**, so existiert keine Kostenforderung, es ist kein Kostenschuldner vorhanden; eine Schuld kann deshalb auch nicht übernommen werden;[19] die Übernahme hat nur Wirkung hinsichtlich der Auslagen.

24 – Genießt der, der ohne die Kostenübernahme alleinige Kostenschuldner wäre, **persönliche Gebührenfreiheit**, so hindert das nicht die Kostenpflicht des Übernehmenden, denn Kosten entstehen „absolut" und nicht „relativ", „relativ" ist erst die Verpflichtung zur Zahlung der Kosten.[20] Der Umfang der Kostenschuld richtet sich in diesem Falle nach § 13 (s. dort Rn. 15). Auf der Grundlage der hM kann die Übernahmeerklärung dahin auszulegen sein (§ 133 BGB), dass sie nur die Kosten betrifft, die der Begünstigte schuldet.

8. Übernahme durch Befreiten

25 Übernimmt ein Befreiter Kosten, so hindert das nicht seine Gebührenfreiheit. Anders die hM,[21] die jedoch mit dem Sinn und dem klaren Wortlaut des § 12 – der die Gebührenfreiheit nur für den Fall des § 3 Nr. 3, nicht aber der Nr. 2 aufhebt – nicht vereinbar ist (vgl. auch § 2 Abs. 5 GKG).[22] Auch in diesem Falle richtet sich der Umfang der Kostenschuld nach § 13 (s. dort Rn. 16).

IV. Haftungsschuldner (Nr. 3)

1. Allgemeines

26 Im Gegensatz zu allen anderen Regelungen setzt Nr. 3 einen **originären Kostenschuldner** nach den Vorschriften der KostO voraus und leitet aus seiner Schuld eine Mithaft ab, die zur Gesamthaft führt (§ 5).

27 Nr. 3 erfordert eine bürgerlich-rechtliche Verpflichtung, **für die Schuld eines anderen Dritten gegenüber** einzustehen (Beispiel: § 128 HGB); die Kostentragungspflicht gegenüber dem Vertragspartner (Beispiel: § 448 Abs. 2 BGB)[23] genügt nicht (§ 13). Dieser bürgerlich-rechtliche Schuldner wird durch Nr. 3 öffentlich-rechtlicher Schuldner der Staatskasse, sie kann ihn im Verwaltungszwangsverfahren unmittelbar in Anspruch nehmen (s. auch § 4 JBeitrO). Persönliche Befreiung (§ 11) steht nicht entgegen (§ 12). Die entsprechende Vorschrift des GKG: § 29 Nr. 3 ist jetzt weiter gefasst, sie stellt es auf die Haftung „kraft Gesetzes" ab, schließt auch öffentlich-rechtliche Regelungen ein. Die Haftung kann auf **Zahlung** der Kostenschuld oder auf **Duldung** der Zwangsvollstreckung (Beispiel: §§ 737, 743, 748 ZPO) gerichtet sein.

28 **Formwechsel** des Kostenschuldners berührt seine Identität nicht, er schuldet weiter, die Frage der Haftung stellt sich gar nicht; so bei der formwechselnden Umwandlung (§§ 190 ff., insbesondere §§ 202 Abs. 1 Nr. 1, 224 UmwG); oder wenn eine BGB-Gesellschaft „vollkaufmännisch" und daher zur OHG wird und umgekehrt; oder eine OHG zur KG und umgekehrt.

2. Anwendungsfälle

29 Schuldner nach Nr. 3 sind insbesondere, weil „bürgerliches Recht" im weiteren Sinn, also das Privatrecht gemeint ist, vgl. die Neufassung des § 29 Nr. 3 GKG:
– der persönliche haftende Gesellschafter einer **OHG** oder **KG** für die Kostenschuld der Gesellschaft (§§ 128, 130, 161, 28 HGB), desgleichen der Kommanditist nach Maßgabe

---

[19] KGJ 48, 169; JFGErg. 20, 8.
[20] Anders die hM; vgl. dazu Lappe JVBl. 1972, 103.
[21] Etwa BayObLGZ 1984, 178 = DNotZ 1985, 567; OLG Celle Rpfleger 1991, 28; OLG Frankfurt Rpfleger 1990, 185; OLG Zweibrücken Rpfleger 1996, 305.
[22] So auch OLG Köln DNotZ 1973, 760 = Rpfleger 1973, 37, anders aber Rpfleger 1983, 370 = KostRsp. Nr. 2 m. abl. Anm. *Lappe*; OLG Stuttgart DNotZ 1985, 571, anders aber JurBüro 1988, 210 m. abl. Anm. *Lappe* KostRsp. § 12 Nr. 3.
[23] BayObLG MDR 1994, 947.

der §§ 171 ff., 28, 139 HGB; die Mitglieder einer **EWIV** stehen den Gesellschaftern einer OHG gleich (Art. 24 Abs. 1 EWIV-VO, § 1 EWIV-AG); desgleichen die Partner einer **Partnerschaft** (§ 8 Abs. 1 PartGG);
- der Gesellschafter – auch der ausgeschiedene – einer **BGB-Gesellschaft** für die Kostenschuld der „Gesellschaft", soweit für ihn gehandelt worden ist (§ 714, vgl. auch § 738 Abs. 1 S. 2 BGB);[24] dabei kann die BGB-Gesellschaft auch eine fortgeführte OHG, KG oder Vorgesellschaft (Rn. 33) sein; ein später eintretender Gesellschafter haftet nur mit dem Gesellschaftsvermögen, nicht aber – „mangels eines § 130 HGB" – persönlich; bei der **rechtsfähigen Außengesellschaft** finden die §§ 128, 130 HGB entsprechende Anwendung;[25] nicht jedoch § 28 HGB beim Eintritt in ein nichtkaufmännisches Unternehmen, etwa eine Anwaltskanzlei;[26] 30
- der persönlich haftende Gesellschafter einer **KGaA** (§ 278 AktG); 31
- der **Erwerber** (Erbe) eines **Handelsgeschäfts** nach Maßgabe der §§ 25, 27 HGB; 32
- der für eine juristische Person vor der Eintragung **Handelnde** (s. jedoch § 2 Rn. 78, 79) sowie der **Gründungsgesellschafter** der Vorgesellschaft, § 2 Rn. 79); kommt es nicht zur Eintragung der Gesellschaft, wird aber der Geschäftsbetrieb fortgeführt, so tritt die volle Haftung nach den Regeln der BGB-Gesellschaft oder der OHG ein; 33
- der Vorstand eines **nichtrechtsfähigen Vereins** (§ 54 BGB; die Vorschrift ist jedoch von Rspr. und Schrifttum sehr eingeschränkt worden!); 34
- der **Vermögensübernehmer** (§ 419 BGB; aufgehoben zum 1. 1. 1999, also nur noch auf Altfälle anzuwenden); zB der Übernehmer eines Grundstücks, wenn dieses das wesentliche Vermögen darstellt,[27] es sei denn, die Kostenforderung ist bereits dinglich gesichert;[28] der Alleingesellschafter der GmbH nach Auflösung der Gesellschaft; oder der (die) Übernehmer bei der **Umwandlung** (Verschmelzung, § 20 Abs. 1 Nr. 1 UmwG; Spaltung, § 133 UmwG; Vermögensübertragung, § 176 Abs. 3 UmwG; auch zufolge Verweisung auf diese Vorschriften); es genügt, dass der Rechtsgrund für die Kostenschuld vor der Übernahme liegt, Fälligkeit ist nicht erforderlich;[29] 35
- der **Nießbraucher** (§ 1086 BGB); 36
- der **Erbe** (§ 1967 BGB), auch für die Kosten der Grundbuchberichtigung,[30] sowie Geschäfte des Testamentsvollstreckers und Nachlasspflegers (§§ 2206, 1960 Abs. 2 BGB; vgl. auch § 324 Abs. 1 Nr. 5 InsO), s. zudem § 6; 37
- der **Testamentsvollstrecker** (§ 2213 BGB, § 748 ZPO); 38
- der **Erbschaftskäufer** (§§ 2382, 2383 BGB); 39
- der **Ehegatte** bei der Gütergemeinschaft und der fortgesetzten Gütergemeinschaft (§§ 1415 ff. BGB) sowie bei übergeleiteten alten Güterständen. 40

Im Übrigen haften **Eltern** grundsätzlich nicht für die Kostenschuld ihrer Kinder und **Ehegatten** nicht für die Kostenschuld des anderen Teils. Soweit sich ein solcher Anspruch aus der Unterhaltspflicht ergibt, hat ihn das Kind bzw. der andere Ehegatte; es gilt also das unter Rn. 27 Ausgeführte. 41

3. Kostenansatz, Rechtsweg

Die Feststellung des Schuldners nach Nr. 3 ist Kostenansatz (§ 14), förmliche Nachweise – wie etwa die Vollstreckungsklausel gegen den Rechtsnachfolger – sind nicht erforderlich,[31] da die Regeln des Verwaltungszwangsverfahrens gelten (§ 4 JBeitrO), es eines Titels also nicht bedarf. Über die Rechtmäßigkeit der Inanspruchnahme ist im Rechtsweg nach § 14 zu entscheiden (soweit in diesem bürgerlich-rechtliche Vorfragen zu entscheiden sind; 42

---

[24] BGH NJW 2001, 458; MDR 2000, 94.
[25] BGH NJW 2001, 1056; 2003, 1445.
[26] BGHR 2004, 591 m. krit. Anm. *Karsten Schmidt*.
[27] OLG Hamm Rpfleger 1963, 214.
[28] OLG München NJW 1965, 1443.
[29] BGH NJW 1955, 1399 = Rpfleger 1956, 12; NJW 1959, 287 = Rpfleger 1959, 92.
[30] *Wenz* Rpfleger 1957, 233.
[31] So schon KG JW 1936, 2820; 1939, 122.

so ist die Prüfung, ob die Kommanditeinlage geleistet und der Kommanditist daher frei ist, § 171 Abs. 1 HGB, angesichts der Ungeeignetheit des Rechtswegs nach § 14 dafür in entsprechender und erweiternder Auslegung des § 94 VwGO auszusetzen mit der Auflage, die Entscheidung des Zivilgerichts – Klage des Kommanditisten gegen die Staatskasse auf Feststellung, dass die Einlage geleistet ist – herbeizuführen; § 14 Rn. 100).

V. Vollstreckungsschuldner (Nr. 4)

1. Vollstreckung nach § 33 FGG

43 Entscheidungen der freiwilligen Gerichtsbarkeit werden grundsätzlich nach § 33 FGG vollstreckt. Da es sich um ein Amtsverfahren handelt, ist Kostenschuldner immer der Begünstigte (§ 2 Nr. 2).

44 Im **Zwangsgeld- und Zwangshaftverfahren** (§ 33 Abs. 1 FGG) ist Kostenschuldner weiter der Vollstreckungsschuldner nach Nr. 1, wenn ihm die Kosten auferlegt werden (§ 33 Abs. 1 S. 3 FGG).

45 Beim **unmittelbaren Zwang** (§ 33 Abs. 2 S. 1 FGG) fallen die Vollstreckungskosten dem Verpflichteten auch ohne gerichtliche Entscheidung[32] zur Last: Er ist Schuldner nach Nr. 4.

46 Für die **eidesstattliche Versicherung** (§ 33 Abs. 2 S. 4, 5 FGG) fehlt jegliche Regelung. Eine entsprechende Anwendung des § 788 ZPO kommt, auch angesichts der abschließenden Aufzählung in § 33 Abs. 2 S. 5 FGG, nicht in Betracht (§ 1 Rn. 9). Ob Nr. 4 allein reicht, ist angesichts der voraufgehenden speziellen Regelung fraglich. Als – höchst unbefriedigendes – Ergebnis bliebe es bei der alleinigen Kostenschuld des Begünstigten (Rn. 43).

2. Vollstreckung nach der ZPO

47 Kraft ausdrücklicher Verweisung werden viele Entscheidungen der freiwilligen Gerichtsbarkeit statt nach § 33 FGG nach der ZPO vollstreckt (Beispiel: § 53 g Abs. 3 FGG). In diesen Fällen schuldet der Vollstreckungsschuldner dem Gläubiger die notwendigen Vollstreckungskosten nach § 788 Abs. 1 ZPO (mehrere als Gesamtschuldner: S. 3!). Zufolge Nr. 4 gilt dies auch für die Gerichtskosten (soweit solche nach der KostO anfallen).

3. Grundbuchamt als Vollstreckungsorgan

48 Das Grundbuchamt ist Vollstreckungsorgan nach der ZPO, im Verwaltungszwangsverfahren und im Strafverfahren. Aus den Vorschriften über die Kostentragung – insbesondere **§ 788 Abs. 1 ZPO,** auch anzuwenden gemäß § 6 Abs. 1 Nr. 1 JBeitrO; § 928 ZPO; § 111d Abs. 2 StPO; § 337 Abs. 1 AO, auch anzuwenden gemäß § 5 Abs. 1 VwVG – ergibt sich nach Nr. 4 ein unmittelbarer Anspruch der Staatskasse auf die Grundbuchkosten;[33] wegen des Rangs in der Zwangsversteigerung der Zwangsverwaltung s. § 867 Abs. 1 S. 2 ZPO. Daneben schuldet sie der Antragsteller (§ 2 Nr. 1).

48a Die Eintragung einer Sicherungshypothek auf Grund eines **strafverfahrensrechtlichen Arrests** erlaubt wegen der Unschuldsvermutung noch keinen Kostenansatz gegen den Beschuldigten nach Nr. 4, sondern erst nach der Kostenentscheidung (§ 465 Abs. 1 S. 1 StPO) nach Nr. 1.[34]

4. Notwendige Kosten

49 Geschuldet werden nur die notwendigen Kosten der Zwangsvollstreckung.[35] Die nachträgliche Aufteilung der Steuerschuld gemäß §§ 268 ff. AO mindert sie nicht.[36]

---

[32] BayObLG NJW 1968, 1726.
[33] OLG Köln Rpfleger 1977, 459.
[34] Lappe KostRsp. Nr. 33 Anm. zu OLG Köln OLGR 2004, 409 = Rpfleger 2004, 735.
[35] OLG Hamm Rpfleger 1973, 377; OLG Düsseldorf Rpfleger 1975, 265; OLG Köln Rpfleger 1986, 240.
[36] OLG Düsseldorf Rpfleger 1975, 265.

Die **Feststellung der Notwendigkeit** – nach Grund und Umfang – ist Gegenstand des 50
Kostenansatzes (§ 14); praktisch allerdings in engen Grenzen, weil der Kostenbeamte das
gesamte Verhältnis zwischen Gläubiger und Schuldner nicht kennt.[37] Sachliche Richtigkeit
des Titels und Zulässigkeit der Verwaltungsvollstreckung sind hingegen zumindest generell
nicht zu prüfen.[38]

5. Rückerstattungsanspruch

Fällt der zugrunde liegende Titel – die vollstreckbare Forderung – weg, so ändert sich an 51
der Notwendigkeit der Vollstreckung und damit an der ursprünglichen Rechtmäßigkeit der
Kostenschuld nach Nr. 4 nichts. Ein Rückerstattungsanspruch (§§ 788 Abs. 3, 945 ZPO)[39]
richtet sich deshalb gegen den Gläubiger und nicht gegen die Staatskasse. Ist der Gläubiger
allerdings persönlich befreit oder ihm Prozesskostenhilfe ohne Eigenleistung bewilligt, wird
zurückgezahlt (§ 13; § 122 Abs. 1 Nr. 1 a ZPO).

VI. Notare

§ 3 gilt auch für Notare (§ 141). Nr. 1 hat für sie kaum praktische Bedeutung. Zu **Nr. 2** 52
s. Rn. 13. Grundsätzlich ist die Kostenübernahme eine Erklärung gegenüber dem Notar
und „gehört" daher nicht in die Urkunde; Erklärungen in ihr richten sich daher im Zweifel(!) an den Gegner.

Gegenstand der Übernahme sind idR nur die Kosten der „gegenwärtigen" Beurkun- 53
dung. Bezüglich sonstiger Beurkundungen, Vollzugs- und Betreuungsgeschäfte bedarf es
ausdrücklicher Erklärungen;[40] zumal dann, wenn es sich nicht um übliche Kosten handelt
wie die Vollmacht oder Genehmigung eines Beteiligten.

Da der Annehmende nicht Beteiligter der gesonderten Beurkundung des **Angebots** 54
ist, kann er die Kosten seiner Beurkundung nicht gemäß Nr. 2 übernehmen (Rn. 10;
anders wohl, wenn man ihn als materiell Beteiligten ansieht, Rn. 13). In Betracht kommt
ein privatrechtlicher Übernahmevertrag mit dem Notar, der das Angebot beurkundet hat
(Rn. 18, 21). Ein solcher kann auch so abgeschlossen werden, dass der Anbieter dem
Notar die Kostenübernahme als Vertreter ohne Vertretungsmacht des Annehmenden erklärt und dieser sie genehmigt (§ 177 BGB). In der Annahme des Angebots allein liegt
diese Genehmigung allerdings nicht ohne weiteres, wenngleich sie ebenfalls dem Anbietenden gegenüber erklärt werden kann; es empfiehlt sich daher eine ausdrückliche Genehmigung.

Hat der Anbieter nicht für eine bestimmte Person gehandelt, insbesondere dann, wenn 55
sich das Angebot an einen noch **zu benennenden Dritten** richtet, so ist § 177 BGB
nicht anwendbar. Es bedarf folglich des originären Abschlusses eines Schuldübernahmevertrags zwischen dem Annehmenden und dem Notar, der das Angebot beurkundet hat.

Bei **Nr. 3** treten an die Stelle des Kostenansatzes und des Rechtswegs nach § 14 bei Notaren, denen die Kosten selbst zufließen (§ 143), die Regelungen der §§ 154, 156. 56

Nr. 4 betrifft nicht die Kosten der Vollstreckung der Kostenrechnung (§ 155; s. § 788 57
ZPO), so dass sie auch nicht dem Rechtsweg des § 156 unterliegen, über sie ist vielmehr
nach § 766 ZPO oder bei der Kostenfestsetzung (§ 788 Abs. 2 ZPO) zu entscheiden.

VII. FG-Reform

§ 3 Nr. 4 soll lauten: „der Verpflichtete für die Kosten der Vollstreckung". 58

---

[37] Vgl. *Lappe* KostRsp. Nr. 25 Anm.
[38] OLG Köln JurBüro 1980, 910.
[39] BGHZ 63, 277; dazu OLG Köln JurBüro 1980, 910.
[40] OLG Köln JurBüro 1994, 173; LG Hannover JurBüro 1996, 31.

§ 4 Gebührenschuldner in besonderen Fällen

Die Gebühr für die Eintragung des Erstehers als Eigentümer wird nur von diesem erhoben; für die Gebühren, die durch die Eintragung der Sicherungshypothek für Forderungen gegen den Ersteher erwachsen, haftet neben den Gläubigern auch der Ersteher.

Entsprechend: § 26 Abs. 2 S. 1 GKG (zu Halbs. 1).

1   Der **Ersteher** (§ 181 ZVG) wird auf Ersuchen (§ 38 GBO) des Vollstreckungsgerichts eingetragen (§ 130 ZVG). Die Gebühr (§§ 60, 69 Abs. 2) schuldet der Ersteher als Veranlasser (§ 2 Nr. 1; vgl. § 2 Rn. 64), § 4 bestätigt dies und stellt klar, dass es keinen weiteren Schuldner gibt (also insbesondere nicht den Meistbietenden).

2   **Sicherungshypotheken** gegen den Ersteher (§§ 118, 128 ZVG) werden ebenfalls auf Ersuchen (§ 38 GBO) des Vollstreckungsgerichts eingetragen (§ 130 ZVG). Die Gebühren (§§ 62, 63, 69 Abs. 2) schulden der jeweilige Gläubiger (§ 2 Nr. 1)[1] und der Ersteher (§ 5).

3   Die **weiteren Geschäfte** des Grundbuchamts auf Ersuchen des Vollstreckungsgerichts sind gebühren- (§ 69 Abs. 2) und – insbesondere im Falle des § 19 Abs. 2 ZVG – auslagenfrei (§ 73 S. 2).

§ 5 Mehrere Kostenschuldner

(1) ¹**Mehrere Kostenschuldner haften als Gesamtschuldner.** ²Sind an einer Beurkundung mehrere beteiligt und betreffen ihre Erklärungen verschiedene Gegenstände, so beschränkt sich die Haftung des einzelnen auf den Betrag, der entstanden wäre, wenn die übrigen Erklärungen nicht beurkundet worden wären.

(2) **Sind durch besondere Anträge eines Beteiligten Mehrkosten entstanden, so fallen diese ihm allein zur Last.**

Entsprechend: § 31 GKG, § 6 Abs. 2 JVKostO, § 13 Abs. 2 GvKostG.

Übersicht

	Rn.		Rn.
I. Gesamtschuldner	1	V. Beurkundungen	13, 14
II. Ausgleichsanspruch	2, 3	VI. Mehrkosten	15
III. Prozesskostenhilfe	4, 5	VII. Notare	16, 17
IV. Teilgesamtschuldner	6–12	VIII. Gebührenfreiheit, -ermäßigung	18

I. Gesamtschuldner

1   Soweit mehrere Kostenschuldner – Leistungsschuldner, nicht Duldungsschuldner – denselben Kostenbetrag voll und nicht nur anteilig schulden, sind sie gemäß Abs. 1 S. 1 Gesamtschuldner (§§ 421 ff. BGB, und zwar auch dann, wenn nach materiellem Recht keine echte Gesamthaft besteht, wie etwa bei der OHG und ihren Gesellschaftern, vgl. § 3 Rn. 29). Die Staatskasse kann den Kostenbetrag grundsätzlich „nach ihrem Belieben" (§ 421 S. 1 BGB) von jedem der Schuldner ganz oder zum Teil fordern. Eine gesetzliche **Reihenfolge der Inanspruchnahme** – wie nach § 31 Abs. 2 S. 1 GKG – gibt es nicht, jedoch kann diese Vorschrift als Richtschnur für die Heranziehung dienen. Im Übrigen enthält § 8 Abs. 3 KostVfg. (Anhang D I) eine den Kostenbeamten bindende Weisung über die Inanspruchnahme. Zur Ausübung des „Beliebens" = Verwaltungsermessens und zur Nachprüfung im Rechtsweg s. § 14 Rn. 76–78. Im Einzelfall, etwa bei einer großen Zahl von Schuldnern, kann es geboten sein, zunächst diejenigen heranzuziehen, denen das Ge-

---

[1] Gegen Abhängigmachung *Hornung* Rpfleger 1980, 257.

schäft vor allem „dient"; so etwa den Kommanditisten mit der höchsten und nicht den ersten mit einer niedrigen Einlage. Eine gesonderte Anfechtung der Entscheidung des Kostenbeamten nach § 8 Abs. 3 KostVfg. (gemäß § 30a EGGVG, Zusatz zu § 14) kommt nicht in Betracht; der Kostenansatz ist ein einheitlicher Verwaltungsakt und kann daher auch nur in einem Rechtsweg angefochten werden (s. auch § 30a EGGVG Rn. 4). Mangelnde Vorschusserhebung steht der Inanspruchnahme des Gesamtschuldners nicht entgegen.[1]

II. Ausgleichsanspruch

Zahlt einer der Gesamtschuldner, kann sich für ihn ein Ausgleichsanspruch gegen die Mitschuldner ergeben (§ 426 BGB; § 3 Nr. 1, Kostenentscheidung).[2] Die Kostenfestsetzung (§ 13a Abs. 3 FGG, §§ 103ff. ZPO) setzt eine Kostenentscheidung voraus (s. § 3 Rn. 8), der Anspruch aus § 426 BGB ist im Zivilrechtsweg zu verfolgen (aus Familiensachen wohl ebenfalls als Familiensache kraft Sachzusammenhangs).

Besteht für die übergegangene Forderung (§ 426 Abs. 2 BGB) zugunsten der Staatskasse eine Hypothek an Grundstücken des anderen Gesamtschuldners oder ein Pfandrecht an beweglichen Sachen oder Rechten, so gehen auch diese kraft Gesetzes in Höhe des Ersatzanspruchs auf den Zahlenden über (§§ 401, 412 BGB; für die Gesamthypothek vgl. §§ 1173, 1174 BGB). Deshalb Vorsicht bei der Erteilung einer Löschungsbewilligung!

2

3

III. Prozesskostenhilfe

§ 31 Abs. 3 S. 1 GKG schließt die Inanspruchnahme eines Gesamtschuldners aus, wenn sie im Ergebnis zur Belastung eines anderen, mit Prozesskostenhilfe ohne Eigenleistung begünstigten Gesamtschuldners führen würde; bereits gezahlte Kosten sind zu erstatten.[3] Die Vorschrift dient der Konkretisierung und Verwirklichung des § 122 Abs. 1 Nr. 1 ZPO, der gemäß § 14 FGG auch in der freiwilligen Gerichtsbarkeit gilt; deshalb ist, insbesondere in Streitverfahren, § 31 Abs. 3 S. 1 GKG ebenfalls entsprechend anzuwenden,[4] unter der Voraussetzung natürlich, dass die Kostenentscheidung einen Kostenerstattungsanspruch begründet.[5] Auf mehrere Schuldner nach § 2 lässt sich hingegen § 31 Abs. 3 S. 1 GKG nicht anwenden.[6]

Während in Prozessen die Entscheidung über Gerichtskosten die Regel ist, ergeht sie in Verfahren der freiwilligen Gerichtsbarkeit nur ausnahmsweise (§ 3 Rn. 3). Die Heranziehung allein des § 31 Abs. 3 S. 1 GKG wird deshalb dem rechts- und sozialstaatlichen Zweck der Prozesskostenhilfe[7] kaum gerecht. Abzustellen ist vielmehr auch auf das **materiellrechtliche Innenverhältnis** (etwa § 426 BGB,[8] zumal das BVerfG ihn bereits entsprechend angewandt hat[9]).

4

5

IV. Teilgesamtschuldner

Typisch für das Kostenrecht – wegen der Degression seiner Gebührentabellen – ist der Fall, dass mehrere einen Kostenbetrag, meist eine Gebühr, anteilig schulden, die Summe der Teile

6

---

[1] KGR 2004, 143.
[2] *Lappe* KostRsp. § 2 Nr. 99 Anm.
[3] BVerfG NJW 1999, 3186; dazu *Lappe* aaO 3173.
[4] OLG Frankfurt Rpfleger 1987, 64; 1989, 40; s. auch § 47 Abs. 1 LwVG, dessen Ergänzung bei der Neufassung des § 58 (jetzt 31) GKG wohl versäumt worden ist; aA OLG Karlsruhe Rpfleger 1981, 323 = KostRsp. Nr. 2 m. abl. Anm. *Lappe;* OLG Koblenz FamRZ 1995, 1367; KG Rpfleger 1985, 256; KGR 1999, 280; OLG Zweibrücken NJW-RR 2000, 1595.
[5] Vgl. OLG München NJW-RR 2001, 138 = Rpfleger 2001, 138.
[6] *Lappe* KostRsp. Nr. 4 Anm.; OLG Frankfurt Rpfleger 1989, 40 gegen 1987, 64; FamRZ 1994, 250; OLG Koblenz FamRZ 1995, 1367; OLG München Rpfleger 1992, 297.
[7] Vgl. *Lappe* NJW 1999, 3173.
[8] Im Anschluss an BGHZ 12, 270 = NJW 1954, 513 zu § 2 Abs. 4, jetzt 5 GKG.
[9] BVerfG NJW 1999, 3186; *Lappe* KostRsp. Nr. 11 Anm.; vgl. auch OLG Koblenz FamRZ 2001, 111 = NJW-RR 2000, 1596.

den Gesamtbetrag jedoch übersteigt. Hier wird weithin eine Gesamtschuld insoweit angenommen, als sich die Teile „decken". Das genügt jedoch als Lösung nicht, vielmehr muss ein Vorrang der Einzel- vor der Gesamtschuld hinzukommen (vgl. § 366 Abs. 2 BGB).

7 **Beispiel:** Die Gebühr von 500 Euro schulden A und B in Höhe von je 400 Euro. Die beiden Teilschulden decken sich insoweit, als ihre Summe die Gebühr übersteigt, mithin über 300 Euro. Es treffen also A und B je 100 Euro allein und 300 Euro als Gesamtschuldner. Zahlt A die Gesamtschuld von 300 Euro, kann B insoweit nicht frei werden, denn das hieße, dass er nur noch seine Einzelschuld von 100 Euro zu erbringen hätte, während richtig 200 Euro von ihm gefordert werden können. Dieses Ergebnis lässt sich nur erreichen, wenn man mit der Teilzahlung des A von 300 Euro zunächst seine Einzelschuld von 100 Euro tilgt und den Rest von 200 Euro auf die Gesamtschuld verrechnet. Dann sind noch die Einzelschuld des B von 100 Euro offen, außerdem 100 Euro restliche Gesamtschuld, zu der weiter A und B herangezogen werden können. Eine Teilzahlung des B müsste ebenfalls zunächst auf dessen Einzelschuld verrechnet werden.

8 In der Praxis bewältigt man die Problematik mit dem plastischen Begriff des Gesamtschuldverhältnisses „eigener Art" – weil nicht, wie von § 421 S. 1 BGB vorausgesetzt, jeder die ganze Leistung schuldet –. Dagegen ist nichts einzuwenden, wenn klar bleibt, dass es letztlich eine „echte" Gesamtschuld (wie in Rn. 6, 7 dargestellt) gibt, denn ihrer bedarf man für § 13 (dort Rn. 23 ff.) und wohl auch für den Ausgleichsanspruch unter den Gesamtschuldnern (Rn. 2).

9 Abs. 1 gilt aber auch dann, wenn mehrere Kostenschuldner den Kostenbetrag teilweise schulden, die Summe der Teile jedoch höher ist als die Gesamtkosten. Diese Situation kann sich dadurch ergeben, dass ein einheitlicher Wert zu bilden ist, der geringer ist als die Summe der Einzelwerte. Wird etwa die Übertragung der elterliche Sorge für mehrere Kinder angefochten, so beläuft sich der Wert der einzelnen Anfechtung auf 3000 Euro (§§ 94 Abs. 2 S. 1, 30 Abs. 2), der Gesamtwert hingegen nur auf beispielsweise 4000 Euro (§ 94 Abs. 2 S. 2). Hier schuldet jeder Beschwerdeführer die Gebühr des § 94 Abs. 1 Nr. 4 aus 3000 Euro bis zum Betrag dieser Gebühr aus 4000 Euro.

10 Dieses Gesamtschuldverhältnis eigener Art (Rn. 8) ergibt sich wegen der Degression der Gebührentabelle aber auch schon dann, wenn mehrere Werte zu einem Gesamtwert addiert werden, also im Beispielsfall Rn. 9 das Gericht den Gesamtwert auf 6000 Euro bemisst. Es ist typisch für das Gebührenrecht (ebenso nach § 31 Abs. 1 GKG, § 7 Abs. 2 RVG).

11 Der Einzelfall kann hier so liegen, dass die Leistung eines Teilschuldners die Schuld – nur – eines Teilmitschuldners tilgt, dieser also nicht mehr für andere Teile in Anspruch genommen werden kann.

12 **Beispiel:** Der Antrag des A und der aus B und C bestehenden Erbengemeinschaft, als Rechtsnachfolger eines Kommanditisten mit einer Einlage von 12 000 Euro dergestalt eingetragen zu werden, dass der Kommanditanteil A und der Gesamthandsgemeinschaft B/C je zur Hälfte zusteht, wird zurückgewiesen. Schuldner der Gebühr des § 130 Abs. 1 von insgesamt 30 Euro sind A, B und C je nach einem Wert von 6000 Euro, also je in Höhe von 24 Euro. Zahlt B 24 Euro, ist damit auch die Schuld des C erloschen, für den Rest kann mithin nur noch A in Anspruch genommen werden.

V. Beurkundungen

13 Bei Willenserklärungsbeurkundungen schuldet jeder Beteiligte (§ 2 Nr. 1, s. dort Rn. 41), jedoch nur nach dem Gegenstand (vgl. § 44), auf den sich seine Erklärung bezieht (Abs. 1 S. 2). Ist ein Beteiligter am Gesamtgeschäft mit mehreren Gegenständen beteiligt, so bestimmt die Summe dieser Gegenstände die Obergrenze seiner Gebührenschuld.

14 Die Vorschrift enthält einen selbstverständlichen Rechtsgedanken und ist auch in **sonstigen Fällen** anzuwenden: Das Zusammentreffen mehrerer Antragsteller kann die Kostenschuld des einzelnen nicht über den Betrag erhöhen, den sein gesonderter Antrag ausgelöst hätte.

VI. Mehrkosten

15 Abs. 2 über die Mehrkosten begründet keine Kostenschuld, nimmt vielmehr bestimmte Kosten von der Gesamthaft des Abs. 1 aus. Da es also dabei bleibt, dass ein Antrag, der

nicht auf ein Geschäft iS des § 2 Nr. 1 gerichtet ist, keine selbständige Kostenschuld auslöst, ist die Bedeutung der Vorschrift gering, sie wiederholt eigentlich nur Rn. 5. Im Wesentlichen erfasst sie Auslagen (§§ 136, 137), die nur durch den Antrag eines Beteiligten (iS des § 2 Nr. 1) ausgelöst worden sind, etwa zufolge Wahrnehmung des Geschäfts außerhalb der Gerichtsstelle (§ 137 Abs. 1 Nr. 6), nicht aber durch den Antrag der übrigen Beteiligten.

VII. Notare

Die Vorschrift gilt auch für Notare (§ 141), jedoch ohne die Rn. 1 dargestellte Einschränkung des § 421 S. 1 BGB durch die KostVfg.[10] Die in der Beurkundungspraxis immer wieder anzutreffenden „Erstschuldner" – insbesondere der Käufer des Grundstücks wegen § 448 Abs. 2 BGB – und „Zweitschuldner" – folglich der Verkäufer – gibt es von Rechts wegen nicht.

16

Auch für den Notar stellt angesichts der öffentlich-rechtlichen Natur seiner Kostenforderung das Belieben des § 421 BGB ein Verwaltungsermessen dar,[11] das er also nach dem Sinn und Zweck der Ermächtigung ausübt und dabei vor allem auf Zweckmäßigkeit und Verhältnismäßigkeit achtet (vgl. Rn. 1); das Ergebnis ist im Rechtsweg des § 156 nur beschränkt – „Ermessensüberschreitung, -unterschreitung, -missbrauch" – nachprüfbar. Nimmt der Notar nur den zahlungsunfähigen Gesamtschuldner in Anspruch und nicht auch den zahlungsfähigen, verstößt er gegen § 140. Die Gesamtschuldnerschaft dient jedoch nicht dem Schutz der Gesamtschuldner gegeneinander, so dass der Inanspruchgenommene den Notar – weder ganz noch teilweise – an den Mitschuldner verweisen noch einwenden kann, dessen rechtzeitige und nachhaltige Heranziehung hätte seine vermieden;[12] gleiches gilt für die mangelnde Erhebung eines Vorschusses.[13]

17

VIII. Gebührenfreiheit, -ermäßigung

Dem § 5 gehen die besonderen Regelungen in den §§ 13 und 144 Abs. 3 vor.

18

§ 6* Haftung der Erben

[1]Für die Kosten, die durch die Eröffnung einer Verfügung von Todes wegen, die Sicherung eines Nachlasses, die Errichtung eines Nachlaßinventars, eine Nachlaßpflegschaft, eine Nachlaßverwaltung, die Ernennung oder Entlassung eines Testamentsvollstreckers oder eine Pflegschaft für einen Nacherben entstehen, haften nur die Erben, und zwar nach den Vorschriften des Bürgerlichen Gesetzbuches über Nachlaßverbindlichkeiten. [2]Das gleiche gilt für die Kosten, die durch die Entgegennahme von Erklärungen über die Annahme, Ablehnung oder Kündigung des Amtes als Testamentsvollstrecker sowie in Verfahren nach § 1964 des Bürgerlichen Gesetzbuchs entstehen.

I. Betroffene Gebühren

§ 6 bezieht sich auf die folgenden **Gebühren** (und die Auslagen der Geschäfte, die diese Gebühren auslösen):

1

– **§ 102,** Eröffnung einer Verfügung von Todes wegen: nicht erfasst werden die Gebühren der §§ 119, 124 für Angelegenheiten gemäß § 83 FGG, sie sind ein gesondertes, die Eröffnung vorbereitendes Geschäft;

2

– **§§ 52, 104,** Sicherung des Nachlasses;

3

---

[10] KG DNotZ 1941, 344.
[11] AA OLG Düsseldorf JurBüro 1986, 1069 in Verkennung des Problems; BayObLGZ 1992, 26 = KostRsp. Nr. 7 m. krit. Anm. *Lappe*; OLG Frankfurt OLGR 1998, 282.
[12] OLG Hamm JurBüro 2005, 41 = OLGR 2004, 399.
[13] Vgl. BayObLGZ 1992, 26 = DNotZ 1992, 51.
* § 6 geändert durch Gesetz vom 22. 12. 2006 (BGBl. I S. 3416).

§ 6

4 – §§ 52, 114 Nr. 1, Errichtung eines Nachlassinventars;
5 – § 106 Abs. 1, 2, Nachlasspflegschaft, Nachlassverwaltung (nicht Abs. 3, s. Rn. 8);
5a – § 110 Abs. 1, Feststellung des Erbrechts des Fiskus (ohnehin meist § 11);
5b – § 113, Ernennung oder Entlassung eines Testamentsvollstreckers;
6 – §§ 92, 93, Pflegschaft für einen Nacherben, gemäß § 1913 S. 2 BGB, aber auch in sonstigen Fällen;
7 – § 112 Abs. 1 Nr. 6, Entgegennahme der in S. 2 genannten Erklärungen.
8 Diese Aufzählung ist abschließend, so dass etwa das Erbenaufgebot nicht unter § 6 fällt;[1] s. aber Rn. 13. § 6 gilt ferner nicht für abgelehnte oder zurückgenommene Anträge, sie bilden einen besonderen Gebührentatbestand (§§ 130, 106 Abs. 3), desgleichen nicht für Beschwerden (§ 131).
9 Persönliche Befreiungen hindern die Haftung gemäß § 6 nicht (§ 12 Abs. 1).[2]

II. Haftungsbeschränkung

10 Es haften nur die Erben, nicht die sonstigen Schuldner gemäß §§ 2 (daher nicht § 8 Abs. 1 S. 1!), 3, auch nicht ein Übernehmer;[3] jedoch nur nach Maßgabe der §§ 1967ff., 2058ff. BGB. § 6 begründet keine Haftung, setzt vielmehr eine Haftung nach den §§ 2, 3 voraus (was die Begründung des Regierungsentwurfs der § 6 erweiternden Gesetzes vom 22.12.2006 verkennt, wenn sie die „Erstreckung der Kostenhaftung der Erben" nennt). Er lässt deshalb die Frage unberührt, ob alle Erben haften, weil es sich um eine gemeinsame Nachlassverbindlichkeit (§ 2058 BGB) handelt – Regelfall –, oder nur ein Erbe oder einige Erben, weil nur sie Antragsteller oder Inter-essenten sind (§ 2046 Abs. 2 BGB) – Beispiel: Nachlasspflegschaft für den Anteil eines Miterben –.

III. Kostenansatz

11 Ein Vorbehalt bzgl. der beschränkten Erbenhaftung ist beim Kostenansatz nicht erforderlich, der Erbe ist auf Einwendungen verwiesen (§ 6 Abs. 1 Nr. 1 JBeitrO, § 781 ZPO, § 8 JBeitrO; vgl. § 2 Rn. 37, § 14 Rn. 6).

IV. Notare

12 Die Vorschrift gilt auch für Notare (§§ 141, 52). Soweit ihnen die Kosten selbst zufließen (§§ 143, 154), kann die Vollstreckung (Rn. 11) ohne Vorbehalt betrieben werden, die Einwendungen des Erben sind nach § 156 geltend zu machen.

V. Materielle Nachlassverbindlichkeiten

13 Sind Kosten bereits nach dem materiellen Recht Nachlassverbindlichkeiten, so kann § 6 daran nichts ändern. Das hat vor allem für Geschäfte des Testamentsvollstreckers (§ 2206 BGB) und des Nachlasspflegers (§ 1969 Abs. 2 BGB) praktische Bedeutung. Im Unterschied zu § 6 wird bei diesen Kosten die Haftung weder auf die Erben beschränkt noch gilt sie allein fürs Vornahmegeschäft, sondern auch für abgelehnte Anträge usw. (es sei denn, der Testamentsvollstrecker hat beispielsweise seine Kompetenz offensichtlich überschritten und der Antrag ist deshalb abgewiesen worden).

---

[1] BayObLG Rpfleger 1970, 181.
[2] OLG Stuttgart Justiz 1990, 95.
[3] OLG Düsseldorf Rpfleger 1968, 98 = KostRsp. Nr. 1; vgl. auch Rpfleger 2002, 227 und OLGR 2002, 376.

3. Fälligkeit

§ 7

Gebühren werden mit der Beendigung des gebührenpflichtigen Geschäfts, Auslagen sofort nach ihrer Entstehung fällig.

Entsprechend: §§ 61ff. GKG, § 7 Abs. 1 JVKostO, § 14 GvKostG.

I. Fälligkeit

§ 7 bestimmt den Zeitpunkt, in dem die Gebühren und Auslagen zu zahlen sind: ihre **1** Fälligkeit. Sie ist Voraussetzung der Einforderung der Kosten durch Kostenansatz (§ 14; s. aber §§ 13 Abs. 2, 14 Abschn. II, III KostVfg. – Anhang D I – über den späteren Zeitpunkt des Kostenansatzes) und des Weiteren für die Vollstreckung (§ 5 Abs. 2 JBeitrO). Außerdem hat die Fälligkeit Bedeutung für die Verjährung (§ 17) und den Geschäftswert (§ 18 Abs. 1). Praktisch bestimmt § 7 – im Gegensatz etwa zu § 9 GKG –, dass die Gebühren und Auslagen „sofort" fällig werden. Das erfordert allerdings begrifflich einen bestimmten Kostenbetrag. Fehlt er, etwa weil sich der Geschäftswert nach § 30 richtet und der Festsetzung bedarf (§ 31), so kann die Fälligkeit erst mit der Bestimmung der Höhe der Kostenforderung eintreten.[1] Des Weiteren muss zu diesem Zeitpunkt ein Kostenschuldner vorhanden sein (Beispiel: § 2 Nr. 1). Wird ein Beteiligter erst später Schuldner (Beispiel: § 3 Nr. 1), tritt auch erst dann die Fälligkeit ein.

II. Beendigung des Geschäfts

Die Gebühren entstehen durch die Erfüllung des in der KostO bestimmten Gebühren- **2** tatbestands: „die Beurkundung" (§ 36), „die Eintragung" (§§ 60, 79), „die Erteilung eines Erbscheins" (§ 107). Die so entstandene Gebühr wird fällig „mit der Beendigung des gebührenpflichtigen Geschäfts", wobei das „Geschäft" ein eigenständiger gebührenrechtlicher Begriff der KostO ist, das Verfahrensrecht kennt ihn nicht. Er wird bestimmt durch den einzelnen Gebührentatbestand, seine Verwirklichung stellt das gebührenpflichtige Geschäft dar; vgl. § 2 Rn. 6 ff.

Die KostO beschreibt die Gebührentatbestände allgemein so knapp, dass sich daraus **3** kaum ein genauer Zeitpunkt ihrer Erfüllung herleiten lässt; folglich stellt sie darauf ab, wann das Geschäft „beendet" ist (§ 7). Frühere Definitionen waren „kostenordnungsintern", sie entnahmen aus § 15, dass eine „endgültige Erledigung" nicht erforderlich sei, und aus § 35, dass die Fälligkeit auch dann eintrete, wenn noch Nebengeschäfte zu erledigen seien.[2]

Zu berücksichtigen sind jedoch weiter der mittlerweile im gesamten Abgabenrecht aner- **4** kannte Grundsatz der Tatbestandsbestimmtheit sowie der Umstand, dass die Gebühr für eine staatliche Leistung erhoben wird (vgl. § 1 Rn. 10). Demnach kann die Beendigung des gebührenpflichtigen Geschäfts erst angenommen werden, wenn **die Leistung erbracht ist,** die die Gebühr rechtfertigt. Dies bedeutet zum einen, dass etwa ein gerichtsinterner Vorgang wie das Unterschreiben der Urschrift einer Entscheidung nicht genügt, und zum anderen, dass die staatliche Leistung „komplett" sein muss, dass sie dem Bürger zB den Nutzen bringt, der die Gebühren rechtfertigt (vgl. Einf. Rn. 58).

Die Fälligkeit tritt demnach insbesondere ein: **5**
– bei **Beurkundungen** mit dem Unterschreiben der Niederschrift durch den Notar (§ 13 Abs. 3 BeurkG); die Erteilung von Ausfertigungen ist durch § 51 BeurkG, § 136 Abs. 4 Nr. 1 gewährleistet; die Gebühr des § 57 für die erfolglose Verhandlung

---

[1] So ausdrücklich § 220 Abs. 2 S. 2 AO; vgl. auch BGH Rpfleger 1978, 91, dazu *E. Schneider* MDR 1975, 441 und KostRsp. BRAGO § 16 Nr. 4.
[2] KGJ 52, 290.

wird erst fällig, wenn die Nichtvornahme der Beurkundung feststeht (vgl. dazu auch § 145 Abs. 3);[3]

6 – in **Grundbuchsachen** mit dem Unterschreiben der Eintragung (§ 44 GBO); die Benachrichtigungen (§ 55 GBO) sind weder für den Rechtsübergang noch für den öffentlichen Glauben von Bedeutung; s. iÜ Vor § 60 Rn. 9;

7 – in **Registersachen** mit der letzten Veröffentlichung (§ 10 Abs. 2 HGB), soweit die Publizität von der Bekanntmachung abhängt (§ 15 HGB, § 29 GenG usw.), iÜ (Beispiel: § 172 Abs. 1 HGB) mit der dem Unterschreiben der Eintragung.

8 – in **Familienrechtssachen** im Allgemeinen mit der Wirksamkeit der gerichtlichen Entscheidung (Einf. Rn. 58 ff.); s. iÜ Rn. 15;

9 – in **Nachlasssachen** bei Eröffnung einer Verfügung von Todes wegen mit Absendung der Nachrichten gemäß § 2262 BGB;[4] mit der „Erteilung" des Erbscheins, d. h. mit seiner Wirksamkeit oder der Bezugnahme des Antragstellers auf die Urschrift; s. iÜ Rn. 15;

10 – bei **Beschwerden** mit der Wirksamkeit der Entscheidung (Einf. Rn. 58 ff.) oder dem Eingang der Rücknahme bei Gericht.

10a In **elektronischen Verfahren** treten ihre Gebührentatbestände an die Stelle der genannten, unter den Rn. 3 ff. genannten Voraussetzungen.

III. Auslagen

11 Auslagen gehören abgabenrechtlich zu den Gebühren (§ 1 Rn. 13), sie unterliegen daher ebenfalls den in Rn. 2–7 genannten Grundsätzen. Die Bestimmung des § 7, dass sie „sofort nach ihrer Entstehung fällig" werden, bedarf deshalb der Einschränkung.

12 In **Antragsverfahren** und bei Auslagen, die durch einen besonderen Antrag erwachsen (zB § 136 Abs. 1 Nr. 1), lässt sich § 7 seinem Wortlaut nach anwenden, d. h. die durch den Antrag ausgelösten Auslagen werden mit dem Entstehen fällig (der Aushändigung der Ablichtung bedarf es also nicht).

13 In **Amtsverfahren** hingegen ergibt sich erst aus der Vornahme des Geschäfts mit der notwendigen Bestimmtheit eine einem bestimmten Beteiligten gemäß § 2 Nr. 2 zurechenbare Leistung, die eine Gebührenpflicht rechtfertigt. Bleibt es bei Vorermittlungen oder wird das Amtsverfahren vor der Vornahme des Geschäfts eingestellt, fehlt es an einem Schuldner (§ 2 Rn. 10), die Auslagen bleiben daher außer Ansatz.

IV. Mehrheit von Geschäften und Handlungen

14 Zerlegt die KostO eine „Angelegenheit", eine „Sache" oder ein „Verfahren" in mehrere **gebührenpflichtige Geschäfte,** so tritt die Fälligkeit für jedes Geschäft gesondert ein. Deckt die Gebühr hingegen mehrere **gerichtliche Handlungen** ab, so ist die Beendigung der letzten Handlung entscheidend.

V. Sonderregelungen

15 Besondere Bestimmungen über die Fälligkeit finden sich in:
§ 53 Abs. 2 für die freiwillige Versteigerung von Grundstücken;
§ 92 Abs. 1 S. 6 für die Vormundschaft und andere Dauer-Fürsorgemaßnahmen (Jahresgebühren);
§ 93 S. 4 für Einzel-Fürsorgemaßnahmen;
§ 101 für die Verwahrung letztwilliger Verfügungen;
§ 104 Abs. 1 S. 2 für die Sicherung des Nachlasses;
§ 106 Abs. 1 S. 2 für die Nachlasspflegschaften;
§ 118 Abs. 2 S. 2 für die Beaufsichtigung von Stiftungen.

---

[3] OLG Celle DNotZ 1968, 509; vgl. dazu auch § 145 Abs. 3.
[4] KG PrJMBl. 1928, 228.

VI. Notare

§ 7 gilt auch für Notare (§ 141); s. Rn. 5. Die Vollzugsgebühr (§ 146) wird mit der letzten Vollzugstätigkeit fällig, nicht erst mit der Grundbucheintragung, jede Gebühr des § 147 mit der Beendigung des einzelnen Betreuungsgeschäfts; die Hebegebühr (§ 149) mit der letzten (Teil-)Zahlung.[5] In allen Fällen ist die letzte nach außen wirkende Notartätigkeit entscheidend, interne Vorgänge wie Buchungen, Ablegen usw. sind belanglos. **16**

Insbesondere bei der Vollzugsgebühr kann sich eine zunächst angenommene Fälligkeit „verschieben", weil noch weitere Tätigkeiten anfallen. Für die Kosteneinforderung bleibt das belanglos (§ 8 Abs. 1), für die Verjährung nicht immer. **17**

4. Vorauszahlung und Sicherstellung

§ 8* Vorschüsse

(1) ¹**Bei Geschäften, die auf Antrag vorzunehmen sind, hat der zur Zahlung der Kosten Verpflichtete einen zur Deckung der Kosten hinreichenden Vorschuß zu zahlen.** ²**Bei Verrichtungen von Amts wegen kann ein Vorschuß nur zur Deckung der Auslagen erhoben werden.** ³**Auf die Verpflichtung zur Zahlung des Vorschusses finden die allgemeinen Vorschriften über die Zahlungspflicht Anwendung.**

(2) ¹**Bei Geschäften, die auf Antrag vorzunehmen sind, soll die Vornahme des Geschäfts davon abhängig gemacht werden, daß der Vorschuß gezahlt oder sichergestellt wird, in Grundbuch- und Nachlaßsachen jedoch nur dann, wenn dies zur Sicherung des Eingangs der Kosten angebracht erscheint.** ²**Satz 1 gilt nicht, wenn**

1. **dem Antragsteller die Prozeßkostenhilfe bewilligt ist,**
2. **dem Antragsteller Gebührenfreiheit zusteht,**
3. **ein Notar erklärt hat, dass er für die Kostenschuld des Antragstellers die persönliche Haftung übernimmt,**
4. **glaubhaft gemacht ist, dass eine etwaige Verzögerung einem Beteiligten einen nicht oder nur schwer zu ersetzenden Schaden bringen würde, oder**
5. **aus einem anderen Grund das Verlangen nach vorheriger Zahlung oder Sicherstellung der Kosten nicht angebracht erscheint, insbesondere wenn die Berichtigung des Grundbuchs oder die Eintragung eines Widerspruchs beantragt wird.**

(3) ¹**Gegen Anordnungen nach Absatz 2 findet stets, auch wegen der Höhe des Vorschusses, die Beschwerde statt.** ²**§ 14 Abs. 4 bis 7 ist entsprechend anzuwenden; jedoch findet die Beschwerde in Grundbuchsachen nach den §§ 71 bis 81 der Grundbuchordnung und in Schiffsregistersachen nach den §§ 75 bis 89 der Schiffsregisterordnung statt.** ³**Das Verfahren über die Beschwerde ist gebührenfrei.** ⁴**Kosten werden nicht erstattet.**

Entsprechend: §§ 10ff., 67 GKG, §§ 7 Abs. 2, 13 JVKostO, § 4 GvKostG.

Übersicht

	Rn.		Rn.
I. Vorschuss	1–9	3. Schuldner	3
1. Vorverlegung der Fälligkeit	1	4. Beschwerdeverfahren	4
2. Umfang	2	5. Amtsgeschäfte	5

---

[5] Ländernotarkasse NotBZ 2001, 418 gegen die hM (= mit jeder Teilzahlung).
* § 8 Abs. 2 Satz 2 Halbs. 1 geändert durch Gesetz vom 13. 6. 1980 (BGBl. I S. 677), Abs. 3 Satz 3 geändert, früherer Satz 4 durch Sätze 4 und 5 ersetzt durch Gesetz vom 20. 8. 1975 (BGBl. I S. 2189), Abs. 2 Satz 1 letzter Satzteil angefügt durch Gesetz vom 20. 12. 1993 (BGBl. I S. 2182), Abs. 3 Satz 3 geändert durch Gesetz vom 27. 4. 2001 (BGBl. I S. 751), Abs. 3 neu gefasst durch Gesetz vom 5. 5. 2004 (BGBl. I S. 718), Abs. 2 Satz 2 neu gefasst durch Gesetz vom 10. 11. 2006 (BGBl. I S. 2583).

	Rn.		Rn.
6. Ausnahmen	6–9	5. Geschäftswert	28, 29
II. Abhängigmachung	10–19	6. Abhilfe	30
1. Versagung des Geschäfts	10–14	7. Beteiligung der Staatskasse	31
2. Verfassungsmäßigkeit, Europarechtsmäßigkeit	15, 15 a	8. Prüfungsrecht des Beschwerdegerichts	32
3. Ausnahmen	16–19	9. Kostenentscheidung	33
III. Verfahren	20–36	10. Auswirkungen auf den Rechtsweg nach § 14	34
1. Vorschussanforderung	20	11. Folgen der Nichtzahlung	35
2. Abhängigmachung	21, 22	12. Rechtspfleger	36
3. Rechtsbehelf gegen Vorschussanforderung	23	IV. Notare	37, 38
4. Beschwerde gegen Abhängigmachung	24–27	V. FG-Reform	39

Schrifttum: *Heckschen/Wagner* NotBZ 2001, 83.

I. Vorschuss

1. Vorverlegung der Fälligkeit

1 Abs. 1 knüpft an § 7 an: Mit Hilfe der Vorschusspflicht (S. 1: „hat") wird die Fälligkeit bei Antragsgeschäften praktisch auf den Zeitpunkt der Antragstellung vorverlegt. Die Gebühren entstehen jedoch erst mit der Beendigung des Geschäfts; kommt es nicht dazu, ist der Vorschuss zurückzuzahlen (§ 9).

2. Umfang

2 Vorzuschießen sind die als Folge des Antrags voraussichtlich entstehenden Gebühren und Auslagen (einschließlich der Auslagen eines Gutachtens über ausländisches Recht),[1] also ggf. auch für mehrere Geschäfte (s. § 9 Rn. 4). Die Auslagen einer Verfahrenspflegschaft (vgl. § 92 Rn. 21 ff., § 93a) gehören nicht dazu.[2] Dabei ist der normale Verlauf zugrunde zu legen. Ergibt sich später eine Erhöhung, kann nachgefordert werden. Grundsätzlich sind bei Antragstellung alle Kosten vorauszuzahlen,[3] doch kann zumindest im Verwaltungsweg auch eine Vorauszahlung in Raten oder nach Verfahrensabschnitten zugelassen werden.

3. Schuldner

3 Die Vorschusspflicht setzt eine Zahlungspflicht, insbesondere nach den §§ 2 ff., voraus. In Betracht kommen vor allem der Antragsteller (§ 2 Nr. 1) und der für seine Kostenschuld Haftende (§ 3 Nr. 3), aber auch der Übernehmer (§ 3 Nr. 2) und das Unternehmen (§ 79 Abs. 2). Die Vorauszahlungspflicht erfasst nicht Kosten, die den Antragsteller nicht treffen (zB § 53 Abs. 1 Nr. 4, Abs. 6 S. 1). Wer in einem Antragsverfahren Kosten schuldet, ohne Antragsteller zu sein, also zB der Ersteher (§ 4) oder der Anteilsberechtigte (§ 116 Abs. 6), ist nicht vorauszahlungspflichtig.[4] Denn seine Zahlungspflicht entsteht erst durch die Erfüllung des Gebühren- und Haftungstatbestands, es fehlt die Verwirklichung eines Vorschusspflichttatbestands durch einen von ihm ausgehenden Antrag.

4. Beschwerdeverfahren

4 Die Vorschusspflicht gilt auch für Beschwerdeverfahren (§§ 131, 131a, 131b).[5] Dass es bei Erfolg der Beschwerde kostenfrei bleibt (§ 131 Abs. 1 S. 2, Abs. 5 usw.), steht dem nicht entgegen, denn darin liegt letztlich nur ein gradueller Unterschied gegenüber § 130 Abs. 1. Im Übrigen ist die Beschwerde ein Antragsgeschäft gemäß § 2 Nr. 1, folglich muss auch § 8 Abs. 1 gelten.

---

[1] LG Frankenthal Rpfleger 1981, 324.
[2] *Weithase* Rpfleger 1993, 143.
[3] KG JFGErg. 20, 1 = JVBl. 1939, 284.
[4] AA KGJ 45, 345.
[5] AA KG HRR 1940 Nr. 752 = JVBl. 1940, 122.

5. Amtsgeschäfte

Bei von Amts wegen vorzunehmenden „Verrichtungen" (= Amtsverfahren, auch ohne gebührenpflichtiges „Geschäft") kann der Auslagenvorschuss (Abs. 1 S. 2) nur erhoben werden, wenn die Vornahme gewiss ist. Aber selbst dann liegt sie im Ermessen des Gerichts (Abs. 1 S. 2: „kann"). Im Vordergrund der Ermessensausübung steht, entsprechend dem Zweck der Norm, das Sicherungsinteresse des Staates. Doch mag die Vorschusserhebung auch dazu dienen, den Beteiligten die Höhe der voraussichtlichen Kosten vor Augen zu führen, zumal dann, wenn sie von ihrem Verhalten im Verfahren abhängt.

6. Ausnahmen

Persönliche Befreiung (§ 11) entbindet von der Vorschusspflicht, desgleichen die **Prozesskostenhilfe** (§ 14 FGG, § 122 Abs. 1 Nr. 1a ZPO). Im Zeitpunkt der Bewilligung gezahlte Vorschüsse können nur auf bereits fällige (§ 7) Kosten verrechnet werden – Entstehung genügt mit anderen Worten nicht –, iÜ sind sie zu erstatten (§ 9).[6]

Kostenvorschüsse sind **ferner** nicht zu erheben, soweit dies ausdrücklich untersagt ist (zB § 14 Abs. 4 FreihEntzG). S. iÜ § 22 Abs. 5, 6 KostVfg. (Anhang D I) und die im Anhang B wiedergegebenen Regelungen.

Im Zweifel ist die Vorschusspflicht jedenfalls dann zu verneinen, wenn es sich um den gemäß Art. 19 Abs. 4 GG zugesicherten Rechtsweg handelt, wie sich aus § 12 Abs. 1 GKG (Zivilprozesse) und der Beseitigung der Vorschusspflicht in den öffentlich-rechtlichen Verfahren durch das KostÄndG 1975 ergibt (also etwa im Falle des § 30 EGGVG).[7]

Andererseits führt die Vorschusspflicht den Beteiligten ihr Kostenrisiko vor Augen, sie liegt deshalb nicht selten in ihrem Interesse (vgl. Rn. 5).

II. Abhängigmachung

1. Versagung des Geschäfts

Abhängigmachung (Abs. 2) bedeutet Versagung des beantragten Geschäfts (§ 2 Rn. 6ff.), wenn der Vorschuss (Abs. 1) für die Kosten dieses Geschäfts (also nicht bereits fällige Kosten vorausgegangener Geschäfte, selbst wenn sie auf demselben Antrag beruhen)[8] weder gezahlt noch sie anderweit sichergestellt werden. Das Verfahren ruht;[9] aus dem Verfahrensrecht kann sich darüber hinaus ergeben, dass der Antrag zurückzuweisen ist (zB in Grundbuchsachen wegen §§ 17, 18 GBO;[10] nicht in Güterrechtsregistersachen)[11] oder als zurückgenommen gilt.[12] In **Amtsverfahren** gibt es keine Abhängigmachung, sondern nur in Antragsverfahren!

Abhängig gemacht werden kann nur das **Geschäft insgesamt,** nicht ein Teil des Geschäfts, etwa die Beweisaufnahme.[13]

Ein **Antrag mehrerer Beteiligter** darf mangels Vorschusszahlung (Rn. 10) erst zurückgewiesen werden, wenn alle Antragsteller zur Zahlung aufgefordert worden sind.[14]

Abhängig zu machen ist die „Vornahme" des Geschäfts, nicht die **Zurückweisung des Antrags.** Ist der Antrag abweisungsreif, kann also nicht abhängig gemacht, vielmehr muss sofort entschieden werden. Ist die Entscheidung hingegen erst in einem späteren Verfahrensabschnitt zu treffen, so findet Abs. 2 Anwendung.

Das Gericht **soll** abhängig machen. Die Fassung räumt kein Ermessen ein (arg. S. 2), sie verhindert nur Rechtsfolgen eines Verstoßes (gegen eine zwingende Vorschrift). Insbeson-

---

[6] AA KG Rpfleger 1984, 372 = KostRsp. GKG § 68 Nr. 15m. abl. Anm. *Lappe*; vgl. auch BGH MDR 1961, 748: „rückständig" in § 16 Abs. 3 GmbHG = fällig.
[7] Gegen OLG Hamburg Rpfleger 1960, 27 = KostRsp. § 30 EGGVG Nr. 2m. abl. Anm. *Lappe*; so auch OLG Hamm JVBl. 1964, 36.
[8] LG Osnabrück Nds.Rpfl. 1973, 51.
[9] BVerfGE 10, 264, 269.
[10] KG JFG 15, 314, 315.
[11] OLG Frankfurt Rpfleger 1993, 26.
[12] BVerfGE 10, 264, 269.
[13] Vgl. LG Berlin Rpfleger 1982, 487 für das Erbenaufgebot im Erbscheinsverfahren.
[14] BGH DNotZ 1982, 238.

§ 8   1. Teil. 1. Abschnitt: 4. Vorauszahlung und Sicherstellung

dere findet nach S. 1 keine Einzelfallprüfung statt, ob die Abhängigmachung geboten ist (dazu S. 2, Rn. 16 ff.). Anderes gilt allein in **Grundbuch- und Nachlasssachen** (S. 1 Halbs. 2, angefügt durch das RegVBG von 1993 im Interesse der Verfahrensbeschleunigung): Hier erfordert die Abhängigmachung Anhaltspunkte für die Gefährdung des Kosteneingangs im konkreten Fall, allgemeine Erwägungen über „Zeiten allgemeiner geringer Zahlungsbereitsrundschaft"[15] genügen nicht. Weisungen der Justizverwaltung sind unzulässig.[16]

2. Verfassungsmäßigkeit, Europarechtsmäßigkeit

15 Die Abhängigmachung ist ein einschneidender Eingriff. Sie gilt deshalb nur für Antragsgeschäfte und auch hier nur mit Ausnahmen (Abs. 2 S. 2; dazu Rn. 16 ff.). Sie ist zwar mit dem **Grundgesetz** vereinbar,[17] doch darf sie nicht die Verwirklichung von Grundrechten verhindern oder unverhältnismäßig erschweren (vgl. Art. 1 Abs. 3 GG). Problematisch erscheint daher beispielsweise die Abhängigmachung der Befreiung von Eheerfordernissen und Eheverboten von der Zahlung der Gebühr des § 97 a, wegen Art. 6 GG; der Eintragung ins Vereinsregister von der Zahlung der Gebühr des § 80, wegen Art. 9 GG; zumal das Verwaltungszwangsverfahren (§ 2 Rn. 5) dem Staat einen schnellen Zugriff nach Fälligkeit der Gebühr ermöglicht.

15 a § 8 Abs. 2 verstößt nicht gegen die **EG-Richtlinie,** so der EuGH[18] für die Veröffentlichungskosten der Eintragung einer Zweigniederlassung in einem anderen Mitgliedstaat.

3. Ausnahmen

16 Die Abhängigmachung ist nicht zulässig (Abs. 2 S. 2),
– wenn dem Antragsteller Prozesskostenhilfe bewilligt ist (Nr. 1; § 14 FGG, § 122 Abs. 1 Nr. 1 a ZPO); bei mehreren Antragstellern bedarf es, soweit sie gesamtschuldnerisch haften (§ 5), der Prozesskostenhilfe aller;

17 – wenn dem Antragsteller – persönliche – Gebührenfreiheit zusteht (Nr. 2; § 11; er ist auch von Auslagenvorschüssen befreit!); bei mehreren Schuldnern ergibt sich die Gebühren- und damit auch die Vorschusspflicht aus § 13;

17 a – wenn der Notar die persönliche Haftung übernommen hat (Nr. 3; § 3 Nr. 3); das „Gutsagen" als Bürgschaft (§ 3 Rn. 21) genügt nicht;

18 – wenn glaubhaft gemacht ist, dass eine etwaige Verzögerung einem Beteiligten (also nicht nur dem Antragsteller!) einen nicht oder nur schwer zu ersetzenden Schaden bringen würde (Nr. 4); Glaubhaftmachung ist „überwiegende Wahrscheinlichkeit", mit allen Beweismitteln einschließlich der eidesstattlichen Versicherung (§ 15 FGG, § 294 Abs. 1 ZPO); s. auch § 4 Rn. 2;

19 – wenn die Abhängigmachung aus einem anderen Grund nicht angebracht erscheint, insbesondere wenn die Berichtigung des Grundbuchs oder die Eintragung eines Widerspruchs beantragt wird (Nr. 5); dies ist – wie aus den gesetzlichen Beispielen folgt – immer dann der Fall, wenn das Geschäft „der Richtigkeit dient" oder die Beteiligten zu seiner Vornahme verpflichtet sind; also vor allem bei erzwingbaren Registeranmeldungen und solchen mit deklaratorischer Wirkung; iÜ immer dann, wenn nach dem Ermessen[19] des Richters (Rechtspflegers) der Eingang der Kosten mit Sicherheit zu erwarten ist (so § 10 Abs. 2 Nr. 1) oder das Risiko des Einnahmeausfalls in keinem Verhältnis zur Verzögerung der Erledigung steht (Abwägung entsprechend dem Zweck der Norm unter Berücksichtigung des durch die Abhängigmachung hervorgerufenen zusätzlichen Arbeitsaufwands des Gerichts – der im Allgemeinen nicht entsteht, wenn ohnehin eine Zwischenverfügung ergehen muss! –); bei kleineren Kostenbeträgen und bei Geschäften, die keine Verzögerung vertragen, lässt sich deshalb Abhängigmachung nur vertreten, wenn der Kosteneingang wirklich gefährdet: ohne sie nicht zu erwarten ist.[20]

---

[15] So LG Düsseldorf KostRsp. Nr. 15 m. abl. Anm. *Lappe.*
[16] *Lappe* NJW 1998, 1112, 1115.
[17] BVerfGE 10, 264, 268.
[18] EuGH NJW 2006, 3195 = Rpfleger 2006, 607.
[19] OLG Köln MDR 2004, 271 = OLGR 2003, 353.
[20] So auch der – unzulässige – RdErl. Hess. JMBl. 1969, 1476 für Grundbuchsachen.

III. Verfahren

1. Vorschussanforderung

Die Vorschussanforderung (Abs. 1) ist Kostenansatz (§ 14; § 22 Abs. 2 KostVfg., Anhang 20
D I), die Kosten werden „zum Soll gestellt" (§ 30 KostVfg.).

2. Abhängigmachung

Die Abhängigmachung (Abs. 2) erfolgt durch gerichtliche Entscheidung (Richter/Rechts- 21
pfleger). Sie wird dem Notar als Vertreter – nicht aber als „Boten" – mitgeteilt. Das Gericht kann zugleich den Kostenbetrag bestimmen, die Berechnung des Vorschusses aber auch dem Kostenbeamten überlassen (vgl. § 22 Abs. 3 KostVfg.).

Die Kosten werden ohne „Sollstellung" durch „Kostennachricht" eingefordert (§ 31 22
KostVfg.), und zwar vom Zahlungspflichtigen (§§ 31 Abs. 1 S. 1, 32 Abs. 2 S. 2 KostVfg.), vom Bevollmächtigten (Notar) nur in den Fällen des § 32 Abs. 2 S. 1 KostVfg., also nicht schon deshalb, weil ihm eine Zwischenverfügung zuzustellen ist. Die Kostennachricht wird zugestellt, wenn – wie in Grundbuchsachen – das Gericht eine Frist zur Zahlung bestimmt (§ 32 Abs. 3 KostVfg.). Hat das Gericht in dem Beschluss oder der Verfügung über die Abhängigmachung den Kostenbetrag und die Zahlungsfrist selbst bestimmt, so erübrigt sich eine Kostennachricht (§ 31 Abs. 3 KostVfg.).

3. Rechtsbehelf gegen Vorschussanforderung

Die Vorschussanforderung wird nach § 14 angefochten (vgl. dort Rn. 17, 18); die weite- 23
re Beschwerde kann also zugelassen werden.[21]

4. Beschwerde gegen Abhängigmachung

Gegen die Abhängigmachung (Abs. 2) findet die Beschwerde statt (Abs. 3 S. 1): gegen 24
die Anordnung überhaupt, aber auch wegen der in ihr bestimmten Höhe des Vorschusses. „Höhe des Vorschusses" meint nicht nur den Betrag, sondern auch die Rechtmäßigkeit des ihm zugrunde liegenden vorläufigen Kostenansatzes. Aus der Nichtabhängigmachung folgt also kein Beschwerderecht der Staatskasse (Rn. 31).

Grundsätzlich ist die Kostenbeschwerde des § 14 Abs. 4 bis 7 gegeben (Abs. 3 S. 2 25
Halbs. 1; s. dazu § 14); also Beschwerde und weitere (Rechts-)Beschwerde ohne Divergenzvorlage an den BGH (§ 14 Abs. 5 S. 3, Abs. 4 S. 3)

In Grundbuch- und Schiffsregistersachen tritt an ihre Stelle die Sachbeschwerde nach 26
der GBO bzw. der SchiffsRegO (Abs. 3 S. 2 Halbs. 2), die insbesondere die Divergenzvorlage zum BGH eröffnet (§ 79 Abs. 2 GBO, § 87 Abs. 2 SchiffsRegO).

Hat der Kostenbeamte die Höhe des Vorschusses durch Kostennachricht bestimmt, so 27
findet die Erinnerung nach § 14 statt; in der Entscheidung über sie liegt eine gerichtliche Abhängigmachung auch der Höhe nach, daher Beschwerde nach Abs. 3. Ist im Amtsverfahren abhängig gemacht worden, so ebenfalls einfache Beschwerde;[22] desgleichen gegen andere unzulässige Abhängigmachung, etwa der Beweisaufnahme von einem Beweiskostenvorschuss.

5. Geschäftswert

Ist der Geschäftswert bereits festgesetzt, so sind Kostenbeamter und Gericht bei der Be- 28
messung der der Vorschussberechnung zugrunde liegenden Gebühren an den Geschäftswert gebunden. In den Einwendungen gegen die Höhe des Kostenbetrages kann jedoch eine Beschwerde gegen die Wertfestsetzung zu erblicken sein (dann § 31 Abs. 3),[23] außerdem kommt eine Änderung der Wertfestsetzung gemäß § 31 Abs. 1 S. 2 in Betracht.

Ist der Geschäftswert noch nicht festgesetzt, sind Gericht und Kostenbeamter (für ihn 29
gilt § 31 Abs. 2 KostVfg.) in seiner Annahme frei. Bedarf es dabei der Mitwirkung der

---

[21] OLG Celle DNotZ 1972, 441.
[22] OLG Zweibrücken FamRZ 1982, 530.
[23] BayObLG Rpfleger 1970, 254.

Beteiligten, werden ihnen entsprechende Angaben auferlegt.[24] In den Einwendungen gegen die Höhe des Kostenbetrags kann ein Antrag auf Wertfestsetzung zu erblicken sein.

6. Abhilfe

30   Der Kostenbeamte kann der Erinnerung, das Gericht der Beschwerde abhelfen (§ 14 Abs. 10 S. 1, Abs. 4 S. 1, Abs. 5 S. 4, § 75 GBO, § 80 SchiffsRegO). In der Vornahme des Geschäfts liegt eine Abhilfe der Beschwerde gegen die Abhängigmachung.

7. Beteiligung der Staatskasse

31   Obwohl § 8 dem Kostensicherungsinteresse der Staatskasse dient, ist diese doch nur Beteiligte, soweit es sich um die „Höhe des Vorschusses" handelt. Insbesondere steht ihr gegen die „Nichtabhängigmachung" keine Beschwerde zu: Eine solche Entscheidung gibt es förmlich nicht, es gibt nur die Abhängigmachung. Sie ist eine Sachentscheidung im FGG-Verfahren (Zwischenverfügung nach § 18 GBO usw.), und an diesem Verfahren ist die Staatskasse nicht beteiligt.

8. Prüfungsrecht des Beschwerdegerichts

32   Auf die Beschwerde hin hat das Gericht nicht nur die richtige Anwendung des Kostenrechts zu prüfen (in der Ausübung des Ermessens nach Abs. 2 S. 2, s. Rn. 3, tritt – da es sich nicht um die Anfechtung eines Verwaltungsaktes handelt, vgl. § 14 Rn. 76–77 – das Beschwerdegericht voll an die Stelle des Erstgerichts), sondern auch, ob die beabsichtigte Sachbehandlung die Kostenforderung rechtfertigt. Kommt das Beschwerdegericht zu einer anderen Beurteilung, so betrifft diese allein die Abhängigmachung und bindet das erstinstanzliche Gericht nicht in seiner Sachbehandlung, nur die Abhängigmachung ist ihm versagt.[25]

9. Kostenentscheidung

33   Einer Kostenentscheidung bedarf es nicht (Abs. 3 S. 3, 4); s. § 14 Abs. 9.

10. Auswirkungen auf den Rechtsweg nach § 14

34   Die Anfechtung und Entscheidung nach Abs. 3 verschließt nicht den Rechtsweg des § 14 gegen die spätere „ordentliche Kostenrechnung", selbst wenn sie sich in einer Bestätigung der Vorschussberechnung („keine weiteren Kosten", „Kosten durch Vorschuss gedeckt") erschöpft (vgl. § 14 Rn. 17, 18). Auch ergeben sich aus Entscheidungen im Verfahren nach Abs. 3 keinerlei Bindungswirkungen.

11. Folgen der Nichtzahlung

35   Wegen der Folgen der Nichtzahlung s. Rn. 10. Wird der Antrag wegen Nichtzahlung (des richtig berechneten Vorschusses nach Ablauf einer angemessenen Frist)[26] zurückgewiesen, so ist nicht mehr die Beschwerde nach Abs. 3, sondern nur noch die Sachbeschwerde gegeben.[27] Sie kann mit Erfolg auf die nachträgliche Einzahlung des Vorschusses gestützt werden,[28] lässt aber die ursprüngliche Rangstelle nicht wieder aufleben.[29] Zur Sicherheitsleistung s. § 23 KostVfg.

12. Rechtspfleger

36   Ist der Rechtspfleger in der Hauptsache zuständig, so entscheidet er über die Erinnerung gegen die Vorschussberechnung des Kostenbeamten (§ 14 Rn. 85, 86). Gegen seine Entscheidung findet die Beschwerde (§ 11 Abs. 1 RPflG), ausnahmsweise die Erinnerung des § 11 Abs. 2 RPflG statt (vgl. § 14 Rn. 170 ff.).

---

[24] *Lappe* KostRsp. Nr. 16 Anm. gegen OLG Hamm Rpfleger 2000, 268.
[25] *Lappe* KostRsp. BEG § 225 Nr. 3 Anm. gegen OLG Koblenz.
[26] LG Osnabrück Nds.Rpfl. 1973, 51.
[27] OLG Hamm Rpfleger 2000, 268.
[28] LG Hannover JurBüro 1972, 904 = Nds.Rpfl. 1972, 279; LG Düsseldorf Rpfleger 1986, 175 = KostRsp. Nr. 12 m. Anm. *Lappe*.
[29] LG Köln MittRhNotK 1985, 216.

IV. Notare

§ 8 gilt auch für Notare (§ 141). In der Praxis wird er allerdings kaum angewandt.[30] Das beruht vor allem darauf, dass sich oft erst in der notariellen Verhandlung die erforderliche Beurkundung (§ 17 Abs. 1 BeurkG), damit die Gebühr ergibt und „man" sie nicht zur Berechnung und Zahlung des Vorschusses unterbrechen kann. Mit dieser Erkenntnis steht im Einklang, dass die Nebengebühren der §§ 146, 147, auch 149 zunehmend zur Vermeidung einer verspäteten Gesamtberechnung für die Angelegenheit oder einer späteren Nachberechnung für diese Geschäfte bereits mit der Gebühr für die Beurkundung als Vorschuss eingefordert werden. Die Nichtanwendung des § 8 ist keine Amtspflichtverletzung gegenüber den anderen Urkundsbeteiligten.[31] 37

Beim Notar tritt an die Stelle der Prozesskostenhilfebewilligung (Abs. 2 S. 2) die vorläufige Gebührenbefreiung gemäß § 17 Abs. 2 BNotO (wobei dieser Gebührenbegriff auch die Auslagen erfasst, vgl. § 17 Abs. 1 BNotO mit §§ 140 ff., ferner § 1 Rn. 13); an die Stelle des Rechtsweges gemäß § 14 (§ 143) bei Notaren, denen die Kosten selbst zufließen (§ 154), der Rechtsweg gemäß § 156; an die Stelle der Beschwerde nach Abs. 3 die Beschwerde gemäß § 15 BNotO. Die Vorschussberechnung unterliegt § 154, sie wird nach § 155 vollstreckt.[32] 38

V. FG-Reform

In § 8 Abs. 2 S. 2 Nr. 1 soll die „Prozesskostenhilfe" durch „Verfahrenskostenhilfe" ersetzt werden. 39

§ 9 Zurückzahlung von Vorschüssen

Vorschüsse werden nur insoweit zurückgezahlt, als sie den Gesamtbetrag der für das Geschäft bis zu dessen Beendigung entstandenen Kosten übersteigen.

Entsprechend: § 18 GKG.

I. Verrechnungseinheit

Der Vorschuss (§ 8 Abs. 1) ist eine **Einheit**. Seine Bemessung nach Gebühren und Auslagen oder bestimmten Gebühren und bestimmten Auslagen hat für die Verrechnung keine Bedeutung, es wird der Gesamtbetrag des Vorschusses auf den Gesamtbetrag der Kostenschuld verrechnet. 1

Die Verrechnungsgrenze bildet als Folge von § 8 das „**Geschäft**", d.h. die die Gebühr auslösende gerichtliche Tätigkeit oder Verfahrenshandlung in einer Angelegenheit (§ 2 Rn. 6). Das bedeutet: 2

– Wird der Vorschuss nur für ein Geschäft erhoben, so gilt vorstehend Rn. 2 ohne Einschränkung. 3

– Wird der Vorschuss jedoch für mehrere Geschäfte innerhalb einer Angelegenheit erhoben (§ 8 Rn. 2), so muss die Verrechnung beim Kostenansatz (§ 14 Abs. 1) zwar für jedes einzelne Geschäft erfolgen, ein Zuviel und Zuwenig zwischen den einzelnen Geschäften lässt sich jedoch im Wege der Aufrechnung (Rn. 8) ausgleichen. 4

II. Verrechnungsvoraussetzungen

Die Verrechnung setzt voraus, dass durch das Geschäft, für das der Vorschuss erhoben worden ist, Kosten **entstanden** sind (Rn. 1); und derjenige, der (oder für den ein Dritter) den Vorschuss gezahlt hat, sie – gleich aus welchem Grund und nach welcher Vorschrift – 5

---

[30] Dazu BGH NJW 1989, 2615 sowie Hansens NJW 1990, 1831.
[31] BayObLGZ 1992, 7 = DNotZ 1992, 51; OLG Hamm OLGR 2004, 399 = RNotZ 2005, 127; OLG Schleswig OLGR 2002, 142.
[32] *Otto/Wudy* NotBZ 2004, 215, 222.

§ 10   1. Teil. 1. Abschnitt: 4. Vorauszahlung und Sicherstellung

schuldet. Dass weitere Schuldner (von Anfang an) vorhanden waren oder hinzugetreten sind, ist grundsätzlich ohne Bedeutung (zur Ausnahme s. § 5 Rn. 4). Die Kostenschuld setzt wiederum **Fälligkeit** (§ 7) voraus, der Wortlaut des § 9 – „entstandenen" Kosten – ist insoweit missverständlich. Wegen der Verrechnung nach Prozesskostenhilfebewilligung s. § 8 Rn. 6.

III. Verrechnungsverfahren

6   Die – öffentlich-rechtliche, einseitige – Verrechnung des Vorschusses ist **Kostenansatz** (§ 14), selbst wenn die Übersendung einer förmlichen Kostenrechnung unterbleibt, weil sich Vorschuss und Kostenschuld decken (§ 32 Abs. 5 KostVfg., Anhang D I). Anfechtung daher nach § 14 (s. dort Rn. 113; auch § 30a EGGVG [Zusatz zu § 14] Rn. 6).

7   Soweit der Vorschuss die Kostenschuld übersteigt, ist er **zurückzuzahlen** (selbst wenn dadurch ein Zurückbehaltungsrecht, § 10, ausgelöst wird); grundsätzlich an den Vorschussschuldner, ggf. an seinen Bevollmächtigten (§ 36 Abs. 4 KostVfg.); an einen Dritten nur mit Einverständnis desjenigen, dessen Verpflichtung er erfüllt hat.[1] Der Betrag wird nicht verzinst (§ 17 Abs. 4).[2]

IV. Aufrechnung

8   Sowohl die Staatskasse als auch der Kostenschuldner können den zurückzuzahlenden Betrag gegen eine andere Kostenforderung aufrechnen (§§ 387 ff. BGB, vgl. § 226 AO). Die Aufrechnung erfordert eine Erklärung, bei der Staatskasse durch ihren zur Vertretung Berufenen (vgl. § 14 Rn. 50). Die Aufrechnung ist kein Kostenansatz; dazu und zur Anfechtung s. Zusatz zu § 14 Rn. 9.

V. Notare

9   § 9 gilt auch für Notare (§ 141), jedoch tritt bei Notaren, denen die Kosten selbst zufließen (§ 154), an die Stelle des Rechtswegs nach § 14 (§ 143) derjenige nach § 156. Innerhalb desselben Geschäfts verrechnet der Notar bei Aufstellung der endgültigen Kostenberechnung. Stehen sich Rückzahlungsanspruch wegen eines Zuvielvorschusses und die Kostenforderung aus einem anderen Geschäft gegenüber, bedarf es der Aufrechnung entsprechend den §§ 387 ff. BGB, also durch Erklärung (§ 388 BGB).

§ 10* Zurückbehaltungsrecht

(1) **Ausfertigungen, Ablichtungen, Ausdrucke sowie zurückzugebende Urkunden, die aus Anlaß des Geschäfts eingereicht sind, können zurückbehalten werden, bis die in der Angelegenheit erwachsenen Kosten bezahlt sind.**

(2) **Von der Zurückbehaltung ist abzusehen,**
1. **wenn der Eingang der Kosten mit Sicherheit zu erwarten ist;**
2. **wenn glaubhaft gemacht wird, daß die Verzögerung der Herausgabe einem Beteiligten einen nicht oder nur schwer zu ersetzenden Schaden bringen würde, und nicht anzunehmen ist, daß die Kosten entzogen werden sollen;**
3. **wenn das Schriftstück nicht vom Kostenschuldner, sondern von einem Dritten eingereicht ist, demgegenüber die Zurückbehaltung eine unbillige Härte wäre.**

(3) **§ 14 Abs. 2 bis 10 gilt entsprechend.**

Entsprechend: § 7 Abs. 3 JVKostO.

---
[1] Vgl. OLG Düsseldorf MDR 1983, 321; OLG Stuttgart Rpfleger 1985, 169.
[2] OLG Hamm NJW 2001, 1287.
* § 10 Abs. 3 geändert durch Gesetz vom 5. 5. 2004 (BGBl. I S. 718), Abs. 1 geändert durch Gesetz vom 22. 3. 2005 (BGBl. I S. 837).

Übersicht

	Rn.		Rn.
I. Zurückbehaltungsrecht	1	VI. Angelegenheit	10–12
II. Anwendungsbereich	2	VII. Absehen von der Zurückbehaltung	13
III. Gegenstand der Zurückbehaltung	3	VIII. Verfahren, Rechtsweg	14–20
IV. Kein Eingriff ins Verfahren	4–7	IX. Notare	21–29
V. Kostenschuldner, Dritter	8, 9		

I. Zurückbehaltungsrecht

Das Zurückbehaltungsrecht ist eine privatrechtliche Institution (§ 273 BGB und weitere Vorschriften), im materiellen öffentlichen Recht kommt es nur selten (§ 84 Abs. 2 BBG und ähnliche Bestimmungen) und im Verfahrensrecht überhaupt nicht vor. Es setzt begrifflich wechselseitige Ansprüche voraus und gibt dem Schuldner zur Sicherung der eigenen Forderung ein Leistungsverweigerungsrecht gegenüber der anderen. § 10 knüpft ersichtlich an dieser privatrechtlichen Vorgabe an und überträgt sie „kurzer Hand" in das Verfahren der freiwilligen Gerichtsbarkeit; allerdings beschränkt: Der Staat kann nicht seine Leistung insgesamt, also das Verfahren, auch nicht ihren wesentlichen Teil: die Entscheidung, zurückbehalten, sondern nur die in Abs. 1 genannten Gegenstände. 1

II. Anwendungsbereich

Das Zurückbehaltungsrecht findet bei **Antragsgeschäften** Anwendung, wenn sie ohne Abhängigmachung (§ 8 Abs. 2) vorgenommen worden sind und der Vorschuss (§ 8 Abs. 1) nicht gezahlt ist oder die Kostenschuld ihn übersteigt. Bei **Amtsgeschäften** gibt es keine Abhängigmachung (§ 8 Abs. 2 S. 1), und Vorschusspflicht besteht nur bzgl. der Auslagen (§ 8 Abs. 1 S. 2), für die Gebühren kommt also die Zurückbehaltung als einziges Sicherungsmittel in Betracht. 2

III. Gegenstand der Zurückbehaltung

Die Vorschrift ist entsprechend ihrem Zweck auszulegen: Die Gerichtskosten werden für eine staatliche Leistung erhoben (§ 1 Rn. 10). Das Ergebnis dieser Leistung („Ausfertigungen, Ablichtungen, Ausdrucke", Abs. 1; entsprechend § 273 Abs. 1 BGB) oder die mit ihrem Erbringen zurückzugebenden Urkunden (ebenfalls Abs. 1; entsprechend § 273 Abs. 2 BGB) soll der Schuldner nur Zug um Zug (§ 274 BGB) gegen die für die Leistung zu zahlenden Kosten erhalten. Daraus folgt, dass **„Ausfertigungen, Ablichtungen, Ausdrucke"** (Abs. 1) nicht vom Verfahrensrecht her zu verstehen sind, vielmehr alle vom Gericht stammenden Schriftstücke umfassen, die Teil der staatlichen Leistung sind, für die die Kosten erhoben werden. Ohne Bedeutung ist ebenfalls, ob das Schriftstück dem Kostenschuldner selbst oder als Folge seines generellen oder besonderen Antrags einem Dritten – etwa der Grundschuldbrief antragsgemäß unmittelbar dem Gläubiger – auszuhändigen ist. Auch kann es nicht darauf ankommen, ob das Schriftstück formlos auszuhändigen oder förmlich zuzustellen ist. Der Begriff der **„zurückzugebenden Urkunde"** ist ebenfalls weit zu fassen: alle Schriftstücke, die aus Anlass des Geschäfts eingereicht wurden, mag dazu eine Verpflichtung bestanden haben oder nicht. 3

IV. Kein Eingriff ins Verfahren

Die allein dem Kostensicherungsinteresse der Staatskasse dienende Regelung vermag jedoch nicht das materielle Recht und das Verfahrensrecht zu suspendieren. Ist ein Geschäft **von Amts wegen** vorzunehmen, so kann nicht etwa die gerichtliche Entscheidung in Urschrift abgefasst, die Herausgabe der Ausfertigungen jedoch bis zur Kostenzahlung hinausgezögert werden, vielmehr erfordert die gebotene wirksame Vornahme des Geschäfts die Mitteilung oder Zustellung der Ausfertigungen an die Beteiligten. 4

5 Ähnliches muss im Hinblick auf den Amtsbetrieb der freiwilligen Gerichtsbarkeit für **Antragsverfahren** gelten: Die nach dem Verfahrensstand erforderliche Entscheidung wird durch § 10 nicht aufgehalten, sie ist wirksam – d. h. unter Herausgabe der Ausfertigungen an die Beteiligten – zu treffen.

6 Nur dann, wenn ohne Eingriff in das Verfahren eine gesonderte Zurückbehaltung von Schriftstücken möglich ist, findet § 10 Anwendung. Dies ist zB bei der Erteilung eines Erbscheins oder Hoffolgezeugnisses der Fall: Den verfahrensmäßigen Abschluss stellt die Erteilungsverfügung (der Erteilungsbeschluss) dar, nach ihrer Bekanntmachung kann der eigentliche Erbschein zurückbehalten werden. Von § 10 werden demgemäß weiter erfasst: Ausfertigungen von Beurkundungsniederschriften, (besondere) vollstreckbare Ausfertigungen, Vergleichsausfertigungen wie überhaupt Ablichtungen/Ausdrucke von Terminsprotokollen, Satzungen im Registerverfahren, Grundschuldbriefe; nicht aber Eintragungsnachrichten, mag die Eintragung rechtsbegründend oder berichtigend (Beispiel: Erbteilsabtretung) wirken.

7 Das Recht der Beteiligten auf **Akteneinsicht** wird durch § 10 nicht berührt. Es steht nach seinem heutigen Verständnis in engem Zusammenhang mit Art. 103 Abs. 1 GG und kann durch die allein dem Kostensicherungsinteresse der Staatskasse dienende Vorschrift nicht in erweiternder Auslegung beeinträchtigt werden.

V. Kostenschuldner, Dritter

8 Die Zurückbehaltung setzt eine fällige (§ 7) Kostenschuld voraus, Vorschusspflicht (§ 8 Abs. 1) genügt nicht (Abs. 1: „erwachsenen Kosten"; § 8 Abs. 2 über die Abhängigmachung geht als spezielle Regelung vor). Bei **mehreren** Schuldnern gilt § 8 Rn. 12. Verjährung steht nur entgegen, wenn der Herausgabeanspruch nach ihrem Eintritt entstanden ist (entsprechend § 215 BGB);[1] ein Rechtsnachfolger des Herausgabeberechtigten muss das dem Rechtsvorgänger gegenüber entstandene Zurückbehaltungsrecht gegen sich gelten lassen,[2] soweit die Rechtsnachfolge reicht.[3] Zulässig ist die Zurückbehaltung nur gegenüber dem Kostenschuldner, nicht aber gegenüber Dritten, die einen „originären" Anspruch auf die Schriftstücke haben (s. Rn. 28). Hat ein **Dritter** eine Urkunde eingereicht, so ist zu unterscheiden: War der Schuldner zur Einreichung verpflichtet und hat der Dritte die Verpflichtung des Schuldners erfüllt, kann zurückbehalten werden. Handelt es sich hingegen um eine „eigene Einreichung" des Dritten, etwa im Rahmen des Freibeweises (§ 12 FGG), ist die Zurückbehaltung unzulässig, denn hier fehlt es an der Konnexität zwischen der Kostenforderung und dem Herausgabeanspruch.[4]

9 Vom **Insolvenzverfahren** des Schuldners werden die Gegenstände des Zurückbehaltungsrechts des § 10 im Allgemeinen nicht erfasst, sie gehören nicht zum Vermögen des Schuldners iS von § 35 InsO. Soweit dies ausnahmsweise doch der Fall ist (Grundschuldbriefe), kann es die Staatskasse wegen der abschließenden Regelung in § 51 Nr. 2 und 3 InsO dem Insolvenzverwalter gegenüber nicht durchsetzen.[5]

VI. Angelegenheit

10 Die Zurückbehaltung soll nach Abs. 1 nicht nur für die Kosten des jeweiligen Geschäfts iS der KostO, sondern für „die in der Angelegenheit erwachsenen Kosten" erfolgen; das entspricht der Konnexität beim bürgerlich-rechtlichen Zurückbehaltungsrecht. Unter Angelegenheit (vgl. § 1 Rn. 2, § 2 Rn. 6) sind in Antragssachen alle diejenigen Geschäfte zu verstehen, die durch denselben Antrag ausgelöst werden; in Grundbuchsachen also sowohl die Eintragung der Grundschuld (§ 62) als auch die Erteilung des Grundschuldbriefs (§ 71), in Registersachen sowohl die Eintragung bei der Haupt- als auch bei der Zweigniederlassung. Werden mehrere Geschäfte zusammen gefasst, so bilden sie ebenfalls eine Angele-

---

[1] BGHZ 48, 116.
[2] LG Düsseldorf JurBüro 1985, 749.
[3] *Lappe* NotBZ 2000, 374.
[4] AA OLG Düsseldorf JurBüro 1982, 1383; s. auch Rn. 12.
[5] LGPräs. Hamburg DNotZ 1937, 158.

genheit, bei Beurkundungen also alle Zusammenbeurkundungen (insbesondere § 44), in Grundbuchsachen die gemäß § 16 Abs. 2 GBO verknüpften Eintragungen, in Registersachen alle Eintragungen zufolge Anmeldung am selben Tag (§ 79 Abs. 2 aF; s. jetzt § 2 HRegGebV). Aber auch ein Sachzusammenhang kann dem Zweck der Vorschrift entsprechend trotz getrennter Antragstellung dieselbe Angelegenheit begründen, so die Grundbucheintragung und die Erteilung einer Grundbuchabschrift.

Bei Amtsgeschäften ist dieselbe Angelegenheit anzunehmen, wenn die Vornahme des weiteren Amtsgeschäfts eine zwangsläufige Folge des ersten ist (zB Löschungsanordnung gemäß § 141 FGG – § 88 Abs. 1 – und Löschung im Register – § 79 –). 11

Die **Nichtverwendung der Schriftstücke in einer anderen Angelegenheit** ist grundsätzlich von der Zurückbehaltung gedeckt,[6] sie kann jedoch bei der Ausübung des Ermessens (Rn. 13) zugelassen werden. 12

VII. Absehen von der Zurückbehaltung

Von der Zurückbehaltung ist unter den in Abs. 2 genannten Voraussetzungen abzusehen. Stundung und Ratenzahlung hindern die Zurückbehaltung grundsätzlich nicht, begründen jedoch im Einzelfall ihre Nichtgeltendmachung. Zur Glaubhaftmachung s. § 8 Rn. 18; eine unbillige – „nicht billigenswerten" – Härte liegt zB vor, wenn der Dritte eine Urkunde ohne eigenes wirtschaftliches Interesse aus „Hilfsbereitschaft" überlässt.[7] Das „Entziehen" (in Nr. 2) meint Glaubhaftmachung eines Schadens mit der Absicht, die Kosten nicht zu zahlen. Nr. 3 ist nur anwendbar, wenn der Dritte mit der Einreichung eine Verpflichtung des Schuldners erfüllt hat, in anderen Fällen (zB § 62 Abs. 2 GBO) besteht kein Zurückbehaltungsrecht (Rn. 8), die Formulierung führt insoweit irre. 13

VIII. Verfahren, Rechtsweg

Das Zurückbehaltungsrecht ist nach **Ermessen** auszuüben (Abs. 1: „können"), wobei die dem Kostenschuldner erwachsenden Nachteile abzuwägen sind gegen das Risiko eines Einnahmeausfalls der Staatskasse, unter Berücksichtigung des Umstands, dass der Staatskasse im Falle der Nichtzahlung der Kosten ein sofortiger Zugriff im Wege des Verwaltungszwangsverfahrens möglich ist. So wie im Privatrecht das Leistungsverweigerungsrecht im Einzelfall durch Einrede geltend gemacht wird, kann es auch hier nicht durch formularmäßige Aufnahme in die Kostenrechnung jedem Schuldner entgegengesetzt werden. 14

Verwahrung der Urkunden: § 25 Abs. 5 KostVfg. (Anhang D I), AV DJ 1938, 132. 15

Das Gesetz sieht die Zurückbehaltung als eine Entscheidung **im Rahmen des Kostenansatzes** an, wie sich aus Abs. 3 ergibt (ebenso § 25 Abs. 1 S. 3 KostVfg.). Danach hätte der Kostenbeamte auch über Anträge nach Abs. 2 Nr. 2 und ggf. Nr. 3 zu entscheiden, das Gericht würde erst auf Erinnerung hin mit ihnen befasst. Zum Umfang der gerichtlichen Nachprüfung des Ermessens (Rn. 14) s. § 14 Rn. 76, 77. Ein solches Verfahren wird jedoch der Bedeutung der Entscheidung, die der gemäß § 8 Abs. 2 entsprechen kann, nicht gerecht. Man muss deshalb dem verfahrensführenden Gericht (Richter/Rechtspfleger) die Befugnis zugestehen, von vornherein mit bindender Wirkung für den Kostenbeamten anzuordnen, dass von der Zurückbehaltung abzusehen ist; des Weiteren sollten Anträge nach Abs. 2 gleich als Erinnerung (§ 14 Abs. 2) aufgefasst werden, so dass das Gericht zu entscheiden hat. 16

Gegen die Zurückbehaltung sind **Erinnerung, Beschwerde und weitere Beschwerde** entsprechend § 14 Abs. 2–10 geben (Abs. 3). Das „passt nicht ganz", weil es nicht nur um die Kosten geht, wegen derer zurückbehalten wird, sondern um die Rechtmäßigkeit der Zurückbehaltung selbst (Abs. 1, 2). Da der Rechtsweg jedoch in jedem Fall den Weg zum Richter eröffnet (Beschwerde über 200 Euro gemäß § 14 Abs. 3, darunter Erinnerung gemäß § 11 Abs. 2 RPflG), ist der Rechtsweggarantie des Art. 19 Abs. 4 S. 1 GG Genüge getan. 17

---

[6] KG OLGE 7, 370.
[7] OLG Düsseldorf JurBüro 1982, 1383.

18 Der Staat kann im Verwaltungswege auf sein Zurückbehaltungsrecht verzichten (arg. § 14 Abs. 10).

19 Der **ordentliche Rechtsweg** ist durch den besonderen Rechtsweg des § 14 grundsätzlich verdrängt und daher ausgeschlossen. Er kann ausnahmsweise in Betracht kommen, wenn ein Dritter Einreichung aus eigenem Recht geltend macht (vgl. Rn. 8, 12) und die Staatskasse gleichwohl die Herausgabe verweigert. Denn das Verhängnis zwischen dem Staat und dem Dritten ist nicht zwingend öffentlich-rechtlich (vgl. § 40 VwGO), so dass § 14 (dort Rn. 33) und § 30a EGGVG – Zusatz zu § 14 – ausscheiden.

20 Soweit es sich um Entscheidungen nach § 14 handelt, ist die **Staatskasse** Beteiligte. Die gerichtliche Anordnung des Absehens von der Zurückbehaltung (Rn. 16) ergeht jedoch im Verfahren zur Hauptsache, die Staatskasse daher – wie bei der Abhängigmachung nach § 8 Abs. 2 (s. dort Rn. 31) – weder Beteiligte noch beschwerdeberechtigt.

IX. Notare

21 § 10 gilt für Notare (§ 141); und zwar wegen aller Notarkosten (§§ 141 ff.), einschließlich vom Notar verauslagter Gerichtskosten usw. (§ 154 Abs. 2, § 670 BGB – vgl. § 11 Abs. 1 RVG – in entsprechender Anwendung auf das öffentlich-rechtliche Auftragsverhältnis). **Gegenstand** des Zurückbehaltungsrechts sind hier vor allem die Urschriften (§§ 34, 45 BeurkG), Ausfertigungen (§ 47 BeurkG) und Ablichtungen, auf die die Beteiligten einen öffentlich-rechtlichen Anspruch haben, sei es auf Aushändigung (§ 51 BeurkG) oder Einreichung bei Gericht (§§ 34, 53 BeurkG).[8] Zu ihnen gehören auch bei der Verwahrung (§ 149) die Bescheinigung der Bank über die an das Finanzamt abgeführte Kapitalertragsteuer (Zinsabschlagsteuer) und beim Vollzug die eingeholten behördlichen Bescheinigungen und Bestätigungen.[9]

22 Der Anspruch der Beteiligten gegen den Notar auf **Einreichung der Auflassungsurkunde** beim Grundbuchamt (§ 53 BeurkG) entsteht mit der dinglichen Vollzugsreife. Weisen die Beteiligten den Notar an, die Urkunde später – insbesondere nach Zahlung des Kaufpreises – einzureichen, so hemmt dies die Erfüllung und damit die Verjährung (§ 205 BGB), der Notar kann dem Einreichungsanspruch bis dahin (und damit auch danach, Rn. 8) seine Kostenforderung entgegensetzen.

23 Hat der Notar die Urkunde eingereicht, kann er das Zurückbehaltungsrecht nicht mehr durch **Rücknahme des Eintragungsantrags** ausüben (§ 813 Abs. 1 S. 1 BGB).

24 Urkunden, die der Notar als **Bevollmächtigter** zur Weiterleitung an das Gericht erhält, sind nicht aus Anlass seines(!) Geschäfts eingereicht und fallen daher nicht unter § 10.[10]

25 Die **Angelegenheit** geht entsprechend Rn. 10 über die einzelne Beurkundung hinaus, umfasst also beispielsweise Kaufvertrag, Auflassung, Erfüllungs- und Vollzugstätigkeiten.

26 Der Notar kann im Einzelfall auf das Zurückbehaltungsrecht **verzichten**.[11] Grundsätzlich ist er jedoch bei sicherer oder wahrscheinlicher Zahlungsunfähigkeit zur Ausübung verpflichtet (§ 140).

27 An die Stelle des Rechtsweges nach § 14 (§ 143 Abs. 1) tritt bei Notaren, denen die Kosten selbst zufließen (§ 154), die **Beschwerde nach § 156.**

28 Rechte **Dritter** auf Erteilung von Ausfertigungen (vollstreckbaren Ausfertigungen) stellen durchweg keinen „originären" Anspruch (Rn. 8) dar (vgl. § 51 BeurkG), folgen vielmehr aus dem Geschäft des Erklärenden; sie werden daher vom Zurückbehaltungsrecht diesem gegenüber erfasst.[12]

---

[8] *Lappe* KostRsp. Nr. 7 Anm. gegen OLG Düsseldorf DNotZ 1999, 659; Nr. 8 Anm. gegen OLG Naumburg NotBZ 2003, 241 = OLGR 2003, 307; *Otto* NotBZ 2002, 345; *Bengel/Tiedtke* DNotZ 2004, 258, 287; *Grein* RNotZ 2004, 115, 118; *Schwarz* MittBayNot 2004, 157.
[9] OLG Dresden NotBZ 2005, 111.
[10] AA für Unbedenklichkeitsbesch. des Finanzamts LG Bremen KostRsp. Nr. 2; *Heinze* NotBZ 2007, 312.
[11] Vgl. Rn. 14 und RG JW 1934, 2402.
[12] LG München II JurBüro 1983, 420.

Weil Adressat der Zurückbehaltung der Kostenschuldner ist, kann es der Notar nicht interessierten Dritten gegenüber geltend machen, etwa den Parteien eines Vertrags, zu dem er die Zustimmung des Wohnungseigentumsverwalters beurkundet (entworfen und beglaubigt) hat. Damit scheidet auch eine **Treuhandauflage** an den Vertragsnotar aus, von der Zustimmung erst nach Kostenzahlung Gebrauch zu machen. Das gilt selbst dann, wenn der Notar sich das privatrechtliche Zurückbehaltungsrecht des Verwalters gegen die Parteien wegen der Kosten seiner Zustimmung abtreten lässt; eine solche Kostensicherung ist zwar gegenüber dem Kostenschuldner zur Vermeidung der Abhängigmachung zulässig (§ 8 Abs. 2), erlaubt aber angesichts des Ausnahmecharakters des § 10 (Rn. 1) keine weitergehende Vermischung des öffentlichen Kostenrechts mit privatrechtlichen Gestaltungen. 29

5. Kostenbefreiungen

§ 11* Allgemeine Vorschriften

(1) ¹**Von der Zahlung der Kosten sind befreit der Bund und die Länder sowie die nach den Haushaltsplänen des Bundes und der Länder für Rechnung des Bundes oder eines Landes verwalteten öffentlichen Anstalten und Kassen.** ²**Bei der Vollstreckung wegen öffentlich-rechtlicher Geldforderungen ist maßgebend, wer ohne Berücksichtigung des § 252 der Abgabenordnung oder entsprechender Vorschriften Gläubiger der Forderung ist.**

(2) ¹**Sonstige bundesrechtliche Vorschriften, durch die eine sachliche oder persönliche Befreiung von Kosten gewährt ist, bleiben in Kraft.** ²**Landesrechtliche Vorschriften, die in weiteren Fällen eine sachliche oder persönliche Befreiung von Kosten gewähren, bleiben unberührt.**

(3) *(aufgehoben)*

Entsprechend: § 2 GKG, § 8 JBeitrO, § 2 GvKostG.

Übersicht

	Rn.		Rn.
I. Überblick	1–12	1. Landesgebührenbefreiungsgesetze	19–35
1. Persönliche – sachliche Befreiung	1	2. Geltungsbereich	36
2. Kosten-, Gebührenbefreiung	2–7	IV. Umfang der Befreiung	37–40
3. PKH-Anwaltskosten	8	1. Persönliche Befreiung	37
4. Bundesrecht – Landesrecht	9	2. Sachliche Befreiung	38
5. Problematik der Befreiung	10, 11	3. Beurkundungs- und Beglaubigungsgebühren	39
6. Amtshilfe	12	4. Verfahrensstandschaft	40
II. Befreiung durch Bundesrecht	13–18	V. Notare	41, 42
1. Bund, Länder, Anstalten	13–17	1. Nichtgebührennotare	41
2. Sonstige Befreiungen	18	2. Gebührennotare	42
III. Befreiung durch Landesrecht	19–36	VI. Kostenerlass	43, 44

I. Überblick

1. Persönliche – sachliche Befreiung

In den Angelegenheiten der freiwilligen Gerichtsbarkeit gibt es persönliche (Abs. 1 und 2) und sachliche Befreiung (Abs. 2). Die persönliche Befreiung bezieht sich auf die Person des Kostenschuldners (zB den Bund, Abs. 1), die sachliche Befreiung auf den Gegenstand des Geschäfts (zB Geschäfte, die städtebaulichen Sanierungsmaßnahmen dienen, § 151 Abs. 1 BauGB, Anhang C I → Städtebauförderung). 1

---

* § 11 Abs. 3 aufgehoben durch Gesetz vom 15. 6. 1989 (BGBl. I S. 1082), Abs. 1 S. 2 aufgehoben durch Gesetz vom 14. 9. 1994 (BGBl. I S. 2325), Abs. 1 S. 2 angefügt durch Gesetz vom 5. 5. 2004 (BGBl. I S. 718).

2. Kosten-, Gebührenbefreiung

2 Sowohl bei der persönlichen als auch bei der sachlichen Befreiung ist zu unterscheiden:
3 – Kostenbefreiung: Es sind keine Kosten – weder Gebühren noch Auslagen, § 1 – zu zahlen; Ausnahme: § 12;
4 – Gebührenbefreiung: Es sind nur Auslagen zu zahlen (§ 12 Abs. 2);
5 – wie Rn. 4, jedoch sind „bare Auslagen" zu zahlen; eine solche Einschränkung findet sich vor allem in älteren Vorschriften, die durchweg überholt sind; aber auch in § 10 BABVermG, § 15 Abs. 1 FreihEntzG, § 9 WaStrVermG, s. Anhang B → Bundesautobahn, → Unterbringung, → Wasserstraßen;
6 – wie Rn. 3 und 4, jedoch sind Beurkundungs- und Beglaubigungsgebühren von der Befreiung ausgenommen.
7 Der Sprachgebrauch sowohl der KostO selbst (vgl. § 12 Rn. 5, § 13 Rn. 17) als auch anderer Gesetze (Abs. 2) wird dem nicht immer gerecht, aus dem Regelungssystem insgesamt ergibt sich meist jedoch, was gewollt ist.

3. PKH-Anwaltskosten

8 Weder Gebühren- noch Kostenfreiheit erstrecken sich auf die wie Gerichtskosten einzuziehende Vergütung der Prozesskostenhilfe-Anwälte (§ 59 Abs. 2 RVG).[1] Jedoch ist weithin nach den gemäß den Landeshaushaltsordnungen (§ 59 LHO) erlassenen Kleinbetragsregelungen im Verwaltungswege angeordnet, dass die Einziehung a) innerhalb desselben Landes (meist ganz) oder auch b) zwischen Bund und Ländern oder zwischen den einzelnen Ländern (bis 25 Euro) unterbleibt.

4. Bundesrecht – Landesrecht

9 Die Befreiung wird entweder durch die KostO selbst gewährt (Abs. 1; ergänzende Einzelbestimmungen, zB § 55a); oder durch sonstiges Bundesrecht (Abs. 2 S. 1; vgl. dazu § 1 Rn. 7), wozu auch vorkonstitutionelles Recht gehört (Art. 123 bis 125 GG), das die Kirchen jedoch nicht erfasst;[2] oder durch Landesrecht (Abs. 2 S. 2; s. dazu § 1 Rn. 8), auch vorkonstitutionelles Landesrecht (Art. 123 Abs. 1 GG). Dabei ist die Befreiung durch sonstiges Bundesrecht und Landesrecht keineswegs auf dem Abs. 2 zeitlich vorausgehende Regelungen beschränkt (also entgegen dem insoweit missverständlichen Wortlaut), wie sich auch aus dem früheren Abs. 3 ergab. Zur Mehrheit von Befreiungen s. Anhang C I, Vorbem. 2.

5. Problematik der Befreiung

10 Die persönliche Befreiung insbesondere der öffentlichen Hände ist heute ziemlich problematisch. Sie verstößt in Prozess- und Streitverfahren gegen das Erfordernis der Waffen- und Chancengleichheit und allgemein gegen das Bruttoprinzip des Haushalts (§§ 12, 20 Haushaltsgrundsätzegesetz vom 19. 8. 1969, BGBl. I S. 1273). Demgegenüber kann ihrer ursprünglichen Rechtfertigung, nämlich der Vermeidung von Zahlungen aus einer öffentlichen Kasse in eine andere öffentliche Kasse, keine Bedeutung mehr zukommen, die dadurch erzielte Verwaltungsvereinfachung ist gering und wird durch den Aufwand für die Prüfung der Befreiung ziemlich aufgewogen; iÜ trägt sie nicht alle Befreiungen, beispielsweise nicht die der Kirchen.

11 Bei Gewährung persönlicher Befreiung unterliegt der Gesetzgeber dem Gleichheitssatz des Art. 3 GG.

6. Amtshilfe

12 Amtshilfe (Art. 35 Abs. 1 GG) ist keine Angelegenheit der freiwilligen Gerichtsbarkeit iS des § 1, die ersuchende Behörde nicht Beteiligter. § 11 findet daher keine Anwendung. In aller Regel erfüllt die Amtshilfetätigkeit als solche jedoch keinen Tatbestand der KostO.

---

[1] BGH NJW 1965, 538.
[2] BVerfG DVBl. 2001, 273 = NVwZ 2001, 318; BVerwG JurBüro 1996, 319 = NVwZ 1996, 786; JurBüro 1996, 546 = NVwZ 1996, 787.

II. Befreiung durch Bundesrecht

1. Bund, Länder, Anstalten

Abs. 1 befreit den Bund, das ist die **Bundesrepublik Deutschland** als juristische Person des öffentlichen Rechts. Die Befreiung tritt ein ohne Rücksicht darauf, ob die Bundesrepublik hoheitsrechtlich oder privatrechtlich handelt; bedient sie sich hingegen einer anderen Rechtsform (etwa als alleinige Gesellschafterin einer Aktiengesellschaft), so findet § 11 keine Anwendung.[3]

Entsprechendes gilt für die **Länder** der Bundesrepublik Deutschland. Die Stadtstaaten Hamburg und Berlin sind allgemein befreit,[4] Bremen nur in Landesangelegenheiten.[5]

Die Befreiung für Bund und Länder erstreckt sich auch auf deren „**öffentliche Anstalten und Kassen**". Darunter sind nach heutiger Auffassung sowohl Anstalten als auch Körperschaften des öffentlichen Rechts zu verstehen, und zwar ohne Rücksicht auf ihre rechtliche Gestaltung; insbesondere kommt es auf die Rechtsfähigkeit nicht an. Maßgebender Gesichtspunkt für die Befreiung ist die Aufnahme der gesamten(!) Einnahmen und Ausgaben in den Haushalt des Bundes bzw. Landes,[6] wie beispielsweise bei den in Art. 87 ff. GG genannten Bundesverwaltungen. S. im Einzelnen Anhang C I. Hat die Anstalt einen eigenen Haushalt, so tritt die Befreiung in keinem Falle ein, mittelbare Beziehungen zum Haushalt des Bundes oder Landes (im Auftrag und für Rechnung, Überschüsse, Zuschüsse usw.) genügen nicht.[7] Das gilt selbst dann, wenn die Anstalt nicht rechtsfähig und der Bund oder das Land als ihr Rechtsträger daher Kostenschuldner ist.[8]

Für die bisher als solche befreite **Bundesbahn** (vgl. Abs. 1 S. 2 aF) gilt seit dem Inkrafttreten des Eisenbahnneuordnungsgesetzes vom 27. 12. 1993 (BGBl. I S. 2378) am 1. 1. 1994 (Art. 11 Abs. 1 ENeuOG): Die Bundesverwaltung, insbesondere das Bundeseisenbahnvermögen (Art. 1 ENeuOG)[9] und das Eisenbahn-Bundesamt (Art. 3 Abs. 2 ENeuOG), ist befreit; nicht befreit ist die Deutsche Bahn AG (Art. 2 ENeuOG).

Eine gleiche Rechtslage ergibt sich für die **Bundespost** mit dem Inkrafttreten des Postneuordnungsgesetzes vom 14. 9. 1994 (BGBl. I S. 2325) am 1. 1. 1995 (Art. 15 Abs. 1 PTNeuOG): Die Bundesverwaltung – ein neues „Post-Bundesamt" gibt es nicht – ist befreit (Rn. 13); nicht befreit sind die Deutsche Post AG, die Deutsche Postbank AG, die Deutsche Telekom AG (Art. 3 § 1 PTNeuOG) und die Bundesanstalt für Post und Telekommunikation (Art. 1 § 1 PTNeuOG; Rn. 15, vgl. Art. 1 § 16 sowie § 30, der bei persönlicher Befreiung überflüssig wäre).

2. Sonstige Befreiungen

Weitere persönliche und sachliche Befreiungen finden sich sowohl in der KostO selbst (zB § 55a) als auch im sonstigen Bundesrecht (vgl. Rn. 9); s. dazu im Einzelnen Anhang C I. Für den **Bundesgerichtshof** gilt die VO vom 24. 12. 1883 (BGBl. III 364–1). Danach ist von den Gerichtskosten befreit ein als rechtsfähiger Verein oder sonst in rechtsfähiger Form errichteter Träger von Kirchengut.[10]

III. Befreiung durch Landesrecht

1. Landesgebührenbefreiungsgesetze

Abs. 2 S. 2 lässt – im Hinblick auf Art. 74 Nr. 1, 72 GG – weitergehende Befreiungen durch Landesrecht (dazu Rn. 9) ausdrücklich zu. In den meisten Ländern sind „Landesge-

---

[3] Vgl. KGR 1997, 45.
[4] BGHZ 13, 207 = Rpfleger 1955, 156; BGHZ 14, 305 = Rpfleger 1955, 157.
[5] BGHZ 13, 207; s. jedoch Anhang C I → Bremen.
[6] BGH Rpfleger 1956, 97.
[7] RG JW 1936, 2142; BGH MDR 1997, 503.
[8] BGH Rpfleger 1982, 145.
[9] BGH MDR 1998, 1120; OLG Düsseldorf KostRsp. GKG § 2 Nr. 45; OLG Köln JurBüro 1997, 204; aA KG JurBüro 1996, 42 = KostRsp. GKG § 2 Nr. 52 m. abl. Anm. *Lappe*.
[10] BGH BGHR 2007, 584 = NJW-RR 2007, 644; vgl. auch *Schmidt-Räntsch* ZfIR 2006, 360.

§ 11

bührenbefreiungsgesetze" ergangen,[11] die überwiegend einen Positivkatalog der bei ihrem Erlass geltenden landesrechtlichen Befreiungsvorschriften enthalten. Im Einzelnen ist der Rechtszustand wie folgt (s. auch Anhang C I und die Texte – ggf. mit Änderungen – Anhang C II):

20 **Baden-Württemberg:** Landesjustizkostengesetz idF vom 15. 1. 1993 (GBl. S. 109, 244), zuletzt geändert am 28. 7. 2005 (GBl. S. 580). Sonstige landesrechtliche Befreiungsvorschriften (unterschiedlich in Baden, Württemberg und Hohenzollern) gelten fort, soweit sie durch das LJKG nicht ausdrücklich aufgehoben worden sind.[12]

21 **Bayern:** Landesjustizkostengesetz idF vom 19. 5. 2005 (GVBl. S. 159); im Verhältnis zu den anderen Ländern wenige landesrechtliche Befreiungsvorschriften.

22 **Berlin:** Gesetz über Gebührenbefreiung, Stundung und Erlass von Kosten im Bereich der Gerichtsbarkeiten vom 24. 11. 1970 (GVBl. S. 1934), zuletzt geändert am 25. 1. 2007 (GVBl. S. 16). Daneben gelten nur die in § 4 des Gesetzes genannten landesrechtlichen Befreiungsvorschriften fort.

23 **Brandenburg:** Justizkostengesetz vom 3. 6. 1994 (GVBl. I S. 172), zuletzt geändert am 18. 12. 2001 (GVBl. I S. 300). Sonstige landesrechtliche Vorschriften bleiben unberührt.

24 **Bremen:** Justizkostengesetz idF vom 4. 8. 1992 (GBl. S. 257), zuletzt geändert am 18. 10. 2005 (GBl. S. 547). Sonstige landesrechtliche Befreiungsvorschriften gelten fort.

25 **Hamburg:** Landesjustizkostengesetz idF vom 5. 3. 1986 (GVBl. S. 48), zuletzt geändert am 18. 7. 2001 (GVBl. I S. 251). Sonstige landesrechtliche Befreiungsvorschriften gelten fort.

26 **Hessen:** Justizkostengesetz vom 15. 5. 1958 (GVBl. S. 60), zuletzt geändert am 18. 12. 2003 (GVBl. S. 513). Sonstige landesrechtliche Befreiungsvorschriften (unterschiedlich in den einzelnen Landesteilen!) gelten fort.

27 **Mecklenburg-Vorpommern:** Landesjustizkostengesetz vom 7. 10. 1993 (GVOBl. S. 843), zuletzt geändert am 22. 11. 2001 (GVOBl. S. 438). Soweit Vorschriften des Rechts der ehemaligen DDR, die als Landesrecht fortgelten, eine weitergehende als nach § 7 des Gesetzes vorgesehene Befreiung von Gebühren und Auslagen gewähren, sind diese Vorschriften nicht anzuwenden.

28 **Niedersachsen:** Gesetz über Gebührenbefreiung, Stundung und Erlass von Kosten in der Gerichtsbarkeit vom 10. 4. 1973 (GVBl. S. 111), zuletzt geändert am 24. 3. 2006 (GVBl. S. 181). Daneben gelten nur die in § 5 des Gesetzes genannten Befreiungsvorschriften fort.

29 **Nordrhein-Westfalen:** Gesetz über die Gebührenbefreiung, Stundung und Erlass von Kosten im Bereich der Rechtspflege vom 21. 10. 1969 (GVBl. S. 725), zuletzt geändert am 5. 4. 2005 (GVBl. S. 408). Daneben gelten nur die in § 5 des Gesetzes genannten landesrechtlichen Befreiungsvorschriften fort.[13]

30 **Rheinland-Pfalz:** Justizgebührenbefreiungsgesetz vom 5. 10. 1990 (GVBl. S. 281), zuletzt geändert am 1. 7. 1997 (GVBl. S. 169). Sonstige landesrechtliche Befreiungsvorschriften (unterschiedlich in den einzelnen Landesteilen!) gelten fort.

31 **Saarland:** Landesjustizkostengesetz vom 30. 6. 1971 (ABl. S. 473), zuletzt geändert am 15. 2. 2006 (ABl. S. 474). Daneben gelten nur die in § 8 des Gesetzes genannten landesrechtlichen Befreiungsvorschriften fort.

32 **Sachsen:** Justizgesetz vom 24. 11. 2000 (GVBl. S. 482), zuletzt geändert am 4. 7. 2007 (GVBl. S. 303). Sonstige landesrechtliche Befreiungsvorschriften bleiben unberührt.

33 **Sachsen-Anhalt:** Justizkostengesetz vom 23. 8. 1993 (GVBl. S. 449), zuletzt geändert am 7. 12. 2001 (GVBl. S. 540). Mangels einer Regelung bleiben sonstige landesrechtliche Befreiungsvorschriften unberührt.

34 **Schleswig-Holstein:** Gesetz über Gebührenfreiheit, Stundung und Erlass von Kosten im Bereich der Gerichtsbarkeiten vom 23. 12. 1969 (GVOBl. 1970 S. 4), zuletzt geändert am

---

[11] Vgl. *Höver* JVBl. 1970, 921.
[12] Literatur: *Jürgensen* Justiz 1971, 190; *Haegele* BWNotZ 1971, 164.
[13] Literatur: *Höver* JVBl. 1971, 97.

15. 3. 2006 (GVOBl. S. 52). Daneben gelten nur die in § 4 des Gesetzes genannten landesrechtlichen Befreiungsvorschriften fort.[14]

Thüringen: Justizkostengesetz idF vom 22. 10. 1992 (GVBl. S. 527), zuletzt geändert am 24. 10. 2001 (GVBl. S. 265). Sonstige landesrechtliche Befreiungsvorschriften bleiben unberührt. 35

2. Geltungsbereich

Die landesrechtlichen Befreiungsvorschriften gelten nicht für Verfahren vor dem BGH,[15] wohl aber für Kostenschuldner aus anderen Bundesländern;[16] die Verbürgung der Gegenseitigkeit ist jedoch ausnahmsweise noch von Bedeutung,[17] nämlich nach bremischem und hessischem Landesrecht sowie dem der meisten neuen Bundesländer (Anhang C I, Vorbem. I). 36

IV. Umfang der Befreiung

1. Persönliche Befreiung

Die persönliche Befreiung erfasst alle nach der KostO und den sie ergänzenden Gesetzen (Anhang B) anfallenden Gebühren bzw. Kosten. Auf die Notwendigkeit des Geschäfts kommt es nicht an. S. iÜ Rn. 3, 4, 8, ferner § 13. 37

2. Sachliche Befreiung

Der Umfang der sachlichen Befreiung ist nach dem Zweck der einzelnen Regelung zu bestimmen. Er kann Nebengeschäfte erfassen,[18] wozu auch sachlich gebotene – besonders zu beantragende – Abschriften gehören mögen. Grundsätzlich bezieht sich die Befreiung nur auf die Vornahme des Geschäfts und die dafür vorgesehenen Gebühren, nicht auf die Zurückweisung und Zurücknahme eines Antrags (§ 130) und einer Beschwerde (§ 131).[19] 38

3. Beurkundungs- und Beglaubigungsgebühren

Soweit Beurkundungen und Beglaubigungen durch die Gerichte erfolgen, fallen ihre Gebühren (Kosten) unter die Befreiung, es sei denn, sie sind ausdrücklich ausgenommen. S. iÜ Rn. 41, 42. 39

4. Verfahrensstandschaft

Macht ein persönlich befreiter Verfahrensstandschafter (§ 2 Rn. 30a, 31) das Recht eines Nichtbefreiten geltend, so hat das auf die Befreiung keinen Einfluss (vgl. hierzu auch § 2 Abs. 1 S. 2 GVKostG). Gleiches gilt im umgekehrten Fall, wenn also nicht der Verfahrensstandschafter, sondern der **Ermächtigende oder das Vermögen** befreit ist: Seine Begünstigung wirkt sich nicht zugunsten des Beteiligten aus; die entsprechende Anwendung des § 13 scheitert an einer „brauchbaren" Menge gesetzlicher Befreiungs- und Erstattungsvorschriften. (Diese Fragen sind bisher kaum grundsätzlich gesehen worden, Entscheidungen der Untergerichte – vgl. Anhang C I → Sozialrechtliche Verfahren – kommen mit vordergründigen Erwägungen zu unterschiedlichen „Zufallsergebnissen".) 40

V. Notare

1. Nichtgebührennotare

§ 11 gilt auch für die Notare im Landesdienst Baden-Württembergs (§ 141), wenn deren Gebühren – in Baden – zur Staatskasse erhoben werden (§ 142). Soweit sie – im württembergischen Rechtsgebiet – als öffentlicher Notar tätig werden und ihnen daher die Gebühren selbst zufließen, unterliegen sie den besonderen Regelungen für Gebührennotare.[20] 41

---

[14] Literatur: *Haecker* SchlHA 1970, 45.
[15] BGH MDR 1972, 308 = Rpfleger 1972, 53; MDR 1998, 680; s. dafür Rn. 18.
[16] *Klässel* Rpfleger 1972, 433; OLG Bremen KostRsp. GKG aF § 2 Nr. 28.
[17] Vgl. *Klässel* Rpfleger 1972, 433; OLG Bremen KostRsp. GKG aF § 2 Nr. 28.
[18] OLG Frankfurt NJW 1954, 1248 = Rpfleger 1954, 537; OLG Karlsruhe Rpfleger 1957, 46.
[19] *Lappe* KostRsp. Nr. 63 Anm.
[20] OLG Stuttgart BWNotZ 1975, 123; Rn. 42.

2. Gebührennotare

42 Auf Notare, denen die Gebühren selbst zuflößen, finden weder § 11 Abs. 1 (§ 143 Abs. 1) noch die in § 11 Abs. 2 vorgesehenen Befreiungen Anwendung (§ 143 Abs. 2 S. 1); anderes gilt nur für die Träger der Sozialhilfe (§ 143 Abs. 2 S. 2). An die Stelle des § 11 tritt die Gebührenermäßigung nach § 144.

VI. Kostenerlass

43 Die Kostenbefreiungsvorschriften werden ergänzt durch Gesetze und Verwaltungsvorschriften über den Kostenerlass im Verwaltungswege, die meist auch Stundungsregelungen enthalten. S. Anhänge C I, II.

44 Auch im Rahmen des Gnadenrechts können Kosten erlassen oder Zahlungserleichterungen bewilligt werden (zB Gnadenordnung für Rheinland-Pfalz, GBl. 1976 S. 117).

§ 12 Einschränkungen

(1) **Die persönliche Gebührenfreiheit steht der Inanspruchnahme für die Gebühren nicht entgegen, wenn die Haftung auf der Vorschrift des § 3 Nr. 3 (Haftung nach bürgerlichem Recht) beruht, oder wenn der Kostenschuldner als Erbe nach § 6 oder als Anteilsberechtigter nach § 116 Abs. 6 für die Kosten haftet.**

(2) **Die Gebührenfreiheit entbindet, soweit nicht ein anderes bestimmt ist, nicht von der Verpflichtung zur Zahlung der Auslagen.**

I. § 3 Nr. 3 (Haftungsschuldner)

1 Der Haftungsschuldner (§ 3 Nr. 3) muss für die Schuld eines anderen einstehen (s. § 3 Rn. 26 ff.), mit der Zahlung entsteht oft ein Erstattungsanspruch gegen den ersten Schuldner (Beispiel: § 110 HGB), oder der Anspruch geht auf ihn über (§ 426 Abs. 2 BGB). Somit würde die persönliche Befreiung letztlich nicht dem befreiten Haftungsschuldner, sondern dem nichtbefreiten ersten Schuldner zugute kommen. Das verhindert Abs. 1.

II. §§ 6, 116 Abs. 6 (Erbe), § 3 Nr. 2 (Übernehmer)

2 In den Fällen des § 6 haftet der **Erbe** mit dem Nachlass. Auch seine Begünstigung verhindert Abs. 1 (Beispiel: Gemeinde schuldet Gebühr für Testamentseröffnung;[1] Gegenbeispiel: Kirchengemeinde schuldet nicht Gebühr für Erbschein).[2]

3 Auf ähnlichen Erwägungen beruht die Ausnahme für § 116 Abs. 6.

4 Auf den **Übernahmeschuldner** ist § 12 nicht anwendbar (§ 3 Rn. 25).

III. Gebühren-, Kostenbefreiung

5 In den genannten Fällen muss der Gebührenbefreite neben den Auslagen auch die Gebühren zahlen. Gleiches gilt für den Kostenbefreiten, wie sich aus dem Normzweck – insbesondere im Falle Rn. 1 – ergibt (die jetzige Fassung beruht auf einem Redaktionsversehen).[3]

IV. Auslagen

6 Abs. 2 leistet einen – heute überflüssigen – Beitrag zur Definition der Gebührenbefreiung; s. § 11 Rn. 4.

---

[1] OLG Stuttgart Justiz 1990, 95.
[2] LG Osnabrück Nds.Rpfl. 1999, 149.
[3] BayObLG Rpfleger 1970, 181.

V. Notare

§ 12 gilt auch für Notare (§§ 141, 142 Abs. 1); bei den Gebührennotaren bezieht er sich auf die Gebührenermäßigung (§ 144). Von praktischer Bedeutung ist vor allem Rn. 1, gelegentlich auch Rn. 2 (§ 6 Rn. 12). **7**

§ 13 Gebührenfreiheit für einzelne Gesamtschuldner

Wenn einzelnen von mehreren Gesamtschuldnern Gebührenfreiheit zusteht, so vermindert sich der Gesamtbetrag der Gebühren um den Betrag, den die befreiten Beteiligten an die Nichtbefreiten auf Grund gesetzlicher Vorschrift zu erstatten hätten.

Entsprechend: § 2 Abs. 5 GKG.

Übersicht

	Rn.		Rn.
I. Normzweck	1	IV. Kostenübernahme	14–16
II. Gesetzliche Vorschrift iS des § 13, Meinung des Kommentars	2–10	V. Kosten-, Gebührenfreiheit	17
		VI. Berechnung der Kostenschuld	18–26
III. Überkommene Auslegung des § 13	11–13	VII. Notare	27

Schrifttum: *Ackermann* Rpfleger 1968, 109; JurBüro 1976, 285; *Müller* BWNotZ 1967, 62.

I. Normzweck

§ 13 ergänzt § 5: Ist einer der Gesamtschuldner – persönlich – befreit, so trifft die gesamte Kostenlast grundsätzlich den (die) nicht befreiten Schuldner. Gibt ihm das Innenverhältnis einen Ausgleichsanspruch gegen den Befreiten, zahlt dieser trotz seiner Befreiung letztlich Kosten. Die darin liegende Beschränkung der Befreiung verhindert § 13 für den Fall, dass der Erstattungsanspruch des nichtbefreiten gegen den befreiten Gesamtschuldner „auf gesetzlicher Vorschrift" beruht: Die Kostenschuld des Nichtbefreiten vermindert sich auf den Betrag, den er unter Berücksichtigung des Innenverhältnisses endgültig selbst zu tragen hat (womit zugleich der Erstattungsanspruch gegenstandslos wird). In vielen Fällen entfällt so die Zahlungspflicht des Nichtbefreiten völlig. **1**

II. Gesetzliche Vorschrift iS des § 13, Meinung des Kommentars

Als „gesetzliche Vorschrift" iS des § 13 wird vor allem § 448 Abs. 2 BGB – Kostenpflicht des Grundstückskäufers – angesehen. Dies lässt sich jedoch nicht halten, verstößt gegen die vom BVerfG ständig vertretenen Gebote der Folgerichtigkeit und Widerspruchsfreiheit. § 448 Abs. 2 BGB ist eine dispositive Vorschrift. Treffen die Parteien eine abweichende Vereinbarung, so führt die Kostenregelung über § 448 Abs. 2 BGB zu sinnlosen Ergebnissen: Übernimmt der nicht befreite Verkäufer die Kosten, bleiben die Kosten gleichwohl unerhoben; ist in einem solchen Falle der Verkäufer befreit, zahlt er über den nichtbefreiten Käufer trotzdem Kosten; teilen die Parteien die Kosten, kann sich – im Falle des § 144 Abs. 3 S. 2 – ergeben, dass die wegen der Gebührenfreiheit ermäßigten Kosten (!) verteilt werden, die Gebührenfreiheit somit auch dem Nichtbefreiten zugute kommt.[1] **2**

Noch unbefriedigender sind die Ergebnisse, wenn auch § 426 Abs. 1 S. 1 BGB als „gesetzliche Vorschrift" iS des § 13 angesehen wird. Denn er stellt noch nicht einmal eine abdingbare Regelung dar, sondern gibt nur eine Auslegungshilfe für den Fall, dass eine Bestimmung fehlt.[2] **3**

Demgegenüber kann dem Argument, die Kosten dürften nicht durch Abreden der Beteiligten beeinflussbar sein, kein Gewicht zukommen. Mit ihm lässt sich weder begründen, **4**

---

[1] BayObLG DNotZ 1962, 41 = Rpfleger 1962, 225.
[2] Ebenso LG Berlin Rpfleger 1998, 542 = KostRsp. Nr. 14; LG Bonn Rpfleger 1985, 458.

§ 13   *1. Teil. 1. Abschnitt: 5. Kostenbefreiungen*

dass Nichtbefreite an der Befreiung teilnehmen und Befreite Kosten zahlen müssen (s. vorstehend), noch ist es folgerichtig: denn bei der dem § 13 vorausgehenden Begründung der Kostenhaftung lässt man solche „Manipulationen" unbedenklich zu, ja man unterstellt sie sogar (§ 2 Rn. 61).

5   Letztlich beruht diese Spaltung des Innenverhältnisses in das tatsächliche und das für § 13 maßgebende fiktive – vielleicht in völligem Gegensatz zum sonstigen Vertragsinhalt stehende – auf einem zu vordergründigen Verständnis der genannten Vorschriften des BGB, wohl sogar auf einem gründlichen Missverständnis unseres Rechtssystems. Im Schuldrecht herrscht – heute verfassungsrechtlich abgesicherte (Art. 2 Abs. 1 GG) – Inhalts- und Typenfreiheit. Es wäre deshalb willkürlich und mit Art. 3 GG unvereinbar, wollte man bei einigen vom BGB geregelten Vertragstypen, die zufälligerweise auch Kostenregelungen enthalten, auf die persönliche Befreiung Rücksicht nehmen, sofern die Parteien es bei diesen Regelungen belassen, in allen anderen Fällen aber, wenn die Parteien also ihre Verhältnisse davon abweichend oder gar völlig anders üblicherweise zu regeln pflegen, die persönliche Befreiung unberücksichtigt lassen oder sogar im Widerspruch zu Parteivereinbarungen anwenden (ähnliche Überlegungen gibt es zu § 307 Abs. 2 Nr. 1 BGB). Das könnte zu einer regelrechten Diskriminierung von Allgemeinen – dem AGB-Recht entsprechenden – Geschäftsbedingungen führen.

6   Unter diesen Umständen lässt sich das Abstellen auf die „gesetzliche Vorschrift" in § 13 vom Zweck der Norm her nur so verstehen, dass beim Kostenansatz das Innenverhältnis allein dann zu berücksichtigen ist, wenn es fest- und offen liegt, eben weil es sich abschließend(!) aus dem Gesetz ergibt, sich also eine Prüfung und Wertung der Parteivereinbarungen erübrigt. In allen anderen Fällen bleibt bei Gesamthaft das Innenverhältnis unberücksichtigt, es wird also in Kauf genommen (vgl. § 11 Rn. 10), dass der Befreite mittelbar – über die Erstattungspflicht – Kosten zahlen muss. Damit scheiden alle dispositiven Vorschriften und gesetzlichen Auslegungsregeln aus. Als „gesetzliche Vorschrift" iS des § 13 kommen mithin nur zwingende Vorschriften in Betracht. Letztlich wird so eine Auffassung begründet, die sehr nahe bei derjenigen liegt, die sich für das GKG aus § 2 Abs. 5 ohne weiteres ergibt.

„Gesetzliche Vorschriften" iS des § 13 sind danach:

7   – **Vorschriften des Verfahrensrechts über die Kostenentscheidung.** Beispiel: § 33 Abs. 1 S. 3 FGG, Vollstreckung einer gerichtlichen Entscheidung. Schuldner der Gebühr des § 119 Abs. 5 sind der nicht befreite Gläubiger (§ 2 Nr. 2) und der in die Kosten verurteilte befreite Schuldner (§ 3 Nr. 1). Der Nichtbefreite hat auf Grund der Kostenentscheidung gegen den Befreiten einen Erstattungsanspruch (§ 3 Rn. 8); nach § 13 darf deshalb die Gebühr nicht erhoben werden; ist sie bereits erhoben, wird entsprechend § 2 Abs. 5 S. 1 GKG zurückgezahlt.

8   – **Vorschriften des Verfahrensrechts, die** – ohne ausdrückliche Entscheidung – **eine Erstattungspflicht begründen.** Beispiel: § 788 ZPO; vollstreckt der Nichtbefreite gegen einen Befreiten, so hat er nach § 13 nichts zu zahlen; nicht § 717 Abs. 2 ZPO.[3]

9   – **zwingende Vorschriften des Privatrechts.** Beispiel: §§ 412, 403 BGB; bisheriger Gläubiger und neuer Gläubiger lassen ein Anerkenntnis des Forderungsübergangs beurkunden. Schuldner sind beide (§ 2 Nr. 1, der neue Gläubiger ggf. nach § 3 Nr. 2). Bei Beurkundung durch einen Amtsnotar (§ 141; sonst § 144) sind keine Kosten zu erheben, wenn der neue Gläubiger befreit ist. Weiter § 261 Abs. 3 BGB, s. § 124 Rn. 10.

10 – **zwingende Vorschriften des öffentlichen Rechts.**[4]

III. Überkommene Auslegung des § 13

11 Die überkommene Auffassung wendet demgegenüber § 13 in allen Fällen an, in denen sich die Kostentragungspflicht zwischen mehreren Gesamtschuldner unmittelbar aus dem

---

[3] OLG Brandenburg KostRsp. Nr. 16 m. Anm. *Lappe* = OLGR 2006, 151.
[4] Beispiel: BayObLGZ 1975, 23.

Gesetz ergibt.[5] Dazu gehören die in § 448 Abs. 2 BGB geregelten Fälle, und zwar ohne Rücksicht auf abweichende Vereinbarungen im Einzelfall[6] oder auf eine spätere Aufhebung des Vertrags;[7] auch bei Kauf des Rechts an einem Grundstück,[8] bei Begründung des Erbbaurechts;[9] nicht beim Angebot an eine Gemeinde;[10] schließlich (§ 480 BGB) beim Grundstückstausch.[11]

Zu den Kosten des § 448 Abs. 2 sollen auch diejenigen der **Eintragung und Löschung einer Auflassungsvormerkung** zählen.[12]

Ferner wird § 13 im Falle des **§ 426 BGB** angewandt,[13] und zwar mit den für den Einzelfall sich ergebenden Quoten, im Zweifel zu gleichen Teilen,[14] jedoch ohne Rücksicht auf eine abweichende Vereinbarung.[15] S. auch die Erl. zu § 144 Abs. 3.

IV. Kostenübernahme

Tritt zum bisherigen Kostenschuldner ein weiterer Schuldner durch Übernahme der Kosten (§ 3 Nr. 2; dazu dort Rn. 9 ff.), so begründet die Übernahme allein weder nach Rn. 6 ff. noch nach Rn. 11 ff. die Bestimmung der Kostenschuld nach § 13, vielmehr gilt:
– Ist der erste Schuldner befreit und der Übernehmer nicht, so schuldet dieser die Kosten, soweit er nach § 13 keinen Erstattungsanspruch hat.[16]
– Ist der erste Schuldner nicht befreit, aber der Übernehmer, so wird der erste Schuldner frei, wenn er einen Erstattungsanspruch nach § 13 hat.[17]

V. Kosten-, Gebührenfreiheit

Im Falle der Gebührenfreiheit bezieht sich § 13 auf die Gebühren, im Falle der Kostenfreiheit auf die Kosten (vgl. § 11 Rn. 7, § 12 Rn. 4). Zu berücksichtigen sind die Einschränkungen der Befreiung gemäß § 11 durch die § 12 Abs. 1 und § 54 Abs. 3.

VI. Berechnung der Kostenschuld

Hat der Nichtbefreite keinen gesetzlichen Erstattungsanspruch oder liegt er der Höhe nach unter der unmittelbaren Schuld des Befreiten, wird die Gebühr von ihm voll erhoben; übersteigt er hingegen die genannte Schuld, ist sie entsprechend herabzusetzen; beim vollen Erstattungsanspruch entspricht die Schuld des Nichtbefreiten der des Befreiten.

Beispiel: Eintragung einer Sicherungshypothek zugunsten der Bundesrepublik. Sie stellt den Eintragungsantrag und schuldet deshalb die Gebühr des § 62 Abs. 1 (§ 2 Nr. 1). Weiterer Schuldner ist der Eigentümer (§ 3 Nr. 4, § 788 Abs. 1 S. 1 ZPO), beide haften als Gesamtschuldner (§ 5 Abs. 1 S. 1). Die Bundesrepublik ist persönlich befreit (§ 11 Abs. 1). Gegen den Befreiten hat sie einen Kostenerstattungsanspruch (§ 788 Abs. 1 S. 1 ZPO), mithin nicht dieser gegen sie; er nimmt deshalb an der Befreiung nicht teil (§ 13).

---

[5] OLG Frankfurt DNotZ 1956, 217; OLG Köln JMBl.NW 1964, 144.
[6] OLG Hamburg DNotZ 1956, 622; 1965, 371; BayObLGZ 1960, 211; BayObLG DNotZ 1962, 41 = Rpfleger 1962, 225.
[7] OLG Karlsruhe DNotZ 1963, 342.
[8] BayObLGZ 1960, 211 = NJW 1960, 1953 = Rpfleger 1961, 406.
[9] OLG Celle Rpfleger 1965, 115.
[10] OLG Karlsruhe FGPrax 2006, 179 = OLGR 2006, 605.
[11] OLG München DNotZ 1939, 498 = JFGErg. 19, 24.
[12] OLG Frankfurt DNotZ 1965, 365 = Rpfleger 1964, 187; OLG Hamburg DNotZ 1965, 371; OLG Hamm NJW 1965, 303 = Rpfleger 1965, 117; KG DNotZ 1957, 18; OLG Neustadt NJW 1964, 2117; OLG Oldenburg DNotZ 1965, 745 = KostRsp. Nr. 7; OLG Schleswig JurBüro 1962, 589; aA OLG Braunschweig DNotZ 1955, 440; OLG Celle NJW 1963, 909; Rpfleger 1982, 465; DNotZ 1966, 756 = Rpfleger 1966, 375.
[13] OLG Bremen DNotZ 1955, 546; OLG Celle DNotZ 1954, 436; OLG Hamburg DNotZ 1965, 370; OLG Karlsruhe DNotZ 1965, 372.
[14] OLG Karlsruhe FGPrax 2006, 179 = OLGR 2006, 605.
[15] Insoweit aA OLG Köln Rpfleger 1955, 352; KostRsp. Nr. 11.
[16] *Lappe* JVBl. 1972, 103.
[17] Vgl. KG DNotZ 1939, 91.

20 **Beispiel:** Verkauf eines Grundstücks an die Bundesrepublik. Verkäufer und Käufer beantragen die Eintragung des neuen Eigentümers im Grundbuch und schulden daher die Gebühr des § 60 Abs. 1 als Gesamtschuldner (§§ 2 Nr. 1, 5 Abs. 1 S. 1). Die Bundesrepublik ist persönlich befreit (§ 11 Abs. 1). Der Verkäufer hat nach der hM (Rn. 11) einen Kostenerstattungsanspruch gegen die Bundesrepublik (§ 448 Abs. 2 BGB) und nimmt deshalb an deren persönlicher Befreiung teil (§ 13).

21 Das Gleiche gilt, wenn der Verkäufer im Kaufvertrag die Kosten der Eintragung übernommen hat (Rn. 2).

22 Ist Verkäufer des Grundstücks hingegen die Bundesrepublik, so schuldet sie die Gebühr nicht, der Käufer hingegen voll; und zwar auch dann, wenn die Bundesrepublik die Kosten im Kaufvertrag übernommen hat.

23 **Beispiel:** Gründung einer OHG mit gleichen Einlagen, einer der beiden Gesellschafter ist die Bundesrepublik. Die Gesellschafter melden die Gesellschaft zur Eintragung ins Handelsregister an und schulden daher die Gebühr des § 79 Abs. 1 als Gesamtschuldner (§§ 2 Nr. 1, 5 Abs. 1 S. 1). Die Bundesrepublik ist persönlich befreit (§ 11 Abs. 1). Der andere Gesellschafter hat nach der hM (Rn. 11) einen Kostenerstattungsanspruch auf die Hälfte der Gebühr gegen die Bundesrepublik (§ 426 Abs. 1 S. 1 BGB), die von ihm geschuldete Gebühr ermäßigt sich um diese Hälfte (§ 13).

24 Bei unterschiedlichen Einlagen ist wie in Rn. 26 zu verfahren.

25 **Beispiel:** Erteilung eines gemeinschaftlichen Erbscheins für die Ehefrau des Erblassers und die Kirche, je zur Hälfte. Die beiden Erben beantragen den Erbschein und schulden daher die Gebühr des § 107 Abs. 1 S. 1 (§ 2 Nr. 1). Bei einem Geschäftswert von 510 000 Euro beläuft sie sich auf 822 Euro. Jeder schuldet sie aus seinem Erbteil von 255 000 Euro, also in Höhe von 447 Euro; 375 Euro trägt jeder Erbe allein, in Höhe der restlichen 72 Euro sind sie Gesamtschuldner (§ 5 Abs. 1 S. 1). Die Kirche ist persönlich befreit (§ 11 Abs. 2 KostO, § 1 Nr. 1 Gerichtsgebührenbefreiungsgesetz NRW). Die Ehefrau schuldet zwar 447 Euro, sie hat jedoch einen Erstattungsanspruch gegen die Kirche dahin, dass sie nur die Hälfte der Gebühr von 822 Euro = 411 Euro trägt (§ 426 Abs. 1 S. 1 BGB), also in Höhe von 36 Euro. Um diesen Betrag ermäßigt sich ihre Gebührenschuld auf 411 Euro (§ 13) mit der Folge, dass der Kostenerstattungsanspruch wegfällt.

26 Ist die Kirche Erbin zu drei Vierteln und die Ehefrau zu einem Viertel, so schuldet die Gebühr von 822 Euro die Kirche aus ihrem Erbteil von 382 500 Euro mit 642 Euro, die Ehefrau aus ihrem Erbteil von 127 500 Euro mit 252 Euro; in Höhe von 72 Euro sind sie Gesamtschuldner. Die Ehefrau hat gegen die Kirche einen Erstattungsanspruch dahin, dass sie nur ein Viertel der Gebühr von 822 Euro = 205,50 Euro trägt, also in Höhe von 46,50 Euro. Um diesen Betrag ermäßigt sich ihre Gebührenschuld auf 205,50 Euro (§ 13), und der Kostenerstattungsanspruch entfällt.

VII. Notare

27 § 13 gilt auch für Notare (§ 141), jedoch tritt bei Gebührenotaren (§ 144 Abs. 1) an seine Stelle (§ 143 Abs. 1) die inhaltsgleiche Regelung des § 144 Abs. 3.

6. Der Kostenanspruch

§ 14* Kostenansatz, Erinnerung, Beschwerde

(1) ¹Die Kosten werden bei dem Gericht angesetzt, bei dem die Angelegenheit anhängig ist oder zuletzt anhängig war, auch wenn die Kosten bei einem ersuchten Gericht entstanden sind oder die Angelegenheit bei einem anderen Gericht anhängig war. ²Die Kosten eines Rechtsmittelverfahrens werden bei dem mit dem Rechtsmittel befassten Gericht angesetzt.

(2) ¹Über Erinnerungen des Kostenschuldners und der Staatskasse gegen den Kostenansatz entscheidet das Gericht, bei dem die Kosten angesetzt sind. ²War das Verfahren im ersten Rechtszug bei mehreren Gerichten anhängig, ist das Gericht, bei

---

* § 14 neu gefasst durch Gesetz vom 5. 5. 2004 (BGBl. I S. 718), Abs. 6 Satz 1 geändert durch Gesetz vom 22. 3. 2005 (BGBl. I S. 837), Abs. 6 Satz 2 eingefügt, Satz 2 und 3 werden Satz 3 und 4 durch Gesetz vom 12. 12. 2007 (BGBl. I S. 2840).

dem es zuletzt anhängig war, auch insoweit zuständig, als Kosten bei den anderen Gerichten angesetzt worden sind.

(3) ¹Gegen die Entscheidung über die Erinnerung können der Kostenschuldner und die Staatskasse Beschwerde einlegen, wenn der Wert des Beschwerdegegenstands 200 Euro übersteigt. ²Die Beschwerde ist auch zulässig, wenn sie das Gericht, das die angefochtene Entscheidung erlassen hat, wegen der grundsätzlichen Bedeutung der zur Entscheidung stehenden Frage in dem Beschluss zulässt.

(4) ¹Soweit das Gericht die Beschwerde für zulässig und begründet erachtet, hat es ihr abzuhelfen; im Übrigen ist die Beschwerde unverzüglich dem Beschwerdegericht vorzulegen. ²Beschwerdegericht ist das nächsthöhere Gericht; in den Fällen, in denen das Familiengericht (§ 23 b Abs. 1 des Gerichtsverfassungsgesetzes) über die Erinnerung entschieden hat, ist Beschwerdegericht das Oberlandesgericht. ³Eine Beschwerde an einen obersten Gerichtshof des Bundes findet nicht statt. ⁴Das Beschwerdegericht ist an die Zulassung der Beschwerde gebunden; die Nichtzulassung ist unanfechtbar.

(5) ¹Die weitere Beschwerde ist nur zulässig, wenn das Landgericht als Beschwerdegericht entschieden und sie wegen der grundsätzlichen Bedeutung der zur Entscheidung stehenden Frage in dem Beschluss zugelassen hat. ²Sie kann nur darauf gestützt werden, dass die Entscheidung auf einer Verletzung des Rechts beruht; die §§ 546 und 547 der Zivilprozessordnung gelten entsprechend. ³Beschwerdegericht ist das Oberlandesgericht. ⁴Absatz 4 Satz 1 und 4 gilt entsprechend.

(6) ¹Anträge und Erklärungen können zu Protokoll der Geschäftsstelle abgegeben oder schriftlich eingereicht werden; § 129 a der Zivilprozessordnung gilt entsprechend. ²Für die Bevollmächtigung gelten die Regelungen der für das zugrunde liegende Verfahren geltenden Verfahrensordnung entsprechend. ³Die Erinnerung ist bei dem Gericht einzulegen, das für die Entscheidung über die Erinnerung zuständig ist. ⁴Die Beschwerde ist bei dem Gericht einzulegen, dessen Entscheidung angefochten wird.

(7) ¹Das Gericht entscheidet über die Erinnerung durch eines seiner Mitglieder als Einzelrichter; dies gilt auch für die Beschwerde, wenn die angefochtene Entscheidung von einem Einzelrichter oder einem Rechtspfleger erlassen wurde. ²Der Einzelrichter überträgt das Verfahren dem Gericht zur Entscheidung in der im Gerichtsverfassungsgesetz vorgeschriebenen Besetzung, wenn die Sache besondere Schwierigkeiten tatsächlicher oder rechtlicher Art aufweist oder die Rechtssache grundsätzliche Bedeutung hat. ³Das Gericht entscheidet jedoch immer ohne Mitwirkung ehrenamtlicher Richter. ⁴Auf eine erfolgte oder unterlassene Übertragung kann ein Rechtsmittel nicht gestützt werden.

(8) ¹Erinnerung und Beschwerde haben keine aufschiebende Wirkung. ²Das Gericht oder das Beschwerdegericht kann auf Antrag oder von Amts wegen die aufschiebende Wirkung ganz oder teilweise anordnen; ist nicht der Einzelrichter zur Entscheidung berufen, entscheidet der Vorsitzende des Gerichts.

(9) ¹Die Verfahren sind gebührenfrei. ²Kosten werden nicht erstattet.

(10) ¹Der Kostenansatz kann im Verwaltungsweg berichtigt werden, solange nicht eine gerichtliche Entscheidung getroffen ist. ²Ergeht nach der gerichtlichen Entscheidung über den Kostenansatz eine Entscheidung, durch die der Geschäftswert anders festgesetzt wird, kann der Kostenansatz ebenfalls berichtigt werden.

Entsprechend: §§ 19, 66 GKG, § 13 JVKostO, § 5 GvKostG.

Übersicht

	Rn.		Rn.
I. Kostenansatz	1–32	18. Kosten des Erinnerungsverfahrens	115–122
1. Justizverwaltungsakt; Verfahren	1–15	19. Wirkungen der Entscheidung	123–130
a) Erlassende Behörde	3	III. Beschwerde	131–173
b) Unterschrift oder Namenswiedergabe	4	1. Zweiter Rechtszug	131, 132
c) Ausschluss	5	2. Anfechtbare Entscheidungen	133–135
d) Amtsverfahren	6, 7	3. Beschwer	136, 137
e) Rechtmäßigkeit	8–10	4. Beschwerdewert	138–140
f) Anhörung des Schuldners	11	5. Zulassung, grundsätzliche Bedeutung	141–145
g) Begründung	12	6. Fortsetzung: beschränkte Zulassung	146–149
h) Rechtsmittelbelehrung	13	7. Form, Frist	150, 151
i) Wirksamkeit	14	8. Abhilfe	152, 153
k) Rücknahme des Verwaltungsakts	15	9. Aufschiebende Wirkung	154
2. Unterbleiben des Kostenansatzes	16	10. Gegenstand des Beschwerdeverfahrens	155–157
3. Kostenansatz nach Vorschuss	17, 18	11. Beschwerdegericht	158, 159
4. Zuständige Behörde	19–25	12. Verfahren	160–164
5. Bindung an gerichtliche Entscheidungen	26–32	13. Entscheidung	165–167
II. Erinnerung	33–130	14. Kosten des Beschwerdeverfahrens	168
1. Besonderer Rechtsweg	33–36	15. Rechtspflegerentscheidung	169–171
2. Vorverfahren	37	16. Rechtskraft	172, 173
3. Anfechtbarer Kostenansatz	38–42	IV. Weitere Beschwerde	174–193
4. Erinnerungsberechtigter	43–50	1. Rechtsbeschwerde als dritter Rechtszug	174
5. Bevollmächtigter	51	2. Anfechtbare Entscheidungen	175, 176
6. Erinnerung trotz Zahlung; Verzicht	52, 53	3. Zulassung	177
7. Form	54	4. Form, Frist	178
8. Frist	55	5. Abhilfe	179
9. Gegenstand der Erinnerung	56–67	6. Beschwerdegericht	180
10. Fortsetzung: Verfahrensfehler beim Kostenansatz	68–73	7. Beschwer, Beschwerdegegenstand, Beschwerdeverfahren	181–191
11. Fortsetzung: Richtigkeit und Zweckmäßigkeit des gerichtlichen Verfahrens	74, 75	8. Entscheidung	192, 193
12. Fortsetzung: Ermessen beim Kostenansatz	76–78	V. Außerordentliche Beschwerde, Gegenvorstellung, Anhörungsrüge	194–196
13. Einwendungen nach der JBeitrO	79	VI. Berichtigung im Verwaltungsweg	197–201
14. Erinnerungsgericht	80–86	VII. Notare	202
15. Erinnerungsverfahren	87–100	VIII. FG-Reform	203
16. Beiladung	101, 102		
17. Entscheidung	103–114		

Stichwortverzeichnis

Abgabe 21, 150
Abhilfe 90, 141, 152, 170, 179
Abweichung 103
Amtsermittlung s. Untersuchungsgrundsatz
Amtspflichtverletzung 8
Amtsverfahren 6
Änderung 112, 124, 126, 198, 200
Anerkenntnis 98
Angelegenheit 20, 140
Anhängigkeit 21
Anhörung des Schuldners 11
Anschließung 99, 162, 181

Anschlussbeschwerde 182
Antrag 54, 93, 139, 150, 156
Anwaltsvergütung 1
Anwaltszwang 178
Aufrechnung 79, Zus. 9
Aufschiebende Wirkung 89, 154
Außerordentliche Beschwerde 194
Ausgleich von Kosten s. Verwaltungsvereinbarung
Auslagen 61, 75, 115
Ausschließung 5, 71, 86
Aussetzung des Verfahrens 100; der Vollziehung 133, 171

Bayern 150, Zus. 15
Befangenheit 5
Begründung 12, 54, 72, 77, 103, 150, 178
Behörde 3, 19, 70
Beiladung 46, 49, 101, 127, 133, 137, 164, 165
Beitreibung s. Justizbeitreibungsordnung
Bekanntgabe 14, 40
Beratung s. rechtsunkundiger Schuldner
Berichtigung 114, 143, 171, 196
Beschränkung der Haftung s. Erbenhaftung, Kommanditistenhaftung, Zulassung
Beschwer 136, 181
Beschwerde 131, 152
Beschwerdeantrag s. Antrag
Beschwerdegegenstand s. Verfahrensgegenstand
Beschwerderücknahme s. Zurücknahme
Beschwerdesumme Zus. 13
Beschwerdeverfahren 151, 182
Beschwerdewert 138, 173, Zus. 13
Besetzung des Gerichts 84
Bestandskraft 55, 197
Beteiligte des Erinnerungsverfahrens 91; s. auch Beiladung
Bevollmächtigter 40, 51
Beweis 7, 15, 190
Bezirksrevisor 50
Bindung an Anträge 109; des Kostenansatzes 26, 64; s. auch Weisung
Bundeskasse 50

Denkgesetz 186
Dienstaufsichtsbeschwerde 198
Dürftigkeitseinrede 6

Ehrenamtliche Richter 84, 159
Einzelrichter 84, 142, 159, 180
Elektronisches Dokument 54
Erbe s. Rechtsnachfolger
Erbenhaftung 6
Erfahrungssatz 186
Ergänzung 114, 141
Erinnerung 33, 54
Erlass der Kosten Zus. 10; des Verwaltungsakts 14
Erledigung der Hauptsache 97
Erlöschen 79
Ermessen 12, 60, 64, 76, 187, Zus. 8, 10
Erweiterung der Erinnerung 54, 96; der Beschwerde 157, 181

Fälligkeit 63
Familiensachen 158
Feststellungsantrag 108
Feststellungslast s. Beweis
Freibeweis 7
Frist 54, 151, 170, 178

Gebührenbefreiung 62
Gebührenbetrag 59
Gebührensatz 59
Gebührentatbestand 59
Gegenforderung s. Aufrechnung
Gegenvorstellung 124, 144, 195
Gehör 73; s. auch Anhörung
Gesamtschuldner 46, 64, 101, 109, 140
Geschäftsstelle 3
Geschäftswert 27, 60, 100, 138
Gesetzlicher Richter 19, 25, 70, 81

Gesetzmäßigkeit der Verwaltung 8, 198
Glaubhaftmachung 7
Greifbare Gesetzwidrigkeit 194
Grundstückswert 39

Handelssachen s. Kammer für Handelssachen
Häufung 140

Insolvenz 67

Justizbeitreibungsordnung 52, 79, 89
Justizverwaltungsakt s. Verwaltungsakt

Kammer für Handelssachen 84, 191
Kleinbetrag 16
Kommanditistenhaftung 6
Konzentration 192
Kosten des Erinnerungsverfahrens 115
Kostenansatz 1, 38, Zus. 8; beim Landgericht 149, beim Oberlandesgericht 149
Kostenbeamter 3, 86
Kostenbefreiung 62
Kostenentscheidung 28, 31, 42, 121, 122, 168, 201
Kostenerstattungsanspruch 122
Kostenfreiheit 16
Kostennachricht 17
Kostenrechnung 3
Kostenverfügung 2, 64, 76, Zus. 8

Landeskasse 50
Landesrecht 176, 184
Landgerichtliche Entscheidung 169
Landgerichtlicher Kostenansatz 134

Massekosten, -schuldner 67
Mithaft-Vermerk 46
Mitwirkungspflicht 6
Mündliche Verhandlung 95

Nachforderung 55, 65, 128
Namenswiedergabe 4
Nebenintervention 46; s. auch Beiladung
Nichterhebung 30
Nichtigkeit des Kostenansatzes 41, 69, 108
Notare 202
Notarvollmacht 40, 51

Pfändungsgläubiger 45
Prozesskostenhilfe 16, 79
Prozessvollmacht 40, 51

Rechtliches Gehör 92
Rechtsbeschwerde 174, 183
Rechtsfrage 8, 145, 179
Rechtskraft 123, 137, 172, 193, 195, 200
Rechtsmittelbelehrung 13, 141
Rechtsnachfolger 44
Rechtspfleger 5, 54, 85, 110, 159, 169
Rechtsschutzziel 54, 150
Rechtsunkundiger Schuldner 13
Rechtsweg 33
Rechtsweggarantie 33
Rechtswidrigkeit des Kostenansatzes 56, 105
Reformatio in peius 60, 111, 167
Rücknahme des Kostenansatzes 15, 197
Rückzahlung 113, Zus. 6
Rückzahlungsanspruch 55

Sachverständigenentschädigung 75
Sachzusammenhang Zus. 7
Schätzung 78
Schuldner 64

Selbstbindung der Verwaltung 76
Staatskasse 34, 38, 50
Steuergeheimnis 39
Stundung 79, Zus. 10
Subsumtionsfehler 106
Teilabhilfe s. Abhilfe
Tilgung 79
Unrichtige Sachbehandlung 30, 38, 74
Unterbleiben des Kostenansatzes 16
Unterschrift 4
Untersuchungsgrundsatz 6, 94, 161
Urkundsbeamter der Geschäftsstelle 5
Verböserung s. reformatio in peius
Verfahrensfähigkeit 43
Verfahrensfehler 68, 74
Verfahrensgegenstand 56, 106, 109, 140, 155
Verfahrensrecht 87, 131, 182
Verfassungswidrigkeit 9, 110. 144
Vergleich 98
Verjährung 6, 65
Verschlechterung s. reformatio in peius
Verwaltung 196
Verwaltungsakt 2, 39, Zus. 1
Verwaltungsvereinbarung 23
Verwaltungsverfahren 2, 68
Verwaltungsvorschrift Zus. 4
Verweisung 21, 83,
Verwirkung 55, 65
Verzicht 53, 98. 126
Vollmachtsvermutung s. Notarvollmacht

Vollziehungsaussetzung s. Aussetzung
Vorauszahlung s. Vorschuss
Vorlage an BGH 175
Vorschuss 17, 32, 63, 133
Vorverfahren 37
Weisung 10, 34
Weitere Beschwerde 174; s. auch Rechtsbeschwerde
Wert s. Geschäftswert
Wertangabe 39
Widerspruch 37
Wiederholung der Erinnerung 125
Wirksamkeit 14, 40, 85, 123

Zahlung 44, 52, 55
Zahlungsunfähigkeit 16, 64
Zeitpunkt der Sach- und Rechtslage 105
Zeugenentschädigung 75
Zinsen bei Rückzahlung 113
Zitiergebot 12
Zulassung 141, 177, 189, 195
Zurückbehaltung 66
Zurücknahme 15, 96, 99, 156, 198
Zurückverweisung 39, 94, 107, 166, 192
Zurückzahlung s. Rückzahlung
Zuständigkeit zum Kostenansatz 19
Zustellung s. Bekanntgabe
Zwangsvollstreckungskosten 64
Zweckmäßigkeit 75
Zweitschuldner 64
Zwischenentscheidungen 133

Schrifttum: *Fölsch,* Modernisierung der Kostenbeschwerde durch das Kostenrechtsmodernisierungsgesetz?, Rpfleger 2004, 385; *Lappe,* Modernes Justizkostenrecht?, NJW 2004, 2409; Neues zum Rechtspfleger als Erinnerungs- und Wertfestsetzungsrichter, Rpfleger 2005, 306.

I. Kostenansatz

1. Justizverwaltungsakt; Verfahren

1   Die Kosten sind eine öffentlich-rechtliche Gebührenforderung (§ 1 Rn. 10, 13) des Bundes (in Verfahren vor dem BGH) oder eines Bundeslandes (in Verfahren vor dessen Gerichten). Sie wird durch den Kostenansatz (Abs. 1) geltend gemacht. Ihm unterliegt auch der privatrechtliche, auf die Staatskasse übergegangene Erstattungsanspruch wegen einer gezahlten Anwaltsvergütung (§ 59 Abs. 2 RVG mit einer Zuständigkeitsregelung in S. 2, 3). Der Rechtsweg richtet sich jedoch (S. 4) nach dem – insoweit mit § 14 wortgleichen – § 66 GKG.

2   Der Kostenansatz ist Justizverwaltungsakt;[1] Ausnahmen s. § 8 Rn. 21, 26; Definition des Verwaltungsakts s. § 30a EGGVG – Zusatz zu § 14 – Rn. 2). Eine nähere Regelung des oder gar dieses Justizverwaltungsakts fehlt, das VwVfG findet keine Anwendung (§ 2 Abs. 3 Nr. 1 VwVfG). Bund und Länder haben jedoch – zulässigerweise[2] – eine eingehende Regelung im Verwaltungsweg durch die KostVfg. (s. Anhang D I) getroffen. Darüber hinaus müssen die heute allgemein anerkannten Grundsätze des Verwaltungsverfahrens Berücksichtigung finden, wie sie sich im VwVfG und der ebenfalls am 1. 1. 1977 in Kraft getretenen AO sowie im SGB X niedergeschlagen haben (und zwar mit Vorrang vor der KostVfg., die diese Entwicklung des Verwaltungsverfahrensrechts bisher nicht genügend zur Kenntnis genommen hat). Das bedeutet (wobei im Folgenden die genannten Bestimmungen des VwVfG für die inhaltsgleichen der AO und des SGB X stehen):

3   **a) Erlassende Behörde.** Der Justizverwaltungsakt Kostenrechnung (§ 4 Abs. 1 KostVfg.) muss die erlassende Behörde bezeichnen (vgl. § 37 Abs. 3 VwVfG, § 119 Abs. 3

---

[1] BVerfGE 22, 299, 310; BVerfG NJW 1970, 853 = Rpfleger 1970, 161.
[2] BVerfGE 8, 166.

AO, § 33 Abs. 3 SGB X). Dabei ist, gerade weil die Kosten „bei dem Gericht" angesetzt werden, besonders darauf zu achten, dass die Kostenrechnung nicht als gerichtliche Entscheidung, sondern als Handlung der Justizverwaltung erscheint (also etwa „Amtsgericht – Kostenbeamter"; nicht unbedenklich „Geschäftsstelle des Amtsgerichts", denn die Geschäftsstelle ist Teil der Gerichtsbarkeit).

b) Unterschrift oder Namenswiedergabe. Der die Kostenberechnung aufstellende 4
Kostenbeamte (§ 1 KostVfg.) unterschreibt die Kostenrechnung (§ 27 Abs. 12 KostVfg.); die dem Kostenschuldner zugehende Ausfertigung, die „Reinschrift" (§ 29 KostVfg.), muss ebenfalls die Unterschrift oder die Namenswiedergabe dieses Kostenbeamten enthalten (§ 37 Abs. 3 VwVfG). Darauf kann zwar bei formularmäßigem oder mit Hilfe automatischer Einrichtungen vorgenommenem Kostenansatz verzichtet werden (vgl. § 37 Abs. 4 VwVfG); diese Voraussetzungen dürften allerdings in der Justizpraxis noch nicht überall erfüllt sein, die Verwendung von Formularen erscheint nicht ausreichend. Die in § 29 Abs. 5 KostVfg. vorgesehene Unterzeichnung der Kostenrechnung durch die Gerichtskasse genügt nicht (s. Rn. 5).

c) Ausschluss. Der Grundsatz der Unparteilichkeit der öffentlichen Verwaltung 5
schließt Kostenbeamte vom Kostenansatz aus, wenn sie selbst oder ihre Angehörigen Beteiligte sind oder sonstige Umstände ihre Befangenheit begründen (s. dazu im Einzelnen § 20 VwVfG). Dass der Kostenbeamte als Rechtspfleger oder Urkundsbeamter der Geschäftsstelle in der Angelegenheit bereits tätig war, begründet seine Befangenheit hingegen nicht (zum umgekehrten Fall s. Rn. 86).

d) Amtsverfahren. Der Kostenansatz ist ein Amtsverfahren; er unterliegt dem **Unter-** 6
suchungsgrundsatz (vgl. § 24 VwVfG). Der Kostenbeamte ermittelt demnach die für den Einzelfall bedeutenden Tatsachen – auch die dem Kostenschuldner günstigen! – von Amts wegen. Soweit sich bestimmte Umstände ihrer Natur nach der Amtsermittlung entziehen (wie solche, die im Zivilprozess nur auf Einrede berücksichtigt werden), muss es angesichts der grundsätzlichen Mitwirkungspflicht des Kostenschuldners (vgl. § 26 Abs. 2 VwVfG) diesem überlassen bleiben, sie geltend zu machen. Dies betrifft etwa die Verjährungseinrede (§ 17 Abs. 3 S. 1), die Beschränkung der Erbenhaftung (§ 781 ZPO iVm. § 8 JBeitrO), die Dürftigkeitseinrede des § 1990 BGB,[3] die haftungsbefreiende Leistung der Kommanditeinlage (§ 171 Abs. 1 HGB).

Die **Beweisaufnahme** ist nichtförmlich („Freibeweis"), sie muss jedoch die volle Über- 7
zeugung von der Wahrheit der erheblichen Tatsachen ergeben, Glaubhaftmachung – „überwiegende Wahrscheinlichkeit" – genügt nicht. Soweit dies nicht gelingt, ist nach **Beweislast** (materielle Beweislast, „Feststellungslast") zu entscheiden: Die Beweislast für die anspruchsbegründenden Tatsachen liegt bei der Staatskasse, für die dem Schuldner günstigen (Beispiele: §§ 11, 60 Abs. 2, 107 Abs. 3) bei ihm.

e) Rechtmäßigkeit. Ziel des Kostenansatzes ist eine rechtsbeständige, also weder mit 8
Erfolg anfechtbare – vgl. dazu insbesondere Rn. 75! – noch gar nichtige Kostenrechnung: Gemäß dem Grundsatz der Gesetzmäßigkeit der Verwaltung (Art. 20 Abs. 3 GG) muss die Kostenrechnung rechtmäßig sein. Eine gesetzwidrige Kostenrechnung stellt eine Amtspflichtverletzung dar, desgleichen die Beantwortung einer zweifelhaften Rechtsfrage ohne sorgfältige Berücksichtigung der üblichen Hilfsmittel wie Kommentare, Entscheidungssammlungen, Fachzeitschriften. (Dies gilt vor allem für die Kostenrechnung „in dubio pro fisco" – der Schuldner „kann ja Erinnerung einlegen".)

Über die **Verfassungswidrigkeit** eines Gesetzes darf der Kostenbeamte nicht entschei- 9
den, die Bindung an das übergesetzliche Recht (Art. 20 Abs. 3 GG) gilt für die Exekutive insgesamt, nicht für den einzelnen Beamten. Die Klärung obliegt erforderlichenfalls der Landesregierung (Art. 93 Abs. 1 Nr. 2 GG) oder dem gemäß § 14 Abs. 2–5 angerufenen Gericht (Art. 100 GG).

---

[3] BayObLG KostRsp. § 2 Nr. 87; anders für den Zivilprozess BGH FamRZ 2004, 441.

§ 14

10 An **Weisungen** der Vorgesetzten und der übergeordneten Justizverwaltungsbehörden ist der Kostenbeamte sowohl in der Beurteilung der Verfassungsmäßigkeit als auch in der Rechtsauslegung gebunden (§§ 55, 56 BBG und die gleichen Landesgesetze). S. auch Rn. 26 ff.

11 **f) Anhörung des Schuldners.** Im Allgemeinen ist eine Anhörung des Schuldners vor Aufstellung der Kostenrechnung nicht erforderlich; besondere tatsächliche Umstände können jedoch die Gewährung des Gehörs gebieten (vgl. § 28 VwVfG).

12 **g) Begründung.** Die Kostenrechnung eröffnet dem Schuldner die Möglichkeit, den Rechtsweg zu beschreiten (Art. 19 Abs. 4 GG), sie muss ihm folglich Klarheit über die Rechtsgrundlage der Gebührenforderung vermitteln. Dazu mag im Regelfall die Angabe der angewandten Vorschriften und die Nennung der einzelnen Wert- sowie Gebühren- und Auslagenbeträge genügen (§ 27 KostVfg.; Anlehnung an § 154 Abs. 2 ohne formalisierende Übertreibung).[4] Soweit diese Angaben jedoch zum Verständnis des Verwaltungsaktes nicht ausreichen, bedarf er der Begründung (vgl. § 39 VwVfG).[5] Sie ist insbesondere erforderlich bei zweifelhafter Rechtslage sowie bei Ermessensentscheidungen.[6]

13 **h) Rechtsmittelbelehrung.** Eine Rechtsmittelbelehrung ist nicht erforderlich, besondere Umstände des Einzelfalles können jedoch eine Verpflichtung zur Aufklärung und Beratung rechtsunkundiger Bürger begründen (vgl. § 25 VwVfG).

14 **i) Wirksamkeit.** Der Verwaltungsakt wird **existent** mit der Herausgabe der Kostenrechnung aus dem „Gericht" und **wirksam** mit der Bekanntgabe an den Kostenschuldner (vgl. § 43 Abs. 1 VwVfG). Die Bekanntgabe gilt mit dem dritten Tage nach der Aufgabe zur Post als erfolgt (entsprechend § 41 Abs. 2 VwVfG). Förmliche Zustellung ist nicht erforderlich, sie empfiehlt sich jedoch, wenn beispielsweise der Ablauf von Fristen (§§ 15, 17) droht, denn im Zweifelsfall hat die Behörde Zugang und Zeitpunkt zu beweisen (aaO).

15 **k) Rücknahme des Verwaltungsakts.** Die Kostenrechnung kann, auch wenn die Entscheidungen im Rechtsmittelverfahren Rechtskraft erlangt haben,[7] ganz oder teilweise zurückgenommen werden (s. auch Rn. 197 ff.).

2. Unterbleiben des Kostenansatzes

16 Der Kostenansatz unterbleibt bei Kostenfreiheit (§§ 11 bis 13), bei Prozesskostenhilfe ohne Eigenleistung (§ 9 KostVfg. mit den DB-PKHG, Anhang D III), bei dauernder Zahlungsunfähigkeit des Schuldners (§ 10 KostVfg.) und bei geringen Kostenbeträgen (sog. „Kleinbeträgen", etwa 3 Euro, bei juristischen Personen des öffentlichen Rechts 25 Euro); außerdem natürlich, wenn – nach Auffassung des Kostenbeamten – keine Kosten entstanden sind.

3. Kostenansatz nach Vorschuss

17 Sind Kosten vorschussweise gezahlt worden (§ 8), ist zu unterscheiden:
– Hat der Kostenschuldner eine Vorschuss-Kostenrechnung (sog. **Kostennachricht,** § 31 Abs. 1 KostVfg.) erhalten, unterbleibt ein förmlicher Kostenansatz, wenn sich Vorschuss und Kostenschuld decken (§ 32 Abs. 5 KostVfg.; unbedenklich, wenn der endgültige Ansatz auch im Einzelnen der Vorschussrechnung entspricht). Diese ist dann nach Abs. 2–5 anfechtbar.

18 – Hat hingegen das Gericht den Vorschuss selbst bestimmt und folglich der Schuldner **keine Kostennachricht** erhalten (§ 31 Abs. 3 KostVfg.), bedarf es des Kostenansatzes auch dann, wenn sich Vorschuss und Kostenschuld decken (so auch § 32 Abs. 5 KostVfg.); der Schuldner hat Anspruch auf eine „ordentliche Rechnung".

---

[4] KG JurBüro 1997, 98 = KostRsp. Nr. 63 m. Anm. *Lappe.*
[5] OLG Zweibrücken JurBüro 1982, 271.
[6] OLG Saarbrücken OLGR 1997, 207; vgl. auch §§ 27 Abs. 4, 29 Abs. 4 KostVfg., ferner Rn. 78.
[7] *Lappe* KostRsp. Nr. 62 Anm.

4. Zuständige Behörde

Mit der Bezeichnung des Gerichts in Abs. 1 wird die für den Kostenansatz zuständige Behörde (Rn. 3) und zugleich (Abs. 2) der gesetzliche Richter (Art. 101 Abs. 1 S. 2 GG) bestimmt. Das hat auch Bedeutung für die §§ 8, 10, 16, 31, 130 Abs. 5. 19

Zum Begriff der Angelegenheit s. § 1 Rn. 2, § 10 Rn. 10, 11. 20

Die Anhängigkeit (Abs. 1 S. 1) wird in **Antragsverfahren** durch den Eingang des Antrags beim Gericht begründet; in der Rechtsmittelinstanz durch den Eingang der Rechtsmittelschrift beim Rechtsmittelgericht oder – im Falle der Einlegung beim Erstgericht (vgl. § 21 FGG) – durch die Mitteilung des erstgerichtlichen Vorlagebeschlusses an die Beteiligten. Das „befasste" Gericht (Abs. 1 S. 2) muss nicht das Rechtsmittelgericht sein, bis zur Vorlage an dieses ist es insbesondere das Abhilfegericht. Bei Verweisung wird die Sache durch Mitteilung des Verweisungsbeschlusses an die Beteiligten beim verwiesenen Gericht anhängig, bei der Abgabe durch den Eingang der Akten beim Gericht, an das abgegeben worden ist. 21

In **Amtsverfahren** begründet die erste gerichtliche Handlung die Anhängigkeit, iÜ gilt das Vorstehende. 22

Die gesetzliche Regelung in Abs. 1 wird durch die **Verwaltungsvereinbarung** über den Ausgleich von Kosten (Anhang D I, Anlagen) ergänzt, die aber keine andere Zuständigkeit für den Kostenansatz begründen kann. Sie gilt nicht für Rechtsmittelverfahren, insoweit verbleibt es bei Abs. 1 S. 1. 23

Dem Abs. 1 vorgehende **Sonderregelungen** treffen die §§ 103 Abs. 3 und 107 Abs. 1 S. 2. 24

Dagegen vermögen **Verwaltungsvorschriften** die gesetzliche Zuständigkeit zum Kostenansatz – vor allem wegen der Konsequenzen für Art. 101 Abs. 1 S. 2 GG – nicht zu verändern. Dies gilt für § 33 Abs. 3 S. 3 - Kostenbeamter der ersten Instanz für die Rechtsmittelkosten – und § 5 Abs. 9 KostVfg. – Kostenbeamter der Hauptniederlassung für Zweigniederlassungen –. Die Kostenbeamten sind zwar an diese Verwaltungsanweisung gebunden (Rn. 10), für Abs. 2, 3 ist jedoch allein von der aus Abs. 1, 2 folgenden Zuständigkeit auszugehen (s. Rn. 81). 25

5. Bindung an gerichtliche Entscheidungen

Über die Bindung des Kostenbeamten hinaus (Rn. 10) ist der Kostenansatz als solcher (also auch bei seiner gerichtlichen Überprüfung) gebunden an gerichtliche Entscheidungen 26
– über den Geschäftswert (§ 31); nur wenn keine Wertfestsetzung vorliegt, gehört zum Kostenansatz auch die Wertannahme; zum Vorrang des Wertfestsetzungsverfahrens s. § 31 Rn. 9–10; 27
– über die Kostenpflicht (§ 3 Rn. 2), die allerdings idR nur eine zusätzliche Kostenhaftung begründen; 28
– gemäß §§ 31 Abs. 2 S. 2, 70 Abs. 1 S. 2, 94 Abs. 3, 100a Abs. 3 (s. dazu auch Rn. 42); 29
– gemäß §§ 16, 130 Abs. 5 (nur bei Anordnung der Nichterhebung; Ausnahme: Erinnerung und Beschwerde der Staatskasse). 30

Soweit gerichtliche Entscheidungen iÜ zu Kostenfragen ergehen, stellen sie meist einen mangels gesetzlicher Grundlage für den Kostenansatz unverbindlichen Hinweis dar (Beispiel: „kostenpflichtige" Zurückweisung einer Beschwerde). 31

Im Verfahren nach § 8 Abs. 3 ergangene Entscheidungen binden beim endgültigen Kostenansatz ebenfalls nicht; denn ihr Gegenstand war allein die Vorauszahlung, nicht die endgültige Kostenschuld (vgl. auch § 18 Abs. 1). 32

II. Erinnerung

1. Besonderer Rechtsweg

Gegen den Kostenansatz (Rn. 1 ff.) ist die Erinnerung gegeben (Abs. 2). Dieser Rechtsbehelf konkretisiert den durch Art. 19 Abs. 4 S. 1 GG zugesicherten Rechtsweg. Er tritt – ausschließlich – an die Stelle des Verwaltungsrechtswegs (§ 40 Abs. 1 S. 1 VwGO) und 33 ersetzt insbesondere die verwaltungsgerichtliche Anfechtungsklage (§ 42 Abs. 1 VwGO), aber auch die anderen, nach der VwGO in Betracht kommenden Klagearten. Die knappe gesetzliche Regelung ist deshalb nach den Grundsätzen des verwaltungsgerichtlichen Verfahrens auszufüllen (vgl. auch § 30a EGGVG, Zusatz zu § 14).

34 Soweit die **Staatskasse erinnerungsberechtigt** ist, handelt es sich um einen nur historisch zu erklärenden, ganz ungewöhnlichen, aber gleichwohl auch heute noch sinnvollen Rechtsbehelf: Er ermöglicht der Staatskasse, unter Verzicht auf die Durchsetzung ihrer Auffassung mittels Weisung an den Kostenbeamten (Rn. 10) zweifelhafte Rechtsfragen von grundsätzlicher Bedeutung gerichtlich klären zu lassen (vgl. § 45 KostVfg.), ohne den Schuldner mit diesem Interesse zu belasten.

35 Allerdings soll die Staatskasse nicht zugunsten des Schuldners erinnerungsberechtigt sein.[8] Zu dieser Beschränkung zwingt das heutige Verständnis ihres Erinnerungsrechts nicht; im Gegenteil: Zweifelhafter Kostenansatz und zweifelhafter Nichtansatz bringen den unparteiischen (Rn. 5) Kostenprüfer in die gleiche Lage.[9]

36 Insgesamt verwirklicht die Rechtswegregelung des § 14 einen schnellen (statt Klage – Berufung – Revision: Erinnerung – Beschwerde – weitere Beschwerde) und sachgerechten Rechtsschutz (statt sachferner Verwaltungsgerichte die sachnahen Gerichte der Hauptsache).

2. Vorverfahren

37 Der Erinnerung geht kein förmliches Vorverfahren (Widerspruchsverfahren, vgl. §§ 68ff. VwGO) vorauf, vielmehr bewirkt sie selbst zunächst eine Überprüfung des Kostenansatzes im Verwaltungswege (§§ 35 Abs. 2, 45 Abs. 2 S. 2 KostVfg.). Diese Überprüfung ist allerdings nicht Voraussetzung der gerichtlichen Entscheidung, ihr Unterbleiben stellt keinen Verfahrensfehler dar.

3. Anfechtbarer Kostenansatz

38 Die Erinnerung setzt grundsätzlich einen Kostenansatz (Rn. 1 ff.) voraus (Abs. 2). Anderes gilt insbesondere für die „Erinnerung" mit dem Ziel der Nichterhebung wegen unrichtiger Sachbehandlung.[10] Hat der Kostenbeamte **vom Kostenansatz abgesehen** (Rn. 16), liegt meist kein Verwaltungsakt vor. Gleichwohl kann die Staatskasse Erinnerung einlegen, entsprechend dem besonderen Zweck dieser Regelung im Abs. 2 (Rn. 34, 35).

39 Dem Kostenansatz steht gleich die **Aufforderung** des Kostenbeamten an den Kostenschuldner, **den Grundstückswert anzugeben.** Die der Nichtbeachtung dieser Aufforderung folgende Durchbrechung des Steuergeheimnisses (§ 19 Abs. 2 S. 2) braucht der Schuldner nicht hinzunehmen, Art. 19 Abs. 4 GG sichert ihm den Rechtsweg zu. Unabhängig davon, ob die Aufforderung einen Verwaltungsakt darstellt oder nicht (vgl. § 40 VwGO), ist deshalb die Erinnerung gegeben (Rn. 33).[11] Gleiches gilt für die **Zurückweisung eines Antrags** auf kostenfreie Erteilung von Ausfertigungen und Abschriften.[12]

40 Der Kostenansatz muss **existent** geworden sein.[13] Dies geschieht idR – spätestens – durch Bekanntgabe an den Kostenschuldner (Rn. 14), doch genügt auch formlose Eröffnung, etwa durch Gewährung von Einsicht in die in den Akten befindlichen Urschrift der Kostenrechnung. Bekanntgabe an einen Bevollmächtigten genügt nur bei entsprechender Vollmacht; Prozessvollmacht (§ 81 ZPO) und die übliche Vollmacht des Notars, insbesondere gemäß § 129 FGG, § 15 GBO, reichen aus (Aufgabe der bis zur 13. Aufl. vertretenen Gegenmeinung im Hinblick auf den neuen letzten Teilsatz des § 81 ZPO; s. auch Rn. 51).

41 Auch gegen einen nichtigen Verwaltungsakt (Rn. 69), gegen den im verwaltungsgerichtlichen Verfahren die Feststellungsklage gegeben wäre, findet die Erinnerung statt (Rn. 33).

---

[8] OLG Braunschweig OLGE 19, 245; KGJ 45, 343; KG JFGErg. 17, 131.
[9] Vgl. auch KG Rpfleger 1977, 227.
[10] KG Rpfleger 1977, 227; vgl. dazu OLG Köln MDR 1988, 162.
[11] *Lappe* KostRsp. Nr. 29 Anm. gegen LG Krefeld.
[12] BayObLG JurBüro 1993, 544.
[13] AA KGR 2004, 115 = KostRsp. Nr. 74m. abl. Anm. *Lappe* = NJW-RR 2003, 1723.

Kostenansatz, Erinnerung, Beschwerde § **14**

Keinen Kostenansatz stellen die **Kostenentscheidungen** nach den §§ 31 Abs. 2 S. 2, 70   42
Abs. 1 S. 2, 94 Abs. 3 S. 2 dar;[14] wegen ihrer Anfechtung s. § 31 Rn. 43 und § 20a FGG).

4. Erinnerungsberechtigter

Erinnerungsberechtigt ist der durch den Kostenansatz als Kostenschuldner auf Leistung   43
oder Duldung in Anspruch Genommene. Die **Verfahrensfähigkeit** richtet sich nach der
des Kostenschuldverhältnisses (§ 2 Rn. 2).[15]

Der **Rechtsnachfolger** – insbesondere der Erbe – ist erinnerungsberechtigt, wenn der   44
Rechtsvorgänger als Kostenschuldner in Anspruch genommen war (§§ 1922, 1967 BGB);
seiner persönlichen Inanspruchnahme (§ 3 Rn. 37) bedarf es nicht, sie ist Voraussetzung
der Zwangsvollstreckung gegen ihn, nicht jedoch der Erinnerungsberechtigung. Dass der
Rechtsvorgänger die Kosten bereits gezahlt hat, hindert die Erinnerung des Rechtsnachfolgers nicht (vgl. Rn. 52).

Auch der **Pfändungsgläubiger** ist als Rechtsnachfolger erinnerungsberechtigt. Bei Er-   45
folg der Erinnerung wird an ihn zurückgezahlt, wenn ihm die Forderung überwiesen ist
(§ 835 ZPO); vor Überweisung Rückzahlung an ihn und den Schuldner gemeinsam, oder
es wird hinterlegt (§ 1281 BGB).[16]

Von **Gesamtschuldnern** ist ebenfalls nur der in Anspruch Genommene erinnerungs-   46
berechtigt. Schulden genügt nicht, desgleichen nicht der Mithaft-Vermerk des Kostenbeamten auf der Urschrift der Kostenrechnung (vgl. § 27 Abs. 1–3 KostVfg.), er ist kein
wirksamer (= bekannt gemachter) Verwaltungsakt gegen den Mitschuldner. Dass dem
Mitschuldner förmlich seine mögliche Inanspruchnahme eröffnet worden ist (etwa nach
§ 15 S. 2), begründet ebenfalls noch nicht die Statthaftigkeit der Erinnerung. Die Erinnerung eines nicht beschwerten, aber im Innenverhältnis ausgleichspflichtigen Gesamtschuldners kann jedoch als Nebenintervention oder als Antrag auf Beiladung zu verstehen sein;[17]
dazu Rn. 101 f.

Ausnahmsweise kann ein nicht in Anspruch genommener Gesamtschuldner den   47
Rechtsweg nach Abs. 2 beschreiten, wenn er mit seiner Inanspruchnahme rechnen muss
und ein berechtigtes Interesse an einer baldigen Feststellung seiner Haftung und der Höhe
der Kostenschuld hat (entsprechend § 43 Abs. 1 VwGO, § 41 Abs. 1 FGO; s. Rn. 33).

Die Rspr. hat hingegen bisher (Rn. 33) überwiegend dem nicht in Anspruch genomme-   48
nen Gesamtschuldner das Erinnerungsrecht zugestanden.[18]

S. iÜ wegen der Beiladung nicht in Anspruch genommener Gesamtschuldner Rn. 101,   49
102.

Die **Bundes- oder Landeskasse** ist erinnerungsberechtigt, soweit ihr der Kostenanspruch   50
zusteht (Rn. 1) oder sie ihn nach Abs. 1 einzuziehen hat. Die Vertretung richtet sich nach
den jeweiligen Vertretungsordnungen (meist Bezirksrevisor, vgl. §§ 42, 45 KostVfg.).

5. Bevollmächtigter

Die Erinnerung ist Verfahrenshandlung vor dem Gericht der Hauptsache. Zur Einlegung   51
ist deshalb neben dem ausdrücklichen Bevollmächtigten auch befugt, wer Verfahrenshandlungen kraft einer allgemeinen Verfahrensvollmacht vornehmen kann; das sind – zumindest
zufolge ständiger Gerichtspraxis – der Prozessbevollmächtigte (§ 81 ZPO) und der Notar
kraft ausdrücklicher Vollmacht oder im Rahmen seiner Vollmachtsvermutung (§ 129 FGG,
§ 15 GBO).[19]

---

[14] BayObLGZ 1963, 73 = Rpfleger 1963, 208.
[15] BayObLG FamRZ 2002, 228 für § 66 FGG.
[16] Dazu KGJ 29 B 28.
[17] *Lappe* KostRsp. Nr. 56 gegen LG Wuppertal JurBüro 1992, 480.
[18] So BayObLG JurBüro 1975, 492; OLG Braunschweig DNotZ 1955, 440 = Rpfleger 1956, 116;
OLG Bremen KostRsp. § 156 Nr. 58; OLG Nürnberg KostRsp. GKG aF § 5 Nr. 13; aA OLG Schleswig JurBüro 1981, 403 = SchlHA 1981, 71; OLG Düsseldorf Rpfleger 1985, 255 = KostRsp. GKG
§ 14 Nr. 32 m. zust. Anm. *E. Schneider*.
[19] BayObLGZ 1953, 183, 185; 1967, 408, 409; KG OLGE 19, 269; OLG Hamm DNotZ 1952,
86.

6. Erinnerung trotz Zahlung; Verzicht

52 Der – freiwillige oder zwangsweise – Vollzug beseitigt den Verwaltungsakt nicht. Aus diesem allgemein anerkannten verwaltungsrechtlichen Grundsatz folgt, dass die Erinnerung auch nach freiwilliger Zahlung der Kosten zulässig ist (oder bleibt), eines ausdrücklichen Vorbehalts bei der Zahlung bedarf es nicht.[20] Erst recht steht die Beitreibung der Kostenforderung der Erinnerung nicht entgegen. Anderes gilt nur, wenn der Schuldner auf Erinnerung der Staatskasse den Anspruch anerkennt und zahlt, weil damit deren Rechtsschutzinteresse entfallen ist.[21]

53 Der Kostenschuldner kann jedoch auf die Erinnerung **verzichten** (vgl. § 50 FGO) mit der Folge, dass sie unzulässig wird. Ein Verzicht der Staatskasse kommt nur ausnahmsweise in Betracht, soweit sie nämlich über den Kostenanspruch verfügen kann.

7. Form

54 Die Erinnerung kann (Abs. 6 S. 1) schriftlich, als elektronisches Dokument (§ 1a, § 21 FGG, § 130a ZPO, usw.)[22] oder zu Protokoll der Geschäftsstelle (§ 129a ZPO; Niederschrift entsprechend §§ 159 ff. ZPO) – auch des Rechtspflegers, §§ 24 Abs. 2, 8 Abs. 5 RPflG, und des Richters, arg. §§ 24 Abs. 2, 8 Abs. 1 RPflG – eingelegt werden. Sie bedarf weder eines förmlichen **Antrags** noch der **Begründung,** lediglich das Rechtsschutzziel muss erkennbar sein. Der Erinnerungsführer kann jedoch den Umfang der Nachprüfung des Kostenansatzes durch Anträge beschränken (entsprechend § 88 VwGO) und sie bis zur Entscheidung über die Erinnerung erweitern.

8. Frist

55 Die Erinnerung ist nicht fristgebunden (mangels einer Fristbestimmung; vgl. aber bzgl. der Staatskasse § 15 Rn. 21). Dies bedeutet, dass – im Gegensatz zu anderen Verwaltungsakten – der Kostenansatz in aller Regel nicht bestandskräftig wird. Die Zahlung hindert die Anfechtung nicht (Rn. 52), der Rückzahlungsanspruch bei erfolgreicher Erinnerung entsteht erst mit der Aufhebung des Kostenansatzes (§ 17 Rn. 24), ohne Erinnerung verjährt er also nicht (anders – „richtiger?" – die jetzige Fassung des § 17 Abs. 2). Unter diesen Umständen erlangt die **Verwirkung** des Erinnerungsrechts besondere Bedeutung. Im Hinblick darauf, dass § 15 das Nachforderungsrecht der Staatskasse zeitlich begrenzt, wird auch vom Kostenschuldner verlangt, dass er die Erinnerung gegen den Kostenansatz nicht über Gebühr verzögert, und bei einem Verstoß Verwirkung angenommen.[23] Diese Auffassung, der wir bis zur 10. Aufl. gefolgt sind, lässt sich jedoch nicht aufrecht erhalten: Verwirkt werden materielle Ansprüche und prozessuale Rechte, nicht aber der Anspruch auf gerichtlichen Rechtsschutz. Die Erinnerung als solche bleibt mithin zulässig; verwirkt sein können jedoch Einwendungen und Einreden, auf die sie sich stützt.

9. Gegenstand der Erinnerung

56 Die Erinnerung des Kostenschuldners richtet sich auf völlige oder teilweise Aufhebung des gegen ihn ergangenen Kostenansatzes, weil er rechtswidrig ist und den Erinnerungsführer in seinen Rechten verletzt. Entsprechendes gilt für die Erinnerung der Staatskasse.

57 Der Kostenansatz ist insbesondere rechtswidrig, wenn er gegen ein Gesetz oder eine Rechtsverordnung verstößt. Dieser Verstoß kann sowohl eine Norm des materiellen als auch des Verfahrensrechts betreffen.

58 Gegenstand des Erinnerungsverfahrens sind demnach:
59 – die Gebühr(en) nach Gebührentatbestand, Gebührensatz und Betrag;
60 – der der Gebühr (den Gebühren) zugrundegelegte Geschäftswert, soweit er noch nicht gerichtlich festgesetzt ist (§ 31). Die Entscheidung ergeht nur mit Wirkung für und ge-

---

[20] OLG Hamm KostRsp. Nr. 52.
[21] OLG Köln FGPrax 2005, 181 = KostRsp. Nr. 77 m. Anm. *Lappe* = OLGR 2005, 452.
[22] Dazu für den BGH VO vom 26. 11. 2001 (BGBl. I S. 3225) sowie *Dästner* NJW 2002, 469.
[23] Vgl. OLG Frankfurt Rpfleger 1960, 255; 1965, 182; OLG Schleswig SchlHA 1982, 48; nicht bereits „knapp zwei Jahre ... nach der endgültigen Erledigung des Verfahrens", BayObLGZ 1992, 171.

gen den erinnerungsführenden Schuldner (vgl. § 31 Rn. 4, 45) und steht unter dem Vorbehalt einer anderweitigen Festsetzung gemäß § 31; die Erinnerung kann in einen Antrag auf Wertfestsetzung (§ 31 Abs. 1 S. 1) umgedeutet werden (bei der dann weder die Ermessensprüfung beschränkt ist – vgl. Rn. 76, 77 – noch das Verbot der reformatio in peius gilt – § 31 Rn. 18). Hat das Gericht den Wert bereits festgesetzt, ist die Erinnerung gegen ihn als solchen unzulässig,[24] sie kann sich nur dagegen richten, dass der festgesetzte Wert der Gebühr zugrundegelegt worden ist; iÜ kommt eine Umdeutung der Erinnerung in eine Anregung zur Änderung der Wertfestsetzung (§ 31 Abs. 1 S. 2) oder eine Beschwerde gegen die Wertfestsetzung (§ 31 Abs. 3) in Betracht;
– die Auslagen einschließlich ihrer Verteilung auf mehrere Rechtssachen (§ 137 Abs. 2; s. dort Rn. 55, 56); 61
– die Gebühren- und Kostenbefreiung; 62
– die Fälligkeit; bzgl. der Erhebung von Vorschüssen s. § 8; 63
– die Zahlungspflicht (wozu im Falle des § 3 Nr. 4 auch die Notwendigkeit der Kosten gehört, s. dort Rn. 49); beruht sie auf einer unzulässigen Entscheidung ohne Bindungswirkung (§ 3 Rn. 3), so ist auch darüber nach § 14 zu befinden. Besteht Gesamthaft (§ 5) und beruht die Inanspruchnahme des Erinnerungsführers auf Verwaltungsvorschriften (insbesondere § 8 KostVfg.), so gelten für die gerichtliche Überprüfung die Regeln über das Ermessen (s. Rn. 76 ff.); anders jedoch, soweit es sich um die entsprechende Anwendung des § 31 Abs. 3 GKG (§ 5 Rn. 5) handelt. S. iÜ § 3 Rn. 42; 64
– Verjährung (§ 17), Verwirkung (Rn. 55) und Ablauf der Nachforderungsfrist (§ 15); 65
– Zurückbehaltung (§ 10); 66
– insolvenzrechtliche Fragen, nämlich ob die Gerichtskosten Massekosten (Masse-schulden) und daher vom Insolvenzverwalter zu begleichen oder als Insolvenzforderung anzumelden sind, sowie das Insolvenzvorrecht (weil es sich um den – ausschließlichen – Rechtsweg für den Anspruch selbst handelt).[25] 67

10. Fortsetzung: Verfahrensfehler beim Kostenansatz

Auch das Verwaltungsverfahren beim Kostenansatz (Rn. 2 ff.) unterliegt der Überprüfung auf Erinnerung hin. Insbesondere geht es um 68
– die Nichtigkeit des Kostenansatzes (vgl. Rn. 41); sie ist nur ausnahmsweise gegeben (vgl. § 44 VwVfG); 69
– Kostenansatz durch eine unzuständige Behörde (Abs. 1, s. Rn. 19 ff.); soweit sich daraus allerdings kein anderer gesetzlicher Richter ergibt (Rn. 19), bleibt der Zuständigkeitsmangel belanglos, wenn in der Sache keine andere Entscheidung hätte getroffen werden können (vgl. § 46 VwVfG; Rn. 81); 70
– Kostenansatz durch einen ausgeschlossenen Kostenbeamten (Rn. 5); 71
– Kostenansatz ohne Begründung, wenn diese erforderlich ist (Rn. 12). 72
Die Gewährung des Gehörs (Rn. 11) kann im Erinnerungsverfahren nachgeholt werden. 73

11. Fortsetzung: Richtigkeit und Zweckmäßigkeit des gerichtlichen Verfahrens

Erfüllen Gebühren- und Auslagenansatz die gesetzlichen Gebühren- bzw. Auslagentatbestände, so ist damit der Kostenansatz noch nicht rechtmäßig. Vielmehr muss auch – von Amts wegen (Rn. 94) – geprüft werden, ob der Kostenansatz auf **unrichtiger Sachbehandlung** (§ 16) beruht. 74

Darüber hinaus sind die **Zweckmäßigkeit gerichtlicher Anordnungen,** die Auslagen verursacht haben, vor allem die Berechtigung von Auslagenforderungen am Verfahren beteiligter Behörden, in vollem Umfange nachzuprüfen.[26] Dies gilt auch für die Entschädigung von Zeugen und Sachverständigen; eine im Verfahren nach § 4 JVEG ergangene Entscheidung bindet nicht (§ 4 Abs. 9 JVEG).[27] 75

---

[24] OLG Hamburg OLG 31, 200.
[25] Vgl. OLG Düsseldorf Rpfleger 1990, 134.
[26] BVerfG NJW 1970, 853 = Rpfleger 1970, 161.
[27] BayObLG JurBüro 1982, 110.

12. Fortsetzung: Ermessen beim Kostenansatz

76 Beruht der Kostenansatz auf gesetzlichem Ermessen (Rn. 78) – zB bei der Erhebung eines Auslagenvorschusses gemäß § 8 Abs. 1 S. 2 – oder auf gesetzliches Ermessen ausfüllenden Verwaltungsvorschriften – zB § 8 KostVfg. –, so kann das Erinnerungsgericht den Kostenansatz nur dann als rechtswidrig abändern oder aufheben, wenn die gesetzlichen Grenzen des Ermessens überschritten sind oder von dem Ermessen in einer dem Zweck der Ermächtigung nicht entsprechenden Weise Gebrauch gemacht ist (vgl. § 114 VwGO, § 40 VwVfG; nach einer gängigen Formel also Prüfung auf „Ermes-sensüberschreitung, -unterschreitung und -missbrauch").[28] Ermessensfehlgebrauch liegt bereits vor, wenn der Kostenbeamte sich seiner Ermessensbefugnis nicht bewusst ist, sondern annimmt, es sei rechtlich gebunden. Im Übrigen sind die Verfassungsgrundsätze der Gleichheit und der Verhältnismäßigkeit von Bedeutung. Insbesondere der erstere kann bewirken, dass durch eine ständige Anwendung von Verwaltungsvorschriften eine Selbstbindung beim Kostenansatz entsteht, die eine gerichtlich nachprüfbare Berücksichtigung dieser Verwaltungsvorschrift im Einzelfall begründet. Zum Ermessen nach § 10 KostVfg. s. § 30a EGGVG (Zusatz zu § 14) Rn. 4, 8.

77 Unter diesen Umständen ist die Begründung von Ermessensentscheidungen (dazu Rn. 12) wichtig; sie kann nach Einlegung der Erinnerung nachgeholt werden.

78 Ermessen („Verwaltungsermessen") ist nur gegeben, wenn verschiedene Maßnahmen „richtig" sind (also etwa die Inanspruchnahme des Gesamtschuldners A oder B). Trotz der Verwendung des Begriffes steht kein Ermessen bei der Anwendung unbestimmter Rechtsbegriffe („nicht angebracht erscheint", § 8 Abs. 2 S. 2 Nr. 5; „kognitives Ermessen") und beim „richterlichen Ermessen" zur Verfügung (Beispiel: Schätzung des Wertes nach § 30 Abs. 1; denn vermögensrechtliche Gegenstände haben nur „einen richtigen" Schätzwert).

13. Einwendungen nach der JBeitrO

79 Einwendungen gegen den Kostenanspruch wie **Stundung, Tilgung, Erlöschen durch Aufrechnung** sind ebenfalls im Wege der Erinnerung geltend zu machen (§ 8 Abs. 1 JBeitrO). Dabei ist der Einwand der Aufrechnung nur zulässig, wenn die Gegenforderung anerkannt oder gerichtlich festgestellt ist (S. 2).

14. Erinnerungsgericht

80 Über die Erinnerung entscheidet das Gericht (Abs. 1), bei dem (Rn. 3) die Kosten angesetzt worden sind (Rn. 19 ff.; Abs. 2 S. 1), also ggf. auch das Rechtsmittelgericht oder das, insbesondere wegen der Abhilfe, mit dem Rechtsmittel „befasste" Gericht (aber nur bezüglich der Kosten des Rechtsmittelverfahrens). Die Zuständigkeit bleibt in Registersachen von einer Sitzverlegung unberührt.[29]

81 Sind die Kosten abweichend von Abs. 1 bei einem **anderen Gericht** angesetzt worden, sei es auf Grund genereller Verwaltungsvorschriften (Rn. 23, 25) oder im Einzelfall aus sonstigen Gründen, so ist das Gericht zuständig, bei dem die Kosten nach Abs. 1 anzusetzen gewesen wären (Abs. 2 S. 2). Aus § 46 VwVfG, wonach die Aufhebung eines Verwaltungsaktes wegen Verletzung der örtlichen Zuständigkeit nicht verlangt werden kann, wenn keine andere Entscheidung in der Sache hätte getroffen werden können, lässt sich für die Zuständigkeit nichts herleiten; denn aus Abs. 2 iVm. Abs. 1 ergibt sich der gesetzliche Richter (Art. 101 Abs. 1 S. 2 GG, Rn. 19), und darauf kann durch eine Verletzung der Vorschriften über die örtliche Zuständigkeit beim Kostenansatz nicht eingewirkt werden (die genannten Regelungen haben also allein für die Sachentscheidung Bedeutung).

82 Richtet sich die Erinnerung der Staatskasse gegen den **Nichtansatz** von Kosten (Rn. 16, 34), so ist das Gericht zuständig, bei dem die Kosten im Falle des Erfolges der Erinnerung anzusetzen sind.

---

[28] OLG Frankfurt JurBüro 1982, 585.
[29] OLG Schleswig OLGR 2002, 228.

Wird die Erinnerung **bei einem unzuständigen Gericht eingelegt** – insbesondere 83
wenn die Kosten abweichend von Abs. 1 angesetzt worden sind, bei diesem Gericht –, so ist
entweder auf Antrag (Hinweispflicht, § 139 ZPO!) entsprechend § 83 VwGO durch unanfechtbaren und bindenden Beschluss an das zuständige Gericht zu verweisen, oder aber die
Erinnerung als unzulässig zurückzuweisen, wenn ein Verweisungsantrag nicht gestellt wird.

Das Gericht entscheidet durch den **Einzelrichter** (Abs. 7 S. 1; der Vorsitzende der 84
Kammer für Handelssachen ist als solcher kein Einzelrichter).[30] Er überträgt das Verfahren
bei tatsächlichen oder rechtlichen Schwierigkeiten oder grundsätzlicher Bedeutung
(Rn. 144) dem Gericht in der **Besetzung**, die sich aus dem GVG ergibt (Abs. 7 S. 2),
jedoch ohne ehrenamtliche Richter (Abs. 7 S. 3; wozu auch Handelsrichter gehören, § 45a
DRiG). Eine Beschwerde kann auf die (Nicht-)Übertragung nicht gestützt werden (Abs. 7
S. 4); s. jedoch Rn. 144.

Soweit der **Rechtspfleger** in der Hauptsache zuständig ist, entscheidet er über die Erin- 85
nerung (§ 4 Abs. 1 RPflG);[31] dabei hängt seine Zuständigkeit nicht von Voll-, Vorbehalts-
oder Einzelübertragung (§ 3 RPflG) ab, sondern davon, ob ihm das gebührenpflichtige
„Geschäft" (§ 4 Abs. 1 RPflG; vgl. auch § 10 Rn. 10, 11) obliegt.[32] In diesen Fällen tritt er
– beim Landgericht – an die Stelle des Einzelrichters oder der Kammer. Im Falle des Abs. 7
S. 1 also des Einzelrichters; folglich obliegt ihm auch bei besonderer Schwierigkeit oder
grundsätzlicher Bedeutung die Übertragung an die Kammer (Abs. 7 S. 2). Der zuständige
Rechtspfleger – dazu auch Rn. 86 – muss vor der Entscheidung feststehen (arg. § 10
RPflG) und darf nicht für den Einzelfall bestimmt werden. Handelt der Richter statt des
Rechtspflegers, ist die Entscheidung wirksam (§ 8 Abs. 1 RPflG) und die Beschwerde kann
auf den Verstoß nicht gestützt werden (entsprechend Abs. 7 S. 4).[33]

Hat der Rechtspfleger als Kostenbeamter die angefochtene Kostenrechnung aufgestellt, 86
so ist er von der Entscheidung über die Erinnerung ausgeschlossen (entsprechend § 54
Abs. 2 VwGO);[34] dem steht die Nichtabhilfe nach Änderung der Rechtslage (praktisch:
HRegGebV statt § 79, § 164 Abs. 1 S. 1) gleich; dass er bereits über den Geschäftswert
entschieden hat (§ 31), hindert dagegen nicht (§ 31 Rn. 25).

15. Erinnerungsverfahren

In der Zuweisung der Nachprüfung des Kostenansatzes an das Gericht der Hauptsache 87
(Rn. 36, 80 ff.) liegt zugleich, dass grundsätzlich auch das Verfahrensrecht der Hauptsache
gilt, also insbesondere das FGG. Die Auslegung sollte sich jedoch, da es um die Anfechtung eines Verwaltungsakts geht, im Zweifel an den Vorschriften und Verfahrensgrundsätzen der VwGO (und der FGO) orientieren, Lücken sind mit der VwGO zu füllen.

Im Einzelnen: 88
– Die Erinnerung hat **keine aufschiebende Wirkung** (Abs. 8 S. 1), das Gericht kann sie 89
 jedoch anordnen (Abs. 8 S. 2). Auch im Justizverwaltungswege kann von der Vollstreckung
 abgesehen, eine bereits begonnene Vollstreckung eingestellt oder beschränkt, eine Vollstreckungsmaßnahme aufgehoben werden (§ 84 JKassO bzw. die an seine Stelle getretenen Bestimmungen: der Leiter der Gerichtskasse; § 9 Abs. 1 JBeitrO: die Vollstreckungsbehörde).
 Soweit es sich um Einwendungen nach der JBeitrO (§ 8) handelt, kann das Gericht eine
 vorläufige Regelung treffen (§ 8 Abs. 1 S. 3 JBeitrO).
– Der Kostenbeamte, Kostenprüfungsbeamte und vorgesetzte Justizverwaltungsbehörden 90
 können der Erinnerung **abhelfen** (§§ 35 Abs. 2, 45 Abs. 2 S. 2 KostVfg.).
– **Beteiligte** sind Erinnerungsführer und sein „Gegner", also Kostenschuldner und Staats- 91
 kasse;[35] ferner der oder die Beigeladenen (Rn. 101, 102).

---

[30] BGHR 2004, 414 = NJW 2004, 856.
[31] HM: BayObLG Rpfleger 1974, 391; OLG Frankfurt Rpfleger 1978, 267; OLG Hamm Rpfleger 1978, 37; KG JurBüro 1987, 406; OLG Zweibrücken JurBüro 1981, 1709.
[32] Vgl. OLG Hamm Rpfleger 2001, 99.
[33] AA BayObLG Rpfleger 1987, 58.
[34] AllgM, vgl. BayObLG Rpfleger 1987, 58.
[35] OLG Hamm JurBüro 1999, 41.

§ 14   1. Teil. 1. Abschnitt: 6. Der Kostenanspruch

92 – Den Beteiligten ist **rechtliches Gehör** zu gewähren (Art. 103 Abs. 1 GG); dieses bezieht sich auf Tatsachen(-behauptungen) sowie auf „wesentliche rechtliche Erwägungen" eines Beteiligten.[36] Verletzung des Anspruchs: § 157a.

93 – Der Umfang der Nachprüfung wird durch den **Antrag des Erinnerungsführers** begrenzt (Rn. 54). Die Begrenzung kann sich nur auf einen betragsmäßig abgegrenzten Teil, auf einzelne Gebühren und Auslagen usw. beziehen, nicht aber auf bestimmte Rechtsfragen (vgl. auch Rn. 146ff.).

94 – Im Verfahren herrscht der **Untersuchungsgrundsatz**, das Gericht erforscht den Sachverhalt von Amts wegen (§ 12 FGG; ausführlicher § 86 VwGO); es kann nicht an den Kostenbeamten zur weiteren Aufklärung zurückverweisen.

95 – **Mündliche Verhandlung** ist zulässig, aber nicht notwendig.

96 – Bis zur Entscheidung können der **Antrag erweitert,** aber auch die **Erinnerung zurückgenommen** werden (nicht mehr danach[37]). Eine zurückgenommene Erinnerung kann wiederholt werden.

97 – Die **Hauptsache kann sich erledigen,** etwa durch Aufhebung der die Kostenschuld begründenden Entscheidung (entsprechend § 30 GKG, s. § 3 Rn. 7) oder durch Rücknahme des Kostenansatzes.

98 – Für **Verzicht, Anerkenntnis und Vergleich** gelten die im verwaltungs- und finanzgerichtlichen Verfahren entwickelten Grundsätze.[38]

99 – Die Staatskasse kann sich der Erinnerung des Kostenschuldners, der Kostenschuldner der Erinnerung der Staatskasse zwar **anschließen,** es handelt sich jedoch (Aus-nahme: nach Verzicht, entsprechend § 127 VwGO, auch § 567 Abs. 3 ZPO, angesichts des ungewöhnlichen Erinnerungsrechts der Staatskasse, Rn. 34) um selbständige Rechtsbehelfe, insbesondere hat die Rücknahme des einen keinen Einfluss auf den Bestand des anderen.

100 – Das Verfahren kann nach Maßgabe des § 94 VwGO **ausgesetzt** werden. Dies ist geboten, soweit es sich um bürgerlichrechtliche Vorfragen handelt, für deren Entscheidung sich das Verfahren nach § 14 nicht eignet und somit nicht den gebotenen Rechtsschutz gewährt (s. § 3 Rn. 42). Die Aussetzung kann auch formlos geschehen. So ist zB mit der Entscheidung über eine Kostenerinnerung solange zuzuwarten, bis über eine für den Kostenansatz maßgebliche Geschäftswertbeschwerde entschieden[39] oder auch nur das laufende Geschäftswertfestsetzungsverfahren beendet ist.[40]

16. Beiladung

101 Der für Streitverfahren der freiwilligen Gerichtsbarkeit anerkannten Beiladung (§ 65 VwGO, § 60 FGO) kommt im Erinnerungsverfahren eine von der Praxis noch nicht entdeckte Bedeutung zu. Hat nur einer von mehreren **Gesamtschuldnern** Erinnerung eingelegt (vgl. Rn. 46–48), so dient es der Verfahrensökonomie und verhindert widersprechende Entscheidungen, wenn über die Rechtmäßigkeit des Kostenansatzes einheitlich und mit Wirkung gegen alle Schuldner entschieden wird. In einem solchen Falle sind daher diejenige Gesamtschuldner, die keine Erinnerung eingelegt haben, mag bereits ein Kostenansatz gegen sie ergangen sein oder nicht, beizuladen;[41] s. auch Rn. 46.

102 Durch den Beiladungsbeschluss – im Erinnerungsverfahren genügt, abweichend von den genannten Vorschriften der VwGO und der FGO, formlose Bekanntmachung, § 16 FGG – werden die Beigeladenen Beteiligte und können im Rahmen der Anträge des Erinnerungsführers selbständige Anträge stellen und zur Sache Stellung nehmen.

17. Entscheidung

103 Über die Erinnerung wird – wie aus Abs. 3 folgt – durch **Beschluss** entschieden. Er bedarf der **Begründung** und muss vor allem eine Abweichung von der Rspr. des überge-

---

[36] BVerfG NJW-RR 1993, 383.
[37] OLG Köln KostRsp. Nr. 77 m. Anm. *Lappe* = OLGR 2005, 452.
[38] Vgl. LG Berlin KostRsp. GKG § 5 Nr. 11 m. Anm. *Lappe;* *Lappe* DNotZ 1985, 779.
[39] Vgl. OLG Karlsruhe Justiz 1976, 433; LG Berlin JurBüro 1976, 1541; § 31 Rn. 9, 10.
[40] OLG Hamm JurBüro 1992, 547.
[41] Vgl. BayObLG MDR 1980, 858.

Kostenansatz, Erinnerung, Beschwerde § 14

ordneten Gerichts deutlich machen. Der Beschluss wird den Beteiligten formlos mitgeteilt (§ 16 FGG).

Die Erinnerung hat **Erfolg,** wenn und soweit der Kostenansatz rechtswidrig und der Kostenschuldner dadurch in seinen Rechten verletzt ist (vgl. § 113 Abs. 1 VwGO). Entsprechendes gilt, wenn der von der Staatskasse begehrte Kostenansatz unterblieben ist (vgl. § 113 Abs. 4 VwGO). 104

Zu den Voraussetzungen der **Rechtswidrigkeit** s. Rn. 56 ff. Maßgebend ist die Sach- und Rechtslage im **Zeitpunkt** des Kostenansatzes und nicht der Erinnerungsentscheidung, es sei denn, dass eine Änderung des Kostenansatzes (Nichtkostenansatzes) zu diesem Zeitpunkt ohnehin geboten war. Entscheidungsgrundlage sind jedoch die Tatsachen und Kenntnisse im Zeitpunkt der Entscheidung (wie § 31 Rn. 38). Wendet sich also der persönlich haftende Gesellschafter der OHG gegen seine Inanspruchnahme als Kostenschuldner (§ 3 Nr. 3, § 128 HGB) und war sein Eintritt bei Aufstellung der Kostenrechnung mangels Anmeldung zum Handelsregister noch nicht bekannt, so bleibt die Erinnerung gleichwohl erfolglos, wenn sich jetzt sein damaliger Eintritt feststellen lässt; aber auch bei einem späteren Eintritt wegen § 130 HGB. 105

Eine **Verletzung der Rechte** liegt beim rechtswidrigen Kostenansatz (oder Nichtansatz) in aller Regel vor. Sie fehlt ausnahmsweise, wenn zwar die angefochtene Gebühr (Auslage) rechtswidrig angesetzt ist, an ihrer Stelle der Schuldner jedoch andere Kosten rechtmäßig schuldet. Der **Verfahrensgegenstand** wird mit anderen Worten durch den für eine konkrete Angelegenheit geforderten Kostenbetrag bestimmt, Gebühren und Auslagen fungieren nur als seine rechtliche Begründung (und ein Subsumtionsfehler ist unschädlich). 106

Die Entscheidung lautet bei Erfolg der Erinnerung auf völlige oder teilweise Aufhebung des Kostenansatzes (vgl. § 113 Abs. 1 S. 1 VwGO), bei Erinnerung der Staatskasse gegen den Nichtansatz spricht das Gericht die Kostenpflicht beziffert aus (vgl. § 113 Abs. 4 VwGO).[42] Bei teilweiser Aufhebung des Verwaltungsaktes kann eine genaue Bestimmung der restlichen Kostenschuld (entsprechend § 113 Abs. 2 VwGO) geboten sein. Eine Zurückverweisung an den Kostenbeamten ist unzulässig (vgl. Rn. 94), die entsprechende Anwendung von § 572 Abs. 3 ZPO kann jedoch ausnahmsweise in Betracht kommen. 107

Erweist sich der Kostenansatz als **nichtig,** so stellt das Gericht die Nichtigkeit fest, einer Aufhebung bedarf es nicht. Entsprechendes gilt bei sonstigen Feststellungsbegehren (Rn. 47). 108

Über den Gegenstand des angefochtenen (oder begehrten) Kostenansatzes kann das Gericht **nicht hinausgehen,** es kann insbesondere nicht über die Haftung eines (nur) beigeladenen Gesamtschuldners entscheiden, der noch gar nicht in Anspruch genommen ist, oder eines zwar in Anspruch Genommenen, der jedoch – mangels eigener Erinnerung – nur die Höhe des Kostenansatzes rügt (rügen kann). 109

Hält das Gericht ein Gesetz für **verfassungswidrig,** so richtet sich das Verfahren nach Art. 100 GG. Der Rechtspfleger (Rn. 85) verfährt nach § 5 Abs. 1 Nr. 1 RPflG.[43] 110

Eine Änderung des Kostenansatzes **zum Nachteil des Erinnerungsführers** (reformatio in peius) ist unzulässig. Dies folgt aus dem Wegfall des früheren § 14 Abs. 2 S. 2 durch das KostÄndG 1975.[44] 111

Aus dieser Gesetzesänderung folgt zugleich, dass § 18 FGG (**Änderung** der Entscheidung) keine Anwendung finden kann. 112

Sind die Kosten bereits gezahlt, wird die **Rückzahlung** durch den Kostenbeamten im Verwaltungswege angeordnet (§ 36 Abs. 3 KostVfg.). Eine gerichtliche Entscheidung darüber ergeht üblicherweise nicht, ein Bedürfnis für sie hat sich bisher kaum ergeben. Angesichts der übereinstimmenden Regelungen in § 113 Abs. 1 S. 2 VwGO und § 100 Abs. 1 S. 2 FGO wird jedoch auch in der der Erinnerung stattgebenden Entscheidung auf Antrag die Rück- 113

---

[42] Auch BayObLG MDR 1961, 425 = Rpfleger 1961, 365.
[43] BVerfG NJW 1971, 605 = Rpfleger 1971, 173.
[44] So ausdrücklich die Begründung des Regierungsentwurfs, BT-Drucks. 7/2016 S. 111, 68.

zahlung – vollstreckbar (vgl. § 794 Abs. 1 Nr. 3 ZPO) – anzuordnen sein. Eine **Verzinsung** des überhobenen Betrags verbietet § 17 Abs. 4.[45]

114 Die Entscheidung kann entsprechend § 319 ZPO **berichtigt** und entsprechend § 321 ZPO **ergänzt** werden (vgl. auch §§ 118 bis 120 VwGO).

18. Kosten des Erinnerungsverfahrens

115 Das Verfahren über die Erinnerung ist zwar **gerichtsgebührenfrei** (Abs. 9 S. 1), jedoch können **Auslagen** (§§ 136 ff.) anfallen:

116 – Wird die Erinnerung des Kostenschuldners zurückgewiesen, schuldet er die Auslagen gemäß § 2 Nr. 1, jedoch kann gemäß § 130 Abs. 5 von der Erhebung abgesehen werden.

117 – Hat die Erinnerung Erfolg, bleiben die Auslagen in entsprechender Anwendung des § 131 Abs. 5 unerhoben. (Sonst müssten die Kosten – nach welcher Vorschrift „auch immer" – der Staatskasse auferlegt werden, Schuldner der Auslagen wären dann Erinnerungsführer gemäß § 2 Nr. 1 und Staatskasse gemäß § 3 Nr. 1, und aus den §§ 11, 13 würde die Nichterhebung folgen.)

118 – Wird die Erinnerung der Staatskasse zurückgewiesen, bleiben die Auslagen gemäß §§ 2 Nr. 1, 11 unerhoben.

119 – Hat die Erinnerung der Staatskasse Erfolg, bleiben die Auslagen entsprechend § 131 Abs. 5 außer Ansatz. (Sie dem Schuldner aufzuerlegen, ist nicht vertretbar: Wären die Kosten gegen ihn angesetzt worden, hätte er die Möglichkeit, den Kostenansatz hinzunehmen; geht die Staatskasse aus Gründen, die nicht in der Person des Schuldners liegen [Rn. 34], diesen Weg, so kann ihm das kostenmäßig nicht zum Nachteil gereichen.)

120 – Sind die Auslagen durch den Antrag eines Beigeladenen (Rn. 101, 102) entstanden, so gilt vorstehend Rn. 116 entsprechend.

121 Es bedarf also regelmäßig keiner **Entscheidung über die Gerichtskosten**. Ausnahmsweise kommt sie bei Teilerfolg (Rn. 116, 117) in Betracht.[46] S. dagegen § 31 Rn. 41.

122 Gleiches gilt für die **außergerichtlichen Kosten** wegen Abs. 9 S. 2.[47] Er schließt auch einen materiellen Kostenerstattungsanspruch aus.[48]

19. Wirkungen der Entscheidung

123 Die Entscheidung über die Erinnerung wäre zwar nach ihrem Gegenstand – sie steht den Urteilen der Verwaltungs- und Finanzgerichte gleich – der materiellen Rechtskraft fähig; da sie jedoch mit der einfachen, nicht fristgebundenen Beschwerde anfechtbar ist (Abs. 3, 4 S. 2), kann sie formell und damit auch materiell **nicht rechtskräftig** werden (dies gilt auch im Falle des Abs. 3 S. 1: Beschwerdegegenstand bis 200 Euro, Rn. 173).

124 Die Entscheidung kann zwar **nicht von Amts wegen geändert** werden (Rn. 112), jedoch auf **Gegenvorstellung** hin (Rn. 195). Sie ist mit anderen Worten wirksam, solange sie nicht aufgehoben wird.

125 Daraus muss, ähnlich wie bei der Rechtskraft, insbesondere gefolgert werden:
– Eine **erneute Erinnerung** mit demselben Gegenstand ist unzulässig (an die Stelle des Kostenansatzes ist die Erinnerungsentscheidung getreten).[49]

126 – Eine **Änderung im Verwaltungswege** zu Lasten des Kostenschuldners ist unzulässig. Die Staatskasse kann jedoch auf ihren Kostenanspruch verzichten, der Kostenbeamte auf Grund neuer Umstände den Kostenansatz zugunsten des Kostenschuldners ändern.

127 – Dies gilt auch im Verhältnis zu den Beigeladenen (vgl. dazu Rn. 101).

128 – Eine **Nachforderung** (§ 15; vgl. auch § 110 Abs. 2 FGO) ist nur zulässig, soweit über die Kosten noch nicht entschieden ist; sofern der Kostenansatz nicht ausdrücklich als Teilansatz gekennzeichnet ist, muss angenommen werden, dass alle in der Angelegenheit angefallenen Kosten angesetzt worden sind.

---

[45] Überholt damit BayObLGZ 1998, 340 = NJW 1999, 1194; OLG Hamm Rpfleger 2001, 99.
[46] Vgl. dazu OLG Frankfurt JurBüro 1978, 1848: im Zweifel unerhoben.
[47] Vgl. OLG München Rpfleger 1977, 115 = KostRsp. GKG aF § 5 Nr. 3.
[48] Vgl. die Rechtslage bei den §§ 91 ff. ZPO und dazu Lappe ZAP F. 24 S. 331 ff.
[49] Vgl. OLG München MDR 1983, 585 = Rpfleger 1983, 294.

Die Nachforderung ist hingegen zulässig, wenn sie auf einem anderen Sachverhalt beruht als demjenigen, der der Entscheidung zugrunde liegt, wobei es unerheblich ist, ob der Sachverhalt sich nach Erlass der Entscheidung verändert hat oder die Veränderung erst später bekannt geworden ist (vgl. § 15 Rn. 5, 6). 129

Eine andere **Rechtsauffassung** rechtfertigt die Nachforderung nicht (vgl. § 15 Rn. 8). 130

III. Beschwerde

1. Zweiter Rechtszug

Wie VwGO und FGO, so stellt auch § 14 Abs. 3 einen zweiten Rechtszug zur Verfügung. Er tritt insbesondere an die Stelle der Berufung nach der VwGO (§§ 124 ff.) und richtet sich – wie die Erinnerung (Rn. 87) – „hilfsweise" nach dem Verfahrensrecht des FGG. 131

Die Beschwerde ist im FGG lückenhaft geregelt. Bei der Auslegung ihrer hier anwendbaren Vorschriften und der Ausfüllung der Lücken können nicht ohne weiteres – wie in der Hauptsache üblich – die für den Zivilprozess gewonnenen Ergebnisse übernommen werden, vielmehr sind in erster Linie die Grundsätze des verwaltungsgerichtlichen Verfahrens zu berücksichtigen (vgl. schon Rn. 33). 132

2. Anfechtbare Entscheidungen

Die Beschwerde ist gegen alle nach Abs. 2 erlassenen **Endentscheidungen** gegeben. Dazu kann auch die Entscheidung über einen **Vorschuss** nach Vornahme des Geschäfts gehören.[50] **Zwischenentscheidungen,** wie die Aussetzung der Vollziehung oder die Beiladung, sind – mangels einer ausdrücklichen Regelung – unanfechtbar (das entspricht in etwa vergleichbaren Gestaltungen, s. §§ 65 Abs. 3 S. 2, 80 Abs. 5 VwGO, § 66 GKG). S. iÜ Rn. 152. 133

Die Beschwerde ist auch gegen einen **landgerichtlichen** Erinnerungsbeschluss betreffend den Kostenansatz beim Landgericht als Beschwerdegericht gegeben, selbst wenn in der Hauptsache der Rechtsweg zum Oberlandesgericht nicht eröffnet ist (Gegenschluss aus Abs. 4 S. 3, nachstehend; s auch Rn. 176).[51] 134

Ausgeschlossen ist die Beschwerde jedoch gegen **oberlandesgerichtliche** Erinnerungsbeschlüsse betreffend den Kostenansatz beim Oberlandesgericht (Abs. 4 S. 3). 135

3. Beschwer

Die Beschwerde setzt eine Beschwer durch die Entscheidung über die Erinnerung voraus: Entweder bleibt sie hinter dem Antrag des Erinnerungsführers zurück (formelle Beschwer); oder sie belastet den Gegner (ohne Rücksicht auf dessen Anträge im Erinnerungsverfahren, materielle Beschwer). 136

Entsprechendes gilt für den **Beigeladenen:** Haftet er für die Kosten, die den Erinnerungsführer beschweren, so ist er beschwerdeberechtigt. Hat hingegen die Verneinung der Haftung des Erinnerungsführers zur Folge, dass er alleine haftet und folglich in Anspruch genommen wird, so liegt darin keine Beschwer, weil seine Haftung nicht Gegenstand des Verfahrens ist und folglich nicht in Rechtskraft erwachsen kann.[52] 137

4. Beschwerdewert

Der Wert des Beschwerdegegenstands muss 200 Euro übersteigen (Abs. 3 S. 1). Er wird (bestimmt und) begrenzt durch die **Beschwer.** Sie bemisst sich, soweit es um effektive Kostenbeträge geht, nach dem gemäß Rn. 136, 137 ergebenden Betrag (Differenzbetrag); soweit es um den Geschäftswert geht, nach dem sich aus dem Wert oder der Wertdifferenz ergebende Kostenbetrag; iÜ, also insbesondere bei der Feststellung der Haftung (Rn. 47), nach dem wirtschaftlichen Interesse des Erinnerungsführers, zu schätzen entsprechend § 3 ZPO (vgl. § 2 ZPO). 138

---

[50] BayObLG Rpfleger 1980, 405.
[51] Vgl. OLG Düsseldorf JurBüro 1965, 503 = JVBl. 1966, 17.
[52] So schon im Ergebnis OLG Köln Rpfleger 1965, 97 LS.

139 Bleibt der **Antrag** des Beschwerdeführers (Rn. 150) hinter der Beschwer zurück, so kommt es auf diesen an, ggf. nach seiner – grds. zulässigen – Erweiterung.[53]

140 Der Beschwerdewert muss in dem einzelnen Kostenverfahren erreicht sein, die Beschwer sich aus der angefochtenen Erinnerungsentscheidung ergeben. Weist sie die Erinnerung gegen **mehrere** Kostenrechnungen desselben Schuldners oder mehrerer Schuldner zurück, so sind Beschweren und Beschwerdeanträge zu addieren (wie §§ 2, 5 ZPO), es sei denn, es liegt Gesamthaft vor. Die Grenze bildet die Angelegenheit. Ihr Umfang wird vom Verfahrensrecht bestimmt. Grundsätzlich leitet jeder einzelne Antrag eine Angelegenheit ein;[54] eine Zusammenfassung kann ggf. durch den Antragsteller erfolgen (etwa in Grundbuchsachen wegen § 16 Abs. 2 GBO) oder durch die gerichtliche Sachbehandlung. Die Zusammenziehung der Kosten aus mehreren Angelegenheiten zu einem einheitlichen Kostenansatz durch den Kostenbeamten begründet keinen Gesamt-Beschwerdewert, desgleichen nicht die gemeinsame Entscheidung über mehrere Kostenerinnerungen aus verschiedenen Angelegenheiten.[55] Eine Verbindung iS des § 147 ZPO mit den entsprechenden Folgen (§ 5 ZPO) kann darin deshalb nicht gesehen werden, weil es sich nicht um „originäre Verfahren", sondern um „Annexverfahren" handelt, in denen Zuständigkeit und Rechtsmittelzug allein von der jeweiligen Hauptsache abhängen.

5. Zulassung, grundsätzliche Bedeutung

141 Die Beschwerde ist auch bei **Zulassung** zulässig (Abs. 3 S. 2). Über sie befindet das Gericht von Amts wegen in der Erinnerungsentscheidung (Zulassung in den Gründen genügt; fehlerhafte Rechtsmittelbelehrung idR nicht).[56] Eine vergessene Zulassung kann nicht auf Antrag entsprechend § 321 ZPO nachgeholt werden.[57] Wohl aber nach eingelegter Beschwerde mit der **Abhilfe**. Sie setzt allgemein keine Zulässigkeit der Beschwerde voraus, Abs. 4 S. 1: „für zulässig erachtet", soll[58] diese Rechtslage nicht einschränken, sondern im Gegenteil die Nachholung der Zulassung ermöglichen.

142 Beim Landgericht obliegt die Zulassung der Kammer, nicht dem **Einzelrichter**.[59] Denn die „grundsätzliche Bedeutung" ist sowohl Zulassungs- (Abs. 3 S. 2) als auch Übertragungstatbestand (Abs. 7 S. 2).

143 Hat das Erinnerungsgericht mit der Entscheidung über die Erinnerung die Zulassung beschlossen, sie jedoch versehentlich nicht in den Beschluss aufgenommen, so ist entsprechend § 319 ZPO **Berichtigung** geboten.[60]

144 „**Grundsätzliche Bedeutung** der zur Entscheidung stehenden Frage" ist nach Begriff und Normzweck gegeben, wenn sich die Rechtsfrage auch anderweit stellt und nicht einheitlich beantwortet wird oder gegen die herrschende Antwort – „Meinung" – gewichtige Argumente vorgebracht werden. Divergenz in der Rspr. allein zwingt nicht zur Zulassung.[61] Mit der Erfüllung dieses Tatbestands wird die Zulassung zur Rechtsfolge. Zwar sind Zulassung und Nichtzulassung unanfechtbar (Abs. 4 S. 4).[62] Unterlässt das Gericht jedoch eine gebotene Zulassung, so kann darin eine Verletzung von Verfassungsgrundsätzen (Gleichbehandlung, Willkürverbot, im Zusammenhang mit Art. 19 Abs. 4 GG)[63] liegen: Gegenvorstellung (Rn. 195), Beschwerde mit dem Ziel der Abhilfe (Rn. 141) oder Verfassungsbeschwerde,[64] bei Verletzung rechtlichen Gehörs auch § 157a.

---

[53] Nicht unproblematisch: *Lappe* Rpfleger 2006, 306, 307.
[54] Vgl. *Lappe* Rpfleger 1985, 421.
[55] *Lappe* KostRsp. Nr. 38 Anm. gegen BayObLG; wie dieses KGR 2003, 28 = Rpfleger 2003, 149; vgl. auch die entsprechende Auffassung zu § 131, dort Rn. 18, 21.
[56] BayObLGZ 2000, 318.
[57] HM, zB BayObLG JurBüro 1989, 1135; OLG Köln OLGR 1993, 357.
[58] BT-Drucks. 15/1971 S. 234, 157; *Lappe* Rpfleger 2005, 306, 307.
[59] BGH MDR 2004, 407.
[60] AllgM, OLG Düsseldorf MDR 1974, 850 = NJW 1974, 1912.
[61] OLG Frankfurt KostRsp. Nr. 75 m. zust. Anm. *Lappe* = OLGR 2005, 18.
[62] KG Rpfleger 1961, 409; 1972, 153 = DNotZ 1972, 564; OLG Frankfurt KostRsp. § 156 Nr. 26; BayObLG JurBüro 1990, 1186.
[63] BVerfG NVwZ 1993, 465.
[64] BVerfG NVwZ 1993, 465.

Die **Rechtsfrage** kann materielles oder Verfahrensrecht betreffen, Bundes- oder Landes- 145
recht, insbesondere Landesgebührenbefreiungsrecht (vgl. § 11 Abs. 2; arg. Nichtanwendbarerklärung von § 545 Abs. 1 ZPO durch Abs. 3 S. 2).

6. Fortsetzung: beschränkte Zulassung

Die Zulassung kann beschränkt werden, jedoch nur dergestalt, dass das Gericht entspre- 146
chend über die Beschwerde (!) entscheiden kann; also auf einen selbständigen und **abtrennbaren Teil**.[65] Die immer wieder anzutreffende Beschränkung auf eine bestimmte
Gebühr oder Auslage lässt sich nicht halten, weil eine andere Gebühr (Auslage) statt der
umstrittenen den fraglichen Kostenansatz rechtfertigen kann (vgl. Rn. 106); die Beschränkung auf den **Geschäftswert** nur, wenn die Gebühr nicht normativ von ihm abhängt –
wie zB nach § 60 Abs. 3 –.

Die Beschränkung auf einen von mehreren **Schuldnern** ist zulässig, soweit seine Haf- 147
tung die grundsätzliche Rechtsfrage bildet.[66] Betrifft die Rechtsfrage hingegen alle Schuldner gleichermaßen, so muss für alle zugelassen werden, eine gleichwohl vorgenommene
Beschränkung ist unwirksam.[67]

Da das Gericht über die Beschwerde entscheiden muss und nicht nur eine abstrakte 148
Rechtsfrage zu beantworten hat, kann die Zulassung nicht auf eine **Rechtsfrage** beschränkt
werden,[68] es sei denn, darin liegt ein zulässiger Teil.

Demgemäß ist der Beschwerdeführer in der Begründung der Beschwerde nicht auf die 149
Rechtsfrage, deretwegen zugelassen worden ist, beschränkt.

7. Form, Frist

Die Beschwerde kann schriftlich, elektronisch oder zu Protokoll – wie die Erinnerung, s. 150
Rn. 54 – eingelegt werden (Abs. 6 S. 1). **Antrag** und Begründung sind nicht erforderlich,
jedoch muss das Rechtsschutzziel erkennbar sein. Einzulegen ist beim **Erinnerungsgericht** (Abs. 6 S. 3). Wird sie beim Beschwerdegericht eingelegt, gibt dieses sie an das Erinnerungsgericht ab (wegen Abs. 4 S. 1).

Die Beschwerde ist nicht **fristgebunden** (mangels einer Fristbestimmung in Abs. 4, 6). 151
Das Beschwerderecht kann, anders als das Erinnerungsrecht (Rn. 55), **verwirkt** werden.

8. Abhilfe

Das Erinnerungsgericht hilft der Beschwerde ab, wenn und soweit es sie für **begründet** 152
erachtet (Abs. 4 S. 1; „hat", nicht „kann"!). Die Abhilfe setzt keine **Zulässigkeit** der Beschwerde nach Wert oder Zulassung voraus, sie kann in der Zulassung der nicht zugelas-
senen Beschwerde bestehen (Rn. 141). Die Abhilfe ist eine – andere – Entscheidung über
die Erinnerung, sie kann daher mit der **Beschwerde** angefochten werden (Abs. 3 S. 1).

Abhilfe erledigt die Beschwerde, **Teilabhilfe** mindert den Beschwerdewert nicht (Abs. 4 153
S. 1 Halbs. 2).[69] Die Nichtabhilfe ist eine förmliche Entscheidung des Erinnerungsgerichts
(Rn. 80 ff.) mit der Rechtsfolge der Vorlage an das Beschwerdegericht (Abs. 4 S. 1 Halbs. 2).

9. Aufschiebende Wirkung

Die Beschwerde hat keine aufschiebende Wirkung; Erinnerungsgericht und Beschwer- 154
degericht (Einzelrichter oder der Vorsitzende) können sie jedoch anordnen (Abs. 8); dagegen keine Beschwerde. Die Justizverwaltung hat alle Befugnisse des Gläubigers eines vollstreckbaren Anspruches hat; vgl. Rn. 89.

10. Gegenstand des Beschwerdeverfahrens

Der Gegenstand des Beschwerdeverfahrens entspricht dem des Erinnerungsverfahrens 155
(Rn. 56 ff.), **neues Vorbringen** – in den Grenzen Rn. 105 – ist zulässig (§ 23 FGG).

---

[65] BayObLG Rpfleger 1975, 46 LS.
[66] Vgl. BayObLGZ 1983, 91.
[67] KG JFGErg. 16, 67 = JVBl. 1937, 118.
[68] BGHR 2004, 262; vgl. auch OLG Düsseldorf DNotZ 1970, 611 = JurBüro 1970, 874.
[69] BT-Drucks. 15/1971 S. 234, 157.

§ 14   *1. Teil. 1. Abschnitt: 6. Der Kostenanspruch*

156   Den Umfang der gerichtlichen Prüfung begrenzt der **Beschwerdeantrag;** er kann bis zur Entscheidung **erweitert** werden.

157   Hingegen beschränkt der Gegenstand des Erinnerungsverfahrens den Gegenstand des Beschwerdeverfahrens nicht, es können also **weitere** Posten der Kostenrechnung angefochten werden; allerdings lässt sich der Wert des Beschwerdegegenstands (Rn. 140) so nicht beeinflussen (erhöhen).

11. Beschwerdegericht

158   Über die Beschwerde entscheidet das im Rechtszug höhere Gericht (Abs. 4 S. 2); beim Landgericht in **Handelssachen** die Kammer für Handelssachen (§ 30 Abs. 1 S. 2 FGG);[70] in **Familiensachen** (§ 23b Abs. 1 GVG, §§ 621, 661 ZPO; formelle Anknüpfung entsprechend § 119 Abs. 1 Nr. 1 Buchst. a GVG) der Familiensenat des Oberlandesgerichts (§ 119 GVG). Der Kostenansatz des **Landgerichts als Beschwerdegericht** (Rn. 134) wird vom Oberlandesgericht überprüft. Gegen den Kostenansatz beim Oberlandesgericht findet keine Beschwerde statt (Abs. 4 S. 3).

159   Das Beschwerdegericht entscheidet durch den **Einzelrichter,** wenn die angefochtene Erinnerungsentscheidung von einem Einzelrichter oder Rechtspfleger erlassen wurde (Abs. 7 S. 1), sonst in der gerichtsverfassungsmäßigen Besetzung ohne ehrenamtliche Richter (also die Kammer für Handelssachen durch den Vorsitzenden[71]). Im Übrigen gilt das bei Rn. 84, 142 Ausgeführte.

12. Verfahren

160   Das Verfahren richtet sich nach den Grundsätzen in Rn. 132, es gelten also die Regeln des Erinnerungsverfahrens (Rn. 87 ff.); insbesondere:

161   – **Untersuchungsgrundsatz** (§ 12 FGG);

162   – **Anschließung** (Rn. 99; analog § 567 Abs. 3 ZPO); sie erfordert keine eigene Beschwerdesumme.

163   – Die Entscheidung über die Beschwerde verbraucht das Beschwerderecht. Eine zurückgenommene Beschwerde kann hingegen **erneut** eingelegt werden.

164   – Die Beigeladenen (Rn. 101, 102) sind Beteiligte des Beschwerdeverfahrens. Ist die **Beiladung** im Erinnerungsverfahren unterblieben, kann sie im Beschwerdeverfahren erfolgen (vgl. § 65 Abs. 1 VwGO).

13. Entscheidung

165   Die Entscheidung lautet, sofern die Beschwerde nicht zurückgewiesen oder als unzulässig verworfen wird (wie § 572 Abs. 2 ZPO), auf Aufhebung des Kostenansatzes usw., also wie bei der Entscheidung über die Erinnerung (Rn. 103 ff.). Zusätzlich kommt die Aufhebung der Erinnerungsentscheidung und damit insbesondere die Wiederherstellung des Kostenansatzes in Betracht.[72]

166   Eine **Zurückverweisung** (wie § 572 Abs. 3 ZPO) an das Erinnerungsgericht zur erneuten Entscheidung sollte nur bei schweren Verfahrensfehlern erfolgen, grundsätzlich hat das Beschwerdegericht in der Sache selbst zu entscheiden. Ergeben sich dabei jedoch Schwierigkeiten bzgl. der endgültigen Feststellung des Kostenansatzes, so kann es diese Aufgabe dem Kostenbeamten (unzweckmäßig: dem Erinnerungsgericht) übertragen. Die der Zurückverweisung zugrundeliegende Rechtsauffassung ist für das weitere Verfahren verbindlich (§ 563 Abs. 2 ZPO, allgemeiner Rechtsgedanke),[73] also auch für das Beschwerdegericht nach einer erneuten Beschwerde.

167   Eine **Änderung zum Nachteil des Beschwerdeführers** ist unzulässig (vgl. Rn. 111; es sei denn, auf die Anschlussbeschwerde hin).

---

[70] AA KG Rpfleger 1979, 230 = KostRsp. Nr. 41 m. abl. Anm. *Lappe;* vgl. auch BayObLGZ 1988, 248.
[71] OLG Hamm JMBl.NRW 2006, 128.
[72] Zur Begründung s. OLG Köln KostRsp. Nr. 65 m. Anm. *Lappe.*
[73] Vgl. BayObLG Rpfleger 1992, 432.

14. Kosten des Beschwerdeverfahrens

Für die Kosten des Beschwerdeverfahrens gilt das gleiche wie bei der Erinnerung (Rn. 115 ff.). Soweit dort auf § 130 Abs. 5 Bezug genommen ist, s. § 130 Rn. 26. Die **unstatthafte** (also nicht nur unzulässige) Beschwerde ist allerdings kostenpflichtig.[74] 168

15. Rechtspflegerentscheidung

Hat der Rechtspfleger über die Erinnerung entschieden (Rn. 85), findet die Beschwerde nach Rn. 131 ff. statt (§ 11 Abs. 1 RPflG). 169

Ist die Beschwerde unzulässig, weil der **Wert des Beschwerdegegenstands 200 Euro nicht übersteigt** (Rn. 138 ff.), findet die Erinnerung statt (§ 11 Abs. 2 RPflG; binnen zwei Wochen ab Bekanntmachung der Erinnerungsentscheidung!). Über sie entscheidet der Erinnerungsrichter, dabei auch – erneut – über die Zulassung der Beschwerde. Der Rechtspfleger kann abhelfen, dabei die Beschwerde zulassen. 170

Die **Aussetzung der Vollziehung** (Abs. 8 S. 2, Rn. 154) obliegt dem Rechtspfleger, von der Vorlage der Erinnerung gemäß § 11 Abs. 2 S. 3 RPflG ab dem Richter. 171

16. Rechtskraft

Die Entscheidung des Beschwerdegerichts wird nicht – formell – rechtskräftig. Denn selbst wenn es die weitere Beschwerde nicht zulässt (Abs. 5 S. 1), kann die Zulassung noch mit der Abhilfe erfolgen (Rn. 141). 172

Gleiches gilt für die richterliche **Erinnerungsentscheidung** im Falle des Abs. 3 S. 1 bis 200 Euro, weil die Bestimmung des Werts des Beschwerdegegenstands letztlich dem Beschwerdegericht obliegt. 173

IV. Weitere Beschwerde

1. Rechtsbeschwerde als dritter Rechtszug

Die weitere Beschwerde (Abs. 5) tritt als **Rechtsbeschwerde** an die Stelle der Revision im verwaltungsgerichtlichen Verfahren. Sie zielt mit der richtigen Entscheidung des Einzelfalls zugleich auf die Erhaltung der Rechtseinheit oder die Weiterentwicklung des Rechts. 174

2. Anfechtbare Entscheidungen

Die weitere Beschwerde ist nur gegen **landgerichtliche** Beschwerdeentscheidungen gegeben (Abs. 5 S. 1), nicht – wie in Familiensachen – gegen solche der Oberlandesgerichte. Der Rechtszug des § 14 endet also beim Oberlandesgericht; § 28 Abs. 2 FGG und § 79 Abs. 2 GBO über die Vorlage an den BGH finden keine Anwendung (wie Abs. 4 S. 3).[75] 175

Beschwerdeentscheidungen der Landgerichte (Abs. 5 S. 1) sind Entscheidungen der Landgerichte über Beschwerden gegen Entscheidung der Amtsgerichte betreffend den Kostenansatz beim Amtsgericht; nicht aber Entscheidungen, die die Landgerichte in bei ihnen in zweiter Instanz anhängigen Verfahren über den Kostenansatz darin treffen, auch wenn sie also nicht als erstinstanzliches Gericht, sondern als Beschwerdegericht der Hauptsache tätig werden (vgl. die Parallelvorschrift des § 66 Abs. 5 GKG, die „sonst" auch für Erinnerungsentscheidungen der Berufungsgerichte gelten müsste).[76] 176

3. Zulassung

Die weitere Beschwerde ist nur bei Zulassung statthaft (Abs. 5 S. 1), ohne Rücksicht auf den Wert des Beschwerdegegenstands. Es gilt das Gleiche wie bei der Erstbeschwerde (Rn. 141–149). 177

4. Form, Frist

Es gilt das Gleiche wie bei der Erstbeschwerde (Rn. 150, 151). Insbesondere unterliegt sie nicht dem **Anwaltszwang**. Auch einer förmlichen **Begründung** bedarf es nicht. 178

---

[74] BGHR 2003, 94 = JurBüro 2003, 95.
[75] BGHZ 7, 128 = NJW 1952, 1216.
[76] Vgl. OLG Düsseldorf JurBüro 1965, 303 = JVBl. 1966, 17; MDR 1987, 244; OLG Karlsruhe JurBüro 1981, 1874; OLG Zweibrücken JurBüro 1986, 1691; vgl. auch § 31 Rn. 62.

§ 14   *1. Teil. 1. Abschnitt: 6. Der Kostenanspruch*

5. Abhilfe

179   Auch für die Abhilfe gilt das Gleiche wie bei der Erstbeschwerde (Abs. 5 S. 4, Abs. 4 S. 1). Zwar kann die weitere Beschwerde nur auf eine Rechtsverletzung gestützt werden (Abs. 5 S. 2), ohne eine entsprechende Rechtsverfolgung ist sie unzulässig. Da die Abhilfe jedoch die Zulässigkeit der Beschwerde nicht voraussetzt (Rn. 141), kann das Beschwerdegericht auch auf Grund tatsächlichen Vorbringens abhelfen.

6. Beschwerdegericht

180   Beschwerdegericht ist das **Oberlandesgericht** (Abs. 5 S. 3); auf Grund der Ermächtigung gemäß § 30a Abs. 3 EGGVG in Rheinland-Pfalz das OLG Zweibrücken (§ 4 Abs. 3 Nr. 2 Gerichtsorganisationsgesetz vom 5. 10. 1977, GVBl. S. 333, geändert). Abs. 7 über die **Einzelrichterzuständigkeit** findet nach System und Normzweck keine Abwendung. Denn die weitere Beschwerde setzt Zulassung wegen grundsätzlicher Bedeutung voraus, an die das Weitere-Beschwerde-Gericht gebunden ist (Abs. 5), sie verhindert die Einzelrichterzuständigkeit; eine „Fehlzulassung" begründet keine generell abweichende Zuständigkeit.

7. Beschwer, Beschwerdegegenstand, Beschwerdeverfahren

181   Die weitere Beschwerde erfordert eine **Beschwer**.[77] Eine **Erweiterung** des Beschwerdegegenstands und neues Vorbringen sind unzulässig (Abs. 5 S. 2: „nur…"). In diesem Rahmen kann sich der Beschwerdegegner der Beschwerde **anschließen** (wie § 574 Abs. 4 ZPO).

182   Die weitere Beschwerde ist begrifflich die Beschwerde gegen die Entscheidung des Beschwerdegerichts; Abweichendes gilt nur, soweit besonders bestimmt. Daher treffen für die weitere Beschwerde grundsätzlich auch die obigen Ausführungen zur Beschwerde zu, vor allem zum Verfahren im weitesten Sinne.

183   Die weitere Beschwerde ist jedoch – abweichend von der Erstbeschwerde – eine **Rechtsbeschwerde** entsprechend den §§ 546, 547 ZPO (Abs. 5 S. 2). Das bedeutet:

184   – Das Gericht prüft die Anwendung der Kostengesetze und der Verfahrensgesetze (und ggf. -verordnungen), und zwar sowohl des Bundes- als auch des Landesrechts.

185   – Verfahrenshandlungen sind voll nachprüfbar, in der Auslegung des Kostenansatzes ist das Gericht frei.

186   – Denkgesetze und Erfahrungssätze sind wie Gesetze zu behandeln.

187   – Für Ermessensentscheidungen und Verwaltungsvorschriften gilt das in Rn. 76–78 Ausgeführte.

188   – In den Fällen des § 547 ZPO („absolute Revisionsgründe") wird die Gesetzesverletzung unwiderlegbar vermutet.

189   – Die rechtswidrige Zulassung der weiteren Beschwerde bindet das Gericht der weiteren Beschwerde nicht. Das gilt insbesondere, wenn sie überhaupt nicht gegeben – „statthaft" – ist.[78]

190   S. iÜ außer den Erläuterungsbüchern zu den §§ 546, 547 ZPO auch die Kommentare zu § 27 FGG. Aus ihnen ergibt sich insbesondere, dass Tatsachenfeststellung und Beweiswürdigung nur insoweit nachprüfbar sind, als sie auf einer Gesetzesverletzung (Rn. 184, 186) beruhen.

191   Aus Rn. 188 wird insbesondere gefolgert, dass dann, wenn statt der **Kammer für Handelssachen** (Rn. 158) eine Zivilkammer entschieden hat, ohne Sachprüfung aufzuheben und an die Kammer für Handelssachen zurückzuverweisen ist,[79] selbst wenn die Handels- an die Zivilkammer verwiesen hat,[80] weil § 104 GVG im Falle des § 30 FGG nicht gelte. Das ist in doppelter Hinsicht bedenklich: Zum einen steht einer entsprechenden Anwendung des § 104 GVG nichts im Wege, zum anderen ist dieser Verfahrensfehler im

---

[77] KG Rpfleger 1969, 318; Rn. 136, 137.
[78] BayObLG Rpfleger 1963, 208.
[79] OLG Bremen KostRsp. Nr. 2; BayObLG NJW-RR 1999, 1519; OLG Köln MDR 2006, 349 = OLGR 2005, 732.
[80] KG JFGErg. 15, 41 = JVBl. 1936, 308.

Zivilprozess (§§ 551 Abs. 3 Nr. 2 Buchst. b, 557 ZPO) und vor allem im Verwaltungsprozess (s. Rn. 132) nur auf Rüge zu berücksichtigen (§ 137 Abs. 3 S. 1 VwGO); warum muss also bei der weiteren Beschwerde von Amts wegen aufgehoben werden? Zumindest sollte, da keine Begründungs- und Rügepflicht besteht, dem Beschwerdeführer Gelegenheit gegeben werden (§ 139 ZPO), auf die Geltendmachung dieser wie auch anderer Verfahrensmängel zu verzichten.

8. Entscheidung

Über die weitere Beschwerde entscheidet das Oberlandesgericht (Rn. 180). Aus ihrer Gestaltung als Rechtsbeschwerde folgt, dass das Gericht nicht immer in der Sache selbst entscheiden kann, sondern im Falle des § 547 ZPO sowie dann, wenn weitere tatsächliche Feststellungen erforderlich sind, an das Beschwerdegericht oder das Erinnerungsgericht **zurückverweist**. 192

Die Entscheidung wird mit der Bekanntgabe rechtskräftig. 193

V. Außerordentliche Beschwerde, Gegenvorstellung, Anhörungsrüge

Die außerordentliche Beschwerde wegen „greifbarer Gesetzwidrigkeit" wird von der Rspr. seit der ZPO-Reform von 2001 nicht mehr akzeptiert.[81] 194

Umso unbedenklicher ist nach der Neufassung des § 14 durch das KostRMoG von 2004 die **Gegenvorstellung:** ein formloser Rechtsbehelf, durch den das Gericht veranlasst werden soll, seine Entscheidung aus übersehenen oder neuen tatsächlichen wie rechtlichen Gründen zu ändern. Sie steht der ausdrücklich vorgesehenen Abhilfe (Abs. 4 S. 1, Abs. 5 S. 4) gleich, zumal diese keine zulässige Beschwerde voraussetzt (Rn. 141). Der anderen Bezeichnung kann keine Bedeutung zukommen, sie begrenzt nur den Angriff auf die Instanz; gleiches würde sich durch eine Beschwerde ergeben, die nach Nichtabhilfe zurückgenommen wird. Auch werden Erinnerungs- und Beschwerdeentscheidung nicht mehr rechtskräftig (Rn. 123, 172, 173). Mit der neuerlichen Entscheidung kann auch die weitere Beschwerde zugelassen werden.[82] 195

Selbst zur Entscheidung über die **weitere Beschwerde** kommt noch die Gegenvorstellung in Betracht. Während man sie früher der materieller Rechtskraft wegen versagte, wird sie heute nicht mehr in allen Fällen verneint;[83] insbesondere beim Fehlen jeglicher Rechtsgrundlage oder schweren Verfahrensmängeln[84] gibt man der materiellen Gerechtigkeit den Vorrang vor der Rechtssicherheit. Zu ihnen gehören unbedenklich die unter § 14 fallenden Verfahren, schon weil nicht in das Recht eines Privaten eingegriffen wird, sondern in eine „Massenforderung" des Staates, dem der mögliche Verlust einer formalen Rechtsposition in einem „unbedeutenden" Einzelfall unbedenklich zuzumuten ist. Zur Anhörungsrüge s. § 157a. 196

VI. Berichtigung im Verwaltungsweg

Abs. 10 entstammt der Erstfassung der KostO und lässt sich entsprechend der Entwicklung des Verwaltungsverfahrens (vgl. Rn. 2) heute nur noch wie folgt verstehen: 197

1. Änderung zugunsten des Kostenschuldners.

Zugunsten des Kostenschuldners kann der diesen belastende Kostenansatz auch dann, wenn er bestandskräftig geworden oder die Rechtsmittel des Schuldners rechtskräftig zurückgewiesen (verworfen) worden sind, ganz oder teilweise zurückgenommen werden; nach dem Grundsatz der Gesetzmäßigkeit der Verwaltung (Art. 20 Abs. 3 GG) ist dies nur zulässig, wenn sich der Kostenansatz nachträglich als rechtswidrig erweist (vgl. auch § 48 Abs. 1 VwVfG). Der Schuldner kann auf die Änderung wie auf jeden Verwaltungsakt vertrauen.[85] 198

---

[81] BGH NJW 2002, 1577.
[82] BVerfG NJW-RR 2001, 860.
[83] Vgl. nur §§ 33a, 311a StPO und dazu *Matt* MDR 1992, 820.
[84] BGH FamRZ 1995, 478; BVerfG NJW 1998, 745.
[85] OLG Saarbrücken Rpfleger 2001, 460.

Zusatz zu § 14

199 Die Rücknahme ist von Amts wegen oder auf Antrag (Dienstaufsichtsbeschwerde) des Kostenschuldners möglich, durch den Kostenbeamten oder auf Weisung (Rn. 10) der vorgesetzten Justizverwaltungsbehörden.

2. Änderung zuungunsten des Kostenschuldners.

200 Zuungunsten des Kostenschuldners kann der Kostenansatz – unter den gleichen Voraussetzungen – nur gemäß § 15 geändert werden (Rn. 128–130).

3. Abhängigkeit von gerichtlicher Entscheidung.

201 Soweit der Kostenansatz von bestimmten gerichtlichen Entscheidungen verbindlich abhängt (Rn. 26 ff.), bewirkt deren Änderung zugunsten und zuungunsten des Kostenschuldners eine entsprechende Veränderung des Kostenansatzes ohne Rücksicht auf Bestandskraft oder Rechtskraft. Erfolgt die Änderung allerdings nach endgültiger Erledigung der Angelegenheit, so gilt generell § 15, für eine Änderung der Geschäftswertfestsetzung speziell § 31 Abs. 1 S. 3 iVm. § 19 Abs. 5 S. 2 GKG (in entsprechender Anwendung).

VII. Notare

202 Für Nichtgebührennotare im Landesdienst Baden-Württembergs gilt § 14 (§§ 141, 142). Fließen die Gebühren dem Notar selbst zu, so treten an die Stelle des § 14 (§ 143 Abs. 1) die §§ 154 bis 157.

VIII. FG-Reform

203 Nach § 14 Abs. 4 S. 2 soll das OLG Beschwerdegericht werden „in Verfahren der in § 119 Abs. 1 Nr. 1 Buchst. b und Abs. 3 GVG bezeichneten Art".

Zusatz zu § 14: § 30a EGGVG*

§ 30a EGGVG Anfechtung von Justizverwaltungsakten

(1) [1] Verwaltungsakte, die im Bereich der Justizverwaltung beim Vollzug des Gerichtskostengesetzes, der Kostenordnung, des Gerichtsvollzieherkostengesetzes, des Justizvergütungs- und -entschädigungsgesetzes oder sonstiger für gerichtliche Verfahren oder Verfahren der Justizverwaltung geltender Kostenvorschriften, insbesondere hinsichtlich der Einforderung oder Zurückzahlung ergehen, können durch einen Antrag auf gerichtliche Entscheidung auch dann angefochten werden, wenn es nicht ausdrücklich bestimmt ist. [2] Der Antrag kann nur darauf gestützt werden, dass der Verwaltungsakt den Antragsteller in seinen Rechten beeinträchtige, weil er rechtswidrig sei. [3] Soweit die Verwaltungsbehörde ermächtigt ist, nach ihrem Ermessen zu befinden, kann der Antrag nur darauf gestützt werden, dass die gesetzlichen Grenzen des Ermessens überschritten seien, oder dass von dem Ermessen in einer dem Zweck der Ermächtigung nicht entsprechenden Weise Gebrauch gemacht worden sei.

(2) [1] Über den Antrag entscheidet das Amtsgericht, in dessen Bezirk die für die Einziehung oder Befriedigung des Anspruchs zuständige Kasse ihren Sitz hat. [2] In dem Verfahren ist die Staatskasse zu hören. [3] § 14 Abs. 3 bis 9 und § 157a der Kostenordnung gelten entsprechend.

(3) ...

---

*Eingefügt durch Gesetz vom 19. 4. 2006 (BGBl. I S. 866), ersetzt den – bis auf Abs. 4 – _ wortgleichen Art. XI § 1 KostÄndG 1957 vom 26. 7. 1957 (BGBl. I S. 861 = BGBl. III 369–1 und 360–3); dessen Abs. 1 Satz 1 geändert, Abs. 2 frühere Sätze 3 und 4 durch Satz 3 ersetzt durch Gesetz vom 20. 8. 1975 (BGBl. I S. 2189), Abs. 2 Satz 3 geändert durch Gesetz vom 27. 7. 2001 (BGBl. I S. 1887), Abs. 1 Satz 1, Abs. 2 Satz 3 geändert durch Gesetz vom 5. 5. 2004 (BGBl. I S. 718).

(4) Für die Beschwerde finden die vor dem Inkrafttreten des Kostenrechtsmodernisierungsgesetzes vom 5. Mai 2004 (BGBl. I S. 718) am 1. Juli 2004 geltenden Vorschriften weiter Anwendung, wenn die anzufechtende Entscheidung vor dem 1. Juli 2004 der Geschäftsstelle übermittelt worden ist.

I. Auffangregelung

§ 30 a EGGVG ist 2006 wortgleich – bis auf Abs. 4 – zur Rechtsbereinigung an die Stelle des Art. XI § 1 KostÄndG 1957 getreten. Er stellt eine generalklauselartige, umfassende Auffangregelung für den gesamten Gerichtskostenbereich dar: An die Stelle des förmlichen Rechtswegs zum Verwaltungsgericht tritt – hier in der freiwilligen Gerichtsbarkeit – auch in den von § 14 KostO und § 8 JBeitrO nicht erfassten Fällen der besondere Rechtsweg zum ordentlichen Gericht (vgl. § 14 Rn. 32). Als spezielle Norm geht § 30 a EGGVG den §§ 23 ff. EGGVG vor. S. auch Anhang B → Justizverwaltungsakte. 1

II. Verwaltungsakt

§ 30 a EGGVG setzt einen Verwaltungsakt voraus. Es gilt die heute allgemein anerkannte 2 Definition, wie sie in § 35 VwVfG ihren Niederschlag gefunden hat: jede Verfügung, Entscheidung oder andere hoheitliche Maßnahme, die eine Behörde zur Regelung eines Einzelfalles auf dem Gebiet des öffentlichen Rechts trifft und die auf unmittelbare Rechtswirkung nach außen gerichtet ist.

III. Nichtanwendungsfälle

Die praktische Bedeutung des § 30 a EGGVG ist allgemein und in der freiwilligen Ge- 3 richtsbarkeit im Besonderen gering.

1. Verwaltungsvorschriften

Soweit Verwaltungsvorschriften die KostO ausfüllen (Beispiel: § 5 durch § 8 KostVfg., 4 Anhang D I), wird nicht die Anwendung der Verwaltungsvorschrift angefochten, sondern der Kostenansatz; daher findet § 14 Anwendung (s. dort Rn. 64, 76 ff., ferner § 5 Rn. 1).

2. Justizverwaltung

Soweit die Justizverwaltung nach den §§ 14 Abs. 10, 16 Abs. 2 S. 2, 130 Abs. 5 Befug- 5 nisse hat, gehen die besonderen Rechtswege der §§ 14 und 16 vor.

3. Zurückzahlung

Wird die Zurückzahlung von Kosten im Zusammenhang mit der Aufhebung eines Verwal- 6 tungsaktes gefordert, so ist der Rechtsweg nach § 14 gegeben (s. dort Rn. 33, 113).[1] Das muss auch gelten, wenn später gesondert Rückzahlung verlangt wird, eine andere Zuständigkeit (§ 30 a Abs. 2 S. 1 EGGVG) lässt sich schwerlich rechtfertigen.

4. Sachzusammenhänge

Auch iÜ kann es bei Sachzusammenhängen nicht die Rechtswege des § 14 und des 7 § 30 a EGGVG nebeneinander geben, sondern nur einen, und das ist der des § 14.[2]

5. § 10 KostVfg.

Wendet sich der Kostenschuldner gegen den Kostenansatz mit der Begründung, die 8 Kosten hätten gemäß § 10 KostVfg. außer Ansatz gelassen werden müssen, so ist ebenfalls der Rechtsweg des § 14 KostO gegeben.[3] Jedoch kann die Erinnerung in aller Regel keinen Erfolg haben, weil der Kostenansatz nicht rechtswidrig ist: Das Ermessen, ob über-

---

[1] OLG Hamm KostRsp. § 14 Nr. 70.
[2] Beispiel: KostRsp. KostÄndG Art. XI § 1 Nr. 29; ähnlich BGHZ 64, 139 = NJW 1975, 1124; NJW 1980, 1106.
[3] KG Rpfleger 1969, 101; meine Bedenken KostRsp. GKG aF § 4 Nr. 25 Anm. gebe ich insoweit auf.

haupt ein Verwaltungsverfahren auf Erlass eines Kostenansatzes eingeleitet werden soll oder ob es trotz Rechtmäßigkeit des beabsichtigten Kostenansatzes wegen Insolvenz des Schuldners unterbleibt, beruht nicht auf Gesetz oder gesetzlichen Zusammenhängen und ist deshalb nicht nachprüfbar.[4]

6. Aufrechnung der Staatskasse

9   Die Erklärung der Aufrechnung der Staatskasse mit einer Kostenforderung, etwa gegen einen Kostenerstattungsanspruch, ist kein Verwaltungsakt,[5] § 30a EGGVG daher nicht anwendbar, vielmehr muss auch hier auf § 14 KostO zurückgegriffen werden (vgl. § 8 Abs. 1 S. 1, 2 JBeitrO).[6]

IV. Anwendungsfälle

10 § 30a EGGVG ist hingegen anwendbar bei Entscheidungen über den **Erlass oder die Stundung** von Gerichtskosten und deren Widerruf. Dies sind nicht Gnadenakte, sondern – meist schon gesetzlich geregelte – Ermessens- oder Billigkeitsentscheidungen der Justizverwaltung (s. etwa § 2 LGebBefrG NRW, Anhang C II), also Verwaltungsakte gemäß Rn. 2. Und zwar auch, wenn die Entscheidung auf die Gerichte delegiert ist, sie handeln dann als Justizverwaltungsbehörde. Die gerichtliche Nachprüfbarkeit vergleichbarer Entscheidungen der Steuerbehörden durch die Finanzgerichte ist allgemein anerkannt, zu einer anderen Beurteilung im Justizbereich besteht keine Veranlassung.[7] Nach § 30a EGGVG wird ferner die **Verjährungseinrede der Staatskasse** angefochten, s. § 17 Rn. 31.

V. Staatskasse

11 Im Gegensatz zu § 14 (dort Rn. 34) steht der Staatskasse das Anfechtungsrecht mangels ausdrücklicher Zulassung nicht zu.

VI. Verfahren

12 Die Anfechtung erfolgt durch Antrag auf gerichtliche Entscheidung (Abs. 1) nach den Regeln der **Beschwerde und weiteren Beschwerde** (§ 14 Abs. 3–9); s. dazu die Erl. zu § 14.

13 Die Verweisung ist nicht dahin zu verstehen, dass das Beschwerderecht, insbesondere § 14 Abs. 3, bereits für die erste Instanz gilt, denn seine **Beschwerdesumme** verstieße gegen Art. 19 Abs. 4.

14 Über den Antrag **entscheidet** das Amtsgericht am Sitz der Kasse (Abs. 2 S. 1). Das ist – anders als § 14 Rn. 81 – unbedenklich.[8]

15 Das **Übergangsrecht** (Abs. 4) ist angesichts der Textgleichheit (Rn. 1) ohne praktische Bedeutung

§ 15* Nachforderung

(1) [1]**Wegen eines unrichtigen Ansatzes dürfen Kosten nur nachgefordert werden, wenn der berichtigte Ansatz dem Zahlungspflichtigen vor Ablauf des nächstens Kalenderjahres nach Absendung der abschließenden Kostenrechnung nach endgültiger Erledigung des Geschäfts (Schlusskostenrechnung), bei Vormundschaften, Dauerbetreuungen und Dauerpflegschaften der Jahresrechnung, mitgeteilt worden ist.** [2]**Dies**

---

[4] S. iÜ die vorstehend zitierte Anm.
[5] BVerwGE 66, 218, 220 = NJW 1983, 776; BFH BStBl. 1987 II S. 54.
[6] *Lappe* NJW 1988, 3130, 3136; zum Analogieverbot s. BVerfG NJW 1996, 3146.
[7] Vgl. auch BVerwG Rpfleger 1982, 37; OVG Berlin Rpfleger 1983, 416; VG Wiesbaden KostRsp. KostÄndG Art. XI § 1 Nr. 2; OLG Frankfurt Nr. 5; OLG Oldenburg Nds.Rpfl. 1997, 52; aA OLG Karlsruhe Rpfleger 1969, 102.
[8] BVerfGE 27, 34.
* § 15 neu gefasst durch Gesetz vom 22. 12. 2006 (BGBl. I S. 3416).

gilt nicht, wenn die Nachforderung auf vorsätzlich oder grob fahrlässig falschen Angaben des Kostenschuldners beruht oder wenn der ursprüngliche Kostenansatz unter einem bestimmten Vorbehalt erfolgt ist.

(2) Ist innerhalb der Frist des Absatzes 1 ein Rechtsmittel in der Hauptsache oder wegen der Kosten eingelegt oder dem Zahlungspflichtigen mitgeteilt worden, dass ein Wertermittlungsverfahren eingeleitet ist, ist die Nachforderung bis zum Ablauf des nächsten Kalenderjahres nach Beendigung dieser Verfahren möglich.

(3) Ist der Wert gerichtlich festgesetzt worden, genügt es, wenn der berichtigte Ansatz dem Zahlungspflichtigen drei Monate nach der letzten Wertfestsetzung mitgeteilt worden ist.

Entsprechend: § 20 GKG, § 6 GvKostG.

Übersicht

	Rn.		Rn.
I. Nachforderung und Verjährung	1, 2	2. Übernahme-, Haftungsschuldner	14, 15
II. Unrichtiger Kostenansatz	3–11	3. Bevollmächtigter	16, 17
1. Kein Kostenansatz	3, 4	IV. Berichtigter Ansatz	18–21
2. Später fällige Kosten	5	V. Endgültige Erledigung des Geschäfts	22–31
3. Später bekanntgewordene Kosten	6	1. Angelegenheit/Geschäft	22
4. Kostenabstand gemäß § 10 KostVfg	7	2. Endgültige Erledigung	23–29
5. Änderung der Rspr.; zweifelhafte Rechtslage	8	3. Rechtsmittel, Rechtsbehelf	30–33
6. Unrichtigkeit	9	4. Wertermittlungen	34
7. Kostenansatz: Vorschuss, Entnahme	10, 11	5. Vorbehalt	35
III. Nachforderungsschuldner	12–17	VI. Rechtsweg, falsche Angaben	36, 37
1. Gesamtschuldner	12, 13	VII. Notare	38
		VIII. FG-Reform	39

I. Nachforderung und Verjährung

Gebühren werden mit der Beendigung des gebührenpflichtigen Geschäfts, Auslagen sofort nach ihrer Entstehung fällig (§ 7 und die dortigen Erl.). Die fälligen Kosten stellt die Justizverwaltung – der Kostenbeamte – dem Schuldner in Rechnung (§ 14 Abs. 1; auch § 4 Abs. 1 KostVfg., Anhang D I). Sie sind nunmehr zeitlich unbeschränkt einziehbar. Unterbleibt ein Kostenansatz, so kann der Schuldner nach vier Jahren – gerechnet ab Schluss des Kalenderjahrs, in dem die Kosten fällig geworden sind – die Zahlung wegen **Verjährung** verweigern (§ 17; § 214 Abs. 1 BGB). Werden die Kosten innerhalb dieses Zeitraums angesetzt, so beginnt die Frist – praktisch – erst mit dem Kostenansatz (§ 17 Abs. 3 S. 1, 2). 1

Erweist sich der Kostenansatz als unrichtig, wird er berichtigt. Führt die Berichtigung zu einer **Nachforderung,** ist diese nur zulässig innerhalb des nächsten Kalenderjahrs nach endgültiger Erledigung des Geschäfts (Abs. 1 S. 1). Wer eine Rechnung erhalten hat, kann also mit dem Ablauf dieser Frist „von ihrer Richtigkeit ausgehen": **Vertrauensschutz,** Gegenstand des § 15. Sie ist keine Ausschlussfrist: durch Einlegung eines Rechtsmittels oder die Mitteilung über die Einleitung eines Wertermittlungsverfahrens verlängerbar (Abs. 2). 2

II. Unrichtiger Kostenansatz

1. Kein Kostenansatz

Aus dem vorstehend beschriebenen System der KostO folgt, dass dann, wenn überhaupt kein Kostenansatz erfolgt ist, das Nachforderungsverbot (bereits begrifflich) nicht gilt.[1] Der Schuldner wird allein durch die Verjährung (§ 17) geschützt. Unterlässt es die Staatskasse, in einer sich über Jahre hinziehenden Angelegenheit Kosten binnen vier Jahren nach Fälligkeit anzusetzen, so verjähren sie (§ 17 Abs. 1). 3

---

[1] OLG Bamberg Rpfleger 1962, 352; vgl. auch Rn. 15.

4 Abweichend hiervon wurde im Schrifttum zum „alten" § 15 ein erstmaliger Kostenansatz nach Ablauf der Nachforderungsfrist teils als unzulässig angesehen, teils nur noch binnen einer angemessenen Frist zugelassen.

2. Später fällige Kosten

5 War der Ansatz richtig, werden aber später noch Kosten fällig (zB eine nach Erledigung der Angelegenheit gezahlte Sachverständigenvergütung, § 137 Abs. 1 Nr. 5), so liegt ebenfalls kein unrichtiger Ansatz vor[2], es sei denn, die Kostenrechung ist als „abschließende Kostenrechnung" oder „Schlusskostenrechnung" gekennzeichnet oder dem Schuldner als solche erkennbar (Abs. 1 S. 1) und enthält keinen Vorbehalt (S. 2). Die gegenteilige Rspr. zum bisherigen Recht beruhte auf der falschen Vorstellung eines „Gesamtansatzes"; sie findet in der KostO keine Stütze (vgl. auch § 13 KostVfg.), lässt sich mit Prinzip und Begriff der Fälligkeit nicht vereinbaren. Der Schuldner wird durch § 17 (Verjährung) und darüber hinaus mittelbar durch Vorschriften wie § 2 JVEG, § 31 Abs. 1 S. 3 ausreichend geschützt.

3. Später bekanntgewordene Kosten

6 Waren die Kosten zwar fällig, jedoch nicht „aktenkundig", weshalb der Kostenbeamte sie in seine Kostenrechnung nicht aufnehmen konnte, so liegt hingegen ein objektiv unrichtiger Ansatz vor; in diesem Falle ist die Nachforderung später bekannt werdender Kosten nur innerhalb der Frist des § 15 zulässig.[3] Ausnahmen: § 46 Abs. 5, § 103 Abs. 4 und § 107a Abs. 2 S. 2.

4. Kostenabstand gemäß § 10 KostVfg.

7 Hat der Kostenbeamte vom Kostenansatz gemäß § 10 KostVfg. wegen Unvermögens des Schuldners völlig abgesehen, so gilt Rn. 3. Hat er dagegen teilweise abgesehen, ohne dies durch einen Vorbehalt erkennbar zu machen, so handelt es sich um einen unrichtigen Ansatz.[4]

5. Änderung der Rspr.; zweifelhafte Rechtslage

8 War der Kostenansatz richtig, ändert sich jedoch nach seinem Erlass die Rspr., so liegt kein unrichtiger Kostenansatz vor, eine Nachforderung ist unzulässig (vgl. § 176 Abs. 1 Nr. 3 AO); dabei kommt es auf das im Instanzenzug höchste Gericht an, in Kostensachen – abweichend von der genannten AO-Bestimmung, vgl. § 14 Rn. 175 – auf das jeweilige Oberlandesgericht. War der Wechsel der Rspr. hingegen trotz Veröffentlichung dem Kostenbeamten nicht bekannt, liegt ein unrichtiger Ansatz vor. Gleiches gilt bei Klärung einer zweifelhaften Rechtslage durch eine spätere Entscheidung oder auch durch wissenschaftliche Veröffentlichungen.

6. Unrichtigkeit

9 Die Unrichtigkeit kann sich sowohl aus dem Gesamtbetrag (falsche Addition)[5] als auch aus den Einzelposten ergeben; ferner aus dem Geschäftswert, selbst wenn er gerichtlich festgesetzt ist. § 15 erfasst also offenbare Unrichtigkeiten iS des § 319 ZPO. Eine unzulässige Nachforderung liegt regelmäßig nur vor, wenn ein höherer Gesamtbetrag in Bezug auf den Gegenstand des Kostenansatzes gefordert wird. Im Übrigen ist eine Berichtigung (= Nachschieben von Gründen) unbeschränkt zulässig.

7. Kostenansatz: Vorschuss, Entnahme

10 Was Kostenansatz ist, bestimmt sich nach § 14 Abs. 1. Anforderung eines Vorschusses (§ 5) ist kein Kostenansatz.[6] Unterbleibt jedoch nach Beendigung der Angelegenheit eine

---

[2] OLG Celle JurBüro 1964, 270; OLG Braunschweig KostRsp. GKG aF § 6 Nr. 5.
[3] BGH KostRsp. GKG aF § 6 Nr. 2.
[4] BGHSt. 8, 6 = NJW 1955, 1197.
[5] AA OLG Celle Rpfleger 1966, 279 = KostRsp. GKG aF § 6 Nr. 4.
[6] KG JVBl. 1937, 101.

"Schlussrechnung" (§ 14 Rn. 17), eine Schlusskostenrechnung (Abs. 1 S. 1), so stellt sich für den Schuldner der Vorschuss als Kostenansatz dar, Nachforderung ist daher nur gemäß § 15 zulässig.[7]

Entsprechendes gilt für die Entnahme der Kosten aus einer Masse (zB gemäß § 54 Abs. 3): Die Entnahme ist kein Kostenansatz.[8] Unterbleibt jedoch eine Kostenerhebung nach Beendigung der Angelegenheit, so findet § 15 Anwendung. **11**

III. Nachforderungsschuldner

1. Gesamtschuldner

§ 15 betrifft das Verhältnis zum einzelnen Schuldner (vgl. auch § 14 Rn. 46). Bei Gesamtschuld und Inanspruchnahme nur eines Schuldners gilt für den oder die Übrigen Rn. 3. **12**

Sind mehrere Gesamtschuldner anteilmäßig in Anspruch genommen worden (vgl. § 8 Abs. 3 Nr. 3 KostVfg.), erweist sich sodann einer von ihnen als zahlungsunfähig und muss der auf ihn entfallene Teil von den Mitschuldnern nachgefordert werden, so liegt keine Nachforderung wegen unrichtigen Ansatzes vor: Die erste Rechnung war richtig.[9] **13**

2. Übernahme-, Haftungsschuldner

Der Übernahmeschuldner (§ 3 Nr. 2) ist selbständiger Kostenschuldner (§ 3 Rn. 9), für ihn gilt daher § 15 wie für jeden anderen Einzel- oder Gesamtschuldner. **14**

Der Haftungsschuldner (§ 3 Nr. 3) haftet für die Kostenschuld eines anderen als Gesamtschuldner (§ 3 Rn. 26). Ob er sich auf den Ablauf der Nachforderungsfrist gegenüber dem ersten Schuldner berufen kann, ist in erster Linie eine Frage des materiellen Rechts (vgl. etwa § 425 BGB, § 129 HGB). Hat die Staatskasse den ersten Schuldner überhaupt nicht in Anspruch genommen, so läuft ihm gegenüber die Frist des § 15 nicht (Rn. 3), § 15 gilt also nur im Verhältnis zum Haftungsschuldner. Hat aber zB der Erblasser eine Kostenrechnung erhalten, so wirkt die Frist des § 15 auch zugunsten des Erben (vgl. § 14 Rn. 14). **15**

3. Bevollmächtigter

War der Kostenschuldner durch einen Bevollmächtigten vertreten, so gilt § 164 BGB. Haben sich Gesamtschuldner durch einen von ihnen vertreten lassen oder ist einer gesetzlicher Vertreter des anderen, so wirken Kostenansatz und Nachforderung nur gegen denjenigen, gegen den sie sich ausdrücklich richten.[10] **16**

Wird dem vertretenden Gesamtschuldner allerdings die Kostenrechnung ohne eine solche Beschränkung zugesandt, so wirkt der Kostenansatz in aller Regel zu Lasten aller Gesamtschuldner, die Frist des § 15 wird gegen sie alle in Lauf gesetzt. Gleiches muss dann aber auch für die fristgerechte Nachforderung gelten.[11] **17**

IV. Berichtigter Ansatz

Der berichtigte Kostenansatz ist **Justizverwaltungsakt**, er wird mit dem Zugang an den Schuldner wirksam; s. dazu § 14 Rn. 2, 14. **18**

War der erste Kostenansatz richtig, ändert ihn sodann der Kostenbeamte irrig zugunsten des Kostenschuldners, so ist eine **Wiederherstellung** des ursprünglichen Kostenansatzes nur innerhalb der Frist des § 15 zulässig.[12] **19**

Hat der Kostenschuldner den Kostenansatz **angefochten** (§ 14 Abs. 2) und wird er zunächst aufgehoben oder ermäßigt, auf Beschwerde (oder weitere Beschwerde) der Staatskasse nach Ablauf der Frist des § 15 aber wiederhergestellt, so liegt keine Nachforderung **20**

---

[7] OLG Hamm NJW 1959, 489 = Rpfleger 1960, 308; 1987, 38.
[8] KGJ 46 B 302.
[9] KG JW 1937, 2475 = JVBl. 1937, 237; aA LG Göttingen KostRsp. GKG aF § 6 Nr. 8.
[10] Vgl. OLG Schleswig JurBüro 1976, 225.
[11] KG JVBl. 1935, 55.
[12] KG JVBl. 1938, 320.

wegen unrichtigen Ansatzes vor.[13] Die sich gerade im Hinblick auf § 15 aus der Nichtbefristung der Beschwerde und weiteren Beschwerde ergebende Problematik ist vielmehr über die Verwirkung des Beschwerderechts zu lösen (dazu § 14 Rn. 55).

21   Legt die Staatskasse innerhalb der Frist des § 15 Erinnerung ein und wird ihr nach Ablauf der Frist stattgegeben, so liegt zwar eine Nachforderung wegen irrigen Ansatzes vor, der Fristablauf wird jedoch durch die fristgerechte Mitteilung der Erinnerungsschrift an den Schuldner gehemmt (entsprechend § 15 Abs. 2;[14] die Staatskasse sollte nicht gezwungen sein, statt Erinnerung einzulegen den Kostenansatz im Verwaltungsweg zu berichtigen, vgl. § 14 Rn. 34).

V. Endgültige Erledigung des Geschäfts

1. Angelegenheit/Geschäft

22   Die „Angelegenheit" ist das konkrete Verfahren der freiwilligen Gerichtsbarkeit, das „Geschäft" die eine Gebühr auslösende Maßnahme. Die Angelegenheit umfasst alle Geschäfte, die durch den Verfahrensantrag bedingt sind oder der Einleitung eines Amtsverfahrens folgen (vgl. § 1 Rn. 2, § 2 Rn. 6, § 10 Rn. 10, 11). Während § 15 bis 2006 auf die Angelegenheit abstellte, kommt es jetzt auf das Geschäft an. Der Wechsel überrascht, weil dem „Rechtszug" des § 20 GKG die Angelegenheit entspricht. Der begrifflichen Unterschied erlangt allerdings nur selten praktische Bedeutung, denn im Regelfall löst in einer Angelegenheit nur ein Geschäft eine Gebühr aus; Ausnahme zB § 119 Abs. 1. Für Auslagen kann es allerdings auf ihn ankommen, etwa einer Beweisaufnahme im Amtsverfahren = Geschäft, nicht Angelegenheit. Außerdem hängt die Schuldnerschaft von ihm ab, insbesondere § 2 Nr. 1 und 2 regeln sie für das Geschäft.

2. Endgültige Erledigung

23   Endgültig erledigt ist die Angelegenheit, wenn alle zu ihr gehörenden Geschäfte und die sonstigen – gebührenfreien – Verfahrenshandlungen erledigt sind;[15] sofern eine der Rechtskraft fähige Entscheidung ergeht, mit ihrer Rechtskraft (vgl. § 20 GKG), sonst im Falle der Einlegung von Rechtsmitteln mit der Entscheidung über sie. Die Kostenfestsetzung erfordert einen besonderen Antrag und bildet daher eine neue Angelegenheit.[16] Das Wertermittlungsverfahren gehört ebenfalls nicht zur Angelegenheit.[17] Doch darauf kommt es nicht mehr an:

Als Geschäft erledigt insbesondere:

24   – Eintragung einer Grundschuld die Brieferteilung,
25   – Eintragung ins Handelsregister die letzte Veröffentlichung (§ 10 Abs. 2 HGB),[18]
27   – Verfahren über die Niederlegung von Mustern der Ablauf der Schutzfrist,[19]
28   – Vormundschaft über einen Mündel deren Aufhebung,[20]
29   – – gerichtliche – Beurkundung des Erbscheinsantrags einschließlich eidesstattlicher Versicherung die Erbscheinserteilung.[21]

3. Rechtsmittel, Rechtsbehelf

30   Die rechtzeitige Einlegung eines Rechtsmittels verlängert das Nachforderungsverbot (Abs. 2 S. 2, Abs. 1 S. 1). Als solches kennt die freiwillige Gerichtsbarkeit nur die **Beschwerde**. Sie ist hier als Oberbegriff zu verstehen: einfache und sofortige, Erst- und weitere, Sach- und Rechtsbeschwerde. Die Bezeichnung allein genügt allerdings nicht, es muss

---

[13] KG JVBl. 1937, 49.
[14] Vgl. OLG München Rpfleger 1969, 315.
[15] BayObLGZ 2003, 87 = FamRZ 2003, 1501.
[16] AA OLG München Rpfleger 1952, 43.
[17] OLG Düsseldorf Rpfleger 1978, 69.
[18] OLG Düsseldorf Rpfleger 1974, 235.
[19] KGJ 32 B 3.
[20] KGJ 19, 124.
[21] OLG Köln Rpfleger 1987, 23.

sich um ein Rechtsmittel handeln (also nicht: Dienstaufsichtsbeschwerde). Gemeint ist wie in vergleichbaren Fällen (etwa § 14 Rn. 168) nur die **statthafte** Beschwerde, während ihre **Unzulässigkeit** die Verlängerung nicht hindert.

Neben der Hauptsache erfüllt die Beschwerde **„wegen der Kosten"** den Tatbestand. 31 Dieser weite Text erfasst dem Normzweck gemäß alle Beschwerden, die sich auf den Kostenansatz (Abs. 1 S. 1) auswirken: gegen die (Gerichts-)Kostentragung nach dem Verfahrensrecht der Hauptsache oder der KostO (Beispiel § 94 Abs. 3 S. 2), gegen Geschäftswert und Kostenberechnung. Gegenbeispiel: Erstattung der außergerichtlichen Kosten (§§ 13a, 20a FGG), es sei denn, sie erfasst ausnahmsweise auch die fraglichen Gerichtskosten.

Eingelegt ist das Rechtsmittel mit seinem Eingang beim zuständigen Gericht (Beispiele: 32 § 21 FGG, § 14 Abs. 6 S. 3).

Erinnerungen sind keine Rechtsmittel. Das hat hier vor allem für die **Erinnerung ge-** 33 **gen den Kostenansatz** (§ 14 Abs. 2) Bedeutung. Sie wird vom Wortlaut des Abs. 2 nicht erfasst, gehört nicht zur „endgültigen Erledigung des Geschäfts" (Abs. 1 S. 1). Dennoch muss sie nach Normzweck und System der Beschwerde gleich gestellt werden; es gibt keinen Sinn, sie für die Nachforderungsfrist unberücksichtigt zu lassen, sondern erst die ihr folgende Beschwerde. Dafür stehen auch die Formlosigkeit der Wertermittlung (Rn. 34) und die Vorwirkung der FG-Reform (Rn. 39).

4. Wertermittlungen

Die Festsetzung des Geschäftswerts (§ 31), die ausschließlich wegen der Gebührenerhe- 34 bung erfolgt, gehört nicht zum Geschäft (Gegenschluss aus Abs. 2). Die Mitteilung über Wertermittlungen (zB § 19 Abs. 2 S. 3) hindert jedoch die endgültige Erledigung iS des § 15 (Abs. 2). Ein förmliches Wertermittlungsverfahren kennt die KostO nur ausnahmsweise (§ 31 Abs. 2), die Aufforderung an den Schuldner, einen Einheitswertbescheid vorzulegen, genügt deshalb.[22] Ein Zuständigkeitsverstoß bei diesen Maßnahmen – gegen § 14 Abs. 1 – ist regelmäßig selbst auf Erinnerung hin belanglos (entsprechend § 46 VwVfG, § 127 AO).[23] S. iÜ Rn. 2.

5. Vorbehalt

Ein allgemeiner, ohne konkreten Anlass ausgesprochener Vorbehalt in der Kostenrech- 35 nung hindert den Ablauf der Nachforderungsfrist nicht;[24] wohl aber ein konkreter, bestimmter Vorbehalt (Abs. 1 S. 2), wie bei der teilweisen Inanspruchnahme von Gesamtschuldnern gemäß § 27 Abs. 2 S. 2 KostVfg. (vgl. auch Rn. 7).

VI. Rechtsweg, falsche Angaben

§ 15 ist von Amts wegen zu beachten. Seine Nichtbeachtung wird mit der Erinnerung 36 (§ 14 Abs. 2) geltend gemacht (§ 14 Rn. 33 ff.). Auf jede Erinnerung hin ist die Beachtung des § 15 von Amts wegen zu prüfen (§ 14 Rn. 65, 94).

Beruht die Nachforderung auf vorsätzlich oder grob fahrlässig (wie § 968 BGB) falschen 37 Angaben des Schuldners, insbesondere zum Geschäftswert, so kommt dem Schuldner der Schutz des § 15 nicht zugute (Abs. 1 S. 2).[25] Dies gilt auch für andere Beteiligte, die der Wertangabe nicht widersprochen haben. Zwar ist der Wert von Amts wegen zu ermitteln (§ 31 Rn. 8 ff.), jedoch trifft die Beteiligten eine Mitwirkungspflicht (§ 31 Rn. 26), außerdem sind sie entsprechend § 138 ZPO zur Wahrheit verpflichtet.

VII. Notare

§ 15 gilt für Nichtgebührennotare im Landesdienst Baden-Württembergs (§§ 141, 142), 38 nicht aber für Gebührennotare (§ 143 Abs. 1). Vergleichsweise von Belang ist für sie die

---

[22] OLG Köln Rpfleger 1962, 349.
[23] *Lappe* KostRsp. Nr. 4 Anm. gegen OLG Düsseldorf Rpfleger 1978, 69.
[24] OLG Celle Nds.Rpfl. 1975, 68 = KostRsp. GKG aF § 6 Nr. 7.
[25] RG DRW 1941, 1325 = HRR 1941, 654; KG JFGErg. 16, 13 = JVBl. 1937, 135.

§ 16 1. Teil. 1. Abschnitt: 6. Der Kostenanspruch

Rn. 31 wiedergegebene Rechtslage, nach der allgemeine, ohne konkreten Anlass in der Kostenberechnung ausgesprochene Vorbehalte wirkungslos bleiben.

VIII. FG-Reform

39 In § 15 sollen in Abs. 1 S. 1 die Vormundschaften gestrichen werden, in Abs. 2 an die Stelle des Rechtsmittels der Rechtsbehelf treten.

§ 16 Nichterhebung von Kosten wegen unrichtiger Sachbehandlung

(1) [1]Kosten, die bei richtiger Behandlung der Sache nicht entstanden wären, werden nicht erhoben. [2]Das gleiche gilt von Auslagen, die durch eine von Amts wegen veranlaßte Verlegung eines Termins oder Vertagung einer Verhandlung entstanden sind.

(2) [1]**Die Entscheidung trifft das Gericht.** [2]Solange nicht das Gericht entschieden hat, können Anordnungen nach Absatz 1 im Verwaltungsweg erlassen werden. [3]Eine im Verwaltungsweg getroffene Anordnung kann nur im Verwaltungsweg geändert werden.

Entsprechend: § 8 GKG, § 11 JVKostO, § 11 GVKostG.

Übersicht

	Rn.		Rn.
I. Unrichtige Sachbehandlung	1–61	4. Belehrungspflicht zur Versicherungsprämie nach § 152 Abs. 2 Nr. 4	58a
1. Definition	1–4		
2. Beispiele aus der Rspr.	5–48c	5. Belehrung durch das Gericht	59
a) Verfahrensrecht	5–16	6. Terminsverlegung, Vertagung	60, 61
b) Grundbuchsachen	17–19a	II. Gegenstand der Nichterhebung	62–67
c) Registersachen	20, 21	III. Gerichtliche Entscheidung	68–73
d) Familienrechtssachen	22–24	1. Zuständigkeit	68–70
e) Nachlasssachen	25–28a	2. Verfahren	71–73
f) Beurkundungs- und Notarsachen	29–48c	IV. Justizverwaltung	74–76
3. Belehrung des Notars über seine Kosten	49–58	V. Notare	77

Stichwortverzeichnis

Anordnung einer unzulässigen Pflegschaft 22
Aufklärungspflicht 48c
Auflassung 34b, 34d
Änderung Gesellschaftsvertrag 57b
Belehrung des Notars über seine Kosten 49, 50
Belehrung durch das Gericht 16, 59
Beurkundung eines nichtigen Vertrages auf Wunsch 30
Beurkundung trotz zweifelsfreier Geschäftsunfähigkeit 31
Billigste Sachbehandlung (Verpflichtung zur) 51
Bruchteilsgemeinschaft 34e
Ehe- und Erbvertrag (Beurkundung unmittelbar nach Hofübergabe) 44
Entwürfe einer Genehmigungserklärung ohne Auftrag 39
Entwürfe abweichend vom Auftrag 39
Erbschein 26, 28
Erbscheinsantrag 32a

Gesamtschuldner 67
Geschäftsfähigkeit 31
Getrennte Beglaubigung 34
Grundbuchberichtigung 19a

Justizverwaltung 74–76
Kostenauskunft 58
Kostenvergünstigungen 56
Makler 36a
Mehrere Gestaltungsmöglichkeiten 53
Mehrkosten 62–65
Nachbesserungsanspruch 2d
Nebengeschäfte 54
Nichtiger Vertrag 30
Notare (Anwendbarkeit für Kosten der Notare) 77
Notaranderkonto 35
Offensichtliches Schreibversehen 2
Pachtvertrag 57a
PKH-Anwaltskosten 66
Rangrücktrittserklärung 48a
Rechtmäßige Sachbehandlung 1
Rechtsweg 70, 71
Sachverständigengutachten 2e, 28a
Schadensersatzanspruch 32
Steuertatbestände (Ermittlung durch Notar) 50
Standesrechtlich unzulässiges Verhalten 3

Testamentseröffnung 25, 27
Terminsverlegung 60
Untersuchungsgrundsatz 4
Unrichtige Besetzung der Richterbank 6
Unzureichende Grundbucheinsicht 33
Verfahren 71
Verletzung der Aufklärungspflicht des § 139 ZPO 8
Versagen des rechtlichen Gehörs 7
Verschmelzung 48 b
Verschulden 3

Versicherungsprämie 58 a
Verzichtserklärung 48 b
Verzögerliche Bearbeitung eines Grundbuchantrags (auch bei Überlastung) 17
Vollzugstätigkeiten 55
Wiederholte Erteilung eines Erbscheins 26
Zulassung einer nicht zulässigen Beschwerde 13
Zurückweisung und Zurücknahme von Anträgen 60
Zuständigkeit bei Entscheidung 68–70
Zustimmungserklärungen 39

I. Unrichtige Sachbehandlung

1. Definition

Begriff. § 16 Abs. 1 S. 1 ordnet zwingend die Nichterhebung solcher Kosten an, die bei richtiger Behandlung der Sache nicht entstanden wären. Die Auslegung des Begriffs „richtige Behandlung" bereitet Schwierigkeiten. Bei streng am Wortlaut orientierter Interpretation könnte hierunter nur die **rechtmäßige Sachbehandlung** verstanden werden. Rechtmäßig wäre demzufolge eine Kostenrechnung nicht schon alleine deshalb, weil die Gebühren-, Auslagen- und Haftungstatbestände rechtmäßig erfüllt sind, sondern erst dann, wenn die Tatbestände selbst rechtmäßig zustande gekommen sind. Die bis zu 9. Aufl. vertretene Meinung, dass zufolge konsequenter, am reinen Wortlaut orientierter Interpretation des § 16 Abs. 1, jede Rechtswidrigkeit Unrichtigkeit sei und deshalb es für die Nichterhebung von Kosten genüge, dass objektiv irgendeine fehlerhafte oder rechtswidrige Maßnahme oder Entscheidung getroffen worden ist, wurde aufgegeben. 1

Auslegung. Der Wortlaut des § 16 Abs. 1 S. 1 stellt nicht auf den Eintritt oder Nichteintritt eines bestimmten Rechtserfolges ab, also nicht darauf, ob die Tatbestände selbst rechtmäßig zustande gekommen sind. Vielmehr beinhaltet „richtig" oder „unrichtig" eine subjektive Komponente. Demzufolge ist eine restriktive Auslegung geboten; es kann ja zB nicht Absicht des Gesetzgebers gewesen sein, schon dann die Nichterhebung von Kosten anzuordnen, wenn die höhere Instanz die Rechtsauffassung der unteren nicht teilt und deren Entscheidungen aufhebt.[1] Maßstab für die Anwendung des § 16 ist mithin nicht die objektiv richtige Behandlung; vielmehr liegt eine unrichtige Sachbehandlung durch Gericht oder Notar nur dann vor, wenn ein **offen zu Tage tretender Verstoß gegen eindeutige gesetzliche Normen oder ein offensichtliches Versehen unterlaufen** ist.[2] 2

Unabhängigkeit des Notars. Eng verbunden mit der Begriffsdefinition der unrichtigen Sachbehandlung ist die Gefahr des Eingriffs in die notarielle Unabhängigkeit des Notars (§ 1 BNotO). In Bezug auf die Unabhängigkeit muss dem Notar ein weiter Spielraum eingeräumt werden.[3] Im Zweifel hat die vom Notar für sicherer gehaltene Gestaltungsweise Vorrang vor einer kostengünstigeren Alternative, wenn aus der Sicht des Notars die Verfahrensweise, welche höhere Kosten auslöst, gegenüber der billigeren Alternative größere Sicherheiten bietet. 2 a

Systematische Anwendung des § 16? Umstritten ist die Frage, ob der Notar § 16 bereits im Vorhinein in seine Urkundsgestaltung einplanen darf. Während das LG Bayreuth[4] planmäßige Anwendung zulässt, halten wir dies für nicht zulässig. Darin liegt auch kein unzulässiger Eingriff in die Unabhängigkeit des Notars, denn der Notar ist verpflichtet, den 2 b

---

[1] BayObLGZ 1981, 175.
[2] BGH NJW 1962, 2107 = MDR 1962, 45; OLG Celle Rpfleger 1970, 365; KG DNotZ 1976, 334 = Rpfleger 1976, 29; OLG Düsseldorf Rpfleger 1978, 80; OLG Frankfurt JurBüro 1978, 413; BayObLGZ 1981, 165; JurBüro 1983, 592; MittBayNot 2000, 57 = DNotI-Report 2000, 193; FamRZ 2000, 174.
[3] OLG München NotBZ 2006, 103 = ZNotP 2006, 238 m. Anm. *Tiedtke* = FGPrax 2006, 42 = JurBüro 2006, 148; BayObLG MittBayNot 2006, 260 = NotBZ 2005, 405; OLG Frankfurt DNotZ 1978, 118.
[4] Beschluss vom 25. 8. 2005, Az. 42 T 109/05 (n.v.).

Willen der Beteiligten zu erforschen und seine Urkundsgestaltung genau danach zu richten. Daher ist es nach unserer Ansicht unzulässig, planmäßig mehrere Erklärungen zwar in getrennten Urkunden niederzulegen, die Kosten jedoch so zu berechnen, als wäre eine einheitliche Urkunde errichtet worden. Beispielhaft sei hier erwähnt die Trennung von Grundschuldbestellung und Rangrücktrittserklärungen von Wohnungsberechtigten, obwohl weder ein sachlicher Grund noch ein Verlangen der Beteiligten für die getrennte Aufnahme des Rangrücktritts vorliegen. § 16 kann nach allgemeinem Verständnis und Sinn und Zweck der Vorschrift nur zur Anwendung kommen, wenn sich *nach* Beurkundung eine unrichtige Sachbehandlung herausstellen sollte. Ein gewissenhafter Notar wird immer auf Vermeidung von § 16 bedacht sein, um Vorwürfe gegen sich auszuschließen. Ein Notar, der sich selbst unrichtige Sachbehandlung unterstellt, ist angreifbarer als ein Notar, der den Willen der Beteiligten vor vorne herein eindeutig und auch von der Urkundsgestaltung her richtig umsetzt.

2 c **Amtspflichtverletzung.** Für einen aus einer unrichtigen Sachbehandlung resultierenden Schaden kann uU ein Schadensersatzanspruch wegen Amtspflichtverletzung des Notars (§ 19 BNotO) bestehen. Voraussetzung hierfür jedoch ein Verschulden (zB Fahrlässigkeit oder [selten] Vorsatz), während für eine unrichtige Sachbehandlung nach § 16 kein Verschulden, jedoch ein Verstoß gegen eindeutige gesetzliche Normen vorliegen muss. Der Schuldner kann die Kostenforderung des Notars mit seinen Ansprüchen aus der Amtspflichtverletzung aufrechnen. Die Entscheidung auch über diese Ansprüche erfolgt nach nunmehr ganz hM im Beschwerdeverfahren nach § 156 und nicht auf zivilrechtlichem Weg.[5]

2 d **Nachbesserungsanspruch.** Eine unrichtige Sachbehandlung gemäß § 16 Abs. 1 liegt vor, wenn dem Notar ein „offen zu Tage tretender Verstoß gegen eindeutige gesetzliche Normen oder ein offensichtliches Versehen unterlaufen ist",[6] so die allgemein gültige Formel. Liegt eine unrichtige Sachbehandlung vor, ordnet § 16 Abs. 1 S. 1 zwingend die Nichterhebung solcher Kosten an, die bei richtiger Behandlung der Sache nicht entstanden wären. War zB die Abtretung eines Geschäftsanteils an einer GmbH beurkundet worden, der entgegen § 5 Abs. 3 S. 2 GmbHG nicht durch 50 Euro teilbar war, liegt eine unrichtige Sachbehandlung vor.[7] Dieses offensichtliche Versehen macht nicht nur diese Abtretung, sondern den Vertrag insgesamt nichtig. Gleichwohl sah das KG in Abweichung seiner früheren Rspr.[8] keine unrichtige Sachbehandlung nach § 16 Abs. 1, weil es der Beschwerdeführer unterlassen hat, den Mangel durch eine Nachtragsbeurkundung beheben zu lassen. Lässt der in Anspruch genommene Beteiligte die Neubeurkundung von einem anderen Notar vornehmen, kann er grundsätzlich die Kosten der Beurkundung nicht als Schaden geltend machen, wenn er dem Urkundsnotar keine Gelegenheit zur Nachbesserung gegeben hat.[9] Der Notar kann somit trotz unwirksamer Beurkundung die Kosten erheben, die bei richtiger Sachbehandlung entstanden wären. Dem Kostenschuldner erwächst aus einer unwirksamen Beurkundung nur der Anspruch gegen den Urkundsnotar auf kostenfreie Nachbeurkundung.

2 e **Sachverständigengutachten.** Kommt in einem Verfahren der Freiwilligen Gerichtsbarkeit die Anwendung ausländischen Rechts in Betracht, steht die Art und Weise der Ermittlung seines Inhalts im pflichtgemäßen Ermessen des Gerichts. So liegt auch eine Entscheidung über die Einholung eines Sachverständigengutachtens gemäß § 12 FGG im Ermessen des Gerichts, dieses hat die Entscheidungsbefugnis nicht nur über den Umfang der Beweiserhebung, son-

---

[5] OLG Hamm NotBZ 2004, 197; KG DNotZ 1996, 132; BayObLG DNotZ 1984, 110; OLG Schleswig JurBüro 1997, 436; OLG Frankfurt JurBüro 1989, 1132 = DNotZ 1990, 674; aA – der Zivilrechtsweg sei zu beschreiten – LG Hannover JurBüro 2004, 491; LG Halle NotBZ 2003, 316 m. zust. Anm. *Lappe*.
[6] BGH NJW 1962, 2107 = MDR 1962, 45; BayObLG MittBayNot 2000, 57.
[7] KG RNotZ 2005, 555 = JurBüro 2006, 93.
[8] KG DNotZ 1970, 437.
[9] So auch schon BGH NJW 2002, 1655 = DNotZ 2002, 539 = BB 2002, 542, jedoch stehen dem Notar für die Nachbesserung keine zusätzlichen Gebühren zu.

dern auch über die Auswahl der Beweismittel.¹⁰ Die Angemessenheit und Zweckmäßigkeit unterliegt nicht der Nachprüfung des Rechtsbeschwerdegerichts.¹¹

Verschulden. Für den Begriff der unrichtigen Sachbehandlung ist ein Verschulden des Gerichts ebenso unbeachtlich wie ein mitwirkendes Verschulden der Beteiligten.¹² Das Gericht hat den für den Gebührenansatz maßgeblichen Tatbestand auf offensichtliche, eindeutige Verstöße gegen Verfahrensvorschriften oder gegen das materielle Recht zu überprüfen. Standesrechtlich unzulässiges Verhalten des Notars löst als solches die Folgen des § 16 nicht aus.¹³ Die Überprüfung erfolgt von Amts wegen; es gilt der Untersuchungsgrundsatz (vgl. § 14 Rn. 6). Soweit die Überprüfung einen offen zu Tage tretenden Verstoß gegen eindeutige gesetzliche Normen oder ein offensichtliches Versehen ergibt, ist die Nichterhebung der Kosten anzuordnen. Entsprechendes gilt für das Gericht der Beschwerde und der weiteren Beschwerde. 3

Untersuchungsgrundsatz. Behauptet der Kostenschuldner substantiiert unrichtige Sachbehandlung im voraufgeführten Sinne, so gebietet der Untersuchungsgrundsatz, seinen Rügen nachzugehen und erforderliche Beweise zu erheben. 4

2. Beispiele aus der Rspr.

a) Verfahrensrecht 5

unrichtige Besetzung der Richterbank;¹⁴ für Beschwerdeverfahren über Notarkosten;¹⁵ 6
Versagung des rechtlichen Gehörs;¹⁶ 7
Verletzung der Aufklärungspflicht des § 139 ZPO;¹⁷ 8
Einholung eines unverhältnismäßig teuren Sachverständigengutachtens;¹⁸ 9
Nichtverständigung des Sachverständigen von einer Verfahrensaussetzung;¹⁹ 10
Nichtabladung von Zeugen nach Vergleichsschluss;²⁰ 11
verspätete Begründung einer Entscheidung;²¹ 12
Zulassung einer nicht zulässigen weiteren Beschwerde;²² 13
Zustellung einer unrichtigen Entscheidungsausfertigung;²³ 14
Veröffentlichung von Höflichkeits- und Übergangsfloskeln bei öffentlicher Zustellung;²⁴ 15
Verletzung der Belehrungspflicht über unnötige Kosten.²⁵ 16

b) Grundbuchsachen

verzögerliche Bearbeitung eines Eintragungsantrages, auch bei Überlastung;²⁶ bei Vorlage einer Kaufurkunde zum Vollzug der Auflassungsvormerkung sind dem Notar bis zur Vorlage vier Werktage zuzubilligen;²⁷ 17
unterlassener Hinweis auf eine nahe liegende Berichtigung von Eintragungsanträgen;²⁸ 18
Erteilung einer gebührenpflichtigen Grundbuchblattabschrift auf ein Auskunftsersuchen hin;²⁹ 19

---

¹⁰ BayObLG FGPrax 1998, 240.
¹¹ BayObLGZ 1976, 2811; BayObLG JurBüro 1988, 91.
¹² OLG Köln JMBl. NRW 1966, 179; LG Hildesheim Nds.Rpfl. 1966, 145.
¹³ *Schmitz-Valckenberg* DNotZ 1994, 496.
¹⁴ BGHZ 27, 163 = NJW 1958, 1186.
¹⁵ OLG Brandenburg MDR 2000, 665 = NotBZ 2000, 128; OLG Jena NotBZ 2005, 296.
¹⁶ BGH KostRsp. GKG aF § 7 Nr. 23.
¹⁷ OLG Köln AnwBl. 1966, 133 = JMBl. NRW 1966, 179; JurBüro 1969, 1211; MDR 1972, 1044.
¹⁸ OLG Frankfurt NJW 1971, 1757; LG Köln NJW 1967, 1482.
¹⁹ OLG Stuttgart OLGZ 1969, 188 = Justiz 1969, 328.
²⁰ LAG Frankfurt KostRsp. GKG aF § 7 Nr. 36.
²¹ OLG Hamburg JurBüro 1970, 167; OLG München NJW 1975, 836; LG Mainz MDR 1968, 150.
²² OLG Celle JurBüro 1968, 725; vgl. auch BGH NJW 1973, 1239.
²³ OLG Köln JurBüro 1972, 243.
²⁴ LG Düsseldorf KostRsp. GKG aF § 7 Nr. 8.
²⁵ OLG Düsseldorf JurBüro 1983, 1230.
²⁶ OLG Bremen Rpfleger 1965, 340 = KostRsp. Nr. 12.
²⁷ LG Duisburg MittRhNotK 1993, 76.
²⁸ KG NJW 1968, 508 = Rpfleger 1968, 67.
²⁹ KG JVBl. 1933, 72.

§ 16 1. Teil. 1. Abschnitt: 6. Der Kostenanspruch

19 a Eintragung eines neuen Eigentümers mit der Folge der vollen Gebühr nach § 60 Abs. 1, zB bei formwechselnder Umwandlung einer GbR in eine KG, die sich nur als Berichtigung des Grundbuchs darstellt, da der Formwechsel identitätswahrend ist (¹/₄-Gebühr nach § 67 Abs. 1 Satz 1). Eine Berichtigung und nicht die Eintragung eines neuen Eigentümers liegt selbst dann vor, wenn der durch Formwechsel entstandenen KG eine GmbH als persönlich haftender Gesellschafter beigetreten ist.[30]

c) Registersachen

20 Erteilung einer gebührenpflichtigen Handelsregisterbescheinigung auf ein Auskunftsersuchen hin;[31]

21 Eintragung des Ausscheidens eines Gesellschafters neben der Eintragung der Auflösung der Gesellschaft.[32]

d) Familienrechtssachen

22 Anordnung einer unzulässigen Pflegschaft;[33]

23 Nichtbelehrung eines Betreuers oder Pflegers über ein offenkundig aussichtsloses Rechtsmittel.[34]

24 Eine Nichterhebung von Kosten, zu denen auch die Kosten eines im Sorgerechtsverfahren vom Gericht bestellten Sachverständigen gehören, kommt nur in Betracht, wenn die Unrichtigkeit der Sachbehandlung des Gerichts infolge einer offenbar irrigen Entscheidung eindeutig zutage tritt bzw. die Sachbehandlung einen offensichtlichen Gesetzesverstoß darstellt. § 16 ist jedoch nicht anwendbar, soweit lediglich ein Sachverständiger einen Fehler begangen hat.[35]

e) Nachlasssachen

25 getrennte Eröffnung von Testamenten mangels Einsicht ins Namensverzeichnis;[36] nicht jedoch bei Eröffnung mehrerer Testamente durch verschiedene Verwahrungsgerichte;[37]

26 wiederholte Erteilung desselben Erbscheins;[38]

27 uU die Eröffnung eines unwirksamen Testaments.[39]

28 Erteilt das Gericht zunächst einen Erbschein und zieht diesen im Rahmen der Erteilung eines neuen Erbscheins wieder ein, sind die Kosten des ersten Erbscheins wegen § 16 niederzuschlagen, wenn das Gericht ein Verschulden bei der Auslegung eines Ehevertrages trifft.[40]

28 a Bei Einholung eines Rechtsgutachtens (bei Auslandsberührung) kann unrichtige Sachbehandlung (Folge: Kürzung der Entschädigung des Sachverständigen) vorliegen, wenn der Sachverständige bei unüblich hohem Zeitumfang einen Hinweis auf die unverhältnismäßigen Kosten unterlässt.[41]

f) Beurkundungs- und Notarsachen

29 Beurkundung von Erklärungen, mit denen das Gewollte rechtlich nicht erreicht werden kann;[42]

---

[30] BayObLG MittBayNot 2002, 309 = FGPrax 2002, 185 = RNotZ 2002, 247 = NJW-RR 2002, 1363 = Rpfleger 2002, 536 m. Anm. *Demharter* = ZNotP 2003, 79 m. Anm. *Tiedtke*.
[31] KG JVBl. 1933, 72.
[32] OLG Düsseldorf JurBüro 1983, 1230.
[33] OLG München JFGErg. 18, 36 = HRR 1938, 475.
[34] KG KostRsp. Nr. 3.
[35] OLG Frankfurt FamRZ 1999, 1437.
[36] KG JFGErg. 15, 36 = JW 1936, 2583; JFGErg. 18, 38 = JVBl. 1938, 291; vgl. auch LG Berlin KostRsp. § 102 Nr. 1.
[37] KG FGPrax 2002, 136.
[38] Vgl. KG JFGErg. 18, 40.
[39] Vgl. OLG Bremen KostRsp. Nr. 28.
[40] BayObLG FamRZ 2000, 174.
[41] BayObLG FGPrax 2004, 139.
[42] KG DNotZ 1970, 437 = Rpfleger 1970, 255.

Beurkundung eines nichtigen Vertrages auf Wunsch;[43] anders wohl bei Heilung nach **30** § 311 b Abs. 1 BGB; beurkundet jedoch der Notar wegen einer möglicherweise mit § 9 Abs. 2 BeurkG unvereinbaren Bezugnahme einen Vertrag für alle Fälle neu, dann liegt kein Fall des § 16 vor;[44] – Die Rückauflassung eines Grundstücks an den Verkäufer löst eine $^5/_{10}$-Gebühr nach § 38 Abs. 2 Nr. 6 a aus, wenn im Kaufvertrag bereits der aufschiebend bedingte Rückkaufvertrag mitbeurkundet ist und die Auflassung nach Ausübung des Wiederkaufsrechts durch den Verkäufer außerhalb der Auflassungsurkunde erfolgt ist. Wird die Ausübungserklärung über das Wiederkaufsrecht mitbeurkundet, liegt Gegenstandsgleichheit mit der Auflassung vor, es entsteht jedoch eine $^{10}/_{10}$-Gebühr nach § 36 Abs. 1.[45] Gibt der Käufer vor Ablauf der im Kaufvertrag vereinbarten Frist seine Bauabsicht auf, liegt in der Beurkundung der Rückveräußerung nach Aufhebung des Kaufvertrages, die eine $^{20}/_{10}$-Gebühr nach § 36 Abs. 2 auslöst, keine unrichtige Sachbehandlung nach § 16 vor.[46]

Beurkundung trotz zweifelsfreier Geschäftsunfähigkeit;[47] dies gilt jedoch nicht, wenn **31** nur Zweifel an der Geschäftsfähigkeit bestehen; § 104 BGB gilt unmittelbar nicht für die Kostenhaftung (s. auch § 2 Rn. 2);

überflüssige eidesstattliche Versicherung zur Erlangung des Erbscheins,[48] so auch KG,[49] **32** wonach der Beteiligte auch einen Schadensersatzanspruch gegen den Notar hat, wenn der Notar nicht darauf hinweist, dass der Nachweis der Erbfolge auch durch die (notarielle) Testamentsurkunde iVm. der Eröffnungsniederschrift des Nachlassgerichts geführt werden kann, also ein Erbschein nicht zwingend erforderlich ist; anders aber, wenn bei vorliegender notarieller Verfügung ein Erbscheinsantrag beurkundet wird, obwohl später die Bank auf Vorlage des Erbscheins verzichtet;[50]

keine unrichtige Sachbehandlung liegt jedoch vor, wenn der Notar einen Erbscheinsan- **32 a** trag auf Grund eines ihm vorgelegten Entwurfs beurkundet, dem eine fehlerhafte Erbquote zugrunde liegt, wenn die Erbenermittlung und die Quotenberechnung im Auftrag einer Miterbin von einer Fachfirma durchgeführt wurde.[51]

Die Aufnahme getrennter Urkunden für Erbausschlagungen mehrerer Miterben ist kei- **32 b** ne unrichtige Sachbehandlung, da als sichererer Weg gegenüber der Fertigung nur einer Niederschrift oder nur eines Entwurfs anzusehen. Es liegt auch keine unrichtige Sachbehandlung wegen unterbliebener Belehrung über die Kosten vor.[52]

unzureichende Grundbucheinsicht;[53] **33**

getrennte Beglaubigung;[54] **34**

Zur Frage der Zusammenbeurkundung bei Geschäftsführerbestellung und Gründungs- **34 a** urkunde s. § 41 c Rn. 108;[55]

Kaufvertrag und Auflassung:[56] die getrennte Beurkundung stellt jedenfalls dann keine **34 b** unrichtige Sachbehandlung dar, wenn Sicherungsinteressen der Beteiligten diese recht-

---

[43] LG Bremen KostRsp. Nr. 23; LG Darmstadt JurBüro 1974, 1558; OLG Düsseldorf DNotI-Report 1994 Nr. 22 S. 7; s. auch OLG Hamm MittBayNot 2000, 59 = JurBüro 2000, 152 = ZNotP 2000, 39.
[44] OLG Zweibrücken DNotZ 1982, 579 = Rpfleger 1981, 34.
[45] BayObLGZ 1986, 134, 137 ff.
[46] OLG München FGPrax 2006, 42 = JurBüro 2006, 148 = NotBZ 2006, 103 = ZNotP 2006, 238 m. Anm. *Tiedtke* = MittBayNot 2006, 357 m. Anm. PrüfAbt. Notarkasse.
[47] LG Berlin KostRsp. § 2 Nr. 4.
[48] AA OLG Karlsruhe KostRsp. Nr. 35; dagegen zu Recht sehr kritisch Anm. *Lappe* aaO.
[49] JurBüro 1995, 654; NJW-RR 1999, 861.
[50] OLG Hamm DNotZ 1974, 318.
[51] LG Potsdam JurBüro 2005, 431 m. Anm. *Filzek*.
[52] LG München I MittBayNot 2003, 72.
[53] OLG Celle KostRsp. Nr. 4 = Rpfleger 1964, 293.
[54] OLG Oldenburg Nds.Rpfl. 1975, 18 = KostRsp. Nr. 36.
[55] Keine unrichtige Sachbehandlung, OLG Oldenburg DNotZ 1980, 774 m. Anm. *Etzbach* = KostRsp. § 44 Nr. 56 m. Anm. *Lappe*; KG DNotZ 1984, 116; OLG Zweibrücken JurBüro 1988, 1047; *Tiedtke* MittBayNot 1997, 21.
[56] OLG Düsseldorf DNotZ 1981, 74 (s. Rn. 52).

§ 16

fertigen. Zu Recht stellt das BayObLG[57] fest, dass keine unrichtige Sachbehandlung in der getrennten Beurkundung zu sehen ist, wenn der Verkäufer diese Verfahrensweise ausdrücklich wünscht. Eine Belehrung über die zusätzlich entstehende Auflassungsgebühr ist – wenn die Beteiligten nicht danach fragen – nicht geboten;[58]

34 c   getrennte Beurkundung (ohne ausdrückliches Verlangen) von Kaufvertrag und Werkvertrag;[59]

34 d   getrennte Beurkundung des Kaufvertrages über ein noch zu vermessendes Grundstück und der Auflassung der vermessenen Fläche stellen keine unrichtige Sachbehandlung dar;[60]

34 e   Beurkundung der Auseinandersetzung einer Bruchteilsgemeinschaft, wenn diese auch durch Austausch von Miteigentumsanteilen möglich wäre.[61] Ein Austauschvertrag liegt nur vor, wenn der Austausch von Miteigentumsanteilen an rechtlich selbständigen Grundstücken erfolgt. Eine Realteilung und kein Austausch von Miteigentumsanteilen liegt jedoch vor, wenn eine Grundstücksteilung zwar vermessungstechnisch erfolgt ist, der Veränderungsnachweis (Messungsoperat) jedoch grundbuchlich noch nicht vollzogen ist.[62] Bei der Gestaltungsweise können auch steuerlich Aspekte, etwa der Anfall der Grunderwerbsteuer für die Beurkundung der Auseinandersetzung und gegen einen Austausch von Miteigentumsanteilen sprechen.

35   überflüssige Überweisung des Kaufpreises auf Notaranderkonto,[63] nicht jedoch, wenn Sicherheitsgründe hierfür sprechen;[64] kein Fall des § 16 ist jedoch gegeben, wenn die Hinterlegung des Kaufpreises auf Notaranderkonto angesichts der vereinbarten Ablösung der Grundpfandrechtsgläubiger aus dem Kaufpreis von den Beteiligten als die sicherste Möglichkeit angesehen wird, die gleichzeitige Erfüllung der Leistungspflichten der Vertragsparteien zu gewährleisten und die Beteiligten nicht auf einer anderen Verfahrensweise bestehen. Die Hebegebühr entsteht selbst dann, wenn dem Notar ohne Einrichtung eines Notaranderkontos die alleinige Verfügungsmacht über einen Geldbetrag eingeräumt wird.[65] Damit löst diese Alternative keine geringeren Gebühren aus als die Abwicklung über Notaranderkonto.

36   gesonderte Beurkundung der Zustimmung gemäß § 1365 BGB ohne Hinweis auf Mehrkosten;[66]

36 a   zur Zulässigkeit und Ausgestaltung von Maklerklauseln in der notariellen Praxis mit Auswirkungen auf die Kosten des Notars;[67]

37   unbesehenes Unterschreiben weisungswidrig gefertigter Anträge;[68]

38   unterlassener Hinweis, dass mit einer erforderlichen Genehmigung nicht zu rechnen[69] oder ihre Erteilung zweifelhaft sei[70] oder sonst Zweifel an der Wirksamkeit des Geschäfts bestehen;[71]

38 a   Entwurf abweichend vom Auftrag des Beteiligten; hier Kaufvertrag anstelle eines Kaufangebotes;[72]

---

[57] MittBayNot 2000, 575 m. Anm. *Tiedtke* = ZNotP 2001, 78 = JurBüro 2001, 598 = DNotI-Report 2000, 193.
[58] OLG Schleswig JurBüro 1997, 435.
[59] OLG Stuttgart BWNotZ 1970, 129 = MittBayNot 1971, 270.
[60] OLG Düsseldorf MittRhNotK 2000, 261.
[61] BayObLG MittBayNot 1970, 120; MittBayNot 1991, 271.
[62] BayObLG JurBüro 2001, 488 = NotBZ 2001, 306 = ZNotP 2001, 367 = MittBayNot 2001, 412.
[63] OLG Schleswig JurBüro 1982, 587.
[64] LG Lübeck JurBüro 1988, 886; LG Darmstadt JurBüro 1988, 1196.
[65] OLG Hamm MittBayNot 2002, 208 = ZNotP 2002, 363.
[66] LG Darmstadt KostRsp. Nr. 9.
[67] *Wälzholz* MittBayNot 2000, 357.
[68] OLG Celle Rpfleger 1970, 365.
[69] OLG Celle DNotZ 1959, 673 = Rpfleger 1959, 228.
[70] KG DNotZ 1973, 250 = MDR 1972, 878.
[71] OLG Köln KostRsp. Nr. 43.
[72] BayObLG MittBayNot 1994, 250.

Entwürfe einer Genehmigungserklärung für einen auswärtig Vertretenen ohne Auftrag 39
und Kostenbelehrung;[73] beurkundet der Notar jedoch die Erklärungen eines vollmachtlosen Vertreters, so besteht keine Belehrungspflicht wegen der Mehrkosten durch die Genehmigung des Vertretenen.[74] Der Notar hat dabei auch die Gepflogenheiten der Zustimmungspflichtigen zu berücksichtigen. Insbesondere dann, wenn dem Notar aus anderweitigen Beurkundungsgeschäften bekannt ist, dass Entwürfe stets selbst gefertigt werden oder er von dem üblichen Procedere der unaufgeforderten Übersendung von eigenständig verfassten Genehmigungserklärungen unterrichtet war,[75] liegt in der kostenpflichtigen Anforderung mit oder ohne Entwurf eine unrichtige Sachbehandlung.

Für einen Entwurf ist unter den weiteren Voraussetzungen des § 145 Abs. 3 bereits dann 40
eine Gebühr zu erheben, wenn der Notar ohne unrichtige Sachbehandlung die beabsichtigte Vereinbarung auf Grund gesetzlicher Vorschrift für beurkundungsbedürftig halten könnte;[76]

Veranlassen eines überflüssigen gebührenpflichtigen Nebengeschäfts;[77] 41

Beurkundung auf Grund eines Entwurfs des Notars durch dessen amtlich bestellten 42
Vertreter als „Eigengeschäft";[78]

Beglaubigung von Unterschriften unter Protokollen, obwohl nur für Auszüge die Be- 43
glaubigung gewünscht wird (Geschäftswert nur der Beschluss, für den die Beglaubigung erforderlich ist, zB für Protokoll der Wohnungseigentümerversammlung);[79]

zur Frage der unrichtigen Sachbehandlung bei Beurkundung des Ehe- und Erbvertrages 44
unmittelbar nach der damit in Zusammenhang stehenden Hofübergabe;[80]

Wird bei Ausübung eines Wiederverkaufsrechts eine abermalige Kaufpreisrückzahlungs- 45
verpflichtung beurkundet, die eine Gebühr nach § 36 Abs. 2 auslösen würde, so handelt es sich um eine fehlerhafte Sachbehandlung. Richtigerweise fällt für die Beurkundung der einseitigen Ausübungserklärung lediglich eine Gebühr nach § 36 Abs. 1 an;[81]

Wird die Abtretung der Auszahlungsansprüche des Käufers gegen den Kaufpreis- 46
Kreditgeber nicht bereits im Kaufvertrag, sondern erst in der Bestellung des Grundpfandrechts beurkundet, so können die Mehrkosten, die sich daraus ergeben, dass die Abtretung bei der Grundschuldbestellung zusätzlich gemäß § 44 Abs. 2a) anzusetzen ist und sich dadurch der Geschäftswert erhöht, nach § 16 zu beurteilen sein;[82]

Bestanden die Beteiligten trotz Fehlens einer (aktuellen) Grundbucheinsicht und nach 47
Belehrung durch den Notar über die Risiken auf Beurkundung eines Grundstückskaufvertrages, so führt die unrichtige Grundstücksbezeichnung nicht zu einer falschen Sachbehandlung;[83]

Bei Rückübertragung des Eigentums auf die Gemeinde, nachdem der Käufer vor Ab- 47a
lauf der vereinbarten Frist erklärt hat, er könne die von ihm eingegangene Bauverpflichtung nicht erfüllen, liegt keine unrichtige Sachbehandlung vor, wenn der Notar entsprechend dem vorliegenden Beschluss des Gemeinderates die Rückübertragung durch Aufhebung des ursprünglichen Kaufvertrages mit der Folge der $^{20}/_{10}$-Gebühr des § 36 Abs. 2 beurkundet. Er muss in diesem Falle nicht auf die Möglichkeit einer Nachtragsbeurkundung zum ursprünglichen Kaufvertrag hinweisen, der die Rückübereignung

---

[73] OLG Zweibrücken NJW 1974, 507, 1290; LG München I MittBayNot 1996, 132.
[74] KG DNotZ 1981, 71; OLG Köln RNotZ 2003, 528 = ZNotP 2004, 79; Rpfleger 2003, 539.
[75] OLG Köln Rpfleger 2003, 539 = RNotZ 2003, 528 = ZNotP 2004, 79.
[76] OLG Hamm MittBayNot 2000, 248 = JurBüro 2000, 321.
[77] OLG Frankfurt DNotZ 1965, 309; OLG Hamm Rpfleger 1964, 384; BayObLG Rpfleger 1980, 316; LG Osnabrück JurBüro 1984, 430.
[78] OLG Schleswig DNotZ 1985, 118; s. auch Rn. 54a.
[79] OLG Hamm MittBayNot 1983, 254 = JurBüro 1983, 1554.
[80] BayObLG MittBayNot 1985, 89.
[81] BayObLGZ 1986, Nr. 23.
[82] OLG Köln Rpfleger 1989, 129; *Lappe* NJW 1989, 3259; zur Frage der Bewertung s. § 44 Rn. 77.
[83] BayObLG DNotZ 1990, 667.

mit einer bloßen Auflassung nach § 38 Abs. 2 Nr. 6a ermöglichen würde. Wenn der vorliegende Beschluss des Gemeinderates die Beurkundung der Rückübertragung durch Aufhebung vorsieht, liegt keine unrichtige Sachbehandlung vor, in diesem Falle ist auch die Ausübung eines etwa vorbehaltenen Wiederkaufsrechts durch die Gemeinde nicht möglich.

48 Die Einholung eines Sachverständigengutachtens zur Wertermittlung von Grundbesitz widerspricht dem Beweisaufnahmeverbot des § 19 Abs. 2 und stellt daher eine unrichtige Sachbehandlung dar. Ein verbotswidrig eingeholtes Gutachten kann dennoch für die Bewertung verwendet werden;[84]

48a Getrennte Beurkundung von Grundschuld und Rangrücktrittserklärung, zB eines Leibgedingsberechtigten ohne ausdrücklichen Auftrag der Beteiligten, wobei über die anfallenden Mehrkosten der getrennten Beurkundung zu belehren ist;

48b Beurkundung der Verzichtserklärungen der Anteilsinhaber der an einer Verschmelzung beteiligten Rechtsträger nicht in gemeinsamer Urkunde mit dem Verschmelzungsvertrag. Ein sachlicher Grund für die getrennte Beurkundung besteht nicht schon dann, wenn keine Personenidentität zwischen dem organschaftlichen Vertreter der Gesellschaft und den Anteilsinhabern vorliegt. Es ist im Einzelfall zu entscheiden, ob zeitliche oder räumliche Hindernisse einer Zusammenbeurkundung entgegenstehen;[85]

48c Beurkundung unter Verletzung der Aufklärungspflicht. Eine unrichtige Sachbehandlung liegt dann vor, wenn die Beurkundung des Kaufvertrages nach Aufklärung der fehlenden Willenseinigung der Beteiligten unterblieben wäre. Das ist zB dann der Fall, wenn der Notar bei der Beurkundung eines Kaufvertrages über ein unvermessenes Grundstück die laienhaften Angaben der Urkundsbeteiligten ungeprüft übernimmt und infolgedessen einen Vertrag beurkundet, der gemäß §§ 155, 311b BGB unwirksam ist, weil der Verpflichtungsgegenstand anhand der vertraglichen Regelungen nicht bestimmbar ist und sich die Beteiligten auch nicht darauf geeinigt haben, dessen verbindliche Festlegung der Durchführung des Vertrages zu überlassen.[86]

3. Belehrung des Notars über seine Kosten

49 Von besonderer Problematik ist der Umfang der Pflicht des Notars zur Belehrung über seine eigenen Kosten (mit Folge unrichtiger Sachbehandlung bei Pflichtverletzung). Grundlage einer Belehrungspflicht ist die allgemeine Betreuungspflicht nach § 24 BNotO. Hieraus folgt eine Belehrungspflicht jedoch nur, wenn die Belehrung auf Grund besonderer Umstände geboten ist.[87] Zu Recht ist das OLG Hamm[88] davon ausgegangen, dass für den Notar keine Hinweispflicht auf die wirtschaftliche Zuverlässigkeit eines Urkundsbeteiligten hat. Die Frage der wirtschaftlichen Zuverlässigkeit stellt sich nicht im unmittelbaren Anwendungsbereich des § 17 BeurkG, denn die Belehrungspflicht nach dieser Vorschrift bezieht sich nur auf die rechtliche, nicht jedoch auf die wirtschaftliche Tragweite des zu beurkundenden Rechtsgeschäftes. Eine Hinweispflicht auf die voraussichtlich anfallenden Kosten besteht nur, wenn die Beteiligten den Notar danach fragen.[89] Fragen die Beteiligten nach den voraussichtlich entstehenden Kosten, ist der Notar zur Sorgfalt verpflichtet. Nicht jede Kostenauskunft ist jedoch bindend. Nach hM in der Rspr. führt eine unrichtige und damit

---

[84] BayObLG JurBüro 1999, 377 = RdL 1999, 15 = MittBayNot 2000, 57 = ZNotP 2000, 127.
[85] OLG Zweibrücken ZNotP 2002, 450 = MittBayNot 2003, 160 = JurBüro 2003, 148; Tiedtke ZNotP 2001, 226; Limmer/Tiedtke Rn. 3996; aA LG Düsseldorf JurBüro 2004, 98 für den Fall, dass die Beteiligten die Entwürfe selbst fertigen und der Notar nicht gefragt wird, ob die vorgegebene Verfahrensweise Mehrkosten verursacht. Insbesondere bei Beteiligung rechtskundiger Beteiligter kann der Notar davon ausgehen, dass diesen die rechtliche Tragweite der vorgegebenen Verfahrensweise bekannt ist.
[86] KG JurBüro 2003, 652.
[87] BGH WM 1968, 1942; KG DNotZ 1969, 245; BayObLG JurBüro 1988, 1706 = MittBayNot 1988, 247; zB bei offensichtlichem, also dem Notar klar erkennbaren Irrtum des Beteiligten über die Kostenhöhe, OLG Zweibrücken JurBüro 1989, 661; MittBayNot 1999, 402 = JurBüro 1999, 488 = MittRhNotK 2000, 80 = ZNotP 1999, 415.
[88] FGPrax 2004, 49 = NotBZ 2004, 197.
[89] OLG Köln MittBayNot 1999, 399 = MittRhNotK 1999, 29 = ZNotP 1999, 295.

pflichtwidrige Belehrung über die Notarkosten nur dann zur Nichterhebung, wenn die Beteiligten bei richtiger Auskunft von der Vornahme des Geschäftes Abstand genommen hätten oder die notarielle Tätigkeit nicht weiter in Anspruch genommen worden wäre.[90] Bei der Klärung dieser Frage muss aber jeder Einzelfall sorgfältig geprüft werden.

Bezüglich der Frage, inwieweit nun eine solche Belehrungspflicht besteht und in welchem Umfang, gelten folgende Grundsätze: **49 a**

– Es ist als allgemein bekannt anzusehen, dass der Notar für seine Tätigkeit gesetzlich festgelegte Kosten erheben muss (§ 140). Aus diesem Grund braucht der Notar über **unvermeidbare Kosten** grundsätzlich ebenso wenig zu belehren[91] wie über die Zahlungspflicht der seine Tätigkeit **in Anspruch Nehmenden** und deren gesamtschuldnerische Kostenhaftung.[92] Der Notar ist auch nicht verpflichtet, bei der Beurkundung eines Grundstückskaufvertrages Tatsachen zu ermitteln, die für das mögliche Eingreifen von Steuertatbeständen von Bedeutung sein könnten (zB bei der Grundbucheinsicht das Datum des Vollzugs der Eigentumsumschreibung wegen etwaiger Spekulationssteuer).[93] **50**

– Der Notar ist jedoch nicht nur zur richtigen, sondern auch zur kostensparenden und damit grundsätzlich zur **billigsten Sachbehandlung** verpflichtet.[94] Dies gilt insbesondere für die Zusammenbeurkundung.[95] **51**

– An die Stelle des billigsten Weges kann bzw. muss im Einzelfall der **sicherere oder sachdienlichere oder auch übliche Weg** treten (Hauptfall: getrennte Beurkundung von Kauf und Auflassung);[96] wonach im Ausnahmefall jedoch die getrennte Beurkundung eine zum Schadensersatz verpflichtende schuldhafte Amtspflichtverletzung darstellen kann. Das OLG Düsseldorf[97] vertritt die Meinung, dass bei getrennter Beurkundung von Kauf und Auflassung in aller Regel unrichtige Sachbehandlung vorliegt, auch wenn zB eine Wohnung beim Kauf noch nicht errichtet ist. Dieser generalisierenden Ansicht kann im Hinblick auf die in der Literatur offene Diskussion, welcher Weg der sichere ist, und auf das Amt des Notars (Unabhängigkeit, § 1 BNotO) nicht zugestimmt werden.[98] So nun auch OLG Düsseldorf in einer neuen Entscheidung, wonach eine falsche Sachbehandlung des Notars bei getrennter Beurkundung von Kauf und Auflassung jedenfalls dann nicht vorliegt, wenn besondere Umstände, insbesondere Sicherungsinteressen eines Beteiligten zeitlich divergierende Beurkundungen nahe legt.[99] Bei getrennter Beurkundung von Kaufvertrag und Auflassung liegt auch dann keine unrichtige Sachbehandlung vor, wenn der Grund der getrennten Beurkundung allein darauf beruht, dass der Verkäufer (im entschiedenen Fall Bauträger) nicht bereit ist, von seiner ständigen Praxis abzuweichen.[100] Das OLG Köln[101] hält die Vorlagesperre als Sicherungsmittel für nicht weniger geeignet als die getrennte Beurkundung der Auflassung. Hierauf komme es aber nicht an, wenn ein Beteiligter eine andere Verfahrensweise wünscht. Eine unrichtige Sachbehandlung liegt vor, wenn der Notar einen Hinweis auf die unterschiedlichen Ge- **52**

---

[90] LG Hannover JurBüro 2004, 327.
[91] KG OLG 17, 252.
[92] KG DNotZ 1969, 245 = JurBüro 1969, 33; BayObLG JurBüro 1982, 1549; LG Wuppertal MittRhNotK 1982, 67; BayObLG JurBüro 1988, 1195 = MittBayNot 1988, 140; *Schippel/Bracker* § 17 BNotO Rn. 15.
[93] BGH DB 1995, 2065.
[94] LG Darmstadt JurBüro 1976, 76 = MittBayNot 1976, 189; JurBüro 1975, 1627; OLG Frankfurt DNotZ 1978, 118; BayObLG JurBüro 2001, 151.
[95] OLG Oldenburg DNotZ 1980, 775 m. Anm. *Etzbach*.
[96] Vgl. KG DNotZ 1976, 434 = Rpfleger 1976, 29 = KostRsp. Nr. 39; BayObLG DNotZ 1976, 59; OLG Frankfurt DNotZ 1978, 118 = KostRsp. Nr. 44; LG Darmstadt JurBüro 1976, 1246; vgl. auch OLG Zweibrücken Rpfleger 1981, 34; OLG Düsseldorf DNotZ 1981, 74; OLG Frankfurt MDR 1989, 650 = JurBüro 1989, 132.
[97] DNotZ 1990, 674 = Rpfleger 1990, 392.
[98] *Schmitz-Valckenberg* DNotZ 1990, 674; *Wolfsteiner* Rpfleger 1990, 505.
[99] DNotZ 1996, 324 = MittRhNotK 1995, 357 = JurBüro 1995, 211; MittRhNotK 2000, 261.
[100] BayObLG MittBayNot 2000, 575 m. Anm. *Tiedtke* = DNotI-Report 2000, 193 = ZNotP 2001, 78.
[101] JurBüro 1997, 487 = MittRhNotK 1997, 328.

staltungsmöglichkeiten und die unterschiedliche Kostenbelastung unterlässt.[102] Weiteres Beispiel: Geschäftsführerbestellung nicht im Gesellschaftsvertrag der GmbH, sondern durch Gesellschafterbeschluss, der mit dem Gründungsvertrag in einer Urkunde verbunden ist.[103] Allerdings darf der „übliche Weg" nicht so weitgehend interpretiert werden, dass hierunter auch Zahlungen auf Notaranderkonto fallen, wenn diese ohne jeden erkennbaren Sinn sind und nur Verzögerungen und unnötige Kosten verursachen.[104]

53 – Stehen **mehrere** verschiedene **Gestaltungsmöglichkeiten** zur Wahl, so hat der Notar auf den billigeren Weg hinzuweisen, wenn dieser eine für die Erreichung des gewollten Erfolgs angemessene und zumindest in gleicher Weise sichere und zweckmäßige rechtliche Form darstellt;[105] zB die Abtretung des Anspruchs auf Darlehensauszahlung an den Verkäufer direkt im Kaufvertrag und nicht in der Grundpfandrechtsbestellungsurkunde, da im letzteren Fall nicht derselbe Gegenstand iS von § 44 Abs. 1 S. 1 vorliegt.[106] Ist allerdings wegen der besonderen Sachkunde der Beteiligten im Einzelfall dem Notar die Ausgestaltung des Rechtsgeschäfts nicht überlassen, kennen also die Beteiligten die rechtliche Tragweite des Geschäfts und wünschen sie die Beurkundung nach einem von ihnen gefertigten Entwurf, so ist regelmäßig der Notar nicht verpflichtet, über die beim gewollten Verfahren entstehenden höheren Gebühren zu belehren, es sei denn, er wird hierüber befragt.[107] Verlangt der Auftraggeber die Beurkundung einer Verschmelzung einer GmbH im Wege ihrer Aufnahme durch eine AG, muss der Notar jedoch nicht auf die möglicherweise kostengünstigere Möglichkeit einer Aufnahme der AG in die Rechtsträgerschaft der GmbH hinweisen. Zu Recht stellt das OLG Rostock[108] fest, dass diese Alternative kein anderer (möglicherweise kostengünstigerer) Weg ist, sondern ein anderes Ziel. Bei Verschmelzung zweier Aktiengesellschaften oder Genossenschaften finden die **Zustimmungsbeschlüsse** häufig in getrennten Hauptversammlungen oder Generalversammlungen statt, die zudem zu **unterschiedlichen Zeitpunkten** durchgeführt werden. Oft liegen mehrere Tage dazwischen. Erstellt der Notar getrennte Niederschriften, liegt hierin keine unrichtige Sachbehandlung, auch wenn die Möglichkeit der Zusammenbeurkundung durch Zuwarten bis zur Abhaltung der zweiten Versammlung besteht. Der Notar muss auf diese Möglichkeit nicht hinweisen. Wollen die beteiligten Rechtsträger eine einheitliche Niederschrift über beide zeitversetzt stattfindenden Versammlungen, ist ein dementsprechender ausdrücklicher Auftrag an den Notar erforderlich. Für diesen Fall müssen die Rechtsträger auch die damit verbundenen Risiken tragen, insbesondere Ereignisse, die in der Person des Notars liegen. Ist in diesem Fall die Erstellung der Niederschrift durch den Notar zB infolge Erkrankung oder Tod des Notars nicht mehr möglich, liegt weder eine unrichtige Sachbehandlung vor noch besteht ein Anspruch aus Amtspflichtverletzung.

54 – Insbesondere bei **Nebengeschäften** ist zu beachten, dass, wenn nach der Sachlage ein solches Nebengeschäft nicht notwendig ist und gebührenfreie Maßnahmen mit dem gleichen Erfolg ergriffen werden können, eine Belehrung erforderlich ist, da es sich um vermeidbare Kosten handelt.[109]

54a – Wird der Notar im Rahmen des Vollzugs eines Grundstückskaufvertrages mit der Einholung von Lastenfreistellungserklärungen beauftragt, vertritt der BGH[110] die Auffas-

---

[102] So auch OLG Schleswig JurBüro 1997, 435; aA jedoch OLG Hamm MittBayNot 1998, 275, das keinen Verstoß gegen § 16 sieht, wenn der Notar eine Vertragsgestaltung wählt, bei der die Auflassung nach Zahlung oder Sicherstellung des Kaufpreises gesondert beurkundet wird.
[103] KG DNotZ 1984, 116.
[104] OLG Frankfurt Rpfleger 1965, 377 = DNotZ 1965, 309; OLG Schleswig JurBüro 1982, 587.
[105] *Daimer/Reithmann*, Die Prüfungs- und Belehrungspflicht des Notars, Rn. 41; OLG Köln JurBüro 1990, 75.
[106] LG Hannover JurBüro 1992, 554; OLG Köln JurBüro 1993, 100; s. ergänzend § 44 Rn. 228.
[107] OLG Zweibrücken DNotZ 1977, 57; LG München DNotZ 1974, 100; aA OLG Saarbrücken DNotZ 1982, 451; dagegen mit zutreffender Begründung *Appell* DNotZ 1982, 454.
[108] NotBZ 2003, 243.
[109] OLG Frankfurt DNotZ 1965, 309; OLG Hamm Rpfleger 1964, 384; OLG Karlsruhe Justiz 1968, 143; 1976, 81; OLG Oldenburg JurBüro 1974, 70 = KostRsp. § 147 Nr. 34; LG Darmstadt Nr. 31; OLG Stuttgart DNotZ 1983, 642.
[110] NJW 2007, 3212 = ZNotP 2007, 397.

sung, dass hierin eine Vollzugstätigkeit gemäß § 146 Abs. 1 liegt. Aus dem Wert des Kaufvertrages fällt somit eine 5/10-Vollzugsgebühr an, wenn diese nicht ohnehin schon wegen anderer Vollzugstätigkeiten angefallen ist. Ist im Einzelfall ein Recht zu löschen, dessen Wert deutlich hinter dem Wert des Kaufvertrages liegt, könnte sich eine Belehrungspflicht für den Notar ergeben, wenn die Einholung der Lastenfreistellungserklärung die einzige Vollzugstätigkeit ist und damit die Vollzugsgebühr nur durch das Beschaffen der Lastenfreistellungserklärungen entsteht. Da der Notar verpflichtet ist, den kostengünstigsten Weg zu wählen, wenn bei gleicher Sicherheit mehrere Abwicklungsmöglichkeiten bestehen, kann es daher im Einzelfall für die Beteiligten günstiger sein, wenn der Notar die Lastenfreistellungserklärung durch einen von ihm gefertigten Entwurf einholt. Die Entwurfsgebühr fällt aus dem Wert des zu löschenden Rechts ein, während die Vollzugsgebühr aus dem Wert des Kaufvertrages (§ 146 Abs. 4) erhoben werden muss. Bei Fertigung des Entwurfs erhält der Notar nur die Entwurfsgebühr, das Versenden des Entwurfs an den Gläubiger ist gebührenfreies Nebengeschäft zur Entwurffertigung.[111] Zusätzlich kann im Falle der Entwurffertigung für diese Tätigkeit nicht auch die Vollzugsgebühr nach § 146 Abs. 1 erhoben werden.

- Wird der Notar mit einzelnen **Vollzugstätigkeiten** (zB Einholung der Erklärung über 55 die Ausübung des gemeindlichen Vorkaufsrechts, Genehmigung nach dem Grundstücksverkehrsgesetz) oder mit dem vollen Vollzug beauftragt, so trifft ihn über die hierdurch entstehenden Kosten keine Belehrungspflicht.[112] Der gegenteiligen Ansicht[113] kann nicht zugestimmt werden. Eine Kostenbelehrungspflicht scheidet schon dann aus, wenn die Vollzugstätigkeit des Notars durch die Beteiligten begehrt wird. Darüber hinaus erfasst die Belehrungspflicht nur solche Kosten, die bei gleich bleibender Sicherheit vermieden werden können. Bei Einholung von zur Wirksamkeit des Rechtsgeschäfts oder zum grundbuchamtlichen Vollzug notwendigen Erklärungen kann von gleich bleibender Sicherheit aber nicht gesprochen werden, wenn diese Tätigkeit den Beteiligten überlassen wird. Hier sind Versäumnisse oder sonstige Versehen nicht auszuschließen. Damit ist die Vollzugstätigkeit des Notars auch als sachdienlich anzusehen.[114]
- Über mögliche **Kostenvergünstigungen** muss der Notar belehren.[115] 56
- Selbst ein ausdrücklicher Auftrag rechtfertigt nicht objektiv **überflüssige Kosten** (zB 57 wenn beurkundete Vorgänge offensichtlich genehmigungsfrei sind und gleichwohl Negativatteste eingeholt werden),[116] oder bei Anfragen nach Bestehen oder Ausübung gesetzlicher Vorkaufsrechte, die den Umständen nach überhaupt nicht in Betracht kommen.[117]
- Beurkundet der Notar einen nicht beurkundungspflichtigen Pachtvertrag, liegt keine unrichtige Sachbehandlung vor, wenn die Beteiligten die Beurkundung gewünscht haben.[118] 57a
- Wird die Änderung eines Gesellschaftsvertrages über die Gründung einer GmbH vor 57b deren Eintragung beurkundet, ist umstritten, ob der geänderte Gesellschaftsvertrag erneut zur Eintragung anzumelden oder diese entbehrlich ist.[119] Das OLG Zweibrücken[120] vertritt die abzulehnende Auffassung, dass stets eine unrichtige Sachbehandlung vorläge,

---

[111] OLG Düsseldorf JurBüro 2005, 433 = ZNotP 2005, 439 = MittBayNot 2006, 359.
[112] OLG Karlsruhe DNotZ 1961, 156; OLG Stuttgart Justiz 1968, 305; OLG Frankfurt DNotZ 1978, 748; OLG Hamm JurBüro 1979, 743; KG JurBüro 1981, 1558; BayObLG MittBayNot 1985, 87.
[113] OLG Oldenburg JurBüro 1974, 70; OLG Stuttgart DNotZ 1983, 642 m. abl. Anm. *Appell*.
[114] BayObLG MittBayNot 1985, 87.
[115] KG JFGErg. 18, 156 = HRR 1938, 164.
[116] BayObLG DNotZ 1969, 119.
[117] Vgl. BayObLG Rpfleger 1980, 316.
[118] LG Halle NotBZ 2003, 316.
[119] Dafür: *Rowedder/Schmidt-Leithoff/Zimmermann* § 54 GmbHG Rn. 2; *Hachenburg/Ulmer* § 54 GmbHG Rn. 4; *Scholz/Priester* § 54 GmbHG Rn. 4; für eine formlose Vorlage des geänderten Gesellschaftsvertrages: BayObLG MittBayNot 1978, 22; OLG Zweibrücken FGPrax 2000, 253 = ZNotP 2001, 119 = MittBayNot 2001, 230 m. Anm. *Naumann*; *Lutter/Hommelhoff* § 2 GmbHG Rn. 23; *Gustavus* DNotZ 1971, 229.
[120] OLG Zweibrücken FGPrax 2000, 253 = ZNotP 2001, 119 = MittBayNot 2001, 230 m. abl. Anm. *Naumann*.

wenn der Notar eine förmliche und damit kostenpflichtige Anmeldung wählt. Angesichts der Pflicht des Notars zur sichersten Verfahrensweise ist diese Auffassung abzulehnen, da die Frage der erneuten Anmeldung streitig ist.[121]

58 Allerdings treten bei pflichtwidriger Nichtbelehrung über die Gebührenhöhe die Folgen einer unrichtigen Sachbehandlung nach § 16 nur dann ein, wenn die Tätigkeit des Notars bei richtiger Belehrung nicht weiter in Anspruch genommen worden wäre.[122] Zum Problem der unrichtigen **Kostenauskunft** und zur Pflicht, Kostenauskünfte zu geben, vgl. § 140 Rn. 2.

4. Belehrungspflicht zur Versicherungsprämie nach § 152 Abs. 2 Nr. 4

58a Zum 1. 7. 2004 sind die durch das Kostenrechtsmodernisierungsgesetz vom 5. 5. 2004 (KostRMoG, BGBl. I S. 718) eingeführten Neuregelungen der KostO in Kraft getreten. Eingefügt wurde u. a. ein neuer Auslagentatbestand mit § 152 Abs. 2 Nr. 4 zur Versicherungsprämie der Haftpflichtversicherung für den Einzelfall. Eine Belehrungspflicht des Notars über die gesetzlich anfallenden und damit unvermeidbaren Kosten wird von Rspr. und Schrifttum verneint (§ 16 Rn. 49 mwN), sie wird dem Notar jedoch dann auferlegt, wenn die Belehrung auf Grund besonderer Umstände des Einzelfalls geboten ist[123] oder, wenn sich der Beteiligte in einem offensichtlichen, für den Notar klar erkennbaren Irrtum über die Kostenhöhe befindet.[124] Für die vom Kostenschuldner zu tragende (anteilige) Versicherungsprämie einer für den Einzelfall vom Notar abgeschlossenen Haftpflichtversicherung gegen Vermögensschäden, soweit die Prämie auf Haftungsbeträge von mehr als 60 Mio. Euro entfällt, wird eine Belehrungspflicht für den Notar angenommen, da es sich um einen neuen Auslagentatbestand handelt, von dessen allgemeiner Kenntnis nicht ausgegangen werden kann.[125] Gleich, ob der Abschluss einer Haftpflichtversicherung für den konkreten Einzelfall auf Wunsch des Notars oder auf Verlangen der Beteiligten erfolgt, ist dem Notar anzuraten, auf eine Weitergabe der anteiligen Versicherungsprämie an den Kostenschuldner hinzuweisen, schon um mögliche Einwendungen von vorneherein auszuschließen. Ein Hinweis erscheint auch aus der Sicht des Notars geboten, da im Falle einer Schadensersatzpflicht (sollte diese im Beschwerdeverfahren bejaht werden) die gesamte auf das Amtsgeschäft verwendete Tätigkeit wirtschaftlich ein Verlustgeschäft sein könnte.[126]

5. Belehrung durch das Gericht

59 Auch das Gericht der freiwilligen Gerichtsbarkeit ist pflichtgemäß gehalten, einem Rechtsbegehren auf dem bei Wahrung gleicher Sicherheit billigsten Weg zum Erfolg zu verhelfen. Es hat – wie der Notar – zu versuchen, durch entsprechende Belehrung die Entstehung unnötiger Kosten zu vermeiden.[127]

6. Terminsverlegung, Vertagung

60 Die durch eine Terminsverlegung oder Vertagung veranlassten Auslagen (Abs. 1 S. 2; s. dazu §§ 136, 137, insbesondere Nr. 2 und 4) lassen sich verhältnismäßig leicht feststellen. Hingegen folgt aus dem Untersuchungsgrundsatz (§ 12 FGG), dass Termine von Amts wegen bestimmt und Vertagungen von Amts wegen beschlossen werden. Die Nichterhebung der Kosten ist nur dann anzuordnen, wenn diese Amtstätigkeiten nicht aus Rücksicht auf die Beteiligten und ihre Vertreter erfolgen (sondern etwa wegen Erkrankung des Richters); desgleichen wohl auch, wenn bei der ersten Terminierung nicht in gebotener Weise

---

[121] *Haferland/Schmidt/Tiedtke* Rn. 423 mwN; aA OLG Zweibrücken FGPrax 2000, 253 = ZNotP 2001, 119 = MittBayNot 2001, 230m. abl. Anm. *Naumann.*
[122] BayObLG JurBüro 1980, 914 = MDR 1980, 411 = MittBayNot 1980, 38.
[123] BGH WM 1968, 1942; KG DNotZ 1969, 245; BayObLG MittBayNot 1988, 247 = JurBüro 1988, 1706.
[124] OLG Zweibrücken JurBüro 1989, 661; Rn. 49.
[125] Vgl. *Tiedtke/Fembacher* ZNotP 2004, 256 = MittBayNot 2004, 317.
[126] S. Berechnungsbeispiele bei *Tiedtke/Fembacher* MittBayNot 2004, 317.
[127] OLG Düsseldorf JurBüro 1983, 1230.

auf die Beteiligten Rücksicht genommen worden ist und dadurch die Verlegung erforderlich wurde.[128]

S. auch § 130 Abs. 5 betreffend Nichterhebung von Auslagen bei **Zurückweisung und Zurücknahme von Anträgen.** 61

II. Gegenstand der Nichterhebung

Nicht erhoben werden die zufolge der unrichtigen Sachbehandlung gegenüber der richtigen Sachbehandlung tatsächlich – nicht notwendig[129] – entstandenen **Mehrkosten**.[130] 62

Ist also eine inhaltlich unzulässige Grundbucheintragung erfolgt und wird sie von Amts wegen gelöscht, so bleiben die Eintragungskosten in Höhe der Differenz zur Zurückweisungsgebühr[131] oder der Rücknahmegebühr unerhoben; Entsprechendes gilt für die Beurkundungsgebühr bei unterlassener Beratung in Höhe der Beratungsgebühr,[132] bei einer Kette fehlerhafter Beurkundungen jedoch nur einer Beratungsgebühr.[133] Auf tatsächlich nicht abgegebene Erklärungen kann dabei allerdings nicht abgestellt werden.[134] 63

Behält ein richtiges Teilgeschäft (richtige eidesstattliche Versicherung, falscher Erbschein) weiter seine Bedeutung, so werden dessen Kosten von § 16 nicht erfasst.[135] 64

Die Entscheidung wird zwar grundsätzlich[136] in der Angelegenheit, nicht nur in Bezug auf das Geschäft (vgl. § 2 Rn. 3) getroffen, sie muss jedoch letztlich die Kosten erfassen, die durch die unrichtige Sachbehandlung ausgelöst worden sind.[137] Dazu können auch die Kosten der Rechtsmittelinstanz gehören.[138] 65

Auf die Staatskasse übergegangene **PKH-Anwaltskosten** (§ 59 RVG) werden von § 16 nicht erfasst.[139] 66

Die Freistellung muss nicht „absolut" erfolgen, sie kann sich auch nur auf **einen Gesamtschuldner** beziehen.[140] 67

III. Gerichtliche Entscheidung

1. Zuständigkeit

Die Entscheidung trifft das Gericht der Hauptsache (Abs. 2 S. 1; vgl. § 14 Rn. 19 ff., 80 ff.). Das Rechtsmittelgericht ist zuständig, sobald bei ihm die Hauptsache anhängig geworden ist;[141] auch wenn es mit ihr nicht mehr befasst ist.[142] Erledigt sich ein Rechtsmittel vor Vorlage an das Rechtsmittelgericht, so entscheidet das Erstgericht.[143] 68

Die Zuständigkeit bezieht sich auf die gesamten niederzuschlagenden Kosten (Rn. 60), ggf. auch der Vorinstanz.[144] 69

Soweit der **Rechtspfleger** in der Hauptsache zuständig ist, obliegt ihm auch die Entscheidung gemäß § 16 (§ 4 Abs. 1 RPflG).[145] 70

---

[128] Vgl. auch LG Bamberg JurBüro 1970, 498.
[129] Vgl. OLG Köln JurBüro 1972, 243; *Lappe* KostRsp. GKG aF § 7 Nr. 46 Anm. gegen OLG Hamburg.
[130] OLG Celle JurBüro 1976, 511; OLG Hamm JurBüro 1963, 638; OLG Köln JurBüro 1975, 224.
[131] KG OLG 10, 261.
[132] OLG Celle Nds.Rpfl. 1968, 209.
[133] KG DNotZ 1970, 437 = Rpfleger 1970, 255.
[134] KG DNotZ 1970, 437 = Rpfleger 1970, 255.
[135] OLG München JVBl. 1942, 63.
[136] KGJ 43 B 324.
[137] Vgl. OLG Hamm NJW 1969, 243; OLG Karlsruhe Justiz 1975, 150 = KostRsp. Nr. 38.
[138] BGHZ 27, 163 = NJW 1958, 1186; OLG Düsseldorf JurBüro 1975, 1226; OLG Hamm JurBüro 1968, 991.
[139] BGH KostRsp. GKG aF § 7 Nr. 21.
[140] KG JW 1935, 304; *Lappe* KostRsp. GKG aF § 7 Nr. 15 Anm.
[141] OLG Hamm JurBüro 1968, 991; OLG Köln JurBüro 1969, 1211.
[142] BFH 92, 176 = BStBl. 1969 II S. 86.
[143] BFH 90, 368 = BStBl. 1968 II S. 98.
[144] BGHZ 27, 163 = NJW 1958, 1186; OLG Köln JurBüro 1969, 1211; 1974, 507 = MDR 1974, 498.
[145] S. dazu OLG Hamm KostRsp. Nr. 29.

2. Verfahren

71 Unter § 16 fallende Kosten werden nicht geschuldet.[146] Ihre Nichterhebung wird von **Amts wegen** angeordnet; das Verfahren unterliegt dem **Untersuchungsgrundsatz** (§ 12 FGG; vgl. § 14 Rn. 6, 7, 94). – Der Schuldner kann mit der Erinnerung gegen den Kostenansatz (§ 14 Abs. 2) die Niederschlagung begehren (§ 14 Rn. 74). Das OLG Köln will einen früheren Antrag bei Rechtsschutzbedürfnis zulassen.[147] Dem ist nur entsprechend § 14 Rn. 32, 46, 47 beizupflichten; iÜ handelt es sich um eine Anregung, der das Gericht gemäß dem Untersuchungsgrundsatz nachzugehen hat. – Der **Rechtsweg** richtet sich nach § 14 Abs. 3 (s. dort Rn. 131 ff.).

72 Ist **über den Kostenansatz bereits im Rechtsweg nach § 14 entschieden,** so betrifft diese Entscheidung auch die Nichterhebung (vgl. § 14 Rn. 74, 94). Eine Anordnung der Nichterhebung kommt dann nur noch auf Grund neuer Umstände in Betracht (§ 14 Rn. 126).

73 Bei Vorliegen der Voraussetzungen (Rn. 1 ff.) muss das Gericht niederschlagen; die Entscheidung liegt **nicht in seinem Ermessen. Zahlung der Kosten** hindert nicht.[148]

IV. Justizverwaltung

74 Entsprechend § 14 Abs. 6 (s. dort Rn. 195 ff.) kann die Justizverwaltung des Landes bzw. des Bundes die Nichterhebung anordnen (Abs. 2 S. 2; eine problematische Aufgabe, Amtsverfahren? – Untersuchungsgrundsatz?). Abweichend von Rn. 71 bezieht sich ihre Kompetenz jedoch nur auf die „ihr" gebührenden Kosten (also BGH-Präsident nur für Kosten des Verfahrens vor dem BGH).

75 Die Entscheidung ist ein begünstigender Verwaltungsakt. Er kann nur nach den dafür geltenden Grundsätzen (vgl. § 40 VwVfG, § 130 AO) zurückgenommen werden (Abs. 2 S. 3 ist der Entwicklung nicht angepasst, vgl. § 14 Rn. 2, 33).

76 Bei Ablehnung der Nichterhebung durch die Justizverwaltung kann der Schuldner – abgesehen von der Dienstaufsichtsbeschwerde – nur gemäß Rn. 74, 75 vorgehen, der „speziellere" Rechtsweg des § 14 verdrängt den des Art. XI § 1 KostÄndG 1957 (Zusatz zu § 14).

V. Notare

77 § 16 gilt auch für Notare (§ 141, s. Rn. 29–48). Fließen ihnen die Gebühren selbst zu, so treten an die Stelle des Abs. 2 (§ 143 Abs. 1) die §§ 154, 156.

§ 17* Verjährung, Verzinsung

(1) **Ansprüche auf Zahlung von Kosten verjähren in vier Jahren nach Ablauf des Kalenderjahres, in dem der Anspruch fällig geworden ist.**

(2) [1]**Ansprüche auf Rückerstattung von Kosten verjähren in vier Jahren nach Ablauf des Kalenderjahres, in dem die Zahlung erfolgt ist.** [2]**Die Verjährung beginnt jedoch nicht vor dem in Absatz 1 bezeichneten Zeitpunkt.** [3]**Durch die Einlegung eines Rechtsbehelfs mit dem Ziel der Rückerstattung wird die Verjährung wie durch Klageerhebung gehemmt.**

(3) [1]**Auf die Verjährung sind die Vorschriften des Bürgerlichen Gesetzbuchs anzuwenden; die Verjährung wird nicht von Amts wegen berücksichtigt.** [2]**Die Verjährung der Ansprüche auf Zahlung von Kosten beginnt auch durch die Aufforderung**

---

[146] *Lappe* NJW 1989, 3258.
[147] AnwBl. 1966, 133 = JMBl. NRW 1966, 179.
[148] RGZ 28, 421; KG JW 1935, 304; JFGErg. 13, 71; 14, 42; vgl. § 14 Rn. 52.
* § 17 Abs. 3 Satz 3 geändert durch Gesetz vom 27. 4. 2001 (BGBl. I S. 751), Abs. 2 Satz 1 geändert, Abs. 3 Sätze 2 und 3 neu gefasst durch Gesetz vom 26. 11. 2001 (BGBl. I S. 3138), Überschrift neu gefasst, Abs. 4 angefügt durch Gesetz vom 10. 12. 2001 (BGBl. I S. 3422), Abs. 2 Satz 2 neu gefasst, Satz 3 angefügt durch Gesetz vom 5. 5. 2004 (BGBl. I S. 718).

zur Zahlung oder durch eine dem Schuldner mitgeteilte Stundung erneut; ist der Aufenthalt des Kostenschuldners unbekannt, so genügt die Zustellung durch Aufgabe zur Post unter seiner letzten bekannten Anschrift. [3] Bei Kostenbeträgen unter 25 Euro beginnt die Verjährung weder erneut noch wird sie oder ihr Ablauf gehemmt.

(4) Ansprüche auf Zahlung und Rückerstattung von Kosten werden nicht verzinst.

Entsprechend: § 5 GKG, § 14 JVKostO, § 8 GvKostG.

Übersicht

	Rn.		Rn.
I. Verjährung, Nachforderung, Verwirkung	1–3	2. Hemmung	27
II. Verjährung des Kostenanspruchs	4–22	3. Neubeginn	28
1. Gegenstand	4	4. Bestimmter Betrag	29
2. Beginn	5–8	5. Leistungsverweigerung, Rechtsweg	30, 31
3. Hemmung	9, 10	IV. Verjährung von Notarkosten	32–40
4. Ablaufhemmung	11	V. Übergangsrecht zur Verjährung	41–44
5. Neubeginn	12–15	1. Gerichtskosten	41
6. Gesamtschuldner	16, 17	2. Notarkosten	42–44
7. Kostenbeträge unter 25 Euro	18	VI. Verzinsung	45–48
8. Leistungsverweigerung, Rechtsweg	19–22	1. Gegenstand	45
		2. Übergangsrecht	46
III. Verjährung des Rückerstattungsanspruchs	23–31	3. Notarkosten	47, 48
1. Gegenstand, Beginn	23–26	VII. FG-Reform	49

I. Verjährung, Nachforderung, Verwirkung

Die **Verjährung** berechtigt im Privatrecht den Schuldner zur Leistungsverweigerung (§ 214 Abs. 1 BGB), im öffentlichen Recht bewirkt sie grundsätzlich das Erlöschen des Anspruchs (s. etwa § 232 AO, § 20 Abs. 1 S. 3 VwKostG). Die Gerichtskosten sind dem Privatrecht gleichgestellt (Abs. 3 S. 1; ebenso § 5 Abs. 3 S. 1 GKG), wohl allein „aus historischen Gründen", mangels Anpassung an die Entwicklung des öffentlichen Rechts. **1**

Neben der Verjährung steht das **Nachforderungsverbot** (§ 15; s. dort Rn. 1, 2), das dem Erlöschen des Anspruchs gleichkommt. **2**

Kostenanspruch und Rückerstattungsanspruch können grundsätzlich **verwirkt** werden. Praktisch kommt dies allerdings höchst selten vor, bzgl. des Kostenanspruchs wegen § 15, bzgl. des Rückerstattungsanspruchs wegen des in Rn. 30 Ausgeführten. Näher liegt die Verwirkung im Verfahren (s. § 14 Rn. 55, 15).[1] **3**

II. Verjährung des Kostenanspruchs

1. Gegenstand

Der Kostenanspruch des Staats verjährt in vier Jahren (Abs. 1); auch wenn über ihn eine rechtskräftige Entscheidung ergeht, § 197 Abs. 1 Nr. 3 BGB gilt nicht, Abs. 1 geht ihm vor. Gegenstand der Verjährung ist die einzelne Gebühr, die einzelne Auslage. **4**

2. Beginn

Der Beginn der Verjährung folgt der Fälligkeit der Kostenforderung (Abs. 1; dazu § 7 mit Erl., insbesondere Rn. 1). Das gilt auch für den Vorschuss (§ 8). Sie setzt zudem ihre Einforderbarkeit voraus, was § 199 Abs. 1 Nr. 1 BGB (anwendbar gemäß Abs. 3 S. 1) dadurch zum Ausdruck bringt, dass er auf das Entstehen abstellt. **5**

Ist dem Kostenschuldner **Prozesskostenhilfe** ohne Eigenleistungen bewilligt, so beginnt die Verjährung erst mit der Aufhebung der Bewilligung (§ 14 FGG, § 124 ZPO); bei Prozesskostenhilfe mit Ratenzahlungen erst mit der Fälligkeit der einzelnen Raten (§ 14 FGG, § 122 Abs. 1 Nr. 1 Buchst. a ZPO). **6**

§ 17

7   Der Beginn der Verjährung ist ferner durch die §§ 46 Abs. 5, 103 Abs. 4 **hinausgeschoben,** nicht jedoch durch die §§ 19 Abs. 2 S. 3 und 107a Abs. 2 S. 2;[1] ferner nicht durch Hindernisse beim Kostenansatz.[2]

8   Allerdings bewirkt § 107a Abs. 1 eine **auflösend bedingte Gebührenbefreiung,** mit dem Eintritt der Voraussetzungen der Nacherhebung tritt die ursprüngliche Fälligkeit ein (§ 158 Abs. 2 BGB); die Verjährung beginnt jedoch erst mit der Einforderbarkeit (s. Rn. 5). Gleiches gilt in anderen Fällen einer auflösend bedingten Gebührenbefreiung.[3]

3. Hemmung

9   Die Verjährung wird nach den Vorschriften des BGB gehemmt (Abs. 3 S. 1). Von seinen Hemmungstatbeständen (§§ 203 ff. BGB) kommt insbesondere die **Aufrechnung** im Prozess (§ 204 Abs. 1 Nr. 5 BGB) in Betracht, etwa wenn die Staatskasse mit ihrem Kostenanspruch (§ 465 StPO) gegen den Kostenerstattungsanspruch des Freigesprochenen usw. (§ 467 StPO) im strafprozessualen Kostenfestsetzungsverfahren aufrechnet (§ 464b StPO; gleiche Situationen sind im KostO-Bereich selten); sowie die **Anmeldung** im Insolvenz- oder Schifffahrtsrechtlichen Verteilungsverfahren (§ 204 Abs. 1 Nr. 10 BGB). Die Hemmung bewirkt die Nichteinrechnung des Hemmungszeitraums in die Verjährungsfrist (§ 209 BGB).

10   Keine Hemmung bewirken **Erinnerung und Beschwerde** gegen den Kostenansatz (§ 14), sie stehen der Rechtsverfolgung (§ 204 BGB) nicht gleich, wie auch die ausdrückliche Ausnahme in Abs. 2 S. 3 zeigt.

4. Ablaufhemmung

11   Der Ablauf der Verjährung kann bei Ansprüchen gegen **nicht voll Geschäftsfähige** oder gegen einen **Nachlass** gehemmt sein (Abs. 3 S. 1, §§ 210, 211 BGB); es sei denn, der Schuldner ist prozessfähig = verfahrensfähig in der freiwilligen Gerichtsbarkeit (§ 210 Abs. 2 BGB; Beispiel: § 59 FGG).

5. Neubeginn

12   Die Verjährung beginnt erneut – und zwar sofort, nicht erst mit dem Ablauf des Kalenderjahres; s. jedoch für **Pfandrechte** usw. § 216 BGB –, wenn der Kostenschuldner den Anspruch „in anderer Weise" **anerkennt** (Zahlung und Sicherheitsleistung genügen nicht, § 14 Rn. 52), der Gläubiger eine **Vollstreckungshandlung** vornimmt oder beantragt (Abs. 3 S. 1, § 212 BGB; früher: Unterbrechung). Ferner (Abs. 3 S. 2) durch eine **Zahlungsaufforderung,** das sind sowohl der Kostenansatz (§ 14 Abs. 1) als auch die Leistungsaufforderung gemäß § 5 Abs. 2 JBeitrO. Eine wiederholte Zahlungsaufforderung löst keinen weiteren Neubeginn aus (allgM); bei Aufhebung im Rechtsweg ist § 212 Abs. 2 BGB entsprechend anzuwenden. Wird die erste Kostenberechnung durch eine neue ersetzt, etwa im Beschwerdeverfahren, so dauert der Neubeginn bezüglich der bisherigen Kosten fort; für bisher nicht berechnete Beträge findet er erstmals statt. Schließlich durch eine **Stundung,** sie erfolgt durch Verwaltungsakt (Zusatz zu § 14 Rn. 10; abweichend von § 205 BGB, der nur eine Hemmung bewirkt). Ein Nachforderungsvorbehalt ist keine Stundung;[4] s. aber Rn. 17. Eine wiederholte – unbestimmte – Stundung löst keinen weiteren Neubeginn aus.[5]

13   Der Neubeginn setzt den **Beginn** der Verjährung voraus. Im Kalenderjahr der Fälligkeit (Abs. 1) bleibt deshalb insbesondere die Zahlungsaufforderung insoweit ohne Wirkung und kann folglich nach Fristbeginn für den Neubeginn wiederholt werden.

14   Der **Zugang** an den Schuldner entscheidet (Gegenschluss aus Abs. 3 S. 2 Halbs. 2).[6] Der förmlichen Zustellung bedarf es nicht, andere Beweismittel stehen ihm gleich (etwa

---

[1] Vgl. KG JVBl. 1935, 68.
[2] Vgl. OLG Karlsruhe Rpfleger 1988, 427.
[3] Zum ehemaligen § 3 Abs. 2 WohnGebBefrG s. KG KostRsp. Nr. 10; OLG Frankfurt Rpfleger 1979, 394.
[4] OLG Düsseldorf JurBüro 1979, 872.
[5] OLG Köln JMBl.NW 1987, 11.
[6] KGJ 52, 243; OLG Hamm Rpfleger 1964, 126; OLG Köln KostRsp. § 154 Nr. 41; vgl. § 14 Rn. 14.

Einschreiben mit Rückschein und Zeugnis über den Inhalt der aufgegebenen Sendung; vgl. auch § 31 Abs. 3 S. 4). Bei unbekanntem Aufenthalt genügt die Aufgabe zur Post. Das Gesetz verweist nicht auf die §§ 213, 175 ZPO, was seit dem Erlass der RKostO dahin verstanden wird, dass ein Vermerk des Beamten oder Angestellten der Justizkasse genügt. Deshalb steht eine wegen unbekannten Aufenthalts misslungene förmliche Zustellung der Aufgabe zur Post gleich. Ermittlungen nach dem Aufenthalt sind nicht erforderlich. Wer sich dem Zugang entzieht, indem er weder das Gericht benachrichtigt noch den üblichen Nachsendeantrag bei der Post stellt, bedarf keines Schutzes. Mangels einer abweichenden Regelung beginnt mit dem Zugang der Zahlungsaufforderung (Stundung) oder ihrer Aufgabe zur Post die neue Verjährungsfrist.[7]

Die Mitteilung von **Wertermittlungen** (§ 15 S. 2) bewirkt keinen Neubeginn, hemmt die Verjährung aber;[8] besser: hindert ihren Beginn (s. Rn. 5); desgleichen nicht die Feststellung der Gebührenfreiheit durch den Kostenbeamten.[9]

6. Gesamtschuldner

Beginn und Unterbrechung der Verjährungsfrist bestimmen sich bei Gesamtschuldnern gegenüber jedem einzelnen Schuldner (vgl. § 425 Abs. 2 BGB); s. dazu § 14 Rn. 46. Beim Haftungsschuldner gilt das § 15 Rn. 15 Ausgeführte.

Werden Gesamtschuldner anteilsmäßig in Anspruch genommen (§ 8 Abs. 3 Nr. 3 KostVfg.), so bewirkt die in dem – konkreten (§ 15 Rn. 31) – Hinweis an den einzelnen Schuldner auf die weitergehende Mithaft liegende Stundung den Neubeginn der Verjährung.[10]

7. Kostenbeträge unter 25 Euro

Die Verjährung von Kostenbeträgen unter 25 Euro beginnt weder neu noch wird sie gehemmt (Abs. 3 S. 3). Obwohl sich die Fälligkeit für jede einzelne Gebühr und Auslage gesondert bestimmt (Rn. 4), kann sich die Regelung sinnvollerweise nur auf den Gesamtbetrag eines Kostenansatzes (§ 14 Abs. 1) beziehen. Teilzahlungen, die den Kostenbetrag unter 25 Euro vermindern, bewirken keinen Neubeginn mit der Folge, dass für den Rest Abs. 3 S. 3 gilt; denn die Zahlung bedeutet kein Anerkenntnis (Rn. 8).

8. Leistungsverweigerung, Rechtsweg

Die Verjährung bewirkt ein Leistungsverweigerungsrecht (Abs. 3 S. 1, § 214 BGB). Der Gläubiger kann jedoch vor ihrem Eintritt begründete **Aufrechnungs- und Zurückbehaltungsrechte** weiter geltend machen (§ 215 BGB) und sich aus gesicherten Rechten befriedigen (§ 216 BGB), praktisch insbesondere aus einer **Sicherungshypothek.**

Die Verjährung wird **nicht von Amts wegen** berücksichtigt (Abs. 3 S. 1; vgl. Rn. 1). Der Schuldner kann sie formlos geltend machen, es bedarf nicht der förmlichen Einrede des Zivilprozesses. So genügt (§ 133 BGB) die Berufung auf § 15 Abs. 1 S. 1,[11] wie überhaupt jedes Bestreiten des Anspruchs. Abs. 3 S. 1 trifft im Hinblick auf den Untersuchungsgrundsatz (§ 14 Rn. 6) ausdrücklich eine entsprechende Bestimmung. Diese wird zudem überlagert von der Belehrungspflicht des Verwaltungsverfahrens (§ 25 VwVfG, s. § 14 Rn. 13). Sie kann – abweichend von § 214 Abs. 2 BGB – die Verpflichtung zur Rückzahlung verjährter Kostenbeträge begründen (entsprechend § 130 Abs. 5 S. 1; vgl. auch § 21 Abs. 1 S. 3 GKG), zumal öffentlich-rechtliche Abgabeansprüche grundsätzlich durch Verjährung erlöschen (Rn. 1).

Ist das Vorbringen des Schuldners begründet, berichtigt der Kostenbeamte den Kostenansatz. Der **Rechtsweg** richtet sich nach § 14 (s. dort Rn. 65).

Ist die Verjährung nach dem Kostenansatz eingetreten, wird sie erforderlichenfalls, wenn Erinnerung oder Beschwerde noch gegeben sind, mit diesen (vgl. § 14 Rn. 155; nicht aber

---

[7] S. Rn. 12; OLG Köln KostRsp. § 154 Nr. 41 m. zust. Anm. *Lappe.*
[8] *Delp* JurBüro 1978, 1285; OLG Zweibrücken KostRsp. Nr. 21.
[9] BayObLG JurBüro 1979, 1226.
[10] OLG Hamm Rpfleger 1967, 232.
[11] OLG Hamm Rpfleger 1987, 38.

mit der weiteren Beschwerde),[12] sonst gemäß § 8 Abs. 1 S. 1 JBeitrO geltend gemacht (was praktisch auf dasselbe hinausläuft: erneute Erinnerung, nur ist das Verfahren auf die Verjährung beschränkt).

III. Verjährung des Rückerstattungsanspruchs

1. Gegenstand, Beginn

23 Ein Anspruch auf Rückzahlung von Kosten (Abs. 2; mangels einer „Erstattung" gibt es keine „Rückerstattung") kann sich durch **Zuviel-Vorschüsse** (§ 8) ergeben. In diesem Falle entsteht der Anspruch und wird fällig mit der Beendigung des Geschäfts, für das der Vorschuss gezahlt ist (§ 9).[13] Dabei blieb/bleibt es nach der auf die Zahlung abstellenden Neufassung des Abs. 2 S. 1 von 2001, weil durch sie allein noch kein Rückzahlungsanspruch entsteht; und erst recht nach dem mit dem KostRMoG von 2004 angefügten Abs. 2 S. 2. Mit anderen Worten: Der Gesetzeswortlaut ist widersprüchlich, er regelt die Verjährung eines bedingten künftigen Anspruchs.

24 Einen Rückzahlungsanspruch kann auch die **Berichtigung des Kostenansatzes** (§ 14 Abs. 1) zugunsten des Schuldners auslösen, sei es durch den Kostenbeamten, ggf. im Verwaltungsweg (§ 14 Abs. 10), sei es im Rechtsweg (§ 14 Abs. 2–5). In diesem Falle entsteht der Vollzugsfolgenbeseitigungsanspruch, wie im Verwaltungsrecht anerkannt, mit der – völligen oder teilweisen – Aufhebung des Verwaltungsakts, also des Kostenansatzes.[14] Gleichwohl soll nach der Neufassung von 2001 die Verjährung bereits vorher: mit der Zahlung beginnen. Aus ihr allein folgt jedoch noch kein Rückzahlungsanspruch, die Regelung verkennt das öffentlich-rechtliche System (vgl. Rn. 5). Der durch das KostRMoG 2004 angefügte Abs. 2 S. 2 beseitigt dieses Problem nicht, zumal er wörtlich zu verstehen ist: also auf die Fälligkeit des Zahlungs- und nicht des Rückerstattungsanspruchs abgestellt,[15] denn eine nicht entstandene, gleichwohl angesetzte Gebühr ist „niemals" fällig geworden, womit der Gesetzeswortlaut bei Abs. 2 S. 1 bleibt: Zuvielzahlung als Verjährungsbeginn. „Praktische" Lösung bis zu einer Korrektur: Die Erhebung der Verjährungseinrede durch die Staatskasse ist unzulässige Rechtsausübung, wenn sie die Berichtigung „leer laufen" lässt.

25 Dies muss auch dann gelten, wenn die Kosten deshalb angesetzt und gezahlt worden sind, weil der Schuldner den Nachweis für eine persönliche oder sachliche Befreiung (§ 11) nicht führen konnte (wie etwa nach dem ehemaligen WohnGebBefrG).[16]

26 Ein Rückzahlungsanspruch kann sich schließlich als Folge einer **Anordnung gemäß §§ 16, 130 Abs. 5** ergeben. Auch in diesem Falle löst erst die Anordnung den Anspruch aus.[17] Ihr durch seine mit der „Überzahlung" beginnenden Verjährung die Wirkung zu nehmen (Rn. 24), wäre widersinnig.

2. Hemmung

27 Erinnerung, Beschwerde und weitere Beschwerde (§ 14 Abs. 2–5) sowie eine Gegenvorstellung (§ 14 Rn. 195) hemmen – jede für sich – die Verjährung (Abs. 2 S. 3). Die Hemmung endet wie bei der Klageerhebung (§ 204 Abs. 2 BGB).

---

[12] OLG Hamm Rpfleger 1987, 38; OLG Schleswig JurBüro 1991, 561 = KostRsp. Nr. 17 m. Anm. *Lappe*.

[13] AA KG JFGErg. 17, 144 = JVBl. 1938, 58: mit Mitteilung der endgültigen Kostenrechnung, dazu Rn. 28; KGR 2003, 28 = Rpfleger 2003, 149: mit der Überzahlung.

[14] OLG Köln Rpfleger 1992, 317; aA OLG Düsseldorf Rpfleger 1988, 337 und NJW-RR 1999, 296, beide m. abl. Anm. *Lappe* KostRsp. Nr. 15, 22; OLG Hamm NJW-RR 1999, 294 = KostRsp. Nr. 23 m. abl. Anm. *Lappe*; BayObLGZ 2000, 256 = JurBüro 2001, 104; OLG Bremen NJW-RR 2000, 1743; s. auch OLG Oldenburg Nds.Rpfl. 2000, 254; *Müther* Rpfleger 2000, 316; *Wolf* ZIP 2000, 949.

[15] BT-Drucks. 15/1971 S. 235; vgl. OLG Stuttgart KostRsp. Nr. 28 m. krit. Anm. *Lappe* = OLGR 2004, 412 = Rpfleger 2004, 380.

[16] AA BayObLG DNotZ 1967, 692 = Rpfleger 1967, 25.

[17] KG JW 1933, 1071; 1935, 304.

3. Neubeginn

28 Die Verjährung beginnt neu im Fall Rn. 23 durch die Anordnung der Rückzahlung (entsprechend § 212 Abs. 1 Nr. 1 BGB). S. iÜ § 212 Abs. 1 Nr. 2 BGB.

4. Bestimmter Betrag

29 Die Verjährung betrifft immer einen bestimmten Betrag; er ergibt sich im Falle der Rn. 23 aus § 9, iÜ aus dem den Rückzahlungsanspruch begründenden Verwaltungsakt. Dieser Betrag ist auch für Abs. 3 S. 3 (Beträge unter 25 Euro) maßgebend.

5. Leistungsverweigerung, Rechtsweg

30 Die Verjährung des Rückzahlungsanspruchs ist ebenfalls nicht von Amts wegen zu berücksichtigen (Abs. 3 S. 1). Da der Kostenansatz ein Amtsverfahren ist und in ihm der Untersuchungsgrundsatz gilt (§ 14 Rn. 6), kommt nach dem Grundsatz der Gesetzmäßigkeit der Verwaltung (Art. 20 Abs. 3 GG) die Geltendmachung der Verjährung durch die Staatskasse nur dann in Betracht, wenn der Kostenschuldner sie durch Verletzung seiner Mitwirkungspflicht (§ 14 Rn. 7) verursacht hat.

31 Die Geltendmachung der Verjährung ist Justizverwaltungsakt und als solcher anfechtbar (s. Zusatz zu § 14).

IV. Verjährung von Notarkosten

32 Notarkosten verjähren ebenfalls nach § 17 (§ 141; oben Rn. 1–31). Die Verlängerung der Frist von zwei auf vier Jahre (Rn. 42) mindert ihre praktische Bedeutung und damit auch die Rechtsprechungsmenge. Besonderheiten:

33 Das **Nachforderungsverbot** des § 15 (Rn. 2) gilt für den Notar nicht (§ 143 Abs. 1).

34 Im Fall des § 46 Abs. 5 beginnt die Verjährung auch dann, wenn der Notar von der Rückgabe der **letztwilligen Verfügung** keine Kenntnis hat.[18]

35 **Rechtsbehelf** (Abs. 2 S. 3) sind die Beschwerde des § 156, entweder die Anrufung des Landgerichts durch den Kostenschuldner (Abs. 1 S. 1) oder die Vorlage seiner Beanstandung durch den Notar (Abs. 1 S. 3); die weitere Beschwerde (Abs. 2) und der Antrag des § 157. Im Übrigen (also insbesondere zu Abs. 1) hemmen weder die **Beschwerde** des Schuldners gegen die Kostenberechnung des Notars noch sein Antrag auf ihre Zurückweisung die Verjährung (Rn. 10); desgleichen nicht die Weisungsbeschwerde des Notars (§ 156 Abs. 6). Praktisch „hilft" hier nur eine Vollstreckung (Rn. 12).

36 **Verhandlungen** über den Anspruch (Abs. 3 S. 1, § 203 BGB) hemmen die Verjährung, insbesondere solche über den Geschäftswert (Bilanzen und dergleichen), soweit sie sich im Rahmen des § 140 halten.[19]

37 **Zahlungsaufforderung** (Abs. 3 S. 2) sind die Kostenberechnung des § 154 und ihre vollstreckbare Ausfertigung (§ 155), jedoch bewirkt sie den Neubeginn nur einmal (Rn. 2). Die Rspr. verlangt eine strikte Beachtung des § 154 Abs. 2.[20] Die Zahlungsaufforderung muss also § 154 Abs. 1 und 2 entsprechen oder als gesonderte Einforderung einer Kostenberechnung ihr folgen.[21]

38 Die Erteilung oder Zustellung der **vollstreckbaren Ausfertigung** sind noch keine Zwangsvollstreckung (§§ 734, 750 ZPO) und bewirken daher nicht den Neubeginn (§ 212 Abs. 1 Nr. 2 BGB).

39 Die **Stundung** erfolgt, entsprechend dem BGB, auf Antrag des Schuldners durch öffentlich-rechtliche Bewilligung des Notars,[22] weshalb ihre Erklärung durch einen bevoll-

---

[18] OLG Hamm DNotZ 1973, 51 = Rpfleger 1972, 188 = KostRsp. § 46 Nr. 12.
[19] Vgl. BGH DNotZ 1988, 448 = KostRsp. § 140 Nr. 12 m. Anm. *Lappe.*
[20] Zuletzt OLG Düsseldorf OLGR 2001, 146, doch können jetzt an die Notarkostenberechnung schwerlich strengere Anforderungen gestellt werden als an die Gerichtskostenrechnung, vgl. KG JurBüro 1997, 98.
[21] OLG Schleswig DNotZ 1996, 475.
[22] Vgl. OLG Köln KostRsp. § 154 Nr. 41 m. Anm. *Lappe.*

§ 17 1. Teil. 1. Abschnitt: 6. Der Kostenanspruch

mächtigten Mitarbeiter des Notars nicht genügt.[23] Sie setzt eine § 154 entsprechende Kostenberechnung voraus.[24]

40   Bei der Zustellung durch **Aufgabe zur Post** (Abs. 3 S. 2, Rn. 14) tritt an die Stelle des Vermerks des Kassenbeamten der des Notars.

V. Übergangsrecht zur Verjährung

1. Gerichtskosten

41   Bei Fälligkeit oder Instanzbeginn vor dem. 1. 1. 2002 bleibt es beim bisherigen Recht (§ 161; er geht als spezielle Norm Art. 229 § 6 EGBGB vor).

2. Notarkosten

42   Gleiches gilt grundsätzlich für die Notarkosten. Insbesondere für die Neufassung von **Abs. 3 S. 2, 3,** die bisher schon für die Notarkosten galten (§§ 141, 143 Abs. 1 aF), was aber bei Abs. 3 S. 2 praktisch nur die Ersetzung der Unterbrechung durch den Neubeginn und damit allein eine begriffliche, nicht aber inhaltliche Änderung bedeutet.

43   Soweit **an die Stelle der zweijährigen Verjährungsfrist** des BGB (§ 196 Abs. 1 Nr. 15 aF) die vierjährige der KostO tritt (Abs. 1), greift das neue Recht in die laufende Frist nicht ein (vgl. Art. 229 § 6 Abs. 3 EGBGB).

44   Soweit die vierjährige Frist (Abs. 1, 2) **an die Stelle der 30 jährigen** tritt (bei rechtskräftiger Entscheidung im Beschwerdeverfahren des § 156, § 218 BGB aF; teils auch vertreten für die Unanfechtbarkeit gemäß § 156 Abs. 3 S. 1; Rückzahlungsanspruch, § 195 BGB aF), ersetzt sie auch eine laufende 30jährige Frist und beginnt mit dem 1. 1. 2002 (Abs. 3 S. 1, Art. 229 § 6 Abs. 4 S. 1 BGB; s. die gesetzliche Überschrift); läuft die alte Frist jedoch früher ab, so bleibt es dabei (S. 2).

VI. Verzinsung

1. Gegenstand

45   Eine Verzinsung war und ist gesetzlich nicht angeordnet. Seit BayObLGZ 1998, 340 = NJW 1999, 1194 vertritt die Rspr. jedoch die Verzinsung überhobener, also rechtsgrundlos gezahlter und deshalb zu erstattender Gebühren;[25] nicht also zurückzuzahlender Vorschüsse (§ 9). Sie entfällt (Abs. 4; zur „Vermeidung des Verwaltungsaufwands"). Zum Rechtsweg s. § 156 Abs. 1 S. 1.

2. Übergangsrecht

46   § 161 erfasst nach Wortlaut und Normzweck den vorgenannten Regelungsgegenstand nicht, seine analoge Anwendung zu Lasten des Kostenschuldners ist unzulässig (§ 1). Die Verzinsung entfällt mithin für alle Rückzahlungsansprüche, die nach dem 1. 1. 2002 entstanden sind (dazu Rn. 24).

3. Notarkosten

47   Abs. 4 gilt nicht für Notare (§§ 141, 143 Abs. 1). Der Kostenanspruch des Notars wird nach § 154a verzinst, der Rückzahlungsanspruch nach § 157 Abs. 1. Die Bundesregierung folgerte aus der Neuregelung zum 1. 1. 2002 (insbesondere § 143 Abs. 1) „im Umkehrschluss" eine Verzinsung des Kostenanspruchs entsprechend §§ 286 ff. BGB.[26] Diese Auffassung korrigiert das KostRMoG zum 1. 7. 2004, wohl auch rückwirkend.

48   Die Zinsen **verjähren** mit der Hauptforderung (§ 217 BGB), auch wenn sie bereits auf den Vorschuss entstanden sind, da insoweit ebenfalls die Verjährungsfrist erst mit der Fälligkeit beginnt.[27]

---

[23] *Lappe* NJW 1986, 2550, 2558 gegen OLG Düsseldorf MittRhNotK 1984, 223.
[24] BGHR 2006, 201 = MDR 2006, 475 = NJW 2006, 1138.
[25] Zuletzt OLG Hamm Rpfleger 2001, 99.
[26] BT-Drucks. 14/6855 S. 77; der BReg. folgend *Hüttinger/Wudy* NotBZ 2002, 41.
[27] *Otto/Wudy* NotBZ 2004, 215, 224; s. auch *Otto/Reich* JurBüro 2006, 4.

VII. FG-Reform

§ 17 Abs. 1 soll wie folgt gefasst werden: „Ansprüche auf Zahlung von Kosten verjähren 49
in vier Jahren nach Ablauf des Kalenderjahrs, in dem das Verfahren durch rechtskräftige
Entscheidung über die Kosten, durch Vergleich oder in sonstiger Weise beendet ist. Bei
Dauerbetreuungen und Dauerpflegschaften beginnt die Verjährung mit der Fälligkeit der
Kosten." Begründung: Die Vorschrift soll an § 7 Abs. 1 FamGKG angepasst werden. § 17
Abs. 1 gilt auch für die Notare (§ 143). Durch die Neufassung tritt keine Änderung ein, da
die Verjährungsfrist nach der vorgeschlagenen Regelung mit der Beendigung des Geschäfts
(„in sonstiger Weise") beginnt. Dies entspricht unter Berücksichtigung von § 7 der geltenden Regelung.

7. Geschäftswert

Vorbemerkungen zu den §§ 18 bis 30

I. Wertgebühren

Die meisten Gebühren der KostO sind Wertgebühren – d.h. Gebühren, die mittels eines 1
Gebührensatzes (volle Gebühr, halbe Gebühr usw.) und einer Gebührentabelle (Anlage zu
§ 32) nach einem Geschäftswert berechnet werden. Daneben gibt es Festgebühren (zB
§§ 45 Abs. 2, 51 Abs. 5, 56, 72, 73, 89, 150). Soweit die Gebühr auf den Geschäftswert
abgestellt ist, geben die §§ 18 bis 30 die allgemeinen Bestimmungen; sie gelten grundsätzlich für alle Gebühren des 2. Abschnitts. Einzelnen Geschäften sind besondere Wertvorschriften beigegeben (zB §§ 39 bis 41, 46 Abs. 4, 49 Abs. 2); diese gehen den allgemeinen
Vorschriften vor, ergänzen sie auch manchmal.

Der Grundsatz der Wertgebühr (Einf. Rn. 20, 28, 29) ist mit deutschem Verfassungs- 1a
recht vereinbar, wie das BVerfG wiederholt bestätigt hat.[1] Für das Europarecht war wegen
der Gesellschaftsteuerrichtlinie[2] und den zu ihr ergangenen Gerichtsentscheidungen[3] eine
Neuregelung der Gerichtsgebühren für Handelsregistereintragungen veranlasst. Durch das
Handelsregistergebühren-Neuordnungsgesetz[4] wurden daher insbesondere §§ 26, 26a und
27 aF aufgehoben und §§ 29, 31a, 41a bis 41c, 79, 79a eingefügt oder neugefasst. Die von
den nicht beamteten Notaren erhobenen Gebühren fallen dagegen nicht unter die Gesellschaftsteuerrichtlinie.[5] Ebenso wenig ändert sich etwas an den Gerichtsgebühren für andere
Verfahren als dasjenige der Handelsregistereintragung, selbst wenn sie einen gesellschaftsrechtlichen Bezug aufweisen, etwa bei Grundbucheintragungen[6] oder Nachlassverfahren.[7]

II. Gesetzesaufbau

Im Aufbau der allgemeinen Wertvorschriften folgt die KostO dem PrGKG. Demgemäß 2
bringt sie **ohne Systematik** die Wertvorschriften für Sachen (§ 19), grundstücksgleiche

---

[1] BVerfG FGPrax 2005, 43; NJW 2004 3321; BVerfGE 85, 337, 346 = NJW 1992, 1673. Vgl. auch
OLG Zweibrücken NJW-RR 2003, 235 mwN; *Rohs/Wedewer* Rn. 1a.
[2] RL 69/335/EWG in der geänderten Fassung der RL 85/303/EWG. Vgl. auch Anhang D. V.
[3] EuGH ZIP 1998, 206 = WM 1998, 2193 – Fantask; DNotZ 1999, 936 = ZIP 1999, 1681 –
Modelo; ZIP 2000, 1891 – JGJ; ZIP 2001, 1145 = EWiR 2002, 33 – SONAE.
[4] HRegGebNeuOG vom 3. 7. 2004 (BGBl. I S. 1410).
[5] OLG Hamm FGPrax 2002, 269; JurBüro 2002, 490; OLGR 2002, 377. Für die badischen Amtsnotare sind nach OLG Karlsruhe/Freiburg FGPrax 2002, 275 (im Anschluss an EuGH vom 21. 3.
2002 DNotZ 2002, 389m. Anm. *Fabis;* ZNotP 2002, 200; BWNotZ 2002, 86 –Gründerzentrum-
Betriebs-GmbH; vorläufig und vorbehaltlich der noch zu ermittelnden tatsächlichen Kosten die im
Erlass des Justizministeriums Baden-Württemberg vom 6. 6. 2002 – Az. 5656/0227 – aufgeführten
Pauschsätze je Arbeitsstunde zugrunde zu legen, vgl. 15. Aufl. Anh. D.V.
[6] BayObLGZ 2000, 350; DNotZ 2001, 330; MittBayNot 2001, 95.
[7] BayObLGZ 2001, 315; MittBayNot 2002, 129; ZEV 2002, 286; FGPrax 2002, 42; Rpfleger 2002, 173.

Rechte (§ 21), die meisten beschränkten Sachenrechte (§§ 20 Abs. 2, 22, 23, 24), einige Schuldverhältnisse (§§ 20, 21, 23, 24, 25), Registersachen und Organbeschlüsse (§§ 29, 41a bis 41c) sowie eine allgemeine Bestimmung in § 30, die anzuwenden ist, soweit der Wert aus den vorstehenden Vorschriften sich nicht ergibt und nicht anderweit feststeht, zum Teil auch die vorstehenden Bestimmungen ergänzt.

III. Gebührenwert

3   Die Werte der KostO sind Gebührenwerte (vgl. § 31 Rn. 1ff.); sie müssen also denen des bürgerlichen Rechtsverkehrs nicht entsprechen. Für die Beurteilung der Angemessenheit (vgl. § 32 Rn. 8ff.) kommt es vielmehr auf die Gebühr an, also auf das Zusammenwirken von Wert, Gebührensatz und Tabelle (Rn. 1).

4   Die Werte beziehen sich immer auf das **gebührenpflichtige „Geschäft"** (§ 2 Rn. 3), nicht auf eine „Angelegenheit" (§ 1 Rn. 2). Der unterschiedlichen Terminologie der KostO (teils „Wert", teils „Geschäftswert") kommt keine sachliche Bedeutung zu.

§ 18* Grundsatz

(1) ¹Die Gebühren werden nach dem Wert berechnet, den der Gegenstand des Geschäfts zur Zeit der Fälligkeit hat (Geschäftswert). ²Der Geschäftswert beträgt höchstens 60 Millionen Euro, soweit kein niedrigerer Höchstwert bestimmt ist.

(2) ¹Maßgebend ist der Hauptgegenstand des Geschäfts. ²Früchte, Nutzungen, Zinsen, Vertragsstrafen und Kosten werden nur berücksichtigt, wenn sie Gegenstand eines besonderen Geschäfts sind.

(3) Verbindlichkeiten, die auf dem Gegenstand lasten, werden bei Ermittlung des Geschäftswerts nicht abgezogen; dies gilt auch dann, wenn Gegenstand des Geschäfts ein Nachlaß oder eine sonstige Vermögensmasse ist.

Entsprechend: §§ 39 Abs. 2, 40, 43, 48 GKG, § 22 Abs. 2 RVG.

Übersicht

		Rn.			Rn.
I.	Gegenstand des Geschäfts	1–3	4.	Gemeiner Wert der Verbindlichkeit	15
II.	Höchstwert	3a–3g	5.	Sicherungen	16
III.	Maßgebender Bewertungszustand	4	6.	Bewertungszeitpunkt	17
IV.	Maßgebender Bewertungszeitpunkt	5	7.	Geldforderung	18
V.	Haupt- und Nebengegenstand	6–8	VII.	Geschäftswert von Rechten und Vermögensmassen	19–30
VI.	Verbindlichkeiten	9–18	VIII.	Bedingte und betagte Rechte	31
	1. Allgemeines	9–12	IX.	Währung	32
	2. Abzugsposten	13	X.	Lastenausgleichsabgaben und -ansprüche, Vermögensabgabe	33
	3. Zurechnungsposten	14			

Stichwortverzeichnis

Abzugsposten 13
Aktien 24
Aktiven eines Unternehmens 11
Anteile an Vermögensmassen 22
Atypische Unterbeteiligung 27
Ausnahmen (vom Verbot des Abzugs von Verbindlichkeiten) 9

BGB-Gesellschaft 29
Bewertungszeitpunkt 5

Bewertungszustand 4
Erbteile 30

Gegenstand 1
– Bestimmung durch Gericht 2
Geldforderung 18
Geschäftsanteile an einer GmbH 25
Lastenausgleich 33
Nacherbenanwartschaft 30
Nachlassmasse 7

---

* Abs. 1 S. 2 angefügt durch Gesetz vom 5. 5. 2004 (BGBl. I S. 718) und geändert durch Gesetz (2. JuMoG) vom 22. 12. 2006 (BGBl. I S. 3416).

Nebengegenstände als Hauptgegenstand 7
Nutznießungsrecht bei Handelsgeschäft 9
Personengesellschaften 27
Rechtsgeschäfte – bedingte – 30
Sicherungen 16
Umsatzsteuer (als Teil der Gegenleistung) 6
Verbindlichkeiten 9–18

Vermögensabgabe 33
Vermögensmassen 21
Wahl- und Alternativverhältnisse 20
Währung 32
Wert (von Verbindlichkeiten) 12
– gemeiner 15
– Berechnung 26
Zurechnungsposten 14

I. Gegenstand des Geschäfts

Der Gegenstand des Geschäfts (Abs. 1) entspricht dem Streitgegenstand im Zivilprozess; **1** der Geschäftswert der KostO entspricht dem Streitwert der ZPO. Er wird in Antragsverfahren durch den Antrag bestimmt, kann jedoch hinter diesem zurückbleiben, wenn das gebührenpflichtige Geschäft (Vor §§ 18–30 Rn. 4) nur einen Teil des Verfahrensgegenstandes betrifft. Im notariellen Verfahren bestimmt sich der Gegenstand des Geschäfts nach der von den Beteiligten beantragten Amtshandlung des Notars, §§ 2 Nr. 1, 141. Für die Urkundstätigkeit gelten die §§ 36 ff. mit besonderen Geschäftswertbestimmungen in §§ 39 bis 41 c, die die allgemeinen Wertbestimmungen der §§ 18 ff. ergänzen. Weitere Amtshandlungen des Notars sind im Zweiten Teil besonders geregelt, §§ 140 ff., insbesondere die Fertigung von Urkunds- und sonstigen Entwürfen rechtsgeschäftlicher Erklärungen, Vollzugs- und Nebentätigkeiten.

In Amtsverfahren bestimmt das Gericht den Verfahrensgegenstand. Wenn auch das Ge- **2** bot des rechtlichen Gehörs (Art. 103 Abs. 1 GG) zu gewissen Konkretisierung vor der Entscheidung zwingt, so ergibt sich angesichts der grundsätzlichen Freiheit des Gerichts der „Gegenstand des Geschäfts" mit der für die Gebührenerhebung notwendigen Bestimmung erst aus der gerichtlichen Entscheidung (vgl. § 2 Rn. 6).

Dieser „Gegenstand des Geschäfts" ist nach §§ 18 ff. zu bewerten, und zwar nach objek- **3** tiven Gesichtspunkten (Ausnahme: § 30 Abs. 2). Auswirkungen der Entscheidung sowie persönliche Verhältnisse, insbesondere Interessen der Beteiligten bleiben grundsätzlich außer Betracht.[1]

II. Höchstwert

Die Einführung des allgemeinen[2] Höchstwerts von 60 Mio. Euro für die Kosten nach **3 a** der KostO war ein Hauptgegenstand des Kostenrechtsmodernisierungsgesetzes.[3] Dieses beinhaltet auch allgemeine Höchstwertbestimmungen für die Gerichtskosten (§ 39 Abs. 2 GKG: 30 Mio. Euro) und die Rechtsanwaltsgebühren (§ 22 Abs. 2 RVG: 30 Mio. Euro pro Auftraggeber, insgesamt nicht mehr als 100 Mio. Euro), allerdings mit systematisch und wirtschaftlich anderen Auswirkungen.[4] Die KostO enthält anderenorts Bestimmungen über Höchstwerte bzw. Höchstgebühren, die sich aus den Besonderheiten des Regelungsgegenstandes ergeben und der allgemeinen Höchstwertbestimmung des § 18 Abs. 1 S. 2 vorgehen (§§ 26 Abs. 4 Nr. 1, 27 Abs. 4 aF, 30 Abs. 2, 39 Abs. 4, 41 Abs. 4, 45 Abs. 1, 47). Die allgemeine Begrenzung des Geschäftswerts stellt jedoch letztlich das bewährte System der Wertgebühr mit seiner sozialen Komponente insgesamt in Frage. Infolge der degressiven Gebührenstaffel und mangelnder Anpassung an veränderte wirtschaftliche Verhältnisse ist fraglich, ob langfristig die höherwertigen Geschäfte zur Mitfinanzierung der geringwertigen ausreichen werden.

---

[1] BayObLG JurBüro 1985, 583.
[2] Die neue Gesetzesfassung („soweit kein niedrigerer Höchstwert bestimmt ist") stellt gegenüber der früheren („soweit nichts anderes bestimmt ist") klar, dass es sich um einen allgemeinen Höchstwert handelt, vgl. OLG Frankfurt ZNotP 2005, 440 m. Anm. *Tiedtke*.
[3] Gesetz zur Modernisierung des Kostenrechts (KostRMoG) vom 5. 5. 2004 (BGBl. I S. 718).
[4] *Haeder* DNotZ 2004, 406 f.

3 b Die Höchstwertbestimmung wird mit § 152 Abs. 2 Buchst. d Nr. 4 flankiert durch einen neuen Auslagentatbestand für die Versicherungsprämien, die auf die den allgemeinen Höchstwert übersteigenden Risiken entfallen.

3 c Der Höchstwert ist für jedes Geschäft iS der KostO gesondert zu bestimmen. Bei demselben Gegenstand nach § 44 Abs. 1 gilt also insgesamt der Höchstwert gemäß § 18 Abs. 1 Satz 2. Bei verschiedenen Gegenständen gemäß § 44 Abs. 2 ist der Höchstwert für jeden Gegenstand gesondert zu bestimmen und ggf. zu addieren; jedoch ist der zusammengerechnete Wert iS des § 44 Abs. 2 Buchst. a und der Gesamtwert iS des § 44 Abs. 2 Buchst. b letzter Teilsatz auf den Höchstwert gemäß § 18 Abs. 1 Satz 2 beschränkt.[5] Daher wird maximal der höchste anzuwendende Gebührensatz aus 60 Mio. Euro erhoben (vgl. § 44 Rn. 281 a ff. mit Berechnungsbeispielen). S. aber § 32 Rn. 5.

3 d Besondere Bedeutung gewinnt damit die Frage, welche **Erklärungen in einer Urkunde** zusammengefasst werden (§ 44 Rn. 2 ff.). Denn der Höchstwert ist für jede Urkunde gesondert anzusetzen. Auch § 44 bezieht sich nur auf mehrere Erklärungen in *einer* Urkunde (vgl. § 44 Rn. 7). Die Frage verweist jedoch über den Anwendungsbereich des § 44 hinaus. Aus dem Kostenrecht und insbesondere aus § 18 Abs. 1 Satz 2 kann keine Obliegenheit zur Zusammenbeurkundung von anderweitig nicht zusammengehörenden Erklärungen abgeleitet werden. Nach dem Ermessen des Notars können der innere, sachliche Zusammenhang der beurkundeten Erklärungen und die weitere Verwendung der Urkunde im Rechtsverkehr maßgeblich sein:

3 e (1.) Erklärungen gehören sachlich zusammen und sind in eine Urkunde aufzunehmen, wenn dies materiell-rechtlich geboten ist, insbesondere wenn sie von einander abhängen oder nur gemeinsam wirksam werden sollen, also miteinander stehen und fallen.

3 f (2.) Andererseits führt die Zusammenbeurkundung von Erklärungen ohne inneren Zusammenhang nicht zu einem einheitlichen Höchstwert der gesamten Urkunde nach § 18 Abs. 1 Satz 2. Der Kostenvorteil aus dieser Vorschrift ist allein kein sachlicher Grund für die Zusammenbeurkundung, ebenso wenig der Wunsch der Beteiligten, wenn kein anderer Grund ersichtlich ist. Werden Erklärungen nur in einer Urkunde zusammengefasst, um damit die Privilegierung durch den Höchstwert nach § 18 Abs. 1 Satz 2 in Anspruch zu nehmen, ohne dass ein anderer innerer Zusammenhang besteht, liegt darin ein unzulässiger Gebührenverzicht, § 140 (vgl. auch § 44 Rn. 2).

3 g (3.) Schließlich können Erklärungen trotz inneren Zusammenhangs getrennt beurkundet werden, insbesondere wenn sie im Rechtsverkehr gesondert verwendet werden. Herkömmlicherweise geschieht dies etwa, wenn verschiedene Parteien beteiligt sind und die Geschäfte nicht rechtlich von einander abhängen, wie zB bei Grundstückskaufvertrag und Finanzierungsgrundschuld des Käufers hierzu. Hier kann getrennt beurkundet werden mit der Folge, dass für jede Urkunde der Höchstgeschäftswert gesondert gilt, ohne dass unrichtige Sachbehandlung nach § 16 Abs. 1 anzunehmen wäre. Werden derartige Erklärungen jedoch zusammen beurkundet, gilt der einheitliche Höchstwert gemäß § 18 Abs. 1 Satz 2. Getrennte Beurkundung wird auch gewählt für Erklärungen unterschiedlicher rechtlicher Qualität, wie auf Vertragsschluss gerichtete Willenserklärungen einerseits und Beschlüsse andererseits, zB bei Geschäftsanteilsabtretungen und Gesellschafterversammlungen zur Satzungsänderung oder Geschäftsführerabberufung und -neubestellung oder bei Verschmelzungsvertrag und Zustimmungsbeschlüssen hierzu. Da in diesen Fällen § 44 nicht anwendbar ist (§ 44 Rn. 6), besteht erst recht keine kostenrechtliche Obliegenheit zur Zusammenbeurkundung. Das Problem der Wertobergrenze stellt sich dort nicht, wo § 44 überhaupt nicht anwendbar ist. Das heißt, der Höchstwert gilt auch nicht, wenn in einer Verhandlung und Niederschrift beurkundet wird, weil für Vertretung und Beschluss getrennte Gebühren berechnet werden. Zu beachten ist, dass bei Zusammenbeurkundungen mehrerer rechtlich unabhängiger Verschmelzungsverträge die Wertobergrenze für § 36 Abs. 2 Anwendung findet. Daneben fällt die Beschlussgebühr an.

---

[5] AA *Filzek* JurBüro 2004, 579 f.

III. Maßgebender Bewertungszustand

Der maßgebende Bewertungszustand wird durch den Verfahrensgegenstand (Rn. 1–3) **4** bestimmt; maßgebend ist also der Wert des Gegenstandes in demjenigen Zustand, in dem er zum Gegenstand des Geschäfts gemacht wird (allgM). Beispiel: Bei einem Kaufvertrag mit einem Rückkaufsrecht bei Nichtbebauung und einem Vorkaufsrecht bei Bebauung bezieht sich ersteres auf das Grundstück in unbebautem Zustand, letzteres auf das Grundstück in bebautem Zustand.

IV. Maßgebender Bewertungszeitpunkt

Der maßgebende Bewertungszeitpunkt ist der Zeitpunkt der Fälligkeit der Gebühr **5** (Abs. 1); das ist idR (§ 7) der Zeitpunkt der Beendigung des Geschäftes. Wertveränderungen zwischen Beginn und Beendigung des Geschäftes finden demnach Berücksichtigung. Bei nachträglicher Beurkundung eines bereits formlos oder privatschriftlich begründeten Rechtsverhältnisses ist für den Geschäftswert des Rechtsverhältnisses der Zeitpunkt der Beurkundung maßgebend, nicht der der formlosen Begründung.[6] Bezieht sich das Geschäft auf ein Wirtschaftsgut in einem früheren oder späteren Zustand oder auf ein erst existent werdendes Wirtschaftsgut, so ist der gegenwärtige Wert (bei Gebührenfälligkeit) zu ermitteln, zB im Falle des § 20 Abs. 1 S. 2 Halbs. 2 der Bauplatzwert beim Kauf, der von dem vor Bebauung abweichen kann. Spätere Entwicklungen des Rechtsverhältnisses sind also kostenrechtlich grundsätzlich irrelevant.[7] Jedoch sind Wertveränderungen bei Grundstücksgeschäften bis zum Zeitpunkt des Wirksamwerdens des Vertrags dann zu berücksichtigen, wenn für den späteren höheren Wert des Grundstücks bereits konkrete Anhaltspunkte vorhanden sind.[8] Sind schließlich Anhaltspunkte dafür vorhanden, dass der Kaufpreis eines Grundstückes im Zeitpunkt der Gebührenfälligkeit nicht annähernd so hoch ist, wie der Grundstückswert nach § 19, so ist der Wert nach § 19 zu ermitteln und als Geschäftswert zugrunde zu legen.[9] Solche Anhaltspunkte können sich vor allem aus einer Weiterveräußerung alsbald nach Durchführung des ersten Geschäftes ergeben.[10] Im Falle des § 49 Abs. 2 ist für den Bestand des Nachlasses und für den Wert der Zeitpunkt des Erbfalls (§ 107 Abs. 2) maßgebend; zwischenzeitliche Wertänderungen infolge Währungsumstellung usw. finden aber Berücksichtigung.[11] Bei der Errichtung einer letztwilligen Verfügung ist das Reinvermögen des Testierenden zu dieser Zeit maßgeblich. Bei noch nicht existenten Wirtschaftsgütern oder solchen, die in einem erst herzustellenden Zustand Gegenstand des Geschäfts sind, kann ungewiss sein, ob das Wirtschaftsgut zur Entstehung gelangt oder der spätere Zustand hergestellt wird. Besteht dazu eine Rechtspflicht, so kann der spätere Wert als Geschäftswert angesetzt werden, andernfalls ist der Wert nach der Wahrscheinlichkeit und den voraussehbaren Verhältnissen zu schätzen (meist durch Abschlag).[12] Bei der Teilungserklärung für ein noch zu errichtendes Gebäude wird an die voraussichtlichen Baukosten angeknüpft. Bei Löschungen – vgl. § 68 – ist der Wert der, den die Eintragung des Rechts haben würde, wenn sie im Zeitpunkt der Löschung erfolgen würde, wobei nicht der wirtschaftliche, sondern der kostenrechtliche Wert maßgebend ist.[13]

V. Haupt- und Nebengegenstand

Nebengegenstände sind insbesondere: Sachfrüchte, Rechtsfrüchte, Nutzungen, Rück- **6** stände von Früchten und Nutzungen, Nebenleistungen nach § 1115 BGB, Vertragsstrafen,

---

[6] KG DNotZ 1940, 366.
[7] OLG Frankfurt JurBüro 1977, 1752.
[8] BayObLGZ 1975, 450; KG JurBüro 1975, 920; BayObLG Rpfleger 1966, 378; LG Nürnberg-Fürth JurBüro 1993, 599.
[9] BayObLG MittBayNot 1996, 401.
[10] OLG Düsseldorf MittBayNot 1994, 360.
[11] Vgl. MittRhNotK 1958, 122.
[12] *Ackermann* Rpfleger 1955, 264, 267.
[13] BayObLG Rpfleger 1955, 287.

auch Kosten- und Steuertragungsbestimmungen,[14] Gerichtsstand- oder Schiedsgerichtsklauseln, auch eine Verwaltungsgebühr, die der Grundstückskäufer solange zu zahlen hat, bis der Hypothekgläubiger ihn als Alleinschuldner angenommen hat,[15] usw. Haupt- und Nebengegenstand gibt es nur im Verhältnis zueinander. Neben dem Hauptgegenstand, zB der Schuldforderung, sind Nebengegenstände, zB Zinsen, Verwaltungskostenbeiträge und andere Nebenleistungen (wie Aufgeld)[16] und Rückstände an solchen nicht zu bewerten, selbst wenn sie den Wert des Hauptgegenstandes übersteigen. Die **Umsatzsteuer** hingegen ist im Allgemeinen ein Teil der Gegenleistung und damit Hauptgegenstand, auch wenn sie gesondert ausgewiesen wird und vom Käufer zum Vorsteuerabzug verwendet werden kann.[17] Bei Grundstücksgeschäften wird jedoch gemäß § 13b UStG nF die Umsatzsteuer vom Käufer geschuldet und ist daher nicht Teil der Gegenleistung; sie bleibt bei der Bewertung unberücksichtigt (vgl. § 20 Rn. 7, § 21 Rn. 21).[18]

7 Sind allerdings Gegenstand eines Geschäfts **nur Nebengegenstände** der genannten Art, so sind sie nicht Neben-, sondern Hauptgegenstand, weil der zugehörige Hauptgegenstand, im Verhältnis zu dem diese Nebengegenstände wären, nicht Beurkundungsgegenstand ist; Letzteres trifft zu bei Beurkundung der Vertragsstrafe ohne Mitbeurkundung der Verpflichtung, deren Nichterfüllung die Vertragsstrafe auslöst; selbständigen Schiedsgerichtsklauseln; Vereinbarungen über Kosten oder Steuern ohne Mitbeurkundung des die Kosten, Steuern auslösenden Geschäfts; Schuldschein allein über rückständige Nebenleistungen; Änderung der Zahlungsverpflichtungen und des Zinssatzes einer Hypothek (= zwei selbständige Veränderungen). Werden Nebengegenstände eines Teils des Hauptgeschäftes mit einem anderen Teil des Hauptgeschäftes vom Geschäft betroffen, so sind erstere ebenfalls „Hauptgegenstand", weil der Teil des Hauptgegenstandes, zu dem erstere im Verhältnis als Nebengegenstand stehen würden, nicht betroffen ist; zB Schuldbekenntnis für Teil der Schuld mit Zinsregelung des andern Teils. Werden „Nebengegenstände" dem Hauptgegenstand derart zugeschlagen, dass sie zu Teil des Hauptgegenstandes werden, so sind sie nicht mehr Nebengegenstand, zB wenn vertragsmäßig Zinsen zum Kapital geschlagen (Kontokorrent), wenn Nebenleistungen durch eine besondere Höchsthypothek neben der Hauptsache gesichert werden, wie oft bei Schiffshypotheken. Ist der Wert einer Vermögens- oder **Nachlassmasse** auf einen bestimmten Stichtag festzustellen, so sind bis dorthin aufgelaufene Zinsen und Nebenleistungen mitzurechnen, weil sie zu dem Vermögen am Stichtag gehören.

8 Wenn ein Geschäft **mehrere Rechtsbeziehungen** gestaltet oder wenn durch ein Geschäft Rechtsbeziehungen bezüglich **mehrerer Wirtschaftsgüter** gestaltet werden, handelt es sich nicht um das Problem Haupt- und Nebengegenstand, sondern entweder darum, ob einzelne Erklärungen als Nebenerklärungen iS des § 35 anzusprechen sind, oder um das Problem, ob für mehrere Erklärungen, Rechtsgestaltungen, Eintragungen usw. eine oder mehrere Gebühren zu erheben sind. Dieses wird für rechtsgeschäftliche Erklärungen unter Lebenden in § 44 generell, für andere Beurkundungsgeschäfte und in Grundbuch-, Register-, Nachlass- und Vormundschaftssachen bei den einzelnen Bestimmungen geregelt, auf deren Kommentierung verwiesen wird.

VI. Verbindlichkeiten

9 **1. Allgemeines**

Verbindlichkeiten, die auf einem Geschäftsgegenstand lasten, werden bei der Wertfeststellung grundsätzlich nicht abgezogen. Unter **Verbindlichkeiten** sind zu verstehen

---

[14] KG DNotZ 1942, 109.
[15] OLG Schleswig Rpfleger 1962, 45.
[16] BayObLG DNotZ 1969, 682.
[17] OLG Zweibrücken DNotZ 1970, 121; BayObLG DNotZ 1972, 105 = JurBüro 1971, 342; OLG München RNotZ 2006, 198 = FGPrax 2006, 134 = JurBüro 2006, 324 = MittBayNot 2006, 531 m. Anm. PrüfAbt. Notarkasse = ZNotP 2007, 76.
[18] AA OLG Celle RNotZ 2005, 555 = NJW-Spezial 2005, 533 = NJW RR 2006, 71 = NotBZ 2006, 23 = MittBayNot 2006, 264 m. Anm. *Fleischer* = ZNotP 2006, 199 m. Anm. *Tiedtke*.

Grundsatz **§ 18**

schuldrechtliche Verbindlichkeiten jeder Art,[19] Verbindlichkeiten aus beschränkten Sachenrechten, zB Reallast, Nießbrauch, Pfandrechte, Nutznießungsrecht im Familienrecht usw., auch ein auf einem Handelsgeschäft lastendes lebenslängliches Verwaltungs- und Nutznießungsrecht,[20] ebenso ein durch eine Auflassungsvormerkung gesichertes Wiederkaufsrecht.[21] Anders ist es bei Verpflichtungen, die nach der Verkehrsanschauung den Wert des Gegenstandes, weil sie vom Eigentümer **nicht einseitig abgelöst** werden können, selbst mindern, zB öffentliche Lasten, Grunddienstbarkeiten, Erbbaurechte, immerwährende beschränkte persönliche Dienstbarkeiten (zB für juristische Person). Bei Verkauf eines Grundstücks werden daher darauf ruhende Pfandrechte nicht abgezogen, bei Erbschaftskauf ist der Wert aller Erbschaftsgegenstände ohne Schuldenabzug maßgebend; Gleiches gilt für die Erbanteilsübertragung.[22]

Von dem Verbot des Abzugs von Verbindlichkeiten (Abs. 3) bringt die KostO zahlreiche **10 Ausnahmen,** zB §§ 39 Abs. 3 (Ehevertrag), 46 Abs. 4 (Verfügungen von Todes wegen), 92 Abs. 1, 93 Abs. 2 (Vormundschaft), 103, 107 Abs. 2 (Nachlass). Dies gilt auch bei Geschäften, bzgl. derer auf eine dieser Bestimmungen verwiesen wird, zB §§ 38 Abs. 2, 49 Abs. 2, 108; s. im Einzelnen die Kommentierung der entsprechenden Bestimmungen.

Das in Abs. 3 normierte Verbot des Abzugs von Verbindlichkeiten führt in manchen Fäl- **11** len zu kostenrechtlichen Werten, die von denen im wirtschaftlichen Rechtsverkehr ganz erheblich abweichen, aber angesichts der klaren Bestimmung des Abs. 3 meistens hingenommen werden müssen (vgl. auch Vor §§ 18–30 Rn. 3).[23] Es liegt kein Verstoß gegen Verfassungsrecht vor.[24] Bei der Feststellung des Wertes der **Aktiva eines Unternehmens** ist nicht abzusetzen eine Wertberichtigung „7 c-Darlehen", auch nicht Rechnungsabgrenzungsposten. Mit dem Bilanzrichtliniengesetz ist der Posten „Wertberichtigung" in der Handelsbilanz weggefallen und wird nur noch der berichtigte, abgeschriebene Wert ausgewiesen (vgl. § 27 Rn. 71; vormals waren auf der Passivseite stehende Delkredere und echte Wertberichtigungsposten abzuziehen, da keine Verbindlichkeiten, sondern Wertminderung der Aktiva).[25] Bei der Ermittlung des Geschäftswerts für einen Verschmelzungsvertrag stellt der Passivposten der Bilanz „Anzahlungen von Kunden" nicht stets eine auf dem Gegenstande des Geschäfts lastende Verbindlichkeit iS des § 18 Abs. 3 dar; er kann vielmehr von dem Aktivposten „nicht abgerechnete Bauten" abgezogen werden, aber nur, wenn und soweit er einer Wertberichtigung gleich zu achten ist.[26] Konzernverpflichtungen sind bei der Geschäftswertbestimmung nicht abzuziehen;[27] so auch, wenn bei einer sog. Kettenverschmelzung Forderungen, welche die übertragende Gesellschaft gegen die aufnehmende Gesellschaft hat, in Wegfall geraten.[28]

Über den **Wert von Verbindlichkeiten** enthält die KostO keine Bestimmungen. Im **12** wirtschaftlichen Verkehr ist im Allgemeinen der Wert einer Verbindlichkeit gleich dem Wert des Rechts, dessen Spiegelbild die Verbindlichkeit ist. Einer entsprechenden Anwendung der Wertbestimmungen für Rechte auf die diesen entsprechenden Verbindlichkeiten sind aber im Kostenrecht deshalb Grenzen gesetzt, weil die KostO in nicht wenigen Fällen einen eigenen kostenrechtlichen Wert normiert hat, der von dem im bürgerlichen Rechtsverkehr maßgebenden gemeinen Wert mehr oder weniger abweicht (vgl. Vor §§ 18–30 Rn. 3), und zwar regelmäßig zugunsten des Kostenschuldners. Unter Berücksichtigung dieser Abweichung und ihres Zweckes dürften für den Wert von Verbindlichkeiten folgende Grundsätze anzuwenden sein:

---

[19] BayObLG Rpfleger 1955, 198.
[20] OLG Düsseldorf Rpfleger 1952, 139; 1956, 209.
[21] BayObLGZ 1995, 779 = MittBayNot 1995, 159 = JurBüro 1996, 210.
[22] OLG Hamm MittBayNot 1971, 39.
[23] BayObLG MittBayNot 2005, 74 = ZEV 2004, 510 = ZNotP 2004, 543.
[24] BVerfG ZNotP 1998, 125 = MittBayNot 1997, 252 = GmbHR 1997, 506.
[25] OLG München DNotZ 1938, 54.
[26] OLG Hamm JVBl. 1965, 181; LG Zweibrücken MittBayNot 1979, 39; *Ackermann* JurBüro 1974, 1219.
[27] BayObLG Rpfleger 1975, 268.
[28] OLG Düsseldorf ZNotP 1998, 471.

2. Abzugsposten

13 Ist eine Verbindlichkeit als Abzugsposten zu bewerten, zB bei der Feststellung des Reinwertes einer Nachlass- oder Vermögensmasse ein die Masse belastendes Nießbrauchsrecht, so schlägt die Wertbestimmung der KostO für das entsprechende Recht, wenn sie gegenüber dem gemeinen Wert eine Wertvergünstigung beinhaltet, in das Gegenteil um; der Reinwert wäre höher. Da dies dem Begünstigungszweck der KostO zuwiderlaufen würde, ist in diesen Fällen der Wert der Verbindlichkeit mit deren gemeinem Wert anzusetzen, im Falle des § 24 nicht mit dem Wert der Abs. 3 und 4, sondern mit dem Wert des Abs. 2.[29]

3. Zurechnungsposten

14 Ist eine Verbindlichkeit hingegen Zurechnungsposten, zB Hinzurechnung nach § 20 Abs. 1 S. 1 Halbs. 2, oder Teilgegenleistung nach § 39 Abs. 2 bei der Feststellung der Leistungen eines Vertragsteils, so handelt es sich um Rechtsbegründung zwischen dem Berechtigten und dem neuen Verpflichteten, es ist daher der kostenrechtliche Wert anzusetzen. Bei Übernahme einer Verbindlichkeit, bei welcher die KostO für das ihr entsprechende Recht eine Wertvergünstigung normiert, gilt dies aber nur, wenn der Verbindlichkeitsübernehmer zum Berechtigten in dem nach der KostO begünstigten Verhältnis steht, und zwar deshalb, weil bei Neubegründung der Verbindlichkeit durch den Übernehmer ebenfalls die Wertvergünstigung nur dann Platz greifen würde. Steht der Verbindlichkeitsübernehmer zu dem aus der Verbindlichkeit Berechtigten nicht in dem durch die KostO begünstigten Verhältnis (zB § 24 Abs. 3 und 4), so ist die Verbindlichkeit mit ihrem gemeinen Wert anzusetzen, im Falle des § 24 mit dem Wert des Abs. 2.[30]

4. Gemeiner Wert der Verbindlichkeit

15 Im Übrigen ist der Wert einer Verbindlichkeit im normalen Wirtschaftsverkehr mit dem Betrag anzusetzen, den die Partner ihr zumessen, weil da nichts geschenkt wird. Ist indessen der gemeine Wert der Verbindlichkeit erkenntlich höher als der, den die Partner angeben, so ist der gemeine Wert anzusetzen. Ist er aber niedriger, so verbleibt es bei dem Wert, den die Partner der Verbindlichkeit erkenntlich zugemessen haben.[31] Handelt es sich um Verbindlichkeiten, die Spiegelbilder der in §§ 19, 20 Abs. 2, 22, 24, 25 behandelten Rechte sind (zB Eigentumsherausgabeanspruch, Vorkaufsrechtsverbindlichkeit, Verbindlichkeiten aus Miet- und Pachtverträgen), so dürfte der kostenrechtlichen Abweichung wohl dahin Rechnung zu tragen sein, dass bei Verbindlichkeitsübernahme der Wert nicht höher angesetzt werden kann, als er bei Begründung der Verbindlichkeit durch den Übernehmer nach den Wertvorschriften der KostO wäre, sofern nicht in erkennbarer Weise ein höherer Wert sich aus dem Geschäft ergibt. Messen die Beteiligten der in einem Güterumsatzvertrag übernommenen Verbindlichkeit (Verpflichtung aus Mietverträgen, Rentenrechten usw.) erkennbar einen höheren Wert zu, so ist dieser Wert maßgebend.

5. Sicherungen

16 Die vorstehenden Grundsätze gelten auch bei Schuld-, Erfüllungsübernahme, Schuldbeitritt, Garantie und ähnlichen Sicherungen der Verbindlichkeit.

6. Bewertungszeitpunkt

17 Der Wert der Verbindlichkeit ist nach dem maßgebenden Bewertungszeitpunkt (regelmäßig dem des gebührenpflichtigen Geschäfts, § 18 Abs. 1) so zu bestimmen, wie wenn in diesem Zeitpunkt die Verbindlichkeit zwischen dem Berechtigten und demjenigen, der die Verbindlichkeit übernimmt, ihr beitritt, sie garantiert usw., neu begründet würde; ist also der Wert der Verbindlichkeit niedriger als bei ihrer Begründung (zB eines Nutzungsrechts

---

[29] AllgM, vgl. *Ackermann* Rpfleger 1954, 608 Grundsatz 2.
[30] *Ackermann* Rpfleger 1954, 608 Grundsatz 4.
[31] Vgl. LG Marburg Rpfleger 1958, 384.

7. Geldforderung

Besteht die Verbindlichkeit in einer Geldforderung, so ist sie mit dem Nennbetrag anzusetzen. Ist die Forderung nach BGB, HGB usw. zu errechnen und bei der Berechnung der Grundbesitz mit dem gemeinen Wert anzusetzen – zB Pflichtteilsberechnung –, so ist der nach den Vorschriften des BGB, HGB usw. errechnete Betrag maßgebend; unrichtig wäre hier für die Kostenberechnung der Ansatz der Grundstücke zum Einheitswert;[32] nunmehr gilt § 19 Abs. 2 S. 1. 18

VII. Geschäftswert von Rechten und Vermögensmassen

Der Wert für Sachen und beschränkte Sachenrechte ist in §§ 19, 20 Abs. 2, 21, 22, 23, 24 geregelt. Für den **Besitz** ist, wenn es sich um dauernden (Eigenbesitz) handelt, der Wert der Sache maßgebend. Liegt dem Besitz, wie fast immer, ein Rechtsverhältnis zugrunde (Nießbrauch, Miete), so ergibt sich daraus der Wert, der iÜ frei nach § 30 Abs. 1 zu schätzen ist, auch wenn es sich um die Übertragung des Besitzes von Sachen handelt, die nach Beendigung eines Rechtsverhältnisses dritten Personen herauszugeben sind.[33] Für andere Rechte, außer den in §§ 20 bis 25 geregelten, ist regelmäßig der gemeine Wert als Geschäftswert anzusetzen. Auch für diese gilt Abs. 3: kein Abzug darauf lastender Verbindlichkeiten, wenn nicht nach den unter Rn. 9 ff. erwähnten Ausnahmen anderes bestimmt ist. 19

Bei Rechten und Verbindlichkeiten geldwerter Art ist im Allgemeinen der **Nennbetrag** maßgebend, auch bei familien- und erbrechtlichen. Bei **unsicheren, bestrittenen** oder **unbeitreibbaren** Forderungen hat freie Schätzung zu erfolgen (§ 30 Abs. 1).[34] Bei **Wahl- und Alternativverhältnissen** ist der Wert der höheren Leistung, bei Versicherungsansprüchen der Rückkaufswert, bei Insolvenzforderungen § 174 Abs. 2 InsO maßgebend. Wegen des Wertes einer Bürgschaftsbefreiungsverpflichtung vgl. JFGErg. 18, 69 = DNotZ 1938, 465, einer Abfindung für künftige Erbansprüche KG DNotZ 1942, 25 und des Wertes von Nacherbenrechten KG DNotZ 1940, 294; 1941, 181; 1944, 4 und 131; wegen des Firmenwertes eines Handelsunternehmens vgl. BayObLG Rpfleger 1955, 198; 1956, 255 mN in Rn. 26; bei Schuldverschreibungen der öffentlichen Hand und Industrieobligationen sowie Pfandbriefen ist der Kurswert maßgebend, der meistens vom Nennwert wenig abweicht. 20

Bei der Bestimmung des Geschäftswertes von **Vermögensmassen** sind die dazu gehörenden Sachen und Rechte, wenn sich nicht aus dem Inhalt des Geschäfts genügend Anhaltspunkte für einen höheren Wert ergeben, mit ihren nach den Bestimmungen der KostO ermittelten Werten anzusetzen, und danach ist der Gesamtwert zu errechnen. Stellt die KostO auf den Reinbetrag (Reinnachlass usw.) ab, so sind die auf den Gegenständen oder der Masse ruhenden Verbindlichkeiten abzusetzen. 21

Beim Wert von **Anteilen an Vermögensmassen** (Gesellschaftsrechte, Gesamthandsanteile, Nachlassanteile) ist zu unterscheiden, ob das Anteilsrecht eine unmittelbare Beteiligung (Miteigentum, Mitgläubigerschaft usw.) an den zur Masse gehörigen Gegenständen gewährt, oder ob das Anteilsrecht ein Mitgliedschaftsrecht an einer juristischen Person verkörpert, die ihrerseits Inhaber der Vermögensmasse ist. 22

Für den letzteren Fall (AG, GmbH, eG, VVaG usw.), wo der Anteilseigner keine unmittelbare Berechtigung an den zur Masse gehörenden Gegenständen hat, ist nach allgM der Geschäftswert gleich dem Wert im bürgerlichen Rechtsverkehr. 23

Demgemäß ist der Wert von **Aktien:** bei notierten der Kurswert, notfalls der amtlich veröffentlichte Steuerkurswert, bei nichtnotierten der Freikurs, bei Bezugsrechten der Be- 24

---

[32] So OLG München DNotZ 1942, 345.
[33] OLG München JFGErg. 17, 64.
[34] KG DNotZ 1938, 464; 1939, 94; 1940, 248.

zugsrechtskurs. Ist ein derartiger Kurs nicht zu ermitteln, so ist der Wert aus Verkäufen zu entnehmen, andernfalls nach § 30 Abs. 1 frei zu bestimmen, wobei die Vermögenslage und die Ertragsaussichten zu berücksichtigen sind und ein Organverhältnis ohne Bedeutung ist. Anders ist es bei Verschmelzungen, Umwandlungen; weil hier nicht die Aktienrechte, sondern das Vermögen der Gesellschaft betroffen wird, bestimmt sich hier der Wert nach dem Aktivvermögen ohne Schuldenabzug.[35] Befindet sich der wesentliche Bestand eines Wertpapiers in festem Besitz und wird nur ein kleiner Teil an der Börse gehandelt, so kann – insbesondere wenn die im Markt befindlichen Papiere Gegenstand von Interessenten- und Kampfkäufen sind – bei der Bewertung größerer Mengen des im festen Besitz befindlichen Papiers nicht der Kurswert zugrunde gelegt werden; maßgebend ist vielmehr der durch einen nach freiem Ermessen vorzunehmende Abschlag vom Kurswert zu ermittelnde gemeine Wert, d. h. der Betrag, der bei einem normalen Börsengeschäft zu erzielen wäre; auf den objektiven inneren Wert (Substanz- und Ertragswert) kommt es hingegen in diesem Falle nicht an;[36] jedoch ist dies Ausnahmefall, nur pragmatisch vertretbar, nicht dogmatisch.

25   Wert von **Geschäftsanteilen an einer GmbH:** der Kurs, notfalls der Steuerkurs; wenn nicht bekannt, der gemeine Wert, der regelmäßig dem Anteil am Reinvermögen der GmbH, so wie sich dieser bei einer Auseinandersetzungsbilanz auf den Stichtag ergeben würde, entspricht, im äußersten Fall der Anteil am Eigenkapital, wenn nicht die Teilwerte ersichtlich über den Buchwerten liegen. Dies gilt auch, wenn alle Anteile übertragen werden und auch wenn es sich um Organgesellschaften handelt. Veräußerungserschwerungen (Familiengesellschaften, § 17 Abs. 3 GmbHG) sind ohne Einfluss auf den Wert, ebenso wie Rückübertragungsverpflichtungen oder Treuhandvereinbarungen.[37] Bei der Umwandlung in eine Personengesellschaft werden nicht die Anteile, sondern das Gesellschaftsvermögen betroffen; der Wert bestimmt sich daher nach dem Aktivvermögen.

26   Über die Wertberechnung liegen zahlreiche obergerichtliche Entscheidungen vor, die oft sehr eingehend sind, teils auf die Steuer-, teils auf die Handelsbilanz abstellen, Gesellschaftsgrundstücke manchmal nur (zu Unrecht) mit dem Einheitswert ansetzen, stille Reserven, den Firmenwert, die Ertragsaussichten und derzeitige Ertragslage berücksichtigen.[38] Aus praktischen Gründen kann, außer bei erheblichen Werten, oft eine derart eingehende Ermittlung nicht vorgenommen werden, da es einem Kostenbeamten (Notar) kaum möglich und zumutbar ist, alle Bilanzposten nach ihrer wahren Bedeutung und ihrem wahren Wert zu durchleuchten. Daher wird in der Praxis zutreffend regelmäßig das Betriebsvermögen der Gesellschaft anhand der letzten Bilanz herangezogen, soweit Betriebsgrundbesitz vorhanden ist, dieser mit dem Buchwert abgezogen und mit dem gemäß § 19 ermittelten Wert addiert (Rechtsgedanke des § 26 Abs. 2 S. 3). Dies gilt auch für die Bewertung von Geschäftsanteilen an einer gemeinnützigen GmbH. Abschnitt 82 Abs. 2 der Vermögensteuerrichtlinien kann nicht zur Wertbestimmung herangezogen werden.[39] Ein Abschlag von etwa 10–30% kann jedoch im Einzelfall vorgenommen werden.[40]

27   Bei **Personengesellschaften** (OHG, KG, BGB-Gesellschaft) und Gesamthandsmassen (Gesamtgut, Nachlass) geben die Anteile eine unmittelbare Berechtigung an den zur Masse gehörenden Gegenständen, auch wo die Verfügung über Einzelgegenstände auf Grund Gesetzes oder Vertrages ausgeschlossen oder eingeschränkt ist. Das Abzugsverbot des Abs. 3 bewirkt hier, dass der kostenrechtliche Wert vom wirtschaftlichen und buchmäßigen Wert ab-

---

[35] OLG München DNotZ 1938, 109.
[36] LG Düsseldorf KostRsp. § 19 (B) Nr. 3.
[37] BayObLG JurBüro 1985, 583.
[38] Vgl. u. a. KG und OLG München DNotZ 1942, 192, 419; 1943, 11; 1944, 70 und 131; BayObLG MittBayNot 1977, 139.
[39] BayObLG JurBüro 1985, 583.
[40] BayObLG JurBüro 1992, 183; s. auch § 30 Rn. 13. Aus der Fülle der Literatur zu den einzelnen Berechnungsmodalitäten vgl. *Stephan* MittBayNot 1963, 93; *Mümmler* JVBl. 1962, 224; *ders.* JurBüro 1975, 705; *Kühnlein* JVBl. 1968, 83, 102; BayObLG JurBüro 1974, 872.

weicht. Der kostenrechtliche Wert bestimmt sich hier nach dem Anteil des Gesellschafters am Aktivvermögen der Gesellschaft ohne Schuldenabzug;[41] das gilt sowohl für Anteile an Personengesellschaften wie an Gesamthandsmassen des BGB.[42]

Da der kostenrechtliche Wert und der Wert des bürgerlichen Rechtsverkehrs hier oft weit auseinander gehen, liegen zwar viele Entscheidungen hierzu vor, es ist aber keine Lösung des Problems erfolgt.[43] Die Bewertung von Personengesellschaften weicht damit auch von derjenigen von Kapitalgesellschaften ab. Eine Korrektur kommt nur de lege ferenda in Betracht. Bis dahin gilt: Bei der Wertbemessung von Anteilen an OHG und KG, allgemeiner: an jeder Gesamthand ist der anteilige Wert des Aktivvermögens der Gesamthand maßgebend, wenn nicht in Abweichung von dem in den allgemeinen Wertbestimmungen enthaltenen Schuldenabzugsverbot des § 18 Abs. 3 ein Schuldenabzugsgebot – wie zB in §§ 39 Abs. 3 S. 1 und 2, 46 Abs. 4, 49 Abs. 2, 107 Abs. 2 – normiert ist. Abgesehen von diesen letzteren Fällen gilt bei Beurkundungen das Schuldenabzugsverbot,[44] gleichgültig – im Gegensatz zu KG DNotZ 1941, 9; 1942, 113 – ob das Geschäft eine Vereinbarung betrifft, die sich außerhalb des Beteiligtenverhältnisses bewegt, oder ob es die inneren Verhältnisse der Gesamthand berührt).[45] Auch bei Einräumung einer **atypischen Unterbeteiligung** an einem Kommanditanteil ist Ausgangswert der Anteil des Kommanditisten am Aktivvermögen ohne Abzug der Verbindlichkeiten der Gesellschaft.[46] 28

Bei der **GbR** sind die Gesellschafter im Zweifel zu gleichen Teilen berechtigt (§§ 706 Abs. 1, 722, 734 BGB), bei **Personenhandelsgesellschaften** nach dem Verhältnis der Kapitalanteile (§§ 109, 120, 121, 122, 155 Abs. 1, 167, 168 HGB), bei der **GmbH** nach dem Verhältnis der Geschäftsanteile (§§ 29 Abs. 2, 72 GmbHG, § 271 Abs. 3 AktG). 29

Der Wert eines **Erbteils** entspricht der Quote, dem Anteil des Erben am Nachlass ohne Abzug von Verbindlichkeiten. Da der **Vorerbe** bis zum Eintritt des Nacherbfalles Eigentümer der Nachlassgegenstände ist, werden die Verfügungsbeschränkungen der §§ 2113 ff. BGB nicht wertmindernd berücksichtigt.[47] Der Wert des **Nacherbenanwartschaftsrechts** ist nach § 30 Abs. 1 zu bestimmen (s. auch § 30 Rn. 57). 30

VIII. Bedingte und betagte Rechte

Eigene kostenrechtliche Vorschriften sind nur für einige derartiger Rechte gegeben, vgl. § 24 Abs. 6; iÜ ist der Wert gleich dem im bürgerlichen Rechtsverkehr. Zu unterscheiden ist, ob das **Rechtsgeschäft** als solches **bedingt** ist oder ob lediglich die Art und Höhe der **Gegenleistungen** bedingt sind. Auflösende und aufschiebende Bedingungen sind für die Bewertung, soweit es um die Begründung eines Rechtsverhältnisses geht, grundsätzlich unbeachtlich (ausführlich § 20 Rn. 9).[48] Soweit lediglich die Höhe der Leistungen bedingt ist, ist der Wert unter Berücksichtigung aller Umstände, besonders der Wahrscheinlichkeit des Bedingungseintritts, nach freiem Ermessen zu bestimmen;[49] auch der Wert der **Nach-** 31

---

[41] Ausführlich BayObLG Rpfleger 1955, 199; 1956, 255; OLG Braunschweig Rpfleger 1964, 67; OLG Celle DNotZ 1969, 632; LG München I MittBayNot 1998, 277 = ZNotP 1998, 37; OLG Zweibrücken MittBayNot 2002, 61 = ZNotP 2002, 82.
[42] Für den Erbanteil vgl. OLG Hamm DNotZ 1971, 124 = Rpfleger 1971, 77.
[43] Vgl. KG JFGErg. 23, 28 = JVBl. 1943, 99; OLG München DNotZ 1941, 502; KG JFGErg. 23, 50 = DNotZ 1942, 113; 1940, 451; 1941, 9; 1944, 7 und 71; Rpfleger 1955, 253; BayObLG Rpfleger 1955, 199.
[44] OLG München DNotZ 1941, 502; BayObLG Rpfleger 1955, 199; 1956, 256.
[45] S. *Ackermann*, Zum Abzug von Verbindlichkeiten bei der Wertermittlung von Gesamthandsmassen, JVBl. 1966, 53; DNotZ 1966, 461; OLG Celle DNotZ 1969, 631 = KostRsp. § 39 Nr. 23; JurBüro 1975, 860 f.; *Baumann* MittRhNotK 1982, 69.
[46] LG Würzburg JurBüro 1976, 502; BayObLG JurBüro 1980, 1060; MittBayNot 1983, 31.
[47] BayObLG MittBayNot 1985, 50; aA OLG Frankfurt JurBüro 1989, 403: bei Nachlassgrundstücken nur der Nutzungswert.
[48] BayObLGZ 1986, Nr. 42; *Rohs/Wedewer* § 20 Rn. 2 Fn. 3, Rn. 3.
[49] BayObLG MittBayNot 1967, 73; DNotZ 1942, 115; OLG Hamm Rpfleger 1959, 194; OLG München JFGErg. 19, 123; KG JVBl. 1940, 106; *Mümmler* JVBl. 1970, 220; *Ackermann* JVBl. 1967, 221.

erbschaft,[50] der Sicherungsübereignung der Nacherbschaft,[51] der Ausschlagung derselben,[52] der Vormundschaft, wenn Nacherbschaft zum Mündelvermögen gehört.[53]

IX. Währung

32   Wenn der Gegenstand des Geschäfts in einer anderen Währung als Euro ausgedrückt ist, hat Umrechnung nach dem Kurswert am Fälligkeitstag der Gebühr zu erfolgen. Bei der Löschung von Feingold-Hypotheken wird man den Maßstab 1 g Feingold = 2,790 RM/DM = 1,4265 Euro noch anwenden können.

X. Lastenausgleichsabgaben und -ansprüche, Vermögensabgabe

33   Diese Angaben und Ansprüche haben keine besondere kostenrechtliche Bedeutung mehr, da Stichtag für die letzten Vierteljahresbeträge bezüglich Vermögensabgabe (und Hypothekengewinnabgabe) der 10. 2. 1979 war; vgl. allgemein ausführlich 9. Aufl. Rn. 29–36.

§ 19* Sachen

(1) ¹Der Wert einer Sache ist der gemeine Wert. ²Er wird durch den Preis bestimmt, der im gewöhnlichen Geschäftsverkehr nach der Beschaffenheit der Sache unter Berücksichtigung aller den Preis beeinflussenden Umstände bei einer Veräußerung zu erzielen wäre; ungewöhnliche oder nur persönliche Verhältnisse bleiben außer Betracht.

(2) ¹Bei der Bewertung von Grundbesitz ist der letzte Einheitswert maßgebend, der zur Zeit der Fälligkeit der Gebühr bereits festgestellt ist, sofern sich nicht aus dem Inhalt des Geschäfts, den Angaben der Beteiligten, Grundstücksbelastungen, amtlich bekannten oder aus den Grundakten ersichtlichen Tatsachen oder Vergleichswerten oder aus sonstigen ausreichenden Anhaltspunkten ein höherer Wert ergibt; jedoch soll von einer Beweisaufnahme zur Feststellung eines höheren Wertes abgesehen werden. ²Wird der Einheitswert nicht nachgewiesen, so ist das Finanzamt um Auskunft über die Höhe des Einheitswerts zu ersuchen; § 30 der Abgabenordnung steht der Auskunft nicht entgegen. ³Ist der Einheitswert noch nicht festgestellt, so ist dieser vorläufig zu schätzen; die Schätzung ist nach der ersten Feststellung des Einheitswerts zu berichtigen; die Frist des § 15 Abs. 1 beginnt erst mit der Feststellung des Einheitswerts.

(3) Ist der Einheitswert maßgebend, weicht aber der Gegenstand des gebührenpflichtigen Geschäfts vom Gegenstand der Einheitsbewertung wesentlich ab oder hat sich der Wert infolge bestimmter Umstände, die nach dem Feststellungszeitpunkt des Einheitswerts eingetreten sind, wesentlich verändert, so ist der nach den Grundsätzen der Einheitsbewertung geschätzte Wert maßgebend.

(4) ¹Bei einem Geschäft, das die Überlassung eines land- oder forstwirtschaftlichen Betriebes mit Hofstelle durch Übergabevertrag, Erbvertrag oder Testament, Erb- oder Gesamtgutsauseinandersetzung oder die Fortführung des Betriebes in sonstiger Weise einschließlich der Abfindung weichender Erben betrifft, ist das land- und

---

[50] KG JFGErg. 21, 82 = DNotZ 1941, 181; anders bei Verträgen mit dem Vorerben, vgl. OLG Hamburg DNotZ 1965, 238.
[51] KG JFGErg. 19, 69.
[52] OLG München JFGErg. 19, 123.
[53] KG JVBl. 1940, 106.
* § 19 neu gefasst durch Gesetz vom 28. 12. 1968 (BGBl. I S. 1458), Abs. 4 und 5 angefügt durch Gesetz vom 15. 6. 1989 (BGBl. I S. 1082), Abs. 2 S. 2 und Abs. 3 geändert durch Gesetz vom 24. 6. 1994 (BGBl. I S. 1325), Abs. 4 S. 2 angefügt durch Gesetz vom 19. 4. 2006 (BGBl. I S. 866); Abs. 2 S. 3 geändert durch Gesetz vom 22. 12. 2006 (BGBl. I S. 3416).

forstwirtschaftliche Vermögen im Sinne des Bewertungsgesetzes mit dem Vierfachen des letzten Einheitswertes, der zur Zeit der Fälligkeit der Gebühr bereits festgestellt ist, zu bewerten; Absatz 2 Satz 2 und 3 und Absatz 3 gelten entsprechend. ²In dem in Art. 3 des Einigungsvertrages genannten Gebiet gelten für die Bewertung des land- und forstwirtschaftlichen Vermögens die Vorschriften des Dritten Abschnitts im Zweiten Teil des Bewertungsgesetzes mit Ausnahme von § 125 Abs. 3; § 126 Abs. 2 des Bewertungsgesetzes ist sinngemäß anzuwenden.

(5) Ist der nach Absatz 2 bis 4 festgestellte Wert höher als der gemeine Wert, so ist der gemeine Wert maßgebend.

Übersicht

	Rn.		Rn.
I. Sachen	1–4	15. Erbbaugrundstück	42
1. Sachen, Sachgesamtheiten	1, 1 a	16. Erbbaurecht	43
2. Grundstücksgleiche Rechte	2	17. Grundakten	44–48
3. Hauptgegenstand	3, 4	18. Vergleichswerte	49–53
II. Bewegliche Sachen	5–8	19. Sonstige Anhaltspunkte	54–66
III. Grundbesitz	9–77	20. Öffentliche Grundstücke	67–68 a
1. Schätzwert	9, 9 a	21. Einheitswert	69
2. Verkehrswert, Einheitswert	10–16	22. Bewertungszeitpunkt	70–72
3. Inhalt des Geschäfts	17, 18	23. Abweichung vom Einheitswert (Abs. 3)	73–77
4. Angaben der Beteiligten	19–24		
5. Ertragswert	25–25 b	IV. Land- und forstwirtschaftlicher Betrieb (Abs. 4)	78–97
6. Grundstücksbelastungen	26–30	1. Vorbemerkung	78
7. Amtlich bekannte Tatsachen	31–45	2. Anwendungsbereich	79–86
a) § 74 a Abs. 5 ZVG	32	a) Fortführungsgeschäfte	79–82
b) Bodenrichtwerte	33	b) Betriebsgröße	83
8. Kaufpreissammlungen	34	c) Ertrag	83 a
9. Preisindex für Wohngebäude	35–35 g	d) Hofstelle	84, 85
a) Allgemein	35	e) Personenkreis	86
b) Formel	35 a	3. Fortführungstendenz	87–90 a
c) Besonderheiten für Eigentumswohnungen	35 b	a) Objektive Kriterien	88–88 c
d) Sicherheitsabschlag	35 c	b) Absicht der Fortführung	89
e) Weitere wertändernde Umstände	35 d	c) Verpachteter Grundbesitz	90, 90 a
f) Bodenwert	35 e	4. Geschäfte im Einzelnen	91–94 b
g) Restwert	35 f	a) Übergabevertrag	92
h) Indexzahlen	35 g	b) Testament und Erbvertrag	93
10. Waldflächen	36	c) Sonstige Rechtsgeschäfte	94
11. Wasserflächen	37	d) Eröffnung letztwilliger Verfügungen	94 a
12. Bewertung von Bauerwartungsland	38	e) Vollmachten	94 b
13. Landwirtschaftlicher Grundbesitz	39	5. Rechtsfolgen	95–96 a
		6. Landwirtschaftlicher Grundbesitz im beigetretenen Gebiet	97
14. Vervielfältigung des Einheitswertes	40, 41	V. Verfassungsrechtliche Fragen	98–100
		VI. Notare	101

Schrifttum: *Ackermann* JVBl. 1969, 97; 121, 145, 169; Rpfleger 1973, 284; PrüfAbt. Notarkasse MittBayNot 1976, 115; *Böhringer* BWNotZ 1986, 160; ders. BWNotZ 1989, 97; *Reimann* MittBayNot 1989, 117; *Faßbender,* Das Kostenprivileg der Landwirtschaft, Kommentar, 1991.

Stichwortverzeichnis

Amtlich bekannte Tatsachen 31
Angabe der Beteiligten 19
keine Bindung des Gerichts 21
Austauschprinzip (Vergleich nach § 39 Abs. 2) 96

Bauerwartungsland 42 b
Bauland 95
Belastungen (kein Abzug) 3
Betriebsgröße 83

Betriebsgrundstücke 76
– Mindestgröße 83
BGB-Gesellschaft 88 b
Beweisaufnahmeverbot 100
Bewertungszeitpunkt 7, 70–72
Bodenrichtwerte 33
Brandversicherungswert 58
DDR-Gebiete (frühere) 66
Eigentum (Definition) 88

Eigentümergrundpfandrechte 30
Einheitswert 10, 69
– Abweichung 73–77
Erbbauzins 63
Erbschein (landw. Hofstelle) 93
Ertrag 83 a
Ertragswertverfahren 20
Familienstiftung 92
Fischereirechte 80
Fischteichwirtschaft 80
Forellenzucht 80
Flurbereinigungswerte 61
Förderungsprogramm (staatliches) 81
Forstwirtschaftlicher Betrieb 78–97
Fortführungstendenz 87
Gartenbaubetrieb 80
Gegenleistungen 62
Gesamtbelastungen 29
Gleichheitsgrundsatz 98
GmbH-Anteile 1 a
Großbetrieb 83
Grünanlagen 68 a
Grundakten 46
Grundstücksabtrennungen 89
Grundstücksbelastungen 26
Grundstücksgleiche Rechte 2
GrdstVG (Zuweisungsverfahren § 13) 93
Hofstelle (Begriff) 84
Holzverarbeitungsbetrieb 80 a
Inhalt des Geschäfts 17
Jagdrechte 80
Kaufpreissammlungen 34
Kommanditgesellschaft 92
Kulturlandschaftspflege 81
Landwirtschaftlicher Betrieb 78–97
Landwirtschaftlicher Grundbesitz 43
– im beigetretenen Gebiet 97
Letztwillige Verfügung 94 a

Mietwohngrundstücke 20
Notare (Anwendbarkeit) 101
Öffentliche Grundstücke 67
– Widmung 67
Öffentlich geförderter Wohnungsbau 67
Pachtvertrag 88
Pensionstierhaltung 80
Personenkreis 86
Pflichtteilsanspruch (Wertermittlung) 57
Preisindex (mit Basis-Angaben) 35–35 g
Prozesswerte 65
Rechtsfolge 95
Sachgesamtheiten 1, 1 a
Sachverständigengutachten 20
Schätzwert 9, 9 a
Sägewerk 80 a
Sonstige Rechtsgeschäfte 94
Stillgelegter Betrieb 89
Straßenflächen 68 a
Testament und Erbvertrag 94
Übergabevertrag 93
Umlegungswerte 60
Verfügungen von Todes wegen 64
Vergleichswerte 51
Verkehrsflächen 68 a
Verkehrswert 10, 11
Verpachteter Grundbesitz 90
Verwalter 88
Veräußerungsverbot 96 a
Vollmacht 94 b
Waldflächen 34
Wasserflächen 34 a
Wegeflächen 68 a
Weinbau 83
Wertermittlungsrichtlinien 34 a
Wertschätzung 19
Wirtschaftliche Einheit 85

I. Sachen

1. Sachen, Sachgesamtheiten

1 § 19 bestimmt den Geschäftswert von – beweglichen und unbeweglichen (Immobilien) – **Sachen** (§ 90 BGB). Er gilt, wenn Gegenstand des Geschäfts die Sache als solche ist (also nicht nur ein schuldrechtliches oder dingliches Recht an der Sache), aber auch für die Bewertung von Sachen als Teil von **Sachgesamtheiten,** Vermögensmassen usw. Werden zB Geschäftsanteile an einer GmbH übertragen, ist deren wirtschaftlicher Wert maßgebend, während bei Übertragung von Beteiligungen an Personengesellschaften, wie zB bei OHG oder KG, das anteilige Aktivvermögen, gemäß § 18 Abs. 3 ohne Schuldenabzug, anzunehmen ist. Bei Beteiligungen an Personengesellschaften ist stets die aktuelle Bilanz oder die dem Geschäft zugrunde gelegte Bilanz maßgebend; darin enthaltener Grundbesitz ist stets mit dem nach § 19 zu bestimmenden Wert zu berücksichtigen und zwar durch Ersetzen des Buchwertes durch den Verkehrswert. Dies ist dadurch begründet, dass die zum Betriebsvermögen gehörenden Grundstücke nicht mit dem aktuellen Verkehrswert in der Bilanz enthalten sind, sondern mit dem jeweils zum Stichtag maßgeblichen Buchwert unter Berücksichtigung von Abschreibungen.[1]

1 a Nicht vinkulierte **GmbH-Anteile** sind nach § 19 Abs. 1 regelmäßig nach dem sog. Berliner Verfahren, das in gleicher Weise den Unternehmenssubstanzwert als auch den Er-

---

[1] Vgl. *Filzek* § 19 Rn. 2 mit Hinweis auf *Wielgoss* JurBüro 2002, 133.

tragswert berücksichtigt, unter Abzug eines angemessenen Abschlags zu bewerten. Liegen konkrete höhere Kaufangebote vor, sind diese zu berücksichtigen. Bestehen bei vinkulierten GmbH-Anteilen keine konkreten Anhaltspunkte dafür, dass die Mitgesellschafter die Anteilsveräußerung genehmigen oder dass der Verkauf des gesamten Unternehmens geplant ist, so ist für die Schätzung des Geschäftswertes nach § 19 Abs. 1 die Höhe des gesellschaftsrechtlich zu bestimmenden Abfindungsbetrags bei Austritt aus der Gesellschaft maßgebend. Ist im Gesellschaftsvertrag nichts bestimmt, entspricht der Abfindungsbetrag dem anteiligen Unternehmenswert. Ist jedoch im Gesellschaftsvertrag ein Verfahren für die Ermittlung der Abfindung in wirksamer Weise bestimmt, so ist diese grundsätzlich für die Schätzung maßgebend. Etwaige Chancen, durch Verhandlungen eine höhere Abfindung zu erreichen oder Maßnahmen der willkürlichen Verfälschung des Ertragswerts durch verdeckte Gewinnausschüttungen können durch angemessene Zuschläge zu den ermittelten Abfindungsbeträgen berücksichtigt werden.[2]

2. Grundstücksgleiche Rechte

§ 19 gilt ferner für grundstücksgleiche Rechte: Erbbaurecht (vgl. § 21 Rn. 6), Wohnungseigentum, Wohnungserbbaurecht, Teileigentum und Teilerbbaurecht, sofern nicht Sonderregelungen eingreifen: § 21 für die Begründung. Für sonstige Rechte fehlt zwar eine allgemeine Norm; jedoch bestehen zahlreiche Einzelvorschriften (§§ 20 Abs. 2, 22 bis 24). Soweit diese nicht Platz greifen, ist der Wert nach § 30 zu ermitteln. **2**

3. Hauptgegenstand

Maßgebend ist der Hauptgegenstand (§ 18 Abs. 2), einschließlich der wesentlichen Bestandteile (§§ 93 ff. BGB) und des Zubehörs (§ 97 BGB), soweit es Gegenstand des Geschäftes ist (vgl. Rn. 74, 75). **3**

Belastungen werden nicht abgezogen (§ 18 Abs. 3). Anders jedoch, wenn Gegenstand **4** Geschäftsanteile an einer GmbH sind, weil deren Wert dem wirtschaftlichen Wert entspricht. Dieser wird, sofern nicht ohnehin nach dem Ertragswert bestimmt, unter Abzug der bestehenden Verbindlichkeiten der GmbH errechnet, die Schulden sind also der GmbH unmittelbar zuzurechnen.

II. Bewegliche Sachen

Der Wert beweglicher Sachen bestimmt sich nach Abs. 1, nach dem dort definierten **5** **gemeinen Wert.** „Gewöhnlicher Geschäftsverkehr" ist derjenige, der eine freie Preisgestaltung ermöglicht; dies ist zB bei Notverkäufen, Verwandtengeschäften, Versilberung im Insolvenzverfahren nicht der Fall, desgleichen nicht bei vorübergehendem Angebots- oder Nachfrageüberhang.

Markt- und Börsennotierungen erleichtern die Feststellung des gemeinen Wertes. Die **6** Herstellungskosten können erforderlichenfalls herangezogen werden, wobei jedoch entsprechend dem Alter der Sache eine Abschreibung erfolgen muss, sofern nicht ausnahmsweise der Verkehrswert gestiegen ist.

Maßgeblicher **Bewertungszeitpunkt** ist die Fälligkeit der Gebühr (§ 18 Abs. 1). **7**

Der Wert wird nach § 31 festgestellt, s. dort. **8**

III. Grundbesitz

1. Schätzwert

Für den Wert von Grundstücken gilt grundsätzlich das Gleiche wie für bewegliche Sa- **9** chen, vorstehend Rn. 5 ff., es ist also der **gemeine Wert,** der Verkehrswert maßgebend (sofern das Grundstück überhaupt im gewöhnlichen Geschäftsverkehr veräußert werden kann).[3] Der Verkehrswert wird durch den Preis bestimmt, der im gewöhnlichen Geschäftsverkehr nach der Beschaffenheit der Sache unter Berücksichtigung aller den Preis beein-

---

[2] OLG München NZG 2006, 65 = DStR 2005, 2096 = DB 2005, 2810.
[3] OLG Karlsruhe Justiz 1975, 107; s. auch Rn. 67 ff.

flussenden Umstände bei einer Veräußerung zu erzielen wäre.[4] Dieser Wert lässt sich noch weniger als bei beweglichen Sachen mathematisch exakt errechnen, vielmehr nur schätzen;[5] der Wert ist also Ermessenswert (so auch § 19 Abs. 3: a) „wesentlich" verändert, b) „freies Ermessen").

9a Fehlen Anhaltspunkte für die Wertbestimmung nach § 19 Abs. 2, verweist der Gesetzeswortlaut in Satz 1 auf den letzten Einheitswert, der zur Zeit der Fälligkeit der Gebühr bereits festgestellt ist. Bei der Bewertung eines bebauten Grundstücks nach § 19 Abs. 2 können sowohl das Gericht wie auch der Notar den Wert frei schätzen, wenn der Kostenschuldner sich entgegen seiner Mitwirkungspflicht beharrlich weigert, die ihm ohne Schwierigkeiten zugänglichen Brandversicherungsurkunden zu beschaffen und dadurch eine sachgerechte Bewertung von Gebäuden zu ermöglichen.[6] Ist der Notar im Rahmen der Wertfestsetzung auf Unterlagen und Angaben der Beteiligten angewiesen, sind diese auf Mitwirkung und Vorlage verpflichtet. Eine Weigerung soll den Beteiligten zwar keine Nachteile aber auch keine Vorteile bringen.

2. Verkehrswert, Einheitswert

10 Im Gegensatz zu beweglichen Sachen bildet der Verkehrswert jedoch nicht absolut den Geschäftswert: Eine **Beweisaufnahme** zu seiner Feststellung ist **unzulässig** (Abs. 2 S. 2), eine förmliche Beweiserhebung (§ 31 Rn. 32) darf mit anderen Worten nicht stattfinden; aber auch der Freibeweis (§ 31 Rn. 31) ist – entgegen Stimmen in der Rspr. – Beweisaufnahme und deshalb beschränkt auf die sich aus Abs. 2 S. 1 ergebenden Beweismittel. Die Einholung eines Sachverständigengutachtens widerspricht gleichfalls dem Beweisaufnahmeverbot. Dennoch kann ein unzulässig eingeholtes **Sachverständigengutachten** für die Bewertung des Grundbesitzes verwendet werden.[7]

11 Das bedeutet: Der Gebührenberechnung wird der Verkehrswert nur zugrunde gelegt, wenn er **allgemeinkundig** oder **gerichtskundig** ist (§ 15 FGG, § 291 ZPO), also des Beweises nicht bedarf.

12 Ist der Verkehrswert nicht allgemein- oder gerichtskundig, so ist gemäß dem **Untersuchungsgrundsatz**[8] von Amts wegen Beweis zu erheben, und zwar im Wege des Freibeweises, beschränkt auf die für Abs. 2 S. 1 erforderlichen Beweismittel.

13 Gelingt dieser Beweis, so ist der **Verkehrswert** Geschäftswert.

14 Führt die Beweiserhebung zu einem geringeren Wert als dem Verkehrswert, so ist dieser Geschäftswert, falls er **höher ist als der Einheitswert**.

15 Ein solch höherer Wert kann auch allgemein- oder gerichtskundig, also nicht beweisbedürftig sein: der „höhere Wert" ist maßgebend.

16 Ergibt sich ein höherer Wert nicht durch die Beweiserhebung, ist er auch nicht allgemein- oder gerichtskundig, so bildet der **Einheitswert** den Geschäftswert. Die Festsetzung des Geschäftswertes auf den Einheitswert wird sich aber auf absolute Ausnahmefälle beschränken, da Abs. 2 genügende Anhaltspunkte für die Wertermittlung bietet (s. iÜ Rn. 9a). Bei der Wertermittlung nach § 19 Abs. 2 darf jedoch ein höherer Wert als der Verkehrswert nicht zugrunde gelegt werden.[9] Zur Frage, ob eine Hochrechnung durch Vervielfältigung des Einheitswertes zulässig ist, s. Rn. 40.

3. Inhalt des Geschäfts

17 Der Verkehrswert oder ein höherer Wert als der Einheitswert kann sich „aus dem Inhalt des Geschäfts ergeben". Dies ist der Fall, wenn aus allen Vorgängen des einzelnen gebührenpflichtigen Geschäfts, aber auch nur aus diesen, der Wert gerichtskundig (§ 291 ZPO) wird. Ent-

---

[4] BayObLG JurBüro 1982, 1548; JurBüro 1985, 434.
[5] BGH DNotZ 1963, 492 = MDR 1963, 396; BGHZ 29, 217, 219; BayObLG JurBüro 1994, 237; 1999, 376; vgl. auch *Lappe* NJW 1981, 1736, 1741.
[6] BayObLG JurBüro 1994, 237; MittBayNot 1993, 230; BayObLGZ 1993 Nr. 42; 1993, 173.
[7] BayObLG MittBayNot 2000, 57 = JurBüro 1999, 357.
[8] § 31 Rn. 26; vgl. OLG Hamm DNotZ 1971, 125 = Rpfleger 1971, 75; KG DNotZ 1972, 624 = Rpfleger 1972, 185; OLG Karlsruhe Justiz 1975, 392; OLG Düsseldorf JurBüro 1985, 435.
[9] BayObLG MittBayNot 1984, 214.

sprechend dem Wesen des Grundstückswertes (Rn. 9) bedeutet dies nicht, dass der Wert beziffert genannt oder exakt errechenbar ist, vielmehr genügen die Voraussetzungen einer zuverlässigen Feststellung nach Ermessen.

Beispiel 1: Gesellschaftsvertrag über Gründung einer OHG mit gleichberechtigten Gesellschaftern; alle bringen 100 000 Euro bar ein, nur einer ein unbelastetes Grundstück. Grundstückswert: mindestens 100 000 Euro. 18

Beispiel 2: Die Erbengemeinschaft, bestehend aus A, B und C als Miterben zu gleichen Teilen, setzt sich über ein unbelastetes Grundstück in der Weise auseinander, dass C das Grundstück zu Alleineigentum übertragen wird. C zahlt an A und B je 100 000 Euro. Wert des Grundstücks mindestens 300 000 Euro.

4. Angaben der Beteiligten

Der Verkehrswert oder ein höherer Wert als der Einheitswert kann sich „aus den Angaben der Beteiligten ergeben". Die Wertermittlung geschieht von Amts wegen und nach dem Untersuchungsgrundsatz, die Beteiligten sind zur Mitwirkung (§ 31 Rn. 26) und dabei zur Wahrheit verpflichtet (§ 138 ZPO; vgl. § 15 Rn. 33). Demzufolge hat der Beteiligte, wenn er weiß, dass demnächst die Veräußerung einen höheren Verkaufserlös erzielt als den nach § 19 Abs. 2 ermittelten Wert, den höheren Wert zu nennen,[10] weil dieser maßgebend ist.[11] Bei Verletzung der Mitwirkungs- und Wahrheitspflicht und beharrlicher Weigerung, geeignete Bewertungsunterlagen beizubringen, ist der Notar zur **Wertschätzung** berechtigt (s. auch Rn. 9 a).[12] Im Übrigen wird das Unterlassen der Mitwirkungs- und Wahrheitspflicht hier – sonst § 31 Abs. 2 S. 2 – folgenlos bleiben; s. aber Rn. 71. 19

Machen die Beteiligten Angaben über den Grundstückswert, sind diese in aller Regel zu beachten. Geben die Vertragsparteien einen höheren Wert an als sich aus den Bodenrichtwerten ergeben würde, ist dieser bei der Bewertung in aller Regel maßgebend. Die Vertragsparteien haben sich in diesem Fall über den Wert eines Grundstücks selbst eine konkrete Vorstellung gemacht, die Bodenrichtwerte beruhen dagegen auf Vergleichswerten von Grundstücken in gleicher Lage und Gegend. Die Vorstellungen einer Partei, die auch in die Kaufpreisfindung eingehen, haben demgegenüber eine größere Richtigkeitsgewähr.[13] Beteiligte sind diejenigen des gebührenpflichtigen Geschäfts nach dem Verfahrensrecht der FGG; nicht der Notar (für ihn gilt aber § 31 a), nicht der Anwalt, er ist nur Beteiligter des Wertfestsetzungsverfahrens (§ 31 Rn. 27). Den Beteiligten ist wechselseitig rechtliches Gehör zu gewähren.[14] 20

Die „Angaben" gehen über den Inhalt des Geschäfts (Rn. 17, 18) hinaus, sie beziehen sich allein auf den Geschäftswert. Bezifferte Angaben sind nicht nötig, sie müssen jedoch einen Schluss auf den Wert zulassen. 21

Das Gericht ist entsprechend dem Untersuchungsgrundsatz an die Angaben – uU widersprechenden Angaben verschiedener Beteiligter – nicht gebunden;[15] es kann hinter ihnen zurückbleiben, wenn sie ihm überhöht erscheinen, es kann aber auch nach anderen Beweismitteln über sie hinausgehen. 22

Den Beteiligten muss bewusst sein, dass die Angaben für den Wert und damit für die Gebühren Bedeutung haben. 23

Beispiel: Der Veräußerer gibt an, das Grundstück seinem Sohn übertragen zu haben zum Zwecke der Gleichstellung mit seiner Tochter, der er Aktien im Kurswert von 200 000 Euro geschenkt habe. Grundstückswert: mindestens 200 000 Euro. 24

5. Ertragswert

Problematisch ist eine Hochrechnung des Verkehrswertes durch eine Vervielfältigung der Jahresmiete. Es ist zwar allgemein anerkannt, dass der Verkehrswert eines Mietshauses 25

---

[10] OLG Frankfurt JurBüro 1988, 1198.
[11] BayObLG JurBüro 1989, 824.
[12] BayObLG MittBayNot 1993, 230.
[13] RNotZ 2006, 198 = FGPrax 2006, 134 = JurBüro 2006, 324 = MittBayNot 2006, 531 m. Anm. PrüfAbt. Notarkasse = ZNotP 2007, 76 m. Anm. *Tiedtke*.
[14] OLG Düsseldorf DNotZ 1973, 572 = Rpfleger 1973, 72.
[15] Vgl. OLG Hamm DNotZ 1974, 488 = Rpfleger 1973, 329.

oder einer gewerblichen Objektes in etwa der 10–15fachen Jahresmiete entspricht,[16] jedoch hängt der konkrete Multiplikator von vielen Faktoren ab, die der Notar nicht einschätzen kann. Eine Hochrechnung auf der Grundlage der Jahresmiete wird man deshalb nur dann für zutreffend halten können, wenn die vom Eigentümer vorgelegten Zah-len eine ausreichende Basis für die Feststellung des Geschäftswerts nach der Ertragswer-tmethode bieten und konkrete Kenntnisse für den zu nehmenden Multiplikator vorliegen.

25 a   Insbesondere bei **Mietwohngrundstücken** kann auch der nach dem „Ertragswertverfahren" ermittelte Wert anstelle des im „Sachwertverfahren" ermittelten Wertes angesetzt werden.[17] Nach den Gepflogenheiten des Grundstücksmarktes wird der Verkehrswert von Mietwohngrundstücken meist im Ertragswertverfahren ermittelt, weil bei ihnen der nachhaltig erzielbare Ertrag im Vordergrund der Erwägungen von Interessenten steht. Diese Bewertungsmethode ist insbesondere dann anerkannt, wenn sich der Kostenschuldner ausdrücklich darauf beruft, wenn er eine Ertragswertberechnung und etwa erforderliche Unterlagen vorlegt.[18] Die Ermittlung des Grundstückswertes auf der Grundlage des Ertragswertes setzt eine zuverlässige und nachprüfbare Berechnung voraus. Die Vorlage eines Sachverständigengutachtens kann nicht verlangt werden, dies würde dem Beweisaufnahmeverbot widersprechen.[19] Die Berechnung des Ertragswertes nach den Bestimmungen der §§ 15 ff. WertVO ist jedoch zulässig.[20]

25 b   Für **Hotelgrundstücke** wird man eine Bewertung nach dem Ertragswertverfahren ablehnen müssen, insbesondere deshalb, weil der Ertrag bei einem Hotel stark von der Art der Betriebsführung und der Tüchtigkeit des Betriebsinhabers abhängt.[21]

6. Grundstücksbelastungen

26   Der Verkehrswert oder ein höherer Wert als der Einheitswert kann sich auch aus den Grundstücksbelastungen ergeben.[22] Grundstücksbelastungen sind eine **gerichtskundige Tatsache,** bedürfen also nicht des Beweises (§ 291 ZPO). Auf den Grundstückswert gestatten sie nur einen (nicht immer) zuverlässigen Schluss, wenn es sich um Zwangshypotheken, Verwandtenrechte und dergleichen handelt.

27   Belastungen mit **Grundpfandrechten** sind ein ausreichender Anhaltspunkt für einen ihren Nennwert übersteigenden Wert des belastenden Grundstücks.[23] Allerdings kann eine über den Nennwert von Grundpfandrechten hinausgehende Bewertung durch Belastung des Gegenstandes nur dann in Betracht kommen, wenn bei den Belastungen die Art des gesicherten Kredits, insbesondere der Beleihungswert und die Beleihungsgrenze genügend bekannt sind. Der Beleihungswert selbst darf den Verkehrswert nicht übersteigen; eine bestimmte Relation zwischen Verkehrswert und Beleihungswert besteht jedoch nicht (zB Risikoabschläge bei gewerblich genutzten Grundstücken). Allgemein wird angenommen, dass der Beleihungswert ca. 60–85% des Verkehrswerts darstellt.

28   Problematisch ist unter Berufung auf § 74a ZVG die pauschale Multiplikation der Summe der Belastungen mit $^{10}/_7$,[24] es sei denn Beleihungswert und -grenze sind bekannt.[25]

---

[16] *Filzek* § 19 Rn. 5 m. Hinweis auf BayObLG MittRhNotK 2000, 358 = NJW-RR 2000, 287.
[17] OLG Köln JurBüro 1990, 1016.
[18] BayObLG MittBayNot 2000, 469 = NJW-RR 2001, 287 mwN = JurBüro 2001, 433 = ZNotP 2000, 405.
[19] OLG Düsseldorf FGPrax 2001, 259 = Rpfleger 2002, 47.
[20] OLG Düsseldorf FGPrax 2001, 259 = Rpfleger 2002, 47.
[21] BayObLGZ 1979, 69, 78 ff.; BayObLG MittBayNot 2005, 210.
[22] OLG Oldenburg JurBüro 1971, 952 = Rpfleger 1971, 373; OLG Karlsruhe Justiz 1974, 304 betr. Rangvorbehalt; LG Bayreuth MDR 1976, 324 und OLG Hamm Rpfleger 1987, 129 betreffend Erbbaurecht; LG Wuppertal DNotZ 1979, 679 = JurBüro 1978, 1553.
[23] OLG Oldenburg JurBüro 1971, 952 = Rpfleger 1971, 373; BayObLG MittBayNot 1978, 25 = Rpfleger 1978, 70; aA OLG Düsseldorf DNotZ 1970, 760 = Rpfleger 1970, 409; OLG Hamm JVBl. 1969, 255.
[24] So OLG Oldenburg DNotZ 1972, 505; LG Bayreuth MDR 1976, 324.
[25] BayObLG MittBayNot 1978, 25 = Rpfleger 1978, 70.

Nach OLG Hamm[26] verstößt es nicht gegen das Beweisaufnahmeverbot, wenn sich durch Anfrage bei dem Kreditinstitut der Verkehrswert klären lässt.

Gesamtbelastungen sind nur bedingt verwendbar.[27] 29

Auch **Eigentümergrundpfandrechte** sind Grundstücksbelastungen, aus denen der Verkehrswert ermittelt werden kann. Hierbei ist unbeachtlich, ob es sich um originäre Eigentümergrundpfandrechte handelt oder um solche, die kraft Gesetzes (§§ 1163, 1177 BGB) entstanden sind. Überhaupt spielt die Tatsache, ob ein Grundpfandrecht valutiert ist oder nicht, für die Geschäftswertermittlung keine Rolle. Demzufolge ist auch unbeachtlich, ob Eigentümergrundpfandrechte außerhalb des Grundbuchs abgetreten wurden oder nicht. 30

7. Amtlich bekannte Tatsachen

Der Verkehrswert oder ein höherer als der Einheitswert kann sich „aus amtlich bekannten Tatsachen" ergeben. Dies sind Tatsachen, die keines Beweises bedürfen (§ 291 ZPO). Amtliche Tatsachen sind insbesondere: 31

a) § 74a Abs. 5 ZVG. Wertfestsetzungen gemäß § 74a Abs. 5 ZVG (ggf. abzüglich beweglicher Gegenstände!). 32

b) Bodenrichtwerte. Die veröffentlichten oder auch eingeholten Bodenrichtwerte (§ 193 Abs. 3 BauGB); sie ergeben mit Zu- und Abschlägen[28] für den Einzelfall Mindestwerte;[29] wegen der Addition des Gebäudewertes s. Rn. 58. 33

8. Kaufpreissammlungen

Die veröffentlichten Daten aus den Kaufpreissammlungen (§§ 195, 196 BauGB); hier gilt das Gleiche wie Rn. 33. 34

9. Preisindex für Wohngebäude

a) Allgemein. Sofern eine Bewertung anhand des Brandversicherungswertes (s. Rn. 58) nicht möglich oder nicht zweckmäßig erscheint, kann die Bewertung des Grundstückswertes (einschließlich Gebäude) sowohl für Grundstücke, die mit Einfamilien- oder Mehrfamilienhäuser bebaut sind wie auch für Eigentumswohnungen durch Hochrechnung des Baupreisindexes erfolgen.[30] Die Preisindizes für Wohngebäude (Bekanntmachung der Obersten Baubehörde im Bayerischen Staatsministerium des Innern im AllMBl.) erlauben die Ableitung des Geschäftswertes für Grundstücke, die mit Einfamilien- oder Mehrfamilienhäusern bebaut sind wie auch für Eigentumswohnungen aus früheren Werten (Durchschnittszahlen) durch Hochrechnung des jeweils aktuellen Baupreisindizes. Damit besteht die Möglichkeit, den Verkehrswert zB für Eigentumswohnungen durch Hochrechnung eines zu einem früheren Zeitpunkt bekannten Wohnungswertes (Kaufpreis, Herstellungskosten) nach dem Baupreisindex zu ermitteln. 35

b) Formel. Für die Bewertung ist folgende Formel anzuwenden: Der frühere Immobilienwert ist mit dem mittleren Index zum Bewertungszeitpunkt (= Zeitpunkt der Gebührenfälligkeit) zu multiplizieren und durch den mittleren Index zu dividieren, der zum Zeitpunkt der früheren Wertermittlung maßgebend war. Der so ermittelte Immobilienwert ist um die altersbedingte technische Wertminderung (Anlage 8a bzw. 8b WertR 2006 idF vom 1. 7. 2006, BAnz. Nr. 121 S. 4798) sowie einen Sicherheitsabschlag von 10% zu kürzen. In der im Anhang D abgedruckten Tabelle über den mittleren Preisin- 35a

---

[26] Rpfleger 1980, 243.
[27] OLG Hamm MDR 1976, 324; LG Wuppertal JurBüro 1975, 1631 = KostRsp. Nr. 92; OLG Zweibrücken Rpfleger 1986, 496.
[28] Regelmäßig Abschlag von 25%, KG DNotZ 1974, 486 = Rpfleger 1974, 36; BayObLG DNotZ 1972, 246 = Rpfleger 1971, 309; DNotZ 1995, 779 = MittBayNot 1995, 159; OLG Köln JurBüro 1984, 1883; OLG Düsseldorf JurBüro 1985, 435; BayObLG MittBayNot 1995, 159; KG DNotZ 1995, 790.
[29] BayObLG Rpfleger 1972, 464; 1975, 37; BayObLGZ 1976, 89 = Rpfleger 1976, 375; OLG Hamm DNotZ 1974, 311 = Rpfleger 1973, 228; OLG Köln JurBüro 1984, 1883; OLG Düsseldorf JurBüro 1985, 435.
[30] MittBayNot 2006, 88 und 2007, 80.

dex ist dieser Sicherheitsabschlag nicht eingerechnet. Sofern der frühere Immobilienwert noch auf DM lautet, ist dieser zunächst mit dem amtlichen Kurs von 1,95583 auf Euro umzurechnen.

35 b **c) Besonderheiten für Eigentumswohnungen.** Bei Eigentumswohnungen bemisst sich die vorgenannte altersbedingte technische Wertminderung nach der Anlage 8a WertR 2006, bei anderen Immobilien nach der Anlage 8b WertR 2006. Die gegenüber der Anlage 8b WertR 2006 geringere Wertminderung bei Eigentumswohnungen berücksichtigt die von den Wohnungseigentümern zu bildenden Instandhaltungsrücklagen, die kontinuierliche Instandhaltungsmaßnahmen zur Folge haben und sich demzufolge regelmäßig wertsteigernd auswirken. Somit wäre zB bei einer 1990 erstellten Eigentumswohnung bei einer Gebührenfälligkeit im Jahr 2005 ein Wertminderungsabschlag von 9% nach Anlage 8a WertR 2006 (Restnutzungsdauer der Immobilie von 85 Jahren), bei sonstigen Immobilien ein solcher von 15% nach Anlage 8b WertR 2006 vorzunehmen.

35 c **d) Sicherheitsabschlag.** Von dem nach den obigen Grundsätzen ermittelten Immobilienwert ist im Allgemeinen der vom BayObLG[31] festgelegte Sicherheitsabschlag von 10% vorzunehmen, da in den Indexzahlen keine Abschläge enthalten sind. Von einem solchen Abschlag sollte (auch in Gebieten mit starker Bautätigkeit) nur abgewichen werden, wenn hierfür konkrete Erkenntnisse vorliegen. Ein Abschlag von weiteren 10% ist bei der Berechnung des Immobilienwertes anhand der Baupreisindizes nicht angezeigt. Dieser in der Rspr. vorgegebene weitere Abschlag beruht auf den Besonderheiten der Brandversicherung und ist somit ausschließlich bei der Bewertung anhand des Brandversicherungswertes zu beachten.

35 d **e) Weitere wertändernde Umstände.** Weitere wertändernde Umstände (insbesondere Baumängel, Bauschäden, Umbau- und Modernisierungsmaßnahmen, wirtschaftliche Wertminderungen wie zB ungünstige zeitbedingte Raum- und Baugestaltung) sind im Einzelfall zu berücksichtigen, wenn sie bekannt sind oder glaubhaft dargelegt werden.

35 e **f) Bodenwert.** Erfolgt die Wertermittlung auf der Grundlage eines früheren Kaufpreises, so ist der Bodenwert nicht gesondert zu ermitteln, da er regelmäßig im Kaufpreis enthalten ist und somit an der Hochrechnung anhand des Baupreisindexes teilnimmt. Bei Wertermittlung zB auf Grund der Herstellungskosten muss der anteilige Grundstückswert zugerechnet werden, wenn dieser darin enthalten ist.

35 f **g) Restwert.** Der Restwert beträgt auch bei der Berechnung nach dem Preisindex für Wohngebäude ca. 30%.

35 g **h) Indexzahlen.** Das Bayerische Staatsministerium der Justiz hat eine einheitliche Reihe mittlerer Indexzahlen ab 1913, ausgehend vom Basisjahr 1995, aus den vom Statistischen Bundesamt veröffentlichten Zahlenreihen errechnet. Die entsprechende Tabelle ist im Anhang D abgedruckt. Für ältere Baujahre vor 1913 ist von einer einheitlichen Indexzahl aus der Basis 1995 von 4,0 auszugehen. Damit müssen keine Umbasierungen von Zahlenreihen unterschiedlicher Basisjahre mehr vorgenommen werden. Die nunmehr einheitlich anzuwendenden Indexzahlen treten an die Stelle der in der 16. Aufl. unter Rn. 36–42a errechneten Umbasierungen. Die Preisindizes (Bund), die für den Neubau von Wohngebäuden gelten und auf Veröffentlichungen des Statistischen Bundesamtes beruhen, sind ebenfalls in Anhang D abgedruckt. Beispielsberechnungen s. bei Anhang D.

10. Waldflächen

36 Nach den Waldwertermittlungsrichtlinien 2000 (WaldR 2000 idF vom 12. 7. 2000, BAnz. Nr. 168a) ist der Verkehrswert des Waldbodenwertes und der Verkehrswert der Waldbestände, also des Aufwuchses, anzunehmen. Der Waldbodenverkehrswert beträgt 45% des örtlich maßgebenden landwirtschaftlichen Bodenwertes. Der Verkehrswert des Waldbestandes richtet sich danach, welche Waldbestände vorhanden sind. Liegen hierüber keine Erkenntnisse vor, liegt eine Nachfrage beim örtlichen Forstamt nahe.

---

[31] ZB BayObLGZ 1976, 89 = DNotZ 1977, 434 = Rpfleger 1976, 375 = JurBüro 1976, 1236.

11. Wasserflächen

Unter Wasserflächen iS der Wertermittlungsrichtlinien versteht man oberirdische Gewässer, die nicht vorübergehend durch Flüsse, Kanäle, Häfen, Meeresteile, Seen oder Teiche, eingenommen sind. Der Verkehrswert von Wasserflächen hängt vor allem von der zulässigen Nutzungsmöglichkeit ab. An Nutzungsmöglichkeiten sind solche für private oder solche für Gemeinbedarfszwecke zu unterscheiden, nämlich Umschlag, Industrie, Lagerei, Restaurants, Liegeplätze und Landeanlagen für Personenschifffahrt, Bootsverleih usw., Fischerei, Schilf- und Weideanpflanzungen, Sport und Erholung, Kreuzungen, wie Ein- und Durchleitungen u. Ä., sonstige private Nutzungen, wie Wasserentnahme, Gartenanlagen. Schon aus diesem Grunde wird der Wert von Wasserflächen regional unterschiedlich sein. Im Normalfall wird in den Wertermittlungsrichtlinien festgestellt, dass der Verkehrswert von Wasserflächen niedriger anzunehmen sein wird als der Wert der Bezugsfläche an Land. Für den Regelfall wird, wenn keine besondere Nutzung vorgesehen ist, der Verkehrswert mit etwa 50% des Wertes der Landfläche anzusetzen sein. Ist der Erschließungsstand höher, kann ein höherer Bruchteil in Betracht kommen.

37

12. Bewertung von Bauerwartungsland

Problematisch ist die Bewertung von Bauerwartungsland iS von § 4 Abs. 2 WertV. Hierbei handelt es sich um Flächen, die nach ihrer Eigenschaft, ihrer sonstigen Beschaffenheit und ihrer Lage eine bauliche Nutzung in absehbarer Zeit tatsächlich erwarten lassen. Diese Erwartung kann sich insbesondere auf ein entsprechendes Verhalten der Gemeinde oder auf die allgemeine städtebauliche Entwicklung des Gemeindegebiets gründen. Die Wertbestimmung hat im Einzelfall danach zu erfolgen, welcher Wert nach dem jeweiligen Stadium im gewöhnlichen Grundstücksverkehr erzielbar ist. Hat das Bauerwartungsland zB die Stufe 3 erreicht – das ist der Fall, wenn die Aufstellung eines Bebauungsplanes bereits beschlossen ist – beträgt der Wert 50% der Preise für Bauland.[32] Bei niedrigerer oder höherer Stufe ist der Wert entsprechend anzupassen.

38

13. Landwirtschaftlicher Grundbesitz

Landwirtschaftlicher Grundbesitz, soweit er nicht unter die Privilegierung des Abs. 4 fällt (Rn. 78 ff.), kann bewertet werden mit der 4fachen Ertragsmesszahl.[33] Die Ertragsmesszahlen ergeben sich aus dem Einheitswertbescheid oder aus dem Liegenschaftskataster. Für den Bereich der **landwirtschaftlichen Hofübergabe** ist, soweit nicht § 19 Abs. 4 anzuwenden ist, die Rspr. über die Wertermittlung uneinheitlich. OLG Hamm[34] und OLG Celle[35] halten den einfachen Ausgangsbetrag des § 55 Abs. 2 EStG 1971 für angemessen. Den Einheitswert als Geschäftswert nehmen OLG Oldenburg[36] und OLG Braunschweig.[37] Auf eine Wertauskunft der zuständigen Landwirtschaftskammer stellt das OLG Köln[38] ab. Alle diese grundsätzlich zulässigen Wertermittlungsverfahren können jedoch erst dann angewendet werden, wenn nicht auf andere Weise der wahre Wert, der Verkehrswert, ermittelt werden kann. Aus diesem Grunde wird auch für die landwirtschaftliche Übergabe zu Recht der Verkehrswert durch das Sachwertverfahren auf der Grundlage der Gebäudeversicherungssumme und des Baukostenindexes sowie des Richtwertes nach § 193 BauGB (für den Bodenwert) bestimmt.[39]

39

---

[32] BayObLG MittBayNot 2002, 207; *Simon/Kleiber*, Schätzung und Ermittlung von Grundstückswerten, 7. Aufl., Rn. 2.13 und 2.16; *Bengel/Tiedtke* DNotZ 2004, 258, 265.

[33] § 55 EStG 1985; OLG Köln DNotZ 1975, 180 = Rpfleger 1973, 168; BayObLG Rpfleger 1975, 37; OLG Hamm MittBayNot 1981, 206 = RdL 1981, 107; OLG Celle JurBüro 1980, 1870; 1982, 897; aA OLG Braunschweig Rpfleger 1973, 107 m. abl. Anm. *Ackermann;* OLG Oldenburg Nds.Rpfl. 1981, 144 = Rpfleger 1981, 324; OLG Hamm AgrarR 1985, 355; RdL 1985, 141.

[34] RdL 1981, 107.

[35] JurBüro 1980, 1870; JurBüro 1982, 297 = KostRspr. Nr. 119 und § 19.

[36] Rpfleger 1981, 324.

[37] Rpfleger 1973, 107 = JurBüro 1973, 328.

[38] DNotZ 1979, 121; Rpfleger 1986, 74.

[39] BayObLG JurBüro 1985, 434; OLG Stuttgart JurBüro 1974, 490; Die Justiz 1976, 434; OLG Karlsruhe Die Justiz 1975, 392; Rpfleger 1982, 40 = KostRsp. Nr. 94 zu § 19; *Lappe* NJW 1986, 2554; *Böhringer* BWNotZ 1986, 160. Zur Einheitswertdiskussion und zum Privileg des § 19 Abs. 4 s. Rn. 78 ff.

14. Vervielfältigung des Einheitswertes

40 Die Verkehrswerte betragen ein Mehrfaches des Einheitswertes; bei bebauten Grundstücken beliefen sich die Verkehrswerte zB 1974/75 auf das 2–5fache des Einheitswertes 1964, bei unbebauten Grundstücken auf das 2–3fache; in der Landwirtschaft auf das 10–20fache, in Gärtnerei und Weinbau auf das 5–10fache, in der Forstwirtschaft auf das 50–100fache.[40] Hieraus ergeben sich Mindestrelationen, die eine Vervielfältigung des Einheitswertes erlauben.[41]

41 **Beispiel:** Der Einheitswert eines Waldgrundstücks beträgt 5000 Euro. Grundstückswert = 5000 × 50 = 250000 Euro. S. aber die Bewertungshinweise bei Rn. 36.

15. Erbbaugrundstück

42 Ein mit einem Erbbaurecht belastetes Grundstück hat einen eigenen Verkehrswert, der nach § 19 Abs. 2 zu bestimmen ist. Bei derartigen Grundstücken ist jedoch bei der Ermittlung des Wertes zu berücksichtigen, ob das Erbbaurecht einen Ertrag abwirft und in welcher Höhe. Je höher der Ertrag (an den Eigentümer zu zahlender Erbbauzins), umso geringer wird die Wertminderung für das Grundstück sein. Erhält der Eigentümer auf die Dauer des Erbbaurechtes nur einen geringen Erbbauzins, ist auch der Wert des Grundstücks entsprechend geringer anzusetzen. Es kommt daher für die Bewertung des mit einem Erbbaurecht belasteten Grundstücks wesentlich auf die vertraglichen Vereinbarungen von Eigentümer und Berechtigtem an, vor allem auf die Höhe des Erbbauzinses, also den Ertrag, die Dauer des Erbbaurechtes und auch auf eine bei Zeitablauf zur zahlende Entschädigung des Eigentümers an den Erbbauberechtigten für das Gebäude, und evtl. weitere wertmindernde Umstände. Auf die nachfolgenden Zinssätze, die in den WertR 2006 zwar nicht mehr enthalten sind, kann zurückgegriffen werden: 5% bei Mietwohngrundstücken, 3% bei Einfamilienhausgrundstücken, 3,5% bei Zweifamilienhausgrundstücken, 5% bei gemischt genutzten Grundstücken mit weniger als 50% gewerblichem Anteil, 5,5% bei gemischt genutzten Grundstücken mit mehr als 50% gewerblichem Anteil und 6,5% bei Geschäftsgrundstücken. Zur Wertermittlung ist wie folgt vorzugehen: Der jährliche Erbbauzins ist festzustellen, dieser ist (sofern der vereinbarte Erbbauzins niedriger ist) vom erzielbaren Jahreserbbauzins abzuziehen. Die Differenz ist mit dem Rentenbarwertfaktor entsprechend der Restlaufzeit des Erbbaurechts gemäß Vervielfältigertabelle (Anl. zu § 16 Abs. 3 WertV) zu multiplizieren. Diese so hochgerechnete Differenz ist vom Verkehrswert des Grundstücks, ermittelt nach den Grundsätzen des § 19 Abs. 2, abzuziehen. Der so errechnete Wert des Grundstücks soll 80% des Verkehrswertes nicht übersteigen. Die Belastung eines Grundstücks mit einem Erbbaurecht wirkt sich nicht immer wertmindernd aus. So kann sich auch ein höherer Grundstückswert dadurch ergeben, dass bei einem auf lange Dauer angelegten Erbbaurecht ein höherer Erbbauzins als der übliche Liegenschaftszins vereinbart ist.

16. Erbbaurecht

43 Der Wert eines bestehenden Erbbaurechtes ist mit dem Verkehrswert nach § 19 Abs. 2 zu bestimmen.[42] Dieser setzt sich zusammen aus dem Wert des Gebäudes und aus dem Bodenwertanteil, der mit höchstens 80% berücksichtigt werden kann (zB bei einem Erbbaurecht, für das kein Erbbauzins geschuldet ist). Der Bodenwertanteil kann regelmäßig nach den Wertermittlungsrichtlinien (WertR 2006) auf der Grundlage des Erbbauzinses ermittelt werden (s. Rn. 42). § 21 Abs. 1 ist nicht unmittelbar anwendbar, da es sich hierbei um eine Spezialnorm für die Bestellung von Erbbaurechten handelt.

17. Grundakten

44 Der Verkehrswert oder ein höherer Wert als der Einheitswert kann sich „aus den Grundakten ersichtlichen Tatsachen ergeben". Auch dieses sind Tatsachen iS von § 291 ZPO. In Betracht kommen insbesondere:

---

[40] Amtliche Untersuchung des Bundesfinanzministeriums, vgl. bereits *Troll* BB 1973, 699.
[41] So bereits OLG Frankfurt Rpfleger 1971, 372; OLG Karlsruhe JurBüro 1982, 112; iÜ ist die Rspr. ablehnend; die Bewertungsverfahren, die sich mittlerweile durchgesetzt haben – mit Auf- und Abschlägen und dergleichen, vgl. Rn. 58 – ergeben deutlich zuverlässigere Werte.
[42] BayObLG MittBayNot 1983, 27.

– nähere Auskünfte über die Belastungen; s. Rn. 26 ff. 45
– Werte für andere als Grundbuchsachen. 46
– Werte gewöhnlichen Geschäftsverkehrs (Kaufpreis, § 20), auch von Teilgeschäften,[43] die 47
für nachfolgende Geschäfte verwandt werden können.[44]

Beispiel: Bei einem Grundstückstausch ergibt sich aus der Grundakte der Kaufpreis des jetzt ge- 48
tauschten Grundstücks. Grundstückswert = Kaufpreis, ggf. nach Index erhöht (s. Rn. 35 bis 42).

18. Vergleichswerte

Der Verkehrswert oder ein höherer Wert als der Einheitswert kann sich aus „Vergleichs- 49
werten" ergeben. Vergleichswerte sind in erster Linie **gerichtskundige Werte** (§ 291
ZPO) aus anderen Vorgängen. Sie haben vor allem Bedeutung bei Bauland und bei Serienbauten.

In der Zulassung ihrer Verwendung liegt eine Durchbrechung der Verschwiegenheits- 50
pflicht, ähnlich der Durchbrechung des Steuergeheimnisses in der Einheitsbewertung.[45]

Vergleichswerte sind nicht die in den Kaufpreissammlungen (§ 193 BauGB) zusammen- 51
getragenen Einzelwerte. Ihre Verwertung würde eine Beweiserhebung über die Vergleichsobjekte erfordern, eine formlose Auskunft kann nicht genügen; die Beweiserhebung aber
ist unzulässig (vgl. jedoch Rn. 34).

Beispiel: In einer Serienhaussiedlung schenkt der Eigentümer das Haus seiner Tochter. Gleiche 52
Grundstücke sind zum Preis zwischen 200 000 und 220 000 Euro verkauft worden. Grundstückswert:
200 000 Euro.

Der im Zwangsversteigerungsverfahren nach § 74 a Abs. 5 ZVG festgesetzte Verkehrs- 53
wert bietet bei einem zeitnahen (etwa ein bis zwei Jahre) Weiterverkauf eine genügende
Grundlage für die Geschäftswertbestimmung.[46] Das Meistgebot ist allerdings nur dann von
Bedeutung, wenn es höher ist, als der sonst festgestellte Verkehrswert.[47]

19. Sonstige Anhaltspunkte

Der Verkehrswert oder ein höherer Wert als der Einheitswert kann sich „aus sonstigen 54
ausreichenden Anhaltspunkten ergeben". Diese sonstigen Anhaltspunkte können – bei Gebührenfälligkeit vorhandene[48] – allgemein- oder gerichtskundige Tatsachen (§ 291 ZPO)
sein, oder sie können durch Einholung formloser Auskünfte im Wege des Freibeweises
ermittelt werden (Rn. 10).

Die Auskünfte werden idR den Wert selbst nicht unmittelbar ergeben (die Einholung 55
einer amtlichen Auskunft über den Wert eines Grundstücks oder eines Gutachtens – § 193
BauGB – wäre Beweisaufnahme gemäß § 15 FGG und daher unzulässig). Bei Grundstücks- und Betriebsveräußerungen von bis zu einem Jahr nach dem Tode des Erblassers
wird es noch ausreichend zeitnah angesehen, um den erzielten Verkaufserlös als grundsätzliche Bewertungsgrundlage annehmen zu können, auch wenn der Verkehrswert höher liegt
(hier zur Ermittlung der Höhe von Pflichtteilsansprüchen).[49] Anhaltspunkte für einen den
Einheitswert übersteigenden Wert können sich auch aus einem drei Jahre zurückliegenden
Kaufvertrag ergeben.[50]

Als Anhaltspunkte kommen insbesondere in Betracht **Brandversicherungs- oder** 56
Brandkassenwerte.[51]

---

[43] OLG Schleswig JurBüro 1974, 1563 = SchlHA 1974, 195.
[44] Ggf. nach Index-Umrechnung; OLG Karlsruhe Rpfleger 1971, 329; Rn. 35 bis 42.
[45] Gebilligt von der finanzgerichtlichen Rspr., BFH NJW 1977, 126; vgl. auch §§ 195, 196 BauGB.
[46] LG Koblenz Rpfleger 1999, 237.
[47] OLG Stuttgart JurBüro 1990, 1493; BayObLG JurBüro 1986, 158; JurBüro 2002, 543.
[48] BayObLG Rpfleger 1972, 464.
[49] OLG Düsseldorf ZEV 1995, 306.
[50] BayObLG MittBayNot 1997, 53.
[51] OLG Frankfurt JurBüro 1973, 234; OLG Karlsruhe Justiz 1973, 351; 1974, 304; BayObLG Rpfleger 1972, 464; BayObLGZ 1976, 89 = Rpfleger 1976, 375; BayObLG JurBüro 1984, 904; OLG Köln Rpfleger 1986, 322; LG Aachen MittRhNotK 1988, 50 m. Anm. *Faßbender; Reuter* MittBayNot 1975, 57. S. auch die Tabelle in Anh. D V.

§ 19

57 Hierbei ist wie folgt zu verfahren: Für das Grundstück ist Ausgangsbetrag der Richtwert nach § 193 Abs. 3 BauGB, gekürzt um 25%.[52] Bei der Wertbestimmung für das Gebäude sind zu berücksichtigen die Versicherungssumme 1914 (Stammversicherungssumme), die jeweilige Richtzahl (früher Teuerungszahl), das Alter des Gebäudes (zur Berechnung der technischen Wertminderung, um die der Brandversicherungswert zu kürzen ist) und die Nutzungsart des Gebäudes, da die technische Wertminderung für die einzelnen Nutzungsarten verschieden ist. Darüber hinaus ist ein allgemeiner Abschlag von 20% zu berücksichtigen.[53] Der um die altersbedingte technische Wertminderung gekürzte Restwert soll im Allgemeinen 30% des Brandversicherungswertes nicht unterschreiten. Die gültigen Richtzahlen wurden regelmäßig veröffentlicht, jedoch nach 1996 erst wieder mit Stand zum 1. 10. 2003 fortgeführt.[54] Die aktuelle Richtzahl ist nach Mitteilung des Bayerischen Staatsministeriums mit Wirkung zum 1. 10. 2007 neu festgelegt worden. Sie beträgt für Gebäude 14,3 (entspricht Umrechnung auf Eurowert). Keine neue Richtzahl wurde für Betriebseinrichtungen mitgeteilt. Diese beträgt seit 1. 10. 2003 (ebenfalls nach Euro-Umstellung) unverändert 7,3.[55] Die aktuellen Richtzahlen geben somit bis zur Neufestsetzung einen Rückschluss auf den Gebäudewert im Zeitpunkt der Bewertung.

58 Einzelne Landesjustizverwaltungen geben aus Gründen der Verwaltungsvereinfachung und -vereinheitlichung bereits fertige Tabellen mit den Wertmultiplikatoren auf vorstehender Berechnungsgrundlage den Gerichten an die Hand.[56] Steht die Sache unter Denkmalschutz, Landschaftsschutz oder ist sie sonst mit ungewöhnlich hohen Unterhaltungskosten belastet, so kann der Sicherheitsabschlag erhöht werden.[57] Weigert sich der Kostenschuldner trotz seiner Mitwirkungspflicht die Brandversicherungsurkunde beizubringen, um so eine sachgerechte Bewertung zu ermöglichen (hier bei Nachlassverhandlung und Erbscheinserteilung), so kann das Gericht bei der Grundstücksbewertung nach § 19 Abs. 2 den Wert frei schätzen.[58] Die Wertermittlung nach Brandversicherung ist damit eine nach Abs. 2 nach wie vor zulässige und praktikable Bewertungsmethode. Es muss aber im Einzelfall entschieden werden, ob ggf. auf den Brandversicherungswert ein weiterer Abschlag geboten ist. Dies wird regional unterschiedlich zu behandeln sein. Insbesondere gilt dies bei konjunktureller Stagnation auf dem Immobilienmarkt. Ein weiterer Abschlag ist dann vorzunehmen, wenn der errechnete Gesamtwert des Grundbesitzes (Gebäudewert nach Brandversicherungswert plus Grundstückswert) erkennbar nicht dem tatsächlich auf dem Immobilienmarkt erzielbaren Preis entspricht. Bei der Novellierung der KostO wird wegen der Privatisierung der Brandversicherung erwogen, die Brandversicherungswerte als Bezugsgrößen förmlich auszunehmen. Gleichwohl werden die Brandversicherungswerte weiterhin als praktikables Bewertungskriterium maßgebend bleiben. Auch wenn heute Brandversicherungen überwiegend durch Selbstveranlagung (nicht Schätzung durch den Versicherer) erfolgen, wird man von einer sachgerechten Wertermittlung ausgehen können. Hierbei kann unterstellt werden, dass niemand ohne Grund zu hohe Versicherungsbeiträge zahlt und zudem schon im eigenen Interesse kaum eine niedrige Versicherung abschließt.

58 a Weitere wertändernde Umstände (insbesondere Baumängel, Bauschäden, Umbau- und Modernisierungsmaßnahmen, wirtschaftliche Wertminderungen wie zB ungünstige zeitbedingte Raum- und Baugestaltung) sind im Einzelfall zu berücksichtigen, wenn sie bekannt sind oder glaubhaft dargelegt werden.

58 b Im Zuge dieser Änderung wurde die **Baukostenrichtzahl dem Euro-Umrechnungskurs angepasst** und zum 1. 10. 2003 mit 13,3 festgelegt und zuletzt mit Wirkung zum 1. 10.

---

[52] BayObLG Rpfleger 1976, 375; DNotZ 1995, 779.
[53] BayObLG (vorige Fn.); im Ballungsraum Berlin nur Abschlag 10%, KG JurBüro 1999, 43.
[54] MittBayNot 2004, 478.
[55] MittBayNot 2007, 80.
[56] ZB Bayer. Staatsministerium der Justiz am 25. 8. 1993 – P 573/B – Bay. Staatsanzeiger Nr. 35/93; s. auch Notarkasse MittBayNot 2007, 80; 2008, 80; zuletzt Bay. Staatsministerium der Justiz am 26. 10. 2007.
[57] OLG Hamm AgrarR 1987, 19; LG Bayreuth JurBüro 1994, 557.
[58] BayObLG MittBayNot 1993, 230.

2007 angepasst auf 14,3. Nicht auf Euro umgestellt wurden die Stammversicherungssummen 1914. Bei der Berechnung der Brandversicherungswerte ist daher die Versicherungssumme 1914 weiterhin in DM mit der Baukostenrichtzahl zu vervielfältigen. Das Ergebnis ist bereits der Euro-Betrag, es hat keine Umrechnung auf Euro zu erfolgen (dies ist bereits durch die Umstellung der Richtzahl geschehen). Gleiches gilt für die Richtzahl für Betriebseinrichtungen. Diese beträgt seit 1. 10. 2003 bis heute unverändert (ebenfalls nach Euro-Umstellung) 7,3. Die Richtwerttabelle ist in Anhang D eingestellt. Dem Gebäudewert ist der Grundstückswert hinzuzurechnen. Die Feststellung des Gebäudewertes nach den vorgenannten Grundsätzen ist in aller Regel auch dann möglich, wenn eine entsprechende Brandversicherung bei einer anderen Versicherungsgesellschaft als der Bayerischen Landesbrandversicherung AG besteht. Aus der Praxis ist bekannt, dass die Versicherungsbedingungen dieser privaten Versicherer, soweit sie für die Kostenberechnung relevant sind (insbesondere die Richtzahl), im Wesentlichen denjenigen der Bayerischen Landesbrandversicherung AG entsprechen. In Fällen, in denen kein geeigneter Brandversicherungswert zur Verfügung steht, ist der Wert des Grundbesitzes auf Grund der anderen in § 19 Abs. 2 genannten Anhaltspunkte zu ermitteln, zB nach den Preisindizes für Wohngebäude[59] (vgl. § 19 Rn. 35 ff.).

Der Restwert von 30% darf weder aus technischen noch aus wirtschaftlichen Wertminderungsgesichtspunkten unterschritten werden, wenn für das Gebäude noch eine Nutzung möglich ist.[60] Eine andere Behandlung ist nur geboten, wenn glaubhaft gemacht wird, dass eine Nutzung nicht mehr möglich ist oder bei einer Verwertung des Grundstücks für das Gebäude ein Erlös nicht mehr zu erzielen wäre. **58 c**

Neu aufgenommen in die Tabellen wurden Eigentumswohnungen. **58 d**

Folgende Formeln sind für die Berechnung nach dem Brandversicherungswert anzuwenden: Versicherungssumme 1914 x Richtzahl der Bayerischen Landesbrandversicherung AG (Gleiches gilt für andere private Versicherer, da die Versicherungen im Wesentlichen denjenigen der Bayerischen Landesbrandversicherung AG entsprechen), abzüglich altersbedingte technische Wertminderung, die nach der Tabelle zur Berechnung der Wertminderung wegen Alters (s. Anhang D) bei linearer Abschreibung (Anlage 8 b zu den Wertermittlungsrichtlinien – WertR 2006) zu bestimmen ist. Von diesen Abschlägen (insgesamt 20%) sollte auch in Gebieten mit starker Bautätigkeit nur abgewichen werden, wenn hierfür konkrete Erkenntnisse vorliegen. Die Wertminderungsabschläge von insgesamt 20% sind in die Tabelle (s. Anhang D) bereits eingearbeitet. In Anhang D sind auch Bewertungsbeispiele enthalten. **58 e**

 – **Auskünfte der Landwirtschaftsbehörden.**[61] **59**
 – **Umlegungswerte** (§§ 57, 68 BauGB). **60**
 – **Flurbereinigungswerte** (§ 32 FlurberG).[62] **61**
 – **Gegenleistungen,** allerdings nicht unter Ausschluss von Kostenvergünstigung.[63] **62**
 – **Erbbauzins.**[64] **63**
 – **Verfügungen von Todes wegen,** die den Nachlasswert auf Einheitswertbasis übersteigen (§ 46 Rn. 21). **64**
 – **Prozesswerte** (§ 6 ZPO). **65**

Fehlte bis 1990 ein aktiver Bodenmarkt auf dem Gebiete der **früheren DDR** und war deshalb die Wertermittlung von Grundsätzen erschwert (s. 12. Aufl. Rn. 60), so sind heute ausreichend Anhaltspunkte für eine Wertermittlung nach den allgemeinen Grundsätzen gegeben (zur Bewertung aus der Zeit vor der Einigung).[65] Im Rahmen der Bewertung eines Erb- **66**

---

[59] PrüfAbt. Notarkasse MittBayNot 2006, 89.
[60] BayObLG JurBüro 1984, 904.
[61] OLG Stuttgart JurBüro 1974, 496 = Justiz 1974, 91; OLG Celle NdsRpfl. 1976, 88 = JurBüro 1976, 496; BayObLGZ 1973, 94 = DNotZ 1974, 308 = Rpfleger 1973, 333; OLG Schleswig JurBüro 1983, 1859; aA OLG Schleswig JurBüro 1983, 1860 m. abl. Anm. *Martens/Mümmler* JurBüro 1983, 1862.
[62] Vgl. dazu OLG Hamm JVBl. 1970, 211.
[63] BayObLGZ 1973, 10 = DNotZ 1973, 637 = Rpfleger 1973, 331.
[64] OLG Köln DNotZ 1972, 507.
[65] LG Schweinfurt JurBüro 1994, 561.

scheinsantrages hatte das BayObLG[66] entschieden, dass ein zum Nachlass gehörendes in der ehemaligen DDR gelegenes Grundstück, das im Zeitpunkt des Erbfalls zwar unter vorläufiger Verwaltung gemäß § 6 der DDR-Verordnung vom 17. 7. 1952, aber noch im Eigentum des Erblassers stand, mit dem auf den 3. 10. 1990 maßgebenden Wert zu bewerten ist.[67]

20. Öffentliche Grundstücke

67 Problematisch ist die Wertermittlung bei **öffentlichen Zwecken dienenden Grundstücken** (Schulen, Behördengebäude, Krankenhäusern, Straßen). Da unter gemeinem Wert allgemein der Verkehrswert zu verstehen ist, ist es nicht zulässig, den wohl ermittelbaren Sachwert als Geschäftswert anzusetzen, wenn wegen der speziellen Eigenschaft der Sache ein gewöhnlicher Geschäftsverkehr, ein Markt so gut wie ausgeschlossen ist. Damit ist auch für bebaute Grundstücke ausnahmsweise der Weg zur subsidiären Generalklausel des § 30 Abs. 1 gegeben, wonach der Geschäftswert auf der Basis des Sachwerts zu schätzen ist.[68] Dies gilt jedoch nur, soweit sich die ursprüngliche **Widmung** unmittelbar durch den Veräußerungsvorgang nicht ändert und eine Änderung auch mittelfristig nicht abzusehen ist. Für den prozentualen Abschlag vom Sachwert kommt es auf die vergleichbare Verwendbarkeit bei einem unterstellten gewöhnlichen Geschäftsverkehr an. Anders hingegen ist die Bewertung vorzunehmen, wenn das Gebäude entwidmet wird bzw. wenn eine Umwidmung erfolgt. Hier wird regelmäßig der Sachwert auch dem Verkehrswert entsprechen. Umstritten ist die Wertermittlung bei der unentgeltlichen Übertragung von Straßengrundstücken. Alleine auf die öffentlich-rechtliche Zweckbestimmung zufolge vollzogener Widmung abzustellen, oder auf gesetzliche Bestimmungen, die entschädigungslosen Eigentumsübergang anordnen,[69] führt nicht zur richtigen kostenrechtlichen Beurteilung; denn die Wertermittlung im Kostenrecht ist frei von öffentlich rechtlichen Bestimmungen über Gegenleistungen vorzunehmen. Die Widmung als Maßstab dafür, ob ein freier Markt besteht (Sachwert = Verkehrswert) oder nicht (Abschlag gemäß § 30 vom Sachwert), ist ebenfalls nicht ein allseits brauchbares Kriterium. Kostenrechtlich unbeachtlich ist, ob eine im Bau befindliche Straße, deren Widmung zur öffentlichen Straße erst der vollständigen Herstellung folgt,[70] Vertragsgegenstand ist, oder die Übertragung einer bereits fertiggestellten und dann gewidmeten, also öffentlichen Straße. In solchen Fällen ist der Verkehrswert des unbebauten Grundstücks durch Vergleichsgrundstücke zu ermitteln. Als Vergleichsmaßstab kann die Enteignungsentschädigung (entsprechend §§ 93 ff. BauGB) herangezogen werden (Mindestwert gemäß § 43 BauGB, Wert des Bauerwartungslandes, nicht jedoch des Baulands). Der Wert der teilweisen oder vollständigen Bebauung (Straße) hingegen kann allenfalls bei einem sehr geringen Prozentsatz, meist überhaupt nicht in Ansatz gebracht werden.[71]

67a Für **Krankenhäuser** ist der Sachwert zu ermitteln und zwar unter Berücksichtigung der Brandversicherungswerte. Die Stammversicherungssumme 1914 ist mit dem für das Gebäudealter maßgeblichen Vervielfältiger (Richtzahl) zu multiplizieren. Auf diesen nach der Brandversicherung berechneten Sachwert kann ein Abschlag von etwa 20–30% vorgenommen werden.[72] Mit diesem Abschlag wird die eingeschränkte Verkehrsfähigkeit eines Krankenhauses angemessen berücksichtigt. Soweit **Betriebsvorrichtungen** und technische Anlagen nicht schon im Gebäudewert enthalten sind, kommt deren Wert hinzu.

67b Zur Bewertung eines **Kraftwerkes** (Kernkraftwerk, Wasserkraftwerk, Elektrizitätskraftwerk usw.)[73] wird die zutreffende Auffassung vertreten, dass solche Grundstücke einen Verkehrswert besitzen. Dass der Kreis der möglichen Käufer zahlenmäßig begrenzt ist, hat auf die Wertbestimmung keinen Einfluss.[74]

---

[66] MittBayNot 1997, 383.
[67] So schon BayObLG ZEV 1995, 231.
[68] BayObLG Rpfleger 1985, 510 = DNotZ 1986, 435; *Hansens* JurBüro 1990, 678.
[69] So LG Bayreuth JurBüro 1983, 282.
[70] BVerwG DÖV 1968, 883.
[71] LG Regensburg JurBüro 1983, 897; hierzu auch *Bengel* DNotZ 1986, 436.
[72] Vgl. zB OLG Frankfurt Beschluss vom 28. 12. 1999 (n.v.), bei Streifzug Rn. 1261 ff.
[73] OLG Frankfurt Rpfleger 1977, 380; OLG Karlsruhe Rpfleger 1978, 30.
[74] Streifzug Rn. 1263.

Gleiches gilt für Grundstücke, die mit einem **Altenheim** bebaut sind,[75] für **Kirchen** 67 c (Abschlag bis 80% auf den Sachwert),[76] bei **Schulzentrum** (Abschlag von ca. 20%)[77] und für **Industriegrundstücke**.[78] Solche Grundstücke haben ebenfalls einen nach den allgemeinen Grundsätzen zu ermittelnden Verkehrswert (Sachwert), von dem jedoch ein nach Lage des Falles angemessener Abschlag vorzunehmen ist.

Bei der Wertermittlung eines Grundstücks für den Betrieb eines **Badeparks** und anderer 67 d öffentlicher Versorgungseinrichtungen) ist ebenfalls von dessen Sachwert auszugehen. Von dem so ermittelten Wert ist regelmäßig ein prozentualer Abschlag vorzunehmen, dessen Höhe von den konkreten Umständen des Einzelfalls (zB vorhandene Bebauung, alternative Möglichkeiten der Grundstücksnutzung, Existenz eines Marktes für derartige Immobilien) abhängt.[79]

Verpflichtet sich der Käufer gegenüber einer Kommune als Verkäufer, das gekaufte 68 Grundstück mit Mietwohnungen im **öffentlich geförderten sozialen Wohnungsbau** zu bebauen, wirkt sich dies auf den Verkehrswert des Grundstücks wertmindernd aus.[80] Im Hinblick auf das Wohnungsbindungsgesetz idF vom 19. 8. 1994 kann in diesem Falle das Grundstück nicht in beliebiger gewinnträchtiger Weise genutzt werden und unterliegt insbesondere auch hinsichtlich der Mieteinnahmen erheblichen Beschränkungen. Ein über dem Kaufpreis (ggf. unter Hinzurechnung weiterer Leistungen und Verpflichtungen des Käufers, s. § 20 Rn. 1), liegender Verkehrswert kommt nicht in Betracht.

Straßen- und Wegeflächen, Grünanlagen, Verkehrsflächen. Für die Bewertung 68 a von Straßenflächen kann als Vergleichsmaßstab die Enteignungsentschädigung, welche dem Wert für Bauerwartungsland entspricht, herangezogen werden, unabhängig davon, ob die Straße bereits hergestellt ist oder nicht.[81] Außerhalb von Ortschaften kann nach den Wertermittlungsrichtlinien für Verkehrs- und Grünflächen nur ein Anerkennungswert angesetzt werden. Sachgerecht ist ein Wert von etwa 50% des Wertes für Landwirtschaftsflächen.

21. Einheitswert

Ergibt sich weder der Verkehrswert noch ein „höherer Wert", so bildet der nach dem 69 BewG festgestellte Einheitswert den Geschäftswert, und zwar der Einheitswert 1964 (Art. 5 § 1 KostÄndG 1975). Für den Bereich der früheren DDR hingegen gelten die Einheitswerte 1935 (§ 129 Abs. 1 BewG). Er ist Steuerwert und unterliegt dem Steuergeheimnis; Abs. 2 S. 2 durchbricht dieses Steuergeheimnis. Der Einheitswert nach § 19 Abs. 2 S. 1 als steuerlicher Bedarfswert ist nur maßgebend, wenn sich aus den Angaben der Beteiligten, dem Inhalt des Geschäfts, Grundstücksbelastungen, amtlich bekannten oder aus den Grundakten ersichtlichen Tatsachen oder Vergleichswerten oder aus sonstigen ausreichenden Anhaltspunkten ein höherer Wert nicht ergibt. Anhaltspunkte für einen über dem Einheitswert liegenden höheren Wert dürften in aller Regel vorhanden sein, so dass der Einheitswert als Hilfswert nur ganz ausnahmsweise in Betracht kommen kann.

22. Bewertungszeitpunkt

Für die Bewertung von Grundbesitz ist – wie bei beweglichen Sachen (Rn. 7) – der 70 Zeitpunkt der **Fälligkeit der Gebühr** maßgebend. Abweichend davon kommt es bzgl. des Einheitswertes nicht auf den Zeitpunkt an, auf den oder für den dieser festgestellt ist, maßgeblich ist vielmehr der bei Fälligkeit der Gebühr festgestellte Einheitswert (Abs. 2 S. 1). Nur Änderungen der Festsetzung im steuerlichen Rechtsmittelverfahren wirken zurück; s. aber Rn. 73 ff.

---

[75] BayObLG MittBayNot 1995, 409.
[76] BayObLG DNotZ 1986, 436 m. Anm. *Bengel.*
[77] *Hansens* JurBüro 1990, 678.
[78] BayObLG MittBayNot 1998, 374.
[79] LG Frankenthal/Pfalz JurBüro 2006, 603.
[80] BayObLG MittBayNot 1999, 494 m. Anm. *Tiedtke.*
[81] S. § 19 Rn. 67; *Bengel* DNotZ 1986, 436; *Streifzug* Rn. 1267; LG Regensburg JurBüro 1983, 897; aA LG Bayreuth JurBüro 1983, 282, das den Verkehrswert mit Null Euro festsetzt.

71 Ergibt sich erst später, insbesondere aus **Folgegeschäften,** der Verkehrswert oder der höhere Wert für den Zeitpunkt der Fälligkeit, so ist die Geschäftswertfestsetzung von Amts wegen zu ändern (§ 31 Rn. 48). Die Nachforderung durch das Gericht ist grundsätzlich nur innerhalb der Frist des § 15 zulässig. Hätte der Schuldner im Rahmen seiner Mitwirkungs- und Wahrheitspflicht (Rn. 19) den Wert bei Fälligkeit richtig angeben können, so wird er durch § 15 nicht geschützt (s. dort Rn. 34). Da für Gebührennotare § 15 nicht gilt (vgl. § 143 Abs. 1), können diese innerhalb der Verjährungsfrist ohne Einschränkung berichtigen und nachfordern, es sei denn, die Kostenberechnung ist unanfechtbar geworden (s. § 154 Rn. 16).

72 Ist der Einheitswert noch nicht festgestellt, so ist er zu schätzen, nach der Schätzung ist zu berichtigen (Abs. 2 S. 3).

23. Abweichung vom Einheitswert (Abs. 3)

73 Der Einheitswert ist grundsätzlich dem **Einheitswertbescheid** zu entnehmen. Von ihm ist abzuweichen, wenn der Gegenstand des gebührenpflichtigen Geschäfts vom Gegenstand der Einheitsbewertung wesentlich abweicht (Abs. 3). Dies ist der Fall, wenn nur ein Teil des Grundstücks Geschäftsgegenstand ist (dann bildet der entsprechende Teil des Einheitswertes den Geschäftswert).

74 Der Grundstückseinheitswert umfasst auch das Zubehör. Das hat üblicherweise keine Bedeutung; die Abweichung ist nicht „wesentlich".

75 **Zubehör** ist jedoch erheblich bei der Land- und Forstwirtschaft, soweit nicht Abs. 4 einschlägig ist. Der Einheitswert zur Berechnung gemäß § 19 Abs. 4 ist auch dann zugrunde zu legen, wenn der Übernehmer bislang Pächter des Anwesens war und durch verstärkte Tierhaltung den ursprünglichen Einheitswert des Anwesens durch einen „Viehzuschlag" erhöht hat.[82] Gegenstand der Beurkundung ist in aller Regel auch das Zubehör, insoweit kann der Einheitswert unverändert bleiben. Für Grundbuchgebühren (§§ 60 ff.) hingegen bedarf es einer Ermäßigung um das Zubehör.

76 Bei **Betriebsgrundstücken** hingegen wird die Betriebsanlage gesondert bewertet, sie umfasst auch Maschinen und andere Betriebsvorrichtungen, selbst wenn sie Zubehör oder wesentlicher Bestandteil des Grundstücks sind. Hier ist also ggf. eine Zurechnung erforderlich.

77 Vom Einheitswert ist ferner abzuweichen, wenn sich der Wert nach der Feststellung des Einheitswertes wesentlich verändert hat (Abs. 3). Eine solche **Veränderung** liegt vor, wenn die für die Feststellung des Einheitswertes maßgeblichen Kriterien im Zeitpunkt der Fälligkeit der Gebühr nicht mehr gegeben sind.[83] In diesem Fall ist nach freiem Ermessen derjenige Wert zu bestimmen, der im maßgeblichen Zeitpunkt als Einheitswert festzustellen wäre. Führen diese Umstände zu einer Fortschreibung des Einheitswertes, so kann – abweichend von der Regel, Rn. 69 – der nach dem Geschäft festgestellte Einheitswert zugrunde gelegt werden.[84]

IV. Land- und forstwirtschaftlicher Betrieb (Abs. 4)

1. Vorbemerkung

78 Mit dem am 1. 7. 1989 in Kraft getretenen Gesetz zur Regelung des Geschäftswerts bei land- und forstwirtschaftlichen Betriebsübergaben und zur Änderung sonstiger kostenrechtlicher Vorschriften vom 15. 6. 1989 (BGBl. I S. 1083) wurden dem § 19 die Abs. 4 und 5 angefügt. Sie sollen dem öffentlichen Interesse an der Erhaltung und Fortführung leistungsfähiger landwirtschaftlicher Betriebe in Familienbesitz Rechnung tragen.[85] Gegen die Neuregelung sind mit beachtlichen Argumenten, vor allem im Hinblick auf Art. 3 und

---

[82] OLG Oldenburg JurBüro 1991, 393.
[83] OLG München DNotZ 1938, 58.
[84] KG JFGErg. 19, 44 = DNotZ 1939, 59.
[85] BayObLG MittBayNot 1992, 416.

12 GG, verfassungsrechtliche Bedenken erhoben worden.[86] Eine Verfassungsbeschwerde wurde nicht angenommen.[87] Zu den Zweifelsfragen im Anwendungsbereich des Abs. 4 liegt eine Reihe von Entscheidungen vor.[88]

2. Anwendungsbereich

a) Fortführungsgeschäfte. Durch Abs. 4 werden tatbestandsmäßig alternativ zwei Typen von **Rechtsgeschäften** privilegiert: 79

– die **Überlassung** eines land- oder forstwirtschaftlichen Betriebs mit Hofstelle durch Übergabe, Erbvertrag oder Testament, Erb- oder Gesamtgutsauseinandersetzung,[89] auch die gerichtliche Zuweisung gemäß §§ 13 ff. GrdstVG.[90]

– Geschäfte, welche „die **Fortführung** des Betriebs **in sonstiger Weise**" betreffen, einschließlich der Abfindungsverträge, auch gerichtliche Zuweisung nach § 13 GrdstVG (vgl. Rn. 92).

Ferner wird vorausgesetzt, dass es sich um land- und forstwirtschaftliches Vermögen iS des BewG, zu dem eine **Hofstelle** gehört, handelt.[91] 79a

Abs. 4 privilegiert nicht den Landwirt oder generell ein Rechtsgeschäft über landwirtschaftlichen Grundbesitz, sondern ausschließlich die vom – als Ausnahmetatbestand eng auszulegenden – Gesetzestext erfassten Vorgänge.[92] 79b

Nach dem klaren Wortlaut des Abs. 4 ist nur das land- und forstwirtschaftliche Vermögen iS des BewG mit dem 4fachen Einheitswert zu bewerten. Gemäß § 33 Abs. 1 BewG ist ein **Betrieb der Land- und Forstwirtschaft** die wirtschaftliche Einheit des land- und forstwirtschaftlichen Vermögens. Hierunter fallen alle Wirtschaftsgüter, die einem Betrieb der Land- und Forstwirtschaft dauernd zu dienen bestimmt sind, vor allem der Grund und Boden, die Wohn- und Wirtschaftsgebäude, die stehenden Betriebsmittel und ein normaler Bestand an umlaufenden Betriebsmitteln (§ 33 Abs. 2 BewG). Die Privilegierung des § 19 Abs. 4 gilt in gleicher Weise auch für einen **Gartenbaubetrieb,** auch wenn die Pflanzen überwiegend in Gewächshäusern gezogen werden. Es ist nach der Rspr. des BFH anerkannt, dass bodenabhängig produzierende Gärtner, die das Gesamtbild einer Urproduktion bieten, zur Landwirtschaft zählen.[93] **Fischteichwirtschaften** gehören ebenso zu den landwirtschaftlichen Betrieben wie **Forellenzuchten. Fischerei- oder Jagdrechte** fallen nur dann unter das Privileg, wenn sie zum übergebenen forst- oder landwirtschaftlichen Betrieb gehören. Objektives Kriterium dafür ist, dass sie im Einheitswert des Betriebes enthalten sind. **Pensionstierhaltungen** (Aufzucht und Haltung fremder Tiere) sind ebenfalls landwirtschaftliche Betriebe iS des Abs. 4.[94] Voraussetzung ist, dass die Pensionstierhaltung nicht als Gewerbebetrieb einzuordnen ist. Ein Abgrenzungsmerkmal gibt § 51 BewG. Danach wird die Pensionstierhaltung dann als landwirtschaftlicher Betrieb qualifiziert, wenn sie im Zusammenhang mit einer Bodenbewirtschaftung zur eigenen Futtergrundlage betrieben wird. Im Verhältnis 80

---

[86] *Faßbender,* Das Kostenprivileg der Landwirtschaft, 1990, S. 44 ff., *ders.* MittRhNotK 1990, 43; *Böhringer* BWNotZ 1989, 97; *Reimann* MittBayNot 1989, 177; *Schmidt* MittRhNotK 1989, 18; *Mümmler* JurBüro 1989, 1338.

[87] Nichtannahmebeschluss DNotZ 1996, 491 = JurBüro 1996, 482 = MittRhNotK 1996, 90 = BWNotZ 1996, 61.

[88] OLG Hamm JurBüro 1990, 498 = MittRhNotK 1990, 56 m. Anm. *Faßbender;* OLG Oldenburg JurBüro 1991, 393; LG Bamberg JurBüro 1990, 1491; LG Ingolstadt Rpfleger 1990, 210 = JurBüro 1990, 493 m. Anm. *Mümmler;* LG Marburg Rpfleger 1991, 107; OLG Köln Rpfleger 1991, 525; LG Traunstein MittBayNot 1992, 420; OLG Zweibrücken MittBayNot 1996, 401; BayObLG MittBayNot 1997, 311 = RdL 1997, 271; OLG Köln MittBayNot 1998, 462 = JurBüro 1998, 657; MittBayNot 1999, 496 = ZNotP 2000, 126; MittBayNot 2000, 470 = RdL 2000, 213; OLG Köln MittBayNot 2000, 218 = ZNotP 2000, 287: Nichtanwendung bei stillgelegtem Betrieb; BayObLG JurBüro 1992, 181 = MittBayNot 1992, 229 und 416.

[89] Vgl. auch OLG Köln Rpfleger 1991, 525 = MittRhNotK 1991, 229.

[90] OLG Bamberg JurBüro 1994, 235.

[91] OLG Stuttgart DNotZ 1995, 786.

[92] BayObLGZ 1994, 112.

[93] BayObLG MittBayNot 1994, 358 mwN.

[94] *Faßbender* Rn. 79; *Rössler/ Troll* BewG Rn. 55; BSG vom 7. 11. 2000, Az. B 2 U 42/99 R.

zur landwirtschaftlich genutzten Fläche gilt nach § 51 BewG eine bestimmte Obergrenze von Vieheinheiten. Werden diese Grenzen überschritten, ist Abs. 4 nicht anwendbar.

80a Ob Betriebe der **Holzverarbeitung** (zB Sägewerke) zu den forstwirtschaftlichen Betrieben iS des § 19 Abs. 4 zählen oder als Gewerbebetrieb einzustufen sind, lässt sich nur dadurch feststellen, wie der Betrieb durch den Einheitswertbescheid qualifiziert wird. Legt der Betriebsinhaber keinen Einheitswertbescheid vor, der ein forstwirtschaftliches Vermögen „im Sinne des Bewertungsgesetzes" erkennen lässt, liegt ein Gewerbebetrieb vor, der nach § 19 Abs. 1 zu bewerten ist. Maßgebend für die Geschäftswertberechnung sind dann die Aktiva des Betriebes nach der Bilanz, gemäß § 18 Abs. 3 ohne Abzug von Verbindlichkeiten. Der Betrieb einer **Biogasanlage** ist kein Betrieb nach § 19 Abs. 4, wenn der Landwirt nahezu seine gesamte Ernte zur Energieerzeugung verwendet.[95]

81 Die Überlassung eines landwirtschaftlichen Betriebes, der auch nicht teilweise aus eigener Kraft lebt, sondern in ein **staatliches Förderungsprogramm** mit anderer Zielsetzung **(Kulturlandschaftspflege)** eingebunden ist, unterfällt nicht dem Kostenprivileg des Abs. 4, für ihn ist der nach Abs. 2 zu bestimmende Verkehrswert maßgebend.[96]

82 **Nicht** zum land- und forstwirtschaftlichen Vermögen gehören insbesondere
– Grundvermögen iS der §§ 68 bis 94 BewG, auch dann, wenn es einem land- oder forstwirtschaftlichen Betrieb einverleibt ist (Grundstücke nebst Gebäuden, Bestandteilen und Zubehör, die nicht zum land- und forstwirtschaftlichen Vermögen gehören, Erbbaurechte, Wohnungs-/Teileigentum, soweit es sich hierbei nicht um die Hofstelle handelt); hierzu gehören auch land- und forstwirtschaftliche Grundstücke, die zum Bau- oder zumindest zum Bauerwartungsland geworden sind, ohne Rücksicht darauf, ob sie steuerlich bereits fortgeschrieben sind oder nicht, ferner auch solche Grundstücke, bei denen nach ihrer Lage, den bestehenden Verwertungsmöglichkeiten oder aus sonstigen Umständen anzunehmen ist, dass sie in absehbarer Zeit anderen als land- oder forstwirtschaftlichen Zwecken, zB als Bauland, Industrieland oder Land für Verkehrszwecke, dienen werden.[97]
– sonstiges Vermögen iS der §§ 110 ff. BewG (Zahlungsmittel, Geldforderungen, Geschäftsguthaben, Wertpapiere, Überbestände an Betriebsmitteln und Tieren);
– Betriebsvermögen iS der §§ 95 bis 105 BewG (Nebenbetriebe, zB Brennerei, Mühle, Metzgerei und Doppelbetriebe);
– Privatvermögen (vor allem sog. tote Betriebe, aufgegebene Betriebe, landwirtschaftliche Grundstücke, die sich im Privatvermögen befinden). Wohnungen oder Wohngebäude, die nach dem WohnEigFG in das Privatvermögen des Betriebsinhabers überführt worden sind, zählen aber zum Betrieb nach Abs. 4 (s. Rn. 85).

83 **b) Betriebsgröße.** Das BewG enthält keine Aussagen zur Betriebsgröße. Damit sind grundsätzlich auch **nebenberuflich** geführte Land- und Forstwirtschaften privilegiert. Allerdings kann eine Nebenerwerbsstelle nur dann als Betrieb der Land- und Forstwirtschaft bewertet werden, wenn ein angemessener Rohertrag erzielt wird[98] (s. iÜ Rn. 83a). Darüber hinaus verlangt der Zweck des Gesetzes (Erhaltung leistungsfähiger Höfe in bäuerlichen Betrieben) eine gewisse **Mindestgröße**, die im jeweiligen Einzelfall gesondert zu beurteilen ist. Hierbei kann auf die Rspr. zu den §§ 1376 Abs. 4, 2049 BGB und die Entscheidungen des BVerfG über die Anwendung der Ertragswertbestimmung zurückgegriffen werden.[99] Für die Ermittlung der Mindestgröße bieten sich an die Gesetze, deren Zweck gleich dem Abs. 4 die Erhaltung und Fortführung leistungsfähiger landwirtschaftlicher Betriebe in der Hand bäuerlicher Familien ist.[100] Für Sonderkulturen (zB Spargelanbau,

---

[95] Erlass des BMF vom 6. 3. 2006 (BStBl. I S. 248).
[96] BayObLG RdL 1997, 130.
[97] BayObLG MittBayNot 1997, 312; *Bengel* DNotZ 1999, 772.
[98] *Rößler/Troll* § 33 BewG Rn. 28; OLG Zweibrücken MittBayNot 1996, 401.
[99] *Reimann* MittBayNot 1989, 119; *Otto* JurBüro 1989, 891; LG Bamberg JurBüro 1994, 235.
[100] ZB das Gesetz zur Förderung der bäuerlichen Landwirtschaft vom 12. 7. 1989 (BGBl. I S. 1435): mindestens fünf Hektar landwirtschaftlich genutzte Fläche; Gesetz über die Altershilfe für Landwirte – GAL – vom 14. 9. 1965 (BGBl. I S. 1449), seit 1. 1. 1995 ALG (BGBl. I S. 1980); OLG Zweibrücken MittBayNot 1996, 401.

Weinanbau) gelten diese Mindestgrößen nicht.[101] Beim **Weinbau** kann bereits ab einer Größe von 1 ha ein nach Abs. 4 privilegierter Betrieb vorliegen. Im Übrigen bewirken die genannten Mindestgrößen keine starre Bindung, vielmehr muss jeder Einzelfall nach den konkreten Umständen geprüft werden.[102] Landwirtschaftliche **Großbetriebe** entsprechen nicht dem Leitbild des bäuerlichen Familienbetriebs, für den das Kostenprivileg des Abs. 4 geschaffen wurde. Als Maßstab kann die Förderungsgrenze nach LaFG (BGBl. 1989 I S. 1435) herangezogen werden. Die **Obergrenze** für die Anwendung des Abs. 4 dürfte bei ca. 100 ha Betriebsgröße liegen,[103] wonach sowohl der Gesetzgeber als auch das BVerfG für die Privilegierung keine Obergrenzen festgesetzt hat. Zugepachtete Flächen können bei der Entscheidung, ob im Zeitpunkt der Übergabe ein ausreichend großer landwirtschaftlicher Betrieb vorliegt, nicht berücksichtigt werden.[104]

c) **Ertrag.** Seit Einführung des § 19 Abs. 4 haben sich die obergerichtlichen Entscheidungen mit der Definition der privilegierten Betriebe befasst. Schwerpunkt war dabei vor allem die Bestimmung, ab welcher Größenordnung oder nach welchen sonstigen Gesichtspunkten ein Betrieb in den Anwendungsbereich des § 19 Abs. 4 fällt. Nachdem das BewG keine Aussagen über die Betriebsgröße enthält, fallen grundsätzlich auch Nebenerwerbsbetriebe unter das Landwirtschaftsprivileg. Voraussetzung ist jedoch, dass ein angemessener Rohertrag erzielt wird,[105] der den Unterhalt einer bäuerlichen Familie ganz oder teilweise sichern kann.[106] Dabei ist, da § 19 Abs. 4 auf die Leistungsfähigkeit des Betriebes als solchen abstellt und dessen Fortbestand sichern will, ein objektiver Maßstab anzulegen. Es kommt deshalb nicht darauf an, ob der Betrieb zum konkreten je nach den persönlichen Umständen unterschiedlichen Lebensbedarf seines derzeitigen Inhabers wesentlich beiträgt. Maßgebend ist vielmehr, ob der Betrieb geeignet ist, einen wesentlichen Beitrag zum Unterhalb einer bäuerlichen Durchschnittsfamilie zu leisten. Dem entspricht es, dass die Rspr. in diesem Zusammenhang auf die objektiven Abgrenzungskriterien in landwirtschaftlichen Gesetzen gleicher Zielsetzung, wie das Gesetz zur Förderung der bäuerlichen Landwirtschaft (LaFG) und das Gesetz über die Altershilfe für Landwirte (ALG), zurückgreift.[107] Da nach dem Willen des Gesetzgebers ggf. auch die nebenberufliche Führung eines Betriebes genügen soll, kann nicht auf den vollen Unterhaltsbedarf einer bäuerlichen Durchschnittsfamilie abgestellt werden. Das BayObLG hat in einer früheren Entscheidung[108] die Privilegierung des § 19 Abs. 4 bejaht, bei Erwirtschaftung eines jährlichen Betriebsüberschusses von damals ca. 8600 DM (entspricht ca. 4400 Euro). Dabei wurde auch berücksichtigt, dass der Betrieb seinem Inhaber in aller Regel zusätzlich vergütungsfrei Naturalleistungen (zB mietfreies Wohnen, Verbrauch von im Betrieb erzeugter Produkte) gewährt. Diese Grundsätze hat das BayObLG in einer weiteren Entscheidung[109] bestätigt (Ertrag im entschiedenen Falle damals 13887 DM, entspricht 7173,00 Euro). Zum Nachweis des Überschusses ist der Betriebsinhaber verpflichtet, er hat dazu die Unterlagen vorzulegen, die die Ertragslage objektiv beurteilen lassen (Belege usw.). Insoweit trifft den Betriebsinhaber, der die Privilegierung für sich in Anspruch nimmt und allein über die insoweit wesentlichen Kenntnisse verfügt, eine gewisse Verpflichtung, an der Aufklärung des Sachverhaltes mitzuwirken.[110]

83 a

---

[101] BayObLG MittBayNot 1994, 358.
[102] BayObLG ZNotP 1997, 118 m. Anm. *Tiedtke* = MittBayNot 1997, 381 = RdL 1997, 130 = FamRZ 1997, 831.
[103] *Faßbender* Rn. 46; LG Ingolstadt JurBüro 1993, 40; aA OLG Oldenburg JurBüro 1994, 359 und BayObLG MittBayNot 1993, 228; 1994, 358.
[104] OLG München MittBayNot 2006, 353 = RNotZ 2005, 622 = ZNotP 2006, 119 m. Anm. *Tiedtke.*
[105] *Rößler/Troll* § 33 BewG Rn. 28.
[106] BayObLGZ 1992, 341.
[107] BayObLG NJW-RR 2001, 1366 = MittBayNot 2001, 495 = RdL 2001, 215 = ZNotP 2001, 446; OLG Hamm MittBayNot 2002, 313 = NJW-RR 2001, 1367 = ZNotP 2001, 407.
[108] FamRZ 1997, 831.
[109] MittBayNot 2003, 239 = ZNotP 2003, 279 = FGPrax 2003, 97 = NJW-RR 2003, 1295.
[110] Vgl. *Keidel/Kayser* § 12 Rn. 3; *Bengel/Tiedtke* DNotZ 2004, 256.

84 **d) Hofstelle.** In jedem Falle muss eine Hofstelle, von der eine einheitliche Bewirtschaftung des Grund und Bodens erfolgt, vorhanden sein.[111] Sie setzt auch eine für die bäuerliche Familie geeignete Wohnung voraus.[112] Der umgangssprachliche **Begriff** ist nirgends gesetzlich definiert. Es kann jedoch auf § 1 Abs. 1, 3 HöfeO und die Literatur hierzu Bezug genommen werden. Danach genügt bloßes Miteigentum an der Hofstelle im Regelfall nicht, es sei denn, es ist mit Sondereigentum (Wohnungs-/Teileigentum) verbunden (s. jedoch Rn. 88 a). Die Aufteilung einer Hofstelle nach §§ 3, 8 WEG als solche hingegen ist nicht privilegiert, da die Begründung von Wohnungs-/Teileigentum primär nicht der Fortführung, sondern einer anderen Vermögensverteilung dient.

85 Der Grundbesitz und die Hofstelle müssen eine wirtschaftliche und organisatorische **Einheit** bilden. Durch das Erfordernis „mit Hofstelle" werden Rechtsgeschäfte, welche die Stückländerei betreffen, weitgehend aus der Privilegierung herausgenommen, weil bei Verpachtung auf Dauer bewertungsrechtlich die verpachteten Flächen einen eigenen Betrieb der Land- und Forstwirtschaft bilden, für welche jedoch das Privileg des Abs. 4 bei der Übergabe nicht anwendbar ist, da eine entsprechende Hofstelle fehlt. Das dem Betriebsinhaber und seiner Familie zu Wohnzwecken dienende **Wohngebäude** (Gebäudeteil) ist dabei regelmäßig auch dann in die wirtschaftliche Einheit einzubeziehen, wenn es sich um einen Neubau handelt, der nach seiner baulichen Gestaltung die Zugehörigkeit zum landwirtschaftlichen Betrieb nicht erkennen lässt.[113] Gegen den Grundsatz der wirtschaftlichen Einheit spricht auch nicht, wenn ein landwirtschaftlicher Betrieb als Wirtschaftseinheit übertragen wird, die zur Hofstelle gehörenden Wohnräume aber in einem zu einem anderen Betrieb (zB Gaststätte) gehörenden Gebäude liegen, das zeitlich vor dem landwirtschaftlichen Betrieb übergeben wurde. Voraussetzung ist jedoch, dass die Beteiligten von vorneherein die Absicht hatten, beide Betriebe auf den selben Erwerber zu übertragen, wenn auch **zeitlich versetzt,**[114] im entschiedenen Fall Zeitunterschied ca. sechs Jahre. Altenteilshäuser zählen noch zur Hofstelle.[115] Durch das WohneigFG[116] wurden die früher zum Betriebsvermögen der Land- und Forstwirtschaft gehörenden Wohnungen bzw. Wohngebäude mit Ablauf des 31. 12. 1998 in das Privatvermögen des Betriebsinhabers überführt (sog. Privatgutlösung). Die Überführung in das Privatvermögen erfolgt ausschließlich in ertragsteuerlicher Hinsicht und hat auf die Anwendung des § 19 Abs. 4 keinen Einfluss. Die Bestimmungen des BewG sind durch das WohneigFG nicht berührt worden.[117]

86 **e) Personenkreis.** Aus dem Gesetzestext „... einschließlich der Abfindung weichender Erben" könnte geschlossen werden, dass lediglich innerfamiliäre Geschäfte privilegiert sind.[118] Objektiver Gesetzeszweck ist indes die Fortführung des landwirtschaftlichen Betriebs als Familienbetrieb. Daraus folgt, dass grundsätzlich auch Übergaben an **Nichtfamilienangehörige** erfasst werden.[119] Allerdings fehlt der Charakter des bäuerlichen Familienbetriebs bei Erwerb durch **juristische Personen** oder bei Erwerb durch **Großgrundbesitzer** (Verschmelzung mit Großgrundbesitz) oder **Rückübertragung** vom enteigneten oder zwangsweise auf einen anderen Rechtsträger überführten Grundvermögen.

---

[111] LG Ingolstadt JurBüro 1990, 493.
[112] BayObLGZ 1992, 231/234; BayObLG FGPrax 2000, 210; RdL 2001, 327 = MittBayNot 2002, 127 unter Bezugnahme auf BGHZ 8, 109/115 und MDR 1951, 728 zur Rspr. zu § 1 Abs. 1 HöfeO; BGH NJW-RR 1998, 1627, wonach das Wohnhaus bei natürlicher Betrachtung den Mittelpunkt der Hofstelle bildet.
[113] BFH DB 1990, 1700.
[114] BayObLG Rd L 2000, 213 = MittBayNot 2000, 470.
[115] LG Traunstein MittBayNot 1992, 420.
[116] Vom 15. 5. 1986 (BGBl. I S. 730; BStBl. I S. 278, 528); *Heitzer* MittBayNot 1998, 136.
[117] *Schmidt* 18. Aufl. § 10 e EStG Rn. 244; *Rößler/Troll* 16. Aufl. § 33 BewG Rn. 79 a.
[118] So *Faßbender* Rn. 39, 98.
[119] *Reimann* MittBayNot 1987, 120.

3. Fortführungstendenz

Die Überlassung des Betriebs oder das sonstige Rechtsgeschäft muss der Fortführung des landwirtschaftlichen Betriebes dienen. Dieses Kriterium für die Privilegierung beinhaltet kumulativ eine objektive und eine subjektive Komponente: Objektiv muss der Betrieb als landwirtschaftlicher Betrieb fortführbar sein; subjektiv darf mit dem zu privilegierenden Rechtsgeschäft kein anderer Zweck verfolgt sein, als derjenige der Betriebsfortführung.[120]   **87**

a) Objektive Kriterien. Grundsätzlich ist begünstigungsfähig nur ein Betrieb, der im **Eigentum** des Landwirts steht. Hierher gehört auch die Überlassung im Wege der Vor- und Nacherbfolge.[121] Die Verschaffung des lediglich wirtschaftlichen Eigentums durch **Nießbrauch** genügt, wenn dem Berechtigten gleichzeitig der Anspruch auf Erwerb des Eigentums zu einem bestimmten Zeitpunkt eingeräumt wird, weil bereits die Nießbrauchseinräumung der Fortführung des Betriebs iS des Abs. 4 dient. Die Übergabe eines landwirtschaftlichen Betriebes fällt auch dann unter § 19 Abs. 4, wenn der Übernehmer den Betrieb zwar fortführen will, aber zunächst daran gehindert ist, weil sich der Übergeber den Nießbrauch vorbehalten hat.[122] Gleiches gilt für den **Pachtvertrag** mit Übergabeverpflichtung. Zulässig ist auch, dass auf der Hofstelle ein Verwalter tätig ist, sofern nur der Inhaber (Eigentümer, Nießbraucher) die Eigenverantwortung oder die fachliche Oberaufsicht übernimmt oder in Arbeitsteilung mit dem Verwalter die Landwirtschaft selbst betreibt.[123]   **88**

Erwerber kann nur eine **natürliche Person** sein. Die Überlassung an juristische Personen dient keinesfalls der Fortführung in einer bäuerlichen Familie. Im Einzelfall mag die Überlassung zu **Mit- oder Gesamthandseigentum** von Ehegatten, Geschwistern und Kindern ausreichend sein. Dies gilt jedoch nur, wenn vertraglich gesichert ist, dass das Anwesen eine Einheit bleibt. Anordnungen des Übergebers/Erblassers, der Erwerber habe zu einem bestimmten Zeitpunkt das Anwesen zu veräußern und den Erlös mit weichenden Geschwistern zu teilen, schließen die Fortführung des Betriebs aus.   **88a**

Wird der Betrieb durch Ehegatten oder andere Familienangehörige in Form einer BGB-**Gesellschaft** fortgeführt, ist das Landwirtschaftsprivileg nur anwendbar, wenn im Gesellschaftsvertrag auch Regelungen über die Fortführung im Falle eines Ausscheidens einzelner Gesellschafter oder Auflösung der Gesellschaft getroffen sind.[124] Zur Fortführung des Betriebes durch Einbringung der Nutzung in eine KG s. Rn. 92.   **88b**

Grundstücksabtrennungen (auch durch Vermächtnisse) sind nur insoweit unschädlich, als die Mindestbetriebsgröße erhalten bleibt. Eine Privilegierung kommt insbesondere dann nicht in Betracht, wenn bereits im Zeitpunkt der Grundstücksübertragung die Weiterveräußerung eines wesentlichen Teils (hier einschließlich der Hofstelle) vorgesehen ist.[125]   **88c**

b) Absicht der Fortführung. Das subjektive Tatbestandsmerkmal der Fortführungsabsicht kann sich aus den Erklärungen der Beteiligten oder aus der Vertragsgestaltung ergeben. Entscheidendes Kriterium ist, ob das Rechtsgeschäft der Erhaltung und Fortführung eines bisher und künftig einheitlichen Betriebes dient oder ob im Vordergrund lediglich reine Veräußerungsabsichten (materielles Gewinnstreben) stehen. Im Hinblick auf Dauer angelegter Betriebsführung und Betriebsbereitschaft sind die Grenzen der objektiven Kriterien und der subjektiven Fortführungstendenz fließend. Nach einer nicht veröffentlichten Entscheidung des OLG Hamm[126] muss die Fortführung im unmittelbaren Anschluss an die Beurkundung des Übergabevertrages erfolgen, es sei denn, es liegt eine sog. „gleitende" Übergabe, zB bei Nießbrauchsvorbehalt, vor. Der Übernehmer muss also in Lage sein, den Betrieb selbst oder in Eigenverantwortung zu führen (vgl. Rn. 88). Befindet sich der   **89**

---

[120] LG Marburg Rpfleger 1991, 107; BayObLGZ 1991, 200.
[121] Faßbender Rn. 101.
[122] BayObLG MittBayNot 1998, 462 = RdL 1998, 242 = JurBüro 1998, 657 = ZNotP 1998, 429 = NJW-RR 1999, 224.
[123] BayObLG MittBayNot 1993, 228.
[124] BayObLG MittBayNot 1999, 496 = NJW-RR 2000, 215.
[125] OLG Düsseldorf JurBüro 1991, 563 = MittRhNotK 1991, 27.
[126] Vom 11. 5. 1999, Az. 15 W 373/98 (n. v.).

Übernehmer jedoch noch in Ausbildung, steht dies der Anwendung des Landwirtschaftsprivilegs nicht entgegen. Die Anwendung des § 19 Abs. 4 hat auch bei letztwilligen Verfügungen zu erfolgen, wenn mit der Absicht verfügt wird, die Fortführung des Betriebes zu ermöglichen.[127] Entsprechende Anwendung auch im Erbscheinsverfahren bei gesetzlicher Erbfolge.[128] **Stillgelegte Betriebe** fallen nicht mehr unter § 19 Abs. 4, es sei denn, der Erwerber hat eine konkrete Wiederaufnahmeabsicht, die dargelegt werden muss.[129] Anders ist die Sachlage, wenn nur **einzelne Flächen** des landwirtschaftlichen Betriebes stillgelegt sind. Wird der Betrieb fortgeführt, ist § 19 Abs. 4 auch hinsichtlich der stillgelegten Flächen voll anzuwenden. Nach § 1 des Gesetzes vom 10. 10. 1995 (BGBl. I S. 910) sind die nach einer EU-Vorschrift geförderten, aber stillgelegten Flächen, den tatsächlich bewirtschafteten Flächen gleichzustellen. Voraussetzung für das Privileg (auch für die stillgelegten Flächen) des § 19 Abs. 4 ist aber, dass die noch bewirtschafteten Flächen eine Mindestgröße erreichen, aus deren Ertrag der Lebensunterhalt der bäuerlichen Familie ggf. mit entsprechenden Förderungen wesentlich bestritten werden kann[130] (s. iÜ Rn. 83).

90   c) **Verpachteter Grundbesitz.** Bei der Übergabe eines verpachteten Grundbesitzes kommt es darauf an, ob landwirtschaftliche Flächen und Hofstelle noch eine wirtschaftliche und organisatorische Einheit bilden und ob die Fortführungstendenz besteht. Objektiv fehlt die Fortführungstendenz, wenn das Land für längere Zeit parzelliert verpachtet und nicht mehr von der Hofstelle aus bewirtschaftet wird.[131] Soweit das mit Hofstelle verpachtete Anwesen an den Pächter veräußert wird, ist grundsätzlich Abs. 4 anwendbar,[132] auch wenn der Pächter nicht zur „Familie" gehört (vgl. Rn. 86). Bei der Verpachtung von Teilen des Landes mit der Hofstelle und der parzellierten Verpachtung des übrigen Landes kommt es darauf an, ob der Erwerber in absehbarer Zeit das Land selbst von der Hofstelle aus bewirtschaften wird oder nicht. Kriterium für die Nichtfortführungstendenz mag die Betriebsaufgabe im ertragsteuerlichen Sinne sein; zwingend ist dieser Schluss allerdings nicht. Ein verpachteter Betrieb, der auch nach der Übergabe verpachtet bleibt, löst die Anwendung des § 19 Abs. 4 nicht aus. Die bloße theoretische Möglichkeit, irgendwann den Betrieb selbst zu führen, begründet die Voraussetzung für die Privilegierung nicht.[133] Nach dem OLG München[134] soll der Fortführungsabsicht des Erwerbers nicht entgegenstehen, wenn die Fortführung wegen Betriebsverpachtung im Zeitpunkt der Übergabe noch nicht möglich ist. Es muss jedoch eine konkrete Aussicht auf Fortführung bestehen, die der Erwerber nachzuweisen hat. Bleibt der Betrieb jedoch dauerhaft verpachtet, liegt keine zur Anwendung des § 19 Abs. 4 erforderliche Fortführung des Betriebes durch den Übernehmer vor.[135] Dem Übernehmer kommt das Privileg des § 19 Abs. 4 nicht schon dann zugute, wenn er behauptet die Absicht zu haben, die Pachtverträge auflösen und den Betrieb selbst weiterführen zu wollen. Es müssen für das Gericht nachvollziehbare konkrete Anhaltspunkte vorliegen, dass der Pachtvertrag zu einem bestimmten oder bestimmbaren Zeitpunkt beendet und Betrieb danach tatsächlich vom Übernehmer selbst geführt wird. Wohnt der Übernehmer in einem weit von der Betriebsstätte entfernten Ort und übt dort einen ganz anderen Beruf aus, spricht dies zunächst gegen eine Anwendung des § 19 Abs. 4. Daran ändert auch eine bloße Behauptung nichts, den Betrieb irgendwann einmal selbst wieder aufnehmen zu wollen. Es muss vielmehr konkret dargelegt werden, dass die Fortführung als solche nicht in Zweifel steht, sondern ausschließlich deren Zeit-

---

[127] BayObLG JurBüro 1992, 181 = MittBayNot 1992, 229.
[128] BayObLG JurBüro 1993, 229.
[129] LG Traunstein MittBayNot 1992, 420; OLG Celle RdL 2000, 193; LG Münster FamRZ 2001, 1472.
[130] *Tiedtke* ZNotP 1997, 118.
[131] *Faßbender* Rn. 91; BayObLGZ 1994, 112.
[132] *Reimann* MittBayNot 1989, 120.
[133] BayObLG MittBayNot 1994, 359; 1996, 232; ZNotP 1998, 429.
[134] MittBayNot 2006, 353 = RNotZ 2005, 622 = ZNotP 2006, 119 m. Anm. *Tiedtke* im Anschluss an BayObLG MittBayNot 1997, 311 = BayObLGZ 1997, 240.
[135] BayObLG MittBayNot 1994, 359; MittBayNot 1996, 232; OLG München FGPrax 2006, 180 = JurBüro 2006, 491 (nur LS); kritisch *Bengel/Tiedtke* DNotZ 2007, 430.

punkt.[136] Das OLG München sah jedoch schon in dem Vortrag des Beschwerdeführers, dass er nach Beendigung der Pachtverhältnisse beabsichtige, die landwirtschaftlichen Flächen wieder dem Betrieb zuzuführen und das zudem Flächen bereits zurück gegeben seien und weitere folgen würden, keinen zwingenden Ausschluss des Landwirtschaftsprivilegs nach § 19 Abs. 4.

Ist der Betrieb jedoch innerhalb der Familie verpachtet, ist § 19 Abs. 4 anzuwenden, wenn der Erwerber beabsichtigt, den Betrieb nach Beendigung des Pachtverhältnisses selbst fortführen zu wollen. Gleiches gilt, wenn die Überlassung des Betriebes unter Vorbehalt des uneingeschränkten Nießbrauchs für den Übergeber erfolgt. In diesen Fällen kommt es auf den möglichen Zeitpunkt der Fortführung durch den Erwerber nicht an.[137] 90a

4. Geschäfte im Einzelnen

Terminologisch ist Abs. 4 missglückt. Der Begriff „Überlassung" ist rechtstechnisch unpräzise. Eine „Überlassung" durch Erbvertrag oder Testament gibt es nicht. Offensichtlich soll „Überlassung" ein **Oberbegriff** für lebzeitige Übereignung (Übergabe) einerseits und die Zuwendung des Eigentums durch Verfügung von Todes wegen andererseits sein.[138] 91

a) Übergabevertrag. Die §§ 17 Abs. 1, 7 Abs. 1 HöfeO verstehen unter dem Übergabevertrag die „Übergabe des Hofes an den Hoferben im Wege der vorweggenommenen Erbfolge". Der Gesetzeszweck des Abs. 4 (Erhaltung leistungsfähiger bäuerlicher Familienbetriebe) verlangt eine Erstreckung des Begriffs auf die Übereignung an Personen, die nicht gesetzlicher Erbe des Übergebers sind. Auf die Bezeichnung selbst kommt es nicht an;[139] auch ein „Kaufvertrag" oder eine „Schenkung" kann rechtlich als Übergabevertrag iS des Abs. 4 qualifiziert werden.[140] Die **„gleitende Hofübergabe"** (Übergeber und Nachfolger betreiben zB die Landwirtschaft als **Gesellschafter bürgerlichen Rechts**) unterfällt dann dem Abs. 4, wenn gleichzeitig eine vollständige Nachfolgeregelung getroffen ist.[141] Die gleichen Grundsätze finden Anwendung bei Übertragung eines land- oder forstwirtschaftlichen Betriebes in eine **Familienstiftung.** Die Wertprivilegierung des § 19 Abs. 4 ist auch auf die gerichtliche Zuweisung eines landwirtschaftlichen Betriebes nach **§§ 13 ff. GrdstVG** anzuwenden, da es sich zwanglos als Geschäft zur Fortführung des Betriebes verstehen lässt.[142] Nicht ganz so eindeutig ist die Anwendung des Landwirtschaftsprivilegs, wenn der dem Übernehmer überlassene Betrieb zur Nutzung in eine Kommanditgesellschaft eingebracht wird, an welcher der Übergeber und der Übernehmer beteiligt sind. Die Anwendung des § 19 Abs. 4 wird jedoch – wie bei Betriebsführung durch eine GbR – zu bejahen sein, wenn durch gesellschaftsrechtliche Regelungen sichergestellt ist, dass der Erwerber den Betrieb später selbst eigenverantwortlich fortführt.[143] 92

b) Testament und Erbvertrag. Begünstigt sind die Gesamtrechtsnachfolge (Erbeinsetzung) und die Sonderrechtsnachfolge (Vermächtniszuwendung), wenn die Verfügung von Todes wegen der Überleitung des Betriebs dient.[144] Allerdings ist Abs. 4 nur dann anwendbar, wenn der Verfügende auch Eigentümer des landwirtschaftlichen Anwesens ist oder in unmittelbarem zeitlichem Zusammenhang der Eigentumserwerb durch Übergabe sichergestellt ist. Die Privilegierung greift also nicht ein, wenn Verfügungen getroffen werden für den Fall, dass der Verfügende irgendwann einmal Eigentümer eines landwirtschaftlichen Anwesens sein wird.[145] Das Privileg des § 19 Abs. 4 ist auch dann nicht anwendbar, wenn sich die Betriebsinhaber in einem Erbvertrag oder gemeinschaftlichen Testament zunächst gegenseitig zu Erben 93

---

[136] BayObLGZ 1997, 240 = MittBayNot 1997, 311; OLG München RNotZ 2005, 622.
[137] BayObLG MittBayNot 1997, 311 = ZNotP 1997, 117.
[138] *Faßbender* Rn. 20.
[139] BGH DNotZ 1978, 432.
[140] *Faßbender* Rn. 129.
[141] BayObLG MittBayNot 1999, 496 = NJW-RR 2000, 215.
[142] OLG Bamberg JurBüro 1994, 235.
[143] So auch BayObLG MittBayNot 2001, 496 = RdL 2001, 242 = FGPrax 2001, 171.
[144] BayObLG JurBüro 1992, 181 = MittBayNot 1992, 229.
[145] *Reimann* MittBayNot 1989, 121.

einsetzen und die Kinder zu Schlusserben mit einer Teilungsanordnung über die Verteilung der Betriebsgrundstücke, was zur Zerschlagung des Betriebes führt. Der Geschäftswert für die Erteilung eines **Erbscheins** bezüglich eines landwirtschaftlichen Betriebes mit Hofstelle bemisst sich auch im Falle der gesetzlichen Erbfolge nur nach dem 4fachen des zuletzt festgestellten Einheitswerts.[146] Zum quotalen Schuldenabzug s. Rn. 94 a.

94 c) **Sonstige Rechtsgeschäfte.** Das Gesetz erwähnt ausdrücklich lediglich noch die Erb- oder Gesamtgutsauseinandersetzung. Zu den Geschäften, die der Fortführung des Betriebs in sonstiger Weise dienen, gehören vor allem **Eheverträge**.[147] Sowohl die Vereinbarung der Gütertrennung und der Ausschluss des Zugewinnausgleichsanspruchs im Hinblick auf das landwirtschaftliche Anwesen als auch die Vereinbarung der Gütergemeinschaft können privilegiert sein. **Scheidungsvereinbarungen,** insbesondere ein Unterhaltsverzicht des Ehegatten gegen Grundstücksabfindung gegenüber dem Betriebsinhaberehegatten, können ebenfalls der Fortführung dienen. Gleiches gilt für **Erb- und Pflichtteilsverzichte** der Ehegatten oder weichender Erben. Voraussetzung ist indes ein enger (zeitlicher) Zusammenhang mit der geplanten oder bereits durchgeführten Hofübergabe.[148] **Pachtverträge** mit Übergabeverpflichtung unterfallen dem Abs. 4, wenn der konkrete Betrieb weitergeführt werden soll. Dies kann auch bei der Bestellung eines **Erbbaurechts** am landwirtschaftlichen Anwesen zutreffen, vorausgesetzt, das Rechtsgeschäft ist mit einem bedingten Übertragungsvertrag verbunden.

94 a d) **Eröffnung letztwilliger Verfügungen.** Erbt ein Ehegatte, der im Rahmen eines Ehe- und Erbvertrages mit gegenseitiger Erbeinsetzung zum Alleinerben einen von ihm ununterbrochen geführten landwirtschaftlichen Betrieb in das Gesamtgut eingebracht hat, später den Anteil des anderen Ehegatten am Gesamtgut, ist die Eröffnung der diesbezüglichen Verfügung von Todes wegen ein nach § 19 Abs. 4 privilegiertes Geschäft.[149] Danach ist der Wert des Nachlasses nach Abzug der Verbindlichkeiten maßgeblich. Vom 4fachen Einheitswert des landwirtschaftlichen Betriebes sind also die Verbindlichkeiten in Abzug zu bringen. Entscheidend ist jedoch die Frage, in welchem Umfang betriebsbezogene Verbindlichkeiten von den Aktiva eines Nachlasses abzuziehen sind, zu dem ein mit dem 4fachen des Einheitswertes bewerteter landwirtschaftlicher Betrieb gehört. Die betriebsbezogenen Verbindlichkeiten werden nicht selten das 4fache des Betriebseinheitswertes übersteigen. Deshalb erscheint es nach BayObLG[150] zur Vermeidung eines unangemessen niedrigen Geschäftswertes im Einzelfall geboten, die Verbindlichkeiten nicht in voller Höhe abzuziehen, sondern nur in dem Verhältnis zu mindern, das dem Verhältnis des 4fachen Einheitswertes zum Verkehrswert des Anwesens entspricht. Eine solche Handhabung ist dann angemessen, wenn das landwirtschaftliche Anwesen den wesentlichen Teil des Nachlasses bildet. Die Verbindlichkeiten sind also nicht nominal vom 4fachen Einheitswert abzuziehen, sondern nur proportional im Verhältnis 4facher Einheitswert/Verkehrswert.

94 b e) **Vollmachten.** Eine Spezialvollmacht, die ausschließlich zur Vertretung des Vollmachtgebers bei einem Geschäft ermächtigt, das die Fortführung des Betriebes betrifft, fällt ebenfalls unter § 19 Abs. 4. Generalvollmachten, die zur umfassenden Vertretung berechtigen, fallen nicht unter § 19 Abs. 4, auch wenn sie Fortführungsgeschäfte iS von § 19 Abs. 4 einschließen. Gleiches gilt für Vollmachten zur Altersvorsorge (sog. Vorsorgevollmachten).

5. Rechtsfolgen

95 Der vierfache Einheitswert ist nicht ohne weiteres Geschäftswert. **Wertveränderungen** seit der Feststellung des letzten Einheitswertes sind gemäß Abs. 3 zu berücksichtigen. **Bau-**

---

[146] OLG Köln RdL 1994, 44; BayObLGZ 1992, 264 = MittBayNot 1992, 416; ZNotP 1997, 118.
[147] Zur Frage des proportionalen Schuldenabzugs im Verhältnis Verkehrswert/vierfacher Einheitswert s. § 39 Rn. 120 a.
[148] *Böhringer* BWNotZ 1989, 97: bis zu einem Jahr.
[149] BayObLG MittBayNot 2003, 316 = ZNotP 2003, 199 = Rpfleger 2003, 152 = ZEV 2003, 83 = FGPrax 2002, 273 = RNotZ 2002, 520.
[150] MittBayNot 2003, 316 = ZNotP 2003, 199 = Rpfleger 2003, 152 = ZEV 2003, 83 = FGPrax 2002, 273 = RNotZ 2002, 520.

land gehört zum Grundvermögen iS der §§ 68 bis 94 BewG und ist daher nicht privilegiert,[151] auch wenn eine neue Teilwertfestsetzung noch nicht vorliegt. Siehe im übrigen Rn. 82.

Das in § 39 Abs. 2 normierte **Austauschprinzip** ist durch § 19 Abs. 4 nicht beseitigt;[152] bei Übergabeverträgen sind mithin die **Gegenleistungen** (Auflagen) dem vierfachen Einheitswert gegenüber zu stellen.[153] Bei **Verfügungen von Todes** wegen ist § 46 Abs. 4 heranzuziehen: Die Verbindlichkeiten des Testators sind in Abzug zu bringen. Eine Kürzung der Belastungen im Verhältnis des 4fachen Einheitswerts des Grundbesitzes zum Verkehrswert ist vorzunehmen.[154] **96**

Die Vereinbarung eines Veräußerungsverbotes ist als selbständige Leistung des Übernehmers mit eigenem wirtschaftlichem Wert anzusehen und ist den Gegenleistungen im Rahmen des Austauschvertrages zuzurechnen.[155] Der Geschäftswert ist nach § 30 Abs. 1 zu bestimmen, wobei ein Betrag von ca. 10% des Verkehrswertes, bei Anwendung des § 19 Abs. 4 ausgehend vom vierfachen Einheitswert, angemessen ist. Verpflichtet sich der Übernehmer, im Falle einer Veräußerung einen Teil des Verkaufserlöses an seine Geschwister hinauszuzahlen, ist ein Bruchteil (ca. 20–30%) des möglichen Hinauszahlungsbetrages anzunehmen. **96a**

6. Landwirtschaftlicher Grundbesitz im beigetretenen Gebiet

S. Einigungsvertrag (Anh. A, S. 1195 ff.) Anlage I, Kapitel III, Sachgebiet A, Abschnitt III Rn. 31, 32. **97**

V. Verfassungsrechtliche Fragen

Während früher gegen § 19 Abs. 2 S. 1 zufolge einer uneinheitlichen Anwendung sogar verfassungsrechtliche Bedenken **(Gleichheitsgrundsatz)** geäußert wurden,[156] sind heute durch die Rspr. tragbare Kriterien entwickelt worden, die Zufall und Willkür weitgehend ausschließen. Nur noch in seltenen Einzelfällen ändern Obergerichte innerhalb kürzester Zeit ihre Rechtsansicht[157] und verunsichern den Praktiker. Die in Abs. 2 S. 1 enthaltenen unbestimmten Rechtsbegriffe entsprechen den verfassungsrechtlichen Grundsätzen der Normenklarheit und Justiziabilität (Rechtsstaatsprinzip). Auch der Auffangtatbestand „sonstige ausreichende Anhaltspunkte" ist verfassungskonform, da die Ausfüllung unbestimmter Rechtsbegriffe Aufgabe der Rechtsanwendungsorgane ist. Die leider bisweilen unbefriedigende Rechtsprechungspraxis zu Abs. 2 S. 1 verstößt auch nicht gegen Art. 3 Abs. 1 GG, solange die jeweiligen Rechtsauffassungen selbst nicht sachlich schlechthin unhaltbar sind.[158] Für eine Modifizierung des § 19 durch den Gesetzgeber besteht und bestand demgemäß aus verfassungsrechtlichen Gründen keine Notwendigkeit. **98**

Das selten auftauchende Problem der ungleichen, gleichwohl verfassungskonformen Berechnung des Geschäftswertes kann durch die Rückkehr zum Einheitswert[159] nicht gelöst werden. Denn für ihn gelten bereits die gleichen Bedenken.[160] Geboten ist vielmehr eine **99**

---

[151] *Faßbender* Rn. 226.
[152] *Reimann* DNotZ 1990, 668; BayObLG MittBayNot 1999, 203 = JurBüro 1999, 210 = NJW-RR 1999, 868 = FGPrax 1999, 35 = NotBZ 1999, 26 m. Anm. *Lappe*.
[153] So auch OLG Karlsruhe JurBüro 1991, 1360 = DNotZ 1992, 328 = MittBayNot 1992, 289; OLG Düsseldorf KostRsp. Nr. 138 = DNotZ 1993, 763 = MittRhNotK 1993, 99 m. Anm. *Lappe* und OLG Oldenburg KostRsp. Nr. 140, JurBüro 1993, 545; OLG Köln ZNotP 2001, 326.
[154] BayObLG MittBayNot 2003, 316 = ZNotP 2003, 199 = Rpfleger 2003, 152 = ZEV 2003, 83 = FGPrax 2002, 273 = RNotZ 2002, 520 für den Geschäftswert der Erbscheinserteilung.
[155] BayObLG MittBayNot 1999, 492 m. Anm. PrüfAbt. Notarkasse.
[156] S. 13. Aufl. Rn. 70.
[157] ZB OLG Schleswig Rpfleger 1983, 1859; 1860.
[158] BVerfG AgrarR 1986, 288.
[159] RKostO von 1935, KostO bis 31. 12. 1968.
[160] Rn. 44; dies wird auch in der Steuerverwaltung durchaus gesehen: vgl. auch BVerfG NJW 1977, 429 und NJW 1994, 509, das auf diese spezielle Problematik allerdings nicht eingeht.

Mindestbewertung nach weitgehend einheitlichen Kriterien. Hier bietet sich für den reinen Grundstückswert die Bemessung (auch für land- und forstwirtschaftliche Grundstücke, soweit nicht das Privileg des Abs. 4 greift) nach den Daten der §§ 195 ff. BauGB iVm. der WertV idF vom 6. 12. 1988 (BGBl. I S. 2209), zuletzt geändert am 18. 8. 1997 (BGBl. I S. 2081) und den WertR vom 1. 7. 2006[161] an. Für die Gebäudewertermittlung hat sich die Berechnung auf der Basis der Brandversicherungssumme (Rn. 58) bewährt.

100 Das **Beweisaufnahmeverbot** (Abs. 1 S. 2 Halbs. 2) ist auch heute noch richtig. Eine Beweisaufnahme wäre praktisch die Einholung eines Wertgutachtens des Gutachterausschusses (§ 193 BauGB), also eine die Beteiligten belastende gebührenpflichtige Tätigkeit zur Bemessung einer Gebühr; dies ist nicht verhältnismäßig und deshalb auch von Verfassungs wegen nicht geboten (s. auch Rn. 10).

VI. Notare

101 § 19 gilt auch für Notare (§ 141); für Notare, denen die Gebühren selbst zufließen, gilt hingegen § 31 nicht (§ 143 Abs. 1), wohl aber § 19 Abs. 2 S. 2, der eng mit § 31 zusammenhängt (vgl. § 31 Rn. 30 ff.). Die Ermittlung des Wertes durch den Notar erfolgt nach den gleichen Grundsätzen wie bei Gericht, im Rahmen des § 154, ggf. des § 156. Die Verpflichtung des Notars zu diesen Ermittlungen ergibt sich auch aus § 140 (s. dort Rn. 2).[162]

§ 20 Kauf, Vorkaufs- und Wiederkaufsrecht

(1) ¹Beim Kauf von Sachen ist der Kaufpreis maßgebend; der Wert der vorbehaltenen Nutzungen und der vom Käufer übernommenen oder ihm sonst infolge der Veräußerung obliegenden Leistungen wird hinzugerechnet. ²Ist der Kaufpreis niedriger als der Wert der Sache (§ 19), so ist dieser maßgebend; beim Kauf eines Grundstücks bleibt eine für Rechnung des Erwerbers vorgenommene Bebauung bei der Ermittlung des Werts außer Betracht.

(2) Als Wert eines Vorkaufs- oder Wiederkaufsrechts ist in der Regel der halbe Wert der Sache anzunehmen.

Übersicht

	Rn.		Rn.
I. Anwendungsbereich	1–5	4. Vom Käufer übernommene Leistungen	17–29
1. Allgemeines	1, 2	a) Verbindlichkeiten	19–23
2. Wertveränderungen	3	b) Verpflichtungen	24–28 d
3. Grundstücksgleiche Rechte, Sachgesamtheiten	4, 5	c) Maklerklauseln	29
II. Wert der Sache	6	V. Umsatzsteuerregelung	29 a–29 c
III. Kaufpreis	7–12	VI. Bebauung für Rechnung des Erwerbers (Abs. 1 S. 2 Halbs. 2)	30–36
1. Nennbetrag	7, 7 a	VII. Kauf grundstücksgleicher Rechte	37–39
2. Bedingungen	8–9 a	1. Wohnungs- und Teileigentum	37 a
3. Zu niedriger Kaufpreis	10	2. Erbbaurecht	38
4. Verrentung	11	3. Dauerwohnrecht	39
5. Höhere Gegenleistungen	12	VIII. Vor- und Wiederkaufsrechte (Abs. 2)	40–47
IV. Hinzurechnungen (Abs. 1 S. 1 Halbs. 2)	13–29	1. Allgemeines	40–41 a
1. Allgemeines	13–15	2. Ankaufsrecht, Option	42, 43
2. Vorbehaltene Nutzungen	16	3. Wiederkaufsrecht	44–47
3. Dienstbarkeiten	16 a, 16 b		

---

[161] BAnz. Nr. 121 vom 1. 7. 2006, S. 4798.
[162] OLG Hamm DNotZ 1974, 311 = Rpfleger 1973, 228.

Stichwortverzeichnis

Ablösungspflicht 28 b
Ablösungsvertrag 28 a
Ankaufsrecht 42
Arbeitsplatzgarantie 27
Architektenvertrag 23
Auflassungsvormerkung (bei Kauf WE) 36

Baupläne 23
Bauverpflichtung 24, 27
Bauvertrag 35
Bebauung für Rechnung des Erwerbers 29
Bedingungen 9
Begründung eines Rechtsverhältnisses 9

Dauerwohnrecht 39

Einheimischen-Modell 45, 46
Erbbaurecht 38
Erschließung 27, 28

Finanzierungsvollmacht 15

Gebäudereste 36
Gesamtrechtsnachfolge 34
Geschäftsbesorgungsvertrag 34
Getränkelieferungsverträge 20
Grundstückseinbringung in Gesellschaft 31
Grundstücksgleiche Rechte 4

Hinzurechnungen 13
Höhere Gegenleistung 12

Immobilien 6
Investitionsverpflichtung 27

Kaufpreis – bedingt – 8
– zu niedriger 10

Maklerklauseln 28
Miteigentumsanteile 32
Mobilien 6

Nennbetrag 7

Optionsrechte 26, 42

Parzellierungsverträge 25

Sachgesamtheiten 5
Sozialer Wohnungsbau 1

Übernahme von Grundpfandrechten 22
Übernommene Leistungen vom Käufer 17
Umsatzsteueroption 29 a
Umsatzsteuerregelung 29 a

Verbindlichkeiten 19
Verfügungsverbot 26
Vermessungskosten 27 a
Verpflichtungen 24
Verrentung 11
Verzinsung des Kaufpreises 7
Vorausleistung auf Erschließungskosten 27
Vorbehaltene Nutzungen 16
Vor- und Wiederkaufsrecht 26, 40

Wertveränderungen 3
Wiederkaufsrecht 26 a, 44, 45
Wohnungs- und Teileigentum 37

Zeitpunkt der Bauerrichtung 30

I. Anwendungsbereich

1. Allgemeines

Der Kauf von Sachen ist das häufigste Geschäft des gewöhnlichen Geschäftsverkehrs. Jeder Vertragsteil erbringt eine gleichwertige Leistung, und die übereinstimmende Wertvorstellung beider Vertragsteile über den Vertragsgegenstand wird durch den Kaufpreis zum Ausdruck gebracht. Daher hat die KostO den Sachkauf (schuldrechtlich ein Unterfall des § 39 Abs. 2) in die allgemeinen Wertbestimmungen der §§ 18 bis 30 eingereiht und primär den Kaufpreis, die Leistung nur eines Vertragsteils, als maßgebend für den Geschäftswert bezeichnet. Darin liegt eine Vereinfachung der Wertermittlung gegenüber der ungleich schwierigeren Feststellung des Wertes der verkauften Sache. Nur wenn der Wert der verkauften Sache augenscheinlich höher ist als der Kaufpreis, ist nach Abs. 1 S. 2 deren Wert maßgebend, zB bei Notverkauf, zu niedriger Kaufpreisangabe, Verwandtengeschäft.[1] Für die Bestimmung des Geschäftswertes ist daher der Grundstückswert nur dann zu ermitteln, wenn Anhaltspunkte vorhanden sind, dass in dem nach § 18 maßgebenden Zeitpunkt der Kaufpreis nicht annähernd so hoch ist, wie der nach den allgemeinen Grundsätzen festgestellte Grundstückswert.[2] Bei Verkauf von Industriegrundstücken ist im Regelfall keine Wertermittlung nach § 19 Abs. 2 vorzunehmen.[3] Verkauft zB eine Kommune ein Grundstück und übernimmt der Käufer (zumeist Bauträger) die Verpflichtung, Mietwohnungen im öffentlich geförderten sozialen Wohnungsbau zu errichten, wirkt sich dies auf den Verkehrswert des Grundstücks wertmindernd aus.[4] Durch die **Sozialbindung** wird die Verwertbarkeit des Grundstücks deutlich eingeschränkt. Dadurch wird ein Verkauf zu einem deutlich unter dem sonst maßgeblichen Verkehrswert liegenden Kaufpreis rechtfertigt. Dies

---

[1] LG Regensburg JurBüro 1982, 117.
[2] BayObLG DNotZ 1995, 778.
[3] BayObLG MittBayNot 1998, 374.
[4] BayObLG MittBayNot 1999, 494.

gilt selbst dann, wenn der (ohne Berücksichtigung der Sozialbindung maßgebliche) Verkehrswert im Kaufvertrag beziffert wird. Der Geschäftswert richtet sich nach dem Kaufpreis, ggf. unter Hinzurechnung weiterer Leistungen und Verpflichtungen des Käufers (zB Bauverpflichtung, Verpflichtung zur Zahlung eines Differenzkaufpreises bei Verstoß gegen die Sozialbindung usw.). Bei Kaufverträgen mit **Einheimischenbindungen** bleiben diese Bindungen bei der Wertbestimmung außer Betracht. Es handelt sich nicht um wertmindernde Verhältnisse, die Einfluss auf den Verkehrswert hätten.

2 Als allgemeine Wertvorschrift gilt § 20 für **alle Geschäfte des 2. Abschnitts** (§§ 36 bis 128), sowohl bei nachträglicher Auflassung, zustimmenden Erklärungen als auch in Grundbuch- und Vormundschaftssachen.[5]

2. Wertveränderungen

3 Auch bei Änderung des Wertes der Sache zwischen Kaufbeurkundung und nachfolgenden Vollzugsgeschäften (Eigentumsumschreibung usw.) gilt primär der Kaufpreis, soweit die Änderungen nicht den Kaufpreis selbst betreffen;[6] ferner auch, wenn zwischen Kaufbeurkundung und den folgenden Vollzugsgeschäften eine im Kaufvertrag bedungene Leistung wegfällt,[7] zB wenn der Kaufpreis verrentet ist oder eine andere wiederkehrende, lebzeitliche (lebenslängliche) Leistung wegen vorzeitigen Ablebens weggefallen ist; ändern freilich mit Rücksicht darauf die Vertragsparteien den Kaufpreis, so ist der nach Änderung sich ergebende Kaufpreis für die Vollzugsgeschäfte – auch zB für § 146 Abs. 1 – maßgebend. In Sonderfällen sind Ausnahmen zu machen: So hat das BayObLG[8] einen alsbald nach Kaufbeurkundung und vor Auflassung niedergelegten Weiterverkaufspreis (sechsfacher Betrag des ursprünglichen Kaufpreises) bei der Auflassungseintragung berücksichtigt, wenn der höhere Wert der Sache nicht auf Erschließung zu Lasten des Käufers beruht,[9] wo das Gericht noch jegliche Berücksichtigung eines nachträglich offenbarten höheren Wertes der Sache ausgeschlossen hat. Das OLG Düsseldorf[10] vertritt zu den vorstehenden Ausführungen zutreffend folgende Auffassung: Wenn der bei einem alsbaldigen Weiterverkauf des Grundstücks erzielte Kaufpreis darauf schließen lässt, dass der Verkehrswert des Grundstücks deutlich höher ist als der ursprüngliche Kaufpreis, so ist für die Bewertung der in Durchführung des zuerst abgeschlossenen Kaufvertrages vorgenommenen Geschäfte dieser Verkehrswert maßgebend. Auch der im Zwangsversteigerungsverfahren festgesetzte Verkehrswert kann bei einem alsbaldigen Weiterverkauf (ca. ein bis zwei Jahre) als Grundlage für eine Geschäftswertbestimmung dienen.[11]

3. Grundstücksgleiche Rechte, Sachgesamtheiten

4 § 20 gilt nur für den Verkauf von Sachen, nicht für den Verkauf von **Rechten** (Erbteilskauf, Geschäftsanteilsabtretung, Dauerwohnrecht). Er betrifft bewegliche Sachen sowie Grundstücke und grundstücksgleiche Rechte (Erbbaurechte, Wohnungs- und Teileigentumsrechte, Fischereirechte).

5 § 20 ist auch maßgebend bei Kauf von **Sachgesamtheiten** und Vermögensmassen, aber wohl nur, wenn diese im Wesentlichen aus Sachen bestehen. Handelt es sich indessen um Verkauf von Vermögensmassen, die aus Sachen und Rechten bestehen (Erbschaft, Handelsgeschäft usw.), so entfällt die Anwendbarkeit des § 20; für Beurkundungen ist dann § 39 Abs. 2, für Grundbucheintragungen § 19 (ohne bewegliche Sachen und Rechte) maßgebend.

---

[5] AllgM, BayObLG Rpfleger 1955, 297; JurBüro 1999, 376.
[6] KG JFGErg. 21, 33; DNotZ 1939, 58; OLG Celle Rpfleger 1951, 282; OLG Hamm Rpfleger 1966, 162.
[7] LG Hagen JVBl. 1958, 207.
[8] Rpfleger 1975, 48.
[9] Vgl. dazu BayObLG Rpfleger 1972, 464.
[10] MittBayNot 1994, 360.
[11] LG Koblenz Rpfleger 1999, 237.

II. Wert der Sache

Für **Mobilien** gilt der Wert des § 19 Abs. 1, für **Immobilien** desgleichen, hilfsweise der des § 19 Abs. 2. Damit bedarf es regelmäßig nicht mehr der Prüfung, inwieweit im Einheitswert auch mobile Sachen, Zubehör usw. erfasst sind (vgl. § 19 Rn. 73 ff.). Werden Immobilien zugleich mit beweglichen Sachen verkauft (zB Geschäftskauf: außer Grundstücken auch Zubehör, Einrichtungsgegenstände, Lagerwaren usw.), so ist bei den dem Kauf nachfolgenden dinglichen Geschäften (spätere Auflassung, Eigentumsumschreibung) nur der Wert der Immobilien anzusetzen. Gleiches gilt für den Geschäftswert der Vollzugsgebühr (§ 146 Abs. 4). An die Aufteilung des Kaufpreises auf mobile und immobile Werte durch die Parteien ist der Bewerter nicht gebunden, zumal nicht selten im Hinblick auf die Grunderwerbsteuer die Immobilien unterbewertet werden.

6

III. Kaufpreis

1. Nennbetrag

Der Kaufpreis ist der Nennbetrag der Geldleistung des Käufers ohne Rücksicht auf Fälligkeit und Verzinsung, auch bei langfristiger Stundung.[12] Allerdings wird bei ungewöhnlicher zinsloser Stundung regelmäßig Verkauf unter dem Wert der Sache vorliegen,[13] daher der höhere Wert der Kaufsache maßgebend sein. Der Kaufpreis ist auch dann maßgebend, wenn der Verkäufer die Verpflichtung zur Beseitigung höherer Lasten übernommen hat.[14] Bei alternativen Preisen ist der höhere maßgebend. Wird ein Baugrundstück zu Euro ... pro qm verkauft, steht aber die Größe des Grundstücks noch nicht fest, weil noch nicht vermessen ist, so wird zunächst nach der mutmaßlichen Größe der Kaufpreis berechnet; nach der Vermessung erfolgt endgültige Wertfeststellung.[15] Bleibt in einem Kaufvertrag der endgültige Kaufpreis offen und ist zunächst nur eine Abschlagszahlung vorgesehen, so kann danach lediglich eine vorläufige Kostenberechnung erteilt werden. Sobald der endgültige Kaufpreis feststeht, sind die Gebühren nach diesem zu berechnen.[16]

7

Beim Grundstückskauf zB für Straßenzwecke gehören zum Kaufpreis auch Entschädigungen für Nachteile, die dadurch entstehen, dass die Bewirtschaftung des Restgrundbesitzes erschwert wird,[17] weil diese als zusätzliches Entgelt dem eigentlichen Grundstückspreis als unmittelbarer Teil des Gesamtpreises zuzurechnen sind. Maßgebend ist hier die zivilrechtliche Betrachtung, dass unter Kaufpreis derjenige Geldbetrag zu verstehen ist, den insgesamt der Käufer leisten muss, um die Sache zu erhalten.[18]

7a

2. Bedingungen

Ist der **Kaufpreis bedingt** (Erhöhung oder Herabsetzung bei Weiterverkauf binnen bestimmter Frist, an bestimmte Personen, Eröffnung eines Gewerbebetriebes auf dem Kaufgrundstück usw.), so ist der Kaufpreis zu schätzen nach der Wahrscheinlichkeit des Bedingungseintritts sowie den Bedingungsfolgen.[19] Bestimmte Maßstäbe lassen sich wegen der Verschiedenartigkeit der Bedingungen und der Bedingungsfolgen nicht geben. Doch dürfte eine bedingte Kaufpreiserhöhung für den Fall, dass der Käufer eine im Kauf bedungene Leistung nicht oder nicht rechtzeitig erbringt, eine nach § 18 Abs. 2 unbeachtliche Ver-

8

---

[12] OLG Hamm DNotZ 1973, 638 = Rpfleger 1973, 188 = KostRsp. § 20 Abs. 1 Nr. 49 m. krit. Anm. *Lappe;* OLG Zweibrücken MDR 1994, 624.
[13] *Jonas/Melsheimer* § 19 Anm. II Abs. 1.
[14] KG JFGErg. 20, 49 = DNotZ 1944, 67.
[15] OLG Stuttgart KostRsp. § 20 Abs. 1 Nr. 34; OLG Hamm DNotZ 1965, 445.
[16] LG-Präsident Köln MittRhNotK 1982, 66.
[17] BayObLG JurBüro 1992, 184 = Rpfleger 1992, 248.
[18] AA *Lappe* KostRsp. § 20 Abs. 1 Nr. 76 Anm; aA auch OLG München für Nutzungsentschädigung aus vorzeitiger Besitzeinweisung durch Verzinsung des Kaufpreises, Beschl. vom 4. 9. 2007, 32 4x 104/07.
[19] BayObLGZ 1964, 297; BayObLG JurBüro 1966, 792 = JVBl. 1966, 202; *Mümmler* JVBl. 1960, 220 mit Beispielen; *Rohs* Rpfleger 1960, 242; *Schmidt* JurBüro 1962, 321; OLG Köln DNotZ 1975, 183.

tragsstrafe sein; wohl auch eine bedingte Erhöhung für den Fall des Weiterverkaufs binnen bestimmter Frist oder an einen gewissen Personenkreis, wenngleich im letzteren Falle nach praktischer Erfahrung manchmal im Kaufpreis ein sog. Freundschaftspreis – unter dem wahren Wert des Kaufobjekts – liegt.

8 a Hiervon zu unterscheiden sind sog. **Nachbesserungs- oder Aufzahlungsverpflichtungen.** Nicht selten werden in Kaufverträgen mit einer Gemeinde Verpflichtungen übernommen, einen erhöhten Kaufpreis für den Fall zu zahlen, dass das auf dem Grundstück zu errichtende Wohngebäude von ihnen nicht über eine bestimmte Frist selbst genutzt wird. Diese Verpflichtung ist als bedingte Kaufpreisverpflichtung unter Hinzurechnung zu dem anderweitig vereinbarten Kaufpreis zu bewerten. Die Bewertung dieser Verpflichtung hat mit einem Bruchteil des Nominalbetrages des zusätzlichen Kaufpreises zu erfolgen, der den Grad der Wahrscheinlichkeit des Eintritts der Bedingung berücksichtigt.[20]

9 Auflösende und aufschiebende **Bedingungen** sind für die Bewertung, soweit es sich um die **Begründung eines Rechtsverhältnisses** (zB Kaufvertrag) handelt, grundsätzlich unbeachtlich. Aus § 20 Abs. 1 kann nicht entnommen werden, dass ein bedingt abgeschlossener Kauf grundsätzlich anders (geringer) zu bewerten ist als ein unbedingt vereinbarter. Lediglich die Ausnahmevorschrift des § 20 Abs. 2 sieht vor, dass in den dort einzeln aufgeführten Fällen des Vorkaufs- und Wiederkaufsrechts ausnahmsweise der halbe Wert der Sache anzunehmen ist. Diese Sonderbestimmung wird entsprechend auf das Ankaufs-, das Rückkaufs- und das Wiederkaufsrecht angewendet.[21] Auch wenn offensichtlich der Grund dieser gesetzlichen Regelung in § 20 Abs. 2 (sowie deren entsprechende Anwendung) darin liegt, dass der geringere Wert wegen der Unbestimmtheit des Zustandekommens der aufschiebend bedingten Kaufverträge gerechtfertigt ist, so verbietet sich wegen des Ausnahmecharakters des § 20 Abs. 2 eine analoge Anwendung auf bedingte Kaufverträge.[22] Zu unterscheiden ist, ob das Zustandekommen des Vertrages selbst aufschiebend bedingt ist, oder ob die Höhe des Kaufpreises bedingt ist. Zur bedingten Erhöhung bzw. Verringerung des Kaufpreises s. Rn. 8 und BayObLG.[23]

9 a Vorstehendes gilt auch für eine aufschiebend bedingt vereinbarte Verpflichtung zur Begründung von Wohnungseigentum, soweit nur die rechtsgeschäftliche Entstehung bedingt ist, nicht etwa auch die Wertbemessung des Kaufpreises.

3. Zu niedriger Kaufpreis

10 Haben die Beteiligten im Kaufvertrag einen zu niedrigen Kaufpreis angegeben (im Beispielsfall 160 000 Euro, wahrer Preis 1 600 000 Euro), so soll nach OLG Karlsruhe[24] nur der beurkundete Kaufpreis maßgebend sein; dagegen sehr zu Recht *Stöber* in der Anmerkung, weil die Eintragung das Scheingeschäft heilt, Geschäftswert also richtig 1 600 000 Euro, auch für Beurkundung.[25]

4. Verrentung

11 Besteht das Kaufentgelt in einer lebzeitlichen (lebenslänglichen) Rente oder wird der Kaufpreis ganz oder teilweise verrentet, so ist der nach § 24 Abs. 2 **kapitalisierte Betrag** maßgebend.[26] Wegen der Regelung in § 24 Abs. 2 nach Jahrgangsgruppen ergeben sich dabei manchmal Inadäquanzen.[27] Das BewG 1991 (BGBl. I S. 230), zuletzt geändert mit Art. 18 Jahressteuergesetz 2007 vom 13. 12. 2006 (BGBl. I S. 2878) vermeidet dies durch Vervielfältiger von 1–100 Jahren, getrennt für Männer und Frauen. § 24 Abs. 2 bleibt aber bei Jahrgangsgruppen (wie BewG 1965). Noch nicht erörtert ist, ob bei Zufügung einer

---

[20] OLG Hamm ZNotP 2004, 167 = FGPrax 2004, 92 = RNotZ 2004, 272.
[21] BayObLGZ 1975, 450; 1986 Nr. 20; BayObLG Rpfleger 1986, 31.
[22] BayObLGZ 1986 Nr. 42.
[23] JurBüro 1966, 792 = MittBayNot 1967, 73.
[24] Rpfleger 1964, 189.
[25] LG Koblenz KostRsp. § 36 Nr. 1.
[26] BayObLG Rpfleger 1960, 182; LG Nürnberg JurBüro 1982, 430; *Schmidt* JurBüro 1962, 673 mit Beispielen.
[27] OLG Hamm DNotZ 1968, 126 = KostRsp. § 20 Abs. 1 Nr. 31 m. Anm. *Lappe.*

Wertsicherungsklausel der Rentenjahreswert sich – derzeit um 10%[28] – erhöht,[29] wir möchten dies bejahen, weil gleichen Grundgedankens. Bei „gemischter Rente", d.h. teils Zeitrente, teils Leibrente, ist[30] nach der Bestimmung zu bewerten, die die Vereinbarung ihrem Wesen nach trägt[31] (zur Unterscheidung zwischen Kaufpreisraten und Renten).[32] Im Falle OLG Celle[33] verpflichtet sich der Käufer, für bestimmte Zeit Waren zu einem Mindestpreis zu beziehen; Wert nicht Gesamtbezugspreis – wie OLG Celle –, sondern Gewinnmarge von rund 20–25% (s. § 25 Rn. 13). Gegenüberzustellen ist bei solchen Vertragsgestaltungen immer der nach § 19 Abs. 2 maßgebende Verkehrswert; der höhere Wert ist Geschäftswert (Abs. 1 S. 2).

5. Höhere Gegenleistungen

Im Kaufpreis stecken manchmal Leistungen, die über den Wert der Kaufsache hinausgehen, zB Entgelt für Zubehör, für sofortige Räumung, für Bahnanschluss, für Wertminderung des dem Verkäufer verbleibenden Restgrundstücks für Geschäftswert, Bedingung, dass der Käufer die auf dem zu errichtenden Gebäude befindlichen Wohnungen nur an Betriebsangehörige des Verkäufers vermieten darf usw. Selten sind für Vollzugsgeschäfte (Eigentumsumschreibung) diese Zusatzleistungen anzusetzen.[34] S. jedoch Rn. 7a. **12**

IV. Hinzurechnungen (Abs. 1 S. 1 Halbs. 2)[35]

1. Allgemeines

Sehr häufig werden in Kaufverträgen neben dem Kaufpreis weitere Leistungen bedungen oder der Verkäufer behält sich Nutzungen vor, die an sich durch den Kauf nach Gesetz auf den Käufer übergehen würden. § 20 definiert sie als „vorbehaltene Nutzungen und die vom Käufer übernommenen oder ihm sonst infolge der Veräußerung obliegenden Leistungen". **13**

Es versteht sich von selbst, dass eine Hinzurechnung derartiger Nutzungen oder Leistungen zum Kaufpreis nicht in Betracht kommt, wenn der Wert dieser Nutzungen oder sonstigen Leistungen bereits von den Vertragsteilen auf den Kaufpreis angerechnet wurde und nur der dann verbleibende Kaufpreisrest als Kaufpreis in der Urkunde bezeichnet wird. Erfolgt diese Anrechnung auf den Kaufpreis allerdings zu einem geringeren als dem kostenrechtlichen Wert, so liegt in der Differenz eine weitere Leistung an den Verkäufer. **14**

Nicht hinzuzurechnen ist auch eine vom Verkäufer dem Käufer im Kaufvertrag erteilte **Finanzierungsvollmacht,** die zur Bestellung von Grundpfandrechten **vor Eigentumsumschreibung** berechtigt. Es handelt sich hierbei nicht um Nutzungen und Leistungen iS des § 20 Abs. 1.[36] Zur Problematik des § 44 Abs. 1 oder Abs. 2 s. § 44 Rn. 79. Keine Hinzurechnung liegt vor, wenn der Verkäufer dem Käufer das Recht einräumt, das Grundstück bereits nach Übergabe, jedoch vor Erfüllung sonstiger beiderseitiger Verpflichtungen, zu bebauen.[37] **15**

2. Vorbehaltene Nutzungen

Vorbehaltene Nutzungen sind Nutzungen, die der Verkäufer vom Käufer für sich oder Dritte über den Zeitpunkt hinaus bedingt, zu dem nach § 446 BGB Nutzungen und Lasten **16**

---

[28] OLG München NotBZ 2006, 198 = FGPrax 2006, 134 = JurBüro 2006, 324 = MittBayNot 2006, 531 m. Anm. PrüfAbt. Notarkasse = ZNotP 2007, 76 (ca. 20%).
[29] S. § 24 Rn. 12 und JurBüro 1976, 24 aE.
[30] So OLG Frankfurt JurBüro 1968, 907.
[31] Im Fall OLG Frankfurt also Leibrente. Wegen der Mindestlaufzeit von Renten s. *Ackermann* JurBüro 1976, 22 unter III 5; *Rohs* Rpfleger 1969, 26; *Mümmler* JurBüro 1970, 913 gegen *Lappe* KostRsp. § 24 Nr. 25 Anm.
[32] *Knur* DNotZ 1968, 20; OLG Frankfurt DNotZ 1969, 251.
[33] Nds.Rpfl. 1958, 207.
[34] Vgl. KG DNotZ 1940, 203; nur wenn Gegenleistung für das Grundstück, nicht für weitere Leistung des Verkäufers.
[35] Schrifttum: *Ackermann* Rpfleger 1966, 241; JVBl. 1966, 169.
[36] KG JurBüro 1991, 1361 = DNotZ 1992, 117 m. Anm. *Hansens.*
[37] KG JurBüro 1998, 374.

auf den Käufer übergehen; also Vorbehalt von Nießbrauch; unentgeltliche oder minderentgeltliche ganz oder teilweise Weiterbenutzung von Räumen; Vorbehalt von Bodenertrag, Bodenausbeute; Einbehaltung von Mietzins über die Besitzzeit des Veräußerers hinaus, auch solchem, der vorausbezahlt wurde (abwohnbarer Baukostenzuschuss); Vorteile des weiteren Gebrauchs von Sachteilen. Ist bei vorbehaltenen Nutzungen bestimmt, dass der Nutzungsberechtigte statt der Nutzung eine andere Leistung fordern kann (zB Geldrente), so ist der höhere Betrag maßgebend, da Alternativleistung. Der Wert der vorbehaltenen Nutzungen wird nach den allgemeinen Wertbestimmungen (§§ 18 ff.) bestimmt; bei wiederkehrenden Nutzungen also nach § 24 eventuell Abs. 3, bei nichtperiodischer ggf. nach § 30.

3. Dienstbarkeiten

16a Dienstbarkeiten, die der Käufer dem Verkäufer oder Dritten an dem gekauften Grundstück oder an anderen Grundstücken einräumt sind dann als weitere Leistung gemäß § 20 Abs. 1 zuzurechnen, wenn sie nicht Vertragsbedingungen sichern.

16b Werden Dienstbarkeiten durch den Verkäufer an anderen Grundstücken zugunsten des Käufers bestellt, erfolgt keine Hinzurechnung. Sie sind auch nicht gegenstandsverschieden. Der vom Käufer zu zahlende Kaufpreis, ggf. unter Hinzurechnung weiterer Leistungen oder Verpflichtungen, ist zugleich auch die Gegenleistung für die vom Verkäufer eingeräumte Dienstbarkeit.

4. Vom Käufer übernommene Leistungen

17 Vom Käufer übernommene Leistungen sind alle Vermögensvorteile, die der Verkäufer für sich oder Dritte außer Kaufpreis und vorbehaltenen Nutzungen fordern kann, doch dürfen diese nicht bereits bei der Kaufpreisbildung Berücksichtigung gefunden haben.

18 Hinzuzurechnen sind ferner nur solche Leistungen des Käufers, die – ebenso wie der Kaufpreis – ein Entgelt für die Überlassung darstellen und dem Verkäufer oder einem Dritten zugute kommen.[38] Die neuere Rspr. spricht prononcierter von Leistungen, die für den Verkäufer von eigenem wirtschaftlichen Werte sind und nicht nur den Vertragszweck sichern sollen.

19 a) **Verbindlichkeiten.** Übernommene Leistungen sind hauptsächlich **Verbindlichkeiten,** die bereits den Verkäufer verpflichteten und die der Käufer schuldbefreiend oder – seltener – erfüllungshalber übernimmt. Handelt es sich um Verbindlichkeiten, die Spiegelbilder von Rechten sind (Nießbrauchsrechten, Reallasten, Dienstbarkeiten usw.), so ist § 24 Abs. 6 S. 2 zu beachten.

20 Hingegen sind keine übernommenen Leistungen in diesem Sinne immerwährende, nicht einseitig ablösbare Rechte (Erbbaurechte, immerwährende Dienstbarkeiten), die im Zeitpunkt des Verkaufs schon bestehen und den Verkehrswert des Grundstücks dauernd mindern, weil diese bereits bei der Kaufpreisbildung Berücksichtigung gefunden haben.[39] Hierher gehört auch der im Kaufvertrag erklärte Eintritt in die bestehenden Miet- oder Pachtverhältnisse,[40] beim Geschäftskauf auch die Übernahme des Personals sowie der Eintritt in bestehende Dienst- und Lieferverträge. So ist auch bei Veräußerung des Gaststättenanwesens mit Gaststättenbetrieb der Eintritt in bestehende **Getränkelieferungsverträge** nicht gesondert zu bewerten. Wird jedoch das Grundstück ohne den Gewerbebetrieb veräußert und tritt der Käufer gleichwohl schuldbefreiend für den Verkäufer in die bestehenden Abnahmeverpflichtungen ein, so handelt es sich um eine zusätzliche Verpflichtung, deren Wert nach § 30 Abs. 1 unter Berücksichtigung der Bindungsdauer und dem aus dem vermuteten Umsatz zu schätzenden Gewinn des Lieferanten zu ermitteln ist.[41] Des Weite-

---

[38] OLG Düsseldorf JurBüro 1962, 521 = KostRsp. § 21 Abs. 1 Nr. 6; OLG Hamburg DNotZ 1958, 21; *Ackermann* JVBl. 1966, 170.
[39] BayObLG Rpfleger 1956, 256; KG Rpfleger 1956, 88; OLG Zweibrücken MittBayNot 1979, 38; aA *Kahlke* DNotZ 1983, 526.
[40] OLG Stuttgart FGPrax 1997, 159 = ZNotP 1998, 127.
[41] ZB Jahresgewinn 20 Euro pro hl mal Laufzeit; OLG Stuttgart JurBüro 1976, 1240; *Rohs/Wedewer* § 30 Rn. 17; s. auch § 30 Rn. 55.

ren sind nicht zuzurechnen die Übernahme bestehender Vorkaufsrechte, Wiederverkaufsrechte oder ähnlicher bedingter Erwerbsrechte, wenn diese Rechte lediglich den Vertragszweck sichern, für den Verkäufer also kein wirtschaftliches Interesse haben,[42] jedoch Patronatslasten.[43] Zur differenzierten Betrachtung bei Neubestellung von Vorkaufs- oder Wiederkaufsrechten s. Rn. 26.

Handelt es sich um am verkauften Grundstück durch Grundpfandrechte gesicherte Verbindlichkeiten des Verkäufers und werden diese nicht – wie wohl meistens – auf den Kaufpreis angerechnet, sondern über den Kaufpreis hinaus übernommen, so ist nur der Effektivbetrag der Verbindlichkeit maßgebend, nicht der Nennbetrag des Grundpfandrechts; unerheblich ist dabei, ob die Schuldübernahme nach §§ 415, 416 BGB erfolgt, ob sie die Genehmigung des Gläubigers findet oder Erfüllungsübernahme bleibt, ferner auch, ob schon vor dem Kauf der Käufer neben dem Verkäufer haftete, wenn nur der Käufer schuldbefreiend übernimmt. 21

Bei **Übernahme von Grundpfandrechten** – nur, wenn diese nicht auf den Kaufpreis angerechnet werden! – ist zu unterscheiden, ob es sich um Sicherungsrechte handelt (Hypotheken, Sicherungsgrundschulden) oder um abstrakte Rechte. Bei Sicherungsrechten ist maßgebend der Wert der noch bestehenden Forderung, bei teilweiser Abdeckung nur der noch geschuldete Betrag. Vollstreckungsunterwerfung des Übernehmers ist ohne Bedeutung.[44] Übernimmt der Käufer nur das Sicherungsrecht **ohne** die gesicherte **Forderung,** so liegt nach OLG Hamm[45] idR keine Hinzurechnung vor, insbesondere nicht, wenn der Verkäufer die Abdeckung der Forderung ausdrücklich zusagt und nicht offenbar zweifelhaft ist, dass er dazu nicht in der Lage sein wird; doch wird dies bei Kaufverträgen selten vorkommen, eher bei Verwandtengeschäften, Übergaben usw. Klären die Vertragsteile trotz Hinweises die Frage der Forderungsübernahme nicht zureichend, so dürfte davon auszugehen sein, dass in der Übernahme des Sicherungsrechtes auch eine Entlassung des Verkäufers aus der gesicherten Forderung liegt, diese also schuldbefreiend übernommen wird, und wenn auch die Höhe der gesicherten Forderung trotz Hinweises nicht geklärt wird: Übernahme mit dem Nennbetrag.[46] Die Übernahme einer abstrakten Grundschuld ohne persönliche Schuldererklärungen gegenüber dem Gläubiger ist weder Hinzurechnung noch ein eigenständiges Rechtsverhältnis. Gleiches gilt für die Übernahme einer **Eigentümergrundschuld.**[47] Hat der Verkäufer das Grundstück für Rechnung des Käufers belastet, übernimmt der Käufer das Pfandrecht, so keine Hinzurechnung;[48] hat der Verkäufer hingegen, wenn auch auf Wunsch des Käufers, für eigene Rechnung belastet und übernimmt der Käufer die Verbindlichkeit samt Sicherungsrecht zusätzlich zum Kaufpreis, so Hinzurechnung in Höhe des Schuldbetrages.[49] Übernimmt der Käufer nicht oder **nicht mehr valutierte Grundpfandrechte,** so wohl idR keine Hinzurechnung,[50] hier übernimmt der Käufer nicht eine Schuld des Verkäufers, sondern verwendet dies für eigene künftige Schulden. Ob ein übernommenes Grundpfandrecht gesamtbelastungsweise auch auf anderen, nicht mitverkauften Grundstücken ruht, dürfte ohne Bedeutung sein, weil der dinglich Berechtigte auch aus dem Kaufgrundstück Befriedigung verlangen kann; also Realbürgschaft, Hinzurechnung mit dem Nennbetrag. Der Zweck der Übernahme ist im Zweifel zu klären (Untersuchungsmaxime!). Wegen der Erteilung einer Finanzierungsvollmacht „in beliebiger Höhe" vgl. § 44 Rn. 79. 22

Vereinbaren in einem Bauplatzkaufvertrag die Vertragsteile, dass der Käufer in den bestehenden **Architektenvertrag** des Verkäufers eintritt, so handelt es sich dabei um eine zu 23

---

[42] OLG Celle DNotZ 1973, 47; OLG Frankfurt JurBüro 1977, 1271.
[43] LG Bamberg JurBüro 1994, 623.
[44] KG JurBüro 1975, 805.
[45] DNotZ 1967, 334.
[46] OLG Frankfurt Rpfleger 1962, 65; s. aber auch OLG Frankfurt DNotZ 1953, 214 m. Anm. *Ackermann,* wo ein überbelastetes Grundstück zur Rettung eines nachrangigen Pfandrechts übernommen wird; auch DNotZ 1958, 217 m. Anm. *Ackermann.*
[47] KG JVBl. 1941, 189.
[48] KG DNotZ 1941, 7.
[49] OLG Frankfurt Rpfleger 1962, 65.
[50] AA OLG Celle KostRsp. § 20 Abs. 1 Nr. 44 m. abl. Anm. *Lappe.*

bewertende Leistung an einen Dritten; maßgebend ist aber nicht die Bausumme, sondern der Betrag, den der Verkäufer bei Nichteinhaltung seiner Verpflichtung dem Architekten zu zahlen hätte (Vertragsstrafe bzw. Honorar). Gleiches gilt, wenn im Bauplatzkaufvertrag der Käufer verpflichtet wird, das Gebäude durch die Firma X errichten zu lassen, deren Hauptgesellschafter der Verkäufer ist. Ebenso sind vom Verkäufer mitverkaufte **Baupläne** zum Geschäftswert hinzurechnen. Dieser Gesamtwert ist dann auch bei der Gebührenberechnung für den Grundbuchvollzug maßgebend. Der anteilig auf die Baupläne entfallende Kaufpreisteil ist nicht abzuziehen.[51]

24   b) **Verpflichtungen.** Zu den Hinzuzählungen rechnen aber nicht nur Übernahme von Verpflichtungen des Verkäufers, die bereits diesen belasteten, sondern auch **Verpflichtungen, die der Käufer auf Verlangen des Verkäufers für diesen oder von ihm bestimmten Personen übernimmt**, zB Zahlung von Abstandssummen, Recht auf wiederkehrende Leistungen, Wohnungsbesetzungsrechte.[52] Überlassung der vom Verkäufer bisher benützten Räumlichkeiten auf bestimmte Zeit (hier meistens § 24, manchmal § 25[53]) und ähnliche geldwertbestimmte Leistungen. Auch eine **Bauverpflichtung** ist in aller Regel eine dem Käufer infolge der Veräußerung obliegende Leistung (s. Rn. 27b, § 30 Rn. 15),[54] auch bei einem Grundstückskaufvertrag mit einem Vorhabenträger iS des § 12 BauGB.[55] Hingegen dürften kostenrechtlich belanglos sein die Verpflichtung, einen Baumbestand zu erhalten, der Vorbehalt von Schatzfunden, Einhaltung einer bestimmten Baufluchtlinie und ähnliche mehr ideelle Verpflichtungen.

25   In sog. **Parzellierungsverträgen** – Erschließung eines größeren Geländes durch eine Baugesellschaft – übernehmen die Käufer dem Verkäufer gegenüber oft Verpflichtungen zugunsten Dritter, meistens um die Baugenehmigung zu sichern oder zu erleichtern; zB Verpflichtung, einen Streifen an die Stadt zu Straßenzwecken abzutreten, wegen der Versorgungsleitungen Dienstbarkeiten zu bestellen, und ähnliche Verpflichtungen. Werden Straßenflächenabtretung und Dienstbarkeitsbestellung gleichzeitig mit dem Bauplatzkauf in gesonderten Urkunden niedergelegt, so können sie keine Hinzurechnungen beim Kauf sein. Werden sie aber im Kaufvertrag niedergelegt, so sind sie zu bewertende Leistungen zugunsten eines Dritten.[56] Verpflichtungen im Kaufvertrag, nur Einfamilienhäuser zu bauen, kein lästiges Gewerbe auszuüben, Haltung von Kleintieren zu unterlassen, Vorgärten anzulegen, und ähnliche geringfügige Verpflichtungen, sind fast stets schon bei der Kaufpreisbildung berücksichtigt, also nicht hinzuzurechnen.

26   Sehr häufig werden bei Veräußerungen durch Gemeinden, gemeinnützigen und anderen Bauträgern, kirchlichen und anderen Stellen im Kaufvertrag **Vorkaufs-, Rückkaufs-, Wiederkaufs-** oder **Optionsrechte** vorbehalten und dinglich gesichert. Diese dürften in vielen Fällen ohne wirtschaftliche Interessen des Verkäufers nur den Vertragszweck sichern. Eine Hinzurechnung liegt allerdings dann vor, wenn diese Rechte einen eigenen wirtschaftlichen Wert für den Verkäufer haben, jedoch muss dies aus dem Kaufvertrag selbst erkennbar sein.[57] Andernfalls wird das Vorkaufs- oder Wiederkaufsrecht nur einen Teil der Kaufbedingungen darstellen und daher kostenrechtlich unberücksichtigt bleiben.[58] Ein echter wirtschaftlicher Gegenwert kann nach der Rspr. nur dann angenommen werden, wenn aus dem Kaufvertrag deutlich hervorgehe, dass das Vorkaufsrecht etwa deshalb als selbständige Leistung des Käufers anzusehen ist, weil sichere Anhaltspunkte dafür bestehen, dass der Kaufpreis durch das Vorkaufsrecht beeinflusst worden ist.[59] Besteht der Zweck des Vorkaufsrechtes nur darin, den Erhalt des Kaufobjektes in der Familie oder in einem bestimm-

---

[51] BayObLG JurBüro 1995, 320.
[52] KG JFGErg. 20, 68; *Schmid* MittBayNot 1954, 343; § 22 Rn. 10.
[53] *Ackermann* Rpfleger 1966, 241.
[54] *Mümmler* JurBüro 1975, 1441, 1583; OLG Zweibrücken MittBayNot 2001, 97.
[55] OLG Hamm ZNotP 2003, 238 noch zu § 7 BauGBMaßnG aF.
[56] OLG Hamm Rpfleger 1958, 321; *Schmidt* JurBüro 1962, 505 mit Beispielen.
[57] OLG Düsseldorf DNotZ 1978, 317; OLG Frankfurt Rpfleger 1977, 268.
[58] LG Würzburg MittBayNot 1984, 97.
[59] *Mümmler* JurBüro 1981, 905.

ten Personenkreis zu sichern, ist kein eigener wirtschaftlicher Wert gegeben. Gleiches gilt, wenn der einzige Grund für die Einräumung des Vorkaufsrechtes darin besteht, zu verhindern, dass missliebige Personen Eigentümer des Grundstücks werden[60] oder, wenn eine gemeinnützige Baugenossenschaft als Verkäufer sich dagegen sichern will, dass mit dem verkauften Grundstück satzungswidrig verfahren wird.[61]

Das **Wiederkaufsrecht** hat für den Verkäufer dann eine **wirtschaftliche Bedeutung,** 26 a wenn die Ausübung des Wiederkaufsrechtes nur im Falle einer Nichtbebauung des Grundstücks möglich ist. Das wirtschaftliche Interesse des Verkäufers liegt auf der gleichen Ebene, wie bei Eingehung einer Bauverpflichtung durch den Käufer. Durch das Wiederkaufsrecht werden die Rechte des Käufers eingeschränkt bis das Grundstück nach dem Willen des Verkäufers bebaut ist. Damit ist auch die Einräumung eines Wiederkaufsrechtes, das eine **(negative oder stillschweigende) Bauverpflichtung** sichert, zusätzlich zu bewerten. Als negative Bauverpflichtung bezeichnet man eine mit einem Wiederkaufrecht stillschweigend gekoppelte Baupflicht, deren Nichtdurchführung die Rückabwicklung auf Grund des Wiederkaufsrechtes zur Folge hat. Daraus ergibt sich für den Verkäufer (meist Kommune) eine wirtschaftliche Bedeutung. Für die Bewertung gelten die Grundsätze der Bewertung einer Bauverpflichtung gemäß Rn. 27 b. Obergrenze ist in diesem Fall aber der nach § 20 Abs. 2 in Betracht kommende Wert (max. halber Grundstückswert im Zeitpunkt der Beurkundung).[62]

Das BayObLG[63] sieht in der Vereinbarung eines **Verfügungsverbotes (Veräußerungs-** 26 b **und Belastungsverbot)** für den Verkäufer ein wirtschaftliches Interesse. Das vom Käufer eingegangene Verfügungsverbot stellt eine selbständige Leistung und damit eine Hinzurechnung nach § 20 Abs. 1 S. 1 dar. Die Hinzurechnung eines nach § 30 Abs. 1 zu schätzenden Teilwertes von ca. 10% des Verkehrswertes hält das BayObLG für angemessen. Das zur Sicherung des Verfügungsverbotes vereinbarte Rückübertragungsrecht für den Verkäufer ist Sicherungsgeschäft und daher nach § 44 Abs. 1 nicht zusätzlich zu bewerten. Gleiches gilt, wenn das Verfügungsverbot durch ein Vorkaufsrecht gesichert wird. Das BayObLG stellt also entscheidend auf die Veräußerungsbeschränkung ab. Es sieht in der Vereinbarung, nicht zu veräußern und/oder zu belasten, eine **eigenständige für den Verkäufer werthaltige Verpflichtung** des Käufers. Nur diese Verpflichtung ist zu bewerten, nicht das zur Sicherung eingeräumte Rückkaufsrecht.[64] Die gleichen Grundsätze sind anzuwenden, wenn der Käufer gegenüber dem Verkäufer (zumeist eine Kommune) eine Bauverpflichtung eingeht und diese durch ein Vorkaufs- oder Wiederkaufsrecht gesichert wird. Zu bewerten ist auch in diesem Fall nur die **(positive) Bauverpflichtung.** Das Vor- oder Wiederkaufsrecht ist gegenstandsgleiches Sicherungsgeschäft (s. iÜ Rn. 27 b). Bei Verkauf von Bauplätzen (zB durch die Kommune) an Bauwillige werden häufig nur Wiederkaufsrechte zugunsten des Verkäufers eingeräumt, ohne dass der Käufer sich auch zur Bebauung innerhalb einer bestimmten Frist verpflichtet. Nach früherer Meinung in Rspr. und Literatur[65] waren diese Wiederkaufsrechte in aller Regel nicht zusätzlich zu bewerten, da sie als Sicherungsabrede eingeordnet wurden.

Der Geschäftswert für die Eintragung von Vormerkungen zur Sicherung der Ankaufs-, 26 c Rückkaufs- oder Wiederkaufsrechte richtet sich nach dem vorgemerkten dinglichen Anspruch (§ 20 Abs. 1; hierzu § 66 Rn. 6). Zum „Einheimischen-Modell" vgl. Rn. 45.

Unter „dem Käufer infolge der Veräußerung obliegenden Leistungen" sind nur solche 27 zu verstehen, die **nicht auf Grund gesetzlicher Vorschrift** wegen des Kaufs auf ihn übergehen oder von ihm zu tragen sind; zB die Kosten des Kaufs, die Grunderwerbsteuer, öffentliche Lasten ab Übergabetag, Straßenkosten, soweit noch zu erheben, Erschließungs-

---

[60] OLG Frankfurt Rpfleger 1959, 287; LG Würzburg MittBayNot 1984, 96.
[61] OLG Stuttgart DNotZ 1971, 699.
[62] S. Anm. PrüfAbt. Notarkasse MittBayNot 2001, 31; OLG Karlsruhe FGPrax 2006, 39 = JurBüro 2006, 149 = MittBayNot 2006, 266 m. Anm. PrüfAbt. Notarkasse = NJW 2006, 1145 = ZNotP 2006, 236 m. Anm. *Tiedtke;* Beschluss vom 9. 1. 2006, 14 Wx 17/05 (n.v.).
[63] MittBayNot 1999, 492 = ZNotP 1999, 335.
[64] MittBayNot 2001, 97 m. Anm. *Triller* 29.
[65] S. 14. Aufl. Rn. 26.

beiträge.[66] Hingegen sind dem Kaufpreis zuzurechnen zB Genehmigungskosten – aber nicht der von nicht erschienenen Beteiligten –, Löschungskosten, soweit sie den Veräußerer belasten, Übernahme der Grunderwerbsteuer für ein Ersatzgrundstück, das der Verkäufer wegen des Kaufs erwirbt, Reisekosten des Verkäufers, Übernahme der Vermittlungsprovision, aber nur soweit sie den Verkäufer belastet,[67] Übernahme rückständiger öffentlicher Lasten, Aufschließungskosten des Veräußerers. Ein im Kaufvertrag vorbehaltenes Rücktrittsrecht ist keine zusätzliche Leistung.[68]

27 a **Vermessungskosten** hat beim Grundstückskauf grundsätzlich der Verkäufer zu tragen (§ 448 Abs. 1 BGB – Kosten der Übergabe –), sofern sie nicht ausdrücklich vom Käufer übernommen werden.[69] Übernimmt der Käufer diese Kosten, so sind sie gemäß § 20 Abs. 1 dem Kaufpreis hinzuzurechnen.[70]

27 b Eine im Kaufvertrag übernommene **Bauverpflichtung** ist gemäß § 30 Abs. 1 nach dem wirtschaftlichen und ideellen Interesse des Verkäufers an der Errichtung des Gebäudes anzusetzen[71] wobei jedoch – wenn der Verkäufer eine Gemeinde ist – für die Bewertung deren Aussichten auf spätere Steuereinnahmen außer Betracht bleiben, es sei denn, dass konkrete Anhaltspunkte etwas anderes ergeben.[72] Dass eine Bauverpflichtung grundsätzlich eine vermögensrechtliche Angelegenheit ist, hat der BGH[73] bestätigt. Eine vermögensrechtliche Angelegenheit liegt selbst dann vor, wenn der Verkäufer kein wirtschaftliches, sondern ein ideelles Interesse an der Erfüllung der Verpflichtung hat. Der Wert ist bei Fehlen genügender Anhaltspunkte nach § 30 Abs. 1 zu schätzen, und zwar auf regelmäßig einen Bruchteil von 10–30% des Rückkaufspreises, nämlich Grundstück ohne Bauwerk,[74] es sei denn, es ist eine Mindestbausumme vereinbart; hier Wert 10–20% der Bausumme[75] (vgl. § 30 Rn. 15–20). Diese Wertbestimmung ist dann vorzunehmen, wenn der vom Käufer zu zahlende Kaufpreis dem Verkehrswert des Grundstücks entspricht. Gewährt der Grundstücksverkäufer dem Käufer für die Übernahme der Bauverpflichtung und/oder Selbstnutzungsverpflichtung einen Preisnachlass, ist mangels anderer Anhaltspunkte die Differenz zwischen dem vereinbarten Kaufpreis und dem Verkehrswert des Grundstücks als Wert für die übernommenen Verpflichtungen anzusetzen.[76] Der Verkauf zu einem Kaufpreis, der unter dem Verkehrswert liegt, muss sich aus dem Kaufvertrag selbst oder aus sonstigen Umständen, wie zB bei einem Kauf im Einheimischen-Modell ergeben. Liegen keine derartigen Anhaltspunkte vor, kann der Notar stets vom Kauf zum Verkehrswert ausgehen. Betrifft die Bauverpflichtung ein gewerbliches Objekt, sind wegen wirtschaftlicher Interessen des Verkäufers (zB Schaffung von Arbeitsplätzen), etwa 10–20% der voraussichtlichen Baukosten anzunehmen.[77] Als werterhöhend kann auch die Verpflichtung des Käufers angesehen werden, eine bestimmte Anzahl von Arbeitsplätzen zu schaffen.[78] Der Wert

---

[66] So KG DNotZ 1942, 112; OLG Frankfurt Rpfleger 1961, 339; OLG Zweibrücken Rpfleger 1973, 448; LG Darmstadt JurBüro 1974, 496; 1975, 496; *Schmidt* JurBüro 1962, 50.
[67] JurBüro 1975, 1052; bei Übernahme durch Vorkaufsberechtigten vgl. LG Nürnberg JurBüro 1982, 430; s. auch Rn. 28.
[68] KG Rpfleger 1971, 233.
[69] LG Kassel MDR 1957, 228.
[70] *Rohs/Wedewer* Rn. 14.
[71] OLG Hamm DNotZ 1979, 182; OLG Düsseldorf MDR 1994, 625.
[72] OLG Hamm Rpfleger 1982, 315.
[73] ZfIR 2006, 108 m. Anm. *Volmer* = FGPrax 2006, 35 (nur LS) = JurBüro 2006, 209 m. Anm. *H. Schmidt* = NotBZ 2006, 95 m. Anm. *Otto* = ZNotP 2006, 158 m. Anm. *Tiedtke* = MittBayNot 2006, 257 m. Anm. PrüfAbt. Notarkasse = MDR 2006, 714 = DNotZ 2006, 309 = NJW 2006, 1136 = RNotZ 2006, 343 = Anm. *Klein* und *H. Schmidt*.
[74] OLG Schleswig JurBüro 1974, 1416; BayObLG MittBayNot 1993, 226 m. Anm. PrüfAbt. Notarkasse; OLG Zweibrücken MittBayNot 1999, 313 = JurBüro 1999, 265.
[75] OLG Hamm DNotZ 1979, 182; BayObLG MittBayNot 1980, 39.
[76] BGH ZfIR 2006, 108 m. Anm. *Volmer* = FGPrax 2006, 35 (nur LS) = JurBüro 2006, 209 m. Anm. *H. Schmidt* = NotBZ 2006, 95 m. Anm. *Otto* = ZNotP 2006, 158 m. Anm. *Tiedtke* = MittBayNot 2006, 257 m. Anm. PrüfAbt. Notarkasse = MDR 2006, 714 = DNotZ 2006, 309 = NJW 2006, 1136 = RNotZ 2006, 343 = Anm. *Klein* und *H. Schmidt*.
[77] BayObLG MittBayNot 1995, 488; OLG Zweibrücken MittBayNot 2001, 97; BGH (vorige Fn.).
[78] LG Fulda JurBüro 1992, 480; OLG Jena JurBüro 1995, 655.

orientiert sich an den vom Käufer zu erbringenden Aufwendungen für die Arbeitsplätze auf die Dauer der Garantie. Etwa 20–30% hiervon sind angemessen.[79] Hinzurechnung ist auch eine vom Käufer eingegangene **Investitionsverpflichtung.** Im Regelfall kann hier von 10–30% der Investitionssumme ausgegangen werden.[80]

Eine Bauverpflichtung, die bei der privaten Vermarktung von Baugrundstücken vom Käufer unmittelbar gegenüber der Gemeinde übernommen wird, ist nach den gleichen Grundsätzen zu bewerten, wenn auf diese Weise der Verkäufer eine von ihm inhaltsgleich in einem anderen Vertrag gegenüber der Gemeinde übernommene Bauverpflichtung an den Käufer weitergibt.[81] Der Käufer übernimmt in diesem Falle schuldbefreiend eine Verpflichtung des Verkäufers. 27 c

Wird im Kaufvertrag mit einer Gemeinde dem Käufer die **Erschließung** übertragen, so beträgt das Interesse der Gemeinde und damit der Wert der zusätzlich vom Käufer übernommenen Leistung idR den Prozentsatz des Erschließungsaufwands, den üblicherweise die Gemeinde selbst zu tragen hat (§ 129 Abs. 1 S. 3 BauGB = mindestens 10%).[82] Verkauft die Gemeinde ein Baugrundstück und verpflichtet sich der Käufer zur Vorauszahlung auf die anfallenden **Erschließungskosten,** so ist diese Verpflichtung als eine dem Käufer obliegende Leistung gemäß § 20 Abs. 1 S. 1 werterhöhend zu berücksichtigen.[83] Nach einer Entscheidung des BayObLG[84] kommt für die Verpflichtung zur Vorauszahlung gemäß § 30 Abs. 1 nur ein Teilwert von etwa 20% in Ansatz, wenn der Käufer auf **seine** künftige gesetzliche Beitragsschuld leistet. Anders ist die Rechtslage, wenn die Zahlungspflicht über die Erschließungskosten bereits in der Person des Veräußerers entstanden ist, der Erwerber also selbst nicht mehr durch Bescheid zur Zahlung der Erschließungskosten herangezogen werden kann. In diesem Falle liegt eine Übernahme durch den Käufer vor und keine Zahlung auf eine eigene Beitragsschuld. Die Übernahme der Erschließungskosten ist dann mit dem vollen Betrag zu berücksichtigen.[85] 28

Wird ein Grundstückskaufvertrag mit einem **Ablösungsvertrag** über die Erschließungskosten nach dem BauGB zusammen beurkundet, liegt ein gemischter zivilrechtlicher und öffentlichrechtlicher Vertrag vor.[86] Die Beurkundungspflicht des Kaufvertrages nach § 311b BGB erfasst auch die Ablösungsvereinbarungen. In der Praxis wird in aller Regel auch bezüglich der Ablösungsverpflichtung die Zwangsvollstreckungsunterwerfung des Käufers, welche in diesem Fall auch für den öffentlichrechtlichen Teil des Vertrages zulässig ist,[87] mitbeurkundet, so dass die notarielle Beurkundung auch im Hinblick darauf erfolgen muss. 28 a

Bei der Ablösungspflicht handelt es sich nicht um eine Leistung, die der Käufer auf Grund gesetzlicher Bestimmungen zu erbringen hat. Die Leistungspflicht beruht auf einer vertraglichen Vereinbarung gemäß § 133 Abs. 3 S. 5 BauGB. Hierin liegt der Unterschied zu den Erschließungskosten, die den Erwerber selbst treffen, da bei gemeindeeigenen Grundstücken erst mit Eigentumsumschreibung in der Person des Erwerbers die Beitragsschuld für die Erschließungsbeiträge nach dem BauGB entsteht. Hat die Gemeinde mit dem Käufer eine Ablösung der Erschließungsbeiträge nach § 133 Abs. 3 S. 5 BauGB vereinbart, tritt keine gesetzliche Beitragspflicht ein.[88] 28 b

Wird die Ablösungsvereinbarung im Kaufvertrag vereinbart, wird nicht von einer zum Kaufvertrag gegenstandsverschiedenen Vereinbarung auszugehen sein, sondern von einer 28 c

---

[79] OLG Schleswig DNotZ 1994, 725 mwN; aA KG JurBüro 1995, 212: Wertbestimmung nach § 30 Abs. 3 iVm. Abs. 2.
[80] BG Meiningen JurBüro 1994, 163; OLG Jena JurBüro 1995, 655; ZNotP 1998, 509 mwN.
[81] OLG Hamm MittBayNot 2004, 380 = ZNotP 2004, 495 = RNotZ 2004, 416.
[82] Vgl. BayObLG MittBayNot 1980, 39; OLG Zweibrücken Rpfleger 1973, 40.
[83] OLG Hamm MittBayNot 1995, 327.
[84] MittBayNot 1998, 370 m. krit. Anm. *Grziwotz.*
[85] OLG Zweibrücken JurBüro 1998, 202.
[86] *Grziwotz* MittBayNot 1998, 371 mwN.
[87] BVerfG NJW 1995, 1104; *Grziwotz* MittBayNot 1998, 371; aA MünchKommZPO/*Wolfsteiner* § 794 Rn. 214.
[88] BVerfG NJW 1995, 1104; *Grziwotz* MittBayNot 1998, 371; aA MünchKommZPO/*Wolfsteiner* § 794 Rn. 214.

§ 20

Zurechnung gemäß § 20 Abs. 1 S. 1 Halbs. 2.[89] Dafür spricht auch der enge Zusammenhang zwischen Kaufvertrag und Ablösungsvereinbarung und die Verknüpfung des Kaufpreises und der Erschließungskosten zu einem Gesamtkaufpreis. Verpflichtet sich der Käufer im Rahmen einer vorvertraglichen Verpflichtung zum Abschluss eines Ablösungsvertrages, ergeben sich keine Besonderheiten.

28 d   Im Gegensatz zur Vorauszahlungspflicht, bei welcher die Vorausleistungen bei Erlass eines Beitragsbescheides auf die Beitragspflicht angerechnet werden, ruht bei Vorlage eines Ablösungsvertrages keine öffentliche Last mehr auf dem Grundstück. Die Ablösungsvereinbarungen sind mit dem vollen Ablösebetrag zu berücksichtigen, die kostenrechtlichen Grundsätze bezüglich der Bewertung von Vorausleistungen können auf Ablösungsvereinbarungen nicht übertragen werden. Eine Wertbestimmung über § 30 Abs. 1 scheidet somit aus. Geschäftswert damit gemäß § 20 Abs. 1 nach dem Kaufpreis unter Hinzurechnung des vollen Nominalbetrages der abzulösenden Erschließungskosten. Zum städtebaulichen Vertrag s. § 39 Rn. 38.

29   **c) Maklerklauseln.**[90] Bei Kaufverträgen werden häufig, nicht zuletzt wegen § 311b Abs. 1 BGB[91] sog. Maklerklauseln aufgenommen. Trägt aus dem Maklervertrag der Verkäufer allein die Provision und wird diese vom Käufer (im Wege der Erfüllungsübernahme) übernommen, so handelt es sich um eine zusätzliche Leistung des Käufers nach Abs. 1 S. 1.[92] Verpflichten sich Verkäufer und Käufer oder einer von beiden dem Makler gegenüber zur Zahlung der Maklerprovision in einer bestimmten Höhe, so stellt dies ein Schuldanerkenntnis gegenüber dem Makler dar und ist als gegenstandsverschieden zum Kaufvertrag selbständig zu bewerten (da einseitiges Schuldanerkenntnis, Gebühr nach §§ 36 Abs. 1; 44 Abs. 2 b).[93] Soweit im Vertrag lediglich die bestehenden Verpflichtungen gegenüber dem Makler festgestellt werden, unterbleibt eine Hinzurechnung zum Kaufpreis oder gesonderte Bewertung, da es sich nur um eine deklaratorische Vertragsbestimmung handelt.[94] Dies gilt jedoch dann nicht, wenn zusätzlich zur Wiederholung bestehender Verpflichtungen gegenüber dem Makler sich einer der Beteiligten oder beide wegen der Zahlungsverpflichtung der sofortigen Zwangsvollstreckung unterwerfen (hier zusätzlich §§ 36 Abs. 1; 44 Abs. 2 b). Verpflichtet sich im Kaufvertrag der Käufer für den Fall der Ausübung eines Vorkaufsrechtes im Wege des Vertrags zugunsten Dritter gegenüber dem Verkäufer, die auf diesen entfallende Maklerprovision zu bezahlen, so ist dies keine zusätzliche, den Kaufpreis erhöhende Leistung des Käufers an den Verkäufer nach § 20 Abs. 1 S. 1; die Klausel berührt den Geschäftswert des Grundstückskaufvertrages nicht. Es handelt sich vielmehr um einen gesonderten Wert einer unbedingten Vereinbarung über einen bedingten Anspruch. Der Geschäftswert richtet sich nach der Wahrscheinlichkeit der Ausübung des Vorkaufsrechtes. Er ist nach § 30 Abs. 1 zu schätzen (Bruchteil der Provision).[95]

V. Umsatzsteuerregelung

29 a   Bis zur Änderung des § 13b Abs. 1 Nr. 3 UStG durch das HBeglG 2004 (BGBl. 2003 I S. 3076, 3086) war die Verpflichtung des Käufers, zusätzlich zum Kaufpreis die Mehrwertsteuer zu entrichten, zuzurechnen.[96] War ihre Zahlung nur unter der Bedingung vereinbart, dass der Kauf überhaupt der Umsatzsteuerpflicht unterliegt, war eine Wertschätzung nach § 30 Abs. 1 (etwa 50%) vorzunehmen.[97] Nach § 13b Abs. 1 Nr. 3 UStG nF ist bei einer Umsatzsteueroption in einem Grundstückskaufvertrag nunmehr allein der Käufer Steuer-

---

[89] § 20 Rn. 28; *Grziwotz* MittBayNot 1998, 371.
[90] S. hierzu *Wälzholz* MittBayNot 2000, 357.
[91] Vgl. *v. Gerkan* NJW 1982, 1742; *Piehler* DNotZ 1983, 22.
[92] OLG Oldenburg JurBüro 1994, 354.
[93] Notarkasse Streifzug Rn. 1378.
[94] OLG Oldenburg JurBüro 1994, 355.
[95] *Lappe* NJW 1984, 1216.
[96] AllgM, zB OLG Zweibrücken DNotZ 1970, 121 = Rpfleger 1969, 317; BayObLG DNotZ 1972, 105 = JurBüro 1971, 342.
[97] OLG Zweibrücken NJW-RR 1997, 319.

schuldner.[98] Diese Neuregelung trat zu Beginn des Kalendervierteljahres in Kraft, das der Veröffentlichung der entsprechenden Ermächtigung durch den EU-Ministerrat im Amtsblatt der EU, Reihe L, folgt.[99] Damit erfasst die Neuregelung alle Grundstückskaufverträge mit Umsatzsteueroption, bei denen der Besitzübergang ab dem 1. 4. 2004 erfolgt. Der Zeitpunkt des Vertragsabschlusses spielt keine Rolle, da maßgeblicher Zeitpunkt für die Anwendung neuen Rechts die Ausführung des Umsatzes ist (§ 27 Abs. 1 Satz 1 UStG).

Die Option zur Umsatzsteuer nach neuem Recht muss im Kaufvertrag selbst erklärt werden (§ 9 Abs. 3 S. 2 UStG in der insoweit bereits ab 1. 1. 2004 geltenden Fassung), während früher nach § 311b Abs. 1 BGB nur die Verpflichtung zur Option beurkundungsbedürftig war. **29b**

Mit Inkrafttreten des § 13b Abs. 1 Nr. 3 nF UStG handelt es sich bei den Regelungen über die Umsatzsteuer wohl – entspr. der Rechtslage bei der GrESt – nicht mehr um eine Hinzurechnung nach § 20 Abs. 1, wenn eine gesetzliche Steuerschuld des Grundstückskäufers vorliegt. Die Umsatzsteuer würde daher nicht mehr werterhöhend im Rahmen des § 20 Abs. 1 berücksichtigt werden können – weil Vertragsbedingung. Denn nach § 18 Abs. 2 S. 1 ist nur der Hauptgegenstand maßgebend. Selbst wenn man § 44 anwenden müsste, läge Gegenstandsgleichheit gemäß § 44 Abs. 1 vor.[100] Eine eigenständige und damit kostenrechtlich relevante Erklärung könnte vorliegen, wenn der Option der Charakter einer „Steuererklärung" beizumessen wäre. Eine derartige Qualifizierung wird aber daran scheitern, dass die Option bereits mit Erklärung (Beurkundung im Kaufvertrag) wirksam ist und es eines Zugangs gegenüber dem Finanzamt nicht bedarf.[101] Die Option wird jedoch bei nachträglicher Beurkundung Hauptgegenstand (§ 18 Abs. 2). Für diese „Nachtragsbeurkundung" fällt eine $^{10}/_{10}$-Gebühr gemäß § 42 an, da insoweit eine Vertragsergänzung iS dieser Vorschrift vorliegt. Der Betrag der Umsatzsteuer ist als Geschäftswert zugrunde zu legen. Die Rechtslage im Hinblick auf die Frage der Zurechenbarkeit ist deshalb nicht eindeutig, weil die in § 13b UStG realisierte Änderung, auch als lediglich eine Änderung der Zahlungsmodalität interpretiert werden kann (mit der Folge der Hinzurechnung).[102] **29c**

VI. Bebauung für Rechnung des Erwerbers (Abs. 1 S. 2 Halbs. 2)

Die Vorschrift ist Ausnahmevorschrift zu Abs. 1 S. 2 Halbs. 2, greift also nur ein, wenn der Kaufpreis niedriger ist als der Wert der Sache (des bebauten Grundstücks). Ist er höher, verbleibt es bei Abs. 1 S. 1; mit anderen Worten: Abs. 1 S. 2 Halbs. 2 greift ein, wenn der Kaufpreis sich auf den Wert des unbebauten Grundstücks beschränkt.[103] **30**

Die Bestimmung ist Ausfluss eines allgemeinen Bewertungsgrundsatzes, sie ist daher entsprechend anwendbar auf Überlassungsverträge, Tauschverträge, Auseinandersetzungen, Grundstückseinbringung, nicht aber bei Wohnungseigentumsbildung nach § 3 WEG.[104] **31**

Voraussetzung für die Anwendung der Ausnahmevorschrift des § 20 Abs. 1 S. 2 Halbs. 2 ist, dass **im Zeitpunkt der Bauerrichtung** bereits feststand, dass das Grundstück an den Erwerber verkauft bzw. übereignet wird, dass also die Bebauung eine vorweggenommene Eigentumsnutzung des Erwerbers darstellt.[105] Errichtet der Verkäufer noch für seine Rechnung einen Bau, so liegt ein Kauf des bebauten Grundstücks vor.[106] Die Vorschriften des § 20 Abs. 1 **32**

---

[98] DNotI-Report 2004, 7, 27 und 63.
[99] Die Veröffentlichung erfolgte am 31. 3. 2004 im ABl. EG Nr. L 94 S. 59 – S. iÜ, insbesondere zu Steuerfällen in der Übergangszeit BMF-Schreiben vom 23. 3. 2004.
[100] OLG Hamm JurBüro 2007, 538 = ZNotP 2007, 479; aA *Holthausen-Dux* Notar 2004, 54.
[101] *Krauß* DB 2004, 1225, 1228; *Sölch/Ringleb/Klenk* Kommentar zum UStG § 9 Rn. 57.
[102] So im Ergebnis wohl OLG Celle RNotZ 2005, 555 = NJW-RR 2006, 71 = NotBZ 2006, 23 = MittBayNot 2006, 264 m. Anm. *Fleischer* = ZNotP 2006, 199 m. Anm. *Tiedtke*.
[103] OLG Neustadt MittRhNotK 1964, 420; OLG Karlsruhe Justiz 1963, 241; OLG Hamm Rpfleger 1961, 259; DNotZ 1972, 115; OLG Stuttgart Rpfleger 1964, 131.
[104] OLG Neustadt Rpfleger 1962, 286.
[105] LG Weiden MittBayNot 1976, 189; LG Coburg JurBüro 1977, 710; LG Hagen JurBüro 1988, 888; OLG Düsseldorf JurBüro 1994, 621.
[106] OLG Düsseldorf DNotZ 1994, 726.

S. 2 Halbs. 2 sollen Ausfluss eines allgemeinen Bewertungsgrundsatzes und deshalb auch auf die **Grundstückseinbringung in eine Gesellschaft** entsprechend anwendbar sein.[107] Dieser Ansicht ist zu folgen, da die Ausnahmevorschrift auch auf andere Rechtsgeschäfte anzuwenden ist, bei denen kein Kaufpreis vereinbart wird (zB Schenkung) oder Gegenleistungen vereinbart werden, die niedriger sind als der Wert des Grundstücks zB Überlassung mit Gegenleistungen (gemischte Schenkung).

32 a   Eine **bestimmte Zeitspanne** zwischen Baubeginn und schuldrechtlicher Verpflichtung zur Übereignung oder zum Erwerb des Grundstücks ist weder nach dem Gesetzestext, noch nach der Rspr. vorgesehen. Je größer die Zeitspanne zwischen Bebauung und Erwerb ist, umso überzeugender müssen die Tatsachen sein, aus denen die Veräußerungs- und/oder die Erwerbsabsicht im Zeitpunkt der Bebauung hergeleitet werden.[108]

32 b   Solche Tatsachen können sein: Alleinige Tragung der Baukosten durch den Erwerber; Gebäude wird ihm steuerlich zugerechnet; bezüglich der Grundpfandrechte, die zur Sicherung der Baukosten im Grundbuch (durch die Veräußerer) eingetragen wurden, wobei der Erwerber alleiniger persönlicher Schuldner ist; Anhaltspunkte, die sich aus Darlehensverträgen ergeben; sonstige Gründe, die eine frühere Eigentumsübertragung verhindert haben, wie zB Umlegungs- oder Flurbereinigungsverfahren, Versagung einer Teilungsgenehmigung.

33   Die Sondervorschrift ist auch dann anwendbar, wenn es um die **Veräußerung eines Miteigentumsanteils** an einem Grundstück geht und der Erwerber bereits ursprünglich den anteiligen Kaufpreis bezahlt hat, soweit Veräußerer und Erwerber auf gemeinsame Rechnung das Gebäude errichtet haben.[109] Auch bei der Übertragung eines Miteigentumsanteils von einem Ehegatten auf den anderen kann die Sonderbestimmung angewendet werden, vorausgesetzt, dass die Bebauung bereits auf Rechnung des erwerbenden Ehegatten anteilig erfolgte und zwar im Vorgriff auf die beabsichtigte Eigentumsübertragung.

34   Die vor Abschluss des Kaufvertrages erfolgende Bebauung für Rechnung des Erwerbers kann erfolgen namens oder für Rechnung des Erwerbers, aber auch fremden Namens für Rechnung des Erwerbers, ja selbst durch den Veräußerer (Baugesellschaft) für Rechnung des Erwerbers. Bei Bebauung für Rechnung des Erwerbers muss vor Gebäudeerrichtung zwischen Veräußerer und Erwerber der **Geschäftsbesorgungsvertrag** (§ 675 BGB) geschlossen sein.[110] Hat ein Wohnungsunternehmen Wohnungseigentum nach § 8 WEG begründet und veräußert es dann die einzelnen Wohnungseigentumsrechte, so ist bei Abschluss der Kaufverträge zu prüfen, ob bereits vor Baubeginn der Geschäftsbesorgungsvertrag geschlossen war, weil es andernfalls zunächst für eigene Rechnung baute. Nachdem seit Jahren fast regelmäßig Wohnungseigentumsrechte nach § 8 WEG begründet werden, erfolgt meistens die Finanzierung für Rechnung des Bauträgers, daher keine Anwendung von Abs. 1 S. 2 Halbs. 2. Für **Gesamtrechtsnachfolger** gilt die Bestimmung des § 20 Abs. 1 S. 2 Halbs. 2, nicht aber bei Weiterveräußerung des Erwerbers an einen Dritten.[111]

35   Wird mit dem Grundstückskaufvertrag zwischen Veräußerer und Erwerber ein **Bauvertrag** bezüglich der Errichtung des Anwesens durch den Veräußerer geschlossen, so hat letzterer verschiedenen Gegenstand, der Wert beider Verträge ist zusammenzurechnen. Ist hingegen Kaufgegenstand das bebaute Anwesen, auf dem der Verkäufer noch für seine Rechnung das Anwesen errichtet, so Kauf des bebauten Grundstücks.[112]

36   Hat der Erwerber das Grundstück mit **Gebäuderesten** oder einem alten Gebäude erworben, reißt er es dann ab und baut neu, so ist maßgebend das Grundstück samt den Gebäuderesten oder dem alten Gebäude.[113]

---

[107] BayObLG JurBüro 1992, 339 = MittBayNot 1992, 353.
[108] BayObLGZ 2001 Nr. 2 = MittBayNot 2002, 60 = ZNotP 2001, 405.
[109] OLG Neustadt Rpfleger 1962, 286 m. Anm. *Ackermann.*
[110] *Ackermann* Rpfleger 1962, 287; JVBl. 1966, 1717 mit Beispielen.
[111] KG DNotZ 1938, 619; nicht für Sonderrechtsnachfolger, OLG Stuttgart BWNotZ 1956, 239.
[112] LG Düsseldorf MittRhNotK 1963, 26.
[113] KG JVBl. 1940, 67.

VII. Kauf grundstücksgleicher Rechte

Solche grundstückgleiche Rechte sind **Wohnungs- und Teileigentumsrechte** (WE/TE-Rechte) und **Erbbaurechte** nach ErbbauVO. **37**

1. Wohnungs- und Teileigentum

Bei WE-Rechten ist es allgM, dass die Wertvergünstigung des § 21 Abs. 2 (nur ½ des Wertes des WE-Rechts) nur für die Begründungs- und Beendigungsakte gilt. Da mit Ausnahme bei Bauherrenmodellen fast alle neuen WE-Anlagen nach § 8 WEG mittels einseitiger Erklärung aufgeteilt werden und dann der Verkauf der so begründeten WE-Rechte erfolgt, kommt für die Kaufverträge dieser WE-Rechte § 20 in Betracht: Kaufpreis bzw. voller Wert des WE-Rechts, sofern der Wert des Rechts höher ist als der Kaufpreis (was nur bei ausgesprochenen Notverkäufen der Fall sein dürfte). Gleiches gilt für den Wert bei Eintragung der Auflassungsvormerkung.[114] Das sog. Wohngeld, das sind die monatlichen oder sonstigen periodischen Leistungen der Eigentümer an den Verwalter, ist nach allgM keine Hinzurechnung im obigen Sinne, nicht nur wenn es die Bewirtschaftungs- und Verwaltungskosten betrifft, sondern auch Finanzierungsbeiträge; denn es handelt sich dabei wirtschaftlich und rechtlich um die nach der gesetzlich notwendigen Verwaltung erforderliche Zahlungsmodalität über den Verwalter an die einzelnen Gläubiger.[115] Hingegen sind Hinzurechnungen die über den Kaufpreis hinaus schuldbefreiend übernommenen Verpflichtungen des Verkäufers, meistens durch Grundpfandrechte gesichert, soweit diese Beträge nicht bereits auf den Kaufpreis angerechnet sind und nur der Restbetrag als Kaufpreis bezeichnet wird. Dies gilt auch für Wohnungserbbaurechte. **37a**

2. Erbbaurecht

Bei Kauf von Erbbaurechten ist ebenfalls der **Kaufpreis** nach § 20 maßgebend. Die übernommenen Erbbauzinsen sowie das Vorkaufsrecht des Eigentümers am Erbbaurecht sind nach allgM keine Hinzurechnungen iS des § 20, weil es sich hierbei um langlaufende, dauernde Belastungen handelt, die bereits bei der Kaufpreisbildung Berücksichtigung gefunden haben.[116] Die neuere Rspr.[117] vertritt zum Erbbaurecht den Standpunkt, dass § 21 Abs. 1 auch maßgebend ist für den Wert des Erbbaurechts überhaupt, es sei nicht gerechtfertigt, diese Bestimmung nur auf die Begründung des Erbbaurechts anzuwenden, sie müsse analog auch auf die Veräußerung des Erbbaurechts angewendet werden, der Wert dieses Rechts also nur mit 80% des Wertes des bebauten Erbbaurechts angesetzt werden, nicht mit dem vollen Wert. Dies stimmt mit der Regierungsbegründung zu § 21 Abs. 1 überein, wonach diese Bestimmung die Ermittlung des Geschäftswertes des Erbbaurechts vereinfacht und erleichtert, das Erbbaurecht sei zwar ein weitreichendes grundstücksgleiches Recht, aber doch gegenüber dem Eigentum nur ein beschränktes dingliches Recht. Bedeutung hat dies freilich in der Praxis nur, wenn die Veräußerung des Erbbaurechts nicht im Rahmen eines Kaufvertrages oder Austauschvertrages des § 39 Abs. 2 erfolgt. Bei Erbbaurecht-Verkauf ist daher idR der Kaufpreis maßgebend, ohne Erbbauzins und Vorkaufsrecht, aber mit Hinzurechnung der etwaigen Verbindlichkeiten des Veräußerers, die der Käufer schuldbefreiend übernimmt (jeweils mit dem valutierten Betrag bei Grundpfandrechten, sofern diese nicht bereits bei der Kaufpreisfestsetzung angerechnet worden sind und nur der Restbetrag als Kaufpreis ausgewiesen wird). Zwar ist bei bebauten Erbbaurechten das Verhältnis von Grundflächenwert zum Wert des Bauwerkes nicht immer 1:5, besonders nicht bei gewerblichen und industriellen Erbbaurechten, manchmal 1:20 und krasser, aber § 21 Abs. 1 normiert diesen Wert als Durchschnittswert bindend für wohl alle Fälle. Vergleiche hierzu den **38**

---

[114] BayObLG JurBüro 1994, 623.
[115] KG DNotZ 1965, 179; *Mümmler* JurBüro 1974, 309.
[116] OLG Hamburg DNotZ 1958, 219; OLG Celle DNotZ 1960, 410; Rpfleger 1960, 209; DNotZ 1963, 354; OLG Hamm JurBüro 1966, 607; OLG Braunschweig Rpfleger 1962, 151.
[117] OLG Köln DNotZ 1972, 507 = JurBüro 1971, 868; OLG Düsseldorf DNotZ 1975, 434 = Rpfleger 1974, 411.

interessanten Fall,[118] wo *Mümmler* der neuen, obergerichtlichen Rspr. folgt: Dort wären dem Kaufpreis zu damals 250 300 DM (rund 127 976 Euro) uE die übernommenen Grundpfandrechte zu damals 877 700 DM (rund 448 760 Euro) hinzuzurechnen, da bei derartigen Partnern (Heimbaugesellschaft) regelmäßig bis 100% des Pfandobjekts belastet wird, weil nachrangige Grundpfandrechte regelmäßig bundes- oder landesverbürgt sind.

3. Dauerwohnrecht

39 Für Kauf eines Dauerwohnrechtes, auch wenn nicht befristet, sondern ganz unbefristet, ist nie § 20 anzuwenden, sondern für Beurkundungen § 39 Abs. 2 mit § 24, für Grundbucheintragungen § 24.

VIII. Vor- und Wiederkaufsrechte (Abs. 2)

1. Allgemeines

40 Wie in Rn. 26 dargelegt, sind derartige Rechte in Kauf- oder Austauschverträgen regelmäßig **keine Hinzurechnungen,** da solche Rechte regelmäßig der Erfüllung der Verpflichtungen des Erwerbers oder der Durchführung des Vertrages entsprechend den Zwecken der Beteiligten dienen.[119] Anders ist die Rechtslage, wenn aus der Urkunde ein eigener wirtschaftlicher Wert für den anderen Vertragsteil deutlich erhellt (grundlegend Rn. 26). Abs. 2 gilt aber für die Grundbucheintragung derartiger Rechte, auch für die selbständige Beurkundung solcher Rechte oder Beurkundung in einem Miet- oder Pachtvertrag. Wird ein derartiges Recht an einem Bauplatz bestellt und soll es sich auf das zu errichtende Gebäude erstrecken, so ist der Wert des bebauten Grundstücks Ausgangspunkt für die Wertfeststellung.[120]

40a Der Gehalt derartiger Rechte kann sehr unterschiedlich sein, zB ob für einen Verkaufsfall oder für alle, ob befristet oder unbefristet, ob zu festem Kaufpreis oder seinerzeitigem Schätzwert, ob nur unter gewissen Bedingungen ausübbar usw. Abs. 2 bestimmt den Wert mit dem halben Wert des Grundstücks mit dem Zusatz „in der Regel", so dass je nach dem rechtlichen Gehalt und der wirtschaftlichen Bedeutung des Rechts dieser Wert auch etwas über- oder unterschritten werden kann. In solchen Fällen ist nach § 30 Abs. 1 zu verfahren und der konkrete Wert nach freiem Ermessen zu bestimmen. Eine Abweichung vom Regelwert ist insbesondere dann geboten, wenn die Wahrscheinlichkeit des Wirksamwerdens der vereinbarten Bedingungen besonders groß oder besonders gering ist.[121] Dies gilt in gleicher Weise für die Löschung eines Vorkaufsrechts. Der Geschäftswert bestimmt sich zwar nach dem Wert, den die Eintragung des Vorkaufsrechts nach ihrem Inhalt hätte, wenn sie zum Zeitpunkt der Löschung vorgenommen würde. Ein im Zeitpunkt der Löschung gegenstandslos gewordenes Vorkaufsrecht ist jedoch idR mit ca. 10% des Grundstückswertes zu bewerten.[122]

> **Beispiele:** OLG Frankfurt (DNotZ 1955, 259) – Vorkaufsrecht für Kurhotel: das LG hatte damals 3000 DM angesetzt, das OLG hielt einen wesentlich höheren Betrag für gerechtfertigt, *Eppig* hält in der Anmerkung bei einem Gebäudewert von damals 200 000 DM einen Wert von 100 000 DM für gerechtfertigt, jedenfalls den vom Notar angesetzten Betrag von 65 000 DM für nicht übersetzt. OLG Hamm (Rpfleger 1955, 256) hielt bei einem Gebäudewert von damals 40 000 DM den Wert von 12 000 DM für angemessen.

40b Wird im Rahmen der Veräußerung eines Geschäftsanteils zugunsten des Verkäufers ein Vorkaufsrecht an einer gesellschaftseigenen Immobilie eingeräumt, hat die Vereinbarung über die Vorkaufsrechtseinräumung einen eigenen Wert. Für die Berechnung der Gebühren gilt § 44 Abs. 2a. Gleiches gilt, wenn dem Mieter in der Urkunde über die Verein-

---

[118] JurBüro 1975, 1054.
[119] Notarkasse MittBayNot 1985, 273.
[120] OLG Frankfurt DNotZ 1955, 259; OLG Celle DNotZ 1962, 45; OLG Karlsruhe KostRsp. § 20 Abs. 2 Nr. 17.
[121] BayObLG JurBüro 1976, 498; MittBayNot 1985, 271; OLG Schleswig KostRsp. § 20 Abs. 2 Nr. 33 m. Anm. *Lappe;* OLG Zweibrücken Rpfleger 1991, 54 = JurBüro 1991, 395.
[122] BayObLG MittBayNot 1995, 487 = DNotZ 1996, 395; OLG Düsseldorf DNotZ 1994, 726.

barung des Mietvertrages an der gemieteten Immobilie ein Vorkaufsrecht eingeräumt wird; anders jedoch bei einem Leasingvertrag (s. § 44 Rn. 95).

Wird vor Ausübung des Vorkaufsrechts der Gemeinde nach § 28 Abs. 2 S. 3 BauGB eine Vormerkung eingetragen, so ist der Geschäftswert auf den halben Verkehrswert des betroffenen Grundstücks festzusetzen.[123] Bei sog. Bauträger-Bewerberverträgen, Eigenheimbewerberverträgen[124] handelt es sich meistens um Kaufvorverträge, Wert nach § 20.[125] **41**

Das im Erbbaurechtsvertrag dem Erbbauberechtigten am Grundstück eingeräumte Vorkaufsrecht ist Inhalt des Erbbaurechts und im Wert der Erbbaurechtsbestellung enthalten. Dagegen liegt bei Vereinbarung eines Vorkaufsrechtes zugunsten des Grundstückseigentümers am Erbbaurecht ein gegenstandsverschiedenes Rechtsverhältnis vor.[126] Bei Einräumung eines Vorkaufsrechtes ist im Regelfall gemäß § 20 Abs. 2 der halbe Grundstückswert (§ 19 Abs. 2) maßgebend, jedoch bestehen unterschiedliche Auffassungen zur Bewertung eines Vorkaufsrechtes am Erbbaurecht, wenn die Veräußerung des Erbbaurechtes von der Zustimmung des Eigentümers abhängt. Inwieweit bei einem Zustimmungsvorbehalt des Grundstückeigentümers zur Veräußerung des Erbbaurechts der Regelwert des § 20 Abs. 2 für das Vorkaufsrecht am Erbbaurecht zu ermäßigen ist, bleibt im Rahmen des § 30 Abs. 1 eine Ermessensfrage. Regelmäßig soll ein Wert etwa 10% des Wertes des Erbbaurechtes in Betracht kommen.[127] Das KG[128] hat in seiner Entscheidungspraxis für den Regelfall einen Betrag von 10–20% des Wertes des (bestellten) Erbbaurechts angenommen und 20% als Obergrenze angesehen.[129] Zutreffend ist jedoch die Auffassung des OLG München,[130] dass keine Gründe für ein Abweichen vom Regelwert des § 20 Abs. 2 vorliegen, auch wenn ein Zustimmungsvorbehalt zur Veräußerung des Erbbaurechtes vereinbart wird.[131] Zunächst ist der Wert des bestehenden Erbbaurechtes zu bestimmen. Dieser besteht nicht nur aus dem Wert des Gebäudes, vielmehr ist der Wert des Erbbaurechtes vor Bebauung zuzurechnen.[132] Dieser kann im Wege der Schätzung nach § 30 Abs. 1 mit bis zu 80% des Grundstückswertes gemäß § 21 Abs. 1 S. 1 bewertet werden. Keinesfalls kann der kapitalisierte Erbbauzins zugrunde gelegt werden, denn dieser spielt nur bei der Bestellung des Erbbaurechtes als Gegenleistung des Erbbauberechtigten eine Rolle.[133] **41a**

2. Ankaufsrecht, Option

Ankaufsrechte, Optionsrechte sind im BGB nicht besonders geregelt; es handelt sich um Parteivereinbarungen, durch die es dem Berechtigten ermöglicht wird, jederzeit oder unter gewissen Umständen den Erwerb eines Grundstücks zu vereinbarten Bedingungen zu erreichen und die Eigentumsumschreibung zu erlangen. Ähneln derartige Rechte mehr einem Vorkaufs- oder Wiederkaufsrecht, so ist Abs. 2 entsprechend anwenden;[134] meistens werden sie aber mehr einem Kaufvertrag entsprechen, dann Anwendung von § 20 Abs. 1. So hat zB das LG Bamberg[135] zu Recht ein Ankaufsrecht in Form eines bedingten Kaufvertrages mit der Bedingung, dass die Ausübung lediglich von einer nachträglichen, evtl. innerhalb bestimmter Frist abzugebenden Erklärung des Berechtigten abhängig ist, mit dem vollen Wert **42**

---

[123] BayObLG JurBüro 1981, 1559; 1982, 589 m. Anm. *Mümmler* = Rpfleger 1982, 240.
[124] *Mattern* DNotZ 1967, 662.
[125] *Schmidt* JurBüro 1963, 139; *Rohs/Wedewer* Rn. 26b.
[126] OLG Celle DNotZ 1962, 45; ZNotP 2002, 323m. Anm. *Tiedtke;* OLG Hamm DNotZ 1970, 119; OLG München NotBZ 2006, 198 = FGPrax 2006, 134 = JurBüro 2006, 324 = MittBayNot 2006, 531m. Anm. PrüfAbt. Notarkasse = ZNotP 2007, 76.
[127] BayObLG DNotZ 1984, 113, 115; Streifzug Rn. 454ff.
[128] DNotZ 1969, 437; Beschluss vom 8. 3. 1994, 1 W 6606193.
[129] KG Beschluss vom 19. 1. 1988, 1 W 21121/87.
[130] NotBZ 2006, 198 = 2006, 134 = JurBüro 2006, 324 = MittBayNot 2006, 531m. Anm. PrüfAbt. Notarkasse = ZNotP 2007, 76.
[131] So schon OLG Celle ZNotP 2002, 323m. Anm. *Tiedtke*.
[132] So schon BayObLG DNotZ 1984, 113 = MittBayNot 1983, 27; OLG Düsseldorf DNotZ 1975, 434.
[133] Vgl. zutreffend BayObLG MittBayNot 1976, 230; OLG Celle DNotZ 1973, 47.
[134] BayObLGZ 1961, 112; 1975, 450; BayObLG JurBüro 1976, 498; MittBayNot 1985, 271.
[135] MittBayNot 1972, 29.

des Grundstücks angesetzt.[136] Demgegenüber hält das BayObLG[137] die entsprechende Anwendung des § 20 Abs. 2 für zutreffend, bei einem Ankaufsrecht in der Form eines Vertragsangebotes, wenn dessen Ausübung von Bedingungen abhängt, deren Eintritt eher fern liegt und von den Parteien nicht erhofft wird. Gegenstand war im entschiedenen Fall die Einräumung eines Ankaufsrechtes zugunsten der Gemeinde in der Form eines Angebotes. Ziel des Ankaufsrechtes war jedoch nicht der Grundstückserwerb durch die Gemeinde, sondern die Absicherung gegen Veräußerung des Grundstücks, über das noch nicht einmal ein Bebauungsplan erstellt war, an ortsfremde Personen (Einheimischen-Modell). Ein Sonderfall ist KG,[138] wo das Gericht für das Ankaufsrecht zugunsten der öffentlichen Hand bei Zuwiderhandlung gegen Subventionierung nur den halben Grundstückswert ansetzte.[139] Der Geschäftswert für die Eintragung einer Auflassungsvormerkung zur Sicherung eines bedingten Anspruches auf Eigentumsübertragung auf Grund eines Ankaufsrechtes richtet sich ebenfalls nach § 20 Abs. 2, wenn nach den Umständen ungewiss ist, ob es jemals zu einer Ausübung des Ankaufsrechts kommen wird.[140]

43 § 20 Abs. 2 ist in gleicher Weise anwendbar für die Bewertung einer **Vormerkung** zur Sicherung eines künftigen Eigentumsverschaffungsanspruchs auf Grund eines **Vorvertrages,** wenn das Verlangen einer Partei auf Abschluss des Vertrages nur ab einem bestimmten Zeitpunkt und nur in einer bestimmten Form gestellt werden kann. Berechnungsgrundlage (für den halben Wert gemäß § 20 Abs. 2) ist dabei nicht unbedingt der Kaufpreis bei Zustandekommen des Kaufvertrages, sondern gemäß § 20 Abs. 1 der höhere Grundstückswert, wenn hierfür Anhaltspunkte vorliegen.[141] Gleiches gilt auch bei einem Vorvertrag, in dem sich eine Vertragspartei verpflichtet, eine bestimmte Grundstücksfläche auf Verlangen des anderen zurückzukaufen.[142] Zur Löschung eines nicht mehr ausübbaren und damit faktisch gegenstandslosen Vorkaufsrechtes s. Rn. 40a.

3. Wiederkaufsrecht

44 Bei **Wiederkaufsrechten** und **bedingten Ankaufsrechten** der **öffentlichen Hand** erfolgt die Wertbestimmung regelmäßig nach § 20 Abs. 2, § 30 Abs. 1. Bei Wiederkaufsrechten der öffentlichen Hand ist meist ein deutliches Abweichen vom halben Wert gemäß § 20 Abs. 2 nach unten geboten.[143] Im Übrigen ist eine Abweichung vom Regelwert des § 20 Abs. 2 nur dann veranlasst, wenn ein Unterschied zum Wert durchschnittlicher Fälle deutlich erkennbar ist. Diese Voraussetzung liegt vor, wenn Vertragsbestimmungen oder etwaige sonstige verwertbare Anhaltspunkte die Wahrscheinlichkeit des Eintritts der vereinbarten Bedingungen genügend beurteilen lassen und die Wahrscheinlichkeit ungewöhnlich groß[144] oder ungewöhnlich gering[145] ist. Bei **Löschung** eines (dinglichen) Wiederkaufsrechts vor Ablauf der Befristung ist ebenfalls § 20 Abs. 2 (halber Grundstückswert) einschlägig.[146] Hat der Rückübertragungsverpflichtete (Käufer) den Grundbesitz teilweise für eigene Rechnung bebaut und weiterveräußert, so ist der Wert für die Löschung des Wiederkaufrechts nach § 20 Abs. 2 aus dem bebauten Grundstück zu ermitteln.[147] Kann das Wiederkaufrecht nicht mehr ausgeübt werden (zB nach Erfüllung der Bauverpflichtung) ist als Wert etwa 10% des Grundstückswertes (ohne Gebäude) angemessen.[148] Zur Einräumung von Wiederkaufsrechten im

---

[136] S. auch BayObLGZ 1975, 450 = DNotZ 1976, 245 = Rpfleger 1976, 11.
[137] FGPrax 2001, 38.
[138] JurBüro 1975, 920.
[139] Dazu *Mümmler* JurBüro 1973, 1109; *Rohs/Wedewer* Rn. 24b.
[140] OLG Düsseldorf MDR 1996, 318.
[141] BayObLGZ 1992, 171.
[142] BayObLG JurBüro 1993, 225; zur Grundbuchgebühr s. § 66 Rn. 7.
[143] Notarkasse MittBayNot 1985, 273: 20–30% des Werts des Grundstücks.
[144] BayObLG DNotZ 1976, 432 = Rpfleger 1976, 150.
[145] LG Nürnberg MittBayNot 1979, 199.
[146] Für § 20 RSiedlG: LG Marburg Rpfleger 1988, 310; zur Löschung der Rückauflassungsvormerkung: LG Wuppertal JurBüro 1988, 638.
[147] OLG Düsseldorf DNotZ 1994, 726.
[148] OLG Oldenburg JurBüro 1996, 315; BayObLG DNotZ 1996, 395 – für den vergleichbaren Fall eines gegenstandslosen Vorkaufsrechtes; Streifzug Rn. 1451.

Rahmen von Grundstückskaufverträgen mit der Kommune zur Sicherung von stillschweigenden Bauverpflichtungen s. Rn. 26a.

In der Praxis mehren sich insbesondere in Gebieten mit hohem Freizeit- und Erholungswert Vertragsgestaltungen, durch welche sichergestellt werden soll, dass bei Grundstücksverkäufen das Vertragsobjekt und die hierauf zu errichtenden Gebäulichkeiten in der Hand von „**Einheimischen**" der Gemeinde verbleiben. Dies geschieht regelmäßig dergestalt, dass der Grundstückseigentümer in einer separaten Urkunde eine Verpflichtung zum Verkauf des Grundbesitzes an die Gemeinde eingeht, wenn das Grundstück ohne oder mit Bebauung an einen Dritten veräußert wird, der nicht ein Einheimischer ist. Dieses Ankaufsrecht wird häufig zeitlich befristet und als Vertragsangebot an die Gemeinde ausgestaltet, wobei diese sich ihrerseits verpflichtet, von dem Angebot dann keinen Gebrauch zu machen, wenn der Eigentümer das Grundstück entsprechend den landesplanerischen Zwecken verwendet, also entweder selbst nutzt oder an Einheimische veräußert. Materiell und kostenrechtlich sind solche Vereinbarungen als Ankaufsrecht zu werten, wobei der Geschäftswert nach § 20 Abs. 2 festzusetzen ist. Auch wenn im Zeitpunkt des Vertragsabschlusses das Grundstück noch nicht Bauland sein sollte, ist vom Baulandwert (Rohbauland, ohne Erschließung) auszugehen (vgl. § 19 Rn. 33). Wenn das Ankaufsrecht auch noch nach Bebauung besteht, muss die mögliche Bebauung auf der Grundlage der zu erwartenden Baukosten (die notfalls geschätzt werden müssen) wertmäßig erfasst werden. Da nicht feststeht, ob und wann dieses Erwerbsrecht ausgeübt wird, ist lediglich ein Bruchteil der Baukosten (10–30%) anzusetzen. Vom so ermittelten Gesamtwert errechnet sich gemäß § 20 Abs. 2 der Geschäftswert (grundsätzlich 50%), wobei jedoch ein weiterer Abschlag wegen ungewöhnlich geringer Wahrscheinlichkeit des Eintritts der Bedingung, insbesondere wegen der Beschränkung auf einheimische Interessenten, vertretbar ist.[149] Ist hingegen die Einräumung des Ankaufsrechts für die Gemeinde im Wege des Vertrages zugunsten eines Dritten Vertragsbedingung des Kaufvertrages, so gelten die unter Rn. 26 dargestellten Grundsätze. Soweit die Urkunde keine selbständige Verpflichtung des Erwerbers hinsichtlich der Veräußerungsbeschränkung und wegen der Selbstbewohnung beinhaltet, ist also das Ankaufsrecht nicht zu bewerten. § 20 Abs. 2 ist auch anzuwenden bei einem Ankaufsrecht in der Form eines Angebotes, wenn dessen Ausübung von Bedingungen abhängt, deren Eintritt eher fern liegt und von den Parteien nicht erhofft wird.[150]

Häufig werden auch **Grundstückskaufverträge im Einheimischenmodell** zwischen der Gemeinde und einheimischen Bauwilligen geschlossen. Der Verkauf erfolgt dabei in aller Regel zu einem Kaufpreis, der unter dem Verkehrswert liegt. Der Geschäftswert ist in diesen Fällen nach § 20 Abs. 1 S. 1 nach dem Kaufpreis unter Hinzurechnung der vom Käufer sonst übernommenen Leistungen und Verpflichtungen (zumeist Bauverpflichtung, Nachzahlungsverpflichtung bei Verkauf vor Ablauf einer bestimmten Frist oder Vermietung an andere Personen als Familienangehörige) zu bestimmen. Ist jedoch der Verkehrswert des Grundstücks nach § 19 Abs. 2 höher, ist dieser als Geschäftswert maßgebend.[151]

Beabsichtigt die Kommune ein neues Baugebiet auszuweisen, findet sich in der Praxis folgende Vertragsgestaltung: Der Eigentümer eines Grundstücks (zumeist Acker- oder Wiesengrundstück) verpflichtet sich zum Verkauf des Grundstücks an die Kommune, falls nach Rechtskraft eines möglichen Bebauungsplans das Grundstück (bebaut oder unbebaut) an Dritte veräußert wird, welche die Kriterien als „Einheimischer" nicht erfüllen. Diese Verpflichtung wird als Ankaufsrecht in Form eines Angebotes ausgestaltet, in welchem die Annahmemöglichkeit der Kommune eingeschränkt wird. Nach Auffassung des BayObLG[152] hat die Bewertung nach § 20 Abs. 2 zu erfolgen. Der Geschäftswert ist nach folgendem Schema zu berechnen: Bodenrichtwert für Rohbauland nach Gutachterausschuss (wegen fehlender Er-

---

[149] BayObLG DNotZ 1976, 432.
[150] BayObLGZ 2000 Nr. 74 = JurBüro 2001, 433 = MittBayNot 2002, 55 m. Anm. *Klinger.*
[151] LG Traunstein MittBayNot 1998, 54 m. Anm. *Tiedtke* = ZNotP 1998, 39; OLG Zweibrücken JurBüro 1998, 202.
[152] BayObLGZ 2000 Nr. 74 = JurBüro 2001, 433 = MittBayNot 2002, 55 m. Anm. *Klinger.*

schließung unterster Richtwert) davon 25% Abschlag wegen Bindungen des Einheimischen-Modells, weiterer Abschlag von 25% wegen der Schwankungsbreiten bei der Ermittlung des Bodenrichtwertes[153] zuzüglich 10% der geschätzten Baukosten für die mögliche Bebauung. Von dem so ermittelten Ausgangswert ist der halbe Wert gemäß Abs. 2 anzunehmen.

§ 21* Erbbaurecht, Wohnungseigentum, Wohnungserbbaurecht

(1) [1]**Bei der Bestellung eines Erbbaurechts beträgt der Wert achtzig vom Hundert des Werts des belasteten Grundstücks (§ 19 Abs. 2).** [2]**Eine für Rechnung des Erbbauberechtigten erfolgte Bebauung des Grundstücks bleibt bei der Ermittlung des Grundstückswerts außer Betracht.** [3]**Ist als Entgelt für die Bestellung des Erbbaurechts ein Erbbauzins vereinbart, dessen nach § 24 errechneter Wert den nach Satz 1 und 2 berechneten Wert übersteigt, so ist der Wert des Erbbauzinses maßgebend; entsprechendes gilt, wenn statt des Erbbauzinses ein fester Kapitalbetrag vereinbart ist.**

(2) **Bei der Begründung von Wohnungseigentum (Teileigentum) sowie bei Geschäften, die die Aufhebung oder das Erlöschen von Sondereigentum betreffen, ist als Geschäftswert die Hälfte des Werts des Grundstücks (§ 19 Abs. 2) anzunehmen.**

(3) **Bei Wohnungserbbaurechten (Teilerbbaurechten) gilt Absatz 2 entsprechend mit der Maßgabe, daß an die Stelle des Werts des Grundstücks der Einheitswert des Erbbaurechts oder, wenn ein solcher nicht festgestellt ist, der nach Absatz 1 zu bestimmende Wert des Erbbaurechts tritt.**

Übersicht

	Rn.		Rn.
I. Allgemeine Erläuterungen	1–20	II. Besonderheiten	21–44
1. Anwendungsbereich	1–6	1. Erbbaurecht	21–36 a
2. Anwendungsdauer	7, 8	2. Wohnungseigentum (auch Teileigentum)	37–43
3. Maßgebender Grundstückswert	9–11	3. Wohnungserbbaurechte	44
4. Maßgebender Bewertungszustand	12		
5. Bebauung für Rechnung des Berechtigten	13–20		

Schrifttum: *Ackermann,* Zum Geschäftswert bei Erbbaurechtsverträgen, DNotZ 1958, 506; *Ackermann,* WEG und KostO nF, Rpfleger 1960, 115; 1965, 298; *Mümmler,* Kostenrechtliche Betrachtung des Erbbaurechts, JurBüro 1972, 845; 1973, 811.

Stichwortverzeichnis

Änderungen 8
Ankaufsverpflichtung 27
Anwendungsdauer 7, 8
Aufhebung 1

Bauliche Veränderungen 12
Bauverpflichtung (bei Erbbaurecht) 21
Bebauung für Rechnung des Berechtigten 13
– für fremde Rechnung 34
Begründung 1
– Verträge 15
Belastung des Erbbaurechts mit Rechten 30
Beurkundungen 1
Bewertungszustand 12

Eigentümer-Erbbaurecht 6
Einheitswert 10
Erbbaurecht 21
– Aufhebung 36
– Ausübungsbereich 21
Erfassungsbereich 3, 4

Maßgebender Grundstückswert 9
Nachfolgende WE-Einräumung 19
Schuldrechtliche Vereinbarungen 27
Teilung 28
Veräußerung von bestehenden Erbbaurechten 6
Verkauf 17
Vorherige Teilung 18
Vorkaufsrecht am Grundstück 24
– am Erbbaurecht 25
Weitere Gegenleistungen 21
Wertsicherungsklausel (bei Erbbaurecht) 21
Wohngeld 33
Wohnungserbbaurecht 38
Wohnungseigentum 32, 33
– Aufhebung 37
– Vorkaufsrechte 35
Zustimmungen 5

---

[153] BayObLG MittBayNot 1972, 311.
* § 21 Abs. 1 Satz 1 und Abs. 2 geändert durch Gesetz vom 28. 12. 1968 (BGBl. I S. 1458).

I. Allgemeine Erläuterungen

1. Anwendungsbereich

§ 21 bestimmt den Geschäftswert für Erbbaurecht (ER), Wohnungseigentum (WE) und **1** Wohnungserbbaurecht (WER) bei **Begründung** solcher Rechte. Ausgangspunkt für die Bewertung ist auch hier § 19 Abs. 2. In der Regel liegen Anhaltspunkte für einen höheren Wert iS des § 19 Abs. 2 S. 1 vor, so dass auf den Einheitswert nicht zurückgegriffen werden muss. Erweist sich dies ausnahmsweise als erforderlich und ist der Einheitswert noch nicht festgestellt, so ist der Wert nach § 19 Abs. 2 S. 3 vorläufig zu schätzen und nach der ersten Einheitswertfeststellung auf diesen zu berichtigen. Für die Begründung, bei WE und WER auch für die **Aufhebung,** gibt aber § 21 eine besondere Wertbestimmung, die eine Wertbegünstigung beinhaltet. Die Begründung erfolgt durch Beurkundung der Einigung zwischen Eigentümer und Erbbauberechtigten oder der Einigung zwischen den Miteigentümer oder Miterbbauberechtigten oder der Teilungserklärung nach §§ 8, 30 WEG und entsprechende Grundbucheintragung. Der Begründung dieser Rechte liegt (Ausnahme bei § 8 WEG) ein schuldrechtlicher Vertrag der Beteiligten zugrunde, der der Beurkundung bedarf (§ 4 Abs. 3 WEG). Er ist bei ER auf Erwerb des grundstücksgleichen Rechts, bei WE und WER auf Vereinigung der Leistungen der Mitberechtigten zur Verwirklichung der Sondereigentums- oder -erbbaurechte gerichtet. Während der Inhalt des Eigentums (Mit- oder Gesamthandseigentum) nur in geringem Maße der Ausgestaltung fähig ist, ist dies bei ER, WE und WER in sehr weitgehendem Maße möglich und meistens auch notwendig. § 21 ist nun maßgebende Wertbestimmung für alle **Beurkundungen** und **Grundbucheintragungen,** die der gesetzlich zulässigen Ausgestaltung dieser Rechte bei deren Begründung dienen und auch für die ihnen zugrunde liegenden schuldrechtlichen Erklärungen, soweit sie sich auf die Begründung beschränken.

§ 21 gilt demnach für die Ersteintragung dieser Rechte im Grundbuch (vgl. § 76). Bei **2** der Beurkundung betrifft er alle sachenrechtlichen Erklärungen zur Ausgestaltung dieser Rechte (§§ 2 bis 8, 27, 32 ErbbauRG; §§ 5, 10f., 12, 15, 20f. WEG); er betrifft ferner auch die den sachenrechtlichen Erklärungen zugrunde liegenden schuldrechtlichen Erklärungen, bei WE und WER auch diejenigen, die der Verwirklichung dieser Rechte dienen, d.h. die Verpflichtungen zur Gebäudeerrichtung oder Abgrenzung der Wohnungseinheiten samt den zugehörigen finanziellen Verpflichtungen, jedoch nur die der WE-Berechtigten unter sich, nicht Dritten gegenüber.

Nicht erfasst wird hingegen durch § 21 bei der Eintragung der Rechte die gleichzeiti- **3** ge Miteintragung von Benutzungsrechten (Dienstbarkeiten), Erwerbsrechten (Vorkaufrecht, Vormerkung für Ankaufsrecht usw.), Sicherungsrechten (Hypotheken, Reallasten) und Veräußerungsbeschränkungen, die nicht zum Inhalt des grundstücksgleichen Rechts gemacht werden können oder gemacht werden, wohl aber die des § 12 WEG, die ebenso wie Vereinbarungen nach §§ 5 bis 8 ErbbauRE Inhalt des grundstücksgleichen Rechts sind. Bei Beurkundungen werden durch § 21 nicht erfasst die Verpflichtungen, die nicht zum Inhalt des grundstücksgleichen Rechts gemacht werden können oder gemacht werden, sowie die vorstehend erwähnten Benutzungs-, Erwerbs-, Sicherungsverpflichtungen und Veräußerungsbeschränkungen; soweit aber Sicherungsrechte (Hypothekeneinräumung) der Verwirklichung des Sondereigentums dienen, zB für die Baukostenzuschussverpflichtung eines WE-Eigentümers zur Gebäudeerrichtung, werden sie bei der Beurkundung nicht besonders bewertet, wenn sie nach § 44 Abs. 1 Sicherungsgeschäft zur WE-Begründung sind;[1] bei der Grundbucheintragung gelten für sie indessen die allgemeinen Wertvorschriften (§ 23). Enthält der WE-Begründungsvertrag derartige Benutzungs-, Erwerbsrechte usw., so wird deren Wert nach den allgemeinen Wertbestimmungen (§§ 20 Abs. 2, 22) festgestellt und dem nach § 21 bestimmten Wert des Rechts zugerechnet.

Nicht durch § 21 betroffen werden ferner der mitbeurkundete Erwerb des Grundstücks **4** oder ER durch die WE oder WER begründenden Personen; eine der WE- oder WER-

---

[1] OLG Hamm DNotZ 1972, 115.

Begründung vorausgehende Auseinandersetzung oder Bruchteilsveränderung, um zu dem zur WE-Begründung erforderlichen Bruchteilsverhältnis zu gelangen;[2] die der WER-Begründung vorausgehende ER-Bestellung; und endlich Verträge mit (anders bei Verträgen zugunsten von) Dritten (zB Baugesellschaft, Architekt usw.). Diese Geschäfte sind der WE-Begründung gegenüber anderen Gegenstandes iS des § 44. Endlich betrifft § 21 nicht Dauerwohnrechtsgeschäfte, auch wenn für das Dauerwohnrecht, weil wirtschaftliches Eigentum, ein Einheitswert festgestellt wird; für dieses ist maßgebende Wertbestimmung § 24.

5   Die Wertermäßigung des § 21 gilt nicht nur für die Begründungsverträge und die Teilungserklärung nach § 8 WEG, sondern auch für vorherige oder nachträgliche **Zustimmungen** einzelner Teilnehmer oder Berechtigter, für Vollmachten, Beglaubigung, Entwürfe, für die **Vollzugsgebühr** des § 146, auch für die einseitige Einigungserklärung nach § 36 Abs. 1, wenn die des anderen Teils durch Urteil ersetzt ist, nicht aber für **Verfügungen von Todes wegen** (hier nur für nachfolgende Vollzugserklärungen nach §§ 36, 38). Beziehen sich die genannten Geschäfte nicht ausschließlich auf die „Begründung", so tritt für Beurkundungsgeschäfte der Wert des weiteren Geschäfts dem des § 21 hinzu (§ 44 Abs. 2a).

6   Bei **Veräußerung von bestehenden Erbbaurechten** (an bebauten oder unbebauten Grundstücken) ist für die Wertermittlung, sofern kein Austauschvertrag (Kauf), vorliegt, § 19 Abs. 2 maßgebend und nicht § 21 Abs. 1 (arg. § 77 Abs. 1 KostO, § 11 Abs. 1 S. 1 ErbbauRG).[3] Hierbei ist neben dem Gebäudewert der Bodenwertanteil mit dem kapitalisierten Unterschied zwischen dem vertraglichen Erbbauzins und dem am Bewertungsstichtag nachhaltig erzielbaren Jahreszins aus Grund und Boden (gemäß WertR – s. Streifzug Rn. 234 – bei Einfamilienhaus 5%), höchstens jedoch der Wert nach § 21 Abs. 1 S. 1 heranzuziehen, da der Bodenwert des bestehenden Erbbaurechts kostenrechtlich nicht höher sein kann als der Wert bei Bestellung.[4] Auch die Veräußerung eines **Eigentümer-Erbbaurechts** an Dritte ist nach §§ 19, 20 Abs. 1 zu bewerten, es sei denn, das Erbbaurecht ist im Zeitpunkt des Vertragsschlusses noch nicht im Grundbuch eingetragen.[5]

2. Anwendungsdauer

7   Mit der Beurkundung des Begründungsvertrages oder der Teilungserklärung nach § 8 WEG ist der Begründungsvorgang, abgesehen von der Grundbucheintragung, abgeschlossen. Auf Geschäfte **nach der Beurkundung** des Begründungsvertrages oder der Teilungserklärung ist § 21 Abs. 2 nur mehr anwendbar, wenn diese der Begründung dienen, zB nachträgliche Änderung, Berichtigung, Klarstellung zum Begründungsvertrag, Änderung der Gemeinschaftsordnung und Ähnliches, nachträgliche Einigung nach § 38 Abs. 2 Nr. 6, Bewilligung von Vormerkungen zur Sicherung des begründeten Rechts und deren Grundbucheintragung, nachträgliche Genehmigung eines Teilnehmers oder Mitberechtigten, vormundschaftsgerichtliche Genehmigung usw., aber nur für WE-Rechte, nicht für ER.

8   Wird indessen über ein bereits begründetes, wenn auch im Grundbuch noch nicht eingetragenes WE oder WER als solches **verfügt** (zB Veräußerung, Belastung, Übertragung eines Hälfteanteils auf Ehegatten, Auswechslung eines Partners zur WE-Begründung, Grundbuchberichtigung auf Grund Erbfolge usw.), so gelten die allgemeinen Wertbestimmungen (§§ 19ff., 39). Das Gleiche gilt für **Änderungen** des Rechts nach Abschluss der Begründung, d. h. nach der Eintragung des Rechts im Grundbuch.[6]

---

[2] LG Düsseldorf KostRsp. § 42 Rn. 8.
[3] HM, OLG Köln DNotZ 1972, 507; OLG Düsseldorf DNotZ 1975, 434; LG Bayreuth JurBüro 1975, 1629; BayObLG DNotZ 1977, 688; Rpfleger 1981, 163; *Mümmler* JurBüro 1975, 1049, 1057.
[4] BayObLG DNotZ 1977, 691; Rpfleger 1981, 163; nach OLG Köln DNotZ 1972, 507 und OLG Düsseldorf DNotZ 1975, 434 ist regelmäßig Grund und Boden mit 80% entsprechend § 21 Abs. 1 S. 1 anzusetzen.
[5] OLG Düsseldorf Rpfleger 1993, 508 = KostRsp. Nr. 34 m. Anm. *Lappe*.
[6] OLG Hamm Rpfleger 1966, 380.

3. Maßgebender Grundstückswert

§ 21 legt den Geschäftswert nach einem bestimmten Prozentsatz des Grundstückswertes 9
fest: mit 80% bei ER, mit 50% bei WE und bei WER 50% des Wertes des Erbbaurechts
(80% des Bodenwertes zuzüglich voller Wert des Gebäudes). Daher ist zunächst der Wert
des Grundstücks, an dem eines der drei in § 21 genannten Rechte begründet wird, nach
§ 19 festzustellen (s. dort).

Durch die Bezugnahme auf § 19 Abs. 2 ist auch dessen S. 3 einbezogen. In allen Fällen, 10
in denen ein **Einheitswert** für das Grundstück im maßgebenden Bewertungszustand noch
nicht festgestellt ist, hat daher die Wertberechnung nach dem vorläufig geschätzten Einheitswert der Wohnungseinheiten (WE oder WER am bebauten Grundstück) zu erfolgen,
nach der ersten Feststellung der Einheitswerte für WE oder WER am Anwesen hat Berichtigung der Wert- und Gebührenberechnung nach Maßgabe der Feststellungsbescheide zu
erfolgen, sofern – was der **Regelfall** sein dürfte – nicht ein **höherer Wert** als der Einheitswert nach § 19 Abs. 2 S. 1 aus gesetzlichen Indizien (Angaben der Beteiligten, Belastungen, dem Geschäftsinhalt oder anderen ausreichenden Anhaltspunkten) sich ergibt. Bei
WE-Geschäften an noch unbebauten Grundstücken ist zu beachten, dass ein Einheitswert
nicht für das bebaute Grundstück, sondern für die einzelnen Wohnungseigentums- oder
Wohnungserbbaurechte am Anwesen festgestellt wird, aus deren Summe die Begünstigung
(Hälfte des Wertes) berechnet wird. Bei ER und WER ist es für die Praxis eine wesentliche Vereinfachung, dass in Abs. 1 S. 3 ein Vergleichswert (höheres Entgelt für die ER-Einräumung) normiert ist, der meistens höher ist als der Einheitswert und deshalb eine
spätere Berichtigung der Gebührenberechnung unnötig macht.

Bei ER ist der Wert idR unschwer festzustellen;[7] denn in allen Erbbaurechtsverträgen 11
öffentlicher Körperschaften, gemeinnütziger und anderer Bauträger ist festgelegt, welche
Belastungen der Erbbauzinsreallast vorgehen dürfen (langfristige Tilgungshypotheken der
öffentlichen oder privaten Hypothekenbanken, Sparkassen und Pensionskassen) und welche
dem Vorkaufsrecht vorgehen dürfen (Landeshypotheken und andere nachrangige Grundpfandrechte), oder, sofern die einzelnen Grundpfandrechte noch nicht näher bezeichnet
werden können, bis zu welchem Betrag jeweils diesen Rechten zugunsten des Erbbaurechtsausgebers Grundpfandrechte vorgehen dürfen, und diese Angaben zusammen mit
den Wertangaben der Beteiligten genügen, um sogleich mit Beurkundung des Erbbaubestellungsvertrages den Wert des bebauten Erbbaurechts festzustellen. Bei WE-Geschäften
ergibt der Aufteilungsplan mit dem cbm-Raumkostenpreis und dem anteiligen Grundflächenpreis unschwer diesen Wert.

4. Maßgebender Bewertungszustand

Nach § 18 ist das durch ein Geschäft betroffene Wirtschaftsgut in dem Zustand zu be- 12
werten, in dem es zum Gegenstand des Geschäfts gemacht wird. Werden ER, WE oder
WER an einem Anwesen begründet, so bezieht sich das Geschäft meistens auf das Grundstück im gegenwärtigen bebauten Zustand; von dessen nach § 19 zu ermittelnden Wert ist
der Prozentsatz des Abs. 1 oder 2 zu nehmen. Es ist also nicht gerechtfertigt, bei einer Aufteilung eines bestehenden Anwesens für die Wertermittlung den „voraussichtlichen" Kaufpreis für die gebildeten Einheiten anhand der vom Gutachterausschuss ermittelten Richtwerte anzusetzen. Dies gilt erst recht, wenn eine Verkaufsabsicht der gebildeten Einheiten
nicht ersichtlich ist („Vorratsteilung").[8] Sind jedoch bereits mehrere Eigentumswohnungen
einer Wohnanlage verkauft, kann der Geschäftswert aus der Summe der hochgerechneten
Kaufpreise ermittelt werden.[9] Wird WE oder WER hingegen an einem **Bauplatz** begründet, so bezieht sich das Geschäft auf das Grundstück im erst herzustellenden, bebauten

---

[7] ZB BayObLG Rpfleger 1968, 296 = DNotZ 1968, 760; DNotZ 1968, 701; OLG Hamm DNotZ 1966, 121.
[8] BayObLGZ 1991, 306 = Rpfleger 1992, 22 = MittBayNot 1992, 153.
[9] OLG Düsseldorf MittBayNot 1994, 360; BayObLG Rpfleger 1997, 42 = MittBayNot 1997, 117 = NJW-RR 1997, 1224 – Verkauf von ca. 40% der Wohneinheiten.

Zustand,[10] einschließlich der Baunebenkosten.[11] Dies ändert sich auch dann nicht, wenn zu einem späteren Zeitpunkt feststeht, dass die Bebauung unterbleibt.[12] Es ist also zuerst der Wert des bebauten Grundstücks nach § 19 Abs. 2 zu ermitteln, dann dieser Wert nach § 21 Abs. 2 zu halbieren. Auch bei Begründung von WE und WER an einem Anwesen sind oft noch **bauliche Veränderungen** (Abschluss der WE-Einheiten), Ausbauten oder Zubauten (Garagen, Luftschutzräume usw.) erforderlich; der Wert, unter Berücksichtigung dieser Veränderungen, ist nach § 19 Abs. 2 S. 1 zu bestimmen und dann zu halbieren. Auch bei Begründung von WE oder WER nach § 8 WEG (Teilung durch Alleinberechtigten) ist vom Grundstückswert im bebauten Zustand auszugehen.[13]

5. Bebauung für Rechnung des Berechtigten

13 Die ER-Bestellung ist regelmäßig Kauf eines grundstücksgleichen Rechts nach § 20; daher ist mit § 21 Abs. 1 S. 2 eine dem § 20 Abs. 1 S. 2 Halbs. 2 entsprechende Regelung getroffen.

14 Abs. 1 S. 2 gilt in erster Linie für den Fall bereits erfolgter Bebauung, aber auch für den Fall nachträglicher Bebauung durch den Berechtigten vor der Grundbucheintragung.[14]

15 WE- und WER-**Begründungsverträge** nach §§ 3, 30 WEG sind hingegen keine Kauf- oder Austauschverträge, sondern Verträge auf Vereinigung oder Leistungen der Gemeinschafter zwecks aufteilungsplanmäßiger Verwirklichung der Sonderrechte; daher ist bei diesen Rechten das Gebäude bei der Ermittlung des Grundstückswertes mitanzusetzen, selbst wenn es, wie oft, für Rechnung der Gemeinschafter errichtet ist oder wird. Der anderen Rechtslage hat der Gesetzgeber dadurch Rechnung getragen, dass in Abs. 2 eine dem Abs. 1 S. 2 entsprechende Bestimmung nicht niedergelegt ist. Zweifel könnten bei der WER-Begründung auftauchen; denn hier verweist das Gesetz wegen der Wertbestimmung auf Abs. 1. Damit könnte auch auf Abs. 1 S. 2 verwiesen und anzunehmen sein, dass bei WER-Begründung die erfolgte oder erfolgende Bebauung für Rechnung der Berechtigten außer Betracht bleibe. Indessen beinhaltet die WER-Begründung nach §§ 3, 30 WEG wie die WE-Begründung im Gegensatz zur ER-Bestellung keinen Austausch von Leistungen zweier Partner, sondern ist ein gesellschaftsähnlicher Vertrag.

16 Der gesetzliche Grund, bei Grundstücks- oder Rechtserwerb im Austauschwege die Bebauung durch den Erwerber unberücksichtigt zu lassen, greift bei gesellschaftsähnlichen Verträgen nicht durch, weil hier Vereinigung der Leistungen der Vertragsteile zu gemeinschaftlichem Zweck vorliegt und dabei alle Leistungen bewertet werden, auch die eigenen, an denen der Leistende im Rahmen der Gemeinschaft selbst teil hat.[15]

17 Da nach § 20 Rn. 33 bei **Verkauf von WE-Rechten** an einem für Rechnung der WE-Berechtigten errichteten Gebäude § 20 Abs. 1 S. 2 Halbs. 2 Anwendung findet, d. h. das für Rechnung der Erwerber errichtete Gebäude bei der Wertbestimmung nicht berücksichtigt wird, ist wie folgt zu unterscheiden (doch gilt dies nur, wenn der Geschäftsbesorgungsvertrag zwischen der Wohnbautreuhand, die WE durch Teilung geschaffen hat, und dem WE-Erwerber vor Baubeginn abgeschlossen war und keine Sonderrechtsnachfolge eingetreten ist, und ferner, wenn der Wert des WE-Rechts höher ist als der Kaufpreis):

18 – Bei **vorheriger Teilung** nach § 8 WEG und folgender Veräußerung der einzelnen WE-Rechte ist der Wert für die Teilungserklärung $^1/_2$ des bebauten Grundstücks, der Wert für den Verkauf der WE-Rechte nur der Wert des Grund und Bodens; der Gebührensatz für die Teilungserklärung ist je nach Gestaltung $^{10}/_{10}$ für einseitige Erklärung mit Bewilligung und $^1/_4$ für bloße Beglaubigung der anderwärts entworfenen Teilungserklärung; für den Verkauf der WE-Rechte ist er $^{20}/_{10}$ (§ 36 Abs. 2).

---

[10] OLG Hamm DNotZ 1972, 115 = JurBüro 1971, 446; OLG Düsseldorf Rpfleger 1970, 445; BayObLG DNotZ 1982, 765; OLG Zweibrücken FGPrax 2004, 51 = MittBayNot 2004, 215.
[11] BayObLG DNotZ 1982, 770.
[12] OLG Zweibrücken FGPrax 2004, 51 = MittBayNot 2004, 215.
[13] LG Köln MittRhNotK 1973, 380.
[14] Vgl. auch *Rohs/Wedewer* § 20 Rn. 11 ff., § 21 Rn. 7; aA *Mümmler* JurBüro 1976, 1170, wonach Abs. 1 S. 2 nur eingreifen soll, wenn das Gebäude bereits fertiggestellt ist.
[15] Vgl. *Ackermann* Rpfleger 1955, 307.

– Bei Verkauf des Anwesens zu den dem WE-Verhältnis entsprechenden Bruchteilen an **19** die WE-Interessenten und **nachfolgender WE-Einräumung** der Letzteren ist der Wert des Kaufs nur der der Grundfläche (§ 20 Abs. 1 S. 2), der Wert der WE-Einräumung nach §§ 3, 4 WEG $^1/_2$ des Wertes des bebauten Grundstücks; der Gebührensatz ist beim Bruchteilsverkauf und der WE-Begründung nach § 3 WEG jeweils $^{20}/_{10}$ nach § 36 Abs. 2. Auch wenn das Gebäude noch nicht errichtet ist, aber für Rechnung der vorgesehenen WE-Interessenten errichtet werden soll, bestimmt sich der Wert je nach der Art der Regelung nach a) oder b).[16] Wegen Grundbucheintragung s. die Erl. zu § 76.

Erfolgt die ER-Bestellung zwischen dem Eigentümer und den Erbbauberechtigten zu **20** Bruchteilen und zugleich WER-Begründung nach §§ 3, 30 WEG unter den letzteren, so ist, wenn das Gebäude für Rechnung der WER-Interessenten errichtet ist oder errichtet werden soll, der Wert des ER-Vertrages regelmäßig 80% des Wertes des Grund und Bodens (§ 21 Abs. 1 S. 2), der Wert der WER-Begründung $^1/_2$ des Wertes des Gebäudes plus dem Wert des (unbebauten) ER, zu bestimmen nach § 19 Abs. 2. Wenn ein Erbbaurechtsalleininhaber (Wohnungsbaugesellschaft) WE-Rechte nach § 8 WEG begründet und dann an die WE-Interessenten veräußert, so gilt, was Rn. 18 ausgeführt ist; veräußert er indessen zunächst die ER-Bruchteile an die WER-Interessenten und begründen diese WER, so gilt, was bei Rn. 19 ausgeführt ist, entsprechend.

II. Besonderheiten

Schrifttum: *Ackermann* DNotZ 1958, 506; *Mümmler* JurBüro 1972, 353.

1. Erbbaurecht

Die ER-Bestellung ist Zuwendung bzw. Erwerb eines grundstücksgleichen Rechts. **21** Den Wert des ER bemisst Abs. 1 S. 1, weil es sich beim ER um ein dem Eigentum gegenüber beschränktes Rechts handelt, **auf 80% des Wertes des gesamten Grundstücks** (nicht nur der Fläche, die für das Bauwerk in Anspruch genommen wird),[17] dieser wird nach § 19 Abs. 2 bestimmt. Dabei ist der Wert einer Bebauung zu berücksichtigen, soweit nicht § 21 Abs. 1 S. 2 eingreift (vgl. Rn. 13f.). Eine Ausnahme von diesem Grundsatz ist geboten, wenn im Erbbaurechtsvertrag der **Ausübungsbereich** auf eine bestimmte Teilfläche **eingeschränkt** wird. Insoweit liegt eine Gesetzeslücke vor (planwidrige Unvollständigkeit des Gesetzes), die systemgerecht durch Anwendung des in § 22 enthaltenen Rechtsgedankens zu schließen ist: Maßgebend ist hier also der Wert der Ausübungsfläche.[18] Der Wert ist beispielsweise maßgebend für unentgeltliche Einräumung des Rechts; für die Einräumung auf Grund einer Verfügung von Todes wegen und bei Verwandtengeschäften. Meistens erfolgt entgeltliche Bestellung des ER; nach S. 3 soll dann, wie beim Grundstückskauf nach § 20, ein **Wertvergleich** erfolgen, eine den Wert des Rechts übersteigende Gegenleistung, wenn höher, den Wert der ER-Bestellung bestimmen. Der Wert des **Erbbauzinses** ist nach § 24 zu berechnen, meistens mit dem 25-fachen Jahresbetrag, weil es sich regelmäßig um Leistungen über 25 Jahre handelt. Ist als Entgelt für die ER-Bestellung Erbbauzins plus Umsatzsteuer vereinbart, so rechnet letztere nicht mit, da sie gemäß § 13b UStG nF vom Erwerber geschuldet wird und daher nicht Teil der Gegenleistung ist.[19] Die Vereinbarung einer echten[20] **Wertsicherungsklausel** für den Erbbauzins ist gesondert zu bewerten, und zwar idR mit 10% des kapitalisier-

---

[16] Vgl. *Ackermann* Rpfleger 1960, 118.
[17] BayObLG DNotZ 1977, 688.
[18] BayObLG BayObLGZ 1994 Nr. 4 = KostRsp. Nr. 35 m. abl. Anm. *Lappe*.
[19] Vgl. § 18 Rn. 6, § 20 Rn. 7, 29c. Zur alten Rechtslage (USt als weitere Teilgegenleistung) vgl. BayObLG DNotZ 1972, 105; vgl. die Beispiele *Mümmler* JurBüro 1972, 357; OLG München RNotZ 2006, 198 = FGPrax 2006, 134 MittBayNot 2006, 531 m. Anm. *PrüfAbt. Notarkasse* = ZNotP 2007, 76; aA OLG Celle RNotZ 2005, 555 = NJW-RR 2006, 71 = NotBZ 2006, 23 = MittBayNot 2006, 264 m. Anm. *Fleischer* = ZNotP 2006, 199 m. Anm. *Tiedtke*.
[20] Zur Bewertung einer unechten Wertsicherungsklausel vgl. § 24 Rn. 25.

ten Erbbauzinses.[21] Leistungsvorbehalte sind, da sie nur mittelbare Auswirkung auf die Geldschuld haben, nicht zusätzlich zu bewerten (vgl. § 24 Rn. 25). Ist der Erbbauzins in verschiedenen Zeitabschnitten verschieden hoch, so sind die höchsten Leistungen maßgebend. Ist statt des Erbbauzinses ein fester Kapitalbetrag als Gegenleistung vereinbart, so ist dieser, wenn höher als der Wert nach Abs. 1 S. 1, als Geschäftswert maßgebend. S. 3 ist aber auch anzuwenden, wenn neben dem Erbbauzins noch ein fester Kapitalbetrag vereinbart ist, zB bei ER-Bestellung an einem Anwesen, wobei für den Anwesenswert ein fester Betrag, für die Nutzung der Grundfläche ein Erbbauzins niedergelegt wird; dann Wert = Kaufpreis + Wert nach Abs. 1 S. 3.[22] Auch wenn die ER-Bestellung teilungsweise gegen Verrechnung eines bestimmten Betrages in den Nachlass oder gegen Erbverzicht erfolgt, wird S. 3 anzuwenden sein. Auch wenn der Erbbauzins so festgesetzt wird, dass bei einer Halbruine der Wert des Restbauwerks mit abgegolten ist, ist S. 3 noch anzuwenden. Ist er so bestimmt, dass mit ihm binnen bestimmter Frist der Wert der Grundfläche mit abgegolten und diese dann auf den ER-Berechtigten übertragen werden soll, wird man S. 3 noch anwenden können, obschon es sich teils um Kaufpreis für die Grundfläche, teils um Nutzungsgebühr handelt. Die ER-Bestellung gegen Dauerwohnrecht, letzteres nach § 24 bewertet, ist Gegenleistung iS des Abs. 1 S. 3.[23] Für die meisten ER, insbesondere die zahlreichen der öffentlichen Körperschaften und gemeinnützigen Bauträger, ergibt sich danach eine wesentlich einfachere und vor allem dem Gehalt des Rechtserwerbs entsprechendere Wertermittlung. Zweifelhaft bleibt aber, ob außer Erbbauzins oder einem festen Kapitalbetrag oder beiden nebeneinander noch **andere Leistungen** des ER-Erwerbers an den Eigentümer, die als Gegenleistung für den Rechtserwerb gewährt werden, für die Wertberechnung zählen. UE ist auch eine andere einmalige Gegenleistung von bestimmtem kostenrechtlichen Wert sowie eine andere laufende Gegenleistung, deren Wert nach § 24 bestimmt ist, bei dem Wertvergleich mit dem Wert des ER (80% Grundstückswert) und übrigen anderen Leistungen des Eigentümers zu berücksichtigen, wenn untragbare und dem Sinn der Regelung widersprechende Ergebnisse vermieden werden sollen. Und uE muss dies nicht nur für die Gebühr für Beurkundungsgeschäfte gelten, sondern auch für andere Geschäfte, nach dem 2. Abschnitt, besonders für Grundbucheintragungen. Wird ein ER gegen Bestellung eines Dauerwohnrechts auf ER-Dauer begründet, so ist die Gegenleistung für die Einräumung des ER das Dauerwohnrecht, dessen Wert nach § 24 zu bestimmen ist; bei einem ER ohne Erbbauzins, aber gegen Abtretung der Mieten des auf Grund des ER zu errichtenden Gebäudes – wobei das ER in solchen und ähnlichen Fällen kurzfristig ist – ist die Gegenleistung für die ER-Einräumung die Abtretung der Mietzinsforderungen, deren Wert nicht nach § 25, sondern nach § 24 zu bestimmen ist. **Weitere Gegenleistungen** liegen ferner vor, wenn der Erbbauberechtigte neben dem Erbbauzins bereits bestehende Verpflichtungen des Eigentümers übernimmt (Plankosten, Vermögensabgabe am Grundstück, Ablösungssumme für die Aufhebung von Barackenverträgen usw.).[24] Die vom Erwerber übernommene **Bauverpflichtung** hingegen gehört zum vertragsmäßigen Inhalt des Erbbaurechts und ist deshalb keine zu berücksichtigende Gegenleistung.[25]

22 Nach der Begründung (zu Nr. 13 Ziff. 1) sollen **„sonstige laufende Leistungen"** außer dem Erbbauzins nicht mitrechnen, obwohl „entsprechend dem Grundgedanken des § 19 Abs. 1 (aF) das Entgelt maßgebend" sein soll, wenn es höher ist als der Wert des ER. Der Sinn der Neuregelung war es, die Bewertung einzelner Bestimmungen, die Inhalt des

---

[21] BayObLG DNotZ 1975, 750 = Rpfleger 1975, 332; KG MittBayNot 1999, 204 = NJW-RR 1999, 439; OLG Hamm FGPrax 1998, 240; OLG München RNotZ 2006, 198 = FGPrax 2006, 134 = MittBayNot 2006, 531 m. Anm. PrüfAbt. Notarkasse = ZNotP 2007, 76 geht davon aus, dass – basierend auf den Teuerungsraten der letzten Jahre und mit der Prognose steigender Energiekosten in der Zukunft – ein Zuschlag von 20% nicht rechtsfehlerhaft ist.
[22] Ebenso *Weber* MittRhNotK 1965, 574.
[23] *Weber* MittRhNotK 1965, 574.
[24] Vgl. Anm. *Ackermann* DNotZ 1959, 155.
[25] OLG Düsseldorf Rpfleger 1993, 508 = KostRsp. Nr. 34.

ER sein sollen, auszuschließen, nicht aber für entgeltlichen Erwerb andere Gegenleistungen als die in Abs. 1 genannten auszuschließen.[26] Sie werden daher auch nur den üblichen ER öffentlicher Körperschaften und gemeinnütziger Bauträger gerecht, nicht aber Individual-ER, insbesondere den in den letzten Jahren häufig gewordenen ER gewerblicher und industrieller Art. Das Gegenleistungsprinzip bei § 21 Abs. 1 bestätigt auch BayObLG DNotZ 1972, 107 ausdrücklich.

In Rn. 6 sowie in § 20 Rn. 37 ist bereits auf die Rspr. hingewiesen, wonach Abs. 1 **23** nicht nur bei der Begründung, sondern auch für Veräußerung usw. gilt, sofern diese nicht in einem ER-Kaufvertrag oder Austauschvertrag erfolgt; maßgebend ist für den Wert 80% des Wertes des bebauten ER.

Ein **Vorkaufsrecht am Grundstück** für den ER-Berechtigten wird allgemein als In- **24** halt des ER erachtet, also nicht besonders bewertet.[27] Gleiches gilt für die Vereinbarung des Vorrechts auf Erneuerung nach § 2 Nr. 6 ErbbauRG (dinglicher Inhalt des Erbbaurechts, s. auch Rn. 26).

Dagegen ist das **Vorkaufsrecht am Erbbaurecht** getrennt zu bewerten. Grundlage für **25** die Bewertung sind die (künftigen) Baukosten, addiert zum Wert des Erbbaurechts vor der Bebauung.[28] Der Wert des Erbbaurechts ist nach § 30 Abs. 1 festzulegen (im Ermessensrahmen liegt der Ansatz bis 80% des Grundstückswertes gemäß § 21 Abs. 1 S. 1).[29] Der Geschäftswert ist nach §§ 20 Abs. 2, 30 Abs. 1 mit 50% des nach vorstehenden Grundsätzen ermittelten Werts des Erbbaurechts festzusetzen.[30] Anders ist die Rechtslage, wenn der Erbbauberechtigte zur Veräußerung der Zustimmung des Eigentümers bedarf. Hier muss wegen des Zustimmungsvorbehaltes der Wert geringer (10–20% des Erbbaurechtswertes, s. oben) angesetzt werden.[31] Der verringerte Wertansatz ergibt sich aus der geringen Wahrscheinlichkeit der Ausübung des Vorkaufsrechts. Eine solche liegt nicht vor, wenn das Vorkaufsrecht dem Grundstückseigentümer eingeräumt ist, so dass in diesem Fall daher ein geringerer Wertansatz nicht geboten ist.[32]

Der Wert des Abs. 1 gilt für **alle Bestimmungen** der ER-Bestellung, die zum Inhalt **26** des ER gemacht werden können und gemacht werden (vgl. §§ 2 bis 8, 27, 32 ErbbauRG), wohl auch solche, die nicht Inhalt des dinglichen Rechtes werden können:

Vorbehalt der Zustimmung des Eigentümers zu anderen Belastungen als nach § 5 ErbbauRG, Vereinbarungen über Inhalt der Belastungen (nur von bestimmtem Geldgeber u. Ä.), Übertragungsverpflichtung an eine vom Erstgläubiger bestimmte Person u. Ä. bei Heimfall, Einräumung eines Mitbestimmungsrechts eines Dritten bei Heimfall, Verpflichtung, das ER nur an bestimmte Personen oder zu bestimmten Bedingungen zu veräußern; schuldrechtliche Bedingungen, unter denen sich der Erbbauzins erhöht (dann aber maßgebend für Abs. 1 S. 3 der bedingt erhöhte Erbbauzins; zur Wertsicherungsklausel s. Rn. 21); Strafzins bei ER-Zinsverzug, wenn nicht Vertragsstrafe; auch Übernahme von Erschlie-

---

[26] Vgl. *Ackermann* DNotZ 1958, 506; 1959, 155; vgl. auch *Rohs/Wedewer* Rn. 99; OLG Schleswig Rpfleger 1962, 395, die uE das Gegenleistungsprinzip nicht berücksichtigen, das sowohl in § 20 wie in § 21 Abs. 1 niedergelegt ist.
[27] OLG Hamm JurBüro 1969, 1085; OLG Frankfurt JurBüro 1974, 629; OLG Düsseldorf JurBüro 1983, 1237; aA OLG Celle Rpfleger 1959, 133; OLG Hamburg DNotZ 1963, 119.
[28] BayObLG DNotZ 1984, 113; OLG München RNotZ 2006, 198 = FGPrax 2006, 134 = JurBüro 2006, 324 = MittBayNot 2006, 531 m. Anm. PrüfAbt. Notarkasse = ZNotP 2007, 76.
[29] BayObLG DNotZ 1984, 113; OLG Düsseldorf DNotZ 1975, 434.
[30] OLG München RNotZ 2006, 198 = FGPrax 2006, 134 = JurBüro 2006, 324 = MittBayNot 2006, 531 m. Anm. PrüfAbt. Notarkasse = ZNotP 2007, 76; aA OLG Köln MittRhNotK 1988, 108: 50% lediglich der Baukosten.
[31] HM, OLG Frankfurt DNotZ 1960, 408; OLG Karlsruhe BWNotZ 1962, 174; OLG Düsseldorf KostRsp. § 20 Nr. 11; OLG Neustadt JurBüro 1963, 105; OLG Hamm DNotZ 1967, 571; BayObLG DNotZ 1968, 760 = JurBüro 1968, 819; aA OLG Celle DNotZ 1962, 48; OLG Hamm JVBl. 1964, 239; LG Bremen KostRsp. Nr. 3; OLG Stuttgart Rpfleger 1964, 131; OLG Schleswig JurBüro 1982, 1867 m. abl. Anm. *Mümmler*; KG MittBayNot 1999, 204 = NJW-RR 1999, 439; OLG Hamm FGPrax 1998, 240.
[32] OLG München RNotZ 2006, 198 = FGPrax 2006, 134 = JurBüro 2006, 324 = MittBayNot 2006, 531 m. Anm. PrüfAbt. Notarkasse = ZNotP 2007, 76.

ßungskosten.³³ Wird aber zur Vermeidung einer Grundstücksbelastung für das Eigentumserwerbsrecht nach § 2 Rn. 7 ErbbauRG für ein Vorkaufsrecht eine Auflassungsvormerkung bewilligt, so ist diese nicht Inhalt des ER, maßgebend für die Grundbucheintragung daher nicht § 21, sondern § 19 Abs. 2.

27   **Schuldrechtliche Vereinbarungen** im ER-Vertrag zwischen dem Eigentümer und dem ER-Berechtigten, die über das ER-Verhältnis hinausgehen und daher iS des § 44 verschiedenen Gegenstandes sind, sind besonders zu bewerten, zB die Verpflichtung des ER-Berechtigten bei einem Kino-Erbbaurecht, der Firma des Eigentümers gegen bestimmtes Entgelt die Ein- und Zugänge zu Ausstellungs- oder Reklamezwecken für bestimmte Zeit zur Verfügung zu stellen, oder zB eine Wandfläche des auf Grund des ER zu errichtenden Anwesens für Reklamezwecke der Firma des Eigentümers gegen besonderes Entgelt freizuhalten.³⁴

28   OLG Hamm DNotZ 1968, 572: Der Eigentümer hatte sich verpflichtet, die Erschließungsanlagen zu errichten, der ER-Berechtigte übernimmt diese Verpflichtung; nach OLG Hamm keine Hinzurechnung.³⁵ UE sind die bereits angefallenen und angeforderten Erschließungskosten zuzurechnen.³⁶

29   Eine schuldrechtliche Nebenverpflichtung, die bei der Geschäftswertberechnung unberücksichtigt bleibt, sieht das OLG Hamm³⁷ auch, wenn der Eigentümer einen langfristigen Mietvertrag mit einem Dritten abschließen muss, in den der Erbbauberechtigte eintreten soll, da dies nicht zu einem über die Erbbaurechtsbestellung hinausgehenden Leistungsaustausch führt.

30   Die **Verkaufsverpflichtung** des Grundstückseigentümers gegenüber dem Erbbauberechtigten gemäß § 2 Nr. 7 ErbbauRG gehört zum Inhalt des Erbbaurechts, ist also mit dem Wert des Abs. 1 abgegolten. Dies gilt aber nicht, wenn eine separate, durch Vormerkung gemäß § 883 BGB gesicherte schuldrechtliche Vereinbarung getroffen wird. Dann ist wegen Gegenstandsverschiedenheit gemäß § 44 Abs. 2 diese Verpflichtung separat zu bewerten.³⁸

31   Wird in den Erbbaurechtsvertrag eine (bedingte) **Ankaufsverpflichtung** des Erbbauberechtigten aufgenommen, so ist dies nicht Inhalt des Erbbaurechts. § 2 Nr. 7 ErbbauRG regelt nur die Verpflichtung des Eigentümers, das Grundstück an den Erbbauberechtigten zu verkaufen. Die gesondert eingegangene Ankaufsverpflichtung des Erbbauberechtigten hat selbstständige Bedeutung; nach § 44 Abs. 2, 21 Abs. 1 ist der Wert dem Wert des Erbbaurechts hinzuzurechnen.³⁹

32   Im ER-Vertrag bestellte **Sicherungsrechte** (Hypotheken usw.) werden von der Wertbestimmung des § 21 Abs. 1 nicht betroffen; für sie ist § 23 die maßgebende Wertbestimmung; bei der Beurkundung sind allerdings Sicherungsgeschäfte zu Verpflichtungen, die im ER-Bestellungsvertrag niedergelegt sind, wenn nach § 44 Abs. 1 gleichen Gegenstandes, nicht besonders zu bewerten, zB ER an einem bebauten Grundstück gegen 50 000 Euro Kaufpreis für das Gebäude und einen Erbbauzins aus dem Wert der Grundfläche, wobei für den Anwesenskaufpreis eine Hypothek zu 50 000 Euro am ER bestellt wird.⁴⁰

33   Bei der **Teilung** eines bereits bestellten und eingetragenen ER in mehrere Erbbaurechte handelt es sich um eine Veränderung des bestehenden Rechts, deren Wert nach § 30 und nicht nach § 21 Abs. 1 zu bestimmen ist. Für die Begründung von Unter-Erbbaurechten ist indessen § 21 anzuwenden; denn hier handelt es sich nicht um die Veränderung des ER, sondern um die Neubegründung der Unter-Erbbaurechte, allerdings nicht am Grundstück, sondern am ER; der Wert ist 80% des Wertes des ER, dessen Wert nach § 19 bestimmt, sofern nicht die Gegenleistung für die Bestellung der Unter-Erbbaurechte höher ist (§ 21 Abs. 1).

---

³³ OLG Hamm DNotZ 1968, 572; OLG Schleswig ZNotP 1998, 303.
³⁴ Ebenso *Mümmler* JurBüro 1972, 353.
³⁵ Ebenso *Schalhorn* JurBüro 1969, 214.
³⁶ Vgl. BayObLG DNotZ 1972, 107; OLG Zweibrücken Rpfleger 1973, 448.
³⁷ FGPrax 1998, 240.
³⁸ Streifzug 5. Aufl. Rn. 274.
³⁹ LG Hagen JVBl. 1959, 170; *Mümmler* JurBüro 1984, 519.
⁴⁰ Beispiele für ER-Verträge s. *Mümmler* JurBüro 1973, 1038; ders. 1975, 1054.

Der Wert der ER-Bestellung ist 80% des **Grundstückswertes,** wobei eine für Rechnung des ER-Berechtigten erfolgte oder erfolgende Bebauung außer Betracht bleibt. Ist das Entgelt für die Bestellung des ER höher, so ist dieses nach Abs. 1 S. 3 der Wert. Abs. 1 S. 1 verweist auf § 19 Abs. 2. Danach ist maßgebend der zuletzt vor dem Amtsgeschäft festgestellte Einheitswert im maßgebenden Bewertungszustand, sofern sich aber zureichende Anhaltspunkte für einen höheren Wert ergeben, dieser höhere Wert. Ist ein Einheitswert für das Grundstück noch nicht festgestellt, so ist § 19 Abs. 2 S. 3 anzuwenden. Bei entgeltlichen ER-Bestellungen ist, wie die Praxis erweist, meistens das Entgelt höher als 80% des Grundstückswertes. Bei nicht entgeltlichem ER ist die Wertbestimmung regelmäßig einfach und endgültig, wenn ein Einheitswert festgestellt ist oder ein höherer Wert aus dem Geschäft sich ergibt. Wenn dies nicht der Fall ist, muss die vorläufige Wertbestimmung mit nachfolgender Berichtigung nach § 19 Abs. 2 S. 3 erfolgen. 34

In Erbbauverträgen behält sich der Grundflächeneigentümer und Erbbaurechtsausgeber regelmäßig vor, dass **Belastungen des ER mit Grundpfandrechten** seiner **Zustimmung** bedürfen. Wird im Erbbaurechtsbestellungsvertrag bereits den schon feststehenden Belastungen zugestimmt, so ist diese Zustimmung Inhalt des Erbbaurechtsvertrages und nicht besonders zu bewerten, d. h. durch die Gebühr nach § 21 abgegolten. Gleiches gilt für im Erbbaurechtsvertrag mitabgegebene Rangrücktrittserklärungen hinsichtlich Erbbauzins und Vorkaufsrecht am ER. Stimmt der Eigentümer erst nachträglich einer Belastung des ER mit Grundpfandrechten zu, so ist der Wert gleich dem des Grundpfandrechts, weil der Wert einer Zustimmungserklärung regelmäßig gleich dem Wert des Geschäftes ist, dem zugestimmt wird;[41] der Gebührensatz der Zustimmungserklärung ist nach § 38 Abs. 2 Nr. 1 die halbe Gebühr. 35

Während in Abs. 2 der dort normierte Geschäftswert auch bei Aufhebung des WE gilt, gilt Abs. 1 nicht unmittelbar für **ER-Aufhebung** bzw. -löschung. Maßgebend ist dann vielmehr § 19.[42] Der Rechtsgedanke des § 21 Abs. 1 kann dabei auch für die Aufhebung herangezogen werden (str.). Der Wert des Erbbaurechtes bestimmt sich nach dem Wert des Gebäudes sowie dem Wert des Grundstücks.[43] Dies deckt sich auch mit der Bewertung bei Veräußerung des Erbbaurechts, bei der, wenn nicht ein Kaufpreis vorliegt, für die Wertermittlung im Rahmen des § 19 Abs. 2 ebenfalls neben dem Gebäudewert noch ein Anteil des Grundstücks herangezogen wird.[44] Nach der Gegenauffassung soll bei Löschung eines Erbbaurechts grundsätzlich allein der Wert des Gebäudes maßgeblich sein.[45] Denn zum einen sei Inhalt des Rechts die Errichtung des Gebäudes und zum anderen würde der Erbbauberechtigte, der das Grundstück erwirbt und das Erbbaurecht löschen lässt, zweifach belastet. Diese Argumentation überzeugt nicht. Denn mit dem Erbbauzins wird isoliert die Grundstücksnutzung vergütet, die als solches einen Wert darstellt, unabhängig von der tatsächlichen Bebauung. Das zweite Argument berücksichtigt nicht, dass das Eigentum am Grundstück und das Erbbaurecht unterschiedliche Rechte darstellen und der Wert des Erbbaurechtes sowohl das Gebäude als solches als auch die Grundstücksnutzung beinhaltet. Erwirbt der Erbbauberechtigte das Grundstück, muss er nicht das Erbbaurecht löschen lassen. Auch die Gegenauffassung zieht den Grundstückswert heran, wenn das Grundstück unbebaut ist oder der Wert des Gebäudes unverhältnismäßig niedrig ist.[46] Auch bei der Aufhebung setzt sich daher der Wert des Erbbaurechtes aus Gebäude und Grundstück zusammen. 36

Wird gleichzeitig mit der Löschung des ER auch das **Vorkaufsrecht** des ER-Berechtigten am Grundstück **gelöscht,** so ist der Wert hierfür nicht nach § 20 Abs. 2, sondern nach § 30 (10–20% des Grundstückswerts ohne Bauwerk) zu bestimmen, weil mit 36a

---

[41] *Mümmler* JurBüro 1972, 848; *ders.* 1985, 1474.
[42] OLG Frankfurt DNotZ 1978, 117.
[43] BayObLG DNotZ 1984, 113, 115 f.; *Rohs/Wedewer* Rn. 5.
[44] BayObLG DNotZ 1977, 688, 689 f.; OLG Düsseldorf DNotZ 1975, 434; OLG Köln DNotZ 1972.
[45] OLG Celle MittBayNot 2005, 169 m. Anm. PrüfAbt. Notarkasse = JurBüro 2005 m. Anm. *Bund.*
[46] LG Bonn Rpfleger 2003, 48; OLG Celle MittBayNot 2005, 169.

2. Wohnungseigentum (auch Teileigentum)
Schrifttum: *Ackermann* Rpfleger 1960, 115; 1965, 298; *Mümmler* JurBüro 1972, 364; 1973, 811.

37 Der Geschäftswert bei der **WE-Begründung** ist die Hälfte des Wertes des Grundstückes (und nicht nur der bebauten Fläche), an dem WE-Rechte begründet werden. § 21 Abs. 2 gilt für den Begründungsvertrag nach § 4 Abs. 3 WEG, für die Einigung und Ausgestaltung des dinglichen Rechts, für seine Sicherung durch Vormerkung, für die Teilungserklärung nach § 8 WEG und für die Grundbucheintragung. Bei der Beurkundung sind Sicherungsgeschäfte (Grundpfandrechte, Pfandrechte usw.) für im WE-Vertrag begründete Verpflichtungen der einzelnen WE-Gemeinschafter gegenüber der WE-Gemeinschaft gleichen Gegenstandes nach § 44 Abs. 1, daher nicht zu bewerten, während bei der Grundbucheintragung § 23 für den Geschäftswert maßgebend ist; das trifft zB zu bei einer Hypothek für den Baukostenzuschuss einzelner Gemeinschafter zur Gebäudeerrichtung. Handelt es sich dagegen um Sicherung von Verpflichtungen zugunsten Dritter oder anderer Gemeinschafter, so sind diese nach § 44 Abs. 2 verschiedenen Gegenstandes, der Wert hierfür ist auch bei der Beurkundung nach § 23 zu bestimmen, so zB bei der Hypothekeneinräumung an dem WE-Recht eines Gemeinschafters zugunsten eines anderen Gemeinschafters für den von diesem bevorschussten Baukostenbeitrag.

38 Nicht betroffen durch § 21 werden gleichzeitig begründete Erwerbsrechte (Vorkaufs-, Ankaufsrecht), Benützungsrechte (Wohnrecht usw.), auch wenn von jedem Gemeinschafter zugunsten aller anderen Gemeinschafter eingeräumt; ferner nicht zwischenzeitliche Einräumung und Eintragung von Dauerwohnrechten bis zur WE-Eintragung;[48] ferner nicht Vereinbarungen im Begründungsvertrag mit Dritten, außerhalb der WE-Gemeinschaft stehenden Personen (Bauunternehmern, Architekten), während Vereinbarungen der WE-Gemeinschafter unter sich zugunsten von dritten Personen nach § 328 BGB Bestandteil des Begründungsvertrages sind.[49] Ferner werden nach den allgemeinen oder den speziellen Wertvorschriften und nicht nach § 21 bewertet die der WE-Begründung vorgehenden Erwerbsgeschäfte, um zu dem zur WE-Begründung erforderlichen Bruchteilsverhältnis (§ 3 WEG) oder Alleineigentum zu gelangen (Grundstücks- oder Bruchteilskauf, Bruchteilsveränderung, Gesamtgutauseinandersetzung usw.). Auch bei schuldrechtlichen Vereinbarungen im WE-Begründungsvertrag, bei denen sich nicht einerseits die WE-Gemeinschafter und andererseits die WE-Gemeinschaft gegenüberstehen, wird der Wert nicht nach § 21 Abs. 2, sondern nach den allgemeinen Wertvorschriften ermittelt, zB bei der Einräumung eines Benützungsrechtes an dem Sondereigentum eines Gemeinschafters zugunsten eines anderen Gemeinschafters, bei der Vereinbarung einzelner Gemeinschafter unter sich über die Rückzahlung von Vorschussbeträgen usw.[50]

39 Bei der Begründung eines WE-Rechts wird wohl stets ein sog. **Wohngeld** festgelegt, das bei Veräußerung des Rechts vom Erwerber übernommen wird. Dieses ist nach nunmehr allgM bei der Wertfeststellung nicht zu berücksichtigen; denn es handelt sich dabei – auch soweit das Wohngeld außer Bewirtschaftungs- und Verwaltungskosten Finanzierungsbeiträge enthält – nur um eine Zahlungsmodalität, die notwendig ist wegen der gesetzlich notwendigen Verwaltung.[51]

40 Wegen der Anwendung des § 20 Abs. 1 S. 2 **(Bebauung für fremde Rechnung)** ist zu beachten, dass bei WE-Begründung nach § 8 WEG für den folgenden Verkauf der WE-Rechte die Vergünstigung des § 20 Abs. 1 S. 2 nur insoweit in Betracht kommt, als vor Beginn des Gebäudebaues der Geschäftsbesorgungsvertrag zwischen der Baugesellschaft, die WE nach § 8 WEG begründet hat, und dem WE-Erwerber bereits abgeschlos-

---

[47] AA *Mümmler* JurBüro 1981, 349; ders. 1988, 838.
[48] OLG Frankfurt Rpfleger 1955, 243; *Ackermann* Rpfleger 1965, 309.
[49] *Ackermann* Rpfleger 1965, 308.
[50] Mit vielen Beispielen *Ackermann* Rpfleger 1965, 298; *Mümmler* JurBüro 1974, 309.
[51] KG DNotZ 1965, 168; *Mümmler* JurBüro 1974, 309.

sen ist; bei denjenigen WE-Erwerbern, welche diesen Geschäftsbesorgungsvertrag erst nach Baubeginn abgeschlossen haben, ist der Wert des Gebäudeteils (Sondereigentum) mit zu berücksichtigen. Tritt zwischen dem Abschluss des erwähnten Geschäftsbesorgungsvertrages und dem Abschluss des Kaufvertrages über das betreffende WE ein Personenwechsel auf der Erwerberseite ein, so kann § 20 Abs. 1 S. 2 Halbs. 2 nur angewendet werden, wenn Gesamtrechtsnachfolge vorliegt.[52] In der Praxis wird dies nach unseren Erfahrungen sehr häufig nicht beachtet oder verschwiegen.

Wegen des Wertes von **Vorkaufsrechten am WE,** wenn eine Veräußerungsbeschränkung nach § 12 WEG Inhalt des WE-Rechts ist, besteht derselbe Meinungsstreit ($1/2$ des Wertes des Rechts oder nur $1/5$ bis $1/10$), wie oben bei ER Rn. 25 dargelegt, wenn zur Veräußerung des ER die Eigentümerzustimmung vorbehalten ist. **41**

Wird ein **bereits begründetes** Wohnungs- oder Teileigentum in mehrere Wohnungs- oder Teileigentumsrechte aufgeteilt, so handelt es sich um die Begründung der neuen WE-Rechte; der Wert ist nach Abs. 2 $1/2$ des Wertes des geteilten WE-Rechts, letzterer nach § 19 Abs. 2 bestimmt. Überträgt hingegen ein WE-Gemeinschafter einen Bruchteil seines WE-Rechts auf einen anderen (Ehegatten, Gesamtgutsvereinbarung), so handelt es sich nicht um Begründung, sondern um Verfügung über ein bereits begründetes WE-Recht, der Wert bestimmt sich nach den anderen allgemeinen oder speziellen Wertvorschriften. **42**

§ 21 gilt auch für **WE-Aufhebungsgeschäfte.** Bei der vertraglichen Aufhebung durch Einigung aller Gemeinschafter ist daher nur die Hälfte des Wertes des Grundstückes nach § 19 Abs. 2 im Zeitpunkt der Aufhebung anzusetzen. Wegen der Grundbucheintragungen vgl. § 76. Erfolgt zugleich mit der vertragsmäßigen Aufhebung der WE-Rechte die Überführung des Grundstücks in Alleineigentum, so handelt es sich um zwei selbstständige Geschäfte, nämlich um die Aufhebung der WE-Rechte und um die Veräußerung des Grundstückes; nur für den Wert des ersteren ist § 21 maßgebend. Bei der Vereinigung aller WE-Rechte am Gebäude in einer Person kann diese die Aufhebung beantragen; auch für diesen Antrag und für die entsprechende Grundbucheintragung gilt § 21, ferner auch für die Aufhebung nach § 11 WEG oder die Aufhebung einer Teilung nach § 8 WEG durch den Alleinberechtigten. Geht das Sondereigentum an einem WE-Recht auf einen anderen WE-Gemeinschafter über, so handelt es sich nicht um die Aufhebung dieses Rechts, sondern um seine Veräußerung an den anderen WE-Gemeinschafter; § 21 ist daher nicht anwendbar, sondern § 19, bei Austauschvertrag § 39 Abs. 2. **43**

3. Wohnungserbbaurechte

Wie WE-Rechte (Eigentumswohnungen) nur aus Allein- oder Bruchteilseigentum begründet werden können, so können auch WER nur aus Allein- oder Miterbbauberechtigung begründet werden. Demgemäß verweist Abs. 3 wegen der Wertbestimmung auf Abs. 2 und es finden die dort gebrachten Ausführungen Anwendung. An die Stelle des Wertes des Grundstücks tritt der nach Abs. 1 zu ermittelnde Wert des Erbbaurechts. In der Praxis werden diese Rechte seltener nach §§ 3, 4 WEG begründet, sondern nach § 8 WEG: einseitige Erklärung des Bauträgers mit nachfolgendem Verkauf. Beim Verkauf findet § 20 Abs. 1 S. 2 Halbs. 2 – Bebauung für Rechnung des Erwerbers – Anwendung, nicht jedoch bei der Teilungserklärung (s. Rn. 15). **44**

§ 22 Grunddienstbarkeiten

Der Wert einer Grunddienstbarkeit bestimmt sich nach dem Wert, den sie für das herrschende Grundstück hat; ist der Betrag, um den sich der Wert des dienenden Grundstücks durch die Dienstbarkeit mindert, größer, so ist dieser höhere Betrag maßgebend.

Entsprechend: § 3 Abs. 1 GKG iVm. § 7 ZPO.

---

[52] Vgl. ausführlich *Ackermann* Rpfleger 1960, 115 unter B 3 a.

I. Grunddienstbarkeit

1   Die Belastung eines Grundstücks mit einer Grunddienstbarkeit zugunsten des jeweiligen Eigentümers eines anderen Grundstücks, kann gehen:
– auf eine Benutzung des belasteten (dienenden) Grundstücks, zB Wege-, Wasser-, Weidegerechtigkeiten;
– auf Unterlassung gewisser Handlungen, zB Verpflichtung, auf dem belasteten (dienenden) Grundstück keine Gaststätte, keine Fabrik zu betreiben;
– auf die Ausschließung der Ausübung eines Rechts, das sich aus dem Eigentum des dienenden Grundstücks dem anderen (herrschenden) Grundstück gegenüber ergibt, zB der Eigentümer des dienenden Grundstücks darf die Zuführung von Gasen durch eine besondere Leitung nicht verbieten, die er an sich nach § 906 BGB nicht zu dulden braucht.

2   Die Grunddienstbarkeit kann für den jeweiligen Eigentümer des herrschenden Grundstücks **Vorteile** haben, ohne vielleicht dem Eigentümer des belasteten Grundstücks irgendwelche **Nachteile** zu bringen. Es kann aber auch umgekehrt sein: merkliche Beschränkungen in der Benutzung des dienenden Grundstücks, ohne dem Eigentümer des herrschenden Grundstücks greifbare Vorteile zu bringen. § 22 lässt deshalb, entsprechend § 7 ZPO, für die Bewertung gegenüberstellen:
– die Werterhöhung, die die Grunddienstbarkeit für das herrschende Grundstück hat, und
– die Wertminderung, die sie für das dienende Grundstück hat.

3   Der **höhere** der beiden Beträge ist maßgebend. Aus welchem Beweggrund eine Grunddienstbarkeit bestellt wird, ist ohne Belang. Zur Feststellung der Werterhöhung oder der Wertminderung bedarf es nicht immer auch der Feststellung, welchen Wert die Grundstücke selbst bei Bestehen der Dienstbarkeit haben und welchen sie ohne sie hätten. In der Regel wird vielmehr der Mehr- oder Minderwert durch einfache Schätzung zu bestimmen sein, insbesondere wenn bestimmte Geldwerte nicht bekannt sind. Der Vorteil für das herrschende Grundstück kann auch in der **Ersparung von Ausgaben** bestehen, die der Eigentümer aufwenden müsste, um – ohne die Grunddienstbarkeit – sein Grundstück möglichst ebenso nutzbar zu machen, zB einen anderen Weg anzulegen, einen anderen Hauseingang herzustellen und dergleichen.[1] Gewährt eine Grunddienstbarkeit dauernde Nutzungen, so ist deren Wert nach § 24 zu bestimmen. So ist zB eine Grunddienstbarkeit zur Erfüllung der Stellplatzverpflichtung als Bezugsrecht von unbeschränkter Dauer gemäß § 24 Abs. 1 Buchst. b ausgehend von der monatlichen Miete für die Anmietung eines Stellplatzes mit dem 25fachen Jahreswert zu bewerten.[2] Die Nachteile, die die Grunddienstbarkeit dem dienenden Grundstück bringt, können in einer dauernden **Minderung der Erträgnisse** bestehen; dann wird der 25fache Jahresbetrag dieser Minderung als Minderung des Grundstückswertes anzunehmen sein.

4   Der Wert für ein Zugangs- oder Zufahrtsrecht ist bei Feldgrundstücken meist gering, bei Baugrundstücken 1000 bis 5000 Euro, uU auch höher vor allem, wenn die Erschließung Voraussetzung für die Baugenehmigung ist; bei gewerblichen Zufahrtsrechten nach dem Grade der Nutzung und dem Vorteil des Berechtigten höher. Bei einem Kommunmauerrecht ist der Wert regelmäßig gleich $1/2$ der Baukosten der Kommunmauer. Der Wert eines Fenster- oder Lichtrechts ist im Allgemeinen gering, jedoch zeigte ein praktisches Beispiel in einer Stadt einen Wert von 3000 bis 5000 Euro. Der Wert von Wasserleitungs- und Kanalrechten ist allgemein gering, etwa 1000 Euro, ebenso für Betretungsrechte. Der Wert für Gewerbebeschränkungen kann nicht mit dem Hilfswert des § 30 Abs. 2 bemessen werden, er wird nach Lage des Falles höher, oft sogar wesentlich höher sein.[3]

---

[1] RG Warn 1908, 538.
[2] BayObLG FGPrax 2000, 255 = JurBüro 2001, 104.
[3] Vgl. *Röll* MittBayNot 1958, 133 = DNotZ 1958, 612, der Anhaltspunkte für die Schätzung des Wertes nach § 30 Abs. 1 gibt.

II. Die beschränkte persönliche Dienstbarkeit

Das Recht, das Grundstück in einzelnen Beziehungen zu benutzen (erster Fall des 5
§ 1090) oder das Recht des Verbots der Vornahme gewisser Handlungen auf dem Grundstück (zweiter Fall des § 1090), ist dem Inhalte nach der Grunddienstbarkeit (§ 1018 BGB) ähnlich, nur dass es nicht zugunsten des jeweiligen Eigentümers eines Grundstücks, sondern zugunsten einer bestimmten Person bestellt wird. Hier ist allein der **Wert** der Dienstbarkeit **für den Berechtigten** maßgebend. Darauf, um welchen Betrag sich durch sie der Wert des belasteten Grundstücks mindert, kommt es nicht an. Der Wert kann deshalb den Wert des Grundstücks übersteigen.[4] Die Bewertung der beschränkten persönlichen Dienstbarkeit richtet sich nicht (unmittelbar) nach § 22, da ein herrschender Grundbesitz nicht vorhanden ist. Benutzungsdienstbarkeiten (§ 1090 Alt. 1 BGB) fallen unter § 24;[5] Ausschlussdienstbarkeiten (§ 1090 Alt. 2 BGB) unter § 30 Abs. 1, hilfsweise § 30 Abs. 2.

Unter die beschränkte persönliche Dienstbarkeit der ersten Art fallen Tankstellendienst- 6
barkeiten, Dienstbarkeiten auf Gewinnung von Bodenbestandteilen (Kies, Ton, Öl usw.), das Recht auf Benützung einzelner Teile zum Betrieb eines Gewerbes (zB Lichtspieltheater),[6] das unten behandelte Wohnungsrecht und ähnliche Benützungsrechte. Hier ist für die Bestimmung des Wertes der § 24 maßgebend: Vervielfältigung des Jahreswertes. Bei Bestimmung des Jahreswertes eines Wohnungsrechts ist der Wert der Wohnung zugrunde zu legen; es spielen dabei weder die Beziehungen des Berechtigten zum Grundeigentümer noch der Wert des Grundstücks als solches eine Rolle, auch begründen etwaige Gegenleistungen des Berechtigten keinen Abzug.[7] Fehlt es dazu an genügenden Anhaltspunkten und ist im schuldrechtlichen Vertrag ein Jahresentgelt vereinbart, so ist idR dessen Betrag als Jahreswert anzunehmen.[8] Ist ein **Gesamtentgelt** für die ganze Bezugszeit vereinbart, so wird unter Ausschaltung des § 24 gleich der Wert der Dienstbarkeit im Ganzen danach zu bestimmen sein.[9] Fehlt es an irgendwelchen Anhaltspunkten, so ist der Jahreswert nach § 24 Abs. 5 zu bestimmen. Ist für eine Benutzungsdienstbarkeit überhaupt kein Entgelt vereinbart, weil die Beteiligten der Dienstbarkeit keinen messbaren Wert beigelegt haben, so ist der Wert der Dienstbarkeit idR nach § 30 Abs. 1, bei geringwertigen nach der untersten Wertklasse zu bestimmen. Für die Anwendung des § 30 Abs. 2 wird im Allgemeinen kein Bedürfnis bestehen;[10] sie kommt nur in Betracht, wenn ausreichende tatsächliche Anhaltspunkte für eine Schätzung nach § 30 Abs. 1 fehlen.[11] Wenn die Wohnrechts-Dienstbarkeit der Sicherstellung der ratenweisen Rückerstattung einer Mietzinsvorauszahlung dient und deren Bestehen auf die Dauer der Tilgung der Vorauszahlung befristet ist, richtet sich der Geschäftswert nach der Höhe der Letzteren, wenn der Sicherungszweck der Dienstbarkeit erkennbar aus der Eintragung im Grundbuch hervorgeht.[12]

Der Wert der Dienstbarkeiten der zweiten Art (Rn. 5) ist nach freiem Ermessen zu 7
bestimmen. § 24 findet auf sie keine Anwendung. Solche Dienstbarkeiten haben für den Berechtigten gar oft überhaupt keinen Vermögenswert, so zB das Verbot, in einem Waldstreifen, durch den Starkstromleitung führt, die Bäume nicht über eine gewisse Höhe wachsen zu lassen,[13] damit nicht bei Unfällen die Leitung beschädigt wird (sog. Unterlassungsdienstbarkeiten). Ist kein Entgelt vereinbart, so wird auf das in ähnlichen Fällen vereinbarte Entgelt zurückzugreifen sein. Aber auch schon die Tatsache, dass kein Entgelt vereinbart ist, dürfte genügend Anhaltspunkte dafür bieten, den Wert nach § 30 Abs. 1 zu

---

[4] KG JFGErg. 19, 72 = JVBl. 1939, 29; JFGErg. 21, 43 = DNotZ 1940, 165 = JVBl. 1940, 68; DNotZ 1944, 68; *Ackermann* Rpfleger 1958, 23.
[5] BayObLG FGPrax 2000, 255 = JurBüro 2001, 104.
[6] KG DNotZ 1937, 157.
[7] KG DNotZ 1937, 157; OLG München DNotZ 1937, 157 = JVBl. 1937, 121.
[8] Vgl. KG = DNotV 1928, 638; BayObLG Rpfleger 1955, 349; *Ackermann* Rpfleger 1958, 27.
[9] OLG Karlsruhe KostRsp. Nr. 2; OLG Frankfurt JurBüro 1982, 1389.
[10] DNotZ 1941, 187.
[11] BayObLG JurBüro 1982, 1285.
[12] OLG Düsseldorf Rpfleger 1954, 330.
[13] BayObLG Rpfleger 1955, 350.

bestimmen, so dass auch hier kaum ein Bedürfnis besteht, den § 30 Abs. 2 anzuwenden.[14] Bei der sog. **Fremdenverkehrsdienstbarkeit** erfolgt die Wertbestimmung gemäß § 30 Abs. 1 (Schätzung nach den wirtschaftlichen Interesse der Gemeinde, zB Höhe der voraussichtlichen Kurtaxe oder bei Investitionszuschuss des Landes dessen Gewährungsvoraussetzung die Eintragung der Dienstbarkeit ist, Nennbetrag des Zuschusses).

8 § 30 Abs. 1 ist ebenfalls einschlägig bei sog. **Wohnungsbesetzungsrechten,** mit denen vor allem beim Bau von Austragshäusern (Altenteil) im Außenbereich die Bindung an die Hofstelle gesichert wird.

9 Häufig sind in letzter Zeit, aber auch schon früher,[15] Dienstbarkeiten im Zusammenhang mit Hypothekenbestellung für öffentliche Körperschaften des Inhalts, dass der **Darlehnsnehmer für eine bestimmte Zeitdauer nur an einen bestimmten Personenkreis** (manchmal unter Mietfestsetzung oder -begrenzung) überlassen darf u.Ä. Irrig ist es, den gleichen Gegenstand nach § 44 Abs. 1 zwischen Hypothek- und Dienstbarkeitsbewilligung anzunehmen oder die Dienstbarkeit als Nebengeschäft unbewertet zu lassen.

10 *Schmid*[16] hatte vorgeschlagen, pro Wohnung einen angemessenen Betrag als Jahreswert anzusetzen (im erwähnten Beispiel 50 DM) und diesen Jahreswert mit der Dauer des Wohnungsbesetzungsrechts zu kapitalisieren; *Müller*[17] hält hier § 24 nicht für anwendbar, maßgebend sei § 30, freie Schätzung je nach Bedeutung für den Berechtigten und Dauer, das ergibt meistens 10 bis 30% des Darlehensnennbetrages.[18] Von anderer Seite wird vorgeschlagen, als Jahreswert den Unterschied zwischen der Kostenmiete und der Bediensteten- miete festzustellen und danach im Hinblick auf § 30 Abs. 1 zu schätzen; sind nähere Unterlagen für die Schätzung nicht zu ermitteln, ist der Wert nach freiem Ermessen zu bestimmen, meistens mit 10–20% des Darlehensnennbetrages, nicht darüber.[19] Das OLG Braunschweig hat für eine derartige Dienstbarkeit für Landesbedienstete (Trennungsentschädigungsberechtigte) 20% des Mietwertes angesetzt, vervielfältigt nach § 24. KG Rpfleger 1968, 370 hält, weil keine ausreichenden Anhaltspunkte für eine Wertbestimmung nach § 30 Abs. 1 vorliegen, § 30 Abs. 2 für anwendbar; da es sich um eine Vielzahl von Wohnungen handelte, hält das KG 1000 Euro für jede Wohnung für gerechtfertigt und gelangte zu einem Gesamtwert von 20 000 Euro.[20]

§ 23* Pfandrechte und sonstige Sicherheiten, Rangänderungen

(1) **Der Wert eines Pfandrechts oder der sonstigen Sicherstellung einer Forderung durch Bürgschaft, Sicherungsübereignung oder dgl. bestimmt sich nach dem Betrag der Forderung und, wenn der als Pfand oder zur Sicherung dienende Gegenstand einen geringeren Wert hat, nach diesem.**

(2) **Als Wert einer Hypothek, Schiffshypothek oder Grundschuld gilt der Nennbetrag der Schuld, als Wert einer Rentenschuld der Nennbetrag der Ablösungssumme; bei der Einbeziehung in die Mithaft und bei der Entlassung aus der Mithaft ist jedoch der Wert des Grundstücks (Schiffs, Schiffsbauwerks) maßgebend, wenn er geringer ist.**

(3) ¹**Bei Einräumung des Vorrangs oder des gleichen Rangs ist der Wert des vortretenden Rechts, höchstens jedoch der Wert des zurücktretenden Rechts maßgebend.** ²**Die Vormerkung gemäß § 1179 des Bürgerlichen Gesetzbuchs zugunsten eines nach- oder gleichstehenden Berechtigten steht der Vorrangseinräumung gleich.**

---

[14] BayObLG Rpfleger 1955, 350; 1985, 330.
[15] Vgl. KG DNotZ 1940, 247; OLG München JFGErg. 21, 64.
[16] MittBayNot 1954, 342.
[17] MittRhNotK 1957, 782 und 1963, 618.
[18] OLG Oldenburg JurBüro 1997, 485.
[19] KostRsp. § 30 Nr. 6.
[20] Gegen LG Berlin KostRsp. § 30 Nr. 32, das § 24 angewendet hatte.
* § 23 Abs. 3 Satz 3 angefügt durch Gesetz vom 22. 6. 1977 (BGBl. I S. 998).

³Der Ausschluß des Löschungsanspruchs nach § 1179 a Abs. 5 des Bürgerlichen Gesetzbuchs ist wie ein Rangrücktritt des Rechts zu behandeln, als dessen Inhalt der Ausschluß vereinbart wird.

Entsprechend: § 3 Abs. 1 GKG iVm. § 6 ZPO.

Übersicht

	Rn.		Rn.
I. Allgemeines	1–5	3. Löschung von Grundpfandrechten	17
II. Pfandrechte, sonstige Sicherstellungen (Abs. 1)	6–9	IV. Vorrangeinräumung	18–22
1. Pfandrecht	6, 6 a	1. Allgemeines	18, 19
2. Sonstige Sicherstellung	7	2. Rangrücktritt	20, 21
3. Sicherstellung dinglicher Ansprüche	8	3. Vorrangeinräumung	22
4. Aufgabe von Sicherheiten	9	V. Löschungsvormerkung	23–27
III. Grundpfandrechte (Abs. 2)	10–17	1. Gesetzlicher Löschungsanspruch	23
1. Hypotheken, Grund- und Rentenschulden	10–13	2. Bewertung	24–26
2. Pfandunterstellung, Freigabe, Verteilung	14–16	3. Löschungsvormerkung nach § 1179 Nr. 2 BGB	27
		VI. Ausschluss des Löschungsanspruchs	28–30

Stichwortverzeichnis

Aufgabe von Sicherheiten 9
Ausbietungsgarantie 7
Bewertungsgrundsatz 2
Gesamtgrundpfandrecht 15
Gesamthypothek bei landwirtschaftlichen Grundstücken 11
Gesetzlicher Löschungsanspruch 23
Gesicherte Forderung 4
Globalgrundschuld (Löschung an letzter Einheit nach WEG) 17
Grundpfandrechte 10
Löschungsvormerkung 23
– Aufhebung des Ausschlusses 30
– Ausschluss 28
– Beispiele 25
– Bewertung 24

– nachträglicher Ausschluss 29
Löschung von Grundpfandrechten 17
Nennbetrag 10
Pfandrecht 6
Pfandunterstellung 14
Rangrücktritt 20
Schuldbeitritt 7
Sicherstellung dinglicher Ansprüche 8
Sonstige Sicherstellung 7
Stillhalteerklärung 15
Verpfändung von Eigentumsverschaffungsansprüchen 6 a
Vorrangeinräumung 18, 19, 22
Wertbestimmung 5
Wertvergleich 3, 6

I. Allgemeines

Die Wertbestimmung behandelt in Abs. 1 die Sicherstellung von Forderungen, in Abs. 2 Grundpfandrechte und in Abs. 3 Vorrangeinräumungen und Löschungsvormerkungen. **1**

Sie ist Ausfluss eines **allgemeinen Bewertungsgrundsatzes,** wonach der Wert einer Sicherheit sich nach dem gesicherten Betrag, höchstens jedoch nach dem Sicherungsobjekt bestimmt, also durch Wertvergleich zwischen dem gesicherten Anspruch oder Recht und dem Sicherungsgegenstand zu ermitteln ist. Das Gleiche gilt für Vorrangeinräumungen und Löschungsvormerkungen, weil diese den Rang der Sicherstellung betreffen. Der Bewertungsgrundsatz ist entsprechender Anwendung fähig; dieser Anwendung sind aber Grenzen gesetzt, wenn die Wertgrundlagen, nach denen die zu vergleichenden Werte zu ermitteln sind (gemeiner Wert, Einheitswert), so voneinander abweichen, dass der Wertvergleich untragbare Ergebnisse zeitigt. **2**

Der nach Abs. 1 und 3 vorzunehmende **Wertvergleich** setzt voraus, dass die Vergleichswerte feststehen. In den Fällen der Abs. 2 und 3 ist dies stets der Fall. Ist in den Fällen des Abs. 1 der Wert der gesicherten Forderung unbestimmt (zB Sicherung für alle jetzigen und künftigen Ansprüche, für Krediteinräumung), so ist der Wert des Sicherungsgegenstandes allein maßgebend, es sei denn, dass ein Höchstbetrag angegeben ist, der den Wertvergleich ermöglicht. Ist der Wert des Sicherungsmittels unbestimmt (Bürgschaft, Schuldbeitritt, Ga- **3**

§ 23

rantie), so ist der Wert des gesicherten Anspruchs, bei dem Zinsen und Nebenleistungen nach § 18 Abs. 2 nicht mitrechnen, anzusetzen, auch wenn der Wert des zur Sicherung der Bürgschaft mit einem Grundpfandrecht belasteten Grundstücks bzw. dieses Grundpfandrechts niedriger ist; ist aber der Wert des zur Sicherheit der Bürgschaft bestellten Grundpfandrechts höher, so ist wegen der Fiktion des Abs. 2 (kein Wertvergleich) der Nennbetrag des Grundpfandrechts maßgebend. Sind beide Vergleichswerte unbestimmt (Bürgschaft für alle Ansprüche aus einer Geschäftsverbindung usw.), so ist der Wert nach § 30 Abs. 1 zu ermitteln.[1] Wird nur für einen Teil eines Anspruchs Sicherheit geleistet, so ist nur dieser Teil mit dem Sicherungsgegenstand zu vergleichen.

4   Ist nicht nur die Sicherung, sondern auch die **gesicherte Forderung** Gegenstand des Beurkundungsgeschäftes (wird also in derselben Urkunde die Forderung begründet, anerkannt, festgestellt – bloße Erwähnung genügt nicht –), so ist die Forderung Bewertungsgegenstand; das Sicherungsgeschäft wird nach § 44 Abs. 1 nicht bewertet, der Wertvergleich entfällt.

5   Die Wertbestimmung gilt nicht nur für die **Begründung** der Sicherheit, sondern auch für deren **Feststellung, Anerkennung, Aufhebung,** auch für **Änderungen,** wenn deren Wert sich nach dem Wert des ganzen geänderten Rechts bestimmt (also zB nicht für Umwandlung von einfacher in selbstschuldnerische Bürgschaft, § 30 Abs. 1).

II. Pfandrechte, sonstige Sicherstellungen (Abs. 1)

1. Pfandrecht

6   Nach dem Grundsatz Rn. 2 ist bei Sicherungsgeschäften der **Wertvergleich** zwischen gesicherter Forderung und Sicherungsmittel (Pfandrecht) vorgeschrieben, der geringere Wert ist maßgebend, weil nur der gesicherte Betrag der Forderung bewertet werden soll. Nach § 18 Abs. 3 bleiben aber vorgehende oder gleichstehende Sicherheiten am Pfandgegenstand außer Betracht, auch die Zahlungsfähigkeit des Haftenden und das Maß seiner Inanspruchnahme.[2] Weil die Grundpfandrechte unter Abs. 2 behandelt sind, sind unter Pfandrechten in Abs. 1 nur solche an beweglichen Sachen und Rechten (§§ 1204, 1273 BGB) zu verstehen. Deren Beurkundung ist verhältnismäßig selten; meistens wird die gesicherte Forderung mitbeurkundet, dann gilt Rn. 4. Der Wert einer Sache wird nach § 19 Abs. 1 ermittelt. An Rechten kommen als Pfandgegenstand in Betracht Grundpfandrechte, gewerbliche Schutzrechte, Erbteile, Geschäftsanteile, Schuldverschreibungen, Gesellschaftseinlagen.

6a   Hauptanwendungsfall ist die **Verpfändung von Eigentumsverschaffungsansprüchen.** Beim Verkauf einer nicht vermessenen Teilfläche ist die Grundbucheintragung eines Grundpfandrechts zur Finanzierung des Kaufpreises durch den Käufer erst nach der amtlichen Vermessung möglich. Bis dahin werden die Übereignungsansprüche – und ggf. alle anderen Ansprüche des Käufers – aus dem Kaufvertrag an den Gläubiger der Grundschuld verpfändet und diese Verpfändung bei der für den Käufer zur Eintragung kommenden Eigentumsvormerkung vermerkt. Werden in einer Urkunde zugleich die Grundschuldbestellung und die Verpfändung an den gleichen Gläubiger beurkundet, liegt Gegenstandsgleichheit nach § 44 Abs. 1 vor, so dass die Verpfändung neben der Grundschuldbestellung (vgl. Rn. 10 ff.) nicht zusätzlich bewertet wird.[3] Auf die den Wertvergleich zwischen Grundstückswert und gesicherter Forderung kommt es aber an, wenn die Verpfändung isoliert beurkundet wird. Dabei ist die Privilegierung für die für Rechnung des Erwerbers vorgenommene Bebauung gemäß § 20 Abs. 1 S. 2 Halbs. 2 nicht anzuwenden.[4] Zu bewerten ist also nach der für Grundbesitz allgemein geltenden Vorschrift des § 19 mit dem Wert zur Zeit der Pfandrechtsbestellung (§§ 18 Abs. 1, 7), so dass auch ein vom Erwerber errichtetes Gebäude mit dem Wert bei der Beurkundung zu berücksichtigen ist.

---

[1] Insoweit missverständlich der Leitsatz LG Nürnberg-Fürth MittBayNot 1983, 193.
[2] KG JFGErg. 17, 25 = DNotZ 1937, 887.
[3] Streifzug Rn. 1371, 1380.
[4] Streifzug Rn. 1372; *Rohs/Wedewer* § 20 Rn. 21 e; BayObLG MittBayNot 1079, 245.

2. Sonstige Sicherstellung

Hierunter fallen nach Abs. 1 außer der Bürgschaft, dem Garantieversprechen, der Sicherungsübereignung (von Sachen und Rechten) auch der **Schuldbeitritt**,[5] ohne Rücksicht auf mithaftende Personen, die sicherungsweise Abtretung von Forderungen (zB Mietzins, Sparguthaben, Versicherungssummen). Bei **Ausbietungsgarantie** ist der Wert der auszubietenden Forderung nicht der des Gebotes Vergleichswert.[6] Immer aber muss bei solchen Geschäften, die nicht schon ihrem Wesen nach nur Sicherungsgeschäfte sind (wie zB Pfandrechte, Bürgschaften), der Sicherungszweck aus der Urkunde und etwaiger Grundbucheintragung ersichtlich sein,[7] sonst erfolgt kein Wertvergleich, ist also nur der Wert des Sicherungsgegenstandes maßgebend. Nach Rn. 5 gilt Abs. 1 auch für die Aufhebung von Sicherstellungen.[8] Auch andere beschränkte Sachenrechte können, weil abstrakter Natur, der Sicherung von Forderungen dienen, sei es durch Bestellung oder, soweit möglich, Abtretung, zB Nießbrauchrechte, Dienstbarkeiten, Reallasten, Vorkaufsrechte. 7

3. Sicherstellung dinglicher Ansprüche

Auch bei Sicherung **anderer Ansprüche** und Leistungen als Geldforderungen ist Abs. 1 anwendbar. Bei Sicherung dinglicher Ansprüche durch Vormerkung oder Widerspruch ist der Wert der Sicherung gleich dem Wert des gesicherten dinglichen Anspruchs oder Rechts. Demnach bei Auflassungsvormerkung der Wert des Grundstücks nach § 19 Abs. 2; liegt ihr aber ein Kauf zugrunde, der Wert nach § 20. Vormerkungen auf Rechte des § 20 Abs. 2 haben den nach dieser Bestimmung zu ermittelnden Wert, solche auf Rechte des § 21 (Erbbaurecht, Wohnungseigentum) den Wert nach § 21. Bezieht sich die Vormerkung auf das Grundstück in einem anderen als dem gegenwärtigen Zustand (zB Vormerkung auf Wohnungseigentum an einem Bauplatz), so ist der Wert im anderen (bebauten) Zustand anzusetzen. Vormerkungen, die Änderungen des Inhalts eines Rechts oder den Rang betreffen, haben den Wert der Inhalts- oder Rangänderung. Betrifft die Vormerkung ein Grundpfandrecht, so entfällt nach Abs. 2 ein Wertvergleich, Wert = Nennbetrag des Grundpfandrechts. Betrifft sie aber Mithaft oder Haftentlassung, so ist nach Abs. 2 Halbs. 2 der Wertvergleich vorzunehmen, nicht jedoch bei Entlassung eines Mithaftenden nach Rn. 3. Der Wert eines Widerspruchs ist gleich dem Wert des Rechts, zu dessen Sicherung der Widerspruch beantragt wird. 8

4. Aufgabe von Sicherheiten

Erfordert die Aufgabe einer Sicherheit eine **Eintragung im Grundbuch**, so ist der Wert gleich dem Geschäftswert, den die Eintragung der Sicherung nach ihrem Inhalt haben würde, wenn sie zu dem Zeitpunkt vorgenommen würde, zu dem die Sicherheitsaufgabe erfolgt. Ob die Eintragung zurzeit der Löschung noch einen wirtschaftlichen Wert hat oder etwa wegen Tilgung der gesicherten Forderung gegenstandslos geworden ist, ist hierbei ohne Bedeutung.[9] Ist bei Aufgabe der Sicherheit der Wert des Sicherungsgegenstandes geringer als der der Forderung, wofür die Sicherheit galt, so ist jener maßgebend. Jedoch ist der Wert der Aufgabe einer Bürgschaft, der Entlassung aus der Garantieverpflichtung stets der Wert der gesicherten Forderung. 9

III. Grundpfandrechte (Abs. 2)

1. Hypotheken, Grund- und Rentenschulden

Auch die in Abs. 2 behandelten Grundpfandrechte sind in den meisten Fällen Sicherstellungen iS des § 23 Abs. 1, bei denen an sich die allgemeinen Wertgrundsätze gelten. So war es schon bei § 21 Abs. 2 aF; auch für Grundpfandrechte war der Wertvergleich vorgeschrie- 10

---

[5] OLG München JFGErg. 18, 47 = DNotZ 1939, 140.
[6] *Mümmler* JurBüro 1981, 681.
[7] KG JFGErg. 19, 69 = DNotZ 1939, 349.
[8] KG JFGErg. 17, 26 = DNotZ 1937, 887.
[9] BayObLG Rpfleger 1955, 287.

ben. Da aber danach bei Bestellung eines Grundpfandrechts an einem Bauplatz nach den allgemeinen Wertgrundsätzen der niedrigere Bauplatzwert maßgebend wäre, was zu einem unbilligen Ergebnis geführt hätte, führt nun Abs. 2 für Grundpfandrechte eine Fiktion ein, nämlich die Fiktion, dass der Wert eines Grundpfandrechtes – auch wenn der Wert des Pfandgegenstandes geringer ist und daher nach den allgemeinen Wertgrundsätzen für Sicherheiten gelten würde – der **Nennbetrag des Grundpfandrechts** ist (ohne Wertvergleich),[10] ausgenommen bei Pfandentlassungen und Pfandunterstellungen, bei denen der dem allgemeinen Wert entsprechende Wertvergleich vorzunehmen ist (Abs. 2 Halbs. 2). Irrigerweise ist diese Regelung mancherseits so verstanden worden, dass bei Grundpfandrechten, wenn sie durch das Geschäft betroffen werden, nunmehr nach KostO nF stets die Fiktion des Abs. 2 Halbs. 1 gilt. Dies trifft zweifellos zu für Grundpfandrechtsbegründung und -aufhebung; iÜ – insbesondere bei bloßen Veränderungen – ist nach dem Zweck der Fiktion des Abs. 2 zu untersuchen, ob diese Fiktion oder die dargelegten allgemeinen Grundsätze für Sicherstellungen durchgreifen; zB bei Hypothekenübernahme in einem Austauschvertrag ist nicht der Nennbetrag des übernommenen Grundpfandrechts, sondern der niedrigere Betrag der Valutierung maßgebend; auch bei der Genehmigung einer Gesamthypothek an landwirtschaftlichen Grundstücken bestimmt nicht der Nennbetrag des Grundpfandrechts den Wert. Hingegen ist nach der Regelung des § 23 Abs. 2 die Übernahme der dinglichen Haftung für eine nicht valutierte Grundschuld mit dem Nennbetrag derselben anzusetzen, wenn sie in gesonderter Urkunde (Nachtrag zum Erwerbsvertrag) erfolgt.[11]

11   Geschäftswert für die **Genehmigung der Eintragung einer Gesamthypothek auf landwirtschaftlichen Grundstücken,** neben anderen nichtlandwirtschaftlichen Grundstücken gemäß § 36 LwVG, § 23 KostO ist nach nun überwiegender obergerichtlicher Rspr. nicht der Nennbetrag der Hypothek (§ 23 Abs. 2), sondern der geringere Wert der mitzubelastenden landwirtschaftlichen Grundstücke.[12] Der gleiche Wert gilt für ein Negativattest über einzelne mitzubelastende Grundstücke, die im Grundbuch noch als landwirtschaftliche Grundstücke vorgetragen sind, diese Eigenschaft aber bereits verloren haben;[13] der Wert der gewerblich benutzten Grundstücke und des landwirtschaftlichen Inventars bleiben außer Ansatz.[14] – In gleicher Weise ist gemäß § 23 Abs. 2 Halbs. 2 analog der geringere Wert eines Grundstücks maßgeblich, wenn dessen Eigentümer die Bestellung einer Gesamtgrundschuld nachträglich genehmigt.[15]

12   Maßgebend ist iÜ bei Hypotheken und Grundschulden der **Nennbetrag** des Grundpfandrechts, bei Rentenschulden die **Ablösungssumme,** bei Höchsthypotheken der **Höchstbetrag.**

13   Oft wird bei Hypotheken, um eine höhere Auszahlung zu erhalten, ein **Disagio** (Damnum) vereinbart, die Erhöhung der Auszahlung wird im Wege der Tilgungsstreckung erhoben. Das Disagio ist keine Nebenleistung iS des § 18 Abs. 2 S. 2, vielmehr sollen der Darlehensbetrag und das Disagio zusammen den Nennbetrag der Schuld iS des § 23 Abs. 2 bilden.[16]

2. Pfandunterstellung, Freigabe, Verteilung

14   Der Wertvergleich ist indessen weiter vorzunehmen bei **Pfandunterstellungen** (Einbeziehung in die Mithaft) und **Pfandentlassungen** (Freigabe); ist hierbei der Wert der neu pfandunterstellten oder der haftentlassenen Grundstücke geringer als der Nennbetrag des

---

[10] Die Berechnung der Gebühr für die Eintragung einer Grundschuld in das Grundbuch nach dem Nennwert der Schuld als Geschäftswert verstößt nicht gegen das Grundgesetz; OLG Zweibrücken NJW-RR 2003, 235 mwN.
[11] OLG Zweibrücken MittBayNot 2000, 247.
[12] OLG Nürnberg DNotZ 1958, 585; 1960, 53; OLG Frankfurt DNotZ 1960, 495; 1960, 135; aA OLG München RdL 1959, 77 und *Riedel* DNotZ 1960, 502.
[13] OLG Frankfurt DNotZ 1960, 495; 1960, 135.
[14] OLG Stuttgart RdL 1960, 159.
[15] OLG Karlsruhe MittBayNot 1999, 399.
[16] So *Röll* MittBayNot 1960, 4; *Rohs/Wedewer* Fn. 11 a 4 b; aber anders BayObLG Rpfleger 1969, 28, wohl zu Recht.

Grundpfandrechts, so ist jener maßgebend.[17] Der Wert des oder der pfandunterstellten oder pfandentlassenen Grundstücke wird nach § 19 bestimmt, wenn die Voraussetzungen des Konditionalsatzes in § 19 Abs. 2 S. 1 vorliegen, nach dem über dem Einheitswert liegenden höheren Grundstückswert.[18] Werden mehrere Grundstücke pfandentlassen oder pfandunterstellt, so ist ihr zusammengerechneter Wert für den Wertvergleich maßgebend; werden hingegen ein oder mehrere Grundstücke mehreren Grundpfandrechten pfandunterstellt oder erfolgt Pfandentlassung für mehrere Grundpfandrechte, so ist der Wertvergleich zwischen dem Wert des betroffenen Grundbesitzes und dem Wert des Grundpfandrechts für jedes Grundpfandrecht selbstständig vorzunehmen, letzteres gilt auch, wenn die mehreren Grundpfandrechte demselben Gläubiger zustehen.[19]

Wird ein **Gesamtgrundpfandrecht** in lauter Einzelgrundpfandrechte verteilt, also das 15 Recht in seinem gesamten Inhalt verändert, und entspricht die Summe der Nennwerte der Einzelgrundpfandrechte dem Gesamtrecht, so ist maßgebender Geschäftswert der Nennwert des bisherigen Gesamtgrundpfandrechts. Wird jedoch die Verteilung dergestalt vorgenommen, dass nur auf einem der bisher mitbelasteten Grundstücke ein Einzelrecht entsteht, so kann sich der Gläubiger des um den Betrag des Einzelgrundpfandrechts verringerten Gesamtgrundpfandrechtes nicht mehr aus dem Grundstück befriedigen, auf welchem fortan das Einzelrecht lastet. Mithin ist der Wert des mit dem Einzelgrundpfandrecht belasteten Grundstücks zum wegverteilten Betrag hinzuzurechnen, wobei jedoch insgesamt der bisherige Nennbetrag des Gesamtgrundpfandrechts nicht überschritten werden darf.[20] Entsprechendes gilt, wenn auf mehreren Grundstücken Einzelgrundpfandrechte gebildet werden, iÜ aber das Gesamtgrundpfandrecht fortbesteht. Auch bei Freigabe von Nießbrauch und Leibgeding ist der Wertvergleich für die Freigabe jedes der beiden Rechte selbstständig vorzunehmen, die so ermittelten Werte sind dann zusammenzurechnen. Der Wertvergleich ist auch vorzunehmen bei der Löschung eines Rangvorbehaltes; die Höhe des zu löschenden Rangvorbehalts ist nur maßgebend, wenn der Wert des Rechts, gegen das sich der Rangvorbehalt richtet, nicht geringer ist.[21]

§ 23 Abs. 3 S. 1 erfasst nur Erklärungen, die unmittelbar auf eine Veränderung beste- 15 a hender Rangverhältnisse abzielt.[22] Eine analoge Anwendung auf den **Rangvorbehalt** kommt **nicht** in Betracht, da dieser nur die Möglichkeit einer späteren Rangänderung betrifft, nicht aber den Inhalt eines eingetragenen Rechts. Gleiches gilt für die sog. **Stillhalteerklärung** des Grundstückseigentümers für den Fall der Zwangsversteigerung des Erbbaurechts.[23] Demzufolge ist der Geschäftswert für den nicht mit der Beurkundung der Grundstücksbelastung erklärten Rangvorbehalt (hierzu § 44 Rn. 108) nicht nach § 23 Abs. 3, sondern nach § 30 Abs. 1 zu bestimmen. Gleiches gilt für die Löschung eines bestehenden Rangvorbehaltes.[24]

Der Geschäftswert für die Zustimmung eines Miteigentümers zur Löschung eines 16 Grundpfandrechtes bestimmt sich nach dem Bruchteil seiner Mitberechtigung, § 40 Abs. 2 (§ 40 Abs. 2 nF, BGBl. 1997 I S. 1429).

3. Löschung von Grundpfandrechten

Nach Rn. 5 gilt Abs. 2 auch für Löschung von Grundpfandrechten und Hypotheken- 17 verzicht, d. h. Wert ist der Nennbetrag des zu löschenden Grundpfandrechts ohne Wertvergleich mit dem Grundstück. Dies gilt auch, wenn eine an einer in Wohnungs- und Teileigentum nach dem WEG aufgeteilte Wohnanlage eingetragene **Globalgrundschuld,** die nach erfolgten Freigaben nur noch an einer Wohnung oder TE-Einheit lastet, gelöscht

---

[17] KG JFGErg. 23, 40 = DNotZ 1942, 342; anders – irrig – LG Köln MittRhNotK 1971, 185.
[18] Vgl. BayObLG DNotZ 1961, 430 = Rpfleger 1961, 407 und Anm. *Ackermann;* DNotZ 1961, 382.
[19] BayObLG und *Ackermann* aaO; *Rohs/Wedewer* Rn. 6, § 44 Rn. 7p; *Bühling* Anm. 6.
[20] BayObLGZ 1981, 95 = Rpfleger 1981, 326.
[21] *Schmid* MittBayNot 1958, 186.
[22] OLG Hamm JurBüro 1167, 306; OLG Düsseldorf JurBüro 1965, 395; KG Rpfleger 1983, 177.
[23] OLG Hamm MittBayNot 1997, 253.
[24] S. auch § 64 Rn. 23; aA 14. Aufl. Rn. 15; *Schmid* MittBayNot 1958, 186.

wird. Geschäftswert für die Eintragung im Grundbuch ist auch hier der Nennbetrag des zu löschenden Rechts. Nach der Rspr. gilt dies uneingeschränkt jedoch nur, wenn der Ersteller der Anlage (Bauträger) Kostenschuldner ist:[25] Auch die Übernahme der Kostenschuld durch den letzten Erwerber mindert dann nicht den Geschäftswert) Beantragt hingegen der Erwerber der letzten belasteten Einheit die Löschung, so richtet sich der Wert höchstens nach dem Wert dieser zuletzt belasteten Einheit. Dies ergibt sich aus dem Grundsatz der Gleichbehandlung aller Erwerber und dem Grundsatz der Verhältnismäßigkeit. § 23 Abs. 2 Halbs. 2 ist insoweit analog anzuwenden.[26] Dass dabei die Bewertung davon abhängt, ob der Ersteller der Anlage oder der Erwerber der letzten Einheit den Antrag stellt, ist gerechtfertigt. Denn rechtlich muss die analoge Anwendung auf enge Ausnahmen beschränkt bleiben und wirtschaftlich kann der Ersteller die Kosten der Löschung seiner Globalgrundschuld von vorneherein einkalkulieren.

IV. Vorrangseinräumung

1. Allgemeines

18   Aus § 23 Abs. 3 ist der allgemeine Grundsatz zu entnehmen, dass für den Geschäftswert bei Einräumung eines Vorrangs der Wert des vortretenden Rechts, höchstens jedoch der Wert des zurücktretenden Rechtes maßgebend ist. Damit orientiert sich der Geschäftswert an der tatsächlichen wirtschaftlichen Verschiebung, wobei der niedrigere Wert ausschlaggebend ist.[27]

19   Abs. 3 gilt **nur für die** Einräumung des Vorrangs an einem **bestehenden Recht,** das hinter ein ihm nachgehendes Recht zurücktreten oder mit ihm gleichen Rang erhalten soll.[28] Als „nachgehendes" Recht in diesem Sinne gilt allerdings auch ein Recht, das erst bestellt wird und deshalb in Ermangelung einer Vorrangseinräumung Nachrang erhalten würde. Nicht um eine Vorrangseinräumung handelt es sich, wenn bei gleichzeitiger Bestellung mehrerer Rechte deren Rang untereinander bestimmt wird. Diese „Rangbestimmung" ist bei der Beurkundung Teil des Bestellungsaktes (Schulderklärung mit Eintragungsbewilligung oder auch diese allein) und wird nicht besonders bewertet, ebenso wenig kommt sie bei Berechnung der Eintragungsgebühren in Betracht. Auch der bei Bestellung eines Rechtes mitbeurkundete und miteingetragene Vorbehalt des Ranges für ein später zu begründendes Recht (§ 881 BGB) gehört zum Inhalt des Rechtes selbst und kommt kostenrechtlich nicht in Betracht; Abs. 3 gilt auch für das Befriedigungsvorrecht der §§ 113, 117 LAG; maßgebend ist also der Wert des Grundpfandrechts oder der Effektivbetrag der Hypothekengewinnabgabe. Bei der Vorrangseinräumung ist der Wert des vortretenden oder des zurücktretenden Rechts maßgebend, je nachdem das eine oder das andere geringer ist. Durch sie wird ja auch die Sicherheit beider Rechte um den Wert des geringeren Rechtes verschoben; dies trifft auf die Einräumung gleichen Ranges nicht ganz zu; S. 1 stellt sie aber der Vorrangseinräumung gleich. S. 2 stellt ihr auch die Löschungsvormerkung aus § 1179 BGB gleich, wenn sie zugunsten eines gleich- oder nachstehenden Berechtigten begründet wird. Maßgebend ist dann der Wert der Hypothek, deren Löschung durch die Vormerkung gesichert wird, oder der geringere Wert des Rechtes des Berechtigten, für den die Vormerkung bestellt wird oder ist. Dies gilt sowohl für die Beurkundungs- als auch die Eintragungsgebühren.

---

[25] BayObLG Rpfleger 1994, 84; OLG Hamm Rpfleger 1995, 272; OLG Düsseldorf FGPrax 1999, 77; OLG Dresden Rpfleger 2003, 273.
[26] Str., BayObLG MittBayNot 1993, 312, Rpfleger 1992, 540; 1999, 100; 2000, 472; OLG Hamm JurBüro 1995, 596; OLG Köln MittRhNotK 1997, 240 = Rpfleger 1997, 406 = ZNotP 1998, 166; LG Bonn Rpfleger 1996, 378; LG Stuttgart ZNotP 1999, 455; OLG Dresden NotBZ 2006, 324; aA OLG Düsseldorf FGPrax 1999, 77; ZMR 1999, 497; OLG Hamm Rpfleger 1998, 376; OLG Frankfurt NJW-RR 2004, 90.
[27] OLG Zweibrücken Rpfleger 1982, 241.
[28] Genauere Formulierung s. *Lappe* KostRsp. Nr. 8 Anm.

2. Rangrücktritt

Tritt ein Recht hinter mehrere zurück, so ist die Summe der vortretenden Rechte mit dem Werte des zurücktretenden zu vergleichen. Der niedrigere Betrag ist maßgebend. **Treten mehrere Rechte zurück,** so ist für die Beurkundung die Summe der vortretenden Rechte mit der Summe der zurücktretenden Rechte zu vergleichen. Anders bei der Eintragung: hier wird für jedes zurücktretende Recht besonders berechnet (§ 64 Abs. 2, 4), dabei ist der Wert jedes einzelnen zurücktretenden Rechts mit dem Wert der ihm vortretenden, bei mehreren vortretenden mit deren Summe zu vergleichen. Es sind zB eingetragen in folgender Rangordnung: 1. 100 000 Euro, 2. 50 000 Euro, 3. 60 000 Euro, 4. 80 000 Euro. Nr. 1 und 2 räumen den Nr. 3 und 4 den Vorrang ein. Die Beurkundungsgebühr wird erhoben von 140 000 Euro; die Eintragungsgebühr getrennt von 100 000 Euro und 50 000 Euro. – Dies gilt alles auch bei der Einräumung gleichen Ranges.

Beispiel: Es sind eingetragen Nr. 1 = 100 000 Euro, Nr. 2 = 50 000 Euro, Nr. 3 = 60 000 Euro, Nr. 4 = 80 000 Euro.
a) Räumt Nr. 1 = 100 000 Euro der Nr. 2 = 50 000 Euro gleichen Rang ein, so werden Beurkundungs- und Eintragungsgebühr von 50 000 Euro berechnet.
b) Alle sollen gleichen Rang erhalten. Für die Beurkundungsgebühr ist die Summe der vortretenden Posten mit der Summe der zurücktretenden Rechte zu vergleichen. Vortreten (wenn auch in gleichem Rang) die Rechte 50 000 Euro, 60 000 Euro und 80 000 Euro = 190 000 Euro, zurücktreten 100 000 Euro, 50 000 Euro und 60 000 Euro = 210 000 Euro. Der Wert für die Beurkundung ist 190 000 Euro. An sich wäre zu rechnen:

Vorrangseinräumung
a) 100 000 für 50 000 + 60 000 + 80 000 (190 000),   Wert 100 000 Euro
b) 50 000 für 60 000 + 80 000 (140 000),   Wert 50 000 Euro
c) 60 000 für 80 000   Wert 60 000 Euro
                                                     ─────────────────
                                                     Gesamtwert 210 000 Euro

Hier greift aber für die Beurkundungsgebühr der § 44 Abs. 3 ein: Es ist für den Kostenschuldner günstiger, wenn für die Vorrangseinräumung zu a) die Summe der vortretenden Rechte (190 000 Euro) zugrunde gelegt wird, weil dann diejenigen zu b) und c) mit ihr denselben Gegenstand haben. Für die Eintragungen ist getrennt zu berechnen von 100 000 Euro, 50 000 Euro und 60 000 Euro, nicht auch von 80 000 Euro.

3. Vorrangseinräumung

Abs. 3 bestimmt nur den Wert der Vorrangseinräumung; er gilt uneingeschränkt nur, wenn die Vorrangseinräumung für sich allein beurkundet oder eingetragen wird. Wird sie in einer Verhandlung mit der Bestellung oder Veränderung eines der Rechte beurkundet oder auf gleichzeitig gestellten Antrag mit einem dieser Rechte oder mit sonstigen Veränderungen eines solchen eingetragen, so gelten besondere Vorschriften, vgl. für die Beurkundung § 44 und für die Eintragung § 64.

V. Löschungsvormerkung

1. Gesetzlicher Löschungsanspruch

Für Gläubiger nach- oder gleichrangiger Grundpfandrechte (§ 1179a BGB) und hinsichtlich des eigenen Grundpfandrechts (§ 1179b BGB) besteht ein gesetzlicher Löschungsanspruch mit Vormerkungswirkung.[29] Die Eintragung einer **Löschungsvormerkung nach § 1179 BGB** kommt daher nurmehr in Betracht, wenn der Gläubiger des zu sichernden (schuldrechtlichen) Löschungsanspruches Berechtigter eines anderen gleich- oder nachrangigen Rechts am Grundstück als eine Hypothek, Grund- und Rentenschuld ist (zB Dienstbarkeit, Nießbrauch, Reallast, Vorkaufsrecht) oder wenn der Gläubiger einen Anspruch auf Einräumung eines solchen anderen Rechts oder auf Übertragung des Eigentums am Grundstück hat. Gemäß den Überleitungsbestimmungen nach Art. 8 § 1 Abs. 3 ÄndG kann hingegen für die Berechtigten eines gleich- oder nachrangigen Alt- oder Übergangsrechts ohne gesetzlichen Löschungsanspruch weiterhin eine Löschungsvormer-

---

[29] Seit 1. 1. 1978 zufolge des Gesetzes zur Änderung sachenrechtlicher, grundbuchrechtlicher und anderer Vorschriften vom 22. 6. 1977 (BGBl. I S. 998).

§ 23 kung nach § 1179 BGB in der bis 31. 12. 1977 geltenden Fassung eingetragen werden. Da für die Gläubiger der Grundpfandrechte, die bis 31. 12. 1977 im Grundbuch eingetragen wurden (Altrechte), kein gesetzlicher Löschungsanspruch nach § 1179a BGB besteht, sind die eingetragenen Löschungsvormerkungen erhalten geblieben. Die Rechtsverhältnisse bestimmen sich nach dem bisherigen Recht. Mit Eintragung des Rangrücktritts eines vor dem 1. 1. 1978 eingetragenen Grundpfandrechts entsteht also kein gesetzlicher Löschungsanspruch nach § 1179a Abs. 4 BGB. Daher kann in solchen Fällen nach Art. 8 § 1 Abs. 3 Satz 2 ÄndG eine Löschungsvormerkung nach § 1179 BGB in der bisherigen Fassung eingetragen werden.

2. Bewertung

24   Kostenrechtlich hat die Vormerkung auf Aufhebung (Löschung) eines Rechts denselben Wert wie der durch sie gesicherte Anspruch und damit den Wert, den das Recht hat, dessen Löschung gesichert werden soll (s. auch Rn. 9). **Ausnahmen** macht die KostO für die Vormerkung aus der Verpflichtung des Eigentümers, eine Hypothek, Grundschuld oder Rentenschuld löschen zu lassen, wenn sie sich mit dem Eigentum in einer Person vereinigt, also Eigentümergrundschuld wird (§ 1179 BGB).

25   Es wird unterschieden zwischen:
a) der Löschungsvormerkung zugunsten eines nach- oder gleichrangigen Berechtigten;
b) der Löschungsvormerkung zugunsten einer natürlichen oder juristischen Person schlechthin.

Für beide Arten ist § 64 Abs. 1 S. 2 einschlägig: Die Vormerkung gilt als Veränderung des Rechts, dessen Löschung durch sie gesichert werden soll, soweit ihre Eintragung nicht nach § 62 Abs. 3 S. 2 – s. nachstehend – gebührenfrei ist. Im Übrigen gilt für die Vormerkung zu b) nichts besonderes, insbesondere auch für die Wertbemessung nicht.

Für die Vormerkung zu a) gelten folgende Regeln:
aa) Sie wird für die Wertbemessung der Vorrangseinräumung gleichgestellt (§ 23 Abs. 3).
bb) Sie steht bei der Anwendung des § 44 (Beurkundung mehrerer Erklärungen in einer Verhandlung) der Rangänderung gleich (§ 44 Abs. 3 S. 2).
cc) Die Eintragung ist gebührenfrei, wenn sie gleichzeitig mit der Eintragung des gleich- oder nachgehenden Rechts beantragt wird (§ 62 Abs. 3 S. 2).
dd) Sie gilt für die Eintragung nur als Veränderung des Rechts, auf dessen Löschung der vorgemerkte Anspruch gerichtet ist, also des Rechts, bei dem sie eingetragen, das gewissermaßen durch sie belastet wird (§ 64 Abs. 5).

26   **Beispiele** für die Berechnung der Gebühren bei Bestellung solcher Vormerkung:
1. Es sind eingetragen: 1. 50 000 Euro für A, 2. 30 000 Euro für B, 3. 60 000 Euro für C, alle Rechte wurden vor dem 1. 1. 1978 eingetragen.
    Es wird beurkundet: Der Eigentümer verpflichtet sich dem Gläubiger der Nr. 3 gegenüber die Grundpfandrechte Nr. 1 und 2 löschen zu lassen, wenn sie sich mit dem Eigentum in einer Person vereinigen. Es werden Löschungsvormerkungen bei Nr. 1 und 2 zugunsten des gegenwärtigen Berechtigten des Rechtes Nr. 3 eingetragen.
    Da die Löschungsvormerkungen als Vorrangseinräumungen gelten, bestimmt sich für die Beurkundung der Wert so, als räumten Nr. 1 und 2 der Nr. 3 den Vorrang ein, also ist der Geschäftswert 60 000 Euro. Für die Eintragung wird besonders berechnet, da die Löschungsvormerkungen als Veränderungen der Rechte Nr. 1 und Nr. 2 gelten (§ 64 Abs. 1 S. 2, Abs. 5) und für jedes veränderte Recht die Gebühr besonders erhoben wird, also eine $^{5}/_{10}$-Gebühr aus 50 000 Euro und eine $^{5}/_{10}$-Gebühr aus 30 000 Euro.
2. Es sind eingetragen: Nr. 1: 100 000 Euro, Nr. 2: 50 000 Euro, Nr. 3 Nießbrauchsrecht (Wert nach § 24: 40 000 Euro) Es wird beurkundet: Der Eigentümer verpflichtet sich dem Nießbrauchsberechtigten gegenüber, die Grundpfandrechte Nr. 1 und Nr. 2 löschen zu lassen, wenn sie sich mit dem Eigentum in einer Person vereinigen. Der Geschäftswert beträgt gemäß § 23 Abs. 2 S. 2 gleich einer Vorrangeinräumung 40 000 Euro.

3. Löschungsvormerkung nach § 1179 Nr. 2 BGB

27   Für Löschungsvormerkungen nach § 1179 Nr. 2 BGB (Vormerkung zugunsten eines Gläubigers, dem ein Anspruch auf Einräumung eines anderen Rechts als eines Grundpfandrechts oder auf Übertragung des Eigentums am Grundstück zusteht) ist vom Wortlaut

her § 23 Abs. 3 S. 2 nicht einschlägig.³⁰ Soweit der Anspruch auf Eigentumsübertragung geht, ist Geschäftswert der **Wert des Grundpfandrechts,** auf dessen Löschung der vorgemerkte Anspruch gerichtet ist. Soweit der schuldrechtliche Anspruch auf Einräumung eines der in § 1179 Nr. 1 genannten Grundstücksrechte geht, ist § 23 Abs. 3 S. 2 entsprechend anzuwenden: Geschäftswert ist der Wert des Rechtes, auf den sich der schuldrechtliche Anspruch bezieht, sofern er niedriger als der Wert des Grundpfandrechtes ist, auf dessen Löschung der Anspruch eingeräumt wird.

VI. Ausschluss des Löschungsanspruchs

Der **gesetzliche Löschungsanspruch** mit Vormerkungswirkung des Gläubigers eines nach- oder gleichrangigen Rechts (§ 1179a BGB) kann rechtsgeschäftlich ausgeschlossen werden (§ 1179a Abs. 5 BGB). Wird das Grundpfandrecht von vorneherein ohne gesetzlichen Löschungsanspruch gegenüber vorrangigen oder gleichrangigen Grundpfandrechten beurkundet, ist der Ausschluss Inhalt des Grundpfandrechtes, hat also keinen eigenen Wert. 28

Ein **nachträglicher Ausschluss** des gesetzlichen Löschungsanspruchs hingegen ist Inhaltsänderung der eingetragenen Hypothek-, Grund- oder Rentenschuld. Der Geschäftswert für die Bewilligung des Gläubigers, Zustimmung Drittberechtigter (§ 877, § 876 BGB) sowie für den Antrag nach § 13 GBO richtet sich nach Abs. 3 S. 3: Der Ausschluss ist wie ein Rangrücktritt des Rechts zu behandeln, als dessen Inhalt der Ausschluss vereinbart wird (vgl. das zu Rn. 18 ff. Ausgeführte). 29

Der Ausschluss des gesetzlichen Löschungsanspruches kann gemäß § 1179a Abs. 5 S. 3 BGB wieder aufgehoben werden. Auch die **Aufhebung des Ausschlusses** ist Inhaltsänderung des Grundpfandrechts. Der Geschäftswert der erforderlichen Bewilligung des eingetragenen Eigentümers und des Antrags nach § 13 GBO ist wie für die Aufhebung des Ausschlusses nach Abs. 3 Satz 2 zu bestimmen. 30

§ 24* Wiederkehrende Nutzungen oder Leistungen

(1) **Der Wert des Rechts auf wiederkehrende oder dauernde Nutzungen oder Leistungen wird unter Zugrundelegung des einjährigen Bezugswerts nach Maßgabe folgender Vorschriften berechnet:**

a) Der Wert von Nutzungen oder Leistungen, die auf bestimmte Zeit beschränkt sind, ist die Summe der einzelnen Jahreswerte, höchstens jedoch das Fünfundzwanzigfache des Jahreswerts; ist die Dauer des Rechts außerdem durch das Leben einer oder mehrerer Personen bedingt, so darf der nach Absatz 2 zu berechnende Wert nicht überschritten werden;

b) Bezugsrechte von unbeschränkter Dauer sind mit dem Fünfundzwanzigfachen, Nutzungen oder Leistungen von unbestimmter Dauer – vorbehaltlich der Vorschriften des Absatzes 2 – mit dem Zwölfeinhalbfachen des Jahreswerts zu bewerten.

(2) ¹Ist die Nutzung oder Leistung auf die Lebensdauer einer Person beschränkt, so gilt als Geschäftswert bei einem Lebensalter

von 15 Jahren oder weniger	der 22fache Betrag,
über 15 Jahren bis zu 25 Jahren	der 21fache Betrag,
über 25 Jahren bis zu 35 Jahren	der 20fache Betrag,
über 35 Jahren bis zu 45 Jahren	der 18fache Betrag,
über 45 Jahren bis zu 55 Jahren	der 15fache Betrag,

---

³⁰ *Rohs/Wedewer* Rn. 13.
* § 24 Abs. 3 geändert durch Gesetz vom 2. 7. 1976 (BGBl. I S. 1749), durch Gesetz vom 24. 6. 1985 (BGBl. I S. 1144), Abs. 4 neu gefasst durch Gesetz vom 6. 4. 1998 (BGBl. I S. 666), Abs. 3 geändert durch Gesetz vom 16. 2. 2001 (BGBl. I S. 266), Abs. 4 Satz 2 neu gefasst durch Gesetz vom 21. 12. 2007 (BGBl. I S. 3189).

über 55 Jahren bis zu 65 Jahren	der 11fache Betrag,
über 65 Jahren bis zu 75 Jahren	der 7½fache Betrag,
über 75 Jahren bis zu 80 Jahren	der 5fache Betrag,
über 80 Jahren	der 3fache Betrag

der einjährigen Nutzung oder Leistung. ²Hängt die Dauer der Nutzung oder Leistung von der Lebensdauer mehrerer Personen ab, so entscheidet, je nachdem ob das Recht mit dem Tode des zuerst oder des zuletzt Sterbenden erlischt, das Lebensalter des Ältesten oder des Jüngsten.

(3) Der Geschäftswert ist höchstens das Fünffache des einjährigen Bezugs, wenn das Recht dem Ehegatten, einem früheren Ehegatten, dem Lebenspartner oder einem früheren Lebenspartner des Verpflichteten oder einer Person zusteht, die mit dem Verpflichteten in gerader Linie verwandt, verschwägert oder in der Seitenlinie bis zum dritten Grad verwandt oder bis zum zweiten Grad verschwägert ist, auch wenn die die Schwägerschaft begründende Ehe oder die Lebenspartnerschaft, aufgrund derer jemand als verschwägert gilt, nicht mehr besteht.

(4) ¹Der Geschäftswert für Unterhaltsansprüche nach den §§ 1612a bis 1612c des Bürgerlichen Gesetzbuchs bestimmt sich nach dem Betrag des einjährigen Bezugs. ²Dem Wert nach Satz 1 ist der Monatsbetrag des zum Zeitpunkt der Beurkundung geltenden Mindestunterhalts nach der zu diesem Zeitpunkt maßgebenden Altersstufe zugrunde zu legen.

(5) Der einjährige Wert von Nutzungen wird zu vier vom Hundert des Werts des Gegenstandes, der die Nutzungen gewährt, angenommen, sofern nicht ein anderer Wert festgestellt werden kann.

(6) ¹Für die Berechnung des Geschäftswerts ist der Beginn des Bezugsrechts maßgebend. ²Bildet das Recht später den Gegenstand eines gebührenpflichtigen Geschäfts, so ist der spätere Zeitpunkt maßgebend. ³Steht im Zeitpunkt des Geschäfts der Beginn des Bezugsrechts noch nicht fest oder ist das Recht in anderer Weise bedingt, so ist der Geschäftswert nach den Umständen des Falles niedriger anzusetzen.

Entsprechend: § 42 GKG.

Übersicht

	Rn.		Rn.
I. Allgemeine Grundsätze und Anwendungsbereich	1–7	4. Brutto- und Nettowert	28
1. Allgemeines	1, 2	5. Schuldrechtliche Beschränkungen	29
2. Berechnung bei Austauschverträgen	3–5	6. Jahreswert nicht feststellbar (Abs. 5)	30
3. Wertvergleich	6, 7	7. Wertermittlung aus einmaliger Leistung	31
II. Wiederkehrende oder dauernde Nutzungen und Leistungen	8–23	8. Speziell: Wertermittlung bei Benutzungsdienstbarkeiten	32–36
1. Begriff	8–12	IV. Vervielfältiger zur Ermittlung des Gesamtwertes (Abs. 1–4)	37–77
2. Von § 24 erfasste Rechte	13–22	1. Rechte von bestimmter Dauer (Abs. 1a)	37
a) Nießbrauch	13	2. Rechte von unbeschränkter Dauer (Abs. 1b)	38
b) Beschränkte persönliche Dienstbarkeiten	14, 15	3. Rechte von unbestimmter Dauer (Abs. 1b)	39–46
c) Reallasten	16	4. Rechte auf Lebenszeit (Abs. 2)	47–61
d) Dauerwohn- und Dauernutzungsrecht, Erbbaurecht	17	a) Allgemeines	47, 48
e) Sonstige Nutzungen, sonstige wiederkehrende Leistungen	18–22	b) Systematik	49
3. Von § 24 nicht erfasste Rechte	23	c) Gesetzliche Regelung	50–57
III. Jahreswert	24–36	d) Beispiele	58–61
1. Grundsatz	24	5. Begünstigte Rechte auf wiederkehrende Nutzungen usw. (Abs. 3 und 4)	62–77
2. Wertsicherungsklausel, Spannungsklausel, Dauernde Last	25, 26	a) Allgemeines	62–66
3. Verschiedenartige Nutzungen und Leistungen	27		

	Rn.		Rn.
b) Rechte für Angehörige Abs. 3)	67–74	2. Maßgeblicher Zeitpunkt bei bestehenden Rechten	79
c) Unterhaltsansprüche	75–77	3. Maßgeblicher Zeitpunkt bei Rechtsaufgabe	80
V. Maßgeblicher Zeitpunkt und bedingte Rechte (Abs. 6)	78–82	4. Nichtfeststehender Beginn. Bedingte Rechte	81, 82
1. Maßgeblicher Zeitpunkt bei neubegründeten Rechten	78		

Stichwortverzeichnis

Angehörige: wiederkehrende Rechte für Angehörige 67 ff.
Ausbeuterechte 36
Austauschverträge: Berechnung des Werts 3 ff.

Bedingte Bezugsrechte 79
Bedingungen 80
BGB-Gesellschaft 70
Beginn: nicht feststehender Beginn 79
Benutzungsdienstbarkeiten (Beispiele) 32 ff.
Beschränkte persönliche Dienstbarkeiten 14 f.
Beschränkungen: schuldrechtliche 29
Bruttowert 28

Dauer: Rechte von bestimmter Dauer 36; von unbestimmter Dauer 38
Dauernde Last 25
Dauerwohnrecht 17

Ehegatte: Wert bei wiederkehrenden Leistungen 51 ff., 67
Einzelrechte: Feststellung des Werts 50
Erbbaurecht zugunsten naher Verwandter 17
Erbbauzins 24, 25
Erbengemeinschaft 70

Gasversorgungsdienstbarkeiten 35
Gesamtrechte 52, 60
Grunddienstbarkeiten 14

Hochspannungsleitungs-Dienstbarkeiten 34

Jahreswert 23; nicht feststellbarer Jahreswert 30

KG 70

Lebenspartnerschaft 67
Lebenszeit: Rechte auf Lebenszeit 47
Leibrente 16, 25
Leistung: wiederkehrende Leistung 40
Leistungsvorbehalt 25

Mehrere Berechtigte 49, 51, 52, 57

Nettowert 28
Nießbrauch 13, 38
Nutzungen: wiederkehrende 8

OHG 69

Reallasten 16
Rechte dinglicher Art 71, obligatorischer Art 71

Spannungsklausel 25
Stellplatzverpflichtung 36
Sukzessivberechtigung 57

Tankstellendienstbarkeiten 33

Überbaurecht 38
Unterhaltsansprüche 73
Unterhalt: Anspruch des nichtehelichen Kindes 73, 74
Unterhaltsvereinbarungen 19
Unternehmensverträge 20

Versorgungsausgleich 58
Vorerbschaft 21

Wertsicherungsklausel 25
Wohnungseigentum 22

Zeitpunkt für Wertermittlung 75–80

Schrifttum: *Ackermann* Rpfleger 1954, 605; 1955, 260; JurBüro 1976, 19; *Lappe* NJW 1985, 1875; *Löscher* JurBüro 1973, 685; *Mümmler* JVBl. 1964, 111; 1971, 269; JurBüro 1970, 901.

I. Allgemeine Grundsätze und Anwendungsbereich

1. Allgemeines

§ 24 bestimmt den Geschäftswert für wiederkehrende oder dauernde Nutzungen oder Leistungen. Die Vorschrift gilt für alle derartigen Nutzungen und Leistungen, soweit nicht durch Spezialvorschriften etwas anderes bestimmt ist. **1**

Die KostO bestimmt den Wert solcher Rechte nach dem Jahreswert der periodischen Leistungen und einem Vervielfältiger; derart kapitalisiert, ergibt sich der gebührenrechtliche Wert. Abs. 1 bis 4 geben den Vervielfältiger (Kapitalisationsfaktor), Abs. 5 enthält Bestimmungen zum Jahreswert und Abs. 6 über den Zeitpunkt, von dem bei der Wertermittlung auszugehen ist, sowie die Wertbemessung für bedingte Nutzungen oder Leistungen. **2**

2. Berechnung bei Austauschverträgen

Erfolgt die Bestellung, Übertragung usw. derartiger Rechte gegen eine mitbeurkundete Gegenleistung (zB Dauerwohnrechtskauf, Ausbeuterecht gegen einmaliges Entgelt), so greift § 39 Abs. 2 für Beurkundungen ein, d. h. es hat Wertvergleich zwischen dem Wert des Rechts, berechnet nach § 24, und der Gegenleistung zu erfolgen; der höhere Wert ist maßgebender Geschäftswert. **3**

4 Erfolgt auf Grund eines solchen Rechtskaufs eine Grundbucheintragung, für welche der nur für Beurkundungen geltende § 39 nicht anwendbar ist, für die also nur die allgemeinen Wertvorschriften gelten (einschließlich § 24), so ist aus der Gegenleistung der Jahreswert des Rechts zu ermitteln und sodann nach § 24 zu kapitalisieren.

5 **Beispiel:** Dauerwohnrecht gegen einmalige Zahlung von 100 000 Euro, die der Eigentümer zum Aufbau braucht, daneben kein Nutzungsentgelt, Dauerwohnungsrecht-Dauer 50 Jahre, bewerten wie folgt: 100 000 Euro geteilt durch 50 ergibt einen Jahreswert von 2000 Euro, Wert nach § 24 Abs. 1 Nr. 1a demnach 25 × 2000 Euro = 50 000 Euro. Bei den bei Rechtsbestellung bezahlten 100 000 Euro handelt es sich um vorwegbezahltes Nutzungsentgelt, für das § 24 gilt. Dasselbe gilt, wenn neben einem Nutzungsentgelt ein Kapitalbetrag bezahlt wird, der vorausbezahltes Nutzungsentgelt ist.[1]

3. Wertvergleich

6 § 24 gilt auch, wenn nach gesetzlichen Bestimmungen der Vergleich des Nutzungsrechtes mit einem anderen Recht vorgesehen ist (zB bei der Vorrangeinräumung nach § 23 Abs. 3), wobei auch Abs. 3 gilt, wenn zwischen dem Berechtigten und dem Verpflichteten das begünstigte Verwandtschaftsverhältnis besteht.

7 Weil unter den allgemeinen Wertbestimmungen stehend, gilt der Wert des § 24 für alle Geschäfte des 2. Abschnitts, soweit dort nichts anderes bestimmt ist.

II. Wiederkehrende oder dauernde Nutzungen und Leistungen

1. Begriff

8 Von wiederkehrenden Nutzungen oder Leistungen bzw. Bezugsrechten kann nur gesprochen werden, wenn es sich um gleiche oder ungefähr gleiche Nutzungen oder Leistungen in bestimmten, wenn auch nicht ganz gleichen Zeitabschnitten handelt, so dass sich wenigstens ein **durchschnittlicher Jahreswert** feststellen lässt. Ist dies – vgl. Rn. 24 ff. – nicht möglich, so muss der Jahreswert nach § 30 Abs. 1 bestimmt und dann kapitalisiert werden; ist auch dies nicht möglich, so erfolgt Bestimmung des Geschäftswertes nach freiem Ermessen (§ 30 Abs. 1).[2]

9 § 24 gilt für die **Begründung, Anerkennung, Feststellung** dieser Leistungen, auch für **Änderungen** (Erhöhung, Herabsetzung), für Übernahme der Verpflichtung aus solchen Rechten, für die **Übertragung** solcher Rechte (zB im Rahmen von Versorgungsausgleichsregelungen die Übertragung von Ansprüchen gegen die Rententräger auf die Rentenzahlung) sowie für die **Aufgabe** derartiger Rechte (Löschung).

10 § 24 gilt grundsätzlich auch, wenn nach den gesetzlichen Bestimmungen der Vergleich des Nutzungsrechtes mit einem anderen Recht vorgesehen ist, zB bei der Vorrangeinräumung nach § 23 Abs. 3. Dabei gelten auch die **Privilegierungen** von § 24 Abs. 3, allerdings nur, wenn zwischen dem Berechtigten und dem Verpflichteten des betroffenen Rechtes (bei Vorrangeinräumungen des vortretenden oder des zurücktretenden Rechtes) das begünstigte Verwandtschaftsverhältnis besteht. Die in § 24 Abs. 3 vorgesehene Wertvergünstigung darf allerdings nur gewährt werden, wenn darüber hinaus zwischen den am gebührenauslösenden Geschäft Beteiligten die in § 24 Abs. 3 vorausgesetzte familienrechtliche Beziehung besteht; dies ist nicht der Fall bei einem Rangrücktritt eines Leibgedings zugunsten eines Grundpfandrechtsgläubigers, so dass insoweit der Wert des Leibgedings ohne die Privilegierung des § 24 Abs. 3 zu berechnen ist.[3]

11 § 24 gilt nur, wenn das **Bezugsrecht selbst** bzw. die gesamten wiederkehrenden Leistungen oder Nutzungen Bewertungsgegenstand sind, nicht hingegen, wenn nur einzelne oder mehrere der periodischen Ansprüche (auch **Rückstände**, Wert = Summe der Rückstände) Gegenstand des Geschäftes sind; § 24 gilt bei Kapitalnebenleistungen nicht, wenn die Ansprüche nach § 18 Abs. 2 Nebengegenstand sind. Wird aber eine Verpflichtung der Art des § 24 (zB Unterhaltsverpflichtung) beurkundet und werden gleichzeitig Rückstände daraus anerkannt, so handelt es sich um Erklärungen mit verschiedenen Gegenständen iS

---

[1] So auch LG München Rpfleger 1967, 55 = KostRsp. Nr. 17 und BayObLG KostRsp. Nr. 24.
[2] KG DNotZ 1969, 435 = Rpfleger 1969, 176.
[3] BayObLG Rpfleger 1984, 120 = JurBüro 1984, 426; aA *Lappe* KostRsp. § 24, 35 Anm.

von § 44 Abs. 2, der Wert der Rückstände ist nach § 18 Abs. 2 dem Wert des Bezugsrechtes nach § 24 hinzuzurechnen.

Wiederkehrende Nutzungen oder Leistungen können als **aktive oder passive Bewertungsposten** in Betracht kommen. Als **aktive**, wenn das Recht auf diese Leistungen alleiniger Geschäftsgegenstand ist (Bestellung, Änderung); ferner wenn das Recht Hinzurechnungsposten nach § 20 Abs. 1 oder Teilgegenleistung nach § 39 Abs. 2 im Rahmen eines Austauschvertrages ist;[4] schließlich, wenn das Recht Aktivposten in einer Vermögensmasse (Nachlass, Gesellschaftsvermögen) ist und deren Wert sich nach dem der einzelnen Aktivposten bestimmt.[5] Die Bewertung hat auf der Aktiv- und auf der Passivseite nach einheitlichen Gesichtspunkten zu erfolgen. Die **Verpflichtung** aus wiederkehrenden Leistungen oder Nutzungen ist in einer Vermögens- oder Nachlassmasse passiver Bewertungsposten, wenn der Reinwert dieser Masse festzustellen ist (zB Erbschaft, belastet mit Nießbrauch); hierbei ist zu beachten, dass Wertbegünstigungen beim Recht (Abs. 3 und 4) sich bei der Verbindlichkeit aus dem Recht zweckwidrig auswirken und daher ihre Anwendung entfällt.[6]

2. Von § 24 erfasste Rechte

a) **Nießbrauch.** Nießbrauch (§§ 1030 Abs. 1, 1068 Abs. 1 BGB), auch soweit er durch Vermächtnis begründet wird, allerdings nur, wenn nach § 46 eine eigenständige Behandlung des Vermächtnisses überhaupt in Frage kommt (isoliertes Vermächtnis).[7]

b) **Beschränkte persönliche Dienstbarkeiten.** Beschränkte persönliche Dienstbarkeiten gemäß § 1090 BGB (Grunddienstbarkeiten fallen unter § 22. Dabei sind aber auch die Bestimmungen des § 24 anwendbar). Unter § 24 fallen jedoch nur Benutzungsdienstbarkeiten (§ 1018 Alt. 1 BGB), bei denen der Berechtigte das Grundstück in einzelnen Beziehungen nutzen darf. Für die anderen Alternativen des § 1018 BGB (Duldungsdienstbarkeit und Ausschlussdienstbarkeit) ist der Wert nach § 30 Abs. 1, hilfsweise nach § 30 Abs. 2 zu ermitteln.[8]

Unter § 24 fallen somit Wohnungsrechte;[9] Rechte, die auf die Benutzung des Grundstücks zum Betrieb eines Gewerbes gerichtet sind, zB Tankstellendienstbarkeiten (vgl. § 22 Rn. 7) und Getränkedienstbarkeiten, stets jedoch nur in der Form, dass dem Berechtigten die Benutzung des Grundstücks in bestimmter Form gestattet wird, nicht die negative Dienstbarkeit;[10] Energieleitungsrechte, bei denen den Berechtigten die Befugnis eingeräumt wird, Masten aufzustellen, das Grundstück zu überspannen bzw. aufzugraben und Leitungen einzulegen und technische Stationen aufzustellen;[11] das Recht, auf einem Grundstück für eine bestimmte Zeit eine Windenergieanlage zu betreiben,[12] Stellplatzbenutzungsdienstbarkeiten;[13] Ausbeuterechte. Zur Wertermittlung vgl. Rn. 32.

c) **Reallasten.** Reallasten (§ 1105 BGB), auch in der Kombination von Reallast und Dienstbarkeit bei Leibgedingsrechten (Altenteilen, Auszugsrechten usw.), also alle – auch dinglich nicht gesicherten – **Rentenrechte** (Leibrenten, Zeitrenten, Unterhalts-, Haftpflicht-, Schadensersatzrenten usw.);

d) **Dauerwohn- und Dauernutzungsrecht, Erbbaurecht.** Dauerwohn- und Dauernutzungsrechte gemäß § 31 WEG[14] und Erbbaurechte, sofern nicht § 21 Abs. 1 iVm. § 19 anwendbar ist.

---

[4] OLG Frankfurt Rpfleger 1955, 196; BayObLG Rpfleger 1956, 136.
[5] OLG München DNotZ 1944, 68.
[6] *Ackermann* Rpfleger 1954, 605.
[7] BayObLG JurBüro 1984, 906.
[8] BayObLG JurBüro 1982, 1385 = MittBayNot 1982, 261; MittRhNotK 1985, 184 = Rpfleger 1985, 330; vgl. § 30 Rn. 29.
[9] KG JFGErg. 19, 72 = JVBl. 1939, 29.
[10] *Bernhardsche* Formel, nicht *Ammonsche* Formel, vgl. *Reimann* MittBayNot 1974, 4.
[11] KG DNotZ 1969, 435.
[12] OLG Brandenburg ZNotP 2005 m. Anm. *Tiedtke* = MittBayNot 2005, 247.
[13] BayObLG FGPrax 2000, 255 = JurBüro 2001, 104.
[14] OLG Frankfurt Rpfleger 1955, 243.

18 **e) Sonstige Nutzungen, sonstige wiederkehrende Leistungen:**
Kapitalnutzungen: Hierzu gehören Zins- und periodische Nebenleistungsansprüche aus Kapitalien, wenn der ganze Nebenleistungsanspruch (zB Zinsänderung), nicht nur einzelne periodische Ansprüche (zB Abtretung solcher) durch ein selbstständiges Geschäft betroffen werden (ggf. ist § 30 Abs. 1 im Rahmen von § 24 anzuwenden).

19 **Unterhaltsvereinbarungen,** insbesondere für die Zeit nach Beendigung der Ehe, und Vereinbarungen über den **Versorgungsausgleich** nach § 1408 Abs. 2 BGB und § 1587o BGB (Rentensplitting, Realteilung, Quasisplitting), da hier Ansprüche auf wiederkehrende Leistungen übertragen oder begründet werden;[15] bei letzteren ist jedoch § 24 Abs. 6 S. 2, 3 (iVm. Abs. 3), ggf. § 39 Abs. 2 zu beachten (vgl. § 39 Rn. 101). Zu Unterhaltsansprüchen vgl. Rn. 73 ff.

20 **Unternehmensverträge:** s. § 41c Rn. 30. Der Geschäftswert eines Ergebnisabführungsvertrages ist gemäß §§ 30, 24 Abs. 1 zu bestimmen und zwar bei zeitlicher Begrenzung gemäß §§ 24 Abs. 1a und bei zeitlich unbegrenzten Verträgen gemäß § 24 Abs. 1b als Leistung mit unbestimmter Dauer.[16] Gemäß § 30 lassen sich dabei die Ergebnisse der Gesellschaft in den vergangenen Jahren heranziehen. Die Rspr.[17] lehnt dies mit dem Argument ab, eine Prognose auf Basis der Geschäftsergebnisse der Vergangenheit müsse zu zufälligen, uU sogar willkürlichen Ergebnissen führen. Maßgeblich für die Kostenberechnung sei daher das Stammkapital der Gesellschaft. Dies überzeugt nicht. Auch die Rspr. zieht für Zwecke der Bewertung von Unternehmen die (zukunftsorientierte) Ertragswertmethode[18] heran und stützt damit ihre Prognose auf historische Ergebnisse. Damit lässt sich ein bestimmter wirtschaftlicher Wert feststellen. Der Rückgriff auf das Stammkapital ist entbehrlich. Auch in §§ 41c Abs. 1, 41a Abs. 4 wird das Stammkapital nur als Hilfsgröße für Beschlüsse ohne bestimmten Geldwert herangezogen. Ein solcher lässt sich für Ergebnisabführungsverträge aber nach vorgenannten Grundsätzen schätzen. Zudem macht § 41c allenfalls für die Organbeschlüsse Vorgaben, bestimmt aber nicht die Bewertung des Vertrages selbst.

21 **Vorerbschaft:** Der Vorerbe, auch der befreite Vorerbe, ist nur „Erbe auf Zeit". Die Stellung des Vorerben entspricht weitgehend der des Nießbrauchers. Das der Nacherbfolge unterliegende Vermögen ist beim Vorerben daher nur mit dem Nutzungswert anzusetzen.[19]

22 **Wohnungseigentum:** Der Geschäftswert einer Unterwerfungserklärung von Wohnungseigentümern wegen des nach § 16 Abs. 2 WEG zu zahlenden Gemeinschaftskostenbetrages ist nach dem 25fachen einjährigen Bezugswert zu bemessen;[20] allerdings wird regelmäßig Gegenstandsgleichheit gemäß § 44 Abs. 1 mit der Wohnungseigentumsbegründung anzunehmen sein.[21]

3. Von § 24 nicht erfasste Rechte

23 Nicht anzuwenden ist § 24 auf
– Rentenschulden (§ 23 Abs. 2),
– Miet-, Pacht- und Dienstverträge (§ 25),
– Kapitalraten (wohl aber, wenn ein Kapital verrentet ist,[22]
– Rechte, die an sich unter § 24 fallen, jedoch der Sicherstellung von Forderungen dienen, dann gilt § 23; der Sicherungszweck muss jedoch aus der Bewilligung erkennbar sein.[23]

---

[15] Vgl. Rn. 9; aA LG Berlin Rpfleger 1982, 241 = KostRsp. Nr. 33 m. abl. Anm. *Lappe.*
[16] *Bund* NotBZ 2004, 303.
[17] OLG Celle NZG 2007, 154 = MittBayNot 2007, 246 = ZNotP 2007, 157 m. Anm. *Tiedtke;* OLG Stuttgart Justiz 1997, 216; OLG Hamm DNotZ 1994, 126.
[18] BGHZ 116, 370; BGH NJW 1985, 192.
[19] OLG Frankfurt JurBüro 1989, 403 m. Anm. *Peutz;* s. auch *Reimann* FamRZ 1989, 1256.
[20] OLG Celle KostRsp. Nr. 37.
[21] *Lappe* aaO Anm.
[22] BayObLG Rpfleger 1962, 194.
[23] *Rohs/Wedewer* § 23 Rn. 4, § 24 Rn. 7 f.

III. Jahreswert

1. Grundsatz

Der Jahreswert ist der Durchschnittswert einer einjährigen Periode ohne Rücksicht auf die Fälligkeit der einzelnen Leistungen. Der Verzugszins nach § 18 Abs. 2 bleibt außer Betracht, auch eine Vertragsstrafe bei Erbbauzinsverzug. Die Umsatzsteuer ist im Rahmen von Abs. 5 zu berücksichtigen, sie ist Teil der Gegenleistung und damit Hauptgegenstand, auch wenn sie gesondert ausgewiesen wird und vom Käufer zum Vorsteuerabzug verwendet werden kann.[24] Bei Grundstücksgeschäften mit Option zur Umsatzsteuer wird jedoch gemäß § 13b Abs. 1 Nr. 3 UStG nF die Umsatzsteuer vom Käufer geschuldet und ist daher nicht Teil der Gegenleistung; sie bleibt bei der Bewertung unberücksichtigt (vgl. § 20 Rn. 29c; § 21 Rn. 21). Bei Gegenleistungen kommt somit der Geldwert in Betracht, bei Rechten, die den Ertrag gewähren, der einjährige Ertragswert, und bei solchen, die den Gebrauch gewähren, der einjährige Gebrauchswert, demnach zB bei Wohnrechten der Mietwert, berechnet nach der Miete, bei Verpflegungsrechten (Kost, Sachbezüge, Dienste) der übliche Mittelwert am Verbrauchsort; wenn Geld-, Gebrauchs- und Verpflegungsrechte zusammentreffen (Leibgedinge, Altenteile, Ausgedinge usw.) die Summe dieser Wertposten im Durchschnitt eines Jahres.

2. Wertsicherungsklausel, Spannungsklausel, Dauernde Last

Die kostenrechtliche Relevanz von echten und unechten Wertsicherungsklauseln ist umstritten. Die Vereinbarung einer echten Wertsicherungsklausel zu wiederkehrenden Leistungen, nach der sich diese den Veränderungen einer Bezugsgröße (zB Lebenshaltungskostenindex) „automatisch" anpassen, ist nach einer Meinung gesondert zu bewerten.[25] Auch nach dieser Ansicht ist dagegen eine „unechte" Wertsicherungsklausel, nach der die Beteiligten lediglich die Anpassung bei Vorliegen bestimmter Voraussetzungen verlangen können (Leistungsvorbehalt, Spannungsklausel etc.), die nach § 1 Abs. 2 PreisklauselG[26] nicht genehmigungspflichtig ist, kostenrechtlich nicht relevant. Nach aA[27] sind echte und unechte Wertsicherungsklausel ohne kostenrechtliche Auswirkung, da sie nach § 44 denselben Gegenstand betreffen. Beide Meinungen sind jedoch unzutreffend: § 44 ist bei echten und unechten Wertsicherungsklauseln nicht anwendbar, da nicht mehrere selbständige Erklärungen iS der Vorschrift vorliegen (vgl. § 44 Rn. 8). Die Bezugnahme auf § 44 ist nur historisch verständlich aus der Anwendung von § 9 Abs. 2 S. 1 ErbbauVO. Nach Einführung des § 9a ErbbauVO (23. 1. 1974) und der Möglichkeit, auch den Erbbauzins durch eine „echte" Wertsicherungsklausel zu verändern (ab 1. 10. 1994, BGBl. I S. 2457, 2489), ist die Argumentation jedoch auch bei Erbbaurechtsverträgen nicht mehr vertretbar, da eine Wertsicherungsklausel nicht mehr als selbständige Vereinbarung neben dem Erbbaurechtsvertrag angesehen werden kann. Es ist im Hinblick darauf, dass im Rahmen von § 24 nicht die nächsten, sondern die höchsten Leistungen maßgebend sind,[28] unzweifelhaft, dass echte oder unechte Wertsicherungsklauseln der Leistungspflicht einen zusätzlichen Wert verleihen (Anpassung an die Geldwertstabilität). Eine echte Wertsicherungsklausel erhöht den Wert der Leistung in größerem Maße als eine unechte Wertsicherungsklausel, da letztere nicht an der dinglichen Sicherung der Reallast teilnehmen kann.[29] Für die Berechnung des

---

[24] OLG Zweibrücken DNotZ 1970, 121; BayObLG DNotZ 1972, 105 = JurBüro 1971, 342; OLG München RNotZ 2006, 198 = FGPrax 2006, 134 = JurBüro 2006, 324 = MittBayNot 2006, 531 m. Anm. PrüfAbt. Notarkasse = ZNotP 2007, 76.
[25] OLG Hamm DNotZ 1973, 48; BayObLG DNotZ 1975, 750; *Rohs/Wedewer* § 21 Rn. 15; 12. Aufl. § 24 Rn. 16; *Assenmacher/Mathias* „Wertsicherungsklausel" Ziff. 2.
[26] Vgl. bereits die Rspr. zum früheren Währungsgesetz BGH NJW 1962, 1393; NJW 1967, 830; DNotZ 1968, 409, st. Rspr., sowie § 2 Abs. 1 des Preisangaben- und PreisklauselG mit PrKV.
[27] OLG Düsseldorf MittBayNot 1971, 197; JurBüro 1982, 1392; OLG Schleswig JurBüro 1974, 1419; DNotZ 1986, 440; *Lappe* NJW 1983, 1467, 1417.
[28] Vgl. *Lappe* DNotZ 1983, 547.
[29] OLG Celle DNotZ 1977, 548.

Mehrwertes ist auf § 30 Abs. 1 abzustellen;[30] angemessen erscheint eine Erhöhung von 10% bei echten Wertsicherungsklauseln,[31] eine Erhöhung von nur 5% bei unechten Wertsicherungsklauseln.[32]

26 Ist zusätzlich die entsprechende Anwendung des **§ 323 ZPO** vereinbart, wie bei der Dauernden Last iS von § 10 Abs. 1 Nr. 1a EStG, wird dadurch der kostenrechtliche Wert zumindest nicht erhöht, da ein Element der Unsicherheit in die Vereinbarungen hineingetragen wird; es kann allenfalls ein Abschlag nach § 24 Abs. 6 S. 3 in Betracht kommen (vgl. auch Rn. 79). Die Finanzverwaltung geht ohnehin davon aus, dass bei der Übergabe einer existierenden und ausreichend Ertrag bringenden Wirtschaftseinheit die Versorgungsleistungen abänderbar sind, ohne dass es einer Bezugnahme auf § 323 ZPO oder einer gleichwertigen Änderungsklausel bedürfte.[33] – Werden mit der übergeben Wirtschaftseinheit hingegen ausreichende Erträge nicht erwirtschaftet, ist steuerlich von unabänderbaren Versorgungsleistungen auszugehen;[34] in diesen Fällen müsste alles auf § 323 ZPO ausdrücklich Bezug genommen werden bzw. eine gleichwertige Änderungsklausel vereinbart werden, wenn die Abänderbarkeit gewünscht wird und steuerlich anerkannt werden soll.

3. Verschiedenartige Nutzungen und Leistungen

27 Sind die Nutzungen oder Leistungen in einzelnen Perioden verschiedenwertig, so ist bei Rechten bestimmter Dauer die Summe der Leistungen maßgebend, sonst ist von den kapitalisierten höchsten Jahresbeträgen auszugehen. Bei Rechten auf Lebensdauer darf nicht mehr als der Wert nach Abs. 2 angesetzt werden. Steigt der Wert des Rechts an, so ist vom höchsten Jahreswert auszugehen, auch wenn eine Erhöhung ab Erreichen einer bestimmten Höhe nicht mehr stattfindet. Insbesondere bei Versorgungsvereinbarungen, zB im Rahmen einer Scheidungsvereinbarung, ist daher nicht die nächste, sondern die höchste Leistung maßgebend.[35] Bei verschieden hohen Erbbauzinsbeträgen ist der kapitalisierte Wert des höchsten Erbbauzinses maßgebend, sofern dieser mindestens 25 Jahre läuft;[36] bei Erbbauzins plus Mehrwertsteuer rechnet letztere mit.[37] Wechseln bei einer Zeitrente die Jahreswerte, so sind die jeweils höchsten Ratenstufen entsprechend ihrer Dauer für die anzurechnende Zahl von Jahren zusammenzurechnen.

4. Brutto- und Nettowert

28 Gewährt das Recht den Ertrag und beinhaltet es Verpflichtungen des Berechtigten, so ist nicht der Roh-, sondern der Reinertrag maßgebend, zB beim Nießbrauch.[38] Allerdings können nicht alle Lasten schlechthin abgezogen werden. Bei der Berechnung ist zunächst vom Rohertrag auszugehen; davon sind dann die gewöhnlichen Unterhaltungskosten und die ordentlichen öffentlichen Lasten abzuziehen, nicht aber die Hypotheken- und Grundschuldzinsen, erst recht nicht der Tilgungsdienst, auch nicht Abnutzungs- und Abschreibungsbeträge. Setzt sich der Jahreswert aus einzelnen Bewertungsposten (einzelnen Leistungen des Berechtigten an den Verpflichteten oder an einen von diesem bestimmten Dritten) zusammen, so sind zuerst die einzelnen Posten nach den maßgebenden Wertbestimmungen zu berechnen, notfalls annäherungsweise zu schätzen, dann ist ihre Summe zu nehmen.[39] Beim

---

[30] OLG München FGPrax 2006, 134 = JurBüro 2006, 324 = MittBayNot 2006, 531 m. Anm. PrüfAbt. Notarkasse, für die echte Wertsicherungsklausel, wobei aus der Entscheidung nicht hervorgeht, ob für die unechte Wertsicherungsklausel eine andere Position vertreten wird.
[31] OLG München FGPrax 2006, 134 = JurBüro 2006, 324 = MittBayNot 2006, 531 m. Anm. PrüfAbt. Notarkasse hält eine Erhöhung um 20% basierend auf einer Ermessensentscheidung die die Teuerungsraten der vorhergehenden zehn Jahre einbezieht, sowie der Prognose, dass die Teuerungsraten wegen steigender Energiekosten wohl nicht sinken werden, für nicht zu beanstanden.
[32] Vgl. iE hierzu *Reimann* DNotZ 1986, 443.
[33] Vgl. Tz. 36 des Rentenerlasses vom 23. 12. 1996 (BStBl. I S. 1508).
[34] Tz. 38 des Rentenerlasses vom 23. 12. 1996 (BStBl. I S. 1508).
[35] *Lappe* DNotZ 1983, 547.
[36] Vgl. BayObLG Rpfleger 1960, 182; LG Hamburg KostRsp. Nr. 1.
[37] BayObLG DNotZ 1972, 105.
[38] OLG München DNotZ 1941, 466; LG Nürnberg-Fürth MittBayNot 1978, 31.
[39] Vgl. OLG Frankfurt Rpfleger 1955, 243.

Dauerwohnrecht errechnet sich der Jahreswert aus den Beträgen, die für die Nutzungsmöglichkeit dem Eigentümer oder für ihn an Dritte zu leisten sind, zB bezifferte Nutzungsgebühr, anteilige Heizungskosten, über das Gesetz hinausgehende Instandsetzungskosten und ähnliche Leistungen. Der jährliche Nutzungswert einer Tankstellendienstbarkeit ist aus der Provisionsdifferenz zwischen der Vergütung eines dienstbarkeitsunterworfenen und eines freien Tankstellenverwalters zu entnehmen.[40] Entsprechendes gilt für Bier- und Getränkedienstbarkeiten.

5. Schuldrechtliche Beschränkungen

Derartige inhaltliche, allerdings schuldrechtlich vereinbarte, also nur inter partes wirkenden Schranken eines dinglichen Rechts mindern den Wert des Rechts (zB Nießbrauch) bei der Eintragung an sich nicht.[41] Es kommt für die Eintragung jedoch uU eine Minderung der Gebühr entspr. § 24 Abs. 6 S. 3 in Betracht (vgl. Rn. 80). Bei der Bestellung sind schuldrechtliche Beschränkungen als zum Inhalt des Rechts gehörend zu berücksichtigen. Dies gilt vor allem bei Dienstbarkeiten, deren Ausübung vom Vorliegen oder Nichtvorliegen bestimmter schuldrechtlicher Ansprüche abhängig gemacht ist. Ist zB bei einer Gewerbebetriebsbeschränkung vereinbart, die Dienstbarkeit solle nur ausgeübt werden können, wenn ein schuldrechtlicher Nutzungsanspruch nicht besteht, entfällt oder eingeschränkt wird (sog. Schopp'sche Klausel),[42] so ist dies bei der Bestellung von Einfluss auf den Geschäftswert des Rechtes, bei der Eintragung uU über eine Analogie zu § 24 Abs. 6 S. 3.[43] 29

6. Jahreswert nicht feststellbar (Abs. 5)

Ist eine Feststellung des Jahresbetrages nicht möglich – es genügt nicht, dass sie schwierig oder nur im Wege der Annäherungsschätzung mehrerer Wertposten möglich ist[44] –, so gibt Abs. 5 einen Ersatzwert in Höhe von 4% des Wertes des Gegenstandes, der die Nutzungen erbringt oder um dessen Nutzung es sich handelt; das trifft zB zu bei einem Nießbrauchrecht, das noch keine Nutzungen bringt, auch bei Benutzungsdienstbarkeiten, insbesondere bei Tankstellendienstbarkeiten, wenn der Jahreswert auf andere Weise nicht festgestellt werden kann. Bei Grundbesitz sind 4% des Verkehrswertes anzusetzen. Bei dieser Ersatzberechnung sind keine Abzüge zu machen, da der Betrag als durchschnittlicher Ertragswert angenommen ist.[45] Der Ersatzwert kann nur angesetzt werden, wenn der Wert nicht anderweitig feststeht. Der Wert kann nicht nach Abs. 5 angesetzt werden, wenn das Recht nur die Benutzung des belasteten Gegenstandes oder eines Teils davon nur in einzelnen Beziehungen gewährt, wenn es also nicht auf *alle* Nutzungen des Nutzungsgegenstandes geht.[46] Der Wert von Tankstellen- und Energieversorgungsdienstbarkeiten ist somit nach Abs. 5 ermittelbar.[47] Abs. 5 gilt demgegenüber nicht für Energieleitungsdienstbarkeiten.[48] Dass ein Erbbauzins der Höhe nach noch nicht feststeht, führt nicht zur Anwendung des Abs. 5, vielmehr ist der übliche Erbbauzins feststellbar (bei betrieblicher Nutzung 6% und darüber).[49] 30

7. Wertermittlung aus einmaliger Leistung

Auch aus einer einmaligen Leistung kann ein Jahreswert errechnet werden, wenn es sich um vorausbezahltes Nutzungsentgelt handelt (vgl. Rn. 5) oder wenn der einjährige Bezugswert nicht feststellbar und auch Abs. 5 nicht anwendbar ist, wie zB bei Energieleitungsdienstbarkeiten.[50] 31

---

[40] OLG Celle NJW 1964, 1531; MittBayNot 1967, 131.
[41] LG Aschaffenburg MittBayNot 1981, 91.
[42] Vgl. ZMR 1971, 233.
[43] OLG Düsseldorf JurBüro 1985, 113.
[44] Vgl. OLG Frankfurt Rpfleger 1955, 243.
[45] OLG München JFGErg. 22, 20.
[46] KG JurBüro 1969, 547; *Ackermann* Rpfleger 1958, 160.
[47] OLG Stuttgart DNotZ 1958, 211.
[48] OLG Stuttgart MittBayNot 1992, 290; vgl. Rn. 34.
[49] LG Hannover JurBüro 1996, 381.
[50] OLG Stuttgart MittBayNot 1992, 290; vgl. auch Rn. 30.

8. Speziell: Wertermittlung bei Benutzungsdienstbarkeiten

32   Die Wertermittlung ist im Einzelfall problematisch, vor allem bei Benutzungsdienstbarkeiten. Im Zweifel wird man die im Rahmen von § 22 entwickelten Grundsätze heranzuziehen haben. Es ist also das objektive Interesse der Dienstbarkeit für den Berechtigten einerseits mit der objektiven Wertminderung, die mit der Dienstbarkeit für das belastete Grundstück verbunden ist, zu vergleichen; der höhere Betrag ist maßgebend.

33   Gerade zu **Tankstellendienstbarkeiten** liegt viel Judikatur und Literatur vor.[51] Ist ein Entgelt vereinbart, so kann es, notfalls auf eine Jahresperiode umgerechnet, angesetzt werden. Ist keines vereinbart, so ist es aus den schuldrechtlichen Vereinbarungen (Miet-, Nutzungsentgelt) zu entnehmen, wenn diese nicht mehr abgelten als die Dienstbarkeitsleistung. Gehen die dem Tankstellenführer nach den schuldrechtlichen Vereinbarungen obliegenden Leistungen merklich über die Dienstbarkeitsnutzung hinaus, so kann das Jahresentgelt aus der Differenz zwischen der Vergütung an einen dienstbarkeitsverpflichteten und einen nichtdienstbarkeitsverpflichteten Tankstellenführer entnommen werden, wozu die Beteiligten Unterlagen zu geben haben.[52] Ist das Entgelt eines dienstbarkeitsverpflichteten Tankstellenführers nicht höher als das eines nichtverpflichteten, so kann das Jahresentgelt nach § 24 Abs. 5 mit 4% des Verkehrswertes des belasteten Grundstücks, bei bebauten mit 4% des bebauten Grundstücks angesetzt werden, wenn nicht außer der Nutzung aus der Dienstbarkeit noch eine anderweitige geschäftliche oder Wohnraumnutzung erfolgt. Das BayObLG (zitiert bei *Mümmler* aaO) nimmt $2/5$ der Gesamtprovision als auf die Dienstbarkeit entfallend an, das LG Nürnberg $2/3$ (ebenfalls bei *Mümmler* zitiert). Auch kann das Jahresentgelt nach dem für gleichwertige Dienstbarkeiten (nach Lage, Umsatz, Größe usw.) geschätzt werden; wenn keine der Ermittlungsarten ausreicht, hat Bestimmung nach § 30 Abs. 1 evtl. unter Hinzuziehung eines Sachverständigen zu erfolgen. In wohl allen Fällen bedarf die Geschäftswertangabe des Dienstbarkeitsberechtigten einer Überprüfung nach obigen Gesichtspunkten. *Lappe*[53] will zur Vermeidung der Vielzahl der Bewertungsarten auch aus dort ausgeführten Gründen den Wert nach § 24 Abs. 5 bemessen, doch sei der Einheitswert antiquiert; nach § 19 Abs. 2 S. 1 dürften sich ab 1. 1. 1969 einfach errechenbare und tragbare Werte ergeben. Vom Wert des § 24 Abs. 5 sollte man – wie *Lappe*[54] – in allen Fällen ausgehen, wo die anderen Indizien keinen klaren Wert ergeben.[55] Ein **Gewerbebetriebsrecht** (zB Verkauf und Vertrieb von Lebensmitteln) beinhaltet ein Recht zur Nutzung eines Grundstücks und ist nach § 24 zu bewerten, wobei der Jahresmietwert eine geeignete Grundlage darstellt.[56] Im Unterschied dazu sichert die Gewerbebetriebsbeschränkung nur eine Unterlassungsverpflichtung des Eigentümers und ist nach § 30 Abs. 1 zu bewerten.

34   Zu **Hochspannungsleitungs-Dienstbarkeiten** (zB Hochspannungsleitung und Transformatorenhäuschen):[57] Wert nach § 30 Abs. 2 nur, wenn einmalige Entschädigung als Gegenleistung versprochen wird, sonst meistens nach dem Jahreswert der eingeräumten Nutzung. Ist dieser nicht zu ermitteln, so ist er, wenn alle Nutzungen umfassend, nach § 24 Abs. 5 mit 4% des Grundstückswertes anzusetzen, andernfalls ist der Wert nach § 30 Abs. 1 frei zu schätzen. Der Jahreswert bestimmt sich ausschließlich nach objektiven Gesichtspunkten. Subjektive Elemente dürfen keine Rolle spielen, vor allem nicht solche, die nur in der Person des Berechtigten oder in derjenigen des Eigentümers des dienenden Grundstücks be-

---

[51] Vgl. BayObLG Rpfleger 1955, 349; LG Hannover und Kassel DNotZ 1956, 511 m. Anm. *Hornig;* OLG Hamm Rpfleger 1956, 317; BayObLG DNotZ 1957, 207 = Rpfleger 1957, 89; OLG Bremen Rpfleger 1959, 288; *Schleyer* BWNotZ 1955, 153; *Ackermann* Rpfleger 1958, 22 und 160; *Mümmler* JVBl. 1964, 111; JurBüro 1970, 907; *Riggers* JurBüro 1966, 357 mit Zitaten und Beispielen; *Reimann* MittBayNot 1974, 1; OLG Stuttgart JurBüro 1990, 1494.
[52] OLG Celle JVBl. 1964, 125.
[53] BB 1965, 1054; JVBl. 1967, 175.
[54] JVBl. 1967, 175f.
[55] Wegen Löschung solcher Dienstbarkeit s. BayObLG DNotZ 1971, 309 = KostRsp. Nr. 28 mit Klarstellung von *Lappe.*
[56] LG Nürnberg-Fürth MittRhNotK 2000, 218 = ZNotP 2000, 287.
[57] Vgl. *Ackermann* Rpfleger 1955, 352; BayObLG Rpfleger 1955, 335 und besonders OLG Schleswig JurBüro 1959, 371 = Rpfleger 1962, 395.

gründet sind. Die Höhe der Aufwendungen, die gemacht werden müssten, wenn die Dienstbarkeit nicht bestellt wurde, ist ohne Bedeutung.[58]

Bei **Gasversorgungsdienstbarkeit** ist nach OLG Karlsruhe[59] die einmalige Gesamtentschädigung maßgebend.[60]

35

Bei **Ausbeuterechten** (zB Granit- oder sonstigen Gesteinausbeute- oder Torfabbaurechten) ist der Wert gemäß § 30 Abs. 1, sofern nicht eine einmalige Entschädigung, die dann als Wert heranzuziehen ist, vereinbart wird, nach der Art und dem Umfang des Ausbeuterechts zu ermitteln. Sofern der Dienstbarkeitsberechtigte nach Ablauf der Dienstbarkeit zur Rekultivierung des belasteten Grundstücks verpflichtet ist, ist dies bei der Wertermittlung zu berücksichtigen. Wird als Entschädigung für die Einräumung der Dienstbarkeit auf die Dauer der Dienstbarkeit ein jährliches Nutzungsentgelt vereinbart, so hat die Bewertung nach § 24 zu erfolgen. – Eine Dienstbarkeit zur Sicherung des staatlichen Anspruchs auf Erfüllung der **Stellplatzverpflichtung** kann mit dem 25fachen des Jahresnutzungswertes des dienenden Grundstücks anzusetzen. Zur Ermittlung des Jahreswertes kann von dem monatlichen Entgelt für die Anmietung eines Stellplatzes ausgegangen werden. Ohne Bedeutung ist, dass die Dienstbarkeit (nur) zur Absicherung der öffentlich-rechtlichen Stellplatzverpflichtung dient.[61]

35a

Die Ermittlung des Jahreswertes einer beschränkten persönlichen Dienstbarkeit, für eine bestimmte Zeit eine **Windenergieanlage** zu betreiben, richtet sich nach dem vereinbarten Nutzungsentgelt, nicht nach dem Einspeiseerlös.[62]

36

IV. Vervielfältiger zur Ermittlung des Gesamtwertes (Abs. 1–4)

1. Rechte von bestimmter Dauer (Abs. 1 a)

Bei ihnen ist der Gesamtbetrag der Nutzungen oder Leistungen während der ganzen Dauer anzusetzen, jedoch nicht mehr als der 25fache Jahresbetrag. Zwischenzinsen werden dabei nicht abgezogen. Ist das Recht zugleich von der Lebensdauer einer Person (Abs. 2) oder eines Angehörigen (Abs. 3) abhängig (zB Nießbrauch, Wohnrecht für natürliche Person), so darf nicht mehr angesetzt werden als der Wert nach Abs. 2 oder 3. Die Begrenzung auf den 25fachen Jahresbetrag bedeutet für Nutzungsrechte, die länger dauern, eine Höchstwertvorschrift. § 24 Abs. 1a ist auch anzuwenden, wenn ein Recht zwar auf unbestimmte Dauer eingeräumt wird, jedoch nicht vor einer bestimmten Mindestlaufzeit beendet wird oder gekündigt werden kann und die Mindestlaufzeit den Multiplikationsfaktor von 12½ gemäß § 24 Abs. 1b überschreitet.

37

2. Rechte von unbeschränkter Dauer (Abs. 1 b)

Hier, also bei solchen Rechten, deren Wegfall nicht abzusehen ist, ist der 25fache Jahresbetrag anzusetzen, falls aber eine Ablösungssumme für das Recht angesetzt ist, nicht mehr als diese. Praktisch wird Abs. 1b bei Überbau-[63] und Notwegrenten, unkündbaren beschränkten persönlichen Dienstbarkeiten und Nießbrauchsrechten für juristische Personen,[64] ferner bei nicht auf bestimmte Zeit bestellten Dauerwohnrechten und Reallasten.

38

3. Rechte von unbestimmter Dauer (Abs. 1 b)

Hier ist der 12½fache Jahresbetrag anzusetzen. Die Dauer eines Rechtes ist unbestimmt, wenn zwar feststeht, dass es wegfällt, der Zeitpunkt des Wegfalls aber ungewiss ist.[65]

39

Hierunter fallen:

40

– Rechte und Leistungen, deren Wegfall von einer **Kündigung** oder der Beendigung eines anderen Schuldverhältnisses (zB Erlöschen einer Tankstellendienstbarkeit bei Auf-

---

[58] KG JurBüro 1969, 547.
[59] KostRsp. Nr. 2 m. Anm. *Lappe.*
[60] S. auch OLG Celle JurBüro 1975, 813; OLG Frankfurt JurBüro 1982, 1389.
[61] BayObLG FGPrax 2000, 255 = JurBüro 2001, 104.
[62] OLG Brandenburg MittBayNot 2005, 247 = ZNotP 2005, 76 m. Anm. *Tiedtke.*
[63] OLG Celle JR 1951, 26; BGH BWNotZ 1972, 39.
[64] KG JFGErg. 21, 41 = DNotZ 1940, 165.
[65] Dazu BayObLG DNotZ 1971, 309 m. abl. Anm. *Kanzleiter.*

lösung des Tankstellenvertrages)[66] abhängt, auch bei Zinserhöhung oder -herabsetzung bei jederzeit fälligen Grundschulden;[67]

41 – ein Recht für bestimmte Zeit mit der Maßgabe, dass es sich jeweils, wenn nicht gekündigt wird, automatisch **verlängert**;[68] nicht aber, wenn die Verlängerung nur für bestimmte Zeit vorgesehen ist, dann das Recht erlischt (dann Laufzeit + Verlängerung); jedoch ist immer mindestens der Betrag für bestimmte Zeit (Abs. 1 a) anzusetzen;

42 – Rechte mit einer bestimmten **Mindestdauer** und iÜ mit unbestimmter Dauer mit Kündigungsmöglichkeit, wie zB Unternehmensverträge, die wegen § 14 Nr. 4 KStG regelmäßig für mindestens fünf Jahre abgeschlossen werden (s. § 27 Rn. 25). Ist jedoch eine Mindestlaufzeit bestimmt oder ist eine Kündigungsbeschränkung für eine bestimmte Zeit vereinbart, ist diese nach § 24 Abs. 1a für die Wertberechnung maßgebend, sofern sie höher ist als der Multiplikationsfaktor $12^{1}/_{2}$;[69] es bleibt jedoch beim Multiplikationsfaktor $12^{1}/_{2}$, wenn das Recht auf die Lebenszeit des Berechtigten beschränkt und unübertragbar ist.[70]

43 – Erhöhung und Herabsetzung des Zinssatzes von Forderungen und Grundpfandrechten, deren **Fälligkeit nicht terminmäßig** festgelegt ist, ferner Verzinsung einer bisher unverzinslichen Forderung,[71] wobei aber zu beachten ist, dass bei Verbindung mit anderen Änderungen der Wert des Rechts selbst nach § 39 Abs. 1 S. 2 und § 64 Abs. 4 nicht überschritten werden darf; auch wenn es sich um die nachträgliche Verzinsung eines bisher unverzinslichen Grundpfandrechtes handelt, sind neben der Höchstwertvorschrift des Abs. 1b die anderen Höchstwertvorschriften zu beachten, zB Grundschuld, bisher unverzinslich, nun jährlich 10%: Wert nicht 125%, sondern höchstens der Nennbetrag der Grundschuld;

44 – ferner regelmäßig **Nießbrauchsrechte** und beschränkte persönliche **Dienstbarkeiten** für Personengesellschaften (OHG, KG), wenn sie – kraft Gesellschaftsvertrag und abweichend von der gesetzlichen Regel des § 131 Abs. 3 Nr. 1 HGB – durch den Tod eines persönlich haftenden Gesellschafters aufgelöst werden,[72] nicht jedoch solche Rechte für juristische Personen;

45 – **Dauerwohn-** und **-nutzungsrechte**, die nicht von unbeschränkter oder bestimmter Dauer sind.

46 Ist bei Rechten auf Lebenszeit (Abs. 2) die Dauer zugleich vom Eintritt eines anderen Umstandes abhängig, dessen Eintritt gewiss, dessen Zeitpunkt aber unbestimmt ist, so findet ein Vergleich zwischen dem Wert nach Abs. 1b und 2 und evtl. Abs. 3 statt, der geringere wird angesetzt. Immer aber ist Voraussetzung der Anwendung des Abs. 1b, dass eine mindestens $12^{1}/_{2}$fache Dauer überhaupt in Betracht kommen kann. Steht eine kürzere Dauer fest (zB Zuschuss zum Studium), so ist sie frei zu schätzen.[73]

4. Rechte auf Lebenszeit (Abs. 2)

47 **a) Allgemeines.** Für Rechte, die auf Lebenszeit einer Person beschränkt sind, gibt § 24 Abs. 2 eine Vervielfältigungstabelle. Die dort gegebenen Vervielfältiger sind anzuwenden, wenn die Nutzungen oder Leistungen kraft Gesetzes oder Vertrages mit dem Tod einer oder mehrerer Personen – nicht notwendig des Berechtigten oder Verpflichteten – enden, zB Nießbrauchsrechte, beschränkte persönliche Dienstbarkeiten für natürliche Personen, Leibrenten, Altenteile usw. Sind diese zugleich von bestimmter oder unbestimmter Dauer, so sind die Werte nach Abs. 1a oder b und 2 und evtl. 3 zu vergleichen, der geringere Wert ist anzusetzen. Dies gilt auch für beschränkte persönliche Dienstbarkeiten zugunsten von Personengesellschaften, die mit dem Tode eines Gesellschafters aufgelöst werden.[74]

---

[66] BayObLG MittBayNot 1970, 30.
[67] *Schmid* MittBayNot 1958, 185.
[68] KG DNotZ 1941, 466.
[69] BayObLG JurBüro 1990, 737; OLG Stuttgart JurBüro 1990, 1494.
[70] *Lappe* KostRsp. Anm. zu Nr. 38.
[71] LG Berlin DNotZ 1942, 30.
[72] OLG München DNotZ 1937, 771; *Rohs/Wedewer* Rn. 19 a.
[73] OLG Celle JW 1938, 390.
[74] OLG München DNotZ 1937, 771.

Ist eine Mindestlaufzeit von Rechten iS des Abs. 2 vereinbart, so hat sie Bedeutung, **48** wenn diese Mindestlaufzeit höher ist als die Laufzeit gemäß der Tabelle nach Abs. 2; ist sie kürzer, so wird sie in die Tabellenlaufzeit eingerechnet.[75]

b) Systematik. Bei der Anwendung des § 24 Abs. 2 ist zu unterscheiden zwischen **49**
- **Einzelrechten,** bei denen der Berechtigte allein über das Recht bestimmen kann (s. Rn. 50),
- **mehreren Einzelrechten,** bei denen mehrere Beteiligte jeweils einzeln über ein bestimmtes Recht verfügen können (s. Rn. 51),
- **Gesamtrechten,** bei denen gemäß § 428 BGB alle Berechtigten bei der Verfügung über das Recht zusammenwirken müssen, hier wieder zwischen solchen, die beim Ableben des erstversterbenden Teils enden, und solchen, die beim Ableben des länger lebenden Teils enden, schließlich zwischen solchen, die in derartigen Fällen nach dem Ableben des erstversterbenden Teils in voller Höhe weiterlaufen und solchen, deren Betrag sich beim Ableben eines Teils reduziert (s. Rn. 52–56).
- Zwei oder **mehrere Einzelrechte,** von denen jedoch (im Gegensatz zu bb) ein oder mehrere Recht(e) **aufschiebend bedingt** ist (sind) durch das Erlöschen eines der zwei oder mehreren Rechte (zB Rente für Ehefrau beginnt erst nach Ableben des Ehemannes); s. Rn. 57–61.

c) Gesetzliche Regelung. aa) Einzelrechte. Der Geschäftswert jeder dieser Einzel- **50** rechte ist nach Jahreswert und Vervielfältiger gesondert festzustellen.

bb) Mehrere Einzelrechte. Der Wert jedes Rechtes ist selbständig nach Jahreswert **51** und Vervielfältiger festzustellen. Zum Zwecke der Ermittlung des Beurkundungswertes findet eine Zusammenrechnung (§ 44) statt.

cc) Gesamtrechte. Soll das Recht beim Tode des Zuerstversterbenden erlöschen, ist **52** für die Kostenberechnung der Vervielfältiger für die älteste Person maßgebend. Soll das Recht beim Tode des Zuletztversterbenden erlöschen, ist der Multiplikator für den Jüngsten maßgebend. Maßgebend ist nicht ausschließlich das Lebensalter des zuerst oder des zuletzt Versterbenden, sondern der Multiplikator, der für seine Person maßgebend ist, da wegen der Privilegierung des § 24 Abs. 3 insoweit Änderungen eintreten können. Werden also Gesamtrechte für Personen bestellt, von denen nicht alle privilegiert sind, hat dies zur Folge, dass einerseits der Multiplikator, der sich auf Grund des Lebensalters der nichtprivilegierten Person ergibt, mit dem Multiplikator, der sich nach § 24 Abs. 3 ergibt, zu vergleichen ist. Soll das Recht beim Tod des Erstversterbenden erlöschen, ist der kleinste Multiplikator maßgebend, soll das Recht beim Tode des zuletzt Versterbenden erlöschen, ist der größte Vervielfältiger maßgebend. Dies wird insbesondere gelten, wenn ein Eigentümer ein Wohnungsrecht zugunsten eines Elternteils und dessen Lebensgefährten bestellt.

Steht ein Bezugsrecht mehreren Personen in der Weise zu, dass sie dieses Gesamtrecht **53** auf Lebenszeit erhalten, soll sich aber nach dem Tode des Erstversterbenden die Leistung ermäßigen und gehören die Berechtigten verschiedenen Jahrgangsgruppen iS des Abs. 2 an, so ist zunächst der Rentenwert für den älteren Berechtigten zu bilden, sodann der für den jüngeren Berechtigten aus dessen Jahrgangswert, vervielfältigt mit der Differenz zwischen Vervielfältiger des Älteren und des Jüngeren; beide Werte ergeben zusammengerechnet den Geschäftswert nach § 24 Abs. 2. Es handelt sich jedoch entgegen OLG Düsseldorf[76] um ein Recht, es ist hierfür ein Wert zu bestimmen. Es handelt sich aber nicht um einen Fall der Zusammenrechnung nach § 44 Abs. 2; der sich so errechnende Wert ist vielmehr der einheitliche Gesamtwert des Rechtes iS des § 24 Abs. 2.[77] Vgl. jedoch für aufschiebend bedingte Rechte Rn. 57, 79.

Steht ein derartiges Gesamtrecht (mit Verringerung der Leistungen nach dem Ableben **54** eines Teiles) zwei Mitberechtigten zu, die derselben Jahrgangsgruppe angehören, so kann

---

[75] *Rohs* Rpfleger 1969, 26; *Mümmler* JurBüro 1970, 913, insbesondere Fn. 45.
[76] MittBayNot 1971, 197.
[77] Im Ergebnis übereinstimmend *Rohs/Wedewer* Rn. 20; *Assenmacher/Mathias* „Wiederkehrende Leistungen" Anm. 5.3.3.2.

§ 24

der nach der Altersgruppe maßgebende Vervielfältiger nur einmal angesetzt werden, falls es sich nur um ein Recht handelt; maßgebend ist der höhere (also nicht der nach dem Ableben eines Teils zu verringernde) Jahreswert. Für den anderen Mitberechtigten ist der Vervielfältiger Null.

55 Steht ein derartiges Recht mehr als zwei Personen zu und sind darunter zwei Mitberechtigte, die derselben Jahrgangsgruppe angehören, für die also derselbe Vervielfältiger gilt, so kann für diese beiden Personen der nach der Altersgruppe maßgebende Vervielfältiger nach § 24 Abs. 2 nur einmal angesetzt werden, und zwar nach dem höheren Jahreswert, wenn es sich um unterschiedliche Leistungen handelt. Für den anderen Mitberechtigten ist der Vervielfältiger Null.

56 Die Anwendung des § 24 Abs. 6 S. 3 kommt bei der Bewertung von Gesamtrechten nicht in Betracht, da es sich insoweit nicht um bedingte, sondern um inhaltlich unbedingte Rechte handelt; der Geschäftswert kann daher nicht nach den Umständen des Einzelfalles niedriger angesetzt werden.

57 **dd) Zwei oder mehrere zT aufschiebend bedingte Einzelrechte** (vgl. Rn. 49): Die zwei oder mehreren Rechte sind, da selbständig, getrennt zu bewerten. Die aufschiebende Bedingung – Beginn eines Rechtes bei Beendigung des anderen – schlägt sich bei der Berechnung in der Weise nieder, dass dem Lebensalter des aufschiebend bedingt Berechtigten der Vervielfältiger gemäß Abs. 2 hinzugerechnet wird, der für den unbedingt Berechtigten gültig ist, so dass sich für das aufschiebend bedingte Recht ein geringerer Multiplikator ergibt; außerdem kann hier ein Abschlag nach Abs. 6 S. 3 vorgenommen werden, vor allem um Unbilligkeiten gegenüber der Bewertung von Gesamtrechten abzumildern. Nach Auffassung des BayObLG[78] ist in diesen Fällen zu prüfen, ob es sich *materiell* um ein einziges Recht handelt; dies soll dann der Fall sein, wenn ein Recht mehreren Berechtigten „nach Art einer Beamtenversorgung zeitlich nacheinander" zusteht (sog. Sukzessivberechtigung), und zwar selbst dann, wenn zur Sicherung mehrere Reallasten in das Grundbuch eingetragen werden.

58 **d) Beispiele. aa) Einzelrecht:** Grundstücksverkauf auf Rentenbasis, Verkäufer 69 Jahre alt, Leibrente monatlich 3000,– Euro.
Wertberechnung nach § 24 Abs. 2: 3000,– Euro × 12 × 7,5
= 270 000,– Euro.

59 **bb) Mehrere Einzelrechte:** Grundstücksverkauf, Verkäuferehepaar, 69 und 59 Jahre alt; die Leibrente soll zu 1500,– Euro dem Ehemann, zu 1500,– Euro der Ehefrau zustehen.
Wertberechnung nach § 24 Abs. 2:
Bezugsrecht Ehemann: 1500,– Euro × 12 × 7,5
= 135 000,– Euro,
Bezugsrecht Ehefrau: 1500,– Euro × 12 × 11
= 198 000,– Euro,
Wert der Beurkundung nach § 44 Abs. 2 a:
333 000,– Euro.

60 **cc) Gesamtrechte:** Beispiel 1 (Erlöschen beim Tode des Erstversterbenden, vgl. Rn. 48)
Grundstücksverkauf, Verkäuferehepaar, 69 und 59 Jahre alt, Leibrente 3000,– Euro/Monat,
Wertberechnung nach § 24 Abs. 2: 3000,– Euro × 12 × 7,5
= 270 000,– Euro.
Beispiel 2 (Erlöschen beim Tode des Zuletztversterbenden, vgl. Rn. 48)
Wertberechnung nach § 24 Abs. 2: 3000,– Euro × 12 × 11
= 396 000,– Euro.
Beispiel 3 (Verringerung der Leibrente nach dem Ableben eines Teils, vgl. Rn. 49)
Grundstücksverkauf, Verkäuferehepaar 69 und 59 Jahre alt, bei Vorversterben eines Teils verringert sich die Rente auf monatlich 2000,– Euro,
Wertberechnung nach § 24 Abs. 2:
Gemeinsame Rente für Ehemann und Ehefrau bis zum (mutmaßlichen) Tode des älteren Teils (Ehemann) 3000,– Euro × 12 × 7,5
= 270 000,– Euro,
weiterlaufende Rente der (mutmaßlich längerlebenden, da jüngeren) Ehefrau
2000,– Euro × 12 × 11–7,5 =) 3,5
= 84 000,– Euro,

---

[78] JurBüro 1992, 691.

zur Beurkundung zusammenzurechnen
= 354 000,– Euro.
Beispiel 4 (vgl. Rn. 49)
wie Beispiel 3, nur dass der Verkäuferehemann 69 Jahre und die Veräußerehefrau 66 Jahre alt ist;
gemeinsame Rente für Ehemann und Ehefrau bis zum (mutmaßlichen) Tode des älteren Ehemannes, 3000,– Euro × 12 × 7,5
= 270 000,– Euro,
weiterlaufende Rente der jüngeren Ehefrau 2000,– Euro × 12 × (7,5 – 7,5 =) Null, Wert also insgesamt 270 000,– Euro.

dd) Zwei oder mehrere zT aufschiebend bedingte Rechte: Grundstücksverkauf durch Eigentümer A, 69 Jahre alt, Leibrente 3000,– Euro/Monat, nach dem Ableben des A erhält dessen Ehefrau B, 59 Jahre alt, vom Käufer eine lebenslange Leibrente von 2000,– Euro,
Leibrente für A:
3000,– Euro × 12 × 7,5 gemäß § 24 Abs. 2
= 270 000,– Euro,
bedingte Leibrente für B (Lebensalter 59 Jahre + 7,5 Jahre = 66, 5, Vervielfältiger nach § 24 Abs. 2 = 7,5), somit
2000,– Euro × 12 × 7,5
= 170 000,– Euro,
Summe beider Rechte:
440 000,– Euro.
Abschlag nach § 24 Abs. 6 S. 3 (vgl. Rn. 75, 79).

5. Begünstigte Rechte auf wiederkehrende Nutzungen usw. (Abs. 3 und 4)

a) Allgemeines. Die Vergünstigungen der Abs. 3 und 4 gelten für **alle Rechte** nach § 24, also für solche bestimmter, unbestimmter, unbeschränkter Dauer und für solche auf Lebenszeit einer Person, ferner für dingliche und obligatorische Rechte. Sind solche Rechte **aktive Bewertungsposten** im Rahmen eines Vertrages (zB Übergabe gegen Herauszahlung und Austragsrecht), so finden Abs. 3 und 4 Anwendung, also auch dann, wenn sie nicht alleiniger Bewertungsgegenstand sind. Sind derart begünstigte Rechte **passive Bewertungsposten,** d.h. Abzugsposten, zB zur Errechnung des Reinwertes einer Vermögens- oder Nachlassmasse, so würde die Vergünstigung der Abs. 3 und 4 zu einem höheren Reinwert führen, also dem Begünstigungszweck zuwiderlaufen, weshalb in diesen Fällen nicht der Vervielfältiger des Abs. 3 oder 4, sondern der des Abs. 1 oder 2 anzusetzen ist.[79]

Wird ein **Nießbrauchsrecht** auf drei Jahre bewilligt, daran anschließend ein **Leibgeding** auf Lebenszeit, und ist nach Abs. 3 nur der fünffache Jahresbetrag anzusetzen, so bestimmt sich der Geschäftswert nach der Summe aus dem Nießbrauch für drei Jahre und dem Leibgeding für zwei Jahre, sofern aber der Wert des Leibgedings höher ist, aus dem Wert des Leibgedings für fünf Jahre.

Die Vergünstigung des Abs. 3 greift auch dann Platz, wenn das Recht des nahen Verwandten auf die wiederkehrende Leistung Aktivposten einer den Wert bestimmenden Vermögensmasse ist, zB Ehevertrag, dabei hatte Ehefrau lebenslängliche Leibrente an Fabrik X, Bruder Inhaber, zu monatlich 1000 Euro also Wert 60 000 Euro.[80]

Die Vergünstigungen des Abs. 3 oder 4 treten nur ein, wenn im **Zeitpunkt** des zu bewertenden Geschäfts zwischen dem Berechtigten und dem Verpflichteten, und zwar zwischen allen Berechtigten und allen Verpflichteten, das Verhältnis besteht, von dem die Vergünstigung abhängt. Tritt durch das Geschäft ein Wechsel in der Person des Berechtigten oder Verpflichteten ein (Abtretung, Schuldübernahme, Schuldbeitritt usw.), so wird die Vergünstigung nur gewährt, wenn in diesem Zeitpunkt zwischen dem Neuverpflichteten bzw. Neuberechtigten und dem Berechtigten bzw. Verpflichteten das Verhältnis des Abs. 3 oder 4 besteht.[81]

Die in § 24 Abs. 3 vorgesehene Wertvergünstigung darf nur gewährt werden, wenn zwischen den am gebührenauslösenden Geschäft **Beteiligten** die von der Vorschrift geforderten familienrechtlichen Beziehungen bestehen. Am Rangrücktritt eines Leibgedings zu-

---

[79] OLG München JVBl. 1940, 142; *Ackermann* Rpfleger 1954, 607.
[80] OLG Neustadt Rpfleger 1964, 348.
[81] *Ackermann* Rpfleger 1954, 609; *Riggers* JurBüro 1973, 686.

gunsten eines Grundpfandgläubigers ist der aus dem Leibgeding verpflichtete Eigentümer nicht beteiligt.[82]

67 **b) Rechte für Angehörige (Abs. 3).** Höchstens der fünffache Jahresbetrag ist anzusetzen für Angehörige des Verpflichteten, nämlich für
- den **Ehegatten,** auch einen früheren, auch den künftigen Ehegatten, vor allem bei den Vereinbarungen im Rahmen der ehevertraglichen Regelung des Versorgungsausgleichs (vgl. Rn. 9) zwischen Verlobten, da der Vertrag erst mit Eheschließung in Kraft tritt;[83]
- **Lebenspartner,** auch den früheren Lebenspartner und den künftigen, wenn der Partnerschaftsvertrag vor Begründung der Lebenspartnerschaft geschlossen wird, da er erst dann wirksam wird;
- den Barunterhalt von nicht bei ihren Eltern lebenden **Kindern,** § 24 Abs. 4 enthält eine Spezialregelung (nur) für die Dynamisierung und Anrechnung des Kindesunterhalts gemäß §§ 1612a ff. BGB (vgl. Rn. 75ff.); die Privilegierung gemäß Abs. 3 gilt nicht, wenn (geschiedene oder getrennt lebende) Ehegatten eine Freistellungsvereinbarung bezüglich des Kindesunterhalts treffen, also vereinbaren, dass die Unterhaltspflicht des einen Teils – ganz oder teilweise, mit oder ohne Entgelt – vom anderen Teil übernommen wird; Gegenstand der Regelung ist hier nicht ein Recht iS von § 24 Abs. 1, sondern die Neuverteilung einer schon vorhandenen Zahlungspflicht, so dass § 24 Abs. 2 anzuwenden ist, ggf. – je nach der Wahrscheinlichkeit des Eintritts der Verpflichtung – auch § 24 Abs. 6 S. 3,[84]
- **Verwandte und Verschwägerte gerader Linie** (Eltern und Vorfahren, Schwiegereltern bzw. Eltern des Lebenspartners und Vorfahren, Kinder, Schwiegerkinder, Kinder des Lebenspartners, weitere Abkömmlinge und deren Ehegatten oder deren Lebenspartner, Stiefkinder § 1590 BGB),
- Personen, die durch **Adoption** in gerader Linie verbunden sind (§§ 1757, 1762, 1763 BGB) – die Privilegierung des § 24 Abs. 3 gilt auch für Altenteilsansprüche gegen den Hoferben des Adoptivsohnes[85] –,
- **Verwandte der Seitenlinie** bis zum dritten Grad (Geschwister, Geschwisterkinder, Elterngeschwister),
- **Verschwägerte der Seitenlinie** bis zum zweiten Grad (Ehegatten oder Lebenspartner von Geschwistern und Geschwister der Ehegatten oder Lebenspartner, auch wenn die die Schwägerschaft begründende Ehe oder Lebenspartnerschaft nicht mehr besteht).

68 Abs. 3 privilegiert nur Rechte zugunsten des dort genannten Personenkreises, **nicht zugunsten des Eigentümers** selbst (zB Eigentümerdienstbarkeit). Für diese gilt Abs. 2, auch wenn das Recht zugleich für den Ehegatten des Eigentümers bestellt wird.[86]

69 Ist auf der einen Seite eine **OHG,** auf der anderen Seite einer ihrer Gesellschafter beteiligt, ist Abs. 3 nicht anwendbar, auch wenn alle Mitglieder der OHG in dem in Abs. 3 bezeichneten Verhältnis stehen, da die gesamthänderische Bindung des Gesellschaftsvermögens und seine rechtliche Lösung vom Vermögen des Gesellschafters so stark ist, dass sie nach außen fast ein selbständiges Rechtssubjekt ist; vgl. § 124 HGB.[87] Entsprechendes gilt für die **KG**[88] und – nach Anerkennung der Rechtsfähigkeit[89] und damit weitergehender Gleichstellung mit den Handelsgesellschaften – die **BGB-Gesellschaft.**[90]

70 Etwas anderes gilt für **Erbengemeinschaft;** hier ist Abs. 3 anwendbar, soweit der Gesellschafter (das Mitglied) beteiligt ist. Zu beachten ist jedoch auch hier, dass die Vergünsti-

---

[82] BayObLG Rpfleger 1984, 120 = JurBüro 1984, 426; vgl. auch Rn. 10.
[83] LG Berlin KostRsp. Nr. 32.
[84] Vgl. *Lappe* DNotZ 1983, 546.
[85] OLG Celle DNotZ 1962, 45 = Rpfleger 1961, 320.
[86] LG Nürnberg-Fürth MittBayNot 1978, 31.
[87] OLG Hamm DNotZ 1968, 53; *Rohs/Wedewer* Rn. 21; aA *Fembacher* MittBayNot 2004, 469.
[88] BayObLG Rpfleger 1966, 217.
[89] BGHZ 146, 341 = NJW 2001, 1056 = DNotZ 2001, 234.
[90] OLG Zweibrücken MittBayNot 2004, 468 m. abl. Anm. *Fembacher.*

gung des Abs. 3 nur eintritt, wenn zwischen allen Berechtigten und allen Verpflichteten das in Abs. 3 vorausgesetzte Verhältnis besteht (vgl. Rn. 65).

Handelt es sich um **Rechte obligatorischer und dinglicher Art,** bei denen der persönliche Schuldner nicht zugleich der dingliche ist (zB Zinsänderung bei Hypothek, Strafzinsvereinbarung u. Ä.), so bestimmt sich die Anwendung des Abs. 3 danach, ob der Betroffene mit dem Gläubiger im Verhältnis des Abs. 3 steht. **71**

Ist der **persönliche Schuldner,** nicht aber der Eigentümer **Angehöriger,** so wird bei der Zinsänderung einer Hypothek Abs. 3 bei der Beurkundung sowie bei der Eintragung nicht angewendet. Wäre der Eigentümer Angehöriger, nicht der persönliche Schuldner, so würde Abs. 3 bei der Eintragung der Änderung angewendet, nicht bei der Beurkundung. Bezieht sich aber die Beurkundung der Änderung nur auf das dingliche Recht (nicht auf die Forderung), so ist, wenn der Eigentümer Angehöriger ist, Abs. 3 auch für die Beurkundung anzuwenden. **72**

Abs. 3 bezieht sich auf künftige Unterhaltsleistungen. Sind Rückstände mitbetroffen, so tritt ihr Wert gemäß § 44 Abs. 2 dem nach Abs. 3 hinzu (vgl. auch Rn. 11). Wird neben der Unterhaltsrente eine „Erziehungsbeihilfe" vereinbart, so rechnet diese mit; verpflichtet sich der Erzeuger ferner zur Zahlung der Entbindungskosten, so treten diese dem Geschäftswert der Unterhaltsrente hinzu. Zum Wert des Regelunterhalts vgl. § 17 Abs. 1 S. 2 GKG. **73**

Die Rspr. wendete Abs. 4 aF nicht nur auf den **gesetzlichen** Unterhaltsanspruch gegen den nichtehelichen Vater an, sondern auch auf den **vertraglichen** mit der Kindesmutter bzw. deren Ehemann, und zwar auch, wenn dieser vertragliche Unterhaltsanspruch hinsichtlich Höhe und Leistungsdauer erheblich über den gesetzlichen hinausgeht, ferner, wenn er auch für die Zeit nach erfolgter Adoption gilt.[91] Diese Grundsätze lassen sich auf andere Unterhaltsansprüche zwischen Verwandten übertragen. **74**

c) **Unterhaltsansprüche.** Durch das Kindesunterhaltsgesetz[92] wurde der Unterhalt für eheliche und nicht eheliche Kinder – materiellrechtlich und verfahrensrechtlich – vereinheitlicht. Es gelten nur die §§ 1601 ff. BGB; §§ 1615 a ff. BGB aF für den Nichtehelichenunterhalt sind entfallen. Wie bislang wird der Unterhalt nach Bedürftigkeit des Unterhaltsberechtigten und Leistungsfähigkeit des Unterhaltsverpflichteten als Geldbetrag festgelegt, der in der Praxis regelmäßig mit Hilfe obergerichtlicher Tabellen ermittelt wird. §§ 1612a ff. BGB nF ändern hieran nichts, sondern ermöglichen die Dynamisierung des so ermittelten Unterhaltsbetrages des Minderjährigen gegen den baruntherhaltspflichtigen Elternteil (Baruntherhaltsanspruch). Diese Dynamisierung wird durch die Umrechnung des Unterhaltsbetrages in einen Vom-Hundert-Satz des Mindestunterhalts erreicht, der sich in Orientierung am einkommensteuerlichen Kinderfreibetrag ergibt. Durch diese Dynamisierung wird die Inanspruchnahme der Gerichte zur Titelanpassung entbehrlich. §§ 1612b und 1612c BGB betreffen die Anrechnung von Kindergeld und sonstigen bezogenen Leistungen auf den Baruntherhaltsanspruch. **75**

§ 24 Abs. 4 bezieht sich nur auf die vorgenannten Teilaspekte des Kindesunterhalts der Dynamisierung und der Anrechnung in §§ 1612a ff. BGB, nicht jedoch auf den Kindesunterhalt generell. Die kostenrechtliche Privilegierung für den Unterhaltsanspruch des nicht ehelichen Kindes in § 24 Abs. 4 aF ist somit entfallen, nicht etwa auf die Baruntherhaltsansprüche aller Minderjährigen erweitert. Für diese Baruntherhaltsansprüche aller Minderjährigen gilt nun einheitlich der Grundsatz des § 24 Abs. 3. Soweit jedoch die Dynamisierung, d.h. das Verlangen nach Umrechnung in einen Vom-Hundert-Satz des Mindestunterhaltes, oder die Anrechnung bestimmter Leistungen betroffen sind, kommt § 24 Abs. 4 zur Anwendung und bestimmt hierfür den Jahresbetrag, der sich nach dem zurzeit der Beurkundung aktuellen Mindestunterhalt und Altersstufe berechnet, zum Geschäftswert. **76**

---

[91] OLG Hamm Rpfleger 1959, 194; OLG Frankfurt Rpfleger 1959, 196; OLG Köln DNotZ 1959, 109.
[92] Vom 6. 4. 1998 (BGBl. I S. 666) mit Wirkung ab 1. 7. 1998; §§ 1612a f. neu gefasst durch Gesetz zur Änderung des Unterhaltsrechts vom 21. 12. 2007, BGBl. I S. 3189, 3190 f., mit Wirkung vom 1. 1. 2008.

77   Die Vorschrift des § 24 Abs. 4 geht jedoch wegen der gleichzeitig durch das Kindesunterhaltsgesetz erfolgten Änderung des § 55a ins Leere: Gemäß der nunmehr geltenden Fassung des § 55a sind Beurkundungen und Beglaubigungen nach § 62 Abs. 1 BeurkG gebührenfrei. Gemäß § 62 Abs. 1 Nr. 2 BeurkG – in der Fassung des Kindesunterhaltsgesetzes – fallen hierunter alle Verpflichtungen zur Erfüllung von Unterhaltsansprüchen eines Kindes, so dass die Sonderregelung in § 24 Abs. 4 ohne Anwendungsbereich bleibt.[93] Durch die geplante **FG-Reform** soll Abs. 4 aufgehoben werden.

V. Maßgeblicher Zeitpunkt und bedingte Rechte (Abs. 6)

1. Maßgeblicher Zeitpunkt bei neubegründeten Rechten

78   Bei Feststellung des Wertes wiederkehrender Leistungen oder Nutzungen von bestimmter Dauer und auf Lebenszeit ist der Zeitpunkt von Bedeutung, nach dem der Vervielfältiger zu ermitteln ist. Besteht das Geschäft in der Begründung solcher Rechte (zB Nießbrauchs-, Wohnrechtsbestellung), so ist der Zeitpunkt maßgebend, an dem die Bezüge beginnen. Dieser wird fast immer terminmäßig festgelegt. Fehlt eine solche Angabe und ist nichts anderes bestimmt, so ist davon auszugehen, dass der Bezug ab Einräumung des Rechtes erfolgt, nicht erst ab Grundbucheintragung.

2. Maßgeblicher Zeitpunkt bei bestehenden Rechten

79   Ist das bereits bestehende Recht Gegenstand eines Geschäftes (zB Abtretung einer übertragbaren Reallast, Übernahme von derartigen Rechten, Rangänderung), so ist nach Abs. 6 S. 2 der Zeitpunkt des Geschäftes für die Berechnung des Vervielfältigers maßgebend. Sind gleichzeitig Rückstände Gegenstand des Geschäftes, so werden sie regelmäßig nach § 18 Abs. 2 dem Wert des Bezugsrechts im Zeitpunkt des Geschäfts hinzugeschlagen.

3. Maßgeblicher Zeitpunkt bei Rechtsaufgabe

80   Abs. 6 S. 2 gilt auch für die Aufgabe und Löschung des Rechts. Der Wert ist gleich dem Wert, den das Recht haben würde, wenn es zu dem Zeitpunkt der Aufgabe oder Löschung bestellt oder eingetragen würde, wobei ohne Bedeutung ist, ob es in diesem Zeitpunkt noch einen wirtschaftlichen Wert hat oder gegenstandslos geworden ist.[94] Erfolgt bei Rechten auf Lebensdauer die Löschung nach Ableben des Berechtigten, so ist demnach die niedrigste Wertstufe anzunehmen. Nach BayObLG[95] findet Abs. 6 S. 2 keine Anwendung auf Rechte unbeschränkter Dauer und solche unbestimmter Dauer, wenn nicht auf Lebenszeit.[96]

4. Nichtfeststehender Beginn. Bedingte Rechte

81   Abs. 6 S. 3 bringt für den Fall, dass der Beginn des Bezugsrechtes beim Geschäft nicht feststeht oder das Bezugsrecht in anderer Weise bedingt ist, eine Ausnahme von den allgemeinen Bewertungsgrundsätzen; der Geschäftswert soll „nach den Umständen des Falles" niedriger angesetzt werden. Nach § 24 Abs. 6 S. 3 soll bei Bezugsrechten eine Bedingung oder Befristung Berücksichtigung finden, wobei man bei der Bemessung des Abschlages unterscheiden wird, ob der bedingte Umstand gewiss, nur sein Eintritt unbestimmt ist oder ob der bedingte Umstand selbst ungewiss ist. Abs. 6 S. 3 gilt sowohl, wenn ein Bezugsrecht mit einer Bedingung begründet wird, als auch, wenn mehrere Bezugsrechte gleichzeitig begründet werden, von denen das eine von dem Erlöschen des anderen abhängig ist (zB Bezugsrecht für zwei Personen derart, dass das des einen erst beginnt, wenn der andere verstorben ist). Das Ausmaß des Abschlages liegt, da die Anpassung an die Umstände des einzelnen Falles gesetzgeberisch nicht geregelt werden kann, im freien Ermessen des Ge-

---

[93] AA *Lappe* KostRsp. § 55a Nr. 3 für die Auffassung, dass § 55a für Gebührennotare nicht anwendbar ist, da nicht unterstellt werden könne, dass der Gesetzgeber in einem Gesetz widersprüchliche Regelungen treffen wollte.
[94] BayObLG Rpfleger 1955, 287.
[95] DNotZ 1971, 309.
[96] S. aber *Kanzleiter* DNotZ 1971, 310 und *Lappe* KostRsp. Nr. 28.

richts oder Notars.[97] Vgl. auch Rn. 49, 57, 61. Abs. 6 S. 3 kann auch einschlägig sein, wenn bei einem Bezugsrecht die entsprechende Anwendung des § 323 ZPO vereinbart ist, wie zB bei der „dauernden Last" iS von § 10 Abs. 1 Nr. 1 a EStG (vgl. Rn. 61).

Unter Abs. 6 S. 3 fallen nur die **echten Bedingungen** iS von § 158 BGB, nicht aber Rechtsbedingungen und schlichte Tatbestandsmerkmale einer Regelung.[98] So ist bei einer Regelung über den Versorgungsausgleich wegen der Abhängigkeit der Regelung von der Ehescheidung im Hinblick darauf, dass die Ehescheidung nicht feststeht, ein Abschlag nach Abs. 6 S. 3 nicht zulässig, da die Scheidung keine echte Bedingung darstellt, sondern Tatbestandsvoraussetzung der Vereinbarung ist.[99] Werden dingliche Rechte durch das Abhängigmachen von schuldrechtlichen Voraussetzungen (vgl. Rn. 29) so weit ausgehöhlt, dass ihre Ausübung nur selten in Betracht kommt, ist allerdings eine Minderung der Eintragungsgebühr in **Analogie** zu § 26 Abs. 6 S. 3 angebracht.[100] Bei der Bestellungsgebühr können derartige schuldrechtliche Einschränkungen des dinglichen Rechtes bereits bei der Ermittlung seines Jahreswertes berücksichtigt werden (vgl. Rn. 29). 82

§ 25 Miet- und Pachtrechte, Dienstverträge

(1) ¹**Der Wert eines Miet- oder Pachtrechts bemißt sich nach dem Wert aller Leistungen des Mieters oder Pächters während der ganzen Vertragszeit.** ²**Bei Miet- oder Pachtrechten von unbestimmter Vertragsdauer ist der Wert dreier Jahre maßgebend; ist jedoch die Auflösung des Vertrags erst nach einem längeren Zeitraum zulässig, so ist dieser maßgebend.** ³**In keinem Fall darf der Wert den fünfundzwanzigfachen Betrag der einjährigen Leistung übersteigen.**

(2) **Der Wert eines Dienstvertrags bemißt sich nach dem Wert aller Bezüge des zur Dienstleistung Verpflichteten während der ganzen Vertragszeit, höchstens jedoch nach dem dreifachen Jahresbetrag der Bezüge.**

Entsprechend: § 41 GKG (zu Abs. 1); §§ 42 Abs. 3, 52 Abs. 5 GKG (zu Abs. 2).

Übersicht

	Rn.		Rn.
I. Allgemeines	1–3	4. Wertberechnung bei unterschiedlichen Leistungen	10
II. Miet- und Pachtverträge (Abs. 1)	4–11	5. Entsprechende Anwendung	11
1. Grundsatz	4	III. Dienstverträge (Abs. 2)	12–14
2. Leistungen	5	1. Unmittelbare Anwendung	12
3. Bestimmte oder unbestimmte Dauer	6–9	2. Entsprechende Anwendung	13, 14

I. Allgemeines

§ 25 ist Spezialnorm zu § 39 Abs. 2 und zu § 24. Miet-, Pacht- und Dienstverträge sind kostenrechtlich Austauschverträge. Für die Bewertung dieser Verträge bei Beurkundungen ist damit **§ 39 Abs. 2** grundsätzlich einschlägig. Die Wertvorschrift des § 25 hat gegenüber § 39 Abs. 2 nur die Bedeutung, dass bei den in § 25 genannten Verträgen der Wertvergleich zwischen den Leistungen der Partner, den § 39 Abs. 2 vorsieht, nicht stattfindet (also nur die Miet- oder Pachtzinsen bzw. die Vergütung des Dienstverpflichteten bewertet werden) und dass für die periodischen Bezüge eine Begrenzung gegeben wird. Entsprechend ist § 25 anzuwenden: Demnach ist, wenn neben periodischen Bezügen eine einmalige oder nichtperiodische Leistung gewährt wird, diese den periodischen zuzuschlagen; ist nur eine nichtperiodische Leistung bedungen, wird der Wert allein nach dieser bestimmt, zB Pacht für unbestimmte Zeit gegen einmalige Abfindung; wenn für bestimmte Zeit, müsste umgerechnet werden. 1

---

[97] OLG Frankfurt DNotZ 1969, 251 = Rpfleger 1969, 26; OLG Düsseldorf JurBüro 1985, 113.
[98] OLG Düsseldorf JurBüro 1985, 113.
[99] AA *Lappe* NJW 1983, 1467, 1470.
[100] OLG Düsseldorf JurBüro 1985, 113.

2   § 25 ist auch Spezialvorschrift gegenüber § 24, so dass zB bei einem Miet- oder Pachtvertrag zwischen Eltern und Kindern, beiderseits unkündbar auf zehn Jahre, nicht § 24 Abs. 3 angewendet werden kann, sondern das Miet- oder Pachtentgelt der zehn Jahre maßgebend ist.

3   § 25 gilt für die **inhaltliche** Gestaltung eines Miet- oder Pachtverhältnisses, also für die Begründung, Verlängerung, Erhöhung oder Herabsetzung des Miet- oder Pachtzinses, Eintritt eines anderen in den Vertrag,[1] Erhöhung oder Ermäßigung der Leistung und Vertragsaufhebung, wobei bezüglich des Wertes periodischer Leistungen jeweils vom maßgebenden Zeitpunkt ab (Verlängerung, Eintritt des anderen) die Wertberechnung nach § 25 erfolgt. Nicht gilt § 25 für Maßnahmen, die das Miet- oder Pachtverhältnis nur (von außen) betreffen, also für die Abtretung von Vergütungsansprüchen aus diesen Verträgen; erfolgt diese sicherungsweise, so ist § 23 anzuwenden, erfolgt sie ohne Angabe des Rechtsgrundes, so ist für die periodischen Leistungen § 24 maßgebend,[2] iÜ § 30 Abs. 1.

II. Miet- und Pachtverträge (Abs. 1)

1. Grundsatz

4   § 25 Abs. 1 gilt für Miet- und Pachtverträge aller Art, also für Sachmiete (Grundbesitz, Fahrnis) und Sach- oder Rechtspacht (Jagdpacht). § 25 Abs. 1 gilt an sich auch für Miet- und Pachtverträge in der Form von Leasing-Verträgen;[3] problematisch ist bei Leasing-Verträgen, ob diejenigen Vertragsbestandteile, die einen künftigen Ankauf des Leasing-Objektes betreffen, gegenstandsgleich oder gegenstandsverschieden iS von § 44 Abs. 1 mit dem Miet- oder Pachtvertrag sind (vgl. § 44 Rn. 94). Auch Franchise-Verträge beinhalten Elemente der (Rechts-)Pacht und unterliegen daher denselben Grundsätzen. Es wird dabei abgestellt auf alle Leistungen des Mieters oder Pächters und die Vertragsdauer. Leistungen des Vermieters oder Verpächters werden nicht berücksichtigt.

2. Leistungen

5   Zu den Leistungen zählen außer den einmaligen (Umzugs-, Umbau-, Instandsetzungskosten, Übernahme von Rückständen usw.) die periodischen, also Miete und Pacht (ob in Geld, Naturalien, anderen Werten, Umsatz- oder Ausbeute-Prozenten), Übernahme von laufenden Lasten, Steuern (vor allem der Umsatzsteuer auf die Miete oder Pacht, wenn der Vermieter oder Verpächter gemäß § 4 Nr. 12 UStG für die Umsatzsteuer optiert hat), Versicherungen, Verpflegung, Ausbeutebeteiligung, auch vereinbarte Beiträge für Sammelheizung, Treppenreinigung, Lift usw.[4] Ist die Miete oder Pacht in einzelnen Perioden verschieden, so ist der höchste Betrag maßgebend; ist für die erste Zeit eine Ermäßigung gewährt, so kommt der normale Betrag in Betracht.[5]

3. Bestimmte oder unbestimmte Dauer

6   Bei Verträgen, die nicht von unbestimmter Dauer sind, also auf **bestimmte Dauer oder Mindestdauer,** ist maßgebend der Wert aller Leistungen des Mieters oder Pächters während der ganzen Vertragsdauer oder Mindestdauer, auch wenn aus bestimmten Gründen fristlose Kündigung möglich ist.[6]

7   Bei Verträgen auf **unbestimmte Dauer**[7] ist der Wert der Leistungen dreier Jahre maßgebend, es sei denn, dass eine kürzere Höchstdauer vereinbart ist. Ist die einseitige Auflö-

---

[1] OLG Frankfurt DNotZ 1955, 265.
[2] LG Oldenburg JurBüro 1964, 137.
[3] BayObLGZ 1984, 114 = JurBüro 1984, 1559 = WM 1984, 1654.
[4] LG Berlin Rpfleger 1961, 166.
[5] KG JVBl. 1936, 235.
[6] OLG Celle Nds.Rpfl. 1955, 30; KG JVBl. 1936, 235; Rpfleger 1938, 322; OLG Schleswig Rpfleger 1956, 325; OLG Hamm DNotZ 1958, 666; Rpfleger 1959, 289; LG Berlin Rpfleger 1961, 166; *Ackermann* DNotZ 1958, 47; *Riggers* JurBüro 1967, 187.
[7] Kündbar, auf Lebensdauer, OLG Schleswig Rpfleger 1962, 395, auf Höchstdauer mit Kündigung, freies, d. h. nicht an bestimmte Bedingungen geknüpftes Rücktrittsrecht, BayObLG MittRhNotK 2000, 357 = ZNotP 2000, 407 = NJW-RR 2000, 1600.

sung auf länger als drei Jahre ausgeschlossen, so liegt bewertungsrechtlich ein Vertrag auf bestimmte Dauer vor, daher sind die Leistungen bis zur ersten Auflösungsmöglichkeit maßgebend für den Wert. Das trifft auch zu, wenn bei einem Mietvertrag auf bestimmte Dauer dem Mieter auch noch *nach* Ablauf des Vertrages bzw. nach der ersten Beendigungsmöglichkeit ein Optionsrecht eingeräumt ist, weil die Gebrauchsüberlassung bei Ausübung des Rechts auf Grund eines neuen Vertrages erfolgt; es verbleibt also gleichwohl bei der Wertberechnung mit dem Multiplikator 3 bzw. mit dem Multiplikator, dessen Zahl der ersten Auflösungsmöglichkeit entspricht.[8] Ist ein Vertragsteil gebunden, während der andere kündigen kann, so ist die Dauer unbestimmt.[9] Keinesfalls darf für periodische Leistungen mehr als der 25-fache Jahresbetrag angesetzt werden. Wird neben dem Abschluss eines Mietvertrags von bestimmter Dauer vereinbart, über eine Verlängerung des Mietvertrags zu verhandeln, zB falls das Ersatzobjekt des Mieters bis zum Ablauf der regulären Mietzeit noch nicht bezugsfertig sein sollte, so ist dem Wert des Mietvertrages von bestimmter Dauer ein nach freiem Ermessen zu bestimmender Wert gemäß § 30 Abs. 1 hinzuzurechnen.[10]

Beispiele: Ist ein Vertrag auf zehn Jahre abgeschlossen oder auf zehn Jahre mit der Bestimmung, dass er sich automatisch verlängert, wenn er nicht zum ersten Ablauf gekündigt wird, oder ist er erst zum Ablauf des zehnten Jahres kündbar, so ist für die periodischen Leistungen der zehnjährige Bezug maßgebend. Ist der Vertrag auf zehn Jahre abgeschlossen mit der Maßgabe, dass er sodann mit Jahresfrist kündbar ist, dann sind die elfjährigen Bezüge maßgebend. Ist er hingegen auf zehn Jahre abgeschlossen mit der Maßgabe, dass zum Ablauf des dritten Jahres gekündigt werden kann, dann bestimmen die periodischen Bezüge dreier Jahre (neben etwaigen einmaligen) den Wert.[11] 8

Im Einzelfall ist es eine Frage der Auslegung, ob ein Vertrag von bestimmter oder unbestimmter Dauer iS des § 25 vorliegt. Dabei ist auf den Zeitpunkt des Vertragsabschlusses, nicht des Mietbeginns abzustellen (vgl. § 18 Rn. 5).[12] Ist zB bei einem Pachtvertrag auf Bodenausbeute (Kies usw.) der Vertrag zunächst nur auf ein halbes Jahr geschlossen und soll bis dahin durch Versuchsbohrungen usw. festgestellt werden, ob ein abbauwürdiges Vorkommen vorhanden ist, soll bejahenden Falles dann der Vertrag auf 15 Jahre laufen, verneinenden Falles dann der Versuch nach einem halben Jahr enden, so liegt ein Vertrag auf ein halbes Jahr vor,[13] wenn die Parteien erst nach den Versuchsbohrungen entscheiden wollen, ob der Vertrag auf 15 Jahre läuft oder beendet ist. Sollen dagegen rein objektive Umstände (Ausbeuteprozentsatz usw.) maßgebend, der auf Grund der Versuchsbohrungen sich ergebende Wille dann nicht mehr entscheidend sein, so kann es sich nach der Fassung auch um einen bedingten langfristigen Vertrag handeln. 9

4. Wertberechnung bei unterschiedlichen Leistungen

Sind nur wiederkehrende Leistungen zu erbringen, ist die Anwendung von § 25 Abs. 1 unproblematisch. Ist nur eine einmalige Leistung vereinbart, ist diese alleiniger Wert. Sind wiederkehrende Leistungen mit einer einmaligen Zahlung kombiniert, ist deren Wert dem nach § 25 Abs. 1 ermittelten hinzuzurechnen. Ist die Gegenleistung noch ungewiss (zB wenn der Mietzins nach dem künftigen Umsatz oder der künftigen Ausbeute bemessen wird), ist die Gegenleistung gemäß § 30 Abs. 1 zu schätzen.[14] Bei herabgesetzter Gegenleistung s. Rn. 11. 10

5. Entsprechende Anwendung

Ist die Gegenleistung herabgesetzt (zB bei Verträgen zwischen Verwandten) oder liegt ein Leihvertrag vor, gilt nicht § 25 Abs. 1, sondern § 30.[15] Im Rahmen der Schätzung 11

---

[8] BayObLGZ 1984, 114; BayObLG JurBüro 1992, 340; vgl. *Rohs/Wedewer* Rn. 3 ff.
[9] KG Rpfleger 1938, 322.
[10] OLG Hamm JurBüro 1980, 1064.
[11] OLG Schleswig JurBüro 1965, 822 = JVBl. 1965, 282.
[12] BayObLG MittRhNotK 2000, 357 = ZNotP 2000, 407 = NJW-RR 2000, 1600.
[13] *Rohs/Wedewer* Rn. 7; *Rohs* Rpfleger 1958, 322.
[14] *Rohs/Wedewer* Rn. 4 b.
[15] AA *Jonas/Melsheimer* Anm. I 4.

nach § 30 ist jedoch § 25 Abs. 1 sinngemäß anzuwenden. Maßgebend ist der übliche oder angemessene Miet- oder Pachtzins.[16]

III. Dienstverträge (Abs. 2)

1. Unmittelbare Anwendung

12   § 25 Abs. 2 gilt unmittelbar für die Dienstverträge nach §§ 611 ff. BGB. Darunter fallen auch Anstellungsverträge mit Organmitgliedern juristischer Personen, insbesondere mit dem Vorstand einer AG und den Geschäftsführern einer GmbH; der Anstellungsvertrag ist von der gesellschaftsrechtlichen Bestellung zu unterscheiden. Es ist die dem Dienstverpflichteten gewährte Vergütung maßgebend (Geld, Naturalien, Wohnung, Gewinnanteile usw.), ob einmalig oder periodisch, jedoch bei den periodischen nicht mehr als die dreier Jahre. Ist dem Vertrag die Dauer nicht zu entnehmen, so ist regelmäßig für die periodischen Leistungen der Bezug dreier Jahre für den Wert bestimmend, auch wenn vor Ablauf von drei Jahren gekündigt werden kann.[17]

2. Entsprechende Anwendung

13   § 25 Abs. 2 ist zumindest analog auch auf Agentur-, Kommissions- und Maklerverträge anzuwenden, bei denen – anders als beim echten Dienstvertrag – eine Verpflichtung zum Tätigwerden nicht besteht.[18] Der Geschäftswert bestimmt sich nach dem Wert der Bezüge des Agenten, Kommissionärs oder Maklers. Ist kein periodischer Bezug vereinbart (dann dreifacher Jahresbetrag), ist der Wert nach § 30 Abs. 1 unter Berücksichtigung der vorhandenen tatsächlichen Anhaltspunkte zu bestimmen.[19] § 25 Abs. 2 gilt auch in denjenigen Fällen, in denen eine Person zum Verkauf von Grundstücken ermächtigt wird und sie dafür einen Teil des Überschusses über einen Mindestpreis erhält; Geschäftswert ist der Überschuss.[20] Vereinbarung und Vollmacht sind gegenstandsgleich iS des § 44 Abs. 1.

14   Im gesellschaftsrechtlichen Bereich ist § 25 Abs. 2 zumindest analog anzuwenden, wenn sich ein GmbH-Gesellschafter im Gesellschaftsvertrag verpflichtet, die Geschäftsführung der Gesellschaft für eine bestimmte Zeit zu übernehmen.

§§ 26, 26 a, 27 *(aufgehoben)*

1   § 26 (Anmeldungen zum Handelsregister, Eintragungen in das Handelsregister) wurde durch Gesetz zur Neuordnung der Gebühren in Handels-, Partnerschafts- und Genossenschaftsregistersachen (Handelsregistergebühren-Neuordnungsgesetz – HRegGebNeuOG) vom 3. 7. 2004 (BGBl. I S. 1410 vom 3. 7. 2004), in Kraft getreten am 1. 12. 2004, aufgehoben. An seine Stelle ist § 41 a getreten.

2   § 26 a (Anmeldungen zum Partnerschaftsregister, Eintragungen in das Partnerschaftsregister) wurde durch das Handelsregistergebühren-Neuordnungsgesetz ebenfalls aufgehoben. An seine Stelle ist § 41 b getreten.

3   § 27 (Beschlüsse von Organen bestimmter Gesellschaften) wurde durch das Handelsregistergebühren-Neuordnungsgesetz aufgehoben und durch § 41 c ersetzt.

---

[16] *Assenmacher/Mathias* „Leihvertrag".
[17] KG JFGErg. 20, 58 = DNotZ 1940, 205; ZNotP 2005, 117 m. Anm. *Tiedtke*.
[18] BayObLG JurBüro 1982, 1549; KG ZNotP 2005, 117 m. Anm. *Tiedtke*.
[19] BayObLG JurBüro 1982, 1549.
[20] BayObLG JurBüro 1982, 1549 = KostRsp. Nr. 4 m. zust. Anm. *Lappe;* KG ZNotP 2005, 117 m. Anm. *Tiedtke*.

§ 28* Anmeldungen zum Güterrechtsregister, Eintragungen in das Güterrechtsregister, Eintragungen auf Grund von Eheverträgen

Bei Anmeldungen zum Güterrechtsregister und Eintragungen in dieses Register bestimmt sich der Wert nach § 30 Abs. 2, bei Eintragungen auf Grund von Eheverträgen nach § 39 Abs. 3.

§ 28 ist Wertvorschrift zu den Gebührensatzbestimmungen der §§ 38 Abs. 2 Nr. 7 und 81. Der Geschäftswert bestimmt sich bei sämtlichen Anmeldungen zum Güterrechtsregister sowie bei Eintragung in das Güterrechtsregister, soweit sie nicht auf Grund von Eheverträgen erfolgen, nach § 30 Abs. 2, bei Eintragungen (nicht Anmeldungen) auf Grund von Eheverträgen nach § 39 Abs. 3. 1

Eintragungen, die nicht auf Grund von Eheverträgen erfolgen, sind hauptsächlich solche auf Grund eines Urteils, durch das auf vorzeitigen Ausgleich des Zugewinns erkannt ist (§ 1388 BGB) oder durch das die Gütergemeinschaft aufgehoben worden ist (§§ 1449, 1470 BGB), ferner die Beschränkungen oder der Ausschluss der Berechtigung eines Ehegatten, mit Wirkung für den anderen Ehegatten Geschäfte zur angemessenen Deckung des Lebensunterhaltes der Familie zu besorgen und deren Aufhebung durch das Vormundschaftsgericht (§ 1357 Abs. 2 BGB). 2

Von dem Regelwert kann nach Maßgabe von § 30 Abs. 2 S. 2 abgewichen werden. Hierbei sind alle Umstände des Einzelfalles zu berücksichtigen.[1] Ist bei Eintragungen auf Grund von Eheverträgen nur ein Teil der ehevertraglichen Vereinbarungen erfasst, so ist nur der Wert dieses Teils, ermittelt nach § 39 Abs. 3, maßgebender Wert der Eintragung. 3

§ 29** Sonstige Anmeldungen zu einem Register, Eintragungen in das Vereinsregister, Beurkundung von sonstigen Beschlüssen

[1]Für sonstige Anmeldungen zu einem Register, für Eintragungen in das Vereinsregister und bei der Beurkundung von Beschlüssen (§ 47) bestimmt sich der Geschäftswert, wenn der Gegenstand keinen bestimmten Geldwert hat, nach § 30 Abs. 2. [2]Die §§ 41a und 41b bleiben unberührt.

Übersicht

	Rn.		Rn.
I. Anwendungsbereich	1–4	III. Mehrheit von Anmeldungen, Eintragungen und Beschlüssen	9
II. Geschäftswert	5–8	IV. Genossenschaftsregister, Euro-Umstellung	10

Stichwortverzeichnis

Amateursportverein 8
Beitragsaufkommen 8
Beschlüsse 4
BGB-Gesellschaft 4
Eigentümerversammlung WEG 4
Euro-Umstellung 10
Gebührensatznorm 2

Genossenschaftsregister 1, 4
Geschäftswert 5
Handelsregistergebühren-Neuordnungsgesetz 1
Handelsregistergebührenverordnung 1
Höchstwert 5
Kartellregister 4
Mehrheit von Anmeldungen 9

---

*Durch das am 1. 1. 1997 in Kraft getretene Gesetz vom 20. 12. 1996 (BGBl. I S. 2090) wurde § 28 in bisheriger Fassung aufgehoben; der frühere § 29 ist nunmehr § 28.
[1] OLG Hamm Rpfleger 1959, 197; Tiedtke ZNotP 1999, 41.
** § 29 neu gefasst durch Gesetz vom 20. 12. 1996 (BGBl. I S. 2090); geändert durch das am 1. 12. 2004 in Kraft getretene Gesetz zur Neuordnung der Gebühren in Handels-, Partnerschafts- und Genossenschaftsregistersachen (Handelsregistergebühren-Neuordnungsgesetz – HRegNeuOG) vom 3. 7. 2004 (BGBl. I S. 1410).

§ 29

Mitgliederzahl 8
Musterregister 4
Schiffsbauregister 4
Schiffsregister 4
Systematik 3
Umwandlungsfälle 4, 5
Vereinsregister 4
Vermögenslage 6, 8
Verwalter 7
Wertschätzung 6

I. Anwendungsbereich

1 § 29 bestimmte – wie der bis zum 31. 12. 1996 geltende § 28 – bis zu seiner Änderung zum 1. 12. 2004 den Geschäftswert in denjenigen Fällen, in denen sich bei Anmeldungen zu einem Register, bei Eintragungen in ein Register sowie bei der Beurkundung von Beschlüssen der Geschäftswert nicht aus den §§ 26 bis 28 ermitteln lässt. Durch die Änderung mit dem Handelsregistergebühren-Neuordnungsgesetz zum 1. 12. 2004 (BGBl. I S. 1410) wurde § 29, was die Eintragungen betrifft, auf Eintragungen in das Vereinsregister beschränkt. Eintragungen in das Handelsregister und nunmehr auch Eintragungen in das Genossenschaftsregister wurden in Ausübung der in § 79a geschaffenen Kompetenz durch die Handelsregistergebührenverordnung (HRegGebV, BGBl. I S. 1410, am 8. 7. 2004 in Kraft getreten) auf aufwandsbezogene Eintragungskosten umgestellt (s. Erl. dort). Im Übrigen ergaben sich durch das Handelsregistergebühren-Neuordnungsgesetz keine strukturellen Änderungen. Ergänzt wurde lediglich, dass die §§ 41a und 41b (früher §§ 26 und 26a) unberührt bleiben.

2 § 29 ist Wertbestimmung zu der Gebührensatznorm des § 38 Abs. 2 Nr. 7.

3 Nach der Systematik der §§ 41a, 41b, 41c, 28 und 29, wie sie sich auf Grund der Neuordnung dieser Vorschriften ab 1. 1. 1997 und der Änderungen zum 1. 12. 2004 darstellt, gilt § 41a (früher § 26) für Anmeldungen zum Handelsregister, § 41b (früher § 26a) für Anmeldungen zum Partnerschaftsregister, § 41c (früher § 27) für die Beschlüsse von Organen von Kapital- und Personenhandelsgesellschaften, Versicherungsvereinen auf Gegenseitigkeit und juristischen Personen gemäß § 33 HGB, § 28 regelt Anmeldungen und Eintragungen in das Güterrechtsregister. § 29 erfasst demnach sonstige Anmeldungen zu einem Register, welche nicht das Handelsregister, das Partnerschaftsregister und das Güterrechtsregister betreffen, Eintragungen in das Vereinsregister sowie Beschlüsse von Organen, die nicht unter § 41c fallen.

§ 29 gilt demnach:

4 – für Anmeldungen zum Vereinsregister, zum Musterregister, Genossenschaftsregister, Kartellregister, Schiffs- und Schiffsbauregister (wegen Hypothekeneintragungen gilt § 23);
– für Eintragungen in das Vereinsregister,
– für die Beurkundung von Beschlüssen, die nicht unter § 41c zu subsumieren sind, also alle Beschlüsse von Organen, die nicht zu Kapitalgesellschaften, Personenhandelsgesellschaften, Versicherungsvereinen auf Gegenseitigkeit oder juristischen Personen gemäß § 33 HGB gehören. Unter § 29 fallen demnach vor allem die Beschlüsse von Organen von BGB-Gesellschaften, Vereinen und Eigentümerversammlungen, wie etwa die Beglaubigung des Beschlusses einer Eigentümerversammlung über die Wahl eines Verwalters gemäß § 26 Abs. 4 WEG;[1] wegen der umstrittenen Behandlung von Unternehmensverträgen vgl. § 41c Rn. 30. Sind die zu § 29 zählenden Rechtsträger an einem Umwandlungsvorgang (Verschmelzung, Spaltung, Vermögensübertragung oder Formwechsel) beteiligt, sind die Beschlüsse nach dem Umwandlungsgesetz nach § 41c Abs. 2 zu bewerten, da dort zum einen die Wertbestimmung sämtlicher Umwandlungsbeschlüsse in einer Spezialnorm geregelt ist und zum anderen ein geldwertbestimmter Beschluss vorliegt, was die Anwendung von § 29 ausschließt.

II. Geschäftswert

5 Der Geschäftswert beträgt nach § 30 Abs. 2 regelmäßig 3000 Euro;[2] er gilt für alle durchschnittlichen Fälle. Nach Lage des Falles kann er niedriger oder höher angenommen

---

[1] OLG Hamm JurBüro 1983, 1554; vgl. *Mümmler* JurBüro 1981, 839; Rn. 6.
[2] BayObLG Rpfleger 1979, 398.

werden, jedoch nicht über 500 000 Euro. Die Höchstwertvorschrift von 500 000 Euro ergibt sich schon aus § 30 Abs. 2, auf den § 29 verweist.[3] Für die nach § 41c zu bewertenden Beschlüsse nach dem Umwandlungsgesetz gilt dieser Höchstwert nicht. Hier greift ggf. die Höchstgebühr nach § 47.

Gesichtspunkte, die im Rahmen der **Wertbemessung** zu berücksichtigen sind, sind insbesondere Bedeutung, Vermögenslage und Zweck der Vereinigung und die Bedeutung der Anmeldung, der Eintragung oder des Beschlusses. Dies gilt insbesondere für Anmeldungen zum Genossenschaftsregister bei Genossenschaftsbanken. Als Grundlage für die Wertschätzung nach § 30 Abs. 2 erscheint es angemessen, die Bewertungsmaßstäbe des § 41a heranzuziehen, den Geschäftswert also nicht unter 25 000 Euro anzusetzen.[4] 6

Besonderheiten für **Verwalterbestellungen:** § 30 Abs. 2 regelt, dass in Ermangelung genügender tatsächlicher Anhaltspunkte für eine Schätzung der Wert regelmäßig auf 3000 Euro anzunehmen ist. Er kann nach Lage des Falles niedriger oder höher, jedoch nicht über 500 000 Euro angenommen werden. Derartige genügende Anhaltspunkte für ein Abweichen vom Regelwert sind bei Wohnanlagen naturgemäß die Zahl der Wohnungen einer Anlage, die Größe der Wohnanlage und der Zuschnitt (ob Wohnanlage oder gewerbliche Anlage oder Mischanlage). Ob auch mit in die Wertfindung einzufließen hat, wie viele Objekte in der Anlage voraussichtlich zustimmungsbedürftig veräußert werden, muss bezweifelt werden, da potentiell jede Wohnung oder jedes gewerbliche Objekt (soweit ein Zustimmungsvorbehalt auch in der Gemeinschaftsordnung vorgesehen ist) bei Veräußerung von der Zustimmung abhängt. Das OLG Braunschweig[5] sah keine Veranlassung, bei einem Objekt mit 10 Wohnungen vom Regelwert in Höhe von 3000 Euro abzuweichen. Es wird aber auch die zutreffende Auffassung vertreten, dass bei einem Objekt mit ca. 20 Eigentumswohnungen durchaus ein Wert von 50 000 Euro vertretbar sein kann.[6] Ungleiches darf nicht willkürlich gleich behandelt werden. Deshalb ist die schlichte Annahme eines immer gleich bleibenden Geschäftswertes von 3000 Euro ohne Rücksicht auf die Größe der Anlage mit dem verfassungsrechtlichen Differenzierungsgebot nicht vereinbar[7] (s. auch § 30 Rn. 88). 7

Der Geschäftswert für eine Anmeldung zum Vereinsregister oder Eintragung im Vereinsregister ist bei einem Amateursportverein regelmäßig nicht nach einem bestimmten Vom-Hundert-Satz des Vereinsvermögens festzusetzen, da dieses (zB unverwertbarer Sportplatz) kaum echte Aussagekraft besitzt; vielmehr sind geeignete Kriterien die Mitgliederzahl und das Beitragsaufkommen.[8] Unter diese Regelfälle sind alle Anmeldungen und Eintragungen betreffend Idealvereine, deren Vermögenslage weder überdurchschnittlich noch die Anmeldung von besonderer Bedeutung ist, zu subsumieren. In Ausnahmefällen kann der Geschäftswert jedoch für Anmeldung und Eintragung höher angenommen werden, jedoch nicht höher als 500 000 Euro (Höchstwert nach § 30 Abs. 2 bzw. nach § 39 Abs. 4 für Registeranmeldungen überhaupt). Ist die Vermögenslage überdurchschnittlich oder hat der Zweck des Vereins eine besondere Bedeutung (zB Betrieb eines Wohnstifts, wenn auch gemeinnützig und nicht unbedingt kostendeckend), kann vom Regelwert des § 29 (3000 Euro) angemessen nach oben abgewichen werden.[9] Im Hinblick auf ein vorhandenes Reinvermögen von mehr als 20 Mio. Euro und des Vereinszwecks kann das 10-fache des Regelwertes, also 30 000 Euro angemessen und sachgerecht sein, uU auch höher. 8

---

[3] Vgl. *Mümmler* JurBüro 1975, 1445.
[4] *Tiedtke* MittBayNot 1997, 21.
[5] ZNotP 2007, 359 m. krit. Anm. *Tiedtke*.
[6] *Tiedtke,* Notarkosten im Grundstücksrecht, 2. Aufl. 2007, Rn. 1096; ähnlich *Mümmler* JurBüro 1981, 839; hier § 30 Rn. 88 (300–500 Euro pro Einheit); *Lappe* KostRsp. § 30 Nr. 68; *ders.* NotBZ 2006, 51; LG Heilbronn BWNotZ 1983, 174; aA lediglich OLG Stuttgart JurBüro 1988, 1200.
[7] So mit Recht *Lappe* NotBZ 2006, 51.
[8] BayObLG Rpfleger 1979, 398.
[9] OLG München FGPrax 2006, 86 = Rpfleger 2006, 287 = ZNotP 2006, 359.

III. Mehrheit von Anmeldungen, Eintragungen und Beschlüssen

9   Bei § 29 fehlen Bestimmungen, die den zu § 41 a entwickelten Grundsätzen entsprechen.[10] Es ist daher umstritten, ob diese entsprechend heranzuziehen sind. Dagegen könnte sprechen, dass § 29 ausdrücklich auf eine Wertbestimmung nach § 30 Abs. 2 verweist. Hieraus könnte der Schluss gezogen werden, dass nicht von einer Mehrheit von Anmeldungen ausgegangen werden kann.[11] Andererseits gilt für Anmeldungen § 44 unmittelbar, so dass nichts gegen den mehrfachen Wertansatz spricht, wenn mehrere Veränderungen zur Eintragung in das Vereinsregister angemeldet werden. Wir halten daher die Grundsätze, die für mehrere Anmeldungen zu § 41 a entwickelt worden sind, für anwendbar. Für Beschlüsse gilt § 44 über § 41 c Abs. 3 S. 1, für Eintragungen gilt § 30.

IV. Genossenschaftsregister, Euro-Umstellung

10   Der Beschluss über die Änderung des Statuts der Genossenschaft ist nach §§ 164 Abs. 1 S. 3, 16 Abs. 5, 11 Abs. 1 GenG vom Vorstand zur Eintragung in das Genossenschaftsregister anzumelden. Erst mit der Eintragung wird der Beschluss gemäß § 16 Abs. 6 GenG wirksam. Betrifft die Anmeldung lediglich die rechnerische Umstellung der Geschäftsanteile zum amtlich festgelegten Kurs, bedarf diese gemäß § 164 Abs. 2 S. 1 GenG nicht der öffentlichen Form nach § 157 GenG. Die Anmeldung wird aber nach § 157 GenG formbedürftig (öffentliche Beglaubigung) wenn zugleich eine Glättung der Geschäftsanteile beschlossen wird. Für die Kostenberechnung gilt gemäß § 164 Abs. 2 Nr. 2 GenG der Art. 45 Abs. 2 EGHGB. Geschäftswert für die Eintragung der rein rechnerischen Umstellung im Handelsregister 3000 Euro. Gleiches gilt für die Anmeldung.

§ 30* Angelegenheiten ohne bestimmten Geschäftswert, nichtvermögensrechtliche Angelegenheiten

(1) Soweit in einer vermögensrechtlichen Angelegenheit der Wert sich aus den Vorschriften dieses Gesetzes nicht ergibt und auch sonst nicht feststeht, ist er nach freiem Ermessen zu bestimmen; insbesondere ist bei Änderungen bestehender Rechte, sofern die Änderung nicht einen bestimmten Geldwert hat, sowie bei Verfügungsbeschränkungen der Wert nach freiem Ermessen festzusetzen.

(2) ¹In Ermangelung genügender tatsächlicher Anhaltspunkte für eine Schätzung ist der Wert regelmäßig auf 3000 Euro anzunehmen. ²Er kann nach Lage des Falles niedriger oder höher, jedoch nicht über 500 000 Euro angenommen werden.

(3) ¹In nichtvermögensrechtlichen Angelegenheiten ist der Wert nach Absatz 2 zu bestimmen. ²In Angelegenheiten, die die Annahme eines Minderjährigen betreffen, beträgt der Wert stets 3000 Euro.

Entsprechend: §§ 61 ff. GKG.

---

[10] Gleichzeitige Anmeldung der Abberufung und Anmeldung von Geschäftsführern sind gegenstandsverschieden, BGH DNotZ 2003, 297 = MittBayNot 2003, 235 = RNotZ 2003, 147 = NotBZ 2003, 62 m. Anm. *Lappe* = JurBüro 2003, 270 m. Anm. *H. Schmidt* = ZNotP 2003, 119 m. Anm. *Tiedtke.*

[11] In diese Richtung geht wohl die Entscheidung des BayObLG Rpfleger 1979, 398.

* § 30 Abs. 2 geändert durch Gesetz vom 20. 8. 1975 (BGBl. I S. 2189), Abs. 3 Satz 2 angefügt durch Gesetz vom 2. 7. 1976 (BGBl. I S. 1749), Abs. 2 Satz 2 geändert durch Gesetz vom 24. 6. 1994 (BGBl. I S. 1325), Abs. 2 Sätze 1 und 2, Abs. 3 Satz 2 geändert durch Gesetz vom 27. 4. 2001 (BGBl. I S. 751).

Angelegenheiten ohne bestimmten Geschäftswert **§ 30**

Übersicht

	Rn.		Rn.
I. Anwendungsbereich	1–5	b) Beziehungswert	8, 9
1. Verhältnis zu anderen Wertbestimmungen	1, 2	c) Fallgruppen	10–90
		3. Verfügungsbeschränkungen	91
2. Verhältnis von Abs. 1 zu Abs. 2	3, 4	4. Änderung bestehender Rechte	92–107
3. Zusammentreffen von vermögensrechtlichen und nichtvermögensrechtlichen Geschäften	5	a) Eigentum	93
		b) Grundpfandrechte	94–105
II. Wert in vermögensrechtlichen Angelegenheiten	6–110	c) Änderungen anderer dinglicher Rechte	106
1. Allgemeines	6	d) Andere als dingliche Rechte	107
2. Ermessensbildung	7–90	5. „Hilfswert" (Abs. 2)	108–110
a) Grundsatz	7	III. Wert in nichtvermögensrechtlichen Angelegenheiten	111–116

Stichwortverzeichnis

Ablösevereinbarung 34
Angelegenheiten, nichtvermögensrechtliche 111–116; vermögensrechtliche 6–110
Andere dingliche Rechte 106
Änderung bestehender Rechte 92 ff.
Anteilsbewertung 10 ff.
Arbeitsplatzgarantie 14

Baubetreuungsverträge 15
Bauherstellungsverträge 16
Bauverpflichtungen 17 ff.
Bebauungsbeschränkung 23
Bedingte Verpflichtungen 24
Benutzungsregelungen 25
Besitzeinräumung 26
Betreuungsverfügung 115
Beziehungswert 8
Bürgschaft 27
Bürgschaftsverwahrung 28

Dienstbarkeiten 29

Eide 30
Eheverträge 31
Eigentum 93
Einheimischenmodell 31 a
Erbbaurecht 32
Erbverzicht 33
Ermessensbildung 7–90
Erschließungskostenvorauszahlung 34
Erschließungsverträge 34

Fallgruppen 10 ff.
Firmenänderung 35
Forderung 36
Fremdenverkehrsdienstbarkeit 37

Geschäfte, Zusammentreffen von nichtvermögensrechtlichen und vermögensrechtlichen 5
Geschäftsanteile 10 ff.
Gewerbebetriebsbeschränkung 38
Grundbuchberichtigung 39
Grundlagenurkunde 40
Grundpfandrechte 57, 75, 88, 93

Hilfswert 108
Höfeordnung 42

Identitätserklärung 43
Identitätsfeststellung 44
Investitionsverpflichtung 45

Kapitalgesellschaften 12 ff.
Kaufverträge 46 ff.
– Bedingter Kaufpreis 47
– Bedingter Kaufvertrag 48
– Kaufoption 49
– Kaufpreisüberwachung 50
– Offenlegung von Abtretungen 46
Kirchen 51
Kirchenaustrittserklärung 52
Konsortialverträge 53
Kreditbeschaffungsverpflichtung 54

Lebenspartnerschaften 55 a
Leihvertrag 56
Lieferverträge 55

Mediation 56 a
Minderjährige 111
Mutterurkunde 56 b, 40

Nachbesserungsklausel 47
Nacherbenanwartschaft 56
Namensänderung 58
Nichtdingliche Rechte 107
Nichtvalutierungserklärung 59
Notarbestätigung 60

Öffentliche Sachen 51, 60
Optionen 49

Patientenverfügung 86 e, 115
Pflichtteilsverzicht 33
Poolvereinbarungen 62

Rangrücktritt des Eigentümers 32
Rechtswahl 64 ff.
Rückübertragungsverpflichtung 22

Scheidungsvereinbarung 74
Schiedsvertrag 75
Schlichtung 75 a
Schreibfehlerberichtigung 76
Schuldübernahmegenehmigung 77

Treuhandverträge 78

Übergabeverpflichtung 79
Umwandlung von Grundpfandrechten 95, 96
Unterwerfung durch die Zwangsvollstreckung 99
Umwandlungen 80

Verklarung 81
Versorgungsausgleich 84
Verfügungsbeschränkungen 91
Vertragsmuster 83

Reimann

Verweisungsurkunde 84 a, 40
Verzicht 85
– auf Rechte 85
– auf vertraglich vereinbarte Rücktritte 85
Vormietrecht 86
Vorsorgevollmacht 86 a ff,

Wertsicherungsklausel 32
Wiederkaufsrecht 22
Wohnungsbesetzungsrecht 87
Wohnungseigentum 88
Zweckbestimmungserklärungen 90

I. Anwendungsbereich
1. Verhältnis zu anderen Wertbestimmungen

1   Während in den §§ 19 bis 29 allgemeine Wertbestimmungen niedergelegt sind, die regelmäßig für alle Geschäfte des 2. Abschnittes gelten, und dort noch spezielle Wertbestimmungen für einzelne Geschäfte gegeben werden, normiert § 30 in Abs. 1 und 2 eine allgemeine Wertbestimmung für alle **vermögensrechtlichen Angelegenheiten.** Die Spezialbestimmungen des 2. Abschnitts gehen den allgemeinen Wertbestimmungen vor; unter letzteren gehen die §§ 19 bis 29 dem § 30 vor. In allen Fällen, in denen diese vorgehenden Wertbestimmungen zur Wertermittlung nicht ausreichen, greift § 30 als subsidiäre Generalklausel ein. § 30 gilt aber nicht nur für die durch vorgehende Wertbestimmungen nicht erfassten Wirtschaftsgüter, Rechtsbeziehungen, Leistungen, Verpflichtungen usw., sondern auch bei der Anwendung der vorgehenden Wertbestimmungen, sofern der Wert danach nur durch Schätzung ermittelt werden kann, zB wenn er aus mehreren Wertposten zu errechnen ist (§ 24: Jahreswert und Vervielfältiger, § 39 Abs. 2: Einzelverpflichtungen in gegenseitigen Verträgen) und der Wert eines der Wertposten geschätzt werden muss, oder wenn die Wertermittlung durch Wertvergleich zu erfolgen hat (§ 23) und die Vergleichsposten unbestimmt, aber schätzbar sind. Lässt sich der Geschäftswert auf Grund der §§ 19 bis 29 ermitteln, ist für die Anwendung des § 30 kein Raum; die Vorschrift eignet sich also nicht als Grundlage von „Kulanzbewertungen" oder eines sonstigen gut gemeinten Entgegenkommens gegenüber dem Kostenschuldner. Die unzulässige Anwendung von § 30 unterfällt dem Verbot der § 17 Abs 1 S. 1 BNotO und § 140 KostO.

2   Die Wertbestimmung in **nichtvermögensrechtlichen Angelegenheiten** wird in Abs. 3 unter Verweisung auf Abs. 2 geregelt.

2. Verhältnis von Abs. 1 zu Abs. 2

3   Aus Abs. 2 ergibt sich, dass der Wert nach Abs. 1 zu bestimmen ist, wenn „genügend tatsächliche Anhaltspunkte für eine Schätzung" vorhanden sind. Da auf die Lage des Falls abzustellen ist, gehören zu den tatsächlichen Anhaltspunkten nicht nur Sachverhalts-Tatsachen, sondern auch die rechtliche Schwierigkeit, die Bedeutung und der Umfang der Sache.[1] Es genügen einige Anhaltspunkte, die eine wenigstens annäherungsweise Schätzung erlauben, weil diese dem wahren Wert immer noch näher kommt als der Wertansatz nach Abs. 2. Nur wenn wegen Fehlens jedweder Anhaltspunkte eine annäherungsweise Wertermittlung unmöglich ist, greift Abs. 2 ein. In der Praxis und zT auch in der Rspr. wird häufig durch mehr oder minder willkürliche Abweichung vom Regelwert des Abs. 2 das zu erreichen versucht, was nach Abs. 1 besser zu erreichen ist.[2] Von der Schätzung nach Abs. 1 ist indes nur abzusehen, wenn nach vernünftigem Ermessen und im Rahmen des Wertermittlungsverfahrens der KostO keinerlei Anhaltspunkte für eine Schätzung gewonnen werden. In vermögensrechtlichen Angelegenheiten wird daher die Anwendung des Abs. 2 nur ausnahmsweise in Frage kommen; denn diese Vorschrift soll weder der Bequemlichkeit der Beteiligten oder des Bewertenden dienen noch für die Beteiligten eine Gelegenheit zur Kostenersparnis bilden.[3]

4   Der **praktische Unterschied** zwischen Abs. 1 und 2 besteht im Folgenden:
– Bei der Wertbestimmung nach Abs. 1 gibt es keinen **Höchstwert** und keinen **Mindestwert,** das Ermessen ist, soweit sachlich gerechtfertigt, nach oben und unten nicht beschränkt.

---

[1] *Lappe* KostRsp. Nr. 91.
[2] Vgl. OLG Bamberg Rpfleger 1951, 573; *Jacob* NJW 1949, 817.
[3] *Hieber* MittBayNot 1952, 34.

– Die Wertbestimmung nach Abs. 1 geht in praxi von einem **Beziehungswert** (s. Rn. 8, 9) aus und nimmt einen Bruchteil davon, bei der Wertbestimmung nach Abs. 2 ist der Wert von 3000 Euro Ausgangspunkt für die Abweichung nach oben oder unten je nach Lage des Falles.[4]

3. Zusammentreffen von vermögensrechtlichen und nichtvermögensrechtlichen Geschäften

Treffen vermögensrechtliche und nichtvermögensrechtliche Geschäfte zusammen, ist für jede Angelegenheit der Wert selbständig zu ermitteln, die Werte sind zusammenzurechnen.[5] Wird zB mit einer Vaterschaftsanerkennung eine Unterhaltsverpflichtung beurkundet, so handelt es sich um zwei Geschäfte verschiedenen Gegenstands, der Wert des ersteren bestimmt sich nach Abs. 3, der des letzteren nach § 24. Auch die gegenüber einer Gemeinde eingegangene Bauverpflichtung kann vermögensrechtlicher und ideeller Natur sein.[6] 5

II. Wert in vermögensrechtlichen Angelegenheiten

1. Allgemeines

Wertermittlung nach **freiem Ermessen** ist geboten, wenn das Gesetz keinen Wert nennt und er auch sonst nicht feststeht. § 30 Abs. 1 nennt beispielhaft für die Wertermittlung nach freiem Ermessen die Änderung bestehender Rechte und Verfügungsbeschränkungen (s. Rn. 91 ff.). Der Wert steht nicht nur bei Geldforderungen, Kaufpreis- und Kapitalerhöhungen u. Ä. ohne weiteres fest, sondern auch bei Geschäften, die sich auf ein anderes Geschäft bestimmten Wertes beziehen und dessen Wert haben, zB Einwilligung, Genehmigung, Vollmacht usw. zu einem Geschäft bestimmten Wertes (zB zu Geschäftsanteilsabtretung, zu Belastung eines Erbbaurechtes), auch bei Beitritt zu einer Schuld, einem Vertrag, einem Beschluss, Belastungsgenehmigung usw.[7] 6

2. Ermessensbildung

a) **Grundsatz.** Die Ermessensbildung ist – trotz des Wortlauts von § 30 Abs. 1 – nicht völlig frei. Die Geschäftswertbestimmung nach § 30 Abs. 1 ist demgemäß nicht verfassungswidrig.[8] Sie hat nach objektiven Gesichtspunkten zu erfolgen, schließt also – anders Abs. 2 – die Berücksichtigung persönlicher Verhältnisse und Interessen aus.[9] Haben Gericht oder Notar und das Beschwerdegericht den Wert gemäß Abs. 1 bestimmt, so kann das Gericht der weiteren Beschwerde nicht sein Ermessen an die Stelle des Ermessens des Beschwerdegerichts setzen; denn eine Gesetzesverletzung liegt nur vor, wenn bei der Ausübung des freien Ermessens irgendwelche tatsächlich oder rechtlich maßgebende Gesichtspunkte verkannt oder übersehen sind.[10] 7

b) **Beziehungswert.** Tatsächliche Anhaltspunkte für die Ermessensbildung sind der Wert des durch das Geschäft betroffenen Wirtschaftsgutes und das Ausmaß, in welchem dieses durch das Geschäft betroffen wird (Beziehungswert). In der Praxis wird der Wert nach Abs. 1 durch einen bestimmten Prozentsatz des Beziehungswertes, der nach dem Maß der Einwirkung des Geschäfts auf das Wirtschaftsgut zu bemessen ist, gebildet, manchmal auch mit einem Ermessensrahmen, innerhalb dessen je nach der Ausgestaltung 8

---

[4] BayObLG Beschluss vom 15. 2. 2000, 3Z BR 2/00.
[5] *Rohs/Wedewer* Rn. 48; aA OLG Frankfurt DNotZ 1965, 366; 1967, 124 – Bewertung nur nach § 30 Abs. 3 – und *Muhr* MittRhNotK 1968, 657 – Überwiegen des einen oder anderen Interesses entscheidet.
[6] *Rohs/Wedewer* Rn. 48, vgl. dazu Rn. 18.
[7] Vgl. *Ackermann* JurBüro 1967, 772; OLG Celle DNotZ 1968, 575; LG Göttingen NJW 1968, 2017; BayObLG JurBüro 1970, 1083.
[8] BayObLG Rpfleger 1983, 506.
[9] KG DNotZ 1939, 682; 1955, 68.
[10] KG DNotZ 1943, 16; OLG Celle DNotZ 1960, 52; JVBl. 1962, 166; OLG Hamm JVBl. 1960, 141; JurBüro 1963, 522; BayObLG MittBayNot 1981, 45; OLG Hamm MittBayNot 2006, 448.

§ 30

des Einzelfalles der Wert anzusetzen ist; ein Überschreiten des Beziehungswertes ist (vgl. § 19) nicht zulässig.[11]

9 Der Beziehungswert ist der Wert im wirtschaftlichen Verkehr, d. h. im Regelfall der gemeine Wert. Wo die KostO einen kostenrechtlichen Wert normiert, der von dem wirtschaftlichen Verkehr wesentlich abweicht (zB §§ 20 Abs. 2, 23, 24), ist dieser kostenrechtliche Wert der Beziehungswert.

10 **c) Fallgruppen. Anteilsbewertung.** Der Wert eines Anteils an einer **Personengesellschaft** (BGB-Gesellschaft, OHG, KG, EWIV) ist gemäß § 18 zu bewerten, da der Anteilsberechtigte an den Vermögensgegenständen selbst beteiligt ist; maßgebend ist daher das Aktivvermögen der Gesellschaft.[12] Für ein Ermessen nach § 30 ist hier kein Raum, auch wenn der Kaufpreis bei einem *share deal* im Einzelfall niedriger als der anteilige Bruttowert sein sollte.[13] § 18 ist auch für die Bewertung von Anteilen an **anderen Gesamthandsgemeinschaften** maßgebend.[14]

11 Wegen der Wertermittlung bei typischen und atypischen **stillen Beteiligungen** und **Unterbeteiligungen** s. § 39 Rn. 52.

12 Die KostO enthält keine spezielle Regelung für **Kapitalgesellschaften,** insbesondere nicht für die **GmbH.** Da eine unmittelbare Berechtigung des Anteilseigners an den Vermögensgegenständen der GmbH nicht besteht, ist § 18 nicht einschlägig, vielmehr ist § 30 Abs. 1 anzuwenden. Hierbei spielt es keine Rolle, ob nur einzelne oder sämtliche Geschäftsanteile an einer GmbH übertragen werden. Im Rahmen der Ermessensbildung nach § 30 Abs. 1 ist die Bestimmung eines Geschäftswertes, der mit den im Wirtschaftsleben zugrunde gelegten Werten möglichst übereinstimmt, anzustreben.[15] Der Nennbetrag eines Geschäftsanteils an einer GmbH kennzeichnet nur die Haftungslage und ist nicht mit seinem wirtschaftlichen Wert gleichzusetzen.[16] Der Verkehrswert wird vor allem auf Grund von Verkäufen zu bewerten sein; dem Kaufpreis ist dabei auch eine eventuelle Verpflichtung des Käufers zuzurechnen, eine bereits fällige Zahlung auf das Stammkapital anstelle des Verkäufers zu übernehmen (anders, wenn die Zahlung noch nicht fällig war).[17] Der Ansatz des Kaufpreises kommt insbesondere dann in Betracht, wenn es sich hierbei um einen für den objektiven Wert der Geschäftsanteile aussagekräftigen Preis handelt und nicht etwa um einen Verkauf „unter Wert". Bei der Prüfung, ob es sich um einen aussagekräftigen Preis handelt, kann auf Satzungsbestimmungen, die den Kaufpreis beeinflussen können, zurückgegriffen werden. Auch kann die Vorlage von Geschäftsanteilsverkäufen der vergangenen Jahre aufschlussreich sein.[18] Fehlen derartige Anhaltspunkte, so ist nach Ansicht des OLG München bei vinkulierten GmbH-Anteilen der gesellschaftsrechtliche Abfindungsbetrag maßgebend. Ansonsten ist der Geschäftswert eines GmbH-Anteils regelmäßig mit dem Teil des Nettogesellschaftsvermögens, der dem Verhältnis des Geschäftsanteils zum Stammkapital entspricht, anzusetzen. Würde nämlich die GmbH liquidiert, erhielte der Gesellschafter diesen Betrag ausgezahlt (§ 72 S. 1 GmbHG). Noch nicht eingezahlte Stammeinlagen sind ohne Belang, wenn die Nichteinzahlung bei allen Anteilen verhältnismäßig gleich ist (Regelfall, vgl. § 19 Abs. 1 GmbHG); andernfalls verändert sich die Berechnung entsprechend § 271 Abs. 3 AktG. Dieser Vermögenswert des Anteils errechnet sich nach betriebswirtschaftlichen Grundsät-

---

[11] OLG Celle DNotZ 1965, 237.
[12] BayObLG Rpfleger 1955, 198; 1956, 255; JurBüro 1990, 896 = KostRsp. Nr. 77 m. abl. Anm. *Lappe;* OLG Braunschweig Rpfleger 1964, 67; OLG Celle DNotZ 1969, 631; BayObLG JurBüro 1990, 896 = MittRhNotK 1990, 138; *Ackermann* JVBl. 1966, 53; *Rohs/Wedewer* § 18 Rn. 9; *Baumann* MittRhNotK 1982, 69; OLG Zweibrücken MittBayNot 2002, 61; Rpfleger 2002, 99 = ZNotP 2002, 82; FGPrax 2001, 260.
[13] HM, vgl. § 18 Rn. 27 ff.; kritisch *Vollrath* Rpfleger 2004, 17.
[14] *Ackermann* JVBl. 1966, 53.
[15] BayObLG JurBüro 1985, 583.
[16] BayObLG Rpfleger 1974, 237; JurBüro 1977, 1122; MittBayNot 1982, 141; OLG Celle JurBüro 2002, 47.
[17] OLG Frankfurt DNotZ 1987, 179 = KostRsp. § 39 Nr. 65 m. krit. Anm. *Lappe.*
[18] BayObLG JurBüro 1992, 183 = MittBayNot 1992, 227.

zen. Gegenwärtig wird überwiegend die Ertragswertmethode angewandt.[19] Regelmäßig sind GmbH-Anteile nach dem sog. „Berliner-Verfahren" zu bewerten, das sowohl den Unternehmenssubstanzwert als auch den Ertragswert berücksichtigt, unter Abzug eines angemessenen Abschlags.[20] Ist ein Ertragswert, wie häufig (zB bei Unternehmensveräußerungen in Form eines „share deal"), nicht zu ermitteln, ist der Reinwert (Aktiva, gekürzt um die Passiva) der Beteiligung anzusetzen. Der von der Steuerbehörde im Rahmen des bis zum 31. 12. 1992 gültigen „Stuttgarter Verfahrens" (Abschnitt 76–89a VStR) angenommene Wert konnte einen brauchbaren Anhaltspunkt für die Bestimmung des GmbH-Anteils, allerdings unter Berücksichtigung der Umstände des Einzelfalls, bilden, ohne dass eine Bindung an steuerliche Bewertungsvorschriften standen hätte.[21] Bei der Schätzung des gemeinen Wertes von Anteilen an einer GmbH nach dem sog. Stuttgarter Verfahren kommt ein Abschlag wegen Fehlens eigener Betriebsgrundstücke und -gebäude nur in Ausnahmefällen in Betracht, etwa wenn der Nutzungsberechtigte auf Grund konkreter Maßnahmen des Grundstücks- bzw. Gebäudeeigentümers mit einer alsbaldigen Beendigung der Nutzungsmöglichkeit rechnen muss und dadurch der Betriebsablauf am maßgeblichen Feststellungszeitpunkt nachhaltig beeinträchtigt ist; ein Abschlag ist zu versagen, wenn GmbH und verpachtender Grundstücks- bzw. Gebäudeeigentümer zu demselben Konzern gehören und am Stichtag keine Anzeichen dafür vorliegen, dass die Konzernverbindung nicht in der seitherigen Weise fortbestehen wird.[22] Das gegenwärtig gültige „Stuttgarter Verfahren" (vgl. Abschnitt 95–109 ErbStR) eignet sich wegen der Übernahme der Buchwerte nur für eine Verkehrswertermittlung von GmbH-Anteilen, wenn man die Buchwerte durch die Verkehrswerte der einzelnen Wirtschaftsgüter, vor allem des Betriebsgrundbesitzes, ersetzt. Problematisch kann die Geschäftswertermittlung bei **gemeinnützigen Kapitalgesellschaften** sein. Steuervergünstigungen, die in diesem Bereich etwa noch fortbestehen, führen nicht zur Befreiung und Ermäßigung von Gebühren, die nach der KostO zu erheben sind.[23] Es wird allenfalls gerechtfertigt sein, bei gemeinnützigen Kapitalgesellschaften einen Abschlag (etwa 10–30%) von dem sonst errechneten Wert vorzunehmen. Steht der Kaufpreis im Rahmen der Prüfung des § 39 Abs. 2 als Wert der Anteilsabtretung fest, so erübrigt sich ein Preisabschlag.[24]

Allerdings wird man bei der Veräußerung von Anteilen regelmäßig über § 39 Abs. 2 zu einem anderen Geschäftswert gelangen. Maßgebend ist der erzielte Kaufpreis, wobei sich dieser nicht nur nach dem nominellen als Kaufpreis ausgewiesenen Betrag richtet, sondern auch die weiteren echten Verpflichtungen des Käufers umfasst etwa Arbeitsplatzgarantie, Investitionsverpflichtung. Auch die Übernahme von Bürgschafts- und Haftungsverpflichtungen des Verkäufers, sowie die Verpflichtung des Käufers, die Gesellschaft liquiditätsmäßig so zu stellen, dass sie Zahlungsverpflichtungen aus bereits abgeschlossenen Verträgen termingerecht erfüllen kann ist nach § 30 Abs. 1 wertmäßig zusätzlich zu erfassen.[25] Eine Entschuldungsverpflichtung hinsichtlich der Gesellschaft, die vom Verkäufer übernommen wird, ist bei der Wertermittlung außer Betracht zu lassen.[26] **13**

Arbeitsplatzgarantie. Wertermittlung nach § 30 Abs. 1. In Sonderfällen, zB bei Verkauf durch Treuhandanstalt, kann § 30 Abs. 3 einschlägig sein, da bei normativer Wertung ausschließlich öffentliche Interessen verfolgt werden.[27] Nach OLG Schleswig[28] kann sich die Verpflichtung zur Schaffung von Arbeitsplätzen mit 30% der Gesamtaufwendungen für die gesamte Laufzeit bemessen. **14**

---

[19] Vgl. *Reimann* DStR 1991, 910 mwN; OLG München DB 2005, 2810.
[20] OLG München DB 2005, 2810 = ZEV 2006, 275.
[21] BayObLG JurBüro 1985, 583, 585; 1988, 1199.
[22] BFH GmbHR 1985, 103.
[23] BayObLG JurBüro 1985, 583; OLG München DB 2005, 2810.
[24] BayObLG JurBüro 1992, 183 = MittBayNot 1992, 227.
[25] OLG Köln FGPrax 2000, 126 = ZNotP 2000, 445.
[26] KG DNotZ 1994, 713; OLG Hamm DNotZ 1995, 784.
[27] Vgl. KG DNotZ 1994, 713; OLG Hamm DNotZ 1995, 784.
[28] DNotZ 1994, 725.

15 Baubetreuungsvertrag. Ein Baubetreuungsvertrag, durch den sich der Baubetreuer verpflichtet, im Namen und für Rechnung des Bauherrn auf dessen Grundstück einen Bau vorzubereiten und durchzuführen, ist trotz seiner verschiedenartigen Elemente ein einheitlicher Austauschvertrag, und zwar ein Geschäftsbesorgungsvertrag (§§ 25 Abs. 2, 39 Abs. 2). Der Geschäftswert für diesen Vertrag bestimmt sich grundsätzlich nicht nach den Gesamtherstellungskosten, vielmehr kommt es, um die höhere Leistung nach § 39 Abs. 2 zu ermitteln, darauf an, welchen Betrag der Herstellungskosten auf die Baubetreuungstätigkeit einschließlich des vom Baubetreuer erwarteten Unternehmergewinns entfällt. In der Regel wird also das Honorar des Baubetreuers anzusetzen sein.[29] Umfasst jedoch der Baubetreuungsvertrag mehr als die wirtschaftliche und technische Betreuung, so wird – abweichend von den o. g. Grundsätzen – der volle Wert der Baukosten anzusetzen sein, insbesondere wenn kraft vertraglicher Festsetzung alle Geldmittel des Bauherrn auf ein spezielles Konto einzuzahlen sind, über das nur der Baubetreuer verfügungsberechtigt ist.[30] Wegen der speziellen Problematik bei sog. Bauherrenmodellen vgl. § 39 Rn. 43 ff.

16 Bauherstellungsvertrag. Beinhaltet der Bauherstellungsvertrag die unmittelbare Verpflichtung des Auftragnehmers, das Bauwerk zu erstellen, so handelt es sich um einen Werkvertrag. Geschäftswert ist nach § 39 Abs. 2 der volle Preis. Gleiches hat zu gelten, wenn mit einem Kaufvertrag eine Verpflichtung zur Abnahme bzw. zur Erstellung eines Fertighauses verbunden ist. Der Wert dieser Verpflichtung bestimmt sich nach dem Kaufpreis für das Haus.[31]

17 Bauverpflichtungen. Bauverpflichtungen gegenüber dem Verkäufer oder einem Dritten sind häufig Inhalt von Grundstückskaufverträgen, insbesondere bei Erwerb eines Grundstücks von einer Gemeinde. Die Übernahme oder das Eingehen einer Bauverpflichtung zählt zu den vom Käufer übernommenen Leistungen gemäß § 20 Abs. 1 S. 2 Halbs. 2. Dem Verkehrswert des Grundstücks (§ 20 Abs. 1 S. 2 Halbs. 1) sind die Verpflichtungen des Käufers (Kaufpreis, Bauverpflichtung etc.) gegenüber zu stellen, der höhere Wert ist als Geschäftswert maßgebend.

18 Es wurde vielfach bei der Frage, wie Bauverpflichtungen wertmäßig zu erfassen sind, darauf abgestellt, ob sie einen eigenen wirtschaftlichen oder ideellen Wert haben, je nach dem wurde entweder § 30 Abs. 1, Abs. 2 oder aber § 30 Abs. 3 angewandt. Nach Auffassung des BGH[32] ist das Interesse an einer Bauverpflichtung wirtschaftliche Art, wenn die Gewerbe- oder Wohnansiedlung gefördert werden soll, ideeller Art ist es, wenn es nur um die einheitliche oder gleichzeitige Bebauung eines Areals geht. Unabhängig davon hat nach Auffassung des BGH die Bauverpflichtung stets einen wirtschaftlichen Wert, so dass § 30 Abs. 1, ggf. § 30 Abs. 2 anwendbar ist, nicht aber § 30 Abs. 3.

19 Maßgebend für die Quantifizierung des wirtschaftlichen Wertes ist der materiellrechtliche Gehalt des einzelnen Vorgangs nach dem Gesamtbild bei normativer Wertung. Auf einen besonderen Wert für die Vertragsteile deutet eine detaillierte Regelung der Bauverpflichtung hin, ebenso eine Fristsetzung für die Erfüllung der Bauverpflichtung. Der Wert des Interesses wird idR aus der **Perspektive des Verkäufers** zu ermitteln sein, also nach der Bedeutung, welche die Bauverpflichtung für den Verkäufer hat, kann jedoch uU auch aus Sicht des Käufers zu beurteilen sein.

20 Nach Auffassung des BGH (aaO) entspricht der Wert der Bauverpflichtung regelmäßig einem etwaigen **Preisnachlass**, den der Verkäufer dem Käufer dafür gewährt, dass dieser eine Bauverpflichtung eingeht. Dies hält der BGH offenbar für den Regelfall, was die Praxis kaum bestätigen kann. Erfolgt der Verkauf ohne Preisnachlass zum Verkehrswert, sind diejenigen Grundsätze anzuwenden, welche die Rspr. schon bisher für die einzelnen Fallgestaltungen entwickelt hat, auch mit den bisherigen Margen (10–30% des jeweiligen Be-

---

[29] OLG Stuttgart DNotZ 1968, 376; OLG Celle DNotZ 1974, 103.
[30] Vgl. BayObLG MittBayNot 1973, 227; OLG Stuttgart MittBayNot 1976, 39; OLG Düsseldorf JurBüro 1982, 433.
[31] LG Aschaffenburg MittBayNot 1977, 142.
[32] DNotZ 2006, 309 = ZNotP 2006, 158 = JurBüro 2006, 209 = NotBZ 2006, 95.

zugswertes). Die Zuschläge sind nach den Vorgaben des BGH allerdings aus dem Ausgangskaufpreis zu berechnen, was aber die Berücksichtigung weiterer Umstände nicht ausschließen kann. Nach den bisherigen Grundsätzen wurde bei der Verpflichtung zur Errichtung eines Wohnhauses aus Anlass eines Grundstückskaufes ein Bruchteil des möglichen Rückkaufpreises angesetzt,[33] bei der Verpflichtung zur Errichtung eines gewerblichen Objektes ein Bruchteil der voraussichtlichen Baukosten.[34]

Auch nach Auffassung des BGH, der von der grundsätzlichen Maßgeblichkeit des Ausgangskaufpreises ausgeht, können die Umstände des Einzelfalls berücksichtigt werden, Bewertungsgesichtspunkte sind dann die **Zeitspanne**, innerhalb derer der Erwerber bauen muss, die **voraussichtlichen Bebauungskosten** und die **Wahrscheinlichkeit der Ausübung** eines für den Verkäufer vereinbarten Rückkaufrechtes.[35] Die voraussichtlichen Baukosten erhellen zwar grundsätzlich den Wert der Bauverpflichtung nicht unmittelbar, sie können jedoch auch weiterhin Grundlage für die Beurteilung des Verkäuferinteresses sein.[36] Es wird also nicht zu beanstanden sein, wenn ein angemessener Bruchteil der zu erwartenden Baukosten als Anhaltspunkt genommen wird,[37] insbesondere wenn sich die Bauverpflichtung auf die Errichtung gewerblicher Objekte bezieht.[38] 21

Eine etwaige **Rückübertragungsverpflichtung** (Wiederkaufsrecht o. Ä.) ist reines Sicherungsgeschäft und daher nicht gesondert neben der Bauverpflichtung anzusetzen. 22

Bebauungsbeschränkungen. Sie werden in Form von beschränkten persönlichen Dienstbarkeiten (vgl. Rn. 29) und von Grunddienstbarkeiten (vgl. § 22 und nachfolgend Rn. 29) oft zusammen mit Abstandsflächendienstbarkeiten bzw. Baulasten bestellt, wenn auf Grund eines geplanten Bauvorhabens der Grenzabstand oder der Brandsicherheitsabstand zum Nachbargrundstück nicht eingehalten werden kann. Als Bemessungsgrundlage für den Geschäftswert ist hier die Größe der Fläche, an der der Ausübungsbereich der Dienstbarkeit auf dem dienenden Grundstück besteht, zu beachten, sowie der Wert des geplanten Bauvorhabens auf dem berechtigten Grundstück (zB Garage, Wohnhausanbau etc.). Ist für die Rechtseinräumung eine Entschädigung in Geld vereinbart, so ist analog § 18 dieser Wert maßgebend. Bei der Wertermittlung für eine derartige Dienstbarkeit kann auch die Berechnung in Anlehnung an die Vorschriften für die Überbaurente nach §§ 913 ff. BGB erfolgen. 23

Bedingte Verpflichtungen. § 30 Abs. 1 ist auch anzuwenden, wenn bei Austauschverträgen neben der eigentlichen Leistung weitere bedingte Verpflichtungen und Leistungen übernommen werden. Der Wert solcher Nebenleistungen ist nach der Wahrscheinlichkeit des Bedingungseintritts nach freiem Ermessen zu bestimmen.[39] Zu dem Fall, dass ein Grundstück einer Gemeinde zum Kauf angeboten wird, die Gemeinde aber im gleichen Zuge auf die Ausübung der Rechte aus dem Angebot unter der Bedingung verzichtet, dass der Verkauf durch den Eigentümer an einen bestimmten Personenkreis (zB Einheimische) erfolgt („Weilheimer Modell") s. § 20 Rn. 45 und Rn. 31 a. 24

Benutzungs- und Verwaltungsregelung. Aufhebungsausschluss. Die Vereinbarung einer Benutzungs- und Verwaltungsregelung und der Ausschluss des Rechtes, die Aufhebung der Gemeinschaft zu verlangen, gemäß § 1010 Abs. 1 BGB sind, auch wenn sie im Rahmen eines Erwerbsvertrages vereinbart werden, gesondert nach § 30 Abs. 1, ggf. nach § 30 Abs. 2 zu bewerten.[40] Dabei haben Verwaltung- und Benutzungsregelung einer- 25

---

[33] BayObLG MittBayNot 1993, 226 (50%).
[34] BayObLG MittBayNot 1980, 38; OLG Hamm DNotZ 1979, 182; OLG München MittBayNot 1995, 488 (10–30% der Baukosten wurden als Bezugswert angenommen).
[35] *Bengel/Tiedtke* DNotZ 2006, 438, 455; *Reimann* LMK 2006, 166235.
[36] So schon bisher OLG Hamm DNotZ 1979, 182; BayObLG MittBayNot 1993, 226, 1995, 488.
[37] OLG Frankfurt DNotZ 1968, 383; 1977, 502; BayObLG MittBayNot 1982, 91; aA OLG Frankfurt DNotZ 1967, 124; OLG Schleswig JurBüro 1974, 1416.
[38] BayObLG MittBayNot 1995, 488.
[39] BayObLG MittBayNot 1967, 73; OLG Hamm Rpfleger 1959, 194; vgl. auch § 18 Rn. 31; OLG Hamm FGPrax 2004, 92; ZNotP 2004, 167.
[40] *Mümmler* JurBüro 1983, 202.

seits sowie Aufhebungsausschluss andererseits nicht denselben Gegenstand iS des § 44.[41] Ein Aufhebungsausschluss hat dabei wirtschaftlich eine größere Bedeutung als eine Verwaltungs- und Benutzungsregelung. Der Geschäftswert für den Aufhebungsausschluss ist mit 30–40% des Grundstückswertes anzusetzen, der Wert der Verwaltungs- und Benutzungsregelung mit 10–30%.[42]

26 **Besitzeinräumung.** § 30 Abs. 1 ist weiter anzuwenden bei der Besitzeinräumung zu einem vorübergehenden Zweck,[43] auch bezüglich eines Grundpfandrechtsbriefes, von Wertpapieren, wenn damit keine Rechtsübertragung verbunden ist (dann § 18 Rn. 19 ff.); bei der Beurkundung einer Erklärung nach § 69 Abs. 2 Schiffsregisterordnung.[44]

26a **Betreuungsverfügung.** S. Rn. 86a bis 86e, 115.

27 **Bürgschaft.** Der Geschäftswert einer Bürgschaft ist nicht nach § 30 Abs. 1 zu schätzen, da der Wert anderweitig feststeht. Nach § 23 Abs. 1 bestimmt der Wert der Forderung den Wert der Bürgschaft.[45] Dies gilt auch für sog. Ausländer-Bürgschaften, in denen für die Zeit des Aufenthaltes eines Ausländers im Inland der Unterhalt während der Dauer des Aufenthaltes (einschließlich einer Krankenvollversicherung) und etwaige Rückführungskosten in die Heimat sichergestellt werden. Soweit es sich hier um die Sicherung des Unterhaltes handelt, liegt die Sicherung wiederkehrender Leistungen vor (Kapitalisierung nach § 24, wobei die in der Bürgschaftserklärung genannte Aufenthaltsdauer maßgebend ist). Liegen für die Unterhaltssicherung keine Daten vor, ist insoweit § 30 Abs. 1 anzuwenden.[46]

28 **Bürgschaftsverwahrung.** S. Rn. 50.

29 **Dienstbarkeiten.** Die Wertermittlung bei Grunddienstbarkeiten erfolgt nach § 22, bei beschränkten persönlichen Dienstbarkeiten, soweit es sich um Benutzungsdienstbarkeiten nach § 1018 1. Alt BGB handelt, nach § 24, für die übrigen beschränkten persönlichen Dienstbarkeiten gilt § 30, also für die Duldungsdienstbarkeiten und die Ausschlussdienstbarkeiten (vgl. zur Abgrenzung § 24 Rn. 14). Besondere Bedeutung haben hierbei die Bebauungsbeschränkungen (Rn. 23), die Fremdenverkehrsdienstbarkeiten (Rn. 37) und Gewerbebetriebsbeschränkungen (Rn. 38).

30 **Eide, Eidesstattliche Versicherungen, Affidavits.** S. § 49 Rn. 6.

31 **Eheverträge.** S. § 39 Rn. 108 ff.

31a **Einheimischenmodell.** Beim Verkauf eines Bauplatzes durch die Kommune mit Bauverpflichtung, gesichert durch ein Wiederkaufsrecht, samt Verpflichtung zur Selbstnutzung des geplanten Wohnobjektes für einen bestimmten Zeitraum, gesichert durch eine bedingte Kaufpreiserhöhung bei Zuwiderhandlung, handelt es sich um zwei inhaltlich voneinander verschiedene und rechtlich unterschiedlich ausgestaltete Verpflichtungen, die damit nach § 20 Abs. 1 Halbs. 1 bei der Wertberechnung zu zwei Zurechnungsposten führen und zwar jeweils als Schätzwert nach § 30 Abs. 1.[47]

32 **Erbbaurecht.** Zur Bewertung der **Wertsicherungsklausel** vgl. § 24 Rn. 25. Bei der Bestellung des Erbbaurechts sind der Wert eines dem Grundstückseigentümer daran bestellten **Vorkaufsrechts** und der Wert des Erbbauzinses zu addieren. Für die Bestimmung des Geschäftswertes des dem Grundstückseigentümer am Erbbaurecht eingeräumten Vorkaufsrechtes gilt § 30 Abs. 1 iVm. § 20 Abs. 2. Bei der Wertbestimmung ist die künftige Bebauung des Grundstücks zu berücksichtigen,[48] außerdem ist der Bodenwert einzubeziehen, denn er stellt zusätzlich zu den Baukosten auch einen wertbildenden Faktor für das Erbbaurecht dar.[49]

---

[41] *Linde* in: Beck'sches Formularbuch, IV.10.
[42] *Döbler* MittRhNotK 1983, 191.
[43] OLG München JFGErg. 17, 64.
[44] OLG Schleswig Rpfleger 1956, 325.
[45] LG Nürnberg-Fürth MittRhNotK 1983, 201 m. Anm. *Eckhardt;* LG München MittBayNot 1992, 418.
[46] *Mümmler* JurBüro 1985, 34.
[47] OLG Hamm FGPrax 2004, 92; ZNotP 2004, 167.
[48] BayObLG DNotZ 1968, 760.
[49] KG FGPrax 1999, 72.

Bei Einräumung eines Vorkaufsrechtes ist im Regelfall gemäß § 20 Abs. 2 der halbe Grundstückswert (§ 19 Abs. 2) maßgebend, jedoch bestehen unterschiedliche Auffassungen zur Bewertung eines Vorkaufsrechtes am Erbbaurecht, wenn die Veräußerung des Erbbaurechtes von der Zustimmung des Eigentümers abhängt. Inwieweit bei einem Zustimmungsvorbehalt des Grundstückseigentümers zur Veräußerung des Erbbaurechts der Regelwert des § 20 Abs. 2 für das Vorkaufsrecht am Erbbaurecht zu ermäßigen ist, bleibt im Rahmen des § 30 Abs. 1 eine Ermessensfrage. Regelmäßig soll etwa 10% des Wertes des Erbbaurechtes in Betracht kommen.[50] Der 1. Zivilsenat des KG hat in seiner Entscheidungspraxis für den Regelfall einen Betrag von 10–20% des Wertes des (bestellten) Erbbaurechts angenommen;[51] und 20% als Obergrenze angesehen.[52] Demgegenüber meint das OLG München,[53] dass keine Gründe für ein Abweichen vom Regelwert des § 20 Abs. 2 vorliegen, auch wenn ein Zustimmungsvorbehalt zur Veräußerung des Erbbaurechtes vereinbart wird. Das OLG München liegt damit auf der Linie des OLG Celle,[54] das bereits in gleicher Weise entschieden hat. Ungeachtet dessen, ob man dieser Rspr. folgt, trifft die vom OLG München bestätigte Berechnung des Ausgangswertes für die Bewertung des Vorkaufsrechtes am Erbbaurecht nicht zu. Zunächst ist der Wert des bestehenden Erbbaurechtes zu bestimmen. Dieser besteht nicht nur aus dem Wert des Gebäudes, vielmehr ist der Wert des Erbbaurechtes vor Bebauung zuzurechnen.[55] Dieser kann im Wege der Schätzung nach § 30 Abs. 1 mit 80% des Grundstückswertes gemäß § 1 Abs. 1 S. 1 bewertet werden. Keinesfalls kann der kapitalisierte Erbbauzins zugrundegelegt werden, denn dieser spielt nur bei der Bestellung des Erbbaurechtes als Gegenleistung des Erbbauberechtigten eine Rolle.[56]

Die **Zustimmungserklärung** des Eigentümers gemäß § 5 Abs. 1 ErbbauRG hat den Wert des Nennbetrages des am Erbbaurecht einzutragenden Grundpfandrechtes.[57] Das OLG Hamm[58] hat jedoch inzwischen im Rahmen einer Entscheidung zur Verwalterzustimmung beim Wohnungseigentum (vgl. Rn. 71) seine abweichende Meinung aufgegeben. Der Geschäftswert der Zustimmung des Eigentümers zur Übertragung des Erbbaurechts ist dessen voller Wert, also keine Bestimmung nach § 30 Abs. 1.[59] Wird hingegen, zB im Rahmen einer Belastung des Erbbaurechts mit Grundpfandrenten, vom Eigentümer lediglich einer **künftigen möglichen Veräußerung** des Erbbaurechts zugestimmt, so ist für die Gebühr nach § 36 Abs. 1 (nicht nach § 38 Abs. 2 Nr. 1) der Wert nach § 30 Abs. 1 zu ermitteln, wobei der mutmaßliche Kaufpreis und die Wahrscheinlichkeit der Veräußerung die Höhe des Abschlags bestimmen.[60] Der Geschäftswert der Zustimmung des Eigentümers nach § 5 Abs. 2 ErbbauRG zur Teilung des Erbbaurechts ist nach § 30 Abs. 1 zu bestimmen.[61] Der **Rangrücktritt des Eigentümers** mit seinen Rechten (Erbbauzins, Vormerkung, Vorkaufsrecht) hinter das Grundpfandrecht am Erbbaurecht ist gemäß § 44 Abs. 3 auf das neubestellte Grundpfandrecht zu beziehen; er ist damit gegenstandsgleich mit der Belastungszustimmung und nicht gesondert zu bewerten.[62] Anders als der Rangrücktritt ist die sog. Stillhalteerklärung des Grundstückseigentümers für den Fall der Zwangsvollstreckung mit jeweils dem Regelwert

32 a

---

[50] BayObLG DNotZ 1984, 113, 115; Streifzug Rn. 384.
[51] DNotZ 1969, 437.
[52] KG FGPrax 1999, 72.
[53] OLG München MittBayNot 2006, 531 = ZNotP 2007, 76 = RNotZ 2006, 198.
[54] ZNotP 2002, 323.
[55] So schon BayObLG DNotZ 1984, 113 = MittBayNot 1983, 27; OLG Düsseldorf DNotZ 1975, 434.
[56] *Tiedtke* ZNotP 2007, 363.
[57] OLG Celle DNotZ 1968, 575; OLG Köln JurBüro 1971, 861; OLG Düsseldorf Rpfleger 1974, 411; LG Göttingen DNotZ 1968, 506; LG Passau MittBayNot 1965, 409; *Ackermann* JurBüro 1972, 772; *Mümmler* JurBüro 1974, 175; 1982, 689; 1984, 1160; aA bisher OLG Hamm DNotZ 1968, 54; 1973, 488; *Schmitt* JurBüro 1964, 101; *Schalhorn* JurBüro 1972, 757; hiernach wäre der Wert nach dem Interesse des Eigentümers an der Belastung des Erbbaurechts zu schätzen.
[58] Rpfleger 1982, 489.
[59] OLG Stuttgart JurBüro 1982, 1059.
[60] *Mümmler* JurBüro 1983, 343.
[61] OLG Hamm MittBayNot 1972, 316.
[62] OLG Hamm Rpfleger 1966, 92.

gemäß § 30 Abs. 2 für den Verzicht auf Wertersatz für das Vorkaufsrecht und für das Bestehen lassen des nicht in das geringste Gebot fallenden Erbbauzinses zu bewerten.[63]

33 **Erb- und Pflichtteilsverzicht.** Bei der Ermittlung des Geschäftswertes ist gemäß § 39 Abs. 1 S. 1 von dem Erb- und Pflichtteilsrecht, auf das verzichtet wird, auszugehen (s. § 39 Rn. 30). § 30 Abs. 1 ist nur anzuwenden, wenn der Wert nicht anderweitig feststeht. Normaler Wert: Erb- bzw. Pflichtteilsquote aus Reinvermögen bei Vertragsabschluss. Der Grad der Wahrscheinlichkeit, dass das Recht, auf welches verzichtet wird, auch tatsächlich geltend gemacht wird, ist nicht zu berücksichtigen, da der Erbfall sogleich nach dem Verzicht eintreten kann.[64] AA OLG Stuttgart[65] und jetzt auch OLG München[66], wonach insbesondere bei Erb- und Pflichtteilsverzichtsverträgen zwischen Ehegatten, die in Scheidung leben, wegen § 1933 BGB im Rahmen von § 30 ein Wertabschlag vorzunehmen sei.[67] Wollte man dem Denkansatz des OLG Stuttgart und des OLG München folgen, würde man ein Element der Beliebigkeit in das Kostenrecht tragen, welches mit dessen Grundstrukturen nicht vereinbar ist. Dies gilt insbesondere, wenn man eine ähnliche Argumentation auch für andere Bereiche, etwa Testamente, zuließe: Die Frage, ob es sich nur um eine vorsorgliche oder eine definitive Erbregelung handelt, kann auf den Wertansatz keinen Einfluss haben; ansonsten müsste man immer dann, wenn der Erblasser vorhat, noch zu Lebzeiten sein Vermögen zu übertragen, einen Wertabschlag vornehmen.

33 a **Ergebnisabführungsvertrag.** S. § 41 c Rn. 30 ff.

34 **Erschließungsverträge.** S. § 39 Rn. 37.

34 a **Erschließungskostenvorauszahlung.** Hat sich der Käufer in einem Vertrag mit einer Gemeinde zur Zahlung von Vorausleistungen auf Erschließungskosten (hier im Zusammenhang mit dem Abschluss eines Ablösevertrages) verpflichtet, ist dies als zusätzliche Gegenleistung gesondert wertmäßig zu erfassen. Trotz der gesetzlichen Beitragspflicht fließt der Gemeinde ein Vorteil zu, da ihr Mittel zur Verfügung stehen, bevor diese fällig werden. Dem Käufer entstehen umgekehrt dadurch Finanzierungskosten. Diese sind gemäß § 30 Abs. 1 mit ca. 20% des Vorauszahlungsbetrages zu bestimmen und dem Geschäftswert nach § 20 Abs. 1 hinzuzurechnen.[68]

35 **Firmenänderung.** Die Eintragung einer Firmenänderung des Eigentümers im Grundbuch ist eine „sonstige Eintragung" iS von § 67 Abs. 2, der Geschäftswert richtet sich nach § 30 Abs. 1, wobei der nach § 19 Abs. 2 ermittelte Grundstückswert einen Beziehungswert darstellt.[69] Gleiches gilt für die Eintragung einer Namensänderung im Grundbuch. 10–20% des Wertes des Grundbesitzes bzw. des betroffenen dinglichen Rechts ist vertretbar. Es ist hier grundsätzlich kein fester Prozentsatz anzusetzen; es entscheiden vielmehr die Umstände des Einzelfalls, auch 50% des Grundstückswertes stellen keinen Ermessensfehler dar.[70] Dies gilt auch, wenn statt der ursprünglich eingetragenen KG alle Gesellschafter unter ihrem Namen als BGB-Gesellschafter eingetragen werden.[71] Bei Ausscheiden eines Gesellschafters der BGB-Gesellschaft und der Anwachsung seines Anteils auf andere Gesellschafter bemisst sich der zu ermittelnde Geschäftswert nach einem Bruchteil des Wertes des ideellen Anteils des Ausscheidenden zurzeit der Eintragung.[72]

36 **Forderung.** Für dinglich gesicherte Forderungen gilt § 23. Der Wert einer dinglich nicht gesicherten Forderung bestimmt sich gemäß § 39 Abs. 1 S. 1, also nach ihrem Nenn-

---

[63] OLG Hamm MittBayNot 1997, 253.
[64] OLG München DNotZ 1939, 682.
[65] JurBüro 1992, 550.
[66] MittBayNot 2006, 354
[67] Ähnlich *Rohs/Wedewer* § 39 Rn. 14.
[68] BayObLG MittBayNot 1998, 370; JurBüro 1998, 489; OLG Hamm Rpfleger 2003, 47.
[69] BayObLG JurBüro 1981, 260; Rpfleger 1981, 76; MittBayNot 2002, 309; Rpfleger 2002, 536; ZNotP 2003, 79; FGPrax 2002, 185; RNotZ 2002, 347; NJW-RR 2002, 1363.
[70] BayObLG MittBayNot 2000, 133; JurBüro 1999, 641; OLG Köln Rpfleger 2003, 47; FGPrax 2002, 270.
[71] BayObLG MittBayNot 1995, 325.
[72] BayObLG MittBayNot 1994, 248; Rpfleger 1999, 292; FGPrax 1999, 116; OLG Düsseldorf MittRhNotK 2000, 85; MDR 2000, 728; FGPrax 2000, 125.

betrag; ist die Beitreibbarkeit der Forderung allerdings offenkundig zweifelhaft, ist nach § 30 Abs. 1 zu verfahren, ein angemessener Abschlag vom Nennbetrag der Forderung ist dann angebracht.[73]

Fremdenverkehrsdienstbarkeit. Sie wird idR für eine Gemeinde bestellt, deren Haupteinnahmequelle der Fremdenverkehr ist. Sie soll die Interessen der Gemeinde daran sichern, dass ein Bauvorhaben, für das die Baugenehmigung erteilt wird, auch nur ausschließlich für Fremdenverkehrszwecke genutzt wird. Bei der Wertberechnung für diese Dienstbarkeit ist darauf abzustellen, welchen Nutzen diese Dienstbarkeit für die Gemeinde hat. Insbesondere ist ein Anhaltspunkt dafür auch der Umfang des Bauvorhabens, das auf dem dienenden Grundstück verwirklicht werden soll. Analog der Berechnungsgrundlage beim Wohnungsbesetzungsrecht (Rn. 87) kann bei der Wertberechnung einer Fremdenverkehrsdienstbarkeit hier auch auf die zu erwartenden Mieterträge abgestellt werden. Wertberechnung dann nach § 24. 37

Gewerbebetriebsbeschränkung. Der Geschäftswert einer beschränkten persönlichen Dienstbarkeit, die eine sog. negative Gewerbebetriebsbeschränkung enthält, bestimmt sich nicht nach den §§ 22, 24, sondern nach § 30 Abs. 1 (s. § 24 Rn. 14f.); maßgebend ist der Wert für den Berechtigten, insbesondere sein Interesse an der Abwehr von Konkurrenzunternehmen,[74] ein Wert von 20% des Objektwertes kann bei entsprechendem Interesse des Berechtigten angemessen sein.[75] 38

Grundbuchberichtigungsantrag. Fertigt der Notar den Entwurf eines Antrags auf Grundbuchberichtigung nach § 13 GBO, so ist der volle Grundstückswert Geschäftswert, da für eine Ermessensbildung nach § 30 Abs. 1 kein Raum ist, und zwar unabhängig davon, ob man den Berichtigungsentwurf nach § 145 Abs. 1 bewertet[76] oder nach § 147 Abs. 2.[77] Bei Berichtigungen der Firma s. Rn. 35, bei Namensberichtigungen s. Rn. 58. 39

Grundlagenurkunde. Der Geschäftswert ist nach § 30 Abs. 1 zu ermitteln, Kostenvorschrift ist § 36 Abs. 1, nicht § 147 Abs. 2. Im Normalfall sind für eine Verweisungsurkunde, die eine Baubeschreibung enthält, 10% der Baukosten anzusetzen, im übrigen ist der Geschäftswert nach den Gegebenheiten des Einzelfalles festzusetzen.[78] 40

Heimstättenvermerk. Die Löschung fällt nicht unter § 30 Abs. 1, sondern unter § 30 Abs. 2. 41

Höfeordnung. Der Geschäftswert für eine Erklärung des Hofeigentümers nach § 4 Abs. 1 HöfeVfO bestimmt sich nach § 30 und kann idR mit etwa 20% des Verkehrswertes des Hofes angenommen werden. Hat der Notar die Erklärung entworfen und die Unterschrift beglaubigt, so steht ihm dafür die volle Gebühr nach § 36 zu.[79] Der Geschäftswert für die Beurkundung der Löschung des Hofvermerks bestimmt sich entsprechend § 30 Abs. 1 nach einem Bruchteil des Verkehrswertes des betroffenen Hofes. Umfang und Schwierigkeit der notariellen Tätigkeit können hierbei nicht berücksichtigt werden.[80] 42

Identitätserklärungen. Der Geschäftswert einer Identitätserklärung (Erklärung, welche katastermäßige Bezeichnung ein bereits veräußertes und aufgelassenes, aber noch nicht vermessenes Grundstück nach Vermessung hat) richtet sich nach § 30 Abs. 1. Der Kaufpreis bzw. Wert des Grundstücks ist Beziehungswert. Nach OLG Hamm[81] und OLG Düsseldorf[82] kann 10% des Kaufpreises bzw. Wertes als Geschäftswert angesetzt werden. Entsprechendes gilt für Identitätsbescheinigungen bei Belastung von Grundbesitz.[83] 43

---

[73] LG Hechingen BWNotZ 1992, 60.
[74] BayObLG Rpfleger 1985, 330.
[75] BayObLG JurBüro 1983, 1553.
[76] OLG Düsseldorf DNotZ 1976, 678.
[77] OLG Stuttgart DNotZ 1984, 654; aA *Lappe* Anm. KostRsp. § 145 Nr. 24.
[78] BGH MittBayNot 2006, 351 = ZNotP 2006, 117 = NotBZ 2006, 141
[79] LG Flensburg JurBüro 1985, 265; 1985, 919.
[80] OLG Schleswig JurBüro 1985, 116.
[81] JurBüro 1980, 27.
[82] DNotZ 1980, 188.
[83] Vgl. *Mümmler* JurBüro 1982, 1007.

44 Identitätsfeststellung. Soweit die Identität vom Beteiligten nach §§ 10, 40 Abs. 4 BeurkG festgestellt werden muss, handelt es sich um eine gebührenfreie Amtstätigkeit des Notars nach § 35. Eine isolierte Identitätsfeststellung, etwa nach dem Geldwäsche-Gesetz (GWG) löst eine $^{10}/_{10}$-Gebühr gemäß § 50 Abs. 1 aus dem Regelwert von 3000 Euro (§ 30 Abs. 2 S. 1) aus, ggf. für mehrere Personen mehrfach, da § 44 nicht auf § 50 anwendbar ist.[84] Diese Gebühr ist unabhängig davon, in welcher Form die Identitätsbescheinigung erfolgt, etwa bei den allgemeinen Personalangaben zu Beginn einer Grundpfandrechtsbestellungsurkunde oder am Ende oder auf einem eigenen Blatt (vgl. § 50 Rn. 3b, 21a).

45 Investitionsverpflichtung. Vgl. § 39 Rn. 15.

46 Kaufvertrag. Offenlegung von Abtretungen. Beurkundet der Notar im Rahmen eines Grundstückskaufvertrages die Abtretung der Auszahlungsansprüche des Käufers gegen seine den Kaufpreis finanzierende Bank, steht dem Notar für die Offenlegung dieser Abtretung eine Gebühr nach § 147 Abs. 2 zu, deren Geschäftswert nach § 30 Abs. 1 zu ermitteln ist, und idR mit 10% des Abtretungsbetrages anzusetzen ist.[85]

47 Bedingter Kaufpreis. Wird in einem Kaufvertrag vereinbart, dass der Kaufpreis sich um einen bestimmten Betrag erhöht, wenn eine bestimmte Bedingung eintritt, zB das Kauf Grundstück zum Bauland erklärt wird, wird die Bedingtheit des Zusatzkaufpreises durch einen prozentualen Zuschlag nach dem Grade der Wahrscheinlichkeit des Bedingungseintritts sowie der Bedingungsfolgen durch eine Schätzung nach § 30 Abs. 1 ermittelt, idR 10–30% des zusätzlich zu zahlenden Betrages.[86] Nachbesserungsklauseln fallen hierunter. Die gleichen Bewertungsgrundsätze gelten auch für bedingte Aufzahlungspflichten aus anderem Grunde, zB für den Fall, dass der Käufer den Grundbesitz oder Teile davon später veräußert.

48 Bedingter Kaufvertrag. Wird der Kaufvertrag selbst unter eine Bedingung gestellt, so hat dies auf den Wertansatz keinen Einfluss; ein unter einer Bedingung abgeschlossener Vertrag hat denselben Geschäftswert wie ein unbedingter Vertrag.[87]

49 Kaufoption. Wird die Rechtsstellung eines Kaufinteressenten aus einem Optionsvertrag (bindendes Verkaufsangebot) übertragen, so bestimmt sich der Geschäftswert für die Beurkundung dieser Übertragung nach § 30 Abs. 1; maßgebend ist gemäß § 39 entweder die Leistung (wirtschaftlicher Wert der abgetretenen Rechtsposition) oder, falls höher, nach der Gegenleistung, also nach dem Kaufpreis, den der Erwerber der Option an den Zedenten zu zahlen hat.[88] Der Wert des Grundstücks oder der im Fall des Vertragsabschlusses zu zahlende Kaufpreis bleiben außer Betracht.[89] Verpflichtet sich im Rahmen eines Optionsvertrages der Angebotsempfänger, das Angebot unter bestimmten Voraussetzungen anzunehmen, so ist der Wert der Verpflichtung zur Annahme aus dem durch die Annahme ggf. zustande kommenden Kaufvertrag nach § 39 Abs. 1 S. 1 zu bestimmen, also nach dem Wert des angebotenen Kaufvertrages; wegen der Bedingtheit der Annahmeverpflichtung lässt sich jedoch ein Abschlag vertreten (vgl. Rn. 24).

50 Kaufpreisüberwachung. Die Tätigkeiten des Notars zur Kaufpreisüberwachung – Mitteilung an den Käufer, dass der Vertrag wirksam sei, von Vorkaufsrechten kein Gebrauch gemacht wurde, die Auflassungsvormerkung eingetragen und die Lastenfreistellung gesichert sei – sowie Überwachung der Kaufpreiszahlung (Vorlagehaftung) lösen jeweils eine Gebühr nach § 147 Abs. 2 aus;[90] es handelt sich nicht um ein einheitliches Nebengeschäft (vgl. § 147 Rn. 177).[91] § 146 ist nicht einschlägig.[92] Der Geschäftswert ist nach § 30

---

[84] *Bengel/Tiedtke* DNotZ 2007, 418, 434.
[85] LG Frankfurt JurBüro 1985, 751.
[86] OLG Frankfurt Rpfleger 1960, 256; BayObLGZ 1964, 297; OLG Köln JurBüro 1974, 1160; vgl. auch Rn. 24.
[87] OLG Hamm DNotZ 1959, 194; OLG Frankfurt Rpfleger 1960, 256.
[88] BayObLG MittBayNot 1995, 245.
[89] OLG Schleswig JurBüro 1986, 82.
[90] BGHZ 163, 77 = NJW 2005, 3218 = DNotZ 2005, 867.
[91] OLG Düsseldorf DNotZ 1978, 701; BayObLGZ 1983, 262 = JurBüro 1984, 273.
[92] BGHZ 163, 77 = NJW 2005, 3218 = DNotZ 2005, 867; OLG Celle JurBüro 1997, 40.

Abs. 1 zu bestimmen (vgl. auch § 147 Rn. 90, 91). Er hängt von dem Ausmaß der Tätigkeit und der Verantwortlichkeit des Notars sowie von der Bedeutung seiner Tätigkeit für den Auftraggeber ab. Auch die Dauer der notariellen Überwachungstätigkeit ist zu berücksichtigen, etwa eine ungewöhnlich lange dauernde Vollzugssperre, die durch eine Kaufpreisstaffelung über mehrere Jahre erforderlich wird. Der Geschäftswert kann dann uU den vollen Wert des betroffenen Rechts oder Wirtschaftsgutes erreichen.[93] Es wird idR jedoch ein Teilwertansatz geboten sein.[94] Bei der Wertbestimmung ist auch zu berücksichtigen, welche Voraussetzungen für die Kaufpreisfälligkeit erfüllt und vom Notar festgestellt werden müssen. Je mehr Voraussetzungen vom Notar zu prüfen und zu bestätigen sind, um so höher ist der Geschäftswert. Der Teilwert ist idR aus der Kaufsumme zu ermitteln. Ist die Kaufpreisfälligkeit in Raten vereinbart und bezieht sich die Fälligkeitsprüfung und -mitteilung des Notars nur auf eine Rate, ist der Teilwert nach § 30 Abs. 1 nur aus der anteiligen Kaufsumme, die auf diese Rate entfällt, zu ermitteln.[95] Auch sonstige Tätigkeiten des Notars im Rahmen der Kaufpreisüberwachung sind bei der Wertbestimmung zu berücksichtigen, insbesondere die treuhänderische Verwaltung von Bürgschaftserklärungen, vor allem im Rahmen von § 7 MaBV. Vgl. auch § 147 Rn. 93.

Kirchen. S. Rn. 61. Öffentlichen Zwecken dienende (Kirchen-)Grundstücke haben im 51 Regelfall keinen Verkehrswert. Ihr Wert ist nach § 30 Abs. 1 zu schätzen und zwar idR auf einen Bruchteil des (vollen) Sachwertes.[96]

Kirchenaustrittserklärung. Es handelt sich um eine Erklärung, die sich unmittelbar 52 auf eine nichtvermögensrechtliche Angelegenheit (§ 30 Abs. 3), nämlich die Mitgliedschaft in einer Glaubensgemeinschaft, richtet, die aber mittelbar einen vermögensrechtlichen Bezug, nämlich den Wegfall der Kirchensteuerpflicht, hat. Der Regelwert ist daher ggf. nach § 30 Abs. 3 S. 1, Abs. 2 S. 2 angemessen zu erhöhen.

Konsortialvertrag. Bei der Wertbestimmung derartiger Verträge (auch Schutzgemein- 53 schaftsvertrag, Poolvertrag usw.) sind die eingegangenen Bindungen der Gesellschafter, das gegenseitige Interesse an der Bindung und die Laufzeit zu berücksichtigen. 50% des Wertes der zusammengefassten Anteile sind angemessen.

Kreditbeschaffungsverpflichtung. Die Verpflichtung, einem anderen die für seinen 54 Geschäftsbetrieb oder andere Maßnahmen erforderlichen Kredite für gewisse Zeit zur Verfügung zu stellen, ist nach § 30 Abs. 1 zu bewerten.[97]

Langfristige Lieferverträge. Bei langfristigen Lieferungs-, Rahmen- und Mantelver- 55 trägen steht der Wert der Leistungen an sich fest, so dass § 30 Abs. 1 nicht anzuwenden ist; § 30 Abs. 1 kann nur anwendbar sein, wenn Ungewissheiten über die zukünftige Entwicklung der Beziehungen und Leistungen bestehen.[98] Ist für eine Ermessensbildung gemäß § 30 Abs. 1 Raum, so ist zwischen der einseitig bindenden Abnahmeverpflichtung und dem Lieferungsvertrag selbst, in dem sich beide Teile zu Leistungen verpflichten, zu unterscheiden. Der Geschäftswert einer einseitigen Abnahmeverpflichtung (zB Bierbezugsverpflichtung) ist nach dem mutmaßlichen Umsatz und der Dauer der Verpflichtung zu schätzen; Berechnungsgrundlage ist das Interesse des Lieferanten (Gewinn) sowie die wirtschaftliche Bindung des Verpflichteten, bei Bierlieferungsverträgen also der Jahresgewinn pro hl mal Laufzeit.[99] Bei einem zweitseitig verpflichtenden Vertrag (zB Bierlieferungsvertrag,

---

[93] OLG Düsseldorf DNotZ 1978, 701; BayObLG MittBayNot 1979, 247; LG Krefeld JurBüro 1985, 117.
[94] OLG Zweibrücken Rpfleger 1974, 169; BayObLG MittBayNot 1979, 247, 248; KG DNotZ 1981, 204; *Lappe* DNotZ 1981, 411; OLG Düsseldorf Rpfleger 1996, 126, wonach der Geschäftswert für die Überwachung der Umschreibungsreife regelmäßig 20–30% des Grundstückskaufpreises beträgt; aA LG Mainz Rpfleger 1974, 169, *Menzel* DNotZ 1981, 168 und *Klein* JurBüro 1987, 1746, wonach der Kaufpreis bzw. der vom Notar sicherzustellende Kaufpreisteil Gegenstandswert sein soll, da der Wert nach § 30 Abs. 1 „feststeht".
[95] LG Kleve JurBüro 2000, 595.
[96] BayObLG DNotZ 1986, 435 m. Anm. *Bengel.*
[97] KG DNotZ 1941, 169.
[98] KG DNotZ 1943, 33; *Eckhardt* MittRhNotK 1983, 201.
[99] LG Wuppertal JurBüro 1975, 1358; OLG Stuttgart JurBüro 1976, 1240 m. Anm. *Mümmler.*

§ 30

in dem sich auch die Brauerei zur Lieferung zu bestimmten oder zu üblichen Preisen und Bedingungen verpflichtet) ist der Geschäftswert nicht nach dem Interessenwert anzusetzen, sondern auf der Grundlage der beiderseitigen Verpflichtungen (Austauschvertrag nach § 39 Abs. 2);[100] die Ungewissheit der künftigen Entwicklung, sowie die Laufzeit des Vertrages sind zu berücksichtigen.

55 a **Lebenspartnerschaften.** Vgl. § 39 Rn. 125 ff.

56 **Leihvertrag.** Vgl. § 25 Rn. 11.

56 a **Mediation.** Die Mediation ist eine besondere, ursprünglich im angelsächsischen Rechtsbereich entwickelte Form zur außergerichtlichen, von den Beteiligten selbst erarbeiteten und einvernehmlichen Lösung von Konflikten. Im Gegensatz zur Vertragsgestaltung, die der Streitvermeidung dient, dient die Mediation ähnlich wie die Schlichtung der Streitbeilegung. Die Grenzen zur förmlichen Schlichtung (vgl. Rn. 75 a) sind fließend. Bei der Mediation sollen gegenläufige Interessen harmonisiert werden. Man unterscheidet zwischen der „activist mediation", bei welcher der Mediator auch auf den Inhalt der Einigung Einfluss nimmt, und dem sog. „transformative approach", bei dem der Mediator nicht auf den Inhalt des Verhandlungsergebnisses einwirkt.[101] Die so erreichte Annäherung soll dann zur Beendigung eines Streites über konkrete Fragen führen. Die KostO regelt die Frage, wie Mediationen durch Notare kostenrechtlich zu erfassen sind, nicht ausdrücklich. Da es sich regelmäßig um eine Amtshandlung iS von § 24 Abs. 1 BNotO handelt (vgl. Vor §§ 140–157 Rn. 5), ist die KostO anwendbar. Die Mediation hat eine sehr viel stärkere Nähe zum originären Aufgabenbereich des Notars als die Übernahme von Testamentsvollstreckungen durch diesen, zumal dort eine eigene Vergütungsregelung besteht, § 2221 BGB (vgl. Vor §§ 140–157 Rn. 6). Die entsprechende Anwendung von § 34 RVG – Abrechnung von Mediationen durch Rechtsanwälte nach den Vorschriften des bürgerlichen Rechts – ist ebenfalls wegen § 24 Abs. 1 BNotO nicht möglich. De lege ferenda ist es sinnvoll, Mediationen und Schlichtungen in den Anwendungsbereich des § 148 einzubeziehen. Solange dies nicht geschehen ist, ist de lege lata § 147 Abs. 2 die anwendbare Kostennorm. Geschäftswert wird regelmäßig ein Teilwert des Verfahrensgegenstandes sein, da es – anders als bei Schlichtungen – nicht so sehr um die abschließende Einigung über den Verfahrensgegenstand geht, sondern eher um den transformative approach, der eine Einigung möglich machen soll.

56 b **Mutterurkunde.** S. Rn. 40.

57 **Nacherbenanwartschaft.** Ihr Wert ist nach § 30 Abs. 1 zu bestimmen. Maßgebend ist der wirtschaftliche Wert des Rechtes, nicht der Wert des der Nacherbschaft unterliegenden Vermögens. Zu berücksichtigen ist, ob mit dem Eintritt der Nacherbfolge überhaupt und ggf. wann zu rechnen ist, welchen Beschränkungen der Vorerbe unterliegt und ob die Nacherbenanwartschaft übertragbar ist.[102] Liegen genügende Anhaltspunkte für eine Schätzung nicht vor, ist nach § 30 Abs. 2 zu verfahren.

58 **Namensänderung.** Namensänderungserklärungen jedweder Art sind grundsätzlich nichtvermögensrechtlicher Natur (§ 30 Abs. 3); haben sie im Einzelfall auch einen vermögensrechtlichen Bezug, ist der Regelwert nach § 30 Abs. 3 S. 1 iVm. § 30 Abs. 2 S. 2 angemessen zu erhöhen.[103] S. auch Rn. 35.

59 **Nichtvalutierungserklärung.** Der Entwurf einer von einem Kreditinstitut abzugebenden Erklärung, dass eine für dieses eingetragene Grundschuld nicht valutiert sei, nicht mehr für Forderungen des bisherigen Eigentümers in Anspruch genommen wird und künftig vom neuen Eigentümer zur Absicherung der Kreditgewährung durch dieselbe Bank verwendet werden könne, ist nach § 147 Abs. 2 iVm. § 30 Abs. 1 zu bewerten. Ein Schätzwert in Höhe von 20–40% aus dem Grundschuldnennbetrag ist angemessen.

---

[100] Vgl. LG Koblenz NJW-RR 1996, 64.
[101] Vgl. *Creifelds,* Rechtswörterbuch, 16. Aufl. 2000, Stichwort „Mediation"; *Sorge* MittBayNot 2001, 50 f.; *Schwarz* MittBayNot 2001, 294.
[102] LG München II MittBayNot 1984, 48; KG DNotZ 1940, 294; 1944, 5; *Rohs/Wedewer* Rn. 8; *Mümmler* JurBüro 1987, 200.
[103] BayObLG MittbayNot 2000, 133 m. Anm. PrüfAbt. Notarkasse.

Angelegenheiten ohne bestimmten Geschäftswert § 30

Notarbestätigung. Eine notarielle Bescheinigung, dass einer Grundpfandrechtseintragung an der ausbedungenen Rangstelle im Grundbuch Hinderungsgründe nicht entgegenstehen, ist, sofern sie bis zum 31. 12. 1986 vorgenommen und nach § 147 Abs. 1 aF liquidiert wurde, nach § 30 Abs. 1 zu bewerten.[104] Beziehungswert ist der Nennbetrag des einzutragenden Grundpfandrechtes. In der Regel wird ein Bruchteil hiervon angemessen sein.[105] Ob sich der Wert dem Beziehungswert annähert, hängt auch davon ab, ob die notarielle Bestätigung nur der Vorfinanzierung oder aber der Auszahlung des Kapitals überhaupt dient.[106] Für Rangbescheinigungen nach dem 1. 1. 1987 gilt § 147 Abs. 1 S. 2; § 30 Abs. 1 ist nicht mehr anwendbar. 60

Öffentliche Sachen. Öffentlichen Zwecken gewidmete Sachen (Straßen, Schulen, Krankenhäuser, Verwaltungsgebäude) haben, sofern sie verkehrsunfähig sind, keinen Verkehrswert im herkömmlichen Sinne; ihr Gebührenwert ist nach § 30 Abs. 1 zu schätzen (vgl. Rn. 51). 61

Patientenverfügungen. S. Rn. 86a bis 86e, 115. 61a

Poolvereinbarungen. Der Wert richtet sich im Wesentlichen nach dem Inhalt des Poolvertrages. Dieser kann vielgestaltig sein. Regelmäßig rückt eine Poolvereinbarung in die Nähe eines Kooperationsvertrages, seltener wird sie selbst Gesellschaftsvertrag sein (vgl. Rn. 10 ff.). Im Rahmen von § 30 Abs. 1 ist einerseits der wirtschaftliche Vorteil zu ermitteln, der den Teilnehmern der Poolvereinbarung aus dieser erwächst, andererseits sind die freiwillig übernommenen Beschränkungen der Gesellschafter zu bewerten. Enthält die Poolvereinbarung Verfügungs- und Verwaltungsbeschränkungen in Bezug auf Beteiligungen, ist zunächst deren Wert, dann hieraus je nach dem Grad der Beschränkung ein Teilwert zu ermitteln.[107] 62

Publikationsgesetz. Die Erklärung nach § 16 Publikationsgesetz vom 15. 8. 1969 (BGBl. I S. 1189) kann nicht als Schuldmitübernahmeerklärung in materiellrechtlicher Hinsicht angesehen werden, sondern lediglich als Publikationsersatz, also eine Erklärung, die nur deklaratorische Bedeutung hat. Die Schuldmitübernahme selbst erfolgt nach bürgerlichem Recht (§§ 414 ff. BGB). Bei der eingegliederten Gesellschaft (§§ 319 ff. AktG) ist die Schuldmithaft auch gesetzlich festgelegt (§ 322 AktG). Geschäftswert: Schätzwert nach § 30 Abs. 1, 5–10% der im Zeitpunkt der Abgabe der Erklärung vorhandenen Fremdverbindlichkeiten der Tochtergesellschaft – nicht § 30 Abs. 2, also nicht Höchstwert 500 000 Euro; Gebührensatz $10/10$ nach § 36 Abs. 1 gilt für alle diesbezüglichen Erklärungen, also gleichgültig, ob es sich um eingegliederte Gesellschaften (§§ 319 ff. AktG), um durch einen Unternehmensvertrag (Beherrschungsvertrag, Gewinnabführungsvertrag) verbundene Unternehmen (§§ 291 ff. AktG), um sonstige Gesellschaften – etwa GmbH –, als Konzernspitze oder als Tochtergesellschaft, handelt. 63

Rechtswahl. (1) Rechtswahl im Familienrecht. Nach Art. 14 Abs. 3 und Art. 15 Abs. 2 EGBGB können Ehegatten und Verlobte das Ehewirkungs- und Güterrechtsstatut wählen. Die Ausführung der Rechtswahl ist für Ehewirkungs- und Güterrechtsstatut gleich: Art. 14 Abs. 4 und Art. 15 Abs. 3 EGBGB schreiben notarielle Beurkundung vor. Gleiches gilt für die Aufhebung der Rechtswahl und für eine erneute Rechtswahl. Es handelt sich materiell um einen Ehevertrag, auch bei der Wahl des Ehewirkungsstatuts.[108] Es gilt damit § 39 Abs. 3, so dass die Rechtswahl im Familienrecht kostenrechtlich wie folgt zu behandeln ist: 64

– **Allgemeine Rechtswahl** nach Art. 14 Abs. 3 und nach Art. 15 Abs. 2 Nr. 1 und 2 EGBGB: Maßgebend ist der Wert des betroffenen Vermögens, wobei Verbindlichkeiten abzuziehen sind (§ 39 Abs. 3 S. 1 und 2). Für eine Schätzung nach § 30 ist kein Raum. 65

– **Gegenständlich beschränkte Rechtswahl** nach Art. 15 Abs. 2 Nr. 3 EGBGB, und zwar unabhängig davon, ob die Rechtswahl auf das gesamte unbewegliche Vermögen 66

---

[104] BayObLG MittBayNot 1971, 36; OLG Köln Rpfleger 1980, 491.
[105] OLG Köln Rpfleger 1980, 491: 30%; vgl. auch § 147 Rn. 63.
[106] OLG Braunschweig MittBayNot 1962, 197.
[107] Vgl. für die Anwaltsgebühren BGH WPrax 1995, 18.
[108] *Lichtenberger* DNotZ 1986, 659.

oder einzelne Immobilien beschränkt wird: Geschäftswert ist der Wert der betroffenen Gegenstände (§ 39 Abs. 3 S. 3), wobei Verbindlichkeiten nicht abgezogen werden können. Hier ist jedoch die Rspr. des BayObLG[109] zu § 39 Abs. 3 S. 3 zu beachten, wonach in derartigen Fällen, wenn also der Ehevertrag nur bestimmte Gegenstände betrifft, der Geschäftswert nicht höher sein darf, als der Gesamtvermögenswert beider Ehegatten unter Schuldenabzug. Für eine Anwendung von § 30 ist kein Raum.

67 – **Schlüssige Rechtswahl.** Da die Rechtswahl nicht ausdrücklich erklärt werden muss (es genügt, wenn sie sich aus den Umständen ergibt, etwa aus dem Inhalt eines Ehevertrages, der ein bestimmtes Recht anwendet oder konkludent zur Grundlage hat), kann es zu bloßen Rechtswahlbestätigungen der Vertragsteile in der Form des Art. 14 Abs. 4, Art. 15 Abs. 3 EGBGB kommen (Bestätigung, zu einem früheren Zeitpunkt eine Rechtswahl konkludent getroffen zu haben). Eine derartige Bestätigung hat keine konstitutive Wirkung. Ihr Wert ergibt sich nicht aus den Vorschriften der KostO und steht auch sonst nicht fest, so dass er nach § 30 Abs. 1 zu schätzen ist. Angebracht dürfte ein Teilwert von 20–30% aus dem Wert sein, wie er sich nach § 39 Abs. 3 bei ausdrücklicher Rechtswahl errechnen würde (vgl. Rn. 64, 65).

68 – **Zusammentreffen mit anderen Erklärungen.** Enthält die notarielle Urkunde neben der Rechtswahl nach Art. 14 Abs. 3 bzw. Art. 15 Abs. 2 EGBGB andere Erklärungen, so ist nach § 44 zu prüfen, ob die mehreren Erklärungen denselben Gegenstand betreffen (vgl. § 44 Rn. 15 ff.). Denselben Gegenstand betreffen Rechtswahl und sonstige Erklärungen, wenn die Rechtswahl die Grundlage für die sonstigen ehevertraglichen Vereinbarungen zwischen den gleichen Vertragsteilen bildet; die sonstigen ehevertraglichen Vereinbarungen können jedoch ihrerseits unterschiedliche Gegenstände betreffen. Unterschiedliche Gegenstände betreffen Rechtswahl und sonstige Erklärungen, wenn diese im Rahmen eines Rechtsgeschäftes mit einem Dritten abgegeben werden (zB Kaufvertrag) und die Rechtswahl erst die güterrechtliche Zuordnung des betroffenen Rechtsverhältnisses ermöglicht (Beispiel: Rechtswahl und anschließender Erwerb eines Grundstücks durch einen Ehegatten).

69 **(2) Rechtswahl im Erbrecht.** Der Erblasser kann für im Inland belegenes unbewegliches Vermögen deutsches Recht wählen; hierfür ist die Form einer Verfügung von Todeswegen vorgeschrieben (Art. 25 Abs. 2 EGBGB). In kostenrechtlicher Hinsicht gilt somit § 46.

70 – **Allgemeine Rechtswahl.** Wählt der Erblasser für im Inland belegenes unbewegliches Vermögen allgemein deutsches Recht, so tritt für dieses unbewegliche Vermögen Nachlassspaltung ein.[110] Eine derartige allgemeine, also gegenständlich nicht be-schränkte Rechtswahl steht in ihren Auswirkungen der Erbeinsetzung gleich: Nach § 46 Abs. 4 ist damit der Reinwert des betroffenen unbeweglichen Vermögens (also mit Schuldenabzug) maßgebend. Wird die Rechtswahl in der Form eines Testamentes getroffen, fällt eine $^{10}/_{10}$-Gebühr an, wird sie in der Form eines Erbvertrages oder eines gemeinschaftlichen Testamentes getroffen, wird das Doppelte der vollen Gebühr erhoben (§ 46 Abs. 1). Für eine Anwendung des § 30 ist prinzipiell kein Raum.

71 – **Gegenständlich beschränkte Rechtswahl.** Wird die Rechtswahl nach Art. 25 Abs. 2 EGBGB auf bestimmte im Inland belegene unbewegliche Sachen beschränkt, so steht sie in ihrer Auswirkung einem Vermächtnis gleich. Der Wert der betroffenen Gegenstände ist der Geschäftswert; Schulden werden hierbei nicht abgezogen, auch wenn der Wert des Reinvermögens des Erblassers überschritten wird (vgl. § 46 Rn. 22). Für eine Schätzung nach § 30 ist kein Raum.

72 – **Schlüssige Rechtswahl.** Die Rechtswahl kann ebenso wie im Eherecht (vgl. Rn. 64) schlüssig erfolgen. Eine schlüssige Rechtswahl, zB durch inhaltliche Gestaltung der Verfügung von Todeswegen oder Verwendung von Rechtsfiguren des deutschen Rechtes, reicht aus, sofern sie eindeutig ist. Wird zu einem späteren Zeitpunkt in der Form des

---

[109] BayObLGZ 1982, 191 = JurBüro 1982, 1236.
[110] *Lichtenberger* DNotZ 1986, 665.

Art. 25 Abs. 2 EGBGB eine Bestätigung über die früher schlüssig getroffene Rechtswahl abgegeben, so ist der Geschäftswert unter Zugrundelegung der oben genannten Maßstäbe im Rahmen des § 30 Abs. 1 zu schätzen, da der Bestätigung keine konstitutive Wirkung zukommt.

– **Zusammentreffen mit anderen Erklärungen.** Für mehrere selbständige Verfügungen von Todeswegen in einer Urkunde gilt § 44 nicht, sie sind daher getrennt zu bewerten. Die Rechtswahl ist jedoch, wenn sie als „Vorstufe" einer Verfügung von Todeswegen vorgenommen wird, keine selbständige Verfügung von Todes wegen, so dass die Gebühr nach § 46 Abs. 1 nur einmal zu erheben ist. Trifft die Rechtswahl, die als Verfügung von Todeswegen Art. 46 unterliegt, mit Erklärungen unter Lebenden zusammen, so sind beide Erklärungen getrennt zu bewerten; § 44 gilt nicht. Ein derartiger Fall wird dann gegeben sein, wenn durch Verfügung von Todeswegen nach Art. 25 Abs. 2 EGBGB für im Inland belegenes unbewegliches Vermögen deutsches Recht gewählt und auf der Grundlage des so geltenden Deutschen Rechtes ein Erbverzicht (Pflichtteilsverzicht) eine Schenkung unter Lebenden auf den Todesfall oder ein vorzeitiger Erbausgleich beurkundet wird. 73

Scheidungsvereinbarung. S. § 39 Rn. 127 ff. 74

Schiedsvertrag. Für den Fall, dass ein Schiedsvertrag selbständig beurkundet wird oder bei Beurkundung mit einem anderen Rechtsgeschäft selbständig zu bewerten ist (vgl. § 44 Rn. 97), sind etwa 10% des Vertragswertes gemäß § 30 Abs. 1, hilfsweise 3000 Euro (früher 5000 DM) gemäß § 30 Abs. 2, keinesfalls jedoch mehr als der Wert des Rechtsgeschäftes anzusetzen. 75

Schlichtung. Werden Notare in einem Schlichtungs- oder Güterverfahren tätig, unterscheidet sich dies durch das stärker formalisierte Verfahren von der Mediation (Rn. 56 a, 108 a), die im wesentlichen auf Vermittlung, dabei vorrangig auf den „transformative approach", gerichtet ist. Schlichtungen durch Notare sind möglich auf Grund einer förmlichen Zuweisung der Schlichtungszuständigkeit durch die Landesjustizverwaltung gemäß § 794 Abs. 1 Nr. 1 ZPO oder im Rahmen eines freiwilligen Verfahrens auf Grund des Einverständnisses aller Beteiligten.[111] Nimmt man an, dass es sich um ein förmliches Verfahren auf dem Gebiet der vorsorgenden Rechtspflege, das durch § 24 Abs. 1 BNotO abgedeckt ist, handelt, gilt die KostO. Der Gebührenwert ist regelmäßig identisch mit demjenigen des Verfahrensgegenstandes, anders als bei der Mediation, wo sich der Wert aus dem „transformative approach" ergibt, so dass dort nur ein Teilwert des Verfahrensgegenstandes Geschäftswert ist (vgl. Rn. 56 a). 75 a

Schreibfehlerberichtigung. Sie haben keine selbständige kostenrechtliche Bedeutung, sofern sie im Rahmen von § 30 Abs. 4 DONot vorgenommen werden (§ 16). Grundbuchberichtigungen auf Grund einer notariellen Schreibfehlerberichtigung gemäß § 44 a BNotO, etwa beim Namen eines Beteiligten, lösen allerdings eine Grundbuchgebühr aus. Für den Wert ist der Rechtsgedanke des § 41 a Abs. 6 heranzuziehen (Eintragung ohne wirtschaftliche Bedeutung – Geschäftswert maximal 3000 Euro). 76

Schuldübernahmegenehmigung. Der Geschäftswert für das Einholen einer Genehmigung der Schuldübernahme durch den Notar bestimmt sich nach § 30 Abs. 1. Als tatsächliche Anhaltspunkte sind zu berücksichtigen das Interesse des Auftraggebers an der Vornahme des Geschäftes, die Bedeutung der Angelegenheit, Arbeits- und Zeitaufwand und Verantwortung des Notars.[112] 77

Treuhandverträge. S. § 39 Rn. 28. 78

Übergabeverpflichtung. Der Geschäftswert einer Übergabeverpflichtung, sei es auch im Rahmen eines Vorvertrages, ist der Wert des Übergabegegenstandes; für die Anwendung des § 30 Abs. 1 ist kein Raum. Steht die Übergabeverpflichtung jedoch unter einer Bedingung, zB der Wiederverheiratung oder der Vollendung eines bestimmten Lebensjah- 79

---

[111] Vgl. Güteordnung der Bundesnotarkammer DNotZ 2000, 1 ff.
[112] KG JurBüro 1975, 805; OLG Düsseldorf JurBüro 1980, 119; DNotZ 1967, 606; *Mümmler* JurBüro 1981, 36. Für ca. 20% der Verbindlichkeiten: *Assenmacher/Mathias* „Betreuungsgebühr" 6.2.

res, so ist der Geschäftswert nach § 30 Abs. 1 zu bestimmen, und zwar (vgl. Rn. 24) nach der Wahrscheinlichkeit des Bedingungseintritts und dem Grad der Bindung; 20–50% des Objektwertes sind angemessen. Dies gilt auch, wenn die Übergabeverpflichtung durch Rechtsgeschäft unter Lebenden in Verbindung mit einem Erbvertrag gegründet wird.

80 **Umwandlungen.** S. § 41a Rn. 90ff.

81 **Verklarung.** Der im Rahmen von § 50 maßgebliche Geschäftswert der Beweiserhebung nach § 11 BinSchG („Verklarung") bemisst sich nach der Summe der zu verfolgenden und abzuwehrenden vermögensrechtlichen Interessen, die zu schätzen sind. Ein Abschlag wegen des Umstandes, dass es sich nur um ein Sicherungsverfahren handelt, findet nicht statt.[113]

82 **Versorgungsausgleich.** S. § 39 Rn. 116ff.

83 **Vertragsmuster.** S. § 145 Rn. 16.

84 **Vertragsrahmen.** Für den Entwurf eines Vertragsrahmens, zB für die Veräußerung von Teilobjekten eines Gesamtobjektes, steht dem Notar eine Entwurfsgebühr nach § 145 Abs. 1 zu, deren Gegenstandswert nach § 30 Abs. 1 ermittelt wird. Nach OLG Düsseldorf[114] ist der Gegenstandswert idR die Hälfte der Wertsumme der Einzelgeschäfte.

84a **Verweisungsurkunde.** S. Rn. 40.

85 **Verzicht auf Rechte.** Wird auf wiederkehrende Nutzungen und Leistungen, zB auf Unterhaltsansprüche, verzichtet, ist der Wert nach § 24 zu ermitteln, bei unsicheren Rechten also ggf. nach § 24 Abs. 6 S. 3 den Umständen entsprechend niedriger anzusetzen; § 30 Abs. 1 wird also nur selten anzuwenden sein. Zum Verzicht auf Rechte im Umwandlungsverfahren § 41c Rn. 64. Der Wert eines **Verzichts auf ein vertraglich vereinbartes Rücktrittsrecht** ist nach § 30 Abs. 1 zu ermitteln. Dabei ist die Wahrscheinlichkeit der Ausübung des Rücktrittsrechts zu berücksichtigen. Bei Vergleich mit der Bewertung von Wiederkaufsrechten der öffentlichen Hand kann der Wert hier auf 20–30% des Grundstückswertes festgesetzt werden. Im Hinblick auf einen kurzen zeitlichen Zusammenhang von Begründung und Aufhebung eines solchen Rücktrittsrechts kann dieser Wert jedoch nochmals unterschritten werden auf insgesamt 10% des Grundstückswertes.[115]

86 **Vormietrecht.** Bei der Bewertung eines Vormietrechtes erscheint es angemessen, analog § 20 Abs. 2 den halben Wert des Mietrechtes (§ 25) anzunehmen;[116] entsprechend ist der Wert eines Vorpachtrechtes anzusetzen.

86a **Vorsorgevollmacht.** Für die Wertberechnung ist der Wert der Tätigkeiten maßgebend, die auf Grund der Vollmacht im Namen des Vollmachtgebers entfaltet werden können. Der Wert ist gemäß § 41 Abs. 2 nach freiem Ermessen zu bestimmen. Für ausgewählte persönliche Angelegenheiten wird der Regelwert zu 3000 Euro nach § 30 Abs. 2 iVm. Abs. 3 anzusetzen sein. Erstreckt sich die Vollmacht auf die Vertretung in allen persönlichen und Vermögensangelegenheiten, ist das Gesamtvermögen ohne Abzug von Verbindlichkeiten heranzuziehen unter Beachtung des Höchstwertes nach § 41 Abs. 4 (500 000 Euro). In der Regel wird die Vorsorgevollmacht nach Außen hin unbeschränkt erteilt, im Innenverhältnis soll sie nur im Falle einer Betreuungsbedürftigkeit des Vollmachtgebers ausgeübt werden. Damit werden Probleme des Nachweises über die Betreuungsbedürftigkeit und über den Beginn der Bevollmächtigung umgangen. Nach hM ist ein Abgehen vom vollen Wert des § 41 Abs. 2 dann gerechtfertigt, wenn die Ausfertigung für den Bevollmächtigten nicht ihm selbst, sondern dem Vollmachtgeber ausgehändigt wird. Damit bestimmt der Vollmachtgeber selbst durch Aushändigung, wann er eine Vertretung wünscht. In diesem Fall soll gemäß § 30 Abs. 2 Satz 1 die Hälfte des Wertes nach § 41 Abs. 2 angemessen sein.[117] Auch wenn einem Dritten eine gesonderte Überwachungsvollmacht erteilt wird, der die Ausfertigung der Betreuungsvollmacht erhält und beauftragt wird, sie nur unter bestimmten Voraussetzungen auszuhändigen, kann ein Teilwert gerechtfertigt sein.

---

[113] OLG – Schifffahrtsobergericht – Karlsruhe JurBüro 1993, 433.
[114] DNotZ 1984, 318.
[115] OLG Zweibrücken FGPrax 2000, 43.
[116] LG Braunschweig KostRsp. Nr. 2.
[117] OLG Stuttgart JurBüro 2000, 428 = ZNotP 2001, 37; *Bengel/Tiedtke* DNotZ 2006, 438, 465.

Wenn der Notar angewiesen ist, die Ausfertigung der Vollmacht an den Bevollmächtigten nur unter bestimmten Voraussetzungen auszuhändigen, ist diese Tätigkeit als Betreuungstätigkeit iS des § 147 Abs. 2 zu erfassen. Es bleibt aber auch hier bei dem Teilwert für die Vollmacht. **86 b**

Für die Übermittlung der Daten an das zentrale Vorsorgeregister erhält der Notar, der die Vollmacht beurkundet, nach § 147 Abs. 4 Nr. 6 keine Gebühr. **86 c**

Patientenverfügung und Betreuungsverfügung (vgl. Rn. 115) sind mit der Vorsorgevollmacht iS des § 44 Abs. 1 gegenstandsgleich.[118] Die Gegenstandsgleichheit ergibt sich aus dem inneren Zusammenhang und daraus, dass der Bevollmächtigte beauftragt und ermächtigt ist, den Wünschen des Verfügenden Geltung zu verschaffen, auch wenn die Verfügungen zB gegenüber Ärzten gelten sollen. Allerdings ist ein Gebührenvergleich nach § 44 Abs. 1 Nr. 2 anzustellen, weil die Vollmacht der $5/10$-Gebühr und die Verfügung der $10/10$-Gebühr unterliegt. In der Regel wird die getrennte Bewertung günstiger sein, da der Wert der Vollmacht meistens überschritten wird.[119] Da die Patientenverfügung nichtvermögensrechtlicher Natur ist, wird der Regelwert zu 3000 Euro nach § 30 Abs. 3 Satz 1 iVm. § 30 Abs. 2 Satz 1 angemessen sein (vgl. Rn. 115). **86 d**

Ob Patientenverfügung und Betreuungsverfügung untereinander gegenstandsgleich iS des § 44 Abs. 1 sind, wurde bisher noch nicht entschieden. Beide Verfügungen betreffen dem Grunde nach verschiedene Gegenstände und sind auch gegenüber einem anderen Personenkreis gerichtet; ein innerer Zusammenhang besteht nicht.[120] Eine Gegenstandsgleichheit iS des § 44 Abs. 1 kann sich damit allenfalls daraus ergeben, dass ein und dieselbe Person als Vertrauensperson benannt wird.[121] **86 e**

Wohnungsbesetzungsrecht. Häufig werden Erklärungen im Zusammenhang mit Hypothekenbestellungen für öffentliche Körperschaften des Inhalts abgegeben, dass der Darlehensnehmer den geschaffenen Wohnraum für eine bestimmte Zeitdauer nur an einen bestimmten Personenkreis (manchmal unter Mietfestsetzung oder -begrenzung) überlassen darf. Dem Wohnungsbesetzungsrecht ähnlich ist auch das sog. **Wohnungsbelegungsrecht,** das für den Staat oder die Kommune am dienenden Grundstück einzutragen ist, als Auflage für die Erteilung einer Baugenehmigung für ein sog. „Wirtschafts- oder Austragshaus". Eine derartige Baugenehmigung wird meistens nur erteilt, damit ein Angehöriger, der bei der Landwirtschaft mithilft, in Hofnähe ein Eigenheim errichten kann. Das Wohnungsbelegungsrecht soll dann diese Nutzung sicherstellen. Es ist falsch, gleichen Gegenstand nach § 44 Abs. 1 zwischen der Hypothek und dem Wohnungsbesetzungsrecht anzunehmen oder dieses als Nebengeschäft nach § 35 unbewertet zu lassen. Der Wert ist nach § 30 Abs. 1 zu schätzen. *Schmid*[122] hatte vorgeschlagen, pro Wohnung einen angemessenen Betrag als Jahreswert anzusetzen und diesen Jahreswert mit der Dauer des Wohnungsbesetzungsrechts zu kapitalisieren. Nach *Müller*[123] ist je nach Bedeutung für den Berechtigten und Dauer zu schätzen. Als Jahreswert kommt vor allem der Unterschied zwischen der Kostenmiete und der Bedienstetenmiete in Frage; danach ist im Hinblick auf § 30 Abs. 1 zu schätzen. Sind nähere Unterlagen für die Schätzung nicht zu ermitteln, ist der Wert nach freiem Ermessen zu bestimmen, meistens mit 10–20% des Darlehensnennbetrages, nicht darüber. Das OLG Braunschweig[124] hat in einem vergleichbaren Fall 20% des Mietwertes angesetzt, vervielfältigt nach § 24. Das KG[125] hielt, weil keine ausreichenden Anhaltspunkte für eine Wertbestimmung nach § 30 Abs. 1 vorliegen, § 30 Abs. 2 für anwendbar; da es sich um eine Vielzahl von Wohnungen handelte, hielt das KG 2000 DM für jede Wohnung für gerechtfertigt und gelangte zu einem Gesamtwert von 40 000 DM. Anders **87**

---

[118] OLG Oldenburg JurBüro 2005, 548 = RNotZ 2005, 558; aA *Klein* RNotZ 2005, 561.
[119] *Bengel/Tiedtke* DNotZ 2006, 438, 464.
[120] *Bund* JurBüro 2005, 622, 627; *Renner* NotBZ 2005, 51.
[121] *Tiedtke* MittBayNot 2006, 397, 400; vgl. auch Rn. 115.
[122] MittBayNot 1954, 342.
[123] MittRhNotK 1957, 782; 1963, 618.
[124] KostRsp. Nr. 6.
[125] Rpfleger 1968, 370.

das LG Berlin,[126] das hier § 24 angewendet hatte. Dieser Meinung ist auch das OLG Düsseldorf,[127] jedoch mit der gegenteiligen Meinung, wonach eine Anknüpfung an den Mietwert der Wohnungen für die Bewertung weniger sachgerecht erscheint, da dieser ohnehin nicht marktgerecht sei. Nach OLG Oldenburg[128] hat die Wertermittlung nach § 30 Abs. 2 zu erfolgen. Ein Rückgriff auf § 30 Abs. 1 ist hier nur möglich, wenn die Zuschusshöhe (oder gar der Mietwert) tatsächlich einen Anhaltspunkt für den Wert des Wohnungsbesetzungsrechtes bildet.[129]

88 **Wohnungseigentum.** Die Beglaubigung der **Bestellung des Verwalters** einer Wohnungseigentümergemeinschaft (§ 24 Abs. 4 WEG) gemäß § 29 ist wegen der darin enthaltenen ausdrücklichen Verweisung nach § 30 Abs. 2 zu bewerten, nicht nach § 30 Abs. 1.[130] Allerdings können Abweichungen vom Regelwert (3000 Euro) nach Lage des Falles angebracht sein, so dass die Verwalterbestellung bei großen und kleinen Wohnanlagen unterschiedlich zu bewerten ist;[131] 300 bis 500 Euro pro Wohnungs- und Teileigentumseinheit sind angemessen.[132] Die nach der Teilungserklärung etwa erforderliche **Zustimmung** des Verwalters oder anderer Eigentümer zur Veräußerung oder Belastung des Wohnungs- bzw. Teileigentums hat den Wert der Erklärung, der zugestimmt wird, also bei einem Verkauf den Kaufpreis, bei einer Belastung den Nennbetrag des Grundpfandrechts.[133] Wegen Änderung einer Teilungserklärung, die nur einen Teil eines Objektes betrifft s. Rn. 93.

89 **Zustimmungserklärung.** Sie haben den Geschäftswert des Rechtsgeschäftes, dem zugestimmt wird. Der Geschäftswert für die (Ersetzung) der Zustimmung des Ehegatten nach § 1365 Abs. 2 BGB richtet sich regelmäßig nach den um die Schulden verminderten Wert des betroffenen Vermögens, der allerdings mit Rücksicht auf die Regelung des Zugewinnausgleiches zu halbieren ist.[134]

90 **Zweckbestimmungserklärungen.** Der Wert der isolierten Sicherungsabrede zwischen Grundstückseigentümer und Grundschuldgläubiger ist gemäß § 30 Abs. 1 zu bestimmen, es sei denn, sie enthält die Einigung zwischen Gläubiger und Eigentümer nach § 873 BGB (dann ist der Nennbetrag der Grundschuld maßgebend). Zweckbestimmungserklärungen in der Grundschuldurkunde sind gegenstandsgleich mit der Grundschuld nach § 44 Abs. 1.

3. Verfügungsbeschränkungen

91 Als Anwendungsfall erwähnt Abs. 1 Verfügungsbeschränkungen. Hierunter fallen zB Veräußerungs-, Belastungsverbot auf Grund Gesetzes, einstweiliger Verfügung oder vertraglicher Bestimmung, Testamentsvollstreckerschaft, Nacherbschaft, schuldrechtliches Veräußerungsverbot (§ 137 Abs. 2 BGB). Verfügungsbeschränkungen zur Sicherung einer Forderung werden nicht nach § 23 als Sicherstellung bewertet, sondern nach § 30 Abs. 1. Der Wert ist nach dem Ausmaß der Einwirkung mit 10–50%, uU mehr, des Beziehungswertes (Wert des Wirtschaftsgutes, Belastungsgrenze, Ausmaß der Beschränkungen) anzusetzen, jedoch höchstens der Beziehungswert bei außergewöhnlicher rechtlicher oder wirtschaftlicher Bedeutung der Verfügungsbeschränkung. Den Wert einer Verfügungsbeschränkung bestimmt AG Frankfurt[135] mit 10% des Wertes; handelt es sich um eine Verfügungsbeschränkung nach § 72 VAG, so ist nach OLG Hamm[136] der Wert mit 20% des

---

[126] KostRsp. Nr. 32.
[127] Rpfleger 1992, 177.
[128] Rpfleger 1994, 273.
[129] So OLG Oldenburg, auch im JurBüro 1995, 97, wonach Wertbestimmung auf Grundlage des angegebenen verlorenen Zuschusses zu erfolgen hat.
[130] OLG Düsseldorf JurBüro 1992, 551; OLG Braunschweig ZNotP 2007, 359 m. Anm. *Tiedtke*; *Mümmler* JurBüro 1981, 840; ders. 1985, 1149.
[131] *Lappe* KostRsp. Anm. zu Nr. 70; aA OLG Hamm JurBüro 1983, 1554; OLG Stuttgart JurBüro 1988, 1200.
[132] *Mümmler* JurBüro 1981, 840.
[133] OLG Hamm Rpfleger 1982, 489; OLG Düsseldorf MittBayNot 1982, 94; *Assenmacher/Mathias* „Wohnungseigentum" A. 2. 1; aA noch OLG Hamm DNotZ 1968, 54; 1980, 722.
[134] BayObLG JurBüro 1995, 98.
[135] KostRsp. Nr. 10; ebenso OLG Karlsruhe NJW 2006, 1145.
[136] JurBüro 1963, 522.

Wertes nach § 19 Abs. 2 S. 1 anzunehmen. Falls bei schuldrechtlichem Veräußerungsverbot für den Fall des Verstoßes ein Ankaufsrecht vereinbart ist, ist zwar das Verfügungsverbot nach § 30 Abs. 1 zu bewerten, § 20 Abs. 2 gibt jedoch einen Orientierungsrahmen. Der Wert eines Anspruchs (und der ihn sichernden Vormerkung) auf unentgeltliche Rückübereignung eines Grundstücks, der von der Verletzung eines Verfügungsverbotes abhängt, wie es vor allem in Übergabeverträgen üblich ist, richtet sich nicht nach § 20 Abs. 2, auch nicht nach dem vollen Grundstückswert, sondern ist nach § 30 Abs. 1 zu bestimmen,[137] ebenso bei einem durch Vormerkung gesicherten Anspruch des Veräußerers auf unentgeltliche Rückübertragung des Eigentums bei Vorversterben des Erwerbers.[138]

4. Änderung bestehender Rechte

§ 30 Abs. 1 erwähnt besonders die Änderung bestehender Rechte, bei denen nicht der Wert des Rechtes, sondern der der Änderung maßgebend und deren Wert nicht nach anderen Wertbestimmungen (zB §§ 23, 24, 25, Rangänderung, Zinsänderung, Mietverlängerung) zu ermitteln ist oder sonst nicht feststeht. Ist das geänderte Rechtsverhältnis noch nicht beurkundet, so liegt in der Beurkundung der Änderung regelmäßig die Beurkundung des geänderten Rechtsverhältnisses, so dass nicht der Wert der Änderung, sondern der des geänderten und beurkundeten Rechtsverhältnisses maßgebend ist.[139] Nach §§ 39 Abs. 1 S. 2, 65 Abs. 4 darf der Wert des durch die Änderung betroffenen Rechts oder Rechtsverhältnisses nicht überschritten werden, auch wenn die Summierung der Werte der mehreren Änderungen bestimmten oder zu schätzenden Wertes einen höheren Wert ergeben würde, dh der Wert des Rechts ist der Höchstwert mehrerer Änderungen desselben Rechtes bei gleichzeitiger Beurkundung oder Eintragung, vgl. § 39 Rn. 92 ff. An Änderungen, die nach Abs. 1, also nach freiem Ermessen, zu bewerten sind, kommen in Betracht: 92

a) **Eigentum.** Bei Eigentum: Vereinigung, Zuschreibung, Teilung von Grundbesitz (nicht aber Wohnungseigentumsbegründung nach §§ 3, 8, 30 WEG, vgl. § 21); bei Miteigentum: Ausschließung der Gemeinschaftsaufhebung oder Regelung der Verwaltung oder Nutzung (§ 1010 BGB); bei Gesamthandseigentum: Ausschließung der Teilung (zB wenn bei Erbteilung Teilauseinandersetzung erfolgt und bezüglich des restlichen Nachlasses die Auseinandersetzung auf bestimmte Zeit ausgeschlossen wird).[140] Die Auseinandersetzungsausschließungen werden wie Verfügungsbeschränkungen (vgl. Rn. 25, 91) zu bewerten sein. Bei Wohnungseigentum kommen in Betracht nachträgliche Änderung des im Kaufvertrag versehentlich falsch angegebenen Miteigentumsanteils,[141] der Gemeinschaftsordnung, des Inhalts des Sondereigentums, der Veräußerungsbeschränkung nach § 12 WEG. Auch rein schuldrechtliche Vereinbarungen zur Regelung eines Miteigentums-, Gesamthandseigentums-, Erbbaurechts-, Wohnungseigentums- und Wohnungserbbaurechtsverhältnisses, die nicht gegen Sondernachfolger wirken, manchmal durch Vertragsstrafen u. Ä. gesichert werden, sind nach Abs. 1 nach freiem Ermessen zu bewerten, sofern der Wert nicht feststeht oder nicht nach anderen Wertbestimmungen ermittelt werden kann. Nach der Theorie der „schrittweisen Entstehung des Sondereigentums"[142] ist bei einer Teilungserklärungsänderung, die nur einen Teil eines Objektes betrifft, nur der von der Änderung betroffene Teil Grundlage der Wertbestimmung. Hingegen hat Umwandlung einer Eigentumsform in eine andere, zB Alleineigentum in Miteigentum, Miteigentum in Gesamthandseigentum, letzteres in Miteigentum und jeweils umgekehrt stets den vollen Wert des betroffenen Wirtschaftsgutes, weil diesen nach § 311 b Abs. 1 BGB schuldrechtliche Vereinbarungen (Übertragung, Auseinandersetzung, Gesellschaftsgründung usw.) zugrunde 93

---

[137] OLG Düsseldorf DNotZ 1978, 317; BayObLG MittBayNot 2000, 336; JurBüro 2000, 487; FGPrax 2000, 82.
[138] BayObLG MittBayNot 2000, 336; JurBüro 2000, 487.
[139] ZB Änderung eines bisher nicht beurkundeten OHG- oder KG-Vertrages, KG DNotZ 1941, 78; 1943, 113; auch der Eintritt eines anderen in ein Unternehmen, vgl. OLG Oldenburg DNotZ 1956, 331.
[140] OLG München DNotZ 1939, 438.
[141] KG JurBüro 1984, 742: 10% des Kaufpreises.
[142] *Röll* DNotZ 1977, 71.

§ 30

liegen müssen und die Eigentumsstruktur im vollen Umfang verändert wird.[143] Für die Eintragung gilt § 61. Wegen der Änderung eines Erbbaurechts s. OLG Hamm JurBüro 1966, 506 und *Mümmler* JurBüro 1974, 973; 1975, 1054.

94 **b) Grundpfandrechte.** Eine Änderung von Grundpfandrechten, deren Wert nicht anderweitig zu ermitteln ist oder feststeht, wird in folgenden Fällen angenommen:

Änderung der Kündigungs-, Zahlungs-, Fälligkeitsbestimmungen: Die Bestimmung des Wertes erfolgt mit einem entsprechenden Teilbetrag des Kapitals (Beziehungswert) je nach der objektiven Bedeutung der Änderung. Die Bewertung hat nach Abs. 1 (nicht Abs. 2) zu erfolgen. In der Praxis wird meistens 10% des Kapitals als Wert angesetzt, doch darf dieser Prozentsatz nicht schematisch angewendet werden. Bei wesentlichen Fälligkeitsänderungen (Hinaus- oder Vorverschieben um viele Jahre) können 20–30%, bei kurzfristigen Verschiebungen (nur um einige Monate) 5% je nach Lage des Falles angesetzt werden.[144]

95 **Umwandlung von Grundpfandrechten.** Umwandlung von Buchrechten in Briefrechte und umgekehrt:[145] Hier wird die vorzunehmende Schätzung zu einem Wertansatz von 10% bis 30% des Nominalkapitals führen.

95 a Bildung von Einheitshypotheken:[146] Hier wird regelmäßig 10% bis 30% des zusammengelegten Hypothekenkapitals gerechtfertigt sein. Je nach Lage des Einzelfalls kann aber auch ein höherer oder geringerer Wertansatz gerechtfertigt sein.

96 Umwandlung einer Verkehrshypothek in eine Tilgungshypothek: Hier wird ein Wertansatz von 10% bis 25% des Nominalkapitals gerechtfertigt sein, im Einzelfall aber auch mehr oder weniger.[147]

96 a Ist mit der Umwandlung auch eine Feststellung oder Begründung des Schuldverhältnisses verbunden, ist der Wertansatz nach § 30 Abs. 1 nicht gerechtfertigt. Es ist dann der Nominalwert anzusetzen. Gleiches gilt für die Umwandlung einer Hypothek in eine Grundschuld (s. Rn 98). Der Wert der Zustimmung eines nachrangigen Gläubigers hat den vollen Wert des Rechtsverhältnisses, dem zugestimmt wird (Nennbetrag der Grundschuld bzw. Hypothek), allerdings – analoge Anwendung des § 23 Abs. 3 S. 3 – beschränkt auf den Wert des nachrangigen Rechtes.

97 Eine **Grundpfandrechtsverteilung** nach § 1132 BGB ist kostenrechtlich eine Änderung des Inhalts des Grundpfandrechtes. Für die Grundbucheintragung gilt § 64, für die Grundpfandrechtsverteilung selbst steht der Wert iS von § 30 Abs. 1 idR fest. Nach den Grundsätzen, die vom BayObLG[148] für die Eintragung entwickelt wurden, die aber auch im Rahmen von § 30 Abs. 1 gültig sind, ist kostenrechtlich zwischen zwei Gestaltungen zu unterscheiden:

– Wird das Gesamtgrundpfandrecht in lauter Einzelgrundpfandrechte verteilt, wird das Recht in seinem gesamten Inhalt verändert. Wert ist also der Nennwert des bisherigen Gesamtgrundpfandrechts.

– Wird die Verteilung in der Weise vorgenommen, dass nur auf einem der bisher mitbelasteten Grundstücke ein Einzelgrundpfandrecht entsteht, wird der Inhalt des Gesamtgrundpfandrechtes nicht in seinem gesamten Inhalt verändert. Es bleibt ein Gesamtgrundpfandrecht bestehen, vermindert um den Betrag des neuen Einzelgrundpfandrechtes. Der Gläubiger kann sich wegen des (verringerten) Betrages nicht mehr aus dem Grundstück befriedigen, auf dem nunmehr das Einzelgrundpfandrecht lastet. Wert ist also der Nennbetrag des Einzelgrundpfandrechtes zuzüglich dem Wert des damit belasteten Grundstücks, höchstens jedoch der Nennbetrag des bisherigen Gesamtgrundpfandrechtes.

98 Hingegen ist in folgenden Fällen nicht Abs. 1 anzuwenden, sondern stets der **volle Wert** anzusetzen, weil mit der Änderung eine Forderungsbegründung, -feststellung oder -erse-

---

[143] Vgl. *Ackermann* Rpfleger 1955, 265, 306; JurBüro 1975, 857.
[144] Vgl. *Schmid* MittBayNot 1958, 185; OLG Braunschweig Rpfleger 1967, 59.
[145] OLG Bamberg Rpfleger 1951, 573.
[146] Vgl. DNotZ 1937, 822 bezüglich Eintragungsgebühr.
[147] OLG Bamberg Rpfleger 1951, 573: nur 5%.
[148] Rpfleger 1981, 326.

zung oder Rechtsübertragung verknüpft ist: Umwandlung von Grundschuld in Hypothek ohne Gläubigerwechsel, Umwandlung einer Sicherungshypothek für eine bestimmte Forderung in eine Grundschuld, von Höchstbetragshypothek in gewöhnliche Hypothek oder Grundschuld, bei Forderungsauswechslungen (§ 1180 BGB), Umschreibung einer Gläubigerhypothek in eine Eigentümergrundschuld, Umwandlung von Eigentümerrecht in Fremdrecht mit Änderungen, Forderungsauswechslung.[149]

Die **Unterwerfung unter die Zwangsvollstreckung** nach § 794 Abs. 5 ZPO wird seit KG DNotZ 1937, 628; 1938, 181 in Rspr. und Schrifttum als selbständige, den ganzen Anspruch ergreifende Befugnis erachtet, deren Wert bestimmt ist und dem Wert des Anspruchs entspricht, deswegen sie erklärt wird. Zu beachten ist, dass die Unterwerfung, wenn sie mit dem Anspruch zusammen beurkundet wird, nach § 44 Abs. 1 denselben Gegenstand betrifft, also unbewertet bleibt;[150] ebenso nach § 62 Abs. 3, wenn sie zugleich mit dem Recht (Hypothek) eingetragen wird. Es interessieren hier daher hauptsächlich die nachträgliche Unterwerfung (nach Beurkundung des Anspruchs, nach Eintragung des Rechts), die Unterwerfung zugleich mit Änderung des Anspruchs oder Rechts und die selbständige Beurkundung der Unterwerfungsklausel.[151] **99**

Ist der Anspruch, wegen dessen die Unterwerfung nach § 794 ZPO erklärt wird, bisher noch nicht gerichtlich oder notariell beurkundet, was auch zutrifft, wenn für das den Anspruch sichernde Grundpfandrecht nur eine Eintragungsbewilligung abgegeben ist, so muss der Anspruch, um den Erfordernissen des § 794 ZPO zu genügen, nunmehr mitbeurkundet werden. **100**

Ist der Anspruch jedoch bereits gerichtlich oder notariell beurkundet, wird nur in selbständiger Urkunde die Unterwerfung dazu erklärt, so ist der Wert nach den obigen Ausführungen der bestimmte Wert des Anspruchs (allgM). **101**

Nimmt der Eigentümer ein neues Grundpfandrecht mit neuen Bedingungen auf, die auch für ein schon eingetragenes Grundpfandrecht gelten, und unterwirft er sich wegen des Gesamtdarlehens zu den neuen einheitlichen Bedingungen der Vollstreckung, so ist maßgebend der zusammengerechnete Wert beider Hypotheken.[152] **102**

Ist die Unterwerfung bei Beurkundung des Schuldanerkenntnisses mit Hypothekenbestellung bereits beurkundet, werden die Zins- und/oder Zahlungsbestimmungen nun geändert und die Unterwerfung nur wegen der geänderten Zins- und Zahlungsbestimmungen erklärt, so ist für die Änderung maßgebend der nach den allgemeinen Bestimmungen (§§ 24, 30) zu ermittelnde Wert der Änderungen, die Klausel bleibt unbewegter, weil sie sich auf die Änderungen beschränkt.[153] Wird die Unterwerfung, auf die Änderungen beschränkt, nachträglich beurkundet, so ist ihr Wert gleich dem der Änderungen. Wird aber mit den Änderungen die Unterwerfung wegen des ganzen Schuldbetrages mit den geänderten Bedingungen neu erklärt, was häufig vom Gläubiger gefordert wird, damit er bei der Vollstreckung nicht auf die alte Urkunde zurückzugreifen braucht und bei Gläubigerwechsel die Umschreibung des Titels spart, so ist maßgebend der Nennbetrag der Kapitalforderung,[154] die Änderung der Zins- und Zahlungsbestimmungen ist damit abgegolten. **103**

Bei Einbeziehung eines Grundstücks in die Mithaft mit Unterwerfungsklausel wegen des einbezogenen Grundstücks ist der Wert gleich dem Wert des Grundstücks, wenn dieser geringer ist als der Wert des Anspruchs (§ 23 Abs. 2 Halbs. 2). Erfolgt die Unterwerfung bezüglich des einbezogenen Grundstücks in der Erwerbsurkunde, so handelt es sich bei der Unterwerfung um eine nicht zu bewertende Durchführungserklärung. Wird bei einem Grundpfandrecht nachträglich nur die dingliche (nicht zugleich die persönliche) Unterwer- **104**

---

[149] Vgl. JFGErg. 17, 105 = JVBl. 1938, 10; JW 1034, 434; JFGErg. 17, 100 = DNotZ 1937, 822; 1936, 638; 1942, 380; 1943, 114.
[150] BayObLG MittBayNot 1998, 370; JurBüro 1998, 489.
[151] Vgl. hierzu *Riggers* JurBüro 1967, 185; KG DNotZ 1940, 300, 396, 458.
[152] LG Regensburg DNotZ 1943, 114; OLG Bamberg Rpfleger 1951, 573.
[153] KG DNotZ 1937, 156; 1940, 168, 456.
[154] KG DNotZ 1938, 181.

fung erklärt, so ist (§ 23 Abs. 2) nicht der geringere Wert des Grundstücks, sondern der Nennbetrag des Grundpfandrechts maßgebend.

105 Wiederholt ein neuer Schuldner die Unterwerfung bezüglich seines Vermögens, so ist maßgebend der Wert des Anspruchs; erfolgt diese Unterwerfung aber zugleich mit der Schuldübernahme im Erwerbsvertrag, so bleibt die Unterwerfungserklärung nach § 44 Abs. 1 unbewertet.

106 **c) Änderungen anderer dinglicher Rechte.** Änderungen anderer dinglicher Rechte sind zB Änderungen der Bedingungen bei An- oder Vorkaufsrecht (Beziehungswert § 20 Abs. 2: halber Wert der Sache), von Dienstbarkeits- oder Nießbrauchsbedingungen oder der Bedingungen eines Dauerwohnrechts, sofern der Wert zu schätzen ist.

107 **d) Andere als dingliche Rechte.** Auch bei anderen als dinglichen Rechten ist der Wert nach § 30 Abs. 1 zu bestimmen, wenn andere Ermittlung nicht möglich ist, zB Umwandlung von einfacher in selbstschuldnerische Bürgschaft (etwa 40–70%, weil Wirkung eines Schuldbeitritts); wenn aber Unterwerfung unter die Zwangsvollstreckung miterklärt wird, der volle Wert der Forderung; Veränderung von Fälligkeiten, Stundung, Vorverlegung der Fälligkeit, Fristen, Zahlungs-, Aufhebungsmodalitäten u. Ä. in laufenden Verträgen, auch Verlängerung eines Vertragsangebotes, hier Bestimmung des Wertes nach Abs. 1 nach freiem Ermessen.

5. „Hilfswert" (Abs. 2)

108 Ist in einer vermögensrechtlichen Angelegenheit mangels irgendwelcher Anhaltspunkte eine wenigstens annäherungsweise Schätzung nicht möglich, so wird nach Lage des „Falles" der Wert höher oder niedriger, jedoch nicht über 500 000 Euro angenommen. Wie in § 18 Rn. 2 ausgeführt, können dabei – anders bei Abs. 1 – nach allgM auch persönliche Verhältnisse und Interessen der Beteiligten – sofern sie bei dem Geschäft von Bedeutung sind – berücksichtigt werden. „Nach Lage des Falles" will besagen, dass sowohl das durch das Geschäft betroffene Wirtschaftsgut, bei Grundbesitz § 19 Abs. 2 S. 1, die wirtschaftliche Bedeutung des Geschäfts für die Beteiligten, Auswirkung, Zweck und Wichtigkeit des Geschäfts, die Vermögenslage der Beteiligten, ihr Interesse an der Niederlegung einer Verpflichtung und die Mühewaltung des Gerichts oder Notars daraufhin abzuwägen sind, ob und inwieweit eine Über- oder Unterschreitung des Regelwertes innerhalb der durch Mindest- und Höchstwert gegebenen Grenzen angebracht erscheint.

109 In zahlreichen Fällen verweist die KostO wegen der Wertbestimmung auf Abs. 2, zB §§ 29, 94 Abs. 2, 96 Abs. 2, 98 Abs. 2, 99, 112 Abs. 2, 113. Dann kommt es nicht darauf an, ob tatsächliche Anhaltspunkte für eine Schätzung nach Abs. 1 vorhanden sind, vielmehr ist unabhängig von Abs. 1 der Wert nach Abs. 2 zu bestimmen (Rechtsfolge-verweisung). Die in Rn. 3 ff. genannten Anhaltspunkte für eine Schätzung des Wertes sind bei dieser Ermessensfestsetzung zu verwerten, freilich nicht mit einem Beziehungswert als Ausgangspunkt, sondern im Rahmen des Abs. 2 S. 2 nach pflichtgemäßem Ermessen. Letztlich gibt § 30 Abs. 2 einen Hilfswert, auf den man sich zurückziehen kann, wenn eine individuelle Bewertung nicht möglich ist.

110 Beispiele für die Anwendung des Abs. 2: Schiedsvertrag (s. aber Rn. 75), Antrag auf Bestellung oder Abberufung von Verwaltungsorganen, Wert für Prüfung der Gründung einer AG,[155] Geschäftswert für Eintragungen von Satzungsänderungen eines Vereins,[156] für Verlängerung einer Bilanzierungspflicht,[157] für eidesstattliche Erklärungen zur Erlangung von Versorgungs- oder ähnlichen Ansprüchen,[158] bei der Annahmeerklärung des Testamentsvollstreckers, seiner eidesstattlichen Versicherung zur Erlangung des Testamentsvollstreckerzeugnisses, bei der Benennung eines Nachfolgers, bei Änderung bestehender Rechte, wenn irgendwelche Anhaltspunkte für eine Schätzung nicht gegeben sind.

---

[155] KG JVBl. 1940, 7.
[156] OLG München ZNotP 2006, 359.
[157] BayObLG Rpfleger 1955, 355.
[158] LG Würzburg MittBayNot 1952, 31 m. Anm. *Hieber,* der hier nicht Abs. 2, sondern Abs. 3 für anwendbar hält.

III. Wert in nichtvermögensrechtlichen Angelegenheiten

Hier handelt es sich hauptsächlich um Geschäfte des Personen- und Familienrechts, vor **111** allem um den Fall der Annahme eines Minderjährigen als Kind (§ 30 Abs. 3 S. 2), Ehelicherklärung, Legitimation, Vaterschaftsanerkennung, Namenserteilung, Namensänderung, Lebensbescheinigungen, Identitätsbescheinigungen, Erklärungen für Auswanderungs- oder Eheschließungszwecke, die Erklärung der Ehefrau nach § 1355 BGB über Hinzufügung des Mädchennamens zum Namen des Mannes, Kirchenaustritt, Anordnung der Feuerbestattung, Patienten- und Betreuungsverfügung, Volljährigkeitserklärung, Sorge für ein Kind, Einbürgerung, Benennung eines Vormundes, Vereinbarung einer heterologen Insemination usw. Hingegen ist die Eintragung einer Firmenänderung oder Namensänderung in das Grundbuch keine persönlichkeitsrechtliche, sondern eine vermögensrechtliche Angelegenheit.[159]

Der Wert ist nach Abs. 2 zu bestimmen, bei Annahme Minderjähriger beträgt er stets 3000 **112** Euro (Abs. 3 S. 2). Sind mehrere familienrechtliche Geschäfte in einer Angelegenheit zusammengefasst, so Einzelgebühren aus Einzelwerten, oder ggf. dieselbe Gebühr aus der Summe der Werte. Betrifft dasselbe Geschäft mehrere Personen, insbesondere Kinder, so nur ein Wert, der jedoch gemäß § 44 Abs. 2 zu erhöhen ist; bei mehreren Erklärungen gemäß § 30 Abs. 3 S. 2 kommt nur eine Vervielfachung des dort festgesetzten Wertes in Betracht (§ 44 Abs. 2; für Gerichtsgebühren Sondervorschrift in §§ 94 Abs. 2 S. 2, 95 Abs. 3). Annahme eines Kindes durch Eheleute: einfacher Wert.[160] Bei einem Verfahren nach §§ 1696, 1672 BGB kann bei sehr bescheidenen finanziellen Verhältnissen der Parteien der Regelwert nach Abs. 2 auf 1500 Euro reduziert werden.[161]

Bei familienrechtlichen Geschäften, die einen vermögensrechtlichen Bezug haben, ist **113** der Wert gemäß § 30 Abs. 3 S. 1, Abs. 2 S. 2 angemessen über den Regelwert von 3000 Euro hinaus zu erhöhen.

Bei Regelungen des Umgangsrechtes ist der Wert mangels genügender tatsächlicher Anhaltspunkte mit dem Regelbetrag nach § 30 Abs. 3 S. 1 und Abs. 2 S. 1 anzusetzen.[162] Dieser Wert kann nur bei besonderer Bedeutung und überdurchschnittlichem Umfang auf ein Mehrfaches des Regelwerts erhöht werden.[163] **114**

Sowohl bei Patienten- als auch bei Betreuungsverfügungen handelt es sich um nichtvermögensrechtliche Angelegenheiten iS von § 30 Abs. 3. Eine **Patientenverfügung** enthält Entscheidungen für zukünftig eintretende Fälle und richtet sich an die behandelnden Ärzte, einen Betreuer oder Bevollmächtigten. Ihr Sinn und Zweck ist nicht die Sicherung der Interessen der Erben, vielmehr soll durch sie ein selbstbestimmter und würdiger Sterbevorgang gewährleistet werden. Der Wunsch nach würdevollem Sterben ist nicht vermögensabhängig zu bewerten; somit hat eine Patientenverfügung auch nicht mittelbar einen vermögensrechtlichen Bezug.[164] Mangels tatsächlicher Anhaltspunkte – das Vermögen des Verfügenden stellt dabei kein Kriterium dar – ist der Wert der Verfügung regelmäßig 3000 Euro nach § 30 Abs. 3 Satz 1 Abs. 2 Satz 1.[165] Eine Abweichung von dem Regelwert gemäß § 30 Abs. 2 Satz 2 erscheint grundsätzlich nicht geboten, da es sich bei der Beurkundung einer Patientenverfügung um ein rechtlich einfaches Notargeschäft handelt.[166] Eine **Betreuungsverfügung** ist eine einseitige Willenserklärung iS von § 36 Abs. 1, die alleine der Bestimmung eines Betreuers dient.[167] Sie hat keinen vermögensrechtlichen Gegenstand, sondern ist als Wunsch und Anweisung ohne Außenwirkung eine rein nichtver- **115**

---

[159] OLG Hamm JVBl. 1960, 141.
[160] OLG Hamm JMBl. NW 1989, 176.
[161] OLG Karlsruhe FamRZ 1999, 730.
[162] OLG Hamm FamRZ 2001, 1473.
[163] OLG Frankfurt JurBüro 1999, 371.
[164] LG Arnsberg RNotZ 2005, 375; OLG Hamm MittBayNot 2006, 449.
[165] OLG Frankfurt RenoR 2001, 219; OLG Hamm MittBayNot 2006, 449.
[166] LG Arnsberg RNotZ 2005, 375; OLG Frankfurt RenoR 2001, 219; *Tiedtke* ZNotP 2001, 38; *ders.* MittBayNot 2006, 397, 400.
[167] *Perau* MittRhNotK 1996, 51; *Bund* JurBüro 2004, 173.

§ 31   *1. Teil. 1. Abschnitt: 7. Geschäftswert*

mögensrechtliche Willenserklärung. Ihr Wert bestimmt sich somit nach § 30 Abs. 3 Satz 1. Wie bei der Patientenverfügung ist bei der Betreuungsverfügung von einem Geschäftswert von 3000 Euro gemäß § 30 Abs. 3 Satz 1, Abs. 2 Satz 1 auszugehen.[168]

116 Durch die geplante **FG-Reform** soll Abs. 3 S. 2 aufgehoben werden.

§ 31* Festsetzung des Geschäftswerts

(1) [1]Das Gericht setzt den Geschäftswert durch Beschluß gebührenfrei fest, wenn ein Zahlungspflichtiger oder die Staatskasse dies beantragt oder es sonst angemessen erscheint. [2]Die Festsetzung kann von dem Gericht, das sie getroffen hat, und, wenn das Verfahren wegen der Hauptsache oder wegen der Entscheidung über den Geschäftswert, den Kostenansatz oder die Kostenfestsetzung in der Rechtsmittelinstanz schwebt, von dem Rechtsmittelgericht von Amts wegen geändert werden. [3]Die Änderung ist nur innerhalb von sechs Monaten zulässig, nachdem die Entscheidung in der Hauptsache Rechtskraft erlangt oder das Verfahren sich anderweitig erledigt hat.

(2) [1]Das Gericht kann eine Beweisaufnahme, insbesondere die Begutachtung durch Sachverständige auf Antrag oder von Amts wegen anordnen. [2]Die Kosten können ganz oder teilweise einem Beteiligten auferlegt werden, der durch Unterlassung der Wertangabe, durch unrichtige Angabe, unbegründetes Bestreiten oder unbegründete Beschwerde die Abschätzung veranlaßt hat.

(3) [1]Gegen den Beschluss nach Absatz 1 findet die Beschwerde statt, wenn der Wert des Beschwerdegegenstands 200 Euro übersteigt. [2]Die Beschwerde findet auch statt, wenn sie das Gericht, das die angefochtene Entscheidung erlassen hat, wegen der grundsätzlichen Bedeutung der zur Entscheidung stehenden Frage in dem Beschluss zulässt. [3]Die Beschwerde ist nur zulässig, wenn sie innerhalb der in Absatz 1 Satz 3 bestimmten Frist eingelegt wird; ist der Geschäftswert später als einen Monat vor Ablauf dieser Frist festgesetzt worden, kann sie noch innerhalb eines Monats nach Zustellung oder nach Bekanntmachung durch formlose Mitteilung des Festsetzungsbeschlusses eingelegt werden. [4]Im Falle der formlosen Mitteilung gilt der Beschluss mit dem dritten Tage nach der Aufgabe zur Post als bekannt gemacht. [5]§ 14 Abs. 4, 5, 6 Satz 1, 2 und 4 sowie Abs. 7 ist entsprechend anzuwenden. [6]Die weitere Beschwerde ist innerhalb eines Monats nach Zustellung der Entscheidung des Beschwerdegerichts einzulegen.

(4) [1]War der Beschwerdeführer ohne sein Verschulden verhindert, die Frist einzuhalten, ist ihm auf Antrag von dem Gericht, das über die Beschwerde zu entscheiden hat, Wiedereinsetzung in den vorigen Stand zu gewähren, wenn er die Beschwerde binnen zwei Wochen nach der Beseitigung des Hindernisses einlegt und die Tatsachen, welche die Wiedereinsetzung begründen, glaubhaft macht. [2]Nach dem Ablauf eines Jahres, von dem Ende der versäumten Frist an gerechnet, kann die Wiedereinsetzung nicht mehr beantragt werden. [3]Gegen die Entscheidung über den Antrag findet die Beschwerde statt. [4]Sie ist nur zulässig, wenn sie innerhalb von zwei Wochen eingelegt wird. [5]Die Frist beginnt mit der Zustellung der Entscheidung. [6]§ 14 Abs. 4 Satz 1 bis 3, Abs. 6 Satz 1, 2 und 4 sowie Abs. 7 ist entsprechend anzuwenden.

(5) [1]Die Verfahren sind gebührenfrei. [2]Kosten werden nicht erstattet.

Entsprechend: §§ 63, 68 GKG.

---

[168] OLG Oldenburg RNotZ 2005, 558 = MittBayNot 2006, 446 = NotBZ 2005, 411; *Renner* NotBZ 2005, 45 48; *Tiedtke* MittBayNot 2006, 397, 400.

* § 31 Abs. 1 Satz 2 neu gefasst, Satz 3 Abs. 3 Sätze 2 und 3 angefügt durch Gesetz vom 20. 8. 1975 (BGBl. I S. 2189), Abs. 4 angefügt durch Gesetz vom 27. 7. 2001 (BGBl. I S. 1887), Abs. 3 und 4 neu gefasst, Abs. 5 angefügt durch Gesetz vom 5. 5. 2004 (BGBl. I S. 718), Abs. 3 Satz 5 geändert durch Gesetz vom 12. 12. 2007 (BGBl. I S. 2840).

Festsetzung des Geschäftswerts **§ 31**

Übersicht

	Rn.		Rn.
I. Geschäftswertfestsetzung	1–46	III. Beschwerde	55–71
1. Geschäftswertfestsetzung/ Streitwertfestsetzung	1–7	1. Beschwerderecht	55
2. Amtsverfahren	8–11	2. Beschwerdefähige Entscheidungen	56
3. Antragsverfahren	12–19	3. Beschwer	57, 58
4. Zuständiges Gericht, Rechtspfleger	20–25	4. Beschwerdewert	59, 60
5. Verfahrensgrundsätze	26–29	5. Zulassung	61
6. Beweis	30–34	6. Frist, Wiedereinsetzung	62–64
7. Rechtliches Gehör	35, 36	7. Beschwerdeverfahren	65–67
8. Festsetzung	37–39	8. Landgerichtliche Wertfestsetzung	68
9. Kosten	40–44	9. Verböserung	69
10. Wirkung der Festsetzung	45, 46	10. Ermessensprüfung	70
II. Änderung der Festsetzung	47–54	11. Kostenentscheidung	71
1. Festsetzung vor Fälligkeit	47	IV. Weitere Beschwerde	72, 73
2. Festsetzung nach Fälligkeit	48–50	V. Notare, Rechtsanwälte	74–76
3. Zuständiges Gericht	51, 52		
4. Frist	53, 54		

I. Geschäftswertfestsetzung

1. Geschäftswertfestsetzung/Streitwertfestsetzung

Im Zivilprozess hat der **Streitwert** zunächst prozessuale Funktionen: Von ihm hängen **1** sachliche Zuständigkeit und Zulässigkeit eines Rechtsmittels ab (§ 2 ZPO). Dieser prozessuale Wert wird dann zur Bemessung der Gerichts- und Anwaltsgebühren benutzt (§ 48 Abs. 1 S. 1 GKG, § 23 Abs. 1 S. 1 RVG), mit Abweichungen (§ 48 Abs. 1 S. 1 GKG am Ende; vgl. § 33 Abs. 1 RVG). Demgemäß steht auch an erster Stelle die prozessuale Streitwertfestsetzung (§ 62 GKG), die Festsetzung für die Gebühren geht nach (§ 63 GKG).

Im Gegensatz dazu ist der **Geschäftswert** der KostO ausschließlich Gebührenwert, vor **2** allem Gerichtsgebührenwert (§ 18 Abs. 1). Deshalb könnte sich die Festsetzung (§ 31) erübrigen, die Teilung des Ansatzes von Wertgebühren in Verfahren zur Wertbemessung und zur Bestimmung der Gebühr (mit der Folge getrennter Anfechtung) hat dogmatisch wenig Sinn.

Dieser Sinn ergibt sich aus den weiteren gebührenrechtlichen Funktionen – die aller- **3** dings dem Geschäftswert im Laufe der Entwicklung zugewachsen sind –: Nach ihm bemessen sich die **Anwaltsgebühren** (§ 23 Abs. 1 S. 1 RVG), er ist – wie im Zivilprozess – verbindlich für die **Erstattung** außergerichtlicher Kosten (arg. § 13a FGG iVm. § 107 ZPO) und der Gerichtskosten (§ 3 Rn. 8).

Hinzu kommt die Verbindlichkeit der Wertfestsetzung gegen **alle Schuldner**. Sie war **4** vielleicht die einzige Rechtfertigung der Wertfestsetzung in der KostO von 1935; heute ließe sich diese Wirkung mit der Beiladung auch im Kostenansatzverfahren herstellen (vgl. § 14 Rn. 101, 102, 127).

Jenseits des Verfahrensrechts war – jedenfalls 1935 – die Aufteilung in Geschäftswert- **5** festsetzung und Kostenansatz deshalb vernünftig, weil die Festsetzung dem – sachkundigeren – **Gericht** obliegt, der Kostenansatz dem mit der Hauptsache nicht (oder kaum) befassten **Kostenbeamten**. Die Entwicklung des Rechtspflegerrechts – insbesondere im RPflG 1969 –, die weithin zur Zusammenfassung der Zuständigkeit für Wertfestsetzung und Kostenansatz in einer Person geführt hat, stellt diese Begründung aber wieder in Frage.

Ein weiterer wesentlicher Unterschied zum Streitwert und seiner Festsetzung liegt darin, **6** dass sich jener grundsätzlich auf die Instanz bezieht (vgl. vor allem § 40 GKG), während der Geschäftswert begrifflich der Wert des **einzelnen gebührenpflichtigen Geschäfts** (s. dazu § 2 Rn. 3) ist, seine Festsetzung also dementsprechend – und nicht für die ganze Angelegenheit (§ 1 Rn. 2), für das ganze Verfahren – zu erfolgen hat.

7 Insgesamt lässt sich die Geschäftswertfestsetzung – wie die Streitwertfestsetzung[1] – heute als **„komplexer Gerichtsakt"** definieren, teils Vorstufe eines Verwaltungsakts – Grundlage des Kostenansatzes (s. dazu § 14 Rn. 2) –, teils Zwischenentscheidung für die Bemessung der bürgerlichrechtlichen Anwaltsgebühren und die privat- oder öffentlich-rechtliche Kostenerstattung (Rn. 3) sowie die Zahlung von Prozesskostenhilfe-Anwaltsgebühren aus der Staatskasse (§§ 23 Abs. 1, 44 ff., 55 Abs. 1 RVG).

2. Amtsverfahren

8 Der Geschäftswert wird von Amts wegen festgesetzt, „wenn es sonst angemessen erscheint" (Abs. 1 S. 1). Angemessen ist die Festsetzung, wenn Wertgebühren entstehen und der Wert sich nicht beziffert ergibt, also zu schätzen oder sonst zweifelhaft ist.

9 Würde man in solchen Fällen die Bemessung zunächst dem **Kostenbeamten** überlassen (§ 14 Rn. 1, 12), so läge darin die Verweisung in ein ungeeignetes Verfahren: Der Kostenbeamte hat zwar auch den Wert von Amts wegen und im Amtsverfahren zu ermitteln (§ 14 Rn. 6), doch stehen ihm nicht die Beweismittel des Abs. 2 (s. dazu Rn. 30 ff.) zur Verfügung. Außerdem kann seine Ermessensentscheidung nur beschränkt überprüft werden (§ 14 Rn. 76), und kommt es später dann doch zu einer Festsetzung des Geschäftswerts, so muss der Kostenansatz, selbst wenn er rechtskräftig geworden ist, berichtigt werden (§ 14 Abs. 10 S. 2, s. dort Rn. 27). Mithin geht die Festsetzung auch der Entscheidung über **Erinnerung und Beschwerde gegen den Kostenansatz** vor.[2]

10 Das **Gericht** prüft also in jeder Sache von Amts wegen, ob Veranlassung zur Festsetzung des Geschäftswerts besteht. Hegt der Kostenbeamte Zweifel, so sollte er die Festsetzung anregen (ggf. auch nach Beanstandung seiner Rechnung durch den Kostenprüfungsbeamten, entgegen § 43 S. 2 KostVfg., Anhang D I).

11 **Sondervorschriften** sehen vor, dass die Festsetzung immer von Amts wegen erfolgt (so § 100 Abs. 3 S. 3 KostO, § 34 Abs. 2 S. 1 LwVG, § 30 Abs. 3 S. 2 EGGVG).

3. Antragsverfahren

12 Der Geschäftswert ist auch auf Antrag festzusetzen (Abs. 1 S. 1). Der Antrag erfordert keine Beschwer, bedarf keiner Form und ist nicht fristgebunden. Zur **Verwirkung** vgl. § 14 Rn. 55, § 17 Rn. 3; vor der Verjährung eines auf dem Wert beruhenden Anspruchs kann sie nicht eintreten.[3] Angesichts der Priorität der Geschäftswertfestsetzung gegenüber **Kostenansatz und Kostenerstattung** (Rn. 3) empfiehlt es sich, Erinnerungen und ggf. auch Beschwerden, die den Wert rügen, als Antrag auf Wertfestsetzung zu behandeln.

13 **Antragsberechtigt** sind die Staatskasse als Gläubigerin des Kostenanspruchs und jeder Zahlungspflichtige. Im Gegensatz zur Erinnerung gegen den Kostenansatz (§ 14 Rn. 46) wird die Inanspruchnahme als Kostenschuldner nicht voraus gesetzt. Selbst wenn ein Gesamtschuldner bereits in Anspruch genommen ist, steht das Antragsrecht den anderen Gesamtschuldnern zu. Dies folgt daraus, dass die Festsetzung gegen alle Beteiligten wirkt, und zwar nicht nur bzgl. des Kostenansatzes, sondern auch für Anwaltsgebühren und Kostenerstattung (Rn. 3).

14 Antragsberechtigt ist ferner der durch die Festsetzung betroffene (§§ 23 Abs. 1, 32 Abs. 1 RVG) **Rechtsanwalt** (§ 32 Abs. 2 RVG).

15 Wie jeder Antrag, so erfordert auch der Wertfestsetzungsantrag ein **Rechtsschutzinteresse**. Es fehlt, wenn der Wert beziffert feststeht oder sich ohne weiteres beziffert ergibt[4] oder wenn eine anderweitige Wertbestimmung verbindlich ist (so nach § 19 Abs. 4); wenn die Kosten bereits von einem Gesamtschuldner gezahlt sind und der andere Gesamtschuldner weder durch einen Anwalt vertreten ist noch eine Erstattung oder Ausgleichung (§ 426 Abs. 2 BGB) in Betracht kommt; wenn Gebühren nicht entstanden oder zufolge Befreiung (§ 11) offenkundig nicht zu erheben sind.

---

[1] BGHZ 36, 144 = NJW 1962, 583.
[2] BayObLG JurBüro 1989, 1039.
[3] Vgl. OLG Hamm Rpfleger 1987, 204.
[4] BFH KostRsp. GKG aF § 13 Nr. 457.

Festsetzung des Geschäftswerts **§ 31**

Das Rechtsschutzinteresse fehlt ferner einem Antrag der Staatskasse, wenn er auf eine **16** Kostennachforderung zielt und diese nicht mehr zulässig ist (§ 15).

Ein verfahrensrechtliches Interesse an der Klärung einer **Beschwerdesumme** rechtfertigt **17** die Geschäftswertfestsetzung nicht (Rn. 2; Beispiel: § 20a Abs. 1 FGG).

Eines bestimmten Antrags (= **Sachantrags**) bedarf es nicht, der Antrag kann nicht beschränkt **18** werden, das Gericht über ihn hinausgehen, auch zu Lasten des Antragstellers:[5] All dies folgt aus der das Verhältnis Antragsteller – Staatskasse übersteigenden Wirkung der Wertfestsetzung (Rn. 3ff.).

Der Antrag hat keine **aufschiebende Wirkung** für Kostenansatz und -einziehung; s. **19** dazu § 14 Rn. 89.

4. Zuständiges Gericht, Rechtspfleger

Über den Antrag entscheidet das Gericht der Hauptsache (vgl. § 14 Rn. 19ff., 80),[6] nicht **20** durch den **Einzelrichter** (auch Gegenschluss aus Abs. 3 S. 5, § 14 Abs. 7).

Das **Rechtsmittelgericht** kann den Geschäftswert grundsätzlich nicht erstmalig festsetzen.[7] **21**

Eine Ausnahme muss jedoch gelten, wenn – in der freiwilligen Gerichtsbarkeit ausnahmsweise **22** – ein Zusammenhang zwischen Kostenentscheidung und Geschäftswert besteht[8] und das Rechtsmittelgericht die Kostenentscheidung des Erstgerichts ändert.[9]

Ist der **Rechtspfleger** in der Hauptsache zuständig, obliegt ihm auch die Festsetzung **23** des Geschäftswerts (§ 4 Abs. 1 RPflG; allgM); zum Verstoß s. § 14 Rn. 85.

Maßgeblich ist dabei die funktionelle Zuständigkeit für das jeweilige Geschäft (§ 2 **24** Rn. 3), nicht für die Angelegenheit oder das Verfahren. Ein Richtervorbehalt für ein einzelnes Geschäft erfasst auch die Wertfestsetzung.[10]

Der Rechtspfleger ist nicht deshalb von der Festsetzung **ausgeschlossen,** weil er bereits **25** als Kostenbeamter in der Sache tätig war;[11] denn der Kostenansatz ist kein der Wertfestsetzung voraufgehendes Verfahren (iS von § 54 Abs. 2 VwGO, § 51 Abs. 2 FGO; anders bei der Erinnerung gegen den Kostenansatz, § 14 Rn. 86), vielmehr wird über den Wert ausschließlich und letztlich nach § 31 entschieden; die Wertannahme in der Kostenrechnung wird also nicht mit der Geschäftswertfestsetzung überprüft, vielmehr findet unabhängig von ihr die Wertfestsetzung statt (was insbesondere darin zum Ausdruck kommt, dass keine Begrenzung in der Ermessensprüfung besteht, vgl. Rn. 9).[12]

5. Verfahrensgrundsätze

Das (Amts- oder Antrags-)Verfahren ist eine Angelegenheit der freiwilligen Gerichtsbarkeit, **26** als solches unterliegt es dem **Untersuchungsgrundsatz;** die Beteiligten trifft die allgemein bejahte Mitwirkungspflicht, vgl. Abs. 2 S. 2, § 14 Rn. 6, § 103 Rn. 40.[13] **Zwischenentscheidungen,** etwa Aussetzung wegen Vorgreiflichkeit entsprechend § 148 ZPO[14], sind zulässig.

Beteiligte sind Staatskasse und alle Schuldner (nicht jedoch Übernehmer und Erstattungspflichtige, **27** die keine Schuldner sind, § 3 Rn. 15ff., 27), sowie betroffene Anwälte (§§ 23 Abs. 1 S. 1, 32 Abs. 1 RVG; ggf. also auch Verkehrsanwälte).

---

[5] AllgM; OLG Karlsruhe Justiz 1976, 301.
[6] Gegen die dort vertretene Zuständigkeit des Vorsitzenden der Kammer für Handelssachen BayObLGZ 1988, 248; JurBüro 1996, 267.
[7] OLG Hamm KostRsp. Nr. 11; BayObLG Rpfleger 1975, 74 (LS).
[8] Vgl. *Lappe* GKG § 25 Anm. 11.
[9] *Lappe* GKG § 25 Anm. 19.
[10] AA BayObLG Rpfleger 1974, 328, das jedoch den Gegenstand der Festsetzung, Rn. 6, nicht bedenkt.
[11] AA BayObLGZ 1974, 329, 333.
[12] S. auch BGH NJW 1969, 556 = Rpfleger 1969, 88.
[13] KG DNotZ 1971, 116 = Rpfleger 1971, 35.
[14] BayObLG FamRZ 2006, 137 = KostRsp. Nr. 64 m. zust. Anm. *Lappe*.

28 Der Kostenschuldner wird nicht durch seinen bevollmächtigten **Anwalt vertreten** (arg. § 181 BGB).[15]

29 Die Gebühren des **Notars** werden durch die Wertfestsetzung nicht berührt, er vertritt daher ggf. (vgl. § 14 Rn. 51) auch im Verfahren nach § 31.

6. Beweis

30 Beweise sind auf Antrag oder von Amts wegen zu erheben (Abs. 2 S. 1). Des Beweises bedürfen Tatsachen, die weder allgemeinkundig noch gerichtskundig sind (§ 15 Abs. 1 S. 1 FGG, § 291 ZPO); **Beweislast:** Staatskasse.[16] Glaubhaftmachung genügt – mangels gesetzlicher Zulassung – nicht.

31 Grundsätzlich erfolgt die Beweiserhebung in der Form des sog. **Freibeweises,** bei dem das Gericht an keine Beweisregeln gebunden ist.

32 Gelingt der Freibeweis nicht, weil – beispielsweise – Zeugenaussagen verweigert werden (Zwang ist beim Freibeweis nicht zulässig) oder das Gericht aus den „formlosen Ermittlungen" nicht die erforderliche Überzeugung gewinnt, so ist von Amts wegen (Untersuchungsgrundsatz!) förmliche Beweiserhebung: **Strengbeweis** anzuordnen (§ 15 Abs. 1 S. 1 FGG).[17]

33 Beweisaufnahme ist unzulässig im Falle des § 19 Abs. 2 S. 1 über den **Grundstückswert.** Das bedeutet nicht nur Verbot der förmlichen Beweiserhebung, sondern auch eine Beschränkung des Freibeweises auf die aus § 19 Abs. 2 S. 1 folgenden Beweismittel. Gelingt mit diesen nicht der Beweis der für die Festsetzung eines höheren Werts erforderlichen Tatsachen, so ist der Geschäftswert auf den niedrigeren beweisbaren Wert bis hinunter zum Einheitswert festzusetzen.

34 Eine unzulässige Beweisaufnahme ist in diesem Fall gleichwohl verwendbar („soll" abgesehen werden).

7. Rechtliches Gehör

35 Allen Beteiligten ist das rechtliche Gehör (Art. 103 Abs. 1 GG) zu gewähren. Dies stellt zugleich sicher, dass nur solche Tatsachen berücksichtigt werden, die den Beteiligten zugänglich sind. Verletzung des Anspruchs: § 157a.

36 Gleiches gilt für „amtlich bekannte oder aus den Grundakten ersichtliche ... **Vergleichswerte**" (§ 19 Abs. 2 S. 1; Rn. 33), selbst soweit sie keines Beweises bedürfen (Rn. 30). In der gesetzlichen Regelung liegt eine Durchbrechung der Verschwiegenheitspflicht, vergleichbar der gesetzlichen Durchbrechung des Steuergeheimnisses in der Einheitsbewertung, die die Billigung der Finanzgerichte gefunden hat. Vgl. auch §§ 195, 196 BauGB.

8. Festsetzung

37 Die Festsetzung erfolgt durch Beschluss (Abs. 1). Er ist zu begründen, sofern er zum Verständnis einer **Begründung** bedarf,[18] und allen Beteiligten formlos mitzuteilen (§ 16 FGG). Die Begründung kann nachgeholt werden (Rn. 66). Geschieht das nicht und liegt darin ein schwerer Verfahrensverstoß, verweist das Beschwerdegericht zurück (§ 14 Rn. 166).[19]

38 Festzusetzen ist der Wert des **Geschäfts** (oder der Geschäfte), nicht des Verfahrens oder der Angelegenheit (s. Rn. 6); und zwar auf den nach § 18 Abs. 1 oder sonst, zB nach § 107 Abs. 2 S. 1, maßgeblichen **Zeitpunkt.** Jedoch nach den Tatsachen und den Erkenntnissen des Gerichts zur Zeit der Festsetzung; dieser das gesamte Verfahrensrecht beherrschende Grundsatz verhindert falsche Entscheidungen „wider besseres Wissen".

39 Festgesetzt werden kann ab Anhängigkeit der Sache (vgl. § 14 Rn. 21ff.), auch zum Zwecke der **Vorschussberechnung** (§ 8). Die Festsetzung ist während der Aussetzung oder Un-

---

[15] LG Mosbach MDR 1985, 593.
[16] BayObLG JurBüro 1988, 636.
[17] BayObLG JurBüro 1988, 636.
[18] Vgl. OLG Frankfurt NJW-RR 1998, 1776.
[19] OLG Zweibrücken JurBüro 1988, 769.

Festsetzung des Geschäftswerts **§ 31**

terbrechung des Verfahrens zulässig.[20] Die Festsetzungsbefugnis endet nicht mit der Entscheidung in der Hauptsache, sondern erst dann, wenn kein Rechtsschutzinteresse (Rn. 15) mehr gegeben ist. Jede Festsetzung vor dem nach § 18 Abs. 1 maßgeblichen Zeitpunkt steht jedoch unter dem Vorbehalt des Abs. 1 S. 2 (Rn. 47).

9. Kosten

Die Festsetzung ist **gebührenfrei** (Abs. 5 S. 1). Da sie nicht die zwangsläufige Folge des 40 Verfahrensantrags oder der Einleitung des Amtsverfahrens in der Hauptsache ist, sondern eines besonderen Antrags oder einer besonderen gerichtlichen Entschließung, da das Verfahren zudem gegenüber der Hauptsache besondere Beteiligte hat (Rn. 27), richtet sich die Haftung für die **Auslagen** nicht nach der Kostenschuldnerschaft in der Hauptsache, sondern unabhängig von ihr nach den §§ 2ff.[21]

Die Auslagen der **Beweisaufnahme** können zusätzlich einem Beteiligten auferlegt werden 41 (Abs. 2 S. 2); dieser wird damit Schuldner nach § 3 Nr. 1, mit einem Schuldner nach § 2 Gesamtschuldner (§ 5). Der Schuldner nach § 2 kann sich die Kosten gegen den Entscheidungsschuldner festsetzen lassen (§ 3 Rn. 8).

Die **Entscheidung** ergeht mit der Wertfestsetzung (vgl. § 64 GKG), isoliert, wenn sich 42 diese erledigt; Nachholung entsprechend § 321 ZPO.

Sie ist nur mit Beschwerde gegen die Geschäftswertfestsetzung (Abs. 3) anfechtbar 43 (§ 20a Abs. 1 S. 1 FGG); wegen der isolierten Entscheidung (vorstehend) s. § 20a Abs. 2 FGG, § 11 Abs. 2 RPflG.

Eine Erstattung **außergerichtlicher Kosten** findet nicht statt (Abs. 5 S. 2). 44

10. Wirkung der Festsetzung

Die Festsetzung ist verbindlich für den Kostenansatz (§ 14 Abs. 1) und den Rechtsweg 45 im **Kostenansatzverfahren** (§ 14 Abs. 2–5); soweit dort bereits anders entschieden wurde, muss der Kostenansatz berichtigt werden (§ 14 Abs. 10 S. 2); ferner für **Vorschuss** und Abhängigmachung (§ 8) sowie **Anwaltsgebühren** einschließlich der des Prozesskostenhilfe-Anwalts (§ 32 Abs. 1 RVG); schließlich für die **Kostenfestsetzung** (§ 13a Abs. 3 FGG, § 107 ZPO).

Sie bindet weder den **Notar** (§ 154) noch den Rechtsweg für dessen Kosten (§ 156); das 46 ist gerade bzgl. § 19 Abs. 2 S. 1 unbefriedigend und sollte zu gesetzgeberischen Überlegungen führen. Ferner nicht den gemeinsamen Vertreter gemäß § 6 Abs. 2 SpruchG.[22]

II. Änderung der Festsetzung

1. Festsetzung vor Fälligkeit

Die Festsetzung erfolgt für den Zeitpunkt der Fälligkeit der Gebühr (§ 18 Abs. 1), also 47 der Beendigung des gebührenpflichtigen Geschäfts (§ 7) oder einen anderen gesetzlichen Zeitpunkt. Eine frühere Festsetzung ist zwar zulässig (s. Rn. 39), jedoch immer nur als vorläufige zu verstehen und kann nach Abs. 1 S. 2 ohne jede Beschränkung geändert werden.

2. Festsetzung nach Fälligkeit

Auf eine Festsetzung nach diesem Zeitpunkt stellen sich alle Beteiligten ein. Das Gleiche 48 gilt, wenn die Festsetzung Rn. 47 nach Fälligkeit bestehen bleibt. Eine Änderung kommt daher nur in Betracht, wenn sich neue **tatsächliche** Umstände – für den Zeitpunkt der Fälligkeit! – ergeben oder erst jetzt bekannt werden (vgl. Rn. 38).

Neue **Ermessensausübung, rechtliche** Beurteilung oder **Rspr.**[23] rechtfertigen eine 49 Änderung – entsprechend dem Zweck der Norm – nur wegen der Interdependenzen zwi-

---

[20] *Lappe* GKG § 25 Anm. 4.
[21] AA wohl KG JFGErg. 14, 16 = JW 1935, 2650.
[22] BayObLG JurBüro 1980, 60.
[23] OLG Hamm MDR 1973, 147, 418 = NJW 1973, 198; MDR 1979, 591.

schen Wert, Gebühren und Kostenerstattung (Rn. 3; s. auch die gesetzliche Zuständigkeit zur Änderung!).

50 Unter diesen Voraussetzungen besteht **Änderungspflicht** (Amtsverfahren, Untersuchungsgrundsatz, kein Ermessen).[24] Die Änderung ist „weder nach oben noch nach unten" begrenzt, es gilt Rn. 18.

3. Zuständiges Gericht

51 Die Änderung obliegt dem Gericht der Hauptsache oder dem **Rechtsmittelgericht** (s. Abs. 1 S. 2), sofern es auf ein Rechtsmittel hin tätig wird.[25] Das kann auch eine Geschäftswertbeschwerde gegen eine landgerichtliche Festsetzung sein; dann hat das OLG die Kompetenz zur Änderung der amtsgerichtlichen Wertfestsetzung.[26] Oder eine Beschwerde gegen die Festsetzung der Prozesskostenhilfe-Anwaltskosten.[27] Oder eine Beschwerde gegen die Kostenentscheidung.[28] Auf die Zulässigkeit des Rechtsmittels kommt es nur an, wenn das unzulässige Rechtsmittel allein der Begründung der Änderungskompetenz dient; also nicht bei einem Rechtsmittel in der Hauptsache.[29] Dass das Rechtsmittelverfahren noch schwebt, ist nicht Voraussetzung der Änderung („wenn", nicht „solange").[30]

52 Hat über die Geschäftswertfestsetzung bereits das Beschwerdegericht entschieden, steht dies nach dem Normzweck einer Änderung nicht entgegen. Sie kann allerdings nur in einem engen Rahmen in Betracht kommen: auf Grund von Umständen, die nicht Gegenstand der Entscheidung des Beschwerdegerichts waren.

4. Frist

53 Die **Änderung** ist nur innerhalb von sechs Monaten ab Rechtskraft der Entscheidung in der Hauptsache – also nicht der Instanz[31] – oder anderweitiger Erledigung zulässig (Abs. 1 S. 3; s. § 15 Rn. 22 ff.); keine **Wiedereinsetzung** (Abs. 4 bezieht sich auf den „Beschwerdeführer").[32] Bei erstmaliger Festsetzung im letzten Monat vor Fristablauf nur innerhalb eines Monats ab Festsetzung;[33] entsprechende Anwendung von Abs. 3 S. 3 Halbs. 2, S. 4. Bei Festsetzung während des Verfahrens gilt die Sechs-Monats-Frist nicht (Rn. 47).[34]

54 Eine **erstmalige Festsetzung** des Geschäftswerts ist auch nach Ablauf der Frist des Abs. 1 S. 3 zulässig; eine Änderung dann nur innerhalb einer angemessenen Frist,[35] entsprechend Abs. 3 S. 3 Halbs. 2 eines Monats. Der Schuldner wird durch § 15 geschützt.

III. Beschwerde

1. Beschwerderecht

55 Die Beschwerde richtet sich nach Abs. 3–5, insbesondere Abs. 3 S. 4 iVm. § 14 Abs. 4, 5, 6 S. 1 und 3, Abs. 7, sowie dem Beschwerderecht des FGG. Auf die Erl. § 14 wird deshalb verwiesen, nachstehend sind lediglich **Besonderheiten** darzustellen.

2. Beschwerdefähige Entscheidungen

56 Die Beschwerde (Abs. 3) findet statt gegen die **Festsetzung** des Geschäftswerts – auch die vorläufige[36] –, die **Ablehnung** der Festsetzung,[37] die **Änderung** der Festsetzung von

---

[24] BGHZ 36, 144 = NJW 1962, 583.
[25] Vgl. BayObLG JurBüro 1982, 1709.
[26] BayObLG JurBüro 1989, 854; KG JurBüro 1990, 1341.
[27] KG Rpfleger 1978, 392; OLG Köln JurBüro 1981, 1011.
[28] OLG Karlsruhe Justiz 1988, 158.
[29] BayObLG JurBüro 1989, 854.
[30] AA BGH Rpfleger 1989, 385 = ZAP F. 24 S. 51 m. abl. Anm. *Lappe*; BayObLG MDR 1997, 887.
[31] BVerwG MDR 1976, 867.
[32] KG Rpfleger 1980, 443; OLG Nürnberg JurBüro 1981, 1548.
[33] BGH NJW 1966, 2061 = Rpfleger 1966, 330.
[34] OLG Zweibrücken JurBüro 1982, 271.
[35] BGH NJW 1964, 2062 = Rpfleger 1964, 368.
[36] AA OLG Brandenburg KostRsp. Nr. 63 m. abl. Anm. *Lappe*; vgl. auch KG NJW-RR 2004, 864.
[37] BayObLG Rpfleger 1963, 208.

Amts wegen, nicht aber gegen die förmliche Ablehnung der Änderung von Amts wegen;[38] auch gegen Zwischenentscheidungen.[39] Sie ist **befristet** (Abs. 3 S. 3).

3. Beschwer

Die Beschwerde erfordert eine Beschwer. Da die Festsetzung von Amts wegen erfolgen 57 kann, der Antrag keine Inanspruchnahme als Kostenschuldner voraussetzt und kein bestimmtes Begehren enthalten muss, zum Nachteil des Antragstellers festgesetzt werden kann (alles Rn. 8 ff.), ist mit dem üblichen Beschwer-Begriff (s. § 14 Rn. 136) nicht weiterzukommen. Eine Beschwer liegt vielmehr ohne Rücksicht auf Anträge und Erklärungen zur Wertfestsetzung[40] in jeder möglichen Belastung eines **Beteiligten** durch Gerichtsgebühren, Anwaltsgebühren und in der Kostenerstattung. Der **Anwalt** ist durch einen zu hohen, der Kostenschuldner durch einen zu niedrigen Wert nicht beschwert. Ein auslegungsfähiger Anwaltsschriftsatz ist als danach zulässige Beschwerde zu verstehen.[41]

Die **Ausgleichspflicht** eines Gesamtschuldners (§ 426 Abs. 2 BGB) begründet keine 58 Beschwer, sondern ein Recht auf Beiladung und das daraus folgende Beschwerderecht (Rn. 55, § 14 Rn. 101).

4. Beschwerdewert

Der Beschwerdewert muss **200 Euro** übersteigen (Abs. 3 S. 1); zu seiner Bemessung vgl. 59 § 34 Abs. 2 LwVG (Anhang B → Landwirtschaftssachen). Im Hinblick auf den besonderen Beschwer-Begriff ist die Bezifferung problematisch. Soweit es ersichtlich um konkrete Gebührenbeträge geht, sind diese (in richtiger Berechnung[42]) maßgebend. Im Übrigen wird das Interesse entsprechend § 3 ZPO geschätzt, ggf. mit einem Bruchteil, je nach dem Grad der Wahrscheinlichkeit der Inanspruchnahme. Bezüglich der Anwaltsgebühren[43] ist die Umsatzsteuer (nach Maßgabe von RVG-VV 7008) mitzurechnen.

Festzusetzen ist der Wert des einzelnen gebührenpflichtigen Geschäfts (Rn. 6). Wird die 60 Festsetzung des Werts **mehrerer Geschäfte** in einem Beschluss zusammengefasst, so ist angesichts des Umstands, dass die Wertfestsetzung der Gebührenberechnung dient, die Gesamtbeschwer innerhalb einer Angelegenheit für die Bemessung des Beschwerdewerts maßgebend (vgl. § 14 Rn. 140).

5. Zulassung

Die Beschwerde findet auch bei Zulassung statt (Abs. 3 S. 3). Die Regelung entspricht § 14 61 Abs. 3 S. 2, auf die dortigen Erl. wird verwiesen. Angesichts der Beschwer- und damit Beschwerdewertproblematik hat sie auch neben(!) der Wertbeschwerde Bedeutung, zumal über den Beschwerdewert das Beschwerde- und nicht das angefochtene Gericht entscheidet.

6. Frist, Wiedereinsetzung

Die Beschwerde ist bei dem Gericht **einzulegen,** dessen Entscheidung angefochten 62 wird (Abs. 3 S. 5, § 14 Abs. 6 S. 3). Und zwar binnen einer **Frist** von – grundsätzlich – sechs Monaten, beginnend mit der Rechtskraft in der Hauptsache oder der anderweitigen Erledigung des Verfahrens (Abs. 3 S. 3 Halbs. 1, Abs. 1 S. 3; dazu Rn. 53, § 15 Rn. 22 ff.).[44]

Ausnahmsweise beträgt die Beschwerdefrist nur einen Monat, nämlich wenn der Geschäfts- 63 wert **später als einen Monat** vor Ablauf dieser Frist (Rn. 62) festgesetzt worden ist, ab der (förmlichen) Zustellung des Festsetzungsbeschlusses oder seiner (formlosen) Bekanntmachung (Abs. 3 S. 3 Halbs. 1). Letztere kann mündlich im Gericht (Richter, Rechtspfleger, Geschäftsstelle) oder durch die Post erfolgen; in diesem Fall gilt der Beschluss mit dem dritten

---

[38] OLG Zweibrücken JurBüro 1979, 405; OLG Bamberg JurBüro 1980, 1865.
[39] BayObLG FamRZ 2006, 137 = KostRsp. Nr. 64 m. zust. Anm. *Lappe*.
[40] OLG München JurBüro 1981, 892; aA OLG Hamburg MDR 1977, 407.
[41] Vgl. KGR 1993, 48.
[42] BayObLG Rpfleger 1960, 99.
[43] OLG Koblenz NJW 1956, 835 = Rpfleger 1956, 146.
[44] BayObLGZ 2003, 87 = FamRZ 2003, 1501.

Tag der Aufgabe zur Post als bekannt gemacht (Abs. 3 S. 4). „Aufgabe zur Post" ist der Einwurf in den Briefkasten o.Ä., nicht die förmliche Aufgabe iS des Zustellungsrechts (etwa nach § 184 ZPO). Die Regelung „entspricht im Grundsatz"[45] § 41 Abs. 2 S. 1 VwVfG; allerdings ohne seine Beschränkung auf das Inland, doch muss man sie im Wege der verfassungskonformen Auslegung „mitlesen", um Unverhältnismäßigkeit und sachwidrige Ungleichheit, mithin Verfassungswidrigkeit zu vermeiden. Abs. 3 S. 4 kann aus gleichen Gründen nur als widerlegbare Vermutung verstanden werden, so dass auch § 41 Abs. 2 S. 2 VwVfG entsprechend anzuwenden ist: „Dies gilt nicht, wenn der Verwaltungsakt nicht oder zu einem späteren Zeitpunkt zugegangen ist; im Zweifel hat die Behörde [also das festsetzende Gericht!?] den Zugang des Verwaltungsaktes und den Zeitpunkt des Zugangs nachzuweisen."

64   Gegen die Versäumung beider (Rn. 62, 63) Beschwerdefristen gibt es **Wiedereinsetzung** (Abs. 4 S. 1, 2). Ihre Regelung entspricht dem „Standard" (§ 22 Abs. 2 FGG, §§ 233 ff. ZPO usw.), auf seine Kommentierung wird verwiesen. Das Verschulden eines (Verfahrens-)Bevollmächtigten entlastet die Partei nicht (trotz Fehlens einer ausdrücklichen Vorschrift, entsprechend dem allgemeinen Grundsatz: § 22 Abs. 2 S. 2 FGG, § 85 Abs. 2 ZPO). Gegen die Entscheidung findet die sofortige **Beschwerde** statt (Abs. 4 S. 3–5), also sowohl gegen die Wiedereinsetzung durch den Beschwerdegegner als auch gegen ihre Versagung durch den Beschwerdeführer.

7. Beschwerdeverfahren

65   Das Beschwerdeverfahren richtet sich nach den in Abs. 3 S. 5 genannten Vorschriften (s. die Erl. zu § 14).

66   Hat das Erstgericht von einer **Begründung** der Festsetzung abgesehen, so ist sie bei der Entscheidung über die Abhilfe (vgl. § 14 Abs. 4 S. 1) nachzuholen. (Dies darf allerdings nicht zum Regelfall werden, weil die Beschwerde Kosten auslöst und die Beteiligten ein Recht haben, die Gründe ohne zusätzliche Kosten zu erfahren!)

67   **Ändert** das Erstgericht gemäß Abs. 1 S. 2 von Amts wegen, wird die Beschwerde im Umfang der Änderung gegenstandslos. Eine Änderung durch das Beschwerdegericht bewirkt die Erledigung der eingelegten Beschwerde, weil an die Stelle der angefochtenen die Änderungsentscheidung tritt und sie, falls es sich um eine landgerichtlichen Beschluss handelt, der „erneuten" Beschwerde unterliegt (Abs. 3 S. 5, § 14 Abs. 4 S. 3),[46] während der oberlandesgerichtliche unanfechtbar ist.

8. Landgerichtliche Wertfestsetzung

68   Hat das Landgericht als **Beschwerdegericht in der Hauptsache** den Wert festgesetzt, so ist die Erstbeschwerde – nicht die weitere Beschwerde – gegeben;[47] das ergibt sich jetzt zwingend aus einem systematischen Vergleich mit dem Zivilprozess (§§ 68 Abs. 1 S. 4, 66 Abs. 4 S. 1 GKG), in ihm kommen gegen die Streitwertfestsetzungen des Landgerichts als Beschwerde- oder als Berufungsgericht keine unterschiedlichen Rechtsmittel in Betracht (im ersten Fall weitere, im zweiten Erstbeschwerde). Konsequenz: Beschwerdewert (Rn. 59)[48] oder Zulassung. Gleiches gilt, wenn das Landgericht als Beschwerdegericht eine amtsgerichtliche Wertfestsetzung ändert;[49] Beschwerdewert nur die erstrebte Änderung für die zweite Instanz.[50]

---

[45] BT-Drucks. 15/1971 S. 234.
[46] BayObLG KostRsp. Nr. 8; Rpfleger 1989, 22; KG Rpfleger 1978, 445.
[47] BayObLGZ 1992, 51; OLG Brandenburg OLGR 1995, 48; OLG Düsseldorf JurBüro 1987, 580; OLG Frankfurt/M OLGR 1997, 273; OLG Hamm FG-Prax 2005, 320 = OLGR 2005, 320; KG JurBüro 1990, 1341; KGR 1999, 311; OLG Karlsruhe Justiz 1976, 301; OLG Köln NJW 1973, 765; OLGR 1995, 80; OLG München JurBüro 2006, 427 = OLGR 2006, 565; OLG Oldenburg OLGR 1995, 105; OLG Schleswig SchlHA 1968, 219 = KostRsp. § 14 Nr. 18; OLG Stuttgart JurBüro 1997, 130; OLG Zweibrücken JurBüro 1986, 1691; *Lappe* NJW 1983, 1467, 1472; aA OLG Köln OLGR 2004, 112 = KostRsp. Nr. 61 m. abl. Anm. *Lappe*.
[48] BayObLG JurBüro 1981, 907.
[49] BayObLG JurBüro 1988, 214 = KostRsp. Nr. 43 m. zust. Anm. *Lappe*; aA KG DNotZ 1972, 564 = Rpfleger 1972, 152.
[50] KGR 1999, 311.

9. Verböserung

Die Beschwerde kann angesichts der oft widerstreitenden Interessen (vgl. Rn. 3 ff.) nur 69
auf den „richtigen" Geschäftswert gerichtet sein; daraus ergibt sich zwangsläufig, dass das
Verbot der Änderung zum Nachteil des Beschwerdeführers nicht gilt.[51] Dies ist allerdings
zweifelhaft, wenn nur Staatskasse und Schuldner beteiligt sind; denn dann handelt es sich
der Sache nach – „materiell" – um ein Parteiverfahren entsprechend § 14 (s. dort Rn. 111,
167).

10. Ermessensprüfung

Das Beschwerdegericht entscheidet – anders als beim Kostenansatz – nicht über die 70
Rechtmäßigkeit eines Verwaltungsakts, es ist vielmehr Tatsachengericht iS des ZPO. Das
bedeutet, dass es bei der Ausübung des Ermessens nicht beschränkt ist (entsprechend § 14
Rn. 160, 76, 77), sondern sein Ermessen an die Stelle des Ermessens des Erstgerichts tritt.
Dies gilt erst recht für die Schätzung als Würdigung von Tatsachen.

11. Kostenentscheidung

Zur Entscheidung über die Kosten (Abs. 5) s. § 14 Abs. 9 mit Erl. 71

IV. Weitere Beschwerde

Gegen die Beschwerdeentscheidung des Landgerichts findet die weitere Beschwerde statt 72
(Abs. 3 S. 5, § 14 Abs. 5). Für sie gilt das Gleiche wie beim Kostenansatz (§ 14 Abs. 6 S. 1
und 3, Abs. 7) mit den Besonderheiten der Geschäftswert-Erstbeschwerde (Rn. 55 ff.). Im
Gegensatz zur weiteren Kostenansatzbeschwerde ist die weitere Streitwertbeschwerde **befristet:** einen Monat ab Zustellung der Entscheidung des Beschwerdegerichts (Abs. 3 S. 6).
Bei Fristversäumung kann **Wiedereinsetzung** gewährt werden (Abs. 4). Gegen die Entscheidung des Landgerichts als Beschwerdegericht in der Hauptsache findet die Erstbeschwerde statt (Rn. 68). Gleiches gilt für seine Entscheidung über die Wiedereinsetzung
(Abs. 4 S. 3), so dass die weitere Beschwerde gegen die Beschwerdeentscheidung des Oberlandesgerichts ausscheidet (Nichtverweisung in Abs. 4 S. 6 auf § 14 Abs. 5, jedoch auf § 14
Abs. 4 S. 3).

Ist die Geschäftswertfestsetzung im Hinblick auf einen **Vorschuss** (§ 8) erfolgt, so richtet 73
sich der Rechtsweg doch allein nach § 31 Abs. 3; § 8 Abs. 3 schließt die Zulassung der
weiteren Beschwerde also nicht aus.[52]

V. Notare, Rechtsanwälte

§ 31 gilt für **Nichtgebührennotare** im Landesdienst Baden-Württembergs (§§ 141, 74
142). Fließen die Gebühren dem **Notar selbst** zu, so tritt an die Stelle von § 31 (§ 143
Abs. 1) § 156. Dabei bleibt es, wenn der Notar in einem Beschwerdeverfahren vertritt, weil
sich auch dann seine Gebühren (§§ 146, 147 Abs. 2) nicht nach dem gerichtlichen Geschäftswert richten.

Entspricht der Gegenstand der Tätigkeit eines **Rechtsanwalts** dem bewerteten Verfah- 75
rensgegenstand und bildet er daher auch den Gegenstandswert (§ 23 Abs. 1 S. 1 RVG), so
ist die Festsetzung des Geschäftswerts für den Rechtsanwalt verbindlich, er hat ein eigenes
Antrags- und Beschwerderecht (§ 32 RVG). Für eine Herabsetzungsbeschwerde fehlt regelmäßig das Rechtsschutzinteresse (Rn. 57).

Bedarf es keiner Wertfestsetzung für die Gerichtsgebühren – etwa wegen Gebührenfrei- 76
heit oder des Erfolgs der Beschwerde –, richten sich die Anwaltsgebühren aber gleichwohl
nach den Gerichtsgebührenwertvorschriften (§ 23 Abs. 1 S. 1 RVG), so erfolgt die Wertfestsetzung nach § 31 iVm. § 32 RVG. Geht hingegen der Gegenstand der anwaltlichen
Tätigkeit über den zu bewertenden Verfahrensgegenstand hinaus oder bleibt er dahinter

---

[51] AllgM; BayObLG JurBüro 1996, 267.
[52] BayObLG DNotZ 1971, 309 = Rpfleger 1970, 254.

§ 31a

zurück (§ 2 Abs. 1 RVG) oder fehlt es an Wertvorschriften für das gerichtliche Verfahren, so dass der Gegenstandswert nach § 23 Abs. 2 RVG zu bemessen ist, erfolgt die Festsetzung nach § 33 RVG.

§ 31a* Auskunftspflicht des Notars

¹Ein Notar, der in einer Angelegenheit der freiwilligen Gerichtsbarkeit einen Antrag bei Gericht einreicht, hat Umstände und Anhaltspunkte mitzuteilen, die bei seiner Kostenberechnung zu einem Abweichen des Geschäftswerts vom Einheitswert geführt haben und für die von dem Gericht zu erhebenden Gebühren von Bedeutung sind. ²Die gleichen Auskünfte hat auf Ersuchen der Notar zu erteilen, der Erklärungen beurkundet oder beglaubigt hat, die in Angelegenheiten der freiwilligen Gerichtsbarkeit von anderer Seite beim Gericht eingereicht worden sind.

I. Normzweck

1   Gemäß § 19 Abs. 2 sind Grundstücke mit einem „höheren Wert" als dem Einheitswert (zum Begriff vgl. § 19 Rn. 65ff.) anzusetzen, wenn sich für den höheren Wert „ausreichende Anhaltspunkte" ergeben. Mit der durch § 31a begründeten Auskunftspflicht des Notars „soll verhindert werden, dass das Gericht aus Unkenntnis bestimmter, dem Notar bekannter Umstände einen anderen Geschäftswert für die Eintragung zugrundelegt als der Notar für die Anmeldung oder Beurkundung".[1] Durch § 31a wird das Recht des Gerichts zu eigenen Ermittlungen nicht eingeschränkt, sondern lediglich der Umfang der Mitwirkungspflicht des Notars bei der Wertermittlung durch das Gericht geregelt.

II. Anwendungsbereich

1. Allgemeines

2   Die Vorschrift verpflichtet **nur** den **Notar,** nicht die Beteiligten selbst. Sie gilt aber entsprechend für jede andere Urkundsperson, insbesondere für beurkundende Richter oder Rechtspfleger, soweit nicht bereits aus dem Prinzip der Amtshilfe für diese eine allgemeine Mitteilungspflicht besteht. Die Auskunftspflicht tritt nach dem Gesetzeswortlaut nur dem „Gericht" gegenüber ein. Der Begriff „Gericht" ist jedoch im weiteren Sinne auszulegen, so dass hierunter auch diejenigen Stellen zu verstehen sind, denen Angelegenheiten der Freiwilligen Gerichtsbarkeit zugewiesen sind, also beispielsweise die städtischen Grundbuchämter in Baden.

2. Auskunftspflicht des Gerichts?

3   Nicht geregelt hingegen ist die Frage, ob auch das Gericht, das auf Grund der nur ihm bekannten Anhaltspunkte einen höheren Wert als den Einheitswert annimmt, verpflichtet ist, dem Notar, der die Gebühr nach dem Einheitswert berechnet, Auskunft zu erteilen. Manche bejahen aus allgemeinen Erwägungen eine entsprechende Auskunftspflicht des Gerichts.[2] Zwar ist es richtig, dass § 31a den Sinn hat, dass Gericht und Notar bei der Kostenberechnung von denselben Werten ausgehen. Gleichwohl lässt der klare Wortlaut des § 31a (leider) **keine Interpretationsmöglichkeit** dafür, dass damit inzidenter die Auskunftspflicht des Gerichts gegenüber dem Notar gesetzlich geregelt sein sollte. Auch aus der KostVfg., die für die Berichtigung des Gebührenansatzes nach Eröffnung einer Verfügung von Todes wegen (§ 39) eine Benachrichtigung des beurkundenden Notars vorsieht, kann nicht auf eine entsprechende Pflicht bei Beurkundungen von Rechtsgeschäften unter Lebenden geschlossen werden. Da nach der allgemeinen Rechtsmethodik keine Möglich-

---

* § 31a eingefügt durch Gesetz vom 20. 8. 1975 (BGBl. I S. 2189), Satz 1 geändert durch Gesetz vom 19. 4. 2001 (BGBl. I S. 623) und neu gefasst durch Gesetz vom 3. 7. 2004 (BGBl. I S. 1410).
[1] Amtliche Begründung, s. auch DNotZ 1969, 5ff., 12.
[2] *Stöber* Rpfleger 1969, 11; *Rohs/Wedewer* Rn. 3; vgl. auch *Höver* JVBl. 1969, 80.

keit besteht, durch Auslegung gegen den unzweideutig klaren Wortlaut der Norm eine korrespondierende Auskunftspflicht des Gerichtes zu begründen, auch wenn eine solche Pflicht die logische Konsequenz aus der Pflicht des Notars wäre, kann insoweit der Interpretation des § 31a durch die hM nicht zugestimmt werden.

III. Voraussetzungen der Auskunftspflicht

§ 31a unterscheidet zwischen der Pflicht des Notars, das Gericht von sich aus zu unterrichten, und der Verpflichtung, auf Ersuchen des Gerichts die entsprechenden Auskünfte zu erteilen. Die Pflicht des Notars, von sich aus zu unterrichten, besteht dann, wenn der Notar einen Antrag bei Gericht **einreicht**. „Ob er als Bote oder Vertreter des Antragstellers auftritt, ist dabei unerheblich" (amtliche Begründung). Allerdings löst nicht das bloße Einreichen die Verpflichtung des Notars aus, vielmehr wird hierbei vorausgesetzt, dass der den Antrag einreichende Notar auch selbst eine gebührenpflichtige Tätigkeit vorgenommen und bei ihr § 19 Abs. 2 angewandt hat. Der Notar, der **nur beurkundet**, aber selbst nicht bei Gericht einreicht, hat die Auskunft nur „auf Ersuchen" zu erteilen, also beispielsweise auf förmliche Anforderung des Grundbuchamtes (§ 31a S. 2). Da die Auskunftspflicht dem Notar gesetzlich auferlegt ist, können die Beteiligten niemals den Notar wirksam anweisen, ihre Wertangaben dem Gericht nicht mitzuteilen.[3]   4

Ob eine Auskunftspflicht besteht oder nicht, hängt von der **eigenen Kostenberechnung** des Notars ab: Kommt er zu einem höheren Wert als dem Einheitswert, so muss er – von Amts wegen oder auf Ersuchen – das Gericht unterrichten. Dies ist auch dann der Fall, wenn der Notar den Einheitswert als Basis seiner (höheren) Bewertung nimmt. Ist er hingegen aus welchen Gründen auch immer, beim Einheitswert geblieben, so findet § 31a keine Anwendung. Diese Regelung, die das Gericht weitgehend vom Notar abhängig macht, ist daraus zu verstehen, weil der Notar verpflichtet ist, die gesetzlichen Gebühren zu berechnen, also auch den gesetzlichen, den Einheitswert übersteigenden Wert zugrunde zu legen, wenn sich für ihn genügend Anhaltspunkte und dergleichen ergeben (§ 140), und dass sein Kostenansatz der ständigen Überprüfung durch die Aufsichtsbehörde unterliegt, die einen höheren Wert durchsetzen kann (§ 156), wenn der Notar beim Einheitswert geblieben ist, mit der Folge, dass nunmehr auch die Auskunftspflicht gegenüber dem Gericht eintritt.   5

IV. Gegenstand und Umfang

Gegenstand der Auskunftspflicht sind diejenigen Umstände und Anhaltspunkte, die nach § 19 Abs. 2 (s. dort) zu einem höheren Wert als dem Einheitswert führen. Mitteilen muss der Notar jedoch aus seinem Bereich nur diejenigen Anhaltspunkte, die ihn bei seiner Kostenberechnung zu einem **Abweichen vom Einheitswert** veranlasst haben. Was der Notar nicht für erheblich ansah oder ansehen wollte, braucht er auch dem Gericht nicht zu unterbreiten. Verständlich wird dies aus dem beschränkten Zweck der Vorschrift: Das Gericht soll den „höheren Wert" des Notars übernehmen können. Wenn in einer Urkunde auch Gegenstände betroffen sind, mit denen das Gericht nicht befasst ist, besteht die Mitteilungspflicht zudem nur in demjenigen Umfang, der für das Gericht relevant ist.   6

Erreicht der Einheitswert bereits den für den Notar geltenden **Höchstwert** (§§ 18 Abs. 1 S. 2, 30 Abs. 2, 39 Abs. 4, 41 Abs. 4, 48 Abs. 3, 49 Abs. 2) oder ist die nach ihm sich ergebende Gebühr bereits die **Höchstgebühr** des Notars (vgl. §§ 45, 47, 57, 58, 59, 130), so trifft nach dem Wortlaut des Gesetzes auch dann, wenn diese Beschränkungen für das Gericht nicht gelten, den Notar keine Mitteilungspflicht, selbst wenn ihm Umstände und Anhaltspunkte für einen höheren Wert bekannt werden; denn sie haben bei seiner eigenen Kostenberechnung nicht zum **Abweichen vom Einheitswert** geführt. Dieses Ergebnis stellt zwar den Sinn und Zweck des § 31a weitgehend in Frage, an ihm ist aber kaum vorbeizukommen, selbst de lege ferenda nicht: Man kann dem Notar nicht ansinnen,   7

---

[3] LG Krefeld KostRsp. Nr. 1.

§ 32   1. Teil. 1. Abschnitt: 8. Volle Gebühr, Rahmengebühren, Nebengeschäfte

als Kostenberechnungshilfsorgan allein des Gerichts tätig zu werden, sondern nur – wie es § 31a tut – das Ergebnis seiner eigenen Wertermittlung dem Gericht mitzuteilen.[4] Im Übrigen ist auch die Formulierung des § 31a insoweit nicht gerade glücklich, als sie wohl eine Auskunftspflicht des Notars, nicht aber die gleichfalls notwendige korrespondierende Auskunftspflicht des Gerichts begründet (vgl. Rn. 3).

V. Rechtsweg

8   Kommt der Notar seiner Auskunftspflicht nicht nach, obwohl sie ihn von Amts wegen trifft, so wird ihn der Kostenbeamte förmlich auffordern können, Auskunft zu erteilen. Gegen diese Aufforderung ist ebenso wie gegen das Ersuchen gemäß S. 2 der Antrag auf gerichtliche Entscheidung gemäß Art. XI § 1 KostÄndG 1957 (Zusatz zu § 14) gegeben. Wird der Notar hingegen vom Gericht im Rahmen einer Geschäftswertfestsetzung (§ 31) oder eines Kostenerinnerungs- und -beschwerdeverfahrens (§ 14) um Auskunft ersucht, so wird man ihm nach allgemeinen Grundsätzen nur die in diesen Verfahren vorgesehenen Rechtsmittel zubilligen können, nicht aber mehr den gesonderten Rechtsweg nach Art. XI § 1 KostÄndG 1957. Die Erfüllung der Verpflichtung durch den Notar lässt sich nur über die Dienstaufsicht durchsetzen (§§ 92ff. BNotO).

8. Volle Gebühr, Rahmengebühren, Nebengeschäfte

§ 32* Volle Gebühr

(1) [1] Die volle Gebühr bei einem Geschäftswert bis 1000 Euro beträgt 10 Euro. [2] Die Gebühr erhöht sich bei einem

Geschäftswert bis ... Euro	für jeden angefangenen Betrag von weiteren ... Euro	um ... Euro
5 000	1 000	8
50 000	3 000	6
5 000 000	10 000	15
25 000 000	25 000	16
50 000 000	50 000	11
Über 50 000 000	250 000	7

[3] Eine Gebührentabelle für Geschäftswerte bis 1 000 000 Euro ist diesem Gesetz als Anlage** beigefügt.

(2) Gebühren werden auf den nächstliegenden Cent auf- oder abgerundet; 0,5 Cent werden aufgerundet.

Entsprechend: § 34 GKG.

I. Wertgebühren

1   Die Gebühren der KostO sind grundsätzlich Wertgebühren: Nach dem Geschäftswert wird mit Gebührensatz und Gebührentabelle die konkrete Gebühr bestimmt.

---

[4] *Rohs/Wedewer* Rn. 7.
* § 32 neu gefasst durch Gesetz vom 9. 12. 1986 (BGBl. I S. 2326), Sätze 1 und 2 geändert durch Gesetz vom 24. 6. 1994 (BGBl. I S. 1325), Sätze 1 und 3 geändert, Satz 2 neu gefasst durch Gesetz vom 27. 4. 2001 (BGBl. I S. 751), Abs. 2 angefügt durch Gesetz vom 10. 12. 2001 (BGBl. I S. 3422), Abs. 1 Satz 2 neu gefasst durch Gesetz vom 5. 5. 2004 (BGBl. I S. 718).
** Die gesetzliche Tabelle ist nicht mit abgedruckt. S. die ausführliche Gebührentabelle im Anhang E I.

Volle Gebühr § 32

Der **Geschäftswert** ergibt sich aus der KostO – insbesondere den §§ 18 ff. – und aus 2
Separatgesetzen (Beispiel: §§ 35 ff. LwVG). Da er nur für die Anwendung der Tabelle benötigt wird, erübrigt sich eine genaue Bezifferung; es genügt eine Bestimmung, die ein sicheres „Ablesen" der Gebühr ermöglicht; beispielsweise „100 000,01 bis 110 000,– Euro". Null- und Minus-Werte fallen in die niedrigste Wertstufe.

Der **Gebührensatz** ist den einzelnen Gebührentatbeständen der KostO oder der Separatgesetze (Beispiel: §§ 35 ff. LwVG) zugeordnet: mit der vollen Gebühr, die sich unmittelbar aus der Tabelle ergibt, mit ihrem Vielfachen oder Bruchteil. 3

Die **Tabelle** ist degressiv. Daraus folgt, dass die Gebühr aus einer Wertesumme geringer 4
ist als die Summe der Gebühren aus den Einzelwerten = Summanden.

Der KostO geht von Einzelgebühren aus Einzelwerten aus. Eine **Werteaddition** findet 5
nur nach ihren Einzelvorschriften statt. Beteiligte und Gerichte können durch Häufung oder Verbindung die Werteaddition nicht herbeiführen, sondern nur zufolge gesetzlicher Regelungen (Beispiel: § 44). Zum **Höchstwert** s. § 18 Rn. 3c. Bei der Werteaddition verschiedener (!) Geschäfte (zB § 64 Abs. 3 S. 2) gilt er für die einzelnen, nicht aber für die Wertesumme.

Eine generelle Berechnungsvorschrift für **Teilgegenstände** nach dem Vorbild von § 15 6
Abs. 3 RVG, § 36 Abs. 3 GKG fehlt in der KostO. Seit dem KostRÄndG 1994 treffen jedoch § 21 Abs. 2 HausratsVO, jetzt § 100 Abs. 2, und § 48 Abs. 2 WEG (aufgehoben) eine gleiche Regelung (vgl. auch § 44 Abs. 2 Buchst. b). Damit bietet sich eine Rechtsanalogie an, sofern nicht aus Einzelvorschriften oder ihrem Normzweck anderes folgt.

II. Gebührenhöhe

In der Bestimmung der Höhe der Gebühren ist der Gesetzgeber nicht frei, vielmehr 7
binden ihn die **Verfassungsgrundsätze** der Gleichheit und der Verhältnismäßigkeit.[1] Zwar können die Gebühren die betriebswirtschaftlichen Kosten der gebührenpflichtigen staatlichen Leistungen, also die Aufwendungen des Staates für sie, übersteigen, bis zur wirtschaftlichen Bedeutung des Geschäfts für den Kostenschuldner. Anderes gilt auf Grund der Rspr. des EuGH für bestimmte handels- und gesellschaftsrechtliche Gebühren (s. §§ 79, 79a, HRegGebV Rn. 1 ff.). Weitere Grenzen ergeben sich aus dem Gleichheitssatz und dem Grundsatz der Verhältnismäßigkeit. Es bedarf sowohl einer sachgerechten Verknüpfung mit den Kosten der gebührenpflichtigen staatlichen Leistung als auch einer Rücksichtnahme auf das unterschiedliche Maß der staatlichen Leistungen, damit die verhältnismäßige Gleichheit unter den Gebührenschuldnern gewahrt bleibt.[2] Die Gebühren dürfen nicht zur Deckung der betriebswirtschaftlichen Kosten anderer Bereiche – wohl auch nicht im Rahmen der Rechtspflege – herangezogen werden.

Für die Beurteilung der Verfassungsmäßigkeit kommt es allerdings nicht allein auf die 8
Tabelle an, sondern ebenso auf den Gebührensatz und den Geschäftswert sowie auf die Gebührenmenge in der Angelegenheit. Überhöhte Gebühren vermeiden Gesetz und Rspr. weithin dadurch, dass sie den Wert nicht nach den §§ 18 ff. bemessen, sondern ihn nur als „Beziehungswert" benutzen und den Geschäftswert auf einen Bruchteil davon bestimmen. Dem ist, soweit es sich um die Rspr. handelt, unter der Perspektive der verfassungskonformen Auslegung beizupflichten.

III. Notargebühren

Die Tabelle gilt auch für die Notargebühren (§ 141). Zur Hebegebühr s. die Sonderre- 9
gelung in § 149. Abwegig ist die offenbar „unausrottbare" Vorstellung, Gebühren dürften – entgegen Rn. 7 – die wirtschaftliche Bedeutung übersteigen, um Defizite aus Gebühren, die dahinter zurückbleiben, auszugleichen; das würde auf eine verfassungswidrige Sondersteuer für Notargeschäfte hinauslaufen.

---

[1] BVerfGE 50, 217, 226 f.; BVerfG – Vorprüfungsausschuss – NJW 1984, 1871.
[2] Vgl. *Lappe* DNotZ 1993, 762.

IV. Euro

10 Seit dem 1. 1. 1999 ist die Währung in Deutschland der Euro, die Währungseinheit 1 Euro, unterteilt in 100 Cent.[3] Die DM war bis zum 31. 12. 2001 Untereinheit. Die **Umrechnung** erfolgt zu dem am 1. 1. 1999 festgesetzten Kurs von 1 Euro = 1,95 583 DM (sechs signifikante Stellen: eine vor, fünf hinter dem Komma). Er darf nicht gerundet werden, desgleichen ist ein inverser Kurs (1 DM = x Euro) unzulässig. Eurobeträge werden zur Umrechnung in DM also mit dem Kurs multipliziert, DM-Beträge zur Umrechnung in Euro durch ihn dividiert. Zu **runden** sind „zu zahlende oder zu verbuchende Geldbeträge", auf den nächstliegenden Cent oder Pfennig, die Mitte wird aufgerundet. Praktische Bedeutung kommt dem im Bereich der KostO nur noch für den Geschäftswert und für die Verrechnung von Vorschüssen zu, an die Stelle der DM-Gebühren sind Eurogebühren getreten.[4]

11 Das **Verhältnis zwischen Wert und Gebühr** ergibt sich aus der Tabelle des § 32; DM-Werte sind vor ihrer Anwendung in Euro umzurechnen. Zur Rundung s. § 33 Rn. 4.

12 Umzurechnen sind grundsätzlich die **einzelnen Gebühren und Auslagen,** weil sie geschuldet werden, zu zahlen sind (Rn. 10), nicht die Summen, doch mag es, schon wegen der minimalen Unterschiede im Regelfall, praktisch zur ihrer Umrechnung kommen.

13 **Andere Untereinheiten** des Euro – also die Währungen Frankreichs, Italiens, Spaniens usw. – werden nicht unmittelbar in DM umgerechnet, sondern zunächst in Euro und von diesem in DM („Dreiecks-Methode").

V. Ausländische Währung

14 Beträge in ausländischer Währung außerhalb des Eurobereichs sind nach dem Kurs zum Zeitpunkt der Fälligkeit (§ 7) in Euro/DM umzurechnen.

§ 33* Mindestbetrag einer Gebühr

Der Mindestbetrag einer Gebühr ist 10 Euro.

Entsprechend: § 34 Abs. 2 GKG.

I. Mindestgebühr

1 Die niedrigste volle Gebühr beträgt 10 Euro (§ 32 Abs. 1 S. 1). Ist nicht die volle Gebühr, sondern ein Viertel, die Hälfte oder Dreiviertel der vollen Gebühr anzusetzen, so beträgt diese Gebühr zufolge § 33 ebenfalls 10 Euro. Die Mindestregelung gilt mithin für die konkrete Gebühr. Vgl. auch § 44 Rn. 282.

2 § 33 ist nicht wie § 34 Abs. 2 GKG eine abschließende Regelung, wie sich insbesondere daraus ergibt, dass andere Vorschriften – so § 55 Abs. 1 S. 2 und früher § 82 Abs. 1 S. 2 – die Aussage des § 33 wiederholen. Deshalb gehen Vorschriften, die eine **geringere Gebühr oder Mindestgebühr** vorsehen (§§ 51 Abs. 2 S. 1, Abs. 5; 149 Abs. 3), als spezielle Regelungen dem § 33 vor, ebenso solche, die eine **höhere Mindestgebühr** nennen (wie § 92 Abs. 1 S. 2).

3 Kann eine Gebühr von einem Schuldner gemäß § 5 Abs. 1 S. 2 nur zum Teil erhoben werden, so ist ebenfalls die Mindestgebühr anzusetzen (denn auch die Beurkundung des Teils hätte die Mindestgebühr ausgelöst).

---

[3] EG-VOen vom 17. 6. 1997 und 3. 5. 1998 (ABl. EG vom 19. 6. 1997 und 11. 5. 1998).
[4] Euro-Umstellungsgesetz vom 27. 4. 2001 (BGBl. I S. 751).
* § 33 Satz 1 geändert durch Gesetz vom 20. 8. 1975 (BGBl. I S. 2189), durch Gesetz vom 9. 12. 1986 (BGBl. I S. 2326) und durch Gesetz vom 24. 6. 1994 (BGBl. I S. 1325), unter Aufhebung des bisherigen Satzes 2 durch Gesetz vom 27. 4. 2001 (BGBl. I S. 751), Überschrift geändert durch Gesetz vom 10. 12. 2001 (BGBl. I S. 3422).

II. Aufrundung

Eine generelle Aufrundung findet nicht mehr statt. Ergibt sich bei Teilgebühren – Rn. 1 – und ermäßigten Gebühren – Rn. 3 – kein voller Cent, so ist mathematisch, kaufmännisch zu runden: auf den nächstliegenden Cent; 0,5 Cent werden aufgerundet (§ 32 Abs. 2). **4**

§ 33 wird ergänzt durch Verwaltungsvorschriften des Bundes und der Länder, nach denen **Kleinbeträge** (früher meist unter 5 DM) nicht gesondert einzuziehen sind. **5**

III. Notargebühren

§ 33 gilt auch für die Notargebühren (§ 141). Ermäßigt sich die Gebühr gemäß **§ 144**, so unterliegt das Ergebnis ebenfalls dem § 33. Er bezweckt die generelle Verhinderung solcher „Minigebühren": Die Ermäßigung des § 144 ist – anders als die Rn. 2 genannten – eine generelle. **6**

§ 34 Rahmengebühren

Ist die Gebühr nur nach einem Mindest- und Höchstbetrag bestimmt, so ist die Gebühr im Einzelfall unter Berücksichtigung aller Umstände, insbesondere des Umfangs und der Bedeutung der Sache, nach billigem Ermessen zu bestimmen.

Entsprechend: § 2 Abs. 2 JVKostO.

Im Gegensatz zum – allerdings nicht öffentlich-rechtliche Gebühren betreffenden – § 12 BRAGO = § 14 RVG hat die Vorschrift kaum Bedeutung erlangt. Derzeit sieht die KostO nur noch in § 84 Abs. 4 eine Rahmengebühr vor. **1**

Abweichend von § 14 RVG nennt § 34 nicht ausdrücklich die **Einkommens- und Vermögensverhältnisse**. Sie sind in der Tat – jedenfalls im Bereich der KostO – sachfremd. **Umfang und Bedeutung** hingegen werden üblicherweise durch Wert und Gebührensatz von Gesetzes wegen „fest" berücksichtigt. Bei Rahmengebühren tritt an die Stelle dieser „festen Berücksichtigung" das Ermessen. Es ist kein „echtes" Ermessen, weil es nicht mehrere „richtige" Gebühren gibt, sondern „Beurteilungsermessen" und daher im Rechtsweg voll nachprüfbar (§ 14 Rn. 78). Die zu § 14 Abs. 1 S. 4 RVG, § 315 Abs. 3 BGB entwickelten Regeln gelten hier nicht. **2**

Auszugehen ist von der Mitte des Rahmens, der sog. **Mittelgebühr.** Sie gilt für den nach „allen Umständen" durchschnittlichen Fall. Einzelne vom Durchschnitt abweichende Umstände führen zu einer Erhöhung oder Ermäßigung; sie können sich allerdings auch aufheben, so dass es bei der Mittelgebühr bleibt. **3**

Mindest- und Höchstbetrag gelten nicht nur für den **Extremfall,** sondern sie haben vielmehr ebenfalls eine gewisse „Bandbreite" d.h. sie sind bestimmt für den Bereich vom „gewöhnlichen" Mindest- oder Höchstfall bis zum Extremfall. **4**

„**Billig**" ist das „billigenswert" ausgeübte Ermessen. **5**

§ 34 gilt auch für **Notargebühren** (§ 141). **6**

§ 35 Nebengeschäfte

Die für ein Geschäft bestimmte Gebühr umfaßt die gesamte auf das Geschäft verwendete Tätigkeit des Gerichts, einschließlich der Nebengeschäfte.

Schrifttum: *Bengel* DNotZ 1996, 361.

I. Normzweck

Die KostO nimmt nicht das Verfahren oder die Angelegenheit, sondern das Geschäft (Einf. Rn. 44), regelmäßig also einen Teil davon, zum Gebührentatbestand. Dies bewirkt, sozusagen **1** als natürliche Folge, eine Gebührenhäufung. Sie ist nicht von vornherein zu verwerfen, zumal die Gebühren der KostO hinter vergleichbaren des GKG und des RVG zurückbleiben, insbesondere weil die Tabelle der KostO bei denselben Werten zu niedrigeren Gebühren führt. Deshalb vermeidet die KostO nicht generell Gebührenhäufungen, sondern nur „unangemessene"; und zwar durch Vorschriften für typische Fallgestaltungen, Beispiele: §§ 44, 46 Abs. 2, 3, 49 Abs. 3, 60 Abs. 5, 63, 93 S. 6, 115. Neben sie tritt § 35 als generelle Norm.

II. Regelungsinhalt

1. Gesamte Tätigkeit

2   § 35 bestimmt zunächst, dass die Gebühr „die gesamte auf das Geschäft verwendete Tätigkeit des Gerichts umfasst". Er beugt damit zwar dem Eindruck vor, die Gebühr gelte nur den Gebührentatbestand – etwa „Eintragung" – ab. Gleichwohl ist die Regelung überflüssig, denn mangels eines weiteren Gebührentatbestands könnte auch ohne sie keine zusätzliche Gebühr für die genannte Tätigkeit entstehen.

2. Nebengeschäfte

3   Die wirkliche Bedeutung des § 35 liegt im Nebensatz „einschließlich der Nebengeschäfte". Denn er besagt, dass Geschäfte, die isoliert einen Gebührentatbestand erfüllen, gleichwohl keine Gebühr auslösen, eben wenn sie Nebengeschäfte sind. Damit kommen Fragen auf: Verhältnis dieser generellen Regelung zu den genannten (Rn. 1) speziellen? Was sind Nebengeschäfte, entspricht der Begriff dem Bestimmtheitsgebot für einseitig auferlegte öffentlich-rechtliche Gebühren?

III. Nebengeschäft

4   Rspr. und Schrifttum[1] verstehen unter Nebengeschäft, „was im Verhältnis zum Hauptgeschäft als eine **minderwichtige Tätigkeit** erscheint und mit dem Hauptgeschäft derart im Zusammenhang steht, dass es nicht als selbständiges Geschäft in Erscheinung tritt, sondern nur dazu dient, das Hauptgeschäft vorzubereiten oder zu fördern". Diese Definition ist offenkundig unbrauchbar, soweit sie auf eine relative – im Verhältnis zum Hauptgeschäft – „Minderwichtigkeit" abstellt. Denn eine solche Bewertung erfordert die Aufklärung innerer Zusammenhänge, von denen eine Gebühr nicht abhängen kann. Ob etwa die Löschung einer Vormerkung „minderwichtig" für die Eintragung eines Grundpfandrechts ist, hängt von Umständen ab, die sich aus den Grundbucherklärungen nicht ergeben.

5   Richtig ist die genannte Erkenntnis, soweit sie auf die **Selbständigkeit des Geschäfts** abstellt: Was allein keinen Sinn hat und deshalb nicht vorkommt, sondern vom Hauptgeschäft abhängt, ihm zugeordnet ist, bildet ein Nebengeschäft. Eine solche Definition stößt jedoch in der KostO an ihre Grenzen, weil sie, erstens, selbst gebührenfreie Nebengeschäfte aufzählt (so § 62 Abs. 3 S. 1 Zwangsvollstreckungsunterwerfung, Rangvorbehalt und Ausschluss der Brieferteilung) und damit weitere ausschließt; und sie, zweitens, Geschäfte mit einer Gebühr belegt, die allein nicht vorkommen, also „eigentlich" Nebengeschäft sind (so § 71 über die Gebühr für die Erteilung von Grund-schuldbriefen).

IV. Praktische Bedeutung

6   Unter diesen Umständen verwundert es nicht, dass zu § 35 für Gerichtsgebühren Rspr. nicht vorliegt: Angesichts der speziellen Regelungen stellt sich die Frage des gebührenfreien Nebengeschäfts offenbar praktisch nicht.

V. Notare

7   § 35 gilt auch für Notare (§ 141). Hier konkurriert er mit ausdrücklichen **Einzelvorschriften:** §§ 47 S. 1 Halbs. 2, 146 Abs. 1 S. 1, 147 Abs. 3, sowie mit solchen, die eine

---

[1] Nachweise bei *Bengel* DNotZ 1996, 361.

Gebühr ohne Bezugnahme auf § 35 ausschließen (§§ 49 Abs. 3, 147 Abs. 4). Sie gehen als spezielle Regelungen der generellen Norm des § 35 vor mit der Folge, dass nicht genannte Geschäfte grundsätzlich von ihr nicht erfasst werden, es sei denn, sie sind entsprechend anzuwenden. So erklärt § 47 Abs. 1 S. 1 Halbs. 2 die Satzungsbescheinigung (§ 54 Abs. 1 S. 2 GmbHG) zum gebührenfreien Nebengeschäft. Gleiches muss für die §§ 36 Abs. 2, 42 gelten, wenn die Satzung vor der Eintragung geändert und dabei ebenfalls die Bescheinigung analog § 54 GmbHG erteilt wird.

Seine wirkliche Bedeutung erlangt er im Zusammenhang mit der Auffangnorm des § 147 Abs. 2: Weil sie für jede „im Auftrag eines Beteiligten ausgeübte Tätigkeit" anfällt, bedarf es hier der Abgrenzung zwischen Nebengeschäften (§ 35) und Nichtnebengeschäften (§ 147 Abs. 2). S. dazu die Erläuterungen zu § 147. Typisch ist die Beratung: Bei Gericht löst sie keine Gebühr aus, beim Notar fällt sie unter § 147 Abs. 2, es sei denn, Abs. 3 schließt sie aus (s. auch § 130 Rn. 32). Das Abstellen auf den Pflichtenkreis des Notars[2] hilft konkret kaum weiter, weil die ihm nach dem BeurkG obliegenden Aufgaben entweder keine Gebühr auslösen oder aber die besonderen Gebühren der §§ 146 und 147 von vornherein beschränkt sind, nur für bestimmte Nebengeschäfte anfallen. Gewicht kommt hingegen der Haftung des Notars zu: Kann aus einem Geschäft eine eigene Schadensersatzverpflichtung folgen, ist es nicht Nebengeschäft. Desgleichen dem Umstand, dass es sich nicht um ein „eigentliches" Amtsgeschäft handelt, etwa die Berechnung der Miteigentumsanteile bei der Begründung von Wohnungseigentum. Schließlich vermag eine weitere Gebühr ein Nebengeschäft zu begründen. Holt beispielsweise der Notar die Genehmigung eines Vertretenen zum beurkundeten Vertrag ein, so fällt diese Tätigkeit im Verhältnis zu § 36 Abs. 2 nicht unter § 35. Entwirft er jedoch die Genehmigungserklärung, wird sie durch die Gebühr des § 145 Abs. 1 S. 1 abgegolten.

Zum typischen Problem ist die Beurkundung der **Annahme eines Kaufangebots mit Vollstreckungsunterwerfung** geworden: Annahme halbe Gebühr (§ 38 Abs. 2 Nr. 2), Unterwerfung volle Gebühr (§ 36 Abs. 1). Das BayObLG sieht die Unterwerfung als gebührenfreies Nebengeschäft der Annahme an mit der Folge, dass die niedrigere Gebühr die höhere entfallen lässt.[3] Die Entscheidung könnte zwar von der wiedergegebenen (Rn. 5) abstrakten Definition her richtig sein, weil die Unterwerfung ohne die Annahme nicht vorkommt; gleichwohl greift sie bereits deshalb nicht, weil es sich nicht um zwei Geschäfte handelt, sondern um eines, nämlich die Beurkundung mit der Gebühr der §§ 36 ff., und der Gegenstand der Beurkundung kein Geschäft ist. Das Gericht setzt sich mit anderen Worten über die spezielle Vorschrift des § 44 Abs. 1 hinweg, die die Zusammenbeurkundung mehrerer Erklärungen zum selben Rechtsverhältnis regelt, eben weil es sich nicht um die Gebührenhäufung des § 35, sondern um eine Gegenstandshäufung handelt. Zudem lässt sich § 35 nur dahin verstehen, dass ein Geschäft allein dann als Nebengeschäft gebührenfrei bleibt, wenn es eine – vom System her – geringere Gebühr als die des Hauptgeschäfts auslösen würde, die im Gebührensatz zum Ausdruck kommende gesetzliche Wertung lässt sich durch die Generalklausel des § 35 weder umkehren noch beseitigen.

§ 35 gilt nur für denselben Notar sowie bei der **Fortführung eines Amts:** durch Vertreter (§ 41 Abs. 1 BNotO), Notariatsverwalter (§ 58 Abs. 3 BNotO), Notar (§ 64 Abs. 3 BNotO); nicht also für Aktenverwahrer (§§ 45, 51, 55 BNotO) und Amtsnachfolger.

---

[2] Wir bis zur 13. Aufl.; *Bengel* DNotZ 1996, 361.
[3] BayObLGZ 1995, 299 = DNotZ 1996, 396; dagegen *Bengel* DNotZ 1996, 361 und *Lappe* KostRsp. § 38 Nr. 24 Anm.; ihnen folgend OLG Zweibrücken NJW-RR 2000, 564.

Zweiter Abschnitt
Gebühren in Angelegenheiten der freiwilligen Gerichtsbarkeit

1. Beurkundungen und ähnliche Geschäfte

Vorbemerkungen zu den §§ 36 bis 59

Nachdem das **BeurkG** das **Urkundsmonopol der Notare** geschaffen hat und die Gerichte nur noch in wenigen Fällen für Beurkundungen zuständig sind, ist der Beurkundungsabschnitt nicht nur tatsächlich, sondern auch rechtlich am falschen Platz: er gehört jetzt systematisch in das Zweite Buch „Kosten der Notare". 1

Grundsätze zu den Beurkundungsgeschäften der §§ 36 bis 54: Die KostO unterscheidet a) die Beurkundungen ein- oder mehrseitiger Erklärungen unter Lebenden, §§ 36 bis 44; b) die Beglaubigung von Unterschriften, § 45; c) die Beurkundungen von rechtsgeschäftlichen Erklärungen von Todes wegen § 46; und d) die Beurkundung von tatsächlichen Vorgängen, §§ 47 bis 54. § 44 gilt – unmittelbar – nur für das Zusammentreffen von rechtsgeschäftlichen Erklärungen unter Lebenden (für das Zusammentreffen mehrerer Beschlüsse ohne bestimmten Geldwert s. § 41c Abs. 3). Treffen hingegen Erklärungen unter Lebenden mit solchen von Todes wegen oder tatsächlichen Vorgängen zusammen, so werden getrennte Gebühren erhoben, zB Erbvertrag und Erbverzichtsvertrag, Kapitalerhöhungsbeschluss und Übernahme von Stammeinlagen. Ausnahmevorschriften sind § 49 Abs. 3: Erbscheinsantrag und eidesstattliche Versicherung dazu; ferner die gesetzliche Fiktion der Gegenstandsgleichheit bei Zusammentreffen von Ehe- und Erbvertrag (§ 46 Abs. 3), soweit diese dieselben Vermögensgegenstände betreffen.[1] Auch wenn mit Erklärungen unter Lebenden andere Beurkundungsarten „in Gegenleistung" zusammentreffen, werden mehrere Gebühren erhoben.[2] Werden danach mehrere Hauptgebühren erhoben, so werden auch mehrere Zusatzgebühren nach § 58 Abs. 1 und 3 angesetzt. Die gesetzliche Fiktion des § 46 Abs. 3 erstreckt sich auch auf andere mitbeurkundete Erklärungen unter Lebenden. S. hierzu und wegen des Schuldenabzugsverbots des § 18 Abs. 3 und des Schuldenabzugsgebots der §§ 39 Abs. 3, 46 Abs. 4 bei *Ackermann*.[3]

Das vorstehend Dargelegte zur Beurkundung von Erklärungen unter Lebenden ist 3 allgM: also **eine Urkunde = eine Gebühr**; der Mehrheit der an sich selbständigen Beurkundungsgeschäfte wird bei der Wertbestimmung Rechnung getragen, so die Schlussbestimmung des § 44 zu den rechtsgeschäftlichen Erklärungen unter Lebenden.

Zur Frage der **Mehrheit von Gebühren** bei den Beurkundungsgeschäften der §§ 45 4 bis 54 gilt: Die KostO ist beherrscht von dem System der Einzelaktgebühren:[4] jedes selbständige Beurkundungsgeschäft (außer Nebengeschäften des § 35) ist für sich zu bewerten und dafür eine eigene Gebühr zu erheben.

Ausnahmen von diesem Grundsatz kennt die KostO in zweifacher Weise: 5
– für mehrere Geschäfte wird nur eine Gebühr erhoben, der Mehrheit wird durch Addition der Werte Rechnung getragen (zB §§ 41c Abs. 3, 44 Abs. 2, 53 Abs. 4, 58 Abs. 1 S. 2; Prinzip der **Summierung**), oder
– für mehrere selbständige zusammentreffende Geschäfte wird die Erhebung nur einer Gebühr vorgesehen (zB §§ 44 Abs. 1, 46 Abs. 3; Prinzip der **Kompensierung**).

---
[1] *Ackermann* Rpfleger 1965, 136.
[2] *Ackermann* Rpfleger 1955, 218.
[3] JurBüro 1967, 949.
[4] BayObLG Rpfleger 1970, 108; OLG Hamm JVBl. 1972, 110; KG Rpfleger 1969, 501; *Riedel* DNotZ 1957, 61.

6 Der Grundsatz gilt ohne Einschränkung bei den §§ 50, 51 und 54. Summierung erfolgt zu §§ 45 und 47 bei verschiedenen Rechtsverhältnissen oder verschiedenem Beschlussgegenstand und zu § 48 bei mehreren unmittelbar aufeinander folgenden Losziehungen.

7 Kompensierung erfolgt bei §§ 45 und 47 bei demselben Gegenstand oder demselben Beschlussgegenstand, zu § 46 bei Ehe- und Erbvertrag (Abs. 3) und bei Aufhebung und Neuverfügung (Abs. 2 S. 2), zu § 48 Abs. 4 bei Auslosung und Vernichtung von Wertpapieren, zu § 49 Abs. 3 bei Erbscheinsantrag und eidesstattlicher Versicherung hierzu, zu § 52 Abs. 2 bei Siegelung, Entsiegelung und Vermögensverzeichnis und zu § 53 Abs. 7 bei den dort genannten, im Verfahren abgegebenen rechtsgeschäftlichen Erklärungen unter Lebenden.

8 Mehrere rechtsgeschäftliche Erklärungen unter Lebenden werden schon wegen des Zusammenbeurkundens privilegiert, teils durch Summierung, teils durch Kompensierung. Treffen solche Beurkundungsgeschäfte mit Beurkundungsgeschäften der §§ 45 bis 54 zusammen, so werden in jedem Falle gesonderte Gebühren erhoben, die aufgezeigten Privilegierungen bleiben erhalten. Treffen mehrere Beurkundungsgeschäfte der §§ 45 bis 54 unter sich zusammen, so bewirkt dieses Zusammenbeurkunden – anders als nach § 44 – keine Begünstigung; die aufgezeigten Privilegierungen bleiben aber erhalten. Ein derartiges Zusammentreffen ist bei Geschäften der §§ 45, 48 bis 54 selten, in manchen Fällen gar nicht möglich.[5]

§ 36 Einseitige Erklärungen und Verträge

(1) **Für die Beurkundung einseitiger Erklärungen wird die volle Gebühr erhoben; unerheblich ist, ob die Erklärung von einer oder von mehreren Personen abgegeben wird.**

(2) **Für die Beurkundung von Verträgen wird das Doppelte der vollen Gebühr erhoben.**

Übersicht

	Rn.		Rn.
I. Allgemeines	1, 2	2. Verträge	14–18 b
II. Anwendungsbereich	3–18 b	III. Einzelfälle	19–24
1. Einseitige Erklärungen	3–13		

Stichwortverzeichnis

Änderung eines Vertragsteiles durch Nachtrag 23
Abtretungserklärungen 3
Anfechtung 3
Annahme als Kind 3
Anwendungsbereich 3
Ausbietungsgarantievertrag 22
Ausgliederung 5
Beschränkte Sachenrechte 13
Betreuungsverfügung 3
Bürgschaft 11, 15
Dinglicher Vertrag 12
Ehelicherklärung 3
Eigentümererbbaurecht 3
Ein-Mann-AG 6
Ein-Mann-GmbH 6
Einseitige Erklärungen 1, 3
Erklärungen (Beurkundung nur einer Seite) 11

Gesellschaftsverträge 14
GmbH in Gründung als Vertragsteil 23
Grundlagenurkunde 2, 9
Kündigung 3
Mahnung 3
Mutterurkunde 8
Namensänderung 3
Neubeurkundung nach Widerruf 24
Neuvornahme 24
Patientenverfügung 3
Quittung 3
Rückauflassung 4
Schuldversprechen 11
Sicherungserklärung 6 a
Sorgeerklärung 3
Spaltung 5
Stiftung 6

---

[5] Näheres *Ackermann* Rpfleger 1972, 431.

Übernahmeerklärung 3
Urteil 3
Verpfändung 11
Verträge 1, 14
Verweisungsurkunde 9
Verzichtserklärung 3, 7
Verzicht auf Zwangsvollstreckungsunterwerfung 17
Vorverträge 18

Wiederkaufsrechte 4
Wohnungseigentumsbegründung 3
Zeichnungsschein 3
Zustimmungserklärungen 3, 7
Zwangsversteigerung 20
Zwangsvollstreckungsunterwerfung 10

I. Allgemeines

§ 36 unterscheidet zwischen **einseitigen Erklärungen** und **Verträgen;** für die Beurkundung der Ersteren wird die volle Gebühr erhoben (Abs. 1), für die der Verträge das doppelte der vollen Gebühr (Abs. 2). Eine Erhöhung für eine einseitige Erklärung sieht § 37, Ermäßigungen für einzelne einseitige Erklärungen und einzelne Verträge sehen §§ 38 und 42 vor. Abs. 2 gilt sowohl für einseitig verpflichtende als auch für gegenseitige Verträge. 1

Die Mindermeinung definierte den Begriff „Beurkundung einseitiger Erklärungen" in Abs. 1 einengend dergestalt, dass nur einseitige rechtsgeschäftliche Willenserklärungen, nicht andere Erklärungen hierunter fallen sollen.[1] Sie beruft sich hierzu auf die Auslegung von § 29 Abs. 1 RKostO, den § 36 Abs. 1 wörtlich übernimmt. Jene Vorschrift wurde einschränkend in dem Sinne verstanden, dass Erklärung grundsätzlich nur eine einseitige rechtsgeschäftliche Willenserklärung sein konnte.[2] Allerdings wurde auch schon für § 29 Abs. 1 RKostO vertreten, dass der bürgerlich-rechtliche Begriff der rechtsgeschäftlichen Willenserklärung „kostenrechtlich zu eng" sei.[3] Auch heute wird angenommen, dass eine einseitige Erklärung iS von § 36 Abs. 1 etwa auch bei Betreuungs- und Patientenverfügungen vorliegt,[4] die nicht notwendig rechtsgeschäftlichen Charakter haben.[5] Daran anknüpfend ist nach der Gegenmeinung unter einer einseitigen Erklärung nicht nur eine einseitige rechtsgeschäftliche Willenserklärung, sondern jede einseitige Erklärung zu verstehen.[6] Der BGH[7] stellt in seiner Entscheidung zur Bewertung einer Verweisungs- oder Mutterurkunde fest, dass der Rückgriff auf die Auslegung des § 29 Abs. 1 RKostO offenbart, dass schon damals eine an dem bürgerlich-rechtlichen Begriff der rechtsgeschäftlichen Willenserklärung ausgerichtete Auslegung des kostenrechtlichen Begriffs der einseitigen Erklärung als „kostenrechtlich zu eng" und damit in der Sache als nicht hilfreich angesehen wurde. Sie hatte schon damals keine Grundlage, weil auch § 29 Abs. 1 RKostO nicht von Willenserklärungen sprach. Daran hat § 36 Abs. 1 nichts geändert. Auch die systematische Stellung der Vorschrift gibt keinen Anlass, den Begriff anders zu deuten. Die Vorschrift ist Teil des ersten Unterabschnitts „Beurkundungen und sonstige Geschäfte" des Zweiten Abschnitts der Kostenordnung. Dieser bildet das kostenrechtliche Gegenstück zu den Vorschriften des Beurkundungsgesetzes über die Beurkundungen. Diese enthalten aber nicht nur Vorschriften über die Beurkundung von Willenserklärungen (§§ 6 bis 35 BeurkG), sondern auch Vorschriften über die Beurkundung sonstiger Erklärungen, darunter in § 36 BeurkG Vorschriften über die Beurkundung anderer Erklärungen. Die Beurkundung solcher Erklärungen wird im ersten Unterabschnitt des Zweiten Abschnitts der KostO auch abgebildet, teilweise mit eigenen Gebührentatbeständen, zB für die Abnahme von Eiden 2

---

[1] BayObLG DNotZ 1985, 572, 573; *Beushagen/Küntzel-Kersten/Bühling* Anm. 1; *Hartmann* Rn. 3; *Rohs/Wedewer/Rohs* Rn. 1.
[2] *Jonas/Melsheimer/Hornig/Stemmler* § 29 RKostO Anm. 1; *Korintenberg/Wenz* 3. Aufl. § 29 Anm. 1.
[3] KG DNotZ 1940, 366.
[4] OLG Frankfurt ZNotP 2007, 237 = MittBayNot 2007, 344.
[5] *Rohs/Wedewer/Rohs* Rn. 7 a.
[6] 16. Aufl. § 36 Rn. 2; in diese Richtung neigend auch KG DNotZ 1990, 381, 382; OLG Schleswig DNotZ 1990, 679; OLG Hamm FGPrax 1995, 205, 206.
[7] ZNotP 2006, 117 m. Anm. *Tiedtke* = NJW 2006, 1208 = NotBZ 2006, 141 = DNotZ 2006, 382 = MittBayNot 2006, 351 = JurBüro 2006, 376 = RNotZ 2006, 344 m. Anm. *Klein* und *H. Schmidt*.

(§ 49). Weshalb nur ein Teil der in den §§ 36 bis 38 BeurkG geregelten Fälle der Beurkundung in dem korrespondierenden Unterabschnitt der KostO kostenrechtlich erfasst sein soll, erschließe sich nicht. § 36 Abs. 1 gilt deshalb nicht nur für einseitige rechtsgeschäftliche Willenserklärungen, sondern für alle einseitigen Erklärungen, soweit sie nicht Gegenstand eines besonderen Gebührentatbestands sind.

II. Anwendungsbereich

1. Einseitige Erklärungen

3   Unter die einseitigen Erklärungen fallen zunächst die **einseitigen Rechtsgeschäfte,** d.h. solche, für deren Zustandekommen die Willenserklärungen einer Person genügt, zB die Mahnung, die Kündigung, die Anfechtung eines Rechtsgeschäftes durch Erklärung gegenüber dem Antragsgegner (§ 143 BGB). Sodann gehören hierher u.a. die Quittung; bei der Annahme als Kind der Antrag des Anzunehmenden nach § 1752 BGB, des Volljährigen nach § 1768 BGB, die Verzichtserklärung nach § 1747 Abs. 3 Nr. 3 BGB;[8] die Sorgeerklärung gemäß § 1616a BGB; die Betreuungsverfügung und die Patientenverfügung,[9] die meist im Rahmen von Vorsorgevollmachten erklärt werden, die Zustimmung des Eigentümers zum Rangrücktritt einer Hypothek, Grundschuld, Rentenschuld (§ 880 Abs. 2 S. 2 BGB), soweit es sich nicht um eine bloße Bewilligung oder einen Antrag handelt (s. § 38 Rn. 38); die Unterwerfung unter die sofortige Zwangsvollstreckung; der Widerruf einer Schenkung (§ 531 Abs. 1 BGB); die Ausübung des Wiederkaufsrechts (§ 456 BGB) oder des Vorkaufsrechts (§ 464 BGB) oder eines Ankaufsrechts, soweit dieses seinem Charakter nach kein Vorvertrag (§ 36 Abs. 2) oder Kaufangebot (§ 37) ist; der Rücktritt von einem Vertrag (§§ 323ff., § 349 BGB); die Aufhebung eines Rechtes an einem Grundstück (§ 875 BGB); der Verzicht auf das Eigentum (§ 928 BGB) oder auf die Hypothek (§ 1168 BGB); die Bestellung und die Abtretung einer Briefgrundschuld (§ 1154 BGB); die Errichtung von Stiftungen nach §§ 80ff. BGB; ferner die Wohnungseigentumsbegründung durch Vorratsteilung (§ 8 WEG);[10] die Bestellung eines Eigentümererbbaurechts; die Übernahmeerklärung bei Erhöhung des Stammkapitals einer GmbH (§ 55 GmbHG); der Zeichnungsschein nach § 185 AktG; die Zustimmung des Vorstandes zur Überlassung von Aktien anlässlich der Kapitalerhöhung einer AG;[11] die Verzichtserklärungen der Anteilsinhaber im Rahmen eines Umwandlungsvorgangs, zB gemäß § 8 Abs. 3 UmwG, die einseitige Vertrags- oder Auflassungserklärung eines Vertragsteils, wenn die Erklärung des anderen gemäß § 894 ZPO nach Rechtskraft des Urteils als abgegeben gilt; die Erklärung nach § 69 Abs. 2 der Schiffsregisterordnung;[12] die Erklärung des Hofeigentümers nach § 4 Abs. 1 HöfeVO;[13] die Namenserklärungen nach § 1355 Abs. 3 und 4 BGB. Die nachträgliche Zustimmung des anderen Ehegatten nach § 1365 BGB ist Zustimmung eines Teilnehmers,[14] löst also immer nur die $^{5}/_{10}$-Gebühr des § 38 Abs. 2 Nr. 1 aus. Die Erklärung des Vorkaufsberechtigten, dass für den gegenwärtigen Verkaufsfall das Vorkaufsrecht nicht ausgeübt wird, fällt, wenn allein erklärt, unter § 36 Abs. 1; wird sie zusammen mit dem Kaufvertrag durch den mitanwesenden Vorkaufsberechtigten abgegeben, dann derselbe Gegenstand.[15] Auch Grundbuchberichtigungsanträge zB Berichtigung des Eigentümervortrags nach einem Erbfall, beinhalten einseitige Erklärungen, die nicht etwa nach § 147 Abs. 2,[16] sondern nach § 145 Abs. 1 iVm. § 38 Abs. 2 Nr. 5a abzurechnen sind.

---

[8] LG Regensburg JurBüro 1978, 1239; MittBayNot 1977, 173; vgl. § 38 Rn. 71ff.
[9] OLG Frankfurt ZNotP 2007, 237 = MittBayNot 2007, 344.
[10] AA LG Frankfurt Rpfleger 1989, 281, das hier § 38 Abs. 2 Nr. 5a anwenden will und darauf abstellt, ob der materiell-rechtliche Inhalt der Erklärung überwiegt; s. auch § 38 Rn. 36.
[11] OLG München JVBl. 1944, 59 = DNotZ 1944, 71.
[12] OLG Schleswig Rpfleger 1956, 325.
[13] LG Flensburg JurBüro 1985, 265, 919.
[14] LG Trier MittBayNot 1960, 43; *Schmidt* JurBüro 1961, 514.
[15] *Schalhorn* JurBüro 1969, 492.
[16] OLG Celle KostRspr. § 147 Nr. 84; *Lappe* KostRspr. § 145 Nr. 24.

Bei Rechtsgeschäften mit Gemeinden werden häufig zugunsten dieser **Wiederkaufs-** 4
rechte des Inhalts eingeräumt, dass der Veräußerer (Gemeinde) berechtigt ist, bei Nichtbebauung des Vertragsobjektes innerhalb einer bestimmten Frist den Wiederkauf zum vereinbarten Kaufpreis zu verlangen. Außer der Form des Wiederkaufsrechts werden selbständige Rückübertragungsverpflichtungen vereinbart, die lediglich einen Anspruch auf Abschluss eines separaten Vertrages begründen. Soweit Wiederkaufsrechte vereinbart werden, erfolgt die Ausübung durch Erklärung des Verkäufers gegenüber dem Käufer nach § 456 BGB. Die gegenseitigen, aus dem Wiederkauf sich ergebenden Rechte und Pflichten sind schon mit dem Abschluss des Kaufvertrages bedingt begründet worden. Der Wiederkauf selbst kommt mit der Erklärung des Verkäufers gegenüber dem Käufer zustande, dass er nunmehr das Wiederkaufsrecht ausübe (§ 456 BGB). Zugleich mit der einseitigen Erklärung des Verkäufers wird die Verpflichtung des Käufers zur Rückgabe der verkauften Sache begründet.[17] Die Erklärung der Ausübung des Wiederkaufsrechts ist im Prinzip formfrei. Kostenrechtlich handelt es sich um eine einseitige Erklärung nach § 36 Abs. 1.[18] Wird zu gleicher Urkunde die Rückauflassung des Grundstückes beurkundet, so gilt § 38 Abs. 2 Nr. 6a: Für die Beurkundung der Auflassung wird nur die Hälfte der vollen Gebühr erhoben, da das der Auflassung zugrunde liegende Rechtsgeschäft bereits beurkundet ist. Dieses Rechtsgeschäft ist bereits im Kaufvertrag mit der Einräumung des Wiederkaufsrechts abgeschlossen worden.[19] Zur Frage der Auflassungsgebühr nach Beurkundung des schuldrechtlichen Vertrages im Ausland s. § 38 Rn. 50a.

Einseitige Erklärungen sind auch der Spaltungsplan (Auf- oder Abspaltung zur Neu- 5
gründung) oder der Ausgliederungsplan nach dem **Umwandlungsgesetz 1995.** Dagegen ist zB die Ausgliederung eines Unternehmens aus dem Vermögen des Alleininhabers auf eine bereits bestehende GmbH auch dann Vertrag, wenn der Alleininhaber alleiniger Gesellschafter der aufnehmenden GmbH ist.[20]

Die Einrichtung einer sog. **„Ein-Mann-GmbH"** einschließlich der Feststellung des 6
Gesellschaftsvertrages löst bei einer Bargründung eine Gebühr nach § 36 Abs. 1 aus.[21] Wenn auch § 2 GmbHG bei der Errichtung einer Ein-Mann-GmbH vom „Gesellschaftsvertrag" spricht, so geschieht doch diese Errichtung durch eine einseitige, nicht empfangsbedürftige Willenserklärung des Gründers.[22] Ein Vertragsabschluss ist begrifflich nicht möglich.[23] Die die Beurkundung von Verträgen betreffende Gebühr nach § 36 Abs. 2 findet keine Anwendung, auch nicht die Beschlussgebühr nach § 47 bei der Gründung der Ein-Mann-GmbH.[24] Kostenrechtlich ist damit die Errichtung der Ein-Mann-GmbH durch einseitige Erklärung des Gründers der Errichtung einer Stiftung durch einseitige Stiftungserklärung gleichzustellen. Die kostenrechtliche Beurteilung ist auch dann nicht anders, wenn es sich nicht um eine Bargründung handelt, sondern um eine Sachgründung und der Gesellschaftsvertrag nur die Verpflichtung zur Erbringung der Sacheinlage enthält. Insoweit liegt ebenfalls eine einseitige Erklärung und Gegenstandsgleichheit nach § 44 Abs. 1 mit der Errichtungserklärung vor. Enthält jedoch die Urkunde gleichzeitig die Erfüllung der Einlageverpflichtung (Übertragung der Vermögensgegenstände auf die GmbH i. G., Einbringungsvertrag), so ist für die Errichtung der „Ein-Mann-GmbH" mit Einbringungsvertrag gemäß §§ 44 Abs. 1 S. 1, 36 Abs. 2 die doppelte Gebühr zu erheben. Insoweit ist

---

[17] § 457 BGB: hM, BGHZ 58, 78; BayObLGZ 1977, 247; *Palandt/Putzo* § 497 BGB Rn. 3.
[18] BayObLG JurBüro 1983, 423.
[19] BayObLGZ 1986 Nr. 23.
[20] OLG Zweibrücken MittBayNot 1999, 402 = JurBüro 1999, 488 = FGPrax 1999, 191 = ZNotP 1999, 415.
[21] BayObLG DNotZ 1983, 252; OLG Frankfurt JurBüro 1982, 1710; OLG Stuttgart DNotZ 1983, 577; OLG Hamm Rpfleger 1984, 38; KG Rpfleger 1984, 248; *Bock* MittRhNotK 1981, 1; *Lappe* NJW 1982, 1736; *Rohs/Wedewer* Rn. 10; aA *Willemer* DNotZ 1982, 469; *Mümmler* JurBüro 1982, 837.
[22] *Scholz/Binder* § 1 GmbHG Rn. 26 ff.; *Schmidt* NJW 1980, 1769, 1774; OLG Frankfurt JurBüro 1982, 1711.
[23] *Priester* DNotZ 1980, 515.
[24] OLG Düsseldorf DB 1994, 2440.

§ 36

es für die kostenrechtliche Betrachtung unbeachtlich, ob es sich um die Errichtung einer GmbH durch eine Person oder um eine Mehr-Personen-GmbH handelt.[25] Die kostenrechtlichen Grundsätze zur Ein-Mann-GmbH gelten für die **Ein-Mann-AG** sinngemäß.

6a Zum Geschäftswert vgl. § 39 Rn. 56 ff. Sicherungserklärungen nach § 7 Abs. 2 GmbHG sind gegenstandsgleich. Bei gleichzeitiger Beurkundung der Sicherheitsleistungen (bspw. Verpfändung von Rechten) gilt § 44 Abs. 1 S. 2 (nicht jedoch bei Vereinigung der Geschäftsanteile nach § 19 Abs. 4 GmbHG; hier kein Sicherungsgeschäft, daher gegenstandsverschieden, § 44 Abs. 2).

7 Einseitige Erklärungen sind ferner die **Zustimmungserklärung** nach UmwG, auch die Zustimmungserklärung des Komplementärs nach § 285 Abs. 2 S. 1 AktG.[26] Der Wert dieser Zustimmungserklärung richtet sich nach dem Wert der Einlage; wenn Komplementär ohne Einlage, Wert nach § 30 Abs. 1, da idR genügend tatsächliche Anhaltspunkte für eine Schätzung vorliegen. Gleiches gilt für Verzichtserklärungen nach dem UmwG, beispielsweise die Verzichtserklärung nach § 8 Abs. 3 UmwG.

8 Zur kostenrechtlichen Beurteilung von **„Mutterurkunden"** beim Bauherrenmodell s. § 37 Rn. 11 und vorstehend Rn. 2.

9 Die **Grundlagen-** oder **Verweisungsurkunde** löst eine Gebühr nach § 36 Abs. 1 (und nicht nach § 147 Abs. 2) aus, auch wenn die Urkunde selbst keine Willenserklärung enthält.[27] Für die kostenrechtliche Einordnung einer Grundlagen- oder Verweisungsurkunde ist es ohne Bedeutung, ob sie tatsächliche oder rechtsgeschäftliche Erklärungen enthält[28] oder ob sich zwischen tatsächlichen und rechtsgeschäftlichen Teilen einer Verweisungsurkunde überhaupt sinnvoll unterscheiden lässt. Wesentlich ist allein, ob sie überhaupt eine einseitige Erklärung enthält.

10 Ob die einseitigen Erklärungen nur **von einer Person oder von mehreren Personen** als Teilnehmern, insbesondere von Mitberechtigten oder Mitverpflichteten, abgegeben werden, macht keinen Unterschied. Es können auch mehrere selbständige einseitige Erklärungen derselben Person oder auch verschiedener Personen in einer Verhandlung beurkundet werden; dies allein macht sie nicht zu Verträgen; die Frage, ob dann für ihre Beurkundung nur eine Gebühr von dem einfachen oder von dem zusammengerechneten Werte zu erheben oder ob gesondert zu berechnen ist, beantwortet § 44. Eine einseitige Erklärung ist auch die Erklärung eines Vertragsteils, er habe mit dem anderen einen Vertrag bestimmten Inhalts geschlossen, ebenso die Bestätigung dieser Erklärung durch den anderen Teil in einer besonderen Urkunde. An sich ist auch ein Vertragsantrag eine einseitige Erklärung und ebenso die Annahme des Antrags; hier sind die Gebühren aber anders bestimmt: Vertragsantrag 1 1/2 fache, Vertragsannahme 1/2-Gebühr (§§ 37, 38 Abs. 2 Nr. 2). Unterwirft sich der Käufer in der Annahmeurkunde zugleich wegen der Verpflichtung zur Zahlung des Kaufpreises der sofortigen Zwangsvollstreckung, sind beide Erklärungen gegenstandsgleich. Es fällt dann aber die für die Unterwerfungserklärung entstehende 10/10-Gebühr nach § 36 Abs. 1 an.[29] Auch die Zustimmung einzelner Teilnehmer zu einer bereits beurkundeten Erklärung (auch eines Vertrags) der anderen Teilnehmer ist eine einseitige Erklärung; für ihre Beurkundung bestimmt § 38 Abs. 2 Nr. 1 eine geringere Gebühr. An sich gehören hierher auch die weiteren in § 38 genannten einseitigen Rechtsgeschäfte; Vollmachten (Nr. 4), Eintragungs- und Löschungsbewilligungen und -anträge sowie Zustim-

---

[25] Notarkasse MittBayNot 1982, 52.
[26] BayObLG MittBayNot 1975, 238.
[27] *Bengel* DNotZ 1985, 572; KG DNotZ 1987, 381; OLG Schleswig DNotZ 1990, 679; LG Hannover JurBüro 1992, 552; BGH ZNotP 2006, 117 m. Anm. *Tiedtke* = NJW 2006, 1208 = NotBZ 2006, 141 = DNotZ 2006, 382 = MittBayNot 2006, 351 = JurBüro 2006, 376 = RNotZ 2006, 344 m. Anm. *Klein* und *H. Schmidt;* aA BayObLGZ 1985, 13 = DNotZ 1985, 572 = KostRsp. Nr. 15 m. zust. Anm. *Lappe;* OLG Hamm JurBüro 1996, 40 = MittRhNotK 1998, 93.
[28] Vgl. BGH (vorige Fn.) mit Hinweis auf KG DNotZ 1990, 381, 382; OLG Schleswig DNotZ 1990, 679; OLG Hamm FGPrax 1995, 205, 206.
[29] OLG Zweibrücken MittBayNot 1999, 584 = ZNotP 2000, 86; *Bengel* DNotZ 1996, 361; aA BayObLGZ 1995, 299 = DNotZ 1996, 396.

mungen (Nr. 5), Anmeldungen zum Handelsregister usw. (Nr. 7), Erklärungen gegenüber dem Nachlassgericht (Abs. 3) sowie die Zustimmungserklärungen des Abs. 4 daselbst; für ihre Beurkundung sind aber im § 38 geringere Gebühren bestimmt.

Unter Abs. 1 fallen aber auch Willenserklärungen, die rechtlich nicht einseitiger Natur **11** sind, dann, wenn **nur die Erklärung einer Seite beurkundet** ist, mag sie auch von mehreren Personen als Teilhaber abgegeben sein. Maßgebend ist das, was beurkundet wird.[30] Auf dem Gebiete der Schuldverhältnisse wird vielfach (bei einzelnen Schuldverhältnissen fast allgemein) nicht der Vertrag als solcher, sondern nur die Erklärung einer Vertragspartei beurkundet, so zB bei der Bürgschaft („Bürgschaftsschein"), bei der Abtretung (Abtretungserklärung), beim Schuldversprechen, beim Schuldanerkenntnis, beim Darlehen (Schulderklärung); dann liegen iS des § 36 einseitige Erklärungen vor.[31] Hierher gehört auch die Beurkundung der (einseitigen) Verpfändungserklärung des Übereignungsanspruchs an einem Grundstück (zumeist bei noch nicht vermessener Teilfläche), nicht jedoch die vertragliche Verpfändung, zB Erbanteilsverpfändung, Verpfändung der Anwartschaftsrechte nach Auflassung. Auch die Urkunde, in der die Verpflichtungen nur der einen Seite aus gegenseitigen Verträgen beurkundet sind, wie zB der Schuldschein über eine Restkaufgeldforderung, enthält eine einseitige Erklärung iS des § 36. Entsprechendes gilt auch bei der „Liegenbelassungserklärung" nach § 91 Abs. 2 ZVG: Diese sind nur Bestätigungen (formlos) getroffener Vereinbarungen, so dass die Erklärung nur eines der beiden Beteiligten nach § 36 Abs. 1 zu bewerten ist.[32]

Der zur Belastung eines Grundstücks mit einem Recht, zur Übertragung oder Belastung **12** eines solchen Rechtes erforderliche **dingliche Vertrag** (Einigung) ist ein Vertrag, ebenso die Einigung über die Änderung eines Rechts. Abgesehen von der Auflassung und der Einigung über die Bestellung oder Übertragung eines Erbbaurechts und dgl. bedarf es zur Eintragung in das Grundbuch nur einer Eintragungsbewilligung des einen Teiles, mitunter allerdings auch der (einseitigen) Zustimmung des anderen Teiles oder gar eines Dritten. Diese Bewilligungen, Zustimmungen usw. Dritter sind einseitige Erklärungen iS des § 36, für die meisten von ihnen ist aber in § 38 eine Ermäßigung vorgesehen. Diese Eintragungsbewilligungen und -anträge fallen unter die Ermäßigungsvorschrift des § 38 Abs. 2 Nr. 5a auch dann, wenn sie von beiden Seiten abgegeben sind, wie zB bloße Löschungsbewilligung des Hypothekengläubigers und Löschungsantrag des Eigentümers, Bewilligung auf Eintragung von Änderungen eines dinglichen Rechts durch Gläubiger und Schuldner.

Bei **beschränkten Sachenrechten** sind die materiellen Erklärungen (Einigung, Bestellung, Zustimmung, auch des Eigentümers zur Belastung nach § 5 ErbbauVO) idR form- **13** frei. Nach dem Willen der Beteiligten sollen regelmäßig nur die der Form des § 29 GBO bedürftigen Bewilligungen beurkundet werden, während die mitaufgenommenen materiellen Erklärungen erläuternde Bemerkungen oder historische Erwähnung sind, daher nicht § 36 Abs. 1, sondern § 38 Abs. 2 Nr. 5a–d. Wenn aber die Beurkundung der materiellen Erklärungen aus besonderen Gründen gewünscht wird (zB zu Beweiszwecken) oder erforderlich ist (zB Schulderklärung zur Unterwerfungsklausel, vormundschaftsgerichtliche oder familiengerichtliche Genehmigung) ist die volle Gebühr des Abs. 1 anzusetzen.[33]

2. Verträge

Hierbei handelt es sich um zweiseitige Rechtsgeschäfte, zu deren Zustandekommen die **14** übereinstimmenden Willenserklärungen mehrerer Personen, die sich als Vertragsseiten gegenüberstehen, erforderlich sind. Es fallen hierher vor allem die **gegenseitigen Verträge,** die einen Austausch von Leistungen zum Gegenstand haben und gegenseitige Verpflichtungen begründen oder in denen Rechte aufgegeben werden, wie Kauf-, Tausch-, Miet-, Pacht-, Dienst-, Werk-, Maklerverträge usw.; des Weiteren die Verträge über die Auseinandersetzung einer Gemeinschaft (Erbengemeinschaft, Gütergemeinschaft, Gesellschaft); ferner die

---

[30] OLG München JFGErg. 18, 47 = DNotZ 1939, 40; JVBl. 1944, 59; *Kaiser* DNotZ 1953, 269.
[31] Vgl. aber LG Hannover DNotZ 1941, 473.
[32] AA *Assenmacher/Mathias* S. 258, der §§ 37, 38 Abs. 2 Nr. 2 anwendet.
[33] LG Bremen DNotZ 1957, 163.

§ 36

Verträge über die Vereinigung von Leistungen, die sog. Gesamtakte, insbesondere Wohnungseigentumsverträge nach §§ 4, 30 WEG, Gesellschaftsverträge (Errichtung einer Gesellschaft des bürgerlichen Rechts, einer Offenen Handels- oder einer Kommanditgesellschaft);[34] ebenso der Vertrag über den Eintritt eines stillen Gesellschafters in eine Offene Handelsgesellschaft, überhaupt alle Verträge über die Aufnahme eines Gesellschafters; aber auch solche Verträge, durch die eine Vereinigung mit eigener Rechtspersönlichkeit begründet wird, wie die Gesellschaftsverträge der Aktien- und Kommanditgesellschaften aA, der GmbH (zur „Ein-Mann-GmbH"-Gründung vgl. Rn. 6). Beurkundet der Notar in einer Urkunde neben dem Gründungsvertrag einer GmbH den Beschluss der Geschäftsführerstellung, so entsteht außerdem eine Gebühr nach § 47.[35] Auch die „Satzungen" der Versicherungsvereine a. G., der rechtsfähigen Vereine, die „Statuten" der Genossenschaften gehören hierher; ebenso die Verschmelzungsverträge. Ein Vertrag liegt auch dann vor bei Ausgliederung eines Einzelunternehmens aus dem Vermögen eines Einzelkaufmanns zur Aufnahme auf dessen Ein-Mann-GmbH (Spaltung in Form der Ausgliederung zur Aufnahme auf eine bestehende GmbH),[36] desgleichen bei Verschmelzung einer GmbH auf den Alleingesellschafter, der das Unternehmen als Einzelunternehmen fortführt. Diese gesellschaftsrechtlichen Vorgänge sind zu unterscheiden von den auf Veränderung des Gesellschaftsverhältnisses gehenden Beschlüssen des § 47; nicht die Bezeichnung durch die Beteiligten ist hierfür maßgebend, sondern der materielle Gehalt des Beurkundungsgeschäfts. Hierher gehören auch[37] die Beurkundung der Satzung einer Privatwaldgenossenschaft (Gemeinschaft nach §§ 741 ff. BGB), ferner Verträge familienrechtlichen Inhalts (Eheverträge, Lebenspartnerschaftsverträge, Unterhaltsverträge) sowie erbrechtlichen Inhalts (Erb- oder Pflichtteilsverzichtsverträge und deren Aufhebung;[38] auch als Zuwendungsverzicht, (§ 2352 BGB) nicht aber die in § 46 behandelten vertragsmäßigen Verfügungen von Todes wegen); endlich Verträge auf Änderung eines bestehenden Rechtsverhältnisses, wenn dieses bereits früher beurkundet ist, vgl. § 42.

15   Aber auch Verträge, durch die **nur eine Vertragsseite Verpflichtungen übernimmt**, Rechte aufgibt usw., gehören hierher, da ein Unterschied zwischen einseitigen und gegenseitigen (oder zweiseitigen) Verträgen nicht gemacht wird. Nicht erforderlich ist, dass die Erklärenden ihre Vereinbarungen als „Vertrag" bezeichnen. Übernimmt ein Teil Verpflichtungen oder gibt ein Teil Rechte auf usw., so liegt auch dann ein Vertrag vor, wenn die andere Seite die Erklärungen der anderen nur „annimmt", sie „genehmigt" usw. Die Bürgschaft, die Schenkung kommen durch Vertrag zustande; wird nur die Bürgschaftserklärung des Bürgen, das Schenkungsversprechen des Schenkers (ohne Annahme des anderen Teiles) beurkundet, dann liegt eine einseitige Erklärung vor; nimmt aber der Gläubiger die Bürgschaftserklärung, der Beschenkte die Schenkung an, so handelt es sich um einen Vertrag. Ebenso verhält es sich beim Schuldanerkenntnis und bei dem Schuldversprechen. Gleiches gilt für die Abtretung.

16   Kostenrechtlich unbeachtlich ist es, ob die Begründung eines Vertrags beurkundet wird oder ob ein bereits bestehendes Vertragsverhältnis nachträglich zwecks **Anerkennung** oder des Beweises halber beurkundet wird.[39]

17   Wird bei einer an sich einseitigen Erklärung ein **Verzicht auf die Zwangsvollstreckungsunterwerfung** mitbeurkundet, so führt dieser Verzicht nicht zu einem Rechtsgeschäft iS des § 36 Abs. 2. Denn der Verzicht ist ein einseitiges empfangsbedürftiges Rechtsgeschäft, somit kein Vertrag; maßgebend ist mithin § 36 Abs. 1.[40]

18   Treten einem von anderen Personen bereits wirksam abgeschlossenen Vertrag auf einer oder beiden Seiten andere Personen in der Weise bei, dass sie auch ihrerseits die Rechte

---

[34] KG JVBl. 1941, 27 = DNotZ 1941, 8.
[35] § 27 Rn. 108 und OLG Stuttgart JurBüro 1990, 1633 = BWNotZ 1990, 169.
[36] OLG Zweibrücken ZNotP 1999, 415 = MittBayNot 1999, 402 = JurBüro 1999, 488 = FGPrax 2000, 80.
[37] OLG Stuttgart BWNotZ 1960, 286.
[38] Vgl. KG JFGErg. 22, 12 = DNotZ 1941, 81.
[39] KG JFGErg. 21, 52 = DNotZ 1940, 366.
[40] BayObLGZ 1986, Nr. 23.

und Verpflichtungen übernehmen, so ist dies kein Beitritt iS des § 38 Abs. 2 Nr. 1, sondern Vertrag iS des § 36 Abs. 2;[41] wegen Abgrenzung von Vertrag, Angebot und einseitiger Erklärung;[42] auch **Vorverträge** unterfallen § 36 Abs. 2; über die Unterscheidung von Vorvertrag, Vertragsangebot und Optionsrecht vgl. OLG Frankfurt.[43]

Auch die vertragsmäßige **Aufhebung** eines schon ganz oder teilweise erfüllten Vertrages (ebenso wie die Aufhebung des Aufhebungsvertrages) löst die Gebühr des § 36 Abs. 2 aus, wohingegen die bloße Zurücknahme eines Antrages danach (zB Auflassungseintragungsantrag), wenn auch unter historischer Erwähnung der bereits erfolgten Aufhebung, nur die halbe Gebühr des § 38 Abs. 2 Nr. 5a auslöst. Ausnahme von § 36 Abs. 2 ist § 38 Abs. 1 (vgl. § 38 Rn. 1). **18a**

Übernimmt der Käufer im Kaufvertrag die Verpflichtung, innerhalb einer bestimmten Frist ein Gebäude zu errichten, wird in aller Regel bereits der aufschiebend bedingte Rückkaufsvertrag für den Fall der Nichterfüllung mitbeurkundet. Dieser besteht darin, dass sich der Käufer zur Rückübertragung gegen Erstattung des Kaufpreises und ggf. sonstiger Aufwendungen verpflichtet, wenn der Verkäufer (zumeist eine Gemeinde) das ihm zustehende Rückkaufsrecht ausübt. Hierfür wird dem Verkäufer regelmäßig ein Wiederkaufsrecht eingeräumt, das im Grundbuch durch Eintragung einer Vormerkung gemäß § 883 BGB gesichert wird. Das Wiederkaufsrecht sichert in den meisten Fällen zusätzlich einen Rückkaufsanspruch für den Fall der Veräußerung des Grundstücks vor Erfüllung der Bauverpflichtung. Bei dieser Vertragsgestaltung kann das Wiederkaufsrecht ausgeübt werden, wenn entweder die Bauverpflichtung nicht fristgerecht erfüllt wird oder ein Verkauf vor Fertigstellung des Bauwerks ohne Zustimmung des Verkäufers erfolgt. Liegen diese Voraussetzungen bzw. eine davon, nicht vor, ist die Ausübung des Wiederkaufsrechts nicht möglich. Das Wiederkaufsrecht kann auch dann nicht ausgeübt werden, wenn der Käufer vor Ablauf der vereinbarten Frist seine Bauabsicht aufgibt. Erfolgt in diesem Fall nach Erklärung des Käufers, die Bauverpflichtung nicht erfüllen zu können oder zu wollen, ein Rückverkauf an den Verkäufer, ist der Rechtsgrund nicht die Ausübung des Wiederkaufsrechts, sondern eine vom bereits beurkundeten aufschiebend bedingten Rückkaufsvertrag losgelöste Vereinbarung zwischen Verkäufer und Käufer. Für diesen Rückverkauf entsteht eine $^{20}/_{10}$-Gebühr nach § 36 Abs. 2 und nicht etwa eine $^{10}/_{10}$-Gebühr nach § 36 Abs. 1 oder § 38 Abs. 1.[44] **18b**

III. Einzelfälle

Ein Vertrag ist auch die sog. dingliche Einigung (§ 873 BGB), insbesondere die **Auflassung**; für die Auflassung ist aber mit § 38 Abs. 2 Nr. 6a eine Ermäßigung vorgesehen, falls das zugrunde liegende Rechtsgeschäft bereits beurkundet ist. Wo zur Eintragung in das Grundbuch die Einigung nicht beurkundet zu sein braucht, genügen die Eintragungsbewilligung und der Eintragungsantrag. Diese sind einseitige Erklärungen und unterstehen dem § 38 Abs. 2 Nr. 5a. **19**

Bei der **Abtretung** der Rechte des Meistbietenden **in der Zwangsversteigerung** (§ 81 Abs. 2 ZVG) brauchen nur die einseitige Erklärung des Meistbietenden, dass er seine Rechte abtrete, und die einseitige Erklärung des anderen, dass er die Verpflichtung aus dem Meistgebot übernehme, beurkundet zu werden. Geschieht dies in einer Verhandlung, so verdichten sich die Erklärungen zu einem Vertrag, daher Gebühr aus § 36 Abs. 2 von dem Werte des Grundstücks und dem höheren Meistgebot. Erfolgt die Beurkundung der Erklärungen getrennt, so je die volle Gebühr nach demselben Wert. Dies gilt entsprechend von der Erklärung des Meistbietenden, dass er für einen anderen geboten habe, und der Zustimmung des letzteren zu dieser Erklärung (§ 81 Abs. 3 ZVG). Diese Zustimmung fällt **20**

---

[41] KG DNotZ 1944, 5; OLG Frankfurt DNotZ 1955, 265.
[42] Vgl. *Ackermann* DNotZ BayB 1937, 61 und Rpfleger 1955, 261.
[43] DNotZ 1955, 265 m. Anm. *Ackermann*.
[44] OLG München FGPrax 2006, 42 = JurBüro 2006, 148 = NotBZ 2006, 103 = ZNotP 2006, 238 m. Anm. *Tiedtke* = MittBayNot 2006, 357 m. Anm. PrüfAbt. Notarkasse.

nicht etwa unter § 38 Abs. 2 Nr. 1, weil sie nicht Zustimmung zur Abgabe des Gebots, sondern Zustimmung zu jener Erklärung ist.

21 Die Vereinbarung eines Berechtigten mit dem Ersteher, dass ein durch den Zuschlag erloschenes Recht bestehen bleiben solle (§ 91 Abs. 2 ZVG), ist Vertrag. Wird sie beurkundet, so gilt § 36 Abs. 2. Lassen die Vertragsschließenden ihre Erklärungen getrennt beurkunden, so wird dies kaum in der Form von Vertragsangebot und -annahme (dann § 37 und § 38 Abs. 2 Nr. 2), sondern wohl nur in der Form der einseitigen Bestätigung über die getroffene Vereinbarung geschehen; dann je $^{10}/_{10}$.

22 Ein **Ausbietungsgarantievertrag** (Gebotsgarantie), durch den der Garant sich zur Ersteigerung eines Grundstücks verpflichtet, bedarf hinsichtlich der Willenserklärungen beider Teile gemäß § 311b Abs. 1 BGB der notariellen Beurkundung[45] und unterfällt damit dem § 36 Abs. 2.

23 Wird bei einem bereits beurkundenden Vertrag in einem Nachtrag ein **Vertragsteil** geändert (hier anstelle der GmbH in Gründung nun alle Gründungsgesellschafter in BGB-Gesellschaft) so fällt hier eine Vertragsgebühr nach § 36 Abs. 2 an, keine Gebühr nach § 42.[46]

24 Macht ein Beteiligter eines beurkundeten Vertrags von einem ihm eingeräumten Widerrufsvorbehalt Gebrauch, so handelt es sich bei der später beurkundeten Neuvornahme des Vertrages (zu gleichen oder veränderten Bedingungen) nicht um eine Änderung, sondern um eine Neubeurkundung, die nicht die Gebühr nach § 42, sondern erneut die Vertragsgebühr nach § 36 Abs. 2 entstehen lässt.[47]

§ 37 Vertragsangebot

Für die Beurkundung eines Antrags zum Abschluß eines Vertrags wird das Eineinhalbfache der vollen Gebühr erhoben.

Übersicht

	Rn.		Rn.
I. Rechtsnatur	1, 2	IV. Änderungen des Angebots	13–19
II. Sonderfälle	3–9a	V. Mehrheit von Angeboten	20
III. Vertrag auf Abgabe eines Angebots	10–12	VI. Gebührenbegünstigung	21–23

Stichwortverzeichnis

Abtretung 19
Änderungen des Angebots 13
Annahme mit Änderungen 15
Aufspaltung 23
Bauherrenmodell 11
Einheimischenmodell 9a
Einseitige Erklärungen 4
Einseitige Verpflichtung 3, 11
Erbengemeinschaft 22
Fristverlängerung 14
Formloser wirksamer Vertrag 2

Gebührenbegünstigung 21
Geschäftsanteilsverkaufsangebot 8
Mehrere Angebote 20
Rechtsnatur 1
Staffelkaufpreis 9
Teilannahme 17
Verkaufsangebot und Kaufangebot über dasselbe Grundstück 7
Vertrag auf Abgabe eines Angebots 10
Vorverträge und Ankaufsrechte 18
Wert des Angebots 9

I. Rechtsnatur

1 Ein Vertragsangebot ist die einseitige Erklärung des ersterklärenden Vertragsteils an den vorgesehenen Vertragspartner (Antrag) auf Abschluss eines Vertrages. Als einseitige Erklärung wäre nach § 36 Abs. 1 die volle Gebühr zu erheben. Da das Angebot aber alle we-

---

[45] OLG Celle DNotZ 1992, 302 = WM 1991, 1296.
[46] BayObLG MittBayNot 1994, 357.
[47] OLG Hamm MittBayNot 1999, 585.

sentlichen Vertragspunkte bereits enthalten muss, folglich mühevoller und umfangreicher als die Annahme ist, legt § 37 den Gebührensatz für das Angebot auf $^{15}/_{10}$, § 38 Abs. 2 Nr. 2 den für die Annahmeerklärung auf $^{5}/_{10}$ fest. Insgesamt ergibt sich also die gleiche Gebühr wie für die Beurkundung des Vertrages (§ 36 Abs. 2).

Bedarf der ganze Vertrag der Beurkundung, so ist die Erklärung des ersterklärenden Vertragsteils **auch dann ein Angebot,** wenn sie nicht als solches bezeichnet wird, weil sie, wenn sie überhaupt wirksam sein soll, nur als solches verstanden werden kann (Grundstücks-, Erbteils-, Geschäftsanteilsabtretungs-, Erbverzichtsvertrag usw.). Wird hingegen ein **formlos bereits wirksamer Vertrag** in notarieller Form bestätigt (zB Beitritt zu einer GbR) und zunächst nur die Erklärung einer Partei beurkundet, so handelt es sich nicht um ein Angebot iS des § 37, sondern um die Beurkundung einer einseitigen Erklärung gemäß § 36 Abs. 1.[1]

II. Sonderfälle

Eine **einseitige Verpflichtung** eines Bauplatzeigentümers auf Abtretung einer Trennfläche als Straßenfläche an die Gemeinde ist Angebot; ebenfalls die in Hypothekenurkunden niedergelegte Verpflichtung, das Pfandgrundstück unter gewissen Umständen auf den Gläubiger zu übertragen. Verpflichtet sich hingegen in einem Kaufvertrag über einen Bauplatz der Erwerber zur Abtretung einer Straßenfläche an die Gemeinde, so ist dies oft kein Angebot an die Gemeinde, sondern Verpflichtung gegenüber dem Veräußerer gemäß § 328 BGB (Verpflichtung zugunsten Dritter).

Bei Verträgen, bei denen **nur** die Erklärung **eines Teils der Form bedarf** (Schenkungsversprechen, Bürgschaft), sowie bei Verträgen, die nicht der Form bedürfen (Einigung über beschränkte Sachenrechte, Schuldversprechen), ist die Beurkundung der Erklärung eines Vertragsteils regelmäßig nicht Angebot, sondern einseitige Erklärung nach § 36 Abs. 1, die Zustimmung des anderen Teils keine Annahme, sondern ebenfalls derartige einseitige Erklärung;[2] s. auch § 36 Rn. 10.

Wird ein Vertrag in der Weise abgeschlossen, dass ein Teil erklärt, er habe mit dem anderen einen Vertrag bestimmten Inhalts abgeschlossen, und bestätigt dann der andere dies in besonderer Urkunde (in der Praxis selten), so wird für jede Verhandlung die Gebühr des § 36 Abs. 1 ($^{10}/_{10}$) erhoben.[3]

Wenn in der Angebotsurkunde die Person, der das Angebot gemacht wurde, sich verpflichtet, das Angebot binnen einer bestimmten Frist anzunehmen, ist nicht § 37, sondern § 36 Abs. 2 anzuwenden; es handelt sich um einen **bedingten gegenseitigen Vertrag.** Dies gilt auch dann, wenn mit dem Angebot Erklärungen des Empfängers verbunden werden, die noch keine – auch nicht bedingte – Grundstückserwerbsverpflichtung beinhalten, aber als Teil der Vereinbarung beurkundungsbedürftig sind.[4]

Werden ein **Verkaufsangebot und** ein **Kaufangebot,** die dasselbe Grundstück und dieselben Partner betreffen, in einer Urkunde zusammengefasst, ist eine Gebühr nach § 36 Abs. 2 zu erheben, da es sich hier nicht um Angebote, sondern um einen Vertrag handelt. Enthält das Angebot eine Verpflichtung des Vertragspartners, für die Dauer der Bindungsfrist dem Anbieter eine **Verzinsung** zu gewähren, oder wird abstrakt eine bestimmte Summe für den Fall der Nichtannahme des Angebotes versprochen, so handelt es sich hier um eine gesonderte vertragliche Vereinbarung, die nach §§ 36 Abs. 2, 44 Abs. 2 zu bewerten ist.

Wird ein **Geschäftsanteilsverkaufsangebot** und gesondert unmittelbar nachfolgend das Geschäftsanteilsabtretungsangebot (dingliches Geschäft) beurkundet, so wird für das Verkaufsangebot die Gebühr nach § 37 erhoben, für das Abtretungsangebot die Gebühr nach § 38 Abs. 2 Nr. 6 in entsprechender Anwendung, obwohl an sich diese Bestimmung den abgeschlossenen obligatorischen Vertrag voraussetzt.

---

[1] AA OLG Düsseldorf KostRsp. Nr. 1 m. abl. Anm. *Lappe.*
[2] *Ackermann* DNotZ BayB 1937, 62.
[3] KG DNotV 1916, 30; KGJ 34 B 27.
[4] OLG München MittBayNot 1991, 19.

9   Der **Wert des Angebotes** ist gleich dem des vorgesehenen Vertrages, nach den allgemeinen oder speziellen Wertvorschriften. Wird ein Grundstück zum Verkauf oder Kauf angeboten, so ist maßgebend der gebotene Preis; ist es zum Verkehrswert angeboten, so dieser (§ 19). Bei einem vereinbarten Staffelkaufpreis (gestaffelter Kaufpreis je nach dem Zeitpunkt der Annahme) ist der höchste Kaufpreis maßgebend (§ 20 Rn. 7).

9a   **Einheimischenmodell** Für die Geschäftswertberechnung einer Ankaufsberechtigung zugunsten einer Kommune in der Form eines Vertragsangebotes ist § 20 Abs. 2 heranzuziehen, weil es völlig ungewiss ist, ob das Angebot jemals angenommen wird, zumal bei einer Veräußerung an einen Einheimischen die Annahme idR ausgeschlossen ist. Diese Gemeinsamkeit des Angebotes mit einem Ankaufsrecht erfordert eine kostenrechtliche Gleichbehandlung mit den Rechten iS des § 20 Abs. 1.[5]

III. Vertrag auf Abgabe eines Angebots

10   Vom Vertragsangebot zu unterscheiden ist der Vertrag auf Abgabe eines Vertragsangebotes (Kauf eines Optionsrechtes), bei dem das Entgelt für den Fall der Nichtannahme des Angebotes verfällt und wobei es gleichgültig ist, ob für den Fall der Annahme des Angebotes das Entgelt für die Bindung angerechnet wird oder nicht.

11   Nicht leicht ist im Einzelfall die Abgrenzung zwischen dem (bestimmten) Antrag ad incertas personas (also ohne Individualisierung des Empfängers), welcher unter § 37 fällt, und der bloßen (unbestimmten) invitatio ad offerendum (§ 36 Abs. 1). Häufig wird bei **Bauherrenmodellen** vorab vom Initiator oder künftigen Treuhänder in einer „Mutterurkunde" (auf welche später nach § 13a BeurkG verwiesen werden kann) niedergelegt, wie nach dem Zustandekommen von Treuhandverträgen die abzuschließenden Verträge ausgestaltet werden sollen, und gleichzeitig eine bestimmte Bauplanung nebst Baubeschreibung vorgeschlagen.[6] Hierbei handelt es sich idR nicht um ein Angebot, ungeachtet des verwendeten Wortlautes; vielmehr soll durch die Erklärung des Beteiligten der Abschluss des Treuhandvertrages und der weiteren Verträge vorbereitet und erleichtert werden, jedoch nicht so präzisiert sein, dass durch eine entsprechende Annahme ein Vertrag zustande käme. „Angebote" in Form einer „Mutterurkunde" sind regelmäßig **einseitige (bedingte) Verpflichtungserklärungen,** also Willenserklärungen (und nicht lediglich Wissens- oder Tatsachenerklärungen, für welche § 147 einschlägig wäre) mit dem Inhalt, dass sich der Erklärende verpflichtet, die Verträge wie vorgeschlagen abzuschließen, sofern er hierzu (bspw. durch Beschluss der Bauherrengemeinschaft) beauftragt wird. Der Geschäftswert ist hier nach § 30 Abs. 1 zu bestimmen, wobei Beziehungswert der Gesamtaufwand für die vorgesehene Maßnahme (Summe des Wertes aller Rechtsverhältnisse) ist. Soweit jedoch ein Bindungswille vorliegt und die Willenserklärungen lediglich einer Annahme bedürfen, handelt es sich um ein Angebot, Gebühr nach § 37; Geschäftswert: Gesamtaufwand.

12   Die Begünstigung des § 38 Abs. 2 Nr. 2 für die Annahmeerklärung wird nur gewährt, wenn das Angebot beurkundet ist, sonst $^{10}/_{10}$ nach § 36 Abs. 1.

IV. Änderungen des Angebots

13   Ändert der Antragende vor **Ablehnung** oder **Fristablauf** das Angebot ab, so ist maßgebend der materielle Gehalt der Änderung. Wird das Angebot auf Personen ausgedehnt, an die es ursprünglich nicht gerichtet war, so ist dies Erklärung eines neuen Angebotes, an den oder die neuen Partner, auch wenn wegen des sachlichen Inhaltes auf das frühere Angebot Bezug genommen wird.[7] Betrifft die Änderung nicht den künftigen Vertragspartner, sondern den materiellen Inhalt des Angebotes, so bestimmt sich der Gebührensatz nach § 42 ($^{10}/_{10}$), auch wenn die Änderung von einem anderen Notar beurkundet wird; der

---

[5] BayObLG MittBayNot 2002, 55 m. Anm. PrüfAbt. Notarkasse; JurBüro 2001, 433; FGPrax 1001, 38.
[6] Vgl. *Lichtenberger* NJW 1980, 867; *Fischer* DNotZ 1982, 153; *Ludwig* DNotZ 1982, 724.
[7] KG DNotZ 1955, 496 = Rpfleger 1956, 88; JurBüro 1972, 717.

Wert bestimmt sich nach den allgemeinen Wertbestimmungen für die Änderung, also § 30 Abs. 1.[8] Erfolgt die Änderung in derselben Urkunde mit der Annahme, so ist für die Änderung nach § 42 $^{10}/_{10}$ nach dem Wert des geänderten Angebotes zu erheben, jedoch nach § 44 nicht mehr als $^{10}/_{10}$ vom Wert des Angebotes und Wert der Änderung. Bei Fristverlängerung bestimmt sich der Wert gemäß § 30 Abs. 1 nach Bedeutung und Ausmaß der Verlängerung.

Erfolgt die Fristverlängerung erst, nachdem das Angebot infolge **Ablehnung oder Fristablauf** unwirksam geworden ist, so handelt es sich um ein neues Angebot, daher nach § 37 $^{15}/_{10}$ aus dem Wert des neuen, etwa geänderten Angebotes.[9]   **14**

Für **Annahme mit Änderungen** ergibt sich unter Berücksichtigung von §§ 42, 44: Erfolgen in einer Urkunde die Annahme des Angebotes mit Änderung und die Zustimmung des Antragenden zur Änderung, so ist zu erheben für die Annahme nach § 38 Abs. 2 Nr. 2 $^{5}/_{10}$ nach dem Wert des Angebotes und für Änderung nach § 42 $^{10}/_{10}$ nach dem Wert der Änderung; die Fiktion des § 150 Abs. 2 BGB bleibt außer Betracht. Stimmt der Anbietende der Annahme mit Änderungen in gesonderter Urkunde zu, so ist zu erheben: $^{5}/_{10}$ aus dem Wert des Angebotes für die Annahme, $^{10}/_{10}$ (§ 42) aus dem Wert der Änderung;[10] jedoch ist nach § 44 für die Annahme mit Änderung nicht mehr zu erheben als $^{10}/_{10}$ aus dem Wert der Annahme und der Änderung.[11]   **15**

Ob **Antrag und Annahme durch denselben Notar** beurkundet werden, ist für die Bewertung ohne Bedeutung.[12]   **16**

Bei **teilweiser Annahme des Angebots** (nur möglich, wenn der Gegenstand des Angebots teilbar und Teilannahme eingeräumt ist) wird das Angebot mit dem vollen Wert, die Annahme mit $^{5}/_{10}$ nach dem Wert des angenommenen Teils berechnet.   **17**

Vorverträge und Ankaufsrechte fallen nicht unter § 37. Der Gebührensatz für Vorverträge, auch wenn sie nur einen Teil binden, richtet sich nach § 36 Abs. 2: $^{20}/_{10}$,[13] auch für die vertragsmäßige Einräumung eines Ankaufsrechtes.   **18**

Die Abtretung der Rechte aus einem Angebot ist weder eine Änderung des (ursprünglichen) Angebots, noch ein neues Angebot. Soweit die Annahmeerklärung mitbeurkundet wird, fällt eine Gebühr nach § 36 Abs. 2, ansonsten nach § 36 Abs. 1 an. Der Geschäftswert richtet sich nach dem wirtschaftlichen Wert der abgetretenen Rechtsposition und ist gemäß § 30 Abs. 1 (wie Optionsübertragung) zu ermitteln.[14]   **19**

V. Mehrheit von Angeboten

Eine Mehrheit von Angeboten liegt nicht nur vor, wenn verschiedene Wirtschaftsgüter verschiedenen Personen in derselben Urkunde angeboten werden, sondern auch, wenn ein Wirtschaftsgut in einer Urkunde mehreren Personen in der Weise angeboten wird, dass mit der Annahmeerklärung des Ersterklärenden der Vertrag zustande kommt.[15]   **20**

VI. Gebührenbegünstigung

Bietet ein Nichtbegünstigter einem Begünstigten (§ 144 Abs. 1, 2) ein Grundstück zum Kauf an, so tritt keine Gebührenbegünstigung nach § 144 Abs. 3 ein, weil der erklärende **Nichtbegünstigte** alleiniger Kostenschuldner ist. Die Annahmeerklärung des **Begünstig-**   **21**

---

[8] KG DNotZ 1941, 500.
[9] Ebenso *Kaiser* DNotZ 1953, 271; *Assenmacher/Mathias* „Vertragsangebot" Anm. 3; aA LG Münster DNotZ 1953, 269; *Rohs/Wedewer* § 42 Rn. 3; *Holthöfer* DNotZ 1942, 274, deren Begründung, dass es nicht auf die Rechtswirkungen, sondern darauf ankomme, was beurkundet sei, unzureichend ist; vgl. dazu KG DNotZ 1943, 155.
[10] Anders *Jonas/Melsheimer* Anm. II: $^{5}/_{10}$ aus dem Wert der Änderung.
[11] So *Ackermann* DNotZ BayB 1937, 63.
[12] KG JW 1936, 680.
[13] KG DNotZ 1942, 114.
[14] § 30 Rn. 49; OLG Schleswig JurBüro 1986, 82; BayObLG MittBayNot 1995, 245.
[15] OLG Düsseldorf DNotZ 1965, 109 = KostRsp. § 44 Nr. 9; KG DNotZ 1955, 497.

§ 38   1. Teil. 2. Abschnitt: 1. Beurkundungen und ähnliche Geschäfte

ten ist gebührenbegünstigt nach § 144; sie löst aber nicht die nachträgliche Gebührenbegünstigung des Angebotes aus, da keine Gesamtschuldnerschaft besteht.[16]

22 Wird einer **Erbengemeinschaft** ein Kaufangebot gemacht und erfolgt die Annahme der Miterben nicht gleichzeitig, sondern nacheinander, so ist für die Annahmeerklärung durch die einzelnen Miterben nicht der Anteilswert nach § 40 anzusetzen, sondern der volle Kaufwert.[17] Anders aber, wenn der erste Miterbe auch für die anderen annimmt und diese dann der Annahme zustimmen; hier §§ 38 Abs. 2 Nr. 1, 40. Macht ein Miterbe ein Angebot wegen seines Miterbenanteils, erklärt ein weiterer Miterbe, dass er bezüglich seines Erbanteils dasselbe Angebot mache, so keine Zustimmungserklärung nach § 38 Abs. 2 Nr. 1, sondern weiteres Angebot.[18]

23 Die früher vor allem von gemeinnützigen Bauunternehmen praktizierte **Aufspaltung** in ein Angebot des privilegierten Unternehmens und eine Annahme des nicht begünstigten Erwerbers ist zufolge der Änderung des § 144 heute überholt (zur früheren Rechtslage s. 12. Aufl. Rn. 20). Generell zur Aufspaltung s. § 144 Rn. 67 ff.

§ 38* Besondere Fälle

(1) ¹Die volle Gebühr wird erhoben für die Beurkundung eines Vertrags über die Verpflichtung zur Übertragung des Eigentums an einem Grundstück, wenn sich der eine Teil bereits vorher in einem beurkundeten Vertrag zur Übertragung oder zum Erwerb des Eigentums verpflichtet hatte. ²Das gleiche gilt für Verträge über Verpflichtungen, auf die nach besonderer gesetzlicher Vorschrift § 311 b Abs. 1 des Bürgerlichen Gesetzbuchs anzuwenden ist.

(2) Die Hälfte der vollen Gebühr wird erhoben

1. für jede besondere Beurkundung von Zustimmungserklärungen einzelner Teilnehmer zu einer bereits anderweitig beurkundeten Erklärung;
2. für die Beurkundung der Annahme eines anderweitig beurkundeten Vertragsantrags;
3. für die Beurkundung der Wiederaufhebung eines noch von keiner Seite erfüllten Vertrags;
4. für die Beurkundung einer Vollmacht oder des Widerrufs einer Vollmacht;
5. für die Beurkundung
   a) des Antrags auf Eintragung oder Löschung im Grundbuch, im Schiffsregister und im Schiffsbauregister sowie einer Eintragungs- oder Löschungsbewilligung,
   b) der Zustimmung nach § 27 der Grundbuchordnung und nach §§ 35, 74 der Schiffsregisterordnung;
6. für die Beurkundung
   a) der Auflassung,
   b) der Einigung über die Einräumung oder Aufhebung von Sondereigentum,
   c) der Einigung über die Bestellung oder Übertragung eines Erbbaurechts,
   d) der Abtretung von Geschäftsanteilen einer Gesellschaft mit beschränkter Haftung,
   wenn das zugrundeliegende Rechtsgeschäft bereits beurkundet ist;

---

[16] OLG Bremen DNotZ 1955, 146.
[17] LG Dortmund DNotZ 1939, 278; *Ackermann* DNotZ 1966, 474 Fn. 22; *Mümmler* JurBüro 1982, 1481; aA *Hornig* JVBl. 1941, 113.
[18] AA KG JVBl. 1942, 59; *Rohs/Wedewer* § 38 Rn. 10.
* § 38 Abs. 1 eingefügt, bisherige Abs. 1 bis 3 wurden Abs. 2 bis 4 durch Gesetz vom 30. 5. 1973 (BGBl. I S. 501), früherer Abs. 3 neu gefasst durch Gesetz vom 19. 8. 1969 (BGBl. I S. 1243), Abs. 4 geändert durch Gesetz vom 2. 7. 1976 (BGBl. I S. 1749), Abs. 3 geändert durch Gesetz vom 24. 6. 1994 (BGBl. I S. 1325); Abs. 4 erneut geändert durch Gesetz vom 16. 12. 1997 (BGBl. I S. 2942); Abs. 2 Nr. 5 und 7 geändert durch Gesetz vom 22. 6. 1998 (BGBl. I S. 1474); Abs. 1 S. 2 geändert durch Gesetz vom 3. 7. 2004 (BGBl. I S. 1410), Abs. 2 Nr. 7 geändert durch Gesetz vom 10. 11. 2006 (BGBl. I S. 2553).

Besondere Fälle **§ 38**

7. für die Beurkundung der Anmeldung zum Handelsregister und ähnlichen Registern.

(3) Ein Viertel der vollen Gebühr wird erhoben für die Beurkundung von Erklärungen, die dem Nachlaßgericht gegenüber abzugeben sind (§ 112 Abs. 1); die Wertvorschrift des § 112 Abs. 2 gilt entsprechend.

(4) Ein Viertel der vollen Gebühr wird ferner erhoben für die Beurkundung von Zustimmungserklärungen zur Anerkennung der Vaterschaft oder zur Annahme als Kind.

Übersicht

	Rn.		Rn.
I. Die Beurkundungen nach Abs. 1	1–12	5. Eintragungsanträge und -bewilligungen (Nr. 5 a)	36–45
II. Die Beurkundungen nach Abs. 2	13–64	6. Zustimmungen nach § 27 GBO (Nr. 5 b)	46–48
1. Zustimmungserklärungen (Nr. 1)	14–25	7. Auflassung, Sondereigentum, Erbbaurecht, Geschäftsanteilsabtretung (Nr. 6)	49–57
a) Teilnehmer an einer Erklärung	15–21		
b) Rechtsgeschäftliche Erklärung	22, 23	8. Anmeldungen zu Registern (Nr. 7)	58–64
c) Bereits anderweitig beurkundete Erklärung	24	III. Erklärungen zum Nachlassgericht (Abs. 3)	65–67
d) Geschäftswert	25	IV. Familienrechtliche Zustimmungserklärungen (Abs. 4)	68–71
2. Annahme eines Vertragsangebots (Nr. 2)	26, 27		
3. Wiederaufhebung eines Vertrags (Nr. 3)	28–33		
4. Vollmacht und Widerruf einer Vollmacht (Nr. 4)	34, 35		

Stichwortverzeichnis

Anmeldung zum Register 58–64
Annahme als Kind 73
Annahme eines Angebots 26–27
Auflassung 49–51
Ausländischer Notar 50 a
Bauherrengemeinschaft 11
BGB-Gesellschaft 11
Ehelichkeitserklärung 71
Eintragungsanträge 34–35
Erbbaurecht 49
Familienrechtliche Zustimmungserklärungen 68–75
Geschäftsanteilsabtretung 54
Grundschuld 35

Nachlassgericht, Erklärung zum 65–67
Quittung, löschungsfähig 41
Registeranmeldung 58–64
Schiffsregisteranmeldung 45
Vereinigung 42
Vollmacht 34–35
Vollstreckungsunterwerfung 40
Wert der Auflassung 53
Wiederaufhebung eines Vertrags 28–33
Wohnungseigentum 36
Zeichnung von Unterschriften 62
Zustimmungserklärungen 14–26, 46–48

I. Die Beurkundungen nach Abs. 1

Bis zum 30. 6. 1973 waren vertragliche einseitige Erwerbsverpflichtungen bei Grundeigentum, Erbbaurecht und Wohnungseigentum in privatschriftlicher Form gültig. Wegen Missbrauchs dieser Regelung hat das Gesetz vom 30. 5. 1973 (BGBl. I S. 501) auch für sie Beurkundungspflicht eingeführt, in der Erwartung, dass diese einseitig verpflichtenden Erwerbsverträge „sehr abnehmen werden", was auch eingetreten ist. Da sowohl für den einseitig verpflichtenden Erwerbsvertrag sowie für den endgültigen, beiderseits verpflichtenden Vertrag je eine $^{20}/_{10}$-Gebühr anfallen würde, hat der Gesetzgeber den Gebührensatz für den endgültigen beiderseits verpflichtenden Vertrag durch den neuen § 38 Abs. 1 auf $^{10}/_{10}$ herabgesetzt, so dass insgesamt anfallen $^{20}/_{10} + ^{10}/_{10} = ^{30}/_{10}$-Gebühr. Der Gesetzgeber wollte jedoch durch die Einfügung des § 38 Abs. 1 keine allgemeine Regelung für die kostenrechtliche Beurteilung von „Erstgeschäften" folgenden „Zweitgeschäften" treffen, son- 1

§ 38

dern eine lex specialis zu § 36 Abs. 2 für den engen Bereich derjenigen Vorgänge, die zufolge der Neufassung des § 313 S. 1 BGB aF (nunmehr § 311b Abs. 1 BGB nF) beurkundungspflichtig wurden. Dies folgt eindeutig sowohl aus dem Wortlaut des Gesetzestextes als auch aus der amtlichen Begründung des Gesetzesentwurfs.[1]

2 Der häufigste praktische Fall ist folgender: Eine natürliche Person will von einem Wohnungsunternehmen ein Anwesen oder eine Eigentumswohnung erwerben, schließt dazu mit dem Wohnungsunternehmen zunächst einen nur einseitig den Erwerber verpflichtenden Vertrag ab („Erstvertrag"); später – meistens nach Fertigstellung des Anwesens oder der Eigentumswohnung – wird der endgültige, beiderseits verpflichtende Erwerbsvertrag (Kaufvertrag) abgeschlossen („Zweitvertrag"). Der Anwendungsbereich des § 38 Abs. 1 geht jedoch über diese Fälle weit hinaus. Er ist beispielsweise auch anzuwenden bei Hofübergabeverträgen, wenn vorher durch Rechtsgeschäft unter Lebenden eine einseitige Übergabeverpflichtung, bei welcher der Übernehmer und die Gegenleistungen konkretisiert sind, beurkundet worden ist.

3 Erst- und Zweitvertrag müssen **dasselbe Wirtschaftsgut** im vorgesehenen Bewertungszustand (fertig gebaut) betreffen. Änderungen beim Zweitvertrag gegenüber dem Erstvertrag sind unschädlich, wenn dadurch das betroffene Wirtschaftsgut kein völlig anderes wird, zB Änderung in Bauausführung, Außenanlagen, Innenausstattung usw., soweit also noch Identität im Vertragsobjekt besteht. Nicht mehr wäre dies der Fall, wenn im Erstvertrag das Vertragsobjekt die Eigentumswohnung x ist, im Zweitvertrag dagegen eine andere Eigentumswohnung, wenn auch im selben Gebäudekomplex und zum selben Preis (sofern nicht im Erstvertrag ein Wahlrecht vorbehalten war).

4 Die **Vertragsparteien** müssen im Erstvertrag wie im Zweitvertrag **dieselben** sein. Handelt beim Zweitvertrag auf Veräußererseite eine andere Rechtsperson als beim Erstvertrag, so ist dies für die Anwendung des § 38 Abs. 1 unschädlich, wenn Rechtsnachfolge vorliegt, durch welche die vertragsgemäße Tätigkeit hinsichtlich des Vertragsgegenstandes fortgeführt und beendet wird; unschädlich sind also zB Umwandlung des Unternehmens, Änderung der Unternehmensform, Übergang des Unternehmens auf eine andere Person, die den Vertragszweck vollendet.

5 Auch auf Erwerberseite müssen bei Erst- und Zweitvertrag dieselben Rechtspersonen vorliegen, wobei ebenfalls Rechtsnachfolge unschädlich ist (Erben des beim Erstvertrag Handelnden, Vermächtnisnehmer usw.).

6 Der Geschäftswert wird idR beim Erst- und Zweitvertrag identisch sein. Bestehen **Wertunterschiede** so gilt: Für den Erstvertrag ist immer der Wert im Zeitpunkt der Eingehung der Verpflichtung, also im Beurkundungszeitpunkt maßgebend (§ 18 Abs. 1). Ist der Wert des Zweitvertrages nur deshalb höher, weil beispielsweise die allgemeinen Baukosten sich erhöht haben, so erfolgt keine Nachbewertung des Erstvertrages. Der Wert des Zweitvertrages ist jedoch der dann festgestellte (höhere) Wert. Anders ist die Rechtslage, wenn der tatsächliche Preis beim Erstvertrag nicht feststeht; hier ist eine vorläufige Kostenbewertung durchzuführen. Ändert sich der Vertragsgegenstand beim Zweitvertrag (zum Beispiel größere Grundstücksfläche), so sind diese zusätzlichen Vereinbarungen mit dem Wert der Änderung gemäß §§ 36 Abs. 2, 44 Abs. 2b zu bewerten.

7 Während anderwärts in der KostO (zB §§ 19 Abs. 2 S. 3, 26 Abs. 6 S. 2, 46 Abs. 5 S. 2) im Hinblick auf die §§ 15 und 17 (Nachforderung und Verjährung) Vorsorge für solche Fallgestaltungen getroffen ist, fehlt in § 38 Abs. 1 eine entsprechende Bestimmung: Lapsus des Gesetzgebers?

8 Wie bei § 42 spielt es auch bei § 38 Abs. 1 keine Rolle, ob Erst- und Zweitvertrag bei demselben Notar beurkundet werden oder jeweils bei verschiedenen Notaren. Wird der Zweitvertrag bei einem anderen Notar beurkundet, ist der Wert des Zweitvertrages höher, und erlangt der Beurkunder des Erstvertrages hiervon keine Kenntnis, so hat dies für Nachforderung und Verjährung keine Bedeutung.[2]

---

[1] BT-Drucks. 7/63.
[2] Ackermann Rpfleger 1973, 418; BGH NJW 1968, 1381.

Besondere Fälle **§ 38**

Die Änderung des § 4 Abs. 3 WEG durch das Gesetz vom 30. 5. 1973 spielt in der Praxis kaum eine Rolle, weil Wohnungseigentum (ausgenommen bei Bauherrenmodellen) fast ausschließlich nach § 8 WEG begründet wird. 9

Abs. 1 gilt **nicht** für Grundstückskaufverträge unter Ausübung von **Vor-** oder **Wiederkaufsrechten, Ankaufsrechten** oder **Optionsrechten** oder ähnlichen Rechtsfiguren, weil bei der Einräumung dieser Rechte zunächst nicht ein unmittelbarer Eigentumswechsel angestrebt, sondern als Zwischenstufe die Einräumung dieses Rechtes beabsichtigt war.[3] § 38 Abs. 1 findet auch keine Anwendung für die Beurkundung eines Grundstückskaufvertrages nach einem vorher abgeschlossenen gegenseitig verpflichtenden Vorvertrag, weil der **Vorvertrag** nicht zur Übertragung oder zum Erwerb des Eigentums an einem Grundstück, sondern zum Abschluss des Hauptvertrages verpflichtet. Im Übrigen kann § 38 Abs. 1 generell dann keine Anwendung finden, wenn der Erstvertrag kein gegenseitiger Vertrag iS der §§ 320 ff. BGB ist. Dies folgt sowohl aus dem Gesetzestext wie auch aus der gesetzlichen Begründung.[4] Handelt es sich nicht um einen gegenseitigen Vertrag, ist also die Verpflichtung der anderen Vertragsseite nicht Volläquivalent für die Veräußerung des Vertragsobjektes und übernimmt der Vertragspartner nur Nebenverpflichtungen (Auskunftserteilung, Nichtverfügung usw.), so kann gleichwohl für den Zweitvertrag § 38 Abs. 1 angewendet werden.[5] 10

Häufig wird bei Zusammenschlüssen von **Bauherren** zu einer **BGB-Gesellschaft** im Gesellschaftsvertrag unter anderem auch die Verpflichtung der Bauherren (Mitgesellschafter) zur Mitwirkung bei Begründung von Wohnungseigentum gemäß § 3 WEG vereinbart. Diese Pflicht hat rein gesellschaftsrechtlichen Charakter und stellt einen Teil des Gesellschafterbeitrages iS des § 706 BGB dar (und nicht eine allgemeine schuldrechtliche Verpflichtung des Mitgesellschafters gegenüber den anderen Gesellschaftern).[6] Je nach Ausgestaltung des Gesellschaftsvertrages kann diese Pflicht durch Mehrheitsbeschluss erlassen oder modifiziert werden. Wird nicht in derselben Urkunde gleichzeitig die Aufteilung nach § 3 WEG vorgenommen, so ist die spätere, gesonderte Beurkundung der Aufteilung nicht nach § 38 Abs. 1 zu bewerten, auch wenn bei diesem zweiten Vertrag dieselben Personen, aber nicht als Mitgesellschafter, sondern als Miteigentümer nach §§ 741 ff. BGB beteiligt sind. Denn der Ausnahmetatbestand des § 38 Abs. 1 erstreckt sich zum einen nur auf Austauschverträge (Übertragung oder Erwerb von Eigentum) und nicht auf inhaltliche Veränderungen des dinglichen Rechts der Miteigentümer durch gegenseitige Einräumung von Sondereigentum. Und zum anderen verpflichtete der Gesellschaftsvertrag nicht die Beteiligten als Miteigentümer, sondern begründete lediglich die zu erbringenden Gesellschafterbeiträge. Der klare Wortlaut des § 38 Abs. 1 und das Analogieverbot im Kostenrecht („nur nach diesem Gesetz", § 1) verbieten eine Ausweitung des § 38 Abs. 1. Auch § 38 Abs. 1 S. 2 führt zu keinem anderen Ergebnis, da er sich ebenfalls auf Austauschverträge im engeren Sinne bezieht und nicht auf Gesellschaftsverträge.[7] 11

Wird der Zweitvertrag derart beurkundet, dass der Vertrag aufgespalten wird in ein Angebot und eine Annahmeerklärung, so für Angebot $^3/_4$-Gebühr, für Annahme $^1/_4$-Gebühr.[8] 12

II. Die Beurkundungen nach Abs. 2

§ 38 Abs. 2 regelt Ausnahmen gegenüber § 36 für einseitige Erklärungen und Verträge; danach ist nur eine $^5/_{10}$-Gebühr für die aufgeführten rechtsgeschäftlichen Erklärungen un- 13

---

[3] *Kanzleiter* DNotZ 1973, 525; MittBayNot 1977, 178; OLG Frankfurt JurBüro 1978, 572 = DNotZ 1978, 570; *Brachvogel* MittBayNot 1983, 110; aA OLG Karlsruhe MittBayNot 1976, 40 = KostRsp. Nr. 10; BayObLG JurBüro 1983, 423.
[4] BT-Drucks. 7/63 zu Art. 4, S. 6.
[5] *Ackermann* Rpfleger 1973, 418; ders. JurBüro 1976, 567; aA OLG Karlsruhe MittBayNot 1976, 40 = KostRsp. § 38 Nr. 10; LG Frankfurt MittBayNot 1976, 41 = JurBüro 1975, 1085.
[6] Hierzu allgemein MünchKommBGB/*Ulmer* § 706 Rn. 4.
[7] So auch *Brachvogel* MittBayNot 1983, 110; aA *Mümmler* JurBüro 1982, 1465; Streifzug Rn. 85, 1068.
[8] *Kanzleiter* DNotZ 1973, 519 Fn. 33.

ter Lebenden zu erheben. Weitere Ausnahmetatbestände sind in Abs. 3 und 4, nach welchen ¼-Gebühr zu erheben ist, niedergelegt. Da es sich um Ausnahmeregelungen handelt, ist eine Erstreckung dieser Privilegierungen über die einzelnen Tatbestände des § 38 hinaus unzulässig. Dies gilt insbesondere:
– von der Erstreckung des Abs. 2 Nr. 1 auf Zustimmungserklärungen zu den Beschlüssen des § 47;
– von der Erstreckung des Abs. 2 Nr. 5a auf Erklärungen, die nicht das dingliche Recht – das formelle Konsensprinzip der GBO – betreffen, sondern das diesem Recht zugrundeliegende obligatorische Schuldverhältnis (s. Rn. 39).

Die mit der Hälfte der vollen Gebühr belegten Beurkundungen im Einzelnen:

1. Zustimmungserklärungen (Nr. 1)

14 Unter Nr. 1 fallen die Beitritts- bzw. Genehmigungs- oder Nachgenehmigungserklärungen einzelner Teilnehmer zu einer (beurkundeten) Erklärung.

15 **a) Teilnehmer an einer Erklärung.** Mitberechtigte bzw. Mitverpflichtete, mögen sie ein Rechtsgut in einer Gemeinschaft (Bruchteilsgemeinschaft oder Gesamthandsgemeinschaft) bereits besitzen und hierüber Verpflichtungs- oder Verfügungsgeschäfte vornehmen, mögen sie ein solches als Mitberechtigte erwerben wollen oder mögen sie eine Verpflichtung in einer Gemeinschaft übernehmen oder ändern.

16 Unter Nr. 1 fällt demnach die Zustimmung der übrigen Miterben zu der von einem der Miterben erklärten Abtretung einer Nachlassforderung oder Auflassung eines Nachlassgrundstücks.[9]

17 Für die Zustimmung Mitberechtigter oder Mitverpflichteter gibt § 40 die entsprechende Wertvorschrift.

18 Der Begriff Teilnehmer an einer Erklärung ist weiter als der Mitberechtigter bzw. Mitverpflichteter; er umfasst auch Personen, deren Zustimmung zur Vollwirksamkeit der Erklärung eines anderen von Gesetzes wegen erforderlich ist,[10] also die **Zustimmungserklärung** des gesetzlichen Vertreters zur Erklärung eines Minderjährigen (§ 107 BGB), des Vertretenen zur Erklärung eines vollmachtlosen Vertreters (§ 177 BGB), des Berechtigten zur Verfügung eines Nichtberechtigten (§ 185 BGB), eines Vertreters zur Erklärung eines Mitberechtigten (zB eines Vorstandsmitglieds einer AG), Zustimmung des anderen Ehegatten nach §§ 1365, 1369 BGB,[11] die bei der Veräußerung von Wohnungseigentumsrechten erforderliche Zustimmungserklärung der übrigen Wohnungseigentümer,[12] des Grundstückseigentümers zur Veräußerung des Erbbaurechtes,[13] des Nachlassverwalters zu Verfügungen der Erben (§§ 1984, 185 BGB), des Nacherben zu Verfügungen des Vorerben (§ 2113 BGB), des Insolvenzverwalters zu Verfügungen des Gemeinschuldners usw., auch die Zustimmungserklärung nach § 1516 BGB.[14]

19 Rspr. und Schrifttum sehen (gestützt auf KG aaO) **nicht als** Teilnehmer an die Zustimmenden, deren Erklärung nicht zur Rechtswirksamkeit erforderlich ist, die vielmehr zustimmen, um den Erfolg wirksamer Erklärungen eintreten zu lassen: zB die Zustimmung des Eigentümers zu Rangänderungen eines Grundpfandrechts, des Gläubigers zur Inhaltsänderung von dinglichen Rechten, des Berechtigten an einem Grundstücksrecht zur Aufhebung des Rechts, des Eigentümers zur Löschung einer Hypothek, des Eigentümers zur Belastung eines Erbbaurechts im Falle des § 5 Abs. 2 ErbbauVO, des Gläubigers zu einer Schuldübernahme usw. (Hierher gehören an sich auch die Zustimmungserklärungen zu Ehelicherklärungen und Adoptionsverträgen, doch sind für diese in Abs. 3 besondere Bestimmungen getroffen.)

---

[9] Vgl. KG JVBl. 1942, 59.
[10] KG JFGErg. 19, 47 = DNotZ 1939, 355 = JVBl. 1939, 103.
[11] LG Trier MittRhNotK 1959, 178.
[12] OLG Frankfurt DNotZ 1963, 617.
[13] LG Arnsberg MittBayNot 2005, 177.
[14] So *Jonas/Melsheimer* § 40 Anm. 1, 2c.

Dies halten wir[15] für zu eng: Übernimmt ein **Nichtberechtigter** hinsichtlich eines ihm 20
nicht gehörigen Gegenstandes oder ein hierüber Nichtverfügungsberechtigter eine Verpflichtung (schuldrechtlicher Art) bezüglich des Gegenstandes, so ist die Zustimmung des Berechtigten bzw. Verfügungsberechtigten hierzu nach bisheriger Ansicht keine Zustimmung eines Teilnehmers, da die schuldrechtliche Verpflichtung auch ohne diese Zustimmung voll wirksam ist; wird hingegen die Zustimmung zum Verfügungsgeschäft erklärt (§ 185 BGB), so ist sie nach bisheriger Ansicht die eines Teilnehmers an der Verfügungserklärung, unterfällt also Nr. 1. Diese Unterschiede können jedoch für die Beurkundung keine Bedeutung haben. Des Weiteren: Ist zweifelhaft, ob die Zustimmung des anderen Ehegatten nach § 1365 BGB erforderlich ist, wird sie aber vorsorglich abgegeben, so wäre nach der bisherigen Ansicht § 36 Abs. 1 einschlägig, falls sie nicht erforderlich wäre; hingegen § 38 Abs. 2 S. 1, falls § 1365 BGB zutrifft. Richtigerweise ist in beiden Fällen § 38 Abs. 2 S. 1 einschlägig.

Wir halten es daher für richtig, den Begriff Teilnehmer in § 38 Abs. 2 Nr. 1 dahin zu 21
fassen, dass Teilnehmer alle Personen sind, die mitwirken (teilnehmen, zustimmen), um den Erfolg einer Willenserklärung herbeizuführen, gleichviel in welcher Eigenschaft sie diese Zustimmungserklärung abgeben und ob die Erklärung im Einzelfall notwendig ist oder nicht. Danach fallen alle in Rn. 19 erwähnten Beispiele unter die Bestimmung.[16]

b) Rechtsgeschäftliche Erklärung. Voraussetzung der Ermäßigung nach Nr. 1 ist 22
ferner, dass die **Zustimmung** selbst eine rechtsgeschäftliche Erklärung ist; Zustimmungsbeschlüsse fallen daher nicht unter Nr. 1, sondern unter § 47.

Auch die Erklärung, der zugestimmt wird, muss eine **rechtsgeschäftliche Erklärung** 23
(einseitig oder Vertrag) sein; das KG hält indes die Ermäßigung nach Nr. 1 auch für anwendbar bei der Zustimmung eines Gesellschafters zu einem Umwandlungsbeschluss nach UmwG und der Zustimmung eines persönlich haftenden Gesellschafters einer KGaA zu Hauptversammlungsbeschlüssen.[17] Dem KG ist insoweit zuzustimmen, als nicht dem Beschluss, sondern den anderen Stimmabgaben zugestimmt wird, so dass sich insgesamt ein Mehrheitsbeschluss ergibt. Die Zustimmung ist mithin eine Willenserklärung; jedoch fehlt hier die Voraussetzung nach Rn. 24![18]

c) Bereits anderweitig beurkundete Erklärung. Voraussetzung der Ermäßigung ist 24
ferner, dass die Erklärung, der zugestimmt wird, bereits beurkundet ist. Beglaubigte Erklärungen erfüllen diese Voraussetzungen nicht. Billigerweise muss man die Voraussetzung aber als erfüllt ansehen, wenn für die vorangehende Erklärung die Beurkundungsgebühr erwachsen ist, die Erklärung also von einem Notar entworfen und beglaubigt wurde, da kostenrechtlich dieser Fall einer Beurkundung gleichgeachtet wird (§ 145).[19] Nicht gefordert wird, dass die vorangehende Beurkundung von demselben Notar bewirkt ist, der die Zustimmung beurkundet. Wird die Zustimmung eines Teilnehmers vor der Haupterklärung beurkundet, so ist Nr. 1 nicht anwendbar, jedoch wird jene meistens in eine Vollmacht umzudeuten sein und dann die Ermäßigung nach Nr. 4 genießen. **Nicht anwendbar** ist Nr. 1, wenn eine Vertragsseite erklärt hat, sie habe mit der anderen einen Vertrag bestimmten Inhalts geschlossen, und dann die andere Seite in einer besonderen Urkunde dem zustimmt, sie bestätigt usw. Auch die Annahme eines Vertragsantrags fällt nicht hierher; für sie ist aber in Nr. 2 die gleiche Gebühr bestimmt.

d) Geschäftswert. Der Geschäftswert einer Zustimmungserklärung des § 38 Abs. 2 ist 25
stets gleich dem Wert der Erklärung, der zugestimmt wird (arg. §§ 40, 41 Abs. 1).[20] Für die

---

[15] Mit *Schmidt* JurBüro 1961, 514.
[16] So auch OLG Celle DNotZ 1968, 384; OLG Köln DNotZ 1972, 507; OLG Düsseldorf DNotZ 1975, 434 = Rpfleger 1974, 411; *Mümmler* JurBüro 1975, 1440.
[17] KG JFGErg. 18, 103 = DNotZ 1938, 339; DNotZ 1942, 267; aA BayObLG MittBayNot 1975, 239.
[18] S. auch OLG Düsseldorf JurBüro 1983, 1239 = KostRsp. Nr. 17 m. abl. Anm. *Lappe*.
[19] So *Jonas/Melsheimer* Anm. II 3.
[20] BayObLG MittBayNot 1976, 10; OLG Celle DNotZ 1968, 575; OLG Düsseldorf JurBüro 1974, 1423; *Mümmler* JurBüro 1974, 1425; *Riggers* JurBüro 1975, 301; OLG Hamm Rpfleger 1982, 489 =

nach § 5 Abs. 2 ErbbauVO vorbehaltene Zustimmung zur Belastung oder Veräußerung eines Erbbaurechts ist der Nennbetrag des Grundpfandrechts oder der Kaufpreis maßgebender Wert.[21] Eine Wertbeschränkung wegen des Interesses eines Beteiligten kennt das Gesetz nicht. Bei Zustimmung eines Miteigentümers s. § 40 Rn. 4. Wird im Erbbaurechtsvertrag den bereits bekannten Belastungen zugestimmt, so keine Gebühr, weil Erbbaurechtsinhalt. Sind die Belastungen noch nicht bekannt, aber deren Höchstsumme, so genügt Zustimmung bis zu dieser Höchstsumme. Nur wenn die Belastungen noch nicht bekannt sind, bedarf es einer besonderen Zustimmung nach § 38 Abs. 2 S. 1, dann Wert des jeweiligen Grundpfandrechts. Bei der Zustimmung des Verwalters oder anderer Wohnungseigentümer zur Veräußerung nach § 12 WEG ist Geschäftswert ebenfalls der Wert des Rechtsverhältnisses, dem zugestimmt wird.[22]

2. Annahme eines Vertragsangebots (Nr. 2)

26 Beschränkt sich die Urkunde nicht auf die Annahmeerklärung, wird also zB wegen des Kaufpreises die **Vollstreckungsunterwerfung** mitbeurkundet, so enthält die Urkunde ein Mehr gegenüber § 38 Abs. 2 Nr. 2, wobei zu bedenken ist, dass beides (Annahme und Vollstreckungsunterwerfung) denselben Gegenstand iS des § 44 Abs. 1 betrifft. Lautet die Unterwerfung auf den ganzen Kaufpreis, so betrifft sie, wie die Annahmeerklärung, den ganzen Gegenstand; es kommt also § 44 Abs. 1 S. 1 zur Anwendung, daher $^{10}/_{10}$ aus dem ganzen Wert.[23] Lautet sie aber nur auf einen Teil des Kaufpreises, so liegt der Fall des § 44 Abs. 1 S. 2 vor, also gesonderte Gebührenberechnung, wenn diese für den Kostenschuldner günstiger.[24] Nach (unzutreffender) Meinung des BayObLG[25] soll in einem derartigen Fall die Beurkundung der Unterwerfungsklausel ein gebührenfreies Nebengeschäft (zur Annahme) nach § 35 sein.[26]

27 Werden bei einer **Geschäftsanteilsabtretung** das Verkaufs- und das Abtretungsangebot in derselben Urkunde angenommen, so nur einmal die Gebühr nach § 38 Abs. 2 Nr. 2; werden aber – wenn notwendig, sonst § 16 – die Annahme des Verkaufsangebots und die des Abtretungsangebotes in gesonderten Urkunden erklärt, dann für jede Annahmeurkunde eine Gebühr nach § 38 Abs. 2 Nr. 2. Werden in einer Urkunde die Annahme und gleichzeitig die Auflassung (zufolge Vollmacht in der Angebotsurkunde) beurkundet, so fällt nur eine $^5/_{10}$-Gebühr an.[27] Bei Vertragsannahme mit Änderungen s. § 37 Rn. 14.

3. Wiederaufhebung eines Vertrags (Nr. 3)

28 Zur Anwendung der Ermäßigungsvorschrift wird gefordert, dass

29 – ein **schuldrechtlicher Vertrag** vorliegt; nur bei solchen kann von Nochnichterfüllung die Rede sein; die Aufhebung von dinglichen (Erfüllungs-)Verträgen, familienrechtlichen und erbrechtlichen Verträgen (zB Erbverzichtsvertrag)[28] fällt unter § 36 Abs. 2; für Erbverträge gilt die Sonderbestimmung § 46 Abs. 2;

30 – dieser Vertrag noch **von keiner Seite erfüllt ist;** hierzu zählt auch teilweise Erfüllung, so dass die Voraussetzungen also nicht vorliegen: bei Übergabe der Sache, Kaufpreisteilzahlung,[29] Erklärung der Auflassung (nicht nur Bewilligung einer Auflassungsvor-

---

JurBüro 1982, 1871; aA *Schmidt* JurBüro 1961, 515; OLG Hamm Rpfleger 1972, 425 = DNotZ 1973, 488.
[21] OLG Stuttgart JurBüro 1982, 1059.
[22] OLG Celle DNotZ 1968, 575; OLG Düsseldorf JurBüro 1974, 1423; Rpfleger 1981, 248 = JurBüro 1981, 909; KG Rpfleger 1981, 325 = JurBüro 1981, 908; OLG Stuttgart DNotZ 1982, 779; OLG Hamm Rpfleger 1982, 489; *Mümmler* JurBüro 1982, 689; aA *Lappe* KostRsp. § 39 Nr. 48.
[23] Ebenso OLG Zweibrücken Rpfleger 2000, 128 = NJW-RR 2000, 736 = DNotI-Report 2000, 93; OLG Schleswig DNotZ 1971, 119; *Göttlich/Mümmler* 13. Aufl. S. 1061 f.
[24] OLG Schleswig DNotZ 1971, 119.
[25] NJW-RR 1996, 63 = DNotZ 1996, 396 = JurBüro 1997, 157.
[26] Hierzu bei § 35 und *Bengel* DNotZ 1996, 361.
[27] KG JurBüro 1981, 262 = Rpfleger 1981, 164; s. auch bei Rn. 50 zu Nr. 6a.
[28] KG JFGErg. 22, 12 = DNotZ 1941, 81.
[29] KGJ 18, 172.

Besondere Fälle § 38

merkung; nach OLG Stuttgart[30] ist entscheidend, ob die Aufhebung des Vertrages der notariellen Beurkundung bedarf, weil bereits die Auflassung erklärt bzw. ein Anwartschaftsrecht entstanden ist; nur soweit dies nicht der Fall ist, greift die Ermäßigung gemäß § 38 Abs. 2 Nr. 3), einer Aufrechnung gegen die Kaufpreisforderung usw. Demgegenüber kann bei einer Schuldübernahme nach § 415 BGB von Erfüllung erst gesprochen werden, wenn der Gläubiger sie genehmigt hat, sei es ausdrücklich oder stillschweigend durch Entgegennahme von Zahlungen des Erwerbers als nunmehriger Schuldner;[31]

– lediglich die **Aufhebung beurkundet** wird, so dass also weitergehende Vereinbarungen, wie Regelung von Entschädigungsansprüchen, Vereinbarung über Reuegeld, Verbindung weiterer Bestimmungen die Anwendbarkeit ausschließen. Die **einseitige Rücktrittserklärung** und die einvernehmliche Aufhebung des noch nicht erfüllten Vertrages durch beide Parteien haben nicht dieselben Rechtswirkungen. Darüber hinaus sind Ausnahmetatbestände keiner extensiven Auslegung zugängig. Die Rücktrittserklärung fällt daher nicht unter Nr. 3 und ist daher nach § 36 Abs. 1 zu bewerten.[32]   31

Bei Teilaufhebung ist Nr. 3 nur anwendbar, wenn der Kaufgegenstand teilbar ist. Dass   32
der aufgehobene Vertrag beurkundet ist, ist nicht Voraussetzung. Der Wert ist gleich dem Werte des aufgehobenen Vertrags im Zeitpunkt der Aufhebung; zwischenzeitliche Wertveränderungen sind also zu berücksichtigen; bei Aufhebung eines Kaufvertrages ist der Geschäftswert der vereinbarte Kaufpreis, sofern er zwischenzeitlich keine Veränderung erfahren hat.

Wird der einen schuldrechtlichen Vertrag aufhebende Vertrag in der Weise aufgehoben,   33
dass der ursprüngliche schuldrechtliche Vertrag wieder in Kraft tritt, so fällt die Gebühr des § 36 Abs. 2 an.[33]

4. Vollmacht und Widerruf einer Vollmacht (Nr. 4)

Unter „Vollmacht" ist in erster Linie die Vollmachtsurkunde zu verstehen, die der Vollmachtgeber dem Bevollmächtigten über die durch Rechtsgeschäft erteilte Vertretungsmacht ausstellt (§§ 166 Abs. 2, 172 BGB), aber auch die „Erteilung" der Vollmacht durch Erklärung gegenüber dem Bevollmächtigten oder dem, demgegenüber die Vertretung erfolgen soll (§§ 166, 167 BGB). Die Anwendung dieser Vorschrift wird nicht dadurch ausgeschlossen, dass in ihr das zugrundeliegende Rechtsverhältnis erwähnt wird.[34] Wird aber das **Rechtsverhältnis** (Auftrag, Werkvertrag, Treuhandvertrag u. a.) **mitbeurkundet,** so sind die Gebühren des § 36 zu erheben. Regelmäßig hat dann die Vollmacht mit ihm iS des § 44 denselben Gegenstand.[35]   34

Die Ermäßigung aus Nr. 4 gilt sowohl für die allgemeine Vollmacht (Generalvollmacht) als   35
für die Vollmacht zur Vornahme einzelner Rechtsgeschäfte. Die Vorschrift findet auch auf die Vollmachtsübertragung und Untervollmachtserteilung Anwendung. Wird eine Vollmacht durch Beschluss erteilt, gilt § 47.[36] Die Wertberechnung erfolgt nach freiem Ermessen (§ 41 Abs. 2). Mit einer **Vorsorgevollmacht** wird für die Geschäftsunfähigkeit des Vollmachtgebers oder seine sonstige Handlungsunfähigkeit Vorsorge getroffen. Erstreckt sie sich nur auf Gesundheits- und sonstige persönliche Angelegenheiten, gilt der Regelwert von 3 000 Euro gemäß § 30 Abs. 2, 3; bei einer Generalvollmacht auch für Vermögensangelegenheiten das Gesamtvermögen ohne Schuldenabzug, §§ 18, 41 Abs. 2, 4 (vgl. § 30 Rn. 86a ff.), insbe-

---

[30] JurBüro 2000, 428 = ZNotP 2001, 37.
[31] Zur Beurkundungspflicht bei Aufhebung von Grundstückskaufverträgen vgl. BGH DNotZ 1982, 619 m. Anm. *Ludwig;* zum Komplex generell *Palandt/Grüneberg* § 311b BGB Rn. 39 ff.
[32] AA hier 10. Aufl. Rn. 31.
[33] *Tschischgale* JurBüro 1963, 246.
[34] KG DNotZ 1944, 133.
[35] So für Beurkundung eines Grundstückskaufvertrages mit Vorbelastungsermächtigung BGH JurBüro 2006, 434 = NotBZ 2006, 201 m. Anm. *Lappe* = MittBayNot 2006 m. Anm. PrüfAbt. Notarkasse = ZNotP 2006, 276 m. Anm. *Tiedtke* = RNotZ 2006, 359; Anm. *Klein* und *Schmidt* RNotZ 2006, 345.
[36] KG DNotZ 1944, 133.

sondere wenn Gegenstand der Beurkundung lediglich die Vollmacht ist und nicht das ihr zu Grunde liegende Rechtsverhältnis.[37] Auch bei einer nach außen unbeschränkt erteilten Vollmacht sollte jedoch die Vorgabe im Innenverhältnis, die Vollmacht nur bei Betreuungsbedürftigkeit des Vollmachtgebers auszuüben, wertmindernd berücksichtigt werden. So ist nach hM ein Abschlag von 50% gerechtfertigt, wenn die Ausfertigung der Vollmachtsurkunde nur dem Vollmachtgeber selbst ausgehändigt wird, der damit über ihre Verwendung im Rechtsverkehr bestimmt.[38] Wird mit der Vorsorgevollmacht eine Betreuungsverfügung nach § 1897 Abs. 4 BGB oder eine Patientenverfügung verbunden, liegt insoweit Gegenstandsgleichheit vor.[39] Da die Betreuungsverfügung, für die im Regelfall nach § 30 Abs. 3 ein Geschäftswert von 3 000 Euro anzusetzen ist, eine $^{10}/_{10}$-Gebühr nach § 36 Abs. 1 auslöst, ist für die Berechnung der Gebühren nach § 44 Abs. 1 zu verfahren und in der Regel die getrennte Berechnung günstiger. Patientenverfügung und Betreuungsverfügung untereinander sind gegenstandsverschieden, da sie an einen anderen Personenkreis gerichtet sind.[40]

5. Eintragungsanträge und -bewilligungen (Nr. 5 a)

36 Unter Nr. 5 a fallen Anträge auf Eintragungen oder Löschungen im Grundbuch oder, soweit es sich um Schiffshypotheken handelt, im Schiffsregister und im Register für Schiffsbauwerke, sowie Eintragungs- oder Löschungsbewilligungen. Diese Vorschrift beschränkt sich auf die formellen Erklärungen, dass die Eintragungen oder Löschungen bewilligt oder beantragt werden. Diese sind nicht zu verwechseln mit den materiellrechtlichen Erklärungen, dass ein Recht begründet, geändert, aufgehoben werde (dem sogenannten dinglichen Rechtsgeschäfte), erst recht nicht mit den dem Rechte der Schuldverhältnisse angehörenden Verpflichtungsgeschäften (den obligatorischen Verträgen). Die Begründung von **Wohnungs- und Teileigentum** gemäß § 8 WEG beinhaltet regelmäßig die materiellrechtliche einseitige Teilungserklärung und formell die Eintragungsbewilligung und den Antrag. Daher fällt eine Gebühr nach § 36 Abs. 1 an. Das LG Frankfurt[41] will § 36 Abs. 1 nur dann anwenden, wenn der materiellrechtliche Inhalt der Erklärung überwiegt. Eine von der materiellen Teilungserklärung losgelöste abstrakte Bewilligung, für die § 38 Abs. 2 Nr. 5a einschlägig wäre, ist in der Praxis kaum denkbar. Eine **Schuldurkunde,** in welcher unter Mitwirkung des Gläubigers vereinbart wird, dass für die Forderung eine Hypothek begründet werde, in der dann weiter die Eintragungsbewilligung des Eigentümers und der Eintragungsantrag des Eigentümers oder des Gläubigers (oder beider) beurkundet ist, enthält dreierlei: erstens das obligatorische Rechtsgeschäft (Schuldurkunde), zweitens die dingliche Einigung über Begründung der Hypothek (Erfordernis des materiellen Konsensprinzips, § 873 BGB) und drittens die Bewilligung (Erfordernis des formellen Konsensprinzips, § 19 GBO). Von diesen Rechtsgeschäften oder rechtsgeschäftlichen Erklärungen fällt unter § 38 Nr. 5 nur die letztere (Bewilligung); § 38 Nr. 5 kommt also nur dann zur Anwendung, wenn lediglich diese beurkundet wird. Der Eintragungsbewilligung steht der Eintragungsantrag gleich, wenn durch ihn die Eintragungsbewilligung oder eine andere zur Eintragung erforderliche Erklärung ersetzt wird (§ 30 GBO); sonst § 147.[42]

37 Wird das zugrunde liegende obligatorische Rechtsgeschäft oder auch nur die dingliche Einigungserklärung, sei es bei dieser auch nur die des einen Teiles, mitbeurkundet, so wer-

---

[37] OLG Frankfurt MittBayNot 2007, 344 = ZNotP 2007, 237 m. Anm. *Tiedtke*; OLG Oldenburg MittBayNot 2006, 446; *Tiedtke* MittBayNot 2006, 397, 398; OLG Oldenburg RNotZ 2005, 558 m. Anm. *Bund* und *Klein* = NotBZ 2005, 411 = JurBüro 2005, 548 = FGPrax 2005, 274 = ZNotP 2006, 319 m. Anm. *Tiedtke* = MittBayNot 2006, 446; *Bund* JurBüro 2005, 622, 625; *Rohs/Wedewer* (Stand Dezember 2006) § 41 Rn. 11; aA *Renner* NotBZ 2005, 45, 57, der die Begleitumstände bei der unbeschränkten Vollmacht heranziehen will und davon ausgeht, dass wegen der Erwartung der Beteiligten nur von einer Eventualvollmacht auszugehen sei.
[38] OLG Stuttgart JurBüro 2000, 428 = ZNotP 2001, 37; *Bengel/Tiedtke* DNotZ 2006, 438, 465.
[39] OLG Oldenburg JurBüro 2005, 548 = RNotZ 2005, 558; *Rohs/Wedewer* § 41 Rn. 11; aA *Klein* RNotZ 2005, 561.
[40] *Klein* RNotZ 2005, 561.
[41] Rpfleger 1989, 281.
[42] *Lappe* KostRsp. § 145 Nr. 24 Anm.

den die Gebühren des § 36 erhoben; die Eintragungsbewilligung oder Zustimmung hat dann mit ihnen „denselben Gegenstand" iS des § 44, so dass eine besondere Gebühr für sie nicht anzusetzen ist.

Was das dingliche Rechtsgeschäft, d. h. die zur Belastung eines Grundstücks mit einem **38** Recht sowie zur Übertragung oder Belastung eines solchen Rechtes oder zur Änderung des Inhalts eines Rechtes (auch der Rangänderung) erforderliche Einigung des Berechtigten und des anderen Teiles (§§ 873, 877 BGB) sowie die zur Aufhebung eines Rechtes an einem Grundstück erforderliche Erklärung des Berechtigten, dass er das Recht aufgebe (§ 875 BGB), angeht, so bedürfen diese idR weder der Beurkundung noch der Beglaubigung. Zu den Eintragungen genügen die **Bewilligungen** (§§ 13, 19 GBO), deren Beurkundung dem § 38 Abs. 2 Nr. 5 unterliegt. Aus diesem Grunde hält das KG in ständiger Rspr. sowie die ständige Praxis die Hinzufügung der Einigungserklärung nur für eine „Erläuterung" oder „Begründung" der Eintragungsbewilligung oder des Eintragungsantrags, deren Beurkundung beim Fehlen entgegenstehender Umstände als nicht gewollt anzusehen sei, so dass die Einigungserklärung usw. nicht als selbständig beurkundet zu gelten habe; so zB bei der Erklärung des Eigentümers, er bestelle eine Höchstbetragshypothek und bewillige die Eintragung,[43] bei der Erklärung des Hypothekengläubigers, er entlasse ein Trennstück aus der Mithaft und bewillige die Löschung oder lastenfreie Abschreibung,[44] bei der Erklärung des Eigentümers, er bestelle eine Eigentümergrundschuld und beantrage die Eintragung,[45] bei der Vorrangseinräumung.[46] In Fällen, in denen die Eintragungsbewilligung genügt, wird die materielle Erklärung als historische Erwähnung erachtet, zB bei Grundpfandrechtsbestellungen (wenn keine Vollstreckungsunterwerfung erfolgt), Vorrangeinräumungen, Nachverpfändungen (wenn keine Vollstreckungsunterwerfung notwendig), Grundstücksvereinigungen, Grundstückszuschreibungen, Grundpfandrechtsabtretungen bei Buchrechten (anders bei Briefrechten, § 36 Abs. 1) und Grundbuchberichtigungen.

Der Standpunkt des KG, dem die Kommentare folgten, ist entwickelt worden zu einer **39** Zeit, als Grundschulden in der Praxis noch selten waren. Die Kreditinstitute haben zunehmend erkannt, dass **Grundschulden,** zumal wenn noch die persönliche Haftung für den Grundschuldbetrag ausbedungen wird, für sie günstiger sind, weil sie das Problem nicht valutiertes Grundpfandrecht = Eigentümergrundschuld ausschalten. Gleichzeitig aber haben diese oft und immer mehr das materielle Schuldverhältnis betreffende Klauseln in ihre Grundschuldformulare angenommen, die über § 38 Abs. 2 Nr. 5a hinausgehen. Soweit es sich nur um den Ausdruck „bestellen" oder die kurze Bezeichnung des gesicherten Schuldverhältnisses – meistens sichernd alle Ansprüche des Kreditgebers gegen den Kreditnehmer – handelt, kann der Meinung des KG weiter gefolgt werden. Soweit aber das dem Pfandverhältnis zugrunde liegende obligatorische Schuldverhältnis betreffende und nicht die Grundschuld selbst näher gestaltende Erklärungen in die Eintragungsbewilligung aufgenommen werden, sind diese durch die Sonderbestimmung des § 38 Abs. 2 Nr. 5a zur Generalbestimmung des § 36 nicht mehr gedeckt, insbes. nicht die Übernahme der persönlichen Haftung für den nur aus dem Grundstück zu befriedigenden Grundschuldbetrag. Diese impliziert ein persönliches Schuldbekenntnis. Gleiches gilt bei der Abtretung der gesicherten Forderung, soweit sie über die jeweilige Valutierung hinausgeht, bei der Abtretung von Ansprüchen des Eigentümers gegen die im Rang vorgehenden Grundpfandrechtsgläubiger[47] oder bei sonstigen materiellrechtlichen Erklärungen wie bspw. der Verpflichtung des Eigentümers zur Versicherung der Gebäude. Was den erklärten Willen anlangt, so ist bei den Grundschuldbewilligungen der Personal- und Realkreditinstitute nicht der Wille der Erklärenden maßgebend, sondern der Wille des Grundschuldgläubigers, der auf dem Formular beharrt und dem die Erklärenden sich beugen mussten, um das zu erhalten, was sie brauchen: den Kredit. BayObLG DNotZ 1970, 505 betraf keine Bewilligung,

---

[43] KGJ 43, 327.
[44] KGJ 37 B 21 und 38 B 20; OLG Bremen DNotZ 1957, 163.
[45] KGJ 53, 293; LG Hildesheim MittBayNot 1961, 267.
[46] KG JVBl. 1942, 13.
[47] LG Ulm MittBayNot 1979, 92 = BWNotZ 1979, 14.

sondern eine Grundschuldbestellung nach § 36 Abs. 1. Aber LG Hildesheim MDR 1961, 699 und OLG Celle DNotZ 1971, 605 betreffen „Bewilligungen", und da gilt: In eine bloße Bewilligung des § 38 Abs. 2 Nr. 5a aufgenommene Erklärungen, die nicht zum Inhalt des Grundpfandrechts gehören, sondern der Gestaltung des dem Grundpfandrecht zugrunde liegenden Schuldverhältnisses dienen, werden durch § 38 Abs. 2 Nr. 5a nicht mehr gedeckt.[48] Die Gegenansicht ist systemwidrige und unzulässige ausdehnende Auslegung dieser Bestimmung, welche nur Erklärungen nach dem formellen Konsensprinzip des § 19 GBO ausnahmsweise nicht mit der Regelgebühr des § 36 Abs. 1, sondern mit der Sondergebühr belegt; dies gilt insbesondere bei der Übernahme der persönlichen Haftung für den Grundschuldbetrag (abstraktes Schuldverhältnis!).[49] Ein Entwurf liegt auch dann vor, wenn der Notar in ihm zugeleitete Vordrucke lediglich den Beschrieb des zu belastenden Grundstücks einträgt, da er für die Richtigkeit und Vollständigkeit dieser wichtigen Angaben die Verantwortung tragen soll.[50] Der Einfügung des Grundstücksbeschriebs kommt eine solche rechtliche Bedeutung bei, die ausreicht um sie als Entwurf nach § 145 zu qualifizieren. Jede Ergänzung und Änderung, die notwendig ist, um Formularvordrucke grundbuchamtlich vollziehbar zu machen, führt zum Entstehen der Entwurfsgebühr. Die Differenzierung zwischen Teilen eines einheitlichen Formulars, die nicht dem Aufgaben- und Verantwortungsbereich des Notars unterliegen sollen und Teile, für die der Notar haften muss, ist zumindest dann beurkundungsrechtlich kaum möglich, wenn der Notar als Entwurfsverfasser in irgendeiner Form mitgewirkt hat, da die Prüfungs-, Belehrungs- und Vollzugspflichten des Notars sich bei Entwürfen als einheitliche Amtstätigkeiten darstellen, die nicht auf einen Teil des Entwurf eingeschränkt werden können. Zur Rechtslage nach Änderung des § 145 s. dort.

40   Die **Unterwerfung unter die Zwangsvollstreckung** setzt nach § 794 Abs. 1 Nr. 5 ZPO voraus, dass die Urkunde über den Anspruch errichtet wird und sich der Schuldner in ihr der Vollstreckung unterwirft. Durch die Beifügung der Unterwerfungsklausel gibt aber der Schuldner zu erkennen, dass damit die Schuld beurkundet bzw. die Grundpfandrechtsbestellung niedergelegt sein soll; deshalb ist die Gebühr des § 36 Abs. 1, bei vertraglicher Niederlegung die des § 36 Abs. 2 zu erheben. Wegen Zwangsvollstreckung bei Annahme eines Angebotes vgl. Rn. 26.

41   Für eine **löschungsfähige Quittung** ist die Gebühr nach § 36 Abs. 1 zu berechnen. Soweit eine solche nicht erforderlich war, eine bloße Löschungsbewilligung genügt hätte (was aber öfters nicht zutrifft),[51] kann wegen unrichtiger Sachbehandlung nur die Gebühr des § 38 Nr. 5 gefordert werden.[52] § 36 Abs. 1 gilt ferner für die Abtretungserklärung bzgl. einer Briefhypothek(-grundschuld); § 38 Abs. 2 Nr. 5 nur, wenn nach der Abtretung allein die Bewilligung beurkundet wird.

42   Ferner fallen unter Nr. 5 die Anträge auf Eintragung der **Vereinigung** mehrerer Grundstücke zu einem Grundstück (§ 890 Abs. 1 BGB) oder der **Zuschreibung** eines Grundstücks zu einem anderen als dessen Bestandteil (§ 890 Abs. 1 BGB) oder die Teilung eines Grundstücks. Auch der Antrag auf Eintragung der Teilung einer Hypothek (Grundschuld) gehört hierher, ebenso die bei Rangverschiedenheit der Teile erforderliche Zustimmung oder Bewilligung des Gläubigers.[53]

43   Die **Zurücknahme eines Eintragungsantrags** fällt ebenfalls unter § 38 Abs. 2 Nr. 5, da sie der Form des § 29 GBO bedarf (§ 32 GBO). Auch die Zurücknahme des Antrags auf Eintragung einer Zwangshypothek bedarf der Form, obwohl der Antrag selbst formfrei ist. Dadurch, dass der Eintragungsantrag selbst in einer Verhandlung beurkundet war, in der auch materiellrechtliche Erklärungen enthalten sind (zB eine Schuldurkunde), wird § 38

---

[48] So auch *Rohs/Wedewer* Rn. 25; LG Ulm MittBayNot 1979, 92 = BWNotZ 1979, 14.
[49] *Ackermann* Rpfleger 1972, 245; OLG Stuttgart DNotZ 1976, 439; zum Wert in derartigen Fällen s. *Lappe* KostRsp. § 45 Nr. 3 Anm.
[50] OLG Stuttgart JurBüro 1981, 913; DNotZ 1983, 575.
[51] *Ackermann* DNotZ BayB 1936, 122.
[52] Vgl. auch KG DNotZ 1935, 61.
[53] Vgl. auch KG JFGErg. 14, 146 = JW 1937, 113.

Abs. 2 Nr. 5 für die Zurücknahme des Antrags nicht unanwendbar.[54] § 38 Abs. 2 Nr. 5 gilt jedoch nicht für Antragsrücknahmen durch den Notar nach § 24 Abs. 3 BNotO (gebührenfreie Nebentätigkeit, § 35).

Auch **Grundbuchberichtigungsanträge,** die nicht formpflichtig sind (zB der Antrag 44 des Erben auf Grundbuchberichtigung, wenn die Erbfolge durch Erbschein oder öffentliche Verfügung von Todes wegen nachgewiesen ist), jedoch auf Antrag des Beteiligten beurkundet oder beglaubigt werden, fallen unter Nr. 5.[55]

Bei **Anträgen** usw. **zum Schiffsregister** kommen formbedürftige Anträge, Eintragungs- 45 und Löschungsbewilligungen insbes. bei der Übertragung des Eigentums und bei der Bestellung usw. von Schiffshypotheken vor. Die Anzeigen, welche sich auf die Eintragung des Schiffes in das Schiffsregister, die Veränderungen in den eingetragenen Tatsachen oder Rechtsverhältnissen oder die Löschung des Schiffes in dem Schiffsregister beziehen, bedürfen keiner Form und ihre Aufnahme ist deshalb nach § 86 gerichtsgebührenfrei. Für den Notar entstehen jedoch Gebühren nach Nr. 5.[56] Dies gilt auch für Anträge und Bewilligungen auf Eintragungen oder Löschungen im Register für Schiffsbauwerke. Beurkundet der Notar eine Erklärung gemäß § 69 Abs. 2 SchiffsRegO und den Antrag auf Eintragung, so entsteht nur eine Gebühr nach § 36 Abs. 1.[57]

6. Zustimmungen nach § 27 GBO (Nr. 5 b)

Es handelt sich **nur** um die **formellrechtliche Zustimmung** des Eigentümers zur Lö- 46 schung einer Hypothek, Grundschuld oder Rentenschuld (§ 27 Abs. 1 GBO) oder einer Schiffshypothek (§§ 35, 74 SchRegO).

Die Ermäßigung gilt nicht nur dann, wenn es sich um eine **rechtsgeschäftliche Auf- 47 hebung** der Hypothek usw. (§ 1183 BGB), sondern auch dann, wenn es sich um eine **Berichtigung** des Grundbuchs (Löschung der materiell nicht bestehenden Hypothek usw.) handelt, zB wenn die Hypothek mangels Einigung (§ 873 BGB) gar nicht entstanden oder kraft Gesetzes erloschen ist (vgl. §§ 1173 Abs. 1, 1174 Abs. 1, 1175 Abs. 1, 1181 Abs. 2 BGB); jedoch bedarf es der Zustimmung des Eigentümers nicht, wenn die Unrichtigkeit nachgewiesen wird. Die Ermäßigung gilt auch für die Zustimmung des Eigentümers zur Entlastung eines Trennstücks und bei der Gesamthypothek zur Entlastung eines Grundstücks aus der Mithaft. Diese Zustimmungen sind auch dann gebührenpflichtig, und zwar nach § 38 Abs. 2 Nr. 5, wenn sie in die Form des Antrags (Löschungsantrags) gekleidet werden; denn dann ersetzt der Antrag die sonst erforderliche Zustimmung und bedarf deshalb nach § 30 GBO der beglaubigten Form.

Nicht unter § 38 Abs. 2 Nr. 5 b fällt zB die **Zustimmung des Eigentümers** zum Zu- 48 rücktreten einer **Hypothek, Grundschuld** oder **Rentenschuld** im Range (§ 880 Abs. 2 S. 2 BGB),[58] auch nicht die Zustimmung eines Dritten zur Aufhebung eines Rechtes, das mit einem Rechte des Dritten belastet ist (§ 876 BGB), ferner nicht die Zustimmung des Hypothekengläubigers zur Ersetzung der Forderung durch die Forderung eines Dritten (§ 1180 Abs. 2 BGB). Auch die materiellrechtliche Zustimmung zur rechtsgeschäftlichen Aufhebung einer Hypothek usw. (§ 1183 BGB) ist wohl zu unterscheiden von der Zustimmung zur Löschung der Hypothek (§ 27 Abs. 1 GBO). Zur Löschung genügt die Zustimmung zur Löschung auch im Falle der rechtsgeschäftlichen Aufhebung. Wird nur diese erklärt, so findet § 38 Abs. 2 Nr. 5 Anwendung. Auch in den anderen oben aufgeführten Fällen genügt zu den Eintragungen die Eintragungsbewilligung oder der Eintragungsantrag (in der Form des § 29 GBO), so zB die des Eigentümers zur Eintragung des Rücktritts einer Hypothek usw.; die darüber hinausgehende sachenrechtliche Zustimmung ist nur selten von Bedeutung. Wird sie, weil notwendig, mitbeurkundet, so gilt, was Rn. 37 ff. bezüglich der Mitbeurkundung der materiellen Erklärungen ausgeführt ist. Im Übrigen

---

[54] KG JFGErg. 8, 209; Rpfleger 1935, 386.
[55] Rohs/Wedewer Rn. 30; OLG Düsseldorf KostRsp. § 145 Nr. 24 m. abl. Anm. *Lappe*.
[56] S. Rn. 44; *Assenmacher/Mathias* „Schiffsregister" Anm. 1.2.2.
[57] LG Wiesbaden DNotZ 1963, 502 m. Anm. *Hosens*.
[58] KG JW 1934, 1732.

§ 38

handelt es sich dabei regelmäßig um Erklärungen eines Teilnehmers iS des § 38 Abs. 2 Nr. 1. Bei Beurkundung in einer Verhandlung mit der Rangänderung, der Ersetzung der Forderung usw. haben diese Erklärungen iS des § 44 mit jenen denselben Gegenstand. Meistens ist die materiellrechtliche Zustimmung „historische Erwähnung" oder „Erläuterung", also nicht zu bewerten.

7. Auflassung, Sondereigentum, Erbbaurecht, Geschäftsanteilsabtretung (Nr. 6)

49 Die Auflassung, die Einigung über die Bestellung oder Übertragung eines Erbbaurechts, die Wohnungseigentums- oder Wohnungserbbaurechtseinräumung oder Aufhebung sowie die Abtretung von Geschäftsanteilen sind sog. **Verfügungsgeschäfte** (dingliche Geschäfte), denen ein entsprechendes Verpflichtungsgeschäft (Kauf, Schenkung, Auseinandersetzung, Erbbaurechtsbestellungsvertrag, Wohnungseigentumsbegründungsvertrag nach § 4 Abs. 3 WEG usw.) als Rechtsgrund zugrunde liegt. Die genannten Verfügungsgeschäfte bedürfen der Beurkundung (§ 925 BGB, §§ 4, 30 WEG, § 15 GmbHG) oder des Nachweises der Einigung in grundbuchmäßiger Form (§ 29 GBO). In der Praxis werden diese Verfügungsgeschäfte meistens zusammen mit den entsprechenden schuldrechtlichen Geschäften beurkundet; wegen Gleichheit des Gegenstandes iS des § 44 Abs. 1 bleiben dabei die Verfügungsgeschäfte als Erfüllungsgeschäfte unbewertet. Werden sie aber gesondert beurkundet, so würde für sie, weil es sich um Verträge (Einigung) handelt, nach § 36 Abs. 2 die doppelte Gebühr anfallen. Nr. 6 gewährt nun für die genannten Verfügungsgeschäfte eine Gebührensatzvergünstigung (nur $^5/_{10}$-Gebühr), wenn das ihnen zugrunde liegende Rechtsgeschäft bereits beurkundet ist. Ist dies nicht der Fall oder verpflichtet das vorgehende beurkundete Geschäft nicht unmittelbar zum Verfügungsgeschäft, wie dies bei vorvertraglicher Bindung auf Abschluss eines Verpflichtungsgeschäftes der Fall ist, oder wird, wie bei Wohnungseigentumsbegründung nicht selten, nur die Einräumung des Sondereigentums nach § 4 Abs. 1 ohne das schuldrechtliche Geschäft nach § 4 Abs. 3 WEG beurkundet, so ist der Gebührensatz für die Auflassung usw. nach § 36 Abs. 2 die doppelte Gebühr.

50 „Beurkundet" iS dieser Bestimmung ist das den genannten Verfügungsgeschäften zugrunde liegende Geschäft nicht nur, wenn es in der Form der § 311 b Abs. 1 BGB, § 4 Abs. 3 WEG, § 15 Abs. 4 GmbHG niedergelegt ist, vielmehr genügt **jede urkundenmäßige Niederlegung,** die einen unmittelbaren klagbaren Anspruch auf die Vornahme dieser Verfügungsgeschäfte begründet. Es genügt daher Beurkundung des Verpflichtungsgeschäftes durch eine andere zuständige Urkundsperson (Verwaltungsbehörde, Ortsgerichtsvorsteher, Ratsschreiber, Beurkundung in einem Prozessvergleich,[59] usw.). Das zugrunde liegende Geschäft muss kein Erwerbsgeschäft sein;[60] es genügt ein **öffentliches Testament** oder ein **Erbvertrag** mit Vermächtnis- oder Teilungsanordnung,[61] auch ein Nottestament,[62] nicht hingegen ein privatschriftliches Testament.[63]

50a Nr. 6 findet dann keine Anwendung, wenn das der Auflassung zugrundeliegende Rechtsgeschäft von einem **ausländischen Notar** beurkundet worden ist,[64] str.[65] Unter „Beurkundung" iS des § 38 Abs. 2 Nr. 6 ist die **Beurkundung nach dem BeurkG** zu ver-

---

[59] BayObLG MittBayNot 2004, 144 = NotBZ 2003, 274; JurBüro 2004, 149.
[60] KG DNotZ 1943, 11.
[61] KG JFGErg. 18, 126 = DNotZ 1938, 462; OLG München DNotZ 1939, 66; OLG Celle NdsRpfl. 1957, 247; BayObLGZ 1977, 211; BayObLG JurBüro 1984, 1388; *Recke* JVBl. 1939, 206.
[62] MittRhNotK 1960, 89, für das Dreizeugentestament str., vgl. *Dittmann/Reimann/Bengel,* Testament und Erbvertrag, § 2250 Rn. 27.
[63] *Rohs/Wedewer* Rn. 41.
[64] BayObLG DNotZ 1978, 58 = Rpfleger 1977, 421; *Rohs/Wedewer* Rn. 44; OLG Hamm MittBayNot 1998, 201 = Rpfleger 1998, 218 = ZNotP 1998, 301 m. zust. Anm. *Tiedtke.*
[65] AA, wonach die Ermäßigungsvorschrift des § 38 Abs. 2 Nr. 6a auch anwendbar ist, wenn das Grundgeschäft im Ausland beurkundet wurde, OLG Köln RNotZ 2002, 239 m. abl. Anm. *Knoche;* OLG Zweibrücken FGPrax 1995, 204; DNotZ 1997, 245 m. Anm. *Riering;* OLG Zweibrücken DNotZ 1997, 245; OLG Düsseldorf DNotZ 1991, 410 m. abl. Anm. *Lappe* = MittRhNotK 1990, 139; OLG Stuttgart DNotZ 1991, 413 = Rpfleger 1990, 481; OLG Celle JurBüro 1997, 207; OLG Karlsruhe FGPrax 1997, 198 = JurBüro 1998, 155 = ZNotP 1998, 127; KG DNotZ 1938, 463 = JVBl. 1938, 156; LG Bonn DB 1971, 2405.

Besondere Fälle § 38

stehen. Auch der Normzweck der Gebührenermäßigung gebietet diese Auslegung[66] und die Tatsache, dass es sich hier um eine Ausnahmeregelung handelt, die nach allgemeinen Grundsätzen eng auszulegen ist.[67]

Ist in einem beurkundeten **Interessengemeinschaftsvertrag** bestimmt, dass ein Gesellschafter berechtigt und auf Verlangen des anderen verpflichtet ist, dessen Geschäftsanteil zu einem bestimmten Preis zu erwerben, so ist ebenfalls Nr. 6 anwendbar.[68] Auch ein Prozessvergleich oder ein **Vergleich** vor einem Schiedsgericht nach § 1025 ZPO, in dem der eine sich zur Übertragung des Grundstücks auf den anderen verpflichtet hat, genügt, selbst wenn in ihm die gegenseitigen Leistungen nicht genau bestimmt, aber bestimmbar sind;[69] er muss aber auf Auflassung gehen, nicht auf Abschluss eines die beiderseitigen Leistungen noch genau bestimmenden schuldrechtlichen Vertrages mit Auflassung. Das zugrundeliegende Geschäft kann bei einer Auflassung auch ein **Vorvertrag** sein, wenn die Beurkundung des obligatorischen Vertrages sich nicht mehr als notwendig erweist. Auch die mit der **Annahme** eines beurkundeten Vertragsangebotes zusammen beurkundete Auflassung unterfällt Nr. 6 (und hat mit der Annahmeerklärung denselben Gegenstand, also nur einmal $^5/_{10}$-Gebühr), da sonst die getrennte Beurkundung von Annahmeerklärung und Auflassung billiger käme.[70] Das Gleiche gilt für die Auflassungserklärung nach Ausübung des **Vorkaufsrechts** durch den Vorkaufsberechtigten, für die der Kaufvertrag mit dem Dritten das zugrunde liegende Geschäft ist;[71] ferner wenn auf Grund formfreier Abtretung der Käuferrechte aus einem notariell beurkundeten Kaufvertrag die Auflassung zwischen dem Verkäufer und dem Zessionar beurkundet wird.[72] Nr. 6 ist auch anwendbar, wenn ein Wiederkaufsrecht ausgeübt wurde und zufolge einseitiger Erklärung die Auflassung beurkundet wird.[73] Ist das zugrunde liegende Geschäft unwirksam und wird nach einer die Unwirksamkeit behebenden Änderung die Auflassung in gesonderter Urkunde wiederholt, so ist ebenfalls Nr. 6 anwendbar, weil infolge der Änderung ein gültiges Verpflichtungsgeschäft vorausgeht.[74]

50b

Nicht hingegen reicht für die Anwendung von Nr. 6 eine Urkunde aus, die **keinen unmittelbaren,** klagbaren **Anspruch** auf das **Verfügungsgeschäft** begründet, zB ein Gesellschafterbeschluss, wonach die Auflösung der Gesellschaft deren Grundbesitz auf einen oder mehrere Gesellschafter auf deren Verlangen übertragen werden soll,[75] eine Satzungsbestimmung dieser Art, ein unwirksames Verpflichtungsgeschäft (anders, wenn Unwirksamkeit geheilt wird, s. Rn. 50b), Rückübertragung eines sicherungsweise übertragenen Grundstücks oder Geschäftsanteils, Rückübertragung nach Beendigung eines Treuhandverhältnisses, wenn der Treuhandvertrag die Rückauflassungsverpflichtung nicht ausdrücklich in wirksamer Weise enthält, ferner kein klagbarer Anspruch bei Kapitalerhöhung einer GmbH, wobei nur einer der Gesellschafter zur Übernahme des Erhöhungsanteils zugelassen wird und dazu eine Grundstückssacheinlage macht; denn eine wirksame Auflassungsverpflichtung könnte nur zwischen Sacheinbringer und der Geschäftsführung begründet werden, nicht mit der Gesellschafterversammlung.

51

Ebenso wenig steht die **rechtskräftige Verurteilung** einem schuldrechtlichen Geschäft iS des § 38 Abs. 2 Nr. 6a gleich, denn das Urteil ist kein Rechtsgeschäft, sondern staatlicher Hoheitsakt.[76] Erst recht gilt dies, wenn das Urteil nur eine Zahlungsverpflichtung

51a

---

[66] *Lappe* DNotZ 1991, 414.
[67] *Knoche* RNotZ 2002, 242.
[68] KG DNotZ 1943, 12; 1943, 116.
[69] OLG München DNotZ 1943, 29.
[70] LG Halle DNotZ 1938, 183; KG JurBüro 1981, 262; *Jonas/Melsheimer* Anm. VII 1.
[71] *Rohs/Wedewer* Rn. 40; Streifzug Rn. 72; OLG Celle MittRhNotK 1957, 772; aA *Lappe* NJW 2004, 494 unter Hinweis auf die geänderte Auffassung der Ländernotarkasse Leipzig; *Lappe/Moschinski* NotBZ 2003, 224.
[72] Vgl. unten und KG DNotZ 1944, 5.
[73] BayObLGZ 1986 Nr. 23; s. auch § 36 Rn. 4.
[74] KG DNotZ 1942, 272 = JVBl. 1942, 127.
[75] KG JFGErg. 19, 51 = DNotZ 1939, 351.
[76] Streifzug Rn. 74; BayObLG MittBayNot 2004, 169 = ZNotP 2003, 160 m. Anm. *Tiedtke* = NotBZ 2003, 274.

§ 38

ausspricht, während die Verpflichtung zur Auflassung nur Gegenstand des diese Zahlungsverpflichtung einschränkenden **Zug-um-Zug-Zusatzes** ist; dann wird lediglich eine aufschiebende Einrede begründet, die weder in materieller Rechtskraft erwächst noch einen Vollstreckungstitel zur Durchsetzung der Übereignungsverpflichtung enthält.[77] Demgegenüber genügt ein **Prozessvergleich** für die Anwendung des § 38 Abs. 2 Nr. 6a,[78] denn insoweit handelt es sich um eine rechtsgeschäftliche Vereinbarung, bei der lediglich die notarielle Beurkundung durch die gerichtliche Protokollierung ersetzt wird, § 127a BGB.

52 Wird zugleich **mit** der dem Verpflichtungsgeschäft entsprechenden **Auflassung** eine **Änderung des Verpflichtungsgeschäftes** beurkundet, so ist für die Auflassung $^5/_{10}$ nach Nr. 6 und für die Änderung nach § 42 $^{10}/_{10}$ vom Wert der Änderung zu erheben, sofern nicht nach § 44 Abs. 1 der höchste Gebührensatz aus dem höchsten Wert für den Kostenschuldner günstiger wäre; zB Auflassung zu einem Kaufvertrag über 20 000 Euro mit Kaufpreisermäßigung um 1 000 Euro: für Auflassung $^5/_{10}$ aus Wert 19 000 Euro (§ 20 Abs. 1), für Änderung $^{10}/_{10}$ nach 1 000 Euro (§ 39 Abs. 1 S. 2), weil aber $^{10}/_{10}$ aus 19 000 Euro ungünstiger, daher getrennt zu bewerten. Es ist jedoch im Einzelfall zu unterscheiden, ob es sich nur um eine Ergänzung und Änderung nach § 42 handelt oder um eine neue Einigung über ein vom ursprünglichen Vertragsgegenstand abweichendes Objekt (zB bei erheblicher Abweichung von Kaufvertrag und Vermessung). In diesem Fall wird ein (Zusatz-)Vertrag geschlossen, der nach § 36 Abs. 2 zu bewerten ist (vgl. § 42 Rn. 8). Keine besondere Gebühr ist anzusetzen, wenn mit der gesondert beurkundeten Auflassung eine Auflassungsvormerkung bewilligt wird, die im bereits beurkundeten Kaufvertrag noch nicht vorgesehen war (§ 44 Abs. 1, lediglich Sicherungsgeschäft).

53 Der **Wert der Auflassung** bestimmt sich nach dem zugrundeliegenden Geschäft; bei Kauf nach § 20; bei Tausch nach § 39 Abs. 2; bei Vermächtnis nach Anschlags- oder Verrechnungspreis; bei Immobiliarsacheinlage zur AG-Gründung Höchstwert 5 Mio. Euro nach § 39 Abs. 4. Soweit § 19 in Betracht kommt, ist eine zwischenzeitliche Wertveränderung (Aufbau) zu beachten, bei §§ 20, 39 Abs. 2 aber nur, wenn die Wertveränderung urkundenmäßig niedergelegt ist.[79] Bei vorgehendem Kauf sind bei der Wertbestimmung das Zubehör oder sonstige Leistungen, die nicht für das Grundstück gewährt werden, außer Acht zu lassen.[80] Sind die Rechte aus einem Kaufvertrag abgetreten, so ist das zugrundeliegende Geschäft nicht die Abtretungsurkunde, sondern der vorgehende Kaufvertrag.[81] Tritt zwischen Kauf und Auflassung eine Wertminderung des Grundstücks ein, bleibt der Kaufpreis aber unverändert, so ist Geschäftswert der Auflassung der Kaufpreis.[82]

54 Bei der **Geschäftsanteilsabtretung** bestimmt sich der Wert nach dem des Geschäftsanteils, wenn es sich nicht um austauschweise Abtretung handelt (zB Schenkung, Vermächtnis, treuhänderische Abtretung), andernfalls nach § 39 Abs. 2. Bei der Wohnungseigentums- oder Wohnungserbbaurechtseinräumung (§§ 4 Abs. 1, 30 WEG) sowie bei der Erbbaurechtsbestellung bestimmt sich der Wert nach § 21, bei der Einigung über die Übertragung eines Erbbaurechts oder eines Wohnungseigentums- oder Wohnungserbbaurechts (diese in Nr. 6 nicht erwähnt, aber, weil Auflassung betroffen) bestimmt sich der Wert nach § 19, bei entgeltlichen Geschäften nach §§ 20, 39 Abs. 2.

55 Wegen **getrennten Angebotes** des Verkaufs und der Abtretung eines Geschäftsanteils: Der Ansatz von $^5/_{10}$-Gebühr nach § 38 Abs. 2 Nr. 6 für das dingliche Angebot ist in diesem Fall gerechtfertigt; denn wenn schon das ganze dingliche Geschäft bei Vorausgehen des beurkundeten obligatorischen Geschäfts die Begünstigung des § 38 Abs. 2 Nr. 6 genießt, dann auch die entsprechenden Teilstücke. Ist das obligatorische Geschäft beurkundet, wird aber das dingliche in Form von Angebot und Annahme beurkundet, dann für diese beiden nur je $^5/_{10}$-

---

[77] BayObLG ZNotP 2003, 160; NotBZ 2003, 274.
[78] BayObLG NotBZ 2003, 274.
[79] KG DNotZ 1940, 131.
[80] Vgl. KG DNotZ 1940, 203; 1942, 272; LG Berlin JurBüro 1982, 1554.
[81] KG JVBl. 1943, 111 = DNotZ 1944, 5.
[82] OLG Hamm DNotZ 1980, 124 = Rpfleger 1980, 33 = KostRsp. § 20 Abs. 1 Nr. 61 m. krit. Anm. *Lappe*.

Gebühr nach Nr. 6.[83] Wird aber zunächst das dingliche Geschäft der Geschäftsanteilsabtretung beurkundet, erweist sich sodann aus nicht vom Notar zu vertretenden Gründen die Beurkundung des obligatorischen Geschäfts (des Geschäftsanteilsverkaufs) als notwendig, so dürfte § 38 Abs. 2 Nr. 6 als Ausnahmebestimmung für die dort genannten dinglichen Geschäfte nicht anwendbar sein, ebenso wenig § 42, also je $^{20}/_{10}$-Gebühr für das dingliche und das obligatorische Geschäft.

Für andere Verfügungsgeschäfte als in Nr. 6 genannt (Verpfändung, Erbteilsabtretung **56** usw. Abtretung des Auflassungsanspruchs, Abtretung eines Kommanditanteils mit Abtretung des Geschäftsanteils an der GmbH bei GmbH & Co. KG[84])[85] kommt die Ermäßigung des Abs. 2 Nr. 6 nicht in Anwendung.

Wird beim **Binnenschiffskauf** nur die Auflassung notariell beurkundet (für den obliga- **57** torischen Vertrag ist Beurkundung nicht erforderlich), so ist Abs. 2 Nr. 6 nicht anwendbar, also doppelte Gebühr nach § 36 Abs. 2; würde der Schiffskauf notariell beurkundet, gälte für die nachfolgende Auflassung Abs. 2 Nr. 6, doch wird regelmäßig gleichzeitig die Auflassung mitaufgenommen und bleibt dann nach § 44 Abs. 1 unbewertet; doch genügt Beglaubigung nach § 2 SchiffsG.

8. Anmeldungen zu Registern (Nr. 7)

Die Anmeldungen zum Handelsregister,[86] zum Vereins- und Güterrechtsregister erfor- **58** dern die halbe Gebühr.

Wird wegen Ablehnung einer Anmeldung diese berichtigt wiederholt, so erfordert die **59** neue Anmeldung wieder die Gebühr der Nr. 7,[87] wenn nicht § 16 eingreift.

Die Anmeldungen zu Eintragungen in die **Patentrolle**, in die Rolle für **Gebrauchsmus-** **60** **ter** (§§ 2 ff. GebrMG) und in das **Markenregister** sind formfrei; Rn. 44 gilt entsprechend; ebenso bei Genossenschaften und VVaG.

Wird eine **Anmeldung** in einer Verhandlung mit einem **Gesellschaftsvertrag** oder **61** dgl. beurkundet (vgl. auch Rn. 62), so hat sie mit diesem denselben Gegenstand iS des § 44, kommt also kostenrechtlich nicht in Betracht; so insbes. auch bei der GmbH. Dagegen ist die Mitbeurkundung einer Anmeldung in der Niederschrift über Beschlüsse besonders gebührenpflichtig. Zur Belehrungspflicht des Notars wegen der Kostenvergünstigungen durch Zusammenbeurkundung s. § 16 Rn. 52 ff.

In der Folge des EHUG[88] sind **Handelsregisteranmeldungen elektronisch** einzurei- **62** chen (§ 12 Abs. HGB nF).[89] Die Gebühr gemäß § 38 Abs. 2 Nr. 7 für die unverändert erforderliche Handelsregisteranmeldung bleibt davon unberührt. Für das Einscannen und

---

[83] So mit Recht *Rohs/Wedewer* Rn. 38.
[84] OLG Düsseldorf JurBüro 2005, 319 = RNotZ 2005, 557 = ZNotP 2006 m. Anm. *Tiedtke* = MittBayNot 2006, 262.
[85] KG DNotZ 1944, 137 = JVBl. 1943, 111.
[86] Die **Gebühren der badischen Amtsnotare** fallen unter die Gesellschaftsteuerrichtlinie der EU (69/335/EWG in der geänderten Fassung der Richtlinie 85/303 EWG), soweit die Beurkundung vorgeschrieben ist, OLG Karlsruhe FGPrax 2002, 275 (Verschmelzung zweier GmbHs); BWNotZ 2003, 139 = Rpfleger 2002, 655; Rpfleger 2003, 218 (Verschmelzung zweier e. G.) zur Beurkundung von Verschmelzungsverträgen und den Zustimmungsbeschlüssen der Gesellschafter. Statt der Bestimmungen der KostO sind die im Erlass des Justizministeriums Baden-Württemberg vom 22. 6. 2002 – Az. 5656/0227 – aufgeführten Pauschsätze je Arbeitsstunde zugrunde zu legen, jedoch nur vorläufig und vorbehaltlich der noch zu ermittelnden tatsächlichen Kosten. Bei der Ermittlung des Aufwandes kann auch der den Notaren nach dem LJKG (Landesjustizkostengesetz) zustehende Gebührenanteil berücksichtigt werden. Fertigt der badische Amtsnotar den **Entwurf der Handelregisteranmeldung,** handelt es sich um eine gesetzlich nicht zwingend vorgeschriebene Tätigkeit des Notars, also um eine solche, die von den Beteiligten freiwillig in Anspruch genommen wird und für die die Erhebung der Gebühren nach der KostO daher nicht gegen die Gesellschaftsteuerrichtlinie verstößt, OLG Karlsruhe BWNotZ 2003, 141.
[87] KG DNotZ 1939, 616.
[88] Gesetz über elektronische Handelsregister und Genossenschaftsregister sowie das Unternehmensregister vom 10. 11. 2006 (BGBl. I S. 2553).
[89] Die Zeichnung von Unterschriften zur Verwahrung beim Registergericht (§ 12 HGB aF) ist durch das EHUG entfallen.

§ 38   1. Teil. 2. Abschnitt: 1. Beurkundungen und ähnliche Geschäfte

elektronische Beglaubigen (§ 39a BeurkG) fremder Dokumente, insbesondere der Anlagen zur eigentlichen Handelsregisteranmeldung, fallen gesonderte Gebühren nach §§ 136 Abs. 1 und 2 und 55 bzw. 147 Abs. 2 an. Die elektronische Abschrift der vom Notar entworfenen Dokumente ist gebührenfrei gemäß § 132. Alle – eigene, also vom Notar gefertigte Entwürfe und Fremdentwürfe – elektronisch eingereichten Dokumente sind mit der speziellen Dokumentenpauschale des § 136 Abs. 3 zu berücksichtigen. Für das Erzeugen der XML-Strukturdaten zur Einreichung an und Weiterbearbeitung durch das Registergericht fällt eine Nebentätigkeitsgebühr gemäß § 147 Abs. 2 aus einem Teilwert von 20% des Geschäftswertes der Anmeldung an.[90] Während die Übermittlung der vom Notar entworfenen Anmeldung mittels EGVP-Client gebührenfrei ist (§ 147 Abs. 4 Nr. 1), wird bei der Übermittlung eines Fremdentwurfs eine $^{5}/_{10}$-Gebühr nach § 147 Abs. 2 aus 10–20% des Wertes der Anmeldung erhoben.[91]

63   **Keine Anmeldung** nach Nr. 7 sind Anträge an das Registergericht auf Bestellung oder Abberufung von **Vertretungsorganen** von Vereinigungen. Für deren Entwurf erhält der Notar die Gebühr des § 147.[92]

64   Bei **Zweigniederlassungen** ist die Anmeldung an das Gericht der Hauptniederlassung mit den für die Zweigniederlassung bestimmten Überstücken zu richten (§§ 36 AktG, 13a HGB). Da für diese Ausfertigungen oder beglaubigte Abschriften genügen, entsteht die Gebühr der Nr. 7 nur für die Anmeldung zur Hauptniederlassung, gesonderte Anmeldung für jede Zweigniederlassung ist unrichtige Sachbehandlung iS des § 16.[93] Wegen des Geschäftswerts bei Anmeldung der Aufhebung einer Zweigniederlassung vgl. § 41a Rn. 8, 72.

III. Erklärungen zum Nachlassgericht (Abs. 3)

65   Über diese s. § 112 und § 117 Abs. 3. Die meisten dieser Erklärungen bedürfen keiner Form; ihre Aufnahme beim Nachlassgericht ist dann gebührenfrei (§ 112 Abs. 3). Wenn sie von einem Notar beurkundet werden, so $^{1}/_{4}$ der vollen Gebühr, auch dann, wenn die Erklärung formlos möglich wäre.[94]

66   Die Beurkundung einer **formbedürftigen Erklärung** löst die Gebühr des Abs. 3 auch dann aus, wenn sie – soweit dieses nach dem BeurkG noch zuständig ist – beim Nachlassgericht erfolgt (§ 112 Abs. 3), und zwar neben der Gebühr des § 112 für die Entgegennahme der Erklärungen. Formbedürftig sind die Ablehnung oder Aufhebung der fortgesetzten Gütergemeinschaft (§§ 1484, 1945, 1492 BGB), der Verzicht eines Abkömmlings auf den Anteil an ihr (§ 1491 BGB), die Ausschlagung der Erbschaft (§ 1945 BGB), die Anfechtung der Annahme oder Ausschlagung der Erbschaft (§§ 1955, 1956 BGB), die Anfechtung der Versäumung nach § 2308 Abs. 1 BGB, die Anfechtung des Erbvertrages (§§ 2281 Abs. 2, 2282 Abs. 3 BGB), die Bestimmung der Person des Testamentsvollstreckers (§ 2198 Abs. 2 BGB) oder die Ernennung von Mitvollstreckern (§§ 2198, 2199 Abs. 3 BGB). Wird in der Urkunde über einen für den Verzicht geleisteten Betrag quittiert, so $^{1}/_{4}$-Gebühr aus dem Wert des Verzichts und daneben volle Gebühr für die Quittung, Berechnung nach § 44 Abs. 2b.

67   Die **Wertvorschrift** des § 112 Abs. 2 S. 3 gilt entsprechend. Schlagen mehrere nebeneinander zur Erbschaft Berufene in einer Urkunde aus, so eine Gebühr nach dem zusammengerechneten reinen Werte ihrer Erbteile, bei Überschuldung einmal die Mindestgebühr; sind die Ausschlagenden nacheinander berufen (der Vater schlägt die Erbschaft seines Vaters aus, in derselben Urkunde schlagen seine nach ihm berufenen Kinder aus), so eine Gebühr nach dem einmaligen Werte der reinen Erbschaft oder des Bruchteils, bei Überschuldung einmal die Mindestgebühr.

---

[90] *Tiedtke Sikora* Mitt BayNot 2006, 393.
[91] *Sikora/Schwab* MittBayNot 2007, 8; *Jeep/Wiedemann* NJW 2007, 2439, 2446.
[92] KG DNotZ 1940, 282.
[93] Vgl. KG DNotZ 1941, 172 = DFG 1941, 60.
[94] *Rohs/Wedewer* Rn. 52.

IV. Familienrechtliche Zustimmungserklärungen (Abs. 4)

Die **Anerkennung der Vaterschaft** erfolgt durch beurkundete Anerkennungserklärung (§§ 1592 Nr. 2, 1597 Abs. 1 BGB), die gemäß § 55a gebührenfrei ist, s. dort Rn. 1. Zur Anerkennung ist die – ebenfalls gebührenfreie – Zustimmung der Mutter bzw. des Kindes in öffentlicher Form erforderlich (§§ 1595, 1597 Abs. 1 BGB). **68**

Die **Annahme als Kind** erfolgt auf beurkundeten Antrag (§§ 1741 ff., 1762, 1767 ff. BGB), desgleichen die Aufhebung des Annahmeverhältnisses (§§ 1763 ff., 1771 BGB); Gebühr § 36 Abs. 1, Wert § 30 Abs. 3. **69**

Die Einwilligungen des Kindes, der Eltern und des Ehegatten (§§ 1746, 1747, 1749, 1767 BGB) bedürfen der Beurkundung; Gebühr § 38 Abs. 4, Wert § 30 Abs. 3 S. 1, bei Annahme eines Minderjährigen S. 2. **70**

Die Verzichtserklärungen nach § 1747 Abs. 3 Nr. 3 BGB sind nach § 36 Abs. 1, nicht nach § 38 Abs. 4 zu bewerten.[95] **71**

§ 39* Geschäftswert

(1) ¹Der Geschäftswert bestimmt sich nach dem Wert des Rechtsverhältnisses, auf das sich die beurkundete Erklärung bezieht. ²Handelt es sich um Veränderungen eines Rechtsverhältnisses, so darf der Wert des von der Veränderung betroffenen Rechtsverhältnisses nicht überschritten werden, und zwar auch dann nicht, wenn es sich um mehrere Veränderungen desselben Rechtsverhältnisses handelt.

(2) Bei Verträgen, die den Austausch von Leistungen zum Gegenstand haben, ist nur der Wert der Leistungen des einen Teils und, wenn der Wert der Leistungen verschieden ist, der höhere maßgebend.

(3) ¹Bei Eheverträgen bestimmt sich der Geschäftswert nach dem zusammengerechneten Wert der gegenwärtigen Vermögen beider Ehegatten und, wenn der Ehevertrag nur das Vermögen eines Ehegatten betrifft, nach diesem. ²Bei Ermittlung des Vermögens werden die Schulden abgezogen. ³Betrifft der Ehevertrag nur bestimmte Gegenstände, so ist deren Wert maßgebend. ⁴Die Sätze 1 bis 3 gelten entsprechend bei Lebenspartnerschaftsverträgen.

(4) Bei der Beurkundung von Gesellschaftsverträgen und Satzungen sowie von Plänen und Verträgen nach dem Umwandlungsgesetz ist der Wert höchstens auf 5 000 000 Euro, in den Fällen des § 38 Abs. 2 Nr. 7, auch wenn mehrere Anmeldungen in derselben Verhandlung beurkundet werden, auf höchstens 500 000 Euro anzunehmen.

Übersicht

	Rn.		Rn.
I. Der Wert des Rechtsverhältnisses (Abs. 1 S. 1) ...	1–4	d) Erbschafts- oder Erbteilskauf ...	28
		e) Vergleich ...	29
II. Austauschverträge (Abs. 2) ...	5–91	f) Erb- oder Pflichtteilsverzicht ...	30–30d
1. Allgemeines ...	5–10		
2. Beispiele von Austauschverträgen ...	11–46	g) Vermögensübertragung .	31
		h) Erbbaurechtsbestellungsvertrag ...	32, 33
a) Kaufverträge ...	11–20		
b) Tauschverträge ...	21	i) Treuhandverträge ...	34–34d
c) Übergabe, Übertragung, Gutsübertragung usw. ...	22–27	j) Andere Austauschverträge ...	35

---

[95] LG Regensburg JurBüro 1978, 1239 = MittBayNot 1978, 75; auch LG Gießen JurBüro 1990, 1018m. Anm. *Mümmler*.
* Abs. 4 ergänzt durch Gesetz vom 20. 12. 1996 (BGBl. I S. 2090), neu gefasst durch Gesetz vom 18. 6. 1997 (BGBl. I S. 1430), Abs. 3 Satz 4 angefügt durch das Gesetz vom 16. 2. 2001 (BGBl. I S. 266), Abs. 4 geändert durch Gesetz vom 27. 4. 2001 (BGBl. I S. 751), Abs. 4 geändert durch Gesetz vom 14. 8. 2006 (BGBl. I S. 1911).

	Rn.		Rn.
k) Agentur- und Kommissionsvertrag	36	2. Änderungen mit bestimmtem Geldwert	96
l) Erschließungsvertrag	37	3. Änderungen ohne bestimmten Geldwert	97–101
m) Städtebaulicher Vertrag	38	4. Mehrere Veränderungen desselben Rechts	102–107a
n) Verträge	39		
o) Austauschverträge	40	IV. Eheverträge und Lebenspartnerschaftsverträge (Abs. 3)	108–126
p) Bauherstellungs- und Baubewerbervertrag	41	V. Scheidungsvereinbarungen	127–141
q) Baubetreuungsvertrag	42	1. Gegenstand	127
r) „Großes" Bauherrenmodell	43–45	2. Gebührensatz	128
aa) Treuhandvertrag	43	3. Geschäftswert	129–141
bb) Gesellschaftsverträge	44	a) Unterhaltsvereinbarungen	129, 129a
cc) Sonstige Beurkundungsvorgänge	45	b) Kindesunterhalt	130, 130a
s) Beitritt zu einer Bauherrengemeinschaft	46	c) Elterliche Sorge	131
3. Auseinandersetzungsverträge	47–54	d) Umgangsrecht	132
4. Vereinigung von Leistungen	55–65	e) Gemeinsames Scheidungsbegehren – Vereinbarungen über prozessuales Verhalten	133
a) Wohnungseigentums- und Wohnungserbbaurechtsverträge	55	f) Scheidungskosten	134
b) Gesellschaftsregelungen	56–65	g) Ehewohnung	135
5. Verträge und Pläne nach dem UmwG	66–85	h) Verteilung des Hausrates	136
a) Verschmelzung	67–72a	i) Vereinbarung über das Getrenntleben	137
b) Spaltungen (Auf- und Abspaltungen, Ausgliederungen)	73–82	j) Freistellungserklärungen	138
c) Ausgliederung	83, 84	k) Auseinandersetzung des sonstigen gemeinschaftlichen Vermögens	139
d) Vermögensübertragung	85	l) Gütertrennung, Aufhebung der Zugewinngemeinschaft	140
6. Gesellschaftsrechtliche Rahmenverträge	86	m) Versorgungsausgleich	141
7. Anteilsübertragungen	91	VI. Satzungen, Pläne und Verträge nach UmwG	142–148a
III. Veränderungen eines Rechtsverhältnisses (Abs. 1 S. 2)	92–107a	VII. Registeranmeldungen	149, 150
1. Allgemeines	92–95	VIII. FG-Reform	151

Stichwortverzeichnis

Abschreibungsgesellschaft 61
Agenturvertrag 36
Aktiengesellschaft 47, 58
Alternative Leistungen 8
Annahme Minderjähriger 151
Anteilsübertragungen
– Call- und Put-Option 91
Aufhebung Lebenspartnerschaft 126a
Aufsichtsrat 56
Auseinandersetzung 47–54
Ausgliederung 83
Ausscheiden Gesellschafter 63
Austauschvertrag 5–46
Atypische stille Gesellschaft 65

Baubetreuungsvertrag 41
Baubewerbervertrag 41
Bauherrenmodelle 43–45
Bauherstellungsvertrag 34d
Beschäftigungsverpflichtung 18
bestimmter Geldwert 96
BGB-Gesellschaft 47–101
Bruchteilsgemeinschaft 53

Dienstvertrag 34c

Ehevertrag 108–126
Einbringung 60
Entschuldungsverpflichtung 19
Erbbaurecht 32
Erbteilskauf 28
Erbvertrag und Pflichtteilsverzicht 30c
Erbverzicht 30
Erschließungsvertrag 37

Finanzierungsvermittlungsvertrag 45

Geschäftsbesorgungsvertrag 34c
Gesellschaftsvertrag 56–65
Gütertrennung 109

Höchstwerte 142–148
Hofübergabe 5

Investitionsverpflichtung 17

Kaufvertrag 11
Kettenverschmelzung 146
Kommissionsvertrag 36
Konsortialvertrag 87
Kooperationsvertrag 88

Lebenspartnerschaftsvertrag 124–126

Nachbewertungsklausel 20
Notgeschäfte 12
Personengesellschaft, Anteil 14
Pflichtteilsverzicht 30 b
Pflichtteilsverzicht und Erbvertrag 30 c
Poolvertrag 89
Rahmenverträge 86 ff.
Registeranmeldungen 149
Ringtausch 21
Satzung 142
Scheidungsvereinbarung 127–141
Spaltung 73 ff.
Spekulationsklausel 20
Städtebaulicher Vertrag 38
Stille Gesellschaft 64, 65
Tauschvertrag 21
Treuhandanstalt 16, 43
Treuhandvertrag 34
Übergabe 22–27

Umlegungsvertrag 21
Umwandlungen 66–85
unbestimmter Geldwert 97–101
Unterbeteiligung 65
Unterhaltsvereinbarung 129, 130
Vergleich 29
Verfügungsverbot 27
Verschmelzung 66 ff.
Versicherungsbestand 148 a
Versorgungsausgleich 141
Verzichtserklärung 72
Vorerbe 28
Vorvertrag 39
Vorverträge – gesellschaftsrechtliche 90
Vermögensübertragung 85
Werkvertrag 34 c
Wohnungseigentum 55
Wohnungserbbaurecht 55
Zugewinnausgleich 109 c

I. Der Wert des Rechtsverhältnisses (Abs. 1 S. 1)

Gegenstand und Inhalt notarieller Urkunden ist häufig die **Gestaltung von Rechts-** **1** **verhältnissen**. Nur selten wird eine einzelne Willenserklärung beurkundet; die meisten Urkunden beinhalten eine Vielzahl von Willenserklärungen. Der Geschäftswertbestimmung nach § 39 folgt die Prüfung nach § 44, ob die mehreren Willenserklärungen dasselbe oder verschiedene Rechtsverhältnisse betreffen; ersterenfalls ist die Gebühr nach § 44 Abs. 1, letzterenfalls nach Abs. 2 zu berechnen. Werden mehrere durch Willenserklärungen in einer Urkunde niedergelegte Leistungen durch eine Austauschbeziehung iS des § 39 Abs. 2 verknüpft, so wird dadurch nach § 44 Abs. 1 ein Rechtsverhältnis (Austauschvertrag) gestaltet.

Aber auch bezüglich anderer einzelner Rechtsverhältnisse werden meistens **mehrere** **1a** **Willenserklärungen** in einer Urkunde niedergelegt. Deren Wert bestimmt sich gemäß Abs. 1 nach dem Wert des Rechtsverhältnisses. Das heißt aber nicht, dass der Wert der mehreren Willenserklärungen stets gleich dem Wert des Rechtsverhältnisses ist, sondern nur, dass er nach dessen Wert bemessen werden soll. Betreffen die Willenserklärungen allerdings das Rechtsverhältnis in seinem ganzen Bestand, wie dies bei Begründung, Übertragung, Aufhebung eines Rechts oder Rechtsverhältnisses der Fall ist, auch bei urkundenmäßiger Anerkennung oder Feststellung, so ist der Wert der sich auf das Rechtsverhältnis beziehenden Willenserklärungen gleich dem Wert des Rechts oder Rechtsverhältnisses. Werden gegenstandsgleiche Erklärungen mitbeurkundet, die der Begründung, Erfüllung, Durchführung oder Sicherung des Hauptgeschäftes dienen, ist deren Wert auf den Wert des Hauptgeschäftes begrenzt, auch wenn bei gesonderter Beurkundung eine Spezialnorm einen höheren Wert regelt, zB Löschungserklärungen über Grundpfandrechte des Verkäufers wegen seiner Lastenfreistellungsverpflichtung. Bei Mitbeurkundung im Kaufvertrag ist der Wert der Löschungserklärungen auf den Wert des Kaufvertrages (§ 20 Abs. 1) begrenzt, bei gesonderter Beurkundung bestimmt sich deren Wert nach § 23 Abs. 2 (s. § 44 Rn. 261).[1] Für Erklärungen indessen, die nicht den ganzen Bestand oder die urkundenmäßige Festlegung des ganzen Rechtsverhältnisses betreffen, insbesondere für Änderungen eines bestehenden Rechts oder Rechtsverhältnisses (Übertragung und Novation sind keine Änderungen, vgl. Rn. 92 ff.), bestimmt sich der Wert zwar nach dem des Rechtsverhältnisses, aber nicht nach seinem vollen Wert, sondern nach dem Gehalt der Änderung.

---

[1] BGH JurBüro 2006, 262 m. Anm. *H. Schmidt* = Rpfleger 2006, 339 = RNotZ 2006, 246 m. Anm. *Klein* und *Filzek* = NotBZ 2006, 198 = FGPrax 2006, 133 = MittBayNot 2006, 525 = BGHZ 166, 189 = NJW-RR 2006, 1509 = ZNotP 2006, 277 m. Anm. *Tiedtke* = MDR 2006, 1014 = RNotZ 2006, 344 = Anm. *Klein* und *H. Schmidt*.

1b Beinhalten die auf dasselbe Rechtsverhältnis bezüglichen Willenserklärungen mehrere Rechte und/oder **Leistungen,** aus deren einzelnen Werten sich erst der Wert des Rechtsverhältnisses ergibt, so ist der Geschäftswert gleich der Summe der Werte dieser Rechte und/oder Leistungen. Dass die KostO manchmal von Geschäftswert (§§ 18 Abs. 1, 24 Abs. 2, 3 und 4, 31 Abs. 1, 39 Abs. 1, 40, 41), meistens nur vom „Wert" spricht, ist hierfür ohne sachliche Bedeutung.[2] Da die KostO keinen eigenen Rechtsgeschäftsbegriff entwickelt, ist der des materiellen Rechts maßgebend.

2 Der Wert von Rechten und Rechtsverhältnissen ergibt sich aus den allgemeinen Bestimmungen §§ 18 bis 29, §§ 41 a, 41 b und 41 c; ist dies nicht der Fall und steht der Wert nicht ohne weiteres fest, so ist er nach § 30 zu bestimmen. Sonderbestimmungen enthalten § 39 Abs. 2 (Austauschverträge), Abs. 3 (Eheverträge), Abs. 4 (Satzungen), § 40 (zustimmende Erklärungen), § 41 (Vollmacht).

3 Bei **Feststellung eines Rechtsverhältnisses** ist es für den Wert und die Gebühr ohne Bedeutung, ob diese zwecks Beweises, Anerkennung oder aus sonstigen Gründen erfolgt.[3]

4 Maßgebend ist, was beurkundet ist. Nicht in Betracht kommen der Zusammenhang beurkundeter Erklärungen mit anderen Geschäften und die Rechtswirkungen,[4] ferner nicht ob der rechtliche oder wirtschaftliche Erfolg der beurkundeten Erklärungen erreicht wird.

II. Austauschverträge (Abs. 2)

Schrifttum: *Ackermann,* Zum Begriff des Austauschvertrages, Rpfleger 1955, 218; *Pfister,* Der mehrseitige Austauschvertrag, JZ 1971, 284; *Wielgoss,* Gebühren des Notars beim Ausscheiden eines Kommanditisten mit Teilerbbaurecht als Abfindung, JurBüro 2001, 407.

1. Allgemeines

5 Der Begriff Austauschvertrag, kein bürgerlichrechtlicher, sondern ein gebührenrechtlicher, beinhaltet **Verpflichtungen** oder **Leistungen mehrerer Partner,** wobei die einen um der anderen willen eingegangen bzw. erbracht werden. Einzubeziehen sind auch Leistungen an Dritte oder zugunsten Dritter, soweit diese für einen Tauschpartner an dessen Stelle erbracht werden (zB Überlassungsvertrag zwischen A und B und Verpflichtung von B an C Hinauszahlungen zu leisten oder Übertragung eines Grundstücks von A an B und Übertragung von C an A als Gegenleistung für die Übertragung an B). Im üblichen Wirtschaftsverkehr (Ausnahmen: Verwandtengeschäfte, Notgeschäfte) sind nach den Wertvorstellungen der Partner die Leistungen gleichwertig, weil da nichts geschenkt wird; da aber die KostO in den allgemeinen Wertbestimmungen (§§ 18 ff.) gebührenrechtliche Werte regelt, die von denen im Wirtschaftsverkehr öfters abweichen, ordnet Abs. 2 einen Vergleich der kostenrechtlichen Werte der beiderseitigen Leistungen an; der höhere der Werte, der meistens der im wirtschaftlichen Verkehr ist, wird als Geschäftswert des ganzen Austauschverhältnisses normiert. In § 20 ist dieser Wertvergleich bereits für den Kauf von Sachen niedergelegt. Da § 20 unter den allgemeinen Wertbestimmungen steht, gilt er auch für andere Geschäfte des 2. Abschnitts (Grundbucheintragungen, vormundschaftsgerichtliche oder familiengerichtliche Genehmigungen usw.), während § 39 Abs. 2 nur für Beurkundungen gilt. Durch § 19 Abs. 2 S. 1 wurde dieses Austauschprinzip in die allgemeinen Bestimmungen hineingebracht, weshalb der aus den für das Grundstück gewährten Leistungen sich ergebende höhere Wert des Grundstücks nun auch für Grundbucheintragungen usw. gilt.[5] Dessen ungeachtet ist für den Wert des grundbuchamtlichen Vollzugs die Sonderregelung des § 19 Abs. 4 zu beachten; insoweit bleibt § 39 Abs. 2 außer Betracht.[6] Dagegen ist § 39 Abs. 2 bei Beurkundung eines Hofübergabevertrages

---

[2] BayObLG Rpfleger 1956, 166.
[3] KG JFGErg. 21, 57 = DNotZ 1940, 366.
[4] OLG München JFGErg. 18, 47 = DNotZ 1939, 140, Schuldbeitritt an Stelle von Bürgschaft oder Garantie.
[5] Vgl. *Ackermann* JVBl. 1969, 97.
[6] BayObLG DNotZ 1990, 668; s. auch § 60 Rn. 19.

anwendbar. Der Wert bestimmt sich also nach den Gegenleistungen, wenn diese den Hofwert nach § 19 Abs. 4 übersteigen.[7]

Austauschverträge sind in erster Linie alle gegenseitigen Verträge des BGB (§§ 320 ff.), weiter Austauschbeziehungen, die nach BGB nicht gegenseitig sein können (zB Hofübergabe gegen Erbverzicht, Schenkung gegen Unterhaltsverpflichtung usw.), also Vertragsverbindungen. In weiterem Sinne können als Austauschverträge auch Auseinandersetzungsverträge, bei denen Gesamthänder ihre Mitberechtigung an einem Wirtschaftsgut zur gesamten Hand aufgeben und dafür andere Wirtschaftsgüter (Alleinberechtigung, Herauszahlungsansprüche usw.) erhalten, angesehen werden.[8] Zur Abgrenzung Auseinandersetzung oder Austauschvertrag zur Auflösung einer Bruchteilsgemeinschaft s. Rn. 53. 6

Hingegen **sind nicht Austauschverträge** solche Verträge, bei denen die eine Leistung nicht um der anderen willen erbracht wird oder bei denen ein Rechtsgut, das nicht Gegenstand eines Güteraustauschvertrages sein kann (zB Ehevertrag, Adoption), in Beziehung zu anderen Leistungen gesetzt wird. Die Verknüpfung von Rechtsgeschäften unter Lebenden mit anderen Geschäften des Beurkundungsabschnittes (Verfügungen von Todes wegen, Beschlüsse, eidesstattliche Versicherungen) stellt ebenfalls keinen Austauschvertrag dar. Die Einordnung als Austauschvertrag nach § 39 Abs. 2 scheitert schon an der Nichtanwendbarkeit von § 44. Auch Kausalgeschäfte, von denen jedes von einem selbständigen Rechtsgrund getragen wird, können nicht zu einem Austauschvertrag verknüpft werden, sofern nicht § 328 BGB (Verpflichtung, Leistung zugunsten Dritter) einen gemeinschaftlichen Rechtsgrund gibt.[9] 7

Kaufvertrag über eine Teilfläche und **Generalübernehmervertrag** über die Errichtung eines Gebäudes auf der dem Verkäufer verbleibenden Restfläche sind zwei getrennt zu bewertende Verträge, die nicht als Austauschvertrag anzusehen sind. Beim Kaufvertrag stehen sich ebenso die gegenseitigen Leistungen der Vertragspartner gegenüber wie beim Generalübernehmervertrag. Ein Austauschvertrag liegt auch dann nicht vor, wenn die Leistungen aus den beiden Verträgen bei Fälligkeit miteinander verrechnet werden. Dagegen liegt ein Austausch vor, bei Veräußerung einer Teilfläche gegen Bebauung der Restfläche. Im letzteren Fall fehlt es an einer Verpflichtung zur Zahlung eines Kaufpreises beim Kaufvertrag und an der Verpflichtung zur Leistung eines Werklohnes an den Generalunternehmer. 7a

Auch **alternative Leistungen** eines Vertragspartners können Leistungen im Rahmen eines Austauschvertrages sein, uU sogar alternative Partnerschaft.[10] 8

Im Falle BayObLG[11] hatte ein Gesellschafter einer GmbH seinen Geschäftsanteil an seine Ehefrau abgetreten, falls aber die Abtretung wegen Nichtgenehmigung durch die GmbH nicht wirksam werden sollte, alternativ an seinen Sohn; die Ehefrau hatte dafür auf ihre Unterhaltsansprüche verzichtet. Das ist ein Austauschvertrag, Unterhaltsverzicht einerseits gegen Abtretung andererseits, letztere nur alternativ, was aber daran, dass ein Rechtsverhältnis iS des § 44 vorliegt, nichts ändert; aber ein Austauschverhältnis nur, wenn die Leistung an den Alternativpartner Erfüllungshandlung gemäß § 328 BGB ist, sonst bei alternativer Partnerschaft Anwendung des § 44 Abs. 2;[12] nicht in den letztgenannten Fällen, sondern nur im erstgenannten Falle schafft eine Austauschbeziehung ein Rechtsverhältnis iS des § 44 Abs. 1. Die in Beziehung gesetzten Leistungen, Verpflichtungen, werden durch 9

---

[7] BayObLG NotBZ 1999, 26 = MittBayNot 1999, 203 = FGPrax 1999, 35 = Rpfleger 1999, 238 = JurBüro 1999, 210 = NJW-RR 1999, 868 = ZNotP 1999, 375; OLG Köln MittRhNotK 2000, 218 = ZNotP 2000, 287 = ZEV 2001, 322.
[8] Ebenso OLG Celle JurBüro 1968, 822 = Nds.Rpfl. 1968, 229; OLG Hamm DNotZ 1971, 611 = Rpfleger 1971, 118.
[9] *Ackermann* Rpfleger 1955, 218, 221; OLG Hamm DNotZ 1971, 611; *Mümmler* JurBüro 1973, 703, 705.
[10] *Ackermann* Rpfleger 1955, 218, 220; *Wiesinger* DNotZ 1952, 540 gegen BayObLG DNotZ 1952, 388 = Rpfleger 1952, 251.
[11] DNotZ 1952, 388 = MittBayNot 1952, 26 = Rpfleger 1952, 251 = BayObLGZ 1952, 6.
[12] OLG Düsseldorf DNotZ 1965, 109 = KostRsp. § 44 Nr. 9; KG DNotZ 1955, 496; *Ackermann* Rpfleger 1966, 241.

die ihnen zugrunde gelegte Austausch-Causa („Rechtsbeziehung gerichtet auf Austausch von Leistungen") zu einem Rechtsverhältnis, einem Geschäft gemäß § 44 Abs. 1 (vgl. § 44 Rn. 31 bis 33).

10 § 39 Abs. 2 gilt für **Verpflichtungs- und Verfügungsgeschäfte;**[13] doch müssen bei letzteren die beiderseitigen Leistungen Gegenstand der Beurkundung sein. Tauscht A ein Grundstück im Wert von 50 000 Euro an B gegen dessen Grundstück im Wert von 35 000 Euro bei einer Zuzahlung von 15 000 Euro und wird die Auflassung B an A später gesondert beurkundet, so ist der Wert dieser Auflassung (§ 38 Abs. 2 Nr. 6a) nicht 50 000 Euro, sondern 35 000 Euro.[14]

2. Beispiele von Austauschverträgen

11 a) **Kaufverträge.** Kaufverträge (über Sachen s. § 20) über Rechte, zB Geschäftsanteile, Beteiligungen, Erbanteile usw. Zu vergleichen ist der Wert des verkauften Rechts, nach den allgemeinen Wertbestimmungen ermittelt, mit dem Wert aller Leistungen des Erwerbers und etwaigen vorbehaltenen Nutzungen. Bei der **Abtretung von Geschäftsanteilen an Kapitalgesellschaften** ist maßgeblich der höhere Wert der Leistung (Anteil) oder der Gegenleistung. Bei der Prüfung, ob der Kaufpreis im Einzelfall ausreichende Aussagekraft für den Wert des übertragenden Anteils besitzt, sind zusätzlich die von den Parteien in der notariellen Vereinbarung übernommenen sonstigen Verpflichtungen zu berücksichtigen.[15] Der Wert des abgetretenen Geschäftsanteiles bestimmt sich nach dem Kurswert, der – wenn nicht bekannt – aus einer Vermögensbilanz, nicht aber Ertragsbilanz, ermittelt werden kann, notfalls nach dem Steuerkurswert; äußerstenfalls kann der dem Bruchteil der Beteiligung am Stammkapital entsprechende Betriebsvermögenswert als Wert des Geschäftsanteiles angesetzt werden. In der Regel wird jedoch der Kurswert nach Maßgabe des Stuttgarter Verfahrens (Abschnitt 77 ff. VermStR) ermittelt werden können. Nicht vinkulierte GmbH-Anteile sind regelmäßig nach dem sog. Berliner Verfahren, das in gleicher Weise den Unternehmenssubstanzwert als auch den Ertragswert berücksichtigt, unter Abzug eines angemessenen Abschlags zu bewerten. Liegen konkrete höhere Kaufangebote vor, sind diese zu berücksichtigen.[16] In der Regel jedoch entspricht bei Geschäften des normalen Wirtschaftsverkehrs der Kaufpreis dem Wert für die Übertragung des Geschäftsanteils und des Guthabens (vgl. auch § 39 Rn. 12).[17] Erfolgt gleichzeitig eine Übertragung von Guthaben des Gesellschafters bei der Gesellschaft (zumeist Kapitalkonto II), liegt ein nicht gegenstandsgleiches Rechtsgeschäft vor, das gesondert mit dem Guthabenswert zu bewerten ist.

12 Bei **Verwandten- oder Notgeschäften** ist oft der Wert des Anteils höher als die Gegenleistung; dann ist der Wert des Anteils maßgebend, auch wenn nur das dingliche Geschäft beurkundet und der Gegenwert nicht verlautbart wird. Nach praktischen Erfahrungen sind der Gesellschaft bzw. deren steuerlichem Berater der Kurswert bzw. Steuerkurswert aus der Vermögenssteuerveranlagung bekannt, es sei denn, dass letzterer, wie bei neugegründeten Gesellschaften, noch nicht festgesetzt ist. Trotz negativem Betriebseinheitswert ist häufig ein manchmal sogar erheblicher Kurswert der Vermögensbilanz zu entnehmen. Bei überschuldeter Gesellschaft ist der Interessewert (eventuell unter Berücksichtigung des Firmenwertes) nach § 30 Abs. 1 zu bestimmen. Bei neugegründeten Gesellschaften kann man vom Nennbetrag ausgehen, danach unter Berücksichtigung evtl. besonderer Verhältnisse den Wert nach § 30 Abs. 1 bestimmen. Im Übrigen wird auf die Beispiele *Stephans*[18] verwiesen; s. auch *Tschischgale*.[19]

13 Verpflichtet sich der einzige Gesellschafter einer GmbH zur entgeltlichen Abtretung von Geschäftsanteilen und wird gleichzeitig zwischen ersterem als Geschäftsführer und dem

---

[13] KG JFGErg. 17, 34 = JVBl. 1937, 39.
[14] *Ackermann* Rpfleger 1955, 218, 220.
[15] OLG Köln RNotZ 2005, 183 = ZNotP 2005, 357 m. Anm. *Tiedtke*.
[16] OLG München NZG 2006, 65 = DStR 2005, 2096 = DB 2005, 2810.
[17] BGH DNotZ 1975, 748; so auch BayObLG JurBüro 1992, 183 = MittBayNot 1992, 227.
[18] MittBayNot 1963, 95.
[19] JurBüro 1963, 197.

Erwerber eine Regelung der Rechtsbeziehungen zwischen den Geschäftsführern und der GmbH nach erfolgter Abtretung vereinbart, so ist dies kein Gesellschafts-, sondern ein Austauschvertrag,[20] jedoch ist letztere Regelung mit der GmbH gegenüber der entgeltlichen Abtretung verschiedenen Gegenstandes.[21]

Sofern ein **Anteil an einer Personengesellschaft** übertragen und die Guthaben des Veräußerers auf Sonderkonten bei der Gesellschaft an den Erwerber abgetreten werden, handelt es sich regelmäßig um zwei nicht gegenstandsgleiche Rechtsgeschäfte.[22] Für die Anteilsübertragung ist das anteilige Aktivvermögen der Gesellschaft ohne Schuldenabzug zugrunde zu legen (vgl. Rn. 63).[23] Die Übertragung von Guthaben auf Sonderkonten stellt eine Forderungsabtretung dar, die mit der Gesellschaftsanteilsübertragung nicht identisch ist. 14

Sofern allerdings im Einzelfall nicht das Aktivvermögen der Gesellschaft, sondern zB bei Registeranmeldungen der nach § 41a zu bestimmende Wert maßgebend ist, dürfen die Sonderkonten nicht getrennt berücksichtigt werden. 14a

Auch für Verfügungsgeschäfte über die verkauften Rechte ist Abs. 2 maßgebend; wird aber gesondert nur ein einseitiges Verfügungsgeschäft beurkundet (zB weil das andere keiner Beurkundung bedarf), so ist der Wert nach den allgemeinen Wertbestimmungen zu ermitteln. Kauf eines Miteigentumsbruchteils an einem Grundstück unterfällt § 20.[24] Beim Kauf einer **unsicheren Forderung** ist regelmäßig der Nominalwert der Forderung höher als die vom Käufer zu erbringende Gegenleistung. Der Wert der Forderung ist gemäß § 30 Abs. 1 zu schätzen (§ 18 Rn. 20), wobei jedoch als Anhaltspunkt die Gegenleistung dient. Wegen der Möglichkeit der Realisierung eines höheren Werts als des Kaufpreises ist ein Zuschlag zum Kaufpreis vertretbar. 15

Werden bei Veräußerungen von GmbH-Geschäftsanteilen Zusatzvereinbarungen, wie Nachbewertungs- oder Spekulationsklauseln vereinbart oder Investitionsverpflichtungen, Beschäftigungsgarantien durch den Käufer übernommen, gilt Folgendes:[25] 16

– **Investitionsverpflichtung:** Es gelten dieselben Grundsätze wie bei der Übernahme einer Bauverpflichtung durch den Grundstückskäufer (s. § 30 Rn. 15). Da sie nicht nur dem Käufer zugute kommt, sondern auch dem wirtschaftlichen Interesse des Verkäufers an der Sicherung von Arbeitsplätzen und der wirtschaftlichen Zukunft der Betriebe dient, handelt es sich um vermögensrechtliche Vertragspflichten des Käufers.[26] Die Argumente des KG[27] und des OLG Hamm,[28] dass die wirtschaftlichen Auswirkungen der Investitionsverpflichtung der Allgemeinheit zugute kommen und es sich deshalb um nicht vermögensrechtliche Angelegenheiten handle, die Bewertung also nach § 30 Abs. 2 oder 3 vorzunehmen wäre, ist spätestens durch die Rspr. des BGH zur Bewertung von Bauverpflichtungen[29] überholt. Die Übernahme einer Bau- und Selbstnutzungsverpflichtung in einem Grundstückskaufvertrag wie in einem Vertrag über die Veräußerung von Geschäftsanteilen ist eine vermögensrechtliche Angelegenheit iS von § 30 Abs. 1, auch wenn der Verkäufer kein wirtschaftliches, sondern ein ideelles Interesse an der Erfüllung der Verpflichtung hat. Verpflichtet sich der Käufer zur Investition einer bestimmten Mindestsumme, liegt diese Verpflichtung auf der gleichen Ebene. Die Ansprüche des Veräußerers 17

---

[20] Rechtskauf; KG DNotZ 1943, 116 = JVBl. 1943, 112 = Rpfleger 1944, 22.
[21] *Ackermann* Rpfleger 1955, 218, 221 unter 6.
[22] LG Wuppertal RNotZ 2001, 249.
[23] BayObLG JurBüro 1990, 897; MittBayNot 2005, 74 = ZEV 2004, 510 = ZNotP 2004, 453.
[24] KG DNotZ 1943, 155.
[25] OLG Jena NotBZ 1997, 70 = ZNotP 1998, 509.
[26] LG Fulda JurBüro 1992, 480; LG München II MittBayNot 1993, 316; OLG Hamm JurBüro 1994, 555 = VIZ 1994, 497 = DNotZ 1995, 784.
[27] KostRspr. Nr. 82 = DB 1994, 316 = VIZ 1994, 363 = DNotZ 1994, 713.
[28] JurBüro 1994, 555 = VIZ 1994, 497 = DNotZ 1995, 784.
[29] ZfIR 2006, 108 m. Anm. *Volmer* = JurBüro 2006, 209 m. Anm. *H. Schmidt* = NotBZ 2006, 95 m. Anm. *Otto* = ZNotP 2006, 158 m. Anm. *Tiedtke* = MittBayNot 2006, 257 m. Anm. PrüfAbt. Notarkasse = MDR 2006, 714 = DNotZ 2006, 309 = NJW 2006, 1136 = RNotZ 2006, 343 m. Anm. *Klein* und *H. Schmidt*.

haben schon nach bisherigem Verständnis einen Geldwert für diesen, lassen sich einklagen und auch nach § 888 ZPO vollstrecken.[30] Nur wenn wenigstens annäherungsweise Schätzungen nicht möglich sind, ist in vermögensrechtlichen Angelegenheiten der Hilfswert des § 30 Abs. 2 heranzuziehen. Dies ist hier aber regelmäßig nicht der Fall. Grundlage für die Beurteilung des Verkäuferinteresses ist die Summe der Investitionsverpflichtung. Demzufolge kann ein Bruchteil der Gesamtinvestitionen als Anhaltspunkt verwendet werden (s. auch § 30 Rn. 18). Verpflichten sich die Erwerber beim Kauf von Geschäftsanteilen die Gesellschaft liquiditätsmäßig so zu stellen, dass die GmbH bereits bestehende Verpflichtungen aus einem Kaufvertrag erfüllen kann (zB eine bereits eingegangene Investitionsverpflichtung), sind diese Verpflichtungen als zusätzliche Leistungen dem Kaufpreis hinzuzurechnen.[31] Der Wert für diese Verpflichtungen ist nach den Grundsätzen der Bewertung einer Investitionsverpflichtung oder Bauverpflichtung für gewerbliche Objekte zu bestimmen. Geschäftswert also Bruchteil der zu investierenden Mindestsumme.

18 – **Beschäftigungsverpflichtung:** Die voraufgeführten Grundsätze gelten auch für Verpflichtungen zur Beschäftigung einer bestimmten Zahl von Arbeitnehmern. Auch hier liegt ein wirtschaftliches und vermögensrechtliches Interesse des Verkäufers vor, das als Gegenleistung zu bewerten ist.[32] Anhaltspunkte für eine Schätzung ergeben sich aus dem Wert des Arbeitsplatzes bzw. den Aufwendungen des Arbeitgebers hierfür. Die Bewertung kann nach § 30 Abs. 1 geschätzt werden (etwa 20–30% der Aufwendungen für die garantierte Zeit).

19 – **Entschuldungsverpflichtung des Verkäufers:** Enthält der Vertrag sowohl den Kauf als auch die Löschungserklärungen des Verkäufers der über den Kaufpreis hinausgehenden Grundpfandrechte, so stellt sich das Problem der Identität des § 44 Abs. 1 (s. § 44 Rn. 89 insbesondere auch zur Wertbegrenzung auf Grund der neuen BGH-Rspr.). Die Mitbeurkundung der bloßen Verpflichtung zur Entschuldung ist gegenstandsgleich und dient der Durchführung des Kaufvertrages (§ 44 Abs. 1). Ihr Wert ist auch dann auf den Wert des Hauptgeschäftes begrenzt, wenn der Verkäufer zu den Wert des Kaufvertrages übersteigenden Entschuldungen verpflichtet ist (vgl. § 44 Rn. 89 zur BGH-Rspr.).

19a – Bei **Nachzahlungsverpflichtungen** der Treuhand ist der volle Wert zugrunde zu legen, es sei denn, die Verpflichtung ist bedingt (s. § 30 Rn. 21).

20 – **Nachbewertungs- und Spekulationsklauseln:** Insoweit handelt es sich um einen bedingten Kaufpreis; dieser hat einen wirtschaftlichen Wert und ist gemäß § 30 Abs. 1 zu schätzen[33] (s. § 30 Rn. 37).

21 **b) Tauschverträge.** Bei Tauschverträgen ist der Wert der getauschten Sachen, Rechte zu vergleichen; der höhere ist maßgebender Geschäftswert des Tauschverhältnisses. Auf den Tauschgegenständen lastende Verbindlichkeiten sind nach § 18 Abs. 3 nicht abzuziehen. Legen die Tauschpartner den Tauschgegenständen bestimmte Werte zugrunde, die höher sind als der Wert nach § 19 – häufig ist dies bei Vereinbarung einer Zusatzleistung (Tauschaufgabe), aber auch nicht selten ohne solche –, so ist der höhere der zugrundegelegten Werte maßgebend. Auch hier sind vorbehaltene Nutzungen und etwaige weitere Leistungen (Aufgeld usw.) zu berücksichtigen. Der **Ringtausch** wird wegen Verknüpfung der Tauschleistungen nach von der hM als ein Rechtsverhältnis angesprochen, der Wert ist nach dem höchstwertigen Grundstück zu bestimmen.[34] Bei einer privatrechtlichen Vereinbarung zur Durchführung einer **freiwilligen Baulandumlegung** handelt es sich ebenfalls um einen Tauschvertrag ähnlich einem Ringtausch, nicht um einen Gesellschaftsvertrag. Auch hier ist der Wert gemäß § 39 Abs. 2 nach dem höchstwertigen Tauschgegenstand (höchstwertige Einlage- oder Zuteilungsfläche) zu bestimmen.[35]

---

[30] *Lappe* KostRsp. Nr. 82 Anm.
[31] OLG Köln FGPrax 2000, 126 = ZNotP 2000, 445.
[32] OLG Köln FGPrax 2000, 126 mwN = ZNotP 2000, 445.
[33] OLG Hamm FGPrax 2004, 92 = ZNotP 2004, 167 = RNotZ 2004, 272.
[34] *Ackermann* Rpfleger 1955, 218, 221; BayObLGZ 1988, 140 = JurBüro 1988, 1369; kritisch hierzu *Lappe* NJW 1989, 3259.
[35] OLG Zweibrücken DNotZ 1996, 399 = MittBayNot 1996, 58 = FGPrax 1996, 36.

c) Übergabe, Übertragung, Gutsübertragung usw.

Schrifttum: *Ackermann* JurBüro 1974, 801; *Mümmler* JVBl. 1962, 3; *Schultes* RdL 1967, 175.

Es ist wohl einhellige Erfahrung, dass bei derartigen Beurkundungen der Wert der Leistungen des Übergebers, die Übertragung der immobilen und mobilen Werte (Ausnahme: bei land- und forstwirtschaftlichen Betrieben wegen § 19 Abs. 4), durchgehend höher ist als der Wert der Leistungen des Übernehmers, weil es sich nicht um „Geschäfte des gewöhnlichen Geschäftsverkehrs" handelt, sondern fast stets um **Verwandtengeschäfte**. Daraus folgt zwingend: Kann der Wert der Leistungen des Übergebers, der Wert aller Gegenstände deren gemeiner Wert, mit nach § 19 Abs. 2 S. 1 zulässigen Anhaltspunkten und Belegungen ganz oder nahezu ganz festgestellt werden, so bedarf es gar nicht der Feststellung des Wertes der Übernehmerleistungen, weil nach § 39 Abs. 2 der maßgebliche höhere Wert des einen der beiden Vertragsteile feststeht. 22

Die Feststellung des Wertes der **Übergeberleistungen** erfolgt nach § 19 Abs. 2 S. 1; s. die dortigen Erl. bei landwirtschaftlichen Betriebsübergaben, sofern die Bedingungen hierfür vorliegen, erfolgt die Wertberechnung nach § 19 Abs. 4, wobei hierbei hinsichtlich der Gegenleistungen des Übernehmers weiterhin § 39 Abs. 2 Anwendung findet. Diese Bestimmung geht dem mit Gesetz vom 15. 6. 1989 zum 1. 7. 1989 in Kraft gesetzten § 19 Abs. 4 vor.[36] 23

Zu den Leistungen des Übernehmers: Handelt es sich um **Barleistungen,** Abfindungszahlungen an Übergeber oder Geschwister usw., so ist maßgebend der Nominalbetrag. 24

Handelt es sich um **bedingte Leistungen** des Übernehmers, so ist deren Wert nach der Wahrscheinlichkeit des Bedingungseintritts und den Bedingungsfolgen gemäß § 30 Abs. 1 nach freiem Ermessen zu bestimmen. 24a

Handelt es sich um **wiederkehrende Leistungen** iS des § 24 Abs. 3, zB lebzeitliche (lebenslängliche) Altenteile, Wohnrechte, Nießbrauchsrechte,[37] Versorgungsleistungen usw., so bestimmt sich der Wert bei Vorliegen der Voraussetzungen des § 24 Abs. 3 nach dem fünffachen Jahresbetrag.[38] Die – allerdings abzulehnende – Gegenmeinung begründet ihren Standpunkt damit, dass die Bewertung der Nutzungen und Leistungen im Rahmen des § 39 Abs. 2 nach § 24 Abs. 1 und 2 erfolgen müsse, da es in diesen Fällen nicht um die Bewertung der Nutzungen und Leistungen geht, sondern mit ihrer Hilfe um die Bewertung der Gegenleistung. Diese Bewertungsfragen haben aber nur dann Bedeutung, wenn der Geschäftswert nach den Leistungen des Übernehmers und nicht, wenn er – wie wohl meistens – nach den Leistungen des Übergebers bestimmt wird. 25

Handelt es sich um bedingte wiederkehrende Leistungen, zB Wohnrecht für eine Person auf die Dauer ihres ledigen Standes, so greift § 24 Abs. 6 S. 3 ein. 25a

Besteht die Leistung des Übernehmers in einem Erbteils- oder Pflichtteilsverzicht, so ist maßgebend der entsprechende Bruchteil am Wert nach den Vermögensverhältnissen am Tage der Beurkundung (str., s. Rn. 30, 30a und 30b). 26

Auch dem Übernehmer ist ein Elterngut zuzubilligen, und zwar nach dem Höchstbetrag an Elterngut, das einem andern Abkömmling zugebilligt wurde. 26a

Auch eine Lohnverzichtserklärung (auf einen effektiv geschuldeten Lohn) des Übernehmers kann bei der Geschäftswertbestimmung berücksichtigt werden. 26b

Hiervon zu unterscheiden ist ein Verzicht des Übernehmers auf **Bereicherungsansprüche** hinsichtlich aufgewendeter Baukosten. Die Mitbeurkundung ist im Hinblick auf den Erwerb des betroffenen Anwesens nicht erforderlich, weil ein Bereicherungsanspruch nach § 951 iVm. § 812 BGB mit dem Erwerb wegfällt.[39] Gleiches gilt für einen vorsorglich 26c

---

[36] BayObLG MittBayNot 1999, 203 = FGPrax 1999, 35 = JurBüro 1999, 210 = NJW-RR 1999, 868 = ZNotP 1999, 375; OLG Karlsruhe JurBüro 1991, 1360 = MittBayNot 1992, 289; OLG Köln ZNotP 2000, 287 = MittRhNotK 2000, 218 = ZEV 2001, 322.
[37] Hierzu LG Bonn MittRhNotK 1985, 79.
[38] BayObLGZ 1973, 10 = DNotZ 1973, 637 = Rpfleger 1973, 331; OLG Hamm JVBl. 1969, 256; OLG Zweibrücken JurBüro 1965, 558; OLG Celle DNotZ 1965, 234; *Reimann* MittBayNot 1989, 117 mwN; aA *Göttlich* JurBüro 1971, 378; *Schmidt* DNotZ 1996, 525.
[39] Streifzug Rn. 1776 m. Hinweis auf BGHZ 35, 356; BGH NJW 1970, 136.

mit beurkundeten Verzicht auf Abgeltung für geleistete Mitarbeit bei Bau des Anwesens im Hinblick auf den künftigen Erwerb.

27 Verpflichtet sich der Übernehmer zur Rückübertragung des Eigentums, wenn er gegen ein **Verfügungsverbot** des Übergebers verstößt, liegt nach Auffassung des BayObLG[40] eine selbständige Leistung des Übernehmers mit eigenem wirtschaftlichen Wert vor. Ist der Geschäftswert des Übertragungsvertrages nach den Gegenleistungen zu bestimmen, ist für diese bedingte Rückübertragungsverpflichtung ein nach § 30 Abs. 1 zu schätzender Wert hinzuzurechnen.[41] Etwa 10% des Verkehrswertes des betroffenen Grundbesitzes hält das BayObLG für angemessen. Die gleichen Grundsätze sind anwendbar, bei einer Verfügungsbeschränkung (Veräußerungs- und/oder Belastungsverbot), auch wenn keine Rückübereignungspflicht besteht. Aus der Sicht des Übergebers wertet das BayObLG ein derartiges Verfügungsverbot als selbständige (Gegen-)Leistung mit eigenem wirtschaftlichem Wert. Nachdem wohl im Regelfall Überlassungsverträge nach dem (höheren) Verkehrswert des übertragenen Grundbesitzes zu bewerten sind, kommt eine zusätzliche Bewertung des Verfügungsverbotes, da Gegenleistung, in diesen Fällen nicht in Betracht. Die eigentliche Bedeutung erlangt ein Verfügungsverbot bei Übergabeverträgen über land- oder forstwirtschaftliche Betriebe. Die Übergeberleistung ist in diesen Fällen mit dem vierfachen Einheitswert zu bewerten, der in aller Regel hinter den Gegenleistungen der Übernehmers zurückbleibt. Sind die Gegenleistungen höher, kann jedoch nur ein Teilwert von ca. 10% des vierfachen Einheitswertes für das Verfügungsverbot zugerechnet werden.[42] Ist der Übernehmer bei Verstoß gegen ein Veräußerungsverbot jedoch nicht zur Rückübereignung, sondern zur Zahlung eines bestimmten Betrages oder bestimmbaren Betrages (zB 50% des Veräußerungserlöses) verpflichtet, so ist für die Wertschätzung nach § 30 Abs. 1 vom ggf. zu schätzenden Geldbetrag auszugehen.

28 **d) Erbschafts- oder Erbteilskauf.** Bei Erbschafts- oder Erbteilskauf ist der Wertvergleich zwischen den Leistungen des bzw. der Erben und denen des Erwerbers vorzunehmen. Der Wert der Erbschaft oder des Erbteils bestimmt sich nach den allgemeinen Wertbestimmungen (vgl. § 18); beim Erbteil nach dem anteiligen Aktivwert ohne Schuldenabzug.[43] Der **Vorerbe** ist bis zum Eintritt des Nacherbfalles Eigentümer der Nachlassgegenstände. Die Verfügungsbeschränkungen der §§ 2113 ff. BGB sind demzufolge keine abziehbaren Verbindlichkeiten (s. auch § 18 Rn. 29).[44]

29 **e) Vergleich.** Bei einem Vergleich ist maßgebend der höhere Wert einer Partnerleistung, wobei im wirtschaftlichen Verkehr davon ausgegangen werden kann, dass kein Partner dem anderen etwas schenkt. Unmaßgeblich ist regelmäßig, welche Ansprüche durch den Vergleich erledigt werden, vielmehr bestimmt sich der Wert danach, wie diese Ansprüche verglichen werden. Verpflichtet sich vergleichsweise ein Partner zu einer Geldleistung, so kann dieser Wert als Wert des Vergleichs angesetzt werden.[45] Nur bei Verwandten- und Notgeschäften ist meistens ein Wertvergleich geboten. Auch der Vertrag, durch den zwei Erben die Rechtsbeziehungen aus einem unklaren Testament regeln, ist Vergleich und bei verschiedenem Wert der Verpflichtungen oder Leistungen nach dem höheren zu bewerten.[46] Sofern der Vergleich in einem wechselseitigen Verzicht besteht, müssen die erledigten Ansprüche berücksichtigt werden.

30 **f) Erb- oder Pflichtteilsverzicht.** Auch ein Erb- oder Pflichtteilsverzicht kann Leistung im Rahmen eines Austauschvertrages sein.[47] Erfolgt er gegen Bar- oder Sachabfindung (zB Hofübergabe), so ist der Wert der Bar- oder Sachabfindung mit dem Wert des

---

[40] MittBayNot 1999, 492 m. Anm. PrüfAbt. Notarkasse.
[41] So bereits *Reimann* MittBayNot 1989, 123.
[42] So schon *Reimann* MittBayNot 1989, 123.
[43] OLG Hamm DNotZ 1971, 124 = Rpfleger 1971, 77.
[44] BayObLG MittBayNot 1985, 50; JurBüro 1998, 658 = ZNotP 1998, 509 = NJW-RR 1999, 582 = FamRZ 1999, 729 = MittBayNot 2000, 136; aA OLG Frankfurt JurBüro 1989, 403.
[45] KG JFGErg. 18, 73 = DNotZ 1938, 464; DNotZ 1940, 248; OLG München DNotZ 1939, 67.
[46] KG DNotZ 1943, 153 = JVBl. 1942, 174.
[47] *Ackermann* Rpfleger 1955, 218.

Geschäftswert **§ 39**

Verzichts zu vergleichen.[48] Letzterer ist zu berechnen nach dem Erb- oder Pflichtteilsbruchteil am „Nachlass" (Reinvermögensbruchteil im Zeitpunkt des Verzichtes, wobei darin enthaltene Grundstücke mit dem Verkehrswert anzusetzen und Schulden abzuziehen sind). Erfolgt der Verzicht ohne Gegenleistung, so handelt es sich nicht um einen Austauschvertrag; daher ist der Wert des Erb- oder Pflichtteilsbruchteils, notfalls nach § 30 Abs. 1 bestimmt, maßgebender Geschäftswert.

Die überwiegende Meinung vertritt hingegen den Standpunkt, dass der Wert des Verzichts stets nach § 30 Abs. 1 bestimmt werden müsse[49] und will den Grad der Wahrscheinlichkeit des Überlebens des Verzichtenden und die Änderung der Vermögensverhältnisse bei der Bestimmung nach § 30 Abs. 1 berücksichtigen. Indessen sind dies Umstände, die überhaupt nicht absehbar sind. Maßgebend sind für Bestand und Wert der entsprechende Bruchteil aus dem „Reinnachlass", schon weil der Erb- oder Pflichtteilsfall ja sogleich nach dem Verzicht eintreten kann.[50] Auch bei Schenkung, Schuldversprechen auf den Todesfall (§ 2301 BGB) wird der Reinwert im Zeitpunkt der Beurkundung angesetzt. Beim bloßen Pflichtteilsverzicht jedoch sind diejenigen Vermögenswerte in Abzug zu bringen, die dem Verzichtenden vorher unter Anrechnung auf dessen Pflichtteilsrecht (§ 2315 BGB) zugewendet wurden, da insoweit kein Pflichtteilsrecht mehr besteht. 30 a

Die neuere Rspr.[51] will bei der Bemessung des Geschäftswerts für einen Erb- und Pflichtteilsverzichtsvertrag im Rahmen der durchzuführenden Schätzung nach § 30 Abs. 1 auch die Scheidungsabsicht der Vertragsparteien oder dass sie in Scheidung leben, berücksichtigen. Wahrscheinlichkeitserwägungen sind jedoch nach hier vertretener Auffassung abzulehnen (s. § 30 Rn. 33). 30 b

Bei **gegenseitigem** Pflichtteilsverzicht (zB zwischen Ehegatten) liegt ein Austauschvertrag vor, bei welchem nur der höherwertige Verzicht zugrunde zu legen ist. Zur Wertbestimmung s. § 30 Rn. 33. 30 c

Kein Austauschvertrag liegt jedoch vor, wenn ein **Erbvertrag** mit einem **Pflichtteilsverzicht** verbunden wird. Es liegt selbst dann kein Austauschvertrag vor, wenn der Pflichtteilsverzicht „als Gegenleistung" für eine Erbeinsetzung oder Vermächtniszuwendung erklärt wird. Austauschverträge können nur Verknüpfungen lebzeitiger Verpflichtungen oder Leistungen mehrerer Partner sein, also insbesondere gegenseitige Verträge iS von § 320 BGB (vgl. Rn. 5, 6). Schon die Erhebung getrennter Gebühren, hier § 46 für den Erbvertrag und § 36 Abs. 2 für den Pflichtteilsverzicht, schließt nicht nur § 44 aus, sondern auch § 39 Abs. 2.[52] 30 d

g) Vermögensübertragung. Bei Vermögensübertragungen ist zu vergleichen der Wert aller übertragenen Gegenstände ohne Schuldenabzug, ermittelt nach den allgemeinen Wertbestimmungen, mit allen Gegenleistungen des Übernehmers; der höhere der Werte ist Geschäftswert der Übertragung.[53] 31

h) Erbbaurechtsbestellungsvertrag. Für Erbbaurechtsbestellungsverträge (ebenfalls Austauschvertrag),[54] gibt § 21 Abs. 1 eine besondere Wertvorschrift: Maßgebend sind 80% des Grundstückswertes oder der nach § 24 kapitalisierte Erbbauzins bzw. die Gegenleistung bei entgeltlichem Erwerb, wenn diese höher sind. Indessen gilt diese Wertvorschrift nur die Bestimmungen des Erbbauvertrages ab, die den Inhalt des Erbbaurechts betreffen, d. h. die nach Gesetz zum Inhalt des Erbbaurechts gemacht werden können und gemacht werden. Enthält der Erbbauvertrag Verpflichtungen des Erbbauberechtigten, die nicht zum Inhalt des dinglichen Rechts gemacht werden können (zB Vorkaufsrechtsbestellung usw.), so tritt deren Wert dem nach § 21 ermittelten Wert hinzu, vgl. im Einzelnen bei § 21. 32

---

[48] OLG Celle Rd L 1955, 282.
[49] OLG München DNotZ 1939, 682; OLG Hamm DNotZ 1971, 621; *Rohs/Wedewer* Rn. 14.
[50] *Ackermann* JVBl. 1967, 221; irrig *Schalhorn* JurBüro 1969, 216.
[51] OLG Stuttgart DNotZ 1992, 750; OLG München NotBZ 2006, 181 = MittBayNot 2006, 354 m. abl. Anm. *Schwarz* = ZNotP 2007, 78 m. abl. Anm. *Tiedtke*.
[52] OLG Karlsruhe ZEV 2003, 83.
[53] OLG München DNotZ 1938, 617.
[54] OLG Celle DNotZ 1960, 408; OLG Frankfurt Rpfleger 1960, 181; 1961, 339; DNotZ 1965, 181 = KostRsp. § 21 Nr. 7.

33   Die **Veräußerung eines** bereits begründeten **Erbbaurechts, Wohnungseigentums** oder **Wohnungserbbaurechts** ist als Austauschvertrag nach dem höheren Wert der Leistungen des Veräußerers oder Erwerbers zu bewerten. Zur Wertermittlung des Erbbaurechts vgl. § 21 Rn. 6. Schulden auf dem Erbbaurecht sind, wie beim Grundstückskauf, nicht abzuziehen. Übernimmt aber der Erwerber nur Verpflichtungen, die Inhalt des Erbbaurechts sind, dann kein Austauschvertrag, Wert nach §§ 19, 21 Abs. 1, sofern keine Anhaltspunkte für einen höheren Wert gegeben.[55] Zum **Wohnungseigentums- und Wohnungserbbaurechtsverkauf** s. *Ackermann*[56] und KG.[57]

34   i) **Treuhandverträge.** Es ist zu unterscheiden zwischen einem **echten Treuhandverhältnis,** bei welchem der Treuhänder das Eigentum am Treugegenstand durch Übertragung vom Treugeber oder im Wege auftragsgemäßen Erwerbs des Objektes erwirbt, und **sonstigen Treuhandverhältnissen** (Ermächtigungstreuhand, Auftrag, Geschäftsbesorgungsvertrag). Da beim echten Treuhandverhältnis der Treuhänder bei Beendigung des Treuhandverhältnisses zur Übertragung des Eigentums kraft Gesetzes verpflichtet ist, ist Gegenstand das Treugut als solches. Geschäftswert ist demzufolge der Wert des Treuhandgegenstandes. Der Wert sonstiger Treuhandverhältnisse richtet sich nach § 25 Abs. 2, sofern ein Dienstverhältnis zugrunde liegt, oder nach der Höhe des Honorars (zum Treuhandvertrag bei Bauherrenmodellen s. Rn. 43).

Fallgestaltungen:

34 a   – **Treuhandvertrag:** Ein Treuhandvertrag über einen vom Treugeber noch zu erwerbenden Geschäftsanteil ist in gleicher Weise zu bewerten, wie die Übertragung des Geschäftsanteils selbst. Die mit der Übertragung gleichzusetzende Treuhandvereinbarung wird damit begründet, dass der Treuhänder Eigentümer des Treugutes, hier Geschäftsanteils werden soll. Im Treuhandvertrag wird vereinbart, dass der Treugeber zur Übertragung an den Treuhänder und der Treuhänder zur Rückübertragung verpflichtet ist. *Lappe*[58] hält einen geringeren Wert, der ggf. nach § 30 Abs. 1 zu schätzen ist, zwar mit § 140 vereinbar, jedoch nicht für zwingend.

34 b   – **Treuhänderische Übertragung:** Wird mit der Übertragung zugleich das Treuhandverhältnis zwischen Treugeber und Treuhänder begründet, liegt Gegenstandgleichheit nach § 44 Abs. 1 vor.[59] Erfolgt jedoch in einer Urkunde die Übertragung von A an B und der Treuhandvertrag zwischen B und C, liegen zwei Verträge vor. Es ist zwar das gleiche Rechtsgut betroffen, die beiden Rechtsverhältnisse werden jedoch von verschiedenen Vertragspartnern geschlossen (daher § 44 Abs. 2 a), jedoch eine Gebühr aus dem Gesamtwert.

34 c   – **Geschäftsbesorgungsvertrag:** Hierunter versteht man Vertragsgestaltungen mit Dienst- oder Werkvertragscharakter (zB Baubetreuungsvertrag). Wesentliches Unterscheidungsmerkmal zum Treuhandvertrag ist das Fehlen von Verpflichtungen, wonach das Treugut an den Treuhänder zu übereignen und bei Eintritt von Bedingungen oder auf Verlangen des Treuhänders an diesen zurück zu übertragen ist. Im Regelfall verpflichtet sich der Treuhänder (Geschäftsbesorger) nur zur wirtschaftlichen Betreuung entsprechend den Weisungen des Treugebers (zB Vorbereitung und Abwicklung eines Bauvorhabens).[60] Der Geschäftswert bestimmt sich in diesem Falle gemäß § 25 Abs. 2 nach dem vereinbarten Honorar. Ist kein Honorar vereinbart, ist der Wert in Höhe des üblichen Honorars zu schätzen (s. iÜ Rn. 42).

34 d   – **Treuhandvertrag oder Geschäftsbesorgungsvertrag mit Vollmachterteilung:** Erteilt der Treugeber dem Treunehmer oder Geschäftsbesorger zur Durchführung eine

---

[55] OLG Köln JurBüro 1971, 868 = MittBayNot 1972, 32; OLG Düsseldorf DNotZ 1975, 434 = Rpfleger 1974, 411.
[56] Rpfleger 1960, 199 unter B 3 a–f.
[57] DNotZ 1965, 179.
[58] NotBZ 2002, 251.
[59] *Lappe* NotBZ 2002, 251, OLG Celle JurBüro 2002, 47 m. Anm. *Bund*.
[60] OLG Stuttgart DNotZ 1968, 376 = MittBayNot 1968, 278.

Vollmacht, liegt insoweit eine nach § 44 Abs. 1 gegenstandsgleiche Durchführungserklärung vor.[61] Der Wert der Vollmacht ist, da Durchführungserklärung zum Treuhand- oder Geschäftsbesorgungsvertrag, auf den Wert des Hauptgeschäftes begrenzt, auch wenn dieser bei gesonderter Beurkundung nach § 41 höher anzusetzen wäre.[62] Zum Bauherstellungsvertrag s. Rn. 41; zum Treuhandvertrag bei Bauherrenmodellen Rn. 43.

j) Andere Austauschverträge. Auch andere Austauschverträge sind nach Abs. 2 mit 35 dem höheren Wert der Leistung oder Gegenleistung zu bewerten. Lizenzverträge können Kauf- oder Pachtverträge sein. Bei der einfachen Lizenz wird regelmäßig eine Rechtspacht vorliegen, der Wert ist nach § 25 Abs. 1 zu bestimmen. Die ausschließliche Lizenz, wenn auch mit räumlicher Beschränkung, ist regelmäßig als Rechtskauf anzusehen.[63] Das KG[64] hat bei ausschließlicher Lizenz mit gesellschaftsrechtlichem Einschlag (Umsatzbeteiligung des Patentinhabers) den Wert nach dem bar bezahlten Betrag zuzüglich der nach § 24 kapitalisierten Lizenzgebühr bestimmt.

k) Agentur- und Kommissionsvertrag. Agentur- und Kommissionsverträge sind, so- 36 fern keine Verpflichtung zur Lieferung und keine Provision vereinbart sind, als Dienstverträge zu bewerten,[65] wobei der Wert ggf. nach § 30 Abs. 1 zu bestimmen ist.

l) Erschließungsvertrag. Bei Erschließungsverträgen nach § 129 BauGB ist der Ge- 37 schäftswert die Summe der Gesamtaufwendungen, soweit es sich um einen separaten Erschließungsvertrag handelt. Steht der Vertrag in Zusammenhang mit anderen Vereinbarungen (zB Kauf), so sind die zu erbringenden Leistungen zusätzliche Käuferleistungen nach § 20 Abs. 1. Übernimmt der Käufer eines Grundstücks von der Gemeinde die **gesamte** Erschließung auf seine Kosten, so soll nur der einen sonst geschuldeten Erschließungsbeitrag übersteigende Wert der Leistung dem Kaufpreis hinzuzurechnen sein,[66] vgl. § 20 Rn. 28. Der Teilwert von 10% entspricht dem Anteil, den die Gemeinde als Mindestanteil am Erschließungsaufwand nach § 129 Abs. 1 S. 3 BauGB zu tragen hat.[67] Hat die Gemeinde zB durch Satzung einen höheren Anteil am Erschließungsaufwand zu tragen, ist dieser maßgebend. Zur Übernahme künftig fälliger Erschließungskosten durch den Käufer s. § 20 Rn. 28. Hierher gehört auch die Ablösevereinbarung über die Erschließungskosten (zur kostenrechtlichen Behandlung s. § 20 Rn. 28a).

m) Städtebaulicher Vertrag. Durch das Gesetz zur Änderung des Baugesetzbuches 38 und zur Neuregelung des Rechts der Raumordnung (BauROG) wurde die Möglichkeit des **Vorhaben- und Erschließungsplans** durch § 12 BauGB in das allgemeine Städtebaurecht überführt. Der „vorhabenbezogene Durchführungsvertrag" ist ein sog. **städtebaulicher Vertrag**. Städtebauliche und öffentlich-rechtliche Verträge bedürfen nach dem Gesetz der Schriftform.[68] Gehört jedoch zum Inhalt die Verpflichtung zum Erwerb oder zur Veräußerung von Grundstücken und grundstücksgleichen Rechten, bedarf der gesamte Vertrag nach § 311 b Abs. 1 BGB der notariellen Beurkundung.[69] Zur Frage einer – zumindest teilweisen – Ermäßigung s. § 144 Rn. 34. Der städtebauliche Durchführungsvertrag muss als Mindestinhalt vier Bereiche regeln, nämlich das Vorhaben, die Erschließungsmaßnahmen, die Durchführungsfrist und die Tragung der Planungs- und Erschließungskosten. Die Verpflichtung zur Durchführung der Erschließungsmaßnahmen und zur Übernahme

---

[61] OLG Stuttgart DNotZ 1968, 376 = MittBayNot 1968, 278.
[62] BGH JurBüro 2006, 432 = NotBZ 2006, 200 = MittBayNot 2006, 524 = ZNotP 2006, 279 m. Anm. *Tiedtke* = RNotZ 2006, 299 m. Anm. *Klein* = MDR 2006, 1015 = RNotZ = 2006, 345 = Anm. *Klein* und *H. Schmidt*; BGH JurBüro 2006, 434 = NotBZ 2006, 201 m. Anm. *Lappe* = Mitt-BayNot 2006, 528 m. Anm. PrüfAbt. Notarkasse = ZNotP 2006, 276 m. Anm. *Tiedtke* = RNotZ 2006, 359 = RNotZ 2006, 345 m. Anm. *Klein* und *H. Schmidt*.
[63] RGZ 31, 295; 76, 235.
[64] JW 1934, 2703.
[65] KG JFGErg. 3, 223.
[66] Nach BayObLG JurBüro 1980, 914 = MittBayNot 1980, 39: 10% des Erschließungsaufwands.
[67] BVerwGE 32, 37 = NJW 1969, 2162.
[68] *Busse/Grziwotz* Rn. 136.
[69] *Busse/Grziwotz* Rn. 141.

der vollen Erschließungs- und Planungskosten richtet sich nach dem Gesamtaufwand, den der Vorhabenträger natürliche oder juristische Person oder Personenmehrheit) zu tragen hat. Zusätzlich sind ggf. weitere damit verbundene Rechtsverhältnisse, wie zB entgeltlicher oder unentgeltlicher Veräußerungsvertrag, Bauverpflichtungen, Vermietungsverpflichtungen zu bewerten, (s. § 20 Rn. 27 ff.).

39 **n) Vorverträge.** Vorverträge zu Austauschverträgen haben den Wert des vorgesehenen Austauschvertrages;[70] über diesen hinausgehende und nur den Vorvertrag betreffende Verpflichtungen sind zuzurechnen.[71] Wegen Vertrag auf Gebäudeerrichtung auf fremdem Grund und Boden gegen Überlassung von $^{11}/_{12}$ Miteigentum (Wert $^{1}/_{12}$ der Baukosten)[72] wegen Vertrag auf Errichtung von Werkswohnungen gegen Übertragung des unbebauten Grundstücks und Gewährung eines Baudarlehens.[73]

40 **o) Austauschverträge.** Über die Bewertung einzelner Verpflichtungen in Austauschverträgen: Verpflichtung, den Vertragsgegner von der Inanspruchnahme aus einer Bürgschaft freizuhalten; maßgebender Wert ist hier der Nennbetrag der gesicherten Forderung gemäß §§ 18 Abs. 2, 23 Abs. 1, da für die Verpflichtung zur Befreiung zwar nichts anderes gilt als für die Begründung der Bürgschaft, die Freistellungspflicht aber auf die derzeit bestehende Forderung begrenzt ist.[74] Besteht im Zeitpunkt der Freistellung aus der Bürgschaft keine zu sichernde Forderung, kann wohl nur ein Schätzwert nach § 30 Abs. 1 in Betracht kommen, etwa 10–20% des Bürgschaftsbetrages.[75] Ebenfalls nach § 30 Abs. 1 zu schätzen ist der Wert von Abfindungserklärungen für künftige Erbansprüche in Gutsüberlassungsverträgen;[76] Wert bedingter oder betagter Ansprüche;[77] Wert eines Siedlungs- und Darlehensvertrages;[78] Wert bei Übernahme einer Schuld durch Schuldbeitritt ist die Höhe des Anteils, den zu übernehmen der Beitretende sich im Innenverhältnis verpflichtet hat.[79]

41 **p) Bauherstellungs- und Baubewerbervertrag.** Ist ein Festbetrag für die Gebäudeerrichtung vereinbart, so handelt es sich um einen Bauherstellungsvertrag zu festem Preis, Wert = Festpreis. Ist ein zahlenmäßig bestimmter, in Raten nach Baufortschritt zu zahlender Betrag garantiert und ist keine Schlussabrechnung bedungen, so dürfte die Annahme eines festgesetzten Betrages als Wert nach § 39 Abs. 2 gerechtfertigt sein.[80] Soll erst nach Schlussabrechnung sich der Gewinn des Betreuers ergeben, so ist unter Berücksichtigung der Umstände des Einzelfalls zu schätzen, im Regelfall wohl nicht unter 30%.

42 **q) Baubetreuungsvertrag.** Bei der Verpflichtung des Baubetreuers, im Namen und für Rechnung des Bauherrn einen Bau vorzubereiten und durchzuführen, bestimmt sich der Geschäftswert nach dem vom Bauherrn geschuldeten Gesamtherstellungspreis, wenn er an den Baubetreuer zu zahlen ist und dieser berechtigt ist, über die Beträge zu verfügen.[81] Der Baubetreuungsvertrag, möge er Geschäftsbesorgungsvertrag oder ähnlicher Vertrag sein, darf gebührenrechtlich nicht in einzeln zu bewertende Tatbestände (Herstellungs- und andere Garantien, Vollmachtserteilungen, Bürgschaftsübernahmen, Verzicht auf Überschuss) aufgegliedert werden, sondern ist ein einheitliches Rechtsverhältnis iS des § 44, bei dem auch Durchführungshandlungen nicht anderen Gegenstandes sind.[82] Zur Wertbegrenzung

---

[70] OLG Stuttgart Rpfleger 1980, 404.
[71] KG DNotZ 1942, 114; JVBl. 1942, 77.
[72] Vgl. OLG Frankfurt Rpfleger 1955, 213.
[73] KG JFGErg. 20, 68 = JVBl. 1940, 78.
[74] AA KG JFGErg. 19, 69 = DNotZ 1938, 465: Wert gemäß § 30 Abs. 1 zu bestimmen nach dem Betrag, der gefährdet ist und der Bürgschaft bedürftig erscheint.
[75] LG München I ZNotP 2001, 406 m. Anm. *Tiedtke*, Wert nach § 30 Abs. 2, Regelwert 3000 Euro.
[76] KG DNotZ 1942, 25 = JVBl. 1941, 121.
[77] KG DNotZ 1941, 181 = JVBl. 1940, 106.
[78] LG Paderborn JurBüro 1951, 232; OLG Frankfurt KostRsp. Nr. 2.
[79] BayObLG MittBayNot 1969, 225.
[80] BayObLG DNotZ 1974, 115.
[81] BayObLG DNotZ 1974, 115; OLG Stuttgart JurBüro 1976, 230 = DNotZ 1977, 54 unter Aufgabe der früheren Rspr. DNotZ 1968, 376.
[82] *Ackermann* JurBüro 1976, 433 mwN; OLG Stuttgart DNotZ 1968, 376 = MittBayNot 1968, 278.

der Vollmacht als Durchführungserklärung zum Hauptgeschäft s. Rn. 34 d. Wird gleichzeitig ein Grundstückskaufvertrag mitbeurkundet, dann liegt nicht Gegenstandsgleichheit vor, so dass bei Beurkundung in derselben Verhandlung der Geschäftswert aus der Zusammenrechnung beider Werte gebildet wird.[83]

r) "Großes" Bauherrenmodell. Für das sog. „große" Bauherrenmodell (Kölner Modell) gilt: **43**

aa) Treuhandvertrag. In der notariellen Praxis werden Treuhandverträge außerordentlich unterschiedlich ausgestaltet (s. Rn. 34–34 d), so dass nur Grundsätze für die Bewertung aufgestellt werden können.[84] Soweit im Treuhandvertrag der Treuhänder noch weitergehende Verpflichtungen als der Baubetreuer übernimmt, sich insbesondere der Bauherr zur Bezahlung der vorgesehenen Gestehungskosten verpflichtet, der Treuhänder unwiderruflich ermächtigt wird, über die Fremdmittel zu verfügen, der Bauherr sich bindend zur Erteilung aller zur Durchführung des Vorhabens erforderlichen Vollmachten verpflichtet oder der Treuhänder bevollmächtigt wird, die Einzelnen aufgeführten Rechtsgeschäfte (einschließlich Generalunternehmervertrag) im Namen des Bauherrn abzuschließen, ist als Geschäftswert der vertraglich vorgesehene Gesamtaufwand des Bauherrn (Treugeber) zugrunde zu legen und nicht nur das Honorar des Treuhänders.[85] Mit diesem Wert sind alle Vereinbarungen und Verpflichtungen des Bauherrn (Erwerb des Baugrundstückes, Mitwirkung bei Aufteilung nach WEG, Verpflichtung zum Abschluss des Gesellschaftsvertrages, Vereinbarungen der konkreten Treuhandbeziehungen mit dem Treuhänder) abgegolten. Werden im Treuhandvertrag gleichzeitig zur Erfüllung des Auftrages dem Treuhänder Vollmachten erteilt, so liegt Gegenstandsgleichheit nach § 44 Abs. 1 vor.[86] Zur Wertbegrenzung der Vollmacht als Durchführungserklärung zum Hauptgeschäft s. Rn. 34 d. Anders hingegen ist die Rechtslage, wenn der Treuhandvertrag lediglich als reiner Geschäftsbesorgungsvertrag zu beurteilen ist und der Geschäftswert sich dann nach der Höhe des vom Bauherrn an den Treuhänder zu zahlenden Honorars bestimmt. In diesem Falle ergeben sich erheblich unterschiedliche Werte für den Geschäftsbesorgungsvertrag und die regelmäßig mitbeurkundete Vollmacht. Es ist ein Gebührenvergleich nach § 44 Abs. 1 S. 2 vorzunehmen: $20/_{10}$-Gebühr nach § 36 Abs. 2 (höchste in Betracht kommende Gebühr) aus dem Wert der Vollmacht oder bei getrennter Berechnung, wenn diese eine niedrigere Gesamtgebühr ergibt, $20/_{10}$ nach § 36 Abs. 2 aus dem Wert des Treuhandvertrages und $5/_{10}$ nach § 38 Abs. 2 Nr. 4 aus dem Wert der Vollmacht. Werden hingegen Vollmachten an Dritte im Treuhandvertrag erteilt, die in keinem Zusammenhang mit dem Treuhandvertrag stehen, so liegt keine Gegenstandsgleichheit vor.

bb) Gesellschaftsverträge. Die Bauherren schließen sich regelmäßig zu einer Gesellschaft bürgerlichen Rechts zusammen, wobei diese als sog. „Innengesellschaft" ausgestaltet wird. Im Gesellschaftsvertrag verpflichten sich die Gesellschafter, das Bauwerk gemeinsam zu errichten (Aufbauverpflichtung) und nach § 3 WEG in Wohnungseigentum aufzuteilen. Ein eigenes Gesellschaftsvermögen wird jedoch nicht gebildet. Allerdings werden idR die Gesellschaftsverträge nicht so ausgestaltet, dass es sich um einen Vorvertrag bezüglich der späteren Begründung von Wohnungs- und Teileigentum handelt.[87] Nach allgemeinen kostenrechtlichen Grundsätzen ist Gegenstandswert des Gesellschaftsvertrages der Wert aller Leistungen der Gesellschafter ohne Schuldenabzug, da es sich nicht um einen Austauschvertrag handelt, sondern um eine Vereinigung von Leistungen. § 39 Abs. 2 scheidet insoweit hier aus. Soweit die Gesellschafter nicht zur Leistung einer Einlage verpflichtet wer- **44**

---

[83] OLG Düsseldorf DNotZ 1970, 610 = JurBüro 1970, 782.
[84] Vgl. allgemein zum Treuhandvertrag *Reithmann/Brych/Manhart,* Kauf vom Bauträger; 7. Aufl. Abschn. D Rn. 58 ff.; *Locher/König,* Bauherrenmodelle in zivil- und steuerrechtlicher Sicht, Rn. 29 ff.
[85] OLG Düsseldorf DNotZ 1981, 325 = JurBüro 1981, 258; OLG Celle DNotZ 1983, 572; BayObLG MittBayNot 1985, 84; *Mümmler* JurBüro 1982, 1459, 1463; aA OLG Zweibrücken DNotZ 1981, 328.
[86] OLG Köln DNotZ 1976, 248; OLG Düsseldorf MittBayNot 1982, 84; *Mümmler* JurBüro 1982, 1464; aA OLG Frankfurt DNotZ 1963, 566; OLG Celle DNotZ 1974, 103.
[87] So aber BayObLG DNotZ 1982, 761.

den, sondern die Mitgesellschafter die gegenseitige Verpflichtung übernehmen, die geplante Baumaßnahme durchzuführen, richtet sich der Wert nach dem Rückhalt, den jeder Gesellschafter an dem anderen hat, einen entsprechenden Anteil vom Gesamtaufwand zu tragen. Damit ist der Gesamtaufwand als Geschäftswert zugrunde zu legen.[88] AA waren hier das BayObLG[89] und das KG,[90] wonach die Wertbestimmung nach freiem Ermessen gemäß § 30 erfolgen soll. Die Gesamtaufwendungen aller Mitgesellschafter sollen der Bezugswert sein und hiervon ein angemessener Bruchteil (ca. 20–40%, Obergrenze 50%) angesetzt werden. Dem kann nicht zugestimmt werden, da die Höhe der Verpflichtungen der Gesellschafter eindeutig feststellbar ist, so dass für einen Schätzwert kein Raum bleibt. An der kostenrechtlichen Beurteilung ändert sich auch nichts, wenn, bedingt für den Fall des Ausscheidens, Übertragungsverpflichtungen, auch gegenüber Dritten, in den Gesellschaftsvertrag aufgenommen werden. Enthält der Gesellschaftsvertrag die Verpflichtung aller Mitgesellschafter, das Baugrundstück nach WEG aufzuteilen, so soll nach BayObLG[91] der Wert der Begründung von Wohnungs- und Teileigentum gemäß § 21 Abs. 2 Geschäftswert des Gesellschaftsvertrages sein (also idR der halbe Wert des künftig bebauten Gesamtobjekts). Bei gleichzeitiger Beurkundung von Gesellschaftsvertrag und Aufteilung nach § 3 WEG sollen die Erklärungen denselben Gegenstand betreffen (§ 44 Abs. 1 S. 1).[92]

45 **cc) Sonstige Beurkundungsvorgänge.** Soweit technischer und wirtschaftlicher Baubetreuungsvertrag oder Finanzierungsvermittlungsverträge bzw. Garantieverträge beurkundet werden, bestimmt sich der Geschäftswert nach Dienst- oder Werkvertragsrecht gemäß § 25 Abs. 2 bzw. 39 Abs. 2 jeweils in Höhe des Honorars für den Vertragspartner. Für den Generalunternehmervertrag ist maßgebend der Gesamtpreis für das Bauwerk (ohne Grundstückswert); verpflichtet sich der Baubetreuer zur Erstellung des Bauwerks gegen einen bestimmten Preis, so ist ebenfalls Bezugswert der Gesamtpreis für das Bauwerk einschließlich Honorar für den Baubetreuer, jedoch ohne Grundstückswert.[93] Nach BayObLG[94] haben diese Verträge, sofern sie zusammen (mit dem Gesellschaftsvertrag) beurkundet werden, denselben Gegenstand (§ 44 Abs. 1).

46 **s) Beitritt zu einer Bauherrengemeinschaft.** Auch hier handelt es sich um einen Austauschvertrag (Einlage des Neugesellschafters gegen Anteil am Gesellschaftsvermögen bzw. beim Ausscheiden Gesellschaftsanteil gegen Abfindung).[95] Regelmäßig wird der Wert der Gesamtsumme der Aufwendungen des Beitretenden entsprechen (Eigenkapital = Bareinlage, zuzüglich anteiliges Fremdkapital = anteiliger Kredit).[96] Ist der Wert des Anteils am Gesellschaftsvermögen höher, so ist dieses maßgebend.[97]

3. Auseinandersetzungsverträge

Schrifttum: Hornig JVBl. 1941, 113; Ackermann DNotZ 1966, 461.

47 Hierunter fallen Veräußerungsvereinbarungen aller Teilhaber einer **Gesamthandsmasse** (Nachlass, Gütergemeinschaft, Gesellschaft des BGB und HGB) unter sich. Keine Auseinandersetzung liegt daher vor bei Übertragung des Nacherbenrechts auf den Vorerben;[98] Erbteilsveräußerungen, selbst wenn diese in der Weise erfolgen, dass ein Miterbe die Erbteile aller anderen Miterben erwirbt; ferner nicht bei Veräußerungsvereinbarungen der Gesamthänder mit Dritten (Austauschvertrag). Die Veräußerungsvereinbarung der Gesamthän-

---

[88] OLG Hamm DNotZ 1983, 569; OLG Saarbrücken JurBüro 1985, 581; BayObLG DB 1986, 34 = MittBayNot 1985, 270; *Baumann* MittRhNotK 1982, 69.
[89] DNotZ 1982, 765, aufgegeben mit BayObLG DB 1986, 34 = DNotZ 1986, 111.
[90] JurBüro 1983, 1366.
[91] BayObLG DNotZ 1982, 765; 770.
[92] DNotZ 1982, 765.
[93] BayObLG MittBayNot 1973, 227; OLG Stuttgart MittBayNot 1976, 39.
[94] DNotZ 1982, 761; auch OLG Hamm MittBayNot 1983, 144; aA *Schmidt* MittBayNot 1982, 159.
[95] *Lappe* KostRsp. Nr. 69; NJW 1988, 3134.
[96] S. auch BayObLGZ 1987, 186 = JurBüro 1988, 2782; KG JurBüro 1991, 564 = KostRsp. Nr. 74 m. Anm. *Lappe*.
[97] OLG Schleswig JurBüro 1991, 1667 = KostRsp. Nr. 77.
[98] KG DNotZ 1935, 237.

der kann auf die Auseinandersetzung sämtlicher oder einzelner Gesamthandsgegenstände gehen[99] oder auf das Ausscheiden eines Gesamthänders unter Fortsetzung der Gesamthand durch die Übrigen.[100] Bei objektiver Auseinandersetzung (über Gesamthandsgegenstände) bestimmt sich der Geschäftswert nach dem Wert der auseinandergesetzten Gesamthandsgegenstände ohne Schuldenabzug,[101] auch bei Umwandlung in Bruchteilsgemeinschaft gleicher Beteiligung. Bezüglich der Abgrenzung zum Austauschvertrag s. Rn. 53. Maßgebend ist hierbei jeweils allein der objektive Inhalt der beurkundeten Erklärung. Ihr Zusammenhang mit anderen Geschäften und das Interesse der Beteiligten an der Beurkundung bleiben außer Betracht.[102] Erfolgt die objektive Auseinandersetzung gegen befreiende Übernahme von Verbindlichkeiten, so ist deren Wert mit dem Wert der auseinandergesetzten Gegenstände (ohne Schuldenabzug) zu vergleichen, der höhere ist maßgebend. Bei subjektiver Auseinandersetzung hingegen (Ausscheiden eines Gesamthänders) ist maßgebend der Wert des Anteils des Ausscheidenden an der Gesamthandsmasse (ohne Schuldenabzug), wenn aber die für sein Ausscheiden gewährte Gegenleistung höher ist, deren Wert.[103] Bei objektiver und subjektiver Auseinandersetzung (Ausscheiden eines Gesamthänders gegen Zuteilung von Gesamthandsgegenständen) ist zu vergleichen der Wert des Anteils des ausscheidenden Gesamthänders (ohne Schuldenabzug) mit dem Wert der ihm dagegen gewährten Gesamthandsgegenstände ohne Schuldenabzug.[104] Bei Erbauseinandersetzungen über Komplementäranteil ist nicht der Kapitalanteil nach Bilanz, sondern der Teilwert des Unternehmenswertes maßgebend, und es gilt das Schuldenabzugsverbot des § 18 Abs. 3.[105] Ist der Komplementär nicht am Vermögen beteiligt, ist der Wert nach § 30 zu schätzen. Ein Anteil von 5 % am Vermögen der KG erscheint angemessen.

Bei gleichzeitiger Auseinandersetzung **mehrerer Gesamthandsmassen** (Nachlässe) ist der Gesamtwert der mehreren Massen ohne Schuldenabzug maßgebend, in mehreren Massen wiederkehrende Gegenstände sind wohl in jeder Masse anzusetzen. Aus § 18 Abs. 3 folgt, dass bei Nachlassmassen Vermächtnisse, Pflichtteilsrechte usw. nicht abzusetzen sind. Wird bei der Beurkundung einer Teilauseinandersetzung wegen des Restnachlasses vereinbart, dass die Teilung auf bestimmte Zeit ausgeschlossen und für die Zwischenzeit Vorerwerbsrechte zu etwaigen Verfügungen einzelner Teilhaber vereinbart werden sollen, so ist neben dem Wert für die Teilauseinandersetzung ein nach § 30 zu bestimmender Wert für die nichtauseinandergesetzten Gegenstände anzusetzen.[106] **48**

Geschäftswerte im Einzelnen:[107] **49**
– Voller Wert des Gesamthandsgegenstandes oder der -masse bei Begründung der Gesamthand, objektiver Voll- oder Teilauseinandersetzung, Überführung in Bruchteileigentum, Umwandlung Erbengemeinschaft in HGB- oder BGB-Gesellschaft, Gesamthandsaufhebung und Auseinandersetzung;
– nur Anteilswert bei subjektiver Auseinandersetzung, Erbteilsabtretung, Ein- oder Austritt eines Gesamthänders; wenn austauschweise erfolgend, vergleichen nach § 39 Abs. 2;
– eine Änderung iS von §§ 30 Abs. 1, 39 Abs. 1 liegt vor bei bloßer Satzungsänderung ohne Kapitaländerung, Umwandlung Komplementär- in Kommanditeinlage und umgekehrt, Umwandlung BGB- in HGB-Gesellschaft;
– bei Grundbuchberichtigung Wert des betroffenen Gesamthandsanteils.

Treffen nach Auseinandersetzung aber in derselben Urkunde die (bisherigen) Gesamthänder **Vereinbarungen** über die ihnen **zugeteilten Wirtschaftsgüter** (zB Vorerwerbs- **50**

---

[99] Nach KG DNotZ 1935, 237 objektive Auseinandersetzung, JFGErg. 21, 61 = DNotZ 1940, 167 = JVBl. 1940, 68.
[100] Nach KG (vorige Fn.) subjektive Auseinandersetzung.
[101] KG DNotZ 1935, 336; 1943, 155; OLG München DNotZ 1941, 303.
[102] BayObLGZ 1992, 72 = KostRsp. Nr. 80 m. abl. Anm. *Lappe*.
[103] KG DNotZ 1940, 167.
[104] KG DNotZ 1940, 167; BayObLG BayJMBl. 1955, 211 (LS).
[105] OLG Celle DNotZ 1969, 631; also nicht der Nominalwert, sondern der wahre Wert, der gemeine Wert, s. auch *Mümmler* JurBüro 1975, 1175.
[106] OLG München DNotZ 1939, 438.
[107] *Ackermann* DNotZ 1966, 461.

§ 39　　　　*1. Teil. 2. Abschnitt: 1. Beurkundungen und ähnliche Geschäfte*

rechte, Veräußerungsbeschränkungen usw.), so sind diese nur dann gegenstandsgleich mit der Auseinandersetzung iS des § 44 Abs. 1, wenn die Erbengemeinschaft personengleich in eine Bruchteilsgemeinschaft umgewandelt wird anders bei Auseinandersetzung in der Form des Austausches von Miteigentumsanteilen (s. Rn. 53), oder bei Übertragung an einzelne Miterben zu Bruchteilen, wenn dies Miteigentümervereinbarungen treffen.

51　　Wegen der Vermittlung der Auseinandersetzung, wenn die Beteiligten noch nicht einig sind, vgl. §§ 116, 148.

52　　Die vorstehenden Bewertungsgrundsätze für die Auseinandersetzung von Gesamtgutsmassen gelten auch für die Auseinandersetzung einer **Innengesellschaft,** wenn diese echte gesellschaftsrechtliche Züge aufweist, bei Beendigung nicht nur Rückgewähr der Einlage (§ 340 HGB) erfolgt. Im Allgemeinen gelten bei ihrer Auseinandersetzung die §§ 730 ff. BGB, d. h. das „schuldrechtliche Gesamtvermögen" ist zu versilbern und nach Begleichung der Verbindlichkeiten den Gesellschaftern nach Maßgabe ihrer Beteiligung auszuzahlen; denn es besteht, auch wenn Gesamthandsvermögen dinglich nicht gebildet wird, ein schuldrechtlicher Auseinandersetzungsanspruch, wobei die Gesellschafter – auch ohne Gesamthandsvermögen – schuldrechtlich so gestellt sind, wie wenn sie an den Gegenständen, Wirtschaftsgütern usw., bezüglich deren innengesellschaftliche Beteiligung vereinbart ist, gesamthänderisch beteiligt wären, zB bei der sog. atypischen stillen Gesellschaft, bei der Unterbeteiligung und ähnlichen innengesellschaftlichen Regelungen. Der Sinn und Zweck der atypischen Beteiligung bzw. Unterbeteiligung geht regelmäßig dahin, diese Beteiligten im Verhältnis der Gesellschafter untereinander – nur nicht nach außen hin – so zu stellen, wie wenn sie Außengesellschafter und Mitgesamthänder wären, und bei der Auseinandersetzung handelt es sich gerade um eine Regelung unter den Gesellschaftern, also nicht nach außen hin.

53　　Auch bei Gemeinschaftsbesitz **(Bruchteilseigentum)** ist eine Auseinandersetzung im vorbehandelten Sinne möglich, sofern nicht der einzelne Gemeinschafter nur über seinen Anteil verfügt, sondern sämtliche Gemeinschafter in der Weise, dass sie das bisher in Bruchteilen besessene Eigentum real aufteilen;[108] zu weitgehend bei Vermögensauseinandersetzung im Rahmen einer Scheidungsvereinbarung;[109] maßgebend ist dann der Wert des gesamten, real aufgeteilten Besitztums ohne Schuldenabzug. Anders, wenn nur einer der Gemeinschafter über seinen Bruchteil verfügt; erhält er dafür eine Gegenleistung, so handelt es sich um einen Austauschvertrag. Auch der **wechselseitige Austausch** von Anteilen an mehreren selbständigen Grundstücken, der das jeweilige Grundstück in seinem Bestand unverändert lässt, ist kostenrechtlich als Austauschvertrag iS des § 39 Abs. 2 zu werten.[110] Ausschlaggebend ist für die Beurteilung eines Austausches, dass die Grundstücke, über deren Miteigentumsanteile verfügt wird, im Rechtssinne im Zeitpunkt der Verfügung (Beurkundung) bestehen. Die bloße Vorlage des Veränderungsnachweises (Messungsoperat) genügt noch nicht, da bei Grundstücksteilung die neu gebildeten Grundstücke erst mit Vollzug des Veränderungsnachweises im Grundbuch im Rechtssinne entstehen.[111] Gegen die Beurkundung eines Austauschs von Miteigentumsanteilen und für eine Auseinandersetzung können auch steuerliche Aspekte sprechen (zB Grunderwerbsteuer). Kein Austausch, sondern eine Auseinandersetzung liegt vor, wenn sich Miteigentümer über ein vereinigtes Grundstück (mehrere selbständige Grundstücke sind im Bestandsverzeichnis unter einer laufenden Nummer eingetragen) auseinandersetzen und jedem Miteigentümer ein Grundstück zu Alleineigentum übertragen wird. Ein Austausch von Miteigentumsanteilen ist nicht möglich, da nur ein Grundstück im Rechtssinne existiert. Die Realteilung erfolgt durch Aufhebung der Grundstücksvereinigung.

54　　Bei **Auseinandersetzung und** gleichzeitiger **Begründung** einer **Personengesellschaft** (KG oder OHG) gelten folgende Grundsätze: Gehören zur Gesamthandsmasse gesellschaftsrechtlich gebundene Vermögensteile, so ist die Auseinandersetzung über diese

---

[108] BayObLG MittBayNot 1970, 120 = MittRhNotK 1971, 234; MittBayNot 2001, 412 m. Anm. PrüfAbt. Notarkasse = JurBüro 2001, 488 = NotBZ 2001, 306 = ZNotP 2001, 367.
[109] LG Darmstadt JurBüro 1983, 743 m. Anm. *Mümmler.*
[110] BayObLG DNotZ 1992, 112 = JurBüro 1991, 1527.
[111] BayObLG MittBayNot 2001, 412 m. Anm. PrüfAbt. Notarkasse = JurBüro 2001, 488 = NotBZ 2001, 306 = ZNotP 2001, 367.

Vermögensteile desselben Gegenstandes, daher keine weitere Gebühr. Werden aber anlässlich der Auseinandersetzung einzelne Gesamthandsteile in gesellschaftsrechtlich gebundenes Vermögen überführt (Begründung einer Personenhandelsgesellschaft), so ist letzteres anderen Gegenstandes, nämlich „Vereinigung von Leistungen", dann neben der Gebühr für die Auseinandersetzung eine weitere Gebühr für die Gesellschaftsgründung.[112]

Zum Fall OLG München[113]: Nur ein Teil der Gesamthänder (die drei Söhne) führte das Unternehmen des verstorbenen Vaters als Kommanditgesellschaft fort, wobei die Söhne sich einigen mussten, wer Komplementär oder Kommanditist ist, mit welcher Einlage, unter welcher Firma. Das ist gegenüber der Auseinandersetzung des Nachlasses des verstorbenen Vaters ein ganz anderes Rechtsverhältnis unter neuer, gesellschaftsrechtlicher Bindung.

4. Vereinigung von Leistungen

a) Wohnungseigentums- und Wohnungserbbaurechtsverträge. Wohnungseigentums- und Wohnungserbbaurechtsverträge nach §§ 3, 4, 30 WEG (nicht nach § 8 WEG) gehen auf die Vereinigung der Leistungen der Gemeinschafter zur Schaffung neuer Rechtsgüter (Wohnungseigentum, Wohnungserbbaurechte), an denen die Leistenden für ihre Leistung entsprechend teilhaben. Für die Begründungsverträge gibt § 21 Abs. 2 und 3 eine besondere Wertvorschrift, die dem § 39 vorgeht. Wie beim Erbbaurecht werden von der Wertvorschrift des § 21 aber nur die Bestimmungen erfasst, die der gesetzlich zulässigen Gestaltung der genannten dinglichen Rechte dienen, mit anderen Worten die zum Inhalt dieser dinglichen Rechte gemacht werden können und gemacht werden, während darüber hinausgehende Vereinbarungen der Gemeinschafter, zB Vereinbarung von Vorerwerbsrechten, Benützungsrechten usw., nicht durch § 21 erfasst werden, ihr Wert also dem nach § 21 ermittelten hinzutritt.[114] Die Veräußerung eines bereits begründeten Wohnungseigentums oder -erbbaurechts ist, wenn sie nicht unentgeltlich erfolgt, Austauschvertrag nach § 39 Abs. 2, wie die Veräußerung eines bereits begründeten Erbbaurechts. Der Erwerbsvertrag, mit dem die Wohnungseigentum oder Wohnungserbbaurecht vereinbarenden Personen das Grundstück oder Erbbaurecht, bezüglich dessen das Recht begründet wird, erwerben, ist dieser Begründung gegenüber stets anderen Gegenstandes, daher § 44 Abs. 2 anzuwenden.

b) Gesellschaftsregelungen. Gesellschaftsverträge über die Gründung einer **Personengesellschaft** oder **Kapitalgesellschaft** sind keine Austauschverträge, sondern Verträge über die Vereinigung von Leistungen. Der Geschäftswert ist der Wert aller Leistungen der Gesellschafter (Aktiven) ohne Schuldenabzug.[115] Dies gilt auch, wenn bei einer bereits bestehenden Personengesellschaft erstmals der Gesellschaftsvertrag beurkundet wird.[116] Für die Wertfeststellung ist es ohne Bedeutung, ob die Einlageleistungen sogleich oder erst später zu bewirken sind; letterenfalls darf kein Zwischenzins abgezogen werden. Der Geschäftswert bestimmt sich bei Sachgründung auch dann nach dem Wert der Sacheinlage, wenn die Erfüllung der Einlagepflicht zu gesonderter Urkunde erfolgt. Auch eine vorbehaltene spätere Einlageerhöhung und satzungsmäßige Nachschussleistungen rechnen mit,[117] ferner die Verpflichtung eines Gesellschafters, der Gesellschaft Darlehen zu verschaffen, wo bei nicht angegebenem Darlehenshöchstbetrag nach § 30 Abs. 1 zu schätzen ist.[118] Persönliche Dienstleistungen rechnen nur dann mit, wenn sie ausdrücklich als Einlage behandelt werden;[119] zum Geschäftswert vgl. § 25 Rn. 11. Die übliche Geschäftsführung ist idR keine solche als Einlage zu beurteilende Dienstleistung.[120]

---

[112] *Ackermann* JurBüro 1975, 857; irrig OLG München DNotZ 1941, 303; OLG Celle DNotZ 1968, 507 = MittBayNot 1969, 93.
[113] DNotZ 1939, 438.
[114] *Ackermann* Rpfleger 1960, 115.
[115] KG DNotZ 1940, 87; 1941, 169; OLG München Rpfleger 1951, 138; OLG Oldenburg DNotZ 1956, 331; LG Hildesheim JurBüro 1965, 79; LG Zweibrücken MittBayNot 1979, 39; *Ackermann* DNotZ 1966, 469.
[116] KG DNotZ 1940, 366; OLG Oldenburg DNotZ 1956, 331; KG MittBayNot 1972, 185.
[117] OLG Neustadt Rpfleger 1957, 240.
[118] KG DNotZ 1941, 169.
[119] LG Lübeck JurBüro 1963, 229.
[120] LG Hildesheim JurBüro 1965, 77.

57 Dieselben Grundsätze gelten für die Gründung einer **BGB-Gesellschaft.** Bei Grundstücks-BGB-Gesellschaften ist zu unterscheiden: Erfolgt die Gründung vor einem konkreten Kaufvertrag und ergibt sich aus dem Gesellschaftsvertrag keine konkrete Einlageverpflichtung, so ist der Geschäftswert nach § 30 Abs. 1 zu schätzen, es sei denn, es liegen konkrete Anhaltspunkte wie zum Beispiel die Verpflichtung zur Schuldaufnahme in bestimmter Höhe vor. Wird die Gesellschaft nach Abschluss des Kaufvertrages beurkundet, und erfolgte der Erwerb bereits in BGB-Gesellschaft, so sind die bereits geleisteten Einlagen (Grundstück) zur Geschäftswertermittlung, ohne Schuldenabzug, maßgebend. Der Geschäftswert ist hier das Vermögen der Gesellschaft (Summe der Aktiva), ohne Schuldenabzug.[121]

57 a Erwerben beispielsweise A und B ein Grundstück in Gesellschaft bürgerlichen Rechts und treffen im Kaufvertrag keine vom Gesetz abweichenden Regelungen bezüglich ihrer GbR, erfolgt keine zusätzliche Bewertung. Ein Gesellschaftsvertrag ist nicht mitbeurkundet, wenn sich die gesellschaftsrechtlichen Bestimmungen darauf beschränken, dass beide Gesellschafter zu gleichen Teilen beteiligt sind (dies entspricht § 722 Abs. 1 BGB) und iÜ die gesetzlichen Bestimmungen gelten sollen.

57 b Werden nur einzelne Bestimmungen des Gesellschaftsvertrages bezüglich des erworbenen Grundstücks getroffen, ist ein Bruchteil des nach § 39 Abs. 1 maßgebenden Gesellschaftsvertrages anzunehmen. Die Höhe des Teilwertes bestimmt sich nach dem Umfang der gesellschaftsrechtlichen Regelungen. Der volle Wert des Gesellschaftsvermögens kommt für den Gesellschaftsvertrag nur dann in Betracht, wenn alle wesentlichen Teile geregelt sind, wie zB Beteiligungsverhältnisse, Gesellschaftszweck, Geschäftsführung, Beschlussfassungen, Gewinn- und Verlustverteilung, Kündigung, Auflösung bei Ausscheiden usw.

58 Für die Gesellschaftsverträge der **Aktiengesellschaften** ist nicht ohne weiteres das Grundkapital maßgebend, sondern, wenn der Ausgabebetrag der Aktien höher ist als der Nennbetrag, der Ausgabebetrag; ebenso ist der Wert der Sacheinlagen eines Aktionärs ohne Abzug der Schulden, soweit er den Nennbetrag oder den höheren Ausgabevertrag der ihm gewährten Aktien übersteigt, hinzuzurechnen. Sachübernahmen sind mit dem Werte der übernommenen Anlagen oder anderen Vermögensstücke, wenn jedoch die für sie zu gewährende Vergütung höher ist, mit deren Wert anzusetzen. Ist in der Satzung der Vorstand ermächtigt, das Grundkapital durch Ausgabe neuer Aktien gegen Einzahlung zu erhöhen (genehmigtes Kapital, vgl. § 202 AktG), so ist der Betrag dieses „genehmigten Kapitals" hinzuzurechnen. Die Übernahme der Aktien in der Satzung selbst durch die Gründer ist Bestandteil der Satzung, erhöht also nicht deren Wert.[122] Anders aber: Bei Übernahme der Aktien durch die Gründer, die sie bei der Feststellung der Satzung noch nicht übernommen haben, ist der Nennbetrag der Aktien, wenn aber der Ausgabebetrag höher ist, dieser maßgebend. Wird bei Gründung einer AG zugleich der erste **Aufsichtsrat bestellt,** handelt es sich um einen nach § 47 zu bewertenden Beschluss, s. hierzu § 41 c Rn. 108.

58 a Durch das Gesetz zur Modernisierung des Investmentwesens und zur Besteuerung von Investmentvermögen (Investmentmodernisierungsgesetz vom 15. 12. 2003, BGBl. I S. 2676) ist das InvG am 1. 1. 2004 in Kraft getreten. Gemäß § 104 InvG ist der Vorstand einer **Investmentaktiengesellschaft mit veränderlichem Kapital** ermächtigt, das Grundkapital bis zu dem in der Satzung bestimmten Höchstbetrag wiederholt durch Ausgabe neuer Aktien gegen Einlagen zu erhöhen (statuarisch genehmigtes Kapital). Der Geschäftswert für die Gründung der Investmentaktiengesellschaft bestimmt sich in diesem Fall nach dem Höchstbetrag des veränderlichen Grundkapitals, ähnlich wie bei der Vereinbarung eines genehmigten Kapitals (vgl. Rn. 58). Ist der Ausgabebetrag höher als der Nennbetrag, ist der Ausgabebetrag maßgebend.

59 Bei der **GmbH** können den Gesellschaftern auch andere Verpflichtungen auferlegt werden (§ 3 Abs. 2 GmbHG). Diese rechnen mit; so bei einer Syndikatsgesellschaft die Be-

---

[121] BayObLG MittBayNot 1995, 245; vgl. *Baumann* MittRhNotK 1982, 69.
[122] KG JFGErg. 21, 66 = DNotZ 1940, 163 = JVBl. 1940, 88.

schränkungen, die den Gesellschaftern in dem freien Absatz ihrer Erzeugnisse auferlegt werden; ihr Wert ist nach § 30 zu bestimmen.[123] Werden neben der Satzung schuldrechtliche Verpflichtungen der Gesellschafter einer GmbH beurkundet, für Gesellschaftsschulden bis zu einer bestimmten Höhe zu bürgen, so ist dieser Höchstbetrag (soweit höher als der Wert der sonstigen Leistungen) der Geschäftswert.[124]

Übernimmt ein Gesellschafter eine Stammeinlage in Höhe eines bestimmten Geldbetrages, darf er diese aber durch **Einbringung** eines Handelsunternehmens leisten, so bestimmt sich der Geschäftswert der zugleich beurkundeten Einbringung nicht nach dem Nominalwert der übernommenen Einlage, sondern nach dem höheren Wert des Aktivvermögens (Summe der aktiven Bilanzposten, ggf. um Verlustvorträge gemindert) des eingebrachten Unternehmens. Dies gilt auch dann, wenn vereinbart wurde, dass ein eventueller Wertunterschied zwischen eingebrachtem Unternehmen und Nominalbetrag ausgeglichen werden soll.[125] Werden in der Bilanz „nicht abgerechnete, angefangene und/oder fertige Arbeiten" ausgewiesen, so sind diese mit dem Passivposten „Anzahlungen von Kunden" dann zu saldieren, wenn dies einer Wertberichtigung gleich zu achten ist.[126] Steuerlich zulässige Abschreibungen dürfen gemäß § 281 HGB auch in der Weise vorgenommen werden, dass ihr Unterschiedsbetrag zwischen der nach § 253 HGB iVm. § 279 HGB und der nach § 254 HGB zulässigen Bewertung in den Sonderposten mit Rücklagenanteil eingestellt wird. Es handelt sich hierbei um eine Rückstellung mit Wertberichtigungscharakter, welche abzuziehen ist. 60

Bei sog. **Abschreibungs-(Publikums)gesellschaften** wird bei Abschluss des Gesellschaftsvertrages insbesondere von den Kommanditisten regelmäßig der Komplementär (meistens GmbH & Co. KG, also die GmbH) ermächtigt, weitere Personen als Kommanditisten bis zu einem bestimmten Höchstbetrag aufzunehmen. Bei der vorgesehenen Ausweitung des Vermögensbestandes handelt es sich im Regelfall um eine gesellschaftsrechtliche Vereinbarung, die den Wert des Gesellschaftsvertrages erhöht (Geschäftswert = Höchstbetrag).[127] Für die Bemessung des Geschäftswertes ist es nicht erforderlich, dass der Umfang der beabsichtigten Einlageerhöhung ziffernmäßig aus dem Gesellschaftsvertrag ersichtlich ist, es reicht aus, wenn sich hinreichend sicher feststellen lässt, welche Vorstellungen die Gesellschafter vom Umfang der Einlageerhöhung bei Abschluss des Gesellschaftsvertrages haben.[128] Kostenrechtlich kann nur dann von einer Vollmacht ausgegangen werden, die einen anderen Gegenstand hätte als die Beurkundung des Gesellschaftsvertrages, wenn die Aufnahme neuer Kommanditisten nur im Einverständnis aller Gesellschafter möglich ist und deshalb diese den Komplementär nach entsprechender Vereinbarung aller Gesellschafter bevollmächtigen, die erforderlichen Erklärungen gegenüber dem neuen Kommanditisten abzugeben und diesen namens aller Gesellschafter zur Eintragung in das Handelsregister anzumelden. Gegen OLG Hamm[129] spricht auch, dass der Gesellschaftsvertrag die verbindliche Ausgestaltung des künftigen Rechtsverhältnisses regelt, vergleichbar dem genehmigten Kapital bei einer AG oder einer vorbehaltenen Einlage oder Nachschusspflicht.[130] Zur Bewertung der Vollmacht vgl. § 41 Rn. 2 ff. 61

Der Wert des Einbringens (ohne Abzug der Schulden) ist auch bei Gründung einer **OHG** oder einer **KG** maßgebend, obwohl diese keine eigene Rechtspersönlichkeit haben. Gleiches gilt, wenn jemand als Gesellschafter oder Kommanditist in das Geschäft eines Einzelkaufmannes eintritt; maßgebend ist dann nicht nur die Einlage des Eintretenden, sondern auch die des bisherigen Einzelkaufmanns. Sollen bei einer Offenen Handelsgesell- 62

---

[123] KG JFGErg. 3, 229.
[124] BayObLG JurBüro 1981, 264.
[125] OLG Düsseldorf DNotZ 1980, 189, unter Aufgabe von DNotZ 1979, 244.
[126] OLG Hamm Rpfleger 1965, 374; LG Zweibrücken MittBayNot 1979, 39.
[127] KG DNotZ 1973, 183; 1974, 493; OLG Zweibrücken Rpfleger 1975, 408; BayObLG MittBayNot 2001, 581; aA OLG Hamm Rpfleger 1974, 236, das eine Vollmacht an den Komplementär annimmt, dagegen *Lappe* KostRsp. Nr. 30; s. auch *Schalhorn* JurBüro 1973, 191.
[128] OLG Köln MittBayNot 1999, 399 = ZNotP 1999, 295.
[129] Rpfleger 1974, 236.
[130] Vgl. *Ackermann* JurBüro 1976, 431.

schaft die von den Gesellschaftern zugesagten Dienstleistungen als besondere Einlagen gelten, so muss dies im Gesellschaftsvertrag ausdrücklich hervorgehoben werden. Beim Eintritt eines Gesellschafters in eine schon bestehende OHG oder KG ist der der Beteiligung des Eintretenden an der Gesellschaft entsprechende Wert des Anteils an dem Gesellschaftsvermögen ohne Abzug der Schulden oder der etwa höhere Wert seiner Einlagen maßgebend.

Beispiel:[131] „Eintritt eines neuen Gesellschafters: Wert der Aktiva 500 000 Euro; Gewinnbeteiligung des neuen Gesellschafters 25%; Wert seiner Einlage 70 000 Euro. Der Geschäftswert ist 25% von 500 000 Euro = 125 000 Euro, da höher als der Wert der Einlage."

63 Bei **Ausscheiden eines Gesellschafters** bestimmt sich der Geschäftswert nach dem Wert des Anteils des Ausscheidenden, sofern die diesem gewährte Abfindung nicht höher ist, bei der Übernahme durch einen der Gesellschafter unter Ausscheiden der übrigen demnach nach dem Wert der Anteile der Ausscheidenden oder der höheren Abfindung, wobei sich der Wert des Anteils des ausscheidenden Gesellschafters nach seinem Anteil (regelmäßig nach dem Gewinnanteil, bei außergewöhnlicher Gewinnverteilung nach dem Liquidationsanteil) am Aktivvermögen ohne Schuldenabzug bestimmt.[132]

Beispiel: „Ausscheiden eines Gesellschafters, Wert der Aktiva 300 000 Euro. Wert der zur Abfindung gewährten Leibrente, nach § 24 kapitalisiert, 40 000 Euro. Geschäftswert bei Gewinnbeteiligung 20% von 300 000 Euro = 60 000 Euro."[133] Geschäftswert für Grundbuchberichtigung s. § 30 Rn. 35.

63 a **Fortsetzung durch Erbengemeinschaft.** Ist hingegen eine Gesellschaft durch Tod eines Gesellschafters aufgelöst und setzt der überlebende Gesellschafter die Gesellschaft unter Umwandlung in eine Kommanditgesellschaft mit dem Erben fort, so bestimmt sich der Geschäftswert nach dem Aktivvermögen der Gesellschaft, das sie gemeinschaftlich einbringen,[134] etwaige neue zusätzliche Kommanditeinlagen rechnen aber mit. Auch dann ist das Aktivvermögen Geschäftswert, wenn Miterben ein in Erbengemeinschaft betriebenes Handelsgeschäft in eine gleichzeitig gegründete Gesellschaft einbringen.[135]

63 b **Ausscheiden durch Kündigung:** Werden nicht die Vereinbarungen über das Ausscheiden selbst, sondern wird nur die **Kündigung** beurkundet, ist der Geschäftswert nach § 30 Abs. 1 zu bestimmen (Bruchteil von 20–30% aus Anteilswert des Kündigenden, $10/_{10}$-Gebühr nach § 36 Abs. 1). Werden jedoch Vereinbarungen über Ausgleichszahlungen mitbeurkundet, liegt insgesamt ein Vertrag vor ($20/_{10}$ nach § 36 Abs. 2). Geschäftswert für diesen Fall: Wert der Kündigung, s. oben, oder, wenn höher, der Wert der Abfindungen.

64 Bei Eintritt eines **stillen Gesellschafters** in eine Handelsgesellschaft ist der wesentliche Inhalt des Gesellschaftsvertrages, dass der stille Gesellschafter an den Inhaber des Handelsgeschäfts eine Einlage zu leisten hat und er am Gewinn und Verlust oder nur am Gewinn des Handelsgeschäfts beteiligt ist. Ein eigenes Gesellschaftsvermögen entsteht nicht. Daher ist Geschäftswert der Wert der Einlage.[136]

65 Bei der **atypischen stillen Gesellschaft** wird (schuldrechtlich) der stille Gesellschafter hingegen so behandelt, als wäre er am Geschäftsvermögen wie ein Gesamthandsberechtigter beteiligt. Denn hier besteht bei Auflösung der Gesellschaft kein bloßer Anspruch auf Rückgewähr der Einlagen, sondern ein echter, wenn auch nur schuldrechtlicher Auseinandersetzungsanspruch, der sich aus dem gesamten Gesellschaftsvermögen errechnet. Der Umfang der schuldrechtlichen Ansprüche richtet sich nach den gesellschaftsvertraglichen Vereinbarungen; sie können sich auf den Buchwert des Vermögens, auf stille Rücklagen und auch auf den Firmenwert beziehen. Der Geschäftswert bei Beurkundung einer atypi-

---

[131] *Schmidt* MittBayNot 1958, 187.
[132] KG JFGErg. 16, 25 = DNotZ 1937, 433 = JVBl. 1937, 268; DNotZ 1943, 12; LG München I MittBayNot 1998, 277 und 397 = ZNotP 1998, 37; OLG Zweibrücken FGPrax 2001, 260 = MittBayNot 2002, 61 = Rpfleger 2002, 99 = ZNotP 2002, 82; aA *Vollrath* Rpfleger 2004, 17.
[133] Weitere Beispiele mit Grundsätzen: DNotZ 1966, 461.
[134] KG DNotZ 1941, 78 = JVBl. 1941, 27.
[135] So KG DNotZ 1940, 453; 1941, 303.
[136] KG DNotZ 1941, 78 = JVBl. 1941, 453; BayObLG MittBayNot 1983, 31.

schen stillen Gesellschaft richtet sich demzufolge nicht nur nach dem Wert der Einlage, sondern nach den schuldrechtlichen Ansprüchen, soweit sie eine Beteiligung am Geschäftsvermögen beinhalten.[137] Mithin ist vom Aktivvermögen des Unternehmens, an der die Beteiligung als atypisch stille Gesellschafter erfolgt, auszugehen. Verbindlichkeiten des Unternehmens sind nicht abzuziehen. Geschäftswert ist die prozentuale Beteiligung des atypisch stillen Gesellschafters. Wegen der nur schuldrechtlichen Beteiligung am Unternehmen des Hauptgesellschafters ist ein Wertabschlag veranlasst, etwa 20–30%.[138] Bei der **Unterbeteiligung** werden dem Unterbeteiligten obligatorische Ansprüche an der Hauptbeteiligung eingeräumt. Die Ausgestaltung der Vereinbarungen erfolgt regelmäßig ähnlich einer atypischen stillen Gesellschaft. Daher gilt für die kostenrechtliche Beurteilung solcher Verträge das vorstehend Ausgeführte.[139]

5. Verträge und Pläne nach dem UmwG

Sämtliche Formen von **Unternehmensumwandlungen** wurden mit Inkrafttreten des UmwBerG (BGBl. 1994 I S. 3210) am 1. 1. 1995 im UmwG zusammengefasst. Umwandlungsmöglichkeiten sind die Verschmelzung, die Spaltung (Ausgliederung), die Vermögensübertragung und der Rechtsformwechsel (zu letzterem s. § 41c Rn. 78). Zur materiellrechtlichen Behandlung von Umwandlungsmaßnahmen s. iÜ § 41c Rn. 58.   66

Im Einzelnen gilt folgendes: **a) Verschmelzung.** Es wird unterschieden zwischen Verschmelzung durch **Aufnahme** und Verschmelzung durch **Neugründung.** Werden bei Verschmelzung durch Aufnahme den Anteilsinhabern des übertragenden Rechtsträgers als Gegenleistung Gesellschafts-, Mitgliedsrechte oder Aktien am Vermögen des aufnehmenden Rechtsträgers gewährt, liegt ein Austauschvertrag vor.[140] Der Geschäftswert richtet sich nach dem Aktivwert des übergehenden Vermögens (ohne Schuldenabzug) oder, wenn die Gegenleistungen höher sind, nach diesen. Bei Verschmelzung ohne Gegenleistungen ist der Geschäftswert gemäß § 39 Abs. 1 zu bestimmen.[141] Maßgebend ist dann ausschließlich das übergehende Vermögen ohne Schuldenabzug.[142] Der Wert des Aktivvermögens ist nach der Verschmelzungsbilanz festzustellen. Das Schuldenabzugsverbot verstößt nicht gegen Verfassungsrecht.[143] Das Aktivvermögen ist auch dann anzusetzen, wenn zwischen den zu verschmelzenden Rechtsträgern ein Treuhandverhältnis besteht.[144] Der Notar ist verpflichtet, die der Verschmelzung zugrundeliegende Bilanz zu verwenden und dahin zu prüfen, ob für bestimmte Bilanzposten ein anderer kostenrechtlicher Wert einzusetzen ist. Bei Unterlassen einer diesbezüglichen Prüfung kann ein Verstoß gegen § 140 vorliegen.[145] Nach allgemeiner Auffassung genügt es, wenn der Notar für bilanzierten Grundbesitz einschl. Gebäude den Verkehrswert an die Stelle des Buchwertes setzt, die Posten „angefangene, noch nicht abgerechnete Arbeiten" mit den „erhaltenen Anzahlungen" saldiert, soweit diese Wertberichtigungen gleichzusetzen sind (s. hierzu § 41c Rn. 71) und ein evtl. verbuchtes Minuskapital „nicht durch Eigenkapital gedeckter Fehlbetrag" abzieht, da insoweit eine Kapitalunterdeckung vorliegt (§ 268 Abs. 3 HGB). Höhere Anforderungen zur Überprüfung und Berichtigung einer Bilanz, insbesondere was die Aufdeckung sonstiger stiller Reserven betrifft, werden an den Notar nach allgemeinem Verständnis nicht gestellt.[146] Rechnungsabgrenzungen haben keinen Wertberichtigungscharakter und sind daher nicht abzuziehen. Zu steuerlichen Abschreibungen in den Sonderposten mit Rücklagenanteil s. Rn. 60. Bei Verschmelzung von **Mutter-Tochter-Gesellschaften** ergeben sich keine   67

---

[137] BayObLG MittBayNot 1983, 31.
[138] BayObLG MittBayNot 1983, 31.
[139] *Ackermann* DNotZ 1966, 26, LG Würzburg JurBüro 1976, 502; BayObLG MittBayNot 1983, 31.
[140] BayObLG DNotZ 1975, 676; 1993, 273 – schon zur alten Rechtslage.
[141] OLG Karlsruhe Rpfleger 2001, 321.
[142] BayObLG MittBayNot 1997, 252 = ZNotP 1997, 38; MittBayNot 1999, 398 = ZNotP 1999, 414.
[143] BayObLG MittBayNot 1997, 252 = GmbHR 1997, 506 = FGPrax 1997, 114.
[144] OLG Karlsruhe Rpfleger 2001, 321 = ZNotP 2002, 121.
[145] *Lappe/Schulz* NotBZ 1997, 54; *Tiedtke* MittBayNot 1997, 211, jeweils mwN.
[146] *Tiedtke* MittBayNot 1997, 211.

Besonderheiten. Soweit Forderungen der aufnehmenden Gesellschaft gegen die übertragende Gesellschaft durch die Verschmelzung wegfallen, wirkt sich dies auf den Aktivwert nach Bilanz nicht wertmindernd aus. Die wegfallenden Forderungen dürfen nicht abgezogen werden.[147] Zur Frage des Höchstwertes nach § 39 Abs. 4 in Höhe von 5 Mio. Euro und zum ggf. mehrfachen Ansatz s. Rn. 145 ff.

68 Wird im Zuge der Verschmelzung der Gesellschaftsvertrag des aufnehmenden Rechtsträgers geändert, liegt Gegenstandsgleichheit mit der Verschmelzung vor. Eine zusätzliche Bewertung kommt nicht in Betracht, es sei denn, die Änderung erfolgt durch Beschluss (§ 41 c Rn. 66).

69 Eine Verschmelzung ist immer Vertrag, auch wenn der Alleingesellschafter einer Kapitalgesellschaft deren Vermögen übernimmt. Es fällt also immer eine Vertragsgebühr nach § 36 Abs. 2 an. Gleiches gilt für Umwandlungen durch Spaltung in Form der Ausgliederung eines von einem Einzelkaufmann betriebenen Unternehmens in eine bestehende Gesellschaft mit beschränkter Haftung, deren Alleingesellschafter dieser Einzelkaufmann ist. Auch hier bedarf es eines Spaltungs- und Aufnahmevertrages.[148]

70 Hält die übernehmende Gesellschaft zB alle Geschäftsanteile an der übertragenden Gesellschaft, steht der Vermögensübertragung keine Gegenleistung in Form der Gewährung von Geschäftsanteilen gegenüber. In diesem Fall ist der Geschäftswert nicht nach § 39 Abs. 2, sondern nach § 39 Abs. 1 zu bestimmen.[149]

71 **Zustimmungsbeschlüsse** zu Verschmelzungen s. § 41 c Rn. 68, zu **Registeranmeldungen** s. § 41 a Rn. 93 ff., **Nebentätigkeiten** s. § 147 Rn. 113 ff.

72 **Verzichtserklärungen** auf den Verschmelzungsbericht nach § 8 Abs. 3 UmwG, auf den Prüfungsbericht nach § 9 Abs. 3 iVm. § 12 Abs. 3 UmwG, sind bei Mitbeurkundung im Verschmelzungsvertrag nicht zusätzlich zu bewerten, da Gegenstandsgleichheit vorliegt.[150] Gleiches gilt für **Zustimmungserklärungen,** zB Zustimmungserfordernisse in besonderen Fällen (§§ 13, 50, 51 UmwG). Bei Mitbeurkundung in der Niederschrift über die Zustimmungsbeschlüsse der an der Verschmelzung beteiligten Rechtsträger oder bei gesonderter Erklärung s. § 41 c Rn. 64. Unrichtige Sachbehandlung liegt vor, wenn die Verzichtserklärungen ohne sachliche Gründe oder ausdrückliches Verlangen getrennt, also nicht zusammen mit dem Verschmelzungsvertrag beurkundet werden.[151] § 16 ist jedoch ausgeschlossen, wenn die beteiligten Gesellschaften auf Grund ihrer Sachkunde die zu beurkundenden Erklärungen selbst gefertigt und dies nicht dem Notar überlassen haben.[152]

72 a **Grenzüberschreitende Verschmelzungen.** Durch das Zweite Gesetz zur Änderung des Umwandlungsgesetzes vom 19. 4. 2007 (BGBl. I S. 542, am 20. 4. 2007 in Kraft getreten) wurden grenzüberschreitende Verschmelzungen zugelassen. Eine solche liegt vor, wenn mindestens eine der beteiligten Gesellschaften (nur Kapitalgesellschaften) dem Recht eines anderen Mitgliedstaats der Europäischen Union oder eines anderen Vertragsstaats des Abkommens über den Europäischen Wirtschaftsraum unterliegt. Hierher gehört zB die europäische Aktiengesellschaft – Societas Europaea (SE). Als Besonderheit ist gegenüber der herkömmlichen Verschmelzung in § 122 c UmwG geregelt, dass das Vertretungsorgan einer beteiligten Gesellschaft zusammen mit den Vertretungsorganen der übrigen beteiligten Gesellschaften einen gemeinsamen Verschmelzungsplan aufstellen muss. Der notwendige Inhalt ergibt sich aus § 122 c Abs. 2 UmwG. Der Verschmelzungsplan muss gemäß § 122 c Abs. 4 UmwG notariell beurkundet werden. Darüber hinaus ergeben sich keine Besonderheiten. Bei dem Verschmelzungsplan liegen, vergleichbar mit dem Spaltungsplan, wenn auch andere Rechtswirkungen, einseitige Erklärungen vor. Der Geschäftswert ist nach dem Aktivvermögen der übertragenden Gesellschaft gemäß Bilanz ohne Schuldenab-

---

[147] OLG Düsseldorf MittBayNot 1998, 464 = BB 1998, 2495 = Rpfleger 1998, 540 = JurBüro 1999, 321 = ZNotP 1998, 471.
[148] OLG Zweibrücken MittBayNot 1999, 402 = JurBüro 1999, 488 = FGPrax 1999, 191.
[149] BayObLG MittBayNot 1992, 417.
[150] OLG Hamm MittBayNot 2002, 210 = FGPrax 2002, 86.
[151] OLG Zweibrücken ZNotP 2002, 450 = FGPrax 2002, 274 = JurBüro 2003, 148.
[152] So auch LG Düsseldorf JurBüro 2004, 98.

zug (§ 18 Abs. 3) zu bestimmen. Daraus ist eine $^{10}/_{10}$-Gebühr zu erheben. Zur identitätswahrenden Sitzverlegung gemäß Art. 8 SE-VO[153] s. § 41 c Rn. 52 a.

b) Spaltungen (Auf- und Abspaltungen, Ausgliederungen). Auf- und Abspaltungen zur Aufnahme sind ebenfalls Austauschverträge, wenn den Anteilsinhabern des übertragenen Rechtsträgers Anteilsrechte (Geschäftsanteile, Aktien, Gesellschaftsrechte) gewährt werden.[154] Für den Spaltungsvertrag ist der Geschäftswert in gleicher Weise festzusetzen wie für einen Verschmelzungsvertrag. Dieser richtet sich nach den Aktiven des auf- oder abgespaltenen Vermögens oder Vermögensteils. Auch hier gilt das Schuldenabzugsverbot des § 18 Abs. 3. Falls die Gegenleistungen ausnahmsweise den Wert des übergehenden Vermögens übersteigen, sind diese als Geschäftswert maßgebend. 73

Werden **Gesellschaftsbeteiligungen** abgespalten, ist nicht deren in der Bilanz enthaltener Buchwert maßgebend, sondern der nach der KostO maßgebende Wert. Handelt es sich um einen Geschäftsanteil an einer GmbH, ist der Wert nach § 30 Abs. 1 nach freiem Ermessen zu bestimmen. Es soll der Wert festgestellt werden, der im Wirtschaftsleben anzunehmen ist.[155] Der Nennbetrag eines Geschäftsanteils gibt grundsätzlich keine Rückschlüsse auf den wirtschaftlichen Wert (Ausnahme: neu gegründete GmbH). Aus dem Nominalbetrag lässt sich lediglich die quotale Beteiligung am Gesellschaftsvermögen feststellen. Bewertungsmethoden sind zB der Kurs eines Geschäftsanteils, notfalls der Steuerkurs,[156] Vergleichswerte aus anderweitigen Verkäufen, die mit der konkreten Bewertung in einem angemessenen zeitlichen Zusammenhang (weniger als ein Jahr) stehen.[157] Notfalls kann eine Wertbestimmung auch auf der Grundlage der Bilanz (Aktiva abzüglich Verbindlichkeiten) unter Hinzurechnung der Ertragsaussichten vorgenommen werden.[158] Zur Wertberechnung nach dem sog. Stuttgarter Verfahren s. § 30 Rn. 12. 74

Etwas anderes gilt bei Abspaltung einer Beteiligung an einer Personengesellschaft. Im Gegensatz zur GmbH sind die Gesellschafter an einer Personengesellschaft (OHG, KG, GbR) unmittelbar am Vermögen der Gesellschaft beteiligt. Die (anteiligen) Verbindlichkeiten lasten unmittelbar auf dem Gesellschaftsanteil, es gilt daher das Schuldenabzugsverbot nach § 18 Abs. 3.[159] Als Geschäftswert ist der Anteil am Gesellschaftsvermögen maßgebend, welcher der quotalen Beteiligung des betreffenden Gesellschafters entspricht. Grundlage ist die am Beurkundungstag maßgebende Bilanz. Zur etwaigen Korrektur von Bilanzposten s. Rn. 67. 75

Hält der aufnehmende Rechtsträger alle Anteile am aufgespaltenen oder abspaltenden Rechtsträger, werden keine Gegenleistungen in Form der Gewährung von Geschäftsanteilen gewährt. Steht keine Gegenleistung gegenüber, erfolgt die Bewertung nach § 39 Abs. 1 und nicht nach § 39 Abs. 2. 76

Bei der Auf- oder Abspaltung zur Aufnahme liegt immer ein Vertrag vor. Gebühr daher nach § 36 Abs. 2. Die Änderung des Gesellschaftsvertrages des aufnehmenden Rechtsträgers ist nicht zusätzlich zu bewerten, da Gegenstandsgleichheit vorliegt. Anders bei Beschluss (s. § 41 c Rn. 66). 77

Bei der Auf- oder Abspaltung zur Neugründung handelt es sich nicht um einen Spaltungs- und Übernahmevertrag; an seine Stelle tritt der Spaltungsplan. Zum Geschäftswert ergeben sich keine Besonderheiten. Er richtet sich nach dem Aktivwert des übergehenden Vermögens, bei Abspaltung mehrerer Rechtsträger nach dem Gesamtwert der übergehenden Vermögensteile. 78

Beim Spaltungsplan handelt es sich um einen einseitigen Rechtsakt, für den eine $^{10}/_{10}$-Gebühr nach § 36 Abs. 1 anfällt. Die im Spaltungsplan enthaltene Satzung des neu ge- 79

---

[153] Maßgebliche Rechtsgrundlage ist die auf Grund Art. 308 EG-Vertrag erlassene Verordnung Nr. 2157/2001/EG vom 8. 10. 2001 (ABl. EG Nr. L 294), s. *Wicke* MittBayNot 2006, 196.
[154] BayObLG MittBayNot 1997, 54.
[155] BayObLG JurBüro 1992, 183.
[156] Streifzug Rn. 892.
[157] Streifzug Rn. 892.
[158] BayObLG, zuletzt JurBüro 1988, 1199; *Lappe* NotBZ 2000, 225.
[159] BayObLG DNotZ 1991, 400 mwN; MittBayNot 2005, 74 = ZNotP 2004, 510; OLG Zweibrücken MittBayNot 2002, 61 = ZNotP 2002, 82 = Rpfleger 2002, 99.

gründeten Rechtsträgers ist Teil des Spaltungsvorgangs und daher nicht gesondert zu bewerten.[160]

80 Zur Frage des Höchstwertes von 5 Mio. Euro und zum ggf. mehrfachen Ansatz des Höchstwertes s. Rn. 147.

81 **Zustimmungsbeschlüsse** zu Spaltungsvorgängen s. § 41c Rn. 76, **Registeranmeldungen** s. § 41a Rn. 99ff., **Nebentätigkeiten** s. § 147 Rn. 113ff.

82 Zur kostenrechtlichen Behandlung von **Verzichts- und Zustimmungserklärungen** der Anteilsinhaber der am Spaltungsvorgang beteiligten Rechtsträger ergeben sich keine Besonderheiten. Es sind die gleichen Grundsätze anzuwenden wie bei der Verschmelzung. Auf die Ausführungen zu Rn. 53 wird verwiesen. Erfolgt eine Mitbeurkundung in der Niederschrift über einen Zustimmungsbeschluss s. § 41c Rn. 62 zum Beispiel Verschmelzung.

83 c) **Ausgliederung.** Die Ausgliederung ist eine Unterform der Spaltung. Es gelten somit die kostenrechtlichen Grundsätze zur Spaltung sinngemäß. Es ergeben sich keine Besonderheiten. Die Ausgliederung eines Unternehmens aus dem Vermögen eines Einzelkaufmanns auf eine bereits bestehende GmbH ist selbst dann **Vertrag**, wenn der Einzelkaufmann alleiniger Gesellschafter der GmbH ist.[161] Dagegen liegt ein einseitiger Spaltungsvorgang (§ 36 Abs. 1) vor, wenn die Ausgliederung durch einen Einzelkaufmann auf einen neu gegründeten Rechtsträger erfolgt.

84 Zu Ermäßigungsfragen bei Ausgliederung von Regie- und Eigenbetrieben der öffentlichen Hand (§§ 168ff. UmwG) s. § 144 Rn. 13ff.

85 d) **Vermögensübertragung.** Die Vermögensübertragung (§§ 174 bis 189 UmwG) ist als Vollübertragung oder Teilübertragung möglich. Bei Vollübertragung finden die Verschmelzungsvorschriften (§ 176 UmwG), bei Teilübertragung die Spaltungsvorschriften (§ 177 UmwG) Anwendung. Gleiches gilt in kostenrechtlicher Sicht, es ergeben sich keine Besonderheiten.

6. Gesellschaftsrechtliche Rahmenverträge

86 Zur rechtstatsächlichen und rechtsdogmatischen Untersuchung s. *Baumann/Reiss*.[162] Hierunter fallen alle satzungsergänzenden Vereinbarungen bzw. Nebenverträge, auch Vorverträge, die ihre Grundlagen außerhalb der Satzung (Gesellschaftsvertrag) haben. Dies sind im Wesentlichen schuldrechtliche Verträge, die die Gesellschafter untereinander zur Regelung ihrer Beziehungen zur Gesellschaft zumeist in Form einer zusätzlichen GbR geschlossen haben. Unternehmensverträge (Gewinnabführungsverträge, Beherrschungsverträge) gehören ebenso wenig hierher, wie Verträge über Anteilsveräußerungen.

Beispielhaft für gesellschaftsrechtliche Nebenverträge sind die nachfolgenden Sachverhalte:

87 – **Konsortialvertrag** zur Beherrschung einer GmbH.
Ein Konsortialvertrag wird zumeist dann geschlossen, wenn mehrere Muttergesellschaften an ihrer gemeinsamen Tochtergesellschaft unterschiedlich beteiligt sind. Der Vertrag regelt u. a. die gemeinsamen Einflussmöglichkeiten der Mutter auf die Tochter, die auch auf wirtschaftlicher Zusammenarbeit in Bezug auf die individuellen Geschäftsinteressen bestehen kann. Hierzu gehören zB insbesondere Regelungen über Kapitalzufuhr, Beschlüsse über Investitionen, Finanzpläne, Produktionen, Vertrieb, Verfügungsbeschränkungen, Anbietungspflicht, Vorkaufsrechte usw. Die Vertragspartner verpflichten sich, darauf hinzuwirken, dass in den Organen der Tochter entsprechend dem Konsortialvertrag verfahren wird und verpflichten sich auch erforderliche Mittel zur Verfügung zu stellen. Der Geschäftswert eines Konsortialvertrages ist nach §§ 39 Abs. 1, 30 Abs. 1 im Wege der Schätzung zu bestimmen. Da keine unmittelbare Verfügung über das Vermögen der Tochtergesellschaft erfolgt, ist nicht die volle Aktiva maßgebend, sondern ein Teil hiervon, der die wirtschaftliche Bedeutung der getroffenen Vereinbarungen wieder-

---

[160] BayObLG MittBayNot 1997, 54; *Tiedtke* MittBayNot 1997, 209 und ZNotP 2001, 226.
[161] OLG Zweibrücken MittBayNot 1999, 402 = JurBüro 1999, 488.
[162] ZGR 1989, 157ff.

gibt. Im Regelfall wird ein Teilwert von ca. 50% des Aktivvermögens der Tochtergesellschaft angemessen sein, in Ausnahmefällen auch darunter oder darüber. Die Vereinbarungen der Gesellschafter im Konsortialvertrag sind auf eine gemeinsame Zweckerreichung gerichtet. Es liegen somit Vereinbarungen in der Rechtsform der GbR vor (§ 705 BGB). Die Höchstwertbegrenzung nach § 39 Abs. 4 greift deshalb auch bei Konsortialverträgen, sofern die Vereinbarungen von den bei Vertragsabschluss beteiligten Gesellschaftern getroffen werden. S. auch § 30 Rn. 53.

- **Investitionsverpflichtungen Dritter gegenüber Altgesellschaftern.** Die Wertbegrenzung nach § 39 Abs. 4 greift jedoch nicht bei Vertragsgestaltungen, bei welchen sich Investoren gegenüber Altgesellschaftern zu Investitionen verpflichten, auch dann nicht, wenn diese mit Konsortial- oder Kooperationsverträgen überschrieben werden. § 39 Abs. 4 kann nach hier vertretener Auffassung nur greifen, wenn Konsortial- oder Kooperationsvereinbarungen unter Gesellschaftern oder Gesellschaftsstämmen geschlossen werden oder unter Gesellschaften, die bereits miteinander in einem Konzern verbunden sind. Vereinbaren Altgesellschafter mit Investoren zusätzlich Vor- und Ankaufsrechte oder Mitverkaufsrechte oder Mitverkaufsverpflichtungen, liegt zudem ein verschiedener Gegenstand zu den Investitionsverpflichtungen vor, die gesondert zu bewerten sind. Soweit Verpflichtungen im Austauschverhältnis stehen, ist § 39 Abs. 2 zu beachten. Der Wert dieser zusätzlichen Verpflichtungen richtet sich nach den allgemeinen Bestimmungen, bei umfänglichen Verpflichtungen ist uU der volle Wert der betroffenen Anteile anzunehmen. **87a**

- **Kooperationsvereinbarungen.** Gegenstand eines Kooperationsvertrages sind im Wesentlichen Vereinbarungen von Gesellschaften, die in einen Konzern eingebunden sind, zur Förderung einer langfristigen Kooperation. Getroffen werden detaillierte Regelungen zur gegenseitigen Auftragsvergabe, Entwicklungstätigkeit, Vertriebs- und Lizenzpolitik einschl. Lizenzgebühren, Geheimhaltung und Weitergabe von Arbeitsergebnissen und ferner die Zusammensetzung mit Aufgabenstellung von Lenkungsausschuss und Aufsichtsrat. Der Geschäftswert eines Kooperationsvertrages ist nach §§ 39 Abs. 1, 30 Abs. 1 zu bestimmen. Ausgangswert ist das Auftragsvolumen, welches die Kooperationspartner anstreben für die Dauer der vereinbarten Kooperation. Ein Teilwert von 20–30% dürfte für den Regelfall sachgerecht sein. Auch hier liegt ein Zusammenschluss in Form einer GbR zur Erreichung eines gemeinsamen Zweckes vor, so dass die Höchstwertvorschrift des § 39 Abs. 4 zu beachten ist. **88**

- **Poolvertrag.** Häufig werden Poolvereinbarungen bei Familien-KGs vereinbart. Im Poolvertrag wird in aller Regel das Verhältnis zwischen den Mehrheitsgesellschaftern festgelegt. Die Gesellschafter schließen sich zumeist ausdrücklich in der Rechtsform einer übergeordneten GbR zusammen. Zweck des Pools ist die Sicherstellung des Einflusses der Mehrheitsgesellschafter dadurch, dass die Pool-Mitglieder die wesentlichen, die KG betreffenden Fragen miteinander behandeln und das Stimmrecht in der KG einheitlich ausüben (Stimmpooling). Der Geschäftswert richtet sich nach § 30 Abs. 1, wobei zu berücksichtigen sind einerseits der wirtschaftliche Vorteil, der den Teilnehmern der Poolvereinbarung erwächst und andererseits die Einschränkung der Gesellschaftsrechte. Ein Schätzwert von 20–30% des Aktivvermögens der betroffenen Gesellschaft erscheint angemessen. Haben sich die Poolbeteiligten in Bezug auf ihre Beteiligungen auch Verfügungs- und Verwaltungsbeschränkungen unterworfen, kann der Teilwert auch mit 50% angemessen sein. Es gilt die Höchstgrenze der § 39 Abs. 4. S. auch § 30 Rn. 62. **89**

- **Vorvertragliche Verpflichtungen zu Umwandlungsmaßnahmen.** In der Praxis mehren sich Vertragsgestaltungen im Hinblick auf Umwandlungsmaßnahmen. Verpflichten sich zB die Gesellschafter einer GmbH, diese in eine KG formwechselnd umzuwandeln, liegt eine gesellschaftsrechtliche Vereinbarung zur Erreichung eines gemeinsamen Zwecks (§ 705 BGB) vor. Der Geschäftswert ist nach dem Aktivvermögen des formwechselnden Rechtsträgers zu bestimmen, gemäß § 18 Abs. 3 ohne Schuldenabzug. Die gegenseitige Verpflichtung zur Umwandlung, d.h. die Verpflichtung zur Erfüllung eines gemeinsamen Ziels, ist GbR, so dass § 39 Abs. 4 anzuwenden ist. Der Höchstwert beträgt somit 5 Mio. Euro. Gegenstandsgleich und damit nicht zusätzlich zu bewerten sind **90** alle Rahmenvereinbarungen, die mit dem beabsichtigten Formwechsel unmittelbar zusammenhängen (zB Zustimmungspflicht, Verzichtserklärungen, Verfügungsbeschränkungen u. ä.). Vorgeschaltete Vereinbarungen, wie zB Entnahmerechte, Verpflichtung zur Verfügungstellung von Darlehen, Einlageverpflichtungen, Verpflichtungen zum Ausgleich von negativen Kapitalkonten, sind neben den Vereinbarungen zum Formwechsel zusätzlich zu bewerten. Für diese Zusatzvereinbarungen gilt die Höchstwertgrenze nach § 39 Abs. 4 nicht. Die gleichen Bewertungsgrundsätze sind maßgebend für vorvertragliche Verpflichtungen von Gesellschaften zur Verschmelzung oder Spaltung. Auch hier sind darüber hinausgehende Vereinbarungen zusätzlich zu bewerten.

7. Anteilsübertragungen.

91 Übertragung/Veräußerung von Gesellschaftsbeteiligungen sind weder Gesellschaftsverträge noch fallen sie unter die gesellschaftsrechtlichen Rahmenverträge in der Form der GbR. Ihr Wert bestimmt sich nach § 39 Abs. 1. Hat der Erwerber Gegenleistungen zu erbringen, liegt ein Austauschvertrag nach § 39 Abs. 2 vor. Der Wert ist nach dem Wert der höheren Leistung zu bestimmen. Anteilsübertragungen fallen nicht unter § 39 Abs. 4. Zum Wert eines Geschäftsanteils s. Rn. 74 und § 30 Rn. 12, zur Anteilsbewertung an einer Personengesellschaft s. Rn. 75 und § 30 Rn. 10. Die gleichen Grundsätze finden Anwendung für ein Veräußerungs- oder Erwerbsangebot. Werden in einer Urkunde Optionen vereinbart, die einem Beteiligten das Recht einräumen, einen Gesellschaftsanteil zu erwerben (Ankaufsrecht oder Call-Option) oder zu veräußern (Vorkaufsrecht oder Put-Option) liegt ein Vertrag vor, der eine 20/10-Gebühr nach § 36 Abs. 2 auslöst. Entsprechendes gilt, wenn diese Optionen durch gegenseitige in einer Urkunde enthaltene Angebote eingeräumt werden. Erfolgt die Einräumung der gegenseitigen Optionen in der Form Vorkaufsrecht gegen Ankaufsrecht, ist der Geschäftswert nach § 20 Abs. 2 zu bestimmen (halber Wert), bei gegenseitigen Angeboten nach § 20 Abs. 1 oder § 39 Abs. 1 (voller Wert).

III. Veränderungen eines Rechtsverhältnisses (Abs. 1 S. 2)

1. Allgemeines

92 Bei Veränderungen eines Rechtsverhältnisses, auch wenn es sich um mehrere Veränderungen desselben Rechtsverhältnisses handelt, darf nach Abs. 1 S. 2 der **Wert des Rechtsverhältnisses** nicht überschritten werden. Was unter „Veränderung eines Rechtsverhältnisses" zu verstehen ist, ist umstritten. Während die hM zu den „Veränderungen" im Gegensatz zu den „Änderungen bestehender Rechte" in § 30 Abs. 1 auch Abtretungen (Übertragungen) und Belastungen zählt,[163] vertreten *Behre*,[164] *Wiesinger*[165] und *Küntzel*[166] die Ansicht, dass Abtretungen und Belastungen keine Veränderungen eines Rechtsverhältnisses sind, weil sie noch ein anderes als das bestehende Rechtsverhältnis beträfen.

93 Nach der erwähnten noch herrschenden Rspr. und dem überwiegenden Schrifttum ergäben sich folgende absurde Ergebnisse:
a) X macht in derselben Urkunde Abtretungsangebote bezüglich eines Geschäftsanteils zu nom. 100 000 Euro zu pari an A und B und C mit der Maßgabe, dass mit der Annahme durch einen derselben die anderen Angebote erledigt sind; Wert wegen Mehrheit von Angeboten 300 000 Euro (vgl. § 37 Rn. 17), nach der noch hM 100 000 Euro.
b) Ein Geschäftsanteil zu nominell 100 000 Euro wird jeweils zu pari abgetreten von A an B mit Wirkung vom 1. 1. 2002, von B an C mit Wirkung vom 1. 4. 2004 und von C an D mit Wirkung vom 1. 7. 2005, alles zusammen in einer Urkunde niedergelegt. Es werden 300 000 Euro umgesetzt; dennoch soll nach der herrschenden Judikatur und Literatur der Geschäftswert nach Abs. 1 S. 2 nur 100 000 Euro sein.
c) Nach der erwähnten Rspr. soll auch eine Belastung noch „Veränderung" iS von Abs. 1 S. 2 sein. Beispiel: Der Gläubiger A einer bisher zinslosen Grundschuld zu 50 000 Euro vereinbart mit dem

---

[163] KG JFGErg. 23, 28 = JVBl. 1943, 99; OLG München DNotZ 1938, 185; BayObLG DNotZ 1952, 388; OLG Hamm Rpfleger 1955, 257.
[164] DNotZ 1940, 187.
[165] DNotZ 1952, 540.
[166] DNotZ 1952, 391.

Eigentümer B nunmehr jährliche Verzinsung zu 10%, und in derselben Urkunde verpfändet der Gläubiger A diese nunmehr mit 10% verzinsliche Grundschuld zugunsten des anwesenden C für dessen Forderung zu 60 000 Euro. Nach unserer Auffassung ist der Wert für die Zinsänderung nach § 24 Abs. 1 b, 2. Fall 50 000 Euro (nicht 62 500 Euro), für die Grundschuldverpfändung nach § 23 Abs. 1 50 000 Euro, Gesamtwert 100 000 Euro; nach der noch hM hingegen Wert nur 50 000 Euro wegen Abs. 1 S. 2.

Bei a und b handelt es sich jeweils um drei Rechtsverhältnisse iS des § 44, bei c um zwei Rechtsverhältnisse.[167]

Die Ansicht *Küntzels, Wiesingers* und *Behres* (Rn. 92) ist richtig. Sind Abtretungen oder Belastungen Erfüllungs- oder Sicherungsgeschäfte zu mitbeurkundeten Kausalgeschäften, so werden sie, weil nach § 44 Abs. 1 gleichen Gegenstandes, nicht bewertet. Da Veränderungen eines Rechtsverhältnisses das Bestehen eines Rechtsverhältnisses voraussetzt, sind als Veränderungen eines Rechtsverhältnisses in Abs. 1 S. 2 anzusprechen **alle Änderungen** eines Rechtsverhältnisses unter den bisherigen Partnern, außer Begründung, Aufhebung und der Umwandlung in ein ganz neues Rechtsverhältnis (Novation). 93 a

Ob das Rechtsverhältnis schon beurkundet war, spielt nur für den Gebührensatz (§ 42), nicht für den Wert eine Rolle. Wird die Veränderung eines bisher nicht beurkundeten Rechtsverhältnisses beurkundet, so ist indessen zu prüfen, ob dadurch nicht das Rechtsverhältnis in seiner geänderten Fassung beurkundet werden sollte, sei es zwecks Beweises, Niederlegung in beurkundeter Form oder aus anderen Gründen. 93 b

§ 39 Abs. 1 S. 2 spricht von Veränderung bzw. Änderung **desselben** Rechtsverhältnisses. Maßgeblich ist also der Begriff des Rechtsverhältnisses iS des bürgerlichen Rechtes und des § 44. Daraus folgt zwingend, dass, wenn Veränderungen bzw. Änderungen verschiedene Rechtsverhältnisse iS des § 44 betreffen, § 39 Abs. 1 S. 2 nicht anwendbar ist, und das trifft bei den oben zitierten Fällen[168] zu. Diese sind also uE nicht richtig. 94

Indessen ist in folgendem Falle **nur ein Rechtsverhältnis** betroffen und daher Abs. 1 S. 2 anwendbar: Bekennt der Eigentümer A, dem Gläubiger B ein Darlehen zu schulden, tritt er zur Sicherung desselben seine Eigentümergrundschuld unter Umwandlung in eine Hypothek und Änderung der Zahlungsbedingungen an B ab, so haben nach § 44 Abs. 1 alle Erklärungen denselben Gegenstand, weil sie dasselbe Rechtsverhältnis betreffen (Schuldbekenntnis mit Sicherstellungen). 95

2. Änderungen mit bestimmtem Geldwert

Einen bestimmten Geldwert hat eine Veränderung, wenn das Rechtsverhältnis nach seiner Änderung einen ziffernmäßig bestimmt ausdrückbaren Mehr- oder Minderwert hat als vor der Änderung, wie zB die Erhöhung oder Herabsetzung eines Kaufpreises oder einer Tauschherausgabe oder der Einlagen in eine Gesellschaft oder die Erhöhung oder Herabsetzung des Gesellschafts-(Grund- oder Stamm-)Kapitals oder von Zinsen für ein Grundpfandrecht. Dabei darf nicht von den Wertberechnungsvorschriften des § 18 Abs. 2 (Nichtberücksichtigung von Zinsen und dgl.) ausgegangen werden. Denn maßgebend ist für den Wert der Änderung der Wert, den sie haben würde, wenn sie für sich den Gegenstand eines besonderen Rechtsverhältnisses bildete.[169] Die Änderung des Zinssatzes, der Erlass einer Vertragsstrafe und dergleichen ändern iS des Abs. 1 S. 2 das Rechtsverhältnis, obwohl bei Beurkundung des Rechtsverhältnisses Zinsen und Vertragsstrafen außer Betracht bleiben; auch die nachträgliche Sicherstellung oder die Aufgabe einer Sicherheit (zB Entlassung eines Grundstücks aus der Mithaft) ändern den Wert des Rechtsverhältnisses iS des Kostenrechts nicht notwendig, und doch erhellt dabei ein bestimmter Geldwert. 96

3. Änderungen ohne bestimmten Geldwert

Hiernach haben keinen bestimmten Geldwert Änderungen, die den Wert des Rechtsverhältnisses unberührt lassen oder doch nur in solchen Beziehungen ändern, dass ein Un- 97

---

[167] *Ackermann* DNotZ 1965, 341.
[168] KG, BayObLG und OLG Hamm (Fn. 163).
[169] KGJ 31 B 8.

terschied zwischen dem Wert des ursprünglichen und des geänderten Rechtsverhältnisses ohne Aufstellung weitläufiger Berechnungen und Schätzungen nicht erkennbar ist, zB:

98 – die Änderung der **Kündigungs- und Zahlungsbedingungen** (Ausschluss der Kündigung auf bestimmte oder unbestimmte Zeit, Verlängerung oder Verkürzung der Frist selbst, Änderung des Zahlungsortes);

99 – die **Umwandlung** einer **Sicherungshypothek** für eine bestimmte Forderung (§ 1184 BGB) in eine Verkehrshypothek; iÜ s. über die Umwandlung eines Grundstückspfandrechts in ein anderes § 30;

100 – der **Antrag auf Vereinigung** mehrerer Grundstücke zu einem Grundstück oder auf Zuschreibung eines Grundstücks zu einem anderen als dessen Bestandteil gemäß § 890 BGB.[170] Dies muss auch gelten für den Antrag auf Eintragung der Teilung eines Grundstücks, insbesondere also auch der Abschreibung eines Trennstücks (soll die Eintragung bei Belastung des Teiles oder des Grundstücks mit einer Hypothek u. dgl. erfolgen, so ist der Antrag formfrei, weil die Eintragung von Amts wegen erfolgt, § 7 GBO). Bewilligt ein Hypothekengläubiger die lastenfreie Abschreibung, so kommt dies einer Löschungsbewilligung gleich; dann ist die Gebühr (§ 38 Abs. 2 Nr. 5a) von dem Wert des Trennstücks oder dem etwa geringeren Betrage der Forderung zu berechnen;

101 – die **Verlängerung der Frist** zur Annahme eines Vertragsangebots innerhalb der ursprünglichen Frist.

4. Mehrere Veränderungen desselben Rechts

102   Werden in einer Verhandlung mehrere Veränderungen desselben Rechts beurkundet, so wird **jede Änderung** für sich bewertet. Bei der Veränderung eines Rechtsverhältnisses ist daher der Geschäftswert nicht der Unterschied zwischen der Rechtslage der Erklärenden vor und nach der Veränderung, sondern es sind die Werte der einzelnen Veränderungen zusammenzuzählen. Stehen in diesem Falle bei einem Austauschvertrag die Veränderungen im Verhältnis von Leistung und Gegenleistung, so ist nur der Wert der Veränderungen aufseiten eines Vertragsteils, und wenn der Wert auf beiden Seiten verschieden ist, der höhere maßgebend.[171] Der Wert des Rechts bzw. Rechtsverhältnisses selbst darf aber nicht überschritten werden (§ 39 Abs. 1 S. 2). Unterliegen die Erklärungen demselben Gebührensatz, so dass nur eine Gebühr nach dem zusammengerechneten Werte zu berechnen ist (§ 44 Abs. 2a), so ist für sie höchstens der Wert des Rechts maßgebend.

103   Unterliegen die mehreren Veränderungen **verschiedenen Gebührensätzen,** so ist nach § 44 Abs. 2b), jede Gebühr für sich zu berechnen; es darf aber nicht mehr erhoben werden, als bei Zugrundelegung des höchsten Gebührensatzes vom Gesamtwert zu erheben wäre. „Gesamtwert" in diesem Sinne (§ 44 Abs. 2b) ist die Gesamtsumme der Werte, nach denen die Einzelgebühren berechnet sind, höchstens jedoch der Wert des veränderten Rechts.

104   **Beispiele:** Abtretung einer auf Grund bloßer Bewilligung am Grundstück des A für diesen eingetragenen Eigentümergrundschuld zu 100 000 Euro von diesem an den Geldgeber B in einseitiger Form und Änderung der Zahlungsbedingungen (Wert 2000 Euro) sowie Erhöhung des Zinssatzes um 2% (Wert 2000 Euro) durch vertragliche Vereinbarung in derselben Urkunde. Ein Rechtsverhältnis.
Abtretung 10/10 aus 100 000 Euro.
Änderung der Bedingungen (20/10, weil Bestellung nicht beurkundet war und daher § 42 nicht anwendbar ist) aus Wert 4000 Euro.
Da 20/10 aus 100 000 Euro (nach Abs. 1 S. 2) höher wäre, sind 20/10 aus 4000 Euro und 10/10 aus 100 000 Euro zu erheben. Da der Geldgeber B mit zugegen war, wird man auch die Abtretung als Vertrag ansehen können, dann 20/10 (§ 36 Abs. 2) aus Wert 100 000 Euro (nach Abs. 1 S. 2).
Erfolgt die Änderung der Zins- und Zahlungsbestimmungen seitens A vor der Abtretung, beide in einer Urkunde, ohne Mitwirkung des B (also einseitig), dann 10/10 aus 100 000 Euro + 4000 Euro = 104 000 Euro, weil erstere nicht das Verhältnis A – B betreffen.
Würde A die ihm zustehende am Grundstück des X eingetragene Grundschuld zu 100 000 Euro an seinen Geldgeber B abtreten und dieser mit dem Eigentümer X die gleichen Änderungen, alles in einer Urkunde, beurkunden lassen, dann Bewertung, weil zwei Rechtsverhältnisse betreffend (§ 44 Abs. 2):

---

[170] KGJ 39 B 24.
[171] KG JFGErg. 22, 33 = DNotZ 1942, 26 = JVBl. 1941, 183.

Abtretung A an B $^{10}/_{10}$ (Vertrag unnötig), Wert 100 000 Euro; Änderung der Grundschuldbedingungen (B mit X): $^{20}/_{10}$ aus Wert 4000 Euro; getrennte Bewertung, da $^{20}/_{10}$ aus Wert 104 000 Euro höher wäre.

Eine Grundschuld von 100 000 Euro wird dahin geändert, dass der Zinssatz von 18% auf 20% erhöht und die Kündigungsfrist von drei auf sechs Monate verlängert wird. Zugleich unterwirft der Eigentümer den jeweiligen Eigentümer der sofortigen Zwangsvollstreckung. **105**

Die Änderung des Zinssatzes und der Zahlungsbedingungen ist zweiseitig (Vertrag, § 36 Abs. 2), die Unterwerfung einseitig (§ 36 Abs. 1). Wert der Änderung des Zinssatzes nach § 24 (unbestimmte Dauer) = 25 000 Euro, Wert der Änderung der Zahlungsbedingungen nach § 30 Abs. 1 angenommen auf 5000 Euro.

a) Die Bestellung der Grundschuld war nicht beurkundet, die Grundschuld ist auf beglaubigte Eintragungsbewilligung eingetragen worden. Jetzt muss der ganze Inhalt der Grundschuld mit der Unterwerfung beurkundet werden. Geschieht dies durch Vertrag, zugleich mit den neuen Verzinsungs- und Zahlungsbedingungen, so eine Gebühr zu $^{20}/_{10}$ von 100 000 Euro. Möglich ist es aber auch, zunächst den Vertrag über die Veränderungen zu beurkunden und dann – auch in derselben Verhandlung – die einseitige Erklärung des Eigentümers über den ganzen Inhalt der Grundschuld mit angefügter Unterwerfung niederzulegen, dann $^{20}/_{10}$ aus 30 000 Euro und $^{10}/_{10}$ aus 100 000 Euro.

b) Die Grundschuld war beurkundet, ebenso die Unterwerfung. Neu beurkundet werden die Veränderungen mit Unterwerfung dahin, dass die frühere Unterwerfung auch für die so veränderte Grundschuld gilt; diese Erstreckung der Unterwerfung hat mit den Veränderungen denselben Gegenstand, eine Gebühr § 42 $^{10}/_{10}$ von 30 000 Euro.

c) Die Grundschuldbestellung war beurkundet, aber ohne Unterwerfung. Hier kann bei der Unterwerfung – im Gegensatz zum Fall a) – auf die frühere Urkunde Bezug genommen werden. Der Eigentümer erklärt: Wegen aller Ansprüche aus der Grundschuld, „wie sie sich nach dem Inhalte der Urkunde vom ... und der vorstehend beurkundeten Veränderungen ergibt, unterwerfe ich ...".

Veränderungen § 42 $^{10}/_{10}$ aus Wert 30 000 Euro.

Unterwerfung $^{10}/_{10}$-Gebühr aus Wert 100 000 Euro, zu erheben $^{10}/_{10}$ aus 100 000 Euro, § 39 Abs. 1 S. 2.

Wird nur ein **Teil eines Rechtsverhältnisses** verändert, so kommt für die Anwendung des Abs. 1 S. 2 nur der Wert des veränderten Teils in Betracht, d. h. für alle Veränderungen, die sich auf einen Teil eines Rechts beschränken, ist Höchstwert der Wert dieses Teils. **106**

Werden **Veränderungen mehrerer Rechte** in einer Verhandlung beurkundet, so werden die Veränderungen jedes der Rechte besonders bewertet. Die Vorschrift des Abs. 1 S. 2 ist dann auf jedes einzelne Recht anzuwenden: Alle Veränderungen desselben Rechts dürfen den Wert des Rechts nicht übersteigen. Die Berechnung macht keine Schwierigkeiten, wenn alle Veränderungen demselben Gebührensatz unterliegen. Dann wird eine Gebühr nach der Summe der Werte, die sich für die einzelnen Rechte ergeben (für jedes einzelne Recht höchstens der Wert dieses Rechts), berechnet. **107**

Sind verschiedene Gebührensätze anzuwenden, so ist zu berechnen **107a**

– eine Gebühr nach dem niedrigeren Gebührensatz vom zusammengerechneten Werte der Veränderungen, die ihm unterliegen, und

– eine Gebühr nach dem höheren Gebührensatz vom zusammengerechneten Werte der Veränderungen, die diesem unterliegen.

Bei keiner dieser Gebühren darf der Wert aller Veränderungen desselben Rechts höher eingesetzt werden als der Wert dieses Rechts. Insgesamt darf aber nicht mehr erhoben werden als bei Zugrundelegung des höheren Gebührensatzes vom Gesamtwerte der Veränderungen oder, wenn der Gesamtwert der Rechte geringer ist, von diesem (§ 44 Abs. 2b).

IV. Eheverträge und Lebenspartnerschaftsverträge (Abs. 3)

Abs. 3 ist **Sonderwertbestimmung,** die aber im Rahmen der übrigen allgemeinen Wertbestimmungen (§§ 18 bis 30) und Sonderwertbestimmungen (§ 39 Abs. 1) zu lesen ist. Daher gilt für ehevertragliche Erklärungen und Lebenspartnerschaftsverträge Folgendes: **108**

Der Geschäftswert ist nach dem zusammengerechneten Wert der gegenwärtigen Vermögen beider Ehegatten oder Lebenspartner zu bestimmen. Falls nur das Vermögen eines Ehegatten oder Lebenspartners betroffen ist, ist der Geschäftswert nur nach diesem zu bestimmen. § 39 Abs. 3 S. 2 beinhaltet gegenüber § 18 Abs. 3 eine Ausnahmeregelung und ordnet den Abzug der Schulden an. Nur wenn der Ehevertrag oder Lebenspartnerschafts- **109**

§ 39　　　1. Teil. 2. Abschnitt: 1. Beurkundungen und ähnliche Geschäfte

vertrag ausschließlich bestimmte Gegenstände betrifft, ist deren Wert (ohne Schuldenabzug, Obergrenze aber Reinvermögen der Ehegatten oder Lebenspartner) maßgebend.

109 a　Für **Eheverträge** gilt folgendes: „Betroffen" iS des Abs. 3 ist Vermögen nicht nur, wenn eine Eigentumsänderung eintritt (Gütergemeinschaft, Gesamtgut), sondern schon, wenn durch den Ehevertrag güterrechtliche Ansprüche, Verwaltungsbefugnisse, Verfügungsbeschränkungen usw., die das Vermögen als Ganzes betreffen, begründet oder ausgeschlossen werden. Dabei ist es für die Frage des Betroffenseins ohne Bedeutung, ob schon vorhandenes oder erst erwachsendes Vermögen betroffen wird (Gütergemeinschaft bei Brautleuten), für den Geschäftswert allerdings ist nach Abs. 3 nur der Reinwert des Vermögens bei Ehevertragsabschluss maßgebend. Dem Ausmaß des Betroffenseins trägt Abs. 3 schon bisher keine Rechnung, d. h. ob Eigentumsänderung, Verwaltungsregelung, Verfügungsbeschränkungen, Begründung oder Ausschließung gegenwärtiger oder künftiger güterrechtlicher Ansprüche bezüglich eines Vermögens als Ganzes Folge des Ehevertrages ist, immer ist nach Abs. 3 der Reinwert des im Zeitpunkt des Vertragsabschlusses vorhandenen Vermögens maßgebend. Daraus folgt, dass – entgegen der früheren Regelung bei Gütertrennung (nur Reinvermögen der Ehefrau)[172] – nun auch bei **Gütertrennung** das Vermögen beider Ehegatten betroffen wird, so die einhellige Rspr.[173]

109 b　Dies gilt auch für Eheverträge künftiger Ehegatten. Eine Wertschätzung nach § 30 Abs. 1 kommt nicht in Betracht.[174]

109 c　Dies gilt ferner, wenn die Eheleute wechselseitig auf Zugewinnausgleich verzichten, mit der gesetzlichen Folge, dass Gütertrennung eintritt.[175] Die von *Rohs*[176] an Beispielen dargelegte Meinung, die Bewertung nach dem Reinvermögen führe zu unhaltbaren Ergebnissen, lehnen wir ab. Würde man jeden Ausschluss des Zugewinnausgleichs gleichbehandeln, kämen die unterschiedlichen Rechtsfolgen nicht angemessen zum Ausdruck. Unbestritten ist, dass der Geschäftswert bei Modifizierung des gesetzlichen Güterstandes dahingehend, dass der Zugewinnausgleich beispielsweise nur für den Fall der Ehescheidung ausgeschlossen wird, es iÜ aber beim gesetzlichen Güterstand verbleiben soll, nach § 30 Abs. 1 zu bestimmen ist.[177] Wird der Zugewinn völlig ausgeschlossen (Rechtsfolge Gütertrennung), läge gegenüber der Modifizierung der Zugewinngemeinschaft bei Ausschluss der Zugewinns ohne Eintritt der Gütertrennung ein nicht hinnehmbares Missverhältnis vor. Der von der einhelligen Rspr. vertretenen Auffassung ist daher der Vorzug zu geben.

109 d　Zufolge der Gütertrennung ist der sich errechnende *Zugewinn* unter den Ehegatten gemäß §§ 1372 ff. BGB auszugleichen. Soweit der Ausgleich durch Geldzahlung gemäß § 1378 BGB erfolgt, ist die entsprechende Vereinbarung gegenstandsgleich mit der Aufhebung der Zugewinngemeinschaft nach § 44 Abs. 1. Werden anstelle der auf Geld gerichteten persönlichen Forderung des Ausgleichsberechtigten an Erfüllungsstatt andere Leistungen des Verpflichteten vereinbart (zB Übertragung von Grundbesitz, gegen Übernahme bestehender Verbindlichkeiten des Veräußerers oder gegen Zahlung einer bestimmten Abfindungssumme), so liegt ebenfalls Gegenstandsgleichheit iS des § 44 Abs. 1 vor.[178] Der Geschäftswert bestimmt sich für den Ehevertrag nach § 39 Abs. 3 nach dem Reinvermögen, für die Übertragung zur Abgeltung von Zugewinnausgleichsansprüchen nach den allgemei-

---

[172] KG JFGErg. 18, 86.
[173] Vgl. OLG Hamm DNotZ 1959, 99 = Rpfleger 1959, 70; OLG Schleswig JurBüro 1960, 75 = SchlHA 1959, 268; Rpfleger 1962, 396; BayObLG MittBayNot 1985, 50 = JurBüro 1985, 753; JurBüro 1986, 1072 = MittBayNot 1986, 143 = BWNotZ 1986, 93 = BayObLGZ 1986, 46; JurBüro 1988, 215; *Vogt* Rpfleger 1958, 8; *Dietzel* MittBayNot 1958, 75; *Tiefenbacher* BB 1958, 609; *Bühling* Anm. 3; aA *Rohs* Rpfleger 1958, 359, der nicht § 39 Abs. 3, sondern § 30 Abs. 1 anwenden will; so auch *Lappe* NJW 1987, 1865 der eine Wertschätzung nach § 30 Abs. 1 für die allein richtige Bewertung hält.
[174] BayObLGZ 1985, 1 = JurBüro 1985, 753 = MittBayNot 1985, 50.
[175] § 1414 S. 2 BGB; BayObLG Rpfleger 1988, 84; s. iÜ Rspr.-Nachweise bei Fn. 173.
[176] S. Rn. 173.
[177] S. Rn. 122; *Rohs/Wedewer* § 39 Rn. 40; Streifzug Rn. 272 ff.
[178] BayObLG DNotZ 1989, 710 = MittBayNot 1989, 42 m. Anm. PrüfAbt. Notarkasse; OLG Köln MittBayNot 1996, 449 = JurBüro 1997, 206.

nen Vorschriften, zB bei Grundstücksübertragung nach § 19 Abs. 2, wobei gemäß § 18 Abs. 3 kein Abzug der Verbindlichkeiten erfolgt. Nach § 44 Abs. 1 ist bei Gegenstandsgleichheit der Vertrag zu bewerten, der den höheren Geschäftswert hat. Gegenstandsverschiedenheit liegt jedoch vor, wenn die Ausgleichsforderung bspw. im Rahmen der Scheidungsvereinbarung auf Kinder übertragen wird. Gleiches gilt für Übertragungen, die nicht dem Zugewinnausgleich dienen.

Die **Begründung oder Aufhebung** eines Güterstandes, wodurch an die Stelle des bisherigen (oder bei Eheschließung nach Gesetz eintretenden) ein **anderer Güterstand** tritt, wird bewertet nach § 39 Abs. 3 (zum Ausschluss oder zur Aufhebung der Zugewinngemeinschaft).[179] Gegenstandsgleichheit mit der Folge des (einmaligen) Wertansatzes nach § 39 Abs. 3 liegt auch vor, wenn zB mit der Aufhebung der Gütergemeinschaft der Güterstand der Zugewinngemeinschaft anstelle der sonst eintretenden Gütertrennung vereinbart wird.[180] Gleiches gilt bei Aufhebung der Gütertrennung und Rückkehr zum gesetzlichen Güterstand, auch wenn dieser modifiziert wird und im Wesentlichen der Gütertrennung gleicht. 110

Werden in einer Urkunde Güterstandsvereinbarungen in mehrfacher Hinsicht beurkundet, nämlich Aufhebung der Zugewinngemeinschaft und Vereinbarung der Gütertrennung mit Zugewinnausgleichsregelungen und danach Aufhebung der Gütertrennung und Rückkehr zur Zugewinngemeinschaft (ggf. mit Modifizierungen), bleibt es insgesamt beim einmaligen Reinvermögen (sog. **Güterstandsschaukel**). Auf den Umfang der güterrechtlichen Regelungen kommt hierbei nicht an. 110a

Die **Änderung** eines **bereits bestehenden Güterstandes** in einzelner Hinsicht, wonach aber kein anderer Güterstand eintritt, ist Veränderung eines bestehenden Rechtsverhältnisses, Bewertung daher nach § 39 Abs. 1 mit Abs. 3 S. 3 bzw. § 30 Abs. 1; hat diese Veränderung einen bestimmten Geldwert (zB Erklärung eines Gegenstandes zum Vorbehaltsgut), so bewerten nach § 39 Abs. 3 S. 3, Wert des Gegenstandes ohne Schuldenabzug; hat die Veränderung hingegen keinen bestimmten Geldwert (statt Verwaltung des Gesamtgutes durch beide Ehegatten nunmehr durch den Mann allein), so Bewertung nach § 39 Abs. 1 S. 2, nicht mehr als der Wert nach § 39 Abs. 3 S. 1, es sei denn, dass Abs. 3 S. 3 maßgebend ist, weil dann das Schuldenabzugsgebot des Abs. 3 S. 2 nicht eingreift, sondern das Schuldenabzugsverbot des § 18 Abs. 3. Obergrenze ist aber stets das beiderseitige Reinvermögen der Ehegatten im Zeitpunkt der Beurkundung der Änderung (s. Rn. 122). 111

Bei der **Begründung** oder **Aufhebung eines Güterstandes** ist maßgebend der Wert des betroffenen Vermögens oder Rechtsgutes, wobei Schulden (auch Nießbrauchsrechte usw.) nur dann nicht abgezogen werden, wenn der Vertrag nur bestimmte Gegenstände (auch Miterbenrechte, Gesellschaftsrechte, Mitgliedschaftsrechte) betrifft. Aber auch dann ist der Geschäftswert grundsätzlich nicht höher als der Gesamtvermögenswert beider Ehegatten unter Schuldenabzug.[181] Es betreffen: 112

– das **Vermögen beider Ehegatten:** Vereinbarung oder Aufhebung von Gütergemeinschaft und Gütertrennung; auch des gesetzlichen Güterstandes der Zugewinngemeinschaft, zB Vereinbarung nach vorzeitiger Ausgleichung des Zugewinns, wodurch Gütertrennung eintritt;[182] hier maßgeblich beiderseitiges Reinvermögen; 113

– das **Vermögen nur eines Ehegatten,** zB ehevertraglicher Verzicht auf Zurechnung zum Endvermögen nach § 1375 Abs. 2 BGB für künftige unentgeltliche Verfügungen nur eines Ehegatten an die Abkömmlinge usw.; hier maßgeblich Reinvermögen des betreffenden Ehegatten; 114

– nur **einzelne Vermögensgegenstände:** zB Vereinbarung von Vorbehalts- oder eingebrachtem Gut; Vereinbarung, dass bestimmte Gegenstände eines Ehegatten beim Zuge- 115

---

[179] Vgl. OLG Hamm DNotZ 1979, 57.
[180] OLG Hamm JurBüro 2000, 593.
[181] BayObLGZ 1982, 191 = JurBüro 1982, 1236.
[182] *Dietzel* MittBayNot 1958, 75; *Bühling* Anm. 31; *Schmid* MittBayNot 1958, 192; OLG Hamm DNotZ 1959, 99.

winnausgleich ausscheiden sollen (nicht Zahlungsmodalitäten wegen des Zugewinns); hier maßgebend Wert des Vermögensgegenstandes ohne Schuldenabzug.

116 Beim **Ausschluss des Versorgungsausgleichs** (§ 1408 Abs. 2 BGB) sind verschiedene Fallgestaltungen zu unterscheiden:
Schließen die Ehegatten in einem Ehevertrag den Versorgungsausgleich aus und belassen es ohne weitere Regelung bei der Rechtsfolge des § 1414 BGB, so dass Gütertrennung eintritt, dann ist der Eintritt der Gütertrennung zwar Rechtsfolge des Ausschlusses, aber nicht Inhalt der notariellen Urkunde. § 39 Abs. 3 S. 1, 2 ist nicht anwendbar. Da regelmäßig weder Dauer noch Höhe der Werteinheiten bekannt sind, wird meist auf den Regelwert des § 30 Abs. 2 (3000 Euro) zurückgegriffen.[183] Der pauschale Ansatz des Regelwertes ist jedoch nicht unproblematisch, da die Gefahr besteht, dass wesentlich Ungleiches willkürlich gleich behandelt wird. Für die Wertermittlung ist daher zu prüfen, ob und in welcher Höhe Versorgungsausgleichsansprüche zu erwarten sind. Während bei „Doppelverdienern" sich idR geringe Werte (Regelwert?) ergeben, ist dies bei der „Hausfrauenehe/Alleinverdienerehe" sicher nicht der Fall. Hier ist die voraussichtliche höchstmögliche Jahresanwartschaft zu schätzen und nach § 24 Abs. 3 zu vervielfältigen. Dies gilt auch dann, wenn der Vertrag vor Eheschließung zustande kommt (§ 24 Rn. 58).

117 Vereinbaren die Ehegatten einen anderen Güterstand und schließen gleichzeitig den **Versorgungsausgleich** aus, so liegt nicht Gegenstandsgleichheit vor.[184] Denn der Versorgungsausgleich besteht unabhängig von einem bestimmten Güterstand und die Vereinbarung eines gewillkürten Güterstandes ändert am Versorgungsausgleich im Falle der Ehescheidung nichts. Im Übrigen betrifft die Vereinbarung des Güterstandes das Verhältnis der Ehegatten während des Bestandes der Ehe; der Ausschluss des Versorgungsausgleiches entfaltet seine Wirkungen erst nach Auflösung der Ehe durch Scheidung. Daher handelt es sich kostenrechtlich um eine selbständige eheverträgliche Vereinbarung, die bei der Geschäftswertbestimmung zusätzlich zu berücksichtigen ist, zumal Anwartschaftsrechte auf Rentenansprüche bei der Berechnung des Reinvermögens der Ehegatten nach § 39 Abs. 3 nicht angesetzt werden.[185] Wird für den Ausschluss des Versorgungsausgleiches eine **Gegenleistung** erbracht, so handelt es sich um einen Austauschvertrag (§ 39 Abs. 2), außerdem liegt Gegenstandsgleichheit (§ 44 Abs. 1) vor. Der Geschäftswert ist hier die höhere Leistung, idR die Zuwendung.

118 Treffen Vereinbarungen nach Rn. 115 mit solchen nach Rn. 113 oder 114 zusammen, so bleibt es bei dem Wert der Letzteren, es sei denn, dass die Vereinbarung nach Rn. 115 Gegenstände des Ehegatten betrifft, dessen Vermögen durch die Vereinbarung nach Rn. 114 nicht betroffen ist; in gleicher Weise ist zu differenzieren, wenn die Vereinbarung nicht das ganze Vermögen, aber eine ganze Vermögensmasse betrifft (Vorbehaltsgut, Sondergut, Gesamtgut).[186]

119 Für die **Bewertung der zum Vermögen gehörigen Rechtsgüter** gilt in allen Fällen beispielsweise:
– **Gesellschaftsanteile** (OHG-Anteile) werden nach § 30 Abs. 1 bewertet, wobei nur ein dem Anteil entsprechender Bruchteil des Reinvermögens (nicht Aktivvermögens ohne Schuldenabzug) in Betracht kommt.[187]
– **Miterbenanteile**, Wert ebenfalls gleich Bruchteil am Reinvermögen;[188] der Wert eines Nacherbenanwartschaftsrechts ist zu berücksichtigen (nach § 30).[189] Ist ein Ehegatte Vorerbe, so stellen die ihn insoweit treffenden erbrechtlichen Beschränkungen keine abziehbaren Verbindlichkeiten dar.[190]

---

[183] Notarkasse MittBayNot 1977, 175; *Rohs/Wedewer* Rn. 42.
[184] *Rohs/Wedewer* Rn. 42; S. 1128; aA *Mümmler* JurBüro 1977, 463, aufgegeben in JurBüro 1980, 1149.
[185] Vgl. Notarkasse MittBayNot 1977, 175, vgl. § 44 Rn. 151.
[186] S. dazu *Ackermann* DNotZ 1966, 462.
[187] KG DNotZ 1942, 113 = JVBl. 1942, 39; KG DNotZ 1940, 451; unrichtig OLG Braunschweig Rpfleger 1964, 67, das die Aktiva maßgebend sein lässt.
[188] OLG München JFGErg. 13, 80.
[189] LG München MittBayNot 1984, 48.
[190] BayObLG JurBüro 1985, 753 = BayObLGZ 1985, 1.

- **Mitgliedschaftsrechte** (GmbH-Anteile usw.), Wert = Kurswert usw. oder entsprechender Bruchteil am Reinvermögen der Gesellschaft;[191]
- die **Einzelgegenstände** des Vermögens sind nach den Bestimmungen §§ 18 ff. anzusetzen, notfalls nach § 30 Abs. 1 zu schätzen, in Ermangelung von Anhaltspunkten nach § 30 Abs. 2 zu bestimmen; die Summe danach ergibt das Vermögen, von dem die Schulden abzuziehen sind.

Maßgebend ist bei Eheverträgen – im Gegensatz zu Erbverträgen – das gesamte Reinvermögen, auch das nicht übertragbare und nicht vererbbare, aber nur das bei Vertragsabschluss vorhandene Vermögen, also nicht erst anwachsende Pensionsansprüche. 119 a

Schulden werden nur von dem Vermögen abgezogen, auf dem sie lasten, Gesamtschulden von dem, das sie im Innenverhältnis belasten, bei Mangel einer Vereinbarung nach § 426 BGB beiderseits je zur Hälfte. Ist danach ein Eheteil/Lebenspartner überschuldet, so bleibt sein Vermögen außer Betracht (also nicht Abzug des Überschuldungsbetrags am Vermögen des andern Eheteils/Lebenspartners). 120

§ 19 Abs. 4 privilegiert Geschäfte, welche die Fortführung von land- oder forstwirtschaftlichen Betrieben mit Hofstelle durch Übergabe, Erbvertrag oder Testament, Erb- oder Gesamtgutsauseinandersetzung oder die Fortführung des Betriebes in sonstiger Weise betreffen.[192] Diese Einordnung unter das Privileg entspricht der Zielsetzung des Gesetzgebers zur Erhaltung leistungsfähiger Betriebe in der Hand einer bäuerlichen Familie. Bei Eheverträgen ist der Wert des Vermögens der Ehegatten nach Abzug der Verbindlichkeiten maßgeblich. Vom vierfachen Einheitswert des landwirtschaftlichen Betriebes sind also die Verbindlichkeiten in Abzug zu bringen. Entscheidend ist jedoch die Frage, in welchem Umfang betriebsbezogene Verbindlichkeiten vom Vermögen abzuziehen sind, zu dem ein mit dem vierfachen des Einheitswertes bewerteter landwirtschaftlicher Betrieb gehört. Der Umfang des Schuldenabzuges kann nicht ohne weiteres aus dem Wortlaut des § 39 Abs. 3 entnommen werden. Ein vollständiger Ausschluss eines Abzugs findet im Wortlaut des § 39 Abs. 3 keine Stütze. Die betriebsbezogenen Verbindlichkeiten werden nicht selten das vierfache des Betriebseinheitswertes übersteigen. Deshalb erscheint es zur Vermeidung eines unangemessen niedrigen Geschäftswertes im Einzelfall geboten, die Verbindlichkeiten nicht in voller Höhe abzuziehen, sondern nur in dem Verhältnis zu mindern, das dem Verhältnis des vierfachen Einheitswertes zum Verkehrswert des Anwesens entspricht. Eine solche Handhabung ist nach Auffassung des BayObLG[193] jedenfalls dann angemessen, wenn das landwirtschaftliche Anwesen den wesentlichen Teil des Vermögens bildet.[194] 120 a

Werden unter Aufrechterhaltung des Güterstandes nachtragsweise **einzelne Bestimmungen** geändert und keine Bestimmung nach Rn. 115 getroffen (zB nachträgliche Vereinbarung der Verwaltung des Gesamtgutes durch den Mann oder die Frau allein zur früheren Gütergemeinschaftsvereinbarung), so volle Gebühr nach dem Wert der Änderung (§ 42, Wert § 30); nach BayObLG[195] gilt dies auch für die Erklärung eines einzelnen Gegenstandes oder mehrerer Einzelgegenstände des Gesamtgutes zum Vorbehaltsgut, auch wenn in diesem Ehevertragsnachtrag die Auflassung dieser Vorbehaltsgutgegenstände mitbeurkundet ist; würde aber „nachtragsweise" ein neuer Güterstand vereinbart, dann nicht § 42, sondern doppelte Gebühr nach § 36 Abs. 2. 121

Bei bloßer Änderung des gesetzlichen Güterstandes der Zugewinngemeinschaft (zB quotale Änderung des Zugewinns, Zugewinnausgleich in anderer Form – Rente usw. –, Änderung des Zahlungsmodus bezüglich des Zugewinnausgleichs, Bestimmungen über Anfangs- 122

---

[191] KG JFGErg. 21, 46 = JVBl. 1940, 108; OLG München DNotZ 1942, 192; vgl. auch KG DNotZ 1942, 96 = JVBl. 1943, 81.
[192] MittBayNot 2003, 316 = Rpfleger 2003, 152 = ZEV 2003, 83 = FGPrax 2002, 273 = RNotZ 2002, 520 für die Berechnung des Reinnachlasses bei Erbscheinserteilung.
[193] MittBayNot 2003, 316 = ZNotP 2003, 199 = Rpfleger 2003, 152 = ZEV 2003, 83 = FGPrax 2002, 273 = RNotZ 2002, 520.
[194] Vgl. auch *Tiedtke* ZNotP 2003, 200.
[195] BayObLGZ 1960, 318 = Rpfleger 1961, 249 = KostRsp. § 42 Nr. 1; MittBayNot 1980, 180; MittBayNot 1982, 144 = JurBüro 1982, 1060; OLG Stuttgart BWNotZ 1990, 46.

§ 39 1. Teil. 2. Abschnitt: 1. Beurkundungen und ähnliche Geschäfte

oder Endvermögen usw.) ist der **Gebührensatz** nach § 36 Abs. 2 = $20/10$, der Wert ist nach den Grundsätzen des § 30 Abs. 1 zu bestimmen, wenn die Änderung nicht die Vereinbarung eines anderen Güterstandes beinhaltet (dann $20/10$ aus Reinvermögen). Beziehungswert ist das betroffene Vermögen. Nach dem Ausmaß der Einwirkung ist ein entsprechender Abzug zu machen, oft allerdings wegen des nicht absehbaren Zugewinns frei zu schätzen. Werden bei einem vertragsmäßigen Güterstand nachträglich Änderungen vorgenommen, ohne einen neuen Güterstand zu begründen, so Gebührensatz nach § 42, Wert nach § 39 Abs. 1 S. 1; aber auch bei mehreren Änderungen nicht mehr als den Wert nach § 39 Abs. 3 S. 1, sofern nicht Abs. 3 S. 3 eingreift.[196]

123 Bei **Verbindung des Ehevertrags mit anderen Erklärungen** gilt:
– **Desselben Gegenstandes** mit Ehevertrag und daher nicht besonders zu bewerten sind: allgemeine Gütergemeinschaft und Antrag auf Grundbuchberichtigung,[197] Antrag auf Eintragung im Güterrechtsregister,[198] Aufzählung der einzelnen Vermögensgegenstände, Zustimmung des Ehemanns zum selbständigen Gewerbebetrieb der Ehefrau, Gütertrennung und Verwaltungsregelung. Desselben Gegenstandes sind auch Aufhebung einer Gütergemeinschaft und Auseinandersetzung des Gesamtguts,[199] hier aber kein Schuldenabzug, da für Auflassung bzw. Auseinandersetzungsvertrag nicht § 39 Abs. 3 S. 2, sondern § 39 Abs. 1 gilt; für Vorbehaltsgutsvereinbarung eines Gesamtgutsgrundstücks und Auflassung.[200]

124 – **Verschiedenen Gegenstandes** sind Ehevertrag und Schenkung oder Ausstattungsvertrag oder Gutsüberlassung oder Erbverzicht, auch Gütertrennung und Ausschluss der Befugnis zur Geschäftsbesorgung eines Ehegatten gemäß § 1357 BGB, Kaufvertrag mit Vorbehaltsgutvereinbarung. – Über den mit dem Ehevertrag verbundenen Erbvertrag s. § 46 Abs. 3.

125 **Lebenspartnerschaften – Lebenspartnerschaftsverträge:** Mit dem am 1. 8. 2001 in Kraft getretenen Gesetz zur Beendigung der Diskriminierung gleichgeschlechtlicher Gemeinschaften: Lebenspartnerschaften (LPartG) vom 16. 2. 2001 (BGBl. I S. 266) hat der Gesetzgeber gleichgeschlechtliche Lebensgemeinschaften anerkannt. Voraussetzung hierfür ist die Begründung einer **eingetragenen Lebenspartnerschaft**.

125 a Durch das Gesetz zur Änderung des Lebenspartnerschaftsrechts vom 15. 12. 2004 (BGBl. I S. 3396) wurde das LPartG vom 16. 2. 2001 wesentlich geändert. Gemäß § 6 LPartG leben die Lebenspartner nunmehr im Güterstand der **Zugewinngemeinschaft,** wenn sie nicht durch Lebenspartnerschaftsvertrag (§ 7 LPartG) etwas anderes bestimmen. Es finden die §§ 1363 Abs. 2 bis 1390 BGB Anwendung. Durch Lebenspartnerschaftsvertrag können die Lebenspartner ihre güterrechtlichen Verhältnisse regeln. Durch Bezugnahme auf die §§ 1409 bis 1563 BGB, die nunmehr auch auf Lebenspartnerschaften entsprechend anzuwenden sind, ist an die Stelle der bis zum Inkrafttreten des Änderungsgesetzes mögliche Vereinbarung des Güterstandes der Vermögenstrennung die **Gütertrennung** (§ 1414 BGB) getreten. Auch die Vereinbarung der **Gütergemeinschaft** ist nunmehr möglich. Für den Lebenspartnerschaftsvertrag gibt es keine kostenrechtlichen Besonderheiten mehr. Es finden somit die Ausführungen zum Ehevertrag ebenso Anwendung (Rn. 108 ff.) wie die Ausführungen zur Modifizierung des gesetzlichen Güterstandes der Zugewinngemeinschaft (Rn. 111 ff.).

126 Die gegenseitigen Verpflichtungen zur Gewährung eines angemessenen Unterhalts sind in § 12 LPartG nF geregelt, die Verpflichtungen über den **nachpartnerschaftlichen Unterhalt** in § 16 LPartG nF. Durch Einfügung eines neuen § 20 LPartG ist nunmehr auch der Versorgungsausgleich im LPartG geregelt. Es finden iÜ die §§ 1587 a bis 1587 p BGB Anwendung. Werden Vereinbarungen über den Unterhalt oder den **Versorgungsausgleich**

---

[196] BayObLG (vorige Fn.).
[197] KGJ 51, 358.
[198] OLG München JFGErg. 16, 16 = DNotZ 1937, 633.
[199] OLG München DNotZ 1941, 303; OLG Hamm JurBüro 2000, 593 = ZNotP 2001, 327.
[200] Vgl. KG DNotZ 1937, 639; BayObLGZ 1960, 318 = Rpfleger 1961, 249 = KostRsp. § 42 Nr. 1; MittBayNot 1980, 180.

beurkundet, ergeben sich keine kostenrechtlichen Besonderheiten (s. iÜ Rn. 116 ff. zum Versorgungsausgleich und § 24 zum Unterhalt).

V. Scheidungsvereinbarungen

Schrifttum: *Lappe,* Kosten in Familiensachen, 5. Aufl. 1994, S. 119 ff.; *ders.* DNotZ 1983, 545 ff.; *Langenfeld,* Handbuch der Eheverträge und Scheidungsvereinbarungen, 4. Aufl. 2000, 5. Kapitel: Rn. 723 ff.; *Meyer,* Beurkundungskosten bei Vermögensübertragung und Unterhaltsverzicht im Rahmen einer Scheidungsfolgenvereinbarung, JurBüro 2001, 21.

1. Gegenstand

Während der Ehevertrag die güterrechtlichen Verhältnisse der Ehegatten abweichend vom gesetzlichen Typus regelt, werden in der Scheidungsvereinbarung die konkreten Folgen der Scheidung einvernehmlich bestimmt. Die Scheidungsvereinbarung ist regelmäßiger Bestandteil der einvernehmlichen Scheidung gemäß §§ 1585 Abs. 1, 1566 Abs. 1 BGB, 630 ZPO. Sie ist als solche nicht formbedürftig, jedoch muss die Vereinbarung über den Versorgungsausgleich notariell beurkundet werden (§ 1587 o BGB). Das Gericht soll dem Scheidungsantrag erst stattgeben, wenn die Ehegatten über die Unterhaltspflicht zwischen ihnen und gegenüber einem Kind sowie über die Rechtsverhältnisse an der Ehewohnung und am Hausrat einen vollstreckbaren Schuldtitel herbeigeführt haben (§ 36 Abs. 3, Abs. 1 Nr. 3 ZPO). Darüber hinaus kann sich eine Beurkundungspflicht aus den allgemeinen Bestimmungen ergeben (zB § 311 b Abs. 1 BGB). Regelmäßig werden jedoch nicht nur die beurkundungspflichtigen Teile einer Scheidungsvereinbarung beurkundet, sondern wegen des Sachzusammenhangs die Scheidungsvereinbarung insgesamt.

127

2. Gebührensatz

Für die Scheidungsvereinbarung, die kein gesetzlich typisiertes Rechtsgeschäft ist, sondern eine Verbindung mehrerer Verträge, oder für die Einzelvereinbarungen entsteht nach § 36 Abs. 2 eine doppelte Gebühr. Einseitige Erklärungen, wie etwa die Vollstreckungsunterwerfung bezüglich der Unterhaltszahlungen lösen zwar die volle Gebühr aus (§ 36 Abs. 1), wegen der jedoch regelmäßig gebotenen Sammelbeurkundung ist § 44 anzuwenden (zur Frage der Gegenstandsgleichheit s. § 44 Rn. 149 ff.). Soweit die tatbestandsmäßigen Voraussetzungen vorliegen, fallen auch die Gebühren nach §§ 146, 147 an. Wird nach rechtskräftiger Scheidung die Auflassung gesondert beurkundet, entsteht die halbe Gebühr des § 38 Abs. 2 Nr. 6 a, wenn das zugrunde liegende schuldrechtliche Geschäft bereits anderweitig iS von § 38 Abs. 2 Nr. 6 a beurkundet ist. Für die Erteilung der vollstreckbaren Ausfertigung nach rechtskräftiger Scheidung ist die Gebühr des § 133 zu erheben.[201]

128

3. Geschäftswert

Für die Bewertung der Gegenstände einer Scheidungsvereinbarung gilt (§ 39 Abs. 1):

a) Unterhaltsvereinbarungen. Der Geschäftswert ist nach § 24 Abs. 1, 3 zu ermitteln (fünffacher Jahresbetrag). Maßgebend sind nicht die nächsten, sondern die höchsten Leistungen.[202] Steht der Beginn des Bezugsrechts (Scheidung) nicht fest, so ist gleichwohl für die Anwendung des § 24 Abs. 6 S. 3 kein Raum, da unter § 24 Abs. 6 S. 3 nur echte Bedingungen iS von § 158 BGB fallen, nicht hingegen Rechtsbedingungen und Tatbestandsmerkmale einer Regelung (vgl. § 24 Rn. 63). Im Falle des Verzichts auf einen sicheren Unterhaltsanspruch gelten die gleichen Grundsätze. Bei Verzicht auf einen möglichen Unterhaltsanspruch ist der Wert unter Berücksichtigung der Wahrscheinlichkeit des Eintritt der Unterhaltspflicht und der denkbaren Unterhaltshöhe nach § 30 Abs. 1 zu schätzen. Wird der Geschiedenenunterhalt aus wichtigem Grund gemäß § 1585 Abs. 2 BGB in Kapital abgefunden, so hat dies regelmäßig auf den Wert keinen Einfluss,[203] es sei denn, die Abfindungs-

129

---

[201] *Lappe* DNotZ 1983, 545.
[202] *Meyer* JurBüro 2001, 21.
[203] *Lappe* DNotZ 1983, 547.

vereinbarung führt zu einem eigenen Geschäft (zB Auflassung eines Grundstücks), mit dem der Anspruch abgefunden wird.

129 a Erfolgt Unterhaltsverzicht außerhalb der Bestimmung des § 1585 Abs. 2 BGB gegen Abfindung, so ist der Abfindungsbetrag anzusetzen, es sei denn, der nach § 30 Abs. 1 geschätzte Wert des Unterhaltsanspruches ist höher. Erfolgt gegenseitiger Verzicht, so handelt es sich ebenfalls um ein Austauschgeschäft; es wird nur der Verzicht mit den höheren Leistungen bewertet. Der Wert ist nach § 30 Abs. 1 unter Berücksichtigung der Wahrscheinlichkeit des Eintritts einer Unterhaltspflicht und der Einkommensverhältnisse zu bestimmen.

130 b) **Kindesunterhalt.** Die Bewertung erfolgt gemäß § 24 Abs. 3, 6 S. 1. Grundsätzlich ist der fünffache Jahresbetrag anzusetzen, es sei denn, die Unterhaltspflicht ist auf eine kürzere Zeit beschränkt. Sind die Monatsbezüge unterschiedlich, so ist der kapitalisierte höchste Jahresbetrag maßgebend (§ 24 Rn. 24). § 24 Abs. 4 kann nicht analog angewendet werden. Der Kindesunterhalt ist für jedes Kind gesondert zu bewerten.

130 a Wird vereinbart, dass ein Elternteil den anderen von dessen Unterhaltsschuld gegenüber gemeinsamen Kindern freistellt, so ist hierfür nicht die Begünstigungsvorschrift des § 24 Abs. 3 einschlägig. Die Bewertung hat nach § 24 Abs. 2 zu erfolgen.[204] Wird der andere Elternteil nur von möglichen Unterhaltsansprüchen freigestellt, ist je nach dem Grad der Wahrscheinlichkeit des Eintritts der Unterhaltspflicht nur ein Bruchteil des vollen Werts gemäß §§ 24 Abs. 6 S. 3, 30 Abs. 1 anzusetzen. Zu Unterhaltsverpflichtungen gemäß § 1612 a Abs. 1 BGB s. § 55 a.

131 c) **Elterliche Sorge.** Bezüglich der Personen- und Vermögenssorge (§ 1626 Abs. 1 S. 2 BGB) wird in der Scheidungsvereinbarung dem Gericht lediglich ein gemeinsamer Vorschlag erbracht. Die Bewertung erfolgt nach § 30 Abs. 3, 2; im Regelfall ist der Hilfswert des § 30 Abs. 2 zu unterschreiten (1000 bis 2000 Euro), es sei denn, die Vermögenslage des Kindes und das Interesse der Beteiligten lassen den Regelwert als angebracht erscheinen. Der Wertansatz hat für jedes Kind gesondert zu erfolgen. Zu Erklärungen über die elterliche Sorge nach § 1626 a BGB (eingefügt durch KindRG vom 16. 12. 1997) s. bei § 55 a.

132 d) **Umgangsrecht.** Die Umgangsregelung (§ 1634 BGB) kann unter den Eltern für beide Teile bindend vereinbart werden. Einer gerichtlichen Entscheidung bedarf es dann nicht mehr. Die Bewertung erfolgt nach § 30 Abs. 2. Wegen Mangels an einem vermögensrechtlichen Bezug ist für ein Abweichen vom Regelwert nach oben kein Raum. Bloße Absichtserklärungen über eine „großzügige Handhabung" sind kostenrechtlich nicht relevant.[205] Wegen der geringeren Bedeutung des Umgangsrechts ist ein Abweichen vom Hilfswert nach unten regelmäßig angezeigt (1000 bis 2000 Euro). Auch hier ist der Wert für jedes Kind gesondert festzusetzen.

133 e) **Gemeinsames Scheidungsbegehren – Vereinbarungen über prozessuales Verhalten.** Häufig werden in Scheidungsvereinbarungen Bestimmungen über das gemeinsame Scheidungsbegehren oder über prozessuales Verhalten getroffen. Der Wertansatz erfolgt nach § 30 Abs. 3, 2, wobei zu berücksichtigen ist, dass sie die Scheidung als solche nicht betreffen und daher auch bei durchschnittlichen Verhältnissen zum Regelwert nach unten abzuweichen ist (Vorschlag: 1000 bis 2000 Euro).

134 f) **Scheidungskosten.** Soweit eine Regelung über die Tragung der notariellen Kosten der Scheidungsvereinbarung getroffen wird, handelt es sich um einen Nebengegenstand gemäß § 18 Abs. 2 Satz 2, der nicht anzusetzen ist. Übernimmt hingegen einer der beiden Ehegatten die beiderseitigen Kosten bei Rechtsanwalt und die Gerichtskosten, so erfolgt Schätzung nach § 30 Abs. 1.[206]

135 g) **Ehewohnung.** Die Übernahme der ehelichen Wohnung durch einen der Ehegatten ist gemäß § 30 Abs. 1 nach freiem Ermessen zu bestimmen. § 25 Abs. 1 S. 3 (dreifacher

---

[204] *Lappe* DNotZ 1983, 546.
[205] *Lappe* DNotZ 1983, 546.
[206] AA *Lappe* DNotZ 1983, 547.

Mietwert) ist nicht unmittelbar anwendbar, da er zum Gegenstand den Abschluss des Mietvertrages zwischen Vermieter und Mieter hat.[207] Allerdings kann im Rahmen der Schätzung nach § 30 sinngemäß § 25 Abs. 1 angewendet werden. Regelmäßig führt dies indes zu einem Teilwert von 50% des nach § 25 Abs. 1 S. 2 ermittelten Betrages, da regelmäßig beide Ehegatten (als Gesamtschuldner) Vertragspartner des Vermieters sind.

h) Verteilung des Hausrates. Die Vereinbarung über die Verteilung des Hausrates ist gemäß §§ 39 Abs. 1, 19 Abs. 1 nach dem Verkehrswert des Hausrates zu bemessen, soweit die Verteilung des Hausrates nicht Gegenstand des Ehevertrags (Gütertrennung) ist. In diesem Fall erfolgt keine gesonderte Bewertung. 136

i) Vereinbarung über das Getrenntleben. Vereinbarungen über die Zeit des Getrenntlebens oder die Dauer des Scheidungsverfahrens beinhalten zwar meist Teile der Vereinbarung für die Zeit nach der Ehescheidung (zB Unterhalt, Ehewohnung, Hausrat usw.); sie haben jedoch kostenrechtlich einen anderen Gegenstand als die entsprechende Scheidungsvereinbarung.[208] Bei Verbindung einer Getrenntlebensvereinbarung mit einer Scheidungsvereinbarung sind also die Gegenstände gesondert zu bewerten. Die Laufzeit ist unbestimmt. Oberste Grenze ist bei wiederkehrenden Leistungen der fünffache Jahreswert (§ 24 Abs. 3); regelmäßig ist jedoch nur der ein- bis zweifache Jahresbetrag anzusetzen, da die Getrenntlebenszeit kaum länger dauert. 137

j) Freistellungserklärungen. Bei Schuld- und/oder Erfüllungsübernahme gelten die allgemeinen Grundsätze (vgl. § 18 Rn. 53). Geschäftswert ist der Nennbetrag der Schuld. Sind beide Ehegatten Gesamtschuldner, so sind sie mangels anderweitiger Bestimmung im Innenverhältnis zu gleichen Anteilen verpflichtet (§ 426 Abs. 1 BGB). In diesem Falle ist demzufolge der Geschäftswert mit 50% der Gesamtschuld anzusetzen. 138

k) Auseinandersetzung des sonstigen gemeinschaftlichen Vermögens. Soweit Bruchteilsgemeinschaften real geteilt werden, also die Aufhebung der Gemeinschaft gemäß § 752 BGB durch Teilung in Natur erfolgt, ist Geschäftswert der Gesamtwert des auseinandergesetzten Vermögens.[209] Die Auseinandersetzung kann jedoch auch durch Übertragung einzelner Objekte gegen bestimmte Leistungen des Empfängers erfolgen. In diesem Falle liegt ein Austauschvertrag nach § 39 Abs. 2 vor; Leistung und Gegenleistung sind gegenüber zustellen, Verbindlichkeiten gemäß § 18 Abs. 3 nicht abzuziehen. Der höhere Wert ist der Geschäftswert. 139

l) Gütertrennung, Aufhebung der Zugewinngemeinschaft. Für die Vereinbarung der Gütertrennung aus Anlass der Scheidungsvereinbarung gelten die allgemeinen Regeln (§ 39 Abs. 3; vgl. Rn. 109a). Gleiches gilt auch für den Ausgleich des Zugewinns. Die ehevertraglichen Vereinbarungen stehen mit den sonstigen Scheidungsvereinbarungen in keinem Zusammenhang. Hierbei handelt es sich um selbständige Rechtsverhältnisse, die gemäß § 44 Abs. 2 getrennt zu bewerten sind. 140

m) Versorgungsausgleich. Bei einer Vereinbarung nach § 1587 o BGB werden meist Vereinbarungen über die Zahlung eines Einmal-Betrages als Beitrag zur Begründung von Anwartschaften auf eine bestimmte Rente in der gesetzlichen Rentenversicherung oder auf Zahlung von laufenden Beiträgen in eine vom Berechtigten für sich abzuschließende Versicherung getroffen. Soweit eine einmalige Zahlung zu leisten ist, entspricht der Geschäftswert dem Ausgleichsbetrag. Bei regelmäßig wiederkehrenden Zahlungen ist der Wert nach § 24 Abs. 3 zu bestimmen.[210] Gleiches gilt auch dann, wenn vereinbart wird, dass der Berechtigte auf den Ausgleichsanspruch verzichtet und ihm dafür bis zu seinem Tode eine um den Wert des Ausgleichsanspruchs erhöhte Unterhaltsrente zustehen soll. Soweit im Rah- 141

---

[207] AA *Lappe* DNotZ 1983, 547.
[208] *Lappe* DNotZ 1983, 548; Streifzug Rn. 334 ff.
[209] Rn. 43; BayObLG MittBayNot 1970, 120; aA LG Darmstadt JurBüro 1983, 743 m. abl. Anm. *Mümmler.*
[210] HM, *Appell,* Nachtrag zum Formularbuch *Kersten/Bühling/Appell* Rn. 24; *Lappe* NJW 1983, 1467, 1471; DNotZ 1983, 545; *Rohs/Wedewer* § 39 Rn. 50, § 21 Rn. 21.

men einer Vereinbarung nach § 1587o BGB Vermögenswerte (Grundbesitz, Beteiligungen oder einmalige Geldbeträge) zur Abfindung des Versorgungsausgleiches übertragen werden, so ist jeweils der kostenrechtliche Wert dieser Zuwendung (ohne Verbindlichkeitenabzug) maßgebend.

VI. Satzungen, Pläne und Verträge nach UmwG

142 Während Abs. 4 idF vor dem 27. 6. 1997 den Höchstwert von 5 Mio. Euro lediglich für die Beurkundung aller Gesellschaftsverträge von Handelsgesellschaften, nicht nur Kapitalgesellschaften, sondern auch Personenhandelsgesellschaften vorsah, soweit die Begründung durch rechtsgeschäftliche Erklärung erfolgte (hierzu 13. Aufl. Rn. 102), und umstritten war, ob Abs. 4 auch für Gründungsverträge einer BGB-Gesellschaft anzuwenden sei, brachte die Neufassung Klarheit: Der Höchstwert von 5 Mio. Euro gilt nicht nur für die Beurkundung von Gesellschaftsverträgen, Satzungen, sondern auch in den Fällen, in denen Gesellschaften oder andere Rechtsträger im Wege der Verschmelzung durch Neugründung oder Spaltung zur Neugründung entstehen, auch in den Fällen der Verschmelzung durch Aufnahme oder der Spaltung zur Aufnahme.[211] Unter „Gesellschaftsverträgen" sind unzweifelhaft auch die BGB-Gesellschaftsverträge zu verstehen, ebenso die Errichtung einer Stiftung.

143 Zur materiellrechtlichen Behandlung von **Umwandlungsmaßnahmen** s. Rn. 66 und § 41c Rn. 57 ff., zur Geschäftswertermittlung Rn. 66 und § 41c Rn. 68 ff.

143a Die Höchstwertbestimmung des Abs. 4 gilt nicht für Beschlüsse (hier ist § 47 einschlägig, s. dort).

144 Abs. 4 gilt auch für Vorverträge; er gilt aber nur Bestimmungen ab, die Gegenstand des Gesellschaftsvertrages sind. Werden im Vorvertrag weitere Bestimmungen getroffen, die über den vorgesehenen Hauptvertrag hinausgehen, zB Sonderabreden, um sich gegenseitig stärker zu binden, so werden diese durch Abs. 4 nicht abgegolten, sondern sind daneben zu bewerten.[212] Wird im Gesellschaftsvertrag eine Immobiliarsacheinlage vereinbart, die Auflassung aber nachträglich gesondert beurkundet, so gilt der Höchstwert auch für die Gebühr des § 38 Abs. 2 Nr. 6a.

145 **Besonderheiten** bei Verschmelzungen, Spaltungen, Vermögensübertragung:
Verschmelzungen: Die Höchstwertbestimmung gemäß Abs. 4[213] gilt auch für Verschmelzungsverträge. Dies gilt für die Verschmelzung durch Aufnahme und für die Verschmelzung zur Neugründung. Der Höchstwert beträgt 5 Mio. Euro. Fraglich ist jedoch, ob es bei der Verschmelzung mehrerer Rechtsträger auf einen bestehenden oder neu gegründeten Rechtsträger beim einmaligen Höchstwert von 5 Mio. Euro verbleibt, oder der Höchstwert mehrfach anzusetzen ist.[214] Es erscheint systemwidrig, generell den Geschäftswert auf 5 Mio. Euro zu begrenzen, auch dann, wenn mehrere Rechtsträger verschmolzen werden. Es ist darauf abzustellen, ob es sich bei Verschmelzung mehrerer Rechtsträger um eine **Rechtseinheit** handelt oder um Verschmelzungen, die voneinander **rechtlich völlig unabhängig** sind. Liegt eine Rechtseinheit vor, hängt die Wirksamkeit der Verschmelzung des einen Rechtsträgers unabdingbar von der Wirksamkeit der anderen Verschmelzung(en) ab. Es kann auch kostenrechtlich nur ein einheitlicher Vorgang vorliegen. Der Wert des gesamten Verschmelzungsaktes ist dann auf den (einmaligen) Höchstwert nach Abs. 4 in Höhe von 5 Mio. Euro begrenzt. Dies kann aber nicht mehr gelten, wenn mehrere Verschmelzungen in einer Urkunde beurkundet werden, die rechtlich voneinander völlig unabhängig sind und die Zusammenbeurkundung nur deshalb erfolgt, weil der aufnehmende Rechtsträger bei jeder Verschmelzung der gleiche ist. Das Unterscheidungsmerkmal Rechtseinheit oder rechtliche Unabhängigkeit wird sich schon im Hinblick auf den Vollzug der Verschmelzungen aus dem Verschmelzungsvertrag selbst ergeben. Werden mehrere rechtlich unabhängige

---

[211] Hierzu *Filzek/Sommerfeldt* MittRhNotK 1997, 306, 310; *Tiedtke* MittBayNot 1997, 21.
[212] KG DNotZ 1942, 116.
[213] In seiner jetzigen Fassung seit 27. 6. 1997 Art. 33 JuMiG (BGBl. I S. 1430).
[214] Zur grundsätzlichen Problematik s. *Tiedtke* ZNotP 2001, 226 und 260.

Verschmelzungen in einer Niederschrift zusammengefasst, ist zwar der Degressionsvorteil der einheitlichen $^{20}/_{10}$-Gebühr zu gewähren (§ 44 Abs. 2a), jedoch hat dies Auswirkungen auf den Geschäftswert. Die Werte der einzelnen Verschmelzungen sind – wie bei Rechtseinheit der Verschmelzung mehrer Rechtsträger – zusammen zu zählen. Der Geschäftswert jeder einzelnen Verschmelzung ist auf 5 Mio. Euro begrenzt. Der **Höchstwert** nach Abs. 4 kann somit bei voneinander unabhängigen Verschmelzungen **mehrfach** zum Ansatz kommen.[215] Werden diese Verschmelzungen in getrennten Niederschriften beurkundet, liegt keine unrichtige Sachbehandlung des Notars vor. Erfolgt jedoch auf Verlangen der Beteiligten die Zusammenbeurkundung, muss § 44 Abs. 2a berücksichtigt werden, auch wenn der einzige Grund der Zusammenbeurkundung in der Gebührenersparnis liegt.[216] In der Regel wird jedoch auch bei Verschmelzung mehrerer Rechtsträger ein innerer oder wirtschaftlicher Zusammenhang bestehen, wenn es sich bei allen Verschmelzungen um den gleichen aufnehmenden Rechtsträger handelt. Ein Verstoß gegen das Gebührvereinbarungsverbot oder ein unzulässiger Gebührenverzicht dürfte damit bei Zusammenbeurkundung mehrerer unabhängiger Verschmelzungen auf den gleichen aufnehmenden oder neu gegründeten Rechtsträger ausgeschlossen sein.

Kettenverschmelzungen sind immer gegenstandsverschieden (zB GmbH A wird mit GmbH B verschmolzen, danach GmbH B mit GmbH C).[217] Das Aktivvermögen der GmbH A erhöht das Aktivvermögen der GmbH B. 146

Spaltungen (Ausgliederungen): Die Ausführungen zur Verschmelzung gelten dem Grunde nach entsprechend. Bei der Frage, ob eine rechtliche Einheit oder voneinander unabhängige Spaltungsvorgänge vorliegen, ist wie folgt zu unterscheiden: 147

– **Aufspaltung:** Die Aufspaltung ist der gesetzliche Normaltypus. Die Eintragung der Aufspaltung in das Register bewirkt gemäß § 131 Abs. 1 Nr. 2 UmwG das Erlöschen des übertragenden Rechtsträgers. Die Aufspaltung wird daher als Rechtseinheit behandelt, unabhängig davon, ob die Aufspaltung zur Aufnahme auf einen oder mehrere bestehende oder neu gegründete Rechtsträger erfolgt.[218] Es verbleibt beim (einmaligen) Höchstwert von 5 Mio. Euro.

– **Abspaltung:** Im Gegensatz zur Aufspaltung bleibt bei der Abspaltung der übertragende Rechtsträger bestehen. Werden mehrere Vermögensteile des übertragenden Rechtsträgers auf mehrere bestehende oder neu gegründete Rechtsträger abgespalten, wird im Regelfall jede Abspaltung rechtlich von den weiteren Abspaltungen unabhängig sein. Liegt eine **Rechtseinheit** vor, verbleibt es beim (einmaligen) Höchstwert von 5 Mio. Euro. Handelt es sich um voneinander **unabhängige Abspaltungen,** kommt ggf. für jede Abspaltung der Höchstwert von 5 Mio. Euro in Betracht. Hierzu gelten die kostenrechtlichen Ausführungen zur Verschmelzung sinngemäß (s. Rn. 145).

– **Kettenspaltungen:** Mehrere Spaltungsvorgänge liegen immer vor bei sog. Kettenspaltungen zB Aufspaltung von A auf B und C (ein Rechtsvorgang) und danach Aufspaltung von B auf D und E (ein weiterer Rechtsvorgang) oder Abspaltung eines Betriebsteils aus dem Vermögen von A auf B, danach Abspaltung eines Vermögensteils von B auf C. Für jeden Spaltungsvorgang kann der Höchstwert von 5 Mio. Euro in Betracht kommen.

– **Ausgliederungen:** Es gelten die kostenrechtlichen Ausführungen zur Spaltung sinngemäß.

Vermögensübertragung: Bei Vollübertragung gelten die kostenrechtlichen Ausführungen zur Verschmelzung sinngemäß, bei Teilübertragung die Ausführungen zur Spaltung. 148

Bei Übertragung eines **Versicherungsbestandes** gemäß § 14 VAG gilt § 39 Abs. 4 nur, wenn es sich hierbei um eine Vermögensübertragung iS des UmwG handelt.[219] 148a

---

[215] *Lappe* NotBZ 2000, 332 noch weitergehender, wonach mehrere Verschmelzungen immer gegenstandsverschieden sein sollen; OLG Hamm MittBayNot 2004, 68.
[216] BayObLGZ 1969, 246 = DNotZ 1970, 184.
[217] OLG Düsseldorf MittBayNot 1998, 464 = ZNotP 1998, 471.
[218] *Tiedtke* ZNotP 2001, 226.
[219] DNotI-Gutachten vom 23. 4. 2002.

VII. Registeranmeldungen

149 Für die Beurkundung von Anmeldungen zum Handelsregister und ähnlichen Registern beträgt der Höchstwert 500 000 Euro, auch wenn in derselben Verhandlung mehrere Anmeldungen beurkundet werden. Gleiches gilt über § 145 Abs. 1 für den Entwurf der Anmeldung.

150 Die bis zum 1. 12. 2004 in § 26 Abs. 1 Nr. 6 geregelten weiteren Höchstwerte für Registeranmeldungen (Kommanditistenwechsel, Beteiligungsumwandlung), § 26 Abs. 4 Nr. 1 (Anmeldung bestreffend eine Kapitalgesellschaft, die keinen bestimmten Geldwert hat) galten nur für Eintragungen in das Handelsregister. Diese Bestimmung sind mit Inkrafttreten der HRegGebV zum 1. 12. 2004 aufgehoben worden. Mit der Umstellung der Eintragungsgebühren auf aufwandsbezogene Gebühren sind diese Gebühren ausschließlich in der HRegGebV geregelt.

VIII. FG-Reform

151 Nach Abs. 3 soll ein **neuer Abs. 4** mit folgendem Wortlaut eingefügt werden: „Bei der Beurkundung in Angelegenheiten, die die Annahme eines Minderjährigen betreffen, beträgt der Wert 3000 Euro."

§ 40* Geschäftswert bei zustimmenden Erklärungen

(1) **Bei einer Zustimmungserklärung ist der Wert des Geschäfts maßgebend, auf das sich die Zustimmungserklärung bezieht.**

(2) ¹**Bei Zustimmungserklärungen auf Grund einer gegenwärtigen oder künftigen Mitberechtigung ermäßigt sich der Geschäftswert nach Absatz 1 auf den Bruchteil, der dem Anteil der Mitberechtigung entspricht.** ²Entsprechendes gilt für Zustimmungserklärungen von Anteilsinhabern (§ 2 des Umwandlungsgesetzes). ³Bei Gesamthandsverhältnissen ist der Anteil entsprechend der Beteiligung an dem Gesamthandvermögen zu bemessen.

Übersicht

	Rn.		Rn.
I. Allgemeines	1–3	III. Gesamthandsverhältnisse	13–15
II. „Mitberechtigung"	4–12a	IV. Registeranmeldungen	15a
1. Begriff	4–10		
2. Grundpfandrechte	11–12a		

Stichwortverzeichnis

Anteilsinhaber Umwandlung 5, 10
Bruchteilsgemeinschaft 3
Ehegattenzustimmung 1, 9
Eigentümerzustimmung 1
Erbbaurecht 4
Gesamthänder 13 ff.
Gesamtschuldner 11
Geschäftswert 1
Gesellschaftsgründung 7
Gesetzlicher Vertreter 6
Grundschuld 11
Gründungsgesellschafter 9
Kommanditist 6
Löschung 12

Mitberechtigung 1, 4 ff.
Miteigentümer 2
Mittelbare Mitberechtigung 4
Mitverpflichtung 11 a
Schuldverpflichtung 11
Teileigentum 4 a
Unmittelbare Mitberechtigung 4
Umwandlung 5
Verwalterzustimmung 1
Vollmacht 7
Wohnungseigentum 4 a
Zustimmung 1

---

* Neu gefasst durch Gesetz vom 18. 6. 1997 (BGBl. I S. 1430).

I. Allgemeines

Wie nach § 41 Abs. 1 der Wert einer Vollmacht zu einem bestimmten Rechtsgeschäft gleich dem Wert dieses Rechtsgeschäftes ist, so ist der Wert einer Zustimmungserklärung zu einem bestimmten Rechtsgeschäft gleich dem Wert dieses Geschäftes. Das ist gebührenrechtliches Prinzip, welches in § 39 Abs. 1 seine Grundlage hat und durch § 40 Abs. 1 ausdrücklich festgestellt wird. Die vor dem 27. 6. 1997 geltende Rechtslage wird also durch die Einfügung des Abs. 1 nicht geändert.

Im Hinblick auf das Zitiergebot (§ 154 Abs. 2) stellt sich jedoch die Frage, ob bei solchen zustimmenden Erklärungen, wo kein Mitberechtigungsverhältnis besteht oder die Erklärung nicht auf ein Mitberechtigungsverhältnis zurückzuführen ist (zB bei der Zustimmung des Ehegatten gemäß § 1365 BGB, der Verwalterzustimmung zur Veräußerung einer Eigentumswohnung oder der Eigentümerzustimmung zu einer Erbbaurechtsveräußerung) der Geschäftswert mit §§ 20 Abs. 1, 39 Abs. 1 S. 1 oder zusätzlich mit (dem insoweit überflüssigen) § 40 Abs. 1 zu belegen ist. Da § 40 Abs. 1 nur ohnehin geltendes Recht wiederholt, dürfte das Zitiergebot diese Norm nicht erfassen, weil der Sinn – Nachvollziehbarkeit, Transparenz der Kostenberechnung – auch ohne die Angabe dieser Bestimmung erreicht wird.

Eine **Ausnahme** von diesen Grundsätzen macht § 40 Abs. 2 für die Zustimmung Mitberechtigter zu einem Hauptgeschäft, das beurkundet und bei welchem der volle Wert maßgebend ist.[1] Wenn bei Bruchteilseigentümern nur einer bei der Beurkundung zugleich im Namen der anderen handelt und diese nachher beitreten, zustimmen, so ist beim Geschäft der volle Wert des Rechtsverhältnisses (des in Bruchteilsgemeinschaft stehenden Grundstücks) nach § 39 Abs. 1 maßgebend, für die Zustimmung hingegen nur der Wert des „Anteils an dem Gegenstand des Geschäftes". Für diese Zustimmung wird nur die Hälfte der vollen Gebühr erhoben (§ 38 Abs. 2 Nr. 1). Dies gilt auch, wenn mehrere eine Sache oder ein Recht gemeinschaftlich erwerben wollen.[2] Gleiches gilt vom Grundsatz her, wenn Miteigentümer die gemeinschaftliche Sache belasten, etwa ein Grundstück mit einer Grundschuld, jedoch sind Besonderheiten zu beachten, wenn mit der Grundschuldbestellung zugleich ein (gesamtschuldnerisches) Schuldanerkenntnis mit oder ohne Unterwerfung unter die sofortige Zwangsvollstreckung erklärt wird (s. Rn. 13).

II. „Mitberechtigung"

1. Begriff

Der Begriff „Mitberechtigung", der im früheren S. 1 enthalten war, findet sich wieder in Abs. 2 S. 1. Vom Wortlaut und der Rspr. her musste dieser Begriff eng ausgelegt werden und war nur auf solche Fälle anwendbar, in denen eine Sache in Mitberechtigung mehrerer Anteilsinhaber stand. Die Neufassung schließt auch künftige Mitberechtigte ein und löst die früheren kostenrechtlichen Ungereimtheiten, wenn zB mehrere Miteigentümer der **Belastung eines Erbbaurechts** auf dem in Miteigentum stehenden Grundstücks zustimmen. In diesem Fall hatte der **Miteigentümer** am Gegenstand des Geschäfts (Belastung des Erbbaurechts) keinen Anteil, weshalb der Wert einer solchen Zustimmungserklärung nach dem Wert der Erklärung, welcher zugestimmt wird, zu ermitteln gewesen wäre (für jeden Miteigentümer der volle Nennbetrag des Grundpfandrechts). Das frühere, stets als unbillig erkannte Ergebnis wird seit der Neuformulierung in Abs. 2 S. 1 vermieden, indem nur die dem Anteil des Miteigentümers am Grundstück entsprechende Quote des Geschäftswerts zugrunde gelegt wird. Die Neufassung stellt nicht mehr auf den Anteil am Gegenstand des Geschäfts ab, sondern allgemein darauf, dass eine Zustimmungserklärung **auf Grund einer Mitberechtigung** abzugeben ist. Dies gilt sowohl für die **unmittelbare Mitberechtigung** (zB Genehmigung eines bei Beurkundung eines Kaufvertrages vertretenen Mitverkäufers) als auch für die **mittelbare Mitberechtigung** (Zustimmung

---

[1] *Ackermann* DNotZ 1966, 474.
[2] LG Berlin DNotZ 1939, 318.

§ 40

durch den Eigentümer zur Belastung eines Erbbaurechtes). Ferner wird auch klargestellt, dass für die Zustimmung eines Mitnacherben zur Verfügung des Vorerben ein der Erbquote entsprechender Anteil des Geschäftswerts anzusetzen ist.[3] Schließlich war § 40 S. 2 idF vor dem 27. 6. 1997 nicht auf Inhaber von Anteilen an Gesellschaften anwendbar. Nach Abs. 2 in seiner jetzigen Fassung wird der nur anteiligen Beteiligung eines Gesellschafters bei der Wertermittlung Rechnung getragen.

4 a Die Zustimmung zur Veräußerung von Wohnungs- oder Teileigentum durch andere Wohnungs- oder Teileigentümer fällt ebenfalls unter § 40 Abs. 2. Der Wert der Zustimmungserklärung einzelner Eigentümer (sog. **mittelbare Mitberechtigung**) ist nach dem Anteil zu bestimmen, welcher der Mitberechtigung des Zustimmenden am gemeinschaftlichen Eigentum entspricht. Gleiches gilt für die Zustimmung zur Belastung. Ausgangswert ist hier der Wert des bestellten Rechts. Bei Zustimmung durch den Verwalter ist jedoch der volle Wert maßgebend, auch wenn einer von mehreren Verwaltern in gesonderter Erklärung zustimmt (s. auch Rn. 1).

5 Abs. 2 S. 2 bestimmt darüber hinaus, dass die Regelung von Abs. 2 S. 1 auch für Zustimmungserklärungen von Anteilsinhabern nach dem **Umwandlungsgesetz** gilt (zB § 13 Abs. 2, § 43 Abs. 1, §§ 128, 193 Abs. 1, § 233 Abs. 1 UmwG). Auch hier ist der Geschäftswert auf den Bruchteil festzusetzen, der dem Anteil des Anteilsinhabers an dem übertragenden Rechtsträger entspricht. Ausgangswert ist der entsprechende Wert des Umwandlungsvorgangs.[4]

6 Der Zustimmende muss Mitberechtigter sein oder werden („künftig"). Während früher notwendig war, dass der Mitberechtigte einen Anteil am Gegenstand des Geschäfts, also am Wirtschaftsgut (Sache, Recht usw.) haben musste, auf das sich die Erklärung bezieht, ist dieses nunmehr durch die eindeutige Regelung in Abs. 2 entfallen. Maßgebend ist allein, dass sich die erteilte Zustimmungserklärung aus einer Mitberechtigung ergibt.[5] So bestimmt sich der Geschäftswert einer Zustimmungserklärung eines Kommanditisten nur nach seiner quotalen Beteiligung, wenn dieser der Veräußerung einer Kommanditbeteiligung eines anderen **Kommanditisten** zustimmt. Beispiel: A veräußert seine KG-Beteiligung an B. Geschäftswert für den Veräußerungsvertrag angenommen mit 900 000 Euro. C stimmt der Veräußerung zu. C ist am Vermögen der KG mit einer Quote von 30% beteiligt. Geschäftswert der Zustimmungserklärung 30% aus 900 000 Euro = 270 000 Euro. Zur Anmeldung s. Rn. 15 a.

6 a **Kein** Mitberechtigungsverhältnis liegt vor bei **Zustimmung des gesetzlichen Vertreters** zu einer Erklärung des in der Geschäftsfähigkeit Beschränkten; auch nicht, wenn ein **Mittestamentsvollstrecker** der von dem anderen getroffenen Verfügung über einen Nachlassgegenstand beitritt oder ihm Vollmacht erteilt;[6] bei Zustimmung des Ehegatten nach § 1365 BGB; oder wenn von mehreren Vorstandsmitgliedern eines Vereins, einer Aktiengesellschaft, einer von mehreren Geschäftsführern einer GmbH usw., die nur gemeinschaftlich handeln können, der eine der Erklärung des anderen zustimmt, ihr beitritt; oder wenn ein Komplementär einer KG aA einem Hauptversammlungsbeschluss zustimmt.[7] Umso weniger ist dies der Fall bei Anmeldungen, zu denen jeder Einzelne verpflichtet ist.

7 Unklar ist die Anwendung des § 40 im Hinblick auf die **Zustimmungen** (und Vollmachten) zu **Gesellschaftsverträgen.** Denn der Gesellschaftsvertrag ist auf die Bildung eines Gesamthandsvermögens gerichtet, an dem es eine Mitberechtigung iS des § 40 nicht gibt.[8] Seit dem mit Wirkung zum 27. 6. 1997 neu gefassten § 40 werden auch künftige Mitberechtigungsverhältnisse eingeschlossen, so dass der Geschäftswert für die Zustimmungserklärung zur Errichtung einer Gesellschaft dennoch auf den Anteil der zustimmen-

---

[3] Amtliche Begr. BT-Drucks. 13/7489 S. 59.
[4] Dazu BayObLG ZNotP 1998, 82 m. Anm. *Tiedtke; Waldner* JurBüro 1998, 173.
[5] *Tiedtke* MittBayNot 1997, 210; *Otto* JurBüro 1997, 288.
[6] KGJ 37 B 14.
[7] KG DNotZ 1942, 267.
[8] KG DNotZ 1969, 247.

den Gesellschafters begrenzt ist.[9] Der Wortlaut spricht zwar zunächst gegen diese Auslegung. Vor allem könnte die ausdrückliche Einbeziehung von Zustimmungserklärungen von Anteilsinhabern (§ 2 des Umwandlungsgesetzes) gegen diese Auffassung sprechen. Nach nunmehr auch hier vertretener Auffassung hatte der Gesetzgeber mit der Neufassung des § 40 das Ziel, für jede Zustimmungserklärung, die auf Grund einer gegenwärtigen oder künftigen Mitberechtigung (auch Mitbeteiligung) unangemessene Kosten zu vermeiden. Eine enge Auslegung auf „§ 2 des Umwandlungsgesetzes" würde diesem Ansinnen widersprechen. Sie macht zudem auch keinen Sinn, da § 2 UmwG die Arten der Verschmelzung regelt und durch Verweis auch zB für Spaltungen entsprechend gilt (§ 125 UmwG). Wir sehen in dieser Bestimmung eine Ergänzung zur allgemeinen Norm, wodurch klargestellt werden sollte, dass § 40 Abs. 2 auch für Spezialfälle, wie zB für Zustimmungserklärungen von Anteilsinhabern nach den §§ 13, 36, 43, 50, 56, 65 usw. UmwG, gelten soll. Die Anwendung von Abs. 2 auch auf Zustimmungserklärungen zu Vorgängen außerhalb des Umwandlungsgesetzes, wie zB die Genehmigungserklärung eines Gründungsgesellschafters zur GmbH-Gründung, entspricht der Grundnorm des § 40 Abs. 2. Die vom Gesetzgeber beabsichtigte Umsetzung wäre in das Gegenteil verkehrt, würde man diese Fälle ausschließen.[10] Auch wenn der Gegenmeinung zuzustimmen ist, dass der künftige Gesellschafter am Vermögen der GmbH weder mit einem Bruchteil unmittelbar mitberechtigt oder gesamthänderisch beteiligt ist, geht § 40 Abs. 2 in seinem Normzweck über diese enge Betrachtungsweise hinaus. Dem wird durch das allgemeine Abstellen „auf Grund" einer „gegenwärtigen oder künftigen Mitberechtigung" bei weiter Auslegung iS des beabsichtigten Ziels der Neufassung des § 40 entsprochen.

8 Für Zustimmungserklärungen wie gemäß §§ 193 Abs. 3, 233 UmwG bestimmt sich nunmehr der Geschäftswert nach der Beteiligung des Anteilsinhabers am Vermögen des formwechselnden Rechtsträgers. Dementsprechend ist der Geschäftswert auf den Bruchteil festzusetzen, der dem Anteil des Anteilsinhabers am übertragenden Rechtsträger entspricht (Ausgangswert: Aktivvermögen des übertragenden Rechtsträgers, Höchstwert gemäß § 39 Abs. 4).[11]

9 Ist der, dessen Erklärung einer Zustimmung bedarf, am Gegenstand des Geschäfts selbst nur anteilig beteiligt, zB eine Ehefrau als Beteiligte einer Erbengemeinschaft, so ist die Zustimmung des Ehemanns Erklärung eines Teilnehmers, keines Mitberechtigten, der Wert dieser Zustimmungserklärung aber kann nicht höher sein als der einer etwaigen Beitrittserklärung der Ehefrau.[12]

10 Zur nachträglichen Zustimmung zum Umwandlungsbeschluss nach UmwG vgl. § 38 Rn. 23. Die Zustimmung zum Beschluss löst eine Gebühr nach § 36 Abs. 1, nicht nach § 38 Abs. 2 Nr. 1 aus.

2. Grundpfandrechte

11 Bei Hypothekenbestellung durch mehrere Miteigentümer besteht regelmäßig zufolge Rechtsgemeinschaft **Gesamtschuldnerschaft** (vgl. § 93 Rn. 37); hier ist bei Zustimmung eines Gesamtschuldners der Gesamtbetrag der Schuld maßgebend, weil jeder Schuldner zur Zahlung des gesamten Betrages verpflichtet ist (insoweit handelt es sich nicht um einen Fall des § 40 Abs. 2); Gleiches gilt, wenn bei einer Grundschuld gleichzeitig für den Eingang des Grundschuldbetrages die selbstschuldnerische Haftung übernommen wird. In diesen Fällen ist eine $^5/_{10}$-Gebühr aus dem gesamten Wert (Schuldbetrag) zu erheben. Erfolgt die Schuldverpflichtung dergestalt, dass die Schuldner zu bestimmten Anteilen verpflichtet sein

---

[9] *Filzek/Sommerfeldt* JurBüro 1997, 312, welche aus der Gesetzesbegründung zu § 40 nF den Schluss ziehen, dass aus „allgemeinbilligen Bewertungen" auch bei Anteilen an Gesellschaften auf eine jetzige oder künftige Mitberechtigung abzustellen wäre; *Hornung* Rpfleger 1997, 517; *Tiedtke* MittBayNot 1997, 209; aA *Waldner* JurBüro 1998, 173; wir noch in der 15. Aufl. Rn. 7.
[10] *Tiedtke* ZNotP 1999, 38; aA *Rohs/Wedewer* Rn. 13.
[11] Hierzu *Tiedtke* MittBayNot 1997, 212, 215.
[12] KG JFGErg. 20, 65.

sollen, so ist ebenfalls für die Anwendung des § 40 Abs. 2 kein Raum, da es sich insoweit um selbständige Schulderklärungen über bestimmte Beträge handelt.[13] Anders ist die Rechtslage, wenn es sich um eine Gesamtschuld handelt; da jeder Schuldner je zur Zahlung des gesamten Betrages verpflichtet ist, ist der Gesamtbetrag maßgebend. Haftet der Zustimmende, jedenfalls nur dinglich mit seinem Anteil für die gesamte eingegangene Schuld, so bleibt nicht der volle Betrag der Schuld für den Wert maßgebend (wie früher), sondern zufolge § 40 Abs. 2 nur der Anteil der Mitberechtigung am Grundstück. Bestellt also ein Miteigentümer für eigene Schuld eine Grundschuld am gemeinschaftlichen Grundstück und stimmt der andere (als Miteigentümer) zu, so ist als Wert der Anteil des Zustimmenden maßgebend, nicht der Nennbetrag der Grundschuld.

11 a Für den Fall der reinen **Mitverpflichtung** ist § 40 nicht anwendbar; etwas anderes gilt, wenn aus einer Mitberechtigung eine Mitverpflichtung folgt, wie bspw. bei Erwerb eines Grundstückes durch mehrere Beteiligte, wenn sich diese gesamtschuldnerisch wegen der Zahlungsverpflichtung der Zwangsvollstreckung unterwerfen. In diesen Fällen ist § 40 anzuwenden, also der Geschäftswert nach dem Anteil am Gegenstand des Geschäftes zu berechnen.[14]

12 Zu den Kostenproblemen bei Grundpfandrechtsbestellungen durch eine Vielzahl von Miteigentümern, wobei für Abwesende, die später genehmigen, unangemessen hohe Gebühren entstehen, oder bei Löschungsbewilligungen, s. *Michaelsen*.[15] Mit der Neufassung des Abs. 2 hat sich lediglich im Hinblick auf die etwa zur Löschung eines Grundpfandrechtes erforderliche Zustimmung eines Miteigentümers etwas geändert. Seine Zustimmung erfolgt auf Grund einer Mitberechtigung, die sich aus seinem Miteigentum ergibt. Stimmt ein Miteigentümer also lediglich zu, ist Geschäftswert der Bruchteil aus dem Wert des Grundpfandrechtes, welcher seinem Miteigentum entspricht.

12 a Für den Antrag gemäß § 13 GBO gilt § 40 Abs. 2 jedoch nicht, da es sich nicht um eine Zustimmungserklärung iS der Vorschrift handelt; es liegt insoweit eine Verfahrenshandlung vor. Etwas anderes gilt für die Löschungsbewilligung eines einzelnen Mitberechtigten. Der Wert der Löschungsbewilligung eines Mitberechtigten bestimmt sich also nach dem Wert des Mitberechtigungsverhältnisses am Nennbetrag der Grundschuld (§ 23 Abs. 2) usw. Geschäftswert dann nur der Bruchteil, der dem Miteigentum entspricht.

III. Gesamthandsverhältnisse

13 Zur Vermeidung von Zweifeln ist in Abs. 2 S. 3 bestimmt, dass auch **Mitberechtigte zur gesamten Hand** hierunter fallen: Gesellschafter des bürgerlichen Rechts, Ehegatten hinsichtlich des Gesamtguts, Miterben hinsichtlich der Nachlassgegenstände. Tritt ein Miterbe, der mit $1/4$ zur Erbschaft berufen ist, der von den anderen Miterben hinsichtlich eines Nachlassgegenstandes getroffenen Verfügung bei, so ist $1/4$ des Nachlassgegenstandes maßgebend. Dies gilt aber nicht für die Offene Handelsgesellschaft. Gibt ein Gesellschafter eine Erklärung für sie ab und bedarf es, weil er nicht allein vertretungsberechtigt ist, der Zustimmung des anderen, so ist bei der getrennten Beurkundung dieser Zustimmung der ganze Geschäftswert maßgebend. Bei Eingehung einer Schuldverpflichtung für die Gesellschaft ergibt sich dies ohne weiteres daraus, dass er dem Gläubiger für die Schulden der Gesellschaft persönlich haftet; es muss aber auch iÜ aus denselben Gründen gelten, aus denen die Vorschrift des § 61 Abs. 3 ergangen ist; s. dort.

14 Bei **Zustimmung zu einem Auseinandersetzungsvertrag** ist maßgebend die Beteiligung am Gesamthandsvermögen, soweit aber nach der zu genehmigenden Urkunde ein Gesamthänder für seinen Anteil mehr erhält, sein Erlös. Beispiele: Nachlasswert 200 000 Euro, vier Miterben zu je $1/4$. Mit Rücksicht auf Vorempfänge erhält A 20 000 Euro, B, C und D je 60 000 Euro, Wert der Nachgenehmigung bei A 50 000 Euro

---

[13] *Rohs/Wedewer* Rn. 7.
[14] BayObLG MittBayNot 1985, 149.
[15] DNotZ 1964, 102; *Ackermann* DNotZ 1966, 461; OLG Celle DNotZ 1962, 43.

(¹/₄ von 200 000 Euro), bei B, C und D je 60 000 Euro. Oder: A und B erklären mit Rücksicht auf Vorempfänge keine Ansprüche mehr zu erheben, C und D erhalten daher je 100 000 Euro. Wert der Nachgenehmigung bei C und D je 100 000 Euro, bei A und B je 50 000 Euro. Anders ausgedrückt: Der Wert der Nachgenehmigung ist gleich dem, was der einzelne Miterbe für seinen Anteil erhält, mindestens aber seine erbquotenmäßige Beteiligung.[16]

Bei **Begründung von Gesamthandsverhältnissen** ist der ganze Wert des betroffenen Rechtsguts maßgebend, bei späteren Berichtigungen (Wechsel in der Gesamthand) ist § 40 Abs. 2 entsprechend anwendbar, zB gesonderte Grundbuchberichtigung bei Gütergemeinschaft: voller Wert; Berichtigung des Grundbuches bei Gütergemeinschaft durch Eintragung des Mannes als Alleinerbe der Frau: nur der halbe Wert; Grundbuchberichtigung bei BGB-Gesellschaft an einem Grundstück durch Eintragung des Sohnes eines Gesellschafters als Alleinerben: Bruchteilswert des Gesellschafters.[17]

15

IV. Registeranmeldungen

Bei einer Registeranmeldung besteht kein Mitberechtigungsverhältnis iS von § 40 Abs. 2. Wird die Registeranmeldung von einem Mitgesellschafter unterzeichnet, kommt es auf den Anteil des Gesellschafters nicht an, denn es handelt sich nicht um die Zustimmung zur Anmeldung, sondern um die Anmeldung selbst, für die § 40 Abs. 2 nicht gilt. Das Ausscheiden und der Eintritt von Gesellschaftern ist nach §§ 108 Abs. 1, 143, 141 Abs. 2 und 175 Abs. 1 HGB von jedem Gesellschafter selbst und unmittelbar anzumelden. Scheidet zB nur ein Kommanditist aus der Gesellschaft aus, müssen zweifellos alle anderen Gesellschafter und zusätzlich der Ausscheidende selbst die Anmeldung unterzeichnen.[18] Bei Unterzeichnung durch einen einzelnen Gesellschafter besteht damit kein Mitberechtigungsverhältnis iS von § 40 Abs. 2. Der Geschäftswert bestimmt sich nach dem vollen Wert der Anmeldung,[19] es kommt also nicht auf den Anteil des anmeldenden Kommanditisten am Gesellschaftsvermögen an.[20] Auch ein ausgeschiedener Gesellschafter muss mit anmelden, wenn die Anmeldepflicht vor seinem Ausscheiden entstanden ist.[21] Zur Registervollmacht s. § 41 Rn. 3.

15 a

§ 41* Geschäftswert bei Vollmachten

(1) **Bei Vollmachten zum Abschluß eines bestimmten Rechtsgeschäfts ist der für dieses maßgebende Wert zugrunde zu legen.**

(2) **Der Wert einer allgemeinen Vollmacht ist nach freiem Ermessen zu bestimmen; dabei ist der Umfang der erteilten Ermächtigung und das Vermögen des Vollmachtgebers angemessen zu berücksichtigen.**

(3) **§ 40 gilt entsprechend.**

(4) **In allen Fällen ist der Wert mit höchstens 500 000 Euro anzunehmen.**

(5) **Auf den Widerruf einer Vollmacht finden die vorstehenden Vorschriften entsprechende Anwendung.**

---

[16] Vgl. OLG Hamm Rpfleger 1960, 132.
[17] AA LG Kleve DNotZ 1963, 380, das in jedem Fall bei Grundbuchberichtigung den ganzen Wert des Grundstücks annehmen will; dagegen *Ackermann* DNotZ 1966, 461.
[18] *Baumbach/Hopt* § 108 HGB Rn. 1.
[19] *Haferland/Schmidt/Tiedtke* Rn. 582.
[20] *Rohs/Wedewer* § 41 a Rn. 17.
[21] BayObLG DB 1978, 1832.
* Abs. 3 neu gefasst durch Gesetz vom 18. 6. 1997 (BGBl. I S. 1430), Abs. 4 geändert durch Gesetz vom 27. 4. 2001 (BGBl. I S. 751).

§ 41

1. Teil. 2. Abschnitt: 1. Beurkundungen und ähnliche Geschäfte

Übersicht

	Rn.		Rn.
I. Allgemeines	1	IV. Vollmacht eines Mitberechtigten, Widerruf	12, 13
II. Vollmacht zu einem bestimmten Geschäft	2–8	V. Mehrheit von Vollmachten	14, 15
1. Begriff	2–2 b	VI. Verbindung mit anderem Rechtsgeschäft	16–16 c
2. Einzelfälle	3–8	VII. Höchstwert	17
III. Belastungsvollmachten als Durchführungserklärungen	8 a–8 d		
III. Allgemeine Vollmacht	9–11 c		

Stichwortverzeichnis

Allgemeine Vollmacht 9 ff.
Altersvorsorgevollmacht 11
Auflassungsvollmacht 2
Bauherrenmodell 7
Belastungsvollmacht 8 a ff., 16 a
Betreuungsverfügung 11, 11 h
Betreuungsvollmacht 2
Beitrittsvollmacht GbR 4, 7
Bietungsvollmacht 2
Finanzierungsvollmacht 8
Gegenseitige Vollmachten 15
Generalvollmacht 11 a
Gründungsvollmacht 2 b
Höchstwert 17

Kaufpreisfinanzierung 16
Kommanditistenvollmacht 3
Mehrheit von Vollmachten 14, 15
Mitberechtigter 2, 12
Mitverpflichteter 3
Patientenverfügung 11 h
Registervollmacht 2
Stimmrechtsvollmacht 2
Verkaufsvollmacht 2
Vorsorgevollmacht 11 ff.
Widerruf 13

I. Allgemeines

1   Die Bestimmung enthält die Vorschrift über den Geschäftswert zur Gebührensatzbestimmung des § 38 Abs. 2 Nr. 4. Die Neufassung des Abs. 3 zum 27. 6. 1997 (Verweisung auf den geänderten § 40) führt bei gegenwärtiger oder künftiger Mitberechtigung zum Ansatz eines Geschäftswertes mit dem Bruchteil, welcher dem Anteil der Mitberechtigung entspricht.

II. Vollmacht zu einem bestimmten Geschäft

1. Begriff

2   Der Wert einer Vollmacht zum Abschluss eines **bestimmten Geschäfts** (Abs. 1) ist gleich dem Wert, der bei Beurkundung des vorgesehenen Geschäfts im Zeitpunkt der Vollmachtsbeurkundung (§ 18 Abs. 1) nach den Wertvorschriften der KostO anzusetzen wäre.[1] Demnach ist maßgebend bei Vollmacht zu nicht entgeltlichem Geschäft über Sachen § 19; bei An- oder Verkaufsvollmacht, auch Auflassungsvollmacht § 20; wenn Preis nicht genau feststellbar, der angegebene Mindest- oder Höchstpreis; bei Bietungsvollmacht der Wert der Sache, wenn höher, das erlaubte Höchstgebot; bei Ausbietung einer Forderung deren Wert und der vorgehender Rechte; bei Vollmacht zum Vertrag über Begründung von Erbbaurecht und Wohnungseigentum § 21; bei Vollmacht zu einem Austauschgeschäft § 39 Abs. 2; bei Vollmacht für die Erteilung einer Zustimmung nach § 1365 BGB der Geschäftswert des Vertrages.[2]

2 a   Bei Vollmacht zur Stimmrechtsausübung ist der Wert nach der Beteiligung des Vollmachtgebers am Kapital und nach dem gemäß §§ 29, 41 c zu ermittelnden Wert der zu fassenden Beschlüsse maßgebend.[3] Bei Vollmacht zu einer Registeranmeldung ist der Wert nach §§ 28, 29, 41 a, 41 b zu bestimmen; geht die Vollmacht auf Registeranmeldungen schlechthin und für längere Zeit, so ist der Wert unter Berücksichtigung der möglicherwei-

---

[1] OLG Celle JurBüro 1975, 224 = MittBayNot 1975, 137.
[2] LG Trier MittBayNot 1960, 42.
[3] KG JVBl. 1941, 61.

se vorzunehmenden Anmeldungen zu bemessen.[4] Zur Bewertung einer Registervollmacht eines Kommanditisten s. Rn. 3. Bei einer Gründungsvollmacht bestimmte sich der Geschäftswert nach der bis zum 27. 6. 1997 geltenden Rechtslage nicht nach dem Betrag der übernommenen Stammeinlage, sondern nach dem gesamten Stammkapital, bei Sachgründung nach dem Aktivwert der Sacheinlage.[5] Mit Wirkung vom 27. 6. 1997 wurde die Geschäftswertregelung für Zustimmungserklärungen Mitberechtigter (früher nur gegenwärtige Mitberechtigung am Gegenstand des Geschäfts) auf **künftige Mitberechtigungen** ausgedehnt. Für Vollmachten Mitberechtigter gilt § 40 Abs. 2 entsprechend (§ 41 Abs. 3).

Für eine Gründungsvollmacht bestimmt sich der Geschäftswert nach der jetzt geltenden Rechtslage nach dem Betrag der zu übernehmenden Stammeinlage, bei Sacheinlage nach deren Aktivwert.[6] Wird die Gründungsvollmacht durch einen Mitgesellschafter erteilt, bestimmt sich der Wert durch Verweis in § 41 Abs. 3 nach § 40 Abs. 2 nur nach der Einlage des Vollmachtgebers. Zur Begründung wird auf § 40 Rn. 7 verwiesen.[7] **2b**

2. Einzelfälle

Bei der **Vollmacht eines Kommanditisten,** die den Bevollmächtigten ermächtigt, alle **3** im Zusammenhang mit der Aufnahme und dem Ausscheiden anderer Kommanditisten erforderlichen Erklärungen zur Eintragung im Handelsregister abzugeben, handelt es sich um eine allgemeine Vollmacht iS des § 41 Abs. 2. Da die Anmeldung zum Handelsregister kein Gegenstand ist, an dem ein realer oder ideeller Anteil eines Gesellschafters bestehen kann, bestimmte sich der Geschäftswert in solchen Fällen nach der bis zum 27. 6. 1997 geltenden Rechtslage nicht nach § 41 Abs. 3; vielmehr war für die Bewertung der Umfang der erteilten Ermächtigung maßgebend und im Rahmen des freien Ermessens das Gesamtkapital und die Wahrscheinlichkeit des weiteren Ein- und Austritts anderer Kommanditisten zu berücksichtigen.[8]

Diese Begründung lässt sich nach der seit 27. 6. 1997 geltenden Fassung des § 41 Abs. 3 **3a** (§ 40 gilt entsprechend) nicht mehr aufrecht erhalten. Nach der Neufassung der §§ 40, 41 bemisst sich der Geschäftswert der Registervollmacht eines Kommanditisten nach dem Wert seiner Kommanditeinlage.[9] Entgegen der Rechtslage vor dem 27. 6. 1997 ist der Wert einer Kommanditistenvollmacht auf die Kommanditeinlage des Vollmachtgebers begrenzt, weil der Ausnahmetatbestand des § 41 Abs. 3 iVm. § 40 Abs. 2 auf Grund einer **gegenwärtigen oder künftigen Mitberechtigung** erteilt wird. § 41 Abs. 3 erfordert also nicht mehr, dass eine Mitberechtigung nur dann vorliegt, wenn der Vollmachtgeber am Gegenstand selbst mitberechtigt ist. Nach der neuen Rechtslage und der mit der Gesetzesänderung verbundenen Zielsetzung ist die einschränkende Auslegung des § 41 Abs. 3 aF gegenstandslos geworden. Der Wert der Vollmacht eines Kommanditisten soll auch nach der Zweckbestimmung des neuen § 41 Abs. 3 auf den Umfang des Anteils des Gesellschafters am Gesellschaftsvermögen begrenzt sein.[10] Dies gilt auch dann, wenn die Vollmacht nicht nur zur eigenen Anmeldung ermächtigt, sondern zu allen künftigen Anmeldungen der betreffenden Gesellschaft. Beim Geschäftswert nach dem Betrag der einzutragenden Kommanditeinlage bleibt es auch dann, wenn Hafteinlage und KG-Einlage deutlich voneinander abweichen. Da es

---

[4] KG JFGErg. 22, 44 = DNotZ 1942, 21; auszugehen ist dabei vom Wert nach § 41a (§ 26 aF), danach Bestimmung nach freiem Ermessen, BayObLG DNotZ 1972, 244; OLG Düsseldorf DNotZ 1970, 440 = Rpfleger 1970, 73 = KostRsp. Nr. 4; LG Hamburg JurBüro 1969, 1219; LG Lüneburg MittBayNot 1972, 32 = JurBüro 1971, 953.
[5] KG Rpfleger 1969, 28 = DNotZ 1969, 247.
[6] *Filzek/Sommerfeld* JurBüro 1997, 311; *Tiedtke* ZNotP 1999, 43.
[7] *Filzek/Sommerfeld* JurBüro 1997, 311; *Tiedtke* ZNotP 1999, 43.
[8] BayObLG DNotZ 1972, 244; MittBayNot 1984, 272; LG München I MittBayNot 1978, 75; LG Würzburg MittBayNot 1979, 200; LG Stuttgart DNotZ 1979, 638; OLG Stuttgart JurBüro 1981, 912; LG Kassel JurBüro 1989, 403; LG Stuttgart KostRsp. Nr. 17; *Jahnke* MittRhNotK 1981, 249.
[9] LG Heilbronn Rpfleger 1998, 218; *Hornung* Rpfleger 1997, 516; ebenso OLG Düsseldorf MittBayNot 1999, 204; LG Stuttgart Rpfleger 1999, 293 = ZNotP 1999, 496; OLG Karlsruhe JurBüro 1999, 266; BayObLG MittBayNot 1999, 582 m. Anm. PrüfAbt. Notarkasse; OLG Hamm MittRhNotK 2000, 176; KG Rpfleger 2001, 377; aA *Lappe* NotBZ 1998, 102; *Renner* NotBZ 1998, 185.
[10] BT-Drucks. 13/7489 S. 59.

sich um eine Registervollmacht handelt, ist allein der Betrag der einzutragenden Einlage maßgebend.

4 Wird jedoch **Vollmacht zum Beitritt in eine BGB-Gesellschaft** erteilt (zB Immobilienfonds), so können für diese (allgemeine) Vollmacht nicht die vorstehenden Grundsätze zu den Handelsregistervollmachten herangezogen werden. Hier ist der Geschäftswert nach § 41 Abs. 3 der Anteil des Vollmachtgebers am Vermögen der BGB-Gesellschaft (ohne Schuldenabzug) oder seine höhere Einlage. Bei der Gründungsvollmacht ist nicht der volle Wert (Vermögen der Gesellschaft) maßgebend, sondern nur der Wert der (prozentualen) Beteiligung s. Rn. 2.

5 Betrifft das Geschäft, zu dem die Vollmacht ermächtigt, **mehrere Rechtsverhältnisse** iS des § 44 Abs. 2, so ist der zusammengerechnete Wert maßgebend (vgl. § 44 Rn. 243).

6 Abs. 1 gilt nach allgM auch bei Vollmacht zur Verlautbarung eines bereits formlos abgeschlossenen Geschäfts und bei der formgemäßen Bestätigung einer bereits formlos erteilten Vollmacht (Vollmachtsbestätigung). Bei einer Vollmacht auf mehrere bestimmte Geschäfte ist deren Wert zusammenzurechnen. Beziehen sie sich aber auf dasselbe Rechtsgut, so wird der Wert dieses Rechtsgutes regelmäßig nicht überschritten werden können, da eine allgemeine, auf das Rechtsgut beschränkte Vollmacht genügt hätte (§ 16); wenn eine solche dem Willen des Vollmachtgebers aber nicht entsprochen hätte, kann der Wert des Rechtsguts auch überschritten werden. Geht eine Vollmacht auf ein bestimmtes Geschäft (Abs. 1) und enthält sie Ermächtigungen allgemeiner Art (Abs. 2, zB Vollmacht für Erbauseinandersetzungsvertrag und weitere Nachlassgeschäfte), so kann der Wert nach Abs. 1 nicht unter-, wohl aber überschritten werden.[11]

7 Bei **Bauherrenmodellen** werden dem Treuhänder umfangreiche Vollmachten (entweder gesondert oder im Treuhandvertrag) erteilt. Bei diesen Vollmachten handelt es sich um allgemeine Vollmachten für einen bestimmten Geschäftskreis (Gattungsvollmachten), deren Geschäftswert, nach § 41 Abs. 2 zu ermitteln, begrenzt ist auf den Gesamtaufwand des Vollmachtgebers (also Grundstückskostenanteil, anteilige Bauerrichtungskosten, Gebühren und Honorare).[12] Eine Einzelwertbestimmung für die jeweiligen von der Vollmacht erfassten Geschäfte (Abs. 1) scheidet aus. Wird die Vollmacht mit dem Treuhandvertrag in einer Urkunde zusammengefasst, so ist Gegenstandsgleichheit nach § 44 Abs. 1 gegeben.[13] Der Wert der Vollmacht ist in diesem Falle auf den Wert des Treuhandvertrages als Hauptgeschäft begrenzt (s. Rn. 8a).

8 Eine Einzelwertbestimmung scheidet auch aus, wenn in einem Baubetreuungsvertrag mehrere, der Durchführung des Bauvorhabens dienenden Einzelvollmachten für den Baubetreuer enthalten sind. Auch hier liegt regelmäßig eine allgemeine Bauvollmacht vor, deren Wert die Höhe der Baukosten und nicht die Summe der Einzelgeschäfte (Finanzierungs- und Belastungsvollmacht, Vollmacht zur Verfügung über Baukonto und zur Vergabe der Bauleistungen) ist.[14]

III. Belastungsvollmachten als Durchführungserklärungen

8a Wird in einem Grundstückskaufvertrag dem Käufer vom Verkäufer eine Belastungsvollmacht erteilt, so stellt sich die Frage, ob diese zweite Erklärung gesondert zu bewerten ist. Kaufvertrag und Belastungsvollmacht sind zwei unterschiedliche Rechtsgeschäfte, so dass man nicht von einer Erklärung ausgehen kann. § 44 kommt also zur Anwendung. Derselbe Gegenstand iS von § 44 Abs. 1 ist gegeben, wenn die mehreren Erklärungen sich auf dasselbe Recht beziehen, d.h. dessen Begründung, Erfüllung oder Sicherstellung betreffen. Nach nunmehr vom BGH bestätigter Auffassung liegt zwischen **Kaufvertrag und Belastungsvollmacht** der **gleiche Gegenstand** vor, und zwar auch dann, wenn die Belastungsvollmacht den Wert des Kaufvertrages übersteigt.

---

[11] KG DNotZ 1938, 620.
[12] Vgl. OLG Frankfurt KostRsp. Nr. 1; KG JurBüro 1987, 1213.
[13] OLG Köln DNotZ 1976, 248; aA OLG Frankfurt DNotZ 1963, 566; OLG Celle DNotZ 1974, 103.
[14] OLG Frankfurt KostRsp. Nr. 1.

Der BGH[15] stellt zunächst fest, dass zwischen **Kaufvertrag** als **Hauptgeschäft** und der **Belastungsvollmacht** ein **innerer Zusammenhang** stets zu bejahen ist. Zwischen Kaufvertrag und Vollmacht liegt daher Gegenstandgleichheit gemäß § 44 Abs. 1 vor. **Gegenstandsgleichheit** läge deshalb vor, weil mit der Ermächtigung des Käufers, den Kaufgegenstand zu belasten, der Verkäufer eine **begrenzte Vorleistungspflicht** übernimmt. Eine solche Belastungsvollmacht versetzt den Käufer in die Lage, das Grundstück schon vor Eigentumsumschreibung so zu nutzen, als sei er bereits Eigentümer. In diesem Umfang wird die nach dem Gesetz nur Zug um Zug gegen Zahlung des Kaufpreises geschuldete Verschaffung des Eigentums an dem Kaufgegenstand wirtschaftlich vorgezogen.[16] Dieser Vorteil für den Käufer ist **Teil der Gesamtleistung,** zu der sich der Verkäufer in dem Kaufvertrag verpflichtet hat. 8 b

Umstritten war vor der Entscheidung des BGH die Frage, wie sich eine Vollmacht, deren Wert sich nach § 41 nach dem Betrag bestimmt, zu dem der Käufer zur Belastung berechtigt ist, bei Mitbeurkundung im Kaufvertrag nach der Berechnungsweise des § 44 Abs. 1 auswirkt. Dieser Punkt war streitig. Nach einer Ansicht sei in einem solchen Fall der höhere Betrag der Belastungsermächtigung maßgeblich.[17] Demgegenüber standen das KG[18] und das OLG Celle[19] auf dem Standpunkt, dass auch in einem solchen Fall der Kaufpreis maßgeblich bleibt. 8 c

Der BGH (aaO) hält die **Begrenzung des Gegenstandswertes** auf den Wert des **Kaufvertrages** auch für sachgerecht. Zwar verschafft der Verkäufer dem Käufer mit der Ermächtigung, den Kaufgegenstand schon vor dem Übergang des Eigentums zu belasten, einen **wirtschaftlichen Vorteil.** Das ist insbesondere dann der Fall, wenn der Käufer, wie hier, ermächtigt wird, den Kaufgegenstand über den Kaufpreis hinaus zu belasten. Dieser **Vorteil** sei, wie ausgeführt, **Teil der Gesamtleistung** des Verkäufers. Der Kaufpreis, den der Käufer zu zahlen hat, sei nicht nur die Gegenleistung für die Verschaffung des Eigentums an dem Kaufgegenstand, sondern auch für die Verschaffung dieses Vorteils, vor Eigentumsumschreibung belasten zu können. Dies gelte **unabhängig** davon, ob die **Belastungsermächtigung den Kaufpreis übersteigt** oder nicht. Damit sind alle anderweitigen bisher vertretenen Auffassungen hinfällig. Es kommt also nicht mehr darauf an, ob die Vollmacht zur Belastung mit Grundpfandrechten ermächtigt, die ausschließlich der Kaufpreisfinanzierung dienen, es ist auch unerheblich, ob eine über den Kaufpreis hinausgehende Belastung nur Investitionen in das Grundstück sichern. Nicht mehr haltbar ist auch die vereinzelt vertretene Auffassung, eine den Kaufpreis übersteigende Vollmacht sei nur in Höhe des Kaufpreises gegenstandsgleich und mit dem übersteigenden Betrag gegenstandsverschieden. 8 d

IV. Allgemeine Vollmacht

Der Wert einer allgemeinen Vollmacht (Abs. 2) – darunter ist jede Vollmacht zu verstehen, die zur Vornahme eines, wenn auch näher umschriebenen Kreises von Rechtsgeschäften, berechtigt[20] – ist nach **freiem Ermessen** zu bestimmen (Abs. 2), hierbei sind zu berücksichtigen: 9

– das durch die Vollmacht betroffene **Rechtsgut ohne Schuldenabzug,** d. h. bei Generalvollmachten das Aktivvermögen, bei allgemeiner Vollmacht bezüglich eines bestimm-

---

[15] BGH JurBüro 2006, 432 = NotBZ 2006, 200 = MittBayNot 2006, 524 = ZNotP 2006, 279 m. Anm. *Tiedtke* = RNotZ 2006, 299 m. Anm. *Klein* = MDR 2006, 1015 = RNotZ = 2006, 345 m. Anm. *Klein* und *H. Schmidt;* BGH JurBüro 2006, 434 = NotBZ 2006, 201 m. Anm. *Lappe* = MittBayNot 2006, 528 m. Anm. PrüfAbt. Notarkasse = ZNotP 2006, 276 m. Anm. *Tiedtke* = RNotZ 2006, 359 = RNotZ 2006, 345 m. Anm. *Klein* und *H. Schmidt*.

[16] KG DNotZ 1992, 117, 118.

[17] OLG Köln MittRhNotK 1996, 103, 105 ff.; 16. Aufl. § 44 Rn. 79; Streifzug Rn. 1424, 1584 ff.; *Lappe* NJW 1992, 2800, 2805; vorbehaltlich einer Vergleichsberechnung nach § 44 Abs. 1 S. 2 Halbs. 2 auch OLG Naumburg ZNotP 1998, 208; OLG Rostock MittBayNot 2002, 207 m. zust. Anm. *Tiedtke* = ZNotP 2002, 2004.

[18] DNotZ 1992, 117, 119.

[19] JurBüro 1997, 156.

[20] KG JFGErg. 23, 65 = DNotZ 1943, 281 = JVBl. 1943, 113.

ten Rechtsguts (Sache, Recht, Nachlass) der Wert desselben oder der mehreren, bei Hausverwaltervollmachten der Mietertrag;[21]
- der **Umfang** der erteilten Ermächtigung in **zeitlicher Hinsicht** (auf bestimmte Zeit widerruflich, unwiderruflich, über den Tod des Vollmachtgebers hinaus) wie sachlicher Hinsicht (Übertragungsbefugnis, Befreiung von § 181 BGB, Vollmacht zu allen oder nur zu bestimmten Arten von Geschäften).[22]

10 Bei denkbar weitester Ermächtigung (zeitlich wie sachlich) ist der **volle Wert** des Rechtsguts, Vermögens oder der zu gestaltenden Rechtsverhältnisse angemessen, bei beschränktem Vollmachtsumfang (zeitlich oder sachlich) ist unter diesen Wert herabzugehen. Maßgebend für den Abschlag ist das Maß der Beschränkung, soweit es sich aus der Vollmachtsurkunde selbst ergibt oder soweit aus den Begleitumständen bei der Vollmachtserteilung zu entnehmen ist, dass der Bevollmächtigte tatsächlich nur beschränkten Gebrauch machen soll. Bei der Prokura ist § 49 Abs. 2 HGB zu beachten, daher regelmäßig der Wert der Grundstücke nicht zu berücksichtigen.

10a In Ermangelung tatsächlicher Anhaltspunkte ist § 30 Abs. 2 anzuwenden (zB bei Postvollmachten).

11 Sog. **Vorsorgevollmachten** haben durch das am 1. 1. 1992 in Kraft getretene Betreuungsgesetz (BGBl. 1990 I S. 2002) Einzug in die notarielle Praxis gefunden. Das gesetzgeberische Ziel ist die Stärkung der Selbstbestimmung des Betreuten durch die Verwirklichung des Erforderlichkeitsgrundsatzes im Betreuungsrecht.[23] Von dieser Möglichkeit wird immer stärker Gebrauch gemacht, denn mit einer Vorsorgevollmacht erübrigt sich eine Betreuerbestellung (§ 1896 Abs. 2 S. 2 BGB). Durch diese Maßnahme erspart sich der Betroffene ggf. ein umständliches gerichtliches Verfahren, in dem u. a. ein Gutachten über die Notwendigkeit der Betreuerbestellung einzuholen ist (§ 68b Abs. 1 S. 1 FGG).[24] Mit der Möglichkeit der Erteilung einer Vorsorgevollmacht wird dem Vollmachtgeber ein weiter Raum an Selbstbestimmung gewährt. Der Vollmachtgeber kann beliebig viele Personen bevollmächtigen, er kann eine einmal erteilte Vollmacht widerrufen, Bevollmächtigte austauschen, er kann die Ausübung der Vollmacht über den Zurückbehalt oder die Aushändigung der Ausfertigung an den Bevollmächtigten jederzeit steuern, wobei jedoch seine Geschäftsfähigkeit Voraussetzung ist. Die notarielle Praxis tut sich mit der kostenrechtlichen Behandlung sog. Vorsorgevollmachten schwer. Dies liegt vor allem daran, dass es unterschiedlich ausgestaltete Vorsorgevollmachten gibt, die auch kostenrechtlich unterschiedlich zu behandeln sind. Je mehr die Vorsorgevollmacht einer Generalvollmacht gleicht, umso mehr wird man vom vollen Vermögenswert des Vollmachtgebers ausgehen müssen. Allein eine durch das Innenverhältnis von Vollmachtgeber und Bevollmächtigtem geregelte Verwendungsbefugnis führt nicht zu einem Wertabschlag.[25]

11a Wird eine Generalvollmacht erteilt, die naturgemäß nach außen unbeschränkt ist, kommt gemäß § 41 Abs. 2 als Geschäftswert das volle Aktivvermögen des Vollmachtgebers ohne Schuldenabzug in Betracht. Dies wird damit begründet, dass der Bevollmächtigte in diesem Falle ermächtigt ist, den Vollmachtgeber in allen Angelegenheiten zu vertreten, in denen vom Gesetz eine Vertretung zulässig ist. Der volle Wert des Aktivvermögens ist auch dann anzunehmen, wenn zusätzlich bestimmt ist, dass „die Vollmacht auch für den Vorsorge-/Betreuungsfall erteilt ist".

11b Ist die **Generalvollmacht** zwar im **Außenverhältnis unbeschränkt,** jedoch im **Innenverhältnis** dahingehend **eingeschränkt,** dass der Bevollmächtigte die Vollmacht nur im „Vorsorge-/Betreuungsfall" verwenden soll, bleibt es beim **vollen Aktivvermögen,** wenn dem Bevollmächtigten **sofort eine Ausfertigung** erteilt und ausgehändigt wird. Mit der Aushändigung der Ausfertigung an den Bevollmächtigten wird dokumentiert, dass

---

[21] KG DNotZ 1943, 281.
[22] KG DNotZ 1970, 545 = Rpfleger 1970, 220.
[23] Vgl. *Perau* MittRhNotK 1996, 285.
[24] So *Keilbach* DNotZ 2004, 164 in seiner Einleitung.
[25] *Bund* JurBüro 2005, 622; *Tiedtke* MittBayNot 2006, 397.

dieser im Außenverhältnis zur sofortigen Verwendung der ihm erteilten Vollmacht ermächtigt ist. Der Geschäftswert solcher Vollmachten ist jedoch dann durch einen Abschlag von 30%[26] bis zu 50%[27] zu reduzieren, wenn dem Bevollmächtigten zunächst keine Ausfertigung erteilt wird. Mit dem **Rückbehalt der Ausfertigung** ist der Bevollmächtigte an der Ausübung der ihm erteilten Verfügungsmacht gehindert, diese Einschränkung ist durch einen **Wertabschlag** zu berücksichtigen. Gleiches gilt, wenn die Ausfertigung dieser (eingeschränkten) Vollmacht für den Bevollmächtigten dem Vollmachtgeber ausgehändigt wird, auch wenn dieser die Ausfertigung sogleich an den Bevollmächtigten weitergeben kann.[28]

Allerdings wird die Frage, ob bei einer Generalvollmacht bereits eine Einschränkung der Verfügungsbefugnis im Innenverhältnis zu einem Wertabschlag führen kann, in Rspr. und Literatur unterschiedlich beantwortet.[29] Bei Ausübung der Vollmacht entfalten Einschränkungen, die der Vollmachtgeber dem Bevollmächtigten im Innenverhältnis erteilt, keine Außenwirkungen, die Innenwirkung wird durch die Aushändigung der (Ausfertigung) der Vollmacht außer Kraft gesetzt. Selbst wenn sich aus der Vollmachtsurkunde keinerlei Beschränkungen, auch nicht im Innenverhältnis, ergeben, wird ein Bevollmächtigter die ihm erteilte Vollmacht nicht nach eigenem Ermessen ausüben, sondern nach den Weisungen des Vollmachtgebers. Da sich der Wert einer Vollmacht an der Verfügungsmacht des Bevollmächtigten nach außen orientiert, scheiden Weisungen an den Bevollmächtigten als Parameter bei der Geschäftswertberechnung aus, es sei denn, das Auftragsverhältnis, das der Vollmacht zugrunde liegt, wird mitbeurkundet. Die Weisungen allein sind noch nicht das „Auftragsverhältnis". Zudem würde die Mitbeurkundung der Erklärungen des Vollmachtgebers über das Auftragsverhältnis als einseitige Erklärungen eine $^{10}/_{10}$-Gebühr nach § 36 Abs. 1 auslösen. Bei Mitwirkung des Bevollmächtigten käme gar bei vertraglichen Vereinbarungen über das Auftragsverhältnis eine $^{20}/_{10}$-Gebühr nach § 36 Abs. 2 in Betracht. Die Vollmacht wäre dann Durchführungserklärung zum Auftrag gemäß § 44 Abs. 1. Das Auftragsverhältnis wäre Hauptgeschäft, der Wert der Vollmacht wäre auf den Wert des Hauptgeschäftes begrenzt (s. Rn. 8a bis 8d zur Belastungsvollmacht).

11 c

Bei beschränktem Vollmachtsumfang (zeitlich oder sachlich) ist der Geschäftswert herabzusetzen. Maßgebend für den Abschlag ist das Maß der Beschränkung, soweit es sich aus dem Inhalt der Vollmacht oder den Begleitumständen ergibt.[30]

11 d

In den Fällen, in denen der Bevollmächtigte einer Generalvollmacht auf Grund der Einschränkungen im Hinblick auf die Ausübung der Vollmacht zu deren Sicherstellung vorerst keine Ausfertigung erhält, werden Abschläge auf das Aktivvermögen des Vollmachtgebers bis zu 50% akzeptiert.[31]

11 e

Wird eine Vorsorgevollmacht ausschließlich für die persönlichen Angelegenheiten und ausdrücklich nicht für die vermögensrechtlichen Angelegenheiten erteilt, ist nach § 41 Abs. 1, 2 iVm. § 30 Abs. 3 (im Regelfall Ausführung der Betreuungs- und/oder Patientenverfügung), regelmäßig ein Geschäftswert von 3000 Euro anzunehmen.[32] Es bleibt auch

11 f

---

[26] Streifzug Rn. 1905 ff.
[27] OLG Stuttgart JurBüro 2000, 428 = ZNotP 2001, 37; s. auch *Renner* NotBZ 2005, 45, 49; *Bund* JurBüro 2005, 622; *ders.* RNotZ 2005, 559.
[28] ZB *Perau* MittRhNotK 1996, 285; *Bund* RNotZ 2004, 23 und JurBüro 2004, 173 mit Ergänzung JurBüro 2004, 580; *ders.* JurBüro 2005, 622 und JurBüro 2006, 6; *Lappe* NJW 2006, 270, 274; *Bengel/Tiedtke* DNotZ 2006, 438, 465; kritisch hierzu *Renner* NotBZ 1998, 85 und NotBZ 2005, 45; *Filzek* Online-Kommentar Rn. 4; bestätigt durch OLG Oldenburg JurBüro 2005, 548 = NotBZ 2005, 411 = FGPrax 2005, 274 = RNotZ 2005, 558 m. Anm. *Bund* und *Klein;* auch OLG Frankfurt MittBayNot 2007, 344 = ZNotP 2007, 237.
[29] Dagegen OLG Oldenburg JurBüro 2005, 548 = NotBZ 2005, 411 = FGPrax 2005, 274 = RNotZ 2005, 558 m. Anm. *Bund* und *Klein;* OLG Frankfurt MittBayNot 2007, 344 = ZNotP 2007, 237; *Bund* RNotZ 2004, 23 und JurBüro 2004, 173 mit Ergänzung JurBüro 2004, 580; *ders.* JurBüro 2005, 622 und JurBüro 2006, 6; dafür *Renner* NotBZ 2005, 45 und *Rohs/Wedewer* Rn. 11.
[30] § 44 Rn. 10; missverständlich interpretiert von *Renner* NotBZ 2005, 45.
[31] Entsprechend OLG Stuttgart JurBüro 2000, 428 = ZNotP 2001, 37 m. Anm. *Tiedtke;* OLG Frankfurt MittBayNot 2007, 344 = ZNotP 2007, 237; *Renner* NotBZ 2005, 45, 49; *Bund* JurBüro 2005, 622 und RNotZ 2005, 559.
[32] OLG Hamm FamRZ 2006, 875.

dann beim einmaligen Wertansatz von 3000 Euro, wenn eine Verfügungsberechtigung in mehreren nichtvermögensrechtlichen Angelegenheiten erteilt wird.[33]

11 g Wird in einer Niederschrift eine **Generalvollmacht** mit einer **Vorsorgevollmacht,** die nur zur Vertretung in nichtvermögensrechtlichen Angelegenheiten ermächtigt, zusammen beurkundet, bestimmt sich der Geschäftswert insgesamt nach dem Aktivvermögen des Vollmachtgebers. Eine Hinzurechnung eines zusätzlichen Wertansatzes von 3000 Euro für den Teil „nichtvermögensrechtliche Vorsorgevollmacht" scheidet nach hier vertretener Auffassung aus, da der Gesamtwert des Vermögens des Vollmachtgebers die äußerste Grenze für die Geschäftswertberechnung ist.[34]

11 h Bei Mitbeurkundung einer **Betreuungsverfügung** und/oder einer **Patientenverfügung** ist umstritten, ob für **eine Patienten- und/oder Betreuungsverfügung** bei Mitbeurkundung mit der **Vollmacht** Gegenstandsgleichheit gemäß § 44 Abs. 1 vorliegt oder ob ein verschiedener Gegenstand nach § 44 Abs. 2 gegeben ist.[35] Das OLG Oldenburg[36] und das OLG Frankfurt[37] **bejahen** zutreffend wegen des inneren Zusammenhangs die Gegenstandsgleichheit nach § 44 Abs. 1. **Hauptgeschäft iS von § 44 Abs. 1 ist die Vorsorgevollmacht.** Damit ist folgende Bewertung nach § 44 Abs. 1 vorzunehmen: Geschäftswert nach dem Wert des Hauptgeschäftes, hier die Vollmacht angenommen mit 300 000 Euro, daraus die $^{10}/_{10}$-Gebühr (höchste in Betracht kommende Gebühr der gegenstandsgleichen Erklärungen) = 507,00 Euro; Vergleich bei getrennter Berechnung der Gebühren: Vollmacht $^{5}/_{10}$-Gebühr nach § 38 Abs. 2 Nr. 4 aus 300 000 Euro = 253,50 Euro + $^{10}/_{10}$-Gebühr für die Betreuungs- und/oder Patientenverfügung gemäß § 36 Abs. 1 aus 3000 Euro = 26,00 Euro. Bei getrennter Berechnung der Gebühren fallen bei diesem Beispielsfall insgesamt 279,50 Euro an. Die getrennte Berechnung der Gebühren ist somit maßgebend, da für den Kostenschuldner günstiger.

11 i Werden für die Generalvollmacht, die Vorsorgevollmacht, die Patientenverfügung und/oder die Betreuungsverfügung getrennte Urkunden errichtet, liegt kein Fall des § 16 vor, wenn die Vollmachtgeber ausdrücklich darauf bestehen. Wird die getrennte Beurkundung ohne entsprechenden Auftrag vorgenommen, liegt unrichtige Sachbehandlung vor, soweit im Ergebnis durch die Nichtgewährung des Gebührenvorteils auf Grund § 44 Abs. 1 Mehrkosten entstehen.

V. Vollmacht eines Mitberechtigten, Widerruf

12 Der Wert der Vollmacht eines Mitberechtigten (Abs. 3) ist der gleiche, wie wenn dieser im Zeitpunkte der Vollmachtsbeurkundung seine Einwilligung zum Geschäft der anderen Mitberechtigten erteilt. Erteilen **mehrere Mitberechtigte** Vollmachten, so sind die so ermittelten Werte zusammenzurechnen. Schließt sich einer der bereits von einem anderen Mitberechtigten erteilten Vollmacht an, so ist der Wert seines Anteils maßgebend. Abs. 3 gilt auch für allgemeine Vollmachten, soweit die Vollmachtgeber Mitberechtigte sind.[38] Bei Gesamthandsgemeinschaft gilt § 40 Abs. 2 S. 3.

13 Bei **Widerruf einer Vollmacht** (Abs. 5) sind Abs. 1 bis 4 „entsprechend" anzuwenden, d.h. der Wert ist gleich dem Wert der Geschäfte, die der Bevollmächtigte auf Grund der Vollmacht noch vornehmen könnte, bei allgemeiner Vollmacht ist dies bei der Bestimmung nach freiem Ermessen zu berücksichtigen.

---

[33] *Bund* JurBüro 2004, 173, 176; *Renner* NotBZ 2005, 45; *Rohs/Wedewer* Rn. 11.
[34] So auch *Bund* JurBüro 2005, 624; *Rohs/Wedewer* Rn. 11; *Assenmacher/Mathias* „Vorsorgevollmacht"; OLG Oldenburg JurBüro 2005, 548 = NotBZ 2005, 411 = FGPrax 2005, 274 = RNotZ 2005, 558 m. Anm. *Bund* und *Klein;* OLG Frankfurt MittBayNot 2007, 344 = ZNotP 2007, 237; *Tiedtke* MittBayNot 2006, 397; aA offenbar *Renner* NotBZ 2005, 45, 48.
[35] *Bund* RNotZ 2005, 559 und *Klein* RNotZ 2005, 561, jeweils Anm. zu OLG Oldenburg JurBüro 2005, 548 = NotBZ 2005, 411 = FGPrax 2005, 274 = RNotZ 2005, 558.
[36] JurBüro 2005, 548 = NotBZ 2005, 411 = FGPrax 2005, 274 = RNotZ 2005, 558.
[37] MittBayNot 2007, 344 = ZNotP 2007, 237.
[38] KG DNotZ 1938, 620.

VI. Mehrheit von Vollmachten

Die Literatur beschränkt sich bei der Definition der Frage, ob eine oder mehrere Vollmachten vorliegen, wenn diese von mehreren Personen erteilt werden, mit folgender Formel: „Erteilen mehrere Personen, die in Rechtsgemeinschaft stehen oder eine solche begründen, eine Vollmacht zu einem bestimmten Rechtsgeschäft, liegt **eine** Vollmacht vor".[39] Gleiches soll gelten bei Erteilung einer allgemeinen Vollmacht. Beispielhaft wird erwähnt die Erteilung einer gemeinsamen Vollmacht durch Ehegatten usw. Weitere Untersuchungen finden sich in der Literatur nicht. Ungeachtet dieser pauschalen Aussagen wird man jedoch nicht immer von einer Vollmacht ausgehen können, wenn zB Eheleute gemeinsam eine Vollmacht erteilen. So wird liegt beispielsweise nur **eine** Vollmacht vor, wenn Eheleute ihre Tochter bevollmächtigen, die zum Miteigentum gehörende Eigentumswohnung zu verkaufen. Ist jedoch der Ehemann Inhaber eines Betriebes und die Ehefrau Alleineigentümerin eines Grundstücks, liegt bei Erteilung von Vollmachten in einer Urkunde für den Sohn nicht nur eine Vollmacht vor, sondern zwei Vollmachten. Die Beurteilung der Frage, ob eine Vollmacht oder ob mehrere Vollmachten gegeben sind, hat sich somit danach orientieren, ob von der Vollmacht durch mehrere Vollmachtgeber dieselben Vermögensgegenstände oder -massen betroffen sind oder nicht. Liegt eine Vollmacht vor, ist der Gesamtwert auf 500 000 Euro begrenzt, liegen mehrere Vollmachten vor, gilt der Höchstwert für jede einzelne Vollmacht. Nach Addition der Werte (§ 44 Abs. 2a) ist eine einheitliche $^5/_{10}$-Gebühr nach § 38 Abs. 2 Nr. 4 zu erheben. Dass mehrere Vollmachten durch mehrere Vollmachtgeber in einer Urkunde gegenstandsverschiedene Vollmachten sind, wenn keine „Rechtsgemeinschaft" besteht, versteht sich von selbst, zB A erteilt C eine Vollmacht zum Kauf des Grundstücks 1, B erteilt C Vollmacht zum Kauf des Grundstücks 2.

Bei Vollmachtserteilung an mehrere Personen liegt generell nur eine Vollmacht vor, gleich ob die Bevollmächtigten gemeinschaftlich zur Ausübung der Vollmacht berechtigt sind oder ob Einzelvertretung gestattet ist. Als Gegenstand einer derartigen Vollmacht ist nicht die Beziehung des Vollmachtgebers zu dem einzelnen Bevollmächtigten zu sehen, sondern das Ausführungsgeschäft, zu dem die Vollmacht ermächtigt, das auch dann dasselbe bleibt, wenn mehreren Personen eine Vollmacht gleichen Umfangs erteilt wird. Auch bei der allgemeinen Vollmacht kann über jeden Vermögensgegenstand nur einmal verfügt werden.[40]

In der Praxis sind auch Vollmachtsurkunden festzustellen, bei denen sich Ehegatten in einer Urkunde gegenseitige Vollmachten erteilen. In diesem Falle liegen zwei **gegenstandsverschiedene Vollmachten** vor und nicht etwa ein Austauschvertrag (§ 39 Abs. 2). Es liegt auch dann kein Austauschvertrag vor, wenn die Erteilung der einen Vollmacht nur wegen Erteilung der anderen Vollmacht erfolgt. Die Werte sind zwar wegen § 44 Abs. 2a zusammenzurechnen und nur eine $^5/_{10}$-Gebühr zu berechnen (Degressionsvorteil), jede einzelne Vollmacht ist aber auf den Höchstwert von 500 000 Euro begrenzt. Zuerst ist also der jeweilige Geschäftswert der Vollmacht zu bestimmen (jeweils begrenzt auf 500 000 Euro) und danach erst sind die Werte zu addieren. Haben also beide Ehegatten Vermögen von mehr als 500 000 Euro, beträgt der Geschäftswert der Urkunde, welche gegenseitige Vollmachten enthält, 1 Mio. Euro.

Mehrheit von Vollmachten ist daher nur gegeben, wenn
– mehrere Personen, die nicht in Rechtsgemeinschaft stehen, einer oder mehreren Person(en) Vollmacht zu bestimmten Geschäften geben,
– mehrere, nicht in Rechtsgemeinschaft stehende Personen einer oder mehreren Person(en) allgemeine Vollmacht erteilen (zB Eheleute, Geschwister usw.),
– gegenseitige Vollmachten vorliegen, zB Ehgatten erteilen sich gegenseitig eine General- oder Vorsorgevollmacht. Der Gesamtwert ist nicht auf den einmaligen Höchstwert von 500 000 Euro beschränkt.

---

[39] 16. Aufl. § 41 Rn. 14; *Rohs/Wedewer* § 41 Rn. 19; *Assenmacher/Mathias* „Vollmacht" 2.5.
[40] So mit Recht KG DNotZ 1970, 545 = JurBüro 1970, 600 = Rpfleger 1970, 220; *Assenmacher/Mathias* „Vollmacht" 2.5.

§ 41a

Die Zahl der Bevollmächtigten und ihre Befugnis (Gesamt- oder Einzelvertretungsbefugnis) ist demnach für die Frage der Mehrheit von Vollmachten unerheblich.

VII. Verbindung mit anderem Rechtsgeschäft

16 Wird die Vollmacht mit einem anderen Rechtsgeschäft zusammenbeurkundet, so ist § 44 anzuwenden;[41] sind die mitbeurkundeten Geschäfte aber keine unter Lebenden (Erbvertrag, Gesellschafterversammlung usw.), so ist § 44 nicht anwendbar, daher gesondert zu bewerten. Ein typischer Praxisfall ist die Mitbeurkundung einer **Belastungsvollmacht** für den Käufer im Kaufvertrag (s. Rn. 8a bis 8d). Wird zB eine **Belastungsvollmacht** in einem **Schenkungsvertrag** erteilt, sind Schenkung und Vollmacht ebenfalls gegenstandsgleich gemäß § 44 Abs. 1 (Stichwort: vorgezogene Verfügungsberechtigung). Es ist nicht notwendig zur Einstufung als gegenstandsgleiches Rechtsgeschäft, dass mit Hilfe der Vollmacht Belastungen zur Erfüllung von Gegenleistungen ermöglicht werden.

VIII. Höchstwert

17 Der Höchstwert einer Vollmacht ist 500 000 Euro, mag ein ziffernmäßiger Wert bestimmbar sein oder nicht. Der Höchstwert gilt nur für die **einzelne Vollmacht,** bei Zusammenbeurkundung mehrerer Vollmachten. Der Höchstwert ist kein Regelwert der nur ausnahmsweise erreicht werden könnte.[42] Bei gegenseitigen Vollmachten, die zusammen beurkundet werden, beträgt der Höchstwert 500 000 Euro für jede Vollmacht. Die Gebühr ist jedoch nach dem Gesamtwert der Vollmachten zu berechnen, da insoweit der Degressionsvorteil des § 44 Abs. 2a zu gewähren ist.

§ 41a* Geschäftswert bei Anmeldungen zum Handelsregister

(1) **Bei den folgenden Anmeldungen zum Handelsregister ist Geschäftswert der in das Handelsregister einzutragende Geldbetrag, bei Änderung bereits eingetragener Geldbeträge der Unterschiedsbetrag:**

1. erste Anmeldung einer Kapitalgesellschaft; ein in der Satzung einer Aktiengesellschaft oder einer Kommanditgesellschaft auf Aktien bestimmtes genehmigtes Kapital ist dem Grundkapital hinzuzurechnen;
2. erste Anmeldung eines Versicherungsvereins auf Gegenseitigkeit;
3. Erhöhung oder Herabsetzung des Stammkapitals einer Gesellschaft mit beschränkter Haftung;
4. Beschluss der Hauptversammlung einer Aktiengesellschaft oder einer Kommanditgesellschaft auf Aktien über
   a) Maßnahmen der Kapitalbeschaffung (§§ 182 bis 221 des Aktiengesetzes); dem Beschluss über die genehmigte Kapitalerhöhung steht der Beschluss über die Verlängerung der Frist, innerhalb derer der Vorstand das Kapital erhöhen kann, gleich;
   b) Maßnahmen der Kapitalherabsetzung (§§ 222 bis 240 des Aktiengesetzes);
5. erste Anmeldung einer Kommanditgesellschaft; maßgebend ist die Summe der Kommanditeinlagen; hinzuzurechnen sind 25 000 Euro für den ersten und 12 500 Euro für jeden weiteren persönlich haftenden Gesellschafter;
6. Eintritt eines Kommanditisten in eine bestehende Personenhandelsgesellschaft oder Ausscheiden eines Kommanditisten; ist ein Kommanditist als Nachfolger eines anderen, ein bisher persönlich haftender Gesellschafter als Kommanditist oder

---

[41] KG Rpfleger 1972, 270.
[42] KG DNotZ 1943, 13.
* § 41a anstelle von § 26 (aufgehoben mit Wirkung vom 1. 12. 2004) eingefügt durch Gesetz vom 3. 7. 2004 (BGBl. I S. 1410), in Kraft getreten am 1. 12. 2004.

ein bisheriger Kommanditist als persönlich haftender Gesellschafter einzutragen, ist die einfache Kommanditeinlage maßgebend;
7. Erhöhung oder Herabsetzung einer Kommanditeinlage.

(2) Bei sonstigen Anmeldungen bestimmt sich der Geschäftswert nach den Absätzen 3 bis 6.

(3) Der Geschäftswert beträgt bei der ersten Anmeldung
1. eines Einzelkaufmanns 25 000 Euro;
2. einer offenen Handelsgesellschaft mit zwei Gesellschaftern 37 500 Euro; hat die Gesellschaft mehr als zwei Gesellschafter, erhöht sich der Wert für den dritten und jeden weiteren Gesellschafter um jeweils 12 500 Euro;
3. einer juristischen Person (§ 33 des Handelsgesetzbuchs) 50 000 Euro.

(4) Bei einer späteren Anmeldung beträgt der Geschäftswert, wenn diese
1. eine Kapitalgesellschaft betrifft, 1 Prozent des eingetragenen Grund- oder Stammkapitals, mindestens 25 000 Euro;
2. einen Versicherungsverein auf Gegenseitigkeit betrifft, 50 000 Euro;
3. eine Personenhandelsgesellschaft betrifft, 25 000 Euro; bei Eintritt oder Ausscheiden von mehr als zwei persönlich haftenden Gesellschaftern sind als Wert 12 500 Euro für jeden eintretenden und ausscheidenden Gesellschafter anzunehmen;
4. einen Einzelkaufmann oder eine juristische Person (§ 33 des Handelsgesetzbuchs) betrifft, 25 000 Euro.

(5) ¹Betrifft die Anmeldung eine Zweigniederlassung, so beträgt der Geschäftswert die Hälfte des nach den Absätzen 1, 3 oder 4 bestimmten Wertes. ²Hat das Unternehmen mehrere Zweigniederlassungen, so ist der Wert für jede Zweigniederlassung durch Teilung des nach Satz 1 bestimmten Betrages durch die Anzahl der eingetragenen Zweigniederlassungen zu ermitteln; bei der Anmeldung der ersten Eintragung von Zweigniederlassungen sind diese mitzurechnen. ³Der Wert nach den vorstehenden Sätzen beträgt mindestens 12 500 Euro.

(6) Ist eine Anmeldung nur deshalb erforderlich, weil sich der Ortsname geändert hat, oder handelt es sich um eine ähnliche Anmeldung, die für das Unternehmen keine wirtschaftliche Bedeutung hat, so beträgt der Geschäftswert 3000 Euro.

Übersicht

	Rn.		Rn.
I. Grundsätzliches	1–13	e) Erste Anmeldung einer KG (Abs. 1 Nr. 5)	33–36
1. Strukturelle Neuordnung der Gebühren in Registerangelegenheiten	1–1g	f) Eintritt und Ausscheiden eines Kommanditisten (Abs. 1 Nr. 6)	37–40
2. Anwendungsbereich	2–4		
3. Systematik	5–13	g) Erhöhung oder Herabsetzung einer Kommanditeinlage (Abs. 1 Nr. 7)	41
II. Bestimmter Geldbetrag als Geschäftswert	14–41		
1. Grundsätzliche Abgrenzung	14, 15	III. Sonstige Anmeldungen	42–89
2. Die enumerativ aufgeführten Fälle des § 41a Abs. 1	16–41	1. Grundsätzliche Abgrenzung	42–46
		a) Anmeldung nach Abs. 1?	42
a) Erste Anmeldung der Eintragung von Kapitalgesellschaften (Abs. 1 Nr. 1)	16–19	b) Erstanmeldung oder spätere Anmeldung?	43–46
		2. Der Geschäftswert von Erstanmeldungen (Abs. 3)	47–54
b) Erste Anmeldung der Eintragung eines Versicherungsvereins auf Gegenseitigkeit (Abs. 1 Nr. 2)	20	a) Einzelkaufmann (Abs. 3 Nr. 1)	47, 48
		b) Offene Handelsgesellschaft (Abs. 3 Nr. 2)	49–51
c) Erhöhung und Herabsetzung des Stammkapitals einer GmbH (Abs. 1 Nr. 3)	21–23	c) Juristische Personen (Abs. 3 Nr. 3)	52
d) Kapitalmaßnahmen bei AG und KGaA (Abs. 1 Nr. 4)	24–32	d) Sonstige Erstanmeldungen	53, 54

§ 41a　　　　　1. Teil. 2. Abschnitt: 1. Beurkundungen und ähnliche Geschäfte

	Rn.		Rn.
3. Spätere Anmeldungen (Abs. 4)	55–68	b) Kostenrechtliche Behandlung	109–110
a) Kapitalgesellschaften (Abs. 4 Nr. 1)	55–58	V. Mehrheit von Anmeldungen zum Handelsregister	111–117
b) Versicherungsvereine auf Gegenseitigkeit (Abs. 4 Nr. 2)	59	1. Grundsatz	111
		2. Derselbe Rechtsvorgang	112, 113
c) Personenhandelsgesellschaften (Abs. 4 Nr. 3)	60–66	3. Verschiedene Rechtsvorgänge	114
d) Einzelkaufmann, Juristische Person (Abs. 4 Nr. 4)	67–70	4. Wertermittlung	115–117
		VI. Änderung des Gesellschaftsvertrages vor Eintragung	118
4. Zweigniederlassungen (Abs. 5)	71–85	VII. Anmeldungen von Euro-Umstellungen	119–123
a) Regelungsinhalt	71–72a	VIII. Zeichnungen	124
b) Anwendungsbereich	73–77	IX. Elektronisches Anmeldeverfahren	125–138
c) Regelungsumfang	78–85	1. Allgemeines	125
5. Anmeldungen ohne wirtschaftliche Bedeutung (Abs. 6)	86–89	2. Datenstrukturierung	126
a) Regelungsinhalt	86	3. Dokumentenpauschale	127–131
b) Anwendungsfälle	87	a) Einscannen als „Ablichtung"	127
c) Nichtanwendungsfälle	88	b) Berechnung der Dokumentenpauschale (§ 136 Abs. 1 Nr. 1, Abs. 2, Abs. 4 Nr. 1)	128
d) Zusammentreffen mit Angelegenheiten von wirtschaftlicher Bedeutung	89	c) Dieselbe Angelegenheit gemäß § 136 Abs. 2 Satz 1	129
IV. Anmeldungen bei Umwandlungen	90–110	d) Schriftstücke, die als Anlage beigefügt werden	130
1. Einordnung von Umwandlungsvorgängen in § 41a	90–92	e) Gesamtschuldner gemäß § 136 Abs. 2 Satz 2	131
2. Verschmelzung	93–98	4. Erzeugen der elektronisch beglaubigten Abschrift (§ 39a BeurkG)	132
a) Grundsatz	93		
b) Übertragender Rechtsträger	94		
c) Aufnehmender Rechtsträger	95–98	5. Elektronische Übermittlung, (einschl. Dokumentenpauschale), Internetnutzung	133–136
3. Spaltung	99–104	a) Anwendbarkeit des § 136 Abs. 3?	133–135
a) Grundsatz	99		
b) Alter Rechtsträger	100–102	b) Auslagenersatz für die Nutzung des Internet (Telekommunikationsdienstleistungen)	136–136
c) Neuer Rechtsträger	103, 104		
4. Vermögensübertragung	105–107		
a) Grundsatz	105		
b) Übertragender Rechtsträger	106	6. Registerverlag	137
c) Übernehmender Rechtsträger	107	7. Versenden	138
5. Formwechsel	108–110		
a) Grundsatz	108		

Stichwortverzeichnis

AG 24
Amtsnotare 1f, 1g
Ausgliederung 104
Änderung GmbH vor Eintragung 118

Bedingte Kapitalerhöhung 25, 28ff.
Bestimmter Geldbetrag 14ff.
Beteiligungsumwandlung 38, 39, 51
Betriebsvermögenswert 1, 12

Doppelsitz 76
Durchführung der Kapitalerhöhung 31

Eintragungsgebühren 1a ff., 7a
Einzelfälle spätere Anmeldungen 56ff.
Einzelkaufmann 43ff., 66ff.
Elektronisches Anmeldeverfahren 125ff.
Erhöhung KG-Einlage 31

Erstanmeldungen 42ff., 47ff.
EuGH-Rspr. 1d, 1e, 1f
Euro-Umstellung 119ff.
EWiV 53

Formwechsel 108

Genehmigtes Kapital 30
Gesamtrechtsnachfolge 38
Gesellschafterwechsel 40
Gesellschaftsmittel 27, 41c
Gesellschaftssteuerrichtlinie 1c
Glättungsmaßnahmen 120
Gründungsstock 20

Handelsregistergebühren-Neuordnungsgesetz 1a
Handelsregistergebührenverordnung 1a

Hauptniederlassung 76 ff.
Herabsetzung KG-Einlage 41
Juristische Personen 52 ff., 67 ff.
Kapitalbeschaffungsmaßnahmen 16
Kapitalerhöhung 22, 26, 41 a
Kapitalgesellschaft 16 ff.
Kapitalherabsetzung 23, 32
KGaA 24
KG 33
Kommanditist 37
Mehrheit von Anmeldungen 111 ff.
OHG 49 ff.
ohne wirtschaftliche Bedeutung 86 ff.
Personenhandelsgesellschaften 62 ff.
Prokura 69 ff.
Satzungsänderung 26

Sitzverlegung 75
Sonderrechtsnachfolge 38, 39
Spaltung 99 ff.
Umwandlungen 90 ff.
Umwandlung Zweigniederlassung 84
Vermögensübertragung 105
Verschmelzung 93 ff.
Versicherungsverein auf Gegenseitigkeit 20
Vollmacht 4
VVaG 20, 59
Zweigniederlassung 8, 17, 71 ff.,
Zweigniederlassung ausländisches Unternehmen 74
Zweigniederlassung inländisches Unternehmen 74

Schrifttum: *Filzek/Sommerfeldt* MittRhNotK 1997, 306; *Otto* JurBüro 1997, 61; *Reimann* MittBayNot 1995, 1; *Tiedtke* MittBayNot 1997, 14; ders. MittBayNot 1997, 209; ders. ZNotP 2001, 226 und 260; *Tiedtke/Sikora* MittBayNot 2006, 393; *Otto* JurBüro 2007, 120; *Sikora/Schwab* MittBayNot 2007, 1.

I. Grundsätzliches

1. Strukturelle Neuordnung der Gebühren in Registerangelegenheiten

Die Gebühren in Registerangelegenheiten wurden durch Art. 2 des Zweiten Gesetzes **1** zur Änderung des Rechtspflegeanpassungsgesetzes (RpflAnpG) und anderer Gesetze vom 20. 12. 1996 (BGBl. I S. 2090) mit Wirkung ab 1. 1. 1997 neu geordnet. Die Neuordnung erfasste die § 26 (jetzt § 41 a), § 26 a (jetzt § 41 b), § 27 (jetzt § 41 c), § 28, 29 und § 79. Die **gesetzliche Systematik** hat sich gegenüber dem bis dahin geltenden Recht grundlegend geändert, insbesondere durch den Wegfall der Bezugnahme auf den Betriebsvermögenswert und der früheren Stufenwerte.[1] Das Gesetz verwendet seit 1. 1. 1997 auch den Begriff „bestimmter Geldbetrag" nicht mehr. Es kann daher nunmehr nur noch bedingt auf die bis zum 31. 12. 1996 maßgebliche Rechtslage zurückgegriffen werden.

Durch das Gesetz zur Neuordnung der Gebühren in Handels-, Partnerschafts- und Genossenschaftsregistersachen (Handelsregistergebühren-Neuordnungsgesetz HRegGebNeuOG **1 a** vom 3. 7. 2004, BGBl. I S. 1410) und die Handelsregistergebührenverordnung (HRegGebV vom 30. 9. 2004, BGBl. I S. 2562) sind die Regelungen über die Eintragungsgebühren für Eintragungen in das Handels-, Partnerschafts- und Genossenschaftsregister nicht mehr in der Kostenordnung geregelt. Mit der Herausnahme aus der KostO wurden die Eintragungsgebühren mit Wirkung zum 1. 12. 2004 auf aufwandsbezogene Gebühren umgestellt. § 79 a regelt eine Verordnungsermächtigung, wonach das Bundesministerium der Justiz durch Rechtsverordnung, die der Zustimmung des Bundesrates bedarf, Gebühren für Eintragungen in die genannten Register, für Fälle der Zurücknahme oder Zurückweisung von Anmeldungen zu diesen Registern sowie für die Entgegennahme, Prüfung und Aufbewahrung der zu diesen Registern einzureichenden Unterlagen und für die Bekanntmachung von Verträgen oder Vertragsentwürfen nach dem Umwandlungsgesetz bestimmt.

Soweit die früheren §§ 26 und 26 a die Bewertung von Registeranmeldungen regelte, **1 b** blieben die diesbezüglichen Bestimmungen inhaltlich und strukturell unverändert. Nach Aufhebung der §§ 26 und 26 a finden sich die unveränderten Bestimmungen über Anmeldungen zum Handels- und Partnerschaftsregister in den neu in die KostO eingefügten §§ 41 a und 41 b. Die bisher in § 27 geregelten kostenrechtlichen Bestimmungen für Beschlüsse von Organen sind nunmehr – nach Aufhebung des § 27 – in § 41 c unverändert

---

[1] *Tiedtke* MittBayNot 1997, 14; vgl. Rn. 12.

enthalten. In Abs. 1 wurde lediglich eine Anpassung vorgenommen, soweit auf den ebenfalls aufgehobenen § 26 Bezug genommen wurde (s. im Einzelnen bei § 41 c).

1 c Anlass der strukturellen Änderungen durch Umstellung auf aufwandsbezogene Gebühren war die zur Gesellschaftssteuerrichtlinie (69/334 EWG) ergangene Rspr. des Europäischen Gerichtshofes (EuGH), die sich wie folgt zusammenfassen lässt:

1 d Der Europäische Gerichtshof (EuGH) hat mit Urteil vom 2. 12. 1997[2] für das dänische Registerkostenrecht judiziert, dass die Gebührenberechnung gegen europäisches Gemeinschaftsrecht verstößt, soweit sich die Gebühren nicht auf die Kosten beschränken, die dem Staat durch die Eintragung in das Handelsregister entstehen. Diese Entscheidung hatte unmittelbare Auswirkungen auf das deutsche Kostenrecht betr. Eintragungen in das Handelsregister. Zu hohe Eintragungsgebühren verstoßen nach der Entscheidung des EuGH als unzulässige indirekte Steuern gegen EG-Richtlinien. Die Problematik der Europarechtswidrigkeit von Handelsregistergebühren hat ihre Grundlage in der „Richtlinie 69/334 EWG betreffend die indirekten Steuern auf die Ansammlung von Kapital". Im Sog des EuGH-Urteils hat das BayObLG[3] mehrmals entschieden, dass Gebühren für Eintragungen in das Handelsregister gegen europäisches Gemeinschaftsrecht verstoßen, wenn die Gebühren den tatsächlichen Aufwand übersteigen. Dem ist das OLG Köln[4] mit gleicher Argumentation gefolgt. Eine überhöhte Eintragungsgebühr sei eine verbotene indirekte Steuer. Die Registergerichte dürfen keine Gewinne erwirtschaften, überzahlte Beträge dürfen zurückgefordert werden. Eintragungsgebühren waren in der KostO in §§ 26 und 79 geregelt. Mit wenigen Ausnahmen (§ 26 Abs. 1 Nr. 6, Abs. 4 Nr. 1 bis 4, Abs. 5, 6 und 7 aF) gab es für Handelsregistereintragungen keine Höchstwerte. Die Eintragungsgebühren stiegen proportional mit dem Wert, allerdings bei Geschäftswerten über 5 Mio. Euro mit stark steigender Degression. Um eine richtlinienkonforme Berechnung der Eintragungsgebühren zu erreichen, haben alle Justizverwaltungen durch Runderlasse sehr schnell Konsequenzen gezogen,[5] s. auch 15. Aufl. Anh. D V. Danach sollen die Kostenberechnungen für Eintragungsgebühren auf einen geschätzten Aufwand reduziert werden, jedoch der Höhe nach die Gebühren der Kostenordnung nicht überschreiten. Liegt der Gebührenbetrag nach der KostO somit unter dem Aufwandsbetrag, so bleibt es bei der Berechnung nach der KostO. Die Kostenberechnungen sollen mit einem „Vorläufigkeitsvermerk" versehen werden. Überhöhte Gebühren sollen einer Rückforderung durch den Kostenschuldner unterliegen. Entsprechende Tabellen über die vorläufig geschätzten Aufwandsbeträge sind jeweils in den oben angegebenen Fundstellen abgedruckt. Inwieweit Rückforderungsansprüche durchgesetzt worden sind und künftig noch werden, ist nicht abschätzbar.

1 e Mit der grundsätzlichen Struktur des Wertesystems der KostO, vor allem bezogen auf die Gebühren des Notars, hatten sowohl die Fantask-Entscheidung des EuGH[6] als auch die Entscheidungen des BayObLG[7] und des OLG Köln[8] nichts zu tun. Sie bezogen sich allein und ausschließlich auf die Gerichtsgebühren für Eintragungen im Handelsregister nach früherem Recht. Dies wurde bestätigt durch die Entscheidungen des OLG Zweibrücken[9] und OLG Hamm[10] wodurch klargestellt wurde, dass die Gebühren des Notars keine öffentlichen Abgaben sind, für welche sich die Frage einer Abgrenzung zwischen indirekter Steuer und kostendeckender Gebühr stellen könnte. Diese Rechtsansicht stand auch nicht im Gegensatz zur EuGH-Entscheidung vom 29. 9. 1999,[11] wonach die portugiesischen Notargebühren teilweise EU-rechtswidrig sind, soweit es sich um bestimmte Beurkun-

---

[2] ZIP 1998, 206 – Fantask-Urteil.
[3] Zuletzt MittBayNot 1999, 202.
[4] BB 1999, 436.
[5] ZB Nordrhein-Westfalen und Baden-Württemberg ZIP 1989, 1246; Rheinland-Pfalz JurBüro 1998, 566.
[6] ZIP 1998, 206 – Fantask-Urteil.
[7] MittBayNot 1999, 202.
[8] BB 1999, 436.
[9] MittBayNot 1999, 402.
[10] JurBüro 2002, 490 = FGPrax 2002, 269.
[11] DNotZ 1999, 936 – Modelo-Urteil.

dungsvorgänge im Kapitalgesellschaftsrecht handelt. Nach Ansicht des EuGH liegt bei den portugiesischen Notargebühren eine verbotene indirekte Gesellschaftssteuer vor. Dies trifft jedoch nicht auf den deutschen Notar zu, da dieser eine erheblich andere Rechtsposition hat als der portugiesische Notar.[12] Die Wert- und Gebührengrenzen im Gesellschaftsrecht hindern eine etwaige Qualifikation der deutschen Notargebühren als Steuer oder Abgaben gemäß Art. 12 Abs. 1 Buchst. e der Richtlinie 69/335/EWG im Bereich des freien Notariats.

Soweit das EuGH-Urteil[13] Notargebühren der portugiesischen Notare für EU-rechtswidrig ansieht (Modelo-Urteil), kann dies nicht auf die Gebühren deutscher Notare für Beurkundungen im Handels-, Register- und Gesellschaftsrecht übertragen werden, da der deutsche Notar eine nicht mit dem portugiesischem Notar vergleichbare Rechtsposition hat.[14] Die Wert- und Gebührengrenzen im Gesellschafts- und Registerrecht hindern eine etwaige Qualifikation der deutschen Notargebühren als Steuer oder Abgaben gemäß Art. 12 Abs. 1 Buchst. E der Richtlinie 69/335/EWG. Diese Grundsätze sollen nach *Vollrath*[15] und *Görk*[16] nicht nur im Bereich des freien Notariats, sondern auch im Bereich des staatlichen Notariats (badische Amtsnotare) gelten. Diese Auffassung, soweit sie den Bereich des staatlichen Notariats betrifft, hat der EuGH[17] in seinem auf Vorlage durch das AG Müllheim/Baden gefassten Urteil nicht bestätigt. Danach ist die Richtlinie 69/335/EWG so auszulegen, dass die Gebühren für die notarielle Beurkundung eines unter diese Richtlinie fallenden Rechtsgeschäftes in einem Rechtssystem, in dem die Notare Beamte sind und ein Teil der Gebühren dem Staat zufließt, der der Dienstherr der Notare ist und der diese Einnahmen für die Finanzierung seiner Aufgaben verwendet, als Steuer iS der Richtlinie anzusehen sind. Die Gebühren für die notarielle Beurkundung eines Vertrages über die Gründung einer Kapitalgesellschaft sind nach Art. 10 Buchst. c der Richtlinie 69/335 in der geänderten Fassung grundsätzlich verboten, wenn sie eine Abgabe iS der Richtlinie darstellen. Der Umstand allein, dass die für die notarielle Beurkundung eines Vertrages über die Gründung einer Kapitalgesellschaft erhobenen Gebühren, die proportional zu dem gezeichneten Nennkapital steigen, eine Obergrenze nicht übersteigen dürfen, kann diese Gebühren nicht zur Abgabe mit Gebührencharakter iS der Richtlinie 69/335 in der geänderten Fassung machen, wenn diese Obergrenze nicht im angemessenen Verhältnis zu den Kosten der Leistung steht, die mit diesen Gebühren abgegolten sind. Keine Auswirkungen hat diese Entscheidung auf die freiberuflichen Notare. Konkrete Auswirkungen der Entscheidung beschränken sich daher auf das in Baden-Württemberg bestehende System der Notare im Landesdienst (Amtsnotare). Neuregelungen zur Umsetzung der EuGH-Rspr. in den Bereichen des staatlichen Notariats in Baden-Württemberg sind erforderlich.

Das OLG Karlsruhe[18] hat inzwischen mehrfach entschieden, dass die EuGH-Rspr. für die Fälle, die unter die Richtlinie 69/335 fallen, durch badische Amtsnotare anzuwenden ist, ebenso AG Müllheim/Baden.[19] Die Umsetzung ist mit der Neuordnung der aufwandsbezogenen Eintragungsgebühren nicht erfolgt und steht weiterhin aus. Nicht anzuwenden ist die zur Gesellschaftssteuerrichtlinie ergangene Rspr. jedoch auf Beurkundungsvorgänge zu Grundstücksgeschäften.[20]

1f

1g

---

[12] *Bengel* DNotZ 1999, 936.
[13] DNotZ 1999, 936 – Modelo-Urteil.
[14] *Bengel* DNotZ 1999, 936.
[15] MittBayNot 1999, 497.
[16] DNotZ 1999, 851.
[17] DNotZ 2002, 389 m. Anm. *Fabis* = ZNotP 2002, 200 = ZIP 2002, 663 = EWiR 2002, 445 m. Anm. *Lappe* = GmbHR 2002, 486 = BWNotZ 2002, 86.
[18] Verschmelzung zweier GmbHs: Rpfleger 2002, 655 = FGPrax 2002, 275 = BWNotZ 2003, 43 = EWiR 2003, 129 m. Anm. *Mennicke*; Verschmelzung von Genossenschaften: Rpfleger 2003, 218 = RdL 2003, 98 = FGPrax 2003, 95 = JurBüro 2003, 433; Verschmelzung mit Zustimmungsbeschlüssen JurBüro: 2004, 329; Verschmelzung zweier Genossenschaften: Rpfleger 2003, 218 = Rd L 2003, 98 = FGPrax 2003, 95 = JurBüro 2003, 433.
[19] Gesellschaftsvertrag einer GmbH: BWNotZ 2003, 90.
[20] BWNotZ 2003, 170 m. Anm. *Sandweg* = FGPrax 2003, 287 = JurBüro 2003, 597 = EWiR 2003, 1045 m. Anm. *Lappe* = MittBayNot 2004, 212.

2. Anwendungsbereich

2 § 41 a ist die **allgemeine Wertvorschrift für alle Handelsregisteranmeldungen** zu der Gebührensatzvorschrift des § 38 Abs. 2 Nr. 7. Die früher in § 26 geregelten Geschäftswerte für Eintragungen in das Handelsregister wurden aus dem Anwendungsbereich herausgenommen. Ergänzend zu § 41 a gilt bei einer Mehrheit von Anmeldungen § 44.

3 § 41 a ist Wertvorschrift (nur) für Anmeldungen zum **Handelsregister.** Er gilt für alle Unternehmen, die in das Handelsregister (Abt. A und B) einzutragen sind, also den Einzelkaufmann, die OHG, die KG, die EWIV,[21] die GmbH, die AG und die KGaA. Betreibt ein Verein ein Handelsgewerbe, so ist der Geschäftswert für die Anmeldung zur Eintragung des Vereins in das Vereinsregister nach § 29 zu berechnen, die Anmeldung auf Eintragung des Gewerbebetriebs des Vereins in das Handelsregister (§ 33 HGB) nach § 41 a Abs. 3 Nr. 3.

4 § 41 a gilt **nur für Anmeldungen zur Eintragung in das Handelsregister,** nicht für sonstige ein Handelsgeschäft betreffende Geschäfte. § 41 a gilt insbesondere nicht unmittelbar für **Vollmachten,** die zur Vornahme von Handelsregisteranmeldungen ermächtigen. Handelt es sich allerdings um eine Vollmacht zu einer bestimmten Registeranmeldung, ist gemäß § 41 Abs. 1 der Wert des Rechtsgeschäfts zugrunde zu legen, dieser ergibt sich unmittelbar aus § 41 a.[22] Zum Wert einer Registervollmacht vgl. § 41 Rn. 2 ff.

3. Systematik

5 Wesentliches, aber nicht ausschließliches **Kriterium für die Anwendung** des § 41 a ist zunächst der Geldbetrag, der in das Handelsregister einzutragen ist.

6 Ist ein **Geldbetrag** in das Handelsregister einzutragen, so ist dieser Geschäftswert, jedoch nur in den in Abs. 1 **enumerativ und abschließend** genannten Fällen. Dieser Absatz erfasst zum Teil erste Anmeldungen (Nr. 1, 2, 7), zum Teil auch spätere Anmeldungen (Nr. 3, 4, 6, 7).

7 Der wirtschaftliche Wert der Eintragung, also ihr Geldwert, bleibt ohne Bedeutung.

8 Bei allen **sonstigen Anmeldungen** richtet sich der Geschäftswert gemäß Abs. 2 nach den Abs. 3 bis 6. Aus der Überschrift des § 41a, aus seiner systematischen Stellung wie auch aus der internen Systematik des § 41 a ergibt sich, dass Abs. 2 die sonstigen Anmeldungen **zum Handelsregister** meint, nicht aber sonstige Anmeldungen zu einem anderen Register; für diese gelten nunmehr § 41b (Partnerschaftsregister), § 28 (Güterrechtsregister) und § 29 (Vereinsregister, Genossenschaftsregister). Der Geschäftswert richtet sich daher gemäß Abs. 2 nach den Abs. 3 bis 6 bei solchen Anmeldungen, bei denen kein bestimmter Geldbetrag in das Handelsregister einzutragen ist, aber auch bei solchen, bei denen ein bestimmter Geldbetrag in das Handelsregister einzutragen ist, der Fall aber nicht von Abs. 1 erfasst wird. Dabei gilt Abs. 3 für die ersten Anmeldungen, Abs. 4 für spätere Anmeldungen.

9 Der frühere § 26 Abs. 5, der ausschließlich Eintragungen (Prokura, Änderungen und Erlöschen einer Prokura) betraf, wurde aufgehoben. Auch diese Eintragungen sind nunmehr in der HRegGebV geregelt.

10 Abs. 5 gibt eine Sonderregelung für Anmeldungen von **Zweigniederlassungen** (s. Rn. 72).

12 Abs. 6 regelt die Anmeldung **ohne wirtschaftliche Bedeutung** (s. Rn. 86 ff.).

13 § 41 a enthält keine allgemeine Höchstwertvorschrift, diese ist seit 1. 1. 1997 für alle unter § 38 Abs. 2 Nr. 7 fallenden Registeranmeldungen in § 39 Abs. 4 geregelt: Bei der Anmeldung zum Handelsregister ist der Geschäftswert, auf den Betrag von 500 000 Euro begrenzt.[23] Im Übrigen regelt § 41 a überwiegend bestimmte Mindest- und Festwerte, teilweise auch variable Werte, die ohne Anknüpfung an die Unternehmensgröße, die Bedeutung oder den Umfang der Anmeldung, festgelegt worden sind. Sie erscheinen auf den

---

[21] Vgl. EWIV-Ausführungsgesetz vom 14. 4. 1988 (BGBl. I S. 514).
[22] Vgl. OLG Stuttgart JurBüro 1981, 912 zum früheren § 26.
[23] *Tiedtke* MittBayNot 1997, 21; *Filzek/Sommerfeldt* MittRhNotK 1997, 309.

ersten Blick willkürlich, haben jedoch zu einer wesentlichen Erleichterung und Vereinfachung der Bewertungspraxis beigetragen und haben viele Fehlerquellen beseitigt. Zur Bewertung bedarf es keiner Mitwirkung des Kostenschuldners mehr (keine Anfrage nach dem Betriebseinheitswert usw.), alle Anmeldungen können nach den gesetzlichen Vorgaben leicht bewertet werden. Soweit ein Grund- oder Stammkapital Grundlage der Bewertung ist, ergibt sich dieses aus dem Register selbst.

II. Bestimmter Geldbetrag als Geschäftswert

1. Grundsätzliche Abgrenzung

Die Anmeldung ist nicht immer auf einen Geldbetrag gerichtet, wenn sich die Änderung eines Gesellschaftsvertrages im Einzelfall auch auf Geldbeträge oder geldwerte Sachverhalte bezieht. Wird zB bei einer GmbH die Vertretungsbefugnis im Innenverhältnis dahingehend geregelt, dass gewisse Wertgrenzen zu beachten sind, so handelt es sich bei der nachfolgenden Anmeldung und der Satzungsänderung dennoch nicht um einen Vorgang, der von Abs. 1 erfasst würde. Dies ist nur der Fall, wenn ein Geldbetrag in das Handelsregister einzutragen ist.[24] Eintragungen mit einem Geldbetrag kommen überwiegend bei Kapitalgesellschaften vor, sind jedoch auch bei Personengesellschaften möglich, nämlich bei Kommanditgesellschaften wegen der im Handelsregister einzutragenden Kommanditeinlagen (§ 162 HGB). 14

Der **Geschäftswert** von Anmeldungen zu Eintragungen in das Handelsregister ist **nicht** 15 **stets der Geldbetrag,** er ist Geschäftswert nur in den in § 41a Abs. 1 enumerativ und abschließend aufgeführten Fällen. Für alle übrigen Sachverhalte, also auch solche, bei denen ein bestimmter Geldbetrag in das Handelsregister anzumelden und einzutragen ist, gilt Abs. 2 iVm. den Abs. 3 bis 6.

2. Die enumerativ aufgeführten Fälle des § 41a Abs. 1

a) Erste Anmeldung der Eintragung von Kapitalgesellschaften (Abs. 1 Nr. 1). 16 Nach § 41a Abs. 1 Nr. 1 ist der Geschäftswert für die erste Anmeldung der Eintragung einer Kapitalgesellschaft (AG, KGaA, GmbH) immer nach dem einzutragenden Stamm- oder Grundkapital zu bestimmen. Es gilt die Besonderheit, dass bei einer Aktiengesellschaft oder einer Kommanditgesellschaft auf Aktien ein in der Satzung bestimmtes genehmigtes Kapital dem Grundkapital zuzurechnen ist; Abs. 1 Nr. 1 gilt aber nur, wenn bei Gründung einer Aktiengesellschaft oder einer KGaA ein genehmigtes Kapital vorgesehen ist, wird später der Beschluss über eine genehmigte Kapitalerhöhung gefasst, gilt Abs. 1 Nr. 4a.

Auch bei der **Anmeldung der Eintragung von Zweigniederlassungen** einer Kapi- 17 talgesellschaft ist vom Grund- bzw. Stammkapital auszugehen.[25] Insoweit gilt aber nunmehr § 41a Abs. 5. Nach Abs. 5 ist demnach die Hälfte des Grund- bzw. Stammkapitals der maßgebliche Geschäftswert für die Anmeldung der Zweigniederlassung (Rn. 72 ff.).

Anmeldung der Eintragung von Zweigniederlassungen **ausländischer Gesellschaften** 18 fallen unter Abs. 1 Nr. 1. Gleiches gilt für die Sitzverlegung eines ausländischen Unternehmens in die Bundesrepublik Deutschland (Rn. 74).

Wegen des enumerativen Charakters der Aufzählung in Abs. 1 ist die Anmeldung der 19 **Löschung einer Kapitalgesellschaft** nicht unter diese Vorschrift, sondern unter Abs. 4 Nr. 1 zu subsumieren.[26]

b) Erste Anmeldung der Eintragung eines Versicherungsvereins auf Gegensei- 20 **tigkeit (Abs. 1 Nr. 2).** Nach richtiger, aber früher streitiger Auffassung galten die Grundsätze für die erste Anmeldung einer Kapitalgesellschaft auch für den VVaG.[27] Das Gericht trägt – wie bei der Kapitalgesellschaft das Stammkapital oder Grundkapital – beim VVaG

---

[24] OLG Hamm DNotZ 1979, 679.
[25] OLG Frankfurt JurBüro 1971, 448.
[26] *Otto* JurBüro 1997, 62.
[27] Vgl. 13. Aufl. § 26 Rn. 9.

§ 41a 1. Teil. 2. Abschnitt: 1. Beurkundungen und ähnliche Geschäfte

die Höhe des Grundstocks in die Kapitalspalte des Handelsregisters Abt. B ein (§ 32 Abs. 1 S. 1 VAG). Bei einem Versicherungsverein auf Gegenseitigkeit handelt es sich um eine versicherungsspezifische Rechtsform. Er ist ein (privater) rechtsfähiger Verein, der seine Rechtsfähigkeit nicht durch Eintragung in das Handelsregister, sondern mit der Zulassung zum Geschäftsbetrieb durch die Aufsichtsbehörde erlangt (§ 15 Halbs. 2 VAG). Sämtliche Vorstands- und Aufsichtsratsmitglieder haben den Verein zur Eintragung in das Handelsregister anzumelden; hiervon sind die kleineren Vereine nach § 53 VAG ausgenommen. Nach § 32 Abs. 1 VAG ist bei der Eintragung des Versicherungsvereins auf Gegenseitigkeit in das Handelsregister neben Firma und Sitz, dem Versicherungszweig usw. auch die Höhe des Gründungsstocks anzugeben. Nach § 31 Abs. 1 Nr. 4 VAG ist der Anmeldung die Urkunde über die Bildung des Gründungsstocks mit einer Erklärung des Vorstands und des Aufsichtsrats, wie weit und in welcher Weise der Gründungsstock eingezahlt ist und dass der eingezahlte Betrag endgültig zur freien Verfügung des Vorstandes steht, beizufügen. Da bei einem Versicherungsverein auf Gegenseitigkeit kein Grundkapital in das Handelsregister eingetragen wird, ist der in der Satzung vorgesehene Gründungsstock (Gründungsfonds) maßgebend. Anzusetzen ist der Gründungsstock mit dem Nennbetrag. Zur Behandlung von Zweigniederlassungen und Löschungen vgl. Rn. 17 ff., 72 ff.

21 **c) Erhöhung und Herabsetzung des Stammkapitals einer GmbH (Abs. 1 Nr. 3).** Die insoweit vorzunehmenden Handelsregisteranmeldungen haben einen Geldbetrag zum Gegenstand. Der Geschäftswert richtet sich nach dem Nennbetrag der Kapitalerhöhung oder -herabsetzung. Dies entspricht schon früherer Praxis.[28] Auch die gleichzeitige Herabsetzung und Erhöhung des Grund- oder Stammkapitals hat einen bestimmten Geldbetrag; dieser ist die Summe beider Werte.

22 Abs. 1 Nr. 3 gilt für **alle Kapitalerhöhungen,** die bei einer GmbH durchgeführt werden, unabhängig von der Art ihrer Durchführung, also für Kapitalerhöhungen gegen Einlagen (Bareinlagen, Sacheinlagen), aber auch bei Kapitalerhöhungen aus Gesellschaftsmitteln.

23 Abs. 1 Nr. 3 kann, wegen des abschließenden Charakters der Aufzählung in Abs. 1, nicht entsprechend angewandt werden auf **Kapitalerhöhungen und Kapitalherabsetzungen bei Versicherungsvereinen auf Gegenseitigkeit;** die diesbezügliche Handelsregisteranmeldung ist unter Abs. 4 Nr. 2 zu subsumieren.

24 **d) Kapitalmaßnahmen bei AG und KGaA (Abs. 1 Nr. 4).** Die Anmeldung der Eintragung des Beschlusses der Hauptversammlung einer Aktiengesellschaft oder Kommanditgesellschaft auf Aktien über Maßnahmen der Kapitalbeschaffung ist nach Abs. 1 Nr. 4 zu bewerten. Anmeldungen von Beschlüssen über
– Maßnahmen der Kapitalbeschaffung (§§ 182 bis 221 AktG),
– Maßnahmen der Kapitalherabsetzung (§§ 222 bis 240 AktG)
haben einen Geldbetrag zum Gegenstand. Geschäftswert ist jeweils der Nennbetrag der genehmigten Kapitalerhöhung oder der Kapitalherabsetzung.

25 Abs. 1 Nr. 4a gilt für **alle Kapitalbeschaffungsmaßnahmen** einer AG oder KGaA, nämlich für
– die Kapitalerhöhung gegen Einlagen (§§ 182 bis 191 AktG, § 278 Abs. 3 AktG)
– die bedingte Kapitalerhöhung (§§ 192 bis 201 AktG, § 278 Abs. 3 AktG)
– das genehmigte Kapital (§§ 202 bis 206 AktG, § 278 Abs. 3 AktG)
– die Kapitalerhöhung aus Gesellschaftsmitteln (§§ 207 bis 220 AktG, § 278 Abs. 3 AktG)
– die Wandelschuldverschreibung und die Gewinnschuldverschreibung (§ 221 AktG, § 278 Abs. 3 AktG).
Zur Umstellung des Grundkapitals auf Euro s. Rn. 119 ff.

26 **Kapitalerhöhung gegen Einlagen.** Wird das Kapital erhöht, wird damit zugleich die Satzung geändert, nämlich bezüglich der Höhe des Grundkapitals (§ 23 Abs. 2 Nr. 3 AktG). Das Anmeldeverfahren ist bei der Aktiengesellschaft zweispurig geregelt, nach

---
[28] Vgl. 13. Aufl. § 26 Rn. 15.

§ 184 AktG ist der Beschluss über die Kapitalerhöhung anzumelden, nach § 188 AktG ist die Durchführung der Erhöhung des Grundkapitals zum Handelsregister anzumelden. Werden Erhöhungsbeschluss, Durchführung und entsprechende Satzungsänderung – wie in der Praxis üblich und abweichend vom System der §§ 184, 188 AktG – gleichzeitig angemeldet, ist der Geschäftswert nach § 44 zu ermitteln (vgl. Rn. 111 ff.). Erhöhungsbeschluss und Satzungsänderungsbeschluss betreffen denselben Gegenstand gemäß § 44 Abs. 1. Obwohl die Anmeldung der Durchführung nach § 188 AktG einen eigenständigen Charakter hat, betrifft auch sie bei gleichzeitiger Anmeldung denselben Gegenstand nach § 44 Abs. 1, der Geschäftswert der einheitlichen Handelsregisteranmeldung ergibt sich somit aus § 41a Abs. 1 Nr. 4.[29] Wird – wie in der Praxis selten – zunächst der Erhöhungsbeschluss nach § 184 AktG angemeldet, später die Durchführung der Satzungsänderung gemäß § 188 AktG, ist der Geschäftswert des Erhöhungsbeschlusses nach § 41a Abs. 1 Nr. 4 zu ermitteln, derjenige für die Durchführung der Kapitalerhöhung nach § 41a Abs. 4 Nr. 1. Die Satzungsänderung, die mit der Durchführungserklärung angemeldet wird, ist durch die Anmeldung des Beschlusses der Hauptversammlung über die Kapitalerhöhung miterfasst, auch wenn er erst mit der Anmeldung der Durchführung der Kapitalerhöhung zum Registervollzug gebracht werden kann, der Satzungsänderung kommt daher neben der nach Abs. 4 Nr. 1 zu ermittelnden Gebühr keine selbständige Bedeutung zu.[30]

Kapitalerhöhung aus Gesellschaftsmitteln. Hier bedarf es nur der Anmeldung der 27 Eintragung des Beschlusses, keiner Durchführungsanmeldung (§ 210 AktG). Der Geschäftswert ergibt sich aus § 41a Abs. 1 Nr. 4a.

Bedingte Kapitalerhöhung (§§ 192 bis 201 AktG). Die Eintragung des Beschlusses 28 der Hauptversammlung über eine bedingte Kapitalerhöhung in das Handelsregister ist eine solche, die einen Geldbetrag zum Gegenstand hat. Die Höchstsumme der vorgesehenen Kapitalerhöhungen stellt den Geschäftswert dar.

Durchführung der bedingten Kapitalerhöhung. Da die Durchführung der beding- 29 ten Kapitalerhöhung nicht in § 41a Abs. 1 Nr. 4a genannt ist, ist für sie Abs. 4 Nr. 1 maßgebend.

Genehmigtes Kapital (§§ 202 bis 206 AktG). Die Anmeldung der Satzungsände- 30 rung über das genehmigte Kapital unterfällt § 41a Abs. 1 Nr. 4a. Maßgebender Geschäftswert ist die Höchstsumme der dem Vorstand ermöglichten Kapitalerhöhung. Kraft ausdrücklicher Regelung in dieser Vorschrift steht dabei der Beschluss über die Verlängerung der Frist, innerhalb deren der Vorstand das Kapital erhöhen kann, dem Beschluss über die entsprechende Satzungsänderung selbst gleich.

Die Anmeldung der **Durchführung der Kapitalerhöhung** hat keinen Geldbetrag zum 31 Gegenstand. Dies gilt wegen des abschließenden Charakters der Aufzählung in Abs. 1 – entgegen der früheren hM[31] – auch dann, wenn die Genehmigung zur Kapitalerhöhung nur teilweise ausgenutzt wird. Diese sind daher nach Abs. 4 Nr. 1 zu bewerten.

Bei **Kapitalherabsetzungen** betrifft die Beschlusseintragung einen Geldbetrag in Höhe 32 der Herabsetzung, jede Durchführungseintragung hingegen keinen Geldbetrag zum Gegenstand, jedenfalls nicht bei einfacher und vereinfachter Herabsetzung; bei Herabsetzung durch Einziehung von Aktien betrifft sie dann einen Geldbetrag, wenn gleichzeitig die Höhe der eingezogenen Aktien miteingetragen wird;[32] wegen des abschließenden Charakters der Aufzählung in Abs. 1 gilt jedoch auch in diesem Fall, also bei Herabsetzung durch Einziehung von Aktien, nunmehr Abs. 4 Nr. 1.

e) Erste Anmeldung einer KG (Abs. 1 Nr. 5). Als Geschäftswert ist die Summe der 33 Kommanditeinlagen unter Hinzurechnung eines Betrages von 25 000 Euro für den ersten

---

[29] Zu diesem Ergebnis zur früheren Rechtslage OLG Hamm Rpfleger 1964, 278; OLG Düsseldorf Rpfleger 1967, 57; BayObLG Rpfleger 1975, 333; OLG Oldenburg Rpfleger 1980, 404.
[30] Zur früheren Rechtslage BayObLG JurBüro 1974, 77; LG Stuttgart KostRsp. Nr. 19 m. zust. Anm. *Lappe.*
[31] Vgl. 13. Aufl. § 26 Rn. 20.
[32] AG Bremen KostRsp. Nr. 89.

§ 41a   1. Teil. 2. Abschnitt: 1. Beurkundungen und ähnliche Geschäfte

persönlich haftenden Gesellschafter und 12 500 Euro für jeden weiteren persönlich haftenden Gesellschafter maßgebend.

34   Abs. 1 Nr. 5 gilt **nicht nur bei Neugründung,** sondern auch, wenn ein schon bestehendes einzelkaufmännisches Unternehmen durch den Eintritt eines Gesellschafters in eine Kommanditgesellschaft umgewandelt wird. Es liegt zwar hier nicht eine erste Anmeldung in das Handelsregister, wohl aber die erste Anmeldung einer KG vor. Abs. 1 Nr. 5 gilt aber nicht, wenn eine OHG durch „Umgründung" zur KG wird; in diesen Fällen ist Abs. 1 Nr. 6 maßgebend.

35   Für die Einordnung von **Zweigniederlassungen** in das System der KostO gelten die Ausführungen in Rn. 17 (vgl. auch Rn. 72 ff.).

36   Die **Löschung einer KG** richtet sich nach Abs. 4 Nr. 3.

37   f) **Eintritt und Ausscheiden eines Kommanditisten (Abs. 1 Nr. 6).** § 41a Abs. 1 Nr. 6 setzt den Geschäftswert für den Eintritt eines Kommanditisten in eine bestehende Personenhandelsgesellschaft und sein Ausscheiden fest. Es handelt sich ebenfalls um Anmeldungen, die einen Geldbetrag betreffen. Geschäftswert ist die einfache Kommanditeinlage des eintretenden oder ausscheidenden Kommanditisten. Dies entspricht schon der früheren Rechtslage des § 26. Ist ein Kommanditist bereits ausgeschieden, muss er das nachfolgende Ausscheiden weiterer Kommanditisten nicht mehr anmelden.

38   Bei Kommanditistenwechsel im Wege der Gesamt- oder Sonderrechtsnachfolge ist für die Anmeldung die einfache Kommanditeinlage als Geschäftswert anzunehmen. Gleiches gilt, wenn der bisherige persönlich haftende Gesellschafter als Kommanditist oder ein bisheriger Kommanditist als persönlich haftender Gesellschafter einzutragen ist **(Gesamt- oder Sonderrechtsnachfolge** und die sog. **Beteiligungsumwandlung).** Wird lediglich das **Ausscheiden** eines persönlich haftenden Gesellschafters aus einer Personenhandelsgesellschaft angemeldet, liegt eine Anmeldung vor, die keinen Geldbetrag betrifft, sie gehört zu § 41a Abs. 4 Nr. 3.

39   Abs. 1 Nr. 6 (Halbs. 2) sieht Sondervorschriften vor für die
– **Sonderrechtsnachfolge,** also wenn ein Kommanditist als Nachfolger eines anderen in die KG eintritt,
– **Beteiligungsumwandlung,** also wenn ein bisher persönlich haftender Gesellschafter Kommanditist oder ein bisheriger Kommanditist persönlich haftender Gesellschafter wird.

39a Für diese Fälle enthält Abs. 1 Nr. 6 (Halbs. 2) eine Sondervorschrift zu § 44 Abs. 1, es wird **eine** Anmeldung unterstellt. Geschäftswert ist die einfache Kommanditeinlage.

40   Beim **isolierten Gesellschafterwechsel** (Ausscheiden des einen, Eintreten eines anderen Gesellschafters) handelt es sich um zwei Anmeldungen gemäß Abs. 1 Nr. 6, die Werte sind zu einem Gesamtgeschäftswert gemäß § 44 Abs. 2a durch Addition der Einzelwerte zusammenzufassen.

41   g) **Erhöhung oder Herabsetzung einer Kommanditeinlage (Abs. 1 Nr. 7).** Eine Erhöhung oder Herabsetzung einer Kommanditeinlage ist nach § 41a Abs. 1 Nr. 7 als Anmeldung, die einen Geldbetrag betrifft, zu behandeln. Geschäftswert ist der Nennbetrag der Erhöhung oder Herabsetzung. Besonderheiten ergeben sich nicht.

III. Sonstige Anmeldungen

1. Grundsätzliche Abgrenzung

42   a) **Anmeldung nach Abs. 1?** Für sonstige Anmeldungen, also solche, die nicht unter Abs. 1 fallen, bestimmt sich gemäß Abs. 2 der Geschäftswert nach den Abs. 3 bis 6. Sonstige Anmeldungen iS des Abs. 2 sind damit solche,
– bei denen ein Geldbetrag in das Handelsregister einzutragen ist, sofern nicht Abs. 1 eingreift.
– bei denen kein Geldbetrag in das Handelsregister einzutragen ist.

Bei Anmeldungen, die nicht unter Abs. 1 fallen, differenziert das Gesetz zwischen ersten Anmeldungen (Abs. 3) und späteren Anmeldungen (Abs. 4).

b) Erstanmeldung oder spätere Anmeldung? Der Begriff „Ersteintragung" (Gegen- 43
satz: spätere Eintragung) ist aus der RKostO von 1935 ohne Änderung seines Inhalts, wie
ihn Rspr. und Schrifttum zu § 72 aF entwickelt haben, in die KostO von 1957 übernommen worden. Nicht nach der äußerlichen Betrachtung (Eintragung auf einem neuen oder dem bisherigen Registerblatt), sondern nach der materiellen Rechtslage, die durch eine Eintragung in das Handelsregister zum Ausdruck gebracht wird, bestimmt sich, ob eine Eintragung Ersteintragung oder spätere Eintragung ist.[33] Eine „erste Eintragung" liegt danach nicht nur dann vor, wenn ein Handelsunternehmen unter seiner Firma erstmals – meistens anlässlich der Begründung – in das Handelsregister eingetragen wird, sondern immer dann, wenn eine neue Rechtspersönlichkeit – Einzelkaufmann, Personengesellschaft, Kapitalgesellschaft, Körperschaft des öffentlichen Rechts usw. – als Unternehmensinhaber eingetragen wird. Dieses System wurde durch die Aufhebung des § 26 und Einfügung des § 41 a nicht verändert.

Anmeldung einer Ersteintragung ist daher auch, 44
– wenn bei Übergang des Unternehmens eines Einzelkaufmanns auf einen anderen Erwerber des Handelsgeschäftes zur Eintragung angemeldet wird, unabhängig davon, ob dieser die Firma des bisherigen Inhabers beibehält und auf demselben Registerblatt eingetragen wird oder ob er eine andere Firma wählt und diese auf demselben oder einem anderen Registerblatt eingetragen wird; die „erste Eintragung der Firma" – so Abs. 3 – gibt es handelsrechtlich nicht, eingetragen wird der Kaufmann, § 29 HGB; die entsprechende Handelsregisteranmeldung beinhaltet zugleich die Anmeldung der Löschung der Firma des bisherigen Inhabers, die kostenrechtlich § 41 a Abs. 4 Nr. 4 unterliegt und einen anderen Gegenstand hat als die (erste) Anmeldung des neuen Inhabers;
– wenn eine Personengesellschaft erstmals als Unternehmensinhaber zur Eintragung angemeldet wird, auch zufolge Aufnahme eines Gesellschafters in ein Einzelunternehmen;
– wenn das Unternehmen einer OHG auf einen Einzelkaufmann übergeht oder in eine Kapitalgesellschaft bei deren Gründung als Sacheinlage der Gesellschafter eingebracht wird; bei dem Eintritt oder Austritt von Gesellschaftern bei Personengesellschaften unter Aufrechterhaltung der Gesellschaft (also mindestens zwei Gesellschafter) liegt hingegen die Anmeldung einer späteren Eintragung vor, weil der Unternehmensinhaber nicht gewechselt hat, sondern nur seine Zusammensetzung geändert ist;
– bei Anmeldung der Eintragung der Errichtung einer Zweigniederlassung, da diese eine eigene „Firma" ist, mag ihr ein Zusatz beigefügt sein, der sie von der Hauptniederlassung unterscheidet, oder nicht; wegen der Konsequenzen aus dieser Qualifizierung s. Rn. 77;
– wenn auf Grund Umwandlung erstmals ein Unternehmen in das Register zur Eintragung angemeldet wird, Genossenschaft in AG, evtl. VVaG in AG, OHG in AG, usw. (vgl. Rn. 90 ff.).

Jede Erstanmeldung einer Firma fällt unter Abs. 2, sofern **kein Geldbetrag** (wie zB bei 45
Kapitalgesellschaften, VVaG, KG) in das Handelsregister eingetragen wird und Abs. 1 unanwendbar ist, und zwar bei Einzelkaufleuten, OHG (nicht KG), bei der EWIV, bei der (wie bei der OHG) kein bestimmter Geldbetrag in das Handelsregister einzutragen ist, bei juristischen Personen des Privatrechts gemäß § 33 HGB.

Was nicht Anmeldung einer Ersteintragung ist, ist Anmeldung einer **späteren Eintra-** 46
gung.

2. Der Geschäftswert von Erstanmeldungen (Abs. 3)

a) Einzelkaufmann (Abs. 3 Nr. 1). § 41 a Abs. 3 Nr. 1 regelt den Geschäftswert für 47
die erste Anmeldung der Eintragung eines Einzelkaufmanns. Unabhängig von der Größe des erstmals einzutragenden Betriebes oder Unternehmens beträgt der Geschäftswert immer 25 000 Euro. Spätere Anmeldungen betreffend den Einzelkaufmann sind nach Abs. 4 zu bewerten.

---

[33] KG JFGErg. 16, 60 = JVBl. 1937, 69; JFGErg. 19, 144 = JVBl. 1939, 159.

§ 41a

48 Bei **Einzelkaufleuten** ist Erstanmeldung die Anmeldung der Eintragung des Übergangs des Geschäfts auf einen anderen unter Lebenden oder von Todes wegen; die Fortführung des Geschäfts durch die Erben in ungeteilter Erbengemeinschaft; die Fortführung des Unternehmens auf Grund Nießbrauchs oder Pacht oder Pfandgläubigerschaft mit Nutzungsbefugnis (§ 22 Abs. 2 HGB); nach Beendigung dieser Nutzungsverhältnisse die Wiedereintragung des Eigentümers; der Übergang des Unternehmens einer Personengesellschaft auf einen Einzelkaufmann;[34] Führung eines vererbten Handelsgeschäftes durch den Testamentsvollstrecker im eigenen Namen;[35] und bei allen ähnlichen Anmeldungen zu Eintragungen, wonach ein Einzelkaufmann nunmehr an Stelle des bisherigen Inhabers des Handelsgeschäftes dieses „betreibt", ferner auch die Anmeldung der ersten Eintragung der Verlegung des Sitzes eines ausländischen Unternehmens in das Bundesgebiet, wenn es sich nicht um eine Kapitalgesellschaft handelt. Für den Wert spielt es keine Rolle, ob der Unternehmer das Geschäft unter der bisherigen Firma, unverändert oder mit Nachfolgezusatz, oder unter einer neuen Firma fortführt. Anmeldung der Ersteintragung ist es auch, wenn das Vermögen einer Kapitalgesellschaft nach dem UmwG auf den Allein- oder Hauptgesellschafter übergeht und dieser das Unternehmen als Einzelkaufmann fortführt.

49 b) **Offene Handelsgesellschaft (Abs. 3 Nr. 2).** Für die erstmalige Anmeldung einer offenen Handelsgesellschaft zur Eintragung in das Handelsregister gilt Abs. 3 Nr. 2. Der Geschäftswert beträgt 37 500 Euro, wenn zwei Gesellschafter vorhanden sind. Hat die zur erstmaligen Eintragung angemeldete offene Handelsgesellschaft mehr als zwei Gesellschafter, erhöht sich der Geschäftswert für die Anmeldung für den dritten und jeden weiteren Gesellschafter um 12 500 Euro. Spätere Anmeldungen, die eine OHG betreffen, richten sich nach § 41a Abs. 4 Nr. 3.

50 Bei der OHG ist Anmeldung der Ersteintragung außer der **Anmeldung nach der Gründung** durch mindestens zwei Gesellschafter: die Anmeldung der Eintragung des Übergangs des Geschäfts eines Einzelkaufmanns auf eine OHG dadurch, dass in das Unternehmen des Einzelkaufmanns ein anderer oder mehrere als Gesellschafter eintreten.[36] Dies trifft auch zu, wenn der Erwerber des Unternehmens einer OHG sogleich dieses durch Aufnahme eines anderen wieder in eine OHG überführt, ferner durch Umwandlung einer Kapitalgesellschaft in eine OHG.

51 Die Umwandlung einer Kommanditgesellschaft in eine OHG, also durch **Beteiligungsumwandlung** in der Weise, dass alle bisherigen Kommanditisten Komplementäre werden, ist, da die Rechtspersönlichkeit des Unternehmens unverändert bleibt, im registerlichen Sinn nicht als Anmeldung der Ersteintragung zu werten. Damit gilt für diese Vorgänge nicht Abs. 3 Nr. 2, sondern Abs. 4 Nr. 4, wie auch in umgekehrter Richtung (Umwandlung einer OHG in eine KG) Abs. 4 Nr. 3 gilt (Rn. 34).

52 c) **Juristische Personen (Abs. 3 Nr. 3).** Wird eine juristische Person nach § 33 HGB erstmals zur Eintragung in das Handelsregister angemeldet, beträgt der Geschäftswert gemäß Abs. 3 Nr. 3 für die Anmeldung fest 50 000 Euro. Abs. 3 Nr. 3 betrifft rechtsfähige Vereine (§§ 21 ff. BGB), die ein Vollhandelsgewerbe betreiben, sowie wirtschaftliche Vereine (§ 22 HGB), wie auch Idealvereine mit kaufmännischem Betrieb, Stiftungen (§§ 80 ff. BGB), öffentlich-rechtliche Körperschaften und Anstalten (§ 89 BGB). Erstanmeldung ist hierbei nicht nur die Anmeldung der Eintragung nach § 33 HGB, sondern auch der Übergang des gewerblichen Betriebes auf eine juristische Person gemäß § 33 HGB von einer anderen Rechtspersönlichkeit (natürliche Person, Personengesellschaften, sonstige juristische Personen), auch auf Grund Pacht (§ 22 Abs. 2 HGB).

53 d) **Sonstige Erstanmeldungen.** Abs. 3 enthält eine abschließende Aufstellung von ersten Anmeldungen. Nicht aufgeführt in Abs. 3 ist die **EWIV,** die nach der gesetzlichen Systematik Personengesellschaft ist. Die EWIV könnte entweder in einer erweiterten Anwen-

---

[34] KGJ 48, 284; KG JVBl. 1937, 323; LG Osnabrück KostRsp. Nr. 23.
[35] RGZ 132, 142.
[36] KGJ 18, 116.

dung des Abs. 3 Nr. 2 dieser Vorschrift oder aber der Auffangbestimmung des § 29 zugeordnet werden. Schon nach seiner Überschrift, aber auch nach der Systematik der Kostenvorschriften in Handels- und Registersachen gilt § 41a für Anmeldungen zum Handelsregister, § 29 gilt für sonstige Anmeldungen zu einem Register und – seit 1. 12. 2004 einschränkend – für Eintragungen in das Vereinsregister, bezieht sich also nicht auf das Handelsregister. Aus diesem Grund ist die Zuordnung der EWIV zu § 29 abzulehnen. Vielmehr ist aus § 1 EWIV-AusfG (BGBl. 1988 I S. 514) und der dort angeordneten analogen Anwendung der Vorschriften über die OHG zu folgern, dass bei der ersten Anmeldung einer EWIV einer solchen Gesellschaft in das Handelsregister § 41a Abs. 3 Nr. 2 gilt.

Zur Errichtung von **Zweigniederlassungen** vgl. Rn. 17, 78 ff. 54

3. Spätere Anmeldungen (Abs. 4)

a) **Kapitalgesellschaften (Abs. 4 Nr. 1).** Betrifft eine spätere Anmeldung eine Kapi- 55
talgesellschaft, ist der Geschäftswert in Höhe von 1% des eingetragenen Grund- oder Stammkapitals zu bestimmen, er beträgt aber mindestens 25 000 Euro und höchstens 500 000 Euro. Zur Berechnung des Geschäftswertes für Anmeldungen nach Abs. 4 Nr. 1 ist das **eingetragene** Grund- bzw. Stammkapital maßgebend und nicht das einzutragende – etwa für Anmeldungen, die nach Abs. 4 Nr. 1 zu bewerten sind, im Zusammenhang mit Kapitalerhöhungen, auch nicht etwa dasjenige, das nach Eintragung der Durchführung einer bedingten Kapitalerhöhung (Rn. 29) besteht, sondern das bisherige.

Einzelfälle: Änderungen der Satzung, nachträgliche Änderung bei Vertretungsorganen, 56
der Vertretungsbefugnis derselben; die isolierte Anmeldung der abstrakten Vertretungsbefugnis;[37] Bestehen, Änderung oder Beendigung eines Unternehmensvertrages gemäß §§ 295 ff. AktG; Auflösung der Gesellschaft mit Eintritt in die Liquidation; Fortsetzung der aufgelösten Gesellschaft; Feststellung der Nichtigkeit von Versammlungsbeschlüssen der Kapitalgesellschaft; Bestellung und Abberufung von Abwicklern; Ausscheiden eines persönlich haftenden Gesellschafters einer KGaA; Sitzverlegungen.

Tritt bei Umwandlung einer Kapitalgesellschaft in eine Personenhandelsgesellschaft dieser 57
ein weiterer Gesellschafter bei, so handelt es sich um eine spätere Anmeldung bei der durch Umwandlung entstandenen Personenhandelsgesellschaft. Tritt anlässlich der Umwandlung einer AG oder GmbH auf den Allein- oder Hauptgesellschafter diesem unter Errichtung einer OHG oder KG ein weiterer Gesellschafter bei, so gilt insoweit Abs. 3 Nr. 2 (OHG) bzw. Abs. 1 Nr. 5 (KG). Zur Anmeldung der Umstellung des Grund- oder Stammkapitals auf Euro s. Rn. 119 ff.

Zur Frage, ob bei **mehreren Anmeldungen** Gegenstandsgleichheit oder -verschieden- 58
heit vorliegt, richtet sich nach § 44. Bei der Anmeldung der Änderung der Satzung liegt **eine** Anmeldung vor, auch wenn die Satzung in mehreren Punkten geändert oder völlig neu gefasst wird. Werden mehrere Geschäftsführer abberufen oder neu bestellt, liegt Gegenstandsverschiedenheit (Zahl entsprechend Veränderung nach Köpfen) vor. Dies ergibt sich aus §§ 8 Abs. 1 Nr. 2, 39 GmbHG, wonach die Geschäftsführer (nicht die Geschäftsführung) zum Handelsregister anzumelden sind.[38] Die Werte der einzelnen Anmeldungen sind gemäß § 44 Abs. 2a zu addieren.

b) **Versicherungsvereine auf Gegenseitigkeit (Abs. 4 Nr. 2).** Für eine spätere An- 59
meldung betreffend einen Versicherungsverein auf Gegenseitigkeit beträgt der Geschäftswert 50 000 Euro. Auch hier sieht die KostO einen festen Wert vor, ohne Rücksicht auf die wirtschaftliche Bedeutung.

c) **Personenhandelsgesellschaften (Abs. 4 Nr. 3).** § 41a Abs. 4 Nr. 3 behandelt die 60
Festsetzung des Geschäftswertes für spätere Anmeldungen, die eine Personenhandelsgesellschaft betreffen, sofern kein bestimmter Geldwert einzutragen ist.

---

[37] BayObLG MittBayNot 1974, 86.
[38] KG MittBayNot 2000, 338 = ZNotP 2000, 286 m. zust. Anm. *Tiedtke;* OLG Zweibrücken Jur-Büro 2001, 38; für die Anmeldung mehrerer Prokuristen OLG Celle ZNotP 2002, 123; BGH DNotZ 2003, 297 = MittBayNot 2003, 235 = ZNotP 2003, 119 = NotBZ 2003, 62.

§ 41a *1. Teil. 2. Abschnitt: 1. Beurkundungen und ähnliche Geschäfte*

61 Der **Geschäftswert** einer späteren Anmeldung beträgt 25 000 Euro, es sei denn, die vorrangige Vorschrift des § 41a Abs. 1 Nr. 6 oder 7 führt zu einem anderen Geschäftswert. Dieser Wert erhöht sich bei Eintritt oder Ausscheiden von mehr als zwei persönlich haftenden Gesellschaftern um 12 500 Euro für jeden weiteren eintretenden oder ausscheidenden Gesellschafter.

62 Abs. 4 Nr. 3 gilt für alle **Personenhandelsgesellschaften,** die in das Handelsregister einzutragen sind, also die OHG, KG (soweit nicht § 41a Abs. 1 Nr. 5 oder 6 vorrangig anzuwenden ist) und die EWIV.

63 **Einzelfälle:** Ein- oder Austritt von Gesellschaftern (aber nicht von Kommanditisten, hier Sonderregelung in Abs. 1 Nr. 6); Auflösung und Löschung der Gesellschaft, auch einer KG; Fortsetzung der aufgelösten Gesellschaft; Eintritt eines weiteren persönlich haftenden Gesellschafters in eine KG; Sitzverlegung; Bestellung und Abberufung von Abwicklern; gesonderte Anmeldung der Eintragung nach § 28 Abs. 2 HGB; Firmenänderung, auch wegen Änderung des Namens eines Gesellschafters, dessen Name in der Firma enthalten war; auch Anmeldung des Firmenzusatzes „GmbH & Co." (o. Ä.), die auf Grund von § 19 Abs. 5 HGB geboten ist, wobei § 41a Abs. 6 nicht einschlägig ist;[39] vgl. jedoch zu dem Fall, dass Anmeldung zusammen mit anderen Anmeldungen erfolgt § 44 Rn. 68 ff., 172 ff.; Änderung der Vertretungsbefugnis der Gesellschafter, Entzug oder Beschränkung der Vertretungsbefugnis derselben. Wird die Gesellschaft aufgelöst und führt einer der Gesellschafter das Unternehmen fort, so ist die Anmeldung der Eintragung der Auflösung bei der OHG oder KG spätere Anmeldung, die Anmeldung der Eintragung der Firma des Einzelkaufmanns Erstanmeldung. Die Anmeldung der Löschung einer Kommanditgesellschaft ist eine Anmeldung ohne bestimmten Geldwert, obwohl auch die Einlage der Kommanditisten mitgelöscht wird.

64 Nach § 2 Abs. 3 EWIV-AG sind bei der EWIV zur Eintragung in das Handelsregister ferner anzumelden die Änderungen der in § 2 Abs. 2 EWIV-AG genannten Angaben, die Nichtigkeit der Vereinigung, die Errichtung und die Aufhebung jeder Zweigniederlassung der Vereinigung, die Auflösung der Vereinigung, die Abwickler sowie Änderungen bei den Abwicklern, der Schluss der Abwicklung, die Klausel, die ein neues Mitglied gemäß Art. 26 Abs. 2 der EG-VO Nr. 2137/85 (ABl. EG Nr. L 199 S. 1) von der Haftung für Verbindlichkeiten befreit, die vor seinem Beitritt entstanden sind. Insoweit handelt es sich um spätere Anmeldungen.

65 Liegen **mehrere spätere Anmeldungen** vor, die gegenstandsverschieden sind, sind die Werte der einzelnen Anmeldungen zu addieren (§ 44 Abs. 2a), die Höchstwertbestimmung des § 39 Abs. 4, die auch für gegenstandsverschiedene Anmeldungen gilt, ist hier zu beachten.

66 In Abs. 4 Nr. 3 ist für Personenhandelsgesellschaften ein Wert von 25 000 Euro bestimmt, bei Eintritt oder Ausscheiden von **mehr als zwei persönlich haftenden Gesellschaftern** 12 500 Euro für jeden Gesellschafter. Sie behandelt die Anmeldung des Eintretens und Ausscheidens persönlich haftender Gesellschafter wie **eine** Anmeldung.[40] Die Vorschrift des Abs. 4 Nr. 3 ist zugleich Spezialregelung zu § 44 Abs. 2 für die Handelsregisteranmeldung solcher Fälle: Da § 44 von den Regelungen des § 41a iÜ unberührt bleiben und auch die Frage, ob bei mehreren Anmeldungen Gegenstandsgleichheit oder Gegenstandsverschiedenheit vorliegt, nicht ausdrücklich geregelt wurde, müsste man, sofern man der Regelung des § 41a Abs. 4 Nr. 3 nicht den Charakter einer Spezialregelung zu § 44 Abs. 2 zubilligte, bei der Anmeldung des Ausscheidens oder Eintretens von zwei persönlich haftenden Gesellschaftern gemäß § 41a Abs. 4 Nr. 3 iVm. § 44 Abs. 2a zum Wert von zweimal 25 000 Euro, also 50 000 Euro kommen; damit wäre die Anmeldung desselben Vorgangs mit drei Gesellschaftern im Wert niedriger anzusetzen, nämlich nur mit 37 500 Euro. Der Gesetzgeber kann die Regelung aber nur so verstanden haben, dass bis zu zwei betroffene persönlich haftende Gesellschafter noch vom neuen Festwert (25 000 Euro) umfasst sein sollen.[41]

---

[39] Vgl. Notarkasse MittBayNot 1976, 12; MittBayNot 1982, 53.
[40] *Otto* JurBüro 1997, 63.
[41] *Otto* JurBüro 1997, 63; *Filzek* Notarkosten-Fibel S. 216 ff.

d) **Einzelkaufmann, Juristische Person (Abs. 4 Nr. 4).** Bei einer späteren Anmeldung beträgt der Geschäftswert 25 000 Euro gemäß § 41a Abs. 4 Nr. 4, wenn sie
– einen Einzelkaufmann,
– eine juristische Person iS des § 33 HGB
betrifft.

Einzelfälle: Löschung der Firma auf Antrag oder von Amts wegen, jedoch nicht, wenn beim Übergang des Unternehmens auf einen anderen unter Firmenfortführung der Name des bisherigen Geschäftsinhabers rot unterstrichen wird; Verlegung des Sitzes an einen anderen Ort desselben oder eines anderen Registergerichts, nicht aber (weil Ersteintragung) aus dem Ausland ins Bundesgebiet (s. Rn. 74ff.); auch die Anmeldung von Prokuren sind, selbst wenn sie mit einer Ersteintragung zusammen angemeldet sind, spätere Anmeldungen iS von Abs. 4.

Liegen **mehrere gegenstandsverschiedene spätere Anmeldungen vor**, die keinen Geldbetrag betreffen, so ist für jede der Anmeldungen gemäß § 41a Abs. 4 Nr. 4 der Betrag von 25 000 Euro als Geschäftswert maßgebend. Die Gesamtsumme der einzelnen Werte (§ 44 Abs. 2a) ist Geschäftswert für die Anmeldung, allerdings begrenzt durch den Höchstwert nach § 39 Abs. 4.

Mehrere gegenstandsverschiedene Anmeldungen liegen etwa vor, wenn zur Eintragung in das Handelsregister angemeldet wird, dass die Prokura, die ein Einzelkaufmann erteilt hat, erloschen ist und dass eine neue Prokura erteilt wird.

4. Zweigniederlassungen (Abs. 5)

a) **Regelungsinhalt.** § 41a Abs. 5 sieht nur noch für Anmeldungen, die Zweigniederlassungen betreffen, eine Halbierung des für die Hauptniederlassung geltenden Wertes vor. Konkretisiert wird dies durch die Bezugnahme auf die Wertbestimmung nach den Abs. 1, 3 oder 4. Zunächst ist also der Wert für die betreffende Anmeldung so zu ermitteln, als wäre die Hauptniederlassung betroffen, danach ist der Wert zu halbieren. Der für Hauptniederlassung bestimmte Wert soll auf die betroffenen Zweigniederlassungen nach deren Anzahl aufgeteilt werden. Der Ausgangswert für Anmeldungen, die Zweigniederlassungen betreffen, ist danach so zu ermitteln wie für Anmeldungen, welche das gesamte Unternehmen betreffen. Danach ist der Wert, entsprechend zu ermäßigen. Die Ermäßigung erfolgt aus Gründen der Vereinfachung rein schematisch und ist unabhängig von der Bedeutung der Zweigniederlassung; bei mehreren Zweigniederlassungen ist jeweils der gleiche ermäßigte Wert zugrunde zu legen.[42] § 41a Abs. 5 stellt dabei seit der Umstrukturierung zum 1. 1. 1997 auf die Zahl der Zweigniederlassung überhaupt ab, nicht mehr nur auf die Zahl der konkret betroffenen Zweigniederlassungen.[43] Wird also zB eine neue Zweigniederlassung angemeldet, so ist der Geschäftswert durch die Anzahl der vorhandenen Zweigniederlassungen zu teilen.

Noch in § 26 Abs. 6 idF bis zum 30. 11. 2004 war darüber hinaus geregelt, dass bei der jeweils ersten Eintragung bei der Teilung die neu errichteten Zweigniederlassungen bereits zu berücksichtigen waren; für die Anmeldung waren dagegen nach dem eindeutigen Wortlaut nur die bereits eingetragenen Zweigniederlassungen zu berücksichtigen, so dass für die Anmeldung und die Eintragung unterschiedliche Geschäftswerte anwendbar sein konnten. Die Regelung in dem inzwischen aufgehobenen § 26 Abs. 6 S. 2 wirkte sich somit nicht nur bei Gerichtskosten für Eintragungen, sondern auch bei den Notarkosten für Anmeldungen aus: Bei der Anmeldung für alle Zweigniederlassungen führte die Wertaddition nach § 44 Abs. 2a wiederum zu dem nach § 26 Abs. 6 S. 1 aF bereits zugrundezulegenden (halben) Wert,[44] bei der Anmeldung für mehrere Zweigniederlassungen nur zu einem entsprechenden Teilwert hieraus. Bei Prokuraerteilung waren die Sätze 2 und 3 von § 26 Abs. 6 aF nicht anzuwenden, d. h. weder war der Wert durch die Zahl der Zweigniederlassungen zu teilen, noch galt der Höchstwert.

---

[42] *Otto* JurBüro 1997, 63.
[43] Anders noch § 26 Abs. 6 S. 2 aF und dazu *Tiedtke* MittBayNot 1997, 99.
[44] *Filzek* Notarkosten-Fibel S. 218.

§ 41a 1. Teil. 2. Abschnitt: 1. Beurkundungen und ähnliche Geschäfte

72a   Mit Aufhebung des § 26 ist die kostenrechtliche Behandlung der Anmeldungen zu Zweigniederlassungen mit Wirkung zum 1. 12. 2004 nunmehr in § 41a Abs. 5 geregelt. Die Bestimmungen über die Nichtanwendbarkeit der früher in § 26 Abs. 6 enthaltenen Sätze 2 und 3 betreffend Prokuren wurde aufgehoben, da sie nur die Eintragung betrafen. Klargestellt ist nunmehr auch, dass bei Teilung des Wertes für die Anmeldung betreffend eine Zweigniederlassung, nicht nur die bereits eingetragenen Zweigniederlassungen zu berücksichtigen, sondern bei der Anmeldung der ersten Eintragung von Zweigniederlassungen diese mitzurechnen sind. Der Mindestwert einer Anmeldung, betreffend eine Zweigniederlassung beträgt auch weiterhin 12500 Euro.

73   b) **Anwendungsbereich.** § 41a Abs. 5 gilt für jede Art von Zweigniederlassungen eines **inländischen Unternehmens.**

74   Die Vorschrift gilt nicht für die **inländische Zweigniederlassung eines ausländischen Unternehmens,** und zwar auch dann nicht, wenn ein ausländisches Unternehmen mehrere Zweigniederlassungen in der Bundesrepublik Deutschland unterhält. Insoweit ist auf die registerrechtliche Qualifizierung nach §§ 13d bis 13g HGB abzustellen. Hiernach ist die Anmeldung der Zweigniederlassung eines ausländischen Unternehmens wie eine inländische Hauptniederlassung zu behandeln.[45] Für ihre Anmeldungen und Zeichnungen gelten demnach die Vorschriften für inländische Hauptniederlassungen, soweit nicht das ausländische Recht zu Abweichungen nötigt.[46] Insoweit hat sich durch die Neufassung des § 41a nichts geändert.[47] Dies bedeutet, dass bei Zweigniederlassungen ausländischer Unternehmen die Privilegierung des § 41a Abs. 5 nicht greift, der Geschäftswert beträgt also nicht die Hälfte des Geschäftswertes, wie er „nach den Absätzen 1, 3 oder 4" (Abs. 5 S. 1) zu ermitteln ist, der Geschäftswert ist also unermäßigt zugrunde zu legen. Betrifft eine Anmeldung mehrere Zweigniederlassungen eines ausländischen Unternehmens, so ist die quotale Teilung nach Abs. 5 S. 2 nicht durchzuführen. Maßgebend ist für die Zweigniederlassung einer ausländischen Kapitalgesellschaft der Nominalbetrag des in das inländische Handelsregister einzutragenden Kapitals.[48] Handelt es sich nicht um eine Kapitalgesellschaft, gilt Abs. 3. Hierunter fallen auch Anmeldungen von **Zweigniederlassungen von englischen Limiteds.** Geschäftswert ist nicht der nach § 41a Abs. 5 vorgesehene Mindestwert von 12500 Euro, sondern das im Register der Hauptgesellschaft eingetragene Stammkapital, von zumeist nur wenigen GBP (zB 10 GBP) nach Umrechnung auf Euro.

75   Die **Sitzverlegung** einer ausländischen Kapitalgesellschaft in die Bundesrepublik Deutschland hat kostenrechtlich einen Geldbetrag zum Gegenstand, da dieser Fall insoweit der Neueintragung einer Kapitalgesellschaft gleichgesetzt ist. Hingegen betrifft die Sitzverlegung im Inland nicht einen Geldbetrag.[49]

76   Die Vorschrift des § 41a Abs. 5 gilt auch nicht für **Unternehmen mit inländischem Doppelsitz.**[50] Hat ein Unternehmen, was bei Aktiengesellschaften ausnahmsweise bei besonderen Bedürfnissen möglich ist,[51] neben einer Hauptniederlassung eine **weitere Hauptniederlassung,** so stehen beide im Gegensatz zu Zweigniederlassungen in ihrer Bedeutung gleichwertig nebeneinander und müssen daher in jeder Beziehung gleich und kostenrechtlich gesondert behandelt werden. Jede Anmeldung ist an die Registergerichte beider Hauptsitze zu richten, jede ist gesondert als Erst- oder spätere Anmeldung zu bewerten. Wegen der Selbständigkeit einer jeden Anmeldung ist § 44 Abs. 1 nicht anwendbar, obwohl ein- und dasselbe Unternehmen betroffen ist.

---

[45] BayObLG MittBayNot 1999, 202 = NotBZ 1999, 83 = EWiR 1999, 219 = Rpfleger 1999, 197.
[46] Vgl. *Baumbach/Hopt* § 13d HGB Rn. 2.
[47] Zur Rechtslage bis zum 31. 12. 1996 vgl. OLG Frankfurt Rpfleger 1987, 508; BayObLGZ 1988, 16; 13. Aufl. § 26 Rn. 112.
[48] Vgl. zB *Wachter* NotBZ 2004, 41 für die inländische Zweigniederlassung einer englischen Private Limited Company.
[49] *Rohs/Wedewer* § 26 Rn. 10 Anm. II B 1.
[50] Vgl. 13. Aufl. § 26 Rn. 112, 125.
[51] Vgl. *Baumbach/Hueck* § 3 GmbHG Rn. 7.

Die Gebühren für die Eintragungen betreffend Zweigniederlassungen sind ausschließlich 77
in der HRegGebV geregelt.

c) Regelungsumfang. § 41a Abs. 5 gilt für alle Anmeldungen, die eine Zweignieder- 78
lassung betreffen. Nach der inneren Systematik des früheren § 26 galt Abs. 6 gemäß Abs. 2
zwar nur für „sonstige Anmeldungen", also solche, die nicht in § 26 Abs. 1 aF geregelt
waren. Abs. 1 enthielt jedoch keinerlei Regelungen für Zweigniederlassungen; lediglich
solche von ausländischen Unternehmen, die registerrechtlich wie Neueintragungen zu
behandeln sind, sind unter Abs. 1 zu subsumieren, soweit GmbH, AG, KGaG und KG
betroffen sind (Abs. 1 Nr. 1, 2 und 5) (vgl. Rn. 74). Hingegen bezog sich § 26 Abs. 6 S. 2
Halbs. 2 aF ausdrücklich auch auf die erste Eintragung. Auch die erste Anmeldung (obwohl in § 26 Abs. 6 S. 2 Halbs. 2 nicht ausdrücklich erwähnt) einer Zweigniederlassung
war also in Abs. 6 einzuordnen. Diese Vorschrift betraf also nicht nur die Folgeanmeldungen und bezüglich einer Zweigniederlassung, die bereits bestand, sondern auch die Errichtungsmaßnahme selbst. § 41a Abs. 5 beseitigt durch die Bezugnahme auf die Geschäftswerte in „Absätzen 1, 3 oder 4" diese Unsicherheiten und bestimmt den Regelungsumfang
nunmehr eindeutig.

Der **Bezugswert,** der nach § 41a zu halbieren (Abs. 5 S. 1) oder durch Teilung zu er- 79
mitteln (Abs. 5 S. 2) ist, ist je nach Art der Anmeldung und der Gesellschaft unterschiedlich, je nachdem, ob es sich um die erste Anmeldung einer Zweigniederlassung handelt
oder um eine spätere Maßnahme, je nachdem auch, welche Rechtsform das Hauptunternehmen hat. Wird eine Zweigniederlassung erstmals angemeldet, ist der Geschäftswert
nach Abs. 5 die Hälfte des Werts, der für die Erstanmeldung nach Abs. 1 Nr. 1 (Kapitalgesellschaft), Abs. 1 Nr. 2 (KGaA), Abs. 1 Nr. 5 (KG), nach Abs. 3 Nr. 1 (Einzelkaufmann),
Abs. 3 Nr. 2 (OHG, EWIV) oder nach Abs. 3 Nr. 3 (juristische Person nach § 33 HGB)
einzusetzen ist. Der nach Abs. 5 einzusetzende halbe Wert ist somit für die Erstanmeldung
nicht auf der Grundlage von Abs. 4 (spätere Anmeldung) zu ermitteln. Handelt es sich
jedoch um eine die Zweigniederlassung betreffende spätere Anmeldung, ergibt sich die für
Abs. 5 maßgebliche Bezugsgebühr aus Abs. 4.

Gemäß § 39 Abs. 4 beträgt der **Höchstwert** für Anmeldungen 500 000 Euro. Dieser 79a
Höchstwert ist auch dann maßgebend, wenn mehrere Anmeldungen in einer Verhandlung
enthalten sind. Betrifft die Anmeldung eine Zweigniederlassung, beträgt der Höchstwert
durch Halbierung des Wertes gemäß Abs. 5 höchstens 250 000 Euro.[52] Dies folgt daraus, dass
nach Abs. 5 der Geschäftswert bei Handelsregisteranmeldungen die Hälfte „des nach den
Abs. 1, 3 und 4" bestimmten Wertes ist. Dies war nach der bis zum 30. 11. 2004 geregelten
Höchstwertbestimmung in § 26 Abs. 6 aF umstritten,[53] wonach der gemäß § 39 Abs. 4 geltende **Höchstwert** von 500 000 Euro nicht auf 250 000 Euro zu reduzieren sein sollte,
die Höchstwertvorschrift des § 39 Abs. 4 also erst eingreifen sollte, wenn der Wert der Anmeldung, wie er nach Abs. 5 ermittelt wird, den Betrag von 500 000 Euro überschreitet.[54]

Sind in einer Anmeldung **mehrere** Anmeldungen betreffend Zweigniederlassungen 79b
enthalten, so ist der Wert jeder einzelnen Anmeldung auf 250 000 Euro begrenzt, insgesamt
greift jedoch der Höchstwert nach § 39 Abs. 4 von 500 000 Euro.

Wird die Errichtung der **Zweigniederlassung zugleich mit der Erstanmeldung** des 80
Unternehmens angemeldet, wurde nach früherer Betrachtungsweise (vgl. 13. Aufl. § 26
Rn. 115) die Anmeldung der Zweigniederlassung gebührenrechtlich nicht gesondert erfasst, unabhängig davon, dass bei der Eintragung gesonderte Gebühren für die Eintragung
der Hauptniederlassung und der Zweigniederlassung zu erheben waren. Die Anmeldung
der Zweigniederlassung wurde erst dann kostenrechtlich relevant, wenn die Anmeldung zu
einem späteren Zeitpunkt, also nicht zugleich mit der Hauptniederlassung, erfolgte. Diese
Differenzierung war bereits nach der Neuordnung des § 26 zum 1. 1. 1997 nicht mehr

---

[52] OLG Düsseldorf BB 1998, 2495 = FGPrax 1998, 238 = Rpfleger 1998, 489 = NJW-RR 1999, 402 = JurBüro 1999, 323; Rpfleger 1999, 100 = NJW-RR 1999, 403 = MittRhNotK 1999, 23.
[53] AA noch 15. Aufl. § 26 Rn. 80 wegen Höchstwertregelung in § 26 Abs. 6 aF.
[54] So auch *Rohs/Wedewer* § 26 Rn. 53.

maßgeblich. § 26 Abs. 6 aF gab den Anmeldungen, welche Zweigniederlassungen betreffen, bereits eine selbständige gebührenrechtliche Bedeutung. Unabhängig davon, ob die Errichtung der Zweigniederlassung zugleich mit der Erstanmeldung des Unternehmens oder später angemeldet wird, ist daher § 41 a Abs. 5 maßgeblich, mit der Folge, dass § 44 Abs. 2 a anwendbar wird; der Wert der Anmeldung, welche die Zweigniederlassung betrifft, ist demnach ggf. demjenigen der Anmeldung für die Hauptniederlassung gemäß § 44 Abs. 2 a hinzuzurechnen.

81 § 41 a Abs. 5 gilt insbesondere für die **Löschung der Zweigniederlassung** bei Fortbestehen des Unternehmens, die Löschung der Zweigniederlassung zusammen mit dem Unternehmen und die Löschung der Zweigniederlassung, wenn im Zuge einer Umwandlungsmaßnahme das Hauptunternehmen seine Rechtspersönlichkeit verliert.

82 Wird eine **Zweigniederlassung verlegt,** gilt ebenfalls Abs. 5. Die Verlegung ist nicht als Aufhebung und Neuerrichtung anzusehen, sondern als einheitliche Organisationsmaßnahme, so dass die nach Abs. 5 zu ermittelnde Gebühr bei der Registeranmeldung nur einmal zu erheben ist.

83 Werden **spätere** Eintragungen **angemeldet,** die sich auf die **Hauptniederlassung** und die **Zweigniederlassung** auswirken, ist grundsätzlich ebenfalls § 41 a Abs. 5 anzuwenden. Es ist somit der Wert der Anmeldung für das Hauptunternehmen zu ermitteln, ihm ist der Wert nach Abs. 5 für die Zweigniederlassung bzw. die Zweigniederlassungen gemäß § 44 Abs. 2 a hinzuzurechnen. Betrifft die spätere Anmeldung eine Kapitalerhöhungsmaßnahme bei einer Kapitalgesellschaft, ist Abs. 5 ebenfalls anzuwenden.

84 Die **Umwandlung der Zweigniederlassung in die Hauptniederlassung** ist als Sitzverlegung der Hauptniederlassung an den Ort der Zweigniederlassung anzusehen. Sodann ist die Zweigniederlassung am bisherigen Ort der Hauptniederlassung anzumelden. Die Sitzverlegung unterfällt § 41 a Abs. 4, die Anmeldung der Zweigniederlassung am bisherigen Sitz der Hauptniederlassung ist nach Abs. 5 zu behandeln.

85 Dass auch die Errichtung einer **Zweigniederlassung im Bezirk des Registergerichtes,** selbst am Ort der Hauptniederlassung, gebührenpflichtig ist, war schon immer allgM.[55] Die Eintragungsgebühren richten sich ab 1. 12. 2004 nach den Bestimmungen der HRegGebV.

5. Anmeldungen ohne wirtschaftliche Bedeutung (Abs. 6)

86 a) **Regelungsinhalt.** § 41 a Abs. 6 regelt den Geschäftswert für Anmeldungen, die für das Unternehmen keine wirtschaftlichen Wert haben, sondern nur fast ausschließlich redaktioneller Art sind. Der Geschäftswert beträgt immer 3000 Euro, ohne Rücksicht auf den Umfang der angemeldeten Änderung.

87 b) **Anwendungsfälle.** Änderung des Namens des Unternehmensinhabers wegen Verheiratung; Änderung des Namens eines Gesellschafters; Änderungen, die nur zur Unterscheidung der Person des Inhabers des Handelsgeschäftes dienen; Änderungen des Wohnsitzes des Firmeninhabers oder einer Vertretungsperson;[56] Änderung der Berufsbezeichnung eines Gesellschafters;[57] Anpassung der Firma an den Sprachgebrauch; Satzungsänderungen technischer oder redaktioneller Art oder ohne wirtschaftlichen Wert (zB wenn sie selbstverständliche Folgerungen einer früheren Satzungsänderung sind);[58] die isolierte Anmeldung der abstrakten Vertretungsbefugnis.[59] Zur Anmeldung der Umstellung des Grund- oder Stammkapitals auf Euro s. Rn. 119.

88 c) **Nichtanwendungsfälle.** Von wirtschaftlicher Bedeutung sind zB Organveränderungen,[60] auch die Anmeldung, dass der bisherige „stellvertretende Geschäftsführer"[61] nun

---

[55] OLG Neustadt JurBüro 1964, 511.
[56] KGJ 30 B 32.
[57] OLG Hamm Rpfleger 1960, 309.
[58] So *Lappe/Stöber* S. 124; LG Stuttgart KostRsp. Nr. 19.
[59] Notarkasse MittBayNot 1976, 12; *Rohs/Wedewer* Rn. 30.
[60] OLG Stuttgart BB 1953, 157.
[61] Vgl. hierzu BayObLG MittBayNot 1997, 189 und OLG Düsseldorf NJW 1989, 1259.

ordentlicher Geschäftsführer ist;[62] Prokurenänderungen, auch das Erlöschen der Prokura, selbst wenn sie infolge Ablebens des Prokuristen erfolgt,[63] dass das Erlöschen der Prokura kein Fall ohne wirtschaftliche Bedeutung ist, ergab sich schon aus § 26 Abs. 5 Nr. 2 aF; Zuwahlen zum Aufsichtsrat, auch wenn Ersatzmänner; Verlegung des Geschäftsjahres; Umtausch von Kleinaktien;[64] Verlegung der Verwaltung eines Unternehmens;[65] Änderung des Unternehmensgegenstandes, auch wenn nur Geschäftsarten gestrichen werden, die nie ausgeübt wurden oder längst weggefallen sind;[66] Neuregelung der Dividende;[67] Anmeldung des Firmenzusatzes „GmbH & Co." (o. Ä.), die auf Grund von § 19 HGB geboten ist.[68]

d) Zusammentreffen mit Angelegenheiten von wirtschaftlicher Bedeutung. Für die Anmeldung erlaubt § 44 keine generelle Antwort, es kommt auf den konkreten Gegenstand, mithin auf den Einzelfall an. Betreffen die Anmeldung, die wirtschaftliche Bedeutung hat, denselben Gegenstand wie diejenige ohne wirtschaftliche Bedeutung, so gilt § 44 Abs. 1, betreffen beide Anmeldungen unterschiedliche Gegenstände, gilt § 44 Abs. 2a. 89

IV. Anmeldungen bei Umwandlungen

1. Einordnung von Umwandlungsvorgängen in § 41a

Vorgänge nach dem UmwG sind in der KostO ausdrücklich erwähnt in § 41c Abs. 2 und in § 39 Abs. 4. § 41c Abs. 2 betrifft Beschlüsse, § 39 Abs. 4 Pläne und Verträge nach dem Umwandlungsgesetz sowie – wegen des dort angeordneten Höchstwerts von 500000 Euro – die diesbezüglichen Handelsregisteranmeldungen. Eine **sondergesetzliche Regelung** für Handelsregisteranmeldungen aus Anlass von Umwandlungsvorgängen fehlt iÜ. Sie sind daher in das System des § 41a oder § 41b einzuordnen. Bei den einzelnen Umwandlungen – Verschmelzung, Spaltung, Vermögensübertragung und Formwechsel – ist also jeweils konkret zu prüfen, was zum Handelsregister zur Eintragung angemeldet wird. 90

Zur **materiell-rechtlichen Behandlung** von Unternehmensträgerumwandlungen s. § 39 Rn. 66 ff.; § 41c Rn. 57 ff. 91

Der **Gebührensatz** für Registeranmeldungen ergibt sich aus § 38 Abs. 2 Nr. 7. Für Eintragungen ergeben sich die Gebühren ausschließlich aus der HRegGebV (aufwandsbezogene Eintragungsgebühren). 92

2. Verschmelzung

a) Grundsatz. Die Verschmelzung ist sowohl beim übertragenden als auch beim aufnehmenden Rechtsträger anzumelden (§ 16 Abs. 1 S. 1 UmwG). Es liegt zwar eine einheitliche Handelsregisteranmeldung vor, sie bezieht sich aber – dies gilt auch für alle anderen Arten der Umwandlung – sowohl auf den „alten" wie den „neuen" Rechtsträger, also bei Verschmelzungen sowohl auf den übertragenden wie den aufnehmenden Rechtsträger. Jeder Teil der einheitlichen Handelsregisteranmeldung ist gesondert zu behandeln und in das System des § 41a oder § 41b einzuordnen, die Werte, die sich jeweils ergeben, sind gemäß § 44 Abs. 2a zusammenzurechnen und stellen den Geschäftswert der (einheitlichen) Handelsregisteranmeldung dar.[69] Die Anmeldung der Verschmelzung von Vereinen oder Genossenschaften ist dagegen nach § 29 zu behandeln. 93

b) Übertragender Rechtsträger. Beim übertragenden Rechtsträger liegt eine Anmeldung ohne bestimmten Geldbetrag vor, § 41a Abs. 1 ist nicht einschlägig, der Geschäfts- 94

---

[62] AG Göppingen Rpfleger 1985, 213.
[63] OLG Hamm Rpfleger 1963, 128.
[64] KG JFGErg. 22, 10.
[65] LG Hildesheim DNotZ 1959, 622.
[66] *Eppig* DNotZ 1957, 376, 383; *Lappe/Stöber* S. 125.
[67] BayObLG Rpfleger 1975, 333.
[68] Notarkasse MittBayNot 1976, 12; MittBayNot 1982, 53.
[69] Beispiele bei *Tiedtke* MittBayNot 1997, 212.

§ 41a   *1. Teil. 2. Abschnitt: 1. Beurkundungen und ähnliche Geschäfte*

wert richtet sich daher nach § 41a Abs. 4 Nr. 1 bis 4, je nach dem, um welchen Rechtsträger es sich handelt.

95   c) **Aufnehmender Rechtsträger.** Bei der **Verschmelzung durch Aufnahme** liegt beim (bestehenden) aufnehmenden Rechtsträger grundsätzlich eine Anmeldung ohne bestimmten Geldbetrag vor, der Geschäftswert ist also ebenfalls nach § 41a Abs. 4 Nr. 1 bis 4 zu ermitteln. Wird bei einer (bestehenden) aufnehmenden Kapitalgesellschaft gleichzeitig eine **Kapitalerhöhung** angemeldet, liegt eine gegenstandsverschiedene Anmeldung vor. Der Nennbetrag der Erhöhung (Unterschiedsbetrag) ist dem nach § 41a Abs. 4 Nr. 1 ermittelten Wert zuzurechnen.

96   Bei der **Verschmelzung durch Neugründung** (also auf einen neugegründeten Rechtsträger) richtet sich der Geschäftswert für die Anmeldung des neuen Rechtsträgers nach den dafür geltenden Vorschriften, also nach Abs. 1 oder Abs. 3, je nachdem, welche Rechtsform der neugegründete aufnehmende Rechtsträger hat.

97   Ist dieser zB eine **GmbH** oder **AG**, ist gemäß § 41a Abs. 1 Nr. 1 das einzutragende Stammkapital oder das einzutragende Grundkapital, ggf. unter Hinzurechnung eines genehmigten Kapitals der Geschäftswert für die Anmeldung der Eintragung. Ist der neugegründete Rechtsträger zB eine **OHG**, gilt § 41a Abs. 3 Nr. 2, der Geschäftswert ist also bei zwei Gesellschaftern 37500 Euro, bei mehr als zwei Gesellschaftern zuzüglich 12500 Euro für jeden weiteren Gesellschafter. Ist der neugegründete aufnehmende Rechtsträger eine **KG**, ist Geschäftswert nach § 41a Abs. 1 Nr. 5 die Summe der Kommanditeinlagen zuzüglich 25000 Euro für den ersten und 12500 Euro für jeden weiteren persönlich haftenden Gesellschafter.

98   Bei einem eingetragenen Verein, einer eingetragenen Genossenschaft erfolgt die Geschäftswertbestimmung nach § 29 iVm. § 30 Abs. 2. Handelt es sich um kleinere Vereine (Idealvereine) kann vom Regelwert nach unten abgewichen werden, wobei die geringste Wertstufe bis 1000 Euro beträgt, bei wirtschaftlich orientierten Vereinen (zB Postsparverein) und solchen, die sich mittlerweile zu wirtschaftlichen Vereinen entwickelt haben (zB Vereinen im Profifußball), ist ein Abweichen nach oben unter Umständen bis zum Höchstwert von 500000 Euro angebracht. Gleiches gilt für Genossenschaften wie zB Raiffeisen- oder Volksbanken (s. § 29 Rn. 4 ff.).[70]

3. Spaltung

99   a) **Grundsatz.** Die Spaltung ist unabhängig davon, in welcher der drei möglichen Formen (Aufspaltung, Abspaltung, Ausgliederung) sie vollzogen wird, bei allen beteiligten Rechtsträgern zur Eintragung anzumelden (§§ 125, 16 Abs. 1, S. 2 UmwG), unabhängig davon, dass § 129 UmwG für die Frage, wer zur Anmeldung berechtigt ist, eine Sonderregelung vorsieht. Für diese Handelsregisteranmeldungen gelten die Grundsätze, die für die Verschmelzung Anwendung finden (s. Rn. 93 ff.). Die einzeln ermittelten Geschäftswerte für den alten Rechtsträger und den aufnehmenden Rechtsträger sind gemäß § 44 Abs. 2a zu addieren.

100   b) **Alter Rechtsträger.** Beim alten Rechtsträger liegt eine Anmeldung ohne bestimmten Geldbetrag vor, § 41a Abs. 1 ist nicht einschlägig, der Wert richtet sich nach § 41a Abs. 4 Nr. 1 bis 4, je nachdem, welche Rechtsform der alte Rechtsträger hat.

101   Bei der Abspaltung, bei welcher der **alte Rechtsträger bestehen bleibt** und einen bzw. mehrere Vermögensteile jeweils als Gesamtheit auf einen oder mehrere andere bereits bestehende (Abspaltung zur Aufnahme) oder neugegründete (Abspaltung zur Neugründung) Rechtsträger überträgt, ergibt sich die Besonderheit, dass bei Eintragung der Abspaltung im Handelsregister der alte Rechtsträger nicht zu löschen ist. Die erforderliche Anmeldung der Eintragung im Handelsregister des abspaltenden Rechtsträgers ist eine spätere Anmeldung, für die § 41a Abs. 4 maßgebend ist.

102   Wird bei einer Abspaltung beim bestehen bleibenden Rechtsträger gleichzeitig eine **Kapitalherabsetzung** angemeldet, liegen gegenstandsverschiedene Anmeldungen vor. Dem

---

[70] *Tiedtke* MittBayNot 1997, 212.

Wert für die Anmeldung der Spaltung ist der Nennbetrag der Kapitalherabsetzung gemäß § 44 Abs. 2a zuzurechnen.[71]

c) Neuer Rechtsträger. Bei der Aufspaltung zur Neugründung richtet sich der Geschäftswert für die Handelsregisteranmeldung nach § 41a Abs. 1 oder § 41a Abs. 3, je nachdem, welche Rechtsform der neugegründete Rechtsträger hat. Es sind also insoweit die Regeln anzuwenden, die § 41a auch iÜ für die erste Anmeldung je nach der Rechtsform des Unternehmens vorsieht (vgl. bezüglich der Verschmelzung auch Rn. 95ff.). 103

Bei der **Spaltung zur Ausgliederung** wird ein Mutter-Tochter-Konzernverhältnis dadurch begründet, dass Anteile an dem übernehmenden (Ausgliederung zur Aufnahme) oder an dem neugegründeten (Ausgliederung zur Neugründung) Rechtsträger vom übertragenden Rechtsträger übernommen werden. Kostenrechtlich ergeben sich keine Besonderheiten gegenüber der Abspaltung. Für den aufnehmenden Rechtsträger sind Handelsregisteranmeldungen unter § 41a Abs. 4 zu subsumieren, wenn die Ausgliederung zur Aufnahme erfolgt; lediglich wenn mit der Aufnahme eine Kapitalerhöhung verbunden ist, gilt ggf. § 41a Abs. 1 Nr. 3. Wenn eine Ausgliederung zur Neugründung erfolgt, richtet sich der Geschäftswert der Handelsregisteranmeldung bezüglich des neugegründeten Rechtsträgers je nach Rechtsform nach § 41a Abs. 1 oder Abs. 3. 104

4. Vermögensübertragung

a) Grundsatz. Da die Vollübertragung (§ 174 Abs. 1 UmwG) die gleiche rechtliche Konstruktion wie die Verschmelzung hat, gelten für diese die kostenrechtlichen Gesichtspunkte, die für die Verschmelzung ermittelt wurden (vgl. Rn. 93ff.) sinngemäß. Da die Teilübertragung (§ 174 Abs. 2 UmwG) der Spaltung entspricht, gelten in kostenrechtlicher Hinsicht die dafür maßgeblichen Gesichtspunkte (vgl. Rn. 99ff.). Vermögensübertragung einerseits und Verschmelzung und Spaltung andererseits unterscheiden sich lediglich dadurch, dass die Anteilsinhaber des bisherigen Rechtsträgers nicht an dem übernehmenden oder neugegründeten Rechtsträger beteiligt sind, sondern eine Gegenleistung anderer Art erhalten. Daraus ergeben sich keine kostenrechtlichen Unterschiede. 105

b) Übertragender Rechtsträger. Die Anmeldung für das übertragende Unternehmen richten sich dem gemäß grundsätzlich nach § 41a Abs. 4. Lediglich wenn mit der Übertragung eine Kapitalherabsetzung bei einer GmbH verbunden ist, ist neben § 41a Abs. 4 für diesen Teil der Anmeldung § 41a Abs. 1 Nr. 3 maßgebend. 106

c) Übernehmender Rechtsträger. Die Anmeldung des übernehmenden Unternehmens sind unter § 41a Abs. 1 Nr. 1 einzuordnen, wenn eine Vermögensübertragung zwischen Versicherungsunternehmen erfolgt und das neugegründete Unternehmen die Rechtsform der AG hat; hat es die Rechtsform der VVaG, gilt § 41a Abs. 1 Nr. 2. Wird auf eine schon bestehende Aktiengesellschaft oder einen schon bestehenden Versicherungsverein auf Gegenseitigkeit übertragen, gilt bei Erhöhung des Grundkapitals bzw. des Grundstockvermögens § 41a Abs. 4 Nr. 1 bzw. Nr. 2. 107

5. Formwechsel

a) Grundsatz. Gemäß § 198 Abs. 1 UmwG ist nur die neue Rechtsform des umgewandelten Rechtsträgers anzumelden. Die Anmeldung hat grundsätzlich bei dem Register des Ausgangsrechtsträgers zu erfolgen, soweit dieser in einem Register eingetragen ist. Da Zielrechtsträger auch eine BGB-Gesellschaft sein kann (§ 191 Abs. 2 Nr. 1 UmwG) endet das Anmeldungsverfahren nicht stets beim Register des Zielrechtsträgers, sondern im genannten Fall dann bei demjenigen des Ausgangsrechtsträgers. Der Formwechsel ist sowohl beim Register des Rechtsträgers bisheriger Rechtsform als auch beim Register des Rechtsträgers neuer Rechtsform anzumelden, sofern sich die Art des Registers durch den Formwechsel ändert (§ 198 Abs. 2 UmwG). Da durch den Formwechsel die Unternehmensidentität nicht verändert wird, enthält die Handelsregisteranmeldung – anders als bei Verschmelzung, Spaltung und Vermögensübertragung – nicht zwei Elemente (vgl. Rn. 93), 108

---

[71] Tiedtke MittBayNot 1997, 214.

sondern ist als inhaltliche Einheit zu betrachten, auch wenn in den Fällen des § 198 Abs. 2 UmwG die Anmeldung zu verschiedenen Registern zu erfolgen hat.

109 **b) Kostenrechtliche Behandlung.** Sofern durch den Formwechsel das Unternehmen erstmals in das Handelsregister (Abteilung A oder B) eingetragen wird, handelt es sich, schon allein wegen § 197 UmwG um eine Anmeldung, die je nach Rechtsform unter § 41 a Abs. 1 oder Nr. 3 fällt. Ist Zielgesellschaft eine BGB-Gesellschaft, beschränkt sich die Anmeldung beim Formwechsel darauf, das Erlöschen des Ausgangsrechtsträgers zum Handelsregister anzumelden. Es handelt sich für diesen um eine spätere Anmeldung (§ 41 a Abs. 4). Eine spätere Anmeldung nach § 41 a Abs. 4 Nr. 1 liegt auch vor, wenn der Formwechsel einer GmbH in eine AG oder KGaA, einer AG oder KGaA in eine GmbH (§ 226 UmwG) angemeldet wird. Nach § 202 Abs. 1 Nr. 1 UmwG besteht der formwechselnde Rechtsträger in der in dem Umwandlungsbeschluss bestimmten Rechtsform weiter. Der Formwechsel eines rechtsfähigen Vereins oder einer eingetragenen Genossenschaft gehört nicht zu § 41 a, sondern zu § 29. Die Anmeldung des Formwechsels einer Partnerschaftsgesellschaft ist nach § 41 b zu bewerten. Es sind die Bestimmungen, soweit sie auf die offene Handelsgesellschaft Anwendung finden, maßgebend.

109 a Wird beispielsweise eine GmbH in eine KG umgewandelt, ist nur bei der GmbH anzumelden; es liegt eine Anmeldung nach Abs. 4 Nr. 1 vor. Der nach Abs. 1 Nr. 5 an sich für die Anmeldung der KG maßgebliche Geschäftswert spielt in diesem Falle keine Rolle. Anders verhält es sich, wenn beispielsweise eine eingetragene Genossenschaft in eine Aktiengesellschaft durch Formwechsel umgewandelt wird. In diesem Fall ändert sich die Art des Registers (bisher Genossenschaftsregister, nunmehr Handelsregister). Die Anmeldung beim bisher eingetragenen Rechtsträger ist nach § 29 zu bestimmen, diejenige zur Eintragung in das Handelsregister des neuen Rechtsträgers, hier AG, nach § 41 a Abs. 1 Nr. 1.

110 Für das Eintragen des Erlöschens (Röten) des formwechselnden Rechtsträgers fällt auch nach Inkrafttreten der HRegGebV keine Löschungsgebühr an.[72]

V. Mehrheit von Anmeldungen zum Handelsregister

1. Grundsatz

111 Handelsregisteranmeldungen sind nach heutiger Auffassung Verfahrenshandlungen. Gleichwohl ist für sie angesichts des Zusammenhangs im Zweiten Abschnitt (§ 38 Abs. 2 Nr. 7) § 44 maßgebend. Betreffen die mehreren Anmeldungen in einer Urkunde **denselben** Rechtsvorgang, so wird die halbe Gebühr des § 38 Abs. 2 Nr. 7 vom Wert dieses Rechtsvorgangs erhoben (§ 44 Abs. 1); betreffen sie aber verschiedene Rechtsvorgänge, so wird die halbe Gebühr vom zusammengerechneten Wert der mehreren Rechtsvorgänge berechnet (§ 44 Abs. 2 a).

2. Derselbe Rechtsvorgang

112 Ein- und derselbe Rechtsvorgang ist gegeben, wenn sich die mehreren Erklärungen in der Anmeldungsurkunde auf dasselbe Rechtsverhältnis oder dieselbe Veränderung eines Rechtsverhältnisses beziehen. Ob eine oder mehrere Eintragungen auf Grund der Anmeldung vorzunehmen sind, ist nicht entscheidend. Die gesetzlich erforderlichen Erklärungen oder Zeichnungen, die mit einer Anmeldung abzugeben sind, sind nur dann Bestandteil der Anmeldung, wenn die Anmeldung ohne sie nicht möglich wäre. Die mit der GmbH-Anmeldung einzureichende Liste der Gesellschafter fällt nicht hierunter, da sie nicht vom Notar, sondern vom Geschäftsführer zu erstellen ist (§ 78 GmbHG). Fertigt der Notar den Entwurf der Liste, so gilt hierfür § 147 Abs. 2.

Einzelfälle:

113 **Denselben Rechtsvorgang** betreffen mehrere in einer Anmeldung enthaltene Erklärungen oder Bestandteile von solchen beispielsweise in folgenden Fällen:

---

[72] Bisherige Rspr.: OLG Düsseldorf Rpfleger 1972, 154 = KostRsp. § 79 Nr. 10; OLG Hamm JurBüro 1972, 549; OLG Braunschweig JurBüro 1972, 1014; BayObLG JurBüro 1975, 925.

- Anmeldung einer OHG, der Gesellschafter, der Vertretungsberechtigung;
- bei der KG auch die Bezeichnung der Kommanditisten und ihrer Einlagen;
- bei der GmbH auch die Anmeldung der Geschäftsführer, ihrer Vertretungsberechtigung und die Versicherung über die Einzahlung auf das Stammkapital, sowie der sonstigen nach dem GmbHG vorgeschriebenen Versicherungen; nicht jedoch die Liste der Gesellschafter;
- Anmeldung einer AG, der Vorstandsmitglieder, die Erklärung über die Einzahlung des Grundkapitals und die Berechnung des Gründungsaufwandes;
- bei der Kapitalerhöhung miteinzureichendes Aktionärverzeichnis und Berechnung der durch die Aktienausgabe entstehenden Kosten;
- beim Übergang des Unternehmens auf einen andern unter Fortführung der Firma die Einwilligung des bisherigen Firmeninhabers in die Firmenfortführung sowie von abweichenden Vereinbarungen nach §§ 25 Abs. 2, 28 Abs. 2 HGB;
- bei der Anmeldung eines Prokuristen die Angabe seiner Vertretungsberechtigung (ob allein, mit anderen Prokuristen, Erweiterung der Prokura nach § 49 Abs. 2 HGB);
- bei der Anmeldung einer Kapitalerhöhung oder -herabsetzung die entsprechende Satzungsänderung (aber nicht weitergehende) sowie die gleichzeitige Mitanmeldung der Durchführung;
- Anmeldung der Änderung der Satzung in mehreren Punkten oder bei völliger Neufassung, anders jedoch, wenn Anmeldung einer Kapitalerhöhung (Anmeldung mit Eintragung eines bestimmten Geldbetrages) mit Anmeldungen nach § 41a Abs. 4 zusammentrifft;
- bei der Anmeldung der Auflösung einer GmbH und der gleichzeitigen Anmeldung des Liquidators;[73]
- Anmeldung der Euro-Umstellung und weiterer Satzungsänderungen;[74]
- Anmeldung der Euro-Umstellung und der zur Glättung notwendigen Kapitalerhöhung. Nach § 44 Abs. 1 ist der Geschäftswert wie folgt zu ermitteln: Euro-Umstellung, Geschäftswert gemäß § 41a Abs. 4 Nr. 1 = 1% des eingetragenen Stammkapitals, mindestens 25000 Euro oder, wenn höher, der Nominalbetrag der Kapitalerhöhung zur Glättung. Der Wert der weiteren Kapitalerhöhung tritt hinzu.[75] Nach Art. 45 Abs. 1 EGHGB bedarf eine Anmeldung, welche die Umstellung durch bloßes Umrechnen zu dem offiziellen Kurs zum Gegenstand hat, keiner notariellen Beglaubigung. Solche Anmeldungen unterfallen daher, weil keine wirtschaftliche Bedeutung vorliegt, der Auffangnorm des § 41a Abs. 6. Der Wert ist stets mit 3000 Euro anzunehmen.[76] S. auch Rn. 119ff.

3. Verschiedene Rechtsvorgänge

Sie sind bei folgenden Gestaltungen anzunehmen;   **114**
- Mehrere Erklärungen in der Anmeldungsurkunde zu verschiedenen Unternehmen;
- bei Anmeldung zum selben Unternehmen: Anmeldung einer Satzungsänderung und einer Änderung des Vorstandes;
- Veränderungsanmeldungen zur organschaftlichen oder prokurenmäßigen Vertretung,[77] § 44 Abs. 1 ist nicht anwendbar, daher gilt das Gebot der Summierung wie in § 44 Abs. 2, begrenzt durch die Höchstwertvorschrift des § 39 Abs. 4 (vgl. Rn. 57 und § 44 Rn. 163); auch die Bestellung eines Geschäftsführers und die Anmeldung der Änderung der Vertretungsbefugnis eines bereits eingetragenen Geschäftsführers oder eines Prokuristen;

---

[73] OLG Oldenburg MittBayNot 2006, 71.
[74] OLG Hamm RNotZ 2004, 512 = MittBayNot 2005, 79.
[75] OLG Naumburg ZNotP 2006, 479, das jedoch nur den Wert der Kapitalerhöhung ansetzt und damit das System des § 44 Abs. 1 nicht beachtet.
[76] Vgl. *Rohs/Wedewer* Rn. 63.
[77] BGH DNotZ 2003, 297 = MittBayNot 2003, 235 = ZNotP 2003, 119 = NotBZ 2003, 62.

§ 41a   *1. Teil. 2. Abschnitt: 1. Beurkundungen und ähnliche Geschäfte*

- Ausscheiden eines Prokuristen und Bestellung zum Vorstandsmitglied oder umgekehrt, auch wenn es sich um dieselbe Person handelt;[78]
- Anmeldung mehrerer Prokuren, ob Einzel- oder Gesamtprokuren;[79]
- unabhängiger Kommanditistenwechsel (vgl. Rn. 40);
- Ausscheiden eines Gesellschafters und Eintritt eines anderen bei Personengesellschaften;
- Erlöschen einer Personengesellschaft und Fortführung als einzelkaufmännisches Unternehmen;
- Erhöhung und Herabsetzung von Grund- und Stammkapital;
- Kapitalerhöhung oder -herabsetzung mit Änderung der Vertretungsbefugnis der Organe;
- Anmeldung einer Kapitalerhöhung oder -herabsetzung mit gleichzeitiger Anmeldung weiterer Satzungsänderungen oder Satzungsneufassung (s. hierzu auch Rn. 113);
- Anmeldung einer neuen Firma mit Prokurenanmeldung;
- Kommanditistenwechsel und Herabsetzung einer Kommanditeinlage;
- Anmeldungen von Zweigniederlassungen, und zwar unabhängig davon, ob die Zweigniederlassungen zugleich mit dem Hauptunternehmen zur Eintragung angemeldet werden oder später;
- alle Handelsregisteranmeldungen, die als Folge von Veränderungen des Hauptunternehmens die Zweigniederlassungen betreffen, wie zB Kapitalerhöhungen;
- Anmeldung der Verschmelzung auf die aufnehmende (bestehende) GmbH mit gleichzeitiger Anmeldung einer Kapitalerhöhung;
- Anmeldung einer neu errichteten GmbH und der Geschäftsführer einerseits und der Anmeldung einer Prokuraerteilung andererseits;
- Anmeldung der Umstellung des Stammkapitals auf Euro und Kapitalerhöhung oder -herabsetzung.

4. Wertermittlung

115   Haben mehrere Erklärungen, die denselben Gegenstand betreffen, verschiedene Werte, so ist nach § 44 Abs. 1 der höchste Wert maßgebend. Bei Anmeldungen mit mehreren Rechtsvorgängen wird die halbe Gebühr des § 38 Abs. 2 Nr. 7 von der Summe der Werte der mehreren Rechtsvorgänge, die sich aus § 41a ergeben, erhoben.

116   Wird mit einer Handelsregisteranmeldung eine andere rechtsgeschäftliche Erklärung (zB Vollmacht) oder ein Beschluss (Kapitalerhöhung) zusammen beurkundet, so erfolgt im ersten Falle die Berechnung der Gebühr nach § 44 Abs. 2, im zweiten Fall werden getrennte Gebühren erhoben.

117   Wird die Handelsregisteranmeldung mit dem Gesellschaftsvertrag einer Personen- oder Kapitalgesellschaft zusammenbeurkundet, so ist sie Durchführungserklärung, daher mit der Gebühr für die Vertragsbeurkundung abgegolten; eine derartige Zusammenbeurkundung ist aber regelmäßig, auch unter Berücksichtigung von § 16, nicht geboten. Die Handelsregisteranmeldung hat eine eigenständige Funktion nach dem Gesellschaftsvertrag. Auch ohne Eintragung im Handelsregister (also auch ohne die vorausgehende Anmeldung) bleibt die Gesellschaftsgründung wirksam, wenn auch unvollendet. Dies gilt vor allem für die GmbH (vgl. §§ 7f. GmbHG), wo wegen der Möglichkeit der Fremdorganschaft die handelnden Personen bei Gesellschaftsvertrag und Handelsregisteranmeldung unterschiedlich sein können.

VI. Änderung des Gesellschaftsvertrages vor Eintragung

118   Umstritten ist die Frage, ob eine Änderung des Gesellschaftsvertrages vor Eintragung der GmbH förmlich zum Handelsregister anzumelden ist[80] oder eine formlose Vorlage beim

---

[78] OLG München 1937, 82.
[79] OLG Karlsruhe Rpfleger 1963, 56.
[80] So *Rowedder/Schmidt-Leithoff/Zimmermann* § 54 GmbHG Rn. 2; *Hachenburg/Ulmer* § 54 GmbHG Rn. 4; *Scholz/Priester* § 54 GmbHG Rn. 4; *Streifzug* Rn. 976 ff.

Registergericht ausreicht.[81] Der Notar ist grundsätzlich verpflichtet, den für die Beteiligten kostengünstigsten Weg zu wählen, wenn mehrere Verfahrensmöglichkeiten gegeben sind. Die Kosten sparende Verfahrensweise darf aber nicht zu Lasten der Sicherheit gehen. Fertigt der Notar angesichts der unsicheren Rechtslage und der Gefahr von Verzögerungen den Entwurf der Registeranmeldung, weil er dies für den sichereren Weg hält, so kann ihm keine unrichtige Sachbehandlung vorgeworfen werden. Es ist dann die Gebühr nach §§ 145 Abs. 1 S. 1, 38 Abs. 2 Nr. 7 zu erheben aus dem nach § 41a zu bestimmenden Geschäftswert.

VII. Anmeldungen von Euro-Umstellungen

GmbH. Die Anmeldung der rein rechnerischen Umstellung des Stammkapitals ist Anmeldung ohne wirtschaftliche Bedeutung. Geschäftswert daher 3000 Euro gemäß § 41a Abs. 6. Davon wird man trotz Aufhebung des Art. 45 Abs. 2 EGHGB aF durch das HRegGebNeuOG zum 1. 12. 2004, der § 26 Abs. 7 aF für die Eintragung (und damit auch für die Anmeldung) für anwendbar erklärte, nach wie vor ausgehen müssen. Die Aufhebung war durch die Umstellung der Eintragungsgebühren auf aufwandsbezogene Gebühren bedingt. Nach hier vertretener Auffassung wird die Einordnung als Anmeldung ohne wirtschaftliche Bedeutung durch diese systembedingte Gesetzesänderung nicht berührt. Man wird weiterhin § 41a Abs. 6 (früher § 26 Abs. 7) anwenden müssen.[82] 119

Wird mit der Euro-Umstellung zugleich eine Kapitalveränderung zum Zwecke der **Glättung** des Stammkapitals und der Geschäftsanteile angemeldet, liegen gegenstandsgleiche Anmeldungen vor.[83] Für die Glättung durch Kapitalerhöhung aus Gesellschaftsmitteln auf den jeweils nächsthöheren oder einer Kapitalherabsetzung auf den nächstniedrigeren Betrag, mit der die Geschäftsanteile auf einen durch zehn teilbaren Betrag in Euro umgestellt werden, sieht das Gesetz eine Kostenprivilegierung vor. Nach dem früheren Art. 45 Abs. 2 EGHGB als Geschäftswert nur der halbe Glättungsbetrag maßgebend. Dies galt vor dem 1. 12. 2004 sowohl für die Anmeldung als auch für die Eintragung. Die Anmeldung und Eintragung einer Kapitalerhöhung gegen Einlage war dagegen nach den Bestimmungen des § 26 Abs. 1 Nr. 3 aF zu bewerten. § 41a betrifft nunmehr nur noch Anmeldungen. Die gleichen Grundsätze gelten für eine Kapitalmaßnahme, wenn über die Mindestkapitalmaßnahme hinaus eine Kapitalmaßnahme in einem größeren Umfang vorgenommen wird. Denkbar ist allerdings, dass das Kostenprivileg des Art. 45 Abs. 2 EGHGB auch für eine ganz erhebliche Kapitalerhöhung aus Gesellschaftsmitteln greift, wenn diese ausschließlich dazu erfolgt, um eine quotale Beteiligung der Gesellschafter im Zuge der Glättung zu erhalten. 120

Die Anmeldung **weiterer Satzungsänderungen** (ausgenommen Kapital- und/oder Glättungsmaßnahmen) ist, wenn sie mit der Umstellung des Stammkapitals auf Euro in einer Erklärung erfolgt, gleichen Gegenstandes.[84] Es handelt sich um die Anmeldung mehrerer Satzungsänderungen, die, sofern sie nicht mit Anmeldungen zusammentreffen, die auf Eintragung eines bestimmten Geldbetrages gerichtet sind, als **einheitliche Anmeldung** zu betrachten sind (s. Rn. 113, 114, 119). 121

AG, KGaA. Für die Anmeldung der rein rechnerischen Umstellung des Grundkapitals auf Euro ist – wie bei der GmbH – Art. 45 Abs. 2 EGHGB anzuwenden. Geschäftswert also 3000 Euro gemäß § 41a Abs. 6. Bei Anmeldung einer Kapitalerhöhung aus Gesellschaftsmitteln oder Kapitalherabsetzung gilt Art. 45 Abs. 2 EGHGB entsprechend, wenn diese Maßnahmen ausschließlich zur Anpassung der Aktiennennbeträge auf den nächsthöheren 122

---

[81] BayObLG MittBayNot 1978, 22; 1974, 228; OLG Zweibrücken MittBayNot 2001, 230 m. abl. Anm. *Naumann*; *Lutter/Hommelhoff* § 2 GmbHG Rn. 23; *Keidel/Schmatz/Stöber* Rn. 731; *Gustavus* DNotZ 1971, 229, 232.
[82] *Bengel/Tiedtke* DNotZ 2005, 336, 362 m. Hinweis auf OLG Hamm MittBayNot 2005, 79 = ZNotP 2005, 78.
[83] OLG Naumburg ZNotP 2006, 479 m. krit. Anm. *Tiedtke*. Das OLG Naumburg will den Wert auf den Betrag der Kapitalerhöhung begrenzen und weicht damit vom System des § 44 Abs. 1 ab.
[84] OLG Hamm MittBayNot 2005, 79 = ZNotP 2005, 78.

§ 41a *1. Teil. 2. Abschnitt: 1. Beurkundungen und ähnliche Geschäfte*

oder nächstniedrigeren vollen Eurobetrag dienen. Geschäftswert also die Hälfte des Erhöhungsbetrages. Anmeldungen über Kapitalmaßnahmen, die darüber hinausgehen, sind nach § 41a Abs. 1 Nr. 4 zu bewerten. Entsprechendes gilt für die Eintragung in das Handelsregister. Die weiteren Ausführungen zur GmbH gelten sinngemäß für die AG und die KGaA.

123 **KG.** Die Anmeldung der rein rechnerischen Umstellung der Kommanditeinlagen auf Euro ohne Glättungsmaßnahmen ist Anmeldung ohne wirtschaftliche Bedeutung. Nach Art. 45 Abs. 1 EGHGB ist § 41a Abs. 6 (früher § 26 Abs. 7) anzuwenden, Geschäftswert wäre also immer 3000 Euro, unabhängig von der Höhe der Kommanditeinlage. Dies würde aber dem Sinn und Zweck der Wertbegünstigung des § 41a Abs. 6 nicht gerecht. Liegt der Nennbetrag der von der Euro-Umstellung betroffenen Kommanditeinlage unter dem Betrag von 3000 Euro, würde das Anliegen des Gesetzgebers, gerade bei wirtschaftlich unbedeutenden Anmeldungen die Kosten möglichst gering zu halten, in das Gegenteil verkehrt. Deshalb kommen auch wir zu dem Ergebnis, dass der Nennbetrag der Kommanditeinlage als Geschäftswert anzunehmen ist, wenn dieser unter dem nach Abs. 6 maßgebenden Wert von 3000 Euro liegt.[85] Werden gleichzeitig zur Glättung Erhöhungen oder Herabsetzungen der Kommanditeinlagen angemeldet, sind diese neben der Umstellung auf Euro nach § 41a Abs. 1 Nr. 6 zu bewerten. Art. 45 Abs. 2 EGHGB (Halbierung der Glättungsbeträge) findet keine Anwendung.

VIII. Zeichnungen

124 Mit Wirkung Inkrafttreten des EHUG zum 1. 1. 2007 (BGBl. I S. 2553) sind Namenszeichnungen weggefallen. Sie spielen somit kostenrechtlich keine Rolle mehr. Zur früheren Rechtslage s. 16. Aufl. Rn. 124.

IX. Elektronisches Anmeldeverfahren

1. Allgemeines

125 Seit 1. 4. 2006 müssen Notare gemäß § 15 Abs. 3 S. 2 BNotO über zumindest eine Einrichtung verfügen, um elektronische Vermerkurkunden (§ 39a BeurkG) und beglaubigte Ausdrucke elektronischer Dokumente (§ 42 Abs. 4 BeurkG) fertigen zu können.[86] Mit Inkrafttreten des EHUG[87] zum 1. 1. 2007 ist der elektronische Rechtsverkehr jedenfalls im Registerverfahren die Regel geworden. Spätestens zu diesem Zeitpunkt gewinnt der elektronische Rechtsverkehr im Notariat auch praktische Bedeutung.[88] Eine entsprechende Anpassung der KostO ist derzeit aber nicht vorgesehen, es wurde lediglich § 1a eingefügt. Dadurch ist sichergestellt, dass die Kostenordnung in ihrer derzeitigen Fassung auch auf elektronische Dokumente anzuwenden ist. Spezialnormen für bestimmte Tätigkeiten des Notars im elektronischen Rechtsverkehr fehlen. Die nachfolgenden Gebühren und Auslagen entstehen neben denjenigen, die für die „Papierurkunden" anfallen.

2. Datenstrukturierung

126 Die vom Notar zu erzeugenden Datensätze (XML-Strukturdaten, idR mittels der Software XNotar)[89] sind nach nahezu einhelliger Auffassung in der Literatur § 147 Abs. 2 aus einem nach § 30 Abs. 1 zu bestimmenden Teilwert[90] zu bewerten. Ein Fall des § 147

---

[85] So auch *Haferland/Schmidt/Tiedtke* Rn. 556.
[86] Das JKomG ist zum 1. 4. 2005 (BGBl. I S 837) in Kraft getreten und hat u. a. die §§ 39a, 42 Abs. 4 BeurkG geschaffen. Zwischenzeitlich ist auch die in § 15 Abs. 3 S. 2 BNotO enthaltene Übergangsfrist abgelaufen, so dass die Tätigkeiten des Notars gemäß §§ 39a, 42 Abs. 4 BeurkG zum Urkundsgewährungsanspruch gehören; s. auch *Püls* NotBZ 2005, 305 und *Malzer* DNotZ 2006, 9.
[87] Vom 10. 11. 2006 (BGBl. I S. 2553); näher etwa *Sikora/Schwab* MittBayNot 2007, 1.
[88] ZB *Tiedtke/Sikora* MittBayNot 2006, 393, 397; *Otto* JurBüro 2007, 120, 123.
[89] Vgl. zur Pflicht, XML-Strukturdaten einzureichen, etwa die Internetbekanntmachung der Bayerischen Justiz (www.justiz.bayern.de/buergerservice/rechtsverkehr/register, Stand: 1. 1. 2008), die auf Grundlage von § 3 ERVV erfolgt ist.
[90] *Tiedtke/Sikora* MittBayNot 2006, 393, 397; *Filzek* § 1a Rn. 5, *Otto* JurBüro 2007, 120, 123.

Abs. 4 Nr. 1 ist nicht anzunehmen, weil die Norm nach Sinn und Zweck nur die Übermittlung selbst gebührenfrei stellt. Das Erstellen der Strukturdaten geht über eine schlichte (Daten-)übermittlung hinaus, weil die wesentlichen Eintragungsgrundlagen für das Registergericht in automatisiert weiterverarbeitbarer Form erzeugt werden. Als Geschäftswert wird allgemein ein Teilwert gemäß § 30 Abs. 1 von 20–50%[91] vorgeschlagen. Ausgangswert ist stets der Wert der konkreten Registeranmeldung, höchstens aber 500 000 Euro (§ 39 Abs. 4). Kommt für die Registeranmeldung ein geringer Wertansatz, zB bei Anmeldung einer Kapitalerhöhung der einzutragende Erhöhungsbetrag (der auch unterhalb des Mindestwertes liegen kann) oder beispielsweise der nach § 41 a Abs. 4 Nr. 1 maßgebliche Wert von mindestens 25 000 Euro in Betracht, kann auch ein über dem oben vorgeschlagenen Prozentsatz liegender Teilwert vertretbar sein, uU sogar der volle Wert. Auch wenn es keine starren Vorgaben gibt, muss der im Einzelfall festgesetzte Teilwert sachgerecht sein. Maßgebliche Kriterien zur Beurteilung der Teilwerthöhe sind: Aufwand, Haftungsgefahr, Schwierigkeit, Umfang und Bedeutung des Vorgangs. Unerheblich für die Gebühr nach § 147 Abs. 2 ist es, ob es sich um Strukturdaten für Eigen- oder für Fremdurkunden handelt. Auch bei der Übermittlung von Fremdurkunden, wie etwa einer von den Beteiligten gefertigten Gesellschafterliste, für die eine Gebühr nach § 147 Abs. 2 zu erheben ist, handelt es sich um eine gesondert zu erhebende Gebühr für eine eigene Tätigkeit. Stets ist aber nur *eine* Gebühr nach § 147 Abs. 2 für das Erstellen der XML-Datensätze zu erheben, also etwa auch dann, wenn es sich um mehrere Anmeldefälle in XNotar handelt.[92] Andererseits wird in der Praxis auch die Auffassung vertreten, für die Erstellung der XML-Strukturdaten könne der Notar keine gesonderte Gebühr nach § 147 Abs. 2 erheben, wenn nach den landesrechtlichen Bestimmungen (Verordnung auf Grund von § 8 a HGB oder darauf beruhender Erlass [teilweise nur Internetveröffentlichung, deren rechtliche Verbindlichkeit zweifelhaft ist]) eine entsprechende Verpflichtung zur Erstellung der Strukturdaten bei der Handelsregisteranmeldung besteht und der Notar zur Einreichung der Handelsregisteranmeldung beim Registergericht verpflichtet ist. Eine derartige Verpflichtung bestehe nach § 53 BeurkG, wenn der Notar den Entwurf der Handelsregisteranmeldung gefertigt und die Unterschrift beglaubigt hat. Klarheit wird letztlich nur eine entsprechende Änderung der KostO bringen können.

3. Dokumentenpauschale

a) Einscannen als „Ablichtung". Obergerichtlich[93] bestätigt wurde inzwischen die Auffassung, wonach für das Einscannen von Urkunden und sonstigen Unterlagen die Dokumentenpauschale gemäß § 136 Abs. 1 Nr. 1 zu erheben ist. Zu Recht stellt das OLG Bamberg (aaO) fest, dass das „Einscannen unter den gesetzlichen Begriff ‚für Ablichtungen' subsumiert werden [kann], da es sich bei einem Scanner um ein Gerät zur optischen Datenerfassung handelt."[94] Auch Sinn und Zweck der Vorschrift (für den Anwalt RVG VV Nr. 7000, für den Notar § 136) gebieten ihre Anwendung auf das Einscannen, weil mit der Dokumentenpauschale der Aufwand an Arbeitszeit und Material abgegolten werden soll. Dieser bestehe unabhängig davon, ob nach dem Digitalisieren eine papiergebundene oder eine elektronische Kopie gefertigt würde. Im Ergebnis wird man auch das Herstellen elektronisch beglaubigter Leseabschriften[95] mit Hilfe eines Tiff- oder PDF-Druckers ebenso bewerten müssen. Die Dokumentenpauschale des § 136 Abs. 1 Nr. 1 ist somit für Vervielfältigungen jeder Art zu erheben, auch wenn diese nicht mittels Ausdrucks, sondern durch Speichern auf einem Datenträger erfolgen.

127

---

[91] *Otto* JurBüro 2007, 120, 123 geht hingegen von einem Teilwert von 50% bei einer durchschnittlichen GmbH-Neugründung aus.
[92] Die Anzahl der Anmeldefälle kann jedoch im Rahmen der Ermittlung des Teilwerts von Bedeutung sein.
[93] OLG Bamberg NJW 2006, 3504.
[94] So das OLG Bamberg NJW 2006, 3504 für die vergleichbare Bestimmung zum RVG VV Nr. 7000.
[95] Näher *Apfelbaum* RNotZ 2007, 89 *Melchior* NotBZ 2006, 409, 411 und *Sikora*, DAI-Skript „Elektronischer Rechtsverkehr", 2. Aufl. Herbst 2006, Fall 3.

128 **b) Berechnung der Dokumentenpauschale (§ 136 Abs. 1 Nr. 1, Abs. 2, Abs. 4 Nr. 1).** Nach § 136 Abs. 1 Nr. 1 wird die Dokumentenpauschale erhoben für Ausfertigungen, Ablichtungen oder Ausdrucke, die auf Antrag erteilt, angefertigt oder per Fax übermittelt werden. Nach § 136 Abs. 2 beträgt die Dokumentenpauschale, die keine Gebühr ist, sondern zu erhebende Auslagen darstellt, unabhängig von der Art der Herstellung in derselben Angelegenheit für die ersten 50 Seiten 0,50 Euro je Seite und für jede weitere Seite 0,15 Euro. Ob und ggf. wie viele Freiexemplare zu erteilen sind, bestimmt § 136 Abs. 4 Nr. 1. Danach sind bei Beurkundungen von Verträgen zwei, bei sonstigen Beurkundungen eine Ausfertigung oder Ablichtung bzw. ein Ausdruck ohne Berechnung der Dokumentenpauschale zu erteilen. § 136 Abs. 4 Nr. 1 erfasst auch bloße Entwürfe von Urkunden (mit oder ohne Unterschriftsbeglaubigung) oder von Niederschriften. Ist das eingescannte Exemplar einer eigenen Urkunde die einzige „Ablichtung", wird keine Dokumentenpauschale erhoben. Bei Unterschriftsbeglaubigungen nach § 45 ist hingegen für alle Ablichtungen die Dokumentenpauschale zu berechnen ist. Gleiches gilt für Ablichtungen von Dokumenten, die dem Notar vorgelegt werden, ohne dass eine Überprüfung, Änderung oder Ergänzung erfolgt.

129 **c) Dieselbe Angelegenheit gemäß § 136 Abs. 2 Satz 1.** Das in § 136 Abs. 2 Satz 1 enthaltene Begriffspaar „derselben Angelegenheit" wird gleichgesetzt mit dem in der einzelnen Urkunde enthaltenen Auftrag der Beteiligten auf Erteilung von Ausfertigungen, Ablichtungen oder Ausdrucken.[96] Jede einzelne Urkunde, jeder einzelne Entwurf (mit oder ohne Unterschriftsbeglaubigung) oder jedes weitere Dokument, verbunden mit dem konkreten Auftrag der Beteiligten, ist als „Angelegenheit" iS des § 136 Abs. 2 Satz 1 zu qualifizieren.[97]

130 **d) Schriftstücke, die als Anlage beigefügt werden.** Werden einer Urkunde Dokumente als Anlage – etwa Bilanzen bei Sachgründungen oder Kapitalerhöhungen – beigefügt, werden sie Bestandteil der Urkunde, so dass sie bei der Ermittlung deren Umfangs zu berücksichtigen und in das Seitenkontingent der Haupturkunde einzurechnen sind. Hiervon abzugrenzen sind Dokumente, die zwar im Zusammenhang mit einer Registeranmeldung einzureichen sind, selbst aber keine „Anlage" zur Urkunde darstellen. Das gilt beispielsweise für privatschriftliche Gesellschafterbeschlüsse, Gesellschafter- oder Übernehmerlisten, den Sachgründungsbericht oder einen Einzahlungsbeleg. Diese Dokumente sind als eigene „Angelegenheit" iS von § 136 Abs. 2 Satz 1 anzusehen, auch wenn sie zusammen mit der Registeranmeldung übermittelt werden.

131 **e) Gesamtschuldner gemäß § 136 Abs. 2 Satz 2.** § 136 Abs. 2 Satz 2 bestimmt, dass die Dokumentenpauschale für jeden Kostenschuldner gemäß § 2 gesondert zu berechnen ist, wobei Gesamtschuldner als ein Schuldner gelten. Ob „Gesamtschuldner" zivilrechtlich oder kostenrechtlich zu definieren ist, war lange umstritten und wurde durch den BGH[98] nunmehr iS des § 5 entschieden. Haften mehrere Kostenschuldner nach § 5 gesamtschuldnerisch, gelten sie auch als Gesamtschuldner und damit als ein Kostenschuldner nach § 136 Abs. 2 Satz 2. Damit steht auch bei Verträgen, wie zB Gesellschaftsverträgen, das 50-Seiten-Kontingent nur einmal zur Verfügung.

4. Erzeugen der elektronisch beglaubigten Abschrift (§ 39a BeurkG)

132 Für das Erzeugen elektronisch beglaubigter Abschriften fällt – entsprechend dem Anfertigen papiergebundener beglaubigter Abschriften – eine Gebühr nach § 55 an, soweit nicht gemäß § 132 Gebührenfreiheit besteht.[99] Erfasst und abgegolten sind damit – mit Ausnah-

---

[96] Vgl. 16. Aufl. § 152 Rn. 9; Streifzug Rn. 267 ff.
[97] Daher ist etwa auch eine neue Angelegenheit gegeben, wenn die Beteiligten zu einem späteren Zeitpunkt weitere Ablichtungen beantragen, weil die konkrete „Angelegenheit" mit der erstmaligen Erteilung von Ausfertigungen, Ablichtungen oder Ausdrucken erledigt ist, vgl. etwa § 152 Rn. 9; Streifzug Rn. 272.
[98] ZNotP 2006, 477 = DNotZ 2007, 61 = NotBZ 2006, 426 = JurBüro 2007, 92 m. Anm. *Filzek*.
[99] Für die Beglaubigung von Ablichtungen eigener Urkunden, eigener Entwürfe, auch Entwurfsüberprüfungen, -änderungen oder -ergänzungen, soweit diese unter § 145 fallen, wird keine Gebühr nach § 55 erhoben, s. bereits *Tiedtke/Sikora* MittBayNot 2006, 393, 396 (Begründung zu Fall 2).

me des Digitalisierens, für das § 136 Abs. 1 Nr. 1 gilt – alle übrigen Tätigkeiten im Rahmen des § 39a BeurkG. Soweit ein notariell beurkundetes Dokument oder eine öffentlich beglaubigte Abschrift beim Registergericht einzureichen sind, ist stets ein einfaches elektronisches Zeugnis gemäß § 39a BeurkG zu übermitteln (§ 12 Abs. 2 Satz 2 Halbs. 2 HGB). Dies betrifft etwa GmbH-Gründungsurkunden oder beurkundete Beschlüsse von Gesellschaftern, aber auch die Registeranmeldung selbst.[100] Zu prüfen ist in diesen Fällen jedoch stets, ob nicht Gebührenfreiheit nach § 132 besteht, weil der Notar die Urkunde errichtet hat oder ein Entwurf nach § 145 vorliegt. Für zahlreiche Unterlagen, die im Rahmen von Registeranmeldungen an das Gericht zu übermitteln sind, sieht das EHUG indessen keinen Zwang zur Einreichung elektronisch beglaubigter Abschriften, sondern nur die Möglichkeit[101] hierzu vor. Dies gilt namentlich für Dokumente, für die die Schriftform genügt, wie etwa Gesellschafterbeschlüsse[102] – sofern diese nicht beurkundet wurden – oder Listen von GmbH-Gesellschaftern gemäß § 40 Abs. 1 Satz 1 GmbHG oder von Aufsichtsratsmitgliedern einer AG gemäß § 106 AktG. Insoweit bestimmt § 12 Abs. 2 Satz 2 Halbs. 1 HGB, dass die Übermittlung einer elektronischen Aufzeichnung genügt. Gleichwohl wird der Notar im Regelfall wegen des öffentlichen Glaubens (§ 15 HGB) des Registers und um dem Richter/Rechtspfleger eine verlässliche Prüfung der Eintragungsunterlagen zu ermöglichen, auch in diesen Fällen elektronisch beglaubigte Abschriften gemäß § 39a BeurkG übermitteln.[103] Soweit er hierzu den Entwurf gefertigt hat, führt dies für die Beteiligten wegen der Kostenfreiheit nach § 132 zu keinen Mehrbelastungen. In den wenigen übrigen Fällen, wenn also etwa die Beteiligten die von ihnen entworfene Gesellschafterliste oder einen Beschluss zum Notar mitbringen, liegt jedenfalls dann keine unrichtige Sachbehandlung gemäß § 16 vor, wenn die Beteiligten den Notar um Versand einer elektronisch beglaubigten Abschrift ersuchen, das Registergericht – etwa unter Hinweis auf den Grundsatz der Amtsermittlung (§ 12 FGG) – dies verlangt oder programmtechnisch eine andere Übermittlungsart erschwert oder sogar ausgeschlossen ist.

5. Elektronische Übermittlung (einschl. Dokumentenpauschale), Internetnutzung
a) Anwendbarkeit des § 136 Abs. 3? Äußerst streitig ist die Anwendung des § 136 133 Abs. 3, welcher für die Überlassung von elektronisch gespeicherten Dateien anstelle der in § 136 Abs. 1 Nr. 1 genannten Ausfertigungen, Ablichtungen und Ausdrucke eine Dokumentenpauschale von (pauschal) 2,50 Euro pro Datei bestimmt. Weil die Regelung für den elektronischen Rechtsverkehr nicht vollumfänglich passt, sind sicherlich verschiedene Lösungswege denkbar. Sinn und Zweck des § 136 Abs. 3 ist es an sich, den im Vergleich zur Übersendung eines Papierausdruck geringeren Aufwand für die elektronische Übermittlung vom Notar erzeugter Dateien (etwa Urkundsentwürfe) zu pauschalieren. Hinzu kommt, dass § 136 Abs. 1 Nr. 1 stets erfordert, dass die zu berechnenden Ausfertigungen, Ablichtungen oder Ausdrucke im Auftrag erteilt werden. Vergleicht man die diesem Normzweck entsprechende Übermittlung eines vom Notar gefertigten Entwurfs einer Urkunde mit dem Ablauf der elektronischen Einreichung an das Registergericht, sind folgende Unterschiede festzustellen: Der Notar muss im Registerverkehr aus dem ihm vorliegenden Papierdokument ein elektronisches Dokument erstellen, was idR durch Einscannen erfolgt. Der Transfer der Daten vom Papierdokument in ein elektronisches Dokument löst die in § 136 Abs. 1 Nr. 1, Abs. 2 und Abs. 4 Nr. 1 genannten Dokumentenpauschalen aus. Dieser Zwischenschritt, nämlich die Erstellung des Dokumentes durch Einscannen als versendungsfähiges Dokument, rechtfertigt es, eine Gebühr nach § 136 Abs. 3 in Höhe

---

[100] An sich ist der Wortlaut des § 12 Abs. 2 HGB in Bezug auf die Registeranmeldung als solcher unklar, s. aber zur Auslegung bereits *Sikora/Schwab* MittBayNot 2007, 1, 5.
[101] Dass die Möglichkeit besteht, eine höhere als die vorgeschriebene Form zu wählen, ergibt sich bereits aus dem Wortlaut des § 12 Abs. 2 Satz 2 Halbs. 1 HGB „genügt"; hierzu auch *Sikora/Schwab* MittBayNot 2007, 1, 3.
[102] Vgl. § 39 Abs. 2 GmbHG für Änderungen in Bezug auf die Geschäftsführer.
[103] Zu den Gründen für die Übermittlung elektronisch beglaubigter Abschriften an das Registergericht bereits *Sikora/Schwab*, MittBayNot 2007, 1, 4.

§ 41a

von 2,50 Euro für die als Folge erst mögliche elektronische Übermittlung.[104] Das „Einscannen" als Zwischenschritt löst also die Dokumentenpauschale nach § 136 Abs. 1 Nr. 1 aus, die „Weitergabe" des elektronischen Dokumentes ist ein eigenständiger Vorgang, für den die Dokumentenpauschale nach § 136 Abs. 3 zu erheben ist.

134 Zu erheben ist die Gebühr des § 136 Abs. 3 nach Sinn und Zweck für die Übermittlung jeder[105] Datei, die elektronische Dokumente enthält, also für jede Tiff- bzw. PDF-Datei.[106] Die im Rahmen der qualifizierten elektronischen Signatur gesondert erzeugten und zu übermittelnden Signaturdateien (.pkcs7) werden hingegen nicht eigens berechnet, weil diese technisch auch Bestandteil der Tiff-/PDF-Datei sein könnten und mit dieser insgesamt die öffentliche elektronische Urkunde iS des § 39a BeurkG bilden. Ebenso wenig ist eine Dokumentenpauschale für die XML-Datei zu berechnen, da diese nur Strukturdaten und keine Dokumente enthält und somit lediglich als Transportdatei fungiert.

135 Bei der Registervorlage von Dokumenten durch Notarvertreter mittels ZIP-Container werden im Ergebnis für jede elektronisch beglaubigte Abschrift sechs Dateien übermittelt, vier im ZIP-Container[107] sowie dieser selbst und die dazugehörige pkcs7-Datei. Diese Dateien bilden erst zusammen die öffentliche elektronische Urkunde iS des § 39a BeurkG. Für § 136 Abs. 3 ist daher eine funktionale Betrachtungsweise anzustellen, weil es kostenrechtlich nicht zu Lasten der Beteiligten gehen darf, wenn der Notarvertreter anstelle des Notars handelt. Daher ist für jede übermittelte öffentliche Urkunde im beschriebenen Sinne (nur) einmal die Pauschale nach § 136 Abs. 3 in Höhe von 2,50 Euro zu erheben.

136 **b) Auslagenersatz für die Nutzung des Internet (Telekommunikationsdienstleistungen).** Nach § 152 Abs. 2 Nr. 2 hat der Notar als Auslagen auch Entgelte von Telekommunikationsdienstleistungen zu erheben, wozu auch solche für die Nutzung des Internets gehören. Dies gilt jedoch nicht, wenn dem Notar eine Dokumentenpauschale nach § 136 Abs. 3 von 2,50 Euro zusteht (§ 152 Abs. 2 Nr. 2 Halbs. 2). Übermittelt also der Notar elektronische Dokumente an das Registergericht, kann er die Kosten für die Internetnutzung als Auslagen nicht erheben.[108]

6. Registervorlage

137 Die Registervorlage von Urkunden und Unterlagen, die der Notar selbst entworfen hat: Die Registervorlage von Urkunden oder unterschriftsbeglaubigten Erklärungen, die der Notar selbst entworfen hat, ist gemäß § 147 Abs. 4 Nr. 1 gebührenfrei. Dies gilt auch für Unterlagen, die der notariellen Form nicht bedürfen, bei denen jedoch gleichermaßen der Entwurf vom übermittelnden Notar stammt. Entwirft der Notar beispielsweise eine Gesellschafterliste, entsteht hierfür keine Entwurfsgebühr nach § 145 Abs. 1. Entwürfe dieser Art sind nach hM[109] gemäß § 147 Abs. 2 zu bewerten (§ 147 Rn. 113). Dies könnte dafür sprechen, die Liste oder auch andere Dokumente, die zwar entworfen, aber nach § 147 Abs. 2 abzurechnen sind, als Fremddokument zu qualifizieren. Gleichwohl handelt es

---

[104] Entgegen *Hartmann* 37. Aufl. § 136 Rn. 20 gilt § 136 Abs. 3 nicht nur für den Ausdruck, sondern ist explizit auf die „Übermittlung" zugeschnitten.

[105] Werden an das Registergericht mehrere Dateien auf einmal übersandt, könnte man zwar auch von einem Gesamtvorgang ausgehen, der nur einmal eine Pauschale in Höhe von 2,50 Euro auslöst. Allerdings spricht der eindeutige Wortlaut des § 136 Abs. 3 gegen diese Auslegung. Zudem fordert gerade die gerichtliche Praxis, dass Dokumente in separaten Dateien einzureichen sind, um eine gesonderte Beauskunftung im elektronischen Register zu gewährleisten.

[106] Ist eine Datei im Hinblick auf die Aufnahmekapazität des Postfachs beim Registergericht zu teilen, fällt die Pauschale von 2,50 Euro für jede (Teil-)Datei an.

[107] Hierbei handelt es sich um die Tiff-Datei mit der elektronischen Aufzeichnung nebst Beglaubigungsvermerk und dazugehöriger Signaturdatei (.pkcs7) sowie den beiden Dateien, die die elektronisch beglaubigte Abschrift der Vertreterbestellungsurkunde bilden.

[108] Anders noch *Tiedtke/Sikora* MittBayNot 2006, 393, 396. Dies beruht darauf, dass § 136 Abs. 3 überhaupt nicht für einschlägig erklärt wurde. Bejaht man jedoch – wie hier – die Anwendbarkeit des § 136 Abs. 3, ist eine Auslagenerhebung daneben wegen des eindeutigen Gesetzeswortlauts nicht möglich.

[109] S. zB OLG Stuttgart JurBüro 1984, 1078; OLG Saarbrücken MittRhNotK 1984, 222; OLG Celle JurBüro 1994, 41; aA (gebührenfrei) zB OLG Frankfurt DNotZ 1987, 641 m. abl. Anm. *Reimann*; OLG Hamm ZNotP 2002, 123 m. abl. Anm. *Tiedtke*.

sich auch dann um einen „Entwurf" des Notars, wenn dieser nach § 147 Abs. 2 zu bewerten ist. Bei Übermittlung derartiger Dokumente an das Registergericht liegt also die Übermittlung einer eigenen Urkunde vor. Reicht der Notar von ihm errichtete oder entworfene Urkunden oder Erklärungen, unter welchen er eine Unterschrift beglaubigt hat, beim Registergericht ein, bestimmt § 147 Abs. 4 Nr. 1 Gebührenfreiheit, weil in solchen Fällen die Einreichung mit einer anderen gebührenpflichtigen Tätigkeit zusammenhängt.[110]

7. Versenden

138 Das Versenden nicht beurkundeter oder entworfener Dokumente: Reicht der Notar hingegen Schriftstücke ein, die von ihm weder beurkundet, noch entworfen worden sind, kommt § 147 Abs. 4 Nr. 1 nicht zur Anwendung. Die Übermittlung derartiger Fremdurkunden ist eine betreuende Tätigkeit, für die eine Gebühr nach § 147 Abs. 2 zu erheben ist.[111] Werden mehrere Fremdurkunden in einem Anmeldevorgang an dasselbe Registergericht elektronisch übermittelt (zB Gesellschafterliste und Gesellschafterbeschluss), liegt – wegen desselben Empfängers – nur eine Nebentätigkeit vor, für die nur einmal eine $^5/_{10}$ Gebühr nach § 147 Abs. 2 berechnet werden kann. Der Geschäftswert für die Gebühr nach § 147 Abs. 2 ist nach § 30 Abs. 1 zu bestimmen. Für Vorgänge mit einem niedrigen Ausgangswert kann ein Teilwert von 10–20% angenommen werden, jedoch sollte bei höheren Ausgangswerten der Teilwert so bemessen sein, dass alle bewertungsrelevanten Komponenten des § 30 Abs. 1 berücksichtigt werden, wie zB Aufwand, Haftungsträchtigkeit, Bedeutung des Vorgangs und Gebührengerechtigkeit. Deshalb kann der anzunehmende Teilwert in Einzelfällen auch deutlich unter 10% des Ausgangswertes liegen, da regelmäßig eine wenig aufwändige Tätigkeit mit geringem Haftungspotential vorliegen dürfte. Der Ausgangswert errechnet sich nach dem Wert des Hauptgeschäftes, also idR nach der Registeranmeldung, deren Wert gemäß § 39 Abs. 4 auf 500 000 Euro beschränkt ist. Bei Annahme eines Teilwertes von 10% aus diesem Höchstwert beträgt der Wert für die Gebühr nach § 147 Abs. 2 50 000 Euro, die hieraus zu erhebende $^5/_{10}$ Gebühr 66 Euro. Handelt es sich jedoch beispielsweise um eine Gesellschafter- oder Übernehmerliste oder um einen Sachgründungsbericht, ist der Ausgangswert nicht auf 500 000 Euro beschränkt (§ 39 Abs. 4 ist hier nicht anzuwenden). Der Teilwert kann deshalb in Einzelfällen mit sehr hohen Ausgangswerten im Promillebereich liegen. Werden mit eigenen Urkunden zusätzlich Fremdurkunden übersandt (Mischfall), wird die Gebühr nicht erhoben.

§ 41 b* Geschäftswert bei Anmeldungen zum Partnerschaftsregister

Für Anmeldungen zum Partnerschaftsregister gilt § 41 a, soweit er auf die offene Handelsgesellschaft Anwendung findet, entsprechend.

Schrifttum: *Otto* JurBüro 1997, 61; *Tiedtke* MittBayNot 1997, 14.

Übersicht

	Rn.		Rn.
I. Allgemeines	1–3	III. Reglungsinhalt	6–9
1. Ausgangslage	1	1. Systematik der entsprechenden Anwendung von § 41 a	6, 7
2. Sonderkostenvorschrift	2, 3	2. Erstanmeldung	8
II. Mögliche Anmeldungen zum Partnerschaftsregister	4, 5	3. Spätere Anmeldungen	9
		IV. Anmeldungen bei Umwandlungen	10

---

[110] Vgl. *Tiedtke/Sikora* MittBayNot 2006, 393, 396.
[111] Ausführlich *Tiedtke/Sikora* MittBayNot 2006, 393, 397 m. Hinweis auf OLG Hamm NotBZ 2002, 266 m. zust. Anm. *Lappe* = RNotZ 2002, 516 m. zust. Anm. *H. Schmidt,* das in dem Versenden eines Schriftstücks nach Unterschriftsbeglaubigung im Auftrag des Unterschriftsleistenden an Dritte zu Recht eine gebührenpflichtige Nebentätigkeit nach § 147 Abs. 2 sieht.
* § 26 a eingefügt durch Gesetz vom 25. 7. 1994 (BGBl. I S. 1744), neu gefasst durch Gesetz vom 20. 12. 1996 (BGBl. I S. 2090). § 41 b wurde anstelle von § 26 a (aufgehoben mit Wirkung vom 1. 12. 2004) eingefügt durch Gesetz vom 3. 7. 2004 (BGBl. I S. 1410).

§ 41b

Stichwortverzeichnis

Auflösung 4
Erstanmeldung 7, 8
Freie Berufe 1
Gegenstand 4
Handelsregistergebühren-Neuordnungsgesetz 3
Partnerschaftsregister 4, 5

Spätere Anmeldungen 7, 9
Teilrechtsfähigkeit 1
Umwandlung 10
Vertretungsbefugnis 4
Vertretungsmacht 4
Verweisung 2

I. Allgemeines

1. Ausgangslage

1   Das Gesetz zur Schaffung von Partnerschaftsgesellschaften und zur Änderung anderer Gesetze vom 25. 7. 1994 regelt das Recht der Partnerschaften Angehöriger freier Berufe. Derartige Partnerschaften gab es schon bisher. Das PartGG führt die Registrierung solcher Partnerschaften in einem **Partnerschaftsregister** ein (§ 160b FGG) und verleiht den Partnerschaften von Angehörigen freier Berufe die **Teilrechtsfähigkeit,** wie sie Offenen Handelsgesellschaften und Kommanditgesellschaften bislang zukam (§ 7 Abs. 2 PartGG iVm. § 124 HGB).

2. Sonderkostenvorschrift

2   Das Gesetz zur Schaffung von Partnerschaftsgesellschaften und zur Änderung anderer Gesetze hat den inzwischen zum 1. 12. 2004 aufgehobenen 26a in die KostO eingeführt. Ein wesentlicher Regelungsinhalt des § 26a aF ist die Verweisung auf den ebenfalls inzwischen aufgehobenen § 26, wobei die Verweisung ab 1. 1. 1997 dahin eingeschränkt ist, dass lediglich die in § 26 aF eingehaltenen Bestimmungen für die Offene Handelsgesellschaft entsprechend anzuwenden sind.

3   Durch das Handelsregistergebühren-Neuordnungsgesetz (HRegNeuOG) vom 3. 7. 2004, das am 1. 12. 2004 in Kraft getreten ist, wurde § 26a aufgehoben und, was die Anmeldungen zum Partnerschaftsregister betrifft, inhaltsgleich, also ohne strukturelle Änderungen, durch § 41b wieder eingefügt. Bis 30. 11. 2004 regelte § 26a auch die Eintragungen in das Partnerschaftsregister. Durch die Einführung aufwandsbezogener Eintragungsgebühren sind nunmehr auch die Gebühren für die Eintragungen in das Partnerschaftsregister in der Handelsregistergebührenverordnung (HRegGebV) bestimmt (s. systematische Ausführungen bei § 41a Rn. 1, 1a–1g).

II. Mögliche Anmeldungen zum Partnerschaftsregister

4   Das PartGG sieht **Eintragungen** in folgenden Bestimmungen vor:
– § 4 Abs. 1 S. 2 iVm. § 3 Abs. 2: die Eintragung des Namens und des Sitzes der Partnerschaft, deren Namen und Vornamen, sowie die Berufe und des Wohnortes eines jeden Partners, des Gegenstandes der Partnerschaft.
– § 4 Abs. 1 S. 3: die Änderung der erstmals für die Partnerschaft vorzunehmenden Eintragungen gemäß § 3 Abs. 2.
– § 7 Abs. 3 iVm. § 125 Abs. 1, 2 und 4 HGB: Abweichungen von der gesetzlichen Vertretungsbefugnis (Einzelvertretungsberechtigung).
– § 7 Abs. 3 iVm. § 127 HGB: die Entziehung der Vertretungsmacht.
– § 9 Abs. 1 iVm. § 143 HGB: Auflösung der Partnerschaft und Ausscheiden eines Partners aus der Partnerschaft.

5   **Anzumelden** sind die Tatsachen, die im Partnerschaftsregister einzutragen sind (vgl. Rn. 4). Für die Anmeldung selbst gilt ergänzend § 4 Abs. 1 S. 1 PartGG iVm. § 108 HGB: Die Handelsregisteranmeldung ist von allen Partnern vorzunehmen.

III. Regelungsinhalt

1. Systematik der entsprechenden Anwendung von § 41a

Die Vorschrift des § 41b verweist auf § 41a und präzisiert dessen entsprechende Anwendung. 6

§ 41a unterscheidet zwischen Anmeldungen, die einen **Geldbetrag** betreffen und sonstigen Anmeldungen, wobei hier zwischen **Erstanmeldungen** und **späteren Anmeldungen** differenziert wird. Da bei Partnerschaften nicht (wie etwa bei der Kommanditgesellschaft die Kommanditeinlage) ein Geldbetrag einzutragen ist, kommt eine Eintragung, die einen Geldbetrag betrifft, hier nicht in Betracht. Die Unterscheidung „Erstanmeldung und spätere Anmeldung" ist dagegen wie im Rahmen des § 41a vorzunehmen. Spätere Anmeldungen sind sämtliche Anmeldungen außer derjenigen nach § 4 Abs. 1 S. 2 iVm. § 3 Abs. 2 PartGG (Erstanmeldung). 7

2. Erstanmeldung

Bei der Erstanmeldung einer Partnerschaftsgesellschaft beträgt der Mindestwert 37 500 Euro, der sich für den dritten und jeden weiteren Partner um 12 500 Euro erhöht (§ 41a Abs. 3 Nr. 2). 8

3. Spätere Anmeldungen

Für spätere Anmeldungen ist ein Festwert von 25 000 Euro zugrunde zu legen; beim Eintritt und beim Ausscheiden von mehr als zwei Partnern erhöht sich dieser Wert um 12 500 Euro für jeden weiteren Partner (§ 41a Abs. 4 Nr. 3). Jedes Ausscheiden und jeder Eintritt eines Partners ist ein eigenständiger Vorgang. Die in Bezug genommene Vorschrift des § 41a Abs. 4 Nr. 3 ist zugleich Spezialregelung gegenüber § 44 Abs. 2. S. iÜ § 41a Rn. 60ff. 9

IV. Anmeldungen bei Umwandlungen

Durch das Gesetz zur Änderung des UmwG, des Partnerschaftsgesellschaftsgesetzes und anderer Gesetze vom 22. 7. 1998 (BGBl. I S. 1878) wurde die Partnerschaftsgesellschaft in den Kreis der umwandlungsfähigen Rechtsträger aufgenommen. Sie können auch Rechtsträger neuer Rechtsform sein (§ 191 Abs. 2 Nr. 2 UmwG). Die Grundsätze nach § 41a Rn. 108 und die kostenrechtliche Behandlung nach § 41a Rn. 109 gelten sinngemäß, soweit sie die OHG betreffen. 10

§ 41c* Beschlüsse von Organen bestimmter Gesellschaften

(1) § 41a Abs. 4 gilt entsprechend für Beschlüsse von Organen von Kapital- oder Personenhandelsgesellschaften, Versicherungsvereinen auf Gegenseitigkeit oder juristischen Personen (§ 33 des Handelsgesetzbuchs), deren Gegenstand keinen bestimmten Geldwert hat.

(2) [1] Beschlüsse nach dem Umwandlungsgesetz sind mit dem Wert des Aktivvermögens des übertragenden oder formwechselnden Rechtsträgers anzusetzen. [2] Bei Abspaltungen oder Ausgliederungen ist der Wert des übergehenden Aktivvermögens maßgebend.

(3) [1] Werden in einer Verhandlung mehrere Beschlüsse beurkundet, so gilt § 44 entsprechend. [2] Dies gilt auch, wenn Beschlüsse, deren Gegenstand keinen bestimmten Geldwert hat, und andere Beschlüsse zusammentreffen. [3] Mehrere Wahlen oder Wahlen zusammen mit Beschlüssen über die Entlastung der Verwaltungsträger gelten als ein Beschluss.

---

* Der mit Wirkung zum 1. 12. 2004 aufgehobene § 27 wurde in Abs. 1 neu gefasst durch Gesetz vom 20. 12. 1996 (BGBl. I S. 2090). Abs. 2 eingefügt durch Gesetz vom 18. 6. 1997 (BGBl. I S. 1430). Die bisherigen Abs. 2 und 3 wurden die neuen Abs. 3 und 4. Neu gefasst durch Gesetz vom 27. 4. 2001 (BGBl. I S. 751). § 41c wurde anstelle von § 27 (aufgehoben mit Wirkung vom 1. 12. 2004) eingefügt durch Gesetz vom 3. 7. 2004 (BGBl. I S. 1410).

§ 41c

(4) **Der Wert von Beschlüssen der in Absatz 1 bezeichneten Art beträgt, auch wenn in einer Verhandlung mehrere Beschlüsse beurkundet werden, in keinem Fall mehr als 500 000 Euro.**

Übersicht

	Rn.
I. Anwendungsbereich	1–10
1. Gesetzliche Systematik	1–3
2. Normzweck	4–8
a) Geschäftswertbestimmung für Beschlüsse ohne bestimmten Geldwert	5
b) Klarstellung des Wertes von Umwandlungsbeschlüssen	6
c) Geschäftswert bei einer Mehrheit von Beschlüssen	7
d) Höchstwertbegrenzung	8
3. Tatbestandsmäßige Abgrenzung	9, 10
a) Beschlüsse	9
b) Sonstige Tatbestandsvoraussetzungen	10
II. Beschlüsse	11–17
III. Geschäftswertermittlung nach Abs. 1	18–56
1. Betroffene Vereinigungen	18–21
2. Allgemeine Grundsätze	22–28
a) Rechtsgeschäftliche Erklärung oder Beschluss?	22
b) Bestimmter Geldwert oder unbestimmter Geldwert?	23–25
c) Zustimmende und ablehnende Beschlüsse	26
d) Überflüssige Beschlüsse	27
e) Aufhebungsbeschlüsse	28
3. Beschlüsse mit bestimmtem Geldwert	29–48
a) Zustimmungs- oder Ermächtigungsbeschlüsse	29–31
b) Beschlüsse über Maßnahmen der Kapitalbeschaffung oder -herabsetzung oder Kapitalfeststellung	32–39
c) Beschlüsse über die Gewinnverwendung	40–46
d) Beschlüsse über die Verlustdeckung	47, 48
4. Beschlüsse unbestimmten Geldwertes	49–52a
a) Beschlüsse über Änderungen des Gesellschaftsverhältnisses	49
b) Entlastungsbeschlüsse	50
c) Beschlüsse über Regularien	51

	Rn.
d) Sonstige Beschlüsse	52
e) Societas Europaea (Europäische Aktiengesellschaft – SE), grenzüberschreitende Sitzverlegung	52a
5. Umwandlungsbeschlüsse	53
6. Geschäftswert nach § 41c Abs. 1	54–56
IV. Umwandlungsbeschlüsse (Abs. 2)	57–86
1. Allgemeines	57–67
a) Systematische Einordnung der Umwandlungsbeschlüsse in das Kostenrecht	57
b) Materiellrechtliche Behandlung von Umwandlungsmaßnahmen	58–66
c) Gebühren für Umwandlungsmaßnahmen	67
2. Geschäftswertermittlung	68–86
a) Verschmelzungsbeschluss	68–72
b) Spaltungsbeschluss	73–76
c) Vermögensübertragung	77
d) Formwechsel	78–86
V. Mehrheit von Beschlüssen (Abs. 3)	87–108
1. Grundsatz	87, 88
2. Abgrenzung	89–96
a) Beschlüsse desselben Organs	89–94
aa) Ein Beschluss	90–93
bb) Mehrere Beschlüsse	94
b) Beschlüsse verschiedener Organe	95, 96
3. Berechnung	97–99
a) Mehrere Beschlüsse bestimmten Geldwertes	97
b) Mehrere Beschlüsse unbestimmten Geldwertes	98
c) Gemischte Beschlüsse	99
4. Wahlen	100–102
5. Besonderheiten bei Euro-Umstellungen	103–106a
a) Ohne Kapitaländerung	104
b) Mit Kapitaländerung	105–106a
6. Zusammentreffen von Beschlüssen mit anderen Geschäften	107, 108
VI. Höchstwert (Abs. 4)	109, 110

Stichwortverzeichnis

Abgrenzungsfragen 22 ff.
Ablehnungsbeschluss 26
Abwahl 11, 100
Anteilsinhaber 64
Beherrschungsvertrag 30
Bestimmter Geldwert 5

Ein-Mann-Gesellschaft 13
Entlastungsbeschlüsse 50, 92
Ergebnisabführungsverpflichtung 45
Ermächtigungsbeschluss 29
Euro-Umstellung 103 ff.
Formwechselbeschluss 60, 78 ff.

Formwechselbeschluss und Gesellschaftsvertrag 84
Geschäftsführerbestellung 20
Gewinnabführungsvertrag 30
Gewinnschuldverschreibung 35
Gewinnverwendung 40
Glättung 103
Hauptversammlung 42
Heilung Sacheinlage 34
Höchstgebühr 3
Höchstwert 109
Kapitalerhöhung 37, 90
Kapitalherabsetzung 36, 90
Mehrheit von Beschlüssen 87 ff.
Mehrheit von Spaltungsbeschlüssen 73 ff.
Mehrheit von Verschmelzungsbeschlüssen 68 ff.
Nachschuss 37
Nebentätigkeiten 65
Ohne bestimmten Geldwert 5
Partnerschaftsgesellschaft 18
Rücklagen 46
Sacheinlage 33
Satzungsänderungen 49, 91
Spaltungsbeschluss 60
Societas Europaea 52 a
Tatbestandsvoraussetzungen 9, 10
Teilgewinnabführungsvertrag 30 a
Überflüssiger Beschluss 17, 27
Umwandlungsbericht 62
Umwandlungsbeschlüsse 53, 57 ff.
Umwandlungsprüfung 63
Umwandlung und Satzung 66
Unternehmensvertrag 30
Verdeckte Sacheinlage 34
Vereinigung Geschäftsanteile 106 a
Verlustdeckung 47
Verlustvortrag 40, 48
Verschmelzungsbeschluss 60 ff., 68
Wahlen 11, 100
Wandelschuldverschreibung 35
WEG-Beschluss 19
Zustimmungsbeschluss 26, 29

Schrifttum: *Filzek/Sommerfeldt* MittRhNotK 1997, 306; *Otto* JurBüro 1997, 61; *Reimann* MittBayNot 1995, 1; *Tiedtke* MittBayNot 1997, 14; *ders.* MittBayNot 1997, 209; *ders.* ZNotP 2001, 226 und 260; *Tiedtke/Sikora* MittBayNot 2006, 393; *Otto* JurBüro 2007, 120; *Sikora/Schwab* MittBayNot 2007, 1.

I. Anwendungsbereich

1. Gesetzliche Systematik

Der mit Wirkung zum 1. 12. 2004 aufgehobene § 27 bestimmte den Geschäftswert von **Beschlüssen.** An seine Stelle ist § 41 c getreten. Durch die Aufhebung der bisherigen für die Bestimmung der Geschäftswerte maßgeblichen Kostenvorschrift und die Einfügung des § 41 c ergaben sich jedoch keine strukturellen Veränderungen. Die Aufhebung des § 27 und Einfügung des § 41 c beruhte auf der bisherigen Gesetzessystematik, da § 26, auf welchen § 27 zur Wertbestimmung bei geldwertunbestimmten Beschlüssen Bezug nahm, ebenfalls aufgehoben und als neuer § 41 a eingefügt worden ist. § 47 legt den Gebührensatz fest, der bei Beschlüssen gilt. § 41 c ist auch nach der Neuordnung der §§ 27 bis 29, von denen §§ 26, 26 a und 27 durch das HRegNeuOG aufgehoben wurden, eine inkomplette Regelung. Die Vorschrift galt nur noch für Kapital- und Personenhandelsgesellschaften, Versicherungsvereine auf Gegenseitigkeit und juristische Personen (§ 33 HGB). Beschlüsse anderer Vereine und Stiftungen sind nach § 29 zu bewerten. § 41 c ist auch im Zusammenhang mit den allgemeinen Wertvorschriften der §§ 18 bis 30 zu sehen; diese greifen ein, wenn Beschlüsse einen bestimmten Geldwert haben. § 41 c Abs. 1 S. 1 gilt dagegen nur für Beschlüsse, deren Gegenstand keinen bestimmten Geldwert haben. 1

§ 41 c Abs. 2 ist zu dem lex specialis zu Abs. 1 für Beschlüsse nach dem **Umwandlungsgesetz.** Diese sind mit dem Wert des Aktivvermögens des übertragenden oder formwechselnden Rechtsträgers anzusetzen, bei Abspaltung und Ausgliederung ist der Wert des übergehenden Aktivvermögens maßgebend. § 41 c Abs. 2 verdrängt demgemäß auch die allgemeinen Wertvorschriften der §§ 18 bis 30, gilt also bei Beschlüssen nach dem Umwandlungsgesetz nicht nur für solche, deren Gegenstand keinen bestimmten Geldwert hat. 2

§ 47 S. 2 setzt ergänzend zu § 41 c Abs. 4 (Höchstwert von 500 000 Euro für Beschlüsse, deren Gegenstand keinen bestimmten Geldwert betrifft) eine **Höchstgebühr** für Beschlüsse fest. Die Gebühr für Beschlüsse beträgt höchstens 5000 Euro. 3

2. Normzweck

4 § 41 c hat einen vierfachen Normzweck:

5 **a) Geschäftswertbestimmung für Beschlüsse ohne bestimmten Geldwert.** § 41 c ist eine Vorschrift zur Bestimmung des Geschäftswertes von Beschlüssen, wenn diese keinen bestimmten Geldwert haben. Betrifft ein Beschluss einen bestimmten Geldbetrag, ist dieser der Geschäftswert (abgesehen von der Sonderregelung nach Abs. 2). Für beide Arten von Beschlüssen legt § 47 den Gebührensatz fest. § 41 c verweist wegen der Beschlüsse, deren Gegenstand keinen bestimmten Geldwert hat, auf § 41 a Abs. 4. § 41 c Abs. 1 gilt dabei allerdings nur für Kapital- und Personenhandelsgesellschaften, Versicherungsvereinen auf Gegenseitigkeit und juristische Personen (§ 33 HGB). Für Beschlüsse anderer Vereinigungen gilt unverändert § 29.

6 **b) Klarstellung des Wertes von Umwandlungsbeschlüssen.** Abs. 2 stellt klar, dass auch bei formwechselnden Beschlüssen das Aktivvermögen (gemäß § 18 Abs. 3 ohne Schuldenabzug) des formwechselnden Rechtsträgers als Geschäftswert maßgebend ist.[1] Die Einfügung des § 41 c mit Wirkung ab 1. 12. 2004 hat daran nichts geändert.

7 **c) Geschäftswert bei einer Mehrheit von Beschlüssen.** Für mehrere Beschlüsse – unabhängig davon, ob diese einen Gegenstand mit bestimmtem oder unbestimmtem Geldwert haben – verweist § 41 c Abs. 3 auf § 44 (Rn. 87 ff.).

8 **d) Höchstwertbegrenzung.** § 41 c Abs. 4 setzt für Beschlüsse, die keinen bestimmten Geldwert haben, einen Höchstwert fest (Rn. 109). Dieser beträgt für derartige Beschlüsse durch Verweis auf § 41 a Abs. 4 in keinem Falle mehr als 500 000 Euro. Bei diesem Höchstwert bleibt es selbst dann, wenn mehrere Beschlüsse dieser Art in einer Niederschrift beurkundet werden. Auch dann beträgt der Geschäftswert höchstens 500 000 Euro, wenn mehrere Beschlüsse unbestimmten Geldwertes verschiedener Organe in einer Niederschrift zusammengefasst werden.

3. Tatbestandsmäßige Abgrenzung

9 **a) Beschlüsse.** § 41 c ist nur anwendbar, wenn es sich um Beschlüsse handelt, nicht bei sonstigen Willenserklärungen (s. Rn. 7 ff.).

10 **b) Sonstige Tatbestandsvoraussetzungen.** Im Übrigen hat jeder Absatz des § 41 c seine eigenen Tatbestandsvoraussetzungen: § 41 c Abs. 1 gilt nur für Beschlüsse von Kapital- und Personenhandelsgesellschaften, Versicherungsvereinen auf Gegenseitigkeit und juristischen Personen (§ 33 HGB), und nur dann, wenn die Beschlüsse keinen bestimmten Geldwert haben. § 41 c Abs. 2 gilt nur für Beschlüsse nach dem Umwandlungsgesetz. § 41 c Abs. 3 gilt für Beschlüsse jeder Art und für Beschlüsse mit bestimmtem und unbestimmtem Geldwert. § 41 c Abs. 4 gilt nur für Beschlüsse von Kapital- und Personenhandelsgesellschaften Versicherungsvereinen auf Gegenseitigkeit und juristischen Personen (§ 33 HGB), und nur, wenn die Beschlüsse keinen bestimmten Geldwert haben.

II. Beschlüsse

11 Beschlüsse sind mehrseitige Rechtsgeschäfte, mit der Besonderheit, dass sie der **Willensbildung** im Gesellschafts- und Vereinsrecht dienen. Die Eigenart besteht darin, dass für sie idR nicht das Prinzip der Willensübereinstimmung, sondern das Mehrheitsprinzip gilt. Beschlüsse binden auch den, der sich nicht an der Abstimmung beteiligt oder dagegen abstimmt. Auch **Wahlen** sind Beschlüsse im vorgenannten Sinn, einschließlich der „Abwahl". Wahlen und Abwahlen sind auch Beschlüsse im kostenrechtlichen Sinn.

12 § 41 c (bzw. § 29) iVm. § 47 kann somit nur dort anwendbar sein, wo das Gesetz oder die rechtsgeschäftliche Verfassung der Vereinigung eine derartige Willensbildung nicht nur

---

[1] Vgl. *Reimann* MittBayNot 1995, 1 zu den unterschiedlichen Auffassung vor Einfügung des § 27 Abs. 2 durch das Gesetz vom 18. 6. 1997 (BGBl. I S. 2090).

durch Willensübereinstimmung, sondern auch durch Beschluss (also prinzipiell mit Mehrheit, wenn auch bei bestimmten Maßnahmen einstimmig) vorsieht. Die Beschlussmöglichkeit braucht nicht gesetzlich bestimmt zu sein, sie kann auch auf **Rechtsgeschäft** beruhen, zB einem Konsortialvertrag, sogar auf einer Verfügung von Todes wegen, etwa wenn es um die Verfassung eines Familienstammes im Rahmen einer Kommanditgesellschaft geht.

Wo das Gesetz – auch ein ausländisches – die Willensbildung durch ein Beschlussorgan vorsieht, liegt selbst dann ein Beschluss und keine Erklärung vor, wenn dieses Organ aus einer Einzelperson (**Ein-Mann-Gesellschaft**) besteht,[2] wobei in derartigen Fällen besser von „Entschließung" statt von „Beschluss" zu sprechen ist. Als Ein-Mann-Gesellschaften kommen die GmbH (§ 1 GmbHG) und die AG (§ 2 AktG) vor. 13

Keine Beschlüsse, sondern **Willenserklärungen** sind demnach die Gründungsgeschäfte (Gesellschaftsvertrag, Satzungen usw.), die Verträge, die bei Umwandlungsmaßnahmen (vgl. § 41 a Rn. 90 ff.) zwischen den beteiligten Unternehmen abgeschlossen werden, die Änderung eines Gesellschaftsvertrages durch sämtliche Gesellschafter einer Personengesellschaft als Gesellschafter (nicht als Beschlussorgan), selbst wenn diese den Ausdruck „Beschlüsse" wählen.[3] Umgekehrt braucht ein „Beschluss" nicht zwingend als solcher bezeichnet werden. Wenn eine Willensbildung nur durch ein Beschlussorgan gefasst werden kann, liegt zwingend ein Beschluss und keine Willenserklärung vor. Beispielhaft ist hier die Bestellung des (ersten) Geschäftsführers bei Errichtung einer GmbH zu erwähnen. Zwar sieht § 6 Abs. 3 Satz 2 GmbHG vor, dass die Bestellung im Gesellschaftsvertrag (Satzung) erfolgen kann, außerhalb der Satzung ist die Bestellung aber nicht als Willenserklärung, sondern nur durch „Beschluss" möglich. Die Gründungsgesellschafter können sich außerhalb der Satzung nur als Beschlussorgan äußern, gleich, ob die Beschlussfassung als solche ausformuliert („wir treten unter Verzicht auf alle gesetzlich vorgesehenen Fristen und Formen …") ist oder nicht.[4] Für die Bestellung des ersten Aufsichtsrates nach § 30 AktG liegt immer ein Beschluss vor. Die Bestellung bedarf in jedem Fall der notariellen Beurkundung.[5] 14

Keine Willenserklärungen, sondern **Beschlüsse** sind diejenigen, die bei Umwandlungsmaßnahmen von den Beschlussorganen der beteiligten Unternehmen zu fassen sind, ferner, wenn die zu einem besonderen Beschlussorgan zusammengefassten Gesellschafter einer Personengesellschaft ihren Gesamtwillen, wenn auch einstimmig, bekunden.[6] Auch bei Gemeinschaften (§ 745 BGB), BGB-Gesellschaften (§ 709 Abs. 2 BGB) und anderen mehrgliedrigen Rechtsträgern kann es Beschlüsse geben, auch bei der Erbengemeinschaft, ja sogar ad hoc können Beschlussorgane bei mehrgliedrigen Rechtsträgern und mehrgliedrigen Organen gebildet werden. 15

Für die Frage, ob ein Beschluss oder eine Willenserklärung beurkundet wird, ist entscheidend, ob die notarielle Urkunde den **Vorgang der Gesamtwillensbildung** oder lediglich ihr Ergebnis, nämlich die Willenserklärung, beinhaltet; im ersten Fall ist § 47 iVm. § 41 c (bzw. § 29) maßgebend, im zweitgenannten Fall gelten die §§ 36 ff. Ein Beschluss liegt nicht vor, wenn sich nur **einzelne Versammlungsteilnehmer** zustimmend oder ablehnend äußern; nur wenn die Versammlung als Ganzes auf entsprechende Anregung, wenn auch nur durch einzelne, Stellung nimmt, kann im Zuruf ein Beschluss liegen.[7] 16

Die Gebühr ist unabhängig davon, ob der Gesamtwille einwandfrei oder fehlerhaft zustande kam, die Beschlüsse daher etwa **anfechtbar** oder **nichtig** sind; auch unabhängig davon, ob sie notwendig oder überflüssig sind (s. jedoch Rn. 29 b–29 f). War jedoch der Notar zugleich zur Beratung zugezogen (dann aber besondere Gebühr nach § 147 17

---

[2] KG DNotZ 1938, 107; LG Arnsberg JVBl. 1969, 69.
[3] KG DNotZ 1938, 756.
[4] KG ZNotP 2006, 235 m. Anm. *Tiedtke* = NotBZ 2006, 210 = MittBayNot 2006, 445.
[5] OLG Zweibrücken MittBayNot 2003, 312 = ZNotP 2003, 410 = RNotZ 2002, 463 = JurBüro 2002, 492; OLG München ZNotP 2006, 79 m. Anm. *Tiedtke* = RNotZ 2006, 69 = MittBayNot 2006, 444.
[6] KG DNotZ 1939, 681; OLG München DNotZ 1940, 31.
[7] OLG Frankfurt JurBüro 1963, 32.

§ 41c 1. Teil. 2. Abschnitt: 1. Beurkundungen und ähnliche Geschäfte

Abs. 2, s. dort), so kann der Wert für **überflüssige Beschlüsse** uU außer Betracht bleiben, wenn es der Notar unterlassen hat, auf die Entbehrlichkeit hinzuweisen (§ 16).

III. Geschäftswertermittlung nach Abs. 1

1. Betroffene Vereinigungen

18 § 41c Abs. 1 gilt nur für Beschlüsse von Organen von Kapital- und Personenhandelsgesellschaften, Versicherungsvereinen auf Gegenseitigkeit und juristischen Personen (§ 33 HGB). Für alle übrigen Vereinigungen, deren Organe Beschlüsse fassen, gilt § 29, es sei denn, es handelt sich um Beschlüsse nach dem UmwG, für welche die Spezialnorm, § 41c Abs. 2, die alle Rechtsträger erfasst, gilt. **Kapitalgesellschaften** sind die GmbH, die AG und die KGaA. **Personenhandelsgesellschaften** sind die OHG, die KG und die EWIV. **Juristische Personen** gemäß § 33 HGB sind Idealvereine (Nebentätigkeitsprivileg, § 21 BGB), Wirtschaftsvereine (§ 22 BGB), privat-rechtliche Stiftungen (§§ 80 ff. BGB), öffentlich-rechtliche Körperschaften, Anstalten und Stiftungen (§ 89 BGB). Ausländische juristische Personen, die im Inland ein Handelsgewerbe betreiben, fallen demgegenüber unter §§ 13d, 13e, 13f HGB, sie sind Zweigniederlassungen dieser ausländischen juristischen Personen.

19 **Alle anderen** in Frage kommenden **Vereinigungen**, die Beschlüsse fassen können, werden nicht von § 41c, sondern von § 29 erfasst, es sind dies die Genossenschaften, die Gewerkschaften, die BGB-Gesellschaften, Stiftungen, Vereine und Eigentümergemeinschaften nach dem WEG. Beschlüsse nach dem UmwG unterliegen auch für diese Vereinigungen jedoch stets § 41c Abs. 2.

19a Keine spezielle Regelung enthält die Kostenordnung für Beschlüsse von **Partnerschaftsgesellschaften;** § 41b bestimmt nur den Geschäftswert für Anmeldungen zum Partnerschaftsregister. Für die Partnerschaftsgesellschaft gelten neben den Bestimmungen des PartGG ergänzend durch Verweisung (zB in §§ 4 bis 9 PartGG) die Bestimmungen des HGB, soweit sie die OHG betreffen. Bedeutung haben Beschlüsse von Partnerschaftsgesellschaften im Wesentlichen im Bereich von Vorgängen nach dem UmwG. Partnerschaftsgesellschaften wurden durch Änderung des UmwG vom 22. 7. 1998 (BGBl. I S. 1878) in den Kreis der verschmelzungs-, spaltungs- und ausgliederungsfähigen Rechtsträger aufgenommen (§§ 3, 124 Abs. 1 UmwG). Gleiches gilt für den Formwechsel (§ 191 Abs. 1 Nr. 1 und Abs. 2 Nr. 2 UmwG). Beschlüsse nach dem Umwandlungsgesetz fallen zwingend unter § 41c Abs. 2. Daher gelten für Beschlüsse von Partnerschaftsgesellschaften die Grundsätze für Beschlüsse von offenen Handelsgesellschaften.

20 Gegenüber dem Wortlaut von § 27 aF ist in Überschrift und erstem Satz (zugleich erstem Absatz) von § 41c (nF) der Kreis der Gesellschaften, für deren Wert § 41c unmittelbar anwendbar ist, verändert worden.[8] Hieraus könnte sich eine Konsequenz für die **Geschäftsführerbestellung bei Gründung einer GmbH** ergeben. Bis zur Neuordnung der §§ 26 bis 29 aF konnte es dahingestellt bleiben, ob eine GmbH in Gründung bereits gebührenrechtlich als GmbH oder als „andere Vereinigung" iS von § 41c Abs. 1 S. 1 (aF) wie auch iS des § 47 S. 1 zu sehen ist. Wird die GmbH in Gründung als „andere Vereinigung" angesehen, wäre insoweit jetzt § 29 maßgebend. Der Geschäftswert wäre demnach nach § 30 Abs. 2 zu ermitteln. Da bei der Geschäftsführerbestellung einer GmbH in Gründung kein sachlicher Unterschied zur Geschäftsführerbestellung bei einer schon entstandenen GmbH besteht – schon aus Gründen der Gleichbehandlung – kann über § 30 Abs. 2 dann doch wieder auf § 41a Abs. 4 Nr. 1 zurückgegriffen werden.[9] Schon aus diesem Grund ist es richtig, Beschlüsse einer GmbH in Gründung wie solche einer bereits entstandenen GmbH zu behandeln.

21 Betreibt ein **eingetragener Verein** einen in das Handelsregister eingetragenen Geschäftsbetrieb (§ 33 HGB), so unterliegen seine Beschlüsse, die nur den im Handelsregister eingetragenen Geschäftsbetrieb betreffen, der Vorschrift des § 41c. Betrifft der Beschluss

---

[8] *Otto* JurBüro 1997, 64.
[9] *Filzek* Notarkosten-Fibel S. 218.

das gesamte Vermögen des Vereins, wie zB eine Satzungsänderung, so ist nicht § 41 c, sondern § 29 maßgebend.[10]

2. Allgemeine Grundsätze

a) Rechtsgeschäftliche Erklärung oder Beschluss? Bei der Beurkundung rechtsgeschäftlicher Erklärungen ist Gegenstand der Beurkundungen die Niederlegung endgültiger Willenserklärungen; der Wert bestimmt sich daher nach dem Inhalt der Erklärungen. Bei der Beurkundung von Beschlüssen ist Gegenstand des Beurkundungsgeschäfts der Vorgang bei der Gesamtwillensbildung, nicht die bloße Niederlegung des Ergebnisses der Beschlussfassung, sondern zum Zwecke der Nachprüfung einwandfreier Beschlussfassung das Zustandekommen des Gesamtwillens, worauf der Notar nicht einzuwirken hat. Das Gesetz bestimmt daher hier den Geschäftswert nicht nach dem Ergebnis der Beschlussfassung, sondern nach dem Gegenstand der Gesamtwillensbildung, also nicht danach, was beschlossen wird, sondern danach, worüber beschlossen wird; nicht nach dem Abstimmungsergebnis, sondern nach dem Abstimmungszweck. Das ergibt sich daraus, dass § 41 c nicht darauf abstellt, ob der Beschluss (= Ergebnis der Gesamtwillensbildung) bestimmten oder unbestimmten Geldwertes ist, sondern darauf, ob der Gegenstand der Beschlussfassung bestimmten oder unbestimmten Geldwert hat. 22

b) Bestimmter Geldwert oder unbestimmter Geldwert? Die Wertbestimmungen der §§ 41 c und 29 unterscheiden Beschlüsse, deren Gegenstand einen bestimmten Geldwert hat, von solchen, deren Gegenstand keinen bestimmten Geldwert hat. Ob ein Beschlussgegenstand einen bestimmten Geldwert hat, ist nach den allgemeinen Wertvorschriften zu entscheiden. Liegt ein solcher vor, so ist dieser maßgebend. Die Spezialregelung des Abs. 2 für Umwandlungsbeschlüsse ist zu beachten (vgl. Rn. 6). 23

Die Bezugnahme auf einen bestimmten Geldwert ist weitergehend als in § 41 a, wo stets die Eintragung auf einen bestimmten Geldbetrag gerichtet sein muss; „bestimmter Geldwert" bedeutet nicht „bestimmter Geldbetrag". Ein Beschluss hat einen **bestimmten Geldwert,** wenn der Wert nach den §§ 18 bis 30 festzusetzen ist oder sonst ein bestimmter Wert" feststeht, mag er auch aus gegebenen Rechnungsfaktoren zu errechnen sein. Es genügt auch, dass sich der Geldwert aus **beigefügten Unterlagen** ohne weitere Berechnung ergibt.[11] Nach allgM ist dies stets der Fall, wenn der Beschlussgegenstand (nicht das Ergebnis) auf die Begründung eines neuen Rechtsverhältnisses gerichtet ist, deren Wert sich in einer bestimmten Summe vom Wert des ursprünglichen Rechtsverhältnisses unterscheidet.[12] Anders als bei § 41 a Abs. 1 kommt es nicht darauf an, dass ein bestimmter Geldbetrag in das Handelsregister eingetragen wird. 24

Wird im Rahmen einer Hauptversammlung die Anzeige des Vorstandes gemäß § 92 AktG beurkundet, nachdem ein **Verlust in Höhe der Hälfte des Grundkapitals** besteht, liegt **kein** Beschluss vor. Die Gebührenberechnung ist nach § 50 Abs. 1 vorzunehmen (s. § 50 Rn. 21). 24 a

Beschlüsse **unbestimmten Geldwertes** liegen vor, wenn tatsächliche Anhaltspunkte für eine Wertfeststellung überhaupt fehlen. Sind solche zwar gegeben, steht der Wert aber nicht ziffernmäßig fest, muss er vielmehr nach § 30 Abs. 1 geschätzt werden, so steht dies der Annahme eines „bestimmten Geldwertes" nicht entgegen. Beispielhaft sei hier erwähnt der Beschluss über die Zustimmung zu einer Geschäftsanteilsveräußerung (s. Rn. 29 b). Der Zustimmungsbeschluss betrifft einen bestimmten Geldbetrag. Der Geschäftswert ist also in gleicher Weise zu bestimmen, wie für die Anteilsveräußerung. Bei unentgeltlicher Veräußerung ist der Wert des Geschäftsanteils nach § 30 Abs. 1 zu bestimmen, gleichwohl wird beim Zustimmungsbeschluss ein bestimmter Geldwert angenommen (s. auch Rn. 26, 29). Ist ein unbestimmter Geldwert anzunehmen, wird der Geschäftswert dann nach den §§ 41 c, 29 ermittelt. 25

---

[10] *Rohs/Wedewer* Rn. 4.
[11] BayObLG JurBüro 1981, 905.
[12] KG DNotZ 1937, 825; OLG München DNotZ 1939, 429.

26   **c) Zustimmende und ablehnende Beschlüsse.** Der Wert ist unabhängig davon, ob der Gesamtwille einem Beschlussgegenstand zustimmt oder ob er ihn ablehnt, d. h. Zustimmungs- und Versagungsbeschlüsse haben gleichen Wert.[13]

27   **d) Überflüssige Beschlüsse.** Der Wert ist ferner unabhängig davon, ob eine Gesamtwillensbildung nach Gesetz oder Satzung notwendig ist, d. h. auch überflüssige Beschlüsse haben den Wert des Gegenstandes, worüber beschlossen wird.[14] Voraussetzung ist jedoch, dass die Beteiligten die Beurkundung des Beschlusses verlangt haben. Zur möglichen Anwendung des § 16 s. jedoch Rn. 17, 29 c.

28   **e) Aufhebungsbeschlüsse.** Der einen Beschluss aufhebende Beschluss hat den Wert, den der aufgehobene Beschluss hätte, wenn er im Zeitpunkt seiner Aufhebung gefasst worden wäre; denn Beschlussgegenstand ist hier das Ergebnis der ersten Beschlussfassung.[15]

3. Beschlüsse mit bestimmtem Geldwert

29   **a) Zustimmungs- oder Ermächtigungsbeschlüsse.** Beschlüsse bestimmten Geldwerts sind Zustimmungs- und Ermächtigungsbeschlüsse zu solchen Rechtsgeschäften der Vertretungsorgane, deren Wert nach §§ 18 bis 30, 39 bis 41 zu bestimmen ist; sie haben den Wert des vorzunehmenden oder vorgenommenen Rechtsgeschäfts.[16] Hat dieses Rechtsgeschäft keinen bestimmten Wert iS des § 30 Abs. 1, so wird dadurch nicht der Zustimmungsbeschluss zu einem Beschluss ohne bestimmten Geldwert iS des § 41 c, vielmehr ist dann nach den allgemeinen oder besonderen Wertbestimmungen (§§ 18 bis 30, 39 bis 41 usw.) der Wert des Geschäfts, dem zugestimmt wird, festzustellen (als ob dieses beurkundet wäre); dieser Wert ist Geschäftswert des Beschlussgegenstandes. Zur Bewertung des Zustimmungsbeschlusses zum Unternehmensvertrag s. Rn. 30.

29 a   Wird der Vorstand von der Hauptversammlung zum **Erwerb eigener Aktien** ermächtigt, liegt ein geldwertbestimmter Beschluss vor. Der Geschäftswert bestimmt sich nach dem Kurswert der Aktien im Zeitpunkt der Beschlussbeurkundung. Ist jedoch der Preis, zu welchem der Erwerb erfolgen darf, ziffernmäßig im Beschluss festgelegt, so gilt dieser. Bei Festlegung eines Höchstbetrages ist dieser maßgebend.

29 b   **Zustimmungsbeschluss zur Veräußerung von Geschäftsanteilen.** Stimmen die Gesellschafter durch Gesellschafterbeschluss zu, ist bei Beurkundung dieses Beschlusses eine 20/10-Gebühr nach § 47 zu erheben, bei Zusammenbeurkundung mit dem Veräußerungsvertrag neben der Gebühr nach § 36 Abs. 2, da § 44 beim Zusammentreffen von rechtsgeschäftlichen Erklärungen und Beschlüssen keine Anwendung findet. Da ein Beschluss mit bestimmtem Geldwert vorliegt, ist der Geschäftswert in gleicher Weise zu bestimmen, wie für das Rechtsgeschäft, dem zugestimmt wird.[17]

29 c   Ob ein **Beschluss notwendig** ist, muss im **Einzelfall geprüft** werden. Ist nach der **Satzung eine Zustimmung durch Beschluss** notwendig, ist die Mitbeurkundung des Beschlusses mit der Kostenfolge des § 47 im Regelfall **keine unrichtige Sachbehandlung,** wenn die **Beteiligten** nicht eine andere **Verfahrensweise wünschen.**

29 d   Bei der **Ein-Mann-GmbH** oder in dem Fall, dass alle Gesellschafter einer GmbH bei der Anteilsabtretung mitwirken, wird man auch aus **Nachweisgründen keine Notwendigkeit** für die **Beurkundung** des Zustimmungsbeschlusses begründen können. In diesem Fall gehen Rspr. und Literatur davon aus, dass die **Zustimmung** zur Anteilsabtretung **konkludent** immer miterklärt ist.[18] Das DNotI kommt in einem Gutachten[19] zum Ergebnis, dass eine

---

[13] Ebenso – mit etwas anderer Begründung – KG DNotZ 1937, 432; OLG München DNotZ 1938, 753.
[14] Ebenso – mit der Begründung, maßgebend sei der Wortlaut der Beschlüsse – KG DNotZ 1937, 825; DNotZ 1940, 322; OLG München DNotZ 1937, 825; OLG Bremen Rpfleger 1957, 413; OLG Hamm Rpfleger 1952, 498; OLG Celle JurBüro 1967, 817.
[15] KG DNotZ 1938, 107.
[16] KG, erwähnt JFGErg. 13, 194.
[17] *Rohs/Wedewer* Rn. 14.
[18] BGH GmbHR 1991, 311; *Scholz* § 15 GmbHG Rn. 101; *Baumbach/Hueck* § 15 GmbHG Rn. 36 und 38; *Luther/Hommelhoff* § 15 GmbHG Rn. 31.
[19] DNotI-Report 2003, 185 und DNotI-Report 2004, 45.

stillschweigende Zustimmung auch bei Vorliegen einer Vinkulierungsklausel bereits in der Mitwirkung aller Gesellschafter an der Abtretung gesehen werden kann, und zwar selbst dann, wenn nach dem Gesellschaftsvertrag die Genehmigung der Gesellschafterversammlung erforderlich ist.[20] Dies betrifft nicht nur die Veräußerung durch den Alleingesellschafter, sondern auch die zweigliedrige GmbH, bei der ein Gesellschafter seine Anteile an den anderen Gesellschafter abtritt (teleologische Reduktion der Vinkulierungsklausel).

Bindet die Satzung die Anteilsabtretung an die „Zustimmung der Gesellschafter", muss durch Auslegung der jeweiligen Satzungsbestimmung geklärt werden, ob die Gesellschafter einzelne **Zustimmungserklärungen** abgeben können oder ob ein **Beschluss als körperschaftlicher Akt** erforderlich ist. **29 e**

Kommt man zu dem Ergebnis, dass ein Beschluss gefasst werden muss, kann im Einzelfall die Mitbeurkundung sachgerecht sein. Wünschen die Beteiligten keine „Beurkundung", weil keine Beurkundungspflicht besteht, da formfrei möglich, entsteht eine $20/10$ **Gebühr nach § 47**, wenn der **Beschluss** vom Notar **entworfen** wird. Der Geschäftswert ist wie für die Abtretung selbst zu bestimen (s. auch § 145 Rn. 11 ff.). **29 f**

Umstritten ist, ob Zustimmungs- oder Ablehnungsbeschlüsse zu **Unternehmensverträgen** einen bestimmten Geldwert haben. Nach der BGH-Rechsprechung[21] bedarf der Zustimmungsbeschluss der Gesellschafterversammlung einer beherrschten Gesellschaft zu einem Unternehmensvertrag der notariellen Beurkundung. Positivrechtliche Grundlagen für einen Unternehmensvertrag sind die §§ 291ff. AktG. Nach Auffassung des OLG Hamm[22] lässt sich idR weder für die Zukunft noch für die Vergangenheit ein bestimmter Geld*betrag* (§ 41 c Abs. 1 spricht von *Geldwert!*) ermitteln, eine Schätzung gemäß § 30 Abs. 1 und Abs. 2 sei unzulässig.[23] Nach Ansicht des BayObLG[24] ist nur im Regelfall von einem unbestimmten Geldwert auszugehen. Unter Heranziehung von § 24 Abs. 1 lit. b (12½-facher Multiplikationsfaktor) will das BayObLG bei Verträgen von unbeschränkter Dauer auf einen bestimmten Geldwert allerdings dann kommen, wenn der Zustimmungsbeschluss nach Ablauf von mehr als 13 Jahren „seit tatsächlicher Invollzugsetzung des Vertrages beurkundet wird". Das OLG Karlsruhe[25] nimmt ebenfalls einen Beschluss mit unbestimmtem Geldwert an, die bloße Bestimmbarkeit soll hiernach nicht ausreichen. Auch das OLG Stuttgart[26] nimmt – auch für sog. Altfälle – für den Zustimmungsbeschluss zu einem Beherrschungs- und Gewinnabführungsvertrag einen unbestimmten Geldwert an. Demgegenüber ist darauf hinzuweisen, dass Zustimmungs- und Ermächtigungsbeschlüsse zu Rechtsgeschäften, deren Wert nach §§ 18 bis 30, 39 bis 41 zu bestimmen ist, den gleichen Wert haben, wie das Rechtsgeschäft selbst;[27] § 41 c Abs. 1 S. 1 setzt nur einen Hilfswert fest, wenn ein bestimmter Geldwert (nicht Geldbetrag!) nicht zu ermitteln ist. Der Wert eines Unternehmensvertrages (Beherrschungs- und/oder Gewinnabführungsvertrag) ist nach § 30 Abs. 1, ggf. iVm. § 24, zu bestimmen. Bei Gewinnabführungsverträgen und bei der Vereinbarung der Ausgleichspflicht der Jahresfehlbeträge durch den Organträger – herrschende Gesellschaft – hat die Wertermittlung auf der Grundlage des Jahresgewinns bzw. des Jahresfehlbetrages der letzten Jahre zu erfolgen (§ 24). Im Übrigen sind – vor allem bei neuerrichteten Gesellschaften – als Grundlage der Wertbestimmung das Gesellschaftsvermögen, die Größe des Unternehmens und der Jahresumsatz angemessen heranzuziehen. Wird nur ein Beherrschungsvertrag, ohne Gewinnabführungsvereinbarung, abgeschlossen, ist der Wert gemäß § 30 Abs. 1 nach freiem Ermessen zu bestimmen; § 24 ist hier nicht anzuwenden.[28] Auch hier sind die Größe des Unternehmens, der Jahresum- **30**

---

[20] So auch schon *Haferland/Schmidt/Tiedtke* Rn. 425.
[21] DNotZ 1989, 102; DB 1992, 828.
[22] DNotZ 1994, 141.
[23] So auch *Reuter* BB 1989, 414.
[24] BayObLGZ 1990, 133 = DNotZ 1991, 401.
[25] BWNotZ 1995, 69; nunmehr auch OLG Celle ZNotP 2007, 157 m. krit. Anm. *Tiedtke*.
[26] FGPrax 1997, 115.
[27] S. auch *Bund* NotBZ 2004, 303.
[28] *Schmidt* BB 1989, 1292.

§ 41c

satz und die sonstigen Anhaltspunkte bei der Wertbestimmung angemessen zu berücksichtigen. Wird der Beherrschungsvertrag zugleich mit dem Ergebnisabführungsvertrag abgeschlossen, so erfolgt die Wertermittlung wie beim isolierten Ergebnisabführungsvertrag nach § 30 Abs. 1 iVm. § 24. Eine Werterhöhung wegen der Hinzunahme des Beherrschungsvertrages erfolgt nicht. Der Beherrschungsvertrag hat insoweit nur Sicherungsfunktion für die Ergebnisabführung.[29] Bei der Bewertung von Unternehmensverträgen sind die Grundsätze über die Bewertung von langfristigen Lieferverträgen und von sonstigen laufenden Verpflichtungen zu berücksichtigen. Bei der Wertbestimmung ist dabei die Ungewissheit der künftigen Entwicklung des Unternehmens durch Abschläge angemessen zu berücksichtigen. Der Wert eines Unternehmensvertrages ist nach § 30 Abs. 1 unter Heranziehung des durchschnittlichen Gewinnes oder Verlustes des beherrschten Unternehmens in den letzten Jahren, angemessen fünf Jahre, zu schätzen. Dabei ist unter Berücksichtigung der Größe und der künftig zu erwartenden Entwicklung des Unternehmens ein Zuschlag bzw. Abschlag des Jahresergebnisses in den letzten Jahren vertretbar. Der Umstand, dass das beherrschte Unternehmen auch Verluste produzieren kann und dass die Gewinnprognose mit erheblichen Unsicherheitsfaktoren belastet ist, ist im Rahmen der Zu- und Abschläge gemäß § 30 Abs. 1 zu berücksichtigen und rechtfertigt es nicht, einen Beschluss mit unbestimmtem Geldwert anzunehmen.[30] Auch gestattet es die KostO nicht, wie das BayObLG annimmt,[31] Gewinne und Verluste zu addieren; Verluste sind als Gegenleistung iS des § 39 Abs. 2 zu verstehen, so dass sie nur dann den Geschäftswert beeinflussen, wenn sie höher liegen, als die Gewinne.[32] Der hiernach ermittelte Jahreswert ist nach § 24 zu vervielfältigen. Ist der Unternehmensvertrag auf **bestimmte Zeit** abgeschlossen, so wird der Jahreswert mit der Zahl der einzelnen Jahre multipliziert, wobei der höchste Multiplikationsfaktor 25 beträgt (dies gilt also auch für Unternehmensverträge, deren feste Laufzeit mehr als 25 Jahre beträgt). Wird der Vertrag auf **unbestimmte Dauer** geschlossen, so ist der 12½-fache Jahreswert der Bewertung zugrunde zu legen.

30a Zustimmung zu einem **Teilgewinnabführungsvertrag:** Unter einem solchen Vertrag versteht man einen Beteiligungsvertrag, wonach sich beispielsweise eine AG an einer GmbH mit einer bestimmten Geldsumme in Form der stillen Beteiligung beteiligt. Wird dem stillen Teilhaber auf die Dauer des Beteiligungsverhältnisses eine zahlenmäßig festgelegte Verzinsung garantiert, liegt bei dem Beschluss der Gesellschafterversammlung der beherrschten Gesellschaft über die Zustimmung zum Teilgewinnabführungsvertrag ein Beschluss mit einem bestimmten Geldwert vor. Der Geschäftswert bestimmt sich nach dem Jahreszins, der mit der Laufzeit zu multiplizieren ist. Bei bestimmter Dauer ist die vereinbarte Dauer maßgebend, höchstens jedoch der 25-fache Jahresbetrag (§ 24 Abs. 1a), bei unbestimmter Dauer der 12½-fache Jahresbetrag (§ 24 Abs. 1b). Ist die Verzinsung ganz oder teilweise unbestimmt, liegt unbestimmter Geldwert vor. Wird jedoch der Beteiligung selbst zugestimmt, ist der Betrag maßgebend, mit welchem sich der stille Gesellschafter beteiligt, da dann ein Beschluss mit bestimmtem Geldwert vorliegt.

31 **Bestimmten Geldwert** haben (s. iÜ Rn. 32 ff.):
– Zustimmungsbeschlüsse zu Entäußerungsverträgen über Mitgliedschaftsrechte (Abtretung von Namensaktien, Kuxen, Geschäftsanteilen);[33] auch zur Einziehung eines Geschäftsanteils;
– Zustimmungsbeschlüsse über den Erwerb eigener Aktien;
– Beschlüsse über Geltendmachung, Verzicht, Vergleich bzgl. der Ersatzansprüche gegen Gründer, Vorstand, Aufsichtsrat;
– Beschlüsse über Kreditaufnahmen und Kreditlinien;

---

[29] *Schmidt* BB 1989, 1292.
[30] *Schmidt* BB 1989, 1290; zT aA *Janke* MittRhNotK 1989, 77.
[31] BayObLGZ 1990, 133.
[32] *Lappe* KostRsp. Nr. 14.
[33] Vgl. KG DNotZ 1941, 315; DNotZ 1944, 75.

– Beschlüsse über Bewilligung einer Vergütung an den Aufsichtsrat für das abgelaufene Geschäftsjahr – nicht für die Zukunft, es sei denn, die Vergütung ist ziffernmäßig bereits festgelegt, dann bestimmter Geldwert.[34]

b) Beschlüsse über Maßnahmen der Kapitalbeschaffung oder -herabsetzung oder Kapitalfeststellung. Bei Kapitalerhöhung ist der Wert gleich dem Erhöhungsnennbetrag, mindestens aber dem Ausgabebetrag der neuen Mitgliedschaftsrechte, bei Überpari-Ausgabe also der Ausgabebetrag (während für die Registeranmeldung hier nur der Erhöhungsnennbetrag maßgebend ist). 32

Bei einer **Kapitalerhöhung durch Sacheinlage** bestimmt sich der Geschäftswert sowohl für den Erhöhungsbeschluss (§ 47) als auch für die Übernahmeerklärung (§ 36 Abs. 1) bzw. für den Einbringungsvertrag (§ 36 Abs. 2) nicht nach dem Erhöhungsnennbetrag, sondern nach dem Wert der Sacheinlage, nach § 18 Abs. 3 ohne Schuldenabzug, wenn dieser Wert höher ist als der Erhöhungsnennbetrag, ansonsten nach diesem.[35] Bei gemischten Kapitalerhöhungen sind die Werte der Sacheinlagen (ohne Schuldenabzug, § 18 Abs. 3) und der Geldbetrag zu addieren. Dies gilt auch bei einer bedingten Kapitalerhöhung nach § 192 AktG und beim „genehmigten Kapital" nach § 202 AktG (Höchstbetrag).[36] In allen diesen Fällen ist, falls ein Höchstbetrag beschlossen wird, der Höchstbetrag maßgebender Wert.[37] Neben dem Erhöhungsbeschluss sind noch die Übernahmeerklärung nach § 36 Abs. 1 bzw. der Einbringungsvertrag nach § 36 Abs. 2 zu bewerten. 33

Nachträgliche Änderung der Einlageform. Der BGH[38] hat die Möglichkeit der **Heilung einer verdeckten Sacheinlage** mit Wirkung ex nunc durch Satzungsänderung anerkannt. Gegenstand der Satzungsänderung ist die Umwandlung einer Bareinlage, die als verdeckte Sacheinlage erbracht wurde in eine Sacheinlage. Entsprechendes gilt für die Umwandlung von Geld- in Sacheinlage sowie für den Austausch von Sacheinlagen.[39] – Einlagegegenstand ist der Bereicherungsanspruch des Gesellschafters aus der fehlgeschlagenen Sacheinlage, ggf. der Anspruch auf Rückübereignung eines an die Gesellschaft übertragenen Vermögensgegenstandes, bei ursprünglich beabsichtigter Verrechnung einer Forderung diese selbst.[40] – Der satzungsändernde Heilungsbeschluss ist somit auf einen bestimmten Geldwert (Bereicherungsanspruch) gerichtet. Es liegt ein Beschluss mit bestimmtem Geldwert vor, dessen Geschäftswert nach dem Wert der Sacheinlage (bei Umwandlung der Einlage von Geld- in Sacheinlage) oder nach dem Geldbetrag (bei Umwandlung einer Sach- in eine Geldeinlage) zu bestimmen ist. 34

Bei Beschlüssen über die **Ausgabe von Wandel- oder Gewinnschuldverschreibungen** nach § 221 AktG ist der Nennbetrag, mindestens aber der Ausgabebetrag der neuen Schuldverschreibung Geschäftswert, mögen auch Nebenleistungen unbestimmt sein. 35

Bei der **Kapitalherabsetzung** ist der Wert des Beschlusses gleich dem Nennbetrag der Herabsetzung; gleichgültig, in welcher Form die Herabsetzung geschieht;[41] dies gilt auch für die erleichterte Herabsetzung,[42] die vereinfachte Herabsetzung nach § 229 AktG, die Herabsetzung durch Einziehung von Aktien,[43] wegen Durchführungsbeschlüssen.[44] 36

---

[34] Vgl. KG DNotZ 1938, 320; OLG München JVBl. 1939, 105; OLG Düsseldorf Rpfleger 1963, 304; *Mümmler* JurBüro 1974, 1371; *Ackermann* JurBüro 1975, 444, die künftige Vergütungen nach § 24 Abs. 1 b bewerten wollen.
[35] *Ackermann* DNotZ 1965, 539; *Rohs/Wedewer* Rn. 17; LG Würzburg MittBayNot 1980, 124.
[36] Vgl. KG DNotZ 1942, 6, 17, 189; OLG München DNotZ 1939, 494; DNotZ 1940, 324; OLG Köln Rpfleger 1966, 25.
[37] OLG München DNotZ 1939, 494; KG JVBl. 1938, 75.
[38] BGHZ 132, 141; zust. *Lutter/Hommelhoff* § 15 GmbHG Rn. 50; *Scholz/Winter* § 15 GmbHG Rn. 80; *Hueck/Fastrich* § 15 GmbHG Rn. 51 b.
[39] *Hueck/Fastrich* § 15 GmbHG Rn. 51 b.
[40] BGHZ 132, 155 für die Forderung.
[41] *Mümmler* JurBüro 1981, 1155.
[42] JFGErg. 15, 74.
[43] KG JFGErg. 20, 88 = JVBl. 1939, 250.
[44] Vgl. OLG Hamm Rpfleger 1952, 498.

37 Bei **gleichzeitiger Erhöhung und Herabsetzung** werden die Werte beider Maßnahmen zusammengerechnet. Beschließt eine Hauptversammlung eine Kapitalherabsetzung und daneben die anteilsmäßige Ausschüttung der dadurch freiwerdenden und nicht zur Beseitigung einer Unterbilanz erforderlichen Beträge an die Gesellschafter, so ist der Geschäftswert gleich dem Wert der Kapitalherabsetzung.[45]

38 Hierher gehören ferner Beschlüsse über die Anforderung von **Nachzahlungen und Nachschüssen,** Zubußen bei Gewerken, wenn der Wert der nachzuschießenden Beträge geldwertbestimmt ist und nur Nebenleistungen unbestimmbar sind; lässt sich aber für die nachzuschießenden Beträge ein bestimmter Geldwert nach §§ 18 bis 25 nicht ohne weiteres errechnen, d. h. wäre Schätzung iS des § 30 Abs. 1 erforderlich, so ist der Wert unbestimmt.

39 **Beispiel:** Kapitalerhöhungen bei GmbH um 100 000 Euro; ein Gesellschafter übernimmt 60 000 Euro. Erhöhungsstammeinlage in bar, der andere 40 000 Euro Erhöhungsstammeinlage als Sacheinlage, indem er ein Unternehmen, Aktiva 700 000 Euro, Passiva 660 000 Euro einbringt, Wert des Erhöhungsbeschlusses 760 000 Euro, Wert der Übernahmeerklärung mit Sacheinlageverpflichtung 760 000 Euro. Es handelt sich gebührenrechtlich wegen § 18 Abs. 3 um eine „gebührenrechtliche Über-pari-Ausgabe", daher Wert für die Beschlussfassung und Übernahmeerklärung wie oben; anders für die Handelsregisteranmeldung, wo der Nennwert maßgebend ist.[46]

40 **c) Beschlüsse über die Gewinnverwendung.** Gewinnverwendung ist die Verteilung des erzielten Überschusses an die Mitglieder; der Vortrag auf neue Rechnung;[47] der Beschluss nach § 174 AktG, den Reingewinn ganz oder teilweise von der Verteilung auszuschließen; die Verwendung zur Bildung freier Rücklagen;[48] die Verwendung zu gesetzlichen oder satzungsmäßigen Rücklagen, wenn wegen fehlerhafter Aufstellung des Jahresabschlusses ein Beschluss hierzu notwendig ist;[49] der unnötige Beschluss über die Verwendung des Gewinnes zur Deckung eines Verlustes;[50] die einem Gewinngemeinschaftsvertrag entsprechende Überlassung des Gewinns an eine andere Gesellschaft.[51]

41 Maßgebend ist der ausgewiesene, mindestens aber der Betrag, über dessen Verwendung beschlossen wird. Zu berücksichtigen bei der **Wertermittlung** ist auch der etwa vorgetragene Gewinn der Vorjahre.[52] Der ausgewiesene Gewinn ist auch dann maßgeblich, wenn ein Beschluss über einen einzelnen Verwendungsposten nach Gesetz oder Satzung nicht notwendig gewesen wäre,[53] oder wenn der Gewinn hätte niedriger ausgewiesen werden können[54] oder wenn die Hauptversammlung zur Beschlussfassung überhaupt nicht befugt war.[55] Wird mit der Bilanzgenehmigung zwar beschlossen, den Reingewinn der Bilanz entsprechend zu verteilen, aber der Rohüberschuss zu ordentlichen Abschreibungen und Rückstellungen verwendet und weist dementsprechend die Bilanz keinen Reingewinn auf, so liegt keine Gewinnverwendung vor, also unbestimmter Wert.[56] Gleiches gilt für den Beschluss über die Genehmigung des Jahresabschlusses gemäß § 173 AktG, wenn kein Beschluss über die Verwendung des Bilanzgewinns gefasst wird. S. iÜ Rn. 42. Ein Gewinnverwendungsbeschluss über mehrere Geschäftsjahre hat den Gesamtwert der Gewinnverwendung der einzelnen Geschäftsjahre.[57] Der Geschäftswert einer Beschlussfassung über die Verwendung des Bilanzgewinns umfasst auch den „zusätzlichen Aufwand" nach § 174 Abs. 2 Nr. 5 AktG.[58]

---

[45] OLG Frankfurt MDR 1958, 528.
[46] *Ackermann* DNotZ 1965, 538.
[47] OLG München DNotZ 1938, 55.
[48] OLG München DNotZ 1944, 75.
[49] KG DNotZ 1937, 80.
[50] OLG München DNotZ 1937, 496; JFGErg. 16, 34 = JVBl. 1937, 292.
[51] KG DNotZ 1939, 430.
[52] OLG München DNotZ 1938, 55; OLG Hamm Rpfleger 1955, 253.
[53] OLG München DNotZ 1944, 75.
[54] KG DNotZ 1937, 80.
[55] OLG München DNotZ 1942, 191.
[56] OLG München DNotZ 1938, 55.
[57] OLG Köln DNotZ 1959, 105; *Mümmler* JurBüro 1983, 345.
[58] LG Darmstadt JurBüro 1985, 436.

Nach dem AktG beschließt die Hauptversammlung regelmäßig nur noch über die Verteilung des im Jahresabschluss ausgewiesenen Gewinns; die Feststellung des Jahresabschlusses obliegt ihr nur in den Ausnahmefällen der §§ 58, 173, 286 AktG. Die früheren Kostenzentralgerichte vertraten in st. Rspr., „dass ein kostenrechtlich bedeutsamer Gewinnverwendungsbeschluss auch dann vorhanden ist, wenn die Hauptversammlung mit der Genehmigung der Bilanz nebst Gewinn- und Verlustrechnung mittelbar eine bereits erfolgte, durch Gesetz oder Satzung nicht zwingend vorgeschriebene Verwendung des Gewinns genehmigt hat", sog. **mittelbare Gewinnverwendung.**[59] Diese Rspr. galt nicht für ordentliche oder außerordentliche Abschreibungen, Soziallasten, Spenden,[60] wohl aber für die Bildung freier oder zweckgebundener Rücklagen, für Rückstellungen, zB Pensionsrückstellungen u. Ä., nicht zwingend durch Gesetz oder Satzung vorgeschriebene Verwendung des Jahresgewinns, soweit dieser nicht zum Ausgleich schon vorhandener Ausfälle oder Bedürfnisse dient, sie galt auch für die Gewinnabführung auf Grund eines Gewinnabführungsvertrages. Diese Rspr. kann heute nur noch in den Fällen, in denen der Jahresabschluss durch die Gesellschafterversammlung festgestellt wird (bei AG zB bei §§ 58, 173 Abs. 1 und 3, und nach den meisten GmbH-Satzungen), angewendet werden.[61] Hat hingegen der Vorstand mit Genehmigung des Aufsichtsrates den Jahresabschluss festgestellt, so liegt, wenn die Hauptversammlung überflüssigerweise den Jahresabschluss genehmigt, darin zwar ein zu bewertender Beschluss unbestimmten Geldwertes, nicht aber ein stillschweigender Gewinnverteilungsbeschluss.[62] Auch in der Entlastung der Verwaltungsträger liegt keine stillschweigende Gewinnverwendung.[63] 42

Die **Beschlüsse der Vertreterversammlung** eines Versicherungsvereins a. G., durch welche über die Verwendung von Rückstellungen für Überschussbeteiligung der Versicherten entschieden wird, haben einen bestimmten Geldwert; dem steht nicht entgegen, dass der Überschuss schon nach der Satzung zur Erhöhung der Leistungen zu verwenden ist. Hierbei genügt es, dass sich der Geldwert aus den Unterlagen zur Vertreterversammlung ohne weitere Berechnung ergibt.[64] 43

Die **Erhöhung der Prämienreserve** ist keine mittelbare Gewinnverteilung.[65] 44

Besteht zwischen Mutter- und Tochtergesellschaft ein Organverhältnis mit **Ergebnisabführungsverpflichtung,** so ist die Feststellung des Jahresabschlusses bei der Tochtergesellschaft ein Beschluss ohne bestimmten Geldwert, es kommt eine mittelbare Gewinnverwendung nicht in Betracht,[66] anders ist es aber, wenn kein Organverhältnis besteht, bei bloßer – allgemeiner oder beschränkter – Gewinngemeinschaft. 45

Bei der mittelbaren Gewinnverwendung sind die **Rücklagen früherer Jahre,** die beibehalten werden, nicht mitzurechnen.[67] Denn diese sind nicht Gegenstand der Beschlussfassung zur Feststellung des Jahresabschlusses, sondern zurückgelegter Gewinn aus Vorjahren zur Verfügung des Vorstandes. Derartige frühere Rücklagen zählen nur dann wieder, wenn sie der Beschlussfassung der Hauptversammlung neuerlich unterstellt werden (zB Änderung oder Aufhebung einer Zweckbindung). Mittelbare Gewinnverwendung kann nur vorliegen bezüglich des Gewinns, der Gegenstand des Jahresabschlusses und des Geschäftsberichtes ist.[68] 46

d) Beschlüsse über die Verlustdeckung. Beschlüsse über Verlustdeckung durch Heranziehen gesetzlicher oder freier Reserven oder Vortrag auf neue Rechnung haben, selbst 47

---

[59] KG DNotZ 1939, 430; 1937, 81; OLG München JFGErg. 17, 51; DNotZ 1944, 75; so auch BayObLG DNotZ 1958, 44; OLG Frankfurt DNotZ 1959, 102; *Ackermann* DNotZ 1959, 104; DNotZ 1960, 137.
[60] DNotZ 1937, 496.
[61] KG DNotZ 1940, 322.
[62] KG DNotZ 1940, 322; OLG Bremen Rpfleger 1957, 413.
[63] KG DNotZ 1941, 342.
[64] BayObLG JurBüro 1981, 905.
[65] KG DNotZ 1937, 80.
[66] LG Hildesheim KostRsp. Nr. 1.
[67] AA OLG Frankfurt DNotZ 1959, 102.
[68] *Ackermann* DNotZ 1959, 103; OLG Celle JurBüro 1967, 817.

§ 41c 1. Teil. 2. Abschnitt: 1. Beurkundungen und ähnliche Geschäfte

wenn überflüssig, bestimmten Geldwert in Höhe des Verlustes, einschließlich des etwaigen Verlustvortrages früherer Jahre.[69] Hierher rechnet die Rspr. auch den Beschluss der Hauptversammlung, durch den bei der Abwicklungsschlussbilanz der Verlustvortrag gegen das Aktienkapital ausgeglichen wird.[70] Wird hingegen nur die den Verlust ausweisende Bilanz genehmigt, aber kein ausdrücklicher Beschluss auf Verlustvortrag gefasst, so ist nicht über den Verlust verfügt, also unbestimmter Wert anzunehmen;[71] daher unterbleibt zweckmäßigerweise ein Beschluss auf Vortragen des Verlustes.

48 Beschließt die Mitgliedervertreterversammlung eines Versicherungsvereins auf Gegenseitigkeit zugleich mit der Genehmigung mehrerer Jahresabschlüsse, dass die in den einzelnen Jahren jeweils ausgewiesenen Verluste zusammen mit einem **Verlustvortrag aus dem Vorjahr** auf neue Rechnung vorzutragen seien, die jeweiligen Reingewinne zur Deckung dieser vorgetragenen Verluste zu verwenden und die verbleibenden Gewinn- oder Verlustbeträge wiederum auf neue Rechnung vorzutragen seien, so haben diese einzelnen Beschlüsse, auch wenn sie nach Gesetz oder Satzung überflüssig waren, einen bestimmten Geldwert in Höhe der Beträge, über die jeweils verfügt wurde. Dasselbe gilt von dem Beschluss, einen bilanzmäßig ausgewiesenen Gewinn in Form einer Beitragsrückgewähr an die Mitglieder mit schadenfrei verlaufenen Versicherungen auszuschütten.[72]

4. Beschlüsse unbestimmten Geldwertes

49 **a) Beschlüsse über Änderungen des Gesellschaftsverhältnisses.** Unbestimmten Geldwertes sind Beschlüsse, welche die Satzung ändern – Änderung von Firma, Sitz, Gegenstand des Unternehmens, Zusammenlegung von Geschäftsanteilen,[73] Dauer der Gesellschaft, Auflösung oder Fortführung der aufgelösten Gesellschaft, Umstellung des Stammkapitals/Grundkapitals auf Euro oder das Gesellschaftsverhältnis umgestalten. Nach Ansicht des BayObLG[74] ist auch der Zustimmungsbeschluss zu einem Unternehmensvertrag unbestimmten Geldwertes; der satzungsändernde Charakter hat hiernach Vorrang vor den geldwerten Auswirkungen einer solchen Maßnahme (str., vgl. Rn. 30).

50 **b) Entlastungsbeschlüsse.** Beschlüsse über Entlastung von Organen, Entziehung des Vertrauens, Wahl oder Berufung von Organen oder Prüfern, Ermächtigung des Aufsichtsrates zur formalen Satzungsänderung, Beschlüsse über Fragen der Geschäftsführung, die der Vorstand nach § 119 Abs. 2 AktG der Hauptversammlung zur Entscheidung vorlegt.

51 **c) Beschlüsse über Regularien.** Beschlüsse über Formalien der Versammlung (Aufhebung, Verlegung), beschlussmäßiger Verzicht auf Förmlichkeiten usw. Hierher gehört auch ein Beschluss über Vertagung oder Absetzung eines Punktes von der Tagesordnung; dieser hat nicht den Wert des vorgesehenen Beschlussgegenstandes, weil nicht über diesen selbst, sondern darüber beschlossen wird, ob er überhaupt Beschlussgegenstand werden soll.

52 **d) Sonstige Beschlüsse.** Beschlüsse, deren Wert nur geschätzt werden könnte (§ 30 Abs. 1), haben keinen bestimmten Geschäftswert, etwa Beschlüsse über Umstückelung von Aktien, Umwandlung von Mitgliedschaftsrechten (zB von Namens- und Inhaberaktien), Feststellung des Jahresabschlusses nach §§ 173, 286 AktG,[75] der überflüssige Beschluss auf Genehmigung eines bereits vom Vorstand mit Zustimmung des Aufsichtsrates festgestellten Jahresabschlusses;[76] der Beschluss über die Genehmigung der Schlussrechnung des Abwicklers;[77] der Beschluss über die Umwandlung von stillen in freie Reserven, da hier an der

---

[69] Vgl. OLG München DNotZ 1943, 418; ebenso OLG Köln DNotZ 1959, 58; aA *Hornig* DNotZ 1936, 799; *Volkmar* DJ 1938, 318.
[70] KG DNotZ 1935, 920.
[71] KG DNotZ 1937, 500.
[72] OLG Köln DNotZ 1959, 58.
[73] OLG Hamm JurBüro 1975, 639.
[74] BayObLGZ 1990, 133 = DNotZ 1991, 401.
[75] OLG München DNotZ 1944, 75; DNotZ 1943, 72.
[76] KG DNotZ 1949, 322; DNotZ 1960, 137.
[77] DNotZ 1943, 198.

Zweckgebundenheit nichts geändert wird;[78] der Beschluss über die Änderung der Zweckgebundenheit einer Rücklage; ferner der Beschluss über eine Umwandlung einer bereits bestehenden Unterstützungskasse in eine solche anderer Art;[79] der Beschluss über die Änderung der Rückzahlungsbedingungen eines Darlehens;[80] der Beschluss über eine Satzungsänderung betreffend Verteilung eines Teils des Gesellschaftsvermögens im Falle der Liquidation,[81] die Neufassung der Satzung;[82] der Beschluss, eine AG solle in eine andere eingegliedert werden.[83]

e) Societas Europaea (Europäische Aktiengesellschaft – SE), grenzüberschreitende Sitzverlegung. Die Verlegung des Sitzes einer deutschen Kapitalgesellschaft in das Ausland kann nach hM nur durch Auflösung und Neugründung im Zuzugstaat erreicht werden.[84] Art. 8 SE-VO[85] sieht für die SE die Möglichkeit einer identitätswahrenden Sitzverlegung in einen anderen Mitgliedstaat vor. Die SE unterliegt dabei in weitem Umfang den nationalen aktienrechtlichen Vorschriften des jeweiligen Sitzstaates, so dass die Sitzverlegung regelmäßig den Charakter eines Rechtsformwechsels hat. Es liegt ein als Rechtsformwechsel einzustufender Beschluss vor. Für die kostenrechtliche Gleichstellung mit einem Formwechselbeschluss spricht auch, dass bei der grenzüberschreitenden Sitzverlegung das Procedere derjenigen einer Umwandlung durch Formwechsel entspricht (Verlegungsplan und -bericht, Verlegungsbeschluss, Eintragung im Handelsregister, Schutz von Minderheitsaktionären und Gläubigern usw.). Formwechselbeschlüsse sind nach § 41 c Abs. 2 zu bewerten. Danach ist als Geschäftswert der Wert des Aktivvermögens des formwechselnden Rechtsträgers zu bestimmen, gemäß § 18 Abs. 3 ohne Schuldenabzug. Werden in der Beschlussurkunde Verpflichtungs- und Verzichtserklärungen der Aktionäre (Zustimmung zur Verlegung, Verzicht auf Widerspruch gegen den Verlegungsbeschluss, Verzicht auf die Unterbreitung eines Barabfindungsangebotes gemäß Art. 8 Abs. 5 SE-VO iVm. § 12 Abs. 1 SEAG) mitbeurkundet, gelten die kostenrechtlichen Ausführungen zu den vergleichbaren Erklärungen beim Formwechselbeschluss (Rn. 64 ff.) sinngemäß. 52a

5. Umwandlungsbeschlüsse

Für Umwandlungsbeschlüsse gilt ab 27. 6. 1997 die Sonderregelung des Abs. 2 (früher § 27 Abs. 2, s. Rn. 6). Der Beschluss zum Formwechsel hatte bis zur Änderung des inzwischen aufgehobenen § 27 (Einfügung eines neuen Abs. 2 durch Art. 33 Abs. 6 JuMiG vom 18. 6. 1997, BGBl. I S. 1430) keinen bestimmten Geldwert.[86] Seit Einfügung des Abs. 2 in § 27 aF liegt ein Beschluss vor, dessen Wert sich nach dem Aktivvermögen (ohne Schuldenabzug, § 18 Abs. 3) des formwechselnden Rechtsträgers bestimmt. Durch Aufhebung des § 27 und Einfügung des § 41 c hat sich an dieser Rechtslage nichts geändert. Zur früheren Rechtslage vgl. 13. Aufl. § 27 Rn. 52 ff. Zur aktuellen Rechtslage vgl. Rn. 57 ff. 53

6. Geschäftswert nach § 41 c Abs. 1

Der Geschäftswert bei Beschlüssen von Organen von Kapital- oder Personenhandelsgesellschaft, Versicherungsvereinen auf Gegenseitigkeit und juristischen Personen (§ 33 HGB) ergibt sich, sofern die Beschlüsse ohne bestimmten Geldwert sind, gemäß § 41 c Abs. 1 aus der entsprechenden Anwendung des § 41 a Abs. 4. Es ist also der Geschäftswert wie für **spätere Anmeldungen** zum Handelsregister maßgebend. 54

Es kommt dabei, da es sich bei der Verweisung in § 41 c Abs. 1 um eine **Rechtsfolgeverweisung** handelt, nicht darauf an, ob auf Grund des Beschlusses eine Erstanmeldung oder spätere Anmeldung erfolgen wird oder ob eine solche sich, wie bei Regularien einer 55

---

[78] KG, erwähnt in DNotZ 1939, 97.
[79] OLG München DNotZ 1944, 75.
[80] OLG München DNotZ 1944, 75.
[81] OLG Frankfurt Rpfleger 1953, 259; *Krabbenhöft* Rpfleger 1950, 529.
[82] KG DNotZ 1941, 170; OLG Celle DNotZ 1968, 574.
[83] § 319 AktG; LG Berlin Rpfleger 1967, 241.
[84] *Wicke* MittBayNot 2006, 196, 204 mit Hinweis auf die Rspr. und Literaturmeinung, zB BayObLG GmbHR 2004, 490; *Wälzholz* RNotZ 2004, 410; EuGH GmbHR 2004, 504.
[85] Maßgebliche Rechtsgrundlage ist die auf Grund Art. 308 EG-Vertrag erlassene Verordnung Nr. 2157/2001/EG vom 8. 10. 2001 (ABl. EG Nr. L 294); s. *Wicke* MittBayNot 2006, 196.
[86] BayObLG MittBayNot 1998, 122 m. Anm. *Tiedtke*.

§ 41c 1. Teil. 2. Abschnitt: 1. Beurkundungen und ähnliche Geschäfte

Hauptversammlung, erübrigt. Auch die wirtschaftliche Bedeutung des Beschlusses beeinflusst den Geschäftswert nicht.

56 Da § 41c Abs. 1 nicht pauschal auf § 41a verweist, sondern lediglich auf § 41a Abs. 4, ist bei der Geschäftswertermittlung von Beschlüssen weder die Sondervorschrift des § 41a Abs. 5 für Zweigniederlassungen geschäftswertmindernd zu berücksichtigen, noch gilt § 41a Abs. 6 mit seiner Geschäftswertfestsetzung von 3000 Euro für die dort genannten Maßnahmen ohne wirtschaftliche Bedeutung.

IV. Umwandlungsbeschlüsse (Abs. 2)

1. Allgemeines

57 **a) Systematische Einordnung der Umwandlungsbeschlüsse in das Kostenrecht.** Umwandlungsmaßnahmen betreffen **teils einen bestimmten, teils einen unbestimmten Geldbetrag** (§ 41a) bzw. **Geldwert** (§ 41c). Die Zuordnung von Umwandlungsmaßnahmen ist im Einzelfall schwierig. § 41c Abs. 2 ordnet für **Beschlüsse** nach dem Umwandlungsgesetz an, dass diese unabhängig davon, ob sie einen bestimmten Geldwert betreffen oder unbestimmten Geldwert haben, mit dem Wert des Aktivvermögens des übertragenden bzw. formwechselnden Rechtsträgers anzusetzen sind, bei Abspaltung oder Ausgliederung ist der Wert des übergehenden Aktivvermögens maßgebend. Die Unsicherheiten, die aus der Frage resultieren, ob eine Maßnahme einen unbestimmten oder einen bestimmten Geldwert hat, sind also für Beschlüsse beendet, für den Bereich des § 41a (Handelsregisteranmeldungen) muss die Einordnung in das dort nunmehr geltende System jeweils konkret erfolgen (vgl. § 41a Rn. 90ff.). Die weitere nunmehr für Umwandlungen geltende positiv-rechtliche Sondervorschrift des § 39 Abs. 4 gilt nicht für Beschlüsse, sondern lediglich für Pläne und Verträge nach dem Umwandlungsgesetz. Die in § 39 Abs. 4 enthaltene Höchstwertbestimmung von 5 000 000 Euro ist also für Beschlüsse nicht maßgebend, die dort vorgesehene Höchstwertvorschrift für Handelsregisteranmeldungen (§ 38 Abs. 2 Nr. 7) iHv. 500 000 Euro wirkt sich allerdings im Rahmen des § 41a auf die Anmeldung von Umwandlungsbeschlüssen zum Handelsregister aus.

58 **b) Materiellrechtliche Behandlung von Umwandlungsmaßnahmen.** Unternehmensumwandlungen, nämlich die Verschmelzung, die Spaltung, die Vermögensübertragung und der Rechtsformwechsel, waren bis zum Inkrafttreten des UmwBerG (BGBl. I S. 3210) am 1. 1. 1995 im deutschen Gesellschaftsrecht verstreut, nämlich in verschiedenen Gesetzen (UmwG, AktG, KapErhG, GenG, VAG, SpTrUG, LwAnpG) und lückenhaft geregelt. Die kostenrechtliche Behandlung war demgemäß uneinheitlich und kausuistisch. Das UmwG hat alle bisher möglichen Fälle der Umwandlung im weitesten Sinn in einem Kodifikat zusammengefasst und die Umwandlungsmöglichkeiten erheblich ausgedehnt.[87] Dazu gehören zB die früher nicht zugelassene Verschmelzung von Personenhandelsgesellschaften miteinander und mit Kapitalgesellschaften, die Verschmelzung einer eingetragenen Genossenschaft mit Rechtsträgern anderer Rechtsform, die Vermögensübertragung unter Unternehmensträgern dieser Rechtsformen sowie die Umwandlung von Vereinen und Stiftungen. Schließlich wurde auch die Spaltung als neues Rechtsinstitut eingeführt. Zu den umwandlungsfähigen Rechtsträgern gehört durch das Gesetz zur Änderung des UmwG, des Partnerschaftsgesellschaftsgesetzes und anderer Gesetze vom 22. 7. 1998 (BGBl. I S. 1878) auch die Partnerschaftsgesellschaft.

59 Das UmwG regelt die **Umwandlungsmöglichkeiten** von Rechtsträgern abschließend (§ 1 Abs. 2 UmwG), nämlich
– die Verschmelzung (2. Buch)
– die Spaltung als Aufspaltung, Abspaltung und Ausgliederung (3. Buch)
– die Vermögensübertragung (4. Buch)
– der Formwechsel (5. Buch).
Zur grenzüberschreitenden Sitzverlegung einer SE s. Rn. 52a.

---

[87] *Ganske* WM 1993, 1117.

Nach § 1 Abs. 1 UmwG ist – unter Beachtung der rechtsform- und variantenabhängigen Vorgaben – die Mehrheitsumwandlung, also die Umwandlung **mehrerer** Rechtsträger bzw. die Umwandlung auf mehrere Rechtsträger in einem Umwandlungsvorgang zulässig.

Beschlüsse. Der Verschmelzungsvertrag ist nur wirksam, wenn die Anteilsinhaber der beteiligten Rechtsträger ihm durch Beschluss zustimmen (**Verschmelzungsbeschluss**, § 13 Abs. 1 UmwG). Dies gilt auch zB bei einer Verschmelzung einer GmbH auf den Alleingesellschafter. Ein Verschmelzungsbeschluss ist daher durch die Anteilsinhaber der übertragenden GmbH auf jeden Fall erforderlich. Umstritten ist aber die Frage, ob es auch eines Verschmelzungsbeschlusses durch den übernehmenden Alleingesellschafter in seiner Eigenschaft als Einzelkaufmann bedarf. § 2 UmwG enthält eine Legaldefinition des Begriffes „Anteilsinhaber". Danach ist der übernehmende Einzelkaufmann kein Anteilsinhaber, sondern Rechtsträger ohne Anteilsinhaberschaft. Er unterliegt damit nicht der Zustimmungspflicht in Form eines Verschmelzungsbeschlusses gemäß § 13 Abs. 1 UmwG.[88] Ein vorsorglich mitbeurkundeter Beschluss löst daher keine zusätzlichen Gebühren aus. Zur Beschlussvorbereitung ist regelmäßig der Entwurf der rechtsgeschäftlichen Grundlage einen Monat vorher der Beschlussversammlung zuzuleiten. Darüber hinaus sind in einzelnen Fällen auch der Umwandlungsbericht und der Prüfungsbericht den Anteilsinhabern zu übermitteln. Für den Zustimmungsbeschluss genügen regelmäßig die Mehrheitserfordernisse, die für eine Satzungsänderung vorgesehen sind. Ist die Zustimmung einzelner Anteilseigner erforderlich (§ 13 Abs. 2 UmwG), ist dies notariell zu beurkunden (§ 13 Abs. 3 S. 1 UmwG). S. iÜ Rn. 64. 60

Die Grundsätze für den Verschmelzungsbeschluss gelten sinngemäß für den **Spaltungsbeschluss** (§ 125 UmwG, wonach u. a. § 13 UmwG anzuwenden ist) und die Beschlüsse der an einer Vermögensübertragung beteiligten Rechtsträger (vgl. §§ 176 ff. UmwG), je nach dem, ob es sich um eine Voll- oder Teilübertragung handelt. 60 a

Für den Formwechsel ist nach § 193 UmwG ein Beschluss der Anteilsinhaber des formwechselnden Rechtsträgers erforderlich. Beim Formwechsel fehlt es im Gegensatz zur Verschmelzung, Spaltung (Ausgliederung) und Vermögensübertragung an einer rechtsgeschäftlichen Grundlage. Der Formwechsel beruht somit nur auf dem organschaftlichen **Formwechselbeschluss.** Zum Geschäftswert s. Rn. 78 ff. 60 b

Verschmelzungsbeschluss, Spaltungsbeschluss, die Zustimmungsbeschlüsse zur Vermögensübertragung und der Formwechselbeschluss bedürfen in allen Fällen der **notariellen Beurkundung.** 61

Umwandlungsbericht. Die Vertretungsorgane der beteiligten Rechtsträger haben einen ausführlichen schriftlichen Bericht zu erstatten, in dem Einzelheiten der Umwandlung, vor allem Umwandlungsvertrag (Angemessenheit des Umtauschverhältnisses oder der Gegenleistung) bzw. -plan bzw. -beschluss als Entscheidungsgrundlage für die Anteilsinhaber zu erläutern sind. Ein Bericht ist nicht erforderlich, wenn alle Anteilsinhaber auf seine Erstattung verzichten. Der Verzicht ist notariell zu beurkunden (§ 8 Abs. 3 UmwG). Verzichtserklärungen zu rechtsgeschäftlichen Verträgen werden, soweit sie von einem Vertragspartner oder einem Dritten zur Durchführung des Vertrages abgegeben werden, als gegenstandsgleiche Erklärungen gemäß § 44 Abs. 1 angesehen. Deshalb kommt eine zusätzliche Bewertung nicht in Betracht, wenn der Anteilsinhaber den Verzicht im Umwandlungsvertrag (Verschmelzungs-, Spaltungs-, Vermögensübertragungsvertrag) erklärt. Es bleibt selbst dann bei Gegenstandsgleichheit, wenn die Verzichtserklärung auch den Verzicht auf die Anfechtung des Umwandlungsbeschlusses einschließt. Werden die Verzichtserklärungen in die Urkunde über den Zustimmungsbeschluss der Anteilsinhaber aufgenommen, ist die Anwendung des § 44 ausgeschlossen (s. § 44 Rn. 66). Neben der Gebühr nach § 47 für den Beschluss ist für die Verzichtserklärungen zusätzlich eine $^{10}/_{10}$-Gebühr nach § 36 Abs. 1 zu erheben. Der Notar ist zur Wahl den kostengünstigsten Weges verpflichtet. Er wird daher, soweit möglich, darauf hinwirken müssen, die Verzichtserklärungen in den entsprechenden Umwand- 62

---

[88] *Widmann/Mayer* § 2 Rn. 14; LG Dresden Beschluss vom 14. 11. 1996, Az. 45 T 60/96; *Tiedtke* ZNotP 2001, 228.

§ 41c

lungsvertrag mit aufzunehmen. Der Umwandlungs**vertrag** wird durch die Vertretungsorgane der an dem Umwandlungsvorgang beteiligten Rechtsträger geschlossen. Die Anteilsinhaber sind nicht beteiligt. Liegt eine Personenidentität zwischen organschaftlichem Vertreter und Anteilsinhaber vor, besteht ohne weiteres die Möglichkeit der Mitbeurkundung der Verzichtserklärungen im Umwandlungsvertrag. Bei getrennter Beurkundung könnte in diesem Fall unrichtige Sachbehandlung nach § 16 gegeben sein. Bei anderer Sachlage kann dem Notar bei getrennter Beurkundung der Verzichtserklärungen § 16 nicht entgegengehalten werden.[89]

63 **Umwandlungsprüfung.** Bei einzelnen Umwandlungsfällen ist eine Prüfung des Umwandlungsvertrages (-plans, -beschlusses) vorgesehen. Die Prüfung hat sich insbesondere auf das Umtauschverhältnis der Anteile bzw. der Gegenleistung zu beziehen. Auch auf den Prüfungsbericht kann durch alle Anteilsinhaber verzichtet werden. Der Verzicht ist notariell zu beurkunden (§ 9 Abs. 3 iVm. § 8 Abs. 3 UmwG). Zur kostenrechtlichen Behandlung gelten iÜ die Grundsätze gemäß Rn. 62 sinngemäß.

64 **Zustimmung der Anteilsinhaber.** Das UmwG sieht in einigen Fällen Zustimmungserfordernisse einzelner Anteilsinhaber vor, zB § 13 Abs. 2 UmwG, wenn die Abtretung der Anteile eines übertragenden Rechtsträgers von der Genehmigung einzelner Anteilsinhaber abhängt, § 50 Abs. 2 UmwG, bei Beeinträchtigung von Minderheitsrechten, § 51 Abs. 1 UmwG, Zustimmungserfordernisse in besonderen Fällen. Für die kostenrechtliche Behandlung dieser Zustimmungserklärungen gelten die Grundsätze für Verzichtserklärungen nach Rn. 62 sinngemäß. Werden Verzichtserklärungen und Zustimmungserklärungen eines Anteilsinhabers zusammen beurkundet, liegt Gegenstandsgleichheit gemäß § 44 Abs. 1 vor. Bei getrennter Beurkundung, also Beurkundung außerhalb des Verschmelzungsvertrages, des Spaltungsvertrages oder -planes, des Ausgliederungsvertrages oder -planes, kann unrichtige Sachbehandlung nach § 16 vorliegen. Auch wenn die Organschaftsvertreter der an einem Umwandlungsvorgang beteiligten Rechtsträger und die Anteilsinhaber nicht identisch sind, liegt kein zwingender Grund für eine getrennte Beurkundung der Verzichtserklärungen vor. Es ist vielmehr eine Frage des Einzelfalls.[90]

65 **Beschlüsse und Nebentätigkeiten.** Zu gebührenfreien und/oder gebührenpflichtigen Nebentätigkeiten s. § 147 Rn. 113 ff.

66 Umwandlungsvertrag oder -plan und **Gesellschaftsvertrag des neuen Rechtsträgers.** Die Festlegung der Satzung des bei Verschmelzung zur Neugründung neu errichteten Rechtsträgers ist gegenstandsgleich mit dem Verschmelzungsvertrag und daher nicht gesondert zu bewerten.[91] Gegenstandsgleichheit liegt auch vor für die Anpassung der Satzung des aufnehmenden Rechtsträgers bei Verschmelzung durch Aufnahme, es sei denn, die Änderung der Satzung erfolgt durch Beschluss (zB bei GmbH, AG, KGaA). Dann ist neben der Gebühr für den Verschmelzungsvertrag eine Beschlussgebühr nach § 47 aus dem nach § 41c Abs. 1, § 41a Abs. 4 Nr. 1 zu bestimmenden Wert zu berechnen. Bei Beschluss über die Änderung der Satzung in der Urkunde über den Zustimmungsbeschluss sind die Werte für den Zustimmungsbeschluss und die Satzungsänderung zu addieren, zu erheben ist die Gebühr nach § 47 aus dem Gesamtwert (§ 41c Abs. 3 S. 1). Die gleichen Grundsätze gelten auch für Spaltungsverträge. Bei der Spaltung zur Neugründung tritt der Spaltungsplan an die Stelle des Spaltungs- und Übernahmevertrages (§ 136 UmwG). Die im Spaltungsplan enthaltene Satzung des neugegründeten Rechtsträgers ist ebenfalls gegenstandsgleich mit der Spaltung.[92]

67 **c) Gebühren für Umwandlungsmaßnahmen.** Der Umwandlungsvertrag löst die Gebühr des § 36 Abs. 2 aus, der Spaltungsplan bei Spaltung zur Neugründung (§ 136 UmwG) die Gebühr nach § 36 Abs. 1, die Verzichtserklärungen gemäß § 8 Abs. 3 bzw. § 9 Abs. 3

---

[89] *Tiedtke* ZNotP 2001, 226 und 260.
[90] OLG Zweibrücken ZNotP 2002, 450 = MittBayNot 2003, 160 = FGPrax 2002, 274.
[91] BayObLG DNotZ 1975, 676.
[92] Münchener Vertragshandbuch Band I Form. XI. 8. Rn. 10; *Tiedtke* MittBayNot 1997, 209; *ders.* ZNotP 2001, 234.

UmwG die Gebühr nach § 36 Abs. 1, der Umwandlungsbeschluss die Gebühr des § 47, und zwar auch dann, wenn etwa ein Einzelunternehmen in eine GmbH umgewandelt wird, was nach den §§ 152 bis 160 UmwG als spezieller Fall der Spaltung angesehen wird.[93] Dies gilt auch bei Verschmelzung des Vermögens einer GmbH auf den Alleingesellschafter. Die Zustimmung zum Umwandlungsbeschluss (§ 13 Abs. 2 UmwG) unterfällt nicht § 38 Abs. 2 Nr. 1, sondern § 36 Abs. 1. Gleiches gilt für die Verzichtserklärungen. Für die Registeranmeldung gilt § 38 Abs. 2 Nr. 7. Für die Geschäftswertermittlung im Rahmen von § 38 gilt § 41a (vgl. dort Rn. 90 ff.), für diejenigen bei § 36 ist § 39 Abs. 4 maßgebend s. dort Rn. 102).

2. Geschäftswertermittlung

a) Verschmelzungsbeschluss. Der **Zustimmungsbeschluss (Verschmelzungsbeschluss)** sowohl beim übertragenden als auch beim aufnehmenden Rechtsträger ist jeweils ein Beschluss mit bestimmtem Geldwert (ohne dass es auf diese Abgrenzung nach der Neufassung des § 41c Abs. 2 noch ankäme). Nach dem Wortlaut des § 41c Abs. 2 ist als Geschäftswert der Wert des Aktivvermögens des übertragenden Rechtsträgers anzunehmen. Dies entspricht schon der früheren in Literatur und Praxis vertretenen Auffassung.[94] Auch hier gilt das Schuldenabzugsverbot gemäß § 18 Abs. 3. Die frühere Meinung, der Verschmelzungsbeschluss sei zu zerlegen in den geldwertbestimmten Beschluss auf Vermögensübertragung und den geldwertbestimmten oder -unbestimmten Beschluss auf Gründung des neuen Rechtsträgers, war schon durch den inzwischen aufgehobenen § 27 Abs. 2 nF hinfällig geworden. 68

Werden **die Beschlüsse des übertragenden und des aufnehmenden Rechtsträgers** zu einem Verschmelzungsvertrag in einer Urkunde zusammengefasst, sind diese gegenstandsgleich nach § 44 Abs. 1. Bei Aufnahme der Zustimmungsbeschlüsse in getrennten Urkunden kann daher unrichtige Sachbehandlung vorliegen.[95] Ist der aufnehmende Rechtsträger eine Kapitalgesellschaft und wird bei dieser eine Kapitalerhöhung beschlossen, ist diese gegenstandsverschieden nach § 44 Abs. 2, der Nennbetrag der Kapitalerhöhung ist dem Wert des Verschmelzungsbeschlusses hinzuzurechnen. Sind mehrere gegenstandsverschiedene Beschlüsse beurkundet, sind deren Werte nach § 44 Abs. 2a zusammenzurechnen (§ 41c Abs. 3 S. 1). Zu erheben ist nur eine $^{20}/_{10}$-Gebühr, höchstens 5000 Euro (§ 47 S. 2). Gegenstandsverschieden ist auch ein Beschluss über die **Bestellung eines Geschäftsführers** bei Verschmelzung auf eine neu gegründete GmbH. 69

Werden **mehrere Rechtsträger** auf einen Rechtsträger verschmolzen (Verschmelzungen durch Aufnahme) ist zu prüfen, ob diese mehreren Verschmelzungen und die hierzu erforderlichen Beschlüsse gegenstandsgleich nach § 44 Abs. 1 sind (Gesamtwert der Aktivsummen der übertragenden Rechtsträger, insgesamt begrenzt auf 5 Mio. Euro) oder gegenstandsverschieden nach § 44 Abs. 2 (Gesamtwert der Aktivvermögen der übertragenden Rechtsträger, Begrenzung von 5 Mio. Euro gilt aber bei Gegenstandsverschiedenheit für jeden einzelnen Übertragungsvorgang). Gegenstandsgleichheit liegt jedenfalls dann vor, wenn bei Verschmelzung mehrerer Rechtsträger die Wirksamkeit der einen Verschmelzung von der Wirksamkeit der anderen Verschmelzung abhängig gemacht wird.[96] Gegenstandsverschiedene Verschmelzungen und damit auch gegenstandsverschiedene Beschlüsse liegen jedoch vor, wenn bei Verschmelzung mehrerer Rechtsträger die **Wirksamkeit** der Verschmelzungen voneinander **unabhängig** sind. Die Höchstwertbegrenzung nach § 39 Abs. 4 gilt dann für jede Verschmelzung gesondert. Werden die Zustimmungsbeschlüsse zu gegenstandsverschiedenen Verschmelzungen in einer Urkunde zusammengefasst, muss gemäß § 41c Abs. 3 die Beschlussgebühr wegen Anwendbarkeit des § 44 Abs. 2a aus dem 70

---

[93] OLG Zweibrücken MittBayNot 1999, 402.
[94] BayObLG MittBayNot 1990, 61; 13. Aufl. § 27 Rn. 71.
[95] BayObLG MittBayNot 1990, 61.
[96] *Tiedtke* ZNotP 2001, 241; bestätigt durch OLG Hamm MittBayNot 2004, 68; noch weitergehender *Lappe* NotBZ 2000, 232, wonach mehrere Verschmelzungen immer gegenstandsverschieden sein sollen.

§ 41c 1. Teil. 2. Abschnitt: 1. Beurkundungen und ähnliche Geschäfte

Gesamtwert der übergehenden Vermögen (jeweils Aktiva ohne Schuldenabzug, für die Beschlüsse ohne Obergrenze nach § 39 Abs. 4) berechnet werden. Die Gebühr nach § 47 bezieht sich auf die Beschlussniederschrift als Ganzes. Die Höchstgebühr von 5000 Euro bildet somit für die gesamte Niederschrift die Obergrenze. Errichtet der Notar für die Zustimmungsbeschlüsse zu **gegenstandsverschiedenen** Verschmelzungen **getrennte Niederschriften,** liegt keine unrichtige Sachbehandlung nach § 16 vor (s. grundsätzlich § 44 Rn. 2, 3). Bei Aufnahme mehrerer gegenstandsverschiedener Zustimmungsbeschlüsse in einer Urkunde kann im Gegenteil ein Verstoß gegen das Verbot der Gebührenvereinbarung nach § 140 vorliegen (**eine** Gebühr nach § 47, insgesamt begrenzt auf 5000 Euro), wenn die Zusammenbeurkundung allein aus Gründen der Kostenersparnis erfolgt. Es muss bei Aufnahme einer Niederschrift zumindest ein innerer Zusammenhang gegeben sein.

71 Grundlage für die **Ermittlung des Geschäftswertes** ist die Verschmelzungsbilanz. Dabei ist grundsätzlich von der Aktivsumme der Bilanz, gemäß § 18 Abs. 3 ohne Abzug der Schulden auszugehen. Allerdings ist die Bilanz dahin zu überprüfen, ob die Kostenordnung für bestimmte Bilanzposten einen anderen Wert vorsieht, als der in der Bilanz enthaltene Wert. Dies kann der Fall sein bei Grundstücken und Gebäuden, hier ist gemäß § 19 Abs. 2 der gemeine Wert (Verkehrswert) anzusetzen. Ein etwaiger Mehrwert gegenüber dem in der Bilanz angesetzten ist hinzuzurechnen. Der Posten „angefangene, noch nicht abgerechnete Arbeiten" auf der Aktivseite ist in Höhe der „erhaltenen Anzahlungen" zu saldieren, wenn diese Positionen einer Wertberichtigung gleichkommen. Der Aktivposten „nicht durch Eigenkapital gedeckter Fehlbetrag" (vgl. § 268 Abs. 3 HGB) ist ebenfalls in Abzug zu bringen.[97] Mit dem Bilanzrichtliniengesetz ist der Posten „Wertberichtigung" in der Handelsbilanz weggefallen, es wird nur der berichtigte, abgeschriebene Wert ausgewiesen.[98]

71a Bei Verschmelzung mehrerer Rechtsträger ist der Geschäftswert für den einzelnen Zustimmungsbeschluss der übertragenden Rechtsträger nur nach deren jeweiligen Aktivvermögen zu bestimmen und nicht aus dem Gesamtwert des Verschmelzungsvertrages. Die Zustimmung jedes einzelnen Rechtsträgers erfolgt im Hinblick auf die Übertragung seines Vermögens.[99]

72 Zur Bewertung des **Verschmelzungsvertrages** s. § 39 Rn. 67ff.

73 b) **Spaltungsbeschluss.** Als Geschäftswert für den **Zustimmungsbeschluss (Spaltungsbeschluss)** ist nach § 41c Abs. 2 das Aktivvermögen des übertragenden Rechtsträgers maßgebend. Der für die Gründung der neuen Rechtsträger sonst maßgebliche Geschäftswert kann nicht zugerechnet werden. Zur Ermittlung des in kostenrechtlicher Hinsicht maßgeblichen Aktivvermögens vgl. Rn. 71.

74 Wird bei dem aufnehmenden Rechtsträger das **Kapital erhöht,** ist der Nennbetrag der Erhöhung zuzurechnen. Ist zur Durchführung der Abspaltung eine **Herabsetzung des Stammkapitals** einer übertragenden GmbH (§ 139 UmwG) oder des Grundkapitals einer übertragenden AG oder KGaA (§ 145 UmwG) beschlossen, ist dieser Beschluss gegenstandsverschieden zum Zustimmungsbeschluss. Geschäftswert ist der Nennbetrag der Kapitalherabsetzung. Die Werte des Zustimmungsbeschlusses und der Kapitalherabsetzung sind gemäß § 44 Abs. 2a zusammenzurechnen.

75 Werden **mehrere Zustimmungsbeschlüsse** zu einer gegenstandsgleichen Spaltung in einer Urkunde zusammengefasst, liegt Gegenstandsgleichheit nach § 44 Abs. 1 vor, weil sie denselben Beschlussgegenstand betreffen. Bei Zusammenbeurkundung mehrerer Zustimmungsbeschlüsse zu **gegenstandsverschiedenen Abspaltungen** in einer Urkunde, muss gemäß § 41c Abs. 2 die Beschlussgebühr wegen Anwendbarkeit des § 44 Abs. 2a aus dem zusammengerechneten Gesamtwert erhoben werden. Die Gebühr des § 47 bezieht sich nach allgemeinem Verständnis auf die Beschlussniederschrift als Ganzes. Die Höchstgebühr nach § 47 von 5000 Euro bildet somit für die gesamte Niederschrift die Obergrenze. Die

---

[97] Tiedtke MittBayNot 1997, 211.
[98] Vgl. Lappe NotBZ 1997, 59.
[99] Vgl. für den Fall der Verschmelzung zweier Vereine zur Neugründung Rohs/Wedewer Rn. 38b; Assenmacher/Mathias S. 999.

Aufnahme der Zustimmungsbeschlüsse zu gegenstandsverschiedenen Abspaltungen in getrennten Niederschriften ist allerdings auch keine unrichtige Sachbehandlung nach § 16. Im Übrigen gelten die Grundsätze gemäß Rn. 70 sinngemäß. Zur Frage, wann bei Abspaltungen oder Aufspaltungen Gegenstandsgleichheit oder Gegenstandsverschiedenheit vorliegt, s. § 39 Rn. 147.

Spaltungs-/Ausgliederungsvertrag, Spaltungs-/Ausgliederungsplan. Zur Bewertung eines Spaltungs- oder Ausgliederungsvertrages, Spaltungs- oder Ausgliederungsplans s. § 39 Rn. 73 ff. 76

c) Vermögensübertragung. Der Geschäftswert für den entsprechenden **Zustimmungsbeschluss** richtet sich bei der Vollübertragung nach den Grundsätzen, die oben für die Verschmelzung ermittelt wurden (Rn. 68), bei der Teilübertragung nach denjenigen der Spaltung (vgl. Rn. 73). 77

d) Formwechsel. Beim Formwechsel (§ 190 UmwG) handelt es sich um die Nachfolgeeinrichtung der früheren formwechselnden Umwandlung (§§ 362 ff. AktG aF). Die Identität des Rechtsträgers bleibt unberührt, die äußere Form ändert sich. Es kommen als formwechselnde Rechtsträger Personenhandelsgesellschaften, Kapitalgesellschaften, eingetragene Genossenschaften, rechtsfähige Vereine, der VVaG, Körperschaften und Anstalten des öffentlichen Rechts in Betracht, als Rechtsträger neuer Rechtsform BGB-Gesellschaften, Personenhandelsgesellschaften, Partnerschaftsgesellschaften, Kapitalgesellschaften und eingetragene Genossenschaften. Ein Umwandlungsvertrag bzw. Umwandlungsplan entfällt, es gibt beim Formwechsel nur einen Beschluss der Anteilsinhaber des formwechselnden Rechtsträgers, dieser Umwandlungsbeschluss (§ 193 UmwG) enthält zugleich die bei den übrigen Umwandlungsvarianten notwendige Zustimmung der Anteilsinhaber, etwa nach § 217 UmwG (s. Rn. 83). 78

Als Geschäftswert für den **Umwandlungsbeschluss** ist gemäß § 41 c Abs. 2 das Aktivvermögen des formwechselnden Rechtsträgers maßgebend, gemäß § 18 Abs. 3 ohne Schuldenabzug. Grundlage ist die Umwandlungsbilanz. Zur Ermittlung des kostenrechtlich maßgebenden Wertes vgl. Rn. 71. 79

Diese Wertbestimmung nach dem Aktivvermögen gilt auch bei Umwandlung eines **rechtsfähigen Vereins** und einer **eingetragenen Genossenschaft.** Gemäß § 29 ist der Geschäftswert für Beschlüsse nur dann nach § 30 Abs. 2 zu bestimmen, wenn ein Beschluss ohne bestimmten Geldwert vorliegt. Im Übrigen werden alle Umwandlungsbeschlüsse von § 41 c Abs. 2 erfasst. 80

Nach § 47 ist eine 20/10-Gebühr zu erheben. Die **Höchstgebühr** beträgt 5000 Euro. 81

Zu dem Fall, dass eine nach dem Haushaltsplan des Bundes oder eines Landes für Rechnung des Bundes oder eines Landes verwaltete Körperschaft oder Anstalt (§ 144 Abs. 1 S. 1 Nr. 1) umgewandelt wird (§ 301 ff. UmwG) vgl. wegen der möglichen **Gebührenermäßigung** § 144 Rn. 13 ff. 82

Mit dem Formwechselbeschluss werden in aller Regel in der gleichen Urkunde Verzichtserklärungen auf Klageerhebung nach § 195 UmwG, auf Vorlage des Umwandlungsberichtes nach § 192 Abs. 3 UmwG, auf Vorlage eines Abfindungsangebotes nach § 207 UmwG mitbeurkundet. Gleiches gilt für Zustimmungserklärungen nach §§ 193 Abs. 1, 233; 241 und 303 UmwG. Für diese Verzichts- und Zustimmungserklärungen ist neben der Gebühr nach § 47 eine 10/10-Gebühr nach § 36 Abs. 1 zu erheben, da § 44 bei Zusammentreffen dieser beiden Gebührentatbestände keine Anwendung findet (vgl. § 44 Rn. 6). Beschränkt sich die Zustimmungserklärung darauf, dass lediglich ein nicht erschienener Gesellschafter dem Formwechsel zustimmt, fällt lediglich eine 5/10-Gebühr nach § 38 Abs. 2 Nr. 1 oder Nr. 4 an, ggf. iVm. § 145 Abs. 1 S. 1. Die 5/10-Gebühr wird damit begründet, dass nicht dem Beschluss, sondern den anderen Stimmabgaben zugestimmt wird, so dass sich insgesamt ein Mehrheitsbeschluss ergibt. Die Zustimmung des nicht erschienenen Gesellschafters ist mithin eine Willenserklärung (vgl. auch § 38 Rn. 23). Zustimmungserklärungen und Verzichtserklärungen des gleichen Anteilsinhabers sind nach § 44 Abs. 1 gegenstandsgleich. Berechnung dann nach den Grundsätzen § 44 Abs. 1. Beim Formwechsel einer Personenhandelsgesell- 83

§ 41c   *1. Teil. 2. Abschnitt: 1. Beurkundungen und ähnliche Geschäfte*

schaft in die Rechtsform einer Kapitalgesellschaft oder eingetragenen Genossenschaft ist nach § 217 UmwG die Zustimmung aller anwesenden Gesellschafter erforderlich. Dem Beschluss müssen auch die nicht erschienenen Gesellschafter zustimmen. Erfolgt der Formwechsel durch Beschluss bei Anwesenheit aller Gesellschafter, ist die nach § 217 UmwG erforderliche Zustimmung der Gesellschafter konkludent im Beschluss enthalten. Eine zusätzliche Bewertung kommt in diesem Fall neben dem Beschluss nicht in Betracht. Bei nachträglicher Zustimmung nicht anwesender Gesellschafter gelten die obigen Grundsätze.

84   **Formwechselbeschluss und Gesellschaftsvertrag** des neu gegründeten Rechtsträgers. Teil des Formwechselbeschlusses ist auch das Statut des neuen Rechtsträgers in dem nach dem UmwG erforderlichen Umfang. Wird eine Personenhandelsgesellschaft in eine Kapitalgesellschaft (AG, KGaA, GmbH) umgewandelt, muss der Gesellschaftsvertrag der Kapitalgesellschaft gemäß § 218 Abs. 1 UmwG (vollständig) festgestellt werden. Die Feststellung des Gesellschaftsvertrages ist in diesem Falle Bestandteil des Beschlusses und daher nicht gesondert zu bewerten. Gleiches gilt, wenn eine Personenhandelsgesellschaft in eine Genossenschaft umgewandelt wird, für deren Statut. Anders ist die Rechtslage bei Umwandlung einer Kapitalgesellschaft in eine Personenhandelsgesellschaft, eine GbR oder PartGG. Nach § 234 UmwG, der die allgemeinen Regeln über den Mindestinhalt des Umwandlungsbeschlusses für den Formwechsel einer Kapitalgesellschaft in eine Personengesellschaft enthält, hat der Umwandlungsbeschluss neben den in § 194 Abs. 1 Nr. 1 bis 7 UmwG enthaltenen Angaben auch zwei wesentliche Bestimmungen (Rechtsform, Name oder Firma des neuen Rechtsträgers) zu treffen, die im Gesellschaftsvertrag einer KG, OHG, GbR oder PartG enthalten sein müssen. Im Regelfall wird aber der Formwechselbeschluss alle Bestimmungen des Gesellschaftsvertrages vollständig beinhalten. Wirkt der Notar über den im UmwG geregelten Umfang hinaus bei der Erstellung der vollständigen Satzung mit (sachdienliche Hinweise, Beratung im Vorfeld), geht diese Tätigkeit über den durch § 47 abgegoltenen Beschluss hinaus. Inhalt und Umfang der Amtstätigkeit des Notars, soweit er bei der Beurkundung über Willenserklärungen tätig wird, ergeben sich aus den §§ 8 ff. BeurkG. Nach § 17 BeurkG treffen den Notar Belehrungs- und Prüfungspflichten. Mit der Beurkundungsgebühr sind diese Belehrungs- und Prüfungspflichten abgegolten. Es entsteht keine zusätzliche Gebühr etwa nach § 147 Abs. 2. Dies gilt jedoch nicht bei der Beurkundung von Beschlüssen, da die §§ 36 ff. BeurkG keine den §§ 8 ff. BeurkG vergleichbaren Tätigkeitsvorschriften des Notars enthalten.[100] Anders als bei der Beurkundung von Willenserklärungen handelt es sich bei der Erstellung einer Beschlussniederschrift mehr um eine passive Tätigkeit.[101] Die Tätigkeit des Notars beschränkt sich auf die Wiedergabe der gefassten Beschlüsse. Dadurch wird die Gebührenbegrenzung für Beschlussbeurkundungen gemäß § 47 auf 5000 Euro begründet. Zusätzliche Tätigkeiten bei der Gestaltung der Satzung lösen damit – sofern nicht § 145 Abs. 1 S. 1 in Betracht kommt, s. hierzu nachfolgend – eine Gebühr nach § 147 Abs. 2 aus einem nach § 30 Abs. 1 zu schätzenden Wert aus. Im Übrigen s. § 147 Rn. 132.

85   Wird der Notar im Vorfeld des geplanten Formwechsels einer Kapitalgesellschaft in eine Personenhandelsgesellschaft, eine GbR oder eine PartG mit dem Entwurf des vollständigen Gesellschaftsvertrages des neuen Rechtsträgers beauftragt, kommt dem Entwurf eine **selbständige Bedeutung** zu. Es liegt in diesem Falle eine Entwurffertigung mit der Kostenfolge des § 145 Abs. 1 S. 1 iVm. § 36 Abs. 2 vor, da in Bezug auf den Gesellschaftsvertrag kein eigenständiger Beurkundungsauftrag erteilt wird. Nicht der Gesellschaftsvertrag wird beurkundet, sondern der Formwechselbeschluss, der Gesellschaftsvertrag ist Teil des Beschlusses. Es liegt somit keine Beurkundung vor, für die sich die Anrechnungsfrage der Entwurfsgebühr auf die Beurkundungsgebühr nach § 145 Abs. 1 S. 3 ergibt.

86   Beschränkt sich die Tätigkeit des Notars darauf, den ihm vorgelegten Entwurf der Satzung zu überprüfen, ist nach § 145 Abs. 1 S. 2 die Hälfte der für die Beurkundung des

---

[100] *Eylmann/Vaasen* § 13 BeurkG Rn. 13; *Keidel/Winkler* § 37 BeurkG Rn. 11; *Huhn/v. Schuckmann* § 36 Rn. 22.
[101] KG DNotZ 1936, 309; *Widmann/Mayer* § 193 Rn. 69, 70.

Gesellschaftsvertrages bestimmten Gebühr, hier also die Hälfte der $^{20}/_{10}$-Gebühr = $^{10}/_{10}$-Gebühr, zu erheben. Hierbei bleibt es auch, wenn der Notar den Entwurf auf Grund der Überprüfung ändert oder ergänzt. Zur grundsätzlichen Frage der Abgrenzung voller Entwurf oder Überprüfung/Ergänzung s. § 145 Rn. 28 ff.

V. Mehrheit von Beschlüssen (Abs. 3)

1. Grundsatz

Bewertet wird zunächst jeder einzelne Beschluss. Bei mehreren Beschlüssen gilt für die Geschäftswertberechnung (kraft Verweisung in § 41 c Abs. 3) die in § 44 enthaltene Regelung. Die in § 41 c Abs. 3 vorgenommene Verweisung gilt für Beschlüsse mit bestimmtem und unbestimmtem Geldwert. 87

§ 41 c Abs. 3 ist anwendbar, wenn folgende Voraussetzungen zusammentreffen: 88
– Das satzungsgemäße oder sonst gesetzmäßige Organ iS von Abs. 1 muss **mehrere Beschlussfassungen** getroffen haben.
– Die mehreren Beschlussfassungen müssen **in derselben Verhandlung** zustande gekommen und beurkundet worden sein.

Das gilt auch dann, wenn es sich um Beschlussfassungen verschiedener Organe handelt.

2. Abgrenzung

a) Beschlüsse desselben Organs. Für Beschlüsse desselben Organs hat die Frage nur Bedeutung, um festzustellen, ob neben Beschlüssen bestimmten Geldwertes noch solche unbestimmten Geldwertes vorliegen. Maßgebend ist nicht die Zahl der Gesamtwillensbildungen (Punkte der Tagesordnung), sondern der innere Zusammenhang der Beschlussgegenstände. 89

aa) Ein Beschluss 90
– **Kapitalmaßnahmen:** Kapitalherabsetzung und Verwendung des dadurch erzielten Bilanzgewinnes zur Deckung eines Verlustes,[102]
– oder zur Ausschüttung des nicht zur Verlustdeckung benötigten Betrages an die Gesellschafter;[103]
– Kapitalherabsetzung, und Erwerb eigener Aktien zur Durchführung, selbst wenn der Erwerb der eigenen Aktien und die Herabsetzung unter verschiedenen Punkten der Tagesordnung beschlossen werden;[104]
– Kapitalerhöhung und entsprechende Satzungsänderung;[105]
– Kapitalerhöhung und gesonderter Beschluss der Vorzugsaktionäre, Kapitalneufestsetzung und entsprechende Satzungsänderung;[106]
– Beschluss einer GmbH über Herabsetzung des Stammkapitals und anteilsmäßige Herauszahlung der durch die Kapitalherabsetzung frei werdenden Beträge.[107]

Satzungsänderungen. Verschiedentlich werden bei Änderung einer Satzung in mehreren Punkten mehrere Beschlüsse angenommen,[108] (Zweigniederlassung, Geschäftsführung, Vertretung bei Haupt- und Zweigniederlassung).[109] So wie die völlige Neufassung der Satzung, wenn damit nicht ein geldwertbestimmter Beschluss gefasst wird, ein Beschluss unbestimmten Geldwertes ist,[110] kann auch die mehrfache Änderung der Satzung in einzelnen Punkten keine mehrfache satzungsändernde Beschlussfassung sein, sondern muss **ein Beschluss unbestimmten Geldwertes sein**.[111] Mehrere Beschlüsse können bei Satzungsände- 91

---

[102] OLG München JFGErg. 17, 45 = DNotZ 1937, 888.
[103] OLG Frankfurt MDR 1958, 528.
[104] KG DNotZ 1941, 306.
[105] OLG München DNotZ 1937, 888.
[106] OLG Hamm Rpfleger 1953, 253.
[107] OLG Frankfurt Rpfleger 1961, 340.
[108] ZB *Eppig* DNotZ 1957, 390; *Hornig* JVBl. 1957, 118; OLG Karlsruhe DNotZ 1963, 500 = MittBayNot 1963, 133.
[109] OLG Frankfurt JurBüro 1963, 29; *Lappe/Stöber* S. 168.
[110] So *Bühling* § 27 Anm. 7 b; *Hornig* JVBl. 1957, 11; *Rohs/Wedewer* Rn. 27.
[111] So auch *Mümmler* JurBüro 1989, 769.

rung daher nur dann vorliegen, wenn ein oder mehrere geldwertbestimmte Beschlüsse mit geldwertunbestimmten Beschlüssen der Satzungsänderung zusammentreffen (dann Summe der jeweils zu ermittelnden Werte).[112]

92 **Entlastungsbeschlüsse.** Wenn mehrere Entlastungsbeschlüsse (zB Aufsichtsrat und Vorstand) zusammen erfolgen, ohne dass gleichzeitig Wahlen mitvorgenommen werden, liegt ein Beschluss vor;[113] desgleichen, wenn Verwaltungsträgern die Entlastung für mehrere Geschäftsjahre erteilt wird, selbst wenn in mehreren Tagesordnungspunkten; ferner auch, wenn bei Umwandlung einer AG in eine GmbH Aufsichtsrat und Vorstand der AG entlastet werden und zugleich der Aufsichtsrat der GmbH neu bestellt wird.[114] Zu Wahlen s. Rn. 100.

93 **Sonstiges.** Beschluss über Stilllegung einer Schachtanlage und Weisungen an den Grubenvorstand über Maßnahmen dazu.[115]

94 **bb) Mehrere Beschlüsse.** Bedingte Kapitalerhöhung und Ausgabe von Wandelschuldverschreibungen, wenn ein an sich einheitlicher Beschluss teils bestimmten, teils unbestimmten Geldwertes ist, zB Feststellung des Jahresabschlusses und darin enthaltene mittelbare Gewinnverwendung; Beschluss einer GmbH wegen Satzungsänderung und gleichzeitig Zustimmung zu einer Geschäftsanteilsabtretung; Beschluss über generelle Einziehungsmöglichkeit und Einziehung eines bestimmten Geschäftsanteils.[116] Gegenüber Wahlen und der Entlastung von Verwaltungsträgern ist die Feststellung des Jahresabschlusses durch die Hauptversammlung ein selbständiger Beschlussgegenstand.

95 **b) Beschlüsse verschiedener Organe.** Für Beschlüsse verschiedener Organe **derselben Vereinigung,** wenn diese in einer Niederschrift aufgenommen werden und denselben Beschlussgegenstand betreffen, fällt nur eine Gebühr an. Wenn die mehreren Beschlüsse in **verschiedenen Versammlungen** nicht unmittelbar nacheinander erfolgen, ist Zuwarten mit der Niederschrift des erstbeschließenden Beschlussorgans nicht vertretbar, weil sonst wegen etwaigen zwischenzeitlichen Wegfalls des wahrnehmenden Notars (Ableben, schwerer Unfall) die Beschlussfassung des erstbeschließenden Organs wiederholt werden müsste. Allerdings kommt es hierbei maßgeblich auf den Auftrag der Vertretungsorgane an. Nicht selten verlangen beispielsweise zwei Genossenschaften vom Notar ausschließlich aus Kostengründen die Errichtung nur einer Beschlussniederschrift, auch wenn die Generalversammlungen zB zur einer Verschmelzung zeitlich versetzt die Zustimmungsbeschlüsse erteilen. Die daraus resultierenden Risiken treffen die Beteiligten und können dem Notar nicht zur Last gelegt werden.

96 Beschließen verschiedene Organe **verschiedener Vereinigungen** zum selben Beschlussgegenstand (zB Zustimmungsbeschluss zum Verschmelzungsvertrag), so ist § 44 anzuwenden, d. h. es wird nur **eine** Gebühr nach § 47 erhoben, da insoweit Gegenstandsgleichheit gemäß § 44 Abs. 1 vorliegt.[117] Dass Beschlüsse verschiedener Vereinigungen zu verschiedenen Beschlussgegenständen zusammentreffen, dürfte praktisch nicht vorkommen; wenn doch, müsste gelten: eine Urkunde = eine Gebühr, jedoch Summierung der Werte.[118]

3. Berechnung

97 **a) Mehrere Beschlüsse bestimmten Geldwertes.** Werden mehrere Beschlüsse bestimmten Geldwertes zusammen beurkundet, so werden ihre Werte zusammengerechnet, aus der Summe dieser bestimmten Werte wird die Gebühr des § 47 erhoben.

98 **b) Mehrere Beschlüsse unbestimmten Geldwertes.** Werden mehrere Beschlüsse unbestimmten Geldwertes zusammen beurkundet, so ist der Wert, wenn die Beschlüsse dasselbe Unternehmen betreffen und in einer Verhandlung erfasst werden, in entsprechen-

---

[112] *Ackermann* JVBl. 1965, 194; Rpfleger 1966, 246; OLG Celle DNotZ 1968, 574.
[113] OLG Frankfurt DNotZ 1964, 566.
[114] OLG Stuttgart BNotZ 1960, 161 = Rpfleger 1964, 132.
[115] OLG Hamm Betrieb 1967, 741.
[116] *Schmidt* JurBüro 1963, 141.
[117] BayObLG MittBayNot 1990, 61.
[118] *Ackermann* Rpfleger 1972, 431.

der Anwendung des § 44 bei Gegenstandsgleichheit der Beschlussgegenstände derjenige, der sich aus § 41 c Abs. 1 iVm. § 41 a Abs. 4 ergibt; das trifft zB zu bei Änderung der Firma des Unternehmens und der entsprechenden Bestimmung der Satzung. Werden mehrere Beschlüsse unbestimmten Geldwertes zusammen beurkundet, die nicht nur einen Rechtsvorgang betreffen, so ist für jeden Vorgang (Beschlussgegenstand) der Wert nach §§ 41 c, 41 a Abs. 4 anzusetzen; die Summe der Werte ergibt den nach § 44 Abs. 2 a anzusetzenden Wert. Höchstwert nach Abs. 4 aber 500 000 Euro.

c) Gemischte Beschlüsse. Werden Beschlüsse bestimmten und unbestimmten Geldwertes zusammen beurkundet, so wird der für alle Beschlüsse unbestimmten Geldwertes nach Rn. 49 ff. bemessene Wert (höchstens 500 000 Euro) dem Wert der Beschlüsse bestimmten Geldwertes zugerechnet und aus der Summe der Werte die Gebühr des § 47 erhoben (Abs. 3 S. 2, Abs. 4). 99

4. Wahlen

Abs. 3 S. 3 schafft eine Fiktion für das **Zusammentreffen mehrerer Wahlen** oder **von Wahlen** zusammen **mit Beschlüssen** über die Entlastung von Verwaltungsträgern. Nicht anwendbar ist § 41 c Abs. 3 S. 3 auf Anmeldungen zum Handelsregister (s. § 41 a Rn. 114). 100

Unter **Wahl** versteht man jeden Beschluss darüber, ob bzw. welche Personen (ob zustimmend oder ablehnend) mit irgendwelchen gesetzlichen oder satzungsmäßigen Funktionen betraut werden oder betraut bleiben sollen.[119] Wahl ist somit jeder personenbezogene Beschluss, auch die „Abwahl". Unter Wahlen fallen also alle Arten von Wahlen, nicht nur bezüglich Aufsichtsrat, Vorstand, Geschäftsführer, Prokuristen, Verwaltungsrat, Beirat und andere Beratungs- oder Aufsichtsorgane, sondern auch Wahlen bezüglich Wirtschaftsprüfer, Buchprüfer, Sachverständiger oder anderer gesetzlicher oder satzungsmäßiger Funktionen. Wird zB ein GmbH-Geschäftsführer abberufen und ein neuer Geschäftsführer bestellt, liegt gebührenrechtlich nur ein Beschluss vor.[120] Gleiches gilt beispielsweise, wenn ein Geschäftsführer neu bestellt wird und für einen bereits bestellten Geschäftsführer lediglich der Umfang der Vertretungsbefugnis geändert wird. Neubestellung und Änderung der Vertretungsbefugnis fallen ebenfalls unter den Begriff „Wahlen". Diese Fiktion gilt ohne Rücksicht auf § 44. Es handelt sich also in solchen Fällen immer nur um einen Beschluss, unabhängig davon, wie viele Tagesordnungspunkte er betrifft. 101

Abberufungsbeschlüsse fallen unter die Fiktion des Abs. 3 S. 3, weil nach § 41 c wie nach § 47 nicht maßgeblich ist, was, sondern worüber beschlossen worden ist. 102

5. Besonderheiten bei Euro-Umstellungen

Am 15. 6. 1998 ist das Gesetz zur Einführung des Euro – EuroEG (BGBl. I S. 1942) verkündet worden. Danach konnte bei Kapitalgesellschaften das Grund- oder Stammkapital bereits am 1. 1. 1999 wahlweise in DM oder Euro festgelegt werden. Ab 1. 1. 2002 kann eine Kapitalgesellschaft nur noch mit Grund- oder Stammkapital in Euro gegründet werden. Bei allen Kapitalgesellschaften mit Grund- oder Stammkapital besteht ab 1. 1. 2002 die Pflicht, spätestens bei Beschlüssen über Kapitalmaßnahmen das Grund- oder Stammkapital in Euro umzustellen (für die GmbH, § 86 Abs. 1 S. 4 GmbHG, für die AG, § 3 Abs. 5 EGAktG). Auch nach dem 31. 12. 2001 ist eine formlose Euro-Umstellung möglich, wenn das Stammkapital nicht verändert wird. Die bloße Umstellung des Grund- oder Stammkapitals ohne Erhöhung oder Herabsetzung des Kapitals ist keine Änderung des Kapitals iS von § 86 Abs. 1 S. 4 GmbHG oder § 3 Abs. 5 EGAktG und erfordert somit nicht die weiteren Anpassungspflichten. Systematisch ist eine nur rein rechnerisch umgestellte Kapitalgesellschaft mit krummen Eurobeträgen noch eine Altgesellschaft iS des § 86 Abs. 1 S. 2 GmbHG/§ 3 Abs. 2 EGAktG. Ab 1. 1. 2002 sind zur Umstellung des Kapitals auf Euro nach wie vor zwei Möglichkeiten gegeben: 103
– Umstellung auf Euro, ohne Änderung des Kapitals,

---

[119] *Kaiser* DNotZ 1965, 506; OLG Frankfurt DNotZ 1971, 609.
[120] OLG Frankfurt DNotZ 1971, 609; OLG Stuttgart DNotZ 1978, 124.

§ 41c 1. Teil. 2. Abschnitt: 1. Beurkundungen und ähnliche Geschäfte

– Umstellung auf Euro mit Änderung des Kapitals (Glättung, Kapitalherabsetzung oder -erhöhung).

104 **a) Ohne Kapitaländerung.** Umstellung auf Euro ohne Kapitaländerung – GmbH. Für die rein rechnerische Umstellung des Kapitals auf Euro hat der Gesetzgeber Erleichterungen vorgesehen. Der Umstellungsbeschluss kann mit einfacher Mehrheit gefasst werden (§ 86 Abs. 3 S. 1 Halbs. 1 GmbHG). Eine notarielle Beurkundung ist nicht erforderlich (§ 86 Abs. 3 S. 1 Halbs. 2 GmbHG). Wird der Notar mit dem Entwurf des Umstellungsbeschlusses beauftragt, ist dieser Entwurf entgegen unserer bisher vertretenen Auffassung nicht nach § 147 Abs. 2 zu bewerten, sondern entsprechend der neueren Rspr.[121] nach § 145 Abs. 1 (s. § 145 Rn. 18 ff.). Der Geschäftswert ist in gleicher Weise zu bestimmen wie für die Beurkundung. Die rein rechnerische Umstellung ist Beschluss ohne bestimmten Geldwert, Geschäftswert also nach § 41c Abs. 1 iVm. § 41a Abs. 4. Beurkundet der Notar den Umstellungsbeschluss, obwohl keine Beurkundungspflicht besteht, liegt keine unrichtige Sachbehandlung vor, da die Entwurffertigung Gebühren in gleicher Höhe auslöst. Geschäftswert ist jedoch zwingend 1% des eingetragenen Grund- oder Stammkapitals, mindestens 25 000 Euro und höchstens 500 000 Euro. Zur Registeranmeldung s. § 41a Rn. 119 bis 123.

105 **b) Mit Kapitaländerung.** Umstellung auf Euro mit Kapitaländerung. Werden bei einer GmbH zur Vermeidung der krummen Euro-Beträge das Stammkapital und die Nennbeträge der Geschäftsanteile geglättet, sind kraft Verweis nach § 86 Abs. 3 S. 3 Halbs. 1 GmbHG die allgemeinen Vorschriften des GmbHG anzuwenden. Es besteht also bei Euro-Umstellung mit Glättung Beurkundungspflicht. Bei der Umstellung auf Euro liegt ein Beschluss ohne bestimmten Geldwert vor, Geschäftswert nach §§ 41c Abs. 1, 41a Abs. 4 Nr. 1, 1% des eingetragenen Stammkapitals, mindestens 25 000 Euro und höchstens 500 000 Euro. Werden weitere Satzungsänderungen mitbeurkundet, deren Gegenstand keinen bestimmten Geldwert haben, liegt ein einheitlicher Beschluss ohne bestimmten Geldwert mit der Euro-Umstellung vor.[122] Der Umstellungsbeschluss ist mit dem Beschluss über die Glättungsmaßnahmen (Kapitalerhöhung oder Kapitalherabsetzung), gegenstandsgleich.[123] Der Geschäftswert für die Kapitalmaßnahme ist nach § 39 Abs. 1 zu bestimmen. Kapitaländerungen sind Beschlüsse, die einen bestimmten Geldwert haben. Geschäftswert somit Nennbetrag der Kapitalherabsetzung oder -erhöhung. Erfolgt eine Erhöhung durch Sacheinlage, ist der Wert der Sacheinlage ohne Schuldenabzug maßgebend, wenn höher als der Nennbetrag der Erhöhung. Bei einem Beschluss über einen sogenannten Kapitalschnitt (vereinfachte Kapitalherabsetzung bei gleichzeitiger Kapitalerhöhung gegen Bareinlage – § 86 Abs. 3 S. 3 Halbs. 2 GmbHG) sind die Nennbeträge der Herabsetzung und Erhöhung zusammenzurechnen. Für den Umstellungsbeschluss mit Glättung durch Kapitalerhöhung aus Gesellschaftsmitteln gilt Art. 45 Abs. 2 EGHGB (Halbierung des Glättungsbetrages) nicht; dieser gilt nur für Anmeldungen und Eintragungen. Bei Glättung durch Kapitalerhöhung aus Gesellschaftsmitteln ist keine Übernahmeerklärung notwendig. Die Glättung erfolgt durch Aufstockung der bestehenden Geschäftsanteile. Eine vorsorglich mitbeurkundete Übernahmeerklärung darf nach § 16 nicht bewertet werden.

106 Die kostenrechtlichen Grundsätze für Umstellungsbeschlüsse mit Kapitaländerung gelten entsprechend für die AG. Während der Übergangsphase vom 1. 1. 1999 bis 31. 12. 2001 war die rein rechnerische Umstellung durch Beschluss der Hauptversammlung mit einfacher Mehrheit möglich (§ 4 Abs. 1 S. 1 EGAktG). Ab 1. 1. 2001 handelt es sich bei der rein rechnerischen Umstellung um eine Änderung der Satzung, zu der kraft Gesetzes der Aufsichtsrat ermächtigt ist (§ 4 Abs. 1 S. 2 EGAktG). Bei der sog. kleinen Aktiengesellschaft ist die notarielle Beurkundung des Hauptversammlungsbeschlusses nach § 130 Abs. 1 S. 3 AktG entbehrlich, wenn sich der Beschluss auf die rein rechnerische Umstellung des

---

[121] LG Dresden NotBZ 2007, 300 m. zust. Anm. *Otto.*
[122] OLG Hamm RNotZ 2004, 512 = MittBayNot 2005, 79.
[123] OLG Naumburg ZNotP 2006, 479, das den Geschäftswert auf den Wert der Kapitalerhöhung bestimmt und damit vom System des § 44 Abs. 1 abweicht.

Grundkapitals beschränkt. Bei börsennotierten Aktiengesellschaften muss auch die rein rechnerische Umstellung notariell protokolliert werden.

Werden im Rahmen der Euro-Umstellung Geschäftsanteile vereinigt, sind die Beschlüsse über die Euroumstellung und die Vereinigung gegenstandsverschieden.[124] Die Vereinigung ist zur Euroumstellung der einzelnen Stammeinlagen nicht zwingend erforderlich, wird aber häufig zur Wahrung der Anteilsverhältnisse aus Vereinfachungsgründen mitbeurkundet. **106a**

6. Zusammentreffen von Beschlüssen mit anderen Geschäften

Werden **Beschlüsse mit rechtsgeschäftlichen Erklärungen** in einer Niederschrift beurkundet, so wird die Gebühr nach §§ 36 bis 43 neben der des § 47 so erhoben, wie wenn getrennte Urkunden aufgenommen wären; § 44 ist auf das Zusammentreffen von Beschlüssen mit rechtsgeschäftlichen Erklärungen nicht anzuwenden, es sind also beide Gebühren nebeneinander zu berechnen (vgl. § 44 Rn. 6). **107**

Eine **getrennte Bewertung** hat also zB zu erfolgen in folgenden Fällen: **108**
– Zusammenbeurkundung von Beschlüssen mit Geschäftsanteilsabtretungen;[125]
– Beschluss über Kapitalerhöhung mit Übernahme der neuen Aktien;[126] jedoch bedarf diese Übernahmeerklärung (Zeichnungsschein) keiner Beurkundung (daher uU falsche Sachbehandlung);
– bei Kapitalerhöhung einer GmbH, wo die Übernahmeerklärung (anders als bei der AG) der Beurkundung (Beglaubigung) bedarf, daher notwendig ist und gesondert bewertet wird; nicht hingegen bei Kapitalerhöhung bei einer GmbH aus Gesellschaftsmitteln, wo es keiner Übernahmeerklärung bedarf;
– Beschluss über Umwandlung und gleichzeitige Anmeldung zum Register oder Einbringung eines Grundstücks;
– Erfolgt bei AG-Gründung die Bestellung des ersten Aufsichtsrats und (soweit eine solche vorgenommen wird) des Abschlussprüfers, muss dies durch Beschluss geschehen.[127] Ab der notariellen Beurkundung des Gründungsvertrages existiert die Vor-AG als notwendiges Durchgangsstadium zur AG. Die Gründungsversammlung ist (neben Vorstand und Aufsichtsrat) notwendiges Organ der Vor-AG.[128] Für die Gründerversammlung gilt das Versammlungs- und Beschlusserfordernis des § 118 Abs. 1 AktG. Danach können die Aktionäre ihre Rechte nur in der Hauptversammlung ausüben, sofern nichts anderes bestimmt ist. Die Gründerversammlung der Aktionäre kann sich daher nur durch Beschluss äußern. Daraus folgt, dass die Bestellung des Aufsichtsrats und/oder des Abschlussprüfers immer Beschluss ist. Unerheblich für die Qualifizierung als Beschluss ist es, ob der Beschluss als solcher förmlich bezeichnet und ob er mit den Worten eingeleitet wird, „dass die Gründer zu einer Gründerversammlung zusammentreten und beschließen was folgt" oder ähnliches. Das Vorliegen eines Beschlusses hängt nicht von der Überschrift ab, sondern davon, dass sich ein Gremium in dieser Form entscheidet. Neben der Gebühr für die Gründung der AG ist bei der Bestellung des ersten Aufsichtsrats und/oder des Abschlussprüfers eine Beschlussgebühr nach § 47 zu erheben. Bei gleichzeitiger Bestellung von Aufsichtsrat und Abschlussprüfer liegt ein einheitlicher Beschluss vor (Wahlen).
– Wird bei Gründung einer GmbH ein Geschäftsführer bestellt, so löst dieser Beschluss, sofern die Bestellung in der Satzung erfolgt, keine gesonderte Gebühr nach § 47 aus. Wird der Geschäftsführer nicht uno actu mit der Gründung der GmbH, sondern unmit-

---

[124] AA – gegenstandsgleich – OLG Frankfurt MittBayNot 2006, 73 m. Anm. PrüfAbt. Notarkasse = ZNotP 2005, 477 m. Anm. *Tiedtke*.
[125] KG DNotZ 1939, 65.
[126] KG DNotZ 1939, 615; OLG München JVBl. 1944, 5.9.
[127] *Hüffer* § 30 AktG Rn. 2, 10; MünchKommAktG/*Pentz* § 30 Rn. 10; *Röhricht* § 30 AktG Rn. 4; aA ohne Begründung *Kersten/Bühling/Kanzleiter* § 148 Rn. 6; OLG Zweibrücken MittBayNot 2003, 312 = ZNotP 2003, 410 = RNotZ 2002, 463 = JurBüro 2002, 492; OLG München ZNotP 2006, 79 m. Anm. *Tiedtke* = RNotZ 2006, 69 = MittBayNot 2006, 444.
[128] *Hüffer* § 41 AktG Rn. 6.

telbar im Anschluss daran, sei es auch in derselben Urkunde durch Beschluss der Gesellschafterversammlung bestellt, ist die Gebühr nach § 47 zu erheben; § 16 steht nicht entgegen, da Unterschiede beider Bestellungsarten bestehen, vor allem bei der Aufhebung der Geschäftsführerbestellung,[129] vgl. auch Rn. 14 und § 44 Rn. 61; iÜ gelten die Ausführungen zur Bestellung des Aufsichtsrats sinngemäß.

– Aufteilung einer BGB-Gesellschaft in mehrere Gesellschaften durch Beschluss und Auflassung des Gesamtgrundbesitzes an die Nachfolgegesellschaften, wobei die Gebührenbegünstigung nach § 38 Abs. 2 Nr. 6 a) nicht anwendbar ist.

VI. Höchstwert (Abs. 4)

109 Der Höchstwert für Beschlüsse ohne bestimmten Geldwert, auch für mehrere in einer Beschlussbeurkundung gefasste, beträgt 500 000 Euro (§ 41 c Abs. 4). Insoweit deckt sich die Höchstwertvorschrift des § 41 c Abs. 4 mit derjenigen des § 41 a Abs. 4 Nr. 1. Die Höchstwertvorschrift des § 41 c Abs. 4 gilt, da dort lediglich auf Beschlüsse nach Abs. 1 abgestellt wird, nicht für Umwandlungsbeschlüsse nach § 41 c Abs. 2. Auch die Höchstwertvorschrift des § 39 Abs. 4 (5 Mio. Euro) gilt für Umwandlungsbeschlüsse nicht, sie gilt nur – außer für Gesellschaftsverträge und Satzungen – für Pläne und Verträge nach dem Umwandlungsgesetz, nicht aber für die diesbezüglichen Beschlüsse. Für diese gibt es also keine Höchstwertvorschrift. Es verbleibt aber bei der Höchstgebühr nach § 47 S. 2 (5000 Euro).

110 Für Beschlüsse **mit bestimmtem Geldwert** gilt die Höchstwertbegrenzung nicht. Es verbleibt aber auch hier bei der Höchstgebühr nach § 47 S. 2 (5000 Euro).

§ 42 Ergänzung und Änderung beurkundeter Erklärungen

Für die Beurkundung von Ergänzungen und Änderungen einer beurkundeten Erklärung wird derselbe Gebührensatz wie für die ursprüngliche Beurkundung erhoben, jedoch nicht mehr als die volle Gebühr.

Übersicht

	Rn.		Rn.
I. Allgemeines	1–4	k) Falsa demonstratio	21
II. Anwendungsbereich	5–32 a	l) Berichtigung von Schreibfehlern und anderen offenbaren Unrichtigkeiten	21 a
1. Definition des Begriffs „Änderung"	5–10 a	3. Nichtanwendung des § 42	22–34
2. Einzelfälle für die Anwendung des § 42	11–21 a	a) Auswechslung des Vertragspartners	23–24 a
a) Verlängerung der Angebotsfrist	12	b) Gütergemeinschaft	25
b) Vertragsneufassung	13	c) Änderung des Gemeinschaftsverhältnisses	26
c) Änderungen der Fälligkeit, Zins- und Zahlungsbestimmungen	14	d) Auswechslung des Vertragsobjektes	27–29
d) Änderungen des Güterstandes	15	e) Rücktritt	30
e) Änderungen der Gemeinschaftsordnung	16	f) Wohnungs-/Teileigentum	31
f) Änderungen des Erbbauzinses	17	g) Begründung von Wohnungserbbaurechten und Verteilung Erbbauzins	31 a
g) Rang	18	h) Aufnahme weiterer Kommanditisten	32
h) Geschäftsanteilsabtretung	19	i) Neufassung einer Satzung	33
i) Änderung des Gesellschaftsvertrages einer GmbH vor Eintragung	19 a	j) Rückkauf bei Nichterfüllung einer Bauverpflichtung	34
j) Identitätsfeststellung, Messungsanerkennung	20, 20 a	III. Geschäftswert bei mehrfachen Änderungen	35

---

[129] OLG Zweibrücken MittBayNot 1977, 257; KG JurBüro 1983, 1551; OLG Oldenburg JurBüro 1989, 825.

Stichwortverzeichnis

Aufnahme Kommanditist 32
Auswechslung Vertragspartner 23
Auswechslung Vertragsobjekt 27
Änderung Angebot 1
Änderung Erbbauzins 17
Änderung Gesellschaftsvertrag 19 a
Änderung Güterstand 15
Bauverpflichtung, Nichterfüllung 34
Berichtigung Schreibfehler 21 a
Definition der Änderung 5 ff.
Erbvertrag 2
Erbbauzins 17
Ergänzung der Auflassung 20
Falsa demonstratio 21
Gemeinschaftsordnung WEG 16
Gemeinschaftsverhältnis 26
Geschäftsanteilsabtretung 19
Gesellschaftsvertrag 2
Grundsätze 1 ff.
Güterstand 12, 25
Heilungsurkunde 8

Identitätsfeststellung 20
Mehrfache Änderungen des Geschäftswerts 35
Messungsanerkennung 20
Neubeurkundung 8, 10
Neufassung einer Satzung 33
Neuvornahme 13, 23 b, 30
Nichtiger Vertrag 8
Rechtsverhältnis – neu 7
Registeranmeldung 2
Schreibfehler 21
Testament 2
Verlängerung Angebotsfrist 12
Verlängerung Erbbaurecht 14
Verteilung Erbbauzins 31 a
Vertragsleistungen 23
Vorbehaltsgut 25
Wohnungserbbaurecht 31 a
Wohnungs-/Teileigentum 31
Zahlungsbestimmungen 14
Zinsänderung 14

I. Allgemeines

Für die Beurkundung von Ergänzungen und Änderungen einer bereits beurkundeten **1** **Erklärung** wird nach § 42 derselbe **Gebührensatz** erhoben wie für die ursprüngliche Beurkundung, d. h. wie für die Beurkundung der Erklärung, die jetzt ergänzt oder abgeändert wird, jedoch nicht mehr als die volle Gebühr. Daraus folgt, dass für die Beurkundung einer Ergänzung oder Änderung einer einseitigen Erklärung oder eines Vertrages (§ 36 Abs. 2) die volle Gebühr, für Beurkundungen der Ergänzung oder Änderung der in § 38 genannten einseitigen Erklärungen oder Verträge die Hälfte oder ein Viertel der vollen Gebühr festzusetzen ist. Ob die Ergänzung oder Änderung einseitig oder durch Vertrag erfolgt, ist dabei unbeachtlich. Infolge der Beschränkung („nicht mehr als die volle Gebühr") wird auch für die Beurkundung eines dem beurkundeten Vertrag ergänzenden oder abändernden Vertrags sowie für die Änderung oder Ergänzung eines Vertragsangebotes nur die volle Gebühr erhoben.

§ 42 gilt nur für die Ergänzung und Abänderung von **Erklärungen unter Lebenden**. **2** Der Begriff „beurkundete Erklärung" ist wie in § 36 Abs. 1 zu definieren (vgl. dort Rn. 2). Auf Beschlüsse ist § 42 nicht anwendbar,[1] ebenso nicht auf Registeranmeldungen[2] und Testamente oder Erbverträge.[3] § 42 gilt hingegen für Änderungen des Gesellschaftsvertrages einer OHG oder einer KG.[4] Erfolgt die Änderung des Gesellschaftsvertrages jedoch durch Beschluss, fällt keine Gebühr nach § 42, sondern die Gebühr nach § 47 an. Der Geschäftswert bestimmt sich in diesem Falle nach § 41 c iVm. § 41 a Abs. 4, je nachdem, um welchen Rechtsträger es sich handelt. Er gilt ferner nicht, wenn bei der freiwilligen Versteigerung nach Abschluss der Niederschrift in besondere Urkunde ein „Nachgebot" abgegeben wird.[5]

Ist das Rechtsverhältnis, das ergänzt oder abgeändert wird, **nicht beurkundet,** so gelten **3** für die Beurkundung der Ergänzungen und Änderungen die Vorschriften der §§ 36 bis 38. Häufig wird dann in der Beurkundung der „Ergänzungen" oder „Änderungen" das Rechtsverhältnis selbst, und zwar so, wie es sich mit den Ergänzungen oder Änderungen

---

[1] OLG München DNotZ 1938, 754; KG DNotZ 1941, 315; § 47 Rn. 9.
[2] KG DNotZ 1939, 616.
[3] OLG Stuttgart JurBüro 2007, 599 = FGPrax 2007, 295.
[4] KG DNotZ 1938, 756.
[5] OLG München DNotZ 1938, 467.

gestaltet, also das ergänzte oder geänderte Rechtsverhältnis beurkundet. Dann ist auch der Wert dieses Rechtsverhältnisses, nicht der der Ergänzungen oder Änderungen maßgebend.[6]

4 „Beurkundet" ist die zu ergänzende oder zu ändernde Erklärung **nur** im Falle einer **Niederschrift** nach dem BeurkG oder einer gleichstehenden Niederschrift (gerichtlicher Vergleich),[7] nicht jedoch im Falle der Unterschriftsbeglaubigung. Die erste Urkunde braucht nicht vor demselben Notar errichtet zu sein.[8]

II. Anwendungsbereich

1. Definition des Begriffs „Änderung"

5 Während der Begriff „Ergänzungen" zu keinen Auslegungsschwierigkeiten führt, da solche sich nur auf Nachträge beziehen können, deren Inhalt keinesfalls neue, zusätzliche Schuldverhältnisse schaffen, bereitet die Abgrenzung des Begriffs „Abänderung" vom selbständigen Rechtsgeschäft einige Probleme.

6 **Grundsätzlich** gilt: Wird das alte Rechtsverhältnis durch ein an dessen Stelle tretendes neues Schuldverhältnis ersetzt (Novation, Schuldumschaffung),[9] so wird nicht „geändert", sondern ein neues Geschäft beurkundet. Wird hingegen durch die neue Erklärung das frühere Schuldverhältnis in einem derartigen Umfang abgeändert, dass das Wesen des ursprünglichen Geschäfts als solches bestehen bleibt, werden jedoch daneben auch noch gleichzeitig sonstige Rechtsverhältnisse neu begründet, so ist die Gebühr nach § 42 anzusetzen.[10]

7 Die Abgrenzung ist im Einzelfall nicht leicht zu treffen. Erschwert wird sie insbesondere dadurch, dass[11] nicht auf die rechtliche, sondern auch auf die **wirtschaftliche Betrachtungsweise** abzustellen sei, mit welcher letztlich Billigkeitserwägungen Rechnung getragen wird, die indes rechtlich nicht haltbar sind.[12] Die gesetzgeberische Motivation war, den bloßen Umbau eines Rechtsgeschäfts gegenüber der Neuerrichtung kostenrechtlich zu bevorzugen. Der Anwendungsbereich des § 42 ist daher dann überschritten, wenn durch den „Nachtrag" das alte Rechtsverhältnis völlig verschwindet oder so umgestaltet wird, dass eine Identität nicht mehr gegeben ist.[13]

8 Nach der herrschenden Rspr. und hM sollen „Änderungen" und „Ergänzungen" eines **nichtigen Vertrages,** soweit sie zur Behebung der Nichtigkeit zu Folge Versagung einer öffentlich rechtlichen Genehmigung durch eine Verwaltungsbehörde erfolgen, unter § 42 fallen.[14] Dieser Ansicht, die offensichtlich auf Billigkeitserwägungen beruht, kann nicht gefolgt werden. Denn es ist weder ein bürgerlicher noch ein kostenrechtlicher Unterschied zwischen einem „Nachtrag" zu einem wegen Versagung einer öffentlich rechtlichen Genehmigung nichtigen und einem aus anderen bürgerlich rechtlichen Gründen nichtigen Vertrag zu erkennen. Ein gleich aus welchen Gründen nichtiges Rechtsgeschäft muss entweder (ohne inhaltliche Änderung) gemäß § 141 BGB bestätigt oder aber mit den erforderlichen inhaltlichen Änderungen neu vorgenommen werden. In beiden Fällen enthält die „Heilungsurkunde", unbeachtlich ob sie völlig neu gefasst ist oder ob sie im Wesentlichen eine Bezugnahme gemäß § 13a BeurkG auf die nichtige Beurkundung enthält, keine Ergänzung oder Änderung einer wirksamen existierenden, modifizierbaren Erklärung. Es handelt sich also in jedem Fall um neue Vereinbarungen. Entscheidend ist, was tatsächlich beurkundet ist. Auf die beurkundungsrechtliche Gestaltung kann nicht abgestellt werden.

---

[6] KG DNotZ 1941, 78 = JVBl. 1941, 27.
[7] OLG München DNotZ 1943, 29.
[8] KG DNotZ 1943, 13.
[9] Vgl. *Palandt/Grüneberg* § 311 BGB Rn. 8.
[10] KGJ 20 B 7, 9; insbes. BayObLG DNotZ 1961, 542 = KostRsp. Nr. 1.
[11] BayObLG DNotZ 1961, 542 = KostRsp. Nr. 1.
[12] *Ackermann* DNotZ 1955, 268; *Kaiser* DNotZ 1953, 271.
[13] OLG Frankfurt DNotZ 1955, 265 = Rpfleger 1955, 213; KG DNotZ 1955, 496 = Rpfleger 1956, 88.
[14] So st. Rspr. des KG DNotZ 1940, 368; 1942, 26; OLG Hamm DNotZ 1963, 766 = KostRsp. Nr. 4; *Rohs/Wedewer* Rn. 3.

Unverständlich ist daher OLG Hamm,[15] wenn es aus dem beurkundungsrechtlich zulässigen Verfahren der Bezugnahme auf frühere (nichtige) Urkunden schließt, dass es bei der „Nachtrags"-Urkunde nicht um völlig neue Vereinbarungen der Vertragsparteien handle. Wie würde das Gericht wohl entscheiden, wenn die nichtige Urkunde nach § 16 zu beurteilen wäre?

Im Übrigen lässt der klare Wortlaut des § 42 für die offensichtlich in die Rspr. einfließenden Billigkeitserwägungen oder pragmatischen Überlegungen, dass die Beteiligten unter einem „Genehmigungsverfahren" nicht leiden sollen,[16] keinen Raum. **9**

Macht ein Beteiligter eines beurkundeten Vertrages von einem ihm eingeräumten Widerrufsvorbehalts mit der Folge Gebrauch, dass das Rechtsgeschäft nicht wirksam zustande gekommen ist, so handelt es sich bei der später beurkundeten Neuvornahme des Vertrages zu geänderten Bedingungen nicht um eine Änderung iS des § 42, sondern um eine Neubeurkundung nach § 36 Abs. 2 **(Neubeurkundung eines gescheiterten Vertrages)**.[17] **10**

Bestätigen die Vertragsbeteiligten, dass ein Kaufvertrag beispielsweise deshalb nichtig ist, weil wesentliche Vertragsbestimmungen nicht beurkundet sind (§ 141 BGB), liegt ebenfalls kein Nachtrag iS von § 42 vor. Diese „vertragliche" Bestätigung ist nach § 36 Abs. 2 zu bewerten, da eben kein Hauptgeschäft mehr besteht, das geändert oder ergänzt werden könnte. Als Geschäftswert erscheint ein Teilwert gemäß § 30 Abs. 1 von etwa 10–30% des betroffenen Vertrages sachgerecht. Darüber hinausgehende zusätzliche Vereinbarungen über die Rückabwicklung bei bereits erfolgter Erfüllung oder Teilerfüllung sind bei der Wertbestimmung zuzurechnen. Insgesamt ist der Wert dieser Vereinbarungen aber auf den Wert des „nichtigen" Vertrages begrenzt. **10a**

2. Einzelfälle für die Anwendung des § 42

Kein neues Geschäft, sondern ein Nachtrag iS des § 42 liegt vor bei: **11**

a) Verlängerung der Angebotsfrist. Verlängerung einer Angebotsfrist eines Vertragsangebotes oder eines Vertragsverhältnisses vor seinem Ablauf; dies gilt jedoch dann nicht, wenn die „Verlängerung" nach dem Fristablauf beurkundet wird. Denn hierbei handelt es sich um einen neuen Antrag, also um einen Neuabschluss, nicht eine bloße Änderung.[18] **12**

b) Vertragsneufassung. Neufassung des ursprünglichen Vertrags im Anschluss an die Änderungen und Ergänzungen. Gleiches gilt, wenn unter Hinweis auf den alten Vertrag gleich die geänderte Neufassung beurkundet wird,[19] jedoch nur dann, wenn es sich um bloße Veränderungen, nicht um eine vollkommene Neufassung handelt (hier § 36).[20] Überhaupt kommt es auf den Willen der Beteiligten an, ob ein völlig neues Vertragswerk entstehen soll oder nicht.[21] Zur Rechtslage bei „Neubeurkundung" nach Ausübung eines Rücktrittsrechtes s. Rn. 30. **13**

c) Änderungen der Fälligkeit, Zins- und Zahlungsbestimmungen. Änderungen der Fälligkeit, Zins- und Zahlungsbestimmungen einer Kaufpreisforderung oder eines Grundpfandrechts; der Geschäftswert richtet sich gemäß § 30 Abs. 1 Halbs. 2 nach dem Wert der Veränderung (Umfang und wirtschaftliche Bedeutung; Prozentsatz der betroffenen Kaufpreisforderung).[22] **14**

d) Änderungen des Güterstandes. Änderungen des Güterstandes in einzelnen Beziehungen (Erklärung eines Gegenstandes zum Vorbehaltsgut, auch wenn im Ehevertragsnachtrag die Auflassung zum Vorbehaltsgut mitbeurkundet wird);[23] aber $^{20}/_{10}$-Gebühr nach **15**

---

[15] KostRsp. Nr. 4.
[16] Vgl. 9. Aufl. Rn. 2.
[17] OLG Hamm MittBayNot 1999, 585.
[18] Str., so wie hier *Kaiser* DNotZ 1953, 269; *Mittenzwei* DNotZ 1959, 163; aA *Rohs/Wedewer* Rn. 3; LG Münster DNotZ 1953, 269.
[19] KG JFGErg. 21, 24.
[20] KG DNotZ 1938, 181; 1941, 78.
[21] KG DNotZ 1942, 380; 1943, 112; OLG Oldenburg DNotZ 1956, 331.
[22] *Hansens* JurBüro 1989, 575.
[23] BayObLG DNotZ 1961, 542 = Rpfleger 1962, 195; MittBayNot 1980, 180.

§ 36 Abs. 2, 39 Abs. 3, wenn die zum Vorbehaltsgut erklärten Gegenstände das ganze Gesamtgut ausmachen, wobei jedoch der Geschäftswert nicht höher sein kann als der Wert des gesamten gegenwärtigen Vermögens der Ehegatten nach Abzug der Schulden.[24]

16 e) **Änderungen der Gemeinschaftsordnung** einer Wohnungseigentümergemeinschaft.

17 f) **Änderungen des Erbbauzinses.**[25] Zur **„Verlängerung"** eines Erbbaurechts mit dem Rechtsnachfolger des ursprünglichen Erbbauberechtigten s. KG KostRsp. Nr. 17 (nicht § 42, sondern Neuabschluss).

18 g) **Rang.** Nachträgliche Vereinbarung desselben Rangs dinglicher Rechte oder Umwandlung von Grundstücksbelastungen;

19 h) **Geschäftsanteilsabtretung.** Nach dem KG,[26] wenn bei einer Geschäftsanteilsabtretung nachträglich aus steuerlichen Gründen der Vertrag unter Aufrechterhaltung der Bedingungen so geändert wird, dass ein anderer Gesellschafter den Anteil erwirbt.[27] Dieser Ansicht kann nicht gefolgt werden (vgl. Rn. 7, 24). Offensichtlich wollte das KG von dieser Entscheidung auch später abrücken,[28] wenn es dort für wesentlich erklärt, welcher Vermögensträger hafte.

19 a i) **Änderung des Gesellschaftsvertrages einer GmbH vor Eintragung.** Bei Änderung eines Gesellschaftsvertrages über die Errichtung einer GmbH vor Eintragung der Gesellschaft in das Handelsregister liegt ein Nachtrag gemäß § 42 vor, es sei denn, es handelt sich um einen neuen Gesellschaftsvertrag.[29] Als Änderung iS von § 42 werden angesehen: Änderung der Firma, Erhöhung des Stammkapitals (Verdoppelung oder mehr jedenfalls neuer Gesellschaftsvertrag), Änderung von Satzungsbestimmungen wie zB Änderung des Gesellschaftszwecks oder anderer Sitz der Gesellschaft. § 42 kann jedoch nicht mehr angewendet werden, zB bei Auswechslung eines Gründungsgesellschafters oder aller Gesellschafter, Stammkapital wird nicht in Geld sondern als Sacheinlage erbracht. Wenn § 42 ausgeschlossen ist, liegt ein neues Rechtsverhältnis vor. Nach Eintragung der GmbH in das Handelsregister ist jede Änderung Beschluss, dann Gebühr nach § 47.

20 j) **Identitätsfeststellung, Messungsanerkennung.** Wird in einem Nachtrag zu einem Kaufvertrag nebst Auflassung über ein noch unvermessenes Grundstück festgestellt, welche katastermäßige Bezeichnung das Grundstück nach seiner Vermessung erhalten hat (sog. Identitätsfeststellung), so handelt es sich hierbei um eine **Ergänzung der Auflassung** (Bezeichnung nach §§ 20, 28 GBO); es ist eine $1/2$-Gebühr nach §§ 42, 38 Abs. 2 Nr. 6 b[30] (Schätzwert nach § 30–10%) zu erheben.[31] Nur insoweit es sich um einen **Nachtrag zum Kaufvertrag** handelt (zB bei durch Vermessung bedingte Grundstücksgrößen – und damit Kaufpreisveränderung), fällt eine $10/10$-Gebühr nach § 42 an (Wert = Veränderung). Wird jedoch im Rahmen einer Messungsanerkennung der Vertragsgegenstand erweitert (Zusatzkauf), liegt hinsichtlich der zusätzlich erworbenen Fläche ein neuer Vertrag vor (§ 36 Abs. 2). Gleiches gilt bei Reduzierung der Fläche (= Teilaufhebung). Entscheidendes Abgrenzungskriterium ist, ob sich der ursprüngliche Vertragswille auf das Mehr oder Minder des Messungsergebnisses erstreckt hat (§ 42) oder nicht (§ 36 Abs. 2).

20 a **Identitätserklärungen** spielen nicht nur bei Nachtragsbeurkundungen zu Kaufverträgen über noch zu vermessende Teilflächen eine Rolle, sondern auch bei Grundschuldbestellungen, wenn diese schon vor der Vermessung und Katasterfortführung beurkundet werden. Die kostenrechtliche Einordnung als verfahrensrechtliche oder materiellrechtliche

---

[24] BayObLG JurBüro 1982, 1235 = MittBayNot 1982, 144.
[25] OLG Frankfurt JurBüro 1990, 217 = KostRsp. Nr. 16 m. abl. Anm. *Lappe*.
[26] DNotZ 1941, 315.
[27] So auch *Rohs/Wedewer* Rn. 7.
[28] Rpfleger 1956, 88.
[29] S. zu Abgrenzungsfragen *Haferland/Schmidt/Tiedtke* Rn. 415 ff.
[30] OLG Hamm FGPrax 2007, 243.
[31] *Lappe* Anm. zu OLG Düsseldorf KostRsp. Nr. 10; aA OLG Düsseldorf DNotZ 1980, 188; *Rohs/Wedewer* Rn. 7.

Ergänzung hängt davon ab, was Inhalt der Nachtragsurkunde ist. Wird ein Kaufvertrag auch materiellrechtlich deshalb ergänzt, weil Zweifel an der Identität zwischen dem vertragsgegenständlichen Grundstück und dem vermessenen Grundstück bestehen, kommt § 42 iVm. § 36 Abs. 2 zur Anwendung mit der Folge, dass eine $^{10}/_{10}$-Gebühr zu erheben ist. Wird jedoch wegen der zweifelsfreien Übereinstimmung nur die Auflassung ergänzt, fällt nur eine $^{5}/_{10}$-Gebühr nach § 42 iVm. § 38 Abs. 2 Nr. 6a an.[32] Betrifft die Identitätsfeststellung eine Grundschuldbestellung mit dinglicher Zwangsvollstreckungsunterwerfung, entsteht ohnehin eine $^{10}/_{10}$-Gebühr nach §§ 42, 36 Abs. 1, weil sich die Bezeichnung des Pfandobjektes nicht nur auf die Grundbucherklärungen, sondern auch auf die prozessualen Erklärungen bezieht.[33] Der Geschäftswert einer Identitätsfeststellung ist nach § 30 Abs. 1 nach freiem Ermessen zu bestimmen, wobei ein Teilwert von etwa 10–20% des Wertes des betroffenen Rechtsgeschäftes angemessen sein dürfte.[34]

k) Falsa demonstratio. Stellen die Beteiligten zB eine Verwechslung der gekauften 21 Eigentumswohnung fest, wird für die nachträgliche Richtigstellung eine Nachtragsbeurkundung erforderlich. Das ist dann der Fall, wenn zB die Käufer die Eigentumswohnung Nr. 1 im Erdgeschoß links gekauft haben, tatsächlich ist diese im Aufteilungsplan mit Nr. 2 bezeichnet und die Wohnung im Erdgeschoß links trägt die Nr. 2. In den ursprünglichen Kaufverträgen lag eine falsa demonstratio vor: Käufer und Verkäufer waren sich darüber einig, dass in einem Fall die Wohnung im Erdgeschoß links vom Eingang verkauft sein sollte. Die Beteiligten hatten jedoch den der Teilungserklärung zugrunde liegenden Aufteilungsplan missverstanden und deshalb in der Verkaufsurkunde eine unzutreffende Grundbuchstelle mitgeteilt, deren Nummer tatsächlich eine andere Wohnung kennzeichnet. Da also alle Beteiligten darüber einig waren, dass zB die Wohnung im Erdgeschoss links verkauft und aufgelassen sein sollte, obwohl in der Urkunde eine andere Wohnung genannt ist, liegt ein klassischer Fall der falsa demonstratio vor. Die Rechtsfigur der „falsa demonstratio" spielt in zweierlei Hinsicht eine Rolle: Zum einen ist der Kaufvertrag über die eigentlich gemeinte Wohnung beurkundet, zum anderen ist auch die Auflassung hinsichtlich der eigentlich gemeinten Wohnung wirksam erklärt.[35] Nach allgM ist damit ein Nachtrag durch Beurkundung eines neuen Vertrages nicht erforderlich, um zu einem wirksamen Kausalgeschäft zu kommen oder um die Auflassung noch einmal zu erklären. Ein Nachtrag dient allein dem Zweck, die Willensübereinstimmung (§ 133 BGB) der Beteiligten, die auf den Verkauf einer bestimmten Wohnung gerichtet war, zu dokumentieren und nachzuweisen, nicht zuletzt gegenüber dem Grundbuchamt. Es liegt keine Neubeurkundung der Auflassung vor, sondern lediglich eine Richtigstellung von tatsächlichen Gegebenheiten. Der damit verbundene Grundbuchberichtigungsantrag ist gegenstandsgleiche Durchführungserklärung Für den Berichtigungsnachtrag kann demzufolge auch nicht der volle Wert des betreffenden Kaufvertrages zugrunde gelegt werden. Der Wert ist vielmehr nach § 30 Abs. 1 zu schätzen. Ein Geschäftswert in einer Größenordnung von etwa 20–30% des Wertes des ursprünglichen Kaufvertrages erscheint angemessen und sachgerecht. Da es sich nicht um ein neues Rechtsgeschäft handelt, fällt auch nicht eine $^{20}/_{10}$-Vertragsgebühr gemäß § 36 Abs. 2 an, sondern eine $^{10}/_{10}$-Gebühr nach § 42.

l) Berichtigung von Schreibfehlern und anderen offenbaren Unrichtigkeiten. 21a Wert nach § 30 Abs. 1;[36] jedoch nur dann, wenn zur Bewilligung eine Beurkundung erforderlich. Häufig greift jedoch in solchen Fällen § 16 ein.

3. Nichtanwendung des § 42

In den folgenden Fällen handelt es sich nicht mehr um eine Ergänzung oder Änderung 22 iS des § 42, sondern um eine Beurkundung eines neuen Geschäfts:

---

[32] OLG Hamm FGPrax 2007, 243 = JurBüro 2007, 540.
[33] DNotI-Report 1997, 97.
[34] So auch OLG Hamm MittBayNot 1980, 126; OLG Düsseldorf DNotZ 1980, 188.
[35] Vgl. *Palandt/Bassenge* § 925 BGB Rn. 13; *Meikel*, Grundbuchrecht, 9. Aufl. 2003, Einleitung G 44 und § 19 Rn. 298, § 20 Rn. 194, jeweils mit Hinweis auf die vorhandene Rspr.
[36] KG OLG 19, 274; Berichtigung der Bezeichnung „Hypothek" in „Grundschuld".

§ 42

23 **a) Auswechslung des Vertragspartners.**[37] Hierunter fällt zB die Erstreckung des Vertragsangebotes auf eine andere Person. Wird ein Kaufvertrag dahingehend „geändert", dass nicht ein Ehegatte allein, sondern beide Ehegatten zu je $^1/_2$ erwerben, so liegt bezüglich des neuen Erwerbs zu $^1/_2$ kein Nachtrag iS des § 42 vor; der neue Kauf über den Hälfteanteil ist nach § 36 Abs. 2 zu bewerten. Sofern die in diesem Fall vorgängige Teilaufhebung bezüglich des $^1/_2$ Miteigentumsanteiles nach entweder ganz oder teilweiser Erfüllung erfolgt, ist die Aufhebung ebenfalls beurkundungspflichtig und nach § 36 Abs. 2 zu bewerten. Die Erklärungen haben hier verschiedenen Gegenstand (§ 44 Abs. 2a).

23 a Keine Änderung iS von § 42, sondern ein Neuabschluss liegt vor, wenn Ehegatten zunächst als Miteigentümer je zu $^1/_2$ erwerben und in einer Nachtragsurkunde mit dem Verkäufer vereinbaren, dass sie das Grundstück als Gesellschafter bürgerlichen Rechts kaufen.[38] Dieser „Nachtrag" ist nach § 36 Abs. 2 zu bewerten, der Geschäftswert ist nach § 20 Abs. 1 zu bestimmen.

23 b Ein Neuabschluss und kein Nachtrag iS von § 42 liegt auch vor, wenn eine GbR nach Ausscheiden eines Gesellschafters einen Kaufvertrag über dasselbe Grundstück schließt, weil der erste Kaufvertrag nicht rechtswirksam zustande gekommen ist.[39]

24 Erfolgt hingegen ein Parteiwechsel nach **handelsrechtlichen Vorschriften** (zB bei Neufassung des Vertragstextes mit dem Rechtsnachfolger), so liegt keine Änderung des Vertragspartners vor. Hier ist für die Ergänzung eine Gebühr nach § 42 zu erheben.[40]

24 a Bei Änderung eines Kaufvertrages dahingehend, dass nach Abschluss des Kaufvertrages durch eine Vorgesellschaft (GmbH in Gründung) diese gegen die Gründungsgesellschafter ausgewechselt wird, liegt ebenfalls ein neues Rechtsverhältnis vor. § 42 ist nicht anwendbar.[41]

25 **b) Gütergemeinschaft.** „Berichtigung" eines Kaufvertrages dahingehend, dass nicht beide Ehegatten zum Gesamtgut der Gütergemeinschaft erwerben, sondern nur ein Ehegatte zum **Vorbehaltsgut**; hierbei handelt es sich insoweit um einen Nachtrag zum Ehevertrag.[42] Gleichzeitig wird jedoch der Vertragspartner des Kaufvertrages ausgewechselt. Hier liegt ebenfalls kein Nachtrag, sondern die Beurkundung eines neuen Geschäftes vor (also Bewertung nach § 36 Abs. 2 aus dem vollen Geschäftswert). Ehevertrag und Kaufvertrag sind gegenstandsverschieden (§ 44 Abs. 2b). Die Rechtslage ist auch dann nicht anders, wenn einer der Ehegatten zum Gesamtgut erwirbt und im Nachtrag zum noch nicht vollzogenen Kaufvertrag der Erwerb zum Vorbehaltsgut erfolgt.

26 **c) Änderung des Gemeinschaftsverhältnisses.** Wird ein Kaufvertrag so abgeändert, dass die Erwerber anstelle von Bruchteilseigentum als Gesellschafter bürgerlichen Rechts erwerben, so liegt ebenfalls ein neues Geschäft vor (voller Wert, § 36 Abs. 2).

27 **d) Auswechslung des Vertragsobjektes.** Sie führt ebenfalls zu einer Neubeurkundung.[43] Gleiches gilt bei der Erweiterung des Vertragsgegenstandes, zB beim Hinzuerwerb einer weiteren Grundstücksfläche, oder wenn in einem Nachtrag zum Kaufvertrag über ein Trennstück (Grundstücksteilfläche) nunmehr das gesamte Grundstück verkauft wird. Soweit nur das Ergebnis der amtlichen Vermessung eine größere oder geringere Fläche ergibt, der ursprüngliche Vertragswille sich aber auf diese Fläche erstreckte, kann keine doppelte Gebühr nach § 36 Abs. 2 angesetzt werden, wohl aber die Gebühr des § 42 für die durch das Messungsergebnis bedingten Änderungen (Erhöhung oder Minderung des Kaufpreises). Wird jedoch eine vom ursprünglichen Vertragswillen nicht erfasste Fläche nun Gegenstand des Vertrages, so ist für diesen Zusatzkauf die Gebühr des § 36 Abs. 2 anzusetzen, für die

---

[37] KG DNotZ 1955, 496 = Rpfleger 1956, 88; OLG Frankfurt DNotZ 1955, 265 = Rpfleger 1955, 213; BayObLG JurBüro 1980, 914 = KostRsp. Nr. 11; LG Regensburg MittBayNot 1981, 91.
[38] KG JurBüro 1998, 430.
[39] LG Hannover JurBüro 2002, 154.
[40] LG Hamburg KostRsp. Nr. 5; *Mümmler* JurBüro 1973, 1055.
[41] BayObLG MittBayNot 1994, 357 = BayObLGZ 1994, 107.
[42] BayObLG JurBüro 1980, 1058 = MittBayNot 1980, 180.
[43] LG Itzehoe KostRsp. Nr. 6.

Mitbeurkundung einer sonstigen Änderung des ursprünglichen Kaufvertrages daneben die Gebühr des § 42, sofern aber nur die Auflassung beurkundet wird, die Gebühr des § 38 Abs. 2 Nr. 6 a.[44]

Keine Auswechslung des Vertragsobjekts liegt vor, wenn der Käufer statt des bebauten 28 Grundstücks die zwischenzeitlich vom Veräußerer begründeten Wohnungseigentumsrechte an dem Grundstück erwirbt (und zwar vor Erfüllung des ersten Vertrags).[45]

Die vertragliche Auswechslung ursprünglich vereinbarter **Nießbrauchs-, Wohnungs-** 29 **rechte und Reallasten** gegen eine als dauernde Last zu gewährende **Leibrente,** enthält einen Verzicht des Rechtsinhabers auf seine bisherigen Ansprüche; es werden als Gegenleistung hierfür neue Ansprüche durch den Vertragspartner eingeräumt (zB als Folge des sog. „Nießbrauchserlasses" vom 15. 11. 1984, BStBl. I S. 561). Damit liegt ein neues, selbständiges Vertragsverhältnis vor, das nach § 36 Abs. 2 zu bewerten ist.

e) **Rücktritt.** Schließen dieselben Vertragsparteien über dasselbe Vertragsobjekt, nach- 30 dem eine der Parteien vom vertraglichen Rücktrittsrecht Gebrauch gemacht hat, mit geänderten Konditionen einen neuen Kaufvertrag, so ist unbeachtlich, dass dieser als „Nachtrag" bezeichnet wird und dass in dieser Urkunde vereinbart wird, dass das ursprünglich vereinbarte Rücktrittsrecht als nicht ausgeübt gelte. Der zweite Vertrag ist nach § 36 Abs. 2 zu bewerten.[46]

f) **Wohnungs-/Teileigentum.** Beim Wohnungs-/Teileigentum ist die Begründung 31 von Sondereigentum nach dem Erwerb des Miteigentums keine Ergänzung der ersten Beurkundung.[47] Dies gilt auch dann, wenn sich die Eigentümer als Berechtigte in BGB-Gesellschaft gesellschaftsvertraglich zur späteren Aufteilung verpflichtet haben (zB bei Bauherrenmodellen; vgl. § 39 Rn. 43; § 38 Rn. 11).

g) **Begründung von Wohnungserbbaurechten und Verteilung Erbbauzins.** Wird 31 a ein Erbbaurecht in Wohnungserbbaurechte aufgeteilt und wird der Erbbauzins auf die einzelnen Wohnungserbbaurechte verteilt, liegen gegenstandsverschiedene Rechtsverhältnisse vor. Die Verteilung des Erbbauzinses ist Änderung gemäß § 42, auch wenn sie nicht zwingend zur Durchführung der Aufteilung notwendig ist. Für die Vereinbarungen über die Verteilung des Erbbauzinses zwischen dem Eigentümer und den Wohnungserbbauberechtigten fällt eine $^{10}/_{10}$-Gebühr nach § 42 an, da eine Inhaltsänderung des Erbbaurechtes vorliegt, falls nur die Eintragungsbewilligung beurkundet wird, ist eine $^{5}/_{10}$-Gebühr nach § 38 Abs. 2 Nr. 5 a zu erheben.[48] Der Wert ist nach dem nach § 24 kapitalisierten Erbbauzins zu bestimmen.

h) **Aufnahme weiterer Kommanditisten.** Aufnahme weiterer Kommanditisten in eine 32 Kommanditgesellschaft, wenn mit der Gesamtheit der weiteren Änderungen die Rechtsbeziehungen der Beteiligten auf eine neue, vom alten Gesellschaftsvertrag losgelöste Grundlage gestellt werden (zB durch Neuregelungen, Gewinnverteilungen, Beschlussfassung, Kontrollrechte, befristeter Kündigungsausschluss, Fortsetzung bei Tod des Komplementärs).[49]

i) **Neufassung einer Satzung.** Von einer Neufassung der Satzung ist auszugehen, 33 wenn nach dem Willen der Vertragsbeteiligten ein neuer Gesellschaftsvertrag geschlossen werden soll und der bisher bestehende Vertrag so weit umgestaltet wird, dass eine Identität mit der ursprünglichen Satzung nicht mehr gegeben ist. In diesem Falle ist eine Gebühr nach § 36 Abs. 2 aus dem Aktivvermögen der Gesellschaft zu berechnen.[50] § 39 Abs. 4 ist ebenfalls einschlägig. Erfolgt jedoch die Neufassung des Gesellschaftsvertrages durch einen Beschluss der Gesellschafterversammlung, ist eine Gebühr nach § 47 zu erheben (s. auch Rn. 2).

---

[44] *Schmid* MittBayNot 1953, 88; 1962, 104.
[45] OLG Karlsruhe KostRsp. Nr. 15.
[46] OLG Karlsruhe JurBüro 1985, 1233; OLG Hamm MittBayNot 1999, 585.
[47] LG Düsseldorf KostRsp. Nr. 8.
[48] So auch *Lappe* NotBZ 2000, 188.
[49] KG DNotZ 1973, 185 = Rpfleger 1972, 269.
[50] LG Kleve JurBüro 2001, 37; *H. Schmidt* JurBüro 2001, 318.

34 **j) Rückkauf bei Nichterfüllung einer Bauverpflichtung.** Übernimmt der Käufer im Kaufvertrag die Verpflichtung, innerhalb einer bestimmten Frist ein Gebäude zu errichten, wird aller Regel bereits der aufschiebend bedingte Rückkaufsvertrag für den Fall der Nichterfüllung mitbeurkundet. Dieser besteht darin, dass sich der Käufer zur Rückübertragung gegen Erstattung des Kaufpreises und ggf. sonstiger Aufwendungen verpflichtet, wenn der Verkäufer (zumeist eine Gemeinde) das ihm zustehende Rückkaufsrecht ausübt. Hierfür wird dem Verkäufer regelmäßig ein Wiederkaufsrecht eingeräumt, das im Grundbuch durch Eintragung einer Vormerkung gemäß § 883 BGB gesichert wird. Das Wiederkaufsrecht sichert in den meisten Fällen zusätzlich einen Rückkaufsanspruch für den Fall der Veräußerung des Grundstücks vor Erfüllung der Bauverpflichtung. Das Wiederkaufsrecht kann ausgeübt werden, wenn entweder die Bauverpflichtung nicht fristgerecht erfüllt wird oder ein Verkauf vor Fertigstellung des Bauwerks ohne Zustimmung des Verkäufers erfolgt. Liegen diese Voraussetzungen bzw. eine davon, nicht vor, ist die Ausübung des Wiederkaufsrechts nicht möglich. Nach Auffassung des OLG München[49] kann das Wiederkaufsrecht auch dann nicht ausgeübt werden, wenn der Käufer vor Ablauf der vereinbarten Frist seine Bauabsicht aufgibt. Erfolgt in diesem Fall nach Erklärung des Käufers, die Bauverpflichtung nicht erfüllen zu können oder zu wollen, ein Rückverkauf an den Verkäufer, ist der Rechtsgrund nicht die Ausübung des Wiederkaufsrechts, sondern eine vom bereits beurkundeten aufschiebend bedingten Rückkaufsvertrag losgelöste Vereinbarung zwischen Verkäufer und Käufer. Für diesen Rückverkauf entsteht eine $^{20}/_{10}$-Gebühr nach § 36 Abs. 2 und nicht etwa eine $^{10}/_{10}$-Gebühr nach § 36 Abs. 1 oder § 38 Abs. 1 oder gar eine Gebühr nach § 42.

III. Geschäftswert bei mehrfachen Änderungen

35 Betrifft die Änderung ein Rechtsverhältnis in mehrfacher Hinsicht, so ist der Wert nicht der Unterschied in der Rechtslage der Erklärenden vor und nach der Veränderung, sondern es sind die Werte der einzelnen Änderungen zusammenzurechnen; handelt es sich dabei um eine Änderung eines Austauschvertrags iS des § 39 Abs. 2, so ist nur der Wert der Änderungen auf Seiten eines Teiles und, wenn der Wert derselben auf beiden Seiten verschieden ist, der höhere maßgebend.[50] Zum Geschäftswert s. bei § 39.

§ 43* Anerkennung einer schriftlich abgegebenen Erklärung

Für die Anerkennung des Inhalts einer schriftlich abgegebenen Erklärung (§ 9 Abs. 1 Satz 2 des Beurkundungsgesetzes), einschließlich der Beurkundung ergänzender oder ändernder Erklärungen, wird dieselbe Gebühr wie für die Beurkundung der Erklärung erhoben.

1 § 43 handelt von der Beurkundung der Erklärungen in der Weise, dass die Beteiligten auf eine übergebene Schrift Bezug nehmen, die dem Protokoll als Anlage beigefügt wird. Die Schrift bildet dann einen Teil des Protokolls, sie muss mit vorgelesen und genehmigt werden. Durch die Bezugnahme auf die Schrift in jener Weise sind die in ihr enthaltenen Erklärungen mitbeurkundet. Fehlt es aber an einem jener Erfordernisse (zB Mitvorlesen), so ist eine Beurkundung nicht erfolgt, es ist dann keine Gebühr zu erheben.[1] Die dem Inhalte nach anerkannte „Schrift" wird idR eine Privatschrift sein. § 43 ist aber auch anwendbar, wenn sie öffentlich beglaubigt oder anderweitig beurkundet ist und dann in der Anerkennungsform notariell beurkundet wird.[2]

---

[49] OLG München FGPrax 2006, 42 = JurBüro 2006, 148 = NotBZ 2006, 103 = ZNotP 2006, 238 m. Anm. *Tiedtke* = MittBayNot 2006, 357.
[50] KG JFGErg. 22, 33, vgl. auch KG DNotZ 1941, 500.
* § 43 geändert durch Gesetz vom 24. 6. 1994 (BGBl. I S. 1325).
[1] KG Rpfleger 1962, 125.
[2] KGJ 29 B 69; DNotZ 1953, 255.

Diese bisher in § 176 Abs. 2 FGG geregelte Beurkundungsform ist als § 9 Abs. 2 in das 2
BeurkG übernommen worden.

Die Höhe der Gebühren richtet sich ganz nach den §§ 36 ff.; für einseitige Erklärungen 3
volle Gebühr (§ 36 Abs. 1), für Verträge das Doppelte (§ 36 Abs. 2), für Geschäfte der in
§ 38 bezeichneten Art die Hälfte bzw. ein Viertel der vollen Gebühr usw. Wird der Inhalt
einer als Anlage beigegebenen Schrift, in der eine Erklärung mehrerer Teilnehmer niedergelegt ist, zuerst von dem einen und dann in besonderer Verhandlung von dem anderen
anerkannt, so wird für die erste Gebühr des § 36 Abs. 1 (ggf. § 36 Abs. 2 oder § 38 Abs. 2
Nr. 2 bis 7) nach dem ganzen Werte, für die letztere die Gebühr des § 38 Abs. 2 Nr. 1
nach dem Werte des Anteils (§ 40) erhoben.

Ist die übergebene Schrift vom Notar entworfen und steht ihm hierfür die Gebühr nach 4
§ 145 zu, so ist diese Gebühr nach § 145 Abs. 1 auf die Gebühr des § 43 anzurechnen.

Für den **Wert** und die Behandlung mehrerer Erklärungen in einer Urkunde gilt nichts 5
besonderes; was bei §§ 39 bis 41, 44 gesagt ist, gilt auch hier.

Da das Rechtsgeschäft erst mit der Anerkennung des Inhalts der Schrift beurkundet 6
wird, wird für die Aufnahme von Abänderungen und Ergänzungen des Inhalts der Schrift
in das Protokoll keine besondere Gebühr erhoben.

Protokoll und Schrift bilden zusammen eine Urkunde. Werden nicht nur Abänderungen 7
und Ergänzungen der übergebenen Schrift in das Protokoll aufgenommen, sondern auch
andere selbständige Erklärungen, so ist bei Anwendung des § 44 so zu verfahren, als wäre
alles in einer Verhandlung aufgenommen.

§ 44* Mehrere Erklärungen in einer Urkunde

(1) [1]Werden in einer Verhandlung mehrere Erklärungen beurkundet, die denselben Gegenstand haben (z. B. der Kauf und die Auflassung, die Schulderklärung und die zur Hypothekenbestellung erforderlichen Erklärungen), so wird die Gebühr nur einmal von dem Wert dieses Gegenstandes nach dem höchsten in Betracht kommenden Gebührensatz berechnet. [2]Dies gilt auch dann, wenn von mehreren Erklärungen die einen den ganzen Gegenstand, die anderen nur einen Teil davon betreffen (z. B. das Schuldversprechen und die Bürgschaft für einen Teil der Schuld); unterliegen in diesem Fall die Erklärungen verschiedenen Gebührensätzen, so werden die Gebühren gesondert berechnet, wenn dies für den Kostenschuldner günstiger ist.

(2) Haben die in einer Verhandlung beurkundeten Erklärungen einen verschiedenen Gegenstand, so gilt folgendes:

a) Unterliegen alle Erklärungen dem gleichen Gebührensatz, so wird dieser nur einmal nach den zusammengerechneten Werten berechnet.

b) Sind verschiedene Gebührensätze anzuwenden, so wird jede Gebühr für sich berechnet; soweit mehrere Erklärungen dem gleichen Gebührensatz unterliegen, werden die Werte zusammengerechnet; insgesamt darf in diesem Fall nicht mehr erhoben werden, als bei Zugrundelegung des höchsten der angewendeten Gebührensätze vom Gesamtwert zu erheben sein würde.

(3) [1]Treffen Erklärungen, die sich auf eine Rangänderung beziehen, mit anderen Erklärungen in einer Urkunde zusammen, so gilt als Gegenstand der Rangänderung das vortretende oder das zurücktretende Recht, je nachdem es für den Kostenschuldner nach den vorstehenden Vorschriften günstiger ist. [2]Die Vormerkung gemäß § 1179 des Bürgerlichen Gesetzbuchs zugunsten eines nach- oder gleichstehenden Berechtigten steht der Rangänderung gleich. [3]Das gleiche gilt für den Ausschluß des Löschungsanspruchs nach § 1179a Abs. 5 des Bürgerlichen Gesetzbuchs.

---

* § 44 Abs. 3 Satz 3 angefügt durch Gesetz vom 22. 6. 1977 (BGBl. I S. 998).

§ 44   1. Teil. 2. Abschnitt: 1. Beurkundungen und ähnliche Geschäfte

Übersicht

	Rn.		Rn.
A. Allgemeines	1–13 a	C. Rangänderung usw. (Abs. 3)	258–264
I. Problem	1–4 e	I. Rangänderung	258–260
II. Anwendungsbereich und System	5–13 a	II. Löschungsvormerkung	261, 261 a
1. Rechtsgeschäftliche Erklärungen unter Lebenden	5, 6	III. Zusammentreffen von Vorrangseinräumung und Löschungsvormerkung	262, 263
2. Eine Urkunde	7–7 c	1. Grundsatz	262
3. Mehrere selbständige Erklärungen	8, 9	2. Beispiel	263
4. Derselbe Gegenstand	10	IV. Ausschluss des Löschungsanspruchs	264
5. Austauschverhältnis	11	D. Berechnung der Gebühr	265–283
6. Rangänderung und Löschungsanspruch	12	I. Grundsatz	265–267
7. Sonderregelung für mehrere Änderungen	13, 13 a	II. Begriff des Gegenstandes des Abs. 1	268, 268 a
B. Gegenstand der Erklärungen	14–257	III. Berechnungen	269–281
I. Bedeutung des Gegenstandes für die Gebührenberechnung	14	1. Alle Erklärungen haben denselben Gegenstand (Abs. 1)	269–279 a
II. Abgrenzung „derselbe Gegenstand/verschiedene Gegenstände"	15–33	a) Derselbe Gebührensatz	269–271
1. Gegenstand als Rechtsverhältnis	15, 16	b) Unterschiedliche Gebührensätze	272, 273
2. Durchführungs- und Sicherungserklärungen, Alternativgeschäfte	17–33	c) Teilgegenstandsidentität bei gleichem Gebührensatz	274
a) Allgemeines	17–21	d) Teilgegenstandsidentität bei unterschiedlichen Gebührensätzen	275, 276
b) Eingrenzung	22–25	e) Teilweise und völlige Gegenstandsidentität	277–279 a
c) Typisierung durch die Rspr.	26–33	2. Die Erklärungen betreffen verschiedene Gegenstände (Abs. 2)	280, 281
aa) Beurkundung gegenseitiger Verpflichtungen	27	IV. Auswirkungen der Wertobergrenze	281 a–281 f
bb) Beurkundung einseitiger Erklärungen	28	V. Mindestgebühr (§ 33 S. 1)	282
cc) Dingliche Erklärungen	29, 30	VI. Zusammentreffen mit gebührenbegünstigten Geschäften	283
dd) Alternativgeschäfte	31–33	E. Zahlungspflicht	284–288
III. Fallgruppen und Fälle	34–257	I. Derselbe Gegenstand, derselbe Gebührensatz	285
1. Derselbe Gegenstand (einschließlich Durchführungs- mit Nebenerklärungen und Alternativgeschäften)	34–134	II. Derselbe Gegenstand, unterschiedliche Gebührensätze	286, 287
2. Verschiedene Gegenstände	135–257	III. Verschiedene Gegenstände	288

Stichwortverzeichnis

Abgrenzung, derselbe Gegenstand/verschiedene Gegenstände 14
Alternativgeschäfte 17, 31, 182
Angebot 35 ff., 135 ff.
– mit Kostenübernahmeerklärung des Angebotsempfängers 140
Ankaufsrecht 40
Auflassungsvormerkung 4 a ff.
Aufsichtsrat 177 a

Auseinandersetzungen 41 ff., 142 ff.
Austauschverhältnis 11

Bauverpflichtung 148
Bauherrengesellschaft (Beitritt, Vollmachtserteilung) 46
Bauherrenmodell 148
Belastungsvollmacht 79
Berechnung der Gebühren 265 ff.

Dingliche Erklärungen 29
Durchführungserklärung 17, 9
Ehevertrag 48 ff., 149 ff.
Erbbaurecht 51 ff., 157 ff.
Erbausschlagung 58
Erbanteilsübertragung 59
Erklärung: Gegenstand der Erklärung 14; rechtsgeschäftliche 6; mehrere selbständige Erklärungen 8
Forderungsabtretung 60, 70
Gebührenbegünstigte Geschäfte 283
Gebührensätze 268 ff.
Generalunternehmervertrag 183 a
Geschäftsführer 163, 177 a
Gesellschaften 61 ff., 160 ff.
Gleichzeitige Beurkundung 7 a ff.
Grundpfandrechte 70, 178, 101
Grundschuld und Rangrücktritt 70 a
Grundschuld und Wirksamkeitsvermerk 70 b
Grundschuldübernahme 74 a
Kaufverträge 71 ff., 179 ff.
Kaufvertrag und Gesellschaftsvertrag 167
Kommanditistenwechsel 171
Kostenermäßigung 283
Leasingvertrag 95
Löschungsanspruch/Ausschluss 264, Sonderregelung 12
Löschung Auflassungsvormerkung 4 a ff.
Löschungsvollmacht 4 b, 237 a
Löschungszustimmung 89 a
Löschungsvormerkung 261
Mietvertrag 96, 214 ff.
Mindestgebühr 282
Nießbrauch 219 ff.

Organschaft 177 a
Patientenverfügung 47 a, 96 a, 127 a
Pflichtteilsverzicht 241
Prokuristen 177 a
Rangänderung 258
Realteilung und Aufhebung Wohnungseigentum 257
Schenkung 120, 122
Schiedsvertrag 97, 98, 221
Schubladenlöschung 4 a ff.
Schuldbekenntnis 100, 104, 105, 222 ff.
Schuldversprechen 100 ff., 222 ff.
Sicherungserklärungen 17 ff., 99
Sorgerechtserklärungen 238
Tausch 116, 239 ff.
Übergabe 119 ff., 241
Umwandlung Hypothek 230
Unterhaltsvereinbarung 123, 242
Urkunde 7
Verschmelzung 123 a, 177 b, 242 a
Verteilung Erbbauzins 159 a
Verzichtserklärung 123 a
Vollmacht 127 ff., 243
Vorkaufsrecht 124 ff., 244 ff.
Vorstand 177 a
Weichende Erben 241
Werkvertrag 183 a
Wertobergrenze 281 a
Wiederkaufsrecht 130, 247
Wohnungseigentum 131 ff., 248 ff.
Wohnungserbbaurecht 159 a
Zahlungspflicht 284
Zusammengehörige Erklärungen 4

Schrifttum: *Ackermann* DNotZ 1936, 694, 920; Rpfleger 1966, 241; 1967, 305; *Kniebes* MittRhNotK 1975, 193; *Rohs* Rpfleger 1951, 487; *Friedrich Schmidt* MittBayNot 1982, 159; *Bengel/Tiedtke* DNotZ 2004, 258.

A. Allgemeines

I. Problem

§ 44 behandelt die Gebührenberechnung bei der Zusammenbeurkundung mehrerer Erklärungen in einer Urkunde. Zwei Grundsätze sind Ausgangspunkt der gesetzlichen Regelung: So wenig es gerechtfertigt wäre, jede von mehreren Erklärungen in einer Urkunde ohne Rücksicht auf den Zusammenhang für sich zu bewerten, so wenig wäre es tragbar, alle Erklärungen in einer Niederschrift, selbst die in keiner Weise zusammenhängenden, als Einheit anzusprechen und zu bewerten. Die KostO legt fest, dass für mehrere Erklärungen in einer Urkunde nur eine Gebühr erhoben wird, die sich allerdings aus mehreren Berechnungsposten ergeben kann. Da bei dieser Regelung die Zusammenbeurkundung von Erklärungen eine niedrigere Gebühr auslöst als die getrennte Beurkundung, ergeben sich für Beurkundung und Gebührenerhebung folgende **allgemeine Grundsätze:** 1

Erklärungen, die **nicht denselben Gegenstand betreffen,** sollten idR nur dann zusammenbeurkundet werden, wenn hierfür ein zureichender Grund besteht. Nimmt der Notar ohne Grund und nur auf Wunsch der Parteien solche Erklärungen in eine Urkunde auf, so kann darin in Grenzfällen ein nach § 140 unwirksamer Gebührenverzicht liegen; die Gebühren sind dann so zu berechnen, wie wenn getrennte Urkunden aufgenommen wären. Die Zusammenbeurkundung mehrerer Kaufverträge dürfte allerdings nicht generell als Ver- 2 stoß gegen § 140 zu werten sein, wenn zumindest auf einer Vertragsseite die gleiche Person steht. In derartigen Fällen wird im Regelfall ohnehin ein rechtlicher Zusammenhang zu bejahen sein, wenn die mehreren Kaufverträge miteinander stehen und fallen sollen.

3 Aus zeitlichen und auch sachlichen Gründen kommt es gleichwohl nicht selten zur **Zusammenbeurkundung gegenstandsverschiedener Erklärungen;** zB Straßenflächenabtretung je einiger Quadratmeter der vielen Anlieger von Bundes- oder Landesstraßen zur Straßenverbreiterung, welche in einem Messungsoperat (Veränderungsnachweis) behandelt ist, weil so den Grundbuchvollzug wesentlich fördernd, und ähnliche Fälle; doch liegt darin regelmäßig kein Gebührenverzicht.[1] Zum Problem der Zusammenbeurkundung unabhängiger Verschmelzungen und Spaltungen s. § 39 Rn. 147, zu den Zustimmungsbeschlüssen s. § 41 c Rn. 75.[2]

4 **Zusammengehörige Erklärungen** dürfen nicht ohne Grund oder ausdrückliches Verlangen der Parteien in getrennten Urkunden niedergelegt werden. Geschieht dies dennoch, so bleiben die hierdurch entstehenden Mehrkosten wegen unrichtiger Sachbehandlung (§ 16) unerhoben.[3] Keine unrichtige Sachbehandlung liegt vor, wenn beim Teilflächenkauf Kaufvertrag und Auflassung getrennt beurkundet werden.[4] Gleiches gilt für die getrennte Beurkundung der Auflassung bei einem Bauträgerkaufvertrag, auch wenn der einzige Grund darin liegt, dass der Verkäufer dieses Beurkundungsverfahren aus eigenem Sicherungsbedürfnis ausdrücklich wünscht.[5]

4 a Ein Sonderproblem betrifft die **Löschungsbewilligung** des **Käufers** bezüglich der zu seinen Gunsten zur Eintragung gelangenden **Auflassungsvormerkung** für den Fall des Scheiterns des Kaufvertrages. Denkbar sind verschiedene Varianten, die jedoch zu unterschiedlichen kostenrechtlichen Ergebnissen führen.

4 b **Löschungsvollmacht an den Notar.** Es handelt sich hierbei nicht um eine Vollmacht zur materiell-rechtlichen Aufgabe der Vormerkung gemäß § 875 BGB, sondern um eine Vollmacht zur Abgabe einer grundbuchrechtlichen Löschungsbewilligung gemäß § 19 GBO.[6] Wird diese Vollmacht im Kaufvertrag mitbeurkundet, liegt eine zum Kaufvertrag gegenstandsgleiche Durchführungserklärung vor. Die Vollmacht ist mit den Verpflichtungen des Käufers verknüpft und sichert den Verkäufer für den Fall der Nichterfüllung. Die Vollmacht löst gemäß § 44 Abs. 1 keine zusätzlichen Kosten aus. Bei getrennter Beurkundung der Vollmacht liegt unrichtige Sachbehandlung gemäß § 16 vor. Zur Frage, ob und wann eine Gebühr nach § 147 Abs. 2 für die Ausübung der Vollmacht entsteht, s. § 147 Rn. 112 d.

4 c **Auflösend bedingte Vormerkung.**[7] Auch hier ist die Ereilung einer Löschungsvollmacht an den Notar zur Löschung der Vormerkung im Grundbuch erforderlich, wenn die auflösenden Bedingungen eingetreten sind. Kostenrechtlich ergeben sich zum Fall gemäß Rn. 4 d keine Besonderheiten.

4 d **Löschungsbewilligung im Kaufvertrag.** Erteilt der Käufer die Löschungsbewilligung über die zu seinen Gunsten zur Eintragung gelangenden Löschungsbewilligung für den Fall der Rückabwicklung bei Nichterfüllung, liegt eine Vertragsabrede vor, die zur Sicherung und Durchführung der gegenseitigen Vertragspflichten dient. Die Löschungsbewilligung ist daher gegenstandsgleich zum Kaufvertrag gemäß § 44 Abs. 1 und löst keine zusätzlichen

---

[1] BayObLG DNotZ 1970, 184 = Rpfleger 1970, 57 und OLG Frankfurt DNotZ 1971, 565 = KostRsp. Nr. 37 m. Anm. *Lappe*.
[2] Hierzu nunmehr auch OLG Hamm MittBayNot 2004, 68.
[3] KG DNotZ 1938, 612: Kauf und Auflassung; LG Berlin DNotZ 1937, 884: Kauf und Auflassungsvormerkung; LG Kiel SchlHA 1958, 339: Trennung von Vormerkung und Auflassung; OLG Frankfurt JurBüro 1963, 35: Auflassungsvormerkung und -vollmacht; OLG Stuttgart MittBayNot 1971, 270: Kauf eines Miteigentumsanteils an einem Grundstück und Werkvertrag zur Errichtung von Eigentumswohnungen zwischen denselben Beteiligten; ferner LG Hannover DNotZ 1972, 187; OLG Celle DNotZ 1972, 374.
[4] OLG Düsseldorf MittRhNotK 2000, 261.
[5] BayObLG MittBayNot 2000, 575 m. Anm. *Tiedtke*.
[6] *Hagenbucher* MittBayNot 2003, 249 ff.
[7] *Hagenbucher* MittBayNot 2003, 249, 255.

Gebühren aus.[8] Wird der Notar angewiesen, Ausfertigungen und beglaubigte Ablichtungen an die Beteiligten ohne die Passagen über die Löschungsbewilligung hinauszugeben, liegt hierin eine gebührenpflichtige Betreuungstätigkeit, vergleichbar mit der Überwachung der Eigentumsumschreibung. Für diese Überwachungstätigkeit fällt eine $^{5}/_{10}$-Gebühr gemäß § 147 Abs. 2 aus einem Teilwert an. S. iÜ § 147 Rn. 112 d.

„Schubladen-Löschungsbewilligung".[9] Der Käufer erteilt außerhalb des Kaufvertrages mit gesonderter Erklärung eine notariell beglaubigte Löschungsbewilligung. Diese Löschungsbewilligung wird dem Notar ausgehändigt und mit einem Treuhandauftrag verbunden. Danach darf der Notar die Löschungsbewilligung erst dann dem Grundbuchamt zur Eintragung vorgelegt werden, wenn endgültig feststeht, dass keine Kaufpreiszahlung erfolgt. Für die gesonderte Löschungsbewilligung fällt bei Entwurffertigung durch den Notar eine $^{5}/_{10}$-Gebühr gemäß §§ 145 Abs. 1 S. 1, 38 Abs. 2 Nr. 5 a aus dem Wert des Kaufvertrages (§ 20 Abs. 1) an. Daneben ist für den Treuhandauftrag eine $^{5}/_{10}$-Gebühr gemäß § 147 Abs. 2 zu erheben (s. § 147 Rn. 112 d). Fraglich ist, ob bei getrennter Löschungsbewilligung ein Verstoß gegen § 311 b BGB vorliegt. Die Abrede über die Löschungsbewilligung ist Bestandteil des Kaufvertrages und ist gemäß § 311 b BGB beurkundungsbedürftig.[10] Die Löschungsbewilligung selbst ist Durchführungserklärung zur Abrede und wäre bei Mitbeurkundung im Kaufvertrag gegenstandsgleich gemäß § 44 Abs. 1 mit diesem (s. Rn. 4 a). 4 e

II. Anwendungsbereich und System

1. Rechtsgeschäftliche Erklärungen unter Lebenden

§ 44 betrifft nur die Zusammenbeurkundung von Erklärungen nach §§ 36 bis 38, 42, 43, also von rechtsgeschäftlichen Erklärungen unter Lebenden. Für Unterschriftbeglaubigungen gilt § 44 kraft Verweisung in § 45 Abs. 1 S. 2, für Beschlüsse gilt § 44 kraft Verweisung (§ 41 c Abs. 3; vgl. auch § 29 Rn. 9), für Urkundenentwürfe eines Notars gilt § 44 gemäß § 145. Nicht anzuwenden ist § 44 bei den in den §§ 46 bis 54 bezeichneten Geschäften (vgl. Rn. 6). 5

Werden **rechtsgeschäftliche Erklärungen unter Lebenden und andere Geschäfte** zusammenbeurkundet, so sind die Gebühren so zu erheben, wie wenn getrennte Urkunden aufgenommen wären, zB Grundbuchberichtigung und eidesstattliche Versicherung zur Erlangung des Erbscheins,[11] Kapitalerhöhungsbeschluss und Übernahmeerklärung,[12] GmbH-Gründung und Beschluss über die Geschäftsführerbestellung,[13] Verschmelzungsvertrag und Zustimmungsbeschluss der beteiligten Rechtsträger, Formwechselbeschluss und Verzichtserklärungen von Anteilsinhabern oder Antrag auf Grundbuchberichtigung, Erbverzicht und Erbvertrag,[14] anders jedoch bei Zusammenbeurkundung von Ehe- oder Lebenspartnerschaftsvertrag und Erbvertrag mit anderen Erklärungen unter Lebenden (§ 46 Rn. 45), eidesstattliche Versicherung (§ 69 Abs. 2 SchiffsRegO) und Schiffsregisteranmeldung.[15] Ist § 44 kraft Verweisung (zB § 45 Abs. 1 S. 2 oder § 41 c Abs. 3) anwendbar, sind mehrere Vorgänge dieser Art (zB Unterschriftsbeglaubigungen oder Beschlüsse) gemäß § 44 zu bewerten, treffen sie aber mit rechtsgeschäftlichen Erklärungen zusammen, ist dennoch eine getrennte Bewertung vorzunehmen, da sich die entsprechende Anwendbarkeit des § 44 nur innerhalb der einzelnen Gruppen vornehmen lässt. 6

2. Eine Urkunde

Die mehreren Erklärungen müssen in einer Urkunde (Niederschrift iS des § 8 BeurkG) beurkundet werden. 7

---

[8] *Klein* RNotZ 2004, 253.
[9] *Hagenbucher* MittBayNot 2003, 249, 252; *Klein* RNotZ 2004, 253.
[10] *Hagenbucher* MittBayNot 2003, 249, 253 Abs. b.
[11] KGJ 43, 333.
[12] DNotZ 1940, 88; OLG München DNotZ 1944, 73.
[13] OLG Stuttgart JurBüro 1990, 1633; vgl. auch Rn. 62.
[14] OLG München DNotZ 1944, 73; OLG Karlsruhe ZEV 2003, 83.
[15] LG Wiesbaden DNotZ 1963, 502.

7a Nach § 46 Abs. 3, der eine Ergänzung zu § 44 ist, wird bei **gleichzeitiger Beurkundung** eines Erbvertrages mit einem Ehevertrag oder einem Lebenspartnerschaftsvertrag die Gebühr nur einmal berechnet, und zwar nach dem Vertrag, der den höchsten Geschäftswert hat. Voraussetzung für die Anwendung dieser Begünstigungsvorschrift ist die Personen- und Gegenstandgleichheit. Nach dem Willen des Gesetzgebers sollte § 46 Abs. 3 daher lauten: „Wird ein Erbvertrag gleichzeitig mit einem Ehevertrag beurkundet, so gilt § 44 Abs. 1 (gesetzliche Fiktion der Gegenstandsgleichheit), soweit beide Verträge dieselben Vermögensgegenstände betreffen."

7b Zu beachten ist jedoch, dass im Einzelfall unrichtige Sachbehandlung vorliegen kann, einen Ehe- und Erbvertrag in einer Urkunde zu beurkunden, da dadurch dem Erblasser die Möglichkeit genommen wird, den Erbvertrag aus der amtlichen Verwahrung zu nehmen. Die Rücknahme des Erbvertrages aus der Verwahrung ist nämlich nur möglich, wenn dieser **nicht** mit anderen Vereinbarungen zusammen beurkundet worden ist (vgl. §§ 2300 Abs. 2, 2256 Abs. 1 BGB). Diese Frage muss also im Einzelfall mit den Beteiligten geklärt werden.

7c Bei getrennten Urkunden entfällt das Kostenprivileg des § 46 Abs. 3. Entgegen diesen Grundsätzen wird teilweise die Auffassung vertreten, der Gesetzeswortlaut könnte auch für eine andere Auslegung sprechen. § 44 geht von verschiedenen Erklärungen aus, die in einer **Urkunde niedergelegt** sind, während § 46 Abs. 3 von einer **gleichzeitigen** Beurkundung eines Erbvertrages mit einem Ehevertrag spricht. Der unterschiedliche Gesetzestext könnte daher auch zu einer unterschiedlichen Bewertung führen, nämlich dass es für die Anwendung des § 46 Abs. 3 ausreichen müsste, wenn diese Erklärungen zwar in getrennten Urkunden, aber zur gleichen Zeit beurkundet werden.[16] Nach dem System der KostO muss aber gelten: getrennte Urkunden = getrennte Gebühren. In der anstehenden KostO-Reform sollte dies zur Vermeidung von Missverständen klargestellt werden.

3. Mehrere selbständige Erklärungen

8 Die Urkunde muss mehrere selbständige Erklärungen enthalten. Unter „Erklärung" sind hier nicht die einzelnen auf einen rechtlichen Erfolg gerichteten Willenserklärungen zu verstehen, sondern die Gesamtheit der Erklärungen, die der Gestaltung eines Gegenstandes dienen.[17] Dies ergibt das erste Beispiel in Abs. 1, wo der „Kauf" als eine Erklärung bezeichnet wird, obschon er sich aus vielen einzelnen Erklärungen zusammensetzt, von denen einige gesetzlich notwendig sind, andere der näheren Gestaltung dienen. Alle Bedingungen eines einheitlichen Rechtsgeschäftes, also der Regelung eines Gegenstandes, auch soweit sie über den gesetzlich notwendigen Rahmen hinausgehen, bilden iS des § 44 eine Erklärung. Erst wenn eine Urkunde mehrere selbständige Erklärungen in diesem Sinne enthält, taucht das Problem des § 44 auf.

9 Urkunden enthalten nicht selten Erklärungen, die über das durch die Urkunde gestaltete Rechtsverhältnis hinausgehen. Diese Nebenerklärungen werden indessen aus pragmatischen Gründen von Rspr. und Schrifttum als gegenstandsgleich behandelt und hier als **Durchführungserklärungen** bezeichnet; vgl. Rn. 14 ff.

4. Derselbe Gegenstand

10 Liegen mehrere selbständige Erklärungen vor, ist zu prüfen, ob sie denselben Gegenstand haben oder nicht (s. Rn. 15 ff., 34 ff.). Die Rechtsfolgen sind je nachdem verschieden (§ 44 Abs. 1 oder Abs. 2, vgl. Rn. 14).

5. Austauschverhältnis

11 Auch wenn mehrere Erklärungen mit verschiedenem Gegenstand gegeben sind, führt dies nicht zwangsläufig zur Anwendung des § 44; es ist vorher zu prüfen, ob nicht ein Aus-

---

[16] Dafür: *H. Schmidt* RNotZ 2002, 503; *Lappe* NotBZ 2002, 414; a. A. getrennte Urkunde = getrennte Gebühren mit Recht: *Reimann* FamRZ 2002, 1383 ff.; *Dickhuth-Harrach* RNotZ 2002, 384; *Bengel/Tiedtke* DNotZ 2004, 273 ff.

[17] KG JFGErg. 20, 49; BayObLG Rpfleger 1955, 335; *Kniebes* MittRhNotK 1973, 220; *Friedrich Schmidt* MittBayNot 1982, 159, 160.

tauschverhältnis gemäß § 39 Abs. 2 anzunehmen ist (Beispiel: Übergabe und Erbverzicht des Übernehmers).[18] Kein Austauschverhältnis liegt vor bei Verknüpfung von rechtsgeschäftlichen Erklärungen mit nicht rechtsgeschäftlichen Erklärungen, wie zB Beschluss über eine Kapitalerhöhung mit Übernahmeerklärung oder Erbvertrag und Pflichtteilsverzicht. Ein Austauschverhältnis nach § 39 Abs. 2 kann also nur dann vorliegen, wenn eine (lebzeitige) Leistung gegen eine andere (lebzeitige) Leistung ausgetauscht wird. Andere Konstellationen scheitern an der Qualifikation als Austauschvertrag schon daran, dass § 44 bei Zusammentreffen von Erklärungen, die einer Gebührenvorschrift vor § 44 mit sonstigen Beurkundungen, die einer Gebührenvorschrift nach § 44 unterliegen, nicht anwendbar ist.

6. Rangänderung und Löschungsanspruch

§ 44 Abs. 3 enthält Sonderregelungen für Rangänderung und Löschungsanspruch (vgl. Rn. 258 bis 267). **12**

7. Sonderregelung für mehrere Änderungen

Der Wert von Änderungen ist nicht gleich dem Wert des Rechtsverhältnisses, vgl. §§ 30, **13** 39 Abs. 1 S. 2. Für mehrere Änderungen gibt § 39 Abs. 1 S. 2 eine Wertvorschrift dahin, dass bei Zusammenbeurkundung mehrerer Änderungen der Wert des Rechtsverhältnisses nicht überschritten werden darf. Diese Bestimmung geht dem § 44 vor und führt zu folgenden Abweichungen: Unterliegen die mehreren Änderungen demselben Gebührensatz (§ 44 Abs. 2 a), so darf die Gebühr nicht schlechthin nach dem zusammengerechneten Wert der Änderungen berechnet werden, sondern höchstens nach dem Wert des geänderten Rechtsverhältnisses. Unterliegen die mehreren Änderungen verschiedenen Gebührensätzen (§ 44 Abs. 2 b), so sind zwar die Einzelgebühren je nach dem Wert der Änderungen zu berechnen, Gesamtwert iS der Bestimmung ist aber nicht die Summe der Änderungswerte, sondern der Wert der Rechtsverhältnisse.

Wird mit der Begründung, Feststellung, Anerkennung eines Rechtsverhältnisses zugleich **13 a** eine Änderung beurkundet, so ist zu unterscheiden, ob damit das Rechtsverhältnis in der geänderten Form begründet, festgestellt oder anerkannt werden soll oder ob zunächst die Begründung niedergelegt werden soll und als besonderes Geschäft unmittelbar anschließend (aber in derselben Urkunde) die Änderung; meistens wird wohl ersteres zutreffen, dann ein Gegenstand, im anderen Fall zwei Gegenstände (die Begründung und die sofortige Änderung).

B. Gegenstand der Erklärungen

I. Bedeutung des Gegenstandes für die Gebührenberechnung

Für die Gebührenberechnung ist bei Vorliegen mehrerer Erklärungen in einer Urkunde **14** (vgl. Rn. 5 bis 13) zunächst festzustellen, ob diese mehreren Erklärungen „denselben Gegenstand" oder „verschiedene Gegenstände" betreffen:
– Betreffen alle Erklärungen denselben Gegenstand, so gilt § 44 Abs. 1 S. 1.
– Betreffen von den Erklärungen die einen den ganzen Gegenstand, die anderen nur einen Teil davon, gilt § 44 Abs. 1 S. 2.
– Betreffen die Erklärungen verschiedene Gegenstände, ist zu prüfen, ob alle Erklärungen demselben Gebührensatz unterliegen (dann § 44 Abs. 2 a) oder ob für sie verschiedene Gebührensätze maßgebend sind (dann § 44 Abs. 2 b).

II. Abgrenzung „derselbe Gegenstand/verschiedene Gegenstände"

1. Gegenstand als Rechtsverhältnis

Die Ausdrucksweise „derselbe Gegenstand" – „verschiedener Gegenstand" in § 44 **15** stammt aus der früheren Gesetzgebung. Nach der alten preußischen Praxis nahm man den-

---

[18] Vgl. OLG Hamm MittBayNot 1971, 104.

selben Gegenstand an, wenn die mehreren Erklärungen dasselbe Wirtschaftsgut betreffen; also war danach derselbe Gegenstand zB gegeben, wenn zwei ansonsten voneinander unabhängige Kaufverträge über dasselbe Grundstück abgeschlossen wurden. Die Begriffe „Gegenstand" und „Wirtschaftsgut" wurden mithin gleichgesetzt. In der KostO des Jahres 1935 wurde in § 38 die in den früheren Gesetzen übliche Ausdrucksweise von demselben und verschiedenen Gegenstand übernommen, ohne nähere Erläuterung darüber, was unter diesen Ausdrücken zu verstehen sei. Die Höhe der Gebühren wurde in § 38 Abs. 1 für denselben und in Abs. 2 für den verschiedenen Gegenstand geregelt. Im Übrigen wurden lediglich vier Beispiele angeführt, die als Richtlinien für die Anwendung des ersten Absatzes dienen sollten.[19] Die Rspr. legte in der Folgezeit in verschiedenen Entscheidungen dar, dass „Gegenstand" nicht Sache oder Leistungsgegenstand, sondern „Rechtsverhältnis" bedeute. Vornehmlich mit Rücksicht auf diese Klärung des Begriffs „Gegenstand" durch die Rspr. wurde bei der Neufassung der KostO im Jahre 1957 § 38, der jetzt der § 44 wurde, nicht grundlegend geändert, es wurde lediglich zur Klarstellung eines der vier Beispiele weggelassen, das irreführend schien. Die drei in den § 44 übernommenen Beispiele enthalten zwei verschiedene Rechtsverhältnisse, nämlich Kauf und Auflassung, Schulderklärung und Hypothekenbestellung, Schuldversprechen und Bürgschaft. Ihnen ist gemeinsam, dass sich ein Hauptgeschäft heraushebt, zu dem die beigefügten Erklärungen in einem inneren Zusammenhang stehen.

16 Hiervon ausgehend wurde von der Rspr.[20] folgende **Formel** zur Gegenstandsgleichheit iS von § 44 entwickelt: „Denselben Gegenstand betreffen alle zur Begründung, Feststellung, Anerkennung, Aufhebung, Erfüllung oder Sicherung eines Rechtsverhältnisses niedergelegten Erklärungen der Partner des Rechtsverhältnisses samt allen Erfüllungs- und Sicherungsgeschäften auch dritter Personen oder zugunsten dritter Personen."

2. Durchführungs- und Sicherungserklärungen, Alternativgeschäfte

17 a) **Allgemeines.** Schon beim ersten in § 44 Abs. 1 S. 1 genannten Beispiel (Kauf und Auflassung) dient die weitere Erklärung zur Erfüllung bzw. Durchführung, bei den anderen beiden zur Sicherung der Hauptklärung. Hieraus lässt sich der allgemeine Grundsatz entnehmen, dass selbständige Erklärungen, die zur Erfüllung oder sonstigen Durchführung oder Sicherstellung eines Rechtsverhältnisses, nämlich des Hauptgeschäfts, mit abgegeben werden, ausnahmsweise als gegenstandsgleich fingiert werden sollen, obwohl sie an sich aus mehreren selbständigen Erklärungen bestehen. Wegen des nahen Zusammenhangs mit einem Hauptgeschäft sollen sie aus Billigkeitsgründen kostenrechtlich begünstigt werden.[21]

18 Dies gilt auch dann, wenn die „Nebenerklärung" **einen anderen Gegenstand** betrifft; auch dann wird fingiert, es handle sich um eine Erklärung mit gleichem Gegenstand.

19 Im Mittelpunkt der Prüfung, ob die mehreren in einer Urkunde niedergelegten Erklärungen denselben Gegenstand haben, muss die Frage ihres **inneren Zusammenhangs** stehen. Je mehr die beurkundete weitere Erklärung vom Hauptgeschäft abhängt, umso eher wird man Gegenstandsgleichheit annehmen dürfen. Bei Verträgen wird es nicht zuletzt darauf ankommen, ob ein gleichzeitig vorgenommenes Rechtsgeschäft des einen Vertragsteiles mit einem Dritten oder zugunsten eines Dritten auf einer vertraglichen Verpflichtung gegenüber dem Vertragspartner beruht, überhaupt ob es dem Interesse der beiden Vertragsschließenden oder nur einem von ihnen zugute kommt. Auch wird man in diesen Fällen berücksichtigen müssen, ob das Drittgeschäft nur die Erhaltung oder auch die Veränderung des Rechtsverhältnisses des Dritten bezweckt, ferner ob sein Zustandekommen unmittelbare Verhandlungen mit dem Dritten erfordert oder nicht. Je mehr das Rechtsverhältnis mit dem Dritten gegenüber dem Geschäft der Vertragsteile als selbständig erscheint, umso fremder, also gegenstandsungleich stehen sich die mehreren Erklärungen gegenüber. Zwar hat die Frage auszuscheiden, ob die verschiedenen Erklärungen das näm-

---

[19] *Kniebes* MittRhNotK 1975, 222.
[20] OLG Hamm Rpfleger 1951, 625 f.; OLG Oldenburg DNotZ 1953, 317; OLG München DNotZ 1958, 439; OLG Düsseldorf DNotZ 1956, 106; BayObLG DNotZ 1987, 176.
[21] *Kniebes* MittRhNotK 1975, 222.

liche Wirtschaftsgut betreffen, doch schließt das nicht aus, ihren Zusammenhang außer in rein rechnerischer auch in wirtschaftlicher Sicht zu würdigen.[22]

Werden zB beim Tausch von Grundstücksteilflächen die auf einem Grundstück eingetragenen Grundpfandrechte auf das erworbene Trennstück erstreckt, damit der Grundbuchvollzug erfolgen kann, so betrifft die Pfanderstreckung mit der Unterwerfungsklausel nicht das Tauschverhältnis, sondern das des Eigentümers zu seinen Grundpfandrechtsgläubigern; gleichwohl handelt es sich um nicht selbständig zu bewertende Durchführungserklärungen (anders bei Nachverpfändung ganzer Grundstücke, vgl. Rn. 232). Dasselbe trifft zu, wenn bei einem Kaufvertrag mit Übernahme einer Grundschuld oder Hypothek der Erwerber sich zur Enthaftung des Verkäufers dem nicht anwesenden Grundpfandrechtsgläubiger gegenüber der persönlichen Vollstreckung unterwirft, weil in der befreienden Schuldübernahme die Verpflichtung des Käufers liegt, die Voraussetzungen der Schuldübernahmegenehmigung durch den Gläubiger zu schaffen. Werden beim Kauf eines Grundstücks die Löschungsanträge des Verkäufers zur Löschung der nach dem Kauf wegzufertigenden Hypotheken mitbeurkundet, so betreffen diese zwar nicht das Kaufverhältnis, sondern das des Verkäufers zu seinen Gläubigern,[23] dennoch wird ein Gegenstand unterstellt.[24] Gleiches gilt für eine im Kaufvertrag dem Käufer erteilte Belastungsvollmacht, die dem Käufer Grundpfandrechtsbestellungen bereits vor Eigentumsumschreibung auf ihn ermöglicht (vorgezogene Verfügungsberechtigung).[25] Erteilt im Kaufvertrag ein Vertragsteil einem Dritten Vollmacht zur Auflassung oder zum Geldempfang (Kaufpreis), so betrifft diese nicht das Kaufverhältnis, sondern das des Vollmachtgebers zum Bevollmächtigten.

Obwohl also die erwähnten Durchführungserklärungen ein anderes Rechtsverhältnis betreffen oder mitbetreffen, werden sie in Rspr. und Schrifttum der Haupterklärung zugerechnet und sind deshalb nicht zusätzlich zu bewerten.[26] 21

b) Eingrenzung. Der Begriff der Durchführungserklärung muss, weil an sich idR ein 22 anderes Rechtsverhältnis betreffend, allerdings wie folgt eingeschränkt werden:

Nur wenn diese Erklärungen **mit der Verpflichtungserklärung** zusammen beurkundet werden, können sie als Einheit betrachtet werden. Werden mit der einseitigen Grundschuldbestellung die zur Rangherstellung erforderlichen Löschungserklärungen bzw. Löschungszustimmungen des Eigentümers mitbeurkundet, so sind diese nicht mehr Durchführungserklärung, weil die Verpflichtung hierzu in dem nichtbeurkundeten Darlehensvertrag und nicht in der einseitigen Hypothekbestellung begründet sind. Wäre der Darlehensvertrag mitbeurkundet und würde darin die Verpflichtung zur Löschung enthalten sein, läge in den Löschungserklärungen des Eigentümers eine gegenstandsgleiche Durchführungserklärung. Für Löschungszustimmungen gilt auch nicht analog § 44 Abs. 3. Das Gleiche gilt, wenn mit der Hypothekbestellung die Grundbuchberichtigung wegen Erbfolge oder einer Güterrechtsregelung beurkundet wird. 23

Hiervon zu unterscheiden ist die Mitbeurkundung der Erklärungen zu einem Rangrücktritt, gleich ob nur die Zustimmung mit oder ohne Antrag des Eigentümers und/oder die Bewilligung des Gläubigers oder Berechtigten zu einer (einseitig) bestellten Grundschuld. Hier gilt die Spezialnorm des Abs. 3, die eine Ergänzung zu § 44 Abs. 1 ist (s. Rn. 258 ff.). 23 a

Nur Erklärungen eines **Vertragsteils** und Erklärungen uU anderer Dritter **im Rahmen 24 der vertraglichen Verpflichtungen** können als Durchführungserklärungen angesprochen

---

[22] BayObLGZ 1960, 130; ausführlich *Kniebes* MittRhNotK 1975, 224.
[23] KG JVBl. 1941, 189.
[24] BGHZ 166, 189 = RNotZ 2006, 246 m. Anm. *Klein* und *Filzek* = JurBüro 2006, 262 m. Anm. *H. Schmidt* = NotBZ 2006, 198 = FGPrax 2006, 133 = MittBayNot 2006, 525 = NJW-RR 2006, 1509 = ZNotP 2006, 277 m. Anm. *Tiedtke* = MDR 2006, 1014.
[25] Zur Vollmacht, die den Kaufpreis übersteigt: BGH JurBüro 2006, 432 = NotBZ 2006, 200 = MittBayNot 2006, 524 = ZNotP 2006, 279 m. Anm. *Tiedtke* = RNotZ 2006, 299 m. Anm. *Klein* = MDR 2006, 1015. Zur Vollmacht in beliebiger Höhe BGH RNotZ 2006, 345 m. Anm. *Klein* und *H. Schmidt* = NotBZ 2006, 201 m. Anm. *Lappe* = MittBayNot 2006, 528 m. Anm. PrüfAbt. Notarkasse = ZNotP 2006, 276 m. Anm. *Tiedtke* = RNotZ 2006, 359
[26] BayObLG Rpfleger 1961, 324; KG DNotZ 1966, 751; LG Bremen KostRsp. Nr. 15; vgl. auch *Friedrich Schmidt* MittBayNot 1982, 159.

§ 44

1. *Teil. 2. Abschnitt: 1. Beurkundungen und ähnliche Geschäfte*

werden; es ist allerdings nicht Kennzeichen des Durchführungsgeschäftes, dass es *ausschließlich* der Erfüllung des Hauptgeschäftes dienen muss.[27]

25   Keine bloße Durchführungserklärung ist die mit dem Kaufvertrag zusammen beurkundete **Löschungsbewilligung** der Gläubiger wegzufertigender Grundpfandrechte,[28] ausnahmsweise aber die Löschungsbewilligung des Verkäufers wegen einer für ihn eingetragenen Eigentümergrundschuld; nicht die im Kaufvertrag zur Grundschuldübernahmeerklärung vom anwesenden Grundschuldgläubiger (kein Vertragsteil!) erklärte Genehmigung; nicht die im Kaufvertrag enthaltene Bewilligung der Grundbuchberichtigung auf Grund Erbfolge oder Güterrechtsregelung auch an anderen Grundstücken als den verkauften; nicht wenn beim Tausch weitere Grundstücke als das Tauschgrundstück pfandunterstellt werden, zB weil der Gläubiger die Pfandentlassung von solcher weiterer Nachverpfändung abhängig macht; nicht, wenn beim Kauf der Zuschreibungsantrag bezüglich weiterer Grundstücke als des Kaufgrundstücks gestellt wird.[29] Stimmt ein bei der Beurkundung mit anwesender Ehegatte gemäß § 1365 BGB einem Übertragungsvertrag seines Ehegatten zu, so betrifft diese Durchführungserklärung an sich nicht die Übertragung, sondern das Verhältnis des einen Ehegatten zu dem anderen, sie wird gleichwohl als gegenstandsgleich fingiert. Geben die Anteilsinhaber im Verschmelzungsvertrag, der durch die Vertretungsorgane der an der Verschmelzung beteiligten Rechtsträger geschlossen wird, Verzichtserklärungen zB auf Vorlage des Verschmelzungsberichtes oder Prüfungsberichtes ab, wird gleichfalls Gegenstandsgleichheit angenommen.[30] Anders jedoch bei Zusammenbeurkundung von Formwechselbeschluss und Verzichtserklärungen, weil bei Zusammentreffen der Gebührenvorschriften § 47 und § 36 sich das Problem des § 44 überhaupt nicht stellt (s. Rn. 6).

26   **c) Typisierung durch die Rspr.** Höchstrichterliche Rspr. und Literatur haben zur Abgrenzung typisierende Unterscheidungen vorgenommen in Verpflichtungsverträge, einseitige Erklärungen und abstrakte dingliche Erklärungen bzw. Bewilligungen sowie in Alternativgeschäfte.

27   **aa) Beurkundung gegenseitiger Verpflichtungen.** Soweit auf Grund gesetzlicher Vorschriften (§ 311b BGB, § 4 Abs. 3 WEG, § 15 GmbHG) oder Entschluss der Parteien die beiderseitigen Verpflichtungen der Vertragsteile (also der Vertrag) beurkundet werden, gelten sowohl alle Verpflichtungen der Vertragsteile im Rahmen des Vertragsverhältnisses sowie die Erfüllungs- und Sicherungserklärungen dazu, auch seitens Dritter oder zugunsten dritter Personen, und die Durchführungserklärungen als gegenstandsgleich iS des Abs. 1. Dies gilt auch, wenn Erfüllungs-, Sicherungs- und Durchführungserklärungen mit einem auf Grund des Vertrages erfolgenden Verfügungsgeschäft beurkundet werden (zB Auflassung, Wohnungseigentumseinräumung usw.), das den ganzen Gegenstand und nicht nur einen Teil desselben betrifft.

28   **bb) Beurkundung einseitiger Erklärungen.** Soweit nur einseitige Erklärungen der Beurkundung bedürfen oder beurkundet werden (zB Schuldversprechen, Grundpfandrechtsbestellung, Abtretung, Vertragsangebot, Schenkungsversprechen), sind Erfüllungs- und Sicherungsgeschäfte dazu, auch solche dritter Personen, gegenstandsgleich mit den einseitigen Erklärungen, nicht aber Durchführungserklärungen.

29   **cc) Dingliche Erklärungen.** Werden nur die dinglichen (abstrakten) Erklärungen oder bloße Bewilligungen und Anträge beurkundet, deren Erfüllungs- oder Sicherungscharakter aus dem nichtbeurkundeten schuldrechtlichen Geschäft folgt, so liegen verschiedene Gegenstände vor, wenn diese sich nicht auf dasselbe Recht oder dieselbe Rechtsänderung beschränken.

30   **Beispiele:** Der Grundstückseigentümer A vereinbart mit B: B gewährt ein Darlehen zu 50 000 Euro, mit 6% jährlich verzinslich, auszuzahlen mit ranggerechter Eintragung der Grundschuld hierfür im Grundbuch. Die Sicherungsgrundschuld soll die dritte Rangstelle erhalten. Der noch ein-

---

[27] BayObLG DNotZ 1960, 398; KG DNotZ 1965, 180; *Friedrich Schmidt* MittBayNot 1982, 159, 162.
[28] KG JFGErg. 20, 49; DNotZ 1944, 73; JVBl. 1941, 189.
[29] Vgl. OLG München JFGErg. 20, 49; Beispiel bei *Mümmler* JurBüro 1974, 974.
[30] *Tiedtke* MittBayNot 1997, 209; OLG Hamm MittBayNot 2002, 210 = FGPrax 2002, 86.

getragene Vater des A ist von A allein beerbt. Eingetragen sind noch zwei nicht mehr valutierte Grundschulden zu je 10000 Euro, die zu löschen sind. Der Bruder des A, nämlich C, soll wegen des schlechten Rangs Bürgschaft für die Schuld des A übernehmen.

Zu aa: Es wird beurkundet der **ganze Vertrag** zwischen A und B mit der Berichtigungsbewilligung auf Grund Erbfolge des A, dem Löschungsantrag des Eigentümers bezüglich der 2 Grundschulden zur je 10000 Euro, der Grundschuldbestellung des A mit Schuldbekenntnis und Unterwerfungsklausel und die einseitige Bürgschaftserklärung des C für die Darlehensschuld des A zu 50000 Euro.

§ 44 Abs. 1 ist anwendbar, die Berichtigungsbewilligung ist Durchführungserklärung, ebenso die Löschungsanträge; die Grundschuld mit Eintragungsantrag ist Sicherungsgeschäft des A für die Darlehensforderung des B und die Bürgschaft des C zusätzliche Sicherheit für die Schuld des A.

Gebührenansatz § 36 Abs. 2: $20/10$, Wert 50000 Euro.

Zu bb: In Form **einseitiger Erklärungen** des A bzw. C werden beurkundet die Berichtigungsbewilligung und Löschungsanträge des A, Schuldbekenntnis mit Grundschuldbestellung des A zugunsten B und die Bürgschaft des C zugunsten B.

Berichtigungsbewilligung und Löschungsanträge sind keine Durchführungserklärungen, weil die Verpflichtung nicht in den beurkundeten Erklärungen, sondern im nichtbeurkundeten Darlehensvertrag begründet ist, sie sind also besonders zu bewerten. Grundschuld des A und Bürgschaft des C sind Sicherungsgeschäfte zum Schuldbekenntnis des A, also gleichen Gegenstandes.

Gebührenansatz für diese § 36 Abs. 1: einmal $10/10$, Wert 50000 Euro.

Gebührenansatz für Berichtigungsbewilligung und Löschungsanträge § 38 Abs. 2 Nr. 5a $5/10$, Wert 20000 Euro Löschungsanträge, 60000 Euro angenommener Wert für Berichtigungsbewilligung, zusammen 80000 Euro (§ 44 Abs. 2a). Gebührenberechnung nach § 44 Abs. 2b.

Zu cc: Es werden nur die Bewilligungen und Anträge nach GBO beurkundet, Gebührenansatz § 38 Abs. 2 Nr. 5a $5/10$, Werte 60000 Euro (Berichtigung), 20000 Euro (Löschungsanträge), 50000 Euro (Grundschuldbestellung), Gesamtwert: 130000 Euro (§ 44 Abs. 2a), für die Bürgschaft C $10/10$ § 36 Abs. 1, Wert 50000 Euro. Gebührenberechnung nach § 44 Abs. 2b, wobei zwischen Grundschuldbestellung und Bürgschaft Gegenstandsgleichheit besteht. Bewertung somit $10/10$ nach § 36 Abs. 1 aus 50000 Euro + $5/10$ nach § 38 Abs. 2 Nr. 5a aus 80000 Euro, oder, wenn günstiger, $10/10$ nach § 36 Abs. 1 aus 130000 Euro.

dd) Alternativgeschäfte. Handelt es sich um die Beurkundung eines Kausalverhältnisses (zB Austauschvertrag zweiseitig, Schuldbekenntnis einseitig) mit alternativen Erfüllungs- oder Sicherungsgeschäften, so sind letztere desselben Gegenstandes iS des Abs. 1 mit dem beurkundeten Kausalgeschäft, es liegt also nur ein Gegenstand vor. Beispiele: Veräußerung eines Wirtschaftsgutes oder Verzicht auf einen Anspruch gegen Abtretung eines Geschäftsanteils, sofern aber die Abtretung nach § 15 Abs. 5 GmbHG nicht genehmigt wird, gegen Zahlung einer Summe. Dies gilt selbst dann, wenn eine Alternativleistung nicht an den Vertragsgegner, sondern auf seine Weisung und Rechnung an einen Dritten erfolgt, zB Verzicht auf einen Anspruch gegen Abtretung eines Geschäftsanteils an den Verzichtenden, falls aber diese Abtretung nicht genehmigt wird, für dessen Rechnung an einen Dritten.[31] Schuldbekenntnis mit Sicherung durch Hypothekbestellung oder Sicherungsübereignung nach Wahl des Gläubigers. 31

Werden hingegen alternative Erfüllungs- oder Sicherungsgeschäfte ohne das Kausalgeschäft beurkundet, so liegen soviel Gegenstände iS des Abs. 2 vor, wie abstrakte Geschäfte beurkundet werden, zB abstrakte Abtretung eines Geschäftsanteils (§ 15 Abs. 3 GmbHG) an A, falls diese Abtretung nicht genehmigt wird, an B. 32

Wahlschuldverhältnisse sowie die facultas alternativa des Gläubigers oder Schuldners betreffen ein Rechtsverhältnis, einen Gegenstand iS des Abs. 1, der Wert bestimmt sich nach der höchstwertigen alternativen Leistung.[32] 33

III. Fallgruppen und Fälle

1. Derselbe Gegenstand (einschließlich Durchführungs- mit Nebenerklärungen und Alternativgeschäften)

Angebot/Annahme. Vertragsangebot über ein Grundstück mit Auflassungsvormerkung zur Sicherung des bedingten Auflassungsanspruches und Auflassungsvollmacht; auch die miterklärte Vollstreckungsunterwerfung ist gegenstandsgleich. 34

---

[31] Vgl. *Wiesinger* DNotZ 1952, 540; *Bühling* § 39 Anm. 3; irrig BayObLG DNotZ 1952, 388 m. Anm. *Küntzel* = Rpfleger 1952, 251 m. Anm. *Rohs*.
[32] KG DNotZ 1972, 626.

35 Verkaufs- und Kaufangebot bezüglich desselben Grundstücks unter denselben Beteiligten.[33] S. iÜ § 37 Rn. 7.
36 Annahme eines Kaufangebotes mit Auflassung oder Auflassungsvollmacht.[34]
37 Annahme eines Verkaufsangebotes und Zwangsvollstreckungsunterwerfung wegen der Verpflichtung zur Zahlung des Kaufpreises.[35]
38 Vertragsangebot auf Veräußerung eines Grundstücks und Einräumung eines Benennungsrechtes bzgl. des Annahmeberechtigten.
39 Annahme eines Kaufangebots und Erklärung, diese Annahme soll, zB wegen der Zweifel an der Rechtswirksamkeit eines „Pauschalangebots an die, die es angeht",[36] als Angebot gleichen Inhalts gelten.
40 **Ankaufsrecht.** S. Vorkaufsrecht.

Auseinandersetzungen

41 (1) **Erbauseinandersetzungen.** Erbauseinandersetzungsvertrag mit Übernahme der Nachlassgegenstände durch einen Miterben unter Geldabfindung der übrigen, sowie Einräumung von Ankaufs- oder Vorkaufsrechten an dem Vertragsgrundstück zugunsten der abgefundenen Miterben.[37]
42 Erbauseinandersetzungsvertrag mit der auf Grund der Auseinandersetzung erfolgenden Übertragung von Erbanteilen, Bestellung von Hypotheken, Wohnrechten und Altenteilen.[38]
43 Zuteilung eines Grundstücks an einen Miterben gegen Entgelt mit Verteilung des Entgelts unter die Miterben.[39]
44 Erbauseinandersetzungsvertrag mit Auflassung, Auflassungsvollmacht und Auflassungsvormerkung.
45 Auseinandersetzung der Erbengemeinschaft und Begründung einer Personengesellschaft, wenn zum Nachlass gesellschaftsrechtlich gebundenes Vermögen gehört; wird aber anlässlich der Auseinandersetzung Gesamthandsvermögen in neu gegründete Gesellschaft erstmals eingebracht, liegen Vorgänge mit unterschiedlichem Gegenstand vor (s. § 39 Rn. 44).
46 (2) **Auseinandersetzung von Gesellschaften.** Auseinandersetzung einer Personengesellschaft durch Realteilung. Gibt ein Gesellschafter, der einer Publikums-**Bauherrengesellschaft** bürgerlichen Rechts beitritt, eine notariell beurkundete Beitrittserklärung ab, in der der Beitretende zugleich unter Anerkennung der Regelung des Gesellschaftsvertrages die in diesem Vertrag vorgesehenen Vollmachten bestätigt und sich wegen der übernommenen Bareinzahlungsverpflichtung aus der Urkunde der sofortigen Zwangsvollstreckung unterwirft, so sind sämtliche Erklärungen gegenstandsgleich nach § 44 Abs. 1 und nach dem Anteil des eintretenden Gesellschafters an der Gesamtsumme der Bauaufwendungen zu bewerten.[40]
47 (3) **Auseinandersetzungen bei Gütergemeinschaft.** Aufhebung einer (ehelichen oder fortgesetzten) Gütergemeinschaft mit Auseinandersetzung des Gesamtgutes und Vollzugsgeschäften.[41] Erfolgt die Auseinandersetzung in der Weise, dass ein bisher gemeinsamer Vermögensgegenstand auf Dritte (zB Kinder) übertragen wird, ist Gegenstandsverschiedenheit anzunehmen.

---

[33] OLG Stuttgart BWNotZ 1963, 268.
[34] KG JFGErg. 14, 102; Rpfleger 1981, 164.
[35] OLG Zweibrücken MittBayNot 1999, 584 = JurBüro 2000, 151 = NJW-RR 2000, 364 = FGPrax 2000, 44 = MittRhNotK 2000, 176 = ZNotP 2000, 86; *Bengel* DNotZ 1996, 361; aA BayObLGZ 1995, 299 = DNotZ 1996, 396, das in der Vollstreckungsunterwerfung ein gebührenfreies Nebengeschäft sieht.
[36] Vgl. *Ludwig* DNotZ 1982, 724.
[37] BayObLG Rpfleger 1955, 335.
[38] KG JVBl. 1941, 140.
[39] KG DNotZ 1944, 135.
[40] KG JurBüro 1991, 564 m. Anm. *Mümmler*.
[41] OLG München DNotZ 1941, 303; BayObLG MittBayNot 1967, 39.

§ 44

Betreuungsverfügung mit Patientenverfügung. Gegenstandsgleichheit besteht auch mit der Vorsorgevollmacht.[42] 47a

Ehevertrag. Gütertrennungsvertrag und Antrag auf Eintragung in das Güterrechtsregister.[43] Zur Rechtswahl nach Art. 14 Abs. 3 und Art. 15 Abs. 2 EGBGB s. § 30 Rn. 64ff. 48

Ehevertrag und Vermögensauseinandersetzung, jedoch nur, wenn diese dem Zugewinnausgleich dient.[44] Wird im Zuge der Vermögensauseinandersetzung ein Gegenstand auf Dritte übertragen, liegt Gegenstandsverschiedenheit vor. 49

Vereinbarung der Gütertrennung und Vereinbarungen über den Ausgleich des Zugewinns, auch dann, wenn der Ausgleich durch Grundstücksübertragungen oder Grundstücksauseinandersetzung erfolgt. Zu bewerten ist jedoch der Vertrag, der den höheren Wert hat. S. hierzu auch § 39 Rn. 109 d. 50

Aufhebung der Gütergemeinschaft und die nachfolgende Vereinbarung der Zugewinngemeinschaft.[45] 50a

Erbbaurecht. Erbbaurechtsbestellung und Zustimmung zur Belastung. 51

Zustimmung des Eigentümers zur Belastung des Erbbaurechts mit Grundpfandrechten und Vorrangeinräumung,[46] auch die Zustimmung des Eigentümers zur Veräußerung des Erbbaurechts im Falle einer erforderlichen Verwertung des Grundpfandrechts.[47] 52

Kauf eines Erbbaurechts und in derselben Urkunde Zustimmung des Eigentümers und Verzicht auf Vorkaufsrecht.[48] 53

Erbbaurechtsbestellung und Vorkaufsrechtseinräumung bzw. Einräumung eines Verlängerungsrechtes zugunsten des Erbbauberechtigten.[49] 54

Der Veräußerung eines Erbbaurechts liegt keine zusätzliche Leistung zugrunde, wenn der Erwerber des Erbbaurechts nur Verpflichtungen übernimmt, die Inhalt oder dingliche Belastung des Erbbaurechts sind, zB Erbbauzins, Verpflichtung zur Errichtung eines Bauwerks, Zustimmungserfordernis bei Veräußerung, Vorkaufsrecht.[50] Alle Erklärungen betreffen das gleiche Rechtsverhältnis. 55

Die Verpflichtung zur Zahlung einer Nutzungsentschädigung bis zur Umschreibung des Erbbaurechts, die die Lasten im Rahmen des § 103 BGB abdeckt. 56

Kauft der Erbbauberechtigte das damit belastete Grundstück, so haben alle im Zusammenhang mit dem Kaufvertrag beurkundeten Erklärungen (zB Übertragung von Lasten vom Erbbaugrundbuch auf das Grundbuch des Grundstücks, Verzicht auf Vorkaufsrecht am Erbbaurecht und Verzicht auf Erbbauzinsreallast) denselben Gegenstand, nicht jedoch die Löschung des Erbbaurechts. 57

Erbausschlagung durch mehrere, nacheinander zur Erbfolge berufene Personen in einer Erklärung (§ 112 Nr. 2 Satz 3). 58

Erbanteilsübertragung und Grundbuchberichtigungsantrag, wenn sich der Antrag auf die Erbteilübertragung beschränkt. Gegenstandsverschiedenheit liegt jedoch vor, wenn zusätzlich die Berichtigung des Grundbuchs bezüglich der Erbfolge beantragt wird. 59

Forderungsabtretung mit Abtretung der zur Sicherung bestellten Grundschuld. Bei der Gegenstandsgleichheit bleibt es auch dann, wenn der Abtretende die Haftung für Güte und Einbringlichkeit übernimmt. 60

---

[42] OLG Oldenburg JurBüro 2005, 548 = NotBZ 2005, 411 = RNotZ 2005, 558; OLG Frankfurt MittBayNot 2007, 344 = ZNotP 2007, 237; *Renner* NotBZ 2005, 51; aA *Bund* JurBüro 2005, 622, 627: zwei Mal 3000 Euro.
[43] *Tiefenbacher* BB 1958, 609.
[44] BayObLGZ 1987, 341; JurBüro 1989, 226; OLG Köln MittBayNot 1996, 449 = JurBüro 1997, 206; vgl. Rn. 155.
[45] OLG Hamm FGPrax 2000, 164 = ZNotP 2001, 327.
[46] OLG Hamm JurBüro 1966, 59 = Rpfleger 1966, 92.
[47] OLG Hamm KostRsp. Nr. 96.
[48] OLG Celle DNotZ 1963, 354.
[49] OLG Düsseldorf JurBüro 1983, 1237.
[50] OLG Celle DNotZ 1973, 47.

61 Gesellschaften. Gesellschaftsvertrag mit Einbringung von Grundstücken und Auflassung derselben auf die Gesellschaft.[51]

62 GmbH-Gesellschaftsvertrag mit Geschäftsführerbestellung, sofern diese als Inhalt der Satzung erfolgt, nicht durch Beschluss der Gesellschafterversammlung, da § 44 dann nicht anwendbar (vgl. Rn. 6 und § 41 c Rn. 108).[52]

63 Abtretung von Geschäftsanteilen mit Genehmigung namens der Gesellschaft durch die Geschäftsführer (nicht bei Genehmigung durch die Gesellschafterversammlung, weil Beschluss § 47). Zur Frage, ob in der Mitbeurkundung eines Zustimmungsbeschlusses unrichtige Sachbehandlung liegen kann, s. Rn. 29 d bis 29 f.

63 a Veräußerung von Gesellschaftsbeteiligungen und Anpassung des Gesellschaftsvertrages im Hinblick auf die Veräußerung. Darüber hinausgehende Änderungen und/oder Ergänzungen sind gegenstandsverschieden zur Anteilsveräußerung. War der Gesellschaftsvertrag bereits beurkundet, liegt eine Ergänzung oder Änderung iS des § 42 vor, bei vollständiger Neufassung kann ein neues Rechtsverhältnis gegeben sein ($^{20}/_{10}$ gemäß § 36 Abs. 2). Letzteres gilt auch, wenn der Gesellschaftsvertrag erstmals beurkundet wird.

64 Verkauf eines Geschäftsanteils mit Erklärung eines mitanwesenden Gesellschafters, dass er das Vorkaufsrecht hieran nicht ausübe.

65 Übernahmeerklärung gemäß § 55 GmbHG und Einbringungsvertrag bezüglich Sacheinlage.

66 Verschmelzungsverträge bzw. -beschlüsse einerseits und Neuordnung der Satzung der neuen Gesellschaft andererseits. Differenzierter bei Verschmelzung durch Aufnahme, s. § 39 Rn. 68; § 41 c Rn. 66 oder beim Formwechsel einer Kapitalgesellschaft in eine Personengesellschaft s. § 41 c Rn. 84. Verschmelzungsverträge oder Spaltungsvorgänge mit Verzichtserklärungen von Anteilsinhabern[53] (s. § 39 Rn. 82; § 41 c Rn. 62), anders jedoch, wenn die Verzichtserklärungen in der Niederschrift über den Zustimmungsbeschluss beurkundet werden (s. § 41 c Rn. 62). Gegenstandsgleichheit liegt auch für einen im Verschmelzungs- oder Spaltungsvertrag (Spaltungsplan) mit beurkundeten Antrag auf Grundbuchberichtigung vor.

66 a Zustimmungsbeschlüsse der an einem Verschmelzungsvertrag oder Spaltungsvorgang beteiligten Rechtsträger,[54] anders jedoch bei Mehrheit von Verschmelzungen. Werden dem Notar jedoch die Vertragsentwürfe geliefert und sehen diese Entwürfe getrennte Beurkundungen vor, ist für jeden Beschluss die Gebühr nach § 47 gesondert zu erheben, wenn die Beteiligten trotz Hinweis auf die Mehrkosten auf der getrennten Beurkundung bestehen. Eine getrennte Beurkundung ist auch dann keine unrichtige Sachbehandlung, wenn die Gesellschafter der an der Verschmelzung beteiligten Rechtsträger nicht identisch sind und zeitliche und räumliche Gründe eine gemeinsame Beurkundung ausschließen. S. hierzu iÜ § 41 c Rn. 64.

66 b Bestellung mehrerer Geschäftsführer durch Beschluss, auch wenn zugleich eine Abberufung beschlossen wird (§ 41 c Abs. 3 S. 1), anders jedoch bei der Registeranmeldung.[55]

67 Anmeldung einer GmbH oder ihrer Geschäftsführer zur Eintragung in das Handelsregister und Versicherung der Geschäftsführer über die Bewirkung der Einlageleistungen, der Sicherung der restlichen Einlageverpflichtung und über das Nichtvorliegen eines Ausschlussgrundes gemäß § 6 Abs. 2 S. 2 und 3 GmbHG (§§ 8 Abs. 2 und 3, 39 Abs. 3, 67 Abs. 3 GmbHG).

68 Anmeldung des Firmenzusatzes „GmbH & Co." und Anmeldung, dass keine natürliche Person mehr als persönlich haftender Gesellschafter vorhanden ist; anders bei isolierter Anmeldung (dann § 41 a Abs. 4) oder bei Anmeldung mit damit nicht zusammenhängenden Vorgängen (dann § 44 Abs. 2 s. Rn. 172).

---

[51] OLG Düsseldorf JurBüro 1988, 1201.
[52] OLG Stuttgart JurBüro 1990, 1633.
[53] OLG Zweibrücken ZNotP 2002, 450 = MittBayNot 2003, 160 = FGPrax 2002, 274.
[54] BayObLG DNotZ 1993, 273 = MittBayNot 1992, 417.
[55] BGH DNotZ 2003, 297 = MittBayNot 2003, 235; s. auch § 41 a Rn. 57.

Wegen Veränderungsanmeldungen zu organschaftlichen oder prokurenmäßiger Vertretung 69
vgl. Rn. 163 und § 41a Rn. 114.
Anmeldung der Euro-Umstellung des Stammkapitals einer GmbH und der Kapitalerhö- 69a
hung zur Glättung der Geschäftsanteile.[56]
Grundpfandrechte s. auch Schuldversprechen, Sicherungsgeschäfte. 70
Grundschuldbestellung und Mitbeurkundung von Erklärungen über einen Rangrücktritt, 70a
nicht nur des Eigentümers, sondern auch die Bewilligung der Berechtigten. Zur Frage, ob
eine getrennte Beurkundung unrichtige Sachbehandlung sein kann, s. § 16 Rn. 48a.
Grundschuldbestellung und Mitbeurkundung eines Wirksamkeitsvermerks.[57] 70b
Gleiches gilt für die Eintragung der Grundschuld in das Grundbuch, wenn der Wirksam- 70c
keitsvermerk mit der Grundschuld eingetragen wird.[58]
Abtretung einer Grundschuld und Mitabtretung der gesicherten Forderung.[59] 70d
Kaufverträge. Kaufvertrag mit Auflassung,[60] Bewilligung einer Auflassungsvormerkung und 71
Löschungsantrag bezüglich letzterer bei Auflassungseintragung.[61] Das Aussetzen der Auflas-
sung, also ihre spätere Beurkundung in einer gesonderten Urkunde wird auch nicht, wie das
OLG Düsseldorf[62] meint, zumindest nicht im Regelfall, als unrichtige Sachbehandlung nach
§ 16 anzusehen sein.[63] Eine unrichtige Sachbehandlung liegt auch dann nicht vor, wenn die
Auflassung nur deshalb getrennt beurkundet wird, weil der Verkäufer, zB Bauträger, nicht
bereit ist, von seiner üblichen Verfahrensweise abzuweichen.[64]
Kaufvertrag mit Auflassungsvollmacht, auch an Dritte. Gleiches gilt für Kaufvertrag und 72
Vollmacht an Dritte zum Geldempfang.
Kaufvertrag, durch den ein Grundstück an einen bestimmten Käufer oder eine von diesem 73
noch zu benennende Person verkauft wird;[65] anders bei Angebot an zwei Personen, wobei es
deren gemeinsamer Entscheidung überlassen bleibt, wer von ihnen das Angebot annimmt.[66]
Kaufvertrag mit Übernahme der für einen Dritten eingetragenen Grundschuld samt gesi- 74
cherter Forderung in Anrechnung auf die Kaufpreisforderung mit schuldbefreiender Wirkung.[67]
Kaufvertrag und Übernahme einer Grundschuld nur dinglich, also ohne persönliche Erklä- 74a
rungen für eigene Finanzierungszwecke.[68] Es handelt sich hierbei um eine Vertragsbedingung. Gleiches gilt für die Übernahme einer Grundschuld im Zusammenhang mit einer
Schuldübernahme durch den Käufer. Zur Berechnungsweise s. Rn. 265ff.
Auflassung eines verkauften Grundstücks und Eintragungsantrag wegen Kaufpreisresthypo- 75
thek,[69] auch wenn diese an einem anderen als dem Kaufgrundstück zur Eintragung beantragt wird.
Kaufvertrag mit Erfüllungs- oder Sicherungsgeschäften Dritter für Ansprüche aus dem 76
Kaufvertrag (zB einseitige Abtretung der Forderung gegen einen Dritten zur Kaufpreisbe-

---

[56] OLG Naumburg ZNotP 2006, 479 mit allerdings unzutreffender Auslegung der Berechnungsweise nach § 44 Abs. 1 m. krit. Anm. *Tiedtke.*
[57] *Schultz* RNotZ 2001, 541.
[58] OLG Düsseldorf NotBZ 2000, 339 = MittRhNotK 2000, 359 = NJW-RR 2001, 70 = FGPrax
2000, 568 = ZNotP 2001, 38; OLG Köln RNotZ 2001, 243; OLG Schleswig Rpfleger 2002, 226
= JurBüro 2002, 260; KG JurBüro 2002, 544; aA dann kein gebührenfreies Nebengeschäft, wenn
die Eintragung des Vermerks zeitlich nach der Auflassungsvormerkung eingetragen wird: Bay-
ObLG MittBayNot 2001, 414 = Rpfleger 2001, 459 = FGPrax 2001, 128; OLG Hamm JurBüro 2002,
259.
[59] Streifzug Rn. 1.
[60] HM, vgl. OLG Stuttgart JurBüro 1990, 1300.
[61] KG JFGErg. 22, 33 = DNotZ 1942; OLG Frankfurt Rpfleger 1964, 23.
[62] DNotZ 1990, 674.
[63] *Schmitz/Valckenberg* DNotZ 1990, 674.
[64] BayObLG MittBayNot 2001, 575 = ZNotP 2001, 78 = ZfIR 2001, 585 = JurBüro 2001, 598.
[65] BayObLG DNotZ 1979, 430.
[66] OLG Düsseldorf DNotZ 1965, 109; LG München I MittBayNot 1981, 208.
[67] KG DNotZ 1940, 325; 1941, 390.
[68] OLG Celle FGPrax 2003, 236.
[69] KG JFErg. 18,9 = JVBl. 1938, 207; BayObLG MittBayNot 1999, 494 m. Anm. *Tiedtke.*

legung, Bürgschaft, Pfandrecht oder Übernahme einer Schuld eines Dritten zur Kaufpreistilgung oder Sicherung).

77 Kaufvertrag und mitbeurkundete Abtretung der Kaufpreisforderung an einen Grundpfandrechtsgläubiger, wenn die Abtretung der Lastenfreistellung dient und von dieser die Fälligkeit des Kaufpreises abhängt.[70]

78 Kaufvertrag über ein Grundstück und Übernahme der Verpflichtungen aus einem vom Verkäufer geschlossenen Mietvertrag durch den Käufer.[71] Dies gilt selbst dann, wenn das Mietverhältnis noch nicht entstanden und das Mietobjekt noch nicht errichtet ist. § 567a (§ 578 aF) BGB steht dem nicht entgegen.[72]

79 Kaufvertrag mit Verpflichtung des Verkäufers, schon vor Auflassung auf Verlangen des Käufers für diesen Belastungen eintragen zu lassen, einschließlich **Belastungsvollmacht,** und zwar nicht nur, wenn die Belastung zur **Kaufpreisfinanzierung** erfolgt, sondern auch, wenn die vorgesehene Belastung höher ist als der Kaufpreis.[73] Gleiches gilt, wenn die Belastungsvollmacht zu Belastungen mit Grundpfandrechten in beliebiger Höhe ermächtigt.[74] Zur Berechnungsweise s. Rn. 265 ff.

80 Kaufvertrag und Abtretung der Auszahlungsansprüche des Käufers gegen ein finanzierendes Kreditinstitut an den Verkäufer;[75] anders, wenn die Abtretung erst in der Hypotheken- oder Grundschuldbestellungsurkunde erklärt wird. Die Abtretung in der Grundschuldbestellungsurkunde und nicht im Kaufvertrag, ist daher, wenn keine sachlichen Gründe oder ein ausdrückliches Verlangen vorliegen, unrichtige Sachbehandlung (s. § 16 Rn. 46).

81 Kauf mit Auflassungsvormerkungsbewilligung oder Auflassung, auch wenn diese seitens des früheren Verkäufers bewilligt wird (anders, wenn ersterer an den Verkäufer und dieser an Käufer auflässt: zwei Geschäfte).

82 Kauf mit zum Vollzug des Rechtsgeschäfts erforderlichem Grundstücksvereinigungs- oder Zuschreibungsantrag[76] und Nachverpfändung des erworbenen Trennstücks (anders bei ganzen Flurstücken vgl. Rn. 20, 232). Diese Sachverhalte haben durch von den Vermessungsämtern verstärkt durchgeführten Grundstückszerlegungen im Eigenbesitz an Bedeutung gewonnen. Insbesondere bei Veräußerung eines neu gebildeten Grundstücks muss die Frage der Gegenstandsgleichheit oder -verschiedenheit geprüft werden, wenn der Erwerber das Grundstück mit einem seiner Grundstücke vereinigt und die hierzu erforderlichen Verschmelzungs- oder Zuschreibungsanträge im Kaufvertrag stellt.[77]

83 Kauf mit Leistungen zugunsten dritter Personen für Rechnung oder auf Weisung des Verkäufers, zB bei Kauf eines Bauplatzes Verpflichtung des Erwerbers, die Straßenfläche an die Gemeinde abzutreten oder die Straßenkosten zu zahlen.

84 Kauf und Unterwerfung des Käufers unter die sofortige Zwangsvollstreckung in sein sonstiges Vermögen wegen übernommener Verbindlichkeiten.[78]

85 Kauf mit Antrag des Käufers, seine mit ihm in Gütergemeinschaft lebende Ehefrau mit einzutragen.

86 Zustimmung der bei der Beurkundung mitanwesenden Ehefrau gemäß § 1365 BGB.[79]

86a Kaufvertrag und mitbeurkundeter Verzicht des Vorkaufsberechtigten auf das ihm für diesen Verkaufsfall zustehende Vorkaufsrecht.

---

[70] BayObLG DNotZ 1982, 447; JurBüro 1983, 1235.
[71] OLG Stuttgart MittBayNot 1998, 53.
[72] OLG Stuttgart MittBayNot 1998, 53.
[73] BGH JurBüro 2006, 432 = NotBZ 2006, 200 = MittBayNot 2006, 524 = ZNotP 2006, 279 m. Anm. *Tiedtke* = RNotZ 2006, 299 m. Anm. *Klein* = MDR 2006, 1015.
[74] BGH RNotZ 2006, 345 = Anm. *Klein* und *H. Schmidt*; JurBüro 2006, 434 = NotBZ 2006, 201 m. Anm. *Lappe* = MittBayNot 2006, 528 m. Anm. PrüfAbt. Notarkasse = ZNotP 2006, 276 m. Anm. *Tiedtke* = RNotZ 2006, 359.
[75] PrüfAbt. Notarkasse MittBayNot 1976, 13.
[76] AA KG DNotZ 1935, 238 und 688 zum PrGKG, ohne die Frage Neben- oder Durchführungserklärung zu erörtern.
[77] *Strauß* MittBayNot 2006, 482.
[78] OLG Hamm MittBayNot 1970, 64.
[79] *Kniebes* MittRhNotK 1975, 224.

Kaufvertrag, Auflassung und Antrag auf Bildung neuer Grundbuchblätter oder auf Übertragung von – veräußerten – Flurstücken als selbständige Grundstücke auf bereits vorhandene Blätter der Erwerber. 87

Bei Miet-Kaufverträgen (Überlassung von Gegenständen des beweglichen Anlagevermögens gegen Mietentschädigung unter Angebot käuflichen Erwerbs gegen Anrechnung der Mietleistungen) ist je nach den Verhältnissen zu beurteilen, ob ein Rechtsverhältnis, nämlich ein Kauf von vornherein beabsichtigt war, was regelmäßig zutreffen dürfte, oder befristet zum Kauf angeboten und gleichzeitig sofortige Nutzungsüberlassung auch für den Fall der Nichtannahme des Angebots vereinbart wurde, dann lägen ein Kaufangebot und ein Miet- oder Nutzungsvertrag, also zwei Rechtsverhältnisse vor. Wegen der Besonderheiten des Leasing-Vertrages vgl. Rn. 95. 88

Kauf eines Grundstücks und die Löschungsanträge des Verkäufers zur Löschung der nach dem Kauf wegzufertigenden Grundpfandrechte, auch wenn deren Nennbetrag höher ist als der Kaufpreis;[80] anders bei Gesamtgrundpfandrecht, s. Rn. 185. Zur Berechnungsweise s. Rn. 265 ff. 89

Löschungsbewilligung des Verkäufers wegen einer für ihn eingetragenen Eigentümergrundschuld, auch die Abtretung der Eigentümergrundschuld an den Käufer.[81] 90

Erklärung der Ehefrau des Grundstückserwerbers, dass sie mit dem Mann gesamtschuldnerisch die den dinglichen Belastungen zugrunde liegenden persönlichen Schuldverpflichtungen übernimmt und sich hierwegen der Vollstreckung unterwirft (Sicherungsgeschäft eines Dritten);[82] anders wenn das Rechtsverhältnis zwischen Ehefrau und Ehemann besonders geregelt wird, dann gegenstandsverschieden. 91

Kaufvertrag und mitbeurkundete Erklärung eines Dritten, dass der Kaufpreis allein von ihm, nicht vom Käufer, zu zahlen sei, es sei denn, es würde zugleich das Rechtsverhältnis zwischen dem Käufer und dem Dritten geregelt. 92

Änderung der Bedingungen eines Kaufvertrages mit der Auflassung.[83] Nachträgliche Auflassung mit Quittung über einen Teil des Kaufpreises und Rücknahmeantrag bzgl. der dafür bestellten Hypothek. 93

Verkauf einer Teilfläche oder nach Wahl des Käufers eines ideellen Miteigentumsanteils mit Begründung von Raumeigentum. Es handelt sich um Alternativgeschäfte, das Geschäft mit dem höheren Wert bestimmt die Gebühr. Bei der Bestimmung des Wertes des Alternativgeschäftes betreffend das Wohnungseigentum ist davon auszugehen, dass es mit dem Kauf eines Miteigentumsanteils und der Verpflichtung zur Begründung von Wohnungseigentum mehrere Erklärungen enthält, die verschiedene Gegenstände haben.[84] 94

Feststellung durch Verkäufer und Käufer, dass der Kaufvertrag nichtig ist und Löschungserklärungen über die Auflassungsvormerkung. Geschäftswert für die Nichtigkeitsfeststellung gemäß § 30 Abs. 1, Teilwert ca. 10–20% aus dem Wert des ursprünglichen Vertrages, daraus $20/10$-Gebühr nach § 36 Abs. 2 und $5/10$-Gebühr nach § 38 Abs. 2 Nr. 5a aus dem vollen Wert des Kaufvertrages, unter Beachtung von § 44 Abs. 1. 94a

Leasingvertrag (Immobilienleasingvertrag). Unter Leasing versteht man eine Dienstleistungsform, bei welcher der Leasinggeber vertraglich eine Sache oder Sachgesamtheit dem Leasingnehmer zeitweilig gegen ein in Raten zu zahlendes Entgelt zum Gebrauch überlässt. Häufig wird zusätzlich eine Kaufoption (Ankaufsrecht) des Leasingnehmers vereinbart; diese ist jedoch für den Leasingvertrag nicht begriffsnotwendig. Beim sale-and-lease-back-Vertrag wird ein im Eigentum eines Unternehmens stehendes Grundstück einer Leasinggesellschaft übertragen, die es sogleich wieder im Wege des Leasing dem Unter- 95

---

[80] BGH JurBüro 2006, 262 m. Anm. *H. Schmidt* = Rpfleger 2006, 339 = RNotZ 2006, 246 m. Anm. *Klein* und *Filzek* = NotBZ 2006, 198 = FGPrax 2006, 133 = MittBayNot 2006, 525 = BGHZ 166, 189 = NJW-RR 2006, 1509 = ZNotP 2006, 277 m. Anm. *Tiedtke* = MDR 2006, 1014 = RNotZ 2006, 344 m. Anm. *Klein* und *H. Schmidt*.
[81] KG DNotZ 1941, 471 ff.; KG JVBl. 1941, 189.
[82] Vgl. OLG Frankfurt DNotZ 1965, 110.
[83] KG DNotZ 1942, 272.
[84] BayObLG DNotZ 1987, 170; vgl. auch Rn. 211.

nehmen als Leasingnehmer überlässt. Mit dem Kaufpreis erhält der Leasingnehmer flüssige Mittel, die er im Betrieb einsetzen kann; die Leasingraten (Miet- und Pachtzahlungen) werden aus dem Produktionsergebnis finanziert. Dem Leasinggeber kann auch ein Erbbaurecht an dem Grundstück eingeräumt werden. Der Leasingvertrag ist idR ein (gemischter) Vertrag; zur Vertragsdurchführung muss auf zwei oder drei typische Verträge zurückgegriffen werden. Hieraus ergibt sich nach Auffassung des BayObLG[85] für die Anwendung des § 44, dass alle Erklärungen der Urkundsbeteiligten der Begründung, Durchführung und Sicherung eines einheitlichen Rechtsverhältnisses, des Leasingvertrages, dienen. Die Einheitlichkeit des Rechtsverhältnisses, das durch den Leasingvertrag begründet worden ist, wird nicht dadurch in Frage gestellt, dass zB der Erbbaurechtsvertrag und der Pachtvertrag eine unterschiedliche Laufzeit haben. Die Gebühren werden nach dem höchsten Wert des zum Leasingvertrag gehörenden Einzelvertrages berechnet (§ 18 Abs. 1).[86] Daraus folgt auch, dass das spätere Schicksal von Teilen eines einheitlichen Rechtsverhältnisses bei der Bewertung im Regelfall außer Betracht bleiben muss. Verpflichtet sich der Vermieter im Hinblick auf den Mietvertrag zur Errichtung des zu vermietenden Bauwerks, liegt keine eigenständig zu bewertende Bauverpflichtung vor, sondern eine Vertragsbedingung. Die Bauverpflichtung dient der Erfüllung der vom Vermieter übernommenen Übergabeverpflichtung.

96 **Mietvertrag.** Miet- oder Pachtvertrag mit Sicherstellung der Leistungen des Mieters oder Pächters (Bürgschaft, Sicherungshypothek eines Dritten dafür, Sicherungsabtretung oder -übereignung). Mietkauf s. Rn. 88, 95. Vertragsbedingung ist auch eine im Rahmen des Mietvertrages eingegangene Bauverpflichtung. Sie dient der Erfüllung der Verpflichtungen des Vermieters im Hinblick auf die vertragsgemäße Übergabe des vermieteten Objektes.

96a **Patientenverfügung mit Betreuungsverfügung.** Gegenstandsgleichheit besteht auch mit der Vorsorgevollmacht.[87]

97 **Schiedsvertrag.** Die Vorschriften der ZPO über das schiedsrichterliche Verfahren (§§ 1025 bis 1066) wurden durch das SchiedsVfG vom 22. 12. 1997 (BGBl. I S. 3224) neu gefasst, § 1025 Abs. 2 wurde durch Art. 18 HRefG vom 22. 6. 1998 (BGBl. I S. 1474) geändert. Zur früheren Rechtslage s. 14. Aufl. Rn. 97 und 98. Wird eine Schiedsvereinbarung (§ 1029 ZPO) mit dem Rechtsgeschäft, auf welches sich diese bezieht, in einer Niederschrift beurkundet, liegt gleicher Gegenstand vor (Schiedsklausel). Eine zusätzliche Bewertung der Schiedsvereinbarung kommt nicht in Betracht.

98 Wird eine **Schiedsvereinbarung** in Form einer selbständigen Vereinbarung beurkundet, die sich ausschließlich mit dem schiedsrichterlichen Verfahren befasst (Schiedsabrede), entsteht eine $20/_{10}$-Gebühr nach § 36 Abs. 2 aus einem nach § 30 Abs. 1 zu schätzenden Wert (ca. 10–20% vom Wert des betroffenen Rechtsverhältnisses). Beschränkt sich die Tätigkeit des Notars auf den Entwurf der Schiedsabrede (keine notarielle Beurkundung erforderlich), hat Bewertung nach § 145 Abs. 1 iVm. § 36 Abs. 2 zu erfolgen.

99 **Schuldversprechen und Sicherungsgeschäfte.** Schuldbekenntnis mit Sicherungsgeschäft durch Hypothek, Grundschuld, Pfandrecht, Bürgschaft, Schuldbeitritt, Garantie, auch mehrfache Sicherung derselben Forderung, auch Sicherung durch Dritte (zB Schuldbekenntnis des Sohnes mit Hypothek am Anwesen der Eltern).

100 **Schuldbekenntnis** mit Sicherung durch Hypothekenbestellung oder Sicherungsübereignung nach zu treffender Wahl des Gläubigers (Alternativgeschäft mit beurkundetem Grundgeschäft).

101 Grundschuldbestellung und Übernahme der persönlichen Haftung für den Eingang des Grundschuldbetrages,[88] auch durch Ehegatten, auch bei Bestellung einer Eigentümer-

---

[85] BayObLGZ 1984, 114 = JurBüro 1984, 1559.
[86] BayObLG JurBüro 1984, 1559.
[87] OLG Oldenburg JurBüro 2005, 548 = NotBZ 2005, 411 = RNotZ 2005, 558; OLG Frankfurt MittBayNot 2007, 344 = ZNotP 2007, 237; *Renner* NotBZ 2005, 51; aA *Bund* JurBüro 2005, 622, 627: zwei Mal 3000 Euro.
[88] BayObLG Rpfleger 1952, 552; 1955, 335; vgl. OLG Stuttgart Rpfleger 1957, 68.

grundschuld und Erklärung des Eigentümers, er übernehme für den Fall der Abtretung der Grundschuld dem künftigen Gläubiger gegenüber die persönliche Haftung in Höhe des Grundschuldbetrages.[89]

Grundschuldbestellung mit persönlicher Haftungsübernahme und vorsorgliche Abtretung der Ansprüche gegen die Inhaber vor- oder gleichrangiger Rechte auf Herausgabe des sich bei der Verwertung ergebenden Erlöses, soweit er die gesicherten Forderungen übersteigt.[90] 102

Grundschuldbestellung mit Vollmacht an den Gläubiger, an Stelle des Schuldners Löschungsanträge zu stellen.[91] Gegenstandsverschiedenheit liegt jedoch vor, wenn der Gläubiger bevollmächtigt wird, vorrangige Grundpfandrechte zu löschen, ebenso eine Vollmacht zur Löschung der neu bestellten Grundschuld.[92] 103

Grundschuldbestellung und Abtretung von Rückgewährsansprüchen bezüglich vorrangiger und gleichrangiger Grundschulden, auch betreffend die neu bestellte Grundschuld.[93] Gleiches gilt für die in der Grundschuldbestellungsurkunde mitbeurkundete Zweckerklärung. 103 a

Schuldbekenntnisse mit Abtretung der durch Rückzahlung einer Hypothek entstandenen Eigentümergrundschuld an Gläubiger unter Umwandlung in eine neue Hypothek und Änderung der Zins- und Zahlungsbedingungen mit neuer Unterwerfung und Rangerklärungen oder Löschungsvormerkung. 104

Schuldbekenntnis mit Hypothekbestellung und Löschungsvormerkung zu Lasten der vor dem 31. 12. 1978 eingetragenen vorgehenden Hypotheken mit Eintragungsbewilligung bezüglich Hypothek und Löschungsvormerkung.[94] 105

Aus Anlass einer Grundpfandrechtsbestellung beurkundete Verpfändung eines Auflassungsanspruchs mit gleichzeitiger Abtretung des Kaufpreisrückgewähranspruchs im Falle der Ungültigkeit des Kaufvertrages und Antrag, eine diesen Wert ziffernmäßig übersteigende Sicherungshypothek zugunsten des Kreditgebers einzutragen.[95] 106

Schuldversprechen mit Hypothek und Verpflichtung des Schuldners, die Hypothek, wenn Eigentümergrundschuld geworden, löschen zu lassen, mit Vollmacht hierzu an Gläubiger.[96] 107

Rangvorbehalt bei der Belastung eines Grundstücks mit Grundpfandrechten und Bestellung des Grundpfandrechts;[97] anders, wenn der Rangvorbehalt für ein bereits eingetragenes Recht erklärt wird. 108

Grundschuldbestellung und Erklärung, den Rangvorbehalt bei einem anderen Grundpfandrecht ausnutzen zu wollen. 109

Abtretung eines Teilbetrages einer Grundschuld und Einräumung des Vorranges für den restlichen Teil, da insoweit nur Rangbestimmung vorliegt. 110

Änderung der über eine Hypothek ausgestellten vollstreckbaren Urkunde durch Aufnahme neuer Bedingungen – Umwandlung in eine Tilgungshypothek – und Wiederholung der Unterwerfungserklärung, anders bei Vereinbarung neuer Zahlungsbestimmungen und Vereinbarung einer Belassungsgebühr. 111

Vertragsmäßiger Austausch einer zur Sicherung abgetretenen Grundschuld gegen eine andere Grundschuld, zB Aufgabe einer Hypothek und Bestellung einer neuen an einem anderen Grundstück als Ersatz für die fortgefallene,[98] auch dann, wenn der Austauschvertrag selbst nicht beurkundet ist oder wird. 112

---

[89] BayObLG JurBüro 1984, 745 = DNotZ 1985, 103.
[90] *Ripfel* BWNotZ 1966, 213; *Ackermann* Rpfleger 1967, 385.
[91] OLG Neustadt DNotZ 1965, 177 = Rpfleger 1964, 318; *Ackermann* Rpfleger 1972, 245.
[92] *Tiedtke* ZNotP 2005, 253 und ZNotP 2006, 54.
[93] *Tiedtke* ZNotP 2005, 253 und ZNotP 2005, 54.
[94] OLG Frankfurt Rpfleger 1958, 196.
[95] LG Frankfurt JurBüro 1970, 593.
[96] OLG Neustadt Rpfleger 1961, 93.
[97] DNotZ 1927, 394.
[98] OLG München DNotZ 1937, 435.

113 Sicherungsgeschäfte zugunsten der für Dritte nach § 328 BGB (Verpflichtung zugunsten eines Dritten) bedungenen Ansprüche mit der Auflassung zusammen (zB Herauszahlungsansprüche, Wohnungsrechte usw. bei Hofübergabe).

114 Wird in einer notariellen Darlehensschuldurkunde außer der – einseitigen – Bestellung hypothekarischer Sicherheiten auch die Verpflichtung des Schuldners, ein Grundstück bis zum Fälligkeitszeitpunkt des Darlehns zu verkaufen und aus dem Erlös den Gläubiger zu befriedigen, sowie die Abtretung dieser künftigen Kaufpreisforderung in Höhe der Darlehensforderung beurkundet, so sind alle diese Erklärungen gegenstandsgleich, weil es sich bei der Darlehensschuldverpflichtung um das obligatorische Hauptgeschäft handelt, zu dessen Sicherung oder Erfüllung die übrigen Erklärungen dienen;[99] vgl. aber Rn. 228.

115 Tausch (s. auch Kauf). Tauschvertrag mit Sicherstellung des Vertragspartners oder dritter Personen. Ringtausch (s. aber Rn. 240).

116 Privatrechtliche Vereinbarung über die Umlegung von Grundstücken (Ringtausch).[100]

117 Mehrere, der Erfüllung eines Tauschvertrags dienende, in einer Verhandlung beurkundete Auflassungen.[101]

118 Veräußerung eines Grundstücks oder einer Teilfläche an einen Bauträger, wobei die Gegenleistung darin besteht, dass der Erwerber die Restfläche oder ein anderes Grundstück des Veräußerers mit einem Wohnhaus zu bebauen hat; anders jedoch bei Verbindung eines Kaufvertrages mit einem **Generalübernehmer- oder Werkvertrag.** Im letzteren Falle werden die beiden Rechtsverhältnisse auch nicht dadurch gegenstandsgleich oder zu einem Austauschvertrag, wenn Kaufpreis und Werklohn miteinander verrechnet werden.

119 Übergabe, Überlassung. Übergabe- oder Überlassungsverträge mit Leistungen zugunsten der Übergeber (Altenteil, Wohnrecht, Nießbrauch, Rückübertragungsverpflichtung für besondere Fälle,[102] aber auch wenn eine Rücknahmeberechtigung ohne jede tatbestandsmäßige Voraussetzung vorbehalten ist) oder zugunsten Dritter (Herauszahlung an Geschwister, Wohnrechte) mit Sicherungsgeschäften für diese Rechte und Ansprüche.[103]

120 Schenkung (Überlassung) eines Grundstücks und Vollmacht des Schenkers für den Beschenkten, namens des Schenkers noch vor Vollzug der Auflassung ein Grundpfandrecht eintragen zu lassen;[104] nunmehr wohl zwingend durch die BGH-Rspr. zur Belastungsvollmacht im Kaufvertrag (Stichwort: vorgezogene Verfügungsbefugnis).[105] Es kommt nicht mehr darauf an, ob mit Hilfe der Belastungsvollmacht Gegenleistungen erfüllt werden (vgl. Rn. 78).

121 Gleichzeitig beurkundeter Übergabe- und Erbverzichtsvertrag sind bei Vorliegen eines Austauschverhältnisses gegenstandsgleich;[106] Gegenstandsverschiedenheit liegt jedoch vor bei einem Verzicht durch weichende Geschwister oder bei einem gegenständlich beschränkten Verzicht durch den nicht übertragenden Ehegatten.[107]

122 Gegenstandsgleich sind ein **Schenkungsvertrag zwischen Ehegatten** und die in diesem Vertrag für den Fall der Ehescheidung getroffenen Regelungen über die Behandlung des geschenkten Grundstückseigentumsanteils für die Berechnung des Zugewinnausgleichs, die wegen des inneren Zusammenhangs als Modalitäten der Schenkung zu bewerten sind.[108] Diesbezügliche Beispiele für verschiedene Gegenstände „Ehevertrag und Schenkung" vgl. § 39 Rn. 124.

---

[99] OLG Celle JurBüro 1972, 718.
[100] BayObLGZ 1988, 140; OLG Zweibrücken MittBayNot 1996, 58.
[101] OLG Hamm JurBüro 1964, 357.
[102] LG Fulda JurBüro 1994, 558.
[103] OLG Celle JurBüro 1968, 822.
[104] KG Rpfleger 1972, 270.
[105] BGH NotBZ 2006, 200 = MittBayNot 2006, 524 = ZNotP 2006, 279 m. Anm. *Tiedtke* = RNotZ 2006, 299 m. Anm. *Klein* = MDR 2006, 1015; RNotZ 2006, 345 m. Anm. *Klein* und *H. Schmidt;* JurBüro 2006, 434 = NotBZ 2006, 201 m. Anm. *Lappe* = MittBayNot 2006, 528 m. Anm. PrüfAbt. Notarkasse = ZNotP 2006, 276 m. Anm. *Tiedtke* = RNotZ 2006, 359.
[106] OLG Hamm DNotZ 1971, 611.
[107] OLG München NotBZ 2006, 181 = MittBayNot 2006, 354 = ZNotP 2007, 78.
[108] OLG Stuttgart BWNotZ 1992, 100.

Überlassungsvertrag und Löschungserklärungen des Übergebers, wenn die Löschung ausschließlich das überlassene Grundstück betrifft und sich der Übergeber vertraglich zur lastenfreien Überlassung verpflichtet hat. 122 a

Unterhaltsvereinbarung geschiedener oder in Scheidung lebender Ehegatte mit Sicherungsgeschäften für den Unterhaltsanspruch. 123

Verschmelzung und Verzichtserklärungen;[109] zur Frage, ob die getrennte Beurkundung der Verzichtserklärungen sachgerecht ist s. Rn. 66. 123 a

Vorkaufsrecht. Erklärung über Ausübung des Vorkaufsrechts mit Auflassung an den Vorkaufsberechtigten; jedoch anderen Gegenstandes, wenn Vereinbarungen über den alten Kaufvertrag hinaus getroffen werden.[110] 124

Bestellung eines Vorkaufsrechts für den Verkäufer oder einen Dritten mit dem Kaufvertrag, wenn die Bestellung im Kaufvertrag als Vertragsbedingung erfolgt;[111] anders bei isolierter Bestellung (§ 20). Entsprechendes gilt für die Übernahme eines schon bestehenden Vorkaufsrechtes.[112] Dies gilt auch für Ankaufs- und Wiederkaufsrechte (vgl. aber § 30 Rn. 49). Zur zusätzlichen Bewertung eines Vor- oder Wiederkaufsrechtes im Kaufvertrag bei wirtschaftlicher Bedeutung für den Verkäufer s. § 20 Rn. 26. 125

Einräumung eines Ankaufs- und Vorkaufsrechts (einheitliches Verhältnis), wobei beim Wertansatz nach § 20 zu berücksichtigen ist, ob die Ausübungsvoraussetzungen identisch sind oder nicht (wenn nicht: auch höherer Wert als 50% des Grundstückswertes möglich).[113] 126

Vollmacht. Betrifft die Vollmacht bei gleichem Gegenstand rechtsgeschäftliche Erklärungen unter Lebenden und zugleich ein anderes Geschäft, mit dem eine Zusammenrechnung im Rahmen von § 44 nicht erfolgt (vgl. Rn. 5), zB Vollmacht zur Beschlussfassung über Kapitalerhöhung einer GmbH und zur Übernahme eines Teils des Erhöhungskapitals, so liegt *für die Vollmacht* ein Gegenstand vor; es handelt sich also nicht um zwei getrennt zu bewertende Vollmachten.[114] 127

Generalvollmacht (Vollmacht in vermögensrechtlichen Angelegenheiten), Vorsorgevollmacht (Vollmacht in persönlichen Angelegenheiten), Patienten- und Betreuungsverfügung. Alle Erklärungen betreffen denselben Gegenstand.[115] Zur gegenseitigen Vollmacht s. Rn. 243 a. 127 a

Die Erteilung einer Vollmacht auf mehrere Personen – auch von Generalvollmachten – hat nur einen Gegenstand,[116] ebenso die Erteilung einer Vollmacht von mehreren in Rechtsgemeinschaft stehenden Personen auf einen oder mehrere Bevollmächtigte.[117] Sind die Erklärenden an dem Gegenstand des Geschäfts nur mitberechtigt, sind ihre Anteile zusammenzurechnen. Zu gegenseitigen Vollmachten s. Rn. 243 a. Zur Belastungsvollmacht s. Rn. 79. 128

Vollmacht, die mit Maklervertrag gekoppelt ist, insbesondere, wenn der Makler, der zum Verkauf bevollmächtigt wird, nur einen bestimmten Mindestpreis abzuführen hat, die Differenz aber behalten darf.[118] 129

Wiederkaufsrecht. Wird mit dem Kaufvertrag ein Wiederkaufsrecht begründet, ist dieses mit dem Kauf gegenstandsgleich, wenn es für die Vertragsteile nur ein unselbständiges Si- 130

---

[109] OLG Zweibrücken ZNotP 2002, 450 = MittBayNot 2003, 160 = FGPrax 2002, 274 = JurBüro 2003, 148.
[110] OLG Stuttgart Rpfleger 1957, 68.
[111] BayObLG MittBayNot 1966, 103.
[112] OLG Celle DNotZ 1973, 47; OLG Frankfurt JurBüro 1977, 1271.
[113] Vgl. OLG Frankfurt DNotZ 1955, 265; OLG Schleswig Rpfleger 1962, 396.
[114] AA LG Braunschweig DNotZ 1956, 220.
[115] OLG Hamm FamRZ 2006, 722 m. Anm *Bienwald* 875 = MittBayNot 2006, 318 = ZNotP 2006, 318; OLG Oldenburg RNotZ 2005, 558 m. Anm. *Bund* und *Klein* = NotBZ 2005, 411 = MittBayNot 2006, 446 = ZNotP 2006, 319; *Tiedtke* MittBayNot 2006, 397.
[116] KG DNotZ 1970, 545.
[117] KG DNotZ 1971, 545; BayObLG MittBayNot 1985, 149.
[118] BayObLG JurBüro 1982, 1549.

cherungsgeschäft darstellt, iÜ, sofern es für Käufer und Verkäufer einen eigenen ideellen oder materiellen Wert hat, gegenstandsverschieden, wegen der Abgrenzung vgl. § 30 Rn. 19 und § 20 Rn. 26.[119] Entsprechendes gilt für das Ankaufsrecht.

130a Kaufvertrag und das zur Sicherung einer Bauverpflichtung bestellte Wiederkaufsrecht. Die Bauverpflichtung ist weitere Leistung des Käufers.[120]

131 **Wohnungseigentum.** Wohnungseigentum- oder Wohnungserbbaurechtsbegründung mit Gemeinschaftsordnung und anderen Bestimmungen zur Regelung des Verhältnisses der Gemeinschafter, wie zB die Baubeschreibung.

132 Vertragliche Wohnungseigentumsbegründung mit Verpflichtung zur Aufbringung der Mittel zur Hauserrichtung, auch soweit zugunsten Dritter eingegangen, mit Gemeinschaftsordnung.

133 Verkauf eines Wohnungseigentumsrechts mit Vollmacht zu Erfüllungshandlungen – Finanzierung, eventuell Rückauflassung, Rangänderungen.[121]

134 Übernimmt der Käufer eines Sondereigentumsrechts nach dem WEG die Verpflichtung zur Wohngeldzahlung, Zins- und Tilgungsleistungen der übernommenen Grundpfandrechte, laufende Bewirtschaftungskosten einschließlich Unterwerfung unter die sofortige Zwangsvollstreckung, liegt gleicher Gegenstand mit dem Kaufvertrag vor.[122]

2. Verschiedene Gegenstände

135 **Angebot.** Annahme eines Vertragsangebots und sogleich weiteres Vertragsangebot.

136 Abtretung der Rechte aus einem Kaufangebot und Annahme des Angebotes durch den Abtretungsempfänger.

137 Hypothekbestellung an einem Grundstück mit Verkaufsangebot bzgl. des Grundstücks an den Gläubiger oder einen Dritten.

138 Alternatives Vertragsangebot an Personen über ein Wirtschaftsgut in der Weise, dass mit der Annahme des Erstannehmenden der Vertrag zustande kommt und die anderen Angebote hinfällig werden.

139 Macht A ein Angebot auf Abschluss eines Veräußerungsvertrages über einen Gegenstand (Grundstück, GmbH-Geschäftsanteil u. a.) an B, und verpflichtet sich C, falls B das Angebot nicht binnen einer bestimmten Frist annimmt, den Gegenstand zu den Angebotsbedingungen zu übernehmen, so liegt darin ein Vorvertrag zwischen A und C, bedingt durch die Nichtannahme des Angebots durch B, sowie ein Angebot des A an B, daher verschiedene Gegenstände.[123]

140 Angebot und mit zu beurkundende Kostenübernahmeerklärung des Angebotsempfängers[124] haben verschiedene Gegenstände.

141 **Ankaufsrecht** s. Vorkaufsrecht.

142 **Auseinandersetzungen – Erbauseinandersetzungen.** Erbauseinandersetzung und Überlassung des einem Miterben dabei zu Alleineigentum zugeteilten Grundstückes von diesem an einen Dritten.

143 Erbanteilsübertragung und Auseinandersetzung der Erben.

144 Die von Miterben getroffene Vereinbarung, dass die Auseinandersetzung über ein zum Nachlass gehörendes Handelsgeschäft auf bestimmte Zeit ausgeschlossen sein soll und jeder dem anderen, wenn er seine Beteiligung aufgeben will, sie vorher anzubieten hat, zusammen mit der Erbauseinandersetzung über andere zum Nachlass gehörende Gegenstände.[125]

---

[119] Vgl. auch *Kniebes* MittRhNotK 1975, 229.
[120] BGH DNotZ 2006, 309 = ZflR 2006, 108 m. Anm. *Volmer* = JurBüro 2006, 209 m. Anm. *H. Schmidt* = NotBZ 2006, 95 m. Anm. *Otto* = ZNotP 2006, 158 m. Anm. *Tiedtke* = MittBayNot 2006, 257 m. Anm. PrüfAbt. Notarkasse = MDR 2006, 714 = NJW 2006, 1136 = RNotZ 2006, 343 m. Anm. *Klein* und *H. Schmidt*.
[121] OLG Neustadt Rpfleger 1963, 36; OLG Frankfurt DNotZ 1977, 503.
[122] KG DNotZ 1965, 179.
[123] BayObLG DNotZ 1952, 388.
[124] OLG München MittBayNot 1991, 19.
[125] KG DNotZ 1939, 438; 1944; 73.

Aufhebung eines Erbauseinandersetzungsvertrages und Abschluss eines neuen Erbauseinan- 145
dersetzungsvertrages.[126]
Nicht unter § 44 Abs. 2 fallen Erbscheinsverhandlung und Erbauseinandersetzungsvertrag, 146
da Gebühr hier getrennt zu berechnen ist.[127]
Erbauseinandersetzung und Errichtung einer Personengesellschaft unter Einbringung des 147
bisher erbengemeinschaftlichen Grundbesitzes, auch wenn an der Personengesellschaft nur
die Miterben beteiligt sind (s. auch Rn. 45).

Bauverpflichtung, Bauherrenmodell s. § 30 Rn. 15ff., § 39 Rn. 43. 148

Ehevertrag. Mitgiftversprechen des Brautvaters und Ehevertrag der Brautleute. 149
Ehe- oder Lebenspartnerschafts- und Erbvertrag und sonstige Erklärungen unter Lebenden, 150
vor allem Erbverzicht (vgl. § 46 Rn. 46).
Eheverträgliche Vereinbarung, in der neben einem neuen Güterstand vereinbart wird, dass 151
ein Versorgungsausgleich nicht oder anders als im Gesetz vorgesehen durchzuführen sei;
tritt dagegen die Gütertrennung als Rechtsfolge des Versorgungsausgleichsausschlusses ein
(§ 1414 S. 2 BGB), so liegt nur ein Gegenstand vor (vgl. auch § 39 Rn. 117); wird der
Versorgungsausgleich ausgeschlossen, gleichzeitig aber das Fortbestehen des gesetzlichen
Güterstands vereinbart, sind, da die Rechtsfolge des § 1414 S. 2 BGB geändert wird, verschiedene Gegenstände gegeben.[128]
Güterstandsvereinbarung und Regelung des Unterhalts für den Fall der Ehescheidung. 152
Vereinbarung der Gütergemeinschaft und Regelung der Frage, wie das Gesamtgut im Fall 153
der Ehescheidung auseinander zu setzen ist (Wert des auseinanderzusetzenden Vermögens,
gemäß § 18 Abs. 3 ohne Schuldenabzug).
Ehevertrag und Vermögensauseinandersetzung, wenn diese nicht nur dem Zugewinnaus- 154
gleich, sondern der Vermögensverteilung der Ehegatten im Allgemeinen dient (vgl. Rn. 49).
Ehevertrag und Vermögensauseinandersetzung, wenn diese dergestalt erfolgt, dass ein Ver- 155
mögensgegenstand an Dritte (zB Kinder) übertragen wird (s. Rn. 47 und 49).
Zur Rechtswahl nach Art. 14 Abs. 3 und Art. 15 Abs. 2 EGBGB vgl. § 30 Rn. 64ff.). 156

Erbbaurecht. Einräumung des Rechts, ein Grundstück zu erwerben oder ein Erbbaurecht 157
daran zu erhalten.[129]
Bei Bestellung des Erbbaurechts hat Vorkaufsrecht des Grundstückseigentümers am Erb- 158
baurecht anderen Gegenstand, das Vorkaufsrecht am Grundstück zugunsten des Erbbauberechtigten bildet dagegen einen wesentlichen Bestandteil des Erbbaurechts und ist daher
neben dem Erbbaurecht nicht besonders zu bewerten.[130]
Erbbaurechtsbestellung und Begründung von Wohnungserbbaurechten. 159
Teilung eines Erbbaurechtes in Wohnungserbbaurechte und Verteilung des Erbbauzinses 159a
auf die einzelnen neu gebildeten Wohnungserbbaurechte.[131]
Kauf des Erbbaugrundstücks durch den Erbbauberechtigten und Löschungserklärung über 159b
das Erbbaurecht.

Gesellschaften. Gesellschaftsvertrag mit vertragsmäßiger oder einseitiger Darlehensgewäh- 160
rung an die Gesellschaft.
Gesellschaftsvertrag mit Kauf über Gegenstände, die ein Gesellschafter einbringen soll, zwi- 161
schen dem Dritten und dem einbringenden Gesellschafter (während die Auflassung von
diesem an die Gesellschaft Erfüllungsgeschäft zu seiner Einbringungsverpflichtung ist).
Anmelden des Ausscheidens eines Gesellschafters und der geänderten Berufsbezeichnungen 162
von zwei anderen Gesellschaftern (drei Gegenstände).[132]

---

[126] KG JVBl. 1942, 177 = DNotZ 1943, 109; DNotZ 1937, 435; DNotZ 1938, 51.
[127] AA OLG Hamm JurBüro 1960, 77.
[128] AA LG Berlin Rpfleger 1982, 241.
[129] OLG Schleswig DNotZ 1971, 612.
[130] ÜberwM, OLG Celle DNotZ 1962, 45; OLG Hamm DNotZ 1970, 119; OLG Schleswig 1961, 329.
[131] *Lappe* NotBZ 2000, 188.
[132] OLG Hamm Rpfleger 1960, 309.

§ 44 1. Teil. 2. Abschnitt: 1. Beurkundungen und ähnliche Geschäfte

162 a Registeranmeldung über Ausscheiden eines Gesellschafters aus einer OHG oder aus einer KG als Komplementär und Eintritt seiner Erben als neue Gesellschafter,[133] auch dann, wenn die Erben auf Grund des Gesellschaftsvertrages ohne weiteres in die Stellung des Erblassers nachrücken; für Kommanditistenwechsel gilt § 41 a Abs. 1 Nr. 6 Halbs. 2 als Sondervorschrift.

163 Anmeldung von Veränderungen in der organschaftlichen order prokuramäßigen Vertretung einer Kapitalgesellschaft, da nach §§ 8 Abs. 1 Nr. 2, 39 GmbHG die Geschäftsführer, nicht die Geschäftsführung zum Handelsregister anzumelden ist.[134]

164 Änderung eines OHG-Vertrages, Ausscheiden eines Gesellschafters und sein Eintritt als stiller Gesellschafter (drei verschiedene Gegenstände).[135]

165 Aufteilung des Anteils eines verstorbenen Komplementärs unter den Erben unter Belassung des Kapitals in der Firma, die weitergeführt wird (Erbauseinandersetzung, Änderung des bestehenden Gesellschaftsvertrages.[136]

166 Umwandlung einer Erbengemeinschaft in eine KG.[137]

167 Kauf eines Grundstücks in BGB-Gesellschaft und Ausgestaltung des Gesellschaftsverhältnisses im Einzelnen. Zur Frage der kostenrechtlichen Behandlung, wenn sich der Gesellschaftsvertrag lediglich auf gesetzliche Bestimmungen bezieht und keine darüber hinausgehenden abweichenden Regelungen enthält s. § 39 Rn. 57 a. Zur Bewertung des Gesellschaftsvertrages bei Mitbeurkundung nur einzelner Bestimmungen s. § 39 Rn. 57 b.

168 Schenkung (Kapitalkonto oder Barschenkung) an Sohn mit Gesellschaftsgründung.[138]

169 Übertragung eines Kommanditanteils und zusätzliche Übertragung eines Gesellschafterdarlehenskontos – Kapitalkonto II –.[139]

170 Gesellschaftsvertrag und Pachtvertrag über Grundstücke, die im Eigentum eines Gesellschafters stehen.[140]

171 Kommanditistenwechsel und Herabsetzung der Kommanditeinlage.[141]

172 Anmeldung des Firmenzusatzes „GmbH & Co." gemäß § 19 Abs. 5 HGB zusammen mit Veränderungen, die nicht zur Notwendigkeit des Firmenzusatzes führen.

173 Alternative Abtretung eines Geschäftsanteils an zB die Ehefrau, für den Fall der Nichtgenehmigung der Abtretung durch die GmbH an den Sohn.[142]

174 Geschäftsanteilsabtretung und Regelung der Rechtsbeziehungen zwischen der Gesellschaft und den Gesellschaftern.[143]

175 Geschäftsanteilsabtretung mit Geschäftsführerzustimmung, wobei dieser zugleich einer anderen Abtretung, wenn auch an denselben Erwerber, zustimmt.

176 GmbH-Gründung und gleichzeitige Abtretung eines Geschäftsanteils durch einen Anteilseigner.

177 Tritt A seinen Geschäftsanteil an B und dieser seinen an A ab, wobei nur die dinglichen Abtretungserklärungen beurkundet werden, so liegen zwei Abtretungen vor; wird hingegen die tauschweise Abtretung beurkundet, so handelt es sich um einen Austauschvertrag gemäß § 39 Abs. 2, daher derselbe Gegenstand.

177 a Mehrere rechtlich voneinander unabhängige Verschmelzungen in einer Urkunde,[144] weil der aufnehmende Rechtsträger bei jeder Verschmelzung derselbe ist. Die Werte der einzel-

---

[133] OLG Hamm JurBüro 1955, 484.
[134] OLG München DNotZ 1937, 826; OLG Karlsruhe Rpfleger 1963, 56; OLG Frankfurt DNotZ 1967, 332; OLG Hamm Rpfleger 1971, 156; OLG Zweibrücken MittBayNot 2000, 577; KG MittBayNot 2000, 338 = MDR 2000, 908; BGH DNotZ 2003, 297 = MittBayNot 2003, 235 = RNotZ 2003, 147 = JurBüro 2003, 270 m. Anm. *H. Schmidt* = ZNotP 2003, 119; aA OLG Celle DNotZ 1967, 333; OLG Köln KostRsp. Nr. 71; OLG Düsseldorf JurBüro 1988, 1371.
[135] KG JFGErg. 23, 28 = DNotZ 1942, 112; DNotZ 1943, 14.
[136] Vgl. OLG Celle DNotZ 1968, 507.
[137] OLG Celle DNotZ 1968, 507, 509; aA KG DNotZ 1940, 453.
[138] BayObLG MittBayNot 1971, 328.
[139] LG Wuppertal RNotZ 2001, 294.
[140] BayObLG JurBüro 1988, 891.
[141] OLG Hamm Rpfleger 1961, 259.
[142] BayObLG DNotZ 1952, 388 m. Anm. *Küntzel*.
[143] *Ackermann* Rpfleger 1955, 221.
[144] OLG Hamm MittBayNot 2004, 68.

nen Verschmelzungen sind zusammen zu zählen, wobei der Höchstwert des § 39 Abs. 4 mehrfach anfallen kann. Eine nochmalige Kappung der Summe dieser Werte gemäß § 39 Abs. 4 erfolgt nicht.

Beschlüsse für die Euro-Umstellung des Stammkapitals einer GmbH und die Vereinigung von Geschäftsanteilen, da die Vereinigung keine zwingende Voraussetzung für etwaige Glättungsmaßnahmen ist.[145] **177 b**

Grundpfandrechte s. Schuldbekenntnis, Sicherungsgeschäfte. **178**

Kauf. Kaufvertragsaufhebung und neuer Kaufvertrag über dasselbe Kaufobjekt. **179**
Kaufvertrag und Gesellschaftsvertrag der in GbR kaufenden Gesellschafter, zu Einzelheiten s. Rn. 167 und § 39 Rn. 57a und 57b. **179 a**
Aufhebung des Kaufvertrages zur Hälfte und Abschluss eines neuen Kaufvertrages mit dem Ehegatten über diese Hälfte. **180**
Änderung des früher beurkundeten Kaufvertrages dahingehend, dass eine weitere Fläche zugekauft wird, mit gleichzeitiger Erklärung der Auflassung.[146] Werden nur einzelne Bestimmungen des Kaufvertrages mit der Auflassung beurkundet, liegt jedoch Gegenstandsgleichheit vor. **181**
Alternativer Verkauf an A oder, falls diesem die Genehmigung zum Erwerb nicht erteilt wird, an B. **182**
Über dasselbe Grundstück aufschiebend bedingter Kauf und auflösend bedingter Kauf, wovon nur einer zum Zuge kommt, aber noch nicht feststeht, welcher. **183**
Verbindung eines Kaufvertrages mit einem **Generalübernehmer- oder Werkvertrag**. Die beiden Rechtsverhältnisse werden auch nicht dadurch gegenstandsgleich oder zu einem Austauschvertrag, wenn Kaufpreis und Werklohn miteinander verrechnet werden. Gegenstandsgleichheit liegt jedoch bei Veräußerung eines Grundstücks oder einer Teilfläche an einen Bauträger vor, wenn die Gegenleistung darin besteht, dass der Erwerber die Restfläche oder ein anderes Grundstück des Veräußerers mit einem Wohnhaus zu bebauen hat. **183 a**
Wegen Alternative Kaufvertrag/Erbbaurechtsbestellung s. Rn. 157. **184**
Kauf mit Löschungsantrag über eine Gesamtgrundschuld, die auch auf anderen als den Kaufgrundstücken lastet.[147] **185**
Kauf mit Bestellung eines entgeltlichen Wohnrechtes für den Verkäufer; auch wenn das Wohnungsrechtsentgelt zur Kaufpreistilgung verwendet werden soll.[148] **186**
Kauf und Sicherungsgeschäft (Hypothek, Bürgschaft usw.) des Erwerbers für den, der dem Käufer das Geld zur Kaufpreistilgung als Darlehen zur Verfügung stellt. **187**
Kauf und Dienstbarkeitsbestellung des Erwerbers für ein anderes, auch eigenes Grundstück, auch wenn Dienstbarkeit für den Verkäufer bestellt wird, soweit sie nicht zur Sicherung einer Verpflichtung aus dem Kaufvertrag dient. **188**
Kauf und Abtretung des Auflassungsanspruches an einen Dritten. **189**
Kauf und Sicherungserklärung eines Dritten für die Kaufpreisforderung mit Regelung des Rechtsverhältnisses zwischen dem Käufer und dem Dritten. **190**
Kauf mit Hypothek für den Kaufpreis und zugleich eine andere, nicht auf dem Kauf beruhende Forderung des Verkäufers gegen den Erwerber.[149] **191**
Kauf eines Grundstücks mit dinglicher Übernahme einer für eine Bank eingetragenen nicht valutierten Grundschuld, wobei sich der Käufer der Bank gegenüber vorsorglich (also für den Fall einer Neuvalutierung durch ihn) der persönlichen Zwangsvollstreckung unterwirft; neben der Gebühr für den Kaufvertrag fällt eine volle Gebühr nach § 36 Abs. 1 aus dem Wert der Grundschuld für die Unterwerfungserklärung an, weil diese auch die künftigen Kreditforderungen des Erwerbers deckt.[150] Nicht zusätzlich zu bewerten ist aber **192**

---

[145] AA OLG Frankfurt ZNotP 2005, 477 m. abl. Anm. *Tiedtke* = MittBayNot 2006, 73.
[146] KG DNotZ 1942, 272.
[147] KG JFErg. 20, 49.
[148] *Küntzel* § 19 Anm. 15.
[149] KG DNotZ 1941, 306 = JVBl. 1942, 8.
[150] *Mümmler* JurBüro 1987, 1160.

§ 44   1. Teil. 2. Abschnitt: 1. Beurkundungen und ähnliche Geschäfte

die dingliche Übernahme einer nur teilweise valutierten Grundschuld samt gesicherter Forderung in Anrechnung auf den Kaufpreis; die Übernahme der Grundschuld ist auch bei Teilvalutierung regelmäßig zwingende Voraussetzung zur Genehmigung der Schuldübernahme und damit gegenstandsgleiche Durchführungserklärung. Übersteigt der Nennbetrag der übernommenen Grundschuld den Wert des Kaufvertrages, bleibt es bei der Gebühr für den Kaufvertrag als Hauptgeschäft (s. auch Rn. 74 a).

193 Kauf und Abtretung einer Eigentümergrundschuld an den Käufer, sofern die Abtretung keine Hilfsfunktion für den Kaufvertrag hat, also insbesondere nicht der Kaufpreisfinanzierung dient, sondern dem Käufer lediglich für andere Zwecke eine Kreditgrundlage erhalten soll.[151]

194 Kauf eines Grundstücks unter Übernahme einer darauf lastenden Hypothek mit Vereinbarung neuer Zahlungsbedingungen zwischen dem Erwerber und Gläubiger.[152]

195 Kauf bzw. Überlassung eines Grundstücks und Abschluss eines Gesellschaftsvertrages zwischen den Erwerbern bzgl. des Objektes.[153]

196 Verkauf eines Teilgrundstücks und gleichzeitige Einräumung eines Vorkaufsrechtes an dem Restgrundstück.[154]

197 Verkauf eines unbebauten Grundstücks durch die Stadt mit Vorkaufsrecht für diese bezüglich der zu errichtenden Eigentumswohnungen.[155]

198 Kauf mit Sicherung der Restkaufpreisforderung durch Abtretung einer in der Kaufurkunde durch den Käufer bestellten Eigentümerbriefgrundschuld, die der Käufer nach Abdeckung der Kaufpreisrestschuld zu Finanzierungszwecken weiter verwenden will (Abtretung ist Sicherungsgeschäft, aber nicht die Grundschuldbestellung).

198 a Kaufvertrag und Gewährung eines Darlehens durch den Verkäufer an den Käufer,[156] anstelle der Stundung des Kaufpreises oder eines Restkaufpreises mit oder ohne Bestellung einer Sicherungshypothek.

199 Kaufvertrag und Vereinbarung der in Gütergemeinschaft lebenden Käufer, das Kaufobjekt solle Vorbehaltsgut sein,[157] also zusätzlich $^{10}/_{10}$-Gebühr nach § 42 aus dem vollen Wert der Sache, höchstens aus dem Reinwert des Vermögens der Ehegatten.[158]

200 Kaufvertrag und Rechtswahl nach Art. 14 Abs. 3 bzw. Art. 15 Abs. 2 EGBGB (vgl. § 30 Rn. 68).

201 Eintritt der Ehefrau in den vom Mann allein abgeschlossenen Kaufvertrag (Aufhebung des Vertrages zur Hälfte und Kaufvertrag mit Ehefrau über diese Hälfte).

202 Kauf mit Pfandentlassungserklärung eines mitanwesenden Grundpfandrechtsgläubigers.

203 Kauf und Verfügung über die Kaufpreisforderung durch den Forderungsberechtigten, es sei denn die Abtretung dient der Lastenfreistellung (vgl. Rn. 77).

204 Kauf eines Grundstücks durch mehrere in Rechtsgemeinschaft stehende Personen und Vereinbarung der Erwerber über gegenseitiges Vorkaufsrecht.

205 Benutzungs- und Verwaltungsregelung und Auseinandersetzungsausschließung zwischen mehreren in Rechtsgemeinschaft stehenden Personen, auch wenn im Rahmen eines Kaufvertrages vereinbart, wobei die Verwaltungs- und Benutzungsregelung und der Aufhebungsausschluss wiederum nicht denselben Gegenstand betreffen (s. § 30 Rn. 25; § 1010 BGB).

206 Kauf und Löschung einer nach dem Kaufvertrag vom Erwerber in Anrechnung auf den Kaufpreis übernommenen Hypothek durch den Erwerber, weil er sie gleich wegfertigt.

207 Kaufvertrag und Bewilligung der Grundbuchberichtigung auf Grund Erbfolge oder Güterrechtsregelung auch an anderen Grundstücken als den verkauften.

---

[151] OLG Düsseldorf DNotZ 1985, 106; vgl. auch *Holger Schmidt* MittRhNotK 1984, 154.
[152] KG JFGErg. 20, 49.
[153] LG München I MittBayNot 1972, 314.
[154] *Mümmler* JurBüro 1981, 203.
[155] LG Nürnberg-Fürth DNotZ 1956, 569.
[156] LG München I Beschluss vom 20. 7. 1989, Az. 13 T 5037/87.
[157] BayObLG DNotZ 1961, 542; MittBayNot 1980, 180.
[158] BayObLG JurBüro 1982, 1060.

Kaufvertrag und Zuschreibungsvertrag bezüglich anderer Grundstücke als des Kauf Grund- 208
stücks.
Gestattet der Käufer dem Verkäufer, in dem verkauften Objekt noch einige Monate gegen 209
Zahlung eines monatlichen Entgelts wohnen zu bleiben (ohne Absicherung durch ein
Wohnungsrecht), so liegen verschiedene Gegenstände vor. Ebenso wenn Verkäufer für sofortige Räumung ein besonderes Entgelt erhält. Dagegen ist die bloße Verpflichtung zur
Räumung gegenstandsgleich;[159] auch die Unterwerfungserklärung.[160]
Wegen Kauf und Aufteilung in Wohnungseigentum s. Rn. 248. 210
Kaufvertrag und Schenkungsvereinbarungen zwischen Käufer und seinen Eltern. Verzichtet 211
der Beschenkte gegenüber dem Schenker auf sein Pflichtteilsrecht, liegt insoweit eine Austauschleistung zur Schenkung vor.
Kaufvertrag und – für den Fall, dass die Lastenfreistellung nicht gelingt – Anbietungsgaran- 212
tie des „Käufers".
Wegen Wiederkaufsrecht und Ankaufsrecht s. Rn. 130, 124 ff., wegen Vorkaufsrecht 213
s. Rn. 244 ff.
Kauf des Erbbaugrundstücks durch den Erbbauberechtigten und Löschungserklärungen 213 a
über das Erbbaurecht.

Mietvertrag mit Kaufangebot an Mieter. 214
Mietvertrag mit Vorkaufs- oder Ankaufsrechtsbestellung für den Mieter.[161] 215
Kaufvertrag und Mietvertrag über ein Anwesen, es sei denn, es liegt ein Leasingvertrag vor, 216
s. Rn. 95.
Kaufangebot und einstweiliger Mietvertrag. 217
Mietkauf s. Rn. 88, 95. 218

Nießbrauch. Übernimmt der Nießbraucher über die gesetzlichen Verpflichtungen hinaus 219
auch den Tilgungsdienst für eingetragene Belastungen, so liegt nicht mehr eine Ausgestaltung des Nießbrauchs vor, es handelt sich vielmehr um zwei selbständige Vereinbarungen.[162]
Wird ein Nießbrauch durch eine „dauernde Last" und einen Mietvertrag abgelöst, liegt ein 220
neuer Vertrag vor (§ 36 Abs. 2, nicht § 42), bei dem gemäß § 39 Abs. 2 ein Wertvergleich
zwischen aufzuhebendem Nießbrauch und neu zu bestellender „dauernden Last" vorzunehmen ist; der Mietvertrag ist gegenstandsverschieden von der „dauernden Last", daher
mit einem gesonderten Wert (§ 25) anzusetzen.

Schiedsvertrag s. Rn. 97 ff. 221

Schuldbekenntnis, Sicherungsgeschäfte. Mehrfache Belastung desselben Grundstücks. 222
Schuldbekenntnis mit Hypothekbestellung und Löschungsbewilligung der Gläubiger den 223
zur Rangbeschaffung wegzufertigenden Grundpfandrechte oder der Löschungszustimmung
des Eigentümers zu den wegzufertigenden Hypotheken. Gleiches gilt, wenn der Eigentümer bereits in der Grundschuldbestellungsurkunde der Löschung der neu bestellten
Grundschuld zustimmt, oder dem Gläubiger dementsprechende Vollmachten erteilt.
Grundschuldbestellung mit Grundbuchberichtigung wegen Erbfolge oder Güterrechtsrege- 224
lung bzgl. des Eigentümers.
Löschungsfähige Quittung des alten Gläubigers mit Schuldbekenntnis und Abtretung der 225
Eigentümergrundschuld an den neuen Gläubiger.
Abtretung einer Hypothek durch den bisherigen Gläubiger an einen neuen Gläubiger und 226
Änderung der Hypothekbedingungen durch letzteren, welcher der Eigentümer später gesondert zustimmt und Eintragung beantragt.
Schulderklärung mit Grundpfandrechtsbestellung und Abtretung des Grundpfandrechts 227
durch den Gläubiger an einen Dritten.

---

[159] Vgl. *Schalhorn* JurBüro 1972, 756; *Kniebes* MittRhNotK 1975, 235.
[160] Streifzug Rn. 1931.
[161] OLG Schleswig Rpfleger 1962, 396.
[162] LG Bonn MittRhNotK 1985, 79.

228 Grundschuldbestellung durch den Grundstückseigentümer und -verkäufer zugunsten des den Kaufpreis finanzierenden Kreditinstituts und Abtretung des Darlehensanspruchs durch den Käufer an den Verkäufer.[163] Es ist aber zu prüfen, ob nicht § 16 anzuwenden ist.[164] *Fröschlin*[165] schlägt vor, in die Grundschuldbestellungsurkunde einen „Valutierungsvorbehalt" des Bestellers aufzunehmen und so die Gegenstandsgleichheit herzustellen; die Abtretung diene dann nämlich seiner Durchführung.[166] Das OLG Hamm[167] hält die Gegenstandsgleichheit nach § 44 Abs. 1 S. 1 in jedem Fall dann als gegeben, wenn den an der Beurkundung Beteiligten einschließlich des Notars bewusst ist, dass Grundschuldbestellung und Abtretung der Darlehensansprüche im Rahmen der Kaufpreisfinanzierung erfolgen.

229 Hypothekbestellung mit Vollmacht für den Gläubiger zur Verfügung über die daraus entstehenden Eigentümergrundschulden.

230 Umwandlung von Höchstbetragshypothek in Darlehenshypothek und Abtretung der Hypothek an einen Dritten.[168]

231 Austausch von ganzen Grundstücken mit wechselseitiger Vollstreckungsunterwerfung wegen der neuerworbenen Grundstücke, da die Nachverpfändung zwar die Voraussetzung für die Lastenfreistellung sein kann, nicht aber Voraussetzung für den Vollzug des Tauschvertrages als solchen ist, anders bei Erstreckung von Belastungen auf Grundstücksteilflächen (vgl. Rn. 20 und 82).

232 Einbeziehung eines Grundstücks in die Mithaft für drei Hypotheken, wenn auch für denselben Gläubiger.[169]

233 Die Einbeziehung mehrerer Grundstücke in die Mithaft für eine Hypothek oder Grundschuld, ferner die Entlassung mehrerer Grundstücke aus der Mithaft sowie ferner die Einbeziehung eines oder mehrerer Grundstücke in die Mithaft für mehrere Hypotheken oder Grundschulden sowie die Entlassung eines oder mehrerer Grundstücke aus der Mithaft für mehrere Hypotheken oder Grundschulden haben verschiedene Gegenstände.[170]

234 Wenn mehrere Hypotheken unter gleichzeitiger Änderung der bei den einzelnen Rechten verschiedenen Zins- und Zahlungsbedingungen zu einer Einheitshypothek zusammengefasst werden, so handelt es sich kostenrechtlich nur um Veränderungen der bisherigen Einzelhypotheken, nicht der neuen Einheitshypothek; die Gebühr ist daher bei jeder Einzelhypothek nach den zusammengerechneten Werten der Änderungen zu berechnen.[171]

235 Darlehensvertrag zwischen Hauptschuldner und Gläubiger sowie Vereinbarung zwischen Hauptschuldner und Bürgen über die Ausgestaltung des Bürgschaftsverhältnisses.

236 Abtretung eines Teils und Löschung eines anderen Teils einer Grundschuld.

237 Grundschuldbestellung und gleichzeitige Erteilung einer Vollmacht an den Gläubiger, wonach dieser ermächtigt wird, die zu seinen Gunsten bestellte Grundschuld zu löschen.

238 **Sorgerechtserklärungen** für mehrere Kinder, Geschäftswert pro Kind nach § 30 Abs. 3 je 3000 Euro.

239 **Tausch** s. Kaufvertrag.

---

[163] S. auch Rn. 80; hM: OLG Frankfurt DNotZ 1987, 379; OLG Karlsruhe JurBüro 1987, 1217; OLG Köln Rpfleger 1989, 129; OLG Stuttgart JurBüro 1991, 706; *Grauel* MittRhNotK 1980, 84; 1984, 138; aA OLG Düsseldorf DNotZ 1985, 107 m. abl. Anm. *Baumann* = Rpfleger 1985, 40 m. abl. Anm. *Holger Schmidt* = KostRsp. Nr. 68 m. abl. Anm. *Lappe;* OLG Düsseldorf JurBüro 1988, 81; OLG Hamm Rpfleger 1988, 285 = KostRsp. Nr. 83 m. abl. Anm. *Lappe.*
[164] Vgl. hierzu OLG Düsseldorf JurBüro 1980, 913; BayObLG JurBüro 1985, 1851; OLG Köln JurBüro 1993, 100.
[165] BWNotZ 1991, 75.
[166] Zust. *Lappe* KostRsp. Anm. zu Nr. 92.
[167] JurBüro 1995, 319.
[168] DNotZ 1938, 184.
[169] BayObLG DNotZ 1961, 430.
[170] BayObLG DNotZ 1961, 430.
[171] OLG München DNotZ 1937, 820.

Tauschähnliches Gegengeschäft, in dem sich – anders als beim Ringtausch (§ 39 Rn. 21) – 240
ein Partner verpflichtet, dem anderen ein Grundstück zu übereignen, und der andere die
Verpflichtung eingeht, das Eigentum an einem noch einem Dritten gehörenden Grundstück zu verschaffen und gleichzeitig die Verpflichtung des Dritten zur Übereignung dieses Grundstücks gegen Entgelt beurkundet wird.[172]

Übergabe und Erbverzicht weichender Erben (s. aber Rn. 121). Gleiches gilt, wenn der 241
Ehegatte des Übergebers im Rahmen der Übergabe an Kinder auf Pflichtteils- oder
Pflichtteilsergänzungsansprüche verzichtet.[173]

Unterhaltsanspruch und Anerkennung von Unterhaltsrückständen (§ 24 Rn. 11). 242

Verschmelzungen. Mehrere rechtlich voneinander unabhängige Verschmelzungen in 242a
einer Urkunde,[174] weil der aufnehmende Rechtsträger bei jeder Verschmelzung derselbe
ist. Die Werte der einzelnen Verschmelzungen sind zusammen zu zählen, wobei der
Höchstwert des § 39 Abs. 4 mehrfach anfallen kann. Eine nochmalige Kappung der Summe dieser Werte gemäß § 39 Abs. 4 erfolgt nicht (vgl. § 39 Rn. 145 f.).

Vollmacht. Erteilen mehrere Personen, die nicht in Rechtsgemeinschaft stehen, Voll- 243
machten, an eine oder mehrere Personen, so sind so viele Vollmachten gegeben, wie Vollmachtgeber auftreten.

Bei gegenseitigen Vollmachten liegen zwei **gegenstandsverschiedene Vollmachten** vor 243a
und nicht etwa ein Austauschvertrag (§ 39 Abs. 2). Es liegt auch dann kein Austauschvertrag vor, wenn die Erteilung der einen Vollmacht nur wegen Erteilung der anderen Vollmacht erfolgt. Die Werte sind zwar wegen § 44 Abs. 2a zusammenzurechnen und nur eine
$5/_{10}$-Gebühr zu berechnen (Degressionsvorteil), jede einzelne Vollmacht ist aber auf den
Höchstwert von 500 000 Euro begrenzt. Zuerst ist also der jeweilige Geschäftswert der
Vollmacht zu bestimmen (jeweils begrenzt auf 500 000 Euro) und danach erst sind die Werte zu addieren. Haben also beide Ehegatten Vermögen von mehr als 500 000 Euro beträgt
der Geschäftswert der Urkunde, welche gegenseitige Vollmachten enthält, 1 Mio. Euro.

Vorkaufsrecht. Verkauf eines Teilgrundstücks und gleichzeitige Einräumung eines Vor- 244
kaufsrechts an dem Restgrundstück.

Vorkaufsrechtseinräumung an zu errichtenden Eigentumswohnungen beim Kauf des unbe- 245
bauten Grundstücks.[175]

Vorkaufsrecht und Erbbaurecht s. Rn. 158. 246

Vorkaufsrecht und Mietvertrag; anders jedoch bei Leasingvertrag, s. Rn. 95.

Wiederkaufsrecht. S. Rn. 130. 247

Wohnungseigentum. Erwerb eines Grundstücks durch mehrere Miteigentümer und Ver- 248
einbarung von Wohnungseigentum zwischen den Erwerbern.[176] Dies gilt in gleicher Weise
für den umgekehrten Fall, wenn die Aufhebung des Sondereigentums und der dadurch
entstehenden einfachen Bruchteilsgemeinschaft vereinbart wird, etwa durch Auseinandersetzung.[177]

Erbauseinandersetzung und Begründung von Wohnungseigentum an einem mehreren Er- 249
ben dabei zugeteilten Grundstück durch diese.[178]

Veränderung des Miteigentumsverhältnisses unter den Miteigentümern eines Anwesens, 250
um zu dem für die Wohnungseigentumsbegründung erforderlichen Bruchteilsverhältnis zu
gelangen, mit anschließender Wohnungseigentumsbegründung.[179]

---

[172] OLG Hamm DNotZ 1966, 418.
[173] LG Kassel Beschluss vom 13. 4. 2004, Az. 3 T 93/04.
[174] OLG Hamm MittBayNot 2004, 68.
[175] LG Nürnberg-Fürth DNotZ 1956, 569.
[176] OLG Frankfurt Rpfleger 1955, 289; OLG Bremen DNotZ 1956, 158; OLG Düsseldorf DNotZ 1971, 120 = Rpfleger 1970, 444; *Ackermann* Rpfleger 1955, 307.
[177] OLG Düsseldorf MittRhNotK 1996, 96.
[178] OLG Düsseldorf DNotZ 1971, 120; OLG Schleswig DNotZ 1987, 181.
[179] Vgl. *Ackermann* Rpfleger 1955, 306; OLG Hamburg DNotZ 1956, 158.

251 Wohnungseigentumsbegründung mit einstweiliger Dauerwohnrechtseinräumung bis zur Zustimmung der Hypothekgläubiger zur Wohnungseigentumseinräumung.[180]
252 Wohnungseigentumsbildung durch Teilung nach § 8 WEG und Verkauf von Sondereigentumsrechten an Dritte.
253 Wohnungseigentumsbegründung und Vereinbarung von Vorkaufsrechten der Gemeinschafter unter sich oder mit der Verpflichtung, unter bestimmten Bedingungen das Sondereigentum an Dritte zu übertragen.
254 Begründung von Wohnungseigentum und Auseinandersetzung (jeder Miteigentümer erhält Alleineigentum an einer bestimmten Wohnung).
255 Begründung von Wohnungseigentum und Verpflichtung (vorvertraglich) zur Realteilung auf Verlangen eines Wohnungseigentümers.
256 Aufhebung von Wohnungseigentum und Neubegründung von Wohnungseigentum, auch unter den gleichen Personen.
257 Aufhebung von Wohnungs- bzw. Teileigentum und Realteilung (vgl. auch Rn. 248).

C. Rangänderung usw. (Abs. 3)

I. Rangänderung

258 Die Vorrangseinräumung bezieht sich sowohl auf das vortretende als auch auf das zurücktretende Recht. Für die Eintragungsgebühr gilt sie immer als Veränderung des zurücktretenden − verlierenden − Rechts (§ 64 Abs. 5). Der Wert bestimmt sich aber sowohl für die Beurkundungs- als für die Eintragungsgebühr nach dem Werte des geringerwertigen Rechts, da nur in dessen Höhe eine Verbesserung und Verschlechterung des Ranges eintritt (§ 23 Abs. 3). Werden nun andere Erklärungen bezüglich dieser Rechte mitbeurkundet, so gilt nach Abs. 3 S. 1 als Gegenstand der Rangänderung das vortretende oder das zurücktretende, je nachdem es für den Kostenschuldner günstiger ist.[181] Damit ist zugleich gesagt, dass in keinem Falle beide Rechte als Gegenstand der Rangänderung anzusehen sind. Sie fällt auch unter die Veränderungen, so dass sie zusammen mit den anderen Veränderungen desselben Rechts (Änderung der Verzinsungs- und Zahlungsbedingungen usw.) den Wert des Rechts selbst nicht überschreiten darf (§ 39 Abs. 1 S. 2).

259 Abs. 3 gilt auch, wenn einem in der Verhandlung neu bestellten Recht der Vorrang vor einem bereits eingetragenen Recht verliehen werden soll. Dann wird zwar kein Rangverhältnis zwischen zwei bestehenden Rechten geändert, vielmehr wird der neuen Hypothek von Anfang an der bessere Rang gegeben; aber der Rang des zurücktretenden Rechts wird doch nachträglich geändert. Dagegen ist keine Rangänderung, wenn bei gleichzeitiger Bestellung mehrere Rechte deren Rang untereinander bestimmt wird (§ 879 Abs. 3 BGB), ebenso wenig der Rangvorbehalt (§ 881 BGB). Diese Rangbestimmung und der Rangvorbehalt sind Bestandteile der Bestellung der Rechte.[182] Eine − wenn auch bedingte − Rangänderung liegt aber auch in beiden Fällen schon deshalb nicht vor, weil im ersten Falle die gleichzeitig einzutragenden Rechte von vornherein den ihnen beigelegten Rang erhalten, im letzteren Falle (Rangvorbehalt) das Recht, das demnächst kraft des Vorbehalts zurücktreten soll, von vornherein mit dieser Rangbestimmung − wenn man will, mit diesem bedingten Rang − bestellt wird. Derselbe Gegenstand liegt wegen der Fassung des Abs. 3 vor bei Schuldbekenntnis mit Grundpfandrechtsbestellung, Rangrücktrittszustimmungen des Eigentümers und Rangrücktrittserklärung auch des zurücktretenden Gläubigers, Bewilligung einer Löschungsvormerkung, nicht aber bei Mitbeurkundung der Löschungszustimmung bezüglich wegzufertigender Grundpfandrechte.

---

[180] *Ackermann* Rpfleger 1955, 310.
[181] OLG München JFGErg. 17, 17 = DNotZ 1937, 885; LG Hildesheim JurBüro 1963, 794.
[182] Vgl. auch KG JFGErg. 6, 158; aA OLG München JFGErg. 17, 20 = DNotZ 1937, 820, das den Rangvorbehalt als bedingte Rangänderung ansieht, aber auf dem Wege des § 44 Abs. 3 zu demselben Ergebnis kommt.

Für die Frage, ob das eine oder das andere für den Kostenschuldner günstiger ist, kommt 260
es, da der Wert der Rangänderung, unabhängig davon, ob als ihr Gegenstand das vortretende oder das zurücktretende Recht gilt, sich nach § 23 Abs. 3 richtet (Wert des geringerwertigen Rechts), nur darauf an, ob die Gesamtgebühr bei Gleichstellung des Gegenstandes der Rangänderung mit dem Gegenstand des einen oder anderen Rechts niedriger ist. Abs. 3 ist auch anzuwenden, wenn ein Teil eines Rechts Vorrang vor dem anderen Teil erhalten soll.

II. Löschungsvormerkung

S. 2 des Abs. 3 stellt die Löschungsvormerkung des § 1179 BGB zugunsten eines gleich- 261
oder nachstehenden Berechtigten der Rangänderung gleich. Dies entspricht der Wertvorschrift in § 23 Abs. 3 S. 2. An sich betrifft auch diese Vormerkung nur das Recht, auf dessen Löschung die Vormerkung gerichtet ist. Wenn aber in einer Urkunde mit dieser Löschungsvormerkung andere Erklärungen zusammentreffen, so wird sie bei Anwendung des § 44 Abs. 1, 2 so behandelt, als räume das mit der Vormerkung belastete Recht dem gleich- oder nachstehenden Recht den Vorrang ein. Es gilt hier also das in der vorigen Anmerkung Gesagte entsprechend. Die bei der Hypothekenbestellung übernommene Verpflichtung, vorgehende Hypotheken, die vor dem 1. 1. 1978 in das Grundbuch eingetragen worden sind löschen zu lassen, und die Bewilligung einer Löschungsvormerkung hat mit der Hypothekenbestellung und dem zugrunde liegenden Vertrag denselben Gegenstand.[183] Wird eine Löschungsvormerkung nicht in der Weise bestellt, dass sie erkennbar zur Verstärkung eines bestimmt bezeichneten Rechts am Grundstück dient, so findet § 44 Abs. 3 S. 2 keine Anwendung, mag auch der aus der Vormerkung Berechtigte Gläubiger eines nacheingetragenen Rechts sein.[184]

Ab 1. 1. 1978 kommen Löschungsvormerkungen nur noch ausnahmsweise in Betracht. 261a
Die Löschungsvormerkung hat ihre Bedeutung behalten für Inhaber nachrangiger Rechte, die nicht Grundpfandrechte sind, also für Inhaber von Rechten, die im Grundbuch in Abt. II eingetragen sind und ferner bei Rangwechsel mit einem Grundpfandrecht, das vor dem 1. 1. 1978 in das Grundbuch eingetragen worden ist.

III. Zusammentreffen von Vorrangseinräumung und Löschungsvormerkung

1. Grundsatz

Die Löschungsvormerkung nach § 1179 BGB steht der Rangänderung gleich (Abs. 3 262
S. 2). Hieraus können sich Anwendungsprobleme ergeben.

2. Beispiel

In einer Grundschuldbestellung (einseitige Erklärung) über 100 000 Euro räumen die 263
vorgehenden Grundschulden von 30 000 Euro und 60 000 Euro der neu bestellten Grundschuld von 100 000 Euro den Vorrang ein. Der Grundstückseigentümer erklärt seine Zustimmung und bewilligt und beantragt die Eintragung einer Löschungsvormerkung bei der neuen Grundschuld zugunsten des Gläubigers der Grundschuld von 30 000 Euro und einer solchen für den Gläubiger der Hypothek von 60 000 Euro. Jede Vorrangseinräumung ist für sich zu bewerten: 30 000 Euro und 60 000 Euro, die Werte sind aber zusammenzurechnen (§ 44 Abs. 2a) und mit der vorrückenden Grundschuld zu vergleichen; diese ist höher. Es ist aber für den Kostenschuldner günstiger, wenn als Gegenstand der beiden Vorrangseinräumungen die vortretende Grundschuld von 100 000 Euro angenommen wird. Dann haben Grundschuldbestellung und Vorrangseinräumungen denselben Gegenstand. Die Löschungsvormerkungen bei den beiden Grundschulden sind je für sich selbständig und für sich zu bewerten: Wert nach § 23 Abs. 3: 30 000 Euro und 60 000 Euro. Die Werte sind

---

[183] KG JFGErg. 17, 24 = DNotZ 1938, 51; OLG Frankfurt Rpfleger 1958, 196; JurBüro 1962, 268.
[184] KG Rpfleger 1968, 79; OLG Frankfurt MittRhNotK 1968, 139; oft ist es nur nicht deutlich genug ausgedrückt.

zusammenzurechnen, dies ergibt 90 000 Euro. Es ist aber für den Kostenschuldner günstiger, auch bei ihnen den Gegenstand der neuen Grundschuld anzunehmen; sie haben dann gleichen Gegenstand mit dieser. Endergebnis: volle Gebühr aus 100 000 Euro.

IV. Ausschluss des Löschungsanspruchs

264 § 1179 a Abs. 5 BGB ermöglicht den Ausschluss des gesetzlichen Löschungsanspruchs. Dieser ist Inhalt der Hypothek oder Grundschuld und hat daher denselben Gegenstand wie sie, so dass grundsätzlich Abs. 1 gilt. Wird jedoch der Ausschluss nachträglich vereinbart oder aufgehoben, so bewirkt Abs. 3 S. 3 eine Begünstigung entsprechend Abs. 3 S. 1.

D. Berechnung der Gebühr

I. Grundsatz

265 Betreffen die mehreren selbständigen Erklärungen denselben Gegenstand, so wird grundsätzlich nur eine Gebühr vom Wert des ganzen Gegenstandes erhoben, womit alle anderen auf den Gegenstand bezüglichen Erklärungen abgegolten sind. Betreffen die Erklärungen verschiedene Gegenstände, so wird grundsätzlich die Gebühr für die gegenstandsverschiedenen Erklärungen gesondert berechnet, soweit diese demselben Gebührensatz unterfallen, und zwar aus dem zusammengerechneten Wert.

266 Was den Gebührensatz anbelangt, wird bei gegenstandsgleichen Erklärungen die Gebühr grundsätzlich nach dem höchsten anzuwendenden Gebührensatz berechnet. Bei gegenstandsverschiedenen Erklärungen erfolgt nach § 44 Abs. 2 b, gesonderte Berechnung, jedoch darf keine höhere Gebühr angesetzt werden, als sie anfallen würde beim höchsten anzuwendenden Gebührensatz aus dem Gesamtwert.

267 Grundsätzlich darf bei Zusammenbeurkundung mehrerer Erklärungen keine höhere Gebühr anfallen als bei getrennter Beurkundung der Erklärungen. Dem trägt § 44 in Abs. 1 S. 2 Halbs. 2 für den Fall Rechnung, dass sich eine Erklärung auf den ganzen Gegenstand, andere nur auf einen Teil des Gegenstandes beziehen. Diese Bestimmung ist aber aus dem erwähnten Grundsatz auch dann entsprechend anzuwenden, wenn alle Erklärungen sich auf den ganzen Gegenstand beziehen, aber verschiedene Gebührensätze anzuwenden sind und bei gesonderter Bewertung weniger Gebühr anfallen würde als beim höchsten Gebührensatz aus dem ganzen Wert des Gegenstandes.[185] Abs. 1 S. 2 Halbs. 2 ist ferner dann entsprechend anzuwenden, wenn die mehreren den ganzen Gegenstand betreffenden Erklärungen verschiedenen Wert haben und die getrennte Berechnung nach den verschiedenen Werten für den Kostenschuldner günstiger wäre.

II. Begriff des Gegenstandes des Abs. 1

268 Abs. 1 S. 1 regelt den Grundsatz, dass die Gebühr nur einmal „von dem Wert des Gegenstandes" nach dem höchsten in Betracht kommenden Gebührensatz zu berechnen ist. Abs. 1 S. 2 bestimmt ausdrücklich, dass dies auch dann gilt, wenn von mehreren Erklärungen die einen den ganzen Gegenstand, die anderen nur einen Teil davon betreffen; unterliegen in diesem Fall die Erklärungen verschiedenen Gebührensätzen, so werden die Gebühren gesondert berechnet, wenn dies für den Kostenschuldner günstiger ist. Nach überwM wurden nach bisherigem Verständnis die in Abs. 1 enthaltenen Bewertungsformeln so angewandt, dass zunächst der höchste Gegenstandswert der gegenstandsgleichen Erklärungen ermittelt wurde. Danach wurde wie folgt berechnet: Höchste in Betracht kommende Gebühr der gegenstandsgleichen Erklärungen aus dem höchsten Gegenstandswert oder, wenn für den Kostenschuldner günstiger, die getrennte Bewertung der Erklä-

---

[185] Vgl. *Ackermann* DNotZ 1937, 746; KG DNotZ 1942, 111, 274.

rungen, wobei bei mehreren Erklärungen, die den gleichen Gebührensatz unterliegen, nur eine Gebühr aus dem höchsten Wert dieser Erklärungen zu berechnen war. Diese Berechnungsweise hat der BGH[186] nicht bestätigt. Der Begriff des Gegenstands bezeichne nicht die Sache, die von den beurkundeten Erklärungen wirtschaftlich betroffen wird, sondern das Rechtsverhältnis, welches sich aus den Erklärungen der Beteiligten ergibt.[187] Derselbe Gegenstand iS von Abs. 1 ist gegeben, wenn sich die Erklärungen auf dasselbe Recht oder Rechtsverhältnis beziehen oder – sofern mehrere Rechtsverhältnisse vorliegen – wenn sich aus der Gesamtheit der Erklärungen ein Hauptgeschäft heraushebt und das weitere Rechtsgeschäft mit diesem in einem engen inneren Zusammenhang steht. Selbständige Rechtsgeschäfte, die zur Erfüllung, zur sonstigen Durchführung oder zur Sicherung eines anderen selbständigen Rechtsgeschäfts mit diesem zusammen vorgenommen werden, sind demnach gegenstandsgleich.[188] In der notariellen Praxis sind vor allem Durchführungserklärungen betroffen, die mit einem Hauptgeschäft zusammenbeurkundet werden, wie zB Kaufvertrag und die Löschungserklärungen des Verkäufer zur Erfüllung seiner Verpflichtung zur Lastenfreistellung und die Belastungsvollmachten, die der Verkäufer dem Käufer im Kaufvertrag zur Ermöglichung einer Vorwegbelastung erteilt. Da diese Durchführungserklärungen einem Hauptgeschäft untergeordnet sind, ist der Kaufvertrag Gegenstand iS von Abs. 1 S. 1. Es ist dann nur die Vertragsgebühr für den Kaufvertrag zu berechnen, auch wenn die Durchführungserklärungen nach einer Spezialnorm bei gesonderter Bewertung einem höheren Geschäftswert unterliegen würden, wie zB die Vollmacht nach § 41 Abs. 1 oder Abs. 2 oder die Löschungserklärungen nach § 23 Abs. 2. Nach der BGH-Rspr. sollen bei selbständigen Erklärungen, die lediglich der Erfüllung, der sonstigen Durchführung oder Sicherung des die Beurkundung prägenden Hauptgeschäftes dienen, nicht alle Bewertungsmöglichkeiten ausgeschöpft werden.

Die sich daraus ergebenden Konsequenzen lassen sich auf folgende Grundsätze reduzieren: **268a**
– Unterliegt das Hauptgeschäft bereits der höchsten in Betracht kommenden Gebühr, bleibt es hierbei. Die gegenstandsgleichen Durchführungs-, Erfüllungs- oder Sicherungserklärungen sind kostenrechtlich überhaupt nicht mehr zu berücksichtigen. Beispiel: A verkauft an B ein Grundstück zum Kaufpreis von 100 000 Euro; A stimmt der Löschung einer ausschließlich am Kaufobjekt lastenden Grundschuld im Nennbetrag von 300 000 Euro zu. Gebühr: Nur $20/10$ gemäß § 36 Abs. 2 aus 100 000 Euro. Obwohl für die Löschungserklärungen des Verkäufers bei getrennter Beurkundung eine $5/10$-Gebühr nach § 38 Abs. 2 Nr. 1 und 5b entstehen würde, bleibt es bei Zusammenbeurkundung mit einem Kaufvertrag als Durchführungserklärung bei der Vertragsgebühr für den Kaufvertrag. Es erfolgt auch kein Gebührenvergleich.
– Löst das Hauptgeschäft selbst eine niedrigere Gebühr aus als zB eine Sicherungserklärung, muss der Gebührenvergleich, wie in Abs. 1 S. 1 und 2 bestimmt, vorgenommen werden. Beispiel: A bestellt eine Grundschuld, die nur formelle Grundbucherklärungen beinhaltet im Betrag von 1 Mio. Euro und unterwirft sich wegen eines ranglezten Teilbetrages von 100 000 Euro der sofortigen Zwangsvollstreckung. Gebühr für die Grundschuldbestellung $5/10$ gemäß § 38 Abs. 2 Nr. 5 a und für die Unterwerfungserklärung $10/10$ nach § 36 Abs. 1. Das Hauptgeschäft ist die Grundschuldbestellung, ihr Wert ist der Gegenstandswert iS von Abs. 1. Gebührenvergleich: Geschäftswert 1 Mio. Euro, hieraus die höchste in Betracht kommende Gebühr = $10/10$ gemäß § 36 Abs. 1 oder, wenn für den Kostenschuldner günstiger, die getrennte Erhebung der $5/10$-Gebühr aus dem Grundschuldnennbetrag + $10/10$-Gebühr aus dem Betrag der Unterwerfungserklärung.

---

[186] NotBZ 2006, 200 = MittBayNot 2006, 524 = ZNotP 2006, 279 m. Anm. *Tiedtke* = RNotZ 2006, 299 m. Anm. *Klein* = MDR 2006, 1015; *ders.* RNotZ 2006, 345 m. Anm. *Klein* und *H. Schmidt;* JurBüro 2006, 434 = NotBZ 2006, 201 m. Anm. *Lappe* = MittBayNot 2006, 528 m. Anm. PrüfAbt. Notarkasse = ZNotP 2006, 276 m. Anm. *Tiedtke* = RNotZ 2006, 359.
[187] BGH MittBayNot 2006, 526.
[188] BGHZ 153, 22, 27 ff. = MittBayNot 2003, 235 mwN.

III. Berechnungen

1. Alle Erklärungen haben denselben Gegenstand (Abs. 1)

269 **a) Derselbe Gebührensatz.** Unterliegen sie demselben Gebührensatz, so wird nur eine Gebühr vom Wert des Gegenstandes erhoben, zB einseitige Schulderklärung und Pfandrechtsbestellung § 36 Abs. 1 $^{10}/_{10}$ aus Forderungsbetrag; Annahme eines Kaufangebotes und Auflassung § 38 Abs. 2 Nr. 2 bzw. 6 a $^{5}/_{10}$ aus Wert des Angebots; Löschungsbewilligung des Gläubigers mit Eigentümerzustimmung und Löschungsantrag § 38 Abs. 2 Nr. 5 a $^{5}/_{10}$ aus Wert des zu löschenden Rechts.

270 Bei Gegenstandsgleichheit mehrerer Erklärungen kann der Wertansatz problematisch sein: Ist bei gleichem Gebührensatz der Wert verschieden, so wird die Gebühr nach dem höchsten Wert berechnet, zB bei Aufhebung der Gütergemeinschaft (Schuldenabzug) und Auseinandersetzung (kein Schuldenabzug), maßgebend also Wert der Letzteren.[189] § 44 Abs. 1 will lediglich eine mehrfache Erhebung von Gebühren verbinden, nicht aber die Zusammenbeurkundung gegenstandsgleicher Erklärungen dadurch privilegieren, dass am Ende die (gemeinsame) Gebühr niedriger ist als die Einzelgebühr für das Geschäft mit dem höheren Geschäftswert.

271 Wird ein Schuldanerkenntnis über 100 000 Euro und zur Sicherung, etwa zur Abdeckung künftiger Zinsen, eine Grundschuld über 120 000 Euro beurkundet, oder eine Grundschuld über 100 000 Euro und die Verpfändung der Eigentumsverschaffungsansprüche mit einem Betrag von 120 000 Euro, so liegen unterschiedliche Werte bei Gegenstandsgleichheit der Erklärungen (vgl. Rn. 106) vor. In derartigen Fällen ist nach § 23 Abs. 2 der höhere Wert maßgebend.

272 **b) Unterschiedliche Gebührensätze.** Sind die Gebührensätze verschieden, so ist der höchste Satz anzuwenden, zB einseitige Schulderklärung mit Eintragungsbewilligung einer Hypothek § 36 Abs. 1; Quittung des Gläubigers und Löschungsantrag des Eigentümers § 36 Abs. 1. Kaufvertrag und Bewilligung einer Auflassungsvormerkung § 36 Abs. 1; Annahme eines Kaufangebots, Auflassung und Quittung über den Kaufpreis § 36 Abs. 1.

273 Abs. 1 S. 2 kommt auch zur Anwendung, wenn die – nachträglichen – Erklärungen je nur Teile der beiderseitigen Verpflichtungen betreffen.

274 **c) Teilgegenstandsidentität bei gleichem Gebührensatz.** Betreffen eine oder mehrere Erklärungen den ganzen Gegenstand, andere einen Teil des Gegenstandes, so wird nach Abs. 1 S. 2 Halbs. 1 bei gleichem Gebührensatz eine Gebühr aus dem Wert des ganzen Gegenstandes erhoben, zB Schuldversprechen mit Sicherungsgeschäft für einen Teil der Schuld, Sicherungsgeschäft (Hypothek usw.) für die ganze Forderung und Doppelsicherung für einen Teil; Erbteilungsvertrag und Auflassung der nur einen Teil des Nachlasses bildenden Grundstücke.

275 **d) Teilgegenstandsidentität bei unterschiedlichen Gebührensätzen.** Sind bei Erklärungen, die teils den ganzen Gegenstand, teils einen Teil betreffen, die Gebührensätze verschieden, so sind die Gebühren getrennt zu berechnen, wenn dies für den Kostenschuldner günstiger ist.

Beispiel: Vermächtnisvollzug auf Grund notariell beurkundeten Testaments, der Tochter ist das Haus vermacht, der Sohn erhält ungesicherte Herauszahlung von (Hauswert 200 000 Euro: 2) 100 000 Euro, dafür wird Vollstreckungsunterwerfung beurkundet; Gebührensatz für das Ganze § 38 Abs. 2 Nr. 6 a $^{5}/_{10}$, für die Herausgabe an den Sohn wegen der Unterwerfungsklausel $^{10}/_{10}$; der höchste Gebührensatz $^{10}/_{10}$ aus den höchsten Wert 200 000 Euro ist günstiger als getrennte Berechnung

276 Für Erklärungen, die der Erfüllung, Sicherung oder der sonstigen Durchführung eines Hauptgeschäftes dienen und mit dem Hauptgeschäft zusammenhängen, s. Rn. 17 ff.

277 **e) Teilweise und völlige Gegenstandsidentität.** Werden mehrere Erklärungen zusammen beurkundet, von denen mehrere den ganzen Gegenstand, andere nur Teile desselben betreffen, so gilt:

---

[189] OLG München DNotZ 1941, 303.

Ist der Gebührensatz für die den ganzen Gegenstand betreffenden Erklärungen höher als der für die nur einen Teil betreffenden Erklärungen, so ist der höchste Gebührensatz vom ganzen Wert abzusetzen, da die getrennte Berechnung für den Kostenschuldner immer ungünstiger wäre; alle anderen Erklärungen sind damit abgegolten. **278**

Ist der höchste Gebührensatz der den ganzen Gegenstand betreffenden Erklärungen niedriger als der Gebührensatz für die nur einen Teil betreffenden Erklärungen, so sind zwei Berechnungen aufzumachen, um die dem Kostenschuldner günstigere zu ermitteln. Dabei sind zunächst die den ganzen Gegenstand betreffenden Erklärungen nach dem höchsten Gebührensatz und dem Wert des ganzen Gegenstandes festzustellen, womit auch alle Teilerklärungen, die keinen höheren Gebührensatz auslösen, abgegolten sind. Sodann sind die Gebühren für die anderen einen Teil betreffenden, aber einem höheren Gebührensatz unterfallenden Erklärungen zu berechnen. Betreffen mehrere davon denselben Teilgegenstand, so ist der höchste der für diese Teilerklärung maßgebenden Gebührensätze aus dem Wert des Teilgegenstandes zu ermitteln. Betreffen Teilerklärungen verschiedene Gegenstände, so ist nach Abs. 2 zu berechnen. Die Gebühren dieser getrennten Berechnung sind dann mit der Gebühr nach dem höchsten anzuwendenden Gebührensatz und dem höchsten Wert (Wert des ganzen Gegenstandes) zu vergleichen, die niedrigere ist zu erheben (s. auch Rn. 268 a). **279**

Beziehen sich alle Erklärungen nur auf Teile des Gegenstandes, keine auf den ganzen Gegenstand, so erfolgt Bewertung nach Abs. 2 (s. Rn. 280, 281). **279 a**

2. Die Erklärungen betreffen verschiedene Gegenstände (Abs. 2)

– **Derselbe Gebührensatz.** Ist der Gebührensatz gleich, so wird dieser Satz einmal aus dem Gesamtwert der Erklärungen angesetzt (Abs. 2a). **280**

Beispiel: Erwerb eines Grundstücks durch mehrere Personen als Miteigentümer zu gleichen Bruchteilen und zugleich Wohnungseigentumsbegründung unter den Erwerbern, Gebührensatz § 36 Abs. 2 $^{20}/_{10}$, Werte: Kaufvertrag und Wohnungseigentumsbegründungsvertrag.
Quittung über Teilbetrag einer Hypothek mit einseitiger Abtretung des anderen Teils, Gebührensatz § 36 Abs. 1 $^{10}/_{10}$, Wert: Nennbetrag der Hypothek.

– **Unterschiedliche Gebührensätze.** Ist der Gebührensatz der mehreren gegenstandsverschiedenen Erklärungen verschieden, so wird getrennt berechnet (Abs. 2b); jedoch werden die Werte mehrerer Erklärungen, die dem gleichen Gebührensatz unterfallen, zusammengerechnet; es darf aber nie mehr erhoben werden als die nach dem höchsten Gebührensatz und dem Gesamtwert sich ergebende Gebühr. Daher ist mit der getrennten Berechnung die Gebühr nach dem höchsten Satz und dem Gesamtwert zu vergleichen, die niedrigere anzusetzen. Dabei ist zu beachten, dass bei mehrfacher Änderung eines Rechtsverhältnisses bei der getrennten Berechnung jede Änderung mit ihrem Wert, bei der Gegenrechnung (Gesamtwert) höchstens der Wert des Rechtsverhältnisses angesetzt werden kann. **281**

Beispiel: Schuldbekenntnis über 100 000 Euro, Löschungsantrag bezüglich einer Grundschuld von 20 000 Euro: $^{10}/_{10}$ aus Wert 100 000 Euro = 207 Euro + $^{5}/_{10}$ aus Wert 20 000 Euro = 36 Euro; zusammen 243 Euro; dagegen $^{10}/_{10}$ aus Wert 120 000 Euro = 237 Euro, also geringer und daher anzusetzen.

IV. Auswirkungen der Wertobergrenze

Durch das KostRMoG vom 12. 5. 2004 (BGBl. I S. 718), das am 1. 7. 2004 in Kraft getreten ist, wurde durch Einfügung des § 18 Abs. 1 S. 2 eine generelle Geschäftswertobergrenze von 60 Mio. Euro eingeführt. Die KostO kannte zwar schon in der Vergangenheit an mehreren Stellen Geschäftswertobergrenzen. Beispielhaft seien hier erwähnt § 39 Abs. 4, der den Geschäftswert für die Beurkundung von Gesellschaftsverträgen, sowie von Plänen und Verträgen nach dem Umwandlungsgesetz auf 5 Mio. Euro und von Handelsregisteranmeldungen auf 500 000 Euro begrenzt. Alle bisher schon in der KostO geregelten Begrenzungen, die sich sämtlich auf einzelne inhaltlich abgegrenzte Spezialmaterien beziehen, blieben durch die Schaffung einer Wertobergrenze unberührt. Den Beteiligten kom- **281 a**

§ 44   1. Teil. 2. Abschnitt: 1. Beurkundungen und ähnliche Geschäfte

men hier bei hohen Geschäftswerten sowohl der Degressionsvorteil als auch die Geschäftswertobergrenze zu Gute.

281 b   Die Geschäftswertobergrenze hat auch Auswirkungen auf die Berechnung der Beurkundungsgebühren, wenn in einer Urkunde entweder mehrere Erklärungen beurkundet werden, die denselben Gegenstand betreffen oder verschiedene Gegenstände haben. Auch bei diesen Berechnungen ist stets die Wertobergrenze nach § 18 Abs. 1 Satz 2 zu beachten. Dies entspricht auch dem Bestreben des Gesetzgebers, mit der Einführung der Höchstgegenstands- bzw. -geschäftswerte in der KostO, im RVG und weiteren Gesetzen eine gewisse strukturelle Gleichmäßigkeit des Justizkostenrechts herbeizuführen. Auch beim RVG wird der Geschäftswert zunächst in § 22 Abs. 1 RVG geregelt, wonach in derselben Angelegenheit die Werte mehrerer Gegenstände zusammenzurechnen sind. § 22 Abs. 2 RVG legt sodann den Höchstgegenstandswert fest. Nach dieser Systematik bezieht sich der Höchstwert auch auf den im Wege der Addition nach § 22 Abs. 1 RVG ermittelten Gegenstandswert (30 Mio. Euro).[190]

281 c   Bei gegenstandsgleichen Erklärungen ist, wenn alle Erklärungen dem gleichen Gebührensatz unterliegen, insgesamt die in Betracht kommende Gebühr aus maximal 60 Mio. Euro zu berechnen.[191]

Beispiel: Bestellung einer Grundschuld über 100 Mio. Euro mit dinglicher Zwangsvollstreckungsunterwerfung und Schuldanerkenntnis und persönlicher Zwangsvollstreckungsunterwerfung über 10 Mio. Euro. Beide Erklärungen sind gegenstandsgleich nach § 44 Abs. 1 und unterliegen einer $^{10}/_{10}$-Gebühr nach § 36 Abs. 1. Ergebnis: Geschäftswert 60 Mio. Euro, hieraus eine $^{10}/_{10}$-Gebühr.

281 d   Sind für die gegenstandsgleichen Erklärungen unterschiedliche Gebührensätze anzuwenden, sind bei gleichem Gegenstand nach § 44 Abs. 1 folgende Bewertungen gegenüberzustellen: Höchster Gegenstandswert der gegenstandsgleichen Erklärungen, hieraus eine Gebühr nach dem höchsten in Betracht kommenden Gebührensatz, jedoch, wenn für den Kostenschuldner günstiger, die getrennte Gebührenberechnung.

Beispiel: Grundschuldbestellung ohne dingliche Zwangsvollstreckungsunterwerfung über 200 Mio. Euro (die Bestellungsurkunde beinhaltet nur die Eintragungsbewilligung und die Anträge, daher $^{5}/_{10}$-Gebühr gemäß § 38 Abs. 2 Nr. 5 a) und Schuldanerkenntnis und persönliche Zwangsvollstreckung über 20 Mio. Euro. Beide Erklärungen sind ebenfalls gegenstandsgleich nach § 44 Abs. 1. Folgende Berechnungen sind gegenüberzustellen:
a) höchster in Betracht kommender Geschäftswert der gegenstandsgleichen Erklärungen, hier Grundschuldbestellung über 200 Mio. Euro, aber Obergrenze gemäß § 18 Abs. 1 S. 2 = 60 Mio. Euro, hieraus $^{10}/_{10}$-Gebühr gemäß § 36 Abs. 1 (höchster in Betracht kommender Gebührensatz der gegenstandsgleichen Erklärungen) = 26 137 Euro;
b) die getrennte Berechnung der Gebühren, nämlich $^{5}/_{10}$ gemäß § 38 Abs. 2 Nr. 5 a für die Grundschuldbestellung aus 60 Mio. Euro = 13 068,50 Euro und $^{10}/_{10}$ gemäß § 36 Abs. 1 für das Schuldanerkenntnis mit Unterwerfung aus 20 Mio. Euro = 17 157 Euro, Gebührengesamtbetrag 30 225,50 Euro.
Die für den Kostenschuldner günstigere Variante mit 26 137 Euro ist maßgebend.

281 e   Werden mehrere Erklärungen zusammenbeurkundet, die verschiedene Erklärungen betreffen, ist nach § 44 Abs. 2 zu verfahren. Bei gleichem Gebührensatz sind die Werte gemäß Abs. 2a zusammenzuzählen, zu erheben ist eine Gebühr. Kommen unterschiedliche Gebührensätze zur Anwendung, ist gemäß Abs. 2b jede Gebühr getrennt zu berechnen; insgesamt darf jedoch nicht mehr anfallen, als eine Gebühr nach dem höchsten in Betracht kommenden Gebührensatz der beurkundeten Erklärungen aus dem zusammengerechneten Wert. Zu den Auswirkungen auf die Geschäftswertobergrenze vgl. die nachfolgenden **Beispiele:**

(1) Gegenstandsverschiedene Erklärungen bei gleichem Gebührensatz: A verkauft an B und C zum Miteigentum je zur Hälfte ein Grundstück zum Kaufpreis von 50 Mio. Euro. B und C verpflichten sich, das Grundstück gemäß § 3 WEG in Wohnungs- und Teileigentum aufzuteilen, sobald die Aufteilungspläne und die Abgeschlossenheitsbescheinigung vorliegen. Berechnung: Kaufvertrag gemäß § 20 Abs. 1 = 50 Mio. Euro, Verpflichtung zur Aufteilung gemäß § 21 Abs. 2 = 25 Mio. Euro, Ge-

---

[190] Vgl. BT-Drucks. 15/1971 S. 240.
[191] AA *Filzek* JurBüro 2004, 579.

samtwert gemäß § 44 Abs. 2a 75 Mio. Euro, aber Wertobergrenze gemäß § 18 Abs. 1 Satz 2 = 60 Mio. Euro, daraus $^{20}/_{10}$-Gebühr gemäß § 36 Abs. 2 = 52274 Euro.

(2) Gegenstandsverschiedene Erklärungen bei verschiedenem Gebührensatz: A verkauft an B ein Grundstück zum Kaufpreis von 100 Mio. Euro. B übernimmt die nichtvalutierte Grundschuld zu 70 Mio. Euro für eigene Kreditzwecke und unterwirft sich der sofortigen Zwangsvollstreckung in Höhe des Nennbetrages der Grundschuld in sein gesamtes Vermögen. Berechnung: Kaufvertrag gemäß § 20 Abs. 1 = 100 Mio. Euro, aber Wertobergrenze 60 Mio. Euro, hieraus $^{20}/_{10}$-Gebühr nach § 36 Abs. 2 = 52274 Euro und Übernahme der Grundschuld mit Unterwerfung gemäß § 23 Abs. 2 und § 39 Abs. 1 = 70 Mio. Euro, aber Wertobergrenze 60 Mio. Euro, hieraus $^{10}/_{10}$-Gebühr nach § 36 Abs. 1 = 26137 Euro, Gesamtgebühr bei dieser Variante = 78411 Euro. Gegenüber zu stellen ist folgende Bewertung: Geschäftswert Kaufvertrag 60 Mio. Euro + Grundschuldübernahme 60 Mio. Euro = 120 Mio. Euro, aber Wertobergrenze gemäß § 18 Abs. 1 S. 2 = 60 Mio. Euro, hieraus $^{20}/_{10}$-Gebühr gemäß § 36 Abs. 2 (höchster in Betracht kommender Gebührensatz der gegenstandsverschiedenen Erklärungen) = 52274 Euro. Die günstigere Bewertung ist maßgebend.

An diesen Beispielen wird deutlich, dass die Absenkung der Gebühren nicht nur auf der generellen Einführung der Wertobergrenze beruht, sondern sich diese durch die Anwendung des § 44 teilweise noch deutlicher auswirkt. Aus diesem Grunde wird die Zusammenfassung mehrerer Erklärungen in einer Urkunde noch stärker zu prüfen sein, als dies in der Vergangenheit der Fall war (s. auch § 18 Rn. 3d). Bei **Zusammenbeurkundung** mehrerer Erklärungen, die nicht zu einer Rechtseinheit verbunden sind, gilt die einmalige Wertobergrenze nicht, vielmehr ist der Geschäftswert einer jeden eigenständigen Erklärung auf 60 Mio. Euro zu begrenzen, jedoch sind die mehreren Werte, wenn sie dem gleichen Gebührensatz unterliegen, zusammenzurechnen, sofern gegen die Zusammenbeurkundungen keine Bedenken im Hinblick auf § 140 bestehen. Letzteres wird in der Praxis wohl kaum vorkommen, da bei Zusammenbeurkundung mehrerer Rechtsverhältnisse immer entweder ein Sachzusammenhang oder eine Personenidentität zumindest auf einer Vertragsseite besteht. **281f**

Beispiel: Eine Versicherungsgesellschaft verkauft in einer Urkunde an die A-GmbH einen Wohnungsbestand zum Kaufpreis von 100 Mio. Euro und an die B-GmbH einen Wohnungsbestand zum Kaufpreis von 40 Mio. Euro. Der Bestand des einen Kaufvertrages ist nicht an die Rechtswirksamkeit des anderen Kaufvertrages geknüpft. Geschäftswert: 60 Mio. Euro für Kaufvertrag mit A-GmbH und 40 Mio. Euro für den Kaufvertrag mit der B-GmbH, Gesamtgeschäftswert gemäß § 44 Abs. 2a 100 Mio. Euro.

V. Mindestgebühr (§ 33 S. 1)

Tritt im Falle des § 44 Abs. 1 Satz 2 (derselbe Gegenstand) gesonderte Berechnung der Gebühren ein, weil dies für den Kostenschuldner günstiger ist, oder wird im Falle des Abs. 2 jede Gebühr besonders berechnet, so gelten diese gesondert berechneten Gebühren iS des § 33 Satz 1 doch als eine Gebühr. Eine Erhöhung der Mindestgebühr tritt deshalb nicht bei den einzelnen Gebühren ein. **282**

Beispiel: Bei Zusammenbeurkundung sind eine $^{10}/_{10}$-Gebühr aus 300 Euro entstanden und eine $^{5}/_{10}$-Gebühr aus 1000 Euro. Setzt man die zweite Gebühr mit der Mindestgebühr an, ergeben sich zwei Gebühren zu je 10 Euro, insgesamt also 20 Euro, höchstens jedoch 18 Euro gemäß § 44 Abs. 1 Satz 2 Halbs. 2, Abs. 2b Teils. 1. Der Wortlaut des § 44 zielt aber auf eine einmalige Gebühr, weshalb die Mindestgebühr des § 33 erst auf das Berechnungsergebnis und nicht schon auf die Berechnung der Teilgebühren anzuwenden ist. Richtiges Ergebnis bei dem obigen Beispielsfall: $^{10}/_{10}$-Gebühr aus 300 Euro = 10 Euro und $^{5}/_{10}$-Gebühr aus 1000 Euro = 5 Euro, insgesamt somit 15 Euro.

VI. Zusammentreffen mit gebührenbegünstigten Geschäften

Beim Zusammentreffen von nichtermäßigten Geschäften mit ermäßigten (§ 144) berechnen sich die Gebühren in der Weise, dass der Teilbetrag der Gebühr ermäßigt wird, welcher die Gebühr, die für das nichtbefreite Geschäft bei gesonderter Beurkundung zu erheben wäre, übersteigt (vgl. im Einzelnen § 144 Rn. 31ff.). **283**

E. Zahlungspflicht

Werden in einer Verhandlung selbständige Erklärungen verschiedener Personen beurkundet, so ist hinsichtlich der Zahlungspflicht zu unterscheiden: **284**

I. Derselbe Gegenstand, derselbe Gebührensatz

285 Handelt es sich um denselben Gegenstand, und ist für alle Erklärungen derselbe Gebührensatz bestimmt, so haften die Beteiligten als Gesamtschuldner; zB Schuldurkunde und Bürgschaft für die Schuld: Bürge und Schuldner haften als Gesamtschuldner für die Gebühr.

II. Derselbe Gegenstand, unterschiedliche Gebührensätze

286 Handelt es sich zwar um denselben Gegenstand, sind aber die Gebührensätze verschieden, so haftet jeder für den Betrag, der bei getrennter Beurkundung entstanden wäre; zB Quittung des Hypothekengläubigers und Löschungsantrag des Eigentümers: der Gläubiger haftet für die volle Gebühr (§ 36 Abs. 1), der Eigentümer haftet mit ihm als Gesamtschuldner in Höhe der Hälfte der vollen Gebühr (§ 38 Abs. 2 Nr. 5 a); oder:

287 Kaufvertrag, Bürgschaft für den Restkaufpreis; die beiden Vertragsteile haften als Gesamtschuldner für die Gebühr der Beurkundung des Kaufvertrages; der Bürge haftet für diese einheitliche Gebühr in Höhe der einfachen Gebühr, berechnet von dem Betrag des Restkaufpreises.

III. Verschiedene Gegenstände

288 Haben die Erklärungen verschiedenen Gegenstand und wird nach § 44 Abs. 2 nur eine Gebühr erhoben, weil der gleiche Gebührensatz zur Anwendung kommt, so wird die einheitliche Gebühr zunächst nach dem Verhältnis der Werte auf die Erklärungen verteilt. Jeder haftet aber für den Betrag, der bei getrennter Beurkundung entstanden wäre, zB Quittung des Gläubigers über eine Hypothekenforderung, Umwandlung der zur Eigentümergrundschuld gewordenen Hypothek in eine Hypothek für eine mitbeurkundete neue Forderung desselben oder eines anderen Gläubigers: die volle Gebühr, berechnet nach dem zusammengerechneten Werte, wird zunächst jedem nach Verhältnis (hier je zur Hälfte) in Rechnung gestellt, falls nicht eine Übernahme der Kosten die Einforderung von einem der Beteiligten ermöglicht; jeder haftet aber für den Betrag, der bei getrennter Beurkundung seiner Erklärung entstanden wäre, vgl. § 5 Abs. 1. Dasselbe gilt entsprechend, wenn nach Abs. 2b Schlusssatz die Gebühr nach dem höchsten Gebührensatz vom Gesamtwert zu erheben ist (s. auch § 5 Rn. 2).[192]

§ 45* Beglaubigung von Unterschriften

(1) [1]Für die Beglaubigung von Unterschriften oder Handzeichen wird ein Viertel der vollen Gebühr, höchstens jedoch ein Betrag von 130 Euro, erhoben. [2]Der Wert ist ebenso zu bestimmen, wie wenn die Erklärung, unter der die Unterschrift oder das Handzeichen beglaubigt wird, beurkundet würde.

(2) Für die nach den Staatsschuldbuchgesetzen erforderlichen Unterschriftsbeglaubigungen wird nur die Mindestgebühr erhoben.

Übersicht

	Rn.		Rn.
I. Anwendungsbereich	1–4	III. Wertberechnung	6–10
1. Allgemeines	1, 2	1. Grundsatz	6, 7
2. Beglaubigungen nach den Staatsschuldbuchgesetzen	3	2. Mehrere Erklärungen	8–10
3. Beglaubigung zum Zwecke der Legalisation	4	IV. Überprüfung des Entwurfs	11–15
II. Gegenstand der Beglaubigungsgebühr (Unterschriften und Handzeichen)	5	1. Durch die Beglaubigungsgebühr abgegoltene Tätigkeiten	11
		2. Inhaltliche Überprüfung des Entwurfs	12

---

[192] Vgl. die vielen durchgerechneten Beispiele bei *Ackermann* JurBüro 1968, 2.
* § 45 Abs. 1 S. 1 geändert durch Gesetz vom 27. 4. 2001 (BGBl. I S. 751).

	Rn.		Rn.
3. Weitergehende Überprüfungstätigkeit des Notars	13–15	b) Rechtslage nach dem 1. 1. 1987	23–27
a) Grundbucheinsicht	13	aa) Inhalt der Abgrenzung	24
b) Prüfung der Tragweite und Folgen einer Erklärung	14	bb) Praktische Bedeutung	25
		cc) Teiländerungen des Entwurfs	26
c) Erklärung des Urkundeninhalts durch den Notar	15	dd) Wert	27
V. Änderung des Entwurfs	16–33	4. Rechtsfolgen bei wesentlichen Änderungen	28–33
1. Mögliche Qualifizierungen	16	a) Grundsatz	28, 29
2. Abgrenzung	17–21	b) Teiländerungen	30–33
a) Unerhebliche Änderungen	17	VI. Vollzugstätigkeit bei Unterschriftsbeglaubigungen	34, 35
b) Erhebliche Änderungen/wesentliche Änderungen	18–21		
aa) Abgrenzung zu den unerheblichen Änderungen	18	VII. Zusätzliche Anwendung anderer Gebührenbestimmungen	36–41
		1. Beglaubigung von Abschriften	36
bb) Abgrenzung zum eigenen Entwurf	19–21	2. Auswärts- und Unzeitgebühr	37
3. Rechtsfolgen bei erheblichen, aber nicht wesentlichen Änderungen	22–27	3. Erklärungen in fremder Sprache	38
		4. Dokumentenpauschale	39
a) Rechtslage bis zum 31. 12. 1986	22	5. Kostenermäßigung	40
		6. Zeugenentschädigung	41

Stichwortverzeichnis

Änderung des Entwurfs 15–30
– erhebliche 16
– unerhebliche 17
– wesentliche 18–21
– Rechtsfolgen 22–27
Auswärtsgebühr 37
Beglaubigung nach Staatsschuldbuchgesetzen 3
zum Zweck der Legalisation 4
von Urschriften 36
Entwurf: Überprüfung 11–14
Erklärungen des Urkundeninhalts durch den Notar 15
– in fremder Sprache 37
– mehrere 8–10

Gebührenbestimmung, Anwendung anderer 36–41
Kostenermäßigung 40
Mehrere Erklärungen 8–10
Prüfung der Tragweite 14
Tätigkeiten, abgegoltene Tätigkeiten 11
Teiländerungen 30–33
Unzeitgebühr 37
Urkundeninhalt 15
Vollzugstätigkeiten 34
Wertberechnung: Grundsatz 6, 7
Zeugenentschädigung 41

Schrifttum: *Madert/Holger Schmidt* NJW 1987, 291; *Mümmler* JurBüro 1987, 1; Prüfungsabteilung der Notarkasse MittBayNot 1987, 1; *Reimann* DNotZ 1987, 131.

I. Anwendungsbereich

1. Allgemeines

Die Beglaubigung von Unterschriften oder Handzeichen verursacht wesentlich geringere **1** Mühe als die Beurkundung; sie hat auch nicht die gleiche rechtliche Wirkung. Deshalb ist eine geringere Gebühr (ein Viertel der vollen Gebühr mit dem Höchstbetrage von 130 Euro) angesetzt, und zwar ohne Unterschied, ob für die Beurkundung § 36 Abs. 1 oder Abs. 2 oder § 38 maßgebend wäre. Auch auf die Zahl der Personen, deren Unterschriften oder Handzeichen beglaubigt werden, kommt es nicht an, vorausgesetzt nur, dass die Beglaubigung in einem Vermerk geschieht. Für mehrfache Beglaubigungen fällt demnach die mehrfache Gebühr des § 45 an, selbst wenn die nachfolgende Beglaubigung zu einer Erklärung erfolgt, die eine Berichtigung oder Ergänzung der vorbeglaubigten Erklärung ist,[1] oder bei mehreren Beglaubigungen derselben Person unter demselben Text[2] oder

---

[1] KG DNotZ 1939, 616.
[2] MittRhNotK 1954, 126.

bei mehreren Beglaubigungsvermerken unter derselben Urkunde bezüglich verschiedener Personen, auch wenn am selben Tage.

2   Die vom Notar nach § 26 Abs. 1 S. 1 DONot – Feststellung der Beteiligten – vorzunehmende Prüfung ist durch die Beglaubigungsgebühr abgegolten, ebenso die pflichtgemäße Überprüfung des Urkundenentwurfs dahin, ob Versagungsgründe für die Amtstätigkeit vorliegen (§ 4 BeurkG, § 14 Abs. 2 BNotO). Im Übrigen gilt die Gebühr nach § 45 nur die reine Beglaubigungstätigkeit des Notars ab. Werden sonstige Tätigkeiten erbracht, sind diese gesondert zu honorieren (s. Rn. 11ff., 15ff.)

2. Beglaubigungen nach den Staatsschuldbuchgesetzen

3   Für Beglaubigungen, die nach Staatsschuldbuchgesetzen (auch Bundesschuldbuch) erforderlich sind, wird die Mindestgebühr von zehn Euro erhoben. Die Bestimmung dürfte auch anwendbar sein für die Beglaubigung der Unterschrift unter der Verpfändung einer Ausgleichsforderung, wenn diese als Antrag auf künftige Eintragung in das Bundesschuldbuch aufgefasst werden kann.

3. Beglaubigung zum Zwecke der Legalisation

4   Die Gebühr für die Beglaubigung amtlicher Unterschriften zum Zwecke der Legalisation ist Justizverwaltungsangelegenheit. Die Gebühren sind in der JVKostO geregelt.

II. Gegenstand der Beglaubigungsgebühr (Unterschriften und Handzeichen)

5   § 45 umfasst alle Unterschriften, gleichgültig, ob es sich um Unterschriften des bürgerlichen oder des handelsrechtlichen Namens (§ 17 Abs. 1 HGB) handelt. Dies gilt auch bei der Namensunterschrift unter Angabe der Firma zur Aufbewahrung bei dem Registergericht gemäß §§ 29, 53 Abs. 2, 108 Abs. 2, 148 Abs. 3 HGB, §§ 37 Abs. 5, 79, 266 Abs. 5 AktG, § 8 Abs. 5 GmbHG; dass diese Beglaubigung der besonderen Form bedarf – der Zeichnende hat die Namensunterschrift unter Angabe der Firma nach § 12 Abs. 1 HGB iVm. § 41 BeurkG persönlich vor dem Notar zu vollziehen – macht die Vorschrift nicht unanwendbar.[3] Auch wenn die Beglaubigung in anderer Weise als in der Form des § 39 BeurkG erfolgt, trifft § 45 zu.[4] Wird die Zeichnung der Namensunterschrift zugleich mit der Anmeldung beglaubigt, so ist, wie bei der Beurkundung (§ 38 Abs. 2 Nr. 7), nur eine Gebühr zu erheben.

III. Wertberechnung

1. Grundsatz

6   Für die Wertberechnung gelten die §§ 39ff.; es ist also der Wert maßgebend, der für die Beurkundungsgebühr maßgebend wäre, wenn die in der Urkunde enthaltenen Erklärungen von dem Gericht oder Notar beurkundet worden wären. Hilfsweise ist der Wert nach § 30 Abs. 1 zu ermitteln. Bei der Beglaubigung der Unterschrift unter einem Vertrag ist die Gebühr nach dem ganzen Wert zu erheben, auch wenn nur die Unterschrift des einen Vertragsteils beglaubigt wird; dagegen kommt § 40 zur Anwendung, wenn die Unterschrift eines Mitberechtigten iS des § 40 (einer von mehreren auf derselben Vertragsseite stehenden Personen usw.) beglaubigt wird[5] oder die Unterschrift eines Miterben unter einem Erbauseinandersetzungsvertrag[6] oder unter einem Antrag der Miterben auf Eintragung der Nachlassgrundstücke auf ihren Namen in Erbengemeinschaft. Die Beglaubigung der Unterschrift unter einer Urkunde ergreift grundsätzlich den ganzen Inhalt der Urkunde. Wird zunächst nur die Unterschrift eines Vorstandsmitglieds von mehreren Vertretungsberechtig-

---

[3] KG JVBl. 1936, 251; DNotZ 1939, 676; BayObLG JurBüro 1983, 1685; aA *Sprick* DNotZ 1939, 598.
[4] KG JFGErg. 1, 77; JVBl. 1936, 251.
[5] KGJ 28 B 72.
[6] KG JFGErg. 13, 82.

ten unter einer Handelsregisteranmeldung beglaubigt, erst später die des anderen, so voller Wert auch für letztere. Bei Zusammenbeurkundung gilt jedoch § 5 Abs. 1 S. 2 (vgl. Rn. 8 ff.). Sog. Kommanditistenvollmachten umfassen regelmäßig nicht nur den Beitritt des jeweiligen Kommanditisten (dann § 41 Abs. 1), sondern alle Anmeldungen, die den Beitritt und das Ausscheiden von Gesellschaftern, Erhöhungen und Herabsetzungen von Geschäftsanteilen und alle sonstigen anmeldepflichtigen Erklärungen betreffen. Nach § 41 Abs. 2 aF hatte dies in aller Regel die Höchstgebühr des § 45 zur Folge.[7] Nach der Neufassung der §§ 40, 41 ist der Wert auf die Kommanditeinlage des Vollmachtgebers begrenzt (str., vgl. § 41 Rn. 3).

Der Geschäftswert für die Beglaubigung der Unterschriften der zeichnungsberechtigten 7 Vertreter einer Wirtschaftsprüfungsgesellschaft als Abschlussprüfer unter dem Jahresabschluss von Gesellschaften ist nach § 30 Abs. 1 zu bestimmen. Bei der Wertbestimmung ist die Bedeutung der Prüfung des Jahresabschlusses durch den Abschlussprüfer mitzuberücksichtigen. Ein Wertansatz von 15 000 bis 50 000 Euro erscheint vertretbar.

2. Mehrere Erklärungen

Enthält die Urkunde mehrere selbständige Erklärungen, die denselben Gegenstand haben, 8 so wird die Gebühr nach dem einfachen Wert dieses Gegenstandes berechnet (§ 44 Abs. 1); haben die Erklärungen verschiedenen Gegenstand, so werden die Werte zusammengerechnet (§ 44 Abs. 2 a). Der Fall, dass eine der Erklärungen einen höheren Gebührensatz erfordert (§ 44 Abs. 2 b), kann bei der Unterschriftsbeglaubigung nicht vorkommen, da hier nur ein Gebührensatz (ein Viertel der vollen Gebühr) besteht.

Enthält die Urkunde **selbständige Erklärungen verschiedener Personen,** und wird 9 nur die Unterschrift einer dieser Personen beglaubigt, so bleibt der Wert der Erklärungen, an denen sie nicht beteiligt ist, außer Betracht; wird zB unter einer Urkunde, die eine Hypothekenbestellung des Eigentümers und eine Quittung des bisherigen Hypothekengläubigers enthält, nur die Unterschrift des letzteren beglaubigt, so ist nur der Wert der Quittung maßgebend. Werden die Unterschriften in einem Vermerk beglaubigt, so wird nur eine Gebühr nach dem Wert aller Erklärungen erhoben.

Wenn mehrere gleichzeitig anwesende Personen dasselbe Schriftstück unterzeichnen, 10 sind die Unterschriften mit einem Vermerk zu beglaubigen.[8] Die Frage, ob der Notar zuwarten soll, wenn mehrere Personen dasselbe Schriftstück bei ihm zur Beglaubigung unterzeichnen sollen, um dann die nacheinander geleisteten Unterschriften in einem Vermerk zu beglaubigen, ist vom Standesrecht her zu beantworten, nicht vom Kostenrecht, das nur besagt, dass für jeden Beglaubigungsvermerk die Gebühr des § 45 zu erheben ist. Er wird dann zuwarten, wenn sich eine zeitnahe Erledigung des Vorgangs abzeichnet.

IV. Überprüfung des Entwurfs

1. Durch die Beglaubigungsgebühr abgegoltene Tätigkeiten

Die Gebühr nach § 45 gilt prinzipiell nur die Beglaubigungstätigkeit als solche ab, nicht 11 sonstige Tätigkeiten des Notars. Lediglich die vom Notar gesetzlich vorzunehmende Überprüfung des Urkundeninhalts auf Versagungsgründe für seine Amtstätigkeit (§ 4 BeurkG, § 14 Abs. 2 BNotO) und die Überprüfung der Identität der Beteiligten nach § 26 Abs. 1 S. 1 DONot sind durch die Beglaubigungsgebühr abgegolten.

2. Inhaltliche Überprüfung des Entwurfs

Die inhaltliche Überprüfung des Entwurfes wird durch die Beglaubigungsgebühr nach 12 § 45 nicht abgegolten. Überprüft daher der Notar den ihm zur Beglaubigung der Unterschrift oder des Handzeichens vorgelegten Entwurf inhaltlich, so ist diese Tätigkeit geson-

---

[7] OLG Düsseldorf MittBayNot 1970, 32; BayObLG MittBayNot 1971, 274; LG Stuttgart BWNotZ 1992, 99.
[8] LG Freiburg BWNotZ 2002, 159.

dert zu vergüten. Nach § 145 Abs. 1 S. 2 und 3 ist für die vom Notar auf Anforderung vorgenommene Überprüfung eines Entwurfs oder eines Teilentwurfs die Hälfte der für die Beurkundung der gesamten Erklärung bestimmten Gebühr, mindestens jedoch ein Viertel der vollen Gebühr zu erheben,[9] auch dann, wenn der Notar den Entwurf *nicht* auf Grund der von ihm vorgenommenen Überprüfung abändert (§ 145 Abs. 1 S. 2). Nach § 145 Abs. 1 S. 4 entfällt jedoch, sofern die Gebühr nach § 145 Abs. 1 S. 2 für die Überprüfung erhoben wird, die Beglaubigungsgebühr nach § 45 für die erste Beglaubigung, für weitere gesonderte Beglaubigungen werden die Gebühren nach § 45 dann jedoch gesondert erhoben. Dies bedeutet, dass bei der Beglaubigung von Unterschriften unter Erklärungen, die, sofern der Notar den Entwurf gefertigt hätte, nach § 38 Abs. 2 mit einer halben Gebühr zu bewerten gewesen wären (zB Bewilligung der Eintragung von beschränkten persönlichen Dienstbarkeiten für Energieversorgungsunternehmen), die Überprüfungstätigkeit des Notars zusammen mit der Beglaubigungstätigkeit nur mit einer $^1/_4$-Gebühr nach § 145 Abs. 1 S. 2 abgegolten wird, allerdings ohne die Beschränkung auf eine Höchstgebühr von 130 Euro.[10] Die weitere Folge ist, dass wegen der Überprüfung des Urkundeninhalts bei Grundpfandrechtsbestellungen auch die Gebühr nach § 146 Abs. 2 für die Vollzugstätigkeit nicht erhoben werden kann.

3. Weitergehende Überprüfungstätigkeit des Notars

13 **a) Grundbucheinsicht.** Nimmt der Notar aus Anlass einer Unterschriftsbeglaubigung eine Einsicht in das Grundbuch, in ein öffentliches Register und/oder in Akten vor, so stellt dies keine Überprüfung des ihm zur Beglaubigung vorgelegten Textes iS des § 145 Abs. 1 S. 2 und 3 dar, wenn durch die Einsicht die rechtliche Möglichkeit der zu beglaubigenden Erklärung überhaupt erst gewährleistet wird, also etwa festgestellt wird, dass derjenige, der eine Dienstbarkeitsbewilligung zu unterzeichnen hat, auch tatsächlich als Eigentümer eingetragen ist und Verfügungsbeschränkungen dem gewünschten rechtlichen Erfolg nicht entgegenstehen. Die Gebühr des § 147 Abs. 1 S. 1 fällt daher in derartigen Fällen neben der Gebühr des § 45, ggf. neben der Gebühr des § 145 Abs. 1 S. 2 an. Etwas anderes gilt in den Fällen, in denen die inhaltliche Überprüfung eine Grundbucheinsicht voraussetzt. Hier ist die Grundbucheinsicht gebührenfreies Nebengeschäft (§ 35) zur Überprüfung, auch wenn die Überprüfung wegen § 145 Abs. 1 S. 2 im Einzelfall nicht zu einer Gebührenerhöhung (verglichen mit der Beglaubigungsgebühr nach § 45) führt.[11]

14 **b) Prüfung der Tragweite und Folgen einer Erklärung.** Die Gebühr nach § 145 Abs. 1 S. 2 gilt lediglich die Überprüfung des dem Notar vorgelegten Textes auf ihre rechtliche Ordnungsmäßigkeit ab. Überprüft der Notar auch die Tragweite und die Folgen der Erklärung, insbesondere in wirtschaftlicher und in steuerlicher Hinsicht, so gilt hierfür neben § 45, ggf. auch neben § 145 Abs. 1 S. 2, auch § 147 Abs. 2.[12]

15 **c) Erklärung des Urkundeninhalts durch den Notar.** Wird der Notar beauftragt, den Inhalt einer Urkunde zu erklären, so hat dies nichts mit § 45, auch nichts mit § 145 Abs. 1 S. 2 zu tun. In diesem Falle gilt die bisherige Rechtslage weiter, wonach der Notar in einem solchen Fall eine $^5/_{10}$-Gebühr nach § 147 (nunmehr: Abs. 2) erhält. Die gleiche Rechtslage gilt, wenn der Notar den Inhalt eines Entwurfes erklären und anschließend die Unterschrift unter dem Entwurf beglaubigen soll. Inhaltserklärung hat nichts mit § 45, auch nichts mit § 145 Abs. 1 S. 2 zu tun. Der Notar erhält je eine Gebühr nach § 147 Abs. 2 und nach § 45.[13]

---

[9] Nach der bis zum 31. 12. 86 geltenden Rechtslage war für eine derartige Prüfung eine Gebühr nach § 147 Abs. 1 aF zu erheben. Sie fiel neben der Gebühr nach § 45 an. *Assenmacher/Mathias* „Unterschriftsbeglaubigung" 2.2; *Lappe* NJW 1984, 1215.
[10] Rechtslage bis zum 31. 12. 1986: $^1/_4$-Gebühr nach § 45, $^5/_{10}$-Gebühr nach § 147 Abs. 1 aF aus einem Teilwert.
[11] Vgl. *Rohs/Wedewer* § 147 Rn. 3.
[12] Vgl. *Reimann* DNotZ 1987, 137.
[13] *Reimann* DNotZ 1987, 137.

V. Änderung des Entwurfs

1. Mögliche Qualifizierungen

Die Beglaubigungsgebühr nach § 45 gilt grundsätzlich nur die Beglaubigungstätigkeit **16** des Notars ab. Wird der Entwurf vom Notar auftragsgemäß nicht nur überprüft, sondern auch geändert, kommt eine Qualifizierung der so erstellten Erklärung als eigener Entwurf des beglaubigenden Notars in Frage, mit der Folge, dass nicht die Gebühr nach § 45 zu erheben ist, sondern eine Gebühr, die anfiele, wenn der Notar den Entwurf von Anfang an selbst erstellt hätte. Ist der Notar bei einer Grundschuldbestellung ausdrücklich nur mit der Unterschriftsbeglaubigung betraut, reicht bloßes Gewährenlassen der Beteiligten bei der Ergänzung des Entwurfs der Bank durch den Notar nicht aus, um hieraus eine Auftragserteilung iS von § 145 Abs. 1 S. 2 durch schlüssiges Verhalten der Beteiligten folgern zu können.[14] Der Übergang von der Beglaubigungsgebühr (§ 45) zur Entwurfsgebühr (§ 145) ist fließend. Die Unterscheidung zwischen bloßer Unterschriftsbeglaubigung, für welche § 45 gilt, und Entwurf bzw. Entwurfsergänzung, für welche § 145 maßgebend ist, ist in der Praxis schwierig. Insbesondere bei Grundpfandrechtsformularen, die der Gläubiger dem Notar teilausgefüllt übergibt, kommt es zu Abgrenzungsproblemen. Fraglich ist zunächst einmal, welche Qualität eine Änderung oder Ergänzung haben muss, damit überhaupt der Bereich des § 45 verlassen wird (Frage nach der Erheblichkeit der Änderung). Fraglich ist auch, welche Gebührenfolge eine derartig als erheblich qualifizierte Änderung hat (Frage nach Gebührensatz und Geschäftswert). Problematisch ist insbesondere die Rechtslage bei Teiländerungen. Es sind drei Arten von Änderungen denkbar:

– **unerhebliche Änderungen,** die nicht dazu führen, dass neben § 45 eine weitere Gebühr anfällt oder dass die Gebühr des § 45 durch eine andere verdrängt wird;

– **erhebliche Änderungen,** die jedoch **nicht** so **wesentlich** sind, dass sie den geänderten Entwurf als eigenen Entwurf des ändernden Notars qualifizieren; dann gilt § 145 Abs. 1 S. 2;

– **erhebliche Änderungen,** die den ursprünglich nur zur Beglaubigung vorgelegten Text so **wesentlich** umgestalten, dass ein eigener Entwurf des ändernden Notars entsteht; dann ist eine Gebühr nach § 145 Abs. 1 S. 1 statt der Beglaubigungsgebühr nach § 45 zu erheben.

2. Abgrenzung

a) Unerhebliche Änderungen. Rein sprachliche Korrekturen und solche Ergänzungen, die der Notar ohne Überprüfung des Inhalts der Urkunde vornimmt, führen nicht zu einer besonderen Gebühr. In derartigen Fällen verbleibt es bei der Beglaubigungsgebühr nach § 45. **17**

b) Erhebliche Änderungen/wesentliche Änderungen. aa) Abgrenzung zu den unerheblichen Änderungen. Erheblich ist jede Änderung, die über die rein sprachliche Korrektur hinausgeht bzw. über solche Ergänzungen, die der Notar ohne Überprüfung des Inhalts der Urkunde vornimmt. **18**

bb) Abgrenzung zum eigenen Entwurf. Die Änderung eines vorgelegten Textes durch den Notar, der an sich nur die Unterschrift beglaubigen soll, kann so wesentlich sein, dass durch sie der vorgelegte Text die Qualität eines eigenen Entwurfes des ändernden Notars erhält. Eine derartig wesentliche Änderung liegt stets dann vor, wenn sie einen Gegenstand betrifft, dessen Erwähnung oder Regelung die Urkunde erst für den Rechtsverkehr tauglich macht. Entscheidend für die Frage, ob eine wesentliche, also umgestaltende Änderung vorliegt, ist, ob der vorgelegte Text ohne die Änderung überhaupt rechtsverkehrsfähig ist. Für die Beurteilung der Frage, ob im Falle der Ergänzung oder Änderung des vorgelegten Entwurfes § 145 Abs. 1 S. 1 oder S. 2 anzuwenden ist, wird von wesentlicher Bedeutung sein, ob **19**

---

[14] OLG Karlsruhe JurBüro 1992, 549.

§ 45

- der vorgelegte Entwurf in etwa alle wesentlichen Elemente des beabsichtigten Rechtsgeschäftes enthält, und
- welchen Umfang und welche rechtliche Bedeutung die vorgenommenen Änderungen oder Ergänzungen im Hinblick auf das beabsichtigte Rechtsgeschäft haben.

19a Ändert oder ergänzt der Notar also einen ihm vorgelegten Entwurf, der im Wesentlichen zur Verwendung im Rechtsverkehr geeignet ist, unbeschadet der Änderungs- oder Ergänzungsbedürftigkeit in einigen Punkten, führt dies im Regelfall zur Gebühr des § 145 Abs. 1 S. 2. Nicht jede Ergänzung, die zu einer „richtigen" Erklärung führt, gestaltet also den vorgelegten Text so um, dass dieser zu einem eigenen Entwurf des ändernden Notars wird.[15] Ob der vorgelegte Entwurf ohne die Änderung des Notars zu dem Grundbuchvollzug, *wie er vom Unterzeichneten gewünscht wird,* führen kann, ist für die Abgrenzung zum Entwurf jedoch nicht ausschlaggebend. Auch ein „unrichtiger" Grundbuchvollzug führt zu einer verkehrsfähigen Urkunde. Legt man diese Grundsätze zugrunde, wird man die Abgrenzung wie folgt vornehmen können:[16]

20 **Statt § 45 Anwendung des § 145 Abs. 1 S. 2:**
- Der Notar überprüft und ergänzt den Entwurf eines Kaufvertrages, in dem die Fälligkeit des Kaufpreises noch nicht geregelt ist.
- Der Notar überprüft den Entwurf eines Mietvertrages und nimmt Änderungen hinsichtlich der Kündigungsbestimmungen vor.
- Der Notar überprüft den vorgelegten Entwurf eines Gesellschaftsvertrages und nimmt einige Änderungen an der Gesellschaftssatzung vor.
- bei Grundschuldbestellungen:
- Ergänzen der Grundbuchstelle (soweit durch eindeutige Bezeichnung des belasteten Grundstücks entbehrlich),
- Einfügen des Belastungsobjekts (soweit durch die angegebene richtige Grundbuchstelle entbehrlich),
- Rangbestimmung, auch Einweisung in einen Rangvorbehalt,
- Zustimmung zu Rangänderungserklärungen,
- Rangänderungserklärungen vorrangiger Gläubiger, Rangrücktrittserklärungen des künftigen Eigentümers mit seiner Auflassungsvormerkung.[17]

21 **Statt § 45 Anwendung des § 145 Abs. 1 S. 1:**
Es werden vom Notar Änderungen oder Ergänzungen vorgenommen wie
- Belastungszustimmungen, die in den vorgelegten Entwurf aufgenommen werden, zB
- Nacherbe nach §§ 2112 ff. BGB
- Ehegatte nach § 1365 BGB
- Verpfändung eines Anspruchs auf Auflassung
- Einsetzen des Pfandbesitzes bei Grundschulden, sofern dieser nicht in dem vom Eigentümer vorgelegten Text in anderer Weise, etwa durch Angabe der Grundbuchstelle, der Flurstücknummer oder der laufenden Nummer im Bestandsverzeichnis bereits ausreichend gekennzeichnet ist[18]
- Ergänzungen und Änderungen schuldrechtlicher Erklärungen, insbesondere im Zusammenhang mit einem vorausgehenden Kaufvertrag, wie zB
- Mitwirkung des Verkäufers als Grundschuldbesteller
- Klarstellung der Haftungsverhältnisse
- Neufassung bzw. Einschränkung der Zweckerklärung
- Einfügung sonstiger Sicherungsabreden
- Übernahme der persönlichen Haftung.

---

[15] OLG Stuttgart JurBüro 1992, 618.
[16] Vgl. OLG Stuttgart JurBüro 1992, 618; PrüfAbt. Notarkasse MittBayNot 1987, 6; LG Mainz MDR 1998, 1502.
[17] OLG Stuttgart BWNotZ 1993, 12; abweig die weitergehende Auslegung von *Firnau* BWNotZ 1993, 13.
[18] OLG Stuttgart wendet hier § 145 Abs. 1 S. 2 an, JurBüro 2002, 545.

3. Rechtsfolgen bei erheblichen, aber nicht wesentlichen Änderungen

a) Rechtslage bis zum 31. 12. 1986. Problematisch war bei den erheblichen, aber nicht wesentlichen Änderungen, ob hierfür eine Gebühr verlangt werden konnte. Zum Teil wurde die Meinung vertreten, dass § 145 Abs. 1 S. 1 aF anwendbar war, jedoch nur aus einem Teilwert, der nach § 30 Abs. 1 zu schätzen war (vgl. 13. Aufl. § 145 Rn. 58); ungeklärt war in diesen Fällen die Anrechnung gemäß § 145 Abs. 1 S. 3. In Frage kam in aller Regel lediglich eine Gebühr nach § 147 Abs. 1 aF aus einem Teilwert.[19]

b) Rechtslage nach dem 1. 1. 1987. Durch die durch das Gesetz vom 9. 12. 1986 (BGBl. I S. 2326) in § 145 Abs. 1 eingefügten Sätze 2 und 3 ist die kostenrechtliche Abgrenzung der Unterschriftsbeglaubigung und zum Entwurf bzw. der Entwurfsergänzung nunmehr gesetzlich zum Teil geändert worden. § 145 Abs. 1 S. 2 gilt für alle Vorgänge, die ab 1. 1. 1987 beim Notar behandelt werden.

aa) Inhalt der Abgrenzung. Ändert oder ergänzt der Notar einen ihm vorgelegten Entwurf einer ihm übertragenen und von ihm vorgenommenen Überprüfung, so wird die Hälfte der für die Beurkundung der gesamten Erklärung bestimmten Gebühr, mindestens ein Viertel der vollen Gebühr erhoben. Die Anwendung des § 145 Abs. 1 S. 2 setzt jedoch stets voraus (vgl. Rn. 19), dass überhaupt ein verkehrsfähiger Entwurf vorliegt. Diese gesetzliche Regelung hat ihren Grund und ihre innere Berechtigung offenbar in der Annahme, die Überprüfung, Ergänzung oder Änderung habe häufig nur einen Teil des Entwurfs zum Gegenstand und bereite idR erheblich weniger Mühe, als die Fertigung eines vollständigen Entwurfs. Da die neuen Sätze 3 und 4 des § 145 Abs. 1 den bisherigen Sätzen 2 und 3 entsprechen, und nunmehr auf Grund ihrer Stellung im System auch den Fall der ermäßigten Entwurfsgebühr nach den neuen Sätzen 2 und 3 mit einbeziehen, hat dies (§ 145 Abs. 1 S. 4) für die Anwendung des § 45 zur Folge, dass für die erste Beglaubigung einer vom Notar entworfenen oder überprüften Urkunde keine Gebühr erhoben wird. Für weitere besondere Beglaubigungen werden die Gebühren nach § 45 gesondert erhoben. Überprüft der Notar einen ihm vorgelegten Entwurf und ändert er den Text, so wirkt sich dies bei Erklärungen, die, sofern der Notar den Entwurf gefertigt hätte, in einer **halben Gebühr nach § 38 Abs. 2** zu bewerten gewesen wären, gebührenrechtlich – abgesehen vom Wegfall der Höchstgebühr gemäß § 45 – **nicht** aus: Es verbleibt bei der ¼-Gebühr, mit dem Unterschied, dass der Notar diese nicht nach § 45, sondern nach § 145 Abs. 1 S. 2 erhebt und eine Vollzugsgebühr nach § 146 Abs. 2 nicht anfällt (Rn. 35). Nach alter Rechtslage hätte er zumindest für die Überprüfung des Textes eine Gebühr nach § 147 Abs. 1 aF verlangen können, was nunmehr auf Grund der Neufassung des § 145 Abs. 1 S. 2 nicht mehr möglich ist. Dass das zusätzliche Bemühen des Notars für die Überprüfung des Entwurfs die Vollzugsgebühr entfallen lässt, ist der Wertung nach widersprüchlich, nach dem Wortlaut aber eindeutig.

bb) Praktische Bedeutung. Die nun geltende gesetzliche Abgrenzung ist vor allem für die Fälle relevant, in denen im Zusammenhang mit der Beglaubigung von Unterschriften eine vom Kreditgeber formularmäßig vorbereitete Erklärung über die Bestellungsurkunde eines Grundpfandrechts vom Notar ergänzt oder geändert wird, die neben der darin enthaltenen Eintragungsbewilligung und dem Eintragungsantrag einen selbständigen Abschnitt mit schuldrechtlichen Erklärungen gegenüber dem Kreditgeber enthält (zB Grundschuld für Bausparkasse mit Abtretung von Rückgewähransprüchen). Während für die Beurkundung einer Eintragungsbewilligung oder eines Grundbuchantrags nach § 38 Abs. 2 Nr. 5a lediglich eine halbe Gebühr zu erheben wäre, wäre für die Beurkundung einer schuldrechtlichen Erklärung eine volle Gebühr nach § 36 Abs. 1 zu erheben, uU sogar, wenn es nicht wegen § 42 Abs. 1 bei der $^{10}/_{10}$-Gebühr verbleibt, eine Gebühr nach § 36 Abs. 2, wenn in eine Grundpfandrechtsbestellungsurkunde der Anspruch auf Valutierung der Grundschuld an den Verkäufer abgetreten wird, der bei der Bestellung des Grundpfandrechtes mitwirkt. Nach der nunmehr geltenden Fassung von § 145 Abs. 1 S. 2 ist

---

[19] *Assenmacher/Mathias* „Entwürfe" Anm. 6.5; OLG München DNotZ 1941, 389.

auch dann, wenn der Notar lediglich denjenigen Abschnitt des Entwurfs überprüft und Änderungen oder Ergänzungen in demjenigen Abschnitt vornimmt, der die Bewilligung oder den Antrag enthält, die Hälfte der Gebühr zu erheben, die für die Beurkundung der schuldrechtlichen Erklärung maßgebend wäre.

26 **cc) Teiländerungen des Entwurfs.** Die Frage, ob eine vorbereitete Erklärung einen Gegenstand oder mehrere Gegenstände betrifft und ob die vom Notar vorgenommene Änderung sich auf den gesamten Inhalt bezieht oder nur einen Gegenstand, diesen uU nur teilweise, tangiert, spielt bei der Anwendung des § 145 Abs. 1 S. 2 – anders als bei § 145 Abs. 1 S. 1 – keine Rolle, § 145 Abs. 1 S. 2 besagt, dass die Hälfte der für die Beurkundung der gesamten Erklärung bestimmten Gebühr, mindestens jedoch ein Viertel der vollen Gebühr zu erheben ist, wenn der Notar auf Anforderung einen ihm vorgelegten Entwurf eine Urkunde oder auch nur einen Teil des Entwurfs überprüft und daraufhin ändert oder ergänzt. Die Mühewaltung des Notars ist insoweit pauschal abgegolten; der Gesetzgeber geht bei der von ihm getroffenen Regelung bereits davon aus, dass die Arbeit des Notars geringer zu bewerten ist, als beim eigenständigen Erstellen des gesamten Entwurfs, so dass auch Teiländerungen in diese pauschale Regelung fallen. Die bisherigen Abgrenzungsversuche (s. Rn. 30) sind damit im Rahmen von § 145 Abs. 1 S. 2 gegenstandslos.

27 **dd) Wert.** Der Wert wird, wenn § 145 Abs. 1 S. 2 angewandt wird, durch den Wert der Beglaubigung bestimmt, wenn der Notar den Entwurf selbst gefertigt hätte. Es ist insoweit kein Spielraum mehr für eine Schätzung des Wertes, also insbesondere nicht für einen Abschlag von einem nach den §§ 39 ff. feststehenden Wert.

4. Rechtsfolgen bei wesentlichen Änderungen

28 **a) Grundsatz.** Die Neufassung des § 145 Abs. 1 hat nicht zur Folge, dass alle Änderungen ohne Rücksicht auf ihre Qualität und Erheblichkeit stets zum Übergang von § 45 zu § 145 Abs. 1 S. 2 führen. Bei Änderungen, die den Inhalt des vorgelegten Entwurfes eigentlich erst „ausmachen", ist ein Übergang von § 45 zu § 145 Abs. 1 S. 1 nach wie vor möglich.

29 Kommt man zum Ergebnis, dass die Änderung so wesentlich ist, dass der den Text ändernde Notar die Entwurfsgebühr nach § 145 Abs. 1 S. 1 erhält, sind die bisherigen, zur Rechtslage bis zum 31. 12. 1986 entwickelten Kriterien[20] nach wie vor gültig. Die im Rahmen von § 145 Abs. 1 S. 1 zu erhebende Gebühr kann sich daher nach § 38, insbesondere nach § 38 Abs. 2 Nr. 5a, nach § 36 Abs. 1 oder nach § 36 Abs. 2 richten, je nachdem, welcher Vorschrift die Erklärung unterliegt, ohne Rücksicht auf die Qualität der Änderung iÜ.

30 **b) Teiländerungen.** Ergänzungen betreffen häufig nicht den gesamten Gegenstand des vorgelegten Entwurfs, sondern nur einen Teil. In solchen Fällen ist im Rahmen von § 145 Abs. 1 S. 1 (anders als bei der Anwendung von § 145 Abs. 1 S. 2!) zu unterscheiden, ob der Entwurf einen Gegenstand oder mehrere Gegenstände iS von § 44 enthält (zB eine Grundschuldbestellung mit Nebenerklärungen gemäß § 35 oder mehrere Grundschuldbestellungen). Betrifft eine zu beglaubigende Erklärung **einen Gegenstand,** so gilt: Die Änderung, auch einer im Entwurf enthaltenen Nebenerklärung bezüglich desselben Gegenstandes, erfasst die gesamte Erklärung, die also insgesamt nach § 145 Abs. 1 S. 1 zu bewerten ist.[21] Nimmt der Notar zB am Entwurf einer Grundschuldurkunde wesentliche Änderungen vor, so bemisst sich die Gebühr nach § 36 Abs. 1, wenn die Urkunde auch außergrundbuchliche Erklärungen enthält, die den Gebührentatbestand des § 36 Abs. 1 erfüllen, selbst, wenn der Notar in diesem Teil keine Änderungen vorgenommen hat.

31 Etwas anderes soll nur gelten, wenn dieser Teil eindeutig aus dem Verantwortungsbereich des Notars herausgenommen ist.[22] Die Entscheidung des OLG Stuttgart dürfte jedoch kaum jemals anwendbar sein, wenn die zu beglaubigende Unterschrift mit dem Be-

---

[20] *Ackermann* Rpfleger 1967, 385; 1972, 245; *Ripfel* BWNotZ 1966, 213.
[21] OLG Stuttgart DNotZ 1976, 439 = KostRsp. Nr. 4 m. krit. Anm. *Lappe;* DNotZ 1983, 575.
[22] OLG Stuttgart JurBüro 1981, 913.

glaubigungsvermerk auch diesen, angeblich nicht vom Notar zu „verantwortenden" Teil gemäß § 416 ZPO abdeckt; dies gilt nach OLG Düsseldorf[23] selbst dann, wenn der betroffene Abschnitt „Außergrundbuchliche Erklärungen, auf die sich der Beglaubigungsvermerk nicht bezieht" überschrieben ist. Soll ein Teil aus dem „Verantwortungsbereich" des Notars herausgenommen werden, dann ist er räumlich so anzuordnen, dass sich die beglaubigte Unterschrift nicht auf ihn bezieht.

Wird bei einer Vorwegbelastung zur Kaufpreisfinanzierung erst bei der Grundpfandrechtstellung, also nicht schon im Kaufvertrag vereinbart, dass der Käufer als künftiger Eigentümer den Fortbestand der Grundschuld duldet, dass alle Eigentümerrechte übertragen werden und der Anspruch auf Valutierung der Grundschuld an den Verkäufer abgetreten wird, so ist bei wesentlicher Veränderung des Entwurfs durch den Notar im Rahmen des § 145 Abs. 1 S. 1 die Vorschrift des § 36 Abs. 2 anzuwenden, es sei denn, dass es wegen § 42 Abs. 1 bei einer $^{10}/_{10}$-Gebühr verbleibt, nach Ansicht von *Lappe*[24] ist – hiervon abweichend – § 44 Abs. 1 S. 2 entsprechend anzuwenden. 32

Betrifft eine zu beglaubigende Erklärung **mehrere Gegenstände,** werden aber nur bei Erklärungen bezüglich des einen Gegenstandes Änderungen im Entwurf durch den Notar vorgenommen, so ist die eine (wesentlich geänderte) Erklärung nach § 145 Abs. 1 S. 1, die andere (unverändert gebliebene) nach § 45 zu bewerten. § 44 Abs. 2 ist (vgl. § 44 Rn. 6) bei Zusammentreffen von Gebühren nach § 45 und § 145 nicht anwendbar. Enthält zB ein Formular zwei Grundschuldbestellungen, wird aber nur der Text einer Grundschuld wesentlich geändert, ist die eine nach §§ 145 Abs. 1 S. 1, 36 Abs. 1, die andere nach § 45 zu bewerten. 33

VI. Vollzugstätigkeit bei Unterschriftsbeglaubigungen

Nach § 146 Abs. 3 aF erhält der Notar $^1/_4$ der vollen Gebühr, wenn er im Auftrag des Antragstellers den Vollzug eines Antrags auf Eintragung, Veränderung oder Löschung einer Hypothek, Grundschuld oder Rentenschuld oder einer Schiffshypothek betreibt, sofern er den Entwurf nicht gefertigt, sondern nur die Unterschrift oder das Handzeichen beglaubigt hat; dieser Gebührentatbestand gilt nur für Tätigkeiten bis zum 31. 12. 1986. 34

Für Tätigkeiten, die nach dem 1. 1. 1987 ausgeübt werden gilt: Der Notar erhält $^1/_4$ der vollen Gebühr in derartigen Fällen gemäß § 146 Abs. 2 nur, wenn er den Entwurf weder gefertigt noch überprüft, sondern nur die Unterschrift oder das Handzeichen beglaubigt hat. Dies führt dazu, dass bei Erklärungen, die, falls der Notar den Entwurf gefertigt hätte, mit einer $^1/_2$-Gebühr zu bewerten gewesen wären, der Notar für seine gesamte Tätigkeit (Beglaubigungstätigkeit, Überprüfungstätigkeit, Vollzugstätigkeit) nur eine $^1/_4$-Gebühr erhält, und zwar nach § 145 Abs. 1 S. 2. Der Notar erhält jedoch für seine Vollzugstätigkeit bei anderen als Grundpfandrechtsregelungen (Betreiben und Überprüfen des Grundbuchvollzugs) eine Gebühr nach § 147 Abs. 2. 35

VII. Zusätzliche Anwendung anderer Gebührenbestimmungen

1. Beglaubigung von Abschriften

§ 55: Für jede beglaubigte Abschrift ist die Beglaubigungsgebühr gemäß § 55 zu erheben. 36

2. Auswärts- und Unzeitgebühr

§ 58: Bei der Beglaubigung von Unterschriften findet auch § 58 (sowohl Abs. 1 und 2 wie Abs. 3, vgl. dort Rn. 8) Anwendung. 37

3. Erklärungen in fremder Sprache

§ 59: Die Vorschrift (Erklärung in fremder Sprache) ist nicht anwendbar. 38

---

[23] DNotZ 1987, 380.
[24] KostRsp. Nr. 3 Anm.

4. Dokumentenpauschale

39 § 136: Eine Dokumentenpauschale wird für den Beglaubigungsvermerk nicht erhoben; es handelt sich nicht um eine Ausfertigung, sondern um die Urschrift. Für die Abschriften gilt § 55 Abs. 2.

5. Kostenermäßigung

40 § 144: Schuldner der Kosten für die Beglaubigung einer Unterschrift ist gemäß § 2 Nr. 1 der Unterzeichner der Erklärung. Ein Dritter kann durch eine Übernahmeerklärung iS des § 3 Nr. 2 zum weiteren Kostenschuldner werden. Der Unterzeichner und der Dritte haften gemäß § 5 als Gesamtschuldner. Eine Kostenübernahmeerklärung ändert nach § 3 Nr. 2 durch einen persönlich Begünstigten nichts an der Höhe der Kostenschuld, die der nicht begünstigte, eigentliche Kostenschuldner zu zahlen hätte.[25] Nach Auffassung des BayObLG ist es ohne Bedeutung, ob der persönlich Begünstigte des weiteren Kostenschuldner nach § 2 Nr. 1 deshalb geworden ist, weil auch er die Tätigkeit des Notars veranlasst hat, etwa dadurch, dass er die Anregung zur Beglaubigung der Unterschrift des Grundstückseigentümers gegeben hat.

6. Zeugenentschädigung

41 Gebührenfreies Nebengeschäft ist die Hinzuziehung zweier Zeugen und die Bescheinigung hierüber.[26]

§ 46* Verfügungen von Todes wegen

(1) **Für die Beurkundung eines Testaments wird die volle, für die Beurkundung eines Erbvertrags oder eines gemeinschaftlichen Testaments wird das Doppelte der vollen Gebühr erhoben.**

(2) **[1] Für die Beurkundung des Widerrufs einer letztwilligen Verfügung, der Aufhebung oder Anfechtung eines Erbvertrags sowie des Rücktritts von einem Erbvertrag wird die Hälfte der vollen Gebühr erhoben; ist die Anfechtung dem Nachlaßgericht gegenüber zu erklären, so gilt § 38 Abs. 3. [2] Wird gleichzeitig eine neue Verfügung von Todes wegen beurkundet, so wird die Gebühr für den Widerruf oder die Aufhebung nur insoweit erhoben, als der Geschäftswert der neu errichteten Verfügung hinter dem der widerrufenen oder aufgehobenen Verfügung zurückbleibt.**

(3) **Wird ein Erbvertrag gleichzeitig mit einem Ehevertrag oder einem Lebenspartnerschaftsvertrag beurkundet, so wird die Gebühr nur einmal berechnet, und zwar nach dem Vertrag, der den höchsten Geschäftswert hat.**

(4) **[1] Wird über den ganzen Nachlaß oder einen Bruchteil davon verfügt, so ist der Gebührenberechnung der Wert des nach Abzug der Verbindlichkeiten verbleibenden reinen Vermögens oder der Wert des entsprechenden Bruchteils des reinen Vermögens zugrunde zu legen. [2] Vermächtnisse, Pflichtteilsrechte und Auflagen werden nicht abgezogen.**

(5) **[1] Der Berechnung der Gebühren sind in der Regel die Angaben des Verfügenden über den Geschäftswert zugrunde zu legen. [2] Eine Nachforderung des deshalb zu wenig angesetzten Betrags wird durch § 15 nicht ausgeschlossen; die Verjährung des Anspruchs (§ 17) beginnt in diesem Fall erst mit dem Ablauf des Jahres, in dem die Verfügung eröffnet oder zurückgegeben ist.**

---

[25] BayObLG DNotZ 1985, 563; vgl. § 144 Rn. 50.
[26] LG Hildesheim KostRsp. Nr. 1.
* § 46 Abs. 2 S. 1 geändert durch Gesetz vom 24. 6. 1994 (BGBl. I S. 1325), Abs. 3 geändert durch Gesetz vom 16. 2. 2001 (BGBl. I S. 266).

Übersicht

	Rn.		Rn.
I. Verfügungen von Todes wegen	1–10a	4. Gemischte Verfügungen	23
1. Testamente und Erbverträge	1–4	5. Zuwendung wiederkehrender Leistungen	24
a) Grundsatz	1, 2	6. Nichtvermögensrechtliche Anordnungen	25
b) Mehrere Verfügungen von Todes wegen	3, 3a	7. Vermögensbegriff	26–31
c) Abänderungen und Ergänzungen	4	8. Wertbestimmung bei landwirtschaftlichen Verfügungen	32–34a
2. Schenkungsversprechen auf den Todesfall	5	a) Grundsatz	32, 33
3. Nichtanwendbarkeit von § 46	6–10a	b) Anwendung	34, 34a
a) Übergabe eines eigenhändigen Testaments zur Verwahrung	6	IV. Wertermittlung, Berichtigung, Verjährung	35–37
		1. Wertermittlung	35, 36
b) Testamentsablieferung. Benachrichtigung des Standesamtes	7	2. Berichtigung, Verjährung	37
		V. Ehe- und Erbvertrag	38–48
c) Ehegattenzustimmung	8	1. Normzweck	38, 38a
d) Erbverzicht	9	2. Personen- und Gegenstandsgleichheit	39–42
e) Anordnung der Ausgleichspflicht	10	a) Gegenstandsgleichheit	39, 40
		b) Personengleichheit	41
f) Rückgabe aus der notariellen Verwahrung	10a	c) Analoge Anwendung auf Partnerschaftsverträge?	42
II. Widerruf, Aufhebung, Anfechtung, Rücktritt	11–18	3. Wertberechnung	43, 44
1. Widerruf. Aufhebung	11–15	4. Anwendung unterschiedlicher Gebührensätze	45
2. Anfechtung eines Erbvertrages	16, 17	5. Mitbeurkundung weiterer Erklärungen unter Lebenden	46, 47
3. Rücktritt vom Erbvertrag	18	6. Verbindung des Ehe- bzw. Lebenspartnerschaftsvertrages mit dem Testament der Beteiligten	48
III. Geschäftswert	19–34a		
1. Grundsatz	19		
2. Gesamtrechtsnachfolge	20, 21		
3. Einzelrechtsnachfolge	22		

Stichwortverzeichnis

Abänderungen und Ergänzungen 4
Anordnung der Ausgleichspflicht 10
Anordnung der Satzung einer Stiftung 2
Anordnungen, nichtvermögensrechtliche 25
Aufhebung 11 ff.
Ausgleichspflicht, Anordnung der Ausgleichspflicht 10
Berichtigung 33
Bewertungszeitpunkt 31
Dieselben Vermögensgegenstände 40
Ehegattenzustimmung 8
Ehevertrag 35; Verbindung mit Testament 48
Einzelrechtsnachfolge 22, 34
Erbvertrag 1–4
 Anfechtung/Aufhebung, Rücktritt, Widerruf 11–18
Erbverzicht 9, Aufhebung 13
Erklärungen, Mitbeurkundung weiterer unter Lebenden 47, 46
Fortsetzung der Gütergemeinschaft 30
Gebührensätze 4
Gegenstandsgleichheit 39
Gemeinschaftliches Testament 15
Gemischte Verfügungen 23
Gesamtrechtsnachfolge 21, 34
Geschäftswert 19
Landwirtschaftliche Verfügungen 32–34
Lebenspartnerschaftsvertrag 38 ff.

Mehrere Verfügungen 3
Neue Verfügung 14
Nichtanwendbarkeit 6
Nichtvermögensrechtliche Anordnungen 25
Normzweck (Ehe- und Erbvertrag) 38
Partnerschaftsverträge 42
Personengleichheit 39 ff.
Privatvermögen (zurückbehaltenes bei Landwirtschaft) 32
Rechtswahl 20
Rückgabe aus der notariellen Verwahrung 10a
Schenkungsversprechen 5
Testament: Abänderung, Ablieferung 6; Ergänzung 4; Übergabe einer Schrift 2
Übergabe 7
Verbindung 48
Vererbbares Vermögen 27
Verfügung: gemischte 23
Verjährung 37
Vermögensbegriff 31
Versicherungen 28
Wert (Grundsatz) 19
Wertberechnung 43, 44
Wertermittlung 32, 35
Widerruf 11 ff.
Zuwendung wiederkehrender Leistungen 24
Zweiseitiger Erbvertrag 29

I. Verfügungen von Todes wegen

1. Testamente und Erbverträge

1 **a) Grundsatz.** Betreffen die §§ 36 ff. die Gebühren für Rechtsgeschäfte unter Lebenden, so handelt § 46 von den Verfügungen von Todes wegen. Er unterscheidet Testamente einerseits und Erbverträge und gemeinschaftliche Testamente andererseits. Er bestimmt in Abs. 1:
- für die Errichtung eines Testaments die volle Gebühr;
- für die Beurkundung eines gemeinschaftlichen Testaments oder eines Erbvertrags das Doppelte der vollen Gebühr, wobei er bei Erbverträgen keinen Unterschied macht, ob die beiden Vertragschließenden als Erblasser verfügen oder nur einer von ihnen. Im Erbvertrag oder gemeinschaftlichen Testament enthaltene einseitige Verfügungen sind abgegolten, soweit über die durch sie betroffenen Gegenstände auch vertragsmäßig oder gemeinschaftlich verfügt ist; soweit dies aber nicht der Fall ist, es sich also um eine eigenständige Verfügung handelt, ist die doppelte Gebühr vom Gesamtwert aller Verfügungen zu erheben.

2 Durch die in § 46 Abs. 1 genannte Gebühr werden alle Verfügungen von Todes wegen und letztwilligen Anordnungen abgegolten, die im Testament oder Erbvertrag enthalten sind, etwa auch die **Satzung, die einer Stiftung,** welche Erbe sein soll, verordnet wird.[1] Ob bei **Testamentserrichtung durch Übergabe einer Schrift** (§ 2238 Abs. 1 Alt. 2 BGB) diese vom Erblasser, einem Dritten oder dem Notar entworfen ist, ist unerheblich. Kommt das Geschäft aber nicht zur Vollendung, wird also die Schrift nicht dem Notar übergeben, und hat dieser den Entwurf des Testaments auf Antrag gefertigt, so fällt nach § 145 die Gebühr des § 46 an.

3 **b) Mehrere Verfügungen von Todes wegen.** Für mehrere selbständige Verfügungen von Todes wegen in einer Urkunde gilt § 44 nicht, es erfolgt daher getrennte Bewertung; in diesen seltenen Fällen sind zwei Gebühren und, falls die Voraussetzungen gegeben sind, auch zwei Zusatzgebühren nach § 58 anzusetzen.[2] Mehrere selbständige Verfügungen von Todes wegen liegen jedoch nur dann vor, wenn die Endverfügungen nicht durch *eine* erbvertragliche Bindung zusammengehalten werden, also nur „zufällig" in einer Urkunde zusammengefasst sind. Führt die erbvertragliche Bindung gegenüber mehreren Vertragspartnern dazu, dass nur eine Verfügung iS von § 46 anzunehmen ist, ist der Reinwert aller von der Bindung betroffenen Nachlässe Geschäftswert.[3]

3 a In folgenden Fällen liegen demgemäß nicht mehrere Erbverträge vor, es handelt sich also um *einen* Erbvertrag:

Drei Geschwister bestimmen in einem Erbvertrag: Wir ernennen uns zu Erben in der Weise, dass der Erstversterbende von den beiden Überlebenden, der Zweitversterbende vom Letztüberlebenden beerbt wird. Wert = Reinvermögen der drei Geschwister.

A, B und C bestimmen: A und B setzen sich gegenseitig zu Erben ein, der Überlebende von ihnen wird von C beerbt. Wert = Reinvermögen von A und B.

4 **c) Abänderungen und Ergänzungen.** Für Änderungen und Ergänzungen von Testamenten oder Erbverträgen gilt nicht § 42, sondern § 46. Wird zB in einem Nachtragstestament der bisher zum Nacherben Eingesetzte als Vollerbe eingesetzt, so ist eine 10/10-Gebühr aus dem Reinnachlasswert zu erheben.

2. Schenkungsversprechen auf den Todesfall

5 Die Vorschriften über Verfügungen von Todes wegen finden auf Schenkungsversprechen, die unter der Bedingung erteilt werden, dass der Beschenkte den Schenker überlebt, entsprechend Anwendung; da dessen Beurkundung den Formen der Testamente oder Erbverträge unterliegt, werden die Gebühren hierfür nach § 46 und nicht nach § 36 berechnet.

---

[1] *Mümmler* JurBüro 1989, 1334.
[2] OLG Stuttgart Rpfleger 1968, 33.
[3] *Ackermann* Rpfleger 1972, 431.

3. Nichtanwendbarkeit von § 46

a) Übergabe eines eigenhändigen Testaments zur Verwahrung. Keine Beurkundung ist die Überreichung eines eigenhändigen Testaments zur amtlichen Verwahrung, mag auch ein Vermerk darüber gemacht werden. Es wird nur dann zu einem öffentlichen, und § 46 findet nur dann Anwendung, wenn der Notar ein Protokoll errichtet, in dem der Erblasser erklärt, die Schrift enthalte seinen letzten Willen (§ 2238 Abs. 1 BGB).

b) Testamentsablieferung. Benachrichtigung des Standesamtes. Die Ablieferung des Testaments an das Amtsgericht sowie die Benachrichtigung der Standesämter und die damit verbundenen Recherchen sind Amtshilfehandlungen, für die keine Vorschriften über Entschädigungsleistungen bestehen. Es fallen dafür keine Gebühren an, da es sich um ein gebührenfreies Nebengeschäft gemäß § 35 handelt.[4]

c) Ehegattenzustimmung. Die Zustimmung des einen Ehegatten zu der Verfügung eines anderen nach § 1516 BGB fällt nicht unter § 46; wird diese gesondert beurkundet, so fällt nach § 36 die volle Gebühr an, falls aber das Testament bereits errichtet ist, die halbe Gebühr nach § 38 Abs. 2 Nr. 1.

d) Erbverzicht. Keine Anwendung findet § 46 auf den Erbverzicht (§§ 2346 bis 2352 BGB), also Erbverzicht im engeren Sinne, Pflichtteilsverzicht und Zuwendungsverzicht; hierfür gelten die §§ 36 ff.

e) Anordnung der Ausgleichspflicht. Auch die bloßen Anordnungen über die Ausgleichspflicht unter Miterben = Abkömmlingen (§ 2050 BGB) sind keine Verfügungen von Todes wegen; die Anordnungen müssen „bei der Zuwendung" getroffen werden und bedürfen keiner Form, sofern nicht die Zuwendung selbst formbedürftig ist. Wird das Rechtsgeschäft über die Zuwendung beurkundet, so ist die Anordnung dessen Bestandteil und hat mit der Zuwendung denselben Gegenstand. Die nachträgliche Anordnung, dass eine Ausstattung zur Ausgleichung zu bringen sei oder nicht (§ 2055 Abs. 1 BGB), ist allerdings durch Verfügung von Todes wegen möglich; sie enthält dann ein Vermächtnis.[5]

f) Rückgabe aus der notariellen Verwahrung. Ein Erbvertrag, der nur Verfügungen von Todes wegen enthält, kann gemäß § 2300 BGB in der Fassung des OLGVertrÄndG vom 23. 7. 2002 (BGBl. I S. 2850) aus der amtlichen oder notariellen Verwahrung zurückgenommen und den Vertragsschließenden zurückgegeben werden. Die ordnungsgemäße Rückgabe gilt als Widerruf iS von § 2256 Abs. 1 S. 1 BGB (§ 2300 Abs. 2 S. 3 BGB). Das Gesetz sieht keine Kostenfolge vor. Die Tätigkeit des Notars, die erhebliche materielle Auswirkungen haben kann, hat daher nach der Konzeption des Gesetzgebers gebührenfrei zu erfolgen.[6] Dieses Ergebnis ist nicht plausibel. Die Tatsache, dass bei den Gerichten für die vergleichbare Tätigkeit keine Gebühr erhoben wird, lässt noch nicht den Rückschluss zu, dies müsse auch für Notare gelten, da für die Verwahrung des Erbvertrages in der allgemeinen Urkundensammlung des Notars – anders als bei der Verwahrung bei Gericht – keine Gebühr erhoben wird. Als Auffangtatbestand kommt insoweit allerdings wegen des Analogieverbotes bei öffentlich-rechtlich geregelten Gebühren (vgl. § 1 Rn. 9) nur § 147 Abs. 2 in Betracht.[7] Wird der Notar aus Anlass der Rückgabe beratend tätig, fällt hierfür jedenfalls eine Gebühr nach § 147 Abs. 2 an. Wird etwa – weil es unmöglich ist, dass der für die Rückgabe ausschließlich zuständige den Erbvertrag verwahrende Notar die Rückgabe durchführt – eine Aufhebung des Erbvertrages protokolliert, gilt hierfür § 46 Abs. 2.

II. Widerruf, Aufhebung, Anfechtung, Rücktritt

1. Widerruf. Aufhebung

Die Beurkundung des **Widerrufs** einer letztwilligen Verfügung erfolgt in Form eines neuen Testaments. Wenn sich dieses darauf beschränkt, das frühere Testament oder einzelne

---

[4] Vgl. BayStMdI MittBayNot 1970, 35.
[5] RGZ 67, 309; 71, 135.
[6] *Reimann* FamRZ 2002, 1383, 1386.
[7] In diesem Sinne *Lappe* NotBZ 2002, 440; *H. Schmidt* RNotZ 2002, 503.

in diesem enthaltene Verfügungen zu widerrufen, so tritt die Gebührenermäßigung gemäß § 46 Abs. 2 ein, auch wenn die Aufhebung des bisher einem Ehegatten vorbehaltenen Rücktrittsrechts zu einem Erbvertrag beurkundet wird.

12 Das Gleiche gilt von der **Aufhebung** eines Erbvertrages oder einer einzelnen vertragsmäßigen Verfügung, mag diese durch Erbvertrag oder gemeinschaftliches Testament erfolgen. Widerruft ein Ehegatte eine in einem gemeinschaftlichen Testament getroffene Verfügung, so ist die Gebühr von dem Wert der Verfügung beider Ehegatten zu berechnen, wenn der Widerruf die Unwirksamkeit der Verfügung des anderen zur Folge hat;[8] sonst nur nach dem Wert der widerrufenen Verfügung. Die Aufhebung der Aufhebungsvereinbarung zu einem Erbvertrag sowie der Widerruf des Widerrufs eines Testamentes fallen ebenfalls unter § 46 Abs. 2; für sie ist die Gebühr ebenso ermäßigt wie für die Aufhebung und den Widerruf selbst, auch soweit dadurch die ursprüngliche Verfügung wieder herstellt wird.

13 Für die **Aufhebung eines Erbverzichtsvertrages** gilt nicht § 46 Abs. 2, sondern § 36 Abs. 2.[9]

14 Wenn gleichzeitig mit dem Widerruf oder der Aufhebung eine **neue Verfügung** von Todes wegen beurkundet wird, werden sich die Gegenstände der Verfügungen, nach deren Werte sich die Gebühren des Abs. 1 und die des Abs. 2 S. 1 berechnen, in vielen Fällen decken, so insbesondere, wenn über den ganzen Nachlass verfügt war und auch jetzt wieder – anderweitig – über ihn verfügt wird. In solchen Fällen wird eine besondere Gebühr für den Widerruf nicht erhoben. In anderen Fällen wird in dem neuen Testament oder dem neuen Erbvertrag gerade über die Gegenstände anderweitig verfügt werden, über die in dem widerrufenen Testament oder in dem aufgehobenen Erbvertrag verfügt war. Wird das neue Testament oder der neue Erbvertrag gleichzeitig mit dem Widerruf oder der Aufhebung beurkundet (in derselben Verhandlung), so soll dadurch keine Gebührenhäufung eintreten. S. 2 des Abs. 2 bestimmt deshalb, dass die Gebühr für den Widerruf oder die Aufhebung nur insoweit erhoben wird, als der Geschäftswert der neuen Verfügung hinter dem nach dem Zeitpunkt des Widerrufs zu bestimmenden Wert der widerrufenen oder aufgehobenen Verfügung zurückbleibt. Hat der Widerruf oder die aufgehobene Verfügung einen Geschäftswert von 10 000 Euro und die neue Verfügung eines solchen von nur 3000 Euro, so wird die Gebühr des Abs. 2 S. 1 nur von 7000 Euro neben der des Abs. 1 von 3000 Euro berechnet; decken sich die Werte, so wird eine Gebühr aus Abs. 2 überhaupt nicht erhoben. Auf die Gleichheit der Gegenstände, über die verfügt war oder wird, kommt es nicht an.[10] Die besondere Gebührenregelung des § 46 Abs. 2 – gleichzeitige Aufhebung eines früheren und Errichtung eines neuen Erbvertrages – gilt auch, wenn der alte Erbvertrag nur teilweise aufgehoben wird, zB gegenseitig Erbeinsetzung bleibt, aber Schlusserbeinsetzung geändert wird.

15 Wird ein **gemeinschaftliches Testament** von beiden Ehegatten widerrufen und errichtet nur einer der Ehegatten eine neue Verfügung von Todes wegen, so gilt nichts Besonderes. Der Widerruf ist rechtlich als eine Einheit zu behandeln; eine Gebühr wird für ihn nur insoweit erhoben, als der Geschäftswert der neuen Verfügung hinter den Gesamtgeschäftswerten der widerrufenen beiderseitigen Verfügungen zurückbleibt.

2. Anfechtung eines Erbvertrages

16 Die Anfechtung eines Erbvertrags durch den Erblasser wegen Irrtums, Drohung, Übergehung eines Pflichtteilsberechtigten (vgl. §§ 2078, 2079 iVm. § 2281 BGB) bedarf der Beurkundung (§ 2282 Abs. 3 BGB). Sie ist den anderen Vertragsschließenden gegenüber zu erklären und wird mit dem Zeitpunkt wirksam, in dem die – beurkundete – Erklärung diesen zugeht. Es wird die Hälfte der vollen Gebühr erhoben.

17 Nach dem Tode des anderen Vertragschließenden kann der Erblasser nur noch die zugunsten eines Dritten getroffene Verfügung anfechten. Diese Anfechtung bedarf gleichfalls

---

[8] KG JFGErg. 15, 79 = DNotZ 1934, 968.
[9] KG DNotZ 1941, 81.
[10] Vgl. *Schmid* MittBayNot 1958, 187; BayObLG DNotZ 1965, 228.

Verfügungen von Todes wegen **§ 46**

der Beurkundung. Es ist nur die Gebühr des § 38 Abs. 3 (ein Viertel der vollen Gebühr) zu erheben.

3. Rücktritt vom Erbvertrag

Der Rücktritt des Erblassers vom Erbvertrag (auf Grund Vorbehalts oder wegen Verfehlungen des Bedachten usw.) bedarf gleichfalls der Beurkundung; er erfolgt gegenüber dem anderen Vertragschließenden (§ 2296 BGB). Zu erheben ist die Hälfte der vollen Gebühr (Abs. 2). Nach dem Tode des anderen Vertragschließenden erfolgt kein Rücktritt, sondern Aufhebung durch Testament (§ 2297 BGB). 18

III. Geschäftswert

1. Grundsatz

Für die Ermittlung des Geschäftswertes gilt im Grundsatz § 18 Abs. 1. Der **Wert** bestimmt sich gemäß § 46 Abs. 4 nach den getroffenen Verfügungen von Todes wegen, nicht nach bloßen Wünschen und Bitten. Auch wenn hierbei über dieselbe Masse oder denselben Gegenstand mehrmalig verfügt wird (Vor- und Nacherbschaft, Vor- und Nachvermächtnis), zählt diese bzw. dieser nur einmal. Die Besonderheit besteht allerdings bei Verfügungen von Todes wegen darin, dass die Verbindlichkeiten, die auf den Nachlass oder den entsprechenden Nachlassteil entfallen, entgegen § 18 Abs. 3 abzuziehen sind. Für die Wertermittlung gelten bei Verfügungen von Todes wegen keine Besonderheiten gegenüber den sonst gültigen Grundsätzen. Dies gilt auch, wenn Unternehmen bzw. Unternehmensbeteiligungen zum Nachlass gehören. Diese sind mit ihrem Verkehrswert, nicht mit dem steuerlichen Wert zu berücksichtigen (vgl. iÜ Rn. 26 ff.). 19

2. Gesamtrechtsnachfolge

Wird zur Gesamtrechtsnachfolge verfügt (Erbeinsetzung auf den ganzen Nachlass oder einen rechnerischen Bruchteil, Heimstättenfolge, Widerruf einer derartigen Verfügung), so ist maßgebend der Wert des Vermögens oder des Bruchteils des Vermögens des Verfügenden bzw. der Wert der Heimstätte im **Zeitpunkt der Beurkundung;**[11] die vorhandenen **Schulden** werden abgezogen, nicht aber später entstehende oder erst durch den Erbfall entstehende Verbindlichkeiten wie Vermächtnisse, Pflichtteil, Auflagen usw.[12] Die erbrechtlichen Beschränkungen des Vorerben sind nicht als Verbindlichkeiten abzuziehen,[13] vgl. § 18 Rn. 30. Die gleichzeitigen Verfügungen zur Einzelrechtsnachfolge (Vermächtnisse, Auflagen) bleiben neben den Erbverfügungen unberücksichtigt, weil ihr Gegenstand schon bei der Erbeinsetzung mitrechnet. Bei gemeinschaftlichen Testamenten und Erbverträgen ist der Reinwert des Vermögens eines jeden Teils getrennt zu ermitteln und dann zu addieren (Rn. 29). Der Erbeinsetzung steht die **Rechtswahl** nach Art. 25 Abs. 2 EGBGB gleich, wenn sie nicht auf bestimmte Immobilien beschränkt ist (vgl. § 30 Rn. 69); es gilt somit § 46 Abs. 4. 20

Der Wert des Vermögens ist auch dann die **äußerste Grenze,** wenn der Erblasser Anordnungen getroffen hat, die ihn übersteigen; zB wenn mit der Erbeinsetzung bestimmt ist, dass der Erbe auch Gegenstände erhalten soll, die noch gar nicht zum Vermögen gehören oder über die er nicht verfügen kann[14] oder wenn Vermächtnisse ausgesetzt werden, die den Wert des Nachlasses übersteigen.[15] Doch ergibt sich in letzterem Falle daraus regelmäßig, dass der Erblasser bei der Bewertung des zum Nachlass gehörenden Grundbesitzes nicht vom Einheitswert, sondern von einem höheren Wert ausgegangen ist, so dass § 19 Abs. 1 S. 1 eingreift. Entsprechendes gilt für die mit einer Zuwendung verbundenen Hinauszahlungen. 21

---

[11] OLG Hamm NJW 1958, 1735.
[12] OLG München DNotZ 1941, 502.
[13] BayObLG JurBüro 1999, 432.
[14] KG JFGErg. 19, 107.
[15] OLG Hamm Rpfleger 1955, 257.

3. Einzelrechtsnachfolge

22 Ist in der Verfügung von Todes wegen ausschließlich zur Einzelrechtsnachfolge verfügt (Vermächtnis, Auflage), so ist der Wert der betroffenen Gegenstände maßgebend; bei einem Vermächtnis an Gewinnanteilen eines Geschäftsanteils (zB BGB-Gesellschaft) ist dieser maßgebend, nicht der Geschäftsanteil;[16] Schulden werden hierbei nicht abgezogen, mag auch dadurch der Wert des Reinvermögens des Erblassers überschritten werden.[17] Hierbei hat (im Gegensatz zu Rn. 21) der Umstand, ob der Gegenstand sich im Zeitpunkt der Beurkundung bereits im Vermögen des Erblassers befindet oder im Zeitpunkt des Todes zum Nachlass gehört oder der Erbe ihn erst beschaffen muss (Verschaffungsvermächtnis, § 2170 BGB), insofern Bedeutung, als im ersteren Falle und beim Verschaffungsvermächtnis der volle Wert des Gegenstandes anzunehmen ist, bei Vermächtnis von nicht vorhandenen Gegenständen ohne Verschaffungspflicht (zB der im Zeitpunkt des Todes vorhandenen Grundstücke, Schmucksachen oder einer bestimmten Vermögensmasse) der Wert unter Berücksichtigung der aus der Sachlage sich ergebenden Ungewissheit nach freiem Ermessen zu bestimmen ist.[18] Einem Vermächtnis steht eine auf bestimmte Immobilien beschränkte Rechtswahl nach Art. 25 Abs. 2 EGBGB gleich (vgl. § 30 Rn. 71).

4. Gemischte Verfügungen

23 Ist über einen **Bruchteil des Nachlasses** durch Erbeinsetzung verfügt, wegen des übrigen Nachlasses (ohne Erbeinsetzung) Beschwerung der gesetzlichen Erben mit Vermächtnissen angeordnet, so sind der Wert des Bruchteils, nach Rn. 20 berechnet, und der der Vermächtnisse, nach Rn. 22 berechnet, zu addieren.

5. Zuwendung wiederkehrender Leistungen

24 Handelt es sich um Zuwendung eines Nießbrauchs, einer Leibrente (ohne Erbeinsetzung), so greift § 24 Platz, doch ist, da der Zeitpunkt des Anfalles (Erbfall) unbestimmt ist, der Wert niedriger zu bemessen (§ 24 Abs. 6), auch § 24 Abs. 3 ist dabei zu berücksichtigen. Die ohne Erbeinsetzung getroffene Bestimmung, dass anfallendes Vermögen Vorbehaltsgut sein soll, ist nach § 30 Abs. 1 zu bewerten, neben einer Erbeinsetzung ist sie in kostenrechtlicher Hinsicht bedeutungslos.

6. Nichtvermögensrechtliche Anordnungen

25 Beschränkt sich die Verfügung auf nichtvermögensrechtliche Anordnungen (Benennung eines Vormundes, Benennung eines Testamentvollstreckers, Anordnung über die Art der Bestattung), so ist § 30 Abs. 3 anzuwenden, der Wert aber keinesfalls höher anzunehmen als nach Rn. 20, 21; werden solche Anordnungen neben einer Erbeinsetzung getroffen, so bleiben sie unberücksichtigt; werden sie neben Verfügungen getroffen, die nicht das gesamte Vermögen oder einen Bruchteil davon betreffen, so zählen sie, wenn sie nicht auf die durch sie – gemäß Rn. 22 – betroffenen Gegenstände beziehen, mit.

7. Vermögensbegriff

26 Der Begriff des Vermögens in § 46 Abs. 4 entspricht dem der **Erbschaft** bzw. des Nachlasses iS des BGB, ist also der Inbegriff des bewertbaren Rechtsverhältnisses des Erblassers.[19] Maßgeblicher Zeitpunkt der Bewertung gemäß § 46 ist nicht der Erbfall, sondern die Errichtung der Verfügung.[20]

27 Unter Vermögen ist also auch bei § 46 nur das **vererbbare Vermögen** zu verstehen, während bei § 39 Abs. 3 (Ehevertrag) das gesamte Vermögen betroffen ist. Höchstpersönliche Rechte, wie zB Pensionsansprüche aus einem Dienst- oder Arbeitsverhältnis, die nach dem Ableben des Erblassers in der Person des Berechtigten unmittelbar entstehen, gehören

---

[16] OLG Schleswig NJW-RR 2000, 1598.
[17] JurBüro 1967, 949.
[18] KG JFGErg. 18, 86; 19, 107.
[19] Vgl. *Dittmann/Reimann/Bengel,* Testament und Erbvertrag, System. Teil A Rn. 8.
[20] KG JFGErg. 18, 86.

nicht zum Nachlass. Nur dann dürften sie dem Nachlass zugerechnet werden können, wenn der Erblasser nach den der Pension zugrunde liegenden Bestimmungen Verfügungen über den Empfänger treffen konnte.[21]

Ansprüche aus **Versicherungen,** die der Erblasser zugunsten Dritter abgeschlossen hat, gehören nicht zum Vermögen des Erblassers. Wenn es dem Erblasser nach den Versicherungsverträgen gestattet ist, andere Berechtigte zu benennen, so ist auch dieser Anspruch Gegenstand der Verfügung und rechnet mit, wobei allerdings nicht ohne weiteres der Nennbetrag maßgebend ist, sondern der Wert im Zeitpunkt der Verfügung (Rückkaufswert), bei festen Sterbegeldbeträgen das Sterbegeld. 28

Beim **gemeinschaftlichen Testament** werden für die Errichtung (und die Verwahrung) die Werte des Reinvermögens zusammengerechnet, ebenso, wenn in einem Erbvertrag beide Teile als Erblasser auftreten (sog. **zweiseitiger Erbvertrag**).[22] Zu beachten ist bei der Feststellung des Reinvermögens, dass Schulden nur von dem Vermögen abzuziehen sind, auf dem sie lasten. Ist zB ein Ehegatte überschuldet, darf die sein Aktivvermögen übersteigende Schuldenlast nicht vom Vermögen des anderen Ehegatten abgezogen werden. 29

Haben Ehegatten, die in Gütergemeinschaft leben, die **Fortsetzung der Gütergemeinschaft** vereinbart, so wird zunächst davon auszugehen sein, dass die Gütergemeinschaft fortgesetzt wird, dann gehört der Gesamtgutsanteil des erstversterbenden Ehegatten nicht zum Nachlass; wenn später feststeht, dass die fortgesetzte Gütergemeinschaft nicht eingetreten ist, ist zu berichtigen (Anteil des Verstorbenen gehört nun zum Nachlass, das Nachlassgericht wird dem Notar Mitteilung zu geben haben). Verfügt ein Ehegatte über seinen Anteil am Gesamtgut für den Fall, dass die fortgesetzte Gütergemeinschaft nicht eintritt, so dürfte diese bedingte Verfügung zu berücksichtigen sein.[23] 30

Im Übrigen vgl. wegen Hinzurechnungen und Abzugsposten bei der Feststellung des Reinvermögens auch § 107, wobei allerdings zu berücksichtigen ist, dass **maßgebender Bewertungszeitpunkt** für die Verfügung von Todes wegen der Zeitpunkt ihrer Beurkundung (nicht wie in § 107 der Zeitpunkt des Erbfalls) ist. 31

8. Wertbestimmung bei landwirtschaftlichen Verfügungen

a) Grundsatz. Die Sonderwertbestimmungen des § 19 Abs. 4 und 5 gelten auch für Verfügungen von Todes wegen. Privilegiert ist allerdings nicht der Landwirt selbst, sondern das Geschäft, wenn die Tatbestandsvoraussetzungen des § 19 Abs. 4 vorliegen. Die Verfügung muss also der Überleitung des **Betriebes** unter den in § 19 Abs. 4 genannten Voraussetzungen dienen. Verfügt der Landwirt über von ihm bei der Übergabe zurückbehaltenes **Privatvermögen** (zB über das von ihm zurückbehaltene Austragshaus), ist nicht § 19 Abs. 4 anzuwenden, es gelten die Regeln des § 19 Abs. 1 und 2. 32

Die Privilegierung gilt ggf. für Testamente und Erbverträge. Begünstigt sind die gegenseitige Erbeinsetzung und die Schlusserbeneinsetzung, aber auch die Zuweisung des Betriebes durch **Vermächtnis** oder **Teilungsanordnung.** Problematisch sind die Fälle, in denen „Noch-nicht-Landwirte", also etwa Landwirtskinder, die erwarten, dass sie einen landwirtschaftlichen Betrieb erhalten werden, eine Verfügung von Todes wegen errichten, die auch den **künftigen Betrieb** in die Regelung miteinbezieht. Derartige Gestaltungen fallen nicht unter die Privilegierung des § 19 Abs. 4. Es ist in § 19 Abs. 4 zu interpolieren: „im Eigentum oder Miteigentum eines Vertragsteils stehenden". Für diese Auslegung spricht, dass man nur das fortführen kann, was man hat. Auch die amtliche Begründung[24] geht davon aus, dass „einzelne Grundstücke ohne Hofstelle ... im Hinblick auf die agrarpolitische Zielsetzung des Entwurfs grundsätzlich nicht in den Anwendungsbereich des Gesetzes fallen" sollen. Nach dem Willen des Gesetzgebers sind derartige Fälle nicht privilegiert, selbst wenn die Vertragsteile bereits im Hinblick auf die erwartete Übergabe land- 33

---

[21] Vgl. MittRhNotK 1957, 914.
[22] Vgl. KGJ 27 B 55.
[23] *Rohs/Wedewer* Rn. 9.
[24] BT-Drucks. 11/2243 S. 7.

wirtschaftlichen Grundbesitz erworben haben; erst recht kann eine Privilegierung nicht stattfinden, wenn sie noch keinerlei Grundbesitz haben.

34 **b) Anwendung.** Bei Verfügungen von Todes wegen ist der durch § 19 Abs. 4 für die Landwirtschaft eingeführte Gegenstandswert nicht in allen Fällen Geschäftswert. Dieser wird durch das Substraktionsgebot des § 46 Abs. 4 modifiziert: Wird nämlich zur **Gesamtrechtsnachfolge,** also über den ganzen Nachlass oder einen Bruchteil davon, verfügt, so ist der Gebührenberechnung der Wert des nach Abzug der Verbindlichkeiten verbleibenden reinen Vermögens oder der Wert des entsprechenden Bruchteils des reinen Vermögens zugrunde zu legen (§ 46 Abs. 4 S. 1). Der Geschäftswert ist damit entsprechend niedriger als der Gegenstandswert nach § 19 Abs. 4, 5. Das nicht in die Landwirtschaft einbezogene, also „bürgerliche" Vermögen des Landwirts ist dem 4fachen Einheitswert gemäß § 19 Abs. 4 zuzurechnen, von der Summe dieser Werte sind die Verbindlichkeiten abzuziehen. Problematisch ist, ob die Verbindlichkeiten nominal vom vierfachen Einheitswert abzuziehen sind. Auch wenn der Gesetzgeber diese Auswirkung der Neufassung des § 19 Abs. 4 in Kauf genommen haben sollte,[25] kann ein solches Ergebnis nicht richtig sein, übersteigen doch die Verbindlichkeiten häufig den 4fachen Einheitswert, so dass die Prinzipien des § 18 Abs. 4 potenziert würden. Vielmehr wird die Rspr. des BFH[26] über den Abzug von Gegenleistungen bei Schenkungen (Abzug vom Einheitswert nicht nominal, sondern nur proportional im Verhältnis Einheitswert/Verkehrswert) herangezogen werden müssen.[27]

34a Wird nicht im Wege der Universalsukzession übergeleitet, gilt das Schuldenabzugsgebot des § 46 Abs. 4 nicht. Wird in der Verfügung von Todes wegen ausschließlich zur **Einzelrechtsnachfolge** verfügt (Vermächtnis, Auflage), so ist der Wert der betroffenen Gegenstände ohne Schuldenabzug maßgebend, also gemäß § 19 Abs. 4 der vierfache Einheitswert des überzuleitenden Anwesens. Dieser vierfache Einheitswert kann allerdings dann überschritten werden, wenn etwa der Vermächtnisnehmer durch Untervermächtnisse verpflichtet ist, Auszahlungen an weichende Erben zu leisten, die höher sind als der vierfache Einheitswert; dann ist dieser höhere Wert Geschäftswert der Verfügung von Todes wegen.

IV. Wertermittlung, Berichtigung, Verjährung

1. Wertermittlung

35 Um ein lästiges Eindringen in die Vermögensverhältnisse des Erblassers zu verhindern, sollen bei Berechnung der Gebühren für die Errichtung (und die Verwahrung, vgl. §§ 101, 103) idR die **Angaben des Erblassers** über den Wert des Gegenstandes zugrunde gelegt werden. In eine Überprüfung der Angaben ist nur einzutreten, wenn eindeutige Anhaltspunkte für die Unrichtigkeit des angegebenen Geschäftswertes ersichtlich sind.[28] Derartige Anhaltspunkte werden vorliegen, wenn das Nachlassgericht eine abweichende Bewertung vornimmt; diese ist beim Wertansatz gemäß § 19 zu berücksichtigen.[29] Wegen des Bewertungszeitpunkts s. jedoch Rn. 20. § 19 Abs. 2 S. 1 gilt jedoch auch hier.

36 Bei der Errichtung durch Übergabe einer verschlossenen Schrift (§ 2238 Abs. 1 S. 2 BGB) lässt sich auch gar nicht feststellen, ob über den ganzen Nachlass oder über einen Bruchteil davon oder nur über einzelne Gegenstände verfügt ist. Wenn allerdings die letztwillige Verfügung mündlich erklärt oder durch Übergabe einer offenen Schrift errichtet ist

---

[25] BT-Drucks. 11/2343 S. 7.
[26] BStBl. 1982 II S. 83; vgl. auch Abschnitt 17 ErbStR.
[27] OLG Hamm AgrarR 1991, 191; BayObLG RNotZ 2002, 520 = MittBayNot 2003, 316 = ZNotP 2003, 199 m. Anm. *Tiedtke.* Vgl. auch die gleich gelagerten Problematik bei der Anwendung der Verfahrensordnung für Landwirtschaftssachen – LVO – OGH Rd L 1950, 152; OLG Celle Rd L 1955, 332; vgl. auch *H. Schmidt* MittRhNotK 1989, 189; *Fassbender,* Das Kostenprivileg der Landwirtschaft, Rn. 166 ff.
[28] OLG Düsseldorf DNotZ 1956; 626; KG DNotZ 1971, 916 = Rpfleger 1971, 35.
[29] LG Kempten MittBayNot 1970, 179.

und begründete Zweifel an der Wertangabe bestehen, ist es geboten, diese zu beanstanden und den Verfügenden zur wahrheitsgemäßen Angabe anzuhalten.

2. Berichtigung, Verjährung

Stellt sich später, insbesondere bei der Eröffnung oder bei der Rückgabe der Verfügung, heraus, dass der Wert zu gering angegeben war, so wird der Fehlbetrag an Gebühren **nacherhoben**. Damit dies auch noch nach Jahren möglich ist, bestimmt Abs. 5 S. 2, dass das Nachforderungsverbot des § 15 der Nachforderung des zu wenig angesetzten Betrages nicht entgegensteht und dass auch die Verjährung (§ 17) erst mit dem Ablauf des Jahres beginnt, in dem die Verfügung eröffnet oder zurückgegeben ist (ohne Rücksicht auf Kenntnis des Notars).[30] Die weitere Zulassung der Nachforderung und die Hinausschiebung des Beginns der Verjährung beziehen sich aber nur auf Gebührenbeträge, die „deshalb" unerhoben geblieben sind, weil bei der Gebührenberechnung der unrichtigen Wertangabe gefolgt worden ist.[31] Über die Pflicht des Kostenbeamten, nach Eröffnung einer Verfügung von Todes wegen zu prüfen, ob Anlass zur Berechtigung des Kostenansatzes besteht, und ggf. den Notar zu verständigen s. § 39 KostVfg. Wegen des Bewertungsstichtages s. jedoch Rn. 20, so dass nicht immer Anlass zu einer Nachbewertung gegeben ist. Hat der Kostenschuldner durch **arglistiges Verhalten** vor Ablauf der Verjährung die Erhebung der Kosten verhindert, so kann der Notar, der von dem Kostenschuldner später erhobenen Einrede der Verjährung mit Erfolg die Einwendung der unzulässigen Rechtsausübung entgegensetzen.[32] Die Einrede der unzulässigen Rechtsausübung ist aber nur möglich, wenn über die bloße falsche Wertangabe hinaus ein Verhalten des Kostenschuldners hinzutritt das den Notar von der rechtzeitigen Geltendmachung seines Rechtes abhält.[33]

V. Ehe- und Erbvertrag

1. Normzweck

Für den mit einem Ehevertrag verbundenen Erbvertrag zwischen denselben Personen hatte § 40 Abs. 3 aF die Anwendung des § 38 (nun § 44) vorgeschrieben. Diese Verweisung hatte Zweifel ausgelöst, ob § 44 Abs. 1 oder Abs. 2 anzuwenden ist.[34] Zur Behebung dieser Zweifel schreibt Abs. 3 nunmehr vor, dass die Gebühr nur einmal, und zwar nach dem der beiden Verträge, der den höchsten Geschäftswert hat, erhoben werden soll. Damit soll nach der Begründung zur Praxis des früheren PrGKG zurückgekehrt und diese „durch § 40 Abs. 3 nF fortgeführt werden". Abs. 3 gilt auch für die Verbindung eines Erbvertrages mit einem Lebenspartnerschaftsvertrag zwischen Gleichgeschlechtlichen.

Der Begriff des „Ehevertrages" iS von § 46 Abs. 3 ist einschränkend anzuwenden. Unter dem Begriff des „Ehevertrages" wurden ursprünglich nur Güterstandsvereinbarungen iS von § 1408 Abs. 1 BGB und Regelungen über den Widerruf der Überlassung der Vermögensverwaltung iS des § 1413 BGB verstanden. Mit dem 1. EheRÄndG wurde ab 1. 7. 1977 durch § 1408 Abs. 2 BGB die Möglichkeit geschaffen, den Versorgungsausgleich durch Ehevertrag zu regeln. Unter Ehevertrag im funktional erweiterten Sinne versteht man heute in der Vertragspraxis auch weitergehende Regelungen wie Vermögenszuordnung, Scheidensfolgeregelungen, Vereinbarungen über den nachehelichen Unterhalt und die Personen- und Vermögenssorge für Kinder, gelegentlich auch partielle Pflichtteilsverzichtsverträge. „Eheverträge" iS von § 46 Abs. 3 sind aber nur diejenigen Regelungen, die zum Zeitpunkt des Inkrafttretens der fraglichen Regelung hierunter verstanden wurden,

---

[30] OLG Hamm DNotZ 1973, 51 = Rpfleger 1972, 188 = KostRsp. Nr. 12.
[31] KG JFGErg. 13, 106.
[32] KG DNotZ 1942, 381; OLG Hamm Rpfleger 1962, 26; BayObLG JurBüro 1970, 332, 336; OLG Düsseldorf JurBüro 1994, 164; OLG Frankfurt MittBayNot 2002, 412.
[33] OLG Frankfurt MittBayNot 2002, 412.
[34] Vgl. OLG Hamm DNotZ 1951, 566; OLG Frankfurt Rpfleger 1954, 382; 1955, 213; OLG Oldenburg DNotZ 1953, 137.

also güterrechtliche Vereinbarungen und Regelungen nach § 1413 BGB. Alle anderen „Ehevertrags"-Regelungen nehmen an der Privilegierung des § 46 Abs. 3 nicht teil.

2. Personen- und Gegenstandsgleichheit

39 **a) Gegenstandsgleichheit.** Die Gegenstandsgleichheit ist Voraussetzung der Anwendung von § 46 Abs. 3. Der Normzweck ist durch die jetzige Fassung nicht klar ausgedrückt. Es war, wie durch § 40 Abs. 3 aF, eine entsprechende Anwendung des § 38 (nun § 44) Abs. 1 beabsichtigt, doch hat dies, wie schon bei der Fassung des § 40 Abs. 3 aF, im Gesetz einen unglücklichen Ausdruck gefunden. Die nunmehrige Fassung hätte nach ihrem Wortlaut zur inadäquaten Folge, dass die Wirtschaftsgüter, über die nur in dem Vertrag mit dem niedrigeren Wert, aber nicht in dem mit dem höheren Wert „verfügt" ist, gebührenmäßig gar nicht erfasst werden. Das aber war vom Gesetzgeber nicht gewollt. Beispiel: Ehevertragliche Vorbehaltsguterklärung eines Anwesens zu 80 000 Euro und erbvertragliches Vermächtnis eines anderen Anwesens zu 70 000 Euro. Der Wert wäre nach dem Wortlaut des Abs. 3 = 80 000 Euro, während er nach PrGKG, KostO aF und nach dem Willen des Gesetzgebers 150 000 Euro sein soll. In diesem Sinne wird man Abs. 3 in solchen Fällen auch auslegen müssen (Redaktionsversehen), allgM.

40 Nach dem Willen des Gesetzgebers sollte § 46 Abs. 3 lauten: Wird ein Erbvertrag gleichzeitig mit einem Ehevertrag beurkundet, so gilt § 44 Abs. 1 (gesetzliche Fiktion der Gegenstandsgleichheit), soweit beide Verträge **dieselben Vermögensgegenstände** betreffen.[35]

41 **b) Personengleichheit.** Der Gesetzgeber hat offensichtlich auf die häufig auftretenden Fälle abgestellt, wonach die Ehegatten bzw. die Brautleute ihre güterrechtlichen Verhältnisse und ihre erbrechtlichen Verhältnisse untereinander regeln wollen. Diese beiden, in materiellrechtlicher Hinsicht verschiedenen Verträge sollten durch die Vorschrift des § 46 Abs. 3 in kostenrechtlicher Hinsicht begünstigt werden. Aus diesem Grunde ist Voraussetzung für die Anwendung des § 46 Abs. 3, dass dieser Vertrag zwischen denselben Personen geschlossen wird.

42 **c) Analoge Anwendung auf Partnerschaftsverträge?** Die Privilegierung des § 46 Abs. 3 erfasst nur die Verträge zwischen Ehegatten und „Verlobten", bei diesen also nur diejenigen Regelungen, die bedingt sind durch die Eheschließung. Für eine analoge Anwendung auf Partnerschaftsverträge, bei denen die Bedingung der Eheschließung fehlt, ist – soweit es sich nicht um gleichgeschlechtliche registrierte Lebenspartnerschaften handelt – ohne Gesetzesänderung bei dem gegebenen Normzweck (Rn. 38) kein Raum. Bei Kombination von solchen Partnerschaftsverträgen – also zwischen nicht gleichgeschlechtlichen Personen oder gleichgeschlechtlichen Personen, die nicht in registrierter („offizieller") Lebenspartnerschaft leben – und Erbverträgen erfolgt also getrennte Bewertung der einzelnen Vereinbarungen, sofern nicht Gegenstandsgleichheit gemäß § 44 Abs. 1 vorliegt, daneben wird die Gebühr nach § 46 Abs. 1 erhoben.[36]

3. Wertberechnung

43 Der Wert jedes Vertrages wird für sich bemessen, der des Ehevertrages bzw. Lebenspartnerschaftsvertrages nach § 39 Abs. 3, der des Erbvertrages nach § 46 Abs. 4, aus dem höheren der beiden Werte wird die doppelte Gebühr erhoben. Wird, wie idR, über das gesamte Vermögen beider Ehegatten bzw. die gleichgeschlechtlichen Partner einer registrierten Lebenspartnerschaft in beiden Verträgen verfügt, so wird aus dem einmaligen Wert dieses Vermögens (unter Schuldenabzug, §§ 39 Abs. 3, 46 Abs. 4) die doppelte Gebühr erhoben. Bezieht sich indessen der Ehevertrag bzw. Lebenspartnerschaftsvertrag nur auf das Vermögen des einen Teils, so sind die Werte zusammenzurechnen. Ehe- und Erbverträge bzw. Lebenspartnerschafts- und Erbverträge von Landwirten sind gemäß § 19 Abs. 4, 5 bei Vor-

---

[35] Vgl. *Ackermann* Rpfleger 1965, 136.
[36] OLG Frankfurt JurBüro 1990, 221; *Griwotz* in: Beck'sches Notarhandbuch B III Rn. 48; aA *Lappe* KostRsp. Anm. zu Nr. 13.

Verfügungen von Todes wegen **§ 46**

liegen der dort genannten Voraussetzungen privilegiert.[37] Die Privilegierungsvoraussetzung „Unternehmensfortführung" wird aber meist bei gleichgeschlechtlichen Lebenspartnerschaften nicht vorliegen können.

Bezieht sich der Ehe- bzw. Lebenspartnerschaftsvertrag nur auf bestimmte Gegenstände, der Erbvertrag aber auf den ganzen Nachlass eines oder beider Teile, so kommt es darauf an, ob und wie weit die Gegenstände des Ehe- bzw. Lebenspartnerschaftsvertrages beim Erbvertrag mitrechnen; werden zB Gegenstände der Ehefrau zum Vorbehaltsgut erklärt, so werden sie von der erbvertraglichen Verfügung der Ehefrau, wenn sich diese auch auf die Vorbehaltsgutgegenstände erstreckt, mitbetroffen. Der Wert der erbvertraglichen Verfügung des Ehemannes tritt dem Wert der erbvertraglichen Verfügung der Ehefrau hinzu. Der Wert derjenigen Wirtschaftsgüter, über die nur in dem Vertrag (Ehe- oder Erbvertrag) mit dem niedrigeren Wert verfügt ist, nicht auch in dem Vertrag mit dem höheren Wert, tritt also dem Wert des höheren Vertrages hinzu. Der Wert der Wirtschafts- oder Rechtsgüter oder Vermögensmassen, über die sowohl im Ehevertrag als auch im Erbvertrag „verfügt" ist, wird mithin nur einmal angesetzt; der Wert derjenigen Wirtschaftsgüter oder Massen, auf die sich nur einer der beiden Verträge bezieht, tritt dem Wert der durch die beiden Verträge betroffenen Wirtschaftsgüter oder Massen hinzu. **44**

4. Anwendung unterschiedlicher Gebührensätze

Beschränkt sich die Ehe- und Erbvertragsurkunde darauf, die früher vertragsmäßig vereinbarte Gütergemeinschaft aufzuheben – ohne einen neuen Güterstand zu vereinbaren bzw. ohne das Gesamtgut auseinanderzusetzen – und den damals mitvereinbarten Erbvertrag aufzuheben – ohne gleichzeitig eine neue Verfügung von Todes wegen niederzulegen, so wäre der Gebührensatz für die Ehevertragsaufhebung $^{20}/_{10}$ nach § 36 Abs. 2 (nicht nach § 42), der für die Erbvertragsaufhebung $^{5}/_{10}$ nach § 46 Abs. 2 S. 1. § 44 ist nicht unmittelbar anwendbar.[38] Es wäre also hiernach eine doppelte Gebühr aus dem Wert der ehevertraglichen Vereinbarung und eine $^{5}/_{10}$-Gebühr aus dem Wert der Erbvertragsaufhebung anzusetzen sein. Dasselbe gilt, wenn beispielsweise für den Ehevertragsnachtrag nach § 42 eine $^{10}/_{10}$-Gebühr zu erheben wäre (zB Erklärung eines Gegenstandes zum Vorbehaltsgut, Verwaltung wird nur einem Ehegatten übertragen) und daneben für einen Erbvertragsnachtrag nach § 46 Abs. 2 S. 2 eine $^{20}/_{10}$-Gebühr anfallen würde. § 46 Abs. 3 kann von seinem Wortlaut her diesem inadäquaten Ergebnis nicht abhelfen, weil diese Vorschrift vom gleichen Gebührensatz ($^{20}/_{10}$) ausgeht und nur den Geschäftswert regelt, in den vorstehend genannten Fällen aber unterschiedliche Gebührensätze maßgebend sind. Es wird jedoch § 46 Abs. 3 von seinem Normzweck her entsprechend auf den Gebührensatz anzuwenden sein, allerdings nur, wenn der gleiche Gegenstand betroffen ist; der Gebührensatz wird daher nach oben auf $^{20}/_{10}$ zu begrenzen sein, iÜ ist – bei unterschiedlichen Gebührensätzen, die darunter liegen – § 44 als Ausdruck eines kostenrechtlichen Grundgedankens analog anzuwenden. Ist der Gegenstand nicht identisch, ist eine Analogie nicht möglich. Entsprechende Grundsätze gelten für Lebenspartnerschaftsverträge. **45**

5. Mitbeurkundung weiterer Erklärungen unter Lebenden

Werden in derselben Urkunde nicht nur Ehe- und Erbvertrag, sondern weitere Erklärungen unter Lebenden beurkundet, so greift § 44 ein, und zwar auch dann, wenn die Gebühr nur nach dem höheren Wert des Erbvertrages berechnet werden muss, weil der Ehevertrag mit den weiteren Erklärungen unter Lebenden dem § 44 unterfällt; zB Ehe- und Erbvertrag mit Erbverzicht, mit Gutsüberlassungsvertrag, Mitgiftversprechen usw. Da diese weiteren Geschäfte unter Lebenden aber anderen Gegenstandes iS des § 44 gegenüber dem Ehevertrag sind, ist deren Wert gesondert zu ermitteln, dem höheren Wert des Ehe- und Erbvertrages zuzurechnen und darauf die doppelte Gebühr zu erheben. Werden hingegen Erbvertrag und andere Erklärungen unter Lebenden (also kein Ehevertrag) zusammen beurkundet, so werden die Gebühren nach §§ 46 Abs. 3, 36 gesondert berechnet, weil der **46**

---

[37] *Reimann* MittBayNot 1989, 121.
[38] BayObLG MittBayNot 2003, 238.

verknüpfende Ehevertrag nicht beurkundet ist; zB Erb- und Verpflegungsvertrag (kein Austauschvertrag iS von § 39), Erbvertrag und Erb- oder Pflichtteilsverzicht.[39] Entsprechendes gilt für Lebenspartnerschaftsverträge.

47 Werden zusammenbeurkundet ehevertragliche Aufhebung der Gütergemeinschaft und Auseinandersetzung des Gesamtguts[40] sowie Erbvertrag, so ist, wenn – wie meistens – kein Vorbehalts- und Sondergut vorhanden ist, der Wert der mit dem Ehevertrag gegenstandsgleichen Auseinandersetzung, weil bei dieser kein Schuldenabzug erfolgt, höher als der Wert des mitbeurkundeten Erbvertrages, die Gebühr also $20/10$ des Wertes des Gesamtgutes ohne Schuldenabzug; § 46 Abs. 3 iVm. § 44 wirken sich hier dahin aus, dass der Erbvertrag nicht bewertet wird, nur eine $20/10$-Gebühr aus der mit dem Ehevertrag gegenstandsgleichen Auseinandersetzung anfällt.[41]

6. Verbindung des Ehe- bzw. Lebenspartnerschaftsvertrages mit dem Testament der Beteiligten

48 Die Vergünstigung des § 46 Abs. 3, wonach bei Zusammenbeurkundung eines Erbvertrages mit einem Ehe- bzw. einem Lebenspartnerschaftsvertrag nur der Vertrag mit dem höchsten Geschäftswert zu bewerten ist, kann nicht zur Anwendung gelangen, wenn die Vertragsteile nicht erbvertraglich, sondern letztwillig (einseitig), wenn auch in derselben Urkunde verfügen. Der Ehe- bzw. Lebenspartnerschaftsvertrag und die beiden Testamente sind deshalb getrennt zu bewerten. Die Vorschrift des § 44 ist dabei nicht anwendbar. Die Gebühren für die beiden Testamente sind vielmehr getrennt zu berechnen.

§ 47* Beschlüsse von Gesellschaftsorganen

¹Für die Beurkundung von Beschlüssen von Hauptversammlungen, Aufsichtsräten und sonstigen Organen von Aktiengesellschaften, anderen Vereinigungen und Stiftungen wird das Doppelte der vollen Gebühr erhoben; als gebührenfreies Nebengeschäft (§ 35) gilt bei Änderungen einer Satzung oder eines Gesellschaftsvertrags auch die für die Anmeldung zum Handelsregister erforderliche Bescheinigung des neuen vollständigen Wortlauts der Satzung oder des Gesellschaftsvertrags. ²Die Gebühr beträgt in keinem Falle mehr als 5000 Euro.

Übersicht

	Rn.		Rn.
I. Geltungsbereich	1–8	f) Sonstige Vereinigungen	6
1. Betroffene Vereinigungen	1–6	2. Beschlüsse	7–7 g
a) Grundsatz	1	3. Geschäftswert	8
b) Namentlich genannte Vereinigungen	2	II. Gebührensatz	9, 10
c) Rechtsfähige Gesellschaften des Handelsrechts	3	III. Nebengeschäfte, Nebengebühren	11–13
d) Sonstige rechtsfähige Vereinigungen	4	IV. Das unvollendete Geschäft	14, 15
e) Nicht rechtsfähige und teilrechtsfähige Vereinigungen	5	V. Satzungsbescheinigung	16–18
		VI. Beschlüsse und rechtsgeschäftliche Erklärungen	19

Stichwortverzeichnis

Aktiengesellschaft 1, 2
Amtspflicht des Notars 12
BGB-Gesellschaft 5

Bescheinigung des Notars (wenn Bewertung kein Nebengeschäft ist) 18
Beschlüsse 7
Bewertungsgrundlage 11

---

[39] OLG München DNotZ 1940, 88; OLG Stuttgart JurBüro 1975, 1485.
[40] Nach OLG München DNotZ 1941, 303 gleichen Gegenstandes.
[41] BayObLG JurBüro 1967, 434.
* § 47 Satz 1 Halbs. 2 angefügt durch Gesetz vom 15. 8. 1969 (BGBl. I S. 1146), Satz 2 geändert durch Gesetz vom 20. 8. 1975 (BGBl. I S. 2189). Neu gefasst durch Gesetz vom 27. 4. 2001 (BGBl. I S. 751).

Erbengemeinschaft 5
Gebührenbefreiung 10
Gebührensatz 9, 10
Gebührenermäßigung 10
Geschäftswert 8
Genossenschaft 4
Gewerkschaft 4
GmbH 3
Grundsatz 1
Kommanditgesellschaft 5
Kommanditgesellschaft aA 3
Nebengebühren 11–13
Nebengeschäfte 11–13
OHG 5

Partnerschaft 5
Rechtsfähige Gesellschaften 3
Rechtsgeschäftliche Erklärungen mit Beschlüssen 19
Satzungsbescheinigung 16–18
Unvollendetes Geschäft 14, 15
Verein 5
Vereinigungen 2, 4
– ohne Rechtspersönlichkeit 5
– sonstige 6
Versicherungsverein a. G. 4
Wohnungseigentümergemeinschaft 5
Zusatzgebühr (Nichtanwendung) 13

I. Geltungsbereich

1. Betroffene Vereinigungen

a) Grundsatz. § 47 bestimmt den Gebührensatz für die Beurkundung der Beschlüsse von Hauptversammlungen, Aufsichtsräten und anderen Organen der Aktiengesellschaften, anderen Vereinigungen und Stiftungen. Für § 47 ist ohne Bedeutung, ob für das fragliche Betriebsvermögen ein Einheitswert festgestellt wird oder nicht, der Einheitswert spielt für Kostenfragen demnach keine Rolle mehr. Auch die Frage, ob die betroffene Vereinigung rechtsfähig ist oder nicht, ist für die Anwendung des § 47 nicht erheblich. § 47 gilt demnach für alle Beschlüsse von gesetzlichen oder gewillkürten Beschlussorganen rechtsfähiger und nicht rechtsfähiger Personenvereinigungen und Stiftungen.

b) Namentlich genannte Vereinigungen. § 47 S. 1 nennt ausdrücklich die Aktiengesellschaft mit ihren Organen (Hauptversammlung, Aufsichtsrat, sonstige Organe) und die Stiftung. Auch bei Stiftungen ist eine Beschränkung auf die rechtsfähigen Stiftungen dem Gesetz nicht zu entnehmen. Auch die Familienstiftungen fallen unter § 47.

c) Rechtsfähige Gesellschaften des Handelsrechts. Unter § 47 fallen auch die rechtsfähigen Gesellschaften des Handelsrechts, also die Kommanditgesellschaft aA (Versammlung der Aktionäre, Kommanditisten, Aufsichtsrat), die GmbH (Gesellschafterversammlung, Aufsichtsrat).

d) Sonstige rechtsfähige Vereinigungen. § 47 erfasst auch den Versicherungsverein a. G. (Oberstes Organ), die Genossenschaft (Generalversammlung, Vertreterversammlung, Aufsichtsrat), die Gewerkschaft (Gewerkenversammlung),[1] und den nicht rechtsfähigen Verein (Mitgliederversammlung, mehrgliedriger Vorstand, Beirat).

e) Nicht rechtsfähige und teilrechtsfähige Vereinigungen. Auch Vereinigungen ohne eigene Rechtspersönlichkeit fallen, sofern sie Beschlussorgane besitzen, hierunter, zB der nicht rechtsfähige Verein, die BGB-Gesellschaft (§ 709 Abs. 2 BGB), die Personengesellschaften des Handelsrechts, also OHG, KG[2] und EWIV, die Partnerschaft nach dem PartGG (vgl. § 41 b) die Erbengemeinschaft, die Miteigentümergemeinschaft (§ 745 BGB), die Wohnungseigentümergemeinschaft,[3] die Versammlung der Mitglieder eines Gesellschafterstammes einer Personengesellschaft, vor allem bei obligatorischer Gruppenvertretung.[4] Bei derartigen Vereinigungen ohne Rechtspersönlichkeit wird jedoch stets Voraussetzung der Anwendbarkeit des § 47 sein müssen, dass Beschlüsse, also eine korporative Willensbildung außerhalb vertraglicher Vereinbarungen, möglich sind (Rn. 8), da ansonsten die Willensbildung jeder Beliebigen, auch zweigliedrigen Personenverbindung (zB eheliche Verbindung, nicht eheliche Lebensgemeinschaft!) den § 47 mit der Höchstgebühr von 5000 Euro unterworfen werden könnte.

---

[1] Vgl. KG DNotZ 1941, 170.
[2] KG DNotZ 1939, 681; OLG München DNotZ 1940, 31.
[3] OLG Hamm JurBüro 1983, 1554; *Ackermann* Rpfleger 1955, 262.
[4] Vgl. *K. Schmidt* ZHR 146 (1982), 525.

6 **f) Sonstige Vereinigungen.** Die Beschlussbeurkundung der Versammlung der Besitzer von Teilschuldverschreibungen nach dem Gesetz vom 4. 12. 1899 fällt ebenfalls unter § 47.

2. Beschlüsse

7 § 47 bestimmt den Gebührensatz für Beschlüsse. Beschlüsse sind mehrseitige Rechtsgeschäfte, mit der Besonderheit, dass sie der **Willensbildung** im Gesellschafts- und Vereinsrecht dienen. Die Eigenart besteht darin, dass für sie idR nicht das Prinzip der Willensübereinstimmung, sondern das Mehrheitsprinzip gilt. Beschlüsse binden auch den, der sich nicht an der Abstimmung beteiligt oder dagegen abstimmt. Auch **Wahlen** sind Beschlüsse im vorgenannten Sinn, einschließlich der „Abwahl". Wahlen und Abwahlen sind auch Beschlüsse im kostenrechtlichen Sinn.

7 a § 47 kann somit nur dort anwendbar sein, wo das Gesetz oder die rechtsgeschäftliche Verfassung der Vereinigung eine derartige Willensbildung nicht nur durch Willensübereinstimmung, sondern auch durch Beschluss (also prinzipiell mit Mehrheit, wenn auch bei bestimmten Maßnahmen einstimmig) vorsieht. Die Beschlussmöglichkeit braucht nicht gesetzlich bestimmt zu sein, sie kann auch auf **Rechtsgeschäft** beruhen, zB einem Konsortialvertrag, sogar auf einer Verfügung von Todes wegen, etwa wenn es um die Verfassung eines Familienstammes im Rahmen einer Kommanditgesellschaft geht.

7 b Wo das Gesetz – auch ein ausländisches – die Willensbildung durch ein Beschlussorgan vorsieht, liegt selbst dann ein Beschluss und keine Erklärung vor, wenn dieses Organ aus einer Einzelperson **(Ein-Personen-Gesellschaft)** besteht,[5] wobei in derartigen Fällen besser von „Entschließung" statt von „Beschluss" zu sprechen ist. Als Ein-Personen-Gesellschaften kommen die GmbH (§ 1 GmbHG) und die AG (§ 2 AktG) vor.

7 c Keine Beschlüsse, sondern **Willenserklärungen** sind demnach die Gründungsgeschäfte (Gesellschaftsvertrag, Satzungen usw.), die Verträge, die bei Umwandlungsmaßnahmen (vgl. dazu §§ 29, 41 c) zwischen den beteiligten Unternehmen abgeschlossen werden, die Änderung eines Gesellschaftsvertrages durch sämtliche Gesellschafter einer Personengesellschaft (nicht als Beschlussorgan), selbst wenn diese den Ausdruck „Beschlüsse" wählen.[6]

7 d Keine Willenserklärungen, sondern **Beschlüsse** sind diejenigen, die bei Umwandlungsmaßnahmen von den Beschlussorganen der beteiligten Unternehmen zu fassen sind, ferner, wenn die zu einem besonderen Beschlussorgan zusammengefassten Gesellschafter einer Personengesellschaft ihren Gesamtwillen, wenn auch einstimmig, bekunden.[7] Auch bei Gemeinschaften (§ 745 BGB), BGB-Gesellschaften (§ 709 Abs. 2 BGB) und anderen mehrgliedrigen Rechtsträgern kann es Beschlüsse geben, auch bei der Erbengemeinschaft, ja sogar ad hoc können Beschlussorgane bei mehrgliedrigen Rechtsträgern und mehrgliedrigen Organen gebildet werden.

7 e Für die Frage, ob ein Beschluss oder eine Willenserklärung beurkundet wird, ist entscheidend, ob die notarielle Urkunde den **Vorgang der Gesamtwillensbildung** oder lediglich ihr Ergebnis, nämlich die Willenserklärung, beinhaltet; im ersten Fall ist § 47 iVm. §§ 29, 41 c maßgebend, im zweitgenannten Fall gelten die §§ 36 ff. Ein Beschluss liegt nicht vor, wenn sich nur **einzelne Versammlungsteilnehmer** zustimmend oder ablehnend äußern; nur wenn die Versammlung als Ganzes auf entsprechende Anregung, wenn auch nur durch einzelne, Stellung nimmt, kann im Zuruf ein Beschluss liegen.[8]

7 f Die Gebühr ist unabhängig davon, ob der Gesamtwille einwandfrei oder fehlerhaft zustande kam, die Beschlüsse daher etwa **anfechtbar** oder **nichtig** sind; auch unabhängig davon, ob sie notwendig oder überflüssig sind. War jedoch der Notar zugleich zur Beratung zugezogen (dann aber besondere Gebühr nach § 147 Abs. 2, s. dort), so kann der Wert **überflüssige Beschlüsse** uU außer Betracht bleiben, wenn es der Notar unterlassen hat, auf die Entbehrlichkeit hinzuweisen (§ 16).

---

[5] KG DNotZ 1938, 107; LG Arnsberg JVBl. 1969, 69.
[6] KG DNotZ 1938, 756.
[7] KG DNotZ 1939, 681; OLG München DNotZ 1940, 31.
[8] OLG Frankfurt JurBüro 1963, 32.

Werden im **Zusammenhang mit Willenserklärungen** wie etwa bei Gründung einer 7g
GmbH oder Aktiengesellschaft, Beschlüsse gefasst, sind diese gesondert nach § 47 (neben
der Vertragsgebühr nach § 36 Abs. 2) zu erfassen. Dies gilt bei der GmbH, wenn der Geschäftsführer, der nach § 6 Abs. 3 S. 2 GmbHG entweder durch Gesellschaftsvertrag oder
durch Beschluss der Gesellschafterversammlung berufen werden kann, durch Beschluss
bestimmt wird.[9] Eine Gebühr nach § 47 ist auch zu erheben, wenn auch bei der Gründung
einer Aktiengesellschaft der Beschluss der Gründer über die Bestellung des ersten Aufsichtsrates mitbeurkundet wird.[10]

3. Geschäftswert

Der Geschäftswert von Beschlüssen ergibt sich aus den §§ 18 bis 30, wenn sie einen bestimmten Geldwert haben; §§ 29, 41c bestimmen den Geschäftswert, wenn es sich um 8
Beschlüsse ohne bestimmten Geldwert handelt (vgl. §§ 29, 41c).

II. Gebührensatz

Der Gebührensatz ist das Doppelte der vollen Gebühr (Abs. 1), höchstens jedoch 9
5000 Euro für eine Niederschrift. § 47 gilt auch für Beschlüsse, die einen bereits gefassten
(ob einen beurkundeten oder einen bisher nicht beurkundeten) Beschluss ändern oder
ergänzen, da § 42 auf Beschlüsse nicht anwendbar ist.[11]

Wegen Gebührenbefreiung und Gebührenermäßigung vgl. § 144 Abs. 3 und die Zusammenstellung der Gebührenbefreiungsvorschriften in den Anhängen. 10

III. Nebengeschäfte, Nebengebühren

Bewertungsgrundlage sind nach § 47 die Beschlüsse als der wesentliche Teil bei der 11
Niederlegung der Gesamtwillensbildung. Die Gebühr für sie gilt die Niederlegung der
weiteren tatsächlichen Vorgänge bei der Beschlussfassung ab,[12] so zB die Feststellung ordnungsmäßiger Einberufung, der Zahl der erschienenen oder vertretenen Mitglieder, des
vertretenen Kapitals, des Vorliegens einer Universalversammlung, der Erstattung des Geschäftsberichts und der Erklärung, dass der Aufsichtsrat den Beschluss des Vorstands gebilligt habe, die Beurkundung eines Widerspruchs gegen einen Beschluss, das Absetzen von
Punkten der Tagesordnung, soweit solches nicht beschlussmäßig erfolgt, Niederlegung
nach § 131 Abs. 5 AktG.[13]

Die **Amtspflicht des Notars** bei Geschäften des § 47 erschöpft sich in der Wiedergabe 12
der Gesamtwillensbildung. Zur Beratung, Einwirkung auf die Beschlussfassung, zum Entwerfen von Anträgen, Beschlüssen und von sonstigen Vollzugserklärungen, zB von Übernahmeerklärungen, ist er nicht verpflichtet. Nimmt er solche Geschäfte auftragsgemäß neben der Beschlussbeurkundung vor, so ist für sie eine Gebühr nach § 147 Abs. 2 neben der
des § 47 zu erheben. Zu solchen spezifischen Notargeschäften gehören beispielsweise außer
den obengenannten: Entwurf der neuen Satzung, eines Zeichnungsscheines, einer Übernahmeerklärung, Aufstellung der Tagesordnung oder Bilanz, Fertigung des Verzeichnisses
der erschienenen oder vertretenen Aktionäre.

Über die Anwendung der **Zusatzgebühr** des § 58 vgl. dort. § 59 findet auf Beschlüsse 13
keine Anwendung. Wegen Auslagen vgl. § 137 und § 152.

IV. Das unvollendete Geschäft

Nur wenn (obschon in der Tagesordnung vorgesehen) **überhaupt kein Beschluss** ge- 14
fasst und niedergelegt wird, ist das Geschäft unvollendet; nicht schon, wenn von den tages-

---

[9] OLG Zweibrücken MittBayNot 1988, 141; vgl. auch § 41c Rn. 100 mwN.
[10] OLG Zweibrücken MittBayNot 2002, 312.
[11] KG DNotZ 1941, 315; OLG München DNotZ 1938, 754.
[12] KG DNotZ 1934, 963; DNotZ 1941, 71.
[13] AA für Vorlegung des Jahresabschlusses zu Unrecht *Godin* DNotZ 1940, 305; dagegen mit Recht
KG DNotZ 1941, 71.

§ 47   1. Teil. 2. Abschnitt: 1. Beurkundungen und ähnliche Geschäfte

ordnungsgemäß vorgesehenen Gesamtwillensbildungen einzelne abgesetzt werden. § 47 ist also anwendbar, wenn ein Beschluss gefasst und eine Niederschrift gefertigt wird, sei es auch nur ein Vertagungsbeschluss, der allerdings in jedem Falle unbestimmten Geldwertes ist, weil es sich nicht um einen zustimmenden oder ablehnenden Beschluss handelt.

15   § 57 ist anzuwenden, wenn nach der Tagesordnung ein Beschluss vorgesehen ist, die Versammlung eröffnet ist, eine Beschlussfassung aber nicht zustande kommt und eine Niederschrift nicht gefertigt wird. Wird jedoch eine **Niederschrift gefertigt**, so ist § 50 Abs. 1 anzuwenden, wobei der Wert nach § 41 a iVm. § 41 c bestimmt wird. Kommt es nicht zur Eröffnung der Versammlung, so ist § 130 Abs. 2 anzuwenden. § 50 Abs. 1 ist ferner anzuwenden, wenn nach Einberufung und Tagesordnung ein Beschluss nicht gefasst werden soll (zB nur Mitteilung der Verwaltung über Verlust in Höhe von $1/2$ des Grundkapitals nach § 92 Abs. 1 AktG), wobei der Wert nach § 30 Abs. 1 bestimmt wird bzw. nach § 41 a, wenn kein bestimmter Geldwert zugrunde liegt. KG hat „mangels anderer Bestimmung" § 47 angewendet, doch ist § 50 Abs. 1 Nr. 1 unmittelbar anwendbar.[14]

V. Satzungsbescheinigung

16   § 47 S. 1 Halbs. 2 gilt nur für den Notar, der den satzungsändernden Beschluss beurkundet hat, nicht hingegen für den Notar, der nur die entsprechende Handelsregisteranmeldung beurkundet, entworfen oder beglaubigt hat, weil es da am vorausgehenden **Hauptgeschäft** fehlt. Fehlt es am Hauptgeschäft, fällt für die Bescheinigung eine Gebühr nach § 50 Abs. 1 Nr. 1 an (vgl. § 50 Rn. 6).

17   § 47 S. 1 Halbs. 2 geht davon aus, dass die zur Handelsregisteranmeldung verpflichteten Gesellschaftsorgane den vollständigen Wortlaut der neuen Satzung liefern und der Notar nur mit der Überprüfung betraut ist. Wird der Notar auch mit der – regelmäßig mit Recherchen verbundenen – **Fertigung des neuen Wortlautes** der Satzung betraut, so ist dies ein besonderes Betreuungsgeschäft iS des § 24 Abs. 1 BNotO, das die Gebühr des § 147 auslöst;[15] die gegenteilige Ansicht[16] verkennt, dass die Gebühr eine spezifische Verantwortung des Notars abzugelten hat, der Begriff „gebührenfreies Nebengeschäft" damit jedenfalls nicht extensiv interpretiert werden kann.[17] § 47 lässt nur die – an sich gegebene – Gebühr nach § 50 Abs. 1 Nr. 1, nicht aber die Gebühr nach § 147 Abs. 2 zu.[18] Wie immer die Streitfrage entschieden wird, fallen in jedem Fall Schreibauslagen für die neugefasste Satzung an.[19]

18   Soweit die **Bescheinigung des Notars** nicht nach S. 1 Halbs. 2 Nebengeschäft ist, bestimmt sich der Geschäftswert nach § 30 Abs. 1, wobei Beziehungswert anstelle des früheren halben Stufenwertes der Wert nach § 26 Abs. 4 (aF) ist; nach der Schwierigkeit der Satzungsfassung und der Verantwortlichkeit des Notars (keine Prüfungspflicht des Registergerichts) wird man 10% bis höchstens 50% dieses Beziehungswertes ansetzen können.[20]

VI. Beschlüsse und rechtsgeschäftliche Erklärungen

19   Werden Beschlüsse mit rechtsgeschäftlichen Erklärungen in einer Niederschrift beurkundet, so wird die Gebühr nach §§ 36 bis 43 neben der des § 47 so erhoben, wie wenn getrennte Urkunden aufgenommen wären; § 44 ist auf das Zusammentreffen von Beschlüssen mit rechtsgeschäftlichen Erklärungen nicht anzuwenden, es sind also beide Gebühren nebeneinander zu berechnen (vgl. §§ 44, 41 c).

---

[14] *Ackermann* DNotZ 1960, 135; vgl. auch KG DNotZ 1941, 170.
[15] *Röll* DNotZ 1970, 342; MittRhNotK 1970, 62.
[16] OLG Frankfurt Rpfleger 1980, 203; OLG Celle JurBüro 1992, 342; *Groß* BWNotZ 1970, 62; *Rohs/Wedewer* Rn. 9; *Hansens* JurBüro 1983, 821, 828; OLG Zweibrücken JurBüro 2001, 105.
[17] Vgl. dazu *Assenmacher/Mathias* „Satzungen" Anm. 2.2.2.
[18] *Lappe* KostRsp. Anm. zu Nr. 9.
[19] *Mümmler* JurBüro 1992, 342.
[20] Vgl. *Röll* DNotZ 1970, 342; MittRhNotK 1970, 62; *Göttlich* JurBüro 1970, 1017.

§ 48* Verlosung, Auslosung und Vernichtung von Wertpapieren, Wahlversammlungen

(1) Das Doppelte der vollen Gebühr wird erhoben für die Beurkundung des Hergangs bei Verlosungen, bei der Auslosung oder Vernichtung von Wertpapieren sowie bei Wahlversammlungen.

(2) Für das Einzählen von Losen wird neben der im Absatz 1 bestimmten Gebühr eine weitere Gebühr in Höhe der Hälfte der vollen Gebühr erhoben.

(3) Der Geschäftswert bestimmt sich, soweit nicht ein bestimmter Geldbetrag feststeht, nach § 30 Abs. 2; er beträgt in allen Fällen höchstens 500 000 Euro.

(4) Wird die Auslosung und Vernichtung in einer Verhandlung beurkundet, so wird die Gebühr nur einmal erhoben.

Übersicht

	Rn.		Rn.
I. Verlosungen	1–8	II. Auslosung und Vernichtung von Wertpapieren	9–11
1. Anwendungsbereich	1–6		
2. Gebührensatz	7	III. Wahlversammlung	12
3. Wert	8	IV. Nebengebühren	13

I. Verlosungen

1. Anwendungsbereich

Verlosungen sind, wie die Geschäfte der §§ 47, 49 ff., keine Beurkundungen rechtsgeschäftlicher Erklärungen, sondern Beurkundungen über Tatsachen, die der Notar selbst wahrgenommen hat und ihm daher offenkundig sind. Für sie ist aber, abweichend von der Vorschrift des § 50 Nr. 1, eine besondere Gebührenbestimmung in § 48 getroffen. **1**

§ 48 ist in allen Fällen anzuwenden, in denen aus einer **Mehrheit von Verlosungsbeteiligten** eine beschränkte Zahl von „Gewinnern" mit den erwähnten oder anderen Verlosungsmitteln ermittelt wird, der Notar zur Überwachung des Verlosungsvorganges zwecks Vermeidung von Manipulationen beigezogen ist und hierüber eine Niederschrift gefertigt wird. Findet die Verlosung in Teilabschnitten statt, über welche jeweils eine Niederschrift angefertigt wird, so bestimmt sich der Geschäftswert bei jedem Teilabschnitt nach den für diesen Abschnitt ausgesetzten Gewinnen. **2**

Fraglich ist, ob § 48 auch anwendbar ist, wenn eine Firma eine Art **Preisausschreiben** vornimmt und der Notar dabei aus den Einsendungen ermitteln soll, welche Einsendungen in welchem Maße der zu ermittelnden Zahl am nächsten kommen; auch hier dürfte noch § 48 anwendbar sein (nicht § 50 Abs. 1 Nr. 1). **3**

Am bekanntesten sind **Ziehungslotterien** (Trommellotterien) und **Losbrieflotterien** (Brieflotterien). Während der Notar bei Ziehungslotterien den Hergang der Verlosung selbst beurkundet, beurkundet er bei Brieflotterien den Hergang der Vorbereitung (Losherstellung und das Vermischen der Gewinnlose und Nieten), die eigentliche Verlosung spielt sich durch Losbriefverkauf ab. Auch bei Brieflotterien ist § 48 anzuwenden.[1] Finden bei Ziehungslotterien mehrere Ziehungen unmittelbar nacheinander statt, so wird man diese noch als eine Ziehung ansprechen dürfen, während bei Ziehung an verschiedenen Tagen (Klassenlotterie) mehrere Verlosungen iS des § 48 vorliegen.[2] Bei Brieflotterien überwacht der Notar die Herstellung der Losbriefe (Kennzeichnung als Gewinnlose oder Verlustlose) und das Vermischen der Lose; die eigentliche Verlosung wird vom Notar nicht überwacht, sie erfolgt idR auf öffentlichen Straßen und Plätzen. Für die Tätigkeit des Notars bei Losbrieflotterien kommt nicht die Gebühr des § 48 Abs. 2 in Betracht, die bei Ziehungslotterien **4**

---

* § 48 Abs. 3 geändert durch Gesetz vom 27. 4. 2001 (BGBl. I S. 751).
[1] LG Berlin DNotZ 1958, 222.
[2] KG JFGErg. 19, 63 = JVBl. 1939, 253.

anfällt, wenn der Notar außer der eigentlichen Ziehung auch das Einzählen der Lose vornimmt bzw. überwacht, sondern die Gebühr des Abs. 1 zu $20/10$, daneben aber keine weitere Gebühr.[3] Die mehrtägige Herstellung einer Serie von Losbriefen bildet einen Arbeitsvorgang, die Überwachung ist in einem Protokoll aufzunehmen; hingegen ist das Überwachen einer abschnittsweisen Wiederholung der Losherstellung („Nachbehandlung") nach den einzelnen Teilen, in denen es erfolgt, getrennt zu protokollieren und zu berechnen.[4]

5   Unter § 48 fällt auch die Verlosung von **Studienplätzen** und die Verlosung über die Teilnahme an der beschränkten **Ausschreibung einer Baumaßnahme.** Sofern ein bestimmter Wert nicht feststeht, ist der Geschäftswert nach § 30 Abs. 2 S. 1 zu bestimmen. Der Wert kann entsprechend § 30 Abs. 2 S. 2 nach Lage des Falles niedriger oder höher, jedoch nicht über 500 000 Euro angenommen werden, wenn die wirtschaftliche Bedeutung, zB die Auswirkungen, der Zweck und die Wichtigkeit des Geschäftes, das Interesse der Beteiligten, eine Abweichung vom Regelwert angebracht erscheint.

6   Keine Gebühr nach § 48 Abs. 1 ist anzusetzen, wenn der Notar nicht auf Grund § 20 BNotO tätig wird, sondern als ein der Hoheitsgewalt seines Auftraggebers unterworfener **Beamter,** wie dies bei den sächsischen Lotterienotaren der Fall war.[5] Ferner fällt keine Gebühr nach dieser Bestimmung an, wenn bei Erbteilungen oder ähnlichen Geschäften eine „Losziehung" miterfolgt und mitbeurkundet wird; es handelt sich hier um ein gebührenfreies Nebengeschäft.

2. Gebührensatz

7   Der Gebührensatz ist das Doppelte der vollen Gebühr (Abs. 1). Das Einzählen der Lose ist, wenn überwacht und beurkundet, daneben besonders gebührenpflichtig (Abs. 2). Bei der Klassenlotterie fällt letztere Gebühr bei jeder Ziehung neben der des Abs. 1 besonders an, maßgebend ist bei der ersten Ziehung: Losnummern für alle Ziehungen und Gewinnröllchen für die erste Ziehung; bei den folgenden Ziehungen hingegen nur Gewinnröllchen der betreffenden Ziehung.[6]

3. Wert

8   Maßgebend ist der Wert der verlosten Gegenstände, bei Geldlotterien der ausgesetzte Geldbetrag, sonst die Summe der ausgesetzten und gezogenen Gewinne, wenn diese nicht in Geld, sondern in Sachen bestehen, der gemeine Wert der ausgelosten Sachen. In allen Fällen beträgt der Geschäftswert höchstens 500 000 Euro (Abs. 3). Bei der Verlosung von Studienplätzen gilt § 30 Abs. 2 (vgl. Rn. 108).

II. Auslosung und Vernichtung von Wertpapieren

9   Die Gebühr für die Auslosung von Wertpapieren zum Zwecke ihrer Einlösung usw. und die Vernichtung der eingelösten Papiere wird nach dem Werte der Papiere berechnet. Das gilt auch für das Einzählen der Nummern, für welche die halbe Gebühr des Abs. 2 besonders berechnet wird, mag der Hergang in einem Protokoll mit dem der Auslosung oder besonders beurkundet werden.

10 Wird in einer Verhandlung sowohl die Auslosung als die Vernichtung von Wertpapieren beurkundet, so wird gemäß § 48 Abs. 4 nur eine Gebühr erhoben. Sind die vernichteten Papiere andere als die ausgelosten, so wird der Wert zusammengerechnet. Die Gebühr für die Beurkundung des Hergangs bei der Vernichtung richtet sich nach dem Werte, den die Papiere zurzeit der Vernichtung hatten. Sind die Wertpapiere bei ihrer Vernichtung schon entwertet und nicht mehr umlauffähig, so bestimmt sich der Geschäftswert nach § 30 Abs. 2.[7] Dabei kommt es nicht darauf an, ob das Wertpapier rein äußerlich noch keine Zeichen der Entwertung hat und deshalb, wenn auch unberechtigt, wieder in Umlauf ge-

---

[3] *Bühling* DNotZ 1958, 223.
[4] LG Berlin DNotZ 1958, 222.
[5] OLG München DNotZ 1944, 76.
[6] KG JFGErg. 19, 63 = JVBl. 1939, 258.
[7] KG DNotZ 1938, 105.

setzt werden könnte, sondern allein darauf, ob es noch den in ihm verbrieften Wert tatsächlich verkörpert und ihm deshalb im Handel allgemein ein Kurswert zugesprochen wird; deshalb haben Aktien, die die Gesellschaft bereits durch andere an ihrer Stelle ausgegebene Aktien und handelsübliche Bekanntgabe ersetzt hat, keinen bestimmten Geldwert.[8]

Nach Abs. 3 Halbs. 2 beträgt der Geschäftswert in allen Fällen höchstens 500000 Euro. Dies gilt sowohl bei Wertpapieren mit feststehendem Geldwert als bei Wertpapieren ohne solchen; auch wenn es sich um Wertpapiere beiderlei Arten handelt, gilt der Höchstwert, ebenso wenn in der Verhandlung die Auslosung von Wertpapieren und die Vernichtung anderer Wertpapiere beurkundet ist. 11

III. Wahlversammlung

Unter Wahl versteht man jeden Beschluss darüber, ob bzw. welche Personen mit irgendwelchen gesetzlichen oder satzungsmäßigen Funktionen betraut werden oder betraut bleiben sollen. Eine Wahlversammlung iS des § 48 ist die Versammlung von Mitgliedern einer auch nur ansatzweise korporativ verfassten Gemeinschaft. Als Wahlversammlung hat das KG[9] die Versammlung der Mitglieder einer Realgemeinde zum Zwecke der Wahl von Syndiken gesehen. 12

IV. Nebengebühren

Neben den Gebühren des § 48 entsteht idR die Zusatzgebühr des § 58. Werden gleichzeitig weitere Geschäfte mitbeurkundet (zB Hauptversammlung und Verlosung), so werden getrennte Gebühren erhoben, § 44 ist nicht anwendbar. 13

§ 49 Eide, eidesstattliche Versicherungen, Vernehmung von Zeugen und Sachverständigen, Augenscheinseinnahmen

(1) Die volle Gebühr wird erhoben für die Abnahme von Eiden und Versicherungen an Eides Statt, für die Vernehmung von Zeugen und Sachverständigen sowie für die Mitwirkung bei Augenscheinseinnahmen, sofern diese Geschäfte nicht Teil eines anderen Verfahrens sind.

(2) [1]Bei einer eidesstattlichen Versicherung zur Erlangung eines Erbscheins oder eines Zeugnisses der in §§ 109 bis 111 bezeichneten Art bestimmt sich der Geschäftswert nach §§ 107, 109 und 111. [2]Treten in Erbscheinsverfahren weitere Erben einer anderweit beurkundeten eidesstattlichen Versicherung bei, so bestimmt sich die Gebühr nach dem Wert ihres Anteils an dem Nachlaß.

(3) Wird mit der eidesstattlichen Versicherung zugleich der Antrag auf Erteilung eines Erbscheins oder eines Zeugnisses der in §§ 109 und 111 bestimmten Art beurkundet, so wird dafür eine besondere Gebühr nicht erhoben.

Übersicht

	Rn.		Rn.
I. Allgemeines	1, 2	2. Antrag mehrerer Erben	8
II. Anwendungsbereich des Abs. 1	3–6	3. Mehrere Erbfälle	9
1. Grundsatz	3, 4	4. Hilfstätigkeiten	10
2. Mehrere Versicherungen	5	5. Geschäftswert	11
3. Gebührensatz. Geschäftswert	6	IV. Kostenschuldner	12
III. Eidesstattliche Versicherung zur Erlangung eines Erbscheins usw.	7–11		
1. Grundsatz	7		

---

[8] KG DNotZ 1936, 895; 1938, 105.
[9] KGJ 18, 151.

§ 49　　　1. Teil. 2. Abschnitt: 1. Beurkundungen und ähnliche Geschäfte

I. Allgemeines

1 § 49 bestimmt die Gebühren für die Abnahme von Eiden, eidesstattlichen Versicherungen, Vernehmung von Zeugen und Sachverständigen und Augenscheinseinnahmen, jedoch nur „sofern diese Geschäfte nicht Teil eines anderen Verfahrens sind". Eidesstattliche Versicherungen zur Glaubhaftmachung von Tatsachen, die zur Begründung von Anträgen usw. vorgebracht werden, fallen danach nicht unter § 49, wenn sie vor der Verfahrensbehörde abgegeben werden; auch nicht Eide, die bei Siegelungen, Aufnahmen von Vermögensverzeichnissen oder in einem Vermittlungsverfahren nach § 116 oder einer Nachlass- bzw. Vormundschaftssache usw. abgegeben werden, die Vernehmung von Zeugen bei Verklarungen und dgl. (§ 50 Abs. 2). Nur die eidesstattliche Versicherung zur Erwirkung eines Erbscheins und dgl. ist, obwohl zum Erbscheinsverfahren gehörend, gebührenpflichtig (§ 107 Abs. 1 S. 2).

2 Nicht unter § 49, sondern unter § 124 fallen auch die Eide, jetzt eidesstattlichen Versicherungen aus § 259 BGB (über die Vollständigkeit der Einnahmen in der Rechnung über eine Verwaltung), § 260 BGB (über die Vollständigkeit eines Verzeichnisses über einen Inbegriff von Gegenständen), § 2028 BGB (Offenbarung der Hausgenossen über den Verbleib von Erbschaftsgegenständen), § 2057 BGB (Offenbarung der Miterben über Zuwendungen), § 2314 BGB (die auf Antrag des Pflichtteilsberechtigten von dem Erben abzugebende Versicherung über den Bestand des Nachlasses). Auch die von dem Erben auf Verlangen des Nachlassgläubigers nach § 2006 BGB über die Vollständigkeit des Nachlassverzeichnisses abzugebende Versicherung fällt unter § 124.

II. Anwendungsbereich des Abs. 1

1. Grundsatz

3 Unter § 49 Abs. 1 fallen demnach die Abnahme von Parteieiden oder eidesstattlichen Versicherungen oder die Vernehmung von Zeugen und Sachverständigen zwecks Gebrauchs im Auslande (§ 22 Abs. 3 BNotO), die Vereidigung eines Sachverständigen auf Antrag der Beteiligten, soweit landesrechtlich zugelassen (vgl. Art. 34 Abs. 2 PrFGG), die Vernehmung eines vom Gericht ernannten Sachverständigen zur Feststellung des Zustandes oder Wertes von Sachen (hier wird die Gebühr für die „Vernehmung" neben der im § 120 für die Ernennung und Beeidigung bestimmte Gebühr erhoben; vgl. § 120 Nr. 1 Halbs. 2, Wert nach freiem Ermessen). Die Beeidigung eines Dolmetschers, der zu einer Testamentserrichtung oder zur Beurkundung von Rechtsgeschäften unter Lebenden gemäß § 197 FGG zugezogen werden soll (vgl. auch für Notare § 22 Abs. 3 BNotO), ist gebührenfreies Nebengeschäft der Beurkundung. Keine eidesstattliche Versicherung liegt[1] vor, wenn nicht eine Tatsache versichert, sondern nur die Erklärung abgegeben wird, im Scheidungsprozess die Aussage über ehewidrige Beziehungen zu verweigern.

4 Die Gebühr für die „Abnahme" von Eiden ist für die Beurkundung der Eidesleistung bestimmt. Wird die Leistung verweigert, so kommt eine Gebühr nicht zum Ansatz; wenn schon in die Verhandlung eingetreten ist, entsteht die Gebühr nach § 57. Bei Zurücknahme des Antrags kommt § 130, bei Verweigerung der Eidesleistung § 57 in Frage, bei Notaren ggf. § 147 Abs. 2. Für den Entwurf gilt nicht § 145, sondern § 147 Abs. 2.

2. Mehrere Versicherungen

5 Enthält eine Urkunde eine Mehrheit von eidesstattlichen Versicherungen, so nicht $^{10}/_{10}$-Gebühr nach § 49 Abs. 1 aus der Summe der Werte, weil die Gebührenvergünstigung des § 44 für Tatsachenbeurkundungen nicht gilt, sondern mehrere Gebühren zu je $^{10}/_{10}$ aus dem jeweiligen Wert.[2]

---

[1] So LG Hildesheim KostRsp. Nr. 2.
[2] OLG Frankfurt DNotZ 1965, 178; OLG Hamm DNotZ 1965, 446.

3. Gebührensatz. Geschäftswert

Der Gebührensatz ist die volle Gebühr. Wenn ein bestimmter oder bestimmbarer Wert **6** oder ein nach objektiven Merkmalen schätzbarer Wert den Gegenstand der eidesstattlichen Versicherung bildet, ist dieser Wert auch der Geschäftswert der eidesstattlichen Versicherung. Der Geschäftswert ist nur dann nach freiem Ermessen gemäß § 30 Abs. 1, notfalls nach § 30 Abs. 2 zu bestimmen, wenn kein bestimmter bzw. bestimmbarer Wert vorliegt, so insbesondere bei nichtvermögensrechtlichen Angelegenheiten. Ergibt sich der Geschäftswert nicht aus den allgemeinen Wertbestimmungen oder aus der Versicherung selbst, so ist bei der Ermessensbildung nach § 30 Abs. 1 vor allem zu berücksichtigen, in welchem Ausmaß die eidesstattliche Versicherung auf das betroffene Wirtschaftsgut einwirkt. Entsprechendes gilt auch für Eidesurkunden, insbesondere für das Affidavit. Auch wenn Affidavits eine andere Aufgabe haben als Eide nach deutschem Recht und ihnen oft keine weitergehende Tragweite zukommt als die Unterschriftsbeglaubigung nach deutschem Recht,[3] ändert dies doch nichts daran, dass jedes Affidavit die Abnahme eines Eides erfordert, so dass die kostenrechtliche Gleichbehandlung geboten ist.

III. Eidesstattliche Versicherung zur Erlangung eines Erbscheins usw.

1. Grundsatz

Besonderes gilt für die eidesstattliche Versicherung zwecks Erlangung eines Erbscheins, **7** eines Testamentsvollstreckerzeugnisses oder eines Zeugnisses über die Fortsetzung der Gütergemeinschaft und einiger gegenständlich beschränkter Zeugnisse. Die Abnahme der Versicherung durch das Nachlassgericht gehört eigentlich zum gerichtlichen Verfahren. Danach träfe die Ausnahme „sofern diese Geschäfte nicht Teil eines anderen Verfahrens sind" zu. § 107 Abs. 1 und § 109 bestimmen aber ausdrücklich, dass die Gebühr für die eidesstattliche Versicherung besonders erhoben wird. Die Gebühr ist die volle Gebühr und deckt zugleich die mitaufgenommene Darlegung der Erbrechtsverhältnisse und den mitbeurkundeten Antrag auf Erteilung des Erbscheins oder des Zeugnisses (Abs. 3), beim Testamentsvollstreckerzeugnis auch die Mitbeurkundung der Erklärung des Testamentsvollstreckers, dass er das Amt annehme.[4]

2. Antrag mehrerer Erben

Für die gleichzeitige Aufnahme der Versicherungen samt Antrag mehrerer Erben (Miterben) **8** bezüglich desselben Erbfalls wird nur eine Gebühr berechnet, da es sich um die Versicherung derselben Vorgänge durch mehrere in Rechtsgemeinschaft stehende Personen handelt.[5] Treten später weitere Miterben bei, so bestimmt sich nach Abs. 2 S. 2 der Wert – entsprechend dem Prinzip des § 40 – nach dem Wert ihres Anteils am Nachlass.

3. Mehrere Erbfälle

Wird die eidesstattliche Versicherung nebst Erbscheinsantrag für mehrere Erbfälle abge- **9** geben, so taucht das Problem der Einheit oder Mehrheit von eidesstattlichen Versicherungen auf. Das KG hat entschieden,[6] für die Versicherungen seien, auch wenn sie in einer Verhandlung beurkundet sind, getrennte Gebühren zu erheben; in BBl. 1925, 45 hat es die Erhebung einer Gebühr nach dem zusammengerechneten Wert gebilligt, wenn tatsächlich eine einheitliche Versicherung zwecks Erteilung eines Erbscheins nach mehreren Erblassern für dieselben Erben (Erbschein hinter Ehegatten für ihre Kinder) abgegeben ist; JFGErg. 14, 84 hat die Frage dahingestellt sein lassen. Manche vertreten mit Recht den Standpunkt, dass es sich auch bei Zusammenbeurkundung um mehrere Versicherungen für mehrere Erbfälle handelt und je eine volle Gebühr aus dem jeweiligen Reinnachlasswert zu erheben

---

[3] *Brambring* DNotZ 1976, 726, 731.
[4] KG DNotZ 1942, 314.
[5] KG JFGErg. 14, 85.
[6] KGJ 16, 257; 26 B 35; DNotV 1916, 38.

ist.[7] Maßgebend ist die Anzahl der Erbfälle oder Erblegitimationen;[8] die Gegenmeinung übersieht, dass die Zusammenbeurkundungsregelung des § 44 Ausnahmebestimmung von dem allgemeinen Prinzip der gesonderten Bewertung jedes Geschäftes ist und die Gebührenbegünstigung des § 44 nur für rechtsgeschäftliche Erklärungen unter Lebenden gilt.

4. Hilfstätigkeiten

10 Das Beschaffen der Personenstandsurkunden liegt in Verfahren zur Erteilung eines Erbscheins nicht im Rahmen der Zuständigkeit eines Notars.[9] Nach § 2356 Abs. 2 BGB, § 22 Abs. 2 BNotO hat er die Versicherung an Eides Statt entgegenzunehmen, es obliegt ihm aber nicht, die Richtigkeit bestimmter Angaben durch öffentliche Urkunden nachzuweisen. Ihre Beibringung ist vorbereitend bzw. fördernd für die Erbscheinsverhandlung und -erteilung, nicht aber für die Beurkundung der eidesstattlichen Versicherung samt Antrag. Beschafft der Notar sie auftragsgemäß, so fällt eine Gebühr nach § 147 Abs. 2 an.[10] Allerdings wird der Notar außer den Auslagen nur eine geringe Gebühr nach § 147 Abs. 2 (oft nur Mindestgebühr) verlangen können, wenn es sich bei der Beibringung um ganz einfache, voraussetzungslose Ersuchen an die jeweiligen Standesämter handelt.

5. Geschäftswert

11 Was den Geschäftswert der eidesstattlichen Versicherungen nach Abs. 2 anlangt, verweist dieser auf §§ 107, 109, 111 (vgl. Erläuterungen zu § 107). Zur Wertermittlung nach § 107 Abs. 2 hat das OLG Oldenburg[11] entschieden, dass bei einem zum Nachlass gehörenden land- oder forstwirtschaftlichen Betrieb mit Hofstelle Verbindlichkeiten, die auf diesem Betrieb lasten, außer Betracht bleiben.[12]

IV. Kostenschuldner

12 Kostenschuldner für die Gebühr nach § 49 ist, wer die Tätigkeit des Notars veranlasst (§ 2 Rn. 25 ff.). Da § 2 Nr. 1 Halbs. 2 hier nicht gilt (keine rechtsgeschäftliche Erklärung), kann auch (allein) ein anderer als der, der den Eid usw. abgibt, Kostenschuldner sein. Für den Fall, dass ein Testamentsvollstrecker die Erklärung abgibt vgl. § 2 Rn. 31.

§ 50* Bescheinigungen, Abmarkungen, Verklarungen, Proteste, Schätzungen

(1) **Die volle Gebühr wird erhoben**
1. für die Erteilung von Bescheinigungen über Tatsachen oder Verhältnisse, die urkundlich nachgewiesen oder offenkundig sind;
2. für die Mitwirkung bei Abmarkungen;
3. für die Aufnahme von Protesten und ähnlichen Urkunden;
4. für die Aufnahme von Schätzungen.

(2) **Für die Aufnahme von Verklarungen sowie Beweisaufnahmen nach dem Fünften Buch des Handelsgesetzbuchs und nach dem Binnenschiffahrtsgesetz wird das Doppelte der vollen Gebühr, für die nachträgliche Ergänzung der Verklarung wird eine volle Gebühr erhoben.**

---

[7] LG Bonn DNotZ 1959, 276; OLG Neustadt DNotZ 1960, 411 = Rpfleger 1963, 36; OLG Frankfurt DNotZ 1965, 178; OLG Hamm Rpfleger 1965, 24; LG Köln MittRhNotK 1965, 434; *Kaiser* DNotZ 1965, 506.
[8] AA *Rohs/Wedewer* Rn. 25.
[9] OLG Stuttgart BWNotZ 1963, 231; KG Rpfleger 1972, 334; OLG Frankfurt StAZ 1987, 138.
[10] AA *Rohs/Wedewer* Rn. 6.
[11] JurBüro 1990, 1187.
[12] Zur Abgrenzung der Anwendung der Kostenermäßigung nach § 107 Abs. 3 und 4 vgl. OLG Düsseldorf JurBüro 1991, 252 m. Anm. *Mümmler*.
* § 50 Abs. 2 neu gefasst durch Gesetz vom 9. 12. 1986 (BGBl. I S. 2326), Satz 2 geändert durch Gesetz vom 25. 8. 1998 (BGBl. I S. 2489).

Übersicht

	Rn.		Rn.
I. Tatsachenbescheinigungen	1–23	II. Mitwirkung bei Abmarkungen (Abs. 1 Nr. 2)	24
1. Allgemeines	1		
2. Geltungsbereich	2–17	III. Proteste	25
3. Tatsachenbescheinigung in Verbindung mit einem anderen Geschäft	18–21	IV. Gerichtliche Aufnahme von Schätzungen	26
4. Legitimationsprüfung	21 a	V. Verklarungen	27, 28
5. Wert	22, 23		

Stichwortverzeichnis

Abmarkungen (Mitwirkung des Notars) 24
Aktienhinterlegung 15
Allgemeines 1
Änderungen (Familienstand, Name, Wohnsitz) 3
Angebote (Feststellung über Eröffnung) 17
Bescheinigung über Vorlage bestimmter Gegenstände 10
– Urkunden 10
Bezugswert 23
Dividendenschein (Bescheinigung über erstmalige Veräußerung) 14
Feuerbestattung (Bescheinigung über Anordnung) 11
Geltungsbereich 2
Grundpfandrechtsregelungen 20
Hauptversammlungsniederschriften 21
Identitätsbescheinigung 3

Lebensbescheinigungen 3
Legitimationsprüfung 21 a
Messungsergebnis (Bestätigung auf einer Urkunde) 8
Namensänderungen 3
Notarbescheinigung (§ 54 GmbHG) 6
Prioritätsbescheinigung 7
Proteste 25
Rangbestätigung 28
Schätzungen (Aufnahme durch Gericht) 26
Tatsachenbescheinigungen 1–23
– in Verbindung mit anderem Geschäft 18 ff.
– selbständige 2
Testamentsvollstrecker (Amtsannahme) 4
Wert 22, 23
Wertpapierhinterlegung 16

I. Tatsachenbescheinigungen

1. Allgemeines

Abs. 1 Nr. 1 gewährt eine volle Gebühr für Bescheinigungen (§ 20 Abs. 1 S. 2 BNotO, § 39 BeurkG) über Tatsachen oder Verhältnisse, die dem Notar urkundlich nachgewiesen oder ihm – sei es auf Grund Augenscheins oder sonstwie – offenkundig sind. Hat der Notar die Tatsachen nicht selbst wahrgenommen, sondern ein Dritter, so kann er eine Bescheinigung iS der Nr. 1 nur über das ausstellen, was der Dritte ihm über seine Wahrnehmung erklärt. Der Begriff der Tatsachenbescheinigung lässt sich nur negativ umschreiben. Es fallen hierunter alle Beurkundungen, die nicht Willenserklärungen zum Gegenstand haben. Für die Erstellung einer Zeugnisurkunde gilt grundsätzlich das Protokollverfahren, in einfachen Fällen genügt eine Vermerkurkunde gemäß § 39 BeurkG. Enthält die Bescheinigung rechtliche Schlussfolgerungen, Beurteilungen, Begutachtungen, so handelt es sich um ein Geschäft nach § 147 Abs. 2, selbst wenn dieser Beurteilung Tatsachenfeststellungen vorausgehen (vgl. Rn. 20). Auch Mitteilungen über den Inhalt des Grundbuchs, des Registers oder von Akten können nach § 50 Abs. 1 Nr. 1 zu honorieren sein, wenn sich die Tätigkeit des Notars einerseits nicht in der Wiedergabe des Grundbuchinhalts beschränkt, sondern über den Grundbuchinhalt eine Vermerkbeurkundung nach § 39 BeurkG vorgenommen wird, andererseits keine gutachtliche Äußerung enthält; insoweit ist dann die Einsicht in das Register oder die Akten gebührenfreies Nebengeschäft iS von § 35 zur Bescheinigung. Entsprechendes gilt auch für die Rangbestätigung nach § 147 Abs. 1 S. 2, wenn sie in Form einer Bescheinigung nach § 39 BeurkG ausgestellt wird. Vgl. aber § 147 Rn. 9. **1**

2. Geltungsbereich

Die Vorschrift gilt in erster Linie für **selbständige Tatsachenbescheinigungen**, d.h. solche, die nicht mit einem anderen Geschäft im Zusammenhang stehen. **2**

§ 50
3 Hierunter fallen zB:
- **3a** – Lebensbescheinigungen;
- **3b** – Identitätsbescheinigungen jedoch nur, wenn sie über §§ 10, 40 Abs. 4 BeurkG hinaus selbständige Bedeutung haben, etwa die Identitätsbescheinigung, die für Kreditinstitute auf Grund des Geldwäschegesetzes vorzunehmen ist (vgl. § 30 Rn. 44);
- **3c** – Bescheinigungen über Veränderung des Familienstandes, des Namens, des Wohnsitzes usw.;
- **4** – die Bescheinigung, dass eine als Testamentsvollstrecker ernannte Person das Amt angenommen hat;[1] diese Bescheinigung, eine Ausfertigung des öffentlichen Testaments (Erbvertrages) und des Eröffnungsprotokolls genügen gemäß § 35 Abs. 1 S. 2, Abs. 2 GBO als Ausweis des Testamentsvollstreckers und ersetzen das Testamentvollstreckerzeugnis;
- **5** – Bescheinigungen, die sich nicht bloß auf die Eintragung im Register, sondern auf den Inhalt der bei den Registerakten befindlichen Urkunden beziehen und Vermerkcharakter nach § 39 BeurkG haben,[2] zB dass der Geschäftsführer einer GmbH von den Beschränkungen des § 181 BGB befreit ist, sofern diese Befreiung nicht im Register vermerkt ist; praktische Bedeutung hat Abs. 1 Nr. 1 vor allem bei der KG, wo – anders als bei der GmbH – die Befreiung von § 181 BGB nicht in das Handelsregister einzutragen ist;[3] für Bescheinigungen dieser Art, die keinen Vermerkcharakter iS von § 39 BeurkG haben, gilt ab dem 1. 1. 1987 § 147 Abs. 1 S. 1;
- **6** – die Notarbescheinigung nach § 54 GmbHG, falls sie nicht gebührenfreies Nebengeschäft gemäß § 47 S. 1 Halbs. 2 ist vgl. hierzu § 47 Rn. 17;[4]
- **7** – Prioritätsbescheinigungen für Geschmacksmusteranmeldungen im Ausland;[5]
- **8** – die Bestätigung des Messungsergebnisses auf einer Grundpfandrechtsbestellungs- oder Teilflächenverkaufsurkunde;[6]
- **9** – die Bescheinigung eines Notars auf einem privatschriftlichen Testament, dass es in seiner Gegenwart eigenhändig ge- und unterschrieben wurde;
- **10** – die Bescheinigung, dass zu einem bestimmten Zeitpunkt eine bestimmte Urkunde oder ein bestimmter Gegenstand dem Notar vorgelegt worden ist;[7]
- **11** – die Bescheinigung des Notars, dass der Verstorbene in mündlicher Erklärung vor ihm die Feuerbestattung angeordnet hat;
- **12** – bis zum 31. 12. 1986 vorgenommene Bescheinigungen des beurkundenden Notars über den Vollzugsstand von Grundpfandrechtsurkunden oder Grundstücksveräußerungsverträgen (Notarberichte, Überwachungsbescheinigungen, selbständige Rangbestätigungen usw.), jedoch nur, wenn derartige Bescheinigungen nicht durch den Vollzug des Vertrages bedingt sind und keine Wertung enthalten, da für diese Fälle § 147 Abs. 1 aF einschlägig ist; nach dem 1. 1. 1987 gilt § 147 Abs. 1 S. 2 nF), sofern es sich nicht um eine förmliche Bescheinigung nach § 39 BeurkG handelt (dann § 50 Abs. 1 Nr. 1), vgl. auch Rn. 20;
- **13** – die Bescheinigung des Registergerichts, dass eine überreichte Abschrift des Gesellschaftsvertrages mit dem Gesellschaftsvertrag und der zurzeit der Ausstellung geltenden Fassung übereinstimmt;[8]
- **14** – die notarielle Bescheinigung über die erstmalige Veräußerung eines Dividendenscheins;[9]
- **15** – bei Aktienhinterlegung nach § 123 AktG die Erteilung der Bescheinigung, sie ist nicht Nebengeschäft zum Verwahrungsgeschäft nach § 149, so dass beide Gebühren nebeneinander erhoben werden;[10]

---

[1] LG Köln DNotZ 1950, 45.
[2] KG DNotZ 1942, 279 = JVBl. 1942, 81.
[3] Vgl. OLG Hamm MittRhNotK 1983, 92.
[4] *Rohs/Wedewer* Rn. 3.
[5] OLG Frankfurt Rpfleger 1974, 453.
[6] *Hieber* DNotZ 1958, 647.
[7] KG JFGErg. 20, 42.
[8] KG JW 1932, 3633; vgl. auch AG Solingen KostRsp. Nr. 6.
[9] § 46 KStG 1977; dazu *Jerschke* DNotZ 1977, 294, 302.
[10] OLG München DNotZ 1937, 83; 1937, 504; KGJ 33 B 22.

– das Gleiche gilt bei der Wertpapierhinterlegung zur Sicherstellung künftiger Ansprüche 16
  Dritter, wenn eine besondere Bescheinigung erteilt wird;[11]
– Feststellungen über die Eröffnung von Angeboten (zB hinsichtlich der Ausschreibung 17
  von Rohbauarbeiten etc.) und Feststellung des Mittelwertes der abgegebenen Angebote;
  ist der Notar auch mit der rechnerischen Überprüfung der Angebote beauftragt, fällt zusätzlich eine Gebühr nach § 147 Abs. 2 an.

3. Tatsachenbescheinigung in Verbindung mit einem anderen Geschäft

Hier fällt eine Gebühr nach Nr. 1 nur an, wenn der **Bescheinigung eigenständige** Be- 18
deutung zukommt, nicht aber, wenn es sich um unselbständige Feststellungen zu dem betreffenden anderen Geschäft handelt, die nach § 35 gebührenfreies Nebengeschäft sind.

Unselbständigen Charakter haben beispielsweise die Feststellung in der Urkunde, dass 19
die erforderliche Vollmacht in Urschrift vorgelegt wurde, wobei beglaubigte Abschrift zur
Urkunde genommen wird,[12] ferner die Feststellung des Erbscheinsinhaltes in einer Auseinandersetzungsurkunde; die Feststellung der Rechtskraft eines Zuschlagsbeschlusses; die bei
der Firmenzeichnung getroffene Feststellung, dass die Zeichnung eigenhändig vor dem
Notar erfolgt ist; in diesen Fällen und ähnlichen selbst dann, wenn diese Feststellungen,
Bescheinigungen u. Ä. nicht in der jeweiligen Urkunde, sondern nachträglich in einem
besonderen Vermerk gemacht werden.

Häufig werden auch bei **Grundpfandrechtsregelungen** von den beteiligten Geldge- 20
bern vor dem oft länger dauernden Grundbuchvollzug Bescheinigungen gefordert, sei es, um
über die Finanzierung oder Vorfinanzierung zu beschließen, um über die Freiheit von Hypothekengewinnabgabe, Aufbaugrundschulden, Restitutionsverpflichtungen o. Ä. sicher zu
sein; den Gläubigern genügt regelmäßig ein entsprechendes Schreiben des Notars, für das,
sofern bis zum 31. 12. 1986 ausgestellt, die Gebühr des § 147 Abs. 1 aF anfiel bzw. anfällt.[13] § 50 Nr. 1 ist nur einschlägig, sofern es sich nur um die Bescheinigung von Tatsachen bzw. Verhältnissen iS der Nr. 1 handelt,[14] nicht hingegen, wenn – wie sehr häufig –
damit eine rechtliche Begutachtung oder Beurteilung verknüpft ist, wie zB bei der Aussage, der *erforderliche* Rang sei gewährleistet. Für Bescheinigungen dieser Art gilt, sofern nach
dem 1. 1. 1987 ausgestellt, § 147 Abs. 1 S. 1 (nF), es sei denn, sie haben Vermerkcharakter
nach § 39 BeurkG (s. Rn. 1).[15]

In **Hauptversammlungsniederschriften** sind weitere tatsächliche Feststellungen (als 21
die Beschlussfassungen), wie Verzicht auf Einberufungsförmlichkeiten, Annahme einer
Wahl, Feststellung der ordnungsmäßigen Einberufung usw. Nebengeschäfte zur Beschlussbeurkundung. OLG Stuttgart[16] hält auch im Protokoll auftragsgemäß festgehaltene Verzichtserklärungen (auf Nachbezugsrecht usw.) für Nebengeschäfte, während *Ackermann*
(Anm. dazu) derartige Erklärungen, wenn sie auftragsgemäß im Hauptversammlungsprotokoll festgehalten werden, für Bescheinigungen nach § 50 Nr. 1 hält, sofern diese Erklärungen einzelner Teilnehmer, die in Beurkundungsform niederzulegen zu umständlich wäre,
als mündlich abgegeben festgehalten werden sollten und so festgehalten werden.

4. Legitimationsprüfung

Die Legitimationsprüfung ist bei der Eröffnung eines Kontos vorzunehmen. Sie wird idR 21 a
durch das kontoeinrichtende Kreditinstitut vorgenommen, jedoch wird dazu immer häufiger der Notar im Rahmen einer Grundpfandrechtsbestellung für überörtliche Kreditinstitute
beauftragt. Die Legitimationsprüfungspflicht umfasst nach § 8 Abs. 1 GwG die Identifizierung des Kontoberechtigten bezüglich des Namens, des Geburtsdatums, des Geburtsortes,
der Staatsangehörigkeit und der Anschrift und die Feststellung von Art, Nummer und aus-
stellender Behörde des amtlichen Ausweises. Dabei ist auch zu prüfen, ob die äußeren

---

[11] KG DNotV 1926, 25, 27.
[12] OLG München DNotZ 1939, 354; 1944, 71, 76.
[13] OLG Celle DNotZ 1979, 680; vgl. § 147 Rn. 63.
[14] OLG Braunschweig MittBayNot 1962, 197; LG Aachen MittBayNot 1960, 105.
[15] Vgl. auch Bundesnotarkammer DNotZ 1987, 1 ff.
[16] DNotZ 1954, 107.

Merkmale der zu identifizierenden Person mit dem Foto im Legitimationsdokument und die gefertigte Unterschrift mit der im Ausweis übereinstimmen. Die $^{5}/_{20}$-Gebühr des § 45 Abs. 1 ist nicht einschlägig, weil die Tatsachenbescheinigung keine Unterschriftsbeglaubigung iS des § 40 BeurkG darstellt. Damit fällt die $^{10}/_{10}$-Gebühr des § 50 Abs. 1 Nr. 1 an.[17] Werden Legitimationsprüfungen für mehrere Personen in einer Bescheinigung zusammengefasst, entsteht je eine gesonderte $^{10}/_{10}$-Gebühr nach § 50 Abs. 1, desgleichen löst eine Legitimationsbescheinigung in der Grundschuldurkunde neben der Beurkundungsgebühr eine Gebühr nach § 50 Abs. 1 aus, da § 44 Abs. 2 a in beiden Fällen nicht gilt. Wegen des Wertes einer Legitimationsbescheinigung wird auf Rn. 22, 23 und auf § 30 Rn. 44 verwiesen. Kostenschuldner ist, wenn die Legitimationsprüfung aus Anlaß einer Grundpfandrechtsbestellung erfolgt, gem. § 2 Nr. 1 der Grundpfandrechtsbesteller, Kostenschuldner ist aber auch der Kreditgeber, sofern er die Legitimationsprüfung in Auftrag gegeben hat.[18]

5. Wert

22   Eine spezielle Wertvorschrift ist in § 50 nicht gegeben, daher gelten die **allgemeinen Wertvorschriften** der §§ 18 ff., insbesondere § 30. Lässt sich ein zahlenmäßiger Wert ermitteln, ist dieser Geschäftswert. So bemisst sich der Geschäftswert einer Verklarung nach § 11 BinnSchG nach der Summe der zu verfolgenden und abzuwehrenden vermögensrechtlichen Interessen, die zu schätzen sind; ein Abschlag nach § 30 Abs. 1 wegen des Umstandes, dass es sich nur um ein Sicherungsverfahren handelt, findet nicht statt.[19] Soweit ein zahlenmäßiger Wert nicht feststeht, ist der Wert nach freiem Ermessen zu bestimmen, notfalls nach § 30 Abs. 2, in nicht vermögensrechtlichen Angelegenheiten nach § 30 Abs. 3. Bei der Bestimmung nach freiem Ermessen wird auch auf spezielle Wortvorschriften in den §§ 39 ff. Rücksicht genommen werden müssen, so bei der Bescheinigung, dass ein privatschriftliches Testament vor dem Notar geschrieben wurde, auf § 46 Abs. 4 oder bei der Bescheinigung über Annahme des Testamentsvollstreckeramtes auf § 109 Abs. 1 S. 2.

23   Steht im Rahmen der Wertermittlung nach § 30 Abs. 1 ein betroffener Wert **als Bezugswert** ziffernmäßig fest, zB bei Überwachungsbescheinigungen, Notarberichten zu Grundpfandrechtsregelungen, Eintragung von Auflassungsvormerkung an erster Rangstelle usw., so wird ein Teilwert idR angemessen sein, jedoch hat die neuere Rspr. keine Bedenken, bei schwierigen und verantwortungsvollen Bescheinigungen, die für den Auftraggeber von erheblicher Bedeutung sind, den vollen Wert des betroffenen Rechtsgutes oder Rechtsverhältnisses anzusetzen.[20] Der Verwendungszweck ist jedoch zu berücksichtigen (Vorfinanzierung, Endfinanzierung); dient eine Bescheinigung zur Grundpfandrechtseintragung nur der Vorfinanzierung der ersten Darlehensrate, so ist nur diese Bezugswert.[21] Für Notartätigkeiten, die nach dem 1. 1. 1987 dem § 147 Abs. 1 unterliegen, gilt die in § 147 Abs. 1 S. 1 festgelegte Einheitsgebühr bzw. die in § 147 Abs. 1 S. 2 normierte Viertelgebühr aus dem Nominalwert des betroffenen Rechtes.

II. Mitwirkung bei Abmarkungen (Abs. 1 Nr. 2)

24   In Frage kommt hier das Mitwirken des Notars bei der Errichtung fester Grenzzeichen oder der Wiederherstellung solcher (§ 719 BGB). Die Beurkundung der Vorgänge ist bundesgesetzlich nicht vorgeschrieben. Die Zusatzgebühr des § 58 wird daneben nicht erhoben (§ 58 Abs. 4).

III. Proteste

25   Unter die Proteste (Abs. 1 Nr. 3) fallen nicht die Wechsel- und Scheckproteste, für sie sind die Gebühren in § 51 bestimmt. Unter Nr. 3 fällt eine Reihe von Urkunden aus dem

---

[17] *Bund* NotBZ 2004, 183.
[18] Nach OLG Frankfurt MittBayNot 2007, 244 ist Kostenschuldner ausschließlich der Grundpfandrechtsgläubiger.
[19] OLG – Schifffahrtsobergericht – Karlsruhe JurBüro 1993, 433.
[20] ZB OLG Düsseldorf DNotZ 1956, 108; KG DNotZ 1958, 657.
[21] OLG Braunschweig MittBayNot 1962, 197.

See- und Binnenschifffahrtsrecht, die zu errichten sind, wenn der Empfänger einer Erklärung, Anzeige usw. sich weigert, den Empfang zu bescheinigen; vgl. insbesondere §§ 571, 588, 596, 603, 605 HGB, §§ 28, 33, 39, 47, 51 BinnSchG. Der Wert richtet sich nach dem Werte des zu erhebenden oder abzuwendenden Anspruchs, und wenn ein solcher nicht erhellt, nach § 30 Abs. 2. Eine ähnliche Urkunde ist die Zustellungsurkunde des Notars (Art. 31 Abs. 2 PrFGG). Eine ähnliche Urkunde ist ferner die gerichtliche Kundgabe der Aufgabe einer Schiffspart (§ 501 Abs. 2 HGB).

IV. Gerichtliche Aufnahme von Schätzungen

Die Aufnahme von Schätzungen durch Gerichte (Abs. 1 Nr. 4) ist bundesgesetzlich nicht vorgesehen. Für die Aufnahme einer Schätzung im Verfahren der freiwilligen Versteigerung ist besondere Bestimmung vorgesehen. Wird bei der Aufnahme von Vermögensverzeichnissen der geschätzte Wert in diese aufgenommen, so wird dafür eine besondere Gebühr neben der des § 52 nicht erhoben. Die Gebühr wird aber auch im Erbteilungsverfahren erhoben, wenn in ihm eine gerichtliche Schätzung stattfindet (§ 116 Abs. 3), bei der freiwilligen Versteigerung nur 1/2-Gebühr (§ 53 Abs. 1 Nr. 2). Die Zusatzgebühr des § 58 wird nicht erhoben (§ 58 Abs. 4). Im Falle des § 119 Nr. 1 wird die Gebühr des § 50 für die Aufnahme der Schätzung neben der Gebühr für die Ernennung und Beeidigung des Sachverständigen erhoben. 26

V. Verklarungen

Verklarung (Abs. 2) ist die Aufnahme des Berichts eines Seeschiffers über die Unfälle, die sich während der Reise ereignet haben, mit Zuziehung der Schiffsbesatzung, auf der Grundlage des Tagebuchs (§§ 522 ff. HGB). Der Wert bestimmt sich nach dem Gesamtinteresse aller Beteiligten, damit regelmäßig nach der Summe der vermögensrechtlichen Interessen, die Gegenstand der Prüfung im Verklarungsverfahren gewesen sind,[22] damit also nur hilfsweise nach § 30 Abs. 2. Der Verklarung ähnlich gestaltet ist die Beweisaufnahme, wenn ein Binnenschiff oder ein unter das Flößergesetz fallendes Fahrzeug von einem Unfall betroffen wird (§§ 11 ff. BinnSchG, §§ 8 ff. FlößG). Für sie ist Abs. 2 an die Stelle der durch § 158 Abs. 2 aufgehobenen Gebührenvorschriften der erwähnten Gesetze getreten. Doch findet Abs. 2 keine Anwendung auf die Beweisaufnahme nach § 11 BinnSchG.[23] Da sich das Verklarungsverfahren in der Praxis über ein bloßes Beweisverfahren hinaus entwickelt hat,[24] ist nunmehr das Doppelte der vollen Gebühr zu erheben. Der Notar kann die Anhörung noch anderer Personen der Schiffsbesatzung, deren Anhörung er angemessen findet, vornehmen (§ 525 Abs. 1 HGB). Für diese nachträgliche Ergänzung der Verklarung bestimmt Abs. 2 die volle Gebühr. Die Gebühren für das vereinfachte Verklarungsverfahren (VO vom 16. 8. 1944, RGBl. I S. 183) gelten weiter.[25] 27

Eine Rangbestätigung, wie sie in § 147 Abs. 1 S. 1 umschrieben ist, löst keine Gebühr nach § 50 aus, auch wenn der Notar durch Anbringung des Farbsiegels die förmlichen Voraussetzungen des § 50 schafft, ohne dass dies vom Auftraggeber verlangt wurde. Sie verursacht ausschließlich eine 1/4-Gebühr nach § 147 Abs. 1 S. 1 aus dem Grundpfandrechtsnennbetrag (vgl. § 147 Rn. 9).[26] 28

§ 51* Wechsel- und Scheckproteste

(1) **Für die Aufnahme von Wechsel- und Scheckprotesten wird die Hälfte der vollen Gebühr erhoben.**

---

[22] OLG Köln JurBüro 1995, 208; 2000, 252.
[23] OLG Karlsruhe Rpfleger 1967, 151.
[24] Begründung zu Nr. 31.
[25] *Keidel* JR 1959, 192.
[26] KG JurBüro 1998, 323; JurBüro 1998, 323 = ZNotP 1998, 430.
* § 51 Abs. 5 geändert durch Gesetz vom 20. 8. 1975 (BGBl. I S. 2189), Abs. 2 Satz 1 und Abs. 5 geändert durch Gesetz vom 27. 4. 2001 (BGBl. I S. 751), Abs. 5 geändert durch Gesetz vom 10. 12. 2001 (BGBl. I S. 3422) und Gesetz vom 22. 3. 2005 (BGBl. I S. 837).

§ 51   1. Teil. 2. Abschnitt: 1. Beurkundungen und ähnliche Geschäfte

(2) ¹Daneben wird für jeden Weg, der zur Erledigung des Protestes zurückzulegen ist, eine Wegegebühr von 1,50 Euro erhoben. ²Die dem Protestbeamten zustehenden Reisekosten werden auf die Wegegebühr angerechnet. ³Die Wegegebühr wird auch dann erhoben, wenn der Auftrag zur Protesterhebung nach Antritt des Weges seine Erledigung gefunden hat.

(3) Die Protestgebühr ist auch dann zu zahlen, wenn ohne Aufnahme des Protestes an den Protestbeamten gezahlt oder die Zahlung ihm nachgewiesen wird.

(4) Enthält der Wechsel Notadressen, so ist für die Aufnahme eines jeden Protestes wegen Verweigerung der Ehrenannahme oder wegen unterbliebener Ehrenzahlung ein Viertel der vollen Gebühr zu erheben.

(5) Für das Zeugnis über die Protesterhebung (Artikel 90 Abs. 2 des Wechselgesetzes und Artikel 59 Abs. 2 des Scheckgesetzes) werden eine Gebühr von 1,50 Euro und die für die Ablichtungen und Ausdrucke entstandene Dokumentenpauschale erhoben.

Entsprechend: § 12 Abs. 1 Satz 2 GvKostG.

Übersicht

	Rn.		Rn.
I. Wechsel- und Scheckproteste	1	V. Notadresse	8
II. Protestgebühr	2, 3	VI. Zeugnis über Protesterhebung	9
III. Wechselzahlungsgebühr	4, 5	VII. Dokumentenpauschale	10
IV. Wegegebühr	6, 7		

I. Wechsel- und Scheckproteste

1   Die Gebühr ist die Hälfte der vollen Gebühr, einerlei, ob der Notar oder der Gerichtsvollzieher den Protest erhebt (§ 12 Abs. 1 S. 2 GvKostG). Auch die Wegegebühr ist die gleiche: 1,50 Euro für jeden Weg (vgl. aber KV Nr. 711 zum GvKostG). Ob der Protest mangels Zahlung oder (beim Wechsel) mangels Annahme oder aus einen anderen Grunde erfolgt, macht keinen Unterschied.

II. Protestgebühr

2   Die Protestgebühr ist für die Aufnahme des Protestes bestimmt; sie fällt aber schon an, wenn der Wechsel mit der Aufforderung zur Zahlung bzw. (bei Protest mangels Annahme) zur Annahme vorgelegt ist, ferner wenn der Bezogene in der Wohnung oder im Geschäftslokal nicht angetroffen oder die Wohnung durch Nachfrage nicht ermittelt worden ist. Ist dies geschehen und wird dann der Antrag zurückgenommen, so kommt doch die Protestgebühr zum Ansatz, mag auch die Protesturkunde noch nicht aufgenommen sein. Nimmt der Wechselgläubiger (Auftraggeber) den Auftrag zurück, bevor der Protestbeamte den Wechsel vorgezeigt oder die Feststellungen getroffen hat, die diese Vorzeigung ersetzen, so wird die Rücknahmegebühr des § 130 Abs. 2, also ein Viertel der vollen Gebühr, höchstens 20 Euro, erhoben. Dies gilt auch für den Notar (§ 143) und für den Gerichtsvollzieher (§ 12 Abs. 1 S. 1 GvKostG). Wird ein Wechsel mehrfach zu Protest gebracht, fällt die Gebühr des § 51 Abs. 1 mehrfach an.

3   Die Gebühr berechnet sich nach der Wechsel-(Scheck-)Summe ohne Nebenleistungen (§ 18 Abs. 2). Ist der Protest nur wegen eines Teilbetrags (Rest) beantragt, so ist dieser Restbetrag maßgebend. Wird der Auftrag vor der Erhebung des Protestes wegen eines Teilbetrages zurückgenommen, so erfolgt Berechnung nach § 130 Abs. 4.

III. Wechselzahlungsgebühr

4   Kraft ausdrücklicher Vorschrift (Abs. 3) ist die Protestgebühr auch zu entrichten, wenn ohne Aufnahme des Protestes die Wechselzahlung an den Protestbeamten erfolgt oder ihm nachgewiesen wird. Die Vorschrift gilt auch, wenn der Wechsel-(Scheck-)Schuldner in den Geschäftsräumen erscheint und an den Protestbeamten zahlt oder ihm die Zahlung nach-

weist; denn Abs. 3 will ersichtlich die Protestgebühr erhoben haben, wenn es aus jenem Grunde nicht zur Protesterhebung kommt. Der Protestbeamte muss ja auch den Wechsel oder Scheck vorzeigen, und darin liegt zugleich die Aufforderung zur Zahlung. Abs. 3 ist beim Protest mangels Annahme dahin anzuwenden, dass die Protestgebühr auch erhoben wird, wenn der Bezogene den Wechsel bei Vorzeigung annimmt.

Der Notar erhält bei Zahlung an ihn die Empfangsgebühr (§ 149), desgleichen der Gerichtsvollzieher (§ 12 Abs. 2 S. 1 GvKostG), jedoch wird diese auf die Protestgebühr (nicht auf die Wegegebühr) angerechnet (§ 149 Abs. 5). Bei kleineren Beträgen ist die Protestgebühr, bei größeren die Empfangsgebühr höher. Im ersteren Falle ermäßigt sich die Protestgebühr um die Empfangsgebühr, im letzteren Falle fällt die Protestgebühr fort, die höhere Empfangsgebühr wird voll erhoben. Bei Teilzahlung und Protesterhebung wegen des Restes ist die Empfangsgebühr auf die von der ganzen Wechselsumme berechnete Protestgebühr anzurechnen. Dadurch kann, wenn der gezahlte Teilbetrag nicht ganz niedrig ist, die Protestgebühr ganz fortfallen. Erfolgt nach der Protestaufnahme die Zahlung der Wechselsumme an den Notar, so sind Protestgebühr und Verwahrungsgebühr nach § 149 ohne Anrechnung der einen auf die andere zu erheben.[1]

IV. Wegegebühr

Außer der Protestgebühr wird für jeden Weg, der zur Erledigung des Protestes zurückzulegen ist, eine Wegegebühr von 1,50 Euro erhoben. Dafür fällt aber die Zusatzgebühr für Geschäfte außerhalb der Gerichtsstelle (§ 58) fort. Die Wegegebühr ist eine selbständige Gebühr; sie ist verdient mit dem Antritt des Weges (Abs. 2 S. 3); sie wird deshalb auch ggf. neben der Rücknahmegebühr (§ 130 Abs. 2) und neben der Protestgebühr bei Zahlung (Abs. 3) erhoben.[2] Sie wird für jeden Weg besonders berechnet, insbesondere also für den Weg zum Akzeptanten (Bezogenen) bzw. Aussteller (des eigenen Wechsels), zum Domiziliaten, zum Notadressaten oder zu der Polizeibehörde zwecks Nachsuchung der Wohnung. Dagegen bleibt der Rückweg außer Betracht. Protestiert der Notar einen Wechsel gegen zwei Bezogene bei derselben Domiziliation, so ist die Wegegebühr zweimal zu erheben,[3] denn es handelt sich bei der Wegegebühr um eine echte Zusatzgebühr und nicht um Reisekosten.

Die Wegegebühr wird auf die Reisekosten (Tagegeld, Fahrkosten, Übernachtungsgeld) der Beamten (auch des Notars), nicht aber auf das Abwesenheitsgeld des Notars nach § 153 angerechnet. Die Benutzung eines Kraftfahrzeuges ist nicht zu beanstanden, wenn dadurch, wie oft, eine erhebliche Zeitersparnis erzielt wird. Zu den Reisekosten iS des Abs. 2 S. 2 gehört auch der Auslagenersatz. Sind die Reisekosten ebenso hoch oder höher, dann bleiben hiernach die Wegegebühren unerhoben. Hat der Protestbeamte mehrere Wege zurückgelegt und sind nur für einen von ihnen Reisekosten oder Auslagenersatz bei Vornahme eines Geschäfts am dienstlichen Wohnsitz oder bei einer Reisedauer von nicht mehr als sechs Stunden entstanden, so werden diese nur auf die Wegegebühr für diesen Weg angerechnet; für die anderen Wege werden die Wegegebühren unverkürzt neben den Reisekosten oder dem Auslagenersatz erhoben.[4] Über die Höhe der Reisekosten und des Auslagenersatzes s. § 153. Werden auf derselben Reise mehrere Wechsel protestiert oder ein Wechsel protestiert und ein anderes Geschäft wahrgenommen, so werden die Reisekosten nach Maßgabe des § 137 Abs. 1 Nr. 5 auf sie verteilt. Dann wird nur der auf die Protesterhebung entfallende Teil auf die Wegegebühr angerechnet.

V. Notadresse

Befindet sich auf dem Wechsel eine Notadresse (Angabe einer Person, die im Notfalle annehmen oder zahlen soll), so muss der Wechsel, wenn er von dem Bezogenen nicht an-

---

[1] *Tschischgale* JurBüro 1961, 4.
[2] Vgl. auch KG JFGErg. 13, 119.
[3] MittRhNotK 1962, 570.
[4] KG OLG 13, 301.

genommen wird, dem Notadressaten zur Annahme vorgelegt und ggf. Protest erhoben werden, ebenso wenn der Bezogene bei Vorzeigung des Wechsels zur Zahlung nicht zahlt. Dies gilt auch dann, wenn der Bezogene unsicher und dadurch die Wechselsumme vorzeitig fällig wird. Die Protesterhebung beim Notadressaten muss beim Zahlungsprotest spätestens am Tage nach Ablauf der Frist zur Protesterhebung erfolgen. Abs. 3 bestimmt für jeden Protest mangels Ehrenannahme oder Ehrenzahlung eine Gebühr in Höhe von einem Viertel der vollen Gebühr; diese wird auch erhoben, wenn über den Protest gegen den Bezogenen und den Notadressaten nur eine Urkunde aufgenommen wird. Diese Gebühr wird neben der Gebühr für den Protest gegen den Bezogenen auch dann erhoben, wenn der Notadressat zahlt oder die Zahlung nachweist, jedoch wird auf sie – nicht auf jene Gebühr – die Empfangsgebühr des Notars angerechnet; ebenso werden auf die Wegegebühren die etwaigen Reisekosten angerechnet. Ist ein Wechsel gegen mehrere Bezogene zu protestieren, fällt für jeden Protest, auch wenn zusammengefasst, $^1/_2$-Gebühr an. Bei gleichzeitiger Vorlegung mehrerer Wechsel ist für jeden Wechsel eine besondere Urkunde aufzunehmen (Art. 81 Abs. 1 WG). Daher auch getrennte Gebühren und Wegegebühren, und zwar die Letzteren ggf. für jeden Weg besonders.

VI. Zeugnis über Protesterhebung

9 § 51 Abs. 5 betrifft den Fall, dass ein Wechsel (Scheck) abhanden kommt, nachdem er protestiert ist. Er kann dann durch ein Zeugnis über die Protesterhebung ersetzt werden, das von der die beglaubigte Abschrift verwahrenden Stelle zu erteilen ist (Art. 90 Abs. 2 WG, Art. 59 Abs. 2 ScheckG). Für das Zeugnis wird eine feste Gebühr von 1,50 Euro erhoben, daneben sind Schreibauslagen für die in das Zeugnis aufzunehmenden Angaben über den Inhalt des Protestes und des bei der Protesterhebung aufgenommen Vermerks über den Inhalt des Wechsels anzusetzen.

VII. Dokumentenpauschale

10 Eine Dokumentenpauschale nach § 136 wird nicht erhoben, also weder für die Protesturkunde selbst noch für die nach Art. 85 Abs. 2 WG zurückbehaltene beglaubigte Abschrift noch für den über den Inhalt des Wechsels aufzunehmenden Vermerk.

§ 52* Vermögensverzeichnisse, Siegelungen

(1) ¹Für die Aufnahme von Vermögensverzeichnissen sowie für Siegelungen und Entsiegelungen wird nach dem Wert der verzeichneten oder versiegelten Gegenstände die Hälfte der vollen Gebühr erhoben. ²Das gleiche gilt für die Mitwirkung als Urkundsperson bei der Aufnahme von Vermögensverzeichnissen. ³Nimmt das Geschäft einen Zeitaufwand von mehr als zwei Stunden in Anspruch, so erhöht sich die Gebühr für jede weitere angefangene Stunde um die Mindestgebühr (§ 33).

(2) Für die Siegelung, einschließlich der Entsiegelung und der Aufnahme eines Vermögensverzeichnisses, wird die Gebühr nur einmal nach dem Gesamtzeitaufwand erhoben.

Übersicht

	Rn.		Rn.
I. Allgemeines	1, 2	IV. Mitwirkung als Urkundsperson	8
II. Aufnahme von Vermögensverzeichnissen	3–5	V. Wert	9
III. Siegelung, Entsiegelung	6, 7	VI. Gebühr	10–12

---

* § 52 Abs. 1 geändert durch Gesetz vom 20. 8. 1975 (BGBl. I S. 2189), Abs. 1 Satz 3 geändert durch Gesetz vom 9. 12. 1986 (BGBl. I S. 2326).

I. Allgemeines

§ 52 bestimmt die Gebühren für die Aufnahme von Vermögensverzeichnissen, für Siegelungen und für Entsiegelungen. Diese Geschäfte kommen hinsichtlich desselben Vermögens oder Nachlasses oder Vermögensinbegriffs einzeln, aber auch zusammen – sei es gleichzeitig, sei es nacheinander – vor. Sie stehen dann in einem so engen Zusammenhang, dass sie gebührenrechtlich wie ein zusammenhängendes Geschäft behandelt werden (§ 52 Abs. 2).

Über die für Anordnungen des Vormundschafts- und Nachlassgerichts über die Aufnahme von Vermögensverzeichnissen, Siegelungen und Entsiegelungen usw. zu erhebenden Gebühren s. die Erläuterungen zu § 94 Abs. 1 Nr. 3 und zu § 104.

II. Aufnahme von Vermögensverzeichnissen

Die Aufnahme von Vermögensverzeichnissen kommt für sich allein oder in Verbindung mit anderen gerichtlichen Geschäften in folgenden Fällen beispielsweise vor: §§ 1035 S. 3, 1667 Abs. 2, 1682, 1802 Abs. 3, 2002, 2003, 2121 Abs. 3 BGB. Bedarf es einer besonderen gerichtlichen Anordnung, zB §§ 1667 Abs. 2, 1682 Abs. 2, 1960 Abs. 2, 2003 Abs. 1 BGB, so ist diese Anordnung besonders gebührenpflichtig (vgl. §§ 94 Abs. 1 Nr. 3, 104, 114 Nr. 1).

Nimmt das Gericht der Freiwilligen Gerichtsbarkeit in anderen Fällen ein Vermögensverzeichnis auf Antrag auf, etwa bei der Vermittlung der Auseinandersetzung, so wird die Gebühr des § 52 neben der Gebühr für die Auseinandersetzung erhoben; vgl. § 116 Abs. 3 und für den Notar § 148.

Wird bei Eheverträgen, Erbverträgen, Auseinandersetzungen oder ähnlichen Geschäften im Vertrag ein Verzeichnis über das den Gegenstand des Vertrages bildende Vermögen aufgenommen, so gehört dies regelmäßig zum Inhalt des Vertrages, ist also Nebengeschäft nach § 35.

III. Siegelung, Entsiegelung

Die Siegelung mit der darauf folgenden Entsiegelung findet hauptsächlich zur Sicherung eines Nachlasses oder auf besondere Anordnung des Nachlassgerichts statt (§ 1960 Abs. 2 BGB), auch im Auftrag eines Insolvenzverwalters. Für diese Anordnung wird die Gebühr des § 104 erhoben. Die Ausführung der Siegelung durch das Nachlassgericht oder den Urkundsbeamten der Geschäftsstelle erfordert daneben die Gebühr des § 52. Folgt der Siegelung die Entsiegelung und die Aufnahme eines Nachlassverzeichnisses durch das Nachlassgericht oder den Urkundsbeamten der Geschäftsstelle, so wird nur eine Gebühr aus § 52 erhoben (§ 52 Abs. 2).

Nach Landesrecht kann das Gericht mit der Vornahme der Siegelung, der Entsiegelung und der Aufnahme eines Nachlassverzeichnisses auch eine andere Dienststelle beauftragen. Diese Beauftragung wird durch die Gebühr des § 104 abgegolten.

IV. Mitwirkung als Urkundsperson

Die Mitwirkung als Urkundsperson (Abs. 1 S. 2) kommt zB vor beim Vermögensverzeichnis des Vormunds, doch ist diesem die Zuziehung freigestellt (§ 1802 Abs. 2 BGB), beim Verzeichnis der Massegegenstände (§ 151 InsO) und beim Nachlassinventar (§ 2003 BGB), sofern es durch den Erben selbst errichtet wird. Die Gebühr für diese Mitwirkung ist die gleiche wie für die Aufnahme.

V. Wert

Als Wert gilt der Wert der verzeichneten oder versiegelten Gegenstände, der nach §§ 18 bis 30 zu berechnen ist. Das nach einer Siegelung oder Entsiegelung aufzunehmende Vermögensverzeichnis wird idR den ganzen Nachlass verzeichnen. Dann wird die einheitliche

Gebühr (Abs. 1 S. 1) nach dem Werte sämtlicher Nachlassgegenstände (Aktiven) ohne Abzug der Schulden berechnet; bei bloßer Siegelung und Entsiegelung ist dagegen nur der Wert der versiegelten Gegenstände maßgebend. Bei der Siegelung werden mitunter die für die Haushaltsangehörigen des Erblassers unentbehrlichen Räume unversiegelt und diesen die notwendigsten Sachen frei gelassen; diese werden in der Niederschrift einzeln verzeichnet. Insoweit ist dann ein Nachlassverzeichnis aufgenommen; die eine Gebühr richtet sich nach dem Werte der versiegelten und verzeichneten Gegenstände. Das Gleiche gilt von Geldern und Wertpapieren, die der Beamte etwa zwecks Hinterlegung an sich nimmt. Bei der Mitwirkung bei der Aufnahme von Vermögensverzeichnissen ist gleichfalls der Wert der verzeichneten Gegenstände ohne Abzug der Belastungen maßgebend.

VI. Gebühr

10 Die Gebühr ist die **Hälfte der vollen Gebühr.** Nimmt das Geschäft mehr als zwei Stunden in Anspruch, so erhöht sich die Gebühr nach Abs. 1 S. 3 für jede weitere angefangene Stunde um die Mindestgebühr nach § 33, also um 10 Euro. Dabei wird nur die an Ort und Stelle verwendete Zeit gerechnet; Hin- und Rückweg bleiben außer Betracht, insbesondere auch dann, wenn ein Geschäft mehrere Hin- und Rückwege verursacht.

11 Nach Abs. 2 wird die Gebühr für die Siegelung einschließlich der Entsiegelung und der Aufnahme eines Vermögensverzeichnisses **nur einmal** erhoben. Die drei Geschäfte gelten danach gebührenrechtlich als ein Geschäft. Beim Berechnen des Zeitaufwands ist die Dauer aller dieser Geschäfte zusammenzurechnen; die – eine – Gebühr erhöht sich gemäß Abs. 1 S. 3 nach dem Gesamtzeitaufwand. Es ist also so zu rechnen, als hätte sich das weitere Geschäft dem früheren unmittelbar angeschlossen. Kommt bei dieser Zusammenrechnung ein Bruchteil einer Stunde heraus, so wird sie – als angefangene Stunde – voll gerechnet.

12 Die **Zusatzgebühr** für Geschäfte außerhalb der Amtsstelle oder Amtszeit (§ 58) wird hier nicht erhoben (§ 58 Abs. 4).

§ 53 Freiwillige Versteigerung von Grundstücken

(1) **Bei freiwilligen Versteigerungen zum Zwecke der Veräußerung oder Verpachtung von Grundstücken und sonstigen Gegenständen, die der Zwangsvollstreckung in das unbewegliche Vermögen unterliegen, werden erhoben**
1. für das Verfahren im allgemeinen die Hälfte der vollen Gebühr;
2. für die Aufnahme einer gerichtlichen Schätzung die Hälfte der vollen Gebühr;
3. für die Abhaltung des Versteigerungstermins die volle Gebühr;
4. für die Beurkundung des Zuschlags die volle Gebühr.

(2) **Die in Absatz 1 Nr. 1 bestimmte Gebühr wird mit dem Eingang des Antrags fällig** und ist auch dann zu erheben, wenn die Versteigerung einer Ortsbehörde übertragen wird.

(3) Der Versteigerungstermin gilt als abgehalten, wenn zur Abgabe von Geboten aufgefordert ist.

(4) ¹Werden mehrere Grundstücke zum Zwecke der Veräußerung in demselben Verfahren versteigert, so werden die Gebühren von dem zusammengerechneten Wert der mehreren Grundstücke berechnet. ²Die Gebühr für die Beurkundung des Zuschlags wird jedoch für jeden Ersteher nach dem zusammengerechneten Betrag seiner Gebote erhoben; ist der zusammengerechnete Wert der ihm zugeschlagenen Grundstücke höher, so ist dieser maßgebend.

(5) Werden in dem Verfahren mehrere Versteigerungstermine abgehalten, so werden für jeden Termin die Gebühren besonders erhoben.

(6) ¹Schuldner der Kosten für die Beurkundung des Zuschlags ist, vorbehaltlich der Vorschrift in § 3 Nr. 3, nur der Ersteher. ²Hinsichtlich der übrigen Kosten gelten die allgemeinen Vorschriften über die Zahlungspflicht.

Freiwillige Versteigerung von Grundstücken § 53

(7) ¹Tritt der Meistbietende die Rechte aus dem Meistgebot oder der Veräußerer den Anspruch gegen den Ersteher ab, oder erklärt der Meistbietende, für einen Dritten geboten zu haben, oder tritt ein Dritter diesen Erklärungen bei, so bleibt die Beurkundung gebührenfrei, wenn sie in dem Protokoll über die Versteigerung geschieht. ²Das gleiche gilt, wenn nach Maßgabe der Versteigerungsbedingungen für den Anspruch gegen den Ersteher die Bürgschaft übernommen oder eine sonstige Sicherheit bestellt und dies in dem Protokoll über die Versteigerung beurkundet wird.

Übersicht

	Rn.		Rn.
I. Anwendungsbereich	1–4	V. Zuschlag	11
II. Allgemeine Verfahrensgebühr	5, 6	VI. Geschäftswert	12–14
III. Gerichtliche Schätzung	7	VII. Kostenschuldner	15
IV. Abhalten des Versteigerungstermins	8–10	VIII. Gebührenfreiheit	16–18

I. Anwendungsbereich

§ 53 handelt von der – landesrechtlich geregelten (zur Verfassungsmäßigkeit der Vorschrift 1 s. § 158 Rn. 7) – **freiwilligen Versteigerung** zum Zwecke des Verkaufs oder der Verpachtung von **Grundstücken und grundstücksgleichen Rechten,** also von Berechtigungen, für die die sich auf Grundstücke beziehenden Vorschriften gelten (Erbbaurechten, Wohnungseigentums- oder Wohnungserbbaurechten – §§ 53 bis 58 WEG –, Bergwerken, Fischereirechten usw.) und von im Schiffsregister eingetragenen **Schiffen** und **Schiffsbauwerken** (Art. 5 Nr. 12 VO vom 21. 12. 1940, RGBl. I S. 1069). Die Gebühren für die Versteigerung beweglicher Sachen sowie von Forderungen oder sonstigen Vermögensrechten sind im § 54 bestimmt. Ob die Versteigerung den Verkauf oder die Verpachtung bezweckt, ist für die Gebührensätze einerlei, für den Wert aber von umso größerer Bedeutung, weil dort der Wert des Grundstücks oder der höhere Kaufpreis (§§ 19, 20 Abs. 1), bei Versagung des Zuschlags der Wert der Grundstücke, hier dagegen der Pachtzins für die Pachtzeit bzw. der Pachtwert, berechnet nach § 25 Abs. 1, maßgebend ist.

Voraussetzung ist aber, dass die Urkundsperson die Versteigerung selbst vornimmt, nicht 2 also nur zur Beurkundung der von einer Person vorgenommenen Versteigerung zugezogen wird.

Regelmäßig werden für das durchgeführte Verfahren **dreierlei Gebühren** erhoben: 3 eine allgemeine (Verfahrens-)Gebühr = ½ der vollen Gebühr (Nr. 1), eine Gebühr für die Abhaltung des Versteigerungstermins: volle Gebühr (Nr. 3), eine Gebühr für die Beurkundung des Zuschlags: volle Gebühr (Nr. 4).

Dazu kann, wenn eine gerichtliche Schätzung aufgenommen wird, die Gebühr Nr. 2 4 (½ der vollen Gebühr) treten. Die Verfahrensgebühr wird in jedem Verfahren nur einmal erhoben; dagegen spaltet sich die Gebühr für die Abhaltung des Versteigerungstermins, wenn mehrere Termine abgehalten werden, nach den in den einzelnen Terminen versteigerten Sachen (Abs. 5), und ebenso die Gebühr für die Beurkundung des Zuschlags nach den Personen der Ersteher (Abs. 4).

II. Allgemeine Verfahrensgebühr

Die allgemeine Verfahrensgebühr (Nr. 1) umfasst die Prüfung der Anträge (der Antrags- 5 berechtigung), die Feststellung der Versteigerungsbedingungen und die Bekanntmachung des Versteigerungstermins, einschließlich der Mitteilung an die Beteiligten. Wird, wo dies zulässig (vgl. Art. 112 PrFGG), auf Antrag der Beteiligten die Vornahme und Beurkundung der Versteigerung einer Ortsbehörde übertragen, so wird dieser Auftrag durch die Gebühr Nr. 1 mitabgegolten (s. Abs. 2). Dagegen kommen auch die Gebühren der Nr. 2 bis 4 zum Ansatz, wenn ein Urkundsbeamter der Geschäftsstelle mit der Vornahme der Versteigerung beauftragt ist.

6 Die Gebühr Nr. 1 wird in jedem Verfahren nur einmal erhoben, und zwar, wenn es mehrere Grundstücke usw. betrifft, von dem zusammengerechneten Werte (Abs. 4); sie wird mit der Stellung des Antrags fällig (Abs. 2) und ermäßigt sich nicht bei vorzeitiger Erledigung durch Zurücknahme und dgl. Für die Gebühr des § 130 und des § 147 ist daneben kein Raum.

III. Gerichtliche Schätzung

7 Die Aufnahme einer gerichtlichen Schätzung (Nr. 2) erfolgt nur auf besonderen Antrag und bei Aufnahme der Schätzung durch das Gericht (Notar) selbst. Die Entgegennahme von Abschätzungen, die die Beteiligten einreichen und die Gestattung ihrer Einsicht werden durch die Gebühr Nr. 1 gedeckt.

IV. Abhalten des Versteigerungstermins

8 Die Gebühr für das Abhalten des Versteigerungstermins umfasst die ganze Tätigkeit im Termin, ausgenommen allein die Beurkundung des Zuschlags (Nr. 4), insbesondere auch die im Abs. 7 genannten Geschäfte.

9 Die Gebühr entsteht nach Abs. 3 mit der Aufforderung zur Abgabe von Geboten. Bei vorheriger Erledigung (Zurücknahme) verbleibt es bei der Gebühr der Nr. 1.

10 Die Gebühr wird für jeden Termin, in dem es zur Aufforderung zur Abgabe von Geboten gekommen ist, besonders erhoben. Ist der erste Termin ergebnislos, weil keine Gebote abgegeben werden oder die Versteiglasser den Zuschlag versagen, so ist zwar für die Bestimmung des neuen Termins, die Bekanntmachung usw. nicht besonders zu berechnen, wohl aber die volle Gebühr für die Abhaltung des neuen Termins. Wird nur ein Grundstück versteigert, so wird für den Termin auch dann nur eine Gebühr erhoben, wenn das Versteigerungsgeschäft nicht an einem Tage erledigt und deshalb am folgenden Tage fortgesetzt werden muss. Geht die Versteigerung mehrerer Grundstücke in dem einen Termin bezüglich einzelner zu Ende, während sie in einem weiteren sofort bekannt gegebenen Termin (wenn auch an demselben Tage) wegen der anderen Grundstücke fortgeführt wird, so wird für jeden Termin nach dem Werte (bzw. Erlös) der in ihm ausgebotenen Grundstücke besonders berechnet (Abs. 5). Wird die Versteigerung wegen vorgeschrittener Zeit abgebrochen und am nächsten Tage fortgesetzt, so sind dies zwei „Termine" iS des Abs. 5. Eine kurze Pause führt nicht zur Annahme getrennter Termine. Ist aber eine längere Unterbrechung nach der Sachlage geboten, so kann diese, auch wenn die Versteigerung an demselben Tage fortgesetzt wird, zur Annahme getrennter Termine führen (zB bei Einschiebung einer längeren Mittagspause, weil die Bietungslustigen drohen, sich zu entfernen). Neben der Gebühr wird, wenn der Versteigerungstermin außerhalb der Gerichtsstelle abgehalten wird, die Zusatzgebühr des § 58 erhoben; vgl. § 58 Abs. 4, bei der Erhebung mehrerer Terminsgebühren zu jeder Gebühr. Nicht erhoben wird sie, wenn etwa die gerichtliche Schätzung (Nr. 2) außerhalb der Gerichtsstelle aufgenommen wird.

V. Zuschlag

11 Zuschlag ist bei der freiwilligen Versteigerung die nach § 156 BGB zum Zustandekommen des Vertrages erforderliche Annahme des Gebotes durch den Versteiglasser. Die Beurkundung dieser Annahme begründet die Gebühr der Nr. 4. Ob diese im Versteigerungstermin oder, wenn die Versteiglasser sich zu ihrer Entschließung eine Frist vorbehalten haben, später geschieht, macht keinen Unterschied, vgl. aber Rn. 17. Wenn jedoch von mehreren Gesamtberechtigten einer den Zuschlag namens aller sofort erklärt, während der andere seine Zustimmung nachträglich in einer besonderen Urkunde gibt, ist hierfür die Gebühr des § 38 Abs. 2 Nr. 1 besonders zu erheben.

VI. Geschäftswert

12 Er ist verschieden, je nachdem es sich um den Verkauf oder um die Verpachtung handelt. Bei der Versteigerung zum Zwecke des Verkaufs gelten die §§ 19, 20, bei der Versteigerung zum Zwecke der Verpachtung gilt § 25 Abs. 1.

Freiwillige Versteigerung von Grundstücken **§ 53**

Kommt es beim Verkauf zum Zuschlag (Beurkundung der Annahme des Gebots durch den Versteiglasser), so kommen Kaufverträge zustande. Wird nur ein Grundstück versteigert und kommt es nicht zum Zuschlag, so ist der nach § 19 zu bestimmende Wert des Grundstücks maßgebend; kommt es zum Zuschlag, so der Steigpreis mit Einschluss der vorbehaltenen Nutzungen oder der neben dem Steigpreis ausbedungenen Leistungen (§ 20 Abs. 1). Bei Versteigerung mehrerer Grundstücke wäre, soweit der Zuschlag erteilt wird, nach dem zusammengerechneten Werte der einzelnen zustande gekommenen Kaufverträge zu berechnen. Nun kann der Steigpreis für eines der Grundstücke höher, für das andere niedriger sein als der Wert der Grundstücke, und es wäre für das eine Grundstück der höhere Steigpreis, für das andere der höhere Wert maßgebend; die so bestimmten Werte würden zusammengerechnet, wie es bei der Beurkundung mehrerer selbständiger Kaufverträge in einer Verhandlung nach § 44 geschieht. Wie aber die Verschiedenheit des Eigentümers, deren Grundstücke in einem Verfahren versteigert werden, die Einheit des Verfahrens nicht ausschließt, so müssen auch die durch Zuschlag zustande gekommenen Kaufverträge bei der Wertberechnung als eine Einheit behandelt werden. Danach ist für die zugeschlagenen Grundstücke ihr Gesamtwert (§ 19) mit der Summe der Steigpreise zu vergleichen: der höhere Betrag ist maßgebend. Dies gilt sowohl für die allgemeine Verfahrensgebühr (Nr. 1) als auch für die Schätzungsgebühr (Nr. 1) als auch für die Schätzungsgebühr (Nr. 2), ebenso für die Terminsgebühr insoweit, als diese sich in ihrer Spaltung für die einzelnen Termine von mehreren Grundstücken berechnet. Übersteigt der so bestimmte Geschäftswert den Wert der Grundstücke, so ist er maßgebend. Ihm tritt ggf. der Wert der nicht zugeschlagenen Grundstücke hinzu, eventuell nach § 19 Abs. 2 S. 1 bestimmt. Die Gebühr für die Beurkundung des Zuschlags (Nr. 4) wird für jeden Ersteher besonders berechnet, also, wenn eine Person mehrere Grundstücke erstanden hat, nach dem Gesamtbetrag seiner Gebote; wenn aber der zusammengerechnete Wert der einer Person zugeschlagenen Grundstücke höher ist, nach diesem. **13**

Übernimmt der Verkäufer die Kosten des Verkaufs, der Auflassung und Eintragung sowie die Grunderwerbsteuer gegen Zahlung eines Aufgeldes, wie dies bei freiwilligen Versteigerungen in manchen Gegenden üblich ist, so ist das Aufgeld dem Kaufpreis hinzuzurechnen; alsdann sind die entstandenen Kosten (gemeinschaftlich entstandene auf die einzelnen Käufer verhältnismäßig verteilt) abzurechnen, da der Käufer sie nach § 448 Abs. 2 BGB zu tragen hat; dies muss auch von der Grunderwerbsteuer gelten. **14**

VII. Kostenschuldner

Zahlungspflichtig für die Kosten der Versteigerung ist der Antragsteller (§ 2 Nr. 1). Werden mehrere verschiedenen Eigentümern gehörende Grundstücke in einem Verfahren versteigert, so haftet jeder bis zu dem Betrage, der für die alleinige Versteigerung seiner Grundstücke zu erheben wäre. Soweit die Beträge sich decken, haften sie als Gesamtschuldner. Der Ersteher haftet für diese Gebühr nur, wenn er sie durch eine vor Gericht oder Notar abgegebene oder diesen mitgeteilte Erklärung übernommen hat (§ 3 Nr. 2). Die Gebühr für die Beurkundung des Zuschlags zahlt der Ersteher (Abs. 6), und zwar jeder für sich, beim Erwerb eines Grundstücks durch mehrere Personen nach Bruchteilen haften diese als Gesamtschuldner (§ 5). **15**

VIII. Gebührenfreiheit

Die Gebührenfreiheit bei Mitbeurkundung der Abtretung der Rechte aus dem Meistgebot usw. (Abs. 7 S. 1) und der Bürgschaftserklärungen und sonstigen Sicherstellung (Abs. 7 S. 2) in der Niederschrift über die Versteigerung entspricht der Auslegung, die der § 129 aF in Preußen gefunden hatte. Hier ist aber auch die Mitbeurkundung der Abtretung der Steiggeldforderung des Veräußerers gegen den Ersteher gebührenfrei. Letzeres gilt weiter, nachdem Abs. 7 keine Änderung erfahren hat, obschon bei § 44 Abs. 1 das Beispiel „Auflassung und Kaufpreisteilabtretung" eliminiert ist. An sich findet § 44 auf die Niederschrift über die Versteigerung keine Anwendung, weil es sich hier nicht um die Beurkundung von **16**

Rechtsgeschäften handelt. Es gilt deshalb insbesondere nicht § 44 Abs. 1, wonach für mehrere Erklärungen in einer Urkunde nur eine Gebühr nach dem einmaligen Werte erhoben wird, wenn sie den gleichen Gegenstand haben. Die Gebührenfreiheit der Beurkundung der Erklärungen des Abs. 7 in der Niederschrift über die Versteigerung musste deshalb ausdrücklich angeordnet werden. Man kann einen Schritt weitergehen und die Beurkundung der Auflassung und der Vollmacht zur Auflassung als zum Verfahren gehörend ansehen, auch einen Antrag des Erstehers auf Löschung einer nicht übernommenen Hypothek; die Bewilligung der Kaufpreishypotheken, die Verteilung des Erlöses, nicht aber die Löschungsbewilligung eines Gläubigers.[1]

17   Für Erklärungen, die nach dem Versteigerungstermin und vor dem Zuschlagstermin (also außerhalb des Versteigerungsverfahrens) abgegeben werden, kann nicht § 42 angewandt werden, da diese Bestimmung nur für Ergänzungen und Nachträge zu rechtsgeschäftlichen Erklärungen, nicht aber zu Beurkundungen über tatsächliche Vorgänge gilt. Macht daher jemand nach dem Versteigerungstermin zu notariellem Protokoll ein sog. „Nachgebot", so ist dies ein Vertragsantrag (§ 37), der Wert ist gleich dem gebotenen Preis bzw. dem höheren Wert des Grundstücks. Erteilt der Versteigerer später diesem Nachgebot den „Zuschlag" zu Protokoll, so liegt dies ebenfalls außerhalb des Versteigerungsverfahrens, es ist Annahme des vorerwähnten Angebots; die Gebühr bestimmt sich daher nicht nach § 53 Abs. 1 Nr. 4, sondern nach § 38 Abs. 2 Nr. 2.[2]

18   Werden in der Versteigerungsniederschrift rechtsgeschäftliche Erklärungen niedergelegt, die nicht zum Versteigerungsverfahren gehören und daher auch nicht durch Abs. 7 abgegolten werden, so erfolgt getrennte Berechnung; § 44 ist nicht anwendbar.

§ 54 Versteigerung von beweglichen Sachen und Rechten

(1) **Für die Versteigerung von beweglichen Sachen, von Früchten auf dem Halm oder von Holz auf dem Stamm sowie von Forderungen oder sonstigen Rechten wird das Dreifache der vollen Gebühr nach dem zusammengerechneten Wert der Gegenstände erhoben.**

(2) **Soweit sich das Verfahren erledigt, bevor zur Abgabe von Geboten aufgefordert worden ist, ermäßigt sich die Gebühr auf ein Viertel der vollen Gebühr.**

(3) **Die Kosten können aus dem Erlös vorweg entnommen werden.**

Entsprechend: KV Nr. 300ff. Anl. 7 § 9 GvKostG.

I. Anwendungsbereich

1   Die Vorschrift findet Anwendung auf die Versteigerung aller Gegenstände (Sachen und Rechte), soweit nicht § 53 gilt. Unter „sonstige Rechte" (als Forderungen, auch solchen, für die eine Hypothek besteht) fallen insbesondere Grundschulden, Rentenschulden, Erbteile, Anteile an einer GmbH, Patent- und Urheberrechte, ferner die Verpachtung der Jagd. Der Nießbrauch kann nicht übertragen, nur die Ausübung kann einem anderen überlassen werden (§ 1059 BGB); insoweit kann auch eine Versteigerung erfolgen. Die freiwillige Versteigerung eines Schiffes fällt nur dann unter die Bestimmung, wenn das Schiff nicht im Schiffsregister eingetragen ist.

II. Gebührensatz

2   Hier wird für das ganze Verfahren eine Gebühr, und zwar das Dreifache der vollen Gebühr, erhoben. Da es keine Terminsgebühr gibt, kommt auch dann nur eine Gebühr zum Ansatz, wenn sich die Versteigerung auf mehrere Tage erstreckt. Geschäftswert ist der Gesamtwert der ausgebotenen Sachen, an dessen Stelle für die zugeschlagenen Sachen der

---

[1] KG DNotZ 1935, 6; ebenso *Rohs/Wedewer* Rn. 4.
[2] Vgl. OLG München DNotZ 1938, 467.

Erlös tritt. Sobald ein Gegenstand ausgeboten ist, hat iS des § 54 seine Versteigerung stattgefunden, auch wenn kein Gebot abgegeben oder der Zuschlag versagt wird. Ein „Ausgebot" in diesem Sinne liegt nicht vor, wenn die Versteigerung infolge Nichterscheinens von Bietungslustigen ergebnislos war. Dann trifft Abs. 2: Erledigung des Verfahrens vor der Aufforderung zur Abgabe von Geboten, zu (ein Viertel der vollen Gebühr), es sei denn, dass ein neuer Versteigerungstermin bestimmt und es in ihm zur Aufforderung zur Abgabe von Geboten kommt. Durch die – eine – Gebühr wird die gesamte Tätigkeit abgegolten, insbesondere die Vorbereitung der Versteigerung, die Bekanntmachung des Termins, seine Abhaltung und die Niederschrift (wobei die mitbeurkundete Aufrechnungserklärung des Erstehers gegenüber der Forderung aus dem Meistgebot kostenrechtlich irrelevant bleibt, da sie lediglich eine Erläuterung für die unterbliebene Barzahlung ist).[3]

Die **Zusatzgebühren** des § 58 Abs. 1 und 3 werden nach ausdrücklicher Vorschrift (§ 58 Abs. 4) nicht erhoben, wohl aber Reisekosten gemäß § 153. **3**

III. Erledigung vor dem Ausgebot

Erledigung vor dem Ausgebot durch Zurücknahme, Nichterscheinen von Bietern usw. **4** (Abs. 2) kann auch bezüglich einzelner Gegenstände vorkommen, zB wenn der Antragsteller nach Ausgebot einzelner Gegenstände den Antrag bezüglich der anderen zurücknimmt, sei es, weil ihm die bisherigen Gebote zu niedrig erschienen, sei es, dass sämtliche Bietungslustige sich entfernen und der Antragsteller sich auch von einem neuen Termin keinen Erfolg verspricht. Dann ist die dreifache Gebühr vom Werte der ausgebotenen Sachen (bei zugeschlagenen vom Erlös) und $^{1}/_{4}$-Gebühr von dem Werte der anderen Sachen (oder Rechte) zu berechnen.

IV. Vorwegnahme

Bei der Versteigerung von beweglichen Sachen ist im Allgemeinen der Erlös sofort zu **5** zahlen, und zwar an den Notar, es sei denn, dass der Auftraggeber die Erhebung der Gelder selbst besorgt. Bei Empfangnahme und Ablieferung des Erlöses durch den Notar gilt § 149.

Nach Abs. 3 können die Kosten aus dem Erlös vorweg entnommen werden. Dies setzt **6** voraus, dass Zahlung an den Notar erfolgt. Andernfalls sind die Auftraggeber Kostenschuldner (§ 2 Nr. 1).

§ 55* Beglaubigung von Ablichtungen und Ausdrucken

(1) ¹**Für die Beglaubigung von Ablichtungen und Ausdrucken wird, soweit nicht § 132 anzuwenden ist, eine Gebühr von 0,50 Euro für jede angefangene Seite erhoben.** ²**Mindestens wird ein Betrag in Höhe der Mindestgebühr (§ 33) erhoben.**

(2) **Werden die Ablichtungen und Ausdrucke durch das Gericht hergestellt, so kommt die Dokumentenpauschale hinzu.**

I. Anwendungsbereich

Die Beglaubigungsgebühr nach § 55 fällt dann an, **wenn keine Ausnahmevorschrift** **1** (§§ 132, 136 Abs. 1 Nr. 2 Halbs. 2) eingreift oder die Abschrift nicht auf Grund innerdienstlicher Vorschriften erteilt wird.

---

[3] *Rohs/Wedewer* Anm. IV.
* § 55 Abs. 1 neu gefasst und Abs. 2 geändert durch Gesetz vom 20. 8. 1975 (BGBl. I S. 2189), Abs. 1 Satz 1 geändert und Satz 2 neu gefasst durch Gesetz vom 9. 12. 1986 (BGBl. I S. 2326), Abs. 1 Satz 1 geändert durch Gesetz vom 27. 4. 2001 (BGBl. I S. 751), Abs. 2 geändert durch Gesetz vom 10. 12. 2001 (BGBl. I S. 3422), Überschrift, Abs. 1 Satz 1 und Abs. 2 geändert durch Gesetz vom 22. 3. 2005 (BGBl. I S. 837).

§ 55

1a Für das Erzeugen **elektronisch beglaubigter Abschriften** fällt – wie für das Anfertigen papiergebundener beglaubigter Abschriften – eine Gebühr nach § 55 an, soweit nicht gemäß § 132 Gebührenfreiheit besteht.[1]

2 Es gelten kostenrechtlich für die Beglaubigung von Abschriften folgende Grundsätze:

(1) **Keine Beglaubigungsgebühr (§ 55) und auch keine Dokumentenpauschale** fallen für die für den inneren Betrieb vorgeschriebenen Abschriften, zB Abschriften nach §§ 16 Abs. 2, 17, 20 DONot, an. Dies gilt auch für den Gebührennotar, weil insoweit § 152 Abs. 1 nicht eingreift.

3 (2) **Eine Dokumentenpauschale, jedoch keine Beglaubigungsgebühr** fällt an für beglaubigte Abschriften von

3a – Urkunden, Zeugnissen und Bescheinigungen, die vom beglaubigenden Gericht oder Notar aufgenommen sind (§ 132);

3b – Urkunden, die der Notar entworfen und zu welchem er eine Unterschrift beglaubigt hat (§§ 132, 145);[2]

3c – Urkunden, die in Urschrift in der dauernden Verwahrung des Gerichts oder Notars sich befinden (§ 132), wozu auch bei den Gebührennotaren die vom Notar gemäß §§ 45, 51 BNotO dauernd zu verwahrenden Urschriften seiner Amtsvorgänger gehören;

3d – vom Gericht erlassene Entscheidungen (§ 132);

4 – Urkunden, die zu den Akten gegeben werden und von denen eine Abschrift gefertigt werden muss, weil die Urschrift zurückgefordert wird (§ 136 Abs. 1 Nr. 2 Halbs. 2). Hierzu gehören außer den vom Grundbuchamt oder von Registerbehörden zu fertigenden Abschriften auch die vom Notar gemäß § 12 BeurkG der Niederschrift beizufügenden und mit ihr in seiner Urkundensammlung (§ 19 Abs. 1 DONot) aufzubewahrenden Abschriften (bspw. von Vollmachten) sowie die bei Ablieferung eines Erbvertrages zur Urkundensammlung zu nehmende beglaubigte Abschrift (vgl. § 152 Rn. 25). Dagegen gehört nicht zu diesen gebührenfreien Abschriften die beglaubigte Abschrift einer nicht von demselben Notar beurkundeten Vollmacht, die der Notar dem Grundbuchamt vorliegt.

(3) **Bei der Beglaubigung von Vertretungsnachweisen** (Vollmachten) gilt daher grundsätzlich:

5 – Ist der Vertretungsnachweis (Vollmacht) vom Notar oder seinem Amtsvorgänger beurkundet oder entworfen worden, so fallen gemäß § 132 keine Beglaubigungsgebühren an (jedoch Schreibauslagen).

6 – Eine Beglaubigungsgebühr kann nicht in Ansatz gebracht werden bei zur Niederschrift selbst gemäß § 12 BeurkG zu nehmenden beglaubigten Abschriften des Vertretungsnachweises (§ 136 Abs. 1 Nr. 2 S. 2), gleichgültig, ob es sich hierbei um eine eigene oder eine fremde Urkunde handelt.

7 – Für die beim Grundbuchamt einzureichende beglaubigte Abschrift des Vertretungsnachweises fällt eine Beglaubigungsgebühr nach § 55 an, wenn es sich nicht um eine vom selben Notar (oder seinem Amtsvorgänger) aufgenommene Urkunde handelt, gleichgültig, ob die Beglaubigung des Vertretungsnachweises mit dem Ausfertigungsvermerk gemäß § 49 Abs. 3 BeurkG gedeckt ist oder ob der Notar die Abschrift des Vertretungsnachweises getrennt beglaubigt.[3]

8 – Liegen mehrere Vertretungsnachweise vor, von denen je eine beglaubigte Abschrift dem Grundbuchamt einzureichen ist, so sind die mehreren Abschriften in einem Vermerk zu beglaubigen; dieser genügt als Zeugnis iS des § 39 BeurkG;[4] daher fällt die Beglaubigungsgebühr nach § 55 insgesamt nur einmal an.

9 – Für die den weiteren Ausfertigungen und beglaubigten Abschriften der Urkunden beigefügte Abschrift der Vertretungsnachweise kann regelmäßig unterstellt werden, dass ein Antrag des Kostenschuldners auf Beglaubigung auch dieser Abschriften der Vertretungs-

---

[1] Vgl. Tiedtke/Siekora MittBayNot 2006, 393, 396; s. auch § 41a Rn. 132.
[2] KG JFGErg. 13, 53.
[3] BayObLG JurBüro 1980, 1717 = MittBayNot 1980, 177.
[4] Vgl. BayObLGZ 1969, 97, 104.

nachweise nicht vorliegt. Insoweit kommt eine Beglaubigungsgebühr nach § 55 nicht in Betracht.
– Eine Dokumentenpauschale nach § 136 ist für alle Abschriften der Vertretungsnachweise, auch für die der Urkunde selbst beizufügende, gemäß § 136 Abs. 2 Nr. 1 beglaubigungsgebührfrei zu berechnen.

(4) Eine Dokumentenpauschale fällt jedoch nur dann an, wenn das Gericht oder der Notar **Schreibwerk geleistet** hat (Abs. 2). Liefert die Partei bei gerichtlichen oder notariellen Urkunden die vollständige Abschrift mit dem Beglaubigungsvermerk, so fällt daher keine Dokumentenpauschale an. Fehlt nur der Beglaubigungsvermerk, dann wird die Dokumentenpauschale nur für diesen erhoben. Wenn der Notar jedoch für die Herstellung von Abschriften von den Beteiligten gestellte Vordrucke verwendet (nicht nur, wenn er die Vordrucke selbst beschafft) und darin Lücken ausfüllt bzw. Ergänzungen anbringt, ist die Dokumentenpauschale nach der Seitenzahl zu berechnen (Gegenschluss aus § 136 Abs. 5 iVm. § 143).

II. Höhe der Gebühr

Die Gebühr beträgt 0,50 Euro für die Seite, sie richtet sich also – ausnahmsweise – nach dem Umfang der Tätigkeit. Der Mindestbetrag der Gebühr ist nach Abs. 1 S. 2 10 Euro. Für die ggf. daneben erhobenen Dokumentenpauschale gilt dies selbstverständlich nicht. Auch bei Ablichtung ist die Gebühr 0,50 Euro je Ablichtungsseite, auch wenn diese mehrere Urschriftseiten aufweist.

Werden gleichzeitig mehrere Abschriften derselben Urkunde beglaubigt, so wird die Gebühr für jede Abschrift gesondert erhoben. Befindet sich auf einem Schriftstück die Abschrift mehrerer Urkunden (hintereinander geschrieben), die durch einen Vermerk beglaubigt wird, so ist nur eine Gebühr nach der Gesamtseitenzahl zu erheben.

§ 55 a* Gebührenfreiheit in Kindschafts- und Unterhaltssachen

Beurkundungen nach § 62 Abs. 1 des Beurkundungsgesetzes sind gebührenfrei.

Gebührenfrei waren bis zur Änderung des § 55a mit Wirkung zum 1. 7. 1998 durch das KindUG die Beurkundungen und Beglaubigungen der in § 49 Abs. 1 JWG, jetzt § 59 SGB VIII bezeichneten Erklärungen (Gleichstellung mit der Beurkundung durch das Jugendamt, § 64 Abs. 2 SGB X). Gebührenfrei sind nunmehr (seit 1. 7. 1998) die in § 62 Abs. 1 BeurkG (zuletzt geändert durch das KindUG, BGBl. 1998 I S. 666) genannten Erklärungen. Es handelt sich hierbei um folgende Erklärungen:
– Erklärungen über die Anerkennung der Vaterschaft.
Hierunter fällt nach dem Sachzusammenhang und der Legaldefinition in § 59 SGB VIII, nicht nur die Anerkennungserklärung selbst, sondern auch die Zustimmungserklärung des Kindes und, wenn erforderlich, auch des gesetzlichen Vertreters.[1] Für Zustimmungserklärungen zur Vaterschaftsanerkennung regelt § 38 Abs. 4 zwar die Erhebung einer ¼-Gebühr, jedoch kommt diese Vorschrift nicht mehr zum Tragen, da § 55a in seiner jetzigen Fassung Vorrang hat.
– Verpflichtung zur Erfüllung von Unterhaltsansprüchen eines Kindes.
Die Gebührenfreiheit erfasst Beurkundungen über Unterhaltsansprüche eines Kindes, soweit sie die Verpflichtung zur Erfüllung betreffen und somit auch über Unterhaltsansprüche nach §§ 1612a bis 1612c BGB, die ein minderjähriges Kind von einem Elternteil, mit dem es nicht in einem Haushalt lebt, verlangen kann. In gleicher Weise ist die Begründung eines unmittelbaren Unterhaltsanspruchs des Kindes gegen eine andere Person erfasst, so zB in dem – seltenen – Fall, dass ein Stiefelternteil einen Unterhaltsan-

---

* § 55 a eingefügt durch Gesetz vom 19. 8. 1969 (BGBl. I S. 1243), geändert durch Gesetz vom 26. 6. 1990 (BGBl. I S. 1163), geändert durch Gesetz vom 6. 4. 1998 (BGBl. I S. 666).
[1] *Keidel/Kuntze* § 62 BeurkG Rn. 2; *Mecke/Lerch* § 62 BeurkG Rn. 2; *Huhn/von Schuckmann* § 62 BeurkG Rn. 1; *Jansen* § 62 BeurkG Rn. 5; PrüfAbt. Notarkasse MittBayNot 1998, 381.

§ 56

1. Teil. 2. Abschnitt: 1. Beurkundungen und ähnliche Geschäfte

spruch begründet. Auf das Alter und den Personenstand des Kindes kommt es nicht an, ebenso wenig auf die Person der Vertragsschließenden, denn es genügt ein (echter) Vertrag zugunsten des Kindes, solange es durch ihn unmittelbar einen eigenen Anspruch erhält.[2] Nicht erfasst ist dagegen die bloße Unterhaltsfreistellung im Innenverhältnis zwischen den Eltern, wie sie für Scheidungsvereinbarungen typisch ist,[3] oder die Regelung von Unterhaltsverpflichtungen mit Dritten, zB zum Regress den öffentliche Stellen, die dem Kind Sozialleistungen gewährt haben, gegen den Unterhaltsverpflichteten nehmen. In diesen Fällen ist kein unmittelbarer Anspruch des Kindes Regelungsgegenstand.

– Verpflichtung zur Erfüllung von Unterhaltsansprüchen nach § 1615l BGB.

Unterhaltsansprüche nach § 1615l BGB sind solche **zwischen den Eltern des Kindes**. Es handelt sich hierbei um Ansprüche der Mutter des Kindes gegen den Vater in dem in § 1615l BGB geregelten Umfang.

2 Die volle Gebührenfreiheit tritt ein bei Beurkundung durch das **Amtsgericht** (Rechtspfleger, § 3 Nr. 1f RPflG), den Amtsnotar und den **Gebührennotar**. Bis zum Inkrafttreten des Änderungsgesetzes vom 15. 6. 1989 war § 55a für Notare, denen die Gebühren selbst zufließen, nicht anwendbar; es galt die Begünstigung nach Maßgabe des § 144 Abs. 3 aF. Da die Vorschrift des § 55a in § 143 Abs. 1 nF nicht aufgeführt ist, gilt die Gebührenbefreiung fortan auch für den Gebührennotar.[4] Hier besteht in Bezug auf die Gebührenbefreiung ein Widerspruch zu § 24 Abs. 4, der den Geschäftswert für Unterhaltsansprüche nach §§ 1612a bis 1612c BGB bestimmt. Durch die in § 55a geregelte Gebührenfreiheit kommt § 24 Abs. 4 nicht zur Geltung (s. auch § 24 Rn. 75), da ihm der Anwendungsbereich entzogen ist. § 143 Abs. 2 führt wohl zu keinem anderen Ergebnis, weil bei dieser Vorschrift vermutlich bundes- und landesrechtliche Folgen außerhalb der KostO gemeint sind.

3 **Keine Gebührenfreiheit** besteht für die Beurkundung von **Erklärungen über die elterliche Sorge** nach § 1626a BGB. Die Beurkundungspflicht ergibt sich aus § 1626d BGB. Diese Sorgeerklärungen werden von § 62 Abs. 1 BeurkG nicht erfasst und sind daher gebührenpflichtig. Geschäftswert hierfür gemäß § 30 Abs. 3 S. 1, Abs. 2 S. 1 regelmäßig 3000 Euro. Es liegt eine einseitige Erklärung vor, Gebühr: $^{10}/_{10}$ § 36 Abs. 1; und zwar auch dann, wenn die Sorgeerklärung durch beide Elternteile abgegeben wird. Sorgeerklärungen durch beide Elternteile sind gegenstandsgleich; werden sie jedoch für mehrere Kinder abgegeben, ist Gegenstandsverschiedenheit gegeben. Die Geschäftswerte (3000 Euro x Zahl der Kinder) sind gemäß § 44 Abs. 2a zusammenzuzählen, daraus Berechnung einer einheitlichen $^{10}/_{10}$-Gebühr nach § 36 Abs. 1.

4 Soweit in einer **Scheidungsvereinbarung** die Ehegatten Vereinbarungen im Innenverhältnis (durch Schuldübernahme) betreffend die Tragung des Kindesunterhalts treffen, ist § 55a nicht einschlägig.

5 Die Befreiung erfasst nur die Beurkundungsgebühren. Schreib- und sonstige Auslagen sowie Reisekosten hingegen sind zu erheben.

§ 56* Sicherstellung der Zeit

Für die Sicherstellung der Zeit, zu der eine Privaturkunde ausgestellt ist, einschließlich der über die Vorlegung ausgestellten Bescheinigung, wird eine Gebühr von 13 Euro erhoben.

---

[2] OLG Düsseldorf OLG Düsseldorf ZNotP 1999, 454 m. Anm. *Tiedtke*.
[3] Vgl. § 24 Rn. 67; aA OLG Düsseldorf ZNotP 1999, 454 m. Anm. *Tiedtke*.
[4] HM: OLG Düsseldorf ZNotP 1999, 454 m. Anm. *Tiedtke;* OLG Hamm NJW-RR 1996, 754; LG Münster JurBüro 1992, 692 = MDR 1993, 183; *Rohs/Wedewer* Rn. 6; *Assenmacher/Mathias* „Gebührenfreie Geschäfte" Anm. 3, „Kindschafts- und Unterhaltssachen" Anm. 2.1; *Mümmler* JurBüro 1990, 1019; PrüfAbt. Notarkasse MittBayNot 1998, 381; aA LG Gießen JurBüro 1990, 1018; *Lappe* KostRspr. Nr. 3. mit der Begründung, dass die §§ 24 Abs. 4 und 55a im gleichen Gesetz (KindUG) geändert wurden und der Gesetzgeber wohl keine widersprüchlichen Regelungen treffen wollte, so dass § 55a für Gebührennotare nicht anwendbar sei (s. iÜ Rn. 2).
* § 56 geändert durch Gesetz vom 20. 8. 1975 (BGBl. I S. 2189), durch Gesetz vom 9. 12. 1986 (BGBl. I S. 2326), durch Gesetz vom 24. 6. 1994 (BGBl. I S. 1325) und durch Gesetz vom 27. 4. 2001 (BGBl. I S. 751).

Erfolglose Verhandlung **§ 57**

Es handelt sich um den auf eine vorgelegte Privaturkunde gesetzten Vermerk, dass sie zu einer bestimmten Zeit vorgelegt worden ist (früher Art. 58 Abs. 2 mit Art. 57 Abs. 2 PrFGG, außer Kraft durch § 60 Nr. 57c BeurkG). Die Bescheinigung dient zum Beweis, dass die Urkunde zurzeit der Vorlegung bereits ausgestellt war. Sie hat geringere rechtliche und praktische Bedeutung als die Beglaubigung einer Unterschrift. Deshalb bestimmt § 56 eine Festgebühr geringfügig über der Mindestgebühr.

§ 57* Erfolglose Verhandlung

Unterbleibt die beantragte Beurkundung infolge Zurücknahme des Antrags oder aus ähnlichen Gründen, nachdem das Gericht mit den Beteiligten darüber verhandelt hat, so wird die Hälfte der vollen Gebühr, jedoch nicht mehr als die für die beantragte Beurkundung bestimmte Gebühr erhoben; die Gebühr darf 50 Euro nicht übersteigen.

Übersicht

	Rn.		Rn.
I. Anwendungsbereich	1–5	3. Endgültiges Unterbleiben der Beurkundung	8, 9
II. Voraussetzungen für die Erhebung einer Gebühr	6–9	III. Abgrenzungsfragen	10–12
1. Antrag auf Beurkundung	6	IV. Kostenschuldner, Fälligkeit	13, 14
2. Verhandlung	7, 7a		

I. Anwendungsbereich

Findet die beantragte Handlung (Beurkundung) nicht statt, so sind kostenrechtlich folgende Vorstadien zu unterscheiden: **1**
– Bei Rücknahme des Antrags, **bevor die beantragte Handlung** stattgefunden hat, ist ein Viertel der vollen Gebühr, höchstens jedoch 20 Euro gemäß § 130 Abs. 2, 3 KostO zu erheben.
– Hat bei beantragten Beurkundungen der Notar schon **mit allen Beteiligten verhandelt,** dann wird statt der Gebühr nach § 130 Abs. 2 eine halbe Gebühr gemäß § 57 erhoben, wobei die Höchstgrenze 50 Euro beträgt. Allerdings darf die Gebühr die für die Beurkundung selbst bestimmte Gebühr nicht übersteigen (bspw. bei Erklärungen gegenüber dem Nachlassgericht, § 38 Abs. 3; bei der Unterschriftsbeglaubigung, § 45). Neben der Gebühr nach § 57 können die Zusatzgebühren aus §§ 58, 59 entstehen. **2**
– Für den Fall, dass der Notar antragsgemäß mit den Beteiligten bereits verhandelt hat, der Antrag dann zurückgenommen wurde, jedoch auf Verlangen der **Entwurf** für ein Rechtsgeschäft, das der Beurkundung bedarf, **ausgehändigt** worden ist, ist primär zu prüfen, ob die Voraussetzungen für eine Gebühr nach § 145 Abs. 3 gegeben sind. Wenn dies nicht der Fall ist, kann nur die Gebühr nach § 57 erhoben werden (vgl. § 145 Rn. 37ff.). **3**

Der Geschäftswert richtet sich nach dem Wert, der für die Beurkundungsgebühr maßgebend wäre. Im Falle des § 56 (Sicherstellung der Zeit der Ausstellung) wird die Gebühr innerhalb des Rahmens entsprechend niedriger zu bemessen sein. **4**

§ 57 gilt für **alle Fälle** von beantragten Beurkundungen, nicht nur für Beurkundungen **5** von „Erklärungen". Er gilt also auch bei Unterschriftsbeglaubigungen (§ 45), bei Beurkundung von Versammlungsbeschlüssen (§ 47), bei Abnahme von Eiden usw. (§ 49), bei Abmarkungen, Schätzungen usw. (§ 50). Für die Aufnahme von Wechsel- und Scheckprotesten (§ 51) und die freiwilligen Versteigerungen (§§ 53, 54) sind jedoch besondere Vorschriften getroffen. Für andere Geschäfte als Beurkundungen gilt § 57 nicht, zB nicht für das Vermittlungsverfahren nach §§ 116, 148 sowie nach dem Sachenrechtsbereinigungsgesetz.

---

* § 57 geändert durch Gesetz vom 27. 4. 2001 (BGBl. I S. 751).

II. Voraussetzungen für die Erhebung einer Gebühr

1. Antrag auf Beurkundung

6 Der Begriff „Antrag" ist untechnisch zu verstehen. Es muss unterschieden werden zwischen der bloßen Beratungs- und Besprechungsphase mit den zur Beurkundung noch nicht entschlossenen Beteiligten und dem (zwar nicht förmlichen, jedoch objektiv erkennbaren) **Verlangen** auf Eintritt in die **Beurkundungsverhandlung**. Hierbei genügt es, dass die Erörterung über eine unverbindliche Besprechung in die vorbereitende Erörterung übergeht.[1] Bei einer bloßen Besprechung über die Form oder die Tragweite eines abzuschließenden Rechtsgeschäfts oder bei einer Auskunft über die entstehenden Kosten usw. fällt weder die Gebühr nach § 57 noch die Rücknahmegebühr nach § 130 Abs. 2 an; es können allenfalls Gebühren für den Notar nach § 147 erwachsen.

2. Verhandlung

7 Unter Verhandlung ist die Beurkundungsverhandlung iS des BeurkG zu verstehen. Die Gebühr entsteht daher, wenn es sich um die Beurkundung eines Vertrages handelt, dann, wenn mit den am Vertrag Beteiligten in die Beurkundungsverhandlung eingetreten worden ist[2] und der Notar seine Bereitschaft, die Beurkundung grundsätzlich vorzunehmen, klar zum Ausdruck gebracht hat.[3] Sie fällt aber auch dann an, wenn nicht alle in der Niederschrift aufgeführten Beteiligten am Verhandlungsbeginn teilnehmen, da getrennte Beurkundung der Willenserklärungen einzelner Beteiligter zulässig ist.[4] Die Beteiligten können vertreten sein (auch ohne Vertretungsmacht); schriftliche Vollmacht ist nicht erforderlich. Die Abgrenzung zwischen bloßer Vorverhandlung oder vorbereitenden Besprechungen und der Verhandlung wird im Einzelfall schwer zu treffen sein. Maßgebend ist, ob bei natürlicher Betrachtungsweise sich die gemeinsamen Erörterungen als Bestandteil des Beurkundungsgeschäfts iS des BeurkG darstellen.[5]

7a Insbesondere ist § 57 anwendbar, wenn die Urkunde schon **ganz** oder **teilweise abgefasst** war (was jedoch nicht Voraussetzung für § 57 ist)[6] und dann ihre Vollziehung wegen Abstandnahme von der beantragten Beurkundung oder „aus ähnlichen Gründen" unterbleibt; zB wenn sich bei der Testamentserrichtung nach gepflogenen Verhandlungen herausstellt, dass der Erblasser nicht mehr verfügungsfähig ist; nicht auch, wenn er beim Eintreffen des Notars gestorben war oder von vornherein als verhandlungsunfähig erkannt wurde. Versieht in einem solchen Falle der Notar das nicht oder nicht von allen Beteiligten unterzeichnete Protokoll mit seiner Unterschrift, so sind nicht §§ 36, 46 anzuwenden, sondern § 57.[7] Hingegen ist nicht § 57, sondern § 145 anzuwenden, wenn die Beteiligten Erklärungen in Protokollform beurkunden lassen, obschon sie von vornherein nicht beabsichtigen, diese jetzt schon endgültig abzugeben.[8] Ebenso findet nicht § 57, sondern § 145 Abs. 1 Anwendung, wenn der mit der Beurkundung betraute Notar zunächst auf Anfordern den Beteiligten und zufolge selbständigen Auftrags einen Entwurf zuleitet und sie sodann von der Beurkundung absehen.[9]

3. Endgültiges Unterbleiben der Beurkundung

8 Weitere Voraussetzung ist, dass das Beurkundungsgeschäft endgültig unterbleibt und nicht vorübergehend aufgeschoben wird zufolge **Rücknahme des Antrags** oder aus ähnlichen Gründen.

---

[1] OLG Hamm DNotZ 1966, 251 = Rpfleger 1966, 376.
[2] KG DNotZ 1943, 157.
[3] OLG Hamm DNotZ 1966, 251.
[4] *Palandt/Heinrichs* § 128 BGB Rn. 3.
[5] KG DNotZ 1978, 753.
[6] KG DNotZ 1978, 753.
[7] KG JFGErg. 20, 113 = JVBl. 1940, 72.
[8] KG DNotZ 1941, 342.
[9] OLG Hamm DNotZ 1950, 435; OLG Frankfurt Rpfleger 1961, 340.

Der Begriff des **ähnlichen Grundes** umfasst alle Umstände, die zu einem Unterbleiben 9
der Beurkundung führen, welche weder in der Person des Notars begründet noch von
seiner Entschließung abhängig sind, also ausschließlich der Sphäre des Auftraggebers bzw.
der Beteiligten zuzurechnen sind.[10] Ergibt sich aus dem Beurkundungsauftrag für den Notar ein ausreichender Grund zur Verweigerung seiner Urkundstätigkeit iS von § 15 BNotO
(bzw. eine Pflicht gemäß § 14 Abs. 2 BNotO, § 4 BeurkG), so ist dies der Sphäre des Auftraggebers zuzurechnen mit der Folge des Gebührenanspruches nach § 57.[11] Im Ausnahmefall kann die Gebühr gemäß § 57 auch nach erfolgter Beurkundung anfallen, nämlich wenn
für diese die Beurkundungsgebühren wegen unrichtiger Sachbehandlung nicht erhoben
werden gemäß § 16.[12]

III. Abgrenzungsfragen

§ 57 erfasst (§ 141) uneingeschränkt die Beurkundungsgeschäfte der Notare: Die Ge- 10
bühr des § 57 gilt die vorbereitende oder fördernde Tätigkeit ab (§ 147 Abs. 3). Auch für
die **Entwurfsgeschäfte** der Notare ist § 57 einschlägig, soweit in die eigentliche Entwurfstätigkeit eingetreten ist.[13] Hingegen gilt § 57 nicht für die spezifischen Notargeschäfte
der §§ 146, 147, 149. Wird der Antrag auf Beurkundung schon vor Beginn der Beurkundungsverhandlung zurückgenommen, so fällt eine Gebühr nach § 130 Abs. 2, nicht nach
§ 57 an. Neben der Gebühr für die Rücknahme nach § 130 Abs. 2 kann der Notar die
Beratungsgebühr nach § 147 auch dann nicht erheben, wenn er im Verlauf seiner auf die
Beurkundung gerichteten Tätigkeit mit den Beteiligten Besprechungen über die Sache
abgehalten hat.[14]

Unterbleibt die Beurkundung vor Beginn der Verhandlung aus anderen Gründen end- 11
gültig, zB Ableben des Testators, plötzliche Erkrankung eines Beteiligten auf lange Dauer,
so ist weder § 57 noch § 130 anwendbar. Eine Gebühr fällt nicht an, doch können **Auslagen** ersetzt verlangt werden. Wegen der Zusatzgebühr des § 58 vgl. dort. Unterbleibt die
Beurkundung aus einem in der Urkundsperson liegenden Grund, so ist eine Gebühr nicht
geschuldet, bei Verschulden können auch Auslagen nicht erstattet verlangt werden.

§ 145 Abs. 3 hat als speziellere Vorschrift den Vorrang vor § 57.[15] 12

IV. Kostenschuldner, Fälligkeit

Kostenschuldner ist alleine der Antragsteller (vgl. § 2 Rn. 17). Bei Übersendung eines 13
Grundschuldbestellungsauftrags an den Notar durch die Bank mit der Bitte, den Kunden
zur Unterschriftsleistung „zu bestellen", handelt es sich um einen Auftrag der Bank für den
Kunden als Vertreter ohne Vertretungsmacht. Unterbleibt die Beurkundung haftet die
Bank für die Kosten als Antragsteller.[16]

Für die **Fälligkeit** der Gebühr und den Lauf der Verjährungsfrist kommt es auf den 14
Zeitpunkt an, in dem feststeht, dass die Beurkundung endgültig nicht mehr vorgenommen
wird.[17]

§ 58* Geschäfte außerhalb der Gerichtsstelle, an Sonn- und Feiertagen und zur Nachtzeit

(1) ¹Wird ein Geschäft auf Verlangen des Antragstellers oder mit Rücksicht auf die
Art des Geschäfts außerhalb der Gerichtsstelle vorgenommen, so wird eine Zusatz-

---

[10] LG Darmstadt JurBüro 1974, 1576; KG DNotZ 1962, 429, 433; JurBüro 1981, 745.
[11] KG JurBüro 1981, 745.
[12] KG JurBüro 2003, 652.
[13] LG Düsseldorf Rpfleger 1985, 512.
[14] KG DNotZ 1943, 157.
[15] BayObLG MittBayNot 1973, 394.
[16] OLG Köln JurBüro 1994, 167.
[17] OLG Celle DNotZ 1968, 209.
* § 58 Abs. 1 S. 1 und Abs. 3 S. 1 geändert durch Gesetz vom 27. 4. 2001 (BGBl. I S. 751).

§ 58　　　1. Teil. 2. Abschnitt: 1. Beurkundungen und ähnliche Geschäfte

gebühr in Höhe der Hälfte der vollen Gebühr erhoben, die jedoch den Betrag von 30 Euro und die für das Geschäft selbst zu erhebende Gebühr nicht übersteigen darf. ²Werden mehrere Erklärungen in einer Verhandlung beurkundet, so wird die Gebühr nur einmal erhoben, und zwar, soweit die beurkundeten Erklärungen verschiedene Gegenstände betreffen, nach deren zusammengerechnetem Wert.

(2) Haben die Gerichtspersonen den Weg zu dem Ort des Geschäfts angetreten, so wird die Zusatzgebühr auch dann erhoben, wenn das Geschäft aus einem in der Person der Beteiligten liegenden Grund nicht ausgeführt wird.

(3) ¹Für Beurkundungen an Sonntagen und allgemeinen Feiertagen sowie an Werktagen außerhalb der Zeit von acht bis achtzehn Uhr, jedoch an Sonnabenden nach dreizehn Uhr, wird eine Gebühr in Höhe der Hälfte der vollen Gebühr erhoben, die jedoch den Betrag von 30 Euro und die für das Geschäft selbst zu erhebende Gebühr nicht übersteigen darf. ²Treffen mehrere der in Satz 1 genannten Voraussetzungen zu, so wird die Zusatzgebühr nur einmal erhoben.

(4) Die Vorschriften dieses Paragraphen gelten nicht für Geschäfte der in § 50 Nr. 2 und 4 sowie in §§ 51, 52 und 54 bezeichneten Art; im Fall des § 53 wird die Zusatzgebühr nur erhoben, wenn der Versteigerungstermin außerhalb der Gerichtsstelle abgehalten wird.

Entsprechend: § 11 GvKostG (zu Abs. 3).

Übersicht

	Rn.		Rn.
I. Anwendungsbereich	1–4a	V. Mehrere Erklärungen in einer Verhandlung	17–22
II. Voraussetzungen für die Auswärtsgebühr (Abs. 1)	5–11	VI. Belehrungspflicht, Höhe der Gebühr, Kostenschuldner	23–29
1. Auswärtige Vornahme	5–8	1. Belehrungspflicht	23, 24
2. Verlangen eines Beteiligten	9–11	2. Gebührenhöhe	25, 26
III. Erledigung nach Antritt des Wegs (Abs. 2)	12	3. Anrechnung der Reisekosten	27
		4. Gebührenermäßigung	28
IV. Die Unzeitgebühr des Abs. 3	13–16	5. Zahlungspflicht	29

I. Anwendungsbereich

1　Grundsätzlich ist es für die Höhe der Gebühren bedeutungslos, ob das Geschäft an oder außerhalb der Gerichts(Notar-)stelle vorgenommen wird; es treten dann aber die dem Notar zustehenden Reisekostenvergütungen, bei nicht reisekostenpflichtigen Reisen oder Gängen die erforderlichen Auslagen hinzu (§ 137 Abs. 1 Nr. 4). Von diesem Grundsatz macht § 58 eine weitreichende Ausnahme.

2　§ 58 erfasst alle „Beurkundungs- und ähnliche Geschäfte" des 2. Abschnitts der KostO, also die Geschäfte der §§ 36 bis 57. Ferner gilt § 58 auch bei der Anfertigung von Entwürfen, da § 145 auf die für die Beurkundung geltenden Vorschriften verweist.[1] Hingegen gilt § 58 **nicht** für die **besonderen Notargeschäfte** der §§ 146 bis 149. So kann eine mit der Verwahrung und Ablieferung iS des § 149 verbundene Tätigkeit keine Gebühr nach § 58 auslösen, da die Gebühr des § 149 die gesamte mit der Verwahrung verbundene Tätigkeit abgilt.[2]

3　In § 58 wird unterschieden zwischen der Zusatzgebühr für Geschäfte außerhalb der Gerichts-(Notar-)stelle (Abs. 1) – **Auswärtsgebühr** – und der Zusatzgebühr für Beurkundungen an Sonn- und Feiertagen und zur Nachtzeit (Abs. 3) – **Unzeitgebühr**. Allerdings ist der Wortlaut des Abs. 3 insoweit irreführend, als er die Unzeitgebühr nur für „Beurkundungen" anordnet, während Abs. 1 (die Auswärtsgebühr) für das „Geschäft" gilt. Aber

---

[1] KG DNotZ 1940, 282 = JVBl. 1941, 188; DNotZ 1943, 14 = JVBl. 1942, 165; LG Bremen KostRsp. Nr. 5.
[2] LG Bremen KostRsp. Nr. 5.

es ergibt sich aus der Überschrift zu § 58, in der die Bezeichnung „Geschäfte" auch für die Unzeitgebühr des Abs. 3 verwendet wird, und aus der Bestimmung in Abs. 4, die für Abs. 1 und Abs. 3 gleichermaßen gilt und Geschäfte umfasst, die durchweg nicht „Beurkundungen" sind, dass hier nicht an eine Einschränkung für den Anwendungsbereich der Zusatzgebühr des Abs. 3 gegenüber der Gebühr nach Abs. 1 gedacht worden ist. Bei der Verwendung des Begriffs „Beurkundungen" in Abs. 3 handelt es sich also wohl um ein Redaktionsversehen, so dass die Unzeitgebühr nach Abs. 3 ebenfalls bei allen in §§ 36 bis 57 KostO behandelten Geschäfte einschließlich der notariellen Entwürfe nach § 145 anzuwenden ist.[3]

§ 58 Abs. 1–3 gelten grundsätzlich für alle Geschäfte des Unterabschnittes der §§ 36 bis 57; jedoch nimmt Abs. 4 einige Geschäfte aus, die in aller Regel mit Rücksicht auf ihre Art außerhalb der Gerichts-(Notar-)stelle vorgenommen werden: **4**
– die Mitwirkung bei Abmarkungen und Schätzungen (§ 50 Abs. 1 Nr. 2 und 4),
– die Aufnahme von Wechsel- und Scheckprotesten (§ 51),
– die Aufnahme von Vermögensverzeichnissen und Siegelungen (§ 52),
– die Versteigerung von beweglichen Sachen und Rechten (§ 54),
– bei der freiwilligen Versteigerung von Grundstücken (§ 53) ist die Auswärtsgebühr nur zu erheben, wenn der Versteigerungstermin außerhalb abgehalten wird.

Für die bayerischen Notare findet § 58 bei der Begründung einer **Lebenspartnerschaft** **4a**
und bei der Beurkundung von Lebenspartnerschaftsverträgen über die Bestimmungen des Ausführungsgesetzes zum Lebenspartnerschaftsgesetz Anwendung (Art. 5 S. 2 AGLPartG). Der Wert der Lebenspartnerschaftsverträge bestimmt sich nach dem Reinvermögen (§ 39 Abs. 3; s. § 39 Rn. 108 ff.). Bei der Begründung einer Lebenspartnerschaft ist angesichts ihrer Bedeutung gemäß § 30 Abs. 3 S. 1, Abs. 2 S. 2 jedenfalls ein Wert über 3000 Euro anzusetzen. Daher kommt regelmäßig der Höchstwert zum Tragen.

II. Voraussetzungen für die Auswärtsgebühr (Abs. 1)

1. Auswärtige Vornahme

Zwingende Tatbestandsvoraussetzung für die Auswärtsgebühr nach Abs. 1 ist, dass das **5**
gebührenpflichtige Geschäft **außerhalb** der **Gerichts-(Notar-)stelle** vorgenommen wird. Da gemäß § 160 der Geschäftsstelle die Räumlichkeiten, in denen auswärtige Amts- und Sprechtage abgehalten werden, gleichgestellt sind, fällt bei Beurkundungen in den Räumen, in denen der Sprechtag durchgeführt wird, keine Gebühr nach § 58 Abs. 1 an. Sie ist jedoch zu erheben, wenn der Notar am Ort des Sprechtages an einem anderen Tag als dem Sprechtag oder zwar am Sprechtag selbst, aber auf Verlangen in einem anderen Raum als dem dortigen Amtszimmer tätig wird. Unbedeutend ist, ob zur Erledigung des Geschäfts ein geringer oder ein weiter Weg zurückzulegen, ob nur wenig oder erhebliche Zeit aufzuwenden ist. Die Auswärtsgebühr entsteht auch dann, wenn das Geschäft im selben Gebäude, jedoch nicht unmittelbar in den Amtsräumen des Notars vorgenommen wird.[4] Als Auswärtsgeschäft gilt grundsätzlich die Beurkundung in der Wohnung des Notars. Jedoch ist hier zu prüfen, ob die weiteren Tatbestandsvoraussetzungen (Verlangen des Antragstellers oder wegen Rücksicht auf die Art des Geschäfts) gegeben sind.

Die Zusatzgebühr wird nur erhoben, wenn das gebührenpflichtige Geschäft selbst au- **6**
ßerhalb der Geschäftsstelle vorgenommen wird; sie entsteht **nicht,** wenn **nur Vorbereitungen** außerhalb getroffen werden, zB die Einsichtnahme in das Grundbuch vor Beurkundung eines Kaufvertrages oder sonstige gebührenfreie Nebengeschäfte vorgenommen werden.[5] Gleiches gilt, wenn der Notar zu bloßen Vorbesprechungen für später (an der Amtsstelle) zu beurkundende Rechtsgeschäfte außerhalb seiner Amtsstelle tätig wird. Ent-

---
[3] Vgl. *Rohs/Wedewer* Rn. 2 ff.; OLG Frankfurt Rpfleger 1963, 93.
[4] OLG München DNotZ 1937, 388; OLG Köln JurBüro 1965, 743.
[5] KG OLG 19, 276; DNotZ 1935, 235.

§ 58

scheidend ist also immer, ob das „Geschäft" außerhalb der Geschäftsstelle vorgenommen worden ist.

7 Ist der Notar nur mit der Anfertigung eines Entwurfes beauftragt und **bespricht er** den **Inhalt des Entwurfs** mit den Beteiligten außerhalb seiner Geschäftsstelle, so erhält er die Zusatzgebühr, mag er auch den Entwurf selbst in seinen Amtsräumen anfertigen; denn die Besprechung ist nicht bloße Vorbereitung, sondern Teil der Entwurfstätigkeit des Notars.[6] Selbstverständlich gilt dies nur, wenn der Notar selbst den Entwurf mit den Beteiligten außerhalb der Geschäftsstelle bespricht, nicht jedoch dann, wenn Angestellte des Notars die Entwurfsbesprechung durchführen. Diese stellt nur eine Vorbereitungshandlung im weitesten Sinne dar, die kostenrechtlich, sofern auf Verlangen der Beteiligten durchgeführt, lediglich zum Auslagenersatz führt.

8 Bei **Beglaubigungen** von Unterschriften oder Handzeichen genügt als Tatbestandsvoraussetzung für die Auswärtsgebühr die Vollziehung oder Anerkennung dieser Unterschrift außerhalb der Amtsräume, wobei unbeachtlich ist, ob der Beglaubigungsvermerk einschließlich der notariellen Unterschrift außerhalb der Geschäftsstelle oder später in den Amtsräumen angefertigt wird.[7] Zur Gebührenhöhe vgl. Rn. 21.

2. Verlangen eines Beteiligten

9 Weitere Voraussetzung für die Erhebung der Auswärtsgebühr ist, dass der Antragsteller die Ausführung des Geschäfts durch den Notar außerhalb seiner Geschäftsstelle verlangt (wobei ausreichend ist, dass ein Beteiligter das Verlangen stellt)[8] oder dass die Durchführung mit **Rücksicht auf die Art des Geschäfts** außerhalb der Geschäftsstelle vorgenommen wird. Das Verlangen braucht nicht ausdrücklich gestellt zu sein; wenn nach den Umständen des Falls die Ausführung des Geschäfts nur außerhalb der Amtsstelle möglich ist, liegt in dem Antrag auf Vornahme des Geschäfts dieses Verlangen.[9] Die Vermutung spricht dafür, dass ein außerhalb der Amtsräume vorgenommenes Geschäft auf Verlangen des Antragstellers[10] dort vorgenommen wurde.[11] Allerdings fällt die Gebühr dann nicht an, wenn das Geschäft in der Wohnung des Notars deshalb vorgenommen wird, weil dieser am Ausgehen verhindert ist oder die Parteien dorthin verwiesen werden oder er sie dort hinbestellt hat oder wenn er aus Gefälligkeit dort ein anderes Geschäft miterledigt. Die Zusatzgebühr kann auch dann nicht erhoben werden, wenn die Beurkundung aus vom Notar zu vertretenden Umständen außerhalb der Geschäftsstelle oder zur Unzeit vorgenommen wird.[12] Die Notwendigkeit eines auswärts stattzufindenden Geschäftes muss also aus der Sicht der Beteiligten gegeben sein und nicht aus der Perspektive des Notars. Denn § 5 Abs. 2 DONot verlangt, dass der Notar außerhalb seiner Geschäftsstelle nur dann tätig sein soll, wenn dies besondere Gründe rechtfertigen.[13]

10 Die alleinige Ursache, dass die Beurkundung auswärts erfolgt, darf auch **nicht** in der Lage oder Beschaffenheit der **Büroräume des Notars** liegen. Erfolgt zB eine Beurkundung außerhalb der Geschäftsstelle nur deshalb, weil eine Vielzahl von Beteiligten in den Amtsräumen nicht ausreichend Platz hat, so kann die Gebühr nach § 58 nicht erhoben werden.[14] Da die Geschäftsstelle des Notars so eingerichtet sein muss, wie es zur ordnungsmäßigen Amtsausübung erforderlich ist und dem Ansehen des Notaramtes entspricht,[15]

---

[6] KG DNotZ 1936, 901; *Lappe* KostRsp. Nr. 18 Anm.
[7] HM: OLG Köln FGPrax 2002, 258 = DNotZ 2001, 530 = JurBüro 2002, 44; *Rohs/Wedewer* Rn. 6; *Hornig* DNotZ 1938, 357; *Seybold* DNotZ 1938, 247; *Mümmler* JurBüro 1976, 1011; 1984, 191; aA nur KG JVBl. 1938, 12.
[8] LG Berlin KostRsp. Nr. 4; OLG Frankfurt Rpfleger 1967, 119 = KostRsp. Nr. 12.
[9] LG Berlin DNotZ 1940, 499.
[10] Für die Zusatzgebühren haftet nur derjenige, der die Notartätigkeit außerhalb der Amtsräume verlangt hat, LG Hannover JurBüro 2005, 267, m. Anm. *Bund*.
[11] KGJ 37 B 28.
[12] OLG Hamm Rpfleger 1968, 233.
[13] Vgl. auch *Mümmler* JurBüro 1976, 1010.
[14] OLG Stuttgart Justiz 1965, 125 = BWNotZ 1969, 115 = KostRsp. Nr. 17; OLG Frankfurt Rpfleger 1967, 119 = JurBüro 1966, 1052 = MittBayNot 1967, 229.
[15] *Schippel* § 10 BNotO Rn. 6.

muss Gleiches gelten, wenn der Notar deshalb außerhalb seiner Geschäftsräume beurkundet, weil beispielsweise ein Rollstuhlfahrer die Räume des Notariats nicht erreichen kann. Hier liegt die Ursache nicht in einem notwendigen Verlangen der Beteiligten, sondern in der Lage der Räume. Dies hat nur der Notar zu vertreten.

Werden hingegen Beurkundungen **mit sehr vielen Beteiligten** (beispielsweise Straßengrundabtretungen) deshalb auswärts beurkundet, weil die Beteiligten (oder einer) die hierdurch mögliche schnellere Abwicklung des Beurkundungsvorganges wünschen oder weil einem Teil der Beteiligten (zum Beispiel wegen der Geringfügigkeit des Geschäftswerts) die Anreise zur Amtsstelle nicht zugemutet werden soll, so ist (ungeachtet der Tatsache, dass die Amtsräume des Notars für die Abwicklung des „Geschäfts" im auswärts vorgenommenen Rahmen ungeeignet wären) die Gebühr nach Abs. 1 zu erheben, weil hier ein „Verlangen" der Beteiligten die primäre Ursache für das Auswärtsgeschäft ist. 10a

Die **Art des Geschäfts** (Abs. 1 S. 1) bringt dessen Vornahme außerhalb der Notarstelle 11 von selbst mit sich bei Beurkundung von Beschlüssen einer Generalversammlung (§ 47), idR auch bei Verlosung (§ 48) und bei Augenscheineinnahme (§ 49).

III. Erledigung nach Antritt des Wegs (Abs. 2)

Bei **Nichtausführung** des Geschäfts nach Antritt des Wegs, sei es von der Notarstelle, 12 sei es von der Wohnung des Notars aus, wird die Zusatzgebühr erhoben, wenn die Nichtausführung auf einem in der Person des Beteiligten liegenden Grund (Zurücknahme des Antrags, Versterben des Antragstellers vor Eintreffen des Notars, Antreffen in nicht verfügungsfähigem Zustand, Nichtvollziehbarkeit wegen des Mangels einer von der Partei zu beschaffenden Unterlage – Bilanz –)[16] beruht. Dies gilt jedoch nicht, wenn die Ursache der Nichtausführung eine Erkrankung des Notars oder die Verhinderung des Eintreffens durch Naturereignisse ist. Die Gebühr entfällt bei unrichtiger Sachbehandlung (§ 16) jedoch dann nicht, wenn die auswärtige Beurkundung zwar zwecklos oder unwirksam war, aber feststeht, dass auch bei richtigem Verhalten der Urkundsperson das Geschäft aus einem bei den Beteiligten liegenden Grunde nicht hätte ausgeführt werden können.[17]

IV. Die Unzeitgebühr des Abs. 3

Abs. 3 führt für Beurkundungen an Sonn- und allgemeinen Feiertagen und zur Nacht- 13 zeit eine neben der in Abs. 1 und 2 vorgesehenen Zusatzgebühr zu erhebende weitere Zusatzgebühr in gleicher Höhe ein. Nach dem Wortlaut dieser Bestimmung ist es zwar nicht erforderlich, dass hier ein Verlangen der Beteiligten auf Vornahme des Geschäfts zur Unzeit wie in Abs. 1 vorliegen muss, jedoch ist insoweit Abs. 3 sinngemäß durch die Tatbestandsvoraussetzungen des Abs. 1 zu ergänzen, so dass regelmäßig ein **Verlangen** des Antragstellers **Voraussetzung** zur Anwendung des Abs. 3 sein wird.[18]

Für die Anwendbarkeit des Abs. 3 genügen der Beginn des Geschäftes vor 8 Uhr oder 14 seine Beendigung nach 18 Uhr, an Sonnabenden nach 13 Uhr. Sinngemäß ist auch Abs. 2 bei den Voraussetzungen des Abs. 3 anzuwenden, d. h. bei Antritt des Weges vor 8 Uhr oder Rückkehr nach 18 Uhr, an Sonnabenden nach 13 Uhr fällt die Zusatzgebühr an, wenn das Geschäft aus einem in der Person der Beteiligten liegenden Grunde nicht ausgeführt wird (vgl. Rn. 12). Ob ein allgemeiner Feiertag gegeben ist, bestimmt sich nach dem Amtssitz des Notars, nicht nach dem Beurkundungsort. Die Zusatzgebühr kann nicht erhoben werden, wenn im betreffenden Notariat die üblichen Amtsstunden bzw. Bürozeiten außerhalb 8 Uhr bis 18 Uhr (zB „langer Donnerstag") bzw. 8 bis 13 Uhr an Sonnabenden oder an Feiertagen liegen.[19] Nach OLG Frankfurt[20] darf der Notar eine Zusatzgebühr nach

---

[16] OLG München DNotZ 1939, 61 usw.
[17] OLG München DNotZ 1939, 61.
[18] OLG Düsseldorf Rpfleger 1968, 64 = KostRsp. Nr. 13; aA LG Bremen KostRsp. Nr. 9 m. Anm. *Lappe*.
[19] OLG Oldenburg Rpfleger 1965, 188 = KostRsp. Nr. 8; *Maier* BWNotZ 1958, 232.
[20] DNotZ 1963, 618 = Rpfleger 1963, 93.

§ 58

Abs. 3 außerhalb seiner Dienststunden, zB Mittwoch nachmittags, nur berechnen, wenn er das Geschäft zu den in Abs. 3 genannten Ausnahmezeiten, also Mittwoch nachmittags nach 18 Uhr, vornimmt.

15 Hat der Notar den Beurkundungstermin von sich aus so anberaumt, dass von vorneherein damit zu rechnen war, dass die Vornahme des Amtsgeschäfts über 18 Uhr hinausdauert, dann ist der Ansatz der Unzeitgebühr nicht gerechtfertigt.[21] Die Unzeitgebühr kann auch dann nicht erhoben werden, wenn die Beurkundungstätigkeit aus Gründen, die der Notar zu vertreten hat, erst nach 18 Uhr beendet wird.[22] Beginnt der Notar mit dem Amtsgeschäft auf Wunsch (Verlangen eines Beteiligten) vor 8 Uhr, so ist die Gebühr auch dann zu erheben, wenn der frühe Beginn der Amtstätigkeit dem Notar angenehm ist.

16 Wird der Termin zu Unzeit begonnen oder beendet, weil die Terminsfestlegung auf den späten (frühen) Termin nur deshalb erfolgen musste, weil der Notar den auf Vornahme des Amtsgeschäfts drängenden Beteiligten keinen anderen freien, in die übliche Amtszeit fallenden Termin anbieten konnte, so ist ebenfalls die Gebühr zu erheben.

V. Mehrere Erklärungen in einer Verhandlung

17 Bei der Beurkundung mehrerer Erklärungen in einer Verhandlung, d. h. **in einer Urkunde**[23] kann es, wenn die Gegenstände verschieden sind, zur Erhebung getrennter Gebühren kommen (§ 44 Abs. 2b). S. 2 des Abs. 1 bestimmt, dass auch in diesem Falle nur eine Zusatzgebühr erhoben wird, und zwar nach dem zusammengerechneten Wert der Gegenstände.[24] Dies gilt auch für die Unzeitgebühr nach Abs. 3.[25] Dabei könnte es vorkommen, dass diese Zusatzgebühr höher wäre als der Gesamtbetrag der Hauptgebühren, zB wenn eine der Erklärungen unter § 38 Abs. 3 oder 4 fällt. Dann darf nach Abs. 1 die Zusatzgebühr diesen Gesamtbetrag nicht übersteigen.

18 Werden mehrere Erklärungen nicht in einer Verhandlung beurkundet, sondern **mehrere Urkunden** errichtet oder mehrere Entwürfe gefertigt, so ist die Zusatzgebühr für jede Urkunde besonders zu berechnen.[26]

19 Wenn bei demselben Gegenstand der Erklärungen gemäß § 44 Abs. 1 S. 2 die Gebühren gesondert zu berechnen sind, weil dies für den Kostenschuldner günstiger ist, wird die Zusatzgebühr nur von dem einmaligen Wert des Gegenstandes berechnet.[27]

20 Werden rechtsgeschäftliche Erklärungen mit anderen Geschäften in einer Urkunde zusammen beurkundet (zB Gesellschaftsvertrag und Beschluss;[28] Hauptversammlung und Registeranmeldung, Kapitalerhöhung bei GmbH und Übernahmeerklärung, Gesellschafterbeschluss und Handelsregisteranmeldung[29]), so entstehen zwei Zusatzgebühren nach § 58.[30]

21 **Beglaubigt der Notar eine Unterschrift** unter einer von ihm in seinen Amtsräumen entworfenen Urkunde außerhalb der Amtsräume (oder zur „Unzeit"), so fällt nach st. Rspr. lediglich eine viertel Auswärtsgebühr an.[31] Zwar liegen bei der Anfertigung eines Entwurfs mit nachfolgender Unterschriftsbeglaubigung gebührenrechtlich zwei selbständige Geschäfte vor: Neben der Gebühr für die eigentliche Entwurfstätigkeit entstünde eine weitere Gebühr für die Unterschriftsbeglaubigung, wenn diese nicht gemäß § 145 Abs. 1 S. 4 aufgezehrt werden würde.[32] Wenn nun nach dem vorausgegangenen Entwurf in den Amts-

---

[21] OLG Düsseldorf Rpfleger 1968, 64 = KostRsp. Nr. 13.
[22] OLG Hamm Rpfleger 1968, 223 = KostRsp. Nr. 15.
[23] OLG München DNotZ 1942, 380 = JVBl. 1942, 146.
[24] Vgl. auch BayObLG DNotZ 1970, 184 = Rpfleger 1970, 37.
[25] OLG Celle DNotZ 1962, 255 = KostRsp. Nr. 2.
[26] OLG München DNotZ 1942, 380; *Mümmler* JurBüro 1974, 580; LG Hannover KostRsp. Nr. 23.
[27] OLG Celle DNotZ 1962, 255 = KostRsp. Nr. 2.
[28] LG Berlin MittRhNotK 1952, 134.
[29] OLG Frankfurt MittBayNot 2006, 171.
[30] LG Berlin DNotZ 1942, 422; KG DNotZ 1944, 6, 133; OLG Frankfurt MittBayNot 2006, 171.
[31] KG DNotZ 1935, 235; OLG Oldenburg JurBüro 1964, 139; LG Darmstadt DNotZ 1969, 448 = KostRsp. Nr. 18 m. Anm. *Lappe;* LG Itzehoe KostRsp. Nr. 20; OLG Hamm MittBayNot 2005, 79 = ZNotP 2005 m. Anm. *Tiedtke.*
[32] LG Darmstadt DNotZ 1969, 448.

räumen des Notars die Beglaubigung außerhalb vorgenommen wird, so soll die Zusatzgebühr nur für das Beglaubigungsgeschäft erwachsen und daher nach § 58 Abs. 1 S. 1 iVm. § 45 der Höhe nach auf ein Viertel der vollen Gebühr begrenzt sein. Diese pauschale Beurteilung führt indes zu Problemen: Die ebenfalls hM (vgl. Rn. 7) ist der Ansicht, dass der Notar, der mit der Anfertigung des Entwurfs einer Urkunde beauftragt ist und den Inhalt des vorher in den Amtsräumen gefertigten Entwurfs mit den Beteiligten außerhalb der Amtsräume bespricht, die Zusatzgebühr erhält. In diesem Falle beträgt die Zusatzgebühr – auch wenn es sich um den Entwurf einer nur mit Unterschriftsbeglaubigung zu versehenden Erklärung handelt – die Hälfte der vollen Gebühr. Die Entscheidungen zum Auswärtsgebührenansatz bei Unterschriftsbeglaubigungen gehen offensichtlich davon aus, dass die Entwurfsfertigung in den Amtsräumen beendet ist und das Auswärtsgeschäft die reine Unterschriftsbeglaubigung darstellt. Damit ist die entscheidende Frage, wann der Vorgang „Entwurfsfertigung" beendet ist (mit der Fertigung des Schriftstücks in den Amtsräumen, mit der Aushändigung des Entwurfs an den Auftraggeber oder nach Erörterung und Genehmigung der Beteiligten).

Die Lösung dieses Problems kann nur jeweils im Einzelfall gefunden werden. Hierbei bieten sich folgende Kriterien an: 22

– Ist das **Entwurfsgeschäft abgeschlossen,** erfolgt also **auswärts lediglich die Beglaubigung,** so kommt der persönlichen Überbringung des Entwurfs durch den Notar an den Auftraggeber im Zusammenhang mit der Beglaubigung keine gebührenmäßige Bedeutung bei. Das Überbringen tritt lediglich an die Stelle der Übersendung durch die Post. Die Zusatzgebühr richtet sich in solchen Fällen nach der Beglaubigungsgebühr, beträgt also ein Viertel der vollen Gebühr.
– Ist hingegen der in den Amtsräumen gefertigte **Entwurf nur vorläufig,** kommt also noch eine Erörterung mit dem Auftraggeber und ggf. eine Änderung des Entwurfs in Betracht, so ist konsequenterweise die Entwurfsfertigung auch Gegenstand des Auswärtsgeschäfts und die Auswärtsgebühr richtet sich demnach nach der Entwurfsgebühr.[33]

VI. Belehrungspflicht, Höhe der Gebühr, Kostenschuldner

1. Belehrungspflicht

Für den Notar besteht **keine Pflicht,** die Beteiligten auf die Höhe der anfallenden Gebühren hinzuweisen, es sei denn, er wird ausdrücklich danach gefragt (vgl. § 16 Rn. 47 ff.). Dies gilt grundsätzlich auch für den Bereich der Zusatzgebühren nach § 58, da die Beteiligten damit rechnen müssen, dass der Notar für die gesamte von ihm entfaltete Tätigkeit die ihm nach dem Gesetz zustehenden Kosten erhebt.[34] Allerdings kann der Notar die Unzeitgebühr (Abs. 3) ohne ausdrückliches oder stillschweigendes Verlangen der Beteiligten nach Fortsetzung der Amtstätigkeit über die gewöhnliche Bürozeit hinaus dann nicht beanspruchen, wenn er von sich aus den Beginn der Verhandlung so gewählt hat, dass die Möglichkeit einer rechtzeitigen Beendigung von vornherein nicht gegeben war, weil die Zusatzgebühr nur dann sich rechtfertigen lässt, wenn der Notar nicht selbst den Anlass zu ihrer Entstehung gibt.[35] Demzufolge kann der Notar die Unzeitgebühr nicht beanspruchen, wenn er aus von ihm zu vertretenden Umständen mit einem längere Zeit beanspruchenden Beurkundungsgeschäft erst kurz vor 18 Uhr beginnt, ohne vorher die Beteiligten auf die Zusatzgebühr hingewiesen zu haben.[36] 23

Erklärt sich der Notar auf Verlangen der Beteiligten zum Zwecke der schnelleren und **einfacheren Beurkundung** von mehreren Verträgen zu einer Beurkundung außerhalb der Amtsstunden in einem größeren Raum als seinem Büro bereit, so kann zwar nicht ausgeschlossen werden, dass mit seiner Bereitschaft in den Beteiligten der Eindruck erweckt 24

---

[33] Vgl. Lappe KostRsp. Nr. 18 Anm.
[34] LG Hildesheim JurBüro 1966, 973 = KostRsp. Nr. 11.
[35] Lappe Rpfleger 1957, 342; OLG Düsseldorf Rpfleger 1968, 64 = KostRsp. Nr. 13; OLG Hamm Rpfleger 1968, 233 = KostRsp. Nr. 15.
[36] OLG Hamm Rpfleger 1968, 233 = KostRsp. Nr. 15.

wird, die der Zeitersparnis dienende Verfahrensweise sei auch die billigste. Dies allein genügt jedoch nicht, auch wenn dieses Verfahren dem Notar nicht unangenehm sein mag, ihm die Verpflichtung aufzuerlegen, die Beteiligten über die Entstehung zusätzlicher Gebühren nach § 58 Abs. 1 und 3 zu belehren.[37]

2. Gebührenhöhe

25 Die Zusatzgebühr richtet sich nach dem **Wert,** nach dem die Gebühr für das Geschäft zu berechnen ist. Sie wird grundsätzlich für jedes gebührenpflichtige Geschäft, das auf Verlangen oder mit Rücksicht auf seine Art auch außerhalb oder zur Unzeit vorgenommen wird, besonders erhoben, auch wenn mehrere in einem auswärtigen Termin erledigt werden;[38] zB: Beurkundung eines Gesellschaftsvertrages und Wahl von Organen der Gesellschaft;[39] für jedes Geschäft aber auch grundsätzlich nur einmal, mag auch das Geschäft mehrere Tage oder Wege erfordern.[40] Eine Ausnahme macht nur die freiwillige Versteigerung von Grundstücken: Wenn mehrere Versteigerungstermine abgehalten werden, wird wie die Gebühr für Abhaltung der Termine (§ 53 Abs. 5), so auch die Zusatzgebühr für jeden Termin besonders erhoben. Die Zusatzgebühren richten sich dann je nach den Werten, nach denen die Hauptgebühren zu berechnen sind.

26 Die Zusatzgebühr beträgt die Hälfte der vollen Gebühr, darf jedoch die für das vollendete (nicht für das unvollendete) Amtsgeschäft bestimmte Gebühr nicht übersteigen. Ihr Höchstbetrag ist 30 Euro. Sie ist eine **selbständige Gebühr;** der Mindestbetrag beträgt 10 Euro (§ 33).

3. Anrechnung der Reisekosten

27 Eine Anrechnung der Reisekosten oder der Auslagen ist nicht vorgeschrieben. Nur das Abwesenheitsgeld des Notars wird auf sie angerechnet, d. h. die Hälfte des gemeinsamen Tage- und Abwesenheitsgeldes (§ 153 Abs. 1 S. 2 Halbs. 2).

4. Gebührenermäßigung

28 Bei Gebührenermäßigung nach § 144 wird auch die Zusatzgebühr entsprechend ermäßigt.[41] Bei Erhebung einer $5/_{10}$-Gebühr wirkt sich die Gebührenermäßigung jedoch nicht aus, da die Höchstgebühr von 30 Euro bereits bei einem Geschäftswert von 14 000 Euro erreicht wird. Beträgt die Zusatzgebühr nur eine $1/_{4}$-Gebühr, ist wegen § 144 Abs. 1 S. 2 bei Geschäftswerten über 26 000 Euro eine (ermäßigte) Gebühr von mindestens 21 Euro zu erheben ($1/_{4}$-Gebühr bei Geschäftswertstufe über 26 000 bis 29 000 Euro = 22,50 Euro, ermäßigt um 30% = 15,75 Euro, jedoch unermäßigte Gebühr aus Wert 26 000 Euro = 21 Euro).

5. Zahlungspflicht

29 Hinsichtlich der Zahlungspflicht wurde früher die Ansicht vertreten, dass der Schuldner der Zusatzgebühr des Abs. 1 und 3 derjenige sei, der die Hauptgebühr schulde.[42] Nach der nunmehr hM greift hier § 5 Abs. 2 ein: Zahlungspflichtig ist also nur derjenige, welcher die auswärtige oder unzeitige Beurkundung **beantragt** hat.[43]

§ 59* Erklärungen in fremder Sprache

(1) **Gibt ein Beteiligter die zu beurkundende Erklärung in einer fremden Sprache ab, so wird für die Beurkundung eine Zusatzgebühr in Höhe der Hälfte der für die Beurkundung erwachsenden Gebühr bis zum Höchstbetrag von 30 Euro erhoben.**

---

[37] AA OLG Köln JurBüro 1972, 547 = KostRsp. Nr. 21.
[38] KG DNotZ 1944, 6.
[39] LG Berlin MittRhNotK 1952, 184; vgl. Standesrechtliche Richtlinien DNotZ 1942, 82; 1952, 402.
[40] OLG Hamm Rpfleger 1952, 95; 1955, 257; OLG Köln Rpfleger 1967, 98.
[41] KG DNotZ 1938, 315; OLG Schleswig JurBüro 1965, 146.
[42] Vgl. *Rohs/Wedewer* Rn. 16.
[43] OLG Stuttgart JurBüro 1985, 438.
* § 59 Abs. 1 geändert durch Gesetz vom 27. 4. 2001 (BGBl. I S. 751).

(2) **Schuldner der Zusatzgebühr sowie der durch die Zuziehung eines Dolmetschers entstandenen Auslagen ist der Beteiligte, der die Verhandlung in der fremden Sprache veranlaßt hat.**

I. Anwendungsbereich

§ 59 ordnet die Erhebung einer **Zusatzgebühr** an, wenn ein Beteiligter die zu beurkundende Erklärung in einer fremden Sprache abgibt. Der gesetzgeberische Zweck für die Einführung dieser Zusatzgebühr sind die erhöhte Verantwortung und vermehrte Mühewaltung der Urkundsperson.[1]   1

Die hM ist der Ansicht, dass die Zusatzgebühr nur bei Beurkundung von rechtsgeschäftlichen Erklärungen iS der §§ 36 bis 44, 46 entstehe, nicht aber bei Beurkundungen von Tatsachenerklärungen wie beispielsweise bei Beurkundung von Generalversammlungsbeschlüssen oder eidesstattlichen Versicherungen.[2] Begründet wird diese Ansicht mit dem angeblich klaren Wortlaut des § 59. Der hM kann jedoch nicht zugestimmt werden: Denn der Gesetzestext schließt nicht aus, dass die Zusatzgebühr nach § 59 nicht auch bei der Beurkundung von Tatsachenerklärungen der Beteiligten anzuwenden ist. Er stellt vielmehr lediglich auf die „zu beurkundende Erklärung", ab, was keinesfalls gleichbedeutend mit „rechtsgeschäftlicher Erklärung" sein muss.[3] Im Übrigen gebietet der gesetzgeberische Zweck des § 59 eine **weite Auslegung.** Die formalistische Unterscheidung zwischen rechtsgeschäftlichen Erklärungen und Erklärungen über Tatsachen ist damit zu formal, innerlich nicht gerechtfertigt und widerspricht dem Sinn des § 59. Mithin ist auch bei Beurkundung von Tatsachenerklärungen, wie bei Generalversammlungsbeschlüssen oder eidesstattlichen Versicherungen, die Gebühr nach § 59 zu erheben. Allerdings kann § 59 **nicht** so weit ausgelegt werden, dass sein Anwendungsbereich auch die **bloße Beglaubigung von Unterschriften** erfasst. Denn die Beglaubigung einer Unterschrift ist keine öffentliche Beurkundung, weshalb weitgehend die Vorschriften des Beurkundungsgesetzes für die Beurkundung von Erklärungen hier auch nicht anwendbar sind.[4] Das gilt sowohl für den Fall, dass die Erklärung, auf die sich die beglaubigte Unterschrift bezieht, in fremder Sprache verfasst ist, als auch für den – häufig damit zusammentreffenden – Fall, dass der Notar seinen Beglaubigungsvermerk in fremder Sprache verfasst. In letzterem Fall fehlt es bereits an einer Erklärung der Beteiligten, wie von § 59 Abs. 1 vorausgesetzt. Wohl aber ist die Gebühr nach § 59 bei Beurkundung einer eidesstattlichen Versicherung, wenn die Erklärung von Beteiligten in fremder Sprache abgegeben wird, zu erheben. Nach dem BeurkG gelten für die Aufnahme einer eidesstattlichen Versicherung die Vorschriften über die Beurkundung von Willenserklärungen (§ 38 BeurkG); es handelt sich also um eine echte Beurkundung von Tatsachenerklärungen Beteiligter.   2

Auch für die **freiwillige Versteigerung** ist die beurkundungsrechtliche Betrachtungsweise maßgebend, und danach ist das Gebot eine „zu beurkundende Erklärung" (§ 145 BGB).[5] In der Praxis wird allerdings der Fall eines Gebotes in fremder Sprache nur selten vorkommen.[6] Die Gebühr nach § 59 wird aber erhoben bei Vermittlung einer Auseinandersetzung (§ 116 Abs. 1 S. 2).   3

Fremde Sprache iS des § 59 ist jede nichtdeutsche Sprache.   4

---

[1] Vgl. OLG Frankfurt DNotZ 1961, 610.
[2] Vgl. 9. Aufl. Rn. 3; *Rohs/Wedewer* Rn. 1.
[3] OLG Frankfurt DNotZ 1962, 610 = Rpfleger 1961, 340.
[4] Im Ergebnis so auch LG Berlin Rpfleger 1972, 332, für den Fall, dass der Notar auch, wenn er eine Vollmacht entwirft, sie in fremde Sprachen übersetzen lässt und dann beglaubigt, eine Gebühr nach § 59 nicht erheben kann.
[5] Die in der 9. Aufl. vertretene Ansicht, dass bei der von Grundstücken (§ 53) die Zusatzgebühr nur dann erhoben werden soll, wenn sich der Versteigerer (oder einer der Versteigerer) bei der Beurkundung des Zuschlags in der fremden Sprache erklärt, nicht aber wenn der Bieter das Gebot in einer fremden Sprache abgibt, wurde aufgegeben, wenngleich richtig ist, dass die Beurkundung des Gebotes Teil des Versteigerungsgeschäftes ist.
[6] Zum Meinungsstreit vgl. 9. Aufl. Rn. 3; *Rohs/Wedewer* Rn. 2.

5 Ob ein **Dolmetscher** zugezogen wird oder nicht (§ 16 Abs. 3 S. 1 BeurkG), macht keinen Unterschied. Andererseits wird, wenn ein Beteiligter stumm oder sonst am Sprechen verhindert ist und deshalb ein Dolmetscher zugezogen wird, zwar eine Gebühr nach § 59 Abs. 1 nicht erhoben, wohl aber die Dolmetschervergütung (§§ 59 Abs. 2, 137 Abs. 1 Nr. 6 Urkundszeuge). Wie es zur Auslösung der Gebühr des § 59 genügt, wenn einer von mehreren Beteiligten sich in fremder Sprache erklärt, so wird nur die einmalige Gebühr des § 59 erhoben, wenn mehrere Beteiligte sich auch in mehreren Sprachen erklären.

5a Für die bayerischen Notare findet § 59 bei der Begründung einer **Lebenspartnerschaft** und bei der Beurkundung von Lebenspartnerschaftsverträgen über die Bestimmungen des Ausführungsgesetzes zum Lebenspartnerschaftsgesetz Anwendung (Art. 5 S. 2 AGLPartG). Der Wert der Lebenspartnerschaftsverträge bestimmt sich nach dem Reinvermögen (§ 39 Abs. 3; s. § 39 Rn. 108 ff.). Bei der Begründung einer Lebenspartnerschaft ist angesichts ihrer Bedeutung gemäß § 30 Abs. 3 S. 1, Abs. 2 S. 2 jedenfalls ein Wert über 3000 Euro anzusetzen. Daher kommt regelmäßig der Höchstwert zum Tragen.

II. Höhe der Gebühr, Geschäftswert

6 Die Zusatzgebühr beträgt die Hälfte der für die Beurkundung erwachsenden Gebühr, begrenzt auf den Höchstbetrag von 30 Euro und ist eine **selbständige Gebühr** mit dem Mindestbetrag von 10 Euro. Sie kann, da sie nicht die Hälfte der vollen Gebühr des § 32 beträgt, auch hinter einem Viertel der vollen Gebühr zurückbleiben, so in den Fällen des § 38 Abs. 3, 4. Da die Zusatzgebühr aus der Gesamtgebühr zu berechnen ist, können bei Verträgen, in denen nur ein Vertragsteil sich in fremder Sprache erklärt, die Beteiligten die Erhöhung dadurch verringern, dass der Teil, der sich in deutscher Sprache erklärt, einen Vertragsantrag (§ 37) und der andere Teil die Vertragsannahme (§ 38 Abs. 2 Nr. 2) beurkunden lässt.

7 Werden mehrere **Rechtsgeschäfte,** die denselben Gegenstand betreffen, in einer Verhandlung beurkundet (§ 44) und ist derjenige, der sich in fremder Sprache erklärt, nur an einem der Geschäfte beteiligt, so wird die Zusatzgebühr doch nach der ganzen für die Beurkundung erwachsenden Gebühr berechnet. Nur wenn es nach § 44 Abs. 2b zu getrennter Berechnung für die Gebühren kommt und der Fremdsprachige nur an einer der Erklärungen beteiligt ist, richtet sich die Zusatzgebühr nach der Höhe der Gebühr, die für die Beurkundung der betreffenden Erklärung zu erheben ist.

III. Kostenschuldner

8 Schuldner der Zusatzgebühr und der durch die Zuziehung eines Dolmetschers entstehenden Auslagen ist der Beteiligte, der die Verhandlung in fremder Sprache veranlasst hat. Die anderen Beteiligten haften nicht mit (Ausnahme von § 2 Nr. 1).

9 „**Veranlassender**" ist nicht notwendig der in der fremden Sprache sich Erklärende; vielmehr ist „veranlassen" hier so zu verstehen wie in § 2 Nr. 1, d. h. Kostenschuldner dieser Zusatzgebühr ist derjenige, der den Antrag auf Beurkundung bei Erklärung in fremder Sprache gestellt hat, und das kann auch der in deutscher Sprache sich Erklärende sein. Abs. 2 schließt den Halbs. 2 von § 2 Nr. 1 aus, wonach bei Beurkundungen jeder Erklärende haftet, belässt es aber bei dem Halbs. 1, wonach der die Erklärung in fremder Sprache beantragende Kostenschuldner, und zwar Alleinschuldner, dieser Zusatzgebühr ist. Selbstverständlich können auch mehrere Personen „Veranlassende" sein. Bei Verträgen ist es wegen Abs. 2 möglich, dass eine Gebührenbegünstigung bei der Hauptgebühr nicht diese Zusatzgebühr ergreift, wenn deren Kostenschuldner nicht auch gebührenbegünstigt ist.

10 Die Spezialregelung des § 59 Abs. 2 ist ein Anwendungsfall der allgemeinen Vorschrift des § 5 Abs. 2.[7]

---

[7] OLG Oldenburg DNotZ 1963, 618 m. Anm. *Ackermann; Rohs/Wedewer* Rn. 7 Fn. 8; aA KG DNotZ 1966, 749 = Rpfleger 1966, 217.

2. Grundbuchsachen

Vorbemerkungen zu den §§ 60–78

I. Geltungsbereich

Dieser Unterabschnitt regelt die Gebühren für die Geschäfte des **Grundbuchamts** (§ 1 Abs. 1 GBO); **1**

und zwar auch, wenn nach Landesrecht **andere Stellen** als die Amtsgerichte seine Aufgaben wahrnehmen (§ 159 S. 2). **2**

Der 2. Unterabschnitt erfasst **sämtliche** Grundbuchgeschäfte, ergänzend sind jedoch der **3**
6. **Unterabschnitt** – Beispiel: § 119 bei einem Zwangsgeldverfahren gemäß § 82 GBO, § 33 FGG –

und der 7. **Unterabschnitt** heranzuziehen – insbesondere die §§ 130 und 131 bei der **4** Zurückweisung und Zurücknahme von Anträgen sowie bei Beschwerden –.

Wegen der Besonderheiten bei **Höfesachen** u. Ä. s. Anhang B. **5**

Soweit nach Landesrecht **Baulastenverzeichnisse** geführt werden, handelt es sich dabei **6** um Verwaltungsgeschäfte und nicht um Angelegenheiten der freiwilligen Gerichtsbarkeit, so dass die KostO keine Anwendung findet; maßgebend sind vielmehr die Landesgebührengesetze.

Europa- und verfassungsrechtlich sind die Gebühren unbedenklich.[1] Sondergesetze **7** sehen **Ermäßigungen und Befreiungen** vor (s. Anhang C).

Der Unterabschnitt gilt auch dann, wenn das Grundbuchamt als **Vollstreckungsorgan** **8** tätig wird (§ 867 ZPO).

II. Gebührentatbestand „Eintragung"

Den Gebührentatbestand der §§ 60 ff. bildet die „Eintragung" (§§ 60 Abs. 1, 62 Abs. 1, **9** usw.); das gilt auch bei der **Löschung** (§ 68 usw.): Eintragung des Löschungsvermerks (§ 46 GBO). Der Gebührentatbestand ist erfüllt mit der Wirksamkeit, also mit der zweiten Unterschrift unter der Eintragung (§ 44 Abs. 1 GBO; vgl. § 130 Rn. 16); beim **maschinell** geführten Grundbuch (§§ 126 ff. GBO) mit der wiedergebbaren Aufnahme in den Datenspeicher (§ 129 Abs. 1 S. 1 GBO). In beiden Fällen jedoch nur, wenn „Befugte" unterschrieben oder eingegeben haben (vgl. § 130 GBO, §§ 74 ff. GBV; für Baden-Württemberg § 143 GBO, für die neuen Bundesländer § 144, insbesondere Abs. 4, GBO).

§ 60* Eintragung des Eigentümers

(1) Für die Eintragung eines Eigentümers oder von Miteigentümern wird die volle Gebühr erhoben.

(2) Die Gebühr ermäßigt sich auf die Hälfte bei Eintragung des Ehegatten, des Lebenspartners oder von Abkömmlingen des eingetragenen Eigentümers, auch wenn die Genannten infolge der Auseinandersetzung des Gesamtguts einer Gütergemeinschaft oder eines Nachlasses oder wenn sie nachträglich als Miteigentümer von Grundstücken eingetragen werden, die zu einer Gütergemeinschaft gehören; bei der

---

[1] BayObLGZ 2000, 350 = NJW-RR 2001, 880 = Rpfleger 2001, 269; BayObLGZ 2001, 275 = NJW-RR 2002, 305 = Rpfleger 2002, 225; OLG Hamm Rpfleger 2001, 153; LG Bielefeld Rpfleger 2000, 352; s. auch EuGH NJW 2006, 2972 = Rpfleger 2006, 670 und OLG München OLGR 2006, 845; BVerfG NJW 2004, 3321 = NotBZ 2004, 427.

* § 60 Abs. 2 geändert durch Gesetz vom 2. 7. 1976 (BGBl. I S. 1749) und durch Gesetz vom 16. 2. 2001 (BGBl. I S. 266), Abs. 4 eingefügt, die bisherigen Abs. 4 und 5 wurden Abs. 5 und 6 durch Gesetz vom 20. 12. 1963 (BGBl. I S. 986).

Eintragung infolge einer Erbauseinandersetzung oder der Auseinandersetzung einer Gütergemeinschaft macht es keinen Unterschied, ob inzwischen die Erben oder diejenigen, die die Gütergemeinschaft fortgesetzt haben, im Grundbuch eingetragen worden sind oder nicht.

(3) Werden Gebühren auf Grund der Absätze 1 und 2 nebeneinander erhoben, so wird zunächst die volle Gebühr nach dem Gesamtwert berechnet; die so berechnete Gebühr mindert sich um die Hälfte des Anteils der Personen, deren Eintragung nach Absatz 2 nur die halbe Gebühr erfordert.

(4) **Die Gebühren nach den Absätzen 1 bis 3 werden nicht erhoben bei Eintragung von Erben des eingetragenen Eigentümers, wenn der Eintragungsantrag binnen zwei Jahren seit dem Erbfall bei dem Grundbuchamt eingereicht wird.**

(5) Werden auf Grund eines gleichzeitig gestellten Antrags derselbe Eigentümer oder dieselben Miteigentümer bei mehreren Grundstücken eingetragen, über die das Grundbuch bei demselben Grundbuchamt geführt wird, so werden die Gebühren nur einmal nach dem zusammengerechneten Wert erhoben.

(6) Wird der Eigentümer auf Grund des § 82a der Grundbuchordnung von Amts wegen eingetragen, so wird für die Eintragung einschließlich des vorangegangenen Verfahrens vor dem Grundbuchamt oder Nachlaßgericht das Doppelte der in den Absätzen 1 und 2 bestimmten Gebühren erhoben.

Übersicht

	Rn.
I. Eintragung eines Eigentümers (Abs. 1)	1–27
1. Eigentumswechsel	1–5
2. Miteigentümer	6, 7
3. Einzelfälle	8–16b
a) Gesellschaft	8–12
b) Erbengemeinschaft	13, 14
c) Umwandlung	15–16b
4. Voreintragung	17, 18
5. Wert	19–27
II. Ermäßigung für Ehegatten, Lebenspartner und Abkömmlinge (Abs. 2, 3)	28–49
1. Ehegatte, Lebenspartner, Abkömmlinge	28–38
2. Erbauseinandersetzung, Gütergemeinschaft (Abs. 2 Halbs. 2)	39–45
3. Eintragung von Begünstigten und anderen Personen (Abs. 3)	46–49
III. Gebührenfreiheit bei Eintragung von Erben (Abs. 4)	50–64
IV. Gleichzeitige Eintragung bei mehreren Grundstücken (Abs. 5)	65–67
V. Eintragung von Amts wegen (Abs. 6)	68, 68a
VI. Gebührenfreie Nebengeschäfte	69, 70
VII. Anwendung auf grundstücksgleiche Rechte	71, 72
VIII. Schuldner	73, 74
IX. Katasterfortführungsgebühr	75–77

Stichwortverzeichnis

Abkömmling 28 ff.
Abschichtung 29
Aktiengesellschaft s. GmbH
Annahme als Kind 28
Auslagen 64
Bergwerk 71
Berichtigung 1, 19, 29, 68, 73
Bestandteil 21
BGB-Gesellschaft 8 ff., 35, 40, 58
Blattwechsel 69
Ehegatte 28 ff., 68 a
Erbbaurecht 71, 72
Erbe 34, 39 ff., 46 ff., 50 ff.
Erbengemeinschaft 13 f., 39 ff.
Erbsache 53
Erbschaftskauf 19, 37, 40
Erbteilskauf 19, 37, 58

Ersteher s. Zuschlag
Ersuchen 74
Firma 11, 30
Formwechsel 11, 15 ff.
Fortgesetzte Gütergemeinschaft s. Gütergemeinschaft
Genossenschaft 8 ff.
Gesellschaft s. BGB-Gesellschaft
Gesellschafterwechsel 10
Gesamtgut s. Gütergemeinschaft
Gläubigerantrag 24, 73
GmbH 8 ff., 40, 66
Grundstücksgleiches Recht 67, 71
Gütergemeinschaft 39 ff., 35
Hof 56
Katasterfortführungsgebühr 75, 76
Kauf 19 ff.

Kettenauflassung 18
KG 8 ff., 40, 58, 66
Lebenspartner 28 ff.
Mehrere Grundstücke 65 ff.
Meistgebot 23
Miteigentum 6, 7, 25 ff., 40, 66
Nacherbe 38, 54
Nacherbenvermerk 62, 65
Namensänderung 3, 4, 76
Nichteheliches Kind 28
OHG 8 ff., 40, 58, 66
Prätendent 40
Raumeigentum 71, 72, 76
Schenkung 57 a
Schuldner 73, 74, 76
Spaltung 15 ff.
Stiefmutter 49

Teileigentum s. Raumeigentum
Teilung 3
Testamentsvollstreckervermerk 62, 65
Umwandlung 15 ff.
Verein 8 ff.
Vermächtnis 36
Vermögensübertragung 15 ff.
Verschmelzung 15 ff.
Versicherung 70
Versteigerung 19, 40; s. auch Zuschlag
Voreintragung 17, 18, 61
Vorerbe 38
Wohnungserbbaurecht s. Erbbaurecht
Zubehör 20, 23
Zuschlag 2, 18, 23, 24, 27, 30, 40, 73
Zwangsversteigerung s. Zuschlag

Schrifttum: *Bund,* Die Eintragung von Erben nach Auseinandersetzung, Rpfleger 2004, 393; *Schindler,* Gebührenberechnung und Übermaßverbot, JR 1991, 221.

I. Eintragung eines Eigentümers (Abs. 1)

1. Eigentumswechsel

Die Gebühr des Abs. 1 wird sowohl bei der **rechtsbegründenden** (Regelfall: § 873 Abs. 1 BGB) als auch bei der **berichtigenden** Eintragung (Eigentumsübergang außerhalb des Grundbuchs) erhoben; mag sie auf dem Privatrecht oder dem öffentlichen Recht (Beispiel: § 28 Abs. 3 S. 6, Abs. 4 S. 3 BauGB) beruhen. **1**

Dass der Eingetragene bereits als (Mit-)Eigentümer eingetragen ist – zB im Falle des Zuschlags an ihn in der Zwangsversteigerung[1] oder bei nichtiger Eintragung eines anderen[2] –, steht der Gebührenpflicht nicht entgegen. S. auch Rn. 27. **2**

Dagegen findet Abs. 1 keine Anwendung bei **Namensänderungen** sowie bei Teilungen u. Ä. (dann § 67). Ist also die **rechtsfähige BGB-Gesellschaft** eingetragen und sind die Gesellschafter nur vermerkt,[3] gilt bei ihrem Wechsel § 67; hierher gehört auch die Eintragung der Gesellschafter mit dem Zusatz „als Gesellschafter bürgerlichen Rechts".[4] Verneint man hingegen ihre Grundbuchfähigkeit[5] und sind folglich die Gesellschafter „eingetragene Eigentümer", wird nach den §§ 60, 61 berechnet. **3**

Maßgebend ist die materielle Rechtslage, auf das Verfahren des Grundbuchamts kann es nicht ankommen (wie § 62 Rn. 3, § 63 Rn. 4, § 68 Rn. 1). Hat es eine Namensänderung angenommen, obwohl eine Eigentumsumschreibung vorliegt, ist nach Abs. 1 und nicht § 67 zu berechnen.[6] **4**

Das gilt auch im umgekehrten Fall, jedoch ist hier meist § 16 anzuwenden. **5**

2. Miteigentümer

Bei Eintragung von Miteigentümern – gleich in welcher Rechtsform – wird nur eine Gebühr aus dem **Gesamtwert** erhoben, nicht also für die Eintragung jedes Miteigentümers eine Gebühr nach seinem Anteil. **6**

Ausnahme: **§ 3 Abs. 5 GBO,** wonach der Miteigentumsanteil als Grundstück gilt, so dass er unter Abs. 1 fällt (und damit das herrschende und das dienende Grundstück von Abs. 5 erfasst werden). **7**

---

[1] OLG Düsseldorf Rpfleger 1989, 520.
[2] KGJ 30 B 18; 39 B 38.
[3] *Dümig* Rpfleger 2002, 53; *Bielicke* Rpfleger 2007, 441, 446.
[4] BGHR 2007, 17 = MDR 2007, 285 =NJW 2006, 3716.
[5] Dazu *Ott* NJW 2003, 1223; *Nagel* NJW 2003, 1446.
[6] AA BayObLGZ 1979, 176; JurBüro 1983, 427 = KostRsp. Nr. 79 m. abl. Anm. *Lappe;* Rpfleger 1996, 85 = KostRsp. Nr. 110 m. abl. Anm. *Lappe;* KG Rpfleger 1989, 98; das BayObLG „mildert" seine Auffassung über § 16, s. JurBüro 1998, 602.

§ 60

3. Einzelfälle

8 **a) Gesellschaft.** Die **Einbringung** in eine Gesellschaft (BGB-Gesellschaft, Personenhandelsgesellschaft des HGB, Partnerschaft, Kapitalgesellschaft des AktG oder GmbHG; ebenso Genossenschaft des GenG und Verein des BGB) ist immer Eigentumseintragung (Abs. 1),

9 desgleichen das **Ausscheiden** aus dem Gesellschaftsvermögen, auch im Rahmen der Liquidation und gemäß § 142 HGB,[7] also etwa die Vereinigung aller Gesellschaftsanteile einer OHG oder KG in einer Hand und die Eintragung des bisherigen Mitgesellschafters als Alleineigentümer (vgl. § 61 Abs. 3).[8]

10 Wird der **Gesellschafterwechsel** bei der BGB-Gesellschaft als solcher eingetragen: Abs. 1;[9] als Namensänderung:[10] § 67.

11 Die **Änderung der Firma** des eingetragenen Eigentümers ist hingegen Namensänderung (§ 67), und zwar selbst dann, wenn die Gesellschaftsform sich dabei ändert, etwa von der OHG zur KG und umgekehrt;[11] s. iÜ Rn. 15.

12 Anderes ergibt sich allerdings, wenn zwar die Identität der Gesellschaft unverändert bleibt, jedoch eine **BGB-Gesellschaft zur Personenhandelsgesellschaft** wird, so dass statt der Gesellschafter (!) die Firma einzutragen ist (und umgekehrt; arg. § 61 Abs. 3 und §§ 124, 161 Abs. 2 HGB;[12] zur Umwandlung nach dem UmwG s. Rn. 16). Erst recht gilt Abs. 1, wenn die Identität der Gesellschaft verändert wird, insbesondere nach Auflassung von einer **BGB-Gesellschaft an eine andere**, die aus denselben Personen besteht.[13]

13 **b) Erbengemeinschaft.** Die Eintragung der Gemeinschaft kann nur **insgesamt** erfolgen, die Eintragung einzelner Mitglieder unter Belassung des Erblassers iÜ ist nicht möglich; das gilt selbst dann, wenn Miterben unbekannt sind und daher nicht genannt werden können. Mithin entsteht immer die Gebühr aus dem Gesamtwert. Werden unbekannte Miterben später benannt: § 67 Abs. 1 S. 1.

14 Wird der **Rechtsnachfolger eines Miterben** eingetragen, so ist die Gebühr aus dem Wert seines Anteils zu erheben (§ 61 Abs. 1 S. 3). Beim **Ausscheiden** eines Miterben mag § 67 Abs. 1 S. 1 gelten.[14]

15 **c) Umwandlung.** Die Umwandlung erfolgt durch Verschmelzung, Spaltung, Vermögensübertragung oder Formwechsel (§ 1 UmwG). Sie führt entweder zu einer Übertragung des Vermögens auf einen – bestehenden oder neuen – **anderen Rechtsträger** (Verschmelzung, Spaltung, Vermögensübertragung; §§ 2, 123, 174 UmwG): Gebühr Abs. 1;

16 oder zu einer anderen Rechtsform **desselben Rechtsträgers** (Formwechsel, § 190 UmwG): Gebühr § 67 für den daraus folgenden Namens- oder Firmenwechsel des weiterbestehenden Rechtsträgers (§ 202 Abs. 1 Nr. 1 UmwG). Der Formwechsel findet auch zwischen Personengesellschaften und juristischen Personen statt, die frühere Rspr. (12. Aufl. Rn. 13) ist durch § 119 UmwG 1994 weithin überholt.[15]

16a Ändert bei der übertragenden Umwandlung (Rn. 15) der **bestehende Rechtsträger** seinen Namen oder seine Firma, so fällt für die Eintragung bei den bisher ihm gehörenden Grundstücken die Gebühr des § 67 an.

16b Nach diesen Grundsätzen ist auch bei der **VEB-Umwandlung** zu verfahren.[16]

---

[7] BayObLGZ 1975, 59 = Rpfleger 1975, 448.
[8] OLG Düsseldorf NJW-RR 2000, 111; OLG Schleswig JurBüro 1991, 1363.
[9] OLG Frankfurt Rpfleger 2000, 187.
[10] *Dümig* Rpfleger 2002, 53; s. auch *Lauter* NotBZ 2007, 239.
[11] KG JFGErg. 19, 132 = JVBl. 1939, 221; OLG München JFGErg. 20, 221.
[12] KG Rpfleger 1989, 98; anders BayObLG und KG zu Rn. 4 insoweit, als sie auf das Verfahren des Grundbuchamts abstellen; BayObLG 2002, 137 = NJW-RR 2002, 1363 = Rpfleger 2002, 536 m. Anm. *Demharter* (§ 67, auch bei gleichzeitigem Eintritt eines neuen persönlich haftenden Gesellschafters); ihm folgend OLG Schleswig OLGR 2005, 702 = KostRsp. § 67 Nr. 18 m. krit. Anm. *Lappe*.
[13] KG JFGErg. 12, 200.
[14] *Böttcher* Rpfleger 2007, 437.
[15] OLG Oldenburg NJW-RR 1997, 1129; s. auch BayObLGZ 2002, 137 = NJW-RR 2002, 1363 = Rpfleger 2002, 536 m. Anm. *Demharter*.
[16] Anders – immer § 60 – *Böhringer* JurBüro 1994, 515.

Eintragung des Eigentümers **§ 60**

4. Voreintragung

Bedarf es „an sich" der Voreintragung des Veräußerers (§ 39 GBO), wird aber sogleich 17
der Erwerber eingetragen, so ist die Gebühr des Abs. 1 nur dafür – einmal – zu erheben.[17]

Bedarf es der Voreintragung nicht (§ 40 GBO; Kettenauflassung), trägt das Grundbuch- 18
amt aber gleichwohl den Veräußerer ein, so bleibt die Gebühr dafür regelmäßig gemäß § 16
außer Ansatz;[18] das gilt nicht zB bei der Eintragung des Erstehers trotz seines Verzichts.[19]

5. Wert

Der Wert richtet sich nach den §§ 18 ff. sowie nach § 61, insbesondere also beim Kauf 19
nach § 20 Abs. 1[20] und bei der Grundbuchberichtigung nach § 19. Beim Erbteilskauf gilt
§ 19, nicht § 20 Abs. 1,[21] desgleichen beim Erbschaftskauf; bei der freiwilligen Versteigerung hingegen § 20 Abs. 1; beim Hofübergabevertrag § 19 Abs. 4 und nicht § 39 Abs. 2.[22]
Die EG-Gesellschaftssteuerrichtlinie greift bei einer Kapitalerhöhung nicht ein (Vor § 60
Rn. 7).

Zubehör bleibt außer Betracht;[23] ist es im Grundstückswert (Einheitswert) oder im 20
Kaufpreis enthalten, so muss er entsprechend ermäßigt werden,[24] auch beim Wertevergleich
des § 20 Abs. 1 S. 2.[25] Die **Einbauküche** ist wesentlicher Bestandteil nur bei spezieller
Fertigung für einen bestimmten Küchenraum, wenn auch unter Verwendung serienmäßi-
ger Modelle.[26]

Andererseits sind ggf. im Grundstückswert fehlende **Bestandteile** hinzuzurechnen.[27] 21

Hat sich der Kaufpreis bis zum Zeitpunkt der Eigentumseintragung (§§ 18 Abs. 1, 7) 22
verändert, bedarf er der Korrektur. So bleiben etwa – durch Tod des Berechtigten – weg-
gefallene Hinzurechnungen (§ 20 Abs. 1 S. 1 Halbs. 2) außer Betracht,[28] und eine zwischenzeitliche Bebauung erhöht den Wert des Grundstücks, auch im Hinblick auf § 20
Abs. 1 S. 2.

Beim Erwerb eines Grundstücks durch den **Zuschlag** in der Zwangsversteigerung ist die 23
Gebühr nach dem Meistgebot, zuzüglich derjenigen Rechte, wegen derer der Ersteher gemäß § 114a ZVG als befriedigt gilt, zu berechnen (§ 19 Abs. 2),[29] wobei bestehen bleibende
Hypotheken und Grundschulden mit dem Nennbetrag anzusetzen sind, und zwar auch
dann, wenn der Ersteher der Gläubiger ist,[30] ggf. unter Abzug des Wertes des Zubehörs.
Wird das Grundstück alsbald zu einem höheren Preis verkauft, bildet er den Wert.[31] Übersteigt der vom Vollstreckungsgericht nach § 74a Abs. 5 ZVG festgesetzte Wert das Meistgebot, so soll dieser maßgebend sein.[32] Das kann jedoch nur gelten, wenn er einen „erzielbaren
Kaufpreis" (§ 19 Abs. 1) wiedergibt;[33] dafür müssen angesichts des geringeren Meistgebots
sichere Anhaltspunkte vorhanden sein; Beispiel: alsbaldiger Weiterverkauf mit Gewinn.

---

[17] KGJ 39 B 26; KG JFGErg. 18, 145 = JVBl. 1938, 78 = DRM 1939, 190; BayObLG Rpfleger 1955, 355.
[18] Vgl. KG JFGErg. 14, 38.
[19] KG JFGErg. 14, 36.
[20] BayObLG JurBüro 1982, 1548; allgM.
[21] KGJ 52, 272.
[22] BayObLGZ 1990, 111 = DNotZ 1990, 668; s. iÜ die Erläuterungen zu § 19 Abs. 4.
[23] KGJ 17, 142; KG JFGErg. 9, 211; OLG Zweibrücken Rpfleger 1986, 73.
[24] KG DFG 1937, 90 = JVBl. 1937, 160.
[25] KG DNotZ 1937, 154 = JW 1937, 574.
[26] *Holch* DGVZ 1998, 65.
[27] OLG Braunschweig KostRsp. Nr. 6.
[28] AA LG Hagen JVBl. 1958, 207; vgl. auch OLG Hamm DNotZ 1980, 124 = Rpfleger 1980, 33 = KostRsp. § 20 Abs. 1 Nr. 61 m. krit. Anm. *Lappe*.
[29] OLG Frankfurt Rpfleger 1960, 376.
[30] KG JFGErg. 16, 53 = JVBl. 1937, 188.
[31] OLG Düsseldorf Rpfleger 1989, 250.
[32] BayObLGZ 1978, 8 = Rpfleger 1978, 126; JurBüro 1996, 207; 2002, 543 = Rpfleger 2002, 382; OLG Celle OLGR 2000, 289; OLG Düsseldorf Rpfleger 2002, 592; OLG Frankfurt OLGR 2005, 108; KG JurBüro 2006, 540 = OLGR 2006, 783; OLG Stuttgart Rpfleger 1991, 30.
[33] S. BayObLG JurBüro 1985, 434; OLG Celle KostRsp. Nr. 43; s. auch OLG Düsseldorf Rpfleger 1987, 411 = KostRsp. Nr. 89 m. krit. Anm. *Lappe*; Rpfleger 2006, 341.

24 Beim Antrag eines **Gläubigers** (§ 14 GBO) begrenzt dessen Forderung den Wert, weil sich sonst eine unverhältnismäßige Gebühr ergeben könnte.

25 Beim Bruchteilseigentum ist, sowohl bei der Ersten als auch bei der späteren Eintragung eines Eigentümers, nur der Kaufpreis oder der Wert des Bruchteils maßgebend.

26 **Beispiel:** Sind A und B Eigentümer eines Grundstücks im Wert von 100 000 Euro je zur Hälfte, überträgt A seine Hälfte auf B, so wird die Gebühr nur von dem Werte dieser Hälfte berechnet. Teilen sie das Grundstück in zwei gleichwertige Grundstücke und weisen sie dem A das eine, dem B das andere als Alleineigentum zu, so berechnen sich die Gebühren für jeden nach einem Wert von $1/2$ von 50 000 Euro = 25 000 Euro.[34]

27 Wird ein gemeinschaftliches Grundstück einem der Miteigentümer bei der Zwangsversteigerung zugeschlagen, so ist die Gebühr von dem Werte des ganzen Grundstücks zu berechnen,[35] wie ja auch der bisherige Alleineigentümer, dem der Zuschlag erteilt wird, die Eintragungsgebühr zahlen muss (Rn. 2). Es macht hierbei keinen Unterschied, ob die Zwangsversteigerung im Wege der Zwangsvollstreckung oder zur Aufhebung einer Gemeinschaft erfolgt ist.[36] Deshalb greift auch § 61 nicht ein.

II. Ermäßigung für Ehegatten, Lebenspartner und Abkömmlinge (Abs. 2, 3)

1. Ehegatte, Lebenspartner, Abkömmlinge

28 Abs. 2 ermäßigt die Gebühr auf die Hälfte der vollen Gebühr bei Eintragung des Ehegatten, des Lebenspartners oder von Abkömmlingen des eingetragenen Eigentümers. „Ehegatte" ist vom Normzweck her – „Auseinandersetzung des Gesamtguts einer Gütergemeinschaft" – auch der geschiedene Ehegatte (vgl. Wortlaut des § 1478 BGB; Aufgabe der Gegenmeinung bis zur 11. Aufl.).[37] „Lebenspartner" ergeben sich aus § 1 LPartG. Abkömmling (vgl. §§ 1924ff. BGB) sind auch das nichteheliche Kind und das angenommene Kind, aber regelmäßig nur des oder der Annehmenden (s. im Einzelnen §§ 1754, 1755, 1767 Abs. 2, 1770, 1772 BGB).

29 Die Vergünstigung besteht ohne Rücksicht auf den **Erwerbsgrund,** sie gilt sowohl bei rechtsgeschäftlichem Erwerb als auch beim Eigentumsübergang kraft Gesetzes (insbesondere also durch Erbfall) als auch bei einer Änderung des Gemeinschaftsverhältnisses und der Abschichtung, also dem Austritt der Miterben aus der Gemeinschaft, so dass der Verbleibende Alleineigentümer wird.[38]

30 Es muss sich jedoch um **Rechtsnachfolge** des Erwerbers nach dem eingetragenen Eigentümer handeln; nicht Rechtsnachfolge kraft Gesetzes, rechtsgeschäftliche Vorwegnahme der Erbfolge genügt;[39] nicht Gesamtrechtsnachfolge, so dass auch der Nacherbe im Verhältnis zum eingetragenen Vorerben begünstigt ist. Im Falle des **originären Erwerbs** findet deshalb Abs. 2 keine Anwendung; dies gilt insbesondere für den Zuschlag in der Zwangsversteigerung;[40] folglich ist sogar die Eintragung des eingetragenen Eigentümers gebührenpflichtig (Rn. 2).[41] Ebenso ist Abs. 2 nicht anwendbar, wenn der Eigentümer unter der Firma einer KG eingetragen ist.[42]

31 Die Rechtsnachfolge muss **nicht unmittelbar vom Eingetragenen zum Einzutragenden** bestehen. Dies ergibt bereits die Wortinterpretation.[43] Vor allem aber lässt sich nur so eine Gleichbehandlung der möglichen Fallgestaltungen erreichen:

---

[34] KGJ 13, 232.
[35] BayObLG JurBüro 1996, 207.
[36] BayObLG JurBüro 1989, 1710; OLG Frankfurt Rpfleger 1970, 109.
[37] OLG Saarbrücken Rpfleger 2004, 527; *Lappe* KostRsp. Nr. 127.
[38] *Lappe* NJW 2004, 489, 493; aA *Böttcher* Rpfleger 2007, 437: Grundbuchberichtigung (§ 67 Abs. 1 S. 1).
[39] LG Berlin Rpfleger 1998, 128 = KostRsp. Nr. 117 m. zust. Anm. *Lappe*.
[40] BayObLG JurBüro 1996, 207; OLG Düsseldorf NJW-RR 2001, 861.
[41] AA LG Bielefeld Rpfleger 1986, 176, es verkennt, dass es keinen Sinn gibt, die Eintragung des Ehegatten usw. billiger vorzunehmen als die des bisherigen Eigentümers selbst.
[42] OLG Düsseldorf JurBüro 1988, 1708.
[43] *Lappe* KostRsp. Nr. 44 Anm.

– Wird nämlich vom Eingetragenen an einen Dritten und von diesem an den Einzutragenden aufgelassen, so erwirbt mangels Eintragung der Dritte nicht, es handelt sich um unmittelbaren Eigentumsübergang vom Eingetragenen an den Einzutragenden.[44] **32**
– Geht hingegen das Eigentum zunächst kraft Gesetzes vom Eingetragenen auf den Dritten und dann wiederum kraft Gesetzes oder auch rechtsgeschäftlich auf den Einzutragenden über, so fehlt es zwar am unmittelbaren Eigentumsübergang. Daraus lässt sich jedoch – auch und gerade angesichts des § 40 GBO – keine andere Beurteilung im Hinblick auf § 60 Abs. 2 ableiten, die Differenzierung wäre nicht sachgerecht, sondern willkürlich. Entsprechendes gilt für die Variationen dieser Fallgestaltung. **33**

Daraus ergibt sich, dass Abs. 2 auch anzuwenden ist: **34**
– wenn das Grundstück **vom nicht eingetragenen Erben auf dessen Erben** übergeht, sofern sie Abkömmlinge des Eingetragenen sind;[45] vgl. auch Rn. 53;
– bei Eintragung der **Abkömmlinge in Gesellschaft bürgerlichen Rechts,**[46] auch nach einer Kettenauflassung;[47] anders bei Eintragung der GbR.[48] **35**
– bei Erfüllung eines **Schenkungsversprechens** auf den Todesfall trotz des Zwischenerwerbs der Erbengemeinschaft;[49] **35 a**
– wenn dem Erwerb ein **Vermächtnis** zugrunde liegt;[50] **36**
– bei Eintragung von **Erbschaftskäufer** (§§ 2371 ff. BGB) und **Erbteilserwerber** (§ 2033 Abs. 1 BGB).[51] **37**

Im Falle der **Nacherbfolge** ist der Vorerbe nach Abs. 2 begünstigt. Für den Nacherben kommt es auf das Verhältnis zum Erblasser an, auch wenn der Vorerbe inzwischen eingetragen worden ist.[52] Hingegen soll nicht ausreichen, dass der Nacherbe Ehegatte oder Abkömmling des eingetragenen Vorerben ist; dagegen steht bereits der Gesetzeswortlaut (s. auch Rn. 31). **38**

2. Erbauseinandersetzung, Gütergemeinschaft (Abs. 2 Halbs. 2)

Die Ermäßigungsvorschrift des ersten Halbs. des Abs. 2 setzt voraus, dass das Grundstück auf den Namen des Ehegatten bzw. Lebenspartners oder des Vorfahren (Vaters, Mutters usw.) eingetragen ist. Lassen sich die Erben zunächst in Erbengemeinschaft oder der überlebende Ehegatte (Lebenspartner) mit den anteilsberechtigten Abkömmlingen in fortgesetzter Gütergemeinschaft eintragen, so wäre die spätere Eintragung der Erben-Abkömmlinge oder des Ehegatten und der anteilsberechtigten Abkömmlinge je als Eigentümer der einzelnen Grundstücke oder eines oder einzelner von ihnen als Eigentümer des oder der Grundstücke nicht mehr begünstigt, weil der Verstorbene nicht mehr im Grundbuch als Eigentümer eingetragen ist; für diese Eintragungen wären die vollen Gebühren zu entrichten. Die KostO will aber für diesen Fall die Ermäßigungsvorschrift des Abs. 2 Halbs. 1 eintreten lassen, deshalb die Vorschrift des Abs. 2 Halbs. 2.[53] Die **Vergünstigung** wird also **zweimal** gewährt, einmal bei der Eintragung zur Gesamthand und das andere Mal bei der Eintragung der ihnen bei der Auseinandersetzung zugeteilten Grundstücke zu Alleineigentum. **39**

---

[44] Vgl. OLG Hamm Rpfleger 1976, 112.
[45] AA OLG Düsseldorf JurBüro 1981, 910; LG Darmstadt KostRsp. Nr. 44; LG Aachen Rpfleger 1964, 415; *Mümmler* JVBl. 1971, 269, 273; das OLG Hamm Rpfleger 1978, 339 und das LG Bremen KostRsp. Nr. 53 wollen dies nur gelten lassen, wenn die Zwischeneintragung nach Abs. 4 gebührenfrei wäre.
[46] OLG Düsseldorf Rpfleger 1969, 177.
[47] OLG Hamm Rpfleger 1976, 112.
[48] Vgl. *Wilsch* JurBüro 2007, 397.
[49] BayObLGZ 1999, 234 = Rpfleger 1999, 567.
[50] BayObLG Rpfleger 1983, 43; OLG Zweibrücken Rpfleger 1992, 450; vgl. auch OLG München JFGErg. 18, 136 = JVBl. 1938, 106; aA KG JFGErg. 18, 131 = DNotZ 1938, 182; OLG Oldenburg DNotZ 1964, 503 = Rpfleger 1963, 389; OLG Düsseldorf Rpfleger 1989, 82.
[51] LG Nürnberg-Fürth JurBüro 1982, 430; aA LG München I Rpfleger 1974, 236.
[52] KG Rpfleger 1963, 309; OLG Düsseldorf Rpfleger 1964, 383; OLG Karlsruhe DNotZ 1966, 698; Rpfleger 1966, 118; vgl. auch LG Berlin Rpfleger 1998, 128 = KostRsp. Nr. 117.
[53] Vgl. auch KGJ 33 B 3.

§ 60

40 Eine **Erbauseinandersetzung** liegt nicht vor bei der Veräußerung einzelner Grundstücke an Miterben (es sei denn, dass diese offenbar Teil der Erbauseinandersetzung ist), auch nicht, wenn die Erben die Erbengemeinschaft schon früher aufgehoben und sich als Miteigentümer nach Bruchteilen haben eintragen lassen und nunmehr ein Miteigentümer seinen Bruchteil dem anderen überträgt. Eine Aufhebung der Erbengemeinschaft in diesem Sinne tritt aber bezüglich eines Grundstücks nicht dadurch ein, dass die Miterben zwar den übrigen Nachlass unter sich teilen oder sonst über die Nachlassgegenstände verfügen, das Grundstück aber noch in Erbengemeinschaft belassen.[54] Die spätere Auseinandersetzung hinsichtlich des Grundstücks ist also noch Erbauseinandersetzung. Unter die Erbauseinandersetzung kann auch ein Erbschaftskauf zwischen Miterben fallen; desgleichen die freiwillige Versteigerung, so dass dem Miterben-Abkömmling, der ein Grundstück ansteigt, die Ermäßigung zuteil wird, auch wenn die Miterben schon als solche eingetragen waren.[55] Wird dagegen im Wege der Zwangsvollstreckung versteigert, so kann von einer „Auseinandersetzung" keine Rede sein. Der Miterbe, dem das Grundstück zugeschlagen wird, erwirbt dieses nicht auf Grund einer Erbauseinandersetzung, er hat die volle Gebühr zu zahlen, und zwar von dem vollen Grundstückswert (vgl. Rn. 27).[56] Bringen Miterben ein zum Nachlass der Eltern gehörendes Grundstück in eine GmbH, in eine OHG oder KG ein, deren alleinige Gesellschafter die Miterben-Abkömmlinge sind, so ist ebenfalls die volle Gebühr von dem ganzen Grundstückswert zu erheben.[57] Dagegen kommt beim Einbringen in eine Gesellschaft des bürgerlichen Rechts § 61 Abs. 1 zur Anwendung, während die unmittelbare Eintragung – etwa der Kinder zufolge Schenkung – in dieser Gemeinschaftsform die Gebühr des § 60 Abs. 2 auslöst (s. Rn. 30). Der Erbauseinandersetzung steht eine rechtsgeschäftliche Verteilung unter mehreren Prätendenten gleich.[58]

41 Bei der **Gütergemeinschaft** besteht die Vergünstigung einmal beim Einbringen in sie. Gehört das im Eigentum eines Ehegatten (Lebenspartners) stehende und auf ihn eingetragene Grundstück zum Gesamtgut, so ist die nachträgliche Eintragung des Ehegatten in Gütergemeinschaft begünstigt; es wird nur die halbe Gebühr erhoben, und zwar (§ 61) von dem halben Wert des Grundstücks. Nicht anders ist es, wenn das Grundstück auf den Namen der Ehegatten nach Bruchteilen eingetragen war, weil jeder Ehegatte seinen Bruchteil in die Gütergemeinschaft einbringt.

42 **Endigt die Gütergemeinschaft** (Aufhebung durch Urteil oder Ehevertrag, Auflösung der Ehe durch Scheidung oder Tod eines Ehegatten; entsprechend bei Lebenspartnern), so findet in Ansehung des Gesamtguts die **Auseinandersetzung** statt, wenn nicht – im letzteren Falle – fortgesetzte Gütergemeinschaft eintritt. Solange diese Auseinandersetzung nicht erfolgt ist, bestehen, wenn der verstorbene Ehegatte von mehreren beerbt worden ist, eigentlich zwei Gemeinschaften zur gesamten Hand: die Gemeinschaft des überlebenden Ehegatten mit den Erben des verstorbenen hinsichtlich des Gesamtguts und die Gemeinschaft unter den Erben des verstorbenen Ehegatten hinsichtlich des Nachlasses, zu dem der Anteil des verstorbenen Ehegatten am Gesamtgut gehört. Für die Eintragung der bei der Auseinandersetzung dem überlebenden Ehegatten zugeteilten Grundstücke als dessen Alleineigentum wird die Hälfte der vollen Gebühr von dem halben Wert, wenn aber das Grundstück, obwohl zum Gesamtgut gehörend, noch auf den Verstorbenen allein eingetragen war, die Hälfte von dem ganzen Wert des Grundstücks erhoben. Wird ein noch auf den Namen eines der Gatten eingetragenes, zum Gesamtgut gehörendes Grundstück diesem Ehegatten zugeteilt, so sind eigentlich zwei Eintragungen erforderlich: die des Miteigentums des anderen Ehegatten und dann die Umschreibung auf Grund der Auseinandersetzung und Auflassung. Geschieht dies nicht, so ist doch für die Eintragung auf Grund der Auseinandersetzung die halbe Gebühr von dem halben Wert zu erheben, obwohl im

---

[54] KGJ 52, 272.
[55] KGJ 38 B 25.
[56] OLG Frankfurt Rpfleger 1970, 109 = KostRsp. § 61 Nr. 1.
[57] KG JFGErg. 13, 95 = JW 1934, 989; BayObLG Rpfleger 1956, 200; OLG Hamm JMBl. NW 1958, 268; vgl. § 61 Abs. 3.
[58] OLG Düsseldorf DNotZ 1956, 507.

Eintragung des Eigentümers **§ 60**

Grundbuch nur die Eintragungen über Zeit und Grund des Erwerbes geändert zu werden brauchen; diese Eintragung, zu der Auflassung erforderlich ist, ist Eintragung des Eigentümers iS des § 60. Auch die Eintragung der den Erben eines Ehegatten bei der Auseinandersetzung hinsichtlich des Gesamtguts zugeteilten Grundstücke auf deren Namen erfordert nur die halbe Gebühr, wenn sie Abkömmlinge des Verstorbenen sind und das Grundstück auf den Namen der Ehegatten oder den des Verstorbenen eingetragen war. Abs. 2 ist auch anwendbar, wenn der überlebende Ehegatte auf Grund der Erbfolge als Alleineigentümer des zum Gesamtgut gehörenden Grundstücks eingetragen wird; es ist die Hälfte der vollen Gebühr von dem halben Wert des Grundstücks (§ 61) zu erheben.

Im vorstehenden ist vorausgesetzt worden, dass das Grundstück entweder für die Ehegatten oder doch – obwohl zum Gesamtgut gehörend – für einen der Ehegatten eingetragen war. Ist ein Grundstück, das einer der Ehegatten durch Erbschaft usw. erworben hat und das kraft Gesetzes Gesamtgut der Ehegatten geworden ist, noch auf den Namen des Erblassers eingetragen, so gilt das (Anwendung des Abs. 2) auch für die Eintragung des Ehegatten oder der Erben eines Ehegatten auf Grund der Auseinandersetzung.[59] **43**

Bei der **fortgesetzten Gütergemeinschaft** tritt die Ermäßigung ein für die Eintragung der anteilsberechtigten Abkömmlinge an Stelle des verstorbenen Ehegatten (halbe Gebühr vom halben Wert des Grundstücks). Ebenso, wenn ein noch auf den überlebenden Ehegatten allein eingetragenes Grundstück, das zum Gesamtgut gehört, auf diesen und die Abkömmlinge eingetragen wird. War dagegen das Grundstück auf den Namen des verstorbenen Ehegatten allein eingetragen, so halbe Gebühr vom Wert des ganzen Grundstücks. **44**

Nach Beendigung der fortgesetzten Gütergemeinschaft findet die Auseinandersetzung zwischen dem überlebenden Ehegatten oder dessen Erben und den anteilsberechtigten Abkömmlingen statt. Was oben hinsichtlich der Eintragungen auf Grund der Auseinandersetzung der Gütergemeinschaft gesagt ist, gilt entsprechend auch bei der fortgesetzten Gütergemeinschaft. **45**

3. Eintragung von Begünstigten und anderen Personen (Abs. 3)

Werden mehrere Personen als Eigentümer eines Grundstücks eingetragen und kommt die Ermäßigung nur dem einen oder einigen von ihnen zu, so wäre an sich von dem Anteil (den Anteilen) des (der) Begünstigten die halbe, iÜ die volle Gebühr zu berechnen. Nach Abs. 3 wird jedoch eine Gebühr, und zwar die volle von dem Wert des ganzen Grundstücks angesetzt und diese dann in der Weise gekürzt, dass der Anteil an der Gebühr für die Person, der die Ermäßigung zusteht, nur zur Hälfte erhoben wird. **46**

Beispiel: Überträgt A von seinem Grundstück (Wert 40 000 Euro) seinem Sohn B einen ³/₄ Anteil, seinem Neffen C ¹/₄ Anteil, so ist zu rechnen: **47**
Volle Gebühr aus 40 000 Euro .... 120 Euro
Diese ermäßigt sich von dem Anteil des B um die Hälfte.
Auf dessen Anteil entfallen Gebühr 120 Euro Anteil ³/₄ .... = 90 Euro
Davon ¹/₂ .... = 45 Euro
Zu erhebende Gebühr .... 75 Euro

Werden der Ehegatte (Lebenspartner) oder Abkömmlinge mit Nichtabkömmlingen als Eigentümer zur **gesamten Hand** eingetragen, so dass ihre „Anteile" im Grundbuch nicht zur Darstellung kommen (wie zB bei Beerbung durch den Ehegatten und Abkömmlinge sowie einen Dritten und Eintragung der Nachlassgrundstücke auf diese in Erbengemeinschaft), so sind die Abs. 2, 3 trotzdem anwendbar. Die Anteile des Ehegatten und der Abkömmlinge an der einen Gebühr sind nach dem Verhältnis zu berechnen, zu dem sie an der Gemeinschaft beteiligt sind: Der Gebührenanteil, der auf sie entfällt, wird nur zur Hälfte erhoben. **48**

Abs. 3 findet auch Anwendung, wenn eine Person erwirbt und die Voraussetzungen des Abs. 2 nur hinsichtlich **eines Teils** vorliegen, zB Erwerb eines Grundstücks durch Kauf usw. von dem Vater und der Stiefmutter, die Eigentümer je zur Hälfte oder in Güterge- **49**

---

[59] BayObLGZ 1993, 96 = Rpfleger 1993, 464; Aufgabe der bis zur 12. Aufl. vertretenen Gegenmeinung.

meinschaft sind, von einer Erbengemeinschaft, an der der Ehegatte oder ein Elternteil beteiligt ist.[60] Es ist die volle Gebühr von dem ganzen Wert des Grundstücks zu berechnen; von dieser Gebühr bleibt die Hälfte des begünstigten Teils unerhoben.

III. Gebührenfreiheit bei Eintragung von Erben (Abs. 4)

Schrifttum: *Wedewer* JVBl. 1964, 89; *Stöber* JVBl. 1966, 123.

50 Für die Eintragung eines neuen Eigentümers ist regelmäßig die Gebühr des Abs. 1 zu erheben, die sich nach Abs. 2 bei Eintragung von Ehegatten/Lebenspartnern/Abkömmlingen ermäßigt. Abs. 3 legt fest, wie zu berechnen ist, wenn begünstigte und nichtbegünstigte Personen zusammentreffen. Abs. 4 bestimmt, dass diese Gebühren unter bestimmten Voraussetzungen nicht zu erheben sind.

51 Die Gewährung der Gebührenbefreiung setzt voraus, dass der Erblasser zurzeit des Erbfalls als Eigentümer im Grundbuch eingetragen war, dass der Umschreibungsantrag binnen zwei Jahren nach dem Tode[61] beim Grundbuchamt gestellt ist und dass der oder die einzutragenden Eigentümer „Erben" sind. Bemerkenswerterweise heißt es im Gesetz nicht „der" Erben, sondern „von Erben" (dazu Rn. 60; vgl. auch die Wortwahl in Abs. 2).

52 Die **Zweijahresfrist** wird durch den Eingang des Antrags beim Grundbuchamt gewahrt, er muss nicht bereits „vollzugsfähig" sein.[62] Die Frist wird als Ausschlussfrist behandelt;[63] bei unverschuldeter Versäumung ist Kostenerlass aus Billigkeitsgründen geboten.

53 „Erben" sind auch:
– **Erbeserben;**[64]

54 – **Nacherben;**[65] die Zweijahresfrist beginnt hier mit dem Nacherbfall; dass auch die gebührenfreie Eintragung des Vorerben Voraussetzung für die gebührenfreie Eintragung des Nacherben sei oder dass zumindest die Zweijahresfrist für den Vorerbfall noch laufen soll,[66] vermögen wir nicht anzuerkennen;

55 – der überlebende Ehegatte und die gemeinsamen Kinder in **fortgesetzter Gütergemeinschaft;**[67]

56 – der Dritte, an den ein **Ehegattenhof** beim Tod des erststerbenden Ehegatten fällt, hinsichtlich des Anteils des überlebenden Ehegatten;[68]

57 – solche Erben, die nicht Ehegatte oder Abkömmlinge des **eingetragenen** Eigentümers sind;[69]

57a – Erwerber durch **Schenkung auf den Todesfall,** wenn diese als Erbeinsetzung durch Erbvertrag zu verstehen ist (§§ 2301 Abs. 1 S. 1, 2087 Abs. 1, 1922 BGB).[70]

58 „Erben" sind nicht **Erbteilserwerber;**[71] auch nicht, wenn sie zugleich Erbe sind.[72] Die Vorschrift findet ferner keine Anwendung, soweit der Erbe durch Erbfall Alleineigentümer eines auf die **Gesellschaft** – also ihre Firma – als Eigentümer eingetragenen Grundstücks wird;[73] oder er bei einer BGB-Gesellschaft einen Anteil durch Anwachsung

---

[60] BayObLG Rpfleger 1955, 335.
[61] In der ehemaligen DDR frühestens nach dem 3. 10. 1990, KG MDR 1994, 216; BezG Dresden JurBüro 1992, 552 m. zust. Anm. *Böhringer*.
[62] OLG Köln Rpfleger 1988, 549; OLG Zweibrücken FamRZ 1997, 1563; MDR 1997, 298; aA OLG Karlsruhe Rpfleger 1988, 19.
[63] BayObLG Rpfleger 1999, 509; OLG Köln NJW-RR 2000, 1230; LG Freiburg Rpfleger 1979, 232.
[64] OLG Düsseldorf NJW 1967, 2414; KG Rpfleger 1967, 120; OLG Schleswig DNotZ 1966, 753 = JurBüro 1966, 418 = KostRsp. Nr. 19.
[65] KG DNotZ 1968, 257 = Rpfleger 1968, 66; OLG Karlsruhe DNotZ 1966, 698 = Rpfleger 1966, 118.
[66] So KG DNotZ 1968, 257 = Rpfleger 1968, 66.
[67] BayObLGZ 1993, 96 = Rpfleger 1993, 464; vgl. Rn. 43; LG Berlin Rpfleger 1966, 26.
[68] OLG Köln DNotZ 1968, 701 = RdL 1968, 46 = KostRsp. Nr. 31.
[69] KG JurBüro 1972, 169.
[70] AA wohl OLG Düsseldorf Rpfleger 1993, 421 = KostRsp. Nr. 109 m. Anm. *Lappe*.
[71] KG Rpfleger 1965, 25.
[72] OLG Braunschweig JurBüro 1974, 220; aA OLG Celle Nds.Rpfl. 1979, 42; vgl. auch 1988, 61 = KostRsp. Nr. 92 m. Anm. *Lappe*.
[73] BayObLGZ 1975, 355 = Rpfleger 1975, 448; KostRsp. Nr. 60 m. Anm. *Lappe*.

erwirbt,[74] also auch nicht bei der Abschichtung (Rn. 29); wohl aber, wenn er bei einer Zwei-Personen-BGB-Gesellschaft den anderen Gesellschafter beerbt.[75]

Ob Erben nach der **Erbauseinandersetzung** noch an der Gebührenvergünstigung teilhaben, ist in der Rspr. heftig umstritten.[76] 59

Wir folgen seit der 7. Aufl. der bejahenden Meinung: a) Erben (vgl. Rn. 51) sind auch noch „Erben" nach der Erbauseinandersetzung, sie fallen also unter den Abs. 4 seinem Wortlaut nach. b) Abs. 2 des § 60 zeigt deutlich, dass der Gesetzgeber der Erbauseinandersetzung im gegebenen kostenrechtlichen Zusammenhang keine Bedeutung beimisst. Dies entspricht dem System; denn auch bei Abs. 1 kommt es weder auf den Rechtsgrund der Eintragung noch auf die Voreintragung an (Rn. 1, 2). c) Die ungeteilte Erbengemeinschaft kann vernünftigerweise nur ein Übergangsstadium sein, als Institution auf Dauer brächte sie unsere Rechtsordnung zum Erliegen. Deshalb bemühen sich einige Landesrechte, sie von Amts wegen zu beseitigen. Dass der Erblasser gemäß § 2044 BGB durch letztwillige Verfügung die Auseinandersetzung des Nachlasses ausschließen kann,[77] begründet nur eine Ausnahme von der Regel und steht nicht entgegen. d) Die Vorschrift des Abs. 4 kann niemals den Zweck haben, eine Übergangssituation im Grundbuch zu verewigen, sie kann sinnvollerweise nur darauf zielen, klare Eigentumsverhältnisse zu schaffen, d. h. den aus der Erbauseinandersetzung hervorgehenden neuen Eigentümer im Grundbuch auszuweisen. Wenn der Gesetzgeber gleichwohl nur die Grundbuchberichtigung hat begünstigen wollen,[78] dann hat das Motiv im Gesetz selbst keinen Niederschlag gefunden, es muss daher außer acht bleiben. e) Nur auf diesem Wege lässt sich eine Behinderung der sofortigen Erbauseinandersetzung vermeiden;[79] denn entweder muss überflüssigerweise das Grundbuch zuerst förmlich berichtigt werden, oder aber die Beteiligten gehen der Vergünstigung des § 61 verlustig (die bei zwei Erben, von denen einer das Grundstück bekommt, erheblich sein kann). f) Die Gegenmeinung beseitigt nicht nur den Anreiz für die Auseinandersetzung, sie begünstigt auch den Alleinerben gegenüber den mehreren Erben, so dass sich die Frage der verfassungskonformen Auslegung (Art. 3 Abs. 1, 6 Abs. 1 GG) stellt. 60

Zumindest ist § 61 entsprechend anzuwenden, wenn er noch auf dem Umweg über eine nach § 60 Abs. 4 gebührenfreie Voreintragung der Erbengemeinschaft anzuwenden sein würde.[80] 61

Mit der Eintragung des neuen Eigentümers (der Grundbuchberichtigung) sind oft von Amts wegen weitere Eintragungen verbunden (**Nacherben-, Testamentsvollstreckervermerke**). Sie sind – weil nicht Nebengeschäft (§ 35) – gebührenpflichtig (§ 65).[81] 62

---

[74] OLG Düsseldorf KostRsp. Nr. 115.
[75] *Lappe* KostRsp. Nr. 112 gegen OLG Hamm JurBüro 1996, 600.
[76] Bejahend BayObLG DNotZ 1979, 432 = Rpfleger 1979, 233; BayObLGZ 1993, 96 = Rpfleger 1993, 464; OLG Braunschweig MDR 1966, 424 = NJW 1966, 787 = KostRsp. Nr. 12; MittRhNotK 1981, 10; OLG Bremen KostRsp. Nr. 10; OLG Celle DNotZ 1966, 757 = Rpfleger 1966, 182 und NJW 1967, 1576 = Rpfleger 1966, 36; KG DNotZ 1966, 624 = Rpfleger 1966, 91; JurBüro 1972, 169 = JVBl. 1972, 43; OLG München NJW-RR 2006, 648 = Rpfleger 2006, 268; OLG Köln laut LG Aachen MittRhNotK 1988, 239; NJW-RR 2003, 1726 = Rpfleger 2003, 622 = KostRsp. Nr. 129 m. zust. Anm. *Lappe*; OLG Schleswig DNotZ 1966, 753 = KostRsp. Nr. 19. Verneinend OLG Düsseldorf NJW 1967, 2412 = Rpfleger 1968, 178; JurBüro 1983, 1076; OLG Frankfurt Rpfleger 1968, 100; 1974, 330; FamRZ 2004, 286; OLG Hamm DNotZ 1968, 121 = Rpfleger 1967, 121; 1988, 411; OLG Köln Rpfleger 1968, 35; OLG Oldenburg NJW 1967, 2414 = Rpfleger 1968, 65; JurBüro 1979, 258; Nds.Rpfl. 1985, 17; OLG Stuttgart Rpfleger 1971, 157; OLG Zweibrücken Rpfleger 1977, 337; 1982, 200; MDR 1990, 560. Das Schrifttum folgt fast einhellig der verneinenden Auffassung: *Stöber* Rpfleger 1966, 91, 183; 1967, 121; 1968, 36; 1970, 186; JVBl. 1966, 123; *Fröhlich* JVBl. 1967, 100; *Tschischgale* JurBüro 1968, 140; *Rohs/Wedewer, Bühling*.
[77] So *Rohs/Wedewer*.
[78] So *Stöber* Rpfleger 1970, 186.
[79] Vgl. *Haußmann* BWNotZ 1971, 44.
[80] OLG Stuttgart Rpfleger 1978, 153 = KostRsp. Nr. 62; Rpfleger 1982, 200; OLG Karlsruhe Justiz 1983, 158; OLG Frankfurt JurBüro 1983, 428; *Haußmann* BWNotZ 1971, 44; aA OLG Oldenburg Nds.Rpfl. 1985, 17.
[81] OLG Bremen Rpfleger 1971, 195 = KostRsp. Nr. 38; OLG Celle Nds.Rpfl. 1988, 61; OLG Düsseldorf Rpfleger 1988, 142; OLG Oldenburg Rpfleger 1988, 20; OLG Zweibrücken Rpfleger

63 Im Falle der Eintragung der Erben zur gesamten Hand ist damit die durch § 60 Abs. 4 begünstigte Tätigkeit des Grundbuchs abgeschlossen.[82] Bei auf Grund der **späteren Auseinandersetzung** des Nachlasses (des Gesamtguts der Gütergemeinschaft) erfolgenden Eintragungen werden nicht mehr „Erben des eingetragenen Eigentümers" eingetragen, die Eintragungen unterstehen wieder den Abs. 1 bis 3. Insbesondere findet auch Abs. 2 in vollem Umfang Anwendung; dass für die Eintragung der Erben zur Gesamthand Gebührenbefreiung gewährt wurde, steht dem nicht im Wege.

64 Über die Erhebung von **Auslagen** s. § 12 Abs. 2.

IV. Gleichzeitige Eintragung bei mehreren Grundstücken (Abs. 5)

65 Für die Eintragung eines Eigentümers bei mehreren Grundstücken (Abs. 5) wird nur eine Gebühr nach dem zusammengerechneten Wert der Grundstücke erhoben, wenn der **Antrag gleichzeitig gestellt** ist. Als gleichzeitig gestellt gelten auch mehrere nacheinander gestellte Anträge, wenn der eine Antrag eingeht, bevor der andere erledigt ist, so dass sie dem Grundbuchamt zur gleichzeitigen Erledigung vorliegen.[83] Darauf, ob die Grundstücke bisher denselben oder verschiedene Eigentümer hatten, ob sie auf einem oder auf mehreren Blättern eingetragen waren, ob sie in derselben Gemeinde liegen, ob die Anträge in einer oder in mehreren Urkunden gestellt sind oder ob die Eintragungen gleichzeitig erfolgen, kommt es nicht an. Für jedes Grundbuchamt wird jedoch besonders berechnet.

66 Abs. 5 setzt voraus, dass **dieselbe Person** als Eigentümer der Grundstücke eingetragen wird. Dies trifft auch zu, wenn mehrere Personen gleichmäßig, sei es als Miteigentümer nach Bruchteilen, sei es zur gesamten Hand eingetragen werden, dagegen nicht, wenn ein Grundstück auf den Mann, andere auf die Frau oder auf beide Ehegatten eingetragen werden. Mehrere selbständige juristische Personen sind verschiedene Eigentümer, mögen sie auch aus denselben natürlichen Personen gebildet sein. Wird das eine Grundstück auf eine OHG, das andere auf eine GmbH eingetragen, so sind es verschiedene Eigentümer, mögen auch die Gesellschafter der OHG Inhaber aller Anteile der GmbH sein. Unter Grundstücken sind auch Bruchteile mehrerer Grundstücke zu verstehen sowie Miteigentumsanteile im Falle des § 3 Abs. 5 GBO.

67 Abs. 5 gilt auch, wenn auf Grund eines gleichzeitig gestellten Antrags mehrere **grundstücksgleiche Rechte** umgeschrieben werden oder Grundstücke zugleich mit grundstücksgleichen Rechten (§ 77).

V. Eintragung von Amts wegen (Abs. 6)

68 Ist das Grundbuch hinsichtlich der Eintragung des Eigentümers durch Rechtsübergang außerhalb des Grundbuchs **unrichtig** geworden, so soll das Grundbuchamt dem Eigentümer (Testamentsvollstrecker) die Verpflichtung auferlegen, den Antrag auf Berichtigung des Grundbuchs unter Vorlage der notwendigen Unterlagen zu stellen (§ 82 GBO). Ist das Berichtigungsverfahren nicht durchführbar oder verspricht es keinen Erfolg, so kann das Grundbuchamt das Grundbuch von Amts wegen berichtigen, also den neuen Eigentümer (Erben usw.) eintragen, nötigenfalls nach eigenen Ermittlungen oder Ermittlungen des Nachlassgerichts (§ 82a GBO). In diesem Falle wird das Doppelte der in Abs. 1, 2 bestimmten Gebühren erhoben, also im Regelfall (Abs. 1) das Zweifache der vollen Gebühr und im Falle des Abs. 2 die volle Gebühr. Diese Gebühr deckt zugleich das vorangegange-

---

1989, 150; aA OLG Hamm KostRsp. Nr. 33 m. abl. Anm. *Lappe;* Rpfleger 1992, 291; OLG Köln DNotZ 1971, 443 = JMBl.NW 1971, 225; JurBüro 1992, 553; BayObLGZ 1973, 98 = DNotZ 1974, 315 = Rpfleger 1973, 262 = KostRsp. Nr. 50 m. abl. Anm. *Lappe;* KG Rpfleger 1987, 15 = KostRsp. Nr. 87 m. abl. Anm. *Lappe.*

[82] Vgl. dazu KG JurBüro 1972, 169; OLG Köln NJW-RR 2003, 1726 = Rpfleger 2003, 622 = KostRsp. Nr. 129.

[83] KG JFGErg. 18, 131 = DNotZ 1938, 182; OLG Düsseldorf DNotZ 1957, 333 = JVBl. 1957, 43.

Eintragung des Eigentümers § 60

ne Ermittlungsverfahren; die in diesem entstandenen Auslagen sind jedoch zu erheben. Eine Gebührenbefreiung, wie sie bei Eintragung von Erben auf Antrag in Abs. 4 besteht, ist hier nicht vorgesehen. Schuldner: Rn. 73.

§ 82 a S. 1 GBO ist beim gemeinschaftlichen Eigentum von **Ehegatten im Gebiet der ehemaligen DDR** entsprechend anzuwenden (§ 14 GBBerG), jedoch bleibt die Berichtigung gebührenfrei (S. 6). 68 a

VI. Gebührenfreie Nebengeschäfte

Gebührenfreies Nebengeschäft ist zunächst die Übertragung des Grundstücks auf ein anderes Blatt (sonst Gebühr § 67 Abs. 1 S. 1?); ihrer bedarf es zur Eintragung des neuen Eigentümers, wenn auf dem bisherigen Blatt noch andere Grundstücke eingetragen sind. Die Gebührenfreiheit ist aber nicht auf diesen Fall beschränkt. Die Mitübertragung der auf das Grundstück bezüglichen Eintragungen auf das andere Blatt ist die notwendige Folge der Übertragung des Grundstücks. Die Gebührenfreiheit wird aber nur gewährt, wenn das Belastungsverhältnis das alte bleibt. Werden Veränderungen an den Rechten eingetragen, so sind die dafür bestimmten Gebühren besonders zu erheben. Wird das übertragene Grundstück (oder Trennstück) aus der Mithaft entlassen, so liegt darin eine gebührenpflichtige Löschung (s. auch § 68 Rn. 37). Wird ein Grundstück oder wird ein Trennstück bei der Veräußerung auf ein anderes Grundbuchblatt übertragen und wird dabei die für den Erwerber eingetragene Auflassungsvormerkung von Amts wegen nicht mitübertragen, so liegt darin keine förmliche Löschung, es entsteht also keine besondere Gebühr. Erfolgt Übertragung auf ein anderes Blatt nicht, so bleibt die Vormerkung trotz der Eintragung des Erwerbers als Eigentümer im Grundbuch stehen. Wird sie nach § 19 Abs. 2 GBV, weil sie ihre Bedeutung verloren hat, rot unterstrichen, so ist auch dies keine Löschung (§ 68 Rn. 2). 69

Kein gebührenfreies Nebengeschäft ist die Eintragung des Rechtes des Nacherben bei der Eintragung des Vorerben als Eigentümer, obwohl sie nach § 51 GBO von Amts wegen zu erfolgen hat. Die Gebühr des § 65 ist besonders zu erheben, s. Rn. 62. Auch der Vermerk, dass ein Testamentsvollstrecker bestellt ist[84] oder dass das Grundstück zum Deckungsstock einer Versicherung gehört, fallen hierunter. 70

VII. Anwendung auf grundstücksgleiche Rechte

Da diese wie Grundstücke behandelt werden, hat § 77 Abs. 1 sie kostenrechtlich den Vorschriften der §§ 60 ff. unterworfen. Unter die grundstücksgleichen Rechte fallen auch das bestehende Erbbaurecht (Untererbbaurecht), das Wohnungs- und Teileigentum und die Bergwerke; im Gebiet der ehemaligen DDR auch das Gebäudeeigentum (Art. 233 § 4 Abs. 1 S. 1 EGBGB). Für die Eintragung des **Übergangs** dieser Rechte ist § 60 (auch § 61) anzuwenden. Wertvorschriften: §§ 19, 20, nicht § 21. 71

Tritt bei **Begründung** von Wohnungs-(Teil-)Eigentum ein Wechsel im Eigentum ein oder bei Begründung von Wohnungserbbaurecht ein solcher im Erbbaurecht – Übertragung auf Dritte, Eintragung auf die Erben usw. –, so ist grundsätzlich neben der Gebühr des § 76 die des § 60 (§ 61) zu erheben; s. aber § 76 Rn. 11, 14. 72

VIII. Schuldner

Schuldner sind der oder die Antragsteller (§ 2 Nr. 1, s. dort.), ggf. also der Gläubiger (Rn. 24), bei Eintragung des Erstehers dieser (§ 4), bei Eintragung nach Abs. 6 der Eigentümer (§ 2 Nr. 2). 73

Beruht die Eintragung auf dem Ersuchen einer Behörde (Beispiel: § 28 Abs. 3 S. 6, Abs. 4 S. 3 BauGB), so ist sie zahlungspflichtig, es sei denn, ihr Rechtsträger genießt persönliche oder für das Geschäft besteht sachliche Gebührenfreiheit. S. iÜ § 2 und § 69 Abs. 2. 74

---

[84] KGJ 30 B 28 und 36 B 25; OLG Düsseldorf Rpfleger 2003, 220.

IX. Katasterfortführungsgebühr

75 In **Bayern** wird mit der Gebühr des § 60 eine landesrechtliche Katasterfortführungsgebühr erhoben. Das Gesetz über Gebühren für die Fortführung des Liegenschaftskatasters[85] bestimmt:

Art. 1 [Katasterfortführungsgebühr]

(1) ¹Für die Übernahme von Veränderungen in den Eigentumsverhältnissen in das Liegenschaftskataster wird eine Gebühr (Katasterfortführungsgebühr) erhoben. ²Im übrigen ist die Fortführung des Liegenschaftskatasters kostenfrei. ³Die Erhebung von Benutzungsgebühren für die Übernahme von Vermessungsergebnissen in das Liegenschaftskataster bleibt unberührt.

(2) Eine Katasterfortführungsgebühr wird nicht erhoben, wenn die Eintragung des der Fortführung des Liegenschaftskatasters zugrundeliegenden Vorgangs in das Grundbuch gebührenfrei erfolgt.

(3) ¹Die Katasterfortführungsgebühr beträgt 30 v. H. der Gebühr, die für die Eintragung des der Fortführung des Liegenschaftskatasters zugrunde liegenden Vorgangs in das Grundbuch geschuldet wird, jedoch mindestens zwei Deutsche Mark. ²Pfennigbeträge sind nach Maßgabe der Vorschriften aufzurunden, die für die Gebühren nach der Kostenordnung gelten.

Art. 2 [Schuldner]

Schuldner der Katasterfortführungsgebühr ist, wer die Kosten für die Eintragung in das Grundbuch schuldet.

Art. 3 [Erhebung]

¹Die Katasterfortführungsgebühr wird mit der Gebühr für die Eintragung in das Grundbuch fällig. ²Sie wird von den Amtsgerichten zusammen mit der Gebühr für die Eintragung in das Grundbuch erhoben; dies gilt auch, wenn diese Gebühr als Vorschuß erhoben wird.

Art. 4 [Anwendung der KostO]

Im übrigen gelten die Vorschriften der Kostenordnung einschließlich derjenigen über Rechtsbehelfe auch für die Katasterfortführungsgebühr.

Art. 5 [Beitreibung]

Die Katasterfortführungsgebühren werden nach der Justizbeitreibungsordnung beigetrieben.

76 Art. 1 KatFortGebG ist nicht verfassungswidrig.[86] Die Gebühr fällt weder bei der bloßen Namensberichtigung[87] noch bei der Schließung der Wohnungsgrundbücher und Anlegung eines Grundbuchblatts nach § 9 Abs. 3 WEG an.[88]

77 In **Bremen** ist am 1. 1. 1996 ein nahezu inhaltsgleiches Gesetz in Kraft getreten. Das Gesetz über Gebühren für die Fortführung des Liegenschaftskatasters auf Grund grundbuchlicher Veränderungen[89] bestimmt:

§ 1 [Katasterfortführungsgebühr]

(1) ¹Für die Übernahme von Veränderungen in den Eigentumsverhältnissen in das Liegenschaftskataster wird eine Gebühr (Katasterfortführungsgebühr) erhoben, wenn die Eintragung des der Fortführung des Liegenschaftskatasters zugrunde liegenden Vorgangs in das

---

[85] KatFortGebG vom 12. 12. 1973 (GVBl. S. 649 = BayRS 2013-1-19-F), geändert durch Gesetz vom 7. 8. 2003 (GVBl. S. 497).
[86] BayObLG Rpfleger 1979, 356.
[87] BayObLGZ 1979, 176.
[88] BayObLGZ 1979, 86 = Rpfleger 1979, 264.
[89] Katasterfortführungsgebührengesetz – KatFortGebG – vom 12. 12. 1995 (GBl. S. 525), geändert durch Gesetz vom 4. 12. 2001 (BBl. S. 393).

Grundbuch gebührenpflichtig erfolgt. ²Im übrigen ist die Fortführung des Liegenschaftskatasters kostenfrei.

(2) ¹Die Katasterfortführungsgebühr beträgt 35 vom Hundert der Gebühr, die für die Eintragung des der Fortführung des Liegenschaftskatasters zugrunde liegenden Vorganges in das Grundbuch geschuldet wird. ²Centbeträge sind nach Maßgabe der Vorschriften aufzurunden, die für die Gebühren nach der Kostenordnung gelten.

§ 2 [Schuldner]

Schuldner der Katasterfortführungsgebühr ist, wer die Kosten für die Eintragung in das Grundbuch schuldet.

§ 3 [Erhebung]

(1) ¹Die Katasterfortführungsgebühr wird mit der Gebühr für die Eintragung in das Grundbuch fällig. ²Sie wird von den Amtsgerichten zusammen mit der Gebühr für die Eintragung in das Grundbuch erhoben; dies gilt auch, wenn diese Gebühr als Vorschuß erhoben wird.

(2) Die Amtsgerichte führen die Katasterfortführungsgebühr nach Abzug eines Verwaltungskostenanteils von 20 vom Hundert an die Stellen ab, die das Liegenschaftskataster führen.

§ 4 [Anwendung der KostO]

Im übrigen gelten die Vorschriften der Kostenordnung einschließlich derjenigen über Rechtsbehelfe auch für die Katasterfortführungsgebühr.

§ 5 [Beitreibung]

Die Katasterfortführungsgebühr wird nach der Justizbeitreibungsordnung beigetrieben.

§ 61 Eigentumswechsel bei Gemeinschaften zur gesamten Hand

(1) ¹Geht ein Grundstück, das für mehrere zur gesamten Hand eingetragen ist, auf einen oder mehrere der Mitberechtigten oder auf eine aus denselben Personen bestehende andere Gesamthandgemeinschaft über, so wird die Gebühr so berechnet, als ob die Beteiligten nach Bruchteilen berechtigt wären; die Anteile der Erwerber bleiben unberücksichtigt. ²Geht ein Grundstück von einem oder mehreren eingetragenen Eigentümern, die in einer Gesamthandgemeinschaft stehen, auf diese Gemeinschaft über, so wird die Gebühr so berechnet, als ob es sich um eine Gemeinschaft nach Bruchteilen handele; die Anteile der Veräußerer bleiben unberücksichtigt. ³Treten sonst Änderungen in der Person der an der gesamten Hand Berechtigten ein, so wird der Anteil des ausscheidenden oder neu eintretenden Mitberechtigten zugrunde gelegt.

(2) ¹Die Anteile sind entsprechend der Beteiligung an dem Gesamthandvermögen zu bemessen. ²Mindestens sind die Gebühren nach dem kleinsten Anteil zu berechnen.

(3) **Die Vorschriften der Absätze 1 und 2 gelten nicht für offene Handelsgesellschaften und Kommanditgesellschaften.**

I. Gesamthandsgemeinschaften

§ 61 sieht im Interesse einer wirtschaftlichen und nicht nur formalen Berechnung der Gebühren des § 60 vor, dass Gesamthandsgemeinschaften, die als solche im Grundbuch eingetragen werden – BGB-Gesellschaft (§ 60 Rn. 3),[1] Erbengemeinschaft, Gütergemeinschaft; s. iÜ Rn. 15 ff. –, als Bruchteilsgemeinschaften zu behandeln sind; der Bruchteil am

1

---

[1] Fraglich, s. *Dümig* Rpfleger 2002, 53.

gesamten Vermögen gilt dabei als Bruchteil am Grundstück (Abs. 2 S. 1; dazu §§ 706 Abs. 1, 722, 734 BGB: im Zweifel gleiche Anteile); fehlt eine Vermögensbeteiligung, so liegt gleichwohl eine dingliche Mitberechtigung vor,[2] der Anteil wird nach § 30 Abs. 2 bewertet.[3] Das bedeutet:

2 – Bringt ein Gemeinschafter ein Grundstück **in die Gemeinschaft** ein, so bleibt sein Anteil unberücksichtigt.

3 **Beispiel:** A, B und C gründen eine BGB-Gesellschaft, jeder bringt 100 000 Euro ein, A in Form seines – mit 200 000 Euro belasteten – Grundstücks im Wert von 300 000 Euro. Die Gebühr für die Eintragung von A, B und C in Gesellschaft bürgerlichen Rechts wird so berechnet, als ob B und C je ein Drittel von A erwerben würden: Wert 100 000 + 100 000 = 200 000 Euro.

4 – Erwirbt ein Gemeinschafter ein Grundstück **aus dem Vermögen der Gemeinschaft**, sei es auch im Rahmen der Liquidation, so bleibt sein Anteil ebenfalls unberücksichtigt.

5 **Beispiel:** Im Rahmen der Auseinandersetzung der aus A, B und C zu gleichen Teilen bestehenden Erbengemeinschaft wird das Nachlassgrundstück im Wert von 300 000 Euro A zugeteilt. Die Gebühr für seine Eintragung als Alleineigentümer wird so berechnet, als ob er bereits Eigentümer zu einem Drittel wäre: Wert 200 000 Euro.

6 – Bei Veränderungen im **Gemeinschafterbestand** wird nur der Anteil des betroffenen Gemeinschafters berücksichtigt. Dass es beim Übergang eines Gesellschaftsanteils auf einen bereits eingetragenen Mitgesellschafter seiner erneuten Eintragung als Eigentümer nicht bedarf, bewirkt nicht, dass statt der Gebühr des § 60 Abs. 1 lediglich die Gebühr des § 67 erhoben wird (arg. gesetzliche Überschrift des § 61 und Wortlaut seines Abs. 1 S. 3).[4]

7 **Beispiel:** A scheidet aus der Gesellschaft – Rn. 3 – aus, das Grundbuch wird dahin berichtigt, dass B und C in BGB-Gesellschaft Eigentümer sind. Die Gebühr wird nur nach seinem Anteil von 100 000 Euro berechnet.

8 **Beispiel:** B veräußert seinen Erbteil – Rn. 5 – an D. Die Gebühr für dessen Eintragung als Miterbe wird nur nach dem Drittelanteil des B = 100 000 Euro berechnet.

9 **Beispiel:** A und B sind Gesellschafter, A zu 99%, B zu 1%. A überträgt 95% an B: keine Eintragung, keine Gebühr. Sodann veräußert A seinen Anteil an C: Wert 4%, nicht etwa 99%.[5]

10 – Bei Eintragung derselben Personen als Eigentümer in einer **anderen Gemeinschaft** werden nur die sich verändernden Bruchteile berücksichtigt. Dies gilt sowohl im Verhältnis von Bruchteilsgemeinschaft und Gesamthandsgemeinschaft[6] als auch zwischen verschiedenen Gesamthandsgemeinschaften.

11 **Beispiel:** Das Grundstück der Erbengemeinschaft – Rn. 5 – wird auf B und C in Gesellschaft bürgerlichen Rechts oder in beliebiger Bruchteilsgemeinschaft übertragen. Den Geschäftswert bildet nur der Anteil des Miterben A = 100 000 Euro.

12 **Beispiel:** Das Grundstück der Erbengemeinschaft wird an A, B, C und D zu je einem Viertel oder in einer entsprechenden BGB-Gesellschaft ausgelassen. Die Miterben reduzieren also ihrem jeweiligen Drittelanteil auf einen Viertelanteil, jeder veräußert mithin $1/12$, so dass der Gesamtwert $3/12 = 1/4$ beträgt.

13 – Verändern sich dabei die **Anteile** nicht, so bildet der kleinste Anteil den Wert (Abs. 2 S. 2).

14 **Beispiel:** Die Miterben A, B und C zu je einem Drittel lassen das Nachlassgrundstück an sich in BGB-Gesellschaft zu gleichen Teilen auf. An die Stelle des Wertes 0 tritt der Wert des kleinsten Anteils; da alle Anteile „gleich klein" sind, beträgt er 100 000 Euro.

---

[2] OLG Hamm JurBüro 1996, 1447.
[3] BayObLGZ 1989, 52 = JurBüro 1989, 1286; BayObLGZ 1999 Nr. 14 = Rpfleger 1999, 392.
[4] AA BayObLGZ 1993, 314 = Rpfleger 1994, 128 = KostRsp. Nr. 5 m. abl. Anm. *Lappe;* OLG Düsseldorf MDR 2000, 728; OLG Hamm Rpfleger 1998, 306 = KostRsp. § 60 Nr. 118 m. abl. Anm. *Lappe;* OLG Oldenburg MDR 1998, 990 = KostRsp. § 60 Nr. 119 m. abl. Anm. *Lappe.*
[5] BayObLG NJW-RR 1997, 958 = KostRsp. Nr. 7 m. zust. Anm. *Lappe.*
[6] Vgl. LG Frankfurt/M KostRsp. Nr. 3.

II. OHG, KG, EWIV, Partnerschaft

OHG und **KG** sind zwar Gesamthandsgemeinschaften, sie werden jedoch nicht als solche, sondern unter ihrer Firma (§§ 124 Abs. 1, 161 Abs. 2 HGB) im Grundbuch eingetragen. Daraus folgt, dass Veränderungen des Gesellschafterbestands sich im Grundbuch nicht niederschlagen. Aus diesen Gründen ist Abs. 1 „aus sich" auf die Genannten nicht anwendbar, was Abs. 3 klarstellt. Daher – wegen seiner deklaratorischen und nicht konstitutiven Wirkung – lassen sich, ohne Verstoß gegen das Analogieverbot (§ 1), der OHG die **EWIV** (wegen Art. 1 Abs. 2 EWIV-VO, § 1 EWIV-AG) und die **Partnerschaft** (wegen § 7 Abs. 2 PartGG) gleichstellen; die ausdrückliche Erstreckung des Abs. 3 auf sie ist augenscheinlich bei Erlass der genannten Gesetze „vergessen" worden. Das bedeutet: 15

– Bei **Eintragung der OHG usw.** als Eigentümer bildet immer der volle Grundstückswert den Geschäftswert, selbst dann, wenn das Grundstück bereits im Eigentum eines oder der Gesellschafter stand, etwa in Gesellschaft bürgerlichen Rechts[7] oder in Erbengemeinschaft.[8] 16

– Das gilt auch im umgekehrten Fall, also bei der **Eintragung eines der bisherigen Gesellschafter** der OHG usw. oder mehrerer als Eigentümer, etwa bei der Auseinandersetzung nach der Auflösung der Gesellschaft.[9] 17

– Geht das Eigentum **von einer in eine andere der genannten Gesellschaften** über, bildet ebenfalls der volle Grundstückswert den Geschäftswert, selbst wenn die Gesellschafter dieselben sind. Anderes gilt nur bei „Umwandlung" einer OHG in eine KG und umgekehrt, weil es sich hier um keinen Wechsel des Eigentümers, sondern nur um eine Änderung des Namens desselben Eigentümers handelt (Gebühr daher § 67). 18

– Die Vorschrift findet keine Anwendung, soweit eine **OHG oder KG Gesellschafter** einer Gemeinschaft (Rn. 1) sind.[10] 19

Zur **Gebühr** s. iÜ § 60 Rn. 8 ff. 20

III. Voreintragung

Voraussetzung der Begünstigung des § 61 ist die Eintragung des oder der bisherigen Eigentümer. Das hat zur Folge, wenn bei der Auseinandersetzung einer Erbengemeinschaft das Nachlassgrundstück einem Miterben zugewiesen wird: 21

– Sind die Erben in **Erbengemeinschaft** eingetragen, so richtet sich der Wert nur nach dem Anteil der „ausscheidenden" Erben. 22

– Ist der **Erblasser** noch eingetragen, ist der ganze Grundstückswert maßgebend. Das gilt auch, wenn der Erblasser noch nicht eingetragen ist, sondern etwa dessen Erblasser. 23

– Wendet man **§ 60 Abs. 4** nur im Falle der Grundbuchberichtigung, nicht aber der Eintragung der Erben nach Auseinandersetzung an (§ 60 Rn. 59), so greift § 61 allein nach Voreintragung der Erbengemeinschaft ein. Um diesen überflüssigen Vorgang (§ 40 GBO) zu vermeiden, ist § 61 entsprechend anzuwenden (§ 60 Rn. 61). 24

§ 62 Eintragung von Belastungen

(1) **Für die Eintragung einer Hypothek, Grundschuld oder Rentenschuld, einer Dienstbarkeit, eines Dauerwohnrechts, eines Dauernutzungsrechts, eines Vorkaufsrechts, einer Reallast, eines Erbbaurechts oder eines ähnlichen Rechts an einem Grundstück wird die volle Gebühr erhoben.**

(2) **Werden Belastungen auf Grund von Gutsüberlassungsverträgen oder von Erb- oder Gesamtgutsauseinandersetzungen zugleich mit der Eintragung des neuen Eigentümers eingetragen, so wird die im Absatz 1 bestimmte Gebühr nur zur Hälfte erhoben.**

---

[7] KG Rpfleger 1989, 98.
[8] KG JFGErg. 13, 95.
[9] KG JFGErg. 12, 200 = JW 1933, 124.
[10] BayObLGZ 1995, 316 = Rpfleger 1996, 128.

§ 62

(3) ¹Als gebührenfreies Nebengeschäft der Eintragung des Rechts (§ 35) gilt insbesondere die gleichzeitig beantragte Eintragung der Unterwerfung unter die sofortige Zwangsvollstreckung, eines Rangvorbehalts oder des Ausschlusses der Brieferteilung. ²Wird gleichzeitig mit dem Antrag auf Eintragung des Rechts beantragt, eine Löschungsvormerkung gemäß § 1179 des Bürgerlichen Gesetzbuchs zugunsten des Berechtigten einzutragen, so wird für diese Eintragung eine weitere Gebühr nicht erhoben.

Übersicht

	Rn.		Rn.
I. Eintragung von Belastungen	1–3	3. Gesamtgutsauseinandersetzungen	15–17
II. Die einzelnen Belastungen, Wert	4–10a	IV. Gebührenfreie Nebengeschäfte	
III. Gebührenermäßigung (Abs. 2)	11–17	(Abs. 3 S. 1)	18
1. Gutsüberlassungsverträge	12, 13	V. Löschungsvormerkung (Abs. 3 S. 2)	19–23
2. Erbauseinandersetzungen	14		

I. Eintragung von Belastungen

1 § 62 erfasst alle „**Belastungen**" (gesetzliche Überschrift, Abs. 2; „ähnliches Recht" in Abs. 1) und ist insbesondere abzugrenzen gegen Verfügungsbeschränkungen (§ 65) sowie Vormerkungen und Widersprüche (§ 66). Die Eintragung des **Wohnungs- und Teileigentums** ist gesondert geregelt (§ 76).

2 § 62 betrifft die Belastung von **Grundstücken** und grundstücksgleichen Rechten (§§ 77, 78), nicht von sonstigen Rechten an Grundstücken.

3 § 62 bestimmt die Gebühr für die **Eintragung** der Belastung, sei es zufolge einer Bewilligung, im Wege der Grundbuchberichtigung (etwa einer kraft Gesetzes entstandenen Sicherungshypothek anstelle eines verpfändeten Auflassungsanspruchs, § 1287 S. 2 BGB;[1] einer kraft Gesetzes entstandenen Leitungsdienstbarkeit, § 9 GBBerG oder der Zwangsvollstreckung, § 867 ZPO). Bei **Veränderungen** ist § 64 anzuwenden. Dabei kommt es auf die materielle Rechtslage und nicht auf die Spalte des Grundbuchs an,[2] so dass die Zusatzhypothek in der Spalte „Veränderungen" die Gebühr des § 62 auslöst, desgleichen die „Einbeziehung in die Mithaft" (§ 63 Abs. 2–4), die Zinserhöhung hingegen immer – auch bei Eintragung als „neues" Recht wegen § 1119 BGB – die Gebühr des § 64. Desgleichen die Zusammenfassung mehrerer Hypotheken zu einer Einheitshypothek; wird eine Hypothek eingetragen und mit bereits vorhandenen zu einer Einheitshypothek vereinigt, so ist die Gebühr des § 62 für die Neueintragung und daneben die Gebühr des § 64 für die Vereinigung zu erheben.[3] Schuldrechtliche Vereinbarungen begründen hingegen keine Veränderung (Beispiel: Pfandauswechslung durch Löschung und Neueintragung: § 68 und § 62). Bei der **Löschung** gilt § 68.

II. Die einzelnen Belastungen, Wert

4 Im Regelfall (Abs. 1) wird die volle Gebühr für die Eintragung folgender Belastungen erhoben:
- **Hypothek, Grundschuld, Rentenschuld** (§§ 1113 ff. BGB), Wert § 23 Abs. 2;[4] zum Euro und zu ausländischen Währungen (VO vom 30. 10. 1997, BGBl. I S. 2683) s. § 32 Rn. 10 ff.);

5 - **Dienstbarkeiten** (§§ 1018 ff. BGB), Wert der Grunddienstbarkeit §§ 22, 24, 30, des Nießbrauchs § 24, der beschränkten persönlichen Dienstbarkeit §§ 24, 30;[5]

---

[1] OLG Frankfurt Rpfleger 1976, 263.
[2] KG JFGErg. 128, 141 = JVBl. 1938, 78 = DNotZ 1938, 191; wie § 60 Rn. 4, § 63 Rn. 4, § 68 Rn. 1.
[3] KG JFGErg. 17, 100 = JVBl. 1937, 289; s. § 64 Rn. 28.
[4] OLG Zweibrücken NJW-RR 2003, 235 = Rpfleger 2003, 271. S. auch *Lappe* NJW 2004, 489, 492.
[5] Zu den Energieversorgungsdienstbarkeiten des § 9 GBBerG *Böhringer* JurBüro 1994, 514.

- **Dauerwohnrecht** und Dauernutzungsrecht (§§ 31 ff. WEG), Wert § 24; 6
- **Vorkaufsrecht** (§§ 1094 ff. BGB), Wert § 20 Abs. 2; 7
- **Reallast** (§§ 1105 ff. BGB, § 9 ErbbauRG), Wert § 24; hierher gehören auch die Feststellung der Höhe der Überbau- und Notwegrente (§§ 914 Abs. 2 S. 2, 917 Abs. 2 S. 2 BGB; zum Verzicht s. § 68 Rn. 28); 8
- **Erbbaurecht** (ErbbauRG), Wert § 21 Abs. 1; die Gebühr erfasst – ohne Werterhöhung[6] – die Eintragung des vertragsmäßigen Inhalts des Erbbaurechts (§ 2 ff. ErbbauRG), nicht aber gesonderter dinglicher Rechte zu deren Sicherung,[7] ferner (§ 35) die Anlegung des Erbbaugrundbuchs (§ 14 ErbbauRG); 9
- **ähnliche Rechte**, insbesondere nach Landesrecht (vgl. § 77); werden **Altenteil**, Leibgedinge, Auszug als ein Recht eingetragen (§ 49 GBO), fällt nur eine Gebühr an, Wert Summe der Leistungen; hierher gehört auch das dingliche **Wiederkaufsrecht** (§§ 20, 21 RSiedlG; s. aber Anhang C I → Siedlung), nicht jedoch die Vormerkung (dazu § 66) zur Sicherung eines schuldrechtlichen Wiederkaufs (§§ 496 ff. BGB)[8] oder einer Rückauflassung.[9] 10

In der ehemaligen DDR sind Belastungen auch das **Gebäudeeigentum** (Art. 233 §§ 2b, 2c EGBGB). Wert § 30 Abs. 1, Orientierung an § 21 Abs. 1; sowie **Mitbenutzungsrechte** (Art. 233 § 5 EGBGB), Wert § 30 Abs. 1, Orientierung an den §§ 22, 23, 24, 25.[10] 10 a

III. Gebührenermäßigung (Abs. 2)

Abs. 2 ergänzt die Begünstigung durch § 60 Abs. 2 und – neuerdings – § 19 Abs. 4. Für die Eintragungen des Abs. 1 (Rn. 1–10a) wird statt der vollen nur die halbe Gebühr erhoben bei: 11

1. Gutsüberlassungsverträge

Eine gesetzliche Definition des Begriffs gibt es nicht.[11] Unter „Gut" versteht man hier nicht nur das Landgut des BGB (insbesondere §§ 1515, 2049, 2312) oder den Hof des Höferechts (insbesondere §§ 7, 17 HöfeO), sondern Gegenstände jeder Art[12] und – reale oder ideelle – Teile davon.[13] 12

Die „Überlassung" findet sich in den §§ 1644, 1824 BGB, sie meint hier – im Gegensatz zu Kauf und Schenkung – die Übertragung im Wege der vorweggenommenen Erbfolge,[14] also ohne Gegenleistung oder gegen ein hinter dem Wert zurückbleibendes Entgelt, das typischerweise des Altersversorgung des Überlassenden und seiner Angehörigen und/oder dem Ausgleich möglicher Miterben dient. Formelle Übereignung genügt also nicht, „gewisse" Sachherrschaft und Nutzungsmöglichkeit müssen hinzutreten.[15] Da als Vertragserbe jedermann in Betracht kommt, ist die Überlassung nicht auf Verwandte als Empfänger beschränkt.[16] 13

2. Erbauseinandersetzungen

Der Begriff ist in den §§ 2042 ff. BGB, §§ 86 ff. FGG vorgegeben. Weder bedarf es eines förmlichen Auseinandersetzungsvertrags noch einer Gesamtauseinandersetzung. 14

---

[6] BayObLGZ 1982, 342 = JurBüro 1983, 108.
[7] OLG Celle Rpfleger 1967, 81, zum Wert auch DNotZ 1959, 15; Änderung des § 9 Abs. 2 ErbbauVO von 1994 beachten!; s. auch Rn. 8.
[8] BayObLG KostRsp. Nr. 2.
[9] OLG Hamm KostRsp. Nr. 38.
[10] Vgl. Böhringer JurBüro 1994, 198, 201.
[11] Vgl. BayObLG Rpfleger 1961, 127 = KostRsp. Nr. 1.
[12] BayObLGZ 1981, 413 = Rpfleger 1982, 161: Gewerbebetrieb; OLG Karlsruhe DNotZ 1967, 122.
[13] Vgl. BayObLG JVBl. 1965, 38.
[14] OLG Düsseldorf JurBüro 1969, 1088 = KostRsp. Nr. 17.
[15] BayObLG KostRsp. Nr. 49.
[16] BayObLG Rpfleger 1961, 127 = KostRsp. Nr. 1.

3. Gesamtgutsauseinandersetzungen

15 S. hierzu die §§ 1471 ff., 1498 ff. BGB, § 99 FGG und iÜ vorstehend Rn. 14.

16 Die Eintragung der Belastung muss „**auf Grund**" des Gutsüberlassungsvertrags usw. erfolgen: auf ihr beruhen. Erforderlich sind mithin ein sachlicher[17] und – vgl. Rn. 17 – ein zeitlicher Zusammenhang.[18] Hingegen bedarf es keines unmittelbaren Zusammenhangs speziell mit dem Grundstück, der mit einem anderen Teil des Vermögens (Nachlasses) genügt.[19] Auch muss die Belastung nicht der Sicherung von Ansprüchen Beteiligter untereinander dienen, so dass die Begünstigung eintritt, wenn das Grundstück an einen Dritten verkauft und zugunsten der Beteiligten „auseinandersetzungsgemäß" belastet wird; anders für eine Rückauflassungsvormerkung.[20] Ebenso genügt die Belastung zugunsten eines Nachlassgläubigers (vgl. § 2046 BGB), wenn sie der Auseinandersetzung dient. Hingegen beruht die Eintragung des Hoferben nicht ohne weiteres auf der Auseinandersetzung über das hoffreie Vermögen.[21] Desgleichen nicht die Aufnahme eines Darlehens durch einen Beteiligten zur Finanzierung einer Abfindung.[22]

17 Des Weiteren setzt die Gebührenermäßigung voraus, dass die Eintragung der Belastung „**zugleich**" mit der des neuen Eigentümers – dem also das Grundstück nach der Überlassung oder Auseinandersetzung zufällt – erfolgt. Die Regelung ist typisch für die Grundbuchgebühren (vgl. Abs. 3, §§ 60 Abs. 5, 63 Abs. 2, 3) und zielt auf die gleichzeitige Bearbeitung durch das Grundbuchamt, so dass es auf äußere Formalien – derselbe Tag des Eingangs oder der Eintragung – nicht ankommt. Daraus folgt, dass die Begünstigung entfällt, wenn Eigentümer und Belastung bei verschiedenen Grundbuchämtern eingetragen werden.

IV. Gebührenfreie Nebengeschäfte (Abs. 3 S. 1)

18 Nebengeschäfte (§ 35) sind vor allem die bei gleichzeitiger Eintragung mehrerer Rechte miteingetragenen Vermerke über den Rang dieser Rechte untereinander, ebenso der Vorbehalt des Ranges für ein später einzutragendes Recht (§ 881 BGB) und bei Eintragung des vorbehaltenen Rechts der bei jenem einzutragende Vermerk, dass dieses das vorbehaltene sei,[23] auch bei nur teilweiser Ausnutzung des Rangvorbehalts;[24] ferner die Ausschließung der Erteilung eines Briefs für eine Hypothek usw. und die Unterwerfung unter die sofortige Zwangsvollstreckung, der Verzicht auf die Vorlegung des Grundschuldbriefs und von Abtretung und Verpfändungserklärungen (§§ 1160, 1155 BGB),[25] die Eintragung eines Höchstbetrags, der im Falle der Zwangsversteigerung des Grundstücks aus dem Erlös zu ersetzen ist (§ 882 BGB), der Vermerk, dass zur Löschung eines auf Lebzeiten beschränkten Rechtes der Nachweis des Todes des Berechtigten genügen soll, usw. (§§ 23 Abs. 2, 24 GBO). Alles dies gilt aber nur, wenn die Vermerke usw. gleichzeitig mit dem Recht selbst eingetragen werden. Erfolgt die Eintragung nachträglich, so werden die Gebühren des § 64 erhoben, soweit nicht § 67 Anwendung findet. Zum Vermerk auf dem herrschenden Grundstück s. § 67 Rn. 6. Zum **Wirksamkeitsvermerk** gegenüber einer Eigentumsvormerkung wird das Nebengeschäft teils generell verneint,[26] teils bejaht bei gleichzeitiger Eintragung mit dem Grundpfandrecht[27] und nicht zeitlich nach der Vormerkung,[28] aber auch gegen-

---

[17] OLG Düsseldorf JurBüro 1981, 910.
[18] OLG Frankfurt Rpfleger 1973, 108.
[19] BayObLGZ 1981, 413 = Rpfleger 1982, 161.
[20] OLG Hamm JurBüro 1999, 41.
[21] OLG Celle Rpfleger 1964, 317 = KostRsp. Nr. 3.
[22] LG Koblenz Rpfleger 1998, 41.
[23] KGJ 42, 311; vgl. auch BayObLGZ 1956, 456.
[24] OLG Köln JMBl.NW 1968, 60; OLG Zweibrücken Rpfleger 2002, 385.
[25] Vgl. OLG Frankfurt KostRsp. § 35 Nr. 4.
[26] BayObLG Rpfleger 1998, 375 m. abl. Anm. *Lehmann; Streuer* Rpfleger 1997, 541; *Lappe* NJW 1998, 1112; aA LG Saarbrücken Rpfleger 1997, 86; *Frank* MittBayNot 1998, 228; s. auch *Schubert* DNotZ 1999, 967 ff., 975 ff.
[27] OLG Düsseldorf Rpfleger 2000, 568; KG Rpfleger 2002, 591; OLG Köln JurBüro 2001, 376; LG Oldenburg Rpfleger 2004, 589.
[28] BayObLG FGPrax 2001, 128 = Rpfleger 2001, 459; OLG Hamm JurBüro 2000, 259; dazu *Skidzun* Rpfleger 2002, 9.

über bereits eingetragenen Eigentumsvormerkungen.[29] Letzteres „sind gerade die Fälle, auf die es in der Praxis ankommt".[30] Und sie müssen nach System und Normzweck (vgl. nachstehend) gebührenfrei bleiben, eben weil sie der „Verstärkung dienen": gebührenfrei also bei gleichzeitiger Eintragung mit dem Grundpfandrecht gegenüber mit ihm einzutragenden oder bereits eingetragenen Vormerkungen.

V. Löschungsvormerkung (Abs. 3 S. 2)

Berechtigter einer Löschungsvormerkung kann der Berechtigte eines **Rechts in Abteilung II** sein (§ 1179 Nr. 1 BGB). Wird sie mit diesem Recht eingetragen, bleibt die Gebühr des § 64 (s. dort Rn. 40ff.) für ihre Eintragung unerhoben (Abs. 3 S. 2), weil – wenn – sie seiner Verstärkung dient.[31] 19

Erheblich ist die **gleichzeitige Antragstellung**. Dieser Begriff deckt sich mit dem des § 60 Abs. 4. Hier liegt Gleichzeitigkeit aber auch vor, wenn die Löschungsvormerkung vor Bewilligung der Hypothek, bei der die Vormerkung eingetragen werden soll, zur Eintragung beantragt war, dieser Antrag aber nicht zurückgewiesen wurde.[32] Stellen sich sonst Hindernisse heraus (zB weil der Brief über die vorgehende oder gleichstehende Hypothek nicht vorgelegt ist) und wird deshalb auf Bitte des Antragstellers zunächst nur die Neubelastung und erst später (nach Vorlegung des Briefs) die Löschungsvormerkung eingetragen, so erfolgt deren Eintragung doch auf Grund des gleichzeitig gestellten Antrags.[33] 20

Die Löschungsvormerkung kann aber auch zugunsten des Berechtigten eines **schuldrechtlichen Anspruchs** eingetragen werden (§ 1179 Nr. 2 BGB; dazu § 29a GBO). In diesem Fall ist Abs. 3 S. 2 3 ebenfalls anwendbar, wenn die Eintragung zugleich mit der Vormerkung des Anspruchs erfolgt.[34] 21

S. 2 steht in dem Abs. 3, der iÜ von sog. gebührenfreien Nebengeschäften handelt. Die Eintragung der Vormerkung selbst ist nicht als solches bezeichnet; trotzdem kann man aus der Vorschrift gewisse Schlüsse ziehen für die Eintragung von Veränderungen: Abtretung der Hypothek und gleichzeitige Abtretung der für den Berechtigten eingetragenen Vormerkung, ebenso für Löschung der Hypothek und gleichzeitige Löschung der bei einem vor- und gleichstehenden Recht für den Berechtigten eingetragenen Vormerkung; Rn. 18. 22

Wird bei der Eintragung einer Hypothek ein **Rangvorbehalt** eingetragen, so gehört dies zum Inhalt der Hypothek. Wird damit eine Löschungsvormerkung verbunden, dass die vorbehaltene Hypothek zu löschen ist, wenn sie sich mit dem Eigentum in einer Person vereinigt,[35] so handelt es sich lediglich um einen inhaltlich beschränkten Rangvorbehalt: keine zusätzliche Gebühr nach § 64. 23

§ 63 Eintragung mehrerer Rechte, Belastung mehrerer Grundstücke

(1) ¹Werden ein oder mehrere Grundstücke mit mehreren Rechten der in § 62 bezeichneten Art belastet, so wird die Gebühr für die Eintragung jedes Rechts besonders erhoben. ²Wird gemäß § 50 der Grundbuchordnung bei einer Hypothek, Grundschuld oder Rentenschuld, die in Teilbeträgen mehreren Berechtigten zusteht, lediglich der Gesamtbetrag des Rechts eingetragen, so gilt dies als Belastung mit nur einem Recht.

---

[29] OLG Schleswig Rpfleger 2002, 226.
[30] *Jörg Mayer* MittBayNot 2002, 381.
[31] OLG Hamm FGPrax 2002, 87 = Rpfleger 2002, 333 (LS).
[32] OLG Düsseldorf DNotZ 1957, 333 = JVBl. 1956, 43.
[33] KG JFGErg. 17, 97 = JVBl. 1937, 272 = DNotZ 1937, 646; OLG Düsseldorf DNotZ 1957, 333 = JVBl. 1956, 43. Noch weiter will das OLG Hamm gehen, s. JVBl. 1972, 65 = JurBüro 1972, 171 = KostRsp. Nr. 23 m. abl. Anm. *Lappe*.
[34] KG Rpfleger 1998, 215 = KostRsp. Nr. 36 m. zust. Anm. *Lappe* für Auflassungsvormerkung und Löschungsvormerkung zugunsten ihres Berechtigten.
[35] Zulässig, KG JW 1938, 2474 und dazu Rpfleger 1956, 233.

(2) ¹Werden mehrere Grundstücke mit einem und demselben Recht belastet, so wird die Gebühr nur einmal erhoben, wenn die Eintragung auf Grund eines gleichzeitig gestellten Antrags erfolgt und das Grundbuch über die Grundstücke bei demselben Grundbuchamt geführt wird. ²Als Belastung mit einem und demselben Recht gilt auch die Belastung mehrerer Grundstücke mit einem Nießbrauch, mit einer beschränkten persönlichen Dienstbarkeit, mit einem Altenteil oder mit einem Vorkaufsrecht.

(3) ¹Wird gleichzeitig die Belastung mehrerer Grundstücke mit einem und demselben Recht beantragt und wird das Grundbuch über die Grundstücke bei verschiedenen Grundbuchämtern geführt, so wird für die Eintragung auf dem Grundstück, das den höchsten Wert hat, die in § 62 Abs. 1 oder 2 bestimmte Gebühr in voller Höhe erhoben; für jede weitere Eintragung wird die Hälfte der in § 62 Abs. 1 oder 2 bestimmten Gebühr angesetzt, und zwar nach dem Wert des Grundstücks, wenn er geringer ist als der Wert des Rechts. ²Dabei wird der Wert mehrerer Grundstücke, über die das Grundbuch bei demselben Grundbuchamt geführt wird, zusammengerechnet. ³Gleichzeitig sind die Anträge gestellt, wenn sie bei einem Grundbuchamt gemeinsam eingereicht sind, bei gesonderter Antragstellung, wenn sie innerhalb eines Monats bei den beteiligten Grundbuchämtern eingehen.

(4) ¹Soweit der Antrag nicht gleichzeitig gestellt ist, wird für jede Eintragung die Hälfte der in § 62 Abs. 1 oder 2 bestimmten Gebühr erhoben, und zwar nach dem Wert des Grundstücks, wenn er geringer ist als der Wert des Rechts. ²Dabei wird der Wert mehrerer Grundstücke, über die das Grundbuch bei demselben Grundbuchamt geführt wird, zusammengerechnet.

Übersicht

	Rn.		Rn.
I. Begriffe	1–16	II. Gebühren, Werte	17–34
1. „Ein Recht"	1–4	1. Mehrere Rechte (Abs. 1)	17
a) Mehrere Rechte auf demselben Grundstück	2	2. Gesamtrecht: gleichzeitiger/nicht gleichzeitiger Antrag (Abs. 2, 3/ Abs. 4)	18–24
b) Ein Recht auf mehreren Grundstücken	3, 4	3. Gesamtrecht, gleichzeitiger Antrag, dasselbe Grundbuchamt (Abs. 2)	25, 26
2. Mehrere Rechte (Abs. 1)	5–14		
a) Hypothek	5–7		
b) Grundschuld	8	4. Gesamtrecht, gleichzeitiger Antrag, verschiedene Grundbuchämter (Abs. 3)	27–29
c) Rentenschuld	9		
d) Dienstbarkeit	10, 11		
e) Altenteil	12	5. Gesamtrecht, nicht gleichzeitige Anträge (Abs. 4)	30–34
f) Vorkaufsrecht	13		
g) Erbbauzins	14		
3. Gesamtrechte (Abs. 2)	15, 16		

I. Begriffe

1. „Ein Recht"

1 § 63 ergänzt § 62, betrifft also die in dessen Abs. 1 genannten Belastungen (§ 62 Rn. 4ff.). Es regelt zwei Problemlagen:

2 **a) Mehrere Rechte auf demselben Grundstück** (denselben Grundstücken). Hier wird die Gebühr nicht aus der Wertesumme, sondern aus dem Wert jedes einzelnen Rechts berechnet (Abs. 1), was die Prüfung erfordert, ob es sich um ein Recht oder mehrere Rechte handelt. Es geht mit anderen Worten um das Recht im vertikalen Sinn (Rn. 5–14).

3 **b) Ein Recht auf mehreren Grundstücken.** Die komplizierte Regelung (Abs. 2 bis 4) setzt die Prüfung voraus, ob es sich um „ein und dasselbe Recht" (Abs. 2 S. 1): also ein Gesamtrecht handelt, oder nur um gleiche: also mehrere Rechte. Es geht mit anderen Worten um das Recht im **horizontalen** Sinn (Rn. 15ff.).

Beide Regelungen gehen ersichtlich von der **materiellen Rechtslage** aus, wie sich aus 4
den sie ergänzenden Fiktionen (Abs. 1 S. 2, Abs. 2 S. 2) ergibt; nicht von der Zahl der
Eintragungen im Grundbuch, also dem vom Grundbuchamt im Einzelfall gewählten Verfahren (wie § 60 Rn. 4, § 62 Rn. 3, § 68 Rn. 1).

2. Mehrere Rechte (Abs. 1)

a) **Hypothek.** Die Hypothek sichert grundsätzlich eine Forderung (§ 1113 BGB). Sie 5
kann mehrere Gläubiger haben (vgl. § 47 GBO), so dass aus einer **Gläubigermehrheit,** selbst in einer Bruchteilsgemeinschaft, keine Mehrheit von Hypotheken hergeleitet
werden kann. Anderes gilt nur, wenn es tatsächlich an einer Gläubigergemeinschaft fehlt,
es sich also in Wirklichkeit um selbständige Rechte verschiedener Gläubiger handelt
(Rn. 7).[1] Eine Ausnahme sieht Abs. 1 S. 2 für die einheitliche Hypothek des § 50 GBO
vor.

Jedes Recht hat seinen Rang (§ 879 BGB). Wird innerhalb einer Hypothek für **Teilbe-** 6
träge eine **unterschiedliche Bestimmung** getroffen, etwa bezüglich ihrer Nebenleistungen, so ergibt sich für diese Teile ein eigener Rang mit der Folge, dass trotz Eintragung
unter einer Nummer mehrere Rechte vorliegen. Gleiches gilt bei der Zwangsvollstreckungsunterwerfung für einen Teilbetrag.[2]

Für **mehrere Forderungen** verschiedener Gläubiger oder desselben Gläubigers gegen 7
denselben Schuldner kann eine einheitliche Hypothek eingetragen werden (nicht also für
Forderungen gegen verschiedene Schuldner;[3] vgl. Rn. 5). Dabei genügt Gläubigerschaft im
Außenverhältnis, zufolge Einziehungsermächtigung, Vollstreckungsstandschaft (wie für
mehrere Gläubiger einer Zwangshypothek, § 252 AO) u. Ä.

b) **Grundschuld.** Für sie gilt grundsätzlich das Gleiche wie für die Hypothek (Rn. 5–7; 8
§ 1192 BGB). Weil sie an keine Forderung gebunden ist, entfallen von ihr ausgehende Bedenken gegen die Einheitlichkeit eines eingetragenen Rechts.

c) **Rentenschuld.** Für sie gilt das Gleiche wie für die Hypothek (Rn. 5–7; § 1107 9
BGB).

d) **Dienstbarkeit.** Eine **Grunddienstbarkeit** zugunsten der jeweiligen Eigentümer 10
mehrerer Grundstücke stellt grundsätzlich für jedes herrschende Grundstück ein besonderes Recht dar;[4] die Begründung von Raumeigentum auf dem herrschenden Grundstück
vermehrt die Rechte nicht.[5] Erstreckt sich allerdings die Ausübung der Dienstbarkeit notwendig auf alle Grundstücke, liegt nur ein Recht vor.[6]

Ein **Nießbrauch** zugunsten gleichzeitig berechtigter Personen ist ein Recht.[7] Sind sie 11
hingegen nacheinander berechtigt, zB die Ehefrau nach dem Tod des Ehemanns, liegen
zwei Rechte vor, weil der Nießbrauch nicht übertragbar ist (§ 1059 S. 1 BGB; Ausnahme
§ 1059a BGB), der zweite also ein anderes, bedingtes Recht ist. Sind hingegen die Berechtigten von Anfang an gemeinsam Gläubiger (vgl. Rn. 5) und verbleibt das Recht dem einen nach dem Tod des anderen, liegt regelmäßig nur ein Recht vor, wobei Veränderungen
der Höhe nur den Wert beeinflussen.

e) **Altenteil.** Es wird wegen § 49 GBO als ein Recht behandelt. 12

f) **Vorkaufsrecht.** Hier ist zu unterscheiden: Kann es nur gemeinsam ausgeübt werden, 13
liegt ein Recht vor. Steht hingegen jeden Berechtigen allein der Vorkauf zu, handelt es sich
um mehrere Rechte.[8] Das subjektiv-dingliche Vorkaufsrecht (§ 1094 Abs. 2 BGB) ist ein
Recht, auch wenn das herrschende Grundstück in Miteigentum steht (vgl. Rn. 5, 10).

---

[1] *Lappe* BWNotZ 1968, 284; vgl. OLG Düsseldorf Rpfleger 1975, 376.
[2] LG Hannover Nds.Rpfl. 1970, 138.
[3] KGJ 43, 347.
[4] OLG München JVBl. 1938, 317.
[5] LG Bremen KostRsp. Nr. 5.
[6] Vgl. BayObLG Rpfleger 1955, 336; OLG Zweibrücken Rpfleger 1999, 418 für Ver- und Entsorgungsleitungen.
[7] OLG Düsseldorf Rpfleger 1955, 409 = KostRsp. Nr. 3.
[8] BayObLG Rpfleger 1955, 335; KG JFGErg. 18, 146.

§ 63

14 g) **Erbbauzins.** Er gilt als Bestandteil des Grundstücks, er ist ein subjektiv-dingliches Recht; selbst wenn das mit dem Erbbaurecht belastete Grundstück in Bruchteilsgemeinschaft steht, liegt also nur ein Recht vor.

3. Gesamtrechte (Abs. 2)

15 Wird dasselbe Recht (Rn. 5–14) auf mehreren Grundstücken eingetragen, so kann es von Gesetzes wegen nur ein Recht „bleiben", wenn es sich um ein **Grundpfandrecht** handelt (§§ 1132, 1197, 1200 BGB). Bei **anderen Rechten** wird die Zulässigkeit eines Gesamtrechts teils bejaht (Reallast, Altenteil, Erbbaurecht), teils verneint (Nießbrauch, Vorkaufsrecht), teils ist sie umstritten (Dienstbarkeiten, Dauerwohn- und -nutzungsrecht). Abs. 2 S. 2 fingiert für andere als Grundpfandrechte ein Gesamtrecht, wobei dies im Interesse einer Gleichbehandlung (Art. 3 Abs. 1 GG) auch für nicht genannte Rechte des § 62 Abs. 1: also alle Belastungen, zu gelten hat. Normzweck ist die Vermeidung unangemessener Gebührenhäufungen bei zersplittertem Grundbesitz, der oft auf Zufälligkeiten beruht; er gilt für alle Rechte des § 62 Abs. 1 (vgl. bereits § 60 Abs. 5). Deshalb muss auch die **Zwangshypothek,** die bisher wegen § 867 Abs. 2 ZPO allgemein ausgenommen wurde, als ein Recht behandelt werden, zumal sie bereits bei der Berechnung des Mindestbetrags des § 866 Abs. 3 ZPO als ein Recht angesehen, bei der Zwangsvollstreckung gegen Gesamtschuldner als Gesamtrecht eingetragen[9] und bei der Teilung des belasteten Grundstücks ein Gesamtrecht wird. Sie ist mit anderen Worten mehr echtes Gesamtrecht als die in Abs. 2 S. 2 genannten Rechte, die das Gesetz nur als Gesamtrecht fingiert, und kann deshalb nicht „schlechter" behandelt werden.

16 Zum Wesen des Gesamtrechts gehört neben demselben (denselben) Berechtigten die Einheitlichkeit seiner Bedingungen. Das muss für die unechten Gesamtrechte des Abs. 2 S. 2 ebenfalls gelten; es muss sich also um **gleiche Rechte** handeln, die mit einem einheitlichen Vermerk eingetragen werden könnten. Das zufällige Zusammentreffen verschiedener Rechte begründet folglich nicht die Begünstigung des Abs. 2.

II. Gebühren, Werte

1. Mehrere Rechte (Abs. 1)

17 Für die Eintragung eines jeden Rechts (Rn. 5–14) wird eine gesonderte Gebühr aus einem gesonderten Wert (§ 62 Rn. 4 ff.) erhoben. Ist das Recht ein echtes oder fiktives **Gesamtrecht** (Rn. 15, 16), finden zudem Abs. 2 bis 4 (Rn. 18 ff.) Anwendung.

2. Gesamtrecht: gleichzeitiger/nicht gleichzeitiger Antrag (Abs. 2, 3/Abs. 4)

18 Bei Gesamtrechten (Rn. 15, 16) hängen Gebühren und Wert davon ab, ob der Eintragungsantrag gleichzeitig (Abs. 2, 3) oder nicht gleichzeitig (Abs. 4) gestellt wird. Diesem Begriff kommt unterschiedliche Bedeutung zu, je nach dem, ob die Eintragung beim selben oder bei verschiedenen Grundbuchämtern erfolgt.

19 Beim **selben Grundbuchamt** gilt das § 60 Rn. 65 Ausgeführte.

20 Bei **verschiedenen Grundbuchämtern** trifft Abs. 3 S. 3 eine Rn. 19 ergänzende Regelung.

21 Im Falle des § 55 a Abs. 1 GBO (Vorlage eines für mehrere Grundbuchämter bestimmten Antrags **bei einem der Grundbuchämter**) liegt immer gleichzeitige Antragstellung vor. Bringt der Antragsteller (Notar) aber zum Ausdruck, dass er den Antrag bei den übrigen beteiligten Grundbuchämtern **gesondert** stellen werde, und geht dieser nicht binnen eines Monats bei den anderen Grundbuchämtern ein, so gelten die Anträge nicht als gleichzeitig gestellt. Sollte es vorkommen, dass nach Einreichung eines Antrags bei demselben Grundbuchamt vor dessen Erledigung die Eintragung auf weiteren Grundstücken beantragt wird, so liegt Gleichzeitigkeit vor, wenn der spätere Antrag eingeht, bevor die zuerst beantragte Eintragung erfolgt ist.[10]

---

[9] BGH NJW 1961, 1352.
[10] KGJ 30 B 24.

Die verschiedenen Grundbuchämter haben sich wegen des Gebührenansatzes zu **verständigen**, s. § 16 KostVfg., Anhang D I. Die Entscheidung über den jeweiligen Wert fällt bei dem einzelnen Kostenansatz, ggf. gemäß den §§ 14 Abs. 2 und 3, 31; das einzelne Grundbuchamt hat auf die Richtigkeit der Wertannahme und -festsetzung bei anderen Grundbuchämtern keine Rücksicht zu nehmen, so dass sich die Frage der Bindungswirkung nicht stellt. Bei Änderung einer Wertfestsetzung muss ggf. insgesamt neu berechnet werden. 22

Bei gleichzeitigem Antrag darf insgesamt **nicht mehr** erhoben werden **als bei nicht gleichzeitigen Anträgen**, denn Abs. 2, 3 sind Begünstigungsvorschriften.[11] 23

§ 63 Abs. 2, 3 setzen nicht voraus, dass die Gebührenvergünstigung dem antragstellenden Eigentümer zugute kommt; sie finden deshalb auch dann Anwendung, wenn die Anträge zwar von den Eigentümern gestellt werden, der Gläubiger oder Berechtigte jedoch die **Kosten übernommen** hat.[12] 24

3. Gesamtrecht, gleichzeitiger Antrag, dasselbe Grundbuchamt (Abs. 2)

Wird das Recht (Rn. 15, 16) auf mehreren Grundstücken bei demselben Grundbuchamt – also nicht nur im selben Grundbuchblatt, nicht nur desselben Eigentümers – eingetragen, fällt **eine Gebühr aus einem Wert** an. Bei einem echten Gesamtrecht ist es sein Wert (§ 23 Abs. 2 Halbs. 1), bei fiktiven Gesamtrechten (Abs. 2 S. 2) ihr einheitlicher Gesamtwert oder die Wertesumme der mehreren Rechte. Eintragung des Rechts ist nicht nur der „Volltext", sondern auch der einen solchen ergänzende Vermerk, dass ein Grundstück „mithaftet" (nicht zu verwechseln mit dem Mitbelastungsvermerk des § 48 GBO). 25

Beispiele: Auf zwei Grundstücken werden eingetragen eine Gesamtgrundschuld von 100 000 Euro: Wert 100 000 Euro (§ 23 Abs. 2 Halbs. 1); „ein" Vorkaufsrecht: Wert Hälfte der Summe der Werte der beiden Grundstücke (§ 20 Abs. 2); „ein" Nießbrauch mit Nutzungen von 5000 Euro und 10 000 Euro jährlich: Wert x-facher Jahresbetrag von 15 000 Euro (§ 24); „ein" Wegerecht: Wert Summe der Einzelwerte von 30 000 Euro und 5000 Euro = 35 000 Euro (§§ 30 Abs. 1 Halbs. 1, 22). 26

4. Gesamtrecht, gleichzeitiger Antrag, verschiedene Grundbuchämter (Abs. 3)

Wird das Recht (Rn. 15, 16) bei verschiedenen Grundbuchämtern eingetragen, so gilt für jedes Grundbuchamt zunächst das in Rn. 25, 26 Ausgeführte; für das Grundbuchamt des Grundstücks (der Grundstücke) mit dem **höchsten Wert** (§ 19) bleibt es dabei, ohne Rücksicht auf die Reihenfolge der Eintragung. 27

Bei den **anderen Grundbuchämtern** – also mit dem geringeren Grundstückswert oder der geringeren Wertesumme – wird hingegen nur der **halbierte Gebührensatz** des § 62 angewandt: halbe Gebühr (Abs. 1), in den Fällen des Abs. 2 viertel Gebühr. Außerdem begrenzt der Wert des Grundstücks (der Grundstücke) bei diesem Grundbuchamt den Geschäftswert. Bildet der Grundstückswert einen Wertbemessungsfaktor, wie insbesondere beim **Erbbaurecht** (§ 21 Abs. 1 S. 1) und beim **Vorkaufsrecht** (§ 20 Abs. 2), so kommt es im Interesse einer verhältnismäßigen Gleichheit der Werte der verschiedenen Rechte (Abs. 1) auf ihn an. 28

Beispiel (im Anschluss an Rn. 26): Auf einem beim Grundbuchamt I gebuchten Grundstück mit dem Wert von 300 000 Euro und einem beim Grundbuchamt II gebuchten Grundstück mit dem Wert von 30 000 Euro werden eingetragen eine Gesamtgrundschuld von 100 000 Euro: bei I volle Gebühr aus 100 000 Euro, bei II halbe Gebühr aus 30 000 Euro: „ein" Vorkaufsrecht: bei I volle Gebühr aus 150 000 Euro, bei II halbe Gebühr aus 15 000 Euro; „ein" Nießbrauch für die Mutter des Eigentümers mit Nutzungen von 5000 Euro und 10 000 Euro: bei I volle Gebühr aus 25 000 Euro (§ 24 Abs. 3), bei II halbe Gebühr aus 30 000 Euro (§§ 24 Abs. 3, 63 Abs. 3 S. 2); „ein" Wegerecht auf Grund einer Erbauseinandersetzung: bei I halbe Gebühr (§ 62 Abs. 2) aus 30 000 Euro, bei II viertel Gebühr aus 5000 Euro oder, wenn der Wert auf $^1/_{10}$ des Grundstückswerts bemessen worden ist, aus 3000 Euro. 29

5. Gesamtrecht, nicht gleichzeitige Anträge (Abs. 4)

Abs. 4 betrifft im Gegensatz zu Abs. 2 und 3 nur die nicht gleichzeitig beantragte: also die Eintragung auf Grund eines **späteren Antrags**, selbst wenn sie gleichzeitig erfolgt; 30

---

[11] Vgl. KG Rpfleger 1976, 332.
[12] OLG Karlsruhe Justiz 1972, 185 = KostRsp. Nr. 2.

und zwar sowohl beim Grundbuchamt der ersten Eintragung als auch bei einem anderen Grundbuchamt. Er halbiert generell den Gebührensatz und begrenzt generell den Geschäftswert auf den Wert des Grundstücks (dazu Rn. 28). So kann sich beim **selben Grundbuchamt** ein geringerer Gebührengesamtbetrag als bei gleichzeitiger Antragstellung ergeben (dazu Rn. 23). Bei verschiedenen Grundbuchämtern entfällt die Begünstigung, die in der Zuordnung der nicht halbierten Gebühr aus dem nicht beschränkten Grundstückswert auf das Grundbuchamt des höchstwertigen Grundstücks liegt (Rn. 27), ansonsten entspricht Abs. 4 dem Abs. 3.

31 **Beispiel 1:** Nach Eintragung der Rechte im Beispiel Rn. 29 wird ihre Erstreckung – Einbeziehung in die „Mithaft" – auf ein weiteres Grundstück mit einem Wert von 20 000 Euro beantragt; also der Gesamtgrundschuld von 100 000 Euro: halbe Gebühr aus 20 000 Euro; des Vorkaufsrechts: halbe Gebühr aus 10 000 Euro; des Nießbrauchs mit einer Jahresnutzung von 6000 Euro: halbe Gebühr aus 20 000 Euro; des Wegerechts: viertel Gebühr aus 2000 Euro, wenn der Wert auf $1/10$ des Grundstückswerts bemessen worden ist. Ob die Eintragung bei Grundbuchamt I oder II erfolgt, ist gleich.

32 **Beispiel 2:** Beim selben Grundbuchamt wird auf gleichzeitigen Antrag hin ein Vorkaufsrecht auf zwei Grundstücken mit Werten von 200 000 Euro und 20 000 Euro eingetragen. Die dafür vorgesehene volle Gebühr aus dem halben Gesamtwert von 110 000 Euro beträgt 222 Euro. Würde das Recht zunächst auf dem Grundstücks mit dem Wert von 20 000 Euro eingetragen, müsste dafür die volle Gebühr aus 10 000 Euro = 54 Euro erhoben werden. Die spätere Eintragung auf dem zweiten Grundstück würde die halbe Gebühr aus 100 000 Euro = 103,50 Euro kosten. Bei nicht gleichzeitigen Anträgen ergäbe sich also ein Gebührenbetrag von 54 + 103,50 = 157,50 Euro. Auf ihn ist die Gebühr bei gleichzeitigem Antrag von 222 Euro zu reduzieren.

33 Ist das nachverpfändete Grundstück bereits belastet, insbesondere mit räumlich nachstehenden Rechten, so gilt wegen der Eintragung von **Rangvermerken** (gebührenfrei als Nebengeschäft, § 35; falsche Sachbehandlung, § 16) das in § 64 Rn. 24 Gesagte entsprechend.

34 Abs. 4 gilt auch bei der sog. **Pfandauswechslung,** wenn sie so vor sich geht, dass die auf dem freizustellenden Grundstück lastende Hypothek auf das Grundstück, auf dem sie künftig haften soll, erstreckt und dann die so entstandene Gesamthypothek an dem ersteren Grundstück aufgehoben (gelöscht) wird. Neben der Gebühr aus Abs. 4 (für den Eintritt in die Mithaft) ist dann die des § 68 (Entlassung aus der Mithaft) zu erheben.

§ 64 Eintragung von Veränderungen und Löschungsvormerkungen

(1) ¹Für die Eintragung von Veränderungen eines Rechts wird die Hälfte der vollen Gebühr erhoben. ²Als Veränderung eines Rechts gilt auch die Löschungsvormerkung (§ 1179 des Bürgerlichen Gesetzbuchs), soweit sie nicht gemäß § 62 Abs. 3 Satz 2 gebührenfrei einzutragen ist.

(2) Bezieht sich eine Veränderung auf mehrere Rechte, so wird die in Absatz 1 bestimmte Gebühr für jedes Recht besonders erhoben, auch wenn es nur der Eintragung eines einheitlichen Vermerks bedarf.

(3) Beziehen sich mehrere Veränderungen, deren Eintragung gleichzeitig beantragt ist, auf ein und dasselbe Recht, so wird, gleichviel ob es der Eintragung eines oder mehrerer Vermerke bedarf, die Gebühr nur einmal nach dem zusammengerechneten Wert der Veränderungen erhoben.

(4) ¹Der Wert des veränderten Rechts darf, auch wenn es sich um mehrere Veränderungen desselben Rechts handelt, nicht überschritten werden. ²Handelt es sich um den Übergang eines Rechts, so finden die Vorschriften des § 61 entsprechende Anwendung.

(5) Änderungen des Ranges eingetragener Rechte sind nur als Veränderungen des zurücktretenden Rechts, Löschungsvormerkungen zugunsten eines nach- oder gleichstehenden Gläubigers (§ 1179 des Bürgerlichen Gesetzbuchs) nur als Veränderungen des Rechts zu behandeln, auf dessen Löschung der vorgemerkte Anspruch gerichtet ist; für die Wertberechnung bleibt die Vorschrift des § 23 Abs. 3 unberührt.

(6) **Betreffen die Veränderungen Rechte, mit denen mehrere Grundstücke gemeinsam belastet sind, so gelten die Vorschriften des § 63 Abs. 2 und 3 entsprechend.**

Übersicht

	Rn.		Rn.
I. Veränderung eines Rechts (Abs. 1 S. 1)	1, 2	14. Veränderungen bei Erbbaurechten, Wohnungseigentum, Wohnungserbbaurechten und Dauerwohnrechten	29
II. Die wichtigsten Veränderungen, Wert	3–31a	15. Verlängerung der Laufzeit	30
1. Wechsel des Berechtigten	3–6	16. Ausschluss des Löschungsanspruchs	31
2. Belastung des Rechts	7	17. Umstellung	31a
3. Umwandlung von Grundpfandrechten	8–14	III. Rangänderung (Abs. 1 S. 1, Abs. 5)	32–39
4. Ersetzung der Forderung	15, 16	IV. Löschungsvormerkung (Abs. 1 S. 2, Abs. 5)	40–47
5. Teilung einer Hypothek usw.	17, 18	V. Ausschluss des Löschungsanspruchs	48–51
6. Verzicht des Gläubigers auf die Hypothek	19, 20	VI. Veränderungen mehrerer Rechte (Abs. 2)	52–55
7. Verteilung einer Gesamthypothek	21, 22	VII. Mehrere Veränderungen desselben Rechts (Abs. 3, 4)	56–70
8. Rangvorbehalt	23	VIII. Veränderung eines Rechts an mehreren Grundstücken (Abs. 6)	71–85
9. Zinssatz	24	IX. Gebührenermäßigungen	86
10. Zahlungsbedingungen	25	X. Gebührenbefreiung	87
11. Nachträgliche Eintragung des Höchstbetrags des Ersatzes	26		
12. Nachträgliche Bestellung eines Vertreters	27		
13. (Einheits-)Hypothek	28		

Stichwortverzeichnis

Abtretung 17, 18, 52, 54, 56, 58, 60, 63 ff., 70, 74; s. auch Berechtigter
Antennenrecht 29
Aufhebung 19, 20
Berechtigter 1 ff., 7, 46
Briefhypothek 9, 14, 64
Briefvermerk 24, 64
Buchhypothek 9, 14, 64
Dauerwohnrecht s. Raumeigentum
Dienstbarkeit 29; s. auch Nießbrauch und Tankstellendienstbarkeit
Eigentümerrecht 22, 61, 64, 68
Einheitshypothek 28, 54
Erbbaurecht 1, 29
Erben 4, 5
Euro-Umstellung 31a
Forderungsersetzung 15, 16
Garagenrecht 29
Gebührenermäßigung 86
Gemeinschaft 4, 5
Gesamtrecht 2, 21, 76 ff., 81 ff.; s. auch Mehrere Grundstücke
Gleichzeitiger Antrag 72, 73, 84
Grundstücksgleiches Recht 1; s. auch Raumeigentum
Heimfallanspruch 29
Höchstbetrag 2, 26, 64
Höchstbetragshypothek 11, 12
Inhalt 2
Kündigung s. Zahlungsbedingungen
Löschung 2, 19 ff.
Löschungsanspruch 31, 48 ff.
Löschungsvormerkung 40 ff., 69, 75

Mehrere Grundstücke 71 ff.; s. auch Gesamtrecht und die einzelnen Gegenstände
Mehrere Rechte 52 ff., 81 ff.; s. auch die einzelnen Gegenstände
Mehrere Veränderungen 56 ff.; s. auch die einzelnen Gegenstände
Mithaft 2, 20; s. auch Gesamtrecht
Namensänderung 3
Nießbrauch 7, 18, 42
Pfändung 2, 7, 52
Rang 2, 23, 24, 32 ff., 47, 60 ff., 74 ff.
Raumeigentum 29
Reallast 42
Sicherungshypothek 9, 11
Sondereigentum 1, 29
Tankstellendienstbarkeit 30; s. auch Dienstbarkeit
Teileigentum s. Raumeigentum
Teilrecht 16, 54, 57
Teilung 17, 18, 56
Tilgungshypothek 8, 25
Treuhänder 2
Todesnachweis 2
Umstellung 31a, 87
Umwandlung 8 ff., 25, 59, 61, 64, 68
Unterwerfung 10, 13, 28
Veränderung 2
Verfügungsbeschränkung 2, 29
Verkehrshypothek 8
Verlängerung 30
Verpfändung 2, 7, 18, 52
Verteilung 21, 22
Vertreter 27
Verwaltung 29

§ 64

Verzicht 19 ff., 64
Verzinsung 13, 15, 24, 28, 54, 57, 59, 60 ff.
Vorkaufsrecht 6
Vormerkung 2
Wertersatz s. Höchstbetrag
Widerspruch 2
Wiederkaufsrecht 44
Wohnungseigentum s. Raumeigentum

Wohnungserbbaurecht s. Raumeigentum
Wohnungsrecht 44
Zahlungsbedingungen 13, 25, 28, 54, 57, 61 ff., 70
Zeitpunkt 6
Zinssatz s. Verzinsung
Zugangsrecht 29
Zwangsvollstreckung s. Unterwerfung

I. Veränderung eines Rechts (Abs. 1 S. 1)

1 § 64 knüpft an § 62 an und regelt die Veränderung seiner „Belastungen". Beim **Erbbaurecht** tritt jedoch für die Eintragung eines neuen Berechtigten § 60 (mit § 61) an die Stelle des § 64 (§ 77), desgleichen bei grundstücksgleichen (§§ 77, 78) „ähnlichen Rechten". Bei Änderungen des Inhalts des **Sondereigentums** ist § 64 entsprechend anzuwenden (§ 76 Abs. 2, 4). Die Begünstigung des § 62 Abs. 2 wiederholt sich in § 64 nicht, die Gebühr ist mithin immer die halbe.

2 **Veränderung** ist abzugrenzen gegen die Eintragung des Rechts (§ 62 Rn. 3) und seine Löschung (§ 68) sowie gegen die in den §§ 65 bis 67 geregelten Verfügungsbeschränkungen, Vormerkungen, Widersprüche und sonstigen Eintragungen. Gegenstand der Veränderung sind danach vor allem die **Person** des Berechtigten, der **Inhalt** des Rechts, sein **Rang**, aber auch die **Belastung des Rechts** (Pfändung, Verpfändung) und seine Veränderung (Löschung wiederum § 68). Inhaltsänderung sind nicht die nachträgliche Eintragung, dass zur Löschung des auf Lebenszeit bestellten Rechts der **Nachweis des Todes** genügen soll, sie dient lediglich der Erleichterung der Löschung und fällt unter § 67. Gleiches gilt für die nachträgliche Eintragung des Höchstbetrags des **Wertersatzes** (§ 882 BGB: Erleichterung der Zwangsversteigerung). Erst recht ist der **Mithaftvermerk** (vgl. § 63 Rn. 23) keine Veränderung, vielmehr die Eintragung des Rechts auf einem weiteren Grundstück, also die Begründung oder Erweiterung eines echten oder unechten (§ 63 Abs. 2 S. 2) Gesamtrechts.

II. Die wichtigsten Veränderungen, Wert

1. Wechsel des Berechtigten

3 Wechsel des Berechtigten, kraft Rechtsgeschäfts oder Gesetzes. Liegt nur eine Namensänderung vor (wie § 60 Rn. 3 ff.), ist nicht § 64, sondern § 67 anzuwenden.[1]

4 Geschäftswert ist der Wert des Rechts oder des übergegangenen Teils nach den §§ 18 ff.; bei Gemeinschaften zur gesamten Hand findet zudem § 61 entsprechende Anwendung (Abs. 4 S. 2).

5 **Beispiel:** Ist der als Gläubiger einer Hypothek von 10 000 Euro Eingetragene von seinen zwei Kindern zur Hälfte beerbt worden und lassen diese die Hypothek auf sie in Erbengemeinschaft eintragen, so Gebühr aus 10 000 Euro. Wird dann die Hypothek auf Grund der Auseinandersetzung auf die beiden Kinder je zur Hälfte umgeschrieben, so Gebühr nur aus (2 × 2500) = 5000 Euro. Lassen die Kinder die Hypothek vom Vater auf sie je zur Hälfte umschreiben, so Gebühr aus 10 000 Euro. Es gilt hier das, was in den Erläuterungen zu § 61 gesagt ist. In unserem Beispiel handelt es sich um ein Recht, das verändert wird, und eine Gebühr. Handelte es sich um zwei Hypotheken von je 5000 Euro, so wären zu erheben: für die Umschreibung auf die Kinder in Erbengemeinschaft zwei Gebühren aus je 5000 Euro; für die weitere Umschreibung in der Weise, dass jedes Kind als Alleinberechtigter je einer Hypothek eingetragen wird, zwei Gebühren nach einem Wert von je 2500 Euro; bei direkter Umschreibung je einer Hypothek vom Vater auf jedes Kind zwei Gebühren aus je 5000 Euro.

6 Der Wert ist nach dem Zeitpunkt der Eintragung der Veränderung zu bestimmen (§ 18 Abs. 1). Ist jetzt zB mit der Ausübung eines **Vorkaufsrecht** nicht mehr zu rechnen, kann nicht der Regelwert des § 20 Abs. 2, sondern nur noch ein geringer Bruchteil des Grundstückswerts von vielleicht 5–10% genommen werden.[2]

---

[1] Vgl. OLG Celle Nds.Rpfl. 1953, 141.
[2] So im Ergebnis auch OLG Schleswig JurBüro 1987, 584; vgl. auch § 68 Rn. 29.

2. Belastung des Rechts

In Betracht kommen vor allem die Eintragung eines Pfandrechts auf Grund Rechtsge- 7
schäfts oder im Wege der Zwangsvollstreckung, Wert § 23 Abs. 1, sowie eines Nießbrauchs, Wert § 24. Gleiches gilt für den Wechsel des Berechtigten des Rechts am Recht
(vgl. Rn. 2, 3).

3. Umwandlung von Grundpfandrechten:

einer **Verkehrshypothek in eine Tilgungshypothek,** Wert § 30 Abs. 1 (Bruchteil: 8
Bedingungsänderung).

einer **Sicherungshypothek in eine Buch- oder Briefhypothek,** Wert wie vor. Zu 9
beachten ist, dass die Hypothek Buchhypothek bleibt, wenn nicht Umwandlung in eine
Briefhypothek erfolgt, vgl. § 67 Rn. 4. Ggf. tritt die Gebühr aus § 67 Abs. 1 Nr. 2 hinzu.

einer **Grundschuld in eine Hypothek.** Weil die der Hypothek zugrunde gelegte For- 10
derung miteingetragen wird, ist der volle Kapitalbetrag Geschäftswert.[3] In aller Regel wird
die Unterwerfungsklausel neu eingetragen, dafür Gebühr § 67 Abs. 1 Nr. 6.

einer **Hypothek** (auch Sicherungs- oder Höchstbetragshypothek) **in eine Grund-** 11
schuld. Wegen wesentlicher Erweiterung des Gläubigerrechts Wert = voller Kapitalbetrag.
Wegen der Frage, ob bei Umwandlung der Sicherungshypothek eine Buch- oder Briefgrundschuld entsteht, s. Rn. 9.

einer **Höchstbetragshypothek in eine Hypothek,** Wert voller Kapitalbetrag. Ob 12
Brief- oder Buchrecht s. Rn. 9.

Soweit der volle Kapitalbetrag als Geschäftswert in Betracht kommt, ist die Eintragung 13
neuer Verzinsungs- und Zahlungsbedingungen gebührenfreies Nebengeschäft der Eintragung,[4] im anderen Falle ist der Wert dieser Veränderungen dem für die Umwandlung festgestellten Wert hinzuzurechnen; dabei darf der Wert des Rechts nicht überschritten werden
(Abs. 4 S. 1). Wird auf Antrag die Eintragung der Unterwerfungsklausel wiederholt (oder
wird sie jetzt erstmalig eingetragen), so löst diese Eintragung zusätzlich die Gebühr des
§ 67 Abs. 1 Nr. 6 aus.

Über die Umwandlung einer Buchhypothek usw. in eine Briefhypothek usw. und um- 14
gekehrt s. § 67 Abs. 1 Nr. 2.

4. Ersetzung der Forderung

Ersetzung der Forderung, für die eine Hypothek besteht, durch eine andere; die neue 15
Forderung kann dem bisherigen Gläubiger zustehen; es kann aber auch die Forderung eines anderen Gläubigers der Hypothek unterlegt werden. Dann ist die Umschreibung der
Hypothek auf den neuen Gläubiger einzutragen mit dem Zusatz, dass die (zu bezeichnen-
de) neue Forderung an die Stelle der bisherigen tritt. Eigentlich liegen hier zwei Eintragungen vor, für die je der Betrag der Hypothek maßgebend ist. Nach Abs. 3, 4 wird aber
nur eine Gebühr vom Betrag der Hypothek[5] erhoben. Auch hier bleibt die Eintragung der
neuen Verzinsungsbedingungen gebührenrechtlich außer Betracht.[6]

Wird die Forderung nur zu einem Teilbetrag durch eine andere ersetzt, so ist dieser 16
Teilbetrag maßgebend. Dadurch entstehen mehrere selbständige Rechte; das kann (wegen
Abs. 4) bei späteren Eintragungen von Bedeutung sein.

5. Teilung einer Hypothek usw.

Erfolgt die Eintragung gleichzeitig mit der Abtretung des abgezweigten Teiles, so wird 17
für die Teilung nicht besonders berechnet; andernfalls ist als Wert der Betrag des abgezweigten (geringeren) Teiles anzunehmen, bei Zerlegung in mehr als zwei Teile die Summe
der abgezweigten Teile, so dass der höchste der Teilbeträge außer Betracht bleibt.[7]

---

[3] Vgl. KG JFGErg. 17, 105 = JVBl. 1938, 10.
[4] KG zu Rn. 10.
[5] KG JW 1934, 434.
[6] Vgl. KGJ 36 B 28.
[7] KGJ 36 B 26.

18 Auch die Abtretung der Hypothek an verschiedene Gläubiger in Teilbeträgen oder nach Bruchteilen kann die Teilung der Hypothek herbeiführen, desgl. die Bestellung eines Pfandrechts oder eines Nießbrauchs an einem Teil der Hypothek oder der Übergang eines Teiles kraft Gesetzes; die Eintragung der „Teilung" bleibt dabei gebührenrechtlich unberücksichtigt.[8]

6. Verzicht des Gläubigers auf die Hypothek

19 Verzicht (§ 1168 BGB) und Aufhebung (§ 1183 BGB) unterscheiden sich dadurch, dass der Verzichtende nur sein hypothekarisches Gläubigerrecht, der Aufhebende die Hypothek selbst beseitigen will; das Erstere erreicht er ohne Mitwirkung des Eigentümers (die Hypothek geht auf den Eigentümer über), das Letztere nur mit dessen Zustimmung, die allerdings auch „einseitig" ist wie die Aufhebungserklärung des Gläubigers. Für die Eintragung der Aufhebung (= Löschung der Hypothek) ist die Löschungsgebühr nach § 68 zu erheben. Wert in beiden Fällen: § 23 Abs. 2 Halbs. 1.

20 **Freigabe eines Grundstücks** aus der Hypothek (Entlassung aus der Mithaft) ist Aufhebung, nicht Verzicht; ihre Eintragung bedarf der Zustimmung des Eigentümers; Gebühr § 68. Durch den Verzicht des Gläubigers auf die Hypothek an einem der mit ihr belasteten Grundstücke erlischt zwar die Hypothek an diesem kraft Gesetzes (§ 1175 Abs. 1 S. 2 BGB); wirkt aber der Eigentümer nicht mit, so dass der Verzicht nicht einer rechtsgeschäftlichen Aufhebung gleichsteht, wird nur der Verzicht als solcher eingetragen; für diese Eintragung ist die Gebühr des § 64 zu erheben; die spätere Löschung auf dem freigegebenen Grundstücke fällt unter § 68, es sei denn, dass die Löschung von Amts wegen (§ 82 GBO) erfolgt: § 70 Abs. 1. Aber auch die Gebühr für die Eintragung des Verzichts ist unter entsprechender Anwendung des § 68 nach dem geringeren Wert des Grundstücks zu berechnen.

7. Verteilung einer Gesamthypothek

21 Verteilung einer Gesamthypothek (Grundschuld, Rentenschuld) auf die einzelnen Grundstücke (§ 1132 Abs. 2 BGB).[9] Durch sie werden aus der bisherigen Gesamthypothek Einzelhypotheken an den einzelnen Grundstücken, die zusammen dem Betrag der bisherigen Gesamthypothek gleichkommen. Sie ist materiell ein Verzicht auf die Hypothek an den einzelnen Grundstücken in Höhe des Betrags, der auf sie nicht zugeteilt wird; durch die Eintragung erlischt die Gesamthypothek an den einzelnen Grundstücken in Höhe des Mehrbetrages kraft Gesetzes. Wert: § 30 Abs. 1.[10] Die Löschung der Mehrbeträge ist Bestandteil der Durchführung des Verzichts; der Zustimmung des Eigentümers dazu bedarf es nicht. Für die Löschung ist deshalb keine besondere Gebühr zu erheben,[11] dies selbst dann nicht, wenn sie nachträglich erfolgt, um das Grundbuch mit dem durch die Eintragung der Verteilung herbeigeführten Rechtszustand in Übereinstimmung zu bringen.[12]

22 Das Gleiche gilt für die Verteilung der Eigentümerhypothek durch die Eigentümer der belasteten Grundstücke in den Fällen §§ 1172 Abs. 2, 1175 Abs. 1 letzter Halbs. BGB. Hier ist § 64 schon deshalb anzuwenden, weil dabei auch eine Umschreibung der Eigentümerhypothek auf die einzelnen Eigentümer stattfindet.

8. Rangvorbehalt

23 Seine Eintragung mit dem Recht ist gebührenfreies Nebengeschäft (§ 35), seine nachträgliche Eintragung eine Veränderung des zurücktretenden Rechts. Wert: § 30 Abs. 1.[13]

---

[8] KG JFGErg. 17, 105.
[9] BayObLGZ 1981, 95 = Rpfleger 1981, 326.
[10] BayObLG 1981, 95 = Rpfleger 1981, 326; dazu § 30 Rn. 97.
[11] BayObLG 1981, 95 = Rpfleger 1981, 326.
[12] Vgl. RGZ 70, 94.
[13] OLG Düsseldorf Rpfleger 1978, 466; etwa 25% des Vorbehalts, *Lappe* Anm. KostRsp. § 30 Nr. 52.

Neben einer Auflassungsvormerkung wird die Gebühr nicht erhoben.[14] Zur Rangänderung s. Rn. 32 ff.

9. Zinssatz

Wert der Änderung des Zinssatzes § 24. Dies gilt sowohl von der Zinsermäßigung als von der -erhöhung, mögen bei der Letzteren, falls der Zinssatz über 5% erhöht wird, die gleich- oder nachgehenden Berechtigten zustimmen oder nicht (dies hat nur für den Rang der Mehrzinsen Bedeutung, § 1119 BGB).[15] Bei Eintragung der Zinserhöhung über 5% hinaus wird, wenn die nachstehenden Berechtigten nicht zustimmen, ein Rangvermerk dahin eingetragen, dass die über 5% hinausgehenden Zinsen Rang nach den Nachrechten haben. Dieser Vermerk ist gebührenfrei. Stimmen die Nachberechtigten zu, so ist dies keine Vorrangseinräumung; die erhöhten Zinsen werden bei der Hypothek ohne Rangvermerk eingetragen und haben dann von selbst Rang vor den Nachrechten. (Unnötigerweise eingetragene Rangvermerke sind nicht gebührenpflichtig, da falsche Sachbehandlung, § 16.) Der dann auf die Briefe über die Nachrechte zu setzende Vermerk[16] ist gebührenfreies Nebengeschäft. 24

10. Zahlungsbedingungen

Wert der Änderung der Zahlungsbedingungen § 30 Abs. 1. Hierher fällt auch die Umwandlung einer Hypothek in eine Tilgungshypothek. 25

11. Nachträgliche Eintragung des Höchstbetrags des Ersatzes

Nachträgliche Eintragung des Höchstbetrags des Ersatzes, der im Falle des Erlöschens eines Rechtes bei der Zwangsversteigerung aus dem Erlöse zu zahlen ist (§ 882 BGB); s. Rn. 2. 26

12. Nachträgliche Bestellung eines Vertreters

Nachträgliche Bestellung eines Vertreters des jeweiligen Gläubigers (eines Treuhänders, gewissermaßen Bevollmächtigten) bei einer Hypothek für die Forderung aus Teilschuldverschreibungen usw. (§ 1189 BGB), insbesondere also nach Wegfall des bisher eingetragenen Treuhänders. Wert unter Berücksichtigung der dem Treuhänder eingeräumten Befugnisse nach § 30 Abs. 1. 27

13. (Einheits-)Hypothek

(Einheits-)Hypothek durch Zusammenfassung mehrerer im Range unmittelbar aufeinander folgender Hypotheken. Wert § 30 Abs. 1. Die Gebühr des § 64 erfällt, weil mehrere Rechte verändert werden, für jede Hypothek besonders. Sind die Verzinsungs- und Zahlungsbedingungen der zu vereinigenden Hypotheken verschieden, so müssen sie einander angeglichen werden. Wenn die Eintragung dieser Veränderungen auch gleichzeitig mit der Eintragung der Zusammenfassung erfolgt, so sind es doch selbständige Veränderungen, und zwar bei jedem der Rechte. Deshalb sind die Gebühren für jedes Recht besonders zu berechnen, und zwar je nach dem zusammengerechneten Wert der bei ihm eingetretenen Veränderungen.[17] Wird dabei der Forderungsbetrag erhöht und eine neue Hypothek eingetragen, die gleichzeitig mit den bestehenden Hypotheken zu der Einheitshypothek zusammengefasst wird, so sind für diese Eintragung ebenfalls zwei Gebühren zu erheben: die für die Neueintragung (§ 62) und die für die Veränderung = Zusammenfassung (§ 64).[18] Wird dabei auf Antrag die Unterwerfungsklausel bezüglich der Einheitshypothek wiederholt, so erfällt zusätzlich die Gebühr des § 67 Abs. 1 Nr. 6; bei der Wertbemessung ist von der Einheitshypothek auszugehen. 28

---

[14] OLG Celle Rpfleger 1995, 273; OLG Düsseldorf Rpfleger 1998, 446; OLG Frankfurt Rpfleger 1993, 109; OLG Hamm Rpfleger 1997, 85; KG Rpfleger 1996, 33; OLG Köln Rpfleger 1992, 497 = KostRsp. § 66 Nr. 9 m. Anm. *Lappe;* OLG Zweibrücken Rpfleger 1996, 217.
[15] So auch KG JFGErg. 7, 141; 18, 141.
[16] Vgl. KGJ 43 A 234.
[17] KG JFGErg. 17, 100 = DNotZ 1937, 822.
[18] Vgl. KGJ 43 A 234.

14. Veränderungen bei Erbbaurechten, Wohnungseigentum, Wohnungserbbaurechten und Dauerwohnrechten

29 Hierher gehört zB beim Erbbaurecht die Eintragung von Veränderungen betreffend die Tragung öffentlicher Lasten (Wert § 24), den Heimfallanspruch (Wert § 30 Abs. 1); bei Dauerwohnrechten die Eintragung von Inhaltsänderungen, zB betreffend eine Veräußerungsbeschränkung, den Heimfallanspruch; bei Wohnungseigentum solche über dessen Inhalt, zB nachträgliche Eintragung der Begründung oder Aufhebung[19] von Verfügungsbeschränkungen nach § 12 WEG, über die Verwaltung des gemeinschaftlichen Eigentums, Zugangs-, Garagen-, Antennenrechte usw. (Wert § 30 Abs. 1). Werden die letzteren aber als Dienstbarkeit vereinbart und eingetragen, so findet § 62 Anwendung. Eine Inhaltsänderung (Bestandsänderung) liegt auch vor bei Verkleinerung oder Vergrößerung von Miteigentumsanteilen, selbst wenn das Sondereigentum unverändert bleibt.[20] Bei Wohnungseigentum und Wohnungserbbaurecht erfällt die Gebühr für jedes Wohnungseigentum usw. gesondert, ohne Rücksicht darauf, ob für jedes ein besonderes Blatt angelegt ist oder nicht. S. iÜ § 77 Abs. 1.

15. Verlängerung der Laufzeit

30 Verlängerung der Laufzeit von Rechten, mögen sie vom Leben einer Person abhängen oder sonst befristet sein; Beispiel: Tankstellendienstbarkeit;[21] Wert § 24.

16. Ausschluss des Löschungsanspruchs

31 Dazu Rn. 48 ff.

17. Umstellung

31 a Umstellung wertbeständiger Rechte und früherer Währungen auf DM/Euro (insbesondere von **DDR-Mark** gemäß Art. 7 § 1 Abs. 1 des Staatsvertrags über die Schaffung einer Währungs-, Wirtschafts- und Sozialunion vom 18. 5. 1990, BGBl. II S. 537, §§ 1 ff. GBBerG). Wert ist der neue Nennbetrag, § 23 Abs. 2. S. jedoch Rn. 87. Zur **Euro-Umstellung** s. Anh. B, C I.

III. Rangänderung (Abs. 1 S. 1, Abs. 5)

32 Veränderung iS des § 64 ist nur die **nachträgliche** Einräumung des Vorrangs oder Gleichrangs (§ 880 BGB), nicht aber die **Rangbestimmung** bei der Eintragung mehrerer Rechte (§ 879 Abs. 2 BGB), sie fällt unter § 35. Zum **Rangvorbehalt** s. Rn. 23.

33 Die **Rangänderung** ist materiell- und grundbuchrechtlich eine Veränderung sowohl des vortretenden als auch des zurücktretenden Rechts (vgl. § 880 Abs. 2 BGB), für die Gebühr des Abs. 1 S. 1 gilt sie jedoch nur als eine Veränderung des **zurücktretenden** Rechts, wobei die **Wertvorschrift** des § 23 Abs. 3 S. 1 unberührt bleibt (Abs. 5). Maßgebend ist mithin der geringere Wert des vor- oder zurücktretenden Rechts, jeder bemessen nach den §§ 18 ff.

34 Tritt ein Recht **hinter mehrere** Rechte zurück, ist für den Wertvergleich die Summe der zurücktretenden Rechte maßgebend. Dass **Zwischenrechte** unberührt bleiben (§ 880 Abs. 5 BGB), wirkt sich bei der Veränderung des Rangs des vor- und des zurücktretenden Rechts nicht aus. Erst recht gilt das für die relativen Auswirkungen eines Rangvorbehalts (§ 881 Abs. 4 BGB), weil sie sich erst in der Zwangsversteigerung zeigen.

35 Beim **Rücktritt mehrerer Rechte** ist für jedes zurücktretende Recht (Abs. 5) gesondert zu berechnen (Abs. 2); die dadurch eintretende Gebührenhäufung wird als verfassungsgemäß angesehen.[22]

---

[19] *Wilsch* NotBZ 2007, 305, 308.
[20] BayObLG DNotZ 1959, 40 = Rpfleger 1959, 277.
[21] LG Bayreuth JurBüro 1985, 1228.
[22] OLG Hamm Rpfleger 1988, 101; BVerfG – Vorprüfungsausschuss –, Beschluss vom 26. 1. 1988, 1 BvR 1206/87, das allerdings das mögliche Missverhältnis zum wirtschaftlichen Wert nicht voll erkannt hat.

Beispiel: Es sind eingetragen: Nr. 1 100 000 Euro, Nr. 2 150 000 Euro, Nr. 3 80 000 Euro. Nr. 1 **36** räumt Nr. 2 den Vorrang ein: halbe Gebühr aus 100 000 Euro. Oder: Nr. 2 räumt Nr. 3 den Vorrang ein: halbe Gebühr aus 80 000 Euro. Oder: Nr. 2 räumt Nr. 3 den gleichen Rang ein: halbe Gebühr aus 80 000 Euro. Oder: Nr. 1 räumt Nr. 2 und 3 den Vorrang ein: halbe Gebühr aus 100 000 Euro.

Beispiel: Grundbuchstand wie Rn. 36. Nr. 1 und 2 räumen Nr. 3 den Vorrang ein: zwei halbe **37** Gebühren aus 80 000 Euro.

Beispiel: Grundbuchstand wie Rn. 36. Nr. 1 räumt Nr. 3 den Vorrang ein. Das führt zur Rang- **38** folge: Nr. 3 80 000 Euro, Nr. 1 20 000 Euro, Nr. 2 150 000 Euro, Nr. 1 80 000 Euro; halbe Gebühr aus 80 000 Euro. Alternative: Grundbuchstand Nr. 1 80 000 Euro, Nr. 2 150 000 Euro, Nr. 3 100 000 Euro, Nr. 1 räumt Nr. 3 den Vorrang ein. Das führt zur Rangfolge: Nr. 3 80 000 Euro, Nr. 2 150 000 Euro, Nr. 3 20 000 Euro, Nr. 1 80 000 Euro; halbe Gebühr aus 80 000 Euro.

Bei **mehreren Veränderungen** des vor- und des zurücktretenden Rechts wirkt sich **39** Abs. 5 ebenfalls aus. Wird beispielsweise das vortretende Recht zugleich abgetreten, so fallen gesonderte Gebühren für die Abtretung und die Rangänderung an, erfolgt hingegen mit dem Rangrücktritt eine Abtretung des zurücktretenden Rechts, wird nur eine Gebühr aus der Summe der Werte von Rangänderung und Abtretung, höchstens aus dem Wert des Rechts berechnet (Abs. 3, 4).

IV. Löschungsvormerkung (Abs. 1 S. 2, Abs. 5)

Die Eintragung der Löschungsvormerkung (§ 1179 BGB) **mit dem begünstigten** **40** **Recht** (§ 1179 Nr. 1, 2 BGB) ist gebührenfrei (§ 62 Abs. 3 S. 2; dazu § 62 Rn. 19ff.). **Fehlt** es an einem solchen Recht (§ 1179 Nr. 2 BGB) oder erfolgt die Eintragung **später,** so gilt sie gebührenrechtlich nicht als Vormerkung (§ 66 Abs. 1 S. 2 Halbs. 2), sondern als Veränderung iS des § 64 (Abs. 1 S. 2), und zwar des **zu löschenden** Rechts, bei dem also die Vormerkung eingetragen wird, nicht auch des begünstigten Rechts, wobei die **Wertvorschrift** des § 23 Abs. 3 S. 2 unberührt bleibt (s. dort Rn. 23 ff.). Steht dem Berechtigte „nur" ein schuldrechtlicher Anspruch zu, so lässt sich § 23 Abs. 3 S. 2 entsprechend anwenden:[23] höchstens Wert des Anspruchs auf Einräumung des Rechts am Grundstück oder auf Eigentumsübertragung, bei bedingten Ansprüchen in beiden Fällen mit einem Bruchteil des sich aus den §§ 18ff. ergebenden Werts (anders teils § 23 Rn. 27, doch kommt dem wohl nur selten praktische Bedeutung zu). Die Löschung der Löschungsvormerkung fällt unter § 68.

Die Löschungsvormerkung **bei mehreren Rechten** zugunsten desselben Berechtigten **41** löst mehrere Gebühren aus (Abs. 2), die Löschungsvormerkungen bei demselben Recht zugunsten **mehrerer Berechtigter** eine Gebühr aus der Summe der für die einzelnen Vormerkungen gebildeten Werte (Abs. 3), höchstens aus dem Wert des Rechts, bei dem die Eintragung erfolgt (Abs. 4).[24]

Beispiel: Es sind eingetragen: Abt. III Nr. 1 100 000 Euro, Nr. 2 150 000 Euro; Abt. II Nr. 5 **42** Reallast, Wert 80 000 Euro, Nr. 6 Nießbrauch, Wert 200 000 Euro. Bei Abt. III Nr. 1 wird die Löschungsvormerkung für Abt. II Nr. 5 eingetragen: halbe Gebühr aus 80 000 Euro. Oder: Bei Abt. III Nr. 1 wird eine Löschungsvormerkung für Abt. II Nr. 6 eingetragen: halbe Gebühr aus 100 000 Euro.

Beispiel: Grundbuchstand wird Rn. 42. Bei Abt. III Nr. 1 wird eine Löschungsvormerkung für **43** Abt. II Nr. 5 und 6 eingetragen: halbe Gebühr aus (80 000 + 100 000, höchstens jedoch aus) 100 000 Euro. Oder: Bei Abt. II Nr. 1 und 2 werden Löschungsvormerkungen für Abt. II Nr. 5 eingetragen: zwei halbe Gebühren aus 80 000 Euro.

Beispiel: Grundbuchstand wie Rn. 42. Bei Abt. III Nr. 1 und 2 werden Löschungsvormerkungen **44** für X eingetragen, dem ein Anspruch auf Eintragung eines Wohnungsrechts zusteht, Wert (§ 24) 120 000 Euro: zwei halbe Gebühren aus 100 000 Euro bzw. 120 000 Euro. Oder: Eintragung der Löschungsvormerkungen für Y, der Berechtigter eines Wiederkaufsrechts ist, Wert (§ 20 Abs. 2) 300 000 Euro: zwei halbe Gebühren aus 100 000 Euro bzw. 150 000 Euro. Alternative: Hat das Wiederkaufsrecht nur einen Wert von 120 000 Euro, sollte wie beim Wohnungsrecht des X berechnet werden.

---

[23] AA BayObLGZ 1997, 172 = Rpfleger 1997, 540 = KostRsp. Nr. 12 m. abl. Anm. *Lappe.*
[24] KG JFGErg. 18, 161 = DNotZ 1939, 140.

45 Treffen mit der Löschungsvormerkung **weitere Veränderungen** zusammen, so kommt wiederum Abs. 5 Bedeutung zu: Die weitere Veränderung des **begünstigten** Rechts wird besonders berechnet (Abs. 2), für die des **zu löschenden** Rechts gelten Abs. 3, 4. Bildet dessen voller Wert nach § 23 Abs. 3 S. 2 bereits den Wert der Löschungsvormerkung, wirken sich die weiteren Veränderungen nicht mehr aus; ist hingegen der geringere Wert des begünstigten Rechts maßgebend, steht noch die Differenz bis zum vollen Wert zur Verfügung.

46 **Wechselt der Berechtigte** der Löschungsvormerkung und ist dies eine Folge des Wechsels des Gläubigers des begünstigten Rechts, bildet die Eintragung bei der Löschungsvormerkung ein **Nebengeschäft** der Eintragung des Gläubigerwechsels beim begünstigten Recht (§ 35, wie § 62 Abs. 3 S. 2).[25] Wird hingegen der Wechsel des Berechtigten der Löschungsvormerkung **isoliert** eingetragen – insbesondere in den Fällen des § 1179 Nr. 2 BGB –, so wird dafür die Gebühr des Abs. 1 S. 1 aus dem Wert der Löschungsvormerkung (§ 23 Abs. 3 S. 2) erhoben.

47 Die Eintragung einer „Löschungsvormerkung" mit einem **Rangvorbehalt** löst keine besondere Gebühr aus (wie § 62 Rn. 23).

V. Ausschluss des Löschungsanspruchs

48 Der Ausschluss des Löschungsanspruchs (§§ 1179a Abs. 5, 1179b Abs. 2 BGB) betrifft den Inhalt des **nachrangigen** Rechts, dessen Anspruch auf Löschung des vor- oder gleichrangigen Rechts also ausgeschlossen wird. Bei der Eintragung des nachrangigen Rechts gilt die Gebühr des § 62 den Ausschluss (die Ausschlüsse) ab. Die **spätere** Eintragung des Ausschluss ist eine Veränderung des nachrangigen Rechts iS des § 64. Der Wert wird durch den des nachrangigen, höchstens den des vor(gleich-)rangigen – also nicht mehr zu löschenden – Rechts bestimmt (§ 23 Abs. 3 S. 3; dazu § 23 Rn. 28 ff.).

49 Wird der Anspruch auf Löschung **mehrerer Rechte** ausgeschlossen, handelt es sich um mehrere Veränderungen desselben Rechts, folglich eine Gebühr aus der Summe der nach § 23 Abs. 3 S. 3 bestimmten Werte der einzelnen Ausschlüsse, höchstens aus dem Wert des nachrangigen Rechts (Abs. 3, 4).

50 Wird hingegen **bei mehreren Rechten** der Anspruch auf Löschung vor- oder gleichrangiger Rechte ausgeschlossen, so werden besondere Gebühren erhoben (Abs. 2), also selbst dann, wenn es die um die Löschung desselben Rechts geht.

51 Die **Aufhebung** des Ausschlusses des Löschungsanspruchs (§§ 1179a Abs. 5 S. 3, 1179b Abs. 2 BGB) löst die Gebühr des § 68 aus.

VI. Veränderungen mehrerer Rechte (Abs. 2)

52 Werden Veränderungen bei mehreren Rechten gleichzeitig eingetragen, so wird für **jedes Recht besonders** berechnet. Werden zB mehrere Grundschulden abgetreten, wenn auch an dieselbe Person, oder verpfändet oder gepfändet, wenn auch für dieselbe Forderung, so wird für die Eintragung bei jeder Grundschuld auch dann besonders berechnet, wenn die Grundschulden auf demselben Grundbuchblatt eingetragen sind und die Eintragung durch einen Vermerk erfolgt. Es kommt hier also wesentlich auf die Frage an, ob eine Eintragung ein Recht oder mehrere Rechte ergreift (§ 63).

53 Zur **Rangänderung** s. Rn. 32 ff., zur **Löschungsvormerkung** Rn. 40 ff.

54 Auch durch eine Änderung können **aus einem Recht mehrere Rechte** oder **aus mehreren Rechten ein Recht** werden. Maßgebend ist dann der Stand vor der Veränderung, für spätere Veränderungen aber der durch die frühere geschaffene Zustand. Wird eine Hypothek in Teilbeträgen an verschiedene Gläubiger abgetreten, so liegt Veränderung eines Rechts vor, daher eine Gebühr nach dem zusammengerechneten Wert der Teilbeträge. Werden – erst – die Zins- und Zahlungsbedingungen der Teilhypotheken geändert, so

---

[25] KG Rpfleger 1968, 67.

werden die Gebühren getrennt berechnet.[26] Werden die Teilhypotheken, wenn auch an demselben neuen Gläubiger, abgetreten, so gleichfalls getrennte Gebühren.[27] Durch den Übergang der Teilhypotheken auf einen Gläubiger werden sie wieder zu einer einheitlichen Hypothek, vorausgesetzt, dass sie gleichen Rang haben. Bei Eintragung späterer Veränderungen wird dann nur ein Recht verändert;[28] so auch nach Zusammenfassung mehrerer Hypotheken zu einer Einheitshypothek.

Liegen hiernach Veränderungen mehrerer Rechte vor und werden deshalb nach Abs. 2 **55** die Gebühren getrennt berechnet, so können, wenn die belasteten Grundstücke in den Bezirken **verschiedener Grundbuchämter** liegen, bei gleichzeitiger Antragstellung für jedes der Rechte mehrere Gebühren ($1/2$ oder $1/4$) entstehen (Abs. 6, der auf § 63 Abs. 2, 3 verweist).

VII. Mehrere Veränderungen desselben Rechts (Abs. 3, 4)

Mehrere Veränderungen desselben Rechts werden je für sich bewertet; nur wenn die **56** eine Veränderung die andere notwendig in sich schließt und deshalb die letztere keine selbständige Bedeutung hat, bleibt sie unberücksichtigt;[29] so insbesondere bei der Abtretung oder Belastung eines Teils einer Hypothek die Eintragung der Teilung. Werden mehrere – an sich selbständige – Veränderungen gleichzeitig bei demselben Recht eingetragen, so wird nur eine Gebühr nach dem zusammengerechneten Wert der Veränderungen erhoben (Abs. 3).

Beispiel: Hypothek über 10 000 Euro. Der Zinssatz wird um 1% erhöht, die Kündigung auf **57** fünf Jahre ausgeschlossen.
Änderung des Zinssatzes $12^{1}/_{2}$ mal 100 (§ 24 Abs. 1 b) .... 1250 Euro
Änderung der Zahlungsbedingungen (§ 30 Abs. 1, hier mit 10% des Kapitals bewertet)   1000 Euro
halbe Gebühr aus .... 2250 Euro

Beispiel: Grundschuld von 100 000 Euro. Abtretung eines letztrangigen Teils von 30 000 Euro. **58**
Abtretung (§ 23 Abs. 2) .... 30 000 Euro
Vorrangseinräumung (§ 23 Abs. 3 S. 1) .... 30 000 Euro
halbe Gebühr aus .... 60 000 Euro
Die Abtretung allein verändert den Rang nicht, beide Teilgrundschulden haben gleichen Rang. Die Rangänderung (Abtretung eines „letztrangigen Teils") stellt mithin eine weitere Veränderung dar.

Beispiel: Grundschuld von 100 000 Euro. Umwandlung der erststelligen 54 000 Euro in eine Dar- **59** lehenshypothek mit anderen Zins- und Zahlungsbedingungen.
Wert der Umwandlung (§ 23 Abs. 2) .... 54 000 Euro
Wert der Rangänderung (§ 23 Abs. 3 S. 1) .... 46 000 Euro
halbe Gebühr aus .... 100 000 Euro

Beispiel: Hypothek über 10 000 Euro. Abtretung von 3000 Euro mit Vorrang vor dem Rest und **60** gleichzeitige Erhöhung des Zinssatzes dieser 3000 Euro um 1%. Der Wert der Veränderungen ist: Abtretung 3000 Euro, Rangänderung 3000 Euro, Änderung des Zinssatzes 375 Euro, zusammen 6375 Euro.
Darüber, dass für die Eintragungsgebühr die Rangänderung besonders zu bewerten ist, s. das Beispiel Rn. 58. Auch die Änderung des Zinssatzes der abgetretenen 3000 Euro (Wert 375 Euro) rechnet mit. Dem steht Abs. 4 S. 1 nicht entgegen; denn der Wert des veränderten Rechts ist 10 000 Euro.

Beispiel: Hypothek über 40 000 Euro. Es wird eingetragen, dass die Hypothek sich in Höhe von **61** 11 000 Euro in eine Eigentümergrundschuld verwandelt hat und sie unter Umwandlung in eine Hypothek mit veränderten Zins- und Zahlungsbedingungen abgetreten wird, gleichzeitig wird den 11 000 Euro der Vorrang vor dem Rest eingeräumt.
Umwandlung in eine Eigentümergrundschuld (neben der Umwandlung
Übergang auf den Eigentümer) Wert .... 11 000 Euro
Abtretung unter Rückumwandlung in einer Hypothek, einschließlich der Änderung
des Zinssatzes usw. (Bestandteil der Umwandlung) .... 11 000 Euro
Rangänderung .... 11 000 Euro
halbe Gebühr aus .... 33 000 Euro

---

[26] KG JFGErg. 4, 250.
[27] LG Kempten Rpfleger 1984, 480.
[28] KGJ 42, 317 = DNotV 1913, 530.
[29] KG JFGErg. 17, 100 = JVBl. 1937, 268.

§ 64

Diese 11 000 Euro rechnen dreimal. Die Rangänderung ist besonders zu bewerten (vgl. die vorigen Beispiele). Die Umwandlung der Hypothek in eine Eigentümergrundschuld einerseits und die Rückumwandlung in eine Hypothek unter Abtretung der Eigentümergrundschuld anderseits sind selbständige Veränderungen. Der Wert des Rechts (40 000 Euro) ist nicht überschritten.

62 Der zusammengerechnete Wert der Veränderungen kann höher sein als der Wert des veränderten Rechts selbst. Dann darf der Wert des Rechts nicht überschritten werden.

Beispiel: Eine Grundschuld von 10 000 Euro wird abgetreten; gleichzeitig werden der Zinssatz und die Zahlungsbedingungen geändert. Eine Gebühr aus 10 000 Euro.

63 **Beispiel:** Grundschuld von 20 000 Euro. Davon werden 16 000 Euro mit Vorrang vor den restlichen 4000 Euro abgetreten, es wird gleichzeitig der Zinssatz dieser 16 000 Euro um 1% erhöht (Wert 2000 Euro). Abtretung 16 000 Euro, Rangänderung 4000 Euro. Zinserhöhung 2000 Euro, zusammen 22 000 Euro. Die Gebühr berechnet sich aus 20 000 Euro.

64 **Beispiel:** Höchstbetragshypothek von 20 000 Euro. Es wird eingetragen: Gläubiger hat auf die Hypothek verzichtet; die Hypothek hat sich in eine Grundschuld des Eigentümers verwandelt. Eigentümer tritt diese Grundschuld unter Rückumwandlung in eine verzinsliche Hypothek in Höhe von 18 000 Euro an X ab; Aufhebung des Briefausschlusses ist vereinbart.
Verzicht und Umwandlung in eine Grundschuld stellen eine Veränderung dar, weil die Umwandlung in eine Grundschuld sich aus dem Verzicht selbst ergibt. Wert = 20 000 Euro; Abtretung, Rückumwandlung in eine Hypothek, Verzinsung stellen eine Veränderung dar, weil Rückumwandlung, Verzinsung keine Selbständigkeit neben der Abtretung haben; daher Wert = 18 000 Euro, zusammengerechneter Wert = 38 000 Euro. Die Gebühr berechnet sich aus 20 000 Euro.

65 **Beispiel:** Hypothek über 20 000 Euro. Davon werden 18 000 Euro mit Rang vor den restlichen 2000 Euro abgetreten; gleichzeitig werden die Zahlungsbedingungen der 18 000 Euro geändert.
Abtretung = 18 000 Euro, Rangänderung = 2000 Euro. Änderung der Zahlungsbedingungen 1800 Euro, zusammen 21 800 Euro. Die Gebühr wird aus 20 000 Euro berechnet.

66 **Beispiel:** Hypothek über 20 000 Euro. Davon werden 3000 Euro zu gleichem Rang mit dem Rest abgetreten, gleichzeitig tritt die ganze Hypothek hinter eine nacheingetragene von 18 000 Euro zurück, und es werden die Zahlungsbedingungen der restlichen 17 000 Euro geändert. Abtretung = 3000 Euro, Rangänderung 18 000 Euro, Änderung der Zahlungsbedingungen 1700 Euro, zusammen 22 700 Euro. Die Gebühr wird aus 20 000 Euro berechnet.

67 **Beispiel:** Eine Hypothek von 30 000 Euro wird in Höhe von 15 000 Euro an C, in Höhe von 15 000 Euro an D abgetreten. Zugleich räumen A und B, denen vorgehende Rechte (3000 und 6000 Euro) zustehen, den Teilhypotheken den Vorrang ein.
Es ist getrennt zu berechnen:
1. Gebühr für die Eintragung der Abtretung (30 000 Euro) .... 48 Euro
2. Gebühren für die Eintragung der Rangänderungen
 a) Hypothek A nach C und D (3000 Euro) .... 13 Euro
 b) Hypothek B nach C und D (6000 Euro) .... 24 Euro

Die Hypothek 30 000 Euro war bis zur Eintragung der Abtretung ein Recht, daher für die Eintragung der Abtretung eine Gebühr. Die Vorrangseinräumung sind Veränderungen der zurücktretenden Rechte. Hypothek A tritt mit 3000 Euro zurück hinter 30 000 Euro, Hypothek B mit 6000 Euro hinter 30 000 Euro. Es ist besonders zu berechnen für jede zurücktretende Hypothek (A und B), aber je nur eine Gebühr, obwohl jede hinter mehrere Rechte zurücktritt (ebenso KG JFGErg. 4, 250). Da die Vorrangseinräumungen nach Abs. 5 als Veränderungen der zurücktretenden Rechte gelten, steht Abs. 3 der Erhebung der besonderen Gebühren nicht entgegen.

68 **Beispiel:** Eine infolge Rückzahlung zur Eigentümergrundschuld gewordene Hypothek von 20 000 Euro ist unter Rückumwandlung in eine Hypothek abgetreten an B, der sie in Teilbeträgen von 5000 Euro (mit erster Rangstelle) an C und von 15 000 Euro an D abtritt. D tritt von seinen 15 000 Euro einen erststelligen Teilbetrag an E ab. Alle Eintragungen erfolgen auf gleichzeitigen Antrag.
Es ist davon auszugehen, dass zurzeit der Eintragung sämtlicher Veränderungen nur ein Recht eingetragen war. Deshalb ist nur eine Gebühr von dem Werte des Rechts (20 000 Euro) zu erheben. Durch sie werden auch die Abtretungen und Rangänderungen abgegolten.

69 **Beispiel:** Es sind eingetragen: Hypothek Nr. 1 = 10 000 Euro, Nr. 2 = 5000 Euro; Nr. 3 = 8000 Euro. Dazu werden eingetragen
1. Rangrücktritt der Nr. 1 hinter Nr. 2; Wert 5000 Euro;
2. Löschungsvormerkung bei Nr. 1; Wert 8000 Euro.
Beide Veränderungen sind solche der Nr. 1; daher eine Gebühr aus 10 000 Euro.

70 Beziehen sich die Veränderungen nur auf einen Teil des Rechts (zB Abtretung eines Teils mit Zurücktreten hinter den Rest oder mit Änderungen der Zahlungsbedingungen

Eintragung von Veränderungen und Löschungsvormerkungen **§ 64**

usw. des abgetretenen Teils), so darf der Wert dieser mehreren Veränderungen zwar nicht den Wert des ganzen Rechts, wohl aber den Wert des veränderten Teils übersteigen, vgl. das Beispiel Rn. 60.

VIII. Veränderung eines Rechts an mehreren Grundstücken (Abs. 6)

Besteht das Recht, das verändert wird, an mehreren Grundstücken, so gelten nach Abs. 6 die Vorschriften des § 63 Abs. 2, 3 (nicht auch die des Abs. 4, vgl. Rn. 84, 85) entsprechend. Daraus ergibt sich: 71

Wird das Grundbuch über sämtliche Grundstücke bei **demselben Grundbuchamt geführt** und der Antrag bezüglich sämtlicher Grundstücke gleichzeitig gestellt, so wird eine Gebühr erhoben, genau so, als wäre nur ein Grundstück mit der Hypothek (Nießbrauch, beschränkter persönlicher Dienstbarkeit, Altenteil, Vorkaufsrecht) belastet. Über den Begriff der „gleichzeitigen Antragstellung" s. § 60. 72

Wird das Grundbuch bei **verschiedenen Grundbuchämtern** geführt, so wird bei gleichzeitiger Antragstellung (über diese s. § 63 Abs. 3 S. 3) bei einem der Grundbuchämter die ganze Gebühr (hier die Hälfte der vollen Gebühr, vgl. Abs. 1) und bei den anderen die Hälfte (hier $1/4$ der vollen Gebühr) erhoben. Bei Berechnung der Eintragungsgebühren für die Veränderungen kommt es bei Hypotheken usw. im Allgemeinen nicht auf den Wert der Grundstücke an (§ 23 Abs. 2). Hier aber kommt es, falls dieser niedriger ist als der des Rechts, auf ihn ebenso an wie bei § 63 Abs. 3. Die $1/2$ Gebühr wird unabhängig von dem Wert des (der) Grundstücks erhoben, aber die $1/4$ Gebühr für jede weitere Eintragung richtet sich ggf. nach dem geringeren Wert des Grundstücks, bei dem die weitere Eintragung erfolgt. Deshalb ist auch hier die $1/2$ Gebühr für die Eintragung bei dem Grundbuchamt zu erheben, das das Grundbuch über das (die) höchstwertige(n) Grundstück(e) führt. 73

Beispiel: Auf den Grundstücken a, Wert 8000 Euro, b, Wert 3000 Euro und c, Wert 1000 Euro lastet eine Gesamthypothek von 10 000 Euro. Das Grundbuch wird bei verschiedenen Grundbuchämtern (X, Y, Z) geführt. Von der Hypothek wird ein Teilbetrag von 5000 Euro mit gleichem Rang mit dem Rest abgetreten. Der Eintragungsantrag wird gleichzeitig gestellt. Bei X $1/2$ Gebühr aus 5000 Euro, bei Y $1/4$ Gebühr aus 3000 Euro, bei Z $1/4$ Gebühr aus 1000 Euro. 74

Dies gilt auch bei der **Rangänderung und der Löschungsvormerkung** zugunsten eines gleich- oder nachgehenden Gläubigers. 75

Beispiel: Auf den Grundstücken des Beispiels Rn. 74 ist hinter der Gesamthypothek von 10 000 Euro (Nr. 1) eine solche von 4000 Euro eingetragen (Nr. 2). Die Nr. 1 räumt der Nr. 2 den Vorrang ein. Beim Grundbuchamt X $1/2$ Gebühr aus 4000 Euro, beim Grundbuchamt Y $1/4$ Gebühr aus 3000 Euro, beim Grundbuchamt Z $1/4$ Gebühr aus 1000 Euro. 76

Lastet das eine **Gesamtrecht nicht auf allen Grundstücken,** auf denen das andere lastet, so scheiden die Grundstücke, die nur mit einem der Rechte belastet sind, bei der Gebührenberechnung aus. 77

Beispiel: Fall wie im Beispiel Rn. 76, jedoch ist mit einem der Rechte bei dem Grundbuchamt Y noch ein weiteres Grundstück im Werte von 5000 Euro belastet. Einerlei, ob dieses die Hypothek Nr. 1 oder die Nr. 2 ist, ist die Gebührenberechnung die gleiche wie im genannten Beispiel. 78

Tritt eine **Gesamthypothek hinter Einzelhypotheken zurück** und wird das Grundbuch bei demselben Grundbuchamt geführt, so eine Gebühr, Wert nach § 23 Abs. 3. Wird das Grundbuch über die mit der Gesamthypothek belasteten Grundstücke bei verschiedenen Grundbuchämtern geführt, so wird bei einem Grundbuchamt die $1/2$ Gebühr, bei den anderen je die $1/4$ Gebühr erhoben. Hier gewinnt das „Entsprechende" der Anwendung des § 63 Abs. 3 Bedeutung. Es kommt nicht allein auf den Wert der Grundstücke, sondern auch auf den Wert der Einzelrechte an, mit denen sie belastet sind. 79

Beispiel: Auf den drei Grundstücken des Beispiels Rn. 74 sind hinter der Gesamthypothek von 10 000 Euro Zwangshypotheken eingetragen worden: auf Grundstück a = 2000 Euro, auf b = 1500 Euro, auf c = 500 Euro. Ihnen wird der Vorrang vor der Gesamthypothek eingeräumt. Wollte man den § 63 Abs. 3 wortgemäß anwenden, so wären zu erheben: die $1/2$ Gebühr von 4000 Euro beim Grundbuchamt X, die $1/4$ Gebühr beim Grundbuchamt Y von 3000 Euro und beim Grund- 80 buchamt Z von 1000 Euro. Das wäre aber keine „entsprechende" Anwendung des § 63 Abs. 3. Der Wert der Grundstücke kommt hier nur insoweit in Betracht, als der Wert der Rechte reicht, die auf ihnen lasten. Deshalb ist die 1/4 Gebühr beim Grundbuchamt X nur von 1500 Euro und beim Grundbuchamt Z nur von 500 Euro zu berechnen.

81 Werden **mehrere Rechte** verändert, die auf **mehreren Grundstücken** lasten, so ist, wenn das Grundbuch über sämtliche Grundstücke bei demselben Grundbuchamt geführt wird, die Gebührenberechnung die gleiche, wie wenn nur ein Grundstück belastet wäre. Wird das Grundbuchamt bei verschiedenen Grundbuchämtern geführt, so sind bei gleichzeitiger Antragstellung die 1/2 Gebühr und die 1/4 Gebühren für jedes Recht besonders zu erheben.

82 **Beispiel:** Die drei Grundstücke des Beispiels Rn. 74 sind, wie dort, mit einer Gesamthypothek von 10 000 Euro belastet. Dann folgt eine solche von 5000 Euro (Abt. III Nr. 2 in jedem der Grundbuchblätter) und dann eine solche von 8000 Euro (Abt. III Nr. 3). Die Nr. 1 (10 000 Euro) und Nr. 2 (5000 Euro) räumen der Nr. 3 den Vorrang ein. Die Anträge sind gleichzeitig gestellt.
a) Gebühren für die Veränderungen der Nr. 1: beim Grundbuchamt X 1/2 Gebühr aus 8000 Euro, bei Y 1/4 Gebühr aus 3000 Euro, bei Z 1/4 Gebühr aus 1000 Euro.
b) Gebühren für die Veränderung der Nr. 2: beim Grundbuchamt X 1/2 aus 5000 Euro, bei Y 1/4 Gebühr aus 3000 Euro, bei Z 1/4 Gebühr aus 1000 Euro.

83 Bei der 1/2 Gebühr beim Grundbuchamt X kommt es auf den Wert der Grundstücke nicht an; für die 1/4 Gebühr bei den Grundbuchämtern Y und Z ist gegebenenfalls der geringere Wert des Grundstücks maßgebend (vgl. § 64 Abs. 6 iVm. § 63 Abs. 3).[30]

84 In § 64 Abs. 6 ist nicht die Vorschrift des § 63 Abs. 4 für anwendbar erklärt. Daraus folgt, dass bei **nicht gleichzeitiger Antragstellung** für jede Eintragung gesondert berechnet wird, so, als handele es sich nicht um ein Gesamtrecht an mehreren Grundstücken. Insbesondere ist bei den „ferneren" Eintragungen auch nicht etwa der geringere Grundstückswert maßgebend.[31]

85 **Beispiel:** Im Beispiel Rn. 74 werden die Anträge auf Eintragungen der Abtretung nicht gleichzeitig gestellt. Bei jedem beteiligten Grundbuchamt ist je 1/2 Gebühr aus 5000 Euro zu erheben.

IX. Gebührenermäßigungen

86 Für einige Einzelgeschäfte sowie für Geschäfte, die in Ausführung bestimmter Gesetze getätigt werden, ist die Gebühr auf die Hälfte zu ermäßigen; s. Anhang B Umstellung und Anhang C I, insbesondere → Auslandsschulden und → Umstellung. Soweit der ganze in Betracht kommende Gegenstand keiner Ermäßigung unterliegt, bleibt für eine solche kein Raum. Wenn aber eine Veränderung, die den ganzen Gegenstand ergreift, der Ermäßigung unterliegt, eine weitere, die sich nur über einen Teil verhält, die 1/2 Gebühr erfordert, ist so zu berechnen, dass die Begünstigung nicht dem nicht begünstigten Teil zugute kommt: also Ermäßigung nur der „Mehrgebühr".

X. Gebührenbefreiung

87 Die Eintragung der Umstellung wertbeständiger Rechte nach den §§ 1 bis 3 GBBerG ist gebührenfrei (§ 4 S. 3 GBBerG); nicht also generell die Umstellung von DDR-Mark auf DM/Euro. Zur Euro-Umstellung s. Anhang C I.

§ 65 Eintragung von Verfügungsbeschränkungen

(1) **Für die Eintragung von Verfügungsbeschränkungen, insbesondere einer Nacherbfolge, einer Testamentsvollstreckung oder einer Belastung des Anteils gemäß § 1010 des Bürgerlichen Gesetzbuchs, wird, soweit nicht die Eintragung nach § 69 gebührenfrei vorzunehmen ist, die Hälfte der vollen Gebühr erhoben.**

---

[30] Dazu KG JFGErg. 21, 37 = JVBl. 1940, 110.
[31] LG Krefeld KostRsp. Nr. 4.

Eintragung von Verfügungsbeschränkungen **§ 65**

(2) ¹Bezieht sich eine Verfügungsbeschränkung auf mehrere Rechte, so wird die im Absatz 1 bestimmte Gebühr für jedes Recht besonders erhoben, auch wenn es nur der Eintragung eines Vermerks bedarf. ²Betreffen die Eintragungen Rechte, mit denen mehrere Grundstücke gemeinsam belastet sind, so gilt § 63 Abs. 2 und 3 entsprechend; eine Verfügungsbeschränkung, die Eigentum an mehreren Grundstücken betrifft, steht einer Belastung der Grundstücke mit einem und demselben Recht gleich.

(3) Beziehen sich mehrere Verfügungsbeschränkungen, deren Eintragung gleichzeitig beantragt ist, auf ein und dasselbe Recht, so wird die Gebühr, gleichviel ob es eines oder mehrerer Vermerke bedarf, nur einmal nach dem zusammengerechneten Wert erhoben.

(4) Der Wert des betroffenen Rechts darf, auch wenn es sich um mehrere Verfügungsbeschränkungen hinsichtlich desselben Rechts handelt, nicht überschritten werden.

Übersicht

	Rn.		Rn.
I. Verfügungsbeschränkungen, Gebühr	1, 2	7. Bahneinheit	14
II. Die häufigsten Verfügungsbeschränkungen	3–17	8. Miterbe	15–17
1. Nacherbe	3–7	III. Verfügungsbeschränkungen an mehreren Rechten (Abs. 2 S. 1)	18
2. Testamentsvollstrecker	8	IV. Verfügungsbeschränkungen an Gesamtrechten usw. (Abs. 2 S. 2)	19, 20
3. Miteigentümer	9		
4. Nachlassverwalter	10, 11	V. Mehrere Verfügungsbeschränkungen an einem Recht usw. (Abs. 3, 4)	21, 22
5. Einstweilige Verfügung	12		
6. Treuhänder einer Versicherung ...	13		

I. Verfügungsbeschränkungen, Gebühr

Verfügungsbeschränkungen sieht sowohl das Privat- als auch das öffentliche Recht vor, sie **1** entstehen kraft Gesetzes, durch gerichtliche/behördliche Anordnung oder durch Rechtsgeschäft und können sich auf eine Vermögensmasse oder einen einzelnen Gegenstand beziehen, absolut oder relativ wirken.

§ 65 erfasst alle solche Beschränkungen der Verfügung über Grundstücke, grundstücks- **2** gleiche Rechte (§ 77), Rechte am Grundstück (§ 62) und Rechte daran; unter der Voraussetzung, dass sie eintragungsfähig sind (sonst § 16), wobei die Eintragung von Amts wegen, auf Antrag oder gerichtliches/behördliches Ersuchen erfolgen kann, im letzten Fall tritt jedoch weithin Gebührenfreiheit ein (§ 69 Abs. 2). **Nicht** unter § 65 fallen Vormerkungen (§ 66) und Veränderungen (§ 64), selbst wenn sie eine Verfügungsbeschränkung als Inhalt des Rechts bewirken (Beispiel: Ausschluss der Abtretung und Verfügung, §§ 399, 413 BGB). Das hat zur Folge, dass die Verfügungsbeschränkung immer **gesondert** zu berechnen ist, auch wenn sie mit einer anderen Eintragung vermerkt wird; die Gebühr des § 65 fällt also vor allem neben denen der §§ 60, 64 und 66 an. Besonderes gilt lediglich für die Veräußerungsbeschränkung nach **§ 12 WEG**, dazu § 76 Rn. 16. Der **Wert** der Verfügungsbeschränkung ergibt sich aus § 30 Abs. 1 und wird mit Abs. 4 des § 65 begrenzt. Die **Veränderung** der Verfügungsbeschränkung fällt unter § 67, ihre **Löschung** unter § 68.

II. Die häufigsten Verfügungsbeschränkungen

1. Nacherbe

Bei der Eintragung eines Vorerben als Eigentümer (§ 60) oder Berechtigter eines Rechts **3** (§§ 62, 64), bei Vormerkungen und Widersprüchen (§ 66) ist zugleich das Recht des Nacherben von Amts wegen einzutragen (§ 51 GBO). Die Gebühr wird neben der Gebühr für die Eintragung des Vorerben als Eigentümer und neben der Gebühr für die Eintragung des Überganges des Rechts erhoben.[1] Die Gebührenbegünstigung des § 60 Abs. 4 gilt für sie nicht (§ 60 Rn. 62).

---

[1] KGJ 30 B 28.

§ 65

4   **Wert:** § 30 Abs. 1 Halbs. 2, Bruchteil des Werts des betroffenen Grundstücks oder Rechts, nach Wahrscheinlichkeit des Eintritts der Nacherbfolge unter Berücksichtigung der Befreiung des Vorerben von den Beschränkungen seines Verfügungsrechts.

5   **Schuldner** ist allein der Vorerbe, weil die Eintragung eine zwingende Folge seines Eintragungsantrags ist (§ 2 Rn. 13); nicht also auch der Nacherbe, zumal sein Interesse bei befreiter Vorerbschaft fehlt.[2]

6   Wird nach dem Eintritt der Nacherbfolge der Nacherbe als Eigentümer, Berechtigter usw. eingetragen, so werden dafür die Gebühren §§ 60, 64 usw. erhoben.

7   Ist dem Vorerben ein **Testamentsvollstrecker** bestellt, so ist auch dies einzutragen; es wird dann nur eine Gebühr nach dem zusammengerechneten Wert der beiden Verfügungsbeschränkungen erhoben (Abs. 3). Ist dem Nacherben ein Testamentsvollstrecker bestellt, so bedarf es der Eintragung eines entsprechenden Vermerks erst bei der Eintragung des Nacherben als Eigentümer usw. Wird er trotzdem bei Eintragung des Vorerben mit dem Rechte des Nacherben eingetragen, so ist er doch Bestandteil der letzteren Eintragung und daher nicht besonders zu bewerten.[3]

2. Testamentsvollstrecker

8   Ernennung eines Testamentsvollstreckers beim Eigentum, bei einem Recht an dem Grundstück usw. Auch dieser Vermerk wird bei Eintragung des Erben als Eigentümer usw. von Amts wegen gleichzeitig miteingetragen (§ 52 GBO). Die Gebühr wird neben der Gebühr für die Eintragung des Erben als Eigentümer usw. erhoben. **Schuldner** sind die Erben (§ 2 Nr. 2; §§ 1967, 2205 BGB); vgl. auch § 6 S. 2. **Wert** wie Rn. 4, jedoch hier niedriger, weil nicht, wie beim Recht des Nacherben, ein späterer Erwerb eines anderen (Nacherben) kraft Gesetzes zu erwarten ist. Wegen § 60 Abs. 4 s. dort Rn. 62.

3. Miteigentümer

9   Belastung des Anteils eines Miteigentümers gemäß § 1010 BGB. Es handelt sich um Regelung der Verwaltung und Benutzung des gemeinschaftlichen Grundstücks, um die Ausschließung des Rechts, Aufhebung der Gemeinschaft zu verlangen, sowie um die Sicherung der Berichtigung von Verbindlichkeiten oder von Ersatzansprüchen bei der demnächstigen Aufhebung der Gemeinschaft. **Wert:** § 30 Abs. 1 Halbs. 2, Bruchteil des Werts des Anteils.

4. Nachlassverwalter

10   Die Eintragung ist bei den zum Nachlass gehörenden Grundstücken und Rechten zulässig und geboten. Sie erfolgt auf Antrag (§ 2 Nr. 1) des Nachlassverwalters. **Wert:** § 30 Abs. 1 Halbs. 2, Bruchteil des Werts des Grundstücks oder Rechts.

11   Ob auch das Nachlassgericht um die Eintragung **ersuchen** kann, ist streitig. Erfolgt sie auf ein solches Ersuchen, so gilt § 69 Abs. 2 nicht (vgl. § 2 Rn. 64).

5. Einstweilige Verfügung

12   Durch einstweilige Verfügung erlassenes Veräußerungsverbot, insbesondere bei Anfechtung von Rechtshandlungen des Schuldners durch den Gläubiger oder des Gemeinschuldners durch den Insolvenzverwalter. Hier kann das Prozessgericht um die Eintragung ersuchen (§ 941 ZPO); sie ist aber auch dann gebührenpflichtig; vgl. die Ausnahme in § 69 Abs. 2. **Schuldner** ist der Gläubiger bzw. der Insolvenzverwalter (Massekosten). **Wert:** § 30 Abs. 1 Halbs. 2.

6. Treuhänder einer Versicherung

13   Vermerk, dass ein Versicherungsunternehmen ohne Zustimmung ihres jeweiligen Treuhänders zu einer Verfügung über das ihm gehörige Grundstück nicht berechtigt ist (vgl.

---

[2] AA wie bis zur 10. Aufl. unter Berufung auf OLG Hamm Rpfleger 1955, 197; *Wenz* Rpfleger 1957, 233.
[3] KGJ 35 B 10.

§ 72 des Gesetzes über die Beaufsichtigung der Versicherungsunternehmen).[4] **Wert:** § 30 Abs. 1 Halbs. 2.[5] Gleiches gilt für Verfügungsbeschränkungen bei Rechten an Grundstücken, also Grundschulden usw.

7. Bahneinheit

Zugehörigkeit eines Grundstücks zu einer Bahneinheit (§ 78). 14

8. Miterbe

Durch Verpfändung oder Pfändung eines Erbteils eintretende Beschränkung des Miterben in der Verfügung über die zum Nachlass gehörenden Grundstücke oder Rechte; Wert: § 30 Abs. 1 Halbs. 2, Bruchteil der Forderung, wegen deren der Erbteil verpfändet oder gepfändet ist, oder des Erbteils (vgl. § 23 Abs. 1). 15

Über die Verfügungsbeschränkung des § **12 WEG** s. Rn. 2. 16

Für die Eintragung des **Insolvenzvermerks,** des Vermerks über Einleitung eines Vergleichsverfahrens, des Zwangsversteigerungs- und des Zwangsverwaltungsvermerks wird eine Gebühr nicht erhoben (§ 69 Abs. 2). 17

III. Verfügungsbeschränkungen an mehreren Rechten (Abs. 2 S. 1)

Die Vorschrift entspricht dem § 64 Abs. 2. Die Gebühr wird für jedes Recht besonders berechnet, auch wenn es nur der Eintragung eines einheitlichen Vermerks bedarf, zB wenn die Rechte auf demselben Grundbuchblatt eingetragen sind. Unter Rechten, auf die sich eine Verfügungsbeschränkung bezieht, ist hier auch das Eigentum zu verstehen. Eine Verfügungsbeschränkung kann das Eigentum und ein anderes Recht an demselben Grundstück betreffen, zB eine Eigentümergrundschuld. Dann wird trotzdem besonders berechnet für die Beschränkung im Eigentum und für die in der Eigentümergrundschuld. 18

IV. Verfügungsbeschränkungen an Gesamtrechten usw. (Abs. 2 S. 2)

Betrifft eine Verfügungsbeschränkung ein Recht, mit dem **mehrere Grundstücke gemeinsam belastet** sind (Gesamthypothek usw.), so wird, wenn das Grundbuch über sämtliche Grundstücke bei demselben Grundbuchamt geführt und der Antrag gleichzeitig gestellt wird, für jedes selbständige Recht nur eine Gebühr nach dem einmaligen Werte der Verfügungsbeschränkung erhoben (Abs. 2 S. 2). Wird das Grundbuch über die Grundstücke bei verschiedenen Grundbuchämtern geführt, so wird bei gleichzeitiger Antragstellung (über diese s. §§ 60, 63) für die Eintragung bei dem Grundbuchamt, das das Grundbuch über die Grundstücke führt, die den höheren Wert haben, die ½ Gebühr nach dem Werte der Verfügungsbeschränkung, für die Eintragung bei den anderen Grundbuchämtern die ¼ Gebühr, hier ggf. nach dem geringeren Werte des Grundstücks, erhoben. Werden die Anträge nicht gleichzeitig gestellt, so tritt, da Abs. 4 des § 63 (ebenso wie in § 64 Abs. 6) nicht für anwendbar erklärt ist, keine Gebührenerleichterung ein. Über die Auswirkung s. § 64. 19

Als eine Belastung mit ein und demselben Recht gilt auch eine Verfügungsbeschränkung, von der **das Eigentum an mehreren Grundstücken** betroffen wird (Abs. 2 S. 2 Halbs. 2). Darauf, ob die Grundstücke demselben Eigentümer gehören oder nicht, kommt es nicht an; unerheblich ist insbesondere, ob der von der Beschränkung betroffene Eigentümer auf einem Blatt das Allein-, auf anderen als Miteigentümer nach Bruchteilen oder zur gesamten Hand eingetragen ist. Wird zB auf mehreren Grundstücken der Testamentsvollstreckervermerk eingetragen, so eine Gebühr. Voraussetzung ist aber, dass die Verfügungsbeschränkung auf allen Grundstücken zugunsten desselben Berechtigten wirkt. 20

---

[4] IdF der Bek. vom 17. 12. 1992 (BGBl. I S. 2), mehrfach geändert; dazu KG JFGErg. 13, 55 = DJ 1934, 617.
[5] OLG Hamm Rpfleger 1963, 307.

§ 66　　1. Teil. 2. Abschnitt: 2. Grundbuchsachen

V. Mehrere Verfügungsbeschränkungen an einem Recht usw. (Abs. 3, 4)

21　Abs. 3 entspricht dem § 64 Abs. 3. Der Fall kommt zB vor, wenn dem Vorerben ein Testamentsvollstrecker bestellt ist; vgl. Rn. 7. So auch, wenn eine mehrfache Nacherbfolge in der Weise angeordnet ist, dass der an erster Stelle benannte Nacherbe mit dem Eintritt eines bestimmten Zeitpunktes oder Ereignisses die Erbschaft dem weiteren Nacherben herausgeben soll, oder wenn dem Nacherben ein Ersatzerbe bestellt ist.[6] Es wird nur eine Gebühr erhoben, berechnet nach dem zusammengerechneten Wert der einzelnen Verfügungsbeschränkungen, jede für sich nach § 30 Abs. 1 Halbs. 2 bewertet; jedoch darf nach Abs. 4 der Gesamtwert den Wert des Rechts (Grundstück, Hypothek usw.) nicht übersteigen.

22　Sind von vornherein mehrere Personen zu Nacherben berufen (je zu Anteilen), so ist dies nur eine Verfügungsbeschränkung, also nur eine Gebühr vom Wert dieser einen Verfügungsbeschränkung.

§ 66 Eintragung von Vormerkungen und Widersprüchen

(1) [1]**Für die Eintragung einer Vormerkung wird die Hälfte der Gebühr erhoben, die für die endgültige Eintragung zu erheben sein würde, mindestens jedoch ein Viertel der vollen Gebühr.** [2]**Für die Eintragung einer Vormerkung, durch die der Anspruch auf Eintragung einer Veränderung oder der Aufhebung eines Rechts am Grundstück gesichert werden soll, wird die gleiche Gebühr erhoben, die für die gesicherte Eintragung zu erheben sein würde; die Vorschriften über die Eintragung einer Löschungsvormerkung (§ 64) bleiben unberührt.**

(2) **Für die Eintragung eines Widerspruchs wird die Hälfte der Gebühr erhoben, die für die Grundbuchberichtigung zu erheben sein würde, zu deren Sicherung der Widerspruch eingetragen wird; mindestens wird jedoch ein Viertel der vollen Gebühr erhoben.**

Übersicht

	Rn.		Rn.
I. Vormerkungen allgemein (Abs. 1)	1, 1a	V. Wert der Vormerkung	5–8
II. Begründungs-Vormerkung (Abs. 1 S. 1)	2	VI. Widerspruch (Abs. 2)	9–11
III. Veränderungs-Vormerkung (Abs. 1 S. 2)	3	VII. Mehrheit	12–15
		VIII. Veränderungen	16
IV. Aufhebungs-Vormerkung (Abs. 1 S. 2)	4	IX. Löschung	17–19
		X. Schuldner	20

I. Vormerkungen allgemein (Abs. 1)

1　Vormerkungen aller Art, sowohl der §§ 883 ff. BGB als auch sonst, insbesondere im **öffentlichen Recht** (Beispiel: §§ 22 Abs. 4, 28 Abs. 2 BauGB) vorgesehene, fallen unter § 66, mögen sie auf Antrag, auch zufolge § 895 ZPO, auf gerichtliches/behördliches Ersuchen oder von Amts wegen einzutragen sein. Eine Sonderregelung hat die **Löschungsvormerkung** erfahren (§ 64 Abs. 1 S. 2), sie ist abzugrenzen gegen die Sicherungsvormerkung des § 883 BGB,[1] die hierher gehört (Rn. 4). Bestimmte Vormerkungen bleiben gebührenfrei (§ 69), insbesondere die nach den **§§ 18 Abs. 2, 76 Abs. 1 GBO** einzutragenden (§ 69 Abs. 1 Nr. 2). S. iÜ Anhang C.

1a　Unter § 66 fallen auch die Vormerkungen zur Abwicklung der **Bodenreform** in der ehemaligen DDR (Art. 233 § 13 EGBGB).[2]

---

[6] Vgl. KGJ 43, 304.
[1] *Löscher* JVBl. 1960, 50.
[2] Teils aA *Böhringer* JurBüro 1992, 783, 785, dem jedoch angesichts der abschließenden Regelung in seinem § 11 Abs. 3 S. 2 nicht gefolgt werden kann.

II. Begründungs-Vormerkung (Abs. 1 S. 1)

Weil Abs. 1 S. 2 bestimmte Vormerkungen besonders regelt (Rn. 3, 4), bleiben für Abs. 1 S. 1 trotz seines umfassenden Wortlauts praktisch die Vormerkungen auf Einräumung eines Rechts am Grundstück oder an einem das Grundstück belastenden Recht. Als Folge davon greift Abs. 1 S. 1 auf die §§ 60 bis 63 und 77 zurück: Angesetzt wird die für die endgültige Eintragung bestimmte Gebühr, jedoch nur zur Hälfte, mindestens aber ein Viertel der vollen Gebühr. Praktische Hauptanwendungsfälle sind die „**Auflassungsvormerkung**": zur Sicherung eines schuldrechtlichen Anspruchs auf Eigentumsübertragung, auch aus Ankaufs-, Rückkaufs- und Wiederkaufsrechten (zum Vorkaufsrecht und zum dinglichen Wiederkaufsrecht s. § 62 Rn. 7, 10), und die Vormerkung einer **Belastung,** die vor allem den Rang sichert (§ 883 Abs. 3 BGB).

III. Veränderungs-Vormerkung (Abs. 1 S. 2)

Durch eine Vormerkung kann auch der Anspruch auf Änderung des Inhalts oder des Rangs eines Rechts am Grundstück gesichert werden (§ 883 Abs. 1 S. 1 BGB). Für ihre Eintragung wird die für die endgültige Eintragung vorgesehene Gebühr – voll – erhoben, also die in § 64, ggf. auch § 67 vorgesehene.

IV. Aufhebungs-Vormerkung (Abs. 1 S. 2)

Der Anspruch auf Aufhebung eines Rechts am Grundstück ist ebenfalls vormerkungsfähig (§§ 883 Abs. 1 S. 1 BGB). Die Aufhebung führt zur **Löschung** des Rechts im Grundbuch (§ 875 Abs. 1 S. 1 BGB), so dass die Gebühr des § 68 für eine solche Vormerkung zu erheben ist. Wegen der Löschungsvormerkung des § 1179 BGB s. bereits Rn. 1.

V. Wert der Vormerkung

Durch die Anknüpfung an den Gebühren für die **endgültige Eintragung** (Abs. 1) ist auch deren Geschäftswert maßgebend (wie §§ 68, 145; anders dagegen, wenn nur auf den Gebührensatz zurückgegriffen wird, wie in § 42). Der geringeren Bedeutung der Vormerkung trägt die Ermäßigung der vollen Gebühr auf die Hälfte Rechnung (Abs. 1 S. 1).[3] Eine Abweichung kann sich aus § 18 Abs. 1 ergeben.

Bei **Bedingung und Befristung** (vgl. § 882 Abs. 1 S. 2 BGB) ist zu unterscheiden: Steht das vorgemerkte **dingliche Recht** unter einer Bedingung oder Befristung und kommt ihm deshalb ein geringerer Wert zu, so bildet er auch den Wert der Vormerkung. Beispiele: dingliches Vorkaufsrecht (§ 20 Abs. 2),[4] Erhöhung des Erbbauzinses (§ 24 Abs. 6 S. 3).

Ist hingegen der hinter der Vormerkung stehende schuldrechtliche **Anspruch** bedingt oder befristet, bestimmt nicht er den Wert, sondern die gesicherte dingliche Rechtsänderung.[5] Das verkennt die Rspr. weithin. Zwar nimmt sie für die „schlichte" **Auflassungsvormerkung** den vollen Wert des Grundstücks,[6] hingegen nur einen Bruchteil davon (§§ 30 Abs. 1, 20 Abs. 2), wenn die Auflassungsvormerkung ein **Ankaufsrecht**[7] oder ein **Rückkaufsrecht**[8] oder einen künftigen Anspruch aus einem **Vorvertrag**[9] sichert. Konsequenterweise müsste der bedingte Anspruch auf Eintragung einer Grundschuld usw. auch nur mit einem Bruchteil ihres Nennbetrags bewertet werden, doch findet man diese Auffassung nirgends. Eine solche Ungleichbehandlung lässt sich sachlich nicht rechtfertigen. S. auch Rn. 11.

---

[3] BayObLGZ 1982, 15, 17; BayObLG JurBüro 1994, 623; Rpfleger 1996, 378.
[4] So BayObLGZ 1982, 15 = Rpfleger 1982, 240 für das Vorkaufsrecht des § 28 Abs. 2 S. 3 BauGB.
[5] *Lappe* KostRsp. Nr. 3 Anm.
[6] OLG Zweibrücken JurBüro 1986, 1691.
[7] OLG Celle Rpfleger 1969, 140; OLG Düsseldorf Rpfleger 1996, 173; OLG Hamm Rpfleger 1987, 302.
[8] BayObLG Rpfleger 1986, 31; OLG Düsseldorf Rpfleger 1977, 460; OLG Zweibrücken Rpfleger 1989, 233.
[9] OLG Düsseldorf Rpfleger 1994, 182.

7a Bei der Begründung von **Wohnungseigentum** kann im Grundbuch die Auflassung des Miteigentumsanteils vorgemerkt werden: Wert dessen Wert oder der auf ihn entfallende Kaufpreisanteil;[10] oder die Begründung des Sondereigentums: Wert Anteil des Werts gemäß § 21 Abs. 2.[11]

8 Für das **Vorkaufsrecht** ergibt sich daraus: Vormerkung eines dinglichen Vorkaufsrechts (§§ 1094ff. BGB): halbe Gebühr (Abs. 1 S. 1, § 62 Abs. 1) aus dem Wert des § 20 Abs. 2; Auflassungsvormerkung zur Sicherung eines persönlichen Vorkaufsrechts (§§ 463ff. BGB): halbe (Abs. 1 S. 1, § 60 Abs. 1) oder viertel Gebühr (Abs. 1 S. 1, § 60 Abs. 2) aus dem Wert der §§ 20 Abs. 1, 19.

VI. Widerspruch (Abs. 2)

9 Widersprüche aller Art, sowohl des § 899 BGB als auch sonst, insbesondere im **öffentlichen Recht** (Beispiel: § 7 Abs. 2 GrdstVG) vorgesehen, fallen unter § 66, mögen sie auf Antrag, auch zufolge § 895 ZPO, auf gerichtliches/behördliches Ersuchen oder von Amts wegen einzutragen sein. Bestimmte Eintragungen bleiben allerdings **gebührenfrei** (§ 69 Abs. 1 Nr. 2, Abs. 2).

9a Ein Widerspruch iS des Abs. 2 ist auch der **Rechtshängigkeitsvermerk,** weil er den öffentlichen Glauben des Grundbuchs aufhebt. Das bestätigt seine neue gesetzliche Regelung (§ 8 Abs. 4 GBBerG, §§ 113 Abs. 3 S. 2, 3, 116 Abs. 2 S. 2 SachenRBerG).[12] Ihm steht der Vermerk über die Eröffnung des notariellen Vermittlungsverfahrens nach dem SachenRBerG gleich (§ 93 Abs. 5 SachenRBerG), seine Eintragung erfolgt jedoch gebührenfrei (S. 4 aaO).

10 Es wird die **Gebühr** für die gesicherte Grundbuchberichtigung erhoben, mindestens eine viertel Gebühr (Abs. 2). Damit können alle Gebühren der §§ 60ff. anwendbar sein, soweit ein entsprechender Widerspruch eintragungsfähig ist (sonst § 16).

11 Maßgebend ist der **Wert** der gesicherten Grundbuchberichtigung (wie Rn. 5). Auf den Grad der Gefährdung des Rechts des Widerspruchsberechtigten oder auf sein „Interesse", auf die Bedingtheit seines Rechts kommt es nicht an.[13]

VII. Mehrheit

12 Durch den Rückgriff auf die Gebühren für die gesicherte Eintragung (Abs. 1 und 2) kommen die für sie geltenden Vorschriften der **§§ 60ff.** über die Mehrheit von Rechten zur Anwendung (§§ 60 Abs. 5, 63, 64 Abs. 2 bis 4 usw.).

13 Sichert **eine Vormerkung verschiedene Ansprüche** desselben Berechtigten auf dieselbe dingliche Rechtsänderung, zB aus einem persönlichen Vorkaufs- und einem Wiederkaufsrecht, wird nur eine Gebühr erhoben.[14] Wird hingegen dieselbe dingliche Rechtsänderung **doppelt gesichert,** etwa durch die Vormerkung eines Vorkaufsrechts und eine Auflassungsvormerkung, fallen gesonderte Gebühren an.[15]

14 **Mehrere Vormerkungen** zur Sicherung verschiedener Ansprüche auf **dieselbe Rechtsänderung** lösen gesonderte Gebühren aus, und zwar auch dann, wenn die eine Rechtsänderung die Erfüllung des anderen Anspruchs unmöglich macht;[16] Beispiel: Auflassungsvormerkungen für verschiedene Berechtigte. Auf der Grundlage der Rspr., die den Wert nach den §§ 30 Abs. 1, 20 Abs. 2 bemisst (Rn. 7), kommt hier allerdings eine Wertminderung in Betracht, insbesondere bei einer Mehrheit von Vorkaufsrechten.

15 Treffen **Vormerkung und Widerspruch** bei demselben Recht zusammen, werden getrennte Gebühren nach Abs. 1 und 2 erhoben. Zum Zusammentreffen von **Auflassungsvormerkung und Rangvorbehalt** s. § 64 Rn. 23.

---

[10] *Lappe* KostRsp. Nr. 12 gegen BayObLG JurBüro 1994, 623.
[11] *Lappe* (vorige Fn.).
[12] Vgl. *Böhringer* JurBüro 1994, 514.
[13] KG JFGErg. 7, 144; JVBl. 1934, 21.
[14] KG JVBl. 1941, 88.
[15] Vgl. OLG Celle Rpfleger 1969, 140.
[16] BayObLGZ 1975, 38 = Rpfleger 1975, 334.

VIII. Veränderungen

Veränderungen von Vormerkung und Widerspruch fallen nicht unter § 64, weil sie keine „Rechte" an Grundstücken sind, sondern unter § 67 (dort Rn. 15). Sind Eintragung und Löschung gebührenfrei (§ 69 Abs. 1 Nr. 2, Abs. 2), so muss das auch für Veränderungen gelten. **16**

IX. Löschung

Die Löschung von Vormerkung und Widerspruch fallen unter § 68. Bestimmte Löschungen bleiben gebührenfrei (§§ 69 Abs. 1 Nr. 2, Abs. 2, 70 Abs. 1). **17**

Durch die Eintragung des gesicherten Rechts (Gebühren nach den §§ 60 ff.) werden Vormerkung und Widerspruch **gegenstandslos**. Teils werden sie von Amts wegen rot unterstrichen (§ 19 Abs. 2, 3 GBV), eine förmliche Löschung (§ 46 GBO) erübrigt sich damit. Die **Rötung** ist gebührenfrei. **18**

In den verbleibenden Fällen kommt es zur Löschung iS des § 46 GBO, insbesondere bei der **Auflassungsvormerkung** in Abt. II. Für sie gilt Rn. 17, der Gegenstandslosigkeit ist jedoch beim Wert Rechnung zu tragen (§ 68 Rn. 8). **19**

X. Schuldner

S. § 2 Rn. 59 ff. **20**

---

§ 67* Sonstige Eintragungen

(1) ¹**Für alle Eintragungen, die unter keine der vorstehenden Vorschriften fallen und auch nicht als Nebengeschäft gebührenfrei sind, wird ein Viertel der vollen Gebühr erhoben.** ²Dies gilt insbesondere
1. für die Eintragung des Verzichts auf das Eigentum am Grundstück;
2. für die Eintragung des Ausschlusses der Erteilung eines Briefs sowie für die Eintragung der Aufhebung dieses Ausschlusses;
3. für den Vermerk von Rechten, die dem jeweiligen Eigentümer zustehen, einschließlich des Vermerks hierüber auf dem Grundbuchblatt des belasteten Grundstücks;
4. für die Eintragung der ohne Eigentumsübergang stattfindenden Teilungen, Vereinigungen und Zuschreibungen von Grundstücken;
5. für die Anlegung eines Grundbuchblatts für ein noch nicht im Grundbuch eingetragenes oder aus dem Grundbuch ausgeschiedenes Grundstück sowie für die nachträgliche Ausscheidung eines Grundstücks aus dem Grundbuch;
6. für die Eintragung der Unterwerfung unter die sofortige Zwangsvollstreckung bei einer Hypothek, Grundschuld oder Rentenschuld.

(2) § 60 Abs. 5, § 63 Abs. 2, § 64 Abs. 3 gelten entsprechend, jedoch ist mindestens ein Viertel der vollen Gebühr zu erheben.

(3) **Der Wert bestimmt sich nach § 30.**

Übersicht

	Rn.		Rn.
I. Sonstige Eintragungen	1	4. Teilung, Vereinigung, Zuschreibung (Nr. 4)	7–10
II. Die besonders genannten Eintragungen (Abs. 1 S. 2)	2–14	5. Grundbuchblatt (Nr. 5)	11–13
1. Verzicht auf das Eigentum (Nr. 1)	2	6. Zwangsvollstreckungsunterwerfung (Nr. 6)	14
2. Brieferteilung (Nr. 2)	3–5		
3. Herrschvermerk (Nr. 3)	6	III. Andere Eintragungen (Abs. 1 S. 1)	15–18a

---

* § 67 Abs. 2 geändert durch Gesetz vom 24. 6. 1994 (BGBl. I S. 1325).

§ 67

	Rn.		Rn.
IV. Mehrere Grundstücke, Rechte, Eintragungen (Abs. 2)	19–24	V. Zusammentreffen mit Veränderungen (§ 64)	25
1. § 60 Abs. 5	19	VI. Wert (Abs. 3)	26
2. § 63 Abs. 2	20		
3. § 64 Abs. 3	21–24		

I. Sonstige Eintragungen

1 § 67 regelt die Gebühren für selbständige Eintragungen, die weder unter die Vorschriften der §§ 60 bis 66 fallen noch nach § 69 gebührenfrei sind; vgl. aber über gebührenfreie Nebengeschäfte die §§ 35, 62 Abs. 3 und § 60 Rn. 69, 70, § 62 Rn. 18. Außerdem gehen die speziellen Regelungen der §§ 68 ff. vor.

II. Die besonders genannten Eintragungen (Abs. 1 S. 2)

1. Verzicht auf das Eigentum (Nr. 1)

2 Verzicht auf das Eigentum (§ 928 Abs. 1 BGB). Die spätere Eintragung des Aneignungsberechtigten erfordert die Gebühr des § 60.

2. Brieferteilung (Nr. 2)

3 Nachträgliche Ausschließung der Erteilung eines Hypotheken- usw. Briefes oder Aufhebung dieser Ausschließung (Umwandlung einer Brief- in eine Buchhypothek, -grundschuld, -rentenschuld oder umgekehrt; Nr. 2). Im letzteren Fall ist ein Brief zu bilden; dafür die Gebühr nach § 71 neben der des § 67. Wert: § 30 Abs. 1 (Bruchteil des Werts – § 23 – des Rechts). Die Eintragung der Ausschließung der Erteilung eines Briefs gleichzeitig mit der Eintragung der Hypothek usw. selbst ist gebührenfreies Nebengeschäft dieser Eintragung (§ 62 Abs. 3 S. 1).

4 Wird eine Sicherungshypothek in eine Verkehrshypothek oder in eine Grundschuld umgewandelt (§ 64), so bleibt die Hypothek Buchhypothek, wenn nicht gleichzeitig die Umwandlung in eine Briefhypothek verlangt wird (allgM). Eine Gebühr aus § 67 erfällt (neben der Gebühr des § 64) deshalb nur, wenn die gleichzeitige Eintragung der Aufhebung des Briefausschlusses erfolgt.[1]

5 Der umgekehrte Fall der Umwandlung einer Verkehrshypothek oder Grundschuld in eine Sicherungshypothek schließt die Erteilung eines Briefs von selbst aus, daher keine Gebühr aus § 67.

3. Herrschvermerk (Nr. 3)

6 Vermerk der Rechte, die dem jeweiligen Eigentümer zustehen, auf dem Blatt dieses Grundstücks (Nr. 3). Hierher gehören ihrem Wesen nach alle Grunddienstbarkeiten; Reallasten und Vorkaufsrechte nur, wenn sie ausdrücklich zugunsten des jeweiligen Eigentümers eines – anderen – Grundstücks bestellt werden (zB Erbbauzins). Zur Begründung der Rechte ist nur die Eintragung auf dem belasteten Grundstück erforderlich. Sie gelten aber als Bestandteile jenes (herrschenden) Grundstücks (§ 96 BGB) und sind nach § 9 Abs. 1 GBO auf Antrag auf dem Blatt dieses Grundstücks zu vermerken. Der Vermerk unterliegt der Gebühr des § 67 auch dann, wenn er gleichzeitig mit der Eintragung des Rechts auf dem belasteten Grundstück erfolgt. Die Gebühr deckt zugleich die Ersichtlichmachung der Eintragung des Vermerks auf dem Blatt des belasteten Grundstücks ab (§ 9 Abs. 3 GBO). Die Berichtigung des Vermerks im Falle der Änderung oder Aufhebung des Rechts von Amts wegen (§ 9 Abs. 2 GBO) ist gebührenfreies Nebengeschäft der Eintragung der Änderung oder der Löschung auf dem belasteten Grundstück.

---

[1] AA BayObLG Rpfleger 1968, 132 = KostRsp. § 62 Nr. 13, das in diesem Falle § 62 Abs. 3 S. 1 anwenden will; aber es handelt sich doch gar nicht um die Eintragung des Rechts – volle Gebühr (§ 62) –, sondern um seine Veränderung – halbe Gebühr (§ 64) –; also § 64 Abs. 3, Rn. 24.

4. Teilung, Vereinigung, Zuschreibung (Nr. 4)

Teilung eines Grundstücks in mehrere selbständige Grundstücke, ferner die Vereinigung **7** mehrerer Grundstücke zu einem Grundstück und die Zuschreibung eines Grundstücks zu einem anderen als dessen Bestandteil (Nr. 4; § 890 BGB). Die Teilung eines Grundstücks und die Übertragung eines Trennstücks auf ein anderes Blatt ist aber gebührenfrei, wenn für das Trennstück ein neuer Eigentümer eingetragen wird. Ist durch die Vereinigung oder Zuschreibung die Übertragung eines Teilgrundstücks usw. auf ein anderes Blatt erforderlich, so ist dies gebührenfreies Nebengeschäft.

Wird auf Grund der Mitteilungen der Katasteramts (Veränderungsnachweis) von Amts **8** wegen die Zerlegung der Grundstücke in mehrere Parzellen eingetragen – die Eintragung erfolgt dann im Bestandsverzeichnis unter einer Nummer –, so ist dies gemäß § 69 Abs. 1 Nr. 3 (Herstellung der Übereinstimmung zwischen Grundbuch und Kataster) gebührenfrei, auch wenn sie auf Maßnahmen des Eigentümers beruht.[2] Eine Gebühr aus § 67 wird nur erhoben, wenn auf Antrag des Eigentümers – denn nur der Eigentümer ist berechtigt, seine Grundstücke in Teile zu zerlegen – die Teilung in mehrere selbständige Grundstücke eingetragen wird.

Nr. 4 findet nach § 77 auch Anwendung bei der Teilung eines Bergwerks (Feldesteilung **9** oder Konsolidation) und Eintragung der neuen Bergwerke für die Gewerkschaft auf besonderen Grundbuchblättern,[3] ebenso bei der realen Teilung des Erbbaurechts. Dagegen erfordern die Eintragung der Teilung eines Grundstücks in Miteigentumsanteile oder die der Teilung eines Erbbaurechts nach den §§ 8, 30 Abs. 2 WEG keine besondere Gebühr neben der des § 76. Zur Teilung von Wohnungseigentum in mehrere Wohnungseigentumsrechte s. § 76 Rn. 24, zur Vereinigung der zu einem Hof gehörenden Grundstücke s. § 18 Höfe-VfO, Anhang C I → Höfesachen.

Die Eintragung der Vereinigung mehrerer selbständiger Grundstücke zu einem Grund- **10** stück sowie die Zuschreibung zu einem anderen als dessen Bestandteil auf Antrag des Eigentümers sind gebührenfrei, wenn die Grundstücke örtlich und wirtschaftlich ein einheitliches Grundstück bilden (§ 69 Abs. 1 Nr. 4; s. dort).

5. Grundbuchblatt (Nr. 5)

Anlegung eines Grundbuchblattes (Nr. 5) für ein Grundstück, das bei der Anlegung des **11** Grundbuchs kein Blatt erhalten hat. Sie erfolgt, auch wenn das Grundstück bei der Anordnung, dass das Grundbuch für den Bezirk als angelegt anzusehen sei, nicht ausgenommen worden ist (Art. 186 Abs. 2 EGBGB), nach § 116 Abs. 1 GBO von Amts wegen, wenn nicht das Grundstück nach § 3 Abs. 2 GBO buchungsfrei ist; Verfahren: §§ 116 bis 125 GBO. Die Gebühr ist aber auch in den Fällen zu erheben, in denen das Grundbuch überhaupt noch nicht angelegt ist. Kostenschuldner der Gebühr für die von Amts wegen erfolgende Eintragung sowie der Bekanntmachungskosten ist dann nach § 2 Nr. 2 der Eigentümer.[4] Die Gebühr gilt das Aufgebotsverfahren (§§ 119 ff. GBO) ab, desgleichen die Eintragung des Eigentümers (§ 123 GBO) und der angemeldeten Rechte (§ 124 GBO).

Nr. 5 findet auch Anwendung, wenn ein Grundstück, weil buchungsfrei geworden, aus **12** dem Grundbuch ausgeschieden ist und wegen Veräußerung oder Belastung oder auf Antrag des Eigentümers wieder zu buchen ist. Bei Veräußerung von einem nicht vom Buchungszwang Befreiten muss die Anlegung für den bisherigen Eigentümer erfolgen, bevor der neue Eigentümer eingetragen wird.[5] Auch die Anlegung eines Grundbuchblatts für ein vor Inkrafttreten der ErbbauVO, jetzt ErbbauRG, begründetes Erbbaurecht gehört hierher.

Die Gebühr (¹/₄) wird auch erhoben für die **nachträgliche Ausscheidung eines** **13** **Grundstücks aus dem Grundbuch,** wenn es buchungsfrei ist oder wird (vgl. § 3 Abs. 3 GBO). Der Fall, dass ein Grundstück durch den Übergang auf den Bund, ein Land, eine

---

[2] KG OLG 7, 253.
[3] KG JFGErg. 18, 138 = JVBl. 1938, 213 = DNotZ 1938, 340.
[4] KG JFGErg. 20, 116 = JVBl. 1940, 77.
[5] RG DRW 1940, 2073.

§ 67

Gemeinde von selbst aus dem Grundbuch ausscheidet, kann nicht vorkommen, weil zur Ausbuchung ein Antrag des Eigentümers erforderlich ist. Beim rechtsgeschäftlichen Erwerb durch den Bund usw. sind Auflassung und Eintragung erforderlich; dann, wenn nicht Gebührenfreiheit besteht, Gebühr nach § 60. Erfolgt die Ausbuchung gleichzeitig, so ist diese Eintragung (Schließung des Grundbuchblatts oder Abschreibung im Bestandsverzeichnis) gebührenfreies Nebengeschäft. Wird aber die Ausbuchung nachträglich beantragt, so besondere Gebühr des § 67. Bei Erwerb kraft Gesetzes (zB Erbfolge) kann die Ausbuchung ohne vorherige Eintragung des Eigentumswechsels erfolgen; dann nur die Gebühr des § 67.

6. Zwangsvollstreckungsunterwerfung (Nr. 6)

14   Die Gebühr wird nur erhoben, wenn eine Unterwerfungsklausel noch nicht eingetragen war (nachträgliche Eintragung) oder, wenn eingetragen, bei der Eintragung von Veränderungen nicht nur auf diese ausgedehnt, sondern auf Antrag ausdrücklich wegen des gesamten Anspruchs von neuem eingetragen, also wiederholt wird.[6] Im letzteren Fall ist die Gebühr neben der des § 64 anzusetzen. Im Übrigen ist die Eintragung der Klausel gebührenfreies Nebengeschäft der Haupteintragung, insbesondere mit dem Recht selbst (§ 62 Abs. 3) wie bei Ergänzung der Klausel, dass sie auch für die neuen Bedingungen gelten soll. Wegen der Wiederholung der Klausel bei Bildung einer Einheitshypothek s. § 64 Rn. 28.

III. Andere Eintragungen (Abs. 1 S. 1)

15   Außer diesen „besonders" aufgeführten Eintragungen gehören hierher u. a. die Berichtigung des Namens des eingetragenen Eigentümers oder Berechtigten nach Änderung des Namens, auch im Falle der Verheiratung usw. sowie bei Umwandlung einer OHG in eine KG und dergleichen (vgl. § 60 Rn. 1 ff.);[7] die Eintragung von Miteigentumsanteilen an dem dienenden Grundstück auf den Grundbuchblättern der einzelnen Miteigentümer (§ 3 Abs. 5 GBO); die nachträgliche Eintragung, dass für die Löschung eines auf Lebenszeit bestellten Rechts der Nachweis des Todes usw. genügen soll, s. § 64 Rn. 2; die nachträgliche Eintragung des Höchstbetrages des Ersatzrechts, der dem Berechtigten im Falle des Erlöschens des Rechtes durch den Zuschlag zu ersetzen ist, s. § 882 BGB; ferner die Veränderungen von Vormerkungen,[8] wie etwa des Berechtigten des vorgemerkten Anspruchs, des Rangs[9] – wobei § 64 Abs. 5 entsprechend anzuwenden ist[10] –, der Bedingungen oder der Frist einer Auflassungsvormerkung wie überhaupt die Wiederverwendung einer erloschenen Vormerkung;[11] desgleichen von Verfügungsbeschränkungen nach § 1010 BGB.[12]

16   Weiter gehören hierher die nachträgliche Eintragung, dass ein Rangvorbehalt nur einmal ausgenutzt werden darf, und eines Vermerks, dass ein Recht dem Nacherben gegenüber wirksam ist. Wurde bei Eintragung des Eigentümers oder Berechtigten die Vorschrift des § 47 GBO (Nennung des Beteiligungsverhältnisses) nicht beachtet, so muss die Angabe vor der Belastung, idR auch vor der Veräußerung, nachgeholt werden. Diese Eintragung fällt unter § 67;[13] ebenso alle Klarstellungsvermerke.

17   Dagegen ist § 60 bzw. § 64 anwendbar, wenn eine Gemeinschaft zur Gesamthand in solche nach Bruchteilen umgewandelt wird oder umgekehrt, wenn zB ein Grundstück oder ein Recht, das Ehegatten je zur Hälfte gehört, als Gesamtgut der Gütergemeinschaft eingetragen wird, ebenso wenn Ehegatten oder der überlebende Ehegatte und die Erben des

---

[6] KG DJ 1942, 244; OLG München DJ 1942, 246.
[7] BayObLG Rpfleger 1981, 76; zur „Abschichtung" s. *Dümig* Rpfleger 2004, 97.
[8] OLG Zweibrücken Rpfleger 1982, 241 m. zust. Anm. *Lappe;* OLG Saarbrücken Rpfleger 1983, 258; OLG Düsseldorf Rpfleger 1983, 460; BayObLG Rpfleger 1984, 77; KG Rpfleger 1984, 248; OLG Köln JurBüro 1984, 1389.
[9] LG Saarbrücken BWNotZ 2002, 43; zur Rangfähigkeit der Eigentumsvormerkung *Lehmann* NotBZ 2002, 205.
[10] BayObLGZ 1988, 330 = Rpfleger 1989, 41.
[11] Vgl. BGH NotBZ 2000, 91.
[12] LG Darmstadt JurBüro 1986, 1555.
[13] Vgl. KGJ 52, 275.

Verstorbenen oder Miterben die Gemeinschaft zur gesamten Hand in der Weise aufheben, dass das zum Gesamtgut bzw. zum Nachlass gehörende Grundstück oder Recht auf sie nach Bruchteilen eingetragen wird, mögen auch diese Bruchteile ihrer Beteiligung an dem Gesamtgut oder der Erbengemeinschaft entsprechen; s. auch §§ 61, 64.

Die Übertragung eines Grundstücks auf ein anderes (auch neu anzulegendes) Blatt ist, wenn sie infolge eines Eigentumswechsels erforderlich ist, gebührenfreies Nebengeschäft der Eintragung des Eigentümers (§ 60), ebenso wenn sie für die Vereinigung mehrerer Grundstücke zu einem Grundstück oder die Zuschreibung eines Grundstücks zu einem anderen erforderlich ist (Rn. 7). Auch bleibt sie nach § 69 Nr. 5 gebührenfrei, wenn es sich um die Zusammenschreibung mehrerer Grundstücke auf ein Grundbuchblatt handelt; erfolgt sie auf Antrag, so ist Voraussetzung der Befreiung, dass sämtliche Grundstücke des Abschreibeblatts übertragen werden; sonst Gebühr § 67. **18**

Die Eintragung und die Löschung eines Hofvermerks sind kostenfrei (§ 18 HöfeVfO, Anhang C I → Höfesachen). **18a**

IV. Mehrere Grundstücke, Rechte, Eintragungen (Abs. 2)

Zur Vermeidung unangemessener Gebührenhäufungen ordnet Abs. 2 die entsprechende Anwendung der §§ 60 Abs. 5, 63 Abs. 2 und 64 Abs. 3 an. Im Einzelnen:

1. § 60 Abs. 5

Die Eintragung desselben Eigentümers (derselben Miteigentümer) bei mehreren Grundstücken erfordert nur eine Gebühr nach dem zusammengerechneten Wert. Entsprechend ist für den Verzicht auf das Eigentum an mehreren Grundstücken desselben Eigentümers (Nr. 1), für die Anlegung des Grundbuchblatts für mehrere demselben Eigentümer gehörende Grundstücke (Nr. 5), für die Teilung mehrerer Grundstücke desselben Eigentümers (Nr. 4) nur eine Gebühr zu erheben. Die auf die einzelnen Grundstücke entfallenden Werte sind zusammenzurechnen. **19**

2. § 63 Abs. 2

Für die Eintragung der Belastung mehrerer Grundstücke mit einem Recht (§ 63 Rn. 15) entsteht nur eine Gebühr. Die entsprechende Anwendung ergibt: Wird bei den genannten Rechten eine unter § 67 fallende Eintragung vorgenommen, zB Ausschluss der Brieferteilung bei der Gesamthypothek oder Änderung des Namens des Nießbrauchsberechtigten, so nur eine Gebühr ohne Rücksicht auf die Zahl der Grundstücke und der betroffenen Grundbuchblätter. Ob für die Eintragung des Vermerks von Rechten, die dem jeweiligen Eigentümer zustehen (Nr. 3), eine oder mehrere Gebühren zu erheben sind, richtet sich danach, ob die Eintragung der Rechte selbst mit einer oder mit mehreren Gebühren abzugelten ist; s. darüber § 63. **20**

3. § 64 Abs. 3

Für mehrere Veränderungen desselben Rechts erfällt nur eine Gebühr; die nach § 23 zu bestimmenden Einzelwerte sind zusammenzurechnen. Die entsprechende Anwendung bedeutet: Treffen bei einem Recht (worunter auch das Eigentum fällt) Eintragungen, die unter verschiedene Nummern des § 67 Abs. 1 fallen, zusammen, so ist nur eine Gebühr zu erheben, und zwar von dem zusammengerechneten Wert der Eintragungen. So ist zB, wenn bei einer Gesamthypothek von 20 000 Euro gleichzeitig mit der nachträglichen Ausschließung der Brieferteilung (Nr. 2) die (nachträgliche) Unterwerfung unter die sofortige Zwangsvollstreckung (Nr. 6) und die Änderung des Namens des Gläubigers eingetragen werden, die Gebühr des § 67 von (2000 Euro = Briefausschließung + 2000 Euro = Unterwerfung +1000 Euro = Namensänderung; Werte nach Rn. 26) 5000 Euro mit 10,50 Euro zu berechnen. Oder: Beim Rücktritt einer Auflassungsvormerkung hinter mehrere Grundpfandrechte gibt es nur eine Gebühr nach § 67 aus deren zusammengerechnetem Wert.[14] **21**

---

[14] OLG Frankfurt Rpfleger 1986, 158.

§ 67 1. Teil. 2. Abschnitt: 2. Grundbuchsachen

22 Voraussetzung für die Anwendung des Abs. 2 ist, dass die Eintragungen gleichzeitig beantragt werden (Näheres darüber § 60 Rn. 65 ff.). Für jedes Recht erfällt die Gebühr gesondert.

23 **Nicht für entsprechend anwendbar** erklärt sind § 63 Abs. 3, 4 und § 64 Abs. 4 S. 1. Das hat zur Folge, dass die Gebühren von jedem beteiligten Grundbuchamt auch bei gleichzeitiger Antragstellung nach dem Wert der Eintragung und nicht etwa (bei den weiteren Grundbuchämtern) nach dem geringeren Wert der Grundstücke zu berechnen sind; angesichts der geringen Höhe der Gebühr lässt sich das vertreten. Bei mehreren gleichzeitigen Veränderungen könnte der Wert des Rechts überschritten werden. Trotz Nichtnennung des § 64 Abs. 4 in Abs. 2 bildet er gleichwohl nach der wirtschaftlichen Bedeutung die Obergrenze. Der Fall wird jedoch kaum praktisch.

24 Wird die Gebühr für die Veränderung von Rechten der §§ 65 und 66 erhoben, so ist nach deren Regeln zu verfahren; beim Rangrücktritt von Verfügungsbeschränkungen nach § 1010 BGB also eine Gebühr je Miteigentümer (§ 65 Rn. 18).[15]

V. Zusammentreffen mit Veränderungen (§ 64)

25 § 67 regelt nicht das Zusammentreffen von Eintragungen aus § 67 mit solchen aus § 64. In diesem Fall ist nach den beiden Vorschriften getrennt zu berechnen.[16] Jedoch darf, entsprechend dem Begünstigungszweck der Norm, nicht mehr erhoben werden als bei Berechnung aller Eintragungen nach § 64.

VI. Wert (Abs. 3)

26 Der Wert bestimmt sich in allen Fällen des § 67 nach § 30, was nach Sinn und Zweck dieser Verweisungen bedeutet, dass nicht der „volle" Wert der §§ 19 ff. maßgebend ist. In der Regel findet eine wirtschaftliche Schätzung des „Interesses" nach § 30 Abs. 1 statt. Bei Grundstücken ist Beziehungswert der Wert des § 19, iÜ hat der Wert des Rechts diese Funktion. Von ihm sind etwa $1/5$ als „Mittelwert" für die Geschäfte des § 67 zu nehmen, je nach den Umständen des Einzelfalles erhöht bis auf $1/2$ oder ermäßigt bis auf $1/20$.[17] Dabei werden allgemeine Grundsätze, etwa des § 23 Abs. 3 und des § 26 Abs. 7 aF herangezogen,[18] was insbesondere degressive Prozentsätze für den Teilwert bedeutet.[19] Bedingte Rechte sind folglich mit einem „Bedingungsabschlag" (vgl. §§ 20 Abs. 2, 24 Abs. 6 S. 3) anzusetzen, beispielsweise eine Auflassungsvormerkung bei der Änderung ihres Rangs, wenn der gesicherte Anspruch bedingt ist. Die Abtretung einer Auflassungsvormerkung hat höchstens den Wert ihrer Eintragung,[20] bei einer Verpfändung den der gesicherten Forderung (§ 23 Abs. 1). Eine Namensänderung mag generell 5–10% rechtfertigen, bei wirtschaftlichem „Hintergrund", etwa der Umwandlung einer GbR in einer KG, können jedoch 50% richtig sein.[21] Eintragungen ohne wirtschaftliche Bedeutung, etwa die Berichtigung von Schreibfehlern aus zugrundeliegenden Urkunden, unterliegen zudem einem Höchstwert (Orientierung an § 41a Abs. 6), weil es an den eine „echte" Wertgebühr rechtfertigenden Umständen (§ 32 Rn. 7) fehlt.

---

[15] LG Darmstadt JurBüro 1986, 1555.
[16] KG DJ 1942, 244; OLG München DJ 1942, 246; BayObLG Rpfleger 1968, 132; OLG Düsseldorf MDR 1990, 164.
[17] Vgl. BayObLG DNotZ 1971, 601 = Rpfleger 1970, 446; 1981, 260; OLG Köln JMBl. NW 1974, 35 = KostRsp. Nr. 4.
[18] OLG Zweibrücken Rpfleger 1982, 241.
[19] Vgl. LG Koblenz KostRsp. Nr. 12 m. Anm. *Lappe*.
[20] BayObLG Rpfleger 1996, 378.
[21] BayObLG NJW-RR 2000, 365 = KostRsp. Nr. 14 m. krit. Anm. *Lappe* zur Begründung; vgl. auch BayObLGZ 1995, 73 = Rpfleger 1996, 85 = KostRsp. § 60 Nr. 110 zur Umwandlung einer KG in eine GbR m. krit. Anm. *Lappe*; BayObLG Rpfleger 1998, 445 zur Umwandlung einer OHG in eine KG.

§ 68 Löschungen und Entlassung aus der Mithaft

¹Für jede Löschung wird die Hälfte der für die Eintragung bestimmten Gebühr erhoben; für die Eintragung der Entlassung aus der Mithaft wird die Hälfte der Gebühr erhoben, die für die Eintragung der Einbeziehung in die Mithaft zu erheben sein würde. ²Mindestens wird ein Viertel der vollen Gebühr erhoben.

Übersicht

	Rn.		Rn.
I. Löschung	1–3	4. Erloschene, gegenstandslose Rechte	8
II. Löschungswert	4–8	III. Löschung mehrerer Rechte	9
1. Grundpfandrechte	5	IV. Entlassung aus der Mithaft	10–13
2. Vorkaufsrechte	6	V. Löschung eines Gesamtrechts	14
3. Wiederkehrende Nutzungen und Leistungen	7	VI. Veränderungen	15

I. Löschung

§ 68 bezieht sich auf **alle Eintragungen** der ihm voraufgehenden §§ 60 bis 67 und findet 1 Anwendung, wenn sie gelöscht werden können und gelöscht werden (also nicht auf die „Löschung" nicht eingetragener Rechte). Die Löschung ist abzugrenzen gegen **Veränderungen** (§§ 64, 67). Insbesondere bleibt die Veränderung zum ursprünglichen Zustand hin eine Veränderung, auch wenn sie im Grundbuch durch „Löschung" des ersten Veränderungsvermerks erfolgt. Maßgebend ist mithin der **materielle Vorgang** und nicht das vom Grundbuchamt gewählte Verfahren (wie § 60 Rn. 4, § 62 Rn. 3, § 63 Rn. 4). Bei der Löschung eines **Erbbaurechts** entstehen daher für die „Löschung" der im Erbbaugrundbuch eingetragenen Rechte keine Löschungsgebühren.¹ Gleiches muss für die Löschung des **Gebäudeeigentums** und des Nutzungsrechts nach dem SachenRBerG bei Bestellung des Erbbaurechts (§ 60) sowie der Vereinigung von Grundstücks- und Gebäudeeigentum in einer Person (§ 78) gelten. Ein **Verzicht** ist eine Löschung iS des § 68, wenn das – eingetragene – Recht erloschen ist (so § 1175 Abs. 1 S. 2 BGB), sonst eine Veränderung (so § 1175 Abs. 1 S. 1 BGB). Wird im ersten Fall statt der Löschung der Verzicht eingetragen, fällt wegen der Maßgeblichkeit des materiellen Vorgangs gleichwohl des Gebühr des § 68 an.

Löschung geschieht regulär durch die Eintragung eines **Löschungsvermerks** (§ 46 2 Abs. 1 GBO), von Rechten am Grundstück auch durch ihre **Nichtmitübertragung** (§ 46 Abs. 2 GBO).² Hingegen stellt das **Rotunterstreichen** allein, etwa der Vormerkung bei Eintragung des Grundpfandrechts (§ 19 Abs. 2 GBV), keine Löschung dar.

Gebührensatz ist die Hälfte der Gebühr für die Eintragung (S. 1 Halbs. 1), mindestens 3 eine viertel Gebühr (S. 2). Dies ist abstrakt zu verstehen, es kommt mit anderen Worten nicht auf die Gebühr an, die für die Eintragung erhoben wurde, vielmehr wird die Hälfte der Gebühr angesetzt, die bei einer Eintragung des Rechts jetzt zu erheben wäre. Damit verliert die Ermäßigung des § 62 Abs. 2 ihre Bedeutung, desgleichen ist es belanglos, dass die Eintragung gebührenfrei erfolgte, sei es wegen Gebührenfreiheit (§ 11) oder als Nebengeschäft (§ 35).³

II. Löschungswert

Durch die Anknüpfung an die Eintragungsgebühr kommt es auch auf deren Wert an; 4 allerdings nicht auf den tatsächlichen Wert der Eintragung, sondern auf den Wert, der **jetzt**

---

¹ LG Hildesheim KostRsp. Nr. 18; falsch LG Braunschweig Nds.Rpfl. 1989, 296 = KostRsp. Nr. 16 m. abl. Anm. *Lappe;* ihm folgend LG Oldenburg KostRsp. Nr. 24 m. abl. Anm. *Lappe.*
² BayObLGZ 1972, 380 = JurBüro 1976, 1366; OLG Celle JurBüro 1984, 265; OLG Düsseldorf Rpfleger 1977, 460; OLG Frankfurt Rpfleger 1973, 109; OLG Hamburg Rpfleger 1972, 380; OLG Schleswig SchlHA 1975, 51.
³ OLG Hamm NJW 1968, 509 = Rpfleger 1967, 84.

der Eintragungsgebühr zugrunde zu legen wäre (§ 18 Abs. 1),[4] wobei die Zulässigkeit der Eintragung belanglos bleibt. Das bedeutet:

1. Grundpfandrechte

5   Bei Grundpfandrechten ist der Nennwert maßgebend (§ 23 Abs. 2 Halbs. 1). Bei ihm bleibt es auch, wenn es sich um eine „Globalgrundschuld" handelt, sie auf dem letzten Wohnungseigentum gelöscht wird und der Wohnungseigentümer Schuldner ist;[5] auch wenn der Schuldner im Rahmen eines Bauherrenmodells erworben hat;[6] nicht also, wenn der Ersteller der Wohnanlage Schuldner ist;[7] auch nicht als Übernehmer (§ 3 Nr. 2).[8] Ist das Grundpfandrecht **erloschen,** wie insbesondere bei der Ablösung geringwertiger Grundpfandrechte in der ehemaligen DDR (§ 10 GBBerG), besteht es also auch nicht als Eigentümergrundschuld, beträgt der Wert null. Im Übrigen findet für die Löschung **geringwertiger Grundpfandrechte** in der ehemaligen DDR eine Umrechnung 1 DM = 2 RM = 2 DDR-Mark statt (Art. 11 § 3 2. VermRÄndG), und zwar auch dann, wenn der Umstellungsbetrag nicht im Grundbuch eingetragen ist. Zum **Rangvorbehalt** eines Gesamtrechts: §§ 30 Abs. 1, 23 Abs. 2 Halbs. 2.[9]

2. Vorkaufsrechte

6   Bei Vorkaufsrechten kommt es auf den jetzigen Grad der Wahrscheinlichkeit des Vorkaufsfalles an, so dass bei geringer Wahrscheinlichkeit der Wert wesentlich unter dem Regelwert des § 20 Abs. 2 anzunehmen ist.[10]

3. Wiederkehrende Nutzungen und Leistungen

7   Alle wiederkehrenden Nutzungen und Leistungen, beispielsweise Nießbrauch, Erbbaurecht vor der Beendigung, werden nach der Restlaufzeit berechnet (§ 24 Abs. 6 S. 1).[11] Für die Begünstigungen nach § 24 Abs. 3, 4 kommt es auf die jetzigen Verhältnisse, nicht auf die bei der Eintragung an (wie Rn. 3).

4. Erloschene, gegenstandslose Rechte

8   Ist das Recht erloschen oder gegenstandslos, durch den Tod des Berechtigten (insbesondere bei Nutzungen, Rn. 7, auf Lebenszeit, aber auch bei einer Vormerkung),[12] durch Zeitablauf (Beispiel: Erbbaurecht), durch die mit der Vormerkung oder den Widerspruch gesicherte Eintragung, beträgt der Wert null (wie § 70 Abs. 1 S. 1; die Antragslöschung darf nicht ungleich teurer sein als die Amtslöschung; anders die bisherige Praxis: Wert des „bestehenden" Rechts.[13] Für einen geringen Wert – 20% des Grundstückswerts – auch OLG Zweibrücken.[14] Ein solcher Wert ist ebenfalls bei der Löschung von **Entschuldungsvermerken** richtig.[15]

III. Löschung mehrerer Rechte

9   Es gelten alle Begünstigungen der Eintragung. Ob eine oder mehrere **Belastungen** gelöscht werden, richtet sich nicht nach den Eintragungen oder den Löschungsvermerken,

---

[4] BayObLG Rpfleger 1955, 287.
[5] OLG Hamm Rpfleger 1998, 376: bis zur Grenze der Verhältnismäßigkeit; OLG Düsseldorf Rpfleger 2003, 273; OLG Frankfurt NJW-RR 2004, 90; s. auch *Lappe* NJW 2004, 489, 492. *Hintzen* Rpfleger 1994, 85; aA, entsprechende Anwendung des § 23 Abs. 2 Halbs. 2: BayObLGZ 1992, 247; 1993, 285 = JurBüro 1994, 288 = KostRsp. Nr. 19, 20 m. abl. Anm. *Lappe;* OLG Köln Rpfleger 1997, 406.
[6] BayObLG NJW-RR 2000, 1597 = Rpfleger 2000, 472; OLG Dresden NotBZ 2006, 324.
[7] BayObLGZ 1993, 285 = JurBüro 1994, 288; Rpfleger 1998, 106; OLG Hamm Rpfleger 1995, 272; OLG Oldenburg OLGR 1994, 176.
[8] OLG Düsseldorf Rpfleger 1999, 414.
[9] OLG Hamm NJW 1968, 509 = Rpfleger 1967, 84.
[10] Vgl. OLG Schleswig KostRsp. § 20 Abs. 2 Nr. 33 m. Anm. *Lappe*.
[11] BayObLG DNotZ 1971, 309 = Rpfleger 1970, 254.
[12] BayObLG Rpfleger 1990, 61.
[13] ZB BayObLG Rpfleger 1986, 31.
[14] KostRsp. Nr. 17 m. abl. Anm. *Lappe*.
[15] Vgl. *Böhringer* JurBüro 1994, 516.

sondern infolge der abstrakten (Rn. 3) Anknüpfung an § 63 Abs. 1 danach, wie viel Rechte **materiell** jetzt vorliegen (§ 63 Rn. 5 bis 14). Ist also ein Recht nach der Eintragung **geteilt** worden, ausdrücklich, durch Veränderung eines Teilbetrags, durch Teilabtretung (§ 1154 BGB), durch Entstehen einer Teileigentümerhypothek oder -grundschuld (insbesondere nach § 1176 BGB usw.), so werden gesonderte Gebühren für die Löschung jedes Rechts erhoben (§ 63 Abs. 1). Allerdings setzt eine solche Berechnung die Erkennbarkeit der Teilrechte voraus; daran fehlt es oft wegen § 19 GBO, eine amtswegige Ermittlung ohne Anhaltspunkte für das Vorliegen von Teilrechten allein der Gebühren wegen verbietet sich.

IV. Entlassung aus der Mithaft

Die „Entlassung aus der Mithaft" versteht S. 1 Halbs. 2 als Gegenstück der „Einbeziehung in die Mithaft". Diese gibt es jedoch begrifflich nicht, vielmehr regelt § 63, an den S. 1 Halbs. 2 anknüpft, die „Belastung mehrerer Grundstücke mit ein und demselben Recht" und sieht dafür unterschiedliche Gebühren vor (Abs. 2–4), und zwar ohne Rücksicht darauf, ob die Belastungen gleichzeitig eingetragen werden, also sofort ein Gesamtrecht entsteht, oder auf einem Grundstück später als auf anderen, so dass es sich insoweit um eine „Einbeziehung in die Mithaft" handelt; maßgebend ist allein, ob die Eintragungsanträge gleichzeitig (Abs. 2, 3) oder nicht gleichzeitig (Abs. 4) gestellt werden. Unter diesen Umständen kann die Anknüpfung in Abs. 1 Halbs. 2 an § 63 nur dahin verstanden werden, dass „Entlassung aus der Mithaft" die **antragsgemäße Löschung** einer auf mehreren Grundstücken ruhenden Belastung **nur auf einem oder einigen Grundstücken** ist, sie also auf mindestens einem noch eingetragen bleibt. Das erscheint umso unbedenklicher, als sich aus § 63 Abs. 4 eine Obergrenze für die Eintragungsgebühren seiner Abs. 2 und 3 ergibt (§ 63 Rn. 30), so dass der alleinige Rückgriff hier auf § 63 Abs. 4 den Kostenschuldner nicht benachteiligt. 10

Des Weiteren folgt aus der Anknüpfung an § 63, dass „Entlassung aus der Mithaft" nicht nur die Löschung eines echten Gesamtrechts ist, sondern alle Rechte erfasst, die dessen Abs. 2 als Gesamtrechte behandelt (§ 63 Rn. 15, 16), also **aller Belastungen** des § 62. 11

Gebührensatz ist die viertel Gebühr (S. 1 Halbs. 2, §§ 62 Abs. 1, 63 Abs. 4; wegen § 62 Abs. 2 s. Rn. 3). 12

Wegen des **Werts** und seiner Begrenzung durch den Wert des Grundstücks s. Rn. 5–8, § 63 Rn. 28–31. Maßgebend ist danach bei allen echten Gesamtrechten der Nennwert, höchstens der Grundstückswert; bei unechten Gesamtrechten der Wert des gelöschten „Teils", höchstens der Grundstückswert oder der aus ihm als Berechnungsfaktor ermittelte Wert. Wird auf gleichzeitigen Antrag das – echte oder unechte – Gesamtrecht auf **mehreren Grundstücken** gelöscht, so wird für jedes Grundbuchamt nur eine Gebühr aus einem Wert oder der Wertesumme erhoben (§ 63 Abs. 4 S. 2). 13

V. Löschung eines Gesamtrechts

Wird ein Gesamtrecht auf gleichzeitigen Antrag gelöscht, so folgt die Löschungsgebühr § 62 Abs. 2 (dasselbe Grundbuchamt), 3 (verschiedene Grundbuchämter), höchstens darf sich jedoch die Gebühr für die Entlassung aus der Mithaft (Rn. 10–13) und die Gebühr für die Löschung der letzten Eintragung des – echten oder unechten – Gesamtrechts ergeben.[16] 14

VI. Veränderungen

Zur „Löschung" einer Veränderung s. Rn. 1. Wird bei der Löschung einer Rechts die bei ihr vermerkte Veränderung gerötet, entsteht dafür keine besondere Löschungsgebühr (Rn. 2).[17] Die als Veränderung geltende Löschungsvormerkung kann gelöscht werden mit 15

---

[16] OLG München JFGErg. 20, 129 = DNotZ 1940, 41 = JVBl. 1940, 7; KG Rpfleger 1976, 333.
[17] KG JFGErg. 14, 76 = JW 1936, 681.

der Folge einer Löschungsgebühr des § 68. Sie bleibt allerdings unerhoben, wenn die Löschung der Vormerkung mit dem begünstigten Recht erfolgt, selbst wenn sie nach diesem eingetragen worden ist (wie § 62 Abs. 3 S. 2).[18] Bei demselben Recht tritt die Löschungsgebühr, zB für die Löschung einer Löschungsvormerkung, neben die Veränderungsgebühr des § 64.[19]

§ 69* Gebührenfreie Eintragungen und Löschungen, Zwischenverfügungen

(1) Gebühren werden nicht erhoben
1. für die Umschreibung unübersichtlicher Grundbuchblätter und für die Neufassung einzelner Teile eines Grundbuchblatts;
2. für Eintragungen und Löschungen, die gemäß § 18 Abs. 2 oder § 53 der Grundbuchordnung von Amts wegen erfolgen;
3. für Eintragungen und Löschungen, die vorgenommen werden, um Übereinstimmung zwischen dem Grundbuch und den nach § 2 Abs. 2 der Grundbuchordnung maßgebenden amtlichen Verzeichnissen zu erhalten;
4. für die Eintragung der Vereinigung mehrerer Grundstücke zu einem Grundstück und für die Zuschreibung eines oder mehrerer Grundstücke zu einem anderen Grundstück als dessen Bestandteil, einschließlich hierzu notwendiger Grundstücksteilungen und der Aufnahme des erforderlichen Antrags durch das Grundbuchamt, sofern die das amtliche Verzeichnis (§ 2 Abs. 2 der Grundbuchordnung) führende Behörde bescheinigt, daß die Grundstücke örtlich und wirtschaftlich ein einheitliches Grundstück darstellen;
5. für die Zusammenschreibung mehrerer Grundstücke auf einem Grundbuchblatt (§ 4 der Grundbuchordnung);
6. für die Beseitigung von Doppelbuchungen, einschließlich des vorangegangenen Verfahrens vor dem Grundbuchamt.

(2) [1]Gebührenfrei sind ferner, soweit nicht ein anderes bestimmt ist, Eintragungen und Löschungen, die auf Ersuchen oder Anordnung eines Gerichts, insbesondere des Insolvenz- oder Vollstreckungsgerichts, erfolgen; ausgenommen sind die Eintragung des Erstehers als Eigentümer, die Eintragung der Sicherungshypothek für die Forderung gegen den Ersteher und Eintragungen auf Grund einer einstweiligen Verfügung (§ 941 der Zivilprozeßordnung). [2]Soweit eine Eintragung oder Löschung nach den Vorschriften der Insolvenzordnung statt auf Ersuchen des Insolvenzgerichts auf Antrag des Insolvenzverwalters oder, wenn kein Verwalter bestellt ist, auf Antrag des Schuldners erfolgt, ist sie ebenfalls gebührenfrei.

(3) Für Zwischenverfügungen des Grundbuchamts (§ 18 Abs. 1 der Grundbuchordnung) werden besondere Gebühren nicht erhoben.

Übersicht

	Rn.		Rn.
I. Gebührenfreie Geschäfte (Abs. 1)	1–14	2. Vollstreckungsgericht	17–19
1. Nr. 1	2–4	3. Beschwerdegericht in Grundbuchsachen	20
2. Nr. 2	5–7	4. Strafgericht	21
3. Nr. 3	8	5. Nachlaßgericht	22
4. Nr. 4	9–11	6. Ausnahmen	23, 24
5. Nr. 5	12	III. Verwaltungszwangsverfahren	25
6. Nr. 6	13, 14	IV. Zwischenverfügung (Abs. 3)	26–28
II. Ersuchen (Abs. 2)	15–24		
1. Insolvenzgericht	16		

---

[18] KG JFGErg. 18, 165 = JVBl. 1938, 29 = HRR 1938 Nr. 171.
[19] OLG Hamm Rpfleger 1968, 228.
* § 69 Abs. 2 Satz 1 geändert, Satz 2 angefügt durch Gesetz vom 5. 10. 1994 (BGBl. I S. 2911).

I. Gebührenfreie Geschäfte (Abs. 1)

Abs. 1 stellt Eintragungen und Löschungen, die unter die §§ 60 bis 68, insbesondere § 67 fallen würden, gebührenfrei. Auslagen sind zu erheben. In der Regel entstehen Auslagen jedoch nicht; in vielen Fällen würde es wohl auch an einem Kostenschuldner fehlen. Wegen sonstiger Befreiungen s. Anhang C.

1. Nr. 1

Umschreibung unübersichtlicher Grundbuchblätter oder Neufassung unübersichtlich gewordener Teile (Bestandsverzeichnis oder zweite oder dritte Abteilung); vgl. §§ 28 ff. GBV. Dies gilt auch für die Umschreibung, wenn ein Grundbuchblatt für Neueintragungen keinen Raum mehr bietet (§ 23 Abs. 1 GBV).

Die Gebührenfreiheit erfasst die Berichtigung des Auszugs aus dem Grundbuch auf den Hypotheken- und Grundschuldbriefen, soweit der Inhalt durch den Umschreibungsvorgang herbeigeführt wird, zB durch Zusammenfassung der sich auf die Hypothek usw. beziehenden Eintragungen der Haupt- und der Veränderungsspalte. Dagegen gehören die zur Vorbereitung der Umschreibung gemäß § 29 GBV vorzunehmenden Geschäfte, zB Berichtigung der Eigentumseintragung oder die Löschung einer inhaltlich unzulässigen oder einer gegenstandslos gewordenen Eintragung, nicht zur Umschreibung. Die Ergänzung des Auszugs auf den Hypothekenbriefen usw. ist also insoweit nicht gebührenfrei;[1] dies auch dann nicht, wenn die Eintragungen selbst gebührenfrei sind, wie die Löschung unzulässiger Eintragungen (Nr. 2) oder die Vereinigung mehrerer Grundstücke nach Nr. 4.

Über die Ermächtigung der Amtsgerichte, Kosten, die bei Gelegenheit der Umschreibung für Berichtigung des Grundbuchs (zB Eintragung der Erben des eingetragenen Eigentümers oder Gläubigers) entstehen, ganz oder teilweise niederzuschlagen, s. Anhang C I → Grundbuchgeschäfte.

2. Nr. 2

Eintragung und Löschung der sog. **Amtswidersprüche und -vormerkungen** sowie Löschung ihrem Inhalte nach **unzulässiger Eintragungen.**

Gebührenfrei bleibt auch die Löschung des nach § 53 Abs. 1 GBO eingetragenen Widerspruchs, sei es, dass dieser infolge der Richtigstellung des Grundbuchs gegenstandslos geworden ist, sei es, dass der Widerspruch sich nachträglich als ungerechtfertigt herausstellt.[2]

Zu allen Fällen des § 53 GBO ist von Amts wegen zu prüfen, ob die unrichtige oder unzulässige Eintragung unter **§ 16** fällt.

3. Nr. 3

Die Eintragungen zur Erhaltung der **Übereinstimmung zwischen Grundbuch und Kataster** (Nr. 3) erfolgen von Amts wegen im öffentlichen Interesse. Es ist deshalb für etwaige Auslagen kein Kostenschuldner vorhanden. S. auch § 10 der AV DJ 1940, 212 über die Zurückführung des Grundbuchs auf das neue Liegenschaftskataster. Eine entsprechende Anwendung von Nr. 3 ist für die Eintragung von **Ersatznachweisen nach der HofV** vom 24. 9. 1993 (BGBl. I S. 1658) DDR geboten.[3]

4. Nr. 4

Die Eintragung der **Vereinigung mehrerer Grundstücke** zu einem Grundstück (§ 890 Abs. 1 BGB, § 5 GBO) ist an sich nach § 67 gebührenpflichtig. Nr. 4 stellt sie und etwa notwendige Grundstücksteilungen sowie die Aufnahme der erforderlichen Anträge – soweit sie nach dem BeurkG vor dem Grundbuchamt erklärt werden können – gebührenfrei, wenn die Grundstücke örtlich und wirtschaftlich ein einheitliches Grundstück darstellen. Die Bescheinigung des Katasteramts gehört zum Gebührenbefreiungstatbestand,

---

[1] AV DJ 1937, 482.
[2] KG JFGErg. 8, 211.
[3] Ähnlich *Böhringer* JurBüro 1994, 198, 201.

§ 69

zumal dem Eigentümer gegen ihre Versagung der Verwaltungsrechtsweg offen steht. Das Gleiche gilt unter den genannten Voraussetzungen für die **Zuschreibung** eines oder mehrerer Grundstücke **zu einem anderen Grundstück als dessen Bestandteil** oder eines Grundstücksteils mit einem anderen Grundstück oder einem anderen Grundstücksteil (§ 890 Abs. 2 BGB, § 6 GBO). Eine Sonderregelung trifft § 18 **HöfeVfO** (Anhang B → Höfesachen).

10 Zur Beurkundung oder Beglaubigung der Anträge auf Vereinigung sind auch die Vorstände der Vermessungsbehörden und die von ihnen beauftragten Beamten befugt, ebenso bei der Teilung von Grundstücken ihres Bezirks (§ 1 Gesetz vom 15. 11. 1937, RGBl. I S. 1257). Für diese Beurkundungen und Beglaubigungen werden ebenfalls Gebühren nicht erhoben (§ 3 des Gesetzes). Das genannte Gesetz wird zunehmend durch Landesgesetze abgelöst (so Berlin § 18 Gesetz vom 8. 4. 1974, GVBl. S. 806; Brandenburg § 16 Gesetz vom 28. 11. 1991, GVBl. S. 516; Bremen § 12 Gesetz vom 16. 10. 1990, GBl. S. 313; Nordrhein-Westfalen § 15 Gesetz vom 30. 5. 1990, GV S. 360); sie sehen teils sogar Kostenfreiheit vor.

11 Beurkundung durch den Notar: Amtsnotar in Baden §§ 11 Abs. 2, 141, Gebührennotar § 143 Abs. 2 S. 1.

5. Nr. 5

12 **Zusammenschreibung mehrerer Grundstücke** auf ein – gemeinschaftliches – Grundbuchblatt (§ 4 GBO). Sie erfolgt im öffentlichen Interesse (wie Rn. 8).

6. Nr. 6

13 **Beseitigung von Doppelbuchungen,** sei es, dass ein ganzes Grundstück mehrere Grundbuchblätter erhalten hat, sei es, dass ein Grundstücksteil (eine Parzelle) sowohl als zu dem einen als zu dem anderen Grundstück gehörend im Grundbuch ausdrücklich verzeichnet ist oder durch Bezugnahme auf das Kataster im Bestandsverzeichnis (vgl. § 6 Abs. 4 GBV) als in ihm verzeichnet gilt. Die Berichtigung des Grundbuchs erfordert hier Zuziehung der Personen, für die das Grundstück (die Grundstücke) eingetragen ist, sowie derjenigen, für die andere Rechte (Belastungen) auf dem einen oder anderen Grundbuchblatt eingetragen sind. Kommt es nicht zu einer Einigung, so wird, falls das Grundbuchamt die Doppelbuchung verschuldet hat, von Amts wegen Widerspruch gegen die Richtigkeit des Grundbuchs gemäß § 53 GBO eingetragen. Nicht nur die Eintragungen, durch die die Doppelbuchung beseitigt wird, sondern auch die vorangegangenen Verhandlungen vor dem Grundbuchamt (Herbeiführung einer Einigung, Aufnahme der erforderlichen Erklärungen usw., soweit das Grundbuchamt nach dem BeurkG dafür zuständig ist) sind gebührenfrei. Auslagen bleiben nach § 16 unerhoben.

14 Beurkundung durch den Notar: Amtsnotar in Baden § 141, Gebührennotar § 143 Abs. 2 S. 1.

II. Ersuchen (Abs. 2)

15 Abs. 2 stellt Eintragungen und Löschungen gebührenfrei, die auf Ersuchen von Gerichten erfolgen (§ 38 GBO; also nicht von „sonstigen" Behörden; vgl. auch § 2 Rn. 63 ff. sowie § 87 Rn. 1 ff.). In Betracht kommen – aus der Fülle gesetzlicher Einzelvorschriften – vor allem:

1. Insolvenzgericht

16 Eintragungen auf Ersuchen des Insolvenzgerichts (§§ 23 Abs. 3, 25 Abs. 1, 32 Abs. 2 S. 1, Abs. 3 S. 1, 200 Abs. 2 S. 3, 215 Abs. 1 S. 3, 258 Abs. 3 S. 3, 267 Abs. 3 S. 2, 277 Abs. 3 S. 3 InsO). Ihnen sind die Anträge des Insolvenzverwalters (§§ 56, 22 InsO) gleichgestellt (§§ 32 Abs. 2 S. 2, Abs. 3 S. 2, auch zufolge den zu den Ersuchen genannten Verweisungen), ebenso die des Schuldners, wenn kein Insolvenzverwalter bestellt ist (270 Abs. 1 InsO).

2. Vollstreckungsgericht

Bei der **Zwangsversteigerung** ersucht das Vollstreckungsgericht um Eintragung und Löschung des Zwangsversteigerungsvermerks, gebührenfrei nach Abs. 2. Ferner um Eintragung des Erstehers als Eigentümer und der Sicherungshypotheken für die Forderung gegen den Ersteher oder im Falle des § 61 ZVG gegen den Dritten (§§ 130, 132 ZVG); diese Eintragungen sind nach Abs. 2 zweiter Halbsatz gebührenpflichtig; über die Zahlungspflicht s. § 4; ferner um Löschung der durch den Zuschlag erloschenen Rechte sowie derjenigen bei der Feststellung des geringsten Gebots berücksichtigten Rechte, deren Nichtentstehen oder Erlöschen sich ergeben hat (§ 130 ZVG); diese Löschung ist gebührenfrei. Ersucht das Vollstreckungsgericht, wenn der Ersteher mehrerer mit einer Gesamthypothek belasteter Grundstücke durch Erklärung im Verteilungstermin die Hypothek auf die einzelnen Grundstücke verteilt hat, um Löschung des nicht bestehen gebliebenen Teils auf jedem Grundstück, so sind auch diese Löschungen gebührenfrei; die Erteilung neuer Briefe über die auf jedem Grundstück bestehen gebliebenen Hypotheken ist jedoch gebührenpflichtig.[4] Haftet ein Recht, das durch den Zuschlag erloschen ist, noch auf anderen, nicht mitversteigerten Grundstücken, so ist das Vollstreckungsgericht nicht zuständig, das Grundbuchamt um die Löschung auf diesen zu ersuchen; sie erfolgt auf Antrag und ist gebührenpflichtig. Nur der bei diesem Grundstück von Amts wegen einzutragende Vermerk, dass die Mithaft des versteigerten Grundstück erloschen ist (§ 48 Abs. 2 GBO), bleibt gebührenfrei. 17

Beurkundet das Vollstreckungsgericht in dem Protokoll über den Verteilungstermin rechtsgeschäftliche Erklärungen, zB Änderung der Verzinsungs- und Zahlungsbedingungen einer bestehen bleibenden Hypothek, über die Neubewilligung von Hypotheken für diejenigen, die dem Ersteher das zur Berichtigung des Meistgebots erforderliche Geld leihen, usw., so ist das Ersuchen um Eintragung nicht auf diese Eintragungen auszudehnen.[5] Übermittelt das Vollstreckungsgericht dem Grundbuchamt den Eintragungsantrag, sind die Eintragungsgebühren von dem zu erheben, der in der Urkunde den Eintragungsantrag gestellt hat. 18

Bei der **Zwangsverwaltung** ersucht das Vollstreckungsgericht außer den Rn. 16 genannten Vermerken um Löschung der Rechte, für die die Gläubiger aus den Einkünften Befriedigung erlangt haben (§ 158 Abs. 2 ZVG). Diese Löschung ist gebührenfrei. 19

3. Beschwerdegericht in Grundbuchsachen

Ersuchen des Beschwerdegerichts in Grundbuchsachen; das Beschwerdegericht kann durch eine einstweilige Anordnung dem Grundbuchamt aufgeben, eine Vormerkung oder einen Widerspruch einzutragen (§ 76 Abs. 1 GBO), diese Eintragung ist gebührenfrei. Vormerkung oder Widerspruch werden von Amts wegen gelöscht, wenn die Beschwerde zurückgenommen oder zurückgewiesen wird (§ 76 Abs. 2 GBO); auch diese Löschung ist gebührenfrei. 20

4. Strafgericht

Ersuchen der Strafgerichte. Im Falle der Vermögensbeschlagnahme (§ 111c StPO) und des dinglichen Arrests (§ 111d StPO) ersucht das Gericht oder die Staatsanwaltschaft um Grundbucheintragungen (§ 111f StPO); sie sind nach Abs. 2 gebührenfrei. 21

5. Nachlassgericht

Zum Ersuchen des Nachlassgerichts betr. die Anordnung der Nachlassverwaltung s. § 65 Rn. 11; zum Ersuchen des **Landwirtschaftsgerichts** betreffend den Hofvermerk s. § 18 HöfeVfO (Anhang B → Höfesachen). 22

6. Ausnahmen

Nach dem letzten Halbs. des Abs. 2 ist von der Gebührenfreiheit ausgenommen die Eintragung des Erstehers als Eigentümer und die Eintragung der Sicherungshypothek für die Forderung gegen den Ersteher (vgl. dazu Rn. 17 und die Erläuterungen zu § 4). 23

---

[4] KG JFGErg. 19, 138 = JVBl. 1939, 123.
[5] KGJ 22 A 157.

§ 70

24 Ausgenommen ist weiter die Eintragungen auf Grund einstweiliger Verfügungen, auch wenn das Prozessgericht gemäß § 941 ZPO um sie ersucht (vgl. § 65 Rn. 12, § 2 Rn. 63).

III. Verwaltungszwangsverfahren

25 Die Anträge auf Eintragungen im Verwaltungszwangsverfahren, insbesondere um Eintragung von Sicherungshypotheken (zB nach § 322 AO, § 6 JBeitrO), sind keine „Ersuchen" iS des Abs. 2. Es besteht keine sachliche Gebührenfreiheit nach Abs. 2. Soweit nicht der Gläubiger persönliche Gebührenfreiheit oder sachliche Gebührenfreiheit nach anderen Vorschriften (s. dazu Anhang C I) genießt, ist er zahlungspflichtig. In allen Fällen (also auch bei Eintragung für den Bund oder die Länder) schuldet der Vollstreckungsschuldner gemäß §§ 3 Nr. 4, 13.

IV. Zwischenverfügung (Abs. 3)

26 Die Zwischenverfügung (§ 18 Abs. 1 GBO) ist bereits mangels eines Gebührentatbestands gebührenfrei, Abs. 3 also eine überflüssige Norm.

27 War ein Eintragungshindernis behebbar und eine Zwischenverfügung geboten, ist der Antrag aber gleichwohl zurückgewiesen worden, wird die Zurückweisungsgebühr (§ 130 Abs. 1) nicht erhoben (§ 16).

28 War umgekehrt der Mangel nicht behebbar und ist gleichwohl eine Zwischenverfügung ergangen, so löst sie nicht die Zurückweisungsgebühr (§ 130 Abs. 1) aus, vielmehr bleibt es bei der Gebühr des § 130 Abs. 2, wenn der Antrag zufolge der Zwischenverfügung zurückgenommen wird.

§ 70 Löschung gegenstandsloser Rechte und Klarstellung der Rangverhältnisse

(1) [1]Für die Löschung gegenstandsloser Eintragungen (§ 84 der Grundbuchordnung) sowie für das vorausgegangene Verfahren vor dem Grundbuchamt, einschließlich der Beurkundung der Erklärungen der Beteiligten, werden Gebühren nicht erhoben. [2]Das Grundbuchamt kann die Gebühr für die Löschung einem Beteiligten auferlegen, wenn dies nach den Umständen angemessen erscheint.

(2) [1]Für Eintragungen und Löschungen zur Beseitigung unklarer oder unübersichtlicher Rangverhältnisse (§ 102 Abs. 2, § 111 der Grundbuchordnung) werden Gebühren nicht erhoben; gebührenfrei ist auch das vorangegangene Verfahren vor dem Grundbuchamt, einschließlich der Beurkundung von Erklärungen der Beteiligten. [2]Die Auslagen werden von demjenigen erhoben, dem das Grundbuchamt sie gemäß § 114 der Grundbuchordnung auferlegt hat.

Schrifttum (zum GBBerG): *Böhringer* JurBüro 1994, 198, 200.

I. Löschung gegenstandsloser Eintragungen (Abs. 1)

1 § 70 regelt in Abs. 1 die Kosten für das Verfahren auf Löschung gegenstandsloser Eintragungen und die sich daran anschließende Löschung von Amts wegen. Das gesamte **Verfahren:** Einleitung des Verfahrens, Ermittlungen (Anhörung der Beteiligten usw.), Löschungsankündigung, Feststellungsbeschluss sowie die Löschung selbst, ist gebührenfrei.

2 Die **Auslagen** schuldet nach § 2 Nr. 2 derjenige, zu dessen Gunsten die Löschung erfolgt oder erfolgen soll, nicht etwa derjenige, dessen Recht usw. gelöscht wird oder gelöscht werden soll. Ein Antragsteller iS des § 2 Nr. 1 ist nicht vorhanden, das Verfahren wird von Amts wegen eingeleitet.

3 Das Grundbuchamt kann die Gebühr für die Löschung aber einem Beteiligten **auferlegen** (Abs. 1 S. 2). Dann ist die Gebühr des § 68 von ihm zu erheben (§ 3 Nr. 1).[1]

---

[1] BayObLG Rpfleger 1955, 334.

Auf die Kosten der **Beschwerde** gegen den Feststellungsbeschluss (§ 89 GBO) findet 4
§ 131 Anwendung.

Abs. 1 gilt nur, wenn die Löschungen auf Grund eines besonderen Löschungsverfahrens 5
gemäß §§ 84ff. GBO von Amts wegen erfolgen. Seine entsprechende Anwendung ist auf
die vereinfachte Amtslöschung von Dienstbarkeiten nach § 5 GBBerG geboten (a maiore
ad minus). Er bezieht sich nicht auf die auf **Antrag** erfolgende Löschung von Rechten,
die, wie der Nießbrauch oder die beschränkt persönliche Dienstbarkeit, durch den Tod des
Berechtigten oder durch Ablauf der Zeit, für die sie bestellt waren, erloschen sind; ebenso
wenig auf die Löschung einer Gesamthypothek auf den Grundstücken, an denen sie nach
§§ 1173, 1175, 1181 BGB kraft Gesetzes erloschen ist. In diesen Fällen kann zwar, wenn
die Beteiligten die Löschung nicht herbeiführen, ein Löschungsverfahren nach §§ 84ff.
GBO eingeleitet werden. Lassen die Beteiligten es dazu kommen, so wird das Grundbuchamt
ihnen gemäß § 70 Abs. 1 S. 2 die Gebühr für die Löschung auferlegen.[2] Vgl. auch
§ 68 Rn. 8.

Umstellungsgrundschulden, die auf Grund der Lastenausgleichsgesetze entstanden 6
sind, können auf Grund des § 15 S. 2 GBMaßnG von Amts wegen gelöscht werden. Die
Löschung ist (auch wenn sie auf Antrag erfolgt) kostenfrei (§ 15 S. 3 GBMaßnG), s. auch
Anhang C I → Umstellung. Zur Löschung von Entschuldungsvermerken s. *Böhringer* Jur-
Büro 1994, 516.

II. Klarstellung der Rangverhältnisse (Abs. 2)

Abs. 2 betrifft das Verfahren zur Klarstellung der Rangverhältnisse (Rangbereinigungs- 7
verfahren, §§ 90 bis 115 GBO), das aus besonderem Anlass, insbesondere bei der Umschreibung
unübersichtlich gewordener Grundbücher (s. § 69), zur Beseitigung von Unklarheiten
und Unübersichtlichkeiten in den Rangverhältnissen von Amts wegen oder auf
Antrag eines Beteiligten stattfindet. Alle Verrichtungen des Grundbuchamts in ihm sind
gebührenfrei, insbesondere auch Pflegerbestellung, die Beurkundung und die Eintragungen
(Umschreibung des Grundbuchs nach Maßgabe der Vereinbarung). Dagegen untersteht
das **Beschwerdeverfahren** dem § 131.

Auslagen werden im Verfahren vor dem Grundbuchamt erhoben. Nach § 114 GBO 8
verteilt das Grundbuchamt die Kosten des Verfahrens der Klarstellung der Rangverhältnis
(hier Abs. 2) erster Instanz auf die Beteiligten nach billigem Ermessen. Nach dem Verhältnis
dieser „Verteilung" (= Auferlegung) schulden sie nach § 3 Nr. 1.

III. Beurkundung durch Notar

Beurkundet der Notar Erklärungen gemäß § 70, so bleiben sie beim Amtsnotar in Ba- 9
den gebührenfrei (§ 141), nicht aber beim Gebührennotar (§ 143 Abs. 2 S. 1).

IV. FG-Reform

§ 70 Abs. 2 S. 2 soll aufgehoben werden: entbehrlich wegen des neuen § 2 Nr. 5 (s. § 2 10
Rn. 107).

§ 71 Erteilung von Hypotheken-, Grundschuld- oder Rentenschuldbriefen

(1) [1] Für die Erteilung eines Hypotheken-, Grundschuld- oder Rentenschuldbriefs,
eines Teilbriefs oder eines neuen Briefs wird ein Viertel der vollen Gebühr erhoben.
[2] Für die Eintragung des Erteilungsvermerks in das Grundbuch wird daneben keine
Gebühr erhoben.

(2) [1] Für die Erteilung eines Gesamtbriefs wird die im Absatz 1 bestimmte Gebühr
nur einmal erhoben, wenn die mehreren Grundstücke bei demselben Grundbuchamt

---

[2] Vgl. KG JFGErg. 12, 229 = JW 1933, 1333.

§ 71

eingetragen sind. ²Sind die belasteten Grundstücke bei verschiedenen Grundbuchämtern eingetragen, so werden für die gemäß § 59 Abs. 2 der Grundbuchordnung zu erteilenden besonderen Briefe die Gebühren besonders erhoben, und zwar nach dem Wert, nach dem sich die Gebühren für die Eintragung des Rechts bestimmen; ist das Recht schon eingetragen, so ist der Wert maßgebend, nach dem die Eintragungsgebühr zu erheben wäre, falls das Recht im Zeitpunkt der Brieferteilung eingetragen würde. ³Wird im Fall des Eintritts in die Mithaft die Mitbelastung lediglich auf dem bisherigen Brief vermerkt (§ 63 der Grundbuchordnung), so wird hierfür neben der Eintragungsgebühr eine besondere Gebühr nicht erhoben.

(3) Bei Erteilung eines gemeinschaftlichen Briefs (§ 66 der Grundbuchordnung) werden die Werte der einzelnen Hypotheken zusammengerechnet.

Übersicht

	Rn.		Rn.
I. Brieferteilung (Abs. 1)	1	V. Verteilung einer Gesamthypothek	8
II. Mit dem Hypothekenbrief zu verbindende Urkunde	2, 3	VI. Teilbrief	9–12
		VII. Gemeinschaftlicher Brief (Abs. 3)	13–15
III. Gesamtbrief	4, 5	VIII. Maschinelles Grundbuch	16
IV. Eintritt in die Mithaft	6, 7	IX. Notare	17
1. Selbes Grundbuchamt	6		
2. Anderes Grundbuchamt	7		

I. Brieferteilung (Abs. 1)

1 Abs. 1 bestimmt für die Erteilung eines Hypotheken-, Grundschuld- oder Rentenschuldbriefs eine viertel Gebühr. Wert = Betrag der Hypothek usw. (§ 23 Abs. 2). Ob der Brief ein **ursprünglicher** oder ob er ein **neuer** ist, der an die Stelle des bisherigen tritt, sei es, dass dieser dem Grundbuchamt zurückgegeben wird (etwa weil er beschädigt ist) oder dass er für kraftlos erklärt worden ist (§ 1162 BGB) oder dass der Gläubiger im Wege des Aufgebotsverfahrens ausgeschlossen und dadurch der Brief kraftlos geworden ist (§§ 1170, 1171 BGB), macht keinen Unterschied. In den letzteren Fällen geht die Hypothek auf den Eigentümer über, und zwar idR als Grundschuld (§ 1177 BGB); dann wird für die Umschreibung auf den Eigentümer die Gebühr des § 64 und daneben für die Erteilung des neuen Briefs die Gebühr des Abs. 1 neben der des § 67 Abs. 1 Nr. 2 erhoben. Bei der **Umwandlung** einer Hypothek in eine Grundschuld oder umgekehrt (für die Eintragung: Gebühr des § 64) ist nach den §§ 65, 70 GBO die Rechtsänderung auf dem bisherigen Brief zu vermerken: gebührenfrei. Wird aber Erteilung eines neuen Briefs beantragt, so Gebühr § 71 neben der des § 64. Die Eintragung des Vermerks im Grundbuch über die Bildung eines neuen Briefs (§ 68 Abs. 3 GBO) ist gebührenfreies Nebengeschäft der Briefbildung (Abs. 1 S. 2). Neben der Gebühr für die Erteilung des Briefs wird eine **Dokumentenpauschale** nicht erhoben. Wegen der Neuerteilung vernichteter oder abhanden gekommener Briefe s. Anhang C I → Hypothekenbrief.

II. Mit dem Hypothekenbrief zu verbindende Urkunde

2 Mit dem Hypothekenbrief ist die Urkunde über die Forderung, wenn eine solche ausgestellt ist, zu verbinden (§ 58 Abs. 1 S. 1 GBO), und zwar die **eingereichte** Urschrift oder Ausfertigung; eine beglaubigte Abschrift wird zu den Grundakten genommen, dafür keine Gebühr und keine Dokumentenpauschale.[1]

3 Erstreckt sich der Inhalt der Urkunde noch auf andere Angelegenheiten, so „genügt" es nach § 58 Abs. 1 S. 2 GBO, wenn ein öffentlich **beglaubigter Auszug** mit dem Brief verbunden wird; die Beglaubigung ist gebühren- und dokumentenpauschalepflichtig (§ 55).[2]

---

[1] Gutachten KG PrJMBl. 1912, 311.
[2] KGJ 43, 345.

III. Gesamtbrief

Über eine Gesamthypothek (-grundschuld, -rentenschuld) wird nach §§ 59, 70 GBO, **4** wenn die Grundstücke bei **demselben Grundbuchamt** eingetragen sind, ein (Gesamt-)-Brief gebildet; dafür nur eine Gebühr (Abs. 2 S. 1). Sind die Grundstücke bei **verschiedenen Grundbuchämtern** eingetragen, so werden zwar besondere Briefe gebildet, die miteinander verbunden werden (§ 59 Abs. 2 GBO), aber sie bilden doch zusammen „den" Brief über die Hypothek, einen Gesamtbrief. Trotzdem werden die Gebühren gesondert berechnet, je $1/4$ der vollen Gebühr (Abs. 2 S. 2). Maßgebend ist für jedes Grundbuchamt der **Wert,** nach dem sich gemäß § 63 Abs. 3 die Eintragungsgebühr bei ihm richtet; s. dort.

Bei **nachträglicher** Briefbildung ist bei jedem Grundbuchamt der Wert maßgebend, **5** nach dem die Eintragungsgebühr bei ihm zu berechnen wäre, wenn das Recht erst jetzt, im Zeitpunkt der Briefbildung, eingetragen würde. In der Zeit zwischen der Eintragung und der Briefbildung kann sich der Wert der bei einem Grundbuchamt eingetragenen Grundstücke durch Eintritt eines Grundstücks in die Mithaft oder Entlassung aus der Mithaft, durch Bebauung usw. geändert haben. Maßgebend für die Frage, bei **welchem Grundbuchamt** die Gebühr nach dem Nennbetrag und bei welchem sie nach dem geringeren Werte der Grundstücke zu berechnen ist, ist der Stand zurzeit der Briefbildung (§ 18 Abs. 1). Eine Ermäßigung der Gebühr (unter $1/4$ Gebühr) tritt auch bei dem zweiten oder ferneren Grundbuchamt nicht ein.

IV. Eintritt in die Mithaft

Wird nach der Erteilung eines Hypothekenbriefs mit der Hypothek noch ein anderes Grundstück belastet (Eintritt in die Mithaft), ist zu unterscheiden:

1. Selbes Grundbuchamt

Wird das Grundbuchblatt über das neubelastete Grundstück bei demselben Grundbuch- **6** amt geführt, so wird auf besonderen Antrag ein ganz neuer Brief gebildet und der bisherige unbrauchbar gemacht; dafür Gebühr des Abs. 1 ($1/4$) von dem Betrag der Hypothek. Ohne einen solchen Antrag wird die Mitbelastung auf dem bisherigen Brief vermerkt und zugleich sein Inhalt durch die nähere Bezeichnung des neubelasteten Grundstücks und die im Rang vor- und gleichstehenden Rechte **ergänzt.** Dies ist nicht iS des § 63 Abs. 2 GBO und des § 72 „Ergänzung des Auszugs aus dem Grundbuch", der bisherige Brief wird vielmehr dadurch Gesamtbrief; nach Abs. 2 S. 3 wird für den Vermerk auf dem Brief (einschl. jener Ergänzung) neben der Eintragungsgebühr eine besondere Gebühr nicht erhoben; auch die Dokumentenpauschale fällt nicht an.

2. Anderes Grundbuchamt

Wird das Grundbuchblatt über das neubelastete Grundstück bei einem anderen Grund- **7** buchamt geführt, so erteilt dieses einen selbständigen Brief und verbindet ihn mit dem bisherigen (§ 59 Abs. 2 GBO); dafür Gebühr nach Abs. 1 ($1/4$) vom Betrag der Hypothek oder dem geringeren Wert des neubelasteten Grundstücks.

V. Verteilung einer Gesamthypothek

Im Falle der Verteilung einer Gesamthypothek auf die einzelnen Grundstücke (§ 1132 **8** Abs. 2 BGB; vgl. über die Eintragungsgebühren § 64) ist für jedes Grundstück ein **neuer Brief** zu bilden (§ 64 GBO). Der Brief über die Gesamthypothek ist unbrauchbar zu machen. Da Einzelhypotheken entstehen, sind die neuen Briefe keine Teilbriefe; jeder von ihnen lautet über den Teilbetrag, der auf das betreffende Grundstück zugeteilt ist, und es werden auch getrennte Gebühren erhoben. Mit jedem dieser Briefe ist die **Schuldurkunde** zu verbinden (§ 58 GBO). Dafür kann für einen von ihnen die von dem bisherigen Brief abgetrennte Schuldurkunde benutzt werden, mit den anderen Briefen sind beglaubigte Abschriften zu verbinden. Für sie gilt § 55.

VI. Teilbrief

9   Ein Teilbrief wird bei Teilung der Hypothek, insbesondere infolge Abtretung eines Teilbetrags, erteilt. Wert: Betrag des Teils, über den der Teilbrief sich verhält. Die Gebühr deckt die Herstellung und Beglaubigung der Abschrift des Stammbriefs und der mit ihm verbundenen Schuldurkunde. Der **Vermerk auf dem (Haupt-)Brief** über die Herstellung eines Teilbriefs (§ 61 Abs. 2 GBO) ist gebührenfreies Nebengeschäft. Auch eine **Dokumentenpauschale** kommt nicht zum Ansatz; wegen der beglaubigten Abschriften der **Schuldurkunden** s. Rn. 8. Der Teilbrief gibt den Auszug aus dem Inhalt des Grundbuchs so wieder, wie er in dem Stammbrief und seinen Ergänzungen enthalten ist.

10 **Änderungen,** die nach der Erteilung des Stammbriefs eingetreten und noch nicht als Ergänzung auf ihm vermerkt sind, werden auf dem Teilbrief auf besonderen Antrag vermerkt (§ 57 Abs. 2 GBO). Für diese Ergänzung wird die Gebühr des § 72 besonders erhoben, doch ist aus Billigkeitsgründen regelmäßig nur die Mindestgebühr angebracht.[3]

11 Handelt es sich um eine Gesamthypothek, so richtet sich die Frage, ob eine oder mehrere Gebühren für den Teilbrief zu erheben sind, nach dem in Rn. 4, 5 Gesagten. Sind danach mehrere Gebühren zu erheben, so wird die ($1/4$) Gebühr bei dem Grundbuchamt, das das Grundbuch über die **höchstwertigen Grundstücke** führt, von dem Teilbetrag erhoben, über den der Teilbrief sich verhält; bei den **weiteren** Grundbuchämtern (gleichfalls $1/4$) ggf. nach dem geringeren Wert der Grundstücke.

12 Werden **mehrere Teilbriefe** über verschiedene Teile einer Hypothek usw. hergestellt, so ist für jeden von ihnen die Gebühr nach dem Betrag, über den er sich verhält, zu erheben, ggf. je eine Gebühr bei jedem Grundbuchamt für jeden Teilbrief.

VII. Gemeinschaftlicher Brief (Abs. 3)

13 Wird über mehrere demselben Gläubiger an demselben (oder denselben) Grundstück(en) zustehende Briefhypotheken, die den gleichen Rang haben oder im Range unmittelbar aufeinander folgen, ein gemeinschaftlicher Brief gebildet, wird eine Gebühr ($1/4$) nach dem zusammengerechneten Werte der einzelnen Hypotheken (Grundschulden) erhoben; sind mehrere Grundstücke **desselben Grundbuchamts** mit den Hypotheken belastet, so eine Gebühr; wird aber das Grundbuch bei **verschiedenen Grundbuchämtern** geführt, so getrennte Gebühren; das in Rn. 4, 5 Gesagte trifft entsprechend auch hier zu.

14 Dass von einem gemeinschaftlichen Brief ein **Teilbrief** gebildet wird, kann nur vorkommen, wenn von allen der in dem gemeinschaftlichen Brief verbrieften Hypotheken Teilbeträge auf eine und dieselbe Person übergehen oder mit einem Nießbrauch oder Pfandrecht belastet werden. Dann wird für die Erteilung des gemeinschaftlichen Gesamtteilbriefs nur eine Gebühr nach dem zusammengerechneten Wert der Teile der Hypotheken erhoben, über die sich der Teilbrief verhält.

15 Nach § 63 Rn. 5 ff. könnten bei **einer Eintragung** eine Hypothek für mehrere Forderungen sowie für **eine Forderung,** die zu Teilbeträgen oder nach Bruchteilen mehreren Gläubigern zusteht, **mehrere Hypotheken** entstehen. Dies gilt auch für eine Grundschuld. Es wird dann zwar für die Eintragung getrennt berechnet; die Gebühr für die Briefbildung ist aber, wenn lediglich ein Brief erteilt wird, nur einmal zu erheben.[4]

VIII. Maschinelles Grundbuch

16 Beim maschinell geführten Grundbuch treten an die Stelle der obigen Erläuterungen teils die besonderen Regelungen der §§ 87 ff. GBV. Jedoch ist die Erteilung eines „ergänzten neuen Briefs" (§ 89 GBV) nicht Neuerteilung, sondern bleibt gebührenrechtlich eine Ergänzung.

---

[3] Vgl. *Lausch* DRM 1939, 227.
[4] KG JVBl. 1933, 140.

IX. Notare

§ 71 ist auf die Bildung von Teilbriefen durch den Notar (§ 61 GBO, § 20 Abs. 2 BNotO) entsprechend anzuwenden (§ 141). **17**

§ 72* Vermerke auf dem Brief

Für die Ergänzung des Grundbuchauszugs auf dem Brief sowie für sonstige Vermerke auf dem Brief wird, sofern es sich nicht um eine gebührenfreie Nebentätigkeit handelt, eine Gebühr von 13 Euro erhoben.

I. Ergänzung des Grundbuchauszugs, sonstige Vermerke

§ 72 knüpft an **§ 57 GBO** (der auch für Grundschuld- und Rentenschuldbriefe gilt, § 70 GBO) an. Nach ihm soll der Brief die Nummer des Grundbuchblatts und den Inhalt der die Hypothek betreffenden Eintragungen enthalten (Abs. 1 S. 1; dazu Rn. 2) sowie die Bezeichnung des belasteten Grundstücks mit der Nummer des Bestandsverzeichnisses (Abs. 1 S. 2). Eine Änderung dieser Angaben ist **auf Antrag** auf den Brief zu übertragen (Abs. 2). Dafür fällt die Gebühr des § 72 an. **1**

Das Gegenstück sind die Vermerke auf dem Brief, die das Grundbuchamt **von Amts wegen** vornimmt, selbst wenn sie die Rn. 1 genannten Angaben betreffen (§ 57 Abs. 2 GBO): Herstellung eines Teilbriefs (§ 61 Abs. 3 GBO), Eintragungen bei der Hypothek (§ 62 Abs. 1 S. 1 GBO;[1] enger als die „die Hypothek betreffenden Eintragungen" des § 57 Abs. 1 S. 1 GBO), nachträgliche Mitbelastung (§ 63 GBO), Umwandlung der Hypothek, Forderungsauswechslung (§ 65 GBO). Diese Vermerke sind gebührenfreie Nebentätigkeit der Grundbucheintragung (§§ 72, 35). **2**

Wegen der Ergänzung des Briefs beim **maschinellen** Grundbuch s. § 89 GBV und § 72 Rn. 16. **3**

II. Häufung, Gesamtbrief

Für **mehrere** gleichzeitige Ergänzungen und Vermerke auf demselben Brief wird nur eine Gebühr erhoben. **4**

Das gilt auch für einen **Gesamtbrief,** jedoch berechnet jedes Grundbuchamt gesondert. **5**

III. Dokumentenpauschale, Beglaubigungsgebühr

Die Dokumentenpauschale ist für Vermerke auf den Briefen nicht zu erheben (vgl. § 136). Das Schreibwerk wird durch die Gebühr des § 72 oder durch die für das Hauptgeschäft zu erhebende Gebühr (zB § 64) abgegolten. **6**

Wird auf den Inhalt einer Urkunde Bezug genommen (zB bei Änderung der Verzinsungs- und Zahlungsbedingungen, um die vollständige Aufnahme derselben in den Vermerk selbst zu ersparen), so ist diese Urkunde in Urschrift oder beglaubigter Abschrift mit dem Brief zu verbinden. Die Herstellung dieser beglaubigten Abschrift hat von Amts wegen zu erfolgen und ist gebührenfrei.[2] **7**

---

* § 72 geändert durch Gesetz vom 20. 8. 1975 (BGBl. I S. 2189), Gesetz vom 9. 12. 1986 (BGBl. I S. 2326), Gesetz vom 24. 6. 1994 (BGBl. I S. 1325) und durch Gesetz vom 27. 4. 2001 (BGBl. I S. 751).
[1] KGJ 35 B 11.
[2] KGJ 53, 224 und KG OLG 43, 14 in Abweichung von KGJ 34 B 20.

§ 73* Ablichtungen und Ausdrucke

(1) Für die Erteilung von Ablichtungen aus dem Grundbuch werden erhoben
1. für unbeglaubigte Ablichtungen eine Gebühr von 10 Euro;
2. für beglaubigte Ablichtungen eine Gebühr von 18 Euro.

(2) Für die Erteilung von Ausdrucken aus dem maschinell geführten Grundbuch werden erhoben
1. für Ausdrucke eine Gebühr von 10 Euro;
2. für amtliche Ausdrucke eine Gebühr von 18 Euro.

(3) Für die Ergänzung oder Bestätigung von Ablichtungen nach Absatz 1 und von Ausdrucken nach Absatz 2 wird dieselbe Gebühr wie für die Erteilung erhoben.

(4) In den Fällen der Absätze 1 bis 3 wird die Dokumentenpauschale nicht erhoben.

(5) Für die Erteilung von Ablichtungen, Auskünften und Mitteilungen nach § 19 Abs. 2 und 3 des Gesetzes über die Zwangsversteigerung und die Zwangsverwaltung werden weder Gebühren noch Auslagen erhoben.

(6) Für die Erteilung eines Ausdrucks aus einem maschinell geführten Verzeichnis, das der Auffindung der Grundbuchblätter dient, wird eine Gebühr von 10 Euro erhoben.

I. Anwendungsbereich

1 § 73 betrifft Ablichtungen und Auszüge aus dem **Grundbuch** (Abs. 1–4; dazu Rn. 6–12);
2 nicht Ablichtungen von in Bezug genommenen **Urkunden** und **Eintragungsanträgen** sowie aus den **Grundakten** (dazu Rn. 14–16);
3 nicht den Grundbuchauszug auf **Grundpfandbriefen** (dazu § 72);
4 nicht die **Grundbucheinsicht** (dazu § 74);
5 nicht Ablichtungen der **Verzeichnisse der Eigentümer und Grundstücke**, wohl aber Auszüge bei maschineller Führung (Abs. 6; dazu Rn. 13, 14); wegen Abs. 5 s. Rn. 18;
5 a nicht den **automatisierten Abruf** aus dem maschinell geführten Grundbuch, er ist Justizverwaltung, s. Anhang B → Abrufverfahren.

II. Grundbuchablichtung, -auszug

6 Auf Antrag erteilt das Gericht eine Grundbuchablichtung und beglaubigt sie auf Verlangen (§ 12 Abs. 2 GBO, §§ 43 ff. GBV). Die **unbeglaubigte Ablichtung** kostet 10 Euro (Abs. 1 Nr. 1), die **beglaubigte** 18 Euro (Abs. 1 Nr. 2), jeweils ohne Rücksicht auf den Umfang. Die Dokumentenpauschale (§ 136) wird daneben nicht erhoben (Abs. 4). „Abschriften" kommen praktisch nicht mehr vor, weshalb das Gesetz nur noch „Ablichtungen" regelt; im Ausnahmefall gehören sie zu den Ablichtungen.

7 „Grundbuch" iS des Abs. 1 ist das **Grundbuchblatt** (§§ 3, 4 GBO), eine Ablichtung **mehrerer Grundbuchblätter** löst folglich gesonderte Gebühren aus.

8 Die gleichzeitige Erteilung **mehrerer Ablichtungen** desselben Grundbuchblatts führt zu keiner Ermäßigung, § 17 Abs. 1 S. 1 (Buchst. a) KostVfg. ist durch die Neufassung des § 73 überholt und aufgehoben.

9 Die Ablichtung eines **Teils** des Grundbuchblatts (§ 45 Abs. 1 GBV) erfüllt die Gebührentatbestände des Abs. 1, lässt also seine Gebühren voll entstehen. Das gilt auch bei gesonderten Ablichtungen mehrerer aufeinander folgender Teile desselben Grundbuchblatts.

---

* § 73 neu gefasst durch Gesetz vom 24. 6. 1994 (BGBl. I S. 1325), Abs. 1, 2 und 6 geändert durch Gesetz vom 27. 4. 2001 (BGBl. I S. 751), Abs. 4 geändert durch Gesetz vom 10. 12. 2001 (BGBl. I S. 3422), Überschrift, Abs. 1, 3 und 5 geändert durch Gesetz vom 22. 3. 2005 (BGBl. I S. 837).

Ablichtungen und Ausdrucke § 73

Die **Bestätigung** oder **Ergänzung** früher gefertigter Ablichtungen (§ 44 Abs. 2 GBV) 10
führt ebenfalls zu den Gebühren des Abs. 1 (Abs. 3). Wird also auf einer einfachen Ablichtung nur der Tag erneuert (§ 44 Abs. 3), fällt die Gebühr der Nr. 1 an, wird nur der Beglaubigungsvermerk wiederholt, die der Nr. 2, weil es sich in beiden Fällen um eine „Bestätigung" handelt und sie genügt. Das gilt natürlich erst recht bei einer voraufgehenden Ergänzung der Ablichtung.

Beim **maschinell geführten** Grundbuch (§§ 126 ff. GBO) tritt an die Stelle der Ablichtung der **Ausdruck** und an die Stelle der beglaubigten Ablichtung der **amtliche Ausdruck** (§ 131 GBO, § 78 GBV), wobei es seiner Beglaubigung nicht bedarf, die Bezeichnung als „amtlicher Ausdruck" und Dienstsiegel oder -stempel genügen. Die Gebühren sind die gleichen wie bei Ablichtung und beglaubigter Ablichtung (Abs. 2–4; Rn. 6–10). 11

Im Gegensatz zu § 136 Abs. 1 Nr. 1 genügt die **Anfertigung** der Ablichtung nicht, sie 12
muss das Gericht verlassen haben und mithin nicht mehr anderweit verwertbar sein. Bei **Zurückweisung** und **Zurücknahme** des Antrags vor diesem Zeitpunkt gilt § 130. **Beglaubigungsantrag** und Antrag auf einen amtlichen Ausdruck sind in aller Regel als für den Fall der Erteilung der einfachen Ablichtung oder des einfachen Ausdrucks gestellt anzusehen (zulässige innerverfahrensrechtliche Bedingung). Wird der **Erteilungsantrag** (§ 12 Abs. 2 Halbs. 1 GBO) zurückgewiesen oder zurückgenommen, hat der Beglaubigungsantrag (Halbs. 2) keine Wirksamkeit erlangt, so dass nur die Gebühr von 10 Euro (Abs. 1 Nr. 1, Abs. 2 Nr. 1) zu erheben ist (§ 130 Abs. 3).

III. Auffindungsverzeichnisse

Die Grundbuchämter können Verzeichnisse der Eigentümer, der Grundstücke usw. führen (§§ 12a, 126 Abs. 2 GBO) und aus ihnen **einfache Ablichtungen und Auszüge** 13
erteilen (vgl. § 12a Abs. 1 S. 6 GBO), Beglaubigung und amtlicher Auszug sind nicht vorgesehen. Bei **maschinell** geführten Verzeichnissen (§§ 12a Abs. 1 S. 1 und 7, 126 Abs. 2 GBO) kostet der Auszug 10 Euro (Abs. 6), diese Gebühr tritt pauschal an die Stelle der **Dokumentenpauschale** (§ 136 Abs. 1 Nr. 1, Abs. 3), sie ist folglich nicht neben ihr anzusetzen. Bei **nicht maschinellen** Verzeichnissen fällt die Dokumentenpauschale gemäß § 136 Abs. 1 Nr. 1, Abs. 2, 3 an.

Im Übrigen gilt das in Rn. 6–12 Ausgeführte entsprechende. 14

IV. Urkunden, Grundakten

Auch von **Urkunden,** auf die das Grundbuch Bezug nimmt, von nicht erledigten **Eintragungsanträgen** sowie aus den **Grundakten** kann eine Ablichtung erteilt und beglaubigt werden (§ 12 Abs. 2 GBO, § 46 GBV). § 73 erfasst sie nicht, vielmehr ist die **Dokumentenpauschale** nach § 136 Abs. 1 Nr. 1, Abs. 2, 3 anzusetzen, die **Beglaubigungsgebühr** richtet sich nach § 55. § 132 ist nicht anwendbar, s. die dortigen Erläuterungen. 15

Frei von Beglaubigungsgebühren sind jedoch die Ausfertigungen vom Gericht (Grundbuchamt) erlassener **Entscheidungen** (§ 132 mit Erläuterungen). 16

V. Bild- und Datenträger

Für Bild- und sonstige Datenträger (§ 10a GBO) gibt es weder eine verfahrens- noch 17
eine kostenrechtliche Sonderregelung. Ablichtungen und beglaubigte Ablichtungen des **geschlossenen Grundbuchs** fallen deshalb unter Abs. 1 (Rn. 6–12), von **Urkunden und Grundakten** unter die §§ 136, 55 (Rn. 15, 16). Die Überlassung einer Kopie des Datenträgers (Diskette, E-Mail-Anhang) fällt nicht unter § 75, sondern unter § 136 Abs. 3.

VI. Bescheinigungen

Bescheinigungen sind in Grundbuchsachen generell nicht vorgesehen (vgl. § 45 Abs. 3 18
GBV). Sollten sie nach Sonderregelungen möglich sein, bleiben sie **gebührenfrei,** weil

§ 75

weder § 50 Abs. 1 Nr. 1 – bereits mangels gerichtlicher Zuständigkeit für eine solche Beurkundung (§ 39 BeurkG) – noch § 89 Abs. 2 – das Grundbuch ist kein „Register" iS dieser Vorschrift – anwendbar sind.

VII. Zwangsversteigerung, Zwangsverwaltung

19   Die Ablichtungen, Auskünfte und Mitteilungen bei der Zwangsversteigerung und Zwangsverwaltung (§§ 19 Abs. 2, 3, 146 Abs. 1 ZVG) bleiben gebühren- und auslagenfrei (Abs. 5; die Vorschrift ist nicht ganz richtig platziert, weil ihre Gegenstände nur teilweise von § 74 erfasst werden).

VIII. Notare

20   Die Geschäfte des § 73 kommen für Notare (§ 141) nicht in Betracht, auch nicht beim maschinellen Grundbuch (mangels Zuständigkeit, vgl. § 131 GBO). Für das Fertigen **von Ablichtungen und Ausdrucken** des § 73 gilt § 55. Die **Feststellung des Grundbuchinhalts** fällt unter § 50 Abs. 1 Nr. 1, § 147 Abs. 1.

21   Im notariellen **Vermittlungsverfahren** werden „für ... Abschriften keine Gebühren erhoben", wenn der Notar sie „anfordert" (§ 91 S. 3 SachenRBerG).

§ 74 Grundbucheinsicht

Für die Einsicht des Grundbuchs werden Gebühren nicht erhoben.

Entsprechend: § 90 für die Registereinsicht.

I. Gerichtliche Einsicht

1   § 74 stellt die **Grundbucheinsicht** – grundsätzlich mit berechtigtem Interesse – in der gerichtlichen Geschäftsstelle (§ 12c Abs. 1 Nr. 1 GBO) ausdrücklich gebührenfrei.

2   Dabei bleibt es bei der Einsicht in das **maschinelle** Grundbuch (§§ 126 ff. GBO), auch bei einem anderen Grundbuchamt (§ 132 GBO).

3   § 74 bezieht zwar **Bezugsurkunden** und **Eintragungsanträge** (§ 12 Abs. 1 S. 2 GBO) nicht ein, doch gilt mangels einer Gebührenvorschrift für sie das Gleiche.

4   **Auslagen** entstehen nicht; und „wenn doch", fehlt idR eine anwendbare Vorschrift, die Erfüllung eines Auslagentatbestands.

II. Elektronischer Abruf

5   Der automatisierte Abruf ist, jedenfalls in seiner Durchführung, Justizverwaltungsangelegenheit (§ 133 GBO), fällt also nicht unter § 90 (s. § 85 GBV und die GBAbVfG, Anh. B, Abrufverfahren).

III. Sonstige Einsicht

6   Wie bei den Registern kommt auch eine Einsicht durch andere als „berechtigte Interessenten" (§ 12 Abs. 1 S. 1 GBO usw.) in Betracht, etwa für die **wissenschaftliche** Forschung oder Unterrichtung der **Öffentlichkeit** durch die Presse. Zuständig ist die Justizverwaltung. § 74 erfasst sie nicht, wohl auch nicht die JVKostO.

§ 75 Eintragungsanträge

[1]**Für die Aufnahme von Anträgen auf Eintragungen und Löschungen werden Gebühren nach Maßgabe des Beurkundungsabschnitts besonders erhoben, soweit sie in der Form des § 29 der Grundbuchordnung gestellt werden müssen.** [2]**Im übrigen ist die Aufnahme und Entgegennahme von Anträgen gebührenfrei.**

Nach Bundesrecht können die Grundbuchämter nicht beurkunden, insoweit ist die Vor- 1
schrift durch das BeurkG gegenstandslos geworden. Sie kann jedoch noch nach Landesrecht von Bedeutung sein.

Im Übrigen ist die Aufnahme von Anträgen schon mangels einer Vorschrift gebührenfrei. 2

Gerichtliche Vergleiche sind nicht Beurkundung, sie ersetzen die Beurkundung (§ 127 a 3
BGB); folglich keine Gebühren nach dem Beurkundungsabschnitt (vgl. § 1 Rn. 9).

§ 76 Wohnungs- und Teileigentum

(1) ¹**Für die Eintragung der vertraglichen Einräumung von Sondereigentum (§ 7 Abs. 1 des Wohnungseigentumsgesetzes) und für die Anlegung der Wohnungsgrundbücher (Teileigentumsgrundbücher) im Falle des § 8 des Wohnungseigentumsgesetzes wird die Hälfte der vollen Gebühr erhoben.** ²**Die Gebühr wird auch dann besonders erhoben, wenn die Eintragung von Miteigentum und die Eintragung des Sondereigentums gleichzeitig beantragt werden.**

(2) **Für die Eintragung von Änderungen des Inhalts des Sondereigentums gilt § 64 entsprechend.**

(3) **Für die Eintragung der Aufhebung von Sondereigentum (§ 4 Abs. 1 des Wohnungseigentumsgesetzes) und für die Anlegung des Grundbuchblatts für das Grundstück (§ 9 Abs. 1 Nr. 2 und 3, Abs. 3 des Wohnungseigentumsgesetzes) wird die Hälfte der vollen Gebühr erhoben.**

(4) **Für das Wohnungserbbaurecht (Teilerbbaurecht) gelten die Absätze 1 bis 3 entsprechend.**

Übersicht

	Rn.		Rn.
I. Allgemeines	1–9	4. Veränderungen	22–25
1. Raumeigentum	1–3	5. Aufhebung des Raumeigentums	26–29
2. Gebühren	4, 5	6. Teil-Raumeigentum	30–33
3. Geschäftswert	6–9	III. Raumerbbaurecht	34–41
II. Die Geschäfte im Einzelnen	10–33	1. Raumerbbaurecht	34
1. Begründung von Raumeigentum	10–17	2. Gebühren	35–38
2. Veräußerung des Raumeigentums	18, 19	3. Geschäftswert	39, 40
3. Belastungen	20, 21	4. Raumuntererbbaurecht	41

Schrifttum: *Ackermann* Rpfleger 1960, 115.

I. Allgemeines

1. Raumeigentum

Wohnungseigentum ist Sondereigentum an einer Wohnung in Verbindung mit dem 1
Miteigentumsanteil am gesamten Grundstück (§ 1 Abs. 2 WEG). Die nicht vom Sondereigentum erfassten Teile sind „nur" gemeinschaftliches Eigentum (§ 1 Abs. 5 WEG). Das Wohnungseigentum erstreckt sich auf ein Grundstück, nicht auf mehrere Grundstücke (§ 1 Abs. 4 WEG). Das Miteigentum ist Bruchteilseigentum (§ 3 Abs. 1 WEG, § 1008 BGB).

Bei nicht zu Wohnzwecken dienenden Räumen tritt an die Stelle des Wohnungseigen- 2
tums „Teileigentum" (§ 1 Abs. 3 WEG); die Vorschriften über das Wohnungseigentum gelten entsprechend (§ 1 Abs. 6 WEG).

Wohnungs- und Teileigentum fassen Wissenschaft und Praxis unter dem Oberbegriff 3
„Raumeigentum" zusammen (zumal sie auch rechtlich eine Eigentumseinheit bilden können: „Wohnung und Laden"); er wird nachstehend verwandt.

2. Gebühren

Das Raumeigentum ist Eigentum iS des bürgerlichen Rechts (vgl. §§ 1 Abs. 1, 6 WEG) 4
und damit der §§ 60 ff. Das Wohnungsgrundbuch und das Teileigentumsgrundbuch sind

Grundbuch iS dieser Vorschriften (vgl. § 7 WEG). Für Geschäfte, die das Raumeigentum insgesamt betreffen, gelten mithin die genannten Gebührenvorschriften (§ 77 Abs. 1; es ist jedenfalls ein „grundstücksgleiches Recht" iS dieser Vorschrift, so dass es auf *Sauren* NJW 1985, 180 nicht ankommt).

5 § 76 ergänzt sie für Geschäfte, die lediglich das Sondereigentum erfassen: seine Begründung (Abs. 1), die Veränderung seines Inhalts – nicht seines Gegenstands! – (Abs. 2) sowie seine Aufhebung und sein Erlöschen (Abs. 3).

3. Geschäftswert

6 Das Raumeigentum unterliegt den allgemeinen Wertvorschriften, insbesondere den §§ 19 und 20.

7 Den Geschäften des § 76 Abs. 1, 3 (Begründung und Beendigung des Sondereigentums) ist die spezielle Vorschrift des § 21 Abs. 2 zugeordnet. Für Veränderungen (Abs. 2) gelten wiederum die allgemeinen – in den Erläuterungen zu § 64 genannten – Wertvorschriften, insbesondere § 30.

8 Der Wert richtet sich nach dem Zeitpunkt der Fälligkeit der einzelnen Gebühr (§§ 18 Abs. 1, 7). Da es jedoch einerseits begrifflich kein Raumeigentum am unbebauten Grundstück gibt und andererseits die Begründung des Raumeigentums bereits vor der Fertigstellung des Gebäudes zulässig ist, geht § 21 Abs. 2 vom Wert des fertigen Gebäudes aus (s. dort). § 18 Abs. 1 bleibt insoweit von Bedeutung, als allgemeine Wertsteigerungen bis zur Fertigstellung den Wert nicht erhöhen.

9 Bei der Veräußerung eines Raumeigentums durch Kauf kann hingegen zufolge § 20 Abs. 2 S. 2 Halbs. 2 der Wert ohne Gebäude maßgebend sein. Das muss auch bei sonstigen Veräußerungen – beispielsweise durch Schenkung – gelten.

II. Die Geschäfte im Einzelnen

1. Begründung von Raumeigentum

10 Da Raumeigentum nicht an mehreren Grundstücken begründet werden kann (§ 1 Abs. 4 WEG), bedarf es oft zunächst einer **Vereinigung** von Grundstücken. Gebühr: § 67 Abs. 1 Nr. 4; Ausnahme: § 69 Abs. 1 Nr. 4.

11 Die Begründung von Raumeigentum durch **Vertrag** (§ 3 WEG) setzt Bruchteilseigentum am Grundstück voraus. Wird Bruchteilseigentum erst hergestellt – durch Erwerb von einem Dritten oder durch Änderung des bestehenden Gesamthandeigentums –, so fallen dafür die Gebühren der §§ 60, 61 an (Wert: §§ 19, 20 Abs. 1, nicht § 21 Abs. 2, also wenn vor Bebauung: ohne Baukosten). Gleiches gilt für die Veränderung der Bruchteile. Unterbleibt allerdings eine Eintragung der Begründung oder Veränderung des Bruchteilseigentums im Grundbuch, wird vielmehr sogleich das Raumeigentum mit den neuen Bruchteilen eingetragen,[1] so sind die Gebührentatbestände der §§ 60, 61 nicht erfüllt: also nur Gebühr nach § 76.

12 Für die Einräumung des Sondereigentums (§ 7 Abs. 1 S. 2 WEG) wird zusätzlich die Hälfte der vollen Gebühr erhoben (Abs. 1 S. 1), und zwar auch bei gleichzeitig beantragter Eintragung von Miteigentum und Sondereigentum (Abs. 1 S. 2). Da die Eintragung den Gebührentatbestand bildet, kommt es auf die Art des Grundbuchblatts (§ 7 Abs. 1 S. 1, Abs. 2 WEG) nicht an.

13 Wert § 21 Abs. 2; dazu Rn. 6 ff.

14 Die Begründung von Raumeigentum durch **Teilungserklärung** (§ 8 WEG) löst die gleiche Gebühr aus. Gebührentatbestand ist hier die Anlegung des Grundbuchblatts (§§ 8 Abs. 2, 7 Abs. 1 S. 1 WEG). Daneben fällt keine Gebühr für die Eintragung der Miteigentumsanteile an.

15 Wert: § 21 Abs. 2; dazu Rn. 6 ff.

16 Die Gebühr des Abs. 1 gilt alle Eintragungen zu **Gegenstand und Inhalt** des Sondereigentums (§ 5 WEG) ab, desgleichen die **Übernahme von Rechten** aus dem Grund-

---

[1] BGH NJW 1983, 1672 = Rpfleger 1983, 270.

buch in die Raumeigentumsgrundbücher. Nur für die Eintragung zusätzlicher Rechte – insbesondere in Abt. II – werden die Gebühren der §§ 62 ff. erhoben.

Für **Vormerkungen** bezüglich des Eigentums am Grundstück gilt § 66 Abs. 1 S. 1; 17 desgleichen für Vormerkungen auf Einräumung des Sondereigentums (besondere Gebühr); Wert im ersten Fall §§ 19, 20 Abs. 1, nicht § 21 Abs. 2, also vor Bebauung ohne Baukosten,[2] im zweiten Fall § 21 Abs. 2, jeweils Anteil des Vormerkungsberechtigten.

2. Veräußerung des Raumeigentums

Das Raumeigentum ist „Grundstück". Gebühren gemäß den §§ 60, 61. Wert: §§ 19, 20 18 (Rn. 9).

Bei mehrfachem Raumeigentum gilt § 60 Abs. 5. 19

3. Belastungen

Für Belastungen des **Raumeigentums** gelten die §§ 62 ff. Das einzelne Raumeigentum 20 ist dabei „Grundstück".

Belastungen des **Gesamt-Grundstücks** unterliegen ebenfalls den §§ 62 ff. Dabei han- 21 delt es sich trotz Eintragung in den mehreren Raumeigentumsgrundbüchern nur um ein Recht.

4. Veränderungen

Änderung der **Miteigentumsanteile:** §§ 60 ff. 22

Änderungen des **Inhalts** des Sondereigentums: § 64 (Abs. 2); und zwar bei jedem be- 23 troffenen Raumeigentum. Wert: §§ 30, 64 Abs. 4. Inhaltsänderung ist auch die Umwandlung von Wohnungs- in Teileigentum und umgekehrt (vgl. Rn. 1, 2).

Teilung des Raumeigentums durch Erklärung des Eigentümers: § 67 Abs. 1 Nr. 4. 24 Wert: halber Wert des Raumeigentums (§§ 21 Abs. 2, 19).

Bildung eines **neuen Miteigentumsanteils mit Sondereigentum:** Gebühr §§ 60, 61 25 für die Eigentumsveränderung. Dazu Gebühr gemäß Abs. 1, wenn das neue Sondereigentum originär aus dem gemeinschaftlichen Eigentum gebildet wird; Wert: halber Wert des neuen Miteigentumsanteils, § 21 Abs. 2. Gebühr Abs. 1 und 3, wenn das neue Sondereigentum durch Verminderung des Gegenstands des bisherigen Sondereigentums entsteht; Wert: wie vor.

5. Aufhebung des Raumeigentums

Gebühr: Abs. 3. Gebührentatbestand ist die Eintragung der Aufhebung (§ 9 Abs. 1 Nr. 1 26 WEG) bzw. die Anlegung des Grundbuchblatts (§ 9 Abs. 1 Nr. 2, 3 WEG).

Wert: § 21 Abs. 2, Zeitpunkt § 18 Abs. 1, also ggf. nur der Wert des Grundstücks ohne 27 Gebäude.

Wird das Raumeigentum aufgehoben, bevor die beabsichtigte Bebauung erfolgt ist, so 28 bezieht sich auch dies auf das bebaute Grundstück; dazu Rn. 8. Doch übersteigt ein solch formaler Wert die vom BVerfG (§ 32 Rn. 7) als Obergrenze gezogene wirtschaftliche Bedeutung für den Kostenschuldner, so dass ein Teilwert der Baukosten (§ 30 Abs. 1; 10%?) richtig erscheint.

Die Nichtmitübertragung von Rechten auf das neue Grundbuchblatt ist Löschung ge- 29 mäß § 68 (s. dort Rn. 2).

6. Teil-Raumeigentum

Raumeigentum kann an einem Teil des Gebäudes begründet werden (§ 5 Abs. 3 WEG), 30 so dass also sonderrechtsfähige Teile im „schlichten Miteigentum" – ohne Sondereigentum – bleiben. Entsprechend muss auch die teilweise Aufhebung des Raumeigentums möglich sein.

Die Teilbegründung unterliegt Abs. 1. Der Wert des § 21 Abs. 2 verringert sich nicht, 31 weil das ganze Grundstück betroffen ist (§ 7 Abs. 1 WEG).

---

[2] AA insoweit BayObLGR 1994, 17 = KostRsp. § 66 Nr. 12 m. abl. Anm. *Lappe*.

§ 77

32   Wird später ein weiterer Teil des Grundstücks Sondereigentum, so fällt dafür ebenfalls die Gebühr des Abs. 1 an, jedoch nur aus dem halben Wert (§ 21 Abs. 2) dieses Grundstücksteils.

33   Umgekehrt richtet sich die Teilaufhebung nach Abs. 3 und dem halben Wert des Grundstücksteils, an dem das Sondereigentum wegfällt (§ 21 Abs. 2; Aufgabe der bis zur 9. Aufl. vertretenen Meinung, dies sei Veräußerung des Teils an die Miteigentümer und daher nach den §§ 60, 61 zu berechnen).

III. Raumerbbaurecht

1. Raumerbbaurecht

34   Beim Raumerbbaurecht (§ 30 WEG) tritt an die Stelle des Grundstücks das Erbbaurecht.

2. Gebühren

35   Für die Gebühren gelten die obigen Ausführungen (Abs. 4) mit folgenden Besonderheiten:

36   Bei **Begründung** des Erbbaurechts statt der Gebühr des § 60 die Gebühr des § 62.

37   Für **Eigentumsveränderungen** am Erbbaurecht gilt hingegen das Gleiche wie beim Grundstück (§ 77 Abs. 1).

38   **Erlischt das Erbbaurecht** durch Zeitablauf (§ 27 ErbbauRG), so geht damit das Raumerbbaurecht unter. Seine Löschung und die Schließung des Raumerbbaurechtsgrundbuchs erfüllen auch bei entsprechender Anwendung (Abs. 4) nicht den Gebührentatbestand des Abs. 3, weil es sich um einen zusätzlichen Erlöschensgrund handelt, so dass die in ihm vorgesehene Gebühr nicht anfällt (§ 35), sondern nur die Gebühr des § 68 für die Löschung des Erbbaurechts.

3. Geschäftswert

39   Für den Geschäftswert tritt an die Stelle des Wertes des Grundstücks der Wert des Erbbaurechts (§ 19),

40   an die Stelle des halben Grundstückswertes (§ 21 Abs. 2) der halbe Wert des Erbbaurechts (§ 21 Abs. 3).

4. Raumuntererbbaurecht

41   All dies gilt entsprechend für das Raumuntererbbaurecht.

§ 77* Grundstücksgleiche Rechte

(1) **Die für Grundstücke geltenden Vorschriften finden auf Erbbaurechte sowie auf das Bergwerkseigentum und sonstige Berechtigungen, die den für Grundstücke geltenden Vorschriften unterliegen, entsprechende Anwendung.**

(2) ¹Wird ein Bergwerk mit unbeweglichen Anteilen der Gewerken in Ausführung eines nach den maßgebenden bergrechtlichen Vorschriften gefaßten Beschlusses auf die Gewerkschaft eingetragen, so wird für die Eintragung, einschließlich der vorläufigen Vermerke, der Anlegung des Gewerkenbuchs und der Ausfertigung und Aufbewahrung der Kuxscheine, die volle Gebühr erhoben. ²Die gleiche Gebühr wird für die Umschreibung eines Kuxes in dem Gewerkenbuch auf einen anderen Berechtigten erhoben. ³Für die Eintragung von Pfandrechten auf Kuxscheinen und die Eintragung von Veränderungen und Löschungen werden dieselben Gebühren erhoben wie bei entsprechenden Eintragungen und Löschungen im Grundbuch. ⁴Für die Erteilung beglaubigter Ablichtungen und Ausdrucke aus dem Gewerkenbuch und dessen Einsicht gelten die Vorschriften der §§ 73, 74 entsprechend.

---

* § 77 Abs. 2 Satz 4 geändert durch Gesetz vom 22. 3. 2005 (BGBl. I S. 837).

Übersicht

	Rn.		Rn.
I. Grundstücksgleiche Rechte	1, 2	VII. Gewerkschaften	14
II. Erbbaurecht	3–7	VIII. Gebäudeeigentum	15–21
III. Bergwerkseigentum	8, 9	1. Eintragung	15–18
IV. Salzabbaugerechtigkeiten	10	2. Spätere Rechtsgeschäfte	19, 20
V. Andere Nutzungsrechte	11	3. Sachenrechtsbereinigungsvermerk	21
VI. Belastungen	12, 13		

Schrifttum (zum Erbbaurecht): *Göttlich* JurBüro 1965, 429; *Mümmler* JurBüro 1972, 353.

I. Grundstücksgleiche Rechte

Abs. 1 dehnt die in den §§ 60 bis 75 für Grundstücke gegebenen Vorschriften auf **Erbbaurechte** sowie auf das **Bergwerkseigentum** und **sonstige Berechtigungen** aus, die den für Grundstücke geltenden Vorschriften unterliegen. Bundesgesetzlich gibt es seit jeher das Erbbaurecht. (Im Übrigen ist denn auch die Verfassungsmäßigkeit der Vorschrift zweifelhaft, vgl. § 158 Rn. 7). **1**

Das BBergG vom 13. 8. 1980 (BGBl. I S. 1310) regelt jetzt auch das Bergwesen bundesrechtlich, doch bleibt altes Landesrecht weiterhin bedeutsam (§§ 149 ff. BBergG). An die Stelle der **Gewerkschaften,** die es ab dem 1. 1. 1993 als solche nicht mehr gibt (§ 163 BBergG idF vom 24. 4. 1986, BGBl. I S. 560 und vom 20. 12. 1988, BGBl. I S. 2450), traten deren Rechtsnachfolger. Das Bergwerkseigentum ist ein grundstücksgleiches Recht (§ 9 Abs. 1 BBergG). **2**

II. Erbbaurecht

Die **Begründung** des Erbbaurechts löst die Gebühr des § 62 aus. Wert: § 21 Abs. 1. Mehrere Erbbaurechte und Gesamterbbaurecht: § 63. Bei mehreren Erbbaurechten gemäß § 39 SachenRBerG sind die Gebühren nur aus den Teilwerten zu erheben.[1] Für die Eintragung des Erbbauzinses als Reallast (§ 9 ErbbauRG) als Belastung des Erbbaurechts fällt ebenfalls die Gebühr des § 62 an, Wert § 24; Vermerk beim berechtigten Grundstück: Gebühr § 67 Nr. 3, Wert § 30. Wegen des Erlöschen des Gebäudeeigentums und des Nutzungsrechts gemäß § 59 SachenRBerG s. § 68 Rn. 1. **3**

Für die **weiteren Geschäfte** gelten (Abs. 1) die §§ 60 ff.; Wert: §§ 19, 20, 23, 24 (nicht § 21); werden sowohl das Grundstück als auch das Erbbaurecht mit einem Recht belastet, so § 63. Ersetzung des Erbbaurechts als Pfandobjekt durch das Grundstück ist Pfandauswechslung, Gebühren gemäß §§ 68, 62.[2] **4**

Erwirbt der Erbbauberechtigte das Grundstück: Gebühr § 60, jedoch Ermäßigung nach § 39 ErbbauRG (Anhang C I → Erbbaurecht). Erwirbt der Grundstückseigentümer das Erbbaurecht: Gebühr § 60, Wert §§ 19, 20. **5**

Die **Löschung** des Erbbaurechts richtet sich nach § 68. Schließung des Erbbaugrundbuchs: § 35, desgleichen Eintragung des Erneuerungs-Vorrechts (§ 31 ErbbauRG). Wird demnächst die Erneuerung des Erbbaurechts eingetragen: Rn. 3; bei Eintragung vor Löschung: § 64. **6**

Wird für ein **älteres Erbbaurecht** (aus der Zeit vor der ErbbauVO, jetzt ErbbauRG) erst jetzt ein Grundbuchblatt angelegt, so gilt § 67 Nr. 5. **7**

III. Bergwerkseigentum

Das Bergwerkseigentum wird auf Ersuchen der zuständigen Behörde im Grundbuch eingetragen (§ 17 Abs. 3 BBergG) und gelöscht (§§ 18 Abs. 4, 20 Abs. 5 BBergG). Die Gebühr des § 67 Abs. 1 Nr. 5[3] kann schon wegen der Gebührenfreiheit der Behörde (§ 11 **8**

---

[1] Vgl. BayObLG KostRsp. § 21 Nr. 35, dem für diesen Sonderfall zu folgen ist.
[2] KG JFGErg. 15, 81.
[3] KGJ 4, 225.

§ 77 1. Teil. 2. Abschnitt: 2. Grundbuchsachen

Abs. 1) nicht erhoben werden. Gleiches gilt für Vereinigung, Teilung und Grundabtretung (§§ 27 Abs. 2, 28, 92 Abs. 3 BBergG). Bei Inhaberwechsel nach Grundstücksrecht finden §§ 60, 61 Anwendung.

9 Über die weiteren Eintragungen s. Rn. 12f.

IV. Salzabbaugerechtigkeiten

10 Die Salzabbaugerechtigkeiten in der Provinz Hannover (Gesetz vom 4. 8. 1904, GS S. 235) sind durch das BBergG aufrechterhalten worden (§ 149 Abs. 1 Nr. 5, Abs. 2 BBergG). S. dazu das Gesetz zu Änderung und Bereinigung des Bergrechts im Land Niedersachsen vom 10. 3. 1978 (GVBl. S. 253), das Gesetz zur Vereinigung des Landesgrundbuchrechts vom 1. 6. 1982 (GVBl. S. 137).[4] Zu den Gebühren Rn. 8, 12f.

V. Andere Nutzungsrechte

11 Für vererbliche und veräußerliche Nutzungsrechte, wie zB Fährgerechtigkeiten, Schiffsmühlengerechtigkeiten, Fischereigerechtigkeiten, gelten die sich auf Grundstücke beziehende Vorschriften nur, wenn sie ein Grundbuchblatt erhalten haben (Art. 40 PrAGBGB).[5] Die Anlegung des Blatts erfolgt auf Antrag, von Amts wegen nur, wenn das Recht veräußert oder belastet werden soll (§ 118 Abs. 1 GBO), jedoch können die Landesgesetze auch iÜ die Anlegung von Amts wegen anordnen (§ 118 Abs. 2 GBO); Gebühr für die Anlegung § 67 Abs. 1 Nr. 5; sie umfasst zugleich die Eintragung des Berechtigten. Bis dahin unterstehen die Übertragung und Belastung nicht den Vorschriften über die Übertragung und Belastung von Grundstücken. Hierher fallen ferner die in einzelnen Ländern noch bestehenden Erbpachtrechte mit Einschluss der Büdner- und Häuslerrechte sowie Kirchstuhl- und Erbbegräbnisrechte (Art. 63, 133 EGBGB), soweit sie nicht durch Landesgesetz in rein persönliche Rechte umgewandelt sind.

VI. Belastungen

12 Für die Eintragung von Belastungen des Erbbaurechts (s. bereits Rn. 4), des Bergwerkseigentums oder der sonstigen Berechtigungen sowie für die Eintragung von Veränderungen, für Löschungen usw. gelten die §§ 62ff. Das Gleiche gilt für Belastungen des Wohnungs-(Teil-)Eigentums, des Wohnungserbbaurechts und des Wohnungserbbaurechts an Untererbbaurechten.

13 Aus der entsprechenden Anwendung der Vorschriften über Eintragungen usw. im Grundbuch für Grundstücke ergibt sich, dass, wenn Eintragungen sowohl im Grundbuch über Bergwerke usw. als auch im Grundbuch für Grundstücke erfolgen, die Vorschriften darüber, ob eine Gebühr oder ob mehrere Gebühren zu erheben sind (§§ 63 Abs. 3, 4; 64 Abs. 2 bis 6; 65 Abs. 2 bis 4; 67 Abs. 2), in gleicher Weise Anwendung finden, als wenn die Bergwerke usw. in dem Grundbuch für Grundstücke gebucht wären.

VII. Gewerkschaften

14 Wenn es bundesrechtlich keine Gewerkschaften mehr gibt (Rn. 2), kann Abs. 2 nur noch nach Landesrecht von Bedeutung sein. Insoweit wird auf die Vorauflagen verwiesen.

VIII. Gebäudeeigentum

Schrifttum: *Böhringer* JurBüro 1991, 457; 1992, 783; 1994, 198.

1. Eintragung

15 Das Gebäudeeigentum der ehemaligen DDR ist ein grundstücksgleiches Recht (Art. 233 EGBGB, §§ 4 Abs. 1 S. 1, 2b Abs. 4). Seine Eintragung erfolgt im Gebäudegrundbuch

---

[4] Dazu *Haas* Nds.Rpfl. 1982, 104.
[5] Vgl. RGZ 74, 318.

und auf dem betroffenen Grundstück „wie eine Belastung" (Art. 233 § 2c Abs. 1 S. 1) oder als „Nutzungsrecht" (Art. 233 § 4 Abs. 1 S. 2, 3), wobei entweder die Anlegung des Gebäudegrundbuchs beantragt und die Belastung von Amts wegen eingetragen (Art. 233 § 2b Abs. 2) oder die Eintragung der Belastung beantragt und das Gebäudegrundbuch von Amts wegen angelegt wird (Art. 233 § 2c Abs. 1; s. auch §§ 2b Abs. 4, 4 Abs. 1 S. 1).

Weil rechtlich und wirtschaftlich im Vordergrund die Belastung des betroffenen Grundstücks steht und der zufällige Antragsgegenstand nicht erheblich sein kann, ist **§ 62 Abs. 1** die richtige Gebührenvorschrift, die Anlegung des Gebäudegrundbuchs stellt kostenrechtlich ein gebührenfreies Nebengeschäft (§ 35) dar. Nur wenn sie allein erfolgt, fällt die – niedrigere – Gebühr des § 67 Abs. 1 S. 2 Nr. 5 an. Die Ermittlung und Feststellung des Gebäudeeigentums (Art. 233 Abs. 3 S. 3 EGBGB, §§ 116 ff. GBO) bleibt ebenfalls gebührenfrei. 16

Der **Wert** richtet sich mangels einer speziellen Bestimmung nach § 30 Abs. 1. Bei seiner Anwendung ist zu berücksichtigen, dass das Gebäudeeigentum durch die Eintragung nicht begründet wird, sondern bereits besteht, der Berechtigte mithin schon Eigentümer ist; es geht also nicht an, den vollen Wert des Gebäudes als Geschäftswert zu nehmen (vgl. § 21 Abs. 2, der sogar für die rechtsbegründende [!] Eintragung des Raumeigentums nur den halben Grundstückswert vorsieht, sowie § 21 Abs. 1 S. 2, der bestehendes wirtschaftliches Eigentum [!] von der Bewertung ausnimmt). Auch ist der Ausgangspunkt ein anderer als beim Erbbaurecht und beim Raumeigentum: Sie – rechtlich insbesondere das Erbbaurecht, weil es kein Gebäude voraussetzt, wirtschaftlich und praktisch aber auch das Raumeigentum – führen vom Grundstück zum Gebäude (§ 21 Abs. 1 S. 1, Abs. 2), das Gebäudeeigentum hingegen vom – vorhandenen – Gebäude zur Belastung des Grundstücks (vgl. Art. 233 § 3 Abs. 1 S. 2: keine neuen Nutzungsrechte). Angemessen erscheint unter diesen Umständen ein **Bruchteil** des Gebäudewerts (§ 19) von einem Drittel für die Gebühr des § 62, von einem Fünftel für die Gebühr des § 67 Abs. 1 S. 1 Nr. 5. 17

Schuldner ist bei Eintragung der Belastung auf Antrag der Antragsteller (§ 2 Nr. 1), bei Eintragung von Amts wegen der Gebäudeeigentümer (§ 2 Nr. 2). Die – isolierte – Gebühr des § 67 schuldet der Antragsteller oder der Eigentümer (§ 2). 18

2. Spätere Rechtsgeschäfte

Spätere Rechtsgeschäfte über das Gebäudeeigentum lösen die Gebühren der §§ 60 ff. aus seinem Wert (§§ 20, 19) oder dem des Geschäfts – der Belastung usw. – aus, wobei eine Anlehnung an das rechtsähnliche Erbbaurecht geboten ist; der Verkehrswert des Gebäudes schließt das Nutzungsrecht am Grundstück ein, dieses ist also nicht zusätzlich zu bewerten (Art. 231 § 5 Abs. 2 EGBGB). Hierher gehören auch die Erweiterung und die Aufhebung des Gebäudeeigentums.[6] S. aber Rn. 3 und § 68 Rn. 1. 19

Erfolgt die Aufhebung des Gebäudeeigentums **ohne Grundbucheintragung**, besteht sie also nur in der Entgegennahme und Aufbewahrung der Erklärung (Art. 233 §§ 4 Abs. 6 S. 2, 2b Abs. 4), so fällt keine Gebühr an.[7] 20

3. Sachenrechtsbereinigungsvermerk

Zur Sicherung von Ansprüchen der Nutzer ist auf Antrag ein Sachenrechtsbereinigungsvermerk einzutragen, er hat die Wirkung einer Vormerkung (Art. 233 § 2c Abs. 2). Weil es sich um keine Vormerkung handelt, ist die Gebühr weder § 68 noch § 66 (Analogieverbot, § 1), sondern § 67 Abs. 1 S. 1 zu entnehmen. Wert: § 30 Abs. 1, Bruchteil des zu schätzenden Anspruchs. 21

§ 78 Bahneinheiten

(1) **Die für Grundstücke geltenden Vorschriften finden auf Bahneinheiten entsprechende Anwendung.**

---

[6] *Böhringer* JurBüro 1992, 783, 784.
[7] Ebenso *Böhringer* JurBüro 1992, 783, 784.

§ 78

(2) Die Gebühr für die Anlegung und die Schließung des Bahngrundbuchs bestimmt sich nach § 67; das gleiche gilt für den Vermerk über das Erlöschen der Genehmigung, einschließlich der erforderlichen öffentlichen Bekanntmachung des Vermerks.

(3) Wird infolge Veräußerung der Bahn der Eigentumswechsel auf dem Grundbuchblatt des Bahngrundstücks eingetragen, so werden dafür Gebühren nicht erhoben.

(4) [1] Die Kosten der Anlegung des Bahngrundbuchs sowie der Vermerke über die Zugehörigkeit eines Grundstücks zur Bahneinheit trägt der Bahneigentümer. [2] Die Kosten fallen jedoch, wenn ein Gläubiger durch den Antrag auf Eintragung einer vollstreckbaren Forderung die Anlegung des Bahngrundbuchs veranlaßt hat, diesem Gläubiger, und wenn das Bahngrundbuch aus Anlaß eines Zwangsversteigerungsverfahrens auf Ersuchen des Vollstreckungsgerichts angelegt ist, dem Ersteher zur Last.

Übersicht

	Rn.		Rn.
I. Bahneinheiten, Bahngrundbuch	1–5	IV. Zur Bahneinheit gehörende Grundstücke	12–14
II. Anlegung des Grundbuchblatts	6–9		
III. Schließung des Grundbuchblatts	10, 11		

I. Bahneinheiten, Bahngrundbuch

1 Das EGBGB (Art. 112) überlässt die Behandlung der einem Eisenbahn- oder Kleinbahnunternehmen gewidmeten Grundstücke und sonstigen Vermögensgegenstände als Einheit – Bahneinheit – der Landesgesetzgebung (zu der daraus folgenden Frage der Verfassungsmäßigkeit des § 78 s. § 158 Rn. 7).

2 In Nordrhein-Westfalen gilt noch das preußische Gesetz über die Bahneinheiten vom 3. 11. 1838 idF der Bek. vom 8. 7. 1902 (S. 237), abgeändert durch § 43 des Landeseisenbahngesetzes vom 5. 2. 1957 (GVBl. S. 11). Die Regelung in den anderen Ländern wird nicht stark abweichen. Nach § 43 aaO bildet eine Eisenbahn des öffentlichen Verkehrs, die dem Landeseisenbahngesetz vom 5. 2. 1957 unterliegt, mit dem dem Bahnunternehmen gewidmeten Vermögen eine Einheit (Bahneinheit). Zu ihr gehören der Bahnkörper und die übrigen Grundstücke, die dauernd, unmittelbar oder mittelbar, dem Bahnunternehmen gewidmet und Eigentum des Bahnunternehmens sind oder die es im Eigenbesitz hat, mit den darauf errichteten Baulichkeiten, ferner Rechte an fremden Grundstücken, sofern sie dem Bahnunternehmen dauernd eingeräumt sind, Fonds und Kassenbestände und gewisse bewegliche Sachen.

3 Die Veräußerung und Belastung der Bahneinheit erfolgt nach den sich auf Grundstücke beziehenden Vorschriften; zur Übertragung des Eigentums sind also Auflassung und Eintragung erforderlich (ausgenommen, wenn sie auf den Staat übergeht, weil sie dann erlischt), zur Belastung mit Bahnpfandrechten (Hypotheken, Grundschulden, Rentenschulden) oder anderen dinglichen Rechten Einigung und Eintragung. Die Anwendung dieser Vorschriften setzt jedoch voraus, dass für die Bahneinheit ein Grundbuchblatt angelegt ist. Deshalb ist die Veräußerung oder die Belastung erst nach Anlegung eines Grundbuchblatts zulässig.

4 Nach der Anlegung des Grundbuchblatts gelten die Vorschriften der §§ 60 ff., insbesondere für die Eintragung eines neuen Bahneigentümers § 60, für die Eintragung von Belastungen der Bahneinheit § 62, usw.

5 Wegen landesrechtlicher Kostenfreiheit s. Anhang C I → Bundesbahn.

II. Anlegung des Grundbuchblatts

6 Die Anlegung eines Grundbuchblatts für die Bahneinheit erfolgt auf Ersuchen der Bahnaufsichtsbehörde, in einem Falle auf Ersuchen des Vollstreckungsgerichts (s. nachstehend). Die Bahnaufsichtsbehörde stellt das Ersuchen idR auf Antrag des Bahneigentümers, von Amts wegen nur, wenn eine Privateisenbahn, für die die Genehmigung zur Betriebseröff-

nung noch nicht erteilt ist, wegen Nichtvollendung binnen bestimmter Frist usw. öffentlich versteigert werden soll und der Antrag auf Zwangsversteigerung gestellt ist (§§ 21, 47, 39 des Gesetzes vom 3. 11. 1838).

Für die Anlegung des Grundbuchblatts wird die Gebühr des § 67 ($^{1}/_{4}$ der vollen Gebühr) erhoben. Über den Wert s. dort. Zahlungspflichtig ist der Bahneigentümer (Abs. 4 S. 1). 7

Von Amts wegen ersucht ferner die Bahnaufsichtsbehörde um die Anlegung, wenn ein Antrag auf Eintragung einer Zwangs- oder Arresthypothek gestellt ist und das Grundbuchamt der Behörde davon Mitteilung macht; Gebühr wie vor. Zahlungspflichtig ist nach Abs. 4 S. 2 der Gläubiger, der den Antrag auf Eintragung der Sicherungshypothek gestellt hat; er muss diese Gebühr neben derjenigen für die Eintragung der Sicherungshypothek zahlen. 8

Die Zwangsversteigerung und die Zwangsverwaltung sind zulässig, auch wenn noch kein Grundbuchblatt angelegt ist. Sind dann aber gemäß § 128 ZVG Sicherungshypotheken für die Forderung gegen den Ersteher einzutragen, so ersucht das Vollstreckungsgericht um Anlegung des Grundbuchblatts (und Eintragung der Sicherungshypotheken). Auch hier wird die Gebühr des § 67 neben der für die Eintragung der Sicherungshypotheken erhoben. Zahlungspflichtig für sie ist nach Abs. 4 S. 2 der Ersteher. Dafür fällt für diesen aber auch die Gebühr für die Eintragung als Eigentümer fort, weil das Grundbuchblatt unmittelbar für ihn angelegt wird. 9

III. Schließung des Grundbuchblatts

Die Schließung des Grundbuchblatts erfolgt von Amts wegen auf Mitteilung der Bahnaufsichtsbehörde, dass die Genehmigung erloschen ist, an das Grundbuchamt. Sind Bahnpfandschulden eingetragen, so wird auf diese Mitteilung hin das Grundbuchblatt noch nicht geschlossen, sondern es wird zunächst nur das Erlöschen der Genehmigung eingetragen. Das Amtsgericht macht dann das Erlöschen der Genehmigung öffentlich bekannt. Erst nach Ablauf von sechs Monaten oder, wenn bis dahin die Zwangsliquidation zur Befriedigung der Bahnpfandgläubiger eingeleitet ist, nach deren Beendigung erfolgt die Schließung des Grundbuchblatts. 10

Für die Schließung des Grundbuchblatts wird die Gebühr des § 67 erhoben. Musste wegen Belastung der Bahneinheit vorher das Erlöschen der Genehmigung eingetragen werden, so wird schon dafür einschließlich der öffentlichen Bekanntmachung die Gebühr des § 67 neben den Auslagen für diese Bekanntmachung erhoben und später für die Schließung dieselbe Gebühr. 11

IV. Zur Bahneinheit gehörende Grundstücke

Die zur Bahneinheit gehörenden Grundstücke behalten ihre Selbständigkeit. Die Grundbuchblätter über sie werden weiter geführt. Mit der Veräußerung der Bahneinheit geht das Eigentum an den einzelnen Grundstücken von selbst auf den Erwerber über; es bedarf dazu nicht der Eintragung des Eigentumswechsels auf den Grundbuchblättern der Grundstücke. Nach dem Erlöschen der Bahneinheit ist aber der Eigentumswechsel auf ihnen nachträglich einzutragen. Einerlei, ob er erst nachträglich oder vorher auf Antrag eingetragen wird, wird nach Abs. 3 eine Gebühr nicht erhoben. 12

Während der Zugehörigkeit zur Bahneinheit sind Veräußerungen und Belastungen der einzelnen Grundstücke ungültig, wenn nicht die Aufsichtsbehörde bescheinigt, dass dadurch die Betriebsfähigkeit des Unternehmens nicht beeinträchtigt wird. Die **Verfügungsbeschränkung** wird auf den Blättern der Grundstücke vermerkt, und zwar, von Ausnahmen abgesehen, auf Antrag des Bahneigentümers. Dafür Gebühr nach § 65; Wert nach § 30 Abs. 1; zahlungspflichtig ist nach Abs. 4 S. 1 in allen Fällen der Bahneigentümer, jedoch im Falle der Rn. 8 der Gläubiger und im Falle der Rn. 9 der Ersteher. Die Gebühr wird für alle mit der Verfügungsbeschränkung belasteten Grundstücke nur einmal erhoben; 13

Lappe

§§ 79, 79a, HRegGebV

vgl. § 65 Abs. 2 S. 2. Auch wenn später weitere Grundstücke der Bahneinheit zugeschlagen werden, wird für die Eintragung des Vermerks auf den Blättern der Grundstücke die Gebühr des § 65 erhoben.

14 Bei Schließung des Grundbuchblatts wird die Verfügungsbeschränkung von Amts wegen gelöscht, vorher nur auf Antrag des Bahneigentümers mit Zustimmung der Aufsichtsbehörde oder des Liquidators. Für diese Löschung Gebühr des § 68. Auch für diese Gebühr ist der Bahneigentümer zahlungspflichtig.

3. Registersachen

Vorbemerkungen zu den §§ 79–90

1 **Registersachen** iS des 3. Unterabschnitts sind diejenigen Angelegenheiten der freiwilligen Gerichtsbarkeit, die sich auf gerichtliche Register beziehen, insbesondere die in den §§ 125 ff., 159 ff. FGG genannten. Dabei ist die begriffliche Anknüpfung formal; denn das Schiffsregister ist „mehr Grundbuch als Handelsregister". Hierher gehört auch die EWIV (vgl. § 132 Abs. 1 FGG, § 1 EWIV-AG).

2 Die §§ 79 bis 90 erfassen jedoch **nicht alle** Registersachen; die Gebühren des registergerichtlichen **Ordnungs- und Zwangsgeldverfahrens** sind in § 119 und damit im 6. Unterabschnitt geregelt.

3 **Andere Handelssachen,** Vereinssachen usw. als Registersachen finden sich ebenfalls im 6. Unterabschnitt, so in den §§ 121, 123 Geschäfte des Amtsgerichts, also nicht des „Registergerichts".

4 Von erheblicher Bedeutung sind zudem § 130 bei **Zurückweisung und Zurücknahme von Anträgen** und die §§ 131, 131c bei **Beschwerden.**

§ 79* Gebühren für Eintragungen in das Handels-, Partnerschafts- oder Genossenschaftsregister

(1) Für Eintragungen in das Handels-, Partnerschafts- oder Genossenschaftsregister, Fälle der Zurücknahme oder Zurückweisung von Anmeldungen zu diesen Registern, die Entgegennahme, Prüfung und Aufbewahrung der zum Handels- oder Genossenschaftsregister einzureichenden Unterlagen, die Bekanntmachung von Verträgen oder Vertragsentwürfen nach dem Umwandlungsgesetz sowie die Übertragung von Schriftstücken in ein elektronisches Dokument nach § 9 Abs. 2 des Handelsgesetzbuchs und Artikel 61 Abs. 3 des Einführungsgesetzes zum Handelsgesetzbuch werden Gebühren nur auf Grund einer Rechtsverordnung nach § 79 a erhoben.

(2) Zur Zahlung der Gebühr für die Entgegennahme, Prüfung und Aufbewahrung der zum Handels- oder Genossenschaftsregister einzureichenden Unterlagen und der Kosten für die Bekanntmachung von Verträgen oder Vertragsentwürfen nach dem Umwandlungsgesetz ist das einreichende Unternehmen verpflichtet.

§ 79 a** Verordnungsermächtigung

¹Das Bundesministerium der Justiz bestimmt durch Rechtsverordnung mit Zustimmung des Bundesrates Gebühren für Eintragungen in das Handels-, Partnerschafts- oder Genossenschaftsregister, für Fälle der Zurücknahme oder Zurückweisung von Anmeldungen zu diesen Registern, für die Entgegennahme, Prüfung und

---

* § 79 neu gefasst durch Gesetz vom 3. 7. 2004 (BGBl. I S. 1410), Abs. 1 neu gefasst durch Gesetz vom 10. 11. 2006 (BGBl. I S. 2553).

** § 79a eingefügt durch Gesetz vom 3. 7. 2004 (BGBl. I S. 1410), Satz 1 neu gefasst durch Gesetz vom 10. 11. 2006 (BGBl. I S. 2553).

Aufbewahrung der zum Handels- oder Genossenschaftsregister einzureichenden Unterlagen, für die Bekanntmachung von Verträgen oder Vertragsentwürfen nach dem Umwandlungsgesetz sowie für die Übertragung von Schriftstücken in ein elektronisches Dokument nach § 9 Abs. 2 des Handelsgesetzbuchs und Artikel 61 Abs. 3 des Einführungsgesetzes zum Handelsgesetzbuch. ²Die Höhe der Gebühren richtet sich nach den auf die Amtshandlungen entfallenden durchschnittlichen Personal- und Sachkosten; Gebühren für Fälle der Zurücknahme oder Zurückweisung von Anmeldungen können jedoch durch pauschale Ab- oder Zuschläge auf die für die entsprechenden Eintragungen zu erhebenden Gebühren bestimmt werden. ³Die auf gebührenfreie Eintragungen entfallenden Personal- und Sachkosten können bei der Höhe der für andere Eintragungen festzusetzenden Gebühren berücksichtigt werden.

Verordnung über Gebühren in Handels-, Partnerschafts- und Genossenschaftsregistersachen (Handelsregistergebührenverordnung – HRegGebV)

vom 30. 9. 2004 (BGBl. I S. 2562), zuletzt geändert durch Verordnung vom 28. 12. 2007 (BGBl. I S. 3283)

Aufgrund des § 79a der Kostenordnung, der durch Artikel 1 Nr. 7 des Gesetzes vom 3. Juli 2004 (BGBl. I S. 1410) eingefügt worden ist, verordnet das Bundesministerium der Justiz:

§ 1 Gebührenverzeichnis

Für Eintragungen in das Handels-, Partnerschafts- oder Genossenschaftsregister, die Entgegennahme, Prüfung und Aufbewahrung der zum Handels- oder Genossenschaftsregister einzureichenden Unterlagen, die Bekanntmachung von Verträgen und Vertragsentwürfen nach dem Umwandlungsgesetz sowie die Übertragung von Schriftstücken in ein elektronisches Dokument nach § 9 Abs. 2 des Handelsgesetzbuchs und Artikel 61 Abs. 3 des Einführungsgesetzes zum Handelsgesetzbuch werden Gebühren nach dem Gebührenverzeichnis der Anlage zu dieser Verordnung erhoben.

§ 2 Allgemeine Vorschriften

(1) Neben der Gebühr für die Ersteintragung werden nur Gebühren für die gleichzeitig angemeldete Eintragung der Errichtung einer Zweigniederlassung und für die Eintragung einer Prokura gesondert erhoben.

(2) ¹Betrifft dieselbe spätere Anmeldung mehrere Tatsachen, ist für jede Tatsache die Gebühr gesondert zu erheben. ²Das Eintreten oder das Ausscheiden einzutragender Personen ist hinsichtlich einer jeden Person eine besondere Tatsache.

(3) ¹Die Anmeldung einer zur Vertretung berechtigten Person und die gleichzeitige Anmeldung ihrer Vertretungsmacht oder deren Ausschlusses betreffen eine Tatsache. ²Mehrere Änderungen eines Gesellschaftsvertrags oder einer Satzung, die gleichzeitig angemeldet werden und nicht die Änderung eingetragener Angaben betreffen, bilden eine Tatsache. ³Die Änderung eingetragener Angaben und die dem zugrunde liegende Änderung des Gesellschaftsvertrags oder der Satzung betreffen eine Tatsache.

(4) Anmeldungen, die am selben Tag beim Registergericht eingegangen sind und dasselbe Unternehmen betreffen, werden als eine Anmeldung behandelt.

§ 2a Recht der Europäischen Union

Umwandlungen und Verschmelzungen nach dem Recht der Europäischen Union stehen hinsichtlich der Gebühren den Umwandlungen nach dem Umwandlungsgesetz gleich.

§ 3 Zurücknahme

¹Wird eine Anmeldung zurückgenommen, bevor die Eintragung erfolgt oder die Anmeldung zurückgewiesen worden ist, sind 75 Prozent der für die Eintragung bestimmten Gebühr zu erheben; § 33 der Kostenordnung bleibt unberührt. ²Betrifft eine Anmeldung mehrere Tatsachen, betragen die auf die zurückgenommenen Teile der Anmeldung entfallenden Gebühren insgesamt höchstens 250 Euro.

§ 4 Zurückweisung

¹Wird eine Anmeldung zurückgewiesen, sind 120 Prozent der für die Eintragung bestimmten Gebühr zu erheben. ²Betrifft eine Anmeldung mehrere Tatsachen, betragen die auf die zurückgewiesenen Teile der Anmeldung entfallenden Gebühren insgesamt höchstens 400 Euro.

§ 5 Zurücknahme oder Zurückweisung in besonderen Fällen

¹Wird die Anmeldung einer sonstigen späteren Eintragung, die mehrere Tatsachen zum Gegenstand hat, teilweise zurückgenommen oder zurückgewiesen, ist für jeden zurückgenommenen oder zurückgewiesenen Teil von den Gebühren 1506, 2502 und 3502 des Gebührenverzeichnisses auszugehen. ²§ 3 Satz 2 und § 4 Satz 2 bleiben unberührt.

§ 6 Übergangsvorschrift zum Gesetz über elektronische Handelsregister und Genossenschaftsregister sowie das Unternehmensregister

Für die Entgegennahme, Prüfung und Aufbewahrung eines Jahres-, Einzel- oder Konzernabschlusses und der dazu gehörenden Unterlagen für ein vor dem 1. Januar 2006 beginnendes Geschäftsjahr werden die Gebühren 5000 und 5001 des Gebührenverzeichnisses in der vor dem 1. Januar 2007 geltenden Fassung erhoben, auch wenn die Unterlagen erst nach dem 31. Dezember 2006 zum Handelsregister eingereicht werden.

Anlage (zu § 1)

Gebührenverzeichnis

Die Wiedergabe verzichtet der Übersichtlichkeit halber auf die Ziffern nach dem Komma (immer ...,00) und ersetzt EUR durch Euro.

Teil 1. Eintragungen in das Handelsregister Abteilung A und das Partnerschaftsregister

Nr.	Gebührentatbestand	Gebührenbetrag
Vorbemerkung 1:		
(1) Für Eintragungen, die juristische Personen (§ 33 HGB) und Europäische wirtschaftliche Interessenvereinigungen betreffen, bestimmen sich die Gebühren nach den für Eintragungen bei Gesellschaften mit bis zu 3 eingetragenen Gesellschaftern geltenden Vorschriften. Hinsichtlich der Gebühren für Eintragungen, die Zweigniederlassungen eines Unternehmens mit Hauptniederlassung oder Sitz im Ausland betreffen, bleibt der Umstand, dass es sich um eine Zweigniederlassung handelt, unberücksichtigt; die allgemein für inländische Unternehmen geltenden Vorschriften sind anzuwenden.		
(2) Wird die Hauptniederlassung oder der Sitz in den Bezirk eines anderen Gerichts verlegt, wird für die Eintragung im Register der bisherigen Hautniederlassung oder des bisherigen Sitzes keine Gebühr erhoben.		
(3) Für Eintragungen, die Prokuren betreffen, sind ausschließlich Gebühren nach Teil 4 zu erheben.		

Nr.	Gebührentatbestand	Gebührenbetrag
	(4) Für die Eintragung des Erlöschens der Firma oder des Namens sowie des Schlusses der Abwicklung einer Europäischen wirtschaftlichen Interessenvereinigung werden keine Gebühren erhoben; die Gebühren 1400 und 1401 bleiben unberührt.	
	Abschnitt 1. Ersteintragung	
	Eintragung – außer aufgrund einer Umwandlung nach dem UmwG –	
1100	– eines Einzelkaufmanns	50 Euro
1101	– einer Gesellschaft mit bis zu 3 einzutragenden Gesellschaftern oder einer Partnerschaft mit bis zu 3 einzutragenden Partnern	70 Euro
1102	– einer Gesellschaft mit mehr als 3 einzutragenden Gesellschaftern oder einer Partnerschaft mit mehr als 3 einzutragenden Partnern: Die Gebühr 1101 erhöht sich für jeden weiteren einzutragenden Gesellschafter oder jeden weiteren einzutragenden Partner um	20 Euro
	Eintragung aufgrund einer Umwandlung nach dem UmwG	
1103	– eines Einzelkaufmanns	50 Euro
1104	– einer Gesellschaft mit bis zu 3 einzutragenden Gesellschaftern oder einer Partnerschaft mit bis zu 3 einzutragenden Partnern	80 Euro
1105	– einer Gesellschaft mit mehr als 3 einzutragenden Gesellschaftern oder einer Partnerschaft mit mehr als 3 einzutragenden Partnern: Die Gebühr 1104 erhöht sich für jeden weiteren einzutragenden Gesellschafter oder jeden weiteren einzutragenden Partner um	20 Euro
	Abschnitt 2. Errichtung einer Zweigniederlassung	
	Eintragung einer Zweigniederlassung bei	
1200	– einem Einzelkaufmann	50 Euro
1201	– einer Gesellschaft mit bis zu 3 eingetragenen Gesellschaftern oder einer Partnerschaft mit bis zu 3 eingetragenen Partnern	80 Euro
	– einer Gesellschaft mit mehr als 3 eingetragenen Gesellschaftern oder einer Partnerschaft mit mehr als 3 eingetragenen Partnern:	
1202	– – Die Gebühr 1201 erhöht sich für jeden weiteren eingetragenen Gesellschafter oder für jeden weiteren eingetragenen Partner bis einschließlich zur 100. eingetragenen Person um	20 Euro
1203	– – Die Gebühr 1201 erhöht sich für jeden weiteren eingetragenen Gesellschafter oder für jeden weiteren eingetragenen Partner ab der 101. eingetragenen Person um	10 Euro

§§ 79, 79a, HRegGebV

Nr.	Gebührentatbestand	Gebührenbetrag
	Abschnitt 3. Verlegung der Hauptniederlassung oder des Sitzes	
	Vorbemerkung 1.3: Gebühren nach diesem Abschnitt sind nicht zu erheben, wenn das bisherige Gericht zuständig bleibt; Abschnitt 5 bleibt unberührt.	
	Eintragung bei dem Gericht, in dessen Bezirk die Hauptniederlassung oder der Sitz verlegt worden ist, bei	
1300	– einem Einzelkaufmann	60 Euro
1301	– einer Gesellschaft mit bis zu 3 eingetragenen Gesellschaftern oder einer Partnerschaft mit bis zu 3 eingetragenen Partnern	60 Euro
	– einer Gesellschaft mit mehr als 3 eingetragenen Gesellschaftern oder einer Partnerschaft mit mehr als 3 eingetragenen Partnern:	
1302	– – Die Gebühr 1301 erhöht sich für jeden weiteren eingetragenen Gesellschafter oder für jeden weiteren eingetragenen Partner bis einschließlich zur 100. eingetragenen Person um	20 Euro
1303	– – Die Gebühr 1301 erhöht sich für jeden weiteren eingetragenen Gesellschafter oder für jeden weiteren eingetragenen Partner ab der 101. eingetragenen Person um	10 Euro
	Abschnitt 4. Umwandlung nach dem Umwandlungsgesetz	
	Eintragung einer Umwandlung nach dem UmwG	
1400	– in das Register des übertragenden oder formwechselnden Rechtsträgers	130 Euro
1401	– in das Register des übernehmenden Rechtsträgers	130 Euro
	Für Eintragungen über den Eintritt der Wirksamkeit werden keine besonderen Gebühren erhoben.	
	Abschnitt 5. Sonstige spätere Eintragung	
	Vorbemerkung 1.5: Gebühren nach diesem Abschnitt werden nur für Eintragungen erhoben, für die Gebühren nach den Abschnitten 1 bis 4 nicht zu erheben sind.	
	Eintragung einer Tatsache bei	
1500	– einem Einzelkaufmann	40 Euro
1501	– einer Gesellschaft mit bis zu 50 eingetragenen Gesellschaftern oder einer Partnerschaft mit bis zu 50 eingetragenen Partnern	40 Euro
1502	– einer Gesellschaft mit mehr als 50 und bis zu 100 eingetragenen Gesellschaftern oder einer Partnerschaft mit mehr als 50 und bis zu 100 eingetragenen Partnern	50 Euro
1503	– einer Gesellschaft mit mehr als 100 eingetragenen Gesellschaftern oder einer Partnerschaft mit mehr als 100 eingetragenen Partnern	60 Euro
1505	Die Eintragung betrifft eine Tatsache ohne wirtschaftliche Bedeutung:	
	Die Gebühren 1500 bis 1503 betragen	30 Euro

Nr.	Gebührentatbestand	Gebührenbetrag
1506	Eintragung jeder weiteren Tatsache aufgrund derselben Anmeldung .... Werden mehrere Tatsachen unter derselben laufenden Nummer eingetragen, wird die Gebühr nur einmal erhoben.	30 Euro

Teil 2. Eintragungen in das Handelsregister Abteilung B

Nr.	Gebührentatbestand	Gebührenbetrag

Vorbemerkung 2:

(1) Hinsichtlich der Gebühren für Eintragungen, die Zweigniederlassungen eines Unternehmens mit Sitz im Ausland betreffen, bleibt der Umstand, dass es sich um eine Zweigniederlassung handelt, unberücksichtigt; die allgemein für inländische Unternehmen geltenden Vorschriften sind anzuwenden.

(2) Wird der Sitz in den Bezirk eines anderen Gerichts verlegt, wird für die Eintragung im Register des bisherigen Sitzes keine Gebühr erhoben.

(3) Für Eintragungen, die Prokuren betreffen, sind ausschließlich Gebühren nach Teil 4 zu erheben.

(4) Für die Eintragung der Löschung der Gesellschaft und des Schlusses der Abwicklung oder der Liquidation werden keine Gebühren erhoben; die Gebühren 2402 und 2403 bleiben unberührt.

Abschnitt 1. Ersteintragung

2100	Eintragung einer Gesellschaft mit beschränkter Haftung – außer aufgrund einer Umwandlung nach dem UmwG –	100 Euro
2101	Es wird mindestens eine Sacheinlage geleistet: Die Gebühr 2100 beträgt	150 Euro
2102	Eintragung einer Aktiengesellschaft, einer Kommanditgesellschaft auf Aktien oder eines Versicherungsvereins auf Gegenseitigkeit – außer aufgrund einer Umwandlung nach dem UmwG –	240 Euro
2103	Es wird mindestens eine Sacheinlage geleistet: Die Gebühr 2102 beträgt	290 Euro
	Eintragung aufgrund einer Umwandlung nach dem UmwG	
2104	– einer Gesellschaft mit beschränkter Haftung	190 Euro
2105	– einer Aktiengesellschaft oder einer Kommanditgesellschaft auf Aktien	210 Euro
2106	– eines Versicherungsvereins auf Gegenseitigkeit	190 Euro

Abschnitt 2. Errichtung einer Zweigniederlassung

2200	Eintragung einer Zweigniederlassung	90 Euro

Abschnitt 3. Verlegung des Sitzes

2300	Eintragung bei dem Gericht, in dessen Bezirk der Sitz verlegt worden ist .... Die Gebühr wird nicht erhoben, wenn das bisherige Gericht zuständig bleibt; Abschnitt 5 bleibt unberührt.	110 Euro

§§ 79, 79a, HRegGebV   *1. Teil. 2. Abschnitt: 3. Registersachen*

Nr.	Gebührentatbestand	Gebührenbetrag
	Abschnitt 4. Besondere spätere Eintragung	
2400	Eintragung – der Nachgründung einer Aktiengesellschaft oder des Beschlusses der Hauptversammlung einer Aktiengesellschaft oder einer Kommanditgesellschaft auf Aktien über Maßnahmen der Kapitalbeschaffung oder der Kapitalherabsetzung oder der Durchführung der Kapitalerhöhung	170 Euro
2401	– der Erhöhung des Stammkapitals durch Sacheinlage oder der Erhöhung des Stammkapitals zum Zwecke der Umwandlung nach dem UmwG	140 Euro
2402	Eintragung einer Umwandlung nach dem UmwG – in das Register des übertragenden oder formwechselnden Rechtsträgers	160 Euro
2403	– in das Register des übernehmenden Rechtsträgers	160 Euro
	Für Eintragungen über den Eintritt der Wirksamkeit werden keine besonderen Gebühren erhoben	
2404	Eintragung der Eingliederung oder des Endes der Eingliederung einer Aktiengesellschaft	60 Euro
	Abschnitt 5. Sonstige spätere Eintragung	
Vorbemerkung 2.5:		
	Gebühren nach diesem Abschnitt werden nur für Eintragungen erhoben, für die Gebühren nach den Abschnitten 1 bis 4 nicht zu erheben sind.	
2500	Eintragung einer Tatsache	40 Euro
2501	Die Eintragung betrifft eine Tatsache ohne wirtschaftliche Bedeutung: Die Gebühr 2500 beträgt	30 Euro
2502	Eintragung jeder weiteren Tatsache aufgrund derselben Anmeldung	30 Euro
	Werden mehrere Tatsachen unter derselben laufenden Nummer eingetragen, wird die Gebühr nur einmal erhoben.	

Teil 3. Eintragungen in das Genossenschaftsregister

Nr.	Gebührentatbestand	Gebührenbetrag

Vorbemerkung 3:

(1) Hinsichtlich der Gebühren für Eintragungen, die Zweigniederlassungen einer Europäischen Genossenschaft mit Sitz im Ausland betreffen, bleibt der Umstand, dass es sich um eine Zweigniederlassung handelt, unberücksichtigt; die allgemein für inländische Genossenschaften geltenden Vorschriften sind anzuwenden.

(2) Wird der Sitz in den Bezirk eines anderen Gerichts verlegt, wird für die Eintragung im Register des bisherigen Sitzes keine Gebühr erhoben.

(3) Für Eintragungen, die Prokuren betreffen, sind ausschließlich Gebühren nach Teil 4 zu erheben.

(4) Für die Eintragung des Erlöschens der Genossenschaft werden keine Gebühren erhoben; die Gebühren 3400 und 3401 bleiben unberührt.

Nr.	Gebührentatbestand	Gebührenbetrag
	Abschnitt 1. Ersteintragung	
3100	Eintragung – außer aufgrund einer Umwandlung nach dem UmwG	150 Euro
3101	– aufgrund einer Umwandlung nach dem UmwG	180 Euro
	Abschnitt 2. Errichtung einer Zweigniederlassung	
3200	Eintragung einer Zweigniederlassung	50 Euro
	Abschnitt 3. Verlegung des Sitzes	
3300	Eintragung bei dem Gericht, in dessen Bezirk der Sitz verlegt worden ist .... Die Gebühr wird nicht erhoben, wenn das bisherige Gericht zuständig bleibt; Abschnitt 5 bleibt unberührt.	50 Euro
	Abschnitt 4. Umwandlung nach dem Umwandlungsgesetz	
3400	Eintragung einer Umwandlung nach dem UmwG – in das Register des übertragenden oder formwechselnden Rechtsträgers	110 Euro
3401	– in das Register des übernehmenden Rechtsträgers .... Für Eintragungen über den Eintritt der Wirksamkeit werden keine besonderen Gebühren erhoben.	110 Euro
	Abschnitt 5. Sonstige spätere Eintragung	

Vorbemerkung 3.5:

    Gebühren nach diesem Abschnitt werden nur für Eintragungen erhoben, für die Gebühren nach den Abschnitten 1 bis 4 nicht zu erheben sind.

3500	Eintragung einer Tatsache	60 Euro
3501	Die Eintragung betrifft eine Tatsache ohne wirtschaftliche Bedeutung: Die Gebühr 3500 beträgt	30 Euro
3502	Eintragung jeder weiteren Tatsache aufgrund derselben Anmeldung .... Werden mehrere Tatsachen unter derselben laufenden Nummer eingetragen, wird die Gebühr nur einmal erhoben.	30 Euro

Teil 4. Prokuren

Nr.	Gebührentatbestand	Gebührenbetrag

Vorbemerkung 4:

    Dieser Teil gilt auch für Eintragungen ohne wirtschaftliche Bedeutung, die Prokuren betreffen.

4000	Eintragung, Änderung oder Löschung einer Prokura .... Betrifft dieselbe Anmeldung mehrere Prokuren, wird die Gebühr für jede Prokura gesondert erhoben.	20 Euro

§§ 79, 79a, HRegGebV

1. Teil. 2. Abschnitt: 3. Registersachen

Teil 5. Weitere Geschäfte

Nr.	Gebührentatbestand	Gebührenbetrag
	Vorbemerkung 5: Mit den Gebühren 5000 bis 5005 wird auch der Aufwand für die Prüfung und Aufbewahrung der genannten Unterlagen abgegolten.	
	Entgegennahme	
5000	– der Bescheinigung des Prüfungsverbands (§ 59 Abs. 1 GenG)	10 Euro
5001	– der Bekanntmachung der Eröffnungsbilanz durch die Liquidatoren (§ 89 Satz 3 GenG)	20 Euro
5002	– der Liste der Gesellschafter (§ 40 Abs. 1 GmbHG)	20 Euro
5003	– der Liste der Mitglieder des Aufsichtsrats (§ 52 Abs. 2 Satz 2 GmbHG, § 106 AktG)	20 Euro
5004	– der Mitteilung über den alleinigen Aktionär (§ 42 AktG)	10 Euro
5005	– des Protokolls der Jahreshauptversammlung (§ 130 Abs. 5 AktG)	20 Euro
5006	Bekanntmachung von Verträgen, eines Verschmelzungsplans oder von entsprechenden Entwürfen nach dem UmwG	20 Euro
5007	Übertragung von Schriftstücken in ein elektronisches Dokument (§ 9 Abs. 2 HGB und Artikel 61 Abs. 3 EGHGB); für jede angefangene Seite .... Die Gebühr wird für die Dokumente jedes Registerblatts gesondert erhoben. Mit der Gebühr wird auch die einmalige elektronische Übermittlung der Dokumente an den Antragsteller abgegolten.	2 – mindestens 25 Euro

Übersicht

	Rn.		Rn.
A. Allgemeines	1–6	VI. Umwandlung	44–49
I. Handelsregistergebühren-Neuordnungsgesetz	1–3	1. Begriff	44
		2. Gebühren	45–49
II. Elektronisches Handelsregister ...	4, 5	VII. Zweigniederlassung	50–57
III. Anwendungsbereich	6	1. Inländisches/ausländisches Unternehmen	50
B. Registersachen	7–64	2. Register	51–55
I. Gebührentatbestand	7–16	3. Gebühren	56–57
1. Eintragung	7	VIII. Sitzverlegung	58–61
2. Änderung, Löschung, Vermerk	8	1. Dasselbe Registergericht	58
		2. Anderes Registergericht	59, 60
3. Rotunterstreichung	9	3. Zweigniederlassung	61
4. Tatsachen	10	IX. Ohne wirtschaftliche Bedeutung	62
5. Zurücknahme, Zurückweisung	11–13	X. Fälligkeit	63
6. Eintragung von Amts wegen	14, 15	XI. Schuldner	64
7. Beschwerde, Erinnerung	16		
II. Personen	17	C. Weitere Geschäfte	65–97
III. Erste, spätere Eintragung	18	I. Einreichung von Unterlagen	65–83
IV. Tatsachen, Gegenstandshäufung	19–36	1. Unterlagen	65–72
1. Registertatsachen	19–27	2. Entgegennahme, Gebührentatbestand	73–75
2. Dieselbe Anmeldung	28–33		
3. Dasselbe Unternehmen	34–36	3. Zurückweisung, Zurücknahme	76, 77
V. Prokura	37–43		

Gebührenverzeichnis §§ 79, 79a, HRegGebV

	Rn.		Rn.
4. Prüfung, Aufbewahrung	78	3. Gebührentatbestand	86, 87
5. Gebühr	79	4. Fälligkeit, Schuldner	88
6. Fälligkeit, Schuldner	80, 81	5. Beschwerde	89
7. Beschwerde	82	III. Elektronisches Dokument	90–97
8. Ablichtungen	83	1. Übertragung	90
II. Bekanntmachung nach dem UmwG	84–89	2. Gebühren, Auslagen	91–93
		3. Häufung, Abgeltung	94–96
1. Bekanntmachung	84	4. Fälligkeit, Schuldner	97
2. Gebühr, Auslagen	85		

A. Allgemeines

I. Handelsregistergebühren-Neuordnungsgesetz

Die **EG-Gesellschaftssteuerrichtlinie** vom 17. 7. 1969 begrenzt die Handelsregister- 1 gebühren bei Kapitalgesellschaften durch die Aufwendungen des Staats für die Geschäfte.[1] Die – bis zum 30. 11. 2004 geltenden – §§ 79, 26 durften insoweit nur richtlinienkonform angewandt werden. Kapitalgesellschaften in diesem Sinn sind AG, GmbH,[2] GmbH & Co. KG,[3] KG;[4] Geschäfte insbesondere Ersteintragung,[5] Kapitalerhöhung,[6] Eintragung von Kommanditisten[7] und Prokuristen,[8] Zweigniederlassungen;[9] nicht Verschmelzung, wenn der übernehmende Gesellschafter Inhaber aller Geschäftsanteile war.[10] Mit den **§§ 79, 79a und der dazu erlassenen Rechtsverordnung** – HRegGebV – ist das nationale Recht an die EG-Richtlinie angepasst worden. Zum Übergangsrecht, insbesondere auch zu den bis dahin ergangenen vorläufigen Kostenrechnungen[11] mit Erfahrungsbeträgen[12] s. § 164.

Nach deutschem Recht wirkte sich die Begrenzung über das aus **Art. 3 GG** abgeleitete 2 Verfassungsprinzip der verhältnismäßigen Gleichheit auch auf die Gebühren für andere als die genannten Handelsregistereintragungen aus.[13] Dem trägt die HRegGebV Rechnung, indem sie alle Registereintragungen regelt, also nicht nur die europarechtswidrigen Gebühren ersetzt.

Die **HRegGebV** schafft wie § 79 aF „Folgerecht" zum Registerverfahrens- und damit 3 auch zum materiellen Handelsrecht, ihre Begriffe sind mithin – vor allem – die des HGB, des FGG und der Handelsregisterverordnung – HRV –. Darüber hinaus bedient sie sich der überkommenen Begriffe des bisherigen Registerkostenrechts, insbesondere des § 26 aF, jetzt § 41a, auf seine Kommentierung wird daher generell verwiesen.

II. Elektronisches Handelsregister

Das Gesetz über elektronische Handelsregister und Genossenschaftsregister sowie das 4 Unternehmensregister (EHUG) vom 10. 11. 2006 ordnet durch Änderung der einschlägigen Gesetze, insbesondere des HGB an, dass das **Handelsregister** elektronisch geführt wird, die Anmeldungen elektronisch erfolgen und Dokumente elektronisch einzureichen sind (§§ 9, 12 HGB). Gleiches gilt für die anderen Register. Das EHUG passt KostO und HRGebV dieser Rechtsentwicklung an.

---

[1] EuGH ZIP 1998, 206 = NZG 1998, 274; BayObLGZ 1998, 302 = NJW 1999, 652.
[2] EuGH ZIP 1998, 206 = NZG 1998, 274.
[3] BayObLG ZIP 1999, 369.
[4] OLG Schleswig SchlHA 2000, 118.
[5] EuGH ZIP 1998, 206.
[6] EuGH ZIP 1998, 206 = NZG 1998, 274; 2000, 1891; 2001, 1145.
[7] *Gustavus* ZIP 1998, 502.
[8] OLG Köln Rpfleger 2000, 185.
[9] BayObLG NJW 1999, 654; aA OLG Düsseldorf Rpfleger 1999, 100 = KostRsp. § 26 Nr. 51 m. abl. Anm. *Lappe*; OLG Köln NJW 1999, 1341.
[10] OLG Karlsruhe ZIP 2001, 517; zweifelhaft wegen Rn. 2.
[11] OLG Zweibrücken Rpfleger 2000, 128.
[12] OLG Köln NJW 1999, 1341; Rpfleger 1999, 645.
[13] *Lappe* Anm. KostRsp. Nr. 12.

5 Hinzu tritt das elektronische **Unternehmensregister** (§ 8b HGB), geführt vom Bundesanzeiger. Es fasst den Inhalt der örtlichen Register zum Zecke der Information zusammen.

III. Anwendungsbereich

6 Die HRegGebV betrifft das **Handelsregister** (§§ 8ff. HGB, §§ 125ff. FGG, § 3 HRV), unterteilt in die Abteilungen **A:** Einzelkaufleute, juristische Personen des § 33 HGB, offene Handelsgesellschaften, Kommanditgesellschaften, Europäische wirtschaftliche Interessenvereinigungen, und **B:** Aktiengesellschaften, Europäische Gesellschaften, Kommanditgesellschaften auf Aktien, Gesellschaften mit beschränkter Haftung, Versicherungsvereine auf Gegenseitigkeit; das **Partnerschaftsregister** (§ 5 PartGG, § 160b FGG); das **Genossenschaftsregister** (§§ 10ff. GenG, § 147 FGG); das **Unternehmensregister** (§ 8b HGB). Wegen der **Einreichung** von Unterlagen (§§ 325, 339, 341 HGB) und **Bekanntmachungen** (§§ 61, 111 UmwG) s. Rn. 65ff.

B. Registersachen

I. Gebührentatbestand

1. Eintragung

7 Den Gebührentatbestand bildet die „Eintragung" in das Register. Sie „wird wirksam, sobald sie in den für die Handelsregistereintragungen bestimmten Datenspeicher aufgenommen ist und auf Dauer inhaltlich unverändert in lesbarer Form wiedergegeben werden kann" (§ 8 Abs. 2 HGB). Die Regelung tritt an die Stelle der Unterzeichnung der Eintragung im papiernen Register durch den Urkundsbeamten der Geschäftsstelle (§ 28 HRV), wobei die Unterzeichnung der Eintragungsverfügung nicht genügt, die Bekanntmachung der Eintragung nicht erforderlich ist (vgl. Vor § 60 Rn. 9).

2. Änderung, Löschung, Vermerk

8 Änderung und Löschung (GebVerz. 4000) sind Eintragung iS des Registerverfahrensrechts (§ 16 HRV) und damit der HRegGebV, es gilt mithin Rn. 7. Gleiches gilt für Vermerke (§ 20 HRV).

3. Rotunterstreichung

9 Die Rotunterstreichung bedeutungslos gewordener Eintragungen und gleiche Handlungen (§ 16 HRV) stellt keine Eintragung iS der VO dar, bleibt also gebührenfrei.

4. Tatsachen

10 S. Rn. 19ff.

5. Zurücknahme, Zurückweisung

11 Zurücknahme und Zurückweisung einer Anmeldung zum Register sind **Gebührentatbestand** nach Maßgabe der §§ 3 bis 5 HRegGebV und gehen § 130 Abs. 1 bis 4 vor, anwendbar bleibt also Abs. 5 über die „gebührenfreie" unverschuldete Unkenntnis;[14] wegen der „Eintragung" als Zeitpunkt gilt Rn. 7. Die Zurücknahme wird mit dem Eingang beim Registergericht wirksam, die Zurückweisung mit der Hausgabe des Zurückweisungsbeschlusses (Unterzeichnung/Signatur) genügt also nicht, des Zugangs an den Anmelder – seinen Bevollmächtigten – bedarf es nicht.

12 Bei **Häufung** „sonstiger späterer Eintragungen" sieht das GebVerz. unterschiedliche Gebühren für die erste (1500ff., 2500, 3500) und weitere Tatsachen vor (1506, 2502, 3502), wobei die Zuordnung erste oder weitere sich erübrigt, ihrer bedarf es für die Berechnung der Eintragungsgebühren nicht. Dabei bleibt es, wenn die Anmeldung insgesamt zurück-

---

[14] So auch die Begründung der HRegGebV, BR-Drucks. 580/04 S. 11.

genommen oder zurückgewiesen wird (§§ 3 S. 1, 4 S. 1 HRegGebV). Hingegen kommt es darauf bei teilweiser Zurücknahme oder Zurückweisung an, weil sich die Gebühr dafür nach der Eintragungsgebühr bemisst. § 5 S. 1 löst das Problem, indem er allein sie für weitere Tatsachen (also 1506, 2502, 3502) zur „Ausgangsgebühr" erklärt.

Beispiel: Anmeldung der Änderung des Namens, der Firma und des Sitzes im Bezirk des Registergerichts. Die Eintragung aller drei Tatsachen kostet GebVerz. 2500 = 40 Euro + 2 GebVerz. 2502 à 30 Euro = 60, Euro, insgesamt 100 Euro. Wird die Anmeldung insgesamt zurückgenommen, ermäßigen sich die Gebühren auf 75% = 30 Euro + 2x 22,50 Euro, insgesamt 75 Euro (§ 3 S. 1). Bei Rücknahme bezüglich einer Tatsache auf 22,50 Euro, bezüglich zweier Tatsachen auf 2x 22,50 Euro = 45 Euro; daneben wird im ersten Fall die Eintragungsgebühr von 40 Euro, im zweiten von 40 Euro + 30 Euro = 70 Euro erhoben 13

6. Eintragung von Amts wegen

Hat eine Anmeldung weitere Eintragungen von Amts wegen zur Folge, so sind auch diese gebührenpflichtig, soweit die HRegGebV nichts anderes bestimmt. 14

Ansonsten bleiben Eintragungen von Amts wegen gebührenfrei, teils überhaupt (§§ 87 Nr. 1, 88 Abs. 1), teils als Nebengeschäft (§§ 121, 35). 15

7. Beschwerde, Erinnerung

Für Beschwerden gilt § 131c, für Rechtspfleger-Erinnerungen § 11 Abs. 2, 4 RPflG. 16

II. Personen

Die Gebühren hängen weithin von Personen (Gesellschaftern, Partnern, sonstigen Rechtsträgern) ab. Hier gilt: Einzelkaufmann ist die natürliche Person der §§ 1 bis 3 HGB, Partner die des § 1 PartGG, Gesellschaften und Partnerschaften sind die Rn. 6 Genannten; Gesellschafter die natürlichen oder juristischen oder sonst rechtsfähigen Personen (insbesondere OHG und KG, §§ 124, 161 HGB, im Regelfall die GbR[15]), also nicht nur Komplementäre, sondern auch Kommanditisten. 17

III. Erste, spätere Eintragung

Die HRegGebV stellt auf Ersteintragung und spätere Eintragung ab, damit auf die Begriffe des früheren § 26, wie sie in seiner jetzigen Fassung als erste und spätere Anmeldung weitergeführt werden (§ 41a; s. die dortigen Erl.). Maßgebend ist nicht der formelle Vorgang, sondern die materielle Rechtslage: Eintragung eines „neuen" Rechtsträgers. Den typischen Fall bildet der Einzelkaufmann. Eingetragen ist er, nicht seine „Firma", sein Unternehmen, schon mangels Rechtsfähigkeit. Veräußert er es, endet seine Kaufmannseigenschaft, der Erwerber wird Kaufmann: „ersteingetragen". Das gilt auch bei der Verpachtung: Der Verpächter verliert mangels Betreibens (§ 1 Abs. 1 HGB) seine Kaufmannseigenschaft und wird daher gelöscht, der Erwerber durch das Betreiben Kaufmann und folglich „ersteingetragen". Gebührentatbestand ist zudem nicht die Ersteintragung schlechthin, sondern in der **Abteilung A oder B** des Handelsregisters, des Partnerschafts- oder Genossenschaftsregisters; dem kommt insbesondere bei der Umwandlung Bedeutung zu. 18

IV. Tatsachen, Gegenstandshäufung

1. Registertatsachen

Im Handelsregister werden „Tatsachen" eingetragen, Registertatsachen (§ 15 HGB), und zwar solche, die das HGB vorsieht (§ 29 HGB). Das gilt auch dann, wenn die Tatsache durch die Eintragung erst rechtswirksam wird (so der GmbH-Gesellschafterbeschluss, § 54 Abs. 3 GmbHG). 19

Grundsätzlich stellt jede Tatsache eine – gesonderte – Eintragung dar. Um nur eine Tatsache iS der HRegGebV handelt es sich auch, wenn mehrere Registertatsachen dergestalt eine 20

---

[15] BGHZ 146, 341 = NJW 2001, 1056.

§§ 79, 79a, HRegGebV

Einheit bilden, dass sie nur **gemeinsam eingetragen** werden können. Davon geht auch die HRegGebV aus,[16] besondere Regelungen dazu in § 2 Abs. 2, 3.

21 Treffen hingegen Registertatsachen bei der Eintragung zusammen, die – im konkreten Zusammenhang – **getrennt eintragbar** sind, so liegt Gegenstandshäufung vor mit der Folge gesonderter Gebühren. Die HRegGebV modifiziert: Bei der **Ersteintragung** werden nur Gebühren für die Errichtung einer Zweigniederlassung und die Erteilung einer Prokura gesondert berechnet (§ 2 Abs. 1, 3). Bei **späteren** Eintragungen bleibt es hingegen beim Prinzip, selbst beim Rechtsnachfolge-Gesellschafterwechsel: gesonderte Gebühren für Ausscheiden des bisherigen und Eintritt des neuen (§ 2 Abs. 2). Ausnahme: Gesellschafter (HRA) oder Geschäftsführer (iÜ) und seine Vertretungsmacht (§ 2 Abs. 3 S. 1).

22 Weitere Ausnahme: **Satzungsänderungen** usw. (§ 2 Abs. 3 S. 2, 3); mehrere sind nur eine Tatsache, es sei denn, sie betreffen „eingetragene Angaben", etwa die Firma, das Stammkapital; jedoch sind die Änderung der Angaben und der Satzung nur eine Tatsache. Also: Änderung der Firma und entsprechende Satzungsänderung = dieselbe Tatsache in Bezug auf die Eintragung der Firmenänderung und des Gesellschafterbeschlusses, jedoch besondere Tatsache gegenüber weiteren Satzungsänderungen. Dabei kommt es, anders als bei der Anmeldung (§ 44), nicht darauf an, ob sie denselben oder einen verschiedenen Gegenstand haben, ob sie mit anderen Worten wirtschaftlich identisch sind, dasselbe Rechtsverhältnis bilden oder nicht.[17] Erfolgt die Eintragung allerdings auf Grund derselben Anmeldung, so tritt an die Stelle der Gebührenhäufung eine Zusatzgebühr für jede weitere Tatsache (so GebVerz. 1506).

23 „**Eine**" Registertatsache sind beispielsweise die Eintragung
– des Einzelkaufmanns sowie seiner Firma und des Orts seiner Niederlassung (§ 29 HGB);
– der OHG sowie von Gesellschaftern, Firma, Sitz und Beginn (§ 106 HGB);
– der KG sowie der Kommanditisten und ihrer Einlagen (§ 162 Abs. 1 S. 1 HGB);
– der BGB-Gesellschaft als Kommanditist und ihrer Gesellschafter (§ 162 Abs. 1 S. 2 HGB);
– des Ausscheidens des einzigen Kommanditisten aus der Zweipersonengesellschaft und ihrer Auflösung;[18]
– des GmbH-Geschäftsführers und des Erlöschens seiner Prokura;[19]
– des Geschäftsführers und seiner Vertretungsbefugnis (§ 8 Abs. 4 GmbHG);
– die Erhöhung des Grundkapitals und der entsprechende Änderung der Satzung (§§ 184 Abs. 1 S. 1, 181 Abs. 1 S. 1, 23 Abs. 3 S. 1 AktG);[20]
– des Schlusses der Liquidation und der Löschung der Gesellschaft (§§ 157 Abs. 1, 161 Abs. 2 HGB, § 74 Abs. 1 GmbHG, § 273 Abs. 1 AktG); unterschiedliche Gesetzeswortlaute rechtfertigen keine verschiedenen Gebührenmengen für den rechtlich und wirtschaftlich gleichen Vorgang.[21]

24 **Mehrere** Registertatsachen sind beispielsweise
– beim Einzelkaufmann die Änderung seiner Firma und die Verlegung der Niederlassung (§ 31 Abs. 1 HGB), selbst wenn die Änderung der Firma eine Folge der Verlegung der Niederlassung ist, weil diese einen Firmenzusatz bildet (§ 18 Abs. 2 HGB; vgl. Rn. 21: § 44 nicht anwendbar);
– bei der OHG der Eintritt eines Gesellschafters und sein Ausschluss von der Vertretung (§§ 107, 125 Abs. 1 HGB);
– bei der KG das Ausscheiden und der Eintritt eines Kommanditisten, selbst bei Rechtsnachfolge zwischen beiden;

---

[16] Begründung BR-Drucks. 580/04 S. 11.
[17] Nicht europarechtswidrig, wenn auch die materiellen Voraussetzungen (Beispiel Gewinnabführungsverträge) zu prüfen sind: OLG München OLGR 2006, 628.
[18] *Lappe* gegen LG Duisburg KostRsp. Nr. 48 Anm.
[19] LG Bremen NJW-RR 1998, 1332.
[20] Vgl. zum alten Recht BayObLG Rpfleger 1975, 333; BayObLGZ 1978, 146 = Rpfleger 1978, 394.
[21] Vgl. OLG Köln Rpfleger 1971, 331.

– bei der GmbH die Auflösung und die Bestellung eines Liquidators (§§ 65, 67 GmbHG); die Aufnahme einer anderen GmbH im Wege der Verschmelzung und die Erhöhung des Stammkapitals (§ 16 Abs. 1 S. 1 UmwG, §§ 54 Abs. 1 S. 1, 57 Abs. 1 GmbHG);
– bei der AG Erhöhung des Grundkapitals und ihre Durchführung (§ 188 Abs. 4 AktG).

Sind **Registertatsachen teilbar,** was sich insbesondere daran zeigt, dass sie teilweise geändert werden können, so begründet die Änderung mehrerer Teile keine Gegenstandshäufung. Die Firma des Einzelkaufmanns mag aus seinem Namen und einem Zusatz bestehen (§ 18 HGB); die Änderung des Namens – etwa durch Eheschließung – und die Änderung des Zusatzes – „Obst und Gemüse" statt bisher „Gemüse" – sind zwar getrennt eintragbar, gleichwohl liegt beim Zusammentreffen der beiden Eintragungen keine Gegenstandshäufung vor. Die HRegGebV kommt über eine Formalisierung zum selben Ergebnis: Für mehrere „sonstige spätere Eintragungen" unter derselben Nummer wird nur eine Gebühr erhoben (Anm. nach – nicht zu! – GebVerz. 1506, 2502, 3502, also für GebVerz. 1500 bis 1506, 2500 bis 2502, 3500 bis 3502). 25

Gleiches gilt grundsätzlich für **Gesellschaftsvertrag** und **Satzung:** Jede Bestimmung kann gesondert geändert und eingetragen werden, gleichwohl erfolgt bei der Änderung mehrerer Bestimmungen nur eine Eintragung (§ 54 Abs. 1 S. 1 GmbHG), sie bildet die gebührenpflichtige Tatsache (§ 2 Abs. 3 S. 2 HRegGebV). Allerdings ist zwischen Änderungen eingetragener Angaben (§§ 54 Abs. 2 S. 1, 10 Abs. 1, 2 GmbHG) und sonstigen zu unterscheiden. Die ersteren sind als solche gebührenpflichtige Registertatsachen, die Eintragung ihrer Änderung gilt die gleiche des Gesellschaftsvertrags usw. ab („eine Tatsache", § 2 Abs. 3 S. 3 HRegGebV). 26

Beispiel: Der GmbH-Gesellschaftsvertrag ist geändert: Firma, Unternehmensgegenstand, Geschäftsjahr, Vorsitz der Gesellschafterversammlung. Eintragung der geänderten Firma GebVerz. 2501, des neuen Unternehmensgegenstands GebVerz. 2502, der Änderung des Gesellschaftsvertrags iS des GebVerz. 2502. 27

2. Dieselbe Anmeldung

Erfolgt die Eintragung mehrerer Registertatsachen (Rn. 19 ff.) auf Grund derselben Anmeldung, so wird statt der mehreren Einzelgebühren eine Zusatzgebühr erhoben (GebVerz. 1506, 2502, 3502). „Anmeldungen, die am selben Tag beim Registergericht eingegangen sind..., werden als eine Anmeldung behandelt" (§ 2 Abs. 4 HRegGebV). Die Anmeldungen brauchen mithin nicht in **derselben Urkunde** enthalten zu sein, verschiedene Urkunden sind unschädlich. 28

Eine **„zusammengesetzte Anmeldung",** etwa dergestalt, dass sie von Gesamtvertretungsberechtigten in gesonderten Urkunden erklärt wird, ist – grundsätzlich – nur eine Anmeldung, die erst mit dem Eingang des letzten Teils wirksam wird. 29

Auch muss es sich nicht um **dieselben Anmelder** handeln. Bei der KG etwa meldet der alleinvertretungsberechtigte Gesellschafter die Errichtung einer Zweigniederlassung (im Bezirk des Registergerichts) an, während alle Gesellschafter einschließlich der Kommanditisten sonstige Anmeldungen tätigen (müssen): weitere Tatsachen GebVerz. 1506, 2502, 3502. 30

Änderungen oder Ergänzungen, zumal auf Grund einer Beanstandung des Registergerichts, begründen keinen späteren Eingang, wenn es sich um dieselbe Registertatsache(n) handelt; die Vollziehbarkeit ist mithin – wie in vielen anderen Bereichen der KostO – nicht Voraussetzung der Anwendung von GebVerz. 1506 usw. 31

Dass die **Eintragungen zugleich** erfolgen, ist nicht Voraussetzung. So kann bezüglich einer der Registertatsachen eine Zwischenverfügung ergehen und sie erst nach Behebung der Beanstandung eingetragen werden; oder nach Aufhebung eines Zurückweisungsbeschlusses auf Erinnerung oder Beschwerde hin. Die Wiederholung einer abgelehnten Anmeldung genügt hingegen nicht. 32

Die Vergünstigung hängt schließlich nicht von der **Gleichzeitigkeit der Registertatsachen** ab. Tritt also ein Gesellschafter ein halbes Jahr nach dem Ausscheiden eines anderen ein und wird beides zusammen angemeldet, so handelt es sich gleichwohl um dieselbe Anmeldung. 33

§§ 79, 79a, HRegGebV

3. Dasselbe Unternehmen

34 Weitere Voraussetzung „einer", „derselben" Anmeldung ist, dass sie „dasselbe Unternehmen betreffen" (§ 2 Abs. 4 HRegGebV). Als praktischer Anknüpfungspunkt bietet sich das Registerblatt an, weil es für „jeden Einzelkaufmann, jede juristische Person sowie jede Handelsgesellschaft" geführt wird (§ 13 Abs. 1 HRV). Allerdings kommt es letztlich auf die materielle Rechtslage: auf die Identität des Unternehmens (Unternehmers) als Trägers von Rechten und Pflichten, an, nicht auf die Registerführung; dabei ist, wie immer im Kostenrecht, einer wirtschaftlichen Betrachtung der Vorzug vor einer formalen zu geben.

35 **Dasselbe** Unternehmen liegt danach insbesondere vor, wenn eine OHG einen Kommanditisten aufnimmt und so zur KG wird, und umgekehrt.

36 **Verschiedene** Unternehmen sind gegeben, wenn der Einzelkaufmann sein Handelsgeschäft verkauft, verpachtet oder vererbt und der Erwerber (der Erbe/die Erben) die Firma fortführt, weil Rechtsträger der Kaufmann und nicht die Firma ist; daran ändert nichts, dass das Registerblatt beibehalten wird. Oder: Nimmt der Einzelkaufmann einen Gesellschafter auf, so dass eine OHG entsteht, liegt ein neuer Rechtsträger und damit ein neues Unternehmen vor, mag die Firma fortgeführt werden oder nicht.

V. Prokura

37 Die Prokura ist eine **besondere Eintragung** (§ 2 Abs. 1 HRegGebV, GebVerz. Vorbem. 1 Abs. 3, 2 Abs. 3, 3 Abs. 3), weder eine „erste" noch eine „spätere" (wohl aber eine spätere Anmeldung, § 41a Abs. 4!), keine „weitere Tatsache auf Grund derselben Anmeldung" (GebVerz. 1506 usw.). Eingetragen wird rechtlich nicht der Prokurist, sondern die Prokura. **Registertatsachen** sind Erteilung, Gesamtprokura, Bindung an die Mitwirkung eines Organmitglieds oder Gesellschafters, Ermächtigung zur Veräußerung und Belastung von Grundstücken, entsprechende Änderung, Erlöschen (§§ 53, 48 ff. HGB).

38 Den Prokuristen und damit der Prokura im registerrechtlichen Sinn stehen bei Zweigniederlassungen **ausländischer** Kapitalgesellschaften (Rn. 46) die ständigen Vertreter (§ 13e Abs. 2 S. 4 Nr. 3 HGB) gleich, das Gesetz (vgl. auch die folgenden Vorschriften, insbesondere Abs. 4) setzt sie neben die gesetzlichen Vertreter.

39 Jede **Einzelprokura,** jede **Gesamtprokura** (§ 48 Abs. 2 HGB) ist eine Eintragung (die Gesamtprokura also nicht zwei!). Wird beim Inhaberwechsel das **„Fortbestehen"** der Prokura eingetragen, handelt es sich materiell um zwei Eintragungen: die Löschung der Vollmacht des bisherigen und ihre Eintragung = Erteilung durch den neuen Kaufmann.

40 Die **Immobiliarklausel** (§ 49 Abs. 2 HGB) gehört zur Eintragung des (oder der) Prokuristen (so auch § 2 Abs. 3 S. 1 HRegGebV), sie ist als alleinige Registertatsache nicht möglich; anders jedoch bei einer späteren Änderung zu jeder eingetragenen Prokura, nicht jedoch bei ihrer Löschung.

41 Die **gemischte Gesamtvertretung** (§ 125 Abs. 3 HGB, § 78 Abs. 3 AktG) betrifft inhaltlich, materiell die gesetzliche Vertretung (GebVerz. 1500ff. usw.). Wird der Prokurist jedoch erst mit ihr bestellt, so handelt es sich registerrechtlich um zwei Eintragungen: „Sonstige" spätere Eintragung (wie vor) + Prokura (GebVerz. 4000). Anders jedoch (nur GebVerz. 4000), wenn die Prokura (!) an die Mitwirkung des gesetzlichen Vertreters gebunden ist (Unterschied: gemischte Gesamtvertretung = alle Geschäfte, gebundene Prokura nur die in § 49 Abs. 1 HGB genannten, also zB nicht Beendigung des Unternehmens).

42 Bei **Löschung der Firma** wird das Erlöschen der Prokura nicht gesondert eingetragen, folglich auch keine besondere Gebühr erhoben.[22] S. auch Rn. 57, 61.

43 Eintragungen **ohne wirtschaftliche Bedeutung** (Rn. 62) erfüllen zwar nicht ohne weiteres den Gebührentatbestand, bleiben aber weder gebührenfrei noch vermindert sich die Gebühr. Hierher gehören das Erlöschen der Prokura durch Tod des Prokuristen sowie Änderungen des Namens und des Wohnorts.

---

[22] OLG Karlsruhe NJW 1969, 1724.

VI. Umwandlung

1. Begriff

Umwandlung ist hier nur die nach dem **UmwG;** nicht also die „Umwandlung" einer OHG in eine KG und umgekehrt durch Eintritt eines Kommanditisten bzw. Ausscheiden des letzten Kommanditisten; nicht die „Umwandlung" eines Einzelkaufmanns in eine OHG/KG und umgekehrt durch Gründung der Personengesellschaft bzw. ihre Auflösung und Fortführung durch einen Gesellschafter. 44

2. Gebühren

Beteiligte der Umwandlung = **Verschmelzung, Spaltung, Vermögensübertragung, Formwechsel** können sowohl im Handelsregister eingetragene (Beispiel: GmbH) als auch andere Rechtsträger sein (Beispiele: GbR, Verein, Anstalt des öffentlichen Rechts). Daraus ergeben sich drei Eintragungstypen: Eintragung eines neuen Rechtsträgers = Ersteintragung im Handels-, Partnerschafts- oder Genossenschaftsregister; (Löschung, dazu Rn. 48;) Eintragung der Umwandlung bei den beteiligten Rechtsträgern = (besondere) spätere Eintragung. An die Stelle der genannten Register kann das Vereinsregister treten, dazu § 80. 45

Die **Ersteintragung** (auch in Abteilung A statt bisher B oder umgekehrt)[23] löst eine spezielle Gebühr aus: GebVerz. 1103 ff., 2104 ff., 3101. Der Vermerk über die zugrunde liegende Umwandlung bleibt gebührenfrei (§ 2 Abs. 1 HRegGebV), es fällt also nicht zusätzlich die „Umwandlungsgebühr" – nachstehend – an. 46

Für die Eintragung der **Umwandlung** sieht die HRegGebV ebenfalls spezielle Gebühren vor: GebVerz. 1400, 1401, 2402, 2403, 3400, 3401. Mehrere Eintragungen lösen gesonderte Gebühren aus, die Begünstigung „jeder weiteren Tatsache auf Grund derselben Anmeldung" bezieht sich nicht auf die Umwandlung (s. etwa Teil 1 Abschnitt 4 einerseits und Abschnitt 5 mit Nr. 1506 andererseits). 47

Die **Löschung** eines Unternehmens erübrigt sich weithin neben der Eintragung der Umwandlung (vgl. §§ 20 Abs. 1 Nr. 2 S. 2, 131 Abs. 1 Nr. 2 S. 2, 155, 176 Abs. 3 S. 2 UmwG), zudem kennt die HRegGebV keine „Löschungsgebühren" mehr (GebVerz. Vorbem. 1 Abs. 4, 2 Abs. 4, 3 Abs. 4). 48

Die **Wirksamkeit** der Umwandlung ist grundsätzlich Voraussetzung für ihre Eintragung (s. etwa § 16 UmwG). Ausnahmsweise hängt sie von der Eintragung in einem anderen Register ab (bei der Verschmelzung und Spaltung, §§ 19 Abs. 1, 130 Abs. 1 UmwG). Sie wird von Amts wegen vermerkt (§§ 19 Abs. 2 S. 2, 130 Abs. 2 S. 2 UmwG), gebührenfrei (GebVerz. Anm. nach 1401, 2403, 3401). 49

VII. Zweigniederlassung

1. Inländisches/ausländisches Unternehmen

Besondere Gebühren sieht die HRegGebV für Zweigniederlassungen **inländischer** Unternehmen (§ 13 HGB) vor (Rn. 51 f.). Zweigniederlassungen **ausländischer** Unternehmen (§§ 13d ff. HGB) behandelt sie wie inländische Hauptniederlassungen (GebVerz. Vorbem. 1 Abs. 1 S. 2, 2 Abs. 1, 3 Abs. 1); und zwar jede einzelne.[24] 50

2. Register

Ein besonderes **Registerblatt für Zweigniederlassungen** gibt es (seit dem EHUG) nicht mehr, vielmehr werden sie „auf dem Registerblatt der Hauptniederlassung oder des Sitzes" eingetragen (§ 13 Abs. 2 HGB, § 40 Nr. 2 Buchst. b HRV, usw.). 51

Damit verliert die herkömmliche Unterscheidung zwischen Eintragungen, die das **gesamte Unternehmen,** und solchen, die allein die **Haupt- oder die Zweigniederlassung** betreffen, ihre Bedeutung; 52

wie auch **Vermerke** über Eintragungen im jeweils anderen Register entfallen. 53

---

[23] BayObLG Rpfleger 1961, 367; 1973, 411.
[24] Vgl. BayObLGZ 1985, 348; 1988, 16; 1998 Nr. 73 – zweifelnd für weitere wegen § 13e Abs. 5 HGB –; OLG Frankfurt Rpfleger 1987, 507.

§§ 79, 79a, HRegGebV

54 Desgleichen kommt es darauf, ob sich die Zweigniederlassung im **Bezirk des Registergerichts der Hauptniederlassung/des Sitzes** oder eines **anderen** Gerichts befindet, nicht mehr an.

55 Und die **Anmeldungen** sind ohnehin ausnahmslos beim Registergericht der Hauptniederlassung anzubringen (§ 13 Abs. 1 HGB; vgl. dazu § 63 Abs. 3 S. 3).

3. Gebühren

56 Ob die Eintragungen **Haupt-** und **Zweigniederlassung** oder nur eine von beiden betreffen, ist für das GebVerz. grundsätzlich belanglos, sie lösen also „ihre" Gebühr aus. Gesonderte Gebühren gib es für die Zweigniederlassung nur bei der Ersteintragung des Unternehmens (§ 2 Abs. 1). Generell löst mithin dieselbe Registertatsache keine gesonderten Gebühren aus, weil sie Haupt- und Zweigniederlassung betrifft.

57 Die **Aufhebung** der Zweigniederlassung ist sonstige spätere Eintragung (GebVerz. 1500 ff., 2500 ff., 3500 ff.), aber kein „Erlöschen" der Firma usw., aus Abs. 4 der Vorbem. 1, 2 und 3 folgt also nicht die Gebührenfreiheit.

VIII. Sitzverlegung

1. Dasselbe Registergericht

58 Die Verlegung des Sitzes oder der Hauptniederlassung im Bezirk des Registergerichts (§ 13h Abs. 3 HGB) löst keine „Verlegungsgebühr" aus (GebVerz. Vorbem. 1.3, Anm. nach 2300, 3300), wohl aber die für eine „Sonstige spätere Eintragung" (GebVerz. 1500 ff., 2500 ff., 3500 ff.).

2. Anderes Registergericht

59 Die Sitzverlegung in den Bezirk eines anderen Registergerichts (§ 13h Abs. 2 HGB) erfordert Eintragungen bei beiden Gerichten. Jedoch fallen **keine gesonderten Gebühren** an, sondern nur die „Verlegungsgebühr" beim Gericht des neuen Sitzes (GebVerz. 1300 ff., 2300, 3300; Vorbem. 1 Abs. 2, 2 Abs. 2, 3 Abs. 2).

60 Weder werden die Eintragung der bestehenden **Prokuren** im neuen Register und ihre Löschung im bisherigen Register angemeldet noch erfolgt eine gesonderte Eintragung, so dass auch keine Gebühren GebVerz. 4000 anfallen.[25]

3. Zweigniederlassung

61 Ob eine Zweigniederlassung verlegt werden kann oder ob es ihrer Aufhebung und Neuerrichtung bedarf, ist wegen der Beschränkung des § 13h HGB auf die Hauptniederlassung umstritten, die Regelungen der Erstfassung der HRegGebV (GebVerz. 1200, 2200, 3200) „bestätigen" die erste Auffassung. Sie sind auch dann anzuwenden, wenn Aufhebung und Neuerrichtung eingetragen werden. Im Übrigen kommt der Frage für die Gebühren kaum noch Bedeutung zu, weil es nur noch einer Eintragung im Register der Hauptniederlassung/des Sitzes bedarf: Gebühr für Sonstige spätere Eintragungen (GebVerz. 1500 ff., 2500 ff., 3500 ff.)

IX. Ohne wirtschaftliche Bedeutung

62 Eintragungen ohne wirtschaftliche Bedeutung (§ 41 a Abs. 6, s. die Erl. dort) lösen eine ermäßigte Gebühr aus (GebVerz. 1505, 2501, 3501). Sie wird neben weiteren Gebühren erhoben.

X. Fälligkeit

63 Die Gebühren werden mit ihrer Entstehung fällig (§ 7): Mit der Eintragung endet das gebührenpflichtige Geschäft, desgleichen mit dem Eingang der Rücknahme und dem Erlass – der Herausgabe – des Zurückweisungsbeschlusses.

---

[25] OLG Frankfurt Rpfleger 1980, 34; OLG Köln Rpfleger 1987, 1699; AG Duisburg MittRhNotK 1996, 195; aA KG JFGErg. 19, 162; BayObLG Rpfleger 1987, 163 = KostRsp. § 26 Nr. 37 m. abl. Anm. *Lappe*.

XI. Schuldner

Schuldner der Gebühren ist der Anmelder, im Zweifel der Anmeldepflichtige (§ 2 **64**
Nr. 1), mangels Anmeldung der Begünstigte (§ 2 Nr. 2).

C. Weitere Geschäfte

I. Einreichung von Unterlagen

1. Unterlagen

GebVerz. **5000:** Genossenschaften unterliegen der Pflichtprüfung durch den Prüfungs- **65**
verband (§ 53 ff. GenG). Dessen **Prüfungsbescheinigung** hat der Vorstand zum Genossenschaftsregister einzureichen (§ 59 GenG), das Registergericht erzwingt dies erforderlichenfalls mit Zwangsgeld (§ 160 GenG; dazu § 119 Rn. 2, 49).

GebVerz. **5001:** Die Liquidatoren einer Genossenschaft haben ihre **Eröffnungsbilanz** **66**
zu veröffentlichen und die Bekanntmachung zum Genossenschaftsregister einzureichen
(§ 89 S. 3 GenG; Zwangsgeld wie vor).

GebVerz. **5002:** Die Geschäftsführer der GmbH haben nach jeder Veränderung eine von **67**
ihnen unterschriebene **Liste der Gesellschafter** zum Handelsregister einzureichen (§ 40
Abs. 1 S. 1 GmbHG; die Anzeige des Notars, S. 2, gehört nicht hierher; kein Zwangsgeld).

GebVerz. **5003:** Der Vorstand der Aktiengesellschaft, die Geschäftsführer der GmbH ha- **68**
ben bei jeder Änderung eine Liste der **Aufsichtsratmitglieder** zum Handelsregister einzureichen; das Gericht macht einen Hinweis darauf bekannt (§ 106 AktG, § 52 Abs. 2 S. 2
GmbHG; kein Zwangsgeld).

GebVerz. **5004:** Wird die Aktiengesellschaft zur **Ein-Personen-Gesellschaft,** ist der **69**
Alleinaktionär zum Handelsregister mitzuteilen (§ 42 AktG; kein Zwangsgeld).

GebVerz. **5005:** Die **Hauptversammlungsniederschrift** einer Aktiengesellschaft hat **70**
der Vorstand zum Handelsregister einzureichen (§ 130 AktG; kein Zwangsgeld).

Die genannten Vorschriften sind vielfach für **entsprechend anwendbar** erklärt, zB im **71**
VAG. Zweifel, ob sie ebenfalls, trotz Nichtnennung der Verweisungsnormen, die vorgenannten Gebühren auslösen (Analogieverbot!), beseitigt die allgemeine Fassung des § 1
HRegGebV.

Ob die Gebühren der **Ermächtigung** des § 79a und der Ausgangsvorschrift des § 79 **72**
entsprechen, könnte ebenfalls fraglich sein. Beide Vorschriften sind weit und damit – zu? –
unbestimmt gefasst („der einzureichenden Unterlagen"). Die Neufassung der genannten
Paragraphen durch das EHUG unter gleichzeitiger gesetzlicher (!) Neufassung des Gebührenverzeichnisses räumt die Zweifel jedoch aus.

2. Entgegennahme, Gebührentatbestand

Mit dem Eingang beim Registergericht beginnt die Aufbewahrung (vgl. § 12 Abs. 2 **73**
HGB, § 11 Abs. 4 GenG). Sie ist damit, unter dem Vorbehalt von Rn. 76, 77, Gebührentatbestand nach GebVerz. 5000 bis 5005: Durch die **Entgegennahme** entsteht die Gebühr.[26]

Die Vollständigkeit der eingereichten Unterlagen ist unerheblich. **Nachgereichte** Teile **74**
erfüllen den Gebührentatbestand nicht erneut.

Bei der **Bekanntmachung** (§ 89 S. 3 GenG) bildet ihre Einreichung den Gebührentat- **75**
bestand, nicht schon die Bekanntmachung selbst.

3. Zurückweisung, Zurücknahme

Weist das Registergericht den in der Einreichung liegenden Antrag **zurück,** sei es **76**
förmlich durch Beschluss, sei es durch Verfügung unter Rückgabe der Unterlagen, so liegt
darin eine Ablehnung der Entgegennahme und Aufbewahrung, es fällt mithin die Gebühr
des § 130 Abs. 1 an (dort Rn. 11; nicht § 4 HRegGebV, weil die Einreichung keine An-

---

[26] OLG Köln KostRsp. § 79 Nr. 1 = OLGR 2005, 732 für GebVerz. 5004 aF, jetzt 5002.

§§ 79, 79a, HRegGebV

meldung und Analogie zu Lasten des Kostenschuldners verboten ist; vgl. auch § 5 HRegGebV). Das gilt sowohl, wenn die Versagung der Aufbewahrung darauf beruht, dass das Registergericht sich nicht für zuständig hält, als auch darauf, dass die Einreichungspflicht des Unternehmens oder die Einreichungsfähigkeit der eingereichten Schriftstücke usw. verneint (vgl. § 79 Abs. 2 S. 1; § 329 Abs. 1 S. 1 HGB: „einzureichende").

77 Wird die „Einreichung" – ggf. nach gerichtlichem Hinweis – **zurückgenommen,** fällt die Gebühr des § 130 Abs. 2 an.

4. Prüfung, Aufbewahrung

78 Das Registergericht prüft die Unterlagen in formeller Hinsicht (vgl. §§ 329 Abs. 1 S. 1, 339 Abs. 2 HGB). Diese zwingende Folge der Einreichung und damit Aufbewahrung löst nicht etwa die Gebühr erneut aus, vielmehr erfasst der Gebührentatbestand im Gegenteil auch Prüfung und Aufbewahrung, die Gebühr gilt sie ab (GebVerz. Vorbem. 5).

5. Gebühr

79 Für **jede Unterlage** fällt eine Gebühr an; also auch dann, wenn dasselbe Unternehmen sowohl selbst sie einreicht als auch „sein" Konzern.

6. Fälligkeit, Schuldner

80 Die Gebühr wird mit der Beendigung des gebührenpflichtigen Geschäfts: also der Entgegennahme **fällig** (§ 7); nicht erst mit der Beendigung der Aufbewahrung, sie ist Teil der materiellen HGB-Regelungen, insoweit ist der HRegGebV-Gebührentatbestand kein Folgerecht und daher gegenstandslos. Im Standardfall des Alltags kann die Frage allerdings dahingestellt bleiben, weil die Gebühr auch als Vorschuss zu zahlen ist (§ 8 Abs. 1 S. 1).

81 **Schuldner** ist die einreichende Kapitalgesellschaft (§§ 79 Abs. 2, 2 Nr. 1), nicht etwa der (die) zur Einreichung verpflichtete(n) gesetzliche(n) Vertreter persönlich.

7. Beschwerde

82 Die Beschwerdegebühr richtet sich nach § 131; s. dort Rn. 22; nicht nach § 131c, weil eine Anmeldung fehlt und Analogie zu Lasten des Schuldners verboten ist (wie Rn. 76).

8. Ablichtungen

83 Wegen der Ablichtungen eingereichter Abschlüsse s. § 89 Rn. 23 ff.

II. Bekanntmachung nach dem UmwG

1. Bekanntmachung

84 Bei Beteiligung einer Aktiengesellschaft oder eines Versicherungsvereins auf Gegenseitigkeit ist der Verschmelzungsvertrag oder sein Entwurf zum Registergericht einzureichen, es macht die Einreichung durch Veröffentlichung eines Hinweises bekannt (§§ 61, 62 Abs. 3 S. 2, 111 UmwG). Die Einreichung wird nicht erzwungen (vgl. § 316 UmwG).

2. Gebühr, Auslagen

85 Die Bekanntmachung ist gebührenpflichtig (GebVerz. 5006: „Der mit der Bekanntmachung verbundene nicht unerhebliche Aufwand rechtfertigt die Einführung eines solchen Gebührentatbestands"[27]). Daneben fallen die Bekanntmachungskosten an (§ 137 Abs. 1 Nr. 4).

3. Gebührentatbestand

86 Gebührentatbestand ist die Bekanntmachung (GebVerz. 5006): § 10 HGB.
87 Lehnt das Gericht die Bekanntmachung ab, so liegt darin eine Zurückweisung des in der Einreichung liegenden Antrags: § 130 Abs. 1 (wir Rn. 76). Gleiches gilt für die Zurücknahme (Rn. 77).

---

[27] BR-Drucks. 622/03 S. 9.

4. Fälligkeit, Schuldner

Die Gebühr wird mit dem Entstehen (Rn. 85, 86) fällig (§ 7). Schuldner der Kosten (Rn. 86) ist die einreichende Gesellschaft (§§ 79 Abs. 2, 2 Nr. 1). 88

5. Beschwerde

§ 131 (wie Rn. 82). 89

III. Elektronisches Dokument

1. Übertragung

Handelsregister, Registerakten und -ordner werden elektronisch geführt (§§ 8 Abs. 1, 12 Abs. 2 HGB; §§ 7 ff. HRV). So erfolgen auch **Einsicht** und **Datenabruf** (§ 9 Abs. 1 HGB). Bedarf es dazu der Übertragung von Papierschriftstücken in ein elektronisches Dokument nach § 9 Abs. 2 HGB und der Übergangsvorschrift des Art. 61 Abs. 3 EGHGB, löst diese gerichtliche Tätigkeit die Gebühr GebVerz. 5007 aus. 90

2. Gebühr, Auslagen

Die **Gebühr** 5007 beläuft sich auf 2 Euro je angefangene Papierseite des Schriftstücks, mindestens 25 Euro. Bei geringem Umfang stellt sich die Frage der Verhältnismäßigkeit, zumal der Einsehende oder Abrufende die fehlende Elektronik idR nicht zu vertreten hat. Die Antwort setzt praktische Kenntnisse und Erfahrungen voraus, sie fehlen. 91

Neben der Gebühr fallen für die Übertragung keine **Auslagen** an. 92

Eine **Zurückweisung** oder **Zurücknahme** des Antrags auf Übertragung ist höchst fraglich (Rn. 97), vielmehr kann der Antrag auf die elektronische Übermittlung zurückgewiesen oder zurückgenommen werden, Gebühr: § 130. Ist bereits übertragen, aber noch nicht übermittelt worden, bleibt es dabei, weil der Übertragung keine selbständige Bedeutung zukommt. 93

3. Häufung, Abgeltung

Die Gebühr wird für die Übertragungen innerhalb jedes **Registerblatts**, wozu auch „seine" Registerakten und -ordner gehören, gesondert erhoben (Anm. zu 5007 S. 1). Die Mindestgebühr bezieht sich auf diese Menge. 94

Die Überlassung der gefertigten elektronischen Dokumente an den Abrufenden löst die **Dokumentenpauschale** von 2,50 Euro je Datei aus (§ 136 Abs. 3, 1 Nr. 1). Sie wird bei der ersten Überlassung durch die Gebühr 5007 abgegolten (Anm. 5007 S. 2). Für weitere Abrufe der vorhandenen Dokumente gilt dies nicht (der Begriff „einmalige" im Text ist nur eine unglückliche Wortwahl), schon weil die abgeltende Gebühr 5007 gar nicht anfällt. 95

Gleiches muss gelten, wenn der Abruf im Justizverwaltungsweg erfolgt, für die Gebühren JVKostO-GebVerz. 400, 401. 96

4. Fälligkeit, Schuldner

Die Gebühr wird mit der Beendigung der Übertragung fällig (§ 7). Schuldner ist der Einsehende oder Abrufende (§ 2 Nr. 1). Allerdings richtet sich deren Antrag nicht auf die Übertragung des 5007, sondern auf die elektronische Übermittlung (§ 9 Abs. 2 HGB), doch erfasst er auch sie als notwendige Voraussetzung (vgl. § 2 Rn. 13). 97

§ 80 Eintragungen in das Vereinsregister

(1) **Für Eintragungen in das Vereinsregister werden erhoben**
1. **für die erste Eintragung des Vereins das Doppelte der vollen Gebühr;**
2. **für alle späteren Eintragungen die volle Gebühr;**
3. **für Löschung der Gesamteintragung die Hälfte der vollen Gebühr.**

(2) **Werden auf Grund derselben Anmeldung mehrere Eintragungen der in Absatz 1 Nr. 2 bezeichneten Art vorgenommen, so wird die Gebühr nur einmal erhoben.**

§ 80

1. Teil. 2. Abschnitt: 3. Registersachen

Übersicht

	Rn.		Rn.
I. Vereinsregister	1	b) Vereine mit Betriebsvermögen	20
II. Eintragungen	1a–10	c) Vereine, die letztlich Vermögensinteressen dienen	21
1. Ersteintragung	1a	d) Falsche Rechtsform	22
2. Spätere Eintragungen	2–4	e) Wirtschaftliche Vereine	23
3. Löschung der Gesamteintragung	5	f) Spätere Eintragung	24
4. Umwandlung	6	g) Mehrere Eintragungen	25
5. Mehrere Eintragungen	7	h) Vereinigungsfreiheit	26
6. Gebührenfreie Eintragungen	8–10	3. Handelsregistergebühren-Neuordnungsgesetz	27, 28
III. Geschäftswert	11–28		
1. Problematik	11–18	IV. Schuldner	29
2. Bewertungsregeln	19–28		
a) Idealvereine	19		

I. Vereinsregister

1 Das Vereinsregister (§§ 55 ff. BGB) wird elektronisch geführt (§ 55a BGB, § 159 FGG, §§ 18 ff. Vereinsregister-Verordnung). Es gelten daher die gleichen Regeln wie beim Handelsregister.

II. Eintragungen

1. Ersteintragung

1a Ersteintragung (Abs. 1 Nr. 1) erfolgt bei Neugründung eines Vereins, zur Erlangung der Rechtsfähigkeit eines nichteingetragenen Vereins und bei Sitzverlegung aus dem Ausland. Zur „Eintragung" s. § 79 Rn. 7 (§ 55a BGB).

2. Spätere Eintragungen

2 Spätere Eintragungen (Abs. 1 Nr. 2) sind alle Eintragungen nach der Ersteintragung mit Ausnahme der Löschung (Abs. 1 Nr. 3). Hierher gehören vor allem Änderungen des **Vorstands** und **Satzungsänderungen**.

3 **Sitzverlegung** in den Bezirk eines anderen Registergerichts erfordert eine spätere Eintragung am bisherigen und eine am neuen Sitz: also zwei Gebühren; bleibt das bisherige Gericht zuständig, nur eine Eintragung: eine Gebühr (wie HRegGebV GebVerz. Vorbem. 1.3, Anm. zu 2300, 3300).

4 Auch die **Auflösung** des Vereins ist spätere Eintragung, ihr folgt regelmäßig (s. aber nachstehend Rn. 5) die Liquidation; desgleichen die **Fortsetzung** des Vereins aus dem Liquidationsstadium.

3. Löschung der Gesamteintragung

5 Löschung der Gesamteintragung (Abs. 1 Nr. 3) erfolgt nach Beendigung der Liquidation sowie bei Erlöschen (nach Auflösung) ohne Liquidation, bei Fortbestehen als nichtrechtsfähiger Verein (Verzicht auf die Rechtsfähigkeit, Entziehung der Rechtsfähigkeit) und bei Sitzverlegung ins Ausland.

4. Umwandlung

6 Die Eintragung der Umwandlung (nach dem UmwG) löst die Gebühr des Abs. 1 Nr. 2 aus, in den anderen Registern die Gebühr nach der HRegGebV; und zwar gesondert bei jedem beteiligten Rechtsträger. Daneben keine Löschungsgebühr (Abs. 1 Nr. 3, Abs. 2). Entsteht durch die Umwandlung ein neuer Rechtsträger, fällt seine Eintragung unter Abs. 1 Nr. 1. Gleiches gilt für die Ersteintragung auf Grund eines Formwechsels.

5. Mehrere Eintragungen

7 Für die – wegen des Werts (Rn. 25) erhebliche – Frage, wann mehrere Eintragungen (Abs. 2) vorliegen, ist die Orientierung an § 2 Abs. 4 HRegGebV geboten. „Dieselbe Anmeldung" ist mithin nicht wörtlich dahin zu verstehen, dass es auf die Urkunde ankommt, vielmehr muss zur Vermeidung von Zufallsergebnissen der Eingang mehrerer Anmeldungen am selben Tag genügen.

6. Gebührenfreie Eintragungen

Gebührenfrei sind die in den §§ 87, 88 Abs. 1 genannten Geschäfte, ferner die aus § 121 folgenden Eintragungen als Nebengeschäfte (§ 35); dass von Amts wegen eingetragen wird, rechtfertigt hingegen allein die Gebührenfreiheit nicht. Gebührenfrei bleiben demnach beispielsweise die Eintragungen **gerichtlich bestellter Vorstandsmitglieder** oder Liquidatoren (§§ 29, 67 Abs. 2, 76 Abs. 3 BGB, §§ 121, 35 KostO); die Eintragung der **Entziehung der Rechtsfähigkeit** durch das Gericht (§§ 73, 74 BGB, §§ 121, 35 KostO). 8

Gebührenfrei ist hingegen nicht die Eintragung der Entziehung der Rechtsfähigkeit durch die **Verwaltungsbehörde** (§§ 43, 74 Abs. 3 BGB). Zu einer Begünstigung besteht auch kein Anlass, es wird eine anmeldepflichtige Eintragung ersetzt, ohne dass eine andere Gebühr sie abgilt (§ 35). 9

Gleiches gilt für die Eintragungen nach **§ 7 Abs. 2 VereinsG**, zumal für andere Eintragungen nach diesem Gesetz ausdrücklich Gebührenfreiheit bestimmt ist (§ 2 Abs. 2 S. 3, Abs. 3 VereinsG-DVO). 10

III. Geschäftswert

1. Problematik

Der Geschäftswert bestimmt sich (§ 29), da bestimmte Geldbeträge kaum vorkommen, nach **§ 30 Abs. 2**. Dem liegt die Vorstellung zugrunde, dass nur nichtwirtschaftliche Vereine (§ 21 BGB) ins Vereinsregister eingetragen werden und deshalb § 30 Abs. 1 ausscheidet.[1] 11

Der Ausgangswert beträgt also zwingend 3000 Euro, von ihm kann „nach Lage des Falles" abgewichen werden. Dabei wird abgestellt auf die Bedeutung des Vereins, seine Vermögenslage, seinen Zweck, seine Mitgliedsbeiträge und auf die Bedeutung der einzelnen Eintragung.[2] 12

Grundsätzlich ist jedoch zu bedenken: 13
– Es gibt Vereine, die allein dem ideellen Interesse ihrer Mitglieder dienen und keinen Geschäftsbetrieb unterhalten (örtlicher Gesangverein).
– Es gibt solche Vereine bundesweit und mit erheblicher Mitgliederzahl, die zudem mit kaufmännischen Unternehmen, des Vereins selbst im „Nebenzweckprivileg" (§ 33 HGB) oder in Form der GmbH oder AG, den Vereinszweck fördern. 14
– Es gibt Vereine, die mittelbar die wirtschaftlichen Interessen ihrer Mitglieder erheblich fördern (Berufsverbände u. Ä.). 15
– Es gibt Vereine, die neben dem ideellen Zweck einen wirtschaftlichen Geschäftsbetrieb unterhalten (Fußballclubs der Bundesliga) und so die einmal erworbene Rechtsform missbrauchen. 16
– Es gibt schließlich wirtschaftliche Vereine, die nur kraft ausdrücklicher Vorschrift in das Vereinsregister eingetragen werden können (§ 14 Abs. 1 StBerG, § 63b GenG). 17

Bei einer solchen Vielfalt lässt sich kein Vereinstypus feststellen, für den der Wert von 3000 Euro der angemessene Geschäftswert ist. Die Gleichbewertung aller Vereine würde gegen das verfassungsrechtliche Differenzierungsgebot verstoßen. 18

2. Bewertungsregeln

Die vorstehenden Überlegungen haben zu folgenden Bewertungsregeln geführt (s. aber Rn. 27 ff.):

a) Idealvereine. Der Wert des § 30 Abs. 2 S. 1 bildet den Wert für den durchschnittlichen Idealverein (Rn. 13). Insbesondere bei geringer Mitgliederzahl ist nach unten abzuweichen, bei hoher (meist überörtlicher) Mitgliederzahl nach oben bis etwa auf das 19

---

[1] BayObLG Rpfleger 1960, 187.
[2] KG DNotZ 1941, 19.

§ 80

Zehnfache.[3] Das BayObLG hat bei einem Amateursportverein mit 4000 Mitgliedern, 235 000 DM Beitragsaufkommen und 680 000 DM laufenden Einnahmen und Ausgaben den zehnfachen Regelwert gebilligt.[4]

20 **b) Vereine mit Betriebsvermögen.** Bei Vereinen mit Betriebsvermögen (Rn. 14) erscheint eine Orientierung an den halben Handelsregisterwerten des § 41a Abs. 1–3 angemessen; dabei ist auch zu berücksichtigen, welchen Nutzen der Verein aus dem Vermögen zieht.[5] Entsprechendes gilt für „mittelbares" Betriebsvermögen, etwa einer GmbH, deren Alleingesellschafter der Verein ist.

21 **c) Vereine, die Vermögensinteressen dienen.** Vereine, die letztlich den Vermögensinteressen ihrer Mitglieder dienen (Rn. 15), sind regelmäßig höher als mit 3000 Euro zu bewerten (s. aber Rn. 23). Maßgebend sind hier allerdings nicht die Ergebnisse ihrer Tätigkeit, vielmehr kommt es auf das Vereinsvermögen, auf die Mitgliedsbeiträge und die Zahl der Mitglieder sowie auf sonstige Zuwendungen an.[6]

22 **d) Falsche Rechtsform.** Für Vereine in falscher Rechtsform (Rn. 16) stellt das Vereinsregister praktisch das Handelsregister dar; hier ist eine Bewertung entsprechend § 41a geboten.

23 **e) Wirtschaftliche Vereine.** Bei wirtschaftlichen Vereinen (Rn. 17) ist, nachdem die Begünstigung vergleichbarer genossenschaftlicher Zusammenschlüsse zur Förderung der Eigenwirtschaft der Mitglieder weggefallen ist (Aufhebung des § 83), die Bewertung an wirtschaftlich gleichen Genossenschaften zu orientieren

24 **f) Spätere Eintragung.** Der geringeren Bedeutung späterer Eintragungen trägt bereits der ermäßigte Gebührensatz des Abs. 1 Nr. 2 Rechnung; gleichwohl ist eine Gleichbewertung aller späteren Eintragungen bei demselben Verein nicht vertretbar. Insbesondere muss bei Satzungsänderungen differenziert werden. Als Normalfall der späteren Eintragung erscheint die Änderung des Vorstands. Vgl. iÜ § 41a Abs. 6.

25 **g) Mehrere Eintragungen.** Bei mehreren Eintragungen (Abs. 2) gibt es keine Werteaddition, vielmehr wird hier, wie weithin in der KostO üblich (Beispiel: § 94 Abs. 2 S. 2), der Ausgangswert für die erste Eintragung entsprechend den Umständen des Falles erhöht.

26 **h) Vereinigungsfreiheit.** In jedem Fall ist das gebührenmäßige Ergebnis – unter Einbeziehung der Notargebühren – an Art. 9 Abs. 1, 3 GG zu messen, die **Ausübung dieser Grundrechte** darf nicht durch Gebühren unverhältnismäßig erschwert werden.

3. Handelsregistergebührenvergleich

27 Seit dem Handelsregistergebühren-Neuordnungsgesetz (s. §§ 79, 79a mit der HRegGebV) sind die sich nach den bisherigen Bewertungsregeln ergebenden Gebühren ins **Verhältnis zu den Gebühren für gleiche, vergleichbare Eintragungen ins Handels-, Partnerschafts- und Genossenschaftsregister** zu setzen, sie bilden die Obergrenze. Denn gleiche Rechtsträger stehen in den genannten Registern und im Vereinsregister, bei der Umwandlung sind es sogar dieselben. Zudem bleibt die Bedeutung der Vereinsregistereintragung weit hinter der im Handelsregister zurück (vgl. §§ 10, 15 HGB einerseits, § 66 – nur erste Eintragung! –, § 68 BGB andererseits). Zwar fallen Vereinsregistereintragungen nicht unter die EG-Richtlinie und die zu ihr ergangene Rechsprechung des EuGH, doch verbietet das deutschen Verfassungsrecht nicht nur absolut, sondern auch „relativ" unverhältnismäßige Gebühren. Dies bestätigt die genannte Neuregelung: Sie geht weit über die von der EG-Richtlinie betroffenen Eintragungen hinaus. Die sich aus diesen Werten ergebenden Gebühren sind also **mit den Handelsregistergebühren zu vergleichen** und erforderlichenfalls zu mindern. Ein solches Verfahren ist nicht „neu": Bei § 147 Abs. 2

---

[3] Beispielsfall: AG Krefeld KostRsp. § 30 Nr. 41 (eher noch zu hoch!).
[4] Rpfleger 1979, 398.
[5] OLG München FGPrax 2006, 86 = OLGR 2006, 459 = Rpfleger 2006, 287.
[6] Beispielsfall: LG Itzehoe KostRsp. § 30 Nr. 41.

bestimmt man allgemein die angemessene Gebühr wegen des nicht differenzierenden Gebührensatzes über eine Wertminderung, einen Teilwert (§ 30 Abs. 1).

Insgesamt stellt sich die Frage nach der **Verfassungsmäßigkeit** des § 29 iVm. § 80, weil die Bewertung gemäß § 30 Abs. 2 weder dem Bestimmtheitsgebot für öffentlichrechtliche Gebühren entspricht noch die sich aus ihr ergebenden Gebühren im Verhältnis zu den Handelsregistergebühren stehen. 28

IV. Schuldner

Kostenschuldner ist generell der Verein (§ 2 Nr. 1, ggf. auch 2), die Vorstandsmitglieder handeln als seine Vertreter und nicht im eigenen Namen. S. iÜ § 2 Rn. 64 ff. 29

§ 81 Eintragungen in das Güterrechtsregister

Für Eintragungen in das Güterrechtsregister wird die volle Gebühr erhoben.

Das Güterrechtsregister (§§ 1558 ff. BGB, § 161 FGG) hat kaum noch praktische Bedeutung (s. OLG Braunschweig OLGR 2004, 38). 1

Jede Eintragung löst die volle Gebühr aus, auch dieselbe Eintragung in verschiedenen Registern. 2

Der **Geschäftswert** richtet sich nach § 29, bei Güterstandserklärungen von Aussiedlern usw. beträgt er 3000 DM = 1533,88 Euro (§ 5 VFGüterstandsG vom 4. 8. 1969, BGBl. I S. 1067). S. auch Anhang B. 3

§§ 82, 83* *(aufgehoben)*

§ 84** Eintragungen in das Schiffsregister, Schiffsurkunden

(1) ¹Für die Eintragung des Schiffs in das Schiffsregister und für die Eintragung von Veränderungen, die das Schiff betreffen, wird ein Viertel der vollen Gebühr erhoben. ²Der Wert bestimmt sich bei der Eintragung des Schiffs nach dem Wert des Schiffs; bei der Eintragung von Veränderungen gilt § 30 Abs. 2. ³Bei der Verlegung des Heimathafens (Heimatorts) wird nur eine Gebühr bei dem Gericht des neuen Heimathafens (Heimatorts) erhoben. ⁴Die Eintragung von Veränderungen der amtlichen Kennzeichen des Schiffs ist gebührenfrei.

(2) ¹Für die Löschung der Eintragung des Schiffs wird eine Gebühr nur im Fall des § 20 Abs. 2 Satz 2 der Schiffsregisterordnung erhoben; die Gebühr beträgt ein Viertel der vollen Gebühr; der Wert bestimmt sich nach dem Wert des Schiffs. ²Für die Eintragung, daß das Schiff das Recht zur Führung der Bundesflagge verloren hat oder daß das Schiff seinen Heimatort im Ausland hat, wird eine Gebühr nicht erhoben; das gleiche gilt für Eintragungen in den Fällen des § 17 Abs. 2 der Schiffsregisterordnung.

(3) **Für die Eintragung eines neuen Eigentümers, für die Eintragung oder Löschung einer Schiffshypothek, eines Arrestpfandrechts oder eines Nießbrauchs und für die Eintragung von Veränderungen, die sich auf das Eigentum, die Schiffshypothek oder den Nießbrauch beziehen, ferner für die Eintragung oder Löschung von Vormerkungen, Widersprüchen und Verfügungsbeschränkungen gelten die für die**

---

* §§ 82, 83 aufgehoben durch Gesetz vom 3. 7. 2004 (BGBl. I S. 1410).
** § 84 Abs. 4 und Abs. 5 Satz 1 geändert durch Gesetz vom 9. 12. 1986 (BGBl. I S. 2326), Gesetz vom 24. 6. 1994 (BGBl. I S. 1325) und Gesetz vom 27. 4. 2001 (BGBl. I S. 751), Abs. 5 Sätze 2 und 3 geändert durch Gesetz vom 20. 8. 1975 (BGBl. I S. 2189) und durch Gesetz vom 10. 12. 2001 (BGBl. I S. 3422).

§ 84

entsprechenden Eintragungen im Grundbuch gegebenen Vorschriften sinngemäß mit der Maßgabe, daß in jedem Fall nur ein Viertel der vollen Gebühr erhoben wird.

(4) Bei einer Reederei wird für die Eintragung eines neuen Mitreeders oder der Verpfändung oder Pfändung einer Schiffspart, für die Eintragung einer Verfügungsbeschränkung, die eine Schiffspart betrifft, und für die Eintragung eines Korrespondentreeders eine Gebühr von 10 bis 140 Euro erhoben.

(5) [1]Für die Erteilung des Schiffszertifikats, des Schiffsbriefs oder des Flaggenzeugnisses und für den Vermerk von Veränderungen auf dem Zertifikat oder dem Brief wird eine Gebühr von 13 Euro erhoben. [2]Für den Vermerk von Veränderungen der amtlichen Kennzeichen werden weder Gebühren noch die Dokumentenpauschale erhoben. [3]Für die Erteilung eines Auszugs aus dem Schiffszertifikat wird nur die Dokumentenpauschale erhoben.

Übersicht

	Rn.		Rn.
I. Anwendungsbereich	1	5. Vormerkungen und Widersprüche	20
II. Das Schiff (Abs. 1, 2)	1 a–11	6. Verfügungsbeschränkungen	21
1. Ersteintragung	1 a–3	IV. Reederei (Abs. 4)	22–24
2. Veränderungen	4–8	V. Schiffsurkunden (Abs. 5)	25–31
3. Löschung	9–11	1. Schiffszertifikat, Schiffsbrief, Flaggenzeugnis	25–27
III. Rechtsverhältnisse (Abs. 3)	12–21	2. Vermerke	28, 29
1. Allgemeines	12	3. Auszug, Abschriften, Bescheinigungen	30, 31
2. Neuer Eigentümer	13, 14	VI. Gebührenfreie Geschäfte	32, 33
3. Schiffshypothek, Arrestpfandrecht, Nießbrauch	15–17		
4. Veränderungen	18, 19		

I. Anwendungsbereich

1   § 84 gilt für das bei den **Amtsgerichten** geführte Schiffsregister,[1] sei es in Papier- oder elektronischer Form (§ 55 SchRegDV nicht für das **vom Bundesminister für Verkehr** – Bundesamt für Seeschifffahrt und Hydrographie – geführte Internationale Seeschifffahrtsregister.[2] Die EG-Gesellschaftssteuerrichtlinie (§ 79 Rn. 1) ist nicht anzuwenden.[3]

II. Das Schiff (Abs. 1, 2)

1. Ersteintragung

1 a   Für die Eintragung (zum Begriff vgl. § 79 mit HRGebV, Vor § 60 Rn. 9 iVm. § 93 SchiffsRegO, §§ 55 ff. SchRegDV; s. auch das SchRG)[4] des Schiffs wird ¼ der vollen Gebühr (§ 32) erhoben; berechnet vom **Wert** des Schiffs, also dem Verkehrswert zur Zeit der Fälligkeit (§§ 18 Abs. 1, 19 Abs. 1) ohne Abzug der Verbindlichkeiten, die auf dem Schiff ruhen (§ 18 Abs. 3). Die Eintragung des Schiffs enthält auch die Bezeichnung des **Eigentümers** und die Angabe des Rechtsgrunds für den Erwerb des Eigentums; diese Eintragungen sind Bestandteile der (ersten) Eintragung des Schiffs und durch die Gebühr abgegolten. Das Gleiche gilt bei der Reederei für die Miteintragung des Korrespondentreeders.

2   Die Gebühr wird auch erhoben, wenn das im Bau befindliche Schiff im Schiffsbauregister eingetragen war und nun das **fertige Schiff** in das See- oder Binnenschiffsregister eingetragen wird. Die an dem Schiffsbauwerk bestellten Schiffshypotheken bleiben nach der Fertigstellung an dem Schiff bestehen (§ 81 SchRG). Sie sind mit ihrem bisherigen Rang von Amts wegen in das Schiffsregister zu übertragen (§ 16 Abs. 3 SchiffsRegO), gebührenfrei (§ 85 S. 2).

---

[1] Schiffsregisterordnung idF vom 26. 5. 1994 (BGBl. I S. 1133).
[2] Gesetz vom 23. 3. 1989 (BGBl. I S. 550); KostenVO vom 20. 12. 2001 (BGBl. I S. 4081).
[3] OLG Oldenburg Rpfleger 2000, 568.
[4] IdF vom 30. 11. 1994 (BGBl. I S. 3631), zuletzt geändert am 29. 10. 2001 (BGBl. I S. 2785).

Hat vor der Eintragung ein anderer dem Registergericht gegenüber der Eintragung des **3**
Anmeldenden als Eigentümer mit der Begründung widersprochen, er sei Eigentümer, kann
das Registergericht gleichzeitig mit der Eintragung des Schiffs einen **Widerspruch** gegen
die Richtigkeit des Eigentumsvermerks eintragen (§ 16 Abs. 4 SchiffsRegO); abgegolten
durch die Gebühr für die Eintragung des Schiffs.

2. Veränderungen

Die ¼ Gebühr wird auch erhoben für die Eintragung von Veränderungen, die das Schiff **4**
selbst betreffen. Der **Wert** bestimmt sich nach § 30 Abs. 2; er ist, ausgehend von dem Regelwert, nach Lage des Falles niedriger oder höher, jedoch nicht über 500 000 Euro, anzunehmen. Hierunter fallen alle Veränderungen, die sich weder auf das Eigentum noch auf Schiffshypotheken usw. beziehen, insbesondere die Änderung des **Namens** des Schiffs, Veränderungen in der **Größe** (Länge, Breite, Tiefe, Raumgehalt, bei Binnenschiffen Tragfähigkeit und Maschinenleistung).

Hierher gehört auch die **Verlegung** des Heimathafens (Heimatorts). Liegt der neue im **5**
Bezirke des Registergerichts, wird nur eine Gebühr erhoben (Wert nach § 30 Abs. 2); im
Bezirke eines anderen Registergerichts, trägt das bisherige Gericht die Verlegung ein und
schließt das Blatt; es übersendet dem neuen Registergericht eine beglaubigte Abschrift des
Registerblatts, und dieses legt ein neues Blatt an. Für die Tätigkeit beider Gerichte wird
nur eine Gebühr (¼ der vollen Gebühr) erhoben, und zwar bei dem neuen Registergericht (Abs. 1 S. 3). Für das neue Schiffszertifikat oder den neuen Schiffsbrief wird die Gebühr aus Abs. 5 S. 1 erhoben.

Sind im **Zusammenhang damit** Anträge auf Eintragung von Rechtsänderungen oder **6**
Berichtigung des Registers gestellt, so hat das bisherige Registergericht sie vorher zu erledigen (§ 12 Abs. 2 SchRegDV); für diese Eintragungen werden die Gebühren der Abs. 3, 4 besonders erhoben, und zwar bei dem alten Registergericht. Das Gleiche gilt, wenn mit der Verlegung eine Namensänderung angemeldet ist: Gebühr des Abs. 1 neben der für die Eintragung der Verlegung. Denn darüber, dass für die gleichzeitige Eintragung mehrerer – selbständiger – Veränderungen, die unter Abs. 1 fallen, nur eine Gebühr zu erheben sei, fehlt es an einer Vorschrift.

Ist irrtümlich ein Seeschiff in das Register für Binnenschiffe eingetragen oder umge- **7**
kehrt, so wird das Schiff auf Antrag in das **richtige Register übernommen**. Anzusetzen
sind nicht zwei Gebühren für die Veränderung, sondern nur eine, wie bei Verlegung des
Heimathafens; idR entfällt sie wegen unrichtiger Sachbehandlung (§ 16).

S. 4 des Abs. 1 stellt gebührenfrei die Eintragung von Veränderungen der amtlichen **8**
Kennzeichen des Schiffs. Solche sind bei Seeschiffen die ihnen vom Registergericht zugeteilten Unterscheidungssignale, bei einem Binnenschiff die Nummer oder ein anderes behördlich angeordnetes Merkzeichen.

3. Löschung

Die Löschung der Eintragung des Schiffs ist in aller Regel **gebührenfrei**. So insbeson- **9**
dere, wenn das Schiffs untergegangen, ausbesserungsunfähig geworden ist, als Seeschiff das
Recht zur Führung der Bundesflagge verloren oder als Binnenschiff seinen Heimatort im
Ausland erhalten hat, seine Eintragung wegen Fehlens einer wesentlichen Voraussetzung
unzulässig war. Eine Gebühr (¼ der vollen Gebühr nach dem Wert des Schiffs) wird nur
erhoben, wenn ein Schiff, das **nicht eintragungspflichtig** war, aber auf dem Eigentümer
freigestellte Anmeldung eingetragen worden ist, auf dessen Antrag gelöscht wird.

Ein mit **Schiffshypotheken belastetes** Schiff darf, weil es als Seeschiff das Recht zur **10**
Führung der Bundesflagge verloren oder als Binnenschiff seinen Heimatort im Ausland
erhalten hat, nur gelöscht werden, wenn die Schiffshypothekengläubiger dies bewilligen.
Liegen die Bewilligungen bei der Anmeldung nicht vor, wird nur der Verlust des Rechts
zur Führung der Bundesflagge bzw. der Heimatort im Ausland eingetragen. So auch, wenn
das Schiff, weil die Anmeldung dieser Tatsachen nicht zu erzwingen war, von Amts wegen
gelöscht werden soll und ein Hypothekengläubiger mit der Begründung widerspricht, die

§ 84

Schiffshypothek bestehe noch. Diese Eintragungen wirken, soweit nicht die eingetragenen Schiffshypotheken in Betracht kommen, wie eine Löschung der Eintragung des Schiffs (vgl. §§ 20, 21 SchiffsRegO). Sie sind gebührenfrei (Abs. 2 S. 2 Halbs. 1).

11   Wenn ein Seeschiff einem Ausrüster, der nicht Deutscher ist oder seinen Wohnsitz nicht in der Bundesrepublik hat, **zur Bereederung** im eigenen Namen **überlassen** wird, so kann die Führung einer anderen Nationalflagge für höchstens zwei Jahren gestattet werden. Dass und wie lange das Recht zur Führung der Bundesflagge nicht ausgeübt werden darf und – nach Zurücknahme der Genehmigung – wieder ausgeübt werden kann, ist zur Eintragung anzumelden (§ 7 Abs. 1 Flaggenrechtsgesetz, § 17 SchiffsRegO). Die Eintragungen sind gebührenfrei (Abs. 2 S. 2 Halbs 2), Auslagen also zu erheben.

III. Rechtsverhältnisse (Abs. 3)

1. Allgemeines

12   Abs. 3 handelt von den Eintragungen, die die Rechtsverhältnisse an dem Schiff betreffen: das Eigentum, die Belastungen mit einer Schiffshypothek, einem Nießbrauch, einem Arrestpfandrecht usw. Es sind durchweg Eintragungen, die in gleicher oder ähnlicher Weise im Grundbuch erfolgen. Ihre Gebühren sind in den §§ 60ff. geregelt, Abs. 3 nimmt auf sie Bezug, sie gelten „sinngemäß", allerdings mit der Maßgabe, dass nur die $1/4$ **Gebühr** erhoben wird.

2. Neuer Eigentümer

13   Eintragung eines neuen Eigentümers (oder Miteigentümers): $1/4$ Gebühr, **Wert** des Schiffs (§ 19 Abs. 1) zur Zeit der Eintragung (§ 18 Abs. 1), beim Kauf gegebenenfalls der höhere Kaufpreis (§ 20 Abs. 1). Die Ermäßigung der Gebühr auf die Hälfte bei Ehegatten oder Abkömmlingen (§ 60 Abs. 2, 3) wirkt sich hier nicht aus, in Betracht kommt aber eine Gebührenbefreiung nach § 60 Abs. 4. Wird auf Grund gleichzeitigen Antrags desselben Eigentümers oder derselben Miteigentümer bei **mehreren Schiffen** der Eigentumswechsel eingetragen, über die das Schiffsregister bei demselben Registergericht geführt wird, fällt nur eine Gebühr nach dem zusammengerechneten Wert an (§ 60 Abs. 5).

14   Handelt es sich um einen **Bruchteil** des Schiffs, ist sein Wert maßgebend; Ausnahme bei Reedereien: Abs. 4. Beim Übergang eines Schiffes, das für mehrere zur gesamten Hand eingetragen ist, auf einen oder mehrere Mitberechtigte usw. gilt § 61 Abs. 1, 2 entsprechend. Seeschiffe einer offenen Handelsgesellschaft oder Kommanditgesellschaft (§ 61 Abs. 3) kommen im Register nicht vor. Bei ersterer werden sämtliche Gesellschafter, bei letzteren sowie der Kommanditgesellschaft auf Aktien die persönlich haftenden Gesellschafter als Eigentümer eingetragen (§§ 11 Nr. 6, 16 SchiffsRegO, § 28 Abs. 1 Nr. 2 Buchst. a SchRegDV). Scheiden hier Gesellschafter aus und treten neue ein, insbesondere Erben, wird der Wert nach § 30 Abs. 1 unter Berücksichtigung der Größe der Anteile an der Gesellschaft bemessen.

3. Schiffshypothek, Arrestpfandrecht, Nießbrauch

15   Für die **Eintragung** dieser Rechte gelten §§ 62, 63 sinngemäß, $1/4$ Gebühr; Wert bei der Schiffshypothek Nennbetrag der Schuld (§ 23 Abs. 2), beim Arrestpfandrecht der gemäß § 931 Abs. 2 ZPO eingetragene Höchstbetrag. Der Wert des Nießbrauchs richtet sich nach den allgemeinen Bestimmungen (vgl. § 24). § 62 Abs. 3 S. 2 gilt sinngemäß für die Löschungsvormerkung gemäß § 58 SchRG. Werden ein oder mehrere Schiffe gleichzeitig mit mehreren Rechten belastet, fällt die Gebühr für die Eintragung jedes Rechts besonders an (§ 63 Abs. 1). Bei Belastung **mehrerer Schiffe** mit demselben Recht gelten § 63 Abs. 2 bis 4. Werden danach mehrere Gebühren erhoben, so beträgt jede $1/4$; die Werte können verschieden sein: Bei dem Registergericht, das das Register über die höherwertigen Schiffe führt, ist der Wert des Rechts (bei der Schiffshypothek der Nennbetrag der Forderung, § 23 Abs. 2) maßgebend, bei den anderen Registergerichten gegebenenfalls der geringere Wert des Schiffs (§ 63 Abs. 3).

Für die **Löschung** der Belastung gilt § 68. Die Gebühr beträgt in jedem Falle ¼ der 16
vollen Gebühr; die Frage, ob bei der Löschung eines Rechts auf mehreren Schiffen eine oder
mehrere Gebühren zu erheben sind, richtet sich auch hier nach § 63 Abs. 2 bis 4.

Das gilt auch für die Eintragung und Löschung der im Wege der **Arrestvollziehung** 17
erworbenen Pfandrechte an den Schiffen.

4. Veränderungen

Bei Veränderungen, die sich auf das **Eigentum** beziehen, zum Beispiel der Verzicht auf 18
das Eigentum, die Änderung des Namens (der Firma?) des eingetragenen Eigentümers
usw., bestimmt sich der Wert nach § 30; vgl. § 67.

Zu Veränderungen, die sich auf die **Schiffshypothek** oder den **Nießbrauch** beziehen, 19
s. § 64; hierher gehören auch der Übergang der Schiffshypothek auf einen anderen und die
Bestellung eines Pfandrechts oder eines Nießbrauchs an ihr, ihre Pfändung, ferner die
Rangänderung, die Änderung des Zinssatzes und der Fälligkeitsbedingungen; immer ¼
Gebühr nach dem Wert der Veränderung.

5. Vormerkungen und Widersprüche

Da für die endgültigen Eintragungen im Schiffsregister nur die ¼ Gebühr erhoben wird 20
und auch die Eintragung der Vormerkung oder des Widerspruchs dieselbe Gebühr erfordert, führt die „sinngemäße" Anwendung des § 66 dazu, dass für die Eintragung einer Vormerkung oder eines Widerspruchs die gleiche Gebühr erhoben wird, die für die gesicherte
Eintragung der Rechtsänderungen oder der Registerberichtigung zu erheben sein würde.

6. Verfügungsbeschränkungen

Hier kommen vor allem das Recht des Nacherben bei Eintragung des Schiffs oder der 21
Schiffshypothek auf den Vorerben (§ 54 SchiffsRegO) und die Ernennung eines Testamentvollstreckers bei Eintragung der Erben (§ 55 SchiffsRegO) in Betracht. Sinngemäß
anzuwenden ist § 65.

IV. Reederei (Abs. 4)

Eine Reederei entsteht, wenn mehrere Personen ein ihnen gemeinsam zustehendes See- 22
schiff zum Erwerb durch Seefahrt für gemeinschaftliche Rechnung verwenden. Der Fall,
dass das Schiff einer Handelsgesellschaft gehört, wird durch die Vorschriften über die Reederei nicht betroffen (§ 489 HGB). Die einzelnen Miteigentümer heißen „Mitreeder", der
Anteil eines Mitreeders „Schiffspart". Unter **Schiffspart** ist aber nicht etwa nur der Anteil
an dem Schiff selbst, sondern an dem Gesamtvermögen der Reederei (mit Einschluss des
Schiffs) zu verstehen. Jeder Mitreeder kann seine Schiffspart jederzeit veräußern. Die **Veräußerung** bedarf der Eintragung in das Schiffsregister. Für die **Belastung** einer Schiffspart
gelten die Vorschriften über die Belastung von Rechten (§ 503 HGB), insbesondere kann
ein Mitreeder seine Schiffspart nicht mit einer Schiffshypothek, sondern nur mit einem
Pfandrecht belasten. Auch die **Zwangsvollstreckung** in eine Schiffspart richtet sich nach
der Zwangsvollstreckung in „Rechte". Sie wird „gepfändet" durch das Vollstreckungsgericht, als welches hier das Registergericht fungiert, und verwertet durch Veräußerung. Die
Pfändung bedarf der Eintragung in das Schiffsregister (§ 858 ZPO). Als Eigentümer des
Schiffs wird nicht die Reederei, sondern werden die einzelnen Mitreeder (hier aber im
Gegensatz zu den Gesellschaftern einer OHG usw. unter Angabe der Größe ihrer Anteile:
½, ¼ usw.) eingetragen. Die Reederei kann für den Reedereibetrieb einen **Korrespondentreeder** (Schiffsdirektor, Schiffsdisponent) bestellen, der im Verhältnis zu Dritten alle
Geschäfte und Rechtshandlungen vorzunehmen berechtigt ist, die der Geschäftsbetrieb der
Reederei gewöhnlich mit sich bringt. Korrespondentreeder kann ein Mitreeder oder eine
andere Person sein (§§ 492 ff. HGB).

Für jede Eintragung wird die Rahmengebühr des Abs. 4 erhoben. Bei ihrer **Bemessung** 23
(§ 34) sind vor allem die Größe und der Wert des Schiffs, daneben die Bedeutung der jeweiligen Eintragung zu berücksichtigen: bei der Eintragung eines neuen Mitreeders die

Größe der übertragenen Schiffspart (ob $^1/_2$, $^1/_4$ usw.), bei der Verpfändung oder Pfändung der Betrag der Forderung, bei einer Verfügungsbeschränkung deren Tragweite usw., bei der Eintragung eines Korrespondentreeders der Umfang seiner Befugnisse usw.

24 Bei Eintragung eines bisherigen Mitreeders als **Alleineigentümer** findet nicht Abs. 4, sondern Abs. 3 Anwendung (die Reederei ist beendet, es gibt keinen Mitreeder mehr).[5]

V. Schiffsurkunden (Abs. 5)

1. Schiffszertifikat, Schiffsbrief, Flaggenzeugnis

25 Über die Eintragung des Schiffs selbst wird ein **Schiffszertifikat** (bei Seeschiffen) oder ein **Schiffsbrief** (bei Binnenschiffen) erteilt. Dafür ist die Rahmengebühr des Abs. 5 bestimmt. Bei ihrer Bemessung (§ 34) ist insbesondere der Wert des Schiffs zu berücksichtigen. Die Gebühr wird auch für die Erteilung eines neuen Zertifikats oder eines neuen Briefs selbst dann erhoben, wenn dies von Amts wegen geschieht (zum Beispiel wegen Verlegung des Heimathafens). Neben der Gebühr ist die **Dokumentenpauschale** nicht zu berechnen.

26 Ein besonderes, nicht für lange Zeit bestimmtes Zeugnis über die Berechtigung des Seeschiffs zur Führung der Bundesflagge ist das **Flaggenzeugnis.** Es wird nur ausgestellt, wenn das Recht während des Aufenthalts im Ausland entsteht (§ 3 Flaggenrechtsgesetz, § 1 der 1. DVO dazu), vom Registergericht, auch vom Konsulat, in dessen Bezirk sich das Schiff befindet (§ 2 der DVO). Die Gebühr für das Zeugnis (keine Dokumentenpauschale) ist unabhängig von der für das später auszustellende Schiffszertifikat zu erheben.

27 Seeschiffe des öffentlichen Dienstes führen **Flaggenbescheinigungen,** die von den Wasser- und Schiffsverwaltungen des Bundes bzw. der Länder ausgestellt werden.[6]

2. Vermerke

28 Jede Eintragung in das Schiffsregister ist sobald als tunlich auf dem Schiffszertifikat oder dem Schiffsbrief zu vermerken, ausgenommen ist nur die Eintragung (und Löschung) der Belastung einer Schiffspart. Zu vermerken sind also die **Veränderungen** in den eingetragenen Tatsachen (Namen, Heimathafen – Heimatort –, wenn in diesem Falle das Schiff nicht auf ein anderes Registerblatt übertragen wird und deshalb ein neues Zertifikat oder ein neuer Schiffsbrief erteilt wird, Ergebnisse der amtlichen Vermessung, Raumgehalt und Maschinenleistung, Eigentümer, Eigentumsbeschränkungen, Schiffshypotheken, Nießbrauch mit ihren späteren Veränderungen und Löschungen), vgl. § 61 SchiffsRegO. Die Vermerke sind (mit einer Ausnahme, s. unten) sämtlich gebührenpflichtig; daneben keine **Dokumentenpauschale.** Die Gebühr wird neben der Gebühr für die Eintragungen (Abs. 1 bis 4) erhoben, die auf dem Zertifikat oder Brief vermerkt werden. Bei Bemessung der Gebühr innerhalb des Rahmens (§ 34) sind außer dem Wert des Schiffs auch der Umfang und die Bedeutung der vermerkten Eintragung zu berücksichtigen. In aller Regel ist sie niedriger als bei Erteilung eines neuen Zertifikats oder Briefs.

29 Gebühren- und dokumentenpauschalenfrei ist nach Abs. 5 S. 2 der Vermerk über die Veränderungen in den amtlichen **Kennzeichen** des Schiffs, wie auch deren Eintragung nach Abs. 1 S. 4 gebührenfrei ist.

3. Auszug, Abschriften, Bescheinigungen

30 Dem Eigentümer eines Seeschiffs ist auf Antrag ein beglaubigter **Auszug aus dem Schiffszertifikat** zu erteilen, der nur die eingetragenen Tatsachen (Name des Schiffs, Heimathafen, Größe usw.) und das Zeugnis enthält, dass das Schiff zur Führung der Bundesflagge berechtigt ist (§ 60 Abs. 3 SchiffsRegO). Für ihn wird nach Abs. 5 S. 3 nur die **Dokumentenpauschale** erhoben.

31 Für **beglaubigte Abschriften (Ausdrucke) aus dem Schiffsregister** und Bescheinigungen gilt § 89.

---

[5] AG Bremen KostRsp. Nr. 1.
[6] AnO vom 27. 4. 1951, BAnz. Nr. 83.

VI. Gebührenfreie Geschäfte

Kostenfrei sind Eintragungen, die beim Übergang der Zuständigkeit zur Führung des Schiffsregisters auf ein anderes Amtsgericht erforderlich werden (§ 12 Abs. 6 SchRegDV). 32

Über die Gebührenbefreiung für die Eintragung des **Erben des Schiffseigentümers** s. § 11 GBMaßnG und dazu § 60 Abs. 4 mit Erläuterungen. 33

§ 85* Eintragungen in das Schiffsbauregister

¹Für Eintragungen in das Schiffsbauregister gilt § 84 Abs. 1 bis 4 entsprechend. ²Für die Eintragung des Schiffsbauwerks wird eine Gebühr nicht erhoben. ³Die Übertragung der im Schiffsbauregister eingetragenen Hypotheken in das Schiffsregister ist gebührenfrei.

I. Anwendungsbereich

S. § 84 Rn. 1. Schiffsbauwerk ist auch das Schwimmdock.[1] 1

II. Ersteintragung, Veränderungen

Für die (erste) **Eintragung** des Schiffsbauwerks wird eine Gebühr nicht erhoben (S. 2). Es kommen aber **Veränderungen** vor, die sich auf das Bauwerk selbst beziehen (Änderung des Namens, der Gattung, des Bauorts). Für diese Eintragungen wird nach dem für anwendbar erklärten § 84 Abs. 1 $^1/_4$ der vollen Gebühr nach dem gemäß § 30 Abs. 2 (Anwendung des § 84 Abs. 1 S. 2 Halbs. 2) bestimmten Wert erhoben. 2

III. Löschung

Die Löschung des Schiffsbauwerks (§ 84 Abs. 2) erfolgt, wenn das Schiff im Ausland abgeliefert oder das Schiffsbauwerk untergegangen ist, ferner, wenn der Eigentümer des Schiffsbauwerks und der Inhaber der Schiffswerft die Löschung beantragen, ohne dass dies seinen Grund in der Ablieferung des Bauwerks ins Ausland oder in seinem Untergang hat. In sinngemäßer Anwendung des § 84 Abs. 2 wird nur im letzteren Falle eine Gebühr = $^1/_4$ der vollen Gebühr erhoben. 3

IV. Rechtsverhältnisse

Für die Eintragung eines neuen Eigentümers, für die Eintragung oder Löschung einer Schiffshypothek oder eines Arrestpfandrechts, für die Eintragung von Veränderungen, die sich auf das Eigentum (zB Verzicht auf das Eigentum) oder auf die Schiffshypothek oder das Arrestpfandrecht beziehen, von Vormerkungen und Widersprüchen sowie Verfügungsbeschränkungen gilt das zu § 84 Abs. 3 Gesagte sinngemäß. 4

Auch bei Schiffsbauwerken kommt eine **Reederei** vor, nämlich dann, wenn sich zwei oder mehrere Personen vereinigen, um ein Seeschiff für gemeinschaftliche Rechnung zu bauen und zur Seefahrt zu verwenden. Hier gilt das zu § 84 Rn. 22–24 Gesagte entsprechend. 5

V. Eintragung ins Schiffsregister

Ist das Schiff fertiggestellt, so wird es auf Anmeldung in das Schiffsregister eingetragen. Das Registerblatt für das Schiffsbauwerk wird geschlossen. Die in diesem eingetragenen Schiffsbauhypotheken werden von Amts wegen in das Schiffsregister übernommen. Die 6

---

* § 85 Überschrift, Sätze 1 und 2 geändert durch Gesetz vom 22. 6. 1998 (BGBl. I S. 1474).
[1] *Hornung* Rpfleger 2003, 232.

Eintragung des Schiffs unterliegt der Gebühr des § 84 Abs. 1; desgleichen die der Fertigstellung eines Schwimmdocks.² Für die Schließung des Registerblatts für das Schiffsbauwerk und die Übertragung der auf ihm eingetragenen Schiffshypotheken wird eine Gebühr nicht erhoben (§ 85 S. 3).

VI. Schwimmdocks

7   Für Schwimmdocks (§ 81a SchiffsRG) gilt das für Schiffsbauwerke Ausgeführte bis auf S. 3, weil Schwimmdocks nicht im Schiffsregister eingetragen werden.

§ 86* Anmeldungen und Anträge

¹Für die Aufnahme von Anmeldungen zum Handels-, Vereins-, Güterrechts- und Partnerschaftsregister werden Gebühren nach Maßgabe des Beurkundungsabschnitts besonders erhoben. ²Das gleiche gilt in Schiffsregister- und Schiffsbauregistersachen für die Aufnahme von Anträgen, die in der Form des § 37 der Schiffsregisterordnung gestellt werden müssen. ³Im übrigen ist die Aufnahme und Entgegennahme von Anträgen und Anmeldungen gebührenfrei.

1   S. die Erläuterungen zu § 75.

§ 87** Gebührenfreie Geschäfte des Registergerichts

Gebühren werden nicht erhoben
1. für die aus Anlaß eines Insolvenzverfahrens von Amts wegen vorzunehmenden Eintragungen sowie für Eintragungen und Löschungen, die auf Ersuchen und Anordnung eines Gerichts, insbesondere des Insolvenz- oder Vollstreckungsgerichts erfolgen; ausgenommen sind die Eintragung des Erstehers als Eigentümer eines Schiffs oder eines Schiffsbauwerks, die Eintragung der Schiffshypothek für die Forderung gegen den Ersteher sowie Eintragungen auf Grund einer einstweiligen Verfügung (§ 941 der Zivilprozeßordnung); ferner für Eintragungen oder Löschungen, die nach den Vorschriften der Insolvenzordnung statt auf Ersuchen des Insolvenzgerichts auf Antrag des Insolvenzverwalters oder, wenn kein Verwalter bestellt ist, auf Antrag des Schuldners erfolgen;
2. für Entscheidungen über Anträge und Beschwerden der im § 126 des Gesetzes über die Angelegenheiten der freiwilligen Gerichtsbarkeit bezeichneten Art.

I. Insolvenz, Zwangsvollstreckung (Nr. 1)

1   Nr. 1 stellt, wie § 69 Abs. 2 für das Grundbuch (dort Rn. 15 ff.), Eintragungen in Insolvenz- und Zwangsvollstreckungssachen gebührenfrei. In Betracht kommen insbesondere die nach den folgenden Vorschriften vorgesehenen:
Handelsregister: §§ 32, 34 Abs. 5 HGB, § 263 S. 3 AktG, § 65 Abs. 1 S. 3 GmbHG;
Genossenschaftsregister: § 102 Abs. 1 GenG;
Partnerschaftsregister: § 2 Abs. 2 PartGG;
Vereinsregister: § 75 BGB;

---

² *Hornung* Rpfleger 2003, 232, 235, 236.
* § 86 Überschrift geändert und Abs. 2 angefügt, bisheriger Text wurde Abs. 1 durch Gesetz vom 19. 12. 1985 (BGBl. I S. 2355), Abs. 1 Satz 1 geändert durch Gesetz vom 25. 7. 1994 (BGBl. I S. 1744), Abs. 1 Satz 2 geändert durch Gesetz vom 19. 4. 2001 (BGBl. I S. 623), Abs. 2 Satz 2 geändert durch Gesetz vom 27. 4. 2001 (BGBl. I S. 751), Überschrift geändert, Abs. 2 aufgehoben durch Gesetz vom 3. 7. 2004 (BGBl. I S. 1410).
** § 87 Nr. 1 geändert und ergänzt durch Gesetz vom 5. 10. 1994 (BGBl. I S. 2911).

Löschungsverfahren, Auflösungsverfahren **§ 88**

Schiffs- und Schiffsbauregister: §§ 23 Abs. 3, 25 Abs. 1, 33, 200 Abs. 2 S. 3, 215 Abs. 1 S. 3, Abs. 2 S. 2, 258 Abs. 3 S. 3 InsO; § 931 Abs. 3, 6 ZPO. Es gelten auch die sonstigen Befreiungsvorschriften des §§ 60 ff., insbesondere § 69 (§§ 84 Abs. 3, 85 Abs. 1).

Ergänzend sind die Nr. 1, letzter Satzteil genannten Geschäfte befreit (s. die zu Rn. 1 aE genannten Vorschriften, ferner § 270 Abs. 1 InsO). **2**

Die Ausnahmen in Nr. 1 entsprechen denen des § 69 Abs. 2 (s. dort). **3**

II. Berufsständische Kammern (Nr. 2)

Die Industrie- und Handelskammern, Handwerkskammern und Landwirtschaftskammern sind in den in § 126 FGG genannten Verfahren **antrags- und beschwerdeberechtigt**. Gleiches gilt für die berufsständischen Kammern in Partnerschaftsregistersachen (§ 160b Abs. 1 S. 3 FGG). Nr. 2 gewährt ihnen „persönliche" Gebührenfreiheit. Auslagen – soweit sie überhaupt anfallen, vgl. 131 Abs. 5 – sind jedoch zu zahlen. **4**

Die in Betracht kommenden Verfahren sind teils **Amtsverfahren** (zB § 37 Abs. 1 HGB, § 141 FGG). Durch einen Antrag der Kammer wird das Verfahren nicht generell zum Antragsverfahren, so dass § 2 Nr. 1 („Geschäfte, die nur auf Antrag vorzunehmen sind") keine **Auslagenhaftung** begründet. Da die Kammer im öffentlichen Interesse tätig wird, schuldet sie auch nicht nach § 2 Nr. 2. **5**

Eine § 126 FGG entsprechende Regelung enthält § 43 Abs. 3 KWG; die **Bundesanstalt für Finanzdienstleistungsaufsicht** genießt jedoch persönliche Kostenfreiheit (§ 11 Abs. 1). **6**

§ 88* Löschungsverfahren, Auflösungsverfahren

(1) Für Löschungen nach den §§ 159 und 161 des Gesetzes über die Angelegenheiten der freiwilligen Gerichtsbarkeit werden keine Gebühren erhoben.

(2) ¹Für die Zurückweisung des Widerspruchs gegen eine angedrohte Löschung in den Fällen der §§ 141 bis 144, 147 Abs. 1, §§ 159, 160b Abs. 1 und § 161 des Gesetzes über die Angelegenheiten der freiwilligen Gerichtsbarkeit und für die Zurückweisung des Widerspruchs gegen eine Aufforderung nach § 144a oder § 144b des Gesetzes über die Angelegenheiten der freiwilligen Gerichtsbarkeit wird das Doppelte der vollen Gebühr erhoben. ²Das Gleiche gilt für die Verwerfung oder Zurückweisung der Beschwerde gegen die Zurückweisung des Widerspruchs. ³Der Geschäftswert bestimmt sich nach § 30 Abs. 2.

Übersicht

	Rn.		Rn.
I. Anwendungsbereich	1	5. Auslagen	17
II. Löschungen (Abs. 1)	2	6. Eintragung	18, 19
III. Widerspruch gegen Löschung (Abs. 2 S. 1 Alt. 1, S. 2)	3–19	IV. Widerspruch gegen Auflösung (Abs. 2 S. 1 Alt. 2, S. 2)	20–25
1. Verfahren	3–8	1. Verfahren	20, 21
2. Gebührentatbestände	9–13	2. Gebührentatbestände, Gebühr, Wert, Schuldner, Auslagen, Eintragung	22–25
3. Gebühr, Wert	14, 15		
4. Schuldner	16	V. Löschung eines Schiffs	26

I. Anwendungsbereich

§ 88 ist anzuwenden in den Fällen, die **unmittelbar** unter die in ihm genannten Vorschriften fallen, aber auch dann, wenn ihre **entsprechende Anwendung** gesetzlich angeordnet ist (Beispiel: Löschung einer Firma oder eines Zusatzes gemäß § 20 Abs. 2 des Gesetzes über Unternehmensbeteiligungsgesellschaften vom 17. 12. 1986, BGBl. I S. 2488 sowie gemäß § 43 Abs. 2 S. 1 KWG). **1**

---

* § 88 neu gefasst durch Gesetz vom 3. 7. 2004 (BGBl. I S. 1410).

II. Löschungen (Abs. 1)

2   Abs. 1 betrifft die Löschung unzulässiger Eintragungen im **Vereinsregister** (§ 159 Abs. 1 S. 2 FGG) und im **Güterrechtsregister** (§ 161 Abs. 1 FGG), von Amts wegen (§ 142 FGG), auch auf Anordnung des Landgerichts (§ 143 FGG). Die Gebühren der §§ 80, 81 werden nicht erhoben, die **Auslagen** schulden diejenigen, die zur Anmeldung verpflichtet waren (§ 2 Nr. 2; dort Rn. 87), sofern sie nicht wegen unrichtiger Sachbehandlung außer Ansatz bleiben (§ 16).

III. Widerspruch gegen Löschung (Abs. 2 S. 1 Alt. 1, S. 2)

1. Verfahren

3   Abs. 2 S. 1 Alt. 1 betrifft die Zurückweisung des Widerspruchs gegen eine angedrohte Löschung im **Handelsregister:** einer erloschenen Firma (§ 141 FGG), einer Kapitalgesellschaft oder kapitalistischen Personengesellschaft wegen Vermögenslosigkeit (§ 141a FGG), einer unzulässigen Eintragung (§§ 142, 143 FGG), einer nichtigen Kapitalgesellschaft oder eines nichtigen Versammlungsbeschlusses (§ 144 FGG);

4   im **Genossenschaftsregister:** der Genossenschaft wegen Vermögenslosigkeit (§§ 147 Abs. 1 S. 2, 141a FGG), einer unzulässigen Eintragung (§§ 147 Abs. 1 S. 2, 142, 143 FGG);

5   im **Vereinsregister:** einer unzulässigen Eintragung (§§ 159 Abs. 1 S. 2, 142, 143 FGG);

6   im **Partnerschaftsregister:** eines erloschenen Namens (§§ 160b Abs. 1 S. 2, 141 FGG; § 141a FGG kommt für die Partnerschaft nicht in Betracht: § 1 Abs. 2 S. 3 PartGG), einer unzulässigen Eintragung (§ 160b Abs. 1 S. 2, 143, 144 FGG);

7   im **Güterrechtsregister:** einer unzulässigen Eintragung (§§ 161, 142, 143 FGG).

8   Gleiche, aber (versehentlich?) nicht genannte Fälle, insbesondere die Löschung einer **nichtigen Genossenschaft** (§ 147 Abs. 3 FGG) und eines nichtigen Versammlungsbeschlusses (§ 147 Abs. 4 FGG), bleiben wegen des Analogieverbots (§ 1) gebührenfrei.

2. Gebührentatbestände

9   Die Verfahren sind Amtsverfahren (§ 31 Abs. 2 S. 2 HGB sowie die genannten Vorschriften des FGG; Ausnahmen: § 141a Abs. 1 S. 1, Antrag der Steuerbehörde; § 43 Abs. 3 KWG, Antrag der Bundesanstalt für Finanzdienstleistungsaufsicht). Gebührentatbestände:

10 – Zurückweisung (auch als unzulässig: „Verwerfung") des **Widerspruchs** (Abs. 2 S. 1; § 141 Abs. 3 S. 1 FGG usw.), also der Erlass einer solchen Entscheidung;

11 – Verwerfung oder Zurückweisung der **Beschwerde** gegen eine solche Entscheidung (Abs. 2 S. 2; § 141 Abs. 3 S. 2 FGG usw.) – also nicht der Beschwerde gegen die Löschung selbst –.

12 Ist die Beschwerde **erfolgreich,** wird damit dem Widerspruch stattgegeben: Die Zurückweisungsgebühr Rn. 10 entfällt.

13 Wird die Beschwerde **zurückgenommen:** § 131 Abs. 1 Nr. 2 (§ 88 Abs. 2 S. 2 ist Erhöhungsvorschrift, keine abschließende Sonderregelung dieser Beschwerde, zu einer Begünstigung = Gebührenfreiheit der Zurücknahme besteht keine Veranlassung; vgl. auch § 119 Rn. 13). Die Zurücknahme des Widerspruchs bleibt hingegen gebührenfrei.

3. Gebühr, Wert

14 Es entsteht die doppelte Gebühr (Abs. 2 S. 1, 2).

15 Der Geschäftswert beträgt regelmäßig 3000 Euro (Abs. 2 S. 3, § 30 Abs. 2 S. 1; Begründung des Regierungsentwurfs),[1] nach Lage des Falles niedriger oder höher (S. 2), vor allem wegen des Umfangs der Sache und ihren rechtlichen Schwierigkeiten. Aus dem verfassungsrechtlichen Differenzierungsgebot folgt zudem eine Berücksichtigung der Bedeutung des Geschäfts (Einzelkaufmann oder AG mit Millionen-Stammkapital?).

---

[1] BR-Drucks. 622/03 S. 10.

4. Schuldner

Schuldner sind die Widerspruchsführer bzw. die Beschwerdeführer (§ 2 Nr. 1); nicht die 16
Steuerbehörde (§ 11 Abs. 1; zudem findet das Verfahren nicht „nur" auf ihren Antrag, sondern auch von Amts wegen statt), nicht die Bundesanstalt für Finanzdienstleistungsaufsicht (aus den gleichen Gründen). Eine Kostenentscheidung ergeht nicht.

5. Auslagen

Die durch den **Widerspruch** oder die **Beschwerde** ausgelösten Auslagen schulden die 17
Rn. 16 Genannten. Bei erfolgreicher Beschwerde bleiben die Auslagen des Beschwerdeverfahrens außer Ansatz (entsprechend § 131 Abs. 5).

6. Eintragung

Die Löschung erfolgt von Amts wegen. Die **Gebühren** richten sich nach der HReg- 18
GebV (nach § 79) bzw. den §§ 80, 81. Gebührenfrei sind die Löschung der Firma oder des Namens im Handels-, Partnerschafts- und Genossenschaftsregister (GebVerz. Vorbem. 1 Abs. 4; 2 Abs. 3, 3 Abs. 3) sowie die Löschungen im Vereins- und Güterrechtsregister (Abs. 1, Rn. 2). Für die **Auslagen** gilt Rn. 17.

Die Auslagen des **Löschungsverfahrens** (§ 141 Abs. 2 FGG, § 137 Abs. 1 Nr. 4) 19
schulden diejenigen, die zur Anmeldung der Löschung verpflichtet waren (§§ 31 Abs. 2 S. 1, 14 HGB), § 2 Nr. 2; s. dazu § 2 Rn. 87 ff.

IV. Widerspruch gegen Auflösung (Abs. 2 S. 1 Alt. 2, S. 2)

1. Verfahren

Abs. 2 S. 2 Alt. 2 betrifft das zur Auflösung der AG, KGaA und GmbH führende Verfah- 20
ren des § 144a FGG auf Feststellung eines Satzungs- bzw. Gesellschaftsvertragsmangels,
ferner das zur Auflösung der GmbH führenden **Verfahren** des § 144b FGG nach Ent- 21
stehen einer Ein-Personen-Gesellschaft.

2. Gebührentatbestände, Gebühr, Wert, Schuldner, Auslagen, Eintragung

Es gilt das Rn. 14 ff. Ausgeführte. 22

Die Feststellung (§§ 144a Abs. 2, 4, 144b S. 3 FGG) ist gebührenfrei. 23

Die Zurückweisung der Beschwerde gegen die Feststellung selbst (§§ 144a Abs. 3, 4, 24
144b S. 2, 3 FGG) fällt unter § 131 (also nicht Abs. 2 S. 1).

Die Auflösung wird von Amts wegen **eingetragen** (§§ 263 S. 3, 262 Abs. 1 Nr. 5 25
AktG, § 65 Abs. 1 S. 2, 3 GmbHG) und löst Gebühren mach der HRegGebV aus (GebVerz. Vorbem. 2 Abs. 3 stellt nur die Löschung der Gesellschaft gebührenfrei; selbst bei einer gemeinsamen Eintragung von Auflösung und Löschung verhindert § 2 Abs. 2 S. 1 HRegGebV die Gebührenfreiheit).

V. Löschung eines Schiffs

Das Verfahren zur Löschung eines Schiffs (§ 21 SchiffsRegO) ist von § 88 nicht erfasst 26
und daher gebührenfrei; dies gilt auch für die Löschung selbst (§ 88 Abs. 1). Bezüglich Auslagen und Beschwerde s. Rn. 2, 17, 24.

§ 89* Ablichtungen und Ausdrucke

(1) ¹**Für die Erteilung von Ablichtungen aus den in diesem Abschnitt genannten Registern und die Erteilung von Ausdrucken aus diesen Registern, die elektronisch geführt werden, gilt § 73 Abs. 1 bis 4 entsprechend.** ²**Wird anstelle eines Ausdrucks die elektronische Übermittlung einer Datei beantragt, werden erhoben**

---

* § 89 neu gefasst durch Gesetz vom 24. 6. 1994 (BGBl. I S. 1325), Abs. 3 geändert durch Gesetz vom 10. 12. 2001 (BGBl. I S. 3422), Überschrift und Abs. 1 geändert durch Gesetz vom 22. 3. 2005 (BGBl. I S. 837), Abs. 1 Satz 1 geändert, Satz 2 angefügt durch Gesetz vom 10. 11. 2006 (BGBl. I S. 2553).

§ 89　　　1. Teil. 2. Abschnitt: 3. Registersachen

1. für eine unbeglaubigte Datei 5 Euro und
2. für eine beglaubigte Datei 10 Euro;
die Dokumentenpauschale wird nicht erhoben.

(2) Für Bescheinigungen aus den genannten Registern wird die Mindestgebühr (§ 33) erhoben.

(3) Bescheinigungen nach § 66 Abs. 2 des Bürgerlichen Gesetzbuchs sind frei von Gebühren und der Dokumentenpauschale.

(4) § 73 Abs. 5 gilt entsprechend.

Übersicht

	Rn.		Rn.
I. Anwendungsbereich, EG-Recht ..	1–4	VII. Eingereichtes Dokument	21
II. Registerauszug	5–12	VIII. Registerakten, Mitgliederliste	22, 23
III. Registerablichtung	13	IX. Zwangsversteigerung	24
IV. Elektronische Übermittlung	14	X. Schuldner	25
V. Registerbescheinigung	15–18	XI. Notare	26
VI. Sonstige Bescheinigung	19, 20		

I. Anwendungsbereich, EG-Recht

1　§ 89 erfasst (Abs. 1, 2) Handels-, Partnerschafts- und Genossenschaftsregister (§§ 79, 79a), Vereinsregister (§ 80), Güterrechtsregister (§ 81), Schiffsregister (§ 84) und Schiffsbauregister (§ 85); **nicht** das Unternehmensregister (§ 8b HGB).

2　Er regelt Ablichtungen und Ausdrucke (Abs. 1) sowie Bescheinigungen (Abs. 2, 3) aus den **Registern;** nicht also Ablichtungen der Mitgliederliste, eingereichter Dokumente und aus den Registerakten, nicht sonstige Bescheinigungen, nicht die Einsicht in Register und Registerakten (dazu § 90). Als spezielle Vorschriften geht § 84 Abs. 5 S. 3 über den Auszug aus dem **Schiffszertifikat** vor.

3　§ 89 gilt nicht für den **automatisierten Abruf** aus maschinell geführten Registern (§ 9a Abs. 1 HGB, § 79 Abs. 2 BGB, usw.), er ist in § 7b JVKostO mit GebVerz. geregelt, s. Anhang B → Abrufverfahren.

4　Bezüglich des Handelsregisters verstößt Abs. 1 gegen Art. 3 Abs. 3 S. 2 der Ersten EG-Richtlinie; Vorlage an den EuGH ist geboten.[1]

II. Registerauszug

5　Von den Eintragungen im **Handelsregister** kann jedermann einen Ausdruck fordern (§ 9 Abs. 4 HGB). Er wird als amtlicher Ausdruck gefertigt, sofern der Antragsteller nicht auf die Beglaubigung verzichtet (S. 3).

6　Der „einfache" **Ausdruck** kostet 10 Euro (Abs. 1 S. 1, § 73 Abs. 2 Nr. 1), der **amtliche** 18 Euro (Abs. 1 S. 1, § 73 Abs. 2 Nr. 2), jeweils ohne Rücksicht auf den Umfang. Die **Dokumentenpauschale** (§ 136) wird daneben nicht erhoben (Abs. 1 S. 1, § 73 Abs. 4).

7　Register iS des Abs. 1 ist das **Registerblatt** (§ 13 HRV), der Ausdruck **mehrerer** Registerblätter löst folglich gesonderte Gebühren aus, selbst bei „innerem Zusammenhang" (GmbH & Co. KG). Eine weitere Karteikarte zur selben Firma stellt allerdings kein neues Registerblatt dar, wenn sie unter fortlaufenden Nummern die voraufgehende fortsetzt; wohl aber ein neues Registerblatt nach **Umschreibung** (§ 21 HRV).

8　Die gleichzeitige Erteilung **mehrerer Ausdrucke** desselben Registerblatts führt zu keiner Ermäßigung, § 17 Abs. 1 S. 1 (Buchst. b) KostVfg. ist durch die Neufassung des § 89 überholt und aufgehoben.

9　Der Auszug eines **Teils** des Registerblatts sowie ein **auszugsweises** Exemplar (§ 30 Abs. 3 HRV) erfüllen ebenfalls die Gebührentatbestände des Abs. 1, lassen also seine Ge-

---

[1] *Gustavus* RpflStud 1996, 97, 100; aA LG Coburg JurBüro 2000, 540 m. abl. Anm. *Waldner.*

bühren voll entstehen. Das gilt auch bei gesonderten Kopien mehrerer aufeinander folgender Teile desselben Registerblatts.

Die **Bestätigung** oder **Ergänzung** früher gefertigter Exemplare (§ 73 Abs. 3; § 44 **10** Abs. 2 GBV) sieht die HRV nicht ausdrücklich vor; werden sie gleichwohl vorgenommen (vgl. § 17 Abs. 1 S. 2 KostVfg.), ist § 73 Abs. 1 anzuwenden (Abs. 1 S. 1, § 73 Abs. 3; wie § 73 Rn. 10).

Wegen **Anfertigung** und **Erteilung** gilt das § 73 Rn. 12 Ausgeführte. Ebenso für **Zu-** **11** **rückweisung** und **Zurücknahme** des Antrags; der Umstand, dass die Beglaubigung keines Antrags bedarf, sie vielmehr nur unterbleibt, wenn auf sie verzichtet wird (§ 9 Abs. 2 S. 3 HGB), führt zu keinem anderen Ergebnis; der Nichtverzicht ist mithin für den Fall erklärt, dass Abschrift oder Ausdruck überhaupt zu erteilen sind. Dies muss auch deshalb so sein, weil bei anderen Registern ein Beglaubigungsantrag zu stellen ist (Rn. 13), unterschiedliche Gebühren aber sachlich nicht zu rechtfertigen sind.

All dies gilt für die **übrigen Register** entsprechend, soweit das Verfahrensrecht unmittelbar oder in entsprechender Anwendung zu den beschriebenen Geschäften führt. Der **12** **amtliche** Auszug setzt weithin – abweichend von Rn. 5 – einen ausdrücklichen Antrag voraus.

III. Registerablichtung

Wird das Register „noch" in Papierform geführt, tritt an die Stelle des Auszugs die Ablichtung und des amtlichen Auszugs die beglaubigte Ablichtung. Die Gebühren sind gleich: **13** statt § 73 Abs. 2 dessen Abs. 1.

IV. Elektronische Übermittlung

An die Stelle der Erteilung des Auszugs kann seine elektronische Übermittlung treten **14** (so § 9 Abs. 1 HGB). Sie führt zu der – geringeren – Gebühr des Abs. 1 S. 2, und zwar „je Datei" (§ 136 Rn. 33).

V. Registerbescheinigung

Nachdem mit dem EHUG die die Bescheinigungen über den Inhaber einer einzelkauf- **15** männischen Firma und die Vertretung des **Einzelkaufmanns** oder einer **Handelsgesellschaft** (§ 9 Abs. 3 HGB aF) weggefallen sind, bleibt beim Handelsregister für § 89 Abs. 2 nur noch die Bescheinigung, dass bezüglich des Gegenstands einer Eintragung weitere Eintragungen nicht vorhanden sind oder eine bestimmte Eintragung nicht erfolgt ist (§ 9 Abs. 5 HGB).

Für eine solche – formgerechte (§ 31 HRV; zB wegen § 32 GBO) – Bescheinigung wird **16** die Gebühr des Abs. 2 erhoben. Da keine Abschrift erteilt wird, fällt die **Dokumentenpauschale** daneben nicht an. Zur **Zurückweisung** und **Zurücknahme** des Antrags s. Rn. 11.

Zweite und **weitere** gleiche Bescheinigungen lösen die Gebühr erneut aus. **17**

Dies gilt für Bescheinigungen aus den **übrigen Registern** entsprechend (wie Rn. 12; **18** vgl. § 69 BGB, § 26 Abs. 2 GenG, Vertretungsbescheinigung; § 162 FGG (wie § 9 Abs. 5 HGB), § 12 Abs. 1 GBBerG – nicht jedoch anderer Stellen, § 159 S. 1, nicht S. 2 –).

VI. Sonstige Bescheinigung

Für sonstige Tatsachenbescheinigungen, zB über den Inhalt der **Registerakten** (§ 39 **19** BeurkG), sind die Gerichte nicht mehr zuständig; mithin kann die Gebühr des § 50 Abs. 1 Nr. 1 nicht erhoben werden. Gerichtliche „Bescheinigungen" und „Bestätigungen" bleiben folglich gebührenfrei.

Ausdrücklich gebühren- und auslagenfrei (Abs. 3) ist die Bescheinigung über die Eintra- **20** gung des **Vereins** auf der zurückzugebenden Urschrift der Satzung (§ 66 Abs. 2 S. 1 BGB).

§ 90

Die amtswegige Beglaubigung der eingereichten (§ 59 Abs. 2 Nr. 1 BGB) Abschrift der Satzung für die Registerakten (§ 66 Abs. 2 S. 2 BGB) fällt nicht unter § 55 (s. dort) und bleibt deshalb ebenfalls gebührenfrei.

VII. Eingereichtes Dokument

21 Ausdrucke und Ablichtungen eingereichter Dokumente (§ 9 Abs. 1 S. 1 HGB, § 37 Abs. 6 AktG, usw.) fallen unter § 136 Abs. 1 Nr. 1, Abs. 2, 3 (s. dort). Für **amtliche** Ausdrucke und **beglaubigte** Ablichtungen tritt die Gebühr des § 55 hinzu. Es handelt sich nicht um „in dauernder Verwahrung befindliche Urkunden" iS des § 132, wie sich aus seinem Wortlaut: den „Urkunden", und ihrer Gleichstellung mit „aufgenommenen Urkunden" ergibt, auch der darin sich zeigenden sachlichen Ausnahme von § 55 aus dem Beurkundungsabschnitt; eingereichten Dokumente und Schriftstücke gehören nicht in ihn. Eine Differenzierung nach den einzelnen Dokumenten wäre zufällig und damit willkürlich. S. jedoch Rn. 3 und Anhang C I → Abrufverfahren.

VIII. Registerakten, Mitgliederliste

22 Beglaubigte Abschriften aus den **Registerakten** (§ 34 Abs. 1 FGG) fallen unter die §§ 136 und 55. Abschriften gerichtlicher Entscheidungen bleiben frei von Beglaubigungsgebühren (§ 132; s. dort).

23 Die **Mitgliederliste** (§§ 30 bis 32 GenG) ist, wie die frühere Liste der Genossen, ist nicht Teil des Genossenschaftsregisters, sie steht daher den Registerakten gleich.

IX. Zwangsversteigerung

24 Die beglaubigten Ablichtungen, Auskünfte und Mitteilungen bei der Zwangsversteigerung von Schiffen und Schiffsbauwerken (§§ 19 Abs. 2, 3, 162, 163 Abs. 2, 170a Abs. 2 S. 2 ZVG) bleiben gebühren- und auslagenfrei (Abs. 4, § 73 Abs. 5).

X. Schuldner

25 Schuldner ist der Antragsteller (§ 2 Nr. 1).

XI. Notare

26 Die Geschäfte des § 89 kommen für Notare (§ 141) kaum in Betracht. Fertigen sie Kopien von Ausdrucken und Ablichtungen des § 89, gilt § 55. Vergleichbare Vertretungsbescheinigungen (§ 21 BNotO) sind gesondert geregelt (§ 150).

§ 90 Registereinsicht

Für die Einsicht der in diesem Abschnitt genannten Register werden Gebühren nicht erhoben.

Entsprechend: § 74 für die Grundbucheinsicht.

I. Gerichtliche Einsicht

1 § 90 stellt die **Registereinsicht** in der gerichtlichen Geschäftsstelle (§ 10 HRV) ausdrücklich gebührenfrei; also die jedem gestattete Einsicht ins Handelsregister (§ 9 Abs. 1 S. 1 HGB), Genossenschaftsregister (§ 156 Abs. 1 S. 1 GenG), Partnerschaftsregister (§ 5 Abs. 2 PartGG), Vereinsregister (§ 79 Abs. 1 S. 1 BGB), Güterrechtsregister (§ 1563 S. 1 BGB), Schiffsregister (§ 8 Abs. 1 S. 1 SchiffsRegO) und die nur mit berechtigtem Interesse ins Schiffsbauregister (§ 65 Abs. 2 S. 1 SchiffsRegO).

2 Dabei bleibt es, wenn sie über einen **elektronischen Abruf** aus dem Datenbestand des Registergerichts erfolgt (JVKostO, GebVerz. 4. Abschnitt Nr. 1 S. 2).

Vorbemerkungen **Vor §§ 91–100a**

§ 90 bezieht zwar **eingereichte Dokumente nicht** ein, doch gilt mangels einer Ge- 3
bührenvorschrift für sie das gleiche.

Auslagen entstehen nicht; und „wenn doch", fehlt idR eine anwendbare Vorschrift, die 4
Erfüllung eines Auslagentatbestands.

II. Elektronischer Abruf

Der elektronische Abruf ist Justizverwaltungsangelegenheit (§ 9 Abs. 1 S. 2–5 HGB, 5
usw.), fällt also nicht unter § 90. S. dazu JVKostO, GebVerz. 4. Abschnitt.

III. Sonstige Einsicht

Wie beim Grundbuch kommt auch eine Einsicht zu anderen als „Informationszwecken" 6
(§ 9 Abs. 1 S. 1 HGB, usw.) in Betracht, etwa für die **wissenschaftliche** Forschung oder
Unterrichtung der **Öffentlichkeit** durch die Presse. Zuständig ist die Justizverwaltung.
§ 90 erfasst sie nicht, wohl auch nicht JVKostO, GebVerz. 4. Abschnitt.

IV. Unternehmensregister

Das Unternehmensregister wird von der Justizverwaltung geführt (§ 8b HGB), seine 7
Einsicht bleibt trotz der Verweisung in § 9 Abs. 6 HGB Justizverwaltungsangelegenheit.
§ 90 erfasst sie folglich nicht; s. JVKostO, GebVerz. 5. Abschnitt.

4. Familienrechtliche Angelegenheiten und Lebenspartnerschaftssachen*

Vorbemerkungen zu den §§ 91–100a

I. Familienrechtliche Angelegenheiten

Familienrechtliche Angelegenheiten iS dieses Unterabschnitts sind diejenigen Angele- 1
genheiten der freiwilligen Gerichtsbarkeit (§ 1 Rn. 1–3), die in erster Instanz dem Vormundschaftsgericht oder dem Familiengericht zugewiesen sind; also vor allem die im
2. Abschnitt des FGG geregelten, zu denen einige Geschäfte nach Separatgesetzen – zB
VerschG, HausratsVO – sowie „allgemeinen Gesetzen" – zB der ZPO – treten.

Familienrechtliche Angelegenheiten, für die nicht die genannten Gerichte zuständig 2
sind, gehören „an sich" nicht hierher. Das gilt insbesondere für alle Arten von **Verfahrenspflegschaften** (§ 93a), deren Anordnung dem das Verfahren führenden Gericht obliegt; somit auch dann, wenn es sich um ein vormundschafts- oder familiengerichtliches
Verfahren handelt und daher das Vormundschafts- bzw. Familiengericht den Pfleger bestellt; oder um ein Verwaltungsverfahren, in dem das Vormundschaftsgericht entsprechende
„Amtshilfe" leistet; s. dazu im Einzelnen § 92 Rn. 21ff., § 93a.

II. Lebenspartnerschaftssachen

Lebenspartnerschaftssachen iS dieses Unterabschnitts sind die in § 661 ZPO genannten 3
Verfahren, soweit es sich um Angelegenheiten der freiwilligen Gerichtsbarkeit handelt; die
also das Verhältnis der Lebenspartner zueinander betreffen (§ 97 Abs. 1 Nr. 4), während das
Verhältnis zum Kind eines Partners Vormundschafts- oder Familiensache bleibt. Partner-
schaftssachen gehören mithin vor die Familiengerichte, sie werden damit aber nicht Familiensachen.

---

* Überschrift neu gefasst durch Gesetz vom 16. 2. 2001 (BGBl. I S. 266).

III. Kodifikation

4   Die Kostenvorschriften der §§ 92 bis 100a sind – trotz § 91 – **nicht abschließend:**
    – Die **KostO selbst** enthält weitere Gebührenvorschriften: §§ 106a, 119, 130 – soweit er eine Gebührenermäßigung bewirkt –; für höhere Rechtszüge §§ 131, 131a, 131b.
5   – In **Separatgesetzen** finden sich ergänzende Gebührenvorschriften, so im LwVG und im FamRÄndG; s. Anhang B.
6   – Sind Familiensachen **Folgesachen** einer Scheidungssache (§ 623 ZPO), Lebenspartnerschaftssachen einer Aufhebungssache (§ 661 Abs. 2 ZPO), tritt für sie an die Stelle der KostO das GKG (§ 1 Nr. 1 Buchst. b, c GKG).
7   – Das gilt auch beim **(Zugewinn)-Ausgleich** für die Stundung und Übertragung von Vermögensgegenständen im Zivilprozess (§§ 1382, 1383 BGB, § 6 Abs. S. 4 LPartG; § 1 Nr. 1 Buchst. b, c GKG).

IV. Systematik

8   Während die §§ 92, 93, 97a, 98, 99, 100 und 100a mit ihrem Regelungsgegenstand dem materiellen und dem Verfahrensrecht folgen und von daher auch ihre Abgrenzung erfahren, ist die **Aufteilung der vormundschafts- und familiengerichtlichen Einzelgeschäfte auf die §§ 94, 95 und 97** nur schwer zu durchschauen. Das hängt auch mit den vielfältigen Änderungen des Familienrechts seit 1935 und den sich aus ihnen ergebenden – nicht immer systematisch richtigen – Ergänzungen der genannten Vorschriften zusammen.
    Vom Ansatz her regelt:
9   – § 94 Geschäfte **im Verhältnis der Eltern zum Kind** (auch volljährigem Kind), **veranlasst** – möglicherweise veranlasst – **von den Eltern** oder einem Elternteil;
10 – § 95 Geschäfte im Zusammenhang mit der **elterlichen Sorge** – was immer noch deutlich in seinem Abs. 1 S. 1 Nr. 3 zum Ausdruck kommt –, **veranlasst allein „vom Kindeswohl";**
11 – § 97 sonstige Geschäfte, die also **weder Vormundschaft noch Betreuung noch Pflegschaft noch elterliche Sorge** betreffen – wie sich aus seinem Abs. 1 Nr. 3 ergibt –.
12 § 94 Abs. 3 macht deshalb (wegen der Veranlassung Rn. 9) – abweichend von den allgemeinen Vorschriften – vor allem **die Eltern zu Kostenschuldnern,** während in den §§ 95 und 97 eine entsprechende Bestimmung fehlt.
13 Des Weiteren werden die Gebühren des § 95 bei – im Interesse des Fürsorgebedürftigen angeordneter – **gleichzeitiger Vormundschaft, Betreuung oder Pflegschaft** nicht erhoben (Abs. 1 S. 3); für § 94 gilt wohl nur scheinbar (wegen Fehlens einer solchen Vorschrift) anderes, weil er allein „Eltern-Angelegenheiten" erfassen will (vgl. seinen Abs. 3), nicht aber Geschäfte bei Vormundschaft usw.
14 Schließlich hebt sich § 95 Abs. 1 S. 1 Nr. 1 dadurch heraus, dass der **volle Wert** den Geschäftswert bildet (Abs. 2 S. 1), während iÜ der Wert regelmäßig **darunter** liegt (§ 30 Abs. 2: §§ 94 Abs. 2 S. 1, 95 Abs. 2 S. 2, 97 Abs. 2; so auch §§ 97a Abs. 2, 98 Abs. 2).

V. Geschäftswert

15 Diese Aufzählung (Rn. 14) zeigt den Wert des **§ 30 Abs. 2** sozusagen als Regelwert in familienrechtlichen Angelegenheiten, für vermögens- und nichtvermögensrechtliche Gegenstände (s. auch § 30 Abs. 3); zur Problematik s. § 94 Rn. 13, § 95 Rn. 4, § 97 Rn. 3.

VI. Übersicht

16 Die kasuistische Vielfalt der vormundschafts- und familiengerichtlichen Geschäfte macht es – zumal angesichts der Generalklauseln der §§ 95 Abs. 1 S. 1 Nr. 3, 97 Abs. 1 Nr. 1 und 3 – schwer, die im Einzelfall in Betracht kommende Gebührenvorschrift zu finden. Die nachstehende Übersicht mag dabei helfen; sie verweist auf die Gebührenvorschrift und damit auf ihre Erläuterung in diesem Kommentar.

VII. FG-Reform

Die Abschnittsüberschrift soll auf „Betreuungssachen und betreuungsgerichtliche Zuweisungssachen" beschränkt werden, iÜ an ihre Stelle das FamGKG treten. 17

Übersicht über die Gebühren in familienrechtlichen Angelegenheiten und Lebenspartnerschaftssachen

a) Geschäfte nach dem BGB

BGB §§	Kurzbezeichnung	KostO §§
	Geschäftsfähigkeit	
112 I	Genehmigung der Ermächtigung zum Betrieb eines Erwerbsgeschäfts	95 I S. 1 Nr. 2, S. 3
112 II	Genehmigung der Rücknahme der Ermächtigung	95 I S. 1 Nr. 2, S. 3
113 III	Ersetzung der Ermächtigung, in Dienst oder Arbeit zu treten	95 I (S. 1 Nr. 3) S. 3
	Eingehung der Ehe	
1303 II	Befreiung vom Eheerfordernis der Volljährigkeit	97 a I
1308 II	Befreiung vom Eheverbot bei Annahme als Kind	97 a I
1309 II	Befreiung vom Ehefähigkeitszeugnis	JVKostO
1315 I 1 Nr. 1	Genehmigung der Eheschließung	97 a I
1315 I 3	Ersetzung der Zustimmung zur Bestätigung	94 I 8
	Allgemeine Ehewirkungen	
1357 II 1	Aufhebung einer Beschränkung oder Ausschließung der Schlüsselgewalt	97 I 1
1361 a III	Hausratsverteilung bei Getrenntleben – s. auch HausratsVO –	100
1361 b	Wohnungsbenutzung bei Getrenntleben – s. auch HausratsVO –	100
	Gesetzliches Güterrecht	
1365 II	Ersetzung der Zustimmung zur Verfügung über das Vermögen	97 I 1
1369 II	Ersetzung der Zustimmung zur Verfügung über Haushaltsgegenstände	97 I 1
1382 I	Stundung der Ausgleichsforderung – s. auch FGG § 53 a –	97 I 1
1382 III	Sicherheitsleistung für die gestundete Forderung	97 I 1
1382 VI	Aufhebung oder Änderung der Entscheidung	97 I 1
1383 I	Übertragung von Vermögensgegenständen	97 I 1
	Vertragsmäßiges Güterrecht	
1411 I 3, II 2	Genehmigung eines Ehevertrages	
	bei Minderjährigen	95 I (S. 1 Nr. 3) S. 3
	bei Betreuten	91
1426, 1458	Ersetzung der Zustimmung zur Verfügung über das Gesamtgut usw.	97 I 1
1430, 1458	Ersetzung der Zustimmung zu persönlichen Geschäften	97 I 1
1452	Ersetzung der Zustimmung zur ordnungsmäßigen Verwaltung usw.	97 I 1

Vor §§ 91–100a *1. Teil. 2. Abschnitt: 4. Familienrecht und Lebenspartnerschaft*

BGB §§	Kurzbezeichnung	KostO §§
1484 II 2, 3	Genehmigung der Ablehnung der fortgesetzten Gütergemeinschaft bei Minderjährigen bei Betreuten	 95 I S. 1 Nr. 3, S. 3 91
1487 I, 1426	Ersetzung der Zustimmung bei der fortgesetzten Gütergemeinschaft	97 I 2
1491 III	Genehmigung des Verzichts auf den Gesamtgutsanteil bei Minderjährigen bei Betreuten	 95 I S. 1 Nr. 3, S. 3 91
1492 III	Genehmigung der Aufhebung der fortgesetzten Gütergemeinschaft bei Minderjährigen bei Betreuten	 95 I S. 1 Nr. 3, S. 3 91
1493 II	Tätigkeit bei Wiederheirat	94 I 2
	Güterrechtsregister	
1558 I	Eintragungen	81
1559 S. 1	Wiederholung der Eintragung bei Wohnsitzverlegung	81
1559 S. 2	Zurückverlegung des Wohnsitzes	–
1563 S. 2	Beglaubigte Abschrift	89 I
	Versorgungsausgleich	
1587 b	Übertragung und Begründung von Rentenanwartschaften	99 I 1, 2
1587 d I	Ruhen der Begründungsverpflichtung	99 II 1
1587 d II	Aufhebung oder Änderung der Ruhensentscheidung	99 II 2
1587 e I, 1580	Auskunft über Rentenanwartschaften	91
1587 g I	Schuldrechtlicher Versorgungsausgleich	99 I
1587 g III, 1587 d II	Aufhebung oder Änderung des schuldrechtlichen Versorgungsausgleichs	99 II 2
1587 i I	Abtretung von Versorgungsansprüchen	99 II 1
1587 i III, 1587 d II	Aufhebung oder Änderung der Abtretung	99 II 2
1587 k I, 1580	Auskunft über Versorgungsansprüche	91
1587 l I	Abfindung von Ausgleichsansprüchen	99 II 1
1587 l III 3	Ratenzahlung der Abfindung	99 II 1
1587 o II 3	Genehmigung einer Vereinbarung über den Versorgungsausgleich – s. auch FGG §§ 53 b, 53 e, 53 f sowie VAHRG –	97 I 1
	Abstammung	
1596 I 3	Genehmigung der Anerkennung der Vaterschaft eines Minderjährigen eines Betreuten	 95 I S. 1 Nr. 3, S. 3 91
1596 I 4	Genehmigung der Zustimmung der Mutter zur Anerkennung der Vaterschaft einer Minderjährigen einer Betreuten	 95 I S. 1 Nr. 3, S. 3 91
1597 III 2, 1596 I 3	Genehmigung des Widerrufs der Anerkennung eines Minderjährigen eines Betreuten	 95 I S. 1 Nr. 3, S. 3 91
1599 II 2, 1596 I 3	Genehmigung der Zustimmung des Ehemanns der Mutter zur Anerkennung eines Minderjährigen eines Betreuten	 95 I S. 1 Nr. 3, S. 3 91
1600 e II	Feststellungs-, Anfechtungsverfahren	94 I 7

BGB §§	Kurzbezeichnung	KostO §§
	Unterhalt	
1612 II 2	Änderung der Bestimmung über Art und Zeit	94 I 1
1615e II	Genehmigung einer Vereinbarung	
	bei Minderjährigen	95 I S. 1 Nr. 3, S. 3
	bei Betreuten	91
	Rechtsverhältnis zwischen Eltern und Kind	
1617 II 1, III	Übertragung des Namensbestimmungsrechts	94 I 5
1617 II 3, III	Fristsetzung zur Ausübung	(35)
1618 S. 4	Ersetzung der Einwilligung zur Namenserteilung	95 I S. 1 Nr. 3
	Elterliche Sorge	
1626c II 3	Ersetzung der Zustimmung zur Sorgeerklärung	95 I S. 1 Nr. 3
1628	Übertragung der Entscheidung auf einen Elternteil	94 I 5
1629 II 3	Entziehung der Vertretung	95 I S. 1 Nr. 2
1630 II	Entscheidung von Meinungsverschiedenheiten zwischen Eltern und Pfleger	95 I S. 1 Nr. 3
1630 III	Übertragung auf eine Pflegeperson	94 I 4
1631 III	Unterstützung der Eltern bei der Personensorge	95 I S. 1 Nr. 2
1631b S. 1, 2	Genehmigung der Freiheitsentziehung – s. auch FGG §§ 70 ff. –	91, 128b
1631b S. 3	Rücknahme der Genehmigung	91, 128b
1632 III, I	Streitigkeiten über Herausgabe des Kindes – s. auch FGG § 50 d –	94 I 6
1632 III, II	Streitigkeiten über den Umgang des Kindes	94 I 6
1632 IV	Verbleib des Kindes bei der Pflegeperson	94 I 3
1639 II, 1803 II	Genehmigung zu Abweichungen bei der Vermögensverwaltung	95 I S. 1 Nr. 3
1639 II, 1803 III 2	Ersetzung der Zustimmung eines Dritten zu Abweichungen	95 I S. 1 Nr. 3
1640 III	Aufnahme des Vermögensverzeichnisses	94 I 3
1643 I	Genehmigung von Rechtsgeschäften usw.	95 I S. 1 Nr. 1
1643 III, 1825	Allgemeine Ermächtigung zu Rechtsgeschäften	95 I S. 1 Nr. 1
1644	Genehmigung der Überlassung von Gegenständen	95 I S. 1 Nr. 3
1645	Genehmigung zu einem Erwerbsgeschäft	95 I S. 1 Nr. 2
1666	Maßnahmen bei Gefährdung des Kindeswohls	94 I 3
1667	Anordnungen zur Vermögensverwaltung, Genehmigungen	94 I 3
1671	Übertragung der elterlichen Sorge	94 I 4
1672	Übertragung der elterlichen Sorge	94 I 4
1673 II 3, 1628	Übertragung der Entscheidung bei ruhender elterlicher Sorge	94 I 5
1674 I	Feststellung des Ruhens	95 I S. 1 Nr. 2
1674 II	Feststellung der Beendigung des Ruhens	95 I S. 1 Nr. 2
1678 II	Übertragung bei Ruhen	94 I 4
1680 II, III	Übertragung der elterlichen Sorge	94 I 4
1681	Übertragung der elterlichen Sorge	94 I 4
1682	Verbleibensanordnung	95 I S. 1 Nr. 3
1683	Tätigkeit bei Wiederheirat	94 I 2
1684 III, IV	Entscheidungen über den Umgang mit den Eltern	94 I 4
1685 III	Entscheidungen über den Umgang mit anderen	94 I 4
1686 S. 2	Entscheidungen über die Auskunft	94 I 4
1687 II	Einschränkung, Ausschließung der Befugnis	94 I 5
1687a, 1687 II	Einschränkung, Ausschließung der Befugnis	94 I 5

Lappe

Vor §§ 91–100a *1. Teil. 2. Abschnitt: 4. Familienrecht und Lebenspartnerschaft*

BGB §§	Kurzbezeichnung	KostO §§
1688 III 2, IV	Einschränkung, Ausschließung der Befugnis	94 I 5
1693	Maßnahmen bei Verhinderung an der Ausübung	95 I S. 2 Nr. 2
1696 I	Änderung von Anordnungen dieselbe Gebühr wie für die Anordnung	
1696 II	Aufhebung von Maßnahmen	91
1696 III	Überprüfung von Maßnahmen	91
	Annahme Minderjähriger	
1746 I 4	Genehmigung der Einwilligung des Kindes	95 I S. 1 Nr. 3, 91
1746 III	Ersetzung der Einwilligung oder Zustimmung des Vormunds oder Pflegers	95 I S. 1 Nr. 3, 91
1748	Ersetzung der Einwilligung eines Elternteils	95 I S. 1 Nr. 3, 91
1749 I 2	Ersetzung der Einwilligung des Ehegatten	97 I 1
1751 I 2	Vormundschaft	92 I
1751 I 5, 1688 III 2	Einschränkung, Ausschließung der Befugnis des Annehmenden	94 I 5
1751 III	Übertragung der elterlichen Sorge	94 I 4
1752 I	Annahmebeschluss	98 I, 95 I S. 1 Nr. 3, 91
1757 IV 1	Namensänderung bei der Annahme	98 I, 95 I S. 1 Nr. 3, 91 (35)
1757 IV 2, 1746 III	Ersetzung der Zustimmung des Vormunds oder Pflegers	98 I, 95 I S. 1 Nr. 3, S. 3
1758 II 2	Offenbarungs- und Ausforschungsverbot	95 I S. 1 Nr. 3, 91
1760	Aufhebung des Annahmeverhältnisses bei Minderjährigen	98 I, 95 I S. 1 Nr. 3, 91
	bei Volljährigen	97 I 3
1763	Aufhebung des Annahmeverhältnisses	98 I, 95 I S. 1 Nr. 3, 91
1764 IV	Zurückübertragung der elterlichen Sorge	94 I 4
1764 IV	Vormundschaft	92 I
1764 IV	Pflegschaft	92 I
1765 II	Kind behält Familiennamen bei Minderjährigen	95 I S. 1 Nr. 3, 91
	bei Volljährigen	97 I 3
1765 III	Ehegatten führen Geburtsnamen als Ehenamen	97 I 3
	Annahme Volljähriger	
1767 II, 1746 III	Ersetzung der Einwilligung oder Zustimmung des Betreuers oder Pflegers	91
	Annahme Minderjähriger	
1746 I 4	Genehmigung der Einwilligung des Kindes	95 I S. 1 Nr. 3, 91
1746 III	Ersetzung der Einwilligung oder Zustimmung des Vormunds oder Pflegers	95 I S. 1 Nr. 3, 91
1748	Ersetzung der Einwilligung eines Elternteils	95 I S. 1 Nr. 3, 91
1749 I 2	Ersetzung der Einwilligung des Ehegatten	97 I 1
1751 I 2	Vormundschaft	92 I
1751 I 5, 1688 III 2	Einschränkung, Ausschließung der Befugnis des Annehmenden	94 I 5
1751 III	Übertragung der elterlichen Sorge	94 I 4
1752 I	Annahmebeschluss	98 I, 95 I S. 1 Nr. 3, 91
1757 IV 1	Namensänderung bei der Annahme	98 I, 95 I S. 1 Nr. 3, 91 (35)

BGB §§	Kurzbezeichnung	KostO §§
1757 IV 2, 1746 III	Ersetzung der Zustimmung des Vormunds oder Pflegers	98 I, 95 I S. 1 Nr. 3, S. 3
1758 II 2	Offenbarungs- und Ausforschungsverbot	95 I S. 1 Nr. 3, 91
1760	Aufhebung des Annahmeverhältnisses bei Minderjährigen	98 I, 95 I S. 1 Nr. 3, 91
	bei Volljährigen	97 I 3
1763	Aufhebung des Annahmeverhältnisses	98 I, 95 I S. 1 Nr. 3, 91
1764 IV	Zurückübertragung der elterlichen Sorge	94 I 4
1764 IV	Vormundschaft	92 I
1764 IV	Pflegschaft	92 I
1765 II	Kind behält Familiennamen bei Minderjährigen	95 I S. 1 Nr. 3, 91
	bei Volljährigen	97 I 3
1765 III	Ehegatten führen Geburtsnamen als Ehenamen	97 I 3
Annahme Volljähriger		
1767 II, 1746 III	Ersetzung der Einwilligung oder Zustimmung des Betreuers oder Pflegers	91
1767 II, 1749 I 2	Ersetzung der Einwilligung des Ehegatten	97 I 1
1767 II, 1752	Annahmebeschluss	98 I
1767 II, 1757 IV 1	Namensänderung bei der Annahme	98 I, 35
1757 IV 2, 1746 III	Ersetzung der Zustimmung des Betreuers oder Pflegers	98 I, 35
1771	Aufhebung des Annahmeverhältnisses	98 I
1771, 1767 II, 1765 II	Kind behält Familiennamen	97 I 3
1771, 1767 II, 1765 III	Ehegatten führen Geburtsnamen als Ehenamen	97 I 3
1772	Annahmewirkungen wie bei Minderjährigen	98 I, 35
Vormundschaft		
1774 ff.	Verfahren (einschließlich Genehmigungen)	92 I
1788	Zwangsgeld zur Übernahme	119
1800, 1631 ff.	Personensorgeentscheidungen	91
1837 III 1	Zwangsgeld zur Befolgung von Anordnungen	119
1837 IV	wie BGB §§ 1666, 1696	
1843 I, 1892 II	Rechnungsprüfung	139
1845, 1683	Tätigkeit bei Eheschließung des Vormunds	91
1846	Vorläufige Maßregeln	91, 35
1892 II 2	Anerkennung der Schlussrechnung des Vormunds	91
Rechtliche Betreuung		
1896 ff.	Verfahren (einschließlich Genehmigungen)	92 I, 93
1904 II	Genehmigung der Einwilligung eines Bevollmächtigten in Untersuchung, Heilbehandlung, Eingriff	128 b
1906 V, 1908 i I	Genehmigung der Unterbringung durch einen Bevollmächtigten	128 b
1632 III	Personensorgeentscheidungen	91
1908 i I, 1837 III 1	Zwangsgeld zur Befolgung von Anordnungen	119
1908 i I, 1843 I, 1892 II	Rechnungsprüfung	139

Vor §§ 91–100a *1. Teil. 2. Abschnitt: 4. Familienrecht und Lebenspartnerschaft*

BGB §§	Kurzbezeichnung	KostO §§
1908i I, 1845, 1683	Tätigkeit bei Eheschließung des Betreuers	91
1908i I, 1892 II 2	Anerkennung der Schlussrechnung des Betreuers	91
	Pflegschaft	
1915, 1774 ff.	Verfahren (einschließlich Genehmigungen)	92, 93, iÜ wie BGB §§ 1774 ff.
	Erbvertrag	
2275 II 2	Genehmigung des Vertrags	95 I (S. 1 Nr. 3) S. 3
2282 II	Genehmigung der Anfechtung des Vertrags	95 I S. 1 Nr. 2, S. 3
2290 III	Genehmigung des Aufhebungsvertrags	95 I S. 1 Nr. 2, S. 3
2292, 2290 III	Genehmigung des aufhebenden Testaments	95 I S. 1 Nr. 2 (3), S. 3
	Erbverzicht	
2347, 2352	Genehmigung des Vertrags	95 I S. 1 Nr. 2, S. 3
2351, 2347 II	Genehmigung des Aufhebungsvertrags	95 I S. 1 Nr. 2, S. 3
	b) Geschäfte nach sonstigen Gesetzen	
AdWirkG §	**Adoptionswirkungsgesetz**	
2 I	Feststellung der Anerkennung oder Wirksamkeit	98 I, 95 I S. 1 Nr. 3, 91
2 III	Feststellung der Annahme	98 I, 95 I S. 1 Nr. 3, 91 (35)
3 I 1, II	Ausspruch der Rechtsstellung	98 I, 95 S. 1 Nr. 3, 91
3 I 2	Zustimmungen	wie BGB §§ 1746 ff.
AO §	**Abgabenordnung**	
81	Bestellung eines Vertreters für das Besteuerungsverfahren	§ 93 a
AsylVfG §	**Asylverfahrensgesetz**	
12 III	Entscheidung über die Vertretungsbefugnis	95 I S. 1 Nr. 3, S. 3
BauGB §	**Baugesetzbuch**	
207	Bestellung eines rechts- und sachkundigen Vertreters	93 a
BKGG §	**Bundeskindergeldgesetz**	
3 II 3, III 4	Bestimmung des Kindergeldanspruchsberechtigten	91
DepotG §	**Depotgesetz**	
32 V	Bestellung eines Pflegers	93 a
EGBGB Art.	**Einführungsgesetz zum BGB**	
19 III	Schutzmaßnahmen wegen Gefährdung des Kindeswohls	wie BGB §§ 1626 ff.
24 I, II	Vormundschaft, Betreuung, Pflegschaft	92 I, 93
24 III	Vorläufige Maßregeln	95 I S. 1 Nr. 3, 97 I 3
234 § 4a II 1	DDR-Güterstand als Gütergemeinschaft	wie BGB §§ 1411 ff.
234 § 4a II 2	Auflösung der DDR-Gütergemeinschaft	Zivilprozess*
EStG §	**Einkommensteuergesetz**	
64 II 3, III 4	Bestimmung des Kindergeldanspruchsberechtigten	91

* S. Anhang B → DDR-Güterstand.

Übersicht

Vor §§ 91–100a

BGB §§	Kurzbezeichnung	KostO §§
FamNamRG Art.	**Familiennamensrechtsgesetz**	
7 §§ 1 III, 3, 5 II 3	Genehmigung der Namens-Anschließung	95 I S. 1 Nr. 3, S. 3
FamRÄndG	**Familienrechtsänderungsgesetz**	
Art. 7 § 1	Anerkennung ausländischer Ehe-Entscheidungen	Art. 7 § 2 FamRÄndG*
FGG §§	**FGG**	
49 IV, 49a II	Einstweilige Anordnung vor der Anhörung des Jugendamts	91
50	Verfahrenspfleger	93a
50d	Einstweilige Anordnung bei der Kinderherausgabe	91
52 III	Einstweilige Anordnung bei Aussetzung	91
52a	Umgangs-Vermittlungsverfahren	91
53a I	Verfahren über Zugewinnausgleich	91
53a III 1	Einstweilige Anordnung	91
53b IV	Vereinbarung über den Versorgungsanspruch	91
53e II	Festsetzung des Betrages auf Grund einer Vereinbarung über den Versorgungsausgleich	91
53e III	Neufestsetzung	99 II 3
53f	Aufhebung der früheren Entscheidung	91
56f II	Pfleger für das Aufhebungsverfahren	(91)
67	Verfahrenspfleger	93a
69e I S. 2	Zwangsgeld zur Ablieferung einer Betreuungsverfügung	119
69e I S. 3, 83 II	Eidesstattliche Versicherung über den Verbleib einer Betreuungsverfügung	92 I, 93
69f	Vorläufige Betreuung	92 I, 93
69f	Vorläufiger Einwilligungsvorbehalt	(91)
69i I	Erweiterung des Aufgabenkreises	92 I, 93
69i VI	Verlängerung der Betreuung	92 I, 93
70ff.	Unterbringung	128b
70b	Verfahrenspfleger	93a
FlurbG §	**Flurbereinigungsgesetz**	
119	Bestellung eines Vertreters für das Verwaltungsverfahren	93a
FreihEntzG §	**Freiheitsentziehungsgesetz**	
5 II 2	Bestellung eines Pflegers für das Verfahren	93a
GBBerG §	**Grundbuchbereinigungsgesetz**	
§ 7 I	Verkaufserlaubnis	97 I 3
GBO §	**Grundbuchordnung**	
96	Bestellung eines Pflegers für die Rangbereinigung	93a
HausratsVO §§	**Hausratsverordnung**	
11 ff.	Verfahren über Ehewohnung und Hausrat	100
17	Änderungsverfahren	100
18a	Hausratsverteilung bei Getrenntleben	100
18a	Wohnungsregelung bei Getrenntleben	100
	Gewaltschutzgesetz	
1, 2	Entscheidungen nach ZPO § 621 I Nr. 13	100a

* S. Anhang B → Anerkennung.

Vor §§ 91–100a *1. Teil. 2. Abschnitt: 4. Familienrecht und Lebenspartnerschaft*

BGB §§	Kurzbezeichnung	KostO §§
IntFamRVG	**Internationales Familienrechtsverfahrensgesetz**	50 ff. IntFamRVG
1 ff.	Verfahren	
JGG §	**Jugendgerichtsgesetz**	
53	Erziehungsmaßregeln	(91)
LPartG §	**Lebenspartnerschaftsgesetz**	
6 II 4	Vermögensstand, wie. §§ 1382, 1383 BGB	97 I 4
7 I 3	Partnerschaftsvertrag, Genehmigung,	Wie BGB
8 II	wie § 1411 BGB	97 I 4
9 III	Vermögensstand, wie §§ 1357, 1365, 1369 BGB	94 I 5
10 VII	Sorgerecht, Einschränkung, Ausschließung	Wie BGB
13, 19	Erbverzicht, Genehmigung wie §§ 2347 ff. BGB	100
14, 17, 18	Hausratsverteilung Wohnungszuweisung	100
NamÄndG §	**Namensänderungsgesetz**	
2	Genehmigung des Namensänderungsantrags	95 (I S. 1 Nr. 3) S. 3
NEhelG Art. 12 §§	**Nichteheliche-Kinder-Gesetz**	
3 II 4	Genehmigung der Anfechtung der Anerkennung der Vaterschaft	95 I S. 1 Nr. 3
3 II 4	Anfechtungsverfahren	Art. 12 § 3 II 6 NEhelG,* 94 I 7
6 II	Erteilung des Ehenamens bei Minderjährigen bei Volljährigen	95 I S. 1 Nr. 3, S. 3 97 I Nr. 3
10a II 2, III 2	Genehmigung der Erbrechtsvereinbarung eines unter Einwilligungsvorbehalt stehenden Betreuten	91
RelKErzG §§	**Religiöse-Kindererziehungs-Gesetz**	
2 I; 1628 BGB	Übertragung der Entscheidung auf einen Elternteil	94 I 5
2 III	Vermittlung oder Entscheidung	91
3 II	Genehmigung der Bestimmung	95 I (S. 1 Nr. 3) S. 3
7; 1666 BGB	Einschreiten des Gerichts	94 I 3
RuStAGÄndG 1974 Art.	**Reichs- und Staatsangehörigkeits-ÄndG 1974**	
3 V 2	Genehmigung der Erklärung des Elternteils	95 I S. 1 Nr. 3, S. 3
SachRBerG §	**Sachenrechtsbereinigungsgesetz**	
17 I, II	Pflegschaft	92, 93
17 III 4	Genehmigung des Vertrags des Vertreters	97 I 3
SGB X §	**Sozialgesetzbuch**	
15	Bestellung eines Vertreters für das Verwaltungs-Verfahren	93a
Sorge-RÜbKAG §§	**Sorgerechtsübereinkommen-Ausführungsgesetz**	
6–8	Sorgerechtsanordnungen	§§ 50 ff. IntFamRVG
StAG §	**Staatsangehörigkeitsgesetz**	
19 I 1	Genehmigung der Entlassung aus der Staatsbürgerschaft	95 I S. 1 Nr. 3, S. 3

* S. Anhang B → Vaterschaftsanfechtung.

BGB §§	Kurzbezeichnung	KostO §§
StAngRegG §	**Staatsangehörigkeitsfragenregelungsgesetz**	
15 II	Entscheidung zu Staatsangehörigkeitserklärungen	91
VAG §	**Versicherungsaufsichtsgesetz**	
78	Bestellung eines Pflegers	93 a
VAHRG §§	**Versorgungsausgleichshärtenregelungsgesetz**	KostO §§
1, 3	Begründung und Übertragung von Rentenanwartschaften	99 I 1, 2
2, 3	Schuldrechtlicher Versorgungsausgleich	99 I
3 a	Verlängerung des schuldrechtlichen Versorgungsausgleichs	91
3 a IX	Einstweilige Anordnung	91
3 b I	Erweiterter öffentlich-rechtlicher Versorgungsausgleich	99 I 1,2
10 a	Abänderungen von Entscheidungen und Vereinbarungen	91
11 II	Auskunft über Versorgungsanwartschaften und Versorgungen	91
VerschG §§	**Verschollenheitsgesetz**	
16 II	Genehmigung des Antrags auf Todeserklärung	95 I S. 1 Nr. 3, S. 3
40, 16 II	Genehmigung des Antrags auf Feststellung der Todeszeit	95 I S. 1 Nr. 3, S. 3
VFGüterstandsG §	**Vertriebene-und-Flüchtlinge-Güterstandsgesetz**	
4 I	Entgegennahme der Güterstandserklärung	91
4 IV	Eintragung in das Güterrechtsregister – s. iÜ BGB § 1411 –	81; § 5 VFGüterstandsG*
VwVfG §	**Verwaltungsverfahrensgesetz**	
16 (und die entsprechenden Bestimmungen der Verwaltungsverfahrensgesetze der Länder)	Bestellung eines Vertreters für das Verwaltungsverfahren	93 a
WDO §	**Wehrdisziplinarordnung**	
85 II S. 1 Nr. 2	Bestellung eines Betreuers oder Pflegers für das Disziplinarverfahren	93, 93 a
WPO §	**Wirtschaftsprüferordnung**	
20 VII	Bestellung eines Betreuers für das Rücknahme- und Widerrufsverfahren	93 a
ZPO §§	**ZPO**	
607 II 2	Genehmigung des Scheidungsantrags oder der Aufhebungsklage	95 I S. 1 Nr. 3, S. 3
621 f	Einstweilige Anordnung	91
621 g	Einstweilige Anordnung	91
ZustErgG §	**Zuständigkeitsergänzungsgesetz**	
10	Abwesenheitspflegschaft	92, 93

* S. Anhang B → Güterstand.

§ 91* Gebührenfreie Tätigkeiten

¹Für die in den §§ 92 bis 95, 97 und 98 genannten Tätigkeiten werden nur die in diesen Vorschriften bestimmten Gebühren erhoben; im Übrigen ist die Tätigkeit gebührenfrei. ²Für einstweilige Anordnungen werden keine Gebühren erhoben.

Übersicht

	Rn.		Rn.
I. Analogieverbot, Nebengeschäfte (S. 1)	1, 2	V. Verhältnis zu den Generalklauseln der §§ 95, 97	10
II. Verhältnis zu § 130	3, 4	VII. Auslagen	72
III. Verhältnis zu sonstigen Vorschriften	5–8	VIII. Beschwerde	73
IV. Einstweilige Anordnungen	9, 9a	IX. FG-Reform	74

I. Analogieverbot, Nebengeschäfte (S. 1)

1 S. 1 wiederholt zunächst § 1 und sagt damit Selbstverständliches: Da öffentlich-rechtliche Gebühren dem Gesetzesvorbehalt unterliegen und Analogie – zu Lasten des Kostenschuldners – unzulässig ist (vgl. § 1 Rn. 9), dürfen ohnehin nur die gesetzlich vorgesehenen Gebühren erhoben werden. Man könnte allenfalls in der Wiederholung eine „Verschärfung" des **Analogieverbots** sehen.

2 Des Weiteren liegt in S. 1 eine mittelbare Wiederholung des § 35: **Nebengeschäfte** lösen keine zusätzliche Gebühr aus, sondern werden durch die Gebühr für das Hauptgeschäft abgegolten.

II. Verhältnis zu § 130

3 S. 1 hat jedoch einen eigenständigen Inhalt, soweit er die Erhebung von Gebühren ausschließt, die ohne ihn zu erheben wären. Das gilt vor allem für die Gebühren des § 130 in Antragsgeschäften. In der Neufassung von 2001 kommt dies allerdings nicht so deutlich zum Ausdruck wie in der „Urfassung" von 1935, doch war eine Änderung der Rechtslage nicht beabsichtigt.

4 Soweit allerdings die Gebühren der §§ 92 ff. für ein Verfahren – und nicht, wie regelmäßig, für eine „Verrichtung", also das „Vornahme-Geschäft" – erhoben werden, steht S. 1 der Anwendung des § 130 insoweit nicht entgegen, als dieser für die Antragsrücknahme eine **Gebührenermäßigung** bewirkt. So bezieht sich die Neufassung denn auch nicht (mehr) auf die §§ 99, 100 und 100a.

III. Verhältnis zu sonstigen Vorschriften

5 S. 1 ist sowohl durch spezielle als auch durch spätere, also ihm vorgehende Regelungen „aufgeweicht": in der KostO durch die §§ 106a bezüglich des **Zugewinnausgleichsanspruchs**, 119 des **Zwangsgelds** und der **Zwangshaft**, 124 der **eidesstattlichen Versicherung** über den Verbleib der Betreuerverfügung. S. auch GKG KostVerz. 1422.

6 Wegen der Gebühr des § 106 Abs. 1 für die **Abwesenheitspflegschaft** s. § 92 Rn. 21.

7 Hingegen sind **Beurkundungen** keine Geschäfte iS des 4. Unterabschnitts und damit erst recht nicht „Tätigkeiten" der Neufassung. Soweit die Amtsgerichte in familienrechtlichen Angelegenheiten dafür zuständig sind (vgl. § 62 BeurkG), schließt S. 1 die Anwendung der Gebührenvorschriften für Beurkundungen – §§ 36 ff. – nicht aus; s. jedoch § 55a.

---

* § 91 geändert durch Gesetz vom 31. 7. 1974 (BGBl. I S. 1713) und neu gefasst durch Gesetz vom 11. 12. 2001 (BGBl. I S. 3513).

Gebührenfreie Tätigkeiten **§ 91**

Sieht man in der Aufnahme des **Anerkenntnisses der Schlussrechnung** des Vormunds 8
(§ 1892 Abs. 2 S. 2 BGB) oder Betreuers (§ 1908i Abs. 1 BGB) durch das Vormundschaftsgericht(!) oder ein ersuchtes Vormundschaftsgericht eine „echte" Beurkundung, werden die Gebührenvorschriften des Beurkundungsabschnitts durch S. 1 ausgeschlossen.

IV. Einstweilige Anordnungen

Einstweilige (vorläufige) Anordnungen sah das FGG bis 2001 generell nicht vor, sie wa- 9
ren folglich mangels einer Gebührenvorschrift gebührenfrei (s. Anhang B → Vorläufige Anordnungen). S. 2 bestimmt dies jetzt ausdrücklich im Hinblick auf den mit dem Gewaltschutzgesetz eingefügten § 64b Abs. 2 FGG sowie die erweiterten §§ 621f, 621g ZPO; Begründung: „weil sie immer Teil des Hauptsacheverfahrens sind".[1] Gebührenpflichtig sind sie hingegen, wenn sie in der Ehesache ergehen (§ 620 Nr. 9, 10 ZPO; GKG-KostVerz. 1421, 1422).

S. 2 kollidiert mit § 92 Abs. 4 (s. dort Rn. 16, 17). Letztere gehen als spezielle Regelung 9a
vor (wie auch sonst in der KostO, vgl. insbesondere § 18 Abs. 3 einerseits und die Ausnahmen von ihm andererseits).

V. Verhältnis zu den Generalklauseln der §§ 95, 97

S. 1 passt schwer mit den generalklauselartigen Gebührenvorschriften der §§ 95 Abs. 1 10
S. 1 Nr. 3, 97 Abs. 1 Nr. 1 (jetzt auch 4) und insbesondere 3 zusammen. Er bewirkt, diese Bestimmungen eng auszulegen: nur auf Geschäfte zu erstrecken, die den in den § 95 Abs. 1 S. 1 Nr. 1 und 2 bzw. § 97 Nr. 1 und 2 genannten vergleichbar sind; im Zweifelsfall ist Gebührenfreiheit anzunehmen.

VI. Gebührenfreie Geschäfte im Einzelnen

Gebührenfrei sind insbesondere die folgenden Geschäfte – wobei an die Stelle des Vor- 11
munds auch ein Betreuer (vor allem § 1908i Abs. 1 BGB) oder Pfleger (u.a. § 1909 BGB) treten kann –:

§ 1411 Abs. 1 S. 3, Abs. 2 S. 2 BGB, Genehmigung des Vormundschaftsge- 12
richts zum Abschluss eines Ehevertrages durch den Betreuer. Denn während diese Genehmigung bei Minderjährigen, die unter elterlicher Sorge stehen, unter § 95 Abs. 1 S. 1 Nr. 3 fällt, die Gebühr jedoch zufolge § 95 Abs. 1 S. 3 nicht erhoben wird, greift bei Betreuten keine Gebührenvorschrift ein, insbesondere nicht § 97 Abs. 1 Nr. 3.

§ 1484 Abs. 2 S. 3 BGB, Genehmigung der Ablehnung der fortgesetzten Gü- 13
tergemeinschaft durch den Betreuer. Denn während die Genehmigung bei Eltern des unter elterlicher Sorge stehenden Kindes unter § 95 Abs. 1 S. 1 Nr. 3 fällt, wird sie bei dessen Vormund zufolge § 95 Abs. 1 S. 3 nicht erhoben, und beim Betreuer greift keine Gebührenvorschrift ein, insbesondere nicht § 97 Abs. 1 Nr. 3.

§ 1491 Abs. 3 S. 2 BGB, Genehmigung des Verzichts auf den Anteil am Ge- 14
samtgut durch den Betreuer. Aus den Gründen Rn. 13.

§ 1492 Abs. 3 S. 2 BGB, Genehmigung der Aufhebung der fortgesetzten Gü- 15
tergemeinschaft durch den Betreuer. Aus den Gründen Rn. 13.

§§ 1587e Abs. 1, 1587k Abs. 1, 1580 BGB, Auskunft über Rentenanwartschaf- 16
ten und Versorgungsansprüche. S. § 99 Rn. 22, 23.

§ 1596 Abs. 1 S. 3, 4 BGB, Genehmigung der Anerkennung der Vaterschaft 17
eines Betreuten und der Zustimmung der Mutter. Aus den Gründen Rn. 13.

§§ 1597 Abs. 3 S. 2, 1596 Abs. 1 S. 3 BGB, Genehmigung des Widerrufs der 18
Anerkennung eines Betreuten. Aus den Gründen Rn. 13.

---

[1] BT-Drucks. 14/5429 S. 36.

19 §§ 1599 Abs. 2 S. 2, 1596 Abs. 1 S. 3 BGB, Genehmigung der Zustimmung des Ehemanns der Mutter zur Anerkennung eines Betreuten. Aus den Gründen Rn. 13.

20 § 1615e Abs. 2 BGB, Genehmigung der Unterhaltsvereinbarung bei einem Betreuten. Aus den Gründen Rn. 13.

21 § 1631b S. 1, 2 BGB, Genehmigung der Freiheitsentziehung. Denn das BetrG hat die Vorschrift in § 95 Abs. 1 S. 1 Nr. 2 gestrichen; s. auch § 128b.

22 § 1631b S. 3 BGB, Rücknahme der Genehmigung zur Freiheitsentziehung. Aus den Gründen Rn. 21.

23 § 1696 Abs. 2, 3 BGB, Aufhebung und Überprüfung von Maßnahmen. Denn nur die geänderte, neue Maßnahme erfüllt einen Gebührentatbestand, nicht aber die Aufhebung, nicht die Überprüfung.

24 § 1746 Abs. 1 S. 4 BGB, Genehmigung der Einwilligung zur Annahme als Kind. Denn § 95 Abs. 1 Nr. 3 nimmt sie ausdrücklich aus, eine andere Gebühr ist nicht vorgesehen.

25 § 1746 Abs. 3 BGB, Ersetzung der Einwilligung oder Zustimmung des Vormunds oder Pflegers zur Annahme als Kind. Aus den Gründen Rn. 24 (s. auch § 95 Abs. 1 S. 3).

26 § 1748 BGB, Ersetzung der Einwilligung eines Elternteils zur Annahme als Kind. Aus den Gründen Rn. 24.

27 § 1752 Abs. 1 BGB, Beschluss über die Annahme als Kind. Denn es fehlt an einer Gebührenvorschrift (vgl. §§ 98 Abs. 1, 95 Abs. 1 S. 1 Nr. 3).

28 § 1757 Abs. 4 S. 1 BGB, Namensänderung bei der Annahme als Kind. Denn es fehlt an einer Gebührenvorschrift (vgl. §§ 98 Abs. 1, 95 Abs. 1 S. 1 Nr. 3, auch 35).

29 § 1758 Abs. 2 S. 2 BGB, Erlass eines Offenbarungs- und Ausforschungsverbots. Denn § 95 Abs. 1 S. 1 Nr. 3 ist insoweit eingeschränkt.

30 § 1760 BGB, Aufhebung des Annahmeverhältnisses bei Minderjährigen. Denn es fehlt an einer Gebührenvorschrift (vgl. §§ 98 Abs. 1, 95 Abs. 1 S. 1 Nr. 3).

31 § 1763 BGB, Aufhebung des Annahmeverhältnisses von Amts wegen. Denn es fehlt an einer Gebührenvorschrift (vgl. §§ 98 Abs. 1, 95 Abs. 1 S. 1 Nr. 3).

32 § 1765 Abs. 2 BGB, Anordnung, dass das minderjährige Kind den Familiennamen behält. Denn bei elterlicher Sorge ist § 95 Abs. 1 S. 1 Nr. 3 insoweit eingeschränkt, und für den nicht unter elterlicher Sorge stehenden Minderjährigen fehlt eine Gebührenvorschrift überhaupt.

33 §§ 1767 Abs. 2, 1757 Abs. 4 S. 2, 1746 Abs. 3 BGB, Ersetzung der Einwilligung oder Zustimmung des Betreuers oder Pflegers des Volljährigen zur Annahme als Kind. Denn es fehlt an einer Gebührenvorschrift (vgl. §§ 98 Abs. 1, 97 Abs. 1 Nr. 3).

34 §§ 1800, 1631 ff., Personensorgeentscheidungen bei der Vormundschaft. Denn § 94 Abs. 1 Nr. 3 betrifft nur die elterliche Sorge (vgl. auch Abs. 3), und eine entsprechende Vorschrift für die Vormundschaft fehlt.

35 §§ 1845, 1683 BGB, Tätigkeit bei Eheschließung des Vormunds. Denn § 94 Abs. 1 Nr. 2 betrifft nur die Heirat eines Elternteils, und eine entsprechende Gebührenvorschrift für den Vormund fehlt.

36 § 1846 BGB, vorläufige Maßregeln des Vormundschaftsgerichts. Denn sie sind Teil der Vormundschaft (§§ 92, 35).

37 § 1892 Abs. 2 S. 2 BGB, Beurkundung der Anerkennung der Schlussrechnung des Vormunds als richtig. Aus den Gründen Rn. 8.

38 §§ 1908i Abs. 1 S. 1, 1632 Abs. 3 BGB, Verfahren über die Herausgabe des Betreuten und den Umgang mit ihm. Denn § 94 Abs. 1 Nr. 6 betrifft nur die elterliche Sorge (vgl. auch Abs. 3), und eine entsprechende Vorschrift für die Betreuung fehlt.

39 §§ 1908i Abs. 1 S. 1, 1845, 1683 BGB. Tätigkeit bei Eheschließung des Betreuers. Denn § 94 Abs. 1 Nr. 2 betrifft nur die Heirat eines Elternteils, und eine entsprechende Gebührenvorschrift für den Betreuer fehlt.

§§ 1908i Abs. 1 S. 1, 1892 Abs. 2 S. 2 BGB, Beurkundung der Anerkennung 40
der Schlussrechnung des Betreuers als richtig. Aus den Gründen Rn. 8.
§ 81 AO, Bestellung eines Vertreters für das Besteuerungsverfahren. Denn 41
§ 93a Abs. 1 ordnet Gebührenfreiheit an.
§ 207 BauGB, Bestellung eines rechts- und sachkundigen Vertreters für das 42
Verwaltungsverfahren. Aus den Gründen Rn. 41.
§ 3 Abs. 2 S. 3, Abs. 3 S. 4 BKGG, Bestimmung des Kindergeldanspruchsbe- 43
rechtigten. Aus den Gründen Rn. 46.
§ 32 Abs. 5 DepotG, Bestellung eines Pflegers durch das Insolvenzgericht. Aus 44
den Gründen Rn. 41.
(nicht belegt) 45
§ 64 Abs. 2 S. 3, Abs. 3 S. 4 EStG, Bestimmung des Anspruchsberechtigten 46
für das Kindergeld. Denn im Vordergrund steht die Anspruchskonkurrenz der mehreren Berechtigten, so dass keine Fürsorgetätigkeit iS des § 95 Abs. 1 S. 1 Nr. 3 anzunehmen ist. Außerdem wird das Kindergeld auch für volljährige Kinder gezahlt, bei Bejahung der Anwendbarkeit der genannten Vorschrift würden sie mithin hierbei ausscheiden, oder aber es müsste eine andere Gebühr – die des § 97 Abs. 1 Nr. 3 – erhoben werden. Aus diesen Gründen ist der allgemein vertretenen Gebührenfreiheit zu folgen.
§§ 49 Abs. 4, 49a Abs. 2, 50d FGG, einstweilige Anordnungen vor der Anhö- 47
rung des Jugendamts und bei Herausgabe eines Kindes. Denn § 94 und die weiteren Vorschriften beziehen sich nur auf die Endentscheidung, für einstweilige Anordnungen = Zwischenentscheidungen fehlen in der KostO generell Gebührenvorschriften (vgl. § 1 Rn. 9).
§ 52 Abs. 3 FGG, einstweilige Anordnung bei der Aussetzung im Einverneh- 48
mensverfahren. Aus den Gründen Rn. 47.
§ 52a FGG, Vermittlungsverfahren im Umgangsstreit. Denn Gebührentatbestand 49
ist die Entscheidung (§ 94 Abs. 1 Nr. 4), nicht schon das Verfahren. Die Auslagen gelten ggf. als Teil der Kosten des anschließenden Verfahrens (§ 52a Abs. 5 S. 3 FGG, s. § 94 Rn. 37).
§ 53a Abs. 1 FGG, Vergleiche über den Zugewinnausgleich. Zwar kann sich der 50
Vergleich auf die Verpflichtung überhaupt erstrecken und damit den Verfahrensgegenstand übersteigen, und er ersetzt auch eine notarielle Beurkundung (§ 127a BGB); doch fehlt es einerseits an einer speziellen Gebührenvorschrift für den Vergleich, und andererseits sind die Beurkundungsvorschriften nicht anwendbar (§ 1 Rn. 9). Erst recht bleibt das erfolglose Vergleichsverfahren gebührenfrei.
§ 53a Abs. 3 S. 1 FGG, einstweilige Anordnung beim Zugewinnausgleich. 51
Denn § 97 Abs. 1 Nr. 1 bezieht sich nur auf die Endentscheidung, für einstweilige Anordnungen = Zwischenentscheidungen fehlen in der KostO generell Gebührenvorschriften (vgl. § 1 Rn. 9).
§ 53b Abs. 4 FGG, Vereinbarung über den Versorgungsausgleich. Aus den 52
Gründen § 99 Rn. 17, 36.
§ 53e Abs. 2 FGG, Festsetzung des auf Grund einer Vereinbarung über den Ver- 53
sorgungsausgleich zu zahlenden Betrages. Aus den Gründen § 99 Rn. 39.
§ 53f FGG, Aufhebung der Einzahlungsverpflichtung beim schuldrechtlichen 54
Versorgungsausgleich. Aus den Gründen § 99 Rn. 18.
§ 56f Abs. 2 FGG, Bestellung eines Pflegers für das Verfahren auf Aufhebung 55
des Kindesannahmeverhältnisses. Aus den Gründen § 92 Rn. 22.
§ 64b Abs 3 FGG, einstweilige Anordnung zum Gewaltschutz. Denn es fehlt 55a
eine Gebührenvorschrift (§ 91 S. 2).
§ 67 FGG, Bestellung eines Pflegers für das Betreuungsverfahren. Aus den 56
Gründen § 92 Rn. 22.
§ 69f FGG, vorläufiger Einwilligungsvorbehalt. Aus den Gründen § 92 Rn. 16. 57
§§ 70 bis 70h FGG, Unterbringungssachen. Kostenfreiheit gemäß § 128b. 58
§ 119 FlurbG, Bestellung eines Vertreters für das Verwaltungsverfahren. Aus 59
den Gründen Rn. 41.

§ 91   1. Teil. 2. Abschnitt: 4. Familienrecht und Lebenspartnerschaft

60   § 5 Abs. 2 S. 2 FreihEntzG, **Bestellung eines Pflegers für das Verfahren.** Aus den Gründen Rn. 41.

60a   § 96 GBO, **Bestellung eines Pflegers für das Rangbereinigungsverfahren.** Aus den gründen Rn. 41.

61   § 53 JGG, **Auswahl und Anordnung von Erziehungsmaßregeln.** Denn für die Anordnung von Erziehungsmaßregeln (§ 9 JGG) durch das Jugendgericht fehlt im GKG eine Gebührenvorschrift (vgl. § 40 und KostVerz. 1600 ff.), die Übertragung an das Vormundschaftsgericht sollte deshalb keine Gebührennachteile mit sich bringen. Wollte man § 95 Abs. 1 Nr. 3 anwenden, so hätte das zur Folge, dass die Gebühr bei Vormundschaft nicht erhoben wird, obwohl hier der innere Zusammenhang fehlt.

62   Art. 12 § 10a Abs. 2 S. 2, Abs. 3 S. 2 NEhelG, **Genehmigung der Erbrechtsvereinbarung eines unter Einwilligungsvorbehalt stehenden Betreuten.** Aus den Gründen Rn. 12.

63   § 2 Abs. 3 RelKErzG, **Vermittlung oder Entscheidung des Vormundschaftsgerichts.** Denn im „richtigen" § 94 (Vor § 91 Rn. 7) fehlt eine Gebührenvorschrift, und die §§ 95 Abs. 1 S. 1 Nr. 3 und 97 „passen nicht".

64   § 15 SGB X, **Bestellung eines Vertreters für das Verwaltungsverfahren.** Aus den Gründen Rn. 41.

65   § 15 Abs. 2 StAngRegG. **Entscheidung zwischen Mutter und Vormund.** Aus den Gründen Rn. 34.

65a   § 78 VAG, **Bestellung eines Pflegers durch das Insolvenzgericht.** Aus den Gründen Rn. 41.

66   § 3a VAHRG, **Verlängerung des schuldrechtlichen Versorgungsausgleichs einschließlich Auskunft und einstweiliger Anordnung.** Denn es fehlt eine Gebührenvorschrift (§ 99 Rn. 74).

67   § 10a VAHRG, **Abänderung einer Entscheidung des Familiengerichts.** Denn es fehlt eine Gebührenvorschrift (§ 99 Rn. 75).

68   § 11 Abs. 2 VAHRG, **Auskunft über Versorgungsanwartschaften usw.** Denn es fehlt eine Gebührenvorschrift. Zur Vollstreckung s. § 119 Abs. 5.

69   § 4 Abs. 1 VFGüterstandsG, **Entgegennahme der Güterstandserklärung.** Denn weder § 80 noch § 97 noch eine sonstige Vorschrift sieht eine Gebühr vor.

70   § 16 VwVfG und entsprechende Vorschriften, insbesondere der Verwaltungsverfahrensgesetze der Länder, **Bestellung eines Vertreters für das Verwaltungsverfahren.** Aus den Gründen Rn. 41.

70a   § 85 Abs. 2 S. 1 Nr. 2 WDO, **Bestellung eines Pflegers für das Disziplinarverfahren.** Aus den Gründen Rn. 41.

71   § 20 Nr. 7 WPO, **Bestellung eines Vertreters für das Rücknahme- und Widerspruchsverfahren.** Aus den Gründen Rn. 41.

VII. Auslagen

72   Auf die Erhebung der Auslagen ist § 91 ohne Einfluss; s. dazu auch § 94 Abs. 3 und die Erl. dort Rn. 27, 28 sowie die §§ 96 und 128b.

VIII. Beschwerde

73   Zur Beschwerdegebühr s. § 131 Abs. 3; auch Vor § 91 Rn. 3.

IX. FG-Refom

74   § 91 S. 1 soll sich nur noch auf die §§ 92 bis 93a und 97 genannten Tätigkeiten beziehen, iÜ tritt an ihre Stelle das FamGKG.

§ 92* Vormundschaft, Dauerbetreuung und Dauerpflegschaft

(1) ¹Bei Vormundschaften sowie bei Betreuungen und Pflegschaften für Minderjährige, die nicht auf einzelne Rechtshandlungen beschränkt sind, werden Kosten nur erhoben, wenn das Vermögen des Fürsorgebedürftigen nach Abzug der Verbindlichkeiten mehr als 25 000 Euro beträgt; der in § 90 Abs. 2 Nr. 8 des Zwölften Buches Sozialgesetzbuch genannte Vermögenswert wird nicht mitgerechnet. ²Für jedes angefangene Kalenderjahr wird eine Gebühr in Höhe von 5 Euro für jede angefangenen 5 000 Euro erhoben, um die das reine Vermögen die in Satz 1 genannten Vermögenswerte übersteigt; die Gebühr beträgt mindestens 50 Euro. ³Ist Gegenstand der Maßnahme ein Teil des Vermögens, ist höchstens dieser Teil des Vermögens zu berücksichtigen. ⁴Ist vom Aufgabenkreis nicht unmittelbar das Vermögen erfasst, beträgt die Gebühr 200 Euro, jedoch nicht mehr als die sich nach Satz 2 ergebende Gebühr. ⁵Für das bei der Einleitung der Fürsorgemaßnahme laufende und das folgende Kalenderjahr wird nur eine Jahresgebühr erhoben. ⁶Die Gebühr wird erstmals bei Anordnung der Fürsorgemaßnahme und später jeweils zu Beginn eines Kalenderjahres fällig.

(2) ¹Bei Dauerpflegschaften, die nicht minderjährige Personen betreffen, wird für jedes angefangene Kalenderjahr eine Gebühr in Höhe von 5 Euro für jede angefangenen 5000 Euro des reinen Vermögens erhoben. ²Absatz 1 Satz 3, 5 und 6 ist anzuwenden.

(3) Erstreckt sich eine Fürsorgemaßnahme nach den Absätzen 1 und 2 auf mehrere Fürsorgebedürftige, so werden die Gebühren für jeden von ihnen besonders erhoben.

(4) Geht eine vorläufige Betreuung in eine endgültige oder kraft Gesetzes eine Pflegschaft in eine Vormundschaft über oder wird eine Vormundschaft, Betreuung oder Pflegschaft von einem anderen Gericht übernommen, so bildet das Verfahren eine Einheit.

Hinweis: S. Tabelle Anhang E III.

Übersicht

	Rn.		Rn.
I. Gebührentatbestand	1–37	III. Wert	51–96
1. Dauer-/Einzelmaßnahme	1, 2	1. Vermögen/Geschäft	51–85
2. Vormundschaft	3–14	a) Vermögensbezug	51, 52
a) Vormundschaft	3–5	b) Gesamtes Vermögen	53–59
b) Beginn	6–11	c) Vermögensteil	60–63
c) Ende	12–14	d) Bestimmte Gegenstände	64–68
3. Dauerbetreuung	15	e) Aktiva	69–75
4. Vorläufige Betreuung	16, 17	f) Angemessenes Hausgrundstück	76–80
5. Dauerpflegschaften für Minderjährige	18–32	g) Passiva	81–84
a) Pflegschaft, Verfahrenspflegschaft	18–24	h) Bewertungszeitpunkt	85
b) Minderjährige	25–27	2. Freibetrag	86–96
c) Pflegschaftsbeginn	28, 29	a) Begünstigte Fürsorgemaßnahmen	86, 87
d) Pflegschaftsende	30–32	b) Nichtbegünstigte Fürsorgemaßnahmen	88
6. Andere Dauerpflegschaften	33–37	c) Bewertungszeitpunkt	89–96
II. Gebühren	38–50	IV. Häufung	97–101
1. Jahresgebühren	38–41	1. Personenhäufung (Fürsorgedürftige, Vormünder usw.)	97–99
2. Mindestgebühr	42, 43	2. Fürsorgemaßnahmenhäufung	100, 101
3. Abgeltung	44		
4. Verfahrenseinheit	45–50		

---

* § 92 Abs. 1 Satz 1 geändert durch Gesetz vom 9. 12. 1986 (BGBl. I S. 2326), § 92 neu gefasst durch Gesetz vom 12. 9. 1990 (BGBl. I S. 2002), Überschrift, Abs. 1 Satz 1, Abs. 4 geändert durch Gesetz vom 4. 12. 1997 (BGBl. I S. 2846), Abs. 1 Sätze 1 und 2, Abs. 2 Satz 1 geändert durch Gesetz vom 27. 4. 2001 (BGBl. I S. 751), Abs. 1 Satz 1 Halbsatz 2 geändert durch Gesetz vom 27. 12. 2003 (BGBl. I S. 3065), Abs. 1 und 2 geändert durch Gesetz vom 22. 12. 2006 (BGBl. I S. 3416).

	Rn.		Rn.
V. Fälligkeit, Kostenansatz, Schuldner, Auslagen	102–110	3. Auslagen	109, 110
1. Fälligkeit, Kostenansatz	102, 103	VI. Inkrafttreten, altes Recht	111
2. Schuldner	104–108	VII. FG-Reform	112

Schrifttum: *Zimmermann,* Gerichtskosten in Betreuungssachen, JurBüro 1999, 344.

I. Gebührentatbestand

1. Dauer-/Einzelmaßnahme

1 Die Bezeichnungen der gesetzlichen Überschrift „Dauerbetreuung, -pflegschaft" sind vom **BGB** nicht vorgegeben, sondern Ausdruck, Folge einer **gebührenrechtlichen Differenzierung:** zwischen Maßnahmen „für einzelne Rechtshandlungen" (§ 93 S. 1) und solchen, „die nicht auf einzelne Rechtshandlungen beschränkt sind" (Abs. 1 S. 1). Grund sind die unterschiedlichen Gebühren: bei Einzelmaßnahmen volle Gebühr der Tabelle des § 32 (§ 93), bei Dauermaßnahmen eine eigene, in § 92 geregelte Jahresgebühr.

2 Die **Abgrenzung** geschieht, dem gesetzlichen System gemäß, dergestalt, dass man „einzelne Rechtshandlungen" bestimmt (§ 93 Rn. 1 ff.), womit unter § 92 diejenigen Maßnahmen fallen, die darüber hinaus gehen (Abs. 1 S. 1). § 92 kommt jedoch eigene Bedeutung insoweit zu, als er – auch – die Vormundschaft betrifft: Sie dient wegen ihres gesetzlich geregelten Umfangs in Zweifelsfällen als „Leitbegriff".

2. Vormundschaft

3 a) **Vormundschaft.** Gebührentatbestand ist die Vormundschaft iS des 3. Abschnitts, 1. Titel des 4. Buches des BGB: über **Minderjährige** (§§ 1773 ff. BGB);

4 sowohl die **Einzelvormundschaft** als auch die **Vereinsvormundschaft** (§ 1791 a BGB) und die **Amtsvormundschaft** (§§ 1791 b, 1791 c BGB);

5 all dies auch bei **Ausländern** (Art. 24 Abs. 1 S. 1, 3 EGBGB).

6 b) **Beginn.** Die Vormundschaft wird entweder vom Vormundschafts- oder Familiengericht **angeordnet** (§§ 1774, 1697 BGB; Regelfall), oder sie tritt **kraft Gesetzes** ein (§§ 1791 c, 1751 Abs. 1 S. 2 Halbs. 1 BGB; § 55 SGB VIII).

7 Den Gebührentatbestand des § 92 erfüllt die erste auf Durchführung des Verfahrens gerichtete gerichtliche Tätigkeit nach Eintritt der Vormundschaft.

8 Das ist im Regelfall der **Anordnungsbeschluss** (§ 1774 BGB); s. Einf. Rn. 57 ff. Der Anordnung steht die Übernahme einer Vormundschaft aus dem **Ausland** (entsprechend § 47 Abs. 2 FGG) gleich.

9 Der **Bestellung des Vormunds** bedarf es nicht (arg. § 1846 BGB).

10 Ist die Vormundschaft bereits **vor der Geburt** angeordnet (§ 1774 S. 2 BGB), wird sie erst mit der Geburt des Mündels wirksam.

11 Im Falle der **gesetzlichen Amtsvormundschaft** genügt der Eintritt der Vormundschaft nicht, vielmehr wird der Gebührentatbestand des § 92 mit der ersten auf Durchführung der Vormundschaft gerichteten, nach außen wirkenden Tätigkeit des Vormundschaftsgerichts erfüllt. Dies folgt aus dem Wesen der Gebühr: Entgelt einer staatlichen Leistung für den Gebührenschuldner (§ 1 Rn. 10).

12 c) **Ende.** Die Vormundschaft endigt entweder **kraft Gesetzes** (§ 1882 BGB; Regelfall, wozu auch der Tod des Mündels gehört) oder mit der **Aufhebung** durch das Vormundschaftsgericht (§ 1884 BGB; Erlass, wie Rn. 8, bzw. Rechtskraft). Entsprechend endet auch der Gebührentatbestand.

13 Die weiteren **Geschäfte zur Abwicklung** der Vormundschaft (§§ 1892, 1893, 1836 BGB) erfüllen den Gebührentatbestand des § 92 nicht mehr.

14 Die **Abgabe ins Ausland** (§ 47 Abs. 2 FGG) steht der Beendigung gleich.

3. Dauerbetreuung

15 An die Stelle der Vormundschaft über Volljährige und der Gebrechlichkeitspflegschaft ist die – „nicht auf einzelne Rechtshandlungen beschränkte" (Rn. 1–2) – Dauerbetreuung

getreten (Abs. 1 S. 1). Sie **beginnt** mit der Bestellung des Betreuers (§§ 1896 ff. BGB, § 69a Abs. 3 FGG) und „überdauert" jedenfalls gebührenrechtlich auch „betreuerlose" Zwischenzeiten (§§ 1908b, 1908c BGB) bis zu ihrer **Beendigung** durch den Tod des Betreuten oder Aufhebung (§ 1908d Abs. 1 S. 1, Abs. 2 S. 1 BGB). Bei **vorläufigen Maßnahmen für Minderjährige** beginnt die Betreuung mit dem Eintritt der Volljährigkeit (§ 1908a BGB). S. iÜ Rn. 3–14, auch zufolge § 1908i BGB.

4. Vorläufige Betreuung

Betreuung iS des Abs. 1 S. 1 ist auch die vorläufige Betreuung (arg. Abs. 4).[1] Dieser Gebührentatbestand wird erfüllt durch den wirksamen Erlass (vgl. Einf. Rn. 57 ff. und die Sonderregelung in § 69f Abs. 4 FGG) einer **einstweiligen Anordnung,**[2] mit der ein vorläufiger Betreuer bestellt wird (§ 69f Abs. 1 FGG). Die Regelung fällt aus dem System der KostO, die einstweilige (vorläufige) Anordnungen generell gebührenfrei lässt (vgl. § 91 Rn. 9, 9a), und ist historisch zu erklären: Verlagerung der vorläufigen Vormundschaft über Volljährige (§ 1906 BGB aF, § 92 Abs. 3 aF) ins FGG unter Umwandlung in eine einstweilige Anordnung. Ein vorläufiger Einwilligungsvorbehalt (§ 69f Abs. 1 FGG) ohne Betreuerbestellung ist kaum denkbar (vgl. § 1903 BGB), wäre jedenfalls nur eine gebührenfreie einstweilige Anordnung und noch keine „vorläufige Betreuung". **16**

Die vorläufige Betreuung **endet** durch ihre Aufhebung; ihr steht die Entlassung des Betreuers (§ 69f Abs. 3 FGG) gleich, wenn kein neuer Betreuer alsbald bestellt wird; ferner durch Zeitablauf (§ 69f Abs. 2 FGG) sowie durch die zeitgerechte Anordnung der endgültigen Betreuung (vgl. Abs. 4 und dazu Rn. 52 ff.). Einstweilige Anordnungen auf **Verlängerung** (§ 69f Abs. 2 Halbs. 2 FGG) begründen keine neue vorläufige Betreuung, sie lösen mithin die Gebühr nicht erneut aus; wohl aber **weitere** einstweilige Anordnungen, die ohne zeitlichen Anschluss erneut eine vorläufige Betreuung anordnen. **17**

5. Dauerpflegschaften für Minderjährige

a) **Pflegschaft, Verfahrenspflegschaft.** Gebührentatbestand ist die Pflegschaft iS des 3. Abschnitts, 3. Titel des 4. Buches des BGB. Darunter fallen die Ergänzungspflegschaft (§§ 1909, 1764 Abs. 4 BGB), die Pflegschaft für eine Leibesfrucht (§ 1912 BGB; s. aber Rn. 25), die Pflegschaft für unbekannte Beteiligte (§ 1913 BGB), die Sachenrechtsbereinigungspflegschaft (§ 17 SachenRBerG); **18**

all dies auch für **Ausländer** (Art. 24 EGBGB). **19**

Die Pflegschaft kann wie die Vormundschaft **Einzelpflegschaft, Vereinspflegschaft** (§§ 1915 Abs. 1, 1791a BGB) und **Amtspflegschaft** (§§ 1915 Abs. 1, 1791b, 1791c BGB) sein. **20**

Nicht hierher – und auch nicht nach § 93 – gehören **Verfahrenspflegschaften** (Vertreterbestellungen), deren Anordnung dem das Verfahren führenden Gericht obliegt (so §§ 57, 58, 494, 779, 787 ZPO, § 6 ZVG, § 96 GBO). Das bringt die KostO selbst in § 106 Abs. 1 für die Pflegschaft im Nachlassauseinandersetzungsverfahren zum Ausdruck. Mangels einer entsprechenden Vorschrift sind sie gebührenfrei. Dabei kann also dahinstehen, ob sie als Dauer- oder als Einzelmaßnahme anzusehen sind. **21**

Dies gilt auch, wenn die Anordnung deshalb dem Vormundschafts- oder Familiengericht obliegt, weil es das Verfahren führt (§§ 50, 56f Abs. 2, 67, 70b Abs. 1 FGG; s. auch § 93a). **22**

Die Vertreterbestellung für ein **Verwaltungsverfahren** erfolgt zwar mangels eines Verfahrensgerichts durch das Vormundschaftsgericht (§ 16 VwVfG, § 81 AO, § 207 BauGB; s. im Einzelnen die Übersicht Vor § 91 Rn. 14), doch auf „Ersuchen" (o. Ä.) der Verwaltungsbehörde (Amtshilfe oder „Quasi-Amtshilfe"), und die Pflegschafts- (Betreuungs-) vorschriften gelten nur „entsprechend". Deshalb, und weil kein Grund ersichtlich ist, diese Pflegschaften im Verwaltungsverfahren anders als in gerichtlichen Verfahren zu behandeln, verbietet sich die Anwendung des § 93. **23**

---

[1] LG München I FamRZ 2004, 389 = Rpfleger 2004, 124 = KostRsp. Nr. 7 m. Anm. *Lappe*.
[2] OLG Zweibrücken FamRZ 2006, 875 = OLGR 2006, 607.

§ 92   1. Teil. 2. Abschnitt: 4. Familienrecht und Lebenspartnerschaft

24   Schließlich werden diejenigen Fälle nicht von § 93 erfasst, in denen jemand **einem Pfleger gleichgestellt** ist; das gilt außer für einen Teil der genannten „Verfahrenspfleger" für die **Pflegeperson, der Angelegenheiten der elterlichen Sorge übertragen sind** („Entlastungspflegschaft", § 1630 Abs. 3 BGB; s. dazu § 94 Abs. 1 Nr. 4).

25   **b) Minderjährige.** Unter Abs. 1 S. 1 fallen die genannten Pflegschaften „für Minderjährige". Die Minderjährigkeit **beginnt** mit der Geburt (§ 1 BGB). Die **Leibesfrucht** ist dem Normzweck des Abs. 1 – gegenüber Abs. 2 – gemäß „minderjährig", wenn sie selbst die Kosten schuldet, nicht also bei der Pflegschaft für einen noch nicht erzeugten Nacherben (§ 1913 S. 2 BGB), weil die Erben Schuldner sind (§ 6 S. 1).

26   Die Minderjährigkeit **endet** mit dem Eintritt der Volljährigkeit (§ 2 BGB), also mit dem 18. Geburtstag 0 Uhr (§ 187 Abs. 2 S. 2 BGB).

27   Entscheidend ist grundsätzlich das **objektive** Alter. Hat das Gericht wegen Minderjährigkeit angeordnet, erweist der Fürsorgebedürftige sich aber als volljährig, so liegt eine Lösung über § 16 nahe.

28   **c) Pflegschaftsbeginn.** Die Pflegschaft wird vom Vormundschafts- oder Familiengericht **angeordnet** (§§ 1915 Abs. 1, 1774, 1697 BGB; Regelfall). Den Gebührentatbestand des Abs. 1 S. 1 erfüllt die erste auf Durchführung des Verfahrens gerichtete, nach außen wirkende gerichtliche Tätigkeit nach Eintritt der Pflegschaft.

29   Das ist im Regelfall der **Anordnungsbeschluss** (s. Einf. Rn. 57 ff.), der Bestellung des Pflegers bedarf es nicht (vgl. Abs. 1 S. 4).

30   **d) Pflegschaftsende.** Die Pflegschaft endigt entweder **kraft Gesetzes** (§§ 1918, 1921 Abs. 3 BGB) oder mit der **Aufhebung** durch das Vormundschaftsgericht (§§ 1919, 1921 Abs. 1, 2 BGB). Entsprechend endet der Gebührentatbestand.

31   Die weiteren Geschäfte zur **Abwicklung** der Pflegschaft (§§ 1915 Abs. 1, 1892, 1893, 1836 BGB) erfüllen den Gebührentatbestand des Abs. 1 S. 1 nicht mehr.

32   Die **Abgabe ins Ausland** (§ 47 FGG) steht der Beendigung gleich.

6. Andere Dauerpflegschaften

33   Dauerpflegschaften, „die nicht Minderjährige betreffen" (Abs. 2 S. 1), sind diejenigen „allgemeinen Pflegschaften" für **natürliche Personen** (vgl. Rn. 18, 19), die **nicht minderjährig** (Rn. 25 ff.) sind;

34   sodann Pflegschaften, die **ihrer Art nach nur für Volljährige** in Betracht kommen (Abwesenheitspflegschaft, § 1911 BGB, § 16 ZustErgG);

35   ferner Pflegschaften, die **nicht natürliche Personen** betreffen (Sammelvermögen, § 1914 BGB, selbst wenn das Vermögen von Minderjährigen stammt oder für Minderjährige bestimmt ist).

36   Auch hier scheiden **Verfahrenspflegschaften** (Rn. 21 ff.) aus, „erst recht" die speziell für Volljährige vorgesehenen (§§ 67, 70b FGG).

37   Im Übrigen gilt das zur Dauerpflegschaft für Minderjährige Ausgeführte (Rn. 18–32) entsprechend.

II. Gebühren

1. Jahresgebühren

38   Es werden Jahresgebühren, und zwar „Kalenderjahresgebühren", nach dem Vermögen des Fürsorgebedürftigen erhoben (Abs. 1 S. 2). Eine solche Gebühr fällt einerseits für das erste unvollständige und das erste vollständige Jahr zusammen nur einmal an (Abs. 1 S. 3), andererseits aber auch für das letzte unvollständige Jahr, weil es ein „angefangenes Kalenderjahr" (Abs. 1 S. 2) ist.

39   Das Jahr ist „bei **Einleitung** der Fürsorgemaßnahme laufend" iS dieser Vorschrift, wenn nach dem 1. Januar 0 Uhr der Anordnungsbeschluss wirksam erlassen (Rn. 8) oder das Vormundschaftsgericht erstmals tätig wird (Rn. 11; entsprechend bei den anderen Fürsorgemaßnahmen).

Das Jahr hat bei **Beendigung** der Vormundschaft „angefangen", wenn nach dem 1. Januar 40
0 Uhr der Aufhebungsbeschluss erlassen wird oder die Begründungsvoraussetzungen wegfallen. (Unbilligkeiten[3] lassen sich durch Kostenerlass im Verwaltungswege ausräumen.)
Zur Beendigung der **Minderjährigkeit** s. Rn. 26. Der 1. Januar als Geburtstag löst mit- 41
hin keine neue Jahresgebühr mehr aus, wohl aber der 2. Januar.

2. Mindestgebühr

Der Mindestbetrag einer Jahresgebühr beläuft sich seit dem 2. JModG auf 50 Euro 42
(Abs. 1 S. 2 Halbs. 2); es ist am 31. 12. 2006 in Kraft getreten (Art. 28 Abs. 1), die neue
Gebühr also ab 2007 zu erheben (Abs. 1 S. 6). Sie bewirkt, dass bei den Werten von 30 000
bis 45 000 die Gebühr des Abs. 1 mit Freibetrag höher ist als die des Abs. 2 ohne einen
solchen: 50 Euro statt 30, 35, 40, 45 Euro. Dieses gesetzgeberische Versehen lässt sich im
Wege der Rechtsanwendung wohl nicht beheben, zumal angesichts des sich aus der Gesetzesbegründung ergebenden Normzwecks (Einnahmeausfall, Kleingebühren). Über einen
Verstoß gegen den Gleichheitssatz entscheidet das BVerfG (Art. 100 GG), doch kommt
dem hoffentlich eine Gesetzeskorrektur zuvor.

Zur **Übergangsvorschrift** des Art. 5 § 2 Abs. 2 des KostÄndG vom 20. 8. 1975 (BGBl. I 43
S. 2189) s. die 16. Aufl.

3. Abgeltung

Die Jahresgebühren gelten die gesamte Tätigkeit des Vormundschafts- oder Familienge- 44
richts ab (vgl. §§ 91, 93 S. 6, 94 Abs. 1 Nr. 8, 95 Abs. 1 S. 2, 35), soweit nicht besondere
Gebühren vorgesehen sind (insbesondere §§ 94, 97 a, 98, 119).

4. Verfahrenseinheit

Für die Berechnung der Jahresgebühren (Rn. 38 ff.) werden einige Fürsorgemaßnahmen 45
als ein Verfahren behandelt (Abs. 4), und zwar der Übergang
der **vorläufigen Betreuung in eine endgültige;** er ist nicht ausdrücklich geregelt, 46
doch ergibt sich aus dem Wesen der einstweiligen Anordnung (§ 69 f FGG), dass sie ihre
Wirkung mit der Entscheidung in der Hauptsache verliert;
einer **Pflegschaft in eine Vormundschaft** kraft Gesetzes (so § 1791 c Abs. 2 BGB). 47
Die Vorschrift greift hingegen nicht ein, wenn die **gesetzliche Beendigung** einer Vor- 48
mundschaft oder Pflegschaft mit dem **gesetzlichen Eintritt** einer Pflegschaft oder Vormundschaft „zufällig" zusammentrifft; so etwa bei Geburt eines Kindes, dessen Eltern nicht
miteinander verheiratet sind, wenn eine Leibesfrucht-Pflegschaft bestand: Die Pflegschaft
endet mit der Geburt (§ 1918 Abs. 2 BGB), die Vormundschaft tritt mit der Geburt ein
(§ 1791 c Abs. 1 S. 1 BGB).

Den Übergang einer **Vormundschaft in eine Betreuung** gibt es von Rechts wegen 49
nicht. Da eine Gebührenvergünstigung nicht vorgesehen ist, werden selbst bei unmittelbarem Anschluss der Betreuung an die Vormundschaft und Bestellung derselben Person zum
Vormund bzw. Betreuer die Gebühren getrennt erhoben (was auch wegen Abs. 1 S. 3 vertretbar ist).

Ein Wechsel der **örtlichen Zuständigkeit** (§ 46 FGG) hat auf die Gebührenmenge 50
keinen Einfluss (Abs. 3 aE), erst recht nicht der Wechsel vom anordnenden Familien- zum
weiterführenden Vormundschaftsgericht, also von einer Abteilung des Amtsgerichts zu einer anderen.

III. Wert

1. Vermögen/Geschäft

a) **Vermögensbezug.** Die Wertvorschrift des Abs. 1 ist durch das 2. JModG Ende 2006 51
auf Grund unserer bisherigen Kommentierung[4] und der Entscheidung des BVerfG[5] zur

---

[3] Dazu *Lappe* KostRsp. Nr. 7 Anm.
[4] BT-Drucks. 16/3038 S. 119; Text bei *Lappe* KostRsp. Nr. 10 = NJW 2007, 273.
[5] BVerfG BGBl. 2006 I S. 1454 = NJW 2006, 2246 = Rpfleger 2006, 565.

Personenfürsorge geändert worden. Zwar bestimmt nach wie vor grundsätzlich das Vermögen die Gebühren, jedoch, je nach dem Gegenstand des Geschäfts (§ 18 Abs. 1 S. 1), das **volle** (Abs. 1 S. 2; Rn. 53 ff., 64 ff.) oder nur ein **Teil** (Abs. 1 S. 3; Rn. 60 ff.). Erfasst es vom Aufgabenkreis „nicht unmittelbar" das Vermögen, fällt eine Festgebühr an (Abs. 1 S. 4; Rn. 52), begrenzt durch die Gebühr aus dem vollen Vermögen.

52   Die **Festgebühr** fällt nach dem aus der Gesetzesbegründung folgenden Normzweck an, „wenn der Aufgabenkreis neben Bereichen der Personensorge auch sich hieraus ergebende Aufgaben erfasst, die vermögensrechtlicher Natur sind (zB Aufenthaltsbestimmungsrecht und Abschluss eines Heimvertrags)." Eine Differenzierung zwischen den möglichen – sehr unterschiedlichen – Geschäften fehlt, doch erscheint dies angesichts der Bedeutung jeder Maßnahme, jedes „Eingriffs" einerseits und der geringen Höhe der Gebühr andererseits noch vertretbar.

53   **b) Gesamtes Vermögen.** Das gesamte Vermögen bildet den Wert, wenn es von der Fürsorgemaßnahme erfasst wird. Das ist typischerweise bei der **Vormundschaft** der Fall, weil sie die Sorge für Person und Vermögen des Mündels betrifft (§ 1793 BGB).

54   Gleiches gilt bei der **Pflegschaft,** wenn sie an die **Stelle der Vormundschaft** tritt (so gemäß § 1909 Abs. 3 BGB) oder die gesamte **elterliche Sorge** erfasst (gemäß §§ 1666 ff. BGB);

55   wenn Gegenstand der Pflegschaft die gesamte **Vermögenssorge** ist;

56   wenn die Pflegschaft das **gesamte Vermögen** umfasst (zB gemäß § 1911 BGB);

57   wenn Gegenstand der Pflegschaft **bestimmtes Vermögen** ist (zB im Fall der §§ 1638, 1909 Abs. 1 S. 2 BGB), dies aber praktisch das einzige und damit gesamte Vermögen darstellt.

58   Die **Personensorge** wird hingegen nicht mehr – weder nach dem Vermögen noch nach § 30 Abs. 3 S. 1[6] – bewertet, sondern mit der Festgebühr (Abs. 1 S. 4) abgerechnet.

59   Bei der **Betreuung** ist entsprechend zu bewerten, ausgehend vom Aufgabenkreis des konkreten Falls.

60   **c) Vermögensteil.** Das Vermögen wird nur insoweit der Bewertung zugrunde gelegt, als es Gegenstand (!) der Fürsorgemaßnahme ist (Abs. 1 S. 3). Die Beschränkung kann sich aus „den Verhältnissen" oder dem Aufgabenkreis, also dem Gegenstand ergeben.

60a Es scheidet aus, wenn und soweit es sich im **Ausland** befindet und dort einer besonderen Verwaltung unterliegt. Werden die **Erträgnisse** an den Vormund usw. abgeführt, rechnen sie zum Vermögen – soweit sie am jeweiligen Fälligkeitstag vorhanden sind –.[7]

61   Besteht für die Verwaltung von **Vermögensteilen eine Pflegschaft** (§§ 1909 Abs. 1 S. 2, 1794, 1638 BGB), so fallen auch diese aus, weil die Pflegschaft eine gesonderte Gebühr auslöst (Rn. 100).

62   Hingegen soll Vermögen, dessen Verwaltung einem **Testamentsvollstrecker** oder **Nießbraucher** obliegt, mitgerechnet werden;[8] das ist zwar nicht unbedenklich, angesichts der geringen Höhe der Jahresgebühren aber noch vertretbar.

63   Entsprechend ist bei den anderen Fürsorgemaßnahmen zu verfahren.

64   **d) Bestimmte Gegenstände.** Bezieht sich die Fürsorgemaßnahme auf einen bestimmten vermögensrechtlichen Gegenstand, so wird er nach den §§ 18 ff. bewertet, jedoch bildet das Teilvermögen die Obergrenze (nur so erlangt das „höchstens" im Gesetzestext Sinn). Beispiele:

65   – **Unterhaltspflegschaft** oder -betreuung: Wert § 24 Abs. 3 oder 4 (wenn Gegenstand nur der Regelunterhalt ist);

66   – **Rentenpflegschaft** oder -betreuung: Wert § 24 Abs. 2;

67   – Pflegschaft zur Wahrnehmung von **Gesellschafterrechten:** Wert des Gesellschaftsanteils (§ 30 Abs. 1, und zwar der materielle, nicht der nominelle).

---

[6] KGJ 37 B 52.
[7] KG JFGErg. 14, 62 = JW 1935, 3575.
[8] KGJ 16, 208; OLG Hamm Rpfleger 1973, 451; BayObLG Rpfleger 1997, 86.

Eine Bewertung eigener Art erfordert die **Kontrollbetreuung** gegenüber einem Be- 68
vollmächtigten des Betreuten (§ 1896 Abs. 3 BGB).[9] Für sie kann das Kontrollobjekt
– Vermögen, Vermögensteil, sonstiger Gegenstand – nur den Ausgangswert bilden, ein
Bruchteil von etwa 30% gibt den Geschäftswert ab, je nach dem Umfang und der Schwierigkeit der erforderlichen Kontrolle mehr oder weniger.

e) Aktiva. Es fehlt eine gesetzliche **Definition** des Vermögens. Man versteht unter 69
dem Begriff „die Gesamtheit der einer Person zustehenden Güter und Rechte von wirtschaftlichem Wert. Dazu gehören vor allem das Eigentum an Grundstücken und beweglichen Sachen, Forderungen und sonstige Rechte, die geldwert sind; also Rechte, die normalerweise gegen Geld veräußert oder erworben werden oder einen in einem Geldwert
ausdrückbaren wirtschaftlichen Nutzen gewähren. Das ist der Fall auch bei Immaterialgüterrechten und Mitgliedschaftsrechten, nicht aber bei reinen Persönlichkeitsrechten und
persönlichen Familienrechten. Nicht zum Vermögen gehören weiter die Arbeitskraft, die
beruflichen Kenntnisse, geschäftliche Erfahrungen und die bloßen Erwerbsaussichten".[10]

Bewertet werden die einzelnen Aktiva nach den §§ **18 ff.**; **Bilanzwerte** sind in die 70
KostO-Werte umzurechnen.[11] Die Einzelwerte werden dann **summiert,** sofern sie nicht
wirtschaftlich identisch sind. Für einen landwirtschaftlichen Betrieb kommt § 19 Abs. 4 in
Betracht.[12]

Zu den Aktiva gehören **Renten,** die nicht unmittelbar dem **Unterhalt** des Fürsorgebe- 71
dürftigen dienen,[13] also nicht schon der laufende, „zum alsbaldigen Verbrauch bestimmte"
Unterhalt, wohl aber ein Überschuss, wenn er angelegt wird;

Steuererstattungen;[14] 72
Unterhaltsabfindungen;[15] 73
der Anteil des Mündels usw. am Gesamtgut der **fortgesetzten Gütergemeinschaft.**[16] 74

Bedingte Forderungen, **Anwartschaften** und – rechtlich oder hinsichtlich ihrer Ver- 75
wirklichung – **zweifelhafte** Ansprüche sind nicht mit ihrem Nennwert, sondern mit ihrem nach § 30 Abs. 1 zu schätzenden wirtschaftlichen Wert (arg. § 24 Abs. 6 S. 3), idR
also mit einem Bruchteil, anzusetzen; Beispiel: Nacherbenrechte.

f) Angemessenes Hausgrundstück. Bei den Aktiven des Vermögens des Fürsorgebe- 76
dürftigen „wird der in **§ 90 Abs. 2 Nr. 8 des Zwölften Buches Sozialgesetzbuch** genannte Vermögenswert **nicht** mitgerechnet" (Abs. 1 S. 1 Halbs. 2). Das ist (Gesetzestext:)
„ein angemessenes Hausgrundstück, das von der nachfragenden Person oder einer anderen
in den § 19 Abs. 1 bis 3 [SGB XII] genannten Person allein oder zusammen mit Angehörigen ganz oder teilweise bewohnt wird und nach ihrem Tod von ihren Angehörigen bewohnt werden soll. Die Angemessenheit bestimmt sich nach der Zahl der Bewohner, dem
Wohnbedarf (zB behinderter, blinder oder pflegebedürftiger Menschen), der Grundstücksgröße, der Hausgröße, dem Zuschnitt und der Ausstattung des Wohngebäudes sowie dem
Wert des Grundstücks einschließlich des Wohngebäudes." Ein solches Hausgrundstück ist
sozialhilferechtliches „Schonvermögen", d. h., von seinem Einsatz oder seiner Verwertung
darf die Sozialhilfe nicht abhängig gemacht werden.[17] Gleiches gilt für die Prozesskostenhilfe (§ 115 Abs. 2 ZPO; dazu die in den ZPO-Kommentaren nachgewiesene Rspr.).

Begünstigtes **„Hausgrundstück"** sind ein Ein- oder Mehrfamilienhaus (S. 1: „ganz 77
oder teilweise") sowie eine Eigentumswohnung (so ausdrücklich der frühere S. 3), die zum
Vermögen des Fürsorgebedürftigen gehören (§ 92 Abs. 1 S. 1): Er muss also (Mit-)Eigen-

---

[9] *Bienwald* Rpfleger 1998, 231, 236.
[10] Definition des Deutschen Rechts-Lexikons.
[11] S. im Einzelnen *Lappe/Schulz* NotBZ 1997, 54.
[12] BayObLGZ 1991, 200 = Rpfleger 1991, 225.
[13] KG JW 1934, 1919; JFGErg. 13, 87 = JVBl. 1934, 210.
[14] BVerwG NJW 1999, 3649.
[15] KGJ 50, 265.
[16] KG JFGErg. 21, 89 = JVBl. 1940, 149.
[17] Vgl. *Bernd Schulte* NJW 1991, 546; anderes Schonvermögen wird jedoch nicht abgezogen, OLG
Hamm Rpfleger 1998, 541.

§ 92   *1. Teil. 2. Abschnitt: 4. Familienrecht und Lebenspartnerschaft*

tümer (Erbbauberechtigter) sein oder einen Anspruch (eine Anwartschaft) darauf haben. Außerdem muss er es selbst, sein nicht getrennt lebender Ehegatte oder Lebenspartner (zB bei Unterbringung des Fürsorgebedürftigen), sein minderjähriges unverheiratetes Kind oder bei einem solchen die Eltern oder ein Elternteil bewohnen (S. 1 iVm. § 19 Abs. 1–3 SGB XII).

78   Die **Angemessenheit** hängt (S. 2, 3) in erster Linie vom Wohnbedarf der begünstigten Bewohner, der in Rn. 76 genannten Angehörigen ab (s. im Einzelnen §§ 29 SGB X und das Gesetz zur Reform des Wohnungsbaurechts vom 13. 9. 2001, BGBl. I S. 2376). Zusammen mit den anderen gesetzlichen Merkmalen ist der unbestimmte Rechtsbegriff im Einzelfall auszufüllen.[18]

79   Ist das Hausgrundstück **größer,** muss es der Hilfesuchende im Hinblick auf Sozial- und Prozesskostenhilfe einsetzen: belasten oder durch ein angemessenes ersetzen mit der Folge, dass ihm dieses als Schonvermögen verbleibt. Für den Freibetrag kommt derlei wegen des anderen Normzwecks nicht in Betracht, auch wäre es unverhältnismäßig, wegen der Gebühr des § 92 zu verlangen, dass der Fürsorgebedürftige das Haus in Wohnungseigentum aufteilt oder das Grundstück teilt, damit sich bei seinem Aktivvermögen nicht zu berücksichtigendes Hausgrundstück ergibt. Daraus folgt, dass nicht das gesamte größere Grundstück als Aktivposten anzusetzen ist, sondern nur der Teil seines Werts, der in dem einen im konkreten Fall unberücksichtigt bleibenden angemessenen Hausgrundstücks **übersteigt**. Im Ergebnis **erhöht** die Regelung also bei Haus- und Wohnungseigentum den **allgemeinen Freibetrag** gemäß den Wohnbedürfnissen und den örtlichen Grundstückspreisen. Im Interesse der Gleichbehandlung werden sich bei den Gerichten entsprechende „Tabellen" entwickeln müssen.

80   Die **Feststellung** des Vermögens und damit des „angemessenen Hausgrundstücks" ist Kostenansatz (§ 14) oder Wertfestsetzung (§ 31). Für die Bestimmung des Grundstückswerts besteht ein Beweisaufnahmeverbot (§ 19 Abs. 2 S. 1 Halbs. 2), auch wegen der übrigen Elemente des „angemessenen Hausgrundstücks" muss aus Gründen der Verfahrensökonomie eine summarische Prüfung genügen. Die Feststellungslast (Beweislast) trifft die Staatskasse, allerdings ist der Kostenschuldner zur Mitwirkung verpflichtet, soweit es sich um Tatsachen seiner Lebenssphäre handelt (Familiengröße, Wohnbedürfnisse). Im Zweifel ist also generell zugunsten des Kostenschuldners zu entscheiden; soweit er seine Mitwirkungspflicht verletzt hat, zu seinen Ungunsten.

81   g) **Passiva**. Das Vermögen bildet den Wert „nach Abzug der Verbindlichkeiten" (Abs. 1 S. 1). Dieses „Reinvermögen" kommt durch einen Abzug der Schulden zustande. Auch sie werden nach den §§ 18 ff. bewertet, bei Bilanzen gilt Rn. 70, bei bedingten Forderungen, Anwartschaften und zweifelhaften Ansprüchen Rn. 87.

82   Beim **Gegenstandswert** (Rn. 64 ff.) werden Schulden nicht abgezogen (§ 18 Abs. 3), wohl aber beim Vermögenswert als Obergrenze (Rn. 64).

83   Zu den Schulden gehören auch die Verpflichtungen aus einem **Nießbrauch**.[19]

84   **Aufwendungen des Vormunds** usw. sind im Fall des § 1835 Abs. 1 BGB mit ihrer Bewertung abzuziehen, die Vergütung (§ 1836 BGB) jedoch erst mit ihrer Bewilligung.

85   h) **Bewertungszeitpunkt**. Für die einzelne Jahresgebühr ist das Vermögen zum Zeitpunkt ihrer **Fälligkeit** maßgebend (§ 18 Abs. 1); dazu Rn. 89 ff. S. auch Rn. 45 ff.

2. Freibetrag

86   a) **Begünstigte Fürsorgemaßnahmen**. Fürsorgemaßnahmen des Abs. 1 (Rn. 1–32), sind **kostenfrei** (= gebühren- und auslagenfrei, § 1), wenn das Vermögen (Rn. 51–85) nicht mehr als 25 000 Euro beträgt (Abs. 1 S. 1). Das gilt auch dann, wenn dieses nicht den Geschäftswert bildet, er vielmehr nach dem Gegenstand des Geschäfts bestimmt wird (Rn. 64); sowie im **Beschwerdeverfahren**.[20]

---

[18] Vgl. zum alten Recht BVerwGE 47, 103; 59, 295; *Schachel* NJW 1982, 88.
[19] OLG Frankfurt Rpfleger 1974, 331; streitig.
[20] LG Koblenz FamRZ 2004, 1308.

Dieser Freibetrag bleibt erhalten, wenn das Vermögen 25 000 Euro übersteigt, die Gebühr wird also nur aus dem Mehr-Wert erhoben. Dazu die Tabelle Anhang E IV. 87

b) Nichtbegünstigte Fürsorgemaßnahmen. Bei den übrigen Fürsorgemaßnahmen (Rn. 33–37) entfällt der Freibetrag (Abs. 2), es gibt also weder eine Kostenfreiheit bis 25 000 Euro Vermögen noch wird die Gebühr lediglich aus dem darüber hinausgehenden Wert erhoben. Dazu ebenfalls die Tabelle Anhang E IV. 88

c) Bewertungszeitpunkt. Auch hier kommt es auf den Bewertungszeitpunkt = die **Fälligkeit** der einzelnen Jahresgebühr an (Rn. 85). 89

Die hM zählt insbesondere bei der Pflegschaft – doch betrifft dies alle Fürsorgemaßnahmen – Vermögen mit, das der Pfleger im **Zuge der Pflegschaft für den Pflegling erwirbt.**[21] Nimmt zB der Pfleger für das vermögenslose Kind eine Schenkung von 30 000 Euro an, so wird die Jahresgebühr aus 5 000 Euro erhoben. Dem kann jedoch nicht gefolgt werden.[22] 90

Dagegen steht zunächst der Gesetzeswortlaut, nach dem es auf den Wert des Mündelvermögens im Zeitpunkt der Fälligkeit der Gebühr ankommt (§ 18 Abs. 1): Die Gebühr wird bereits vor dem Erwerb fällig (Abs. 1 S. 4). Eine Analogie zu Lasten des Kostenschuldners ist im Recht der einseitig auferlegten öffentlichen Gebühren unzulässig (§§ 1, 91). 91

Zum zweiten wird so in den Gleichlauf der Werte des Abs. 1 S. 1 und damit auch in das gesetzliche System eingegriffen. 92

Drittens müsste diese Auffassung konsequent dahin fortgesetzt werden, dass auch eine durch den Pfleger bewirkte Vermögensminderung zurückwirkt, praktisch also bereits gezahlte Gebühren erstattet werden. 93

Zum vierten käme man bei einer komplexen Pflegschaft, die zunächst eine Minderung, dann aber wieder eine Erhöhung des Vermögens bewirkt, zu völlig unsicheren Verhältnissen (Erhebung – Rückzahlung – Erhebung der Gebühr?). 94

Schließlich hilft auch die Idee einer gerechten Gebührenerhebung nicht weiter. Der Gesetzesvorbehalt in diesem Bereich hat nun einmal generell zur Folge, dass Gebühren, die „eigentlich" erhoben werden müssten, aus „formellen" Gründen nicht erhoben werden können. Und speziell im Bereich der Pflegschaftsgebühren steckt bereits soviel Willkür (insbesondere § 93 Rn. 20 ff.), dass „es auf eine mehr nicht mehr ankommt". 95

Besteht allerdings im Zeitpunkt der Fälligkeit der Gebühr bereits ein Anspruch oder eine Anwartschaft, so wird er bzw. sie mitbewertet (Rn. 75). Das ist insbesondere der Fall, wenn die Verwirklichung des Anspruchs allein vom Handeln des Mündels abhängt, also etwa von einer vom Pfleger zu erklärenden Genehmigung eines schwebend unwirksamen Vertrags.[23] 96

IV. Häufung

1. Personenhäufung (Fürsorgebedürftige, Vormünder usw.)

Das Prinzip der KostO „getrennte Gebühren aus getrennten Werten" (Einf. Rn. 61) wird auch bei demselben Vormund für **Geschwister** (§ 1775 S. 2 BGB) durchgehalten (Abs. 3). Hingegen bleibt es bei einer Gebühr, wenn bei derselben Vormundschaft **mehrere Vormünder** (§§ 1775 S. 2, 1797 BGB) oder ein **Gegenvormund** bestellt werden (§ 1792 BGB). Entsprechend ist bei den übrigen Fürsorgemaßnahmen zu verfahren, insbesondere bei der Bestellung **mehrerer Betreuer** (§ 1899 Abs. 1 S. 1, Abs. 3 BGB). 97

Werden mehrere Betreuer mit verschiedenen Aufgabenkreisen bestellt (§ 1899 Abs. 1 S. 2 BGB), so liegt gleichwohl nur eine Betreuung iS des § 92 vor. Es fällt mithin nur eine Jahresgebühr an; allerdings kann es zu einer **Addition der Werte** der Aufgabenkreise kommen, wenn sie nämlich nicht wirtschaftlich identisch sind und einer der Aufgaben- 98

---

[21] OLG Braunschweig Rpfleger 1956, 117; 1967, 154 = KostRsp. Nr. 1; BayObLGZ 1966, 375 = Rpfleger 1967, 154 = KostRsp. Nr. 3; OLG Hamm Rpfleger 1972, 426.
[22] Aufgabe von KostRsp. Nr. 1 Anm.
[23] Vgl. BayObLGZ 1966, 317 = Rpfleger 1967, 152.

kreise den anderen nicht „wertmäßig" erfasst. Betrifft also beispielsweise der erste Aufgabenkreis die Vermögensverwaltung und der zweite die persönliche Betreuung, bleibt der zweite außer Betracht. Hat der Betreute hingegen einen Renten- und einen Unterhaltsanspruch und wird zur Geltendmachung eines jeden ein gesonderter Betreuer bestellt, so sind die Werte zusammenzurechnen.

99 Wird „das nur einen Betreuer betreffende Verfahren" von einem **anderen Vormundschaftsgericht** geführt (§ 65a Abs. 1 S. 3 FGG), so handelt es sich von der Trennung an um gesonderte Fürsorgemaßnahmen: getrennte Gebühren aus getrennten Werten bei jedem Gericht.

2. Fürsorgemaßnahmenhäufung

100 Treffen verschiedene Fürsorgemaßnahmen des § 92 bei dem selben Fürsorgebedürftigen zusammen, so erfüllt jede den Gebührentatbestand, es werden mithin **gesonderte Gebühren** aus gesonderten Werten erhoben.

101 Das gilt auch bei wirtschaftlicher **Identität der Werte**;[24] eine Vormundschaft und eine Pflegschaft für alle Angelegenheiten können also getrennte Gebühren je aus dem Vermögen des Mündels auslösen. Zur Verminderung solcher Gebührenhäufungen mag eine andere Maßnahme des Vormundschaftsgerichts geboten sein, also etwa statt der Pflegschaft die Bestellung eines Gegenvormunds. Ein Verstoß kann als unrichtige Sachbehandlung anzusehen sein (§ 16), auch kommt zur Vermeidung von Härten ein Kostenerlass im Verwaltungsweg in Betracht.

V. Fälligkeit, Kostenansatz, Schuldner, Auslagen

1. Fälligkeit, Kostenansatz

102 Abweichend von § 7 werden die Jahresgebühren **im Voraus** fällig (Abs. 1 S. 4), mit ihrem Entstehen; die erste also mit der Anordnung der Fürsorgemaßnahme (vgl. Rn. 6 ff.), die folgenden am 1. Januar jedes Kalenderjahrs.

103 Zum **Zeitpunkt des Kostenansatzes** s. § 14 Abschnitt III KostVfg. (Anhang D I). Ist das **Vermögensverzeichnis** für einen anderen Zeitpunkt erstellt,[25] können Wertabweichungen notfalls geschätzt werden (§ 30 Abs. 1). Gleiches gilt für Bilanzen (Rn. 70).

2. Schuldner

104 Bei der **Vormundschaft** ist Schuldner der Mündel (§ 2 Nr. 2).

105 Wollte man der Rspr. folgen, die die Entziehung des Sorge- und Umgangsrechts auch dem Interesse des Elternteils zurechnet, dem Sorge- bzw. Umgangsrecht entzogen werden (§ 94 Rn. 89, 90), so müssten auch bei Minderjährigen, die unter elterlicher Sorge stehen, die Eltern als Schuldner angesehen werden. Die genannte Rspr. verdient jedoch keine Zustimmung.

106 Bei der **Betreuung** ist Schuldner der Betreute, entweder gemäß § 2 Nr. 2 oder gemäß § 2 Nr. 1 iVm. § 1896 Abs. 1 BGB.

107 Schuldner der **Pflegschaftsgebühr** ist der Mündel (§ 2 Nr. 2).

108 Im Rahmen seines Wirkungskreises kann die Gebühr vom Pfleger **aus dem verwalteten Vermögen** zu bezahlen sein.

3. Auslagen

109 Neben den Gebühren des § 92 werden Auslagen (§§ 136 bis 139) erhoben. Die aus der Staatskasse gezahlten Aufwendungen (§ 1835 Abs. 4 BGB) fallen weder unter § 137 Abs. 1 Nr. 6 – § 1835 Abs. 4 S. 2 BGB trifft lediglich eine verfahrensrechtliche (!) Verweisung – noch unter § 137 Abs. 1 Nr. 8 – dass ein Rechtsanwalt Vormund ist, wäre ein zufälliger und damit willkürlicher Auslagentatbestand –.

110 Wegen **Nichterhebung** der Auslagen bei Ablehnung der Betreuung usw. s. § 96.

---

[24] OLG München JVBl. 1938, 140; aA KG JVBl. 1939, 191.
[25] Vgl. *Spanl* Rpfleger 1990, 278.

VI. Inkrafttreten, altes Recht

§ 92 ist am 1. 1. 1992 in Kraft getreten (Art. 11 BtG). Er gilt für die danach fällig werdenden Kosten (§ 161 S. 1). Eine bereits bestehende Dauermaßnahme nimmt an den Vergünstigungen des neuen Rechts (angemessenes Hausgrundstück, Auslagenfreiheit) teil (nicht § 161 S. 2; s. dort Rn. 5, 19). S. auch Rn. 43. **111**

VII. FG-Reform

In § 92 sollen Vormundschaften und Pflegschaften über Minderjährige gestrichen werden, an seine Stelle tritt das FamGKG. **112**

§ 93* Betreuung und Pflegschaft für einzelne Rechtshandlungen

¹ Bei Betreuungen oder Pflegschaften für einzelne Rechtshandlungen wird die volle Gebühr nach dem Wert des Gegenstands erhoben, auf den sich die Rechtshandlung bezieht. ² Ist der Fürsorgebedürftige an dem Gegenstand der Rechtshandlung nur mitberechtigt, so ist der Wert seines Anteils maßgebend; bei Gesamthandverhältnissen ist der Anteil entsprechend der Beteiligung an dem Gesamthandvermögen zu bemessen. ³ Bei einer Pflegschaft für mehrere Fürsorgebedürftige wird die Gebühr nach dem zusammengerechneten Wert einheitlich erhoben. ⁴ Die Gebühr wird mit der Anordnung fällig. ⁵ Die Gebühr für eine Betreuung darf eine Gebühr nach 92 Abs. 1 Satz 2, die Gebühr für eine Pflegschaft eine Gebühr nach § 92 Abs. 2 nicht übersteigen. ⁶ Eine Gebühr wird nicht erhoben, wenn für den Fürsorgebedürftigen eine Vormundschaft, Dauerbetreuung oder -pflegschaft besteht oder gleichzeitig anzuordnen ist.

Übersicht

	Rn.		Rn.
I. Gebührentatbestand	1–11	III. Wert	23–37
1. Einzelne Rechtshandlungen	1–8	1. Gegenstand	23–26
a) Rechtsgeschäfte	5	2. Mitberechtigung	27–36
b) Gerichtliche Verfahren	6	3. Mitverpflichtung	37
c) Realakte	7, 8	IV. Häufung	38–50
2. Betreuungen	9	1. Fürsorgemaßnahmen	38, 39
3. Pflegschaften	10, 11	2. „Fürsorger" (Betreuer usw.)	40
II. Gebühr	12–22	3. Fürsorgebedürftige	41–44
1. Volle Gebühr	12	4. Rechtshandlungen	45–49
2. Abgeltung anderer Maßnahmen	13	5. Erweiterung des Aufgabenkreises	50
3. Abgeltung durch Dauermaßnahmen	14–16	V. Fälligkeit, Schuldner, Auslagen	51–54
4. Kostenfreibetrag	17–19	1. Fälligkeit	51
5. Gebührenvergleich Dauer-/Einzelmaßnahmen	20–22	2. Schuldner	52, 53
		3. Auslagen	54
		VI. FG-Reform	55

I. Gebührentatbestand

1. Einzelne Rechtshandlungen

Während § 92 die Gebühren für „Dauerbetreuung und Dauerpflegschaft" regelt (s. dort Rn. 1 ff.), bestimmt § 93 die Gebühren der gleichen Fürsorgemaßnahmen „für einzelne Rechtshandlungen" (S. 1). **1**

---

* § 93 Abs. 3 angefügt durch Gesetz vom 19. 8. 1969 (BGBl. I S. 1243), Abs. 1 Satz 1 geändert, Satz 5 neu gefasst, Satz 6 angefügt, Abs. 2 und 3 aufgehoben durch Gesetz vom 12. 9. 1990 (BGBl. I S. 2002), Überschrift, Sätze 1, 3 und 6 geändert durch Gesetz vom 4. 12. 1997 (BGBl. I S. 2846), Satz 5 geändert durch Gesetz vom 22. 12. 2006 (BGBl. I S. 3416).

2 Der Begriff der Rechtshandlung ist hier nicht in dem Sinne zu verstehen, wie ihn die Wissenschaft heute benutzt – „Handlungen, die unabhängig vom Willen des Handelnden Rechtsfolgen auslösen" –, vielmehr ergibt sich sein Inhalt aus dem Gegensatz zu den Dauermaßnahmen des § 92: Betreuungen und Pflegschaften für **zeitlich einmalige** Angelegenheiten („Einzelpflegschaften", so § 95 Abs. 1 S. 2 aF).

3 Auf den **Umfang** kommt es hingegen nicht an. Die einmalige Tätigkeit des Betreuers oder Pflegers kann mithin die gesamte gesetzliche Vertretung des Fürsorgebedürftigen oder sein gesamtes Vermögen betreffen. So ist denn auch die Pflegschaft für eine **Nachlassauseinandersetzung** Einzelpflegschaft, selbst wenn der Anteil am Nachlass das gesamte Vermögen darstellt.

4 „Einmalig" in diesem Sinne sind:

5 a) **Rechtsgeschäfte.** Für sie wird insbesondere eine Ergänzungspflegschaft bei Verhinderung von Eltern und Vormund angeordnet (§§ 1909 Abs. 1 S. 1, 1629 Abs. 2 S. 1, 1795 Abs. 1 Nr. 1 und 2, 181 BGB); auch bei der Betreuung kann sich ein solcher Aufgabenkreis ergeben (§ 1908 i Abs. 1 BGB).

6 b) **Gerichtliche Verfahren.** Gerichtliche Verfahren, insbesondere Prozesse (Beispiel: §§ 1795 Abs. 1 Nr. 3, 1599 BGB) und ähnliche Angelegenheiten (Beispiel: § 1913 S. 1 BGB); wegen der speziellen Verfahrenspflegschaft s. § 92 Rn. 21–23, § 93 a.

7 c) **Realakte.** Beispielsweise die Aufstellung eines Vermögensverzeichnisses, Feststellung der Höhe des Pflichtteilsanspruches.[1]

8 Alles, was darüber hinausgeht, ist **Dauerfürsorge;** so schon, wenn es sich nicht um einen einmaligen Anspruch, sondern um wiederkehrende Leistungen handelt (Beispiel: Unterhaltspfleger); insbesondere aber dann, wenn „die elterliche Sorge", „die Personensorge" oder „die Vermögenssorge" ganz oder teilweise auszuüben oder Vermögen „zu verwalten" ist.[2] Dass die Vermögensverwaltung sich praktisch auf die Wahrnehmung des Auskunfts- und Rechnungslegungsanspruchs gegen einen Testamentsvollstrecker beschränkt, steht nicht entgegen.[3]

2. Betreuungen

9 Die Betreuung erfüllt den Gebührentatbestand mit ihrer **Anordnung** (§ 1896 BGB); s. dazu Einf. Rn. 57 ff. und § 69 a Abs. 3 FGG. Die Bestellung eines Betreuers ist nicht erforderlich (arg. §§ 1908 i, 1846 BGB), erst recht nicht seine Verpflichtung (§ 69 b Abs. 1 FGG). Eine **einstweilige Anordnung** (§ 69 f FGG) genügt (arg. § 92 Abs. 4); zum Zeitpunkt ihres Erlasses s. auch § 69 f Abs. 4 FGG. Für die „einzelne Rechtshandlung" kommt es auf den Aufgabenkreis (§ 1896 Abs. 2 BGB) an; selbst wenn er weiter gefasst ist und sich durch die Vornahme einer einzelnen Rechtshandlung erledigt, könnte zwar S. 1 – und nicht § 92 – erfüllt sein; „im Zweifel" geht jedoch § 92 wegen seiner geringeren Gebühren vor (vgl. Rn. 20 ff.). Der Zeitpunkt der **Beendigung** ist regelmäßig ohne Belang; sofern es im Ausnahmefall doch auf ihn ankommen sollte: Erlass (wie vorstehend) des Aufhebungsbeschlusses (§ 1908 d BGB), Zeitablauf (§ 69 f FGG), Erledigung der Rechtshandlung (wie § 1918 Abs. 3 BGB).

3. Pflegschaften

10 Die Pflegschaft (§§ 1909 ff. BGB) erfüllt den Gebührentatbestand mit ihrer **Anordnung** (§§ 1915 Abs. 1, 1774, 1697 BGB). Sie **endet** kraft Gesetzes (§§ 1918, 1921 Abs. 3 BGB) oder mit ihrer Aufhebung (§§ 1919, 1921 Abs. 2, 3 BGB). Im Übrigen gilt das in Rn. 8 Ausgeführte entsprechend.

11 Wegen des Freibetrags (S. 5) ist zwischen Pflegschaften **allgemein** und solchen „die **minderjährige** Personen betreffen", zu unterscheiden. Insoweit gilt das Gleiche wie bei der Dauerpflegschaft (s. § 92 Rn. 25 ff.).

---

[1] KG JVBl. 1936, 236.
[2] So BayObLG Rpfleger 1997, 86 für Gesundheitsfürsorge und Aufenthaltsbestimmung.
[3] BayObLG Rpfleger 1981, 125.

II. Gebühr

1. Volle Gebühr

Mit der Erfüllung des Gebührentatbestands (Rn. 9–11) **entsteht** die volle Gebühr des 12
§ 32 (S. 1). Wird ein Antrag vor diesem Zeitpunkt **zurückgenommen,** tritt nicht an ihre
Stelle die Gebühr des § 130, vielmehr bleibt die Angelegenheit gebührenfrei (§ 91).

2. Abgeltung anderer Maßnahmen

Die Gebühr gilt die gesamte Betreuung oder Pflegschaft mit Nebengeschäften (§ 35) ab. 13
Bestimmte weitere Gebühren werden daneben nicht erhoben: §§ 94 Abs. 1 Nr. 8, 95
Abs. 1 S. 3.

3. Abgeltung durch Dauermaßnahmen

Die Gebühr wird nicht erhoben, wenn für den Fürsorgebedürftigen eine Dauer-Fürsor- 14
gemaßnahme (§ 92) besteht oder gleichzeitig anzuordnen ist (S. 6). Dabei wird eine Identität der Maßnahmen (also Dauerbetreuung ./. Einzelbetreuung, Dauerpflegschaft ./. Einzelpflegschaft) nicht vorausgesetzt, wie sich aus der Nennung der Vormundschaft und der
Anordnung der Nichterhebung „einer" Gebühr ergibt.

Voraussetzung ist gleichwohl, dass sich Dauer- und Einzelmaßnahme auf **denselben** 15
Gegenstand beziehen. Besteht also eine Dauerpflegschaft zur Verwaltung ererbten Vermögens und wird für die Anfechtung der Ehelichkeit eine Einzelpflegschaft angeordnet, so
ist die Gebühr für die letztere zu erheben.

Dass die Vormundschaft usw. tatsächlich **gleichzeitig angeordnet** wird, fordert das Ge- 16
setz nicht. Spätere Anordnung genügt, wenn die Voraussetzungen bereits bei Anordnung
der Einzelpflegschaft usw. vorlagen. Unterbleibt die Anordnung gleichwohl, wird die Gebühr des S. 1 erhoben, weil die Abgeltung (Normzweck!) nicht zustande gekommen ist.

4. Kostenfreibetrag

Die Gebühr des § 93 und die Auslagen werden, abgesehen von Pflegschaften, die nicht 17
minderjährige Personen betreffen, nur erhoben, „wenn das **Vermögen des Fürsorgebedürftigen** nach Abzug der Verbindlichkeiten mehr als 25 000 Euro beträgt; der in § 90
Abs. 2 Nr. 8 SGB XII genannte Vermögenswert wird nicht mitgerechnet" (S. 5, § 92
Abs. 1 S. 1). Die Verweisung ist allerdings missverständlich, weil § 92 Abs. 1 Teils. 1 das
Gegenteil zu bestimmen scheint; er will jedoch den Anwendungsbereich des § 92 beschreiben und nicht den Freibetrag trotz Verweisung in S. 5 auf § 92 beschränken.[4] Mithin
gilt grundsätzlich das in § 92 Rn. 18–27, 86–96 Ausgeführte.

Im Gegensatz zu § 92 besteht hier jedoch **keine Beziehung zwischen Geschäftswert** 18
und Kostenbefreiung, vielmehr tritt die Kostenfreiheit unabhängig vom einzelnen Geschäftswert ein. Wird er, wenn auch nur um einen Cent, überschritten, ist die Gebühr voll
zu entrichten, eine „Übergangsregelung" trifft das Gesetz nicht. Im Einzelfall kann sich so
eine **unbillige** Härte ergeben, sie verlangt einen Kostenerlass im Verwaltungsweg (vgl.
Anhang C II), und zwar von Amts wegen.

Maßgebender **Zeitpunkt** ist auch hier das Entstehen der Gebühr, infolge der von § 7 19
abweichenden Regelung in S. 4 praktisch ihre Fälligkeit. Wegen der **Veränderung** des
Vermögens danach s. § 92 Rn. 90–96.

5. Gebührenvergleich Dauer-/Einzelmaßnahmen

Die Einzel-Fürsorgemaßnahme (§ 93) ist **wesentlich teurer** als die Dauer-Fürsorgemaß- 20
nahme (§ 92). So beläuft sich etwa bei einem Wert von 50 000 Euro die Jahresgebühr
(§ 92) auf 25 Euro, die volle Gebühr (§ 93) auf 132 Euro. Dabei ist noch nicht berücksichtigt, dass die Jahresgebühr aus dem Wert nach Abzug der Verbindlichkeiten erhoben wird,
die volle Gebühr aus dem Wert ohne deren Abzug (§ 18 Abs. 3); des weiteren, dass einer
Jahresgebühr mehrere Einzelgebühren gegenüberstehen können.

---

[4] So auch *Weiche* Rpfleger 1993, 227, 230.

§ 93

21 Die Regelung erscheint, weil es an der „verhältnismäßigen Gleichheit" fehlt, verfassungswidrig.[5] Eine verfassungskonforme Auslegung ist dahin möglich, dass die Einzelgebühr(en) (§ 93) nicht höher sein darf (dürfen) als die Jahresgebühr (§ 92).

22 Darüber hinaus sollte „im Zweifel" eine Dauermaßnahme – statt einer oder gar mehrerer Einzelmaßnahmen – angeordnet werden.

III. Wert

1. Gegenstand

23 Die Gebühr wird „nach dem Wert des Gegenstands erhoben, auf den sich die Rechtshandlung bezieht" (S. 1). Hierher gehört auch eine Einzelbetreuung, die allein einen Einwilligungsvorbehalt (§ 1903 BGB) anordnet. Er bemisst sich also insbesondere bei Rechtsgeschäften nicht nur nach **dem Interesse oder der Beteiligung** des Mündels,[6] sondern – wie bei der Beurkundung, § 39 Abs. 1 S. 1 – nach dem Wert des **ganzen Rechtsverhältnisses** (vgl. auch § 95 Abs. 2 S. 1 Teils. 1). Für ihn sind wiederum die allgemeinen Wertvorschriften (§§ 18 ff.) heranzuziehen und ergänzend die zu § 39 entwickelten Regeln.

24 So richtet sich der Wert der Pflegschaft zur **Anfechtung der Vaterschaft** nach § 30 Abs. 3 S. 1, Abs. 2,

25 der Pflegschaft zum **Abschluss eines Gesellschaftsvertrages** nach der Summe aller Einlagen ohne Schuldenabzug (§§ 39 Abs. 1 S. 1, 18 Abs. 3).

26 S. iÜ die Beispiele Rn. 30–36 sowie zum **Freibetrag** bei geringem Vermögen Rn. 17 ff.

2. Mitberechtigung

27 Die Mitberechtigung des Fürsorgebedürftigen „an dem Gegenstand der Rechtshandlung" reduziert den Wert auf dessen Anteil; bei Gesamthandsverhältnissen – die ja keinen Anteil am Einzelgegenstand kennen – bestimmt sich der Anteil nach der Beteiligung am Gesamthandsvermögen (S. 2). An der **BGB-Gesellschaft** sind die Gesellschafter im Zweifel zu gleichen Teilen berechtigt (§§ 706 Abs. 1, 722, 734 BGB), an den **Personenhandelsgesellschaften** nach dem Verhältnis der Kapitalanteile (§§ 109, 120, 121, 122, 155 Abs. 1, 167, 168 HGB), an der **GmbH** nach dem Verhältnis der Geschäftsanteile (§§ 29 Abs. 3, 72 GmbHG, § 271 Abs. 3 AktG).

28 Diese Vorschrift, die den §§ 40 S. 2 aF, 41 Abs. 3 aF, 61 Abs. 1, 2 folgt[7] und sich in § 95 Abs. 2 S. 1 Teils. 2, 3 wiederfindet, muss zunächst gegen Abs. 1 S. 1 abgesetzt werden. Der Pfleger (oder Betreuer oder Beistand) wird für eine „Rechtshandlung": die Abgabe einer rechtsgeschäftlichen Willenserklärung bestellt. Bezieht sie sich auf ein zweiseitiges Rechtsgeschäft, so ist Pflegschaftswert nicht nur der Wert der Willenserklärung des Pflegers, sondern der Wert des ganzen Rechtsgeschäfts. Das bestimmt S. 1 (Rn. 23, 25). Auf den Anteil des Pfleglings kommt es nicht an.

29 S. 2 regelt den Fall, dass die Willenserklärung von einer **Rechtsgemeinschaft** abgegeben wird, an der der Pflegling beteiligt ist: Der Pflegschaftswert fällt auf den Teil seiner Beteiligung an ihr.

30 Das ergibt folgende praktischen Konsequenzen:
– Der Ehemann und Vater verkauft ein Grundstück an die Ehefrau und das Kind zu je 1/2 Anteil. Der Wert der Pflegschaft für das Kind ist der halbe Wert des § 20 Abs. 1.[8]

31 – Mutter und Kind, Miterben zu je 1/2 in ungeteilter Erbengemeinschaft, bestellen am Nachlassgrundstück zugunsten der Mutter ein Erbbaurecht. Der Wert der Pflegschaft für das Kind ist der halbe Wert des § 21 Abs. 1.

32 – Vater, Kind und ein Dritter gründen eine Gesellschaft bürgerlichen Rechts, jeder erbringt eine Einlage von 50 000 Euro. Der Wert der Pflegschaft für das Kind beträgt „an

---

[5] Vgl. BVerfGE 50, 217; aA BayObLG KostRsp. Nr. 7 m. abl. Anm. *Lappe.*
[6] KGJ 37 B 51.
[7] OLG Zweibrücken KostRsp. Nr. 2.
[8] KG PrJMBl. 1922, 153.

sich" 150 000 Euro,⁹ bei Heranziehung des dem § 40 Abs. 2 S. 1 zugrunde liegenden Rechtsgedankens – „künftige Mitberechtigung" – jedoch nur 50 000 Euro.
- Die BGB-Gesellschaft Rn. 32 gründet eine GmbH, Stammkapital 60 000 Euro. Der **33** Wert der Pflegschaft für das Kind beträgt 20 000 Euro. Dass es im Außenverhältnis voll haftet, ändert daran nichts (Rn. 37).
- Die BGB-Gesellschaft ist offene Handelsgesellschaft geworden. In sie treten an Stelle des **34** verstorbenen Vaters Mutter und Kind, Miterben je zur Hälfte, ein; Wert des Anteils des Vaters 80 000 Euro. Wert der Pflegschaft für das Kind ist der Anteil am Gesellschaftsvermögen, der ihm zuwächst, und nicht ohne weiteres der dem Erbteil entsprechende Anteil; denn Mutter und Kind werden nicht in Erbengemeinschaft Gesellschafter („qualifizierte Rechtsnachfolgeklausel").
- Mutter und Kind, Miterben je zu ½, setzen sich über den Nachlass auseinander. Wert **35** der Pflegschaft für das Kind ist „an sich" der Nachlass ohne Schuldenabzug (§ 18 Abs. 3) und nicht nur der Hälfteanteil des Kindes; denn die Willenserklärung des Mündels bei Abschluss des Auseinandersetzungsvertrags bezieht sich auf den gesamten Nachlass. Nach dem der Neufassung des § 40 Abs. 2 S. 1 zugrunde liegenden Rechtsgedanken – „gegenwärtige Mitberechtigung" – ist jedoch der gegenteiligen Rspr.¹⁰ zu folgen.¹¹
- Mutter und Kind, Miterben je zu ½, liquidieren eine durch den Tod aufgelöste Gesell- **36** schaft, an der der Erblasser zur Hälfte beteiligt war. Wert der Pflegschaft für das Kind ist das ¼ Gesellschaftsvermögen (ohne Schuldenabzug, § 18 Abs. 3).

3. Mitverpflichtung

S. 2 soll nur bei der Mitberechtigung, nicht aber bei der „Mitverpflichtung" gelten.¹² **37** Hierbei handelt es sich jedoch um ein Scheinproblem. Gehen mehrere Einzelpersonen eine schlichte **gesamtschuldnerische** Verpflichtung ein, eine davon durch einen Pfleger, so betrifft die Pflegschaft den vollen Schuldbetrag; eine Rechtsgemeinschaft liegt nicht vor. Sind diese Einzelpersonen jedoch Mitglieder einer **Gesellschaft oder Erbengemeinschaft** und geht die Schuld zu Lasten des Gesellschafts- bzw. Gemeinschaftsvermögens, so gilt für den Pfleger eines Gesellschafters oder Miterben S. 2.¹³ S. auch § 95 Rn. 7–9.

IV. Häufung

1. Fürsorgemaßnahmen

Treffen verschiedene Fürsorgemaßnahmen des § 93 bei **demselben Fürsorgebedürfti- 38 gen** zusammen, so erfüllt jede den Gebührentatbestand, es werden mithin, dem Prinzip der KostO gemäß (Einf. Rn. 61), getrennte Gebühren aus getrennten Werten erhoben. Beispielsfall: Einzelbetreuung und -pflegschaft für dieselbe Rechtshandlung desselben Betreuten.

Das gilt auch bei **wirtschaftlicher Identität** der Werte (wie § 92 Rn. 100); denn jede **39** Fürsorgemaßnahme ist eine eigene „gebührenwerte" staatliche Leistung.

2. „Fürsorger" (Betreuer usw.)

Anders (gegenüber Rn. 38) ist die Rechtslage, wenn in **derselben Fürsorgemaßnahme** **40** mehrere Betreuer oder Pfleger bestellt werden, also etwa ein Rechtsanwalt und ein Steuerberater für den Abschluss desselben Gesellschaftsvertrags. Hier liegt nur ein „Geschäft", eine Fürsorgemaßnahme vor, die eine Gebühr des § 93 entstehen lässt. Dies gilt nicht bei der Abgabe eines „nur einen Betreuer betreffenden Verfahrens" (§ 65a Abs. 1 S. 3 FGG) an ein **anderes Vormundschaftsgericht** (wie § 92 Rn. 99).

---

⁹ Dazu Rpfleger 1985, 459.
¹⁰ BayObLGZ 1988, 315 = Rpfleger 1989, 62 = KostRsp. Nr. 5 m. abl. Anm. *Lappe;* KG Rpfleger 1989, 283.
¹¹ OLG Köln KostRsp. Nr. 8 m. zust. Anm. *Lappe.*
¹² OLG Zweibrücken KostRsp. Nr. 2; dazu auch dieser Kommentar in 7.–9. Aufl. mit wechselnder Meinung.
¹³ OLG Stuttgart Rpfleger 1990, 295.

3. Fürsorgebedürftige

41 Abweichend vom Prinzip der KostO (Rn. 38) wird „bei einer Pflegschaft für mehrere Fürsorgebedürftige die Gebühr nach dem zusammengerechneten Wert einheitlich erhoben" (S. 3). Eine solche Pflegschaft ist jedoch nur für **Geschwister** zulässig; und auch nur dann, wenn derselbe Pfleger bestellt wird (§§ 1915 Abs. 1, 1775 BGB).

42 In allen anderen Fällen kann es sich lediglich um eine **aktenmäßige Zusammenerledigung** handeln, die verfahrens- und gebührenmäßig belanglos ist.[14]

43 Die Werte der einzelnen Pflegschaften (Rn. 41) sind zu **addieren** (soweit sie nicht wegen des Freibetrags, S. 4, ausfallen). Das gilt nur dann nicht, wenn sie sich auf denselben Gegenstand beziehen;[15] denn die vom Wert bestimmte Höhe der Gebühr lässt sich nur mit der Bedeutung des Geschäfts für die Beteiligten rechtfertigen, sie verdoppelt sich aber nicht bei wirtschaftlicher Identität, auch erhöht sich nicht die Haftung des Staats für Amtspflichtverletzungen.

44 **Beispiel:** Gründet der Vater mit seinen beiden Kindern eine Gesellschaft, in die jeder 25 000 Euro einbringt, so beläuft sich der Wert jeder Pflegschaft auf 25 000 Euro (Rn. 33, 25). Weil es sich zwar um dieselbe Gesellschaft, jedoch um verschiedene Anteile handelt, wird die Gebühr aus 50 000 Euro erhoben.

4. Rechtshandlungen

45 Betreuung und Pflegschaft können für mehrere „einzelne Rechtshandlungen" angeordnet werden; da es sich um eine einheitliche Fürsorgemaßnahme handelt, müssen die Einzelwerte zum Wert der Betreuung usw. (S. 1) **addiert** werden.

46 Beziehen sich allerdings die mehreren Rechtshandlungen auf **denselben Gegenstand,** so wird dieser nur einmal angesetzt. Die zu § 44 entwickelten Grundsätze sind heranzuziehen.

47 **Beispiel:** Der Pfleger schließt einen Gesellschaftsvertrag zur Errichtung von Eigentumswohnungen, lässt das Grundstück als Einlage an die Gesellschaft auf und begründet vertraglich Wohnungseigentum. Alle Erklärungen haben denselben Gegenstand.

48 Werden allerdings mehrere Einzelpflegschaften **„nach und nach"** angeordnet, so löst jede gesonderte Gebühren aus, selbst wenn der Gegenstand, auf den sie sich beziehen, derselbe ist;[16]

49 anders nur, wenn in diesem Vorgehen eine unrichtige Sachbehandlung liegt (§ 16), wobei bedacht werden muss, dass die Pflegschaft ein Amtsverfahren ist, es also auf beschränkte „Anträge" nicht ankommt.

5. Erweiterung des Aufgabenkreises

50 Maßgebender Bewertungszeitpunkt ist die Anordnung der Betreuung oder Pflegschaft (S. 4, § 18 Abs. 1). Wird der Wirkungskreis erweitert, fällt eine Gebühr aus dem Gesamtwert an. Mit der Erweiterung wird also die Differenz zwischen der bisherigen und der jetzigen Gebühr fällig; für den Wert ist bezüglich der Erweiterung sein Zeitpunkt maßgebend. Handelt es sich um denselben Gegenstand und ist der Wert gestiegen, so kommt es auf den höheren Wert im Zeitpunkt der Erweiterung an.

V. Fälligkeit, Schuldner, Auslagen

1. Fälligkeit

51 Die Gebühr des § 93 wird, abweichend von § 7, im voraus fällig, mit der **Anordnung** der Fürsorgemaßnahme (S. 4), ggf. mit der Erweiterung des Aufgabenkreises (Rn. 51).

---

[14] AA KG Rpfleger 1989, 283 = KostRsp. Nr. 6 m. abl. Anm. *Lappe.*
[15] Aufgabe der Gegenmeinung bis zur 12. Aufl.; *Lappe* Rpfleger 2008, Heft 2.
[16] OLG Frankfurt Rpfleger 1963, 211 für Gebrechlichkeits- und anschließende Ergänzungspflegschaft mit demselben Wirkungskreis.

2. Schuldner

Wird die **Betreuung auf Antrag** angeordnet (§ 1896 Abs. 1 BGB), ist Schuldner der **52** Antragsteller (§ 2 Nr. 1).

Bei der Anordnung **von Amts wegen** (§ 1896 Abs. 1 für die Betreuung, bei der Pfleg- **53** schaft ausnahmslos, vgl. § 92 Rn. 18 ff.) ist Schuldner der Fürsorgebedürftige (§ 2 Nr. 2).[17] Wird die Maßnahme – dies kommt wohl nur für die Pflegschaft in Betracht – allein im **Interesse eines Dritten** angeordnet,[18] ist nur er Schuldner (§ 2 Nr. 1; s. im Einzelnen dort). Wegen der Pflegschaft für einen **Nacherben** s. § 6. Der Aufgabenkreis des Betreuers usw. wird sich bei den Einzelmaßnahmen nur im Ausnahmefall auf die Kostenzahlung aus dem Vermögen des Fürsorgebedürftigen erstrecken.

3. Auslagen

Es gilt das in § 92 Rn. 109, 110 Ausgeführte. **54**

VI. FG-Reform

In § 93 S. 6 soll die Vormundschaft gestrichen und im FamGKG geregelt werden. **55**

§ 93 a* Verfahrenspflegschaft

(1) ¹Die Bestellung eines Pflegers für das Verfahren und deren Aufhebung sind Teil des Verfahrens, für das der Pfleger bestellt worden ist. ²Bestellung und Aufhebung sind gebührenfrei.

(2) Die Auslagen nach § 137 Nr. 16 können von dem Betroffenen nach Maßgabe des § 1836 c des Bürgerlichen Gesetzbuches erhoben werden.

I. Gegenstand des § 93 a

§ 93 a nimmt **Verfahrenspflegschaften jeder Art** (in gerichtlichen und Verwaltungs- **1** verfahren) von den §§ 92, 93 aus und unterwirft sie dem Verfahren, für das der Pfleger bestellt wird (Abs. 1 S. 1). Der Begriff ist materiell zu verstehen, die Vorschrift findet also auch auf „Vertreter" Anwendung, desgleichen, wenn die Bestellung nicht das gesamte Verfahren, sondern nur einen Teil, eine Verfahrenshandlung betrifft. Entsteht nach dem Kostenrecht des Verfahrens eine Gebühr für die Bestellung oder Aufhebung, entfällt sie (Abs. 1 S. 2).

Soweit es sich um Verfahrenspflegschaften **im Anwendungsbereich der KostO** han- **2** delt, bei denen an Verfahrenspfleger gezahlte Beträge zu den Auslagen des Verfahrens gehören (§ 137 Abs. 1 Nr. 16), können sie in den familienrechtlichen Angelegenheiten der §§ 91 bis 99 (Vor § 91 Rn. 1, 2) auch von dem „Betroffenen", also dem Fürsorgebedürftigen, erhoben werden, jedoch nur nach Maßgabe des § 1836 c BGB (Abs. 2).

II. Familienrechtliche Verfahrenspflegschaften

Verfahrenspfleger eines minderjährigen Kindes (§ 50 FGG), eines zu Betreuenden oder **3** Betreuten (§ 67 FGG) und eines Unterzubringenden oder Untergebrachten (§ 70 b FGG) erhalten **Aufwendungsersatz und Vergütung** aus der Staatskasse (§§ 67 Abs. 3, 50 Abs. 5, 70 b Abs. 1 S. 3 FGG). Beide können gerichtlich festgesetzt werden (§§ 67 Abs. 3 S. 3, 56 g Abs. 1 FGG).

---

[17] BayObLG KostRsp. § 2 Nr. 87.
[18] BGHZ 91, 1 = NJW 1985, 433.
* § 93 a eingefügt durch Gesetz vom 25. 6. 1998 (BGBl. I S. 1580), Abs. 2 geändert durch Gesetz vom 21. 4. 2005 (BGBl. I S. 1073) und Gesetz vom 22. 12. 2006 (BGBl. I S. 3416).

4   Die gezahlten Beträge sind **Auslagen des Verfahrens** (§ 137 Abs. 1 Nr. 16)[1], sie werden von ihrem Schuldner (§ 137 Rn. 45) durch Kostenansatz, mithin im Verwaltungsweg eingefordert (§ 14).

5   Außerdem können sie als Auslagen (Wortlaut des Abs. 2) **vom Betroffenen** (Rn. 2) erhoben werden. Für die Geltendmachung gilt das Gleiche, allerdings kann ein gerichtlicher Festsetzungsbeschluss voraufgehen (§ 56g Abs. 1 S. 1–3 FGG). **Vollstreckt** wird nach der JBeitrO (§ 1 Abs. 1 Nr. 4, nicht 4b), Vollstreckungsbehörde ist die Gerichtskasse oder die nach Landesrecht an ihre Stelle tretende Behörde (§ 2 Abs. 1 S. 1 aE, S. 2 JBeitrO). Die Begrenzung der Zahlungspflicht durch **§ 1836c BGB** wird beim Kostenansatz berücksichtigt (§ 93a Abs. 2), soweit dies nicht bereits bei der förmlichen Festsetzung geschehen ist (§ 56g Abs. 1 S. 2 FGG). **Sonstige Schuldner** (§ 2 Nr. 2, § 3) schließt Abs. 2 nicht aus.[2]

6   Nach dem Tod des Fürsorgebedürftigen richtet sich der Ersatzanspruch der Staatskasse gegen die **Erben** (§ 3 Nr. 3; auch § 67 Abs. 3 FGG, §§ 1908i, 1836e BGB). Einer förmlichen Festsetzung bedarf es nicht (§ 67 Abs. 3 S. 3 FGG verweist nicht auf § 56g Abs. 3 FGG).

III. Rechtsmittel

7   Der **Kostenansatz** wird nach § 14 angefochten, eine zugrunde liegende **Festsetzung** nach den §§ 67 Abs. 3 S. 3, 56g Abs. 5 FGG.

§ 94* Einzelne Verrichtungen des Vormundschaftsgerichts und des Familiengerichts

(1) **Die volle Gebühr wird erhoben**

1. für Entscheidungen über den Unterhalt eines Kindes nach § 1612 des Bürgerlichen Gesetzbuchs;
2. für die Tätigkeit im Falle der Heirat eines Elternteils, der das Vermögen seines Kindes verwaltet;
3. für die in § 1632 Abs. 4, § 1640 Abs. 3 und den §§ 1666 bis 1667 des Bürgerlichen Gesetzbuchs vorgesehenen Entscheidungen und Anordnungen;
4. für die Übertragung der elterlichen Sorge oder ihrer Ausübung, für die Übertragung des Rechts, für die Person oder das Vermögen des Kindes zu sorgen, sowie für Entscheidungen nach §§ 1684 bis 1686 des Bürgerlichen Gesetzbuchs;
5. für die Übertragung der Entscheidungsbefugnis in den persönlichen und vermögensrechtlichen Angelegenheiten des Kindes und für die Einschränkung oder Ausschließung der Entscheidungsbefugnis in Angelegenheiten des täglichen Lebens oder über den Umgang;
6. für die Anordnung auf Herausgabe des Kindes an die Eltern oder einen Elternteil und für die Bestimmung des Umgangs mit dem Kinde auf Antrag eines Elternteils nach § 1632 Abs. 3 des Bürgerlichen Gesetzbuchs;
7. für Verfahren über die Feststellung oder Anfechtung der Vaterschaft nach § 1600e Abs. 2 des Bürgerlichen Gesetzbuchs;

---

[1] Nicht sonstige Auslagen: OLG Stuttgart FamRZ 2004, 1305 = OLGR 2004, 48; s. auch BayObLGZ 2004 Nr. 63 = FamRZ 2005, 828.

[2] OLG Köln FamRZ 2003, 245 = OLGR 2002, 115; OLG Stuttgart FamRZ 2004, 1305 = OLGR 2004, 48.

* § 94 neu gefasst durch Gesetz vom 18. 6. 1957 (BGBl. I S. 609), Überschrift, Abs. 2 Satz 2 und Abs. 3 Satz 2 Halbsatz 1 geändert durch Gesetz vom 14. 6. 1976 (BGBl. I S. 1421), Abs. 1 Nr. 2 und 7 sowie Abs. 3 Satz 2 neu gefasst durch Gesetz vom 19. 8. 1969 (BGBl. I S. 1243), Abs. 3 Satz 1 geändert durch Gesetz vom 11. 8. 1961 (BGBl. I S. 1221), Abs. 1 Nr. 3, 4 und 6 neu gefasst durch Gesetz vom 18. 7. 1979 (BGBl. I S. 1061), Abs. 1 Nr. 9 angefügt durch Gesetz vom 5. 4. 1990 (BGBl. I S. 701), Abs. 1 Nr. 2, 3, 4, 5, 7, Abs. 3 Satz 2 Halbsatz 1 geändert durch Gesetz vom 16. 12. 1997 (BGBl. I S. 2942), Abs. 1 Nr. 8 und Abs. 3 S. 1 neu gefasst durch Gesetz vom 4. 5. 1998 (BGBl. I S. 833), Abs. 3 Satz 2 Halbsatz 2 geändert durch Gesetz vom 11. 12. 2001 (BGBl. I S. 3513), Abs. 1 Nr. 9 aufgehoben durch Gesetz vom 26. 1. 2005 (BGBl. I S. 162).

Einzelne Verrichtungen des Vormundschaftsgerichts und des Familiengerichts **§ 94**

8. für die Ersetzung der Zustimmung des gesetzlichen Vertreters zur Bestätigung der Ehe (§ 1315 Abs. 1 Satz 3 des Bürgerlichen Gesetzbuchs); für die Ersetzung der Zustimmung eines Vormundes oder Pflegers wird eine Gebühr nicht erhoben.

(2) ¹Der Geschäftswert bestimmt sich nach § 30 Abs. 2. ²Bezieht sich die Entscheidung oder Anordnung auf mehrere Fürsorgebedürftige, so wird nur eine Gebühr erhoben.

(3) ¹In den Fällen des Absatzes 1 Nr. 2 ist nur der Elternteil, der heiraten will, in den Fällen des Absatzes 1 Nr. 8 nur der Elternteil, dessen Einwilligung, Genehmigung oder Zustimmung ersetzt wird, zahlungspflichtig. ²In den Fällen des Absatzes 1 Nr. 3 bis 6 ist nur der Beteiligte, ausgenommen das Kind, zahlungspflichtig, den das Gericht nach billigem Ermessen bestimmt; es kann auch anordnen, daß von der Erhebung der Kosten abzusehen ist.

Übersicht

	Rn.		Rn.
I. Gemeinsame Erläuterungen	1–42	II. Die einzelnen Geschäfte	43–108
1. Gegenstand des § 94	1–2a	1. Unterhalt (Nr. 1)	43–47
2. Gebührentatbestände	3–11	2. Heirat (Nr. 2)	48–54
3. Wert	12–20	3. Elterliche Sorge (Nr. 3)	55–60
4. Mitberechtigung, Mitverpflichtung	21	4. Elterliche Sorge (Nr. 4)	61–80
5. Mehrheit von Geschäften	22–24	5. Entscheidungsbefugnis (Nr. 5)	86, 87
6. Vormundschaft, Betreuung, Pflegschaft	25	6. Herausgabe (Nr. 6)	88–97
7. Schuldner	26–36	7. Vaterschaft (Nr. 7)	98–102
8. Auslagen	37, 38	8. Eheschließung (Nr. 8)	103–107
9. Folgesachen	39–42	9. Sorgerechtsübereinkommen	108
		III. FG-Reform	109

I. Gemeinsame Erläuterungen

1. Gegenstand des § 94

In § 94 sind Geschäfte zusammengefasst, die vor allem das **Verhältnis der Eltern zum** **1** **Kind** betreffen und die **regelmäßig von den Eltern oder einem Elternteil verursacht** – „veranlasst" im weiteren Sinne – sind (s. Vor § 91 Rn. 8–14). Soweit sie sich auf die **elterliche Sorge** beziehen, gilt Gleiches für eheliche und nichteheliche Kinder (§§ 1626 ff. BGB idF von 1997).

Unter § 94 fallen nicht Geschäfte im Rahmen der **Vormundschaft oder Pflegschaft,** **2** insbesondere nicht deshalb, weil aus ihrem Bereich auf Vorschriften verwiesen wird, die eine nach § 94 gebührenpflichtige Maßnahme betreffen (Beispiel: § 1800 BGB regelt die Personensorge durch Verweisung auf die §§ 1631 bis 1633 BGB, damit aber nicht auf Nr. 3). – Gleiches gilt für die **Betreuung** (Beispiel: Verweisung in § 1908i Abs. 1 BGB auf § 1632 Abs. 3 BGB, gleichwohl keine Gebühr nach Nr. 6).

Weil solche Geschäfte **keine Gebühr** auslösen, erübrigt sich eine Vorschrift nach dem **2a** Vorbild des § 95 Abs. 1 S. 3, die die Nichterhebung der „an sich" entstandenen Gebühr bei Vormundschaft, Betreuung und Pflegschaft anordnet (Ausnahme: Nr. 8, weil das § 1315 Abs. 1 S. 3 BGB nicht differenziert).

2. Gebührentatbestände

Die meisten Gebühren des § 94 (s. im Einzelnen Rn. 43 ff.) werden nur für die gericht- **3** liche **Vornahmeentscheidung** erhoben – zB Abs. 1 Nr. 4 „für die Übertragung der elterlichen Sorge" –;

– nicht also für die **Einstellung eines Amtsverfahrens,** – zB nicht für die Entscheidung, **4** dass eine Sorgerechtsübertragung nicht vorzunehmen ist –;

– nicht für die **Zurückweisung eines Antrags** im Antragsverfahren – zB des Antrags auf **5** Herausgabe des Kindes –;

– wegen § 130 s. § 91 Rn. 3, 4; **6**

§ 94   *1. Teil. 2. Abschnitt: 4. Familienrecht und Lebenspartnerschaft*

7   – nicht für das gerichtliche **Verfahren** – zB auf Änderung einer Sorgerechtsentscheidung –, anders vor allem Abs. 1 Nr. 7;
8   – nicht für **einstweilige Anordnungen**[1] (§ 1 Rn. 9, § 91 Rn. 52; s. aber GKG Kost-Verz. 1422);
9   – wohl aber für **vorläufige Maßregeln** (denen andere Maßregeln als endgültige folgen können).
10 **Änderungsentscheidungen** (§ 18 Abs. 1 FGG) und **Zweitentscheidungen** (insbesondere § 1696 BGB)[2] erfüllen den Gebührentatbestand nur dann erneut, wenn sie inhaltlich Rn. 3 entsprechen; nicht also, wenn unter Aufhebung der früheren Entscheidung[3] der Antrag zurückgewiesen (Rn. 5) oder das Amtsverfahren eingestellt wird (Rn. 4; wobei es auf die Formulierung selbstverständlich nicht ankommt).
11 Wegen der **Erfüllung** des Gebührentatbestands s. Einf. Rn. 57 ff.

3. Wert

12 Der Wert bestimmt sich nach § 30 Abs. 2. S. 1 schließt mithin sowohl den **feststehenden** (§ 30 Abs. 1) wirtschaftlichen Wert als auch den in der KostO, insbesondere den §§ 18 bis 29, **normierten Wert** aus. Der Wert des § 30 Abs. 2 – darin liegt der Sinn des Abs. 2 – ist geringer.
13 Um nun einerseits nicht immer mit 3000 Euro zu bewerten und damit gegen das verfassungsrechtliche Differenzierungsgebot zu verstoßen („Wesentlich Ungleiches darf nicht willkürlich gleich behandelt werden", so BVerfG in st. Rspr.), andererseits aber auch nicht nach Belieben, also willkürlich davon abzuweichen, nimmt man möglichst den Wert der §§ 18 bis 29, 30 Abs. 1 als **Beziehungswert** und bildet den Wert des § 30 Abs. 2 mit einem **Bruchteil;** bei gleicher „Lage des Falles" (§ 30 Abs. 2 S. 2) mit demselben Bruchteil. Vgl. auch § 95 Rn. 4.
14 Als **Beziehungswert** kommt häufig das **Vermögen** oder ein Teil davon in Betracht: dann ohne Schuldenabzug (§ 18 Abs. 3);
15 im Falle des § 1666 Abs. 2 BGB der **Unterhaltsanspruch** nach § 24 Abs. 3 bzw. 4.
16 Der **Bruchteil** hängt insbesondere vom Grad der Vermögensgefährdung, vom Umfang der Maßnahme und von der Schwere des Eingriffs ab.
17 Begrenzte Dauer der Maßnahme führt zu einer Unterschreitung des Regelwerts (Rn. 77).
18 Bei **nichtvermögensrechtlichen Angelegenheiten** ergibt § 30 Abs. 2 allein den Wert (vgl. § 30 Abs. 3 S. 1);
19 – Einkommen und Vermögen wirken bei vermögensrechtlichem Bezug werterhöhend (arg. § 48 Abs. 2 GKG),[4] Unstreitigkeit wertmindernd.[5]
20 Ist eine Angelegenheit **sowohl vermögens- als auch nichtvermögensrechtlich** – Beispiel: elterliche Sorge = Personen- und Vermögenssorge –, werden nicht etwa Einzelwerte gebildet und addiert, vielmehr ist ein einheitlicher Wert festzusetzen.

4. Mitberechtigung, Mitverpflichtung

21 Die Frage der Mitberechtigung und Mitverpflichtung kann sich auch bei § 94 stellen; es gilt das § 97 Rn. 4 Ausgeführte.

5. Mehrheit von Geschäften

22 Bei **mehreren Fürsorgebedürftigen** liegen, selbst bei aktenmäßiger Zusammenfassung, mehrere Verfahrensgegenstände vor (das FGG kennt keine Gegenstandshäufung). Abs. 2 S. 2 ordnet jedoch für diesen Fall die Erhebung nur einer Gebühr an. Dabei darf allerdings weder die einheitliche noch die getrennte Entscheidung willkürlich sein, sie bedarf vielmehr der sachlichen Rechtfertigung (insbesondere: Geschwister, arg. § 1775 BGB).

---

[1] OLG Düsseldorf OLGR 2003, 347.
[2] BayObLGZ 1961, 173 = KostRsp. Nr. 1; OLG Düsseldorf Rpfleger 1986, 432.
[3] AA insoweit anscheinend BayObLGZ 1961, 173 = KostRsp. Nr. 1.
[4] ZB LG München I JurBüro 1969, 327.
[5] OLG Hamm JurBüro 1978, 1566; OLG Düsseldorf KostRsp. Nr. 51 Anm.

Mehrere Geschäfte bezüglich desselben Fürsorgebedürftigen – zB Übertragung 23
der elterlichen Sorge, Regelung des Umgangsrechts – lösen hingegen immer gesonderte
Gebühren aus.[6]

Die einheitliche Gebühr (Rn. 22) bewirkt bereits eine Begünstigung, wenn sie aus den 24
addierten Einzelwerten erhoben wird, zufolge der Degression der Gebührentabelle. Die
Rspr. geht darüber hinaus nur vom Wert bei einem Fürsorgebedürftigen aus und erhöht
ihn „nach Lage des Falles" (§ 30 Abs. 2 S. 2); teils ohne weiteres für jeden zusätzlichen
Fürsorgebedürftigen, teils nur dann, wenn er den Umfang der Angelegenheit beeinflusst.

6. Vormundschaft, Betreuung, Pflegschaft

S. Rn. 1–2 a. 25

7. Schuldner

An die Stelle der allgemeinen Schuldner der §§ 2 ff. treten – mit Ausnahme von Abs. 1 26
Nr. 1 und 7 – die besonderen Schuldner des Abs. 3. Sie ergeben sich teils aus dem Gesetz
(S. 1); teils werden sie durch eine Kostenentscheidung bestimmt (S. 2 Halbs. 1), wobei
auch die völlige Nichterhebung angeordnet werden kann (S. 2 Halbs. 2).

Abs. 3 S. 2 insgesamt erlaubt mithin auch eine **bruchteilsmäßige Verteilung** auf die 27
Eltern[7]

sowie eine **teilweise Nichterhebung**. 28

Die Entscheidung ist Auferlegung gemäß § 3 Nr. 1 und setzt **formelle Beteiligung** des 29
belasteten Elternteils am Verfahren voraus. Sie ergeht im Amtsverfahren nicht isoliert, sondern erst mit der Hauptsacheentscheidung.[8] Eine Parteivereinbarung ersetzt sie, selbst nach
ihrer gerichtlichen Genehmigung, nicht.[9]

Sie kann gemäß § 18 Abs. 1 FGG oder entsprechend § 321 ZPO **nachgeholt** werden. 30

Die **Anfechtung** der Entscheidung erfolgt nach § 20a FGG, d. h. nur zusammen mit 31
der Hauptsache.[10] Der **Staatskasse** steht gegen die Anordnung der Nichterhebung kein
Beschwerderecht zu.[11]

Abs. 3 bezieht sich auf die **Gebühren** des Abs. 1 und die **Auslagen** (wir seit der 15. Aufl.). 32

Die Rspr.[12] folgt dem ausnahmslos. Nur so behält die gesetzliche Regelung ihre **wirt-** 33
schaftliche Bedeutung: Bei einem Geschäftswert von 3000 Euro beträgt die volle Gebühr 26 Euro, während sich die Auslagen – nach praktischen Erfahrungen – teils auf das
Fünfzig- bis Hundertfache davon belaufen (zufolge kinderpsychologischer Gutachten).

S. iÜ Rn. 80–85. 34

Die **Ausübung des billigen Ermessens** (Abs. 3 S. 2 Halbs. 1) stellt vor allem darauf 35
ab, welcher Beteiligte (Elternteil usw., s. etwa § 1685 BGB) die Maßnahme unmittelbar
oder mittelbar **verursacht** – veranlasst im weiteren Sinne – hat, so dass seine Gebührenbelastung „billig" = billigenswert ist.

Nichterhebung (Abs. 3 S. 2 Halbs. 2) ist geboten, wenn es an einer solchen zurechen- 36
baren Verursachung fehlt. Beispiele: § 1666 Abs. 1 S. 1 BGB: „unverschuldetes Versagen
der Eltern"; § 1693 BGB: „im Interesse des Kindes"; Verfahrenspflegerkosten für eine
Vermittlungstätigkeit.[13]

---

[6] OLG Zweibrücken OLGR 2002, 130; LG Stuttgart Justiz 1968, 344.
[7] BayObLG NJW 1960, 579 = Rpfleger 1960, 76.
[8] OLG Braunschweig OLGR 1999, 196; aA OLG Stuttgart FamRZ 2006, 139 = OLGR 2005, 619.
[9] AA OLG Nürnberg FamRZ 2005, 1000 = KostRsp. Nr. 60m. abl. Anm. *Lappe* = OLGR 2005, 155.
[10] BayObLGZ 1963, 73 = Rpfleger 1963, 208; OLG Stuttgart JurBüro 1980, 592; hM.
[11] OLG Hamburg Rpfleger 1989, 369.
[12] OLG Bremen OLGR 2004, 189; OLG Düsseldorf OLGR 2003, 347; OLG Karlsruhe OLGR 2005, 216 = Rpfleger 2005, 385; OLG Koblenz FamRZ 2004, 391 = NJW 2003, 3032; Rpfleger 2003, 693; OLG München FamRZ 2005, 185 = Rpfleger 2005, 488; OLG Nürnberg FamRZ 2004, 693; OLG Stuttgart FamRZ 2006, 139 = OLGR 2005, 619; OLG Zweibrücken OLGR 2004, 437.
[13] OLG Köln FamRZ 2006, 1057 = OLGR 2006, 587.

§ 94　　　　1. Teil. 2. Abschnitt: 4. Familienrecht und Lebenspartnerschaft

8. Auslagen

37　Der Schuldner der Auslagen ergibt sich zu Abs. 1 Nr. 1 und 7 aus den allgemeinen Vorschriften (§§ 2ff.), zu Nr. 2 und 8 aus Abs. 3 S. 1 und im übrigen allein (!) aus der Entscheidung nach Abs. 3 S. 2.[14] Bei einer Umgangsrechtsregelung schuldet er ggf. auch die Auslagen eines Vermittlungsverfahrens (§ 52a Abs. 5 S. 3 FGG).

38　Kommt es im Amtsverfahren nicht zu einer gebührenpflichtigen Entscheidung, bleiben auch die Auslagen unerhoben (§ 2 Rn. 10ff.).

9. Folgesachen

39　Sind die Familiensachen des § 94 Folgesachen einer Scheidung (§ 623 ZPO) oder Partnerschaftsaufhebung (§ 661 Abs. 2 ZPO), so treten an die Stelle des § 94 und der übrigen Vorschriften der KostO diejenigen des GKG (dort § 1 Nr. 1 Buchst. b, c). „Folgesachen" sind nicht mehr nur Verfahren „für den Fall der Scheidung"(§ 623 Abs. 1 ZPO), sondern auch Getrenntlebensverfahren (Abs. 2, 3).[15]

40　Die in der 9. Aufl. vertretene Auffassung, Abs. 3 S. 2 Halbs. 2 – **Nichterhebung** der Gebühr – sei auch bei Folgesachen entsprechend anzuwenden, haben wir aufgegeben; denn die durch den Verbund veranlassten Gebühren sind immer den Eltern (§ 93a Abs. 1 ZPO) oder einem Elternteil (§ 93a Abs. 2 ZPO) zuzurechnen (Rn. 35, 36).

41　**Beginnt ein Verfahren als isolierte Familiensache und wird Folgesache** (§ 623 Abs. 5 ZPO), so ist § 4 GKG entsprechend anzuwenden (also Gesamtberechnung nach dem GKG, § 1 Rn. 15).

42　Das gilt auch im umgekehrten Fall (§§ 626 Abs. 2, 629 Abs. 3 ZPO); also Gesamtberechnung nach der KostO (§ 1 Rn. 14).

II. Die einzelnen Geschäfte

1. Unterhalt (Nr. 1)

43　Die Bestimmung gemäß § 1612 Abs. 2 S. 2 BGB aF (Gesetz vom 21. 12. 2007, BGBl. I S. 3189) ist ein Antragsverfahren. Die Gebühr entsteht mit der Entscheidung, die die **Bestimmung der Eltern ändert**.

44　**Zurückweisung und Zurücknahme** des Antrags sind gebührenfrei (nicht § 130: § 91); desgleichen die **Änderungs- oder Zweitentscheidung** ohne Änderung der Bestimmung der Eltern (Rn. 10). Bei einem Vergleich gilt § 91 Rn. 53 entsprechend.

45　Als **Geschäftswert** bietet sich regelmäßig ein Bruchteil – etwa $1/5$ – des sich aus § 24 Abs. 3 ergebenden Werts an, wobei die Höhe des Unterhalts zu schätzen ist; das BayObLG nahm 5000 DM, bei zwei Kindern und im wesentlich gleichen Verhältnissen 7000 DM.[16]

46　Wird auch über die **Höhe** des Unterhalts entschieden, so findet zwar § 24 Abs. 3 keine Anwendung (Abs. 2 S. 1), jedoch kommt gerade hier ein Bruchteil in Betracht, der umso höher liegt, je mehr es um die Höhe im Verfahren geht.

47　**Schuldner** ist das antragstellende Kind (§ 2 Nr. 1). Bei Änderungs- und Zweitentscheidungen auf Antrag der Eltern sind sie Schuldner; entsprechendes gilt bei einem Elternteil.

2. Heirat (Nr. 2)

48　Bei Wiederheirat eines Elternteils wird das Gericht von Amts wegen tätig (§§ 1493 Abs. 2, 1683 BGB; § 5 Abs. 5 PStG). Die Gebühr entsteht mit der **ersten Handlung des Gerichts**: der Entgegennahme der Anzeige;[17]

49　sie gilt die gesamte Tätigkeit ab, soweit diese nicht besondere Gebührentatbestände erfüllt – wie zB eine Auseinandersetzungspflegschaft (§§ 92, 93) oder die Entziehung der Vermögenssorge (Nr. 3) –.

---

[14] OLG München FamRZ 2006, 140 = OLGR 2005, 1016.
[15] OLG Brandenburg OLGR 2002, 538.
[16] FamRZ 1987, 1298; JurBüro 1990, 898 = KostRsp. § 30 Nr. 78 m. abl. Anm. *Lappe*.
[17] OLG Nürnberg Rpfleger 2000, 40; dazu *Wesche* Rpfleger 2000, 376.

Bei Eheschließung eines **Vormunds** (§ 1845 BGB) oder **Betreuers** (§ 1908i Abs. 1   50
BGB) fällt keine Gebühr an (Rn. 2f.).
Als **Wert** bietet sich ein Bruchteil des Vermögens an (OLG Nürnberg: 20%),[18] wobei   51
der Bruchteil vor allem vom Umfang der Tätigkeit des Gerichts abhängt.
Ist **kein Vermögen** vorhanden, wird dies nach Aufforderung des Gerichts versichert,   52
kommt nur die Mindestgebühr in Betracht.
Schuldner der **Gebühr** ist der sich wiederverheiratende Elternteil (Abs. 3 S. 1 Halbs. 1),   53
desgleichen der **Auslagen** (Rn. 32, 33).   54

3. Elterliche Sorge (Nr. 3)

Die genannten Entscheidungen und Anordnungen betreffen unter elterlicher Sorge ste-   55
hender Kinder. Sämtliche Angelegenheiten sind Amtsverfahren, die Entscheidung gemäß
§ 1632 Abs. 4 BGB kann auch auf Antrag der Pflegeperson ergehen. Die Gebühr entsteht mit
der **Entscheidung oder Anordnung** iS der jeweiligen Vorschrift.
Im Einzelnen: 56
§ 1632 Abs. 4 BGB, Verbleib in der Familienpflege. Die Zurückweisung oder Zu-   57
rücknahme des Antrags ist gebührenfrei (nicht § 130: § 91).
§ 1640 Abs. 3 BGB, Aufnahme eines Vermögensverzeichnisses. Die Gebühr ent-   58
steht durch die Anordnung der Aufnahme des Vermögensverzeichnisses, die Aufnahme
selbst ist nicht erforderlich. Wert: Bruchteil des Vermögens.
§ 1666 BGB, Gefährdung des Kindeswohls. Jede besondere Maßregel ist Gebühren-   59
tatbestand, Nebengeschäfte bleiben gebührenfrei (§ 35). Die Gebühr ist auch anzusetzen,
wenn die Maßregel die religiöse Erziehung betrifft (§ 7 S. 2 RelKErzG); nicht aber gemäß
§ 1837 Abs. 4 BGB (Rn. 2f.). Wert: bei Erziehungsmaßregeln § 30 Abs. 2 S. 1; bei vermögensrechtlichem Bezug (vgl. § 1666 Abs. 2) Erhöhung gemäß § 30 Abs. 2 S. 2.
§ 1667 BGB, Anordnungen zur Vermögensverwaltung. Wie § 1666 BGB. Beruht   60
eine Maßnahme sowohl auf § 1666 als auch auf § 1667 BGB, fallen gesonderte Gebühren an. Die sich aus der Verweisung in Abs. 2 S. 2 auf die §§ 1814ff. BGB ergebenden
Genehmigungen lösen ebenfalls die Gebühr Nr. 3 aus, und zwar jede einzelne. Wert der
Anordnungen: Bruchteil des betroffenen Vermögens; ebenso der Genehmigungen (also
nicht wie § 95 Rn. 21ff., weil es sich nicht um Rechtsgeschäfte mit Dritten, sondern nur
um die Vermögenssicherung innerhalb der Vermögensverwaltung handelt). Die Kostentragungspflicht (§ 1667 Abs. 4) betrifft nicht die Gerichtskosten, insoweit gilt allein Abs. 3
S. 2.

4. Elterliche Sorge (Nr. 4)

Gebührenpflichtig sind: 61
– die **Übertragung der elterlichen Sorge,** ganz oder teilweise (§§ 1671 Abs. 1, 1672,   62
 1678 Abs. 2, 1680 Abs. 2, 3, 1681, 1751 Abs. 3, 1764 Abs. 4 BGB);
– die **Übertragung der Ausübung der elterlichen Sorge;** seit Aufhebung des § 1738   63
 Abs. 2 BGB durch das KindRG 1998 ist eine solche spezielle gerichtliche Entscheidung
 allerdings nicht mehr ausdrücklich vorgesehen, der Begriff findet sich gleichwohl in vielen Vorschriften (zentral: § 1627 BGB); praktisch können vielleicht zeitlich oder gegenständlich beschränkte Anordnungen vorkommen, die nicht von den Gebühren der Nr. 3
 (§§ 1667, 1667 BGB), der Nr. 5 (Übertragung der Entscheidungsbefugnis) sowie des
 § 95 Abs. 1 Nr. 2 (§ 1693 BGB) erfasst werden und auch nicht in der Übertragung eines
 Teils der elterlichen Sorge (Rn. 62), der Personen- oder Vermögenssorge (Rn. 64, 65)
 bestehen;
– die **Übertragung der Personensorge** (vgl. §§ 1626, 1630 BGB), ganz oder teilweise;   64
 wohl schon von Rn. 62 erfasst;
– die **Übertragung der Vermögenssorge;** wie Rn. 64;   65
– die Übertragung von **„Angelegenheiten der elterlichen Sorge"** (§ 1630 Abs. 3   66
 BGB), auch in einigen der Rn. 62–65 genannten Fälle;

---

[18] Rpfleger 2000, 40.

§ 94   1. Teil. 2. Abschnitt: 4. Familienrecht und Lebenspartnerschaft

67 – Entscheidungen über das **Umgangsrecht** (§§ 1684 Abs. 3, 4, 1685 Abs. 3 BGB; s. dazu auch Rn. 95) – nicht die Ablehnung einer Regelung[19] –; auch wenn sie in der Vollstreckbarerklärung einer ausländischen Entscheidung bestehen;[20]
68 – Entscheidungen über das **Auskunftsrecht** (§ 1686 S. 2 BGB);
69 – **Änderungsentscheidungen** (§ 1696 BGB), soweit sie inhaltlich eine Übertragung anordnen oder eine Entscheidung treffen.

70 Die obige Nennung der Vorschriften des BGB ist nicht als **abschließende Aufzählung** zu verstehen, es könnten auch weitere Fälle in Betracht kommen, zumal eine sichere Begrifflichkeit fehlt. Sie sind jedoch abzugrenzen gegen **deklaratorische Feststellungen** über den Inhaber der elterlichen Sorge usw., die materiell keine Übertragung darstellen, zB gemäß § 1680 Abs. 1 BGB.

71 Beim **Zusammentreffen mehrerer gebührenpflichtiger Maßnahmen** ist und bleibt jede gesondert gebührenpflichtig; so bei Entziehung der Vermögenssorge (Nr. 2) und ihrer Übertragung (Nr. 4), bei Übertragung der elterlichen Sorge (Nr. 4) und Anordnung der Kindesherausgabe (Nr. 6),[21] bei Übertragung der elterlichen Sorge und Regelung des Umgangsrechts (je Nr. 4),[22] bei Bestellung eines Pflegers (§ 93 Abs. 2) und Übertragung der Vermögenssorge (Nr. 4).[23]

72 Die Übertragung auf eine Pflegeperson (§ 1630 Abs. 3 BGB) bewirkt allerdings keine Pflegschaft, sie hat nur „Rechte und Pflichten" eines Pflegers (S. 3).

73 Die Geschäfte der Nr. 4 sind grundsätzlich Amtsverfahren; Antragsverfahren in den Fällen der §§ 1671, 1672, 1681 Abs. 2, 1630 Abs. 3 (nicht § 1686 S. 2 BGB, das „Verlangen" bezieht sich nur auf die Auskunft, nicht auch die Streitentscheidung).

74 Der **Geschäftswert** der Übertragung der elterlichen Sorge wurde durchweg mit 5000 DM (jetzt 3000 Euro) angenommen (Abs. 2 S. 1, § 30 Abs. 2 S. 1). § 48 Abs. 3 S. 3 GKG ist nicht entsprechend anzuwenden;[24] er korreliert mit der höheren Gebührentabelle des GKG.

75 Da die elterliche Sorge sowohl die Personen- als auch die Vermögenssorge umfasst, ist – in Anlehnung an die §§ 92, 93 – ein höherer Wert geboten, wenn das Kind **vermögend** ist (Rn. 19); er sollte mit einem Bruchteil des Vermögens gebildet werden.

76 Werden nur **einzelne Angelegenheiten der elterlichen Sorge,** wird nur die **Personensorge** oder nur die **Vermögenssorge** übertragen oder werden nur das **Umgangs- oder Auskunftsrecht** geregelt, so ist der Wert regelmäßig geringer anzunehmen.[25]

77 Ebenso kann die kurze Laufzeit einer Maßnahme eine Wertminderung bewirken.[26] Allerdings begründet die Getrenntlebensregelung nicht schon eine geringere Laufzeit gegenüber der Scheidungsregelung,[27] wohl aber der geringe Umfang des Verfahrens.[28]

---

[19] BayObLG JVBl. 1964, 64 = KostRsp. Nr. 5.
[20] BGHZ 88, 113 = FamRZ 1983, 1008; OLG Bamberg JurBüro 1986, 748.
[21] LG Stuttgart Justiz 1968, 344.
[22] OLG Zweibrücken JurBüro 1998, 365; OLGR 2002, 130; aA OLG Köln JurBüro 1981, 1564 = KostRsp. Nr. 34 m. abl. Anm. *Lappe*.
[23] LG Hildesheim Nds.Rpfl. 1964, 271 = KostRsp. Nr. 7; LG Kleve JVBl. 1965, 160.
[24] OLG Düsseldorf JurBüro 1980, 1558; OLG Schleswig AnwBl. 1978, 179 = JurBüro 1978, 1240; OLG Zweibrücken JurBüro 1982, 755; aA OLG Frankfurt JurBüro 1985, 1232 = KostRsp. Nr. 42 m. krit. Anm. *Lappe*.
[25] Für das Umgangsrecht: OLG Karlsruhe JurBüro 1980, 1660 = 3000 DM; OLG Köln Jur-Büro 1981, 1564 = 2500 DM; 1994, 559 = 3000 DM; OLG Celle Rpfleger 1979, 35 und OLG Düsseldorf JurBüro 1987, 1697 sowie OLG München Rpfleger 1990, 419 = 1500 DM; OLG Schleswig FamRZ 2002, 1578; OLG Zweibrücken JurBüro 1980, 1719 = 1000 DM bei Vergleich; OLGR 2002, 130; aA OLG Bamberg JurBüro 1979, 94; 1987, 1529; FamRZ 1990, 1130; OLG Brandenburg FamRZ 2006, 138 = OLGR 2005, 915; OLG Düsseldorf JurBüro 1980, 1558; FamRZ 2001, 1473; OLG Frankfurt JurBüro 1999, 371; OLG Hamm Rpfleger 1976, 31; OLG Naumburg FamRZ 2001, 112; OLG Nürnberg FamRZ 2001, 112; OLG Schleswig OLGR 1997, 382; FamRZ 2002, 41; OLG Zweibrücken FamRZ 2002, 763; OLGR 2002, 407.
[26] OLG Hamm Rpfleger 1976, 30; OLG Köln JurBüro 1981, 1564; aA OLG Hamm Rpfleger 1978, 1566.
[27] OLG Celle Rpfleger 1982, 472.
[28] OLG Hamburg JurBüro 1989, 989.

Allein eine solche differenzierende Bewertung entspricht dem verfassungsrechtlichen Differenzierungsgebot (Rn. 13) und somit einer verfassungskonformen Auslegung des § 30 Abs. 2. 78

Bei **mehreren Kindern** (Abs. 2 S. 2) hängt das Maß der Erhöhung[29] auch von der Homogenität oder der Heterogenität des Sachverhalts und der erforderlichen Regelungen ab.[30] Teils weicht die Rspr. einer differenzierten Bewertung mit „Einheitszuschlägen" aus,[31] teils verneint sie eine Erhöhung überhaupt.[32] 79

Zur **Schuldnerschaft** s. Rn. 32 ff. 80

(Rn. 81 bis 85 nicht belegt.)

5. Entscheidungsbefugnis (Nr. 5)

Die Verfahren sind teils Amtsverfahren (§§ 1617 Abs. 2 S. 1, 1687 Abs. 2, 1687a, 1687b Abs. 3, 1688 Abs. 3 S. 2, Abs. 4, 1751 Abs. 1 S. 5 BGB, § 9 Abs. 3 LPartG), teils Antragsverfahren (§§ 1628, 1673 Abs. 2 S. 3 BGB; § 2 Abs. 1 RelKErzG). Die Gebühr wird durch die **Übertragungsentscheidung oder die Änderung der Übertragung** (§ 1696 BGB) ausgelöst, nicht durch die Zurückweisung oder Zurücknahme des Antrags (auch nicht § 130: § 91). Die Fristsetzung für die Ausübung des Bestimmungsrechts (§ 1617 Abs. 2 S. 3 BGB) ist Nebengeschäft der Übertragung (§ 35), also weder Gebührentatbestand überhaupt noch gar zusätzlich. 86

Als **Wert** bietet sich ein Bruchteil des Werts des nach den §§ 18 ff. bemessenen Entscheidungsgegenstandes an (Abs. 2); bei der Namenbestimmung ist der Regelwert des § 30 Abs. 2 S. 1 der richtige, seine Erhöhung kommt nur wegen rechtlicher und tatsächlicher Schwierigkeiten in Betracht, nicht aber wegen der „Schönheit" des Namens. 87

6. Herausgabe (Nr. 6)

Die Herausgabe eines Kindes (§ 1632 Abs. 3, 1 BGB) ist ein Antragsverfahren. Die Gebühr entsteht mit der **Herausgabeanordnung;** ggf. neben der Gebühr Nr. 4 für die Übertragung der elterlichen Sorge.[33] Der Gegenantrag auf eine Verbleibensanordnung (§ 1632 Abs. 4 BGB) hat denselben Verfahrensgegenstand.[34] 88

Eine **Werterhöhung** (Abs. 2 S. 1; § 30 Abs. 2 S. 2) kommt wohl nur bei großem Umfang der Sache in Betracht; nicht jedoch bei erheblichem Kindesvermögen, da die elterliche Sorge nicht Gegenstand des Verfahrens ist und auch ein sonstiger vermögensrechtlicher Bezug fehlt. Eine generelle **Wertminderung** wegen des „Anhangs" zur Sorgerechtsentscheidung wird der zwangsweisen (§ 33 FGG) Kindesherausgabe nicht gerecht.[35] 89

Eine **einstweilige Anordnung** über die persönlichen Sachen des Kindes (§ 50d FGG) ist gebührenfrei (§ 91). 90

Eine Kostenentscheidung zu Lasten des herausgabepflichtigen Elternteils kann nach Abs. 3 S. 2 ergehen; 91

seit 1. 7. 1998 (KindRG) auch zu Lasten eines herausgabepflichtigen Dritten. 92

Zur Vollstreckung s. §§ 119, 134. 93

Die Bestimmung des Umgangs mit Dritten (§ 1632 Abs. 3, 2 BGB) ist ebenfalls ein Antragsverfahren. Die Gebühr entsteht mit der **Umgangsbestimmung,** nicht aber mit der Ablehnung einer Regelung (auch nicht § 130: § 91); 94

sowie mit einer Änderung der Bestimmung − nicht aber mit ihrer Aufhebung −. Die Bestimmung konkurriert mit Nr. 4 (§§ 1684 Abs. 3, 1685 BGB), doch bleibt das ohne praktische Folgen. 95

Zum **Wert** s. Rn. 18, 19. 96

---

[29] OLG Köln OLGR 1994, 194.
[30] OLG Hamm Rpfleger 1976, 30; KG FamRZ 2006, 438.
[31] OLG Celle Rpfleger 1979, 35; 1982, 472: pro Kind 1500 DM; mehr: ebenso OLG Schleswig OLGR 1997, 382.
[32] OLG Frankfurt FamRZ 1995, 375; OLG Hamm FamRZ 1995, 103; KG KGR 1994, 24.
[33] LG Stuttgart Justiz 1968, 344 = KostRsp. Nr. 9.
[34] OLG Stuttgart FamRZ 2006, 139 = OLGR 2005, 619.
[35] AA OLG Celle JurBüro 1986, 425.

§ 95

97   Auch hier kann **eine Kostenentscheidung** gegen Dritte ergehen (Rn. 29), etwa gegen Pflegeeltern.[36]

7. Vaterschaft (Nr. 7)

98   Über die Feststellung und Anfechtung der Vaterschaft wird ausnahmsweise statt im Zivilprozess im Verfahren der freiwilligen Gerichtsbarkeit entschieden (§ 1600e Abs. 2 BGB). Die Gebühr fällt mit dem **Eingang des Antrags** bei Gericht an und gilt das gesamte Verfahren einschließlich der Entscheidung ab; letzteres auch im Falle seiner **Zurückweisung** (also nicht § 130 Abs. 1).

99   Bei **Zurücknahme** des Antrags richtet sich die Gebühr nach § 130 Abs. 2; § 91 steht nicht entgegen, weil er eine Beschränkung der Gebührenerhebung („nur"), nicht aber den Ausschluss einer generellen Ermäßigung bezweckt.

100   Der **Wert** bestimmt sich entsprechend Rn. 18, 19.

101   **Kostenschuldner** ist der Antragsteller (§ 2 Nr. 1); für eine Entscheidung über die Gerichtskosten gibt es keine Rechtsgrundlage (vgl. § 3 Rn. 8).

102   Nr. 7 findet auch im Falle des Art. 12 § 3 Abs. 2 S. 4 NEhelG Anwendung (dort S. 6).

8. Eheschließung (Nr. 8)

103   Die Ersetzung der Zustimmung des gesetzlichen Vertreters eines Minderjährigen zur Eingehung der Ehe ist ein familiengerichtliches Antragsgeschäft. Die Gebühr fällt mit der **Ersetzungsentscheidung** an.

104   **Zurückweisung und Zurücknahme des Antrags** sind gebührenfrei (nicht § 130: § 91).

105   **Gebührenschuldner** ist der Elternteil, dessen Zustimmung ersetzt wird (Abs. 3 S. 1);

106   bei einem Vormund oder Pfleger wird die Gebühr nicht erhoben (Nr. 8 Halbs. 2), also durch die Gebühren gemäß §§ 92, 93 abgegolten.

107   **Auslagenschuldner** wie Rn. 105 (Rn. 32 ff.).

9. Sorgerechtsübereinkommen

108   Die bisherige Nr. 9 ist mit dem Sorgerechtsübereinkommensausführungsgesetz außer Kraft getreten (Art. 3, 2 Abs. 9 des Gesetzes vom 26. 1. 2005, BGBl. I S. 162, 174), seit dem 1. 3. 2005 gilt das Internationale Familienrechtsverfahrensgesetz, Kostenvorschriften: §§ 50 ff. (s. Anh. B I, Internationale Familienrechtsverfahren). Übergangsrecht: § 56 IntFamRVG, dazu § 161.

III. FG-Reform

109   § 94 soll aufgehoben werden, an seine Stelle das FamGKG treten.

---

§ 95* Weitere Verrichtungen des Vormundschafts- und des Familiengerichts

(1) ¹**Die volle Gebühr wird erhoben**

1. für die nach § 1643 des Bürgerlichen Gesetzbuchs erforderliche Genehmigung zu einem Rechtsgeschäft;
2. für Verfügungen nach § 112, § 1629 Abs. 2, § 1631 Abs. 3, §§ 1645, 1674, 1693, § 2282 Abs. 2, § 2290 Abs. 3, §§ 2347, 2351 des Bürgerlichen Gesetzbuchs;

---

[36] OLG Stuttgart FamRZ 2006, 139 = OLGR 2005, 619.

* § 95 neu gefasst durch Gesetz vom 18. 6. 1957 (BGBl. I S. 609), Abs. 1 Nr. 3 neu gefasst durch Gesetz vom 2. 7. 1976 (BGBl. I S. 1749), Abs. 1 Nr. 2 und 3 geändert durch Gesetz vom 18. 7. 1979 (BGBl. I S. 1061), Abs. 1 Satz 1 Nr. 2, bisheriger Satz 2 geändert, neuer Satz 2 eingefügt, bisheriger Satz 2 wurde Satz 3 durch Gesetz vom 12. 9. 1990 (BGBl. I S. 2002), Abs. 1 Satz 3 geändert durch Gesetz vom 4. 12. 1997 (BGBl. I S. 2846), Überschrift, Abs. 1 Satz 1 Nr. 3 geändert, Satz 3 neu gefasst durch Gesetz vom 16. 12. 1997 (BGBl. I S. 2942).

3. für sonstige Fürsorgetätigkeiten für ein unter elterlicher Sorge stehendes Kind mit Ausnahme der Tätigkeit in Angelegenheiten der Annahme als Kind.

²§ 92 Abs. 1 Satz 1 gilt entsprechend. ³Eine Gebühr für die Tätigkeit des Vormundschaftsgerichts wird nicht erhoben, wenn für den Fürsorgebedürftigen eine Vormundschaft, Dauerbetreuung, -pflegschaft oder -beistandschaft besteht oder wenn die Tätigkeit in den Rahmen einer Betreuung, Pflegschaft oder Beistandschaft für einzelne Rechtshandlungen fällt.

(2) ¹Im Falle des Absatzes 1 Nr. 1 bestimmt sich der Geschäftswert nach dem Wert des Gegenstandes, auf den sich das Rechtsgeschäft bezieht; ist der Fürsorgebedürftige an dem Gegenstand des Rechtsgeschäfts nur mitberechtigt, so ist der Wert seines Anteils maßgebend; bei Gesamthandverhältnissen ist der Anteil entsprechend der Beteiligung an dem Gesamthandvermögen zu bemessen. ²In den Fällen des Absatzes 1 Nr. 2, 3 bestimmt sich der Wert nach § 30 Abs. 2.

(3) Die Vorschrift des § 94 Abs. 2 Satz 2 gilt entsprechend.

Übersicht

	Rn.		Rn.
I. Gemeinsame Erläuterungen	1–20	7. Schuldner	19
1. Gegenstand des § 95, Gebührentatbestände	1, 2	8. Auslagen	20
2. Freibetrag	2a–2d	II. Die einzelnen Geschäfte	21–82
3. Wert	3–6	1. Familiengerichtliche Genehmigung (Nr. 1)	21–34
4. Mitberechtigung, Mitverpflichtung	7–9	2. Weitere Kindergeschäfte (Nr. 2)	35–49
5. Mehrheit von Geschäften	10–13	3. Sonstige Fürsorge (Nr. 3)	50–82
6. Vormundschaft, Betreuung, Pflegschaft	14–18	III. FG-Reform	83

I. Gemeinsame Erläuterungen

1. Gegenstand des § 95, Gebührentatbestände

In § 95 sind vor allem Geschäfte im **Zusammenhang mit der elterlichen Sorge** zusammengefasst, **veranlasst allein durch das Kindeswohl** (s. Vor § 91 Rn. 6–12). § 95 ist hingegen nicht anzuwenden auf Geschäfte bei **Volljährigen**. Dies ergibt sich aus der paragraphenmäßigen Nennung der Geschäfte in Abs. 1 S. 1 Nr. 1 und 2 sowie dem Wortlaut der Nr. 3: „sonstige (!) Fürsorgetätigkeiten ... für ein unter elterlicher Sorge stehendes Kind". Das hat der Gesetzgeber des BtG nicht erkannt und in S. 3 die Vormundschaft – wohl „routinemäßig" – um die Betreuung (Dauer- und Einzelbetreuung) ergänzt. Selbst wenn man darin eine Erweiterung der Gebührentatbestände des S. 1, ihre Erstreckung auf Volljährige erblicken wollte, bleibt dies doch praktisch folgenlos; denn in Betracht dafür kämen nur die Gebühren der Nr. 2 zu den erbrechtlichen Vorschriften bei einer Betreuung, und sie werden, eben wegen der Betreuung, nicht angesetzt (Abs. 1 S. 3). Auch iÜ bleibt es bei der elterlichen Sorge als alleinigem Gebührentatbestand, die Verweisungen des BGB führen nicht zu Gebühren bei der **Vormundschaft** oder der **Betreuung**. Die Gebühr der Nr. 2 für das Geschäft des § 1631 Abs. 3 BGB fällt also nicht deshalb bei der Vormundschaft an, weil § 1800 BGB darauf verweist; und das von Nr. 3 geregelte Geschäft des § 1639 Abs. 2 BGB erfasst nicht das gleiche bei der Vormundschaft, weil er sich auf § 1803 Abs. 2, 3 BGB bezieht.

Die Gebühren des § 95 werden nur für die gerichtliche **Vornahmeentscheidung** erhoben. Es gilt das in § 94 Rn. 3–11 Ausgeführte.

2. Freibetrag

Die mit S. 2 angeordnete entsprechende Anwendung des **§ 92 Abs. 1 S. 1** bewirkt, dass die Gebühren des Abs. 1 S. 1 Nr. 1–3 nur erhoben werden, „wenn das Vermögen des Fürsorgebedürftigen nach Abzug der Verbindlichkeiten 25 000 Euro übersteigt; der in § 90 Abs. 2 Nr. 8 SGB XII genannte Vermögenswert wird nicht mitgerechnet" (vgl. § 93

§ 95

2 b Rn. 17). Des Weiteren bleiben neben den danach nicht zu erhebenden Gebühren auch die Auslagen außer Ansatz.

2 b Wegen der Berechnung des Vermögens s. § 92 Rn. 86, 51–85. Während bei § 92 das Vermögen – jedenfalls im Regelfall – den Geschäftswert bildet und er um den Freibetrag vermindert wird, fehlt – wie auch bei § 93, s. dort Rn. 18 – hier eine **Beziehung zwischen Wert und Freibetrag**. Beide sind mithin unabhängig von einander festzustellen, allerdings erübrigt sich die Bemessung des Werts, wenn der Freibetrag nicht überschritten wird und mithin keine Gebühr anfällt. Wegen der fehlenden „Übergangsregelung" und der sich daraus ergebenden **Härte** s. § 93 Rn. 18.

2 c Maßgebender **Zeitpunkt** für den Freibetrag ist die Fälligkeit der Gebühr, also die Beendigung des Geschäfts (§ 7). Die Situation ist damit eine andere als bei den §§ 92 und 93, weil deren Gebühren im Voraus fällig werden (§ 92 Abs. 1 S. 4, § 93 S. 4). Die Frage der Auswirkung einer **Vermögensveränderung** während der Fürsorgemaßnahme auf den Freibetrag (§ 92 Rn. 89 ff.) stellt sich folglich hier nicht.

2 d Aus einer **Mehrheit** von Fürsorgebedürftigen (Rn. 10 ff.) bleiben bei einer Werteaddition die wegen des Freibetrags Begünstigten unberücksichtigt, bei einer Erhöhung des Werts (Abs. 3, § 94 Abs. 2 S. 2) die den Begünstigten betreffenden Erhöhungsumstände.

3. Wert

3 Der Wert bestimmt sich bei Abs. 1 S. 1 Nr. 1 nach dem vollen Wert des Rechtsgeschäfts (Abs. 2 S. 1 Teils. 1), bei Nr. 2 und 3 nach § 30 Abs. 2 (Abs. 2 S. 2; dazu Vor § 91 Rn. 12, 13). Das entspricht bezüglich Nr. 1 § 93 S. 1 (dort Rn. 23–26), bezüglich Nr. 2 und 3 § 94 Abs. 2 S. 1 (dort Rn. 12–20).

4 Diese Regelung ist insofern bedenklich, als **ein Teil der Geschäfte nach Nr. 2 und 3 denen der Nr. 1 entspricht** und man bei wörtlicher Befolgung des § 30 Abs. 2 zu Werten käme, die nicht „verhältnismäßig gleich",[1] sondern willkürlich ungleich sind. Deshalb bedarf es einer verfassungskonformen Anwendung des § 30 Abs. 2 im Verhältnis zu Abs. 2 S. 1. Vgl. auch § 94 Rn. 13.

5 Die Geschäfte der Nr. 2, 3 sind zu einem erheblichen Teil vormundschafts- oder familiengerichtliche **Genehmigungen**. Hier gilt:
– Hängt die **Wirksamkeit** des Geschäfts von der Genehmigung ab, ist der Wert des Geschäfts auch der richtige Wert der Genehmigung (arg. Abs. 2 S. 1).

6 – Betrifft die Genehmigung lediglich einen **Antrag** usw., dem noch ein gerichtliches Verfahren folgt, so kommt nur ein Bruchteil seines Werts in Betracht.

4. Mitberechtigung, Mitverpflichtung

7 Die **Mitberechtigung** (Abs. 2 S. 1 Teils. 2, 3) ist wie bei der Einzelpflegschaft (§ 93 Abs. 1 S. 2) geregelt (dort Rn. 27–36). Die rechtsgeschäftliche Erklärung des Pflegers und die Genehmigung einer rechtsgeschäftlichen Erklärung der Eltern werden mithin gleich bewertet. Das vermeidet Schwierigkeiten bei der Praktizierung des Abs. 1 S. 2, wenn also der Pfleger eine rechtsgeschäftliche Erklärung abgibt und sie dann vormundschaftsgerichtlich genehmigt wird.

8 Für Abs. 1 Nr. 1 und 2 fehlt eine entsprechende Vorschrift. Auch insoweit ist jedoch bei vergleichbaren Geschäften entsprechend zu verfahren (Rn. 4).

9 Wegen der **Mitverpflichtung** s. § 93 Rn. 37.

5. Mehrheit von Geschäften

10 Bei einer Mehrheit von Geschäften können sich Schwierigkeiten ergeben. Zwar erklärt Abs. 3 § 94 Abs. 2 S. 2 für entsprechend anwendbar. Doch lässt sich dies nur insoweit wie bei § 94 praktizieren, als sich der Wert **nach § 30 Abs. 2** bemisst, mithin bei den Geschäften der Nr. 2 und 3 – mit dem Vorbehalt Rn. 4 –.

---

[1] BVerfG in st. Rspr. zum Gleichheitssatz.

Bei Nr. 1 hingegen ist es mit dem einfachen Wert oder seiner Erhöhung bei Geschwistern angesichts der bestimmten Beträge nicht getan. Hier muss deshalb Abs. 3 so verstanden werden wie § 93 S. 3: Gebühr aus der **Wertesumme** (§ 93 Rn. 41 ff.). 11

§ 93 S. 3 sieht die Werteaddition nur bei einer Fürsorgemaßnahme für mehrere Fürsorgebedürftige: also bei Geschwistern (§ 93 Rn. 41), vor. § 94 Abs. 2 S. 2 greift hingegen immer dann ein, wenn die Entscheidung mehrere Fürsorgebedürftige betrifft, wenn also etwa ein Gesellschaftsvertrag von mehreren Minderjährigen geschlossen wird, die nicht Geschwister sind, und das Gericht ihn durch einen Beschluss genehmigt. Nun ließe sich die Werteaddition (Rn. 9) noch hinnehmen, wenn es verfahrensrechtliche Regeln gäbe, wann bezüglich mehrerer Fürsorgebedürftiger einheitlich und wann gesondert zu entscheiden ist. Da es daran fehlt und die zufällige gemeinsame oder gesonderte Erledigung des Gerichts nicht ausschlaggebend sein kann, sollte Abs. 3 im Falle der Nr. 1 – schon wegen Abs. 1 S. 2 – so verstanden werden wie § 93 S. 3: Nur **bei Geschwistern** wird eine Gebühr aus der Wertesumme erhoben. 12

Treffen **wirtschaftliche identische** Gegenstände zusammen, etwa die Genehmigung eines Darlehens und seiner Sicherung durch eine Grundschuld, fällt nur eine Gebühr aus dem einfachen Wert an (Einf. Rn. 63 a).[2] 12 a

Eine **Einzelpflegschaft** kann sich auf mehrere Rechtsgeschäfte beziehen; in diesem Falle wird ein Wert gebildet (§ 93 Rn. 45 ff.). Bei der Genehmigung der Geschäfte handelt es sich – selbst bei Zusammenerledigung – um mehrere Geschäfte, so dass sich die Wertegleichheit (Rn. 5) nicht ergibt. Dennoch bleiben zufolge Abs. 1 S. 3 die Gebühren des § 95 unerhoben. Die Vorschrift setzt mit anderen Worten nicht Werteidentität voraus. 13

6. Vormundschaft, Betreuung, Pflegschaft

Die Gebühren des Abs. 1 S. 1 für eine Tätigkeit des Vormundschaftsgerichts – also nicht des Familiengerichts! – bleiben unerhoben, wenn eine **Vormundschaft, Betreuung oder Pflegschaft** (§§ 92, 93) besteht (Abs. 1 S. 3). Diese Vorschrift bewirkt die gebührenrechtliche **Gleichbehandlung** vieler Geschäfte bei **Minderjährigen und Betreuten**. Denn bei den letztgenannten greift Abs. 1 S. 1 Nr. 3 nicht ein, weil er sich nur auf Kinder unter elterlicher Sorge bezieht (Rn. 1); und § 97 Abs. 1 Nr. 3 nicht, weil er Betreute und Pflegebefohlene ausnimmt: Die Geschäfte sind mithin gebührenfrei. Gleichwohl kann sich die Vorschrift angesichts der alternativen Zuständigkeiten des Vormundschafts- oder Familiengerichts im Einzelfall als problematisch erweisen; sie muss dann dahin verstanden werden, dass für eine gleiche Tätigkeit des Familiengerichts ebenfalls keine Gebühr zu erheben ist, weil die mehr zufällige Zuständigkeit sie nicht rechtfertigt. 14

Voraussetzung der Nichterhebung ist auch hier (vgl. § 93 Rn. 15), dass der **Gegenstand der Geschäfte** des S. 1 dem Gegenstand der Fürsorgemaßnahme der §§ 92, 93, insbesondere der Pflegschaft, entspricht (vgl. Rn. 13). Soweit das nicht der Fall ist, werden die Gebühren des S. 1 neben der Gebühr des § 92 oder § 93 erhoben. 15

Bei einer **Einzelpflegschaft** bewirkt Abs. 1 S. 3, dass dann, wenn ein Rechtsgeschäft sowohl Pflegerbestellung als auch vormundschaftsgerichtliche Genehmigung erfordert, nur die Gebühr des § 93 für die Pflegschaft erhoben wird. 16

In Abs. 1 S. 3 fehlen die Worte des § 93 S. 6 „oder **gleichzeitig anzuordnen** ist". Einer entsprechenden Auslegung bedarf es nicht; denn die Geschäfte des S. 1, insbesondere die vormundschaftlichen Genehmigungen, kommen im gegebenen Zusammenhang durchweg nur in Betracht, wenn bereits eine Vormundschaft oder Pflegschaft besteht, veranlassen aber selbst nicht ihre Einleitung. Folgt im Einzelfall eine Vormundschaft usw., so fehlt es an einem Zusammenhang wie in § 93 S. 6. Diese Rechtslage haben die Änderungen des Abs. 1 durch das KindRG zum 1. 1. 1998 verfestigt. Während nämlich die Gebühren seines S. 1 gleichermaßen durch vormundschafts- und familiengerichtliche Anordnungen entstehen, tritt die Nichterhebung nur für vormundschaftsgerichtliche Gebühren ein, also nicht bei der Anordnung durch das Familiengericht (§ 1697 BGB). 17

---

[2] *Lappe* Rpfleger 2008, Heft 2; Anm. KostRsp. Nr. 9 gegen OLG Nürnberg OLGR 2007, 367.

§ 95   1. Teil. 2. Abschnitt: 4. Familienrecht und Lebenspartnerschaft

18   Bezüglich der **Einzelpflegschaft** greift die Vorschrift ihrem Wortlaut nach auch dann, wenn ein Rechtsgeschäft vor seiner Vornahme genehmigt und zu seinem Abschluss ein Pfleger bestellt wird.

7. Schuldner

19   Der Kostenschuldner richtet sich nach den allgemeinen Vorschriften, §§ 2 ff., eine Sonderregelung wie § 94 Abs. 3 fehlt.

8. Auslagen

20   Kommt es im Amtsverfahren nicht zu einer gebührenpflichtigen Entscheidung, bleiben auch die Auslagen unerhoben (§ 2 Rn. 10 ff.); vgl. auch § 96.

II. Die einzelnen Geschäfte

1. Familiengerichtliche Genehmigung (Nr. 1)

21   Die gerichtliche Genehmigung von Rechtsgeschäften der Eltern für das Kind (§ 1643 BGB) ist ein Amtsverfahren. Genehmigt wird das **einzelne Rechtsgeschäft,** vor oder nach seiner Vornahme (§§ 1643 Abs. 3, 1829, 1831 BGB); teils kommt auch eine **allgemeine Ermächtigung** zur Vornahme solcher Rechtsgeschäfte in Betracht (§§ 1643 Abs. 3, 1825 BGB). Die Gebühr entsteht mit der Wirksamkeit (§ 18 FGG): der Bekanntmachung der Genehmigung oder Ermächtigung an die Eltern (§§ 1643 Abs. 3, 1828 BGB; nicht also erst der Mitteilung an „den anderen Teil", § 1829 Abs. 1 BGB). Ein Vorbescheid erfüllt den Gebührentatbestand nicht.

22   Bezüglich der „Erforderlichkeit" der Genehmigung (Gesetzestext) folgt die Gebühr der gerichtlichen Entscheidung, sie ist nicht ein spezieller Teil des Gebührentatbestands. Die Erforderlichkeit im Einzelfall wird also nicht beim Kostenansatz geprüft; für die überflüssige Genehmigung gilt § 16.

23   Die **Versagung der Genehmigung** ist gebührenfrei, desgleichen die Zurückweisung oder Zurücknahme eines „Antrags", da es sich um ein Amtsverfahren handelt.

24   Der **Geschäftswert** bestimmt sich „nach dem Wert des Gegenstandes, auf den sich das Rechtsgeschäft bezieht" (Abs. 2 S. 1). Der Wert ist mit anderen Worten nicht durch die Beteiligung oder das Interesse des Mündels beschränkt, er wird vielmehr durch das gesamte Rechtsgeschäft bestimmt. Das bedeutet insbesondere:

25   – Bei **Grundbuchgeschäften** richtet sich der Wert vor allem nach den §§ 19 bis 23, 39.

26   – Bei **Gesellschaftsverträgen** ist die Summe der Einlagen ohne Schuldenabzug (§ 18 Abs. 3) maßgebend, nicht nur die Einlage des Mündels (§ 39 Abs. 1 S. 1); s. jedoch Rn. 32.

27   – Bei **wiederkehrenden Leistungen** bestimmt sich der Wert nach den §§ 24, 25.

28   – Der Wert einer **Prokura** ist nach § 30 Abs. 1 zu bemessen; nicht nach § 41a Abs. 4: er gilt nur für die Handelsregisteranmeldung; nicht nach § 25 Abs. 2: er findet nur auf das möglicherweise zugrunde liegenden Dienstverhältnis Anwendung.

29   – Bei der gerichtlichen **Ermächtigung** ist die Summe der Werte der Rechtsgeschäfte maßgebend, die auf Grund der Ermächtigung voraussichtlich vorgenommen werden. Die Begrenzung des § 41 Abs. 4 gilt zwar nicht unmittelbar, sollte jedoch herangezogen werden, da einerseits nicht sicher ist, ob die voraussichtlichen Geschäfte auch tatsächlich abgeschlossen werden, und andererseits nur pauschal und nicht – wie bei der Einzelgenehmigung – detailliert und konkret geprüft wird.

30   Bei **mehreren Rechtsgeschäften** sind Einzelgebühren aus Einzelwerten zu erheben, selbst wenn die Genehmigung durch einen einheitlichen Beschluss erfolgt. Dabei dürfen allerdings Rechtsgeschäfte mit demselben Gegenstand nicht zerlegt werden, vielmehr ist entsprechend § 44 Abs. 1 zu verfahren. Das gilt insbesondere für Verpflichtungs- und Erfüllungsgeschäfte.

31   Nicht das **geprüfte,** sondern das **genehmigte Rechtsgeschäft** bestimmt den Wert, oder: nicht der Umfang der Prüfung, sondern der Umfang der Genehmigung; denn nur die Genehmigung löst eine Gebühr aus.

Weitere Verrichtungen des Vormundschafts- und des Familiengerichts **§ 95**

Bei **Mitberechtigung** des Mündels ist sein Bruchteil maßgebend (Abs. 2 S. 1 Teils. 2). **32**
S. dazu § 93 Rn. 27–36.³

Für die **Mitverpflichtung** ist die Anwendbarkeit von Abs. 2 S. 1 Teils. 2, 3 streitig. **33**
Nimmt beispielsweise die Erbengemeinschaft einen Kredit auf, für den die Erben als Gesamtschuldner einzustehen haben, so wird teils gleichwohl nur der Bruchteil des Kindes als Wert angesetzt,⁴ teils aber seine gesamte Schuld.⁵ S. dazu § 93 Rn. 37.

Schuldner ist das Kind (§ 2 Nr. 2). **34**

2. Weitere Kindergeschäfte (Nr. 2)

Die genannten Geschäfte betreffen vermögens- und nichtvermögensrechtliche Geschäfte **35**
im Interesse des Kindes. Die Angelegenheiten sind Amtsverfahren, die Unterstützung der Eltern bei Ausübung der elterlichen Sorge (§ 1631 Abs. 3 BGB) erfolgt auf Antrag.

Die Gebühr **entsteht** mit der „Verfügung": mit der Entscheidung oder Anordnung iS **36**
der jeweiligen Vorschrift.

Schuldner ist das Kind (§ 2 Nr. 2), im Falle des § 1631 Abs. 3 BGB der Antragsteller **37**
(§ 2 Nr. 1).

Im Einzelnen: **38**

§ 112 Abs. 1 BGB, vormundschaftsgerichtliche Genehmigung der Ermächtigung zum selbständigen Betrieb eines Erwerbsgeschäfts. Der Wert (§ 30 Abs. 2) sollte sich zwar einerseits am Betriebsvermögen des Erwerbsgeschäfts orientieren (Rn. 4), andererseits muss bei Minderjährigen die regelmäßig nur noch sehr kurze Laufzeit der Ermächtigung berücksichtigt werden, so dass lediglich ein geringer Bruchteil davon – höchstens vielleicht $1/10$ – in Betracht kommt.

§ 112 Abs. 2 BGB, vormundschaftsgerichtliche Genehmigung der Rücknahme **39**
der Ermächtigung. Wie Rn. 38, zusätzlich ist hier noch die Bedeutung der Rücknahme – Vermögensgefährdung? – erheblich.

§ 1629 Abs. 2 S. 3 BGB, teilweise Entziehung der Vertretungsmacht durch das **40**
Familiengericht. Wird dem einzigen vertretungsberechtigten Elternteil die Vertretung entzogen, muss zugleich ein Pfleger bestellt werden. Die Gebühr fällt neben der Pflegschaftsgebühr (§ 92 Abs. 1) an (Rn. 17). Der Wert ist wie § 94 Rn. 76–78 zu bemessen. Die Änderung der Entziehung (§ 1696 Abs. 1 BGB) löst eine weitere Gebühr aus, die Aufhebung der Entscheidung hingegen nicht (Rn. 2).

§ 1631 Abs. 3 BGB, Unterstützung der Eltern bei der Ausübung der Perso- **41**
nensorge durch das Familiengericht. Jede einzelne Maßnahme löst die Gebühr aus. Der Wert ist mit einem auf sie abzustellenden Bruchteil von 3000 Euro anzunehmen (vgl. § 94 Rn. 76–78). Kostenschuldner sind allein die Eltern oder der antragstellende Elternteil (§ 2 Nr. 1).⁶

§ 1645 BGB, Genehmigung des Familiengerichts zum Beginn eines neuen Er- **42**
werbsgeschäfts. Die Gebühr fällt ggf. neben der Gebühr Nr. 1 für eine Genehmigung gemäß §§ 1643, 1822 Nr. 3 BGB an. Wert im Regelfall trotz Abs. 2 S. 2, § 30 Abs. 2 voraussichtlicher Betriebsvermögenswert des Geschäfts (Rn. 4).

§ 1674 Abs. 1 BGB, Feststellung des Ruhens der elterlichen Sorge eines El- **43**
ternteils durch das Familiengericht. Wert wie § 94 Rn. 74, 75, jedoch davon ein Abschlag, weil es sich nur um eine Feststellung handelt.

§ 1674 Abs. 2 BGB, Feststellung des Wiederauflebens der elterlichen Sorge ei- **44**
nes Elternteils durch das Familiengericht. Wert wie Rn. 45.

§ 1693 BGB, familiengerichtliche Maßregeln bei Verhinderung der Eltern an **45**
der Ausübung der elterlichen Sorge. Die Vorschrift erfasst nur Maßregeln, die nicht als solche bereits einen Gebührentatbestand der §§ 92 ff. erfüllen; Vormundschaft und Pfleg-

---

³ Zum Wert einer Unterbeteiligung LG Würzburg JurBüro 1976, 502.
⁴ So BayObLG Rpfleger 1968, 367; OLG Karlsruhe Rpfleger 1964, 383.
⁵ So OLG Frankfurt Rpfleger 1965, 91 m. abl. Anm. *Stöber*; OLG Zweibrücken KostRsp. § 93 Nr. 2.
⁶ LG Lübeck JR 1974, 330.

§ 95

schaft allein (!) sind also nur nach den §§ 92, 93 gebührenpflichtig (vgl. Rn. 17). Da es sich nur um vorübergehende Maßnahmen und nur um die Ausübung der elterlichen Sorge handelt, ist Wert ein Bruchteil nach § 30 Abs. 2; dazu § 94 Rn. 74–78. Änderung der Maßregel (§ 1696 Abs. 1 BGB) löst eine weitere Gebühr aus, ihre Aufhebung nicht (Rn. 4).

46 **§ 2282 Abs. 2 BGB, vormundschaftsgerichtliche Genehmigung der Anfechtung des Erbvertrags.** Als Geschäftswert kommt im Regelfall trotz Abs. 2 S. 2, § 30 Abs. 2 der Wert des Erbvertrags (§ 46 Abs. 4) in Betracht (Rn. 4).

47 **§§ 2290 Abs. 3, 2292 BGB, vormundschaftsgerichtliche Genehmigung der Aufhebung eines Erbvertrags.** Wie Rn. 48.

48 **§§ 2347, 2352 BGB, vormundschaftsgerichtliche Genehmigung des Erbverzichts und der Zuwendung** (die letztgenannte hilfsweise nach Nr. 3). Als Geschäftswert kommt im Regelfall trotz Abs. 2 S. 2, § 30 Abs. 2 der Wert des Erb- bzw. Zuwendungsverzichtsvertrags (§ 39) in Betracht (Rn. 4).

49 **§§ 2351, 2347 Abs. 2 BGB, vormundschaftsgerichtliche Genehmigung der Aufhebung des Erbverzichts.** Wie Rn. 48.

3. Sonstige Fürsorge (Nr. 3)

50 Entsprechend dem Gegenstand des § 95 (Vor § 91 Rn. 8–14) erfasst Abs. 1 S. 1 Nr. 3 „sonstige Fürsorgetätigkeiten" des Vormundschafts- oder Familiengerichts, Geschäfte also, die allein vom Kindeswohl ausgehen und nicht vom Verhalten der Eltern.

51 Die Auffangklausel kollidiert mit § 91; ob sie noch dem im Recht der öffentlichen Gebühren herrschenden Grundsatz der Tatbestandsbestimmtheit entspricht, ist fraglich. Im Zweifel gilt Gebührenfreiheit (§§ 1, 91).

52 Unter **elterlicher Sorge** stehen minderjährige ehelich und nichtehelich geborene Kinder, solange noch ein Elternteil bzw. die Mutter lebt und ihm/ihr die elterliche Sorge nicht entzogen ist. Eheschließung des Kindes beendet die elterliche Sorge ebenso wenig wie ihr Ruhen; s. im Einzelnen §§ 1626 ff. BGB; im letzten Falle greift jedoch regelmäßig Abs. 1 S. 3 ein.

53 Die Geschäfte sind grundsätzlich Amtsverfahren, der **Kostenschuldner** folgt mithin aus § 2 Nr. 2; Rn. 70 alternativ Antragsverfahren: dann nur § 2 Nr. 1 (§ 2 Rn. 17); Rn. 65 nur Antragsverfahren: § 2 Nr. 1.

Im Einzelnen erfasst Nr. 3 folgende Geschäfte:

54 **§ 113 Abs. 3 BGB, vormundschaftsgerichtliche Ersetzung der Ermächtigung, in Dienst oder Arbeit zu treten.** Die Gebühr wird jedoch nach Abs. 1 S. 3 nicht erhoben.

55 **§ 1411 Abs. 1 S. 3, Abs. 2 S. 2 BGB, vormundschaftsgerichtliche Genehmigung eines Ehevertrags.** Die Gebühr wird jedoch nach Abs. 1 S. 3 nicht erhoben.

56 **§ 1484 Abs. 2 S. 2 BGB, vormundschaftsgerichtliche Genehmigung der Ablehnung der fortgesetzten Gütergemeinschaft.** Wert wie §§ 112 Abs. 2 S. 1 Halbs. 1, 38 Abs. 3 Halbs. 2, trotz Abs. 2 S. 2 (Rn. 4).

57 **§ 1491 Abs. 3 S. 1 BGB, vormundschaftsgerichtliche Genehmigung des Verzichts auf den Gesamtgutsanteil.** Wert wie Rn. 58, auch im Falle eines Vertrags (also nicht § 39, weil nur die Verzichtserklärung der Genehmigung bedarf).

58 **§ 1492 Abs. 3 S. 1 BGB, vormundschaftsgerichtliche Genehmigung der Aufhebung der fortgesetzten Gütergemeinschaft.** Wert wie Rn. 57.

59 **§ 1596 Abs. 1 S. 3 BGB, vormundschaftsgerichtliche Genehmigung der Anerkennung der Vaterschaft.** Da die Genehmigung die Anerkennung und deren Rechtsfolgen ohne weiteres auslöst, ist der volle Anerkennungswert (§ 30 Abs. 2) zu nehmen und bei seiner Bemessung über den Regelwert hinauszugehen, soweit der Wert des aus der Anerkennung folgenden Unterhaltsanspruchs (§ 24 Abs. 4) ihn übersteigt.

60 **§§ 1597 Abs. 3 S. 2, 1596 Abs. 1 S. 3 BGB, vormundschaftsgerichtliche Genehmigung des Widerrufs der Anerkennung der Vaterschaft.** Wie Rn. 59.

61 **§§ 1599 Abs. 2 S. 2, 1596 Abs. 1 S. 3 BGB, vormundschaftsgerichtliche Genehmigung der Zustimmung des Ehemanns der Mutter zur Anerkennung.** Wie Rn. 59 (vgl. § 40).

§ 1600 k Abs. 1 S. 2, Abs. 2 S. 1 BGB, vormundschaftsgerichtliche Genehmi- 62
gung der Anfechtung der Anerkennung; die Vorschriften sind zwar durch das Kind-RG aufgehoben worden, bleiben aber durch Art. 12 § 3 Abs. 2 S. 4 NEhelG in Bezug genommen, gelten folglich insoweit weiter, wenn man die Verweisung als statisch versteht. Da über die Anfechtung noch in einem gerichtlichen Verfahren zu entscheiden ist, wird mit einem Bruchteil des Werts der Hauptsache (vgl. § 94 Rn. 13 ff.) bewertet, etwa ¼.

§ 1615 e Abs. 2 S. 1 BGB, vormundschaftsgerichtliche Genehmigung einer Un- 63
terhaltsvereinbarung. Trotz § 30 Abs. 2 ist der sich aus § 24 ergebende Wert der richtige (Rn. 4), für den Anspruch auf Regelunterhalt also der Jahresbetrag (§ 24 Abs. 4).

§ 1618 S. 4 BGB, Ersetzung der Einwilligung zur Namenserteilung durch das 64
Familiengericht. Wie § 94 Rn. 87.[7]

§ 1626 c Abs. 2 S. 3 BGB, Ersetzung der Zustimmung zur Sorgeerklärung 65
durch das Familiengericht. Wie § 94 Rn. 74, 75 (vgl. § 40 Abs. 1).

§ 1630 Abs. 2 BGB, Entscheidung von Meinungsverschiedenheiten zwischen 66
Eltern und Pfleger durch das Familiengericht. Wegen Abs. 1 S. 3 s. Rn. 2.

§§ 1639 Abs. 2, 1803 Abs. 2 BGB, Genehmigung zu Abweichungen von Ver- 67
mögensverwaltungsanordnungen durch das Familiengericht (Vormundschaftsgericht?). Als Wert kommt insbesondere die Differenz zwischen der Anordnung und der genehmigten Abweichung in Betracht (Rn. 4).

§§ 1639 Abs. 2, 1803 Abs. 3 S. 2 BGB, Ersetzung der Zustimmung eines Drit- 68
ten zu Abweichungen durch das Familiengericht (Vormundschaftsgericht?). Wie Rn. 67.

§ 1644 BGB, Genehmigung zur Überlassung von Vermögen an das Kind durch 69
das Familiengericht. Tritt diese Genehmigung an die Stelle der Genehmigung des Rechtsgeschäfts, ist der Wert wie nach Abs. 2 S. 1 zu bestimmen (Rn. 4). Bei der Überlassung zur freien Verfügung sollte nur ein Bruchteil (§ 30 Abs. 2) genommen werden.

§ 1682 BGB, Verbleibensanordnung des Familiengerichts. Teilwert § 30 Abs. 3 70
S. 1, Abs. 2.

(§§ 1746 Abs. 3, 1748, 1752, 1757 Abs. 4 S. 1, 2, 1758 Abs. 2 S. 2, 1760, 1763, 71
1765 Abs. 2 BGB, Annahme als Kind und damit zusammenhängende vormundschaftsgerichtliche Geschäfte. Die genannte Tätigkeit wird „in Angelegenheiten der Annahme als Kind" vorgenommen, ist also gebührenfrei. Die Einschränkung der Nr. 3 betrifft nicht nur die eigentliche Annahme, sondern auch alle weiteren Geschäfte dabei, soweit sie im Interesse des Kindes liegen. Ist das Kind bei der Aufhebung des Annahmeverhältnisses bereits volljährig, scheidet Nr. 3 schon deshalb aus; s. dazu § 97 Abs. 1 Nr. 3 und zu § 1749 Abs. 1 S. 2 BGB § 97 Abs. 1 Nr. 1, dort Rn. 26.)

§ 2275 Abs. 2 S. 2 BGB, vormundschaftsgerichtliche Genehmigung eines Erb- 72
vertrags. Die Gebühr wird jedoch nach Abs. 1 S. 3 nicht erhoben.

§ 12 Abs. 3 AsylVfG, Entscheidung des Vormundschaftsgerichts über die Ver- 73
tretung eines Kindes im Asylverfahren. Wert § 30 Abs. 3 S. 1, 2.

Art. 24 Abs. 3 EGBGB, vorläufige Maßregeln vor Anordnung einer Vormund- 74
schaft oder Pflegschaft. Soweit die Maßregel nach einer speziellen Bestimmung gebührenpflichtig ist, geht sie der Gebühr Nr. 3 vor. S. iÜ Rn. 17.

Art. 7 §§ 1 Abs. 3, 3, 5 Abs. 2 S. 3 FamNamRG, vormundschaftsgerichtliche 75
Genehmigung der Anschließung an die Namensänderung, wenn man die Verweisung auf durch das KindRG 1998 aufgehobenen BGB-Vorschriften als statisch versteht, sie also insoweit fortgelten. Wert nach § 30 Abs. 3 S. 1, Abs. 2, wobei sich ein höherer als der Regelwert wohl nur durch Umfang und Schwierigkeit der Sache rechtfertigen lässt.

§ 2 NamÄndG, vormundschaftsgerichtliche Genehmigung des Namensände- 76
rungsantrags. Die Gebühr wird jedoch nach Abs. 1 S. 3 nicht erhoben.

---

[7] AA OLG Zweibrücken OLGR 2003, 53: im Durchschnittsfall kein Abschlag. S. auch *Oelkers/Oelkers* MDR 2001, 1269.

§ 96

78 **§ 3 Abs. 2 RelKErzG, vormundschaftsgerichtliche Genehmigung der Bestimmung über die religiöse Erziehung.** Die Gebühr wird jedoch nach Abs. 1 S. 3 nicht erhoben.

79 **§ 19 Abs. 1 S. 1 StAG, vormundschaftsgerichtliche Genehmigung der Entlassung aus der Staatsbürgerschaft.** Wert § 30 Abs. 3 S. 1, Abs. 2.

80 **Art. 3 Abs. 5 S. 2 RuStAÄndG 1974, vormundschaftsgerichtliche Genehmigung des Erklärung des Elternteils.** Wie Rn. 79.

81 **§§ 16 Abs. 2, 40 VerschG, vormundschaftsgerichtliche Genehmigung des Antrags auf Todeserklärung oder Feststellung der Todeszeit.** Da noch ein gerichtliches Verfahren folgt, bietet sich ein Bruchteil seines Werts (§§ 128 Abs. 2, 30 Abs. 2) an.

82 **§ 607 Abs. 2 S. 2 ZPO, vormundschaftsgerichtliche Genehmigung des Scheidungsantrags oder der Aufhebungsklage.** Im Hinblick auf das folgende gerichtliche Verfahren bietet sich ein Bruchteil des Werts der Hauptsache an, der allerdings statt nach § 48 Abs. 2, 3 GKG fiktiv nach § 30 Abs. 2 zu bemessen ist.

III. FG-Reform

83 § 95 soll aufgehoben werden und an seine Stelle das FamGKG treten.

§ 96* Nichterhebung von Auslagen in besonderen Fällen

Wird

a) die Bestellung eines Betreuers oder ihre Verlängerung,
b) die Erweiterung des Aufgabenkreises des Betreuers,
c) die Anordnung oder Verlängerung eines Einwilligungsvorbehalts,
d) die Erweiterung des Kreises der einwilligungsbedürftigen Willenserklärungen oder
e) eine Genehmigung nach den §§ 1904 und 1905 des Bürgerlichen Gesetzbuchs

abgelehnt oder das Verfahren ohne Entscheidung über die Maßnahme beendet oder wird eine dieser Maßnahmen als ungerechtfertigt aufgehoben oder eingeschränkt, so werden Auslagen, die im Zusammenhang mit der Vorbereitung oder dem Erlaß der Entscheidung entstehen, von dem Betroffenen in keinem Fall erhoben.

I. Besondere Fälle

1 § 96 bezieht sich auf folgende Fälle:
– Bestellung eines Betreuers (§§ 1896 ff. BGB; §§ 68 ff. FGG); Verlängerung seiner Bestellung (§§ 69 Abs. 1 Nr. 5, 69 Abs. 2 Halbs. 2, 69 i Abs. 6 FGG);

2 – Erweiterung des Aufgabenkreises des Betreuers (§ 1908 d Abs. 3 BGB; § 69 i Abs. 1 FGG);

3 – Anordnung oder Verlängerung eines Einwilligungsvorbehalts (§§ 69 Abs. 1 Nr. 5, 69 f Abs. 1 und 2, 69 i Abs. 6 FGG);

4 – Erweiterung des Kreises der einwilligungsbedürftigen Willenserklärungen (§ 1908 d Abs. 4 BGB; § 69 i Abs. 2 FGG);

5 – vormundschaftsgerichtliche Genehmigung der Einwilligung des Betreuers oder Bevollmächtigten in eine Untersuchung des Gesundheitszustands, eine Heilbehandlung oder einen ärztlichen Eingriff, insbesondere eine Sterilisation des Betreuten (§§ 1904, 1905 Abs. 2 BGB; § 69 d FGG). S. dazu auch § 128 b.

II. Ablehnung, Einstellung

6 Ist das Verfahren ein **Antragsverfahren,** kann die beantragte Maßnahme abgelehnt, der Antrag also zurückgewiesen werden.

---

* § 96 neu gefasst durch Gesetz vom 12. 9. 1990 (BGBl. I S. 2002).

Nicht Minderjährige, Betreute oder Pflegebefohlene **§ 97**

Ist das Verfahren ein **Amtsverfahren,** wird es eingestellt, wenn nicht festgestellt werden 7 kann, dass die Voraussetzungen der Maßnahme vorliegen. Die Einstellung erfolgt – je nach Verfahrensstand – nichtförmlich oder durch förmlichen Beschluss, sie liegt auch in der ausdrücklichen Ablehnung der Maßnahme oder in der Zurückweisung eines „Antrags", der von Rechts wegen nur eine Anregung zu gerichtlichem Tätigwerden ist. Die Ablehnung der Betreuerbestellung oder eines Einwilligungsvorbehalts erfordert einen förmlichen Beschluss (wegen § 69 Abs. 2 FGG).

III. Aufhebung

Eine Aufhebung oder Einschränkung (= teilweise Aufhebung) kann nach Maßgabe der 8 Vorschriften des BGB und des FGG auf Antrag oder von Amts wegen durch das Vormundschaftsgericht (vgl. auch § 18 FGG) sowie auf Beschwerde hin sowohl durch das Gericht, dessen Entscheidung angefochten ist, als auch durch das Beschwerdegericht erfolgen. Gleiches gilt für die Erinnerung gegen eine Rechtspflegerentscheidung (§ 11 Abs. 2 RPflG).

Erheblich ist die Aufhebung jedoch nur, wenn sie „als **ungerechtfertigt**" erfolgt (vgl. 9 § 69h FGG). Entsprechend dem Normzweck des § 96 fällt darunter allein die „Ungerechtfertigkeit" von Anfang an, nicht die später eintretende. Hingegen ist belanglos, ob diese auf Tatsachen beruht, die dem Gericht bereits bei der ersten Entscheidung bekannt waren, oder erst auf nachträglich bekannt gewordenen.

IV. Nichterhebung der Auslagen vom Betroffenen

Sind Rn. 1–9 erfüllt, so werden die in § 96 genannten Auslagen des gerichtlichen Verfahrens in allen Rechtszügen vom Betroffenen nicht erhoben. Das sind vor allem die durch 10 eine Anhörung, eine Vorführung zur Anhörung, ein Sachverständigengutachten und eine Beobachtungs-Unterbringung (s. §§ 68 ff. FGG) entstandenen Auslagen (§ 137 Abs. 1 Nr. 5, 6, 10, 11, 14). Bei **Amtsverfahren** (§ 2 Nr. 2) entspricht dies der von uns generell vertretenen Auffassung (§ 2 Rn. 10 ff.). § 96 greift aber auch ein bei der Zurückweisung eines **Antrags** des Betroffenen (§ 2 Nr. 1). Praktische Bedeutung kommt dem vor allem zu, wenn der Freibetrag (§§ 92 Abs. 1 S. 1, 93 S. 5, 95 Abs. 1 S. 2) überschritten wird und die von ihm ausgehende Auslagenfreiheit nicht eintritt.

Die Nichterhebung ist Kostenansatzverfahren (§ 14; dort Rn. 38). 11

V. Erhebung der Auslagen von Dritten

Soweit Dritte **antragsberechtigt** sind, bleiben sie Auslagenschuldner (§ 2 Nr. 1; wegen 12 der Auslagen s. auch § 92 Rn. 109); in aller Regel kommen sie jedoch nur als „Anreger" (Rn. 7) in Betracht.

Beruht ihre Anregung auf grobem Verschulden, können ihnen die Kosten des Verfahrens 13 **auferlegt** werden (§ 13a Abs. 2 S. 2 FGG). Die daraus folgende Auslagenschuldnerschaft (§ 3 Nr. 1) wird durch § 96 nicht berührt.

§ 97* Verfügungen des Vormundschaftsgerichts oder des Familiengerichts, die sich nicht auf Minderjährige, Betreute oder Pflegebefohlene beziehen

(1) **Die volle Gebühr wird erhoben**

1. für Entscheidungen, welche die persönlichen Rechtsbeziehungen der Ehegatten oder früherer Ehegatten zueinander oder das eheliche Güterrecht betreffen;

---

* § 97 Überschrift geändert durch Gesetz vom 14. 6. 1976 (BGBl. I S. 1421), Abs. 1 Nr. 1 neu gefasst durch Gesetz vom 18. 6. 1957 (BGBl. I S. 609), Überschrift und Abs. 1 Nr. 3 geändert durch Gesetz vom 18. 7. 1979 (BGBl. I S. 1061), Überschrift, Abs. 1 Nr. 3 geändert durch Gesetz vom 12. 9. 1990 (BGBl. I S. 2002), Abs. 1 Nr. 1 neu gefasst durch Gesetz vom 4. 5. 1998 (BGBl. I S. 833), Abs. 1 Nr. 4 angefügt durch Gesetz vom 16. 2. 2001 (BGBl. I S. 266) und geändert durch Gesetz vom 15. 12. 2004 (BGBl. I S. 3396).

§ 97

2. für die Ersetzung der Zustimmung anteilsberechtigter Abkömmlinge zu Rechtsgeschäften des überlebenden Ehegatten im Fall der fortgesetzten Gütergemeinschaft;
3. für sonstige Verfügungen des Vormundschaftsgerichts, die sich nicht auf Minderjährige, Betreute oder Pflegebefohlene beziehen;
4. für Entscheidungen, welche die persönlichen Rechtsbeziehungen der Lebenspartner oder früheren Lebenspartner zueinander oder deren Güterstand betreffen.

(2) Der Geschäftswert bestimmt sich nach § 30 Abs. 2.

Übersicht

	Rn.		Rn.
I. Gemeinsame Erläuterungen	1–8	7. Schuldner	7
1. Gegenstand des § 97	1	8. Folgesachen	8
2. Gebührentatbestände	2	II. Die einzelnen Geschäfte	9–46
3. Wert	3	1. Eherecht (Nr. 1)	9–26
4. Mitberechtigung, Mitverpflichtung	4	2. Fortgesetzte Gütergemeinschaft (Nr. 2)	27
5. Mehrheit von Geschäften	5	3. Sonstige Verfügungen (Nr. 3)	28–42
6. Vormundschaft, Betreuung, Pflegschaft	6	4. Lebenspartnerschaft (Nr. 4)	43–46
		III. FG-Reform	47

I. Gemeinsame Erläuterungen

1. Gegenstand des § 97

1 § 97 betrifft Angelegenheiten der **Ehegatten „als solcher"**, also nicht in Bezug auf ihre Kinder (Abs. 1 Nr. 1); und zwar auch dann, wenn ihre Abkömmlinge insoweit an die Stelle eines von ihnen treten (Abs. 1 Nr. 2); sowie alle **sonstigen Geschäfte** des Vormundschafts- oder Familiengerichts, die von den speziellen Regelungen der §§ 92 bis 95, 97 Abs. 1 Nr. 1 und 2, 97a bis 99 nicht erfasst werden. Den Ehegatten stehen die **Lebenspartner** gleich (Abs. 1 Nr. 4, wie Abs. 1 Nr. 1).

2. Gebührentatbestände

2 Gebührentatbestände sind auch hier (Abs. 1 Nr. 1, 3, 4) vor allem Entscheidungen (wie in § 94 Abs. 1 Nr. 1, 3, 4) und Verfügungen (wie in § 95 Abs. 1 S. 1 Nr. 2); also nur Vornahmeentscheidungen iS der jeweiligen Vorschrift (wie § 94 Rn. 3–11).[1] Eine der zufälligen Wortwahl des Gesetzgebers folgende wechselnde Auslegung der Begriffe im Hinblick auf die einzelne Gebühr würde Systematik durch Willkür ersetzen. Zur Erfüllung des Gebührentatbestands s. Einf. Rn. 57 ff

3. Wert

3 Der Geschäftswert bestimmt sich in allen Fällen nach § 30 Abs. 2 (Abs. 2). Angesichts der unterschiedlichen „Wertigkeit" der in § 97 geregelten Geschäfte ist auch hier eine **differenzierende Bewertung** geboten (wie § 94 Rn. 12–20, § 95 Rn. 4).

4. Mitberechtigung, Mitverpflichtung

4 Die Frage: Mitberechtigung (Mitverpflichtung) bei der Bewertung berücksichtigen?, kann sich auch hier stellen. Da es sich um einen allgemeinen Grundsatz handelt (vgl. § 93 Rn. 33, § 95 Rn. 7, 8), ist er ggf. zur Vermeidung einer Überbewertung heranzuziehen.

5. Mehrheit von Geschäften

5 Für die Mehrheit von Geschäften fehlt eine Regelung wie insbesondere in den §§ 93 S. 3, 94 Abs. 2 S. 2, so dass der Grundsatz der KostO „Einzelgebühren aus Einzelwerten" ohne Einschränkung gilt.

---

[1] LG Münster Rpfleger 1990, 21.

6. Vormundschaft, Betreuung, Pflegschaft

Vormundschaft, Betreuung und Pflegschaft als solche sind hier – abweichend von den §§ 93 bis 95 (s. § 93 S. 6, § 94 Rn. 2a ff., § 95 Abs. 1 S. 3) – ohne Einfluss auf die Gebühren. Sie werden im Gegenteil nach Abs. 1 Nr. 3 sogar dann erhoben, wenn im Einzelfall die Betroffenen unter Vormundschaft, Betreuung, Pflegschaft oder elterlicher Sorge stehen (Rn. 33).

7. Schuldner

Der Kostenschuldner richtet sich ohne jede Einschränkung – wie etwa gemäß § 94 Abs. 3 – nach den allgemeinen Vorschriften (§§ 2 ff.).

8. Folgesachen

Soweit die Geschäfte des § 97 Folgesachen einer Scheidung (§ 623 ZPO) oder der Aufhebung einer Lebenspartnerschaft (§§ 661, 623 ZPO) sind – das kommt insbesondere für die nach den §§ 1382, 1383 BGB (Nr. 1), § 661 Abs. 1 Nr. 7 ZPO (Nr. 4) in Betracht –, tritt an die Stelle von § 97 das GKG (§ 1 Nr. 1 Buchst. b, c GKG; wie § 94 Rn. 39, 41, 42). Gleiches gilt für die genannten Zugewinnausgleichsentscheidungen im Prozess (ebenfalls § 1 GKG wie vor).

II. Die einzelnen Geschäfte

1. Eherecht (Nr. 1)

Die Vorschrift – vgl. § 45 FGG – erfasst Entscheidungen,
– die „die persönlichen Rechtsbeziehungen der Ehegatten oder früherer Ehegatten zueinander ... betreffen". „Persönlich ... zueinander" in diesem Sinne sind sowohl **vermögens- als auch nichtvermögensrechtliche** Beziehungen, die aus dem **Eherecht** folgen; in den Begriffen liegt eine Ausgrenzung der Rechtsbeziehungen der Ehegatten zu Dritten, insbesondere als Eltern zu den Kindern, deren Gebühren in den §§ 93 bis 95 abschließend geregelt sind.
– die „das **eheliche Güterrecht** betreffen". Das sind vermögensrechtliche Beziehungen zwischen den Eheleuten, aber eben nicht alle, zB nicht unterhaltsrechtliche. Das Güterrecht reicht zwar über die Eheleute hinaus, insbesondere bei der fortgesetzten Gütergemeinschaft, doch wird dieser Bereich von Nr. 1 nicht erfasst; sonst wäre nämlich Nr. 2 überflüssig.

Zu den persönlichen Rechtsbeziehungen gehört auch der **Versorgungsausgleich**. Für die gerichtlichen Versorgungsausgleich**verfahren** geht zwar die spezielle Regelung des § 99 vor, doch fällt die Genehmigung einer Vereinbarung unter Nr. 1 (Rn. 25). Dem steht nicht entgegen, dass das 1. EheRG § 45 Abs. 1 FGG um „den Versorgungsausgleich" ergänzt hat. Damit wird nur die örtliche Zuständigkeit klargestellt, nicht aber die Abgrenzung zwischen § 97 Abs. 1 Nr. 1 und § 99 präjudiziert (vgl. auch § 53 d FGG). Das Ergebnis einer solchen Auslegung – Gebührenfreiheit – stünde zudem mit § 95 Abs. 1 S. 1 Nr. 1 und vielen anderen Regelungen nicht im Einklang.

Gebührentatbestand ist die jeweilige **Entscheidung**; s. auch Rn. 2, insbesondere zur Erfüllung des Gebührentatbestands. Er erfasst (Rn. 2) nicht die Zurückweisung eines Antrags, sondern meint nur die **Sachentscheidung** iS der jeweiligen Vorschrift; das gilt auch bei Änderungs- und Zweitentscheidungen, so dass etwa die Aufhebung einer Stundungsentscheidung (§ 1382 Abs. 6 BGB) gebührenfrei bleibt.

Bei den Antragsgeschäften sind **Zurückweisung und Zurücknahme des Antrags** gebührenfrei (nicht § 130: § 91).

Im Einzelnen:

§ 1315 Abs. 1 S. 1 Nr. 1 BGB, Genehmigung der Eheschließung durch das Familiengericht, sofern man § 97a (s. dort Rn. 2) nicht für anwendbar hält.

§ 1357 Abs. 2 S. 1 BGB, Aufhebung einer Beschränkung oder Ausschließung der Schlüsselgewalt. Als Geschäftswert bietet sich (Rn. 3) ein Bruchteil der Wertesumme

§ 97   1. Teil. 2. Abschnitt: 4. Familienrecht und Lebenspartnerschaft

der Geschäfte an, die von der Aufhebung erfasst werden. Soweit es sich um wiederkehrende Geschäfte handelt, kommt einerseits eine Orientierung an § 24 Abs. 3 in Betracht, andererseits ist zu berücksichtigen, dass veränderte Umstände eine neuerliche Beschränkung oder Ausschließung der Schlüsselgewalt ermöglichen. Ein Bruchteil – und nicht der volle Wert – ist deshalb geboten, weil es ja nicht um die Vornahme der Geschäfte überhaupt geht, sondern nur um die Berechtigung zu ihrer Vornahme mit Wirkung für den anderen Ehegatten; je größer die Gefährdung, desto größer der Bruchteil. Kostenschuldner ist der antragstellende Ehegatte (§ 2 Nr. 1).

15   **§ 1365 Abs. 2 BGB, Ersetzung der Zustimmung zur Verfügung über das Vermögen im Ganzen.** Entsprechend dem Sicherungszweck des § 1365 BGB orientiert sich der Wert am gefährdeten Zugewinnausgleichsbetrag,[2] jedoch bildet er nicht ohne weiteres in voller Höhe den Wert, bei geringerer Gefährdung kommt nur ein Bruchteil in Betracht. Letztes gilt insbesondere bei der Ersetzung wegen Verhinderung (§ 1365 Abs. 2 aE). Schuldner ist der antragstellende Ehegatte (§ 2 Nr. 1).

16   **§ 1369 Abs. 2 BGB, Ersetzung der Zustimmung zur Verfügung über Haushaltsgegenstände.** Entsprechend Rn. 15, wobei sich der Wert der Haushaltsgegenstände nach § 19 Abs. 1 bemisst.

17   **§ 1382 Abs. 1 BGB, Stundung der Ausgleichsforderung.** Der Wert bemisst sich nicht nach der Forderung, sondern dem Stundungsinteresse, bemessen entsprechend der Dauer der Stundung mit einem Bruchteil des Nennwerts. Schuldner ist der antragstellende Ehegatte (§ 2 Nr. 1). Zu Vergleich und einstweiliger Anordnung s. § 91 Rn. 53, 54. Wird das Stundungsverfahren im Rechtsstreit über die Ausgleichsforderung geführt (§ 1382 Abs. 5), tritt an die Stelle der KostO das GKG (Rn. 8).

18   **§ 1382 Abs. 3 BGB, Sicherheitsleistung für die gestundete Forderung.** Diese Anordnung ist nicht etwa Nebengeschäft zu Rn. 17, sondern ein eigenes Geschäft, das auch nach der Stundung vorkommen kann. Die Sicherheitsleistung wird ebenfalls nur mit einem Bruchteil – etwa $1/10$ – der gesicherten Forderung bemessen, der im Einzelfall entsprechend dem Sicherungsinteresse höher angenommen werden muss. Schuldner ist der antragstellende Ehegatte (§ 2 Nr. 1). S. iÜ Rn. 7.

19   **§ 1382 Abs. 6 BGB, Aufhebung oder Änderung der Stundungs- und Sicherheitsleistungsentscheidung.** Der Wert ist entsprechend Rn. 17, 18 zu bemessen, nach dem „Aufhebungs- oder Änderungsinteresse". S. auch Rn. 12. Schuldner ist der Antragsteller (§ 2 Nr. 1).

20   **§ 1383 Abs. 1 BGB, Übertragung von Vermögensgegenständen.** Als Geschäftswert bietet sich ein Bruchteil des Werts (§ 19) der zu übertragenden Gegenstände und damit der abgelösten Ausgleichsforderung an, wobei der Bruchteil das „Übertragungsinteresse" ausdrückt, d. h. das Interesse an einem realem statt einem baren Ausgleich. Schuldner ist der Antragsteller (§ 2 Nr. 1). Wegen der Entscheidung im Prozess s. Rn. 17.

21   **§ 1426 BGB, Ersetzung der Zustimmung zu Gesamtgutgeschäften.** Wie Rn. 15.

22   **§ 1430 BGB, Ersetzung der Zustimmung des Verwalters.** Den Geschäftswert bildet der Wert des Rechtsgeschäfts (s. aber Rn. 4). Schuldner ist der Antragsteller (§ 2 Nr. 1).

23   **§ 1452 BGB, Ersetzung der Zustimmung des anderen Ehegatten.** Geschäftswert ist der Wert des Rechtsgeschäfts (s. aber Rn. 4); beim Rechtsstreit ein Bruchteil seines nach der KostO – fiktiv – zu bemessenden Werts, da die Zustimmung noch nicht den Prozesserfolg bewirkt. Schuldner ist der Antragsteller (§ 2 Nr. 1).

24   **§ 1458 BGB, Ersetzung der Zustimmung bei elterlicher Sorge und Vormundschaft.** Wie Rn. 21, 22. Die Gebühr wird neben der Gebühr der §§ 92, 93 erhoben (Rn. 6).

25   **§ 1587o Abs. 2 S. 3 BGB, Genehmigung der Vereinbarung über den Versorgungsausgleich.** Da die Genehmigung nicht Teil des Versorgungsausgleichsverfahrens

---

[2] BayObLG JurBüro 1995, 98 = KostRsp. Nr. 5; Aufgabe der bis zur 12. Aufl. vertretenen Auffassung, der Wert des Vermögens sei maßgebend; aA OLG Hamm JurBüro 1995, 256: streng dem Wortlaut des § 30 Abs. 2 gemäß; ihm folgend OLG Koblenz FamRZ 2002, 763 = OLGR 2002, 236.

(§ 621 Abs. 1 Nr. 6 ZPO) ist, vielmehr erst die Nichtgenehmigung das Verfahren auslöst (§ 53d FGG), verhindert die spezielle Regelung des § 99 nicht die Anwendung der Nr. 1 (Rn. 11). Die Gebühr fällt folglich auch für eine Genehmigung im Zusammenhang mit einem Verbundverfahren (§ 623 ZPO) an (und nicht etwa die Gebühr GKG Kost-Verz. 1310).[3] Der Geschäftswert bestimmt sich nach dem Wert des Rechtsverhältnisses (Rn. 1; nicht nach § 99 Abs. 3!), d.h. nach den ohne die Vereinbarung zu übertragenden oder zu begründenden Rentenanwartschaften oder Renten, bemessen nach § 24 Abs. 3. Der Monatsbetrag ist erforderlichenfalls zu schätzen (§ 30 Abs. 1). Auf den Wert des „Ausgleichsersatzes", also der an die Stelle der Anwartschaft oder Rente getretenen Gegenstände, kommt es nicht an (zumal er nicht Teil der Vereinbarung ist, § 53e Abs. 2 FGG). Die Gebühr schuldet, da es sich um ein Amtsverfahren handelt, der Interessent (§ 2 Nr. 2); das ist regelmäßig allein der Ausgleichsberechtigte, denn in seinem Interesse wird das Gericht tätig (§ 1587o Abs. 2 S. 4); im Einzelfall können es aber auch beide Eheleute sein, wenn sie nämlich beide als mögliche Ausgleichsberechtigte in Betracht kommen (S. 4 aE).

§§ 1749 Abs. 1 S. 2, 1767 Abs. 2 BGB, Ersetzung der Einwilligung des Ehegatten des Annehmenden zur Annahme als Kind. Der Wert ist mit einem Bruchteil des Werts der Annahme (§ 30 Abs. 3 S. 2) zu bestimmen, da die Einwilligung nicht ohne weiteres den Annahmebeschluss bewirkt. Schuldner ist der Annehmende (§ 2 Nr. 1). 26

2. Fortgesetzte Gütergemeinschaft (Nr. 2)

Der Gebührentatbestand ergibt sich aus den §§ 1487 Abs. 1, 1426 BGB; dazu Rn. 21. Die besondere Nennung beruht offenbar darauf, dass das Gesetz die fortgesetzte Gütergemeinschaft nicht dem „ehelichen Güterrecht" (Nr. 1) zurechnet (Rn. 10). 27

3. Sonstige Verfügungen (Nr. 3)

Die Generalklausel knüpft insbesondere an § 43 FGG an und belegt die von den §§ 94, 95, 97 Abs. 1 Nr. 1 und 2 sowie 97a bis 99 nicht erfassten Geschäfte mit einer Gebühr. Ob sie dem Gebot der Tatbestandsbestimmtheit für öffentliche Gebühren entspricht, ist fraglich. Im Zweifel gilt Gebührenfreiheit (§ 91). 28

Zu § 130 s. Rn. 13. 29

Die Verfügungen dürfen sich nicht auf **Minderjährige** (§ 92 Rn. 25 ff.) beziehen, mögen sie unter elterlicher Sorge (§ 95 Abs. 1 S. 1 Nr. 3; dort Rn. 54) oder unter Vormundschaft (§ 92) stehen; 30

nicht auf **Betreute** (§§ 92, 93); 31

nicht auf **Pflegebefohlene,** d.h. unter Einzel- oder Dauerpflegschaft stehende Personen (§§ 92, 93). 32

Weitere Voraussetzung der Nichterhebung ist, dass der **Gegenstand** der Verfügung der Nr. 3 **von der Vormundschaft, elterlichen Sorge, Betreuung oder Pflegschaft erfasst wird.** Daran fehlt es, wenn die Verfügung sich auf das Verhältnis des Mündels oder Kindes zu Dritten bezieht und von der Vormundschaft bzw. elterlichen Sorge nicht berührt wird; insbesondere aber stellt sich diese Frage bei allen Pflegschaften. 33

Im Einzelnen fallen unter Nr. 3: 34

§ 1760 BGB, Aufhebung einer Minderjährigenannahme als Kind nach Volljährigkeit des Angenommenen. Denn sie fällt nicht mehr unter § 95 Abs. 1 S. 1 Nr. 3 und ist mithin nach seiner Einschränkung nicht gebührenfrei; auch nicht unter die spezielle Regelung des § 98 für die Aufhebung einer Volljährigen-Annahme; Nr. 3 schließt sie aber auch nicht aus, weil der Volljährige nicht als Betreuter oder Pflegebefohlener betroffen wird (selbst wenn er das im Einzelfall ist, Rn. 33). Der Wert bestimmt sich nach Abs. 2, § 30 Abs. 2; die vermögensrechtlichen Auswirkungen (§ 1764 BGB) können zu einer Werterhöhung führen. Schuldner ist der Antragsteller (§ 2 Nr. 1). 35

§ 1765 Abs. 2 BGB, Anordnung, dass das volljährige Kind den Familiennamen behält; auch gemäß §§ 1771, 1767 Abs. 2 BGB. Denn sie fällt nicht mehr unter § 95 36

---

[3] So aber OLG Stuttgart FamRZ 1997, 692; aA – gebührenfrei – OLG Hamburg FamRZ 1991, 202 = KostRsp. Nr. 1 m. abl. Anm. *Lappe.*

§ 97a

Abs. 1 S. 1 Nr. 3 und ist mithin nach seiner Einschränkung nicht gebührenfrei; und es handelt sich auch nicht um ein Nebengeschäft (§ 35) zur Aufhebung, weil ein besonderer Antrag des Kindes erforderlich ist; schließlich nimmt Nr. 3 die Anordnung nicht aus, weil der Volljährige nicht als Betreuter oder Pflegebefohlener betroffen wird (selbst wenn er das im Einzelfall ist, Rn. 33). Der Wert bestimmt sich nach Abs. 2, § 30 Abs. 2, wobei sich eine Unterschreitung des Regelwerts anbietet („nur Namen"). Da ein vermögensrechtlicher Bezug fehlt, kommt eine Erhöhung wegen günstiger Einkommens- und Vermögensverhältnisse nicht in Betracht. Schuldner ist das antragstellende Kind (§ 2 Nr. 1).

37 **§ 1765 Abs. 3 BGB, Anordnung der Führung des Geburtsnamens durch die Ehegatten;** auch gemäß §§ 1771, 1767 Abs. 2 BGB. Wie Rn. 36. Schuldner sind die antragstellenden Eheleute (§ 2 Nr. 1).

38 **§ 1904 Abs. 2 BGB, Genehmigung der Einwilligung des Bevollmächtigten in eine Untersuchung, eine Heilbehandlung oder einen ärztlichen Eingriff.** Denn eine Betreuung besteht nicht (Rn. 31). Die Gebühr wird jedoch nicht erhoben (§ 128b S. 1). S. auch § 96 Buchst. e.

39 **Art. 24 Abs. 3 EGBGB, vorläufige Maßregeln vor einer Betreuung oder Pflegschaft über volljährige Ausländer.** Wie § 95 Rn. 75 bei Minderjährigen.

(Rn. 40 nicht belegt)

41 **§ 7 GBBerG, Verkaufserlaubnis für den gesetzlichen Vertreter des Eigentümers.** Wie bei einer vormundschaftsgerichtlichen Genehmigung gemäß § 95 Abs. 1 S. 1 Nr. 1. (Die Erlaubnis für einen gerichtlich bestellten Pfleger löst neben der Gebühr der §§ 92 oder 93 keine zusätzliche Gebühr aus.)

42 **§ 17 Abs. 3 S. 4 SachenRBerG, Genehmigung von Erbbaurechts- oder Kaufverträgen des nach dem VermG oder EGBGB bestellten Vertreters.** Wie Rn. 41.

4. Lebenspartnerschaft (Nr. 4)

43 Die Vorschrift erfasst die Entscheidungen
44 zur **Schlüsselgewalt** (Rn. 14a, 14, 16; § 8 Abs. 2 LPartG),
45 zur **Stundung von Ausgleichsforderungen und Übertragung von Vermögensgegenständen** (Rn. 18, 19, 20; § 661 Abs. 1 Nr. 7 ZPO)
46 sowie **sonstige Geschäfte** aus der unmittelbaren oder entsprechenden Anwendung von Vorschriften, die bei Ehegatten die Gebühr des Abs. 1 Nr. 1 auslösen (Rn. 9–26).

III. FG-Reform

47 § 97 soll auf Verfügungen des Betreuungsgerichts, die sich nicht auf Betreute oder Pfleglinge beziehen, beschränkt werden, iÜ an seine Stelle das FamGKG treten.

§ 97a* Befreiung vom Eheerfordernis der Volljährigkeit und vom Eheverbot der durch die Annahme als Kind begründeten Verwandtschaft

(1) Die volle Gebühr wird erhoben für die Befreiung vom Erfordernis der Volljährigkeit und vom Eheverbot der durch die Annahme als Kind begründeten Verwandtschaft in der Seitenlinie (§ 1303 Abs. 2 und § 1308 Abs. 2 des Bürgerlichen Gesetzbuchs).

(2) Der Geschäftswert bestimmt sich nach § 30 Abs. 2.

I. Befreiungen

1 Die Befreiungen vom Eheerfordernis der Volljährigkeit (§ 1303 Abs. 2 BGB) und vom Eheverbot zufolge Annahme als Kind (§ 1308 Abs. 2 BGB) sind Antragsgeschäfte, die Gebühr fällt mit der Befreiung – ihrer Wirksamkeit (Einf. Rn. 57 ff.) – an.

---

* § 97a eingefügt durch Gesetz vom 11. 8. 1961 (BGBl. I S. 1221), Abs. 1 neu gefasst durch Gesetz vom 14. 6. 1976 (BGBl. I S. 1421), Überschrift und Abs. 1 neu gefasst durch Gesetz vom 4. 5. 1998 (BGBl. I S. 833).

§ 97a erfasst auch die nachträgliche Befreiung vom Volljährigkeitserfordernis in Form der **Genehmigung** (§ 1315 Abs. 1 S. 1 Nr. 1 BGB), eben weil es sich in der Sache um eine Befreiung, sogar bezüglich des maßgebenden Zeitpunkts, handelt, zumal sich die gleiche Gebühr sonst aus § 97 (dort Rn. 14) ergeben würde.

II. Zurückweisung und Zurücknahme des Antrags

Zurückweisung und Zurücknahme des Antrags sind gebührenfrei (nicht § 130: § 91).[4]

III. Wert

Der Wert richtet sich nach § 30 Abs. 2 (Abs. 2). Da die Befreiung die Eheschließung ohne weiteres ermöglicht, ist der Regelwert und nicht nur ein Bruchteil davon zu nehmen.

Wegen der vermögensrechtlichen Auswirkungen der Eheschließung gebieten überdurchschnittliche Einkommens- und Vermögensverhältnisse eine Werterhöhung.

IV. Kostenschuldner

Kostenschuldner ist der Antragsteller (§ 2 Nr. 1).

V. Mehrheit

Da die Annahme als Kind ein zweiseitiges Eheverbot begründet, müssen **beide Verlobte befreit** werden. Die Befreiung ist jedenfalls dann, wenn keiner der Verlobten Ausländer ist, entsprechend zu verstehen. Weil die Befreiung jedes Ehegatten selbst bei aktenmäßiger Zusammenlegung ein eigenes Verfahren ist und eine Vorschrift wie in §§ 94 Abs. 2 S. 2, 95 Abs. 3 fehlt, sind gesonderte Gebühren anzusetzen.

Für den **Wert** gelten Rn. 4, 5. Allerdings ermäßigt sich der Wert der „zweiten" Befreiung wegen ihres geringen eigenen Umfangs auf den der Mindestgebühr entsprechenden Wert (§ 30 Abs. 2 S. 2).

VI. Ausländer

Zum Ehefähigkeitszeugnis für Ausländer (§ 1309 BGB) s. die JVKostO (GebVerz.) und für das gerichtliche Verfahren § 30 EGGVG (Anhang B Ehefähigkeitszeugnis).

VII. FG-Reform

§ 97a soll aufgehoben werden, an seine Stelle das FamGKG treten.

§ 98* Annahme als Kind

(1) **Die volle Gebühr wird erhoben für eine Entscheidung, durch die die Annahme eines Volljährigen als Kind ausgesprochen oder ein solches Annahmeverhältnis aufgehoben wird.**

(2) **Der Geschäftswert bestimmt sich nach § 30 Abs. 2.**

Übersicht

	Rn.		Rn.
I. Annahme Minderjähriger	1–19	II. Annahme Volljähriger	20–34
1. Annahmeverfahren	1–5	1. Annahmeverfahren	20–26
2. Nebenentscheidungen	6–8	2. Nebenentscheidungen	27, 28
3. Aufhebungsverfahren	9–16	3. Aufhebungsverfahren	29–34
4. Nebenentscheidungen	17–19	III. FG-Reform	35

---

[4] AA die Regierungsbegründung zum FamRÄndG, in Verkennung des § 91.
* § 98 neu gefasst durch Gesetz vom 2. 7. 1976 (BGBl. I S. 1749).

§ 98

I. Annahme Minderjähriger

1. Annahmeverfahren

1 Bei der Annahme eines Minderjährigen als Kind (§§ 1741 ff. BGB) sind Annahmeverfahren und -beschluss (§ 1752 Abs. 1 BGB) gebührenfrei (§§ 91, 95 Abs. 1 S. 1 Nr. 3),
2 letzterer einschließlich (§ 35) einer **Namensänderung** usw. (§ 1757 BGB).
3 Gebührenfrei (§§ 91, 95 Abs. 1 S. 1 Nr. 3) bleiben ebenfalls der Erlass eines **Offenbarungs- und Ausforschungsverbots** (§ 1758 Abs. 2 S. 2 BGB)
4 sowie die **Zurückweisung und Zurücknahme des Antrags** (nicht § 130: § 91).
5 Die **Auslagen** schuldet der Annehmende als Antragsteller (§ 2 Nr. 1).

2. Nebenentscheidungen

6 Die Nebenentscheidungen sind teils gebührenpflichtig und teils gebührenfrei. Gebührenpflichtig ist die **Ersetzung der Einwilligung des annehmenden Ehegatten** (§ 1749 Abs. 1 S. 2 BGB): § 97 Abs. 1 Nr. 1 (dort Rn. 26),
7 während die **Ersetzung der Einwilligung oder Zustimmung eines Vormunds oder Pflegers** (§ 1746 Abs. 3 BGB) sowie eines **Elternteils** (§ 1748 BGB) gebührenfrei bleiben (§§ 91, 95 Abs. 1 S. 1 Nr. 3).
8 Gebührenpflichtig sind hingegen die **Vormundschaft** (§ 1751 Abs. 1 S. 2 BGB): § 92 Abs. 1, Einschränkung und Ausschließung der **Befugnis des Annehmenden** (§§ 1751 Abs. 1 S. 5, 1688 Abs. 3 S. 2 BGB): § 94 Abs. 1 Nr. 5, und die Übertragung der **elterlichen Sorge** (§ 1751 Abs. 3 BGB): § 94 Abs. 1 Nr. 4.

3. Aufhebungsverfahren

9 Bei der Aufhebung einer Minderjährigen-Annahme sind Aufhebungsverfahren und -beschluss **während der Minderjährigkeit** des Kindes (§§ 1760, 1763 BGB) gebührenfrei (§§ 91, 95 Abs. 1 S. 1 Nr. 3),
10 desgleichen die **Zurückweisung und Zurücknahme des Antrags** (§ 1760 BGB; nicht § 130: § 91).
11 Das gilt auch für die Anordnung, dass das Kind **den Familiennamen behält** (§ 1765 Abs. 2 BGB), einschließlich der Zurückweisung des Antrags (§§ 91, 95 Abs. 1 S. 1 Nr. 3).
12 Hingegen unterliegt die Anordnung, dass die **Ehegatten den Geburtsnamen führen** (§ 1765 Abs. 3 BGB), § 97 Abs. 1 Nr. 3 (dort Rn. 37).
13 Die **Auslagen** schuldet im **Antragsverfahren** (§§ 1760, 1765 Abs. 2 BGB) der Antragsteller (§ 2 Nr. 1);
14 im **Amtsverfahren** (§ 1763 BGB) das Kind (§ 2 Nr. 2), wenn es zu einer Aufhebungsentscheidung kommt (§ 2 Rn. 10 ff.).
15 Die Aufhebung des Annahmeverhältnisses **nach Volljährigkeit** des Kindes (§ 1760 BGB) löst die Gebühr des § 97 Abs. 1 Nr. 3 aus (dort Rn. 35).
16 Diese Gebühren fallen weiterhin an für die **Namensentscheidungen** des § 1765 Abs. 2, 3 BGB (§ 97 Rn. 36, 37).

4. Nebenentscheidungen

17 Die Nebenentscheidungen sind gebührenpflichtig, und zwar die **Zurückübertragung der elterlichen Sorge** (§ 1764 Abs. 4 BGB) nach § 94 Abs. 1 Nr. 4,
18 die **Vormundschaft** (§ 1764 Abs. 4 BGB) nach § 92 Abs. 1,
19 die **Pflegschaft** (§ 1764 Abs. 4 BGB) nach § 92 Abs. 1.

II. Annahme Volljähriger

1. Annahmeverfahren

20 Bei der Annahme eines Volljährigen als Kind (§§ 1767 ff. BGB) wird für Annahmeverfahren und -beschluss (§§ 1767 Abs. 2, 1752 BGB) die Gebühr des Abs. 1 erhoben. Gebührentatbestand ist der wirksame (Einf. Rn. 57 ff.) Beschluss.

Der **Geschäftswert** richtet sich nach § 30 Abs. 2 (Abs. 2). Der vermögensrechtliche 21
Bezug gebietet eine Erhöhung bei günstigen Einkommens- und Vermögensverhältnissen des oder der Annehmenden und des Angenommenen.[1]

Die **Namensänderung** (§§ 1767 Abs. 2, 1757 BGB) 22
und der Ausspruch über die **Wirkungen wie bei der Annahme Minderjähriger** 23
(§ 1772 BGB) sind gebührenfreies Nebengeschäft der Annahme (§ 35).

Zurückweisung und Zurücknahme des Antrags bleiben gebührenfrei (nicht § 130: 24
§ 91).

Kostenschuldner sind der oder die Annehmenden und der Angenommene als An- 25
tragsteller (§ 1768 Abs. 1 BGB; § 2 Nr. 1).

Bei der Annahme mehrerer Kinder, auch von **Geschwistern**, werden die Gebühren ge- 26
sondert erhoben.

2. Nebenentscheidungen

Von den Nebenentscheidungen ist die **Ersetzung der Einwilligung des Ehegatten** 27
(§§ 1767 Abs. 2, 1749 Abs. 1 S. 2 BGB) nach § 97 Abs. 1 Nr. 1 gebührenpflichtig (dort Rn. 26),

während die **Ersetzung der Einwilligung oder Zustimmung eines Betreuers oder** 28
Pflegers (§§ 1767 Abs. 2, 1746 Abs. 3 BGB) gebührenfrei ist (§ 91; nicht § 97 Abs. 1 Nr. 3).

3. Aufhebungsverfahren

Bei der Aufhebung einer Volljährigen-Annahme löst die Aufhebungsentscheidung 29
(§ 1771 BGB) die Gebühr des Abs. 1 aus.

Geschäftswert wie Rn. 21[2] nach dem Zeitpunkt der Aufhebung (§ 18 Abs. 1, 7). 30

Zurückweisung und Zurücknahme des Antrags sind gebührenfrei (nicht § 130: 31
§ 91).

Kostenschuldner sind der Annehmende und der Angenommene (§ 1771 S. 1 BGB) 32
oder nur der Angenommene (§ 1771 S. 3 BGB) als Antragsteller (§ 2 Nr. 1).

Die Anordnungen, dass das Kind den **Familiennamen behält** (§§ 1771, 1767 Abs. 2, 33
1765 Abs. 2 BGB),

sowie die Anordnung, dass die **Ehegatten den Geburtsnamen führen** (§§ 1771, 1767 34
Abs. 2, 1765 Abs. 3 BGB), kosten zusätzlich Gebühren gemäß § 97 Abs. 1 Nr. 3 (dort Rn. 36, 37).

III. FG-Reform

§ 98 soll aufgehoben werden und an seine Stelle das FamGKG treten. 35

§ 99* Versorgungsausgleich

(1) [1]Für das Verfahren über den Versorgungsausgleich nach § 1587b oder nach § 1587g Abs. 1 des Bürgerlichen Gesetzbuchs wird die volle Gebühr erhoben. [2]Kommt es zum Versorgungsausgleich durch richterliche Entscheidung nach § 1587b oder nach § 1587g Abs. 1 des Bürgerlichen Gesetzbuchs, so erhöht sich die Gebühr auf das Dreifache der vollen Gebühr. [3]Wird im Falle des § 1587g Abs. 1 des Bürgerlichen Gesetzbuchs der Antrag zurückgenommen, bevor es zu einer Entscheidung oder einer vom Gericht vermittelten Einigung gekommen ist, so ermäßigt sich die Gebühr auf die Hälfte der vollen Gebühr.

---

[1] LG Darmstadt FamRZ 2003, 48.
[2] Dazu BayObLG Rpfleger 1981, 247.
* Früherer § 99 aufgehoben durch Gesetz vom 31. 7. 1974 (BGBl. I S. 1713) und neuer § 99 eingefügt durch Gesetz 14. 6. 1976 (BGBl. I S. 1421), Überschrift geändert durch Gesetz vom 4. 5. 1998 (BGBl. I S. 833), Abs. 3 Satz 1 Nr. 1 bis 4 geändert durch Gesetz vom 27. 4. 2001 (BGBl. I S. 751), Abs. 3 neu gefasst durch Gesetz vom 5. 5. 2004 (BGBl. I S. 718), Überschrift geändert, Abs. 4 angefügt durch Gesetz vom 15. 12. 2004 (BGBl. I S. 3396).

§ 99

(2) **Die volle Gebühr wird erhoben**
1. für Entscheidungen nach § 1587d Abs. 1, § 1587i Abs. 1, § 1587l Abs. 1, 3 Satz 3 des Bürgerlichen Gesetzbuchs, sofern der Antrag nicht in einem der in Absatz 1 aufgeführten Verfahren gestellt worden ist,
2. für die Aufhebung oder Änderung von Entscheidungen nach § 1587d Abs. 2, § 1587g Abs. 3, § 1587i Abs. 3 des Bürgerlichen Gesetzbuchs,
3. für die Entscheidung über den Antrag auf Neufestsetzung des zu leistenden Betrages nach § 53e Abs. 3 des Gesetzes über die Angelegenheiten der freiwilligen Gerichtsbarkeit.

(3) ¹Im Verfahren über den Versorgungsausgleich beträgt der Geschäftswert, wenn dem Versorgungsausgleich
1. ausschließlich Anrechte
    a) aus einem öffentlich-rechtlichen Dienstverhältnis oder aus einem Arbeitsverhältnis mit Anspruch auf Versorgung nach beamtenrechtlichen Grundsätzen,
    b) der gesetzlichen Rentenversicherung und
    c) der Alterssicherung der Landwirte
unterliegen, 1000 Euro;
2. ausschließlich sonstige Anrechte unterliegen, 1000 Euro;
3. Anrechte im Sinne von Nummern 1 und 2 unterliegen, 2000 Euro.

²Im Verfahren nach § 1587l Abs. 1 des Bürgerlichen Gesetzbuchs beträgt der Geschäftswert 1000 Euro, im Verfahren zur Neufestsetzung des zu leistenden Betrags nach § 53e Abs. 3 des Gesetzes über die Angelegenheiten der freiwilligen Gerichtsbarkeit 300 Euro. ³Im Übrigen bestimmt sich der Geschäftswert nach § 30.

(4) **Die Absätze 1 bis 3 finden für das Verfahren über den Versorgungsausgleich nach Aufhebung der Lebenspartnerschaft (§ 20 des Lebenspartnerschaftsgesetzes) entsprechende Anwendung.**

Entsprechend: § 49 GKG (zu Abs. 3 S. 1).

Übersicht

	Rn.		Rn.
I. Versorgungsausgleich, Verfahren ..	1–3	IX. Einzelentscheidungen (Abs. 2 Nr. 1)	46–56a
II. Anwendungsbereich des Abs. 1 ..	4–9	X. Änderungsentscheidungen (Abs. 2 Nr. 2, 3)	57–63
III. Öffentlich-rechtlicher Versorgungsausgleich	10–14	XI. Sonstige Verfahren und Entscheidungen	64
IV. Schuldrechtlicher Versorgungsausgleich	15–21	XII. Vorschuss	65, 66
V. Häufung	21a	XIII. Beschwerde	67
VI. Auskunftsanspruch	22–26	XIV. Vollstreckung	68, 69
VII. Vereinbarung	27–40	XV. VAHRG	70–77
VIII. Verweisung, Verbund, Wechsel vom Amts- zum Antragsverfahren und umgekehrt	41–45	XVI. Lebenspartnerschaft	78
		XVII. FG-Reform	79

I. Versorgungsausgleich, Verfahren

1 Der Versorgungsausgleich findet bei Scheidung (§ 1587 Abs. 1 BGB) und Aufhebung der Ehe (§ 1318 Abs. 3 BGB) statt, und zwar entweder durch Übertragung oder Begründung von Rentenanwartschaften (§ 1587b BGB; öffentlich-rechtlicher Versorgungsausgleich) oder über einen schuldrechtlichen Rentenanspruch (§ 1587g BGB). Der Versorgungsausgleich kann durch Ehevertrag ausgeschlossen werden (§ 1408 Abs. 2 S. 1 BGB; § 53d FGG).

2 Das **Verfahren** (§§ 53b ff. FGG, §§ 621 ff. ZPO, insbesondere § 621 Abs. 1 Nr. 6) ist Familiensache (§ 23b Abs. 1 S. 2 Nr. 7 GVG), bezüglich des öffentlich-rechtlichen Versor-

Versorgungsausgleich § 99

gungsausgleichs Amtsverfahren (§ 1587b Abs. 1–3 BGB), bezüglich des schuldrechtlichen Versorgungsausgleichs Antragsverfahren (§ 1587f BGB). Die Ehegatten können eine Parteivereinbarung treffen, sie bedarf der Genehmigung des Familiengerichts (§ 1587o BGB).

Der öffentlich-rechtliche Versorgungsausgleich ist im Scheidungsverfahren notwendige **3** Folgesache (§ 623 Abs. 3 S. 1 ZPO), er wird also im Verbund verhandelt und, sofern dem Scheidungsantrag stattgegeben wird, entschieden. Jedoch kommt auch eine gesonderte Entscheidung in Betracht (§ 628 ZPO).

II. Anwendungsbereich des Abs. 1

Ist das Verfahren über den Versorgungsausgleich Folgesache (§ 623 ZPO), so berechnen **4** sich die Gerichtskosten nach dem GKG (§§ 1 Nr. 1 Buchst. a, b, 6, 12, 46, 49 GKG, Kost-Verz. Nr. 1310ff.). Gegenüber diesem praktischen Regelfall findet § 99 Abs. 1 **nur ausnahmsweise Anwendung,** nämlich

– im Falle der Ehescheidung beim **schuldrechtlichen** Versorgungsausgleich ohne Ver- **5** bund sowie bei Scheidung im Ausland,
– im Falle der **Aufhebung** der Ehe (weil ein Verbund dafür nicht vorgesehen ist). **6**

Werden die Verfahren auf Scheidung und Aufhebung der Ehe miteinander verbunden **7** (§§ 610, 260, 147 ZPO), so ist wegen § 623 Abs. 4 ZPO zumindest ein vorläufiger Verbund mit dem öffentlich-rechtlichen Versorgungsausgleich gegeben (nämlich für den Fall, dass dem Scheidungsantrag – und nicht dem Aufhebungsantrag – stattgegeben wird), so dass in diesem Falle ebenfalls das GKG Anwendung findet.

Im Falle des § 628 ZPO bleibt die Versorgungsausgleichssache trotz gesonderter Ent- **8** scheidung zumindest kostenrechtlich Folgesache (vgl. § 93a Abs. 1 S. 1 ZPO; allgM).

§ 99 gilt also nur für das selbständige Versorgungsausgleichsverfahren, außerhalb des Ver- **9** bunds (§ 623 ZPO). Um ein solches handelt es sich auch bei der **Wiederaufnahme** des Verfahrens (entsprechend § 578 ZPO).

III. Öffentlich-rechtlicher Versorgungsausgleich

Das Verfahren über den öffentlich-rechtlichen Versorgungsausgleich ist ein Amtsver- **10** fahren (Rn. 2), alleiniger **Kostenschuldner** derjenige, zu dessen Gunsten eine Rentenanwartschaft übertragen oder begründet wird (§ 2 Nr. 2). Da dies sich erst aus der **Entscheidung** ergibt, können, wenn es nicht zu einer Entscheidung kommt, mangels eines Schuldners regelmäßig weder Gebühren noch Auslagen erhoben werden (vgl. auch § 2 Rn. 10ff.); für den Fall einer Parteivereinbarung s. Rn. 37ff.

Eine Entscheidung über die Gerichtskosten ist im FGG-Verfahren nicht vorgesehen, die **11** Kostenentscheidung in der Ehesache selbst (§ 93a ZPO) gilt nur für Folgesachen, findet also bei Gebührenberechnung nach § 99 keine Anwendung. Ein Entscheidungsschuldner gemäß § 3 Nr. 1 kann sich mithin nicht ergeben.

Kommt es zur Übertragung oder Begründung einer Rentenanwartschaft, fällt das Drei- **12** fache der vollen Gebühr an (Abs. 1 S. 1, 2). Daneben sind die **Auslagen** zu erheben (§§ 136ff.).

Andere Entscheidungen, etwa über den Ausschluss des Versorgungsausgleichs (§ 1587c **13** BGB), lösen die Erhöhung nicht aus.

Der **Wert** beträgt 1000 Euro (Abs. 3 S. 1 Nr. 1, 2), wobei es genügt, dass die Anrechte **14** dem Versorgungsausgleich „unterliegen", einer Übertragung bedarf es nicht, „Saldierung" genügt.[1]

IV. Schuldrechtlicher Versorgungsausgleich

Das Verfahren über den schuldrechtlichen Versorgungsausgleich ist ein Antragsverfahren **15** (Rn. 2), alleiniger **Kostenschuldner** der Antragsteller (§ 2 Nr. 1). Wegen eines Entscheidungsschuldners gilt das in Rn. 11 Ausgeführte.

---

[1] Begründung des Regierungsentwurfs, BT-Drucks. 15/1971 S. 155.

§ 99   1. Teil. 2. Abschnitt: 4. Familienrecht und Lebenspartnerschaft

16   Die Einreichung des Antrags löst die volle Gebühr aus (Abs. 1 S. 1). Sie erhöht sich auf das Dreifache der vollen Gebühr mit einer **Entscheidung** zum Versorgungsausgleich (Abs. 1 S. 2). Wird der Antrag hingegen zurückgewiesen, so verbleibt es bei der vollen Gebühr. Antragsrücknahme vor Erlass – d. h. Verkündung oder Herausgabe – einer Entscheidung führt zu einer Ermäßigung auf die Hälfte der vollen Gebühr (Abs. 1 S. 3). Diese Regelung geht § 130 (§ 91 Rn. 4) vor.

17   Über den schuldrechtlichen Versorgungsausgleich können sich die Parteien vergleichen. Der gerichtliche **Vergleich** und seine Niederschrift (§ 53b Abs. 4 FGG) sind gebührenfrei (§ 1 Rn. 9). Hat das Gericht die „Einigung vermittelt" und wird erst danach der Antrag zurückgenommen, so tritt die Ermäßigung gemäß Abs. 1 S. 3 nicht mehr ein.

18   Die **Aufhebung** einer im öffentlich-rechtlichen Versorgungsausgleich ergangenen Entscheidung (§ 53f FGG) ist Nebengeschäft (§ 35) der Entscheidung über den schuldrechtlichen Versorgungsausgleich und daher gebührenfrei, selbst wenn sie nachgeholt wird.

19   Der **Wert** beträgt 1000 Euro (Abs. 3 Nr. 2; Rn. 14). Bei ihm bleibt es, wenn statt der Übertragung oder Begründung von Rentenanwartschaften eine Abfindung (§ 1587l Abs. 1 BGB) Verfahrensgegenstand ist (Abs. 3 S. 2; Rn. 53).

20   Wird über den schuldrechtlichen Versorgungsausgleich zunächst nur ein **Feststellungsverfahren** geführt, so richten sich im Verbund die Gebühren nach dem GKG, im selbständigen Verfahren nach Abs. 1. Die Feststellungsentscheidung ist dabei eine Entscheidung iS des Abs. 1 S. 2.

21   Der Geschäftswert bestimmt sich auch im Feststellungsverfahren nach Abs. 3 S. 1 Nr. 2.

V. Häufung

21a Mehrere (öffentlich-rechtliche) Anrechte erhöhen den Wert des Abs. 3 S. 1 Nr. 1 nicht, desgleichen nicht mehrere sonstige (insbesondere schuldrechtliche) Anrechte den Wert des Abs. 3 S. 1 Nr. 2. Treffen jedoch Anrechte nach Nr. 1 und 2 zusammen, werden die Werte addiert (Abs. 3 S. 1 Nr. 3).

VI. Auskunftsanspruch

22   Der Ausgleichsberechtigte hat gegen den Ausgleichspflichtigen einen Auskunftsanspruch (§§ 1587e Abs. 1, 1587k Abs. 1, 1580 BGB). Er wird gesondert oder im Ausgleichsverfahren entsprechend der Stufenklage (§ 254 ZPO) geltend gemacht.

23   Das **gesonderte** Auskunftsverfahren ist mangels einer Gebührenvorschrift in § 99 gebührenfrei. Auf § 97 Abs. 1 Nr. 1 kann nicht zurückgegriffen werden, weil § 99 als spezielle und abschließende Norm für Versorgungsausgleichsverfahren zu verstehen ist und vorgeht. Gleiches gilt, wenn der Auskunftsanspruch im Rahmen des **selbständigen Ausgleichsverfahrens** geltend gemacht wird.

24   Zur Auskunftseinholung **von Amts wegen** s. Rn. 76.

25   Ist das Ausgleichsverfahren **Folgesache** und wird in ihm der Ausgleichsanspruch verfolgt, so gilt auch für ihn das GKG (§ 1 Nr. 1 Buchst. a, b GKG), für den Wert dessen § 49.

26   **Auslagenschuldner** des Auskunftsverfahrens ist der Antragsteller (§ 2 Nr. 1).

VII. Vereinbarung

27   Über den Versorgungsausgleich können die Ehegatten eine Vereinbarung treffen (§ 1587o BGB). Sie wird entweder notariell (§ 1587o Abs. 2 S. 1 BGB) oder in einem gerichtlichen Verfahren (§§ 1587o Abs. 2 S. 2, 127a BGB, § 160 Abs. 3 Nr. 1 ZPO, § 53b Abs. 4 FGG) beurkundet und bedarf der Genehmigung des Familiengerichts (§ 1587o Abs. 2 S. 3 BGB). Zum Vergleich beim schuldrechtlichen Versorgungsausgleich s. Rn. 17.

28   Das **Genehmigungsverfahren** ist nicht das Versorgungsausgleichsverfahren iS des Abs. 1 oder von GKG KostVerz. 1310ff., sondern eine eigene Angelegenheit der freiwilligen Gerichtsbarkeit; erst die Verweigerung der Genehmigung führt zur Einleitung des Versorgungsausgleichsverfahrens (§ 53d FGG).

Ist das Versorgungsausgleichsverfahren oder das gesonderte Auskunftsverfahren (Rn. 22) bereits anhängig, so bewirkt eine genehmigte Vereinbarung seine Erledigung. 29
Daraus folgt:
- Die Genehmigung der Vereinbarung löst die **Gebühr des § 97 Abs. 1 Nr. 1** aus (s. dort Rn. 25). 30
- Das gilt auch, wenn sie in einem selbständigen Verfahren erteilt wird, für das die Gebühr des Abs. 1 S. 1, oder 31
- in einer Folgesache, für die die Gebühr GKG KostVerz. 1310 erhoben wird. 32
- Neben der Gebühr darf weder die Entscheidungsgebühr des Abs. 1 S. 2 noch die des GKG KostVerz. 1310 ff. angesetzt werden. 33
- War noch kein Versorgungsausgleichsverfahren anhängig, so werden auch nicht die Gebühren Rn. 31, 32 erhoben. 34
- Die **Versagung der Genehmigung** löst keine Gebühr aus; § 130 ist unanwendbar, da es sich um ein Amtsverfahren handelt. Vielmehr wird nunmehr das Versorgungsausgleichsverfahren durchgeführt: Gebühr gemäß § 99 Abs. 1 oder – im Verbund – GKG KostVerz. 1310 ff. 35
- Genehmigt das **Rechtsmittelgericht** unter Aufhebung einer Versorgungsausgleichsentscheidung die Vereinbarung, so löst die Aufhebung im selbständigen Verfahren nicht die Gebühr des Abs. 1 S. 2 aus und im Verbund nicht die Gebühr GKG KostVerz. 1310; denn begrifflich stellt dies die Einstellung des Amtsverfahrens über den Versorgungsausgleich dar. Vielmehr wird allein die Gebühr des § 97 Abs. 1 Nr. 1 für die Genehmigung erhoben. 36

Die gerichtliche **Protokollierung der Vereinbarung** ist mangels einer Gebührenvorschrift gebührenfrei (§ 1 Rn. 9). 37

In der Vereinbarung wird häufig eine generelle Kostenübernahme erklärt: ergänzende Kostenhaftung gemäß § 3 Nr. 2. 38

Die Kostenentscheidung gemäß § 93 a ZPO erfasst hingegen die Kosten der Vereinbarung nicht, weil sie weder zu den Kosten der Ehesache noch zu denen der Folgesachen gehören (Rn. 25). 39

Hat sich ein Ehegatte in der Vereinbarung zur Begründung einer Rentenanwartschaft verpflichtet und ist daraufhin vom Familiengericht **der zu zahlende Betrag festzusetzen** (§ 53e FGG), so ist hierfür keine besondere Gebühr zu erheben (§ 35; vgl. auch § 19 Abs. 1 Nr. 14 RVG). 40

VIII. Verweisung, Verbund, Wechsel vom Amts- zum Antragsverfahren und umgekehrt

Wird ein Versorgungsausgleichsverfahren an das Gericht der Ehesache **verwiesen,** so werden die Kosten einheitlich berechnet (§§ 621 Abs. 3, 281 Abs. 3 S. 1 ZPO). 41

Wird ein **selbständiges Verfahren Folgesache** (§ 623 ZPO), so ist allein nach dem GKG zu berechnen: die bereits entstandenen Gebühren getrennt, die nach dem Eintritt des Verbunds anfallenden gemäß § 46 Abs. 1 GKG. Die nach § 99 entstandenen Gebühren bleiben nicht gesondert bestehen (entsprechend § 4 Abs. 1 GKG). Dies folgt aus dem Zweck der Neuregelung: Die gemeinsame Berechnung nach dem GKG soll eine übermäßige Verteuerung der Familiensachen vermeiden; damit wäre eine doppelte Gebührenerhebung – sowohl nach KostO als auch nach GKG – unvereinbar. 42

Eine Berechnung wie bei Verbindung zunächst getrennt anhängiger Verfahren, also: Verfahrensgebühr nach § 99 KostO, dann Verfahrensgebühr nach GKG-KostVerz. 1310, § 46 Abs. 1 GKG kommt nicht in Betracht: Die Verfahrensgebühr nach § 99 ist bei gleichem Gebührensatz (volle Gebühr/1) regelmäßig niedriger als die Verfahrensgebühr nach GKG-KostVerz. 1310; dafür tritt bei der selbständigen Entscheidung nach § 99 Abs. 1 S. 2 eine Erhöhung auf das Dreifache der vollen Gebühr ein, während die Verfahrensgebühr nach dem GKG die 2,0 Gebühr bleibt (KostVerz. 1310). Es lässt sich also nicht dasselbe Verfahren teils nach der KostO und teils nach dem GKG behandeln, sondern nur insgesamt entweder nach der KostO oder nach dem GKG. 43

44 Wird umgekehrt eine **Folgesache zum selbständigen Verfahren** – etwa wenn im Falle Rn. 7 die Ehe aufgehoben und folglich über den Versorgungsausgleich noch selbständig zu entscheiden ist, nicht jedoch im Falle des § 628 ZPO, vgl. Rn. 8 –, so ist allein nach § 99 zu berechnen.[2]

45 Wird ein **Amtsverfahren in ein Antragsverfahren** (vgl. zB § 1587b Abs. 4 BGB) oder ein Antragsverfahren in ein Amtsverfahren übergeleitet, so wird die Verfahrensgebühr des Abs. 1 nur einmal erhoben, es handelt sich um „dieselbe Gebühr". Gleiches gilt für alle Gebühren, wenn das Verfahren teils als Amts- und teils als Antragsverfahren geführt wird (etwa zufolge einer ehevertraglichen Vereinbarung).

IX. Einzelentscheidungen (Abs. 2 Nr. 1)

46 Im Rahmen des Versorgungsausgleichs können die in Abs. 2 Nr. 1 genannten Einzelentscheidungen zu treffen sein, nämlich über

47 – Ruhen der Verpflichtung zur Begründung von Rentenanwartschaften, Gewährung von Ratenzahlung (§ 1587d Abs. 1 BGB),

48 – Abtretung von Versorgungsansprüchen (§ 1587i Abs. 1 BGB),

49 – Abfindung künftiger Ausgleichsansprüche (§ 1587l Abs. 1 BGB),

50 – Gewährung von Ratenzahlung für die Abfindung (§ 1587l Abs. 3 S. 3 BGB).

51 Sämtliche Verfahren sind Antragsverfahren. Wird der Antrag innerhalb eines „Hauptverfahrens" (Abs. 1) gestellt, so ist die Entscheidung gebührenfrei (auch wenn sie tatsächlich erst später getroffen wird). Antragstellung im Beschwerdeverfahren (§ 131a) genügt, weil auch das Beschwerdegericht noch entscheiden kann; nicht aber im Verfahren der weiteren Beschwerde (arg. § 621e Abs. 2 S. 3 ZPO).

52 Wird der Antrag hingegen später gestellt, so dass eine gesonderte Entscheidung zwangsläufig ist, fällt für die **Entscheidung** die volle Gebühr an (Abs. 2 Nr. 1), und zwar entsprechend dem System der KostO – vgl. insbesondere § 94 Abs. 1 Nr. 1, 3 (dort Rn. 3ff.), § 97 Abs. 1 Nr. 1 (dort Rn. 2) – nur für die Vornahmeentscheidung iS der jeweiligen Vorschrift (Aufgabe der in der 9. Aufl. vertretenen Gegenmeinung). **Zurückweisung** und **Zurücknahme** des Antrags sind gebührenfrei (nicht § 130: § 91). **Schuldner** ist der Antragsteller (§ 2 Nr. 1), eine Kostenentscheidung ist nicht vorgesehen.

53 Im **Abfindungsverfahren** (Rn. 48) beträgt der Wert 1000 Euro (Abs. 3 S. 2). In allen übrigen Fällen ist § 30 maßgebend (Abs. 3 S. 3; also nicht „nur" § 30 Abs. 2); das bedeutet:

54 die Entscheidung über das völlige **Ruhen** der Verpflichtung oder die Zahlung in **Raten** (Rn. 47) ist mit einem Bruchteil des Wert der Verpflichtung selbst (= Abs. 3 Nr. 1 oder 2) zu bewerten,

55 die Entscheidung über die **Abtretung** von Versorgungsansprüchen (Rn. 48) mit einem Bruchteil des Werts gemäß Abs. 3 Nr. 2,

56 die Entscheidung über die Gewährung von **Ratenzahlung für die Abfindung** (Rn. 50) mit einem Bruchteil des Werts gemäß Abs. 3 S. 2.

56a Angesichts des geringen Hauptsache-Festwerts von 1000 Euro bietet sich ein „Standard-Teilwert" von 50% = 500 Euro an.

X. Änderungsentscheidungen (Abs. 2 Nr. 2, 3)

57 Versorgungsausgleichsentscheidungen können später geändert werden, und zwar

58 – die Rn. 47 genannte Entscheidung über das Ruhen und die Ratenzahlung (§ 1587d Abs. 2 BGB),

59 – die Hauptentscheidung (Abs. 1) über den schuldrechtlichen Versorgungsausgleich (§ 1587g Abs. 3 BGB),

60 – die Rn. 48 genannte Entscheidung über die Abtretung von Versorgungsansprüchen (§ 1587i Abs. 3 BGB).

---

[2] Vgl. *Lappe* GKG § 9 Rn. 3.

Versorgungsausgleich § 99

Außerdem sieht
– § 53a Abs. 3 FGG eine Neufestsetzung bei der Änderung von Berechnungsgrößen 61
vor.
In allen Fällen wird für die Entscheidung – gleich welchen Inhalts – die volle Gebühr 62
erhoben (Abs. 2 Nr. 2, 3).
Die Verfahren sind Antragsverfahren, **Kostenschuldner** ist der Antragsteller (§ 2 Nr. 1); 63
s. iÜ Rn. 51, 11. Für die letztgenannte Entscheidung (Rn. 61) ist ein Festwert von
300 Euro bestimmt (Abs. 3 Nr. 4), iÜ gilt § 30 (Abs. 3 S. 2). In den Fällen Rn. 58 und 60
ist eine Orientierung am Wert der zu ändernden Entscheidung (Rn. 54, 56) unter Berücksichtigung der Änderung geboten, im Fall Rn. 59 an dem sich aus Abs. 3 Nr. 2 ergebenden Wert; dabei ist vom Monatsbetrag der Änderung auszugehen und der Jahresbetrag nur
dann zu unterschreiten, wenn die Änderung einen kürzeren Zeitraum betrifft.

XI. Sonstige Verfahren und Entscheidungen

Sonstige Verfahren und Entscheidungen (zB gemäß § 53f FGG) sind gebührenfrei. 64

XII. Vorschuss

Im **Antragsverfahren** ist ein Vorschuss zu erheben (§ 8 Abs. 1) und die Entscheidung 65
von seiner Zahlung abhängig zu machen (§ 8 Abs. 2). In **Amtsverfahren** ist nur ein Auslagenvorschuss zu erheben (§ 8 Abs. 1 S. 2).
Wird das Verfahren **Folgesache** (§ 623 ZPO), so entfällt die Vorschusspflicht (§ 12 66
Abs. 2 Nr. 2, 3 GKG). Bereits gezahlte Gebührenvorschüsse sind – jedenfalls auf Verlangen – zurückzuzahlen, da die Gebühren erst mit der Entscheidung fällig werden (§§ 6
Abs. 2, 9 Abs. 1 Nr. 1 GKG); wegen des Auslagenvorschusses s. § 17 GKG.

XIII. Beschwerde

Zur Beschwerde und weiteren Beschwerde s. § 131 a. 67

XIV. Vollstreckung

Die Vollstreckung erfolgt nach der ZPO (§ 53g Abs. 3 FGG). Die Gebühren richten 68
sich mithin nach GKG und GvKostG.
Die Vollstreckung einer **Auskunftsanordnung** gemäß § 11 VAHRG (Rn. 76) richtet 69
sich nach § 33 FGG, Gebühren daher nach den §§ 119 (Abs. 5 S. 1), 134.

XV. VAHRG

Das Gesetz zur Regelung von Härten im Versorgungsausgleich (VAHRG) enthält weder 70
selbst Kostenvorschriften noch sind mit ihm die allgemeinen Kostenvorschriften ergänzt
worden. Das bedeutet:
Ergänzt oder verändert das VAHRG das **materielle Recht**, findet jedoch ein Ausgleich 71
oder eine sonstige Maßnahme nach den in § 99 genannten Vorschriften des **BGB** statt, so
fallen auch seine Gebühren an.
Maßnahmen – Verfahren und Entscheidungen – allein nach dem **VAHRG** bleiben hin- 72
gegen gebührenfrei (§§ 1, 91).
Im Einzelnen: Realteilung, Quasisplitting und schuldrechtlicher Versorgungsausgleich 73
(§§ 1, 2 VAHRG) fallen unter Abs. 1 (§ 3 VAHRG);
desgleichen der erweiterte öffentlich-rechtliche Versorgungsausgleich (§ 3b VAHRG), 74
weil er nach § 1587b BGB durchgeführt wird.
Hingegen sind Streitigkeiten über die Verlängerung des schuldrechtlichen Versorgungs- 75
ausgleichs einschließlich der Verfahren über Auskunft und einstweilige Anordnung (§ 3a
VAHRG) gebührenfrei, zumal sie zwischen dem Berechtigten und dem Versorgungsträger,
nicht aber zwischen den Eheleuten stattfinden;

§ 100

76   desgleichen die Abänderung einer Entscheidung des Familiengerichts (§ 10a VAHRG, Art. 4 §§ 1, 2 des Gesetzes über weitere Maßnahmen auf dem Gebiet des Versorgungsausgleichs vom 8. 12. 1986, BGBl. I S. 2317), weil es sich um spezielle Verfahren handelt, die über Abs. 2 S. 2 (Rn. 57ff.) hinausgehen,[3]

77   und das Auskunftsverfahren (Amtsverfahren) des Gerichts nach § 11 Abs. 2 VAHRG.

XVI. Lebenspartnerschaft

78   Bei Aufhebung der Lebenspartnerschaft (§ 15 LPartG) findet der Versorgungsausgleich wie bei der Ehescheidung oder -aufhebung statt (§ 20 LPartG). Die Gebührenvorschriften sind folglich entsprechend anzuwenden (Abs. 4).

XVII. FG-Reform

79   § 99 soll aufgehoben werden und an seine Stelle das FamGKG treten.

§ 100* Wohnung, Hausrat

(1) [1]Für das gerichtliche Verfahren nach der Verordnung über die Behandlung der Ehewohnung und des Hausrats wird die volle Gebühr erhoben. [2]Kommt es zur richterlichen Entscheidung, so erhöht sich die Gebühr auf das Dreifache der vollen Gebühr. [3]Wird der Antrag zurückgenommen, bevor es zu einer Entscheidung oder einer vom Gericht vermittelten Einigung gekommen ist, so ermäßigt sich die Gebühr auf die Hälfte der vollen Gebühr.

(2) Sind für Teile des Gegenstands verschiedene Gebührensätze anzuwenden, so sind die Gebühren für die Teile gesondert zu berechnen; die aus dem Gesamtbetrag der Wertteile nach dem höchsten Gebührensatz berechnete Gebühr darf jedoch nicht überschritten werden.

(3) [1]Der Geschäftswert bestimmt sich, soweit der Streit die Wohnung betrifft, nach dem einjährigen Mietwert, soweit der Streit den Hausrat betrifft, nach dem Wert des Hausrats. [2]Betrifft jedoch der Streit im Wesentlichen nur die Benutzung des Hausrats, so ist das Interesse der Beteiligten an der Regelung maßgebend. [3]Der Richter setzt den Wert in jedem Fall von Amts wegen fest.

(4) Die Absätze 1 bis 3 gelten entsprechend für Lebenspartnerschaftssachen nach § 661 Abs. 1 Nr. 5 der Zivilprozessordnung.

I. Anwendungsbereich

1   § 100 gilt für Verfahren über die Behandlung der Ehewohnung (auch in den Fällen des Wohnungseigentums und Dauerwohnrechts, § 60 WEG) und des Hausrats nach der HausratsVO bei
     – **Scheidung der Ehe** (§ 1 Abs. 1 HausratsVO),
2   – **Getrenntleben der Ehegatten** (§§ 1361b, 1361a BGB; § 18a HausratsVO),
3   – **Aufhebung der Ehe** (§ 25 HausratsVO),
4   – **Aufhebung der** Lebenspartnerschaft (Abs. 4, §§ 17ff. LPartG, §§ 661 Abs. 1 Nr. 5, Abs. 2, 621 Abs. 1 Nr. 7, 621a Abs. 1 ZPO),
5   – **Getrenntleben der Lebenspartner** (Abs. 4, §§ 13, 12 LPartG, §§ 661 Abs. 1 Nr. 5, Abs. 2, 621 Abs. 1 Nr. 7, 621a Abs. 1 ZPO),
6   – **Änderung** von Entscheidungen (§ 17 HausratsVO).

---

[3] OLG München FamRZ 1991, 576; aA – analoge (Verstoß gegen § 1!) Anwendung des § 99 Abs. 1 – OLG Bamberg FamRZ 1991, 470; OLG Frankfurt KostRsp. Nr. 5; OLG Nürnberg JurBüro 1991, 1365; 1992, 43; OLG Schleswig FamRZ 1992, 1463; OLG Stuttgart FamRZ 1995, 1279.

* § 100 aufgehoben durch Gesetz vom 25. 6. 1998 (BGBl. I S. 1580), neuer § 100 eingefügt durch Gesetz vom 16. 2. 2001 (BGBl. I S. 266).

§ 100 findet keine Anwendung, wenn das Verfahren als **Folgesache** des Scheidungs- 7
oder des Lebenspartnerschaftsaufhebungsverbunds geführt wird (§ 1 Nr. 1 Buchst. b, c
GKG).

§ 100 Abs. 1–3 ist mit dem LPartG an die Stelle des § 21 Abs. 1–3 HausratsVO getreten, 8
ohne Änderung des Gesetzeswortlauts; Rspr. und Schrifttum zu ihm bleiben mithin weiterhin anwendbar, jedenfalls für den bisherigen Anwendungsbereich (Rn. 1–3, 6) und soweit sich nicht aus der Einstellung in die KostO anderes ergibt.

II. Gebühr

1. Verfahren

Alle Verfahren sind Antragsverfahren, die Verfahrensgebühr (Abs. 1 S. 1; volle Gebühr) 9
entsteht mit dem Eingang des Antrags beim Gericht.

2. Entscheidung

Eine richterliche Entscheidung erhöht die Gebühr (Abs. 1 S. 2; dreifache Gebühr). Vom 10
Normzweck her ist das nur eine positive Sachentscheidung, die also über die „Behandlung" der Wohnung oder des Hausrats ergeht; nicht eine den Antrag – als unbegründet oder unzulässig – zurückweisende Entscheidung (vgl. § 131 a Rn. 3). Maßgebend ist – wie immer – ihr Wirksamwerden: durch Verkündung oder Herausgabe aus dem Gericht.

3. Rücknahme

Die Rücknahme des Antrags ermäßigt die Gebühr (Abs. 1 S. 3; halbe Gebühr). Aller- 11
dings nur, wenn sie vor Wirksamwerden einer Sachentscheidung (Rn. 10) erfolgt. Oder einer „vom Gericht vermittelten" Einigung; die „Existenz" der Einigung genügt, ihrer Protokollierung (§ 13 Abs. 3 HausratsVO) bedarf es nicht (arg. § 3 Nr. 2). Maßgebend ist der Eingang der Rücknahmeerklärung bei Gericht.

Eine **teilweise Rücknahme** gibt es nicht, da der Antrag kein Sachantrag, sondern le- 12
diglich ein Verfahrensantrag ist.

Eine Einigung bewirkt die Gebührenermäßigung nur, wenn sie „vom Gericht vermit- 13
telt" ist. Dieses Tatbestandsmerkmal (aus der HausratsVO von 1944) entspricht nicht den heutigen Anforderungen einer öffentlich-rechtlichen Gebührennorm. „Im Zweifel" ist daher die gerichtliche Vermittlung zu bejahen, selbst wenn die Einigung von den Vorschlägen des Gerichts erheblich abweicht.

4. Einstweilige Anordnung

Eine einstweilige Anordnung (§ 13 Abs. 4 HausratsVO) löst weder eine zusätzliche Ge- 14
bühr aus noch bewirkt sie eine Erhöhung (Rn. 10).

III. Unterschiedliche Gebührensätze

Für die Wohnung einerseits und den Hausrat andererseits können sich aus Abs. 1 unter- 15
schiedliche Gebührensätze ergeben (Beispiele: Einigung über die Wohnung, Entscheidung über den Hausrat; Einigung über einen Teil des Hausrats, Entscheidung über den Rest). Für diesen Fall trifft Abs. 2 eine Regelung für die Gebührenberechnung (vgl. § 44 Abs. 1 S. 2).

IV. Wert

Der Geschäftswert richtet sich nach **Abs. 3** und, insbesondere soweit er keinen Wert 16
vorsieht, nach den **allgemeinen Vorschriften** (§§ 18 ff.).

Das Verfahren über die **Wohnung** wird mit dem einjährigen Mietwert bewertet (Abs. 3 17
S. 1). Anzusetzen ist die „Nettomiete", die „Kaltmiete"; „Betriebskosten" als Folgekosten sind für die hier anstehende Regelung ohne Belang. Den naheliegenden Rückgriff auf § 41

§ 100   1. Teil. 2. Abschnitt: 4. Familienrecht und Lebenspartnerschaft

Abs. 1 S. 2 GKG unterlässt man besser wegen seiner Verfassungswidrigkeit.[1] Eine **Ausgleichsleistung** (Vergütung, Entgelt) bleibt unberücksichtigt.[2]

18 Wert des **Hausrats** (Abs. 3 S. 1) ist sein Verkehrswert (§ 19 Abs. 1); also weder der Versicherungs- noch der Wiederbeschaffungswert.

19 Die **Benutzung** des Hausrats wird mit einem Teilwert angesetzt (Abs. 2 S. 2). Ein Fünftel des Verkehrswerts (vorstehend b) erscheinen im Durchschnittsfall angemessen.

20 Zu bewerten ist der **Gegenstand des Geschäfts** (§ 18 Abs. 1), also der gerichtlichen Entscheidung – nicht nur iS des Abs. 1 S. 1 (Rn. 10) – oder der Einigung. Kommt es dazu nicht, ist der Wert der Wohnung und des Hausrats insgesamt maßgebend, es sei denn, das Verfahren bezieht sich nur auf das eine oder das andere oder einen Teil davon, etwa weil die Beteiligten sich iÜ vorgerichtlich geeinigt haben.[3] Die Antragsschrift mag die Feststellung ermöglichen oder erleichtern, jedoch kommt es auf sie allein nicht an, weil es sich nicht um einen Sachantrag handelt (dazu bereits Rn. 12). Diese Unzulänglichkeit des Gebühren- und Geschäftswerttatbestands bewirkt im Zweifelsfall eine Entscheidung zugunsten der Beteiligten.

21 Deshalb erhöhen auch **unzulässige Anträge,** etwa auf Übertragung des Eigentums an der Wohnung, den Geschäftswert nicht.[4]

22 Geht es, insbesondere beim **Getrenntleben,** nur um die Überlassung der Wohnung zur Benutzung oder des Hausrats zum Gebrauch, so tritt an die Stelle des einjährigen der sechsmonatige Mietwert;[5] denn die „Nutzung" zwischen den Beteiligten (§ 1361b BGB) ist von geringerem wirtschaftlichen Wert als das „Rechtsverhältnis" gegenüber dem Vermieter (HausratsVO). Für den Hausrat ist Abs. 2 S. 2 anzuwenden (Rn. 19),[6] was zu einem Viertel des Verkehrswerts führen mag.[7]

23 Der Wert des **Änderungsverfahrens** (Rn. 7) wird durch seinen Gegenstand – und nicht die zu ändernde Entscheidung – bestimmt (vgl. § 30 Abs. 1 Halbs. 2). Bei Verlängerung der Räumungsfrist führt das zu einem Bruchteil des Jahresmietwerts.[8]

V. Wertfestsetzung

24 Sie erfolgt gemäß § 31, jedoch immer von Amts wegen (Abs. 3 S. 3).

VI. Fälligkeit, Vorschuss, Abhängigmachung

25 Die Gebühren werden mit der Beendigung des Geschäfts **fällig** (§ 7): also mit der Beendigung des Verfahrens, die Erhöhung mit der gerichtlichen Entscheidung. Jedoch kann die Staatskasse die Gebühren als **Vorschuss** erheben (§ 8 Abs. 1), das Gericht das Verfahren von ihrer Zahlung **abhängig** machen (§ 8 Abs. 2).

---

[1] *Lappe* NJW 2004, 2409, 2411.
[2] KG JurBüro1972, 1010 = Rpfleger 1972, 464.
[3] Vgl. OLG Frankfurt JurBüro 1984, 753; OLG Köln FamRZ 2007, 234 = KostRsp. Nr. 4 m. krit. Anm. *Lappe*.
[4] Falsch daher OLG Bamberg JurBüro 1979, 753; OLG Schleswig SchlHA 1978, 145.
[5] OLG Celle Nds.Rpfl. 1989, 131; KG FamRZ 1988, 98; OLG Karlsruhe FamRZ 2003, 1767 = OLGR 2003, 506; OLG Köln FamRZ 1995, 562; OLG München FamRZ 1988, 1187; OLG Zweibrücken (2. Senat) JurBüro 2001, 339; aA – Jahreswert – OLG Bamberg FamRZ 2003, 467 = OLGR 2002, 484; OLG Dresden FamRZ 2007, 234 = OLGR 2006, 873; OLG Düsseldorf FamRZ 2005, 1583; OLG Frankfurt FamRZ 2005, 230 = OLGR 2004, 148; OLG Hamm FamRZ 2006, 141; OLG Karlsruhe FamRZ 2005, 230; OLG München FamRZ 2005, 1002 = OLGR 2005, 80; OLG Nürnberg FamRZ 2004, 393 = OLGR 2003, 322 = KostRsp. Nr. 2 m. abl. Anm. *Lappe;* OLG Schleswig OLGR 2006, 341; OLG Zweibrücken (6. Senat) OLGR 2002, 105 = KostRsp. Nr. 1 m. abl. Anm. *Lappe;* – Vierteljahreswert – OLG Saarbrücken JurBüro 1988, 230.
[6] OLG Köln FamRZ 1989, 417.
[7] OLG Saarbrücken JurBüro 1986, 1557.
[8] OLG Braunschweig OLGR 1994, 90, im Ergebnis zust. *Lappe* KostRsp. HausratsVO § 21 Nr. 13.

VII. Schuldner

Kostenschuldner sind der **Antragsteller** (§ 2 Nr. 1) und der **Entscheidungsschuldner** 26
(§ 3 Nr. 1; § 20 S. 1 HausratsVO). Sie haften als Gesamtschuldner (§ 5 Abs. 1 S. 1), § 31
Abs. 2, 3 GKG ist entsprechend anzuwenden (vgl. § 5 Rn. 4).

VIII. Abgabe

Werden Ansprüche eingeklagt, die dem Hausratsverfahren unterliegen, und gibt das Pro- 27
zessgericht die Sache an das „Hausratsgericht" ab (§ 18 HausratsVO), so sind die Kosten
des **Rechtsstreits** als Teil der Kosten des Verfahrens nach der HausratsVO zu behandeln
(§ 23 HausratsVO; s. § 1 Rn. 14).

IX. FG-Reform

§ 100 soll aufgehoben werden und an seine Stelle das FamGKG treten. 28

§ 100 a* Maßnahmen nach dem Gewaltschutzgesetz

(1) **Für Entscheidungen in Familiensachen nach § 621 Abs. 1 Nr. 13 der Zivilprozessordnung wird die volle Gebühr erhoben.**

(2) **Der Geschäftswert bestimmt sich nach § 30 Abs. 2.**

(3) **Zahlungspflichtig ist nur der Beteiligte, den das Gericht nach billigem Ermessen bestimmt; es kann auch anordnen, dass von der Erhebung der Kosten abzusehen ist.**

I. FGG-Sachen

Gewaltschutzsachen sind FGG-Sachen (§§ 49a Abs. 2, 64b FGG; Rn. 2), soweit sie den 1
vorbeugenden Opferschutz im sozialen Nahbereich betreffen,[1] iÜ Zivilprozesse.

II. Familiensachen

Alle FGG-Gewaltschutzsachen sind Familiensachen; sie betreffen „Maßnahmen nach 2
den §§ 1 und 2 des Gewaltschutzgesetzes, wenn die Beteiligten einen auf Dauer angelegten
gemeinsamen Haushalt führen oder innerhalb von sechs Monaten vor Antragstellung
geführt haben" (§ 621 Abs. 1 Nr. 13 ZPO).[2]
„Steht die verletzte oder bedrohte Person im Zeitpunkt einer Tat nach § 1 Abs. 1 oder 3
Abs. 2 S. 1 GewSchG unter **elterlicher Sorge, Vormundschaft oder Pflegschaft,** so
treten im Verhältnis zu den Eltern und zu sorgeberechtigten Personen an die Stelle von
§§ 1 und 2 die für das Sorgerechts-, Vormundschafts- oder Pflegschaftsverhältnis maßgebenden Vorschriften" (§ 3 Abs. 1 GewSchG), es handelt sich mithin nicht um Familiensachen nach § 621 Abs. 1 Nr. 12 ZPO und damit nicht um unter § 100a fallende.
Gewaltschutzsachen werden nicht **Folgesachen,** womit die Anwendung des GKG (§ 1 4
Nr. 1 Buchst. b, c) ausscheidet.

III. Entscheidungen

Die Verfahren sind **Antragsverfahren,** Entscheidung (Abs. 1) gleichwohl, wie auch sonst 5
im 4. Unterabschnitt, nur solche, die **Maßnahmen anordnen.** Die **Zurückweisung** des
Antrags löst die Gebühr des § 130 Abs. 1 aus (§ 91 S. 1 bezieht sich nicht auf § 100a). Maßnahmen sind vor allem die in den §§ 1 Abs. 1, 2 Abs. 1 GewSchG genannten, wobei die
Aufzählung des § 1 Abs. 1 S. 3 nicht abschließend ist („insbesondere").

---

* § 100a eingefügt durch Gesetz vom 11. 12. 2001 (BGBl. I S. 3513).
[1] Begründung des Regierungsentwurfs, BT-Drucks. 14/5429.

§ 100a   1. Teil. 2. Abschnitt: 4. Familienrecht und Lebenspartnerschaft

6   Die Anordnungen ergehen grundsätzlich befristet, die Fristen können jedoch verlängert werden. Die **Fristverlängerungen** sind Änderungsentscheidungen iS des § 18 Abs. 1 FGG, damit Entscheidungen gemäß Abs. 1, sie erfüllen also den Gebührentatbestand erneut; zum Wert s. Rn. 8.

IV. Wert

7   Der Wert bestimmt sich ausnahmslos nach § 30 Abs. 2 (Abs. 2), also auch dann, wenn es sich um die **Wohnungsüberlassung** handelt, eine Bewertung entsprechend § 100 Abs. 3 nahe liegt. „Er dürfte regelmäßig 5000 DM [jetzt 3000 Euro] betragen".[2] Diese Meinung wird jedoch der unterschiedlichen Bedeutung der möglichen Maßnahmen und damit dem verfassungsrechtlichen Differenzierungsgebot nicht gerecht (s. die Erläuterungen zu § 30 Abs. 2). Bei der **Wohnungsüberlassung** bietet sich zudem eine Orientierung an § 100 Abs. 3 unter Berücksichtigung der Dauer der Maßnahme an.

8   Bei **Fristverlängerungen** (Rn. 6) liegt ein Teilwert nahe.

V. Kostenschuldner

9   Der Zahlungspflichtige wird vom Gericht nach billigem (= „billigenswertem") Ermessen bestimmt (Abs. 3 Halbs. 1). Die Regelung bezieht sich ersichtlich auf **Gebühren und Auslagen.** Dafür stehen die über den Gebührentatbestand des Abs. 1 – „Entscheidungen" – hinausgehende Paragrafenüberschrift – „Maßnahmen" –, der Begriff „Kosten" in Halbs. 2 sowie die Begründung des Regierungsentwurfs (Rn. 1), dass „die Regelung im Wesentlichen der Bestimmung in § 20 HausratsVO entspricht" (sein S. 1 bezieht sich auf die Gerichtskosten).

10   Im Gegensatz zu ihm schließt sie jedoch die Schuldnerschaft des **Antragstellers** (§ 2 Nr. 1) aus („nur"). Wird der Antrag **zurückgenommen,** entsteht die Gebühr des § 130 Abs. 2, der Kostenschuldner ist dann isoliert zu bestimmen (wie im Zivilprozess nach § 269 Abs. 3, 4 ZPO).

VI. Nichterhebung

11   Statt der Kostenschuldnerbestimmung kann das Gericht die Nichterhebung der Kosten anordnen (Abs. 3 Halbs. 2). Nach allgemeinen Regeln liegt darin auch die Befugnis zu **Teilentscheidungen:** Nichterhebung nur der Gebühren oder der Auslagen oder eines Teils der Kosten oder Gebühren oder Auslagen, iÜ Anordnung der Zahlungspflicht.

VII. Auslagen

12   Es fallen die Auslagen der §§ 136 ff. an, Schuldner: Rn. 9.

VIII. Beschwerden

13   Beschwerden (§ 621 e Abs. 1 ZPO) fallen unter § 131 und ggf. § 131 b.

IX. Zwangsvollstreckung

14   Vollstreckt wird nach der **ZPO** (§ 64 b Abs. 4 FGG). S. dazu § 134.

X. Einstweilige Anordnungen

15   Sowohl in der Ehesache (§ 620 Nr. 9 ZPO) als auch in den selbständigen Familiensachen des § 621 Abs. 1 Nr. 1, 2, 3 und 7 ZPO kann das Gericht eine einstweilige Anordnung erlassen (§ 621 g ZPO). In der **Ehesache** lösen sie die Gebühr GKG-KostVerz. 1421

---

[2] Begründung des Regierungsentwurfs, BT-Drucks. 14/5429 S. 36.

aus (Wert § 53 Abs. 2 S. 2 GKG), in den **selbständigen Familiensachen** sind sie gebührenfrei (§ 91 S. 2).[3]

Außerdem gibt es die einstweilige Anordnung auf Leistung eines **Prozesskostenvorschusses** (§§ 620 Nr. 10, 621f ZPO); Gebühren wie vor: in der Ehesache GKG-Kost-Verz. 1422, in der selbständigen Familiensache gebührenfrei. **16**

XI. FG-Reform

§ 100a soll aufgehoben werden und an seine Stelle das FamGKG treten. **17**

5. Nachlaß- und Teilungssachen

Vorbemerkungen zu den §§ 101–116

I. Nachlass- und Teilungssachen

Nachlass- und Teilungssachen iS dieses Unterabschnitts sind diejenigen Angelegenheiten **1** der freiwilligen Gerichtsbarkeit (§ 1 Rn. 1–3), die in erster Instanz dem **Nachlassgericht** zugewiesen sind; also vor allem die im 5. Abschnitt des FGG geregelten, zu denen einige Geschäfte nach dem BGB sowie nach Separatgesetzen – zB im Anerbenrecht (s. Anhang B → Anerbensachen) – treten.

Den Nachlasssachen gleichgestellt sind entsprechende Geschäfte bei der **fortgesetzten** **2** **Gütergemeinschaft.**

II. Kodifikation

Der Unterabschnitt ist einerseits **nicht abschließend**, ergänzend sind insbesondere die **3** §§ 119, 124, 130 und 131 heranzuziehen.

Andererseits enthält er Vorschriften, die **nicht hierher gehören**: § 106a bezüglich der **4** Stundung des Erbersatzanspruchs, weil es sich um ein vormundschaftsgerichtliches Geschäft handelt; § 106 Abs. 1 S. 1, soweit er die Verfahrenspflegschaft für die Erbauseinandersetzung betrifft, weil hier das Nachlassgericht nur als Verfahrensgericht zuständig ist (Vor § 91 Rn. 2).

III. Anrechnung, Befreiung

Bei der Anwendung des 5. Unterabschnitts ist insbesondere auf die vielfältigen, einer Gebührenhäufung vorbeugenden Anrechnungs- und Befreiungsvorschriften zu achten (s. § 115 mit Rn. 1). **5**

Wegen Gebührenbefreiungen und -ermäßigungen s. auch Anhang C. **6**

§ 101 Verwahrung von Verfügungen von Todes wegen

Für die amtliche Verwahrung einer Verfügung von Todes wegen wird bei der Annahme ein Viertel der vollen Gebühr erhoben.

Übersicht

	Rn.		Rn.
I. Verfügungen von Todes wegen	1–3	VI. Zusammenhang mit anderen Geschäften	20
II. Amtliche Verwahrung	4–6	VII. Wert	21
III. Gebührentatbestand	7–15	VIII. Fälligkeit	22, 23
IV. Mehrere Verfügungen	16, 17	IX. Schuldner	24, 25
V. Gemeinschaftliche Verfügungen, gemeinsame Verwahrung	18, 19	X. Notare	26

---

[3] OLG Dresden FamRZ 2003, 1312 = OLGR 2004, 244; OLG Koblenz FamRZ 2005, 1849 = KostRsp. Nr. 1 m. Anm. *Lappe* = OLGR 2005, 730.

I. Verfügungen von Todes wegen

1 Verfügungen von Todes wegen sind **Testamente** (§§ 1937 bis 1940, 2064 ff. BGB), auch gemeinschaftliche Testamente (§§ 2265 ff. BGB, § 10 Abs. 4 LPartG), und **Erbverträge** (§§ 1941, 2274 ff. BGB); ferner **ausländische** letztwillige Verfügungen (Art. 26 EGBGB).

2 Wird ein **offenes Schriftstück** in amtliche Verwahrung genommen, das offenkundig keine Verfügung von Todes wegen ist, bleibt die Gebühr des § 101 unerhoben (§ 16).

3 Wird ein **verschlossenes Schriftstück** verwahrt und stellt sich bei der Öffnung (§ 2260 Abs. 1 S. 1 BGB) heraus, dass es sich nicht um eine Verfügung von Todes wegen handelt, so ist nur die Mindestgebühr (§ 32) entstanden. In die Verjährung des Rückzahlungsanspruchs (§ 17 Abs. 2) greifen die §§ 103 Abs. 4, 46 Abs. 5 nicht ein.

II. Amtliche Verwahrung

4 Amtliche Verwahrung iS des § 101 ist die „besondere amtliche Verwahrung" der Testamente und Erbverträge (§§ 2258 a, 2300 BGB);

5 nicht aber die sonstige Verwahrung letztwilliger Verfügungen bei Gericht – in den Nachlassakten oder in „Bürowahrung" –, etwa zufolge Ablieferung nach dem Tode des Erblassers (§§ 2259, 2300 BGB; vgl. auch § 2260 Abs. 1 S. 1 BGB) oder nach Eröffnung eines nicht in amtlicher Verwahrung befindlichen Erbvertrags;

6 nicht die Verwahrung von Erbverträgen nach Ablieferung durch den Notar (§ 34 Abs. 3 S. 2 BeurkG).

III. Gebührentatbestand

7 Der Gebührentatbestand des § 101 ist mit der „Annahme" erfüllt, d. h. mit ihrer gerichtlichen Anordnung (§§ 2258 b Abs. 1, 2300 BGB),

8 nicht schon mit dem Eingang bei Gericht

9 (in Baden-Württemberg tritt an die Stelle des Gerichts das Notariat, § 1 Abs. 2 LFGG);

10 desgleichen mit der „Bewirkung" der Verwahrung (§ 2258 b Abs. 1 BGB) – von praktischer Bedeutung, wenn die Annahmeanordnung noch nicht wirksam geworden ist (vgl. Einf. Rn. 53 ff.) –.

11 Eine „**Weiterverwahrung**" erfüllt den Gebührentatbestand nicht erneut. Die Gebühr fällt mithin nicht nochmals an

12 nach Öffnung und Einsichtnahme durch den Erblasser,

13 nach Abgabe an ein anderes Gericht (§ 2258 a Abs. 3 BGB)[1] – auch kein Portoansatz (vgl. § 137 Rn. 11 ff.) –,

14 bei gemeinschaftlichen letztwilligen Verfügungen durch „Zurückbringung" in die amtliche Verwahrung nach dem Tod des Erstverstorbenen (§§ 2273 Abs. 2, 2300 BGB).

15 Die Verwahrung **endet** mit der Herausgabe (§§ 2258 b Abs. 1, 2256, 2300 BGB) oder der Aufhebung der amtlichen Verwahrung bei Weiterverwahrung in den Gerichtsakten. Wird dieselbe Verfügung wieder in die amtliche Verwahrung gegeben, so fällt die Gebühr des § 101 erneut an.

IV. Mehrere Verfügungen

16 Mehrere letztwillige Verfügungen desselben Erblassers gelten als Einheit, wenn sie **gemeinsam** zur amtlichen Verwahrung kommen; Art, Zeitpunkt und äußere Form ihrer Abfassung sind unerheblich.

17 Eine weitere letztwillige Verfügung, die **später** angenommen und daher gesondert verwahrt wird, löst hingegen die Gebühr des § 101 erneut aus, auch wenn sie denselben Gegenstand wie die frühere Verfügung hat.

---

[1] KG JFGErg. 20, 144 = DNotZ 1939, 695.

V. Gemeinschaftliche Verfügungen, gemeinsame Verwahrung

Gemeinschaftliche Testamente und Erbverträge stellen nur eine Verfügung von Todes wegen iS des § 101 dar; sie werden „einmal verwahrt", so dass die Gebühr auch nur einmal anfällt. 18

Eine gemeinsame Verwahrung von Verfügungen mehrerer Erblasser, die nicht als gemeinschaftliches Testament oder Erbvertrag eine rechtliche Einheit bilden, ist gesetzlich nicht vorgesehen. Die Gebühren sind folglich immer getrennt zu berechnen. 19

VI. Zusammenhang mit anderen Geschäften

Zum Zusammenhang mit anderen Geschäften s. § 115. 20

VII. Wert

Zum Wert s. § 103. Er wird durch den Gegenstand der amtlichen Verwahrung begrenzt (§ 18 Abs. 1). Kommt also eine gemeinschaftliche Verfügung nach dem Tod des Erstverstorbenen erstmals in die amtliche Verwahrung, so sind nur die Verfügungen des oder der Überlebenden maßgebend. 21

VIII. Fälligkeit

Die Gebühr wird mit der „Annahme" – Rn. 7 – fällig (§ 101; abweichend von § 7). 22
Zur **Nachforderung** und **Verjährung** s. § 103 Abs. 4. 23

IX. Schuldner

Schuldner ist der Erblasser (§ 2 Nr. 1); 24
bei **gemeinschaftlichen Verfügungen** sind es die Erblasser als Gesamtschuldner, jedoch jeder Erblasser nur nach dem Wert seiner Verfügung (entsprechend § 5 Abs. 1). 25

X. Notare

Die Verwahrung eines Erbvertrags durch den Notar (§ 34 Abs. 3 S. 2 BeurkG) ist keine amtliche Verwahrung, § 101 also nicht anzuwenden (§ 141). 26

§ 102 Eröffnung einer Verfügung von Todes wegen

Für die Eröffnung einer Verfügung von Todes wegen wird die Hälfte der vollen Gebühr erhoben.

Übersicht

	Rn.		Rn.
I. Eröffnung	1, 2	VII. Schuldner	13
II. Verfügung von Todes wegen	3–6	VIII. Kostenansatz	14
III. Mehrere Verfügungen	7	IX. Zusammenhang mit anderen Geschäften	15, 16
IV. Gemeinschaftliche Verfügungen, gemeinsame Eröffnung	8–10	X. Abschriften an Dritte	17
V. Benachrichtigung der Beteiligten	11	XI. Notare	18
VI. Wert	12		

I. Eröffnung

Der Gebührentatbestand der Eröffnung einer Verfügung von Todes wegen ist erfüllt, wenn die Verfügung geöffnet und verkündet oder den Beteiligten vorgelegt worden ist (§§ 2260 Abs. 2, 2300 BGB). War die Verfügung **offen,** entfällt die Öffnung, war kein Beteiligter erschienen, auch die Verkündung; in diesem Falle lösen der „Eröffnungsver- 1 merk" auf der Urschrift der letztwilligen Verfügung oder die Niederschrift über die Eröffnung (§§ 2260 Abs. 3, 2300 BGB) die Gebühr aus.

2 Bei **ausländischen** letztwilligen Verfügungen (Art. 26 EGBGB) liegt eine „Eröffnung" nur vor, wenn das maßgebende Recht sie als Rechtshandlung vorsieht; ein „büromäßiges" Öffnen genügt also nicht (Rn. 4).

II. Verfügung von Todes wegen

3 Zu eröffnen ist jedes Schriftstück, das angeblich vom Erblasser herrührt und sich äußerlich und seinem Inhalt nach als Verfügung von Todes wegen (§ 101 Rn. 1) darstellt, ohne Rücksicht auf seine formelle oder materielle Gültigkeit.

4 Die Entstehung der Gebühr folgt dem verfahrensmäßigen Geschehen und bleibt nur dann unerhoben, wenn ein nicht eröffnungsfähiges Schriftstück „eröffnet" worden ist (§ 16).

5 So wird zB ein gemeinschaftliches Testament, in dem sich allein die Eheleute gegenseitig zum Erben einsetzen, nur nach dem Tod des Erstverstorbenen eröffnet, nicht aber erneut nach dem Tod des Letztversterbenden (vgl. § 2273 Abs. 3 BGB);[1] eröffnet das Gericht gleichwohl, bleibt die Gebühr außer Ansatz. Ebenso gibt es keine erneute Eröffnung nach dem Tod des Vorerben.

6 War die Verfügung verschlossen und ergibt die Öffnung ein nicht eröffnungsfähiges Schriftstück, so kann nur dies festgestellt werden: Der Gebührentatbestand der Eröffnung (Rn. 1, 2) ist nicht erfüllt.

III. Mehrere Verfügungen

7 Da jede einzelne Verfügung zu eröffnen ist, fallen auch bei mehreren Verfügungen desselben Erblassers grundsätzlich Einzelgebühren an. S. jedoch § 103 Abs. 2.

IV. Gemeinschaftliche Verfügungen, gemeinsame Eröffnung

8 Die Eröffnung erfolgt „nach dem Tod des Erblassers" (§§ 2260 Abs. 1, 2300 BGB). Bei **gemeinschaftlichen Verfügungen** wird also nur der Teil des jeweils Verstorbenen eröffnet (§§ 2273 Abs. 1, 2300 BGB) und dafür die Gebühr angesetzt.[2]

9 Eine **gemeinsame Eröffnung** im Rechtssinne gibt es nicht, so dass selbst dann gesondert Gebühren nach § 102 zu erheben sind, wenn die mehreren Erblasser verstorben sind und das Gericht die gesamte Verfügung zugleich eröffnet.

10 Bei amtlicher Verwahrung wird ferner nach **Ablauf der Eröffnungsfrist** eröffnet (§§ 2263a, 2300a BGB). Auch in diesem Falle sind gesonderte Gebühren bezüglich jedes Erblassers anzusetzen.

V. Benachrichtigung der Beteiligten

11 Die Gebühr gilt die Benachrichtigung der Beteiligten (§§ 2262, 2300 BGB) ab; insbesondere ist dafür keine Dokumentenpauschale zu erheben.

VI. Wert

12 Zum Wert s. § 103 Abs. 1, 2.

VII. Schuldner

13 Kostenschuldner sind die Erben (§ 6).

---

[1] KG Gutachten DJ 1940, 366.
[2] KG JFGErg. 12, 208 = JW 1933, 1336.

VIII. Kostenansatz

Zum Kostenansatz s. auch § 103 Abs. 3. **14**

IX. Zusammenhang mit anderen Geschäften

Zu den Gebühren im Zusammenhang mit anderen Geschäften s. § 115, **15**
bei Ablieferung von Testamenten s. §§ 119, 124, 134. **16**

X. Abschriften an Dritte

Für die Erteilung von Abschriften an Dritte (§ 2264 BGB) ist die Dokumentenpauschale **17**
(§ 136) zu erheben, jedoch keine Beglaubigungsgebühr (§ 132).

XI. Notare

Auf Notare (§ 141) ist § 102 mangels Zuständigkeit zur Eröffnung nicht anzuwenden. **18**

§ 103 Gemeinsame Vorschriften zu den §§ 101, 102

(1) **In den Fällen der §§ 101 und 102 finden die Wertvorschriften des § 46 Abs. 4 entsprechende Anwendung.**

(2) **Werden mehrere Verfügungen von Todes wegen desselben Erblassers bei demselben Gericht gleichzeitig eröffnet, so ist nur eine Gebühr nach dem zusammengerechneten Wert zu erheben; soweit mehrfach über den ganzen Nachlaß oder über denselben Bruchteil verfügt ist, kommt der Wert nur einmal in Betracht.**

(3) **Die Gebühr nach § 102 wird von dem Nachlaßgericht erhoben, auch wenn die Eröffnung bei einem anderen Gericht stattgefunden hat.**

(4) **Für die Nachforderung und die Verjährung der Gebühr des § 101 gelten die Vorschriften des § 46 Abs. 5 entsprechend.**

Übersicht

	Rn.		Rn.
I. Wert (Abs. 1, 2)	1–38	7. Verwahrung mehrerer Verfügungen	19, 20
1. Einzelne Gegenstände	1, 2	8. Eröffnung mehrerer Verfügungen	21–35
2. Nachlass oder ein Bruchteil davon	3–10	9. Verwahrung gemeinschaftlicher Verfügungen	36, 37
3. Zusammentreffen des Nachlasses und einzelner Gegenstände	11, 12	10. Eröffnung gemeinschaftlicher Verfügungen	38
4. Zugewinnausgleich	13, 14	II. Kostenansatz (Abs. 3)	39
5. Nichtverfügungen und nichtige Verfügungen	15, 16	III. Nachforderung, Verjährung (Abs. 4)	40–42
6. Bewertungszeitpunkt	17, 18		

I. Wert (Abs. 1, 2)

1. Einzelne Gegenstände

Der Wert der Verwahrungs- und Eröffnungsgebühren richtet sich grundsätzlich nach den **1** allgemeinen Vorschriften (§§ 18 ff.). Das bedeutet insbesondere, dass bei Verfügungen von Todes wegen über einzelne Gegenstände – zB bei einem Vermächtnis – deren Wert (§ 18 Abs. 1) **ohne Schuldenabzug** (§ 18 Abs. 3) maßgebend ist. Die EG-Gesellschaftssteuerrichtlinie (vgl. § 79) wirkt sich nicht aus.[1] Von praktischer Bedeutung sind iÜ vor allem die §§ 19, 24 und 30.

---

[1] BayObLG NJW-RR 2000, 736.

2   Die Werte **mehrerer** einzelner Gegenstände sind im Rahmen von § 101 Rn. 16, § 102 Rn. 7 zusammenzurechnen.

2. Nachlass oder ein Bruchteil davon

3   Verhält sich die Verfügung jedoch über den ganzen Nachlass oder einen Bruchteil davon, so ist der Wert des nach **Abzug der Verbindlichkeiten** verbleibenden reinen Vermögens bzw. des Bruchteils davon maßgebend (Abs. 1, § 46 Abs. 4 S. 1), soweit die Verfügung Gegenstand der Verwahrung oder Eröffnung ist.

4   **Vermächtnisse, Pflichtteile** und **Auflagen** werden auch in diesem Falle nicht abgezogen (§ 46 Abs. 4 S. 2).

5   Aus der Verweisung auf § 46 Abs. 4 ergibt sich ferner, dass das Vermögen des Erblassers den Wert bildet, so dass Nachlassverbindlichkeiten nur insoweit abzuziehen sind, als sie vom Erblasser herrühren – **Erblasserschulden** –, nicht aber erst durch den Erbfall ausgelöste, aus Anlass des Erbfalls entstandene – **Erbfallschulden** – (§§ 1967 Abs. 2, 1968, 1969 BGB; wozu auch die Erbschaftssteuer gehört;[2] s. § 107 Rn. 28).

6   Der Wert des Abs. 1 unterscheidet sich insoweit von dem des § 107 Abs. 2 S. 1 (und auch vom Erbschaftssteuerwert!).

7   Insbesondere sind also die Kosten der **Testamentseröffnung,** der **Erbscheinserteilung** und der **Testamentsvollstreckung** nicht abzuziehen,[3]

8   desgleichen nicht die **Beerdigungskosten;**[4]

9   wohl aber **Betreuungskosten**[5] und nachzuerhebende Kosten gemäß § 101 (Abs. 4, § 46 Abs. 5).

10 S. iÜ die Erläuterungen zu § 46 Abs. 4; vgl. auch die zu § 107 Abs. 2.

3. Zusammentreffen des Nachlasses und einzelner Gegenstände

11 Treffen Verfügungen über den ganzen Nachlass und über einzelne Gegenstände zusammen, so bleiben die letzteren unberücksichtigt, soweit sie **Teil** des Nachlasses sind, auch wenn sie seinen Wert übersteigen.[6]

12 Wird hingegen über einen Bruchteil des Nachlasses und über einzelne Gegenstände des **übrigen** Nachlasses verfügt – Beispiel: Erbeinsetzung zur Hälfte, Vermächtnis zu Lasten der anderen Hälfte –, so bildet die Wertesumme den Geschäftswert.

4. Zugewinnausgleich

13 Bezüglich des Zugewinnausgleichs ist zu unterscheiden: Erfolgt er durch **Erhöhung des Erbteils** des überlebenden Ehegatten (§ 1371 Abs. 1 BGB; letztwillige Verfügung), so mindert sich der Wert des Nachlasses nicht.[7]

14 Wird der Zugewinn hingegen, weil der überlebende Ehegatte nicht Erbe geworden ist oder die Erbschaft ausgeschlagen hat, **schuldrechtlich ausgeglichen** (§ 1371 Abs. 2, 3 BGB), so ist die Ausgleichsforderung abzuziehen.[8]

5. Nichtverfügungen und nichtige Verfügungen

15 Schriftstücke, die **keine** Verfügung von Todes wegen enthalten, haben keinen Wert im Hinblick auf die Gebühren der §§ 101, 102. War dies erkennbar, wird keine Gebühr erhoben (§ 101 Rn. 2, § 102 Rn. 4, 6); war dies nicht erkennbar (§ 101 Rn. 3), nur die Mindestgebühr.

16 Offensichtlich **nichtige** Verfügungen geben der Verwahrung oder Eröffnung ebenfalls keinen Wert iS der §§ 18 Abs. 1, 46 Abs. 4; da sie jedoch in aller Regel sowohl zu verwahren als auch zu eröffnen sind, wird die Mindestgebühr (§ 32) angesetzt.

---

[2] OLG Köln Rpfleger 2001, 459.
[3] OLG Frankfurt Rpfleger 1963, 357.
[4] BayObLGZ 1959, 209 = DNotZ 1959, 668 = Rpfleger 1959, 322.
[5] BayObLG FamRZ 1996, 373; LG Koblenz Rpfleger 1997, 260.
[6] KG JFGErg. 19, 107 = JVBl. 1938, 365.
[7] BayObLGZ 1972, 98 = Rpfleger 1972, 186.
[8] BayObLGZ 1974, 154 = Rpfleger 1974, 329; OLG Karlsruhe Rpfleger 1978, 271.

6. Bewertungszeitpunkt

Bewertungszeitpunkt ist für die **Verwahrungsgebühr** des § 101 die Annahme (§ 18 Abs. 1), es sind also nur die zu diesem Zeitpunkt vorhandenen Aktiva und ggf. Passiva zu bewerten. Wegen der Nacherhebung s. Rn. 40, wegen der Rückzahlung § 101 Rn. 3.

Für die **Eröffnungsgebühr** des § 102 kommt es auf die Eröffnung an (§§ 18 Abs. 1, 7). Das hat bei gemeinschaftlichen Verfügungen zur Folge, dass das vom Erstverstorbenen Geerbte bei der Eröffnung der Verfügung des Letztversterbenden mitgerechnet wird, soweit es noch vorhanden ist.

7. Verwahrung mehrerer Verfügungen

Bei Verwahrung mehrerer Verfügungen desselben Erblassers kommt es darauf an, ob sie gemeinschaftlich oder gesondert verwahrt werden (§ 101 Rn. 16, 17): Im ersten Falle sind sie einheitlich zu bewerten, d. h. dieselben Gegenstände nur einmal anzusetzen;

im zweiten Falle werden die einzelnen Verfügungen gesondert bewertet.

8. Eröffnung mehrerer Verfügungen

Grundsätzlich wird für die Eröffnung jeder letztwilligen Verfügung eine **besondere** Gebühr erhoben (§ 102 Rn. 7) und demgemäß der Wert ebenfalls gesondert festgestellt. Das gilt auch bei der Eröffnung durch mehrere Notariate in Baden-Württemberg.[9]

Abs. 2 **begünstigt** die Eröffnung mehrerer Verfügungen, wenn sie a) von demselben Erblasser herrühren, b) bei demselben Gericht c) gleichzeitig eröffnet werden: Es wird nur eine Gebühr erhoben, aus der Summe der Werte der einzelnen Verfügungen;

und wenn über den ganzen Nachlass oder über denselben Bruchteil mehrfach verfügt ist, der Wert nur einmal angesetzt.

Letzteres muss auch gelten, wenn über einzelne **Gegenstände mehrfach** verfügt ist, weil sich sonst unverhältnismäßige Relationen zum Vermögenswert ergeben könnten.[10]

Ebenso ist zu verfahren, wenn letztwillige Verfügungen über bestimmte Gegenstände und den ganzen Nachlass zusammentreffen: Der Letztere bestimmt allein den Wert.

Im Übrigen lässt der Text des Gesetzes **unbillige Gebührenhäufungen** zu:

– Da das Nachlassgericht – regelmäßig das Amtsgericht des letzten Wohn- oder Aufenthaltsorts des Erblassers (§ 73 Abs. 1 FGG) – „alsbald nach dem Tode des Erblassers" in seiner amtlichen Verwahrung befindliche oder bei ihm abgelieferte letztwillige Verfügungen zu eröffnen hat (§ 2260 Abs. 1 BGB), kann es zu nachträglichen Eröffnungen weiterer Testamente über denselben Gegenstand kommen, die mangels Gleichzeitigkeit die Gebühr des § 102 wiederholt auslösen.

– Da für die amtliche Verwahrung nicht das Nachlassgericht zuständig ist (§ 2258a Abs. 2 BGB) – und auch nicht zuständig sein kann –, die Eröffnung jedoch dem Verwahrungsgericht und nicht dem Nachlassgericht obliegt (§ 2261 BGB), kann es zur Eröffnung mehrerer Testamente über denselben Gegenstand kommen, die die Gebühr des § 102 mehrfach auslösen, weil die Begünstigung des Abs. 2 an „demselben Gericht" scheitert. Zwar hat der Erblasser die Möglichkeit, die Abgabe an das voraussichtliche Nachlassgericht zu verlangen (§ 2258a Abs. 2 BGB), doch dürfte davon kaum im Hinblick auf die – dem Erblasser regelmäßig unbekannten – Kostenfolgen Gebrauch gemacht werden.

– Selbst wenn Verwahrungsgericht und Nachlassgericht zunächst identisch sind, können sie durch die kommunale Neugliederung auseinander fallen mit der Folge, dass gesonderte Gebühren zu erheben sind.[11]

Die Rspr. vermeidet unbillige Gebührenhäufungen nur[12] mit Hilfe des § 16, und zwar dann, wenn die zur Eröffnung stehende Verfügung auf eine andere Bezug nimmt und das Gericht ihre Ablieferung nicht vor der Eröffnung veranlasst (§ 2259 Abs. 3 S. 2 BGB).[13]

---

[9] OLG Stuttgart Justiz 1996, 139.
[10] Aufgabe der bis zur 9. Aufl. vertretenen Gegenmeinung.
[11] OLG Düsseldorf Rpfleger 1981, 77.
[12] KG Rpfleger 1979, 277.
[13] LG Berlin KostRsp. § 102 Nr. 1.

§ 103

Bei der kommunalen Neugliederung verweist sie auf den Kostenerlass im Verwaltungswege.[14]

30 Das reicht jedoch nicht aus, vielmehr ist in verfassungskonformer Auslegung – Verhältnismäßigkeitsgrundsatz – des Abs. 2 wie folgt zu verfahren:[15]

31 – Bei mehreren Verfügungen mit **demselben Inhalt** kommt nur der ersten der volle Wert zu,[16] den übrigen lediglich ein Bestätigungswert (§ 30 Abs. 1), regelmäßig in Höhe von etwa 10% des Gesamtwerts.

32 – Eine **widerrufene Verfügung** hat keinen Wert mehr, für ihre Eröffnung ist lediglich die Mindestgebühr anzusetzen.[17] Gleiches gilt für ein durch Vorversterben des Bedachten überholtes Testament[18] sowie den Fall des Verzichts des Begünstigten auf die Zuwendung.[19]

33 – Eine **widerrufende Verfügung** hat nur dann den vollen Wert, wenn über den widerrufenen Gegenstand nicht erneut verfügt worden ist. Für eine erneute Verfügung und die widerrufene Verfügung gilt Rn. 31.

34 – Eine Verfügung, die eine frühere Verfügung **wiederholt und ergänzt,** hat nur den Wert der Ergänzung.[20] Er beläuft sich bei einem in ein gemeinschaftliches Testament eingefügten Änderungsvorbehalt auf einen Teilwert (§ 30 Abs. 1).[21]

35 Weil sämtliche Eröffnungsgebühren beim Nachlassgericht angesetzt werden (Abs. 3), lässt sich eine solche materielle Bewertung auch praktisch durchführen.

9. Verwahrung gemeinschaftlicher Verfügungen

36 Da für die Verwahrung gemeinschaftlicher Verfügungen nur eine Gebühr erhoben wird (§ 101 Rn. 18), sind die Werte der Verfügungen der einzelnen Erblasser **zusammenzurechnen.**

37 Haben beide Erblasser über **dieselben Gegenstände** verfügt, so ist ihr Wert nur einmal zu berücksichtigen.

10. Eröffnung gemeinschaftlicher Verfügungen

38 Da es selbst bei gemeinschaftlichen Verfügungen eine gemeinsame Eröffnung nicht gibt (§ 102 Rn. 9), ist der Wert immer für jede Verfügung gesondert festzustellen.

II. Kostenansatz (Abs. 3)

39 Die **Eröffnung** eines in amtlicher Verwahrung befindlichen Testaments erfolgt durch das Verwahrungsgericht (§ 2261 BGB), die Benachrichtigung der Beteiligten durch das Nachlassgericht (§ 2262 BGB). Die Gebühr des § 102 gilt das gesamte Eröffnungsverfahren – vor beiden Gerichten – ab. Sie wird beim **Nachlassgericht** angesetzt (Abs. 3) mit den Rechtswegfolgen des § 14 Abs. 2.

III. Nachforderung, Verjährung (Abs. 4)

40 Der **Verwahrungsgebühr** des § 101 wird regelmäßig der Wert zugrunde gelegt, den der Erblasser angibt. Nach der Eröffnung der Verfügung ist dieser Wert zu überprüfen (§ 39 KostVfg., Anhang D I). Wenn anzunehmen ist, dass der Wert 50 000 DM (jetzt

---

[14] OLG Düsseldorf Rpfleger 1981, 77.
[15] Aufgabe der bis zur 9. Aufl. vertretenen Meinung.
[16] AA KG KGR 2002, 117 = Rpfleger 2002, 383 = KostRsp. Nr. 20 m. abl. Anm. *Lappe;* OLG Zweibrücken vom 10. 9. 2004, 3 W 185/04, BeckRS 2007, 1004.
[17] AA OLG Frankfurt JurBüro 1986, 426 = KostRsp. Nr. 10 m. abl. Anm. *Lappe;* OLG Köln Rpfleger 1992, 394 m. krit. Anm. *Meyer-Stolte;* OLG Stuttgart Rpfleger 1988, 485 sowie mehrere Landgerichte; dagegen *Lappe* NJW 1989, 3254, 3257.
[18] AA BayObLG FamRZ 1997, 644.
[19] AA OLG Schleswig NJW-RR 2000, 1598 = KostRsp. Nr. 18 m. abl. Anm. *Lappe.*
[20] LG Berlin KostRsp. § 102 Nr. 1.
[21] AA – voller Nachlasswert – OLG Düsseldorf Rpfleger 2001, 100 = KostRsp. Nr. 19 m. abl. Anm. *Lappe:* keine Neuverfügung, sondern nur die Möglichkeit dazu.

Sicherung des Nachlasses **§ 104**

25 565 Euro) übersteigt, wird dafür das Formblatt Anhang D IV benutzt. Angaben und damit das Ausfüllen des Formulars lassen sich nicht erzwingen. Notfalls muss geschätzt werden (wie § 162 AO), wobei ein „Unsicherheitszuschlag" geboten ist, der umso höher sein kann, je unsicherer die Schätzungsgrundlage ist und je mehr sie auf der Verweigerung der Beteiligten beruht. Ergibt sich – für den maßgeblichen Bewertungszeitpunkt (Rn. 17)! – ein höherer Wert, ist nachzufordern, und zwar durch das Verwahrungsgericht (§ 14 Abs. 1). §§ 15 und 17 stehen nicht entgegen (Abs. 4, § 46 Abs. 5).

Außerdem wird der **Notar,** der die Verfügung beurkundet hat, benachrichtigt (§ 39 KostVfg.). **41**

Von den **Finanzämtern** können wegen des Steuergeheimnisses (§ 30 AO) nur mit Zustimmung der Erben Auskünfte eingeholt werden. **42**

§ 104 Sicherung des Nachlasses

(1) ¹**Bei der Sicherung eines Nachlasses durch Siegelung oder auf andere Weise wird für das ganze Verfahren, einschließlich der erforderlichen Anordnungen wegen Aufbewahrung und Auslieferung des Nachlasses, die volle Gebühr erhoben.** ²**Die Gebühr wird mit der Anordnung fällig.**

(2) **Neben der Gebühr werden die Gebühren für die Siegelung, Entsiegelung oder Aufnahme des Vermögensverzeichnisses (§ 52) besonders erhoben.**

Übersicht

	Rn.		Rn.
I. Nachlasssicherung	1–3	VI. Zusammenhang mit Nachlasspflegschaft und anderen Geschäften	14, 15
II. Wert	4–7	VII. Siegelung, Vermögensverzeichnis	16–18
III. Mehrheit von Maßnahmen	8–11	VIII. Maßnahmen anderer Stellen	19–21
IV. Fälligkeit	12	IX. Notare	22
V. Schuldner	13		

I. Nachlasssicherung

Gebührentatbestand sind die in § 1960 BGB sowie nach Landesrecht (vgl. Art. 140 EGBGB) vorgesehenen gerichtlichen (vgl. § 74 FGG) Maßnahmen der Nachlasssicherung; mit Ausnahme der **Nachlasspflegschaft,** insoweit geht die spezielle Vorschrift des § 106 vor. **1**

Nach Abs. 1 S. 1 wird die Gebühr zwar „für das ganze Verfahren" erhoben. Da sie jedoch erst mit der Anordnung „fällig" wird (Abs. 1 S. 2), bleiben Vorermittlungen und ein vor der Anordnung von Sicherungsmaßnahmen eingestelltes Verfahren gebührenfrei. Die Wendung beschreibt maW den Abgeltungsbereich der Gebühr. **2**

Die Nachlasssicherung erfolgt von Amts wegen, mithin findet § 130 keine Anwendung. **3**

II. Wert

Der Wert bestimmt sich nach den allgemeinen Vorschriften, also insbesondere nach dem Gegenstand der Sicherung ohne Schuldenabzug (§ 18 Abs. 1, 3). **4**

Da es jedoch nicht um die Gegenstände selbst, sondern nur um ihre Sicherung geht, ist, einem allgemeinen Prinzip der KostO entsprechend, nicht ihr Verkehrswert, sondern nur der **„Sicherungswert"** maßgebend. Er wird mit einem Bruchteil des Verkehrswerts angenommen (§ 30 Abs. 1), und zwar umso höher, je größer das Sicherungsbedürfnis ist; im Einzelfall kann er den Verkehrswert erreichen, wenn nämlich ohne die Sicherungsmaßnahme die Gegenstände verloren gehen würden. **5**

Auch die Dauer der Sicherung beeinflusst den Sicherungswert. **6**

Bewertungszeitpunkt ist die einzelne Anordnung (Abs. 1 S. 2, § 18 Abs. 1). **7**

III. Mehrheit von Maßnahmen

8 Die gesamte Sicherung eines Nachlasses ist ein einheitliches Verfahren. Das hat zur Folge, dass bei einer Mehrheit von Maßnahmen die einzelnen **Gegenstände** für den Sicherungswert zusammenzurechnen sind, auch wenn die sie betreffenden Maßnahmen „nach und nach" getroffen werden;

9 und dass wiederholte Maßnahmen für **denselben Gegenstand** die Gebühr nicht erneut auslösen.

10 Im letzteren Falle kann sich allerdings der Wert zufolge § 18 Abs. 1 (Zeitpunkt) oder wegen eines größeren Sicherungsbedürfnisses erhöhen.

11 Gehört der Sicherungsgegenstand **mehreren Nachlässen** an, so kann er doch nur einmal gesichert und die Gebühr deshalb nur einmal erhoben werden. Weil es sich jedoch um die Sicherung mehrerer Nachlässe handelt, sind alle Erben dieser Nachlässe Schuldner (Rn. 13).

IV. Fälligkeit

12 Die Gebühr wird – abweichend von § 7 – mit der einzelnen Anordnung fällig (Abs. 1 S. 2). Bei weiteren Anordnungen ist die Differenz zu der Gebühr aus dem neuen Gesamtwert zu erheben.

V. Schuldner

13 Schuldner sind die Erben (§ 6). S. auch Rn. 11.

VI. Zusammenhang mit Nachlasspflegschaft und anderen Geschäften

14 Folgt den Sicherungsmaßnahmen des Abs. 1 eine Nachlasspflegschaft zur Sicherung des Nachlasses, so ist die Gebühr auf die Pflegschaftsgebühr anzurechnen (§ 106 Abs. 2), soweit die Gegenstände identisch sind und es sich nur um die Sicherung dieses Nachlasses handelte (vgl. Rn. 11).

15 Wegen des Zusammenhangs mit anderen Geschäften s. § 115.

VII. Siegelung, Vermögensverzeichnis

16 Bei Siegelungen und Vermögensverzeichnissen ist neben der Gebühr des Abs. 1 die Gebühr des § 52 gesondert zu erheben (Abs. 2).

17 Wird der **Notar** insoweit tätig (§ 20 Abs. 5 BNotO), fällt die Gebühr des § 52 als Notargebühr an (§ 141); s. iÜ Rn. 22;

18 bei Tätigwerden des **Gerichtsvollziehers:** §§ 32 Abs. 1, 3 Abs. 3 GvKostG.

VIII. Maßnahmen anderer Stellen

19 Wegen der **selbständigen** Nachlasssicherung durch andere Stellen (Gemeindebehörden, Ortsgerichte usw.) nach Landesrecht s. §§ 158, 159.

20 **Hilfstätigkeiten** solcher Stellen im Rahmen der gerichtlichen Nachlasssicherung werden durch die Gebühr des Abs. 1 abgegolten.

21 Wird das Gericht im Verfahren der genannten Stellen angerufen, ist seine Entscheidung mangels einer Gebührenvorschrift gebührenfrei. Wird das Gericht allerdings nunmehr selbst nach Rn. 1 tätig, so gilt Abs. 1.

IX. Notare

22 § 104 gilt auch für Notare (§ 141; § 20 Abs. 5 BNotO).

§ 105 Ermittlung des Erben

Für die Ermittlung von Erben wird auch dann, wenn sie nach landesgesetzlichen Vorschriften von Amts wegen stattfindet, keine Gebühr erhoben.

Die Ermittlung der Erben kommt als selbständiges Geschäft der freiwilligen Gerichtsbarkeit **bundesgesetzlich** nicht vor. Sie kann aber in einem anderen dem Nachlassgericht übertragenen Geschäft notwendig werden, so zB nach der Sicherung des Nachlasses (vgl. § 104), im Erbscheinsverfahren (vgl. § 2358 BGB), im Verfahren der Vermittlung der Auseinandersetzung auf Antrag eines Miterben (vgl. auch § 88 FGG) sowie zu der gesetzlich vorgeschriebenen Mitteilung von dem Nachlassgericht gegenüber abgegebenen Erklärungen (vgl. zB §§ 1342 Abs. 2, 1597 Abs. 2, 1953 Abs. 3, 1957 Abs. 2, 2081 Abs. 2 BGB). In allen diesen Fällen ist die Ermittlung der Erben gebührenfreies Nebengeschäft des gebührenpflichtigen Hauptgeschäfts (§ 35). 1

§ 105 betrifft die nach **landesgesetzlichen** Vorschriften erfolgende selbständige amtliche Erbenermittlung; sie fällt also nicht unter § 35. Ohne besondere Regelung würde hier die Gebühr des § 158 Abs. 2 in Frage kommen; § 105 stellt aber diese Ermittlung gebührenfrei. 2

Ermittelt der **Notar** auftragsgemäß Erben, verbietet § 105 (§ 141) nicht den Ansatz der Gebühr des § 147 Abs. 2. 3

§ 106 Nachlaßpflegschaften, Gesamtgutsverwaltung

(1) ¹**Für eine Nachlaßverwaltung, eine Gesamtgutsverwaltung, eine sonstige Nachlaßpflegschaft oder eine Pflegschaft für einen abwesenden Beteiligten nach § 88 des Gesetzes über die Angelegenheiten der freiwilligen Gerichtsbarkeit wird die volle Gebühr erhoben.** ²**Sie wird mit der Anordnung fällig.** ³**Maßgebend ist der Wert des von der Verwaltung oder Pflegschaft betroffenen Vermögens.**

(2) **Auf die Gebühr wird eine nach § 104 entstandene Gebühr angerechnet, wenn die Nachlaßpflegschaft zur Sicherung des Nachlasses eingeleitet wird.**

(3) **Wird der Antrag auf Anordnung einer Nachlaß- oder Gesamtgutsverwaltung abgelehnt oder vor Erlaß einer Entscheidung zurückgenommen, so wird ein Viertel der vollen Gebühr von dem Antragsteller erhoben; ist der Antrag von einem Gläubiger gestellt, so bestimmt sich der Geschäftswert nach der Forderung, jedoch nach dem Wert der Masse (Absatz 1 Satz 3), wenn dieser geringer ist.**

Übersicht

	Rn.		Rn.
I. Nachlassverwaltung	1	VIII. Anrechnung (Abs. 2), Zusammenhang mit anderen Geschäften	24–26
II. Gesamtgutsverwaltung	2	IX. Fälligkeit	27
III. Sonstige Nachlasspflegschaften	3	X. Schuldner	28–34
IV. Pflegschaft nach § 88 FGG	4	XI. Zurückweisung und Zurücknahme eines Antrags (Abs. 3)	35–47
V. Gebührentatbestand (Abs. 1)	5	XII. FG-Reform	48
VI. Wert	6–19		
VII. Mehrere Pflegschaften	20–23		

I. Nachlassverwaltung

Die Nachlassverwaltung (§§ 1975 ff. BGB) ist eine „Nachlasspflegschaft zum Zwecke der Befriedigung der Nachlassgläubiger" (§ 1975 BGB) und wird auf Antrag des oder der (aller!) Erben oder eines Nachlassgläubigers (§ 1981 Abs. 1, 2 BGB) angeordnet. 1

II. Gesamtgutsverwaltung

2 Die Gesamtgutsverwaltung ist die „Nachlassverwaltung über das Gesamtgut" (§ 1489 Abs. 2 BGB).

III. Sonstige Nachlasspflegschaften

3 Sonstige Nachlasspflegschaften sind Pflegschaften zur Sicherung des Nachlasses und für den oder die unbekannten Erben – auch Nacherben – (§ 1960 BGB). Sie werden von Amts wegen oder auf Antrag eines Gläubigers (§ 1961 BGB) angeordnet.

IV. Pflegschaft nach § 88 FGG

4 Die Pflegschaft nach § 88 FGG ist eine Verfahrenspflegschaft (§ 93 Rn. 5–8) im Nachlassauseinandersetzungsverfahren; sie wird von Amts wegen angeordnet. Abs. 1 S. 1 steht insoweit im Widerspruch zur Gebührenfreiheit gemäß § 93a Abs. 1 S. 2; er geht als die spätere Norm vor.

V. Gebührentatbestand (Abs. 1)

5 Der Gebührentatbestand wird mit dem wirksamen Erlass der Anordnung (Abs. 1 S. 2) der Pflegschaft (Rn. 1–4) erfüllt (Einf. Rn. 57ff.); die Bestellung oder Verpflichtung des Pflegers (Verwalters) ist nicht erforderlich, sie erfüllt aber „spätestens" den Gebührentatbestand.

VI. Wert

6 Der Wert richtet sich nach dem betroffenen Vermögen (Abs. 1 S. 3) im Zeitpunkt der Anordnung (§ 18 Abs. 1) ohne Schuldenabzug (§ 18 Abs. 3). S. § 92 Rn. 69ff.

7 Die **Nachlassverwaltung** erfasst immer den gesamten Nachlass und nicht nur den Anteil eines Miterben.

8 Sie erstreckt sich allerdings nicht auf unpfändbare Gegenstände;

9 desgleichen nicht unmittelbar auf Gesellschaftsbeteiligungen, die einer Sonderrechtsnachfolge unterliegen (Komplementärstellung bei OHG und KG mit Nachfolgeklausel, Kommanditistenstellung), jedoch fallen die daraus folgenden Vermögensrechte in die Nachlassverwaltung.

10 Gegenstand ist der gesamte Nachlass und nicht nur der „Restnachlass" im Augenblick der Anordnung der Nachlassverwaltung (§§ 1976 bis 1979 BGB),

11 allerdings nach dem Wert zu diesem Zeitpunkt (Rn. 6).

12 Entsprechendes gilt für die **Gesamtgutsverwaltung** (Rn. 2).

13 Die **Nachlasspflegschaft** kann sich auf den Anteil eines Miterben,

14 auf Nachlassgegenstände[1]

15 und auf einzelne Angelegenheiten (Beispiel: § 2213 Abs. 1 S. 3 BGB) beschränken.

16 Entsprechend bemisst sich der Wert. Abs. 1 S. 3 ist also dahin zu verstehen (§ 18 Abs. 1),[2] dass im Falle Rn. 14 nur die betroffenen Nachlassgegenstände zu bewerten sind (nach den allgemeinen Wertvorschriften §§ 18ff.);

17 im Falle Rn. 15 ist § 30 heranzuziehen.

18 Dass die Nachlasspflegschaft auf Antrag eines Berechtigten (§ 1961 BGB) angeordnet worden ist, führt nicht ohne weiteres zu einer Beschränkung auf den Wert seines Anspruchs (unbedenklich wegen § 6; Rn. 27, 29), es sei denn, die Pflegschaft ist entsprechend beschränkt worden (Rn. 14, 15).

19 Bei der **Pflegschaft nach § 88 FGG** ist der Anteil des Erben für den Wert maßgebend (s. jedoch Rn. 4).

---

[1] BayObLGZ 1960, 93 = Rpfleger 1961, 200.
[2] BayObLGZ 1960, 93 = Rpfleger 1961, 200.

VII. Mehrere Pflegschaften

Bei mehreren Pflegschaften iS des Abs. 1 fallen die Gebühren gesondert an, also zB sowohl die Gebühr für eine Nachlassverwaltung als auch für eine Nachlasspflegschaft. Mehrere Pfleger oder Verwalter sind für die Gebühr belanglos. 20

Die Nachlasspflegschaft für **mehrere Erben** bezüglich desselben Nachlasses ist nur eine Pflegschaft; für den oder dieselben Erben bezüglich eines weiteren Nachlasses gibt es hingegen nur mehrere Pflegschaften, also etwa bei zugleich verstorbenen Eheleuten. 21

Die Pflegschaft nach § 88 FGG stellt eine Einzelpflegschaft für jeden Erben dar, auch wenn es sich um denselben Nachlass handelt. 22

Gesondert fallen die Gebühren des Abs. 1 gegenüber den Pflegschaftsgebühren der §§ 92, 93 an; also etwa dann, wenn einer Verfahrenspflegschaft nach § 88 FGG eine Abwesenheitspflegschaft nach § 1911 BGB folgt (hätte allerdings sogleich die letztere angeordnet werden können, bleibt die Gebühr des Abs. 1 nach § 16 unerhoben). 23

VIII. Anrechnung (Abs. 2), Zusammenhang mit anderen Geschäften

Anzurechnen ist hingegen (Abs. 2) auf die Gebühr für die Nachlasssicherungspflegschaft (§ 1960 Abs. 1 S. 1 BGB) eine Gebühr nach § 104, wenn und soweit die Gegenstände identisch sind. 24

Diese Anrechnung muss auch im Falle des § 1961 BGB erfolgen, da die Nachlasspflegschaft auf Antrag eines Berechtigten die Nachlasssicherung nicht ohne weiteres ausschließt. Sie kann nur unterbleiben, wenn der Wirkungskreis des Pflegers so beschränkt ist (Rn. 14, 15), dass die Pflegschaft nicht der Nachlasssicherung dient: wenn also auch bei sofortiger Anordnung einer Nachlasspflegschaft die Gebühr des § 104 entstanden wäre. 25

Wegen des Zusammenhangs mit anderen Geschäften s. § 115. 26

IX. Fälligkeit

Fällig wird die Gebühr – abweichend von § 7 – mit der Anordnung (Abs. 1 S. 2). 27

X. Schuldner

Schuldner sind bei **Nachlassverwaltung** und **Nachlasspflegschaft** die Erben (§ 6); 28
bei der **Gesamtgutsverwaltung** der Antragsteller (§§ 1489 Abs. 2, 1981 Abs. 1 BGB; § 2 Nr. 1), 29
bei Antrag eines **Gläubigers** (§ 1981 Abs. 2 BGB) ist § 6 – zumindest entsprechend – anzuwenden (vgl. auch Abs. 3), seine Belastung mit der Gesamtgebühr wäre unverhältnismäßig; 30
bei der Pflegschaft gemäß **§ 88 FGG** der Pflegling (§ 2 Nr. 2). 31
Nachlassverwalter und Nachlasspfleger haben die Kosten regelmäßig aus dem Nachlass zu entnehmen (vgl. §§ 1984, 1960, 1915, 1793 BGB); 32
im Falle der gleichzeitigen Testamentsvollstreckung gilt dies für den Testamentsvollstrecker (vgl. § 748 Abs. 1 ZPO). 33
Ist der **Fiskus** Erbe: § 12 Abs. 1. Dies gilt allerdings nicht für die Auslagen des Erbenaufgebots (§ 1965 BGB), weil sie von § 6 nicht erfasst werden.[3] 34

XI. Zurückweisung und Zurücknahme eines Antrags (Abs. 3)

Bei Zurückweisung oder Zurücknahme des Antrags auf **Nachlass- oder Gesamtgutsverwaltung** (§§ 1981 Abs. 1, 2, 1489 Abs. 2 BGB) wird statt der Gebühr des § 130 die des Abs. 3 erhoben. Gebührentatbestand ist der Erlass des Zurückweisungsbeschlusses – Verkündung oder Herausgabe – bzw. der Eingang der Zurücknahmeerklärung vor diesem Zeitpunkt. 35

---

[3] BayObLG Rpfleger 1970, 181.

§ 106a 1. Teil. 2. Abschnitt: 5. Nachlaß- und Teilungssachen

36 War der Antrag von dem oder den (Rn. 1) **Erben** gestellt (§ 1981 Abs. 1 BGB), bestimmt sich der **Wert** nach Rn. 6–12 im Zeitpunkt der Zurückweisung oder Zurücknahme (§ 18 Abs. 1).

37 **Schuldner** sind die Erben (§ 2 Nr. 1; nicht § 6) als Gesamtschuldner (§ 5 Abs. 1 S. 1). Es wäre unverhältnismäßig, jeden Erben als Schuldner nach dem Wert des gesamten Nachlasses zu nehmen, vielmehr beschränkt sich seine Schuld auf die Gebühr nach seinem Anteil (entsprechend § 5 Abs. 1 S. 2).

38 War der Antrag von einem **Nachlassgläubiger** gestellt (§ 1981 Abs. 2 BGB), bestimmt sich der **Wert** nach der Forderung (Abs. 3 Halbs. 2), ohne Nebenforderungen (§ 18 Abs. 2); s. aber Rn. 43.

39 Eine **Beschränkung des Antrags** auf eine Teilforderung ist ohne Bedeutung, weil Zweck der Nachlassverwaltung die Befriedigung der gesamten Forderung ist (§ 1985 Abs. 1 BGB; Rechtsgedanke des – durch das KostRÄndG 1994 wegen der Umstellung auf Festgebühren aufgehobenen – § 28 Abs. 1 S. 4 GKG aF).

40 Eine **Teilrücknahme** ist nur möglich, soweit darin eine Beschränkung der Forderung liegt (etwa zufolge einer Teilzahlung); die Gebühr dafür kommt jedoch nur neben der Zurückweisungsgebühr zum Ansatz, nicht neben der Gebühr nach Abs. 1.

41 **Mehrere Forderungen** desselben Gläubigers sind zusammenzurechnen.

42 Ist der Bestand der Forderung zweifelhaft, muss ihr Wert nach § 30 Abs. 1 geschätzt werden.

43 Höchstwert ist der Wert wie Rn. 36 (Abs. 3 Halbs. 2).

44 **Schuldner** ist der Antragsteller (§ 2 Nr. 1). Wird der Antrag von Gesamt- oder Gesamthandsgläubigern gestellt, so sind sie Gesamtschuldner (§ 5 Abs. 1 S. 1), wobei jeder den vollen Betrag schuldet.

45 Werden **Anträge mehrerer Gläubiger** zurückgewiesen oder zurückgenommen, so werden, soweit sie nicht Gesamt- oder Gesamthandsgläubiger sind, gesonderte Gebühren erhoben.

46 Die Zurücknahme und Zurückweisung eines Antrags auf Anordnung der **Nachlasspflegschaft** (§ 1961 BGB) ist gebührenfrei: Abs. 3 sieht keine Gebühr vor; § 130 findet keine Anwendung, weil die Nachlasspflegschaft nicht „nur auf Antrag" angeordnet wird (§ 130 Abs. 1; Rn. 3).

47 Die **Pflegschaft nach § 88 FGG** ist Amtsverfahren (Rn. 1), Abs. 3 und § 130 scheiden mithin ebenfalls aus.

XII. FG-Reform

48 In § 106 Abs. 1 S. 1 soll an die Stelle des § 88 FGG der inhaltsgleiche § 364 FamFG treten.

§ 106 a* Stundung des Pflichtteilsanspruchs

(1) **Für Entscheidungen über die Stundung eines Pflichtteilsanspruchs wird die volle Gebühr erhoben.**

(2) **Der Geschäftswert ist nach § 30 zu bestimmen.**

I. Stundung, Gebührentatbestand

1 Die Stundung des **Pflichtteilsanspruchs** richtet sich nach § 1382 BGB (§ 53a FGG) über die Stundung des Zugewinnausgleichsanspruchs (§ 2331a Abs. 2 BGB; § 83a FGG), so dass auf die **Erläuterungen zu § 97 Abs. 1 Nr. 1** verwiesen werden kann (dort insbesondere Rn. 17–19). Für den Pflichtteilsanspruch des Lebenspartners gilt Entsprechendes

---

* § 106a eingefügt durch Gesetz vom 19. 8. 1969 (BGBl. I S. 1243), geändert durch Gesetz vom 16. 12. 1997 (BGBl. I S. 2968), Überschrift geändert durch Gesetz vom 4. 5. 1998 (BGBl. I S. 833).

Erbschein § 107

(§ 10 Abs. 6 LPartG, § 97 Abs. 1 Nr. 4). Die Stundung des **Erbersatz- und des Ausgleichsanspruchs** sind mit dem ErbGleichG 1997 weggefallen (s. Rn. 10).

Als **Entscheidung** iS des § 106 ist bei systematischer Auslegung der KostO insgesamt 2 nur die Vornahmeentscheidung zu verstehen (wie § 97 Rn. 2).

Für die **Zurückweisung und Zurücknahme von Anträgen** gilt § 130 (abweichend 3 von § 97, weil für Nachlasssachen eine § 91 entsprechende Vorschrift fehlt).

II. Mehrere Ansprüche, Zusammenhang mit anderen Geschäften

Bei mehreren Ansprüchen ist die Gebühr für jeden gesondert zu erheben; eine An- 4 spruchshäufung sieht das FGG nicht vor.

Wegen des Zusammenhangs mit anderen Geschäften s. § 115. 5

III. Wert

Dass Abs. 2 wegen des Werts auf § 30 verweist, § 97 Abs. 2 hingegen auf § 30 Abs. 2, stellt 6 eine gesetzgeberische Nachlässigkeit dar, rechtfertigt aber keine andere oder gar höhere Bewertung des Pflichtteils- gegenüber dem Zugewinnausgleichsanspruch.

Richtet sich der Anspruch gegen **mehrere Erben,** begehrt jedoch nur einer von ihnen 7 Stundung, so sind (abweichend von § 97 Rn. 4) die §§ 93 S. 2, 95 Abs. 2 S. 1 nicht heranzuziehen; denn zum einen fehlen im 5. Unterabschnitt solche Vorschriften, zum anderen betrifft die Stundung in diesem Falle auch bei wirtschaftlicher Betrachtungsweise den vollen Anspruch gegen den Schuldner; sein Ausgleichsanspruch gegen die Miterben mindert sein Stundungsinteresse nicht unmittelbar.

IV. Schuldner

Schuldner ist der Antragsteller (§ 2 Nr. 1); 8
Miterben sind Gesamtschuldner (§ 5 Abs. 1 S. 1), wobei jeder die ganze Gebühr schul- 9 det (vgl. Rn. 7).

V. Übergangsrecht

Für „Altfälle" zum Erbersatz- und Ausgleichsanspruch vor dem 1. 4. 1998 gilt das bishe- 10 rige Erbrecht (Art. 225 EGBGB). Zu ihm gehört das Kostenrecht nicht, so dass ein (welches?) Stundungsverfahren gebührenfrei bleibt (§ 1).

§ 107* Erbschein

(1) ¹Für die Erteilung eines Erbscheins, einschließlich des vorangegangenen Verfahrens, wird die volle Gebühr erhoben. ²Für die Beurkundung der eidesstattlichen Versicherung wird daneben die Gebühr des § 49 besonders erhoben; sie wird beim Nachlaßgericht angesetzt, auch wenn die Erklärung von einem anderen Gericht aufgenommen ist.

(2) ¹Maßgebend ist der Wert des nach Abzug der Nachlaßverbindlichkeiten verbleibenden reinen Nachlasses im Zeitpunkt des Erbfalls; bei einem zum Nachlaß gehörenden land- oder forstwirtschaftlichen Betrieb mit Hofstelle findet § 19 Abs. 4 und 5 Anwendung. ²Wird der Erbschein nur über das Erbrecht eines Miterben erteilt, so bestimmt sich der Wert nach dessen Erbteil. ³Bei Erteilung eines beschränkten Erbscheins (§ 2369 des Bürgerlichen Gesetzbuchs) ist der Wert der im Inland befindlichen Gegenstände maßgebend.

(3) ¹Wird dem Nachlaßgericht glaubhaft gemacht, daß der Erbschein nur zur Verfügung über Grundstücke oder im Grundbuch eingetragene Rechte oder zum Zwe-

---

* § 107 Abs. 3 und 4 neu gefasst durch Gesetz vom 20. 12. 1963 (BGBl. I S. 986), Abs. 2 Satz 1 sowie Abs. 3 Satz 1 geändert durch Gesetz vom 15. 6. 1989 (BGBl. I S. 1082).

§ 107

cke der Berichtigung des Grundbuchs gebraucht wird, so werden die in Absatz 1 genannten Gebühren nur nach dem Werte der im Grundbuch des Grundbuchamts eingetragenen Grundstücke und Rechte berechnet, über die auf Grund des Erbscheins verfügt werden kann; bei einem zum Nachlaß gehörenden land- oder forstwirtschaftlichen Betrieb mit Hofstelle findet § 19 Abs. 4 und 5 Anwendung. ²Wird der Erbschein für mehrere Grundbuchämter benötigt, so ist der Gesamtwert der in den Grundbüchern eingetragenen Grundstücke und Rechte maßgebend. ³Sind die Grundstücke und Rechte mit dinglichen Rechten belastet, so werden diese bei der Wertberechnung abgezogen.

(4) Die Vorschriften des Absatzes 3 gelten entsprechend, wenn dem Nachlaßgericht glaubhaft gemacht wird, daß der Erbschein nur zur Verfügung über eingetragene Schiffe oder Schiffsbauwerke oder im Schiffsregister oder Schiffsbauregister eingetragene Rechte oder zur Berichtigung dieser Register gebraucht wird.

Schrifttum: *Zimmermann,* Gerichts- und Anwaltskosten in Erscheinssachen, ZAP 2007, Fach 24 S. 1005.

Übersicht

	Rn.			Rn.
I. Anwendungsbereich	1–3	VIII.	Hoffolgezeugnis, beschränkter Erbschein	51–54
II. Gebührentatbestand	4–10	IX.	Erbschein für bestimmte Zwecke	55–60
III. Wert: Aktiva	11–15 a	X.	Schuldner	61–63
IV. Wert: Passiva	16–35	XI.	Notare	64, 65
V. Bewertungszeitpunkt	36–39	XII.	FG-Reform	66
VI. Erbenmehrheit	40–45			
VII. Mehrere Erbscheine	46–50			

I. Anwendungsbereich

1 **Erbscheine** iS des Abs. 1 sind die Erbscheine der §§ 2353 ff. BGB.

2 Die Vorschrift gilt entsprechend für die in § 109 genannten **Zeugnisse** (s. dort). Sie verstößt nicht gegen die EG-Gesellschaftssteuerrichtlinie.[1]

3 Erteilt das **Landwirtschaftsgericht** den Erbschein (§ 18 Abs. 2 S. 1, 2 der Höfeordnung für die ehemals britische Zone), so tritt § 21 Buchst. g HöfeVfO an die Stelle von Abs. 1 S. 1. Der Gebührensatz ist gleich, den Gebührentatbestand bildet das „Verfahren betreffend die Ausstellung"; wegen § 130 s. dort Rn. 19). Gleiches gilt für einen auf die Hoferbfolge beschränkten Erbschein, das **Hoffolgezeugnis** (§ 18 Abs. 2 S. 3 Höfeordnung) und einen Erbschein des Landwirtschaftsgerichts über das **hoffreie Vermögen**.[2] Bei **Beschwerde** gegen Entscheidungen des Landwirtschaftsgerichts tritt an die Stelle von § 131 § 24 HöfeVfO mit höheren Gebührensätzen, Anhang B → Landwirtschaftsbeschwerden. S. wegen des **Anerben- und Höferechts** iÜ Anhang B.

II. Gebührentatbestand

4 Gebührentatbestand ist die **Erteilung** des Erbscheins (Abs. 1 S. 1), d.h. die Bekanntmachung (§ 18 Abs. 1 FGG; Einf. Rn. 58; also nicht schon die Herausgabe aus dem Gericht)[3] oder die antragsgemäße Verwertung der Urschrift in den Nachlassakten für die Grundbuchberichtigung[4] oder die Mitteilung von der Übersendung nach § 107 a Abs. 2 oder die antragsgemäße Verwertung der übersandten Ausfertigung. Ist die Erteilung verfügt, die Herausgabe jedoch von der Zahlung des Vorschusses abhängig gemacht, so liegt noch kein Erbschein vor, der durch Verwertung wirksam werden könnte.[5]

---

[1] OLG Köln NJW-RR 2004, 357 = OLGR 2004, 11.
[2] Vgl. BGH NJW 1988, 2739.
[3] BayObLG Rpfleger 1975, 47 = KostRsp. Nr. 18; anders wir bis zur 12. Aufl.
[4] KG Rpfleger 1981, 497.
[5] OLG Karlsruhe Rpfleger 1994, 248.

Erbschein **§ 107**

Die Ankündigung einer Erbscheinserteilung durch **Vorbescheid** erfüllt den Gebühren- 5
tatbestand nicht.

Die Gebühr gilt das „vorangegangene Verfahren" ab (Abs. 1 S. 1): eine überflüssige Re- 6
gelung, denn für das Verfahren ist eine besondere Gebühr nicht vorgesehen. Das Verfahren
schließt das Erbenaufgebot (§ 2358 Abs. 2 BGB) ein. Die Bestimmung bewirkt insbesondere nicht den Wegfall der Gebühren der §§ 102, 112, da diese Geschäfte nicht zum Erbscheinsverfahren (§§ 2353 ff. BGB) gehören.

Ausdrücklich ausgenommen von der Abgeltung ist die Gebühr des § 49 für die gericht- 7
liche (§ 2356 Abs. 2 S. 1 BGB) Beurkundung der **eidesstattlichen Versicherung.** Zu ihr
kann ggf. die Gebühr des § 58 treten. Die gerichtliche Aufnahme allein des **Erbscheinsantrags** – im Falle des § 2356 Abs. 2 S. 2 BGB oder bei notarieller Beurkundung der Versicherung – ist hingegen gebührenfrei (§ 129).

Die Vermerke im Erbschein über **Nacherbfolge** (§ 2363 Abs. 1 BGB) und **Testa-** 8
mentsvollstreckung (§ 2364 Abs. 1 BGB) lösen keine zusätzliche Gebühr aus. Stellt der
Vermerk allerdings inhaltlich ein Testamentsvollstreckerzeugnis (§ 2368 BGB) dar und liegt
dem ein entsprechender Antrag zugrunde – sonst § 16 –, so wird die Gebühr des § 109
Abs. 1 S. 1 Nr. 2 gesondert erhoben.[6]

Zurückweisung und **Zurücknahme** des Antrags unterliegen § 130. 9

Wegen des **Zusammenhangs** mit anderen Geschäften s. § 115. 10

III. Wert: Aktiva

Geschäftswert ist – abweichend von § 18 Abs. 3 – der Wert des **reinen** Nachlasses 11
(Abs. 2 S. 1; s. auch § 49 Abs. 2). Dabei sind die einzelnen Aktivposten nach den §§ 18 ff.
zu bewerten (so ausdrücklich jetzt Abs. 2 S. 1 Halbs. 2), **landwirtschaftliche Betriebe,**
die objektiv fortführbar sind und nach dem Willen des Erblassers oder – insbesondere bei
der gesetzlichen Erbfolge – des Erben fortgeführt werden sollen, also mit dem Wert des
§ 19 Abs. 4 (s. iÜ die dortigen Erläuterungen),[7]

bei **wiederkehrenden Leistungen** ggf. unter Rückführung eines vom Erblasser ge- 12
nannten wirtschaftlichen Werts auf den Gebührenwert des § 24.[8]

Bewertet wird der Nachlass. Der Gegenstand einer rechtsgeschäftlichen Nachfolgeklausel 13
gehört nicht dazu; etwa ein **Anteil an einer Personengesellschaft.**[9]

Leistungen aus **Lebens- und Sterbegeldversicherungen** sowie Sterbegelder der 13 a
Krankenversicherungen fallen nur dann in den Nachlass, wenn und soweit der Erblasser
Bezugsberechtigter war. Sind die durch den Todesfall ausgelösten Leistungen hingegen
unmittelbar dem Erben oder einem anderen Drittberechtigten zugewandt, so gehören sie
nicht zum Nachlass (§§ 328 ff., 330 BGB; §§ 166 ff. VVG).[10] Das ist der praktische Regelfall; er liegt auch – entgegen einer verbreiteten Praxis – bei Zuwendung an den Erben „im
Zweifel" vor.[11] In den Nachlass kann zwar noch der Anspruch des Erblassers auf Auszahlung der Versicherungsleistung an den Begünstigten fallen, doch kommt ihm angesichts des
unmittelbaren Anspruchs des Drittberechtigten gegen den Versicherer kein besonderer
Wert zu. Die erbschaftssteuerliche Behandlung der genannten Beträge als Erwerb von
Todes wegen (§ 3 Abs. 1 Nr. 4 ErbStG) ändert nicht nur nichts an dieser Rechtslage,[12]
sondern erfordert besondere Aufmerksamkeit bei der Übernahme von Wertangaben der
Beteiligten und der Finanzämter (Einholung nur mit Zustimmung der Erben!). S. auch
Rn. 28.

Im Falle der **Zugewinngemeinschaft** gehört die Erhöhung des Erbteils zum Nachlass 14
(vgl. § 103 Rn. 13).

---

[6] KGJ 23 B 8; KG JW 1937, 580.
[7] BayObLGZ 1991, 382; 1992, 264 = JurBüro 1992, 181; 1993, 229.
[8] Vgl. BayObLGZ 1984, 34 = Rpfleger 1984, 334.
[9] BayObLG EWiR 2000, 925 = FamRZ 2001, 300.
[10] KG JFGErg. 11, 222; BayObLG Rpfleger 1959, 322, 326.
[11] BGHZ 7, 134, 142.
[12] KG und BayObLG aaO; KG JFGErg. 20, 92, 97 = JVBl. 1939, 235 = DRM 1939, 335.

15   **Kapitalforderungen** werden mit ihrem Nennwert angesetzt, rechtlich oder tatsächlich **zweifelhafte Ansprüche** mit ihrem Schätzwert (§ 30 Abs. 1), noch nicht fällige Ansprüche aus **Lebens-, Kapital- und Rentenversicherungen** mit ihrem Rückkaufswert, hilfsweise zwei Dritteln der Einzahlungen (wie § 12 Abs. 4 BewG).

15 a   **Nichtvermögensrechtliche** Gegenstände, die bei der Beurkundung der letztwilligen Verfügung (s. die Erläuterungen zu § 46) und demgemäß bei ihrer Verwahrung und Eröffnung (§ 103 Abs. 1) bewertet worden sind, bleiben unberücksichtigt, weil sich der Erbschein nicht über sie verhält (s. aber Rn. 8).

IV. Wert: Passiva

16   Abgezogen werden (Abs. 2 S. 1) die **Nachlassverbindlichkeiten** (§§ 1967 bis 1969 BGB); auch im Fall des Abs. 2 S. 1 Halbs. 2;[13] s. aber jetzt Rn. 51). Das sind sowohl die
17   **Erblasserschulden,** d. h. die vom Erblasser herrührenden Verbindlichkeiten, als auch die
18   **Erbfallschulden,** d. h. die den Erben als solchen treffenden Verpflichtungen.
19   Insbesondere gehören dazu
     Pflichtteile (Rn. 32) und Pflichtteilsergänzungen – wobei die Vorschenkung nur Rechnungsposten ist und nicht zu den Aktiva gehört[14] –, Vermächtnisse, auch Vorausvermächtnisse,[15] Auflagen (anders: §§ 101, 46 Abs. 4!);
20   **Beerdigungskosten** (§ 1968 BGB);[16]
21   der **Dreißigste** (§ 1969 BGB);
22   der schuldrechtliche **Zugewinnausgleich** (§ 1371 Abs. 2, 3, § 1378 BGB; vgl. § 103 Rn. 14);
23   **Ausbildungsbeihilfen** (§ 1371 Abs. 4 BGB);
24   der **Erbersatzanspruch** (§ 1934 Abs. 2 BGB);
25   **Hypotheken, Grund- und Rentenschulden** in Höhe ihrer Valutierung;[17]
26   Schulden des Erblassers gegenüber dem Erben, die durch **Konfusion** – Vereinigung von Forderung und Schuld in der Person des Erben – erlöschen;[18]
27   die durch den Erbfall ausgelösten gerichtlichen und außergerichtlichen **Nachlasskosten,** soweit sie den Erben (vgl. § 6) als Erbfallschulden treffen (wie Rn. 17);[19]
28   die **Erbschaftsteuer** (§§ 1 Abs. 1 Nr. 1, 9 Abs. 1 Nr. 1, 20 Abs. 1, 3 ErbStG) als Erbanfallsteuer = Erbfallschuld (Rn. 18),[20] soweit sie den Nachlass betrifft (vgl. Rn. 13);
29   allgemein: die in § 324 InsO genannten Verbindlichkeiten.
30   Auch die Passivposten werden mit ihrem **Gebührenwert** (§§ 18 ff.) abgezogen. Sind dieselben Gegenstände als Aktiv- und Passivposten zu bewerten – zB ein als Vermächtnis ausgesetztes Grundstück –, so kann nur eine gleiche Bewertung in Betracht kommen – also nicht einmal mit dem Verkehrswert und einmal mit dem Einheitswert –.
31   Aus ähnlichen Gründen sind persönliche Vergünstigungen – zB § 24 Abs. 3 – hierbei (Rn. 30) unanwendbar.
32   Insbesondere bei **Pflichtteilsansprüchen** ist oft fraglich, ob sie geltend gemacht werden.[21] Dass sie im Zeitpunkt der Erteilung des Erbscheins noch nicht geltend gemacht worden sind, reicht im Hinblick auf § 2332 BGB für ihre Nichtberücksichtigung nicht aus.[22]

---

[13] AA OLG Oldenburg JurBüro 1990, 1187 m. abl. Anm. *Puppe.*
[14] BayObLG MDR 1984, 948 = Rpfleger 1984, 438.
[15] BayObLGZ 1954, 179 = Rpfleger 1955, 83.
[16] BayObLGZ 1959, 209 = DNotZ 1959, 668 = Rpfleger 1959, 322; KG MDR 1980, 239 = Rpfleger 1980, 79.
[17] OLG Celle DNotZ 1962, 48; OLG Düsseldorf FamRZ 1995, 102.
[18] BGH Rpfleger 1959, 4.
[19] Aufgabe der bis zur 9. Aufl. vertretenen Gegenmeinung.
[20] OLG Köln FGPrax 2001, 169 m. abl. Anm. *Bestelmeyer* 257 = RNotZ 2001, 465 m. abl. Anm. *Bader* = Rpfleger 2001, 459; aA BayObLG Rpfleger 2002, 626; OLG Hamm Rpfleger 1990, 463 = KostRsp. Nr. 34 m. abl. Anm. *Lappe.*
[21] Belanglos nach OLG Köln Rpfleger 1987, 25 = KostRsp. Nr. 29, OLG Düsseldorf Rpfleger 1991, 23 = KostRsp. Nr. 35, beide m. abl. Anm. *Lappe.*
[22] BayObLGZ 1969, 187; BayObLG DNotZ 1976, 57 = MDR 1976, 152.

Zweifel gehen hier zugunsten des Kostenschuldners. Nur dann, wenn sichere Anhaltspunkte für die Nichtgeltendmachung vorhanden sind, kann der Abzug unterbleiben oder das Pflichtteil nur mit einem Bruchteil seines Nennwertes angesetzt werden (§ 30 Abs. 1); als ein solcher Anhaltspunkt kommt vor allem die vom Erblasser angeordnete Benachteiligung aus der Geltendmachung bei einem Folge-Erbfall in Betracht („Strafklausel").[23]

Im Übrigen werden Passivposten nur mit ihrem **Nettowert** abgezogen. Ist also ein vermachtes Grundstück belastet, mindert sich sein Wert um die Belastungen. Stellt die der Belastung zugrunde liegende Verpflichtung gleichzeitig eine Nachlassverbindlichkeit dar, so kann sie nur insoweit abgezogen werden, als damit zu rechnen ist, dass sie aus dem Nachlass befriedigt werden muss und der Vermächtnisnehmer nicht zum Ersatz herangezogen werden kann.[24] Auch hier ist nach § 30 Abs. 1 zu schätzen. Zweifel gehen zu Lasten der Staatskasse. 33

Gleiches gilt für **Bürgschaften** als Nachlassverbindlichkeiten: Abzuziehen ist nur die Differenz zwischen Bürgschaftsschuld und nicht durchzusetzendem Rückgriffsanspruch gegen den Hauptschuldner.[25] Im Übrigen wird der volle Wert genommen, wenn die Inanspruchnahme sicher ist, sonst nur ein Bruchteil entsprechend dem Grad der Wahrscheinlichkeit.[26] 34

Die **Ermittlung des Geschäftswerts** erfolgt von Amts wegen. Die Praxis verwendet dazu das Formblatt NS 17 (Anhang C IV; s. § 103 Rn. 40). Auch sonstige Erkenntnisquellen sind zu nutzen, zB letztwillige Verfügungen hinsichtlich der sich aus ihnen ergebenden Nachlassverbindlichkeiten und **Bilanzen,**[27] gezahlte Pflichtteile.[28] 35

V. Bewertungszeitpunkt

Bewertungszeitpunkt ist – abweichend von § 18 Abs. 1 – der **Erbfall** (Abs. 2 S. 1; auch im Beschwerdeverfahren, § 131 Rn. 32). Das bedeutet jedoch lediglich, dass Wertveränderungen nach diesem Zeitpunkt außer Betracht bleiben, zB bei Grundstücken oder Wertpapieren.[29] Der **Bestand** des Nachlasses wird hingegen dadurch nicht berührt.[30] So sind zB eine Steuerrückzahlung nach dem Erbfall als Aktivposten und die durch die Testamentseröffnung ausgelöste Gerichtskostenschuld als Passivposten zu berücksichtigen; desgleichen Rückübertragungs- und Entschädigungsansprüche in der ehemaligen DDR.[31] Ebenso ändert sich nichts daran, dass Entscheidungsgrundlage die Tatsachen und das Wissen (des Gerichts) zum Zeitpunkt der Festsetzung sind (§ 31 Rn. 38). Dem kommt insbesondere Bedeutung für die genannten DDR-Ansprüche zu; maßgebend ist also nicht der Wert der „Hoffnung auf Änderung der politischen Verhältnisse" zur Zeit des Erbfalls von 0 DM, sondern der jetzige Wert der aus der Hoffnung erwachsenen Ansprüche (das verkennen die Rn. 37a genannten Gerichte). 36

Die Regelung ist im Normalfall, in dem der Erbschein alsbald nach dem Erbfall erteilt wird, unbedenklich. Liegt jedoch zwischen Erbfall und Erbscheinserteilung ausnahmsweise ein **längerer Zeitraum** und hat sich währenddessen der Wert des Nachlasses erheblich vermindert, so kann sich auf der Basis von Abs. 2 S. 1 eine unverhältnismäßige Gebühr ergeben, zumal sie der Erbe nicht aus dem ursprünglichen, sondern dem späteren, vielleicht viel geringeren Nachlass zahlt (Beispiel: Kursverfall der Aktien, die den Nachlass ausmachen). Hier ist deshalb – verfassungskonforme Auslegung – nach § 18 Abs. 1 zu bewerten. 37

---

[23] AA BayObLGZ 2000, 328 = Rpfleger 2001, 204 = KostRsp. Nr. 54 m. abl. Anm. *Lappe*.
[24] *Löscher* JVBl. 1967, 270.
[25] LG Würzburg JurBüro 1977, 243.
[26] Vgl. OLG Karlsruhe Justiz 1987, 64 = KostRsp. § 103 Nr. 11 m. Anm. *Lappe*.
[27] S. dazu *Lappe/Schulz* NotBZ 1997, 54.
[28] BayObLG FamRZ 2004, 1304 = OLGR 2004, 118.
[29] KG JFGErg. 20, 92 = JVBl. 1939, 235 = DRM 1939, 335.
[30] LG Hagen Rpfleger 1955, 82.
[31] BayObLGZ 1994, 40 = KostRsp. Nr. 43; JurBüro 1996, 40; OLG Celle OLGR 1994, 13; KG KostRsp. Nr. 44.

37a   Dies muss umgekehrt für Wertsteigerungen gelten, denn die vom Wert bestimmte Höhe der Gebühr (§§ 141, 49 Abs. 2 S. 1) deckt auch die Haftung für Fehler des Gerichts und Notars ab, und sie ist nicht auf den ursprünglichen Nachlass beschränkt; bedenklich daher die Wertsteigerungen missachtende Rspr. zu Erbfällen in der ehemaligen DDR.[32]

38   Mit einer solchen Bewertung erübrigen sich zugleich Währungsprobleme für Erbfälle aus der Vor-DM-Zeit (die sonst nur durch eine höchst unsichere Schätzung gemäß § 30 Abs. 1 zu lösen wären).[33]

39   Im Falle der **Nacherbfolge** (§§ 2100ff. BGB) kann Abs. 2 S. 2 erst recht nicht seinem Wortlaut nach angewandt werden. Maßgebend ist hier nicht der Nachlass im Zeitpunkt des Erbfalls, sondern der Bestand im Zeitpunkt des Eintritts der Nacherbfolge (vgl. insbesondere § 2137 BGB).[34] Ebenso liegt es, wenn der Erbe erst nach einem **Scheinerben** den Rest-Nachlass erhält. Wegen des Zeitpunkts gilt das Rn. 37 Ausgeführte,[35] desgleichen Rn. 37a, 38.

VI. Erbenmehrheit

40   Der Erbschein ist ein Zeugnis über das Erbrecht des einzelnen Erben (§ 2353 BGB). Jeder Erbschein löst eine besondere Gebühr aus. Das gilt auch dann, wenn bei einer Erbenmehrheit jedem **einzelnen Miterben** ein Erbschein erteilt wird; allerdings bestimmt sich in diesem Falle der Wert nach dem einzelnen Erbteil (Abs. 2 S. 2). Ausgangswert ist dabei der Gesamt-Reinnachlass, d.h. die Nachlassverbindlichkeiten werden nur einmal abgezogen. Gehen allerdings Nachlassverbindlichkeiten – zB Vermächtnisse, Erbschaftssteuer – nur zu Lasten eines Erbteils, so sind sie erst nach der Aufteilung des Nachlasswertes abzuziehen.

41   **Gesellschaftsbeteiligungen,** die im Wege der Sonderrechtsnachfolge unmittelbar auf den einzelnen Erben übergehen, sind Teil seines Erbrechts und zählen daher bei dem Nachlasswert mit.[36]

42   Bei der **„qualifizierten Nachfolge",** d.h. beim unmittelbaren Übergang einer Gesellschaftsbeteiligung auf einen von mehreren Miterben, gehört die Beteiligung nur zum Erbrecht dieses Miterben. Ihr können Ausgleichsverpflichtungen zugunsten der übrigen Erben gegenüberstehen, die Passivposten bei diesem Erben und Aktivposten bei dem oder den übrigen Erben sind.

43   Wird bei einer Erbenmehrheit ein **gemeinschaftlicher Erbschein** (§ 2357 BGB) erteilt, so wird die Gebühr nur einmal aus dem Gesamtwert erhoben. Dabei sind Nachlassverbindlichkeiten auch dann abzuziehen, wenn Gläubiger ein Miterbe ist, insbesondere im Falle des Vorausvermächtnisses (§ 2150 BGB).

44   Entsprechend ist beim gemeinschaftlichen Teilerbschein zu verfahren.

45   Zum Wert der **eidesstattlichen Versicherung** eines Miterben s. auch § 49 Abs. 2 S. 2.

VII. Mehrere Erbscheine

46   Außer im Falle des § 2357 BGB (Rn. 41) gibt es keine rechtliche Einheit mehrerer Erbscheine untereinander und mit ähnlichen Zeugnissen. Selbst bei Zusammenerteilung sind die Gebühren deshalb getrennt zu berechnen (s. auch Rn. 8); so insbesondere bei „einem Erbschein" nach **mehreren Erblassern,**[37] wobei dieselben Gegenstände zum Nachlass jedes Erbfalles gehören können.

47   Deshalb ist auch der Erbschein des **Nacherben** ein neuer Erbschein im Verhältnis zum Erbschein des Vorerben.[38]

---

[32] KG KostRsp. Nr. 44 m. abl. Anm. *Lappe;* OLG Schleswig DNotZ 1994, 137; OLG Düsseldorf FamRZ 1995, 102; dagegen BayObLGZ 1995, 109 = JurBüro 1995, 600; 1996, 40 = DNotZ 1996, 393: Wiedervereinigung; LG Köln MittRhNotK 1995, 360: Ende der Zwangsverwaltung.
[33] BayObLG Rpfleger 1957, 259.
[34] KG JFGErg. 19, 114 = DNotZ 1939, 100.
[35] LG Göttingen KostRsp. Nr. 6.
[36] BayObLGZ 1987, 149 = Rpfleger 1987, 458.
[37] KG JFGErg. 19, 110; OLG Hamm Rpfleger 1965, 24.
[38] KGJ 29 B 81.

Ebenso erfüllt die erneute Erteilung eines Erbscheins nach einer **Einziehung** (§ 2361 48 BGB) den Tatbestand des Abs. 1 S. 1 erneut (vgl. § 108 S. 3); zu prüfen ist jedoch § 16.

War der erste Erbschein nur **teilweise unrichtig**, so wird er gleichwohl insgesamt ein- 49 gezogen und ggf. insgesamt ein neuer Erbschein erteilt. Das kommt vor allem beim gemeinschaftlichen Erbschein vor, etwa wenn bezüglich eines Vor-Miterben der Nacherbfall eintritt. In diesen Fällen soll die Gebühr für den neuen Erbschein wiederum aus dem Gesamtwert erhoben werden;[39] und zwar selbst dann, wenn nur der Testamentsvollstreckervermerk wegfällt.[40] Dem ist jedoch nicht zu folgen.[41] Denn die gerichtliche Tätigkeit besteht in diesem Fall materiell aus einer Neuerteilung und aus einer bürokratischen Wiederholung der früheren Erteilung; nur die erstere stellt eine gebührenwerte staatliche Leistung dar. Wären Teilerbscheine erteilt worden, hätte es nicht der Einziehung aller bedurft. Die Begünstigung des gemeinschaftlichen Erbscheins darf so nicht ins Gegenteil umschlagen. Die Gebühr des Abs. 1 S. 1 ist deshalb nur – wie beim Teilerbschein – nach dem Wert des oder der unrichtigen Erbteile zu erheben bzw. – beim Testamentsvollstreckervermerk – aus dem nach § 30 Abs. 1 geschätzten Wert.

So wurde bisher schon verfahren, wenn ein Miterbe Alleinerbe wird und ihm statt des 50 beantragten weiteren Teilerbscheins unter Einziehung des bisherigen Teilerbscheins ein Alleinerbschein erteilt wird.

VIII. Hoffolgezeugnis, beschränkter Erbschein

Der Wert des **Hoffolgezeugnisses** richtet sich nach § 107 (§ 1 Abs. 1 HöfeVfO, § 33 51 LwVG). Maßgebend ist somit der Wert des Hofs (§ 19) nach Abzug der auf ihm ruhenden Schulden und der aus dem Hof – und nicht aus dem hoffreien Vermögen – zu berichtigenden Nachlassverbindlichkeiten (§ 15 HöfeO). Für den daneben zu erteilenden Erbschein über den hoffreien Nachlass (Rn. 3) bleibt es bei § 107 Abs. 2, abzuziehen sind mithin alle Belastungen.[42]

Betrifft das Hoffolgezeugnis die Hofnachfolge eines Ehegatten in einen **gütergemein-** 52 **schaftlichen** Hof, so ist nur die Hälfte des Hofwerts Geschäftswert.[43]

Für die sonstigen Erbscheine des **Landwirtschaftsgerichts** (Rn. 3) richtet sich der 53 Wert ebenfalls nach § 107 (§ 1 Abs. 1 HöfeVfO, § 33 LwVG; s. Anhang B → Höfesachen).

Einen **gegenständlich beschränkten Erbschein** gibt es vor allem im Falle des § 2369 54 BGB – „Fremdrechtserbschein" –. Hier bildet allein das Inlandsvermögen, ohne Schuldenabzug,[44] den Wert (Abs. 2 S. 3, § 18 Abs. 3; letzteres verfassungsrechtlich unbedenklich, einfachrechtlich nicht zwingend).[45] Er kann jedoch nicht höher sein als nach Abs. 2 S. 1, 2.[46] Gleiches gilt, wenn ein „normaler Eigenrechtserbschein" (§ 2353 BGB) Ausländern oder Staatenlosen bezüglich ihrer im Inland befindlichen Gegenstände erteilt wird. Erstreckt sich ein Erbschein für einen Deutschen nicht auf dessen ausländisches Vermögen, so muss ebenfalls nach diesen Grundsätzen verfahren werden.

IX. Erbschein für bestimmte Zwecke

Wird ein Erbschein nur für bestimmte Zwecke, Teile des Nachlasses, benötigt, so muss ein 55 „Vollerbschein" erteilt werden. Abs. 3, 4 sehen jedoch eine beschränkte Bewertung vor;

---

[39] OLG München JFGErg. 18, 123 = JVBl. 1938, 271; KG JFGErg. 19, 118 = DNotZ 1939, 100 = JVBl. 1939, 74; OLG Celle Nds.Rpfl. 1965, 16; OLG Braunschweig Nds.Rpfl. 1985, 43 = KostRsp. Nr. 26 m. abl. Anm. *Lappe*; KG Rpfleger 1993, 42, dagegen *Lappe* NJW 1994, 1189, 1194.
[40] LG Wuppertal KostRsp. Nr. 15.
[41] Aufgabe der bis zur 9. Aufl. vertretenen Meinung.
[42] OLG Oldenburg Nds.Rpfl. 1997, 262 für die des § 15 Abs. 2 HöfeO.
[43] BGHZ 36, 42 = NJW 1962, 42 = Rpfleger 1962, 261.
[44] KG JFGErg. 17, 77; BayObLG Rpfleger 1954, 198; OLG Düsseldorf JurBüro 1986, 85.
[45] BVerfG Rpfleger 1997, 320 = ZEV 1997, 250 m. Anm. *Lappe*.
[46] Ebenso OLG Schleswig DNotZ 1994, 137, 139.

§ 107a ergänzt die Regelung. Sie ist auch auf Erbscheine nach Rn. 54 anzuwenden[47] und nicht auf inländische Grundstücke beschränkt.[48]

56 **Verfügungen** sind alle Rechtsgeschäfte, durch die ein Recht unmittelbar geändert, aufgehoben, übertragen oder belastet wird; Verfügungen über das Grundstück also vor allem die Übereignung und die Belastung, Verfügungen über eingetragene Rechte insbesondere die Abtretung oder sonstige Übertragung an einen anderen Berechtigten, die Rangänderung und die Löschung.

57 Der **Antrag** auf die Begünstigung ist vor der Erteilung erforderlich (arg. § 107a Abs. 2); das Gericht hat ggf. auf die Vergünstigung hinzuweisen (sonst: § 16). Die **Glaubhaftmachung** erfolgt mit allen Beweismitteln (vgl. § 294 Abs. 1 ZPO) und vermittelt dem Gericht die „überwiegende Wahrscheinlichkeit" des Zwecks. Sie kann im Rechtsweg des § 14 Abs. 2, 3, nach der Erteilung eines Vollerbscheins, nachgeholt werden (§ 571 Abs. 2 S. 1 ZPO).[49]

58 Wegen des **Schuldenabzugs** (Abs. 3 S. 3) s.Rn. 25, 30, 31. Bei **Sicherungsrechten** und **Gesamtrechten** ist der Wert bzgl. eines einzelnen Grundstücks ggf. nach der Wahrscheinlichkeit der Inanspruchnahme zu schätzen (§ 30 Abs. 1; vgl. Rn. 33, 34). Eine **Rückauflassungsvormerkung** wird wie ein dingliches Recht abgezogen, Wert meist § 30 Abs. 1 („Bedingungsabschlag").[50]

59 Die Regelung privilegiert einseitig Grundbuch und Schiffsregister; sie gilt also beispielsweise nicht für das **Handelsregister** (vgl. § 12 Abs. 2 S. 2 HGB) oder für die **Rechtsnachfolge-Vollstreckungsklausel** zu einem Vollstreckungstitel (vgl. § 727 Abs. 1 ZPO). Die Differenzierung ist zumindest partiell willkürlich; so besteht an der Richtigkeit des Handelsregisters ebenso ein öffentliches Interesse wie an der des Grundbuchs. Die Problematik lässt sich durch eine verfassungskonforme, erweiternde Auslegung der Abs. 3, 4 und Erstreckung auf die genannten Fälle lösen;[51] nicht jedoch auf sonstige, zB ein **Wertpapierdepot**.[52]

60 Abs. 3 ist insbesondere auf den einem **Gläubiger** zu erteilenden Erbschein (§ 792 ZPO) entsprechend anzuwenden. Der Wert kann hier nicht höher sein als seine Forderung (wie § 106 Abs. 3).[53]

X. Schuldner

61 Schuldner ist der Antragsteller (§ 2 Nr. 1).

62 Beim **gemeinschaftlichen Erbschein** auf Antrag mehrerer Erben sind es die Antragsteller (§ 5 Abs. 1 S. 1); jeder Einzelne ist auf die Gebühr nach seinem Anteil beschränkt (entsprechend § 5 Abs. 1 S. 2; es wäre unverhältnismäßig, jeden nach dem vollen Wert schulden zu lassen, denn:).

63 Nur bei einem Antrag des **Testamentsvollstreckers** handelt es sich um eine Gesamt-Nachlassverbindlichkeit (vgl. § 324 Abs. 1 Nr. 5 InsO), ansonsten um eine Schuld des oder der Erben.

XI. Notare

64 § 107 Abs. 2–4 bestimmt auch für Notare (§ 141) den Wert der Gebühr des § 49 (dort Abs. 2, 3) sowie des § 147 Abs. 2 für einen Erbscheinsantrag ohne eidesstattliche Versicherung. Die gerichtliche Berechnung (§ 14) oder Festsetzung (§ 31) ist weder für den Notar noch für das Beschwerdegericht (§ 156) verbindlich.

---

[47] BayObLGZ 1984, 34 = Rpfleger 1984, 334.
[48] *Lappe* KostRsp. Nr. 40 gegen AG Bad Iburg JurBüro 1993, 303.
[49] Vgl. OLG Frankfurt Rpfleger 1989, 157 = KostRsp. Nr. 31 m. krit. Anm. *Lappe*.
[50] BayObLGZ 2000, 4 = JurBüro 2000, 487.
[51] AA OLG Düsseldorf Rpfleger 1991, 60; 2004, 40 = KostRsp. Nr. 36, 57, je m. krit. Anm. *Lappe*; OLG Köln NJW-RR 2004, 357 = OLGR 2004, 11; OLG Stuttgart JurBüro 2004, 437 = OLGR 2004, 285.
[52] OLG Düsseldorf Rpfleger 1988, 267.
[53] AA OLG Düsseldorf = KostRsp. Nr. 57 m. abl. Anm. *Lappe* = Rpfleger 2004, 440.

Der Erbscheinsantrag ist Willenserklärung, der Notar hat also zu prüfen, ob ein **Zweck-** 65
erbschein genügt (§ 17 Abs. 1 BeurkG). Unterlässt er dies und beurkundet einen überflüssigen Vollerbscheinsantrag, bleiben seine Mehrkosten unerhoben (§ 16). Wegen der gerichtlichen Mehrkosten stellt sich die Frage der Amtspflichtverletzung (§ 19 BNotO).

XII. FG-Reform

Abs. 2 S. 3 soll lauten: „Erstrecken sich die Wirkungen eines Erbscheins nur auf einen 66
Teil des Nachlasses, bleiben diejenigen Gegenstände, die von der Erscheinswirkung nicht erfasst werden, bei der Berechnung des Werts unerücksichtigt." Begründung: „Der Rechtsgedanke der Vorschrift soll beibehalten und verallgemeinert werden. In allen Fällen, in denen sich die Wirkungen des Erbscheins nur auf einen Teil des Nachlasses erstrecken, soll nach der vorgeschlagenen Neufassung nur der diesbezügliche Nachlassteil in die Bewertung einbezogen werden. Dies entspricht der geltenden Auslegung von § 107 Abs. 2 KostO."

§ 107a* Erbscheine für bestimmte Zwecke

(1) Wird ein Erbschein für einen bestimmten Zweck gebührenfrei oder zu ermäßigten Gebühren erteilt, so werden die in § 107 Abs. 1 genannten Gebühren nacherhoben, wenn von dem Erbschein zu einem anderen Zweck Gebrauch gemacht wird.

(2) ¹Wird der Erbschein für ein gerichtliches oder behördliches Verfahren benötigt, so ist die Ausfertigung des Erbscheins dem Gericht oder der Behörde zur Aufbewahrung bei den Akten zu übersenden. ²Wird eine Ausfertigung, eine Ablichtung oder ein Ausdruck des Erbscheins auch für andere Zwecke erteilt oder nimmt der Antragsteller bei der Erledigung einer anderen Angelegenheit auf die Akten Bezug, in denen sich der Erbschein befindet, so hat der Antragsteller die in § 107 Abs. 1 genannten Gebühren nach dem in § 107 Abs. 2 bezeichneten Wert nachzuentrichten; die Frist des § 15 Abs. 1 beginnt erst mit der Erteilung der Ausfertigung, der Ablichtung oder des Ausdrucks oder mit der Bezugnahme auf die Akten. ³In den Fällen des Satzes 2 hat das Nachlaßgericht die Stelle zu benachrichtigen, welche die nach § 2356 des Bürgerlichen Gesetzbuches erforderliche eidesstattliche Versicherung beurkundet hat.

Übersicht

	Rn.		Rn.
I. Zweckerbschein	1–4	III. Nachentrichtung (Abs. 2)	17–24
II. Nacherhebung (Abs. 1)	5–16	IV. Notare	25

I. Zweckerbschein

Einen „Erbschein für bestimmte Zwecke" gibt es materiell- oder verfahrensrechtlich 1
nicht (und § 11 Abs. 1 KostVfg. lässt sich deshalb mit dem Gesetz nicht vereinbaren). § 107a will diejenigen Fälle treffen, in denen ein Vollerbschein erteilt worden ist, der Antragsteller ihn jedoch nur für einen bestimmten Zweck braucht und von ihm deshalb eine geringere oder gar keine Gebühr erhoben worden ist. Gerade weil es sich um einen Vollerbschein handelt, kann seine Benutzung auch für einen „anderen" als den „bestimmten" Zweck nicht verhindert werden.¹ Daraus zieht § 107a die Konsequenz und ordnet die Nacherhebung (Abs. 1) und die Nachentrichtung (Abs. 1) der vollen Gebühren an.

---

* § 107a eingefügt durch Gesetz vom 20. 12. 1963 (BGBl. I S. 986), Abs. 2 S. 2 geändert durch Gesetz vom 22. 3. 2005 (BGBl. I S. 837) und Gesetz vom 22. 12. 2006 (BGBl. I S. 3416).
¹ BayObLGZ 1952, 67.

2 Die **Voraussetzungen des § 107 a** können sich aus der KostO selbst: § 107 Abs. 3, 4 (dort Rn. 59, 60), aus Bundes- oder Landesgesetzen, aus allgemeinen Verwaltungsvorschriften und aus einem Einzelfall-Kostenerlass im Verwaltungswege ergeben; s. dazu Anhang C I, Stichworte Entschädigung, Feststellung, Flüchtlinge, Häftlingshilfe, Rückerstattung, Sozialrechtliche Verfahren.

3 Der **gegenständlich beschränkte Erbschein** (§ 107 Abs. 2 S. 3) ist als solcher kein Erbschein iS des § 107 a; wird er jedoch nur für bestimmte inländische Zwecke erteilt, so fällt er insoweit ebenfalls unter § 107 a (§ 107 Rn. 55).

4 **Nachzuzahlen** sind sowohl die Erbscheinserteilungsgebühr des § 107 Abs. 1 als auch die Beurkundungsgebühr des § 49; letztere ggf. an den Notar (Rn. 25).

II. Nacherhebung (Abs. 1)

5 Ist der Erbschein „erteilt", d.h. hier: der Antragsteller im Besitz einer Ausfertigung des Erbscheins, so werden die Gebühren des § 107 Abs. 1 „nacherhoben" mit Erfüllung des Nacherhebungstatbestands: dem „Gebrauchmachen" zu einem anderen Zweck.

6 Der Tatbestand des **Gebrauchmachens** ist erfüllt, wenn der Antragsteller den Erbschein zum Nachweis seines Erbrechts gegenüber Gerichten, Behörden oder Privaten benutzt. Das heißt im gerichtlichen oder Verwaltungsverfahren: Der Antragsteller legt die Erbscheinausfertigung vor (vgl. § 420 ZPO) oder nimmt auf die Urschrift der Nachlassakten Bezug, er **tritt Beweis an.** Dass das Gericht den Beweis erhebt, ist nicht erforderlich; insbesondere kommt es auf die Beiziehung der Akten nicht an. Entsprechendes gilt gegenüber Privaten.

7 Benutzt das Gericht oder die Behörde den Erbschein **von Amts wegen** (Amtsermittlung, Untersuchungsgrundsatz), so liegt ein Gebrauchmachen vor, wenn den Antragsteller eine materielle Beweislast trifft und ohne den Erbschein sein Begehren erfolglos bleiben müsste. Dient der Erbschein aber als Beweismittel gegen ihn, so findet Abs. 1 keine Anwendung.

8 Das Gebrauchmachen muss zu „einem **anderen Zweck**" als dem begünstigten Zweck erfolgen. Dabei genügt jede Überschreitung des begünstigten Zwecks, um die volle Nacherhebung auszulösen.

9 Dem Normzweck entsprechend scheiden allerdings solche weiteren Zwecke aus, die selbst begünstigt sind.

10 Unterliegen die weiteren Zwecke einer teilweisen Begünstigung, so ist die Gebühr nur insoweit nachzuerheben; das gilt insbesondere bei weiteren Grundstücken usw. (§ 107 Abs. 3, 4).

11 „Gebrauchmachender" kann nur der ursprüngliche, begünstigte **Antragsteller** sein. Denn das Gebrauchmachen ist kein eigenes – gerichtliches – Geschäft iS der KostO, schon gar nicht des Nachlassgerichts, so dass sich dafür kein eigener Schuldner ergibt (Rn. 16). Das Gebrauchmachen durch einen Dritten kann nur dann erheblich sein, wenn es dem Antragsteller zuzurechnen ist, darin also eine Umgehung des Abs. 1 liegt.

12 All dies gilt auch dann, wenn das „Gebrauchmachen" mit der Erteilung einer weiteren Ausfertigung (§ 85 S. 1 FGG) beginnt.

13 Wird ein gemeinschaftlicher Erbschein allein von einem **Miterben** zu einem anderen Zweck benutzt, so ist die Gebühr nur insoweit anzusetzen.

14 Die Nacherhebung erfolgt durch Kostenansatz; über die **Nichtnacherhebung** wird durch einen dem Kostenansatz entsprechenden – von der Staatskasse mit der Erinnerung anfechtbaren – Verwaltungsakt entschieden (§ 14 Rn. 38).

15 Die §§ 15, 17 finden Anwendung.

16 Der „Gebrauchmachende" als solcher ist nicht Antragsteller iS des § 2 Nr. 1, er löst kein Antragsgeschäft aus – ihm wird kein Erbschein erteilt – (Rn. 11). Schuldner kann vielmehr nur der ursprüngliche Kostenschuldner sein, dem also der Erbschein begünstigt erteilt worden ist.

III. Nachentrichtung (Abs. 2)

Zur Sicherung der Nacherhebung (Abs. 1) ist die gebührenbegünstigte Erbscheinsausfertigung im Regelfall, wenn sie nämlich für ein gerichtliches oder behördliches Verfahren benötigt wird, nicht dem Antragsteller zu „erteilen", hier: auszuhändigen, sondern zu den Verfahrensakten zu geben (Abs. 2 S. 1; vgl. § 107 Rn. 4). Das Gericht oder die Behörde hat die Ausfertigung „bei den Akten" aufzubewahren, also weder dem Nachlassgericht zurückzugeben noch an den Antragsteller herauszugeben. 17

In diesem Falle müssen die Gebühren des § 107 Abs. 1, 2 „nachentrichtet" werden; Nachentrichtungstatbestände sind die Erteilung und die Bezugnahme „für andere Zwecke". 18

Erteilung in diesem Sinne ist die Herausgabe einer Ausfertigung oder Abschrift; ihr steht die **Bezugnahme** auf die Nachlassakten mit der Urschrift des Erbscheins oder die Akten, in denen sich die Ausfertigung befindet, (Rn. 17) gleich. 19

Beides muss „für andere Zwecke" geschehen (Rn. 8–10). 20

Anders als das „Gebrauchmachen" löst die Erfüllung des Gebührentatbestands eine eigene Gebührenschuld des **Antragstellers** oder „Bezugnehmers" aus (Abs. 2 S. 2, § 2 Nr. 1; dazu § 107 Rn. 61–63). Das kann allerdings nur dann gelten, wenn und soweit er auch Antragsteller des Erbscheins sein könnte, von dem er nun eine Ausfertigung usw. begehrt (Beispiel: § 792 ZPO; s. aber § 107 Rn. 60). Nicht antragsberechtigte Dritte (§ 85 S. 1 FGG) können nicht über Abs. 2 Schuldner der Erbscheinsgebühren werden. 21

Der Nachentrichtung steht § 15 nicht entgegen; das stellt Abs. 2 S. 2 Halbs. 2 klar. 22

Für die nachzuentrichtende Gebühr gilt **§ 8**. Das Nachlassgericht macht mithin die Erteilung der Ausfertigung oder die Übersendung der Nachlassakte von der Zahlung der Gebühr abhängig. Dies soll auch für die Benutzung durch das Gericht und die Behörde gelten, die den Erbnachweis benötigen oder in deren Akten er sich befindet.[2] Dem kann man jedoch nicht folgen. § 8 richtet sich – hier – allein an das Nachlassgericht, nur seine Abhängigmachung ist nach § 8 Abs. 3 anfechtbar. 23

Da die Nacherhebung eine eigenständige Gebührenschuld, ggf. mit einem anderen Schuldner, darstellt, bedarf es bezüglich der Nacherhebung der Gebühr des § 49 einer förmlichen Grundlage; für sie sorgt Abs. 2 S. 3. 24

IV. Notare

§ 107a gilt auch für Notare (§ 141), trotz Nichtnennung in § 49 Abs. 2 S. 1, zufolge der Bezugnahme sowohl von Abs. 1 als auch von Abs. 2 auf die in § 107 Abs. 1 genannten Gebühren und damit die des § 49; vgl. auch Abs. 2 S. 3. 25

§ 108* Einziehung des Erbscheins

[1] Für die Einziehung oder Kraftloserklärung eines Erbscheins wird die Hälfte der vollen Gebühr erhoben. [2] § 107 Abs. 2 bis 4 gilt entsprechend. [3] Die Gebühr bleibt außer Ansatz, wenn in demselben Verfahren ein neuer Erbschein erteilt wird.

Übersicht

	Rn.		Rn.
I. Gebührentatbestand	1–5	IV. Neuerteilung; Zusammenhang mit anderen Geschäften	13–15
II. Wert	6–9	V. Zurückweisung/Zurücknahme; Schuldner	16, 17
III. Mehrere Erbscheine; Teilunrichtigkeit	10–12	VI. Vollstreckung	18

---

[2] KG DRW 1942, 144 = DRM 1942 Rspr. 113 = JVBl. 1942, 131.
* § 108 Satz 2 neu gefasst durch Gesetz vom 20. 12. 1963 (BGBl. I S. 986).

§ 108

I. Gebührentatbestand

1   Ein unrichtiger Erbschein (§ 107 Rn. 1–3) wird **eingezogen** oder für **kraftlos erklärt** (§ 2361 BGB). Es handelt sich um ein einheitliches Verfahren, in dem beide Maßnahmen gleichzeitig oder nacheinander angeordnet werden können. § 108 gilt auch für Erbscheine des Landwirtschaftsgerichts und Hoffolgezeugnisse (§ 1 Abs. 1 HöfeVfO, § 33 LwVG; s. Anhang B → Höfesachen).

2   Gebührentatbestand ist (S. 1) die „Einziehung oder Kraftloserklärung": Die Gebühr wird sowohl durch die Einziehung als auch durch die Kraftloserklärung ausgelöst, und sie fällt nur einmal an, wenn derselbe Erbschein gleichzeitig oder nacheinander sowohl eingezogen als auch für kraftlos erklärt wird.

3   Der Gebührentatbestand ist mit dem wirksamen **Erlass** des Einziehungs- oder Kraftloserklärungsbeschlusses erfüllt (Einf. Rn. 57 ff.); spätestens aber mit der Durchführung der Einziehung oder der Ausführung der öffentlichen Zustellung der Kraftloserklärung.

4   Ist zweifelhaft, ob es überhaupt der Einziehung bedarf,[1] so folgt die Gebühr dem vom Nachlassgericht gewählten Verfahren; war es unrichtig: § 16.

5   Gleiches gilt, wenn der Scheinerbe den Erbschein von sich aus als unrichtig **zurückgibt**. Führt das Gericht noch ein förmliches Einziehungsverfahren mit Außenwirkung durch: Gebühr nach § 108; begnügt es sich mit der aktenmäßigen „Aufhebung" des Erbscheins (vgl. § 18 FGG): keine Gebühr.

II. Wert

6   Der Wert ist der gleiche wie bei der Erteilung des Erbscheins (S. 2). Das gilt selbst dann, wenn und soweit der Scheinerbe nicht mehr im Besitz des Nachlasses ist; denn dann treten an die Stelle der Nachlassgegenstände Surrogate oder Ersatzansprüche.

7   Die wirtschaftliche Bedeutung bildet, wie immer, die Obergrenze. Sind also Nachlassgegenstände „ersatzlos untergegangen", so müssen sie außer Betracht bleiben, weil sie nicht mehr von dem unrichtigen Erbschein erfasst werden (**§ 18 Abs. 1**). Oder wirkt sich die Einziehung eines Zweckerbscheins auf eine Grundbucheintragung nicht aus, bleibt ihr Wert unberücksichtigt.[2] S. auch § 107 Rn. 66.

8   Wegen der Einziehung geraume Zeit nach dem Erbfall gilt das § 107 Rn. 37 ff. Ausgeführte.

9   Bei der Einziehung von Zeugnissen iS des **§ 109** sind die dortigen Wertvorschriften maßgebend.

III. Mehrere Erbscheine; Teilunrichtigkeit

10   Bei Einziehung **mehrerer** Erbscheine handelt es sich im Rechtssinne um gesonderte Verfahren, so dass die Gebühren getrennt zu berechnen sind.

11   Ist ein Alleinerbschein nur bezüglich eines Erbteils oder ein gemeinschaftlicher Erbschein nur bezüglich eines Miterben oder ein Erbschein nur hinsichtlich des Nacherben- oder Testamentsvollstreckervermerks unrichtig, so kann trotz Einziehung des gesamten Erbscheins nur der Wert des **unrichtigen Teils** zugrunde gelegt werden, es gilt das § 107 Rn. 49 Ausgeführte.[3]

12   Dies erst recht, wenn mehrere Erbscheine – im Rechtssinne – zusammen erteilt oder ausgefertigt worden sind und nur einer von ihnen unrichtig ist, jedoch der gesamte Erbschein oder die gesamte Ausfertigung eingezogen wird.

IV. Neuerteilung; Zusammenhang mit anderen Geschäften

13   Wird in demselben Verfahren ein neuer Erbschein erteilt, so bleibt die Gebühr außer Ansatz (S. 3). Das Verfahren des § 108 endet mit dem Eingang der letzten Ausfertigung

---

[1] Dazu insbesondere *Becker* Rpfleger 1978, 87.
[2] OLG Köln FGPrax 2006, 85 = KostRsp. Nr. 8 m. zust. Anm. *Lappe*.
[3] AA zum Testamentsvollstreckervermerk BayObLGZ 1996, 259 = MDR 1997, 300 = KostRsp. Nr. 5 m. abl. Anm. *Lappe*.

beim Nachlassgericht bzw. mit dem Wirksamwerden der Kraftloserklärung (§ 2361 Abs. 2 S. 3 BGB).

Weitere Voraussetzung ist, dass sich der neue Erbschein über **denselben Gegenstand,** d. h. denselben Erbteil verhält. Soweit er dahinter zurückbleibt, ist die Gebühr des § 108 anzusetzen. 14

Wegen des **Zusammenhangs** mit anderen Geschäften s. § 115. 15

V. Zurückweisung/Zurücknahme; Schuldner

Das Einziehungs-/Kraftloserklärungsverfahren ist ein **Amtsverfahren** (§ 2361 Abs. 1, 3 BGB). § 130 findet deshalb keine Anwendung,[4] auch gibt es keinen Antragsteller-Schuldner (§ 2 Nr. 1). Der wirkliche Erbe schuldet ebenfalls nicht generell nach § 2 Nr. 2;[5] denn das Verfahren wird nicht unmittelbar in seinem Interesse geführt, zudem ergibt sich sein Interesse nicht mit der erforderlichen Sicherheit im Einziehungsverfahren selbst, er braucht nicht Beteiligter, nicht einmal bekannt zu sein. Als Schuldner kommt nach Meinung des KG – sehr fraglich – derjenige in Betracht, der im Einzelfall die Unrichtigkeit geltend macht (und den deshalb die Beweislast trifft). Fehlt ein solcher Beteiligter, kann die Gebühr mangels eines Schuldners nicht erhoben werden. 16

Wird ein Verfahren eingestellt, so fällt weder eine Gebühr an noch sind die Auslagen zu erheben (§ 2 Rn. 10 ff.). 17

VI. Vollstreckung

Die Einziehungsanordnung wird nach § 33 FGG vollstreckt; Gebühren: §§ 119, 134. 18

§ 109 Andere Zeugnisse

(1) ¹Die Vorschriften über den Erbschein gelten entsprechend
1. für das Zeugnis über die Fortsetzung der Gütergemeinschaft nach § 1507 des Bürgerlichen Gesetzbuchs; an Stelle des Nachlasses tritt der halbe Wert des Gesamtguts der fortgesetzten Gütergemeinschaft;
2. für das erste Zeugnis über die Ernennung eines Testamentsvollstreckers; für jedes weitere Zeugnis wird ein Viertel der vollen Gebühr erhoben. ²Der Wert bestimmt sich nach § 30 Abs. 2.

(2) Absatz 1 findet auf Zeugnisse für Samtgutsverwalter, auf Besitzbescheinigungen und ähnliche Zeugnisse des Nachlaßgerichts entsprechende Anwendung.

Übersicht

	Rn.		Rn.
I. Fortsetzungszeugnis	1–13	III. Sonstige Zeugnisse	37
II. Testamentsvollstreckerzeugnis	14–36	IV. Notare	38

I. Fortsetzungszeugnis

Auf das Zeugnis über die Fortsetzung der Gütergemeinschaft finden die Vorschriften über den Erbschein entsprechende Anwendung (§ 1507 BGB). Das gilt auch für die Gebühren (Abs. 1 S. 1 Nr. 1 Teils. 1): §§ 107, 107a, 108. 1

Bereits aus der entsprechenden Anwendung des § 107 Abs. 2 S. 1 folgt, dass für den **Wert** an die Stelle des Nachlasses die Hälfte des Gesamtguts tritt, weil insoweit die Abkömmlinge Rechtsnachfolger des verstorbenen Ehegatten sind (§§ 1483 Abs. 1 S. 1, 1487 Abs. 1, 1498 S. 1, 1478 Abs. 1 BGB); Abs. 1 S. 1 Nr. 1 Teils. 2 bestimmt dies ausdrücklich. 2

---

[4] Vgl. BayObLGZ 1960, 10 = Rpfleger 1960, 104.
[5] KG Rpfleger 1995, 247 = KostRsp. § 2 Nr. 88 m. Anm. *Lappe.*

§ 109　　　1. Teil. 2. Abschnitt: 5. Nachlaß- und Teilungssachen

3　Das Gesamtgut **besteht** aus dem ehelichen Gesamtgut,
4　abzüglich desjenigen, was den nichtgemeinschaftlichen Abkömmlingen (§ 1483 Abs. 2 BGB) zufällt,
5　und aus dem Vermögen, das der überlebende Ehegatte aus dem Nachlass des verstorbenen Ehegatten erwirbt (§ 1485 Abs. 1 BGB).
6　Abzuziehen ist der halbe Wert der Gesamtgutverbindlichkeiten (§ 1488 BGB).
7　**Bewertungszeitpunkt:** Eintritt der fortgesetzten Gütergemeinschaft, d. h. Tod des Ehegatten (§ 1483 Abs. 1 BGB).[1]
8　**Schuldner** ist der überlebende Ehegatte (§ 1507 S. 1 BGB), nach dessen Tod der antragstellende Erbe (§ 2 Nr. 1).
9　Wird allein oder neben dem Zeugnis des Abs. 1 S. 1 Nr. 1 ein **Erbschein** nach dem verstorbenen Ehegatten erteilt, so wird dafür die Gebühr des § 107 gesondert erhoben, selbst bei Verbindung mit dem Zeugnis.[2]
10　Den Nachlass bilden das Vorbehalts- und Sondergut (§§ 1417, 1418 BGB) ohne den Anteil am Gesamtgut (§ 1483 Abs. 1 S. 3 BGB);
11　bei nichtgemeinschaftlichen Abkömmlingen kommt ihr Anteil aus dem Gesamtgut hinzu (Rn. 4).
12　Ein Negativzeugnis über den Nichteintritt der fortgesetzten Gütergemeinschaft fällt, wenn es sich auf Tatsachen beschränkt (vgl. § 112 Abs. 1 Nr. 1), unter § 50 Abs. 1 Nr. 1. Wert: § 30 Abs. 2.
13　Die **Zurückforderung** des Zeugnisses nach Beendigung der Gütergemeinschaft ist keine Einziehung iS des § 108 und bleibt daher gebührenfrei.

II. Testamentsvollstreckerzeugnis

14　Das Testamentsvollstreckerzeugnis richtet sich ebenfalls nach den Vorschriften über den Erbschein (§ 2368 BGB). Das gilt auch für die Gebühren (Abs. 1 S. 1 Nr. 2 Teils. 1): §§ 107, 107a, 108.
15　Zum Abgeltungsbereich s. auch § 115.
16　Der **Wert** bestimmt sich nach § 30 Abs. 2 (Abs. 1 S. 2). Dabei sind zu berücksichtigen:[3]
17　– der **Bruttowert** des Nachlasses; **Nachlassverbindlichkeiten** werden jedenfalls insoweit nicht abgezogen, als ihre Berichtigung zu den Aufgaben des Testamentsvollstreckers gehört; 10% dieses Werts können als Ausgangswert dienen;[4]
18　– die **Art** der Testamentsvollstreckung: Abwicklungsvollstreckung (§§ 2203 bis 2207 BGB), Dauervollstreckung (§ 2209 S. 1 Halbs. 2 BGB) oder Verwaltungsvollstreckung (§ 2209 S. 1 Halbs. 1 BGB); der Ausgangswert (Rn. 17) eignet sich für die Abwicklungsvollstreckung, bei der reinen Verwaltungsvollstreckung kann er unterschritten werden, bei der Dauervollstreckung ist er auf etwa 20% zu erhöhen;
19　– **Umfang** der Aufgaben des Testamentsvollstreckers; gehen die Zahl der Erben, die Teilungsanordnungen, die Vermächtnisse und sonstige Nachlassverbindlichkeiten über den Normalfall hinaus, ist der Wert zu erhöhen, bleiben sie dahinter zurück, zu ermäßigen;
20　– **Schwierigkeit** der Tätigkeit; besondere rechtliche und tatsächliche – etwa: Erben im Ausland – Schwierigkeit begründen ebenfalls eine Werterhöhung;
21　– **Haftung** des Testamentsvollstreckers; insbesondere das treuhänderische – im eigenen Namen, aber für Rechnung des Erben – Betreiben eines Gewerbes oder Halten von Gesellschaftsanteilen muss sich im Wert niederschlagen.
22　**Höchstwert** ist der Wert des reinen Nachlasses (§ 107 Abs. 2). Abgesehen von Fällen mit besonders hohen Nachlassverbindlichkeiten (Rn. 19) sollte er im Interesse einer „verhältnismäßigen Gleichheit" der Bewertung 50% davon nicht überschreiten.

---

[1] *Wenz* JurBüro 1962, 310; streitig.
[2] KG OLG 5, 177.
[3] KGJ 52, 282; KG JFGErg. 17, 79 = JVBl. 1937, 268 = HRR 1937 Nr. 1464; OLG Oldenburg Nds.Rpfl. 1965, 106 = KostRsp. Nr. 3; LG Düsseldorf KostRsp. Nr. 4.
[4] Auch für die Einziehung: BayObLG OLGR 2004, 172.

Bewertungszeitpunkt: § 18 Abs. 1. 23

Die obigen Regeln gelten für das Zeugnis über den **Alleinvollstrecker** und das gemeinschaftliche Zeugnis über **mehrere** Testamentsvollstrecker. Bei **Teilzeugnissen** über einen oder einige mehrerer Testamentsvollstrecker ist der Wert zu mindern, soweit sie nicht allein alle Befugnisse haben, also etwa auf einen Erbteil oder bestimmte Gegenstände beschränkt sind. Gleiches gilt bei **beschränkter Testamentsvollstreckung,** zB einer Vermächtnisvollstreckung. 24

Der Testamentsvollstrecker über **mehrere Nachlässe** – zB von Eheleuten – erhält im Rechtssinne für jeden Erbfall ein besonderes Zeugnis, so dass selbst bei äußerer Zusammenfassung die Gebühren gesondert zu berechnen sind. 25

Wird hingegen ein einheitliches Zeugnis für den **Vor- und Nacherbfall** (die Nacherbfälle) erteilt, so ist nur eine Gebühr zu erheben, weil es sich hier um dieselbe Testamentsvollstreckung handelt. 26

Zur Verbindung von **Erbschein und Testamentsvollstreckerzeugnis** s. § 107 Rn. 8. 27

„**Jedes weitere Zeugnis**" löst nur eine Viertelgebühr aus (Abs. 1 S. 1 Nr. 2 Teils. 2). Unter der Voraussetzung, dass es sich um dieselbe Testamentsvollstreckung – denselben Nachlass – handelt, sind alle weitere Zeugnisse begünstigt; 28

- so über eine andere Person oder andere Personen,[5] 29
- über einen anderen Umfang der Befugnis (§ 2368 Abs. 1 S. 2 BGB), 30
- und zwar selbst dann, wenn das erste Zeugnis als unrichtig eingezogen worden ist. 31

Hingegen fällt die **weitere Ausfertigung** desselben Zeugnisses nicht unter diese Vorschrift, sie ist mithin gebührenfrei (§ 132 Rn. 12). 32

Mit der Beendigung des Amtes des Testamentsvollstreckers wird das Zeugnis kraftlos (§ 2368 Abs. 3 Halbs. 2 BGB). Die **Rückforderung** stellt keine Einziehung dar, löst also nicht die Gebühr des § 108 aus. 33

Schuldner ist der Antragsteller (§ 2 Nr. 1); wie § 107 Rn. 63; darüber hinaus sind es die Erben (§ 3 Nr. 3; § 2206 BGB, Nachlassverbindlichkeit). 34

Bei **sonstigen „Zeugnissen"** des Nachlassgerichts im Rahmen der **Testamentsvollstreckung** ist zu unterscheiden: 35

- Bezeugen sie nur eine **Tatsache**, etwa den Eingang der Annahmeerklärung: gebührenfreie Eingangsbestätigung. Die Gebühr des § 50 Abs. 1 Nr. 1[6] kann seit dem BeurkG mangels einer gerichtlichen Beurkundungszuständigkeit (§ 39 BeurkG) nicht mehr erhoben werden.
- Bezeugen sie hingegen eine **Rechtsfolge,** etwa die (Wirksamkeit der) Annahme oder die Fortdauer der Vollstreckung, so handelt es sich um ein Zeugnis „über die Ernennung" iS des Abs. 1 Nr. 2.[7] 36

III. Sonstige Zeugnisse

Die sonstigen Zeugnisse des Abs. 2 beruhen auf Landesrecht; sie kommen praktisch kaum noch vor. Zur Frage der Verfassungsmäßigkeit der Vorschrift s. § 158 Rn. 7. 37

IV. Notare

§ 109 gilt auch für die Gebühren der §§ 49 und 147 Abs. 2 der Notare (§ 141); s. §§ 107 ff. 38

§ 110 Feststellung des Erbrechts des Fiskus

(1) **Für das Verfahren zur Feststellung des Erbrechts des Fiskus oder der an seine Stelle tretenden Körperschaft, Stiftung oder Anstalt des öffentlichen Rechts wird dieselbe Gebühr wie für die Erteilung eines Erbscheins erhoben.**

---

[5] KGJ 29 B 79.
[6] KG JVBl. 1934, 21; LG Köln DNotZ 1950, 45.
[7] Vgl. KGJ 22 B 32; 29 B 79; 38 A 136.

§ 111

(2) **Wird auf Grund der Feststellung ein Erbschein erteilt, so wird hierfür eine besondere Gebühr nicht erhoben.**

I. Verfahren

1   Das in Abs. 1 genannte Verfahren ist das des § 1964 BGB (dazu auch § 1936 BGB, Art. 138 EGBGB). Bei **Ausländern** kann die Feststellung auch zugunsten eines ausländischen Fiskus ergehen.

2   Hingegen ist die Feststellung des Anfalls des Vermögens eines **Vereins** oder einer **Stiftung** (§§ 45, 46, 88 BGB) trotz der entsprechenden Anwendung des § 1964 BGB keine „Feststellung des Erbrechts" iS des Abs. 1 (§ 121 Rn. 10).

II. Gebührentatbestand

3   Gebührentatbestand soll nach Abs. 1 das Verfahren sein (es ist ein Amtsverfahren und beginnt regelmäßig mit der öffentlichen Aufforderung zur Anmeldung der Erbrechte, § 1965 BGB), bei seiner Erfüllung die Erbscheinserteilungsgebühr (§ 107 Abs. 1 S. 1) anfallen; also auch dann, wenn es ohne Feststellung des Erbrechts endet. Die darin steckende Problematik löst sich bereits dadurch, dass als Schuldner nur der Fiskus usw. in Betracht kommt (§ 2 Nr. 2), es aber ohne Feststellung an einer Wahrnehmung seines Interesses fehlt; deshalb schuldet er auch keine Auslagen. Praktisch stellt somit der **Erlass des Feststellungsbeschlusses** den Gebührentatbestand dar.

III. Schuldner

4   Schuldner ist der Fiskus usw. (§§ 2 Nr. 2, 6 S. 2). Im praktischen Regelfall greift § 11 ein, außerdem ist die Haftung auf den Nachlass beschränkt (vgl. § 2011 BGB).

5   Die Auffassung, der ggf. ermittelte andere Erbe sei Kostenschuldner, haben wir aufgegeben; denn das Verfahren des § 1964 BGB wird nicht in seinem Interesse geführt.[1]

IV. Erbschein

6   Die Gebührenfreiheit des folgenden Erbscheins (Abs. 2) gilt nur, wenn der Fiskus usw. Antragsteller ist, nicht aber bei einem sonstigen Antrag – zB eines Gläubigers, § 792 ZPO –.

V. Zusammenhang mit anderen Geschäften

7   Wegen des Zusammenhangs mit anderen Geschäften s. § 115.

§ 111* Beschränkte Zeugnisse, Bescheinigungen

(1) **Die Mindestgebühr (§ 33) wird erhoben**

1. **für die Zeugnisse nach §§ 36, 37 der Grundbuchordnung und § 42 der Schiffsregisterordnung;**
2. **für die nach den Staatsschuldbuchgesetzen erforderlichen Bescheinigungen, daß ein Rechtsnachfolger von Todes wegen, ein die Gütergemeinschaft fortsetzender Ehegatte oder ein Testamentsvollstrecker über die Buchforderung verfügen kann.**

(2) **Für die in dem Verfahren abgegebene eidesstattliche Versicherung wird die Gebühr des § 49 besonders erhoben.**

(3) **§ 107a gilt entsprechend.**

---

[1] KG FamRZ 1997, 969 = JurBüro 1997, 437.
* § 111 Abs. 4 neu gefasst durch Gesetz vom 20. 12. 1963 (BGBl. I S. 986), Abs. 1 geändert, früherer Abs. 2 aufgehoben, bisherige Abs. 3 und 4 wurden Abs. 2 und 3 durch Gesetz vom 9. 12. 1986 (BGBl. I S. 2326).

I. Auseinandersetzungszeugnisse

Die in Abs. 1 Nr. 1 genannten „Überweisungszeugnisse" werden auf Antrag erteilt. Der Gebührentatbestand ist mit ihrer Wirksamkeit (Einf. Rn. 57 ff.) erfüllt. 1

Bei mehreren Grundstücken, Grundpfandrechten usw. ist das Zeugnis für jeden Gegenstand gesondert zu erteilen. Die Gebühren werden deshalb gesondert berechnet – selbst bei äußerer Zusammenfassung zu einem Zeugnis –. 2

Schuldner ist der Antragsteller (§ 2 Nr. 1). 3

Bei **Zurückweisung und Zurücknahme** des Antrags: § 130. 4

Einziehung und Kraftloserklärung – entsprechend § 2361 BGB – sind mangels einer Gebührenvorschrift gebührenfrei (nicht § 108: § 1). 5

Die Gebühr des § 49 wird gesondert erhoben (Abs. 2); Wert § 107 Abs. 3, 4. 6

Bei späterer Benutzung der eidesstattlichen Versicherung für andere Zwecke: § 107a; denn § 49 Abs. 2 S. 1 verweist auf 111 und damit auf dessen Abs. 3, der wiederum auf § 107a. Zudem ist für das Zeugnis selbst § 107a (Abs. 3) bedeutungslos, da es keine weitergehende Wirkung entfaltet. 7

II. Bescheinigungen

Die in Abs. 1 Nr. 2 genannten Zeugnisse werden nach § 16 des Reichsschuldbuchgesetzes idF vom 31. 5. 1910 (RGBl. S. 840) sowie nach entsprechenden landesrechtlichen Vorschriften erteilt. Rn. 1–7 gelten entsprechend. 8

Sonstige Bescheinigungen können mangels gerichtlicher Beurkundungszuständigkeit (§ 39 BeurkG) die Gebühr des § 50 Abs. 1 Nr. 1 nicht auslösen. 9

III. Zusammenhang mit anderen Geschäften

Wegen des Zusammenhangs mit anderen Geschäften s. § 115. 10

VI. Notare

Ist der Notar nach Landesrecht für die **Erteilung** nach Abs. 1 Nr. 1 zuständig (§ 20 Abs. 5 BNotO), gilt § 111 auch für ihn (§ 141). 11

Beurkundet der Notar die **eidesstattliche Versicherung,** so erhebt er (Abs. 2, § 141) die Gebühr des § 49 Abs. 1 aus dem Wert des Grundstücks usw. (§ 36 Abs. 1 GBO) oder des Grundpfandrechts (§ 37 GBO) (§§ 49 Abs. 2 S. 1, 107 Abs. 3); Nacherhebung gemäß § 107a (Rn. 7). Gleiches gilt zur Gebühr des § 147 Abs. 2 für einen Antrag ohne eidesstattliche Versicherung. Entsprechend ist beim Schiffsregister zu verfahren. 12

Lässt der Notar einen Zweckerbschein (§ 107 Abs. 3) beantragen – Willenserklärung –, obwohl ein Zeugnis iS des § 111 Abs. 1 genügt, so sind seine Gebühren gleich, womit § 16 ausscheidet; die Mehrkosten des Gerichts können jedoch auf einer Amtspflichtverletzung (§ 17 Abs. 1 BeurkG, § 19 BNotO) beruhen. 13

§ 112* Erklärungen gegenüber dem Nachlaßgericht

(1) Ein Viertel der vollen Gebühr wird für die Entgegennahme folgender Erklärungen erhoben:

1. Ablehnung der fortgesetzten Gütergemeinschaft (§ 1484 des Bürgerlichen Gesetzbuchs), Verzicht eines anteilsberechtigten Abkömmlings (§ 1491 des Bürgerlichen Gesetzbuchs) oder Aufhebung der fortgesetzten Gütergemeinschaft (§ 1492 des Bürgerlichen Gesetzbuchs);

---

* § 112 Abs. 3 geändert durch Gesetz vom 28. 8. 1969 (BGBl. I S. 1513) und durch Gesetz vom 24. 6. 1994 (BGBl. I S. 1325).

2. Ausschlagung der Erbschaft, Anfechtung der Annahme oder Ausschlagung der Erbschaft oder Anfechtung der Versäumung der Ausschlagungsfrist (§§ 1945, 1955, 1956, 2308 Abs. 1 des Bürgerlichen Gesetzbuchs);
3. Anmeldung von Forderungen im Falle des § 2061 des Bürgerlichen Gesetzbuchs;
4. Anfechtung eines Testaments oder Erbvertrags (§§ 2081, 2281 Abs. 2 des Bürgerlichen Gesetzbuchs);
5. Anzeige des Vorerben oder des Nacherben über den Eintritt der Nacherbfolge (§ 2146 des Bürgerlichen Gesetzbuchs);
6. Bestimmung der Person des Testamentsvollstreckers oder Ernennung von Mitvollstreckern (§ 2198 Abs. 1 Satz 2 und § 2199 Abs. 3 des Bürgerlichen Gesetzbuchs); Annahme oder Ablehnung des Amtes des Testamentsvollstreckers (§ 2202 des Bürgerlichen Gesetzbuchs) sowie Kündigung dieses Amtes (§ 2226 des Bürgerlichen Gesetzbuchs);
7. Anzeigen des Verkäufers oder Käufers einer Erbschaft über deren Verkauf nach § 2384 des Bürgerlichen Gesetzbuchs sowie Anzeigen in den Fällen des § 2385 des Bürgerlichen Gesetzbuchs.

(2) [1]Bei der Berechnung der Gebühren wird, wenn eine vermögensrechtliche Angelegenheit vorliegt, der Wert der Vermögensmasse nach Abzug der Schulden zugrunde gelegt; im übrigen ist der Wert nach § 30 Abs. 2 zu bestimmen. [2]Im Fall des Absatzes 1 Nr. 3 wird die Gebühr einheitlich nach dem Gesamtbetrag der angemeldeten Forderungen erhoben; Schuldner der Gebühr ist der Miterbe, der die Aufforderung erlassen hat. [3]Wird im Fall des Absatzes 1 Nr. 2 die Erbschaft von mehreren neben- oder nacheinander berufenen Personen gleichzeitig durch Erklärung vor dem Nachlaßgericht oder durch Einreichung einer Urkunde ausgeschlagen, so wird die Gebühr nur einmal nach dem Wert der ausgeschlagenen Erbschaft erhoben.

(3) Für die Aufnahme der Anmeldungen und Erklärungen werden Gebühren nach § 38 Abs. 3 besonders erhoben, soweit sie in öffentlich beglaubigter Form abzugeben oder notariell zu beurkunden sind; im übrigen ist die Aufnahme der Anmeldungen und Erklärungen gebührenfrei.

Übersicht

	Rn.		Rn.
I. Gemeinsame Erläuterungen	1–16	2. Ausschlagung der Erbschaft (Nr. 2)	20–24
1. Gebührentatbestand, Abgeltung	1–7	3. Aufgebot (Nr. 3)	25
2. Wert	8–11	4. Testamentsanfechtung (Nr. 4)	26, 27
3. Mehrere Erklärungen	12–15	5. Nacherbfolge (Nr. 5)	28
4. Schuldner	16	6. Testamentsvollstrecker (Nr. 6)	29–32
II. Die einzelnen Erklärungen	17–36	7. Erbschaftskauf (Nr. 7)	33, 34
1. Fortgesetzte Gütergemeinschaft (Nr. 1)	17–19	8. Sonstige Erklärungen	35
		9. Notare	36

I. Gemeinsame Erläuterungen

1. Gebührentatbestand, Abgeltung

1   Gebührentatbestand ist die „Entgegennahme" von Erklärungen (dazu auch Rn. 2). Das soll die „Kenntnisnahme" der Erklärung, verbunden mit der Annahme der Schrift zu den Gerichtsakten, sein.[1] Dem kann man jedoch nicht folgen. Zum einen wird eine „amtsempfangsbedürftige" Willenserklärung bereits mit dem Zugang – also hier dem Eingang beim Gericht – wirksam und löst die an ihre Abgabe geknüpften Rechtsfolgen aus. Die in der Bereitstellung der Nachlassgerichte bestehende staatliche Leistung ist also auch ohne „Kenntnisnahme" und Aufnahme in die Gerichtsakten erbracht. Zum anderen lässt sich der Begriff der „Entgegennahme", der weder dem materiellen noch dem Verfahrensrecht ent-

---

[1] KG BBl. 1922, 203.

nommen und daher gebührenrechtlich auszulegen ist, nur dahin verstehen, dass er die mit dem Zugang zusammenhängende gerichtliche Tätigkeit meint und sie mit der Gebühr abgilt. Dieses „Entgegennahmeverfahren" besteht aus der Prüfung der Zuständigkeit des Nachlassgerichts (oder des Rechtshilfegerichts), der „Entgegennahmefähigkeit" der Erklärung, der Zulässigkeit einer Bevollmächtigung, der Wahrung der Form, des Inhalts (zB im Falle des § 1947 BGB: Bedingungsfeindlichkeit), der Erforderlichkeit der vormundschaftsgerichtlichen Genehmigung (zB gemäß § 1484 Abs. 2 S. 2 BGB), des Hinweises an den Erklärenden auf Mängel, der Verfügung über die Aufnahme in die Gerichtsakten und ggf. der Benachrichtigung der Beteiligten (zB gemäß § 1957 Abs. 2 BGB). Der Gebührentatbestand eines solchen Verfahrens ist aber – wie bei allen vergleichbaren gerichtlichen Geschäften – bereits mit dem **Eingang** der Erklärung erfüllt, auf das Kenntnisnehmen und die Anordnung über die Aufnahme zu den Gerichtsakten kommt es nicht mehr an.

Die Erklärungen des Abs. 1 sind nicht nur Willenserklärungen, sondern auch Tatsachen- 2 erklärungen („Anmeldungen", „Anzeigen": Nr. 4, 5, 7). Bei ihnen ist das „Kenntnisnehmen" des Gerichts erst recht belanglos, so dass es sich als Gebührentatbestand nicht eignet.

Werden die Erklärungen zu gerichtlichem Protokoll erklärt, gelten sie mit der **Beendi-** 3 **gung der Niederschrift** als eingegangen.

Bedürfen die Erklärungen der **Beurkundung** oder **Beglaubigung** (dazu die Hinweise 4 Rn. 17ff.), so wird die Gebühr des § 38 Abs. 3 neben der Gebühr des Abs. 1 erhoben; da dem Gericht die Befugnis zu Unterschriftsbeglaubigung und Fertigung von Urkundsentwürfen fehlt, muss immer beurkundet und dafür die Gebühr des § 38 Abs. 3 angesetzt werden. Anderes kann bei einer landesrechtlichen Beglaubigungskompetenz gelten.

Eine **Eingangsbestätigung** wird durch die Gebühr des Abs. 1 abgegolten (nicht § 50 5 Abs. 1 Nr. 1, schon mangels gerichtlicher Zuständigkeit zur Beurkundung, § 39 BeurkG).

Die Aufzählung des Abs. 1 ist abschließend. Erklärungen, die nach ihrem Inhalt nicht zu 6 denen des Abs. 1 gehören, lösen die Gebühr nicht aus (§ 1).

Bei **nicht formgerechten** Erklärungen ist zu unterscheiden zwischen solchen, die offenkundig unwirksam sind, und solchen, die nur Mängel aufweisen. Die ersteren erfüllen den Gebührentatbestand nicht, bei letzteren fällt die Gebühr des Abs. 1 an. 7

2. Wert

Der Wert richtet sich nach Abs. 2, die einzelnen Gegenstände der Vermögensmasse sind 8 dabei – aktiv und passiv – nach den §§ **18 ff.** zu bewerten (vgl. § 107 Rn. 11 ff.). Maßgebend ist die von der Erklärung unmittelbar betroffene Vermögensmasse.

Vermögensrechtlich sind alle Erklärungen des Abs. 1 bis auf solche, die sich lediglich auf 9 die Person des **Testamentsvollstreckers** beziehen (Nr. 6, bei entsprechender Anfechtung auch Nr. 4).

Bewertungszeitpunkt: § 18 Abs. 1. 10

Wert der **Beurkundungsgebühr:** Abs. 2 (§ 38 Abs. 3 Halbs. 2). 11

3. Mehrere Erklärungen

Bei mehreren Erklärungen werden grundsätzlich **Einzelgebühren** aus Einzelwerten erhoben. **Ausnahmen:** Abs. 2 S. 2, dazu Rn. 25; Abs. 2 S. 3, dazu Rn. 22, 23. 12

Beurkundung mehrerer Erklärungen: Rn. 11, 12; § 44. 13

Erklärungen mehrerer **gesetzlicher Vertreter** sind nur eine Erklärung in diesem Sinne, 14 selbst wenn sie nicht in derselben Urkunde enthalten sind und gesondert bei Gericht eingehen. Anderes gilt für die gesonderte Beurkundung.

S. iÜ § 115. 15

4. Schuldner

Schuldner ist der Erklärende (§ 2 Nr. 1). Ausnahmen: Abs. 2 S. 2 Halbs. 2, dazu Rn. 25; 16 § 6 S. 2, dazu Rn. 31. Bei **mehreren** Erklärenden muss auch für die Gebühr des Abs. 1 § 5 Abs. 1 S. 2 gelten.

II. Die einzelnen Erklärungen

1. Fortgesetzte Gütergemeinschaft (Nr. 1)

17 Die **Ablehnung** der fortgesetzten Gütergemeinschaft steht der Ausschlagung der Erbschaft gleich (§ 1484 Abs. 2 S. 1 BGB); dazu Rn. 20–23. Wert: Hälfteanteil (vgl. § 1476 Abs. 1 BGB) am Gesamtgut (arg. §§ 1484 Abs. 3, 1482 BGB) nach Schuldenabzug (Abs. 2 S. 1 Halbs. 1).

18 Der **Verzicht auf den Anteil am Gesamtgut** erfolgt durch Erklärung gegenüber dem Nachlassgericht, in öffentlich beglaubigter Form (§ 1491 Abs. 1 S. 2 BGB). Wert: Anteil des Abkömmlings am Gesamtgut, d. h. am Hälfteanteil des verstorbenen Ehegatten (Rn. 17) entsprechend der Zahl der Abkömmlinge nach Schuldenabzug (Abs. 2 S. 1 Halbs. 1).

19 Entsprechendes gilt für die **Aufhebung** der fortgesetzten Gütergemeinschaft (§ 1492 Abs. 1, 3 BGB). Wert: Gesamtgut nach Schuldenabzug (Abs. 2 S. 1 Halbs. 1).

2. Ausschlagung der Erbschaft (Nr. 2)

20 Die Ausschlagung der Erbschaft erfolgt durch Erklärung gegenüber dem Nachlassgericht, beurkundet zu dessen Niederschrift oder in öffentlich beglaubigter Form (§ 1945 BGB). Nicht hierher gehört die Ausschlagung eines Vermächtnisses (§ 2180 Abs. 2 BGB). **Wert:** Nachlass oder Anteil des Ausschlagenden, nach Schuldenabzug (Abs. 2 S. 1 Halbs. 1); bei Überschuldung: Mindestgebühr.

21 Bei Ausschlagung einer **Nacherbschaft** wird der Wert gemäß § 30 Abs. 1 unter Berücksichtigung des Maßes der Wahrscheinlichkeit und des Zeitpunkts des Anfalls bestimmt.[2] Ist der Ausschlagende zu einem Bruchteil als Erbe und iÜ als Nacherbe berufen, so erstreckt sich die Ausschlagung im Zweifel nur auf die Erbfolge, nicht auf die Nacherbfolge; die Gebühr richtet sich also nach dem Erbteil.[3]

22 Bei gemeinsamer Ausschlagung von **Miterben** wird die Gebühr nur einmal aus der Summe der Erbteile,

23 bei gemeinsamer Ausschlagung **nacheinander berufener Erben** aus dem einfachen Wert der mehrfachen Ausschlagung erhoben (Abs. 2 S. 3); ggf. nur eine Mindestgebühr.

24 Entsprechendes gilt für die **Anfechtung** der Annahme (§ 1955 BGB), der **Versäumung der Ausschlagungsfrist** (§ 1956 BGB) und der **Ausschlagung** (§ 2308 Abs. 1 BGB). Wert: wie Rn. 20–23. Bei der Anfechtung eines **Pflichtteilsberechtigten** bildet die Differenz zwischen Erbteil und Pflichtteil den Wert.[4]

3. Aufgebot (Nr. 3)

25 Beim „Privat-Aufgebot" der Nachlassgläubiger melden diese ihre Forderungen beim Nachlassgericht an; gerichtliche Aufgebote gehören nicht hierher. Wert: Gesamtbetrag der angemeldeten Forderungen (Abs. 2 S. 2), ohne Nebenforderungen (§ 18 Abs. 2). Schuldner der Gebühr: Abs. 2 S. 2 Halbs. 2; Auslagenschuldner: die Anmeldenden (§ 2 Nr. 1).

4. Testamentsanfechtung (Nr. 4)

26 Die Anfechtung einer **letztwilligen Verfügung** erfolgt durch Erklärung gegenüber dem Nachlassgericht (§ 2081 Abs. 1 BGB). Wert: Nachlass oder der von der Anfechtung betroffene Teil (vgl. § 2085 BGB) nach Schuldenabzug (Abs. 2 S. 1 Halbs. 1) oder der Wert der angefochtenen Anordnung (vgl. § 2081 Abs. 1 BGB ohne Schuldenabzug (§ 18 Abs. 3), ggf. nach § 30 Abs. 2 bemessen.

27 Entsprechendes gilt für die Anfechtung eines **Erbvertrags** nach dem Tod des anderen Vertragschließenden (§ 2281 Abs. 2 BGB). Die Erklärung bedarf der notariellen Beurkundung (§ 2282 Abs. 3 BGB). Wert: wie Rn. 26.

---

[2] OLG München JFGErg. 19, 123 = JVBl. 1939, 51 = DFG 1939, 45.
[3] KG JFGErg. 14, 60 = JW 1935, 2652 = JVBl. 1935, 198.
[4] AA LG München I Rpfleger 1989, 414 = KostRsp. Nr. 1 m. abl. Anm. *Lappe*.

5. Nacherbfolge (Nr. 5)

Den Eintritt der Nacherbfolge zeigen Vor- oder Nacherben dem Nachlassgericht an (§ 2146 Abs. 1 BGB). Wert: Nachlass oder Erbteil nach Schuldenabzug (Abs. 1 S. 1 Halbs. 1) bei Eintritt der Nacherbfolge. **28**

6. Testamentsvollstrecker (Nr. 6)

Die **Bestimmung** des Testamentsvollstreckers durch einen Dritten erfolgt durch Erklärung gegenüber dem Nachlassgericht, in öffentlich beglaubigter Form (§ 2198 Abs. 1 S. 2 BGB). Wert: § 30 Abs. 2 (arg. § 113 S. 2). **29**

Gleiches gilt für die Bestimmung von **Mitvollstreckern** oder eines **Nachfolgers** durch den Testamentsvollstrecker (§ 2199 BGB). Wert: wie Rn. 29. Wegen des Schuldners vgl. § 6 Rn. 10, § 107 Rn. 61 ff., § 109 Rn. 34. **30**

Annahme und **Ablehnung** sowie **Kündigung** des Testamentsvollstreckeramts werden ebenfalls gegenüber dem Nachlassgericht erklärt (§§ 2202 Abs. 1, 2226 S. 2 BGB). Wert: wie Rn. 29. Schuldner: § 6 S. 2. **31**

Bei Erklärungen über **mehrere** Testamentsvollstrecker: Rn. 12. **32**

7. Erbschaftskauf (Nr. 7)

Den Verkauf der Erbschaft (auch des Erbanteils, § 1922 Abs. 2 BGB) zeigen Verkäufer oder Käufer dem Nachlassgericht an (§ 2284 Abs. 1 BGB). Wert: Nachlass oder Erbteil nach Schuldenabzug (Abs. 2 S. 1 Halbs. 1). **33**

Das gilt auch bei **ähnlichen Verträgen** (§ 2385 Abs. 1 BGB). Wert: wie Rn. 33. **34**

8. Sonstige Erklärungen

Wegen sonstiger Erklärungen, insbesondere im Höferecht, s. Anhang B. **35**

9. Notare

Für die Gebühren der Notare (§§ 38 Abs. 3, 145 Abs. 1 S. 1, 45 Abs. 1) gilt § 112 Abs. 2 über den **Wert** entsprechend (§§ 141, 38 Abs. 3 Halbs. 2). Die **Gebührenfreiheit** (Abs. 3 Halbs. 2) betrifft sie nicht, sie bezieht sich nur auf Erklärungen zu gerichtlicher Niederschrift. Ergänzend finden die allgemeinen Vorschriften des Beurkundungsabschnitts Anwendung; insbesondere § 44, jedoch geht ihm bei **mehreren Ausschlagungen** die Sonderregelung des § 112 Abs. 2 S. 3 vor. **36**

§ 113 Testamentsvollstrecker

¹**Die Hälfte der vollen Gebühr wird erhoben für die Ernennung oder Entlassung von Testamentsvollstreckern und für sonstige anläßlich einer Testamentsvollstreckung zu treffenden Anordnungen.** ²**Der Wert bestimmt sich nach § 30 Abs. 2.**

Übersicht

	Rn.		Rn.
I. Ernennung von Testamentsvollstreckern	1–15	3. Mehrere Testamentsvollstrecker	24
1. Gebührentatbestand	1–8	4. Schuldner; Zurückweisung und Zurücknahme des Antrags	25, 26
2. Wert	9	III. Sonstige Anordnungen	27–40
3. Mehrere Testamentsvollstrecker	10–13	1. Gebührentatbestände	27–33
4. Schuldner	14, 15	2. Wert	34, 35
II. Entlassung von Testamentsvollstreckern	16–26	3. Mehrere Anordnungen	36
1. Gebührentatbestand	16–22	4. Schuldner; Zurückweisung und Zurücknahme des Antrags	37–40
2. Wert	23	IV. Notare	41

Lappe

§ 113

I. Ernennung von Testamentsvollstreckern

1. Gebührentatbestand

1 Gebührentatbestand ist die Ernennung durch das **Nachlassgericht** (§ 2200 BGB), sowohl die erstmalige als auch die spätere, nach der Entlassung eines Testamentsvollstreckers (Rn. 16).

2 **Nicht** hierher gehören die Bestimmung durch einen Dritten (§ 2198 BGB) oder den Testamentsvollstrecker selbst (§ 2199 BGB) – dazu § 112 Abs. 1 Nr. 6 –,

3 die Annahme des Testamentsvollstreckeramts (§ 2202 Abs. 2 BGB) – dazu ebenfalls § 112 Abs. 1 Nr. 6 –,

4 die Erteilung des Testamentsvollstreckerzeugnisses (§ 2368 BGB) – dazu § 109 Abs. 1 S. 1 Nr. 2 –,

5 die Fristsetzung zur Bestimmung durch einen Dritten (§ 2198 Abs. 2 BGB) – dazu Rn. 27 –,

6 die Fristsetzung für die Annahme (§ 2202 Abs. 3 BGB) – dazu Rn. 28 –.

7 Der Gebührentatbestand ist mit dem wirksamen Erlass (Einf. Rn. 57 ff.) des Ernennungsbeschlusses erfüllt.

8 Wegen des **Zusammenhangs** mit anderen Geschäften s. § 115.

2. Wert

9 Der Wert richtet sich nach § 30 Abs. 2 (S. 2); d. h. vor allem: nicht nach dem Wert des Nachlasses. Es gilt das § 109 Rn. 16–23 Ausgeführte. Zusätzlich sind Umfang und Schwierigkeit der Ernennung zu berücksichtigen.

3. Mehrere Testamentsvollstrecker

10 Bei mehreren Testamentsvollstreckern löst die Ernennung eines jeden eine besondere Gebühr aus.

11 Ist der Ernannte neben anderen **Alleinvollstrecker** (§ 2224 Abs. 1 S. 3 BGB), kommt keine oder nur eine geringe Wertminderung in Betracht.

12 Ist der Ernannte hingegen nur Vollstrecker bezüglich eines **Teiles des Nachlasses** (§ 2224 Abs. 1 S. 3 BGB), so wird ein entsprechender Wertteil zugrunde gelegt.

13 Handelt es sich um einen Mitvollstrecker, der nur **gemeinschaftlich** mit einem oder mehreren anderen handeln kann (§ 2224 Abs. 1 S. 1 Halbs. 1 BGB), liegt der Teilwert nach Kopfteilen nahe.

4. Schuldner

14 Die Ernennung erfolgt **von Amts wegen,** das Ersuchen des Erblassers (§ 2200 Abs. 1 BGB) ist kein Antrag im verfahrensrechtlichen Sinne. Schuldner sind daher der oder die Erben (§§ 2 Nr. 2, 6 S. 1). Die Kostenschuld ist Nachlassverbindlichkeit (§ 1967 Abs. 2 BGB), die Haftung der Erben also ggf. auf den Nachlass beschränkt (§§ 2058 ff. BGB).

15 Lehnt das Nachlassgericht die Ernennung ab, so liegt darin keine Zurückweisung eines Antrags, so dass § 130 nicht anzuwenden ist.

II. Entlassung von Testamentsvollstreckern

1. Gebührentatbestand

16 Gebührentatbestand ist die Entlassung durch das **Nachlassgericht** (§ 2227 BGB).

17 **Nicht** hierher gehören
die Ablehnung des Testamentsvollstreckeramts (§ 2202 BGB) – dazu § 112 Abs. 1 Nr. 6 –,

18 die Kündigung des Testamentsvollstreckeramts (§ 2226 BGB) – dazu ebenfalls § 112 Abs. 1 Nr. 6 –.

19 Der Gebührentatbestand ist mit dem wirksamen Erlass (Einf. Rn. 57 ff.) des Beschlusses erfüllt.

Einstweilige Anordnungen im Entlassungsverfahren sind mangels einer Gebührenvorschrift – wie generell nach der KostO – gebührenfrei (§ 1). 20

Bei Entlassung und Ernennung im selben Beschluss werden die Gebühren gesondert erhoben. 21

Wegen des **Zusammenhangs** mit anderen Geschäften s. § 115. 22

2. Wert

Für den Wert gilt das in Rn. 9 Ausgeführte. Der Wert kann – und wird häufig – höher sein als bei der Ernennung, wenn nämlich **Umfang und Bedeutung** des Entlassungsverfahrens größer sind. 23

3. Mehrere Testamentsvollstrecker

Bei mehreren Testamentsvollstreckern gilt das Rn. 10–13 Ausgeführte entsprechend. 24

4. Schuldner; Zurückweisung und Zurücknahme des Antrags

Schuldner sind der oder die **Antragsteller** (§ 2 Nr. 1), wenn sie Erben sind (§ 6 S. 1). Sie schulden die Kosten als Nachlassverbindlichkeit (§ 1967 Abs. 2 BGB), ihre Haftung ist also ggf. auf den Nachlass beschränkt (§§ 2058 ff. BGB). 25

Bei **Zurückweisung** und **Zurücknahme** des Antrags: § 130. 26

III. Sonstige Anordnungen

1. Gebührentatbestände

Gebührentatbestände sind die **Fristsetzung** gegenüber einem Dritten zur Bestimmung eines Testamentsvollstreckers (§ 2198 Abs. 2 BGB), 27

die Fristsetzung gegenüber dem Ernannten zur Annahme des Amts (§ 2202 Abs. 3 S. 1 BGB), 28

die **Außerkraftsetzung** von Anordnungen des Erblassers (§ 2216 Abs. 2 S. 2 BGB), 29

die Entscheidung von **Meinungsverschiedenheiten** zwischen mehreren Testamentsvollstreckern (§ 2224 Abs. 1 S. 1 Halbs. 2 BGB), 30

sonstige Anordnungen, die das Nachlassgericht für zulässig hält, sofern nicht § 16 eingreift. 31

Nicht unter diesen Gebührentatbestand fallen von speziellen Gebührenvorschriften erfasste Geschäfte, wie Erteilung und Einziehung eines Testamentsvollstreckerzeugnisses (§§ 109 Abs. 1 S. 1 Nr. 2, 112 Abs. 1 Nr. 6). 32

Gebührenfrei sind ebenfalls – mangels einer ausdrücklichen Gebührenvorschrift – **einstweilige Anordnungen** (§ 1). – Wegen des **Zusammenhangs** mit anderen Geschäften s. § 115. 33

2. Wert

Der Wert bestimmt sich nach § 30 Abs. 2 (S. 2). Das bedeutet, dass bei den **Fristsetzungen** (Rn. 27, 28) nicht der Wert des Testamentsvollstreckeramts (Rn. 9), sondern ein geringerer Wert zu nehmen ist, im Regelfall etwa $1/5$ davon; 34

und dass bei **Anordnungen** (Rn. 29) und **Meinungsverschiedenheiten** (Rn. 30) nicht der Gegenstand der Anordnung oder Meinungsverschiedenheit nach §§ 18 ff. zu bewerten ist, vielmehr das Aufhebungs- oder Regelungsinteresse, regelmäßig mit einem Bruchteil jenes Werts. 35

3. Mehrere Anordnungen

Bei mehreren Anordnungen ist die Gebühr bezüglich einer jeden gesondert zu erheben. Das gilt auch, wenn über mehrere Anordnungen oder Meinungsverschiedenheiten in einem Beschluss entschieden wird. 36

4. Schuldner; Zurückweisung und Zurücknahme des Antrags

Schuldner sind, da sämtliche Verfahren Antragsverfahren sind, der oder die **Antragsteller** (§ 2 Nr. 1). 37

Lappe

§ 114

38 **Erben** schulden die Kosten als Nachlassverbindlichkeit (§ 1967 Abs. 2 BGB), ihre Haftung ist also ggf. auf den Nachlass beschränkt (§§ 2058 ff. BGB).

39 Der **Testamentsvollstrecker** als Antragsteller haftet nur mit dem Nachlass, außerdem verpflichtet er die Erben (§ 3 Nr. 3, § 2206 BGB).

40 Bei **Zurückweisung** und **Zurücknahme** von Anträgen gilt § 130.

IV. Notare

41 § 113 gilt nicht (§ 141) für die Ernennung eines Testamentsvollstreckers durch den Notar oder Tätigkeiten des Notars als Testamentsvollstrecker, weil es sich hierbei nicht um seine Amtsgeschäfte handelt (vgl. § 8 Abs. 4 BNotO).

§ 114 Nachlaßinventar, Fristbestimmungen

Die Hälfte der vollen Gebühr wird erhoben

1. für die Entgegennahme eines Nachlassinventars, für die Bestimmung einer Inventarfrist oder einer neuen Inventarfrist und für die Verlängerung der Inventarfrist, einschließlich der Anordnung wegen Aufnahme des Inventars durch einen Notar oder einen sonstigen zuständigen Beamten; maßgebend ist der Wert des Nachlasses nach Abzug der Schulden;
2. für die Fristbestimmungen nach §§ 2151, 2153 bis 2155, 2192, 2193 des Bürgerlichen Gesetzbuchs.

Übersicht

	Rn.		Rn.
I. Nachlassinventar (Nr. 1)	1–19	II. Fristbestimmungen (Nr. 2)	20–28
1. Entgegennahme	1–9	1. Gebührentatbestand	20
2. Inventarfrist	10–13	2. Wert	21, 22
3. Neue Inventarfrist	14–16	3. Mehrheit von Gegenständen und	
4. Verlängerung der Inventarfrist	17, 18	Geschäften	23–26
5. Mehrere Geschäfte	19	4. Schuldner; Zurückweisung und	
		Zurücknahme	27, 28
		III. Notare	29

I. Nachlassinventar (Nr. 1)

1. Entgegennahme

1 Bei der Entgegennahme eines Nachlassinventars (§ 1993 BGB) ist der Gebührentatbestand mit dem **Eingang** des Inventars beim Nachlassgericht erfüllt (vgl. § 112 Rn. 1).

2 Die Gebühr fällt auch dann an, wenn das Nachlassgericht das Inventar selbst aufgenommen oder die Aufnahme einer Behörde, einem Beamten oder einem Notar übertragen hat (§ 2003 BGB). Im ersten Falle ist der Gebührentatbestand mit der **Fertigstellung** des Inventars erfüllt.

3 Dem Eingang des Inventars steht die Erklärung über die **Bezugnahme** auf ein bereits eingereichtes Inventar (§ 2004 BGB) gleich.

4 Die Gebühr gilt die Anordnung der Aufnahme durch eine Behörde, einen Beamten oder einen **Notar** (§ 2003 Abs. 1 BGB) ab.

5 Die Mitwirkung des Nachlassgerichts (§ 2002 BGB) oder die Aufnahme durch das Nachlassgericht (§ 2003 Abs. 1 S. 1 Alt. 1 BGB) löst zusätzlich die **Gebühr des § 52 Abs. 1** aus. Das gilt auch für einen Notar (§ 141) und einen Gerichtsvollzieher (§ 12 Abs. 1 GvKostG).

6 Die Gebühr des **§ 49** für die eidesstattliche Versicherung (§ 2006 BGB) fällt neben der Gebühr des § 52 nicht an (§ 49 Abs. 1). Dies muss auch dann gelten, wenn die Gebühr des § 52 dem Notar oder Gerichtsvollzieher zusteht, weil sich sonst eine zufällige Ungleichheit ergeben würde.

Geschäftswert ist der Wert des Nachlasses nach Schuldenabzug (Nr. 1 Teils. 2; vgl. 7
§ 107 Rn. 11 ff.) zum Zeitpunkt der Entgegennahme (§ 18 Abs. 1).
Schuldner sind der oder die Erben (§ 6). 8
Das gilt wegen § 2063 BGB auch bei Errichtung des Inventars durch einen Miterben. 9
Da die Kostenschuld Nachlassverbindlichkeit ist, lässt sich dies unter dem Gesichtspunkt
der Verhältnismäßigkeit vertreten.

2. Inventarfrist

Bei der Inventarfrist (§ 1994 BGB) ist der Gebührentatbestand mit der wirksamen Frist- 10
bestimmung (Einf. Rn. 57 ff.) erfüllt.

Der **Geschäftswert** wird auch hier durch den Reinwert des Nachlasses (Nr. 1 Teils. 2) 11
gebildet, er kann jedoch nicht höher sein als die Forderung des antragstellenden Gläubigers, mehr wäre unverhältnismäßig (verfassungskonforme Auslegung).

Schuldner ist der Antragsteller (§ 2 Nr. 1); denn die Gebühr entsteht nicht „durch die 12
Errichtung eines Nachlassinventars" (§ 6), es ist keineswegs sicher, dass das Inventar überhaupt errichtet wird.

Zurückweisung und **Zurücknahme** des Antrags: § 130. 13

3. Neue Inventarfrist

Bei Bestimmung einer neuen Inventarfrist (§§ 1996, 2005 BGB) gelten Rn. 10–13 ent- 14
sprechend.

Der **Geschäftswert** wird beim Antrag eines Miterben aus den Gründen Rn. 11 durch 15
dessen Anteil begrenzt,

bei Ergänzung des Inventars durch den Gegenstand der Ergänzung (vgl. § 18 Abs. 1). 16

4. Verlängerung der Inventarfrist

Bei Verlängerung der Inventarfrist (§ 1995 Abs. 3 BGB) gelten ebenfalls Rn. 10–13 ent- 17
sprechend.

Hier den **Wert** des Reinnachlasses zugrunde zu legen, ist ebenso unverhältnismäßig wie 18
bei Rn. 11, 15. Nach allgemeinen Bewertungsregeln kann nur das „Verlängerungsinteres-
se" den Wert bilden, es ist mit einem Bruchteil des Wertes Rn. 11 anzunehmen.

5. Mehrere Geschäfte

Bei mehreren Geschäften nach Nr. 1 lässt jeder Gebührentatbestand die Gebühr geson- 19
dert anfallen. Die Ergänzung eines Inventars ist jedoch kein neues Geschäft, sie kann allerdings zu einer Änderung des Geschäftswerts führen. S. iÜ § 115.

II. Fristbestimmungen (Nr. 2)

1. Gebührentatbestand

Der Gebührentatbestand ist mit der wirksamen (Einf. Rn. 57 ff.) Fristbestimmung erfüllt. 20

2. Wert

Geschäftswert ist der Wert des Gegenstands des Vermächtnisses oder der Auflage nach 21
den §§ 18 ff.,

beim Wahlvermächtnis (§ 2154 BGB) der Wert des Gegenstands mit dem höchsten 22
Wert.

3. Mehrheit von Gegenständen und Geschäften

Handelt es sich um **mehrere Gegenstände,** so sind die Werte zusammenzurechnen; 23
denn es wird nicht bezüglich der einzelnen Gegenstände eine Frist gesetzt, sondern bezüglich des einzelnen Vermächtnisses oder der einzelnen Auflage.

Mehrere Fristbestimmungen iS der Nr. 2 lösen hingegen besondere Gebühren aus. 24
Das gilt auch dann, wenn die Frist gemeinsam bestimmt wird, aber mehrere Vermächt- 25
nisse bzw. Auflagen betrifft.

S. iÜ § 115. 26

§ 115

4. Schuldner; Zurückweisung und Zurücknahme

27 Schuldner ist der Antragsteller (§ 2 Nr. 1).
28 Zurückweisung und Zurücknahme des Antrags: § 130.

III. Notare

29 Für die Geschäfte des § 114 ist der Notar nicht zuständig. S. jedoch Rn. 5, 6.

§ 115 Gebührenfreie Erledigung in den Fällen der §§ 112 bis 114

Die in §§ 112 bis 114 aufgeführten Verrichtungen bleiben gebührenfrei, wenn sie im Zusammenhang mit einem anderen nach den Vorschriften dieses Unterabschnitts gebührenpflichtigen Verfahren stehen.

Übersicht

	Rn.		Rn.
I. Normzweck	1–5	IV. Einzelfälle: Zusammenhang	17–23
II. Zusammenhang	6–10	V. Einzelfälle: kein Zusammenhang	24–28
III. Gebührenbefreiung	11–16	VI. Notare	29

I. Normzweck

1 Die Vielzahl der nachlassgerichtlichen Einzelgeschäfte und der dafür im 5. Unterabschnitt vorgesehenen Einzelgebühren bringt die Gefahr einer unangemessenen oder gar unvertretbaren **Gebührenhäufung** mit sich. Ihr beugen bereits **Einzelvorschriften** vor: §§ 103 Abs. 2, 106 Abs. 2, 108 S. 3, 109 Abs. 1 S. 1 Nr. 2 Teils. 2, 110 Abs. 2, 117 Abs. 2 S. 3. § 115 ergänzt diese Regelungen dahin, dass die in § 115 genannten Geschäfte gebührenfrei bleiben, wenn sie mit Geschäften des 5. Unterabschnitts zusammentreffen.

2 Das bezieht sich sowohl auf die Gebühren der §§ 101 bis 111 und 116 bis 117
3 als auch auf die Gebühren der §§ 112 bis 114 selbst
4 bis hin zur mehrfach entstandenen selben Gebühr.
5 § 115 erfasst **nicht** Beurkundungs- und ähnliche Gebühren, auch wenn Vorschriften des 5. Unterabschnitts auf sie Bezug nehmen (wie § 107 Abs. 1 S. 2); erst recht nicht Beschwerdeverfahren.[1]

II. Zusammenhang

6 Den Befreiungstatbestand bildet der „Zusammenhang". Er ist erfüllt, wenn das eine Geschäft das andere **vorbereitet**, es **veranlasst** oder seine Erledigung **fördert** (allgM). Hingegen reicht der Umstand, dass die Geschäfte denselben Nachlass oder Erbteil oder sonstigen Gegenstand betreffen, nicht aus.

7 Aus dieser Definition folgt, dass die in den §§ 112 bis 114 genannten Geschäfte den anderen **voraufgehen, gleichzeitig** erledigt werden oder **später** anfallen können.

8 Weiter gehört – vom Normzweck her – zum Befreiungstatbestand, dass die mehreren Geschäfte **denselben Gegenstand** – d. h. insbesondere: denselben Nachlass oder Erbteil – betreffen. Bezieht sich hingegen das eine Geschäft auf Erbteil I und das zweite auf Erbteil II, so fehlt es am Zusammenhang iS des § 115.

9 Daraus folgt, dass § 115 auch bei einem **Teilzusammenhang** anzuwenden ist, wenn also das eine Geschäft den ganzen Nachlass und das andere nur ein Erbteil betrifft. Fällt das Erbteilsgeschäft unter die §§ 112 bis 114, bleibt es gebührenfrei, fällt hingegen das Nachlassgeschäft darunter, wird die Gebühr nur nach dem den Erbteil übersteigenden Nachlass erhoben. Entsprechendes gilt für andere Gegenstände.

10 Die Begriffe „Verrichtungen" und „Verfahren" in § 115 geben nichts für die Auslegung her. Gemeint sind die gebührenpflichtigen Geschäfte (§ 2 Rn. 6 ff.) des Unterabschnitts.

---

[1] OLG Braunschweig JurBüro 1981, 1717 = KostRsp. Nr. 1.

III. Gebührenbefreiung

Die Geschäfte der §§ 112 bis 114 bleiben bei Erfüllung des Befreiungstatbestands gebührenfrei. Entstehen die Gebühren zeitlich mit oder nach dem Zusammenhangsgeschäft, werden sie **nicht erhoben;** 11

sind sie bereits vorher entstanden und gezahlt, **fallen sie wieder weg** (was in der Mehrzahl der praktischen Fälle auf eine Anrechnung auf die spätere Gebühr hinausläuft). 12

Dass für das erste Geschäfte – nach den Vorschriften des 5. Unterabschnitts – tatsächlich eine Gebühr erhoben wird, ist allerdings nicht Voraussetzung für die Anwendung des § 115. Er greift auch dann ein, wenn die erste Gebühr wegen persönlicher oder sachlicher Gebührenfreiheit, Prozesskostenhilfebewilligung oder Aussichtslosigkeit der Einziehung (§ 10 KostVfg.) **außer Ansatz** bleibt. 13

Ist das erste Geschäft hingegen nach Einzelvorschriften dieses Unterabschnitts (Rn. 1) gebührenfrei, so sind die Gebühren der §§ 112 bis 114 zu erheben. 14

Des Weiteren fallen die Gebühren der §§ 112 bis 114 selbst dann weg, wenn sie von **einem anderen geschuldet** werden als die „Erstgebühren" des 5. Unterabschnitts. Das mag teils über den Normzweck des § 115 (Rn. 1) hinausgehen, sein insoweit eindeutiger Wortlaut lässt jedoch keine Einschränkung für solche Fälle zu, ein gewichtiges Argument fehlt. 15

Anders liegt es bei den Gebühren der **§§ 112 bis 114 untereinander.** Insoweit lässt sich nicht logisch feststellen (vgl. Rn. 7), welche Gebühr wegfällt und welche bestehen bleibt. Zwar wird nur eine Gebühr erhoben, geschuldet wird sie jedoch von den Schuldnern aller – ohne Berücksichtigung des § 115 – entstandenen Gebühren, als Gesamtschuldnern (§ 5), wobei die Haftung des einzelnen auf den Betrag der von ihm „an sich" geschuldeten Gebühr begrenzt ist. 16

IV. Einzelfälle: Zusammenhang

Im Zusammenhang stehen: 17

Bestimmung einer Inventarfrist, Verlängerung, Neubestimmung, Entgegennahme des **Inventars** (nur eine statt vieler Gebühren nach § 114 Nr. 1).

Bestimmung einer Frist zur Annahme des **Testamentsvollstreckeramts,** Entgegennahme der Annahmeerklärung, Erteilung des Testamentsvollstreckerzeugnisses (statt Gebühren nach §§ 113 S. 1, 112 Abs. 1 Nr. 6 und 109 S. 1 Nr. 2 nur Gebühr nach § 109 S. 1 Nr. 2).[2] 18

Ernennung des **Testamentsvollstreckers** und Erteilung des Testamentsvollstreckerzeugnisses (statt Gebühren nach §§ 113 und 109 S. 1 Nr. 2 nur Gebühr nach § 109 S. 1 Nr. 2).[3] 19

Entgegennahme der **Erbausschlagung** und Erteilung des Erbscheins an den – nächstberufenen – Erben (statt Gebühren nach §§ 112 Abs. 1 Nr. 2 und 107 Abs. 1 S. 1 nur Gebühr nach § 107 Abs. 1 S. 1).[4] 20

Ernennung mehrerer Nachfolger durch einen **Testamentsvollstrecker,** die nacheinander berufen sein sollen (statt mehrerer nur eine Gebühr nach § 113).[5] 21

nach Wegfall des ersten **Testamentsvollstreckers** Entgegennahme der Ablehnung des Testamentsvollstreckeramts durch den Erstberufenen, der Annahme durch den Zweitberufenen, Erteilung eines neuen Testamentsvollstreckerzeugnisses (statt zwei Gebühren nach § 112 Abs. 1 Nr. 6 und einer Gebühr nach § 109 Abs. 1 S. 1 Nr. 2 letzter Teilsatz nur eine Gebühr nach § 109 Abs. 1 S. 1 Nr. 2).[6] 22

Entgegennahme mehrerer **Anfechtungen** einer letztwilligen Verfügung, wenn jede den ganzen Nachlass betrifft (statt mehrerer nur eine Gebühr nach § 112 Abs. 1 Nr. 4); sonst Rn. 8. 23

---

[2] KGJ 28 B 8.
[3] KGJ 52, 282.
[4] OLG Düsseldorf Rpfleger 1991, 999.
[5] KG JFGErg. 20, 145 = JVBl. 1939, 279.
[6] KG JFGErg. 13, 113 = JVBl. 1935, 56.

§ 116

V. Einzelfälle: kein Zusammenhang

24 Nicht im Zusammenhang stehen:
Eröffnung des Testaments und Entgegennahme der **Erbausschlagung** oder der Erklärung über die Annahme (Ablehnung) des Testamentsvollstreckeramts (Gebühren nach §§ 102 und 112 Abs. 1 Nr. 2 bzw. 6).[7]

25 Entgegennahme der Erklärungen mehrerer (Mit-)**Testamentsvollstrecker** über die Ernennung je eines Nachfolgers (mehrfache Gebühren nach § 113; s. Rn. 8).

26 Nachlasspflegschaft und Entgegennahme der **Erbschaftsausschlagung** (Gebühren nach §§ 106 Abs. 1 und 112 Abs. 1 Nr. 2).

27 Nachlasssicherung durch Nachlasspflegschaft oder auf andere Weise und **Inventarerrichtung** (Gebühren nach §§ 106 Abs. 1 oder 104 Abs. 1 und 114 Nr. 1).

28 Das gilt auch, wenn der Erbe sich auf ein im Rahmen der Nachlasspflegschaft errichtetes Inventar beruft (§ 2004 BGB), der „Zusammenhang" wäre hier äußerlich und zufällig.

VI. Notare

29 § 115 gilt nicht für die Notargebühr des § 112 Abs. 3 (dort Rn. 36).

§ 116 Gerichtliche Vermittlung der Auseinandersetzung

(1) ¹Für die gerichtliche Vermittlung der Auseinandersetzung eines Nachlasses oder des Gesamtguts einer Gütergemeinschaft, einschließlich des vorangegangenen Verfahrens, wird das Vierfache der vollen Gebühr erhoben. ²Die Gebühr ermäßigt sich

1. auf das Doppelte der vollen Gebühr, wenn das Verfahren ohne Bestätigung der Auseinandersetzung abgeschlossen wird;
2. auf die Hälfte der vollen Gebühr, wenn sich das Verfahren vor Eintritt in die Verhandlung durch Zurücknahme oder auf andere Weise erledigt.

³Die Vorschriften des § 59 gelten entsprechend.

(2) Wird mit einem Dritten vor dem Teilungsgericht zum Zweck der Auseinandersetzung ein Vertrag geschlossen, so wird von dem Dritten die Hälfte der nach dem Beurkundungsabschnitt zu berechnenden Gebühr erhoben.

(3) Für die Beurkundung einer vertragsmäßigen Auseinandersetzung, für die Aufnahme von Vermögensverzeichnissen und Schätzungen sowie für Versteigerungen werden die Gebühren nach Maßgabe des Beurkundungsabschnitts besonders erhoben.

(4) Wird die Vermittlung der Auseinandersetzung einem Notar übertragen, so wird je die Hälfte der vollen Gebühr erhoben
1. für das gerichtliche Verfahren, einschließlich der Anordnung von Beweisaufnahmen,
2. für die Bestätigung der Auseinandersetzung.

(5) ¹Die Gebühr bestimmt sich nach dem Wert der den Gegenstand der Auseinandersetzung bildenden Vermögensmasse. ²Dabei werden die Werte mehrerer Massen, die in demselben Verfahren auseinandergesetzt werden, zusammengerechnet. ³Trifft die Auseinandersetzung des Gesamtguts einer Gütergemeinschaft mit der Auseinandersetzung des Nachlasses eines Ehegatten zusammen, so wird die Gebühr einheitlich nach dem zusammengerechneten Wert des Gesamtguts und des übrigen Nachlasses erhoben.

(6) Für die Kosten des Verfahrens (Absätze 1 und 4) haften die Anteilsberechtigten als Gesamtschuldner.

---

[7] KG JFGErg. 4, 253.

Gerichtliche Vermittlung der Auseinandersetzung **§ 116**

Übersicht

	Rn.		Rn.
I. Anwendungsbereich	1–5	VI. Wert	32–38
II. Gebührentatbestand, Gebührenermäßigung	6–13	VII. Mehrere Massen	39–42
		VIII. Schuldner, Vorschuss	43–51
III. Abgeltung, Nebengebühren	14–26	IX. Zwangsvollstreckung	52
IV. Nachtragsvermittlung	27, 28	X. Notare	53
V. Übertragung an einen Notar	29–31		

I. Anwendungsbereich

§ 116 gilt für die Vermittlung der Auseinandersetzung eines Nachlasses (§§ 86 ff. FGG) **1**
und einer Gütergemeinschaft (§ 99 FGG) durch das **Gericht;**
desgleichen durch den **Notar,** wenn dieser kraft Gesetzes (Landesrechts, Art. 147 **2**
EGBGB, § 20 Abs. 5 BNotO) zuständig ist (§ 148 Abs. 1);
desgleichen durch eine **Behörde** (ebenfalls nach Landesrecht, Art. 147 EGBGB, § 159 **3**
S. 2);
und zwar auch, wenn die Auseinandersetzung **von Amts wegen** vermittelt wird (§ 192 **4**
FGG).
Wird die Auseinandersetzung dem **Notar durch das Gericht** übertragen, so richten **5**
sich die Gerichtsgebühren nach Abs. 4 und die Notargebühren nach § 148 Abs. 2.

II. Gebührentatbestand, Gebührenermäßigung

Gebührentatbestand ist, wie sich aus Abs. 1 in seiner Gesamtheit ergibt, das Vermitt- **6**
lungsverfahren. Die Gebühr entsteht folglich mit dem **Eingang** des Antrags (§ 86 FGG).
Wird das Verfahren durchgeführt, endet es also mit der **Bestätigung** des Auseinander- **7**
setzungsplans (§ 93 FGG), fällt die vierfache Gebühr an (Abs. 1 S. 1). Diese Bestätigung ist abzugrenzen gegen die Bestätigung einer Vereinbarung über vorbereitende Maßregeln (§ 91 Abs. 2, Abs. 3 S. 4 FGG), sie bleibt gebührenrechtlich ohne Bedeutung.
Bei **vorzeitiger Beendigung** ist zu unterscheiden: **8**
– Der Vermittlungsantrag (§§ 86, 87 FGG) wird **zurückgewiesen:** halbe Gebühr (Abs. 1 S. 2 Nr. 2; nicht § 130).
– Das Verfahren wird zwar eingeleitet, es **erledigt** sich jedoch **vor** Eintritt in die erste **9**
mündliche Verhandlung (Rn. 11) durch Antragsrücknahme, Ruhen – etwa weil zum Verhandlungstermin niemand erschienen ist –, Abschluss eines Auseinandersetzungsvertrags (Rn. 19) oder auf sonstige Weise: halbe Gebühr (Abs. 1 S. 2 Nr. 2).
– Das Verfahren **erledigt** sich **nach** Eintritt in die **mündliche Verhandlung** (Rn. 11), **10**
jedoch vor wirksamer (Einf. Rn. 57 ff.) Bestätigung des Auseinandersetzungsplans (§ 93 FGG): doppelte Gebühr (Abs. 1 S. 2 Nr. 1).
Der „Eintritt" in die mündliche Verhandlung muss – weil eine Regelung sowohl im **11**
FGG generell als auch speziell in den §§ 86 ff. fehlt – nach allgemeinen Grundsätzen (vgl. insbesondere § 137 Abs. 1 ZPO) mit dem Beginn der **Sacherörterung** angenommen werden, also noch nicht mit dem Aufruf der Sache oder der Feststellung der Erschienenen.
Im **Amtsverfahren** (Rn. 4) wird der Gebührentatbestand mit der ersten auf Durchfüh- **12**
rung des Verfahrens gerichteten gerichtlichen (notariellen, behördlichen) Maßnahme erfüllt.
Seine Einstellung ist Erledigung iS des Abs. 1 S. 2 Nr. 2. **13**

III. Abgeltung, Nebengebühren

Die Gebühr des Abs. 1 S. 1, 2 gilt das gesamte Verfahren ab. **14**
Neben ihr werden erhoben: **15**
– die Gebühr des § 59 für die Beurkundung (insbesondere §§ 91 Abs. 1 S. 2, Abs. 2 S. 2, 93 Abs. 1 S. 3 FGG) von Erklärungen in **fremder Sprache** (Abs. 1 S. 3) – nicht also

§ 116

schon bei Entgegennahme sonstiger fremdsprachiger Erklärungen in der Verhandlung –. Dabei tritt an die Stelle der Beurkundungsgebühren der §§ 36 ff. die Gebühr des Abs. 1 S. 1, 2.

16 – die Gebühr des § 106 Abs. 1 S. 1 für die **Abwesenheitspflegschaft** des § 88 FGG.

17 – die Gebühr des § 95 Abs. 1 Nr. 1 für **vormundschaftsgerichtliche Genehmigungen** (§ 97 Abs. 2 FGG).

18 – die Beurkundungsgebühr der §§ 36 ff. für einen **Vertrag mit einem Dritten** – also nicht einem Miterben! –, jedoch nur zur Hälfte (Abs. 3). Dabei findet § 44 im Verhältnis zu der Gebühr des Abs. 1 S. 1, 2 keine Anwendung (anders Rn. 19).

19 – die Gebühr der §§ 36 ff. für die Beurkundung eines das Verfahren – ähnlich einem Vergleich (daher auch die gerichtliche Beurkundungszuständigkeit) – ganz oder teilweise beendenden **Erbauseinandersetzungsvertrags** (Abs. 2). Sie ist abzugrenzen gegen die Beurkundung der Auseinandersetzung gemäß dem gerichtlichen Plan (§ 93 Abs. 1 S. 2 FGG), die durch die Gebühr des Abs. 1 S. 1, 2 abgegolten wird.

20 – die Gebühr des § 52 für die Aufnahme von **Vermögensverzeichnissen** (Rn. 23).

21 – die Gebühr des § 50 Abs. 1 Nr. 4 für die Aufnahme von **Schätzungen** (Rn. 23).

22 – die Gebühr des § 124 für die **Offenbarungsversicherung** von Hausgenossen (§ 2028 Abs. 2 BGB; Rn. 23).[1]

23 Insbesondere bei Rn. 20–22 muss es sich jedoch um die förmliche Erfüllung der genannten Gebührentatbestände – wenn auch zufolge § 87 Abs. 2 S. 2 FGG – handeln und nicht nur um gerichtliche Tätigkeiten (§ 12 FGG) innerhalb des Vermittlungsverfahrens.

24 – die **Zusatzgebühr des § 58** zu den Nebengebühren; in aller Regel wird es allerdings im gerichtlichen Verfahren an einer konkreten Veranlassung der Beteiligten fehlen.

25 Werden mit der verfahrensmäßigen Beurkundung der Auseinandersetzung Vollzugserklärungen (**Grundbuchbewilligungen, Handelsregisteranmeldungen** usw.) beurkundet, so gehören sie zwar bei einer engen Betrachtung nicht zum Auseinandersetzungsplan, gleichwohl wird jedoch allgemein die entsprechende Anwendung des § 44 vertreten.

26 S. iÜ § 115.

IV. Nachtragsvermittlung

27 Werden später Nachlassgegenstände ermittelt, so hängen die Gebühren – bis zur Grenze des § 16 – von dem verfahrensmäßigen Vorgehen ab. Nimmt das Gericht das Verfahren **wieder auf,** weil der Nachlass von Amts wegen zu ermitteln ist, wird nur die aus dem erhöhten Wert entstehende Gebührendifferenz nacherhoben;

28 führt es hingegen ein **neues Verfahren,** sind gesonderte Gebühren anzusetzen.

V. Übertragung an einen Notar

29 Bei Übertragung der Auseinandersetzung auf einen Notar tritt an die Stelle der Gebühr des Abs. 1 S. 1, 2

30 – eine halbe **Verfahrensgebühr** (Abs. 4 Nr. 1); auch sie entsteht mit dem Eingang des Antrags.

31 – eine halbe **Bestätigungsgebühr** (Abs. 4 Nr. 2) – mit der Wirksamkeit (Einf. Rn. 57 ff.) der Bestätigung – (wie Rn. 7).

VI. Wert

32 Geschäftswert ist das zur Auseinandersetzung stehende **Vermögen** (Abs. 5 S. 1), im Einzelnen nach den §§ 18 ff. bewertet, ohne Schuldenabzug (vgl. § 107 Rn. 11 ff.).

33 **Ausgleichsverpflichtungen** (§ 2050 BGB) gehören nicht zur Masse,[2]

34 wohl aber Forderungen des Erblassers gegen Miterben.[3]

---

[1] KG OLGE 9, 221.
[2] KGJ 39 B 55.
[3] Vgl. KGJ 27 B 23.

Gerichtliche Vermittlung der Auseinandersetzung **§ 116**

Die gesamte Masse soll auch dann wertbestimmend sein, wenn der Vermittlungsantrag 35
nur wegen eines **einzelnen strittigen Punktes** gestellt wird.[4] Hier ist jedoch heute im
Hinblick auf den Verfassungsgrundsatz der Verhältnismäßigkeit Zurückhaltung geboten:
Entspricht die „gerichtliche Leistung" nicht dem Gesamtwert, ist er niedriger (§ 30 Abs. 1)
anzunehmen.

Erledigt sich das Verfahren bzgl. eines Teils durch den Abschluss eines Erbauseinander- 36
setzungsvertrags, so wird die doppelte Verfahrensgebühr aus dem erledigten und die vierfache Gesamtgebühr aus dem bestätigten Teil erhoben, höchstens jedoch die vierfache Gebühr aus der Wertesumme (wie §§ 44 Abs. 1 S. 2, 100 Abs. 2, § 36 Abs. 3 GKG).

Entsprechendes gilt bei **Teilrücknahme** u. Ä. (etwa im Fall des § 95 S. 2 FGG). 37

Beschränkt sich die Auseinandersetzung auf das Ausscheiden eines **Miterben**, so bildet 38
nur dessen Erbteil den Wert.

VII. Mehrere Massen

Das Verfahren findet nach einem Erblasser statt (§ 86 Abs. 1 FGG). Jeder Erblasser zieht 39
mithin ein gesondertes Verfahren nach sich. Sind jedoch ausnahmsweise mehrere Massen
im selben Verfahren auseinander zu setzen, etwa weil der Erblasser selbst auch Mitglied einer ungeteilten Erbengemeinschaft war, so werden die Werte zusammengerechnet (Abs. 5
S. 2).

Gehören **dieselben Gegenstände** zu beiden Massen, so sind ihre Werte dabei zweimal 40
anzusetzen. (Bereits in der Werteaddition liegt eine erhebliche Vergünstigung gegenüber
getrennten Gebühren aus getrennten Werten!)

Die rein „bürokratische Zusammenvermittlung in **derselben Akte**" reicht zur Anwen- 41
dung des Abs. 5 S. 2 nicht aus, denn rechtlich handelt es sich dann um zwei Verfahren.

Entsprechendes gilt für die gemeinsame Auseinandersetzung von **Gütergemeinschaft** 42
und Nachlass (Abs. 5 S. 3); damit bleibt zugleich ein zum Nachlass gehörender Gesamtgutanteil bei dessen Wert („übriger Nachlass") außer Betracht.

VIII. Schuldner, Vorschuss

Schuldner der Gebühren des § 116 und der Auslagen sind der oder die Antragsteller (§ 2 43
Nr. 1),

bei einer Auseinandersetzung **von Amts wegen** (Rn. 4) die Erben (§ 2 Nr. 2); 44

die Schuldner der **Nebengebühren** (Rn. 15 ff.) richten sich nach den einzelnen Ge- 45
schäften.

Wird der Antrag nicht von einem Miterben (Mitberechtigten) gestellt, sondern von ei- 46
nem **Dritten** – etwa einem Pfandgläubiger –, so schuldet er die Gebühren höchstens aus
dem Wert seines Pfandrechts; der volle Wert wäre unverhältnismäßig (verfassungskonforme
Auslegung).

Die nicht antragstellenden **Miterben** (Mitberechtigten) haften mit den Antragsteller- 47
Schuldnern als Gesamtschuldner (Abs. 6). Das lässt sich selbst bei einem geringen Anteil
vertreten, weil die Kosten Nachlassverbindlichkeit sind und im Innenverhältnis dem Nachlass zur Last fallen (vgl. §§ 1967 Abs. 2, 2042 Abs. 2, 755, 748 BGB).

Auch säumige Miterben haften.[5] 48

Von der Mithaft müssen ausgenommen werden die durch eine **Zurückweisung** oder **Zu-** 49
rücknahme entstandenen Kosten, insoweit lässt sich nur § 2 Nr. 1 anwenden; Abs. 6 enthält
hier eine „negative Lücke", die methodisch diese Einschränkung gebietet.[6]

Landesrechtliche **Kostentragungsvorschriften** – zB Art. 28 Preuß. FGG, § 20 Nds. 50
FGG, Art. 20 Hess. FGG – können allenfalls herangezogen werden, soweit die Vermittlung
auf Landesrecht beruht (vgl. § 159 S. 2), also bei notarieller oder behördlicher Zuständigkeit. Zudem haben sie wegen Abs. 6 kaum praktische Bedeutung.

---

[4] KG DNotZ 1937, 78 = JVBl. 1937, 101.
[5] KGJ 31 B 26.
[6] Zust. LG Düsseldorf, vgl. OLG Düsseldorf KostRsp. Nr. 1.

§ 118

51   **Vorschusspflichtig** (§ 8) sind nur die Antragsteller, nicht aber die Miterben usw., weil sie nur „haften", aber nicht schulden; und weil diese Haftung erst aus der Durchführung des Verfahrens resultiert.

IX. Zwangsvollstreckung

52   Die Zwangsvollstreckung richtet sich nach der ZPO (§ 98 FGG). Gebühren: GKG.

X. Notare

53   S. Rn. 2, 5, 29 ff.

§ 117* *(aufgehoben)*

6. Sonstige Angelegenheiten

Vorbemerkungen zu den §§ 118–128 b

1   Unter den „sonstigen Angelegenheiten" dieses Unterabschnitts finden sich sowohl Geschäfte, die in **keinen der voraufgehenden Unterabschnitte** passen (Beispiel: § 120),
2   als auch solche, die zu **mehreren der anderen Unterabschnitte** gehören (Beispiel: § 119 = Register-, Grundbuch-, Familien- und Nachlasssachen),
3   schließlich Geschäfte, die „eigentlich" **in einen anderen Unterabschnitt** aufzunehmen wären (Beispiel: § 124 Abs. 1 bezüglich § 83 Abs. 2 FGG: Nachlasssache).
4   Die Angelegenheiten sind teils von ganz erheblicher praktischer Bedeutung (so § 119), teils praktisch gegenstandslos (so § 126).
5   S. iÜ Anhang B.

§ 118 Genehmigung und Beaufsichtigung von Stiftungen

(1) **Für die Genehmigung einer Familienstiftung wird die volle Gebühr erhoben.**

(2) ¹**Für die Aufsicht über Stiftungen oder deren Verwaltung wird für jedes angefangene Kalenderjahr die volle Gebühr erhoben.** ²Die Gebühr wird zu Beginn jedes Zeitabschnitts im voraus fällig. ³Sie kann in einfach liegenden Fällen nach Ermessen des Gerichts bis auf ein Viertel der vollen Gebühr ermäßigt werden.

(3) **Die Gebühr bestimmt sich nach dem Wert des Stiftungsvermögens nach Abzug der Schulden.**

I. Genehmigung

1   Abs. 1 betrifft die Familienstiftungen nach Landesrecht und gilt nur, soweit die Genehmigung einem **Gericht** obliegt. Ist die **Justizverwaltung** zuständig, findet das Landes-Justizverwaltungskostenrecht Anwendung.
2   Für **Familienschlüsse** nach Landesrecht gilt § 121.¹
3   Zur Frage der Verfassungsmäßigkeit der Vorschrift vgl. § 158 Rn. 7.

II. Aufsicht

4   Abs. 2 gilt ebenfalls nur, soweit nach Landesrecht oder nach dem Willen des Stifters ein **Gericht** zuständig ist. Bezüglich des Beginns fehlt eine Vergünstigung wie in § 92 Abs. 1 S. 3. Die Gebühr fällt auch an, wenn die Aufsicht nicht in Erscheinung tritt.²

---

* § 117 aufgehoben durch Gesetz vom 17. 6. 1993 (BGBl. I S. 912).
¹ OLG Celle Nds.Rpfl. 1963, 13.
² KG JVBl. 1942, 14.

III. Wert

Der Geschäftswert (Abs. 3) ist auf die jeweilige Fälligkeit zu bemessen (§ 18 Abs. 1). **5**
Zum Stiftungsvermögen gehört auch, was der Stifter der Stiftung nach der Stiftungsurkunde **künftig zuwendet,** die Zuwendung begründet einen Anspruch der Stiftung gegen den Stifter (§ 82 BGB; allgM). Zu den abzuziehenden Schulden – Abweichung von § 18 Abs. 3 – gehören die Belastungen der Grundstücke.

§ 119* Verfahren bei Festsetzung von Zwangs- und Ordnungsgeld

(1) In einem Verfahren nach den §§ 132 bis 139, 159 des Gesetzes über die Angelegenheiten der freiwilligen Gerichtsbarkeit wird in jedem Rechtszug das Dreifache der vollen Gebühr erhoben
1. für die Festsetzung des Zwangsgeldes,
2. für die Verwerfung des Einspruchs.

(2) Die Gebühr wird nach dem festgesetzten oder angedrohten Betrag des Zwangsgeldes berechnet; sie darf den Betrag des Zwangsgeldes nicht übersteigen.

(3) Jede Wiederholung der Festsetzung des Zwangsgeldes gilt als ein besonderes Verfahren.

(4) Für die Androhung von Zwangsgeld werden Gebühren nicht erhoben.

(5) ¹Die Vorschriften der Absätze 1 bis 4 gelten in anderen Fällen der Festsetzung von Zwangs- und Ordnungsgeld entsprechend. ²Sie gelten auch für die Festsetzung von Zwangsgeld gegen Vormünder, Betreuer, Pfleger und Beistände. ³Sie gelten nicht für die Festsetzung von Zwangs- und Ordnungsmittel gegen Zeugen und Sachverständige.

(6) ¹Für die Anordnung von Zwangshaft (§ 33 Abs. 1 und 3 des Gesetzes über die Angelegenheiten der freiwilligen Gerichtsbarkeit) wird in jedem Rechtszug das Dreifache der vollen Gebühr erhoben, neben einer Gebühr nach Absatz 5 gesondert. ²Der Geschäftswert bestimmt sich nach § 30 Abs. 2.

Übersicht

	Rn.		Rn.
I. Zwangs- und Ordnungsgeld	1–6	III. Ordnungsgeld (Abs. 5)	30–32
1. Anwendungsbereich	1–3	IV. Zwangshaft (Abs. 6)	33–53
2. Beschwerden, Vollstreckung	4–6	1. Herausgabe von Personen	33–35
II. Zwangsgeld (Abs. 1–5)	7–29	2. Androhung der Zwangshaft	36, 37
1. Androhung, Erfüllung, erfolgreicher Einspruch	7–12	3. Anordnung der Zwangshaft	38–41
2. Festsetzung des Zwangsgelds	13, 14	4. Verfahrenshäufung	42–46
3. Verwerfung des Einspruchs	15–17	5. Beschwerden	47–51
4. Verfahrenshäufung	18–21	6. Vollzug	52, 53
5. Beschwerden	22–25	V. FG-Reform	54
6. Wert	26–28		
7. Beteiligtenhäufung	29		

I. Zwangs- und Ordnungsgeld

1. Anwendungsbereich

119 gilt für **alle** Zwangs- und Ordnungsgeldverfahren der freiwilligen Gerichtsbarkeit **1** (Abs. 1, Abs. 5 S. 1, 2 – ausdrückliche Regelung wegen § 91 –). Mit Zwangsgeld werden unvertretbare Handlungen erzwungen, mit Ordnungsgeld „Fehlhandlungen" geahn-

---

* § 119 neu gefasst durch Gesetz vom 2. 3. 1974 (BGBl. I S. 469), Abs. 6 angefügt durch Gesetz vom 5. 4. 1990 (BGBl. I S. 701), Abs. 5 Satz 2 neu gefasst durch Gesetz vom 12. 9. 1990 (BGBl. I S. 2002).

§ 119

det. Zwangsgeld wird mit anderen Worten vor, Ordnungsgeld nach der fraglichen Handlung oder Unterlassung verhängt.

2 Ausgenommen sind Zwangs- und Ordnungsgeld gegen **Zeugen und Sachverständige** (Abs. 4 S. 3), sie bleiben mangels einer anderen Vorschrift gebührenfrei, Auslagen nach der KostO. Gleiches muss für sonstige Ordnungsgelder im Rahmen der **Sitzungspolizei** (§ 178 GVG) und gegen **ehrenamtliche Richter** gelten.

3 Von § 119 nicht erfasst werden ferner Zwangs- und Ordnungsgeldverfahren nach den **§§ 888, 890 ZPO,** wenn das FGG und Separatgesetze der freiwilligen Gerichtsbarkeit die Vollstreckung nach den Vorschriften der ZPO anordnen. Anzuwenden ist vielmehr (§ 134) das GKG (KostVerz. 2110). Die Auslagen richten sich nach der KostO.

2. Beschwerden, Vollstreckung

4 Ist § 119 anzuwenden (Rn. 1), erfasst er auch **Beschwerden** (Abs. 1);[1]
5 iÜ (Rn. 2–3) fallen sie unter § 131.
6 Die **Vollstreckung** der Zwangs- und Ordnungsgelder ist, auch wenn sie dem Gericht obliegt (vgl. § 31 RPflG), eine Angelegenheit der Justizverwaltung (§§ 1 Abs. 1 Nr. 3, Abs. 2, 4; 2 Abs. 1 S. 1 JBeitrO). Mithin findet die KostO keine Anwendung, vielmehr richten sich Gebühren und Auslagen (§ 11 JBeitrO) nach dem GKG und dem GvKostG.

II. Zwangsgeld (Abs. 1–5)

1. Androhung, Erfüllung, erfolgreicher Einspruch

7 Zwangsgeldverfahren sind grundsätzlich Amtsverfahren, ausnahmsweise Antragsverfahren: wenn das Gesetz einen Antrag ausdrücklich vorsieht.

8 Das **Amtsverfahren beginnt** mit der Aufforderung, die gesetzliche Verpflichtung zu erfüllen oder ihre Nichterfüllung durch Einspruch zu rechtfertigen (§ 132 Abs. 1 FGG). Bereits entstandene Auslagen von Vorermittlungen zur Prüfung der Voraussetzungen des gerichtlichen Einschreitens bleiben mangels eines gerichtlichen Verfahrens außer Ansatz.

9 Das **Antragsverfahren** (Rn. 13) **beginnt** mit dem Eingang des Antrags beim Gericht.
10 Kommt derjenige, gegen den sich das Verfahren richtet, seiner **Verpflichtung nach,** fällt keine **Gebühr** an (vgl. Abs. 4).
11 **Auslagenschuldner** ist in **Amtsverfahren** derjenige, dessen Interesse wahrgenommen wird (§ 2 Nr. 2). In Amtsverfahren in öffentlichem Interesse bleiben sie mangels eines bestimmten Interessenten außer Ansatz. Dazu gilt: Verpflichtungen gegenüber dem Gericht sind – unmittelbar – im öffentlichen Interesse begründet; Beispiel: Anmeldungen und Einreichungen zum Handelsregister. Gleiches gilt für Verpflichtungen gegenüber nicht konkret bestimmbaren Interessenten; Beispiel: Angaben auf Geschäftsbriefen (§ 37a HGB). Verpflichtungen zwischen Gesellschaftsorganen untereinander und im Verhältnis zu Gesellschaftern (Aktionären) und Prüfern dienen der Gesamtheit der Gesellschafter und damit der Gesellschaft, so dass diese Interessent iS des § 2 Nr. 2 ist; Beispiel: Bericht des Vorstands an den Aufsichtsrat (§ 90 AktG). In **Antragsverfahren** ist die übliche Antragstellerhaftung ausgeschlossen (§ 2 Nr. 1), die Haftung des Interessenten nicht eröffnet (§ 2 Nr. 2).
12 Legt der Verpflichtete **erfolgreich Einspruch** ein (§ 135 Abs. 1 FGG), so fällt keine Gebühr an. Auslagen des Einspruchsverfahrens werden entsprechend § 131 Abs. 5 nicht erhoben, iÜ bleibt es bei Rn. 11.

2. Festsetzung des Zwangsgelds

13 Erfüllt der Verpflichtete nicht und legt er auch keinen Einspruch ein, wird gegen ihn Zwangsgeld festgesetzt (§ 133 FGG). Dieser Beschluss (diese Verfügung) löst mit dem **Erlass** (Einf. Rn. 57 ff.) die dreifache Gebühr aus (Abs. 1 Nr. 1).
14 **Schuldner** der Gebühr und der Auslagen ist der Verpflichtete zufolge der gerichtlichen Auferlegung (§ 3 Nr. 1; §§ 33 Abs. 1 S. 3, 138 FGG); darüber hinaus in Amtsverfahren der Interessent (wie Rn. 11). Als **Interessent** (§ 2 Nr. 2) kommt im Verfahren nach § 33 FGG

---

[1] BayObLGZ 1998, 226.

vor allem der Berechtigte (Begünstigte) der zu vollstreckenden Entscheidung in Betracht (Beispiel: Vollstreckung einer Entscheidung gemäß § 166 Abs. 3 HGB; Schuldner ist der Antragsteller des Hauptsacheverfahrens). § 3 Nr. 4 scheidet aus, es findet allein § 3 Nr. 1 (iVm. § 33 Abs. 1 S. 3 FGG) Anwendung.

3. Verwerfung des Einspruchs

Das Einspruchsverfahren dient der Prüfung der Verpflichtung, deren Erfüllung erzwungen werden soll. Ist diese bereits Voraussetzung des Zwangsgeldverfahrens, insbesondere im Falle des **§ 33 Abs. 1 S. 1 FGG**, so findet der Einspruch nicht statt, womit die Gebühr des Abs. 1 Nr. 2 entfällt. Wird der Einspruch verworfen – besser: zurückgewiesen – und dabei **kein Zwangsgeld** festgesetzt (§ 135 Abs. 2 S. 2 FGG), so fällt die dreifache Gebühr des Abs. 1 Nr. 2 an. Schuldner der Gebühr und der Auslagen des Einspruchsverfahrens ist der Einspruchsführer (§ 2 Nr. 1). 15

Wird mit der Verwerfung zugleich **Zwangsgeld** festgesetzt (§ 135 Abs. 2 S. 1 FGG), so fallen die Gebühren des Abs. 1 Nr. 1 und 2 nebeneinander an. 16

Schuldner aller Gebühren und Auslagen ist der Verpflichtete zufolge der Auferlegung (§ 3 Nr. 1; §§ 33 Abs. 1 S. 3, 138 FGG). Für die Gebühr Abs. 1 Nr. 1 und die Auslagen außerhalb des Einspruchsverfahrens bleibt es bei Rn. 14. 17

4. Verfahrenshäufung

Wiederholte **Zwangsgeldfestsetzungen** lösen die Gebühr des Abs. 1 Nr. 1 aus (Abs. 3); nicht jedoch die wiederholte **Verwerfung eines Einspruchs** (Abs. 1: „in jedem Rechtszug"). Der Unterschied ist deshalb gerechtfertigt, weil der Gegenstand aller Einspruchsentscheidungen derselbe ist: die Verpflichtung zur Anmeldung usw., wohingegen es bei jedem weiteren Zwangsgeld um einen „weiteren Ungehorsam" geht. 18

Hat erst ein wiederholter **Einspruch Erfolg**, so wird dadurch die Gebühr für die Verwerfung des früheren Einspruchs nicht hinfällig, aufgehoben wird nur die erneute Auflage gemäß § 132 Abs. 1 FGG (§ 135 Abs. 3 FGG); das ist deshalb gerechtfertigt, weil der Erfolg regelmäßig nur auf weiterem Vorbringen des Einspruchsführers beruhen kann. 19

Wird hingegen erst **gegen eine wiederholte Verfügung Einspruch** eingelegt und hat dieser Erfolg, so kann früher festgesetztes Zwangsgeld aufgehoben oder ermäßigt werden (§ 136 FGG). Insoweit entfällt auch die durch die frühere Festsetzung ausgelöste Gebühr (ggf. zu erstatten). 20

Wird darüber hinaus eine Zwangsgeldfestsetzung **wegen veränderter Umstände** aufgehoben,[2] so hat dies auf die Gebühr keinen Einfluss. 21

5. Beschwerden

Die Gebühren des Abs. 1 werden auch für die die Festsetzung des Zwangsgelds oder die Verwerfung des Einspruchs **bestätigenden** Beschwerdeentscheidungen erhoben („in jedem Rechtszug").[3] Schuldner ist der Beschwerdeführer, § 2 Nr. 1 (das kann auch die Gesellschaft oder juristische Person sein, gegen deren Gesellschafter bzw. Vorstandsmitglieder sich das Verfahren richtet). 22

Bei **erfolgreicher** Beschwerde keine Gebühr, keine Auslagen (entsprechend § 131 Abs. 5). Bei **Zurücknahme** der Beschwerde ist entsprechend § 131 Abs. 1 S. 1 Nr. 2 die Hälfte der Beschwerdegebühr zu erheben (es gibt keinen Grund, den Beschwerdeführer hier besser zu stellen, vgl. auch § 88 Rn. 13). 23

Beschwerden mit **anderem Gegenstand** als Rn. 22 (zB gegen die Ablehnung des Einschreitens gemäß § 132 oder die Aufhebung der Verfügung auf Einspruch hin) unterliegen § 131; führt die Beschwerde zur Verwerfung des Einspruchs durch das Beschwerdegericht, gilt § 119 Abs. 1 Nr. 2; Schuldner nur nach § 3 Nr. 1. 24

S. auch Rn. 5, 29. 25

---

[2] BayObLG Rpfleger 1955, 239.
[3] OLG Hamm Rpfleger 1955, 241; BayObLG Rpfleger 1969, 254; KGR 2004, 10 (Ordnungsgeld = Beschwerdewert).

6. Wert

26 Wert (Abs. 2) ist bezüglich der Gebühr Abs. 1 Nr. 1 immer das **festgesetzte** Zwangsgeld (soweit es Bestand hat, also nicht bei Aufhebung oder Ermäßigung auf Beschwerde hin oder nach Rn. 20); richtet sich eine Beschwerde nur auf eine bezifferte Herabsetzung, so dieser Teil.

27 Bei der Gebühr des Abs. 1 Nr. 2 ist, wenn keine Zwangsgeld festgesetzt wird, der **angedrohte** Betrag maßgebend; bei Androhung „im gesetzlichen Rahmen" bildet nicht ohne weiteres der Höchstbetrag den Wert, vielmehr ist der Betrag zu nehmen, auf den festzusetzen wäre.[4]

28 Soweit sich die Beschwerdegebühr nach § 131 richtet (Rn. 24, 25), gilt dieser auch für den Wert (Abs. 2: § 30).

7. Beteiligtenhäufung

29 Richtet sich das Verfahren gegen mehrere Personen (Gesellschafter, Vorstandsmitglieder, Prüfer usw.), so werden Zwangsgelder gegen jeden Einzelnen angedroht und festgesetzt. Dementsprechend sind immer Einzelgebühren zu erheben.

III. Ordnungsgeld (Abs. 5)

30 Das Verfahren (§ 140 FGG) weicht vom Zwangsgeldverfahren insoweit ab, als die Verwerfung des Einspruchs nicht die Festsetzung eines Ordnungsgelds begründet, es gilt also immer Rn. 15.

31 Erst eine erneute Zuwiderhandlung führt zur Festsetzung eines Ordnungsgelds, dann gilt Rn. 16.

32 S. iÜ Rn. 13 ff.

IV. Zwangshaft (Abs. 6)

1. Herausgabe von Personen

33 Anordnungen auf Herausgabe eines Minderjährigen (§§ 1632, 1800 BGB) oder eines Volljährigen (§ 1908i Abs. 1 S. 1 BGB) werden von Amts wegen nach § 33 FGG vollstreckt. Dabei kann das **Vormundschafts- oder Familiengericht** zur Erzwingung der Herausgabe Zwangshaft anordnen. Sie fällt unter Abs. 6 (die Anpassung der Überschrift wurde bei seiner Anfügung durch das SorgeRÜbAG vergessen).

34 Gleiches gilt für entsprechende Anordnungen **ausländischer** Gerichte und Behörden, wenn sie nach § 44 IntFamRVG zu vollstrecken sind (§ 50 S. 2 IntFamRVG).

35 Hingegen bleibt es in allen **übrigen** Fällen von Zwangshaft in der freiwilligen Gerichtsbarkeit bei § 134, insbesondere bei der Zwangshaft zur Erzwingung der **eidesstattlichen Versicherung** (§ 33 Abs. 2 S. 5, 6 FGG iVm. §§ 901 ff. ZPO) und zur Erzwingung **unvertretbarer Handlungen** (§ 888 ZPO), wenn Entscheidungen der freiwilligen Gerichtsbarkeit statt nach § 33 FGG nach der ZPO zu vollstrecken sind (§ 134 Rn. 6).

2. Androhung der Zwangshaft

36 Die Zwangshaft wird im Regelfall angedroht (§ 33 Abs. 3 S. 3, 4 FGG): **gebührenfrei**.

37 Die dabei entstehenden **Auslagen** treffen den Begünstigten der zu vollstreckenden Entscheidung (§ 2 Nr. 2). S. auch Rn. 40.

3. Anordnung der Zwangshaft

38 Die der Androhung (Rn. 36) folgende oder im Ausnahmefall ohne Androhung ergehende Anordnung der Zwangshaft löst die **dreifache Gebühr** aus (Abs. 6 S. 1), und zwar mit ihrem Erlass (Einf. Rn. 57 ff.); des Haftbefehls (§ 33 Abs. 3 S. 5 FGG; § 908 ZPO) bedarf es zur Erfüllung des Gebührentatbestands nicht.

---

[4] BayObLG FamRZ 1996, 878.

Der **Geschäftswert** beträgt im Regelfall 3000 Euro (Abs. 6 S. 2, § 30 Abs. 2). Ein höherer oder niedrigerer Wert ist von der herauszugebenden Person her kaum denkbar, er kann sich jedoch aus dem Umfang des Verfahrens und seiner rechtlichen Schwierigkeit, etwa in Auslandssachen (Rn. 41), ergeben. 39

Kostenschuldner sind derjenige, gegen den Zwangshaft angeordnet worden ist (§ 3 Nr. 1 iVm. § 33 Abs. 1 S. 3 FGG), sowie der Begünstigte der zu vollstreckenden Entscheidung (§ 2 Nr. 2). 40

Wird die Anordnung der Zwangshaft als ungerechtfertigt **aufgehoben,** entfällt die Gebühr (vgl. Rn. 48). Erfolgt die Aufhebung wegen Erfüllung der zu vollstreckenden Entscheidung – also der Herausgabe der Person – oder wegen veränderter Umstände, bleibt sie bestehen. 41

4. Verfahrenshäufung

Die Anordnung der **Zwangshaft mehrerer Personen** erfolgt, unabhängig von der Menge der Akten, Aktenzeichen und Beschlüsse, immer in gesonderten Verfahren, es fallen mithin getrennte Gebühren aus getrennten Werten an. 42

Gleiches gilt für die Zwangshaft einer Person zur **Herausgabe mehrerer Personen.** 43

Ebenso löst die **wiederholte** Anordnung der Zwangshaft die Gebühr des Abs. 6 erneut aus. 44

Die Zwangshaft kann **neben dem Zwangsgeld** angeordnet werden (§ 33 Abs. 1 S. 2 FGG). Die Gebühren fallen gesondert an, selbst bei einem einheitlichen Beschluss (vgl. Rn. 42). 45

Dient dieselbe Anordnung der Zwangshaft sowohl der Herausgabe der Person als auch der Abgabe der **eidesstattlichen Versicherung** (Rn. 35), so geht Abs. 6 dem § 134 vor, es wird mithin die in ihm vorgesehene Gebühr erhoben. 46

5. Beschwerden

Bestätigt das Beschwerdegericht die Anordnung der Zwangshaft, weist es also die Beschwerde zurück, fällt die Gebühr des Abs. 6 erneut – „in jedem Rechtszug" – an (statt der Gebühr des § 131). Das gilt auch für die **weitere Beschwerde** (vgl. § 131 Rn. 5). 47

Hebt das Beschwerdegericht hingegen die erstinstanzliche Anordnung der Zwangshaft **auf,** entsteht keine Beschwerdegebühr, und die erstinstanzliche Gebühr fällt weg. Die erstinstanzlichen **Auslagen** bleiben wegen der Nichtanordnung unerhoben (§ 2 Rn. 10), die Auslagen des Beschwerdeverfahrens entsprechend § 131 Abs. 5. 48

Ordnet das Beschwerdegericht auf Beschwerde des Begünstigten **erstmals** die Zwangshaft an, so wird die Gebühr des Abs. 6 nur für den zweiten Rechtszug angesetzt. 49

Bei **Zurücknahme** der Beschwerde des Betroffenen ist entsprechend § 131 Abs. 1 S. 1 Nr. 2 die Hälfte der Gebühr des Abs. 6 zu erheben (wie Rn. 23). 50

Beschwerden gegen **andere Entscheidungen** als gegen die Haftanordnung fallen unter § 131. 51

6. Vollzug

Die angeordnete Zwangshaft wird vom Vormundschafts- oder Familiengericht von Amts wegen vollzogen (vgl. § 31 Abs. 3 RPflG). Es beauftragt den **Gerichtsvollzieher;** dessen Gebühr (GvKostG KostVerz. 270) und Auslagen sind Auslagen des gerichtlichen Zwangshaftverfahrens (§ 13 Abs. 3 GvKostG) und treffen „seinen" Kostenschuldner (Rn. 40). 52

Gleiches gilt für die **Haftkosten** (§ 137 Abs. 1 Nr. 12). 53

V. FG-Reform

§ 119 soll neu gefasst werden: 54
„(1) In einem Verfahren nach den §§ 389 bis 392 des Gesetzes über das Verfahren in Familiensachen und in den Angelegenheiten der freiwilligen Gerichtsbarkeit wird für jede

§ 120

1. Festsetzung von Zwangs- oder Ordnungsgeld,
2. Verwerfung des Einspruchs und
3. Verwerfung oder Zurückweisung der Beschwerde oder der Rechtsbeschwerde

jeweils eine Gebühr von 100 Euro erhoben. Die Gebühr darf die Höhe des Zwangs- oder Ordnungsgelds nicht übersteigen.

(2) Für jede Anordnung von Zwangsmaßnahmen durch Beschluss nach § 35 des Gesetzes über das Verfahren in Familiensachen und in den Angelegenheiten der freiwilligen Gerichtsbarkeit wird eine Gebühr von 15 Euro erhoben.

(3) Absatz 2 gilt nicht für die Festsetzung von Zwangs- und Ordnungsmitteln gegen Beteiligte im Falle des § 33 Abs. 3 des Gesetzes über das Verfahren in Familiensachen und in den Angelegenheiten der freiwilligen Gerichtsbarkeit sowie gegen Zeugen und Sachverständige."

Begründung: „Die derzeit bestimmten Wertgebühren für Verfahren zur Festsetzung von Ordnungsmitteln sollen durch Festgebühren ersetzt werden. Für registerrechtliche Verfahren (§§ 389 bis 392 FamFG) wird entsprechend ihrer Bedeutung eine Gebühr von 100 Euro vorgeschlagen. Im Übrigen soll die gleiche Festgebühr wie in Nummer 1502 und 1602 KV FamGKG vorgeschlagen anfallen."

§ 120 Ernennung von Sachverständigen, Bestellung eines Verwahrers, Verkauf oder Hinterlegung von Pfändern

Die volle Gebühr wird erhoben

1. für die Ernennung und Beeidigung von Sachverständigen zur Feststellung des Zustands oder Werts von Sachen; wird gerichtlich Beweis erhoben, so werden daneben die Gebühren nach § 49 Abs. 1 und § 50 Abs. 1 Nr. 4 erhoben;
2. für die Bestellung eines Verwahrers nach §§ 432, 1217, 1281, 2039 des Bürgerlichen Gesetzbuchs, einschließlich der Entscheidung über seine Vergütung;
3. für Anordnungen des Gerichts über den Verkauf oder die Hinterlegung von Pfändern und anderen Gegenständen.

I. Gebührentatbestände

1   Nr. 1 ist die Gebührenvorschrift zu § 164 FGG, Nr. 2 zu § 165 FGG. Nr. 3 erfasst die Fälle des § 166 FGG, also § 1246 Abs. 2 BGB und seine Anwendbarerklärungen (beispiel: § 12 Abs. 2 S. 2 PachtkredG). Unter Nr. 1 fällt auch die Beschreibung der Pachtsache durch einen Sachverständigen (§ 585 b Abs. 2 BGB; s. Anhang B → Landpacht. Im Übrigen gilt § 121 (s. dort Rn. 9).

II. Wert

2   Über die Wertberechnung ist keine besondere Bestimmung getroffen. Soweit der Wert des Gegenstands (Sache, Forderung usw.), auf welche sich die Anordnungen beziehen, nicht maßgebend sein kann, ist der Wert regelmäßig gemäß **§ 30 Abs. 1** zu bestimmen unter besonderer Berücksichtigung des Interesses, welches die Beteiligten an der Vornahme der beantragten Anordnung haben, ggf. unter Anwendung des **§ 30 Abs. 2**. Der Wert des Gegenstands (Sache, Anspruch usw.) ist da maßgebend, wo es sich um die Erhaltung der Sache oder um die Abwendung von Ansprüchen handelt; soweit im Falle des § 1246 Abs. 2 BGB der Wert des Pfandrechts geringer ist, gilt der letztere.

III. FG-Reform

3   Nr. 2 soll an die Neufassung des § 165 FGG durch § 410 FamFG angepasst werden.

§ 121* Ernennung und Abberufung von Vorstandsmitgliedern usw.

Soweit nicht in diesem Gesetz oder in sonstigen bundesrechtlichen Vorschriften ein anderes bestimmt ist, wird das Doppelte der vollen Gebühr erhoben für die Erledigung der im Bürgerlichen Gesetzbuch in dem Titel „Juristische Personen", im Handelsgesetzbuch, im Aktiengesetz, im Genossenschaftsgesetz oder im Gesetz, betreffend die Gesellschaften mit beschränkter Haftung, den Gerichten zugewiesenen Angelegenheiten (Ernennung und Abberufung von Vorstandsmitgliedern und Liquidatoren, Bestellung und Abberufung von Abschlußprüfern und Prüfern, Ermächtigung zur Berufung einer Hauptversammlung oder Generalversammlung oder zur Einsicht von Büchern) sowie für Entscheidungen und Anordnungen ähnlicher Art.

Schrifttum: *Treffer* JurBüro 1998, 174.

Übersicht

	Rn.		Rn.
I. Anwendungsbereich	1–3	IV. Gebührentatbestand	24, 25
II. Anwendungsfälle	4–10	V. Wert	26, 27
1. „Personalentscheidungen"	5, 6	VI. EG-Gesellschaftssteuerrichtlinie	28
2. Vergütungsentscheidungen	7, 8	VII. Schuldner	29, 30
3. „Streitentscheidungen"	9	VIII. Beschwerden	31
4. Aufsichtsentscheidungen	10		
III. Nichtanwendungsfälle	11–23		

I. Anwendungsbereich

Nach § 121 sind alle **in den §§ 21 bis 89 BGB, im HGB, im AktG, im GenG und im GmbHG** den Gerichten zugewiesenen Angelegenheiten gebührenpflichtig, soweit sie nicht ausdrücklich freigestellt sind. Das gilt sowohl bei unmittelbarer Anwendung der genannten Vorschriften als auch bei ihrer entsprechenden Anwendung, sei es zufolge Verweisung (so § 1 EWIV-AG) oder im Wege der Analogie (so § 29 BGB auf die GmbH). Maßgebend sind die KostO oder das sonstige Bundesrecht (vgl. § 11 Rn. 9); fehlt dort eine Vorschrift, greift § 121 ein. Der Klammerzusatz klassifiziert die so von § 121 erfaßten Geschäfte, ohne damit seine Anwendung einzuschränken, es sind also auch sonstige Geschäfte gebührenpflichtig. 1

In **anderen Gesetzen** als den vorgenannten „Leitgesetzen" den Gerichten zugewiesene Aufgaben fallen nur dann unter § 121, wenn sie „ähnlicher Art" sind. Maßgebend ist mit anderen Worten grundsätzlich nicht, dass die sonstigen Geschäfte den Gerichten zugewiesen sind, sondern dass sie den gerichtlichen Geschäften der „Leitgesetze" entsprechen. Nach § 121 gebührenfrei bleibt deshalb die Prüfung des Jahresabschlusses durch das Registergericht gemäß § 177 Abs. 3 AktG, jetzt § 329 Abs. 1 HGB.[1] 2

Ausnahmen können sich jedoch durch den Zweck der Norm rechtfertigen; sie will nicht Geschäfte nach sonstigen Gesetzen schlechthin gebührenpflichtig machen, sondern nur solche, die auch nach den „Leitgesetzen" gebührenpflichtig sind (gemäß § 121 oder nach anderen Vorschriften). 3

II. Anwendungsfälle

Danach werden insbesondere von § 121 erfaßt (vgl. auch §§ 145, 148 FGG): 4

1. „Personalentscheidungen"

Hierzu gehören Bestellung und Abberufung von Vorstandsmitgliedern, Aufsichtsratsmitgliedern, Liquidatoren, Prüfern, besonderen Vertretern, Sachverständigen, u. a.: §§ 29, 48 5

---

* § 121 geändert durch Gesetz vom 19. 12. 1985 (BGBl. I S. 2355).
[1] BayObLG Rpfleger 1982, 316.

§ 121

(76 Abs. 3), 86 BGB; §§ 146 Abs. 2, 147, 157 Abs. 2, 161 Abs. 2, 318 Abs. 3, 4, 729 Abs. 1, 884 Nr. 4 HGB; § 10 Abs. 1 PartGG iVm. § 160b Abs. 2 FGG; §§ 33 Abs. 3, 52 Abs. 4, 85 Abs. 1, 94, 103 Abs. 3, 104, 142 Abs. 2–5, 206, 209 Abs. 4, 258 Abs. 1, 265 Abs. 3, 273 Abs. 4, 278 Abs. 3, 293c Abs. 1, 315, 320 Abs. 3, 396 Abs. 2 AktG; §§ 56 Abs. 2 S. 2, 64b, 64c, 83 Abs. 3, 4, 93 S. 2 GenG; §§ 66 Abs. 2, 3, 74 Abs. 2 GmbHG; §§ 10, 26, 30 Abs. 2, 36 Abs. 1 S. 1, 44, 48 S. 1, 56, 60, 73, 78 S. 1, 100, 121, 125, 135 Abs. 1, 176 Abs. 1, 177, 180 Abs. 1, 186 S. 1, 188 Abs. 1, 189 Abs. 1, 208 UmwG; §§ 28 Abs. 2, 38 Abs. 2 S. 2, 45a Abs. 2, 46 Abs. 2, 46a Abs. 2, 5 KWG; § 11 Montan-MitbestG; § 6 Abs. 2 MitbestG; §§ 35 Abs. 3, 36, 47 Abs. 2 S. 1 VAG; §§ 2 Abs. 3, 12 Abs. 3 PublizitätsG; auch die weiter in § 145 FGG genannten Bestimmungen sowie die ausdrücklich angeordnete – entsprechende – Anwendung der genannten Vorschriften.

6   Soweit die Bestellten von Amts wegen in ein Register einzutragen oder darin zu löschen sind, ist dies ein gebührenfreies Nebengeschäft (§ 35).

2. Vergütungsentscheidungen

7   Neuere Vorschriften sehen vor, dass das Gericht auf Antrag auch über die Auslagen und die Vergütung der Bestellten entscheidet (so §§ 35 Abs. 3, 85 Abs. 3, 104 Abs. 6, 142 Abs. 6, 147 Abs. 2 S. 6, 258 Abs. 5, 265 Abs. 4, 293c Abs. 1 S. 5, 320 Abs. 3 AktG; §§ 10 Abs. 1 S. 3, 26 Abs. 4, 30 Abs. 2, 36 Abs. 1 S. 1, 44, 48 S. 1, 56, 60 Abs. 1, 71 Abs. 2, 73, 78 S. 1, 100, 121, 135 Abs. 1, 176 Abs. 1, 177, 180 Abs. 1, 183 Abs. 2 S. 3, 186 S. 1, 188 Abs. 1, 189 Abs. 1, 208 UmwG; § 318 Abs. 5 HGB; §§ 45a Abs. 2, § 46a Abs. 4 KWG); es wird die entsprechende Anwendung auf Bestellungen vertreten, für die (zB im HGB) solche Regelungen fehlen.

8   Die Festsetzung ist gebührenfreies Nebengeschäft (§ 35) der Bestellung (vgl. § 123 Abs. 1 S. 1); die Gebühren werden mit anderen Worten nicht neben Rn. 5 erhoben.

3. „Streitentscheidungen"

9   Hierzu gehören insbesondere Ermächtigung zur Einberufung einer Mitgliederversammlung usw., sonstige Genehmigungen und Anordnungen: § 37 Abs. 2 BGB; §§ 166 Abs. 3, 233 Abs. 3, 590 HGB; §§ 35 Abs. 2, 73 Abs. 1, 122 Abs. 3, 270 Abs. 3, 273 Abs. 3, 278 Abs. 3 AktG; §§ 45 Abs. 3, 93 S. 3 GenG; §§ 71 Abs. 3, 74 Abs. 2 GmbHG; §§ 72 Abs. 1, 73, 78 S. 1, 125, 177, 188 Abs. 1, 189 Abs. 1, 248 Abs. 2 UmwG; § 7 Abs. 3 ErbbauVO. Unter Aufgabe unserer bis zur 8. Aufl. vertretenen Meinung rechnen wir hierzu auch die Anordnung gemäß § 273 Abs. 2 (§ 278 Abs. 3) AktG (dies ist keine „Hinterlegung" iS von § 120 Nr. 3); zur Bestimmung der Verwahrpersonen s. Rn. 5. Nicht aber die Hinterlegung des Beschlusses und der Erklärung über die Ausgabe von Wandelschuldverschreibungen (§ 221 Abs. 2 AktG), weil es hier keiner gerichtlichen Anordnung bedarf. Wegen § 18 MitbestErgG s. Anhang B → Mitbestimmung.

4. Aufsichtsentscheidungen

10 Hierzu gehören insbesondere Entziehung der Rechtsfähigkeit, Auflösung); § 46 iVm. §§ 1964, 73, 88 BGB; §§ 54 Abs. 2, 54a Abs. 2, 80 GenG, Art. 32 EWiV-VO. Hierher gehören auch die Genehmigung des Auflösungsbeschlusses einer Familienstiftung (von § 118 nicht erfasst)[2] und die Entscheidung gemäß § 144a FGG (Auflösung einer AG oder GmbH wegen Satzungsmangels) sowie die Entscheidung gemäß § 12 Abs. 3 PublizitätsG (über die Publizitätspflicht).

III. Nichtanwendungsfälle

11 Nicht unter § 121 fallen, weil „ein anderes bestimmt ist":
    – die Bestellung eines Vertreters zur Entgegennahme der Kündigung einer Hypothek (§ 1141 BGB); s. § 122 Abs. 1 Nr. 1;

---

[2] OLG Celle Nds.Rpfl. 1963, 13.

Ernennung und Abberufung von Vorstandsmitgliedern usw. **§ 121**

- die gerichtliche Entscheidung über die Zusammensetzung des Aufsichtsrats; s. § 99 Abs. 6 AktG; 12
  über das Auskunftsrecht des Aktionärs; s. § 132 Abs. 5 AktG (auch § 51b GmbHG, § 36 VAG); 13
  über Meinungsverschiedenheiten zwischen Gesellschaft und Abschlussprüfern; s. § 324 Abs. 3 HGB; 14
  über die abschließenden Feststellungen der Sonderprüfer; s. §§ 260 Abs. 4, 247 AktG; 15
  (Rn. 16 nicht belegt) 16
- die Auflösung einer GmbH (§ 144b FGG); s. § 88 Abs. 3; 17
- das Spruchverfahren nach dem Gesetz über das gesellschaftsrechtliche Spruchverfahren (Spruchverfahrensgesetz – SpruchG), dazu Anhang B → Spruchverfahren; 18
  (Rn. 19 nicht belegt) 19
- die Bestellung eines Sachverständigen gemäß § 64 Abs. 2 VAG; s. § 120 Nr. 1; 20
  (Rn. 21 nicht belegt) 21
- Bestellungen im Rahmen der Zwangsvollstreckung, auch gemäß §§ 1052, 1054, 2128 Abs. 2 BGB; sie werden durch die Kosten der Zwangsvollstreckung abgegolten; 22
- die Bestellung eines Dispacheurs; s. § 123 Abs. 1. 23

IV. Gebührentatbestand

Gebührentatbestand ist die „Erledigung der Angelegenheit", also die **Vornahme** des jeweiligen Geschäfts (Einf. Rn. 57ff.). Die Einstellung eines Amtsverfahrens bleibt gebührenfrei, **Zurückweisung** und **Zurücknahme** von Anträgen richten sich nach § 130. 24

Bei einer **Mehrheit** von Geschäften ist jedes einzeln gebührenpflichtig, auch bei aktenmäßiger Zusammenerledigung. 25

V. Wert

Der Geschäftswert richtet sich regelmäßig nach § 30;[3] und zwar bei **vermögensrechtlichen** Gegenständen in erster Linie nach Abs. 1, bei **Personen** nach Abs. 2. Dabei ist eine Orientierung am Wert des „Grundgeschäfts" (§§ 19, 20, 41a, 41b, 41c) nur bedingt möglich; denn dieser muss im Zusammenhang mit der jeweiligen Gebühr gesehen werden (vgl. Vor §§ 18–30 Rn. 3); das wird ganz deutlich an § 79. Der Gebührensatz des § 121 ist konstant (doppelte Gebühr) und je nach Art des Geschäfts verhältnismäßig hoch, so dass die Angemessenheit der Gebühr allein – wie bei § 147 Abs. 2 – über den Wert gewonnen werden kann. 26

Deshalb falsch: OLG Celle,[4] entsprechende Anwendung von § 118 Abs. 3, denn dort ist der Gebührensatz nur die volle Gebühr; Wert der Ersetzung der Zustimmung zur Veräußerung und Belastung des Erbbaurechts nach §§ 20, 23, denn für die Beurkundung der Zustimmung wird nur die halbe Gebühr erhoben.[5] Richtig: OLG Frankfurt[6] bezüglich **Ergänzung des Aufsichtsrats;**[7] entsprechende Anwendung von § 51b GmbHG, § 132 Abs. 5 S. 6 AktG auf das **Auskunftsverfahren des § 166 Abs. 3 HGB**; Bestellung eines **AG-Gründungsprüfers;**[8] Wert der Ermächtigung zur **Einberufung einer Mitgliederversammlung** nach den Aufwendungen des Vereins dafür.[9] 27

---

[3] KGJ 42, 295 betreffend Bestellung eines Liquidators; JFGErg. 13, 91 betreffend Bestellung eines Bilanzprüfers; BayObLG Rpfleger 1979, 231 betreffend Abberufung eines Notgeschäftsführers.
[4] Nds.Rpfl. 1963, 12.
[5] OLG Düsseldorf KostRsp. Nr. 4; OLG Hamm Nr. 10; Anm. *Lappe;* dagegen auch OLG Stuttgart JurBüro 1980, 921.
[6] Rpfleger 1976, 335.
[7] Ebenso BayObLG BayObLGZ 2000, 87 = Rpfleger 2000, 351 = ZIP 2000, 883; LG Frankenthal Rpfleger 1987, 315 = KostRsp. Nr. 9.
[8] BayObLG JurBüro 1988, 91.
[9] OLG Celle Nds.Rpfl. 1992, 286; vgl. auch *Lappe* NJW 1993, 1189, 1193.

§ 122

VI. EG-Gesellschaftssteuerrichtlinie

28 Für die Bestimmung der Gebühr für die gerichtliche Bestellung eines externen Gründungsprüfers (§ 33 AktG) findet die EG-Gesellschaftssteuerrichtlinie Anwendung.[10] Sie ist nicht anzuwenden für das Verfahren zur Ergänzung des Aufsichtsrats[11] und bei der Bestellung eines Abschlussprüfers im Insolvenzverfahren über das Vermögen einer AG.[12]

VII. Schuldner

29 Die Angelegenheiten des § 121 sind teils Amtsverfahren, teils Antragsverfahren, dementsprechend ist die Kostenschuldnerschaft (§ 2). Gesetzliche Vertreter und Organmitglieder schulden nicht persönlich (Nr. 1), verpflichten vielmehr die Gesellschaft; Gesellschafter sind hingegen selbst Schuldner. Im öffentlichen Interesse (kein Schuldner nach Nr. 2) werden die Verfahren nur ausnahmsweise geführt, meist dienen sie dem Interesse der Gesellschaft. Eine entsprechende Anwendung des § 99 Abs. 6 S. 7 AktG scheidet in aller Regel aus.[13]

30 Ob Vorschriften wie die §§ 146, 147 Abs. 3 S. 3 AktG, § 2 Abs. 3 S. 4 PublizitätsG einen Kostenschuldner der Staatskasse bestimmen, ist – bereits nach dem Sprachgebrauch des AktG, vgl. zB § 99 Abs. 6 S. 7 AktG – fraglich. Näher liegt eine entsprechende Kostenentscheidung (§ 3 Nr. 1).

VIII. Beschwerden

31 Im Beschwerdeverfahren richten sich die Gebühren nach § 131.

§ 122 Bestellung eines Vertreters des Grundstücks- oder Schiffseigentümers, Zustellung von Willenserklärungen, Kraftloserklärung von Vollmachten

(1) **Die Hälfte der vollen Gebühr wird erhoben**
1. für die Bestellung eines Vertreters des Grundstückseigentümers oder des Schiffseigentümers nach § 1141 Abs. 2 des Bürgerlichen Gesetzbuchs und § 42 Abs. 2 des Gesetzes über Rechte an eingetragenen Schiffen und Schiffsbauwerken vom 15. November 1940 (Reichsgesetzbl. I S. 1499);
2. für die Bewilligung der öffentlichen Zustellung einer Willenserklärung nach § 132 Abs. 2 des Bürgerlichen Gesetzbuchs;
3. für die Bewilligung der Kraftloserklärung von Vollmachten nach § 176 Abs. 2 des Bürgerlichen Gesetzbuchs.

(2) **Der Wert bestimmt sich nach § 30 Abs. 2.**

I. Vertreterbestellung

1 Nr. 1 betrifft die Bestellung eines Vertreters des Grundstückseigentümers zur Entgegennahme der Kündigung einer Hypothek, Grundschuld oder Rentenschuld (§§ 1141 Abs. 2, 1192 Abs. 1, 1200 Abs. 1 BGB), wenn der Eigentümer keinen Wohnsitz im Inland hat oder die Voraussetzungen der öffentlichen Zustellung gemäß § 132 Abs. 2 BGB vorliegen. Ähnlich für die Schiffshypothek: § 42 Abs. 2 SchiffsRG.

II. Öffentliche Zustellung

2 Nr. 2 betrifft die Bewilligung der öffentlichen Zustellung einer Willenserklärung durch das Gericht, wenn sich der Erklärende über die Person desjenigen, dem gegenüber die Er-

---

[10] OLG Karlsruhe JurBüro 2001, 262 = Rpfleger 2001, 270.
[11] BayObLGZ 2000, 87 = NZG 2000, 647 = Rpfleger 2000, 351 = ZIP 2000, 883.
[12] OLG Zweibrücken FGPrax 2007, 99 = OLGR 2006, 1094.
[13] Vgl. OLG Düsseldorf AG 1994, 424 = DB 1994, 569 = WPM 1994, 498.

Dispache §123

klärung abzugeben ist, in einer nicht auf Fahrlässigkeit beruhenden Unkenntnis befindet oder der Aufenthaltsort dieser Person unbekannt ist (§ 132 Abs. 2 BGB).

III. Kraftloserklärung

Nr. 3: Der Vollmachtgeber kann die Vollmachtsurkunde gemäß § 176 Abs. 1 BGB durch eine öffentliche Bekanntmachung für kraftlos erklären; die Veröffentlichung bewilligt das Gericht (§ 176 Abs. 2 BGB). 3

IV. Gebührentatbestand

Gebührentatbestand ist die wirksame (Einf. Rn. 57ff.) Bestellung bzw. Bewilligung. Bei Zurückweisung oder Zurücknahme des Antrags: § 130. 4

V. Wert

Der Geschäftswert richtet sich nach § 30 Abs. 2. Das bedeutet insbesondere, dass nicht der Nennbetrag der Hypothek oder der Wert der Willenserklärung oder Vollmacht nach den Wertvorschriften der KostO zu nehmen ist, sondern ein darunter liegender Wert nach Maßgabe des § 30 Abs. 2. 5

§ 123 Dispache

(1) ¹Für die Bestellung eines Dispacheurs, einschließlich der Bestimmung seiner Vergütung, und für die Entscheidung über seine Verpflichtung zu der von ihm abgelehnten Aufmachung der Dispache wird insgesamt die volle Gebühr erhoben. ²Maßgebend für die Gebühr ist der Betrag des Havarieschadens und, wenn der Wert des Geretteten an Schiff, Fracht und Ladung geringer ist, dieser geringere Wert.

(2) ¹Für die Verhandlung über die Dispache, einschließlich der Bestätigung, wird ebenfalls die volle Gebühr erhoben. ²Maßgebend ist die Summe der Anteile, die die an der Verhandlung Beteiligten an dem Schaden zu tragen haben. ³Wird die Dispache bestätigt, so haften die an dem Verfahren Beteiligten für die Kosten als Gesamtschuldner.

I. Bestellung (Abs. 1)

Den Gebührentatbestand des Abs. 1 erfüllen: 1
– die gerichtliche Bestellung eines Dispacheurs im Einzelfall (§ 729 HGB, §§ 145, 146 FGG; § 87 Abs. 2 BinnSchG, § 148 FGG);
– die Entscheidung über die Verpflichtung des – allgemein oder gemäß Rn. 1 bestellten – Dispacheurs zur Aufmachung der Dispache (§ 150 FGG). 2
Jedes Geschäft löst die Gebühr aus, d.h. die wirksame (Einf. Rn. 57ff.) gerichtliche Entscheidung. Insgesamt fällt die Gebühr jedoch nur einmal an und gilt die Bestimmung der Vergütung des Dispacheurs ab. 3
Während bei Rn. 1 nur die Vornahmeentscheidung: die Bestellung, die Gebühr auslöst, erfüllt bei Rn. 2 auch die Ablehnung der Verpflichtung den Gebührentatbestand. 4
Für die **Zurückweisung** und **Zurücknahme** des Bestellungsantrags gilt § 130, desgleichen für die Zurückweisung des Antrags Rn. 2 als unzulässig und seine Zurücknahme. Allerdings entsteht die Gebühr des § 130 nicht neben der Gebühr des Abs. 1. Hat also die Bestellung Rn. 1 die Gebühr des Abs. 1 ausgelöst, kommt daneben bei Zurückweisung oder Zurücknahme des Verpflichtungsantrags (Rn. 2) nicht noch die Gebühr des § 130 zum Ansatz („weniger kann nicht mehr sein"). 5
Abs. 1 gilt auch, wenn es sich nicht um Geschäfte nach den Rn. 1, 2 genannten Vorschriften handelt, sondern sie auf vereinbarten Regeln beruhen. 6
Wert: Abs. 1 S. 2. 7

Lappe

§ 124

8 **Schuldner:** § 2 Nr. 1. Mehrere Antragsteller, sei es zu Rn. 1 oder Rn. 2 oder teils zu Rn. 1 und teils zu Rn. 2, sind Gesamtschuldner (§ 5 Abs. 1 S. 1).

9 Dabei haftet der Antragsteller, dessen Antrag die Gebühr des Abs. 1 nicht ausgelöst hat, sondern nur die Gebühr des § 130, bis zur Höhe dieser „seiner" Gebühr.

II. Verhandlung (Abs. 2)

10 Den Gebührentatbestand des Abs. 2 erfüllt die Verhandlung über die Dispache (§ 153 FGG), d. h. der Beginn der Sacherörterung, nicht schon der Aufruf der Sache oder die Feststellung der Erschienenen (vgl. § 116 Rn. 11) und erst recht nicht der Antrag auf eine Verhandlung (§ 153 Abs. 1 S. 1 FGG). Die Gebühr gilt die Bestätigung (§§ 155, 156 FGG) ab.

11 **Zurückweisung** und **Zurücknahme** des Antrags auf Verhandlung: § 130.

12 **Wert:** Abs. 2 S. 2 (nur die Anteile der zugezogenen Beteiligten, § 153 Abs. 1 S. 2 FGG).

13 **Schuldner:** wie Rn. 8, 9.

14 Bei Bestätigung der Dispache werden alle Beteiligten Schuldner (Abs. 2 S. 3).

III. Zwangsvollstreckung, Beschwerden

15 Die Zwangsgeldverfahren (§§ 151, 154 FGG) richten sich nach § 33 FGG; Gebühren: § 119.

16 Die Zwangsvollstreckung aus der bestätigten Dispache unterliegt der ZPO (§ 158 Abs. 2 FGG); Gebühren: GKG (§ 134).

17 Beschwerdeverfahren: § 131.

§ 124* Eidesstattliche Versicherung

(1) **Für die Verhandlung in dem Termin zur Abnahme einer eidesstattlichen Versicherung nach §§ 259, 260, 1580 Satz 2, § 1587e Abs. 1, § 1587k Abs. 1, § 1605 Abs. 1 Satz 3, §§ 2006, 2028 Abs. 2, § 2057 des Bürgerlichen Gesetzbuchs und nach § 83 Abs. 2 des Gesetzes über die Angelegenheiten der freiwilligen Gerichtsbarkeit wird die volle Gebühr erhoben, auch wenn die Abgabe der eidesstattlichen Versicherung unterbleibt.**

(2) **Erledigt sich das Verfahren vor Eintritt in die Verhandlung infolge Zurücknahme des Antrags oder in anderer Weise, so ermäßigt sich die Gebühr entsprechend den Vorschriften des § 130.**

I. Anwendungsbereich

1 § 124 erfasst praktisch **alle bürgerlich-rechtlichen** eidesstattlichen Versicherungen, die zur Bekräftigung einer Auskunft oder Rechnungslegung **freiwillig** vor Gericht abgegeben werden. Diese umfassende Bedeutung ergibt sich daraus, dass die §§ 259, 260 BGB letztlich keine Verpflichtung begründen, sondern eine anderweit begründete Verpflichtung voraussetzen, also für alle Fälle gelten, in denen die in ihnen beschriebenen Verpflichtungen bestehen. Die weiter aufgeführten Vorschriften gehen teils (so insbesondere die §§ 1605, 1580 S. 2, 1587e BGB) auf § 260 BGB zurück, ihrer Nennung hätte es also nicht bedurft.

2 Insgesamt gibt § 124 also eine umfassende Gebührenvorschrift für die in den §§ 79, 163 FGG geregelten Antragsverfahren.

3 Darüber hinaus gilt § 124 für die **öffentlich-rechtliche** Verpflichtung zur Ablieferung von Testamenten (§ 2259 BGB), soweit sie im Amtsverfahren auf Abgabe der eidesstattli-

---

* § 124 Überschrift und Abs. 1 geändert durch Gesetz vom 27. 6. 1970 (BGBl. I S. 911), Abs. 1 geändert durch Gesetz vom 14. 6. 1976 (BGBl. I S. 1421).

chen Versicherung durchgesetzt wird (§ 83 Abs. 2 FGG; wegen Abs. 1 s. § 119 Abs. 5); desgleichen für die Betreuungsverfügung (§ 69e Abs. 1 S. 3 FGG).

§ 124 gilt hingegen nicht, soweit die **privatrechtlichen** Verpflichtungen im Wege der **Zwangsvollstreckung** durchgesetzt werden (dann GKG oder § 134). 4

II. Gebührentatbestand

Gebührentatbestand ist die **Verhandlung** zur Abnahme der Versicherung. Sie beginnt 5 mit der Sacherörterung, nicht schon mit dem Aufruf der Sache oder der Feststellung der Erschienenen (vgl. § 116 Rn. 11). Die Abgabe der Versicherung ist nicht erforderlich. **Erledigt** sich das Verfahren vorher, so gilt für Antragsverfahren (Rn. 1, 2) Abs. 2, § 130 Abs. 2, im Amtsverfahren des § 83 Abs. FGG (Rn. 3) werden keine Kosten erhoben (§ 2 Rn. 10). § 130 Abs. 1 ist „aus sich" anzuwenden, wenn der **Antrag zurückgewiesen** wird.

Wird die eröffnete Verhandlung unterbrochen und später fortgesetzt, so fällt die Gebühr 6 nicht erneut an. Wird hingegen die **Ergänzung** der Versicherung verlangt, so handelt es sich um ein neues Verfahren mit einer neuen Verhandlung; jedoch ist in aller Regel der Wert geringer zu bemessen.

III. Wert

Der Geschäftswert richtet sich in allen Fällen nach § 30.[1] In den **Antragsverfahren** 7 (Rn. 1, 2) ist das Interesse des Antragstellers an der Bekräftigung durch die Versicherung maßgebend;[2] es kann regelmäßig mit einem Bruchteil des Werts der Hauptsache angenommen werden.

Im **Amtsverfahren** (Rn. 3) lässt sich der Wert meist wohl nur nach § 30 Abs. 2 8 bestimmen.

IV. Schuldner

Schuldner ist in den **Antragsverfahren** der Antragsteller (§ 2 Nr. 1), das kann (§§ 163, 9 79 FGG) der Gläubiger oder der Schuldner sein.

Die Kostenpflicht gemäß § 261 BGB betrifft nur das Verhältnis zwischen den Beteiligten 10 (vgl. § 3 Rn. 27); sie hat jedoch Bedeutung gemäß § 13 (s. dort Rn. 9).

Die **Amtsverfahren** (Rn. 3) werden im Interesse des Erben bzw. des Betreuten geführt, 11 sie sind Schuldner nach § 2 Nr. 2 (Nachlassverbindlichkeit).

V. Notare

Für die Geschäfte des § 124 ist der Notar nicht zuständig. Wegen der Gebühr für die ei- 12 desstattliche Versicherung vor ihm (§ 22 Abs. 2 BNotO) s. § 49 Abs. 1.

VI. FG-Reform

§ 124 Abs. 1 soll an die Reform angepasst werden: Wegfall des § 83 Abs. 2 FGG. 13

§ 125 Verteilungsverfahren bei Enteignungen und dgl.

(1) **Soweit bei der Enteignung, bei der Flurbereinigung, bei der Beschädigung von Grundstücken durch Bergbau oder in ähnlichen Fällen ein Verteilungsverfahren vorgesehen ist, wird dafür das Doppelte der vollen Gebühr nach dem zu verteilenden Gesamtbetrag erhoben.**

---

[1] AA OLG München JFGErg. 21, 93 = JVBl. 1940, 106.
[2] RG JW 1933, 27; 1934, 2771; OLG Celle Rpfleger 1956, 347; OLG Köln JVBl. 1959, 128.

§ 126

(2) Wird der Antrag auf Eröffnung des Verfahrens zurückgewiesen oder wird der Antrag vor Eröffnung des Verfahrens zurückgenommen, so bemißt sich die nach § 130 zu erhebende Gebühr nach dem zu verteilenden Gesamtbetrag und, wenn ein Berechtigter den Antrag gestellt hat, nach dem von ihm beanspruchten Betrag, falls er geringer ist als der Gesamtbetrag.

I. Anwendungsbereich

1   § 125 betrifft alle Verteilungsverfahren nach **Bundesrecht** (zB § 119 BauGB, §§ 74 Nr. 2, 75 FlurbG) und nach **Landesrecht,** die als Angelegenheit der freiwilligen Gerichtsbarkeit durchgeführt werden. Zur Verfassungsmäßigkeit der Vorschrift s. § 158 Rn. 7.

II. Gebühren

2   Die Gebühr des Abs. 1 entsteht mit der Eröffnung des Verfahrens. Sie wird, da die Verteilung zumeist nach den §§ 105 ff. ZVG erfolgt, gemäß § 109 Abs. 1 ZVG zusammen mit den Auslagen der Verteilungsmasse entnommen. Schuldner ist der Antragsteller (§ 2 Nr. 1); soweit er die Kosten gezahlt hat, erfolgt die Entnahme zu seinen Gunsten.

3   Die **Ermäßigung** gemäß Abs. 2 gilt nur bis zur Eröffnung;[1] zum Wert: § 18 Abs. 2. Schuldner ist allein der Antragsteller.

4   Wird ein Verteilungsverfahren **von Amts wegen** durchgeführt, so gilt nur Abs. 1; Schuldner sind alle Beteiligten (§ 2 Nr. 2).

III. Gebührenbefreiung

5   Die in Betracht kommenden Ausgangsverfahren sind weithin gebührenbefreit (s. Anhang C I). Die Befreiung kann auch die Verteilung erfassen; dies ist regelmäßig anzunehmen, wenn die Befreiung „Geschäfte und Verhandlungen" nennt, „die der Durchführung ... dienen", o. Ä.

§ 126* Kapitalkreditbeschaffung für landwirtschaftliche Pächter

(1) **Für die Niederlegung des Verpfändungsvertrags nach dem Pachtkreditgesetz vom 5. August 1951 (Bundesgesetzbl. I S. 494), einschließlich der Erteilung einer Bescheinigung über die erfolgte Niederlegung, wird die Hälfte der vollen Gebühr erhoben.**

(2) **Ein Viertel der vollen Gebühr wird erhoben**
1. **für die Entgegennahme der Anzeige über die Abtretung der pfandgesicherten Forderung;**
2. **für die Herausgabe des Verpfändungsvertrags.**

(3) [1]**Für die Erteilung einer beglaubigten Ablichtung des Verpfändungsvertrags sowie einer Bescheinigung an den Pächter, daß ein Verpfändungsvertrag bei dem Amtsgericht nicht niedergelegt ist, wird eine Gebühr von 13 Euro erhoben.** [2]**Für Ablichtungen wird daneben die entstandene Dokumentenpauschale angesetzt.**

(4) **Für die Niederlegung einer Vereinbarung des Pächters und des Pfandgläubigers, durch welche die Erstreckung des Pfandrechts auf die nach seiner Entstehung vom Pächter erworbenen Inventarstücke ausgeschlossen wird, sowie für die Gestattung der Einsicht in die bei dem Amtsgericht niedergelegten Verpfändungsverträge werden Gebühren nicht erhoben.**

---

[1] KG KostRsp. Nr. 1.
* § 126 Abs. 3 geändert durch Gesetz vom 20. 8. 1975 (BGBl. I S. 2189), Abs. 3 S. 1 geändert durch Gesetz vom 9. 12. 1986 (BGBl. I S. 2326), Gesetz vom 24. 6. 1994 (BGBl. I S. 1325) und Gesetz vom 27. 4. 2001 (BGBl. I S. 751), Abs. 3 S. 2 geändert durch Gesetz vom 10. 12. 2001 (BGBl. I S. 3422), Abs. 3 geändert durch Gesetz vom 22. 3. 2005 (BGBl. I S. 837).

I. Pachtkredit

Das Pachtkreditgesetz, geändert am 8. 11. 1985 (BGBl. I S. 2065), ermöglicht dem 1
landwirtschaftlichen Pächter – zur Sicherung eines ihm von einem Kreditinstitut gewährten
Darlehns – die Bestellung eines Pfandrechts an den ihm gehörenden Inventarstücken, die
in seinem landwirtschaftlichen Betriebe dauernd gebraucht werden, durch Einigung und
Niederlegung des schriftlichen Verpfändungsvertrages beim Amtsgericht (§§ 1, 2); während
nach § 1205 BGB Einigung und Übergabe der Pfandsache an den Gläubiger notwendig
sind, braucht hier dem Pfandgläubiger der Besitz an den Pfandstücken nicht übertragen zu
werden. Die Niederlegung kann durch den Pächter wie durch das Kreditinstitut erfolgen
(§ 15 des Gesetzes).

II. Gebühren

§ 126 sieht folgende Gebühren vor: Für die **Niederlegung** des Verpfändungsvertrags 2
einschließlich der Erteilung einer Bescheinigung über die erfolgte Niederlegung wird die
Hälfte der vollen Gebühr des § 32 erhoben (Abs. 1). Für die Niederlegung eines Nachtragsverpfändungsvertrags ist die Gebühr des Abs. 1 erneut zu erheben. Die Gebührenpflicht gilt für jeden Vertrag, der sich mit dem Inventarpfandrecht befasst, ohne dass es
darauf ankommt, ob durch den niedergelegten Vertrag ein neues Pfandrecht begründet
worden ist oder ob es sich um Ergänzungen oder Nachträge früherer Vereinbarungen handelt. Die Gebühr entsteht dann, wenn ein Vertrag, der sich äußerlich als Verpfändungsvertrag kennzeichnet, bei dem Gericht niedergelegt wird.[1] **Geschäftswert** ist der Betrag
der durch das Pfandrecht gesicherten Forderung, höchstens der geringere Wert des verpfändeten Inventars (§ 23 Abs. 1). Schuldner: wer den Verpfändungsvertrag niederlegt (§ 2
Nr. 1).

Die Forderung, die durch das Pfandrecht an den Inventarstücken gesichert ist, kann nur 3
an ein Kreditinstitut abgetreten werden; mit der Abtretung der Forderung geht das Pfandrecht auf den neuen Gläubiger über. Die Abtretung soll dem Amtsgericht, bei welchem der
Verpfändungsvertrag niedergelegt ist, angezeigt werden (§ 13 Abs. 1 des Gesetzes). Für die
Entgegennahme der Anzeige über die Abtretung der Forderung wird ein Viertel der
vollen Gebühr erhoben (Abs. 2 Nr. 1). Wert wie Rn. 2. Zahlungspflichtig ist der Anzeigende (§ 2 Nr. 1).

Nach dem Erlöschen des Pfandrechts ist der Verpfändungsvertrag dem Pächter auf Antrag 4
herauszugeben, wenn er eine öffentlich beglaubigte Erklärung des Gläubigers über das Erlöschen des Pfandrechts vorlegt (§§ 14, 15 des Gesetzes). Für die **Herausgabe des Verpfändungsvertrages** (auch in sonstigen Fällen) wird ebenfalls ein Viertel der vollen Gebühr erhoben (Abs. 2 Nr. 2). Zahlungspflichtig ist der Pächter (§ 2 Nr. 1).

Für die **Erteilung beglaubigter Abschriften** des Verpfändungsvertrags (§ 16 Abs. 1 des 5
Gesetzes) ist eine Festgebühr bestimmt (Abs. 3). Neben ihr wird die Dokumentenpauschale
(§ 136) angesetzt. Zahlungspflichtig ist derjenige, der die Abschrift verlangt (§ 2 Nr. 1).

Für die **Bescheinigung an den Pächter,** dass ein Verpfändungsvertrag beim Amtsge- 6
richt nicht niedergelegt ist (§ 16 Abs. 2 des Gesetzes), ist ebenfalls eine Festgebühr vorgesehen (Abs. 3). Die Dokumentenpauschale wird für die Bescheinigung nicht erhoben. Zahlungspflichtig ist derjenige, der die Bescheinigung verlangt.

III. Gebührenfreie Geschäfte

Gebührenfrei sind (Abs. 4): 7
– die Niederlegung einer Vereinbarung des Pächters und des Pfandgläubigers, durch welche die gesetzlich ohne weiteres eintretende Erstreckung des Pfandrechts (§ 3 des Gesetzes) auf die nach seiner Entstehung vom Pächter erworbenen Inventarstücke ausgeschlossen wird;

---

[1] KG JVBl. 1933, 205.

§ 127

8   – die Gestattung der Einsicht in die beim Amtsgericht niedergelegten Verpfändungsverträge. Die Einsicht ist jedem gestattet, der ein berechtigtes Interesse darlegt (§ 16 des Gesetzes).

§ 127 Personenstandsangelegenheiten

(1) **Für die Familienregister sowie für die bei den Gerichten aufbewahrten Standesregister und Kirchenbücher gelten die Kostenvorschriften für die Amtstätigkeit des Standesbeamten (ab 1. 1. 2009*: Standesamts) entsprechend.**

(2) **Im übrigen werden in Personenstandsangelegenheiten für die Zurückweisung von Anträgen auf eine gerichtliche Anordnung sowie für die Verwerfung oder Zurückweisung einer Beschwerde gegen eine gerichtliche Entscheidung die in §§ 130 und 131 bestimmten Gebühren erhoben.**

I. Aufbewahrte Register (Abs. 1)

1   Auf Grund des Gesetzes über die Beurkundung des Personenstandes usw. vom 4. 2. 1875 (RGBl. S. 23) wurden die Kirchenbücher und Nebenregister bei den Amtsgerichten aufbewahrt. Seit dem Inkrafttreten des PStG vom 3. 11. 1937 (neu bekannt gemacht BGBl. 2002 I S. 3322, geändert) – dem 1. 7. 1938 – werden die Nebenregister (jetzt Zweitbücher genannt) an die untere Verwaltungsbehörde abgeliefert und von ihr aufbewahrt. Die bei den Amtsgerichten verbliebenen Kirchenbücher und Nebenregister bis zum 30. 6. 1938 sind inzwischen zum größten Teil an Personenstandsarchive abgegeben worden, die jeweils für größere Bezirke gebildet wurden.

2   Die Vorschrift des Abs. 1 kann bei Gericht nur noch da zur Anwendung kommen, wo eine **Ablieferung nicht erfolgt** ist. Hier können vornehmlich die Erteilung von **beglaubigten Abschriften** und das **Suchen von Einträgen** praktisch werden.

3   Nach Abs. 1 finden die für die Amtstätigkeit der Standesbeamten geltenden Kostenvorschriften Anwendung. In Betracht kommen die §§ 67, 68 der PStV vom 12. 8. 1957 idF vom 25. 2. 1977 (BGBl. I S. 377, geändert). Auch soweit diese Gebührenfreiheit und Auslagenerhebung regeln, gehen sie der KostO vor. Die Mindestgebühr des § 33 gilt hier nicht.

II. Gerichtliche Anordnungen (Abs. 2)

4   Das **Verfahren** auf Anhaltung des Standesbeamten zur Vornahme einer von ihm abgelehnten Amtshandlung auf Antrag eines Beteiligten oder der Aufsichtsbehörde (§ 45 Abs. 1 PStG; auch § 69b Abs. 3 PStG) oder auf Anordnung zur Berichtigung eines abgeschlossenen Eintrags auf Antrag eines Beteiligten oder der Aufsichtsbehörde (§ 47 Abs. 1 PStG) ist gebührenfrei. Nur für den Fall der **Zurückweisung** eines Antrags und der Verwerfung oder **Zurückweisung einer Beschwerde** gegen eine gerichtliche Entscheidung werden nach Abs. 2 die in den §§ 130 und 131 bestimmten Gebühren erhoben. Dies gilt wohl auch im Falle der **Zurücknahme,** Abs. 2 ist eine Verweisung, nicht aber eine detaillierte Gebührenvorschrift. Der Wert bestimmt sich nach § 30 Abs. 2. S. iÜ die Erläuterungen zu den §§ 130, 131, insbesondere § 130 Rn. 5, § 131 Rn. 7.

5   **Auslagen** (vgl. § 48a PStG) werden auch dann erhoben, wenn dem Antrag stattgegeben wird und deshalb keine Gebühr zum Ansatz kommt. Über die Gewährung von Kostenfreiheit, wenn der Antrag auf Unkenntnis usw. beruht, und über die Nichterhebung der Auslagen, wenn die Beschwerde für begründet befunden wird, s. § 130 Abs. 5 und § 131 Abs. 5. **Zahlungspflichtig** ist der Antragsteller (§ 2 Nr. 1), bei der Beschwerde der Beschwerdeführer. Ist dies die staatliche Aufsichtsbehörde, ohne dass ein Beteiligter ihr beigetreten ist, so sind weder Gebühren noch Auslagen zu erheben (§ 11).

---

* § 127 Abs. 1 mWv. 1. 1. 2009 geändert durch Gesetz vom 19. 2. 2007 (BGBl. I S. 122).

Der **Standesbeamte** kann in **Zweifelsfällen** von sich aus die Entscheidung des Amts- **6** gerichts darüber herbeiführen, ob eine Amtshandlung vorzunehmen ist (§ 45 Abs. 2 PStG, auch § 69b Abs. 3 PStG). Das Verfahren ist kostenfrei.[1]

§ 128 Todeserklärung und Feststellung der Todeszeit

(1) **Das Doppelte der vollen Gebühr wird erhoben für**
a) **die Todeserklärung,**
b) **die Feststellung der Todeszeit,**
c) **die Aufhebung oder Änderung der Todeserklärung oder der Feststellung der Todeszeit.**

(2) **Wird ein Aufgebotsverfahren in ein Verfahren zur Feststellung der Todeszeit übergeleitet, so ist es für die Gebührenberechnung als ein einheitliches Verfahren zu behandeln.**

(3) **Der Geschäftswert bestimmt sich nach § 30 Abs. 2.**

Übersicht

	Rn.		Rn.
I. Todeserklärung	1	V. Aufhebung des Gebührentatbestands	8
II. Feststellung der Todeszeit	2	VI. Wert	9
III. Aufhebung, Änderung der Entscheidung	3–6	VII. Schuldner	10, 11
IV. Überleitung (Abs. 2)	7	VIII. Gebührenfreiheit	12

I. Todeserklärung

Die Gebühr für die Todeserklärung (Abs. 1 Buchst. a) erfällt mit dem Erlass (Einf. **1** Rn. 57 ff.) des Todeserklärungsbeschlusses (§ 24 VerschG). Für die Feststellung des Zeitpunktes des Todes in diesem Beschluss wird die Gebühr des Abs. 1 Buchst. b nicht besonders erhoben (§ 35).

II. Feststellung der Todeszeit

Die Gebühr für die Feststellung der Todeszeit (Abs. 1 Buchst. b) fällt mit dem Erlass des **2** entsprechenden Beschlusses (§ 44 VerschG) an.

III. Aufhebung, Änderung der Entscheidung

Die Gebühr für Aufhebung oder Änderung (Abs. 1 Buchst. c) fällt an **3**
– mit Erlass des Beschlusses auf Aufhebung der Todeserklärung (§ 32 VerschG),
– mit Erlass des Beschlusses auf Aufhebung der Feststellung der Todeszeit (§§ 40, 32 **4** VerschG),
– mit dem Erlass des Beschlusses auf Feststellung einer anderen Todeszeit, sei es gegenüber **5** der Feststellung in der Todeserklärung (§ 33 a VerschG), sei es
– gegenüber der gesonderten Feststellung der Todeszeit (§§ 40, 33 a VerschG). **6**

IV. Überleitung (Abs. 2)

Wird ein Verfahren auf Todeserklärung (§§ 13 ff. VerschG) in ein Verfahren auf Feststellung **7** der Todeszeit übergeleitet (§ 45 VerschG), so ist es gebührenrechtlich **ein Verfahren** (Abs. 2). Das bedeutet, dass die Gebühren Abs. 1 Buchst. a und b niemals nebeneinander anfallen können, dass in der Überleitung keine Antragsrücknahme (§ 130) liegt und dass bei tatsächlicher Rücknahme die Gebühr des § 130 nur einmal erhoben wird.

---

[1] BayObLGZ 11, 161 = Rpfleger 1961, 447; OLG Oldenburg Nds.Rpfl. 1995, 43 bezüglich des Landkreises, krit. dazu *Lappe* KostRsp. Nr. 2.

§ 128a

V. Aufhebung des Gebührentatbestands

8   Die den Gebührentatbestand bildende Entscheidung muss in dem einzelnen Verfahren Bestand haben; wird sie auf **Beschwerde** aufgehoben, entfällt die Gebühr. Wird hingegen im **Aufhebungs- oder Änderungsverfahren** die Entscheidung aufgehoben, so hat dies auf die erste Gebühr keinen Einfluss (arg. § 34 VerschG); jedoch kann Nichterhebung gemäß § 16 in Betracht kommen.

VI. Wert

9   Der Geschäftswert bestimmt sich in allen Verfahren nach § 30 Abs. 2 (Abs. 3); Werterhöhung insbesondere im Hinblick auf überdurchschnittliches Vermögen.

VII. Schuldner

10   Alle Verfahren sind Antragsverfahren, der **Antragsteller** ist Schuldner nach § 2 Nr. 1. Als weitere Schuldner kommen die **Erben** in Betracht (§ 3 Nr. 1, § 34 Abs. 2 VerschG; die Beschränkung der Haftung auf den Nachlass ist in diesem Falle von Amts wegen zu berücksichtigen), auch sonstige **Beteiligte** (§ 3 Nr. 1; § 34 Abs. 1 VerschG). Wegen Festsetzung der vom Antragsteller gezahlten Kosten gegen den Entscheidungsschuldner s. § 3 Rn. 8, wegen Rückzahlung bei Aufhebung der Entscheidung § 3 Rn. 7.

11   Nach § 34 Abs. 3 VerschG kann im Falle der Aufhebung der Todeserklärung das Gericht über die dem Nachlass auferlegten Kosten anderweit entscheiden, damit der Lebende nicht letztlich die Kosten seiner Todeserklärung zahlt.

VIII. Gebührenfreiheit

12   Wegen Gebührenfreiheit s. Anhang C I → Todeserklärung.

§ 128a* Änderung der Vornamen und Feststellung der Geschlechtszugehörigkeit in besonderen Fällen

(1) In Verfahren nach dem Gesetz über die Änderung der Vornamen und die Feststellung der Geschlechtszugehörigkeit in besonderen Fällen vom 10. September 1980 (BGBl. I S. 1654) wird erhoben

1. das Doppelte der vollen Gebühr
   a) für die Änderung der Vornamen nach § 1 des Gesetzes,
   b) für die Aufhebung der Entscheidung, durch welche die Vornamen geändert worden sind, nach § 6 des Gesetzes,
   c) für die Feststellung, daß der Antragsteller als dem anderen Geschlecht zugehörig anzusehen ist, nach § 8 oder § 9 Abs. 2 des Gesetzes; eine nach Nummer 2 entstandene Gebühr wird angerechnet,
   d) für die Aufhebung der Feststellung, daß der Antragsteller als dem anderen Geschlecht zugehörig anzusehen ist, nach § 9 Abs. 3 in Verbindung mit § 6 des Gesetzes;
2. das Eineinhalbfache der vollen Gebühr
   für die Feststellung nach § 9 Abs. 1 des Gesetzes.

(2) Der Geschäftswert bestimmt sich nach § 30 Abs. 2.

I. Gebühren

1   Gebührentatbestand sind nicht die einzelnen Verfahren, sondern – dem System der KostO entsprechend – die einzelnen Vornahmeentscheidungen, d. h. ihr Erlass (Einf. Rn. 57 ff.).

---

* § 128a eingefügt durch Gesetz vom 10. 9. 1980 (BGBl. I S. 1654).

Unterbringungssachen **§ 128b**

Wird ein Antrag **zurückgewiesen**: § 130; 2
desgleichen bei der **Antragsrücknahme**. 3
Die **nicht in Abs. 1 genannten** Entscheidungen – zB nach § 7 Abs. 3 des Gesetzes – 4
bleiben gebührenfrei (§ 1).

II. Wert

Der Geschäftswert richtet sich nach § 30 Abs. 2 (Abs. 2). Da ein vermögensrechtlicher 5
Bezug durchweg fehlt, kommt eine Abweichung vom Regelwert nur im Hinblick auf den
Umfang der Sache in Betracht.

III. Anrechnung

Da die in Abs. 1 Nr. 2 genannte Entscheidung vorab ergeht, ist diese Gebühr auf die des 6
Abs. 1 Nr. 1c anzurechnen. Im Übrigen fällt jede Gebühr gesondert an.

IV. Schuldner; Beschwerde

Schuldner: § 2 Nr. 1. 7
Beschwerde: § 131. 8

§ 128b* Unterbringungssachen

¹In Unterbringungssachen nach den §§ 70 bis 70n des Gesetzes über die Angelegenheiten der freiwilligen Gerichtsbarkeit werden keine Gebühren erhoben. ²Von dem Betroffenen werden Auslagen nur nach § 137 Abs. 1 Nr. 16 erhoben und wenn die Voraussetzungen des § 93a Abs. 2 gegeben sind.

I. Anwendungsbereich

Die durch das BtG in die KostO eingefügte Vorschrift erfasst nicht alle Unterbringungssachen, sondern nur die **zivilrechtliche** Unterbringung (§ 70 Abs. 1 S. 2 Nr. 1, 2 FGG) sowie die **öffentlich-rechtliche** Unterbringung nach den Landesgesetzen über die Unterbringung **psychisch Kranker** (§ 70 Abs. 1 S. 2 Nr. 3 FGG). Unberührt bleibt also die Unterbringung nach dem Bundesgesetz über das gerichtliche Verfahren bei Freiheitsentziehungen (Anhang B → Unterbringung), insbesondere von **Geschlechtskranken** (§ 18 Abs. 2 Geschlechtskrankengesetz), **Seuchenverdächtigen** (§ 30 Abs. 2 Infektionsschutzgesetz) sowie die Abschiebehaft von **Ausländern** (§ 16 Ausländergesetz). 1

Eine zivilrechtliche Unterbringung ist die eines **Kindes** durch den oder die Sorgeberechtigten: Eltern, Vormund, Pfleger (§ 70 Abs. 1 S. 2 Nr. 1 Buchst. a FGG), eines **Betreuten** durch den Betreuer oder einer Person durch einen Bevollmächtigten (Nr. 1 Buchst. b) einschließlich der Freiheitsentziehung durch Vorrichtungen, Medikamente oder auf andere Weise (Nr. 2). 2

II. Gebührenfreiheit

Die **zivilrechtliche** Unterbringung erfolgt durch den Sorgeberechtigten, Betreuer oder Bevollmächtigten. Er bedarf dazu der familien- oder vormundschaftsgerichtlichen **Genehmigung**. Sie löste im Fall des § 1631b BGB bis zum 31. 12. 1991 die Gebühr des § 95 Abs. 1 S. 1 Nr. 2 aus. Danach könnte sie unter die Generalklausel des § 95 Abs. 1 S. 1 Nr. 3 fallen; § 128b S. 1 verbietet die Erhebung dieser Gebühr. Die Genehmigung der Unterbringung durch den Bevollmächtigten erfüllt den Tatbestand des § 97 Abs. 1 Nr. 3; auch diese Gebühr beseitigt § 128b S. 1. 3

---

* § 128b eingefügt durch Gesetz vom 12. 9. 1990 (BGBl. I S. 2002) und neu gefasst durch Gesetz vom 25. 6. 1998 (BGBl. I S. 1580), S. 2 geändert durch Gesetz vom 21. 4. 2005 (BGBl. I S. 1073) und durch Gesetz vom 22. 12. 2006 (BGBl. I S. 3416).

§ 128b

4 Gebührenfrei sind „Verfahren über Unterbringungsmaßnahmen" (§ 70 Abs. 1 S. 1 FGG); also nicht nur die Genehmigung, sondern auch ihre Versagung; desgleichen die Zurücknahme der Genehmigung (§ 1631b S. 3 BGB) und die Aufhebung der Unterbringung (§ 70i Abs. 1 FGG) sowie ihre Verlängerung (§§ 70f Abs. 1 Nr. 3, 70i Abs. 2 FGG); aber auch alle Zwischen- und Nebenentscheidungen, wie die Bestellung eines Verfahrenspflegers (§ 70b FGG; vgl. bereits § 92 Rn. 21 ff.), die Anordnung von Gewalt (§ 70g Abs. 5 S. 2 FGG), einstweilige Anordnungen (§ 70h FGG), die Aussetzung der Unterbringungsvollziehung (§ 70k FGG), das Verfahren über den Antrag auf gerichtliche Entscheidung gegen Maßnahmen zur Regelung einzelner Angelegenheiten (§ 70l FGG).

5 Die Befreiung gilt für **alle Rechtszüge** (vgl. § 70m FGG).

6 Die **öffentlich-rechtliche** Unterbringung ordnet das Gericht an. Das Verfahren ist in allen Rechtszügen kostenfrei. Unberührt bleiben die Kosten der eigentlichen Unterbringung. Die Länder haben ihre Unterbringungsgesetze, soweit sie nicht bereits Kostenfreiheit vorsehen, dem neuen § 128b angepasst; falls nicht, „bricht" § 128b entgegenstehendes Landesrecht (Art. 31 GG).

III. Auslagen

7 Die §§ 136 ff. finden Anwendung. Schuldner ist grundsätzlich (§ 2 Nr. 2) der Betroffene (Unterzubringende oder Untergebrachte); im Ausnahmefall, zB für eine Beschwerde, ein Antragsteller (§ 2 Nr. 1), dies kann auch der Betroffene sein. Von ihm werden jedoch, gleichviel, worauf seine Schuldnerschaft beruht, allein die an Verfahrenspfleger gezahlte Beträge (§ 137 Abs. 1 Nr. 16) erhoben und sie auch nur nach Maßgabe des § 93a Abs. 2 (s. dort). Wegen der Genehmigung der Einwilligung nach den §§ 1904, 1905s. § 96 Rn. 5.

IV. FG-Reform

8 § 128b soll neu gefasst werden: „In Unterbringungssachen (§ 312 des Gesetzes über das Verfahren in Familiensachen und in den Angelegenheiten der freiwilligen Gerichtsbarkeit) werden keine Gebühren erhoben. Von dem Betroffenen werden, wenn die Gerichtskosten nicht einem Anderen auferlegt worden sind, Auslagen nur nach § 137 Abs. 1 Nr. 16 erhoben und wenn die Voraussetzungen des § 93a Abs. 2 gegeben sind. Im Übrigen werden Auslagen nur von demjenigen erhoben, dem sie durch gerichtliche Entscheidung auferlegt worden sind."

Begründung: „Die vorgeschlagene Änderung ist Folge der Übernahme der Vorschriften über Unterbringungssachen in den Entwurf des FamFG. Der neu eingefügte Satz 3 soll klarstellen, dass Kostenschuldner in Unterbringungssachen grundsätzlich nur der Betroffene ist. Andere Beteiligte sollen die Auslagen des Verfahrens nur dann schulden, wenn diese ihnen durch gerichtliche Entscheidung ausdrücklich auferlegt worden sind (§ 81 FamFG). Dadurch soll klargestellt werden, dass in Verfahren über eine freiheitsentziehende Unterbringung eines Volljährigen nach den Landesgesetzen über die Unterbringung psychisch Kranker (§ 312 Nr. 3 FamFG) die Verwaltungsbehörde die Auslagen nicht als Antragsteller gemäß § 2 Nr. 1 KostO schuldet."

9 Nach § 128b soll **§ 128c** (Freiheitsentziehungssachen) eingefügt werden:

„(1) In Freiheitsentziehungssachen (§ 415 des Gesetzes über das Verfahren in Familiensachen und in den Angelegenheiten der freiwilligen Gerichtsbarkeit) wird für die Entscheidung, die eine Freiheitsentziehung oder ihre Fortdauer anordnet oder einen nicht vom Untergebrachten selbst gestellten Antrag, die Freiheitsentziehung aufzuheben, zurückweist, die volle Gebühr erhoben.

(2) Der Wert ist nach § 30 Abs. 2 zu bestimmen.

(3) Schuldner der Gerichtskosten sind, wenn diese nicht einem Anderen auferlegt worden sind, der Betroffene und im Rahmen ihrer gesetzlichen Unterhaltspflicht die zu seinem Unterhalt Verpflichteten. Von der Verwaltungsbehörde werden Gebühren nicht erhoben.

(4) Kostenvorschüsse werden nicht erhoben. Dies gilt auch im Beschwerdeverfahren."

Begründung: „Gerichtliche Verfahren bei Freiheitsentziehungen, die nach geltendem Recht im FrhEntzG geregelt sind, sollen zukünftig im FamFG geregelt werden. Daher sollen auch die derzeit im FrhEntzG geregelten Kosten in die KostO übernommen werden. An die Stelle der Festgebühr von 18,00 Euro nach § 14 Abs. 2 FrhEntzG soll nach § 128 c Abs. 1 und 2 die volle Gebühr nach dem Auffangwert des § 30 Abs. 2 KostO (3000 Euro) treten, die bei diesem Wert 26 Euro beträgt. Dies entspricht der Systematik der Gebührenregelungen der KostO. Einer Erhöhungs-oder Ermäßigungsmöglichkeit für das Gericht, wie sie in § 14 Abs. 2 Satz 2 FrhEntzG enthalten ist, bedarf es wegen der Regelung in § 30 Abs. 2 KostO nicht mehr. Der vorgeschlagene § 128 c Abs. 3 übernimmt die Regelung des § 15 FrhEntzG. § 128 c Abs. 4 entspricht § 14 Abs. 4 FrhEntzG. Für das Beschwerde-und Rechtsbeschwerdeverfahren gilt im Übrigen § 131 KostO."

Weiter wird **§ 128 d** (Aufgebotsverfahren) eingefügt: „Für das Aufgebotsverfahren einschließlich eines Verfahrens betreffend Zahlungssperre vor sofortiger Einleitung des Aufgebotsverfahrens wird das Doppelte der vollen Gebühr erhoben." 10

Begründung: „Die Regelung des Aufgebotsverfahrens als Verfahren der freiwilligen Gerichtsbarkeit hat die Herauslösung der dafür anfallenden Gerichtskosten aus dem GKG und deren Einstellung in die KostO zur Folge (§ 128 d KostO). Es ist angesichts des mit der Durchführung eines Aufgebotsverfahrens verbundenen Aufwands sachgerecht, unter Zugrundelegung der Wertvorschriften der KostO hierfür eine doppelte Gebühr anzusetzen. Im Wertbereich bis 500 000 Euro liegen die nach der KostO zu berechnenden Gebühren in einer Größenordnung, die mit der Gebührenhöhe nach bisheriger Rechtslage vergleichbar ist. Mit der Formulierung soll ferner klar gestellt werden, dass für das Verfahren betreffend Zahlungssperre vor sofortiger Einleitung des Aufgebotsverfahrens neben dem eigentlichen Aufgebotsverfahren keine gesonderte Gebühr erhoben wird."

7. Ergänzende Gebührenvorschriften für Anträge, Beschwerden usw.

Vorbemerkungen zu den §§ 129–135

Dieser Unterabschnitt gilt „aus sich" für die in den **Unterabschnitten 1 bis 6** des 2. Abschnitts geregelten Geschäfte, die also dort mit einer Vornahmegebühr belegt sind. Wegen seiner entsprechenden Anwendung bei Geschäften des **§ 158** s. dort. 1

Er gilt auch bei Anwendbarerklärung der KostO durch **Separatgesetze** (Anhang B), wobei ihre Vorschriften die der §§ 129 ff. teils verdrängen oder verändern. 2

Eine schwierige Rechtslage ergibt sich vor allem bei – die Klage zum Verwaltungsgericht verdrängenden – **Anträgen auf gerichtliche Entscheidung nach einem Verwaltungsverfahren.** § 131 Abs. 4 S. 3 schließt – unglücklicherweise – § 131 aus, § 130 Abs. 3 begrenzt die Anwendung des § 130 durch die Gebühr für das Vornahmegeschäft. Das Stattgeben des Antrags als solches – also die Aufhebung des Verwaltungsakts oder die Verpflichtung der Verwaltung zu seiner Vornahme – ist jedoch gebührenfrei. Dem Normzweck der Verweisung auf die KostO allgemein und damit auf § 130 wird man daher nur gerecht, wenn man den „Gebührensatz" des § 130 Abs. 3 so versteht, wie er „unmittelbar gemeint" ist, nämlich als den der Unterabschnitte 1 bis 6; man kann maW weder die zufällig zu erhebende Verwaltungsgebühr an seine Stelle setzen noch aus der Gebührenfreiheit des Erfolgs des Antrags auch die seines Misserfolgs folgern. § 130 Abs. 3 ist mithin in diesen Fällen unbeachtlich, soweit sich nicht aus einer Einzelregelung anderes ergibt. 3

Der 7. Unterabschnitt gilt auch für **Notare** (§ 141), s. dazu die Erläuterungen der einzelnen Vorschriften. 4

§ 129 Gesuche, Anträge

Gesuche und Anträge werden, soweit nichts anderes bestimmt ist, gebührenfrei aufgenommen.

I. Aufnahme von Anträgen

1 § 129 gilt für die Aufnahme, nicht für die **Entgegennahme** (s. zB § 112); und zwar sowohl durch die Geschäftsstelle (§ 11 FGG) als auch durch den Rechtspfleger (§ 24 RPflG) oder Richter.

2 Unter § 129 fallen Gesuche/Anträge aller Art, auch **Beschwerden** usw. Er betrifft sowohl die Aufnahme beim in der Sache zuständigen als auch bei einem anderen Gericht.

II. Beurkundung

3 Anderes bestimmt ist für Anträge und Erklärungen, die der Beurkundung oder Beglaubigung bedürfen (§§ 75, 86, 112 Abs. 3). Das hat seit dem BeurkG bei Gericht nur noch in wenigen Fällen Bedeutung:

4 – § 61 BeurkG;

5 – § 62 BeurkG; s. dazu jedoch § 55a;

6 – §§ 1945, 1955 BGB, wohl auch § 2356 Abs. 2 BGB (streitig);

7 – §§ 9, 19 Abs. 3 HöfeO.

8 In diesen Fällen sind ggf. die Beurkundungsgebühren (§§ 36 ff.) zu erheben; wegen der Erklärung nach § 9 HöfeO s. §§ 20 Buchst. c, 23 Buchst. b HöfeVfO, Anhang B → Höfesachen. Zur Unterschriftsbeglaubigung (§ 45) sind die Gerichte nicht mehr befugt; s. aber Anhang B → Beglaubigung.

III. Notare

9 § 129 wird bei Notaren (§ 141) durch die §§ 145 ff. verdrängt. Dieselbe Tätigkeit kann so bei Gericht gebührenfrei bleiben, beim Notar hingegen eine Gebühr auslösen (und sei es, etwa bei einem nichtbeurkundungsbedürftigen Antrag, die des § 147 Abs. 2).

§ 130* Zurückweisung und Zurücknahme von Anträgen

(1) Wird in Fällen, in denen das Gericht nur auf Antrag tätig wird, ein Antrag zurückgewiesen, so wird, soweit nichts anderes bestimmt ist, die Hälfte der vollen Gebühr, höchstens jedoch ein Betrag von 35 Euro erhoben.

(2) Wird ein Antrag zurückgenommen, bevor über ihn eine Entscheidung ergangen ist oder die beantragte Handlung stattgefunden hat, so wird, soweit nichts anderes bestimmt ist, ein Viertel der vollen Gebühr, höchstens jedoch ein Betrag von 20 Euro erhoben.

(3) Der für die beantragte Verhandlung oder Entscheidung bestimmte Gebührensatz darf nicht überschritten werden.

(4) Im Fall einer teilweisen Zurückweisung oder Zurücknahme ist die Gebühr nach dem Wert des zurückgewiesenen oder zurückgenommenen Teils, jedoch nur insoweit zu erheben, als die Gebühr für die Erledigung des ganzen Antrags die Gebühr für die teilweise Erledigung übersteigt.

(5) [1] Bei Zurückweisung oder Zurücknahme eines Antrags kann von der Erhebung von Kosten abgesehen werden, wenn der Antrag auf unverschuldeter Unkenntnis der tatsächlichen oder rechtlichen Verhältnisse beruht. [2] § 16 Abs. 2 gilt entsprechend.

---

* § 130 Abs. 1 und 2 geändert durch Gesetz vom 9. 12. 1986 (BGBl. I S. 2326) und Gesetz vom 27. 4. 2001 (BGBl. I S. 751).

Zurückweisung und Zurücknahme von Anträgen **§ 130**

Übersicht

	Rn.		Rn.
I. Anwendungsbereich	1–4	VII. Kostenabstand	24–27
II. Zurückweisung	5–11	VIII. Schuldner	28
III. Antragshäufung	12–14 b	IX. Verwaltungsakte	29, 30
IV. Zurücknahme	15–19	X. Notare	31–35
V. Wert	20	XI. FG-Reform	36, 37
VI. Teilzurückweisung, -zurücknahme 21–23 a			

I. Anwendungsbereich

Antrag iS des § 130 ist nicht jeder Antrag in einem FGG-Verfahren, sondern nur ein 1 solcher, der auf ein gebührenpflichtiges Geschäft gerichtet ist, bei dessen Erfolg der Antragsteller also Schuldner nach § 2 Nr. 1 wird. Zur Bedeutung eines Sachantrags s. Rn. 20.

Keinen Antrag gibt es im **Amtsverfahren**; selbst wenn ein Antrag gestellt wird, ist er 2 nur eine „Anregung" zum gerichtlichen Tätigwerden von Amts wegen. Das gilt – jedenfalls iS der §§ 2 Nr. 1, 130 – auch dann, wenn das Gericht sowohl auf Antrag als auch von Amts wegen vorgehen kann, vgl. § 2 Rn. 17, 18.

Die KostO benutzt regelmäßig als Gebührentatbestand die Vornahme des beantragten 3 Geschäfts, nicht die Entscheidung über den Antrag. Alle diese Vorschriften ergänzt § 130 um Zurückweisung und Zurücknahme des Antrags als **eigenständigen Gebührentatbestand**.

Er gilt für alle Geschäfte des Zweiten Abschnitts, darüber hinaus auch für § 133[1] und für 4 Angelegenheiten, deren Gebühren in Separatgesetzen geregelt sind.[2] S. aber Rn. 10. „Gericht" iS des Abs. 1 sind Richter (Einzelrichter, Kammer, Senat), Rechtspfleger, Urkundsbeamter der Geschäftsstelle.

II. Zurückweisung

Die Zurückweisungsgebühr (Abs. 1) **entsteht** mit dem Wirksamwerden des Zurück- 5 weisungsbeschlusses (Einf. Rn. 57 ff.), also weder bereits mit seinem Unterschreiben noch mit seiner Herausgabe aus dem Gericht; denn ein existenter, aber noch nicht wirksamer Zurückweisungsbeschluss – etwa: Rückgabe durch die Post wegen falscher Anschrift – hindert das Gericht nicht an der Vornahme des beantragten Geschäfts. Die Gebühr ist jedoch abhängig vom Bestand dieses Gebührentatbestands: Wird der Beschluss auf **Beschwerde** hin oder gemäß § 18 FGG (rückwirkend) aufgehoben, so entfällt auch die Gebühr (wie sie umgekehrt anfällt, wenn das Beschwerdegericht unter Aufhebung des Geschäfts den Antrag zurückweist).

Ergeht allerdings wegen veränderter Umstände später ein **Zweitbescheid** (für die Zu- 6 kunft), so hat das auf die bereits entstandene Gebühr keinen Einfluss.

Die **Gebühr** ist grundsätzlich unabhängig von der Gebühr für das beantragte Geschäft: 7 Sie beläuft sich auf die Hälfte der vollen Gebühr, höchstens 35 Euro. Sieht das Gesetz allerdings für die Vornahme des gebührenpflichtigen Geschäfts ein geringerer „Gebührensatz" – eine geringere Gebühr – vor (¼), so gilt dieser auch für die Zurückweisung (Abs. 3).

Aus Abs. 3 wird ferner gefolgert, dass dann, wenn die Vornahme des Geschäfts **gebüh-** 8 **renfrei** ist, auch keine Zurückweisungsgebühr nach § 130 anfällt. Dies kann jedoch nur für absolut gebührenfreie Geschäfte gelten und bei ihnen auch nur, soweit nichts anderes bestimmt ist (§ 127 Abs. 2). Bei relativ, im Einzelfall gebührenfreien Geschäften – etwa weil es durch eine andere Gebühr abgegolten wird (so § 115) oder die Gebühr bereits durch einen anderen Antrag entstanden ist (so § 123 Abs. 1 S. 1) –, kann zwar die Gebühr

---
[1] LG Wuppertal DNotZ 1937, 823.
[2] S. Anhang B; so BayObLG JurBüro 1991, 1109 für die bisherigen FGG-Wohnungseigentumsverfahren.

des § 130 nicht erhoben werden, der Antragsteller wird jedoch Mitschuldner der anderen Gebühr in Höhe der Gebühr des § 130.

9 Aus der sachlichen Befreiung des vorgenommenen Geschäfts lässt sich hingegen eine gebührenfreie Zurückweisung nicht ableiten.

10 Ausnahmsweise ist selbst bei Gebührenpflicht der Vornahme des Geschäfts die Zurückweisung des Antrags gebührenfrei: § 91.

11 Ist für die Vornahme eines Geschäfts eine **Betragsgebühr** vorgesehen (Beispiel: § 73 Abs. 1), so fehlen der von § 130 vorausgesetzte Wert und der Gebührensatz (Abs. 3). Die Regelungslücke ist systemgerecht dergestalt zu füllen, dass auch bei Zurückweisung eines Antrags eine Betragsgebühr zu erheben, der Umstand der Zurückweisung jedoch ggf. im Rahmen des § 34 zu berücksichtigen ist; Höchstgebühr entsprechend Abs. 1: 35 Euro, oder geringere Vornahmegebühr (Abs. 3).

III. Antragshäufung

12 Werden mehrere Anträge zurückgewiesen, so hängt (arg. Abs. 3) die Erhebung einer Gebühr oder mehrerer Gebühren davon ab, **wie bei Vornahme des Geschäfts** zu verfahren wäre. Da zB die Eintragung einer Hypothek in Teilbeträgen mehrere Gebühren auslöst (§ 63 Rn. 6), sind im Falle der Zurückweisung ebenfalls mehrere Gebühren zu erheben.[3]

12a Richten sich Anträge auf **dasselbe Geschäft,** wird es jedoch nur auf einen von ihnen vorgenommen und das andere zurückgewiesen, so fällt neben der Gebühr für das Geschäft keine Zurückweisungsgebühr nach Abs. 1 an, jedoch schuldet der zweite Antragsteller die Vornahmegebühr in Höhe der Gebühr des Abs. 1 (§ 5 Abs. 1). Gleiches gilt für die Rücknahme (Abs. 2).

13 Hat die Vornahme eines beantragten Geschäfts zwangsläufig ein **weiteres Geschäft** zur Folge, ohne dass dazu ein Antrag erforderlich ist, wie zB die Eintragung einer Hypothek die – nicht ausgeschlossene – Erteilung eines Briefs, so wird bei Zurücknahme oder Zurückweisung die Gebühr des § 130 nur einmal erhoben.

14 Ist hingegen ein **weiterer Antrag** ausdrücklich oder den Umständen nach nur für den **Fall des Erfolgs** des ersten gestellt, dann wird er ohne den Eintritt dieser Bedingung nicht wirksam, so dass bei Zurückweisung des ersten Antrags nicht über ihn entschieden werden muss. Folglich fällt nur für sie eine Gebühr an.[4] Beispiele: Anmeldung eines Handelsgeschäfts mit Prokura; Antrag auf Eintragung als neuer Eigentümer und einer Grundschuld.[5]

14a Bei **Haupt- und Hilfsantrag** ist zu unterscheiden: Richten sie sich auf **dasselbe Geschäft** mit unterschiedlichem Inhalt (Beispiel: Erbschein 1/2 : 1/4 : 1/4, hilfsweise 1/3 : 1/3 : 1/3), so fällt bei seiner Vornahme nur eine Gebühr an, folglich auch bei Zurückweisung (Zurücknahme) beider Anträge; die Zurückweisung (Zurücknahme) des Hauptantrags löst neben der Gebühr für das Geschäft keine Gebühr nach § 130 aus.

14b Richten sich die Anträge hingegen auf **verschiedene Geschäfte** (Beispiel: Feststellung der Todeszeit, hilfsweise Todeserklärung), so gibt es zwar auch nur eine Vornahmegebühr, jedoch fällt neben ihr bei Erfolg des Hilfsantrags für die Zurückweisung (Zurücknahme) des Hauptantrags die Gebühr des § 130 an; bei Zurückweisung (Zurücknahme) beider Anträge ist die Gebühr des § 130 für jeden anzusetzen.

IV. Zurücknahme

15 Die Rücknahme eines Antrags (Abs. 2) ist möglich bis zum wirksamen (Rn. 5, Einf. Rn. 57 ff.) **Erlass** eines Beschlusses usw., also ggf. noch bis zu seiner Rechtskraft (vgl. § 269 Abs. 3 S. 1 ZPO).

---

[3] Vgl. KG JW 1935, 3047 = JVBl. 1935, 214.
[4] Vgl. für den Zivilprozess BGH NJW 1973, 98 = Rpfleger 1972, 363.
[5] LG Karlsruhe Rpfleger 2000, 517.

Bei **Eintragungen** ins Grundbuch oder ein Register ist die Eintragung (das Unterschreiben usw.) der maßgebliche Zeitpunkt (Vor § 60 Rn. 8).[6] Ist rechtzeitig eine unwirksame Rücknahme eingegangen, bedarf es regelmäßig eines gerichtlichen Hinweises, bevor eingetragen und damit die Eintragungsgebühr ausgelöst wird (bei Verstoß: § 16).[7] 16

Dem „Erlass" im vorbeschriebenen Sinne steht es gleich, wenn das Gericht nach § 10 die Herausgabe der Ausfertigung seiner Entscheidung von der Zahlung der Kosten abhängig macht; denn in diesem Falle wird die Entscheidung bereits mit der Mitteilung ihres Erlasses (im Zusammenhang mit der Unterrichtung des Schuldners von der Ausübung des Zurückbehaltungsrechts) wirksam und unabänderbar.[8] 17

Während im Zivilprozess und in anderen Prozessen der Begriff der Rücknahme gebührenrechtlich ausgelegt wird und jede endgültige vorzeitige Erledigung erfasst – etwa durch „Liegenlassen" oder Gegenstandsloswerden des Antrags –, kann dies für Abs. 2 deshalb nicht gelten, weil die Zurücknahme hier einen positiven Gebührentatbestand und keinen Ermäßigungstatbestand darstellt, eine Analogie zu Lasten des Kostenschuldners also unzulässig ist (vgl. auch den anderen Wortlaut des § 57).[9] Fehlt es an einer **verfahrensrechtlich wirksamen** Rücknahme, kann daher die Gebühr des Abs. 2 nicht erhoben werden; es sei denn, die Vorschrift dient über ihren ursprünglichen Zweck hinaus als **Ermäßigungstatbestand** (Rn. 19). 18

Anderes bestimmt ist in den §§ 54 Abs. 2, 57 S. 2, 91, 99 Abs. 1, 106 Abs. 3; ferner in Vorschriften anderer Gesetze, wie zB § 41 LwVG, § 132 Abs. 5 AktG (s. Anhang B). Ist die Rücknahme eines Antrags nicht ausdrücklich geregelt, so kommt eine entsprechende Anwendung des Abs. 2 immer dann in Betracht, wenn dies zu einer Ermäßigung führt (Beispiel: § 91 Rn. 4); aber ausnahmsweise auch dann, wenn bei einer pauschalen Verweisung der Normzweck eine Freistellung der Antragsrücknahme nicht rechtfertigt (Beispiel: § 127 Rn. 4). 19

V. Wert

Der Geschäftswert bestimmt sich nach demjenigen für die **Vornahme** des Geschäfts, in Zweifelsfällen ist der Wert des erstrebten Geschäfts zu schätzen (vgl. § 30 Abs. 1). Das hat insbesondere in den Fällen Bedeutung, in denen der Antrag ein Verfahrens- und kein Sachantrag ist. Dann bestimmt selbst ein evtl. Sachantrag nicht den Wert; von einer solchen Zufälligkeit darf der Wert nicht abhängen, hier ist der Sachantrag nichts anderes als eine „Anregung". Abweichungen können sich lediglich bezüglich des **Zeitpunkts** ergeben (§ 18 Abs. 1). 20

VI. Teilzurückweisung, -zurücknahme

Bei **Teilvornahme und teilweiser Zurückweisung oder Zurücknahme** (Abs. 4) werden die Gebühren für die Vornahme und die für die Zurückweisung(-nahme) getrennt berechnet, jede aus dem Teilwert, jedoch nicht mehr als die Gebühr bei vollständiger Vornahme. 21

Entsprechendes muss gelten bei **teilweiser Zurückweisung und teilweiser Zurücknahme**: getrennte Gebühren nach Abs. 1 und Abs. 2, jedoch nicht mehr als bei völliger Zurückweisung nach Abs. 1. 22

Bleibt der Wert des zurückgenommenen Teils bei antragsgemäßer Erledigung **unberücksichtigt** (so § 80 Abs. 2), kann auch keine Rücknahmegebühr erhoben werden. Schlägt er sich nur in einer Erhöhung der Gebühr nieder, so kann die Rücknahmegebühr nur aus dem Wert berechnet werden, der bei antragsgemäßer Erledigung der Gebührenerhöhung entspricht. 23

Sonderregelung: § 100 Abs. 2. 23 a

---

[6] OLG Düsseldorf Rpfleger 1989, 201.
[7] OLG Düsseldorf Rpfleger 1989, 201.
[8] OLG Düsseldorf JurBüro 1986, 263.
[9] Vgl. KG JVBl. 1935, 11; AG Charlottenburg KostRsp. Nr. 5.

VII. Kostenabstand

24 Abs. 5 erweitert § 16. Er gilt auch für die Aufrechterhaltung eines Antrags.[10] Ist der Antragsteller **Vertreter,** so kommt es auf ihn an, ggf. also den Notar.[11]

25 Die Entscheidung ist **von Amts wegen** zu treffen, nach dem Untersuchungsgrundsatz, s. § 16.

26 Ist der Antrag ein „Gegenantrag" und hat er Erfolg, so kommt entsprechende Anwendung des § 131 Abs. 5: keine Auslagenerhebung, in Betracht; zB bei der Erinnerung gegen den Kostenansatz (§ 14 Rn. 117, 119).

27 Wegen der Anwendung des § 130 Abs. 5 bei **Beschwerden** s. dort (§ 131 Rn. 48).

VIII. Schuldner

28 Schuldner der Gebühren des § 130 ist der **Antragsteller** (§ 2 Nr. 1). Soweit die Gebühr für die Vornahme des Geschäfts eine **Nachlassverbindlichkeit** darstellt – etwa bei Testamentsvollstreckergeschäften –, muss das auch für § 130 gelten; es sei denn, der Antrag wird deshalb zurückgewiesen, weil – im Beispielsfall – der Testamentsvollstrecker offenkundig(!) seine Amtsbefugnisse überschritten hat.

IX. Verwaltungsakte

29 Für die Anfechtung von **Verwaltungsakten** ist § 130 weithin für anwendbar erklärt,
30 teils mit Abweichungen, s. Anhang B; des Weiteren gilt er für **Anträge auf gerichtliche Entscheidung;** s. § 158 Rn. 9 und Anhang B sowie Vor § 129 Rn. 3.

X. Notare

31 § 130 gilt auch für Notare (§ 141), sobald ein **Beurkundungsansuchen** gestellt ist; und zwar insgesamt, also sowohl für seine Zurückweisung (Abs. 1) als auch für seine Zurücknahme (Abs. 2). **Abs. 5** ist von Belang, wenn der Anlass in der Sphäre des Notars liegt (Beispiele §§ 3, 4, 6, 7 BeurkG). Er wird ergänzt durch die §§ 57 und 145 Abs. 3 S. 2. Bei **anderen Geschäften,** insbesondere denen der §§ 145 ff., ist § 130 anzuwenden, soweit sie eine Vornahmegebühr auslösen (typisch § 145); hingegen findet er keine Anwendung bei Verfahrensgebühren (typisch § 146), weil bei ihnen bereits die erste Tätigkeit den „vollen" Gebührentatbestand erfüllt, so dass für § 130 kein Raum bleibt.

32 Hat der Notar bis zur Zurücknahme **„Vorleistungen"** erbracht, die isoliert eine Gebühr auslösen, typisch: die Beteiligten beraten, so tritt diese an die Stelle der Rücknahmegebühr (Abs. 2) bis zur Höhe der Vornahmegebühr (Abs. 3). Die bis zur 15. Aufl. vertretene Auffassung, § 130 gehe § 147 vor, geben wir auf. Zum ersten gilt § 130 für Notare „entsprechend" (§ 141), also sinngemäß und nicht wortgetreu. Zum zweiten nur, „soweit in den nachstehenden Vorschriften nichts anderes bestimmt ist" (ebenfalls § 141; Wiederholung dieses Vorbehalts für die Gerichtsgebühren in Abs. 1 und 2, zu seiner praktischen Bedeutung dort Rn. 19); anderes bestimmt § 147 Abs. 2, er verhindert – seit 1935 –, dass der Notar unentgeltlich tätig werden muss (§ 15 Abs. 1 S. 1 BNotO), was – heute – gegen die Berufs- und Eigentumsgarantie der Verfassung (Art. 12, 14 GG) verstieße. Sie wird, drittens, gestützt durch den Rechtsgedanken der §§ 57 und 145 Abs. 2 und 3; es liefe auf eine willkürliche Ungleichbehandlung hinaus, nur einige Tätigkeiten zu berücksichtigen, andere hingegen nicht, selbst wenn sie umfangreicher, schwieriger und haftungsgefährlicher sind als die normierten. Grundsätzlicher: Die Abgeltung durch die Vornahmegebühr kann man nicht kurzer Hand auf die Rücknahmegebühr erstrecken, zumal sie eigenständig gefasst und nicht von der Vornahmegebühr abgeleitet ist. Die Ausgangsentscheidung[12] der bisherigen Praxis stammt, viertens, aus dem Jahr 1966; seitdem hat sich die typische Beurkundungs-

---

[10] LG Berlin JurBüro 1970, 678.
[11] KG JFGErg. 10, 216; OLG Celle Rpfleger 1970, 365.
[12] Im Anschluss an OLG Köln Rpfleger 1967, 123.

vorbereitung vervielfacht, so dass sie zu den heutigen Sachverhalten nicht mehr „passt". Anders liegt es ohnehin – fünftens –, wenn zunächst beraten und dann Beurkundungsauftrag erteilt wird; Anrechnung der Ratsgebühr des § 147 Abs. 2 auf die Rücknahmegebühr des § 130 Abs. 2 (wie RVG-VV 2100 Anm. 2). Diese zufällige Ablauf (erst Beurkundungsauftrag, dann Beratung) kann aber nicht unterschiedliche Gebühren rechtfertigen.

Wäre bei der Beurkundung § 44 oder eine entsprechende Vorschrift anzuwenden, so fällt auch die Rücknahmegebühr nur einmal aus dem einfachen Wert oder der Wertesumme an; und zwar selbst dann, wenn getrennt zu berechnen wäre, weil dies günstiger ist (Abs. 1 S. 2 Halbs. 2, Abs. 2 b). **33**

Hätte die Beurkundung **gesonderte** Gebühren ausgelöst, zB nach den §§ 36 und 47, fallen auch getrennte Rücknahmegebühren an; s. jedoch Rn. 14. **34**

Bereits entstandene **Auslagen** bleiben von der Rücknahme unberührt, werden also neben der Gebühr des § 130 erhoben; Beispiel: Grundbucheinsicht. Das gilt auch, wenn sie für Folgegeschäfte (Rn. 13, 14 entstanden sind), die sich durch die Rücknahme erübrigen; Beispiel: Registereinsicht für die Bescheinigung nach § 150. **35**

XI. FG-Reform

Die **Höchstgebühren** werden in § 130 Abs. 1 von 35 auf 400 Euro, in Abs. 2 von 20 auf 200 Euro heraufgesetzt. Begründung: Die vorgeschlagene Erhöhung der Höchstbeträge ist im Zusammenhang mit den vorgeschlagenen Änderungen der Gebühren für Beschwerdeverfahren und der Einführung von Gebühren für das neue Rechtsbeschwerdeverfahren zu sehen. Die derzeitigen Höchstgebühren stehen in keinem angemessenen Verhältnis zu der Höhe der für das Beschwerdeverfahren vorgesehenen Gebühren. Wegen der Ausgestaltung der Gebühren für Beschwerdeverfahren wird auf die Begründung zu Nummern 29 bis 32 verwiesen. Die vorgeschlagenen neuen Höchstgebühren entsprechen den Höchstgebühren in § 3 der Handelsregistergebührenverordnung (HRegGebV) für den Fall einer zurückgenommenen Anmeldung und in § 4 HRegGebV für den Fall der Zurückweisung. Sie tragen dem Umstand Rechnung, dass die Zurückweisung idR nicht weniger aufwändig ist als eine antragsgemäße Entscheidung. In vielen Fällen ist die Zurückweisung sogar aufwändiger. Ein genereller Verzicht auf eine Höchstgebühr wird derzeit nicht vorgeschlagen, weil dies der Reform der KostO vorbehalten bleiben soll. So lässt sich noch nicht übersehen, ob eine in der Höhe unbegrenzte Gebühr im Hinblick auf die möglicherweise im Einzelfall sehr hohen Werte in Grundbuchsachen sachgerecht ist. **36**

Die vorgeschlagene Regelung wirkt sich auch auf die Gebühren der **Notare** aus. Wird derzeit ein Beurkundungsauftrag vor der Beurkundung zurückgenommen, erhält der Notar nach § 130 Abs. 2 eine Gebühr von höchstens 20 Euro. Dies gilt selbst dann, wenn er bereits die Urkunde entworfen und zur Vorbereitung der Beurkundung (ohne ausdrückliche Aufforderung) den Beteiligten übersandt hat. Die Änderung nimmt insoweit bereits einen Teil der geplanten Reform der Kostenordnung vorweg. Die hierdurch für die Notare zu erzielenden Mehreinnahmen sind bei der Reform der Kostenordnung zu berücksichtigen. **37**

§ 131* Beschwerden, Anrufung des Gerichts gegen Entscheidungen anderer Behörden oder Dienststellen

(1) ¹Für das Verfahren über Beschwerden wird, soweit nichts anderes bestimmt ist, erhoben

1. in den Fällen der Verwerfung oder Zurückweisung die Hälfte der vollen Gebühr;
2. in den Fällen der Zurücknahme ein Viertel der vollen Gebühr; betrifft die Zurücknahme nur einen Teil des Beschwerdegegenstandes, so ist die Gebühr nur insoweit

---

* § 131 Abs. 1 Satz 1 Nr. 1 und 2 geändert durch Gesetz vom 11. 8. 1961 (BGBl. I S. 1221), Abs. 3 geändert durch Gesetze vom 14. 6. 1976 (BGBl. I S. 1421), vom 18. 7. 1979 (BGBl. I S. 1061) und vom 12. 9. 1990 (BGBl. I S. 2002).

§ 131   1. Teil. 2. Abschnitt: 7. Ergänzende Gebührenvorschriften

zu erheben, als sich die Beschwerdegebühr erhöht haben würde, wenn die Entscheidung auf den zurückgenommenen Teil erstreckt worden wäre.
²Im übrigen ist das Beschwerdeverfahren gebührenfrei.

(2) Der Wert ist in allen Fällen nach § 30 zu bestimmen.

(3) Richtet sich die Beschwerde gegen eine Entscheidung des Vormundschaftsgerichts oder des Familiengerichts und ist sie von dem Minderjährigen, dem Betreuten oder dem Pflegebefohlenen oder im Interesse dieser Personen eingelegt, so ist sie in jedem Fall gebührenfrei.

(4) ¹Werden Angelegenheiten der in diesem Abschnitt bezeichneten Art von anderen Behörden oder Stellen, insbesondere von Notaren, erledigt und ist in diesen Fällen eine Anrufung des Gerichts vorgesehen, so steht diese hinsichtlich der Gebühren einer Beschwerde gleich. ²Dies gilt nicht bei Anträgen auf Änderung von Entscheidungen des ersuchten oder beauftragten Richters oder des Urkundsbeamten der Geschäftsstelle. ³Es gilt ferner nicht, wenn nach einem Verwaltungsverfahren der Antrag auf gerichtliche Entscheidung gestellt wird.

(5) Auslagen, die durch eine für begründet befundene Beschwerde entstanden sind, werden nicht erhoben, soweit das Beschwerdeverfahren gemäß Absatz 1 Satz 2 gebührenfrei ist.

Übersicht

	Rn.		Rn.
I. Anwendungsbereich	1–5	V. Familienrechtliche Beschwerden (Abs. 3)	37, 38
II. Gebühren	6–25	VI. Sonstige Rechtsbehelfe	39–43
1. Verwerfung, Zurückweisung	6–11	1. Antrag auf gerichtliche Entscheidung	39–41
2. Zurücknahme	12, 13	2. Rechtspfleger-Erinnerung	42, 43
3. Erfolgreiche Beschwerde	14–18	VII. Auslagen	44–47
4. Mehrere Beschwerden	19–24	VIII. Unkenntnis	48
5. Betragsgebühr	25	IX. Notare	49
III. Wert	26–35	X. FG-Reform	50
1. Bemessung nach § 30	26–32		
2. Teil-Wert	33–35		
IV. Schuldner	36		

I. Anwendungsbereich

1 § 131 betrifft den **gesamten Zweiten Abschnitt der KostO**.

2 Er gilt, soweit **nichts anderes bestimmt** ist. Abweichende Regelungen finden sich in den §§ 119 und 131 a (Gebühren wie im ersten Rechtszug), in § 131 b (Festgebühr in Prozesskostenhilfeverfahren), in § 131 c (Registersachen nach der HRegGebV) sowie in den §§ 87 Nr. 2, 14 Abs. 9 S. 1, 31 Abs. 5 S. 1,¹ auch § 131 Abs. 3 (Beschwerde gebührenfrei). Zu sonstigen Familiensachen s. insbesondere § 97 Rn. 8.

3 § 131 gilt nicht, wenn sich, wie im Falle des § 133, das Verfahren nach der **ZPO** richtet, hier findet das GKG Anwendung;² ebenso für Vollstreckungsbeschwerden, wenn Entscheidungen der freiwilligen Gerichtsbarkeit nach der ZPO vollstreckt werden. **Einstweilige Anordnungen** in isolierten FGG-Sachen fallen unter § 131,³ Ausnahme: Kostenvorschuss nach § 621 f ZPO (als Folge von GKG KostVerz. 1422).

4 § 131 gilt auch, soweit in anderen Vorschriften die **KostO für anwendbar erklärt** ist. Diese enthalten jedoch vielfach abweichende Vorschriften, wie zB § 324 Abs. 3 HGB, §§ 99 Abs. 6, 132 Abs. 5, 260 Abs. 4, 306 Abs. 7 AktG, § 312 Abs. 2 UmwG, § 202 Abs. 3 BRAO, §§ 40, 41 LwVG. Er ist ferner bei **„Zusammenhang"** (§ 1 Rn. 2a) sowie nach **Landesrecht** anzuwenden (§ 158 Rn. 9). S. iÜ Anhang B.

---

¹ Nach BayObLGZ 1986, 362 = Rpfleger 1987, 37 auf § 10 Abs. 3 BRAGO entsprechend anzuwenden; streitig; s. jetzt § 11 Abs. 2 S. 4, 6 RVG.
² KG KostRsp. Nr. 2.
³ OLG Schleswig NJW-RR 2004, 388 = OLGR 2004, 388.

§ 131 gilt für die **Erstbeschwerde** (§ 19 FGG) und die **weitere Beschwerde** (§ 27 5
FGG) sowie für die entsprechenden Beschwerden in anderen Verfahren. Die Vorlage an
den BGH (§ 28 Abs. 2 FGG, § 79 Abs. 2 GBO) ist gebührenfrei, das Verfahren vor dem
BGH Beschwerdeverfahren iS des § 131.

II. Gebühren

1. Verwerfung, Zurückweisung

Gebührentatbestand ist die Verwerfung oder Zurückweisung der Beschwerde (Abs. 1 S. 1 6
Nr. 1). Mit dem wirksamen **Erlass** (Einf. Rn. 57 ff.; vgl. § 130 Rn. 5) fällt die Gebühr an.
Der Gebührentatbestand muss jedoch Bestand haben. Wird der Beschluss vom Be- 7
schwerdegericht selbst (Abhilfe, Gegenvorstellung, § 18 FGG) oder vom Gericht der weiteren Beschwerde **aufgehoben,** so entfällt die Gebühr.
Eine Aufhebung wegen veränderter Umstände (Zweitbescheid) beeinflusst die Gebühr 8
hingegen nicht.
Die Zurückweisung usw. der **Erst-Beschwerde** muss nicht durch das Erstbeschwerde- 9
gericht erfolgen. Hatte die Beschwerde Erfolg, wird sie aber auf eine erfolgreiche weitere
Beschwerde hin von diesem Gericht zurückgewiesen, so fällt die Gebühr ebenfalls an.
Die Aufhebung und **Zurückverweisung** als solche fällt nicht unter Abs. 1 S. 1 Nr. 1; 10
hebt jedoch das Gericht der weiteren Beschwerde die der Erstbeschwerde stattgebende
Entscheidung auf und weist dann das Erstbeschwerdegericht die Beschwerde zurück, so
fällt dafür die Gebühr an.
Die **Gebührenfreiheit der ersten Instanz** hat grundsätzlich nicht zur Folge, dass auch 11
die Beschwerde gebührenfrei ist.[4] So wird die Beschwerdegebühr auch erhoben bei Zurückweisung der Beschwerde gegen die Zwischenverfügung des Grundbuchamts (also trotz
§ 69 Abs. 3)[5] und in Personenstandssachen.[6]

2. Zurücknahme

Weiterer Gebührentatbestand ist die Zurücknahme der Beschwerde (Abs. 1 S. 1 Nr. 2). 12
Wegen der Zulässigkeit der Rücknahme s. § 130 Rn. 15–17.
Die Zurücknahme ist – wie die Antragsrücknahme vgl. § 130 Rn. 18 – verfahrensrecht- 13
lich zu verstehen. **Erledigt** sich die Beschwerde anderweit, fällt die Gebühr nicht an,[7] es
sei denn, die Vorschrift bewirkt eine Ermäßigung, etwa in den Rn. 4 genannten Verfahren.

3. Erfolgreiche Beschwerde

Die erfolgreiche Beschwerde ist – nach § 131, s. iÜ die Sonderregelungen, Rn. 4 – ge- 14
bühren- (Abs. 1 S. 2) und auslagenfrei (Abs. 5), selbst wenn der Erfolg auf neuem Vorbringen oder neuen Tatsachen beruht. Das gilt auch im Falle der Abhilfe usw. (Rn. 7).
Liegt der Erfolg darin, dass eine Entscheidungen der Vorinstanz aufgehoben wird, so fällt 15
diese als Gebührentatbestand weg und damit auch die durch sie ausgelöste Gebühr. An ihre
Stelle kann die Gebühr des § 130 treten.
Liegt der Erfolg hingegen darin, dass das Beschwerdegericht in der Sache entscheidet, 16
und erfüllt diese Entscheidung einen Gebührentatbestand, so fällt damit die Gebühr für die
Vornahme des Geschäfts an und ggf. die erstinstanzliche Zurückweisungsgebühr weg.[8]
Aufhebung und Zurückverweisung bleiben auch dann eine erfolgreiche Beschwerde, 17
wenn die aufgehobene Entscheidung erneut ergeht, die Beschwerde also im Ergebnis zu
keiner anderen Sachentscheidung führt.
Ein **Teilerfolg** wirkt sich entweder dadurch aus, dass die Zurückweisungsgebühr aus ei- 18
nem geringeren Wert erhoben (Rn. 40) oder, bei unteilbarem Beschwerdegegenstand, der

---

[4] BayObLG Rpfleger 1975, 109; OLG Celle MDR 1960, 510 = Nds.Rpfl. 1960, 111.
[5] OLG Celle JVBl. 1960, 162.
[6] KGJ 39 B 18.
[7] BayObLG MDR 1963, 690 = Rpfleger 1963, 310.
[8] Zur Problematik *Alff* RpflStud. 1993, 43, 51; *Meyer-Stolte* Rpfleger 1985, 175, 176.

Geschäftswert um einen Abschlag ermäßigt wird (Rechtsgedanke des § 473 Abs. 4 StPO, § 131 b S. 2).[9]

4. Mehrere Beschwerden

19 Bei mehreren Beschwerden kommt es wesentlich auf den Beschwerdegegenstand und damit auf den Verfahrensgegenstand an. Der Beschwerdegegenstand ist in Antragsverfahren durch den Gegenstand der ersten Instanz begrenzt, in Streitverfahren kann er erweitert werden, in Amtsverfahren das Beschwerdegericht den Verfahrensgegenstand verändern. Daraus folgt:

20 – Haben die mehreren Beschwerden einen **eigenen Gegenstand** (insbesondere: Teil des Verfahrensgegenstands), so wird – jedenfalls nach § 131 – die Gebühr bezüglich jeder Beschwerde gesondert erhoben;[10] und zwar auch dann, wenn das Erstgericht durch einheitlichen Beschluss entschieden hat.[11] Gleiches gilt bei einander widersprechenden Zielen.[12]

21 Werden allerdings im ersten Rechtszug die mehreren Werte von Rechts wegen addiert (Beispiel: § 60 Abs. 5), so muss sich dies im Interesse einer verhältnismäßigen Gleichheit der Gebühren in den Rechtszügen im Beschwerdeverfahren fortsetzen.[13]

22 – Handelt es sich bei den mehreren Beschwerden in Wirklichkeit um eine Beschwerde, weil den Beteiligten das **Beschwerderecht gemeinschaftlich** zusteht, entsteht nur eine Gebühr.

23 – Betreffen die mehreren Beschwerden **denselben Gegenstand,** so fällt nur eine Gebühr an. Das wird wohl nur praktisch in denjenigen Verfahren, für die ohnehin abweichende Regelungen getroffen sind (Rn. 4).

24 Richten sich mehrere Beschwerden **gegen mehrere Entscheidungen,** so fallen immer getrennte Gebühren an, auch bei gemeinsamer Entscheidung.[14]

5. Betragsgebühr

25 Ist für das erstinstanzliche Geschäft eine Betragsgebühr vorgesehen, so unterliegt die Beschwerde grundsätzlich gleichwohl der Wertgebühr des § 131; Ausnahme vor allem § 131 c. Bedeutung können hier die Ausführungen Rn. 27 ff. haben.

III. Wert

1. Bemessung nach § 30

26 Der Wert bestimmt sich (Abs. 2) in allen Fällen nach § 30. Damit soll dem vom erstinstanzlichen Verfahrensgegenstand möglicherweise abweichenden Interesse des Beschwerdeführers Rechnung getragen werden.[15] Ob ein **beschränkter Beschwerdeantrag** überhaupt zulässig und beachtlich ist, beantwortet sich nach dem Verfahrensrecht. Bejahendenfalls muss sich die Beschränkung auf einen abtrennbaren Teil des Verfahrensgegenstandes beziehen,[16] nicht nur auf ein rechtliches Element.

27 In der Rechtspraxis wird der Wert als absolute Größe gesehen. Dabei ist er doch nur ein Faktor zur Bemessung der Gebühr des Einzelfalls (vgl. Vor §§ 18–30). Bei den erstinstanzlichen Geschäften wird die Angemessenheit dieser Gebühr von Gesetzes wegen durch unterschiedliche Gebührensätze bewirkt. Angesichts des generellen Gebührensatzes für Beschwerden bedarf es daher nicht nur einer – absoluten – Bewertung nach § 30, sondern auch[17] einer Orientierung am – erstinstanzlichen – Gebührensatz. Das bedeutet:

---

[9] OLG Naumburg OLGR 1997, 138.
[10] BayObLG Rpfleger 1980, 140.
[11] BayObLG JurBüro 1982, 896; 1985, 755.
[12] BayObLG JurBüro 1994, 612.
[13] AA BayObLG JurBüro 1996, 267 = KostRsp. Nr. 42 m. krit. Anm. *Lappe*.
[14] BayObLG Rpfleger 1975, 109.
[15] Vgl. BayObLG Rpfleger 1975, 109; KG Rpfleger 1960, 38.
[16] Vgl. BayObLG JurBüro 1982, 120; OLG Zweibrücken Rpfleger 1975, 410 = KostRsp. Nr. 15.
[17] Abweichend von der vorkonstitutionellen Rspr., etwa KGJ 42, 329; KG HRR 1925, 423.

Soweit die Geschäfte in der **ersten Instanz** mit der **vollen oder einer höheren Ge-** 28
bühr belegt sind und der gesamte Verfahrensgegenstand Beschwerdegegenstand ist, kann
der **Wert der Hauptsache** (§§ 19 ff.) als Beschwerdewert genommen werden (Beispiele:
Grundstückswert bei Beanstandung zur Eigentumsumschreibung;[18] Kaufpreis für Löschung
der – nicht gegenstandslosen – Auflassungsvormerkung;[19] Reinnachlass beim Erbschein, ggf.
abzüglich Pflichtteil;[20] zumindest ist er aber **Beziehungswert**);[21] bei nur einem **Anteil** des
Beschwerdeführers dieser.[22] Für die Beschwerde eines **Testamentsvollstreckers** gegen
seine Entlassung bietet sich die Vergütung als Wert an;[23] besser wohl nur als Beziehungswert, weil die Entlassung nicht ohne weiteres den Wegfall der Vergütung bewirkt oder die
Leistung, die die Vergütung auslöst, noch erbracht werden muss; deshalb bei Aufhebung
der Vermögenssorge-Betreuung nur $1/10$ des Vermögens,[24] bei Dauervollstreckung $1/5$.[25]
Normative Überschreitungen des wirtschaftlichen Werts für die erste Instanz gelten
nicht ohne weiteres für den Beschwerdewert.[26]

Ist der erstinstanzliche Gebührensatz jedoch **geringer**, so bildet ein angemessener **Teil** 29
des Hauptsachewerts den Beschwerdewert.[27]

Entsprechendes gilt, wenn es **nicht um die Hauptsache insgesamt** geht, sondern nur 30
in einer bestimmten Beziehung (Beispiele: Aussetzung oder Fortgang des Verfahrens;[28]
Vollstreckungsklausel;[29] Erbe statt Pflichtteil)[30] oder um leicht behebbare Beanstandungen[31]
oder die Beschwerde sich gegen eine Zwischenentscheidung, insbesondere eine **einstweilige Anordnung,** richtet.

§ 30 erlaubt es – bei unverändertem Verfahrensgegenstand – nicht, den Wert **höher** anzu- 31
nehmen, schon gar nicht bei verringertem Verfahrensgegenstand.[32] Über den Einzelfall hinaus gehende Interessen an einer **grundsätzlichen Klärung** beeinflussen den Wert nicht.[33]

Maßgeblicher **Bewertungszeitpunkt:** § 18 Abs. 1. Die Abweichung gemäß § 107 32
Abs. 2 S. 1 gilt für die Beschwerde, auch noch im Erbscheineinziehungsverfahren,[34]
jedoch sind die im Zeitpunkt der Beschwerdeentscheidung geltenden Wertvorschriften
anzuwenden;[35] s. iÜ § 107 Rn. 36 ff.

2. Teil-Wert

Bei teilweiser **Zurückweisung** ist die Gebühr des § 131 – anders teils nach den Rn. 4 33
genannten Vorschriften – nicht zu quoteln, vielmehr aus dem Wert des zurückgewiesenen
Teils zu erheben. Nur er wird nach § 31 festgesetzt.[36]

Eine teilweise **Rücknahme** hat nur Bedeutung, wenn sie sich auf einen wertmäßig ab- 34
trennbaren Teil des Beschwerdegegenstandes bezieht. Aus diesem Teil ist eine Viertelgebühr (Abs. 1 S. 1 Nr. 2) zu berechnen, sie wird jedoch nur bis zur Differenz der Zurück-
weisungsgebühren aus ursprünglichem Wert und dem Wert nach der Rücknahme erhoben.

---

[18] KG Rpfleger 1972, 186.
[19] BayObLG JurBüro 1984, 1883.
[20] BayObLG JurBüro 1983, 899.
[21] BayObLG Rpfleger 1974, 237; JurBüro 1981, 1559; OLG Köln Rpfleger 1960, 97.
[22] BayObLG JurBüro 1982, 116; OLG Celle Nds.Rpfl. 1961, 226; OLG Frankfurt JurBüro 1969, 1221; OLG Karlsruhe Justiz 1978, 141.
[23] BayObLG JurBüro 1983, 748.
[24] BayObLG FamRZ 1994, 588.
[25] BayObLG FamRZ 2004, 1304 = OLGR 2004, 118.
[26] So zu § 23 Abs. 2 Halbs. 1 OLG Schleswig JurBüro 1990, 740.
[27] Anders BayObLG JurBüro 1985, 755 für die Löschung von Grundschulden: Nennbetrag.
[28] BayObLG Rpfleger 1977, 161.
[29] AA KG DNotZ 1972, 369 = Rpfleger 1972, 188 = KostRsp. Nr. 7 m. abl. Anm. *Lappe.*
[30] BayObLG FamRZ 2001, 696.
[31] KG Rpfleger 1972, 186; BayObLG Rpfleger 1980, 35; JurBüro 1981, 1559.
[32] Vgl. BayObLG Rpfleger 1975, 242 = KostRsp. Nr. 14.
[33] AA KG Rpfleger 1972, 186 = KostRsp. Nr. 8 m. abl. Anm. *Lappe;* OLG Zweibrücken JurBüro 1987, 94 = KostRsp. Nr. 34 m. abl. Anm. *Lappe.*
[34] BayObLGZ 1975, 288 = Rpfleger 1975, 410.
[35] BayObLG JurBüro 1993, 29.
[36] BayObLG JurBüro 1987, 382.

§ 131　　　　　　　　　　　　　　　1. Teil. 2. Abschnitt: 7. Ergänzende Gebührenvorschriften

35　**Beispiel:** Beschwerde über 50 000 Euro, zurückgenommen in Höhe von 10 000 Euro.

Zurücknahmegebühr (¼) aus	10 000 Euro =	13,50 Euro
Zurückweisungsgebühr (½) aus	50 000 Euro =	66,00 Euro
Zurückweisungsgebühr (½) aus	40 000 Euro =	57,00 Euro
Zu erhebende Zurücknahmegebühr (zusätzlich zur Zurückweisungsgebühr)		9,00 Euro

IV. Schuldner

36　Zahlungspflichtig für die Gebühren des § 131 – also nicht in den Fällen Rn. 15, 16 – ist regelmäßig der Beschwerdeführer (§ 2 Nr. 1; wie § 130 Rn. 28). Das FGG sieht keine **Kostenentscheidung** für die Zurückweisung der Beschwerde vor; § 94 Abs. 3 S. 2 ist nicht anwendbar.[37] Eine Kostenentscheidung ist hingegen die Regel in den Rn. 4 genannten Sondervorschriften. Wegen der Erledigung der Hauptsache s. § 3 Rn. 2.

V. Familienrechtliche Beschwerden (Abs. 3)

37　Abs. 3 begünstigt – über Abs. 1 S. 2, Abs. 5 hinaus – bestimmte Beschwerden gegen Entscheidungen des **Vormundschaftsgerichts** und des **Familiengerichts**, bei der Nachlasspflegschaft – wegen § 1962 BGB – auch des **Nachlassgerichts**.[38] Er gilt ebenfalls, wenn ein Elternteil eine gegen ihn gerichtete Maßnahme anficht, um ihre Auswirkungen von dem Kind abzuwenden;[39] uU selbst bei einer Beschwerde gegen die Zurückweisung der Ablehnung eines Sachverständigen.[40]

38　Gebühren sind zu erheben, wenn der Beschwerdeführer kein Recht hat, Beschwerde im Interesse des Mündels einzulegen,[41] namentlich aber dann, wenn er sein **eigenes Interesse** verfolgt, zB wenn der Vormund Beschwerde wegen Nichtbewilligung einer Vergütung oder gegen seine Entlassung oder wenn sich ein Dritter im eigenen Interesse gegen die Nichtentlassung des Vormunds beschwert;[42] oder wenn sich der Vater oder die Mutter gegen Anordnungen des Vormundschaftsgerichts beschwert, die sich gegen sie selbst richten, wie zB die Anordnung von Maßregeln bei Gefährdung der Person oder des Vermögens der Kinder aus §§ 1666, 1667 BGB[43] oder eine Sorgerechtsregelung[44] oder eine Umgangsregelung.[45] Für die **Auslagen** ist der Beschwerdeführer zahlungspflichtig, da er die Beschwerde, wenn auch im Interesse des Mündels, so doch im eigenen Namen eingelegt hat, sofern nicht ausnahmsweise (s. Rn. 48) die Nichterhebung gemäß § 130 Abs. 5 angeordnet ist.[46] Allerdings gilt der Freibetrag des § 92 Abs. 1 S. 1 auch im Beschwerdeverfahren.[47]

VI. Sonstige Rechtsbehelfe

1. Antrag auf gerichtliche Entscheidung

39　Abs. 4 S. 1 stellt den Antrag auf gerichtliche Entscheidung der Beschwerde gleich, wenn Angelegenheiten des Zweiten Abschnitts statt von Gerichten von Notaren oder anderen Behörden erledigt werden. Das hat insbesondere für landesrechtliche Zuständigkeiten (vgl. auch § 159) Bedeutung.

40　Abs. 4 S. 2 nimmt Anträge bezüglich des **beauftragten** und des **ersuchten Richters** sowie des **Urkundsbeamten** der Geschäftsstelle aus. Sie sind folglich gebührenfrei.

---

[37] OLG Zweibrücken FGPrax 2005, 234.
[38] BayObLG Rpfleger 1981, 327.
[39] OLG Braunschweig FamRZ 1973, 268.
[40] BayObLG Rpfleger 1983, 181.
[41] KG Rpfleger 1971, 195.
[42] Vgl. KGJ 18, 129.
[43] KG JVBl. 1941, 175.
[44] OLG Zweibrücken FamRZ 1999, 730 (LS); LG Koblenz MDR 1998, 928.
[45] OLG Celle JurBüro 1974, 631.
[46] KG JFGErg. 15, 55 = JVBl. 1937, 10.
[47] BayObLG FamRZ 2002, 764; BayObLGZ 2003, 112 = FamRZ 2003, 141.

Abs. 4 S. 3 bestimmt, dass § 131 nicht gilt bei Anträgen nach einem **Verwaltungsverfahren** (Beispiel: Antrag auf gerichtliche Entscheidung gegen die behördliche Untersagung der Tätigkeit einer EWiV, Art. 38 EWiV-VO). Ob sie gleichwohl gebührenpflichtig sind, richtet sich nach den Einzelvorschriften; Beispiele § 14 Abs. 9 S. 1 (gebührenfrei), § 127 Abs. 2 (gebührenpflichtig). S. auch § 158 Rn. 9, Vor § 129 Rn. 3, § 130 Rn. 32 f. 41

2. Rechtspfleger-Erinnerung

Gegen die mit der Beschwerde nicht anfechtbare Entscheidung des Rechtspflegers ist die Erinnerung gegeben (§ 11 Abs. 2 RPflG), sie ist gebührenfrei (§ 11 Abs. 4 RPflG); bei **Erfolg** der Erinnerung gilt das Rn. 15, 16 Ausgeführte entsprechend. 42

Auslagen sind im Erinnerungsverfahren grundsätzlich zu erheben, sie bleiben jedoch außer Ansatz, wenn der Richter der Erinnerung stattgibt (§ 11 Abs. 2 S. 4 RPflG, § 131 Abs. 5). 43

VII. Auslagen

Im Beschwerdeverfahren werden Auslagen grundsätzlich erhoben. Zum Schuldner s. Rn. 36. Zum Erinnerungsverfahren s. Rn. 43. 44

Auslagen bleiben außer Ansatz nach Maßgabe des Abs. 5. Er gilt auch für Beschwerden des **Abs. 3**;[48] nicht aber in den Verfahren, in denen auch eine erfolgreiche Beschwerde gebührenpflichtig ist (Rn. 4). Im Übrigen stellt Abs. 5 einen allgemeinen Rechtsgedanken dar, seine entsprechende Anwendung ist immer geboten, wenn keine Kostenentscheidung zu Lasten eines unterlegenen Gegners ergeht (Beispiele: § 119 Rn. 3, § 130 Rn. 26). Mithin dann, wenn die Beschwerde ohne Erledigung der Hauptsache erfolgreich und damit gebühren- und auslagenfrei gewesen wäre;[49] allerdings nur zufolge einer entsprechenden Kostenentscheidung, keine Nachholung im Kostenansatzverfahren.[50] 45

Bei **teilweisem Erfolg** der Beschwerde bleiben diejenigen Auslagen unerhoben, die auf den gebührenfreien Teil entfallen.[51] Ist der Beschwerdegegenstand **unteilbar** – so beim Umgangsrechtsregelungsverfahren –, können bei Teilerfolg Auslagen nicht erhoben werden.[52] 46

Der möglichen Auslagenfreiheit nach Abs. 3, 5 kommt, zumal im Zusammenhang mit Art. 103 Abs. 1 GG, eine **Vorwirkung** zu: Den Beteiligten sind notwendige Abschriften ohne Ansatz der Dokumentenpauschale zu erteilen.[53] 47

VIII. Unkenntnis

Beruht die Beschwerde auf unverschuldeter Unkenntnis, so kann entsprechend § 130 **Abs. 5** von der Kostenerhebung abgesehen werden (vgl. § 21 Abs. 1 S. 3 GKG);[54] denn Abs. 3 ist Begünstigungsvorschrift und darf nicht über die Auslagen ins Gegenteil verkehrt werden. Dies widerspricht zwar der historischen Interpretation,[55] doch handelt es sich angesichts der zunehmend bejahten Belehrungspflicht heute nur noch um eine Auslegungsregel zu § 16 (s. dort). 48

---

[48] OLG Zweibrücken Rpfleger 1975, 410 = KostRsp. Nr. 15; OLG Frankfurt OLGR 2006, 896; aA OLG München OLGR 2002, 19 = Rpfleger 2001, 519.
[49] BayObLG JurBüro 1988, 611; OLG München OLGR 2002, 19 = Rpfleger 2001, 519.
[50] OLG München OLGR 2002, 19 = Rpfleger 2001, 519.
[51] BayObLGZ 1959, 71 = Rpfleger 1968, 95.
[52] OLG Zweibrücken Rpfleger 1975, 410 = KostRsp. Nr. 15.
[53] OLG Düsseldorf OLGR 1997, 11 bezüglich eines Gutachtens über den Betreuten.
[54] BayObLG MDR 1964, 607 = NJW 1964, 1474 = Rpfleger 1965, 26; OLG München KostRsp. Nr. 53 m. zust. Anm. *Lappe* = MDR 2007, 494 = OLGR 2006, 876; aA OLG Braunschweig Rpfleger 1964, 67; OLG Bremen JurBüro 1980, 1711 = KostRsp. Nr. 23 m. abl. Anm. *Lappe*; OLG Celle MDR 1979, 504 = Rpfleger 1979, 118; OLG Frankfurt Rpfleger 1957, 421.
[55] *Lappe* KostRsp. § 130 Nr. 2 Anm.

§ 131 1. Teil. 2. Abschnitt: 7. Ergänzende Gebührenvorschriften

IX. Notare

49 § 131 gilt bei Beschwerden in Angelegenheiten der freiwilligen Gerichtsbarkeit nach dem 2. Abschnitt der KostO zufolge Bundes- oder Landesrecht (§ 141); praktische Bedeutung kommt dem insbesondere für die Beschwerden nach § 54 BeurkG sowie – gegen eine Amtsverweigerung (wirtschaftlicher, nicht formeller Wert)[56] – nach § 15 BNotO zu (vgl. §§ 61 Abs. 1, 70 GBO); ferner, zufolge ausdrücklicher Verweisung, im Beschwerdeverfahren des § 156, dort Abs. 5 S. 2, 3. § 131 findet keine Anwendung auf Beschwerden des Schuldners im Fall des § 133 gemäß § 793 ZPO (maßgebend ist das GKG).

X. FG-Reform

50 In § 131 sollen die Absätze 1 bis 3 durch die folgenden Absätze 1 bis 5 ersetzt, die Absätze 4, 5 folglich 6, 7 werden:
„(1) Für das Verfahren über die Beschwerde wird, soweit nichts anderes bestimmt ist,
1. in den Fällen der Verwerfung oder Zurückweisung die volle Gebühr, höchstens jedoch ein Betrag von 800 Euro,
2. in den Fällen, in denen die Beschwerde zurückgenommen wird, bevor über sie eine Entscheidung ergeht, die Hälfte der vollen Gebühr, höchstens jedoch ein Betrag von 500 Euro

erhoben.
(2) Für das Verfahren über die Rechtsbeschwerde wird, soweit nichts anderes bestimmt ist,
1. in den Fällen der Verwerfung oder Zurückweisung das Eineinhalbfache der vollen Gebühr, höchstens jedoch ein Betrag von 1 200 Euro,
2. in den Fällen, in denen die Rechtsbeschwerde zurückgenommen wird, bevor über sie eine Entscheidung ergeht, drei Viertel der vollen Gebühr, höchstens jedoch ein Betrag von 750 Euro

erhoben.
(3) Im Übrigen ist das Beschwerde-und Rechtsbeschwerdeverfahren gebührenfrei.
(4) Der Wert ist in allen Fällen nach § 30 zu bestimmen.
(5) Richtet sich die Beschwerde gegen eine Entscheidung des Betreuungsgerichts und ist sie von dem Betreuten oder dem Pflegling oder im Interesse dieser Personen eingelegt, so ist das Beschwerdeverfahren in jedem Fall gebührenfrei. Entsprechendes gilt für ein sich anschließendes Rechtsbeschwerdeverfahren."
Begründung: Die Neugestaltung des Rechtsmittelsystems durch den Entwurf des FamFG macht weitgehende Änderungen der Gebührenregelungen für das Beschwerdeverfahren erforderlich. Ferner bedarf es neuer Gebührentatbestände für das Rechtsbeschwerdeverfahren. Mit den vorgeschlagenen Änderungen werden die Gebühren für das Beschwerdeverfahren deutlich angehoben. Entsprechend der Regelungen im GKG und der vorgeschlagenen Regelungen im FamGKG sollen die Gebühren in den Rechtsmittelinstanzen grundsätzlich über den Gebühren des Ausgangsverfahrens liegen, die für die Zurückweisung eines Antrags anfallen. Das Verhältnis der Gebühren untereinander entspricht den für Familiensachen vorgeschlagenen Regelungen. Ein solches Verhältnis der Gebühren untereinander sollte im Rahmen der geplanten Strukturreform der Kostenordnung ohnehin auch in diesem Bereich eingeführt werden. Die Beibehaltung der geltenden Gebührenregelungen für das Rechtsmittelverfahren bis zur Strukturreform bietet sich jedoch nicht an, weil ansonsten das Verhältnis zu den in Familiensachen anfallenden Gebühren nicht mehr ausgewogen wäre. Ein weiteres Problem liegt in der Einführung der Rechtsbeschwerde zum Bundesgerichtshof. Eine Fortschreibung der geltenden Gebühr von höchstens 35 Euro hätte nicht zu einem vertretbaren und sachgerechten Ergebnis geführt. In § 131 sollen die Minderjährige betreffenden Vorschriften gestrichen werden, weil die Gebühren insoweit im

---

[56] OLG München KostRsp. Nr. 53 m. zust. Anm. *Lappe* = MDR 2007, 494 = OLGR 2006, 646; KG KostRsp. Nr. 54 m. krit. Anm. *Lappe*.

FamGKG geregelt werden sollen. Gleichzeitig soll der Begriff des „Pflegebefohlenen" an den Sprachgebrauch des BGB angepasst werden.

§ 131a* Bestimmte Beschwerden in Familien- und Lebenspartnerschaftssachen

In Verfahren über Beschwerden nach § 621 e der Zivilprozessordnung in
1. Versorgungsausgleichssachen,
2. Familiensachen nach § 621 Abs. 1 Nr. 7 der Zivilprozessordnung,
3. Lebenspartnerschaftssachen nach § 661 Abs. 1 Nr. 4a und 5 in Verbindung mit § 661 Abs. 2 der Zivilprozessordnung

werden die gleichen Gebühren wie im ersten Rechtszug erhoben.

Schrifttum: *Gutdeutsch/Pauling* FamRZ 1998, 214 (zu Nr. 1).

I. Anwendungsbereich

In Familien- und Lebenspartnerschaftssachen der freiwilligen Gerichtsbarkeit wird die 1 Endentscheidung statt mit der Beschwerde der §§ 19ff. FGG mit der **befristeten Beschwerde** und der **Rechtsbeschwerde** angefochten (§§ 621e Abs. 1, 2, 661 Abs. 2 ZPO). § 131 schließt für bestimmte Beschwerden dieses Bereichs § 131 aus und ersetzt ihn durch eine abweichende Regelung. Es handelt sich um

Nr. 1: Versorgungsausgleichssachen (§§ 53ff. FGG, § 621 Abs. 1 Nr. 6 ZPO); 2
Nr. 2: Ehewohnungs- und Hausratssachen (HausratsVO, § 621 Abs. 1 Nr. 7 ZPO); 3
Nr. 3: die entsprechenden Verfahren bei der Lebenspartnerschaft (§§ 20, 18, 19, 14, 13 4 LPartG, § 661 Abs. 1 Nr. 4a, 5, Abs. 2 ZPO).

Bei Entscheidung im **Verbund** (§§ 623, 661 Abs. 2 ZPO) gilt § 131a nicht (§ 1 Nr. 1 5 Buchst. b, c GKG). Mithin richten sich nicht nur Berufung und Revision gegen die einheitliche Endentscheidung (§ 629 ZPO) nach dem GKG, sondern auch Beschwerde und Rechtsbeschwerde gemäß § 629a Abs. 2 ZPO.

Die einfache Beschwerde gegen **Zwischenentscheidungen** verbleibt bei § 131; im 6 Verbund unterliegt auch sie dem GKG.

II. Gebühren

Es „werden die gleichen Gebühren wie im ersten Rechtszug erhoben": in Versorgungs- 7 ausgleichssachen (Nr. 1) die des **§ 99**, in Wohnungs- und Hausratssachen (Nr. 2, 3) die des **§ 100**. Natürlich nach Maßgabe der Gebührentatbestände des Beschwerderechtszugs, also nicht etwa „dieselben" Gebühren.

Die **Erhöhung** der Gebühr durch richterliche **Entscheidung** (§§ 99 Abs. 1 S. 2, 100 8 Abs. 1 S. 2) tritt nicht schon ein, wenn eine solche Entscheidung der Vorinstanz Gegenstand des Beschwerdeverfahrens oder der Beschwerdeentscheidung ist, sondern nur, wenn sie erstmals vom Beschwerdegericht getroffen wird.[1]

Der Antragsrücknahme (§§ 99 Abs. 1 S. 3, 100 Abs. 1 S. 3) steht die Beschwerderück- 9 nahme gleich.

Die Rechtspfleger-Erinnerung (§ 11 Abs. 2 RPflG) ist keine Beschwerde nach § 621e 10 ZPO, zudem ohnehin gebührenfrei (§ 11 Abs. 4 RPflG).

III. Wert

Die Verweisung auf die erstinstanzlichen Gebühren erfasst auch den Geschäftswert. Ab- 11 weichungen können sich durch den Beschwerdegegenstand und die spätere Fälligkeit (§ 18 Abs. 1) geben.

---

* § 131a eingefügt durch Gesetz vom 14. 6. 1976 (BGBl. I S. 1421), neu gefasst durch Gesetz vom 16. 2. 2001 (BGBl. I S. 266), Nr. 3 geändert durch Gesetz vom 15. 12. 2004 (BGBl. I S. 3396).

[1] Vgl. für eine entsprechende Regelung des früheren Landwirtschaftsrechts BGH LM LVR § 13 Nr. 1.

§ 131b

IV. Wertfestsetzung

12 Die Wertfestsetzung von Amts wegen (§ 100 Abs. 3 S. 3) wird von der Verweisung nicht erfasst; sie erübrigt sich in vielen Fällen durch Rückgriff auf den – offenkundig richtigen – erstinstanzlichen Beschluss.

V. Fälligkeit, Vorschuss, Abhängigmachung

13 E gilt das Gleiche wie im ersten Rechtszug, insbesondere kann auch für das Beschwerdeverfahren ein **Vorschuss** erhoben und die Durchführung von seiner Zahlung **abhängig** gemacht werden (§ 8 Rn. 4).

VI. Schuldner

14 Schuldner ist der Beschwerdeführer (§ 2 Nr. 1). Eine Entscheidung über die Gerichtskosten (§ 3 Nr. 1) sieht nur die HausratsVO vor (§ 20 S. 1); im Versorgungsausgleichsverfahren wird bei einem (Teil-)Erfolg des Rechtsmittels über die Gerichtskosten entsprechend §§ 91 ff. ZPO entschieden.[1]

VII. FG-Reform

15 § 131a soll aufgehoben werden, an die Stelle seiner Gebühren treten die des FamGKG.

§ 131b* Beschwerden in Prozeßkostenhilfesachen

[1] Für das Verfahren über Beschwerden gegen Entscheidungen in Verfahren über die Prozeßkostenhilfe wird eine Gebühr von 25 Euro erhoben, wenn die Beschwerde verworfen oder zurückgewiesen wird. [2] Wird die Beschwerde nur teilweise verworfen oder zurückgewiesen, kann das Gericht die Gebühr nach billigem Ermessen auf die Hälfte ermäßigen oder bestimmen, daß eine Gebühr nicht zu erheben ist. [3] Wird die Beschwerde zurückgenommen, bevor eine Entscheidung über sie ergangen ist, wird keine Gebühr erhoben. [4] § 131 Abs. 3 bleibt unberührt.

Entsprechend: GKG KostVerz. 1811.

Übersicht

	Rn.		Rn.
I. Anwendungsbereich	1–7	4. Mehrere Beschwerden	17–19
1. Sonderregelung	1	5. Rücknahme	20
2. Prozesskostenhilfeverfahren	2–4	III. Schuldner	21
3. Prozesskostenhilfeentscheidungen	5–7	IV. Familienrechtliche Beschwerden	22
		V. Rechtspfleger-Erinnerung	23
II. Gebührentatbestand	8–20	VI. Auslagen	24, 25
1. Beschwerde	8, 9	VII. Unkenntnis	26
2. Zurückweisung, Verwerfung	10–12	VIII. Notare	27
3. Teilweise Zurückweisung, Verwerfung	13–16	IX. FG-Reform	28

I. Anwendungsbereich

1. Sonderregelung

1 § 131b ist durch das KostRÄndG 1994 eingefügt worden. Er trifft für die Prozesskostenhilfebeschwerden eine besondere Regelung gegenüber **§ 131,** der sie bis dahin erfasste. An die Stelle seiner Wertgebühr ist eine Betragsgebühr getreten, sie soll die Gebührenberechnung vereinfachen. Von diesem Normzweck her stellt § 131b **keine abschließende**

---

[1] BGH FamRZ 2001, 284.
* § 131b eingefügt durch Gesetz vom 24. 6. 1994 (BGBl. I S. 1325), Satz 1 geändert durch Gesetz vom 27. 4. 2001 (BGBl. I S. 751).

Regelung dar, vielmehr kann, soweit er schweigt, auf § 131 zurückgegriffen werden (also auch auf seine Kommentierung). Dies gilt insbesondere für seinen Anwendungsbereich (§ 131 Rn. 1–5). Gegen seine Verfassungsmäßigkeit bestehen keine Bedenken.[1]

2. Prozesskostenhilfeverfahren

§ 131 b bestimmt die Gebühr „in Verfahren **über** die Prozesskostenhilfe" (S. 1): die der §§ 114 bis 127 ZPO **(§ 14 FGG)**, ohne § 127 a ZPO, jedoch einschließlich derjenigen über die **Reiseentschädigung** (Anhang D II Rn. 1). S. auch Anhang B und die Verweisungen in den dortigen Vorschriften (Beispiel: § 29 Abs. 3 EGGVG). 2

Sie sind abzugrenzen gegen Verfahren **im Zusammenhang** mit der Prozesskostenhilfe, sowohl nach den Verfahrensordnungen, Beispiel: Abhängigmachung einer Zeugenladung von der Vorschusszahlung (§ 15 Abs. 1 FGG, § 379 S. 1 ZPO trotz § 122 Abs. 2 ZPO); 3

als auch gegen kostenrechtliche Verfahren aller Art **bei** der Prozesskostenhilfe, insbesondere gemäß den §§ 50, 55, 59 Abs. 2 RVG und § 14. 4

3. Prozesskostenhilfeentscheidungen

Vorausgehen muss der Beschwerde (Rn. 8–9) eine „Entscheidung" im Prozesskostenhilfeverfahren (Rn. 2–4). Das sind vor allem die von § 127 ZPO erfassten Beschlüsse – oder „Verfügungen" (§ 16 FGG) –, also auf **Bewilligung** und ihre **Aufhebung** oder **Versagung** der Prozesskostenhilfe; aber auch isolierte Entscheidungen über 5

die **Monatsraten** und die aus dem Vermögen zu zahlenden **Beiträge** sowie über die **Beiordnung** eines Rechtsanwalts und ihre Aufhebung. 6

Eine Entscheidung kann auch darin liegen, dass das Gericht das Bewilligungsverfahren übermäßig **verzögert**, was der Antragsteller als eine Ablehnung seines Antrags versteht. 7

II. Gebührentatbestand

1. Beschwerde

Die Gebühr setzt eine Beschwerde (§§ 19 ff. FGG) voraus, sei es eine **erste**, eine **weitere** oder eine **außerordentliche** (wegen greifbarer Gesetzwidrigkeit; noch zulässig?). Sie kann von einem **Beteiligten**, seinem **gesetzlichen Vertreter** im eigenen Namen, dem beigeordneten, die Beiordnung erstrebenden oder entpflichteten **Rechtsanwalt** – im eigenen Namen – eingelegt worden sein. Die **Staatskasse** kommt zwar ebenfalls als Beschwerdeführer in Betracht, doch ist sie kostenbefreit (§ 11 Abs. 1). 8

Nicht unter § 131 b fallen ein **Abänderungsantrag**, etwa auf Herabsetzung der Raten, eine **Gegenvorstellung** sowie eine **Dienstaufsichtsbeschwerde**. 9

2. Zurückweisung, Verwerfung

Die Gebühr entsteht durch die Zurückweisung – als **unbegründet** – und durch die Verwerfung – als **unzulässig** –, Gebührentatbestand ist die **Entscheidung des Beschwerdegerichts** mit diesem Inhalt. Die **Nichtabhilfe** durch das Gericht, dessen Entscheidung angefochten ist, genügt nicht. 10

Der Gebührentatbestand ist mit der **Wirksamkeit** der Entscheidung (Einf. Rn. 57 ff.) erfüllt. Richterliches Unterschreiben, Eingang auf der Geschäftsstelle und Herausgabe aus dem Gericht genügen nicht. 11

Die **erfolgreiche** Beschwerde ist mithin gebührenfrei. Als solche gilt auch die **Zurückverweisung** an die Vorinstanz, selbst wenn das Begehren des Beschwerdeführers dort letztlich erfolglos bleibt. 12

3. Teilweise Zurückweisung, Verwerfung

Auch die nur teilweise Zurückweisung oder Verwerfung der Beschwerde löst die Gebühr aus, wobei sich dies auf die **Entscheidungsformel** auswirken muss, die Zurückweisung von **Vorbringen** des Beschwerdeführers genügt also nicht. 13

---

[1] VGH Baden-Württemberg KostRsp. GKG-KostVerz. Nr. 3.

§ 131b

14 Weil bereits der geringste erfolglose Teil zum Anfall der Gebühr genügt, sieht § 131b vor (S. 2), sie entweder **auf die Hälfte zu ermäßigen** oder ihre **Nichterhebung** anzuordnen. Man muss annehmen, dass diese beiden Varianten „erst gemeint" sind, also eine abweichende Ermäßigung – etwa um ein Viertel – unzulässig ist. Eine **andere Orientierung** als am Maß der Zurückweisung (Verwerfung) kommt nicht in Betracht, weil sonstige Billigkeitsgründe auch bei der vollen Zurückweisung auf die Gebühr keinen Einfluss haben und die Zufälligkeit eines geringen Teilerfolgs nicht erheblich sein kann.

15 „Kann" stellt die Ermäßigung oder Nichterhebung nicht in das Belieben des Gerichts, vielmehr sieht S. 2 die ohne diese Regelung nicht mögliche Ermäßigung vor. Es handelt sich um eine **Ermessensentscheidung,** wobei das „billige" Ermessen sich an § 315 Abs. 3 BGB orientiert, dem Gericht also einen „Spielraum" einräumt.

16 Die Ermäßigung oder Nichterhebung gehört in die **Beschwerdeentscheidung,** kann aber, wenn sie vergessen worden ist, durch Ergänzungsbeschluss **nachgeholt** werden (§ 18 FGG, § 321 Abs. 1 ZPO analog, Abs. 2–4 sind unanwendbar).

4. Mehrere Beschwerden

17 **Gesonderte Entscheidungen** werden mit gesonderten Beschwerden angefochten. Daran ändert ihre äußere Zusammenfassung nichts.

18 Beschwerden **nacheinander** – Erstbeschwerde, außerordentliche Beschwerde – sind gesonderte Beschwerden (vgl. § 131 Rn. 7ff.).

19 Zu mehreren Beschwerden **nebeneinander** s. § 131 Rn. 19–24. Hier liegen Abgrenzungsfragen auf der Hand. Generell gilt: Man darf **einheitliche Gegenstände** nicht auseinander reißen. So bilden beispielsweise die dem Beteiligten mit der Bewilligung auferlegten Raten und die Ablehnung der Beiordnung eines Rechtsanwalts denselben Beschwerdegegenstand, weil sie Elemente der Prozesskostenhilfe sind und regelmäßig über sie mit der Bewilligung entschieden wird. Es fällt also nur eine Beschwerdegebühr an, sie ist ebenso hoch wie bei Zurückweisung der Beschwerde nur gegen „die Spitze" einer Monatsrate. Angesichts der geringen Gebühr und wegen der mit ihr erstrebten Vereinfachung wird man eine Verletzung des Gleichheitssatzes – „Wesentlich Ungleiches darf nicht willkürlich gleich behandelt werden" – nicht annehmen können.

5. Rücknahme

20 Im Verfahrensrecht der freiwilligen Gerichtsbarkeit bejaht man eine wirksame Beschwerderücknahme bis zum **Erlass** (vgl. Rn. 11) der Beschwerdeentscheidung (vgl. dagegen § 269 Abs. 3 ZPO). Auf dieser Grundlage ist die – wirksame – Beschwerderücknahme immer gebührenfrei (S. 3). Eine verspätete Rücknahme ändert am Bestand der Beschwerdeentscheidung, jedenfalls an der Beschwerdegebühr nichts, neben sie tritt auch keine Rücknahmegebühr mehr.

III. Schuldner

21 Kostenschuldner ist der **Beschwerdeführer** (§ 2 Nr. 1). Weil das Verfahrensrecht **keine gerichtliche Entscheidung** über die Gerichtskosten vorsieht, ist § 3 Nr. 1 unanwendbar.

IV. Familienrechtliche Beschwerden

22 § 131 Abs. 3 ist anzuwenden (S. 4), die in ihm genannten Beschwerden bleiben also auch bei Erfolglosigkeit **gebührenfrei** (vgl. § 131 Rn. 37ff.). Die Beschwerde ist jedoch gebührenpflichtig, wenn es um die subjektiven Voraussetzungen der Prozesskostenhilfe geht.[2] Wegen der **Auslagen** s. Rn. 24, 25.

V. Rechtspfleger-Erinnerung

23 Wie § 131 Rn. 42ff.

---

[2] Vgl. OLG München Rpfleger 1987, 456.

VI. Auslagen

Auch im Prozesskostenhilfeverfahren werden die Auslagen erhoben, ausgenommen bei **Minderjährigen,** Betreuten usw. nach § 131 Abs. 3 (Rn. 22). Der „an sich" anzuwendende § 118 Abs. 1 S. 5 ZPO ist gegenstandslos, weil im FGG-Verfahren keine Entscheidung über die Gerichtskosten ergeht. Ihn dahin „umzuverstehen", dass der gesetzliche (§§ 2ff.) Kostenschuldner der Hauptsache auch diese Kosten zu tragen hat, geht nicht an, weil die Regelung anderen Grundsätzen folgt als die zivilprozessuale Kostenentscheidung (Antragsteller und Interessent statt Unterliegender). Die Auslagen treffen mithin den Kostenschuldner des PKH-Beschwerdeverfahrens (Rn. 21). 24

Bei nur **teilweiser Zurückweisung** (Verwerfung) der Beschwerde findet § 131 Abs. 5 Anwendung (dort Rn. 45). 25

VII. Unkenntnis

Wie § 131 Rn. 48. 26

VIII. Notare

§ 131b gilt auch für Beschwerden im Verfahren des § 156 sowie gegen die notarielle Amtsverweigerung allgemein (§ 15 Abs. 2 BNotO) und speziell gegen die Versagung der Prozesskostenhilfe durch den Notar (§§ 15, 17 Abs. 2 BNotO; vgl. § 131 Abs. 4 S. 1 und dort Rn. 49). 27

IX. FG-Reform

In § 131b soll der Begriff Prozesskostenhilfe durch Verfahrenskostenhilfe ersetzt werden. Die Gebühr des S. 1 erhöht sich, dem GKG und dem FamGKG folgend, auf 50, in Verfahren über die Rechtsbeschwerde 100 Euro. S. 4 verweist auf § 131 Abs. 5. 28

§ 131c* Beschwerden in bestimmten Registersachen

(1) ¹Für das Verfahren über Beschwerden gegen Entscheidungen, die sich auf solche Tätigkeiten des Registergerichts beziehen, für die Gebühren aufgrund einer Rechtsverordnung nach § 79a zu erheben sind, wird das Doppelte der Gebühr erhoben, die in der Rechtsverordnung für die Zurückweisung der Anmeldung vorgesehen ist, wenn die Beschwerde verworfen oder zurückgewiesen wird. ²Wird die Beschwerde nur teilweise verworfen oder zurückgewiesen, wird das Doppelte der Gebühr erhoben, die in der Rechtsverordnung für die Zurückweisung dieses Teils der Anmeldung vorgesehen ist.

(2) ¹Wird die Beschwerde zurückgenommen, bevor eine Entscheidung über sie ergangen ist, wird das Doppelte der Gebühr erhoben, die in einer Rechtsverordnung nach § 79a für die Zurücknahme der Anmeldung vorgesehen ist. ²Wird die Beschwerde nur teilweise zurückgenommen, wird das Doppelte der Gebühr erhoben, die in der Rechtsverordnung für die Zurücknahme dieses Teils der Anmeldung vorgesehen ist.

I. Besondere Regelung

§ 131c „zieht für das Beschwerdeverfahren die Folgen aus dem neuen Gebührensystem",[1] der Ersetzung der Wert- durch Betragsgebühren (§§ 79, 79a, HRegGebV), indem er von § 131 abweichende Gebühren bestimmt. Aus diesem Normzweck folgt, dass es **iÜ bei § 131** bleibt (mithin auch seiner Kommentierung). 1

---

* § 131c eingefügt durch Gesetz vom 3. 7. 2004 (BGBl. I S. 1410).
[1] Begründung des RegE, BR-Drucks. 622/03 S. 10.

§ 131d 1. Teil. 2. Abschnitt: 7. Ergänzende Gebührenvorschriften

2 Das gilt insbesondere vom Gesetzeswortlaut her für § 131 Abs. 1 S. 2 und Abs. 5: Die **erfolgreiche Beschwerde** ist gebühren- und auslagenfrei.

3 Und für die Kommentierung Rn. 6 ff.: **Gebührentatbestände**; Rn. 36: **Schuldner**; Rn. 42, 43: **Rechtspfleger-Erinnerung**; Rn. 44 ff.: **Auslagen**. Wie bei § 131 sind Verwerfung/Zurückweisung bzw. Zurücknahme Gebührentatbestand, die mit seiner Erfüllung entstandene Gebühr gilt das gesamte Beschwerdeverfahren ab (Abs. 1 S. 1: „für das Verfahren ...").

II. Anwendungsbereich

4 § 131c ist eine Folgeregelung zu § 79a, bezieht sich auf die in ihm genannten **Registersachen**, „Tätigkeiten des Registergerichts" (Abs. 1 S. 1), also nicht nur auf Eintragungen ins Register, sondern auch „einzureichende Unterlagen" und „Bekanntmachung nach dem Umwandlungsgesetz" (s. Erl. dort).

5 Weitere Voraussetzung sind „Beschwerden gegen **Entscheidungen**" (Abs. 1 S. 1). Der Begriff entspricht – nach Normzweck und Systematik – den „Verfügungen" des § 19 Abs. 1 FGG, erfasst also sowohl die Eintragungsverfügung als auch die Eintragung, die Zwischenverfügung und die Ablehnung der Eintragung durch eine Verfügung. Auf die Statthaftigkeit oder Zulässigkeit der Beschwerde kommt es, wie immer, nicht an.

III. Gebühren

6 Die Beschwerdegebühren werden aus den Eintragungsgebühren (und weiteren Gebühren) der HRegGebV berechnet:

7 **Zurückweisung oder Verwerfung** der Beschwerde 120% davon als Zurückweisungsgebühr (§ 4 HRegGebV), diese verdoppelt (Abs. 1 S. 1); also 240% der Eintragungsgebühr.

8 **Zurücknahme** der Beschwerde 75% davon als Zurücknahmegebühr (§ 3 HRegGebV), diese verdoppelt (Abs. 2 S. 1); also 150% der Eintragungsgebühr.

9 **Mehrere** Tatsachen folgen der entsprechenden Zurücknahme- bzw. Zurückweisungsgebühr: §§ 2, 3 S. 1, 4 S. 1 HRegGebV;

10 die **teilweise** Zurückweisung/Verwerfung und Zurücknahme der entsprechenden Zurücknahme- bzw. Zurückweisungsgebühr: vorstehende Vorschriften, ergänzt um § 5 S. 1, **Höchstgebühren** §§ 3 S. 2, 4 S. 2, 5 S. 2.

IV. FG-Reform

11 § 131c soll einen neuen Abs. 3 erhalten: „Für das Verfahren über die Rechtsbeschwerde sind die Absätze 1 und 2 mit der Maßgabe anzuwenden, dass das Dreifache der Gebühr erhoben wird."

§ 131 d* Rüge wegen Verletzung des Anspruchs auf rechtliches Gehör

¹**Für das Verfahren über die Rüge wegen Verletzung des Anspruchs auf rechtliches Gehör (§ 29 a des Gesetzes über die Angelegenheiten der freiwilligen Gerichtsbarkeit, auch in Verbindung mit § 81 Abs. 3 der Grundbuchordnung und § 89 Abs. 3 der Schiffsregisterordnung) wird eine Gebühr von 50 Euro erhoben, wenn die Rüge in vollem Umfang verworfen oder zurückgewiesen wird. ²Wird die Rüge zurückgenommen, bevor eine Entscheidung über sie ergangen ist, wird keine Gebühr erhoben. ³§ 131 Abs. 3 gilt entsprechend.**

Entsprechend: GKG KV 1700, 3900, 4500, 5400, 6400, 7400, 8500.

---

* § 131 d eingefügt durch Gesetz vom 9. 12. 2004 (BGBl. I S. 3220).

I. Anwendungsbereich

§ 131 d betrifft das in § 29 a FGG geregelte Verfahren, auf Grund der genannten Verweisungen auch in **Grundbuch- und Schiffsregistersachen.** § 29 a FGG folgt § 321 a ZPO, die Kommentierungen beider Vorschriften stehen daher zur Verfügung. 1

Gilt § 29 a FGG nicht unmittelbar, wird er vielmehr, etwa in Streitverfahren, **entsprechend angewandt,** steht das Analogieverbot (§ 1) der Gebühr des § 131 d entgegen: gebührenfrei. Gleiches gilt für die – weil nicht genannten – **Kostenverfahren nach § 157 a;** die dortigen Erläuterungen sind jedoch auch für das Verfahren nach § 29 a FGG verwendbar. 2

II. Gebührentatbestand

1. Rüge

Der Gebührentatbestand ist zweiteilig. Erstens: Verfahren über die Rüge wegen der Verletzung des Anspruchs auf rechtliches Gehör (S. 1). Es beginnt mit dem Eingang der Rügeschrift beim Gericht. Die Fortführung des (Amts- oder Antrags-) Verfahrens **von Amts wegen** aus gleichem Grund genügt nicht. **Statthaftigkeit** und **Zulässigkeit** (vgl. dazu die Erl. zu § 157 a) bleiben ohne Belang. 3

Ist ein **Rechtsmittel** gegeben, liegt in der gleichwohl erhobenen Rüge eine Beschwerde, womit § 131 d ausscheidet. Gleiches gilt für eine **Gegenvorstellung** mit anderem Gegenstand. 4

Sind **Rüge und Beschwerde** eingelegt (vgl. § 157 a Rn. 23 ff.), kommt es darauf an, ob die Rüge wirksam wird (Rn. 25). Eine zulässige Beschwerde, die die Rüge gegenstandslos macht (Rn. 24), erfüllt den Tatbestand des § 131 d nicht. 5

2. Verwerfung, Zurückweisung

Zum Gebührentatbestand gehört, zweitens, die Verwerfung als unstatthaft oder unzulässig (vgl. § 157 a Rn. 5 ff., 14 ff.), mit der dahingehenden wirksamen Entscheidung (Einf. Rn. 58). 6

Und zwar in vollem Umfang; eine **teilweise** Verwerfung oder Zurückweisung genügt nicht. 7

3. Zurücknahme

Vor einer Zurücknahme der Rüge ist die Verfahrensgebühr bereits „vorläufig" entstanden (erstes Tatbestandsmerkmal erfüllt). Gleichwohl wird sie nicht erhoben, wenn die Zurücknahme das **Verfahren beendet** (S. 2), sie also vor dem Wirksamwerden eines Verwerfungs- oder Zurückweisungsbeschlusses bei Gericht eingeht, d. h. bevor die Entscheidung verkündet, persönlich bekannt gemacht oder das Gericht zum Zweck der Bekanntmachung verlassen hat; die Abfassung, das Unterschreiben des Beschlusses, sein Eingang bei der Geschäftsstelle hindern die Rücknahme nicht. 8

Eine **spätere** Zurücknahme lässt die Verfahrensgebühr unberührt, selbst wenn sie die Verwerfungs- oder Zurückweisungsentscheidung wirkungslos macht (entsprechend § 269 Abs. 3 S. 1 ZPO) und damit der Gebührentatbestand der Verwerfung oder Zurückweisung „an sich" wegfällt (ebenfalls S. 2). 9

III. Gebühr, Schuldner

Mit der „vollständigen" Erfüllung des Gebührentatbestands entsteht die **Festgebühr** von 50 Euro. 10

Sie ist unverhältnismäßig (§ 32 Rn. 7), soweit sie **bis zu einem Geschäftswert von 32 000 Euro** über der (halben) Wertgebühr für die Verwerfung oder Zurückweisung einer gleichen Beschwerde liegt (§ 131 Abs. 1 S. 1 Nr. 1); zumal diese den gesamten Gegenstand betrifft und nicht nur ein Verfahrenselement. Die Inanspruchnahme des Verfahrensgrundrechts des § 103 Abs. 1 GG lässt sich nicht generell als Missbrauch verstehen, rechtfertigt 11

§ 132

also keine höhere Gebühr (vgl. § 34 Abs. 2 BVerfGG). Der Verfassungswidrigkeit beugt eine verfassungskonforme Auslegung vor:[1] Ersetzung der Festgebühr durch die **halbe Wertgebühr des § 32**.

12 **Schuldner** ist der Rügeführer (§ 2 Nr. 1).

IV. Familienrechtssachen, Unkenntnis

13 Wegen der Gebührenfreiheit nach S. 3 s. § 131 Rn. 37f., wegen der Rüge aus unverschuldeter Unkenntnis (§ 130 Abs. 5) § 131 Rn. 48.

V. FG-Reform

14 Die Verweisungen sollen geändert werden: § 44 FamFG statt § 29a FGG (S. 1), § 131 Abs. 5 statt 3 (S. 3).

§ 132* Beglaubigte Ablichtungen oder Ausdrucke

Soweit nichts anderes bestimmt ist, wird bei der Erteilung beglaubigter Ablichtungen oder Ausdrucke der vom Gericht erlassenen Entscheidungen sowie der von ihm aufgenommenen oder in Urschrift in seiner dauernden Verwahrung befindlichen Urkunden eine Beglaubigungsgebühr nicht erhoben.

I. Anwendungsbereich

1 § 132 ist Ausnahme von § 55: Er stellt bestimmte beglaubigte Abschriften von seiner Beglaubigungsgebühr frei. Ausnahmen von der Ausnahme – „anderes bestimmt" – sind § 73 (Grundbuch), § 89 Abs. 1 (Register), § 126 Abs. 3 (Pachtkredit) und § 127 Abs. 1 (Standesregister). S. auch § 136 Abs. 1 Nr. 2.

II. Entscheidungen

2 Gerichtliche Entscheidungen sind **Beschlüsse und Verfügungen** (§ 16 FGG), wie sie sich in Urschrift oder – bei Entscheidungen der Rechtsmittelgerichte – in beglaubigter Abschrift in den Gerichtsakten befinden. „An sich" gehören auch Eintragungen im Grundbuch und im Handelsregister dazu, doch sind sie gesondert geregelt (Rn. 1).

3 **Protokolle** gerichtlicher Verhandlungen und Vermerke sind keine gerichtlichen Entscheidungen, können es aber im Einzelfall sein, wenn und soweit sie allein die gerichtliche Entscheidung enthalten. Vgl. auch Rn. 6.

4 Die Entscheidung braucht nicht die Sache selbst zu betreffen, sie kann auch einen Nebenpunkt zum Gegenstand haben, beispielsweise eine Vertagung; hingegen fallen **gerichtsinterne Verfügungen,** etwa über die Eintragung im Grundbuch, nicht unter § 132.

III. Urkunden

5 Urkunden sind, wie sich aus dem Zusammenhang – Rn. 7ff. – ergibt, nicht alle Urkunden iS des Beweisrechts (§§ 415ff. ZPO), sondern nur die Urkunden des Beurkundungsrechts, also die Niederschriften (§§ 8ff., 36ff. BeurkG) und die Vermerke (§ 39 BeurkG), nicht aber die Schriftstücke, unter denen sich die Vermerke befinden.

6 Keine Urkunden in diesem Sinne sind gerichtliche Verhandlungsprotokolle (vgl. Rn. 3) und Niederschriften über die Entgegennahme von Anträgen und Erklärungen (§ 11 FGG).

---

[1] Vgl. OVG Hamburg NVwZ 2004, 60.
* § 132 geändert durch Gesetz vom 22. 3. 2005 (BGBl. I S. 837).

IV. Aufgenommene, verwahrte Urkunden

„Aufgenommen" ist eine Urkunde, wenn das Gericht selbst beurkundet hat (vgl. § 129 **7**
Rn. 3–7), „dauernd verwahrt" eine Urkunde, wenn das Gericht sie statt des Aufnehmenden verwahrt, insbesondere gemäß den §§ 51, aber auch 45 und 55 BNotO (gegen Rn. 9).
Eine dauernde Verwahrung ist auch die amtliche Verwahrung **letztwilliger Verfügun-** **8**
gen, vor und nach der Eröffnung.
Hingegen liegt keine „dauernde Verwahrung" vor, wenn sich die Urkunden vorüberge- **9**
hend oder dauernd in einer **Verfahrensakte** oder in „Büroverwahrung" befinden.[1]
An die Stelle der verwahrten Urschrift kann eine verwahrte Ausfertigung treten, wenn sie **10**
die Funktion der Urschrift erfüllt (insbesondere nach den §§ 45 bis 47 BeurkG).
Bei privatschriftlichen letztwilligen Verfügungen, die sich in amtlicher Verwahrung be- **11**
finden, lässt sich die Anwendung des § 132 aus dem Nebengeschäftsverhältnis (§ 35) zu
den §§ 101, 102 rechtfertigen, eine andere Behandlung als die öffentlicher Testamente
wäre willkürlich.

V. Beglaubigte Ablichtungen, Ausdrucke

§ 132 erfasst auch die Erteilung von Ausfertigungen (allgM) sowie elektronische Kopien. **12**

VI. Notare

§ 132 gilt für Notare (§ 141), und zwar ihre Entscheidungen, soweit sie zuständig sind, **13**
und vor allem ihre Urkunden; bei ihnen auch für Abschriften von **Entwürfen** (§§ 145,
147), mit und ohne Unterschriftsbeglaubigung.[2] Die Ausnahmevorschriften der Rn. 1 betreffen nicht Notare.

§ 133 Vollstreckbare Ausfertigungen

[1]Für die Erteilung vollstreckbarer Ausfertigungen von gerichtlichen oder notariellen Urkunden wird die Hälfte der vollen Gebühr erhoben, wenn der Eintritt einer Tatsache oder einer Rechtsnachfolge zu prüfen ist (§§ 726 bis 729 der Zivilprozeßordnung) oder es sich um die Erteilung einer weiteren vollstreckbaren Ausfertigung handelt. [2]Das gleiche gilt im Fall der Erteilung vollstreckbarer Ausfertigungen einer bestätigten Auseinandersetzung sowie in ähnlichen Fällen.

Übersicht

	Rn.		Rn.
I. Allgemeines	1–8	b) Entsprechende Anwendung kraft Verweisung	15
1. Umfang der Gebührenfreiheit bei vollstreckbaren Ausfertigungen	1, 2	c) Keine analoge Anwendung bei Namens- und Firmenänderungen	16
2. Geltung für Notare	3		
3. Gebührentatbestände	4, 5	d) Keine analoge Anwendung bei Vollstreckungsunterwerfung durch Vor-GmbH und formwechselnder Umwandlung	17
4. Zurückweisung oder Zurücknahme des Antrags	6		
5. Gebührenbefreiung	7		
6. Dokumentenpauschale	8	3. Weitere vollstreckbare Ausfertigung	18
II. Gebührenpflichtige vollstreckbare Ausfertigungen	9–19	4. Bestätigte Auseinandersetzung und ähnliche Fälle	19
1. Prüfung einer Tatsache (S. 1 Alt. 1 iVm. § 726 ZPO)	9, 10	III. Wert	20–24
2. Prüfung einer Rechtsnachfolge (S. 1 Alt. 2 iVm. § 727 ZPO)	11–17	IV. Mehrheit von Parteien und Klauseln	25, 26
a) Unmittelbare Anwendung	11–14		

---

[1] KGJ 37 B 25.
[2] KG JFGErg. 13, 53 = DNotZ 1934, 454.

§ 133

1. Teil. 2. Abschnitt: 7. Ergänzende Gebührenvorschriften

Schrifttum: *Reimann* DNotZ 1972, 635; MittBayNot 1978, 199; *Schöner* MittBayNot 1975, 154; *Wolfsteiner* MittRhNotK 1985, 113; *Hartmut Schmidt* MittBayNot 1988, 151.

Stichwortverzeichnis

Angebot und Annahme 10	Parteienmehrheit 25
Anwendung kraft Verweisung (§ 727 ZPO) 15	Prüfung einer Rechtsnachfolge 11 ff.
Bestätigte Auseinandersetzung 5, 19	Prüfung einer Tatsache 9
Dokumentenpauschale 8	Rechtsnachfolger (mehrere) 14
Eigentümergrundschuld 12	Scheidungsvereinbarung 10
Eigentümerwechsel 13	Umfang der Gebührenfreiheit 1, 2
Firmenänderung 16	Umschreibung (Umstellung) der Vollstreckungsklausel 12
Gebührenbefreiung 7	
Gebührenermäßigung 13	Umwandlung 17
Gebührenpflicht 4	Vor-GmbH 17
Gebührentatbestände 4	Weitere vollstreckbare Ausfertigung 18
Geltung für Notare 3	Wert 20–24
Gläubigerbezeichnung 16	– Beschwerdeverfahren 24
Insolvenzverwalter 13	– Grundpfandrechte 20
Mehrere vollstreckbare Ausfertigungen 26	– Zinsen und sonstige Leistungen (rückständige) 21
Nachlassverwalter 13	
Namensänderung 16	Zurücknahme 6
Neuer Eigentümer 13	Zurückweisung 6

I. Allgemeines

1. Umfang der Gebührenfreiheit bei vollstreckbaren Ausfertigungen

1 Einfache und vollstreckbare Ausfertigungen gerichtlicher Entscheidungen sind gebührenfrei; s. § 132.

2 Vollstreckbare Ausfertigungen gerichtlicher und notarieller Urkunden sind ebenfalls grundsätzlich gebührenfrei. Gebührenfrei ist hiernach auch die Erteilung der ersten vollstreckbaren Ausfertigung einer notariellen Urkunde durch den Notar, der die Urkunden eines anderen Notars, dessen Amt erloschen ist oder der seinen Amtssitz verlegt hat, gemäß § 51 BNotO verwahrt.[1]

2. Geltung für Notare

3 § 133 gilt kraft eigener Anordnung und gemäß § 141 auch für Notare. Die Regelung ist für den Notar abschließend. § 147 steht als Hilfsklausel nicht zur Verfügung.[2] Auch § 50 Abs. 1 Nr. 1 ist nicht in den Fällen anwendbar, in denen eine Berechnung nach § 133 ausscheidet.[3]

3. Gebührentatbestände

4 § 133 S. 1 begründet für bestimmte Fälle, in denen vollstreckbare Ausfertigungen erteilt werden, eine **Gebührenpflicht**. Dabei wird bezüglich des Tatbestandes Bezug genommen auf die §§ 726 bis 729 ZPO sowie auf § 733 ZPO (weitere vollstreckbare Ausfertigung). Die in § 133 begründete Rechtsfolge (Gebührenpflicht) gilt somit in dem Umfang, in die §§ 726 bis 729, 733 ZPO anzuwenden sind (vgl. Rn. 9 ff.). Es gilt der Grundsatz, dass sich § 133 S. 1 auf die Erteilung vollstreckbarer Ausfertigungen von jeweils einer Urkunde bezieht, so dass sich bei getrennter Beurkundung von Angebot und Annahme mehrere Gebühren aus § 133 ergeben können, sofern entsprechende Vollstreckungsunterwerfungen in ihnen enthalten sind. Ein aus §§ 41, 37, 38 etwa abgeleiteter allgemeiner Rechtssatz des Inhalts, dass die getrennte Beurkundung von Vertragserklärungen insgesamt keine höheren Gebühren entstehen lassen dürfe, als sie bei Zusammenbeurkundung erwachsen wären, gilt

---

[1] *Rohs/Wedewer* Rn. 2; aA OLG Köln DNotZ 1958, 668.
[2] BayObLG Rpfleger 1988, 241; *Reimann* DNotZ 1972, 636; aA OLG Köln DNotZ 1958, 668; OLG Düsseldorf DNotZ 1990, 678; *Lappe* KostRsp. Nr. 9 Anm.
[3] AA offenbar KG DNotZ 1979, 436.

Vollstreckbare Ausfertigungen **§ 133**

für § 133 nicht.[4] Wegen der Relevanz von § 133 bei der getrennten Beurkundung von Angebot und Annahme vgl. Rn. 10.

Nach § 133 S. 2 gilt die Vorschrift auch für die **bestätigte Auseinandersetzung** 5 (s. Rn. 19).

4. Zurückweisung oder Zurücknahme des Antrags

Im Falle der Zurückweisung oder Zurücknahme des Antrages auf Erteilung einer voll- 6 streckbaren Ausfertigung gilt § 130 (s. dort Rn. 5).

5. Gebührenbefreiung

Eine Gebührenbefreiung gemäß § 144 erfasst auch die Gebühr nach § 133, so dass sich 7 die Notargebühr entsprechend den Festlegungen in § 144 ermäßigt. Die Erteilung vollstreckbarer Ausfertigungen notarieller Urkunden in Sozialhilfeangelegenheiten (§ 143 Abs. 2 S. 2) ist „erst recht" gebührenbefreit.

6. Dokumentenpauschale

Neben der Gebühr ist die Dokumentenpauschale des § 136 Abs. 1 Nr. 1 zu erheben.[5] 8 Die Gebühr des § 133 gilt lediglich für die Entscheidung darüber, ob dem Gläubiger die beantragte vollstreckbare Ausfertigung des Titels erteilt werden kann, nicht die technische Ausführung. Andernfalls könnte eine vollstreckbare Ausfertigung uU billiger sein als eine einfache, und auch zur Zurückweisung oder Zurücknahme des Antrags (Rn. 6) ergäbe sich nicht die gesetzliche Relation. Für die Erhebung der Dokumentenpauschale neben der Gebühr des § 133 spricht auch dessen Stellung im 2. Abschnitt des 1. Teils der KostO, der den Gerichtsgebühren gewidmet ist, nicht den Auslagen, die im 3. Abschnitt geregelt sind.[6]

II. Gebührenpflichtige vollstreckbare Ausfertigungen

1. Prüfung einer Tatsache (S. 1 Alt. 1 iVm. § 726 ZPO)

Die Gebühr nach § 133 S. 1 wird für die Erteilung einer vollstreckbaren Ausfertigung 9 erhoben, wenn die Vollstreckung nach dem Inhalt der Urkunde von dem durch den Gläubiger zu beweisenden Eintritt einer anderen Tatsache als einer dem Gläubiger obliegenden Sicherheitsleistung abhängt (§ 726 ZPO). Da der Tatbestand voll aus § 726 ZPO zu übernehmen ist, genügt für die Anwendung von § 133 S. 1 Alt. 1 nicht die Prüfung irgendeiner sonstigen Tatsache.[7] § 133 S. 1 Alt. 1 iVm. § 726 ZPO ist u. a. anwendbar, wenn die Vollstreckung nach dem Inhalt der Urkunde von einer aufschiebenden Bedingung abhängig ist (Vorleistung des Gläubigers, Kündigung).

Eine gebührenauslösende Tatsachenprüfung liegt vor, wenn der Notar die vollstreckbare 10 Ausfertigung einer **Scheidungsvereinbarung** nach rechtskräftiger Scheidung erteilt, sofern die Erteilung von der Prüfung der Rechtskraft des Scheidungsurteils durch den Notar abhängig gemacht ist.[8] Bei der getrennten Beurkundung von **Angebot und Annahme,** vor allem bei Kaufverträgen, Treuhandverträgen, etc., liegt eine gebührenpflichtige Tatsachenprüfung vor, wenn das Vertragsangebot vom Zahlungsempfänger (Verkäufer, Treuhänder) abgegeben und die Vollstreckungsunterwerfung von ihm vorbehaltlich Genehmigung durch den Zahlungspflichtigen (Käufer, Treugeber) erklärt wird; die Erteilung der vollstreckbaren Ausfertigung setzt den Nachweis einer Tatsache (nämlich die Genehmigung durch den Angebotsempfänger) voraus. Erklärt der Angebotsempfänger selbst die Unterwerfung unter die sofortige Zwangsvollstreckung in der Annahmeurkunde, ggf. unter Bezugnahme auf die Angebotsurkunde gemäß § 13a BeurkG, so ist für die Anwendung des § 133 kein Raum, da hier nicht der Eintritt einer Tatsache zu prüfen ist; allerdings fällt hier für die Annahme des Angebots nicht die $5/_{10}$-Gebühr nach § 38 Abs. 2 Nr. 2, sondern die

---

[4] OLG Düsseldorf MittRhNotK 1984, 175.
[5] OLG Köln DNotZ 1958, 668; BayObLGZ 1987, 415; *Rohs/Wedewer* Rn. 8.
[6] OLG Düsseldorf MittRhNotK 1985, 24.
[7] *Reimann* MittBayNot 1978, 199.
[8] *Lappe* DNotZ 1983, 545.

§ 133

$^{10}/_{10}$-Gebühr nach § 36 Abs. 1 an. Wird das Angebot vom Käufer abgegeben und unterwirft sich der Käufer in der Angebotsurkunde für den Fall der Annahme des Angebotes der sofortigen Zwangsvollstreckung, so ist bei der Erteilung der vollstreckbaren Ausfertigung der Angebotsurkunde § 133 anzuwenden, da, sofern nicht der Notar von der Prüfung der die Fälligkeit begründenden Tatsachen entbunden ist, mit der Annahme des Angebots eine Tatsache zu überprüfen ist. Wurde das Angebot durch den Zahlungsberechtigten abgegeben und hat der Angebotsempfänger lediglich das Angebot angenommen, ohne dass es zu einer wirksamen Vollstreckungsunterwerfung durch ihn kommt, kann eine vollstreckbare Ausfertigung nicht erteilt werden, so dass § 133 nicht anwendbar ist. Obwohl also § 133 grundsätzlich für jede vollstreckbare Ausfertigung einer Urkunde anwendbar ist (vgl. Rn. 4), kann es demnach bei der Aufspaltung eines Vorgangs in Angebot und Annahme, soweit dieselbe vollstreckbare Handlung betroffen ist und sofern keine besonderen Gestaltungen vorliegen, nicht zur mehrmaligen Erhebung der Gebühr nach § 133 kommen.[9]

2. Prüfung einer Rechtsnachfolge (S. 1 Alt. 2 iVm. § 727 ZPO)

11 a) **Unmittelbare Anwendung.** Die Gebühr nach § 133 S. 1 wird für die Erteilung einer vollstreckbaren Ausfertigung erhoben, wenn diese für oder gegen den Rechtsnachfolger des in der Urkunde bezeichneten Gläubigers oder Schuldners erteilt werden soll (§ 727 ZPO). Das gilt auch bei Erteilung der ersten vollstreckbaren Ausfertigung, wenn der Notar die Rechtsnachfolge, zB einen Gläubigerwechsel durch Verschmelzung zu überprüfen hat.[10] Der Tatbestand ist aus § 727 ZPO zu übernehmen. Die Vollstreckungsklausel darf nur erteilt werden, wenn die Rechtsnachfolge offenkundig ist oder durch öffentliche oder öffentlich beglaubigte Urkunden nachgewiesen wird; die Gebühr nach § 133 entfällt nicht in den Fällen, in denen sich die „Prüfung" auf Grund Offenkundigkeit einfach gestaltet.[11]

12 S. 1 Alt. 2 iVm. § 727 ZPO ist u. a. in folgenden Fällen anwendbar:
Erteilung **(Umschreibung)** der vollstreckbaren Ausfertigung **für einen neuen Gläubiger,** so nach Abtretung der Forderung oder der Sicherheit (Grundpfandrechte), nach einem Erbfall für die Rechtsnachfolger des Gläubigers oder für den Bürgen, der den Gläubiger befriedigt hat, auch bei Gesamtrechtsnachfolge auf Grund von Umwandlungen, Verschmelzungen, Fusionen (zB zweier Sparkassen durch Bildung eines Zweckverbandes) etc., auch bei sog. Teilgesamtrechtsnachfolgen bei Veränderungen im Gebietsbestand der Gläubiger (zB Sparkassen, Kommunale Gebietskörperschaften). Wird eine **Eigentümergrundschuld** bestellt und diese – sogleich oder später – an einen Kreditgeber abgetreten, ist für die Erteilung der vollstreckbaren Ausfertigung für den Gläubiger eine Gebühr nach § 133 zu erheben, da der Notar die Rechtsnachfolge der Abtretung zu prüfen hat, und zwar auch dann, wenn die Abtretung von ihm selbst beurkundet oder beglaubigt wurde.[12] Hat der Notar dem neuen Gläubiger lediglich zu bestätigen, dass eine vollstreckbare Ausfertigung bisher nicht erteilt wurde, ist für diese Bestätigung eine $^{5}/_{10}$-Gebühr nach § 147 Abs. 2 zu erheben. Der Geschäftswert hierfür bemisst sich gemäß § 30 Abs. 1; ein Teilwert von 10% des Grundschuldbetrages erscheint angemessen.

13 Erteilung **(Umschreibung)** der vollstreckbaren Ausfertigung **gegen den neuen Grundstückseigentümer** nach einem Eigentümerwechsel oder gegen den **Nachlassverwalter, Zwangsverwalter, Insolvenzverwalter** u. a.[13] Die der Beleihung des Kaufgrundstücks (Kaufpreisfinanzierung) dienenden Grundpfandrechte werden häufig auf Rechnung des Käufers unter Mitwirkung des Verkäufers bestellt, um die Auszahlungsvoraussetzungen noch vor Eigentumsübergang auf den Käufer zu ermöglichen. Zu dem vom Kreditgeber erstrebten Erfolg führt der Weg, Grundschuld und dingliche Zwangsvollstreckungsunterwerfung durch den Verkäufer erklären zu lassen; für die Erteilung der dinglichen Vollstreckungsklausel gegen den Käufer nach grundbuchamtlichem Vollzug des Er-

---

[9] OLG Düsseldorf MittRhNotK 1984, 175 m. Anm. *Grauel; Wolfsteiner* MittRhNotK 1985, 113.
[10] LG Amberg MittBayNot 1995, 246.
[11] OLG München JVBl. 1940, 30.
[12] LG Köln DNotZ 1959 S. 276.
[13] *Stein/Jonas* § 727 ZPO Rn. 25 ff. Anm. III.

werbsvertrages entsteht sodann eine Gebühr nach § 133.[14] Dies gilt unabhängig davon, ob bereits eine vollstreckbare Ausfertigung gegen den Verkäufer erteilt wurde oder nicht, da in jedem Fall die Erteilung der vollstreckbaren Ausfertigung gegen den Käufer von der Prüfung der Rechtsnachfolge abhängt. Die Vollstreckungsunterwerfung nach § 800 Abs. 1 S. 1 ZPO kann zwar nur vom Eigentümer abgegeben werden, er kann sie aber schon abgeben, bevor er das Eigentum am Pfandobjekt erworben hat; erforderlich ist nur, dass der Erklärende zu dem Zeitpunkt, zu dem seine Unterwerfungserklärung wirksam wird (Eintragung im Grundbuch, § 800 Abs. 1 S. 2 ZPO) Eigentümer ist.[15] Haben daher Grundstücksveräußerer und Grundstückserwerber in gemeinsamer notarieller Urkunde dingliche Unterwerfungserklärungen abgegeben, so ist eine Rechtsnachfolge nicht mehr zu prüfen, eine Gebühr nach § 133 fällt bei dieser Gestaltung nicht an.[16]

Wird die Vollstreckungsklausel für oder gegen **mehrere Rechtsnachfolger** in einem Vermerk erteilt, ist nur eine Gebühr zu erheben, ebenso wenn die vollstreckbare Ausfertigung sowohl wegen einer Rechtsnachfolge auf der Gläubiger- wie auf der Schuldnerseite erteilt wird.[17] 14

b) Entsprechende Anwendung kraft Verweisung. § 727 ZPO ist entsprechend anzuwenden, wenn die Vollstreckungsklausel für oder gegen den Nacherben hinsichtlich eines gegenüber dem Vorerben ergangenen Titels (§ 728 ZPO) oder gegen den Übernehmer eines Vermögens oder eines Handelsgeschäftes (§ 729 ZPO), gegen den Nießbraucher an einem Vermögen oder an einer Erbschaft (§ 738 ZPO) erteilt werden soll, auch in den Fällen der §§ 742, 744, 745 ZPO (Änderung des Güterstandes etc.) und § 749 ZPO (Testamentsvollstreckung). 15

c) Keine analoge Anwendung bei Namens- und Firmenänderungen. Wegen § 750 Abs. 1 ZPO müssen die Vollstreckungsbeteiligten in Titel und Klausel namentlich bezeichnet sein. Hat sich der Name oder die Firma eines Vollstreckungsbeteiligten gegenüber der Bezeichnung in Titel oder Klausel ohne Änderung seiner Identität verändert, kann das Vollstreckungsorgan in einfachen Fällen ohne Mitwirkung des Notars vollstrecken, wenn es selbst in der Lage ist, die Identität des Beteiligten festzustellen. Ist das Vollstreckungsorgan mit dieser Prüfung überfordert, ist der Notar in entsprechender Anwendung von § 727 ZPO zuständig. Prüft der Notar die Änderung des Namens oder der Firma, befasst er sich zwar auch mit der Frage, ob sich die Identität des Gläubigers geändert und damit eine Rechtsnachfolge eingetreten ist. Dennoch ist die bloße Namens- oder Firmenberichtigung durch den Notar gebührenfrei. Denn es ist weder eine Tatsache iS des § 726 ZPO zu prüfen noch beruht die bloße Namens- oder Firmenberichtigung auf einer Prüfung der Rechtsnachfolge gemäß § 727 ZPO. Für diese Berichtigung sieht die Kostenordnung einen Gebührentatbestand nicht vor und eine Analogie zulasten des Kostenschuldners scheidet aus.[18] Die Tätigkeit des Notars ist insoweit bereits durch die Gebühr für die Errichtung der Urkunde abgegolten. Daher entstehen auch keine Gebühren nach § 50 Abs. 1 Nr. 1 oder § 147 Abs. 2 (vgl. auch dort Rn. 89). 16

d) Keine analoge Anwendung bei Vollstreckungsunterwerfung durch Vor-GmbH und formwechselnder Umwandlung. Ist bei der Erteilung einer vollstreckbaren Ausfertigung statt der Vorgesellschaft die zwischenzeitlich in das Handelsregister einge- 17

---

[14] BayObLG JurBüro 1975, 643; LG München I MittBayNot 1975, 187; *Schöner* MittBayNot 1975, 154.
[15] BayObLG MittBayNot 1987, 26.
[16] KG DNotZ 1988, 238.
[17] KG DNotZ 1980, 771; *Mümmler* JurBüro 1988, 443.
[18] So auch die hM, BayObLG MittBayNot 1978, 238; JurBüro 1988, 364; KG DNotZ 1979, 436; 1980, 771; JurBüro 1993, 226; OLG Celle WM 1988, 1541; OLG Bremen Rpfleger 1989, 172; SchlHOLG DNotZ 1992, 823 m. abl. Anm. *Wolfsteiner*; OLG Hamm KostRsp. § 133 Nr. 17 OLG Hamm FGPrax 1995, 77; *Rohs/Wedewer* § 133 Rn. 13; *Tiedtke* Rn. 665; *Lappe* NJW 2001, 1254; aA *Reimann* hier bis zur 14. Aufl.; *ders.* MittBayNot 1978, 199; *Hartmut Schmidt* MittBayNot 1988, 151; OLG Düsseldorf JurBüro 1990, 634 – Wert: 10% der Forderung; LG Passau DNotZ 1972, 635 m. zust. Anm. *Reimann*.

tragene GmbH als Schuldner aufzuführen, ist keine Rechtsnachfolge zu prüfen, denn die Rechte und Pflichten gehen unverändert auf die GmbH über, die insoweit mit der Vorgesellschaft identisch ist.[19] Ebenso findet bei der formwechselnden Umwandlung einer Gesellschaft kein Identitätswechsel statt. Der formwechselnde Rechtsträger besteht in der neuen Rechtsform weiter.[20]

3. Weitere vollstreckbare Ausfertigung

18 Die vollstreckbaren Ausfertigungen der notariellen Urkunden, zu deren Erteilung eine Tatsache zu prüfen ist (§ 726 ZPO), sowie für und gegen Rechtsnachfolger usw. (§§ 727 ff. ZPO) erteilt der Notar ohne weiteres; dagegen entscheidet über die Erteilung einer weiteren vollstreckbaren Ausfertigung (§ 733 ZPO) das Amtsgericht (§ 797 ZPO). Stimmt das Amtsgericht der Erteilung zu, so erteilt der Notar die weitere vollstreckbare Ausfertigung. Die Entscheidung des Gerichts ist gebührenfrei, da das GKG hierfür keine Gebühr vorsieht. Die darauf vorzunehmende Erteilung durch den Notar ist gemäß § 133 gebührenpflichtig. Der Wortlaut des § 133, wonach für die „Erteilung einer weiteren vollstreckbaren Ausfertigung" die Gebühr erhoben wird, spricht dafür, dass der Erteilungsakt als solcher, nämlich die Ausfertigung der Urkunde mit der Vollstreckungsklausel und die Übergabe an den Vollstreckungsgläubiger, durch die Gebühr abgegolten werden soll. Diese Auslegung nach dem Wortlaut des § 133 bestätigt sich auch, wenn man den Wortlaut des § 797 Abs. 1 bis 3 ZPO vergleichend heranzieht.[21] Der Notar kann über den vom Wortlaut der Vorschrift vorgegebenen Anwendungsbereich hinaus unter dem Gesichtspunkt der Erteilung einer „weiteren vollstreckbaren Ausfertigung" (nicht iS des § 733 ZPO) eine Gebühr nach § 133 S. 1 verlangen, wenn er bei einer – von Anfang an als solcher bestellten oder später durch Teilung des Pfandobjektes entstandenen – Gesamtgrundschuld eine vollstreckbare Teilausfertigung der ursprünglichen, für vollstreckbar erklärten Grundschuldbestellungsurkunde erteilt.[22]

4. Bestätigte Auseinandersetzung und ähnliche Fälle

19 § 133 S. 2 dehnt die Vorschrift auf die **bestätigte Auseinandersetzung** (§ 98 FGG) und **ähnliche Fälle** aus. Solche sind zB die bestätigte Dispache (§ 158 FGG), der Kostenfestsetzungsbeschluss (vgl. dazu die Erläuterungen zu § 135) und die Bescheinigung des Finanzamts über den Übergang der Rechte aus der Hauszinssteuerabgeltungslast, die wie eine gerichtliche Urkunde iS des § 794 Nr. 5 ZPO zu behandeln ist (§ 11 DVO über die Aufhebung der Gebäudeentschuldungssteuer vom 31. 7. 1942, RGBl. I S. 503).

III. Wert

20 Wert ist derjenige für die Beurkundung im Zeitpunkt der Erteilung (§ 18 Abs. 1). Maßgebend ist bei **Grundpfandrechten** oder bei Vollstreckungsunterwerfungen bezüglich ziffernmäßig bestimmter Summen der Nominalbetrag. Für eine Schätzung nach § 30 Abs. 1 ist kein Raum, auch dann nicht, wenn die Durchsetzung des Anspruchs ungewiss ist. Nur soweit sich der Schuldner bezüglich einer Verpflichtung, bestimmte Mengen vertretbarer Sachen zu liefern, der sofortigen Zwangsvollstreckung unterworfen hat, ist der Wert nach § 30 Abs. 1 zu schätzen. Die mit der Erteilung der Vollstreckungsklausel zu Gunsten des neuen Gläubigers nötige Einschränkung der bisherigen Vollstreckungsklausel auf den nicht abgetretenen Rest des Grundpfandrechtes ist gebührenfreies Nebengeschäft nach § 35 und nicht gesondert zu bewerten.

21 Wird die Klausel nur wegen rückständiger Zinsen oder anderer rückständiger Leistungen erteilt, so ist der Betrag dieser Rückstände maßgebend; erstreckt sie sich auch auf die später

---

[19] BayObLG MittBayNot 1988, 95; aA *Reimann* hier bis zur 14. Aufl.; *Hachenburg* GmbHG § 11 Rn. 9 ff.; *Hartmut Schmidt* MittBayNot 1988, 151.
[20] *Tiedtke* Rn. 665; *Scheel* NotBZ 2000, 292.
[21] OLG Braunschweig Rpfleger 1974, 237 = KostRsp. Nr. 2 m. abl. Anm. *Lappe; Rohs/Wedewer* § 137 Rn. 3 c; *Korintenberg/Wenz/Ackermann/Lappe* bis 6. Aufl.; aA *Lappe* KostRsp. Nr. 2.
[22] BayObLG Rpfleger 1988, 241; aA OLG Hamm Rpfleger 1988, 508.

fällig werdenden Zinsen (ohne den Hauptanspruch), so tritt deren nach § 24 zu berechnender Wert hinzu. Der Wert des Hauptanspruchs kann jedoch nicht überschritten werden (§ 18 Abs. 2).[23]

Auch sonst wird der Wert mehrerer selbständiger Ansprüche, hinsichtlich deren eine Tatsache oder eine Rechtsnachfolge zu prüfen ist, zusammengerechnet. Wenn und insoweit jedoch die Erklärungen iS des § 44 denselben Gegenstand haben, wird ihr Wert nur einmal gerechnet, so zB bei Erteilung der Klausel zu einer Schulderklärung mit Hypothekenbestellung zur Zwangsvollstreckung wegen der persönlichen Forderung und wegen des dinglichen Anspruchs aus der Hypothek. Dies gilt auch, wenn zur Sicherheit der Forderung eine Grundschuld bestellt ist; denn die so bestellte Grundschuld hat mit der Schulderklärung denselben Gegenstand.[24] Der Gläubiger kann ja auch den Betrag nur einmal beitreiben, weil ihm die Grundschuld nur treuhänderisch zur Sicherung der Forderung bestellt ist. Dabei kann es vorkommen, dass der Wert des einen Anspruchs niedriger ist als der des anderen, so zB wenn die Hypothek nur für einen Teil der Forderung oder die Grundschuld nur in Höhe eines Teilbetrages bestellt ist. Wird dann die Klausel nur wegen des Anspruchs aus der Hypothek oder Grundschuld erteilt, oder ist nur bezüglich dieses Anspruchs die Prüfung einer Tatsache oder Rechtsnachfolge erforderlich (zB infolge Eigentümerwechsels), so ist die Gebühr nur nach dem geringeren Wert zu berechnen.

Wird eine weitere vollstreckbare Ausfertigung begehrt, so kommt es auch hier für die Bewertung nicht auf die Umstände des Einzelfalles an: Ist die erste Ausfertigung verlorengegangen, so entspricht das Interesse des Gläubigers ohnehin der vollen Forderung; wird die Klausel für eine parallele Vollstreckung benötigt, so kann sich das Interesse des Gläubigers an dem gleichzeitigen Vorgehen nicht in einem Bruchteil des vollen Wertes erschöpfen; maßgeblich ist auch hier der Nominalbetrag.[25]

Der Wert eines Beschwerdeverfahrens wird in aller Regel dem erstinstanzlichen Wert entsprechen.[26]

IV. Mehrheit von Parteien und Klauseln

Bei einer **Parteienmehrheit** auf Gläubiger- oder Schuldnerseite löst die gemeinsame Rechtsnachfolgeklausel nur eine Gebühr aus; das gilt auch, wenn die Klausel sowohl Gläubiger- als auch Schuldnerseite betrifft.[27]

Werden **mehrere bereits erteilte vollstreckbare Ausfertigungen** mit der gleichen – inhaltlich: derselben – Klausel versehen, so bleibt es ebenfalls bei einer Gebühr.[28]

§ 134 Vollstreckungshandlungen

Für die Vornahme von gerichtlichen Vollstreckungshandlungen in Angelegenheiten der freiwilligen Gerichtsbarkeit werden, soweit nichts anderes bestimmt ist, die für solche Handlungen im Gerichtskostengesetz vorgesehenen Gebühren erhoben.

I. Gericht

Gerichtliche Vollstreckungshandlungen in Angelegenheiten der freiwilligen Gerichtsbarkeit sind
– Maßnahmen im **Ordnungs- und Zwangsgeldverfahren**, zB §§ 33 Abs. 1 und 3, 139 ff. FGG; für sie ist anderes bestimmt in § 119 Abs. 1–5;

---

[23] Vgl. *Ackermann* DNotZ 1937, 630.
[24] KG JFGErg. 17, 84 = JVBl. 1937, 305 = DNotZ 1937, 629.
[25] KG DNotZ 1972, 369 = Rpfleger 1972, 188 = KostRsp. § 131 Nr. 7 m. abl. Anm. *Lappe*; aA 9. Aufl. Rn. 11.
[26] KG aaO.
[27] KG DNotZ 1980, 771 = Rpfleger 1980, 123.
[28] LG Saarbrücken KostRsp. Nr. 7.

§ 134　　　1. Teil. 2. Abschnitt: 7. Ergänzende Gebührenvorschriften

2　– Anordnung der **Zwangshaft** gemäß § 33 Abs. 1 S. 2 FGG; für sie ist anderes bestimmt in § 119 Abs. 6; wegen der Auslagen s. § 137 Abs. 1 Nr. 12;
3　– Maßnahmen gemäß § 33 Abs. 2, 3 FGG, nämlich Androhung und Anordnung von **Gewalt**; für sie ist weder in der KostO noch im GKG eine Gebühr vorgesehen;
4　– **eidesstattliche Versicherung** gemäß § 33 Abs. 2 S. 5, 6 FGG; für eine „solche Handlung" (§ 889 ZPO) wird nach dem GKG eine Gebühr von 30 Euro erhoben (KostVerz. 2113; allerdings für das Verfahren, während nach § 134 „erst" die Vornahme der Vollstreckungshandlung die Gebühr auslöst);
5　– **eidesstattliche Versicherung** gemäß § 83 Abs. 2 FGG; für sie ist anderes bestimmt in § 124;
6　– gerichtliche Entscheidungen an Stelle des Prozessgerichts bei der in manchen Vorschriften (zB §§ 53a Abs. 4, 53g Abs. 3 FGG, § 16 Abs. 3 HausratsVO, § 85 Abs. 3 S. 5 AktG) angeordneten **Zwangsvollstreckung nach der ZPO**; für diese Entscheidungen (§§ 887, 888, 890 ZPO und die übrigen in KostVerz. 2110 genannten) sieht das GKG eine Gebühr von 15 Euro vor (KostVerz. 2110; wegen „Verfahren" und „Vornahme" s. Rn. 3).
7　Soweit das **Vollstreckungsgericht** tätig wird (bei der Vollstreckung nach der ZPO, Rn. 6), gilt ohnehin das GKG; soweit das **Grundbuchamt** Vollstreckungsorgan ist, finden die §§ 60 ff. „aus sich" Anwendung.
8　Werden **Zwangs- und Ordnungsgelder** nach der JBeitrO **eingezogen** (Abs. 1 Nr. 3), so kann zwar das Gericht der freiwilligen Gerichtsbarkeit zu Vollstreckungsmaßnahmen berufen sein (§ 2 Abs. 1 S. 1 JBeitrO), jedoch im Rahmen der Justizverwaltung (vgl. § 31 RPflG), folglich findet hier nicht § 134, sondern § 11 Abs. 1 JBeitrO Anwendung.
9　Das GKG gilt nur für die **Gebühr**, iÜ bleibt es bei der KostO. Die Verfahren (insbesondere Rn. 4) sind Amtsverfahren, **Schuldner** also nach § 2 Nr. 2 und ggf. nach § 3. Die Vollstreckung Rn. 6 erfolgt auf Antrag, Schuldner daher nach § 2 Nr. 1 und ggf. nach § 3 Nr. 4.
10　Für **Beschwerden** gilt § 131.
11　Wegen der Einziehung von Auslagen des **Gerichtsvollziehers** bei Rn. 2–4 s. § 13 Abs. 3 GvKostG.

II. Notare

12　§ 134 gilt nicht (§ 141) für die Vollstreckungshandlungen des Notars als Gläubiger seiner Kostenforderung (§ 155).

III. FG-Reform

13　§ 134 soll wie folgt gefasst werden: „§ 134 Vollstreckung
(1) Für die Anordnung
1. der Vornahme einer vertretbaren Handlung durch einen Dritten und
2. von Zwangs- oder Ordnungsmitteln
wird eine Gebühr in Höhe von 15 Euro erhoben. Mehrere Anordnungen nach Nummer 2 gelten als eine Anordnung, wenn sie dieselbe Verpflichtung betreffen. Dies gilt nicht, wenn Gegenstand der Verpflichtung die wiederholte Vornahme einer Handlung oder eine Unterlassung ist.
(2) Für das Verfahren zur Abnahme der eidesstattlichen Versicherung wird eine Gebühr von 30 Euro erhoben. Die Gebühr entsteht mit der Anordnung des Gerichts, dass der Verpflichtete eine eidesstattliche Versicherung abzugeben hat, oder mit dem Eingang des Antrags des Berechtigten.
(3) Für Vollstreckungshandlungen des Vollstreckungsgerichts werden Kosten nach dem Gerichtskostengesetz erhoben.
(4) Für das Verfahren über den Antrag auf Erteilung einer weiteren vollstreckbaren Ausfertigung (§ 733 der Zivilprozessordnung) wird eine Gebühr von 15 Euro erhoben. Die Gebühr fällt für jede weitere vollstreckbare Ausfertigung gesondert an."

Begründung: Die Gebühren für die Vollstreckung in Angelegenheiten der freiwilligen 14
Gerichtsbarkeit sollen entsprechend der vorgeschlagenen Regelungen in Teil 1 Hauptabschnitt 6 KV FamGKG (Artikel 2) ausgestaltet werden. Auf die Begründung hierzu wird verwiesen. In Absatz 4 (Gebühr für das Verfahren über den Antrag auf Erteilung einer weiteren vollstreckbaren Ausfertigung) ist allerdings eine Satz 2 der Anmerkung zu Nummer 1600 KV FamGKG entsprechende Regelung entbehrlich, weil für Angelegenheiten der freiwilligen Gerichtsbarkeit iÜ kein Mahnverfahren vorgesehen ist.

§ 135 Rechtskraftzeugnisse, Kostenfestsetzung

Für die Erteilung von Rechtskraftzeugnissen und für die gerichtliche Festsetzung der einem Beteiligten zu erstattenden Kosten werden Gebühren nicht erhoben.

§ 135 regelt insbesondere die Geschäfte der §§ 31 und 13a FGG (s. auch § 3 Rn. 8); da 1
ohnehin eine Gebührennorm fehlt, ist er überflüssig.

Für die Auslagen gelten die §§ 136 ff. (Schuldner: §§ 2 ff.), für Beschwerden § 131 2
(s. dort auch Rn. 42, 43 wegen der Erinnerung gegen die Kostenfestsetzung).

Dritter Abschnitt.
Auslagen

Vorbemerkungen zu den §§ 136–139

Der dritte Abschnitt bestimmt die in allen Angelegenheiten des **ersten Teils** zu erhebenden Auslagen. Er findet auch Anwendung, wenn **Separatgesetze** auf die KostO verweisen (Anhang B). Die Regelung ist generell **abschließend,** nur Einzelbestimmungen gehen vor. Selbst in Streitverfahren der freiwilligen Gerichtsbarkeit kann nicht auf das GKG-KostVerz. zurückgegriffen werden.[1] Wegen weiterer Auslagen der **Notare** s. §§ 141, 151a ff. sowie § 1 Rn. 12. 1

Auslagen sind Gebühren iS des öffentlichen Rechts, sie unterscheiden sich von den Gebühren iS der KostO lediglich dadurch, dass sie anders bemessen werden. Soweit die gesetzliche Regelung die Auslagen selbst bestimmt (Beispiel: § 136 Abs. 1 Nr. 1, Abs. 2), ist damit sowohl dem **Gesetzesvorbehalt** für die Gebührenerhebung[2] als auch dem Erfordernis der **Bestimmtheit** des Gebührentatbestands[3] Genüge getan. 2

Hängt hingegen die Höhe der Auslagen von **weiteren Umständen** ab, so lässt sich dies nur bei einer engen Auslegung rechtfertigen: 3

– Die Auslage muss tatsächlich entstanden sein (Beispiel: § 137 Abs. 1 Nr. 1), es sei denn, das Gesetz regelt ausdrücklich die Ausnahme (Beispiel: § 137 Abs. 1 Nr. 14). 4

– Die Auslage muss anderweit bestimmt sein, durch Gesetz (§ 137 Abs. 1 Nr. 5) oder durch andere sichere Kriterien (Beispiel: § 137 Abs. 1 Nr. 6 Buchst. b). 5

– Soweit dies nicht der Fall ist (Beispiel: § 137 Abs. 1 Nr. 11), bedarf es einer besonders sorgfältigen Prüfung der Auslagen nach Notwendigkeit der Entstehung und ihrer Höhe. 6

Angesetzt wird, sofern der Betrag nicht gesetzlich bestimmt ist (wie im Falle des § 136 Abs. 2), der Bruttobetrag, also einschließlich **Umsatzsteuer.**[4] 7

Für sämtliche Auslagen gilt jedenfalls, dass sie voll **im Rechtsweg nachprüfbar** sind.[5] Und da sich Recht nicht erst im Rechtsweg ereignen kann, ist diese Prüfung bereits beim Kostenansatz geboten (s. §§ 14, 16). 8

§ 136* Dokumentenpauschale

(1) ¹Eine Dokumentenpauschale wird erhoben für
1. Ausfertigungen, Ablichtungen oder Ausdrucke, die auf Antrag erteilt, angefertigt oder per Telefax übermittelt werden;
2. Ausfertigungen und Ablichtungen, die angefertigt werden müssen, weil zu den Akten gegebene Urkunden, von denen eine Ablichtung zurückbehalten werden muss, zurückgefordert werden; in diesem Fall wird die bei den Akten zurückbehaltene Ablichtung gebührenfrei beglaubigt.

² § 191a Abs. 1 Satz 2 des Gerichtsverfassungsgesetzes bleibt unberührt.

---

[1] Vgl. OLG Düsseldorf und Hamm Rpfleger 1983, 177; BayObLGZ 1989, 264.
[2] BVerfGE 20, 257, 269.
[3] BVerfGE 19, 253, 267.
[4] JBl. Rhld-Pf. 1976, 106; Justiz – für Baden-Württemberg – 1976, 105.
[5] BVerfG Rpfleger 1970, 161.
* § 136 neu gefasst durch Gesetz vom 10. 12. 2001 (BGBl. I S. 3422), Abs. 2 Satz 1, Abs. 3 geändert durch Gesetz vom 27. 4. 2001 (BGBl. I S. 751) und Gesetz vom 10. 12. 2001 (BGBl. I S. 3422), Abs. 1 Satz 2 eingefügt durch Gesetz vom 23. 7. 2002 (BGBl. I S. 2850), Abs. 1, 3 und 4 Nr. 1 geändert, Nr. 2 neu gefasst, Abs. 5 aufgehoben durch Gesetz vom 5. 5. 2004 (BGBl. I S. 718), geändert durch Gesetz vom 22. 3. 2005 (BGBl. I S. 837).

§ 136

(2) ¹Die Dokumentenpauschale beträgt unabhängig von der Art der Herstellung in derselben Angelegenheit, in gerichtlichen Verfahren in demselben Rechtszug und bei Vormundschaften, Dauerbetreuungen und -pflegschaften in jedem Kalenderjahr für die ersten 50 Seiten 0,50 Euro je Seite und für jede weitere Seite 0,15 Euro. ²Die Höhe der Dokumentenpauschale ist für jeden Kostenschuldner nach § 2 gesondert zu berechnen; Gesamtschuldner gelten als ein Schuldner.

(3) Für die Überlassung von elektronisch gespeicherten Dateien anstelle der in Absatz 1 Nr. 1 genannten Ausfertigungen, Ablichtungen und Ausdrucke beträgt die Dokumentenpauschale je Datei 2,50 Euro.

(4) Frei von der Dokumentenpauschale sind

1. bei Beurkundungen von Verträgen zwei Ausfertigungen, Ablichtungen oder Ausdrucke, bei sonstigen Beurkundungen eine Ausfertigung, eine Ablichtung oder ein Ausdruck;
2. für jeden Beteiligten und seinen bevollmächtigten Vertreter jeweils
    a) eine vollständige Ausfertigung oder Ablichtung oder ein vollständiger Ausdruck jeder gerichtlichen Entscheidung und jedes vor Gericht abgeschlossenen Vergleichs,
    b) eine Ausfertigung ohne Entscheidungsgründe und
    c) eine Ablichtung oder ein Ausdruck jeder Niederschrift über eine Sitzung.

Entsprechend: GKG KostVerz. 9000, § 4 JVKostO, GvKostG KostVerz. 700.

Übersicht

	Rn.		Rn.
I. Dokumentenpauschale	1–8	2. Dateipauschale (Abs. 3)	33
1. Begriff	1–6	3. Zusammentreffen Seiten/Datei	34
2. Anwendungsbereich	7, 8	IV. Auslagenfreiheit (Abs. 4)	35–44
II. Auslagentatbestände (Abs. 1)	9–21	1. Beurkundungen (Nr. 1)	35, 36
1. Antrag (Nr. 1)	9–17	2. Entscheidungen, Niederschriften	
2. Eingereichte Schriftstücke (Nr. 2)	18–21	(Nr. 2)	37–44
III. Auslagenbetrag (Abs. 2, 3)	22–34	V. Schuldner, Prozesskostenhilfe	47, 48
1. Seitenpauschale (Abs. 2)	22–32	VI. Notare	49–56
		VII. FG-Reform	57

I. Dokumentenpauschale

1. Begriff

1 Dokumentenpauschale ist **Oberbegriff** für die Kopierkosten (Abs. 2) und das Dateiüberlassungsentgelt (Abs. 3).

2 Eine **Datenträgerpauschale** nach dem Vorbild des § 4 Abs. 5 JVKostO sieht die KostO nicht vor, das Gesetz geht davon aus, dass die Gerichte keine Ausfertigungen oder Abschriften als Disketten usw. übersenden.

3 Die Dokumentenpauschale gehört begrifflich zu den **öffentlich-rechtlichen Gebühren** (Einf. Rn. 41). Sie wird erhoben bei Erfüllung der in § 136 Abs. 1 gesetzten Tatbestände (Rn. 9 ff.), sofern sich nicht aus Abs. 4 eine Dokumentenpauschalenfreiheit ergibt.

4 Voraussetzungen für den Ansatz ist ein **Kopieraufwand,** denn nur so ergibt sich ein Sinn für die begriffliche Abgrenzung der Auslagen gegenüber den Gebühren. Fehlt jeglicher Aufwand, etwa weil ein vollständiger Text zur Verfügung gestellt wird, so fällt keine Dokumentenpauschale an.[1] Nicht erforderlich ist hingegen, dass „besonders" kopiert wird, die Erteilung vorrätiger Ablichtungen genügt.

5 Im Übrigen ist der gerichtliche Schreib- oder Kopieraufwand durch die Gebühr abgegolten (vgl. § 35) oder wird von der Gebührenfreiheit erfasst (Ausnahme: § 83). Vgl. auch Vor § 136 Rn. 1: keine Auslagen für Kopien, die für andere Beteiligte von Gerichts wegen gefertigt werden, weil der Antragsteller usw. sie **nicht eingereicht** hat. Lediglich die **Be-**

---

[1] KG JFGErg. 18, 195, 196.

Dokumentenpauschale **§ 136**

glaubigungsgebühr deckt den Kopieraufwand nicht, die Dokumentenpauschale wird zusätzlich erhoben (vgl. §§ 51 Abs. 5, 55 Abs. 2, 126 Abs. 3, 152 Abs. 1; allgemeiner Rechtsgedanke). Entsprechendes muss gelten, wo in gleicher Weise das gebührenpflichtige Geschäft eine Kopie voraussetzt, so im Falle des § 133. Ausnahmen sind ausdrücklich geregelt (§§ 73 Abs. 4, 89 Abs. 1).

Spezielle Regelungen gehen, wie immer, vor. Von praktischer Bedeutung sind das gegenüber § 136 die §§ 73, 89 für **Grundbuch und Register**. 6

2. Anwendungsbereich

§ 136 gilt nur in **gerichtlichen Verfahren,** wobei ihre Beendigung keine zeitliche 7 Grenze darstellt. Entscheidend ist vielmehr die Anordnung durch Richter, Rechtspfleger, Urkundsbeamten der Geschäftsstelle. Ordnet hingegen die **Justizverwaltung** an, so findet die JVKostO Anwendung; und zwar auch dann, wenn die Kopien das gerichtliche Verfahren „sprengen", wenn also zB Beteiligte Abschriften in großer Zahl verlangen. Die Information der **Presse** ist Teil der Justizverwaltung, selbst wenn sie durch das Gericht, das das Verfahren führt, erfolgt.

Die Pauschale gilt nicht für den **Datenabruf** aus elektronischen Grundbüchern und 8 Registern, er ist nicht Gerichtsbarkeit, sondern Justizverwaltung (s. insbesondere § 7b JVKostO).

II. Auslagentatbestände (Abs. 1)

1. Antrag (Nr. 1)

Kopien, die nicht von Amts wegen, sondern auf – besonderen – Antrag erteilt werden, 9 kosten die Dokumentenpauschale. Der Antrag bezieht sich entweder auf „Seiten" (Abs. 2) oder auf „Dateien" (Abs. 3), insoweit handelt es sich um einen **Sachantrag,** an den das Gericht gebunden ist.

Ausfertigungen sind sowohl die der §§ 47 ff. BeurkG als auch die des Verfahrensrechts. 10

Ablichtungen sind einfache und beglaubigte Abschriften, Ablichtungen und Ausdrucke, „Kopien jeder Art". 11

Dateien (= geordnete maschinenlesbare Datenmengen) stehen den Ablichtungen gleich („anstelle", Abs. 3). 12

Die Dokumentenpauschale **entsteht** mit der Erteilung, d.h. mit der **Anfertigung** oder 13 **Herausgabe** der Seiten oder Dateikopie an den Antragsteller oder den von ihm benannten Dritten. Bei Übermittlung „per Telefax" erfüllt die ordnungsgemäße Aufgabe den Tatbestand, auf den Empfang kommt es nicht an. Gleiches gilt für die Übermittlung der Datei als E-Mail-Anhang oder Übertragung auf einen Datenträger des Schuldners (für den Schuldner). Sind also keine Kopien vorhanden, so dass sie auf den Antrag hin angefertigt werden müssen, entstehen die Dokumentenpauschale bereits mit dieser Anfertigung (Abschreiben, Ablichten, Kopieren). Dies gilt auch, wenn die Ausfertigungen usw. nicht „erteilt" werden, sondern bei Gericht verbleiben sollen.

Kopien, die antragsgemäß zu **anderen Akten** genommen werden sollen, werden iS von 14 Abs. 1 Nr. 1 „erteilt", die Dokumentenpauschale fällt also auch an, wenn die Exemplare bereits vorhanden sind. Legt das Gericht hingegen von Amts wegen gesonderte Akten an, so lösen die dafür erforderlichen Kopien keine Auslagen aus. Das gilt selbst dann, wenn für mehrere Angelegenheiten nur ein Schriftsatz eingereicht wird.

Der **Gegenstand** der Kopie ist bedeutungslos. Abs. 1 Nr. 1 gilt also sowohl bei Kopien 15 von Urschriften (Originalen) als auch von beglaubigten und unbeglaubigten Ablichtungen. Es muss sich dabei nicht um gerichtliche Schriftstücke oder Texte handeln, auch sonstige Teile der Akten fallen unter die Vorschrift.

Antragsrücknahme vor der Erteilung bzw. Anfertigung ist kostenfrei. Durch die 16 Rückgabe von Kopien oder Dateien entfallen bereits entstandene Auslagen nicht.

Ob für die **Beglaubigung** (oder die Ausfertigung) eine Gebühr zu erheben ist, richtet 17 sich nach den §§ 55, 132.

§ 136

2. Eingereichte Schriftstücke (Nr. 2)

18   Schriftstücke werden vielfältig zu den gerichtlichen Vorgängen eingereicht. Setzt die Rückgabe voraus, dass eine Ablichtung beim Gericht verbleibt, so ist die Herstellung dieser Kopie durch das Gericht auslagenpflichtig (Abs. 1 Nr. 2; der dort verwandte Begriff „Urkunde" ist zu eng). Die **Notwendigkeit** der Kopie kann sich ausdrücklich aus dem Gesetz ergeben (so § 10 Abs. 1 S. 2 GBO), aber auch daraus, dass Anträge usw. Teil der gerichtlichen Akten werden und nicht ersatzlos aus ihnen entfernt werden können.

19   Die Dokumentenpauschale fällt hier mit der **Anfertigung** an. Die **Beglaubigung** ist gebührenfrei (Abs. 1 Nr. 2 Halbs. 2).

20   Wird nicht das Original zurückgefordert, sondern eine **Kopie beantragt,** so ist die Beglaubigung nach § 132 gebührenpflichtig. In aller Regel ist deshalb in solchen Fällen das Original zurückzugeben und eine Kopie zurückzubehalten, weil dies für den Beteiligten günstiger ist (gebührenfreie Beglaubigung; bei Verstoß: § 16).

21   **Dateien** fallen dem – zu engen – Gesetzeswortlaut nach nicht unter Abs. 1 Nr. 2 („Überlassung", Abs. 3), doch ist die Dateipauschale zu anzusetzen, wenn der Tatbestand iÜ erfüllt ist, etwa bei elektronischer Aktenführung.

III. Auslagenbetrag (Abs. 2, 3)

1. Seitenpauschale (Abs. 2)

22   Die Höhe der Pauschale wird durch die **„optische Seite"** bestimmt (Abs. 2 S. 1), ihre Größe, ihr Inhalt und die tatsächlichen Herstellungskosten sind ohne Bedeutung. Auch die **angefangene** Seite ist „eine Seite" iS von Abs. 2; nicht aber die Seite, die nur den Ausfertigungs- oder Beglaubigungsvermerk enthält.

23   Die **„ersten 50 Seiten"** kosten je 0,50 Euro, die weiteren Seiten je 0,15 Euro (Abs. 2 S. 1). Da Schreibauslagen vor allem „Antragsschreibauslagen" sind: für auf besonderen Antrag erteilte Kopien erhoben werden (Abs. 1 Nr. 1, 2), zudem für jeden Antragsteller eine gesonderte Berechnung erfolgt (Abs. 2 S. 2 Halbs. 1), schuldet jeder Antragsteller (§ 2 Nr. 1) für die ersten 50 Seiten „seiner" Kopien je 0,50 Euro und für die weiteren je 0,15 Euro.

24   Bei vom selben Antragsteller **später beantragten Kopien** im selben Rechtszug des gerichtlichen Verfahrens oder im selben Kalenderjahr der Vormundschaft oder Dauerpflegschaft (vgl. § 92) wird einheitlich gerechnet: Waren in ihm bereits 50 Seiten und mehr erteilt, kosten die weiteren Kopien nur noch je 0,15 Euro, ansonsten sind zunächst die „ersten 50 Seiten" aufzufüllen. Werden die späteren Kopien hingegen in einem neuen Rechtszug gefordert, fängt die Berechnung wieder bei 0,50 Euro je Seite an.

25   Sind die Antragsteller allerdings **Gesamtschuldner:** beantragt also „die Erbengemeinschaft" eine(!) Abschrift, so wird sie als ein Schuldner behandelt (Abs. 2 S. 2 Halbs. 2). Eine gewillkürte Gesamtschuldnerschaft zufolge eines gemeinsamen Antrags Beteiligter auf Abschriften genügt.[2] Zusätzliche Anträge eines der Miterben führen jedoch zu einer gesonderten Berechnung für ihn, die wiederum mit 0,50 Euro je Seite beginnt. Allerdings sollte man ihm seinen Gesamtschuldneranteil – entsprechend § 426 Abs. 1 S. 1 BGB – gutbringen.[3]

26   In Angelegenheiten der freiwilligen Gerichtsbarkeit gibt es grundsätzlich keine Gegenstandshäufung, keine Beteiligtenhäufung, so dass von getrennten **Angelegenheiten** auszugehen ist, selbst wenn sie in derselben Akte und unter demselben Aktenzeichen geführt werden, selbst wenn – und gerade weil – sie zufolge ausdrücklicher Regelung nur eine Gebühr auslösen. So stellt die Regelung der elterlichen Sorge (§ 94 Abs. 1 Nr. 4, Abs. 2 S. 2) gesonderte Angelegenheiten für jedes Kind dar, mithin verschiedene Angelegenheiten iS des Abs. 3 S. 1. Gleiches gilt zB für die einzelnen von § 115 begünstigten Angelegenhei-

---

[2] BGHR 2007, 43 = KostRsp. Nr. 27 m. Anm. *Lappe* = MDR 2007, 365; vgl. *Lappe* NJW 1997, 1537, 1541.
[3] *Reimann* DNotZ 1987, 131, 135.

ten. Bei der Erteilung von Abschriften mehrerer Grundbuchblätter handelt es sich ebenfalls um mehrere Angelegenheiten.[4]

Der zeitliche Umfang des **Rechtszugs** ist kostenrechtlich zu bestimmen, wobei § 19 RVG als Auslegungshilfe dienen kann. Die erste Erteilung einer vollstreckbaren Ausfertigung gehört also noch zum Rechtszug, die spätere Erteilung einer Rechtsnachfolgeklausel stellt eine neue Angelegenheit dar (vgl. § 19 Abs. 1 Nr. 12 RVG). 27

Die **Beschwerde**, sei es in der Hauptsache, sei es gegen eine Zwischen- oder Folgeentscheidung – etwa den Kostenfestsetzungsbeschluss –, eröffnet einen neuen Rechtszug. Wird die Sache vom Rechtsmittelgericht **zurückverwiesen**, stellt das weitere Verfahren vor dem Erstgericht einen neuen Rechtszug dar (gerade deshalb bestimmt § 37 GKG ausdrücklich eine einheitliche Gebührenberechnung). 28

Auf den **Gegenstand der Kopien** kommt es nicht an. So rechnet die Erteilung von Kopien der erstinstanzlichen Entscheidung zum ersten Rechtszug, wenn das Erstgericht sie erteilt; hingegen zum Beschwerdeverfahren, wenn das Beschwerdegericht dies tut. 29

Übernimmt ein anderer Beteiligter die Dokumentenpauschale (§ 3 Nr. 2), ändert sich an der Höhe nichts,[5] berechnet wird allein nach den Schuldnern des § 2 (Abs. 2 S. 2 Halbs. 1). Ist der Übernehmer allerdings selbst antragsberechtigt und wäre die Berechnung ihm gegenüber günstiger, kann eine entsprechende Belehrung geboten sein. 30

Soweit die Kopien ausnahmsweise **ohne Antrag** anfallen – etwa nach Separatgesetzen –, wird ebenfalls nach den vorstehenden Grundsätzen berechnet, jedoch treten an die Stelle derjenigen, die die Abschriften beantragen, die allgemeinen Schuldner der Kosten nach § 2 Nr. 1 oder 2 iVm. § 5. Bei dieser Berechnung bleibt es auch, wenn die Auslagen einem Schuldner nach § 3 oder § 6 in Rechnung gestellt werden. 31

Fehlt ein Schuldner nach § 2, gibt es also beispielsweise nur einen **Entscheidungsschuldner**, wird allein nach Abs. 2 S. 1 berechnet. 32

2. Dateipauschale (Abs. 3)

„Datei" ist die gebräuchliche PC-Einheit, auf den **Umfang** kommt es nicht an. Eine Teilung ohne sachliche Veranlassung allein der Pauschale wegen ist unrichtige Sachbehandlung (§ 16). Hingegen können technische Gründe sie rechtfertigen; etwa die Erschöpfung des Arbeitsspeichers des gerichtlichen Übertragungs-PC durch den Umfang eines Dokuments oder des Speichergröße der Diskette (s. auch Rn. 56). 33

3. Zusammentreffen Seiten/Datei

Werden Kopien teils als Seiten (Abs. 2), teils als Datei erteilt, so ist gesondert zu berechnen. Insbesondere beginnen nach einer Datei die Seiten also mit 0,50 Euro (selbst wenn die Datei 50 Seiten wiedergibt). 34

IV. Auslagenfreiheit (Abs. 4)

1. Beurkundungen (Nr. 1)

Bei Beurkundungen – gemeint sind **Niederschriften** (§§ 8 ff., 37 BeurkG), **Vermerke** (§ 39 BeurkG) gehören nicht hierher – werden Kopien grundsätzlich nur auf Antrag erteilt (vgl. § 51 BeurkG), sie sind also nach Abs. 1 Nr. 1 auslagenpflichtig. Nr. 1 versucht dies dahin einzuschränken, dass wenigstens das erste Exemplar, das ja jeder Beteiligte zu beantragen pflegt, durch die Gebühr abgegolten wird (Konkretisierung des § 35). Er lässt jedoch außer Acht, dass es durchaus **Verträge** gibt, bei denen nur die Erklärung eines Vertragsteils beurkundet wird, und vor allem Verträge mit mehr als zwei Beteiligten (Gesellschaftsverträge!). Die naheliegende erweiternde Auslegung in Anlehnung an Abs. 4 Nr. 2 könnte bei Gebührennotaren zu unvertretbaren Ergebnissen führen. Der „Gesellschaftsvertrag" einer Person (§§ 1, 2 Abs. 1 GmbHG, § 2 AktG) ist eine einseitige Erklärung, kein Vertrag (s. § 36). 35

---

[4] BayObLGZ 1988, 80 = JurBüro 1988, 1050; aA OLG Düsseldorf Rpfleger 1988, 183 = KostRsp. Nr. 18 m. abl. Anm. *Lappe.*
[5] So auch die Begründung des Bundesrats, BT-Drucks. 10/5113 S. 49.

36   Soweit **von Amts wegen** Ausfertigungen zu erteilen sind (§ 53 BeurkG: für das Grundbuchamt oder das Registergericht), sind diese mangels eines Auslagentatbestands auslagenfrei; s. aber Rn. 51.

2. Entscheidungen, Niederschriften (Nr. 2)

37   Gerichtliche Entscheidungen werden von Amts wegen bekannt gemacht (vgl. § 16 FGG). Die dafür benötigten Ausfertigungen sind mangels einer Auslagenvorschrift auslagenfrei. Das gilt auch für die Bekanntmachung von **Grundbucheintragungen** (§ 55 GBO) und **Registereintragungen** (§§ 130 Abs. 2, 147, 159, 160b, 161 FGG). Im Übrigen handelt es sich hierbei auch um gerichtliche Entscheidungen iS des Abs. 4 Nr. 2 Buchst. a,[6] der Begriff ist weit auszulegen. **Prozessleitende Verfügungen** u. Ä. werden allerdings nicht dazu gerechnet.[7] Abs. 4 Nr. 2 erweitert nun diese Auslagenfreiheit:

38   – Wird die Entscheidung verkündet und die **schriftliche Fassung** nur auf Antrag mitgeteilt (vgl. § 16 Abs. 3 FGG), so ist sie auslagenfrei; das gilt auch für einen **Vergleich** (Buchst. a).

39   – Immer sind ein **vollständiges** und ein **abgekürztes** Exemplar der Entscheidung auslagenfrei, selbst wenn beide zufolge Verkündung auf Antrag erteilt werden (Buchst. a, b).

40   – Auslagenfrei ist ferner eine Abschrift jeder Niederschrift über eine **Sitzung** (Buchst. c). Der Begriff „Sitzung" ist durch das Verfahrensrecht nicht vorgegeben. Entsprechend dem Zweck der Norm sind hierunter alle dem Verfahrensrecht entsprechenden Erörterungen des Gerichts mit Beteiligten oder Dritten (Zeugen, Sachverständigen, förmliche oder formlose Beweisaufnahme) zu verstehen. „**Niederschrift**" ist sowohl das förmliche Protokoll als auch der formlose Vermerk des Richters (Rechtspflegers) über die Erörterung, ebenso die elektronische Dokumentation.

41   – Bei Vertretung durch einen **Bevollmächtigten** ist ein weiteres vollständiges Exemplar der Entscheidung oder des Vergleichs (Rn. 38) sowie der Niederschrift (Rn. 40) auslagenfrei. Diese Voraussetzung ist erfüllt, wenn ein Bevollmächtigter (gleich, ob Rechtsanwalt, Notar oder sonstige Person) tatsächlich vertritt; nicht schon, wenn er vertreten könnte (wie der Notar gemäß § 129 FGG, § 15 GBO, § 24 Abs. 3 BNotO).[8]

42   Bei Vertretung durch **mehrere Bevollmächtigte** ist nur ein Exemplar frei, hingegen gibt es nach der Neufassung durch das KostRÄndG 1994 bei Vertretung **mehrerer Beteiligter** durch einen Bevollmächtigten ein freies Exemplar je Beteiligten (Rn. 43).

43   Die auslagenfreien Exemplare stehen „jedem Beteiligten" zu. Wer **Beteiligter** ist, folgt aus dem Verfahrensrecht; materielle Beteiligung genügt nicht, es bedarf der formellen Beteiligung am Verfahren.[9] Der einzelne Beteiligte ist in Abs. 4 Nr. 2 gemeint.[10] Dies muss entsprechend dem Zivil- und Verwaltungsprozess[11] auch in Streitverfahren gelten. Eine **Mehrheit von Personen** ist nur ausnahmsweise als Mehrheit Beteiligter (zB eine OHG, § 124 HGB; rechtsfähige BGB-Gesellschaft), bei Gesamtberechtigten oder -verpflichteten erhält mithin grundsätzlich jeder Beteiligte ein freies Exemplar.

44   Beurkundungen (Rn. 35) und Sitzungsniederschriften (Rn. 40) enthalten vielfach **Anlagen**. Diese sind nur Teil der Niederschrift, soweit sie die Niederschrift ersetzen (vgl. §§ 9 Abs. 1 S. 2, 37 Abs. 1 S. 2 BeurkG, § 160 Abs. 5 ZPO). Allein in diesem Umfang sind die Anlagen nach Abs. 4 auslagenfrei, und lediglich in diesem Umfang sind sie auf Antrag ohne weiteres mitzuerteilen mit der Folge, dass die Dokumentenpauschale nach Abs. 1 Nr. 1 anfällt.[12]

(Rn. 45, 46 nicht belegt)

---

[6] OLG Zweibrücken Rpfleger 1967, 92; OLG Schleswig DNotZ 1968, 258 = NJW 1967, 2366; OLG Celle JurBüro 1969, 160 = Nds.Rpfl. 1968, 283.
[7] OVG Münster Rpfleger 1981, 125.
[8] Vgl. auch BGH Rpfleger 1975, 350.
[9] BayObLGZ 1993, 219 für Wohnungseigentümer, wenn der Verwalter das Verfahren „führt".
[10] KG Rpfleger 1970, 447; aA BGH MDR 1964, 406 = Rpfleger 1964, 110.
[11] Vgl. *Lappe* GKG KostVerz. Nr. 1900 Anm.
[12] Vgl. LG Berlin Rpfleger 1974, 238.

V. Schuldner, Prozesskostenhilfe

Schuldner ist im Falle des Abs. 1 Nr. 1 der Antragsteller (§ 2 Nr. 1), im Falle des Abs. 1 Nr. 2 der Zurückfordernde (§ 2 Nr. 1). 47

Prozesskostenhilfe befreit nur von der Dokumentenpauschale, die das begünstigte Verfahren unmittelbar auslöst.[13] 48

VI. Notare

§ 136 gilt auch für Notare (§ 141), ohne – vom Gegenstand her – Abs. 4 Nr. 2. Der Begriff „Ablichtung" ist an Hand von § 39 BeurkG auszulegen: „Abschriften, Abdrucke, Ablichtungen und dergleichen". 49

Abs. 1 Nr. 2 gilt sowohl, wenn der Notar zu seinen Vorgängen Abschriften von **Vollmachten** und **Vertretungsnachweisen** nimmt (§ 12 BeurkG), als auch dann, wenn er selbst die vom Gericht nach Abs. 1 Nr. 2 zu fertigenden Abschriften herstellt und mit einreicht. 50

S. auch § 152 Abs. 1. Aus ihm folgt, dass Rn. 36 – Ausfertigung für die **Einreichung zum Grundbuchamt und Registergericht** – für Notare nicht gilt. 51

Die Auslagen des Notars sind Antragsauslagen, so dass für jeden Beteiligten die ersten 50 Seiten mit je 0,50 Euro und die weiteren mit je 0,15 Euro zu berechnen sind. Die auslagenfreien Exemplare (Abs. 4) bleiben bei der Berechnung außer Betracht, bei **Verträgen** beginnt also das dritte Exemplar mit 0,50 Euro je Seite. 52

„Dieselbe **Angelegenheit**" des Notars ist die Summe zusammenhängender Geschäfte, vergleichbar dem Rechtszug eines gerichtlichen Verfahrens und insbesondere der Angelegenheit des RVG (vgl. VV 7000 Anm.), die vor allem durch die §§ 15 und 19 geprägt wird. So bilden beispielsweise die Beurkundung des Vertrags, der Entwurf der Unterschriftsbeglaubigung der Zustimmungserklärung, Vollzugs- und Erfüllungsgeschäfte dazu dieselbe Angelegenheit (vgl. § 24 Abs. 2 S. 1 BNotO). Dass gesonderte Folgegebühren berechnet werden, etwa nach § 147, begründet noch keine besonderen Erfüllungs-Angelegenheiten, wenn es sich um dieselbe Urkunde (§ 44 Abs. 2) handelt. S. auch die Erläuterungen zu § 152. „**Daueraufträge**" (Beifügung einer Vollmacht zu jeder Löschungsbewilligung) sind wie Vormundschaften und Dauerpflegschaften (Abs. 2 S. 1) zu behandeln.[14] 53

Übernimmt ein Beteiligter die Kosten, so bleibt es bei der Berechnung nach § 2 (Rn. 30). Könnte er alleiniger Antragsteller – wenn auch zugunsten der übrigen Beteiligten – sein, so wird man unrichtige Sachbehandlung (§ 16) anzunehmen haben, wenn der Notar gleichwohl Anträge der einzelnen Beteiligten und zusätzlich eine Übernahmeerklärung entgegennimmt. 54

Auch hier ist die Erteilung von Ausfertigungen (**vollstreckbarer Ausfertigungen**) im Anschluss an die Beurkundung noch Teil der Angelegenheit; nicht jedoch die spätere Erteilung (vgl. Rn. 27). 55

Bei der **elektronischen Handelsregisteranmeldung** (und gleichen Vorgängen) gilt[15] für die beglaubigte Abschrift durch Scannen Abs. 2., für die Übermittlung gespeicherter Dateien Abs. 3 (ohne Signaturdatei), bei Entwürfen des Notars § 132; dazu ggf. die Gebühr des § 55 Abs. 1 (s. dort). 56

VII. FG-Reform

In § 136 Abs. 2 S. 1 sollen die Vormundschaften zufolge ihrer Verlagerung ins FamGKG gestrichen werden. 56

---

[13] BGH KostRsp. GKG § 91 aF Nr. 13; OLG Bremen Nr. 6.
[14] *Lappe* KostRsp. Nr. 20 Anm.; auf „die Idee" ist das OLG Stuttgart JurBüro 1989, 1712 nicht gekommen.
[15] *Jeep/Wiedemann* NJW 2007, 2439, 2446.

§ 137* Sonstige Auslagen

(1) Als Auslagen werden ferner erhoben
1. Entgelte für Telegramme;
2. für jede Zustellung mit Zustellungsurkunde, Einschreiben gegen Rückschein oder durch Justizbedienstete nach § 168 Abs. 1 der Zivilprozessordnung pauschal ein Betrag von 3,50 Euro;
3. für die Versendung von Akten auf Antrag je Sendung einschließlich der Rücksendung durch Gerichte pauschal ein Betrag von 12 Euro;
4. Auslagen für öffentliche Bekanntmachungen
    a) bei Veröffentlichung in einem elektronischen Informations- und Kommunikationssystem, wenn ein Entgelt nicht zu zahlen ist oder das Entgelt nicht für den Einzelfall berechnet wird, je Veröffentlichung pauschal 1 Euro,
    b) in sonstigen Fällen die zu zahlenden Entgelte;
5. nach dem Justizvergütungs- und -entschädigungsgesetz zu zahlende Beträge mit Ausnahme der an ehrenamtliche Richter (§ 1 Abs. 1 Satz 1 Nr. 2 des Justizvergütungs- und -entschädigungsgesetzes), Gebärdensprachdolmetscher und an Übersetzer, die zur Erfüllung der Rechte blinder oder sehbehinderter Personen herangezogen werden (§ 191a Abs. 1 des Gerichtsverfassungsgesetzes), zu zahlenden Beträge, und zwar auch dann, wenn aus Gründen der Gegenseitigkeit, der Verwaltungsvereinfachung oder aus vergleichbaren Gründen keine Zahlungen zu leisten sind; ist aufgrund des § 1 Abs. 2 Satz 2 des Justizvergütungs- und -entschädigungsgesetzes keine Vergütung zu zahlen, ist der Betrag zu erheben, der ohne diese Vorschrift zu zahlen wäre;
6. bei Geschäften außerhalb der Gerichtsstelle
    a) die den Gerichtspersonen aufgrund gesetzlicher Vorschriften gewährte Vergütung (Reisekosten, Auslagenersatz),
    b) die Auslagen für die Bereitstellung von Räumen,
    c) für den Einsatz von Dienstkraftfahrzeugen für jeden gefahrenen Kilometer 0,30 Euro;
7. an Rechtsanwälte zu zahlende Beträge mit Ausnahme der nach § 59 des Rechtsanwaltsvergütungsgesetzes auf die Staatskasse übergegangenen Ansprüche;
8. Rechnungsgebühren (§ 139);
9. Auslagen für die Beförderung von Personen;
10. Beträge, die mittellosen Personen für die Reise zum Ort einer Verhandlung, Vernehmung oder Untersuchung und für die Rückreise gezahlt werden, bis zur Höhe der nach dem Justizvergütungs- und -entschädigungsgesetz an Zeugen zu zahlenden Beträge;
11. an Dritte zu zahlende Beträge für
    a) die Beförderung von Tieren und Sachen mit Ausnahme der für Postdienstleistungen zu zahlenden Entgelte, die Verwahrung von Tieren und Sachen sowie die Fütterung von Tieren,
    b) die Durchsuchung oder Untersuchung von Räumen und Sachen einschließlich der die Durchsuchung oder Untersuchung vorbereitenden Maßnahmen;
12. Kosten einer Zwangshaft in Höhe des Haftkostenbeitrags nach § 50 Abs. 2 und 3 des Strafvollzugsgesetzes, Kosten einer sonstigen Haft nur dann, wenn sie nach § 50 Abs. 1 des Strafvollzugsgesetzes zu erheben wären;
13. nach dem Auslandskostengesetz gezahlte Beträge;

---

* § 137 neu gefasst durch Gesetz vom 5. 5. 2004 (BGBl. I S. 718), Abs. 1 Nr. 2 neu gefasst, Nr. 3 aufgehoben, bisherige Nr. 4–17 werden Nr. 3–16, neue Nr. 3 geändert durch Gesetz vom 22. 12. 2006 (BGBl. I S. 3416).

Sonstige Auslagen **§ 137**

14. Beträge, die inländischen Behörden, öffentlichen Einrichtungen oder Bediensteten als Ersatz für Auslagen der in den Nummern 1 bis 13[1] bezeichneten Art zustehen, und zwar auch dann, wenn aus Gründen der Gegenseitigkeit, der Verwaltungsvereinfachung oder aus vergleichbaren Gründen keine Zahlungen zu leisten sind; diese Beträge sind durch die Höchstsätze für die bezeichneten Auslagen begrenzt;
15. Beträge, die ausländischen Behörden, Einrichtungen oder Personen im Ausland zustehen, sowie Kosten des Rechtshilfeverkehrs mit dem Ausland, und zwar auch dann, wenn aus Gründen der Gegenseitigkeit, der Verwaltungsvereinfachung oder aus vergleichbaren Gründen keine Zahlungen zu leisten sind;
16. an Verfahrenspfleger gezahlte Beträge.

(2) Sind Auslagen durch verschiedene Geschäfte veranlasst, werden sie auf die mehreren Geschäfte angemessen verteilt.

Entsprechend: GKG KostVerz. 9001ff., § 5 JVKostO, § 35 GvKostG.

Übersicht

	Rn.		Rn.
I. Auslagen des § 137 (Abs. 1)	1–54	11. Tiere, Sachen, Räume	39–43
1. Telegramme	1, 2	12. Haft	44–47
2. Zustellung	3–11	13. Auslandskostengesetz	48
3. Aktenversendung	12–14	14. Inländische Behörden	49–51
4. Öffentliche Bekanntmachung	15–18	15. Ausländische Behörden	52, 53
5. Zeugen und Sachverständige	19–24	16. Verfahrenspfleger	54
6. Auswärtsgeschäfte	25–30	II. Mehrere Geschäfte (Abs. 2)	55, 56
7. Rechtsanwälte	31	III. Kostenansatz, Schuldner	57, 58
8. Rechnungsgebühren	32	IV. Notare	59–65
9. Personenbeförderung	33–35		
10. Mittellose	36–38		

I. Auslagen des § 137 (Abs. 1)

1. Telegramme

Die Post (Telekom) und andere „private Anbieter" erheben für Telegramme **privatrechtliche Leistungsentgelte**. Das **Entstehen** der Auslage wird durch die **Rechnung** des Dienstleisters bewiesen. Ergibt es sich daraus nicht, etwa wegen des Datenschutzes oder fehlender Aufgliederung des Gesamtbetrags, sind die Leistungsdaten bei Aufgabe des Telegramms in den Akten zu vermerken, so dass mit Hilfe der **Entgelt-Verzeichnisse** der Dienstleister die Höhe festgestellt und im Rechtsmittelzug überprüft werden kann. **1**

Die gerichtliche Maßnahme, die das Entgelt ausgelöst hat, muss **sachgerecht** sein, damit es als Auslage angesetzt werden kann. Dies ist im Rechtszug überprüfbar (§ 14). Zur Sachgerechtigkeit, Zweckmäßigkeit gehört auch ein **Vergleich** des angesetzten Entgelts mit dem anderer Anbieter, vor allem aber mit dem auslagenfreien Telefondienst. **2**

2. Zustellung

Die Zustellung erfolgt (§ 16 Abs. 2 S. 1 Halbs. 1 FGG, §§ 166 ff. ZPO) **durch die Post** (Deutsche Post AG oder einen anderen beliebenen Unternehmer) über einen Postzustellungsauftrag (§ 168 Abs. 1), einen **Justizbediensteten** (§ 168 Abs. 1), den **Gerichtsvollzieher** oder eine andere Behörde (§ 168 Abs. 2), Aushändigung an der Amtsstelle (§ 173; auch § 16 Abs. 3 FGG), gegen Empfangsbekenntnis (§ 174), durch **Einschreiben** mit Rückschein (§§ 175, 183 Abs. 1 Nr. 1; Übergabe-Einschreiben, nicht Einwurf-Einschreiben),[2] über ein Ersuchen des Vorsitzenden im **Ausland** (§ 183 Abs. 1 Nr. 2, 3), durch **Aufgabe zur Post** (§ 184 Abs. 1 S. 2, Abs. 2), **öffentliche Bekanntmachung** (§ 185). **Auslagenpflichtig** sind die Zustellung durch die Post (Nr. 2), Einschreiben mit Rückschein **3**

---

[1] Bei der Umnummerierung durch Gesetz vom 22. 12. 2006 nicht angepasst; jetzt richtig Nr. 12 (Redaktionsversehen)?
[2] BVerwG NJW 2001, 458; *Dübbers* NJW 1997, 2503.

(Nr. 2), Justizbedienstete (Nr. 2), öffentliche Bekanntmachung (Nr. 4), den Gerichtsvollzieher oder eine andere Behörde (Nr. 14) sowie die Zustellung im Ausland (Nr. 13, 15).

4   Angesetzt wird ohne Rücksicht auf die tatsächlichen Entgelte der Betrag der Nr. 2, zur **Vereinfachung** – so die Gesetzesbegründung –, aber wohl auch der **Gleichbehandlung**.

5   Die **Beglaubigung** der bei der Zustellung zu übergebenden Abschriften (§ 169 Abs. 2 ZPO) löst keine zusätzliche Gebühr aus.

6   Auch das durch eine „**erfolglose Zustellung**": einen Zustellversuch, entstandene Entgelt fällt unter Nr. 2.[3] Ist die Erfolglosigkeit, auch ihre Unwirksamkeit durch das Gericht oder die Post usw.[4] verursacht, ist nach § 16 (unrichtige Sachbehandlung) zu verfahren.

7   Die **Sachgerechtigkeit** der Zustellung ist beim Kostenansatz zu prüfen (vgl. Rn. 2). Bedarf es nach dem Gesetz ihrer nicht (vgl. § 16 FGG) und ist sie auch nicht durch besonderen Umstände des Falls geboten, bleibt die Auslage außer Ansatz.

8   **Einschreiben mit Rückschein** ist nur Auslagentatbestand, wenn es sich um eine Zustellung handelt, die gebotene „sichere Versendung" einer Urkunde genügt nicht mehr.

9   Wegen der Nichterhebung der Zustellkosten bei **Güterstandserklärungen** von Vertriebenen und Flüchtlingen s. § 4 Abs. 2 S. 2 des Güterstandsgesetzes vom 4. 8. 1969 (BGBl. I S. 1067, Schönfelder Nr. 45a; Anhang B → Güterstand), von Bürgern der ehemaligen DDR s. Art. 234 § 4 Abs. 3 S. 4 EGBGB.

10 Wird durch Justizbedienstete **zugestellt** (§ 16 Abs. 2 S. 1 Halbs. 1 FGG, § 168 Abs. 1 ZPO; nicht Abs. 2!), wird der Festbetrag der Nr. 2 erhoben.

11 Dass die Zustellung außerhalb des **Gerichtsgebäudes** erfolgt, ist nicht Voraussetzung (§ 177 ZPO). Es gilt jedoch das Rn. 2 Ausgeführte, hier auch im Hinblick auf die Möglichkeit, die Verfügung dem Anwesenden zu Protokoll bekannt zu machen (§ 16 Abs. 3 FGG).

3. Aktenversendung

12 Die Regelung ergänzt § 5 Abs. 3 JVKostO und soll eine Prüfung, ob es sich um eine Maßnahme der Justizverwaltung oder der Gerichtsbarkeit handelt, erübrigen. Sie zielt auf die antragsgemäße Versendung der Akten zur **Einsicht** unmittelbar an einen Rechtsanwalt (Notar) oder an ein Gericht zur Vorlage an einen Beteiligten.[5]

13 Die Erhebung der Auslage setzt eine „Versendung" der Akten voraus, also ihre **entgeltliche** Beförderung durch die Deutsche Post AG oder einen privaten Dienst; die „Mitnahme" der Akten durch einen regelmäßig die Gerichte abfahrenden „Aktenwagen" genügt nicht. Sie gilt die **Rücksendung** durch ein Gericht ab, nicht also durch einen Rechtsanwalt, Notar oder sonstigen Dritten, sie bezahlen diese selbst, ohne einen Erstattungsanspruch gegen die Staatskasse.

14 Der weiter vorausgesetzte **Antrag** muss erforderlich sein, er ist mithin belanglos, wenn die Akten auch ohne ihn zu versenden sind, etwa an das Rechtsmittelgericht. Er kann in aller Regel nicht „unterstellt" werden, etwa wenn das Gericht die Akten zur Gewährung rechtlichen Gehörs oder zur Aufnahme von Erklärungen von Amts wegen versendet.

4. Öffentliche Bekanntmachung

15 Öffentliche Bekanntmachung erfolgt zum Zwecke der **Zustellung** (§ 16 Abs. 2 FGG, §§ 185 ff. ZPO) oder zu ähnlichen Zwecken (§ 141 Abs. 2 FGG, §§ 20, 24 VerschG usw.), ferner zur Bewirkung von **Publizität** (§§ 10, 15 HGB usw.). Bekanntmachungskosten fallen in erster Linie durch die Veröffentlichung im Bundesanzeiger, in Amtsblättern (§ 66 Abs. 1 BGB) und Tageszeitungen an; sie sind nach Nr. 5 zu erheben (mit Ausnahme der Post-pp.-Entgelte, vgl. Nr. 1 und 2 mit Erläuterungen). Nr. 4 Buchst. a zielt auf „justizbzw. landeseigene Internetseiten" sowie „kommerzielle Anbieter",[6] Buchst. b auf die konventionelle Bekanntmachung in Bundesanzeiger und Tageszeitungen.

---

[3] KG NJW 1969, 1444 = Rpfleger 1969, 316.
[4] Vgl. *Lappe* GKG § 8 Anm. 5.
[5] Begründung des Regierungsentwurfs, BR-Drucks. 796/93 S. 227, 236.
[6] Begründung des Regierungsentwurfs, BT-Drucks. 15/1971 S. 177.

Unterbleibt die Veröffentlichung zufolge **Antragsrücknahme,** so werden die bereits 16
entstandenen Kosten als Auslage erhoben (entsprechend § 58 Abs. 2, § 136 Rn. 13, 16).

Auch **sonstige** Bekanntmachungskosten fallen unter Nr. 4 Buchst. b, zB gemäß Art. 34 17
Abs. 1 Nds. FGG („Die Terminsbestimmung soll in geeigneter Weise öffentlich bekannt
gemacht werden").

Beim Kostenansatz ist insbesondere der **Umfang** der Veröffentlichung zu prüfen (§§ 14, 18
16). Überflüssiger Text bleibt unberücksichtigt. Dies gilt auch, wenn – wie beim Handelsregister – der Umfang der Veröffentlichung durch die Eintragung bestimmt wird (§ 10 Abs. 1
S. 2 HGB), die Eintragung jedoch überflüssige Teile enthält. Die Zahl der Veröffentlichungen (§ 10 Abs. 1 S. 1 HGB) ist ebenfalls überprüfbar.

5. Zeugen und Sachverständige

Die nach dem JVEG „zu zahlenden Beträge" sind als Auslagen anzusetzen (Nr. 5). Das 19
bedeutet jedoch nicht, dass nicht verlangte Beträge (vgl. § 2 Abs. 1 JVEG) zu erheben sind;
weil es sich um Auslagen handelt, kommen grundsätzlich nur Beträge in Betracht, die auch
tatsächlich gezahlt werden.

Aus der genannten Formulierung folgt vielmehr, dass **„überzahlte"** Beträge nicht als 20
Auslage erhoben werden können. Dies ist beim Kostenansatz zu prüfen (§§ 14, 16), ohne
Bindung an gerichtliche Entscheidungen gemäß § 4 Abs. 1–5 JVEG (§ 4 Abs. 9 JVEG).
Dass ein Einzelgutachter billiger gewesen wäre als der Gutachterausschuss nach den
§§ 192 ff. BauGB, rechtfertigt jedoch keine Herabsetzung.[7]

Erhoben werden einerseits auch Sachverständigenvergütungen, die gemäß **§ 1 Abs. 2** 21
JVEG nicht gezahlt werden. Ihre Feststellung ist Teil des Kostenansatzes (§ 14). Andererseits auch Sachverständigenvergütungen, die **unmittelbar an Dritte** – zB die Kosten einer stationären Unterbringung an die Klinik – gezahlt worden sind.[8]

Für Zeugen, die keine Entschädigung erhalten, weil ihr Erscheinen vor Gericht **Dienst-** 22
aufgabe ist, darf keine fiktive Entschädigung angesetzt werden. Soweit allerdings ihre Reisekosten vom Dienstherrn gezahlt und diesem nicht erstattet werden, findet Nr. 14 Anwendung.

Abweichend vom ZSEG (§ 1 Abs. 1) setzt das JVEG nicht mehr die Heranziehung **„zu** 23
Beweiszwecken" voraus, womit sich seit dem KostRMoG 2004 auch der Anwendungsbereich der Nr. 5 erweitert hat.[9] Die Auslagen werden daher „ohne weiteres" bei
der gerichtlichen Genehmigung der **Unterbringung durch einen Pfleger (Betreuer)**
erhoben;[10] erst recht – weil „immer" Beweisaufnahme – bei Gutachten über ausländisches
Recht.[11]

Die Vergütung der **Urkundszeugen** (§§ 22, 24, 25, 29 BeurkG) ist nicht gesetzlich ge- 24
regelt, sie wird praktisch selten gezahlt. Anzusetzen sind die tatsächlichen, angemessenen
Beträge. S. auch die Erläuterungen zu § 151.

6. Auswärtsgeschäfte

Amtshandlungen finden grundsätzlich an Gerichtsstelle statt, jedoch können entspre- 25
chend § 219 ZPO auch Geschäfte (oder Teile davon) außerhalb der Gerichtsstelle vorgenommen werden. Die dadurch veranlassten **Reisekosten** (nach dem BRKG bzw. den entsprechenden Landesgesetzen) werden nach Nr. 6 Buchst. a als Auslagen erhoben.

Zu den **Gerichtspersonen** gehören Richter, Rechtspfleger, Urkundsbeamter der Ge- 26
schäftsstelle, Gerichtswachtmeister. Bei **ehrenamtlichen Richtern** können die Reisekosten nach dem JVEG (= grundsätzlich keine Auslagen, Nr. 5) insoweit angesetzt werden, als
sie diejenigen Kosten übersteigen, die bei einer Sitzung am Gerichtssitz entstanden wären.[12]

---

[7] OLG Celle NJW 1968, 2067.
[8] *Lappe* KostRsp. § 94 Nr. 19 Anm.
[9] *Lappe* NJW 2005, 263, 265; vgl. zum „alten Recht" OLG Düsseldorf OLGR 2004, 240.
[10] KG Rpfleger 1970, 295.
[11] LG Frankenthal Rpfleger 1981, 324.
[12] OVG Lüneburg JurBüro 1972, 321.

27 Benutzen die Gerichtspersonen einen **Dienstwagen,** werden die Kosten unmittelbar nach Nr. 6 Buchst. c – ggf. iVm. Nr. 14 – eingezogen. Die Entschädigung je Fahr-Kilometer von 0,30 Euro gilt die Reisekosten des Fahrers ab.[13]

28 Bei **Wechsel- und Scheckprotesten** werden die Reisekosten auf die Wegegebühr angerechnet (§ 51 Abs. 2 S. 3; s. auch § 58 Abs. 4).

29 Die Kosten für die Bereitstellung von **Räumen** (Buchst. b) sind in tatsächlicher und angemessener Höhe anzusetzen.

30 **Notwendigkeit** und Höhe aller Auslagen werden beim Kostenansatz geprüft (§§ 14, 16), ohne Bindung an gerichtliche Entscheidungen zwischen Gerichtspersonen und Dienstherr oder zwischen Justizverwaltung und Vermieter (entsprechend § 4 Abs. 9 JVEG, s. Rn. 20). Dazu gehört auch die Zahl („Auslastung") mehrerer Dienstwagen.

7. Rechtsanwälte

31 Die unbestimmte Regelung (Nr. 7) meint ersichtlich nur **kraft Gesetzes** an Rechtsanwälte zu zahlende Beträge, nicht Zahlungen jeder Art; also etwa nicht Anwaltsvergütungen der öffentlichen Hand als Verfahrensbeteiligter. Zu ihnen gehört nicht die in §§ 44ff. RVG geregelte **Prozesskostenhilfe-pp.-Anwaltsvergütung,** für sie gilt § 59 Abs. 2 RVG.[14] Erst recht gehört hierher nicht die Vergütung des Anwalts als **Vormund,** Betreuer oder Pfleger, weil die Zufälligkeit des Anwaltsberufs entscheiden würde (vgl. auch § 1 Abs. 2 RVG). Unter die Vorschrift fallen jedoch Vergütungen, die aus der Staatskasse nach den Regeln über die **Pflichtverteidigung,** etwa in Freiheitsentziehungssachen (§ 45 Abs. 3 RVG), gezahlt werden, unter der Voraussetzung natürlich, dass für die „Kosten des Verfahrens" ein Kostenschuldner vorhanden ist (insbesondere § 3 Nr. 1).

8. Rechnungsgebühren

32 Rechnungsgebühren werden nach § 139 verbindlich festgesetzt und in dieser Höhe als Auslagen erhoben (Nr. 8).

9. Personenbeförderung

33 Unter Nr. 9 fallen die Kosten der Beförderung **inhaftierter Zeugen** (vgl. auch Nr. 5 iVm. Nr. 14). Die Begleiter von als Zeugen geladenen **Fürsorgezöglingen** werden nach dem JVEG entschädigt,[15] die Beträge fallen also unter Nr. 5.

34 Werden inhaftierte Beteiligte zu **gerichtlichen Terminen** befördert, so handelt es sich begrifflich um außergerichtliche Kosten, die Beförderungskosten treten an die Stelle der eigenen Reisekosten des Beteiligten. Nr. 9 sieht zwar die Erhebung als Gerichtskosten vor, doch kann das nur im Verhältnis zum Beförderten selbst (§ 2 Nr. 2) und zu demjenigen gelten, dem die Kosten nach § 13a FGG (und entsprechenden Regelungen) auferlegt worden sind (§ 3 Nr. 1); die Vorschrift entspricht mit anderen Worten nicht mehr dem heutigen System (s. auch Rn. 36).

35 Unter Nr. 9 fallen weiterhin Kosten im Rahmen der **Vollstreckung** gemäß § 33 Abs. 2 FGG (vgl. § 3 Abs. 3 GvKostG).

10. Mittellose

36 Mittellose Personen erhalten eine Entschädigung gemäß Anhang D II. Es handelt sich hierbei um eine Leistung im Rahmen der Prozesskostenhilfe.[16] Ihre Bewilligung erfasst ohne weiteres die Reiseentschädigung der Partei zu einem gerichtlichen Termin, zu dem ihr persönliches Erscheinen angeordnet worden ist.[17] Nr. 10 sieht zwar ihren Ansatz als

---

[13] AA die Begründung des Regierungsentwurfs des KostRÄndG 1994 (BT-Drucks. 12/6962 S. 91), die den „Dienstkraftfahrer" zu den Gerichtspersonen (Buchst. a) rechnet: sehr fraglich, weil Gerichtsverfassung und Verfahrensrecht ihn nicht vorsehen.
[14] Vgl. BGH JVBl. 1957, 22 = NJW (RzW) 1956, 570.
[15] LG Essen JVBl. 1965, 69; LG Heilbronn KostRsp. ZSEG § 11 Nr. 4; LG Heidelberg Nr. 5; AG Frankfurt/M MDR 1969, 689.
[16] BGH NJW 1975, 1124 = Rpfleger 1975, 218.
[17] OLG Celle Nds.Rpfl. 1977, 190.

Sonstige Auslagen § 137

Auslagen vor, doch kann das gegenüber anderen Beteiligten nur gelten, soweit sie außergerichtliche Kosten schulden (entsprechend § 59 RVG, s. Rn. 34),[18] gegenüber der mittellosen Partei nur nach Aufhebung der Prozesskostenhilfe (§ 124 ZPO) oder im Rahmen der Eigenleistungen (§ 120 ZPO). Entsprechendes gilt für Reisekosten anstelle eines Verkehrs- oder Beweisanwalts (§ 121 Abs. 3 ZPO).

Sieht man (gegen die Rspr. des BGH)[19] die Beträge als Gerichtskosten an,[20] verbietet 37 § 31 Abs. 3 S. 2 GKG analog (vgl. § 5 Rn. 4) die Inanspruchnahme eines anderen Schuldners.

Die **Höhe** der Auslage ist – ohne Rücksicht auf die tatsächliche Zahlung – durch die 38 Beträge des JVEG (insbesondere §§ 5, 6) begrenzt.

11. Tiere, Sachen, Räume

Nr. 11 Buchst. a hat wohl nur noch praktische Bedeutung bei der Beförderung von 39 **Akten** als Bahngut u. Ä. innerhalb des Verfahrens und von Gericht zu Gericht; ferner bei der Verwahrung von Nachlassgegenständen, soweit sie nicht hinterlegt werden (dann § 24 HinterlO).

Die mit dem KostRÄndG 1994 eingefügte Vorschrift Nr. 11 Buchst. b zielt auf die 40 Durchführung einer nach § 33 Abs. 2 S. 1 FGG angeordneten **Gewaltanwendung**,[21] also bei der Herausgabe einer Person, der Herausgabe oder Vorlage einer Sache oder durch Durchsetzung einer sonstigen Anordnung mit Gewalt. In Betracht kommen insbesondere und beispielsweise die **Herausgabe eines Kindes** an den Personensorgeberechtigten (§ 1632 BGB), eines **Betreuten** an den Betreuer (§ 1908i BGB), eines **Testaments** oder eines eingezogenen **Erbscheins** an das Nachlassgericht (§§ 2259 Abs. 2 S. 2, 2361 Abs. 1 S. 1 BGB), die Vorlage von **Geschäftsbüchern** an den Kommanditisten (§ 166 Abs. 3 HGB). Bedarf es hierbei der in Nr. 11 Buchst. b bezeichneten Maßnahmen und entstehen der Staatskasse durch die Ausführung der gerichtlichen Anordnung – die Begründung des Regierungsentwurfs zur gleichen Vorschrift GKG KostVerz. 9009, c,[22] jetzt Nr. 3 nennt „zB Öffnen von Räumen oder Behältnissen, Ausbau oder Zerlegen von Sachen" – Kosten – die Regierungsbegründung nennt „zB Schlüsseldienst" –, so sind sie als Auslagen anzusetzen. Gleiches gilt für **vorbereitende** Maßnahmen, etwa die Kosten der Heranziehung „polizeilicher Vollzugsorgane" (§ 33 Abs. 2 S. 2 FGG) für die voraussichtlich notwendig werdende gewaltsame Öffnung und Durchsuchung von Räumen bei der Vollstreckung einer Kindesherausgabeanordnung.

Die Vollstreckung gemäß **§ 33 FGG** erfolgt von Amts wegen. Der **Gerichtsvollzieher** 41 wird also nicht von dem berechtigten oder begünstigten Beteiligten, sondern vom Gericht beauftragt. Löst er die Kosten aus und gehören sie zu seinen Auslagen (700ff. GvKostG-KostVerz.), werden sie als Auslagen des gerichtlichen Verfahrens angesetzt (§ 13 Abs. 3 GvKostG). Nr. 11 Buchst. b geht jedoch weiter als das KostVerz. und erlaubt auch den Ansatz von Auslagen über § 3 Abs. 3, 700ff. KostVerz. GvKostG hinaus.

Erfolgt die Vollstreckung nach den Vorschriften der **ZPO** (Beispiel: § 53a Abs. 4 FGG), 42 kommt Nr. 11 Buchst. b nicht zur Anwendung, weil die Kosten nicht die Staatskasse, sondern der vollstreckende Beteiligte als Auftraggeber des Gerichtsvollziehers trägt. Bei der gerichtlichen Zwangsvollstreckung könnte die Vorschrift hingegen – wohl mehr „theoretisch" als praktisch – Bedeutung erlangen, weil § 134 nur wegen der Gebühren auf das GKG verweist, die Auslagen sich hingegen nach der KostO richten.

Über ihren gesetzgeberischen „Zielbereich" (Rn. 40) hinaus kommt die Vorschrift bei 43 den – allerdings praktisch seltenen – Geschäften des **§ 164 FGG** zur Anwendung: 9. Abschnitt, ... „Untersuchung ... von Sachen", Beispiel: Feststellung des Zustands der zum Nießbrauch oder zur Erbschaft gehörenden Sachen (§§ 1034, 2122 BGB).

---

[18] Vgl. *Lappe* NJW 1985, 1875, 1879.
[19] BGH NJW 1975, 1124 = Rpfleger 1975, 218.
[20] So OLG München Rpfleger 1972, 463.
[21] Begründung des Regierungsentwurfs, BR-Drucks. 796/93 S. 237.
[22] BR-Drucks. 796/93 S. 229.

12. Haft

44 **Zwangshaft** kommt vor allem in den Fällen der §§ 33 Abs. 1 S. 2, Abs. 2 S. 5 und 83 Abs. 2 FGG iVm. § 901 ZPO (eidesstattliche Versicherung über den Verbleib der Sache oder Person bzw. des Testaments oder der Betreuungsverfügung) sowie gemäß § 15 FGG iVm. § 390 Abs. 2 ZPO (Zeugniszwang) vor.

45 In den meisten Fällen ist die Haft **Ordnungshaft**; so gemäß § 15 FGG iVm. §§ 380, 401, 411 ZPO (Zeugen und Sachverständige), bei Anordnung des persönlichen Erscheinens entsprechend § 141 ZPO, im Rahmen der Sitzungspolizei (§ 178 GVG).

46 Die nach Nr. 12 zu erhebenden Haftkosten richten sich in beiden Fällen nach § 50 StVollzG; bei Zwangshaft werden sie immer erhoben, bei Ordnungshaft nur gemäß § 50 Abs. 1 StVollzG. Die Feststellung ist Teil des **Kostenansatzes,** Rechtsweg folglich § 14 (und nicht § 50 Abs. 5 StVollzG usw.).

47 **Vorschuss** wird in den Fällen der §§ 33 Abs. 1 S. 2, Abs. 2 S. 5 und 83 Abs. 2 FGG gemäß § 8 Abs. 1 S. 2 erhoben.

13. Auslandskostengesetz

48 Die durch das KostRMoG 2004 eingefügte Vorschrift zielt auf „die Kosten für Amtshandlungen der Auslandsvertretungen der Bundesrepublik Deutschland, ... insbesondere Kosten für die Einschaltung eines **Vertrauensanwalts** nach § 3 Abs. 3 des Konsulargesetzes",[23] also durch einen Berufskonsularbeamten bei der Wahrnehmung seiner Aufgaben in Rechtsangelegenheiten. Das setzt voraus, dass die Anwaltsvergütung zu den Auslagen nach dem AKostG zählt, was angesichts der Aufzählung in seinem § 7 Abs. 2 fraglich ist. Des weiteren, dass das die Justiz, die um die Amtshandlung ersucht hat, sie schuldet (§ 13 Abs. 1 Nr. 1 AKostG) und als Auslage von ihr zu zahlen ist (§ 8 AKostG). Eine problematische Regelung, die an Hand der vermutlich zu Grunde liegenden Praxis der rechtlichen Prüfung bedarf; zumal ihre Erforderlichkeit im Hinblick auf Nr. 14 (Auswärtiges Amt) und Nr. 15 (Auslandsvertretungen) und damit ihre Abgrenzung zu diesen Vorschriften nicht klar ist.

14. Inländische Behörden

49 Soweit in den Fällen Nr. 1 bis 12 die Auslagen nicht der Justiz entstehen, sondern anderen inländischen Behörden, gilt § 137 ebenfalls: Die Auslagen sind anzusetzen, aber nur, soweit sie „darunter fallen". Das ist der Sinn der Nr. 14; sie erlaubt also nicht, **sonstige** und **höhere** Beträge, die an andere Behörden gezahlt werden, als Auslagen zu erheben (vgl. dagegen Rn. 52). Allerdings ist der Begriff der Behörde zu eng (Beispiel im Anschluss an Rn. 21: stationäre Unterbringung in einer Privatklinik). S. auch Nr. 13 mit Rn. 48.

50 Ist also das Faxgerät des Gerichts defekt und benutzt sie das der Polizei für die Telegrammaufgabe, gilt Nr. 1; stellt der Gerichtsvollzieher zu: Nr. 2; veröffentlicht das Amtsblatt für Gerichte kostenfrei: Nr. 4 Buchst. b; bezahlt eine Behörde die Reisekosten ihres Beamten zur Zeugenvernehmung: Nr. 5; verzichtet das Landratsamt auf die Raummiete für einen Ortstermin: Nr. 6 Buchst. b; zahlt das Sozialamt die Reise zum Termin: Nr. 10; usw. Wegen der Gebühren der Gerichtsvollzieher als Auslagen des gerichtlichen Verfahrens s. § 3 Abs. 3 GvKostG.

51 Die Feststellung der Beträge ist **Kostenansatz** (§ 14, ggf. iVm. § 16).

15. Ausländische Behörden

52 Die in Nr. 15 genannten Beträge sind immer Auslagen, die in Nr. 14 enthaltene Begrenzung nach **Art und Höhe** gilt hier nicht. Die Vorschrift findet sowohl auf die Forderungen ausländischer Behörden als auch deutscher Behörden im Ausland Anwendung; ausnahmsweise auf inländischer Behörden, soweit es sich nämlich um Kosten des Rechtshilfeverkehrs mit dem Ausland handelt (die Kosten der Justiz selbst richten sich nach der JVKostO und gehören nicht hierher). S. auch Nr. 13 mit Rn. 48.

---

[23] Begründung des Regierungsentwurfs, BT-Drucks. 15/1971 S. 177.

Sonstige Auslagen § 137

Die Beträge sind zwar immer Auslagen, sie unterliegen gleichwohl der Prüfung beim **53** **Kostenansatz** (§§ 14, 16).

16. Verfahrenspfleger

Bei Verfahrenspflegschaften im Anwendungsbereich der KostO (vgl. § 93a Rn. 1, 2) gehö- **54** ren aus der Staatskasse gezahlte Beträge, insbesondere in familienrechtlichen Verfahren (§ 93a Rn. 3), zu den Auslagen. Ihren Ansatz[24] gegen den Betroffenen ergänzen (zusätzlicher Schuldner) und beschränken (nach § 1836e BGB) die §§ 93a Abs. 2, 128b S. 2 (s. dort). Rückwirkende Aufhebung der Verfahrenspflegschaft beseitigt die Auslage.[25]

II. Mehrere Geschäfte (Abs. 2)

Sind die Auslagen des Abs. 1 durch verschiedene Geschäfte (zum Begriff Einf. Rn. 44) **55** entstanden, werden sie auf diese **verteilt.** Dabei kann dem einzelnen Geschäft höchstens der Teilbetrag zugewiesen werden, der durch seine alleinigen Erledigung entstanden wäre (Rechtsgedanke des § 5 Abs. 1 S. 2). Eine anteilmäßige Belastung von Sachen, die am Gerichtssitz hätten erledigt werden können, mit Auslagen der Nr. 6 ist nicht zulässig.[26] Im Übrigen wird möglichst nach dem Verhältnis der Kosten bei Einzelerledigung verteilt (wie RVG-VV Vorbem. 7 Abs. 3 S. 1). Das gilt auch bei gemeinsamer Erledigung mit Geschäften nach dem GKG (s. dort KostVerz. Vorbem. 9 Abs. 2) und in Justizverwaltungssachen. Als weiteres Merkmal kommt die auf „die auf die einzelnen Geschäfte verwendete Zeit" in Betracht (so § 137 Nr. 6, 7 aF).

Die Verteilung ist Teil des **Kostenansatzes** (§ 14). Sie obliegt dem Kostenbeamten nach **56** Ermessen. Die gerichtliche Überprüfung (§ 14 Abs. 2ff.) erfolgt in jeder einzelnen Sache; dabei ist die Nachprüfung des Ermessens beschränkt (§ 14 Rn. 76ff.). Ausnahmsweise kann sich so ergeben, dass einen Auslagenteil entweder mehrere in verschiedenen Rechtssachen schulden oder niemand.

III. Kostenansatz, Schuldner

Die Auslagen werden mit **Kostenrechnung** geltend gemacht, sie sind Teil des Kosten- **57** ansatzes (dazu bereits Rn. 19ff., 56). **Schuldner** der Auslagen ist grundsätzlich derjenige, der die **Gebühr** schuldet, s. dazu §§ 2ff. und die Erläuterungen bei den einzelnen Gebührenvorschriften, aber auch Rn. 31, 34, 36. Sind **nur Auslagen** entstanden (Beispiel: Nr. 3), unterliegen sie allein den §§ 2ff.

Zur **Aktenversendungspauschale** (Nr. 3; Rn. 12ff.) gibt es eine umfängliche, teils **58** wenig überzeugende Rspr. zur Schuldnerschaft, für Prozesse, Strafprozesse vor allem. Der Ende 2001 eingefügte § 28 Abs. 2 GKG hilft kaum weiter, weil der dort genannte Antragsteller im eigenen Namen oder als Vertreter handeln kann. Generell, zumal aber in der freiwilligen Gerichtsbarkeit ist ein Bevollmächtigter als solcher nicht Beteiligter, er kommt also als Schuldner nicht in Betracht (§ 2 Rn. 1). Der Bevollmächtigte, der Rechtsanwalt oder Notar, handelt mithin zu Lasten des Beteiligten, für den er die Akten einsieht, den er vertritt.

IV. Notare

§ 137 gilt auch für Notare (§ 141), ausgenommen **Nr. 8** bei Gebührennotaren (§ 143 **59** Abs. 1). **§ 152 Abs.** 2 trifft weitergehende Regelungen. Zur Zuziehung eines **zweiten Notars** statt Zeugen **(Nr. 5)** s. § 151.

Nr. 6 (Reisekosten) ist weithin durch § 153 verdrängt (s. dort). Von Bedeutung bleibt **60** jedoch die Verteilung bei mehreren Geschäften (Abs. 2); sie erfasst auch gemeinsame Aufwendungen für Notar- und Rechtsanwaltsgeschäfte (§ 153 Abs. 2 S. 2), wobei der strikte

---

[24] Zum Kostenansatz Rn. 57; BayObLGZ 2004, 339 = OLGR 2005, 283 = Rpfleger 2005, 252.
[25] OLG Frankfurt (Darmstadt) FamRZ 2002, 765.
[26] AA VG Schleswig JVBl. 1972, 141.

§ 139   1. Teil. 3. Abschnitt: Auslagen

Maßstab des RVG-VV Vorbem. 7 Abs. 3 S. 1 für das Verhältnis der Notargeschäfte zu den Anwaltsgeschäften gilt.

61 Bei **Wechsel- und Scheckprotesten** (Rn. 28) verhindert das Analogieverbot (§§ 1, 140), entsprechend § 153 Abs. 2 S. 1 Nr. 2 Teils. 2 nur die Hälfte des Tage- und Abwesenheitsgelds von der Anrechnung auszunehmen, es ist also voll anzurechnen (§ 51 Abs. 2 S. 2).

62 Für **auswärtige Sprechtage** (§ 10 Abs. 4 S. 2 BNotO) werden keine Auslagen nach Nr. 6 erhoben, der Ort des Sprechtages ist „Gerichtsstelle".

63 **Nr. 7 (Rechtsanwaltsvergütung)** erfasst entgegen dem BNotK-Rundschreiben Nr. 37/96 nicht die Vergütung für urkundsvorbereitende Gutachten von Rechtsanwälten, wie sich schon daraus ergibt, dass eine gleiche Regelung für andere Gutachter, etwa Notare und Hochschullehrer, fehlt und nicht durch Analogie besorgt werden kann (Rn. 61). Die Tätigkeit ist beurkundungsverfahrensrechtlich nicht normiert, es gibt keinen öffentlichrechtlichen Gutachtenauftrag des Notars, im Kosten- als Folgerecht findet sich daher keine Vorschrift. In Betracht kommt nur eine privatrechtliche Vergütung aus dem privatrechtlichen Dienst- oder Werkvertrag zwischen dem Gutachter und dem – ggf. von dem Notar vertretenen – Beteiligten.

64 Neben die Auslagen des § 137 tritt beim Notar der Aufwendungsersatz entsprechend § 670 BGB. Praktisch vor allem und seit jeher der Anspruch auf Erstattung verauslagter **Gerichtskosten,** insbesondere des Vorschusses für Grundbucheintragungen (§ 8). Er ist ebenfalls öffentlichrechtlich, wie die verfahrensrechtliche Folgeregelung in § 154 Abs. 2 zeigt. Den Gerichts- stehen **Verwaltungskosten** gleich, etwa für öffentlichrechtliche Genehmigungen. Neuerdings auch die **Grundbuchabrufkosten** für die Einsicht des elektronischen Grundbuchs, soweit sie das einzelne Geschäft betreffen.[27] Der Unterschied kommt bei § 151a zum Ausdruck: Auslagen sind umsatzsteuerpflichtig, der Aufwendungsersatz als „durchlaufender Posten" nicht.[28]

65 **Bankkosten für ein Anderkonto** können weder als Auslagen noch als Aufwendungsersatz gefordert werden.[29]

§ 138* *(aufgehoben)*

§ 139** Rechnungsgebühren

(1) [1]**Für Rechnungsarbeiten, die durch einen dafür besonders bestellten Beamten oder Angestellten (Rechnungsbeamten) vorgenommen werden, sind als Auslagen Rechnungsgebühren zu erheben, die nach dem für die Arbeit erforderlichen Zeitaufwand bemessen werden.** [2]**Sie betragen für jede Stunde 10 Euro.** [3]**Die letzte bereits begonnene Stunde wird voll gerechnet, wenn sie zu mehr als 30 Minuten für die Erbringung der Arbeit erforderlich war; anderenfalls sind 5 Euro zu erheben.**

(2) [1]**In Vormundschafts-, Betreuungs- und Pflegschaftssachen werden unbeschadet der Vorschrift des § 92 Abs. 1 Satz 1 für die Prüfung eingereichter Rechnungen Rechnungsgebühren nur erhoben, wenn die nachgewiesenen Bruttoeinnahmen mehr**

---

[27] LG Halle NotBZ 2004, 115 m. Anm. *Lappe; Bund* NotBZ 2004, 308; *Reetz/Bous* RNotZ 2004, 318; BayObLGZ 2004 Nr. 59 = Rpfleger 2005, 166; OLG Zweibrücken NJW-RR 2006, 1391 = OLGR 2006, 463 = Rpfleger 2006, 228.
[28] *Lappe* NJW 2006, 270, 274; Rpfleger 2007, 594; *Singer* ZAP 2006, 50.
[29] *Lappe* NJW 2004, 489, 494 gegen *Zenker* NJW 2003, 3459.
* § 138 aufgehoben durch Gesetz vom 20. 8. 1975 (BGBl. I S. 2189).
** § 139 Abs. 1 Satz 2 geändert durch Gesetz vom 20. 8. 1975 (BGBl. I S. 2189) und durch Gesetz vom 9. 12. 1986 (BGBl. I S. 2326), Abs. 2 Satz 1 durch Gesetz vom 12. 9. 1990 (BGBl. I S. 2002), Abs. 1 Satz 2 und Abs. 3 Satz 2 durch Gesetz vom 24. 6. 1994 (BGBl. I S. 1325), Abs. 1 Satz 2 und Abs. 2 Satz 1 durch Gesetz vom 27. 4. 2001 (BGBl. I S. 751), Abs. 1, 3 durch Gesetz vom 5. 5. 2004 (BGBl. I S. 718).

Rechnungsgebühren **§ 139**

als 1000 Euro für das Jahr betragen. ²Einnahmen aus dem Verkauf von Vermögensstücken rechnen nicht mit.

(3) ¹Die Rechnungsgebühren setzt das Gericht, das den Rechnungsbeamten beauftragt hat, von Amts wegen fest. ²Gegen die Festsetzung findet die Beschwerde statt, wenn der Wert des Beschwerdegegenstands 200 Euro übersteigt oder das Gericht, das die angefochtene Entscheidung erlassen hat, die Beschwerde wegen der grundsätzlichen Bedeutung der zur Entscheidung stehenden Frage in dem Beschluss zugelassen hat. ³§ 14 Abs. 4 bis 9 gilt entsprechend. ⁴Beschwerdeberechtigt sind die Staatskasse und derjenige, der für die Rechnungsgebühren als Kostenschuldner in Anspruch genommen worden ist.

Entsprechend: § 70 GKG.

I. Rechnungsarbeiten

Der **Begriff** der Rechnungsarbeiten leitet sich aus § 1843 Abs. 1 BGB ab, der dort geregelten Prüfungspflicht des Vormundschaftsgerichts, wobei der Rechnungsbeamte nur als Hilfsorgan des Gerichts tätig wird. Konkretisierungen ergeben sich aus Justizverwaltungsvorschriften.[1] 1

Die Bestellung von haupt- und nebenberuflichen **Rechnungsbeamten** ist ebenfalls durch die genannten Justizverwaltungsvorschriften geregelt.[1] 2

II. Rechnungsgebühren (Abs. 1)

§ 139 bestimmt die Höhe und die Voraussetzungen der **als Auslagen anzusetzenden** (§ 137 Abs. 1 Nr. 8) Rechnungsgebühren. Sie fallen nur an, wenn nicht das Gericht selbst (Richter, Rechtspfleger, Urkundsbeamter) tätig wird, sondern ein besonders bestellter Rechnungsbeamter (Abs. 1) mit besonderem **Auftrag** in der einzelnen Sache (vgl. Abs. 3). 3

Maßgeblich ist die **tatsächlich** aufgewandte Zeit, die sich ggf. aus der Addition von Einzelzeiten ergibt. Die letzte Stunde wird aufgerundet, wenn sie 30 Minuten übersteigt, sonst 5 Euro für sie. Liegt die Summe über der **erforderlichen** Zeit, ist sie maßgebend (s. die Rspr. zu § 3 ZSEG, jetzt § 8 Abs. 2 JVEG). 4

III. Vormundschafts-, Betreuungs-, Pflegschaftssachen (Abs. 2)

Der Ansatz der Rechnungsgebühren beschränken die §§ 92 Abs. 1 S. 1, 93 S. 5, 95 Abs. 1 S. 2, 96 sowie Abs. 2. Die Beschränkung betrifft nicht Nachlasspflegschaften. Sie gilt für jedes einzelne Mündel usw. (§ 92 Abs. 3) und ist selbst dann maßgebend, wenn der Umfang der Rechnungsarbeiten das übliche Maß übersteigt, Rechnungsgebühren sind hier völlig ausgeschlossen. 5

IV. Festsetzung (Abs. 3)

Die Festsetzung erfolgt durch das Gericht (ggf. durch den Rechtspfleger, § 4 Abs. 1 RPflG). Es finden **Beschwerde** und ggf. weitere Beschwerde statt (Abs. 3); bei Festsetzung durch den Rechtspfleger kommt auch die **Erinnerung** gemäß § 11 Abs. 2 RPflG in Betracht. S. die Erläuterungen zu den §§ 14 und auch 31. 6

Beschwerdeberechtigt sind die Staatskasse und der als Schuldner in Anspruch Genommene (nicht also bereits Schulden oder Haften); nicht der Rechnungsbeamte, sein Vergütungsanspruch ist nicht Gegenstand des § 139. 7

V. Notare

§ 139 gilt auch für Notare (§ 141), nicht aber für Gebührennotare (§ 143 Abs. 1). 8

---

[1] Vgl. etwa für Bayern JMBl. 1957, 499; 1976, 187; für Hessen JMBl. 1971, 689; für Rheinland-Pfalz JBl. 1961, 174; 1976, 153.

§ 139

VI. FG-Reform

9   In § 139 soll die begriffliche Unterscheidung zwischen Beamten und Angestellten aufgegeben („Bediensteten"), in Abs. 2 zudem die Vormundschaft zufolge ihrer Verlagerung ins FamGKG gestrichen werden.

Zweiter Teil.
Kosten der Notare

Vorbemerkungen zu den §§ 140–157

I. Anwendungsbereich

Notare iS des Zweiten Teils sind die hauptberuflichen Notare (Nur-Notare, § 3 Abs. 1 BNotO), die Anwalts-Notare (§ 3 Abs. 2 BNotO), die Notare im Landesdienst in Baden-Württemberg und der Bezirksnotar (§ 64 BeurkG). **1**

II. Gebührennotare, Notare im Landesdienst

Der Zweite Teil unterscheidet zwischen den Notaren schlechthin (§ 141) und den **Notaren, denen die Gebühren selbst zufließen** (§§ 143, 144 Abs. 1). Zu den Letzteren gehören die Nur-Notare, die Anwalts-Notare sowie die württembergischen Notare im Landesdienst nach Maßgabe des § 10 Abs. 1 S. 2 LJKG; nicht unter §§ 143, 144 Abs. 1 fallen mithin die Notare im Landesdienst in Baden (§ 8 Abs. 1 LJKG) und die Notare im Landesdienst in Württemberg nach Maßgabe des § 10 Abs. 1 S. 1 LJKG. Im hohenzollerischen Rechtsgebiet gilt württembergisches Notarrecht (§ 50 LFGG). **2**

Ausgangspunkt für eine Änderung des baden-württembergischen Landesjustizkostengesetzes (LJKG)[1] waren die europarechtliche Gesellschaftssteuerrichtlinie (die der Durchsetzung des freien Kapitalverkehrs innerhalb der EU dient) und mehrere Entscheidungen des EuGH.[2] Einer der Hauptpunkte der Änderungen war die Verlagerung der Gebührengläubigerschaft in gesellschaftsrechtlichen Angelegenheiten auf die Amtsnotare (§ 11 LJKG). Durch die Anpassung an die europarechtlichen Anforderungen stehen jedenfalls überwiegend die Gebühren für Beurkundungen im Bereich der Gesellschaftssteuerrichtlinie nicht mehr dem Land Baden-Württemberg, sondern ausschließlich dem Urkundsnotar zu. § 11 LJKG ist nur anwendbar für die sog. Amtsnotare, d. h. für die Notare bei den Notariaten (Notare im Landesdienst Baden-Württemberg) iS von § 2 LFGG. Die Vorschrift gilt nicht für hauptberufliche Nurnotare und Anwaltsnotare (§§ 3, 114, 115 BNotO). Das Land Baden-Württemberg erhält gemäß § 11 Abs. 1 LJKG keinen Anteil an Gebühren für gesellschaftsrechtliche Angelegenheiten, die auf Grund zwingender gesellschaftsrechtlicher Vorgaben der notariellen Beurkundung bedürfen. Welche Vorgänge hierunter fallen und sonstige Abgrenzungsmerkmale hat *Böhringer*[3] herausgearbeitet. Das Land kann jedoch nach Art. 12 Abs. 1 e der Gesellschaftssteuer-Richtlinie Ersatz für seinen im Zusammenhang mit derartigen Notargeschäften entstehenden Aufwand verlangen.[4] § 11 Abs. 1 S. 2 LJKG regelt daher eine pauschale Aufwandsentschädigung von 15% von den Gebühren, für die die Notare alleinige Kostengläubiger sind und dem Land unmittelbar keine Gebühren zufließen. Die Pauschale ist auch für die Übergangsfrist vom 1. 6. 2002 bis 31. 12. 2005 zu ent- **2a**

---

[1] Neu gefasst durch Art. 1 Nr. 6 des Gesetzes zur Änderung des Landesjustizkostengesetzes und des Landesgesetzes über die freiwillige Gerichtsbarkeit vom 28. 7. 2005 (GBl. S. 580), am 1. 1. 2006 in Kraft getreten.
[2] ZB EuGH NVwZ 1998, 833 = EWiR 1998, 383 m. Anm. *Limmer* – Fantask; NJW 2000, 939 – Modelo; DNotZ 2002, 389 m. Anm. *Fabis* = MittBayNot 2002, 179 = NJW 2002, 2377 – Gründerzentrum.
[3] BWNotZ 2005, 163; ergänzend *Böhringer/Falk*, Landesjustizkostengesetz, 2005, Kohlhammer-Verlag, Stuttgart.
[4] NVwZ 1998, 833 = ZIP 1998, 206.

richten.[5] Die Gesellschaftssteuerrichtlinie 69/335/EWG des Rates vom 17. 7. 1969 betreffend die indirekten Steuern auf die Ansammlung von Kapital idF der Richtlinie 85/303/EWG des Rates vom 10. 6. 1985 enthält in Art. 4 eine Zusammenstellung der Vorgänge, die der Gesellschaftssteuer unterliegen könnten und in Art. 5 Fälle, in denen unter Angabe der Bemessungsgrundlage die Steuer erhoben wird. Anzuwenden ist die Richtlinie auf die in Art. 3 Abs. 1 und 2 der Richtlinie genannten Gesellschaften, das sind insbesondere AG, KGaA, GmbH, Gesellschaften, Personenvereinigungen oder juristische Personen, deren Kapital- oder Vermögensanteile börsenfähig sind; Gesellschaften, Personenvereinigungen oder juristische Personen, deren Mitglieder berechtigt sind, ihre Anteile ohne vorherige Genehmigung an Dritte zu veräußern, und deren Mitglieder für Schulden der Gesellschaft, der Personenvereinigung oder juristischen Person nur bis zur Höhe ihrer Beteiligung haften. Den Kapitalgesellschaften sind alle anderen Gesellschaften, Personenvereinigungen oder juristische Personen, die einen Erwerbszweck verfolgen, gleichgestellt. Für Beurkundungen in gesellschaftsrechtlichen Angelegenheiten durften vor Änderung des LJGK nur aufwandsbezogene Gebühren, also Abgaben mit Gebührencharakter erhoben werden und keine proportional mit dem Geschäftswert steigenden Gebühren. Solche wertabhängigen Gebühren wurden vom EuGH dann als verbotene indirekte Kapitalsteuer gewertet, wenn die Höhe der Gebühr nicht mehr im angemessenen Verhältnis zum Aufwand stand. Mit Urteil des EuGH vom 28. 6. 2007 (Rs. C-466/03) hat dieser jedoch entschieden, dass auch dann nur eine aufwandsbezogene und keine Wertgebühr (sofern diese die Aufwandsgebühr übersteigt) erhoben werden darf, wenn diese durch einen Notar erhoben wird, der Beamter ist und die Gebühren zumindest teilweise dem Staat für die Bestreitung öffentlicher Kosten zufließen. Das Entgelt weise nämlich keinen Zusammenhang mit den tatsächlichen Aufwendungen für eine konkrete Leistung auf. Keine unzulässige Steuer liegt jedoch für den einem Beamtennotar verbleibenden Gebührenanteil vor, ebenso für den an den Staat abgeführten Teil, wenn er den tatsächlichen Kosten entspricht.[6] Damit ist die Hoffnung auf Beseitigung des Kostenerhebungsproblems in Gesellschaftsangelegenheiten nicht erfüllt worden. Die Beamtennotare des Landes Baden-Württemberg sind damit erneut gezwungen, in bestimmten Angelegenheiten Aufwandsgebühren zu erheben, für die eine konkrete Regelung in der KostO fehlt. Nun ist die Politik gefragt, durch entsprechende Maßnahmen die erneut entstandenen Probleme zu lösen.

3 Der Zweite Teil betrifft nur die Kosten der Notare „als Notar". Soweit sie weitergehende Aufgaben haben – in Baden-Württemberg –, gelten der Erste Teil unmittelbar bzw. die §§ 158 ff.

III. Beurkundungen, weitergehende Amtstätigkeiten

4 Eine weitere Unterscheidung ergibt sich dadurch, dass der Zweite Teil insbesondere bzgl. der Beurkundungen (BeurkG, § 20 BNotO) die Vorschriften des Ersten Teils für anwendbar erklärt (§ 141), während er für die weitergehende Amtstätigkeit (§§ 21 bis 24 BNotO) eigene Vorschriften enthält (§§ 145 ff.).

IV. Amtshandlung

5 Voraussetzung der Anwendung der KostO auf eine Tätigkeit des Notars ist immer, dass sie eine Amtshandlung darstellt. Er soll Amtshandlungen außerhalb seines Amtsbezirks nur vornehmen, wenn Gefahr in Verzug ist oder die Aufsichtsbehörde es genehmigt. Ein Verstoß berührt jedoch die Gültigkeit der Amtshandlung nicht (§ 11 Abs. 3 BNotO). Nimmt jedoch ein Notar ein Geschäft im Ausland vor, so ist dies keine Amtshandlung. Wird der Notar bei seiner Anwesenheit im Ausland mit der Fertigung eines Entwurfs beauftragt und führt er diesen Auftrag im Ausland aus, beendet ihn auch (Billigung des Entwurfs durch

---

[5] Böhringer BWNotZ 2005, 163 mit Hinweis auf Art. 4 § 2 S. 2 des Änderungsgesetzes zum LJKG vom 28. 7. 2005 (GBl. S. 580).
[6] EuGH NJW 2007, 3051.

Vorbemerkungen **Vor §§ 140–157**

den Auftraggeber), so hat er keine Amtshandlung vorgenommen; eine Gebühr auf Grund der KostO steht ihm nicht zu. Beglaubigt er dann im Inland (in seiner Geschäftsstelle) die im Ausland in seiner Gegenwart vollzogene Unterschrift, so erhält er die Beglaubigungsgebühr.[7]

V. Keine Amtshandlung

Keine Amtstätigkeit, sondern Nebenbeschäftigung ist die Tätigkeit als Testamentsvollstrecker, Insolvenzverwalter, Betreuer usw., obwohl die Übernahme dieser Ämter oder einer ähnlichen auf behördlicher Anordnung beruhenden Stellung nicht genehmigungspflichtig ist (§ 8 Abs. 4 BNotO). Ebenso liegt keine Amtshandlung des Notars vor, wenn in seinem Amt (Büro) eine Beratung der Beteiligten von einem **Mitarbeiter des Notars,** etwa dem Bürovorsteher, durchgeführt wird, selbst dann nicht, wenn sich der Notar später über Verlauf und Inhalt der Beratung informiert. Die Anwendung der KostO, zB nach § 147 Abs. 2, ist somit ausgeschlossen.[8]   6

VI. Betreuung der Beteiligten

Soweit es sich um die Betreuung der Beteiligten auf dem Gebiete der vorsorgenden Rechtspflege, insbesondere um Anfertigung von Urkundsentwürfen, Beratung und Vertretung der Beteiligten handelt, können die Beteiligten die Verrichtungen auch von Rechtsanwälten vornehmen lassen. Dabei kann es fraglich werden, ob der Anwalts-Notar als Notar oder als Rechtsanwalt angerufen und tätig geworden ist. Dazu bestimmt § 24 Abs. 2 BNotO, dass bei Handlungen des Anwalts-Notars, der die Betreuung der Beteiligten auf dem Gebiete der vorsorgenden Rechtspflege (Urkundenentwürfe, Beratung, Vertretung) übernimmt, anzunehmen ist, dass er als Notar tätig geworden ist, wenn die Handlung bestimmt ist, eine Urkundstätigkeit oder die Verwahrung usw. von Geld, Wertpapieren oder Kostbarkeiten vorzubereiten oder auszuführen. Im Übrigen ist im Zweifel anzunehmen, dass er als Rechtsanwalt tätig geworden ist.   7

VII. Kostenansatz

Der Kostenansatz (die Kostenberechnung), die Einforderung und Beitreibung, die Rechtsbehelfe gegen den Ansatz (die Kostenberechnung) usw. sind für die Kosten, die der Staatskasse und für die dem Notar selbst zufließenden verschieden geregelt; auch die Gebührenbefreiungen sind verschieden. Fließen die Gebühren der Staatskasse zu, so gelten für die Gebühren und die Auslagen alle Vorschriften des Ersten Teiles so, als wären sie bei dem Amtsgericht entstanden; über Erinnerungen gegen den Kostenansatz und über die Festsetzung des Geschäftswerts entscheidet dann das Amtsgericht, in dessen Bezirk der Notar seinen Amtssitz hat (§ 142). Wo die Gebühren dem Notar selbst zufließen, sind die Berechnung der Kosten, die Rechtsbehelfe, die Einforderung und Beitreibung anders geregelt, vgl. § 143, der insoweit die Anwendung der Vorschriften des Ersten Teiles ausschließt, und die anderweitigen Regelungen in den §§ 154a bis 157. Die Gebührenbefreiungen gelten nur nach Maßgabe des § 144. § 55a (Gebührenfreiheit für Beurkundungen und Beglaubigungen nach § 62 Abs. 1 BeurkG), § 143 Abs. 2 Satz 2 (Gebührenfreiheit im Sozial- und Kinder- und Jugendhilferecht, im Recht der Grundsicherung für Arbeitsuchende, im Recht der Grundsicherung im Alter und bei Erwerbsminderung sowie im Recht der Kriegsopferfürsorge), § 144 Abs. 1 und 2 (persönliche Gebührenermäßigung für die dort genannten Kostenschuldner) und bis zum 31. 12. 2003 in § 144a (besondere Gebührenermäßigung für Geschäfte über Grundstücke, die im Beitrittsgebiet gemäß Art. 3 des Einigungsvertrag liegen bei Beteiligung der in § 144 Abs. 1 Satz 1 Nr. 1 und 2 genannten Kostenschuldner) sowie bis zum 1. 7. 2004 eine besondere Gebührenermäßigung nach dem Einigungsvertrag von zuletzt 10%.   8

---

[7] KG JFGErg. 17, 123 = JVBl. 1938, 12.
[8] OLG Frankfurt und LG Darmstadt JurBüro 1993, 161; kritisch dazu *Lappe* KostRsp. § 147 Nr. 114 Anm.

VIII. Prozesskostenhilfe

9 Die Vorschriften über die Prozesskostenhilfe (§§ 114 ff. ZPO, § 14 FGG) gelten nicht für die Tätigkeit der Notare. § 17 Abs. 2 BNotO bestimmt aber: „Einem Beteiligten, dem nach den Vorschriften der Zivilprozessordnung die Prozesskostenhilfe zu bewilligen wäre, hat der Notar seine Urkundstätigkeit (§§ 20 bis 22) in sinngemäßer Anwendung der Vorschriften der Zivilprozessordnung vorläufig gebührenfrei oder gegen Zahlung der Gebühren in Monatsraten zu gewähren."

10 Betroffen werden hiervon die im Beurkundungsabschnitt (§§ 36 bis 59) bestimmten Gebühren, die Gebühren für die Erteilung von Teilhypothekenbriefen und für die Vermittlung der Auseinandersetzung eines Nachlasses oder eines Gesamtguts gemäß §§ 86, 99 FGG sowie die Gebühr für die bei einer Beurkundung oder Unterschriftsbeglaubigung ausgestellte Bescheinigung über die Vertretungsmacht (§ 150); nicht dagegen die Gebühren für die Sondergeschäfte des Notars, wie für die Empfangnahme, Verwahrung und Ablieferung von Geldern usw. (§ 149) und die sonstige Betreuung der Beteiligten auf dem Gebiet der vorsorgenden Rechtspflege, wie die Fertigung von Entwürfen zu Urkunden (§ 145), Stellung von Anträgen (§§ 146, 147), Beratung usw. (§ 147). Da § 17 Abs. 1 BNotO sich offenbar des öffentlich-rechtlichen Gebührenbegriffs (§ 1 Rn. 13) bedient, bezieht sich § 17 Abs. 2 BNotO – wie die Prozesskostenhilfe – sowohl auf die Gebühren als auch auf die Auslagen iS der KostO.

11 Über die Bewilligung der Prozesskostenhilfe entscheidet der Gebührennotar selbst. Rechtsweg: § 15 BNotO. Bei Wegfall der Bedürftigkeit, worüber der Notar allein entscheidet, muss der Kostenschuldner die Gebühr nachzahlen – insoweit abweichend vom Prozesskostenhilferecht der ZPO, Wortlaut des § 17 Abs. 2 BNotO –; in diesem Fall hat der Notar dem Kostenschuldner eine Gebührenberechnung nach § 154 zu übersenden unter Hinweis, dass die Kosten wegen Wegfalls der Bedürftigkeit nunmehr erhoben werden.

12 Liegen die Voraussetzungen für die Bewilligung der Prozesskostenhilfe nur in der Person eines von mehreren Kostenschuldnern vor, so kann der Notar seine vollen Gebühren von den anderen Mitschuldnern einziehen; denn die Prozesskostenhilfe des einen hat keinen Einfluss auf die Zahlungspflicht des anderen. Auch kann der Notar die Vornahme des ganzen Geschäfts von der Vorauszahlung abhängig machen (§ 8 Abs. 2) und errichtete oder übergebene Urkunden zurückbehalten (§ 10).

13 Ist der Kostenschuldner imstande, einen Teil der Gebühren aufzubringen, so ist in entsprechender Anwendung von § 115 ZPO die Befreiung nur entsprechend zu gewähren.

IX. Verzugszinsen und -schaden

14 Die bürgerlich-rechtlichen Regeln über Verzugszinsen und Verzugsschaden waren nach dem BGH[9] auf Notarkosten nicht anwendbar (kritisch und ausführlich § 154 Rn. 4). Dies entsprach jedenfalls der Rechtslage bis zum 1. 1. 2002. Zwischen dem 1. 1. 2002 und 1. 7. 2004 wurde in § 17 ein neuer Abs. 4 einfügt, wonach erstmals eine Verzinsungsregelung in die KostO aufgenommen wurde. § 17 Abs. 4 regelt, dass Ansprüche auf Zahlung und Rückerstattung von Kosten nicht verzinst werden. § 143 Abs. 1 bestimmt für Notare, denen die Gebühren für ihre Tätigkeit selbst zufließen, dass § 17 Abs. 4 nicht anzuwenden ist. Aufgrund der auf Gebührennotare nicht anwendbaren Bestimmung in § 17 Abs. 4 wurde seit 1. 1. 2002 bereits vertreten, dass der Notar Verzugszinsen auf fällige Kostenforderungen nach den allgemeinen bürgerlich-rechtlichen Bestimmungen erheben konnte (s. § 154 Rn. 4a und § 17 Rn. 36 ff.).

14a Mit Wirkung vom 1. 7. 2004 bestimmt sich die Verzinsung des Kostenanspruchs der Notare nach dem neu eingefügten § 154a.[9] S. hierzu im Einzelnen bei § 154a.

14b Die Verzinsung von Erstattungsansprüchen des Kostenschuldners wurde, obwohl Zinsen schon nach bisheriger Rechtslage zum Schadenersatz gemäß § 157 gehörten, ebenfalls mit Wirkung zum 1. 7. 2004 durch Einfügung eines Satzes 3 in § 157 Abs. 1 neu geregelt (s. dort).

---

[9] NJW 1989, 2615.

§ 140 Verbot der Gebührenvereinbarung

¹Die Kosten der Notare bestimmen sich, soweit bundesrechtlich nichts anderes vorgeschrieben ist, ausschließlich nach diesem Gesetz. ²Vereinbarungen über die Höhe der Kosten sind unwirksam.

I. Allgemeines

S. 1 spricht für die Kosten der Notare das aus, was § 1 für die Gerichtskosten regelt; sie bestimmen sich ausschließlich nach diesem Gesetz, soweit nicht bundesgesetzlich ein anderes bestimmt ist. Dies gilt aber nur für Amtstätigkeit der Notare iS des 3. Abschnitts der BNotO, nicht also für Geschäfte, die nicht zu den Berufsaufgaben der Notare gehören (vgl. Vor § 140). Wegen der landesgesetzlichen Kostenvorschriften vgl. § 158. Im Übrigen tritt für ein Geschäft, für das eine Gebühr nicht besonders bestimmt ist und das auch nicht gebührenfreies Nebengeschäft ist, die allgemeine (Hilfs-)Gebühr des § 147 ein. Wie aber § 1 für die Gerichtskosten den Vorbehalt macht „soweit nicht bundesgesetzlich ein anderes bestimmt ist", so gilt nach § 140 dieser Vorbehalt auch für die Kosten der Notare (vgl. § 144).

1

II. Umfang des Verbots

§ 140 S. 2 erklärt **Vereinbarungen über die Höhe der Kosten** (Gebühren und Auslagen) für unwirksam. Der Notar ist gemäß § 17 BNotO verpflichtet, die gesetzlich vorgeschriebenen Gebühren zu erheben (s. Rn. 6). Unwirksam ist sowohl die Vereinbarung **geringerer** als auch die **höherer** Gebühren und Auslagen. Dies gilt für alle Kosten, die durch die KostO geregelt sind, mit anderen Worten nicht für Geschäfte, die nicht zur Berufstätigkeit der Notare gehören, wie zB für Vermögensverwaltungen oder Testamentsvollstreckertätigkeiten. Das Verbot erfasst auch Vereinbarungen über den der Gebührenberechnung zugrunde zu legenden **Geschäftswert**.[1] Ein Verstoß gegen § 140 liegt insbesondere vor, wenn der Notar seiner Gebührenberechnung wissentlich einen unzutreffenden Geschäftswert zugrunde legt[2] oder eine ordnungsgemäße Ermittlung unterlässt.

2

Hat der Notar den Verkehrswert für Grundbesitz zu ermitteln, liegt eine unzulässige Gebührenvereinbarung vor, wenn er nicht alle zur Feststellung des Verkehrswertes vorliegenden Anhaltspunkte verwendet und sich mit der Feststellung des Einheitswertes begnügt.[3] Gleiches gilt bei einer einvernehmlichen Regelung über einen Geschäftswert, wenn sich dieser innerhalb der Grenzen bewegt, welche von der Rspr. festgelegt worden ist.[4]

3

Dies schließt nicht aus, dass der Notar den Beteiligten auf Befragen über die Höhe der voraussichtlich entstehenden Kosten oder über den Geschäftswert **„Auskunft"** gibt. Aber diese „Auskunft" hat keine bindende Kraft; denn wenn man annehmen wollte, mit dieser „Auskunft" und dem sich anschließenden Auftrag sei eine Gebührenvereinbarung zustande gekommen, so wäre diese eben „unwirksam". Aus der unrichtigen Angabe der Gebühr kann aber ein Anspruch auf Schadenersatz erwachsen, wenn bei richtiger Angabe das Geschäft unterblieben wäre, worüber im Verfahren nach § 156 zu entscheiden ist.[5] Allerdings ist die Grenze zur unzulässigen Gebührenvereinbarung dann fließend, wenn ohne gerichtliche Entscheidung über den Schadensersatzanspruch des Kostenschuldners der Notar den Anspruch anerkennt und Aufrechnung mit den korrekt ermittelten Kosten erfolgt. Für § 16 ist hier kein Raum, weil dem Notar bei einer unzutreffenden Kostenauskunft keine

4

---
[1] OLG Schleswig JurBüro 1965, 822 = JVBl. 1965, 282; DNotZ 1985, 779 m. Anm. *Lappe*.
[2] OLG Schleswig JurBüro 1965, 822 = JVBl. 1965, 282; DNotZ 1985, 779 m. Anm. *Lappe*.
[3] OLG Hamm DNotZ 1971, 125 = MittBayNot 1971, 104; DNotZ 1974, 311 = Rpfleger 1973, 228.
[4] *Lappe* DNotZ 1985, 782; NJW 1988, 3155; § 140 Rn. 7.
[5] KG DNotZ 1938, 49; OLG Düsseldorf Rpfleger 1954, 381 = DNotZ 1954, 434 m. Anm. *Ackermann*; OLG Celle DNotZ 1954, 436; s. auch § 16 Rn. 53.

unrichtige Sachbehandlung unterlaufen ist.[6] Unbeschadet des **Rechts** des Notars, auf Anfrage über voraussichtlich entstehende Kosten Auskunft zu geben, besteht eine **Pflicht zur Kostenauskunft** nur dann, wenn ein Beurkundungsauftrag erteilt wird und die Beteiligten **nach** Auftragserteilung die Höhe der voraussichtlich entstehenden Kosten wissen wollen. Unterbleibt in einem solchen Falle wegen der vom Notar bekannt gegebenen Kosten die Beurkundung, so sind Gebühren wegen Antragsrücknahme zu erheben.

5 Eine Vereinbarung des Notars mit den Beteiligten, dass eine notarielle Tätigkeit gebührenmäßig als **Anwaltstätigkeit** zu behandeln sei, ist Gebührenvereinbarung iS des S. 2 und daher unwirksam, ebenso eine Vereinbarung, wonach für eine anwaltliche Tätigkeit die Gebühr nach KostO erhoben wird.[7] Vereinbart der Rechtsanwalt und Notar ein „**Gesamthonorar**", das beide Tätigkeiten abgelten soll, so müssen gleichwohl die Notarkosten in nachvollziehbarer Weise entsprechend § 154 Abs. 1, 2 ausgewiesen werden.[8]

6 Auch in ungewöhnlicher Beurkundungsweise kann manchmal ein Gebührenverzicht liegen; s. § 37 Rn. 19. Ein solch unzulässiger Verzicht ist auch dann gegeben, wenn der Notar nach Beurkundung feststellt, dass die zunächst in Rechnung gestellten Gebühren nicht den gesetzlichen Bestimmungen entsprechen und er die gebotene Nachberechnung unterlässt.[9] Gegen eine solche Nachforderung kann auch nicht innerhalb der Verjährungsfrist die Einrede der Verwirkung geltend gemacht werden.[10]

III. Erlass, Vergleich

7 Eine andere Frage ist, ob die Kostenschuld ebenso aus **Billigkeitsgründen** erlassen werden kann wie die Gerichtskosten. Soweit die Kostenforderung der Landeskasse zusteht, gelten die gleichen Bestimmungen wie für die Gerichtskosten. Fließen die Gebühren dem Notar selbst zu, so ist es dem Notar grundsätzlich nicht erlaubt, auf eine bereits entstandene Kostenforderung nachträglich zu verzichten.[11] Dies gilt auch für eine vergleichsweise Vereinbarung. Nach Ziff. VI. 3.1. der Richtlinien der Bundesnotarkammer[12] hat der Notar Gebühren in angemessener Frist einzufordern und sie bei Nichtzahlung im Regelfall beizutreiben. Weiter regelt Ziff. VI. 3.2.:

> Das Versprechen und Gewähren von Vorteilen im Zusammenhang mit einem Amtsgeschäft sowie jede Beteiligung Dritter an Gebühren ist unzulässig.
> Insbesondere ist es dem Notar verboten,
> a) ihm zustehende Gebühren zurückzuerstatten,
> b) Vermittlungsentgelte für Urkundsgeschäfte oder
> c) Entgelte für Urkundsentwürfe zu leisten,
> d) zur Kompensation von Notargebühren Entgelte für Gutachten oder sonstige Leistungen Dritter zu gewähren oder auf ihm aus anderer Tätigkeit zustehende Gebühren zu verzichten.

8 Diese Richtlinienempfehlungen, welche von der BNotK in der außerordentlichen Vertreterversammlung am 20. 1. 1999 in Ausschöpfung der mit dem Dritten Gesetz zur Änderung des Bundesnotarordnung und anderer Gesetze (BGBl. I S. 2585) geschaffenen Kompetenz beschlossen wurden, sind an die Stelle der „Allgemeinen Richtlinien für die Berufsausübung der Notare"[13] getreten. Den Notarkammern obliegt es, wie es in § 67 Abs. 2 BNotO heißt, in ihren Richtlinien die Amtspflichten und sonstigen Pflichten ihrer Mitglieder im Rahmen der gesetzlichen Vorschriften und auf deren Grundlagen erlassenen Verordnungen durch Satzung näher zu bestimmen.[14] Die Richtlinienempfehlungen der BNotK sind in aller Regel von den Notarkammern übernommen worden, zB Landesnotarkammer Bayern (Amtliches Mitteilungsblatt der LNotK Bayern und der Notarkasse, Nr. 3/99).

---

[6] Insoweit ungenau BayObLG JurBüro 1980, 914.
[7] OLG Hamm DNotZ 1956, 154.
[8] BGH DNotZ 1986, 758.
[9] LG Würzburg MittBayNot 1980, 124.
[10] LG München I MittBayNot 1956, 80.
[11] *Schippel/Bracker/Schäfer* § 17 BNotO Rn. 26; OLG Zweibrücken DNotZ 1977, 57.
[12] DNotZ 1999, 259.
[13] DNotZ 1963, 130.
[14] *Schippel* § 67 BNotO Rn. 26 ff.

Gleichwohl wird darüber hinaus der Notarkammer (Notarkasse) das Recht, einem Vergleich im Einzelfall zuzustimmen, eingeräumt werden müssen bei Vergleichen zum Zwecke der Abwendung eines Insolvenzverfahrens des Kostenschuldners, wenn die zwangsweise Beitreibung der Kosten zu keinem größeren Erfolg führen kann als eine vergleichsweise Regelung. Dies gilt aber nicht bei freiwilligen Vergleichen im Kostenverfahren nach § 156 oder zur Abwendung eines Kostenverfahrens.[15]

Vergleich über Gegenforderung und unselbständige Einwendungen/Einreden. 10
Betrifft der Vergleich nicht unmittelbar die Kostenforderung, sondern eine Gegenforderung, die der Kostenforderung als unselbständige, d. h. auf der Gegenforderung beruhende, Einwendung/Einrede entgegengehalten werden kann, steht § 140 Satz 2 einem Vergleich nicht entgegen. Als unselbständige rechtsvernichtende Einwendung kommt beispielsweise die Aufrechnung, als unselbständige rechtshemmende Einrede ein Zurückbehaltungsrecht in Betracht. Die Parteien treffen in diesem Fall keine unzulässige Vereinbarung über die Notarkosten, sondern einigen sich über Grund und Höhe des Gegenanspruchs. Der Gegenanspruch ist einer vergleichsweisen Regelung zugänglich. Die Kostenforderung wird so in einen Vergleich nur mittelbar einbezogen. Das Entstehen der Kostenforderung und ihre Höhe als solche bleiben dabei unstrittig. Die Kostenforderung wird erst im Nachhinein auf Grund der auf der Gegenforderung beruhenden Einwendung/Einrede zum Erlöschen gebracht (zB bei Aufrechnung) oder kann nicht mehr durchgesetzt werden (zB beim Zurückbehaltungsrecht).[16]

Gegenforderungen. Als vom Kostenschuldner geltend gemachte Gegenforderungen 11
kommen vor allem Schadensersatzansprüche in Betracht. Ist die Schadensersatzforderung zwischen den Parteien strittig, können sie diesen Streit im Wege des Vergleichs beilegen. Die vergleichsweise geregelte Schadensersatzforderung kann der Kostenforderung dann als Einwendung/Einrede entgegen gehalten werden. Dies kann auch im Kostenbeschwerdeverfahren gemäß § 156 geschehen, wobei Rspr. und Literatur hier die Möglichkeit der Geltendmachung von Einwendungen von vornherein auf solche Einwendungen einschränken, die aus typisch mit der Notartätigkeit zusammenhängenden Tatbeständen erwachsen. Gegenansprüche, die auf einer Amtstätigkeit beruhen, die nicht Gegenstand der Kostenberechnung sind, können gegen die Kostenforderung nur aufgerechnet werden, wenn sie unstreitig oder rechtskräftig festgestellt sind, s. hierzu bei § 156 Rn. 26.

Vergleich über die Kostenforderung und selbständige Einwendungen/Einreden. 12
Sind hingegen das Entstehen der Kostenforderung, deren Höhe oder selbständige Einwendungen/Einreden gegen die Kostenforderung Gegenstand des Vergleichs, ist § 140 Satz 2 einschlägig. Ein Vergleich ist hier nur in besonderen Ausnahmefällen zulässig.

Gegenstand des Vergleichs, Geschäftswert, Gebührensatz. Eine – grundsätzlich 13
unzulässige – Vereinbarung über die Höhe der Gebühr liegt sowohl in einer Einigung über die absolute Höhe der Gebühr als auch in einer Einigung über die Höhe des zugrunde liegenden Geschäftswerts oder dessen Berechnung oder den zur Anwendung kommenden Gebührensatz.

Entstehen der Gebühr. § 140 Satz 2 erfasst nicht nur eine Vereinbarung über die 14
Höhe der Kosten nach oben oder unten, sondern nach seinem Normzweck erst recht eine Vereinbarung über das Entstehen von Kosten.[17] Zu diesem Bereich gehören auch Vereinbarungen über die Frage der Kostenschuldnerschaft.

Selbständige Einwendungen/Einreden. Selbständige Einwendungen/Einreden sind 15
solche, die nicht auf einer Gegenforderung beruhen. Hierzu gehören beispielsweise die Stundung, die Verjährung und der Erlass. Bei einer Abrede, die eine selbständige Einwendung/Einrede begründet, handelt es sich zwar nicht um eine Vereinbarung über die Höhe der Gebühren im Wortsinne des § 140 Satz 2. Um jedoch das Verbot des § 140 Satz 2 nicht ohne weiteres zu unterlaufen, müssen auch solche vertraglichen Abreden mit einbe-

---

[15] BGH DNotZ 1988, 448 = MDR 1988, 34 = NJW 1988, 65.
[16] So sieht es auch der BGH NJW 1988, 65 in Buchst. b dd) letzter Absatz.
[17] *Hartmann* Rn. 3.

zogen werden (s. § 140 Rn. 8). Hierunter fällt auch eine Vereinbarung über die Nichterhebung von Kosten wegen unrichtiger Sachbehandlung iS von § 16.

16 **Zulässigkeit eines Vergleichs.** § 140 Satz 2 steht einem Vergleich über Notarkosten grundsätzlich entgegen. Jedoch hat der BGH[18] einen gerichtlichen Vergleich über eine Kostenforderung – im streitigen ZPO-Verfahren – unter folgenden Voraussetzungen als zulässig erachtet: Es muss Ungewissheit über den Grund und die Höhe der notariellen Kostenforderung bestehen. Ein unzweifelhaft bestehender Kostenanspruch kann nicht vergleichsweise in seiner Höhe geändert werden. Das Gericht darf sich nicht auf die Protokollierung des Vergleichs beschränken, sondern muss bestimmenden Einfluss auf den Vergleich nehmen. Der Vergleich muss die Höhe der in ihm geregelten Notarkosten in nachvollziehbarer Weise erkennen lassen und objektiv dem gesetzlich geregelten Kostenanspruch entsprechen. Dies verbietet beispielsweise die Anwendung eines abweichenden Gebührensatzes, wenn vielmehr nur der Geschäftswert streitig ist.[19] Bezieht sich die vergleichsweise Regelung auf den Geschäftswert, muss sich der Wert innerhalb des Rahmens der in der KostO für die Wertbestimmung getroffenen Regelungen halten und kann nicht völlig frei geregelt werden. Die Ungewissheit iS von § 779 BGB über Grund und Höhe der Gebühr, kann regelmäßig auf tatsächlichem oder rechtlichem Gebiet liegen. Angesichts des öffentlich-rechtlichen Charakters der Notargebühren und des Verbots des § 140 Satz 2 sind an die bestehende Ungewissheit bei einem Vergleich über Notargebühren jedoch erhöhte Anforderungen zu stellen. Während es generell bei einem Vergleich nicht auf objektive Sach- oder Rechtslage ankommt und subjektive Zweifel der Beteiligten genügen, muss die Ungewissheit bei einem Vergleich über Notarkosten zumindest objektiv nachvollziehbar sein.

17 **Ungewisser Geschäftswert.** Die Ungewissheit kann in den Normen der KostO selbst angelegt sein. Hier kommen alle Vorschriften in Betracht, die einen Ermessens- oder Beurteilungsspielraum enthalten, wie beispielsweise § 30 Abs. 2 oder § 147 Abs. 2. Eine objektive Unsicherheit kann ferner häufig auf tatsächlichem Gebiet liegen. Ist der Geschäftswert ungewiss, bietet sich ein Vergleich mit § 287 Abs. 2 ZPO an.[20] Danach kann das Gericht die Höhe der Forderung schätzen, wenn die Aufklärung aller maßgebenden Umstände mit Schwierigkeiten verbunden ist, die zur Bedeutung des streitigen Teils der Forderung in keinem Verhältnis stehen. Beispielhaft für eine tatsächliche Unsicherheit ist die Festsetzung des Geschäftswertes im Rahmen von § 19 Abs. 2. Dieser Wert lässt sich nicht exakt mathematisch errechnen, sondern kann nur auf Grund sämtlicher einzubeziehender Umstände veranschlagt werden. Eine objektive rechtliche Unsicherheit ist insbesondere denkbar bei divergierender Rspr. der Oberlandesgerichte.

IV. Stundung, Nichterhebung des Kostenvorschusses

18 Die vertragliche Abrede der Stundung oder einer Ratenzahlung ist zwar keine Vereinbarung über die „Höhe der Kosten". Dem klaren Normzweck des § 140 entsprechend unterfallen jedoch solche Abreden ebenfalls dem Verbot, soweit nicht Zwangsmaßnahmen zu keinem anderen Erfolg führen würden.[21]

19 Da die Gebühren gemäß § 7 erst mit Beendigung des gebührenpflichtigen Geschäftes fällig werden, kann in der Nichterhebung des Kostenvorschusses gemäß § 8 Abs. 1 keine Gebührenvereinbarung gesehen werden (vgl. § 154 Rn. 3). Darüber hinaus gestattet die Schwierigkeit, Geschäftswert und Gebührensatz vor Beurkundung korrekt zu ermitteln, regelmäßig nicht die Erhebung des richtigen Kostenvorschusses. Macht der Notar von seinem Recht, einen Vorschuss zu verlangen, keinen Gebrauch, liegt keine Amtspflichtverletzung gegenüber den anderen Urkundenbeteiligten vor.[22]

---

[18] DNotZ 1988, 448 = MDR 1988, 34 = NJW 1988, 65.
[19] *Wudy* NotBZ 2006, 69.
[20] *Lappe* DNotZ 1985, 782; *ders.* NJW 1988, 3135; zum gerichtlichen Vergleich über Notarkosten BGH NJW 1988, 65.
[21] S. auch *Tiedtke/Fembacher* ZNotP 2004, 256 = MittBayNot 2004, 317.
[22] BayObLGZ 1992, 7 = DNotZ 1992, 51.

V. Prozesskostenhilfe

Die Gewährung der Prozesskostenhilfe regelt § 17 Abs. 2 BNotO (s. Vor § 140 Rn. 9 ff.). Gegen die Verweigerung ist der Rechtsweg zum Landgericht gegeben (§ 15 BNotO). Der Notar kann nachfordern; dagegen Rechtsweg gemäß § 156. **20**

§ 141 Anwendung des Ersten Teils

Für die Kosten der Notare gelten die Vorschriften des Ersten Teils dieses Gesetzes entsprechend, soweit in den nachstehenden Vorschriften nichts anderes bestimmt ist.

Die Kosten der Notare werden in § 141 im Allgemeinen durch Bezugnahme auf den Ersten Teil (Gerichtskosten) geregelt. Soweit Notare für Geschäfte zuständig sind, für die die Gebühren und Auslagen im Ersten Teil geregelt sind, gelten für die Kosten der Notare die Vorschriften des Ersten Teiles, jedoch mit einigen Abweichungen und Ergänzungen. Für die Urkundstätigkeit der Notare gelten hiernach die §§ 36 bis 59, für die Herstellung von Teilhypothekenbriefen der § 71 Abs. 1 dieses Gesetzes, außerdem auch die Vorschriften über Auslagen (§§ 136 bis 139). Die Gebühren für Vermittlung von Auseinandersetzungen (§ 116) sind im § 148 für Notare zum Teil anders geregelt. **1**

Wo den Notaren – wie in Württemberg und Baden – noch Geschäfte des Grundbuchamts, des Vormundschafts- und des Nachlassgerichts und des Vollstreckungsgerichts übertragen sind (vgl. Vor § 140), gelten für die Kosten die Vorschriften des Ersten Teils der KostO unmittelbar. Wegen der Nichtanwendbarkeit bestimmter Vorschriften des Ersten Teils auf Gebührennotare vgl. § 143. **2**

§ 142 Entscheidung durch das Amtsgericht in Baden-Württemberg

Soweit im Lande Baden-Württemberg die Gebühren für die Tätigkeit des Notars der Staatskasse zufließen, entscheidet in den Fällen des § 14 Abs. 2 und des § 31 (Erinnerung gegen den Kostenansatz, Festsetzung des Geschäftswerts) das Amtsgericht, in dessen Bezirk der Notar (Bezirksnotar) seinen Amtssitz hat.

Erläuterungen s. § 143.

§ 143* Nichtanwendung des Ersten Teils

(1) Fließen die Gebühren für die Tätigkeit des Notars diesem selbst zu, so finden die folgenden Vorschriften des Ersten Teils keine Anwendung:
§§ 11 und 13 (Allgemeine Vorschriften über Kostenbefreiungen, Gebührenfreiheit für einzelne Gesamtschuldner),
§ 14 (Kostenansatz, Erinnerung, Beschwerde),
§ 15 (Nachforderung),
§ 16 Abs. 2 (Entscheidung über die Nichterhebung von Kosten),
§ 17 Abs. 4 (Verzinsung),
§ 31 (Festsetzung des Geschäftswerts),
§ 136 Abs. 5 (Dokumentenpauschale bei zur Verfügung gestellten Entwürfen),
§ 137 Abs. 1 Nr. 8, § 139 (Rechnungsgebühren).

---

* § 143 geändert durch Gesetz vom 20. 8. 1975 (BGBl. I S. 2189), Abs. 2 angefügt, früherer Textteil wurde Abs. 1 und geändert durch Gesetz vom 15. 6. 1989 (BGBl. I S. 1082), Abs. 1 geändert durch Gesetz vom 24. 6. 1994 (BGBl. I S. 1325), durch Gesetz vom 26. 11. 2001 (BGBl. I S. 3138) und vom 10. 12. 2001 (BGBl. I S. 3422). § 136 Abs. 5 ist durch das KostRMoG aufgehoben worden, § 137 Nr. 9 nach ihm § 137 Abs. 1 Nr. 8. Abs. 1 geändert mWv. 31. 12. 2006 und mWv. 1. 1. 2008 durch Gesetz vom 22. 12. 2006 (BGBl. I S. 3416).

§ 143 2. Teil. Kosten der Notare

(2) ¹Bundes- oder landesrechtliche Vorschriften, die Gebühren- oder Auslagenbefreiung gewähren, finden keine Anwendung auf den Notar, dem die Gebühren für seine Tätigkeit selbst zufließen. ²Außer in den Fällen der Kostenerstattung zwischen den Trägern der Sozialhilfe gilt die in § 64 Abs. 2 Satz 3 Nr. 2 des Zehnten Buches Sozialgesetzbuch bestimmte Gebührenfreiheit auch für den Notar.

I. Allgemeines

§§ 142 und 143 unterscheiden:

1 – Notare, deren Gebühren zur **Landeskasse** fließen (Bezirksnotare in Württemberg und Amtsnotare in Baden; für die Bezirksnotare bestehen jedoch einige Ausnahmen, vgl. Vor § 140);

2 – Notare, denen die Gebühren **selbst** zufließen (in den übrigen Ländern und in Württemberg die Anwalts-Notare und öffentlichen Notare).

3 In **Baden-Württemberg** gelten für die **Bezirksnotare** im früheren Landesteil Württemberg und die Notare im früheren Landesteil Baden alle allgemeinen Bestimmungen (§§ 2 bis 35) und alle Vorschriften über die Auslagen (§§ 136 ff.), namentlich auch die allgemeinen Vorschriften über Kostenbefreiungen, Gebührenfreiheit für einzelne Kostenschuldner (§§ 11, 13); über den Kostenersatz und die Rechtsbehelfe gegen ihn (§ 14) sowie über die Festsetzung des Geschäftswerts (§ 31); über Erinnerungen gegen den Kostenansatz (§ 14 Abs. 2) und die Festsetzung des Geschäftswerts (§ 31) entscheidet das Amtsgericht, in dessen Bezirk der Notar seinen Amtssitz hat (§ 142). Die Beschwerde gegen dessen Entscheidung (§ 14 Abs. 3, § 31 Abs. 3) geht an das übergeordnete Landgericht. Auch die Vorschriften über Rechnungsgebühren (§ 139) finden Anwendung. Über die Nichterhebung von Kosten wegen unrichtiger Behandlung der Sache usw. (§ 16) entscheidet hier zunächst der Notar selbst; erst über Erinnerungen des Kostenschuldners entscheidet das Amtsgericht gemäß § 14 Abs. 2.¹ Aber auch im Verwaltungswege kann die Nichterhebung angeordnet werden, solange das Amtsgericht keine Entscheidung getroffen hat.

4 In den **anderen Ländern** fließen die Gebühren den Notaren selbst zu. Sie berechnen auch ihre Kosten selbst. § 154 gibt dafür besondere Vorschriften. Durch Gesetz vom 15. 6. 1989 (BGBl. I S. 1082) ist die Kostenbefreiungsvorschrift des § 11 in die in § 143 Abs. 1 enthaltene Aufzählung der Vorschriften, die für Gebühren-Notare keine Anwendung finden, aufgenommen worden. Gleiches gilt für § 13, der Regelungen für den Fall enthält, in dem einzelnen Gesamtschuldnern Gebührenfreiheit zusteht, weil eine entsprechende Regelung für die Gebührenermäßigung in § 144 Abs. 3 enthalten ist. Auch die Rechtsbehelfe und die Wertfestsetzung (§ 14, § 31) sind besonders geregelt (§ 156). Infolgedessen erklärt § 143 den § 14 und den § 31 für unanwendbar. Er schaltet auch den § 15 über die Nachforderung aus. § 16 Abs. 1 (Nichterhebung wegen unrichtiger Sachbehandlung), der früher durch § 144 Abs. 3 ausgeschlossen, aber doch von der Rspr. für anwendbar erklärt wurde, ist durch § 143 ausdrücklich für anwendbar auf Gebührennotare normiert.

5 Auch § 17 Abs. 3 S. 2 und 3 – nach § 144 Abs. 3 früher auf Gebühren-Notare nicht anwendbar – ist für diese anzuwenden, womit eine alte Streitfrage erledigt ist. Im Übrigen vgl. zu seiner Anwendung die Kommentierung zu § 17 Abs. 3.

6 Die in § 17 Abs. 1 angeordnete vierjährige Verjährungsfrist war nach § 143 Abs. 1 aF für Kostenforderungen der Gebührennotare bis zum 1. 1. 2002 nicht anwendbar. Für die Verjährung galt § 196 Abs. 1 Nr. 15 BGB aF. Die Verjährung begann gemäß § 201 BGB aF mit dem Schluss des Jahres, in welchem der Anspruch des Notars fällig geworden ist. Durch das Schuldrechtsmodernisierungsgesetz ist § 196 Abs. 1 Nr. 15 BGB aufgehoben worden. Mit der damit verbundenen Änderung des § 143 Abs. 1 wurde die Nichtanwendbarkeit des § 17 Abs. 1, 2, 3 S. 1 auf Gebührennotare gestrichen. Daraus folgt, dass auch die Kostenforderungen der Gebührennotare künftig gemäß § 17 verjähren, also nicht mehr in zwei Jahren, sondern in **vier Jahren**. Die unterschiedlichen Verjährungsregeln von Kos-

---

¹ OLG Karlsruhe FGPrax 2007, 146.

Nichtanwendung des Ersten Teils **§ 143**

tenansprüchen der Gerichte und der Gebührennotare wurden damit beseitigt. Unverändert beginnt die Verjährung von Kostenforderungen gemäß § 17 Abs. 1 mit Ablauf des Kalenderjahres, in dem der Anspruch entstanden ist (für Kostenforderungen von Gebührenforderungen früher § 201 BGB aF). Maßgebend ist hier die Beendigung der Amtshandlung, nicht erst die grundbuchmäßige Erledigung des Geschäfts,[2] bei Nachtragsbeurkundungen der Zeitpunkt der Vornahme,[3] in den Fällen § 19 Abs. 2 S. 4 wohl erst mit dem Nachweis des Einheitswertes. Die Übergangsvorschrift in § 161 regelt, dass für Kosten, die vor Inkrafttreten einer Gesetzesänderung fällig geworden sind, das bisherige Recht gilt. Für vor dem 1. 1. 2002 fällig gewordene Kosten gilt somit noch die zweijährige Verjährungsfrist nach § 196 Abs. 1 Nr. 15 BGB aF. Für Erstattungsansprüche gilt ab 1. 1. 2002 ebenfalls die vierjährige Verjährungsfrist. Im Übrigen s. § 17 und § 157.

Die Vorschriften des BGB über Hemmung und den Neubeginn der Verjährung sind entsprechend anzuwenden. **7**

Der Neubeginn der Verjährung kann herbeigeführt werden durch:
- Übersendung einer **Kostenberechnung** nach § 154[4] oder Zustellung einer vollstreckbaren Kostenberechnung nach § 155. Jedoch kann ein Neubeginn der Verjährung durch Zahlungsaufforderung nicht wiederholt herbeigeführt werden.[5] Die Zustellung einer vollstreckbaren Ausfertigung der Kostenberechnung erfüllt jedoch nicht einen neben der Zahlungsaufforderung durch Übersendung einer formgerechten Kostenberechnung stehenden zusätzlichen Tatbestand zur Herbeiführung eines Neubeginns der Verjährung. Der Neubeginn der Verjährung kann durch die Zustellung der vollstreckbaren Ausfertigung nur dann herbeigeführt werden, wenn die vorher übersandten Zahlungsaufforderungen nicht § 154 entsprochen haben und damit auf die Verjährung ohne Einfluss waren. Durch Zusendung einer nicht den Vorschriften der KostO entsprechenden Kostenberechnung kann der Neubeginn der Verjährung so wenig erreicht werden wie durch einen unzulässigen Zahlungsbefehl.[6] **7a**
- Einleitung von **Vollstreckungshandlungen** gemäß § 212 Abs. 1 BGB. **7b**
- Eine dem Schuldner mitgeteilte **Stundung**, § 17 Abs. 3 S. 2. Auch hier ist vorausgesetzt, dass dem Schuldner eine gesetzmäßige Einforderung der Kosten (also Kostenberechnung nach § 154) zugegangen oder gleichzeitig erfolgt ist.[7] **7c**
- **Anerkenntnis** und Abschlagszahlung.[8] **7d**

Die **Anrufung des LG** durch den Notar auf Grund einer Beanstandung des Kostenschuldners oder auf Weisung der vorgesetzten Dienstbehörde hemmt die Verjährung.[9] Die Verjährung des Gebührenanspruchs des Notars wird auch gehemmt, wenn der Gebührenschuldner selbst die gerichtliche Prüfung der Kostenrechnung nach § 156 beantragt.[10] Nach dem Wortlaut des § 204 Abs. 1 BGB hemmt nur die gerichtliche Geltendmachung durch den Anspruchsinhaber die Verjährung. Da der Notar selbst nach den Sonderregeln des § 156, anders als im zivilrechtlichen Bereich der Anspruchsinhaber, nicht ohne weiteres von sich aus in der Lage ist, seinen Anspruch gerichtlich überprüfen zu lassen, ist der Rechtsgedanke und nicht der reine Wortlaut des § 204 Abs. 1 BGB einschlägig.[11] **7e**

---

[2] LG Aachen DNotZ 1957, 208.
[3] LG Bochum MittBayNot 1956, 280.
[4] OLG Düsseldorf JurBüro 1975, 810; KG DNotZ 1962, 428; OLG Köln DNotZ 1957, 214; OLG Hamm DNotZ 1980, 233.
[5] OLG Celle DNotZ 1976, 759; dagegen Schriftleitung MittBayNot 1976, 235; *Mümmler* JurBüro 1977, 29.
[6] OLG Düsseldorf MDR 1958, 527; KG DNotZ 1962, 431; OLG Düsseldorf ZNotP 2001, 207.
[7] KG DNotZ 1962, 431.
[8] LG Berlin DNotZ 1941, 344 = JVBl. 1941, 173 m. zutr. Anm. *Müller*.
[9] LG Berlin (vorige Fn.); OLG Düsseldorf DNotZ 1978, 316 = Rpfleger 1977, 461; OLG Hamm DNotZ 1980, 243; *Heinz* NotBZ 2007, 127.
[10] OLG Düsseldorf DNotZ 1978, 316 = Rpfleger 1977, 461; OLG Zweibrücken JurBüro 1989, 663.
[11] AA zur alten Rechtslage des § 209 Abs. 1 BGB LG Bad Kreuznach JurBüro 1988, 1710; OLG Hamm Rpfleger 1949, 429, wonach erst dem Antrag des Notars auf Zurückweisung der Beschwerde verjährungsrelevante Wirkung zukommt; hierzu auch LG Berlin DNotZ 1941, 43; *Rohs/Wedewer* Rn. 8.

§ 143

8 Bei Kostenbeträgen **unter 25 Euro** wird die Verjährung gemäß § 17 Abs. 3 S. 3 weder gehemmt, noch beginnt sie neu.

8a Hat der Kostenschuldner durch Täuschung oder anderes **arglistiges Verhalten** vor Ablauf der Verjährung die Erhebung oder Nacherhebung von Kosten verhindert, so kann er sich insoweit nicht auf Verjährung berufen.[12] Der Kostenschuldner kann der Kostenberechnung des Notars nicht die an sich gegebene Einrede der Verjährung entgegensetzen, wenn er, selbst wenn unabsichtlich, durch sein Verhalten mit Anlass dazu gegeben hat, dass der Notar die Verjährungsfrist verstreichen ließ.[13]

9 Ist der Notar zur **Wertfestsetzung** auf die Mitwirkung des Kostenschuldners angewiesen (zB Bilanzvorlage), so kann er, wenn dieser untätig bleibt, zur Schätzung schreiten, nach kurzer Wartefrist (ca. drei Monate). Begegnet der Notar der Verjährungseinrede des Schuldners mit der Einwendung der unzulässigen Rechtsausübung, weil dieser entgegen seiner Zusicherung eine Bilanz nicht vorgelegt habe, so hat der Notar vom Wegfall der sein bisheriges Zuwarten rechtfertigenden Umstände an noch eine angemessene, allerdings regelmäßig kurze Wartefrist zur Herbeiführung des Neubeginns der Verjährung.[14]

10 Allein durch die **Zustellung der vollstreckbaren Ausfertigung** der Kostenberechnung wurde schon nach früherem Recht die Verjährung nach einhelliger Rspr. nicht auf 30 Jahre verlängert.[15] § 218 aF BGB galt für Kosten, die vor dem 1. 1. 2002 fällig geworden sind entsprechend, wenn die vollstreckbare Kostenberechnung nach Ablauf der Beschwerdefrist gemäß § 156 Abs. 3 unanfechtbar geworden ist oder die Kostenberechnung im Verfahren nach § 156 bestätigt ist.[16] Auch sonst wird die vollstreckbare Kostenberechnung einem Vollsteckungsbefehl gleichgestellt.[17] Zur neuen Rechtslage s. Rn. 6.

11 Einer **Verwirkung** unterliegt der Kostenanspruch wegen der gesetzlich angeordneten kurzen Verjährungsfrist nicht.[18] Der Kostenanspruch bleibt also auch dann bestehen, wenn der Notar ihn solange nicht geltend gemacht hat, dass der Kostenschuldner annehmen konnte, der Anspruch habe überhaupt nicht bestanden oder werde doch wenigstens nicht mehr geltend gemacht werden.[19] Ansprüche von Kostenschuldners auf Rückerstattung zu viel erhobener Kosten verjähren in vier Jahren (früher 30 Jahre) vgl. § 157; § 817 S. 2 BGB steht dem Rückzahlungsanspruch nicht entgegen.[20]

12 Auch die Einziehung der Kosten ist anders geregelt (§ 155). Von den Vorschriften über die Auslagen gelten nicht der § 137 Abs. 1 Nr. 7 und § 139 (Rechnungsgebühren). Dagegen gewährt § 152 diesen Notaren Dokumentenpauschalen und Postgebühren für Mitteilungen an Behörden und § 153 bei Reisen ein Abwesenheitsgeld, das aber auf die den Notaren zustehende Zusatzgebühr für Geschäfte außerhalb der Geschäftsstelle (§ 58 Abs. 1) anzurechnen ist.

II. Gebührenbefreiung

13 Mit Gesetz vom 15. 6. 1989 (BGBl. I S. 1082) ist die Gebührenermäßigung für die Gebührennotare abschließend in der KostO geregelt worden. Nach § 143 Abs. 2 sind bundes-

---

[12] KG DNotZ 1942, 381 = JVBl. 1942, 126.
[13] OLG Hamm Rpfleger 1962, 265: Kostenberechnung sollte erst nach Gebührenüberprüfung erstellt werden, darüber Einigkeit, die Überprüfung hatte sich verzögert.
[14] BayObLG DNotZ 1970, 372 (noch zur Verjährungsunterbrechung).
[15] KG DNotZ 1955, 269; OLG Hamm Rpfleger 1957, 421; OLG Stuttgart BWNotZ 1958, 298; OLG Köln JurBüro 1982, 1555; OLG Celle DNotI-Report 1997, 171.
[16] OLG Oldenburg DNotZ 1990, 330; OLG München DNotZ 1992, 114m. zust. Anm. *Lappe*; OLG Hamburg MittBayNot 1996, 450 = MittRhNotK 1996, 101; OLG Zweibrücken MittBayNot 2000, 578 mwN; BGH DNotZ 2005, 68 = ZNotP 2004, 492; *Rohs* Rpfleger 1957, 422.
[17] *Ackermann* in der Anm. zu OLG Stuttgart (DNotZ 1959, 325); OLG Schleswig DNotZ 1983, 578, 580; vgl. auch § 156 Rn. 18.
[18] LG München MittBayNot 1956, 80; OLG Bremen Rpfleger 1957, 273; KG JFGErg. 21, 126.
[19] KG DNotZ 1966, 556; OLG Stuttgart Rpfleger 1974, 332; zur Frage der Inanspruchnahme eines Gesamtschuldners „bis an die Grenze der Arglist" OLG Düsseldorf MittRhNotK 1986, 104.
[20] KG Rpfleger 1960, 347; wegen der Verjährung nach § 46 Abs. 5 s. § 46 Rn. 37.

Gebührenermäßigung § 144

oder landesrechtliche Vorschriften, die Gebühren- oder Auslagenbefreiung gewähren, nicht mehr anzuwenden.

§ 143 Abs. 2 S. 2 entspricht der früheren Regelung in § 144 Abs. 2 (aF). Er erfasst außer in den Fällen der Kostenerstattung zwischen den Trägern der Sozialhilfe die in § 64 Abs. 2 S. 3 Nr. 2 des Zehnten Buches Sozialgesetzbuch (SGB X) bestimmte Gebührenfreiheit auch für den Gebührennotar. Befreit von Kosten sind also Beurkundungen und Beglaubigungen, die im Sozialhilferecht aus Anlass der Beantragung, Erbringung oder Erstattung einer nach dem SGB X/SGB XII vorgesehenen Leistung benötigt werden (§ 64 Abs. 2 S. 3 Nr. 2 SGB X).[21] Gleiches gilt für die Beglaubigungen und Beurkundungen im Recht der Grundsicherung für Arbeitssuchende, im Recht der Grundsicherung im Alter und bei Erwerbsminderung, im Kinder- und Jugendhilferecht sowie im Recht der Kriegsopferfürsorge aus Anlass der Beantragung, Erbringung oder Erstattung einer nach dem Zwölften Sozialgesetzbuch, dem Zweiten und dem Achten Sozialgesetzbuch oder dem Bundesversorgungsgesetz vorsehenden Leistung. § 143 Abs. 2 S. 2 trifft keine Aussage, welche Gebühren der vollen Befreiung unterliegen; insoweit ist § 144 Abs. 1 analog anzuwenden. Demzufolge unterfallen der vollen Befreiung die Gebühren nach §§ 36 bis 59, 71, 133, 145 und 148; ausgenommen von der Befreiung sind Gebühren nach §§ 146, 147, 149 und 150.[22] Auch sind Auslagen zu erheben.[23] Wegen der Gebührenbefreiung für Beurkundungen und Beglaubigungen nach § 62 Abs. 1 BeurkG wird auf § 55a verwiesen. 14

Die Gebührenbefreiung ist auch den Erben des Sozialhilfeempfängers zu gewähren, der auf Ersatz der Kosten der Sozialhilfe genommen wird.[24] Die Kostenbefreiung für Urkundsgeschäfte im Zusammenhang mit den in § 64 Abs. 2 S. 3 SGB X genannten Leistungen gilt nicht für den sog. Gebührennotar, wenn sie nicht unmittelbar Hilfsbedürftigen, sondern freien Trägern gewährt werden.[25] 14a

Die nach einem Eigentumsübergang kraft Gesetzes das Grundbuch berichtigende Eigentumsumschreibung von einem öffentlichen Sozialleistungsträger auf einen anderen ist in Bayern nicht gebührenbefreit,[26] wird jedoch landesrechtlich unterschiedlich gehandhabt (s. Anhang C II). 15

§ 144* Gebührenermäßigung

(1) ¹Erhebt ein Notar, dem die Gebühren für seine Tätigkeit selbst zufließen, die in den §§ 36 bis 59, 71, 133, 145 und 148 bestimmten Gebühren von

1. dem Bund, einem Land sowie einer nach dem Haushaltsplan des Bundes oder eines Landes für Rechnung des Bundes oder eines Landes verwalteten öffentlichen Körperschaft oder Anstalt,
2. einer Gemeinde, einem Gemeindeverband, einer sonstigen Gebietskörperschaft oder einem Zusammenschluss von Gebietskörperschaften, einem Regionalverband, einem Zweckverband,
3. einer Kirche, sonstigen Religions- oder Weltanschauungsgemeinschaft, jeweils soweit sie die Rechtsstellung einer juristischen Person des öffentlichen Rechts hat,

und betrifft die Angelegenheit nicht deren wirtschaftliche Unternehmen, so ermäßigen sich die Gebühren bei einem Geschäftswert von mehr als 26 000 Euro bis zu einem

---

[21] Wegen der Kostenerstattung s. BVerfGE 69, 373 = NJW 1986, 307 sowie § 97 SGB VIII.
[22] AA *Lappe* ZAP F 24, S. 46: Beurkundungs- und Beglaubigungsgebühren der §§ 36ff., nicht aber zB § 133 unter Hinweis auf OLG Braunschweig DNotZ 1965, 367.
[23] OLG Hamm FGPrax 2003, 286 = ZNotP 2004, 39 = MittBayNot 2004, 146.
[24] OLG Hamm (vorige Fn.); *Bengel/Tiedtke* DNotZ 2004, 258.
[25] LG Gera NotBZ 2002, 188.
[26] BayObLG BayVBl. 1995, 58.
* § 144 neu gefasst durch Gesetz vom 15. 6. 1989 (BGBl. I S. 1082), Abs. 1 S. 1 neu gefasst durch Gesetz vom 27. 4. 2001 (BGBl. I S. 754).

Geschäftswert	
von ... Euro	um ... Prozent
100 000	30
260 000	40
1 000 000	50
über 1 000 000	60

²Eine ermäßigte Gebühr darf jedoch die bei einem niedrigeren Geschäftswert nach Satz 1 zu erhebende Gebühr nicht unterschreiten. ³Wenn die Tätigkeit mit dem Erwerb eines Grundstücks oder grundstücksgleichen Rechts zusammenhängt, ermäßigen sich die Gebühren nur, wenn dargelegt wird, daß eine auch nur teilweise Weiterveräußerung an einen nichtbegünstigten Dritten nicht beabsichtigt ist. ⁴Ändert sich diese Absicht innerhalb von drei Jahren nach Beurkundung der Auflassung, entfällt eine bereits gewährte Ermäßigung. ⁵Der Begünstigte ist verpflichtet, den Notar zu unterrichten.

(2) Die Gebührenermäßigung ist auch einer Körperschaft, Vereinigung oder Stiftung zu gewähren, die ausschließlich und unmittelbar mildtätige oder kirchliche Zwecke im Sinne der Abgabenordnung verfolgt, wenn diese Voraussetzung durch einen Freistellungs- oder Körperschaftssteuerbescheid oder durch eine vorläufige Bescheinigung des Finanzamts nachgewiesen und dargelegt wird, daß die Angelegenheit nicht einen steuerpflichtigen wirtschaftlichen Geschäftsbetrieb betrifft.

(3) Die Ermäßigung erstreckt sich auf andere Beteiligte, die mit dem Begünstigten als Gesamtschuldner haften, nur insoweit, als sie von dem Begünstigten auf Grund gesetzlicher Vorschrift Erstattung verlangen können.

S. die Tabelle Anhang E I.

Übersicht

	Rn.		Rn.
I. Allgemeines	1–7	c) Steuerpflichtiger wirtschaftlicher Geschäftsbetrieb?	23, 24
1. Ausgangslage	1, 2		
2. Grundzüge der Neuregelung	3–7	3. Privilegierte Gebührentatbestände	25–29
a) Eingrenzung der Gebührenermäßigung bei Gebührennotaren	4	a) Grundsatz	25
		b) Höchstgebühr/Höchstwert	26, 27
b) Kodifikationscharakter der Neuregelung	5	c) Zusatzgebühr	28
		d) Dokumentenpauschale	29
c) Gebührenbefreiung in Sozialhilfeangelegenheiten	6	III. Gebührenstaffel	30–32
		1. Grundsatz	30
d) Neufassung der Gebührenermäßigung	7	2. Mehrere Erklärungen in einer Urkunde	31, 32
II. Ermäßigungstatbestände	8–29	a) Gesamtgeschäft begünstigt	31
1. Privilegierte Kostenschuldner	8–12	b) Zusammentreffen von begünstigten und nichtbegünstigten Geschäften	32
a) Bund, Länder, öffentliche Körperschaften und Anstalten	9		
b) Gemeinden, Gebietskörperschaften	10	IV. Mehrere Kostenschuldner	33–54
c) Kirchen	11	1. Grundsatz	33–35
d) Körperschaften, Vereinigungen und Stiftungen mit mildtätigen oder kirchlichen Zwecken	12	2. Einfluss gesetzlicher Erstattungsbestimmungen bei mehreren Kostenschuldnern	36–49
2. Einschränkungen der Gebührenermäßigung aus der Natur des Rechtsgeschäftes	13–24	a) Allgemeines	36, 37
		b) Fälle gesetzlicher Erstattungspflicht	38–45
a) Wirtschaftliches Unternehmen?	13–16	c) Keine gesetzliche Erstattungspflicht	46
b) Weiterveräußerungsabsicht?	17–22	d) Folgerungen	47–49

	Rn.		Rn.
3. Einfluss einer Gebührenübernahmeerklärung	50, 51	b) Mehrere begünstigte Kostenschuldner	65
4. Einseitige Erklärungen	52–54	6. Zusammenbeurkundung eines gebührenbegünstigten Geschäftes mit einem nichtbegünstigten Geschäft	66
a) Abgabe der Erklärung durch einen Nichtbegünstigten	52, 53		
b) Abgabe der Erklärung durch einen Begünstigten	54	7. Aufspaltung in Angebot und Annahme	67–69
V. Beispiele	55–69	a) Vertragsangebot eines Nichtbegünstigten an einen Begünstigten	67
1. Kaufvertrag	55		
2. Straßengrundabtretung	56–58		
3. Tauschvertrag	59	b) Vertragsangebot eines Nichtbegünstigten unter Mitwirkung des begünstigten Angebotsempfängers	68
4. Grundschuldbestellung	60–63		
a) Normalfall	60		
b) Sonderfall	61–63		
5. Mehrere gegenstandsverschiedene Erklärungen in einer Urkunde	64, 65	c) Vertragsangebot eines Begünstigten an einen Nichtbegünstigten	69
a) Ein Kostenschuldner	64		

Stichwortverzeichnis

Absicht 21
Angebot/Annahme – Aufspaltung 67
Ausgangslage 1 ff.
Bahn 16
Beispiele 55 ff.
Bestimmung nach Wertanteil 34
Deutsche Bahn AG 16
Dokumentenpauschale 29
Einseitige Erklärungen 52
Erbbaurecht 19
Erklärungen, einseitige 3; mehrere 31, 64
Ermäßigungstatbestände 8
Erstattungsanspruch teilweise/voll 48, 49
Erstattungspflicht, gesetzliche Fälle 38
Gebührenermäßigung, Einschränkung 13–24
Gebührennotare 4
Gebührentatbestände, privilegierte 25
Gebührenstaffel 30
Gebührenübernahmeerklärung 50
Gemeinden 10
Gesamtschuldnerschaft bei Angebot 52
Geschäfte, begünstigte, nichtbegünstigte 66
Geschäftsbetrieb, steuerpflichtiger 24
Gesetzliche Erstattungspflicht 38 ff.
Grundschuldbestellung 60, vertragliche 62
Grundsatz 30, 33
Grundzüge 3 ff.
Höchstgebühr, Höchstwert 26 f.
Kaufvertrag 55
Kirchen 11

Körperschaften des öffentlichen Rechts 9
Kosten der Lastenfreistellung 58
Lastenfreistellungskosten 58
Mehrere Erklärungen 31 f.
Mehrere gegenstandsverschiedene Erklärungen 64, 65
– ein Kostenschuldner 64
– mehrere Kostenschuldner 65
Mehrere Kostenschuldner 33 ff.
Mildtätige Zwecke 12
Nicht steuerpflichtige Zweckbetriebe (Beispiele) 24
Notare im Landesdienst 5
Post 16
Privilegierte Gebührentatbestände 25 ff.
Privilegierte Kostenschuldner 8 ff.
Schlachthöfe 15
Sozialhilfeangelegenheiten 6
Straßengrundabtretung 56
Tauschvertrag 59
Unentgeltliche Abtretung 57
Verkehrsbetriebe 15
Versorgungsbetriebe 15
Verkehrsflächenbereinigungsgesetz 43
Weiterveräußerungsabsicht 17 ff.
Wirtschaftlicher Gesichtspunkt 15
Wirtschaftliches Unternehmen 13, 23 ff.
Zusammenbeurkundung 66
Zusatzgebühr 28

Schrifttum: *Ackermann* DNotZ 1968, 86; JurBüro 1968, 1; *Bengel* MittBayNot 1998, 16; *Göttlich* MittRhNotK 1962, 725; 1967, 724; JurBüro 1970, 345; *Kahlke* DNotZ 1982, 76; *Lappe* JVBl. 1970, 174; ZAP F. 24 S. 43; *Müller* BWNotZ 1967, 62; *Mümmler* JurBüro 1978, 977; 1978, 1617; *Otto/Schnigula* JurBüro 1989, 889; *Papier* NJW 1979, 522; *Reichert* MittBayNot 1952, 64; *Reimann* NJW 1979, 518; *Holger Schmidt* MittRhNotK 1989, 209.

I. Allgemeines

1. Ausgangslage

Die **Reichskostenordnung von 1935** erstreckte die Befreiung von Gerichtsgebühren **1** zwingend auf die staatlichen Notare in Baden und Württemberg und sah eine Ermäßigung

§ 144

um 80 v. H. dort vor, wo eine ausschließliche Beurkundungszuständigkeit der Notare bestand (Bayern, Rheinland-Pfalz, Hamburg, Bremen); iÜ stellte sie den Notaren die Ermäßigung ihrer Gebühren frei, wenn das Geschäft bei Gericht gebührenfrei vorzunehmen war (VO vom 15. 4. 1936). Mit dem durch das **BeurkG** von 1969 begründeten Beurkundungsmonopol der Notare entfiel diese Möglichkeit generell, daher machte der Gesetzgeber allen Notaren die Gebührenermäßigung zur Pflicht.

2 Das **BVerfG** hatte in seinem „Gebührenermäßigungsbeschluss" vom 1. 3. 1978[1] § 144 Abs. 3 (damaliger Fassung) wegen Verstoßes gegen Art. 12 Abs. 1 GG insoweit für nichtig erklärt, als dort eine Ermäßigung der notariellen Gebühren um mehr als 50% vorgeschrieben war.[2] Des weiteren wurde entschieden, dass die Vorschrift, soweit sie auf landesrechtliche Gebührenbefreiungsregelung verwies, nur als statische Verweisung verfassungskonform sei und damit nur solche landesrechtlichen Gebührenbefreiungsregelungen gültig seien, die bei der Verkündung der Neufassung des § 144 Abs. 3 vom 28. 8. 1969 (BGBl. I S. 1513) in Kraft waren. Die Praxis hatte seitdem mit einem vom BVerfG „gekappten" § 144 Abs. 3 gelebt.

2. Grundzüge der Neuregelung

3 Der Gesetzgeber hat die Novellierung des § 144 zusammen mit der Neufassung des § 19 vorgenommen (Gesetz vom 15. 6. 1989, BGBl. I S. 1082, in Kraft seit 1. 7. 1989). Dabei wurden auch einige „technische" Umstellungen in der KostO nötig.

4 **a) Eingrenzung der Gebührenermäßigung bei Gebührennotaren.** In § 141 ist bestimmt, dass für die Kosten der Notare die Vorschriften des Ersten Teils der KostO entsprechend gelten, soweit in den folgenden Vorschriften nichts anderes bestimmt ist. Damit würde auch die Kostenbefreiungsvorschrift des § 11 mit ihrer Verweisung auf bundes- oder landesrechtliche Kostenbefreiungsvorschriften für alle Notare gelten. Ziel des Gesetzgebers war jedoch wegen der vom BVerfG aufgestellten Grundsätze, die Notare, denen die Gebühren für ihre Tätigkeit selbst zufließen – sog. Gebühren-Notare –, nur noch gegenüber wenigen, in der KostO selbst genannten Begünstigten zur Ermäßigung ihrer Gebühren zu verpflichten. Deshalb ist § 11 in die in § 143 Abs. 1 enthaltene Aufzählung der Vorschriften, die für Gebühren-Notare keine Anwendung finden, aufgenommen worden. Ebenso ist § 13, der Regelungen für den Fall enthält, in dem einzelnen Gesamtschuldnern Gebührenfreiheit zusteht, in diese Aufzählung aufgenommen worden, weil eine entsprechende Regelung für die Gebührenermäßigung im neuen § 144 Abs. 3 enthalten ist.[3]

5 **b) Kodifikationscharakter der Neuregelung.** § 11 Abs. 3 wurde aufgehoben, weil mit dem neuen § 143 Abs. 2 S. 1 die Verknüpfung zwischen Gerichtskostenbefreiung und Notargebühren-Ermäßigung beseitigt worden ist. Die Gebührenermäßigungs- und -befreiungspflicht für die Gebühren-Notare ist also nunmehr **abschließend** in der KostO geregelt. Bundes- oder landesrechtliche Vorschriften, die Gebühren- oder Auslagenbefreiung gewähren, sind nach dem neuen § 143 Abs. 2 S. 1 nicht mehr anwendbar. Will der Bundesgesetzgeber bei künftigen Befreiungsregelungen hiervon abweichen, ohne § 144 zu ändern, muss er in der jeweiligen Befreiungs- oder Ermäßigungsvorschrift ausdrücklich bestimmen, dass diese Vorschrift auch für Gebühren-Notare gilt.[4] Nicht alle Notare sind von der Neuregelung betroffen. Wie bisher gilt für die baden-württembergischen **Notare im Landesdienst,** deren Gebühren – in Baden – zur Staatskasse fließen, Gerichtskostenrecht (§§ 11 bis 13, 141); es hat eine systematisch wichtige, praktisch allerdings wenig bedeutsame Vereinfachung durch die Aufhebung des § 11 Abs. 3 erfahren. Die eigenständige Ermäßigungsregelung betrifft Notare, denen „die Gebühren ... selbst zufließen", also die freiberuflichen Nur- und Anwaltsnotare (Notaranwälte) sowie die öffentlichen Notare in Württemberg, in diesem Zusammenhang meist **Gebührennotare** genannt (§§ 143, 144).

---

[1] BVerfGE 47, 285.
[2] Dazu ausführlich *Reimann* NJW 1979, 580; *Sälzer* DNotZ 1978, 197.
[3] *Otto/Schnigula* JurBüro 1989, 894.
[4] Vgl. *Otto/Schnigula* JurBüro 1989, 895.

c) **Gebührenbefreiung in Sozialhilfeangelegenheiten.** Die Fälle der Gebührenbefreiung in Sozialhilfeangelegenheiten waren in § 144 Abs. 2 aF geregelt. Nunmehr gilt für sie die Vorschrift des § 143 Abs. 2 S. 2.

d) **Neufassung der Gebührenermäßigung.** Der seit 1989 geltende § 144
- regelt die Ermäßigungstatbestände, wobei es seither nur noch die **persönliche** Gebührenermäßigung gibt, die sachliche Befreiung ist entfallen;
- führt eine neue **Gebührenermäßigungsstaffel** ein,
- bringt, da § 144 Abs. 4 aF keine Nachfolgevorschrift gefunden hat, eine Änderung bei der **Dokumentarpauschale** (bislang Schreibauslagen).

II. Ermäßigungstatbestände

1. Privilegierte Kostenschuldner

Die privilegierten Kostenschuldner sind in § 144 Abs. 1 Nr. 1 bis 3 und in § 144 Abs. 2 genannt.

a) **Bund, Länder, öffentliche Körperschaften und Anstalten.** Die in § 144 Abs. 1 Nr. 1 bestimmte Begünstigung von Bund und Ländern entspricht bisherigem Recht (§ 144 Abs. 3 aF, § 11). In die Ermäßigung sind öffentliche Körperschaften und Anstalten (nicht Stiftungen), die nach dem Haushaltsplan des Bundes oder eines Landes für Rechnung des Bundes oder eines Landes verwaltet werden, einbezogen. Die Vorschrift entspricht dem bisherigen Recht, sie ist – praktisch – wortgleich mit § 11 Abs. 1 S. 1 aF, Rspr. und Schrifttum dazu bleiben anwendbar. Begünstigt sind hiernach zB die Bundesanstalt für vereinigungsbedingte Sonderaufgaben,[5] die Bundesstraßenverwaltung, die Bundeswasserstraßenverwaltung (hierzu gehört auch der Betrieb des Rhein-Main-Donau-Kanals)[6] und das Bundesoberseeamt. Nicht begünstigt sind demnach beispielsweise die Deutsche Bundesbank, die Landesbanken, die Bundesanstalt für Arbeit und ihre Landesarbeitsämter.

b) **Gemeinden, Gebietskörperschaften.** Mit § 144 Abs. 1 Nr. 2 sind Gemeinden, Gemeindeverbände, sonstige Gebietskörperschaften oder Zusammenschlüsse von Gebietskörperschaften, Regionalverbände und Zweckverbände nunmehr Bund und Ländern gleichgestellt. Sie waren in den meisten Ländern bereits vor der Neufassung des § 144 durch – bisher auf Notare nicht anzuwendende – Landesgesetze von der Zahlung der Gerichtsgebühren befreit gewesen. Durch die Verweisung in § 144 Abs. 3 aF stand ihnen bei den Notaren die Gebührenermäßigung zu. Diese ist allerdings durch die Entscheidung des BVerfG entfallen, weil danach die Verweisung auf landesrechtliche Gebührenbefreiungsregelungen verfassungskonform als statische Verweisung auf das bei Verkündung der Neufassung des § 144 Abs. 3 am 28. 8. 1969 geltende Landesrecht auszulegen war, die Mehrzahl der entsprechenden Landesgesetze zumeist jedoch erst 1970 und später in Kraft getreten sind. Soweit ein entsprechendes Landesgesetz nicht besteht – wie in Bayern – führt die Neuregelung dazu, dass der Notar seine Gebühren ermäßigen muss, Gerichtsgebühren jedoch in vollem Umfang erhoben werden.[7]

c) **Kirchen.** Nach § 144 Abs. 1 Nr. 3 werden die Kirchen,[8] Religions- und Weltanschauungsgemeinschaften, jeweils soweit sie juristische Personen des öffentlichen Rechts sind, begünstigt. Damit soll – wie auch in anderen Bereichen – ihrer besonderen Stellung und ihrer allgemein anerkannten Förderungswürdigkeit Rechnung getragen werden. Die Formulierung „*jeweils* soweit sie die Rechtsstellung einer juristischen Person des öffentlichen Rechts hat" soll offenbar zum Ausdruck bringen, dass nicht die Kirchen als solche, sondern die verschiedenen Gliederungen der Kirchen (Bistümer, Landeskirchen, Kirchen-

---

[5] OLG München MDR 1996, 1301; aA KG JurBüro 1997, 149 für § 11 Abs. 1 KostO und § 2 Abs. 1 GKG.
[6] Vgl. BayObLG MittBayNot 1994, 169.
[7] *Otto/Schnigula* JurBüro 1989, 895.
[8] *Bengel* MittBayNot 1998, 161.

§ 144

gemeinden usw.)⁹ die privilegierte Rechtstellung innehaben.¹⁰ Pfarrpfründestiftungen fallen – anders als die Kirchenstiftungen, für die § 144 Abs. 1 Nr. 3 gilt – unter § 144 Abs. 2.

12 **d) Körperschaften, Vereinigungen und Stiftungen mit mildtätigen oder kirchlichen Zwecken.** Nach § 144 Abs. 2 gilt die in Abs. 1 bestimmte Ermäßigung auch für solche Körperschaften, Vereinigungen und Stiftungen, die ausschließlich und unmittelbar mildtätige oder kirchliche Zwecke iS des Steuerrechts (§§ 51 ff. AO) verfolgen. Diese Voraussetzung muss durch einen Freistellungs- oder Körperschaftsteuerbescheid oder durch eine vorläufige Bescheinigung des Finanzamtes nachgewiesen werden. Damit sind insbesondere auch die **Pfarrpfründestiftungen** privilegiert. Die Ermäßigung ist auch zu gewähren, wenn ausschließlich mildtätige *und* kirchliche Zwecke,¹¹ nicht aber, wenn daneben auch gemeinnützige Zwecke iS von § 52 AO verfolgt werden.¹² Erst recht genügen gemeinnützige Zwecke nach § 52 AO nicht. Vereinigungen können auch (Personen- oder Kapital-) Gesellschaften sein, wenn durch Bescheid festgestellt wurde, dass sie Zwecke nach §§ 53, 54 AO verfolgen.

2. Einschränkungen der Gebührenermäßigung aus der Natur des Rechtsgeschäftes

13 **a) Wirtschaftliches Unternehmen?** Die in § 144 Abs. 1 genannten privilegierten Kostenschuldner erhalten die Gebührenermäßigung nur, wenn die Angelegenheit nicht deren wirtschaftliche Unternehmen betrifft. Als „wirtschaftliche Unternehmen" sind entsprechend der kommunalrechtlichen Terminologie solche Unternehmen anzusehen, die auch von privaten Unternehmen mit der Absicht, dauernde Einnahmen zu erzielen, betrieben werden könnten, grundsätzlich aber nicht solche, zu deren Einrichtung und Unterhaltung die öffentliche Hand gesetzlich verpflichtet ist oder bei denen die gemeinnützige Zielsetzung oder die Daseinsvorsorge im Vordergrund steht,¹³ es sei denn – vgl. Rn. 15 – sie werden nach wirtschaftlichen Gesichtspunkten geführt.

14 **Keine wirtschaftlichen Unternehmungen** sind also nach der primär gültigen kommunalrechtlichen Betrachtungsweise etwa
– die Einrichtungen des Erziehungs- und Bildungswesen (Schulen, Museen, Theater),
– des Gesundheitswesens (vor allem Krankenhäuser, aber auch Tierkörperbeseitigungsanlagen),¹⁴
– der Wohlfahrtspflege und Fürsorge (Jugendheime, Kindergärten, Waisenhäuser, Altenheime, Volksküchen),
– der Körperertüchtigung (Sportplätze, Turnhallen und Schwimmstadien),
– der Straßenreinigung, Friedhöfe, Markteinrichtungen,
– der Betrieb des Main-Donau-Kanal durch die Bundesrepublik Deutschland,¹⁵
– die aus einer besonderen Situation heraus als einmalige Angelegenheit betriebene Errichtung eines Gebäudes, dessen Aufteilung in Sondereigentum und Verkauf.¹⁶ Sie stellt noch keine fortgesetzte und planmäßige Teilnahme am Wirtschaftsleben und damit kein wirtschaftliches Unternehmen dar, sondern fällt die Vermögensverwaltung.¹⁷

15 **„Wirtschaftliche Unternehmen"** iS von § 144 sind aber, von der kommunalrechtlichen Definition abweichend,¹⁸ da die Neufassung des § 144 insoweit der Terminologie der bisherigen Landeskostengesetze folgt, auch alle Unternehmen, die **nach wirtschaftlichen**

---

⁹ Zum Deutsch-Orden vgl. OLG Hamm ZNotP 2002, 163.
¹⁰ BT-Drucks. 11/4394 S. 10.
¹¹ Kritisch *Holger Schmidt* MittRhNotK 1989, 211.
¹² BayObLG DNotZ 1995, 775.
¹³ BGHZ 95, 155, 157 mwN; OLG Dresden NJW-RR 1999, 1519; *Otto/Schnigula* JurBüro 1989, 896.
¹⁴ BayObLG MittBayNot 1996, 129.
¹⁵ BayObLG DNotZ 1994, 703.
¹⁶ BayObLG MittBayNot 1997, 314.
¹⁷ BayObLG MittBayNot 2003, 70.
¹⁸ Nach *Lappe* NotBZ 2002, 177 stellen die Landesgesetze nur eine Hilfe für die bundeseinheitliche Auslegung dar.

Gesichtspunkten geführt werden, also mit Gewinnerzielungsabsicht und privatwirtschaftlichem Management, auch wenn sie im ursprünglichen Ansatz Funktionen der Daseinsvorsorge für die öffentliche Hand wahrnehmen. Ein wirtschaftliches Unternehmen im kostenrechtlichen Sinne liegt vor, wenn betriebswirtschaftliche Gründe des Geschäftes die Belange der Daseinsvorsorge überwiegen.[19] Damit fallen **Verkehrs- und Parkhausbetriebe,**[20] sonstige **Versorgungsbetriebe,** auch **Schlachthöfe,** sowie **Entsorgungsbetriebe,**[21] auch **Müllverbrennungs-** und **Müllverwertungsanlagen,** nicht unter die Privilegierung des § 144. Dies gilt auch bei der Ausgliederung solcher Betriebe aus Körperschaften des öffentlichen Rechts nach dem UmwG (vgl. § 41 c Rn. 57 ff.).[22]

Bahn und **Post.** Die Bahn unterfällt nach der Privatisierung der Bahnaktivitäten ab 1. 1. 1994 (Gründung der Deutsche Bahn AG) nicht mehr dem § 144 Abs. 1 Nr. 1. Sie war auch davor als wirtschaftliches Unternehmen nicht privilegiert.[23] Bei der Bundespost mit ihren drei Teilbereichen Postdienst, Telekom und Postbank (§ 1 Abs. 2 PostVerfG) stand bis zum 31. 12. 1994 nicht mehr die Daseinsvorsorge, sondern die privatwirtschaftliche Wirtschaftsführung (§§ 38, 44 PostStruktG) im Vordergrund. Sie war daher nicht nach § 144 Abs. 1 Nr. 1 gebührenermäßigt.[24] Nach der am 1. 1. 1995 in Kraft getretenen Privatisierung – Gründung der Deutsche Post AG, der Deutsche Postbank AG und der Deutsche Telekom AG – gemäß Postneuordnungsgesetz vom 14. 9. 1994 (BGBl. I S. 2325) unterfällt die Post ebenfalls nicht mehr dem § 144 Abs. 1 Nr. 1. Jedoch sind für die im Zusammenhang mit dem Vollzug des Postneuordnungsgesetzes (wie vor) stehenden Amtshandlungen Notarkosten auch zugunsten der bisherigen Teilsondervermögen – Deutsche Bundespost Postdienst, Postbank, Telekom – und der genannten Aktiengesellschaften gemäß § 144 zu ermäßigen (§ 10 Abs. 2 S. 1 PostUmwG).

16

b) Weiterveräußerungsabsicht? Hängt die Tätigkeit des Notars mit dem Erwerb eines Grundstücks oder grundstücksgleichen Rechtes zusammen, ermäßigen sich die Gebühren nur, wenn dargelegt wird, dass eine auch nur teilweise Weiterveräußerung an einen nichtbegünstigten Dritten nicht beabsichtigt ist. Die Aufnahme einer diesbezüglichen Erklärung in die Urkunde ist empfehlenswert.

17

Nicht begünstigt ist der Erwerb von Grundstücksflächen durch eine Gemeinde zum Zwecke der Weitervergabe an Bauwillige oder an Industrieunternehmen. Auf den Zeitpunkt der Weiterveräußerung kommt es nicht an. Dies gilt auch dann, wenn die Gemeinde im Zusammenhang mit einem solchen Erwerb einen Teil des Grundstücks für Straßenzwecke zurückbehält.

18

Die **Bestellung eines Erbbaurechtes** durch die Gemeinde zugunsten Bauwilliger oder zugunsten von Industrieunternehmen führt, auch wenn die wirtschaftliche Nutzung übergeht, nicht zu einem Wegfall der Privilegierung.[25] Der Umstand, dass § 1 Abs. 2–4 WohnGebBefrG (mit Ablauf des Jahres 1989 außer Kraft getreten) unter Veräußerung auch die Belastung des Grundstücks mit einem Erbbaurecht verstand, rechtfertigt keine andere Wertung.[26] Gleiches gilt bei Erbbaurechtsbestellungen durch die Kirche.[27]

19

Etwas anderes gilt nur dann, wenn dem Erbbauberechtigten ein Erwerbsrecht in Bezug auf das Grundstück eingeräumt wird, das vom Willen des Grundstückseigentümers unab-

20

---

[19] OLG Naumburg NotBZ 2007, 220 m. Anm. *Wudy.*
[20] BFH NVwZ 1994, 414.
[21] OLG Naumburg NotBZ 2007, 220 m. Anm. *Wudy* zum Abwasserzweckverband; ebenso *Lappe* NotBZ 2001, 297 für Wasserversorgungs- und Abwasserverband; aA für Abwasserbeseitigungsanlagen *Tiedtke,* Notarkosten im Grundstücksrecht, 2. Aufl. 2007; BayObLG Rd L 1996, 102 für Tierkörperbeseitigungsanlagen.
[22] *Tiedtke* MittBayNot 1997, 214.
[23] OLG Düsseldorf DNotZ 1992, 595.
[24] OLG Düsseldorf MittRhNotK 1993, 167 und OLG Zweibrücken MittBayNot 1994, 254 für den Postdienst; aA BayObLG MittBayNot 1993, 47 für Telekom; s. auch *Reimann* MittBayNot 1994, 255.
[25] AA *Holger Schmidt* MittRhNotK 1989, 211; *Mümmler* JurBüro 1990, 147.
[26] AA *Holger Schmidt* MittRhNotK 1989, 211.
[27] OLG Hamm NJW 1999, 1194; OLG Oldenburg JurBüro 1994, 357; aA LG Osnabrück JurBüro 1994, 236, das in der Bestellung eines derartigen Erbbaurechtes eine Weiterveräußerung sieht.

§ 144 2. Teil. Kosten der Notare

hängig ist. Dann entfällt die Privilegierung mit Einräumung dieses Erwerbsrechtes, unabhängig davon, wann es ausgeübt wird. Dieser Wegfall der Begünstigung gilt selbst dann, wenn im Erbbaurechtsvertrag bestimmt ist, dass dieses Erwerbsrecht nicht vor Ablauf von drei Jahren nach Bestellung ausgeübt werden kann, da mit der Einräumung eines derartigen Erwerbsrechtes, wenn auch betagt, die Weiterveräußerungsabsicht, wenn auch nur bedingt, gegeben ist.

21 **Ändert** der Gebührenbegünstigte seine **Absicht,** den erworbenen Grundbesitz nicht weiter zu veräußern, innerhalb von drei Jahren nach Beurkundung der Auflassung, entfällt eine bereits gewährte Ermäßigung. Der Begünstigte ist verpflichtet, den Notar zu unterrichten. Es ist zweckmäßig, hierauf in der Urkunde hinzuweisen. Realisiert der Begünstigte die ursprüngliche Absicht, das erworbene Grundstück (ganz oder teilweise) weiterzuveräußern, nicht innerhalb von drei Jahren, so ändert dies nichts daran, dass die Ermäßigung nicht zu gewähren ist; die Ermäßigungspflicht lebt nicht wieder auf. Etwas anderes hat aber dann zu gelten, wenn der Begünstigte innerhalb der Dreijahresfrist erklärt, die Weiterveräußerungsabsicht aufgegeben zu haben.

22 Der Anspruch auf Nacherhebung der Gebührendifferenz entsteht mit der Unterrichtung des Notars über den Wegfall des Ermäßigungstatbestandes; die Gebührendifferenz ist dann zur Zahlung fällig. Die Verjährungsfrist beginnt von diesem Zeitpunkt an.

23 **c) Steuerpflichtiger wirtschaftlicher Geschäftsbetrieb?** Die in § 144 Abs. 2 genannten Kostenschuldner sind nur dann privilegiert, wenn das bestimmte Geschäft, bei dem der Notar tätig ist, nicht einen steuerpflichtigen wirtschaftlichen Geschäftsbetrieb betrifft. Ein wirtschaftlicher Geschäftsbetrieb ist eine selbständige nachhaltige Tätigkeit, durch die Einnahmen oder andere wirtschaftliche Vorteile erzielt werden und die über den Rahmen einer Vermögensverwaltung hinausgeht, wobei die Absicht der Gewinnerzielung nicht erforderlich ist (§ 14 AO). Ein solcher Geschäftsbetrieb ist steuerpflichtig, soweit nicht ein Zweckbetrieb nach §§ 65 bis 68 AO gegeben ist (§ 64 AO).

24 Als nicht steuerpflichtige Zweckbetriebe eines persönlich Gebührenbegünstigten, für deren Angelegenheiten Ermäßigung zu gewähren ist, können in Betracht kommen
– Einrichtungen der Wohlfahrtspflege,
– Krankenhäuser,
– Alten-, Altenwohn- und Pflegeheime,
– Kindergärten,
– Kinder-, Jugend- und Studentenheime,
– Werkstätten für Behinderte,
– Einrichtungen, die zur Durchführung der Blindenfürsorge und zur Durchführung der Fürsorge für Körperbehinderte unterhalten werden.

3. Privilegierte Gebührentatbestände

25 **a) Grundsatz.** Ermäßigt werden die in den §§ 36 bis 59, 71, 133, 145 und 148 bestimmten Gebühren. Von der Ermäßigung ausgenommen sind gemäß § 144 Abs. 1 die Gebühren nach § 146 (Vollzugsgebühr), § 147 (gebührenpflichtige Nebentätigkeiten), § 149 (Hebegebühr) und § 150 (Vertretungsbescheinigung und handelsrechtliche Bescheinigung zur Verwendung im Ausland).

26 **b) Höchstgebühr/Höchstwert.** Bei **Höchstgebühren** sind – wenn Gebührenermäßigung in Betracht kommt – die Höchstgebühren zu ermäßigen. Der Höchstbetrag für Unterschriftsbeglaubigungen gemäß § 45 beträgt also nunmehr 67,05 Euro. Ist das Geschäft nicht befreit, ist der Spitzengeschäftswert für die Gebühr von 130 Euro 310 000 Euro. In den Wertstufen 270 000 Euro bis 320 000 Euro verringert sich zwar die Gebühr um 50%; da nach § 144 Abs. 1 S. 2 die ermäßigte Gebühr nicht die bei einem niedrigeren Geschäftswert zu erhebende Gebühr unterschreiten darf, verbleibt es, da die Ermäßigung um 40% beim Geschäftswert von 260 000 Euro auf 67,05 Euro eintritt, bei dieser Gebühr. Bei Beschlussbeurkundungen (§ 47 S. 2) ist eine Ermäßigung unter Berücksichtigung der im § 144 enthaltenen sachlichen Beschränkungen der persönlichen Privilegierungen insbeson-

dere bei Umwandlungsvorgängen bei den Kostenschuldnern gemäß Abs. 2 denkbar. Die Höchstgebühr nach § 47 S. 2 ermäßigt sich auf 2000 Euro und wird bei einem Geschäftswert über 1 620 000 Euro erreicht. Die Höchstgebühr für die erfolglose Verhandlung (§ 57) beträgt bei nicht befreiten Rechtsgeschäften 50 Euro (Geschäftswert 35 000 Euro), dieser Höchstwertsatz liegt im Ermäßigungsbereich von 30%, da jedoch die ermäßigte Gebühr die bei einem niedrigeren Geschäftswert zu erhebende Gebühr nicht unterschreiten darf, beträgt die Höchstgebühr hier also 42 Euro (Geschäftswerte über 23 000 Euro).

Da sich bei **Höchstwerten** der Ermäßigungssatz nach dem Höchstwert bestimmt, wirkt sich dies – dargestellt am Beispiel – wie folgt aus: 27

Vollmacht (§ 41 Abs. 4)
Höchstwert 500 000 Euro,
$5/10$-Gebühr nach § 38 Abs. 2 Nr. 4
403,50 Euro
  Bei Ermäßigung verringert sich die Gebühr um 50% auf 201,75 Euro; da der Wert nicht höher sein kann, kommt eine höhere Progression bei der Ermäßigung nicht mehr in Betracht. Damit beträgt die Höchstgebühr für Vollmachten, wenn der Notar den Entwurf selbst fertigt, 201,75 Euro.

  c) Zusatzgebühr. Die Zusatzgebühr nach § 58 unterfällt ebenfalls der Ermäßigungsvorschrift des § 144. Auswirkungen auf die Ermäßigung hat die Vorschrift aber nur, wenn die Zusatzgebühr in Höhe einer $1/4$-Gebühr zu erheben ist (zB bei einer Unterschriftsbeglaubigung; zur Berechnungsweise s. § 58 Rn. 25 ff.). Dagegen wirkt sich die Ermäßigungsvorschrift beim Ansatz einer $5/10$-Gebühr nicht aus. Gemäß § 144 Abs. 1 S. 2 darf eine ermäßigte Gebühr die bei einem niedrigeren Geschäftswert zu erhebende Gebühr nicht unterschreiten. Da die Höchstgebühr von 30 Euro bereits bei einem Geschäftswert von 14 000 Euro erreicht wird, ist diese auch bei höheren Werten voll anzusetzen. 28

  d) Dokumentenpauschale. Die Dokumentenpauschale (bislang Schreibauslagen) ist, auch wenn Gebührenermäßigung zu gewähren ist, nach der Vorschrift des § 136 Abs. 2 Nr. 1 zu berechnen; bei Beurkundung von Verträgen sind also zwei Ausfertigungen oder Abschriften, bei sonstigen Beurkundungen eine Ausfertigung oder Abschrift frei von der Dokumentenpauschale. Insoweit ist durch den ersatzlosen Wegfall des § 144 Abs. 4 aF eine Gesetzesänderung bewirkt worden. 29

III. Gebührenstaffel

1. Grundsatz

  Bei einem Geschäftswert bis zu 26 000 Euro ist eine Ermäßigung nicht vorzunehmen. Die Gebühren sind zu ermäßigen bei Geschäftswerten von 30
über   26 000 Euro   bis   100 000 Euro   um 30%,
über   100 000 Euro   bis   260 000 Euro   um 40%,
über   260 000 Euro   bis 1 000 000 Euro   um 50%,
über   1 000 000 Euro   um 60%.

  Eine ermäßigte Gebühr darf jedoch die bei einem niedrigeren Geschäftswert zu erhebende Gebühr nicht unterschreiten.
  S. im Einzelnen die Tabelle II im Anhang E.

2. Mehrere Erklärungen in einer Urkunde

  a) Gesamtgeschäft begünstigt. Enthält die Urkunde mehrere Erklärungen und ist das Geschäft insgesamt nach § 144 gebührenbegünstigt, sind die Gebühren zunächst nach den Grundsätzen des § 44 unter Beachtung des für den Kostenschuldner günstigsten Weges zu berechnen. Sodann ist Gebührenermäßigung nach § 144 Abs. 1 wie folgt vorzunehmen: 31
– Ist die Gebühr nach § 44 Abs. 1 S. 1 bzw. § 44 Abs. 1 S. 2 1. Satzteil oder nach § 44 Abs. 2a bzw. § 44 Abs. 2b 2. und 3. Satzteil, aus einem einheitlichen Wert zu berechnen, ist dieser Wert für die Anwendung des jeweiligen Ermäßigungsgrundsatzes maßgebend.
– Bei getrenntem Gebührenansatz nach § 44 Abs. 1 S. 2 2. Satzteil oder nach § 44 Abs. 2b 1. Satzteil ist die Ermäßigung mit dem für jede Gebühr zutreffenden Ermäßigungssatz gesondert vorzunehmen.

§ 144

32 **b) Zusammentreffen von begünstigten und nichtbegünstigten Geschäften.** Kommen nichtbegünstigte und begünstigte Geschäfte zusammen, wird zunächst der Geschäftswert nach § 44 ermittelt. Der Ermäßigungssatz, der nach § 144 Abs. 1 zu gewähren ist, richtet sich nach dem Anteil des Wertes des begünstigten Geschäfts zum Gesamtwert der Beurkundung. Das wertmäßige Anteilsverhältnis am gesamten Beurkundungsvorgang bildet somit die Grundlage für die Anwendung des § 144. Für die bis 1989 gängige Praxis (Ermäßigung nur der durch das begünstigte Geschäft ausgelösten Mehrgebühr)[28] ist nach der Neustrukturierung des § 144 kein Raum mehr.

IV. Mehrere Kostenschuldner

1. Grundsatz

33 Die Anwendung des § 144 ist unproblematisch, wenn ein Kostenschuldner vorhanden ist, der gebührenbegünstigt ist, oder wenn alle Kostenschuldner die persönliche Gebührenermäßigung genießen. Sind **mehrere** Kostenschuldner vorhanden, genießen aber nicht alle die persönliche Privilegierung nach § 144, ergibt sich die gleiche Problematik wie bei der Anwendung der persönlichen Gebührenfreiheit nach § 144 Abs. 3 S. 2 aF; § 144 Abs. 3 entspricht § 144 Abs. 3 S. 2 aF. Das Gesetz bringt also insoweit keine Neuerung.

34 Sind mehrere Kostenschuldner an einem Beurkundungsgeschäft beteiligt, deren Anteil an der Beurkundungsgebühr sich kraft Gesetzes nach ihrem Wertanteil am Gesamtgeschäftswert bemisst (zB Tausch, mehrere Kaufverträge in einer Urkunde), ist der Ermäßigungssatz für den gebührenbegünstigten Kostenschuldner nach seinem **Wertanteil** zu bestimmen. Ansonsten bestimmt der nach den allgemeinen Wertvorschriften anzusetzende Wert die Höhe des Ermäßigungssatzes, auch wenn der Begünstigte die Kosten kraft Gesetzes (zB § 426 BGB) nur anteilig zu tragen hat.

35 Der Grundsatz, dass bei persönlicher Gebührenermäßigung in vollem Umfang Gebührenbegünstigung zu gewähren ist (§ 144 Abs. 3), gilt auch dann, wenn neben dem begünstigten Beteiligten ein nicht begünstigter Beteiligter gesamtschuldnerisch für die Gebühr haftet. Sind an einer Beurkundung **mehrere Personen beteiligt** und betreffen ihre Erklärungen denselben Gegenstand, so haftet jeder als Gesamtschuldner für die gesamten Kosten (vgl. § 5 Abs. 1 S. 2). Der Notar kann daher nach § 5 Abs. 1 S. 1 jeden Beteiligten als Kostenschuldner in Anspruch nehmen. Nimmt er allein den begünstigten Kostenschuldner in Anspruch, so hat er die Gebühr in vollem Umfang nach § 144 Abs. 3 zu ermäßigen. Dies gilt also unabhängig davon, ob weitere nicht begünstigte Kostenschuldner vorhanden sind und auch unabhängig davon, wer die Gebühren im (vertraglich geregelten) Verhältnis der Vertragsteile zueinander zu tragen hat.[29] Der begünstigte Kostenschuldner wird also durch eine weitergehende Haftung des nicht begünstigten Kostenschuldners nicht belastet, wenn er, der Begünstigte, allein für die Kosten in Anspruch genommen wird. Zwischen den Beteiligten zugunsten des Nichtbegünstigten etwa gegebene gesetzliche Ausgleichsansprüche spielen nur dann eine Rolle, wenn der nichtbegünstigte Kostenschuldner zur Zahlung tatsächlich herangezogen wird,[30] so dass erst dann die Überlegungen, die in den Rn. 36 bis 49 enthalten sind, zum Zuge kommen. Legt man diese Rspr. zugrunde, kann sich somit, je nach Inanspruchnahme des begünstigten oder nicht begünstigten Kostenschuldners eine unterschiedliche Gebühr errechnen. Der Notar hat deshalb seine Kostenforderung auch von dem persönlich nicht begünstigten Kostenschuldner durch Übersenden einer Kostenrechnung einzufordern und von diesem Zahlung zu verlangen, also auch dann, wenn nach den vertraglichen Vereinbarungen der persönlich Begünstigte die Kosten trägt. Der Notar kann sich nicht damit begnügen, nur den persönlich Gebührenbegünstigten in Höhe der ermäßigten Gebühren in Anspruch zu nehmen, wenn seine Kostenforderung nicht oder nur zum Teil kraft gesetzlicher Vorschriften zu ermäßigen ist. Die Inanspruchnahme nur

---

[28] Vgl. *Ackermann* DNotZ 1968, 86.
[29] BayObLG MittBayNot 1984, 147 m. Anm. PrüfAbt. Notarkasse = DNotZ 1985, 563.
[30] BayObLG MittBayNot 1984, 147.

des persönlich Gebührenbegünstigten käme einer unzulässigen Gebührenvereinbarung nach § 140 gleich.[31]

2. Einfluss gesetzlicher Erstattungsbestimmungen bei mehreren Kostenschuldnern

a) Allgemeines. Nur der persönlich begünstigte Beteiligte braucht grundsätzlich lediglich die reduzierte Gebühr zu zahlen. Sind mehrere Kostenschuldner vorhanden und nur einer bzw. einige begünstigt, müssen an sich die anderen, nicht begünstigten Beteiligten für den ganzen Gebührenbetrag haften. Es kann somit vorkommen, dass die Gebühr bei einem Schuldner anders ausfällt als bei einem anderen. Das gilt insbesondere, wenn ein begünstigter Beteiligter, der gesamtschuldnerisch für die Kosten eines nichtbegünstigten Beteiligten haftet, als „Zweitschuldner" in Anspruch genommen wird; seine persönliche Gebührenermäßigung entfällt, sofern er vom Notar allein in Anspruch genommen wird, nicht;[32] vgl. auch Rn. 33). 36

Nach Abs. 3 Halbs. 2 erstreckt sich jedoch ausnahmsweise die Gebührenbegünstigung auch auf die nichtbegünstigten Kostenschuldner, sofern sie vom Notar in Anspruch genommen werden, nämlich insoweit, als (1) sie mit dem Begünstigten gesamtschuldnerisch für die Beurkundungs- bzw. Beglaubigungsgebühren haften – dies ergibt sich aus § 5 – und (2) sie von dem Begünstigten auf Grund gesetzlicher Vorschrift Erstattung verlangen können. 37

b) Fälle gesetzlicher Erstattungspflicht. Nach bisher herrschender Meinung gehören hierzu beispielsweise: 38
§ 369 Abs. 1 BGB: Kosten der Quittung, Löschungsquittung,
§ 369 Abs. 2 BGB: Mehrkosten wegen Abtretung oder Erbfolge,
§ 403 BGB: Kosten einer Abtretungserklärung,
§ 448 Abs. 2 BGB nF (§ 449 aF): Kosten bei **Grundstückskauf** bzw. Schiffskauf (§ 452 BGB nF), auch die Einräumung eines Ankaufsrechts.[33] Abweichende Vereinbarungen im Einzelfall spielen keine Rolle,[34] auch nicht eine spätere Aufhebung des Vertrages.[35] 39
§ 449 BGB aF wurde angewandt auch 40
bei Kauf eines **Rechtes an einem Grundstück**,[36]
bei entgeltlicher **Begründung eines Erbbaurechts**,[37]
bei der entgeltlichen **Aufgabe von Forstrechten**.[38]

Zu den Kosten nach § 448 Abs. 2 BGB nF zählen zivilrechtlich auch diejenigen der Eintragung und Löschung einer **Auflassungsvormerkung**.[39] 41

Nicht unter § 448 Abs. 2 BGB nF fallen die (isolierte) Auflassung, es sei denn, sie wird zu einem vorher abgeschlossenen Kaufvertrag erklärt, und sonstige „Übereignungsverträge", die nicht die typischen Wesensmerkmale des Kaufes nach § 433 BGB haben; für derartige Geschäfte gilt dann § 426 BGB (s. Rn. 44). 42

§ 453 BGB nF (§ 448 Abs. 2 aF): Kosten bei Rechtskauf,[40]
§ 480 BGB nF (§ 515 aF): Tauschvertrag,
§ 670 BGB: Aufwendungserstattung bei Auftrag, 43

---

[31] PrüfAbt. Notarkasse MittBayNot 1984, 149.
[32] LG Wuppertal MittRhNotK 1982, 68.
[33] BayObLG MittBayNot 2003, 71.
[34] OLG Hamburg DNotZ 1956, 622; 1965, 371; BayObLGZ 1960, 211; BayObLG DNotZ 1962, 41; MittBayNot 1978, 119.
[35] OLG Karlsruhe DNotZ 1963, 342.
[36] BayObLGZ 1960, 211.
[37] OLG Celle Rpfleger 1965, 115.
[38] BayObLG MittBayNot 1961, 187.
[39] Str., wie hier zu § 449 BGB aF: OLG Frankfurt DNotZ 1965, 365; OLG Hamburg DNotZ 1965, 371; NJW 1964, 2117; OLG Oldenburg DNotZ 1965, 745; OLG Schleswig JurBüro 1962, 589; *Staudinger/Köhler* § 449 BGB Rn. 9; *Palandt/Putzo* § 449 BGB Rn. 5; aA OLG Braunschweig DNotZ 1955, 440; OLG Celle NJW 1963, 909; DNotZ 1966, 756; Rpfleger 1982, 465.
[40] OLG Dresden NJW-RR 1999, 1519.

§ 144

§ 683 BGB: Aufwendungsersatz bei Geschäftsführung ohne Auftrag,
§ 897 BGB: Kosten einer Grundbuchberichtigung,
§ 3 Abs. 1 FStrG, wonach ein Beteiligter vom Träger der Straßenbaulast, Ersatz von Beurkundungskosten verlangen kann,[41]
§ 67 Abs. 3 S. 2 Bay. VoSchG, wenn Grundschuld zur Sicherung des Wertausgleichs durch Vertrag erfolgt,[42]
§ 12 VerkFlBerG: § 144 ist anwendbar, da der öffentliche Nutzer kein öffentliches Unternehmen ist und idR keine Weiterveräußerung beabsichtigt (vgl. auch § 144a Rn. 20 aE mwN).

44 **§ 426 BGB (teilweiser Gebührenermäßigungsanspruch):** § 144 Abs. 3 Halbs. 2 wird auch auf § 426 BGB angewandt.[43] Nach § 426 Abs. 1 BGB haften mehrere Gesamtschuldner (nur dann) zu gleichen Teilen, „soweit nicht ein anderes bestimmt ist". Eine „andere Bestimmung" iS des § 426 Abs. 1 BGB kann sich ergeben auf Grund einer gesetzlichen Vorschrift, aus gefestigter Rspr., Literaturmeinung (zB bei Kapitalgesellschaften nach Kapitalbeteiligungsverhältnis, auch bei kapitalistischer Kommanditgesellschaft; bei Vermächtnisvollzug ist Kostenschuldner der Beschwerte), aus einem Geschäftsbesorgungsvertrag iS des § 675 BGB (zB Baubewerbervertrag, Bauträgervertrag, Kaufanwartschaftsvertrag, sofern dies nachgewiesen wird).[44] Nur wenn sich nichts anderes (iS von § 426 Abs. 1 BGB) ergibt und nachgewiesen wird, bleibt es bei der Hilfsquote des § 426 Abs. 1 BGB „zu gleichen Teilen".[45] Eine „andere Bestimmung" iS von § 426 Abs. 1 BGB kann sich *nicht* ergeben aus einer vertraglichen Gebührenübernahmeerklärung des begünstigten Beteiligten (s. Rn. 58).

45 **§ 426 BGB** gilt bei Auseinandersetzungen, Gemeinschaftsbegründungen und -aufhebungen, Verträgen auf die Vereinigung von Leistungen, also Verträgen nach §§ 3, 10 WEG, Gesellschaftsverträgen, Schenkungen, Darlehensverträgen, Mietverträgen, bei unentgeltlichen Grundabtretungen (§ 448 Abs. 2 BGB nF ist hier nicht einschlägig!), bei entgeltloser Einräumung von Vorkaufsrechten, für Erschließungsverträge, Geschäftsbesorgungsverträge anderer Art, Baubetreuungsverträge, Übertragungen und unentgeltliche (nicht entgeltliche Begründungen) von Erbbaurechten, Einbringungsverträge.

46 **c) Keine gesetzliche Erstattungspflicht.** Nicht unter die gesetzliche Erstattungspflicht fallen vertragliche Vereinbarungen, auch nicht solche, die in einem öffentlich-rechtlichen Vertrag enthalten sind, es sei denn, die Vereinbarung hat Gesetzeskraft, wie zB § 8 der Rahmenvereinbarung zwischen dem Freistaat Bayern und dem Landkreisverband über die Kostentragungspflicht bei der Rückübertragung von Landratsamtsgebäuden, da diese Vereinbarung als Anlage zum Haushaltsgesetz verkündet wurde (BayGVBl. 1959, 169). Nicht unter die gesetzliche Erstattungspflicht nach § 144 Abs. 3 Halbs. 2 fallen Schadensersatzverpflichtungen, selbst wenn sie gerichtlich festgestellt sein sollten.[46] Nach abweichender Ansicht von *Lappe* ist § 144 Abs. 3 Halbs. 2 vollkommen neu zu interpretieren und auf Grund dieser Neuinterpretation restriktiv anzuwenden (s. die Erläuterungen zu § 13).

47 **d) Folgerungen.** Haften ein begünstigter und ein nicht begünstigter Kostenschuldner für die Kosten einer Beurkundung gesamtschuldnerisch (vgl. Rn. 33–45), so gilt nach Abs. 3, sofern nur der Nichtbegünstigte oder zumindest der Nichtbegünstigte neben dem Befreiten in Anspruch genommen wird:

48 **Voller Erstattungsanspruch:** Kann der Nichtbegünstigte nach Gesetz volle Erstattung verlangen, so schuldet der Begünstigte nur die ermäßigte Gebühr. Insoweit erstreckt sich

---

[41] BayObLG MittBayNot 1978, 120.
[42] BayObLG MittBayNot 1975, 139.
[43] BayObLG MittBayNot 2003, 71; OLG Bremen DNotZ 1955, 546; OLG Celle DNotZ 1954, 436; OLG Hamburg DNotZ 1965, 370; OLG Karlsruhe DNotZ 1965, 372.
[44] S. dazu *Müller* BWNotZ 1967, 69; *Ackermann* DNotZ 1967, 427; 1968, 86; Rpfleger 1968, 109 mit vielen Beispielen.
[45] OLG Karlsruhe JurBüro 2006, 490 = FG Prax 2006, 179 = BWNotZ 2007, 68.
[46] OLG Frankfurt DNotZ 1956, 217; OLG Köln KostRsp. § 13 Nr. 2.

die Befreiung auf den Nichtbegünstigten. Dies gilt selbst dann, wenn der Nichtbegünstigte die Kosten übernommen hat.

Teilweiser Erstattungsanspruch: Besteht nur ein teilweiser Erstattungsanspruch, zB nach § 426 BGB, so ermäßigt sich die Gebühr insoweit, also nach der Höhe dessen, was der Begünstigte im Innenverhältnis zahlen müsste. **49**

3. Einfluss einer Gebührenübernahmeerklärung

Laut Abs. 3 Halbs. 2, der eine „gesetzliche Vorschrift" verlangt, auf Grund deren Erstattung verlangt werden kann, genügt eine Gebührenübernahmeerklärung nicht. Eine solche Erklärung des begünstigten Gesamtschuldners gegenüber dem Nichtbegünstigten kann diesen nicht von seiner Gebührenschuld freistellen, da es sich mit dem System der KostO nicht verträgt, dass der Anfall und die Höhe einer Gebühr durch eine Abrede der Parteien über die interne Kostentragung bestimmt oder beeinflusst wird.[47] So kann sich beispielsweise eine Stadt, die die Kosten aus einer notariellen Urkunde übernommen hat, nicht auf eine ihr nach anderen gesetzlichen Vorschriften zustehende Gebührenbefreiung berufen (zB Justizgebührenbefreiungsgesetz vom 5. 10. 1990).[48] Der Übernehmer haftet, weil und soweit er übernommen hat; er tritt in Höhe der übernommenen Gebühren als Gesamtschuldner (§ 5) neben den Kostenschuldner, dessen Schuld er übernommen hat. Die Rechtsfolgen der Übernahmeerklärung, die allein seine Haftung begründet, kann er nicht dadurch hinfällig machen, dass er sich auf eine ihm ansonsten zustehende Gebührenfreiheit oder -ermäßigung beruft. Die Gegenmeinung stützt sich zu Unrecht auf § 12 Abs. 1. Dort ist bestimmt, dass die persönliche Gebührenfreiheit der Inanspruchnahme für Gebühren nicht entgegensteht, wenn die Haftung auf der Vorschrift des § 3 Nr. 3 (Haftung nach bürgerlichem Recht) beruht, oder wenn der Kostenschuldner als Erbe nach § 6 oder als Anteilsberechtigter nach § 116 Abs. 6 für die Kosten haftet. § 3 Nr. 2 ist zwar in der Vorschrift nicht genannt, aber daraus kann nicht der Schluss gezogen werden, die persönliche Gebührenfreiheit und die auf ihr beruhende Gebührenermäßigung sollten nach dem Willen des Gesetzgebers bei der Haftung aus der Kostenübernahme nicht entfallen.[49] Es bestand nämlich für den Gesetzgeber keine Notwendigkeit, § 3 Nr. 2 in die Bestimmung des § 12 aufzunehmen. Aus dem Begriff der Übernahme folgt ohne weiteres, dass der Übernehmer für die Kostenschuld eines anderen Kostenschuldners eintreten will. Auch im Kostenrecht bestimmt sich daher der Umfang der Haftung des Übernehmers nach dem Inhalt der übernommenen Verpflichtung.[50] Schon daraus ergibt sich, dass der Übernahmeschuldner Gebührenfreiheit oder -ermäßigung nicht geltend machen kann; einer gesetzlichen Regelung bedurfte es nicht mehr. Gleiches folgt aus dem Zweck, der durch die Übernahme im Verhältnis zwischen den Beteiligten erreicht werden soll. Der Übernehmer will – im Regelfall – den anderen Kostenschuldner von jeglicher Kostenlast befreien. Beruft er sich aber auf eine ihm zustehende Gebührenfreiheit oder -ermäßigung, so wird dieser Zweck verfehlt. Die Kostenübernahme hat nämlich nicht zur Folge, dass der sonst Verpflichtete von seiner Haftung frei wird, vielmehr haftet er mit dem Übernehmer als Gesamtschuldner nach § 5.[51] Darum könnte er ohne weiteres für den vom Übernehmer nicht beglichenen Betrag in Anspruch genommen werden. Die Gegenmeinung berücksichtigt auch nicht, dass die KostO eine dem § 2 Abs. 4 GKG entsprechende Vorschrift nicht ent- **50**

---

[47] RG DNotZ 1942, 466; OLG Bremen DNotZ 1955, 546; OLG Frankfurt DNotZ 1956, 217; BayObLG DNotZ 1962, 41; MittBayNot 1984, 149; DNotZ 1985, 567; OLG Hamm Rpfleger 1961, 259; OLG Hamburg DNotZ 1956, 622; 1965, 371; OLG Köln DNotZ 1973, 760 m. Anm. *Rohs*; KostRsp. Nr. 35 m. abl. Anm. *Lappe*; MittRhNotK 1977, 60; JurBüro 1983, 1543; OLG Zweibrücken JurBüro 1981, 1709; OLG Schleswig JurBüro 1982, 894; *Mümmler* JurBüro 1976, 1179; *Ackermann* JurBüro 1976, 285; OLG München Beschluss vom 22. 9. 2005 (n. v.); aA OLG Stuttgart BWNotZ 1984, 41; *Lappe* § 3 Rn. 25.
[48] LG Koblenz JurBüro 1995, 211.
[49] So § 3 Rn. 25 *(Lappe)*; OLG Stuttgart BWNotZ 1984, 41.
[50] Vgl. insbesondere OLG Schleswig JurBüro 1982, 894, 895; *Jonas* § 3 Anm. III 1 und 3; *Rohs* Anm. zu OLG Köln DNotZ 1973, 760.
[51] HM, statt vieler *Jonas* § 3 Anm. III 4.

§ 144

hält. Danach werden Kosten nicht erhoben, soweit sie jemandem auferlegt werden, der von Kosten befreit ist, bereits erhobene Kosten sind zurückzuzahlen. Das Gleiche gilt, soweit ein von Kosten Befreiter Kosten des Verfahrens übernimmt. Der Gesetzgeber hat diese Regelung ersichtlich für den Bereich der KostO nicht treffen wollen.

51 Besitzt der Nichtbegünstigte einen gesetzlichen Erstattungsanspruch gegenüber dem Begünstigten iS von Abs. 3 Halbs. 2, hat er sich aber privatrechtlich zur Übernahme der (für den anderen Teil ermäßigten) Gebühr verpflichtet, so kommt dieser Vereinbarung naturgemäß Bedeutung zu; der nichtbegünstigte übernehmende Teil haftet in vollem Umfang für die – begünstigte – Gebühr.[52]

4. Einseitige Erklärungen

52 **a) Abgabe der Erklärung durch einen Nichtbegünstigten.** Wird die Erklärung von einem nicht Begünstigten – auch im Interesse oder im Auftrag eines Begünstigten – abgegeben, ist Abs. 3 nicht anwendbar, da keine gesamtschuldnerische Haftung (§ 5) besteht, auch wenn der Befreite die Gebühr dem nicht Befreiten erstatten muss.[53] Hierunter fallen zB die Löschungsbewilligungen, Freigabeerklärungen, Rangrücktritte Dritter, nicht befreiter Personen bezüglich ihrer am Besitz einer anderen, auch einer begünstigten Person eingetragenen Grundpfandrechte;[54] ferner die einseitige, nicht im Kaufvertrag enthaltene Bewilligung einer Auflassungsvormerkung eines nicht Begünstigten zugunsten eines Begünstigten; schließlich ein Kaufangebot eines nicht Begünstigten an einen Begünstigten,[55] hier ist nur die Annahmeerklärung gebührenbegünstigt.[56] Bietet aber ein nicht Begünstigter einem Begünstigten den Verkauf eines Grundstücks an und nimmt der Begünstigte in der selben Urkunde Kenntnis und verpflichtet er sich dem Notar gegenüber, die Kosten des Angebotes zu tragen, so besteht Gesamtschuldnerschaft (§ 5), die Begünstigung ist in einem derartigen Fall zu gewähren.[57] Gleiches gilt, wenn Löschungsbewilligung eines nicht Begünstigten und Löschungszustimmung des begünstigten Grundstückseigentümers in einer Urkunde zusammengefasst werden; es besteht Gesamtschuldnerschaft (§ 5), so dass Abs. 3 Halbs. 2 eingreift.

53 Bei einseitigen Erklärungen von Begünstigten und Nichtbegünstigten ist nach Abs. 3 also zu prüfen, ob und wieweit ein Nichtbefreiter von einem mitwirkenden Begünstigten (nicht von einem Dritten) Erstattung verlangen kann. Sind auf einer Vertragsseite mehrere Personen beteiligt, aber nicht alle persönlich gebührenbegünstigt, so kommt Abs. 3 nur zur Anwendung, wenn die andere Vertragsseite (falls aus mehreren Personen bestehend) alle) persönlich gebührenbegünstigt ist.

54 **b) Abgabe der Erklärung durch einen Begünstigten.** Wird eine einseitige Erklärung von einem Begünstigten zugunsten eines nicht Begünstigten abgegeben, greift Abs. 3 ein, da der Begünstigte Alleinschuldner ist. Dies gilt insbesondere bei dem Angebot eines Begünstigten auf Abschluss eines Verkaufsvertrages an einen nicht Begünstigten.[58] Die Annahmeerklärung durch nicht begünstigte Personen, für die § 38 Abs. 2 Nr. 2 einschlägig ist, ist nicht ermäßigt; wird die Auflassung danach in einer besonderen Urkunde erklärt, ist diese wegen der Erstattungspflicht nach § 448 Abs. 2 BGB nF (§ 449 BGB aF) nicht begünstigt, es würde also auch hierfür die nicht ermäßigte Gebühr nach § 38 Abs. 2 Nr. 6 erhoben. Wird die Auflassung auf Grund einer im Angebot enthaltenen Vollmacht des Befreiten auf den nicht Befreiten zugleich mit dessen Annahmeerklärung beurkundet, so fällt eine nicht begünstigte Gebühr nach § 38 Abs. 2 Nr. 2, 6, § 44, an. Die vorstehenden Grundsätze gelten bei Aufspaltung in Angebot (durch einen Begünstigten) und Annahme

---

[52] BayObLG DNotZ 1962, 41.
[53] *Reichert* MittBayNot 1952, 64, 70; *Mümmler* JurBüro 1973, 400; OLG Bremen DNotZ 1955, 546.
[54] BayObLG MittBayNot 1978, 121.
[55] BayObLG MittBayNot 1978, 119.
[56] OLG Bremen DNotZ 1955, 546.
[57] BayObLG MittBayNot 1978, 119.
[58] OLG Hamburg MDR 1976, 499; OLG Hamm DNotZ 1979, 236.

(durch einen nicht Begünstigten) auch dann, wenn die Trennung nur zur Kostenersparnis vorgenommen worden ist.[59]

V. Beispiele

1. Kaufvertrag

Eine Gemeinde kauft ein Grundstück ohne Weiterveräußerungsabsicht. 55
Kaufpreis = Geschäftswert (§ 20 Abs. 1) 110 000 Euro
$20/10$-Gebühr (§ 36 Abs. 2) laut Ermäßigungsstaffel 266,40 Euro
zu erheben aber gemäß § 144 Abs. 1 S. 2 höhere $20/10$-Gebühr aus dem niedrigeren Geschäftswert (vorhergehende Wertstaffel von 100 000 Euro) laut Staffelermäßigung 289,80 Euro.

2. Straßengrundabtretung

Entgeltliche Abtretung 56
Ein Landwirt tritt zum Zwecke des Straßenbaues Grundstücksteilflächen an die Gemeinde gegen Entgelt ab. Da die Gemeinde gebührenbegünstigt ist, ist bei einem Geschäftswert der Urkunde von über 26 000 Euro die Ermäßigung gemäß § 144 Abs. 1 vorzunehmen. Voraussetzung ist, dass der begünstigte Erwerber kraft Gesetzes Kostenschuldner ist. Das ist bei entgeltlichen Straßengrundabtretungen in aller Regel sowohl im Hinblick auf § 448 Abs. 2 BGB nF als auch auf die einschlägigen Vorschriften des Fernstraßengesetzes und der Landesstraßen- und Wegegesetze der Fall.

Unentgeltliche Abtretung 57
Wird das Grundstück unentgeltlich an die Gemeinde abgetreten, gilt nicht § 448 Abs. 2 BGB nF; es besteht dann nach § 426 BGB nur ein Erstattungsanspruch zur Hälfte. Die Gebühr ist somit zur Hälfte voll zu erheben, während die andere Hälfte prozentual zu ermäßigen ist (vgl. Rn. 39 und 42). Da die Gebührenermäßigung nach § 144 erst bei Werten über 26 000 Euro eingreift, wird der Fall der unentgeltlichen Abtretung kaum noch praktisch sein.

Kosten der Lastenfreistellung 58
Übernimmt der Erwerber von Straßengrund (Bund, Land, Gemeinde) die Kosten der Lastenfreistellung, liegt eine Kostenübernahme nach § 3 Nr. 2 vor.
Eine Ermäßigung der Entwurfs- bzw. Beglaubigungsgebühren für die Lastenfreistellungserklärungen kann dann nicht erfolgen, wenn die Kosten der Lastenfreistellung kraft Gesetzes nicht der Erwerber, sondern der Veräußerer zu tragen hat. Die gesetzliche Kostentragungspflicht des Veräußerers kann regelmäßig aus §§ 433 Abs. 1 S. 2, 435 BGB nF hergeleitet werden. Danach würde die Übernahme der Lastenfreistellungskosten durch den Erwerber zu einer Ermäßigung nach § 144 Abs. 1 führen.[60]
Anders liegt der Fall, wenn der Erwerber auf Grund besonderer gesetzlicher Vorschriften als Träger der Straßenbaulast neben der Beschaffung der für die Straßenbaumaßnahme benötigten Grundstücke auch zur Befriedigung aller Schadensersatz-, Entschädigungs-, Ausgleichs- und sonstigen Ansprüche im Zusammenhang mit dem Bau der Straße verpflichtet ist, zB bei einer Abtretung nach § 3 Abs. 1 FStrG, Art. 9 BayStrWG. In diesem Fall gehört die Lastenfreistellung zur Straßenbaulast und hat daher auf Kosten des Straßenbaulastträgers zu erfolgen. Dies trifft insbesondere dann zu, wenn die Grundabtretung zur Abwendung einer sonst möglichen Enteignung erfolgt.
Die Übernahme der Lastenfreistellungskosten durch den Baulastträger erfolgt in diesem Fall auf Grund einer gesetzlichen Erstattungspflicht; die Gebühren sind nach § 144 Abs. 1 zu ermäßigen.[61]

3. Tauschvertrag

Im Tauschvertrag veräußert eine Gemeinde an A ein Grundstück im Wert von 150 000 Euro und 59 erhält dafür von A ein Grundstück im Wert von 75 000 Euro, Baraufzahlung des A 75 000 Euro, Kosten trägt A.
Geschäftswert (§§ 39 Abs. 2, 19 Abs. 2) 150 000 Euro
$20/10$ Gebühr (§ 36 Abs. 2) = 564 Euro
hiervon Anteil Gemeinde
$1/3$ = 188 Euro
ermäßigt um 30% auf 131,60 Euro
Anteil A $2/3$ nicht ermäßigt 376,00 Euro
zusammen 507,60 Euro
Die Gebühr ist gemäß § 144 Abs. 1 insoweit zu ermäßigen, als sie von der Gemeinde kraft Gesetzes zu tragen ist. Gemäß §§ 448 Abs. 2, 480 BGB nF hat jeder Vertragsteil die Kosten seines Erwerbes zu tragen; der Anteil an der Beurkundungsgebühr ist gleich dem Anteil am Wert aller Vertragsgrundstücke.

---

[59] BayObLG DNotZ 1979, 233; aA OLG Celle MittBayNot 1972, 52, das bei einem derartigen Verfahren zur Anwendbarkeit des § 144 Abs. 3 voraussetzt, dass sachliche Erwägungen vorliegen müssen; wie OLG Celle auch *Rohs/Wedewer* Rn. 28; *Ackermann* JurBüro 1976, 726; *Neubauer* MDR 1977, 194.
[60] OLG Zweibrücken Rpfleger 1996, 305.
[61] BayObLG Rpfleger 1987, 360.

§ 144   2. Teil. Kosten der Notare

Die Beteiligung der Gemeinde entspricht dem erworbenen Grundstückswert (Wert der Tauschflächen: 150 000 Euro und 75 000 Euro = 225 000 Euro, davon Erwerb Gemeinde 75 000 Euro = $75/225 = 1/3$), deshalb ist $1/3$ der Beurkundungsgebühr = 188 Euro zu ermäßigen, $2/3$ der Gebühr = 376 Euro als Anteil des A bleiben unermäßigt (§ 144 Abs. 3).

Für die Gebührenermäßigung bleibt es ohne Bedeutung, wer vertraglich die Kosten übernommen hat. Maßgebend ist nur, wer sie nach den gesetzlichen Bestimmungen zu tragen hat.

4. Grundschuldbestellung

60 **a) Normalfall:** Eine Kirchenstiftung bestellt eine vollstreckbare Grundschuld in Höhe von 500 000 Euro.
Geschäftswert (§ 23 Abs. 2) 500 000 Euro
$10/10$ Gebühr (§ 36 Abs. 1) = 807 Euro
ermäßigt um 50% =
                                                                                                 403,50 Euro

61 **b) Sonderfall:** Privatschulen erhalten vom Staat, zB in Bayern, Zuschüsse für den Errichtungsaufwand. Diese Zuschüsse werden meist durch Eintragung einer Grundschuld am Schulgrundstück zugunsten des Staates dinglich gesichert. Die Beurkundungsgebühren gehören zu den Kosten des Errichtungsaufwandes, die der Staat dem Schulträger zu ersetzen hat (Art. 27 BaySchFG).

62 **Vertragliche Grundschuldbestellung**
Die Bestellung einer Grundschuld über 400 000 Euro erfolgt in Vertragsform.
Geschäftswert (§ 23 Abs. 2) 400 000 Euro
$20/10$ Gebühr (§ 36 Abs. 2) = 314 Euro
ermäßigt um 50% =   657 Euro
Kostenschuldner (Gesamtschuldner) nach § 2 Abs. 1 sind sowohl der private Schulträger als auch der Staat. Wegen der gesetzlichen Erstattungsvorschrift des Art. 27 BaySchFG ist § 144 Abs. 1 anwendbar, die anfallende Beurkundungsgebühr um 50% zu ermäßigen.

63 **Einseitige Grundschuldbestellung**
Die Bestellung der Grundschuld erfolgt durch einseitige Erklärung des privaten Schulträgers. Dem Notar liegt bei Beurkundung eine Kostenübernahmeerklärung des Staates vor.
Geschäftswert (§ 23 Abs. 2) 400 000 Euro
$10/10$ Gebühr (§ 36 Abs. 1) = 657 Euro
ermäßigt um 50% =
                                                                                                 328,50 Euro
Kostenschuldner, und zwar gemäß § 5 Gesamtschuldner mit dem privaten Schulträger, ist gemäß § 3 Nr. 2 der Staat durch Kostenübernahme geworden. Zwar führt die – freiwillige – Übernahme der Kostenschuld eines nichtbegünstigten Kostenschuldners durch einen begünstigten Kostenschuldner grundsätzlich nicht zur Gebührenermäßigung; wird die Kostenschuld vom begünstigten Kostenschuldner jedoch im Hinblick auf eine Erstattungspflicht gegenüber dem nichtbegünstigten Kostenschuldner **auf Grund gesetzlicher Vorschriften** übernommen, bleibt dem Begünstigten und damit auch dem mit ihm haftenden Gesamtschuldner die Ermäßigung nach § 144 Abs. 1 erhalten. Die anfallende Beurkundungsgebühr ist also zu ermäßigen.

5. Mehrere gegenstandsverschiedene Erklärungen in einer Urkunde

64 **a) Ein Kostenschuldner.** Eine Kirchenstiftung bestellt eine vollstreckbare Grundschuld über 270 000 Euro; in der Grundschuldurkunde ist eine Löschungszustimmung bezüglich eines Grundpfandrechtes zu 20 000 Euro enthalten. Grundschuldbestellung und Löschung des Grundpfandrechts betreffen verschiedene Gegenstände nach § 44 Abs. 2. Es ist der kostengünstigere Weg zu ermitteln, dann ist die Ermäßigung nach § 144 vorzunehmen.
Getrennte Bewertung nach § 44 Abs. 2b 1. Satzteil: Grundschuld
Geschäftswert (§ 23 Abs. 2) 270 000 Euro
$10/10$ Gebühr (§ 36 Abs. 1) =   462, Euro
Löschung
Geschäftswert (§ 23 Abs. 2) = 20 000 Euro
$5/10$ Gebühr (§ 38 Abs. 2 Nr. 5 a) =   36 Euro
zusammen   498 Euro
Zusammenrechnung der Werte nach § 44 Abs. 2b 3. Satzteil:
Grundschuld   270 000 Euro
Löschung   20 000 Euro
Gesamtwert   290 000 Euro
$10/10$ Gebühr (§ 36 Abs. 1) =   492 Euro
Der für den Kostenschuldner günstigere Betrag von 492 Euro ist zu ermäßigen, bei einem Geschäftswert von 290 000 Euro prinzipiell um 50%, wegen der Sperre des § 144 Abs. 1 S. 2 findet nur eine Ermäßigung um 40% statt.
Gebühr also   268,20 Euro

65 **b) Mehrere begünstigte Kostenschuldner.** A verkauft in einer Urkunde ein Grundstück an den Bund zum Kaufpreis von 500 000 Euro und ein anderes Grundstück an die Gemeinde für 400 000 Euro.

Geschäftswert (§ 44 Abs. 2 a) 900 000 Euro
$^{20}/_{10}$ Gebühr (§ 26 Abs. 2) =   2814 Euro
ermäßigt um 50% =   1407 Euro
Kostenschuldner:
Bund zu $^5/_9$, Gemeinde zu $^4/_9$ Anteil.

6. Zusammenbeurkundung eines gebührenbegünstigten Geschäftes mit einem nichtbegünstigten Geschäft

Ein Landwirt verkauft in einer Urkunde ein Grundstück an die Bundesrepublik Deutschland zum **66** Kaufpreis von 200 000 Euro und ein weiteres Grundstück an C zum Kaufpreis von 50 000 Euro.
Geschäftswert (§§ 20 Abs. 1, 44 Abs. 2 a) 250 000 Euro
$^{20}/_{10}$ Gebühr (§ 36 Abs. 2) aus Gesamtwert von 250 000 Euro = 864,– Euro hiervon
– Anteil Bund $^4/_5$ = 691,20 Euro
ermäßigt um 40% =   414,72 Euro
– Anteil C $^1/_5$, nicht ermäßigt =   172,80 Euro
zu erheben   587,52 Euro

Die Gebühr ist gemäß § 144 Abs. 1 insoweit zu ermäßigen, also sie vom Bund zu tragen ist. Gemäß § 448 Abs. 2 BGB nF hat jeder Käufer die Kosten seines Erwerbs zu tragen; der Anteil an der Beurkundungsgebühr ist gleich dem Anteil am Wert der Vertragsgrundstücke.
Der Ermäßigungssatz nach § 144 Abs. 1 richtet sich nach dem anteiligen Wert des zu ermäßigenden Geschäfts.

7. Aufspaltung in Angebot und Annahme

a) Vertragsangebot eines Nichtbegünstigten an einen Begünstigten. Der nichtbegünstigte **67** Verkäufer A bietet der Gemeinde den Abschluss eines Kaufvertrages an; Kaufpreis für das Grundstück 50 000 Euro.
Geschäftswert (§ 20 Abs. 1) 50 000 Euro
$^{15}/_{10}$ Gebühr (§ 37), nicht ermäßigt.
Keine Gebührenermäßigung, da Kostenschuldner des Angebotes allein der Anbietende ist (§ 2 Nr. 1); eine Gesamtschuldhaft der Gemeinde besteht nicht und wird auch nicht durch Annahme des Angebotes begründet.

b) Vertragsangebot eines Nichtbegünstigten unter Mitwirkung des begünstigten Ange- 68 botsempfängers. Gleicher Fall, nur mit dem Unterschied, dass ein Vertreter der Gemeinde zur Beurkundung des Vertragsangebotes miterschienen ist. Die Gemeinde erklärt, vom Angebot Kenntnis zu nehmen und die Kosten des Angebots zu tragen, unabhängig davon, ob das Angebot angenommen wird oder nicht.
Gebührenermäßigung nach § 144 Abs. 1 ist zu gewähren. Die Gebührenbegünstigung des Angebotsempfängers kann diesem schon vor der Vertragsannahme zugute kommen, wenn er in der notariellen Urkunde von dem Angebot Kenntnis nimmt und die Kosten des Vertragsangebotes trägt. Der Angebotsempfänger hat in diesem Fall die Beurkundung im ganzen mitveranlasst; als gesetzliche Erstattungsvorschriften kommen §§ 448 Abs. 2 BGB nF und 670 BGB in Betracht.[62]

c) Vertragsangebot eines Begünstigten an einen Nichtbegünstigten. Die Gemeinde als Ver- **69** käufer bietet einem nichtbegünstigten Käufer den Abschluss eines Grundstückskaufvertrages an.
Gebührenermäßigung nach § 144 Abs. 1 ist zu gewähren. Kostenschuldner des Vertragsangebotes ist allein die Gemeinde, die gemäß § 144 Abs. 1 gebührenbegünstigt ist.
Nicht zu ermäßigen sind die Kosten der **Vertragsannahme** und der Auflassung, da hierfür der nichtbegünstigte Käufer gesetzlicher Kostenschuldner ist. Aufspaltung eines Kaufvertrages in Angebot und Annahme zum Zwecke der Gebührenersparnis ist nach mehrheitlicher Rspr. zulässig.[63]

§ 144 a* Besondere Gebührenermäßigung

¹Bei Geschäften, die in dem in Artikel 3 des Einigungsvertrages genannten Gebiet belegene Grundstücke betreffen und bei denen die in § 144 Abs. 1 Satz 1 Nr. 1 und 2 genannten Kostenschuldner nach § 2 Nr. 1 zur Zahlung der Kosten verpflichtet sind, ermäßigen sich die Gebühren, die dem Notar für seine Tätigkeit selbst zufließen und vor dem 1. Januar 2004 fällig werden, um 20 vom Hundert sowie um weitere Vomhundertsätze entsprechend § 144 Abs. 1 Satz 1. ²Den in

---

[62] BayObLG MittBayNot 1978, 119.
[63] OLG Zweibrücken DNotZ 1969, 695; OLG Stuttgart BWNotZ 1975, 149; OLG Schleswig DNotZ 1975, 631; BayObLG DNotZ 1979, 233; OLG Hamm DNotZ 1979, 236; aA OLG Celle MittBayNot 1972, 250.
* § 144a eingefügt durch Gesetz vom 23. 6. 1993 (BGBl. I S. 944).

§ 144a

Satz 1 genannten Kostenschuldnern steht die Treuhandanstalt gleich. [3] *§ 144 Abs. 1 Satz 2 gilt sinngemäß.* [4] *Die Ermäßigungsbestimmungen des Einigungsvertrages sind nicht anzuwenden.*

§ 144a ist infolge Zeitablaufs wirkungslos, s. Rn. 3, 4.

Übersicht

	Rn.
I. Allgemeines	1–6
1. Ausgangslage	1
2. Adressat der Gebührenermäßigungsvorschrift	2
3. Zeitliche Geltung	3, 4
4. Ermäßigungssystematik	5, 6
II. Ermäßigungstatbestände	7–21
1. Privilegierte Geschäfte	7–14
a) Grundstücke	7
b) Grundstücksgeschäft	8–13
c) Grundstücke im Beitrittsgebiet und in den alten Bundesländern	14
2. Privilegierte Kostenschuldner	15–21
a) Gebührenbegünstigung der öffentlichen Hand und der Treuhandanstalt	15–17
b) Gebührenermäßigung bei wirtschaftlichen Unternehmen?	18
c) Weiterveräußerungsabsicht	19
d) Gebührenschuldnerschaft	20
e) Mittelbare Beteiligung von privilegierten Gebührenschuldnern	21
III. Rechtsfolge	22–37
1. Ermäßigung	22
2. Erfasste Gebühren	23
3. Ermäßigungssatz	24–30
a) Einheitliche Ermäßigung	24–26
b) Untergrenze für Ermäßigung	27–30
4. Höchstgebühren, Höchstwerte, Mindestgebühren	31–34
5. Anrechnung	35
6. Ermäßigungskonkurrenzen	36, 37
a) Einigungsvertrag	36
b) § 144	37
IV. Gebührenschuldner	38, 39

Stichwortverzeichnis

Anrechnung 35
Anstalten 16
Anwendung des § 144 kraft Verweisung 37
Anwendung (Geltungsbereich alte/neue Bundesländer) 2
Ausgangslage 1
Auswirkungen 28, 29
Betroffener Grundbesitz (Lageort) 7
Einheitliche Ermäßigung 24
Einigungsvertrag 34, 36
Erfasste Gebühren 23
Ermäßigung 22
Ermäßigungskonkurrenzen 36, 37
Ermäßigungsgrundsatz 24, 25
Finanzierungsgrundschulden 21
Gebührenbegünstigung (öffentliche Hand und Treuhandanstalt) 15
Gebührenschuldner 38, 39
Gebührenschuldnerschaft 20
Geltungsdauer (zeitlich) 3
Geschäftsanteilsabtretung 11
Gesellschaftsvertrag 13
Grundstücke (Zusammentreffen im Beitrittsgebiet und alten Bundesländern) 14
Grundstücksveräußerungsgeschäfte 9
Höchstgebühren, Höchstwerte 31, 32
Innenverhältnis 39
Mindestgebühren 33
Mittelbare Beteiligung 21
Notare im Beitrittsgebiet 1
Öffentliche Körperschaften 16
Privilegierte Geschäfte 7
Privilegierte Kostenschuldner 15
Rechtsfolge 22 ff.
Rückübertragungsanspruch 10
Sachliche Gebührenermäßigung 5
Treuhandanstalt 17, 26
Untergrenze 27
Unternehmenskauf 12
Verfassungsrechtliche Bedenken 1
Verkehrsflächenbereinigungsgesetz 20
Voraussetzung für die Anwendung 8
Weiterveräußerungsabsichten 19
Wertstufen 30
Wirtschaftliche Unternehmen (Anwendung?) 18

Schrifttum: *Filzek,* Notarkosten-Fibel, 2. Aufl.; *Lappe* ZAP 1994, F. 24, S. 219.

I. Allgemeines

1. Ausgangslage

1 Das Gesetz zur Umsetzung des **Föderalen Konsolidierungsprogramms** – FKPG – vom 23. 6. 1993 (BGBl. I S. 944) hat mit seinem Art. 16 einen § 144a, überschrieben als „Besondere Gebührenermäßigung", in die KostO eingeführt. Damit tritt neben die allgemeine Gebührenermäßigungsvorschrift des § 144 und neben die 10%-Ermäßigung der Gebühren,

Besondere Gebührenermäßigung § 144a

welche von Notaren im Beitrittsgebiet (Art. 8 Einigungsvertrag iVm. Anlage I, Kapitel III, Sachgebiet A, Abschnitt III, Nr. 20) ausgenommen das Land Berlin (Ermäßigungssatz-Aufhebungsgesetz Berlin vom 22. 2. 2002, BGBl. I S. 981) erhoben werden, eine weitere Gebührenermäßigung. Diese soll den „Aufschwung Ost" dadurch unterstützen, dass sie die öffentlichen Haushalte bis zum Ende des Jahres 2003 in bestimmten Fällen entlastet. § 144a ist nicht verfassungswidrig.[1]

2. Adressat der Gebührenermäßigungsvorschrift

Die Gebührenermäßigungsvorschrift richtet sich nur an Notare, denen für ihre Tätigkeit 2 die Gebühren selbst zufließen (**Gebührennotare**). Die Ermäßigungsvorschrift des § 144a gilt sowohl in den **alten** wie in den **neuen Bundesländern.** Sie gilt nicht für die Notare im Landesdienst Baden-Württembergs, soweit ihre Kosten – im badischen Rechtsgebiet (§ 8 Abs. 1 LJKG) und ausnahmsweise im württembergischen Rechtsgebiet (§§ 10 Abs. 1, 13 Abs. 2 S. 1 LJKG) – zur Staatskasse erhoben werden. Für die Anwendung des § 144a sind „Gebührenanteile" der Notare belanglos, sei es, dass sie von ihnen an die Notar- oder Staatskasse abzuliefern sind oder ihnen aus der Staatskasse gezahlt werden. Diese internendienstrechtlichen Bestimmungen berühren nicht das in der KostO geregelte Verhältnis zwischen Notar und Kostenschuldner, § 144a greift also hier nicht ein.[2]

3. Zeitliche Geltung

§ 144a ist am **27. 6. 1993** in Kraft getreten (Art. 43 Abs. 1 FKPG). Gebühren, die an 3 diesem Tag und später **fällig** geworden sind, werden von ihm erfasst. Wann eine Gebühr fällig wird, ergibt sich auch bei der Anwendung des § 144a aus § 7: Gebühren werden demnach mit der Beendigung des gebührenpflichtigen Geschäftes fällig. Der Begriff der Beendigung wird bestimmt vom einzelnen Gebührentatbestand, seine Verwirklichung stellt das gebührenpflichtige Geschäft dar (§ 7 Rn. 2). Die Beendigung des gebührenpflichtigen Geschäftes kann erst mit dem Augenblick angenommen werden, in dem die Leistung des Notars erbracht ist, welche die Gebühr rechtfertigt, also bei Beurkundungen mit dem Unterschreiben der Niederschrift durch den Notar (§ 7 Rn. 5), im Rahmen von Nebentätigkeiten nach § 147 Abs. 2 mit der letzten Hilfstätigkeit des Notars, welche durch die jeweilige Gebühr abgegolten wird.[3]

Die Gebührenermäßigung des § 144a gilt **nicht mehr** für Geschäfte, die **ab dem 1. 1.** 4 **2004** fällig werden. Für die Fälligkeit gilt auch insoweit § 7.

4. Ermäßigungssystematik

§ 144a ist als **sachliche Gebührenermäßigung** zu verstehen.[4] 5

Allerdings ist die sachliche Gebührenermäßigung in persönlicher Hinsicht eingeschränkt, 6 sie ist nämlich nur zu gewähren, wenn die in § 144 Abs. 1 S. 1 Nr. 1 und 2 genannten **Kostenschuldner** oder die Treuhandanstalt (§ 144a S. 2) gemäß § 2 Nr. 1 zur Zahlung der Kosten verpflichtet sind.

II. Ermäßigungstatbestände

1. Privilegierte Geschäfte

a) **Grundstücke.** Begünstigt sind nur Geschäfte, die im Beitrittsgebiet belegene Grund- 7 stücke betreffen. Sie müssen sich also in den neuen Bundesländern einschließlich Ost-Berlin befinden. Den Grundstücken werden die grundstücksgleichen Rechte gleichzusetzen sein.

b) **Grundstücksgeschäft.** Die Ermäßigung findet statt „bei Geschäften, die ... Grund- 8 stücke betreffen". Es ist fraglich, ob die Ermäßigungsvorschrift damit alle Grundstücksge-

---

[1] BVerfG DNotZ 1995, 772.
[2] *Lappe* ZAP 1994, F. 24, S. 219.
[3] *Lappe* ZAP 1994, F. 24, S. 219.
[4] BT-Drucks. 12/4401 S. 97.

§ 144a

schäfte erfasst, welche einen auch nur mittelbaren Bezug zu einem Grundstück im Beitrittsgebiet haben, oder ob ein unmittelbarer Bezug erforderlich ist. Die Terminologie des § 144a gibt dabei keinerlei Auslegungshinweise, insbesondere wird der sachenrechtliche Begriff „Rechte an Grundstücken" (Überschrift des 2. Abschnittes des 3. Buchs des BGB) vom Gesetzgeber nicht verwendet, so dass aus dem Wortlaut des § 144a nicht darauf geschlossen werden kann, alle Geschäfte seien begünstigt, die in den §§ 873 ff. BGB geregelt sind.[5] Diese „sachenrechtliche" Auslegung würde allein schon daran scheitern, dass § 144a offensichtlich auch schuldrechtliche Verträge begünstigen will. Es sind somit die allgemeinen Auslegungsgrundsätze heranzuziehen, und zwar unter Berücksichtigung der Leitlinien, die das BVerfG in seinem Gebührenermäßigungsbeschluss vom 1. 3. 1978[6] gegeben hat.[7] Eine Gebührenermäßigung zu Gunsten der öffentlichen Haushalte und zu Lasten der Gebührennotare hat damit die beiderseitigen Interessen angemessen zu berücksichtigen; die Intention des Gesetzgebers – Entlastung der öffentlichen Haushalte – darf also nicht dazu führen, dass ohne ausreichende tatbestandsmäßige Begrenzung in die Rechte der Notare gemäß Art. 12 GG eingegriffen wird. Gebührenermäßigungsvorschriften sind nach dem Gebührenermäßigungsbeschluss des BVerfG die Ausnahme. Wenn der Gesetzgeber darauf verzichtet, den Tatbestand ausreichend zu fixieren, obwohl er die Möglichkeit dazu hat, muss erst recht der Grundsatz „singularia non sunt extendenda" gelten. § 144a ist somit so zu interpretieren, dass die Ermäßigung nur für diejenigen Geschäfte gilt, welche **Grundstücke unmittelbar betreffen,** eine mittelbare Betroffenheit reicht regelmäßig nicht aus, um die Anwendbarkeit des § 144a zu begründen.[8] Geschäfte über Rechte an Grundstücken sind nicht privilegiert.

9 Unter die Ermäßigungsnorm fallen daher alle **Grundstücksveräußerungsverträge** und Veräußerungsgeschäfte über grundstücksgleiche Rechte (vor allem Erbbaurechte), inklusive der Käuferfinanzierungsgrundpfandrechte (s. Rn. 21) ferner Geschäfte wie Einräumung von Vorkaufs- und Ankaufsrechten, Erschließungsverträge, freiwillige Baulandumlegungen und dergleichen.

10 Auch die Abtretung eines **Rückübertragungsanspruchs** ist begünstigt, da dieser unmittelbar das zurückzuübertragende Grundstück betrifft.

11 Dagegen dürften **Geschäftsanteilsabtretungen** bei Gesellschaften mit beschränkter Haftung, auch wenn sie Nachbesserungsklauseln für den der Gesellschaft gehörenden Grundbesitz beinhalten, regelmäßig nicht der Gebührenermäßigung unterliegen. Der Geschäftsanteil an einer GmbH dient der Feststellung der Identität und als Grundlage für Recht und Pflichten des Gesellschaftsmitgliedes.[9] Er bestimmt Inhalt und Umfang der Mitgliedschaft an der juristischen Person und ist der Rechtsnatur nach nicht mit irgendeiner Mitberechtigung an einem Grundstück vergleichbar. Die Geschäftsanteilsabtretung betrifft mithin nicht unmittelbar ein Grundstück, das der Gesellschaft gehört.

12 Bei **Unternehmenskäufen** ist zu differenzieren nach der Rechtsform. Handelt es sich um eine Kapitalgesellschaft, gelten die vorstehenden Ausführungen, es erfolgt also keine Privilegierung. Wird hingegen eine Personengesellschaft oder eine Beteiligung hieran (OHG oder KG, entsprechendes gilt für die GbR) erworben, kommt es entscheidend auf den Gesellschaftszweck an. Nur wenn dieser primär auf das Halten und Verwalten eigener Immobilien gerichtet ist, dürften iS der Neuregelung Grundstücke (unmittelbar) betroffen sein.

13 Darüber hinaus betrifft ein **Gesellschaftsvertrag** nicht schon deshalb – iS von § 144a – ein Grundstück, weil ein Gesellschafter sich verpflichtet, dies als Einlage einzubringen, selbst wenn dadurch die Beurkundungspflicht gemäß § 311b Abs. 1 BGB nF begründet wird.[10] § 144a kommt erst dann wieder zum Zuge, wenn die Auflassung vom Gesellschafter an die Gesellschaft gesondert beurkundet wird.

---

[5] AA *Lappe* ZAP 1994, F. 24, S. 219.
[6] BVerfGE 47, 285.
[7] Vgl. *Reimann* NJW 1979, 580; *Selzer* DNotZ 1978, 197.
[8] *Filzek*, Notarkosten-Fibel, 2. Aufl., 12. Kap.
[9] *Lutter/Hommelhoff* § 14 GmbHG Rn. 1.
[10] *Lappe* ZAP 1994, F. 24, S. 219.

c) **Grundstücke im Beitrittsgebiet und in den alten Bundesländern.** Liegen von 14
einem Geschäft betroffene Grundstücke sowohl im Beitrittsgebiet wie in den alten Bundesländern, so ist die bei der Anwendung von § 144 nur die Mehrgebühr zu ermäßigen, die durch das Beitrittsgebiet belegene Grundstück gegenüber dem in den alten Bundesländer belegenen ausgelöst wird. Bei einem Kaufvertrag ist also die „Gebührenspitze", die als Folge der Mitveräußerung des Grundstücks im Beitrittsgebiet entsteht, zu ermäßigen.[11]

2. Privilegierte Kostenschuldner

a) **Gebührenbegünstigung der öffentlichen Hand und der Treuhandanstalt.** Die 15
sachliche Gebührenermäßigung gemäß § 144a gilt nicht unbeschränkt für jeden Kostenschuldner, sie begünstigt lediglich die „**öffentlichen Hände**".

Begünstigt sind dabei die in § 144 Abs. 1 S. 1 und 2 genannten Kostenschuldner, näm- 16
lich der **Bund,** die **Länder** sowie die nach dem Haushaltsplan des Bundes oder eines Landes für Rechnung des Bundes oder eines Landes verwalteten **öffentlichen Körperschaften** und **Anstalten** sowie Gemeinden, Gemeindeverbände, sonstige Gebietskörperschaften und Zusammenschlüsse von Gebietskörperschaften, Regionalverbände und Zweckverbände.

Begünstigt ist kraft ausdrücklicher Weisung in § 144a S. 2 die **Treuhandanstalt.** 17

b) **Gebührenermäßigung bei wirtschaftlichen Unternehmen?** Durch die Verwei- 18
sung in § 144a S. 1 auf § 144 Abs. 1 S. 1 Nr. 1 und 2 wird zugleich klargestellt, dass die Gebührenermäßigung nicht greift, wenn das Geschäft ein wirtschaftliches Unternehmen eines prinzipiell privilegierten Kostenschuldners gemäß § 144 Abs. 1 S. 1 Nr. 1 oder 2 betrifft, insoweit sind die gleichen Abgrenzungskriterien zu beachten, wie bei der Anwendung des § 144 (vgl. dort Rn. 13ff.). Die gegenteilige Ansicht – Privilegierung ohne Rücksicht darauf, ob ein Grundstücksgeschäft ein wirtschaftliches Unternehmen betrifft oder nicht – würde die Verweisung in § 144a S. 1 übersehen.[12]

c) **Weiterveräußerungsabsicht.** Eine Weiterveräußerungsabsicht ist, anders als bei der 19
Anwendung des § 144 im Rahmen des § 144a ohne Bedeutung, da hier nicht auf § 144 Abs. 1 S. 3 verwiesen wird.[13]

d) **Gebührenschuldnerschaft.** Die Gebührenschuldnerschaft muss auf § 2 Nr. 1 beru- 20
hen, bei Verträgen ist demnach jeder Vertragsteil, dessen Erklärung beurkundet ist, zur Kostenzahlung verpflichtet. Für die Gebührenermäßigung kommt es also allein darauf an, ob eine der genannten Personen dem Notar gegenüber Kostenschuldner ist. Es ist ohne Belang, wer im Innenverhältnis nach materiellem Recht (zB § 448 Abs. 2 BGB nF) auf Grund der in der Urkunde getroffenen Vereinbarung die Kosten zu tragen hat. Die Ermäßigung tritt also zum Beispiel auch dann ein, wenn die Treuhandanstalt ein Grundstück verkauft, der Käufer kraft Gesetzes oder Vertrages die Beurkundungskosten trägt und der Notar sie ihm auch in Rechnung stellt. Dagegen unterliegen Grundstücksgeschäfte nach dem Verkehrsflächenbereinigungsgesetz (BGBl. 2001 I S. 2716) nicht der Gebührenermäßigung des § 144a, denn § 12 VerkFlBerG enthält eine spezielle Kostenregelung und damit ist der öffentliche Nutzer nicht Kostenschuldner nach § 2 Nr. 1 (Anhang A Ziffer IV, Rn. 1).[14]

e) **Mittelbare Beteiligung von privilegierten Gebührenschuldnern.** Grundstücks- 21
geschäfte, die nur unter Mitwirkung der in § 144 Abs. 1 S. 1 Nr. 1 und 2 genannten Kostenschuldner bzw. der Treuhandanstalt als **mittelbare Beteiligte** (zB Zustimmung der Gemeinde als Grundstückseigentümerin zur Veräußerung eines Erbbaurechts) erfolgen, fallen nicht in den Anwendungsbereich des § 144a. Wohl aber gilt dies für **Käuferfinanzierungsgrundschulden.** Diese dienen nicht nur der Sicherung der Forderung eines nichtbegünstigten Gläubigers (Bank) gegen einen prinzipiell ebenfalls nichtbegünstigten

---

[11] *Lappe* ZAP 1994, F. 24, S. 219.
[12] *Lappe* ZAP 1994, F. 24, S. 219.
[13] *Lappe* ZAP 1994, F. 24, S. 219.
[14] Streifzug 5. Aufl. Rn. 1343; *Lappe* NJW 2001, 271; vgl. allgemein auch *Stavorinus* NotBZ 2001, 349; *Tiedke/Schmidt* DNotZ 1995, 741.

§ 144a

Schuldner (Käufer), sondern auch dem begünstigten Geschäft selbst. § 144a privilegiert aber nur das dingliche, nicht jedoch ein parallel laufendes schuldrechtliches Rechtsverhältnis, wie etwa bei der Bestellung von Finanzierungsgrundschulden die Übernahme der persönlichen Schuld durch den Käufer und die Unterwerfung unter die Zwangsvollstreckung in sein persönliches Vermögen.

III. Rechtsfolge

1. Ermäßigung

22   Ist der Ermäßigungstatbestand erfüllt, ermäßigen sich die Gebühren. Die Ermäßigung wirkt **absolut gegenüber jedem Kostenschuldner,** also nicht nur relativ gegenüber dem in § 144a genannten Kreis von Begünstigten, mithin auch gegenüber einem weiteren Schuldner gemäß § 3, der an sich nicht begünstigt wäre.

2. Erfasste Gebühren

23   Es ermäßigen sich alle Gebühren, die von einem „Gebührennotar" erhoben werden, nicht nur, wie bei § 144, bestimmte Gebühren. Es ermäßigen sich insbesondere auch die Gebühren der §§ 146, 147 und 149.

3. Ermäßigungssatz

24   a) **Einheitliche Ermäßigung.** Die Gebühren sind um 20% sowie um weitere Prozentsätze gemäß § 144 Abs. 1 S. 1 zu ermäßigen. Dies bedeutet, dass die beiden Ermäßigungskomponenten ggf. zusammenzurechnen sind. Da § 144a ausdrücklich auf § 144 Abs. 1 S. 2 verweist, kann es sich nur um eine einheitliche Ermäßigung mit den unterschiedlichen vom-Hundert-Sätzen handeln. Die Ermäßigung beträgt, also je nach Geschäftswert, 20% bzw. 50% bzw. 60% bzw. 70% bzw. 80%.

25   Die Gebührenermäßigung ist damit wie folgt vorzunehmen (s. im Einzelnen die Tabellen Anhang E II und III).
– Ermäßigung bei einem Geschäftswert bis zu 26 000 Euro um 20%
– Ermäßigung bei Geschäftswerten von
über   26 000 Euro bis 100 000 Euro   um 20% + 30%   50%
über   100 000 Euro bis 260 000 Euro   um 20% + 40%   60%
über   260 000 Euro bis 1 000 000 Euro um 20% + 50%   70%
über 1 000 000 Euro   um 20% + 60%   80%

26   Auch für die Grundstücksgeschäfte, an denen die **Treuhandanstalt** beteiligt ist, gilt diese einheitliche Ermäßigung voll und nicht nur die in § 144a vorgesehene Ermäßigung um 20% allein, da es sich in § 144a, soweit auf § 144 verwiesen wird, um eine Rechtsfolgenverweisung handelt.

27   b) **Untergrenze für Ermäßigung.** § 144 Abs. 1 S. 2 gilt sinngemäß. Eine ermäßigte Gebühr darf also die bei einem niedrigeren Geschäftswert zu erhebende Gebühr nicht unterschreiten.

28   Dies hat für die Gebührenberechnung folgende Auswirkungen:

29   Bei Geschäftswerten über 26 000 Euro bis einschließlich 50 000 Euro betragen die (um 50% ermäßigten) Gebühren – da sie geringer wären als die (um 20% ermäßigten) Gebühren aus dem niedrigeren Geschäftswert von 26 000 Euro der vorhergehenden Wertstufe – gleich bleibend

Gebühr	$5/10$	$10/10$	$20/10$	$15/10$	$1/4$	$1/10$
Euro	33,60	67,20	134,40	100,80	16,80	10,00
						(Mindestgebühr)

Erst ab einem Geschäftswert von über 50 000 Euro bis 100 000 Euro ist uneingeschränkt um 50% zu ermäßigen.

30   In gleicher Weise ist für die übrigen Wertstufen zu verfahren. Hier ist § 144 Abs. 1 S. 2 in folgenden Grenzbereichen einschlägig mit der Folge, dass hier ebenfalls gleich bleibende Gebühren zu berechnen sind:

Besondere Gebührenermäßigung § 144a

- bei Geschäftswerten über 100 000 Euro bis einschließlich 130 000 Euro

Gebühr	⁵/₁₀	¹⁰/₁₀	²⁰/₁₀	¹⁵/₁₀	¹/₄	¹/₁₀
Euro	51,75	103,50	207,00	155,25	25,88	10,35

- bei Geschäftswerten über 260 000 Euro bis einschließlich 130 000 Euro

Gebühr	⁵/₁₀	¹⁰/₁₀	²⁰/₁₀	¹⁵/₁₀	¹/₄	¹/₁₀
Euro	89,40	178,80	357,60	268,20	44,70	17,88

- bei Geschäftswerten über 1 000 000 Euro bis einschließlich 1 510 000 Euro

Gebühr	⁵/₁₀	¹⁰/₁₀	²⁰/₁₀	¹⁵/₁₀	¹/₄	¹/₁₀
Euro	233,55	467,10	934,20	700,65	116,78	46,71

4. Höchstgebühren, Höchstwerte, Mindestgebühren

Beim Ansatz von **Höchstgebühren** sind die jeweiligen Höchstgebühren zu ermäßigen. **31**

Bei **Höchstwerten** (zB Vollmacht) bestimmt sich der Ermäßigungssatz gemäß § 144 **32** Abs. 1 S. 1 nach dem Höchstwert.

Mindestgebühren dürfen nicht unterschritten werden. **33**

Die Ermäßigungsvorschriften des **Einigungsvertrages** sind gemäß § 162 S. 2 ab 1. 7. **34** 2004 generell nicht mehr anzuwenden. Sie waren schon zuvor im Falle der Gebührenermäßigung nach § 144 a nicht anzuwenden.

5. Anrechnung

Ist im Einzelfall eine Entwurfsgebühr voll entstanden, weil ein nichtbegünstigter Gebüh- **35** renschuldner den Entwurf in Auftrag gegeben hatte, und fällt dann bei nachfolgender Beurkundung nur die ermäßigte Beurkundungsgebühr nach § 144a an, so wirkt die Anrechnung (§ 145 Abs. 1 S. 3) nicht auf die Entwurfsgebühr zurück, ermäßigt sie also nicht nachträglich. Erst recht gilt dies bei einer folgenden gebührenfreien Beglaubigung (§ 145 Abs. 1 S. 4).[15]

6. Ermäßigungskonkurrenzen

a) Einigungsvertrag. Die generelle Ermäßigung der Gebühren der Notare im Bei- **36** trittsgebiet um 10% (Art. 8 Einigungsvertrag iVm. Anlage I, Kapitel III, Sachgebiet A, Abschnitt III, Nr. 20 a; geändert in BGBl. 1996 I S. 604) ist gemäß § 162 S. 2 ab 1. 7. 2004 generell nicht mehr anzuwenden. Sie fand schon zuvor bei § 144 a nicht statt. Die Gebühren von § 144 a gelten also gleichermaßen für alle Gebührennotare in der Bundesrepublik Deutschland. Bei den Notaren im Beitrittsgebiet tritt bis zu einem Geschäftswert von 26 000 Euro die spezielle Ermäßigung des § 144 a um 20% an die Stelle der allgemeinen Ermäßigung nach dem Einigungsvertrag.

b) § 144. Eine Konkurrenz zu § 144 gibt es nicht. Wenn also § 144 a anzuwenden ist, **37** ist § 144 nicht mehr selbständig, sondern nur kraft Verweisung anwendbar.

IV. Gebührenschuldner

Für die Anwendung des § 144 a spielt es keine Rolle, wer im Innenverhältnis Kosten- **38** schuldner ist. Maßgebend ist allein die Schuldnerschaft nach § 2 Nr. 1. Durch eine Vereinbarung in der Urkunde darüber, wer die Kosten zu tragen hat, kann somit § 144 a in seiner Anwendung nicht beeinflusst werden.

Zu beachten ist jedoch, dass bei den Betreuungsgebühren der §§ 145 ff. Kostenschuldner **39** derjenige ist, der nach § 2 Nr. 1 den Antrag stellt. Es hängt also davon ab, wer dies in Zusammenhang mit der notariellen Beurkundung des Vertrages tut. Regelmäßig wird Antragsteller derjenige sein, der die Kosten im Innenverhältnis des Vertrages übernimmt. Handelt es sich hierbei um einen nicht begünstigten Gebührenschuldner, kommt eine Ermäßigung nach § 144 a nicht in Betracht. Fraglich ist, ob die Gebührenermäßigung nach § 144 a dadurch erreicht werden kann, dass ein begünstigter Kostenschuldner den Notar

---

[15] Vgl. *Lappe* ZAP 1994, F. 24, S. 219.

mit den Betreuungsgeschäften beauftragt. Dies dürfte prinzipiell möglich sein, doch wird hierin, nämlich bei willkürlicher Kostenschuldnerwahl, § 140 anzuwenden sein.

§ 145* Entwürfe

(1) ¹Fertigt der Notar auf Erfordern nur den Entwurf einer Urkunde, so wird die für die Beurkundung bestimmte Gebühr erhoben. ²Überprüft der Notar auf Erfordern einen ihm vorgelegten Entwurf einer Urkunde oder einen Teil des Entwurfs, so wird die Hälfte der für die Beurkundung der gesamten Erklärung bestimmten Gebühr, mindestens jedoch ein Viertel der vollen Gebühr erhoben; dies gilt auch dann, wenn der Notar den Entwurf auf Grund der Überprüfung ändert oder ergänzt. ³Nimmt der Notar demnächst aufgrund des von ihm gefertigten oder überprüften Entwurfs eine oder mehrere Beurkundungen vor, so wird die Entwurfsgebühr auf die Beurkundungsgebühren in der Reihenfolge ihrer Entstehung angerechnet. ⁴Beglaubigt der Notar demnächst unter einer von ihm entworfenen oder überprüften Urkunde Unterschriften oder Handzeichen, so wird für die erste Beglaubigung keine Gebühr erhoben, für weitere gesonderte Beglaubigungen werden die Gebühren gesondert erhoben.

(2) Fertigt der Notar über ein Rechtsgeschäft, das der behördlichen Nachprüfung unterliegt, im Einverständnis mit den Beteiligten einen Entwurf zur Vorlegung bei einer Behörde, kommt das Rechtsgeschäft jedoch auf Grund der behördlichen Maßnahme nicht zustande, so wird die Hälfte der für die Beurkundung bestimmten Gebühr, mindestens aber eine volle Gebühr, erhoben; jedoch wird die für die Beurkundung bestimmte Gebühr erhoben, wenn sie geringer ist als eine volle Gebühr.

(3) ¹Die im Absatz 2 bestimmte Gebühr wird auch erhoben, wenn der Notar auf Erfordern den Entwurf einer Urkunde für ein Rechtsgeschäft, das der notariellen Beurkundung bedarf, aushändigt, die Beurkundung aber infolge Zurücknahme des Auftrags oder aus ähnlichen Gründen unterbleibt. ²Daneben werden die im § 57 und im § 130 Abs. 2 bestimmten Gebühren nicht erhoben.

Schrifttum: *Reimann,* Kostenrechtsprobleme nach dem Gesetz zur Änderung von Kostengesetzen, DNotZ 1987, 131; *Madert/Schmidt,* Das neue Gebühren- und Kostenrecht, NJW 1987, 290.

Übersicht

	Rn.		Rn.
I. Geltungsbereich	1–6	1. Das „Fertigen"	18–20
1. Grundsätze	1–3	2. Anfertigung „auf Erfordern"	21–23
2. Abgrenzung Notar – Rechtsanwalt	4–6	3. Voraussetzungen für die Anwendung des Abs. 1 S. 1	24–27
II. Der Entwurf	7–17	VI. Überprüfung eines Entwurfs	28–33
1. Allgemeines	7–14	1. Abgrenzungsfragen	28–32 c
a) Bisherige Rechtslage	7–10	a) Unerhebliche Änderungen	30
b) Neue Rechtslage	11–14	b) Erhebliche Änderungen ohne Entwurfsqualität	31
2. Abgrenzung Vertragsmuster – Vertragsentwurf	15–17	c) Erhebliche Änderungen mit Entwurfsqualität	32–32 c
III. Entwurfstätigkeit im Rahmen des § 17 Abs. 2a BeurkG	17a–17c	2. Änderungen des vom Notar selbst gefertigten Entwurfs	33
IV. Genehmigungserklärungen vertretener Beteiligter	17d–17h	VII. Anrechnung auf die Beurkundungs- und Beglaubigungsgebühr (Abs. 1 S. 3 und 4)	34–43
1. Abgrenzungsfragen	17 d, 17 e	1. Voraussetzungen	34–38
2. Belehrung	17 f	2. Anrechnung bei Beurkundung (Abs. 1 S. 3)	39–41
3. Kostengünstigster Weg	17 g, 17 h		
V. Die Anfertigung des Entwurfs nach Abs. 1 Satz 1	18–27		

---

* § 145 Abs. 1 frühere Sätze 2 und 3 durch Sätze 2 bis 4 ersetzt durch Gesetz vom 9. 12. 1986 (BGBl. I S. 2326), Abs. 3 Satz 1 geändert durch Gesetz vom 28. 8. 1969 (BGBl. I S. 1513).

	Rn.		Rn.
3. Anrechnung bei Beglaubigung (Abs. 1 S. 4)	42, 43	4. Verhältnis von § 145 zu § 45 und § 146	60–65
VIII. Entwurf zur Vorlegung bei einer Behörde (Abs. 2)	44–48	XI. Nebengeschäft, Mehrheit von Geschäften	66–68
IX. Entwurf zur Beurkundung und Aushändigung (Abs. 3)	49–55	1. Nebengeschäft	66
		2. Mehrheit von Geschäften	67, 68
1. Rechtsgeschäft	50	a) Gegenstandsgleichheit	67
2. Auftrag	51, 52	b) Mehrheit von Entwürfen	68
3. Aushändigung	53, 54	XII. Unvollendetes Geschäft	69, 69 a
4. Unterbleiben der Beurkundung	55	XIII. Schuldner	70–72
X. Gebühr	56–65	XIV. Fälligkeit	73
1. Gebührensatz	57	XV. Gebührenermäßigung	74
2. Wert	58		
3. Dokumentenpauschale	59		

Stichwortverzeichnis

Abgrenzung RA – Notar 4–6
Ablehnung 6
Änderungen 28–36, 70 a
Anfertigen des Entwurfs 18–27
Anrechnung auf Gebühren 35–43
Auftrag 17 d, 51, 52
Aushändigung 53, 54
Beurkundungsauftrag 25
Belehrung 17 f
Beratung 17 b
Berichtigungsantrag 9
Beschlüsse 8
Dokumentenpauschale 59
Einsichtnahme Grundbuch 65
Einsichtnahme Register 65
Entwurf – Vertragsmuster 15–17
Entwurfsüberprüfung 28–34
Erfordern der Anfertigung 21–24
Fälligkeit 14
Fertigen des Entwurfs 18–20
Formular 32 a
Formfrei 7
Gebühr 56
Gebührenermäßigung 74
Gebührensatz 57
Genehmigungserklärung 17 d

Geschäftswert 17
Grundbucheinsicht 65
Kostenschuldner 70–72
Mehrheit von Geschäften 67, 68
Musterentwurf 11, 15
Mutterurkunde 11
Nebenerklärungen 17 d, 22
Nebengeschäft 66
Registereinsicht 65
Schuldner 70–72
Serienverträge (Geschäftswert) 17
Tatsachenprotokolle 8
Überprüfung des Entwurfs 28–34
Unvollendetes Geschäft 69
Verbrauchervertrag 17 a–17 c
Vereinbarungen ohne Beurkundungszwang 7
Verhältnis zu §§ 45, 146 60–65
Vertragsmuster 15–17
Verweisungsurkunde 11
Vollmachtsbestätigung 17 d
Vorlage bei Behörde 44–48
Wert 58
Willenserklärungen 7
Zustimmungserklärung 17 d

I. Geltungsbereich

1. Grundsätze

§ 145 regelt in Abs. 1 Satz 1 Entwurfstätigkeiten des Notars, die nicht mit einer Beurkundung abgeschlossen werden. Hierher gehören auch Entwürfe, unter welchen der Notar lediglich die Unterschrift beglaubigt, wobei die erste Unterschriftsbeglaubigung mit der Entwurfsgebühr abgegolten ist. Satz 2 enthält eine Sonderbestimmung, wonach der Notar je nach Sachverhalt eine verminderte Gebühr erhält, wenn er einen ihm vorgelegten Entwurf überprüft, ergänzt oder ändert. Hierdurch wird bestimmt, dass der allgemein für die Beurkundungstätigkeit geltende Pflichtenkreis „Prüfungspflicht" auf Erfordern bei einem vorgelegten Entwurf die nach § 145 Abs. 1 S. 2 festgelegte Gebühr auslöst. **1**

Durch die Aufnahme der Sonderbestimmung des § 145 Abs. 1 S. 2 mit Wirkung zum 1. 1. 1987 sollte die bis dahin problematische Abgrenzung zwischen Entwurf und Entwurfsergänzung (Rn. 19) durch die Neufassung des Abs. 1 S. 2 Halbs. 2 beseitigt werden.[1] **2**

---

[1] BT-Drucks. 10/5113 S. 32.

§ 145

Aber auch noch nach der Neufassung bleibt die Frage offen, wann die Umgestaltung eines vom Notar vorgelegten Entwurfs durch ihn eine bloße Änderung bzw. Ergänzung darstellt oder einen neuen selbständigen Entwurf (s. Rn. 32).

3   Abs. 2 regelt einen Sachverhalt, der in der notariellen Praxis eher selten ist. Es handelt sich um Entwürfe, die der Notar für ein Rechtsgeschäft fertigt, das der behördlichen Nachprüfung bedarf und der Entwurf zur Vorlage bei einer Behörde gefertigt wird, die Beurkundung jedoch auf Grund der behördlichen Maßnahme unterbleibt (s. Rn. 44f.). Abs. 3 bestimmt eine Absenkung der Entwurfsgebühr, wenn der Notar mit dem Entwurfsauftrag zugleich einen Beurkundungsauftrag für ein beurkundungspflichtiges Rechtsgeschäft erhält. Die Abgrenzungen zwischen Abs. 1 und Abs. 3 sind nicht unproblematisch und führen, was die Praxiserfahrungen zeigen, zu erheblichen Schwierigkeiten. Die Abrechnung nach Abs. 1 wird sich daher eher auf Ausnahmen beschränken, denn im Streitfalle wird der Kostenschuldner in aller Regel einen Beurkundungsauftrag oder zumindest ein Beurkundungsansuchen behaupten. Auch die Rspr. tut sich schwer, was sich daran zeigt, dass OLG Celle[2] den Entwurf einer Urkunde über ein Rechtsgeschäft, für das keine Beurkundungspflicht bestand, nicht § 145 unterstellte, sondern § 147 Abs. 2. Es dürften keine ernsthaften Bedenken dagegen bestehen, dass bei Nichtvorlage eines Beurkundungsantrags § 145 Abs. 1 einschlägig ist, der § 147 Abs. 2 verdrängt (s. auch Rn. 148).

2. Abgrenzung Notar – Rechtsanwalt

4   Die Anfertigung von Entwürfen unterfällt dem Bereich der notariellen Rechtsbetreuung und ist damit Amtstätigkeit der **Notare** (§ 24 BNotO), nicht jedoch eine private, außerhalb des § 24 BNotO liegende Tätigkeit. Der Entwurfsbegriff des § 24 BNotO deckt sich aber nicht mit dem des § 145, da § 24 BNotO lediglich klarstellt, dass die notarielle Rechtsbetreuung auch die Anfertigung von Entwürfen für Rechtsgeschäfte aller Art erfasst. Allerdings besteht für den Notar im Gegensatz zu seiner Amtstätigkeit bei Beurkundungen nach §§ 20 bis 23 BNotO keine Verpflichtung zur Amtsausübung, d. h. zur Übernahme der Entwurfstätigkeit. Der Nurnotar kann also diese Entwurfstätigkeit ablehnen; tut er es nicht, so kann er seine Kosten nur nach den §§ 145 bis 147 berechnen.

5   Schwierigkeiten bereiten hier die Abgrenzungsfragen beim **Anwaltsnotar** (vgl. auch § 147 Rn. 4ff.): Wird ein Anwaltsnotar mit einem Entwurf betraut, zu welchem weder eine Beurkundung noch eine Beglaubigung vorgeschrieben ist, und soll der Entwurf auch nicht einem Geschäft iS der §§ 20 bis 22 BNotO dienen, so handelt es sich nach § 24 Abs. 2 BNotO um anwaltliche Tätigkeit. Zur **Widerlegung** der Rechtsvermutung des § 24 Abs. 2 S. 2 BNotO ist es erforderlich, dass nicht nur nach der Meinung des Auftraggebers und des Anwaltsnotars, sondern auch nach den objektiven Umständen des Falles, insbesondere nach der Art der Tätigkeit, eine Aufgabe zu erfüllen ist, die in den Bereich notarieller Amtstätigkeit hineinpasst. Liegt die Tätigkeit nicht mehr im Rahmen der vorsorgenden Rechtspflege, sondern in der Vertretung einseitiger Interessen oder in der Verhandlungsführung für nur eine Vertragsseite, so handelt es sich um Anwaltstätigkeit.[3] Wird jedoch auf Grund des vom Anwaltsnotar als Anwalt gefertigten Entwurfs bei ihm als Notar eine Beurkundung vorgenommen, so kommt eine Anrechnung der Entwurfsgebühr nach Abs. 1 S. 2 nicht in Betracht, da nur nach der KostO berechnete Gebühren angerechnet werden können.

6   Im Allgemeinen wird man zur Möglichkeit der **Ablehnung als Notartätigkeit** und Übernahme als Anwaltstätigkeit Folgendes feststellen: Soweit der Entwurfsauftrag an ihn als unparteiischer Mittler gestellt wird, wird er als Notar angesprochen und auch als solcher tätig. Soweit der Anwaltsnotar aber als Interessenvertreter nur eines Beteiligten mit dem Entwurf betraut sein soll oder soweit er bei einem Entwurfsgeschäft nur für eine Vertragsseite die Verhandlung führen soll, handelt es sich schon der Art der Tätigkeit nach um An-

---

[2] ZNotP 2005, 197 m. abl. Anm. *Tiedtke*.
[3] OLG Hamm DNotZ 1956, 154; *Schippel/Bracker/Reithmann* § 24 BNotO Rn. 112 ff.

waltstätigkeit und erfolgt Gebührenberechnung nach dem RVG. Nach diesen Grundsätzen ist es nicht zulässig, dass ein Anwaltsnotar, dem ein Auftrag als unparteiischer Mittler erteilt ist, aus irgendwelchen Gründen seine Tätigkeit als Notar von vorneherein ablehnt und sich nur bereit erklärt, sie als Anwalt zu übernehmen. Ein solches Verfahren ist nicht nur mit der Vorschrift des § 24 BNotO unvereinbar, sondern es enthält auch eine unwirksame Gebührenvereinbarung nach § 140 S. 2.[4]

II. Der Entwurf

1. Allgemeines

a) Bisherige Rechtslage. Noch zur Vorauflage haben auch wir den Standpunkt vertreten, dass unter § 145 nur Schriftstücke fallen, welche bei notarieller Beurkundung einer Gebührenvorschrift der §§ 36, 37, 38, 41, 42, 43, 46 unterfallen würden; Entwürfe anderen Inhalts seien nach § 146 oder § 147 zu bewerten.[5] Unter § 145 sollen auch Entwürfe über Willenserklärungen oder Rechtsgeschäfte fallen, die zwar nicht beurkundungsbedürftig sind, jedoch im Falle einer Beurkundung nach den oben erwähnten Gebührenvorschriften zu bewerten wären. Die Auffassung des OLG Celle,[6] wonach Entwürfe über nicht beurkundungspflichtige privatschriftliche Vereinbarungen nach § 147 Abs. 2 abzurechnen wären, ist abzulehnen.[7] Solche Entwürfe sind stets nach § 145 Abs. 1 zu bewerten, § 145 Abs. 3 ist für diese Fälle nicht anwendbar. Unter den Begriff des Entwurfs iS von § 145 sollten Entwürfe für bestimmte Rechtsgeschäfte zu verstehen sein (Rn. 7 bis 11).[8] Lediglich Entwürfe, die keine Willenserklärungen beinhalten, wie zB eine Gesellschafterliste, sind nach § 147 Abs. 2 zu bewerten (Rn. 8 bis 14). 7

Dementsprechend sollte § 145 für folgende Entwürfe **nicht** gelten:
— Entwürfe von Versammlungsbeschlüssen,[9] Bescheinigungen, Tatsachenprotokollen usw.[10] 8
— Entwürfe zu nicht rechtsgeschäftlichen Anträgen und Beschwerden.[11] Jedoch soll § 145 für Grundbuchberichtigungsanträge auf Eintragung des Erben gelten;[12] *Lappe* folgert aus der Rechtsnatur dieses Antrags als Verfahrenshandlung, dass es sich dann kostenrechtlich nicht um den „Entwurf einer Urkunde" iS des § 145 Abs. 1 handeln könne und nur eine Gebühr nach § 147 Abs. 2 zu erheben wäre.[13] 9
— Nicht abgeschlossene Urkundsgeschäfte oder Verhandlungsniederschriften. Sie seien keine Entwürfe, sondern unvollendete Geschäfte iS des § 57, so zB ein nicht abgeschlossenes Hauptversammlungsprotokoll.[14] Die Form sei nicht entscheidend: Lassen zB die Beteiligten Erklärungen in Protokollform niederlegen und unterzeichnen sie dann, obwohl von vornherein nicht beabsichtigt ist, das Rechtsgeschäft jetzt schon beurkunden zu lassen, so könne dies einen Entwurf iS des § 145 darstellen.[15] 10

b) Neue Rechtslage. Die unter Rn. 7–10 dargelegte Auffassung muss spätestens nach der Entscheidung des BGH zur kostenrechtlichen Einordnung einer Verweisungsur- 11

---

[4] OLG Hamm Rpfleger 1975, 450.
[5] KG DNotZ 1938, 317; 1943, 279; 1944, 7; *Hornig* DNotZ 1939, 5; s. auch OLG Düsseldorf DNotZ 1976, 678; BayObLG DNotZ 1985, 272 m. Anm. *Bengel* und KG JurBüro 1987, 587; aA LG Bielefeld Rpfleger 1950, 284 m. abl. Anm. *Rohs*; s. auch § 36 Rn. 2.
[6] FGPrax 2004, 137 m. abl. Anm. *Bund*.
[7] So auch *Rohs* Rpfleger 1950, 286 (Entwurf eines privatschriftlichen Mietvertrages); *Klein* MittRhNotK 1983, 235 (Entwurf eines Testamentes, das nie beurkundet werden sollte); Streifzug Rn. 410 (Entwurf eines privatschriftlichen Pachtvertrages).
[8] *Rohs/Wedewer* Rn. 8 bis 9 a; *Hansens* MittRhNotK 1963, 233.
[9] AA OLG Stuttgart KostRsp. Nr. 64 m. abl. Anm. *Lappe* = MittRhNot 1993, 101.
[10] KG DNotZ 1938, 317.
[11] *Rohs/Wedewer* Rn. 8; *Mümmler* JurBüro 1976, 531; aA *Bengel* DNotZ 1985, 272; KG JurBüro 1987, 587 = DNotZ 1987, 381.
[12] OLG Düsseldorf KostRsp. Nr. 24 m. abl. Anm. *Lappe*.
[13] S. auch OLG Celle KostRsp. § 147 Nr. 84; *Klein* MittRhNotK 1983, 233; *Hansens* JurBüro 1986, 1138.
[14] KG DNotZ 1938, 317.
[15] KG DNotZ 1941, 342 = JVBl. 1942, 115.

§ 145

kunde[16] und einer Entscheidung des LG Dresden[17] zum Entwurf einer Beschlussniederschrift überdacht werden. Der BGH ordnet der Gebühr nach § 36 Abs. 1 (und damit auch § 145) nicht nur Willenserklärungen mit rechtsgeschäftlichem Inhalt zu, sondern **jegliche einseitige Willenserklärungen.** Mit dieser Rspr. wurde der Anwendungsbereich des § 36 Abs. 1 und damit auch derjenige des § 145 ausgeweitet. Bis zur Entscheidung des BGH gab es zu diesem Bereich unterschiedliche Auffassungen. Nach einer Ansicht sollte § 36 Abs. 1 nur einseitige rechtsgeschäftliche Willenserklärungen erfassen, nicht jedoch andere Erklärungen.[18] Diese Auslegung bezieht sich auf die Regelungen von § 29 Abs. 1 RKostO, den § 36 Abs. 1 wörtlich übernommen hat. Die Vorschrift wurde einschränkend in dem Sinne verstanden, dass eine Erklärung grundsätzlich nur einseitige rechtsgeschäftliche Willenserklärung sein konnte.[19] Allerdings wurde schon für § 29 Abs. 1 RKostO vertreten, dass der bürgerlich-rechtliche Begriff der rechtsgeschäftlichen Willenserklärung „kostenrechtlich zu eng" sei.[20] So ist heute in der Rspr. anerkannt, dass einseitige Erklärungen iS des § 36 auch Betreuungs- und Patientenverfügungen sind, die nicht notwendig rechtsgeschäftlichen Charakter haben.[21] Gleiches gilt für Verweisungsurkunden, die in aller Regel keine rechtsgeschäftlichen Willenserklärungen beinhalten, sondern einseitige Erklärungen, die zum Zwecke der Bezugnahme nach dem BeurkG ausgelagert werden. Zu Recht wurde nach der Gegenmeinung der Standpunkt vertreten, dass unter einer einseitigen Erklärung nicht nur eine einseitige rechtsgeschäftliche Willenserklärung, sondern jede einseitige Erklärung zu verstehen ist.[22] Weder der Rückgriff auf die Auslegung des § 29 Abs. 1 RKostO noch die systematische Stellung der Vorschrift geben Anlass, den Begriff anders zu deuten. Die Vorschrift ist Teil des ersten Grundabschnitts „Beurkundungen und sonstige Geschäfte" des zweiten Abschnitts der KostO. Dieser bildet das kostenrechtliche Gegenstück zu den Vorschriften des BeurkG über Beurkundungen. Sie enthalten nicht nur Vorschriften über die Beurkundung von Willenserklärungen (§§ 6 bis 35 BeurkG), sondern auch Vorschriften über die Beurkundung sonstiger Erklärungen, darunter in § 36 BeurkG Vorschriften über die Beurkundung anderer Erklärungen. Auch wenn die KostO für Erklärungen, die diesem ersten Unterabschnitt zuzuordnen sind, teilweise eigene Gebührentatbestände regelt (zB Abnahme von Eiden, § 49) erschließe sich nicht, weshalb nur ein Teil der in den §§ 36 bis 38 BeurkG geregelten Fälle der Beurkundung kostenrechtlich gleichgestellt sein sollen. Deshalb gelte § 36 Abs. 1 nicht nur für einseitige rechtsgeschäftliche Willenserklärungen, sondern für **alle einseitigen Erklärungen,** soweit sie nicht Gegenstand eines besonderen Gebührentatbestandes sind. Mit Recht stellt *Otto*[23] fest, dass mit Blick auf die Rspr. des BGH keine Differenzierung nach rechtsgeschäftlichen und anderen Erklärungen festzustellen ist. Der **rechtliche Gehalt** der Erklärung sei **unerheblich.** Diese geänderte Begriffsdefinition hat direkte Auswirkungen auf Entwurfsbewertungen, da § 145 keine eigenen Gebührentatbestände regelt, sondern auf die jeweilige Gebührenvorschrift für Beurkundungen verweist. Damit muss § 145 Abs. 1 S. 1 ähnlich gewertet werden.

12 Dem entspricht auch der Gesetzeswortlaut des § 145 Abs. 1 S. 1, der pauschal auf den Entwurf einer **Urkunde** abstellt und nicht auf den Entwurf von Urkunden mit einem bestimmten Sachverhalt. Deshalb stellt das LG Dresden[24] zutreffend fest, dass § 145 Abs. 1 S. 1 nicht nur für Entwürfe von Niederschriften rechtsgeschäftlicher Erklärungen gilt, sondern auch beispielsweise für den Entwurf des **Beschlusses einer Gesellschafterver-**

---

[16] ZNotP 2006, 117 m. Anm. *Tiedtke* = NJW 2006, 1208 = NotBZ 2006, 141 = DNotZ 2006, 382 = MittBayNot 2006, 351 = RNotZ 2006, 344 m. Anm. *Klein* und *H. Schmidt.*
[17] NotBZ 2007, 300 m. zust. Anm. *Otto.*
[18] BayObLG DNotZ 1985, 572; *Hartmann* § 36 Rn. 3; *Rohs/Wedewer* § 36 Abs. 1.
[19] 3. Aufl. § 29 Anm. 1; *Jonas/Melzheimer/Horneck/Stemmler* 4. Aufl. § 29 RKostO Anm. I.
[20] KG DNotZ 1940, 366.
[21] *Rohs/Wedewer* § 36 Rn. 7 a.
[22] 16. Aufl. § 36 Rn. 2; dazu neigend auch KG DNotZ 1990, 381, 382; OLG Schleswig DNotZ 1990, 379; OLG Hamm MittBayNot 1995, 410, 411.
[23] Anm. zur Entscheidung des LG Dresden NotBZ 2007, 303.
[24] NotBZ 2007, 300.

sammlung. Die aktuelle Rspr. zur Begriffsdefinition und zur kostenrechtlichen Einordnung von Willenserklärungen zwingen zur Aufgabe der bisherigen „festgefahrenen" Auffassung. Mag die bisher vertretene Auffassung auch nach der Rspr. des OLG Stuttgart[25] noch haltbar gewesen sein, kann sie nach der Rspr. des BGH und des LG Dresden nicht mehr aufrechterhalten bleiben. Auch wir geben im Hinblick auf die gewandelte Rspr. unsere noch bis zur Vorauflage vertretene Auffassung auf und ordnen nunmehr **auch Entwürfe** von **Versammlungsbeschlüssen, Bescheinigungen, Tatsachenprotokollen, Versicherungen an Eidesstatt usw.** unter § 145 ein. Hiergegen spricht auch nicht etwa das Argument, dass ein Entwurf im Wesentlichen unterschriftsreif sein müsse. Der Entwurf muss vielmehr iS von § 145 fertig gestellt sei. Das ist der Fall, wenn er alle wesentlichen Bestimmungen in einer Form enthält, die es ermöglicht, ihn als Grundlage der endgültigen Gestaltung des Geschäfts zu verwenden. Bei Beschlussentwürfen wurde überwiegend die Auffassung vertreten, dass ein § 145 entsprechender Beschlussentwurf noch gar nicht vorliegen könne, weil eine Niederschrift erst nach den Beschlussfassungen erstellt werden könne. Wahrzunehmende Tatsachen, die in der Zukunft liegen, könnten deshalb logischerweise nicht in einem Protokollentwurf enthalten sein. Auch diese Auffassung entspricht in aller Regel nicht mehr den heutigen Gepflogenheiten. Gerade im Gesellschaftsbereich werden die Hauptversammlungen und Gesellschafterversammlungen weitgehend und regelmäßig vollständig vorbereitet und auch die zu fassenden Beschlüsse bis ins Detail ausgearbeitet, so dass die vorstehenden Argumente nicht mehr greifen. Dass das Abstimmungsergebnis im Entwurf noch nicht enthalten ist, ist ebenso unschädlich, wie zB in einem Kaufvertrag eine detaillierte Regelung über die Fälligkeit des Kaufpreises. Wenn der Beschlussentwurf inhaltlich so weitgehend fertig gestellt ist, dass alle wesentlichen Merkmale der zu fassenden Beschlüsse und des Ablaufs der Versammlung enthalten sind, kann von einem vollständigen Entwurf ausgegangen werden, der dann auch die Anforderungen des § 145 Abs. 1 erfüllt.

Allein das Argument, dass die Entwurfsgebühr in Höhe der gleichen Gebühr wie für die Beurkundung nur deshalb gerechtfertigt ist, weil der Notar neben der Formulierung des Textes auch die Beteiligten zu belehren hat mit der daraus folgenden Haftung, könnte gegen eine Einordnung zu § 145 sprechen.[26] Bei einem Entwurf eines Beschlusses (Ausnahme: Entwurf eines Beschlusses des Alleingesellschafters) erhält der Notar den Entwurfsauftrag in aller Regel nicht von den unmittelbar an der Beschlussfassung beteiligten Personen (Aktionäre, Gesellschafter usw.). Dass er deshalb im Rahmen seiner Entwurfstätigkeit auch nicht belehren kann, könnte für eine Unverhältnismäßigkeit der Gleichsetzung der Entwurfsgebühr mit der Beurkundungsgebühr sprechen. Wie jedoch bereits oben dargelegt, haftet der Notar grundsätzlich für die Inhalte seiner Entwürfe, er hat für die Brauchbarkeit des Entwurfs und der darin enthaltenen Formulierungen einzustehen,[27] so dass auch evtl. Bedenken diesbezüglich nicht gegen die Anwendung des § 145 sprechen. Unterschiede zur grundsätzlichen Haftung des Notars sind bei Entwürfen von rechtsgeschäftlichen Willenserklärungen und sonstigen Beurkundungen, wie zB Gesellschafterbeschlüssen, nicht festzustellen. 13

§ 145 ist allerdings **nicht anzuwenden,** wenn der Entwurf des Notars nicht im Rahmen notarieller Amtstätigkeit angefertigt wird, wie zB Entwürfe ohne Bezugnahme auf ein bestimmtes Geschäft. Hierzu gehören insbesondere **allgemeine Vertragsmuster, Formulare, Geschäfts- und Vertragsbedingungen** und Entwürfe von Schriftstücken, die zB mit der Verwahrungsgebühr nach § 149 abgegolten sind. Hierzu gehören zB auch Anweisungen oder Fertigung von Treuhandaufträgen. – Weitere Beispiele, für die § 147 Abs. 2 und nicht § 145 anzuwenden ist: 14
- Entwürfe von Schriftstücken, die durch eine Pauschgebühr abgegolten sind, zB Anweisungen, Quittungen usw. bei Verwahrung nach § 149.
- Entwürfe von Schriftstücken, die nicht im Rahmen notarieller Amtstätigkeit angefertigt werden, zB Entwürfe ohne Bezugnahme auf ein bestimmtes Geschäft wie allgemeine

---

[25] MittRhNotK 1993, 101 = BWNotZ 1993, 64 m. abl. Anm. *Lappe* KostRsp. Nr. 64.
[26] *Lappe* KostRsp. Nr. 64.
[27] *Otto* NotBZ 2007, 302 in Anm. zu LG Dresden mit überzeugender Begründung.

§ 145

Vertragsmuster, Formulare, Geschäfts- oder Vertragsbedingungen.[28] Zur Grundlagen- oder Verweisungsurkunde (Mutterurkunde) s. § 36 Rn. 9.
- Entwürfe im Rahmen der Anwaltstätigkeit eines Anwaltsnotars.
- Entwürfe von Gesellschafter- und Übernehmerlisten, dagegen Sachgründungsbericht nach § 145 Nr. 1, da Willenserklärung.

2. Abgrenzung Vertragsmuster – Vertragsentwurf

15 Die Abgrenzung Vertragsmuster – Vertragsentwurf ist im Einzelfall nicht immer leicht zu treffen.[29] Allgemeine Vertragsmuster sind abstrakt, also nicht individualisiert, und es besteht keine Beziehung zur künftigen Beurkundung der einzelnen Verträge. Ein Entwurf einer Urkunde iS des § 145 liegt vor, wenn der Notar beauftragt ist, für eine größere Anzahl von Käufern einen im Prinzip gleich lautenden Grundstücksvertrag zu entwerfen und später zu beurkunden. Irreführend ist der Begriff „Musterentwurf", den das OLG Frankfurt[30] und das OLG Schleswig[31] verwenden. Ebenso gibt es im Kostenrecht keinen „Mustervertragsentwurf", der nach § 145 zu bewerten wäre.[32]

15 a Hierbei ist es unbeachtlich, ob im Entwurf bereits die Namen der Käufer, der Kaufpreis sowie die Zahlungsmodalitäten enthalten sind.[33] Die konkrete Bezeichnung des Gesamtobjekts genügt, so dass Detailangaben bspw. über Größe und Lage der Wohnung oder Sonderwünsche entbehrlich sind.[34] **Maßgebendes Kriterium** für einen Vertragsentwurf ist, ob nach dem erteilten Auftrag dieser als Grundlage für den Abschluss mehrerer gleichartiger Einzelverträge dienen soll.[35] „Grundlage" bedeutet, dass einzelne Vertragsbestimmungen durch Verhandlungen mit dem Vertragspartner verändert werden können, ohne den Charakter als „Entwurf" zu zerstören.[36] Bei „Serienentwürfen" (zB gleiche Verträge über Reihenhäuser oder Eigentumswohnungen) wird es trotz vorliegender Entwurfsqualität häufig am „Erfordern" fehlen (Rn. 21 ff.).

16 Soweit Gegenstand des Auftrags an den Notar der Entwurf eines **Vertragsmusters** ist, können lediglich Kosten nach § 147 Abs. 2 erhoben werden, vorausgesetzt, es handelt sich hierbei überhaupt um ein Notargeschäft, also um eine Tätigkeit, die mit einer späteren Beurkundung in Zusammenhang steht.[37] Soweit keine Beziehung zu notariellen Geschäften besteht, fällt der Entwurf von Vertragsmustern nicht unter die KostO. Insoweit handelt es sich um Tätigkeiten, die nach den Vorschriften des BGB über Dienst- oder Werkvertrag abgegolten werden.[38] Die Frage „Muster" oder „Entwurf" stellt sich vor allem bei den sog. „Zentralnotaren" bei Bauherren- oder Bauträgermodellen. Soweit der Notar die Texte für das gesamte Vertragswerk fertigt, dieses dann dem Auftraggeber zugeleitet wird und von diesem den jeweiligen Bauherren zur Beurkundung bei ihren Notaren ausgehändigt wird, fehlt nicht nur die für den Entwurf iS des § 145 erforderliche Individualisierung; idR ist der Notar auch gar nicht beauftragt, den „Entwurf einer Urkunde" zu fertigen, sondern für eine Vielzahl von Beurkundungen anderer Notare das Muster zu entwerfen. Diese Tätigkeit wird nicht von § 145 erfasst, sondern ist kostenrechtlich nach § 147 Abs. 2 zu beurteilen. Eine Individualisierung könnte allerdings schon vorliegen, wenn das Vertragsobjekt schon enthalten ist, den § 145 Abs. 1 S. 1 (s. Rn. 15, 17).

17 Von der Frage, ob die Tätigkeit des Notars unter § 145 oder § 147 Abs. 2 fällt, ist zu trennen das Problem des **Geschäftswerts**. Während beim Fertigen eines allgemeinen Vertragsmusters der Geschäftswert nach § 30 Abs. 1 zu ermitteln ist, bezieht sich der Entwurf

---

[28] *Klein* MittRhNotK 1983, 233.
[29] Hierzu LG Düsseldorf MittRhNotK 1985, 207.
[30] JurBüro 1980, 116.
[31] JurBüro 1977, 848.
[32] AA OLG Hamm DNotZ 1992, 110.
[33] OLG Hamburg DNotZ 1964, 245; s. auch Rn. 18.
[34] OLG Düsseldorf DNotZ 1984, 118.
[35] OLG Hamm DNotZ 1979, 679; OLG Düsseldorf DNotZ 1984, 118.
[36] OLG Düsseldorf DNotZ 1984, 118 spricht daher von „Vertragsrahmen".
[37] *Rohs/Wedewer* Rn. 9a; *Mümmler* JurBüro 1980, 1633.
[38] *Rohs/Wedewer* Rn. 9a.

auf die Gesamtheit der Einzelgeschäfte. Der Geschäftswert ist deshalb entsprechend § 44 Abs. 2a der zusammengerechnete Wert dieser Geschäfte.[39] Das OLG Schleswig[40] meinte, dass entsprechend § 44 Abs. 1 nur vom höchsten Einzelwert der in Betracht kommenden Geschäfte auszugehen sei. Nach einer neuen Entscheidung[41] ist das OLG Schleswig jedoch von der früheren Auffassung abgewichen und nun auch der Meinung, dass ein **Serienentwurf** mit der Summe der Einzelwerte der geplanten Verträge zu bewerten ist; nach OLG Frankfurt[42] und OLG Düsseldorf[43] soll der Geschäftswert nach § 30 Abs. 1 geschätzt werden. Beide Ansichten werden dem Sinn des § 145 Abs. 1, wonach der Wert deshalb so zu berechnen ist, wie wenn die entworfene Erklärung beurkundet worden wäre,[44] nicht gerecht. Weil der Notar mit der Anfertigung des Entwurfs auch die Verantwortung für die Richtigkeit der entworfenen Erklärungen so übernommen hat, wie wenn er sie beurkundet hätte,[45] ist der **addierte Wert der Einzelgeschäfte** maßgebend.[46]

III. Entwurfstätigkeit im Rahmen des § 17 Abs. 2a BeurkG

Nach derzeitiger Gesetzeslage wird bei Verbraucherverträgen iS des § 17 Abs. 2a BeurkG meist kein Erfordern an den Notar vorliegen, welches die Gebührentatbestände des § 145 erfüllt, wenn nur der notwendige **„Text des Rechtsgeschäftes"** an den Käufer ausgehändigt wird. Bei diesem „Text" wird es sich im Normalfall nicht um einen gebührenpflichtigen Entwurf handeln. Im Allgemeinen wird es für gerechtfertigt gehalten, eine Entwurfsgebühr auszuschließen, solange es sich tatsächlich nur um den „beabsichtigten Text des Rechtsgeschäftes" handelt, da sonst der Verbraucher durch die angefallenen Entwurfsgebühren indirekt zu einer Beurkundung gedrängt werden könnte. 17a

Sofern der Notar Tätigkeiten erbringt, die über die Übermittlung des beabsichtigten Textes hinausgehen, zB im zweiten Schritt auf Wunsch der Beteiligten den Text überarbeitet oder gegenüber dem Unternehmer Beratungsleistungen erbringt, ohne dass es später zur Beurkundung kommt, entsteht entweder die Entwurfsgebühr oder eine Gebühr nach § 147 Abs. 2, was in jedem Einzelfall unter Abwägung aller Umstände zu beurteilen ist. 17b

Erfordert der Verbraucher jedoch von Anfang an einen Entwurf, fällt eine Gebühr nach § 145 an, auch wenn mit diesem Entwurf auch die Anforderungen des § 17 Abs. 2a BeurkG erfüllt werden. 17c

IV. Genehmigungserklärungen vertretener Beteiligter

1. Abgrenzungsfragen

Ein Sonderproblem betrifft die Einordnung der Einholung von Zustimmungserklärungen (auch Vollmachtsbestätigungen) Beteiligter als Vollzugstätigkeit nach § 146 oder als gebührenpflichtige Nebentätigkeit nach § 147 Abs. 2, sofern diese Gebührenvorschriften nicht dadurch ausgeschlossen werden, dass der **Notar im Auftrag der Beteiligten** den **Entwurf** fertigt und eine Gebühr nach § 145 Abs. 1 zu berechnen hat. Die Beschaffung der Genehmigung eines gemäß § 177 Abs. 1 BGB schwebend unwirksamen Vertrages durch einen vollmachtlos vertretenen Vertragsbeteiligten ist auch keine Vollzugstätig- 17d

---

[39] OLG Hamburg DNotZ 1964, 245; OLG Hamm JurBüro 1979, 583; LG Passau JurBüro 1985, 757 = MittBayNot 1984, 273; OLG Köln MDR 1988, 328; OLG Schleswig DNotZ 1994, 134; *Rohs/Wedewer* Rn. 9, 13; *Mümmler* JurBüro 1977, 849; 1980, 117; aA *Lappe* NJW 1989, 3259: Einzelgebühren aus Einzelwerten.
[40] JurBüro 1977, 847.
[41] DNotZ 1994, 134.
[42] JurBüro 1980, 116.
[43] DNotZ 1984, 118, KostRsp. Nr. 65, 1993 und OLG Hamm DNotZ 1992, 110; 50% der Wertsumme der Einzelgeschäfte, OLG Düsseldorf JurBüro 1994, 168.
[44] OLG Hamburg DNotZ 1964, 245; OLG Hamm JurBüro 1979, 583.
[45] *Rohs/Wedewer* Rn. 9.
[46] So auch LG Traunstein MittBayNot 1982, 43; LG Passau JurBüro 1985, 757; BayObLG BayObLGZ 1991, 309 = DNotZ 1992, 326.

§ 145

keit nach § 146 Abs. 1, sondern eine gebührenpflichtige Nebentätigkeit nach § 147 Abs. 2.[47] Die Beschaffung von Nebenerklärungen als eigenes Amtsgeschäft erfordert in jedem Fall einen Auftrag der Beteiligten an den Notar. Die Einholung durch Übersendung eines Entwurfs kann daher nur erfolgen, wenn ein entsprechender Auftrag der Beteiligten konkret vorliegt oder sich aus den Umständen des Sachverhaltes mit der Kostenfolge des § 145 Abs. 1 Satz 1 iVm. der jeweils zutreffenden Gebührenvorschrift ergibt. Fehlt ein solcher Entwurfsauftrag, kann die Einholung der Nebenerklärungen nur nach § 147 Abs. 2 bewertet werden, es sei denn, im Ausnahmefall fällt die Beschaffung einer Nebenerklärung unter § 146 Abs. 1 (zB Verwalterzustimmung). Aus der gesetzlichen Ermächtigung gemäß § 15 GBO (gesetzlich vermutete Vollmacht) wird der Notar nur ermächtigt, Eintragungsanträge zu stellen. Diese Bestimmung enthält aber keinen besonderen Auftrag weitere Entwürfe für sonstige Erklärungen zu erstellen.[48] Auch aus der Pflicht des Notars, über die Voraussetzungen der Eintragungsreife zu belehren (§§ 17 bis 20, 21 Abs. 2 BeurkG), folgt nicht zwingend, dass der Notar generell verpflichtet und damit beauftragt ist, von Amts wegen für die Beschaffung der erforderlichen Nachweise und Nebenerklärungen als Entwurfsverfasser tätig zu werden.[49] Ein **Auftrag** zur Einholung von Nebenerklärungen kann nach Literaturmeinung auch **nicht** in einer **generellen Vertragsbestimmung** (Rn. 22, 23) liegen, zB darin, dass der Notar beauftragt wird „alle für den Vollzug notwendigen Erklärungen von den Berechtigten einzuholen" (Rn. 22, 23). Maßgebende Kriterien für die Auslegung eines Auftrages zur Beschaffung von Nebenerklärungen mit oder ohne Entwurf können auch sein die Sachkunde der Beteiligten oder auch der Gegenstandswert der Nebenerklärungen.[50] Immer wieder wird betont, dass auch nicht auf den allgemeinen Notariatsgebrauch abgestellt werden kann, sondern lediglich darauf, ob der Notar im konkreten Fall zur Betreuung der Beteiligten iS von § 24 Abs. 1 BNotO verpflichtet ist.[51]

17 e Holt der Notar eine Erklärung durch einen von ihm gefertigten Entwurf ein, erhält er für das Einholen keine besondere Gebühr neben der Entwurfsgebühr. Das **Versenden eines Entwurfs** ist mit der Gebühr für den Entwurf abgegolten, da diesbezüglich ein gebührenfreies Nebengeschäft zur Entwurffertigung nach § 35 vorliegt.[52] In der Anforderung durch Übersenden des Entwurfs liegt auch keine Vollzugsgebühr nach § 146.[53]

2. Belehrung

17 f Von besonderer Problematik ist der Umfang der Pflicht des Notars zur Belehrung über seine eigenen Kosten. Grundlage für eine evtl. Belehrungspflicht ist § 24 BNotO. Daraus folgt eine Belehrungspflicht jedoch nur, wenn die Belehrung auf Grund besonderer Umstände geboten ist.[54] Dass eine Auskunftspflicht über die voraussichtlich anfallenden Gebühren und Auslagen mit der gebotenen Sorgfalt besteht, wenn die Beteiligten danach fragen, bedarf keiner Erörterung.[55] Der Notar ist verpflichtet, die für seine Tätigkeit gesetzlich festgelegten Kosten zu erheben. Dies ergibt sich zwingend aus § 140. Darin liegt auch der Grund, dass der Notar grundsätzlich über unvermeidbare Kosten ebenso wenig belehren muss, wie über die Zahlungspflicht desjenigen, der die Tätigkeit des Notars in Anspruch nimmt.[56]

---

[47] *Lappe* DNotZ 1990, 328; PrüfAbt. Notarkasse MittBayNot 1980, 60; nunmehr auch OLG Köln RNotZ 2003, 528; aA OLG Hamm JurBüro 1987, 418.
[48] LG München I DNotZ 1958, 37, 39.
[49] LG München I DNotZ 1958, 37, 39.
[50] PrüfAbt. Notarkasse MittBayNot 1967, 72.
[51] Vgl. *Schippel* § 15 BNotO Rn. 31.
[52] ZB OLG Zweibrücken MittBayNot 2001, 334 = NotBZ 2001, 114 = FGPrax 2001, 167 = NJW-RR 2001, 863 m. Anm. *Tiedtke* ZNotP 2002, 162.
[53] OLG Düsseldorf JurBüro 2006, 93.
[54] BGH WM 1968, 1942; KG DNotZ 1969, 245; BayObLG MittBayNot 1988, 247 = JurBüro 1988, 1706.
[55] OLG Köln MittBayNot 1999, 399.
[56] KG DNotZ 1969, 245 = JurBüro 1969, 33; BayObLG JurBüro 1982, 1549; JurBüro 1988, 1195 = MittBayNot 1988, 114; *Schippel/Bracker/Schäfer* § 17 BNotO Rn. 15.

Entwürfe § 145

3. Kostengünstigster Weg

In diesen Bereich fällt auch die Pflicht des Notars, nicht nur den richtigen, sondern auch 17 g
den für die Beteiligten kostengünstigsten Weg zu wählen, wenn verschiedene Gestaltungsmöglichkeiten für die Erreichung des gewollten Erfolgs zur Verfügung stehen, die für die Beteiligten die in gleicher Weise sichere und zweckmäßige rechtliche Form darstellen.[57] Für den im Einzelfall gebotenen Umfang einer Belehrungspflicht kann auch die **Rechtskunde** der Beteiligten von Bedeutung sein. Kennen die Beteiligten also die rechtliche Tragweite des Geschäftes und bestehen auf einer bestimmten Verfahrensweise, so entfällt eine Belehrungspflicht des Notars über die uU anfallenden Mehrkosten, es sei denn, er wird ausdrücklich danach gefragt.[58] Mit Recht stellt das OLG Köln[59] fest, dass im Rahmen der Pflicht zur Wahl des kostengünstigsten Weges auch die Gepflogenheiten eines Beteiligten beachtlich sind und eine abweichende Verfahrensweise, die zu höheren Kosten führt, möglicherweise eine unrichtige Sachbehandlung nach § 16 sein kann. Kennt also der Notar die übliche Verfahrensweise, wonach eine Nebenerklärung stets unaufgefordert vorgelegt wird, kann die Beschaffung der Nebenerklärung durch den Notar auf Grund eines allgemein abgefassten Auftrages in der Urkunde unrichtige Sachbehandlung sein, da die bloße Entgegennahme gebührenfrei nach § 35 ist.[60]

Wird der Notar mit der Einholung von Erklärungen beauftragt, die zum vertragsgemäßen 17 h
Vollzug zB eines Grundstückskaufvertrages erforderlich sind und erteilen die Beteiligten in Kenntnis der Kostenfolge keinen Auftrag zur Einholung mittels eines vom Notar gefertigten Entwurfs, ergeben sich durch die Entscheidung des BGH[61] folgende Konsequenzen: Der BGH ordnet die Beschaffung zB von **Lastenfreistellungserklärungen** zum **Vollzug eines Grundstückskaufvertrages** als Vollzugstätigkeit nach § 146 Abs. 1 ein. Der Unterschied zu Geschäften, die nicht unter § 146 fallen, besteht darin, dass nicht etwa § 147 Abs. 2 zum Zuge kommt, sondern dass ein gebührenfreies Nebengeschäft nach § 35 vorliegt.[62] Erteilen die Beteiligten in Kenntnis der Kostenfolge keinen Auftrag zur Einholung durch Entwurf, ergeben sich durch die Entscheidung des BGH[63] folgende Konsequenzen: Wird der Notar beauftragt, alle zum Vollzug eines Grundstücksveräußerungsgeschäftes notwendigen Lastenfreistellungserklärungen einzuholen, ohne dass konkret ein Entwurfsauftrag erteilt wird, muss der Notar auch die Vollzugsabwicklung nach der **kostengünstigsten Verfahrensweise** ausrichten. Das kann je nach Sachverhalt die Einholung ohne Entwurf oder mit Entwurf sein. Erfolgt die Anforderung ohne Entwurf, fällt eine Vollzugsgebühr nach § 146 Abs. 1 aus dem Wert des Veräußerungsgeschäftes an (§ 146 Abs. 4). Wäre die Einholung mit Entwurf für den Kostenschuldner günstiger, müsste der Notar die Entwurffertigung empfehlen. Dies ist dann der Fall, wenn beispielsweise ein Grundstückskaufvertrag beurkundet wird, der Notar aber als einzige Vollzugstätigkeit eine Löschungsbewilligung über eine Grundschuld einzuholen hat, deren Nennbetrag deutlich unter dem Wert des Kaufvertrages liegt. In diesem Fall ist die Entwurfsgebühr für die Löschungserklärung geringer als die Vollzugsgebühr. Ist dagegen die Vollzugsgebühr bereits für andere Vollzugstätigkeiten angefallen, fällt für die Beschaffung der Lastenfreistellungserklärungen ohne Entwurf keine weitere Gebühr an. Im Hinblick darauf, dass je nach Verfahrensweise unterschiedliche Kosten entstehen, kann den Notar in bestimmten Fällen eine Pflicht zur Belehrung über die anfallenden Kosten treffen. Erteilen die Beteiligten dem Notar aus anderen Gründen einen Entwurfsauftrag, etwa um einen schnellen und reibungslosen Vollzug des Kaufvertrages zu ermöglichen,

---

[57] OLG Frankfurt DNotZ 1978, 118; OLG Köln JurBüro 1990, 75.
[58] OLG Zweibrücken DNotZ 1977, 57; LG München I DNotZ 1974, 100.
[59] RNotZ 2003, 528.
[60] OLG Düsseldorf MittBayNot 1974, 233 = JurBüro 1974, 1023 = DNotZ 1974, 499; OLG Zweibrücken DNotZ 1993, 765; vgl. auch *Bengel/Tiedtke* DNotZ 2004, 258.
[61] ZNotP 2007, 397 = RNotZ 2007, 556 m. Anm. *Klein* = NotBZ 2007, 406 = Rpfleger 2007, 627.
[62] Vgl. zur Grundschuldbestellung mit Unterwerfungserklärungen und Beschaffung einer Rangrücktrittserklärung BGH DNotZ 2005, 867 = MittBayNot 2005, 433 = ZNotP 2005, 354 m. Anm. *Tiedtke* = JurBüro 2005, 485 = RNotZ 2006, 342 m. Anm. *H. Schmidt* und *Klein*.
[63] Vom 12. 7. 2007, V ZB 113/06, FGPrax 2007, 240 (LS).

liegt hierin keine unrichtige Sachbehandlung. Eine Belehrung über die damit verbundenen Kosten ist in solchen Fällen nicht zwingend, erscheint aber ratsam.

V. Die Anfertigung des Entwurfs nach Abs. 1 S. 1

1. Das „Fertigen"

18 Nach Abs. 1 Satz 1 wird die Gebühr geschuldet für das Fertigen des Entwurfs und die damit übernommene Verantwortung für seine Richtigkeit. Unerheblich ist daher, ob der Notar ihn persönlich fertigt oder sich seiner Angestellten oder eines Dritten bedient, ob er zur Fertigung einen **Vordruck** verwendet, der nur auszufüllen oder zu ergänzen ist, oder ein Muster eines Formularbuchs, oder ob er ihn unter Zugrundelegung eines vom Auftraggeber überreichten vorläufigen Konzepts fertig stellt.[64] Entscheidend hingegen ist, dass ein Entwurf iS des Satzes 1 erst dann vorliegt, wenn in ihm alles Wesentliche in eine zur endgültigen Festlegung geeignete Form gebracht ist, wobei einzelne leicht und ohne Rechtskenntnisse ergänzbare Teile fehlen können.[65] Beschreibende Daten und solche Daten, die noch (auf Grund des Entwurfs) auszuhandeln sind (zB Kaufpreis, Käufer), dürfen offen gelassen bleiben.[66]

19 Die Abgrenzung des Gebührentatbestandes „Änderung" (s. Rn. 28ff.) ist problematisch und damit zu Recht umstritten. Die Abgrenzung muss erfolgen zwischen (Eigen-)Entwurf und unerheblichen Änderungen, die nur redaktioneller Art sind, die nach § 147 Abs. 2 zu bewerten waren. Umstritten war die Frage, wann ein Entwurf des Notars vorliegt, wenn er sich eines Vordrucks bedient, der nur noch im Hinblick auf konkrete Angelegenheiten zu ergänzen bzw. auszufüllen war: Zweifelsohne liegt ein Eigenentwurf vor, wenn der Notar selbst den Vordruck entworfen und für sich hat drucken lassen.

19a Gleiches gilt, wenn er von einem Formularverlag Vordrucke für einfache Erklärungen (Löschungen, Pfandentlassungen, Grundbuchberichtigung, Genehmigung usw.) bezogen hat und diese für den Einzelfall entsprechend ausfüllt. Schwierig ist die Abgrenzung, wenn der Vordruck von dem Auftraggeber, einem anderen Notar oder einem Dritten (zB Kreditinstitut) gestellt ist. Auch hier liegt im Ausfüllen des Vordrucks für den einzelnen Fall ein Entwurf, wenn das Auszufüllende oder zu Ergänzende eine gewisse rechtliche Bedeutung im Rahmen des ganzen Vordrucks hat (wobei es nicht auf die textliche Länge des Auszufüllenden ankommt); dann deckt das Ausfüllen oder Ergänzen den gesamten Inhalt des Vordrucks.[67] S. iÜ zu Abgrenzungsfragen Rn. 17c bis 17f.

20 An der untersten Grenze dürfte der Fall des OLG Celle[68] liegen: Vom Notar sind nur die Worte „mich" und „Darlehensvertrag, Kontokorrentverhältnis" eingefügt worden. *Ripfel*[69] und *Ackermann*[70] würden wohl darin keinen Entwurf sehen und es noch für unschädlich halten, wenn bei einer Sicherungsgrundschuld das gesicherte Schuldverhältnis erwähnt wird, würden also § 45 anwenden. Nach *Ackermann*[71] muss bei Formularen das Auszufüllende oder zu Ergänzende im Rahmen des Vordrucks von einiger rechtlicher Bedeutung sein, um als Entwurf zu gelten, d. h. Umwandlung eines Vordrucks in eine für den Einzelfall brauchbare rechtsgeschäftliche Erklärung; die Grenze ist fließend.[72] Allerdings ist ein Schriftstück, das nicht alle wesentlichen Abreden enthält, kein Entwurf iS des § 145, sondern ein Vorentwurf, für den eine Gebühr nach § 147 Abs. 2 anfällt,[73] sofern der An-

---

[64] Vgl. OLG Düsseldorf JurBüro 1966, 332; KG JR 1925 Nr. 11065; *Rohs/Wedewer* Rn. 10.
[65] KG DNotZ 1974, 305; JurBüro 1985, 271; OLG Hamm KostRsp. Nr. 42; KG DNotZ 1986, 113.
[66] KG DNotZ 1986, 113; aA BayObLG MittBayNot 1990, 58, das Vollständigkeit und Vorlesungsfähigkeit verlangt.
[67] OLG Stuttgart JurBüro 1981, 913; DNotZ 1983, 575; s. auch § 38 Rn. 39.
[68] DNotZ 1971, 605 m. Anm. *Kaiser*.
[69] BWNotZ 1966, 213.
[70] Rpfleger 1969, 385.
[71] Rpfleger 1972, 245.
[72] Ebenso *Mümmler* Anm. zu LG Münster JurBüro 1977, 245.
[73] OLG Hamm KostRsp. Nr. 42.

trag auf einen Vorentwurf gerichtet war; ansonsten liegt ein **unvollendetes Geschäft** vor, mit der Kostenfolge aus § 130 Abs. 2.[74]

2. Anfertigung „auf Erfordern"

Der Entwurf muss **unabhängig** von einer vorgesehenen Beurkundungstätigkeit oder neben dieser als selbständiges Geschäft gefordert sein, d. h. der Auftrag muss nur oder wenigstens zunächst nur auf den Entwurf lauten, nicht nur auf Beurkundung. Eine solche Auftragserteilung braucht nicht durch ausdrückliche Erklärung zu geschehen; sie kann auch durch schlüssige Handlung erfolgen.[75] Ob im Einzelfall die Auftragserteilung durch **schlüssige Handlung** (also stillschweigend) erfolgt, ist nach den Umständen des Einzelfalles im Wege der Auslegung zu ermitteln, wobei entscheidend ist, ob das Verhalten des Beteiligten für den Notar nach Treu und Glauben mit Rücksicht auf die Verkehrssitte keinen anderen Schluss zulässt, als dass er ihm einen Auftrag mit der gesetzlichen Kostenfolge erteilen wolle.[76] Jedenfalls liegt im bloßen Gebrauchmachen von einem „Entwurf" kein (nachträgliches) Erfordern.[77] Auch fehlt es am „Erfordern", wenn der Notar ein **„aliud"** liefert (zB anstelle eines Angebots einen Kaufvertrag).[78]

Die Beschaffung von **Nebenerklärungen** (Entwürfe von Löschungen, Pfandfreigaben, sonstige Gläubigererklärungen, Genehmigungen) ist ein eigenes Amtsgeschäft, für das ebenfalls der Auftrag eines Beteiligten an den Notar erforderlich ist. Aus der Pflicht des Notars, über die Voraussetzungen der Eintragungsreife zu belehren (§§ 17 bis 20, 21 Abs. 2 BeurkG), folgt nicht zwingend, dass der Notar generell verpflichtet und damit beauftragt ist, von Amts wegen für die Beschaffung der erforderlichen Nachweise und Nebenerklärungen als Entwurfsverfasser tätig zu werden.[79] Eine solche Pflicht zur Beschaffung der Nebenerklärungen besteht nur dann, wenn der Auftrag darauf gerichtet ist (und der Notar nicht unverzüglich ablehnt). Allerdings kann ein „Erfordern" für den Entwurf einzelner Erklärungen auch in generellen Vertragsbestimmungen liegen, zB darin, dass der Notar beauftragt wird, „alle für den Vollzug erforderlichen Erklärungen von den Berechtigten einzuholen." Ob es jedoch dem Willen der Beteiligten entspricht, dass der Notar die zum Vollzug erforderlichen Nebengeschäfte (Entwürfe) erledigt oder nicht, muss im Einzelfall durch Auslegung ermittelt werden. Hierbei können auch der Gegenstandswert der Nebenerklärungen[80] oder die Sachkunde der Beteiligten[81] von Bedeutung sein. S. iÜ zu dieser Problematik Rn. 17 c bis 17 f.

Allerdings dürfte der **allgemein** (formularmäßig) in Urkunden vorgesehene **Auftrag** an den Notar „alle erforderlichen Genehmigungen und Zeugnisse einzuholen", nicht genügen für einen (stillschweigenden) Auftrag, auch eventuell zum Urkundenvollzug notwendige Pfandfreigaben, Löschungsbewilligungen oder sonstige Gläubigererklärungen zu entwerfen.[82] Bei der kostenrechtlichen Frage, ob der Entwurf beispielsweise einer Freigabeerklärung von den Beteiligten iS des § 145 erfordert wurde oder nicht, kann auch nicht auf „Notariatsgebrauch"[83] abgestellt werden, sondern lediglich darauf, ob im konkreten Fall der Notar zur Betreuung des Beteiligten gemäß § 24 Abs. 1 BNotO verpflichtet ist. Dies aber setzt wiederum einen „Auftrag" voraus. S. iÜ zu Abgrenzungsfragen und zu dieser Problematik und zum Problem der Belehrung über die Kosten Rn. 17 c bis 17 f.

---

[74] *Lappe* Anm. zu OLG Hamm KostRsp. Nr. 42.
[75] KG JurBüro 1970, 977; OLG Hamm JurBüro 1974, 1577; BayObLG JurBüro 1974, 486; OLG Köln JurBüro 1978, 418; LG Wuppertal MittRhNotK 1990, 288 = KostRsp. Nr. 56; einschränkend OLG Karlsruhe JurBüro 1992, 549.
[76] OLG Köln JurBüro 1978, 418; BayObLG JurBüro 1984, 1713; JurBüro 1988, 1706; MittBayNot 1990, 58; kritisch zur Anwendung der §§ 133, 157 BGB *Hansens* JurBüro 1983, 1122.
[77] OLG Köln JurBüro 1993, 100.
[78] BayObLG JurBüro 1994, 500.
[79] *Schippel/Bracker/Reithmann* § 15 BNotO Rn. 25; LG München DNotZ 1958, 38 m. Anm. *Grussendorf*.
[80] Vgl. MittBayNot 1967, 72.
[81] *Grussendorf* DNotZ 1958, 42.
[82] Hierzu LG München DNotZ 1958, 37.
[83] Vgl. *Schippel/Bracker/Reithmann* § 15 BNotO Rn. 25.

3. Voraussetzungen für die Anwendung des Abs. 1 S. 1

24 Die Voraussetzungen für die Anwendbarkeit des § 145 Abs. 1 S. 1 sind nicht unumstritten. Nach allgM ist Abs. 1 nicht anwendbar, wenn der Notar nur mit der **Beurkundung beauftragt ist** und, weil es ihm zweckmäßig schien oder ein Beteiligter es gewünscht hat, die Verhandlungsniederschrift im Entwurf vorbereitet hat.[84] Dasselbe gilt, wenn der Entwurf nur gefertigt wird zur Aufklärung des Beurkundungsnotars über den näheren Inhalt der Einigung in noch nicht erörterten Punkten zwecks einwandfreier Niederlegung des Parteiwillens, oder wenn er nur zum vorherigen Durchlesen gefertigt wird, weil ein Beteiligter ein visueller Typ ist, und in ähnlichen Fällen.

25 Unstreitig ist ferner, dass Abs. 1 stets anwendbar ist, wenn bei Fertigung des Entwurfs ein **Beurkundungsauftrag nicht** oder noch nicht erteilt ist oder dieser Auftrag im Laufe der Verhandlung in einen solchen auf Fertigung des Entwurfs geändert wird.

26 Streitig ist hingegen, ob Abs. 1 auch anwendbar ist, wenn ein Beurkundungsauftrag vorliegt, ein Beteiligter vor der Beurkundungsverhandlung den Entwurf erfordert und erhält, sei es auch in Form der vorbereiteten Verhandlungsniederschrift. OLG Frankfurt[85] hielt hier Abs. 1 nie für anwendbar, hat jedoch seine Meinung[86] aufgegeben. *Rohs*[87] folgte grundsätzlich dieser Ansicht, doch hält er seltene Ausnahmen für möglich. Die hM hingegen hält Abs. 1 anwendbar, wenn der Entwurf für **weitere Verhandlungen, Überprüfungen** u. Ä. erfordert wird.[88]

27 Wird der Entwurf – bei vorliegendem Beurkundungsauftrag – benötigt und erfordert, um erst mit dem Partner sich über die wesentlichsten Punkte zu einigen oder um ihn von anderer Seite, besonders nach steuerlichen oder wirtschaftlichen Gesichtspunkten, überprüfen zu lassen, oder für die Entscheidung eines zuständigen Gesellschaftsgremiums (Aufsichtsrat, Grundstücksausschuss der Stadt) zwecks eventueller Änderung nach Anhörung von Experten, oder zur Verbesserung nach Expertenkenntnissen außerhalb des Kenntniskreises des Notars, oder zu einem ähnlichen Zweck oder Vorbehalt, so ist der Entwurf für die Beteiligten von **selbständiger Bedeutung** und es liegt ein Erfordern „zunächst" nur des Entwurfes vor. Der Entwurf ist hier eine selbständige **Zwischenstation** auf dem Weg zur Beurkundung.[89] Dasselbe gilt, wenn kein Beurkundungsauftrag mit Information, sondern nur eine Beurkundungsankündigung ohne Substantiierung vorliegt.[90] Allgemein ist jedoch festzustellen, dass bei Vorliegen eines Beurkundungsauftrags die Gebühr nach Abs. 1 nur ausnahmsweise in Betracht kommt, Abs. 3 also nicht restriktiv anzuwenden ist.[91] Die Fertigung des Entwurfs kann auch durch „schlüssiges Verhalten" erfordert werden.[92]

VI. Überprüfung eines Entwurfs

1. Abgrenzungsfragen

28 Abs. 1 S. 2 regelt, dass die Überprüfung eines dem Notar vorgelegten Entwurfs einer Urkunde oder eines Teils des Entwurfs eine Gebühr auslöst, und zwar die Hälfte

---

[84] OLG München DNotZ 1938, 470; OLG Frankfurt DNotZ 1978, 439.
[85] JurBüro 1955, 322; 1961, 499 = Rpfleger 1962, 67 = DNotZ 1962, 435.
[86] DNotZ 1977, 439.
[87] Rpfleger 1962, 68.
[88] OLG Hamm JurBüro 1966, 424 = JVBl. 1966, 164; OLG Oldenburg DNotZ 1966, 379 = Rpfleger 1966, 214; LG Hildesheim JurBüro 1967, 154 = JVBl. 1966, 283; OLG Düsseldorf DNotZ 1974, 497; KG DNotZ 1975, 178, 755; OLG Frankfurt DNotZ 1978, 439; OLG Schleswig DNotZ 1978, 760; BayObLG JurBüro 1980, 914 = MDR 1980, 411; JurBüro 1982, 1549.
[89] BayObLG JurBüro 1980, 914; BayObLGZ 1983, 91 = MittBayNot 1983, 196; MittBayNot 1990, 58; OLG Oldenburg JurBüro 1996, 206; LG Hannover JurBüro 2003, 97 m. Anm. *Bund*.
[90] *Göttlich* JurBüro 1961, 106; *Tschischgale* JurBüro 1964, 317; 1966, 101; KG DNotZ 1971, 116 = Rpfleger 1971, 35; OLG Düsseldorf DNotZ 1974, 497.
[91] OLG Schleswig JurBüro 1978, 577; BayObLG JurBüro 1982, 1549; OLG Düsseldorf KostRsp. Nr. 63 = JurBüro 1994, 239.
[92] OLG Hamm JurBüro 1962, 41 = KostRsp. Nr. 3; s. ferner LG Hildesheim JurBüro 1967, 154 = JVBl. 1966, 283; BayObLGZ 73, 298 = DNotZ 1974, 118; KG DNotZ 1975, 178 = Rpfleger 1974, 454; OLG Düsseldorf Rpfleger 1974, 82; s. auch Rn. 21.

der für die Beurkundung bestimmten, mindestens aber ein Viertel der vollen Gebühr.

Mit dieser Gebühr ist die Änderung oder eine Ergänzung des vorgelegten Entwurfs durch den Notar abgegolten. Der Begriff „Entwurf" entspricht dem in Abs. 1 S. 1 (vgl. Rn. 7ff.). Daraus folgt, dass „Entwürfe" ohne Bezugnahme auf ein bestimmtes Geschäft (Rn. 16) nach § 147 Abs. 2 zu bewerten sind.[93]   **28a**

Ungeachtet der Sonderbestimmung in Abs. 1 S. 2 gilt Abs. 1 S. 1 unverändert weiter. Daraus folgt, dass Änderungen, die den vorgelegten Text derart umgestalten, dass ein eigener Entwurf des ändernden Notars entsteht, wie bisher nach Abs. 1 Satz 1 zu bewerten sind. Es muss also unterschieden werden zwischen unerheblichen und erheblichen Änderungen.   **29**

a) Unerhebliche Änderungen. Rein sprachliche Korrekturen oder solche Ergänzungen, die der Notar ohne Überprüfung des Inhalts der Urkunde vornimmt, führen weder zu einem Entwurf nach Satz 1 noch stellen sie eine Änderung iS Satz 2 dar. Sie lösen keine gesonderte Gebühr aus.[94]   **30**

b) Erhebliche Änderungen ohne Entwurfsqualität. Satz 2 erfasst alle diejenigen Änderungen, die einerseits nicht nur unerheblich sind, jedoch andererseits auch nicht dem vorgelegten Text zur Qualität des eigenen Entwurfs durch den ändernden Notar verhelfen. Damit ist Voraussetzung für die Gebühr nach Satz 2, dass ein verkehrsfähiger Fremd-Entwurf vorliegt, also ein Entwurf, der bereits alle wesentlichen Elemente des beabsichtigten Rechtsgeschäfts enthält und der auch ohne Änderung für den Rechtsverkehr objektiv tauglich ist.   **31**

c) Erhebliche Änderungen mit Entwurfsqualität. Ein (Eigen-)Entwurf nach Satz 1 und nicht lediglich eine Änderung nach Satz 2 liegt immer dann vor, wenn die Änderung einen Gegenstand betrifft, dessen Erwähnung oder Regelung die Urkunde erst für den Rechtsverkehr tauglich macht. Die Abgrenzung zwischen Eigenentwurf und bloßer Änderung eines Fremdentwurfes ist nach wie vor schwierig; die Grenze ist fließend. Im Einzelfall ist darauf abzustellen, welchen Umfang und welche rechtliche Bedeutung die vorgenommenen Änderungen im Hinblick auf das beabsichtigte Rechtsgeschäft haben. Nicht jede Ergänzung, mit der ein vorgelegter Text zu einer „richtigen" Erklärung gestaltet wird, führt zum Eigenentwurf des ändernden Notars. War insbesondere bei Grundbuchanträgen der vorgelegte Text ohne Änderung rechtsverkehrsfähig, so ist ein Eigenentwurf nach Satz 1 dann nicht anzunehmen, wenn sich die Ergänzungen der vollzugsfähigen Erklärung auf Vorwegbelastungen zur Kaufpreisfinanzierung wegen fehlenden Rangrücktritts des Käufers mit der Vormerkung hinter das Grundpfandrecht beziehen.[95] Hingegen liegt ein verkehrsfähiger Entwurf dann nicht vor, wenn der Belastungsgegenstand fehlt und vom Notar eingefügt wird.[96] Gleiches gilt bei Einfügen des Grundschuldbetrages. In beiden Fällen führt die Tätigkeit des Notars zum Eigenentwurf nach Abs. 1 Satz 1. Nimmt der Notar anlässlich einer Unterschriftsbeglaubigung auf einer Eintragungsbewilligung, zB Grundschuldbestellung, auf Erfordern erhebliche Änderungen vor (zB Rangrücktrittserklärungen oder schuldrechtliche Bestimmungen wie zB Zweckerklärung, Abtretung von Rückgewähransprüchen), so ist die gemäß § 145 Abs. 1 S. 2 ermäßigte Gebühr zu erheben und nicht die für die Beurkundung bestimmte volle Gebühr.[97] S. aber auch Rn. 57.   **32**

Mit einer weiteren Entscheidung hat das OLG Stuttgart[98] diese praxisorientierten Abgrenzungskriterien erstmals in Frage gestellt. Das Gericht vertritt die Auffassung, dass auch dann eine Entwurfsergänzung iS von § 145 Abs. 1 Satz 2 vorliegt und kein Eigenentwurf   **32a**

---

[93] *Reimann* DNotZ 1987, 136; *Schmidt* NJW 1987, 292.
[94] OLG Karlsruhe JurBüro 1992, 549.
[95] *Reimann* DNotZ 1987, 136.
[96] AG Schorndorf BWNotZ 1985, 126.
[97] OLG Stuttgart BWNotZ 1993, 12 = JurBüro 1992, 618.
[98] JurBüro 2002, 545 = BWNotZ 2002, 187 = ZNotP 2003, 76 m. Anm. *Tiedtke* = MittBayNot 2003, 315 m. Anm. PrüfAbt. Notarkasse.

des Notars, wenn – wie im entschiedenen Fall – der Grundstücksbeschrieb ergänzt werden muss. Auch, dass durch diese Ergänzung der Entwurf erst für den Rechtsverkehr objektiv tauglich wird, soll auf die Einordnung unter § 145 Abs. 1 Satz 2 keinen Einfluss haben. Eine andere Beurteilung würde das Reformanliegen, das der Gesetzgeber mit der Einfügung der halbierten Entwurfsgebühr verfolgt hat – so das Gericht –, nicht umsetzen. Angesichts der überzeugenden Argumente in der Literatur muss jedoch bezweifelt werden, dass sich die Entscheidung des OLG Stuttgart durchsetzt. Würde man bei den Ergänzungen keine Unterscheidungen vornehmen, ob sie unerheblich oder rechtserheblich sind, müsste jede Ergänzung, worunter auch das „Ausfüllen" eines Formulars zu subsumieren wäre, dem Privileg des § 145 Abs. 1 Satz 2 unterworfen werden. Eine solche Ausdehnung muss abgelehnt werden.[99]

32 b Beglaubigt der Notar die Unterschrift zB unter einer ihm vorgelegten Genehmigungsklärung oder einem Entwurf über eine Vollmachtsbestätigung, fällt eine ¼ Gebühr nach § 45 an. Eine Überprüfung des vorgelegten Genehmigungsentwurfs wird im Regelfall nicht erfolgen, so dass § 145 Abs. 1 Satz 2 ausgeschlossen ist. Die Beglaubigungsgebühr nach § 45 gilt nur die Tätigkeit der Beglaubigung der Unterschrift selbst ab. Dennoch wird man keine kostenpflichtige Betreuungstätigkeiten darin sehen, wenn der Unterzeichnende an den Notar einzelne Verständnisfragen zum Inhalt der Urkunde stellt, die von ihm genehmigt wird oder zu der er die Vollmachtsbestätigung erteilt.

32 c Beauftragt der Genehmigende jedoch den Notar, über die Beglaubigung der Unterschrift hinaus mit der inhaltlichen Prüfung der zu genehmigenden Urkunde, liegt eine Betreuungstätigkeit vor, für die neben der Gebühr nach § 45 eine $5/10$ Gebühr nach § 147 Abs. 2 anfällt. Der Geschäftswert bestimmt sich nach § 30 Abs. 1. Der Teilwert richtet sich nach dem Umfang der Prüfungs- und Beratungstätigkeit.

2. Änderungen des vom Notar selbst gefertigten Entwurfs

33 Ändert oder ergänzt der Notar einen von ihm auftragsgemäß erstellten Entwurf (zB zufolge neuer Besprechungen), so ist dies Bestandteil der Entwurfstätigkeit, insbesondere dann, wenn dem Auftraggeber zunächst ein Vorentwurf zur Überprüfung oder Besprechung zugeleitet war und dieser nachher mehrmals geändert wird; denn Änderungen und Ergänzungen sind grundsätzlich, selbst wenn mehrfach erfolgend, bis zur endgültigen Fertigstellung durch die Entwurfsgebühr abgegolten. Ist hingegen der Entwurf auftragsgemäß vollständig fertiggestellt, so sind nachträgliche Änderungen und Ergänzungen Gegenstand eines neuen Auftrags, daher ein neues, wieder nach §§ 145, 42 zu bewertendes Geschäft. Der **Gebührensatz** für die auf Grund neuen Auftrags erfolgenden Änderungen und Ergänzungen bestimmt sich nach § 42, der Wert nach dem Werte der Änderung, regelmäßig also nach § 30 Abs. 1, notfalls Abs. 2.

VII. Anrechnung auf die Beurkundungs- und Beglaubigungsgebühr (Abs. 1 S. 3 und 4)

1. Voraussetzungen

Voraussetzungen sind:

34 – ein **vollendetes** (nicht ein unvollendetes) **Beurkundungs- oder Beglaubigungsgeschäft**, das die für das Geschäft vorgesehene Gebühr auslöst;

35 – dass die nachfolgende Beurkundung oder Beglaubigung durch den entwerfenden bzw. den vorgelegten Entwurf **überprüfenden Notar** oder seinen Vertreter erfolgt, **nicht** durch einen **Notariatsverwalter** oder den **neu bestellten Notar**; bei Behördennotariat genügt Beurkundung durch den Amtsnachfolger;

35 a – dass diese Geschäfte **demnächst** erfolgen; d. h. in der Folgezeit, nicht ohne jede zeitliche Begrenzung; eine allgemeine Festlegung des Begrenzungszeitraums ist nicht möglich, es ist sowohl auf das Geschäft als auch auf die Person des Auftraggebers abzustellen. Das KG[100]

---

[99] Bengel/Tiedtke DNotZ 2004, 258.
[100] JFGErg. 14, 99 = DNotZ 1936, 308.

hält einen angemessenen Zeitraum für erforderlich.[101] Es ist dabei stets auf die konkreten Umstände des Einzelfalls, insbesondere das abzuschließende Geschäft und die Person des Auftraggebers abzustellen. Trotz moderner Verständigungsmöglichkeiten kann eine nicht unerhebliche Zeitspanne von einem Jahr und länger erforderlich sein, bis alle Beteiligten sich über die Brauchbarkeit des Entwurfs in tatsächlicher und rechtlicher Hinsicht klar geworden sind.[102] Eine Anrechnung ist jedenfalls dann ausgeschlossen, wenn zwischen der Entwurfserstellung und der Beurkundung mehrere Jahre liegen.[103]

Beurkundung oder Beglaubigung muss **auf Grund des Entwurfs** erfolgen. In persönlicher Richtung bedeutet dies, dass die im Entwurf vorgesehenen Erklärenden oder Geschäftsgegner (nicht notwendig der Auftraggeber, denn dieser kann in seinem Interesse auch Erklärungen eines Dritten entwerfen lassen[104]), Beteiligte des Beurkundungsgeschäfts sind, ohne dass indessen jegliche Änderung in den Personen die Anrechnung ausschlösse. So ist unschädlich die Ersetzung der Eheleute durch Ehemann oder Ehefrau oder ähnliche nahe liegende Ersetzungen. In sachlicher Richtung bedeutet dies, dass es sich bei der Beurkundung um dasselbe Geschäft handeln muss, ohne dass aber wörtliche Übereinstimmung erforderlich wäre;[105] bedeutungslos sind Änderungen des Gegenwertes, einzelner Bedingungen, Anpassung an inzwischen veränderte Verhältnisse usw., insbesondere an Auflagen oder Genehmigungsvoraussetzungen im Falle des Abs. 2. Erfolgt die spätere Beurkundung nicht auf Grund des Entwurfes, d. h. liegt infolge der Umgestaltung des Entwurfes ein aliud vor und erfolgt sodann Beurkundung, so kann der Notar die Entwurfsgebühr und die Beurkundungsgebühr fordern.[106] 36

Entscheidend ist in persönlicher wie sachlicher Hinsicht, dass durch die Änderung das Geschäft **kein völlig anderes** wird, was umso weniger der Fall ist, je weniger bestimmt die Geschäftsparteien und die einzelnen Bestimmungen im Entwurf niedergelegt sind, und dann nicht in Betracht kommt, wenn die Änderungen bereits im Entwurf vorgesehen oder vorbehalten waren. Auch hier ist auf den Einzelfall abzustellen.[107] Beispiele für sachlich neue Geschäfte: Kapitalgesellschafts- statt Personengesellschaftsvertrag, Mietvertrag statt Kaufvertrag, hingegen wäre KG- statt OHG-Vertrag keine die Anrechnung ausschließende Änderung.[108] 37

Entwirft der Notar zunächst auftragsgemäß einen Grundstückskaufvertrag und danach auf Wunsch den Entwurf eines Erbbaurechtsvertrages, liegt ein neuer Entwurf vor, der die Anrechnungsmöglichkeit ausschließt. Gleiches gilt, wenn ein vom Notar zunächst entworfener Schenkungsvertrag dahin gehend geändert wird, dass ein Vertrag über die entgeltliche Übertragung beurkundet wird.[109] Dass das wirtschaftliche Verwertungsinteresse des Eigentümers identisch ist, ändert an diesem Ergebnis ebenso wenig wie steuerliche Motive.[110] 38

2. Anrechnung bei Beurkundung (Abs. 1 S. 3)

Die anrechenbaren Beträge: Angerechnet wird die Entwurfsgebühr, d. h. nicht die gesamte für den Entwurf berechnete Gebühr, sondern die gemäß §§ 145, 36 bis 46 berechnete Gebühr, ausschließlich der Zusatzgebühren (§§ 58, 59) und Auslagen, und zwar auf die Beurkundungsgebühr (d. h. auf die nach §§ 36 bis 46 geschuldete Gebühr, nicht auf die Zusatzgebühren und Auslagen). 39

Hat ein Anwaltsnotar einen Entwurf zulässigerweise im Rahmen anwaltschaftlicher Tätigkeit gefertigt und dementsprechend seine Kosten nach dem **RVG** berechnet und nimmt er demnächst in seiner Eigenschaft als Notar auf Grund des Entwurfes eine Beurkundung vor, so erfolgt keine Anrechnung der Entwurfsgebühr nach Abs. 1 S. 2, weil nur Gebühren 40

---

[101] BayObLG JurBüro 1974, 362; OLG Stuttgart DNotZ 1974, 500 = Rpfleger 1974, 239.
[102] OLG Hamm MittBayNot 2007, 427 für eine Scheidungsvereinbarung.
[103] LG Hannover JurBüro 2003, 97.
[104] Vgl. OLG München DNotZ 1937, 159; KG DNotZ 1936, 308.
[105] KG JurBüro 1979, 1560 m. Anm. *Mümmler*.
[106] *Schmidt* JurBüro 1962, 455; s. auch Rn. 21.
[107] KG VBl. 1943, 327.
[108] Vgl. *Schmidt* JurBüro 1962, 454.
[109] LG Hannover JurBüro 2001, 539.
[110] OLG Hamm JurBüro 1999, 97.

nach KostO angerechnet werden können. **Zusatzgebühren** können sowohl für Entwurf wie Beurkundung anfallen; der Grundsatz, dass diese für ein Geschäft nur einmal anfallen können, steht nicht entgegen, da Entwurf und Beurkundung verschiedene Geschäfte sind. Kommt es, nachdem der Notar zunächst den Entwurf eines **Verkaufsangebots** gefertigt hat, nicht zur Beurkundung der Annahmeerklärung, sondern gleich zur Beurkundung des Kaufvertrages, ohne dass dieser gegenüber dem Angebot eine wesentliche Änderung aufweist, so kann der Notar neben der doppelten Gebühr für den Kaufvertrag eine Gebühr für Fertigung des Entwurfs nicht verlangen.[111]

41 **Art** der Anrechnung: Werden zunächst nur einzelne von mehreren im Entwurf vorgesehenen Erklärungen beurkundet, so wird die Entwurfsgebühr in der Reihenfolge des Entstehens der Beurkundungsgebühren auf diese angerechnet. Gleiches gilt, wenn nach dem Entwurf zusammen zu beurkundende Erklärungen bei der Beurkundung aus zureichenden Gründen getrennt werden.

3. Anrechnung bei Beglaubigung (Abs. 1 S. 4)

42 Diese ist wesentlich anders geregelt. Die **erste** Beglaubigung auf Grund des Entwurfs erfolgt unter Nichtansetzung der Gebühr des § 45 (wohl aber Ansetzen der Zusatzgebühren und Auslagen), ohne Rücksicht auf die Zahl der nach dem Entwurf vorzunehmenden Beglaubigungen, während für die übrigen gesonderten Beglaubigungen (auch wenn sie am selben Tage wie die Erste erfolgen) die Gebühr des § 45 anzusetzen ist. Die erste Beglaubigung braucht natürlich nicht die des Auftraggebers des Entwurfs zu sein, wie es auch möglich ist, dass eine Unterzeichnung durch diesen selbst nicht in Betracht kommt.

43 Zweifelhaft ist hier, ob unter der gebührenfreien „ersten Beglaubigung" nur die **formelle** erste Beglaubigung zu verstehen ist oder die **materielle** erste Beglaubigung. Enthält ein Entwurf mehrere Erklärungen für verschiedene Personen, bei dem zu je einer Erklärung die Unterschriftsbeglaubigung einer Person erforderlich ist (zB Quittung des Hypothekengläubigers, von ihm zu unterzeichnen, und Abtretungserklärung der Eigentümergrundschuld, vom Eigentümer zu unterzeichnen), so fragt es sich, ob nur die erste Beglaubigung, zB des Hypothekgläubigers nach Abs. 1 S. 3, gebührenfrei ist, obwohl sich diese Unterschrift nicht auf die ganze Erklärung bezieht, sondern nur auf die Quittung, oder ob auch die spätere Beglaubigung der Unterschrift des Eigentümers gebührenfrei ist, weil sich diese nur auf die Abtretung bezieht, also durch die schon beglaubigte Unterschrift des Hypothekgläubigers nicht betroffen wird. Nach zutreffender Auffassung von *Bühling* (Anm. 14), *Beushausen* (S. 117) und *Rohs/Wedewer* (Rn. 24) ist nur die zeitlich erste Beglaubigung freizustellen, für die folgenden Beglaubigungen die Gebühr des § 45 anzusetzen.

VIII. Entwurf zur Vorlegung bei einer Behörde (Abs. 2)

44 Über das Motiv des Gesetzgebers zu Abs. 2[112] kann der Notar bei Rechtsgeschäften, die der behördlichen Genehmigung bedürfen, in geeigneten Fällen mit Einverständnis der Beteiligten vor der Beurkundung einen Entwurf der wesentlichen Bestimmungen des genehmigungspflichtigen Geschäfts der zuständigen Behörde mit der Bitte um Bekanntgabe etwaiger Bedenken vorlegen.

45 **Voraussetzungen** der Ermäßigung nach Abs. 2 sind:
– dass das im Entwurf niedergelegte Geschäft behördlicher Nachprüfung (zB Prüfung wegen Preisvorschriften, BauGB usw.) – nicht privater – bedarf und diese zur Rechtswirksamkeit des Geschäfts oder doch zu seiner Durchführung **erforderlich** ist;

46 – dass der Entwurf **im Einverständnis** der Beteiligten gefertigt wird, oder eines derselben;

47 – dass das Geschäft auf Grund der behördlichen Maßnahme **nicht zustande** kommt, wozu nicht beschlussmäßige Versagung erforderlich ist; jede Äußerung endgültiger Art der Behörde genügt;

---

[111] OLG Frankfurt DNotZ 1958, 613 = MDR 1958, 437.
[112] AV DJ 1940, 772; „nach § 34 Abs. 2" der Dienstordnung für Notare vom 5. 6. 1937, DJ 874.

Entwürfe **§ 145**

– endlich ist erforderlich, dass die Beurkundung gerade wegen der Äußerung nach Rn. 47 **48** unterbleibt; unterbleibt sie aus **anderen Gründen,** so fällt die volle Entwurfsgebühr an; sind andere Gründe nur mitbestimmend, so ist dies bedeutungslos. Ist der Entwurf ausgehändigt, wird er aber der Behörde nicht vorgelegt und scheitert das Geschäft vor dieser Vorlegung, so greift Abs. 1 ein;[113] ebenso, wenn trotz erteilter Genehmigung das Geschäft aus einem nicht in der Person des Notars liegenden Grunde nicht zustande kommt.

IX. Entwurf zur Beurkundung und Aushändigung (Abs. 3)

Abs. 3 sieht die ermäßigte Gebühr des Abs. 2 für Entwürfe von Urkunden über Rechts- **49** geschäfte vor, die der Beurkundung bedürfen, wenn der Entwurf vorher ausgehändigt wird, die Beurkundung jedoch unterbleibt.

1. Rechtsgeschäft

Der Entwurf muss ein Rechtsgeschäft betreffen, das **der Beurkundung bedarf.** Hierun- **50** ter fallen bspw. Grundstücksveräußerungen, Erbteils- oder Geschäftsanteilsübertragungen, Schenkungsversprechen, vollstreckbare Schuldanerkenntnisse, Rechtsgeschäfte gemäß §§ 311b, 518, 1491, 1750, 2033, 2276, 2348, 2385 BGB, § 11 ErbbauVO, §§ 3, 4 WEG usw., nicht hingegen Erklärungen, die nach Gesetz formlos oder in Schriftform oder beglaubigter Form rechtsgültig abgegeben werden können (zB Teilungserklärung nach § 8 WEG).[114] Abs. 3 ist nur bei gesetzlichen Formvorschriften, nicht auch bei gewillkürter Form (§ 127 BGB) anzuwenden.[115] Die Voraussetzungen des § 145 Abs. 3 S. 1 liegen vor, wenn der Notar die von ihm entworfenen Vereinbarungen auf Grund gesetzlicher Vorschriften für beurkundungspflichtig halten kann, ohne dass ihm unrichtige Sachbehandlung unterstellt werden kann.[116] Der Entwurf fällt, soweit die Anwendung des § 145 Abs. 3 ausgeschlossen ist, unter § 145 Abs. 1 (s. auch Rn. 52 aE). Unter § 145 Abs. 1 und nicht unter § 145 Abs. 3 fallen auch Entwürfe zu Vereinbarungen, die nicht der Beurkundung bedürfen.[117]

2. Auftrag

Dem Notar muss der Auftrag **zur Beurkundung** eines Rechtsgeschäfts gemäß Rn. 50 **51** (nicht ein selbständiger Auftrag – zur Fertigung eines Entwurfs gemäß Abs. 1 S. 1) erteilt worden sein.[118] Auftraggeber kann auch ein Teilnehmer an der nicht zu Ende geführten Verhandlung sein, der nicht Auftraggeber der Beurkundung war. Der Auftrag kann ausdrücklich oder auch stillschweigend durch schlüssiges Verhalten erteilt werden.[119] Ist zB der Notar bei einer Grundschuldbestellung ausdrücklich nur mit der Unterschriftsbeglaubigung betraut, reicht bloßes Gewährenlassen bei der Ergänzung des vorgelegten Entwurfs (einer Bank) nicht aus, um hieraus einen Auftrag iS des § 145 Abs. 1 S. 2 herleiten zu können.[120]

Darüber hinaus ist erforderlich, dass ein Auftrag **auf vorherige Aushändigung** des **52** vom Notar gefertigten Entwurfs vorliegt. Es ist mithin ein **doppelter Auftrag** notwendig. Im Zeitpunkt der Entwurfsaushändigung muss der Beurkundungsauftrag noch vorliegen.[121] Wird der zugleich mit dem Auftrag auf Entwurf gestellte Antrag auf Beurkundung vor Entwurfsaushändigung zurückgenommen oder das Verlangen auf Beurkundung auf bloße Entwurfsaushändigung geändert, so liegt der Fall des § 145 Abs. 1 S. 1 vor. Auch trotz Vor-

---

[113] OLG Hamm Az. 4 W 55–77/48
[114] LG Düsseldorf Rpfleger 1985, 512.
[115] KG DNotZ 1974, 503 = Rpfleger 1974, 240.
[116] OLG Hamm MittBayNot 2000, 248.
[117] S. Rn. 7; aA OLG Celle FGPrax 2004, 137 m. abl. Anm. *Bund*, welches die Auffassung vertritt, der Entwurf einer privatschriftlichen Vereinbarung falle unter § 147 Abs. 2.
[118] KG DNotZ 1974, 305; 1975, 755; OLG Stuttgart Justiz 1978, 142; OLG Schleswig JurBüro 1978, 577; BayObLG DNotZ 1979, 632; OLG Stuttgart DNotZ 1986, 761; *Rohs/Wedewer* Rn. 30, 31; *Tschischgale* JurBüro 1964, 317; aA *Hartmann* Rn. 7.
[119] BayObLG DNotZ 1994, 701.
[120] OLG Karlsruhe JurBüro 1992, 549.
[121] HM; KG DNotZ 1974, 305; OLG Schleswig JurBüro 1978, 577; aA nur OLG Schleswig DNotZ 1965, 310 = JurBüro 1965, 65 m. abl. Anm. *Tschischgale* JurBüro 1965, 317.

liegen eines Beurkundungsauftrages können manchmal die Voraussetzungen des Abs. 1 S. 1 vorliegen. Der zunächst geforderte Entwurf muss dann nicht der bloßen Vorbereitung des Verhandlungsprotokolls dienen, sondern für den Auftraggeber selbständige Bedeutung haben (vgl. Rn. 22 ff.). Sind die Voraussetzungen sowohl des Abs. 1 S. 1 als auch des Abs. 3 gegeben, dann fällt nur die höhere Gebühr des Abs. 1 an. Abs. 3 ist eine Vorschrift zugunsten der Notare.[122]

3. Aushändigung

53 Der Entwurf muss gefertigt und auf Verlangen des Auftraggebers vor der Beurkundung diesem oder einem vorgesehenen Partner oder Dritten ausgehändigt werden. Das Gesetz geht grundsätzlich von der Identität des Auftraggebers der Beurkundung und desjenigen aus, der die Aushändigung des Entwurfs fordert.[123] **Schuldner der Gebühr** nach Abs. 3 ist aber nicht nur derjenige, der Auftrag zur Beurkundung erteilt hat; auch andere Beteiligte können Schuldner dieser Gebühr sein, wenn sie den Entwurf erfordern und sich insoweit zum Auftraggeber des Notars machen.[124] Fordert der Vertragspartner, der nicht Beurkundungsauftrag erteilt hat, die Aushändigung des Entwurfs, so ist jedoch Voraussetzung für das Entstehen der Gebühr nach Abs. 3, dass der vom anderen Vertragspartner erteilte Beurkundungsauftrag im Zeitpunkt der Aushändigung noch besteht. Ein selbständiger Beurkundungsauftrag durch den die Entwurfsaushändigung Verlangenden muss nicht erteilt werden.[125] In Abgrenzung zu § 145 Abs. 1 setzt die Entwurfsgebühr nach § 145 Abs. 3 voraus, dass der Empfänger des erforderten Entwurfes bei dessen Aushändigung die Beurkundung noch anstrebt.[126]

54 „**Erfordern**" iS des Abs. 3 ist jedoch nicht in jeder Bitte um Aushändigung eines Entwurfs zu sehen.[127] Vielmehr ist ein rechtsgeschäftlicher **Auftrag** an den Notar erforderlich. Allerdings braucht ein solcher Auftrag nicht ausdrücklich erklärt zu werden, sondern kann auch durch schlüssige Handlung erteilt werden. Maßgebend ist, ob das Verhalten des Beteiligten für den Notar als den Empfänger der Erklärung nach Treu und Glauben mit Rücksicht auf die Verkehrssitte den Schluss zulässt, es werde ihm ein Auftrag mit der gesetzlichen Kostenfolge erteilt.[128] Für die Beurteilung, ob in der Bitte um Aushändigung des Entwurfs ein „Erfordern" durch schlüssige Handlung gesehen werden kann, wird nicht alleine auf den Grundsatz abgestellt werden können, dass jeder Verständige weiß, dass ein Notar gesetzlich bestimmte Gebühren erhebt.[129] Der den Entwurf Verlangende muss zumindest damit rechnen, dass für die Entwurfsaushändigung auch dann Gebühren von ihm verlangt werden können, wenn es nicht zur Beurkundung kommt. Der Geschäftserfahrung des Beteiligten, dem näheren Hergang und den sonstigen Umständen kommt bei der Wertung des Verhaltens des Beteiligten entscheidende Bedeutung zu. Das bloße Interesse, den Entwurf kennen zu lernen, wird nicht genügen.[130] Hingegen kann die Erklärung des Geschäftsgegners, der den Beurkundungsauftrag nicht erteilt hat, er lege Wert darauf, dass er den Entwurf in der Hand habe, für stillschweigende Auftragserteilung ausreichen.[131]

4. Unterbleiben der Beurkundung

55 Die Beurkundung muss endgültig unterbleiben aus einem Grund, der nicht in der Person des Notars liegt, zB Rücknahme des Beurkundungsauftrages nach Aushändigung, Ableben einer Vertragspartei vor Beurkundung, Auftraggeber lässt über einen längeren Zeitraum (ca.

---

[122] OLG Frankfurt Rpfleger 1962, 67 m. zust. Anm. *Rohs*.
[123] Arg. §§ 145 Abs. 3 S. 2, 57, 130 Abs. 2; BayObLG MittBayNot 1990, 58.
[124] KG DNotZ 1974, 305; 1975, 755; OLG Stuttgart DNotZ 1986, 761.
[125] OLG Stuttgart DNotZ 1986, 761.
[126] LG Dresden NotBZ 2003, 363.
[127] KG DNotZ 1974, 305 BayObLG DNotZ 1979, 632.
[128] BayObLG DNotZ 1979, 632; MittBayNot 1990, 58; OLG Schleswig JurBüro 1984, 1714; OLG Stuttgart DNotZ 1986, 761; BayObLG DNotZ 1994, 701 = JurBüro 1994, 619; OLG Dresden JurBüro 1999, 42.
[129] *Schippel/Bracker/Schäfer* § 17 BNotO Rn. 15.
[130] OLG Köln JurBüro 1978, 419; BayObLG MittBayNot 1990, 58.
[131] KG DNotZ 1974, 305.

Entwürfe § 145

ein Jahr) nichts mehr von sich hören u. Ä. Wird demnächst auf Grund des Entwurfes iS des Abs. 3 die Beurkundung vorgenommen, so erfolgt Anrechnung der Entwurfsgebühr nach Abs. 1 S. 3. Die Beurkundung muss also in der Folgezeit erfolgen, nicht ohne jede zeitliche Begrenzung. Eine allgemeine Festlegung des Begrenzungszeitraums ist nicht möglich, es ist sowohl auf das Geschäft als auf die Person des Auftraggebers abzustellen. Das KG[132] hält einen angemessenen Zeitraum für erforderlich.[133] Eine Anrechnung ist jedenfalls dann ausgeschlossen, wenn zwischen der Entwurfserstellung und der Beurkundung mehrere Jahre liegen.[134] Eine Erhebung der Entwurfsgebühr als Vorschuss nach § 8 ist möglich.

X. Gebühr

Im Falle des Abs. 1 erhält der Notar dieselbe Gebühr wie für die Beurkundung des entworfenen Schriftstückes, im Falle der Abs. 2 und 3 grundsätzlich die Hälfte. **56**

1. Gebührensatz

Der Gebührensatz bestimmt sich nach §§ 36, 37, 38, 41, 42, 43, 46 **entsprechend dem** **57** **Inhalte** des auftragsgemäß entworfenen Schriftstücks; ist ein Vertrag entworfen, so ist § 36 Abs. 2 anzuwenden, auch wenn nur ein Auftraggeber vorhanden ist. Nach OLG Stuttgart[135] soll bei Ergänzungen des grundbuchrechtlichen Teils einer Urkunde, wenn diese vom Notar nicht entworfene Erklärungen enthält, welche den Gebührentatbestand des § 36 Abs. 1 erfüllen, gleichwohl der Gebührensatz für den Entwurf sich nach § 36 Abs. 1 richten. Für Entwürfe der Abs. 2 und 3 ist die Hälfte der Beurkundungsgebühr, mindestens aber die volle Gebühr, zu erheben; jedoch wird die für die Beurkundung bestimmte Gebühr erhoben, wenn sie geringer ist als die volle Gebühr; für Verträge und für einseitige Erklärungen, für ein Vertragsangebot, das die $^{15}/_{10}$ der die volle Gebühr auslöst, wird also die volle Gebühr erhoben; für Erklärungen, die eine geringere als die volle Gebühr auslöst (§ 38 Abs. 2 bis 4), wird nur die für die Beurkundung bestimmte Gebühr (ohne Hälftelung) erhoben. Eine Gebühr nach § 57 oder § 130 Abs. 2 kommt neben der Gebühr des § 145 Abs. 2 und 3 nicht in Betracht. Es kann aber eine Gebühr nach § 58 anfallen, wenn wegen des Entwurfes der Urkunde mit dem Auftraggeber auswärts oder zur Nachtzeit oder an einem Sonn- oder Feiertag verhandelt worden ist.

2. Wert

Der Wert bestimmt sich nach §§ 18 ff., 39 f. in gleicher Weise, wie wenn das Schriftstück **58** beurkundet wäre.

3. Dokumentenpauschale

Für die Dokumentenpauschale gilt § 136 entsprechend, demnach erhält der Auftraggeber **59** bei Verträgen zwei Stücke des Entwurfs, bei anderen Erklärungen eines frei; die Abschrift für die Notarakten ist frei. Die Auslagen bestimmen sich nach § 137 und § 152 Abs. 2.

4. Verhältnis von § 145 zu § 45 und § 146

Die unterschiedlichen Bewertungsgrundsätze von § 145 Abs. 1 S. 2 und 3 führen im **60** Kontext zu § 45 und der Vollzugsgebühr nach § 146 Abs. 2 zu eigenwilligen und nicht sachgerechten Ergebnissen: Bei unerheblichen Änderungen des dem Notar vorgelegten Entwurfes **ohne Überprüfung des Entwurfs** entsteht lediglich für die Unterschriftsbeglaubigung die Gebühr nach § 45. Betreibt der Notar auftragsgemäß den Vollzug, so entsteht daneben bei bestimmten Geschäften die Gebühr des § 146 Abs. 2.

Überprüft hingegen der Notar den Entwurf ohne Änderungen oder nimmt er nach **61** Prüfung unerhebliche Änderungen vor, so fällt die Gebühr nach § 145 Abs. 1 S. 2 an. Diese ist jedoch bei der nachfolgenden Unterschriftsbeglaubigung gemäß § 145 Abs. 2 S. 4

---

[132] JFGErg. 14, 99 = DNotZ 1936, 308.
[133] S. auch BayObLG JurBüro 1974, 362; OLG Stuttgart DNotZ 1974, 500 = Rpfleger 1974, 239.
[134] LG Hannover JurBüro 2003, 97.
[135] JurBüro 1981, 913 = KostRspr. Nr. 41 m. Anm. *Lappe*.

§ 145

anzurechnen. Betreibt der Notar dann auftragsgemäß den grundbuchamtlichen Vollzug, so fällt die Vollzugsgebühr nach § 146 Abs. 2 **nicht** an.

62 Nimmt schließlich der Notar an dem ihm vorgelegten Entwurf erhebliche Änderungen vor, so entsteht ein eigener Entwurf (§ 45 Rn. 19, § 145 Rn. 32). Die Gebühr richtet sich nach § 145 Abs. 1 S. 1. Für den auftragsgemäßen grundbuchamtlichen Vollzug entsteht keine Gebühr nach § 145. Sie ist mit der Gebühr nach § 145 Abs. 1 S. 1 abgegolten.

63 Dies führt bei von **Kreditinstituten** (insbesondere **Bausparkassen**) formularmäßig vorbereiteten Eintragungsbewilligungen und Anträgen, die keine selbständigen schuldrechtlichen Erklärungen enthalten, zu folgenden kostenrechtlichen Konsequenzen:

63 a Der Notar prüft die Eintragungsbewilligung und den Antrag nicht. Er nimmt allenfalls **unerhebliche Änderungen** vor und beglaubigt die Unterschriften. Sodann betreibt er auftragsgemäß den grundbuchamtlichen Vollzug: Hätte der Notar selbst die Eintragungsbewilligung und den Antrag entworfen, so wäre nach § 38 Abs. 2 Nr. 5 a eine halbe Gebühr angefallen. Da dies nicht der Fall war, entsteht gemäß § 45 eine $^1/_4$ Gebühr. Zusätzlich jedoch ist für den Vollzug nach § 146 Abs. 2 die Gebühr zu erheben. Diese beträgt ebenfalls $^1/_4$ der vollen Gebühr. Mithin erhält der Notar insgesamt 2 × $^1/_4$ Gebühr, wobei für § 146 Abs. 2 keine Höchstgebühr wie bei § 45 in Betracht kommt. Überprüft jedoch der Notar bei ansonst demselben Sachverhalt den Entwurf und nimmt er zufolge der Überprüfung keine Änderungen, unerhebliche Änderungen oder erhebliche Änderungen, die nicht wesentlich sind, vor, so ist diese Überprüfungs- und Änderungstätigkeit nach § 145 Abs. 1 S. 2 mit der Hälfte der Gebühr nach § 38 Abs. 2 Nr. 5 a zu bewerten. Die $^1/_4$ Gebühr nach § 145 Abs. 2 S. 1 ist gemäß § 145 Abs. 1 S. 4 auf die Beglaubigungsgebühr nach § 45 anzurechnen. Dem Notar verbleibt also eine $^1/_4$ Gebühr. Hingegen erhält er für den auftragsgemäßen Vollzug keine Gebühr nach § 146 Abs. 2, da diese Bestimmung nur für den Notar gilt, der den Entwurf weder gefertigt noch überprüft hat. Insgesamt erhält der Notar also, obwohl er überprüft und ändert und den Vollzug vornimmt, nur die Hälfte der Gebühr, die dann anfällt, wenn er lediglich ohne Überprüfung beglaubigt und den Vollzug betreibt. Dieses unbillige Ergebnis kann vom Gesetzgeber nicht gewollt gewesen sein, ist jedoch angesichts der klaren Bestimmungen zwingend.

64 Nimmt der Notar am ihm vorgelegten Entwurf hingegen so **erhebliche Änderungen** vor, dass es sich um einen Eigenentwurf nach § 145 Abs. 1 S. 1 handelt, so entsteht die Gebühr nach § 145 Abs. 1 S. 1 iVm. § 38 Abs. 2 Nr. 5 a, also die Hälfte der vollen Gebühr. Die nachfolgende Unterschriftsbeglaubigung ist gemäß § 145 Abs. 1 S. 4, § 45 gebührenfrei (Anrechnung). Für den auftragsgemäßen grundbuchamtlichen Vollzug erhält der Notar auch hier keine Gebühr nach § 146 Abs. 2.

65 In diesem Zusammenhang ist auf die Gebühr für die Einsicht des Grundbuches nach § 147 Abs. 1 S. 1 hinzuweisen. Diese isolierte Gebühr fällt in den voraufgeführten Beispielsfällen nur dann zusätzlich an, wenn der Notar alleine die Unterschrift unter einem von ihm nicht entworfenen, nicht geprüften und auch nicht geänderten Schriftstück beglaubigt. In allen andern Fällen ist die Grundbucheinsicht gebührenfreies Nebengeschäft gemäß § 147 Abs. 3 (vgl. § 147 Rn. 8, 135). – Soweit der Notar an das **elektronische Grundbuch** angeschlossen ist, wird ihm für die Nutzung des automatisierten Grundbuchs gemäß § 1 GBAbVfV für jeden Abruf eine Gebühr in Rechnung gestellt, welche sich nach der auf der Grundlage von § 133 Abs. 8 GBO, § 85 Abs. 3 GBV erlassenen Verordnung über Grundbuchabrufverfahrensgebühren (GBAbVfV vom 30. 11. 1994, BGBl. I S. 3585, mit Änderungen; s. Anhang A III) richtet. Diese Gebühr zählt nicht zu den gebührenfreien Tätigkeiten im Rahmen der Einsichtnahmepflicht gemäß § 21 Abs. 1 BeurkG und kann vom Notar als verauslagte Gerichtskosten mit der Kostenberechnung gemäß § 154 vom Kostenschuldner eingefordert werden.[136] Weitergegeben werden an den Kostenschuldner

---

[136] BayObLG MittBayNot 2005, 76 = ZNotP 2005, 38; LG Halle NotBZ 2004, 115 m. zust. Anm. *Lappe;* OLG Zweibrücken MittBayNot 2006, 169 = Rpfleger 2006, 228 = JurBüro 2006, 265 = FGPrax 2006, 135 = MDR 2006, 838; *Lappe* NJW 1998, 1112, 1117; *Reetz/Bous* RNotZ 2004, 318; *Püls/Reetz* NotBZ 1998, 13, 14 ff.; *Bund* RNotZ 2004, 256.

kann auch die dem Notar für die Einsichtnahme durch einen automatisierten Abruf aus dem Handelsregister oder einem ähnlichen Register in Rechnung gestellte Gebühr. Die Weitergabemöglichkeit der Registerabrufgebühren war schon in der Vergangenheit nie in Zweifel gezogen worden.

XI. Nebengeschäft, Mehrheit von Geschäften

1. Nebengeschäft

Die Entwurfsgebühr ist **Pauschgebühr,** gilt daher alle zur Fertigung erforderlichen 66 Vorbereitungs- und Nebentätigkeiten, wie Einsicht öffentlicher Bücher, Akten, den Briefwechsel und die Besprechungen mit dem Auftraggeber und dem vorgesehenen Geschäftspartner ab. Die Besprechungen mit Auftraggeber und Geschäftsgegner sind nicht mehr vorbereitende Tätigkeiten, sondern bereits Teil der bei Fertigung des Entwurfs zu leistenden Tätigkeit selbst; erfolgen sie außerhalb der Geschäftsstelle oder an einem Sonn- oder Feiertage oder zur Nachtzeit, so fällt daher die Gebühr des § 58 an; anders bei reinen Vorbereitungstätigkeiten, zB Grundbucheinsicht usw.;[137] hier nur Auslagenersatz. Zur Registereinsicht in der Handelsregister s. Rn. 65. Die dortigen Ausführungen finden hier sinngemäß Anwendung.

2. Mehrheit von Geschäften

a) Gegenstandsgleichheit. Die Frage der Gegenstandsgleichheit oder Verschiedenheit 67 mehrerer in einem Entwurf enthaltener Erklärungen ist nach § 44 zu entscheiden. Enthält der Entwurf neben rechtsgeschäftlichen Erklärungen andere Geschäfte, so erfolgt getrennte Berechnung, letztere nach § 147. Legt der Notar Erklärungen, die zusammengehören, in mehreren Entwürfen nieder, dann kann er nur so berechnen, wie wenn die zusammengehörigen Erklärungen in einem Entwurf niedergelegt worden wären (§ 16).

b) Mehrheit von Entwürfen. Eine Mehrheit von Entwürfen liegt vor, wenn mehrere 68 Schriftstücke gefertigt werden, die selbständig sind; jeder Entwurf wird für sich bewertet; werden sie mehreren Mitberechtigten (meist im Durchschlag) in getrennten Stücken zugeleitet, so liegt nur ein Entwurf vor.[138] Mehrere Entwürfe liegen aber vor, wenn zB die Parteien eines Entwurfsgeschäftes dieses für beendet erklären, die Kosten zahlen, später aber mit geänderten Bedingungen einen neuen Entwurf anfordern;[139] handelt es sich bei den Änderungen nur um Ergänzungen oder Änderungen iS des § 42, nicht um eine Umgestaltung zu einem neuen Geschäft (vgl. dazu § 42), so ist § 42 anzuwenden. Wenn aber der Notar zunächst den Entwurf eines Vertrages A – B gefertigt hat, der Vertrag nicht zustande kommt, und sodann der Entwurf eines Vertrages A – C mit einigen Änderungen verlangt wird, ist wegen Parteiwechsel § 42 nicht anwendbar, der neue Entwurf ist daher nicht nach §§ 145, 42, sondern nach §§ 145, 36 Abs. 2 zu bewerten.[140]

XII. Unvollendetes Geschäft

Erfolgt die Rücknahme des Entwurfauftrags, bevor er in Bearbeitung genommen wurde, 69 so wird nach § 130 Abs. 2 berechnet; ist bereits in die eigentliche Entwurfstätigkeit eingetreten (insbesondere bereits mit dem Auftraggeber oder dem vorgesehenen Geschäftsgegner verhandelt), so ist § 57 entsprechend anzuwenden; erfolgt die Rücknahme erst nach Fertigstellung des Entwurfs nach § 145 Abs. 1 S. 1, aber vor Aushändigung an den Auftraggeber, so ist die Entwurfsgebühr verdient und mit Rücknahme fällig. Anders als bei einem Entwurf nach Abs. 3 löst bei einem Entwurf nach Abs. 1 bereits die Fertigstellung die Entwurfsgebühr aus.

Einsichtnahmegebühr: Die Gebühr für die Grundbucheinsicht nach § 147 Nr. 1 Satz 1 69a fällt nicht an, wenn der Entwurf nach § 145 abgerechnet wird. Die Einsichtnahme ist zur

---

[137] KG JFGErg. 15, 110 = DNotZ 1936, 901.
[138] So auch *Jonas/Melsheimer* Anm. 15.
[139] *Bühling* Anm. 4.
[140] Vgl. hierzu OLG Hamm DNotZ 1950, 436; LG Augsburg MittBayNot 1974, 173.

§ 145

Entwurfstätigkeit nach § 145 als Hauptgeschäft gebührenfreies Nebengeschäft. An einem solchen Hauptgeschäft fehlt es, wenn der Entwurfsauftrag vor Bearbeitung zurück genommen wird (Gebühr nach § 130 Abs. 2). In diesem Fall fällt neben der Gebühr nach § 130 Abs. 2 die Gebühr für die Einsichtnahme in das Grundbuch nach § 147 Abs. 1 Satz 1 an. Die Abrufgebühren bei Einsichtnahme in das Grundbuch oder Handelsregister fallen immer an (s. Rn. 65).

XIII. Schuldner

70   Schuldner ist der **Auftraggeber** und nur er, nicht auch der vorgesehene **Geschäftsgegner**.[141] Dieser kann zum Mitauftraggeber werden, doch genügt dazu regelmäßig nicht allein, dass er sich an den Verhandlungen beteiligt, auch nicht immer, aber regelmäßig, dass er eine Abschrift des entworfenen Schriftstücks unmittelbar für sich erbittet; die Entscheidung ist Tatfrage; zweckmäßigerweise wird der Notar auf Klarstellung bestehen. Die Beweislast trifft den Notar. Hat ein Dritter den Entwurf gefordert, haftet grundsätzlich der Beteiligte nur nach den Grundsätzen des Vertretungsrechts (§§ 164 ff. BGB), soweit nicht (ausnahmsweise) stillschweigendes eigenes Erfordern des Beteiligten vorliegt.[142] Ein **Kaufinteressent** ist nicht Kostenschuldner, wenn ein Makler im eigenen Namen, nicht namens des Kaufinteressenten den Notar beauftragt.[143] **Mehrere** Auftraggeber haften als Gesamtschuldner, es sei denn, dass sie besonders zum Ausdruck bringen, dass der eine oder andere von ihnen nicht als Auftraggeber gelten und daher nicht als Kostenschuldner haften solle.[144]

70 a   Nicht unproblematisch ist die Einordnung der Kostenschuldnerschaft, wenn zunächst nur einer von mehreren Beteiligten dem Notar einen Entwurfsauftrag erteilt und den Notar bittet, Ablichtungen des fertig gestellten Entwurfs auch an die anderen **Vertragspartner zu übersenden**. Allein die Übersendung des Entwurfs an Dritte im Auftrag desjenigen, der den Entwurf erfordert hat, macht die weiteren Vertragspartner noch nicht zu Kostenschuldnern. Diese werden auch noch nicht Kostenschuldner, wenn sie dem Notar unmittelbar ihr Einverständnis mit dem Entwurfsinhalt mitteilen. Greift jedoch ein weiterer Vertragsbeteiligter in der Weise ein, dass er dem Notar **Änderungswünsche** mitteilt und um Übersendung des geänderten Entwurfs bittet, wird er selbst auf Grund eines eigenen Erforderns zum (weiteren) Kostenschuldner. Werden die Änderungswünsche nicht dem Notar, sondern dem bisherigen Auftraggeber mitgeteilt, wird der Vertragspartner nicht Kostenschuldner, auch dann nicht, wenn der bisherige Auftraggeber die Änderungen nicht als eigene, sondern als Änderungswünsche seines Vertragspartners bezeichnet. Derartige Sachverhalte lassen sich jedoch nicht pauschal beurteilen, vielmehr ist jeder einzelne Sachverhalt individuell zu prüfen. Es kommt also maßgeblich darauf an, ob der Notar von einer Auftragserteilung aus der Gesamtbetrachtung ausgehen kann.

71   Nicht selten beauftragt ein nach gesetzlicher Vorschrift **Gebührenbegünstigter** den Notar mit dem Entwurf einer zu einem Geschäft von ihm benötigten rechtsgeschäftlichen Erklärung, die ein Dritter zu unterzeichnen hat; mit der Unterzeichnung des Dritten, dessen Unterschrift vom Notar beglaubigt wird, tritt Gesamtschuldnerschaft ein und kommt die Gebührenbegünstigung des § 144 in Betracht, wenn ein gesetzlicher Erstattungsanspruch gegen den Gebührenbegünstigten besteht.

72   Im Falle des **Abs. 3** sind Kostenschuldner diejenigen, welche den Entwurfsauftrag erteilt haben, nicht nach § 2 Nr. 1 aE jeder, dessen Erklärung zu beurkunden ist.[145] Erfordernder iS des Abs. 3 kann bei der Fertigung von Vertragsentwürfen sein, wer keinen Auftrag zu der Beurkundung erteilt hat; es kommt lediglich darauf an, ob sein Verhalten unter Be-

---

[141] LG Aachen MittRhNotK 1970, 619; BayObLGZ 1983, 91 = MittBayNot 1983, 196.
[142] OLG Köln DNotZ 1992, 749; s. auch Rn. 21.
[143] KG JurBüro 1972, 166; LG Wuppertal MittRhNotK 1999, 64; LG Hannover JurBüro 2003, 147; LG Osnabrück RNotZ 2003, 575.
[144] OLG Frankfurt DNotZ 1961, 612.
[145] OLG Hamm JurBüro 1966, 424 = JVBl. 1966, 164; KostRsp. Nr. 3; OLG Stuttgart Justiz 1978, 142; BayObLG JurBüro 1982, 1549.

rücksichtigung aller Umstände vom Notar als Auftrag angesehen werden kann.[146] Wer als vollmachtloser Vertreter eine notarielle Entwurfstätigkeit auslöst, haftet dem Notar gegenüber persönlich, wenn er ohne ausdrückliche Ermächtigung des Vertretenen handelt.[147]

XIV. Fälligkeit

Nach § 7 tritt sie mit Beendigung des gebührenpflichtigen Geschäfts ein. Nach Abs. 1 und 2 ist das Geschäft beendet mit der „Fertigstellung" des Entwurfs; Aushändigung des fertiggestellten Entwurfs an den Auftraggeber oder Behörde ist selbstverständlich, aber zur Fälligkeit der Gebühr nicht Voraussetzung. Der Entwurf ist fertiggestellt, sobald alles Wesentliche in eine zur endgültigen Festlegung geeignete Form gebracht ist; Reinschrift ist nicht erforderlich, Stenogramm genügt, auch das Offenlassen noch auszufüllender Stellen steht nicht entgegen. Fertig gestellt iS von § 7 ist der Entwurf auch schon dann, wenn der Notar den Entwurf der Urkunde vollständig auf Tonbandkassette diktiert hat.[148] Eine allgemeine Regel lässt sich nicht geben. Im Falle des Abs. 3 ist die Gebühr erst fällig, wenn der Auftrag zurückgenommen ist oder wenn feststeht, dass die Beurkundung unterbleibt.[149] Die Entwurfsgebühr kann als Vorschuss nach § 8 erhoben werden. **73**

XV. Gebührenermäßigung

Die Entwurfsgebühr unterliegt der Kürzung nach § 144 bei gebührenbegünstigten Geschäften bzw. Personen, wenn die in § 144 Abs. 1 oder Abs. 2 geforderten Voraussetzungen vorliegen. **74**

§ 146* Vollzug des Geschäfts

(1) ¹Wird der Notar bei der Veräußerung von Grundstücken und Erbbaurechten sowie bei der Bestellung von Erbbaurechten und bei der Begründung und Veräußerung von Wohnungs- oder Teileigentum auf Verlangen der Beteiligten zum Zwecke des Vollzugs des Geschäfts tätig, so erhält er neben der Entwurfs- oder Beurkundungsgebühr die Hälfte der vollen Gebühr; beschränkt sich seine Tätigkeit auf die Einholung des Zeugnisses nach § 28 Abs. 1 des Baugesetzbuchs, so erhält er nur ein Zehntel der vollen Gebühr. ²Die dem Notar nach besonderen Vorschriften obliegenden Mitteilungen an Behörden und der Verkehr mit dem Grundbuchamt ist durch die Entwurfs- oder Beurkundungsgebühr abgegolten (§ 35).

(2) Betreibt der Notar, der den Entwurf nicht gefertigt oder überprüft, sondern nur die Unterschrift oder das Handzeichen beglaubigt hat, im Auftrag des Antragstellers den Vollzug eines Antrags auf Eintragung, Veränderung oder Löschung einer Hypothek, Grundschuld oder Rentenschuld oder einer Schiffshypothek, so erhält er ein Viertel der vollen Gebühr.

(3) ¹Für den Vollzug des Geschäfts in anderen Fällen erhält der Notar neben der Beurkundungs- oder Entwurfsgebühr die Hälfte der vollen Gebühr, wenn es erforderlich ist, Anträge oder Beschwerden, die er aufgrund einer von ihm aufgenommenen, entworfenen oder geprüften Urkunde bei Gerichten, Behörden oder anderen Dienststellen einreicht, tatsächlich oder rechtlich näher zu begründen, und der Beteiligte dies verlangt. ²Die Gebühr ist für jeden Antrag oder jede Beschwerde gesondert zu erheben.

---

[146] BayObLG DNotZ 1979, 632.
[147] OLG Celle JurBüro 1976, 1544; OLG Frankfurt Rpfleger 1980, 315; OLG Köln OLGZ 1982, 187; s. auch § 2 Rn. 27ff.
[148] KG RNotZ 2006, 302 = JurBüro 2006, 377 = ZNotP 2006, 356.
[149] KG DNotZ 1962, 428; *Rohs/Wedewer* Rn. 35; aA, Gebühr wird bereits mit Aushändigung fällig: OLG Frankfurt JurBüro 1955, 322.
* § 146 neu gefasst durch Gesetz vom 9. 12. 1986 (BGBl. I S. 2326), Abs. 1 Satz 1 geändert durch Gesetz vom 24. 6. 1994 (BGBl. I S. 1325).

§ 146
2. Teil. Kosten der Notare

1 (4) **Der Geschäftswert ist in den Fällen der Absätze 1 und 2 wie bei der Beurkundung, im Fall des Absatzes 3 nach § 30 zu bestimmen.**

Übersicht

	Rn.		Rn.
I. Überblick über die Neuregelung	1–4 g	1. „Andere Fälle"	36–38
1. Allgemeines	1–3	2. Begründung zufolge notarieller Urkunde	39–41
2. Spezialnorm im Kontext zu §§ 35, 145 und 147	4–4 g	3. Auftrag	42–44
II. Vollzugsgebühr nach Abs. 1	5–17	V. Vollzugsgebühr bei beglaubigten Erklärungen (Abs. 2)	45–52
1. Anwendungsbereich	5		
2. Voraussetzungen	6–17	VI. Anträge und Beschwerden in anderen Fällen	53, 54
a) Kreis der Geschäfte	6–9		
b) Verlangen der Beteiligten	10–14	VII. Legalisation, Erledigung von Beanstandungen	55
c) Grundgeschäft – Vollzugstätigkeit	15–17		
III. Die durch Abs. 1 abgegoltenen Vollzugstätigkeiten	18–33	VIII. Gebühr, Wert, Fälligkeit, Gebührenfreiheit, Schuldner	56–73
1. Abgrenzungsfragen	18–23	1. Gebührensatz	56, 57
2. Mehrere Vollzugstätigkeiten	24–26	2. Geschäftswert	58–66
3. Abgrenzung zu § 147 Abs. 2, Nebentätigkeiten	27–33	3. Fälligkeit, Auslagen	67–70
		4. Gebührenermäßigung	71
IV. Anträge und Beschwerden bei Urkunden des Notars	34–44	5. Kostenschuldner	72–73
		IX. Notar- oder Anwaltstätigkeit?	74–76

Stichwortverzeichnis

Abgrenzung zu § 147 Abs. 2 27–33
Anträge 34–38
Anwaltstätigkeit 74
Auftrag 42–44
Auslagen 67–70
Bauverpflichtung 64 a
Beglaubigte Erklärungen 45–52
Dauerwohnrecht 8
Dienstbarkeiten 46
Erbanteilsübertragung 9
Erledigung von Beanstandungen 55
Fälligkeit 67–70
Fischereirecht 9
Freistellungserklärung 30
Gebührenermäßigung 71
Gebührensatz 56, 57
Gebührentatbestand 4 d
Geschäftsanteilsabtretung 9
Geschäftswert 58–66
Grundbuchberichtigung 9
Grundgeschäft 15–17
Grundstücksvereinigung 9
Kostenschuldner 72, 73
Lastenfreistellung 4 e–4 g
Legalisation 55
Leibrentenvertrag 9

Mehrere Vollzugstätigkeiten 24–26
Mehrere Grundstücke 61
Mittelbar Beteiligte 22, 23
Nebentätigkeiten 27–33
Negativbescheinigung 10 a
Normzweck 4 c
Notar – Anwaltstätigkeit, Abgrenzung 74–76
Rechtseinheit 62
Schuldner 56
Spezialnorm 4
Teilerbbaurecht 8
Treuhandtätigkeiten 4 e
Unmittelbar Beteiligte 22, 23
Umwandlung 9
Unternehmenskaufvertrag 9
Unterschriftsbeglaubigung 45 ff.
Verlangen der Beteiligten 10
Verschmelzung 9
Vollzugsauftrag 10
Vollzugsgebühr 5–17
Vollzugstätigkeit 4 b, 15
Vorkaufsrecht 11, 21
Vorkaufsrechte landesrechtliche 11, 12, 13
Wohnungserbbaurecht 7
Zubehör 59

Schrifttum: *Ackermann,* Zur Vollzugsgebühr des § 146 Abs. 1 KostO, DNotZ 1959, 123; JurBüro 1968, 81; *Göttlich,* Die Vollzugsgebühr bei Grundstücksveräußerungen, JurBüro 1959, 301; *ders.,* Die Vollzugsgebühr bei Unterschriftsbeglaubigungen, JurBüro 1959, 441; *Ripfel,* Die Gebühren nach §§ 146, 147 KostO, Justiz 1959, 209; Notarkasse MittBayNot 1969, 109; 1976, 10; 1980, 59; *Reimann,* Kostenrechtsprobleme nach dem Gesetz zur Änderung von Kostengesetzen, DNotZ 1987, 131; *Madert/Schmidt,* Das neue Gebühren- und Kostenrecht, NJW 1987, 290; *Filzek,* Der missverständliche Begriff „Vollzugsgebühr" für Einholungen iS von § 146 Abs. 1 S. 1 KostO, ZNotP 2003, 376; *Tiedtke,* Vollzugs- und Betreuungstätigkeiten des Notars nach der Rechtsprechung des BGH, ZNotP 2007, 363.

I. Überblick über die Neuregelung

1. Allgemeines

§ 146 beinhaltet Sonderregelungen gegenüber § 35, in dem ein Teil der von § 35 betroffenen Geschäfte, vor allem solche, die einen besonderen Auftrag neben dem Beurkundungsauftrag erfordern, zu gebührenpflichtigen Geschäften gemacht werden. Ferner stellt § 146 eine Sonderregelung gegenüber § 145 dar.[1] In den Abs. 1, 2 werden die Gebühren für den Vollzug von Grundstücksgeschäften (einschließlich Erbbaurecht und Wohnungs-/ Teileigentum) grundsätzlich abschließend geregelt. Die früher in § 146 aufgeführten gebührenfreien Tätigkeiten wurden ausgegliedert und sind in § 147 Abs. 4 zusammengefasst.

Der Anwendungsbereich erstreckt sich auch auf die Begründung und Veräußerung von Wohnungs- und Teileigentum anfällt. Eine Sonderregelung besteht, wenn sich die Vollzugstätigkeit des Notars bei Grundbuchgeschäften auf die Einholung eines Zeugnisses über die Nichtausübung oder das Nichtbestehen des Vorkaufsrechtes gemäß § 28 Abs. 1 BauGB beschränkt. Für diesen Fall wird die Gebühr auf $1/10$ reduziert. Wird der Notar neben der Einholung des Zeugnisses nach § 28 Abs. 1 BauGB zum Zwecke des Vollzuges tätig, so verbleibt es bei dem Gebührensatz nach Abs. 1 S. 1 Halbs. 1 (Hälfte der vollen Gebühr).

Nach dem **Baugesetzbuch** (BauGB) besteht kein Vorkaufsrecht bei Rechten nach dem WEG (also Wohnungs- und Teileigentum, Wohnungs- und Teilerbbaurecht) und bei Erbbaurechten (§ 24 Abs. 2 BauGB). Für eine überflüssige Anfrage nach dem Bestehen eines Vorkaufsrechtes fällt somit keine Gebühr an.[2]

2. Spezialnorm im Kontext zu §§ 35, 145 und 147

Allgemein: Ist die Tätigkeit des Notars Vollzugstätigkeit iS des Abs. 1, wird die Gebühr nur ausgelöst, wenn sie ein Geschäft betrifft, das in Kreis der in Abs. 1 genannten Geschäfte (s. Rn. 6 ff.) fällt. Soweit Vollzugstätigkeiten dieser Vorschrift unterfallen, ist die Anwendung von § 147 Abs. 2 ausgeschlossen. Gebührenregelungen sind für die Vollzugstätigkeiten zu Urkundsgeschäften, für die der Notar eine Entwurfs- oder Beurkundungsgebühr bekommt, ausschließlich in § 146 Abs. 1 und Abs. 2 enthalten. Wie sich aus der Begründung zur Neufassung der Vorschrift durch das Gesetz zur Änderung von Kostengesetzen vom 9. 12. 1986 (BGBl. I S. 2326, 2330 f.) ergibt, sind die Gebühren für den Vollzug von Grundbuchgeschäften in § 146 Abs. 1 und 2 insoweit abschließend geregelt worden.[3] Damit kommt ein gesonderter Gebührensatz für Tätigkeiten des Notars zum Vollzug von Erklärungen, die nicht in den Kreis der in § 146 Abs. 1 und 2 genannten Geschäfte fallen, grundsätzlich nicht in Betracht.[4] Die **Sperrwirkung** des § 146, die sie zur Spezialnorm gegenüber der in § 35 enthaltenen allgemeinen Gebührenregelung für Nebengeschäfte macht, wird durch die Überlegungen bestätigt, die für die Einführung einer Vollzugsgebühr im Jahr 1957 maßgeblich waren. Tätigkeiten, die der Notar erbrachte, um das von ihm beurkundete Geschäft zum Vollzug zu bringen, wurden zu diesem Zeitpunkt grundsätzlich als gebührenfreie Nebengeschäfte iS des § 27 aF (§ 35 nF) angesehen; nur wenn es erforderlich war, einen Antrag oder eine Beschwerde näher zu begründen, konnte eine besondere Gebühr erhoben werden. Unter Beibehaltung dieser Grundsätze hat der Gesetzgeber lediglich eine Ausnahme für den Vollzug von Grundstücksveräußerungen, Begründung und Veräußerung von Wohnungs- und Teileigentum sowie die Bestellung und Veräußerung von Erbbaurechten geschaffen, weil es als nicht gerechtfertigt angesehen

---

[1] Vgl. KG DNotZ 1940, 282.
[2] BayObLG Rpfleger 1980, 316.
[3] BGH JurBüro 2006, 600 m. Anm. *H. Schmidt* = ZNotZ 2006, 397 m. Anm. *Tiedtke* = NotBZ 2006, 359 m. Anm. *Filzek* = MittBayNot 2007, 71 m. Anm. PrüfAbt. Notarkasse = RNotZ 2006, 621 m. Anm. *Klein;* FGPrax 2007, 240 (LS) m. Hinweis auf BT-Drucks. 10/5113 S. 33 iVm. BT-Drucks. 10/6400 S. 13; *Tiedtke* ZNotP 2005, 478, 480.
[4] *Rohs/Wedewer/Rohs* Rn. 4; *Bengel/Tiedtke* DNotZ 2004, 258, 278; *Tiedtke* ZNotP 2006, 54; 58 f., ZNotP 2007, 363; *Filzek* ZNotP 2006, 138; *Bund* ZNotP 2003, 458, 460; aA *Klein* RNotZ 2004, 563; *ders.* ZNotP 2006, 97, 99.

§ 146

wurde, diese zeitraubende und verantwortliche Tätigkeit weiterhin als gebührenfreies Nebengeschäft des Notars zu behandeln.[5] Der Gesetzgeber ging also nicht davon aus, dass Vollzugstätigkeiten grundsätzlich gebührenpflichtig waren oder werden sollten, sondern davon, dass es sich bei ihnen, soweit § 146 nichts anderes bestimmt, um gebührenfreie Nebengeschäfte handelt. Betrifft die Tätigkeit ein anderes Rechtsgeschäft als diejenigen, die in Abs. 1 bezeichnet sind, unterfallen Vollzugstätigkeiten nicht der Auffangnorm des § 147 Abs. 2, sondern sind gebührenfreies Nebengeschäft nach § 35.[6] Durch die Sperrwirkung des § 146 können also für gleiche Vollzugstätigkeiten zu anderen Geschäften keine Vollzugsgebühren und auch keine Betreuungsgebühren nach § 147 Abs. 2 erhoben werden. § 146 ist also eine Spezialnorm zu den in § 35 enthaltenen allgemeinen Regelungen für Nebengeschäfte. Die KostO lässt somit im Vollzugsbereich Gebühren neben der Beurkundungsgebühr nur in den engen Grenzen die Anwendung des § 146 zu. Was zB **Grundschuldbestellungen** angeht, wird eine Vergütung für Vollzugstätigkeiten durch § 146 Abs. 2 abschließend geregelt. Diese Vorschrift regelt für den Vollzug eines Antrags auf Eintragung eines Grundpfandrechts nur dann eine gesonderte Gebühr, wenn der Notar lediglich die Unterschrift oder das Handzeichen beglaubigt hat. Dies ist dadurch begründet, dass die Gebühr nach § 45 lediglich die Tätigkeiten im Rahmen der Unterschriftsbeglaubigung erfasst, nämlich Feststellung der Person des Beteiligten abdeckt, sowie die Durchsicht der Erklärung zum Zweck der Feststellung, ob Gründe zur Versagung der Amtstätigkeit bestehen. Mit dieser Gebühr sind Tätigkeiten zum Vollzug nicht erfasst, es liegt somit keine gebührenfreie Tätigkeit nach § 35 vor. Wird die Grundschuld dagegen beurkundet oder fertigt der Notar den Entwurf bzw. prüft oder ergänzt er einen ihm vorgelegten Entwurf, sind Vollzugstätigkeiten mit der Beurkundungs- oder Entwurfsgebühr abgegolten.[7]

4 a   Darüber hinaus regelt § 147 Abs. 4 gebührenfreie Tätigkeiten, die vor der KostO-Novelle vom 17. 12. 1986 teilweise in § 146 enthalten waren (s. § 147 Rn. 37 ff.).

4 b   **Begriff:** Der Begriff „Vollzugstätigkeit" ist bei genauer Wortdefinition irreführend. Denn der Notar entfaltet seine Tätigkeit, indem er bei Maßnahmen tätig wird, die zu den beurkundeten – schuldrechtlichen oder dinglichen – Vereinbarungen der Beteiligten notwendigerweise hinzukommen müssen, um deren Wirksamkeit herbeizuführen und ihre Ausführung zu ermöglichen.[8] Der Notar wird demgemäß im Vorfeld zum eigentlichen Vollzug tätig. Die „Einholung" der zum Vollzug notwendigen Genehmigungen und Bescheinigungen fällt als Vollzugstätigkeit unter § 146.[9]

4 c   **Normzweck:** Der im Gesetz verwendete Begriff „Vollzugstätigkeit" wird daher in der Rspr. über seinen Normzweck hinaus ausgeweitet, indem Tätigkeiten unter § 146 subsumiert werden,[10] die zB nicht erst den Eigentumsübergang ermöglichen, sondern der Erfüllung der gegenseitigen Vertragspflichten der Beteiligten dienen. Gerade am Beispiel der Einholung von Lastenfreistellungserklärungen zeigen sich die Ungereimtheiten. Holt der Notar im Rahmen eines von ihm beurkundeten Grundstückskaufvertrages eine Löschungsbewilligung zu einer das verkaufte Grundstück belastenden Grundschuld durch einen von ihm auftragsgemäß gefertigten Entwurf ein, fällt für die Entwurfsfertigung eine 5/10 Gebühr gemäß §§ 145 Abs. 1 S. 1, 38 Abs. 2 Nr. 5 a aus dem Nennbetrag der Grundschuld (§ 23 Abs. 2) an, daneben für das Einholen der Bewilligung durch den Notar, indem er den Löschungsentwurf im Auftrag des Verkäufers an den Gläubiger übersendet und um Rückgabe

---

[5] So die Begründung zum KostRÄndG vom 26. 7. 1957, BT-Drucks. 2/2545 S. 193 zu Nr. 78 Ziffer 1.; vgl. auch BayObLG MittBayNot 1979, 249, 250; *Mümmler* JurBüro 1982, 837.
[6] BayObLGZ 1979, 383 = MittBayNot 1979, 249.
[7] BGH JurBüro 2006, 600 m. Anm. *H. Schmidt* = ZNotP 2006, 397 m. Anm. *Tiedtke* = NotBZ 2006, 359 m. Anm. *Filzek* = MittBayNot 2007, 71 m. Anm. PrüfAbt. Notarkasse = RNotZ 2006, 621 m. Anm. *Klein*; *Tiedtke* ZNotP 2006, 54, 60; *Filzek* ZNotP 2006, 138, 139.
[8] BGH ZNotP 2007, 397 = RNotZ 2007, 556 m. Anm. *Klein* = NotBZ 2007, 406 = Rpfleger 2007, 627; OLG Braunschweig Nds.Rpfl. 1993 233; OLG Düsseldorf JurBüro 2002, 45, 46; 1994, 497; OLG Frankfurt DNotZ 1990, 321; OLG Zweibrücken JurBüro 1997, 658.
[9] *Filzek* ZNotP 2003, 376.
[10] Vgl. Rechtsprechungshinweise zu Rn. 4 e–4 g und § 147 Rn. 95.

in vollzugsfähiger Form bittet, weder eine Gebühr nach § 146 noch eine solche nach § 147.[11] Holt der Notar die Löschungsbewilligung ohne Entwurf ein, weil er keinen Auftrag für die Erstellung des Entwurfs erhält, ist nunmehr auch nach der Rspr. des BGH[12] eine $5/10$ Gebühr nach § 146 Abs. 1 S. 1 Halbs. 1 aus dem Wert des Kaufvertrages zu erheben. Ist die Vollzugsgebühr schon aus einem anderen Grund entstanden, muss der Notar die Löschungsbewilligung einholen, ohne dass hierfür eine weitere Gebühr entsteht (zur Beschaffung von Lastenfreistellungserklärungen s. Rn. 30a und § 147 Rn. 95).

Kontext zu anderen Bestimmungen: Holt der Notar die Löschungsbewilligung 4d durch einen von ihm auftragsgemäß gefertigten Entwurf ein, bleibt es bei der Entwurfsgebühr. Daneben fällt keine weitere Gebühr an, auch wenn der Notar die Löschungswilligung mit dem Ersuchen um Rücksendung in vollzugsfähiger Form anfordert. Die Rspr. ordnet die Einholung der Bewilligung durch Übersendung des Entwurfs an den Gläubiger als gebührenfreies Nebengeschäft zur Entwurffertigung ein, obwohl die Entwurfsgebühr nach § 145 nur den speziellen Gebührentatbestand der Erstellung des Entwurfs erfüllt.[13] § 145 gilt von seinem Normzweck nur und ausschließlich für die Fertigung des Entwurfs und regelt weitere Tatbestände, wenn auf Grund des Entwurfs demnächst eine Beurkundung oder Beglaubigung der Unterschrift erfolgt. Weitere Folgetätigkeiten sind in § 145 nicht geregelt.

Aus den genannten systematischen Gründen muss auch die in der Rspr. teilweise vertre- 4e tene Ansicht abgelehnt werden, bei Erhebung einer Vollzugsgebühr nach § 146 seien Treuhandtätigkeiten des Gläubigers im Hinblick auf die Verwendung einer Löschungsbewilligung mit der Vollzugsgebühr abgegolten.[14] Treuhandtätigkeiten sind nach § 147 Abs. 2 gebührenpflichtig, ggf. auch im Rahmen einer Vollzugstätigkeit nach § 146.[15] § 146 schließt § 147 nicht generell aus, da sie unterschiedliche Gebührentatbestände regeln (s. auch Rn. 30a).

II. Vollzugsgebühr nach Abs. 1

1. Anwendungsbereich

Bis 31. 12. 1986 erfasste Abs. 1 den Vollzug von Grundstücksveräußerungsgeschäften 5 (wozu bereits die Veräußerung von Wohnungs- und Teileigentum gehörte), Erbbaurechtsveräußerung sowie dessen Bestellung. Das Kostenänderungsgesetz 1986 führte die Vollzugsgebühr auch für die Begründung von Wohnungs- und Teileigentum ein. Die Gebühr deckt die in diesen Bereichen besonders umfangreichen Nebentätigkeiten, die über den Rahmen des § 35 hinausgehen, ab. Hierzu gehört vor allem die Beschaffung von Aufteilungsplänen und Abgeschlossenheitsbescheinigungen.[16] Sie erwächst auch für die Vollzugstätigkeit der badischen Amtsnotare.[17]

2. Voraussetzungen

a) Kreis der Geschäfte. Abs. 1 setzt voraus, dass es sich um Grundstücksveräußerung, 6 Erbbaurechts(ER)-Veräußerung oder -Bestellung, Begründung (und Veräußerung) von Wohnungs- oder Teileigentum nach §§ 3, 8 WEG handelt, d.h. um schuldrechtliche und/oder dingliche Vereinbarungen (bzw. bei Begründung von Wohnungs- und Teileigentum nach § 8 WEG um einseitige Erklärungen).

Beispiele: Grundstückskauf, ER-Kauf, Tausch-, Überlassungsverträge; Gemeinschafts- 7 auseinandersetzungen (Gesellschafter, Ehegatten, Miterben); gleiche Geschäfte über Miteigentumsbruchteile, Grundstücksteilflächen und bei bereits begründeten grundstücksglei-

---

[11] OLG Zweibrücken MittBayNot 2001, 334 mwN = NotBZ 2001, 114 = FGPrax 2001, 167 = NJW-RR 2001, 863 = ZNotP 2002, 162.
[12] ZNotP 2007, 397 = RNotZ 2007, 556 = NotBZ 2007, 406 = Rpfleger 2007, 627.
[13] OLG Zweibrücken NJW-RR 2001, 863; OLG Düsseldorf JurBüro 2006, 93.
[14] Vgl. § 147 Rn. 80; dem nunmehr folgend OLG Celle RNotZ 2005, 62.
[15] *Bengel/Tiedtke* DNotZ 2004, 256, 278 mwN; *Tiedtke* ZNotP 2007, 363.
[16] OLG Zweibrücken MittBayNot 2001, 334 mwN = NJW-RR 2001, 863.
[17] OLG Karlsruhe Rpfleger 1960, 310.

§ 146

chen Rechten (Wohnungseigentum, Wohnungs-ER); Straßenabtretungsverträge und -Angebote (§ 37); Einbringung und Entnahme von Grundstücken und Erbbaurechten in bzw. aus Gesellschaftsvermögen; unentgeltliche Grundstücksübertragungen, weiter solche auf Grund Vermächtnisvollzuges oder Teilungsanordnung oder Vergleich; Vorverträge, Angebote, Entwürfe,[18] wenn Vollzugstätigkeiten auftragsgemäß (bei Angeboten auch vor der Annahme) vorweggenommen werden; endlich ER-Bestellungen, freiwillige Versteigerungen (§ 53).

8 Auch wenn Abs. 1 idF vom 1. 1. 1987 die Begründung von Wohnungs- und Teileigentum einbezieht (die Veräußerung solcher Rechte unterfiel schon bisher nach hM des Abs. 1), so ist die Erstreckung auf **Wohnungs- und Teilerbbaurechte** nach § 30 WEG konsequent, da diese grundstücksgleiche Rechte darstellen und sich die Begründung ebenfalls nach §§ 3, 8 WEG richtet. Dauerwohn- und Dauernutzungsrechte sind zwar in vielen Punkten eigentumsähnlich, sind ihrer Rechtsnatur aber besonders geregelte Dienstbarkeiten. Obwohl der Bestellungsvorgang dieselben Nebentätigkeiten wie bei Begründung von Wohnungs- oder Teileigentum auslösen kann (zB Einholen der nach § 32 Abs. 1 WEG erforderlichen Abgeschlossenheitsbescheinigung), fällt die Begründung oder Veräußerung eines Dauerwohn- oder Dauernutzungsrechtes nicht unter die in § 146 Abs. 1 genannten Rechtsgeschäfte.

9 **Keine** Veräußerungen iS des Abs. 1 sind: Grundbuchberichtigung, zB auf Grund Erbfolge; auf Grund ehevertraglicher Vereinbarung; nach Umwandlung (Verschmelzung, Spaltung/Ausgliederung, Vermögensübertragung – Voll- oder Teilübertragung –, Formwechsel) usw.; Zuwendung von Grundstücken in Verfügungen von Todes wegen (Grundstücksvermächtnis); Grundstücksbelastungsgeschäfte; Verträge auf Einräumung eines Vor- oder Ankaufsrechts an Grundstücken; Leibrentenverträge mit oder ohne Bestellung einer Reallast;[19] Antrag auf Vollzug eines Veränderungsnachweises, Antrag auf Grundstücksvereinigung, Verkauf eines Fischereirechtes.[20] Nach OLG Hamm[21] gilt Abs. 1 nicht für die Abwicklung des Rücktritts von einem Grundstücksveräußerungsvertrag; werden aber dabei neue Bedingungen von einiger Bedeutung vereinbart, so dass es sich um einen „Rückkauf" handelt, fällt die Vollzugsgebühr an.[22] Keine Grundstücksveräußerungen sind ferner Erbteilsübertragungen, auch wenn der Nachlass nur noch aus einem Grundstück besteht; schließlich Geschäftsanteilsabtretungen (zB Grundstücks-GmbH), auch wenn alle Geschäftsanteile abgetreten sind, Veräußerung von Gesellschaftsanteilen an einer grundstücksverwaltenden GbR oder KG, Unternehmensveräußerungen.

10 **b) Verlangen der Beteiligten.** Weiter ist Voraussetzung, dass die Vollzugstätigkeit auf Verlangen der Beteiligten erfolgt, wobei das Verlangen auch stillschweigend gestellt werden kann und meistens darin liegt, dass mangels der erforderlichen Kenntnisse es dem Notar übertragen wird, alles zu tun, was zum vertragsmäßigen Vollzug der Urkunde erforderlich ist.[23]

10a Grundsätzlich kann der Notar davon ausgehen, dass ihm ein konkludenter Auftrag erteilt ist, wenn der Auftraggeber von ihm erwartet, dass er alle Maßnahmen zum Vollzug ergreift. Für die Praxis ist es jedoch empfehlenswert, einen entsprechenden Auftrag in die Urkunde aufzunehmen, um eventuell spätere Missverständnisse zu vermeiden. Kein stillschweigender Vollzugsauftrag kann jedoch unterstellt werden, wenn das Bestehen eines gemeindlichen Vorkaufsrechtes nach dem vorliegenden Sachverhalt nicht in Betracht kommen kann.[24]

---

[18] *Göttlich* JurBüro 1961, 111.
[19] BayObLG BayObLGZ 1979, 383 = MittBayNot 1979, 249.
[20] *Tiedtke* Notarkosten Rn. 509.
[21] DNotZ 1965, 477 = Rpfleger 1964, 384.
[22] Vgl. JurBüro 1968, 82 unter 1.
[23] OGHZ 2, 303; OLG Schleswig DNotZ 1950, 439; OLG Düsseldorf DNotZ 1956, 626; OLG Hamm DNotZ 1959, 558; OLG Karlsruhe DNotZ 1961, 156 = Rpfleger 1960, 310; *Rohs* Rpfleger 1960, 311; *Göttlich* JurBüro 1959, 304; wegen auftragsloser Tätigkeit LG München DNotZ 1958, 37.
[24] OLG Schleswig JurBüro 1975, 500; LG Osnabrück JurBüro 1984, 430.

Vollzug des Geschäfts § 146

Der Notar ist grundsätzlich nicht verpflichtet, von sich aus auf das Entstehen einer Vollzugsgebühr hinzuweisen, da es sich um eine gesetzlich anfallende Gebühr handelt, die der Notar erheben muss. Zum grundsätzlichen Problem der Belehrungspflicht s. § 16 Rn. 49 ff. Eine **Belehrungspflicht** entfällt insbesondere dann, wenn die Vollzugstätigkeit von den Beteiligten ausdrücklich verlangt wird.[25] 10 b

Der Notar muss zum Zwecke der Herbeiführung der Vollzugsfähigkeit aktiv tätig werden. Ohne Bedeutung für das Entstehen der Vollzugsgebühr ist es, ob die auftragsgemäß durchgeführte Vollzugstätigkeit zum Erfolg führt. Bei Beendigung der Vollzugstätigkeit zB mit der Versagung der Genehmigung ist die Gebühr dennoch angefallen. Wird das zugrunde liegende Rechtsgeschäft aufgehoben, bevor der Notar tätig geworden ist, muss die Vollzugsgebühr abgesetzt werden. 10 c

Nach § 28 Abs. 1 S. 2 BauGB kann der Eigentümer in das Grundbuch nur eingetragen werden, wenn dem Grundbuchamt die Nichtausübung oder das Nichtbestehen des **Vorkaufsrechts** nachgewiesen wird. Der Notar, der auftragsgemäß ein Negativzeugnis (§ 28 Abs. 1 S. 3 BauGB) erholt, wird bei Geschäften gemäß Abs. 1 S. 1 zum Vollzug des Grundbuchgeschäfts tätig und erhält die Vollzugsgebühr (und nicht die Gebühr des § 147).[26] Seit der Neufassung des BauGB vom 27. 8. 1997 (BGBl. I S. 2141) steht der Gemeinde kein Vorkaufsrecht mehr zu bei Kaufverträgen über Rechte nach dem WEG und bei Erbbaurechten. Eine überflüssige Anfrage nach dem Bestehen eines Vorkaufsrechtes löst keine Gebühr nach § 146 aus, auch keine Gebühr nach § 147. 11

Die auf $1/10$ reduzierte Vollzugsgebühr entsteht nur dann, wenn sich die Vollzugstätigkeit ausschließlich auf die Einholung des Zeugnisses über das Vorkaufsrecht nach § 28 Abs. 1 BauGB beschränkt. Dies gilt jedoch nicht, wenn diese Vollzugstätigkeit mit anderen Tätigkeiten zusammenfällt, für die dann insgesamt eine $5/10$ Gebühr anzusetzen ist und ferner nicht für Verkaufsrechtsanfragen, deren Rechtsgrundlagen außerhalb des BauGB liegen. Soweit auch hier die Rückäußerung des Vorkaufsberechtigten Voraussetzung für den grundbuchamtlichen Vollzug ist, liegt eine nach Abs. 1 gebührenpflichtige Vollzugstätigkeit vor. 12

Anfragen des Notars nach dem Bestehen eines Vorkaufsrechtes, das den Grundbuchvollzug nicht hemmt, ist gebührenpflichtige Nebentätigkeit nach § 147 Abs. 2 (s. § 147 Rn. 107). Die $5/10$ Vollzugsgebühr nach Abs. 1 S. 1 Halbs. 1 lösen zB Anfragen nach dem Bestehen der nachfolgenden **landesrechtlichen Vorkaufsrechte** aus, da die Erklärung über deren Nichtausübung zum grundbuchamtlichen Vollzug notwendig ist: Hamburgisches Naturschutzgesetz idF vom 7. 8. 2001 (GVBl. S. 281); Saarländisches Naturschutzgesetz idF vom 5. 4. 2006 (ABl. S. 726); Denkmalschutzgesetz Mecklenburg-Vorpommern idF vom 6. 1. 1998 (GVBl. S. 12, 247); Thüringer Denkmalschutzgesetz idF vom 14. 4. 2004 (GVBl. S. 465, 562); Hafenentwicklungsgesetz Hamburg idF vom 22. 9. 1987 (GVBl. S. 177) und durch das am 6. 3. 2007 neu gefasste Schleswig-Holsteinische Naturschutzgesetz (GVOBl. S. 136, 250).[27] 13

Eine $5/10$ Vollzugsgebühr nach Abs. 1 S. 1 Halbs. 1 und nicht eine $1/10$ Vollzugsgebühr nach Abs. 1 S. 1 Halbs. 2 entsteht ferner für die Einholung einer nach § 22 BauGB erforderlichen Genehmigung bei Begründung oder Teilung von Wohnungseigentum/Teileigentum in Gebieten mit **Fremdenverkehrsfunktionen,** wenn diese nach der Gemeindesatzung Voraussetzung für den Grundbuchvollzug ist, ferner für Genehmigungen nach §§ 144, 145 Abs. 6 BauGB für genehmigungspflichtige Rechtsvorgänge in förmlich festgelegten Sanierungsgebieten und für Genehmigungen nach § 172 BauGB für die Begründung von Wohnungs- und Teileigentum, wenn die Erhaltungssatzung der Gemeinde dies bestimmt. Eine – falls erforderlich – zusätzlich durchgeführte Vorkaufsrechtsanfrage nach § 28 Abs. 1 BauGB ist mit einer bereits entstandenen $5/10$ Gebühr abgegolten. 14

---

[25] OLG Karlsruhe DNotZ 1961, 156; KG JurBüro 1975, 805.
[26] So auch *Amann* MittBayNot 1976, 153 = MittRhNotK 1976, 519; *Mümmler* JurBüro 1977, 1059; OLG Celle JurBüro 1978, 1379; OLG Hamm Rpfleger 1980, 163.
[27] *Grauel* RNotZ 2002, 210; RNotZ 2004, 31; *Filzek* Online Kommentar Rn 4.

§ 146

15　c) **Grundgeschäft – Vollzugstätigkeit.** Abs. 1 geht davon aus, dass die Vollzugstätigkeit von dem Notar vorgenommen wird, der die Grundstücksveräußerung, ER-Veräußerung oder -Bestellung, Wohnungs-/Teileigentumsbegründung oder -veräußerung beurkundet oder entworfen hat („neben der Beurkundungsgebühr"). Beurkundet der Notar nur das schuldrechtliche Geschäft und erwirkt er dazu erforderliche Genehmigungen, so erwächst für ihn die Gebühr des Abs. 1; wird die Beurkundung des dinglichen Geschäfts einem anderen Notar übertragen (zB § 38 Abs. 2 Nr. 6) und übt dieser Vollzugstätigkeiten nach Abs. 1 aus, so kann auch für ihn die Gebühr des Abs. 1 erwachsen. Regelmäßig wird allerdings die Beurkundung des schuldrechtlichen und dinglichen Geschäfts, auch wenn nicht in einer Urkunde niedergelegt, demselben Notar übertragen und er auch mit dem Vollzug beauftragt; dann nur einmal Gebühr nach Abs. 1, selbst wenn die Vollzugstätigkeit auf Grund mehrerer, nacheinander erteilter Aufträge oder in mehreren Abschnitten (zB zuerst zum Kauf, dann zur Auflassung) vorgenommen werden. Die **Vollzugsgebühr** fällt somit insgesamt auch nur **einmal** an, wenn derselbe Notar **Kaufvertrag und Auflassung** getrennt beurkundet; es liegt ein **einheitlicher Rechtsvorgang** vor.

16　Im Falle des Notarwechsels nach Beurkundung kann der zweite, mit selbständigen Vollzugstätigkeiten beauftragte Notar eine Gebühr nicht nach § 146 Abs. 1, wohl aber nach § 147 Abs. 2 fordern.[28] Gleiches gilt, wenn die Herbeiführung des Vollzugs einem anderen Notar übertragen wird;[29] ebenso der Vollzug von Fremdurkunden (zB Abtretungserklärung, die weder beurkundet, entworfen oder beglaubigt wurde).

17　Die Beurkundungs- oder Entwurfsgebühr (letztere auch nach § 145 Abs. 1 oder 3) muss angefallen sein („neben der Beurkundungs- oder Entwurfsgebühr"). Auftragsgemäß vorher ausgeübte Tätigkeiten der Art des Abs. 1 (zB Pflegerbestellungsantrag usw.) lösen die Gebühr des § 147 aus, wenn die Beurkundungs- oder Entwurfsgebühr nicht anfällt; fällt diese aber noch an, so sind auch auftragsgemäß vorweggenommene Vollzugstätigkeiten durch die Gebühr des Abs. 1 abgegolten.[30]

III. Die durch Abs. 1 abgegoltenen Vollzugstätigkeiten
1. Abgrenzungsfragen

18　Das Gesetz äußert sich dazu nur negativ, d. h. es gibt nur an, welche Tätigkeiten die Gebühr des Abs. 1 noch nicht auszulösen vermögen; seine Begründung ergänzt diese negative Umschreibung und gibt einen unvollständigen Hinweis, so dass abzugrenzen sind die die Gebühr des Abs. 1 noch nicht auslösenden Vollzugstätigkeiten von den durch Abs. 1 erfassten, ferner von den Tätigkeiten, die über den Rahmen des Abs. 1 hinausgehen und die Gebühr des § 147 auslösen.

19　Noch nicht ausgelöst wird die Gebühr des Abs. 1, wenn sich die Tätigkeit des Notars auf die ihm obliegenden Mitteilungen an Behörden beschränkt (zB an Grunderwerbsteuer-, Kapitalverkehrs-, Erbschaftsteuerstelle usw.; s. Abs. 1 S. 2, der durch das Kostenänderungsgesetz 1986 lediglich redaktionell, nicht jedoch inhaltlich geändert wurde); ausgelöst hingegen wird sie durch auftragsgemäße Mitteilungen an Nichtbehörden oder Mitteilungen, die nicht dem Notar, sondern den Beteiligten obliegen (zB Mitteilungen nach §§ 496, 2146, 2384 BGB); doch fallen diese regelmäßig unter § 147. Ferner wird die Gebühr des Abs. 1 noch nicht ausgelöst, wenn sich die Tätigkeit des Notars beschränkt auf den Verkehr mit dem Grundbuchamt (nicht aber mit Rechtsmittelinstanzen, hier § 147 für jeden Rechtszug), oder auf die Entgegennahme der Unbedenklichkeitsbescheinigung nach GrEStG und ihre Weiterleitung an das Grundbuchamt. Endlich wird die Gebühr des Abs. 1 noch nicht ausgelöst durch nur vorbereitende oder fördernde Tätigkeiten iS des § 147 Abs. 2 und die Entgegennahme von Genehmigungen.[31]

---

[28] LG Berlin KostRsp. Nr. 2.
[29] *Tiedtke* Notarkosten Rn. 511.
[30] OLG Zweibrücken FGPrax 2002, 235 = MittBayNot 2002, 310 für die Einholung einer Abgeschlossenheitsbescheinigung vor der Beurkundung der Teilungserklärung.
[31] OLG Zweibrücken DNotZ 1969, 691; 1993, 765 = JurBüro 1994, 165 m. Anm. *Mümmler;* JurBüro 1994, 165.

Darüber hinausgehende Tätigkeiten zum Vollzug des „Geschäftes" lösen die Gebühr des 20
Abs. 1 aus, wobei unter „Geschäft" das Beurkundungsgeschäft zu verstehen ist, nicht allein
der Auflassungsvollzug, sondern vertragsgemäßer Vollzug der Veräußerungsurkunde, ER-
Bestellung, ER-Veräußerung, Begründung oder Veräußerung von Wohnungs- oder Teileigentum.
Beispiele: alle **Maßnahmen zur Herbeiführung der Rechtswirksamkeit und Voll-** 21
zugsfähigkeit des schuldrechtlichen und/oder dinglichen Geschäfts, wie Erwirkung der
erforderlichen Genehmigungen nach BauGB,[32] Gemeinderecht, Verkehrsbeschränkungen
bei landwirtschaftlichen Grundstücken, Versicherungsaufsichtsrecht, Devisenrecht, auch des
Vormundschaftsgerichts, Nachlassgerichts, einer Kirchenoberbehörde, Umlegungsbehörde,
Landwirtschaftsbehörde,[33] Anträge ohne oder mit näherer tatsächlicher oder rechtlicher
Begründung, zB auch zur vorzeitigen Erteilung der Unbedenklichkeitsbescheinigung,[34]
Beschwerden in Genehmigungs- oder Vollzugsverfahren, gleichviel, ob die Beschwerdeschrift vom Notar nur entworfen oder unterzeichnet ist; Vermessungsanträge bei Teilflächenverkauf; Erwirkung eines Unschädlichkeitszeugnisses, einer Zweckdienlichkeitsbescheinigung, einer Negativbescheinigung, zB nach § 23 Abs. 2 BauGB, Einreichung aller
zum vertragsgemäßen Vollzug gleichzeitig vorzulegenden Erklärungen zum Grundbuchamt
mit Überprüfung auf einen etwaigen Voreinlauf, Herbeiführung des Ranges der auf Grund
des Geschäftes einzutragenden beschränkten Sachenrechte u. Ä.[35] Wegen gesetzlicher Vorkaufsrechte s. Rn. 11. Eine erschöpfende Aufzählung der möglichen Vollzugstätigkeiten ist
damit nicht gegeben und wohl auch nicht zu geben, jedoch soll hier gegenüber den Tätigkeiten abgegrenzt werden, die durch §§ 35, 145, 146 Abs. 2, 147, 149 erfasst sind oder
über Tätigkeiten nach Abs. 1 hinausgehen.

Ein Sonderproblem betrifft die Einordnung der Einholung von Genehmigungserklärun- 22
gen Beteiligter als Vollzugstätigkeit nach § 146 oder als gebührenpflichtige Nebentätigkeit
nach § 147, sofern nicht § 145 einschlägig ist. Dabei ist zu unterscheiden zwischen **unmittelbar Beteiligten** und **mittelbar Beteiligten**. Der Anwendungsbereich des § 146
erfasst Tätigkeiten des Notars, die zur Vollzugsreife eines zustande gekommenen Rechtsgeschäftes notwendig sind. Tätigkeiten, die das Zustandekommen des Vertrages selbst betreffen, können damit nicht unter die Vollzugstätigkeit nach § 146 eingeordnet werden, sie
sind Nebentätigkeiten nach § 147.[36] Deshalb ist die Einholung einer Genehmigungserklärung (ohne Entwurf) eines **unmittelbar** am Rechtsgeschäft **Beteiligten** keine Vollzugstätigkeit nach § 146 Abs. 1. Das Beschaffen und die Entgegennahme einer solchen Genehmigungserklärung nach § 177 Abs. 1 BGB steht mit der Urkundstätigkeit in so engem
Zusammenhang, dass sie als Bestandteil des Beurkundungsgeschäfts anzusehen ist.[37] Gleiches gilt für das Anfordern einer Vollmachtsbestätigung (ohne Entwurf). Die Einholung
einer Vollmachtsbestätigung ist keine Vollzugstätigkeit, da nicht die Vollmacht eingeholt
wird, diese liegt materiell bereits wirksam (mündlich oder in Schriftform) vor (§ 167 Abs. 2
BGB). Es wird lediglich der nach § 29 GBO notwendige formelle Nachweis beschafft.
Diese Tätigkeit ist Nebentätigkeit nach § 147 Abs. 2. Hierin liegt auch kein Widerspruch
zum OLG Zweibrücken,[38] wonach auch vorgezogene Vollzugstätigkeiten, zB Einholung
der Abgeschlossenheitsbescheinigung vor Beurkundung der Teilungserklärung unter § 146
fallen. Es handelt sich hier nicht um Tätigkeiten, die für das Zustandekommen des Rechtsgeschäftes notwendig sind, wie zB Genehmigungserklärungen unmittelbarer Beteiligter.

---

[32] *Eppig* DNotZ 1960, 509; *Haegele* Rpfleger 1960, 327; OLG Karlsruhe Justiz 1963, 240; OLG Stuttgart Justiz 1968, 308 = KostRsp. Nr. 28.
[33] *Eppig* DNotZ 1958, 276.
[34] *Göttlich* JurBüro 1959, 305 Fn. 45 hält dies für eine nach § 147 zu vergütende Tätigkeit.
[35] S. die Zusammenstellung der Notarkasse MittBayNot 1969, 112.
[36] *Lappe* DNotZ 1990, 328; PrüfAbt. Notarkasse MittBayNot 1980, 60; aA OLG Hamm JurBüro 1987, 418; OLG Köln Rpfleger 2003, 539 = RNotZ 2003, 528 = ZNotP 2004, 79.
[37] OLG Düsseldorf JurBüro 2005, 433 = MittBayNot 2006, 359 = JurBüro 2005, 433 = ZNotP 2005, 439 und JurBüro 2006, 93.
[38] FGPrax 2002, 235 = ZNotP 2002, 243 = MittBayNot 2002, 310 = JurBüro 2002, 378.

23 Etwas anderes gilt für das Einholen einer Zustimmungserklärung eines **mittelbar Beteiligten**, zB Verwalterzustimmung bei Verkauf eines Wohnungseigentumsrechtes, Zustimmung des Eigentümers bei Veräußerung eines Erbbaurechtes, Genehmigung des Testamentsvollstreckers. Fordert der Notar solche Zustimmungserklärungen ohne Entwurf an, liegt eine Vollzugstätigkeit nach § 146 Abs. 1 S. 1 Halbs. 1 ($^5/_{10}$ Gebühr) vor. Fertigt der Notar auftragsgemäß den Entwurf einer Zustimmungserklärung, fällt eine Entwurfsgebühr nach § 145 Abs. 1 S. 1 iVm. § 38 Abs. 2 Nr. 1 an, daneben für das Einholen aber keine zusätzliche Gebühr nach § 146 Abs. 1 S. 1 Halbs. 1.[39] Beschränkt sich die Tätigkeit darauf, die ihm unaufgefordert übersandte Zustimmungserklärung lediglich entgegenzunehmen, löst dies weder eine Gebühr nach § 146 Abs. 1, noch eine Gebühr nach § 147 Abs. 2 aus, es liegt ein gebührenfreies Nebengeschäft vor.[40]

2. Mehrere Vollzugstätigkeiten

24 Alles, was über die oben erwähnten, die Gebühr des Abs. 1 noch nicht auslösenden Tätigkeiten (Behördenmitteilung, Verkehr mit Grundbuchamt, nur vorbereitende oder fördernde Tätigkeiten) hinausgeht, und nur dem Vollzug der Urkunde (dem „Geschäft" iS des Abs. 1) dient, ferner was nicht Nebengeschäft zum Beurkundungsgeschäft, zu einem damit zusammenhängenden Entwurfs- oder Verwahrungsgeschäft ist (vgl. Rn. 27 ff.), ist bei Grundstücksveräußerungen, ER-Bestellung und -Veräußerung, Begründung oder Veräußerung von Wohnungs- und Teileigentum durch die Gebühr des Abs. 1 abgegolten; also zB Anträge ohne nähere Begründung, Entwürfe zu Anträgen; was hingegen nur der Abwicklung des Rechtsverhältnisses zwischen Veräußerer und Erwerber dient, ohne zum Urkundenvollzug erforderlich zu sein, geht über Abs. 1 hinaus (vgl. Rn. 32, 33).

25 Die gesamte Vollzugstätigkeit zu einer Urkunde, auch wenn sie auf Grund mehrerer Aufträge oder nacheinander in mehreren Abschnitten erfolgt, ist eine Einheit, die Gebühr des Abs. 1 ist also eine Pauschalgebühr, so dass für alle Vollzugstätigkeiten nur einmal die Gebühr nach Abs. 1 anfallen kann, auch wenn zB neben einer Genehmigung nach BauGB noch ein begründeter Antrag auf vormundschaftsgerichtliche Genehmigung gestellt wird, auch wenn es sich um die Veräußerung mehrerer Grundstücke in einer Urkunde oder die mehrmalige Veräußerung desselben Grundstücks in einer Urkunde handelt,[41] ebenso bei ER-Bestellung und Veräußerung. Es fallen unter Abs. 1 auch Vertretung im landwirtschaftlichen Genehmigungsverfahren,[42] Widerspruch gegen Bescheid der Verwaltungsbehörde.[43] Die Einholung einer überflüssigen Genehmigung löst nicht die Gebühr des Abs. 1 aus.[44]

25 a Es bleibt auch dann bei **einer** Vollzugsgebühr, wenn für ein Rechtsgeschäft mehrere Urkunden errichtet werden zB Angebot und Annahme. Voraussetzung ist jedoch, dass beide Urkunden von ein und demselben Notar beurkundet werden. Gleiches gilt für Nachtragsbeurkundungen. Ist die Vollzugsgebühr bereits bei der Haupturkunde angefallen, entsteht keine weitere Vollzugsgebühr, auch, wenn durch eine Nachtragsbeurkundung eine weitere Vollzugstätigkeit durchgeführt wird.

25 b Wird die **Vollzugstätigkeit** erst für die später beurkundete **Auflassung** durchgeführt und ist für den schuldrechtlichen Vertrag noch keine Vollzugsgebühr berechnet, entsteht die Gebühr erstmals neben der Auflassungsgebühr. War die Vollzugstätigkeit bereits beim schuldrechtlichen Vertrag berechnet, sind auch weitere Vollzugstätigkeiten bei der Auflassung nicht zusätzlich zu bewerten.

26 Soweit die Urkunde weitere Geschäfte enthält (Mobiliarübertragung, Belastungsgeschäfte), fällt die Vollzugsgebühr nur für die Grundstücksveräußerung an. Sofern aber für die wei-

---

[39] OLG Düsseldorf Rpfleger 1974, 411; *Rohs/Wedewer* Rn. 28 mwN.
[40] OLG Düsseldorf DNotZ 1974, 499; OLG Zweibrücken JurBüro 1994, 165.
[41] OLG Braunschweig Rpfleger 1963, 152; *Eppig* DNotZ 1958, 276; JurBüro 1962, 267.
[42] OLG Oldenburg Nds.Rpfl. 1960, 246 = KostRsp. Nr. 5; OLG Stuttgart Justiz 1968, 308 = KostRsp. Nr. 28; OLG Celle JurBüro 1968, 892.
[43] BGH NJW 1965, 1805 = DNotZ 1965, 562; JurBüro 1968, 88 unter V.
[44] OLG Celle DNotZ 1966, 699; BayObLG DNotZ 1969, 116 = Rpfleger 1968, 233; OLG Neustadt DNotZ 1965, 315 = Rpfleger 1965, 123; s. dazu JurBüro 1968, 86 unter III.

teren Geschäfte die Voraussetzungen des § 146 Abs. 3 vorliegen, fällt für sie die Gebühr nach Abs. 3 an, und zwar neben der Gebühr des Abs. 1, wenn zum Geschäft auch Vollzugstätigkeiten im obigen Sinne ausgeübt wurden.[45] Die Gebühren nach Abs. 1 und 3 sind selbständige, d. h. wenn solche nach Abs. 1 und 3 nebeneinander anfallen, ist jede halbe Gebühr nach dem für sie maßgebenden Wert gesondert zu berechnen.[46]

3. Abgrenzung zu § 147 Abs. 2, Nebentätigkeiten

Dient die Tätigkeit des Notars **nicht** dem **Vollzug** des Geschäfts der Grundstücks-, Erbbaurechts- oder Wohnungseigentumsveräußerung, d. h. dem Grundbuchvollzug der Veräußerungsurkunde und auch nicht dem grundbuchamtlichen Vollzug der Begründung von Wohnungs- und Teileigentum oder Erbbaurechtsbestellung, sondern dient sie **lediglich der Regelung der Rechtsverhältnisse** der Beteiligten (bspw. der Abwicklung des Kaufrechtsverhältnisses zwischen Verkäufer und Käufer), so handelt es sich nicht um Vollzugstätigkeit nach Abs. 1, sondern um „sonstige Geschäfte" iS des § 147 Abs. 2.[47] Trifft eine derartige Tätigkeit mit einer Vollzugstätigkeit zum Geschäft nach Abs. 1 zusammen, so fällt neben der Gebühr des Abs. 1 die Gebühr nach § 147 Abs. 2 an.

27

Nicht unter Abs. 1 fallen daher beispielsweise: Treuhandtätigkeit des Notars bei Zug-um-Zug-Leistungen, Einholung der Schuldübernahmegenehmigung gemäß §§ 415, 416 BGB, Mitteilung der Abtretung der Restkaufpreisforderungen an eine kreditierende Bank, Aufforderung an die Mieter des Kaufanwesens, ab Übergang die Mietzinsen auf Konto des Käufers zu zahlen, Anfrage beim vorkaufsberechtigten Mieter nach § 577 BGB, Verschaffung der das Kaufgrundstück oder ER betreffenden Urkunden (Mietverträge, Brandkassenurkunde usw.) für den Käufer, Verhandlungen mit einer Bank wegen Kreditierung des Kaufpreises.

28

Eine Gebühr nach Abs. 1 fällt **nicht** an, wenn Tätigkeiten des Notars zwecks Vollzug der Urkunde **Nebentätigkeiten zu einem Entwurfsgeschäft** (§ 145) oder Verwahrungsgeschäft (§ 149) des Notars sind. Entwirft der Notar die zum Veräußerungsvertrag erforderlichen Nebenerklärungen (Beitritts-, Pfandentlassungserklärungen, Zustimmung des Eigentümers zur Veräußerung und Belastung eines Erbbaurechts usw.), so kann er für die dabei ausgeübten Tätigkeiten (Ladung, Beiholung durch einen anderen Notar usw.) sowie die Beinahme der Erklärungen zum Kaufakt und Mitvorlage an das Grundbuchamt keine Gebühr nach Abs. 1 berechnen, weil es sich um eine durch die Gebühr des § 145 abgegoltene Nebentätigkeit zum Entwurfsgeschäft handelt.[48]

29

Wird bezüglich der Lastenfreistellung kein Entwurf verlangt, sondern nur auftragsgemäß die **Einholung** der entsprechenden **Freistellungserklärungen** (Pfandfreigabe oder Löschungsbewilligung), so ist dies nach herrschender Rspr. Vollzugstätigkeit iS von Abs. 1,[49] wenn sich der Verkäufer zur lastenfreien Übereignung verpflichtet hat. Die Erfüllung dieser Pflicht dient dem Vollzug in dem durch die schuldrechtlichen Vereinbarungen entsprechenden Umfang. Die überwiegende Rspr.[50] und nunmehr auch der BGH[51] lehnt die vor allem

30

---

[45] Göttlich JurBüro 1956, 396.
[46] Ackermann DNotZ 1959, 132.
[47] Behre DNotZ 1939, 159; Bühling § 147 Anm. 7a und b.
[48] OLG Düsseldorf DNotZ 1975, 434 = Rpfleger 1974, 411; Notarkasse MittBayNot 1976, 10.
[49] OLG Hamm JurBüro 1965, 305; OLG Schleswig JurBüro 1976, 398; DNotZ 1988, 194; OLG Düsseldorf JurBüro 1985, 1230; OLG Celle DNotZ 1987, 738; OLG Schleswig JurBüro 1987, 1393; OLG Hamm JurBüro 1988, 105; OLG Düsseldorf MittRhNotK 1988, 74, 2113; OLG Frankfurt MittRhNotK 1989, 147; Bank JurBüro 1980, 987; neuerdings auch OLG Düsseldorf MittRhNotK 1992, 251; JurBüro 1994, 497; OLG Zweibrücken ZNotP 1997, 76 = MittBayNot 1998, 121 m. abl. Anm. Tiedtke 93 = JurBüro 1997, 658, mit der Begründung, dass alles, was für Herstellung der vertragsgemäßen Voraussetzungen für den Eigentumswechsel erforderlich ist, „in Vollzug" des Veräußerungsvertrages geschieht; ebenso OLG Bremen KostRsp. Nr. 66 m. abl. Anm. Lappe; erneut OLG Düsseldorf JurBüro 2002, 45.
[50] OLG Braunschweig NdsRpfl. 1993, 233; OLG Düsseldorf JurBüro 2002, 45, 46 und JurBüro 1994, 497; OLG Frankfurt DNotZ 1990, 321; OLG Zweibrücken JurBüro 1997, 658.
[51] ZNotP 2007, 397 = RNotZ 2007, 556 m. Anm. Klein = NotBZ 2007, 406 = Rpfleger 2007, 627.

im Schrifttum und teilweise auch in der Rspr.[52] vertretene engere Auffassung ab, wonach der Begriff der Vollzugstätigkeit iS von § 146 auf die Durchführung des dinglichen Erfüllungsgeschäft begrenzt sei und deshalb nur die auf die Eintragung in das Grundbuch gerichteten Tätigkeiten des Notars erfassen soll. Aus dem Anwendungsbereich des § 146 wurde insbesondere die Einholung der **Bewilligung** des Gläubigers für die vom Verkäufer geschuldete **Löschung** von Grundpfandrechten durch den Notar den Betreuungstätigkeiten des § 147 Abs. 2 zugerechnet.[53] Mit seinem Beschluss vom 12. 7. 2007 schließt sich der BGH dem weiter gefassten Vollzugsbegriff an. Danach soll der in § 146 verwendete Begriff des Vollzugs nicht auf die dingliche Erfüllung des beurkundeten Grundstücksgeschäfts beschränkt, sondern kostenrechtlich zu verstehen sein. Dem Vollzug dienen hiernach alle Tätigkeiten, die zu den beurkundeten – schuldrechtlichen oder dinglichen – Vereinbarungen der Beteiligten notwendigerweise hinzukommen müssen, um deren **Wirksamkeit** herbeizuführen und ihre **Ausführung** zu ermöglichen.[54] Diesem weiten Begriffsverständnis entspräche es, die Beschaffung von Unterlagen, für die von dem Verkäufer eines Grundstücks geschuldete Löschung von Grundpfandrechten als Vollzugstätigkeit zu qualifizieren.[55] Damit ist für die Beschaffung von Lastenfreistellungserklärungen zum lastenfreien Vollzug der Eigentumsumschreibung eine Vollzugsgebühr nach § 146 Abs. 1 zu erheben und nicht nach § 147 Abs. 2. Dies kann im Einzelfall zu unverhältnismäßigen Gebühren führen, denn die Vollzugsgebühr ist immer aus dem Wert des zugrunde liegenden Geschäfts, das ist das Grundstücksveräußerungsgeschäft (§ 146 Abs. 4), zu erheben. Übersteigt zB der Wert des Kaufvertrages, der für die Vollzugsgebühr nach § 146 Abs. 1 anzunehmen ist, den Wert des zu löschenden Grundpfandrechtes (Nennbetrag gemäß § 23 Abs. 2) deutlich, kann es für die Beteiligten kostengünstiger sein, die Bewilligung durch Entwurf einzuholen, wenn die Beschaffung der Lastenfreistellungserklärung die einzige Vollzugstätigkeit ist. Holt der Notar die Erklärung durch Übersendung eines von ihm gefertigten Entwurfs ein, entsteht aus dem Nennbetrag des zu löschenden Grundpfandrechts eine $^5/_{10}$ Gebühr nach § 145 Abs. 1 S. 1 iVm. § 38 Abs. 2 Nr. 5 a. S. hierzu und zur möglichen Belehrungspflicht § 145 Rn. 17 d–17 f.

30a Zur Frage, ob ein vom Gläubiger erteilter **Treuhandauftrag** dahingehend, dass die dem Notar erteilte Bewilligung nur unter bestimmten Voraussetzungen verwendet werden darf, äußert sich der BGH (aaO), obwohl ein solcher Auftrag bei dem der Entscheidung zugrunde liegenden Sachverhalt dem Notar erteilt wurde, nicht. Es wird zwar in Rn. 13 der Entscheidungsbegründung festgestellt, dass nicht jede Tätigkeit des Notars bei der Vorbereitung der vertragsgemäßen Eigentumsumschreibung als Vollzugstätigkeit anzusehen ist. Vielmehr seien nur solche Tätigkeiten gemeint, die die Ausführung des Geschäfts erst ermöglichen. Das sei zwar bei der Beschaffung der Löschungsunterlagen anzunehmen, nicht aber zB für die Fälligkeitsmitteilung und die Vollzugsüberwachung, weil es sich hierbei um eine Hilfestellung handelt, von deren Anerbieten der Vollzug nicht abhängt. Treuhandaufträge liegen nach unserer Auffassung auf der gleichen Ebene. Bestätigt wird unsere Ansicht durch die Entscheidung des BGH[56] zur Einholung einer **Rangrücktrittserklärung** zum Vollzug der **ranggerechten Eintragung** einer neu bestellten **Grundschuld**. Dort stellt der BGH ausdrücklich fest, dass auch die Einholung einer Rangrücktrittsbewilligung unter den Vollzugsbegriff des § 146 zu subsumieren ist. Eine Vollzugsgebühr könne aber nur im

---

[52] 16. Aufl. Rn. 4 b ff. und 27; *Groth* DNotZ 1988, 197; *Klein* MittRhNotK 1984, 113, 114; OLG Oldenburg DNotZ 1994, 706; OLC Celle RNotZ 2005, 62.

[53] OLG Celle RNotZ 2005, 62; OLG Köln MittRhNotK 1988, 74; KG JurBüro 1975, 213, 219; LG Düsseldorf MittRhNotK 1988, 74; *Klein* MittRhNotK 1984, 113 und DNotZ 1987, 185; *Lappe* NJW 1988, 3130, 3134 und DNotZ 1990, 326; *Tiedtke* MittBayNot 1998, 83.

[54] Wie OLG Düsseldorf JurBüro 2002, 45; 1994, 497; OLG Frankfurt DNotZ 1990, 321; OLG Hamm OLGR 2002, 146; OLG Schleswig JurBüro 1987, 1393; OLG Zweibrücken JurBüro 1997, 658; *Rohs/Wedewer* Rn. 4, 27; *Mümmler* JurBüro 1994, 498; *Hartmann* Rn. 19.

[55] So schon OLG Frankfurt Beschluss vom 27. 10. 2003, 20 W 356/02; KG KGR 1998, 171; *Bund* JurBüro 2005, 455.

[56] NJW 2006, 3428 = JurBüro 2006, 600 m. Anm. *H. Schmidt* = ZNotP 2006, 397 m. Anm. *Tiedtke* = DNotZ 2006, 954 = NotBZ 2006, 359 m. Anm. *Filzek* = MittBayNot 2007, 71 m. Anm. PrüfAbt. Notarkasse = RNotZ 2006, 621 m. Anm. *Klein* = MDR 2007, 242.

Rahmen des § 146 Abs. 2 in Betracht kommen, also nur in den Fällen, in welchen der Notar ausschließlich die Unterschrift oder das Handzeichen beglaubigt und nach § 45 abrechnet. Für eine beurkundete oder entworfene (auch überprüfte und/oder ergänzte) Grundschuldbestellung läge wegen der Sperrwirkung des § 146 ein gebührenfreies Nebengeschäft nach § 35 vor und nicht eine Betreuungstätigkeit, die der Auffangnorm des § 147 Abs. 2 zuzuordnen wäre. Ausdrücklich wird weiter festgestellt, dass eine Vollzugstätigkeit nur in der bloßen Anforderung der Erklärung zu sehen ist. Das sei nicht mehr der Fall, wenn der Notar mit dem Berechtigten über die Erteilung der Bewilligung verhandeln müsse. Zur Übernahme einer **Treuhandauflage des Gläubigers** sind derartige Verhandlungen mit dem Gläubiger zwingend notwendig. Wenn der Notar Treuhandauflagen übernimmt, ist hierzu ein entsprechendes Anbieten an den Berechtigten oder Gläubiger notwendig, diese müssen dieses Angebot annehmen. Erteilt der Gläubiger Treuhandauflagen ohne Vorlage eines Angebotes durch den Notar, muss dieser die ihm erteilten Auflagen annehmen. Die Übernahme und das Beachten von Treuhandauflagen ist somit nicht mit der eigentlichen Vollzugstätigkeit, nämlich dem Ersuchen auf Erteilung der Lastenfreistellungsbewilligung iS des Vollzugsbegriffs verbunden. Es müssen zusätzliche, das Rechtsverhältnis des Verkäufers mit seinem Gläubiger betreffende Erklärungen abgegeben werden, zu deren Übernahme der Notar im Rahmen seines Vollzugsauftrag nicht verpflichtet ist. Die Übernahme von Treuhandauflagen gehört damit nicht zu § 146, sondern zu § 147 Abs. 2, weil es sich um eine Hilfestellung des Notars handelt, von deren Anerbieten der Vollzug nicht abhängt, ähnlich wie die Fälligkeitsmitteilung und die Vollzugsüberwachung. Bei Übernahme von Treuhandauflagen entsteht somit, ggf. neben der Vollzugsgebühr, eine Gebühr nach § 147 Abs. 2 aus einem angemessenen Teilwert, wobei nicht der Wert des Kaufvertrages Ausgangswert ist, sondern der Wert der Auflage.[57] Die treuhänderische Verwahrung von Löschungsunterlagen durch den Notar wird auch dann nicht bereits durch die Gebühr nach § 146 Abs. 1 abgegolten, wenn die Verwahrung zeitlich vor dem Abschluss des beurkundenden Kaufvertrages liegt[58] (s. § 147 Rn. 136).

30 b Übernimmt der Käufer eine nicht valutierte Grundschuld und beauftragt den Notar mit der Einholung einer **Nichtvalutierungserklärung,** liegt ebenfalls keine Vollzugstätigkeit nach § 146 Abs. 1 vor, denn die Nichtvalutierungserklärung dient nicht dem Vollzug, sondern der sonstigen Durchführung der gegenseitigen Vereinbarungen der Beteiligten.

31 § 147 Abs. 2 und nicht § 146 Abs. 1 ist auch für die **Mitteilung einer befreienden Schuldübernahme** an den Gläubiger[59] oder die Offenlegung der Abtretung von Auszahlungsansprüchen an die kreditgebende Bank anzuwenden.[60]

32 Prüft der Notar für den bei ihm hinterlegten Kaufpreis die eine Auszahlung bedingenden Umstände nach, zB die lastenfreie Umschreibung, das Nichtbestehen eines Voreinlaufs, die Erstrangsicherung einer miteinzutragenden Hypothek, so handelt es sich dabei um Nebentätigkeit zum Verwahrungsgeschäft, die mit der Gebühr des § 149 abgegolten ist, also keine Gebühr nach Abs. 1, auch nicht nach § 147.[61]

33 **Beispiel:** Der einen Grundstückskaufvertrag beurkundende Notar wird beauftragt: 1. Den Kaufvertrag zur Auflassungseintragung dem Grundbuchamt erst vorzulegen, wenn der Kaufpreis bei ihm einbezahlt ist, 2. die Genehmigung nach dem BauGB einzuholen, 3. den bei ihm hinterlegten Kaufpreis erst auszuzahlen, wenn die vertragsgemäße Eintragung des Käufers im Grundbuch erfolgt ist.
Gebühren: zu 1. nach § 147, zu 2. nach § 146 Abs. 1, zu 3. keine Gebühr, weil Nebengeschäft zu § 149.[62]

---

[57] OLG Köln JurBüro 1997, 41 = MittRhNotK 1996, 101, allerdings einheitliche Gebühr für die Einholung und den Treuhandauftrag, jedoch noch nach § 147 Abs. 2; ausschließlich zur Bewertung von Treuhandauflagen nach § 147 Abs. 2: ZNotP 2003, 399 = RNotZ 2003, 401; OLG Hamm ZNotP 2003, 39; LG Mainz JurBüro 2001, 600.

[58] OLG Düsseldorf JurBüro 1994, 168; OLG Celle RNotZ 2005, 62 m. Anm. *H. Schmidt* = JurBüro 2005, 154.

[59] OLG Düsseldorf DNotZ 1980, 61.

[60] LG Frankfurt JurBüro 1985, 751.

[61] *Ackermann* DNotZ 1959, 127.

[62] S. *Schmidt* JurBüro 1962, 674.

IV. Anträge und Beschwerden bei Urkunden des Notars

34 Abs. 3 gewährt unter Einschränkung der früheren allgemeinen Regelung in § 146 Abs. 1 Halbs. 1 aF die Hälfte der vollen Gebühr für Anträge und Beschwerden unter den folgenden Voraussetzungen:[63]

35 Anträge iS des § 146 sind nur die Schriftstücke an Behörden (Gerichte, Verwaltungsbehörden und sonstigen Dienststellen), die den Zweck haben, die Dienststelle zu einer Entschließung im Rahmen ihrer Zuständigkeit zu veranlassen.[64]

1. „Andere Fälle"

36 Es muss sich um „andere Fälle" als Geschäfte iS des Abs. 1 handeln, d. h. um andere Grundbuchangelegenheiten (andere Grundstücksgeschäfte, Geschäfte über beschränkte Sachenrechte), Registerangelegenheiten, Personenstandssachen, Nachlasssachen usw.

37 Beispiele: Antrag auf vormundschaftsgerichtliche oder nachlassgerichtliche Genehmigung zu Grundstücksbelastungen; Antrag auf Vorkaufsrechtsverzicht bei Erbteilsübertragung, auf Genehmigung bei Nießbrauchsbewilligung, auf Eintragung eines Vermerks über Annahme an Kindesstatt oder Ehelicherklärung beim Standesamt, auf Erteilung der Genehmigung zu einer vom Notar beurkundeten Stiftung, auf Eröffnung eines vom Notar beurkundeten und noch nicht abgelieferten Testaments oder Erbvertrages,[65] Antrag auf Genehmigung zur Ausgabe von Teilschuldverschreibungen bei einer vom Notar beurkundeten Inhaber- oder Orderhypothek, auf Verrentung von Anliegerbeiträgen,[66] nicht aber bei Widerspruch gegen Versagungsbescheid der Bodenverkehrsgenehmigungsbehörde.[67]

38 Nach OLG Stuttgart[68] erhält der Notar die Gebühr des Abs. 3 auch, wenn er zu einer Annahme an Kindesstatt die für die Bestätigung erforderlichen Urkunden (Standesamtsurkunden, Führungszeugnisse usw.) besorgt und vorlegt;[69] das wird jetzt wohl auch im Hinblick auf die Annahme an Kindesstatt und die Zustimmung dazu zu gelten haben.

2. Begründung zufolge notarieller Urkunde

39 Anträge und Beschwerden müssen auf Grund der **vom Notar** aufgenommenen oder entworfenen **Urkunde** erfolgen, nicht auf Grund einer lediglich beglaubigten Urkunde, d. h. es muss für den beantragenden Notar eine Beurkundungsgebühr oder Entwurfsgebühr angefallen sein.

40 Abs. 3 spricht von Einreichung durch den Notar; er ist aber anwendbar, wenn der Notar den Antrag oder die Beschwerde entwirft und von der Partei unterschreiben lässt, auch wenn diese ihn an die Behörde einreicht.

41 Es muss **notwendig** sein, den Antrag oder die Beschwerde **tatsächlich oder rechtlich näher zu begründen,** d. h. es müssen zum Sach- oder Rechtsverhältnis nähere, über den bloßen Urkundeninhalt hinausgehende Aufführungen in tatsächlicher oder rechtlicher Hinsicht (zB Ausfüllen von Fragebogen der Genehmigungsbehörde, ferner für den Grundpfandrechtsgläubiger anlässlich des Auftrags zur Grundschuldbestellung, Rechtsausführungen zu Zweifelsfragen oder Einwänden) schriftlich oder mündlich (im Genehmigungstermin) gemacht werden.[70] Die Begründung muss nach objektiven Gesichtspunkten, nicht nur nach der Meinung des Notars oder des Auftraggebers notwendig sein.

---

[63] Vgl. auch *Tschischgale* JR 1958, 165.
[64] KG JVBl. 1941, 188.
[65] *Behre* DNotZ 1939, 161; *Rohs/Wedewer* Rn. 49, die richtig vermerken, dass es dabei aber in den meisten Fällen keiner näheren tatsächlichen oder rechtlichen Begründung bedarf; vgl. hierzu auch OLG Köln JurBüro 1992, 184 = MittRhNotK 1992, 60.
[66] KG DNotZ 1939, 101.
[67] OVG Bremen JurBüro 1980, 1932 = KostRsp. Nr. 48.
[68] BWNotZ 1963, 231.
[69] Vgl. auch KG JurBüro 1972, 914.
[70] *Behre* DNotZ 1939, 165; *Bink* JurBüro 1959, 98; *Rohs/Wedewer* Rn. 53; OLG Stuttgart Rpfleger 1964, 132, wonach es für die Gebühr des Abs. 3 auch genügt, wenn der Notar die notwendige nähere Begründung in die Urkunde mit aufnimmt, auch wenn sie nicht wesentlicher Bestandteil der Urkunde ist; s. auch *Hense* DNotZ 1951, 541; AV DNotZ 1941, 358; MittRhNotK 1955, 394.

3. Auftrag

Endlich muss ein besonderer Auftrag zur **Begründung,** nicht nur zur Hinwirkung auf beschleunigte Verbescheidung[71] vorliegen, der auch stillschweigend erteilt werden kann[72] und in der Billigung der näheren Begründung in Kenntnis ihrer gebührenrechtlichen Tragweite liegt.[73] Zur Frage der Belehrungspflicht des Notars s. § 16 Rn. 49ff. 42

Jeder begründete Antrag und jede begründete Beschwerde, für die die Voraussetzungen des Abs. 3 vorliegen, ist ein **selbständiges Geschäft;** werden zur selben Angelegenheit mehrere begründete Anträge oder Beschwerden erledigt, so fällt für jede eine selbständige Gebühr nach Abs. 3 an; es dürfen also nicht die Geschäftswerte mehrerer Anträge usw. zusammengerechnet und aus dem Gesamtwert eine halbe Gebühr erhoben werden, vielmehr ist für jeden Antrag usw. eine halbe Gebühr nach dem dafür bestimmten Wert anzusetzen. 43

Mehrere Anträge bzw. Beschwerden zur selben Angelegenheit liegen vor, wenn sie an **verschiedene Behörden** zur Entschließung in ihrer Zuständigkeit gerichtet werden; wenn an dieselbe Behörde gerichtet wohl nur, wenn sie für verschiedene Auftraggeber, die nicht in Rechtsgemeinschaft stehen, gestellt werden. 44

V. Vollzugsgebühr bei beglaubigten Erklärungen (Abs. 2)

Durch Abs. 2 werden die Vollzugstätigkeiten zu Grundpfandrechtsregelungen von der Vollzugsgebühr nach Abs. 1 ausgeklammert, wenn der Notar die Urkunde bzw. den Entwurf nicht gefertigt oder nicht überprüft, sondern lediglich die Unterschrift beglaubigt hat. Sofern die Vollzugstätigkeit des Notars über die bloße Übermittlung des Antrags an das Grundbuchamt oder Registergericht bei Grundpfandrechten hinausgeht, wird ihm hierfür nur ein Viertel der vollen Gebühr gewährt. Unter Abs. 2 fallen alle Urkunden auf Eintragung, Veränderung oder Löschung (wohl auch Pfandentlassung, Nachverpfändung, Löschungsvormerkung, Bewilligungsvorrecht) einer Hypothek, Grundschuld, Rentenschuld oder Schiffshypothek. Der beauftragende Antragsteller kann hier wie bei § 13 GBO sowohl der Betroffene, dessen Unterschrift oder Handzeichen beglaubigt ist, als auch der Begünstigte, ja sogar ein Dritter (zB die geldgebende Bank) sein. 45

Unter Vollzugstätigkeiten fallen bei **Abs. 2 nicht** Vertretung im Verfahren vor Behörden (hierfür § 147). Auftragsgemäße Vollzugstätigkeiten für beglaubigte andere Urkunden als Grundpfandrechtsregelungen (Nießbrauchs-, Dienstbarkeitsregelungen usw.) unterfallen § 147 Abs. 2, da § 146 Abs. 1 und 3 für Anträge in „anderen Fällen" Beurkundung oder Entwurf voraussetzen; sie lösen also die Hälfte der vollen Gebühr aus. Die Gebühr des Abs. 2 deckt auch die Begründung etwaiger Anträge, die Verbindung mit anderen Anträgen, die Überwachung des Vollzugs und die Entgegennahme der Eintragungsbekanntmachung, einschließlich auftragsgemäße Antragstellung nach § 15 GBO, § 25 SchiffRegO. Zu den Voraussetzungen für das Entstehen der Vollzugsgebühr nach Abs. 2 s. Rn. 47 c. 46

Beispiele: Prüfung der Verfügungsberechtigung, der Rangwahrung, eines etwaigen Voreinlaufs, Vorsorge für rechtzeitigen Einlauf beim Grundbuchamt zur Herstellung des bedungenen Ranges, Beschaffung und Vorlegung von Hypothekenbriefen zum Vollzug oder zur Rangherstellung, Einholung der vormundschaftsgerichtlichen Genehmigung, einer Belastungsgenehmigung, auch durch den Grundflächeneigentümer bei Erbbaurecht, Beiholung von Vollmachten, Erbscheinen, Testamentsvollstreckerzeugnis usw., Einholung von Rangrücktritten (sofern dazu nicht der Notar den Entwurf fertigt), Abhängigmachung von anderen Anträgen nach § 16 Abs. 2 GBO, auftragsgemäße Antragstellung nach § 15 GBO.[74] 47

Die Beschaffung von Erklärungen zur **Rangherstellung** (Rangrücktritte) fällt unter den Vollzugsbegriff des § 146, wenn die Erklärungen ohne Übersendung eines vom Notar ge- 47a

---

[71] KG DNotZ 1938, 613; JVBl. 1941, 109.
[72] *Luther* DNotZ 1952, 88.
[73] KG DNotZ 1938, 613.
[74] Ebenso *Bühling* Anm. 3 f.; *Rohs/Wedewer* Rn. 43; *Göttlich* JurBüro 1959, 441.

fertigten Entwurfs eingeholt werden[75] (s. Rn. 30 und § 147 Rn. 60). Beglaubigt der Notar nur die Unterschrift oder das Handzeichen, fällt für diese Vollzugstätigkeiten die Vollzugsgebühr nach § 146 Abs. 2 an. Wird die Grundschuld beurkundet oder entworfen (oder der dem Notar vorgelegte Entwurf überprüft und/oder ergänzt), liegt dagegen ein gebührenfreies Nebengeschäft nach § 35 vor (s. auch Rn. 27 ff.). Die Vollzugsgebühr nach Abs. 2 fällt insgesamt nur einmal an, auch wenn mehrere Erklärungen einzuholen sind.

47 b Treuhandauflagen, die der Notar im Auftrag übernimmt, lösen ggf. neben der Vollzugsgebühr nach § 146 Abs. 2 zusätzliche Betreuungsgebühren nach § 147 Abs. 2 aus. Diese Gebühr fällt auch bei einer vom Notar beurkundeten oder entworfenen Grundschuldbestellungsurkunde an, auch wenn das Anfordern einer solchen Erklärung wegen Nichtanwendbarkeit des § 146 ein gebührenfreies Nebengeschäft nach § 35 ist (s. Rn. 30).

47 c § 146 Abs. 2 bestimmt die Gebühr für „den Vollzug", § 147 Abs. 4 Nr. 2 schließt sie wieder aus, wenn sich die Tätigkeit „auf die Stellung von Anträgen" beschränkt. Die „gesetzliche Ermächtigung" (zB § 15 GBO) eignet sich nicht zum Tatbestandsmerkmal, weil sie nur eine Vollmachts- und keine Auftragsvermutung gibt. Zur Erfüllung des Gebührentatbestandes nach § 146 Abs. 2 ist jedoch immer ein Auftrag erforderlich, auch im Rahmen einer bestehenden gesetzlichen Ermächtigung.[76] Im Rahmen der Antragstellung ist für den Auftraggeber die Prüfung der Eintragungsnachricht des Grundbuchamts von größerer Bedeutung. Der Notar hat die Eintragungsnachricht zwar zu prüfen, wenn er Antragsteller nach § 15 GBO ist, die Prüfung wird aber von der Gebührenfreiheit nicht mehr erfasst. Die Unterschriftsbeglaubigung ist Tatsachenbeurkundung und – ohne Entwurfsfertigung – mit keiner Prüfungs- und Belehrungspflicht verbunden. Diese setzt mit dem Vollzugsauftrag ein, auch wenn der Vollzugsauftrag mit einer gesetzlichen Ermächtigung verbunden ist. Wird der Notar zB mit dem „Vollzug" einer nach § 45 bewerteten Grundschuldbestellung „beauftragt", besteht nach hM, keine Belehrungspflicht über die Gebühr und ihre Vermeidbarkeit.[77]

47 d Die Gebühr nach § 146 Abs. 2 fällt also schon dann an, wenn der Notar Vollzugsauftrag hat und seine Tätigkeit über die Vorlage ohne eigenen Antrag hinausgeht. Letzteres wird immer der Fall sein, weil die Antragstellung den Zugang der Eintragungsnachricht des Grundbuchamts bewirkt. Da die Übermittlung der Eintragungsbewilligung als Bote die Gebühr nach Abs. 2 nicht auslöst, dürfte für die Praxis ein Hinweis über diese unterschiedlichen Möglichkeiten anzuraten sein. Wegen der erheblichen verfahrensrechtlichen Unterschiede sollte der Notar bei der Beglaubigung zur Vermeidung von Rechtsstreitigkeiten Klarheit schaffen und über die Vollzugsgebühr belehren. Dem Antragsteller muss auch klar sein, dass der Notar keine Überprüfungspflichten bezüglich der Eintragungsnachricht hat, wenn er nur eine (kostenfreie) Botentätigkeit übernimmt. Will der Antragsteller dies nicht, muss er die gebührenrechtliche Konsequenz des Abs. 2 in Kauf nehmen.

48 Eine Höchstgebühr ist nicht vorgesehen, so dass in den Fällen des Abs. 2 die Vollzugsgebühr bei hohen Werten manchmal höher ist als die Höchstgebühr für die Unterschriftsbeglaubigung nach § 45 Abs. 1.

49 Auch hier ist, wie bei Abs. 1, die Vollzugstätigkeit eine Einheit, so dass auch bei mehreren Tätigkeiten oder Tätigkeit auf Grund mehrerer Aufträge zum selben Grundpfandrechtsgeschäft nur einmal die Gebühr nach Abs. 3 erwächst.

50 Diese Vollzugsgebühr ($1/4$ der vollen Gebühr) fällt nur an, wenn der Notar, der den Entwurf nicht gefertigt hat, **diesen auch nicht überprüft,** sondern nur die Unterschrift oder das Handzeichen beglaubigt, also nur neben der Gebühr nach § 45.

51 Diese Gebührenregelung seit 1. 1. 1987 beinhaltet Ungereimtheiten, wie sie bereits bei § 145 Rn. 60 ff. dargelegt wurden. Denn der Notar, der unter einem Grundpfandrechtsformular lediglich die Unterschrift des Eigentümers beglaubigt, den vorgelegten Entwurf

---

[75] BGH NJW 2006, 3428 = JurBüro 2006, 600 m. Anm. *H. Schmidt* = ZNotP 2006, 397 m. Anm. *Tiedtke* = NotBZ 2006, 359 m. Anm. *Filzek* = MittBayNot 2007, 71 m. Anm. PrüfAbt. Notarkasse = RNotZ 2006, 621 m. Anm. *Klein* = MDR 2007, 242 = FGPrax 2007, 38.
[76] So mit Recht *Lappe* NotBZ 2002, 94.
[77] *Lappe* NotBZ 2002, 94.

jedoch nicht überprüft, und den Vollzug betreibt, erhält für die Vollzugstätigkeit ein Viertel der vollen Gebühr nach § 146 Abs. 2 neben der Beglaubigungsgebühr nach § 45. Überprüft hingegen der Notar den vorgelegten Entwurf, so soll er statt der Gebühr nach § 45 die Gebühr nach § 145 Abs. 1 S. 2 (also regelmäßig, wenn keine weiteren Erklärungen enthalten sind, ein Viertel der vollen Gebühr) erhalten, wobei für die Vollzugstätigkeit, da der Entwurf überprüft wurde, die Vollzugsgebühr nach Abs. 2 entfällt. Dieselbe Rechtslage ist gegeben, wenn der Notar den Entwurf auf Grund der von ihm vorgenommenen Überprüfung ändert, wobei jedoch die Änderung nicht so wesentlich sein darf, dass ein Eigenentwurf des Notars entsteht. Dieses paradoxe Ergebnis konnte vom Gesetzgeber nicht gewollt sein und kann auch von der Praxis nicht hingenommen werden. Es muss sich bei der Änderung des § 146 Abs. 2 hinsichtlich der Aufnahme der Worte „oder überprüft" um ein offensichtliches Redaktionsversehen handeln.

Die **Botentätigkeit** des Notars bei der Vorlage voraufgeführter Erklärungen an das 52 Grundbuchamt oder das Register löst nicht die Gebühren nach Abs. 2 aus; dies folgt aus § 147 Abs. 4 Nr. 1.

VI. Anträge und Beschwerden in anderen Fällen

Da Abs. 1 auf Veräußerungen von Grundstücken, Erbbaurechten und Wohnungseigen- 53 tum sowie deren Begründung, Abs. 2 auf den Vollzug der vom Notar beglaubigten Grundpfandrechtserklärungen und Abs. 3 auf Anträge und Beschwerden bei Behörden auf Grund aufgenommener oder entworfener Urkunden beschränkt sind, fallen alle anderen Anträge und Beschwerden, die der Notar auftragsgemäß stellt oder betreibt, unter § 147.

Beispiele: die auftragsgemäße Verhandlung des Notars mit den Miterben bei einer Erb- 54 teilsabtretung wegen der Ausübung eines Vorkaufsrechtes; der Antrag an eine Geschäftsführung einer GmbH wegen der Genehmigung zu einer Geschäftsanteilsveräußerung; bei Beschwerden zu Urkunden, die vom Notar nicht entworfen oder aufgenommen sind; auftragsgemäße Vollzugstätigkeiten zu beglaubigten Urkunden, die andere beschränkte Sachenrechte als Grundpfandrechte betreffen; Anträge auf Einleitung eines Verfahrens (Grundstücksumlegung); Antrag an das Registergericht auf Bestellung oder Abberufung von Gesellschaftsorganen,[78] Antrag auf Anerkennung der Gemeinnützigkeit eines Wohnungsunternehmens usw.

VII. Legalisation, Erledigung von Beanstandungen

Der frühere Abs. 4 des § 146, der die gebührenfreie Erwirkung der Legalisation einer ei- 55 genen Unterschrift sowie die gebührenfreie Erledigung von Beanstandungen anordnete, wurde durch das Kostenänderungsgesetz 1986 aus § 146 gestrichen. Die entsprechende Regelung ist nunmehr in § 147 Abs. 4 Nr. 4 und Nr. 5 enthalten (s. dort).

VIII. Gebühr, Wert, Fälligkeit, Gebührenfreiheit, Schuldner

1. Gebührensatz

Die Gebühr **gilt die Tätigkeit ab,** nicht den Erfolg. Demnach fällt sie im Fall des 56 Abs. 1 auch dann an, wenn das Veräußerungsgeschäft oder die Begründung nicht tatsächlich vollzogen wird, sei es, dass eine eingeholte Genehmigung versagt oder der Vollzugsantrag später zurückgenommen wird.[79] Dies gilt im Falle des Abs. 3 auch, wenn der Antrag oder die Beschwerde ablehnend verbeschieden werden, im Fall des Abs. 2 auch dann, wenn der Vollzug der Grundpfandrechtsregelung nicht zur Vollendung gelangt, stets jedoch vorausgesetzt, dass der Grund nicht beim Notar liegt (§ 16 Abs. 1 S. 1).

Der Gebührensatz ist im Falle der Abs. 1 und 3 die Hälfte, im Falle des Abs. 2 ein Vier- 57 tel der vollen Gebühr, ohne Begrenzung nach oben. Eine **Ausnahme** gilt für die alleinige

---
[78] KG DNotZ 1940, 82.
[79] *Rohs/Wedewer* Rn. 35; *Göttlich* JurBüro 1959, 305.

Einholung des Zeugnisses nach § 28 Abs. 1 BauGB. In diesem Fall steht dem Notar lediglich ein Zehntel der vollen Gebühr zu. Nimmt der Notar jedoch neben der Einholung des Zeugnisses der Gemeinde über das Vorkaufsrecht weitere Vollzugstätigkeiten vor, welche die 5/10 Gebühr nach Abs. 1 auslösen, so verbleibt es dabei; die 1/10 Gebühr für die Vorkaufsrechtsanfrage wirkt sich insoweit nicht aus.[80]

2. Geschäftswert

58   Der Geschäftswert (Abs. 4) ist in den Fällen der Abs. 1 und 2 ebenso wie bei der Beurkundung zu bestimmen. Beinhaltet aber die Veräußerungsurkunde ein weiteres Geschäft anderen Gegenstandes, das nicht Geschäft iS des Abs. 1 ist, und ist daher die Beurkundungsgebühr nach § 44 Abs. 2 zu berechnen, so ist der Wert für die Gebühr des § 146 Abs. 1 nur der des Veräußerungsgeschäftes von Grundstück oder ER bzw. dessen Bestellung.[81] Bei ER-Bestellung ist nur deren Wert maßgebend, nicht auch der Wert eines eingeräumten Vorkaufsrechts am ER.[82] Zum Geschäftswert bei ER-Veräußerung s. § 20 Rn. 38; wegen der Zurechnung von Maklerprovisionen s. § 20 Rn. 29. Der Wert des Hauptgeschäftes ist auch dann maßgebend, wenn die einzige Vollzugstätigkeit zB darin besteht, eine Löschungsbewilligung über eine Grundschuld zur lastenfreien Eigentumsumschreibung einzuholen, deren Nennbetrag deutlich unter dem Wert des Kaufvertrages liegt. Zur Frage, ob der Notar mit Rücksicht auf die Pflicht zur kostengünstigsten Verfahrensweise in solchen Fällen die Löschung mit einer von ihm entworfenen Erklärung einholen muss und zur evtl. Belehrungspflicht s. Rn. 30.

59   Auch bei Veräußerung von **Grundstücken mit Zubehör** oder mit einem darauf ausgeübten Gewerbebetrieb ist als Wert nur der Wert anzusetzen, der für die Grundstücksveräußerung maßgebend ist. Dies kann allerdings nur für die Fälle gelten, in welchen die Beteiligten den auf die beweglichen Gegenstände usw. entfallenden Kaufpreisteil ausweisen. Ist nur ein Gesamtkaufpreis vereinbart, muss der Notar den Wert der sonst herauszurechnenden Gegenstände nicht schätzen, er kann in diesem Falle vom Gesamtkaufpreis ausgehen. Liegen zu Vollzugstätigkeiten zu mitveräußerten Gegenständen oder Rechten, zB Betriebseinrichtung, die Voraussetzungen des Abs. 3 vor (zB begründeter Antrag auf vormundschaftsgerichtliche Genehmigung), so fällt für diese Tätigkeit die Gebühr des Abs. 3 an, die neben der des Abs. 1 aus dem Wert der mitveräußerten Gegenstände oder Rechte zu erheben ist. Derselbe Grundsatz gilt im Fall des Abs. 2.[83]

60   Im Fall des **Abs. 3** bestimmt sich der **Wert nach § 30**. Er bemisst sich nach dem Wert des Geschäftes, wenn vom Ergebnis der Antragstellung oder Beschwerde usw. die Durchführung des Geschäfts abhängt;[84] iÜ ist er nach freiem Ermessen zu bestimmen (§ 30 Abs. 1), notfalls nach § 30 Abs. 2; eine allgemeine Richtlinie lässt sich kaum geben, bei geringfügiger Tätigkeit und geringem Interesse kann die Mindestgebühr angebracht sein.[85]

61   Enthält eine Urkunde **mehrere Grundstücksveräußerungen** (zB Abtretung mehrerer Straßenflächen durch verschiedene Personen an eine Gemeinde; Verkauf von mehreren Grundstücksteilflächen durch den Eigentümer an verschiedene Personen; Übergabe von Grundstücken vom Vater an verschiedene Kinder), so wird nach § 44 Abs. 2a eine Hauptgebühr nach dem zusammengerechneten Wert der gegenstandsverschiedenen Erklärungen erhoben; dann auch nur eine Gebühr nach Abs. 1 nach dem zusammengerechneten Wert.[86]

62   Werden in einer Urkunde mehrere Grundstücke an denselben Käufer verkauft und ist eine die Vollzugsgebühr auslösende Vollzugstätigkeit nur zu einem Grundstück erforderlich, gilt Folgendes: Bilden die mehreren Grundstücksveräußerungen eine **rechtliche Einheit** (zB Verkauf eines Wohnhausgrundstücks und eines unmittelbar angrenzenden Gar-

---

[80] OLG Hamm JurBüro 1989, 828.
[81] OLG Celle DNotZ 1960, 53; LG Darmstadt DNotZ 1969, 446.
[82] Vgl. auch BayObLG JurBüro 1983, 108.
[83] Notarkasse MittBayNot 1969, 112.
[84] LG Bielefeld Rpfleger 1950, 285; bes. *Behre* DNotZ 1939, 159; 1941, 359.
[85] Vgl. *Behre* DNotZ 1939, 1966; OLG Schleswig DNotZ 1950, 439.
[86] ZB *Ackermann* DNotZ 1959, 130, 131; *Eppig* DNotZ 1958, 273; *Göttlich* JurBüro 1959, 308.

Vollzug des Geschäfts **§ 146**

tengrundstücks, welche der Käufer nur zusammen erwerben will) ist der Gesamtwert der beiden Grundstücke Geschäftswert für die Vollzugsgebühr nach Abs. 1, auch wenn die Genehmigung, zB nach dem GrdStVG nur zum Gartengrundstück notwendig ist.[87] Dagegen ist nur der Wert der von der Vollzugstätigkeit betroffenen Grundstücksveräußerung maßgebend, wenn die mehreren Grundstücksveräußerungen keine Rechtseinheit bilden.[88] Dies ist beispielsweise der Fall, bei Überlassung eines Betriebsgrundstückes und eines entfernt liegenden Waldgrundstücks.

Wenn nach § 44 Abs. 2b **verschiedene Gebühren** für das Beurkundungsgeschäft anzusetzen sind, was aber bei Grundstücksveräußerungen nur selten vorkommen dürfte, weil diese fast immer demselben Gebührensatz (§ 36 Abs. 2) unterfallen, ist auch nur eine Gebühr nach Abs. 1 zu erheben, obwohl Abs. 1 eine dem § 58 Abs. 1 S. 2 entsprechende Bestimmung nicht enthält; denn das „Geschäft", um dessen Vollzug es geht, ist auch hier das Beurkundungsgeschäft als Einheit; nur der für die Anwendung des Abs. 1 maßgebende Wert wäre der zusammengerechnete Wert der mehreren Gebühren nach § 44 Abs. 2b Teils. 1. **63**

Bei **Verkauf eines Grundstückes** (oder bei Erbbaurechtsbestellung) mit **gleichzeitigem Vertrag über die Errichtung eines Gebäudes** darauf ist zu unterscheiden: Ist Gegenstand des Kaufvertrages ein Grundstück mit einem vom Verkäufer erst noch zu errichtenden Bauwerk, so ist Geschäftswert des Kaufvertrages und damit auch der Vollzugsgebühr gemäß § 20 Abs. 1 der Kaufpreis für Grundstück und Bauwerk.[89] Wird jedoch in einer Urkunde neben dem Grundstückskauf ein Werkvertrag (Bauherstellungsvertrag) mitbeurkundet, so liegen kostenrechtlich verschiedene Rechtsverhältnisse nach § 44 Abs. 2 vor.[90] Hier ist Geschäftswert für die Vollzugsgebühr nur der Wert des Grundstücksveräußerungsgeschäfts, also des unbebauten Grundstückes.[91] Für die Beurkundung von Grundstückskauf und Baubetreuungsvertrag gilt dies ebenfalls.[92] **64**

Etwas anderes gilt, wenn im Kaufvertrag zB mit einer Gemeinde über ein unbebautes Grundstück die **Bauverpflichtung** des Käufers mitbeurkundet wird. Denn hier bildet der Kaufpreis mit der Bauverpflichtung den Geschäftswert des Kaufvertrages nach § 20 Abs. 1 S. 1. Der nach § 20 Abs. 1 S. 1 für den Kaufvertrag maßgebende Wert ist auch der nach § 146 Abs. 4 für die Vollzugsgebühr nach § 146 Abs. 1 zugrundezulegende Geschäftswert.[93] **64a**

Enthält die Veräußerungsurkunde nicht die Veräußerung mehrerer Grundstücke an verschiedene Personen, sondern die Veräußerung desselben Grundstücks mehrmals, zB Erbauseinandersetzung über ein Grundstück und zugleich Weiterübertragung durch den Übernehmer an ein Kind, so wird ebenfalls nur eine Vollzugsgebühr nach Abs. 1 erhoben, aber aus der Summe der Werte beider Geschäfte, also zB der Erbauseinandersetzung und der Übergabe. **65**

Im Gegensatz zu Abs. 1 und 2, bei denen die gesamte Vollzugstätigkeit eine Einheit darstellt und nur einmal die Gebühr des Abs. 1 oder 2 auslöst, ist bei Abs. 3 für jeden begründeten Antrag und jede begründete Beschwerde eine selbständige Gebühr zu erheben, auch wenn es sich um dieselbe Angelegenheit handelt. Die einem auftragsgemäß begründeten, aber erfolglosen Antrag folgende begründete Beschwerde ist Ergänzung des Antrages und löst, wenn die Gebühr des Abs. 2 für den Antrag angesetzt ist, keine weitere Gebühr nach Abs. 2 aus.[94] **66**

3. Fälligkeit, Auslagen

Die Gebühr wird fällig mit der Beendigung des gebührenpflichtigen Geschäfts (§ 7), demnach im Fall der Abs. 1 und 2 mit der Beendigung der Vollzugstätigkeit des Notars, **67**

---

[87] So auch BayObLG MittBayNot 1993, 227.
[88] OLG Zweibrücken Rpfleger 1977, 337; BayObLG MittBayNot 1993, 227.
[89] LG Tübingen KostRsp. Nr. 47 m. abl. Anm. *Lappe*.
[90] Notarkasse MittBayNot 1976, 10.
[91] OLG Köln JurBüro 1974, 1021; *Delp* JurBüro 1976, 144.
[92] OLG Düsseldorf DNotZ 1981, 327.
[93] OLG Celle JurBüro 1997, 40; aA OLG Frankfurt DNotZ 1993, 281.
[94] *Bühling* Anm. 4.

nicht erst mit Vollzug im Grundbuch, im Fall des Abs. 3 mit der Unterzeichnung oder Aushändigung des Antrages oder der Beschwerde, nicht erst mit Eingang bei der zuständigen Behörde.[95]

68 §§ 58 und 59 finden keine Anwendung,[96] doch fällt ggf. Abwesenheitsgeld nach § 153 Abs. 2 an.

69 Für **Dokumentenpauschale** und **Auslagen** s. §§ 136, 152. Dokumentenpauschalenfrei ist nur der Antragschriftsatz selbst, nicht Abschriften für den Auftraggeber, die nicht im Rahmen der Informationspflicht des Notars, sondern auf Antrag erteilt werden.

70 Eine Anrechnung der Antragsgebühr auf die Beglaubigung einer Unterschrift unter dem Antrag ist nicht vorgesehen, da dieser keiner Beglaubigung bedarf; erfolgt sie dennoch, so erwächst die Gebühr nach § 45, wenn nicht unrichtige Sachbehandlung vorliegt.[97]

4. Gebührenermäßigung

71 Die Geschäfte nach § 146 unterliegen nicht der **Gebührenbegünstigung nach § 144**. Bei Beurkundungen, Entwürfen oder Beglaubigungen, die der Gebührenbegünstigung nach § 144 unterfallen, ist daher die Vollzugsgebühr nach § 146 Abs. 1 und 3 sowie die Antragsgebühr nach Abs. 2 manchmal höher als die Beurkundungs-, Entwurfs- oder Beglaubigungsgebühr.[98]

5. Kostenschuldner

72 Kostenschuldner ist der Auftraggeber und nur er. Im Falle Abs. 1 bei Grundstücksveräußerung uU nur einer der Vertragsbeteiligten; ebenso im Falle Abs. 2 und 3 dagegen mehrere, wenn mehrere das „Verlangen" stellen oder den Auftrag geben.[99]

72 a Wird im Kaufvertrag vereinbart, dass der Verkäufer die Kosten der Löschung der wegzufertigenden Grundpfandrechte zu tragen hat, ergeben sich durch die nunmehrige Einordnung der Einholung der Lastenfreistellungserklärungen unter § 146 Abs. 1 (s. Rn. 30) die nachfolgenden Konsequenzen, falls die Beteiligten im Vertrag selbst keine konkreten Vereinbarungen treffen sollten. Die Gebühr müsste unter dem Verkäufer und dem Käufer aufgeteilt werden. Käme ohne die Lastenfreistellungserklärungen nur eine $^1/_{10}$ Vollzugsgebühr in Betracht, müsste dem Käufer eine $^1/_{10}$ Gebühr und dem Verkäufer die restlichen $^4/_{10}$ Vollzugsgebühren als Kosten der Lastenfreistellung in Rechnung gestellt werden. Wird die $^5/_{10}$ Gebühr bereits durch andere Vollzugstätigkeiten ausgelöst, wirkt sich die Beschaffung der Lastenfreistellungserklärungen nicht mehr etwa durch Erhöhung der Vollzugsgebühr aus. Dennoch wird man in diesem Fall die Vollzugsgebühr nicht dem Käufer voll in Rechnung stellen können. Die Gebühr betrifft beide Vollzugstätigkeiten, so dass die Gebühr hälftig aufzuteilen wäre. Dafür sprechen auch die gesamtschuldnerische Haftung und die Auftragserteilung durch Verkäufer und Käufer. Wird jedoch die Gebühr nach § 146 Abs. 1 ausschließlich durch die Einholung der Lastenfreistellungserklärung ausgelöst, schuldet der Verkäufer, ungeachtet der gesamtschuldnerischen Haftung nach § 5, die Vollzugsgebühr im Verhältnis zum Käufer allein.

73 Verzicht auf die Vollzugsgebühr der Abs. 1 und 2 sowie der Antragsgebühr nach Abs. 3 ist nicht nur standeswidrig, sondern nach § 140 S. 2 unwirksam.

IX. Notar- oder Anwaltstätigkeit?

74 Eine Verpflichtung zur Übernahme von Tätigkeiten nach § 146 besteht für den **Anwaltsnotar** grundsätzlich nicht, die Übernahme steht in seinem Ermessen. Wenn aber nicht von vornherein die Übernahme der Tätigkeit als Notartätigkeit abgelehnt wird, ist die Tätigkeit Notartätigkeit, auch Vollzugstätigkeiten nach § 146 Abs. 2, weil die in § 146

---

[95] Vgl. *Tschischgale* JR 1958, 166.
[96] KG JVBl. 1942, 165.
[97] KG JVBl. 1942, 765; LG Bielefeld Rpfleger 1950, 285.
[98] BayObLG JVBl. 1963, 244 rechte Spalte.
[99] OLG Frankfurt JurBüro 2002, 486 = ZNotP 2002, 490 m. Anm. *Tiedtke*.

Abs. 1 bis 3 genannten Tätigkeiten stets geeignet sind, eine Amtstätigkeit nach §§ 20 bis 22 BNotO zu fördern (§ 24 Abs. 2 BNotO). Anders bei Anträgen, Beschwerden, die durch § 146 Abs. 1 bis 3 nicht mehr erfasst werden.[100]

Bei Vollzugstätigkeiten, Anträgen, Beschwerden handelt es sich bei **Nurnotaren** stets um Tätigkeit nach § 146 bzw. § 147. Beim Anwaltsnotar ist für die Frage, ob notarielle oder anwaltschaftliche Tätigkeit, allein entscheidend die Art seiner Betätigung, nicht die subjektive Meinung des Handelnden oder des Mandanten. Liegt seine Betätigung im Rahmen vorsorgender Rechtspflege, Gestaltung privatrechtlicher Rechtsbeziehungen als unparteiischer Helfer und neutraler Mittler, so handelt es sich um Notartätigkeit und ist nach KostO zu liquidieren; liegt sie in der Vertretung einseitiger Interessen, so handelt es sich um Anwaltstätigkeit. 75

Es kann – wenn auch wohl selten – vorkommen, dass die zunächst als Notar übernommene Tätigkeit über den Rahmen vorsorgender Rechtspflege hinaus in streitige Tätigkeit übergeht, zB Abwehr von Ansprüchen Dritter (etwa: Übergabevertrag höhle ein gemeinschaftliches Testament aus), oder in einseitige Interessenvertretung nur einer Vertragsseite; dann dürfte dem Anwaltsnotar nicht verwehrt werden, die weitere Tätigkeit als Anwalt auszuüben und dafür nach dem RVG zu liquidieren.[101] 76

§ 147* Sonstige Geschäfte, Nebentätigkeit, gebührenfreie Geschäfte

(1) ¹Für die Einsicht des Grundbuchs, öffentlicher Register und von Akten und für eine im Auftrage eines Beteiligten erfolgte Mitteilung über den Inhalt des Grundbuchs oder öffentlicher Register erhält der Notar die Mindestgebühr (§ 33). ²Schließt die Tätigkeit des Notars die Mitteilung über die dem Grundbuchamt bei Einreichung eines Antrags durch den Notar vorliegenden weiteren Anträge einschließlich des sich daraus ergebenden Ranges für das beantragte Recht ein, erhält er ein Viertel der vollen Gebühr nach dem Wert des beantragten Rechts.

(2) Soweit für eine im Auftrag eines Beteiligten ausgeübte Tätigkeit eine Gebühr nicht bestimmt ist, erhält der Notar die Hälfte der vollen Gebühr.

(3) Für die ein Geschäft vorbereitende oder fördernde Tätigkeit (z. B. Raterteilung, Einsicht des Grundbuchs, öffentlicher Register oder von Akten) erhält der Notar die Gebühr des Absatzes 1 oder 2 nur, wenn diese Tätigkeit nicht schon als Nebengeschäft (§ 35) durch eine dem Notar für das Hauptgeschäft oder für erfolglose Verhandlungen (§ 57) zustehende Gebühr abgegolten wird.

(4) Keine Gebühr erhält der Notar für
1. die Übermittlung von Anträgen an das Grundbuchamt oder das Registergericht, wenn der Antrag mit einer anderen gebührenpflichtigen Tätigkeit im Zusammenhang steht,
2. die Stellung von Anträgen im Namen der Beteiligten beim Grundbuchamt oder beim Registergericht aufgrund gesetzlicher Ermächtigung,
3. das Aufsuchen von Urkunden, die von dem Notar aufgenommen sind oder von ihm verwahrt werden,
4. die Erwirkung der Legalisation der eigenen Unterschrift,
5. die Erledigung von Beanstandungen, einschließlich des Beschwerdeverfahrens, soweit er die zugrundeliegende Urkunde aufgenommen, entworfen oder geprüft hat und

---

[100] S. aber OVG Bremen JurBüro 1980, 1232 = KostRsp. Nr. 48.
[101] *Tschischgale* MDR 1958, 640; NJW 1959, 320; besonders aber die Stellungnahme der Bundesnotarkammer DNotZ 1969, 201; KG DNotZ 1972, 185; OLG Oldenburg DNotZ 1974, 55 m. Anm. *Petersen*.
* § 147 neu gefasst durch Gesetz vom 9. 12. 1986 (BGBl. I S. 2326), Abs. 1 geändert durch Gesetz vom 31. 8. 1998 (BGBl. I S. 2585); Abs. 4 Nr. 6 eingefügt durch Gesetz vom 23. 4. 2004 (BGBl. I S. 598).

§ 147

6. die Übermittlung von Anträgen an das Zentrale Vorsorgeregister nach § 78 a Abs. 1 der Bundesnotarordnung, wenn der Antrag mit einer anderen gebührenpflichtigen Tätigkeit im Zusammenhang steht; Gleiches gilt für die Stellung von Anträgen bei dem Zentralen Vorsorgeregister im Namen der Beteiligten.

Übersicht

	Rn.
A. Überblick über die geltende Regelung	1–5 c
I. Verhältnis von § 147 zu § 146	1
II. Inhalt des § 147	2
III. Divergierende Rspr.	3–3 g
IV. Beurteilung des § 147 idF seit 1. 1. 1987	4, 5
V. Kontext zu §§ 35 und 146	5 a–5 c
B. Einsicht des Grundbuchs, öffentlicher Register und von Akten, Mitteilung über deren Inhalt (§ 147 Abs. 1 S. 1)	6–13
I. Allgemeines	6, 7
1. Konkordanz	6
2. Gesetzeszweck	7
II. Anwendungsbereich	8–13
1. Isolierte Einsicht bzw. Mitteilung	8, 8 a
2. Mitteilung ohne Bescheinigungscharakter	9
3. Mehrere Einsichten bzw. Mitteilungen	10
4. Konkurrenz zu § 150	11
5. § 147 Abs. 3	12
6. Reisekosten?	13
C. Rangbestätigung	14–18
I. Allgemeines	14, 15
1. Konkordanz	14
2. Gesetzeszweck	15
II. Gesetzliche Regelung	16–18
1. Regelungsinhalt	16
2. Wert	17
3. Mehrere Rangbescheinigungen	18
D. Sonstige Amtstätigkeiten (§ 147 Abs. 2–4)	19–196
I. Allgemeines	19
II. Anwendungsbereich	20–34
1. Sonstige notarielle Amtstätigkeit	20, 21
2. Tätigkeit als Notar, nicht als Rechtsanwalt	22–29
3. Keine Beurkundungstätigkeit	30
4. Beratungstätigkeiten	30 a
5. Mediation	30 b
6. Schlichtung	30 c
7. Fehlende sonstige Gebührenbestimmung	31, 32
8. Fehlerhafte Sachbehandlung?	33
9. Gebührenfreies Nebengeschäft	34
III. Gebührenfreie Nebengeschäfte (Abs. 3 und 4)	35–74
1. Voraussetzungen für die Gebührenfreiheit bei Nebengeschäften	35, 36
2. Gebührenfreie Nebentätigkeiten kraft ausdrücklicher Regelung in § 147 Abs. 4	37–43 b
a) Übermittlung von Anträgen an das Grundbuchamt oder das Registergericht (Abs. 4 Nr. 1)	37
b) Stellung von Anträgen im Namen der Beteiligten beim Grundbuchamt oder beim Registergericht auf Grund gesetzlicher Ermächtigung (Abs. 4 Nr. 2)	38
c) Aufsuchen von Urkunden (Abs. 4 Nr. 3)	39
d) Legalisation der eigenen Unterschrift (Abs. 4 Nr. 4)	40
e) Erledigung von Beanstandungen (Abs. 4 Nr. 5)	41–43
f) Übermittlung von Anträgen an das Zentrale Vorsorgeregister (Abs. 4 Nr. 6)	43 a
g) Erteilung der Ausfertigung der Vollmacht	43 b
3. Vorbereitende oder fördernde Tätigkeiten iÜ (§ 147 Abs. 3)	44–74
a) Grundsätzliches	44–48
b) Beispiele	49–74
IV. Fallgruppen und Fälle im Bereich der gebührenpflichtigen Geschäfte nach § 147 Abs. 2	75–175
1. Beurkundung von rechtsgeschäftlichen Erklärungen	75–134
a) Grundpfandrechte	75–89
b) Grundstücksveräußerungen	90–112 d
c) GmbH und andere Gesellschaften	113–132
d) In sonstigen Fällen	133, 134
2. Bei der Unterschriftsbeglaubigung	135, 135 a
3. Bei Rücknahme eines Erbvertrages aus der Verwahrung des Notars	135 b

Sonstige Geschäfte, Nebentätigkeit, gebührenfreie Geschäfte § 147

	Rn.		Rn.
4. Bei Verwahrungsgeschäften	136	3. Kostenschuldner	190
5. Vertretung vor Behörden	137–139	4. Zusatzgebühren	191
6. Isolierte Tätigkeiten vorsorgender Rechtspflege	140–175	5. Gebührenbegünstigung	192
V. Mehrheit von Geschäften des Abs. 2	176–183	VII. Nebentätigkeiten, Nichtnotargeschäfte	193–196
VI. Gebühr, Wert, Schuldner	184–192	1. Vertretung vor Gerichten und Verwaltungsbehörden	193
1. Gebühr	184, 184 a	2. Rechtsgutachten	194
2. Geschäftswert	185–189	3. Testamentsvollstreckungen	195
a) Grundsatz	185, 186	4. Tätigkeiten außerhalb der vorsorgenden Rechtspflege	196
b) Geschäftswertermittlung nach § 30	187–189		

Stichwortverzeichnis

Aktienverwahrung – treuhänderisch 127
Amtstätigkeiten 14–194
Anträge, Stellung 38; Übermittlung 37
Aufsuchen von Urkunden 39
Auslegung eines Testaments 167

Beanstandungen 41
Belehrung Geschäftsführer 123
Belehrungspflicht bei Nebenerklärungen 112 a
Beratungstätigkeiten 30 a
Beurkundungen 49, 65, 75,
Beurkundungsantrag, Zurücknahme 74
Beurkundungstätigkeit, keine 30
Bindungswirkung 87 a

Eigenurkunde 91
Einsicht des Grundbuchs 6 ff.; Konkurrenz zu § 150 11, 12; isolierte 8; mehrere 10
Entwürfe 49 ff.; eines GmbH-Gesellschafterbeschlusses 175
Erbvertragsverwahrung 135 b
Erledigung von Beanstandungen 41–43
Ermessenswert 91

Fälligkeitsmitteilung 61, 90
Fallgruppen und Fälle 75
Familiengerichtliche Genehmigung 64
Fehlerhafte Sachbehandlung 33

Gebührenbegünstigung 192
Gebührenbestimmung 31
Gebührenfreiheit 34, 36 ff.
Gemeinderatsbeschluss 96
Genehmigungserklärung 86, 87, 112
Geschäfte, Mehrheit von Geschäften 176
Geschäftswert 185, 187
Gesellschaften 112 ff.
Gesellschafterliste 112
Grundpfandrechte 75 ff.
Grundstücksveräußerung 90
Gründungsprüfung 130 a

Kaufangebot 105
Keine Beurkundungstätigkeit 30
Kostenschuldner 190

Landesrechtliche Vorkaufsrechte 107
Landwirtschaftliches Genehmigungsverfahren 27
Lastenfreistellung 95
Legalisation 40

Makler- und Beiträgerverordnung (Bescheinigung des Notars nach § 3 Abs. 1 MaBV), 63
Mediation 30 b
Mehrheit von Geschäften 176 ff.

Mietervorkaufsrecht 99
Mittelbar Beteiligter 88, 112
Mittlertätigkeit 25
Mutterurkunde 111

Nachgründungsbericht 126
Nachgründungsprüfer 125
Nebengeschäfte 34
Nebentätigkeiten 193 ff.
Neuregelung 4, 5
Nichtnotargeschäfte 196

Rangbescheinigung 14 ff., 18
Raterteilung zu privatschriftlichen Testamenten 49, 142
Rechtsanwalt 22
Rechtsgutachten 194
Reisekosten 13
Rücknahme Erbvertrag 135 b

Sachbehandlung, fehlerhafte 33
Sachgründungsbericht 122
Satzung 130, 131
Satzung bei Formwechselbeschluss 132
Schlichtung 30 c
Schubladenlöschung 112 d
Schuldübernahme 76, 189
Sonstige Amtstätigkeiten 19 ff.
Steuersachen 139

Tätigkeit als Notar 22
Tätigkeiten: vorbereitende oder fördernde 44; als Notar 22; außerhalb der vorsorgenden Rechtspflege 196; isolierte 140
Testamentsvollstreckung 195
Treuhandauflage bei Löschung 95 a
Treuhandauftrag 182
Treuhandtätigkeit 47

Übermittlung von Anträgen an das Grundbuchamt 37
Übermittlung von Anträgen an das Vorsorgeregister 43 a
Überwachung der Kaufpreiszahlung 61
Unmittelbar Beteiligter 87, 112
Unterschriftsbeglaubigung 70 ff., 134, 135

Verpfändungsanzeige 77
Verschmelzungsbericht 120
Vertretung vor Gerichten und Behörden 137, 193
Verwahrungsgeschäfte 135
Verwahrung von Gegenständen 158
Verweisungsurkunde 111
Vollmachtsbestätigung 86, 112

§ 147

Vollmachtserteilung 43 b
Vollstreckungsklausel 89
Vollzugsüberwachung 91, 189
Vorkaufsrechtsanfrage 107
Vormundschaftsgericht (Entgegennahme der Genehmigung) 64
Vorsorgeregister 43 a

Wert 17
ZPO-Novelle 3 f, 3 g
Zurücknahme des Beurkundungsantrags 74
Zusammenstellung der Satzung 130, 131 a
Zusatzgebühr 191

Schrifttum: *Ackermann* JurBüro 1959, 491; 1960, 1; DNotZ 1967, 596; *Behre* DNotZ 1939, 158; *Göttlich* JurBüro 1956, 315; *Zepf* Justiz 1959, 267; *Goost* MittRhNotK 1968, 451; *Klein* MittRhNotK 1984, 113; *Lappe* DNotZ 1981, 411; *Madert/Holger Schmidt* NJW 1987, 290; *Menzel* DNotZ 1981, 168; *Mümmler* JurBüro 1975, 1051; *Reimann* DNotZ 1987, 131; *Ripfel* Justiz 1959, 208; *Holger Schmidt* JurBüro 1987, 641; *Tiedtke* ZNotP 2001, 226 und 260; ZNotP 2007, 363.

A. Überblick über die geltende Regelung

I. Verhältnis von § 147 zu § 146

1   Die §§ 146 und 147 wurden durch die KostO-Novelle vom 9. 12. 1986 (BGBl. I S. 2326) neu strukturiert. Die Vorschrift des § 146 Abs. 1–2 regelt seitdem die Gebühren für den *Vollzug* von Grundbuchgeschäften prinzipiell abschließend.[1] § 146 Abs. 3 bestimmt die Gebühren für den *Vollzug* von Geschäften in sonstigen Fällen. In § 147 Abs. 1–3 werden die Gebühren für sonstige Geschäfte bestimmt; in § 147 Abs. 4 werden dabei die gebührenfreien Tätigkeiten des Notars zusammengefasst. Diese systematische Zuordnung der §§ 146 und 147 zueinander bedeutet nicht, dass § 147 nicht für Tätigkeiten im Vollzug von Grundbuchgeschäften anwendbar wäre. § 146 regelt lediglich die klassischen Vollzugstätigkeiten. Erbringt der Notar darüber hinaus, auch aus Anlass des Vollzugs eines Grundbuchgeschäftes, sonstige Tätigkeiten, ist auch weiterhin § 147 anwendbar, und zwar Abs. 2. S. iÜ die grundsätzlichen Ausführungen zur Systematik der §§ 146 und 147 bei § 147 Rn. 4 b bis 4 g.

II. Inhalt des § 147

2   § 147 beinhaltet die folgenden Gebührentatbestände: In Abs. 1 S. 1 ist eine Festgebühr für die Einsicht des Grundbuchs, öffentlicher Register und von Akten und für die Mitteilungen über deren Inhalt bestimmt (im Folgenden Abschnitt B). In Abs. 1 S. 2 wird die Rangbestätigung besonders normiert (im Folgenden Abschnitt C). Daneben verbleibt es bei der Regelung für sonstige notarielle Tätigkeiten (§ 147 Abs. 2–4, bisher § 147 aF), für welche eine Gebühr iÜ nicht bestimmt ist (im Folgenden Abschnitt D).

III. Divergierende Rspr.

3   Besonders stark divergiert die Rspr. der Oberlandesgerichte zum Anwendungsbereich des § 147. Bereits zur Frage, ob für die Erteilung einer Vertretungsbescheinigung nach § 21 Abs. 1 Nr. 1 BNotO oder einer Bescheinigung nach § 21 Abs. 1 Nr. 2 BNotO nur die Gebühr nach § 150 Nr. 1 oder Nr. 2 entsteht oder daneben zusätzlich die Gebühr nach § 147 Abs. 1 S. 1 für die Einsichtnahme in das Handelsregister, wird unterschiedlich behandelt. Für das Berechnen nur der Gebühr nach § 150 Nr. 1 oder 2 zB OLG Hamm;[2] OLG Celle;[3] KG;[4] und dem folgend ein Teil der Literatur.[5] Demgegenüber wird die Auffassung vertreten, dass zusätzlich die Gebühr nach § 147 Abs. 1 S. 1 (Mindestgebühr 10 Euro) anfällt.[6]

---

[1] BGH NJW 2006, 3428 = JurBüro 2006, 600 m. Anm. *H. Schmidt* = ZNotP 2006, 397 m. Anm. *Tiedtke* = NotBZ 2006, 359 m. Anm. *Filzek* = MittBayNot 2007, 71 m. Anm. PrüfAbt. Notarkasse = RNotZ 2006, 621 m. Anm. *Klein* = MDR 2007, 242 = FGPrax 2007, 38.
[2] MittBayNot 1989, 46.
[3] Rpfleger 1990, 43.
[4] DNotZ 1993, 278.
[5] *Rohs/Wedewer* Rn. 4 d; PrüfAbt. Notarkasse MittBayNot 1987, 1.
[6] ZB OLG Zweibrücken MittBayNot 1988, 248; OLG Bremen DNotZ 1990, 680; OLG Schleswig JurBüro 1991, 1367; *Holger Schmidt* JurBüro 1987, 641.

In Bezug auf die Nebentätigkeiten nach § 147 Abs. 2 gibt es kaum einen Vorgang, der **3 a** in Rspr. und Literatur einheitlich behandelt wird. Beispielhaft sei hier erwähnt die Vollzugsüberwachung bezüglich der Auflassung zur Eigentumsumschreibung auf Grund eines Kaufvertrages.

Die unübersichtliche und uneinheitliche Rspr. zur Bewertung der Überwachungstätig- **3 b** keit des Notars dahingehend, dass die Vorlage an das Grundbuchamt erst nach Kaufpreiszahlung erfolgen darf, wurde durch den BGH bereinigt.[7] Zur kostenrechtlichen Behandlung der **Vollzugsüberwachung** hat der BGH[8] im Gegensatz zum vorlegenden OLG Düsseldorf[9] entschieden, dass die Vollzugsüberwachung eine gebührenpflichtige Betreuungstätigkeit ist, gleich welchen Umfang diese Tätigkeit hat. Der Notar übt auch dann eine **gebührenpflichtige Tätigkeit** aus, wenn die Vorlage der Auflassung nur davon abhängt, dass der Verkäufer bestätigt, den Kaufpreis erhalten zu haben. Es läge darin schon deshalb eine gebührenpflichtige Nebentätigkeit, weil er auch organisatorisch sicherstellen muss, dass bis dahin von der erklärten Auflassung kein Gebrauch gemacht wird. Der Notar sei dem Verkäufer zum Schadensersatz verpflichtet, wenn hierbei Fehler unterliefen. Der Senat hat auch festgestellt, dass es sich keineswegs um eine „passive" Tätigkeit des Notars handelt, wenn die Vorlage der Auflassung lediglich von der Mitteilung des Verkäufers, dass er den Kaufpreis erhalten hat, abhängt. Vielmehr müsse der Notar eigenverantwortliche Prüfungen anstellen. Er hat zu prüfen, ob die Mitteilung des Verkäufers als Zahlungsnachweis iS der vertraglichen Vereinbarungen im Kaufvertrag geeignet ist. Es liegt dann nicht mehr nur eine zeitliche Verzögerung der Antragstellung (§ 53 BeurkG) vor. Seine Tätigkeit beschränke sich auch nicht lediglich auf die Entgegennahme der Bestätigung, sondern er müsse auch in prüfender Weise tätig werden. Hierin liegen gebührenpflichtige Tätigkeiten nach § 147 Abs. 2, die weder durch die Beurkundungsgebühr noch durch die für die Fälligkeitsmitteilung entstandene weitere Gebühr nach § 147 Abs. 2 abgegolten ist.

Der BGH hält eine Gebühr aus einem **Teilwert** für angebracht. Ein geringerer Umfang **3 c** der Tätigkeit des Notars verhindere nicht das Entstehen der Gebühr, die Gebührenhöhe sei aber nach einem geringeren Teilwert zu bemessen. Im entschiedenen Fall hatte der Notar einen Teilwert von 10% des Kaufpreises zugrunde gelegt, was nicht zu beanstanden war. Das heißt aber nicht, dass der Teilwert von 10% nicht überschritten werden darf. Die vom Senat in Bezug genommene Literatur[10] hält einen Teilwert zwischen 20% und 50% für angemessen. Ein Teilwert im unteren oder mittleren Bereich dieses Ermessensrahmens dürfte also weiterhin nicht zu beanstanden sein. Ein Überschreiten eines Prozentsatzes von 30% erscheint jedoch im Hinblick auf die Rspr. für den Regelfall nicht mehr vertretbar. Ein höherer Teilwert dürfte nur dann noch haltbar sein, wenn der Notar nicht nur eine Bestätigung des Zahlungseingangs vom Verkäufer entgegenzunehmen und zu prüfen hat, sondern auch weitere Bestätigungen, beispielsweise der mit Hilfe des Kaufpreises abzulösenden Gläubiger. Der Notar muss also bei seiner **Ermessensausübung** die Umstände des Einzelfalls ausreichend berücksichtigen (s. Rn. 187).

Eine besondere Brisanz erhält die höchst unbefriedigende regional unterschiedliche An- **3 d** wendung des § 147 Abs. 2 durch den Beschluss des OLG Köln.[11] Das OLG Köln wertet eine Abrechnungspraxis des Notars als Dienstvergehen, wenn er Kostenberechnungen erstellt, die mit der Rspr. des **für ihn zuständigen Kostensenats** nicht übereinstimmen, auch wenn seine Bewertung durch die Rspr. eines anderen OLG gedeckt ist. Das Gericht bezieht sich dabei im Wesentlichen auf die Rspr. des BGH.[12] Im entschiedenen Fall hatte

---

[7] BGH JurBüro 2006, 600 m. Anm. *H. Schmidt* = ZNotP 2006, 397 m. Anm. *Tiedtke* = NotBZ 2006, 359 m. Anm. *Filzek* = MittBayNot 2007, 71 = RNotZ 2006, 621 m. Anm. *Klein;* LG Bonn NJW 1975, 61; KG JurBüro 1982, 1711; OLG Köln MittRhNotK 1991, 226.
[8] S. vorige Fn.
[9] ZNotP 2006, 437 = RNotZ 2006, 625 m. Am. *Klein.*
[10] *Rohs/Wedewer/Rohs* 2. Aufl., Stand Dezember 2002, Rn. 13 a.
[11] RNotZ 2001, 237.
[12] BGHZ 134, 137, 143 = DNotZ 1997, 884.

§ 147

der Notar eine Betreuungsgebühr nach § 147 Abs. 2 für die Überwachung der Kaufpreisfälligkeit erhoben, welcher er als Geschäftswert den vollen Kaufpreis zugrunde legte.

3e   Das OLG Köln vertritt demgegenüber die Auffassung, der Geschäftswert sei nach § 30 Abs. 1 zu schätzen, ein Teilwert von 30% sei angemessen und durch seine Rspr. gefestigt. Dem Beschluss des OLG Köln ist *Römer* in einer Anmerkung[13] zurecht entgegengetreten. Gegen die Entscheidungskriterien müssen erhebliche Bedenken erhoben werden, da sie die sachliche Unabhängigkeit des Notars durchbrechen; denn das „zuständige" Gericht ist kein Gesetzgeber und ist ihm auch nicht gleichgestellt.[14]

3f   Die insbesondere im Bereich des § 147 bestehende Divergenz der Rspr. könnte durch die Änderung des § 156 im Zuge der ZPO-Novelle entschärft werden. Durch das **Gesetz zur Reform der Zivilprozessordnung** (ZPO-RG vom 27. 7. 2001 (BGBl. I S. 1887), welches am 1. 1. 2002 in Kraft getreten ist, wurden die Bestimmungen des § 156, der das Verfahren bei Einwendungen gegen notarielle Kostenforderungen regelt, neu gefasst. Durch die nunmehr uneingeschränkt für die Beschwerde „iÜ" geltenden Vorschriften der FGG (auch des § 28 Abs. 2 und 3) wurde die Vorlagepflicht zum BGH vom Gesetzgeber umgesetzt.

3g   Hierdurch wird die Möglichkeit eröffnet, die sehr unterschiedliche Rspr. der Oberlandesgerichte (u.a. zu § 147) zu vereinheitlichen und für eine gleichmäßige Anwendung der KostO zu sorgen. Allerdings ist auch nach Änderung des § 156 keine Divergenzbeschwerde möglich, sondern nur eine Vorlagepflicht bei divergierender Rspr. Die Voraussetzungen der Divergenzvorlage prüft allein das OLG, die Beteiligten selbst haben kein Recht zur Divergenzbeschwerde (s. § 156 Rn. 71). Die Hoffnung, durch Ausschöpfung der durch das ZPO-RG geschaffenen Vorlagemöglichkeit zum BGH gerade zu § 147 eine Vereinheitlichung der Rspr. zu erreichen, hat sich zu verschiedenen Streitfragen erfüllt. IÜ ist immer noch zu beklagen, dass Gerichte eine Verpflichtung zur Divergenzvorlage nur dann annehmen, wenn von einer OLG-Entscheidung abgewichen werden soll, die nach Inkrafttreten des ZPO-RG, also nach dem 1. 1. 2002, ergangen ist. Diese Auslegung steht aber im Gegensatz zu der vom Gesetzgeber mit der Einführung der Divergenzvorlage angestrebten Vereinheitlichung in Notarkostensachen. Nach Auffassung des BGH[15] besteht eine Berechtigung und Verpflichtung zur Divergenzvorlage auch bei Abweichung von einer vor dem 1. 1. 2002 ergangenen Entscheidung.[16] Dies wird immer häufiger beachtet.

IV. Beurteilung des § 147 idF seit 1. 1. 1987

4   Die Neuregelung beschränkt sich auf eine bessere Zuordnung der §§ 146 und 147 und auf die Neueinführung von zwei Gebührentatbeständen in § 147 Abs. 1. Eine strukturelle Neubewertung des § 147 im System der KostO ist mit diesen Veränderungen jedoch nicht verbunden, der Gesetzgeber hat § 147 (in den Abs. 2–4) als Hilfsklausel für alle übrigen in der KostO nicht besonders geregelten Notargeschäfte aufrecht erhalten. Die Abs. 2–4 gelten insbesondere nicht für Beurkundungen, sondern für die sonstige Betreuung der Beteiligten. Da dem Gesetzgeber die insoweit problematische Rspr. bekannt sein musste, muss die unveränderte Übernahme des bisherigen § 147 Abs. 1 (nunmehr Abs. 2) zugleich als Ablehnung dieser Rspr. verstanden werden, die § 147 auch für Beurkundungen, für welche eine spezielle Regelung in der KostO nicht erkennbar war, hernehmen wollte.[17]

5   Die systematische Stellung des § 147 wurde allerdings dadurch geringfügig verändert, dass – durch die Übernahme von Regelungen aus § 146 in § 147 – Grundbuchvollzugsgeschäft und sonstige Tätigkeiten des Notars *im Vollzug* von Geschäften nicht mehr durch § 147, sondern durch § 146 Abs. 1–2 bzw. § 146 Abs. 3 erfasst werden sollen. Diese ge-

---

[13] RNotZ 2001, 239.
[14] So auch *Römer* in abl. Anm. zu RNotZ 2001, 237.
[15] DNotZ 2003, 297 = JurBüro 2003, 270 m. Anm. *H. Schmidt* = NotBZ 2003, 62 m. Anm. *Lappe* = Rpfleger 2003, 266 m. Anm. *Waldner* = ZNotP 2003, 119 m. Anm. *Tiedtke*.
[16] *Bengel/Tiedtke* DNotZ 2004, 258; DNotZ 2007, 418.
[17] So für die sog. „Mutterurkunde" BayObLG DNotZ 1985, 572 m. abl. Anm. *Bengel* DNotZ 1985, 574; s. hierzu auch Rn. 30 und § 145 Rn. 11.

setzgeberische Maßnahme deckt sich jedoch mit der schon vor dem 1. 1. 1987 geltenden hM, wonach § 147 Abs. 1 aF diejenigen Tätigkeiten des Notars betraf, die zwar aus Anlass des Geschäfts der Beurkundung vorgenommen werden, die aber nicht für die Beurkundung selbst, ihre Abwicklung und ihren Vollzug notwendig sind, sondern *der Abwicklung des Rechtsverhältnisses der Beteiligten* dienen. Daher fallen nicht notwendige, aber gleichwohl nicht überflüssige Tätigkeiten im Zusammenhang mit einer Beurkundung nach wie vor unter § 147 (Abs. 2–4).

V. Kontext zu §§ 35 und 146

§ 35 regelt den Grundsatz, dass die für ein Geschäft bestimmte Gebühr die gesamte auf das Geschäft verwendete Tätigkeit des Notars, einschließlich der Nebengeschäfte, umfasst. § 146 ist eine Ausnahmeregelung gegenüber § 35, in dem bestimmte Urkundsgeschäfte, die eigentlich nach § 35 gebührenfrei sind, zu gebührenpflichtigen Tätigkeiten gemacht werden. § 146 Abs. 1 regelt eine Vollzugsgebühr für Vollzugstätigkeiten des Notars, wenn er das zugrunde liegende Geschäft auch beurkundet oder entworfen hat. Wird der Vollzug einem anderen Notar übertragen, findet § 146 keine Anwendung, hier greift die Auffangnorm des § 147 Abs. 2. § 146 Abs. 2 regelt Besonderheiten, wenn der Notar unter einem Entwurf lediglich die Unterschrift oder das Handzeichen beglaubigt hat und das Schriftstück den Antrag auf Eintragung, Veränderung oder Löschung einer Hypothek, Grundschuld oder Rentenschuld oder einer Schiffshypothek betrifft. Einen dritten Bereich deckt § 146 Abs. 3 ab. Danach entsteht für den Vollzug des Geschäfts in anderen Fällen neben der Entwurfs- oder Beurkundungsgebühr die Hälfte der vollen Gebühr, wenn es erforderlich ist, Anträge oder Beschwerden, die der Notar auf Grund einer von ihm aufgenommenen, entworfenen oder geprüften Urkunde bei Gerichten, Behörden oder anderen Dienststellen einreicht, tatsächlich oder rechtlich näher zu begründen hat und der Beteiligte dies verlangt.

5a

Die Gebühr nach § 146 Abs. 1 entsteht nur in den engen Grenzen seiner ausdrücklichen Regelungen. Danach kann eine Vollzugsgebühr nur entstehen, wenn das Hauptgeschäft die Veräußerung von Grundstücken und Erbbaurechten sowie die Bestellung von Erbbaurechten und die Begründung und Veräußerung von Wohnungs- oder Teileigentum betrifft. Erfolgt die Vollzugstätigkeit zu einem anderen Hauptgeschäft (zB Grundschuldbestellung, wenn außerhalb des Anwendungsbereichs § 146 Abs. 2, eheverträgliche Vorgänge usw.), liegen gebührenfreie Nebengeschäfte nach § 35 vor, da diese Bestimmung Vorrang hat vor der Auffangnorm des § 147 Abs. 2. Wie sich aus der Begründung zur Neufassung der Vorschrift durch das Gesetz zur Änderung von Kostengesetzen vom 9. 12. 1986 (BGBl. I S. 2326, 2330) ergibt, sind die Gebühren für den Vollzug von Grundbuchgeschäften in § 146 Abs. 1 und für bestimmte Fälle in § 146 Abs. 2 insoweit abschließend geregelt worden.[18]

5b

Die enge Begrenzung des § 146 auf die ausdrücklich geregelten Vorgänge macht § 146 im Kontext zu § 35 zu einer Spezialnorm. Die ausschließliche Anwendbarkeit auf bestimmte näher geregelte Vorgänge entfaltet damit eine Sperrwirkung und verbietet die Anwendung für gleiche Vollzugstätigkeiten zu anderen Vorgängen. Sie schließt zudem die Anwendung der Auffangnorm des § 147 Abs. 2 aus. Die Sperrwirkung des § 146 wird durch die Überlegungen bestätigt, die für die Einführung einer Vollzugsgebühr im Jahr 1957 maßgeblich waren. Tätigkeiten, die der Notar erbrachte, um das von ihm beurkundete Geschäft zum Vollzug zu bringen, wurden bis zu diesem Zeitpunkt grundsätzlich als gebührenfreie Nebengeschäfte iS des § 27 aF (§ 35 nF) angesehen. Diese Grundsätze, die nunmehr auch vom BGH bestätigt worden sind, wurden schon bisher weitgehend in diesem Umfang einschließlich der Auswirkungen für zutreffend gehalten.[19]

5c

---

[18] BGH JurBüro 2006, 600 m. Anm. *H. Schmidt* = Rpfleger 2006, 676 = ZNotP 2006, 397 m. Anm. *Tiedtke* = DNotZ 2006, 954 = NotBZ 2006, 359 m. Anm. *Filzek* = MittBayNot 2007, 71 = RNotZ 2006, 621 m. Anm. *Klein*.

[19] *Tiedtke* ZNotP 2005, 478; *Filzek* ZNotP 2006, 138; aA *Klein* ZNotP 2006, 97.

§ 147 2. Teil. Kosten der Notare

B. Einsicht des Grundbuchs, öffentlicher Register und von Akten, Mitteilung über deren Inhalt (§ 147 Abs. 1 S. 1)

I. Allgemeines

1. Konkordanz

6 Die Vorschrift in § 147 Abs. 1 S. 1 ist ohne Vorbild. Sie stellt sich gesetzessystematisch als lex specialis zu § 147 Abs. 2 dar, engt somit dessen Anwendungsbereich ein.

2. Gesetzeszweck

7 § 147 Abs. 1 bezweckt offenbar, eine bestimmte Tätigkeit des Notars – Einsicht des Grundbuchs, öffentlicher Register und von Akten, Mitteilungen über deren Inhalt – einheitlich zu regeln, ohne Rücksicht auf den Wert, den eine derartige Einsicht oder Mitteilung für die Beteiligten hat, unabhängig auch von der Verantwortung, die sich für den Notar aus einer so ausgeübten Tätigkeit ergibt. Die Gebühr kann nun nicht mehr hieran orientiert werden. Es handelt sich um eine Festgebühr, ähnlich wie § 150. Besteht über ihre Entstehung Streit, so bedarf es der substantiierten Darlegung der im konkreten Einzelfall entfalteten Tätigkeit des Notars.[20]

II. Anwendungsbereich

1. Isolierte Einsicht bzw. Mitteilung

8 § 147 Abs. 1 S. 1 gilt als Gebührentatbestand nur, soweit die Notartätigkeit – Einsicht des Grundbuchs, öffentlicher Register und von Akten, Mitteilung über deren Inhalt – nicht nach § 147 Abs. 3 gebührenfrei ist. Da nach der ausdrücklichen Regelung des § 147 Abs. 3 die Einsicht des Grundbuchs und öffentlicher Register eine ein Geschäft vorbereitende oder fördernde Tätigkeit darstellt, ist § 147 Abs. 1 S. 1 damit in allen Fällen nicht anwendbar, in welchen es zu einem Notargeschäft (Beurkundung, Beglaubigung, sonstige gebührenpflichtige Tätigkeit des Notars) kommt. § 147 Abs. 1 S. 1 betrifft somit die isolierte Einsicht des Grundbuchs, öffentlicher Register und von Akten sowie die isolierte Mitteilung über deren Inhalt. Zur Problematik der Konkurrenz von § 147 Abs. 1 S. 1 und § 150 s. Rn. 2 und 11.

8a Die Grundbucheinsicht (auch die Registereinsicht und die Einsicht sonstiger Akten) ist jedoch dann nicht gebührenfreies Nebengeschäft nach § 147 Abs. 3, wenn der Notar nur die Unterschrift unter ein von ihm nicht entworfenes Schriftstück beglaubigt (vgl. Rn. 135). Die Grundbucheinsicht ist auch, sofern der Notar lediglich die Unterschrift unter ein von ihm nicht gefertigtes Schriftstück beglaubigt, nicht „Überprüfung des Inhalts" iS von § 145 Abs. 1 S. 2; vielmehr wird – zB bei der Beglaubigung von Unterschriften unter Dienstbarkeiten für Energieversorgungsunternehmen – durch die Grundbucheinsicht die rechtliche Durchführbarkeit des zu unterzeichnenden Textes überhaupt (dem Grunde nach) sichergestellt, so dass § 147 Abs. 1 S. 1 mit der Festgebühr von 10 Euro anwendbar ist, es sei denn, die gewünschte inhaltliche Überprüfung setzt eine Grundbucheinsicht voraus.

2. Mitteilung ohne Bescheinigungscharakter

9 § 147 Abs. 1 S. 1 gilt nur, soweit die Mitteilung über den Grundbuch-, Register oder Akteninhalt nicht Bescheinigungsqualität iS von § 50 Abs. 1 Nr. 1 hat. Wird vom Auftraggeber eine förmliche, jedoch keine gutachtliche Äußerung des Notars enthaltende Bescheinigung, zB über den Grundbuchinhalt, gewünscht, so kann der Notar diese nach § 39 BeurkG in Form einer Vermerkbeurkundung erteilen, die auch mit einer Urkundenrollennummer zu versehen ist. In derartigen Fällen verbleibt es bei der Gebühr nach § 50 Abs. 1 Nr. 1, welche die Gebühr nach § 147 Abs. 1 S. 1 als gebührenfreies Nebengeschäft (§ 35) verdrängt.

---

[20] OLG Köln MittRhNotK 1996, 104.

3. Mehrere Einsichten bzw. Mitteilungen

Die Gebühr nach Abs. 1 S. 1 kann nur die einzelne Einsicht in das Grundbuch, in ein öffentliches Register und in Akten und die entsprechende Mitteilung über deren Inhalt meinen, nicht die auftragsgemäß vorgenommene Einsicht in mehrere Grundbücher, mehrere öffentliche Register und mehrere Akten. Wird daher der Notar beauftragt, die Belastungsverhältnisse für vier Grundstücke, die an vier verschiedenen Grundbuchstellen, wenn auch beim gleichen Grundbuch, vorgetragen sind, zu ermitteln, liegt eine Mehrheit von Geschäften vor, so dass an sich die Gebühr nach § 147 Abs. 1 S. 1 zwingend mehrfach nach der Zahl der betroffenen Grundbuchblätter anfällt. Entsprechendes gilt für die Einsicht in mehrere Handelsregisterblätter und unterschiedliche Akten (zB Grundakten, Registerakten, Versteigerungsakten etc.). Dies entspricht der Rechtslage bis zum 31. 12. 1986, nach der die seitdem in § 147 Abs. 1 S. 1 normierte Tätigkeit nach § 147 Abs. 1 aF zu honorieren war, und zwar ebenfalls mehrfach. Nimmt der Notar die mehreren Einsichten allerdings in derselben Angelegenheit vor, so wird seine Tätigkeit damit wieder zu einer Einzeltätigkeit zusammengefasst, so dass insgesamt nur eine Gebühr nach Abs. 1 S. 1 anfällt. Der Begriff „dieselbe Angelegenheit" ist dabei verfahrensrechtlich zu definieren: Jede verfahrensrechtlich selbständige Tätigkeit nach dem Beurkundungsgesetz ist dabei eine eigene Angelegenheit (vgl. § 152 Rn. 8 ff.). Hat der Notar zB die Unterschrift eines Eigentümers unter eine beschränkte persönliche Dienstbarkeit für ein Energieversorgungsunternehmen zu beglaubigen, welche an mehreren, im Grundbuch an unterschiedlichen Blattstellen vorgetragenen Grundstücken eingetragen werden soll, so werden die mehreren Einsichten durch den einen übergreifenden Beglaubigungsauftrag (Angelegenheit iS des Beurkundungsgesetzes) zu einer Amtstätigkeit iS des Abs. 1 S. 1 zusammengefasst; sind hingegen mehrere Dienstbarkeiten desselben Eigentümers zu beglaubigen, fällt die Gebühr nach Abs. 1 S. 1 mehrfach an, da insoweit unterschiedliche „Angelegenheiten" iS der KostO vorliegen.

4. Konkurrenz zu § 150

Eine Konkurrenz zu § 150 (Bescheinigungsgebühr) kommt nicht in Betracht, wenn der Notar die Bescheinigung nach § 21 Abs. 1 Nr. 1 oder 2 BNotO auf Grund eines ihm vorgelegten beglaubigten Registerauszuges erstellt. Die Einsicht in einen Registerauszug stellt keine Einsicht in „Akten" iS von § 147 Abs. 1 S. 1 dar. Es fällt somit nur die Bescheinigungsgebühr nach § 150 Nr. 1 oder 2 an, nicht jedoch zusätzlich die Gebühr nach § 147 Abs. 1 S. 1. S. hierzu ergänzend Rn. 3.

5. § 147 Abs. 3

Die bislang bestehende Diskrepanz der Gebühren für die (isolierte) Registereinsicht nach § 147 Abs. 1 und der Bescheinigung nach § 150,[21] auch zum bisherigen Streitstand § 150 Rn. 5, wurde durch die Gesetzesänderung vom 31. 8. 1998 beseitigt und die bis 1997 herrschende Betrachtungsweise[22] entspricht nun wieder der Gesetzesneufassung.

6. Reisekosten?

§ 153 ist neben § 147 Abs. 1 S. 1 anwendbar. Reisekosten fallen somit neben der Einsichtsgebühr an, da ansonsten bei größeren Entfernungen zum Registergericht oder zum Grundbuchamt die Reisekosten höher wären als die Einsichtsgebühr.

C. Rangbestätigung

I. Allgemeines

1. Konkordanz

§ 147 Abs. 1 S. 2 normiert die Rangbestätigung durch den Notar besonders, nimmt sie also aus dem Regelungsbereich des § 147 Abs. 2 heraus. Die Vorschrift des § 147 Abs. 1 S. 2 wurde durch das Kostenrechtsänderungsgesetz vom 9. 12. 1986 in die KostO eingefügt

---

[21] Vgl. 11. bis 13. Aufl. § 147 Rn. 12 mwN.
[22] Vgl. 10. Aufl. § 150 Rn. 1.

§ 147

und durch Gesetz vom 31. 8. 1998 geändert. Sie ist ohne gesetzliches Vorbild. § 147 Abs. 1 S. 2 ist somit lex specialis zu § 147 Abs. 2.

2. Gesetzeszweck

15 Das Einfügen eines eigenen Gebührentatbestandes für die Rangbestätigung bezweckt offenbar, die Honorierung dieser Amtstätigkeit zu vereinheitlichen. Nach § 147 Abs. 1 idF vor dem 1. 1. 1987 bestand – ohne spezielle gesetzliche Regelung – in Rspr. und Schrifttum Einigkeit darüber, dass der Geschäftswert einer solchen Tätigkeit nach § 30 Abs. 1 frei zu schätzen war. Als Beziehungswert kam der Nennbetrag des betroffenen Rechtes in Betracht, wobei für die Festsetzung des Geschäftswertes die Bedeutung der Angelegenheit, der Arbeits- und Zeitaufwand und die Verantwortung des Notars zu berücksichtigen waren. Diese Überlegungen führten häufig zur Annahme eines Geschäftswertes in Höhe eines Bruchteils des Nennbetrages des Grundpfandrechtes, in den meisten Fällen von 20–30% des Nennbetrages, teilweise aber auch aus dem Nennbetrag selbst.[23] Da die Erteilung einer Rangbestätigung ein für den Notar häufiges Geschäft ist, wollte der Gesetzgeber offenbar eine möglichst einfache und eindeutige Gebührenrechnung schaffen.

II. Gesetzliche Regelung
1. Regelungsinhalt

16 Schließt die Tätigkeit des Notars die Erteilung einer Rangbestätigung ein, soll er ein Viertel der vollen Gebühr nach dem Wert des beantragten Rechts erhalten. Diese Regelung trägt, anders als § 147 Abs. 1 S. 1, dem Haftungsrisiko des Notars Rechnung, es handelt sich somit um eine Wertgebühr. § 147 Abs. 1 S. 2 ist bei Rangbestätigungen nur anwendbar, wenn diese nicht eine Bescheinigung nach § 50 Abs. 1 Nr. 1 darstellen (s. Rn. 9). Zur Rangbescheinigung, die zur Vorlage an den Grundpfandgläubiger benötigt wird, s. KG[24] (Gebühr nach § 147 Abs. 1 S. 1, nicht nach § 50 Abs. 1 Nr. 1). Die Gebühr nach § 147 Abs. 1 S. 2 fällt nur an, wenn „die dem Grundbuchamt bei Einreichung eines Antrags durch den Notar vorliegenden weiteren Anträge" überprüft werden. Andernfalls ist § 147 Abs. 2 einschlägig; eine derartige (eingeschränkte) Rangbestätigung ist wie vor der Änderung, d.h. vor dem 31. 8. 1998 zu behandeln (Gebühr nach § 147 Abs. 2 aus einem Teilwert, nach oben nunmehr allerdings begrenzt durch die Höhe der Gebühr nach § 147 Abs. 1 S. 2). Die in der Praxis übliche Rangbestätigung[25] fällt, obwohl bei dieser Bestätigung ausdrücklich der Geschäftseingang des Grundbuchamts nicht überprüft wird, trotz des problematischen Wortlauts des Gesetzes unter § 147 Abs. 1 S. 2, wenn der Notar die „vorliegenden weiteren Anträge" im Rahmen der ihm zumutbaren Erkenntnismöglichkeiten, wenn auch objektiv nur eingeschränkt, überprüft hat und hieraus gutachtliche Folgerungen zieht, da dies offensichtlich dem Willen des Gesetzgebers entspricht und § 147 Abs. 1 S. 2 ansonsten kaum jemals anwendbar wäre. Rangbestätigungen im Rahmen der Kaufpreisfälligstellung (Beispiel: Kaufpreis ist nach Vorlage der Kaufurkunde zur Eintragung der Auflassungsvormerkung fällig, wenn keine unerledigten Anträge vorgehen) sind gemäß § 147 Abs. 3 gebührenfreies Nebengeschäft zur Kaufpreisfälligstellung, so dass neben der Gebühr nach § 147 Abs. 2 keine Gebühr nach § 147 Abs. 1 S. 2 entsteht.

2. Wert

17 Die Einviertel-Gebühr des § 147 Abs. 1 S. 2 ist aus dem Nominalwert des beantragten Rechtes zu berechnen. Anders als bei der früheren Handhabung der Rangbestätigung im Rahmen des § 147 Abs. 1 aF ist somit der Nominalwert des beantragten Rechtes nicht mehr nur Beziehungswert, aus welchem der Geschäftswert unter Berücksichtigung der Bedeutung der Angelegenheit, des Arbeits- und Zeitaufwandes und der Verantwortung des Notars zu berechnen war (idR 20–30% des Nennbetrages). Der Nominalwert des bean-

---

[23] OLG Düsseldorf DNotZ 1956, 108; OLG Köln JurBüro 1984, 93; OLG Schleswig DNotZ 1976, 440.
[24] ZNotP 1998, 430 = JurBüro 1998, 323.
[25] Vgl. die Empfehlung der Bundesnotarkammer DNotZ 1999, 369.

tragten Rechtes ist daher der Geschäftswert. Zu- und Abschläge, welche die individuelle Problematik des Falles betreffen, sind somit bei Rangbestätigungen nicht möglich.

3. Mehrere Rangbescheinigungen

Hat der Notar den Rang mehrerer Rechte zu bescheinigen, liegen mehrere Geschäfte iS des § 147 Abs. 1 S. 2 vor. Die Gebühr ist somit für jede Rangbestätigung einzeln zu erheben. Die Anwendung des § 44 (Zusammenrechnen der Werte) scheidet nach der gesetzlichen Systematik aus. Dagegen liegt eine Bescheinigung vor, wenn der Notar bei Vorlage einer Gesamtgrundschuldbestellung mehrere Grundbücher in verschiedenen Amtsgerichten einsehen und Vorlagen prüfen muss. 18

D. Sonstige Amtstätigkeiten (§ 147 Abs. 2–4)

I. Allgemeines

§ 147 Abs. 2 enthält die **Hilfsklausel** für alle in der KostO nicht besonders aufgeführten Notargeschäfte. Sie gilt 19
– nicht für Beurkundungen, sondern für die „sonstige" Betreuung der Beteiligten durch den Notar auf dem Gebiet der vorsorgenden Rechtspflege nach § 24 BNotO,
– soweit nicht die §§ 145, 146, 147 Abs. 1, 148, 149, 150 oder aber die §§ 141, 130 Abs. 2 (Zurücknahme eines Beurkundungsantrages) Platz greifen und
– soweit es sich nicht um ein gebührenfreies Nebengeschäft handelt.

§ 147 gibt für die in Abs. 3 und 4 aufgeführten Geschäfte die gesetzlichen Unterscheidungsmerkmale zwischen Nebengeschäften und selbständigen Geschäften, stellt also insoweit eine **Sondervorschrift zu § 35** dar.

II. Anwendungsbereich

1. Sonstige notarielle Amtstätigkeit

Nach § 24 Abs. 1 BNotO gehört zu dem Amt des Notars auch die „sonstige Betreuung der Beteiligten auf dem Gebiet vorsorgender Rechtspflege, insbesondere die Anfertigung von Urkundenentwürfen und die Beratung der Beteiligten. Der Notar ist auch, soweit sich nicht aus anderen Vorschriften Beschränkungen ergeben, in diesem Umfange befugt, die Beteiligten vor Gericht und Verwaltungsbehörden zu vertreten." § 147 Abs. 2 bezieht sich vor allem auf diese „sonstige Betreuung" der Beteiligten iS von § 24 BNotO. 20

§ 147 Abs. 2 verlangt eine Amtstätigkeit des Notars, auch wenn, wie bei § 24 BNotO, eine Pflicht zur Amtsausübung nicht besteht. Eine außeramtliche, auf privatrechtlichem Vertrag beruhende Tätigkeit richtet sich nicht nach § 147 Abs. 2 (vgl. Rn. 196). Die Tätigkeit des Notars muss nicht durch ein bestimmtes Urkundsgeschäft veranlasst sein. 21

2. Tätigkeit als Notar, nicht als Rechtsanwalt

Es muss sich um eine notarielle Tätigkeit handeln, nicht um eine anwaltschaftliche, sonst ist § 147 Abs. 2 nicht anwendbar. Werden Tätigkeiten **ohne Zusammenhang** mit einem Geschäft iS der §§ 20 bis 23 BNotO vorgenommen, so erfolgt beim Nurnotar die Vergütung stets nach § 147 Abs. 1 oder 2. Werden sie hingegen von einem Anwaltsnotar vorgenommen, so ist nach § 24 Abs. 2 S. 2 BNotO im Zweifel (widerlegbare Vermutung) anzunehmen, dass dieser als Rechtsanwalt tätig geworden ist und dementsprechend nach dem RVG liquidiert. 22

Nimmt hingegen ein Anwaltsnotar Tätigkeiten **im Zusammenhang** mit einem Geschäft iS der §§ 20 bis 23 BNotO (Beurkundungsgeschäfte, Eide und eidesstattliche Versicherungen) vor und ist die Tätigkeit geeignet, das Geschäft vorzubereiten oder auszuführen, so ist nach § 24 Abs. 2 S. 1 BNotO (unwiderlegbare Vermutung) anzunehmen, dass er als Notar tätig geworden ist und daher nach § 147 (eventuell § 146) zu liquidieren hat. 23

Die Unterscheidung ist im Einzelfall nicht leicht, weil für Geschäfte im Rahmen der Betreuung auf dem Gebiete der vorsorgenden Rechtspflege (§ 24 BNotO) keine Pflicht zur Übernahme besteht, andererseits die Beteiligten bei Geschäften, die eng mit Beurkun- 24

§ 147　　　　　　　　　　　　　　　　　　　　　　　2. Teil. Kosten der Notare

dungen zusammenhängen, idR auch den Anwaltsnotar in seiner Eigenschaft als Notar in Anspruch nehmen wollen. § 24 Abs. 2 S. 1 und 2 BNotO stellen **Vermutungen,** S. 1 eine unwiderlegbare, S. 2 eine widerlegbare, auf. Maßgebend ist jedoch für die Abgrenzung zunächst allein die Art der Betätigung des Anwaltsnotars. Geht die Art der Tätigkeit klar ersichtlich über die Betreuung auf dem Gebiet vorsorgender Rechtspflege hinaus, handelt es sich nicht mehr um die Interpretierung des Vertrages in tatsächlicher und rechtlicher Hinsicht im Interesse aller Vertragsparteien, sondern um eine intensive, einseitige Interessenvertretung oder die Abwehr von Ansprüchen Dritter, so dass die Tätigkeit objektiv nicht mehr in den Bereich notarieller Amtstätigkeit hineinpasst, so greift die Vermutung des § 24 Abs. 2 S. 1 objektiv überhaupt nicht ein. Dann wird man dem Anwaltsnotar zubilligen müssen, die Tätigkeit als Notar abzulehnen, aber als Anwalt fortzuführen.[26]

25　　Nach OLG Hamm[27] dient die Tätigkeit eines Anwaltsnotars nur dann der Vorbereitung oder Ausführung von Geschäften iS der §§ 20 bis 22 BNotO, wenn ihm selbst und nicht einem anderen Notar oder dem Gericht die Amtshandlung übertragen ist. Zur Nichtanwendbarkeit der Norm des § 24 Abs. 2 S. 1 BNotO ist erforderlich, dass nicht nur nach der Meinung des Auftraggebers und des Anwaltsnotars, sondern auch nach den objektiven Umständen, insbesondere nach der Tätigkeit, eine Aufgabe zu erfüllen ist, die sich mit einer notariellen Amtstätigkeit nicht verträgt. Besteht zB die Tätigkeit nicht in **unparteiischer Mittlertätigkeit** im Rahmen vorsorgender Rechtspflege, sondern in der Vertretung einseitiger Interessen oder in der Verhandlungsführung für nur eine Vertragsseite, so handelt es sich um Anwaltstätigkeit: Es erfolgt Kostenberechnung nach dem RVG.

26　　Wenn ein Anwaltsnotar mit dem Geschäftsführer einer GmbH die Möglichkeit einer Umwandlung erörtert, ohne bereits eine Tätigkeit zur Vorbereitung des konkreten **Geschäfts** (Beurkundung des Umwandlungsbeschlusses) zu entfalten, ist er im Zweifel als Anwalt tätig geworden.[28]

27　　Die Vertretung im **landwirtschaftlichen Genehmigungsverfahren** ist für den Nurnotar stets, für den Anwaltsnotar regelmäßig – mit wenigen, aus dem Vorausgeführten sich ergebenden Ausnahmen – Notartätigkeit.[29]

28　　Dasselbe gilt für die entsprechenden Vorschriften der anderen Länder, soweit dort nicht das Nurnotariat besteht; denn der Nurnotar kann in jedem Fall der Betreuung nach § 24 BNotO, wenn nicht §§ 145, 146 eingreifen, seine Kosten nur nach § 147 berechnen.

29　　Standesrechtlich nicht vertretbar ist es, wenn ein Anwaltsnotar für ein Geschäft, das gebührenfreies Nebengeschäft iS der §§ 35, 147 Abs. 3 und 4 ist, nach dem RVG liquidiert;[30] standesrechtlich dürfte es ferner bedenklich sein, wenn er die Ausführung eines derartigen gebührenfreien Nebengeschäftes **ablehnt,** um es als Hauptgeschäft mit Gebührenpflicht übernehmen zu können;[31] unzulässig wäre es ferner, wenn ein Anwaltsnotar gebührenfreie Nebengeschäfte zu einem von ihm als Notar beurkundeten Geschäft oder die Ausführung dieses Geschäfts (Antragstellung usw.) seinem **Sozius** als Rechtsanwalt überlässt. Die kostenrechtliche Folge eines derartigen standesrechtlich nicht vertretbaren Verhaltens wäre Wegfall der Gebühr nach §§ 35, 147 Abs. 3 und 4, 16.

3. Keine Beurkundungstätigkeit

30　　Die KostO differenziert zwischen Beurkundungen und ähnlichen Geschäften (§§ 36 bis 59) und der sonstigen Betreuung der Beteiligten auf dem Gebiet der vorsorgenden

---

[26] RG JW 1927, 1252; LG Bielefeld MDR 1951, 304; *Göttlich* JurBüro 1956, 39; *Hense* DNotZ 1951, 542.
[27] DNotZ 1956, 154.
[28] OLG Hamm JurBüro 1962, 439 = KostRsp. Nr. 3.
[29] Vgl. dazu *Bühling* § 146 Anm. 1; OLG Oldenburg MittRhNotK 1958, 483; OLG Braunschweig DNotZ 1965, 314 = KostRsp. Nr. 6; OLG Celle Rpfleger 1966, 216; *Tschischgale* JurBüro 1966, 926; *Schmidt* Rpfleger 1965, 15; *Hense* DNotZ 1951, 541; *Sußbauer* Rpfleger 1953, 423; *Kobler* DNotZ 1953, 565; aA *Pikalo* RdL 1953, 576; *Pritsch* Anm. IX zu § 48 LwVG, die beim Anwaltsnotar darin regelmäßig Anwaltstätigkeit sehen wollen.
[30] *Beushausen* S. 378.
[31] Vgl. *Wolpers* RheinNotZ 1932, 297.

Rechtspflege (§§ 145 ff.). Zwar ist der Beurkundungsabschnitt in der KostO am falschen Platz; er gehört systematisch an sich in das Zweite Buch („Kosten der Notare"). Gleichwohl ergibt sich aus der systematischen Zuordnung der §§ 36 bis 59 zu den §§ 145 ff., dass die letztgenannten, insbesondere § 147, nur dann anwendbar sein können, soweit nicht eine Amtshandlung unter die §§ 36 bis 59 fällt.[32] Das BayObLG[33] hat diesen allseits anerkannten Grundsatz noch umgekehrt, in dem es meinte, die Anwendung des § 36 Abs. 1 scheide (für den dort entschiedenen Fall der sog. Mutterurkunde) aus, wenn die Gebührenregelungen des § 147 eingreifen. Der klare Wortlaut des § 147 Abs. 2 deckt diese Argumentation aber nicht.[34] Inzwischen ist diese Frage durch den BGH[35] dahingehend geklärt, dass § 36 Abs. 1 und nicht § 147 Abs. 2 auf jede Beurkundung von einseitigen Erklärungen, anzuwenden ist. Die Einschränkung des § 36 Abs. 1 auf einseitige rechtsgeschäftliche Willenserklärungen sei nicht vertretbar. Auch der BGH unterwirft jede einseitige Erklärung § 36 Abs. 1, gleich welchen Inhalts. Durch die Neuordnung des § 147 durch das Gesetz vom 9. 12. 1986 (BGBl. I S. 2326) hat auch der Gesetzgeber zu erkennen gegeben, dass er die Ansicht des BayObLG insoweit für nicht zutreffend hält (s. Rn. 4). Die nachfolgende Rspr. hat bekräftigt, dass § 36 Abs. 1, nicht § 147 Abs. 2 anzuwenden sei, selbst wenn die Urkunde nur Tatsachenaussagen und keine rechtsgeschäftlichen Erklärungen enthalte, wie dies bei sog. Mutterurkunden der Fall sei.[36]

4. Beratungstätigkeiten

Isolierte Beratungstätigkeiten sind in der KostO nicht eigens geregelt. Sie unterfallen **30 a** damit der Auffangnorm des § 147 Abs. 2. Steht sie im Zusammenhang mit einer Beurkundung oder einem sonstigen gebührenpflichtigen Geschäft (zB Entwurffertigung), ist sie mit der Beurkundungs- oder Entwurfsgebühr abgegolten (§ 147 Abs. 3, § 35). Voraussetzung für eine kostenpflichtige isolierte ist allerdings, dass es sich um Beratungen zu konkreten Sachverhalten handelt und nicht um allgemeine Informationen, zu denen der Notar Kraft seiner besonderen Rechtsstellung auf dem Gebiet der vorsorgenden Rechtspflege verpflichtet ist. Kostenpflichtige Beratungstätigkeiten können auch mit anderen kostenpflichtigen Sachverhalten zusammentreffen.[37] Erstellt der Notar hierfür zusammen mit anderen kostenpflichtigen Amtstätigkeiten eine einheitliche Kostenberechnung, sind die für die gesonderten Beratungstätigkeiten anfallenden Gebührenansätze deutlich von den anderen Kostenansätzen abzusetzen. Der Notar muss im Einzelfall prüfen, ob eine Gebühr nach § 147 Abs. 2 gerechtfertigt ist, auch wenn eine Abgrenzung nicht immer leicht ist. Haben die Beteiligten beispielsweise zunächst eine Überlassung an ihre Kinder zur vorweggenommenen Erbfolge beabsichtigt und wird dann auf Grund der Beratungen des Notars eine letztwillige Verfügung beurkundet, liegt eine zusammenhängende Tätigkeit vor. Neben der Beurkundungsgebühr kann keine Beratungsgebühr bezüglich der ursprünglich beabsichtigten Überlassung berechnet werden. Eine zusätzliche Gebühr nach § 147 Abs. 2 kann aber beispielsweise dann berechnet werden, wenn der Notar zusätzlich steuerliche Fragen klärt, auch wenn diese letztlich dazu führen, dass anstelle des ursprünglich beabsichtigten Geschäfts ein anderer Sachverhalt beurkundet wird.

5. Mediation

Die Mediation ist eine besondere Form der außergerichtlichen Streitbeilegung. Zur nä- **30 b** heren begrifflichen Definition s. bei § 30 Rn. 56a. Die KostO enthält für diese Tätigkeit, die als notarielle Tätigkeit einzustufen ist (vgl. § 30 Rn. 56a), keine spezielle Gebührenvorschrift. Die Gebühr für die Mediation unterfällt mangels konkreter Regelung der Auffang-

---

[32] *Rohs/Wedewer* Rn. 2; *Ackermann* JurBüro 1959, 491.
[33] DNotZ 1985, 572.
[34] *Bengel* DNotZ 1985, 577.
[35] ZNotP 2006, 117 m. Anm. *Tiedtke* = NJW 2006, 1208 = DNotZ 2006, 382 = MittBayNot 2006, 351 = JurBüro 2006, 376 = RNotZ 2006, 344 = Anm. *Klein* und *H. Schmidt*.
[36] KG DNotZ 1987, 318; DNotZ 1994, 707; OLG Schleswig JurBüro 1990, 741 m. Anm. *Mümmler;* DNotZ 1990, 679; LG Hannover JurBüro 1992, 552; OLG Hamm MittBayNot 1995, 410.
[37] LG Hannover JurBüro 2006, 544; *Bengel/Tiedtke* DNotZ 2007, 418, 432.

§ 147

norm des § 147 Abs. 2 (vgl. § 148 Rn. 18).[38] Der Geschäftswert bestimmt sich, wie für alle dem § 147 Abs. 2 unterfallenden Tätigkeiten, nach § 30 Abs. 1 (vgl. § 30 Rn. 56a). Bezugswert ist der Wert dessen, was Gegenstand der Streitbeilegung im Rahmen der Mediation ist. Zu berücksichtigen ist auch das Ergebnis, worüber man sich am Ende einigt. Der Prozentsatz hängt im Wesentlichen davon ab, welchen Einfluss die Mediation am Einigungsergebnis hat. Im Regelfall wird ein Teilwert zwischen 30 und 50% des Bezugswertes angemessen und sachgerecht sein (vgl. § 30 Rn. 56a).

6. Schlichtung

30c Notare werden in einem Schlichtungs- oder Güterverfahren tätig auf Grund einer förmlichen Zuweisung der Schlichtungszuständigkeit durch die Landesjustizverwaltung gemäß § 794 Abs. 1 Nr. 1 ZPO oder im Rahmen eines freiwilligen Verfahrens auf Grund des Einverständnisses aller Beteiligten (s. § 30 Rn. 75a). Zur Unterscheidung und zu Abgrenzungsmerkmalen zur Mediation s. § 30 Rn. 75a. Bei der Schlichtung handelt es sich um ein förmliches Verfahren auf dem Gebiet der vorsorgenden Rechtspflege im Regelungsbereich des § 24 BNotO. Eine spezielle Wert- und Gebührenvorschrift fehlt in der KostO. Wie bei der Mediation wird der Geschäftswert somit nach § 30 Abs. 1 zu bestimmen sein. Ein Teilwert von regelmäßig 30–50% aus dem Wert des Verfahrensgegenstandes ist angemessen und sachgerecht. Die Gebühr richtet sich nach § 147 Abs. 2.

7. Fehlende sonstige Gebührenbestimmung

31 Nach Abs. 2 fällt eine Gebühr an, soweit nicht im Gesetz eine Gebühr bestimmt ist. Da Beurkundungen für die Anwendung des § 147 Abs. 2 ausscheiden (vgl. Rn. 30), kommen als Ausschlussnormen insoweit nur die §§ 145, 146, 147 Abs. 1, 148, 149 und 150 in Frage. Ist einer dieser Gebührentatbestände einschlägig, scheidet die Anwendung des § 147 Abs. 2 aus.

32 Insbesondere durch die Hebegebühr des § 149 wird grundsätzlich die gesamte mit der Verwahrung und Auszahlung des Geldes verbundene Tätigkeit des Notars abgegolten (vgl. ausführlich § 149 Rn. 6 bis 9).

8. Fehlerhafte Sachbehandlung?

33 Die Amtstätigkeit des Notars, die ggf. nach § 147 Abs. 2 zu vergüten ist, muss notwendig sein. Ist daher eine Tätigkeit nicht notwendig, so kann gemäß § 16 keine Gebühr verlangt werden. Wird zB in einem Kaufvertrag der Notar angewiesen, den Vollzug der Auflassung erst dann zu betreiben, wenn ihm nachgewiesen oder bestätigt wurde, dass der Kaufpreis bezahlt ist, fällt eine Gebühr nach § 147 Abs. 2 an. Wo eine derartige treuhänderische Überwachung offensichtlich unnötig ist, liegt eine falsche Sachbehandlung vor, mit der Folge, dass eine Gebühr nicht anfällt. Gleiches gilt, wenn der Notar nach dem Bestehen oder der Ausübung gesetzlicher Vorkaufsrechte anfragt, die den Umständen nach überhaupt nicht in Betracht kommen können, zB Vorkaufsrechte nach landesrechtlichen Denkmal- und Naturschutzgesetzen bei Eigentumswohnungen.[39] Auch ein stillschweigender Auftrag zur Einholung einer solchen Bescheinigung kann nicht angenommen werden, wenn das Bestehen oder die Ausübung eines Vorkaufsrechtes nach der Lage der Sache nicht in Betracht kommt.[40]

9. Gebührenfreies Nebengeschäft

34 Die ein Geschäft des Notars vorbereitenden oder fördernden Tätigkeiten sind unter den Voraussetzungen des § 147 Abs. 3 und 4 als Nebengeschäfte gebührenfrei, so dass Abs. 2 nicht anwendbar ist. § 147 Abs. 4 stellt sich gesetzessystematisch als Spezialregelung zu § 147 Abs. 3 dar.

---

[38] AA Bundesnotarkammer DNotZ 2000, 1, welche die Mediation § 148 zuordnet.
[39] BayObLG MittBayNot 1980, 180.
[40] OLG Düsseldorf DNotZ 1970, 441; die Anwendung des § 16 einschränkend KG JurBüro 1981, 1555.

III. Gebührenfreie Nebengeschäfte (Abs. 3 und 4)

1. Voraussetzungen für die Gebührenfreiheit bei Nebengeschäften

§ 147 Abs. 3 und 4 gilt nur, wenn dem Notar eine **Gebühr für ein Hauptgeschäft** 35 oder für **erfolglose Verhandlung** erwächst (§ 35 bzw. § 57). Unter Gebühr für ein Hauptgeschäft ist eine Gebühr für ein vollendetes Geschäft nach dem Beurkundungsabschnitt (§§ 36 bis 56) oder nach dem Notarabschnitt (§§ 145 bis 149) zu verstehen. Kommt dieses Geschäft nicht zur Vollendung, so muss wenigstens die Gebühr für erfolglose Verhandlung (§ 57) erwachsen, wenn die Ausschlusstatbestände des Abs. 3 und 4 gelten sollen, es sich also um ein gebührenfreies Nebengeschäft handeln soll. Die Gebühr muss nicht im Zeitpunkt der Vornahme der vorbereitenden oder fördernden Tätigkeit bereits erwachsen sein, es genügt für den Ausschluss des Abs. 2 gemäß Abs. 3 oder 4, dass sie bei Erledigung des Auftrags über das Amtsgeschäft erwächst, d. h. mit dem Anfall der Gebühr für das Hauptgeschäft oder nach § 57 ist die vorbereitende oder fördernde Tätigkeit als Nebengeschäft abgegolten.

Wo für das unvollendete, aber begonnene Geschäft eine besondere Regelung getroffen 36 ist (§§ 53 Abs. 1 Nr. 1, 54 Abs. 2, 148 Abs. 1 Nr. 1), schließt sinngemäß die Gebühr nach der Sonderbestimmung die Gebühr des Abs. 2 aus. Für den Fall der Antragsrücknahme nach §§ 141, 130 Abs. 2 s. Rn. 74.

2. Gebührenfreie Nebentätigkeiten kraft ausdrücklicher Regelung in § 147 Abs. 4

a) Übermittlung von Anträgen an das Grundbuchamt oder das Registerge- 37 **richt (Abs. 4 Nr. 1).** Der Notar erhält keine Gebühr für die Übermittlung von Anträgen an das Grundbuchamt oder das Registergericht, wenn der Antrag mit einer anderen gebührenpflichtigen Tätigkeit im Zusammenhang steht. Die Vorschrift deckt sich vom Wortlaut her mit § 146 Abs. 3 S. 2 aF. Ihr Geltungsbereich ist jedoch weiter, da § 146 Abs. 3 S. 2 nur für Beglaubigungen galt, § 147 Abs. 4 Nr. 1 aber für alle Beurkundungen maßgebend ist. Die Vorschrift betrifft die bloße Übermittlung von Anträgen, besagt also, dass die Tätigkeit des Notars als Bote in Bezug auf Anträge, für die er selbst eine gebührenpflichtige Tätigkeit ausgeübt hat, gebührenfrei ist. Ist mit der Übermittlung des Antrags an das Grundbuchamt oder an das Registergericht das Stellen eines Antrags im Namen der Beteiligten verbunden, gilt Abs. 4 Nr. 2.

b) Stellung von Anträgen im Namen der Beteiligten beim Grundbuchamt 38 **oder beim Registergericht auf Grund gesetzlicher Ermächtigung (Abs. 4 Nr. 2).** Der Notar erhält für derartige Tätigkeiten keine Gebühr. Die gesetzliche Ermächtigung zur Stellung von Anträgen (§ 15 GBO, § 129 FGG) setzt voraus, dass der Notar die Beurkundung vorgenommen oder die Erklärung beglaubigt hat. Somit ist die Antragstellung immer Vollzugstätigkeit iS des § 146, wenn die Voraussetzungen für das Entstehen der Gebühr vorliegen. Die Vollzugsgebühr nach § 146 entsteht jedoch dann nicht, wenn der Notar ohne Auftrag eines Beteiligten tätig wird, weil die Antragstellung wegen der gesetzlichen Ermächtigung auch ohne besonderen Auftrag möglich ist (s. hierzu auch § 146 Rn. 47a und 47b).

c) Aufsuchen von Urkunden (Abs. 4 Nr. 3). Das Aufsuchen von Urkunden, die 39 vom Notar aufgenommen oder von ihm verwahrt werden (also auch Urkunden des Amtsvorgängers) ist gebührenfrei, selbst wenn damit ein erheblicher Zeitaufwand verknüpft ist. Entsprechendes muss auch für die Einsichtnahme der Berechtigten in solchermaßen aufgesuchte Urkunden gelten. Gebührenfrei ist jedoch nicht das Anfordern von Urkunden durch den Notar, auch soweit sie von ihm oder seinem Amtsvorgänger aufgenommen wurden, beim Staatsarchiv, wenn die Ablieferung an dieses bereits stattgefunden hat. Hierfür fällt eine Gebühr nach § 147 Abs. 2 an.

d) Legalisation der eigenen Unterschrift (Abs. 4 Nr. 4). Die Erwirkung der Lega- 40 lisation ist immer gebührenfrei, gleichviel, ob der Notar die Urkunde errichtet, entworfen oder nur eine Unterschrift beglaubigt hat. Auch dann darf keine Gebühr erhoben werden, wenn wegen Dringlichkeit die Legalisation unmittelbar beim Justizministerium oder beim Auswärtigen Amt eingeholt wird, ferner wenn außer der Beglaubigung der Unterschrift des Notars auch die Legalisation zur Unterschrift des Präsidenten des Landgerichts durch die zuständige Auslandsvertretung erholt wird,[41] so dass also die Mitwirkung im ganzen Legalisationsverfahren gebührenfrei ist.

41 **e) Erledigung von Beanstandungen (Abs. 4 Nr. 5).** Die Gebühr für ein Geschäft gilt auch die Tätigkeiten ab, die der Notar verrichten muss, um Mängel des Geschäfts (oder der Antragstellung) zu beheben. Bei Unterschriftsbeglaubigungen kommen nur Mängel des Beglaubigungsvermerks in Betracht (Berichtigung der Personenbezeichnung usw.) oder der im Anschluss hieran gefertigten Vertretungsbescheinigung nach § 150 (Angabe des Tages der Registereinsicht, der besonderen Vertretungsregelung), nicht Mängel der Erklärung, zu der eine Unterschrift beglaubigt wurde. Bei Urkunden (Verhandlungsniederschriften) und Urkundenentwürfen kommen außer der Behebung formeller Mängel (Berichtigung offensichtlicher Schreibfehler, Auslassungen) auch Mängel der beurkundeten oder entworfenen Erklärung in Betracht.

42 Sind zur Behebung der Beanstandung weitere Niederschriften oder Erklärungen erforderlich, so sind dies selbständige Geschäfte, nicht Nebengeschäfte;[42] doch kann für sie keine Gebühr erhoben werden, wenn die Nachholung durch unrichtige Sachbehandlung (§ 16 Abs. 1 S. 1) notwendig geworden ist; wenn die nachgeholten Erklärungen aber bei ihrer Mitbeurkundung mit dem mangelhaften Geschäft eine besondere Gebühr oder eine Erhöhung der zur Urkunde angesetzten Gebühr ausgelöst hätten oder von Personen abgegeben werden, die bei der vorangehenden Urkunde nicht beteiligt waren, brauchen diese insoweit nicht gebührenfrei gefertigt zu werden, sind vielmehr neue selbständige Geschäfte.[43]

43 Zur Behebung von Beanstandungen gehört auch das etwa notwendige Beschwerdeverfahren. Hingegen sind selbständige, von einer Mängelbehebung unabhängige Beschwerden, wie schon der Wortlaut des Abs. 4 Nr. 5 ergibt, nach § 147 Abs. 2 zu bewerten. Soweit zur Behebung der Beanstandung, insbesondere auch zur Darlegung, dass die Beanstandung unbegründet ist, die Beschwerde tatsächlich oder rechtlich näher zu begründen ist, greift § 146 Abs. 3 ein; ist die Begründung aber wegen unrichtiger Sachbehandlung erforderlich, so ist nach § 16 Abs. 1 S. 1 von der Erhebung der Gebühr abzusehen.

43 a **f) Übermittlung von Anträgen an das Zentrale Vorsorgeregister (Abs. 4 Nr. 6).** Durch das am 31. 7. 2004 in Kraft getretene Gesetz vom 23. 4. 2004 (BGBl. I S. 598) wurde in Abs. 4 eine Nr. 6 eingefügt. Damit ist nunmehr gesetzlich geregelt, dass der Notar Anträge zum Zentralen Vorsorgeregister der BNotK (§ 78 a BNotO) kostenfrei übermittelt. Gleiches gilt für Antragstellungen im Namen der Beteiligten. Damit wird die schon bisher von der Bundesnotarkammer[44] vertretene Auffassung bestätigt. Gebührenfreiheit besteht aber nur, wenn die Vollmacht, also die übermittelte Verfügung vom Notar beurkundet, entworfen oder beglaubigt wurde.[45] Die Gebührenfreiheit ist dadurch begründet, dass der Notar die Übermittlung im Zusammenhang mit der Beurkundung oder Entwurffertigung vornimmt. Dies bedeutet aber auch, dass ein zeitlicher Zusammenhang vorliegen muss. Entscheidet sich der Vollmachtgeber erst zu einem späteren Zeitpunkt, die Vorsorgevollmacht in das Vorsorgeregister eintragen zu lassen, besteht der für die Gebührenfreiheit geforderte Zusammenhang nicht mehr. In dem gesonderten Auftrag auf Übermittlung zur Eintragung in das Vorsorgeregister liegt eine gebührenpflichtige Tätigkeit nach § 147 Abs. 2. Die Übermittlung ist auch dann kostenpflichtig nach § 147 Abs. 2 (Teilwert von ca. 10–20%, daraus 5/10 Gebühr nach § 147 Abs. 2), wenn eine Fremdurkunde auftragsgemäß zu übermitteln ist.

43 b **g) Erteilung der Ausfertigung der Vollmacht.** Weist der Vollmachtgeber den Notar an, die Ausfertigung der Vollmacht an den Bevollmächtigten nur unter bestimmten Voraussetzungen auszuhändigen (zB Vorlage einer ärztlichen Bescheinigung über die Geschäftsun-

---

[41] LG Berlin DNotZ 1939, 276.
[42] *Weber* DNotZ BayB 1936, 106.
[43] LG Berlin DNotZ 1941, 506; OLG Oldenburg Rpfleger 1953, 590.
[44] DNotI-Report 2004, 88.
[45] *Otto/Wudy* NotBZ 2004, 215.

fähigkeit des Vollmachtgebers oder Mitteilung des Vormundschaftsgerichtes, wonach die Voraussetzungen über die Anordnung einer Betreuung vorliegen) liegt eine gebührenpflichtige Betreuungstätigkeit vor.[46] Der Geschäftswert bestimmt sich nach einem Teilwert von ca. 30–50% des Wertes der Vollmacht. Die Gebühr des § 147 Abs. 2 ist eine Tätigkeitsgebühr. Fällig wird die Gebühr also erst, wenn an den Notar das Ersuchen auf Erteilung und Aushändigung der Ausfertigung gestellt wird. Erst dann muss der Notar die Voraussetzungen der Herausgabe der Ausfertigung an den Bevollmächtigten prüfen. Bis dahin übt der Notar keine aktive gebührenpflichtige Tätigkeit aus. Allein das Beachten der Nichterteilung der Ausfertigung an den Bevollmächtigten im Rahmen des allgemeinen Antrags über die Erteilung von Ausfertigungen, beglaubigten Abschriften und Ablichtungen löst noch nicht die Gebühr nach § 147 Abs. 2 aus. Hierin liegt kein Widerspruch zu Rn. 112d, denn § 53 BeurkG wird hier nicht berührt. Überwiegend wird so verfahren, dass die für den Bevollmächtigten bestimmte Ausfertigung nicht diesem, sondern dem Vollmachtgeber ausgehändigt wird. Dieser kann die Vollmacht dann zu einem beliebigen Zeitpunkt an den Bevollmächtigten aushändigen.[47] Hierin liegen keine kostenpflichtigen Tätigkeiten des Notars.

3. Vorbereitende oder fördernde Tätigkeiten iÜ (§ 147 Abs. 3)

a) Grundsätzliches. Abs. 3 schließt eine Gebühr nach Abs. 2 bei einer vorbereitenden oder fördernden Tätigkeit im Zusammenhang mit einem Notargeschäft aus. Es ist ohne Bedeutung, ob die Tätigkeit vor dem Geschäft oder nachher ausgeübt wird,[48] jedoch kann eine Tätigkeit, die ein Geschäft weder vorbereitet noch fördert, kein Nebengeschäft iS von § 147 Abs. 3 sein.[49] **44**

Keine gebührenfreien Tätigkeiten iS des Abs. 3, also gebührenpflichtig nach Abs. 2, sind diejenigen Tätigkeiten des Notars, die zwar aus Anlass des Geschäfts der Beurkundung vorgenommen werden, die aber nicht für die Beurkundung selbst, ihre Abwicklung und ihren Vollzug notwendig sind, sondern der **Abwicklung des Rechtsverhältnisses der Beteiligten** dienen; nicht notwendige, aber gleichwohl nicht überflüssige Tätigkeiten im Zusammenhang mit einer Beurkundung fallen also unter § 147 Abs. 2.[50] **45**

Zwar fördert jede Tätigkeit, die das Geschäft der Beurkundung fördert (zB die Kaufvertrags-, Grundschuld-, Auseinandersetzungsurkunde mit Vollzug), auch das „Geschäft der Parteien", d. h. die Abwicklung des durch die Beurkundung betroffenen Rechtsverhältnisses der Beteiligten. Es gibt jedoch in der notariellen Praxis eine Reihe von Tätigkeiten, die zwar das Rechtsverhältnis der Beteiligten fördern, seiner Abwicklung dienen und oft sogar dafür notwendig sind, die aber zur Beurkundung des Geschäfts, seiner Abwicklung und seinem Vollzug nicht notwendig sind.[51] Diese Tätigkeiten – häufig unzutreffend als „Nebengeschäfte" oder „Nebentätigkeiten" bezeichnet, weil sie zum „Amtsgeschäft des Notars" nicht erforderlich sind – sind keine gebührenfreien „vorbereitenden oder fördernden Tätigkeiten" iS des Abs. 3, also gebührenpflichtig gemäß § 147 Abs. 2. Welche Tätigkeiten ein Geschäft (gebührenfrei) vorbereiten oder fördern, bestimmt sich nach dem **Pflichtenkreis des Notars** in Bezug auf das betreffende Geschäft, wobei es gleichgültig ist, ob der Auftrag vor oder nach dem Geschäft (Urkunde) erteilt ist.[52] **46**

Hiervon im Ansatz abweichend hat die Rspr. auch für Tätigkeiten des Notars, die das Beurkundungsgeschäft fördern, eine Gebühr nach § 147 Abs. 2 zugebilligt, wenn es sich **47**

---

[46] *Tiedtke* ZNotP 2001, 38; *Bund* RNotZ 2004, 23, 30.
[47] *Tiedtke* MittBayNot 2006, 397.
[48] KG Rpfleger 1959, 31.
[49] OLG München DNotZ 1937, 505.
[50] *Lappe* KostRsp. Nr. 82 Anm. im Anschluss an OLG Oldenburg Rpfleger 1953, 590; in diesem Sinne auch *Behre* DNotZ 1939, 159; OLG München DNotZ 1942, 266; KG DNotZ 1958, 656 = Rpfleger 1959, 30 mit ausdrücklicher Aufgabe einer etwaigen früheren aA und zust. Anm. *Bühling* und *Rohs*; JurBüro 1962, 24; Rpfleger 1962, 126; *Ackermann* DNotZ 1967, 596; *Wörbelauer* Deutscher Notartag 1965, 114; LG Gießen JurBüro 1965, 223.
[51] Vgl. OLG München DNotZ 1937, 505.
[52] Anm. *Bühling* zu KG DNotZ 1958, 656.

um eine **umfangreiche treuhänderische Tätigkeit** handelt. Ist zB der Notar bei der Umschuldung von Grundbesitz damit betraut, die an sich widersprechenden Weisungen von neuem und altem Geldgeber ohne notarielle Verwahrung zu harmonisieren, so fällt eine Gebühr nach Abs. 2 an.[53] Gleiches gilt, wenn der Notar widersprechende Weisungen der beteiligten Realberechtigten abstimmt und auftragsgemäß wegen Rücktritten usw. verhandelt;[54] ebenso für ein Tätigwerden des Notars bei der Aufsichtsbehörde eines Kreditinstituts[55].

48 Dieser Rspr. liegt der allgemeine Gedanke zugrunde, dass eine gebührenfreie Nebentätigkeit dann nicht vorliegt, wenn der Notar aus Anlass eines Rechtsgeschäftes, wenn auch zu dessen Vollzug eine **spezifische Verantwortung** übernimmt oder spezifische Kenntnisse zur Verfügung stellt oder eine besonders umfangreiche, über das üblicherweise zum Vollzug notwendige Maß hinausgehende Arbeitsleistung erbringt. In diesen Fällen kann eine Gebühr nach Abs. 2 erhoben werden.

c) **Beispiele. Beurkundungen und Entwürfe über rechtsgeschäftliche Erklärungen.**
Gebührenfreie Nebengeschäfte nach Abs. 3:

49 Raterteilung, Besprechung und Belehrung über Durchführung und Gestaltung eines Rechtsverhältnisses im Zusammenhang mit einer Beurkundung (wegen isolierter Raterteilung s. Rn. 30a, 140);

50 Einsicht des Grundbuchs und anderer öffentlicher Bücher, unabhängig davon, ob die Einsicht bei einem auswärtigen Amtsgericht erfolgen muss, ob der Gläubiger oder Schuldner sie verlangt, ferner ob sie vor oder nach der Beurkundung erfolgt, da der Beurkundungsauftrag fast immer stillschweigend den Auftrag zur Einsicht öffentlicher Bücher umfasst;[56] anders wenn es sich um eine isolierte, nicht mit einer Beurkundung bei dem betroffenen Notar zusammenhängende Einsicht handelt, dann gilt § 147 Abs. 1 S. 1;

51 Einsicht von Akten und Schriftstücken zur Feststellung der Vertretungs- und Verfügungsbefugnis, der bestehenden, durch ein Geschäft zu gestaltenden Rechtsverhältnisse, Feststellung von Vertretungs- und Verfügungsbefugnis;[57] nicht aber Vertretungsbescheinigung nach § 150;

52 Akteneinsicht zur Feststellung von Ersatzansprüchen und von Vorempfängen bei Auseinandersetzungen und Vermittlungen;

53 Beschaffen von Beurkundungsunterlagen (Veränderungsnachweisen (Messungsoperat), Einheitswertbescheiden, Schätzungen), soweit sie die Beurkundung selbst und nicht nur das Rechtsverhältnis der Beteiligten fördern, die Ermittlung des Ersatzgrundstücks bei der Flurbereinigung oder Umlegung;

54 Entwerfen der erforderlichen öffentlichen Bekanntmachung (Versteigerungstermin usw.) und das Veranlassen der Veröffentlichung;[58]

55 der Schriftverkehr mit den Beteiligten, dem Grundbuch- und Registergericht;

56 die Entgegennahme einer Genehmigung nach § 177 Abs. 1 BGB, die dem Notar unaufgefordert übersandt wird;[59]

57 die Einholung einer Genehmigung (Familiengericht, Vormundschaftsgericht, Nachlassgericht, Kirchenaufsichtsbehörde) zu Beurkundungsvorgängen, die nicht unter § 146 Abs. 1 fallen (anders bei bloßer Unterschriftsbeglaubigung ohne Entwurfsfertigung, hier gilt, wenn es sich um einen Antrag auf Eintragung, Veränderung oder Löschung eines Grundpfandrechtes oder einer Schiffshypothek handelt, § 146 Abs. 2, sonst § 147);[60] gebührenfrei ist auch die Erholung einer Genehmigung nach § 144 BauGB im Zusammenhang mit der

---

[53] KG DNotZ 1940, 369.
[54] OLG Hamm Rpfleger 1960, 191.
[55] LG Berlin JurBüro 1962, 24; 1964, 682.
[56] Vgl. hierzu *Behre* 1939, 164.
[57] OLG München DNotZ 1939, 354.
[58] *Weber* DNotZ BayB 1936, 106.
[59] OLG Düsseldorf MittBayNot 1974, 233; OLG Zweibrücken DNotZ 1993, 765.
[60] BayObLG MittBayNot 1979, 249; MittBayNot 1980, 38; vgl. Rn. 71.

Beurkundung einer Grundschuldbestellung.[61] Davon zu unterscheiden ist allerdings die Frage, ob der Notar eine Gebühr nach § 145 oder nach § 147 Abs. 2 erhält, wenn er den Entwurf der Genehmigungserklärung auftragsgemäß fertigt (vgl. § 145 Rn. 18 ff.).

Einholen und Verwahren von Hypotheken- und Grundschuldbriefen, sofern diese zum Vollzug von Erklärungen benötigt werden, die der Notar beurkundet hat. **58**

Die Einholung einer Rangrücktrittserklärung zu einer Grundschuldbestellung, sofern kein Entwurf gefertigt wird und keine Verhandlungen mit dem Gläubiger oder Berechtigten erfolgen.[62] Der BGH stuft die Einholung von Rangrücktrittserklärungen als Vollzugstätigkeit ein, eine Grundschuldbestellung zählt nicht zum Kreis der in § 146 Abs. 1 genannten Rechtsgeschäfte. Die Nichtanwendbarkeit des § 146 Abs. 1 führt allerdings nicht zur Auffangnorm des § 147 Abs. 2, vielmehr hat § 35 Vorrang (s. Rn. 5 a bis 5 c). Beglaubigt der Notar jedoch nur die Unterschrift oder das Handzeichen, entsteht hierfür eine ¼ Vollzugsgebühr nach § 146 Abs. 2. **58 a**

Gebührenpflichtige Geschäfte nach Abs. 2:
keine gebührenfreien Nebengeschäfte nach Abs. 3, also gebührenpflichtig nach Abs. 2, sind, zB weil sie nicht in erster Linie dem Rechtsgeschäft, sondern weiteren Interessen der Beteiligten dienen: **59**

die Beschaffung einer **Löschungsbewilligung** im Rahmen einer **Grundschuldbestellung,** während die Einholung eines Rangrücktrittes Vollzugstätigkeit ist und eine Vollzugsgebühr nur im Rahmen des § 146 Abs. 2 anfällt (s. § 146 Rn. 4 und 30 a). Löschungsbewilligungen dienen in erster Linie der Aufhebung eines Rechts und nur mittelbar auch der Rangbeschaffung, wenn die Löschung zufällig mit der Neubestellung einer Grundschuld zusammentrifft.[63] S. auch Rn. 95; **60**

die **Überwachung der Kaufpreiszahlung** im Hinblick auf den vertragsgemäßen Vollzug; hier ersparen die Vertragsteile zudem die Gebühr nach § 38 Abs. 2 Nr. 6 a) (separate Auflassung) oder nach § 149 (Hinterlegung).[64] Gleiches gilt für die Vollzugsüberwachung dahingehend, dass der Notar den Vollzug der Eigentumsumschreibung erst veranlassen soll, wenn der Verkäufer den Erhalt des Kaufpreises bestätigt hat. Treffen Fälligkeitsüberwachung und Vollzugsüberwachung zusammen, liegen zwei getrennt zu bewertende Betreuungstätigkeiten vor.[65] **61**

Abs. 2 (nicht Abs. 3) gilt bei der **Umschuldung von Grundbesitz,** wenn der Notar damit betraut wird, dem neu einzutragenden Grundpfandrecht schon vor der Auszahlung der Valuta den ersten Rang zu sichern oder widersprechende Anweisungen des neuen und des oder der alten Geldgeber aufeinander abzustimmen; diese Tätigkeiten dienen nicht dem „Amtsgeschäft der Grundpfandrechtsbestellung", sondern „dem Umstellungsgeschäft der Beteiligten"; anders, wenn die Valuta des neuen Grundpfandrechts beim Notar hinterlegt wird.[66] **62**

Auf Antrag gefertigte **Grundbuchberichte** oder **Rangbestätigungserklärungen** sind gebührenpflichtige Geschäfte nach § 147 Abs. 1 oder 2. Zur differenzierten Betrachtung s. Rn. 16. § 147 Abs. 2 gilt auch bei der Bescheinigung des Notars nach § 3 Abs. 1 S. 1 MaBV.[67] **63**

Es liegt kein Nebengeschäft, sondern ein selbständiges Geschäft nach Abs. 2 vor, wenn der Notar ermächtigt ist, die vom **Familiengericht** gemäß § 1829 BGB erteilte **Genehmigung** entgegenzunehmen und ihr im Wege des Selbstkontrahierens mit sich als Bevollmächtigter des anderen Vertragsteils Wirksamkeit zu verschaffen; also gebührenpflich- **64**

---

[61] OLG Düsseldorf JurBüro 1991, 216 mwN.
[62] BGH, JurBüro 2006, 600 m. Anm. *H. Schmidt* = ZNotP 2006, 397 m. Anm. *Tiedtke* = DNotZ 2006, 954 = NotBZ 2006, 359 m. Anm. *Filzek* = RNotZ 2006, 621 m. Anm. *Klein*.
[63] *Klein* MittRhNotK 1984, 113.
[64] St. Rspr., vgl. BayObLG MittBayNot 1979, 248.
[65] BGH DNotZ 2005, 867 = MittBayNot 2005, 433 = ZNotP 2005, 354 = JurBüro 2005, 485 = NotBZ 2005, 289 = RNotZ 2006, 342 m. Anm. *H. Schmidt* und *Klein*.
[66] KG Rpfleger 1975, 110.
[67] OLG Stuttgart JurBüro 1995, 261.

§ 147

tig.[68] Zu den Auswirkungen des Beschlusses des BVerfG vom 18. 1. 2000[69] auf die notarielle Praxis der sog. Doppelvollmachten.[70]

Beurkundung tatsächlicher Vorgänge (§§ 47 ff.):

65 Hier beschränkt sich die Amtstätigkeit auf die Wiedergabe der tatsächlichen Vorgänge; nur was diese fördert, ist gebührenfrei.

66 Da der Notar auf Verhandlung, Form und Inhalt der Beschlüsse, Stellung sachgemäßer Anträge usw., nicht einzuwirken hat,[71] ist seine Mitwirkung bei der Vorbereitung der Hauptversammlung, das Entwerfen von Anträgen und Beschlüssen, Fertigung der Teilnehmerliste, Überprüfung der Stimmzähler bei Großversammlungen, Beratung des Versammlungsleiters keine das Geschäft fördernde Tätigkeit, auch nicht Satzungsentwurf zu §§ 40 bis 58 UmwG;[72] auch die Grundbuch- und Handelsregistereinsichten zu einem Umwandlungsbeschluss.[73] Wird die Grundbucheinsicht zu einem in der Beschlussniederschrift mitbeurkundetem Grundbuchberichtigungsantrag vorgenommen, liegt eine gebührenfreie Tätigkeit zu diesem vor. Ist der Notar nicht mit der Verhandlungsniederschrift betraut, so sind diese Tätigkeiten schon dem Auftrag nach selbständige Geschäfte. S. iÜ zu Nebentätigkeiten in Gesellschaftssachen Rn. 113 ff.

67 Gleiches gilt für Raterteilung usw. bei Verlosungen, Wahlversammlungen, Wohnungseigentümerversammlungen.

68 Bei eidesstattlichen Versicherungen nach § 49 Abs. 2 ist die auftragsgemäße Beiholung von Standesurkunden usw. kein gebührenfreies Nebengeschäft.

69 Gebührenfreies Nebengeschäft zu einem Erbscheinsantrag ist die Ablieferung eines handschriftlichen, dem Notar von Erben übergebenen Testaments;[74] anders – gebührenpflichtig –, wenn der Notar lediglich für einen anderen ein Testament an das Nachlassgericht abliefert.

Unterschriftsbeglaubigungen ohne Entwurf:

70 Hier umfasst die Amtspflicht, die durch die Gebühr nach § 45 abgegolten wird, nur die Feststellung der Echtheit der Unterschrift einschließlich Prüfung der Geschäftsfähigkeit, der Personalausweise, ferner die Durchsicht der Erklärung daraufhin, ob Gründe bestehen, die Amtstätigkeit zu versagen (§ 32 BNotO).

70a Der Abgeltungsbereich der Gebühr nach § 45 erfasst nur die Feststellung der Echtheit der Unterschrift einschließlich Feststellung der Personenidentität und Durchsicht der Erklärung durch den Notar, ob Gründe bestehen, die Amtstätigkeit zu versagen (§ 32 BNotO). Die Amtstätigkeit des Notars ist somit abgeschlossen, wenn der Notar dem Unterzeichner die Urkunde mit dem von ihm unterschriebenen Beglaubigungsvermerk aushändigt. Die Übermittlung des Schriftstückes zB an das Grundbuch- oder Registergericht löst keine Gebühr nach § 147 aus, diese Tätigkeit ist nach § 147 Abs. 4 Nr. 1 gebührenfrei. **Versendet** der Notar jedoch im Auftrag des Unterzeichners die beglaubigte Erklärung **an einen Dritten**, handelt es sich hierbei um eine gebührenpflichtige Tätigkeit. Zu erheben ist eine $5/_{10}$-Gebühr nach § 147 Abs. 2 aus einem nach § 30 Abs. 1 zu schätzenden angemessenen Teilwert. Ausgangswert ist der Wert, der bei Beurkundung der beglaubigten Erklärung anzunehmen wäre.[75] Erfolgt jedoch die Übersendung an den Unterzeichner selbst, kann nach hier vertretener Auffassung keine Gebühr nach § 147 Abs. 2 erhoben werden. Zwar übt der Notar auch hier eine zusätzliche Tätigkeit aus, die Aushändigung oder, falls die Fertigstellung des Beglaubigungsvermerks nicht sofort erfolgen kann, die Versendung, gehört noch zum gebührenpflichtigen Amtsgeschäft, hier Unterschriftsbeglaubigung.[76] Das

---

[68] OLG Stuttgart Rpfleger 1964, 132; s. dazu allgemein *Kresse* JurBüro 1967, 9.
[69] MittBayNot 2000, 311.
[70] *Reiß* MittBayNot 2000, 373.
[71] OLG München JFGErg. 17, 136.
[72] *Behre* DNotZ 1939, 161; KG DNotZ 1941, 71, 389; 1942, 456, 1943, 279.
[73] KG DNotZ 1944, 80.
[74] OLG Hamm Rpfleger 1972, 189.
[75] OLG Hamm RNotZ 2002, 516 m. Anm. *H. Schmidt* = NotBZ 2002, 266 m. Anm. *Lappe*.
[76] *H. Schmidt* (vorige Fn.).

OLG München[77] vertritt den Standpunkt, das Versenden an Dritte sei Vollzugstätigkeit iS von § 146 Abs. 2 und keine betreuende Tätigkeit nach § 147 Abs. 2. Zwar bestätigt das Gericht, dass der Abgeltungsbereich des § 45 nur die Unterschriftsbeglaubigung betrifft, will aber den Vollzugsbegriff des § 146 ausweiten. Würde man die Entscheidung für richtig halten, hätte dies zur Folge, dass das Versenden von Erklärungen nach Beglaubigung der Unterschrift gebührenfrei wäre, wenn der Inhalt nicht auf die Eintragung, Veränderung oder Löschung eines Grundpfandrechts oder einer Schiffshypothek gerichtet ist. Der Auffassung kann aus mehreren Gründen nicht gefolgt werden. Um eine Gebühr nach § 146 Abs. 2 zu rechtfertigen, müsste der Auftrag darauf gerichtet sein, die unterschriftsbeglaubigte Erklärung beim Grundbuchamt zum Vollzug zu bringen. Ein solcher Auftrag ist zwingende Voraussetzung und kann aus einem Auftrag, der nur auf das Versenden an eine bestimmte Person gerichtet ist, weder konkret noch konkludent entnommen werden. Die Tätigkeit dient auch nicht dem Vollzug iS von § 146 Abs. 2, sondern beschränkt sich darauf, die Erklärung an einen bestimmten Adressaten zu übersenden. Ob der Empfänger möglicherweise den Vollzug betreibt, ist unerheblich. Gegen die Richtigkeit der Auffassung des OLG München spricht auch § 147 Abs. 4 Nr. 1. Dort ist geregelt, dass die Übermittlung von Anträgen an das Grundbuchamt oder das Registergericht keine Gebühr auslöst, wenn der Antrag mit einer anderen gebührenpflichtigen Tätigkeit im Zusammenhang steht. Wenn schon die (bloße) Übermittlung an das Grundbuchamt keine Gebühren auslöst, auch keine Vollzugsgebühr nach § 146 Abs. 2, kann erst Recht keine Gebühr nach § 146 Abs. 2 entstehen, wenn die Übersendung (möglicherweise als Zwischenschritt für den Vollzug) nicht an das Grundbuchamt, sondern an einen Dritten erfolgt. § 147 Abs. 2 ist bei Versenden an einen Dritten nur deshalb anzuwenden, weil § 147 Abs. 4 Nr. 1 nur das Übermitteln an das Grundbuchamt oder Registergericht gebührenfrei stellt und nicht die Übersendung an andere Stellen oder Personen.

Tätigkeiten des Notars, die sich auf die unterzeichnete Erklärung beziehen (Ratererteilung, Belehrung über die rechtliche Tragweite, Grundbucheinsicht oder Einholung von Registerauszügen usw.), fördern nicht das Geschäft des Notars, sondern nur die rechtsgeschäftlichen Beziehungen der Beteiligten und sind daher nach Abs. 2 zu bewerten,[78] ebenso das Einholen von gerichtlichen oder behördlichen Genehmigungen (Familiengericht, Nachlassgericht, Kirchenaufsichtsbehörde usw.). Soweit die unterschriftsbeglaubigte Erklärung den Vollzug eines Antrags auf Eintragung, Veränderung oder Löschung eines Grundpfandrechtes oder einer Schiffshypothek betrifft, fällt nicht die Gebühr nach Abs. 2 an, sondern diejenige nach § 146 Abs. 2 (s. § 146 Rn. 45). **71**

Die Überprüfung der dem Notar zur Unterschriftsbeglaubigung vorgelegten Erklärung zB auf Antrag zur Eintragung einer Grundschuldbestellung ist nicht nach § 147 Abs. 2 kostenpflichtig, sondern § 145 Abs. 1 S. 2. Die Behebung bloßer Flüchtigkeitsfehler in der Erklärung ohne besondere Mühewaltung wird man als Nebengeschäft weiterhin gebührenfrei lassen können.[79] S. § 145 Rn. 30. **72**

Bei der Feststellung der Vertretungsbefugnis nach § 150 ist die Register- oder Auszugseinsicht gebührenfreies Nebengeschäft (strittig; s. zur divergierenden Rspr. Rn. 3). **73**

Zurücknahme des Beurkundungsantrages:
Die das Hauptgeschäft vorbereitende oder fördernde Tätigkeit des Notars ist im Falle der Zurücknahme des Beurkundungsantrages durch die Gebühr nach §§ 141, 130 Abs. 2 abgegolten. Die noch zur Vorauflage vertretene Auffassung, § 130 Abs. 2 gehe § 147 Abs. 2 vor, geben wir auf. § 130 Abs. 2 ist einschlägig, wenn der Antrag auf ein Beurkundungsersuchen oder auf Entwurffertigung zurückgenommen wird, ohne dass der Notar Vorleistungen erbracht hat. Insbesondere ist § 147 Abs. 2 einschlägig, wenn der Notar die Beteiligten bereits zu dem konkreten Sachverhalt beraten hat. S. hierzu ausführlich und zutreffend bei **74**

---

[77] JurBüro 2007, 656 = NotBZ 2007, 448 m. Anm. *Filzek* = ZNotP 2007, 438 m. Anm. *Tiedtke* = JurBüro 2007, 656 m. Anm. *Simon*.
[78] Vgl. *Behre* DNotZ 1939, 164; PrüfAbt. Notarkasse MittBayNot 1976, 12.
[79] KG JW 1934, 1918.

§ 130 Rn. 32.[80] Zur Beratungsgebühr selbst s. Rn. 30a. Ist der Notar jedoch mit allen Beteiligten in die Beurkundungsverhandlung eingetreten, wird § 147 Abs. 2 durch § 57 verdrängt. In diesem Falle hat die beratende Tätigkeit nur eine begleitende Funktion, das Hauptgeschäft ist die Beurkundungsverhandlung, die kostenrechtlichen Folgen für das Scheitern regelt § 57.

IV. Fallgruppen und Fälle im Bereich der gebührenpflichtigen Geschäfte nach § 147 Abs. 2

1. Beurkundung von rechtsgeschäftlichen Erklärungen

75 a) **Grundpfandrechte**
Einholen der **Schuldübernahmegenehmigung** nach § 415 BGB zu einer in einem Vertrag übernommenen durch eine Hypothek oder Grundschuld gesicherten Schuld;[81] Geschäftswert: § 30 Abs. 1, ca. 10–20% des Schuldbetrages;

76 **Anzeige der Schuldübernahme** durch den Notar an den Gläubiger;[82] Geschäftswert wie Rn. 75;

77 Mitteilung an den Schuldner von der beurkundeten **Abtretung einer Forderung**; Geschäftswert wie Rn. 75; Gleiches gilt für die **Verpfändungsanzeige** nach § 1280 BGB oder die Einholung einer Nichtvalutierungserklärung;

78 Verhandlung mit den Gläubigern von übernommenen Hypotheken wegen der Belassung der durch Veräußerung fälligen Hypotheken zu den bisherigen Bedingungen; Geschäftswert wie Rn. 75;

79 **Einholung einer Nichtvalutierungserklärung.** Der Geschäftswert ist nach § 30 Abs. 1 zu bestimmen. Angemessen sind 10–20% aus dem Nennbetrag der betroffenen Grundschuld.

80 Holt der Notar zum Vollzug einer Grundschuldbestellung, unter welcher er nur die Unterschrift oder das Handzeichen beglaubigt hat, Rangrücktrittserklärungen ein, liegt eine Vollzugstätigkeit iS von § 146 Abs. 2 vor, wenn die Einholung ohne Entwurf erfolgt. Erfolgt diese Tätigkeit zu einer beurkundeten oder entworfenen Grundschuldbestellung, liegt ein gebührenfreies Nebengeschäft nach § 35 vor. Zu dieser Problematik und zur Rspr. des BGH s. § 146 Rn. 27ff. Werden dem Notar vom Gläubiger **Treuhandauflagen** erteilt, entsteht eine Gebühr nach § 147 Abs. 2 aus einem nach § 30 Abs. 1 zu schätzenden Teil aus der Forderung, die vom Gläubiger geltend gemacht wird (ca. 30–50%). Bei nicht geldwerten Treuhandauflagen ca. 30% aus dem Wert Rangrücktrittserklärung. Diese Gebühr entsteht auch dann, wenn die Einholung der Rangrücktrittserklärung gebührenfrei sein sollte;

81 bei Bestellung von **Eigentümerbriefgrundschulden** die Anweisung an den Notar, den Grundschuldbrief entgegenzunehmen und nach Weisung durch den Eigentümer zu verwenden; Geschäftswert: § 30 Abs. 1 aus 10–20% des Nennbetrages der Eigentümergrundschuld;

82 wenn der Notar auftragsgemäß mit Realberechtigten über Rücktritte, Löschung vorgehender Hypotheken usw. verhandelt bzw. diese Gläubigererklärungen erhält, ohne mit dem Entwurf der Rangregelungserklärungen betraut zu sein;[83] Geschäftswert: § 30 Abs. 1, 10–20% des Wertes für den Rangrücktritt bzw. die Löschung;

83 wenn es anlässlich einer Grundpfandrechtsbestellung dem Notar übertragen wird, die Beleihungsgrenze festzustellen und die Unterlagen dazu zu beschaffen; Geschäftswert: § 30 Abs. 1 ca. 20–30% des Nennbetrages des Grundpfandrechtes;

84 wenn der Notar auftragsgemäß im Rahmen einer **Umschuldung** für einen Mandanten eine Hypothek kündigt;[84] Geschäftswert: § 30 Abs. 1, ca. 10–20% des Nennbetrages der Hypothek;

---

[80] S. auch *Schmellenkamp* RNotZ 2006, 55 mit zutreffender Argumentation.
[81] OLG Stuttgart Justiz 1969, 45; OLG Düsseldorf JurBüro 1978, 580; 1980, 119.
[82] KG JurBüro 1975, 855; OLG Düsseldorf JurBüro 1980, 119.
[83] *Klein* MittRhNotK 1984, 113.
[84] OLG Braunschweig Rpfleger 1967, 59.

Verhandlungen mit Banken bei Umschuldungen (Rn. 62); Geschäftswert: § 30 Abs. 1, ca. **85** 20–30% der Nennbeträge der Grundpfandrechte. Bei Grundpfandrechten für mehrere Gläubiger sind getrennte Gebühren zu berechnen;
Einholung einer **Genehmigung oder Vollmachtsbestätigung** eines nicht erschienenen **86 unmittelbar Beteiligten,** ohne Übersendung eines Entwurfs. Bei Entwurfsfertigung ist § 145 Abs. 1 einschlägig, daneben nicht zusätzlich § 147 Abs. 2. Der Geschäftswert für die Gebühr nach Abs. 2 ist nach § 30 Abs. 1 zu bestimmen, etwa 20–30% des Nennbetrages des Grundpfandrechtes. Beschränkt sich die Tätigkeit des Notars darauf, die Genehmigung oder Vollmachtsbestätigung, die ihm unaufgefordert übersandt wird, lediglich entgegenzunehmen, liegt keine gebührenpflichtige Tätigkeit vor, sondern ein gebührenfreies Nebengeschäft zur Grundpfandrechtsbestellung. Eine Gebühr nach § 147 Abs. 2 fällt auch nicht etwa deshalb an, weil der Notar die Genehmigung/Vollmachtsbestätigung an das Grundbuchamt weitergibt.[85]
Bei Einholung einer Genehmigung oder Vollmachtsbestätigung eines **Mitberechtigten** gilt **87** Folgendes: Ausgangswert für die Wertbestimmung ist der Wert der Genehmigung/Vollmachtsbestätigung. Bestellen zB Bruchteilseigentümer eine Grundschuld, ohne auch ein persönliches Schuldanerkenntnis (mit oder ohne Zwangsvollstreckung) abzugeben, ist nur vom Bruchteil auszugehen, der dem Miteigentumsanteil des Genehmigenden oder Vollmachtsgebers entspricht (§ 40 Abs. 2). Dies gilt aber nicht im Fall der **Mitverpflichtung (Gesamtschuldhaft).** Haftet der Genehmigende oder Vollmachtgeber für die **gesamte Schuld** auch persönlich, so ist Ausgangswert für der Gebühr nach § 147 Abs. 2 zugrunde zu legenden Geschäftswert der volle Wert, § 40 Abs. 2 gilt in diesem Falle nicht.[86]
Erhält der Notar den Auftrag des Kreditinstituts im Rahmen einer Grundschuldbestellung **87a** die Einigung zwischen dem Eigentümer und dem Gläubiger gemäß § 873 BGB dadurch herbeizuführen, dass er die für den Gläubiger bestimmte Ausfertigung im Auftrag des Gläubigers entgegennimmt, liegt eine gebührenpflichtige Nebentätigkeit nach § 147 Abs. 2 vor.[87] Mit Recht stellt das Gericht fest, dass die **Herbeiführung der Einigung** durch den Notar als Bevollmächtigter des Grundschuldgläubigers nicht als gebührenfreies Nebengeschäft nach § 35 eingestuft werden kann. Gebührenfreie Nebengeschäfte können nur Tätigkeiten sein, die dem grundbuchamtlichen Vollzug der Grundschuldbestellung dienen. Die Entgegennahme einer Ausfertigung der Grundschuldbestellungsurkunde für den Gläubiger liegt außerhalb dieser Vollzugstätigkeiten und ist daher der Auffangnorm des § 147 Abs. 2 zuzuordnen. Der Geschäftswert bestimmt sich nach § 30 Abs. 1. Ein Teilwert von etwa 30% des Nennbetrages der Grundschuld erscheint vertretbar.[88] Diese Gebühr wird allerdings nicht schon dann ausgelöst, wenn der Notar lediglich eine Ausfertigung an den Gläubiger übersendet und dieser die Einigung selbst herbeiführt.
Etwas anderes gilt, für die Einholung einer Zustimmungserklärung eines **mittelbar Betei- 88 ligten** (zB Eigentümerzustimmung bei Belastung eines Erbbaurechtes). Diese Tätigkeit ist Vollzugstätigkeit nach § 146 Abs. 1. Die Vollzugstätigkeit löst die Vollzugsgebühr jedoch nur bei Geschäften aus, die zum Kreis des § 146 Abs. 1 zählen (s. Rn. 57). Die Bestellung eines Grundpfandrechtes gehört nicht dazu, daher weder § 146 Abs. 1 noch § 147 Abs. 2. Anders bei Grundpfandrechtsbestellungen durch Unterschriftsbeglaubigung, dort § 146 Abs. 2 neben § 45, s. Rn. 71. Bei Entwurffertigung gilt § 145, s. dort.
Umschreibung der Vollstreckungsklausel. Der Notar erhält für die Erteilung voll- **89** streckbarer Ausfertigungen eine Gebühr nach § 133, wenn der Eintritt einer Tatsache oder einer Rechtsnachfolge zu prüfen ist (§§ 726 bis 729 ZPO) oder wenn es sich um die Erteilung einer weiteren vollstreckbaren Ausfertigung handelt. S. § 133 Rn. 9, 18. Unterschiedlich beantwortet wird jedoch die Frage, ob die Gebühr des § 133 oder eine Gebühr nach

---

[85] OLG Zweibrücken DNotZ 1993, 765; LG Koblenz MittRhNotK 1996, 107; OLG Düsseldorf JurBüro 2005, 433 = ZNotP 2005, 439 = MittBayNot 2006, 359; JurBüro 2006, 93.
[86] Vgl. *Tiedtke* Notarkosten Rn. 1427 ff.
[87] LG Bochum ZNotP 2002, 491 m. Anm. *Tiedtke*.
[88] So auch *Schilling/Schürmann* ZNotP 2000, 229, 232.

§ 147 Abs. 2 zu erheben ist oder ob gar eine gebührenfreie Tätigkeit des Notars gemäß § 35 vorliegt, wenn es sich lediglich um eine Namensberichtigung (des Gläubigers oder des Schuldners) handelt und diese in einem Zusatz zur Vollstreckungsklausel vermerkt wird. In diesem Falle erschöpft sich die Tätigkeit des Notars auf die Prüfung der Identität der rechtlich nicht veränderten Beteiligten, so dass keine gebührenrechtliche Gleichstellung mit der Prüfung der echten Rechtsnachfolge vorgenommen werden kann.[89] Eine analoge Anwendung des § 133 auf eine Namensberichtigung bei bestehender Identität muss ebenso ausscheiden, wie der Ansatz einer Betreuungsgebühr nach § 147 Abs. 2.[90]

b) Grundstücksveräußerungen

90 Auftragsgemäße Anweisung des Notars an den Käufer zur Zahlung des Kaufpreises nach Eintragung der Auflassungsvormerkung, Vorliegen der Freistellungserklärungen (Löschungen usw.) und sonstiger Vollzugsvoraussetzungen (**Fälligkeitsmitteilung**).[91] Der Geschäftswert ist nach einer Meinung, die sich in der Praxis durchgesetzt hat, nach § 30 Abs. 1 zu schätzen. Für die Bemessung des Teilwertes sind der Umfang der vom Notar zu überwachenden Voraussetzungen und die damit verbundenen Risiken angemessen zu berücksichtigen. Für den Regelfall hat die Rspr. den Ermessensrahmen mit etwa 20–50% des Kaufpreises bestimmt.[92] Demgegenüber steht die Auffassung, eine Wertschätzung sei ausgeschlossen, da der Wert feststeht, als Geschäftswert käme der volle Kaufpreis in Betracht.[93] Ausgangswert ist stets der volle Kaufpreis, auch wenn dieser in **Raten** zu zahlen ist. Voraussetzung ist aber, dass sich die **Fälligkeitsmitteilung auf alle Raten bezieht**. Die Festsetzung des Teilwertes ist **Ermessensentscheidung des Notars**. Im Beschwerdeverfahren ist die Prüfung darauf beschränkt, ob ein Ermessensfehlgebrauch vorliegt. Die Angemessenheit über den Prozentsatz ist der Nachprüfbarkeit durch das Beschwerdegericht entzogen.[94] Zur Frage, ob die **Fälligkeitsmitteilung neben die Hebegebühr** nach § 149 zusätzlich zu bewerten ist, s. § 149 Rn. 7.

90a Übernimmt der Notar den Auftrag der Beteiligten, ihnen die Fälligkeit des Kaufpreises mitzuteilen, sobald die vereinbarten Voraussetzungen vorliegen und ferner die Vollzugsüberwachung, wonach die Eigentumsumschreibung erst nach Kaufpreiszahlung erfolgen soll, handelt es sich um gebührenpflichtige Tätigkeiten gemäß § 147 Abs. 2, für die getrennte Gebühren nach § 147 Abs. 2[95] zu erheben sind.

91 Anweisung an den Notar, die Kaufurkunde erst dann zum Vollzug der Auflassung dem Grundbuchamt vorzulegen (**Vollzugsüberwachung**), wenn ihm nachgewiesen oder bestätigt wurde, dass der Kaufpreis beglichen ist,[96] wonach eine Gebühr nach § 147 Abs. 2 nicht anfällt, wenn dem Notar nur eine Zahlungsbestätigung des Verkäufers vorzulegen ist; (dagegen – unter Hinweis auf die Vollzugspflicht des Notars nach § 53 BeurkG,[97] wenn Vollzugsgebühr angefallen ist). Die gegenteilige Auffassung des OLG Köln ist schon des-

---

[89] BayObLG DNotZ 1979, 55; JurBüro 1988, 364; 1988, 641; KG DNotZ 1979, 436; 1980, 711; OLG Hamm MDR 1994, 1511; OLG Schleswig DNotZ 1992, 823 mwN; OLG Celle JurBüro 2001, 376; *Mümmler* JurBüro 1975, 27; aA LG Passau DNotZ 1972, 635; OLG Düsseldorf JurBüro 1990, 634 m. abl. Anm. *Mümmler* = DNotZ 1990, 678; *Reimann* MittBayNot 1978, 19; *Schmidt* MittBayNot 1988, 151.
[90] OLG Brandenburg Beschluss vom 26. 5. 1999, Az. 8 Wx 510/98 (n. v.); PrüfAbt. Ländernotarkasse Leipzig NotBZ 2000, 118.
[91] OLG Düsseldorf DNotZ 1978, 701; OLG Zweibrücken MittBayNot 1982, 146; BayObLG MittBayNot 1983, 25; KG JurBüro 1984, 1556; OLG Stuttgart BWNotZ 1989, 84; OLG Hamm MittBayNot 1998, 202; OLG Schleswig JurBüro 1995, 260.
[92] BayObLG DNotZ 1980, 185; LG Kleve JurBüro 1995, 318; LG Siegen JurBüro 1996, 315; LG Berlin ZNotP 1997, 39; *Bund* DNotZ 1997, 27; Streifzug Rn. 1646; *Mümmler* JurBüro 1988, 1372.
[93] OLG Düsseldorf Rpfleger 1978, 72; LG Düsseldorf JurBüro 1980, 113; LG Krefeld JurBüro 1985, 117; *Klein* JurBüro 1987, 1749.
[94] BayObLG JurBüro 1982, 1385; 1997, 487; OLG Düsseldorf JurBüro 1996, 101.
[95] OLG Köln ZNotP 2003, 399 = RNotZ 2003, 401.
[96] OLG Düsseldorf MittRhNotK 1975, 141; DNotZ 1978, 701; JurBüro 1995, 598, 1996, 101; BayObLG DNotZ 1979, 752; 1980, 185; 1983, 248; OLG Zweibrücken MittBayNot 1982, 146; KG JurBüro 1984, 1556; OLG Naumburg MittBayNot 1993, 396; OLG Hamm MittBayNot 1998, 202; vgl. Rn. 61; aA OLG Köln MittRhNotK 1991, 226.
[97] *Klein* MittRhNotK 1991, 228, aA auch OLG Celle JurBüro 1997, 40.

halb abzulehnen, weil sich die Tätigkeit des Notars keinesfalls nur auf die bloße Entgegennahme beschränken kann. Er muss in jedem Fall prüfen, ob die Zahlung in der Weise erfolgt ist, wie sie dem vereinbarten Willen der Beteiligten entspricht, zB Zahlungsempfänger, Zahlung auf das im Kaufvertrag angegebene Konto, Prüfung, ob der vorgelegte Zahlungsnachweis ausreicht, wenn dieser vom Käufer vorgelegt wird usw. Für den Geschäftswert ist nach überwiegender Meinung, von § 30 Abs. 1 auszugehen. Ein Schätzwert in einer Größenordnung von 20–50% des Kaufpreises ist angemessen.[98] Im Übrigen gelten die grundsätzlichen Ausführungen zum **Ermessenswert** nach Rn. 89 sinngemäß. Häufig wird in der Praxis auch so verfahren, dass die Auflassung im Kaufvertrag zwar enthalten ist, nicht jedoch die Eintragungsbewilligung bezüglich der Eigentumsumschreibung. In diesem Fall wird der Notar ermächtigt, den Vollzug der Auflassung durch **Eigenurkunde** zu bewilligen, sobald die festgelegten Vollzugsvoraussetzungen vorliegen.[99] Diese Verfahrensweise löst die gleichen Gebühren aus wie die Vollzugsüberwachung.[100] Zur Entscheidung des OLG Köln,[101] wonach der Notar eine Amtspflichtverletzung begeht, wenn er eine Bewertungspraxis wählt, die der Rspr. des für ihn zuständigen Kostensenats widerspricht, s. Rn. 3. Zur Konkurrenz mit der Hebegebühr s. § 149 Rn. 6 ff.

Fälligkeitsmitteilung und Vollzugsüberwachung sind selbständige Nebentätigkeiten, welche zwei Gebühren nach § 147 Abs. 2 auslösen.[102] **92**

Entgegennahme und Verwahrung von Bürgschaften nach § 2 MaBV durch den Notar; Geschäftswert: § 30 Abs. 1, ca. 20–30% des Nennbetrages der Bürgschaft. **93**

Erteilung einer Bescheinigung nach § 3 Abs. 1 Nr. 1 MaBV;[103] Geschäftswert: ca. 20% des Kaufpreises; **94**

Wird der Notar im Rahmen des Vollzugs von Grundstücksveräußerungsverträgen auch mit der Einholung von Lastenfreistellungserklärungen betraut und erfolgt die Einholung der Lastenfreistellungserklärung ohne Entwurf, liegt nach nunmehriger Rspr. des BGH[104] eine Vollzugstätigkeit iS von § 146 Abs. 1 vor, wenn sich der Verkäufer zur lastenfreien Übereignung verpflichtet hat. Damit ist eine Einordnung und § 147 Abs. 2 nicht mehr haltbar. Zu den Grundsatzfragen s. § 145 Rn. 7 ff. und § 146 Rn. 30. **95**

Treuhandaufträge sind kostenpflichtige Betreuungstätigkeiten nach § 147 Abs. 2 und nicht etwa Vollzugstätigkeiten nach § 146, auch dann nicht, wenn sie mit Vollzugstätigkeiten iS von § 146 zusammentreffen. Zur Übernahme einer Treuhandauflage des Gläubigers sind Verhandlungen mit dem Gläubiger zwingend notwendig, nämlich Ersuchen an den Notar und dessen Erklärung, dass er den Treuhandauftrag auch übernimmt. Die Übernahme und das Beachten von Treuhandauflagen sind somit nicht mit der eigentlichen Vollzugstätigkeit, nämlich dem Ersuchen zB auf Erteilung der Lastenfreistellungsbewilligung iS des Vollzugsbegriffs verbunden. Es müssen zusätzliche, das Rechtsverhältnis des Verkäufers mit seinem Gläubiger betreffende Erklärungen abgegeben werden, zu deren Übernahme der Notar im Rahmen seines Vollzugsauftrages nicht verpflichtet ist. Die Übernahme von Treuhandauflagen gehört damit nicht zu § 146, sondern zu § 147 Abs. 2, weil es sich um eine Hilfestellung des Notars handelt, von deren Übernahme der Vollzug nicht abhängt, ähnlich wie die Fälligkeitsmitteilung und die Vollzugsüberwachung.[105] Bei Übernahme von **95a**

---

[98] BayObLG DNotZ 1980, 185; 1980, 187; LG Bielefeld Rpfleger 1992, 273; OLG Düsseldorf JurBüro 1996, 101 (früher 100%, s. MittBayNot 1978, 29); OLG Naumburg MittBayNot 1993, 396–10%; aA *Klein* Rpfleger 1988, 178.
[99] OLG Köln DNotI-Report 1997, 129; differenzierter *Bund* JurBüro 2003, 232.
[100] *Tiedtke* Notarkosten Rn. 551; Streifzug Rn. 1645.
[101] RNotZ 2001, 237 m. abl. Anm. *Römer*.
[102] OLG Düsseldorf DNotZ 1978, 701; BayObLG DNotZ 1980, 185; OLG Köln MittRhNotK 1991, 226; *Klein* MittRhNotK 1992, 228; BGH JurBüro 2006, 600 m. Anm. *H. Schmidt* = Rpfleger 2006, 676 = ZNotP 2006, 397 m. Anm. *Tiedtke* = DNotZ 2006, 954 = NotBZ 2006, 359 m. Anm. *Filzek* = MittBayNot 2007, 71 = RNotZ 2006, 621 m. Anm. *Klein*.
[103] OLG Stuttgart JurBüro 1995, 261 m. Anm. *Mümmler*.
[104] Beschluss vom 12. 7. 2007, V ZB 113/07, FGPrax 2007, 240 (LS).
[105] AA OLG Oldenburg Beschluss vom 11. 7. 2006, 3 W 6/06; kritisch besprochen bei *Bengel/Tiedtke* DNotZ 2007, 423.

§ 147

Treuhandauflagen entsteht somit, ggf. neben der Vollzugsgebühr, eine Gebühr nach § 147 Abs. 2 aus einem angemessenen Teilwert, wobei nicht der Wert des Kaufvertrages Ausgangswert ist, sondern der Wert der Auflage.[106] Die treuhänderische Verwahrung von Löschungsunterlagen durch den Notar wird auch dann nicht bereits durch die Gebühr nach § 146 Abs. 1 abgegolten, wenn die Verwahrung zeitlich vor dem Abschluss des beurkundenden Kaufvertrages liegt.[107] S. iÜ § 146 Rn. 30 a.

96 Einholen von **Gemeinderatsbeschlüssen** u. Ä. (ohne Entwurf) zu Kaufverträgen etc.; Geschäftswert: § 30 Abs. 1 ca. 10–20% des Wertes des Veräußerungsgeschäftes;[108]

97 Einholen der das verkaufte Anwesen betreffenden Urkunden (Mietverträge, Brandversicherungsurkunde, Einheitswertbescheid, Grundsteuerbescheid usw.) vom Verkäufer und Aushändigung an den Käufer; Geschäftswert: § 30 Abs. 1 ca. 10% des Kaufvertragswertes;

98 Mitteilung an einen auch dinglich nicht gesicherten **Vorkaufsberechtigten** von dem Verkauf mit Aufforderung zur Erklärung über das Vorkaufsrecht; Geschäftswert: § 30 Abs. 1 ca. 20–30% des Kaufvertragswertes;

99 Mitteilung an einen vorkaufsberechtigten **Mieter nach § 577 BGB** von dem Verkauf mit Aufforderung zur Erklärung über das Vorkaufsrecht; Geschäftswert wie bei Rn. 98;

100 Mitteilung an die den Kaufpreis kreditierende Bank über den Sachstand eines Grundstücksverkaufs (Vorliegen der Löschungen, Eintragung der Auflassungsvormerkung, Nichtvorhandensein eines Voreinlaufs beim Grundbuchamt, zur Vorfinanzierung usw.); Geschäftswert: § 30 Abs. 1 ca. 10–20% des Kaufvertragswertes;

101 auf Verlangen des Käufers auf die Kaufurkunde nach Grundbucheinsicht gesetzte Bescheinigung, dass lastenfrei umgeschrieben bzw. ranggemäß vollzogen wurde, jedoch nur, wenn nicht § 147 Abs. 1 S. 2 einschlägig ist; Geschäftswert: § 30 Abs. 1 ca. 5–10% des Kaufvertragswertes;

102 Mitteilung an den Erwerber eines Anwesens über die laufenden Lasten (Grundsteuer, Brandkassenbetrag usw.) und die Fälligkeitsdaten derselben; Geschäftswert: § 30 Abs. 1 ca. 20–30% aus den mitgeteilten Beträgen;

103 Rentabilitätsberechnung über ein Anwesen für den Käufer; Geschäftswert: 20–30% des Anwesenswertes;

104 Feststellung der Baulinien, der Grenzsteine und ähnlicher tatsächlicher Verhältnisse eines Kauf Grundstücks; Geschäftswert: 10–20% des Grundstückswertes; handelt es sich jedoch um eine Tatsachenfeststellung, so hat Bewertung nach § 50 zu erfolgen;

105 wird der Notar angewiesen, bei einem **Kaufangebot** vollziehend tätig zu werden, so als ob der Vertrag bereits abgeschlossen wäre, fällt für die Abs. 2 unterliegenden Maßnahmen diese Gebühr an;[109]

106 wenn der Notar zu einer von ihm beurkundeten Auflassung die nicht von ihm errichtete Grundpfandrechtsbestellungsurkunde zur ranggemäßen Miteintragung vorlegt;[110] Geschäftswert: § 30 Abs. 1 ca. 10% des Nennbetrages des Grundpfandrechtes.

107 Die **Vorkaufsrechtsanfrage** nach dem BauGB veranlasst den Ansatz der Vollzugsgebühr nach § 146 Abs. 1, nicht nach § 147, da das Nichtbestehen bzw. die Nichtausübung des Vorkaufsrechtes Vollzugsvoraussetzung ist (§ 28 Abs. 1 S. 2 BauGB), vgl. dazu § 146 Rn. 11; das Einholen erforderlicher Stellungnahmen zu den weiteren gesetzlichen Vorkaufsrechten, die den Grundbuchvollzug nicht hemmen, löst – ggf. neben der Gebühr nach § 146 – eine gesonderte Gebühr nach § 147 Abs. 2 aus, und zwar für jede Anfrage einzeln;[111] wegen falscher

---

[106] OLG Köln JurBüro 1997, 41 = MittRhNotK 1996, 101, allerdings einheitliche Gebühr für die Einholung und den Treuhandauftrag, jedoch noch nach § 147 Abs. 2; ausschließlich zur Bewertung von Treuhandauflagen nach § 147 Abs. 2, ZNotP 2003, 399 = RNotZ 2003, 401; OLG Hamm ZNotP 2003, 39; LG Mainz JurBüro 2001, 600.
[107] OLG Düsseldorf JurBüro 1994, 168; OLG Celle RNotZ 2005, 62 m. Anm. *H. Schmidt* = JurBüro 2005, 154.
[108] PrüfAbt. Notarkasse MittBayNot 1976, 10.
[109] *Assenmacher/Mathias* S. 1015; *Ackermann* DNotZ 1959, 123.
[110] *Assenmacher/Mathias* S. 182.
[111] Vgl. BayObLG MittBayNot 1980, 180; LG Deggendorf MittBayNot 1982, 147.

Sachbehandlung s. Rn. 33. – **Beispiele für landesrechtliche Vorkaufsrechte,** die **keine Grundbuchsperre** bewirken und damit der Gebühr nach § 147 Abs. 2 unterliegen: Baden-Württemberg: Naturschutzgesetz idF vom 13. 12. 2005 (GBl. S. 745; 2006 S. 319) und Waldgesetz idF vom 31. 8. 1995 (GBl. S. 685); Bayern: Naturschutzgesetz idF vom 23. 12. 2005 (GVBl. 2006 S. 2); Brandenburg: Naturschutzgesetz vom 26. 5. 2004 (GVBl. I S. 350); Bremen: Naturschutzgesetz idF vom 19. 4. 2006 (GBl. S. 221); Hessen: Naturschutzgesetz idF vom 4. 12. 2006 (GVBl. I S. 619); Mecklenburg-Vorpommern: Waldgesetz vom 8. 2. 1993 (GBl. S. 90); Niedersachsen: Naturschutzgesetz idF vom 11. 4. 1994 (GVBl. S. 155, 267); Sachsen: Naturschutzgesetz idF vom 3. 7. 2007 (GVBl. S. 321) und Waldgesetz vom 10. 4. 1992 (GVBl. S. 137); Sachsen-Anhalt: Naturschutzgesetz vom 23. 7. 2004 (GVBl. S. 454); Schleswig-Holstein: Waldgesetz vom 5. 12. 2004 (GVBl. S. 461); Thüringen: Naturschutzgesetz idF vom 30. 8. 2006 (GVBl. S. 421) und Waldgesetz idF vom 28. 6. 2006 (GVBl. S. 343).[112] – Der Geschäftswert ist nach § 30 Abs. 1 zu schätzen. Ein Teilwert von etwa 5–10% des Wertes des Kaufvertrages ist angemessen. Werden zu mehreren Verkaufsrechten Anfragen vorgenommen, fällt die Gebühr mehrfach an.

Die Frage, ob die Tätigkeit zur Vorkaufsrechtsregelung – abgesehen von den der Vollzugsgebühr nach § 146 unterliegenden Fällen – überhaupt die Gebühr nach § 147 Abs. 2 auslöst, ist allerdings umstritten.[113] **108**

Hat die zuständige **Verwaltungsbehörde** eine **generelle Verzichtserklärung** für ein gesetzliches Vorkaufsrecht ausgesprochen und auch dem Grundbuchamt gegenüber abgegeben und weist der Notar in der Urkunde lediglich auf diesen Sachverhalt hin, ist § 147 Abs. 2 nicht anwendbar. Ist die Verzichtserklärung gemäß § 28 Abs. 5 BauGB jedoch nicht ausnahmslos auf alle Grundstücke oder Objekte bestimmter Art bezogen und muss daher der Notar prüfen, ob ein Verzichtsfall vorliegt oder nicht, ist § 147 Abs. 2 anzuwenden. Geschäftswert: § 30 Abs. 1, ca. 10–20% des Kaufvertragswertes. **109**

Hat der Notar für eine bestimmte Reihe von Fällen (zB ein Baugebiet, ein Wohnungseigentumsprojekt) im Auftrag des Vorkäufers eine Verzichtserklärung bezüglich eines gesetzlichen Vorkaufsrechtes eingeholt, erhält er hierfür eine Gebühr nach § 147 Abs. 2 aus einem Schätzwert, jedoch dann nicht mehr für den Hinweis darauf in der Erwerbsurkunde. **110**

Das Erstellen (Beurkunden) von sog. **Verweisungs- oder Mutterurkunden,** die der Durchführung künftig abzuschließender Kaufverträge (vor allem im Rahmen eines Bauherren- oder Bauträgermodells) dienen und keine rechtsgeschäftlichen Erklärungen enthalten, ist nach einer Entscheidung des BGH[114] nach § 36 Abs. 1 und nicht nach § 147 Abs. 2 zu bewerten. Die Rspr. des BayObLG[115] ist damit überholt (s. Rn. 4). **111**

Zustimmungserklärungen mittelbar/unmittelbar Beteiligter. Ein Sonderproblem betrifft die Einordnung der Einholung von Zustimmungserklärungen (auch Vollmachtsbestätigungen) Beteiligter als Vollzugstätigkeit nach § 146 oder als gebührenpflichtige Nebentätigkeit nach § 147, sofern nicht § 145 einschlägig ist. Zur Einordnung als Vollzugstätigkeit oder gebührenpflichtige Nebentätigkeit wird unterschieden zwischen Zustimmungserklärungen unmittelbar Beteiligter und solchen mittelbar Beteiligter. Die Einholung von Zustimmungserklärungen mittelbar Beteiligter (zB Verwalterzustimmung bei Verkauf eines Wohnungseigentumsrechtes, Zustimmung des Eigentümers bei Veräußerung eines Erbbaurechtes usw.), ist Vollzugstätigkeit nach § 146 Abs. 1 (s. § 146 Rn. 23). Von § 146 werden Tätigkeiten des Notars erfasst, die zur Vollzugsreife eines zustande gekommenen Rechtsgeschäftes notwendig sind. Tätigkeiten, die das Zustandekommen des Vertrags selbst betreffen, **112**

---

[112] Zu weiteren landesrechtlichen Vorkaufsrechten, zB nach Denkmalschutzgesetz, Landverwertungsgesetz und Vermögensgesetz, s. insbesondere *Grauel* RNotZ 2002, 210; 2004, 31; *Tiedtke* Notarkosten, Übersicht Rn. 566; *Filzek* Online Kommentar § 146 Rn. 4.
[113] Wie hier bejahend BayObLG DNotZ 1968, 117; OLG Frankfurt DNotZ 1968, 765; KG Rpfleger 1968, 80; OLG Stuttgart Justiz 1968, 308; OLG Düsseldorf DNotZ 1970, 441; verneinend OLG Neustadt JurBüro 1964, 359.
[114] ZNotP 2006, 117 m. Anm. *Tiedtke* = NJW 2006, 1208 = DNotZ 2006, 382 = MittBayNot 2006, 351 = JurBüro 2006, 376 = RNotZ 2006, 344 m. Anm. *Klein* und *H. Schmidt*.
[115] DNotZ 1985, 572 m. abl. Anm. *Bengel* 574; OLG Hamm MittBayNot 1993, 410.

§ 147

sind nicht Vollzugsgeschäft nach § 146, sondern gebührenpflichtige Nebentätigkeit nach § 147 Abs. 2.[116] Es fällt also für das Beschaffen von **Genehmigungserklärungen unmittelbar Beteiligter** (ohne Einwurf) keine Vollzugsgebühr nach § 146 an, sondern eine **Gebühr nach § 147 Abs. 2** aus einem nach § 30 Abs. 1 zu bestimmenden Teilwert. Ca. 20–30% des Wertes, der für die Genehmigungserklärung in Betracht kommt, sind angemessen. Die gleichen Grundsätze finden Anwendung für das Anfordern einer Vollmachtsbestätigung (ohne Entwurf). Die Einholung einer Vollmachtsbestätigung ist keine Vollzugstätigkeit, da nicht die Vollmacht eingeholt wird, diese liegt materiell bereits wirksam (mündlich oder in Schriftform) vor (§ 167 Abs. 2 BGB). Es wird lediglich der nach § 29 GBO notwendige formelle Nachweis beschafft. Geschäftswert hier 20–30% des für die Vollmacht in Betracht kommenden Wertes, auch unter Berücksichtigung des Höchstwertes nach § 41 Abs. 4.

112a   Von besonderer Problematik ist gerade bei der Einholung von Nebenerklärungen im Rahmen eines anderen kostenpflichtigen Amtsgeschäftes der Umfang der **Pflicht des Notars zur Belehrung** über seine eigenen Kosten (mit der Folge unrichtiger Sachbehandlung bei Pflichtverletzung). Die Belehrungspflicht hat ihre Grundlage in § 24 BNotO. Hieraus folgt eine Belehrungspflicht jedoch nur, wenn die Belehrung auf Grund **besonderer Umstände geboten** ist.[117] Eine Belehrungspflicht besteht auch dann, wenn die Beteiligten den Notar nach den voraussichtlich anfallenden Gebühren und Auslagen fragen.[118] Zunächst muss festgestellt werden, dass der Notar für seine Tätigkeit die gesetzlich festgelegten Kosten erheben muss (§ 140). Darin liegt auch der Grund, dass der Notar grundsätzlich über unvermeidbare Kosten ebenso wenig belehren muss, wie über die Zahlungspflicht der seine Tätigkeit in Anspruch Nehmenden und deren gesamtschuldnerische Kostenhaftung.[119] Der Notar ist, eine Belehrungspflicht unterstellt, nicht nur zur richtigen, sondern auch zur Kosten sparenden und damit grundsätzlich zur billigsten Sachbehandlung verpflichtet.[120] Stehen verschiedene Gestaltungsmöglichkeiten zur Wahl, so hat der Notar auf den billigeren Weg hinzuweisen, wenn dieser eine für die Erreichung des gewollten Erfolgs angemessener und zumindest in gleicher Weise sichere und zweckmäßige rechtliche Form darstellt.[121] Haben die Beteiligten im Einzelfall in Bezug auf die Ausgestaltung des Rechtsgeschäftes eine besondere Sachkunde und überlassen dem Notar die Ausgestaltung und Abwicklung des Rechtsgeschäftes, kennen also die Beteiligten die rechtliche Tragweite des Geschäftes und wünschen sie regelmäßig eine andere Verfahrensweise, so ist der Notar nicht verpflichtet, über die beim gewollten Verfahren entstehenden höheren Gebühren zu belehren, es sei denn, er wird hierüber befragt.[122] Gerade bei der Beschaffung von Nebenerklärungen ist darauf zu achten, dass eine Belehrung dann erforderlich ist, wenn nach der Sachlage auch eine gebührenfreie Maßnahme mit dem gleichen Erfolg ergriffen werden kann.

112b   Kennt also der Notar aus anderweitigen Amtsgeschäften die Geflogenheiten eines Beteiligten, erfordert eine **abweichende Verfahrensweise** einerseits einen konkreten Auftrag und anderseits eine **Hinweispflicht** auf die dadurch entstehenden Kosten. Im Regelfall reicht aber ein allgemeiner Auftrag in der Urkunde, alle erforderlichen Genehmigungen und Nebenerklärungen zu beschaffen, zur Einholung durch den Notar ohne Entwurffertigung aus. Es liegt dann auch ohne Kostenhinweis eine gebührenpflichtige Tätigkeit nach § 147 Abs. 2 vor. Die Entwurffertigung erfordert dagegen einen konkreten oder im Einzelfall schlüssigen Entwurfsauftrag. Bei Fertigung eines Entwurfs trifft den Notar, wenn der Entwurfsauftrag bestritten wird, die Beweislast.

---

[116] *Lappe* DNotZ 1990, 328; PrüfAbt. Notarkasse MittBayNot 1980, 60; aA OLG Hamm JurBüro 1987, 418; OLG Düsseldorf JurBüro 2005, 433 = ZNotP 2005, 439; JurBüro 2006, 93.
[117] BGH WM 1968, 1942; KG DNotZ 1969, 245; BayObLG JurBüro 1988, 1706 = MittBayNot 1988, 247.
[118] OLG Köln MittBayNot 1999, 399.
[119] KG DNotZ 1969, 245 = JurBüro 1969, 33; BayObLG JurBüro 1982, 1549; JurBüro 1988, 1195 = MittBayNot 1988, 114; *Schippel/Bracher/Schäfer* § 17 BNotO Rn. 15.
[120] LG Darmstadt JurBüro 1976, 1627; OLG Frankfurt DNotZ 1978, 118.
[121] OLG Köln JurBüro 1990, 75.
[122] OLG Zweibrücken DNotZ 1977, 57; LG München DNotZ 1974, 100.

Keine Gebühr fällt jedoch an, wenn sich die Tätigkeit des Notars darauf beschränkt, die **112 c** Genehmigungserklärung oder Vollmachtsbestätigung, die ihm unaufgefordert übersandt wird, lediglich entgegenzunehmen.[123]

Treuhandauflage zur „Schubladenlöschung":[124] Unter Schubladenlöschung versteht **112 d** man die Löschungsbewilligung des Käufers bezüglich der zu seinen Gunsten zur Eintragung gelangenden Auflassungsvormerkung für den Fall des Scheiterns des Kaufvertrages. Zu den hierzu praxisrelevanten Fallgestaltungen s. § 44 Rn. 4a bis 4e. In diesem Zusammenhang können Betreuungsgebühren entstehen, wenn der Notar im Hinblick auf die Verwendung der Löschungsbewilligung überwachende Tätigkeiten vornimmt. Allgemein ist hier von Bedeutung, zu welchem Zeitpunkt eine solche Betreuungsgebühr entstehen kann. Die Gebühr nach § 147 Abs. 2 ist ihrem Wesen nach eine sog. Tätigkeitsgebühr. Unverzichtbarer Gebührentatbestand des § 147 Abs. 2 ist nämlich eine im Auftrag ausgeübte Tätigkeit des Notars und nicht nur ein passives Abwarten, bis die entsprechenden Bedingungen eingetreten sind.[125] Überträgt man diese Grundsätze auf die Fallgestaltungen der Abwicklung einer Schubladenlöschung, gilt folgendes: Wird dem Notar eine Vollmacht erteilt, die Löschung der Auflassungsvormerkung zu bewilligen, wenn die Nichterfüllung feststeht, löst diese Vollmacht die Gebühr nach § 147 Abs. 2 noch nicht aus.[126] Erst wenn der Notar die Vollmacht ausübt, wird er tätig. Erst in diesem Zeitpunkt tritt die Gebührenpflicht ein. Gleiches gilt, wenn im Kaufvertrag bereits vom Käufer die Löschungsbewilligung unter der auflösenden Bedingung erteilt wird und der Notar bevollmächtigt wird, die Löschungsbewilligung dem Grundbuchamt zum Vollzug vorzulegen. Anders liegt der Sachverhalt jedoch, wenn die Löschungsbewilligung bedingungslos im Kaufvertrag und in einer eigenen Erklärung vom Käufer erteilt wird. Erhält der Notar in diesen Fällen den Auftrag, die Löschungsbewilligung zu überwachen und erst dem Grundbuchamt vorzulegen, wenn die Nichterfüllung des Kaufvertrages endgültig feststeht, liegt ein kostenpflichtiger Treuhandauftrag an den Notar vor, der die Gebühr nach § 147 Abs. 2 sofort entstehen lässt. Die Überwachungstätigkeit beginnt mit der Erteilung der bedingungslosen Löschungsbewilligung, entweder dadurch, dass der Notar die gesondert erteilte Bewilligung verwahrt oder er vom Kaufvertrag Ausfertigungen und beglaubigte Abschriften oder Ablichtungen erteilt, welche die Bestimmungen über die Löschungsbewilligung des Käufers nicht beinhalten. Der Geschäftswert für diesen Treuhandauftrag bestimmt sich nach den allgemeinen Grundsätzen, ein Teilwert von ca. 20–30% erscheint angemessen.

c) GmbH und andere Gesellschaften

bei GmbH-Gründung und Kapitalerhöhungen das Anfertigen der **Liste der Gesellschaf-** **113** **ter** bzw. der Übernehmer neuer Stammeinlagen;[127] Geschäftswert: § 30 ca. 10–20% des einzutragenden Stammkapitals oder, wenn die Liste nur über das **erhöhte Kapital (Übernehmerliste)** erstellt wird, von diesem;

Fertigung des Entwurfs des **Teilnehmerverzeichnisses.**[128] Geschäftswert nach § 30 Abs. 1, **114** Ausgangswert ist der Wert des für den Beschluss in Betracht kommenden Geschäftswertes, davon 10–30%;

Mitwirkung bei der **Vorbereitung** einer Haupt- oder Gesellschafterversammlung für den **115** Beschluss über die Zustimmung der AG zum Verschmelzungsvertrag (zB Entwurf der Beschlussvorlage, der Tagesordnung, des Einladungsschreibens usw.).[129] Geschäftswert: § 30 Abs. 1 ca. 10–30% des Wertes des Verschmelzungsbeschlusses;

---

[123] OLG Köln Rpfleger 2003, 540 = RNotZ 2003, 528 = ZNotP 2004, 79.
[124] *Klein* RNotZ 2004, 253; *Hagenbucher* MittBayNot 2003, 249; *Faubacher/Klinger* MittBayNot 2005, 105.
[125] So mit Recht *Bund* JurBüro 2004, 173/180 mit Hinweis auf *Weinberger/Schöttler* DONot Teil 2 – kostenrechtlicher Leitfaden –.
[126] AA KG JurBüro 2007, 600 m. Anm. *Filzek*.
[127] OLG Stuttgart DNotZ 1985, 121; OLG Saarbrücken MittRhNotK 1984, 222; OLG Celle GmbHR 1993, 294; aA – gebührenfrei – OLG Karlsruhe Rpfleger 1977, 228; OLG Frankfurt DNotZ 1987, 641 m. abl. Anm. *Reimann*; OLG Hamm ZNotP 2002, 123 m. abl. Anm. *Tiedtke*.
[128] *Tiedtke* ZNotP 2001, 226.
[129] KG DNotZ 1943, 279.

116 **Entwurf von Anträgen** einzelner Aktionäre. Geschäftswert: § 30 Abs. 1 ca. 10–30% des für den Antrag in Betracht kommenden Wertes; jedoch nicht mehr § 147 Abs. 2, sondern § 145 Abs. 1 (vgl. § 145 Rn. 11 ff.);
117 Überprüfung der Ermittlung des **Abstimmungsergebnisses** und der dabei verwendeten Methoden, Geräte und Hilfsmittel. Geschäftswert: § 30 Abs. 1 ca. 10–20% des Wertes der Beschlüsse, bei größeren Veranstaltungen auch darüber;
118 **Beratung des Versammlungsleiters** vor oder während einer Gesellschafter- oder Hauptversammlung. Geschäftswert: § 30 Abs. 1 ca. 10–20% des Wertes der Beschlüsse;
119 **Steuerliche Beratung.** Dies wird vom Notar bei gesellschaftsrechtlichen Vorgängen häufig ausdrücklich gewünscht. Obwohl für den Notar keine Pflicht zur steuerlichen Prüfung und Beratung besteht, hat die Praxis gerade im Hinblick auf Umwandlungsvorgänge gezeigt, dass eine steuerliche Begleitung auch vom Notar erwartet wird. Hierbei handelt es sich um eine gebührenpflichtige Nebentätigkeit nach § 147 Abs. 2, wofür eine $^5/_{10}$ Gebühr aus einem nach § 30 Abs. 1 zu schätzenden Teilwert in Betracht kommt. Je nach Umfang der beratenden Tätigkeit dürfte ein Teilwert zwischen 10 und 30% des Wertes des Verschmelzungsvertrages sachgerecht sein.
120 **Entwurf des Verschmelzungsberichtes.** Die Grundsätze für den Entwurf eines Sachgründungsberichtes (s. Rn. 122) finden Anwendung. Geschäftswert: § 30 Abs. 1 ca. 20–30% des Wertes des Verschmelzungsvertrages; jedoch nicht mehr § 147 Abs. 2, sondern § 145 Abs. 1 (vgl. § 145 Rn. 11 ff.);
121 **Entwurf des Prüfungsberichtes.** Die kostenrechtlichen Grundsätze für den Verschmelzungsbericht gelten sinngemäß (s. Rn. 120);
122 **Entwurf des Sachgründungsberichtes.** Es liegt entgegen bisheriger Meinung keine gebührenpflichtige Nebentätigkeit nach Abs. 2 vor. § 145 ist einschlägig. Geschäftswert: § 30 Abs. 1 ca. 20–30% des Wertes der Sacheinlagen, gemäß § 18 Abs. 3 ohne Schuldenabzug. Vgl. auch § 145 Rn. 14.
123 **Belehrung des Geschäftsführers.** Hierbei ist zu unterscheiden, ob die Registeranmeldung vom Notar entworfen wurde oder ob er den ihm vorgelegten Entwurf überprüft und/oder geändert oder ergänzt hat (Gebühr nach § 145 Abs. 1) bzw. lediglich die Unterschrift auf dem ihm vorgelegten Entwurf beglaubigt hat (§ 45). Neben der Gebühr nach § 145 Abs. 1 iVm. § 38 Abs. 2 Nr. 7 ist die Belehrung des Geschäftsführers nach § 8 Abs. 3 S. 1 GmbHG über die unbeschränkte Auskunftspflicht und nach § 51 Abs. 2 BZRG gemäß § 8 Abs. 3 GmbHG gebührenfreies Nebengeschäft, da die Anmeldung als Willenserklärung unter Belehrungspflicht (§§ 17 bis 20 BeurkG) steht.[130] Bei Unterschriftsbeglaubigung nach § 45 fällt jedoch zusätzlich eine $^5/_{10}$ Gebühr nach § 147 Abs. 2 an. Geschäftswert ca. 10–20% des Wertes der Registeranmeldung.
124 auftragsgemäße **Überwachung** der Vorlage des **Antrags auf Grundbuchberichtigung** (Vorlage erst, wenn die Verschmelzung wirksam geworden ist), nicht jedoch die bloße Übermittlung des Antrags an das Grundbuchamt. Vollzugsüberwachungen sind, wenn sie nicht im Anwendungsbereich des § 53 BeurkG durchzuführen sind, gebührenpflichtige Nebentätigkeiten nach § 147 Abs. 2 (vgl. für den Fall der Vollzugsüberwachung bezüglich der Auflassung Rn. 91). Geschäftswert: § 30 Abs. 1 ca. 20–30% des Wertes des betroffenen Grundbesitzes nach § 19 Abs. 2. Eine einheitliche Überwachungstätigkeit liegt auch vor, wenn der Grundbesitz in mehreren Grundbuchbezirken liegen sollte;
125 Entwurf des Antrags auf Bestellung eines **Nachgründungsprüfers** (§ 67 UmwG iVm. § 52 Abs. 4 AktG). Geschäftswert: § 30 Abs. 1 ca. 10% des Wertes für den Verschmelzungsvertrag; jedoch entgegen früherer Auffassung nun § 145 Abs. 1 (vgl. § 145 Rn. 11 ff.);
126 Entwurf des **Nachgründungsberichtes** (§ 67 UmwG iVm. § 52 Abs. 3 AktG). Es gelten die kostenrechtlichen Grundsätze zur Bewertung eines Sachgründungsberichtes entsprechend (s. Rn. 122);
127 **treuhänderische Verwahrung von Aktien** nach § 71 Abs. 1 UmwG. § 71 Abs. 2 UmwG verweist auf § 26 Abs. 4 UmwG. Danach hat der Notar als Treuhänder Anspruch

---

[130] PrüfAbt. Notarkasse MittBayNot 1982, 51; OLG Celle DNotZ 1991, 415.

auf Ersatz angemessener barer Auslagen und auf Vergütung für seine Tätigkeit. Es liegt dabei eine Treuhandtätigkeit des Notars nach § 23 BNotO (Verwahrungstätigkeit) vor. Aus kostenrechtlicher Sicht ist die Tätigkeit mit der Inverwahrungnahme von Wertpapieren gemäß § 149 gleichzusetzen. Es fällt somit für diese Verwahrungstätigkeit keine Gebühr nach § 147 Abs. 2 an, sondern eine Verwahrungsgebühr nach § 149;[131]

die auftragsgemäße **Anzeige einer Geschäftsanteilsabtretung** an die Gesellschaft, ggf. mit Einholung der Genehmigung; Geschäftswert: § 30 Abs. 1 ca. 10% des Wertes der Geschäftsanteilsabtretung; **128**

bei GmbH-Verträgen das Einholen der **Stellungnahme der IHK** zur Firmengestaltung;[132] Geschäftswert: § 30 Abs. 1 ca. 10% des Wertes des Gesellschaftsvertrages; **129**

Entwurf eines Satzungsänderungsbeschlusses (Beurkundung erfolgt durch einen anderen Notar); nach früherer Auffassung: Geschäftswert: § 30 Abs. 1, im Regelfall ca. 50% des Wertes, der bei Beurkundung anzusetzen wäre, nunmehr: Entwurfsgebühr nach § 145 (s. § 145 Rn. 11 ff.); **130**

Gründungprüfung bei AG. Durch § 33 Abs. 3 AktG[133] wurde die Gründungsprüfung neu gestaltet. Nunmehr erlaubt das AktG in einem bestimmten Umfang die Prüfung des Hergangs der Gründung einer Aktiengesellschaft durch den Notar anstelle eines gerichtlich bestellten Gründungsprüfers. Über die Prüfung ist gemäß § 34 Abs. 2 AktG schriftlich zu berichten. Der Bericht hat alle Umstände zu beinhalten, die Gegenstand der Prüfung waren. Der gerichtlich bestellte Gründungsprüfer hat gemäß § 35 Abs. 3 AktG Anspruch auf eine Vergütung für seine Tätigkeit und auf Ersatz angemessener Auslagen. Die Höhe der Vergütung wird durch das Gericht festgesetzt. Im Antrag besteht die Möglichkeit, die Vergütung und Auslagen zu beziffern. Die Festlegung liegt aber im pflichtgemäßen Ermessen des Gerichts.[134] Anhaltspunkte können sein die Gebührenordnungen, die für den Berufsstand der Wirtschaftsprüfer und der vereidigten Buchprüfer erlassen wurden. An den dort geregelten Sätzen soll sich das Gericht orientieren. Dies gilt auch dann, wenn der Prüfer keinem dieser Berufsstände angehört.[135] **130a**

Wie die Gründungsprüfung durch den Notar kostenrechtlich einzuordnen ist, ist in der Literatur umstritten.[136] Die Einordnung als Betreuungstätigkeit nach § 147 Abs. 2, also als notarielle Amtstätigkeit halten wir für zutreffend. **130b**

Der Geschäftswert ist nach § 30 Abs. 1 zu bestimmen. Bei der Bemessung des Teilwertes sind insbesondere zu berücksichtigen das Ausmaß der Verantwortlichkeit des Notars, seine Haftung, der Umfang seiner Tätigkeit und auch die Gebührengerechtigkeit. Unter Berücksichtigung der bisher zu § **147 Abs. 2** ergangenen Rspr. (Rn. 185 ff.) ist ein **Teilwert von ca. 50% des Grundkapitals** der Aktiengesellschaft angemessen und vertretbar. **130c**

Zusammenstellung der Satzung. Nach § 54 GmbHG (und § 181 AktG für die AG) ist der Anmeldung über eine Satzungsänderung eine Bescheinigung über den neuen vollständigen Wortlaut der Satzung beizufügen. Der den satzungsändernden Beschluss beurkundende Notar hat diese Bescheinigung nach § 47 Satz 1 Halbs. 2 gebührenfrei zu erteilen. Es fällt nach hM auch keine Gebühr nach § 147 Abs. 2 an.[137] Etwas anderes gilt, wenn die Bescheinigung nicht nur die beurkundete Satzungsänderung betrifft, sondern weitere Änderungen, die vom Notar der die Bescheinigung erteilt, nicht beurkundet wurden. Gleiches gilt, wenn der Notar nur mit der Anmeldung, nicht jedoch mit der Beurkundung **131**

---

[131] Vgl. ausführlich *Tiedtke* ZNotP 2001, 230; § 149 Rn. 14.
[132] OLG Oldenburg JurBüro 1982, 1714.
[133] Gesetz zur weiteren Reform des Aktien- und Bilanzrechts, zu Transparenz und Publizität – sog. TransPuG vom 19. 7. 2002 (BGBl. I S. 2681).
[134] *Hüffer* § 35 AktG Rn. 6; Großkomm/*Röhricht* § 35 AktG Rn. 15.
[135] *Hüffer* § 35 AktG Rn. 6.
[136] Für die Gleichbehandlung des Notars anstelle des Gründungsprüfers mit dem Gründungsprüfer, also Festsetzung der Vergütung gemäß § 35 Abs. 3 AktG durch das Gericht: *Grage* RNotZ 2002, 326, 331; *Heckschen* NotBZ 2002, 429. Für die Anwendung des § 147 Abs. 2: *Hermanns* ZIP 2002, 1785, 1788; *Lappe* NotBZ 2002, 446; *Papmehl* MittBayNot 2003, 187.
[137] OLG Frankfurt MittBayNot 1980, 123; OLG Zweibrücken ZNotP 2001, 167 m. krit. Anm. *Tiedtke*.

§ 147

der Satzungsänderung beauftragt wird. Liegt eine kostenpflichtige Bescheinigung vor, hat nicht Bewertung nach § 147 Abs. 2 zu erfolgen, sondern nach § 50 Abs. 1 Nr. 1 (s. auch § 47 Rn. 16ff.);

131a Kontrovers wird jedoch die Frage diskutiert, ob der Notar zusätzlich eine Gebühr nach § 147 Abs. 2 erhält, wenn er den neuen Wortlaut der Satzung ggf. aus mehreren Urkunden im Auftrag der Gesellschaft zusammenstellt oder eine gebührenfreie Nebentätigkeit zur Bescheinigung vorliegt.[138] Die Meinung, welche eine gebührenfreie Nebentätigkeit zur Bescheinigung vertritt, verkennt, dass der Notar zwar die Bescheinigung gebührenfrei zu erteilen hat, die zur Handelsregisteranmeldung vertretenen Gesellschaftsorgane jedoch den vollständigen Wortlaut der neuen Satzung zu liefern haben und der Notar nur mit der Überprüfung betraut ist. Soll der Notar die neue Satzung selbst herstellen, muss er damit beauftragt werden, was zu einem gebührenpflichtigen Betreuungsgeschäft führt. Die Gebühr des § 147 Abs. 2 hat eine spezifische Verantwortung des Notars abzugelten. Der Begriff „gebührenfreies Nebengeschäft" kann jedenfalls nicht extensiv interpretiert werden. § 47 lässt nur die an sich gegebene Gebühr nach § 50 Abs. 1 Nr. 1, nicht aber die Gebühr nach § 147 Abs. 2 entfallen.[139] Nach unserer Auffassung erhält der Notar also für das Erstellen des neuen vollständigen Wortlauts eine Gebühr nach § 147 Abs. 2, welcher der Bescheinigung, die er gebührenfrei zu erteilen hat, beizufügen ist.

132 **Entwurf der Satzung beim Formwechselbeschluss.** Die Satzung des durch Formwechselbeschluss entstandenen neuen Rechtsträgers in dem nach dem UmwG erforderlichen Umfang ist Teil des Beschlusses und löst daher neben der Gebühr nach § 47 keine zusätzliche Gebühr aus (Ausnahmen jedoch bei KG, OHG, GbR, PartG). Nach § 234 UmwG, der die allgemeinen Regeln über den Mindestinhalt des Umwandlungsbeschlusses für den Formwechsel einer Kapitalgesellschaft in eine Personengesellschaft enthält, hat der Umwandlungsbeschluss neben den in § 194 Abs. 1 Nr. 1–7 UmwG enthaltenen Angaben zwei wesentliche Bestimmungen (Rechtsform, Name oder Firma des neuen Rechtsträger) zu treffen, die im Gesellschaftsvertrag einer Personengesellschaft (KG, OHG, GbR, PartG) enthalten sein müssen. Wird aber der komplette Gesellschaftsvertrag mitbeurkundet, können sich für den Notar kostenrechtliche Konsequenzen ergeben, wenn er entweder bei der Formulierung sachdienliche Hinweise gibt ($^5/_{10}$ Gebühr nach § 147 Abs. 2 aus einem nach § 30 Abs. 1 zu schätzenden Teilwert von ca. 20–50% des für die Errichtung einer Satzung in Betracht kommenden Wertes), die ihm vorgelegte Satzung überprüft, auf Grund der Prüfung ändert oder ergänzt (dann § 145 Abs. 1 S. 1 Halbs. 2 = halbierte Entwurfsgebühr) oder die Satzung vollständig entwirft (dann § 145 Abs. 1 S. 1 Halbs. 1 iVm. § 36 Abs. 2 = $^{20}/_{10}$ Gebühr, § 145 Abs. 3 kommt nicht in Betracht). S. hierzu auch § 41c Rn. 84.

132a Die Strukturierung der **Eintragungsdaten (XML-Daten)** mittels der Software X-Notar ist eine gebührenpflichtige Nebentätigkeit nach § 147 Abs. 2. S. hierzu die zusammengefassten Ausführungen bei § 41a Rn. 126.

133 **d) In sonstigen Fällen.** die Ablieferung eines handschriftlichen Testaments bei Beurkundung des Erbscheinsantrages ist Nebengeschäft zu § 49 Abs. 2, fällt also nicht unter § 147 Abs. 2;[140]

134 das Beschaffen von Personenstandsurkunden zu einem Erbscheinsantrag (§ 49 Rn. 10).

2. Bei der Unterschriftsbeglaubigung

135 Grundbucheinsicht, Raterteilung, Einholung etwa dazu erforderlicher Zeugnisse (Erbschein, Testamentsvollstreckerzeugnis usw.). S. auch Rn. 70ff. Die auftragsgemäße Über-

---

[138] **Gegen eine Gebühr:** OLG Frankfurt Rpfleger 1980, 203 = MittBayNot 1980, 123; OLG Celle Rpfleger 1991, 462 = JurBüro 1992, 342 m. zust. Anm. *Mümmler;* OLG Zweibrücken OLGR 2001, 191 = FGPrax 2001, 36 = ZNotP 2001, 167 m. krit. Anm. *Tiedtke;* LG Hannover NdsRpfl. 1991, 93; *Rohs/Wedewer* 3. Aufl. § 47 Rn. 9; *Hartmann* 32. Aufl. § 47 Rn. 8; nunmehr auch OLG Stuttgart ZNotP 2003, 78 = JurBüro 2002, 599 = BWNotZ 2003, 38. **Für eine Gebühr:** § 47 Rn. 17; *Röll* DNotZ 1970, 342; *ders.* MittRhNotK 1970, 62; *Tiedtke* Anm. zu OLG Stuttgart ZNotP 2003, 78; *Haferland/Schmidt/Tiedtke,* 4. Aufl. 2003, Rn. 342; Streifzug Rn. 1151; *Bengel/Tiedtke* DNotZ 2004, 258.
[139] *Bengel/Tiedtke* DNotZ 2004, 258.
[140] OLG Hamm Rpfleger 1972, 189.

prüfung des dem Notar zu Unterschriftsbeglaubigung vorgelegten Entwurfs fiel bis 31. 12. 1986 unter § 147 Abs. 1 aF, seit 1. 1. 1987 ist § 145 Abs. 1 S. 2 maßgebend; richtet sich die Prüfung nicht (nur) auf die rechtliche Ordnungsmäßigkeit, sondern (auch) auf die Tragweite und Folgen der Erklärung, gilt hierfür neben § 145 Abs. 1 S. 2 auch § 147 Abs. 2.[141]

Diese Gebühr nach § 45 deckt neben dem Beglaubigungsvorgang lediglich die Feststellung der Beteiligten sowie die Durchsicht der Erklärung zum Zweck der Feststellung ab, ob Gründe zur Versagung der Amtstätigkeit bestehen. Weitere Tätigkeiten, zB auch die im Auftrag vorgenommene Übersendung an eine bestimmte Person oder sonstige Stelle, löst daneben eine Gebühr nach § 147 Abs. 2 aus.[142] Erfolgt die Übersendung an den Unterschriftsleistenden selbst oder betreibt der Notar den Vollzug iS von § 146 Abs. 2, fällt keine Gebühr nach § 147 Abs. 2 an.[143] S. auch Rn. 70, 70 a. 135 a

3. Bei Rücknahme eines Erbvertrages aus der Verwahrung des Notars

Auswirkungen auf die Aufhebung von Erbverträgen hat das am 1. 8. 2002 in Kraft getretene Gesetz zur Änderung der Vertretung durch Rechtsanwälte vor den Oberlandesgerichten (BGBl. 2002 I S. 2850). Während die Rückgabe von notariell errichteten Testamenten immer schon möglich war, können nunmehr auch Erbverträge aus der amtlichen oder notariellen Verwahrung entnommen werden mit der Folge, dass der Erbvertrag als widerrufen gilt (§§ 2300, Abs. 2, 2256 Abs. 1 BGB). Damit entspricht die Rechtslage bei Erbverträgen nunmehr derjenigen bei Testamenten. Für Notare ergibt sich aber insoweit eine Besonderheit, als sie jetzt erstmals selbst einen bei einem Notar verwahrten Erbvertrag zurückgeben können um damit die Aufhebung zu bewirken. Die Auswirkungen auf die notarielle Praxis hat die Bundesnotarkammer aufgezeigt.[144] Alle Abhandlungen, die sich mit dieser Gesetzesänderung befassen, kommen zum Ergebnis, dass die Rückgabe eines Erbvertrages durch den Notar kostenfrei sei. Begründet wird dies im Wesentlichen damit, dass für die Rückgabe eines Testamentes durch das Gericht auch keine Kosten erhoben werden und dass die KostO keinen Kostentatbestand für die Rückgabe enthalte und deshalb auch keine Gebühr berechnet werden dürfe. Gebührenfrei können aber nicht alle denkbaren Fallgestaltungen sein. Die Tatsache, dass bei den Gerichten für diese Tätigkeit keine Gebühr erhoben werden kann, lässt nicht den zwingenden Rückschluss zu, dass dies auch für den Notar gelten müsse. Richtig ist, dass eine spezielle Gesetzesbestimmung für diese Amtshandlung fehlt. Die KostO enthält aber in § 147 Abs. 2 eine Auffangnorm, soweit es sich nicht um gebührenfreie Nebengeschäfte oder Tätigkeiten handelt. § 147 regelt in Abs. 4 die Tätigkeiten, die im Verhältnis zum Hauptgeschäft eine minderwichtige Tätigkeit sind und mit dem Hauptgeschäft derart im Zusammenhang stehen, dass sie nicht als selbständiges zu bewertendes Geschäft in Erscheinung treten, sondern nur dazu dienen, das Hauptgeschäft vorzubereiten oder zu fördern. Bei Rückgabe eines Erbvertrages fehlt es an einem Hauptgeschäft, die in aller Regel Jahre zurückliegende Beurkundung des Erbvertrages kann nicht ein solches sein. Das Rückgabeverfahren kann für den Notar sehr aufwendig und verantwortungsvoll sein, so muss er vor Rückgabe des Erbvertrages die Identität aller am Erbvertrag beteiligten Personen prüfen, einschl. ihrer Testierfähigkeit. Er hat die Beteiligten ferner über die **Wirkung einer Rückgabe** zu belehren und ein Vermerkblatt zu fertigen. In der Literatur wird deshalb teilweise zu Recht vertreten, dass eine nach § 147 Abs. 2 zu bewertende Tätigkeit vorliegt, die aus einem angemessenen Teilwert (20–30% des nach § 46 Abs. 4 maßgebenden Wertes) zu berechnen ist.[145] Folgt man dieser Auffassung, gehört auch zu dieser **gebührenpflichtigen Tätigkeit** eine Beratung über die Auswirkungen der Rücknahme. S. auch § 46 Rn. 10 a. 135 b

---

[141] Madert/Holger Schmidt NJW 1987, 292.
[142] OLG Hamm NotBZ 2002, 266 m. Anm. Lappe und RNotZ 2002, 516 m. Anm. H. Schmidt.
[143] H. Schmidt (vorige Fn.).
[144] Rundschreiben Nr. 25/02 vom 13. 8. 2002 (s. auch Reimann FamRZ 2002, 1383; Dickhuth-Harrach RNotZ 2002, 384).
[145] H. Schmidt RNotZ 2002, 503; Lappe NotBZ 2002, 414; Bengel/Tiedtke DNotZ 2004, 258.

4. Bei Verwahrungsgeschäften

136 Die Verwahrung unechter Wertpapiere (Sparbücher,[146] Bürgschaftsurkunden,[147] Hypothekenbriefe), ferner die Verwahrung nicht zur Hinterlegung, sondern zur Unterzeichnung;[148] bei Hypotheken- und Grundschuldbriefen liegt kein gebührenpflichtiges Geschäft vor, wenn der Notar den Brief nur zur Vorlage beim Grundbuchamt mit einer von ihm beurkundeten Erklärung, zB einer Freigabe-, Rangrücktritts- oder Pfandunterstellungserklärung, verwahrt,[149] ebenso, wenn er anlässlich der Abtretung einer Briefhypothek den Hypothekenbrief entgegennimmt, um ihn dem neuen Gläubiger mit der Abtretungserklärung zuzusenden (Nebengeschäft zur Abtretungsbeurkundung), auch nicht, wenn er Hypothekenbriefe zu von ihm beurkundeten Hauptgeschäften zur Vorlage an das Grundbuchamt zwecks Eintragung von Löschungsvormerkungen, Freigabe- oder Pfandunterstellungserklärungen entgegennimmt und nach Vollzug wieder dem Gläubiger zurückleitet (wohl aber Auslagen). Wohl aber ist eine Gebühr nach § 147 Abs. 2 zu erheben, wenn der Hypothekenbrief bei ihm verwahrt bleibt, zB um die Eintragungskosten für eine Abtretung zu ersparen, oder in einer ähnlichen Treuhänderfunktion, vor allem wenn der Notar dem Gläubiger gegenüber im Rahmen der Übermittlung eines Hypotheken- oder Grundschuldbriefes eine Haftung zu übernehmen hat, also etwa vom Gläubiger gestellte Bedingungen für die Verwendung des Briefes herbeizuführen oder festzustellen hat. Grundsätzlich zum Verhältnis von § 147 Abs. 2 zu § 149 vgl. § 149 Rn. 6 bis 9.

5. Vertretung vor Behörden

137 Die Vertretung vor Behörden, zB vor Steuerbehörden, Verwaltungsbehörden usw., ist selbständiges Geschäft iS des § 147 Abs. 2, wenn nicht § 146 Vorrang hat oder Gebührenfreiheit nach § 147 Abs. 4 Nr. 5 gegeben ist. Unter die Vollzugstätigkeit nach § 146 fällt auch die Vertretung der Vertragsteile im Genehmigungsverfahren und ein Widerspruch gegen einen Bescheid der Genehmigungsbehörde (s. § 146 Rn. 18); das hat zur Folge, dass der Notar für seine Tätigkeit im Rahmen einer Verwaltungsstreitsache im Anwendungsbereich des § 146 keine gesonderte Gebühr erhält, er ist aber nicht verpflichtet, die Vertretung zu übernehmen. § 147 Abs. 2 ist also nur anzuwenden, wenn die Vollzugsgebühr nach § 146 nicht zu erheben ist.[150] Das gilt auch von einer Terminwahrnehmung außerhalb der Amtsräume des Notars, die nicht der Beratung oder Verhandlung zur Vorbereitung eines Geschäfts dient, jedoch nur in derselben Angelegenheit oder innerhalb desselben Rechtszuges; beim Anwaltsnotar ist dies anwaltliche Tätigkeit.

138 Wenn ein Verfahren, das gemäß Rn. 137 eine Gebühr nach Abs. 2 auslöst, in **mehreren Rechtszügen** (Instanzen) abläuft, ist jeder Rechtszug, da § 147 auf die einzelne Tätigkeit abstellt, anders als im Rahmen von § 146 als ein selbständiges Geschäft iS des § 147 anzusprechen.[151]

139 In **Steuersachen** ist jedes über die gesetzlichen Anzeigepflichten hinausgehende Geschäft (Stundungs-, Erlassantrag, Einspruch, Berufung usw.) selbständig nach § 147 Abs. 2 zu bewerten, wobei bei mehreren Rechtszügen jeder Rechtszug ein nach § 147 Abs. 2 zu bewertendes Geschäft ist.

6. Isolierte Tätigkeiten vorsorgender Rechtspflege

140 Unter § 147 Abs. 2 fallen alle nicht besonders benannten isolierten Geschäfte vorsorgender Rechtspflege, die also ohne Zusammenhang mit einem Beurkundungsgeschäft usw. stehen und dementsprechend auf Grund eines ausdrücklichen Auftrages erfolgen. Hierunter fallen u.a.:

---

[146] OLG Celle DNotZ 1961, 607.
[147] JurBüro 1962, 24.
[148] OLG Hamm Rpfleger 1958, 97.
[149] KG DNotZ 1940, 370; BayObLG JurBüro 1984, 1716 = DNotZ 1985, 101; LG Lübeck MittBayNot 1954, 183.
[150] *Behre* DNotZ 1939, 165; OLG Hamm Rpfleger 1955, 257; OLG Braunschweig KostRsp. Nr. 6; OLG Celle KostRsp. Nr. 12.
[151] *Hense* DNotZ 1951, 542.

selbständige Raterteilung (auch nicht im Interesse des Auftraggebers, sondern für diesen 141
von einem Dritten erholt); eine solche liegt auch vor, wenn später ganz andere Geschäfte
als die beratenen beurkundet werden bzw. es nicht zur Beurkundung des ursprünglich beabsichtigten Vertrages kommt und der Notar bereits fördernd und vorbereitend tätig war,
es sei denn, § 130 Abs. 2 ist einschlägig;[152]
Raterteilung bei der Errichtung eines privatschriftlich zu fertigenden Testamentes; 142
Rechtsauskünfte, Mitteilung der Rechtsansicht des Notars zu einem bestimmten Tatbe- 143
stand;
Fertigung von Entwürfen ohne Bezugnahme auf ein bestimmtes Geschäft (s. § 145 Rn. 14); 144
Entwürfe von Gesellschafter- oder Übernehmerlisten; 145
Anfertigen eines Vertragsmusters, es sei denn, es handelt sich um einen Vertragsentwurf 146
nach § 145 (Abgrenzung s. § 145 Rn. 15) oder um eine Nicht-Notartätigkeit, die nach
Auftragsrecht außerhalb der KostO abzurechnen ist (Abgrenzung s. Rn. 193 ff.);
Anfertigen eines Vorentwurfs, d.h. eines Entwurfs, der noch nicht beurkundungsreif ist, 147
also nicht alle wesentlichen Abreden enthält und damit nicht unter § 145 fällt;[153] wird zunächst auftragsgemäß ein Vorentwurf gefertigt und sodann ein Entwurf, ist die Gebühr für
den Vorentwurf des Abs. 1 auf die Entwurfsgebühr nach § 145 entsprechend § 145 Abs. 1
S. 2 anzurechnen;[154]
Einreichen von Urkunden, die nicht vom Notar errichtet oder entworfen sind;[155] 148
auftragsgemäße Zuleitung bestimmter Urkunden des Auftraggebers an einen bestimmten 149
Empfänger oder eine Amtsstelle;
Beschaffung von Urkunden für den Auftraggeber (Personenstandsurkunden, Auszüge öf- 150
fentlicher Bücher, Bescheinigungen, Zeugnisse, Erbschein, Brandkassenurkunde usw.);
die Vertretung und Beistandsleistung in Verfahren, auch solchen, die durch die vom Notar 151
gestellten Anträge ausgelöst werden;
Beistandsleistung im Testamentseröffnungstermin, bei Vertragsabschlüssen, Ausfüllung von 152
Formularen, Steuererklärungen;
selbständige Überprüfung des Ranges eines dinglichen Rechts; 153
Veranlassung der Zustellung fremder Erklärungen; 154
Überprüfung von Schriftstücken nach Inhalt und Zweckmäßigkeit; 155
Einschaltung des Notars als Vertrauensperson bei Zug-um-Zug-Leistungen und ähnlichen 156
Fällen, insbesondere wenn ein behördlicher Akt (Genehmigung, Grundbuchvollzug) für
die Leistungszeit maßgebend ist;
Terminwahrnehmung vor Verwaltungs- oder Steuerbehörden; 157
selbständige Verwahrung von Gegenständen, die nicht unter § 149 fallen; 158
von einem Geschäft unabhängige Mitteilung von Forderungsabtretungen bzw. Schuld- 159
oder Garantieübernahmen;
allgemeine Beratung über Gesellschaftsformen ohne Zusammenhang mit einem Geschäft; 160
die allgemeine Beratung über Verfügungen von Todes wegen; 161
Beratung über einen vorgelegten Entwurf, inwieweit die Interessen des Auftraggebers ge- 162
wahrt sind, ohne Entwurf oder Entwurfsergänzung;
Beratung über die Kosten eines anderwärts zu tätigenden Geschäfts (nicht über ein beim 163
Notar geplantes);[156]
auftragsgemäße Darlegung der durch ein Geschäft ausgelösten oder anfallenden Steuern, 164
insbesondere Veräußerungsgewinnsteuer (§§ 16, 17 EStG), Umwandlungsteuergesetz, weil
die steuerliche Beratung nicht zum Pflichtenkreis des notariellen Geschäfts gehört (s. auch
Rn. 119), desgleichen die Überprüfung von Grunderwerbsteuer-, Erbschaftsteuerbescheiden u.Ä.; Erstellung des Vermögensverzeichnisses, soweit nicht die Gebühr des § 52 anfällt;

---

[152] LG Aschaffenburg MittBayNot 1964, 413.
[153] OLG Hamm KostRsp. § 145 Nr. 42 m. Anm. *Lappe,* der § 130 Abs. 2 für anwendbar hält,
wenn der Auftrag auf einen Entwurf – also nicht auf einen Vorentwurf – gerichtet war.
[154] *Lappe* KostRsp. § 145 Nr. 42.
[155] KG DNotZ 1939, 684.
[156] KG DNotZ 1937, 646.

§ 147

165 Vertretung und Tätigkeiten in einem Verfahren auf Einziehung oder Kraftloserklärung eines Erbscheins, in Verfahren der Umlegung, Flurbereinigung, Aufgebotsverfahren zur Feststellung der Todeszeit oder für Todeserklärung, die ausschließliche Vertretung in einem vormundschaftsgerichtlichen Genehmigungsverfahren ohne Zusammenhang mit einem Geschäft, in allen anderen gerichtlichen Angelegenheiten (nicht streitige Gerichtsbarkeit beim Nurnotar) oder bei Verwaltungs- oder Steuerbehörden (außer behördlich vorgeschriebenen Mitteilungen);
166 selbständige Ermittlung von ausländischen Erben und Beschaffung der Erbnachweise usw.;
167 Auslegung eines nicht vom Notar protokollierten Testaments;
168 Einreichen einer letztwilligen Verfügung für andere beim Nachlassgericht, auch wenn damit keine Beratung durch den Notar verbunden ist, es sei denn, der Notar ist lediglich „Durchlaufstation", betätigt sich also nur als Bote, ohne eine spezifische Verantwortung zu übernehmen;[157]
169 Berechnung der Höhe eines Pflichtteilsanspruches oder eines nach Unterlagen zu bestimmenden Geldvermächtnisses;
170 Mitwirkung bei der Gestaltung privatrechtlicher Beweisurkunden, beim Gründungs- oder Prüfungsbericht bei Gesellschaftsgründungen oder -prüfungen, bei behördlich vorgeschriebenen Anmeldungen (Vermögen, Devisenmeldungen usw.);
171 Entwurf der Aufforderung zur Aktieneinreichung zwecks Berichtigung oder des Antrages auf Genehmigung der Kraftloserklärung (§ 67 AktG);
172 prophylaktische Bereinigung gegensätzlicher Rechts- und Tatbestandsbeurteilungen unter den Parteien;
173 Vorschläge zur rechtlich zweckmäßigen Verwertung von Nachlassgegenständen oder von Gesellschaftsgegenständen wegen Liquidation usw.;
174 Verhandlung mit Parteien über Rang- oder Löschungserklärungen, wenn der Notar nicht mit der Beurkundung oder dem Entwurf dieser Erklärungen betraut ist;[158]
175 Vorlage der Abtretungserklärung (keine Beurkundung, kein Entwurf und keine Unterschriftsbeglaubigung) vor Umschreibung der Vollstreckungsklausel (§ 133).

V. Mehrheit von Geschäften des Abs. 2

176   Für mehrere Tätigkeiten, die die Gebühr des Abs. 2 auslösen, werden getrennte Gebühren erhoben.[159] Wenn aber die mehreren Tätigkeiten gleichartig sind und der Förderung eines Geschäftes dienen, sind sie als einheitliches Geschäft anzusehen und zu bewerten.

177   Dies kann der Fall sein, wenn ein unter § 147 Abs. 2 fallendes Geschäft das andere, ebenfalls § 147 Abs. 2 unterfallende Geschäft, vorbereitet oder fördert und deshalb das eine zum andern gebührenfreies Nebengeschäft iS des Abs. 3 ist. Es kann aber auch bei gleichwertigen Tätigkeiten vorliegen. Maßgeblich ist nicht ausschließlich der Auftrags- oder Zweckzusammenhang der verschiedenen Tätigkeiten, sondern das Gesamtbild, insbesondere ob es sich um gleichwertige, voneinander unabhängige und nicht in sachlicher Hinsicht zusammenhängende Tätigkeiten handelt.[160] Die Tätigkeit des Notars zur Kaufpreissicherung und im Rahmen der Vorlagehaftung ist nicht einheitlich zu bewerten, da Verkäufer- und Käufersicherung nicht in einem zwingenden inneren Zusammenhang stehen.[161]

178   Das KG[162] hat die Grundbuch- und Handelsregistereinsicht für einen Umwandlungsbeschluss als ein Geschäft iS des § 147 Abs. 2 angesprochen. Vertretung vor einer Behörde gilt als einheitliches Geschäft, sofern nicht verschiedene Angelegenheiten vor der Behörde

---
[157] Unscharf OLG Köln JurBüro 1992, 184, das eine Gebühr nach § 147 Abs. 2 ablehnt.
[158] Dazu OLG Hamm Rpfleger 1960, 191; *Klein* MittRhNotK 1984, 113.
[159] OLG Köln ZNotP 2003, 399 = RNotZ 2003, 401; BGH DNotZ 2005, 867 = MittBayNot 2005, 433 = ZNotP 2005, 354 = RNotZ 2006, 342 m. Anm. *H. Schmidt* und *Klein,* für die getrennte Gebührenberechnung für die Fälligkeitsmittlung und die Vollzugsüberwachung.
[160] S. dazu die Beispiele in DNotZ 1967, 596; *Mümmler* JurBüro 1974, 974.
[161] OLG Düsseldorf DNotZ 1978, 701; OLG Zweibrücken MittBayNot 1982, 146; BayObLG MittBayNot 1983, 255; OLG Köln MittRhNotK 1991, 226; OLG Düsseldorf JurBüro 1995, 598.
[162] DNotZ 1944, 80.

vertreten werden oder die Vertretung für mehrere, nicht in Rechtsgemeinschaft stehende Auftraggeber erfolgt; Vertretung vor mehreren Behörden gilt als mehrere Tätigkeiten, auch wenn derselbe Auftraggeber vertreten wird.

Die Hinterlegung von 16 Wechseln nur zur Unterzeichnung und Rückgabe (nicht zur Verwahrung nach § 149) hält das OLG Hamm[163] für 16 Geschäfte. 179

Die Einreichung von Grundpfandrechtsurkunden zu zwei Auflassungen sind zwei Geschäfte.[164] 180

Die Verhandlung des Notars mit mehreren Grundpfandsrechtsgläubigern des Eigentümers wegen Rangregelung, Löschungsvormerkung stellen nach OLG Hamm[165] so viele Geschäfte nach § 147 Abs. 2 dar, als Grundpfandrechtsgläubiger, die nicht in Rechtsgemeinschaft stehen, vorhanden sind. 181

Ein **Treuhandauftrag**, der die Erfüllung eines Rechtsverhältnisses zwischen dem Schuldner und seinem Darlehensgeber betrifft, und ein Treuhandauftrag, dessen Erfüllung erst die Voraussetzungen für die Auszahlungsreife der Valuta schafft, lösen jeweils gesondert die Gebühr nach § 147 Abs. 2 aus.[166] 182

Erholt der Notar eine Freigabeerklärung eines dinglichen Gläubigers, ohne den Entwurf zu fertigen, und wird sodann die erbetene Erklärung dem Notar unter Auflage erteilt oder hat der Notar im Zusammenhang mit der Freigabe Grundschuld- oder Hypothekenbriefe treuhänderisch zu verwahren, liegen zwei selbständige nach Abs. 2 zu bewertende Tätigkeiten vor. 183

VI. Gebühr, Wert, Schuldner

1. Gebühr

Die Gebühr gilt die Tätigkeit ab, nicht den Erfolg, so dass auch bei erfolgloser Tätigkeit die Gebühr des § 147 Abs. 2 anzusetzen ist. Die Gebühr ist damit angefallen, wenn die Treuhandtätigkeit und damit die für den Notar mit Risiken verbundene Überwachungstätigkeit mit der Beurkundung begonnen hat und beendet worden ist, zB durch die Absendung der Fälligkeitsmitteilung oder auf andere Weise. 184

Wird ein Kaufvertrag aufgehoben, sind die Gebühren nach Abs. 2 zB für die Überwachung der Kaufpreisfälligkeit und für die Vollzugsüberwachung bezüglich der Eigentumsumschreibung dennoch angefallen. Die Überwachungstätigkeiten haben mit Beurkundung begonnen. Die Fälligkeit tritt ein mit der Beendigung der gebührenpflichtigen Überwachungstätigkeiten, hier mit der Aufhebung des Kaufvertrages. Voraussetzung ist jedoch, dass der Notar bereits im Rahmen dieser Nebengeschäfte tätig geworden ist (zB Anfordern von Genehmigungen, Lastenfreistellungserklärungen usw.). Erfolgt die Aufhebung vor dem ersten Tätigwerden, muss eine bereits berechnete Gebühr abgesetzt und ggf. erstattet werden. Der Gebührensatz einer Gebühr nach § 147 Abs. 2 ist die Hälfte der vollen Gebühr, ohne Höchstgrenze. 184a

2. Geschäftswert

a) Grundsatz. Gemäß § 141 ist der Geschäftswert der Gebühr, die nach Abs. 2 zu erheben ist, nach dem Ersten Teil der KostO zu berechnen. Betrifft daher die Tätigkeit des Notars ein Rechtsverhältnis, für das die Wertbestimmungen des allgemeinen Teils – §§ 19 ff. – oder die speziellen Wertbestimmungen der §§ 39 bis 42, 46 gelten, so ist der Geschäftswert danach zu bemessen. Nur soweit dies nicht zutrifft oder der Wert „sonst nicht feststeht", kommt § 30 Abs. 1, notfalls Abs. 2 und in nichtvermögensrechtlichen Angelegenheiten § 30 Abs. 3 in Betracht.[167] 185

---

[163] Rpfleger 1958, 97.
[164] KG DNotZ 1939, 684.
[165] JurBüro 1959, 526.
[166] OLG Frankfurt DNotZ 1978, 118.
[167] Vgl. OLG Braunschweig DNotZ 1963, 498 = KostRsp. Nr. 4; KG JW 1936, 1314; DNotZ 1943, 27; *Menzel* DNotZ 1981, 168; aA *Mümmler* JurBüro 1980, 260, der für eine sofortige Anwendung des § 30 ist; s. hierzu kritisch *Lappe* DNotZ 1981, 411.

§ 147

186 Bei Beratungen (zB Testamentsberatung, Kauf, Erbbaurechtsbestellung usw.) greifen die allgemeinen und die erwähnten speziellen Wertbestimmungen umso eher ein, je spezieller die Raterteilung ist.[168] Bei Beschlussberatung kommt als anwendbare Wertbestimmung § 41c in Betracht, bei Austauschverträgen § 39 Abs. 2.

187 **b) Geschäftswertermittlung nach § 30.** Bei Bewertung von Betreuungsgebühren nach § 147 Abs. 2 kommt im Regelfall nicht der volle Wert des betroffenen Rechtsverhältnisses ist Betracht, sondern ein nach § 30 Abs. 1 zu schätzender Teilwert[169]. Der zu wählende Vomhundertsatz bestimmt sich nach dem Ausmaß der Verantwortlichkeit des Notars, seiner Haftung, dem Umfang seiner Tätigkeit und der Gebührengerechtigkeit[170]. Bestimmt der Notar einen Teilwert innerhalb des von der Rspr. festgelegten Ermessensrahmens, kann das Gericht die Schätzung nur auf **Ermessensfehler** überprüfen und seine eigene Schätzung des Geschäftswerts nur dann an die Stelle derjenigen des Notars setzen, wenn Fehler bei der **Ermessensausübung** durch den Notar festzustellen sind.[171] Ein Ermessensfehler liegt beispielsweise dann vor, wenn die Notwendigkeit der Ermessensausübung selbst verkannt wird **(Ermessensnichtgebrauch)** oder von dem Ermessen in einer mit der gesetzlichen Grundlage nicht vereinbaren Weise Gebrauch gemacht wird **(Ermessensfehlgebrauch),** insbesondere die nach der gesetzlichen Grundlage maßgebenden Gesichtspunkte nicht oder unvollständig gegeneinander abgewogen werden.[172] Der Notar hat somit den von ihm festzusetzenden Teilwert nach Abwägung aller wertrelevanten Umstände des Einzelfalls zu bestimmen. Zuzustimmen ist auch den weiteren in Übereinstimmung mit Rspr. und Literatur[173] getroffenen Feststellungen, dass ein Geschäftswert von 50% des Kaufpreises für eine Fälligkeitsmitteilung oder Vollzugsüberwachung nur in ganz ungewöhnlich schwierigen, aufwändigen und risikobehafteten Fällen angesetzt werden darf, wobei bereits ein Wert von mehr als 30% eine erhebliche Bedeutung der Amtstätigkeit voraussetzt.[174] Rspr. und Literatur lassen in besonders begründeten Ausnahmefällen auch ein Überschreiten, ggf. sogar einen Wertansatz bis 100% des Ausgangswertes zu.[175] Nimmt der Notar also einen Teilwert von über 50% an oder geht er für die zu bewertende Tätigkeit vom vollen Wert aus, müssen außergewöhnliche Gründe vorliegen, zB die Eintragung eines Zwangsversteigerungsvermerks oder die Gefahr, dass der Kaufpreis für die Lastenfreistellung nicht ausreicht. Ein **über 50% hinausgehender Teilwert** kann somit nur auf **Ausnahmefälle** begrenzt sein. Auch subjektive Gesichtspunkte können bei der Bestimmung nach freiem Ermessen berücksichtigt werden, zB Interesse des Auftraggebers, Vermögenslage des Kostenschuldners.

188 Bei ganz einfachen Mitteilungen oder **voraussetzungslosen Ersuchen** wird vielfach nur die Mindestgebühr angesetzt werden können.[176] Bei schwierigen und verantwortungsvollen Tätigkeiten, die auch für den Auftraggeber von **erheblicher Bedeutung** sind, können bis zu 100% des Beziehungswertes angesetzt werden.[177]

---

[168] Vgl. OLG Braunschweig DNotZ 1963, 498 = KostRsp. Nr. 4.
[169] OLG Düsseldorf FGPrax 1995, 246; OLG Köln MittRhNotK 1991, 226, 227; OLG Bremen OLGR 2003, 401; *Bund* DNotZ 1997, 27, 30ff.; *Bengel/Tiedtke* DNotZ 2004, 258, 280ff.
[170] OLG Köln Rpfleger 1980, 491.
[171] OLG Düsseldorf FGPrax 1995, 246; OLG Köln MittRhNotK 1991, 226, 227; KG VIZ 1995, 117, 118.
[172] OLG Köln NJW-RR 1996, 364; OLG Hamm FGPrax 2006, 36 = MittBayNot 2006, 448 = ZNotP 2006, 439.
[173] OLG Düsseldorf FGPrax 1995, 246; OLG Köln MittRhNotK 1991, 226; *Bengel/Tiedtke* DNotZ 2004, 258, 280ff.
[174] Vgl. zur Vollzugsüberwachung BGH ZNotP 2005, 354 = DNotZ 2005, 867 = JurBüro 2005, 485 = MittBayNot 2005, 433 = NotBZ 2005, 289.
[175] Streifzug Rn. 1646.
[176] Vgl. hierzu *Ackermann* DNotZ 1967, 596.
[177] So OLG Hamm Rpfleger 1958, 97; JurBüro 1959, 526; KG DNotZ 1958, 656 = Rpfleger 1959, 30 m. zust. Anm. *Rohs;* LG Köln MittRhNotK 1961, 429; OLG Düsseldorf Rpfleger 1956, 209; LG Braunschweig DNotZ 1961, 161; OLG Braunschweig DNotZ 1963, 498 = KostRsp. Nr. 4; LG Münster JurBüro 1962, 290 m. zust. Anm. *Schmidt;* LG Mainz Rpfleger 1974, 169; LG Krefeld JurBüro 1985, 117; *Ackermann* JurBüro 1960, 13.

Beispiele: Vorkaufsrechtsregelungen 5–10% des Kaufpreises, Antrag auf **Schuldübernahme** 189
10–20%, bei Anzeige der Schuldübernahme durch den Notar 10–20% der Verbindlichkeiten;[178]
vgl. auch § 30 Rn. 66; **Vollzugsüberwachung,** Überwachung der Kaufpreiszahlung, Haftungsübernahmen 10–50% des Kaufpreises bzw. des zu überwachenden Kaufpreisteils; bezieht sich die Überwachungstätigkeit des Notars zunächst nur auf die erste Kaufpreisrate, hängt jedoch die Fälligkeit der weiteren Kaufpreisraten von den gleichen Voraussetzungen ab wie die erste Rate, so ist Beziehungswert der gesamte Kaufpreis;[179] vgl. auch § 30 Rn. 50, s. auch zu Einzelfällen Rn. 75 ff.

3. Kostenschuldner

Kostenschuldner ist allein der Auftraggeber, nicht der, in dessen Interesse die Tätigkeit 190
erfolgt (sofern er nicht selbst Auftraggeber ist). Eine vertragliche Gebührenübernahme ist jedoch möglich. Dies gilt insbesondere, wenn sich der Käufer im Kaufvertrag verpflichtet hat, alle mit dem Vollzug entstehenden Kosten zu übernehmen; ansonsten hätte sich der Notar an die Bank zu halten, die den Kaufpreis im Rahmen eines von ihr erteilten Treuhandauftrages (Übermittlung der Lastenfreistellungserklärungen) ganz oder zum Teil für sich beansprucht.

4. Zusatzgebühren

Zusatzgebühren nach §§ 58, 59 fallen nicht an,[180] Reisekosten sind aber zu erstatten. 191

5. Gebührenbegünstigung

Die Gebühr unterliegt nicht der Gebührenbegünstigung nach § 144,[181] so dass die 192
Gebühr nach Abs. 2 die Gebühr des Beurkundungsgeschäftes, zu welchem die Tätigkeit erfolgt, überschreiten kann, wenn dieses Geschäft der Gebührenbegünstigung nach § 144 unterliegt. Die besondere Ermäßigung nach § 144a (bis 31. 12. 2003) erfasste aber auch die Gebühren nach § 147. Diese Ermäßigung gilt für Geschäfte, die Grundstücke im Beitrittsgebiet und Gebühren betreffen, die vor dem 1. 1. 2004 fällig werden (s. iÜ § 144a).

VII. Nebentätigkeiten, Nicht-Notargeschäfte

1. Vertretung vor Gerichten und Verwaltungsbehörden

Nach § 24 BNotO ist der Notar auch befugt, die Beteiligten vor Gerichten und Verwaltungsbehörden zu vertreten, soweit sich nicht aus anderen Vorschriften Beschränkungen ergeben. Da der Notar vor Verwaltungsbehörden – auch Steuerbehörden – die Parteivertretung übernehmen kann und wegen gewisser Spezialkenntnisse auch öfters übernehmen wird, andererseits aber § 147 Abs. 2 alle Geschäfte der §§ 23, 24 BNotO abgelten will, ergibt sich für den Nurnotar bei den erwähnten Vertretungen regelmäßig eine erheblich geringere Gebühr, als sie zB dem Rechtsanwalt und Anwaltsnotar nach dem RVG zusteht. Dennoch wird in diesen Fällen der Nurnotar nach § 147 Abs. 2 liquidieren müssen, wobei nach § 140 eine Gebührenvereinbarung ausgeschlossen ist. 193

2. Rechtsgutachten

Erstattet der Notar (Nurnotar) auf besonders erteilten Auftrag zu einer bestimmten 194
Rechtsfrage oder auf Gebieten, auf denen er über Spezialkenntnisse verfügt, Rechtsgutachten, so handelt es sich nicht um Notartätigkeit, sondern um Nebentätigkeit nach § 8 Abs. 3 BNotO, und zwar um wissenschaftliche Tätigkeit, für die, ohne dass § 140 entgegenstünde, eine angemessene Vergütung vereinbart werden kann (meistens anknüpfend an das RVG; volle Prozessgebühr, bei umfangreicheren und schwierigen Gutachten mehr).

---

[178] KG JurBüro 1975, 805; OLG Düsseldorf JurBüro 1980, 119; *Ackermann* DNotZ 1969, 606; *Mümmler* JurBüro 1981, 36.
[179] BayObLG MittBayNot 1979, 247.
[180] KG JVBl. 1942, 165; DNotZ 1942, 14; 1943, 16.
[181] LG Hamburg DNotZ 1957, 46.

Gegenüber dem Rat ist ein Rechtsgutachten dahin abzugrenzen, dass letzteres eine die Judikatur und Literatur zum Gutachtenthema im Wesentlichen erschöpfende Darstellung der Rechtslage mit eigenen Gedanken oder einer begründeten Stellungnahme des Gutachters enthält, die es dem Auftraggeber ermöglicht, ohne weitere Inanspruchnahme eines Rechtskundigen (sofern nicht Vertretungszwang besteht) einen Rechtsstandpunkt zu vertreten. Auch wenn ein Rechtsgutachten im vorerwähnten Sinne mit einem Geschäft im Zusammenhang steht, ist es nicht nach § 147 Abs. 2 zu vergüten.

3. Testamentsvollstreckungen[182]

195 Die sog. Nebentätigkeiten des Notars iS des § 8 Abs. 3 BNotO, wie Testamentsvollstreckung, Vermögens- oder Nachlassverwaltung, Treuhandtätigkeiten ohne Zusammenhang mit einer Amtstätigkeit, Sequestertätigkeit, Tätigkeit als Schiedsrichter oder Schiedsgutachter usw., sind nicht nach KostO zu vergüten, sondern, ohne dass § 140 entgegenstünde, nach Vereinbarung oder auf der Grundlage eines etwa vorhandenen Spezialgesetzes. Abs. 2 ist weder Grundlage noch Grenze der Liquidation für derartige Tätigkeiten.

4. Tätigkeiten außerhalb der vorsorgenden Rechtspflege

196 Nicht nach der KostO, sondern nach werk- bzw. dienstvertraglichen Vorschriften sind sonstige Tätigkeiten des Notars, die außerhalb des Regelungsbereichs der BNotO liegen, zu vergüten. Liegt eine Tätigkeit nicht im Bereich der „vorsorgenden Rechtspflege" iS der §§ 1, 24 Abs. 1 S. 1 BNotO, so ist auch Abs. 2 weder Rechtsgrundlage einer Liquidation noch deren Begrenzung. Der Begriff „Vorsorgende Rechtspflege", der ohne Legaldefinition ist, und damit die Anwendungsgrenze des § 147 Abs. 2 ist negativ nach *Schippel*[183] in der Weise zu bestimmen, dass nicht dazu gehört, „was als Vertretung und Wahrnehmung umstrittener Interessen einzelner gegen andere erscheint". Bei einer Tätigkeit, die bestimmt ist, Amtsgeschäfte *des betreffenden Notars* (§§ 20 bis 23 BNotO) vorzubereiten oder auszuführen, wird man – in analoger Anwendung des § 24 Abs. 2 S. 1 BNotO – unwiderlegbar ein Amtsgeschäft vermuten müssen. Außerhalb der „vorsorgenden Rechtspflege" iS der §§ 1, 24 Abs. 1 S. 1 BNotO und außerhalb des Anwendungsbereichs des § 147 Abs. 2 liegt es zB, wenn der Notar ohne Zusammenhang mit einem Amtsgeschäft Entwürfe für Allgemeine Geschäftsbedingungen, Vertragsformulare, eine Gemeinschaftsordnung für ein Unternehmen, das Wohnungseigentum veräußert, anfertigt.[184] Auch das Entwerfen der Konzeption eines Bauherrenmodells und der einzelnen Durchführungsverträge im Interesse des Initiators ist so zu bewerten, wenn der Notar nicht mit der Beurkundung, auch nicht in Teilbereichen, betraut ist.

§ 148 Auseinandersetzungen

(1) Für die Vermittlung einer Auseinandersetzung durch den Notar gelten nach Maßgabe des Absatzes 2 die Vorschriften des § 116.

(2) ¹**Ist die Vermittlung dem Notar von dem Gericht übertragen, so erhält er das Dreieinhalbfache und, wenn die Bestätigung der Auseinandersetzung dem Gericht zusteht, das Dreifache der vollen Gebühr.** ²**Die Gebühr ermäßigt sich**
1. **auf das Doppelte der vollen Gebühr, wenn das Verfahren ohne Bestätigung der Auseinandersetzung abgeschlossen wird;**
2. **auf die Hälfte der vollen Gebühr, wenn sich das Verfahren vor Eintritt in die Verhandlung durch Zurücknahme oder auf andere Weise erledigt.**

---

[182] S. zur Testamentsvollstreckervergütung nach den Empfehlungen des Deutschen Notarvereins *Reimann* DNotZ 2001, 344.
[183] § 24 BNotO Rn. 7.
[184] KG JR 1925, 989.

Übersicht

	Rn.		Rn.
I. Allgemeines	1–3	III. Gebühren des kraft gerichtlicher Übertragung zuständigen Notars	8–10
1. Grundsatz	1		
2. Selbständige Zuständigkeit der Notare	2	IV. Vermittlung außerhalb des förmlichen Vermittlungsverfahrens	11–20
3. Übertragene Zuständigkeit der Notare	3	V. Wert, Kostenschuldner, Gebührenbefreiung	21
II. Gebühren des selbständig zuständigen Notars	4–7		

I. Allgemeines

1. Grundsatz

Zur Vermittlung der Auseinandersetzung eines Nachlasses oder des Gesamtgutes einer **1** Gütergemeinschaft sind nach den §§ 86, 99 FGG die Amtsgerichte zuständig. Nach § 193 FGG sind jedoch die **landesrechtlichen Vorschriften,** nach welchen an Stelle des Gerichts oder neben diesem die Notare die Auseinandersetzung zu vermitteln haben, unberührt geblieben. Von diesem Vorbehalt haben die Länder ganz verschieden Gebrauch gemacht. Nach § 20 Abs. 4 BNotO sind maßgebend die landesrechtlichen Vorschriften. Nach diesen ist die Gebührenerhebung verschieden geregelt.

2. Selbständige Zuständigkeit der Notare

Wo die Notare selbständig zuständig sind (wie zB in Baden-Württemberg, in Hessen, in **2** Niedersachsen und zum Teil in Bayern), ohne dass ihnen die Vermittlung durch das Gericht übertragen wird, gilt § 116 in vollem Umfang, genauso wie bei den Gerichten (§ 148 Abs. 1).

3. Übertragene Zuständigkeit der Notare

Wo die Notare nicht selbständig zuständig sind, ihnen vielmehr die Vermittlung vom **3** Gericht übertragen wird (wie zB im Geltungsbereich des PrFGG, zum Teil auch in Bayern), gilt für die Gebühr der Notare die „Maßgabe" des Abs. 2. In diesem Falle erhält das Gericht eine allgemeine Gebühr in Höhe von $1/2$ der vollen Gebühr (§ 116 Abs. 4 Nr. 1). Diese $1/2$ Gebühr wird dem Notar von der 4fachen Gebühr für das durch Bestätigung der Auseinandersetzung auf Grund des aufgestellten Teilungsplans abzuschließende Verfahren abgezogen; er erhält nur das $3^{1}/_{2}$fache der vollen Gebühr. Erfolgt zB im Geltungsbereich des PrFGG (nicht aber in Bayern, wo die Bestätigung stets dem Notar zusteht) die Bestätigung durch das Gericht, so erhält dieses nach § 116 Abs. 4 Nr. 2 eine weitere $1/2$ Gebühr; auch diese wird dem Notar abgezogen. Er erhält dann für das bis zur Bestätigung durchgeführte Verfahren statt der vierfachen Gebühr (§ 116 Abs. 1) nur eine dreifache Gebühr.

II. Gebühren des selbständig zuständigen Notars

Es erhält der Notar, der selbständig zuständig ist: **4**
— $40/_{10}$, wenn das Verfahren mit der Bestätigung der Auseinandersetzung abschließt;
— $20/_{10}$, wenn es ohne Bestätigung abschließt, wenn auch nach Herbeiführung völliger Einigung der Beteiligten; s. aber Rn. 13;
— $5/_{10}$, wenn es sich vor Eintritt in die Verhandlung durch Zurücknahme oder auf andere Weise erledigt.

In den Fällen zweiter und dritter Spiegelstrich bei Rn. 4 kann der Gebühr eine $20/_{10}$ Ge- **5** bühr für die **Beurkundung** einer vertraglichen Auseinandersetzung hinzutreten (§ 116 Abs. 3).

§ 148

6 Diese Gebühr erhält der Notar nach § 145 auch dann, wenn er auf Erfordern nur den **Entwurf** zu einem Auseinandersetzungsvertrag fertigt. Voraussetzung ist aber, dass sich die Beteiligten über die Auseinandersetzung geeinigt und den Notar mit der Fertigung des Entwurfs beauftragt haben. Wenn der Notar nur seine oder die aus dem Kreise der Beteiligten stammenden Vorschläge in die Form eines Vertragsentwurfs kleidet, so sind das nur Bemühungen um die Vermittlung der Auseinandersetzung, die die Voraussetzungen des § 145 noch nicht erfüllen.[1]

7 Die gleichen Gebühren erhält der Notar für die Vermittlung der Auseinandersetzung eines Nachlasses oder des Gesamtguts einer Gütergemeinschaft, wenn er kraft Landesrechts **selbständig zuständig** ist, aber die **Bestätigung dem Gericht** obliegt (so in Hessen, wenn die Beteiligten die Vermittlung durch den Notar beantragen). Insbesondere ermäßigt sich die $^{40}/_{10}$ Gebühr auf $^{20}/_{10}$, wenn es zur Bestätigung der Auseinandersetzung kommt, denn Abs. 2 gilt nur, wenn die Vermittlung dem Notar von dem Gericht übertragen ist. Für die Mitwirkung des Gerichts (Bestätigung usw.) ist in diesem Falle die $^{5}/_{10}$ Gebühr nach § 116 Abs. 4 Nr. 2 zu erheben.[2]

III. Gebühren des kraft gerichtlicher Übertragung zuständigen Notars

8 Der Notar, dem die Vermittlung von dem Gericht übertragen ist, erhält für das durch Bestätigung der Auseinandersetzung abschließende Verfahren $^{35}/_{10}$, wenn er selbst bestätigt hat; $^{30}/_{10}$, wenn das Gericht bestätigt hat. Damit sind die Gesamtgebühren des Gerichts und des Notars gleich hoch mit denen des § 116 Abs. 1 S. 1 = $^{40}/_{10}$.

9 Bei Beendigung des Verfahrens **ohne Bestätigung** der Auseinandersetzung durch das Gericht oder den Notar erhält der Notar auch für die ihm vom Gericht übertragene Vermittlung

– $^{20}/_{10}$, wenn schon in die Verhandlung eingetreten war, insbesondere auch, wenn völlige Einigung herbeigeführt ist;
– $^{5}/_{10}$ bei Erledigung vor Eintritt in die Verhandlung,

in beiden Fällen also ebenso viel, wie nach § 116 Abs. 2 das Gericht und der Notar, der das Verfahren selbständig eingeleitet hat, erhält. Dazu kann in beiden Fällen die Gebühr von $^{40}/_{10}$ für die Beurkundung einer vertragsmäßigen Auseinandersetzung kommen (§ 116 Abs. 3) oder für Fertigung eines Entwurfs zu einer solchen (§ 145).

10 In diesen beiden Fällen sind die Gesamtgebühren des Gerichts und des Notars um $^{5}/_{10}$ der vollen Gebühr **höher als bei Vermittlung** des Gerichts (§ 116) oder bei Vermittlung des Notars, der auf Grund selbständiger gesetzlicher Zuständigkeit handelt.

IV. Vermittlung außerhalb des förmlichen Vermittlungsverfahrens

11 Die Zuständigkeit der Notare zur Vermittlung der Auseinandersetzung einer **anderen Gemeinschaft** (als die eines Nachlasses oder des Gesamtguts einer Gütergemeinschaft, zB einer BGB-Gesellschaft, einer handelsrechtlichen Personengesellschaft) ist in der BNotO nicht ausdrücklich vorgesehen. Man wird sie aber unter die Betreuung der Beteiligten auf dem Gebiete der vorsorgenden Rechtspflege (§ 24 Abs. 1 BNotO) rechnen dürfen, wie auch die Vermittlung der Auseinandersetzung eines Nachlasses oder eines Gesamtgutes im Einverständnis aller Beteiligten, auch ohne dass der Notar zu der Vermittlung in einem der §§ 86 ff. FGG unterstellten Verfahren zuständig ist.[3]

12 Dasselbe gilt, wenn der Notar zwar zum Verfahren nach §§ 85 ff. FGG zuständig ist, die Vermittlung aber **außerhalb dieses förmlichen Verfahrens** erfolgt, sei es von vornherein oder durch Übergang vom förmlichen in das formfreie Vermittlungsverfahren. In

---

[1] KG JFGErg. 14, 96 = JW 1936, 398.
[2] Ebenso *Rohs/Wedewer* § 116 Rn. 20, 5.
[3] So auch KG DNotZ 1943, 109; OLG Hamm DNotZ 1952, 89; LG Berlin DNotZ 1954, 439; OLG Neustadt Rpfleger 1957, 240; OLG Celle Nds.Rpfl. 1973, 156.

diesen Fällen kommt Bestätigung der Auseinandersetzung durch ihn oder durch das Gericht nicht in Frage. Das Vermittlungsverfahren als solches ist dann mit der Herbeiführung einer völligen Einigung abgeschlossen.[4] Endigt es schon vor Eintritt in die Verhandlung, so beträgt die Gebühr $5/10$, zB wenn ein anderer Beteiligter von vornherein nicht darauf eingeht;[5] endigt es später, wenn auch mit Herbeiführung der völligen Einigung, so $20/10$. Höher kann die Gebühr für die Vermittlung als solche in diesen Fällen nicht werden.[6]

Dazu treten aber, wenn der Notar einen **Auseinandersetzungsvertrag** beurkundet oder auf Verlangen den Entwurf nach Herbeiführung der Einigung zu einem solchen fertigt, $20/10$ aus § 36 Abs. 2 oder § 145. Demgemäß erwächst für den Notar bei dieser Vermittlung außerhalb des Verfahrens nach §§ 86 ff. FGG, wenn die Einigung durch seine Mitwirkung zustande kommt und der Auseinandersetzungsvertrag beurkundet wird, insgesamt eine 4fache Gebühr, nämlich $20/10$ nach § 148 für seine vermittelnde Tätigkeit und $20/10$ nach § 36 Abs. 2 für die Beurkundung des Auseinandersetzungsvertrages. Das Gleiche gilt, wenn er mit Zustimmung der Beteiligten von einem förmlichen Vermittlungsverfahren nach FGG in das hier behandelte formfreie Vermittlungsverfahren übergeht und hier Einigung herbeiführt und ihr Ergebnis beurkundet wird.[7]

Wird dem Notar die Vermittlung der Auseinandersetzung der ganzen Gesamthandsmasse übertragen, wird aber – weil die Auseinandersetzung der ganzen Masse derzeit nicht durchführbar ist – die Auseinandersetzung zunächst auf einen **Teil der Gesamthandsmasse** beschränkt, diese vermittelte Teilauseinandersetzung beurkundet und erfolgt die Restauseinandersetzung später, dann fällt für die Teilauseinandersetzung eine $20/10$-Gebühr nach § 148 und eine $20/10$-Gebühr nach § 36 Abs. 2 an, also $40/10$ aus dem auseinandergesetzten Teil, ebenso bei der Restauseinandersetzung; würde aber mit der Teilauseinandersetzung beurkundet, dass die Restauseinandersetzung auf bestimmte Zeit ausgeschlossen sein soll oder wegen der Restmasse Vorerwerbsrechte bei etwaiger Veräußerung bestehen, so ist Geschäftswert[8] nicht nur der Wert der auseinandergesetzten Teilmasse, sondern ihm tritt für die weiteren Bestimmungen wegen der Restmasse ein nach § 30 Abs. 1 Halbs. 2 nach freiem Ermessen zu bestimmender Wert (10 bis etwa 30% nach Bedeutung dieser Änderung der Restmasse) hinzu.

Voraussetzung für die Anwendung des § 148 ist auch hier, wie im § 116, dass es sich um eine wirkliche Vermittlung der Auseinandersetzung handelt und dass dem Notar die Vermittlung übertragen ist. Den **Auftrag zur Vermittlung** kann zwar einer der Beteiligten erteilen. Der Auftrag muss aber dahingehen, im Interesse aller tätig zu werden; geht er nur dahin, den Auftraggeber bei der Auseinandersetzung zu vertreten, so ist § 148 nicht anwendbar.[9] Gleiches gilt, wenn der Notar nur beauftragt wird, einen Auseinandersetzungsvertrag zu beurkunden, sei es auch nach vorherigen Besprechungen mit den Beteiligten und sonstigen Vorarbeiten, wie Einsichtnahme in das Grundbuch und dergleichen.[10] Wegen „konkludenten Auftrages" und Kostenübernahmeerklärung s. OLG Celle DNotZ 1969, 634.

Eine „**Vermittlung**" liegt nur vor, wenn die Beteiligten sich über die Auseinandersetzung nicht einig waren und die Tätigkeit des Notars darauf gerichtet war, die materielle Einigung herbeizuführen. Wird dem Notar mitgeteilt, wie sich die Beteiligten die Auseinandersetzung dächten, so geben sie deutlich zu erkennen, dass sie die Beurkundung eines dem übereinstimmenden Willen der Erben entsprechenden rechtlich einwandfreien Vertrages wünschen. Wenn dann der Notar einzelne Punkte nicht für durchführbar hält und

---

[4] KG DNotZ 1937, 79, 80; OLG Oldenburg JurBüro 1965, 561.
[5] KG JVBl. 1941, 109.
[6] KG DNotZ 1937, 79.
[7] S. auch *Mümmler* JurBüro 1973, 923.
[8] Gemäß OLG München DNotZ 1939, 438.
[9] KG JVBl. 1941, 109; 1942, 175; DNotZ 1943, 109; OLG Hamm DNotZ 1952, 89 = Rpfleger 1954, 140.
[10] KG JVBl. 1941, 109.

andere Vorschläge macht, so kann dies nicht als „Vermittlung" der Auseinandersetzung, sondern nur als vorbereitende Tätigkeit für die Beurkundung des Vertrages angesehen werden. Der Notar erhält also nur die Beurkundungsgebühr des § 36 Abs. 2; wenn aber die Beteiligten von der Beurkundung absehen, wird die Tätigkeit des Notars durch die Gebühr des § 57 abgegolten.[11] Erst recht ist § 148 nicht anwendbar, wenn dem Notar nur Einzelaufträge (Beurkundung einzelner Verträge, Versteigerung, Abnahme eidesstattlicher Versicherungen) erteilt sind.

17 Voraussetzung für die Anwendung des § 148 ist, dass es sich um eine Auseinandersetzung handelt, d. h. um Vermittlungsbemühungen des Notars bezüglich der ganzen oder teilweisen **Aufhebung einer Rechtsgemeinschaft** (Gesamthandsgemeinschaft, Gesellschaft, Wohnungseigentümer- und Wohnungserbbauberechtigten-Gemeinschaft, Gesamtschuldner- oder -gläubigerschaft usw.).

18 Eine Rechtsgemeinschaft liegt nicht vor zwischen Erben einerseits, Pflichtteilsberechtigten oder Vermächtnisnehmern andererseits. § 148 ist auch nicht anwendbar bei **sonstigen Vermittlungen.** Vermittlungsbemühungen in solchen Angelegenheiten sind daher keine Auseinandersetzung iS des § 148, selbst wenn hierbei zur Bemessung der Höhe des Pflichtteils oder Vermächtnisses die bisher noch nicht ermittelte Nachlassmasse festzustellen ist. Die Berechnung der Höhe des Pflichtteils oder Vermächtnisses ist ein sonstiges Geschäft iS des § 147 Abs. 2. Auch zwischen dem Vorerben und dem Nacherben besteht keine Rechtsgemeinschaft, die nach §§ 116, 148 auseinandergesetzt werden könnte, ebenso wenig zwischen mehreren Mit-Nacherben vor dem Eintritt der Nacherbfolge.[12] § 148 nimmt Bezug auf § 116, dort ist ausdrücklich nicht von Auseinandersetzungen im Allgemeinen die Rede, sondern nur von Auseinandersetzung „eines Nachlasses oder des Gesamtgutes einer Gütergemeinschaft". In den Anwendungsbereich des § 148 ist daher nur die Auseinandersetzung von Rechtsgemeinschaften einbezogen, nicht die sonstige Streitvermittlung.

19 § 148 gilt damit als Tarifvorschrift grundsätzlich nicht für **Schlichtungen** und **Güteverfahren,** die von Notaren durchgeführt werden. Bei Schlichtungen und Güteverfahren ist eine Ausnahme dort zu machen, wo die Aufhebung einer Rechtsgemeinschaft Verfahrensgegenstand ist. Es wird also bei Schlichtungen und Güteverfahren für Notare zunächst zu prüfen sein, ob eine Rechtsgemeinschaft aufgehoben werden soll, alles andere würde dem Analogieverbot der KostO widersprechen.[13]

20 **Mediationen** (vgl. § 30 Rn. 56a), die primär auf Vermittlung, nicht auf Auseinandersetzung gerichtet sind, unterfallen de lege lata auch dann nicht dem § 148, wenn die Aufhebung einer Rechtsgemeinschaft Gegenstand der Vermittlungsbemühungen des Notars sein sollte, es sei denn, es kommt zu einem förmlichen Abschluss.

V. Wert, Kostenschuldner, Gebührenbefreiung

21 Wegen des Geschäftswertes s. die Erläuterungen zu § 116 Abs. 5.[14] Auch wegen der Fragen, die nicht nur das notarielle, sondern auch das gerichtliche Auseinandersetzungsverfahren betreffen, wird auf die Erläuterungen zu § 116 verwiesen. Die Zahlungspflicht für die Gebühren des Notars richtet sich ganz nach den für die Gebühren des § 116 geltenden Vorschriften. Die Gebühr unterliegt der Gebührenbegünstigung nach § 144 Abs. 3.

---

[11] KG JW 1934, 568.
[12] KG JVBl. 1942, 175.
[13] AA Güteordnung der Bundesnotarkammer § 9 Abs. 1, wo § 148 für anwendbar erklärt wird, DNotZ 2000, 1.
[14] Auch BayObLG Rpfleger 1955, 377; LG Berlin DNotZ 1954, 439.

§ 148a* Vollstreckbarerklärungen und Bescheinigungen in besonderen Fällen

(1) ¹Für das Verfahren über den Antrag auf Vollstreckbarerklärung eines Vergleichs (§§ 796a bis 796c der Zivilprozeßordnung) oder eines Schiedsspruchs mit vereinbartem Wortlaut (§ 1053 der Zivilprozeßordnung) erhält der Notar die Hälfte der vollen Gebühr. ²Für die Erteilung vollstreckbarer Ausfertigungen gilt § 133 entsprechend.

(2) In den Fällen des Absatzes 1 Satz 1 richtet sich der Geschäftswert nach den Ansprüchen, die Gegenstand der Vollstreckbarerklärung sein sollen.

(3) ¹Für Verfahren über einen Antrag auf Vollstreckbarerklärung einer notariellen Urkunde nach § 55 Abs. 3 des Anerkennungs- und Vollstreckungsausführungsgesetzes erhält der Notar eine Gebühr in Höhe von 200 Euro. ²Für die Ausstellung einer Bescheinigung nach § 56 des Anerkennungs- und Vollstreckungsausführungsgesetzes erhält der Notar eine Gebühr in Höhe von 10 Euro, für die Ausstellung einer Bestätigung nach § 1079 der Zivilprozessordnung eine Gebühr in Höhe von 15 Euro.

Übersicht

	Rn.		Rn.
I. Anwendungsbereich	1	4. Vollstreckbare Ausfertigung	13, 14
II. Anwaltsvergleich	2–17	5. Auslagen	15
1. Allgemeines	2–4	6. Gebührenermäßigung	16
2. Gebührentatbestand	5–10	7. Gebührenschuldner	17
3. Geschäftswert	11, 12	III. Notarielle Urkunde nach AVAG	18, 19

I. Anwendungsbereich

Die Vorschrift hat einen zweifachen Anwendungsbereich. Die Abs. 1 und 2 sind Kostenvorschrift für die Vollstreckbarerklärung vollstreckbarer Anwaltsvergleiche. Abs. 3 erfüllt diese Funktion im Verfahren über einen Antrag auf Vollstreckbarerklärung einer notariellen Urkunde nach § 55 Abs. 3 und für die Ausstellung einer Bescheinigung nach § 56 AVAG (Rn. 18 f.) **1**

II. Anwaltsvergleich

1. Allgemeines

Die Vollstreckbarerklärung ist für den vollstreckbaren Anwaltsvergleich (§§ 796a ff. ZPO) und für den Schiedsspruch mit vereinbartem Wortlaut (§ 1053 ZPO) vorgesehen. Sie erfolgt in beiden Fällen entweder durch das gemäß § 796b Abs. 1 ZPO bzw. § 1062 Abs. 1 ZPO zuständige Gericht oder gemäß § 796c Abs. 1 ZPO bzw. § 1053 Abs. 4 ZPO einen Notar, der seinen Amtssitz im Bezirk dieses Gerichts hat. Beim Anwaltsvergleich erfolgt die Vollstreckbarerklärung nur, wenn er (zuvor oder zugleich) in Verwahrung genommen wird (zweistufiges Verfahren), während beim Schiedsspruch mit vereinbartem Wortlaut eine Niederlegung bzw. Inverwahrungnahme nicht vorgesehen ist und der Schiedsspruch oder eine beglaubigte Ablichtung hiervon für die Vollstreckbarerklärung nur vorgelegt wird gemäß § 1064 Abs. 1 ZPO. Inhaltlich ist nur beim Anwaltsvergleich vorgesehen, dass sich der Schuldner darin der sofortigen Zwangsvollstreckung unterworfen hat, iÜ werden nur die Wirksamkeit und eventuelle Verstöße gegen die öffentliche Ordnung geprüft (§§ 796 Abs. 3, 1053 Abs. 1 S. 2, Abs. 4 S. 2 ZPO). Beim Anwaltsvergleich entscheidet auch der Notar durch Beschluss (§§ 796c Abs. 1 S. 2, 796b Abs. 2 S. 2, 794 Abs. 1 Nr. 4b ZPO). **2**

---

* § 148a eingefügt durch Gesetz vom 17. 12. 1990 (BGBl. I S. 2847), Überschrift eingefügt durch Gesetz vom 24. 6. 1994 (BGBl. I S. 1325). Überschrift ergänzt und Abs. 1 Satz 1 neugefasst durch Gesetz vom 22. 12. 1997 (BGBl. I S. 3228). Überschrift geändert und Abs. 3 angefügt durch Gesetz vom 30. 1. 2002 (BGBl. I S. 564), Abs. 3 geändert durch Gesetz vom 5. 5. 2004 (BGBl. I S. 718), Abs. 3 Satz 2 geändert durch Gesetz vom 18. 8. 2005 (BGBl. I S. 2477).

§ 148a

3 Die Vollstreckbarerklärung ist Voraussetzung der Zwangsvollstreckung. Mit der Vollstreckbarerklärung werden der Vergleich und der Schiedsspruch mit vereinbartem Wortlaut zu Vollstreckungstiteln (§ 794 Abs. 1 Nr. 4a und Nr. 4b ZPO). Die Bedeutung der Vollstreckbarerklärung liegt nicht nur darin, dass sie eine Zwangsvollstreckung ermöglicht, sondern ganz wesentlich auch darin, dass sie, wenn rechtskräftig, die Unanfechtbarkeit, also die volle Rechtswirksamkeit des Vergleichs bzw. des Schiedsspruchs feststellt (bei ersterem vorbehaltlich § 797 Abs. 4 iVm. § 767 Abs. 2 ZPO und bei letzterem vorbehaltlich der Aufhebung nach § 1059 ZPO). Darum braucht der Anwaltsvergleich wie auch der Schiedsspruch keinen vollstreckbaren Ausspruch zu enthalten; es genügt zB ein Feststellungsanspruch. Eine Vollstreckbarerklärung gibt es aber nicht, wenn der Anwaltsvergleich wie der Schiedsspruch eine Leistungsklage nicht erledigt. Der Anwaltsvergleich lässt alle Vollstreckungswirkungen eintreten, die sich an ein rechtskräftiges Urteil knüpfen, dies gilt aber erst, wenn er für vollstreckbar erklärt ist. Die Vollstreckbarerklärung geht also über die Erteilung einer vollstreckbaren Ausfertigung hinaus. Für den Schiedsspruch mit vereinbarten Wortlaut gilt § 1055 ZPO iVm. § 1060 Abs. 1 ZPO. Danach entfaltet bereits der Schiedsspruch als solcher die Wirkungen eines rechtskräftigen gerichtlichen Urteils; erst die Vollstreckbarerklärung macht ihn jedoch zum Vollstreckungstitel gemäß § 794 Abs. 1 Nr. 4a ZPO. Liegt beim Schiedsspruch mit vereinbartem Wortlaut ein Aufhebungsgrund nach § 1059 ZPO vor, so ist die Vollstreckbarerklärung abzulehnen. Auch ist die Vollstreckbarerklärung als unzulässig abzulehnen, wenn der Anwaltsvergleich (wie ein Schiedsspruch) wirkungslos ist, weil er undurchführbar ist, es fehlt dann am Rechtsschutzinteresse.

4 Wird der Anwaltsvergleich bzw. der Schiedsspruch gerichtlich für vollstreckbar erklärt, richtet sich die Gebühr nach § 3 Abs. 2 GKG. Wird der Anwaltsvergleich gemäß § 796c ZPO oder der Schiedsspruch mit vereinbartem Wortlaut gemäß § 1053 Abs. 4 ZPO von einem Notar für vollstreckbar erklärt, richtet sich die Gebühr nach § 148a.

2. Gebührentatbestand

5 § 148a sagt nicht, was unter „Verfahren über den Antrag auf Vollstreckbarerklärung" zu verstehen ist. Der Begriff des Verfahrens ist als Tatbestand für die KostO untypisch. § 796a iVm. § 796c Abs. 1 S. 2 ZPO sieht ein zweistufiges „Verfahren" vor, nämlich die Inverwahrungnahme des Anwaltsvergleichs durch den Notar und die Vollstreckbarerklärung durch ihn. § 148a sagt nicht, ob die in dieser Vorschrift vorgesehene Gebühr nur dann zu erheben ist, wenn das „Verfahren" abgeschlossen, also die Vollstreckbarerklärung vom Notar abgegeben wurde, oder auch dann anfällt, wenn das Verfahren – aus welchen Gründen auch immer – nach Inverwahrungnahme des Anwaltsvergleichs durch den Notar „steckenbleibt".

6 Insoweit ist zu differenzieren: Wird der Antrag auf Vollstreckbarerklärung vom Notar abgelehnt (§ 796c Abs. 2 ZPO), fällt die Gebühr des § 148a an; das „Verfahren" ist dann abgeschlossen.

7 Wird der Antrag von den Beteiligten oder auch nur von einem Beteiligten zurückgenommen, ist § 130 Abs. 2 entsprechend anzuwenden, mit der Folge, dass ¼ der vollen Gebühr, höchstens jedoch ein Betrag von 20 Euro zu erheben ist; § 130 Abs. 2 wird insoweit Vorrang vor § 3 Abs. 1 GKG haben müssen.

8 Stockt das Verfahren aus anderen Gründen – etwa wenn die Beteiligten ergänzende Informationen oder Unterlagen nicht beibringen – so wird dies nach angemessener Zeit als konkludente Antragsrücknahme aufzufassen sein, es ist also dann § 130 Abs. 2 anzuwenden.

9 Eine Aufhebung der notariellen Entscheidung lässt die Gebühr nicht entfallen („Verfahren"), eine anderweitige Entscheidung im selben Verfahren löst die Gebühr nicht erneut aus.

10 Richtet sich der Antrag nur auf die Verwahrung, ist nicht § 148a, sondern § 147 Abs. 2 anzuwenden. Im Unterschied zum Anwaltsvergleich bedarf die Vollstreckbarerklärung des Schiedsspruchs mit vereinbartem Wortlaut gemäß § 1053 Abs. 4 ZPO nicht der Niederlegung bzw. Inverwahrungnahme durch den Notar und erfolgt daher im einstufigen Verfahren durch die Vollstreckbarerklärung (Beschluss).

3. Geschäftswert

Der Wert (§§ 18 ff.) bestimmt sich nach dem Antrag auf Vollstreckbarerklärung, nach 11 den von ihm erfassten Ansprüchen (§ 148 a Abs. 2), nicht also nach dem Gegenstand des Vergleichs. Insoweit wird der Wert von dem nach § 133 zu ermittelnden abweichen können, da der für vollstreckbar erklärte Anwaltsvergleich nicht unbedingt einen vollstreckbaren Anspruch enthalten muss.

Bei wechselseitigen Ansprüchen und Anträgen ist die Wertesumme zu bilden, weil nicht 12 die Ansprüche, sondern der Vergleich für vollstreckbar erklärt wird.

4. Vollstreckbare Ausfertigung

Für die Erteilung einer vollstreckbaren Ausfertigung des für vollstreckbar erklärten Anwaltsvergleichs (§ 797 Abs. 6 ZPO) gilt § 133 entsprechend (§ 148 a Abs. 1 S. 2). 13

Wird der Vergleich für oder gegen Rechtsnachfolger für vollstreckbar erklärt, so liegt 14 darin noch nicht die Erteilung einer vollstreckbaren Ausfertigung, so dass § 133 nicht anzuwenden ist.

5. Auslagen

Es fallen die üblichen Auslagen an. Die Zustellung durch Aushändigung (§ 62 Abs. 2 15 BeurkG) löst die Zustellkosten des § 137 Abs. 1 Nr. 2 nicht aus.

6. Gebührenermäßigung

Die Gebühr des § 148 a ist nicht nach § 144 zu ermäßigen, damit auch nicht in Sozial- 16 hilfesachen (§ 143 Abs. 2 S. 2).

7. Gebührenschuldner

Schuldner ist der Antragsteller (§ 2 Nr. 1), der Antragsgegner nur bei Folgekostenüber- 17 nahme, insbesondere im Vergleich (§ 3 Nr. 2). Die Vollstreckbarerklärung gehört noch nicht zur Zwangsvollstreckung (vgl. § 788 Abs. 1 S. 2 ZPO). § 3 Nr. 4 (Vollstreckungsschuldner) findet mithin keine Anwendung.

III. Notarielle Urkunde nach AVAG

Der Rat der Europäischen Union hat am 22. 12. 2000 die Verordnung (EG) 18 Nr. 44/2001 über die gerichtliche Zuständigkeit und die **Anerkennung und Vollstreckung von Entscheidungen in Zivil- und Handelssachen** (Brüssel-I-Verordnung; ABl. EG 2001 Nr. L 12 S. 1) erlassen. Sie gilt in den Mitgliedstaaten der Europäischen Union (mit Ausnahme Dänemarks) unmittelbar, ihre Regelungen bedurften in einigen Punkten der Ergänzung durch innerstaatliches Verfahrensrecht der Mitgliedstaaten. Dies ist durch das Gesetz zur Änderung des Anerkennungs- und Vollstreckungsausführungsgesetzes vom 30. 1. 2002 (BGBl. I S. 564) geschehen. Das Gesetz beinhaltet die ergänzenden Durchführungsbestimmungen zur genannten EG-Verordnung und fügt sie in das Gesetz zur Ausführung zwischenstaatlicher Verträge und zur Durchführung von Verordnungen der Europäischen Gemeinschaft auf dem Gebiet der Anerkennung und Vollstreckung in Zivil- und Handelssachen (Anerkennungs- und Vollstreckungsausführungsgesetz – AVAG) vom 19. 2. 2001 (BGBl. I S. 288) ein. Durch die Verordnung werden die Anerkennung und das Verfahren der Vollstreckbarerklärung, gestrafft und vereinfacht, die möglichen Anerkennungshindernisse werden auf ein Mindestmaß reduziert. Zudem werden sie künftig nicht mehr von Amtswegen vor Erteilung der Vollstreckbarerklärung, sondern nur noch danach auf Rechtsbehelf des Schuldners geprüft. Eine in dem Ursprungsstaat erstellte europaweit einheitlich gestaltete Bescheinigung soll die Prüfung der Voraussetzungen für die Vollstreckbarerklärungen in dem Vollstreckungsstaat erleichtern. Im durch die Verordnung neu gefassten § 55 AVAG kann in einem Verfahren, das die Vollstreckbarerklärung einer nota-

§ 149

riellen Urkunde zum Gegenstand hat, diese Urkunde auch von einem Notar für vollstreckbar erklärt werden. Die Vorschriften für das Verfahren der Vollstreckbarerklärung durch ein Gericht gelten sinngemäß (§ 55 Abs. 3 AVAG). § 55 Abs. 3 AVAG macht von der in Art. 39 Abs. 1 der EG-Verordnung Nr. 44/2001 eröffneten Möglichkeit Gebrauch, die Notare im Bereich der Vollstreckbarerklärung ausländischer Titel einzubinden. Dadurch wird eine Verfahrensbeschleunigung und Entlastung der Gerichte bezweckt. Die Verweisung in Abs. 3 S. 2 umfasst auch die Regelung der Rechtsbehelfe. § 56 AVAG regelt die innerstaatliche Zuständigkeit zur Ausstellung von Bescheinigungen nach den Art. 54, 57 und 58 der EG-Verordnung iVm. den Anhängen V. und VI.; die Bescheinigung soll den Gerichten im ersuchten Mitgliedstaat die Prüfung der Anerkennungs- und Exequaturvoraussetzung erleichtern. § 56 AVAG überträgt die Aufgabe, eine solche Bescheinigung auszustellen, der Stelle, der auch die Erteilung einer vollstreckbaren Ausfertigung des Titels obliegt, da die Bescheinigung im Prinzip ebenso wie die Vollstreckungsklausel die Funktion hat, Bestand und Vollstreckbarkeit des Titels zu dokumentieren.

19 § 148a Abs. 3 enthält die **korrespondierenden kostenrechtlichen Vorschriften** zu § 55 Abs. 3 und § 56 AVAG. Danach erhält der Notar für Verfahren über einen Antrag auf Vollstreckbarerklärung einer notariellen Urkunde nach § 55 Abs. 3 AVAG eine Festgebühr in Höhe von 200 Euro und für die Ausstellung einer Bescheinigung nach § 56 AVAG eine Gebühr in Höhe von 10 Euro, für die Ausstellung einer Bestätigung nach § 1079 ZPO eine Gebühr von 15 Euro. Es handelt sich um wertunabhängige Gebühren.

§ 149* Erhebung, Verwahrung und Ablieferung von Geld, Wertpapieren und Kostbarkeiten

(1) ¹Werden an den Notar Zahlungen geleistet, so erhält er für die Auszahlung oder Rückzahlung bei Beträgen

bis zu 2500 Euro einschließlich	1 vom Hundert,
von dem Mehrbetrag bis zu 10 000 Euro einschließlich	0,5 vom Hundert,
von dem Mehrbetrag über 10 000 Euro	0,25 vom Hundert.

²Unbare Zahlungen stehen baren Zahlungen gleich. ³Der Notar kann die Gebühr bei der Ablieferung an den Auftraggeber entnehmen.

(2) Ist Geld in mehreren Beträgen gesondert ausgezahlt oder zurückgezahlt, so wird die Gebühr von jedem Betrag besonders erhoben.

(3) **Die Mindestgebühr beträgt 1 Euro.**

(4) **Für die Ablieferung oder Rücklieferung von Wertpapieren und Kostbarkeiten erhält der Notar die in den Absätzen 1 bis 3 bestimmte Gebühr nach dem Wert.**

(5) **Die Gebühr wird im Fall des § 51 Abs. 3 auf die Protestgebühr, nicht jedoch auf die Wegegebühr, angerechnet.**

Entsprechend: KV Nr. 1009 Anlage 1 RVG.

Übersicht

	Rn.		Rn.
I. Allgemeines und Geltungsbereich ..	1–12	c) Nebeneinander der Gebühren nach § 149 und § 147 Abs. 2	8, 9
1. Amtliche Tätigkeit	1, 2		
2. Verwahrungsverhältnis	3, 4		
3. Gebührenbefreiung	5	5. Falsche Sachbehandlung	10
4. Verhältnis zu § 147 Abs. 2	6–9	6. Anlageart	11
a) Grundsatz	6	7. Nebengebühren	12
b) Durch Hinterlegungsgebühr abgegoltene Nebentätigkeiten	7	II. Tatbestandsmerkmale	13–23
		1. Verwahrungsgegenstände	13–16
		a) Geld	13

---

* § 149 Abs. 1 Satz 1 neu gefasst durch Gesetz vom 20. 8. 1975 (BGBl. I S. 2189), Abs. 1 Satz 1 und Abs. 3 geändert durch Gesetz vom 27. 4. 2001 (BGBl. I S. 751).

	Rn.		Rn.
b) Wertpapiere	14	III. Gebühr, Auslagen, Wert	24–32
c) Kostbarkeiten	15	1. Gebühr	24
d) Andere Gegenstände	16	2. Auslagen	25
2. Verwahrungstätigkeit	17–19	3. Geschäftswert	26, 26a
a) Grundsatz	17	4. Berechnungsweise	27–32
b) Grenzbereiche der Verwahrung	18	IV. Gebührenschuldner	33–40
		1. Grundsatz	33–37
c) Keine Verwahrungstätigkeit	19	2. Typische Fallgestaltungen	38–40
3. Auszahlung und Rückzahlung	20–23	a) Vereinbarung	38
a) Gebührenauslösender Tatbestand	20, 21	b) Keine Vereinbarung	39
		c) Zahlung durch Kreditinstitut	40
b) Beendigung der Verwahrungstätigkeit	22	V. Fälligkeit	41–44
c) Amtsnachfolge und Verwahrung	23	VI. Mehrheit von Geschäften	45

Schrifttum: *Schneider* NJW 1981, 558; *Tschischgale* JurBüro 1961, 4; 1961, 223; *Willemer* DNotZ 1982, 224.

Stichwortverzeichnis

Ablieferung 20
Abtretung der Auszahlungsansprüche (Anzeige des Notars) 7
Amtliche Tätigkeit 1
Amtsnachfolge 23
Andere Gegenstände 16
Anlageart 11
Anrechnung beim Wechselprotest 32
Auszahlungen an dieselbe Person 28
Auslagen 25
Auszahlung 20
Beendigung der Verwahrungstätigkeit 22
Berechnung 27
Entnahme eigener Kosten 29
Falsche Sachbehandlung 10
Fälligkeit 41–44
Gebühr 24
Gebührenauslösender Tatbestand 20
Gebührenbefreiung 5
Gebührenfreies Nebengeschäft 6
Gebührenschuldner 33–40
Gegenstände, andere 16
Geld 13
Geldmarktfonds 14, 21
Geschäfte, Mehrheit von Geschäften 45

Geschäftswert 26
Grenzbereiche der Verwahrung 18
Höchstwert 26a
Kostbarkeiten 15
Mehrheit von Geschäften 45
Nebengebühren 12
Nebentätigkeiten 7
Negative Kostenklausel 35
Rückzahlung 20–23
Verhältnis zu § 147 6ff.
Verwahrung 23; Grenzbereiche der Verwahrung 18; Grundsatz 17
Verwahrungsgegenstände 13–16
Verwahrungstätigkeit 22; Beendigung der Verwahrung, keine Verwahrung 19
Verwahrungsverhältnis 3
Verwahrungsvertrag 3
Vorlagehaftung (als gebührenauslösende Tätigkeit) 9
Wert 26
Wertbegrenzung 26a
Wertpapiere 14
Zinsabschlagsteuer 21

I. Allgemeines und Geltungsbereich

1. Amtliche Tätigkeit

Die Zuständigkeit der Notare zur Erhebung, Verwahrung und Ablieferung von Geld **1** usw. ergibt sich aus § 23 BNotO; dessen Umfang stimmt mit dem Geltungsbereich des § 149 jedoch nicht völlig überein. Die Verwahrung unechter Wertpapiere, zu welcher der Notar nach § 23 BNotO ebenfalls zuständig ist, ist nicht nach § 149, sondern nach § 147 Abs. 2 zu bewerten. Auch das Verwahrungsbuch des Notars gibt keine Abgrenzung für § 149; einerseits sind dort auch unechte Wertpapiere einzutragen, andererseits erscheinen mehrere der unten aufgeführten Verwahrungsgeschäfte dort nicht.

Von der amtlichen Verwahrungstätigkeit (die Tätigkeit nach § 23 BNotO wird hier in **2** ihrer Gesamtheit als „Verwahrung" bezeichnet) sind darüber hinaus zu unterscheiden und fallen nicht unter § 149:

- anwaltliche Verwahrung (Nr. 1009 VV-RVG, früher: § 22 BRAGO);
- Verwahrung bei notarieller Nebentätigkeit (Testamentsvollstrecker, Insolvenzverwalter, Treuhänder usw.);
- nicht im Auftrage eines Beteiligten, sondern kraft gesetzlicher Vorschrift vorgenommene Verwahrungsgeschäfte.

2. Verwahrungsverhältnis

3   Nach bisher maßgeblicher Auffassung ist objektive Voraussetzung für das Entstehen der Gebühr nach § 149 der Abschluss eines **Verwahrungsvertrages**.[1] Bei einem Verwahrungsvertrag würde es sich um einen Vertrag öffentlich-rechtlicher Art handeln; entscheidend für die Abgrenzung zum privatrechtlichen Vertrag ist, „ob sich die Vereinbarung auf von der gesetzlichen Ordnung öffentlich-rechtlich oder privatrechtlich geregelte Sachverhalte bezieht".[2] Die rechtliche Beurteilung öffentlich-rechtlicher Verträge unterliegt zum Teil dem Privatrecht (vgl. etwa §§ 62 S. 2, 57 VwVfG), teils dem öffentlichen Recht, insbesondere beim Vertragsinhalt, welcher der Disposition der Parteien weitgehend entzogen sein kann. Da der Notar prinzipiell nur „auf Ansuchen" tätig wird[3] und sich die Amtspflichten des Notars nach öffentlichem Recht beurteilen, also weitgehend den Weisungen der Vertragsteile entzogen sind, wird die Qualifizierung des Rechtsverhältnisses, welches einer Verwahrung zugrunde liegt, als Vertrag nicht gerecht. Sie führt auch[4] in die falsche Richtung, da sie dazu verleitet, Schutzwirkungen zugunsten Dritter aus dem „Verwahrungsvertrag" abzuleiten.[5] Es ist daher sachgerechter, das aus Anlass einer Beurkundung und der durch die verursachten Verwahrung entstehende Rechtsverhältnis zwischen Notar und „Auftraggeber" durch den Begriff **„Verwahrungsverhältnis"** zu kennzeichnen, das nicht durch zivilrechtlichen Vertrag, sondern auf Antrag zustande kommt und einen durch die BNotO vorgegebenen Inhalt hat.[6] Über die Struktur dieses Verwahrungsverhältnisses im Einzelnen und die aus ihr abzuleitenden Konsequenzen besteht jedoch weithin Unklarheit.[7]

4   Die Frage, auf wessen **Antrag** das Verwahrungsverhältnis zustande gekommen ist, ist zu unterscheiden von der Frage, wer **Schuldner** der Hinterlegungsgebühr nach § 149 ist. Beide Fragen sind getrennt zu beurteilen.

3. Gebührenbefreiung

5   Die Verwahrungsgebühr unterliegt nicht der Kürzung nach § 144.

4. Verhältnis zu § 147 Abs. 2

6   **a) Grundsatz.** Die Tätigkeit des Notars iS des § 149 ist niemals **gebührenfreies Nebengeschäft,** gleichgültig, ob sie ausschließlich ist oder mit anderen gebührenpflichtigen Geschäften im Zusammenhang steht.[8] Auch die Aktienhinterlegung und die Bescheinigung hierüber (§ 135 Abs. 4 AktG) ist kein gebührenfreies Nebengeschäft.[9]

7   **b) Durch Hinterlegungsgebühr abgegoltene Nebentätigkeiten.** Die gleichzeitige Anwendung bei Gebührenvorschriften kommt grundsätzlich nicht in Betracht. Die Gebühr nach § 149 gilt die gesamte auf das Verwahrungsgeschäft verwendete Tätigkeit ab, die der Notar zur Erfüllung derjenigen Bedingungen erbringt, welche die Vertragsteile an die Aus-

---

[1] KG DNotZ 1941, 465; OLG Bremen Rpfleger 1957, 270; BayObLGZ 1988, 145.
[2] BGHZ 32, 212, 216.
[3] *Schippel* BNotO Vor §§ 20–25 Rn. 9.
[4] Vgl. BayObLGZ 1988, 145.
[5] *Lappe* EWiR 1988, 805.
[6] *Reimann* MittBayNot 1988, 246 f.
[7] Vgl. etwa OLG Düsseldorf EWiR 1990, 901, wo die Hinterlegung beim Notar in die Nähe der öffentlich-rechtlichen Hinterlegung gerückt wird; dagegen *Zimmermann* DNotZ 1989, 263; *Reimann* EWiR 1990, 902.
[8] *Hornig* DNotZ 1937, 505; *Assenmacher/Mathias* „Hebegebühr" Anm. 1.
[9] OLG München DNotZ 1937, 505.

zahlung des auf Anderkonto hinterlegten Betrags gestellt haben[10]. Durch die Hinterlegungsgebühr abgegolten sind zB folgende Tätigkeiten des Notars:
- Überwachen von Gläubigerauflagen beim Beschaffen von Pfandentlassungserklärungen;[11]
- Übernahme von Treuhandauflagen der Grundpfandgläubiger des Verkäufers bezüglich der zur Lastenfreistellung notwendigen Löschungen und Freigaben;[12]
- Prüfung der Auszahlungsunterlagen und/oder der Auszahlungsreife;[13] dies gilt auch, wenn die Auszahlung des auf Anderkonto verwahrten Kaufpreises daran geknüpft ist, dass der Notar die Eintragung einer Auflassungsvormerkung für den Käufer gewährleistet;[14]
- Auszahlungsanweisungen und der Schriftverkehr mit dem das Anderkonto führenden Kreditinstitut einschließlich etwaiger Vollmachten, Quittungen, Abrechnungen, der Überwachung der Gut- und Lastschriften;
- Fälligkeitsmitteilung bzw. Anfordern des zu hinterlegenden Betrages nach Eintritt bestimmter Voraussetzungen, zB Vorliegen von Genehmigungen, Eintragung der Auflassungsvormerkung, also Prüfung der Einzahlungsreife;[15]
- Anzeige des Notars an die Darlehensgeber, dass der Käufer seine Auszahlungsansprüche an den Verkäufer abgetreten hat;[16]
- Weiterleitung der Darlehensvaluta der kreditgebenden Bank des Käufers nach Prüfung der rangrichtigen Eintragung der Finanzierungsgrundschuld im Grundbuch;[17]
- Vorbereitende Tätigkeit, die zur Hinterlegung führt.[18]

c) Nebeneinander der Gebühren nach § 149 und § 147 Abs. 2. Eine Hinterlegungsgebühr und eine Betreuungsgebühr sind nebeneinander nur dann denkbar, wenn es sich um zwei verschiedene Auftragsverhältnisse handelt. Abzustellen ist darauf, ob eine Identität des Auftrages und der Verantwortlichkeit des Notars gegeben ist oder nicht. Eine Gebühr nach § 147 Abs. 2 neben derjenigen nach § 149 kann dem Notar dann erwachsen, wenn er die Auszahlung einer bei ihm auf Anderkonto hinterlegten Valuta unter Beachtung von Bedingungen vorzunehmen hat, die von jenen abweichen, die die Vertragsparteien in der Urkunde vereinbart haben.[19]   8

Nicht abgegolten durch die Hinterlegungsgebühr sind zB folgende Tätigkeiten: 9
Ist der Notar im Kaufvertrag angewiesen, die Umschreibung des Grundbesitzes auf den Erwerber unter bestimmten Voraussetzungen zu beantragen (Vorlagehaftung, Prüfung der Umschreibungsreife), so handelt es sich um eine mit dem Hinterlegungsgeschäft nicht in unmittelbarem Zusammenhang stehenden Tätigkeit des Notars.[20] Vorlagehaftung bezüglich der Auflassungsvormerkung, falls deren Eintragung erst nach Hinterlegung veranlasst wer-

---

[10] OLG Hamm DNotZ 1965, 766 (ZR); KG DNotZ 1975, 752; 1976, 189; 1980, 59; OLG Schleswig JurBüro 1981, 915; OLG Köln MittBayNot 1984, 99; *Rohs/Wedewer* § 149 Rn. 12; *Tiedtke*, Notarkosten im Grundstücksrecht, Rn. 373 ff.
[11] OLG Oldenburg JurBüro 1992, 753.
[12] KG DNotZ 1944, 135; 1975, 752; 1976, 189; OLG Hamm Rpfleger 1965, 185; OLG Schleswig JurBüro 1981, 915; OLG Köln JurBüro 1985, 271; 1988, 83; aA OLG Düsseldorf DNotZ 1988, 453: Abgeltung dieser Tätigkeit durch die Vollzugsgebühr gemäß § 146 Abs. 1, vgl. dazu § 146 Rn. 29.
[13] OLG Oldenburg JurBüro 1984, 272; OLG Hamm JurBüro 1987, 420.
[14] KG JurBüro 1976, 365; OLG Zweibrücken MittBayNot 1995, 76; aA OLG Schleswig JurBüro 260, wonach hier die Tätigkeit des Notars gesondert nach § 147 Abs. 2 zu vergüten ist.
[15] OLG Oldenburg JurBüro 1986, 429; OLG Hamm JurBüro 1990, 899; OLG Zweibrücken MittBayNot 1995, 76; aA OLG Schleswig MittRhNotK 1996, 91; *Klein* Rpfleger 1988, 178.
[16] OLG Düsseldorf DNotZ 1993, 280 = KostRsp. § 147 Nr. 26 m. krit. Anm. *Lappe*.
[17] OLG Düsseldorf JurBüro 1994, 281; OLG Hamm JurBüro 2000, 58; JurBüro 2000, 94 = ZNotP 2000, 87 = FGPrax 1999, 239.
[18] OLG Schleswig JurBüro 2000, 426 = NJW-RR 2000, 1599.
[19] OLG Frankfurt DNotZ 1978, 118; *Mümmler* JurBüro 1983, 509 f.; aA KG DNotZ 1979, 752; 1980, 59.
[20] OLG Düsseldorf MittRhNotK 1977, 185; JurBüro 1992, 823; KG JurBüro 1981, 1555; 1986, 903; OLG Köln MittRhNotK 1989, 276; 1991, 90; 1991, 226 m. Anm. *Klein*; *Mümmler* JurBüro 1981, 343; 1983, 509; aA OLG Köln JurBüro 1986, 1697; OLG Oldenburg JurBüro 1986, 429; OLG Hamm JurBüro 1999, 211; ZNotP 1999, 253.

den soll. Einholung von Löschungs- und/oder Freigabeerklärung mit Entwurf (§ 145);[21] oder ohne Entwurf (§ 147 Abs. 2).[22] Rangbestätigung für den kreditgebenden Gläubiger, falls der hinterlegte Betrag vor Einzahlung des Grundpfandrechtes ausgezahlt werden soll. Einhaltung von Auflagen des kreditgebenden Gläubigers des Käufers, wenn diese von den Bedingungen abweichen, welche die Vertragsparteien in der Urkunde vereinbart haben.[23]

5. Falsche Sachbehandlung

10   Eine an sich anfallende Verwahrungsgebühr kann wegen unrichtiger Sachbehandlung (§ 16) nicht erhoben werden, wenn nach den Umständen des Falles die Verwahrung absolut unnötig war und der Notar auf das Entstehen der Gebühr trotz Belehrungspflicht nicht hingewiesen hat.[24] Eine unrichtige Sachbehandlung wird jedoch nur dann vorliegen können, wenn gebührenfreie Maßnahmen mit dem gleichen Erfolg hätten ergriffen werden können.[25] Der Primärerfolg der notariellen Tätigkeit hat stets die Sicherheit zu sein, nicht das preisgünstige Verfahren. Demgemäß besteht auch für den Notar grundsätzlich keine Pflicht, die Beteiligten auf Anfall und Höhe der Gebühren hinzuweisen, wenn nicht eine besondere Sachlage eine Hinweispflicht begründet, insbesondere, wenn eine von den Beteiligten offensichtlich nicht erwartete Gebühr erwachsen würde. Eine Hinweispflicht ist vor allem dort nicht gegeben, wo die Hinterlegung sachlich geboten ist.[26] Dies gilt insbesondere, wenn ein berechtigtes Sicherungsinteresse nach § 54 Abs. 2 und 3 BeurkG vorliegt.[27] Die Belehrungspflicht des Notars findet bei der treuhänderischen Verwahrung von Fremdgeldern auf Notaranderkonten ihre Grenzen, wenn eine möglicherweise billigere Verfahrensweise nicht sachdienlich und auch unüblich ist.[28]

6. Anlageart

11   Der Notar ist verpflichtet, für die bei ihm hinterlegten Gegenstände die sicherste Anlageart zu wählen. In Betracht kommt für Gelder naturgemäß die Einzahlung auf einem Anderkonto, also einem Konto des Notars, das nach den „Bedingungen für Anderkonten und Anderdepots von Notaren" angelegt ist.[29] Der Notar ist nicht verpflichtet, die Gelder bestverzinslich anzulegen, wenn dadurch der primäre Erfolg der Sicherheit gefährdet würde. Grundsätzlich ist davon auszugehen, dass eine Einzahlung auf ein anderes Konto, auch wenn es besser verzinslich wäre, nicht in Betracht kommt, es sei denn, der Notar ist von den Vertragsteilen entsprechend angewiesen worden. Die primäre Verpflichtung des Notars geht also nicht auf eine bestverzinsliche Anlage der Gelder, sondern auf die sicherste Anlage der Gelder, wenn keine anderen Weisungen vorliegen. Eine Haftung des Notars für den eingetretenen Zinsverlust[30] kann demnach nur in Betracht kommen, wenn der Notar diesbezügliche Weisungen der Vertragsteile nicht beachtet. Zum Wechsel der Anlageart während einer Hinterlegung vgl. Rn. 21.

7. Nebengebühren

12   Die §§ 58, 59 finden auf die Gebühr des § 149 keine Anwendung. Kommt es nicht zur Hinterlegung, sind aber vorbereitende Tätigkeiten entfaltet, so kann § 147 Abs. 2 eingreifen, zB beim Erhebungsauftrag, wenn der Zahlungspflichtige trotz mehrmaliger Mahnung nicht beim Notar einzahlt.

---

[21] OLG Frankfurt DNotZ 1990, 321 m. Anm. *Lappe; Klein* DNotZ 1987, 185; aA OLG Köln DNotZ 1987, 183; OLG Oldenburg DNotZ 1994, 706.
[22] OLG Frankfurt DNotZ 1990, 321 m. Anm. *Lappe.*
[23] OLG Frankfurt DNotZ 1978, 118; JurBüro 1989, 408; LG Krefeld JurBüro 1978, 731; *Mümmler* JurBüro 1981, 344; 1983, 509; aA KG JurBüro 1974, 213; 1976, 365; 1979, 1563; OLG Hamm MittBayNot 2000, 58 = JurBüro 2000, 94.
[24] OLG Hamm Rpfleger 1964, 384; OLG Frankfurt Rpfleger 1965, 377; OLG Oldenburg Rpfleger 1968, 350.
[25] OLG Frankfurt Rpfleger 1965, 377.
[26] BayObLG KostRsp. Nr. 11; LG Flensburg JurBüro 1984, 1226.
[27] LG Kassel JurBüro 2003, 432.
[28] LG Darmstadt JurBüro 1976, 6.
[29] Vgl. *Steuer* DNotZ 1979, 208.
[30] Vgl. OLG Hamburg JurBüro 1971, 1055.

II. Tatbestandsmerkmale

1. Verwahrungsgegenstände

a) Geld. D. h. die gesetzlichen Zahlungsmittel (nicht Geld außer Kurs, Briefmarken), soweit es „bar oder unbar" in die Verfügungsgewalt des Notars gelangt ist, sei es in seine Alleinverfügungsgewalt (Einzahlung bei ihm oder auf eines seiner Konten) oder in seine Mitverfügungsgewalt. 13

b) Wertpapiere. Nach der BNotO können echte und unechte Wertpapiere beim Notar verwahrt werden. Verwahrungsgegenstände nach § 149 können (allgM) nur echte Wertpapiere sein, d. h. solche, die Träger des Rechts sind, also Aktien, einschließlich des Zwischenscheins gemäß § 8 Abs. 4 AktG, Schuldverschreibungen auf den Inhaber, Pfandbriefe, Kuxe des neueren Rechts, Schecks einschließlich der Verrechnungsschecks; dagegen nicht Sparbücher, Hypothekenbriefe, Bürgschaftsurkunden usw. Geldmarktfondsanteile sind keine Wertpapiere, sondern Gesellschaftsanteile (vgl. auch Rn. 21). 14

c) Kostbarkeiten. Kostbarkeiten sind Sachen, deren Wert im Verhältnis zum Umfang besonders hoch ist, zB Edelmetallsachen, Schmuckstücke, Autogramme, Wertzeichen, Antiquitäten, Briefmarken usw. 15

d) Andere Gegenstände. Nicht unter § 149 fällt die Verwahrung anderer Gegenstände, zB von Musiknoten, Partituren, Schriftwechseln, es sei denn, es handelt sich um Kostbarkeiten, zB Originalnoten eines bekannten Meisters, einen historischen Schriftwechsel etc. Ist § 149 wegen des Gegenstandes, der vom Notar verwahrt wird, nicht einschlägig, kommt nur die Anwendung des § 147 Abs. 2 in Betracht. 16

2. Verwahrungstätigkeit

a) Grundsatz. Die Anwendung des § 149 setzt voraus, dass Geld, Wertpapiere oder Kostbarkeiten vom Notar verwahrt werden. Eine Verwahrung ist gegeben, wenn Gegenstände in die Verfügungsgewalt des Notars gelangen, sei es in seine Alleinverfügungsgewalt, sei es in seine Mitverfügungsgewalt in der Weise, dass ohne seine Zustimmung nicht verfügt werden kann. Auch bei Wertpapieren genügt Mitverfügungsgewalt (Gemeinschaftsdepot) des Notars. Nicht jede Tätigkeit, die Geld oder andere Gegenstände sichert, ist jedoch eine Verwahrung iS von § 149. Entscheidend ist nicht, dass das Geld beim Notar selbst oder auf einem Bankkonto, das auf seinen Namen lautet (Notaranderkonto) verwahrt wird. 17

b) Grenzbereiche der Verwahrung. Die Gebühr fällt auch an, wenn 18
– kein besonderes Konto errichtet wurde, sondern ein bereits bestehendes Konto mit der Maßgabe gesperrt wird, dass entweder der Notar allein verfügungsberechtigt ist oder der Notar und ein Beteiligter nur gemeinschaftlich verfügen können;[31]
– die Bank dem Notar mitteilt, dass sie einen dort liegenden Betrag, angelegt auf den Namen des Verwahrers, dessen Weisung entsprechend zu des Notars alleiniger Verfügung oder Mitverfügung halte;[32]
– der einem Darlehensnehmer gewährte Betrag bis zur Rangherstellung von der Bank auf einem Sonderkonto zur Verfügung oder Mitverfügung des Notars bereitgehalten wird und die Bank die Kreditzusage nicht mehr widerrufen kann;[33]
– dem Notar im Rahmen einer vom Käufer beschafften unwiderruflichen Garantie einer Bank die vom Zahlungspflichtigen nicht mehr einschränkbare Weisungsmacht für die Zahlung der Bank eingeräumt wurde;[34]
– ein Nichtberechtigter über ein Guthaben, welches dem Notar zur alleinigen Verfügung bereitgestellt worden ist, verfügt und der Notar diese Verfügung genehmigt;[35]

---

[31] KG DNotZ 1942, 43.
[32] OLG Oldenburg Rpfleger 1969, 36; OLG Hamm MittBayNot 2002, 208.
[33] KG JurBüro 1980, 1069.
[34] KG DNotZ 1981, 204.
[35] KG DNotZ 1969, 433.

- ein Sparbuch zur Abhebung des Guthabens und Auszahlung dem Notar übergeben wird; mit der Abhebung bzw. Gutschrift auf dem Konto des Notars ist der Tatbestand der Verwahrung erfüllt, die Empfangnahme des Buches und Abhebung sind dabei gebührenfreie Nebengeschäfte;
- ein Scheck dem Notar übergeben wird, um ihn nach Eintragung der Auflassungsvormerkung dem Verkäufer zur Kaufpreisbestreitung auszuhändigen;

19 **c) Keine Verwahrungstätigkeit.** Keine Verwahrung liegt vor,
- wenn der Notar lediglich den Kaufpreis überwacht, also lediglich den Zahlungspflichtigen bei Zahlungsreife anweist, den Kaufpreis an den Verkäufer oder an dessen Gläubiger zu zahlen;[36]
- wenn vereinbart ist, dass über das auf den Namen der Vertragsteile eingerichtete Sperrkonto erst nach Vorlage einer Bescheinigung des Notars über das Vorliegen bestimmter Auszahlungsvoraussetzungen verfügt werden darf und dem Notar kein Verfügungs- oder Mitverfügungsrecht über dieses Konto eingeräumt ist;[37]
- wenn die Beteiligten – auch nur um die Verwahrungsgebühr zu vermeiden – den Notar bei Zug-um-Zug-Leistungen als Vertrauensperson einschalten;[38]
- wenn dem Notar ein Wechsel oder Scheck zur Einholung der Unterschriften übergeben wird;[39]
- wenn dem Notar ein Wechsel oder Scheck zur Protesterhebung übergeben wird;
- wenn dem Notar ein Sparbuch zur Sicherung der Kaufpreiszahlung übergeben wird, das er nach der Kaufpreiszahlung wieder zurückzugeben hat;
- bei Einzahlung von Gerichtskosten aus Anlass eines gebührenpflichtigen Geschäftes oder Rückzahlung solcher bereits vom Notar vorgelegter Beträge; Nr. 1009 VV-RVG (früher § 22 Abs. 5 BRAGO) gilt hier entsprechend;[40] der Notar erhält jedoch eine Hebegebühr, wenn er auf seinem Notaranderkonto verwahrtes Geld dazu verwendet, Gerichtskosten für den grundbuchlichen Vollzug des von ihm beurkundeten Vertrages zu begleichen.[41]

In denjenigen Fällen, in denen § 149 nicht anwendbar ist, weil es an der Verwahrungstätigkeit fehlt, kommt die Anwendung des § 147 in Betracht.

3. Auszahlung und Rückzahlung

20 **a) Gebührenauslösender Tatbestand.** Während nach § 148 aF als Verwahrungsgeschäft die Erhebung, Ablieferung und Verwahrung in engerem Sinne anzusehen waren, sind nunmehr die eine Gebühr nach § 149 auslösenden Verwahrungsgeschäfte – Gebührentatbestand – die „Auszahlung und Rückzahlung" von Geld oder die „Ablieferung oder Rücklieferung" von Geld oder die „Ablieferung oder Rücklieferung" von Wertpapieren oder Kostbarkeiten. Erst mit diesen Geschäften ist das Verwahrungsgeschäft beendet und die Gebühr nach § 149 fällig. – Der Tatbestand des § 149 ist nur erfüllt, wenn das Hinterlegungsgut aus der betreffenden Masse entlassen wird. Unter **Auszahlung oder Ablieferung** ist also die Weitergabe des Verwahrungsgegenstandes an solche Personen zu verstehen, die nicht mit dem Einzahlenden identisch sind, unter Rückzahlung oder Rücklieferung die Zurückgabe an den Hinterlegenden. Ein Verwahrungsgeschäft kann beides umfassen.

21 Auszahlung iS von § 149 ist auch die Begleichung von Gerichtskosten durch den Notar aus dem Anderkonto für den grundbuchlichen Vollzug des fraglichen Vertrags,[42] die Entnahme eigener Kosten durch den Notar aus dem hinterlegten Betrag ausgenommen die

---

[36] KGJ 44, 402; Rpfleger 1972, 115.
[37] OLG Oldenburg MittBayNot 1969, 285 = Rpfleger 1969, 362.
[38] Vgl. *Daimer* DNotZ 1941, 187.
[39] OLG Hamm Rpfleger 1958, 97.
[40] *Tschischgale* JurBüro 1961, 223; *Assenmacher/Mathias* „Hebegebühr" Anm. 2.3; aA OLG Celle DNotZ 1954, 436; OLG Hamburg DNotZ 1965, 370; OLG Karlsruhe DNotZ 1965, 372.
[41] KG DNotZ 1982, 450; *Schneider* NJW 1981, 558, 560.
[42] KG DNotZ 1982, 450; *Schneider* NJW 1981, 558, 560; vgl. Rn. 19.

Hinterlegungsgebühr selbst (vgl. Rn. 29) sowie die Überweisung auf ein anderes Anderkonto, auch desselben Notars.[43] – Der Vorgang des Abzugs der Zinsabschlagsteuer durch die hinterlegende Bank ist weder als Auszahlung noch als Rückzahlung iS des § 149 aufzufassen. Von einer Weitergabe des Betrages an das Finanzamt durch den Notar kann nicht gesprochen werden, da der Notar keine wesentliche Verfügung vornimmt. Er kann allenfalls die durch die Bank vorgenommene Abführung der Zinsabschlagsteuer auf deren rechnerische Richtigkeit kontrollieren, ist aber nicht in der Lage, über Vornahme oder Nichtvornahme einer rechnerisch richtigen Abführung zu entscheiden. Die Tätigkeit des Notars im Zusammenhang mit der Zinsabschlagsteuerbescheinigung ist also mit der Hebegebühr abgegolten. Auch ein Wechsel der Anlageart während einer Hinterlegung ist weder Auszahlung noch Rückzahlung, da das Hinterlegungsgut in derartigen Fällen nicht aus der Masse entlassen wird. Dies gilt vor allem, wenn während einer Hinterlegung auf eine Festgeldanlage oder in sog. Geldmarktfonds umgestellt wird. Zwar wird bei einem Geldmarktfonds bei genauer juristischer Betrachtung ein Gesellschaftsanteil erworben, bei diesem handelt es sich weder um Geld, noch um Kostbarkeiten, noch um ein Wertpapier, so dass § 149 an sich nicht anwendbar wäre (allenfalls § 147 Abs. 2). Da die Anlage in einen Geldmarktfonds jedoch eine Ausgestaltung einer Hinterlegung ist und sich auf in wirtschaftlicher Hinsicht von der Anlage in Festgeld nicht wesentlich unterscheidet, hat die Umwandlung des Hinterlegungsgutes in Geldmarktfondsanteile keine kostenrechtliche Konsequenz.

b) Beendigung der Verwahrungstätigkeit. Das Verwahrungsgeschäft ist beendet mit Ausfolgung des Verwahrungsgegenstandes an den Empfangsberechtigten. Kommt es nicht dazu, ist aber verwahrt, so fällt die Gebühr dennoch an, wenn nicht die Ausfolgung aus einem in der Person des Notars liegenden Grund unterbleibt.

c) Amtsnachfolge und Verwahrung. Bei Ausscheiden des Notars aus dem Amt unterbleibt die Ausfolgung aus einem in seiner Person liegenden Grund, daher entfällt die Gebühr. Wird ein Verwalter bestellt, so setzt dieser das Verwahrungsgeschäft fort; händigt er den Gegenstand dem Berechtigten aus, so steht ihm die Gebühr zu, er muss sich aber im Verhältnis zum Kostenschuldner die bereits auf die Gebühr gezahlten Vorschüsse anrechnen lassen, auch die etwa aus der Masse bereits entnommene Gebühr.[44] Erfolgt die Ausfolgung durch den neu bestellten Notar, so steht diesem die Gebühr zu, für die bereits vorher ausgezahlten Beträge aber dem Vorgänger.[45]

III. Gebühr, Auslagen, Wert

1. Gebühr

Die Mindestgebühr für die einzelnen Auszahlungs- oder Rücklieferungsbeträge ist 1 Euro (Abweichung von § 33), eine Höchstgrenze besteht nicht.

2. Auslagen

Für Auslagen gilt § 137, nach Nr. 9 erhält der Notar Auslagen für Beförderung hinterlegter Wertpapiere oder Kostbarkeiten, auch von Sicherungsmaßnahmen (Schließfach, Versicherung). Überweisungsspesen, Verwahrungs- und Depotgebühren der Bank gehen zu Lasten des Auftraggebers; ihm stehen auch etwaige Zinsen zu.

3. Geschäftswert

Bei der Anwendung des § 149 ist zu unterscheiden, ob an den Notar „Zahlungen geleistet" oder „Wertpapiere und Kostbarkeiten" bei ihm hinterlegt werden. Werden an den Notar Zahlungen geleistet, die er zur Auszahlung oder Rückzahlung zu bringen hat, dann ergibt sich der für die Berechnung der Hinterlegungsgebühr maßgebliche unmittelbare Betrag

---

[43] Willemer DNotZ 1982, 224.
[44] Vgl. § 5 Abs. 2 der 1. AVO vom 26. 6. 1937 (RGBl. I S. 663); aufgehoben durch Art. XI § 4 Abs. 1 Nr. 6 KostÄndG 1957, aber sinngemäß weiterhin anwendbar.
[45] Vgl. hierzu Hornig DNotZ 1939, 8.

§ 149

aus Abs. 1, ein Rückgriff auf allgemeine Wertbestimmungsvorschriften, insbesondere auf § 18, ist nicht notwendig. Für die Ablieferung oder Rücklieferung von Wertpapieren und Kostbarkeiten verweist Abs. 4 wegen der Berechnung der Hinterlegungsgebühr auf den Wert der hinterlegten Gegenstände; dann ist für die Berechnung des Wertes auf die allgemeinen Bestimmungen, insbesondere auf § 18, zurückzugreifen. Demnach ist bei Geld, Guthaben, Wechsel, Scheck der Nennbetrag; bei Wertpapieren der Kurswert oder allgemeine Handelswert, notfalls der gemeine Wert (nicht das Interesse); falls diese nicht zu ermitteln, bestehen meist keine Bedenken, den Nennwert anzunehmen;[46] bei Kostbarkeiten: Kurswert bzw. gemeiner Wert.

26 a   Die **Geschäftswertbegrenzung** des § 18 Abs. 1 S. 2 gilt nicht für die Hinterlegungsgebühr. § 149 legt die Gebühr unmittelbar fest und verweist nicht auf § 32. Im Gesetzgebungsverfahren zum Kostenmodernisierungsgesetz ist eine etwaige Geschäftswertbegrenzung bei der Hebegebühr weder im Zusammenhang mit § 149 noch mit der entsprechenden Vorschrift der Nr. 1009 VV zum RVG diskutiert worden. Die systematische Stellung der Hinterlegungsgebühr in der KostO ergibt, dass diese nicht von § 18 Abs. 1 S. 2 erfasst wird. Sie ist vom Gesetzgeber als eine eigenständige Gebühr mit eigenständiger Systematik gesehen und geregelt worden. Maßgebend für ihre Berechnung ist der Aus- bzw. Rückzahlungsbetrag. Wo Wertpapiere und Kostbarkeiten abgeliefert oder rückgeliefert werden müssen, verweist Abs. 4 nur bezüglich der Wertberechnung auf die allgemeinen Vorschriften. Zudem hat der Gesetzgeber bewusst an der Trennung zwischen den Gebührenermittlungssystemen mit Geschäfts- bzw. Gegenstandswert, Gebührensatz und Gebührentabelle einerseits und dem proportionalen Aufschlag auf Zahlungsbeträge andererseits festgehalten. § 149 enthält im Verhältnis zu § 32 eine Spezialregelung, ist also eine „andere Bestimmung" iS von § 18 Abs. 1 S. 2 (letzter Halbsatz), s. dass schon positivrechtlich die allgemeine Geschäftswertbegrenzung im Rahmen von § 149 nicht gilt. Gegen eine Anwendung des § 18 Abs. 1 S. 2 im Rahmen von § 149 spricht auch, dass es ansonsten zu unterschiedlichen Hebegebühren bei Notaren, Rechtsanwälten und Gerichtsvollziehern käme; bei Notaren läge die Geschäftswertbegrenzung bei 60 Mio. Euro, bei Rechtsanwälten bei 30 Mio. Euro, die Gerichtsvollziehergebühren wären überhaupt nicht von der Geschäftswertbegrenzung erfasst, da § 12 Abs. 2 GvKostG ohne jede Einschränkung § 149 bezüglich der Empfangnahme von Wechsel- und Scheckgeldern für anwendbar erklärt. Dass § 18 Abs. 1 S. 2 für § 149 nicht gilt, ergibt sich auch daraus, dass nicht der zu hinterlegende Betrag Bemessungsgrundlage für die Hebegebühr ist, sondern der auszuzahlende Betrag. Dies alles spricht dafür, dass es keinen Höchstwert für die Berechnung der Hinterlegungsgebühr nach § 149 gibt.

4. Berechnungsweise

27   Von den einzelnen ausbezahlten oder zurückbezahlten Beträgen bzw. Teilbeträgen oder Gegenständen wird die Gebühr nach § 149 Abs. 2 **gesondert berechnet,** auch wenn der hinterlegte Betrag in mehreren Teilbeträgen einbezahlt wurde. Auch wenn die Gebühr aus praktischen Gründen erst nach vollständiger Auszahlung berechnet wird, entsteht der konkrete Gebührenanspruch bei jeder einzelnen Auszahlung.[47]

28   Auch bei **Auszahlungen an dieselbe Person** in Teilbeträgen sind die Teilbeträge Grundlage der Berechnung.[48]

29   Für die **Entnahme eigener Kosten** durch den Notar aus dem hinterlegten Betrag ist ebenfalls eine Verwahrungsgebühr anzusetzen,[49] ausgenommen aus der Hinterlegungsgebühr selbst. Sofern der Notar für verschiedene gebührenpflichtige Geschäfte die Gebühr entnimmt, ist die Gebühr nach § 149 für jede Gebührenentnahme gesondert zu berech-

---

[46] KGJ 53, 286.
[47] KG DNotZ 1977, 56.
[48] LG Berlin Rpfleger 1961, 327.
[49] KG JurBüro 1961, 82 = KostRsp. Nr. 1; LG Berlin Rpfleger 1961, 327; KG RPfleger 1980, 445; JurBüro 1980, 1563; LG Mönchengladbach MittRhNotK 1983, 249; *Assenmacher/Mathias* „Hebegebühr" Anm. 2.1; *Schneider* NJW 1981, 558; aA *Lappe* KostRsp. Nr. 1 Anm.

nen.⁵⁰ Macht der Notar von der Möglichkeit, die für die Verwahrung anfallende Gebühr aus der Hinterlegungsmasse zu entnehmen, gemäß § 149 Abs. 1 S. 3 Gebrauch, so fällt für diese Auszahlung keine Gebühr nach § 149 an (keine Gebühr aus der Gebühr!). Die Entnahme der Gebühr bleibt also bei der Berechnung der Hinterlegungsgebühr unberücksichtigt, diese wird damit zwar nicht aus der Gebühr erhoben, wohl aber aus dem nicht durch die Hinterlegungsgebühr gekürzten Restauszahlungsanspruch des Hinterlegers oder dessen, dem der Rest zusteht. Die Hinterlegungsgebühr wird auch berechnet aus Beträgen, die der Notar auftragsgemäß auf ein anderes bei ihm geführtes Anderkonto überweist (vgl. Rn. 21).

Die Gebühr nach § 149 ist auch zu berechnen aus **Gerichtsgebühren** für den Grundbuchvollzug des fraglichen Vertrages, wenn sie aus dem Anderkonto überwiesen werden (vgl. Rn. 19). 30

Zahlt auf Anweisung des Käufers die den ganzen **Kaufpreis kreditierende Bank** den ganzen Hypothekenbetrag an den Notar, der anweisungsgemäß gegen Erstrangbeschaffung den Kaufpreis, Grunderwerbsteuer und Kosten bezahlt, so berechnet sich die Verwahrungsgebühr nach dem Kaufpreis (sofern in Teilbeträgen auszuzahlen, nach den Teilbeträgen), der Grunderwerbsteuer und den einzelnen Kosten, auch für das Hypothekengeschäft. Wegen der Besonderheit bei § 54 s. dort. 31

Wegen der **Anrechnung beim Wechselprotest** auf die Protestgebühr s. § 51 Rn. 5. 32

IV. Gebührenschuldner

1. Grundsatz

Gebührenschuldner ist – neben evtl. Mitschuldnern nach § 3 Nr. 2 und 3 – derjenige, der die notarielle Tätigkeit **veranlasst** hat (§§ 2 Nr. 1, 141). Dies muss nicht stets derjenige sein, der das Ansuchen auf Hinterlegung an den Notar gerichtet hat (vgl. Rn. 3). Wer in diesem Sinne als Veranlasser anzusehen ist, muss durch Auslegung der dem Notar gegenüber abgegebenen Erklärungen und des Verhaltens der Beteiligten ihm gegenüber ermittelt werden.⁵¹ 33

Nicht maßgebend für die Frage der Kostenschuldnerschaft ist, in wessen **Interesse** der Notar tätig wird. Aus diesem Grund kann man nicht ohne weiteres davon ausgehen, dass derjenige Kostenschuldner ist, für den die Zahlung bestimmt ist. Erst bei Zweifeln darüber, wer Veranlasser der Hinterlegung ist, darf darauf zurückgegriffen werden, in wessen Interesse die Verwahrung erfolgt, um hieraus Rückschlüsse auf die Person der Veranlassers zu ziehen. 34

Der Veranlasser der Hinterlegung kann sich nicht durch eine **negative Kostenklausel** („Kosten übernehmen wir nicht") freizeichnen; ein derartiger Vorbehalt wäre nach § 140 nichtig.⁵² 35

Unabhängig davon, wer als Veranlasser gemäß § 2 Nr. 1 Gebührenschuldner ist, bleibt eine **vertragliche** Gebührenübernahme möglich. 36

Sind **mehrere** Auftraggeber vorhanden, so haftet ein Auftraggeber für die Mehrkosten, die gegenüber dem Auftrag des anderen Auftraggebers gerade durch seinen Auftrag entstehen. 37

2. Typische Fallgestaltungen

a) Vereinbarung. Vereinbaren Verkäufer und Käufer in einem Kaufvertrag, dass der Käufer den Kaufpreis beim Notar einzahlen soll, haften beide gesamtschuldnerisch, wenn im Vertrag nichts anderes bestimmt ist.⁵³ Sieht die notarielle Urkunde die Hinterlegung vor, enthält sie aber keine spezielle Kostenregelung für die Gebühr nach § 149, kommt allerdings idR die allgemeine Kostenverteilungsregelung („Die Kosten dieser Urkunde und ihres Vollzugs trägt ...") zur Geltung, wenn sich aus den Umständen der Beurkundung nichts anderes ergibt. 38

---

⁵⁰ LG Berlin Rpfleger 1961, 327.
⁵¹ KG DNotZ 1941, 465.
⁵² *Lappe* EWiR 1988, 816.
⁵³ LG Regensburg DNotZ 1979, 678.

39 **b) Keine Vereinbarung.** Wird ohne Vereinbarung im zugrundeliegenden Kaufvertrag auf Anderkonto eingezahlt, so ist die Frage nach dem Gebührenschuldner aus dem Vertrag und den sonstigen Umständen, die mit der Beurkundung und der Hinterlegung zusammenhängen, zu entscheiden. Erheblich ist, wer mit dem Ansuchen auf Hinterlegung einzahlt, bei Einhebung, wer das Ansuchen zur Einhebung gab.[54] Betraut der Verkäufer den Notar mit der Einhebung des Kaufpreises, so ist er Schuldner; zahlt der Käufer ohne Auftrag des Verkäufers an den Notar, so schuldet der Käufer die Gebühr. Zahlt der Käufer den Kaufpreis an den Notar mit der Weisung, dass dieser nur nach Anweisung beider Teile hierüber verfügen darf, so kann zweifelhaft sein, ob in der nachfolgenden Mitverfügungsklausel des Verkäufers eine Mitveranlassung der Hinterlegung durch letzteren liegt; ohne besondere Umstände dürfte dies nicht zutreffen. Der Notar wird zweckmäßigerweise bei derartigen Situationen auf Klarstellung bestehen.[55] – Wird ein Geldbetrag zugunsten eines Dritten beim Notar hinterlegt und dem Dritten das Recht eingeräumt, das Geld nach Erfüllung von Treuhandauflagen abzurufen, so wird der Dritte grundsätzlich nicht schon dadurch zum Schuldner der Gebühr nach § 149, dass er von seinem Abrufrecht Gebrauch macht.[56] Die Tatsache, dass eine Partei in der Urkunde die Kosten des Vollzugs übernommen hat, rechtfertigt es allein nicht, diese Partei auch für die Hinterlegungsgründe heranzuziehen, wenn die Verwahrung nicht von vornherein im Vertrag vorgesehen war.[57]

40 **c) Zahlung durch Kreditinstitut.** Zahlt das den Kaufpreis finanzierende Kreditinstitut diesen beim Notar ein, so handelt es im Regelfall „nur namens des Käufers",[58] so dass eine Kostenschuldnerschaft des Kreditinstituts dann nicht in Betracht kommt. Voraussetzung für eine solche Betrachtungsweise ist allerdings, dass das Kreditinstitut berechtigt ist, den Käufer zu vertreten.[59] Die Situation ist demnach anders, wenn das Kreditinstitut die Auszahlung an eigene Bedingungen knüpft, die von den in der Kaufurkunde enthaltenen oder ansonsten von den Beteiligten eingeführten Elementen abweicht; bei einem so gestalteten Fall ist das Kreditinstitut dann Veranlasser der Hinterlegung und damit Kostenschuldner.[60] Die in solchen Fällen vielfach anzutreffende negative Kostenklausel ist nach § 140 beachtlich (vgl. Rn. 35).

V. Fälligkeit

41 Die Gebühr erwächst und wird fällig mit der Auszahlung, bei Aus- oder Rückzahlung in Teilbeträgen mit der Auszahlung der einzelnen Teilbeträge.[61] Werden Geldbeträge auftragsgemäß in mehreren Teilbeträgen eingehoben oder einbezahlt und sodann in einem oder mehreren Teilbeträgen an den Auftraggeber oder Dritte ausbezahlt, so erfolgt kein Vergleich zwischen der Gebühr für die einzelnen Einhebungs- und Auszahlungsposten, vielmehr sind nur die Auszahlungsposten für die Gebührenberechnung maßgebend. Für die Ablieferung oder Rücklieferung von Wertpapieren oder Kostbarkeiten gilt dies entsprechend. Die Abrechnung über das Anderkonto ist nicht Fälligkeitsvoraussetzung.[62]

42 Da der Gebührenanspruch bei jeder einzelnen Auszahlung entsteht, tritt auch die Verjährung getrennt ein,[63] für Gebühren, die vor dem 1. 1. 2002 fällig waren, nach §§ 196 Abs. 1 Nr. 15, 201 BGB aF, danach nach § 17 Abs. 1 KostO.

43 Vor Auftragserledigung kann der Auftraggeber, ohne Mehrkosten zu verursachen, den Auftrag ändern, zB vor erledigter Auszahlung eine andere Ausfolgung beantragen.

---

[54] KG JVBl. 1941, 139; JurBüro 1985, 432; OLG Bremen Rpfleger 1957, 273; OLG Celle JurBüro 1978, 1235.
[55] Vgl. OLG Schleswig JVBl. 1968, 94.
[56] KG JurBüro 1985, 432.
[57] BayObLGZ 1988, 149.
[58] BayObLGZ 1988, 145.
[59] OLG Düsseldorf MittRhNotK 1987, 232.
[60] BayObLGZ 1988, 145.
[61] KG DNotZ 1977, 56 = Rpfleger 1976, 228.
[62] LG Flensburg JurBüro 1984, 1226.
[63] Vgl. *Riggers* JurBüro 1976, 1449.

Abs. 1 S. 3 bestimmt, dass der Notar bei der Ablieferung an den Auftraggeber die Gebühr dem abzuliefernden Betrag entnehmen kann; bei Ablieferung in Teilbeträgen die Gebühr für den jeweiligen Teilbetrag. Bei der Ablieferung eines vom Auftraggeber einbezahlten Betrages an einen Dritten besteht ein Entnahmerecht nur, wenn es ausdrücklich mit dem Auftraggeber oder dem Dritten vereinbart ist, weil sonst der mit der Verwahrung übernommene Auftrag nicht richtig ausgeführt werden könnte. Bei Wertpapieren und Kostbarkeiten besteht ein Zurückbehaltungsrecht nach § 10; wegen des Ausschlusses dieses Rechtes s. § 10 Abs. 2 und die Erläuterungen dazu. **44**

VI. Mehrheit von Geschäften

Auch hier ist nach dem Inhalt des Verwahrungsauftrages zu entscheiden, doch braucht der ursprüngliche Verwahrungsauftrag noch nicht alle Auszahlungsanweisungen zu enthalten. **45**

§ 150* Bescheinigung

Der Notar erhält für die Erteilung einer Bescheinigung nach
1. **§ 21 Abs. 1 Nr. 1 der Bundesnotarordnung eine Gebühr von 13 Euro und**
2. **§ 21 Abs. 1 Nr. 2 der Bundesnotarordnung eine Gebühr von 25 Euro.**

I. Anwendungsbereich

§ 150 geht als spezielle Norm der Vorschrift des § 50 Abs. 1 Nr. 1 vor. Sie betrifft die Vertretungsbescheinigungen nach § 21 Abs. 1 Nr. 1 BNotO und die handelsrechtliche Bescheinigungen nach § 21 Abs. 1 Nr. 2 BNotO. **1**

II. Gebührenhöhe

Die Gebühr für die Vertretungsbescheinigung nach § 150 Nr. 1 beträgt seit der Neufassung des § 150 durch Gesetz vom 31. 8. 1998 (BGBl. I S. 2585) 25 DM, nun 13 Euro (vorher: Mindestgebühr nach § 33, also 20 DM). **2**

III. Mehrheit von Bescheinigungen und bescheinigten Vorgängen

Die Gebühren fallen für jede einzelne Bescheinigung an, selbst bei gleichem Inhalt,[1] § 44 ist nicht – auch nicht entsprechend – anwendbar. Dient eine Bescheinigung hingegen für mehrere Geschäfte, so fällt nur eine Gebühr an. Erteilt der Notar eine Vertretungsbescheinigung für mehrere gemeinsam zur Vertretung berechtigte Personen, so fällt die Gebühr nach § 150 nur einmal an, da eine gemeinsame Vertretungsmacht bescheinigt wird. Wird dagegen die Einzelvertretungsmacht mehreren Personen bescheinigt, so ist für jede Bescheinigung eine besondere Gebühr entstanden, auch wenn die Bescheinigungen äußerlich in einer Urkunde zusammengefasst sind.[2] Etwas anderes (nur eine Gebühr nach § 150) wird zu gelten haben, wenn sich beide Bescheinigungen auf dasselbe Objekt beziehen. Wird die Vertretungsberechtigung für eine GmbH & Co. KG bescheinigt, fallen zwei Gebühren nach § 150 an, eine für die KG, eine weitere für die GmbH. Ist für die Feststellung der Rechtsnachfolge die Einsicht in mehreren Registern notwendig, fällt nur eine Gebühr nach § 150 an. Es kommt nicht darauf an, in wie viele Register der Notar Einsicht nehmen muss, um die eine Bescheinigung zu erteilen.[3] **3**

---

* § 150 neu gefasst durch Gesetz vom 31. 8. 1998 (BGBl. I S. 2585), Nr. 1 und 2 geändert durch Gesetz vom 27. 4. 2001 (BGBl. I S. 751).
[1] DNotZ 1937, 590.
[2] OLG Hamm JurBüro 1980, 1879 m. zust. Anm. *Mümmler.*
[3] OLG Hamm JurBüro 2002, 153; Rpfleger 2002, 101.

IV. Konkurrenz zu sonstigen Gebührentatbeständen

1. Bescheinigung als gebührenfreies Nebengeschäft?

4　Die Gebühren nach § 150 fallen immer gesondert an, also neben Beurkundungs- oder Beglaubigungsgebühren, die Bescheinigungen sind niemals gebührenfreies Nebengeschäft nach § 35.

2. Einsichten in das Register bzw. in einen Registerauszug

5　Erteilt der Notar die Bescheinigung auf Grund Einsicht in das Handelsregister, so fällt neben der Gebühr nach § 150 keine Gebühr nach § 147 Abs. 1 an, da die Registereinsicht gebührenfreies Nebengeschäft ist – § 147 Abs. 3 – (vgl. auch § 147 Rn. 12 sowie zum bisherigen Streitstand auf Grund der Diskrepanz zwischen § 150 und § 147 Abs. 1).[4] Erteilt der Notar die Bescheinigung auf Grund Einsicht in einen ihm vorgelegten beglaubigten Auszug aus dem Handelsregister, so handelt es sich nicht um die Einsicht in „Akten" iS von § 147 Abs. 1 S. 1, so dass insoweit keine gesonderte Gebühr anfällt.

3. Reisekosten

6　Reisekosten nach § 153 fallen für die Fahrt zum Registergericht neben der Gebühr nach § 150 und neben der Gebühr nach § 147 Abs. 1 S. 1 an.

V. Kostenschuldner

7　Der Antragsteller der Bescheinigung (§ 2 Nr. 1), nicht schon derjenige, der beurkunden lässt, ist Kostenschuldner. Unbenommen bleibt die Möglichkeit einer vertraglichen Kostenübernahme, zB im Kaufvertrag durch den Käufer auch bzgl. der Kosten der Vertretungsbescheinigung für den Verkäufer.

VI. Ähnliche Fälle

8　Ähnliche Bescheinigungen bzw. Bestätigungen o.Ä. fallen entweder unter § 50 Abs. 1 Nr. 1 oder § 147, zB eine Bescheinigung darüber, wer für eine Körperschaft oder Stiftung des öffentlichen Rechts zu handeln berechtigt ist.

§ 151* Zuziehung eines zweiten Notars

(1) Der zweite Notar, der auf Verlangen eines Beteiligten zu einer Beurkundung zugezogen wird, erhält die Hälfte der dem beurkundenden Notar zustehenden Gebühr und im Fall des § 58 daneben die dort bestimmte Zusatzgebühr.

(2) ¹Ist der zweite Notar ohne Verlangen eines Beteiligten zugezogen, so darf der mit der Beurkundung beauftragte Notar, dem die Gebühren für seine Tätigkeit selbst zufließen, dafür nicht mehr als 1,30 Euro für jede angefangene Stunde in Rechnung stellen; Auslagen des zweiten Notars werden daneben angesetzt. ²Fließen die Gebühren dem mit der Beurkundung beauftragten Notar nicht selbst zu, werden keine Kosten erhoben.

I. Allgemeines

1　Die Vorschrift wird dem seit dem BeurkG von 1969 geltenden Rechtszustand nicht mehr ganz gerecht. Denn in allen Fällen (§§ 22, 25, 29 BeurkG) wird ein Zeuge *oder* ein zweiter Notar zugezogen und nicht mehr, wie in § 151 Abs. 1 formuliert, der zweite No-

---

[4] OLG Zweibrücken JurBüro 1988, 1051; OLG Bremen DNotZ 1990, 680; OLG Schleswig JurBüro 1991, 1367; OLG Bremen DNotZ 1990, 680; *Schmidt* JurBüro 1987, 641; aA OLG Hamm DNotZ 1989, 715 = KostRsp. Nr. 3 m. abl. Anm. *Lappe;* KG JurBüro 1992, 555; *Hansens* JurBüro 1988, 561; *Grauel* MittRhNotK 1988, 231.

* § 151 Abs. 2 geändert durch Gesetz vom 27. 4. 2001 (BGBl. I S. 751), Abs. 1 geändert und Abs. 2 neu gefasst durch Gesetz vom 23. 7. 2002 (BGBl. I S. 2850).

tar „anstatt der Zeugen". § 151 ist insoweit durch Interpretation dem BeurkG anzugleichen. Es betrifft also die dort in den §§ 22, 25, 29 BeurkG geregelten Fälle, in denen ein zweiter Notar zugezogen wird. Der zweite Notar ist nicht Urkundsperson, sondern wird als Zeuge tätig; gemäß § 15 BNotO ist er zur Mitwirkung verpflichtet.

II. Zuziehung auf Verlangen

Auf Verlangen eines Beteiligten (Abs. 1) wird ein zweiter Notar im Falle des § 29 **2** BeurkG, also bei Verfügungen von Todes wegen, zugezogen. Dieser Notar erhält die Hälfte der Beurkundungsgebühr (ggf. nach § 144 ermäßigt), mindestens 10 Euro (§ 33), die Zusatzgebühr jedoch ungeschmälert. Daneben stehen ihm die in der KostO vorgesehenen Auslagen zu. Gebühren und Auslagen des zweiten Notars fallen neben den Gebühren und Auslagen des Urkundsnotars an.

Schuldner ist derjenige Beteiligte, der die Zuziehung verlangt hat (Abs. 1, § 2 Nr. 1), **3** gegen ihn hat der (zweite, also nicht als Urkundsperson tätige) Notar einen unmittelbaren Anspruch (§§ 154 ff.); eine Mithaft der übrigen an der Beurkundung beteiligten Personen besteht nicht (§ 5 Abs. 2).[1] Eine vertragliche Kostenübernahme ist jedoch möglich.

Das Verlangen auf Zuziehung eines zweiten Notars braucht nicht ausdrücklich gestellt **4** zu sein, konkludentes Verhalten genügt.[2]

III. Zuziehung ohne Verlangen

Ohne Verlangen eines Beteiligten (Abs. 2) wird ein zweiter Notar in den Fällen der **5** §§ 22 und 25 BeurkG (taub, stumm, blind, schreibunfähig) zugezogen. Er erhält eine Entschädigung vom beurkundenden Notar, dieser darf sie jedoch nur bis zu der in Abs. 2 bezeichneten Höhe ansetzen (§ 137 Abs. 1 Nr. 4), wobei nach dem Normzweck auf die Zeit abzustellen ist, für die ein Urkundszeuge zu entschädigen wäre. Die „Gebühren" sind in Wirklichkeit keine Gebühren iS der KostO, sondern Auslagen, mindern sich daher im Falle des § 144 nicht. Daneben stehen dem zweiten Notar die in der KostO vorgesehenen Auslagen zu.

Schuldner ist derjenige, der die Beurkundung veranlasst hat (§ 2 Nr. 1), bei mehreren **6** Schuldnern der Beurkundungskosten derjenige, wegen dessen die Zuziehung erforderlich war (entsprechend § 5); eine vertragliche Kostenübernahme ist auch hier möglich. Gebührengläubiger ist allein der beurkundende Notar, auch bezüglich der Auslagen des zweiten Notars (s. Rn. 5). Er liquidiert auch die dem zweiten Notar zustehenden Auslagen nach der KostO.

Wird in den Fällen des Abs. 2 die Zuziehung eines zweiten Notars ausdrücklich ver- **7** langt, so führt das nicht zur Anwendung von Abs. 1[3] (es handelt sich nur um eine gebührenrechtlich bedeutungslose „Anregung"). Eine Entschädigung des zweiten Notars nach Abs. 1 würde gegen § 140 verstoßen. Auch eine Kostenübernahme (§ 3 Nr. 2) ist nicht möglich, da er nicht Gebührengläubiger ist.

IV. Zuziehung auf Antrag, aber ohne rechtlichen Anlass

Wird ein zweiter Notar – aus welchen Gründen auch immer – auf Antrag der Beteilig- **8** ten zugezogen, ohne dass ein gesetzlicher Anlass (§§ 22, 25, 29 BeurkG) besteht, richtet sich die Gebühr des zweiten Notars nach § 147.[4]

V. Exkurs: Sonstige Zeugenentschädigungen

Nicht geregelt in der KostO ist die Frage der Entschädigung sonstiger Zeugen, die nach **9** dem BeurkG zugezogen werden. Erhalten derartige Zeugen eine Entschädigung, ist für

---

[1] Vgl. auch OLG Schleswig JurBüro 1965, 371.
[2] Rohs/Wedewer Rn. 1.
[3] LG Arnsberg JurBüro 2003, 149; MDR 2004, 238.
[4] LG Stuttgart KostRsp. Nr. 1 m. zust. Anm. *Lappe*.

eine Liquidierung derartiger Auslagen des Notars nach der KostO tatbestandsmäßig kein Raum. Eine Anspruchsgrundlage des Notars ist allenfalls das Auftragsrecht des BGB (§§ 675, 670 BGB) mit der Folge, dass die Beitreibung derartiger Auslagen nach der ZPO, nicht nach der KostO zu erfolgen hat. Es ist dem Notar zu empfehlen, Vereinbarungen mit Zeugen über die Entschädigung, ihre Höhe und Fälligkeit nicht im eigenen Namen, sondern in offener Stellvertretung für den gesetzlichen oder vertraglichen Kostenschuldner abzuschließen. Die Zeugenentschädigung ist dann beim Notar lediglich ein durchlaufender Posten und nicht umsatzsteuerpflichtig (vgl. § 151a Rn. 3). Die Höhe der Zeugenentschädigung muss angemessen sein.

§ 151a* Umsatzsteuer

Der Notar erhält Ersatz der auf seine Kosten entfallenden Umsatzsteuer, sofern diese nicht nach § 19 Abs. 1 des Umsatzsteuergesetzes unerhoben bleibt.

Schrifttum: *Hansens* JurBüro 1983, 1762; *Mümmler* JurBüro 1980, 325; *Reich* DNotZ 2004, 95; *Rutkowski* NJW 1980, 680; *Schubert* MittBayNot 2004, 237; *Tiedtke/Fembacher* ZNotP 2004, 256, 261.

I. Steuerpflicht

1   Der Notar ist „freiberuflich selbständig" iS der Steuergesetze. Seine Tätigkeit unterliegt der Umsatzsteuerpflicht. Die Umsatzbesteuerung des Notars ist ab 1. 1. 1980 neu geregelt.[1] § 151a aF bezog sich nur auf Notare, denen die Gebühren für ihre Tätigkeit selbst zuflossen. Diese Einschränkung gilt ab 1. 1. 1980 mehr; dies bedeutet, dass § 151a für alle Notare gilt, auch die Notare im Dienste des Landes Baden-Württemberg und die Ratsschreiber (im badischen Rechtsgebiet).

II. Steuersatz

2   Es gilt ab 1. 1. 1982 für alle Notare der normale, nicht ermäßigte Steuersatz (§ 12 Abs. 1 UStG).

III. Steuerpflichtige Umsätze

3   Dieser Steuersatz gilt für **alle Leistungen** aus einer typischen Tätigkeit des Notars, aber auch für die sonstigen und die atypischen Geschäfte, zB selbständige Beratungsleistungen und Testamentsvollstreckungen. Versteuerbar sind außer den eigentlichen Geschäftsgebühren auch die Auslagen (Postgebühren etc., die Schreibauslagen und die Reisekosten). Nicht versteuerbar sind die sog. durchlaufenden Posten, d. h. diejenigen Beträge, die der Notar im Namen und für Rechnung Dritter vereinnahmt und ausgibt, zB Verwahrgelder, Gerichtskosten, Genehmigungsgebühren usw. (§ 10 Abs. 1 S. 5 UStG), auch wenn sie vom Notar ausgelegt und dem Auftraggeber in derselben Höhe in Rechnung gestellt werden.[2]

3a   Fraglich ist, ob die **Grundbuchabrufgebühren,** sofern sie an den Kostenschuldner weitergegeben werden, als Durchlaufposten der Umsatzsteuer unterworfen sind. Man ging bislang überwiegend davon aus, Abrufgebühren seien als sog. durchlaufende Posten nicht versteuerbar[3]. Das Sächsische Staatsministerium der Finanzen hat inzwischen mit Erklärung vom 17. 6. 2005 (bestätigt von sämtlichen Landesfinanzministerien und dem BMF) Abrufgebühren nicht als klassische Durchlaufposten eingeordnet. Begründet wird dies damit, dass ausschließlich der Notar Kostenschuldner der Abrufgebühren sei; der Notar habe, da der

---

* § 151a eingefügt durch Gesetz vom 20. 12. 1967 (BGBl. I S. 1246), neu gefasst durch Gesetz vom 26. 11. 1979 (BGBl. I S. 1953).
[1] Vgl. *Mümmler* JurBüro 1980, 325.
[2] BFH NJW 1968, 423.
[3] BayObLGZ 2004, 311 = JurBüro 2005, 149 = MittBayNot 2005, 76; *Reetz/Bous* RNotZ 2004, 18, 322; 16. Aufl. § 151a Rn. 3.

Abruf elektronisch erfolge, zudem keine Möglichkeit, nach außen hin zu bekunden, dass er auf fremde Rechnung handle. Nach Meinung der Finanzverwaltung handelt es sich bei den Abrufgebühren, die an den Kostenschuldner weitergegeben werden, um sog. unechte Durchlaufposten, die der Umsatzbesteuerung nach § 151a unterliegen[4].

Die **Umsatzsteuergrenze** beträgt jetzt 17 500 Euro (Vorjahresumsatz) gemäß § 19 Abs. 1 UStG. Notare, die diese Voraussetzung nicht erfüllen, also unter der Umsatzsteuergrenze verbleiben, brauchen grundsätzliche keine Umsatzsteuer entrichten, sie dürfen aber auch keine Umsatzsteuer gesondert in Rechnung stellen. Dies gilt aber gemäß § 19 Abs. 1 UStG nur, wenn der Umsatz im laufenden Jahr 50 000 Euro voraussichtlich nicht übersteigen wird. Der Notar, der iS dieser Vorschrift „Kleinunternehmer" ist, kann auf diese Vergünstigung verzichten. Umsätze des Notars werden bei einem Anwaltsnotar nicht mit denen des Anwalts zusammengerechnet.

IV. Rechnungsausweis

Der Notar hat die auf seinen Auftraggeber gemäß § 151a abzuwälzende Umsatzsteuer in der Kostenrechnung **auszuweisen** und als solche zu bezeichnen, damit der Kostenschuldner die Möglichkeit hat, die ihm angelastete Umsatzsteuer als Vorsteuer von seiner Umsatzsteuer abzusetzen.[5] Das Zitiergebot des § 154 Abs. 2 erfordert jedoch keine ausdrückliche Anführung des § 151a, da eine andere Vorschrift nicht in Betracht kommt.[6]

Die **Pflichtangaben in der Rechnung** ergeben sich aus den §§ 14 Abs. 4, 14a UStG sowie aus den §§ 33 und 34 UStDV.

Gemäß § 14 Abs. 4 S. 1 Nr. 1 UStG sind in der Rechnung der **Name** und die **Anschrift des Notars und des Leistungsempfängers** jeweils vollständig anzugeben. Dabei ist es gemäß § 31 Abs. 2 UStDV ausreichend, wenn sich auf Grund der in der Rechnung aufgenommenen Bezeichnungen der Name und die Anschrift sowohl des Notars als auch des Leistungsempfängers eindeutig feststellen lassen. Verfügt der Leistungsempfänger über ein Postfach oder über eine Großkundenadresse, ist es ausreichend, wenn diese Daten anstelle der Anschrift angegeben werden.

Gemäß § 14 Abs. 4 S. 1 Nr. 2 UStG muss der leistende Unternehmer in der Rechnung entweder die ihm vom inländischen Finanzamt erteilte **Steuernummer** oder die vom Bundesamt für Finanzen erteilte **Umsatzsteuer-Identifikationsnummer** angeben. Wurde keine Umsatzsteuer-Identifikationsnummer erteilt, ist zwingend die erteilte Steuernummer zu vermerken.

Das Steueränderungsgesetz 2003 vom 15.12.2003 (BGBl. I S. 2645, Art. 5 und 6) hat ab 1.1.2004 weitere umsatzsteuerliche Anforderungen an Rechnungen eingeführt. Dazu gehört nach § 14 Abs. 4 S. 1 Nr. 4 UStG (nF) auch das Erfordernis der **Angabe einer fortlaufenden Nummer** auf von einem Unternehmer ausgestellten Rechnungen. Die Angaben sind grundsätzlich Voraussetzung für den Vorsteuerabzug für den Rechnungsempfänger. Durch die fortlaufende Nummer soll sichergestellt werden, dass die vom Unternehmer erstellte Rechnung einmalig vergeben wird. Bei der Erstellung der Rechnungsnummer ist es zulässig, eine oder mehrere Zahlen- oder Buchstabenreihen zu verwenden, auch eine Kombination von Ziffern und Buchstaben ist möglich. Bei der Erstellung der Rechnungsnummer bleibt es dem Rechnungsaussteller überlassen, wie viele und welche separaten Nummernkreise geschaffen werden, in denen eine Rechnungsnummer jeweils einmalig vergeben wird. Dabei sind Nummernkreise für zeitlich, geografisch oder organisatorisch abgegrenzte Bereiche zulässig. Es muss aber gewährleistet sein, dass die jeweilige Rechnung leicht und eindeutig dem jeweiligen Nummernkreis zugeordnet werden kann und die Rechnungsnummer einmalig ist. Im Rahmen von § 151a reicht es aus, wen die Nummernkreise durch Angabe der Urkundenrollennummer bzw. der Kostenregister-

---

[4] Vgl. *Bengel/Tiedtke* DNotZ 2006, 438, 445.
[5] Vgl. FG Nürnberg EFG 1991, 50.
[6] OLG Hamm JurBüro 1997, 100; FGPrax 1998, 152.

§ 151a

nummer definiert werden. Allerdings muss erkennbar sein, dass diese Nummer gleichzeitig auch als Rechnungsnummer dienen soll.[7] Sollten zu einer Urkundenrollennummer bzw. einer Kostenregisternummer mehrere Rechnungen erteilt werden, wären diese mit einem Unterscheidungsmerkmal zur Urkundenrollennummer bzw. zur Kostenregisternummer zu ergänzen. Dies ist zB notwendig, wenn die Kosten einer Beurkundung von mehreren Beteiligten quotal oder in Bezug auf bestimmte Beurkundungsgeschäfte getrennt getragen werden.[8]

10 Der Notar hat bei der Ausstellung seiner Rechnungen **Fristen** zu beachten. Durch das Schwarzarbeitsbekämpfungsgesetz vom 23. 7. 2004 (BGBl. I S. 1842, 1853), in Kraft seit 1. 8. 2004, wurde § 14 Abs. 2 UStG neu gefasst. Hiernach ist die Rechnung innerhalb von sechs Monaten nach Ausführung der Leistung auszustellen, wenn eine sonstige Leistung im Zusammenhang mit einem Grundstück ausgeführt wird (Nr. 1) oder wenn die Leistung an einen anderen Unternehmer für dessen Unternehmen oder eine juristische Person ausgeführt wird (Nr. 2). Fraglich ist, ob bei Leistungen des Notars, die im Zusammenhang mit einem Grundstück stehen, also insbesondere bei Beurkundungen von Grundstückskaufverträgen und Grundstücksüberlassungen, der Notar unabhängig von der Unternehmereigenschaft des Beteiligten zur Ausstellung einer Rechnung innerhalb von sechs Monaten verpflichtet ist. Hierfür spricht, dass nach einhelliger Auffassung[9] die Beurkundungsleistung des Notars, der einen Grundstückskaufvertrag beurkundet, unter die Vorschrift des § 3a Abs. 2 Nr. 1b UStG fällt. § 14 Abs. 2 Nr. 2 und Nr. 1 Alt. 2 UStG unterscheiden sich allerdings dadurch von § 3a Abs. 2 Nr. 1b UStG, dass diese Vorschrift zusätzlich eine Veräußerung oder den Erwerb eines Grundstücks verlangt. Dagegen spricht ein Vergleich des Wortlauts von § 3a Abs. 2 Nr. 1b UStG einerseits und § 14 Abs. 2 Nr. 1 Alt. 2 UStG nF andererseits. Der Wortlaut von § 3a Abs. 2 Nr. 1b UStG, der den umsatzsteuerlichen Leistungsort bestimmt, erfasst auch die Beurkundungsleistung des Notars, der einen Grundstückskaufvertrag beurkundet. Diese Vorschrift stellt jedoch auf Leistungen im Zusammenhang mit der Veräußerung oder dem Erwerb eines Grundstücks ab. Dagegen knüpft § 14 Abs. 2 Nr. 1 Alt. 2 UStG nF an den Zusammenhang mit dem Grundstück an. Gerade diese Unterscheidung spricht dafür, notarielle Leistungen unter § 3a Abs. 2 Nr. 1b UStG zu subsumieren, nicht jedoch unter § 14 Abs. 2 Nr. 1 Alt. 2 UStG. Denn die notariellen Leistungen beziehen sich zwar auf die Veräußerung oder den Erwerb von Grundstücken, nicht aber auf das Grundstück selbst. In den Gesetzesmaterialien kommt zudem zum Ausdruck, dass die sonstige Leistung nach dem Sinn und Zweck von § 14 Abs. 2 Nr. 1 Alt. 2 UStG nF in engem Zusammenhang mit dem Grundstück stehen muss: „Ein enger Zusammenhang ist gegeben, wenn sich die [...] sonstige Leistung nach den tatsächlichen Umständen überwiegend auf die Bebauung, Verwertung, Nutzung oder Unterhaltung des Grundstücks selbst bezieht."[10] Ausdrücklich aufgeführt werden zur Erläuterung nur verschiedene Bau- und Erschließungsleistungen, nicht aber etwa notarielle Leistungen. Die Gesetzesbegründung fasst den Anwendungsbereich dieser Vorschrift damit enger als die Finanzverwaltung im Hinblick auf § 3a UStG in Abschnitt 34 Abs. 8 der Umsatzsteuerrichtlinien. Es darf daher davon ausgegangen werden, dass der Gesetzgeber beim Erlass des Schwarzarbeitsbekämpfungsgesetzes nicht notarielle Leistungen im Auge hatte. Selbst wenn man sich auf den Standpunkt stellte, dass der Wortlaut von § 14 Abs. 2 Nr. 1 Alt. 2 UStG nF notarielle Leistungen mit erfasse, so wäre die Vorschrift entsprechend diesem Zweck enger als ihr Wortlaut auszulegen.

11 Die **Aufbewahrung von Rechnungen** ist in § 14d UStG geregelt. Hiernach hat der Unternehmer ein Doppel der Rechnung zehn Jahre aufzubewahren. Aus § 14d Abs. 2 S. 2 UStG lässt sich entnehmen, dass der Unternehmer die Rechnung auch online aufbewahren

---

[7] BMF-Schreiben vom 29. 6. 2004 – Gz. IV. B 7 – S 7280a-4104.
[8] *Reich* ZEV 2004, 95; *Schubert* MittBayNot 2004, 237; *Tiedtke/Fembacher* ZNotP 2004, 256, 261; DNotI-Report 2004, 7, 27, 63, 72; *Tiedtke* in: Würzburger Notarhandbuch Rn. 968.
[9] *Rau/Dürrwächter/Stadie* § 3a UStG Rn. 57; *Sölch/Ringleb/Martin* § 3a UStG Rn. 78.
[10] BR-Drucks. 155/04 S. 93 oben.

kann. Es ist also möglich, auf den doppelten Ausdruck der Rechnung zu verzichten, wenn die notarielle Kostenrechnungen in der EDV zehn Jahre lang aufbewahrt werden.[11]

Durch das Schwarzarbeitsbekämpfungsgesetz vom 23. 7. 2004 (BGBl. I S. 1842, 1853) wurde § 14 Abs. 4 Nr. 9 UStG eingeführt, der eine **Hinweispflicht zur Aufbewahrung von Kostenrechnungen** begründet. Nach § 14b Abs. 1 S. 5 UStG hat der Leistungsempfänger in den Fällen des § 14 Abs. 2 S. 1 Nr. 1 UStG (sonstige Leistungen im Zusammenhang mit einem Grundstück) die Rechnung, einen Zahlungsbeleg oder eine andere beweiskräftige Unterlage zwei Jahre aufzubewahren, soweit er nicht Unternehmer ist, oder Unternehmer ist, aber die Leistung für seinen Nichtunternehmerbereich verwendet. § 14 Abs. 4 Nr. 9 begründet eine **Hinweispflicht** auf diese Aufbewahrungsfristen für denjenigen, der die Rechnung ausstellt. Eine Aufbewahrungspflicht nach § 14 Abs. 1 S. 5 UStG besteht aber nur in den Fällen von § 14 Abs. 2 S. 1, Nr. 1 UStG nF setzt also eine sonstige Leistung im Zusammenhang mit einem Grundstück voraus. Da notarielle Leistungen nach vorstehenden Ausführungen hierunter nicht fallen, kommt auch eine Hinweispflicht nach § 14 Abs. 1 S. 4 Nr. 9 UStG nF nicht in Betracht. Ein vorsorglicher Hinweis auf die Aufbewahrungspflicht ist jedenfalls unschädlich. Die Aufbewahrungsfrist beginnt mit dem Schluss des Kalenderjahres, in dem die Rechnung ausgestellt wurde (§ 14b Abs. 1 S. 3 Halbs. 1 UStG). **12**

V. Auslandsberührung

Das Umsatzsteuergesetz enthält in § 3a UStG für den Ort der sonstigen Leistungen unterschiedliche Regelungen. Für die Ortsbestimmung von Leistungen der Notare kommen (soweit nicht Spezialregelungen eingreifen, wie zB § 1 UStDV) grundsätzlich folgende Möglichkeiten in Betracht: **13**

– der **Belegenheitsort** des Grundstücks, soweit die Leistungen im Zusammenhang mit einem Grundstück stehen (§ 3a Abs. 2 Nr. 1 UStG);
– der **Sitzort des Leistungsempfängers,** falls dieser Unternehmer ist oder Nichtunternehmer mit Sitz außerhalb der EG (§ 3a Abs. 4 Nr. 3 iVm. Abs. 3) bei selbständigen Beratungsleistungen;
– § 3a Abs. 1 UStG **(Unternehmensort des Notars),** falls es sich um vorstehend nicht erwähnte Leistungen handelt, zB Tätigkeiten im Zusammenhang mit erbrechtlichen, familienrechtlichen und gesellschaftsrechtlichen Angelegenheiten (zB Beurkundungen gemäß § 15 GmbHG).[12]

Nach der Verwaltungsauffassung und hM gilt daher Folgendes: Die Vorschrift des § 3a Abs. 1 UStG umfasst jede „sonstige Leistung im Zusammenhang mit einem Grundstück". Sie muß in engem Zusammenhang mit dem Grundstück stehen. Dies ist dann gegeben, wenn sie nach den tatsächlichen Umständen überwiegend auf die Bebauung, Verwertung, Nutzung oder Unterhaltung des Grundstücks abzielt. Auch die Vermietung und Verpachtung, aber auch die Erstellung und Veräußerung von Dauerwohn- und Dauernutzungsrechten fallen unter die Vorschrift (vgl. Abschnitt 34 Sätze 2 bis 4 UStR). Auch die Beurkundung von Vollmachten zum Erwerb und zur Veräußerung eines Grundstücks, das im Ausland belegen ist, dürfte nach dem Sachzusammenhang der Vorschrift unter § 3a Abs. 2 Nr. 1 UStG zu subsumieren sein. **14**

Werden **Grundstücksgeschäfte beurkundet,** so leistet der Notar gemäß § 3a Abs. 2 Nr. 1 UStG **am Belegenheitsort des Grundstücks.** Die dem Notar im Zusammenhang mit der Beurkundung obliegende rechtliche Beratung ist nach der Verwaltungsmeinung eine unselbständige Nebenleistung zur Beurkundung, die keinen Einfluss auf den Leistungsort hat (vgl. Abschnitt 39 Abs. 11 S. 2 UStR). Ein Auseinanderfallen zu der in § 3a Abs. 1 UStG enthaltenen Grundregel für Leistungen des Notars auch für außergebietliche Unter- **14a**

---

[11] BMF-Schreiben vom 29. 1. 2004 – Gz. IV. B 7 – S 7280–19–04, Tz. 72, DStR 2004, 273; *Schubert* MittBNayNot 2004, 237.
[12] Vgl. *Rau/Dürrwächter/Flick/Geist* § 3a UStG Anm. 51, Stichwort Notar.

§ 152

nehmer kann in diesem Zusammenhang dann eintreten, wenn der Notar Verträge oder Erklärungen über im Ausland belegenen Grundbesitz beurkundet. In diesem Fall wäre die Leistung des Notars nach § 3a Abs. 2 Nr. 1 S. 1 UStG dort ausgeführt, wo das Grundstück liegt (vgl. auch Abschnitt 34 Abs. 6 und 8 UStR 1992). Damit würde eine nicht steuerbare Leistung des Notars vorliegen.[13] Die Sondervorschrift des § 3a Abs. 1 Nr. 1b UStG gilt ausdrücklich nur für Grundstücke, nicht für im Ausland domizilierte Gesellschaften. Für die notarielle Beurkundung der Veräußerung bzw. der Abtretung von Geschäftsanteilen fällt auch bei einer Beteiligung von Ausländern deutsche Umsatzsteuer an, selbst wenn von der Veräußerung bzw. der Abtretung eine Gesellschaft mit Sitz im Ausland betroffen ist. Dies gilt auch dann, wenn der wirtschaftliche Erfolg der Geschäftsanteilsbzw. Beteiligungsabtretung auf den Eigentumswechsel in Bezug auf Grundbesitz im Ausland abzielt.

15 Werden **selbständige Beratungsleistungen** – ähnlich wie durch einen Rechtsanwalt – erbracht, so richtet sich der Leistungsort nach § 3a Abs. 4 Nr. 3 iVm. § 3a Abs. 3 UStG. Selbständige Beratungsleistungen liegen nach der Verwaltungsauffassung und hM nicht vor, wenn sie in Zusammenhang mit einer Beurkundung stehen. Bei selbständigen Beratungsleistungen wird der Leistungsort des Notars daher grundsätzlich durch das Empfängerortprinzip bestimmt, es sei denn, der Leistungsempfänger ist Nichtunternehmer und EG-Inländer (dann gilt § 3a Abs. 1, ggf. auch § 1 UStDV). Eine selbständige Beratungsleistung ist beispielsweise dann anzunehmen, wenn der Notar über spezielle Rechtsbereiche berät (zB die Rechtslage nach dem Güterkraftverkehrsgesetz), die nicht mit dem Gegenstand einer Beurkundung zusammenhängen.

16 Soweit sich der Unternehmensort nicht nach den vorbezeichneten Vorschriften richtet, soll nach der Verwaltungsauffassung und herrschenden Literaturmeinung für den Leistungsort der Notare § 3a Abs. 1 UStG (Unternehmensortprinzip) maßgebend sein (Abschnitt 33 Abs. 2 S. 1 UStR). Die Ortsbestimmung nach dieser Vorschrift kommt insbesondere in Betracht bei Beurkundungen im Zusammenhang mit **familienrechtlichen, erbrechtlichen und gesellschaftsrechtlichen Vorgängen** (soweit nicht wegen damit zusammenhängender Grundstücksgeschäfte eine Leistung iS des § 3a Abs. 2 Nr. 1 UStG vorliegt). Die Verwaltung und hM sieht Beratungen im Zusammenhang mit Beurkundungen als unselbständigen Teil der Beurkundungsleistung an, der sich auf die Ortsbestimmung nicht auswirkt.

§ 152* Weitere Auslagen des Notars, dem die Gebühren selbst zufließen

(1) **Der Notar, dem die Gebühren für seine Tätigkeit selbst zufließen, erhält die Dokumentenpauschale auch für die ihm aufgrund besonderer Vorschriften obliegenden Mitteilungen an Behörden.**

(2) **Er kann außer den im Dritten Abschnitt des Ersten Teils genannten Auslagen erheben**

1. Entgelte für Postdienstleistungen
   a) für die Übersendung auf Antrag erteilter Ausfertigungen , Ablichtungen und Ausdrucke,
   b) für die in Absatz 1 genannten Mitteilungen;
2. Entgelte für Telekommunikationsdienstleistungen; dies gilt nicht, wenn dem Notar für die Tätigkeit eine Dokumentenpauschale nach § 136 Abs. 3 zusteht;

---

[13] Ortsbestimmung nach dem UStG: *Rau/Dürrwächter/Flick/Geist* § 3a UStG Anm. 51, Stichwort Notar.

* § 152 Abs. 1 geändert durch Gesetz vom 20. 8. 1975 (BGBl. I S. 2189), Überschrift und Abs. 2 geändert durch Gesetz vom 24. 6. 1994 (BGBl. I S. 1325), neu gefasst durch Gesetz vom 10. 12. 2001 (BGBl. I S. 3422), Überschrift neu gefasst, Abs. 2 Nr. 3 eingefügt durch Gesetz vom 23. 7. 2002 (BGBl. I S. 2850), Nr. 1a, Nr. 3 geändert und Nr. 4 neu eingefügt durch Gesetz vom 5. 5. 2004 (BGBl. I S. 718), Nr. 1 geändert durch Gesetz vom 22. 3. 2005 (BGBl. I S. 837).

3. an Gebärdensprachdolmetscher sowie an Urkundszeugen zu zahlende Vergütungen; sind die Auslagen durch verschiedene Geschäfte veranlasst, werden sie unter Berücksichtigung der auf die einzelnen Geschäfte verwendeten Zeit angemessen verteilt; und
4. die gezahlte Prämie für eine für den Einzelfall abgeschlossene Haftpflichtversicherung gegen Vermögensschäden, soweit die Prämie auf Haftungsbeträge von mehr als 60 Millionen Euro entfällt; soweit sich aus der Rechnung des Versicherers nichts anderes ergibt, ist von der Gesamtprämie der Betrag zu erstatten, der sich aus dem Verhältnis der 60 Millionen Euro übersteigenden Versicherungssumme zu der Gesamtversicherungssumme ergibt.

Übersicht

	Rn.		Rn.
I. Anwendungsbereich	1	2. Erweiterung durch § 152 Abs. 1	23–26
II. Dokumentenpauschale	2–26	III. Entgelte für Postdienstleistungen (Abs. 2 Nr. 1)	27
1. Allgemeine Regelung gemäß § 136	2–22	IV. Entgelte für Telekommunikationsdienstleistungen (Abs. 2 Nr. 2)	28
a) Erteilung auf Antrag	2	V. Vergütung für Gebärdensprachdolmetscher, Übersetzer für Blinde oder Sehbehinderte und für Urkundszeugen (Abs. 2 Nr. 3)	28a, 28b
b) Erteilung ohne Antrag	3		
c) Dokumentenpauschale bei Gebührenermäßigung	4		
d) Dokumentenpauschalenfreiheit	5		
e) Höhe der Dokumentenpauschale	6–17	VI. Erstattung von Versicherungsprämien (Abs. 2 Nr. 4)	28c–28e
aa) Tarifspaltung	6, 7	VII. Exkurs: Sonstige Auslagen	29–39
bb) Dieselbe Angelegenheit	8–10	1. Auslagen auf Grund von Tätigkeiten der Mitarbeiter des Notars	29–32
cc) Mehrere Beteiligte	11–17	a) Vertretungsvergütung	29–31
f) Optische Seite	18	b) Reisekosten und Tagegelder	32
g) Kostenschuldner	19	2. Auslagen für Zeugen oder zweiten Notar	33
h) Dokumentenpauschale bei Entwürfen	20	3. Durchlaufende Posten	34
i) Dokumentenpauschale für die Erstellung einer Ablichtung eines Schriftstücks, unter dem nur die Unterschrift beglaubigt wird	21	4. Gebühren für die Einrichtung und Nutzung des automatisierten Abrufverfahrens	35–39
j) Schriftstücke, die der Urkunde in beglaubigter Ablichtung beigefügt werden	22	VIII. Erstattung von Haftpflichtprämien	40

Stichwortverzeichnis

Ablichtung 22
Abrufverfahren 35
Ablichtung 21
Angelegenheit 8
Antrag: Erteilung von Ausfertigungen und Ablichtungen auf Antrag 2; ohne Antrag 3; Dokumentenpauschale s. dort; selbständiger Antrag 13; gemeinsamer Antrag 14
Antragsgrundsatz 9
Antragsteller mehrere 12, 13
Aufnahme von Wechsel- und Scheckprotesten 26
Auslagen für Zeugen, sonstige 29
Automatisiertes Grundbuch 35
Begrenzung gegenständliche 9
Benachrichtigung der Standesämter 25

Berechnung gesonderte 12
Beteiligte 11
Betrachtungsweise konkrete, verfahrensrechtliche 9

Dokumentenpauschale bei Gebührenermäßigung 4; bei Gebührenbefreiung 4; für Ablichtung 20; für beglaubigte Ablichtung 22; für Entwürfe 20; für Unterschriftsbeglaubigung 21; Höhe der Dokumentenpauschale 6
Dokumentenpauschalenfreiheit 5

Entgelte für Postdienstleistungen 27
Entgelte für Telekommunikationsdienstleistungen 28
Entwurfsablichtungen 9
Erfüllungsgeschäfte 9

§ 152

Erklärungen mehrere in einer Urkunde 9
Ersatzanspruch 31
Erstattung von Haftpflichtprämien 39
Erweiterung 23
Gebärdensprachdolmetscher 28 a
Gebührenbefreiung 4
Gebührenermäßigung 4
Gebührennotare 1
Gebührenverzicht 9
Gegenständliche Begrenzung 9
Haftpflichtprämie 40
Höhe der Dokumentenpauschale 6
Interpretation kostenrechtliche 16; zivilrechtliche 15
Konkrete Betrachtungsweise 9
Kostenschuldner 19
Mehrere Erklärungen in einer Urkunde 9
Mitarbeiter 29
Mitteilungen 23
Optische Seite 18

Posten durchlaufende 34
Postgebühren 27
Reisekosten 32
Sonstige Auslagen 29–34
Tagegelder 32
Tarifspaltung 6
Teilungserklärung 9
Übersetzer für Blinde oder Sehbehinderte 28 a
Urkundszeugen 28 a
Veräußerungsanzeige 24
Vermerkblätter 26
Versicherungsprämie 28 c
Vertragsteile, mehrere 9
Vertretungsvergütung 29
Verweisungsurkunden 9
Vollzugsgeschäfte 9
Zeitlicher Umfang 9
Zeugen 33
Zweiter Notar 33

Schrifttum: *Bund* RNotZ 2004, 256; *Haeder* DNotZ 2004, 405; *Madert/Holger Schmidt* NJW 1987, 290; *Püls/Reetz* NotBZ 1998, 13; *Reetz/Bous* RNotZ 2004, 318; *Reimann* DNotZ 1987, 131.

I. Anwendungsbereich

1   Notare erhalten Schreibauslagen und sonstige Auslagen gemäß §§ 136, 137 (§ 141). § 152 erweitert diese Auslagentatbestände für **Gebührennotare**. Bei der **Rechnungstellung** ist eine **Spezifizierung** der einzelnen Posten **nicht erforderlich**.

II. Dokumentenpauschale

1. Allgemeine Regelung gemäß § 136

2   a) **Erteilung auf Antrag.** Ausfertigungen und Ablichtungen erteilt der Notar grundsätzlich nur auf Antrag, gleiches gilt für die Vornahme von Ausdrucken; insoweit gilt § 136 Abs. 1 Nr. 1. Zu diesen Ausfertigungen usw. gehören diejenigen, die der Notar im ausdrücklichen oder aus der Sache sich von selbst ergebenden Auftrag der Parteien an Dritte (Behörden und Privatpersonen, zB an den Gutachterausschuss nach dem BauGB, an das Finanzamt, das Vermessungsamt usw.) sendet. § 136 Abs. 1 Nr. 1 ist vom Normzweck her auch anwendbar, wenn der Notar im Verkehr mit dem elektronischen Register ihm vorliegende Papierdokumente einscannt (vgl. § 41a Rn. 133).

3   b) **Erteilung ohne Antrag.** Auch ohne Antrag erteilte Ausfertigungen, Ablichtungen und Ausdrucke sind gemäß § 136 Abs. 1 Nr. 2 gebührenpflichtig, wenn sie für die Gerichtsakten angefertigt werden müssen. Dies ist der Fall in Grundbuchsachen (§ 10 Abs. 1 GBO), Handelsregistersachen (§ 8 Abs. 3 HRV) und in Schiffsregistersachen (§ 59 SchRegO).

4   c) **Dokumentenpauschale bei Gebührenermäßigung.** Müssen die Notargebühren gemäß § 144 ermäßigt werden, sind für alle Ausfertigungen, Ablichtungen und Ausdrucke Dokumentenpauschale zu berechnen (§ 144 Abs. 4). Dies gilt auch bei teilweiser **Gebührenbefreiung**.

5   d) **Dokumentenpauschalenfreiheit.** Zu beachten ist, dass nach § 136 Abs. 2 Nr. 1 bei Beurkundung von Verträgen, zu denen auch die Auflassung und ein Vertrag nach § 38 Abs. 1 zählt, zwei Ausfertigungen oder Ablichtungen, bei sonstigen Beurkundungen (auch Versammlungsbeschlüssen) eine Ausfertigung oder Ablichtung **gebührenfrei** zu erteilen ist.

Weitere Auslagen des Notars, dem die Gebühren selbst zufließen **§ 152**

e) Höhe der Dokumentenpauschale. aa) Tarifspaltung. Für die Dokumentenpau- 6
schale gilt gemäß § 136 Abs. 3 S. 1 ein gespaltener Tarif: Die ersten 50 Seiten kosten
0,50 Euro je Seite, die weiteren Seiten je 0,15 Euro.

Die Regelung des § 136 Abs. 3 S. 1 gilt unabhängig davon, ob die Ausfertigungen und 7
Ablichtungen vom Notar – Regelfall – **auf Antrag** (§ 136 Abs. 1 Nr. 1) oder – Ausnahme
– **ohne Antrag** (§ 136 Abs. 1 Nr. 2) erteilt werden. Die Regelung des § 136 Abs. 3 S. 1
gilt auch für diejenigen **Mitteilungen an Behörden,** die dem Notar auf Grund besonderer Vorschriften obliegen (§ 152 Abs. 1), insbesondere die Veräußerungsanzeige und die
Benachrichtigung der Standesämter (vgl. Rn. 23 ff.).

bb) Dieselbe Angelegenheit. Die auslagenfreien Exemplare (§ 136 Abs. 1) bleiben bei 8
der Berechnung außer Ansatz, die Zählung mit 0,50 Euro je Seite beginnt also bei Verträgen mit der dritten Ablichtung, bei sonstigen Beurkundungen mit der zweiten Ablichtung.
Wegen der Tarifspaltung bestimmt § 136 Abs. 3 S. 1, dass die Dokumentenpauschale in der
vorgeschriebenen Weise (die ersten 50 Seiten à 0,50 Euro, die folgenden Seiten à 0,15 Euro)
(nur) **in derselben Angelegenheit** zu berechnen sind. Der Geltungsumfang des § 136
Abs. 3 S. 1 wird damit sowohl gegenständlich als auch zeitlich begrenzt:

Gegenständliche Begrenzung: (1) Verfahrensrechtliche Betrachtungsweise. Die 9
KostO verwendet den Begriff der „Angelegenheit" in § 1, um den Geltungsbereich des
Gesetzes zu umschreiben, ferner in der Überschrift des Ersten Teils Zweiter Abschnitt und
in dessen Ziffer 6, vor allem aber in § 10 Abs. 1 in einem vergleichbaren Zusammenhang.
„Angelegenheit" iS der KostO meint das jeweils konkrete Verfahren nach dem FGG bzw.
dem BeurkG (s. § 1 Rn. 2). Auch im Bereich der Notarkosten ist der Begriff der Angelegenheit verfahrensrechtlich zu umschreiben, vor allem unter Zuhilfenahme des Beurkundungsgesetzes: „Angelegenheit" ist jede Amtstätigkeit nach dem BeurkG, also
– jede Beurkundung von Willenserklärungen (§§ 6 ff. BeurkG),
– jede Beurkundung anderer Erklärungen als Willenserklärungen sowie sonstiger Tatsachen oder Vorgänge (§§ 36 ff. BeurkG),
– jede Vermerkbeurkundung (§§ 39 ff. BeurkG),
– jede Beglaubigung einer Ablichtung (§ 42 BeurkG),
– jede Erteilung von Ausfertigungen und Ablichtungen (§§ 48 ff. BeurkG).

(2) Antragsgrundsatz. Der Notar wird dabei grundsätzlich nur auf Antrag tätig. Bei 9a
der Definition der „Angelegenheit" ist daher eine **konkrete Betrachtungsweise** angebracht: „Angelegenheit" ist nicht die Gesamtheit der Beurkundungen, die etwa im Vollzug
eines Auftrages notwendig sind, sondern die jeweilige einzelne durch einen Antrag veranlasste Amtstätigkeit des Notars in einem konkreten Verfahren, also jede Beurkundung, jede
einzelne Beglaubigung, jede Entwurfsfertigung, jeder Antrag auf Erteilung von Ablichtungen, jede sonstige vom Beurkundungsverfahren her einzeln zu beurteilende Amtshandlung.
Diese konkrete Betrachtungsweise entspricht auch der Handhabung des Zurückbehaltungsrechts gemäß § 10. Die Beurkundungen, die in Vollzug eines Veränderungsnachweises erforderlich werden, stellen also jeweils getrennte Angelegenheiten dar. Dies gilt auch für
Erfüllungsgeschäfte, die in Vollzug eines Vertrages erforderlich werden, zB Grundstückskaufvertrag und Rangrücktrittserklärungen, Grundstückskaufvertrag und Löschung von
Grundpfandrechten. Insoweit handelt es sich um verfahrensrechtlich gesonderte Aufträge,
also um gesonderte Angelegenheiten iS der KostO, mithin auch iS von § 136 Abs. 3 S. 1.
Gleiches gilt für sonstige beurkundungsrechtliche selbständige **Vollzugsgeschäfte,** zB
Messungsanerkennung zu einem Grundstücksübertragungsvertrag. Problematisch kann
sein, ob **Entwurfsablichtungen** und Ablichtungen von **Verweisungsurkunden** („Mutterurkunden") zur selben Angelegenheit zu rechnen sind. Wird vor der Beurkundung der
Entwurf einer Urkunde gefertigt und der Entwurf auftragsgemäß den Beteiligten ausgehändigt, gehören auch die ausgehändigten Ablichtungen des Entwurfs zur selben Angelegenheit. Entwurf und Beurkundung sind hier einheitlich zu sehen. Wird im Rahmen eines
Beurkundungsauftrages auch der Antrag auf Fertigung und Aushändigung einer Ablichtung
oder Ausfertigung einer anderen Urkunde gestellt, liegt grundsätzlich ein selbständiger
Antrag nach § 51 Abs. 1 BeurkG vor, so dass eine neue Angelegenheit vorliegt und ein

§ 152

neues 50-Seiten-Kontingent eröffnet wird (Beispiel: Verkauf von Wohnungs- bzw. Teileigentum. Der Käufer beantragt die Erstellung und Aushändigung einer Ablichtung der grundbuchamtlich bereits vollzogenen **Teilungserklärung nach § 8 WEG**). Anders ist die Lage bei Verweisungsurkunden nach § 13a BeurkG zu beurteilen. Hier liegt dieselbe Angelegenheit vor, so dass die Dokumentenpauschale für die Ablichtungen der Verweisungsurkunde in die einheitliche Berechnung einzubeziehen ist, es steht also nur das eine 50-Seiten-Kontingent à 0,50 Euro zur Verfügung (Beispiel: Verweisung auf eine „Mutterurkunde" und Aushändigung einer beglaubigten Ablichtung an die Beteiligten. Verweisung auf eine Teilungserklärung, die grundbuchamtlich noch nicht vollzogen ist).

9b **(3) Mehrere Erklärungen in einer Urkunde.** Die Frage, ob „dieselbe Angelegenheit" gegeben ist, ist nicht identisch mit der Frage, ob mehrere Erklärungen in einer Urkunde enthalten und wie diese kostenrechtlich zu erfassen sind (§ 44). Auch wenn in einer Urkunde mehrere (an sich nicht unbedingt zusammengehörende) Gegenstände zusammengefasst werden, handelt es sich um eine Angelegenheit iS des BeurkG, zB mehrere Straßengrundabtretungen, Kaufvertrag und Vorbehaltsgutserklärung. Würde man den Begriff „Angelegenheit" im Rahmen von § 136 darüber hinausgehend materiell umschreiben, also die Vorschrift des § 44 für die Abgrenzung mehrerer „Angelegenheiten" zugrundelegen, wäre eine quantitative Zuordnung der Seitenzahl der einen Urkunde zu den mehreren „Angelegenheiten" nötig – mit chaotischen Folgen für § 136. Nimmt der Notar jedoch ohne Grund und nur auf Wunsch der Parteien disparate Erklärungen in eine Urkunde auf, so kann darin in Grenzfällen ein nach § 140 **unwirksamer Gebührenverzicht** liegen; die Gebühren sind dann so zu berechnen, wie wenn getrennte Urkunden aufgenommen wären. Insoweit gelten die gleichen Grundsätze wie bisher zu § 44.

10 **Zeitlicher Umfang:** Die Erteilung von Ausfertigungen und Ablichtungen, die in der Urkunde oder aus Anlass der Beurkundung bzw. Beglaubigung von den Beteiligten beantragt werden oder die kraft Gesetzes (§ 136 Abs. 1 Nr. 2) zu erteilen sind bzw. die Mitteilungen, die dem Notar kraft besonderer Vorschriften obliegen, gehört zu derselben Angelegenheit, auch die Erteilung vollstreckbarer Ausfertigungen im Anschluss an die Beurkundung, sofern die Grundlage hierfür in der Urkunde enthalten ist. Die spätere Erteilung von Ablichtungen stellt kostenrechtlich eine neue Angelegenheit dar. Bei diesen Ablichtungen beginnt somit die Zählung gemäß § 136 Abs. 3 S. 1 wiederum bei den ersten 50 Seiten mit je 0,50 Euro.

11 **cc) Mehrere Beteiligte.** § 136 Abs. 3 S. 2 regelt die Frage, wie die Dokumentenpauschale nach dem gespaltenen Tarif zu berechnen ist, wenn **mehrere Personen** an einer Angelegenheit beteiligt sind. Insoweit gelten folgende Grundsätze:

12 **(1) Für jeden Antragsteller** erfolgt eine **gesonderte Berechnung** (§ 136 Abs. 3 S. 2 Halbs. 1). Jeder Antragsteller iS von § 2 Nr. 1 schuldet damit prinzipiell für die ersten 50 Seiten der ihm erteilten Ausfertigungen und Ablichtungen je 0,50 Euro und für die weiteren Seiten der ihm erteilten Ausfertigungen und Ablichtungen je 0,15 Euro.

13 Dies gilt, wenn an einer Angelegenheit **mehrere Parteien beteiligt** sind und **jeweils selbständige Anträge** auf Erteilung von Ausfertigungen und Ablichtungen stellen. Für jeden Antragsteller sind 50 Seiten mit 0,50 Euro zu berechnen, die folgenden Seiten mit 0,15 Euro je Seite. Es stehen somit so viele 50-Seiten-Kontingente à 0,50 Euro zur Verfügung, wie Vertragsteile vorhanden sind. Bei den ohne Antrag zu erteilenden Ablichtungen (§ 136 Abs. 1 Nr. 2) ist Kostenschuldner der Dokumentenpauschale der Zurückfordernde iS von § 136 Abs. 1 Nr. 2. Derartige Ablichtungen belasten gemäß § 5 Abs. 2 nur das Kontingent des Zurückfordernden. Kostenschuldner der besonderen Mitteilungen nach § 152 sind nach § 2 Nr. 2 alle Vertragsteile (zB Veräußerungsanzeige an das Finanzamt); es besteht insoweit die uneingeschränkte gesamtschuldnerische Haftung nach § 5 Abs. 1 S. 1.

14 **(2) Stellen die mehreren Vertragsteile gemeinsam einen Antrag** auf Erteilung von Ausfertigungen und Ablichtungen für sich und für Dritte (Grundbuchamt, Gutachterausschuss etc.), so haftet nach § 2 Nr. 1 jeder von ihnen auf die vollen Dokumentenpauschale als gleichwertiger Schuldner. § 5 stellt dabei die *kostenrechtliche* Gesamtschuldnerschaft zwischen mehreren Kostenschuldnern (nach § 2 und/oder § 3) her und beschränkt sie

zugleich (Abs. 1 S. 2 und Abs. 2). Fraglich ist, ob für jeden Vertragteil bei einer gesamtschuldnerischen Haftung nach § 2 Nr. 1 iVm. § 5 Abs. 1 S. 1 die ersten 50 Seiten mit 0,50 Euro berechnet werden oder ob insgesamt für alle Kostenschuldner nur ein Kontingent von 50 Seiten à 0,50 Euro zur Verfügung steht. Nach § 136 Abs. 3 S. 2 Halbs. 2 gelten Gesamtschuldner als *ein* Schuldner iS der Berechnung der Dokumentenpauschale in derselben Angelegenheit.

Die **zivilrechtliche Interpretation**[1] hat zur Folge, dass jede Vertragsseite (also zB die 15 Verkäuferseite und die Käuferseite) je ein 50-Seiten-Kontingent à 0,50 Euro zur Verfügung hat (nicht insgesamt *ein* derartiges Kontingent). Die Berechnung mit 0,15 Euro/Seite beginnt somit später. Hierfür spricht, dass die KostO an sich keine gesamtschuldnerische Haftung begründet, auch nicht in § 5 Abs. 1 S. 1, sondern lediglich eine kostenrechtliche Gesamtschuldnerschaft bei der Haftung fingiert. Die zivilrechtliche Gesamtschuldnerschaft ist nach § 3 Nr. 3 nur einer der Tatbestände, die zu einer gesamtschuldnerischen Kostenhaftung nach § 5 führen (zB die Erbengemeinschaft, die BGB-Gesellschaft, Ehegatten in Gütergemeinschaft, regelmäßig auch mehrere Personen, die zu gleichen ideellen Anteilen an einem Gegenstand berechtigt sind und diesen veräußern oder einen solchen Gegenstand nach gleichen ideellen Anteilen erwerben. Nur derartige Antragsteller, also solche, die schon nach Zivilrecht als Gesamtschuldner haften, werden bei dieser Interpretation als *ein* Schuldner behandelt. Kostenschuldner der besonderen Mitteilungen nach § 152 sind nach § 3 Nr. 2 alle Vertragsteile, so dass insoweit uneingeschränkte gesamtschuldnerische Haftung nach § 5 Abs. 1 S. 1 besteht. Anders als bei § 136 Abs. 1 Nr. 2 wird hier das 50-Seiten-Kontingent aller Vertragsteile gleichmäßig belastet.

Bei **kostenrechtlicher Interpretation**[2] würde § 136 Abs. 3 S. 2 Halbs. 2 durch die 16 Fiktion des einen Kostenschuldners bei bestehender gesamtschuldnerischer Haftung gemäß § 5 Abs. 1 S. 1 dazu führen, dass nur ein 50-Seiten-Kontingent à 0,50 Euro zur Verfügung steht. Die gesetzliche Formulierung hätte hier an sich lauten müssen: „mehrere Kostenschuldner nach § 2, die gemäß § 5 Abs. 1 S. 1 als Gesamtschuldner haften, gelten als ein Schuldner". Ohne § 136 Abs. 3 S. 2 Halbs. 2 würde bei dieser kostenrechtlichen Betrachtungsweise die gesamtschuldnerische Haftung zwar auch bestehen, aber ohne die Beschränkung des 0,50 Euro-Kontingentes auf 50 Seiten (dann mehrere 50-Seiten-Kontingente à 0,50 Euro je nach Zahl der Antragsteller).

Berücksichtigt man den **mutmaßlichen Willen des Gesetzgebers**,[3] ist trotz des unvoll- 17 kommenen Ausdrucks, den er im Gesetz gefunden hat, dieser Auslegung der Vorzug zu geben. Das 50-Seiten-Kontingent ist in sinngemäßer Anwendung von § 426 Abs. 1 S. 1 BGB den Parteien zu gleichen Anteilen zuzurechnen, also bei einem Kaufvertrag mit zwei Parteien jeder mit 12,50 Euro. Gebührenübernahmeerklärungen gemäß § 3 Nr. 2 wirken sich nicht aus. Bei den ohne Antrag zu erteilenden Ablichtungen ist Kostenschuldner der Dokumentenpauschale der Zurückfordernde iS von § 136 Abs. 1 Nr. 2. Für diesen Fall gilt § 5 Abs. 2, derartige Ablichtungen belasten also nur das Kontingent des betreffenden Kostenschuldners. Insoweit wird also das 50-Seiten-Kontingent à 0,50 Euro des betreffenden Kostenschuldners in Anspruch genommen, soweit es nach den genannten Grundsätzen noch frei ist. Gleiches gilt für Ablichtungen, die ein Vertragteil gesondert beantragt. Kostenschuldner der besonderen Mitteilung nach § 152 sind nach § 2 Nr. 2 alle Vertragsteile, so dass insoweit uneingeschränkte gesamtschuldnerische Haftung nach § 5 Abs. 1 S. 1 besteht und das 50-Seiten-Kontingent aller Vertragsteile gleichmäßig belastet wird (s. auch § 136 Rn. 25).[4]

f) Optische Seite. Der Inhalt des Schreibwerks ist ohne Bedeutung. Durch das Kosten- 18 rechtsänderungsgesetz 1975 (BGBl. I S. 2189) sind die bis dahin gestellten Anforderungen

---

[1] BGH DNotZ 2007, 61 = JurBüro 2007, 97 = ZNotP 2006, 447 = NotBZ 2006, 426; OLG Hamm MittRhNotK 1994, 225; *Madert/H. Schmidt* NJW 1987, 292.
[2] OLG Brandenburg RNotZ 2006, 360.
[3] BT-Drucks. 10/5113 S. 48; 10/6400 S. 43.
[4] BGH DNotZ 2007, 61; *Bengel/Tiedtke* DNotZ 2007, 418, 433.

zum Seitenumfang (28 Zeilen mit je 15 Silben) weggefallen. Jede angefangene Seite zählt als volle Seite (vgl. § 136 Rn. 22). Die Höhe der Dokumentenpauschale wird also durch die „optische Seite" bestimmt. Dabei ist es zwar unerheblich, ob es sich um beschriebene oder unbeschriebene Seiten handelt,[5] doch geht § 136 Abs. 3 vom Normalfall der Beurkundung als Einzelvertrag aus, also von einem fortlaufenden Aufbau der Urkunde mit üblichem Seitenumfang.[6] Die Verwendung eines vorbereiteten Vertragstextes unter Streichung nicht passender Abschnitte darf nicht zu Lasten des Kostenschuldner gehen; dies gilt auch, wenn auf einzelnen Seiten Leerräume verbleiben. Werden die Formulare für die Urschrift und die Ablichtungen von den Beteiligten geliefert und sind nur Ergänzungen vorzunehmen und der Wortlaut der Ablichtungen und Ausfertigungen mit der Urschrift zu vergleichen, werden trotzdem die normale Dokumentenpauschale erhoben, da § 136 Abs. 5 für Gebührennotare nicht gilt (§ 143). Dokumentenpauschalenpflichtig sind auch Ablichtungen des notariellen Kostenvermerks auf Ausfertigungen und Beglaubigungsvermerken (vgl. § 154 Abs. 3 S. 2).

19 **g) Kostenschuldner.** Schuldner der Dokumentenpauschale ist der Auftraggeber (§ 2 Nr. 1). Anderslautende vertragliche Vereinbarungen sind jedoch möglich.

20 **h) Dokumentenpauschale bei Entwürfen.** Fertigt der Notar auf Antrag den Entwurf eines Vertrages, der von ihm später beurkundet wird, so steht dem Notar Dokumentenpauschale nicht für das Original des Entwurfes, bei Änderungen des Entwurfes auch nicht für die Originale der später geänderten Entwürfe, wohl aber für alle erteilten Ablichtungen zu. Er erhält somit neben den Schreibauslagen für die von der Urkunde zu erteilenden Ausfertigungen und Ablichtungen (davon zwei schreibauslagenfrei) auch Dokumentenpauschale für die Ablichtungen der von ihm gefertigten Entwürfe. Anders ist der Fall zu beurteilen, wenn der Auftrag nur auf Erstellung des Entwurfes ging. In diesem Fall ist die Dokumentenpauschale für die Entwurfserstellung in gleicher Weise zu berechnen, wie wenn die Beurkundung erfolgt wäre. Es sind in diesem Fall also bei Verträgen zwei, bei sonstigen Beurkundungen eine Ablichtung dokumentenpauschalenfrei zu erteilen (vgl. § 145 Rn. 59).

21 **i) Dokumentenpauschale für die Erstellung einer Ablichtung eines Schriftstücks, unter dem nur die Unterschrift beglaubigt wird.** Hier ist jede Ablichtung schreibauslagenpflichtig, da die Beglaubigung keine Beurkundung iS des § 136 Abs. 2 S. 1 ist. Neben der Dokumentenpauschale ist für jede Ablichtung die Beglaubigungsgebühr des § 55 zu erheben.

22 **j) Schriftstücke, die der Urkunde in beglaubigter Ablichtung beigefügt werden.** Wird dem Notar zB bei der Beurkundung eines Vertrages die Urschrift einer Vollmacht vorgelegt, von der er eine beglaubigte Ablichtung der Urkunde beizufügen hat, stehen dem Notar gemäß § 136 Abs. 1 Nr. 2 Dokumentenpauschale für alle Vollmachtsablichtungen zu. Die Beglaubigungsgebühr nach § 55 fällt nicht an.

2. Erweiterung durch § 152 Abs. 1

23 § 152 Abs. 1 erweitert die nach § 136 bestehende Dokumentenpauschaleauslagenpflicht auf „**Mitteilungen**", es muss sich also nicht um Ausfertigungen oder Ablichtungen handeln, Dokumentenpauschale fällt vielmehr auch für das Ausfüllen von Vordrucken und einfache Schreiben an. Abs. 1 setzt keine gesetzliche Regelung voraus, es genügen „**besondere Vorschriften**", also auch Verwaltungsvorschriften. Entsprechend dem Zweck der Norm reichen auch Vereinbarungen zwischen der jeweiligen Notarkammer und anderen Behörden, so mit der Finanzverwaltung über die Zahl der Exemplare der Veräußerungsanzeige nach § 20 Abs. 3 GrEStG.[7]

---

[5] AG Karlsruhe JurBüro 1978, 1867.
[6] BayObLG MittBayNot 1980, 180.
[7] AA LG Osnabrück JurBüro 1964, 141 = KostRsp. Nr. 1 m. abl. Anm. *Lappe;* LG Bremen KostRsp. Nr. 2; *Tschischgale* JurBüro 1964, 143; *Rohs/Wedewer* Rn. 2.

Veräußerungsanzeige: Die vom Notar dem Finanzamt anzuzeigende Grundstücksveräußerung, die neben der Vorlage einer Urkundenablichtung durch Erstellung einer Veräußerungsanzeige erfolgt, ist gemäß § 152 Abs. 1 dokumentenpauschalenpflichtig. Die Erstellung der Veräußerungsanzeige im Durchschreibeverfahren löst nur die Dokumentenpauschale für **eine** Seite aus, nicht für die im Durchschreibeverfahren hergestellten Kopien.[8]   24

Benachrichtigung der Standesämter: Bleibt ein Erbvertrag in der Verwahrung des Notars, ist dieser verpflichtet, dies dem Geburtsstandesamt des Erblassers anzuzeigen. Dasselbe gilt für andere Erklärungen, nach deren Inhalt die Erbfolge geändert wird (zB Erbverzichtsverträge, Gütertrennungsverträge).[9] Für die Anzeige erhält der Notar die Dokumentenpauschale nach § 152 Abs. 1. Für die bei Ablieferung eines Erbvertrages gemäß § 25 Abs. 2 BNotO und § 16 Abs. 2 DONot zur Urkundensammlung zu nehmende beglaubigte Ablichtung fällt eine Dokumentenpauschale an.   25

Eine Dokumentenpauschale kann nicht erhoben werden für **Vermerkblätter,** die nach der DONot zur Urkundensammlung zu nehmen sind, sowie für Ablichtungen, die bei **Aufnahme von Wechsel- und Scheckprotesten** zurückzuhalten sind.   26

III. Entgelte für Postdienstleistungen (Abs. 2 Nr. 1)

Diese sind über § 137 Abs. 1 Nr. 2 hinaus bedeutsam für die Versendung sämtlicher Ausfertigungen, Ablichtungen und Ausdrucke, sei es, dass sie auf Antrag oder von Amts wegen erteilt werden (§ 136, auch wenn sie gebührenfrei sind, vgl. Rn. 2, 3) und für Mitteilungen, die unter § 152 Abs. 1 fallen (Rn. 23 ff.), anzusetzen. Zu diesen Ausfertigungen, Ablichtungen und Ausdrucken gehören auch die bei Rn. 9 genannten (Entwurf mit Unterschriftsbeglaubigung). Die Versendungsart (Einschreiben etc.) hat der Sache angemessen zu sein.   27

IV. Entgelte für Telekommunikationsdienstleistungen (Abs. 2 Nr. 2)

Ersatz für angefallene Entgelte für Telekommunikationsdienstleistungen steht dem Notar bereits auf Grund von § 137 Abs. 1 Nr. 1 zu. Hierzu gehören auch die Entgelte, die für Fernkopien (Telefax) erhoben werden. Derartige Entgelte werden dem Gebührennotar ausnahmslos – in Ergänzung zu § 137 Abs. 1 Nr. 1 – erstattet. Aktenvermerke über jedes Gespräch werden trotz der §§ 156, 16, da unzumutbar, nicht verlangt werden können. In der amtl. Begr. zu § 152[10] ist darauf hingewiesen, dass es dem Notar überlassen bleiben muss, Einrichtungen zu schaffen, die es ermöglichen, die geltend gemachten Fernsprechgebühren im Streitfalle nachzuweisen. Halten sich diese im geschäftsüblichen Rahmen, ist Einzelnachweis nicht erforderlich. Im Übrigen wird, abgesehen von besonders gelagerten Fällen, ein Wahrscheinlichkeitsnachweis genügen. Zu den Entgelten für Telekommunikationsdienstleistungen gehören auch solche für die Nutzung des Internets. Dies gilt jedoch nicht, wenn dem Notar eine Dokumentenpauschale nach § 136 Abs. 3 von 2,50 € zusteht (Abs. 2 Nr. 2 Halbs. 2).   28

V. Vergütung für Gebärdensprachdolmetscher, Übersetzer für Blinde oder Sehbehinderte und für Urkundszeugen (Abs. 2 Nr. 3)

Gerichte und Amtsnotare sind nicht in der Lage, die an Gebärdensprachdolmetscher, an Übersetzer für Blinde oder Sehbehinderte und an Urkundszeugen gezahlte Vergütungen an den Kostenschuldner weiterzugeben. Für die Gebührennotare gilt diese Regelung nicht. Abs. 2 Nr. 3 ermöglicht die Weitergabe dieser Kosten im Rahmen der Auslagen. Die Übersetzer für Blinde und Sehbehinderte sind allerdings in Abs. 2 Nr. 3 nicht erwähnt. Soweit diese nicht als „Gebärdensprachdolmetscher oder als Urkundszeugen" iS   28a

---

[8] PrüfAbt. Notarkasse MittBayNot 1979, 69.
[9] Vgl. Bekanntmachung über die Benachrichtigung in Nachlasssachen (in Bayern: BayJMBl. 1978, 94).
[10] Abgedruckt bei *Rohs/Wedewer* Rn. 4.

§ 152　　　　　　　　　　　　　　　　　　　　　2. Teil. Kosten der Notare

von Abs. 2 Nr. 3 angesehen werden können, fehlt es somit an einem Auslagentatbestand für Gebührennotare.

28 b　Sind die Auslagen durch verschiedene Geschäfte (Urkundsgeschäfte, Betreuungstätigkeiten in derselben Angelegenheit, etc.) veranlasst worden, sind sie auf die einzelnen Geschäfte auf der auf sie verwendeten Zeit angemessen zu verteilen.

VI. Erstattung von Versicherungsprämien (Abs. 2 Nr. 4)

28 c　Die in Abs. 2 Nr. 4 enthaltene Auslagenvorschrift für Versicherungsprämien ist die Folge der Geschäftswertbegrenzung auf 60 Mio. Euro gemäß § 18 Abs. 1 S. 2 und vom Gesetzgeber als Kompensation für die Geschäftswertbegrenzung gedacht. Tatbestandsmäßige Voraussetzung der Anwendung des Abs. 2 Nr. 4 sind:
– eine für den Einzelfall abgeschlossene Haftpflichtversicherung gegen Vermögensschäden,
– das Entfallen der Prämie auf Haftungsbeträge von höher als 60 Mio. Euro
– die Zahlung der Versicherungsprämie,

28 d　Erstattungsfähig im Rahmen von Abs. 2 Nr. 4 ist derjenige Teil der Prämie, der auf Haftungsbeträge oberhalb der Versicherungssumme von 60 Mio. Euro entfällt („soweit"). Ist die Prämienberechtigung nicht aufgegliedert, ist die 60 Mio. Euro übersteigende Versicherungssumme in das Verhältnis zur Gesamtversicherungssumme zu setzen und die Prämie entsprechend aufzuteilen.

28 e　Auf die Höhe des Geschäftswertes des jeweiligen Notargeschäftes kommt es im Einzelfall nicht an.[11] Das Entstehen der Auslagen nach Abs. 2 Nr. 3 ist nicht von dem Einverständnis des Kostenschuldners mit dem Abschluss der Haftpflichtversicherung in dieser Höhe abhängig.[12]

VII. Exkurs: Sonstige Auslagen
1. Auslagen auf Grund von Tätigkeiten der Mitarbeiter des Notars

29　a) **Vertretungsvergütung.** Nicht geregelt in den §§ 137, 152 ist die Frage, ob der Notar auch für die Auslagen, die durch Tätigkeiten seiner Mitarbeiter bei notariellen Amtsgeschäften verursacht werden, Ersatz vom Kostenschuldner verlangen kann. In Betracht kommen die Fälle, in denen ein Mitarbeiter des Notars auf Grund Vollmacht oder als vollmachtloser Vertreter für einen Vertragsteil handelt, vor allem bei Nachträgen, aber auch beim Verfahren nach § 1829 BGB, und in denen Reisekosten bzw. Tagegelder für Mitarbeiter anfallen (Rn. 32).

30　Die Beteiligten sollten in derartigen, wegen der damit verbundenen Haftungsrisiken ohnehin problematischen Fällen über Charakter und Höhe der Vergütungen in Kenntnis gesetzt werden. Die Auslagen sind entbehrlich, wenn ein Vertrag für einen nicht anwesenden Vertragsteil vorbehaltlich dessen Genehmigung abgeschlossen wird, da in derartigen Fällen der anwesende Vertragsteil die Erklärungen zugleich für den Gegenbeteiligten abgeben kann; § 181 BGB ist hier nicht einschlägig. Ist ein Handeln von Mitarbeitern ausnahmsweise gleichwohl erforderlich – zB bei einer beidseitigen Bevollmächtigung zur Auflassung –, so wird der Notar für eine angemessene Vergütung seiner Angestellten Sorge tragen, die nach der Verantwortlichkeit, der Einsparung, die bei dem vertretenen Auftraggeber eintritt, nach Zeit, Fahrtauslagen usw. zu bemessen ist.[13] Handelt der Notarangestellte nicht auf Grund Geschäftsbesorgungsvertrages, der auch mündlich oder stillschweigend geschlossen sein kann, dann erhält er keine Vergütung; besteht die anwesende Partei auf Vertragsabschluss und fordert sie (ob vertretbar oder nicht, ist im einzelnen Fall zu entscheiden) Vertretung durch einen Notarangestellten, so ist der Anwesende der Auftraggeber der Geschäftsbesorgung nach § 675 BGB. Das LG Hamburg[14] hat bei Auflassungsvollmacht für

---

[11] Vgl. Rohs/Wedewer Rn. 8.
[12] Zu den Problemen bei der Anwendung des Abs. 2 Nr. 4 im Hinblick auf § 140 und das Berufsrecht der Notare vgl. Haeder DNotZ 2004, 405, 407 ff.
[13] Bink JurBüro 1959, 263.
[14] Nicht veröffentlichtes Urteil vom 27. 10. 1965, 17 S 398/64.

einen Notarangestellten eine Vergütung für die Vertretung bei der Auflassung zugesprochen, die Notarkammer hatte bestätigt, dass eine Vergütung für die Vertretung üblich sei; bei einem Kaufpreis von damals 44 000 DM wurden 44 DM als nicht überhöht betrachtet.

Der Ersatzanspruch kann, da in der KostO nicht, auch nicht im § 137 Nr. 8 begründet, nur in den §§ 675, 612 BGB seinen Grund haben. Ein Auftrag der Beteiligten ist demnach Voraussetzung. Die Auslagen sind nicht Bestandteil der Kostenrechnung gemäß § 154.[15] Die Auslagen müssen nötigenfalls im Klagewege geltend gemacht werden.[16] **31**

b) Reisekosten und Tagegelder. Fraglich ist auch, ob Reisekosten bzw. Tagegelder für Mitarbeiter des Notars angesetzt werden können, wenn deren Mitkommen sachlich geboten ist; auch hier sind maßgebend die §§ 675, 612 BGB und die Ausführungen oben, also kein Bestandteil der Kostenberechnung nach § 154, keine vollstreckbare Ausfertigung hierwegen, Geltendmachung notfalls im Klagewege. **32**

2. Auslagen für Zeugen oder zweiten Notar

Vgl. § 151 Rn. 1 ff., 9. **33**

3. Durchlaufende Posten

Verauslagt der Notar Gebühren und Auslagen, die einen Beteiligten treffen, zB die Gebühr für die Genehmigung des Vertrages vor einem auswärtigen Notar, Bearbeitungsgebühren einer Bank, so kann er diese durchlaufenden Posten nicht nach der KostO liquidieren, Anspruchsgrundlage ist das Auftragsrecht (§§ 675, 612 BGB). Derartige Auslagen können nur im Klagewege nach der ZPO geltend gemacht werden. Vgl. aber § 154 Abs. 2. **34**

4. Gebühren für die Einrichtung und Nutzung des automatisierten Abrufverfahrens

Gebühren, die der Notar für die Entrichtung und Nutzung des automatisierten Abrufverfahrens zu entrichten hat (Einrichtung-, Grundbuch- und Abrufgebühren), können von ihm als **verauslagte Gerichtskosten** iS von § 154 Abs. 2 an den Kostenschuldner weitergegeben werden.[17] Zu der Frage ob derartige verauslagte Gerichtskosten der Mehrwertsteuer unterliegen, s. § 151a Rn. 3. Die Gebühren nach der GBAbVfV sind Gerichtskosten. Sie werden für eine originär gerichtliche Tätigkeit, die durch § 12 GBO den Gerichten zugewiesene Gewährung der Einsicht in das Grundbuch, von der Justizkasse erhoben, auf Grund der Sollstellung durch ein hierfür zentral zuständiges Gericht, dem auch die technischen Einrichtungen des automatisierten Einsichtsverfahrens in die bei den Amtsgerichten geführten Grundbüchern zugeordnet sind. Dass die Grundbuchabrufgebühren nicht nach den Gesetzen über die Gerichtskosten, zB GKG oder KostO, entstehen, sondern von der Justizverwaltung auf Grund besonderer Vorschriften eingezogen werden, spricht nicht entgegen die begriffliche Einordnung als „Gerichtskosten iS von § 154 Abs. 2".[18] Die Grundbuchabrufgebühren werden vom Notar auch „verauslagt". Der Notar handelt beim Abruf der Daten nicht im eigenen Namen, sondern als „Verfahrensstandschafter" der Beteiligten.[19] **35**

Die Verordnung über Grundbuchabrufverfahrensgebühren war in Art. 4 der Dritten Verordnung zur Änderung der VO zur Durchführung der Schiffsregisterordnung und zur Regelung anderer Fragen des Registerrechts vom 30. 11. 1994 (BGBl. I S. 3580) enthalten. Die VO regelt die Gebühren für die Einrichtung und Nutzung des automatisierten Abrufverfahrens beim automatisierten, d. h. elektronischen Grundbuch. Die **Ermächtigungsgrundlage** hierfür findet sich in § 133 Abs. 8 GBO iVm. § 85 Abs. 3 GBV (Anhang A II).[20] Nicht geregelt wird die Gebühr für die Einsicht in das automatisierte Grund- **36**

---

[15] LG Bremen KostRsp. § 154 Nr. 14.
[16] *Bink* JurBüro 1959, 261; 1960, 160; LG Kiel SchlHA 1958, 339.
[17] BayObLG MittBayNot 2005, 76; OLG Zweibrücken MittBayNot 2006, 169; LG Halle RNotZ 2004, 341; abwägend noch 15. Aufl. § 152 Rn. 35 ff.
[18] *Bund* RNotZ 2004, 259.
[19] *Lappe* NotBZ 2004, 115, 116; *Bund* RNotZ 2004, 256, 259; *Püls/Reetz* NotBZ 1998, 13.
[20] Jeweils eingefügt durch das RegVGB vom 20. 12. 1993 (BGBl. I S. 2182).

§ 152   2. Teil. Kosten der Notare

buch beim Grundbuchamt selbst. Diese ist in § 73 Abs. 2 geregelt. Ein Ausdruck kostet 10 Euro, ein amtlicher Ausdruck 18 Euro. Die Einsicht am Bildschirm ist kostenfrei. Die vom Notar für die Nutzung des automatisierten Abrufverfahrens bei elektronischen Grundbuch zu entrichtenden Gebühren richten sich nach Inanspruchnahme und übersteigen nach den vorliegenden Untersuchungen[21] in den meisten Fällen die bisher vom Notar zu tragenden Kosten für die Grundbucheinsichten durch ihn selbst oder seine Mitarbeiter.

37   Ein **ausdrücklicher gesetzlicher Auslagentatbestand** für die Teilnahme am automatisierten Abrufverfahren, der es dem Notar ausdrücklich ermöglichen würde, die Abrufkosten weiterzugeben, wurde nicht geschaffen. Im Gesetzgebungsverfahren zum RegVGB vom 20. 12. 1993 (BGBl. I S. 2182) ging der Gesetzgeber von einer **Weitergabemöglichkeit** der Kosten durch den Notar an den Mandanten aus; der seinerzeitige Entwurf begründete die Wahl einer Konzessionslösung anstatt einer Vertragslösung für das automatisierte Grundbuch damit, dass bei einer Konzessionslösung keine Ergänzung des Notarkostenrechts für die Weitergabe der Gebühren für den Online-Zugriff notwendig sei.[22] Ebenso unterstellte die Begründung des BMJ zur GBAbVfV die Weitergabemöglichkeit.[23] Allerdings hat der Gesetzgeber bei Erlass des Gesetzes über elektronisches Register und Justizkosten für Telekommunikation (ERJuKoG) vom 10. 12. 2001 (BGBl. I S. 3422) zu dieser Frage keine klarstellende Regelung getroffen. Die Bundesregierung äußerte sich im Gesetzgebungsverfahren sogar dahin, die Abrufgebühren könnten vom Notar nicht weiterberechnet werden.[24]

Die Einsicht in das Grundbuch ist zwar als **Nebengeschäft** (§ 35) zum Hauptgeschäft mit der Beurkundungsgebühr abgegolten (§ 147 Abs. 2), wenn sie zum Pflichtenkreis des Notars gehört; so ist der Notar nach § 21 BeurkG verpflichtet, bei Geschäften, die im Grundbuch eingetragene oder einzutragende Rechte zum Gegenstand haben, sich über den Grundbuchinhalt zu unterrichten. Diese Verpflichtung bedeutet aber nicht, dass der Notar auch von ihm verauslagte Gerichtskosten für die Grundbucheinsicht zu übernehmen hätte, ohne diese weiterberechnen zu können. Da die Abrufgebühren „verauslagte Gerichtskosten" iS von § 154 Abs. 2 darstellen, ist eine weitere gesetzliche Regelung, die den Notar ausdrücklich ermächtigt, diese Kosten vom Zahlungspflichtigen einzufordern, entbehrlich.[25]

39   Hat der Notar für die Benutzung des Abrufverfahrens eine **Grundgebühr** zu entrichten, ist diese nicht umlagefähig. Sie zählt zu den allgemeinen Bürokosten. Dies gilt auch dann, wenn die Landesjustizverwaltung dem Notar das Wahlrecht einräumt, eine Grundgebühr in unterschiedlicher Höhe mit dann unterschiedlichen Abrufgebühren zu wählen. Die sich hieraus ergebenden Ungleichbehandlungen sind nach geltendem Recht in Kauf zu nehmen.

VIII. Erstattung von Haftpflichtprämien

40   Durch das KostRMoG vom 5. 5. 2004 (BGBl. I S. 718) wurde als neuer Abs. 4 ein weiterer Auslagentatbestand eingeführt. Hiernach können dem Kostenschuldner die Mehrkosten für eine Haftpflichtprämie weitergegeben werden, soweit die Haftungsgrenze den Betrag von 60 Mio. Euro überschreitet. Begründet ist dieser Auslagentatbestand dadurch, dass im neuen § 18 Abs. 1 eine Geschäftswerthöchstgrenze von 60 Millionen Euro eingeführt wurde. Ob ein Risiko über einen Geschäftswert von 60 Millionen Euro wirtschaftlich versicherbar ist und ob es in der Praxis durch Abs. 4 zu Problemen im Hinblick auf § 140 kommen wird, muss sich aber erst zeigen.[26]

---

[21] Vgl. BR-Drucks. 339/01 S. 16, Ziffer 9.
[22] BT-Drucks. 12/5553 S. 85, Anlage 1.
[23] BR-Drucks. 935/94 S. 48, Anlage 2.
[24] BT-Drucks. 14/6855 S. 37.
[25] BayObLG MittBayNot 2005, 76; *Lappe* NJW 1998, 1170; *Assenmacher/Mathias* „Einsicht" 1.2.
[26] *Haeder* DNotZ 2004, 405, 408; *Otto/Wudy* NotBZ 2004, 215; *Tiedtke/Fembacher* ZNotP 2004, 256.

§ 153* Reisekosten

(1) ¹Der Notar erhält für Geschäftsreisen, die er im Auftrag eines Beteiligten vornimmt, Reisekosten. ²Eine Geschäftsreise liegt vor, wenn das Reiseziel außerhalb der Gemeinde liegt, in der sich der Amtssitz oder die Wohnung des Notars befindet.

(2) ¹Der Notar, dem die Gebühren für seine Tätigkeit selbst zufließen, erhält als Reisekosten

1. bei Benutzung eines eigenen Kraftfahrzeugs Fahrtkosten nach Absatz 4; bei Benutzung anderer Verkehrsmittel die tatsächlichen Aufwendungen, soweit sie angemessen sind;
2. als Tage- und Abwesenheitsgeld bei einer Geschäftsreise von nicht mehr als 4 Stunden 20 Euro, von mehr als 4 bis 8 Stunden 35 Euro, von mehr als 8 Stunden 60 Euro; die Hälfte dieses Satzes ist auf die in § 58 Abs. 1 bestimmte Zusatzgebühr anzurechnen;
3. Ersatz der Übernachtungskosten, soweit sie angemessen sind.

²Die Regelung über die Verteilung der Reisekosten bei Erledigung mehrerer Geschäfte auf derselben Geschäftsreise des Notars gilt auch, wenn auf derselben Reise Notargeschäfte und Rechtsanwaltsgeschäfte erledigt werden.

(3) ¹Fließen die Gebühren für die Tätigkeit des Notars der Staatskasse zu, so erhält der Notar bei Geschäftsreisen nach Absatz 1 Reisekostenvergütung nach den für Bundesbeamte geltenden Vorschriften. ²Ist es nach den Umständen, insbesondere nach dem Zweck der Geschäftsreise, erforderlich, ein anderes als ein öffentliches, regelmäßig verkehrendes Beförderungsmittel zu benutzen, so erhält der Notar Ersatz der notwendigen Aufwendungen, bei Benutzung eines eigenen Kraftfahrzeugs Fahrtkosten nach Absatz 4; diese Entschädigung ist stets zu gewähren, wenn der Hin- und Rückweg zusammen nicht mehr als zweihundert Kilometer beträgt oder der Notar Fahrtkosten für nicht mehr als zweihundert Kilometer verlangt.

(4) Als Fahrtkosten bei Benutzung eines eigenen Kraftfahrzeugs sind zur Abgeltung der Anschaffungs-, Unterhaltungs- und Betriebskosten sowie der Abnutzung des Kraftfahrzeugs 0,30 Euro für jeden gefahrenen Kilometer zuzüglich der durch die Benutzung des Kraftfahrzeugs aus Anlaß der Geschäftsreise regelmäßig anfallenden baren Auslagen, insbesondere der Parkgebühren, zu erstatten.

Entsprechend: RVG Anlage I Nr. 7003 ff.

Übersicht

	Rn.		Rn.
I. Allgemeines	1–3	V. Tage- und Abwesenheitsgeld	11–13
II. Geschäftsreise	4, 5	VI. Anrechnung	14
III. Auftrag	6, 7	VII. Übernachtung	15
IV. Verkehrsmittel	8–10	VIII. Amtsnotare	16–21

I. Allgemeines

Durch das KostRÄndG 1994 wurden die Abs. 1 und 2 neu gefasst, der frühere Abs. 2 als Abs. 3 angefügt. Hierbei wurde nunmehr der Begriff der „Geschäftsreise" eindeutig definiert. In Abs. 2 wird geregelt, welche Reisekosten der Gebührennotar im Einzelnen erhält. Im Übrigen wurden die Beträge einschließlich der Fahrkostenpauschale den geänderten

---

* § 153 neu gefasst durch Gesetz vom 30. 6. 1965 (BGBl. I S. 577), Abs. 1 Satz 2 neu gefasst durch Gesetz vom 24. 10. 1972 (BGBl. I S. 2013), Abs. 2 Satz 1 geändert durch Gesetz vom 20. 8. 1975 (BGBl. I S. 2189), Abs. 1 Sätze 1 und 2 sowie Abs. 2 Satz 2 geändert durch Gesetz vom 9. 12. 1986 (BGBl. I S. 2326), Abs. 1 neu gefasst, neuer Abs. 2 eingefügt, bisheriger Abs. 2 wurde Abs. 3, Satz 2 geändert, Abs. 4 angefügt durch Gesetz vom 24. 6. 1994 (BGBl. I S. 1325); Abs. 3 S. 1 geändert durch Gesetz vom 19. 4. 2001 (BGBl. I S. 623), Abs. 2 S. 1 Nr. 2 und Abs. 4 geändert durch Gesetz vom 27. 4. 2001 (BGBl. I S. 751) und vom 5. 5. 2004 (BGBl. I S. 718).

§ 153

wirtschaftlichen Verhältnissen angepasst. Die Reisekostenentschädigung des **freiberuflichen** Notars ist aus dem Beamtenreisekostenrecht – auf den § 153 früher verwies – herausgenommen und in der KostO selbst abschließend geregelt (Abs. 2). Dagegen werden die Notare im **Landesdienst** – allerdings nur insoweit, als die Gebühren der Staatskasse zufließen, vgl. Vor § 140 Rn. 2 – nach wie vor auf das Reisekostenrecht der Beamten verwiesen, jedoch mit gewissen Modifikationen (Abs. 3). Im Übrigen muss diese Vorschrift im Hinblick auf den Gegenstand der KostO so verstanden werden, dass die Staatskasse die Reisekosten des Notars dem Kostenschuldner gegenüber nach § 153 Abs. 3 abrechnet; dem Notar kann nach Dienstrecht – etwa nach dem Reisekostengesetz seines Landes – seinem Dienstherrn gegenüber durchaus eine höhere Reisekostenentschädigung als die des § 153 Abs. 3 zustehen.

2   Die Vorschrift gilt nur für Notare. Bei **gerichtlichen Beurkundungen** findet § 137 Abs. 1 Nr. 5 Anwendung, der gemäß §§ 141, 143 auch für **Hilfspersonen** des Notars gelten könnte, jedoch nur, soweit ihnen eine eigene Funktion im Rahmen der Notartätigkeit zukommt, was in aller Regel nicht der Fall ist, so dass der Notar also für Schreibgehilfen keine Reisekosten in Ansatz bringen kann. S. aber § 152 Rn. 32.

3   Wegen der Verteilung der Reisekosten auf **mehrere Geschäfte** s. § 137 Rn. 20, 26.

II. Geschäftsreise

4   Der Begriff der **Geschäftsreise** ist nunmehr durch Abs. 1 eindeutig bestimmt: Das Reiseziel muss außerhalb der Gemeinde liegen, in welcher der Notar seinen **Amtssitz** oder seine Wohnung hat. Der Amtssitz wird in § 10 BNotO definiert. Weitere Geschäftsstellen und auswärtige Sprechtage gelten als Amtssitz (§ 160). Ändert sich zufolge kommunaler Neuordnung das Gemeindegebiet, so ändert sich auch der Amtssitz.[1] Unter **Wohnung** ist der polizeilich gemeldete Wohnsitz, gleich ob es sich um einen Erst- oder Zweitwohnsitz handelt, zu verstehen.

5   Es ist auf das formale Kriterium des Ortes abzustellen. Die Entfernung spielt keine Rolle. **Dienstgänge**, also Reisen oder Gänge innerhalb des Ortes, sind durch die Gebühr für das Geschäft abgegolten. Dies folgt aus dem System der KostO und aller Justizkostengesetze, wonach Gebühren grundsätzlich den gesamten Aufwand abgelten und Auslagen nur gesondert erhoben werden, soweit dies ausdrücklich bestimmt ist.

III. Auftrag

6   Der Notar erhält Reisekosten nur, wenn er „im Auftrag eines Beteiligten" reist. Dieser Auftrag braucht nicht ausdrücklich erteilt zu sein, er kann sich auch aus den **Umständen des Einzelfalls** ergeben. So bedarf beispielsweise der Notar, der zwecks Beurkundung eines Testaments zu einem Kranken berufen wird, der sich reiseunfähig in einem auswärtigen Krankenhaus befindet, keines ausdrücklichen Reiseauftrags mehr.

7   Reist der Notar hingegen nur deshalb, weil er die Vornahme eines Geschäfts „an Ort und Stelle" für **zweckmäßig** hält, so kann er keine Reisekosten liquidieren, es sei denn, der Auftraggeber genehmigt die Reise.

IV. Verkehrsmittel

8   In der Wahl des Verkehrsmittels ist der Notar frei. Er kann seinen eigenen Kraftwagen oder die Bahn oder ein anderes öffentliches Verkehrsmittel nach eigenem Ermessen benutzen. Lediglich bei missbräuchlicher Ausübung seines Wahlrechts[2] kann er nur die Kosten des billigeren Verkehrsmittels in Rechnung stellen. Im Eil- oder sonstigen Ausnahmefall muss dem Notar auch die Benutzung eines **Taxis** gestattet sein.

9   Auch in der Wahl der Wagen-, Schiffs-, Flug- oder Bettenklasse ist der Notar frei, desgleichen in der Benutzung von zuschlagspflichtigen Zügen. Auch hier gilt nur die Grenze des Missbrauchs.

---

[1] OLG Hamm DNotZ 1978, 758.
[2] Vgl. BayVGH KostRsp. BRAGO § 28 Nr. 23 m. Anm. *Lappe*; OLG Nürnberg MDR 1968, 852.

Reisekosten § 153

Bezüglich der notwendigen **Nebenkosten** (Auslagen), insbesondere der **Parkgebüh-** 10
ren, enthielt § 153 aF keine Regelung. Nunmehr wird durch Abs. 4 klargestellt, dass auch
die **Auslagen,** insbesondere die Parkgebühren, zu erstatten sind. Gleiches gilt für Straßenbenutzungsgebühren.

V. Tage- und Abwesenheitsgeld

Diese früher getrennten Entschädigungen erhält der Notar nunmehr als Einheit. Sie be- 11
trägt je Kalendertag bei einer Reisedauer
bis zu 4 Stunden   20 Euro
von mehr als 4 bis 8 Stunden   35 Euro
von mehr als 8 Stunden   60 Euro.

Für die Festlegung des **Beginns** und des **Endes** der Geschäftsreise kann § 2 Abs. 2 12
BRKG herangezogen werden, d. h. maßgebend sind Abreise und Ankunft an der Wohnung bzw. der Geschäftsstelle.

Auch wenn der Notar an **Sonn- und Feiertagen** reist, erhält er – als Folge der gesetz- 13
lichen Zusammenfassung – Tage- und Abwesenheitsgeld. Dieses ist auch anlässlich einer
Geschäftsreise zum Zweck des Wechselprotestes anzusetzen (§ 51 Abs. 2 S. 2).

VI. Anrechnung

Der Aufwand des Notars für Geschäfte außerhalb der Gerichtsstelle wird bereits durch 14
die **Zusatzgebühr** des § 58 abgegolten, auf sie muss der Notar die Hälfte des Tage- und
Abwesenheitsgeldes anrechnen. Das bedeutet also, dass zunächst die Zusatzgebühr zu berechnen ist und dann das Tage- und Abwesenheitsgeld, ggf. sein Teil, der gemäß § 153
Abs. 2 Nr. 2 iVm. § 137 Nr. 6 Teils. 3 (in entsprechender Anwendung, anstelle des aufgehobenen § 138, der auch für Notare galt) auf das Geschäft entfällt, für das die Zusatzgebühr
berechnet ist. Die Hälfte dieses Tage- und Abwesenheitsgeldes bleibt bis zur Höhe der Zusatzgebühr außer Ansatz.

VII. Übernachtung

Die Übernachtungskosten sind nicht mehr pauschaliert, der Notar kann seine tatsächli- 15
chen Übernachtungskosten ansetzen. Sie müssen „angemessen" sein. Grenze ist also nach
der Verkehrsanschauung die Unangemessenheit (erhebliches Überschreiten der Angemessenheit). Nach dem neuen Reisekostenrecht der Beamten gilt (Ziffer 7.1.4. der allgemeinen Verwaltungsvorschrift): Übernachtungskosten, die die Kosten des Frühstücks einschließen, werden unter Beachtung des § 6 Abs. 2 BRKG erstattet, unabhängig davon, ob
der Inklusivpreis nach Übernachtungs- und Frühstücksanteil getrennt auf derselben Rechnung ausgewiesen ist, vorausgesetzt, der Frühstücksanteil ist nicht als gesonderte Wahlleistung erkennbar. Beinhaltet der Zimmerpreis neben dem Frühstück weitere Verpflegungskosten (sog. Halb- oder Vollpension), wird dieser ebenfalls unter Beachtung des § 6
Abs. 2 BRKG als Übernachtungskosten erstattet.

VIII. Amtsnotare

Notare im Landesdienst – vgl. Rn. 1 – werden in Abs. 3 auf das BRKG der jeweils gel- 16
tenden Fassung verwiesen (idF vom 26. 5. 2005, BGBl. I S. 1418).

Das Tagegeld der beamteten Notare beträgt nach der dynamischen Verweisung gemäß 17
§ 6 BRKG iVm. § 4 Abs. 5 S. 1 Nr. 5 S. 2 EStG bei einer Abwesenheit von
24 Stunden   24 Euro,
weniger als 24 Stunden, aber mindestens 14 Stunden   12 Euro,
weniger als 14 Stunden, aber mindestens 8 Stunden   6 Euro.

Das **Übernachtungsgeld** richtet sich nach § 7 BRKG. Eine notwendige Übernachtung 18
wird pauschal mit 20 Euro berechnet; höhere Übernachtungskosten werden erstattet, soweit sie notwendig sind.

19 Die Fahrt- und Flugkostenerstattung ist in § 4 BRKG geregelt.

20 Die **Wegstreckenentschädigung** für die Nutzung des eigenen Kraftfahrzeugs richtet sich nach § 5 BRKG.

21 Da der Amtsnotar kein Abwesenheitsgeld erhält, stellt sich die Frage der Anrechnung auf die Gebühr des § 58 bei ihm nicht.

Vorbemerkungen zu den §§ 154–157

I. Der Gebührenanspruch

1 Der Gebührenanspruch des Notars (§ 17 Abs. 1 BNotO; vgl. auch § 1 Rn. 11) ist im Rahmen seiner hoheitsrechtlichen Tätigkeit, also insbesondere bei Beurkundungen (§ 20 BNotO), ein **öffentlich-rechtlicher**. Er entsteht dadurch, dass der Notar auf das öffentlich-rechtliche „Ansuchen" hin den Gebühren- oder Auslagentatbestand der KostO – vor allem §§ 36 ff. – erfüllt. Wer die Kosten schuldet, ergibt sich ebenfalls aus dem öffentlichen Recht (§§ 2 ff.).

2 Im Bereich der vorsorgenden Rechtspflege (§ 24 BNotO) gehört zum Gebührentatbestand zusätzlich ein Auftrag (vgl. §§ 147, 153, aber auch zB die §§ 145, 146), der den Anspruch dem Privatrecht zuordnet oder doch annähert.

3 Ohne Rücksicht auf die öffentlich-rechtliche oder privatrechtliche Eigenschaft des Anspruchs werden die Gebühren des **Amtsnotars** im Wege des Kostenansatzes (§§ 141, 143, 14 Abs. 1) und damit des Verwaltungszwangsverfahrens (§ 1 Abs. 1 Nr. 4, Abs. 2 JBeitrO) geltend gemacht; für sie gilt der besondere Verwaltungsrechtsweg des § 14 Abs. 2, 3. Dagegen sind keine Bedenken zu erheben; die – jedenfalls ausnahmsweise – Erstreckung des Verwaltungszwanges auf privatrechtliche Ansprüche der öffentlichen Hand wird allgemein als zulässig angesehen. Zur Kostengläubigerschaft in Gesellschaftssachen s. Vor §§ 140–157 Rn. 2a.

4 Für den **„Gebührennotar"** – also den Notar, dem die Gebühren selbst zufließen – treffen die §§ 154 bis 157 eine entsprechende Regelung: an die Stelle des Verwaltungsaktes Kostenansatz (§ 14 Abs. 1) tritt die förmliche Kostenberechnung durch den Notar (§ 154); an die Stelle des – „titellosen" – Verwaltungszwangsverfahrens nach der JBeitrO die unmittelbare Beitreibung durch den Notar auf Grund eines „fiktiven Titels" (§ 155); an die Stelle des besonderen Verwaltungsrechtsweges des § 14 Abs. 2, 3 der besondere Rechtsweg (vgl. auch § 40 VwGO) der §§ 156, 157.

5 Die sich damit ergebende Befugnis des Notars als „Nicht-Behörde" zur Einziehung seiner Gebühren im Quasi-Verwaltungszwang ist rechtsstaatlich abgesichert – und deshalb vertretbar – durch die Unterstellung des Notars unter die Dienstaufsicht der Justizverwaltung (§§ 92 ff. BNotO) und deren Weisungsrecht, seine Kostenberechnung gerichtlich überprüfen zu lassen (§ 156 Abs. 5).

II. Vollstreckungstitel?

6 Aus Vorstehendem ergibt sich, dass die Kostenberechnung des Notars mit der Vollstreckungsklausel (§§ 154, 155) **einem Vollstreckungstitel iS der §§ 704, 724, 794 ZPO nicht gleichsteht.**[1] Denn die Kostenberechnung kann vom Notar selbst zu ermäßigen sein (etwa auf Grund neuer tatsächlicher Erkenntnisse gemäß § 140; oder gemäß §§ 141, 143, 16 Abs. 1), die Ermäßigung kann von der Aufsichtsbehörde erwirkt werden (§ 93 BNotO; § 156 Abs. 5), mit der Folge der Rückzahlungspflicht (§ 157). Das bedeutet vor allem, dass das Beitreibungsrecht gemäß §§ 154, 155 dem Notar persönlich zusteht, die Übertragung des „Titels" auf einen Dritten – etwa durch Rechtsnachfolgeklausel (§ 727 ZPO) – ist grundsätzlich ausgeschlossen.[2] Das Privileg der vereinfachten Kostenbeitreibung

---

[1] So auch BGH ZNotP 2004, 492.
[2] *Heinemann* MittBayNot 2004, 160; *Bengel/Tiedtke* DNotZ 2004, 258, 297; OLG Düsseldorf MittRhNotK 2000, 37 = NJW-RR 2000, 1596; *Assemacher/Mathias* Stichwort „Beitreibung" 1.3. S. 126; aA *Preisler* Berliner AnwBl. 2003, 379.

hat ihren Ursprung allein in der besonderen öffentlich-rechtlichen Amtsstellung des Notars. Wie im allgemeinen öffentlichen Recht kann auch hier der Private eine zedierte öffentlich-rechtliche Forderung nicht durch vollstreckbare Ausfertigung der notariellen Kostenberechnung beitreiben. Dass hierfür auch keinerlei Anlass bestehe, hat bereits das OLG Düsseldorf[3] erkannt. Das Privileg des § 155 ist nicht ein akzessorisches Nebenrecht gemäß § 401 Abs. 1 BGB zur Kostenforderung, sondern eine selbständige und nur und ausschließlich den Gebührennotaren eingeräumte Rechtsmacht. Zum nach § 51 BNotO aktenverwahrenden Notar s. Rn. 13.

Tritt der Notar seinen Gebührenanspruch ab, oder wird er im Wege der Zwangsvollstreckung gepfändet und zur Einziehung überwiesen, so ist der Notar gehalten, die Gebühren gemäß §§ 154, 155 und die Zinsen gemäß § 154a zugunsten des jetzigen Gläubigers einzuziehen. Eine Umschreibung des Titels auf den neuen Berechtigten ist wegen des persönlich dem Notar nach §§ 154, 155 zustehenden Beitreibungsrechts ausgeschlossen.[4] 7

Kommt der Notar der Einziehung nicht nach und bleiben auch Maßnahmen der Dienstaufsicht erfolglos, so kann der Gläubiger gegen den Schuldner in erweiternder Auslegung des § 156 und entsprechender Anwendung des § 157 Abs. 2 beim Landgericht eine **vollstreckbare Entscheidung** über die Kosten erwirken. Denn nach allgM ist der überwiesene Anspruch in dem für ihn geltenden Rechtsweg durchzusetzen; dies ist aber ausschließlich der des § 156. 8

Dies gilt auch, wenn bereits eine Kostenberechnung ohne oder mit Vollstreckungsklausel (§ 155) vorliegt; die vereinfachte Beitreibungsform gilt nur für den Notar persönlich (Rn. 6). 9

Im Interesse des Schuldners, insbesondere seines Rückzahlungs- und Schadensersatzanspruchs (§ 157), kommt also eine Vollstreckung durch einen anderen als den Notar nur nach gerichtlicher Feststellung des Kostenanspruchs – im Verfahren gilt, weil der Anspruch nicht der Parteidisposition unterliegt (§ 140), der Untersuchungsgrundsatz (§ 12 FGG)! – in Betracht. 10

III. Amtssitzverlegung, Ausscheiden, Tod

Wird der Amtssitz des Notars verlegt, so behält der Notar seinen Gebührenanspruch, er kann auch noch Kostenberechnung und Vollstreckungsklausel erteilen[5] und als Gebührengläubiger an einem Verfahren gemäß §§ 156, 157 teilnehmen. Das gilt auch dann, wenn ein Notariatsverwalter bestellt ist (vgl. § 58 Abs. 3 S. 2, 3 BNotO). 11

Handelt es sich um eine Kostenforderung aus der Zeit der **Verwaltung einer Notarstelle**, so ist nach Beendigung der Notariatsverwaltung die Notarkammer (§ 64 Abs. 4 BNotO), im Bereich der Kassen (Notarkasse für Bayern und die Pfalz, im Bereich der neuen Bundesländer die Ländernotarkasse, § 113 Abs. 3 Nr. 7 BNotO) diese Verfahrensbeteiligter.[6] 12

Nach dem Tode, bzw. Ausscheiden des Notars aus dem Amt, ist der gemäß § 51 Abs. 1 BNotO aktenverwahrende Notar berechtigt, wegen Kostenforderungen, die aus Amtsgeschäften des verstorbenen (ausgeschiedenen) Notars resultieren und beispielsweise dessen Erben zustehen, Kostenberechnungen nach § 154 Abs. 1 zu erteilen oder gemäß § 155 zu titulieren.[7] Das Recht umfasst nach allgemeinem Verständnis auch die Pflicht zur Ausstel- 13

---

[3] MittRhNotK 2000, 37 = Rpfleger 2000, 281.
[4] AA *Schneider,* Die Notarkosten-Beschwerde, § 5, S. 24; s. auch Rn. 6, 14.
[5] Im Ergebnis ebenso BayObLGZ 1962, 281 = DNotZ 1964, 48.
[6] LG Aschaffenburg MittBayNot 1977, 142.
[7] HM, KG JurBüro 1967, 592; OLG Stuttgart DNotZ 1972, 117; BayObLG DNotZ 1964, 48; LG Passau MittBayNot 1979, 40; LG Köln MittRhNotK 1980, 141; KG JurBüro 1982, 1237 = KostRsp. § 155 Nr. 6 m. abl. Anm. *Lappe;* LG Erfurt Rpfleger 2002, 487 und NotBZ 2002, 229 m. Anm. *Lappe; Schippel/Bracker/Vetter* § 51 BNotO Rn. 61; aA LG Berlin JurBüro 1980, 1559; *Lappe* Anm. zu KostRsp. Nr. 21, NJW 1983, 1467, 1473.

§ 154　　　　　　　　　　　　　　　　　　　　　2. Teil. Kosten der Notare

lung und Titulierung der Kostenberechnung, wenn der ausgeschiedene Notar selbst die Kostenforderung nicht mehr selbst titulieren kann.[8]

13 a　Hat jedoch der ausgeschiedene Notar noch selbst die Kostenrechnung erstellt, so bleibt er auch alleiniger Gläubiger der Kostenforderung und damit Beteiligter im Verfahren nach § 156 (dort Rn. 37).[9]

13 b　Lehnt der Amtsnachfolger die Erteilung der vollstreckbaren Ausfertigung ab, steht dem ausgeschiedenen Notar in entsprechender Anwendung des § 58 Abs. 3 BNotO das Beschwerderecht gemäß § 156 zu.

IV. Gesamtschuldner

14　Schulden mehrere die Gebühren des Notars und **zahlt einer der Gesamtschuldner (§ 5) mehr als er im Innenverhältnis tragen muss, so kann er insoweit von seinen Mitschuldnern Ausgleichung verlangen;** die Forderung des Notars gegen die übrigen Schuldner geht auf ihn über (§ 426 Abs. 2 BGB). Der Anspruch auf Ausgleich ist ein bürgerlichrechtlicher (zB §§ 426 Abs. 1 S. 1, 448 Abs. 2 BGB), er ist deshalb – wie im Falle des § 14 – im ordentlichen Rechtsweg geltend zu machen (allgM); der Notar kann weder eine Vollstreckungsklausel (§ 727 ZPO) erteilen, noch ist für diesen Ausgleich der Rechtsweg der §§ 156, 157 gegeben (s. iÜ Rn. 6).[10]

15　Hängt allerdings die Entscheidung im Prozess von der Höhe des Gebührenspruchs ab, so kann der Mitschuldner Einwendungen nach § 156 erheben und das Gericht den Rechtsstreit aussetzen (§ 148 ZPO).

§ 154* Einforderung der Kosten

(1) **Fließen die Kosten dem Notar selbst zu, so dürfen sie nur auf Grund einer dem Zahlungspflichtigen mitgeteilten, von dem Notar unterschriebenen Berechnung der Gebühren und Auslagen eingefordert werden.**

(2) **In der Berechnung sind der Geschäftswert, die Kostenvorschriften, eine kurze Bezeichnung des jeweiligen Gebührentatbestands, die Bezeichnung der Auslagen, die Beträge der angesetzten Gebühren und Auslagen sowie etwa verauslagte Gerichtskosten und empfangene Vorschüsse anzugeben.**

(3) ¹Der Notar hat eine Ablichtung oder einen Ausdruck der Berechnung zu seinen Akten zu bringen. ²Er hat sie ferner unter jeder von ihm erteilten Ausfertigung sowie unter jedem Beglaubigungsvermerk aufzustellen. ³Hat der Notar eine Urkunde entworfen und demnächst beglaubigt, so sind auch die Kosten des Entwurfs unter der Beglaubigung zu vermerken.

Übersicht

	Rn.		Rn.
I. Gegenstand der Kostenberechnung	1–4	VI. Amtsnachfolge	12
II. Schuldner	5–7	VII. Wirkungen der Zahlungsaufforderung	13–15
III. Angaben zur Umsatzsteuer	7 a, 7 b	VIII. Nachforderung	16
IV. Angabe der Rechnungsnummer	7 c–7 g	IX. Die Regelung des Abs. 3	17–20
V. Zitiergebot, Unterschrift	8–11		

---

[8] § 58 Abs. 3 S. 1 Halbs. 2 BNotO; *Schippel/Bracker/Vetter* § 58 BNotO Rn. 22.
[9] BayObLG MittBayNot 1982, 266 = JurBüro 1982, 1549; OLG Düsseldorf JurBüro 1996, 379; *Schippel/Bracker/Vetter* § 58 BNotO Rn. 18 ff., § 51 BNotO Rn. 61.
[10] OLG Düsseldorf NJW-RR 2000, 1596; aA LG Düsseldorf DNotZ 1958, 613.
*§ 154 Abs. 2 Satz 2 angefügt durch Gesetz vom 20. 12. 1967 (BGBl. I S. 1246) und aufgehoben durch Gesetz vom 26. 11. 1979 (BGBl. I S. 1953), Abs. 2 geändert durch Gesetz vom 24. 6. 1994 (BGBl. I S. 1325), Abs. 3 Satz 1 geändert durch Gesetz vom 22. 3. 2005 (BGBl. I S. 837).

Stichwortverzeichnis

Akten des Notars 17
Amtsnachfolge 12
Amtsverschwiegenheit 19
Aufrechnung 14
Aufsichtsbehörde 18 a
Dienstaufsicht 17
Duldungsschuldner 5
Durchlaufende Posten 2
Einzelwerte 18 a
Gebührentatbestand 8
Gesamtschuldner 5
Geschäftswertermittlung 8
Kostenberechnung 8
Kostengläubiger 7
Kostenregister 17
Kostenschuldner 9
Kostenvorschriften 8
Nachforderung 16
Nachprüfbarkeit 17

Notarsozietät 6
Notariatsverwalter 12
Rechnungsnummer 7 c
Umsatzsteuer-Identifikationsnummer 7 a
Umsatzsteuernummer 7 a
Urkundensammlung 17
Vergütung für Bevollmächtigte 4
Verjährungsfrist 13
Verjährungsneubeginn 13
Verzugszinsen 4
Vollständigkeit 11
Vorschüsse 8 a
Werterläuterung 17
Wertpositionen 18 a
Zahlungspflichtiger 9
Zitiergebot 8

I. Gegenstand der Kostenberechnung

Die Kosten der Notare im Landesdienst (in Baden-Württemberg) werden durch Kostenansatz (§ 14 Abs. 1) eingefordert (§ 141), die Kosten aller anderen Notare (Nurnotare, denen die Gebühren selbst zufließen; Anwaltsnotare; § 143) nach § 154 (s. iÜ Vor §§ 154–157). S. jedoch ergänzend Vor §§ 140–157 Rn. 2a. **1**

§ 154 betrifft die für die Amtstätigkeit des Notars nach der KostO zu erhebenden Gebühren und Auslagen (§ 141), auch ihre vorschussweise Erhebung (§ 8 Abs. 1). Er gilt darüber hinaus für die Mehrwertsteuer (§ 151a) sowie vom Notar verauslagte Gerichtskosten (Abs. 2). Nicht hingegen können durch eine Kostenberechnung nach § 154 von einem Notar eingelöste Kosten, die bei einem anderen Notar entstanden sind *(durchlaufende Posten)*, eingefordert und auch nicht mit Hilfe eines Vollstreckungstitels des Notars nach § 155 beigetrieben werden.[1] Die dem Notar für die Einsichtnahme in das elektronische Grundbuch oder Handelsregister vom Gericht in Rechnung gestellten Gebühren sind zwar ihrem Charakter entsprechend auch „durchlaufende Posten", jedoch werden diese als verauslagte Gerichtsgebühren qualifiziert.[2] Gemäß § 154 Abs. 2 sind verauslagte Gerichtskosten mit Hilfe der Kostenberechnung einzuziehen. **2**

Die vom Notar verauslagten Kosten sind weder Gebühren aus der Amtstätigkeit des Notars noch Auslagen gemäß §§ 136 bis 139. Der Notar ist auf den ordentlichen Rechtsweg angewiesen, auch wenn dieses Ergebnis für die Praxis außerordentlich unbefriedigend ist. **3**

Nach § 154 sind auch die Kosten eines **zweiten Notars** einzufordern, von diesem selbst im Falle des § 151 Abs. 2, vom ersten Notar im Falle des § 151 Abs. 1; ebenso die Auslagen für **Urkundszeugen** (§ 137 Abs. 1 Nr. 4), nicht aber die nicht in der KostO geregelte Vergütung für Auflassungsbevollmächtigte usw. **4**

II. Schuldner

Die „Einforderung" (Abs. 1) richtet sich an den **einzelnen Schuldner,** auch bei Gesamtschuldnern (§ 5; bei denen der Notar in der Auswahl des Schuldners frei ist).[3] Der **Duldungsschuldner** (§ 3 Rn. 28) ist zur Duldung aufzufordern. **5**

Eingefordert werden die Kosten für die jeweilige Angelegenheit (§ 2 Rn. 3), entsprechend § 14 Abs. 1,[4] also für jedes selbständige Amtsgeschäft durch eine vollständige Kos- **6**

---

[1] LG Nürnberg-Fürth MittBayNot 1985, 221.
[2] BayObLG MittBayNot 2005, 77 = ZNotP 2005, 38 = NotBZ 2004, 482 = JurBüro 2005, 149; OLG Zweibrücken MittBayNot 2006, 169 = Rpfleger 2006, 228 = JurBüro 2006, 265.
[3] KG DNotZ 1941, 344 = JVBl. 1941, 93.
[4] Vgl. auch OLG Hamm JVBl. 1965, 258; OLG Frankfurt DNotZ 1955, 272.

tenberechnung, die jedoch mit anderen Kostenberechnungen gegenüber demselben Kostenschuldner auf einem Schriftstück zusammengefasst werden kann.[5] Da sich bei einer Notarsozietät der Auftrag (anders als bei Anwälten) an den einzelnen Notar richtet, ist dieser allein Kostengläubiger.[6]

7   Der Notar fordert seine Kosten als Träger eines öffentlichen Amtes ein (vgl. auch § 155); Art. 19 Abs. 4 S. 1 GG sichert dem Kostenschuldner dagegen den Rechtsweg zu. Die Kostenberechnung muss also so beschaffen sein, dass sie dem Kostenschuldner die Prüfung ermöglicht, ob er den Rechtsweg (§ 156) beschreiten soll, sie muss aus sich verständlich sein. Es gelten mithin die gleichen Anforderungen, die an den gerichtlichen Kostenansatz zu stellen sind (vgl. § 14 Rn. 12 ff.). Das bedeutet, dass Abs. 2 nur Mindestanforderungen nennt; soweit diese Angaben zum Verstehen der Kostenberechnung nicht genügen, bedarf es erläuternder Angaben.

III. Angaben zur Umsatzsteuer

7 a   Durch Art. 1 Nr. 2 des Gesetzes zur Bekämpfung von Steuerverkürzungen bei der Umsatzsteuer und zur Änderung anderer Steuergesetze[7] ist in § 14 UStG ein neuer Abs. 1 a eingefügt worden. Danach hat der leistende Unternehmer in der Rechnung die ihm vom Finanzamt erteilte Steuernummer (Umsatzsteuernummer) oder die vom Bundesamt für Finanzen erteilte Umsatzsteuer-Identifikationsnummer anzugeben. Gem. § 27 Abs. 3 UStG nF ist § 14 Abs. 1 a UStG anzuwenden auf Rechnungen, die nach dem 30. 6. 2002 erteilt werden.

7 b   Eine umsatzsteuerrechtlich nicht ordnungsgemäße Kostenberechnung stellt allerdings keinen Verstoß gegen das Zitiergebot des § 154 dar.[8]

IV. Angabe der Rechnungsnummer

7 c   Nach der zum 1. 1. 2004 in Kraft getretenen Neuregelung des § 14 Abs. 4 Nr. 4 Umsatzsteuergesetz (UStG)[9] setzt die Möglichkeit des Vorsteuerabzugs u. a. voraus, dass in den durch den Unternehmer gestellten Rechnungen „eine fortlaufende Nummer mit einer oder mehreren Zahlenreihen, die zur Identifizierung der Rechnung vom Rechnungsaussteller einmalig vergeben wird (Rechnungsnummer)" angegeben wird.

7 d   Für die Praxis der notariellen Kostenberechnungen stellt sich die Frage, wie der Begriff der „fortlaufenden Rechnungsnummer" zu verstehen ist. Bei einer Auslegung des Wortlauts der Norm wird man zu dem Ergebnis kommen müssen, dass mit „fortlaufender Rechnungsnummer" in der Tat ein aufsteigendes Zahlensystem zu verstehen ist, in der jede vom Notar ausgestellte Rechnung mit einer eigenen Ziffer versehen ist. Dem entspricht die praktische Handhabung durch die bayerischen Notare und die Notare im Bereich der Ländernotarkasse (neue Bundesländer) nicht. Vielmehr wird idR auf den notariellen Kostenberechnungen die jeweilige Nummer aus dem Kostenregister angegeben. Diese Nummern sind in Einzelfällen jedoch nicht im Wortsinne „fortlaufend", da in verschiedenen Konstellationen mit „Bruchnummern" gearbeitet wird, zB, wenn es für eine bestimmte notarielle Urkunde zu einer Kostenaufteilung unter mehreren Beteiligten kommt und die Rechnung an den Beteiligten A etwa mit Nr. 1/A und an den Beteiligten B mit 1/B bezeichnet wird. Ähnlich verhält es sich, wenn der Notar eine Kostenberechnung lediglich für den Entwurf einer Urkunde stellt oder eine notarielle Leistung berechnet wird, die in keinem Zusammenhang mit einer bestimmten Urkundennummer steht, beispielsweise bei der Erteilung einer beglaubigten Abschrift durch den Notar.

---

[5] BayObLG JurBüro 1980, 756.
[6] BayObLG JurBüro 1981, 264 = KostRsp. Nr. 27 m. Anm. *Lappe;* MittBayNot 1986, 212.
[7] Steuerverkürzungsbekämpfungsgesetz – StVBG – vom 19. 12. 2001 (BGBl. I S. 3922).
[8] BNotK DNotZ 2002, 162.
[9] Vgl. zuletzt *Schubert* MittBayNot 2004, 237 sowie *Pöppel* MittBayNot 2004, 102 und *Haeder/Wegerhoff* NotBZ 2004, 58.

Allerdings ist, zumindest in Verbindung mit dem Kostenregister (im Bereich der Kassen 7e
zu führen), auf Grund dieses in der Praxis vorherrschenden Systems, immer genau zuzuordnen, für welche umsatzsteuerliche Leistung die Rechnung gestellt wird. Es besteht also keine Gefahr „fiktiver" Rechnungsstellungen. Es wird deshalb die Auffassung vertreten, dass der inhaltlichen Zielsetzung der gesetzlichen Neuregelung, nämlich Umsatzsteuerbetrug möglichst zu vermeiden, durch die Angabe der Kostenregisternummer ausreichend Rechnung getragen werde.[10]

Zur Umsetzung des Anliegens des Gesetzgebers, Umsatzsteuerbetrug zu minimieren, 7f
reicht es aus, dass jeder Rechnung, die von einem Unternehmer gestellt wird, eine bestimmte von diesem erbrachte Leistung zugeordnet werden kann. Dies ist durch die Verwendung der Kostenregisternummer als Rechnungsnummer ohne Schwierigkeiten möglich, so dass der teleologischen Auslegung des § 14 Abs. 4 Nr. 4 UStG der Vorrang einzuräumen ist.

Das Bundesministerium der Finanzen stellt in einem Schreiben an die Bundesnotar- 7g
kammer[11] fest, dass es bei der Erstellung der Rechnungsnummer zulässig ist, eine oder mehrere Zahlen- oder Buchstabenreihen zu verwenden. Auch eine Kombination von Ziffern mit Buchstaben ist möglich. Bei der Erstellung der Rechnungsnummer bleibt es dem Rechnungsaussteller überlassen, wie viele und welche Nummerkreise geschaffen werden, in denen eine Rechnungsnummer jeweils *einmalig* vergeben wird. Dabei sind Nummernkreise für zeitlich, geographisch oder organisatorisch abgegrenzte Bereiche zulässig, zB für Zeiträume (Monate, Wochen, Tage), verschiedene Filialen, Betriebsstätten einschließlich Organgesellschaften oder Bestandsobjekte. Es muss jedoch gewährleistet sein (zB durch Vergabe einer bestimmten Klassifizierung für einen Nummernkreis), dass die jeweilige Rechnung leicht und eindeutig dem jeweiligen Nummernkreis zugeordnet werden kann und die Rechnungsnummer einmalig ist. Es ist damit nicht zu beanstanden, wenn der Notar die Nummernkreise durch die Angabe der Urkundenrollennummer oder diejenige des Kostenregisters definiert. Allerdings muss erkennbar sein, dass diese Nummer gleichzeitig auch als Rechnungsnummer dienen soll. Sollten zu einer Urkundenrollennummer bzw. einer Kostenregisternummer mehrere Kostenberechnungen erteilt werden (zB wenn der Rechnungsbetrag anteilig mehreren Kostenschuldnern in getrennten Rechnungen eingefordert wird), müsste bei jeder Kostenberechnung durch eine Bruchnummer oder durch Hinzufügung eines Buchstabens ergänzt werden, es sei denn, jede Kostenberechnung erhält eine eigene Kostenregisternummer.

V. Zitiergebot, Unterschrift

Nach hM ist das „Zitiergebot" sehr genau einzuhalten. Danach hat der Notar in seiner 8
Kostenberechnung die seine Kosten rechtfertigenden Kostenvorschriften **vollständig** anzugeben. Mit dem KostRÄndG 1994 (Änderung des Abs. 2) wird nunmehr verlangt, dass nicht nur der jeweilige Paragraph der KostO angegeben wird, sondern auch der jeweilige Gebührentatbestand (zB „Kauf"; „Ehevertrag"; „Grunddienstbarkeit" usw.) und die Bezeichnung der Auslagen.[12] Eine allgemeine Bezeichnung, wie zB „Vertrag", „einseitige Erklärung", ist nach der vorliegenden Rspr. nicht ausreichend, es bedarf vielmehr einer individualisierenden Kennzeichnung des gebührenauslösenden Geschäfts.[13] Es genügt allerdings zB die Bezeichnung „Entwurf eines Grundstückskaufvertrages" iVm. den Kostenvorschriften § 145 Abs. 3, § 36 Abs. 2, als Abgrenzung der Gebührentatbestände zu § 145 Abs. 1. Die Bezugnahme auf die konkreten mit dem Gebührentatbestand zusammenhängende Gebührenvorschrift ermöglicht dem Kostenschuldner ohne weiteres die Prüfung, auf

---

[10] IdS auch *Pöppel* MittBayNot 2004, 102, 104; *Schubert* MittBayNot 2004, 237; *Tiedtke/Fembacher* ZNotP 2004, 256 = MittBayNot 2004, 317; *Otto/Wudy* NotBZ 2004, 215 unter Hinweis auf das BMF-Schreiben vom 29. 1. 2004.
[11] Vom 29. 6. 2004 – IV B7 – S 7280a – 41/04.
[12] *Tiedtke/Schmidt* DNotZ 1995, 738.
[13] OLG Hamm MittBayNot 2000, 59 = ZNotP 2000, 39.

§ 154

welchen Gebührentatbestand des § 145 sich der Notar stützt. Insoweit wurde einem übertriebenen Formalismus Grenzen gesetzt.[14] Regelt eine Vorschrift mehrere Gebührentatbestände, so waren schon bisher auch die maßgebenden Absätze und eventuelle weitere Untergliederungen anzugeben.[15] Gegen die sehr enge Rspr. zum bis 1. 7. 1994 geltenden Zitiergebot, die bei Untergliederung von Absätzen ggf. auch stichwortartige Bezeichnung verlangt,[16] spricht, dass dem Zitiergebot eine solche isolierte formale Bedeutung überhaupt nicht zukommt. Entscheidend sind vielmehr entsprechend dem Normzweck die Verständlichkeit und Nachprüfbarkeit der Kostenberechnung (zB hinreichende Erkennbarkeit der Tätigkeit des Notars, die die Gebühren auslöst).[17] Die Neufassung des § 154 Abs. 2 zwingt den Notar, auch im Auslagenbereich (§§ 136 bis 139) nicht nur die Kostenvorschrift zu zitieren, sondern auch die jeweiligen Auslagen kurz zu bezeichnen (zB „Fernschreibenentgelte" oder „Postzustellungsentgelte"). Eine Einzelauflistung indes wird kaum verlangt werden können. Die Umsatzsteuer muss als solche bezeichnet und ausgewiesen werden. Das Zitiergebot des § 154 Abs. 2 erfordert jedoch keine ausdrückliche Anführung des § 151 a.[18]

8 a   Was die Formstrenge in Bezug auf die Auslagenvorschriften (Dokumentenpauschale und sonstige Auslagen) betrifft, wonach auch hier alle Untergliederungen in einzelnen Absätzen der einschlägigen Paragraphen gefordert werden, war die Rspr. uneinheitlich.[19] Der BGH[20] hat iS der Praxis entschieden, denn gerade die Bezeichnung der Auslagen ist für den Kostenschuldner leichter nachvollziehbar, als eine komplizierte Paragraphenkette. So lässt es der BGH zur Erfüllung des Zitiergebotes genügen, wenn der Notar zB bei einem Grundstückskaufvertrag den Begriff „Dokumentenpauschale" und die berechnete Seitenzahl und daneben die einschlägigen §§ 136 und 152 Abs. 1 angibt. Mit Recht stellt der BGH fest, dass diese Angaben für den Rechnungsempfänger die geforderte Transparenz zur Überprüfung erfüllen. Bei voller Zitierweise müsste angegeben werden: § 136 Abs. 1 Nr. 1, Abs. 2, Abs. 4 Nr. 1, § 152 Abs. 1. Was die Bezeichnung der sonstigen Auslagen nach § 137 oder § 152 angeht, die auch aus dem Verständnis heraus nur solche nach § 152 Abs. 2 sein können, hält der BGH eine Bezeichnung „Postauslagen" und die pauschale Bezeichnung §§ 137, 152 Abs. 2 für ausreichend.

8 b   Zwingender Bestandteil einer notariellen Kostenberechnung ist auch die Angabe empfangener Vorschüsse. Über den Gesetzeswortlaut hinaus sind nach Auffassung des BayObLG[21] nicht nur Vorschüsse iS von § 8 anzusetzen, sondern alle Zahlungen, die ein Notar im Rahmen der in Rechnung gestellten Beurkundung erhalten hat.[22] Der Umstand, dass die Kostenberechnung eines Notars Vollstreckungstitel werden kann (§ 155), erfordert es, dass eine (ergänzte) Kostenberechnung alle Zahlungen aufführt, die der Kostenschuld-

---

[14] OLG Hamm ZNotP 2000, 407 = NJW-RR 2000, 1600.
[15] OLG Zweibrücken Rpfleger 1981, 34 = DNotZ 1982, 579; OLG Düsseldorf DNotZ 1984, 649 – unter Aufgabe der früheren Rspr. JurBüro 1975, 810; BayObLG DNotZ 1984, 646; OLG Zweibrücken DNotZ 1987, 188; JurBüro 1989, 661; nunmehr auch OLG Köln JurBüro 1990, 745 = MittRhNotK 1990, 177, welches jedoch Abweichungen zugesteht, zB die Bezeichnung „Postgebühren" als hinreichend bestimmt für „§ 137 (Abs. 1) Nr. 2"; gleicher Ansicht auch OLG Hamm JurBüro 1993, 308, jedoch ohne Einschränkungen und Auslegungen.
[16] OLG Düsseldorf DNotZ 1984, 649.
[17] OLG Hamm MittRhNotK 1981, 16.
[18] OLG Hamm JurBüro 1997, 100.
[19] Fehlen die einzelnen Untergliederungen, ist die Kostenberechnung insgesamt formunwirksam: OLG Düsseldorf RNotZ 2001, 174 m. Anm. *Grauel* = MDR 2001, 175 = ZNotP 2001, 206 m. Anm. *Tiedtke;* OLG München MittBayNot 2006, 354 m. Anm. *Schwarz* = NotBZ 2006, 181; aA – Zitiergebot sei erfüllt – OLG Hamm MittBayNot 2005, 173 = RNotZ 2005, 180 = FGPrax 2005, 45 = ZNotP 2005, 118 m. zust. Anm. *Tiedtke,* für den Fall, dass eine auch ohne vollständige Angabe der Untergliederungen erstellte Kostenberechnung bei verbaler Umschreibung der berechneten Auslagen für den Kostenschuldner nachvollziehbar ist.
[20] DNotZ 2007, 546 = MittBayNot 2007, 96 = NotBZ 2007, 96 m. Anm. *Wudy* 90 = JurBüro 2007, 213 m. Anm. *H. Schmidt* = ZNotP 2007, 118 m. Anm. *Tiedtke.*
[21] MittBayNot 2004, 298.
[22] So auch OLG Hamm JurBüro 1971, 354; OLG Düsseldorf NJW-RR 2002, 216 = JurBüro 2003, 149.

ner vor Erstellung der (ergänzten) Kostenberechnung geleistet hat. Den Anforderungen nach § 154 Abs. 2 entspricht eine Kostenberechnung dann nicht, wenn sich erhaltene Zahlungen nicht aus der Kostenberechnung ergeben, sondern aus einem Begleitschreiben oder den in Kopie beigefügten Passagen des einer berichtigten Kostenberechnung zugrunde liegenden Prüfungsberichtes. Eine nicht formgerechte Kostenberechnung ist im Verfahren nach § 156 ohne Sachprüfung aufzuheben und eignet sich nicht für verjährungsrelevante Maßnahmen.[23]

Für die **Geschäftswertermittlung** besteht nach dem Wortlaut des Abs. 2 S. 1 kein Zitiergebot; es würde also die Angabe des vom Notar ermittelten Betrags genügen. „Höchstwert" genügt nicht.[24]   8 c

Die Kostenberechnung muss erkennen lassen, **wer** vom Notar als Zahlungspflichtiger **in Anspruch genommen wird**.[25] Soweit eine Mehrheit von Beteiligten kraft Gesetzes (§ 5 Abs. 1 S. 1) als Gesamtschuldner haften (zB Ehegatten) und als solche in Anspruch genommen werden, ist eine Angabe des Umfangs, in welchem der Einzelne in Anspruch genommen werden soll, nicht erforderlich, da die Inanspruchnahme als Gesamtschuldner offensichtlich ist. Insoweit genügt die Angabe der Beteiligten in der Kostenrechnung. Hier wäre es übertriebener Formalismus, die ohnehin kraft Gesetzes vorgesehene gesamtschuldnerische Haftung noch einmal zusätzlich zum Ausdruck zu bringen. Dessen ungeachtet kann im Einzelfall bei größeren Gemeinschaften (Bauherrengemeinschaft, Grundstücksgemeinschaft) die Angabe, ob die an dieser Gemeinschaft beteiligten Personen als Gesamtschuldner oder in welcher sonstigen rechtlichen Eigenschaft in Anspruch genommen werden, notwendig sein.[26]   9

Im Hinblick auf § 155 bedarf es einer ausdrücklichen **Zahlungsaufforderung,** die Übersendung der Urkunde mit der Kostenrechnung darunter genügt nicht (schon nicht nach dem Wortlaut des § 154, der ja deutlich zwischen der Einforderung – Abs. 1, 2 – und der Kostenberechnung unter der Urkunde – Abs. 3 S. 2, 3 – unterscheidet;[27] es genügt die Übersendung einer formgerechten Kostenberechnung, auch wenn diese keine ausdrücklichen Aufforderung zur Zahlung des Rechnungsbetrages enthält).   10

Der Notar muss die Kostenberechnung gesondert[28] eigenhändig **unterschreiben,** wobei erkennbar sein muss, ob der Notar oder sein amtlich bestellter Vertreter unterzeichnet hat.[29] Faksimile-Stempel oder Unterschrift des Bürovorstehers reichen nicht (anders wohl bei Stundung einer Kostenforderung).[30] Ohne die „öffentlich-rechtliche Unterschrift" des Notars keine Kosteneinforderung gemäß § 154 (wegen § 155)! Dies gilt jedoch nur für das Original (= Rechnung an den Kostenschuldner), nicht auch für die Berechnung, die zu den Akten zu bringen ist. Hier ist eine Unterschrift des Notars nicht erforderlich (arg. Abs. 1), gleichwohl empfehlenswert. Die Unterschrift des Notars schließt die Kostenberechnung räumlich ab. S. auch Rn. 8 a.   11

VI. Amtsnachfolge

Scheidet der Notar aus dem Amt, so gelten Vor §§ 154–157 Rn. 11 ff. Für den Beginn der Verjährung des Kostenanspruchs des Notars ist die Unterzeichnung der notariellen Urkunde und nicht erst die grundbuchmäßige Erledigung des beurkundeten Geschäfts maßgebend.[31] **Kosten des Notariatsverwalters** fordert dieser selbst (§ 58 Abs. 2 BNotO) oder die Notarkammer (im Bereich der Kassen, § 113 BNotO, diese) oder der von ihr be-   12

---

[23] OLG Düsseldorf NJW-RR 2002, 216 = JurBüro 2003, 149.
[24] LG Krefeld JurBüro 1983, 1243.
[25] BayObLGZ 1981, 348; BayObLG MittBayNot 1983, 194.
[26] BayObLGZ 1981, 348 = MittBayNot 1983, 194.
[27] AA OLG Frankfurt DNotZ 1988, 457.
[28] OLG Hamm Rpfleger 1965, 311; DNotZ 1968, 505 = KostRsp. Nr. 32; LG Coburg JurBüro 1988, 1208; KG ZNotP 2005, 39.
[29] LG Frankfurt MDR 1990, 933.
[30] OLG Düsseldorf MittRhNotK 1984, 223.
[31] OLG Frankfurt JurBüro 1995, 653.

auftragte Notar ein (§ 64 Abs. 4 BNotO). Für sie folgt daraus, dass sie den Weisungen gemäß § 156 Abs. 5 S. 1 unterliegen.

VII. Wirkungen der Zahlungsaufforderung

13   Die Zahlungsaufforderung bewirkt den **Neubeginn der Verjährung** (§§ 141, 143, 17 Abs. 2 S. 2). Dies gilt jedoch nicht bei fehlender Unterschrift oder sonstigen Mängeln,[32] zB bei einem Verstoß gegen das Zitiergebot.[33] In der Frage der Verjährung der Notarkosten hat sich die Rspr. noch zu keiner einheitlichen Lösung durchgerungen. Die Konfliktsituation des öffentlich-rechtlichen Kostenanspruchs des Notars und der vor dem 1. 1. 2002 privatrechtlich geregelten Verjährung könnte durch analoge Anwendung des § 53 VwVfG gelöst werden:[34] Nach Unanfechtbarkeit der Notarkostenberechnung galt nach einem Teil der Rspr. für die Gesetzeslage vor dem 1. 1. 2002 § 218 BGB (30-jährige Verjährungsfrist);[35] während nach aA die kurze Verjährung von nunmehr vier Jahren (vor dem 1. 1. 2002: zwei Jahre) maßgebend sein soll.[36] Der letztgenannten, vom BGH bestätigten, Auffassung ist zuzustimmen.[37] Zur Rechtslage ab 1. 1. 2002 s. § 143 Rn. 6 und § 156 Rn. 18.

14   Die Zahlungsaufforderung ist Voraussetzung für eine **Aufrechnung** durch den Notar.[38] Aufrechnungseinwendungen des Kostenschuldners sind im Beschwerdeverfahren nach § 156 geltend zu machen. Diese sind nach Ablauf der Beschwerdefrist des § 156 Abs. 3 S. 1 unzulässig, wenn die Aufrechnungslage bereits vor Fristablauf entstanden war. Ist die Beanstandung jedoch innerhalb der Frist erfolgt, wird sie nicht wegen Fristablauf unzulässig, wenn sich der Notar auf die Beanstandung hin passiv verhält, also weder die Kostenberechnung korrigiert oder zurücknimmt, noch den Kostenschuldner auf den Beschwerdeweg verweist oder die Entscheidung des LG beantragt.[39] Die Zahlungsaufforderung ist auch Voraussetzung für die Vollstreckung gemäß § 155 und die sachliche Entscheidung über die Notarkosten im Rechtsweg gemäß § 156.[40] Entspricht die Kostenberechnung nicht den Formerfordernissen des § 154, ist sie im Beschwerdeverfahren ohne Sachprüfung aufzuheben.[41] S. iÜ § 156 Rn. 10.

15   Durch die nicht formgerechte Kostenrechnung soll gleichwohl der Verjährungsneubeginn des Anspruches auf Gebühren und Auslagenersatz herbeigeführt werden, wenn der Notar nach § 156 Abs. 1 S. 3 zufolge Beanstandungen des Kostenschuldners Antrag auf Entscheidung beim LG stellt (s. § 143 Rn. 7, auch zur Frage der Hemmung bei Beschwerde des Kostenschuldners). Bedenken gegen diese Ansicht sind deshalb begründet, weil der Notar insoweit lediglich die Beschwerde des Kostenschuldners weiterleitet (s. § 156 Rn. 33).

VIII. Nachforderung

16   Die Erteilung der Kostenberechnung hindert nicht die Nachforderung, § 15 gilt für den Gebührennotar nicht (§ 143). Stellt also der Notar fest, dass die zunächst in Rechnung gestellten Gebühren nicht den gesetzlichen Bestimmungen entsprechen, so ist er zur Nachforderung berechtigt und verpflichtet.[42] Die Nachberechnungspflicht (§ 140)[43] wird be-

---

[32] OLG Düsseldorf Rpfleger 1975, 266 = DNotZ 1976, 253.
[33] OLG Schleswig JurBüro 1989, 659; *Bengel/Tiedtke* DNotZ 2004, 256.
[34] *Lappe* DNotZ 1992, 116.
[35] OLG Hamburg MittBayNot 1996, 450; OLG München DNotZ 1992 m. zust. Anm. *Lappe;* OLG Oldenburg DNotZ 1990, 330; OLG Zweibrücken MittBayNot 2000, 578.
[36] BGH ZNotP 2004, 492; KG RNotZ 2003, 626 = FGPrax 2003, 391.
[37] OLG Hamm JurBüro 1992, 484; KG DNotZ 1991, 408.
[38] LG Darmstadt DNotZ 1968, 386 = KostRsp. Nr. 11.
[39] OLG Düsseldorf NotBZ 2001, 36.
[40] OLG Hamm JurBüro 1965, 829 = JVBl. 1965, 207; vgl. OLG Bremen KostRsp. Nr. 13.
[41] OLG Hamm 1992, 343.
[42] LG Würzburg KostRsp. Nr. 29 = MittBayNot 1980, 124.
[43] OLG Stuttgart Rpfleger 1974, 332.

Einforderung der Kosten **§ 154**

grenzt durch die Verjährung (aus § 140 kann nicht die Pflicht des Notars abgeleitet werden, auch verjährte Kosten einzufordern) und Verwirkung (§ 242 BGB). Soweit über die Kosten nach § 156 entschieden worden ist, gilt das Gleiche wie beim Kostenansatz, s. § 14 Rn. 128 ff.

IX. Die Regelung des Abs. 3

Abs. 3 S. 1 sichert die Nachprüfbarkeit des Kostenansatzes durch die Dienstaufsicht (§ 93 BNotO), die Berechnung muss folglich alle Angaben enthalten, die für die Nachprüfung erforderlich sind (ggf. Ablichtung von Schriftstücken, unter denen die Unterschrift beglaubigt worden ist). Unter **„Akten"** iS des Abs. 3 S. 1 sind nur die Hauptakten (also die Urkundensammlung, § 19 DONot) zu verstehen, nicht auch die Nebenakten (§ 21 DONot).[44] Der Gegenansicht, dass es genüge, eine Abschrift der Kostenberechnung zu den Nebenakten zu bringen,[45] vermag nicht gefolgt zu werden, auch wenn die Praktikabilität dieses Verfahrens nicht geleugnet werden kann. Dass unter „Akten" die Urkundensammlung zu verstehen ist, ergibt sich aus dem Kontext zu den ergänzenden Bestimmungen in der DONot für die Fälle, in denen die Urschrift der Urkunde nicht in der Urkundensammlung des Notars aufbewahrt wird: Bei Verfügungen von Todes wegen, die der Notar an das Amtsgericht abliefert, ist gemäß § 16 Abs. 1 S. 2 DONot auf das Vermerkblatt die Abschrift der Kostenberechnung zu setzen. Gleiches gilt bei sonstigen Urkunden, die weder in Urschrift noch in Abschrift beim Notar zurück bleiben (§ 18 DONot). Bei der Ablieferung des Erbvertrages hat der Notar eine beglaubigte Abschrift der Urkunde und die Kostenberechnung gemäß § 16 Abs. 2 S. 2 DONot zur Urkundensammlung zu nehmen. Bei Wechsel- und Scheckprotesten ist § 20 DONot zu beachten. Die noch bis zur 14. Auflage vertretene Auffassung, eine Ausnahme gelte für Notare im Bereich der Notarkasse (Bayern, Pfalz), da die Eintragung im Kostenregister die Zurückbehaltung einer Abschrift der Kostenberechnung ersetze, haben wir schon in der Vorauflage aufgegeben. Die früher vertretene Auffassung stützte sich auf die VO vom 28. 4. 1936 (DJ 709), die sich auf die Geschäftsordnung vom 30. 10. 1913 bezog. Die Geschäftsordnung wurde mit Bekanntmachung vom 21. 11. 1978[46] aufgehoben.

S. 2 und 3 ermöglichen auch eine Nachprüfung außerhalb der regulären Geschäftsprüfung des Notars und bieten zudem einen Anhalt für die gerichtliche Kostenberechnung.

Aus § 154 Abs. 2 besteht auch eine Pflicht des Notars, bei zusammengesetzten Werten die Einzelwerte mit Werterläuterungen auf der Kostenberechnung zu vermerken. Insbesondere für den Bereich der Kostenprüfung als Teil der Amtsprüfung durch die Aufsichtsbehörde muss nachprüfbar sein, wie der Notar einen Geschäftswert, der sich aus mehreren Wertpositionen zusammensetzt, berechnet hat. Dies muss der Prüfer bereits aus der Kostenberechnung erkennen können.[47]

Die Regelung (Rn. 17) ist jedoch insoweit problematisch, als sie mit der **Amtsverschwiegenheit** des Notars (§ 18 BNotO) und dem Steuergeheimnis (§ 30 AO) – das nur zugunsten des Notars durchbrochen ist (§§ 141, 19 Abs. 2 S. 2, 26 Abs. 6 S. 1) – kollidiert. Bei der Konkurrenz der Regelungen gehen Amtsverschwiegenheit und Steuergeheimnis vor: Soweit die Kostenberechnung – insbesondere über den Wert – die Verhältnisse der Beteiligten Dritten unzulässig offenbart, muss sie entweder unterbleiben, oder aber sie ist gesondert zu den Gerichtsakten zu geben (so dass sie zB nicht mit der Handelsregisteranmeldung in den öffentlichen – § 9 Abs. 1 HGB – Sonderband gerät, sondern wie die Gerichtskostenrechnung – die ebenfalls den Steuerwert enthält – behandelt, d. h. von jeder Einsicht ausgeschlossen wird).

---

[44] HM; *Rohs/Wedewer* Rn. 19; *BKB* § 154 Anm. 7; *Göttlich*, Die Amtsführung der Notare, S. 343.
[45] *Kersten/Bühling/Peter* 2. Halbbd. S. 2277.
[46] JMBl. 1978 S. 215.
[47] OLG Koblenz RNotZ 2002, 419 m. Anm. *Kunze*; BGH DNotZ 2003, 234 = MittBayNot 2003, 159 = NJW 2003, 976; OLG Oldenburg Nds.Rpfl. 2000, 214.

§ 154a* Verzinsung des Kostenanspruchs

¹Der Zahlungspflichtige hat die Kosten zu verzinsen, wenn ihm eine vollstreckbare Ausfertigung der Kostenberechnung (§ 154) zugestellt wird, die Angaben über die Höhe der zu verzinsenden Forderung, den Verzinsungsbeginn und den Zinssatz enthält. ²Die Verzinsung beginnt einen Monat nach der Zustellung. ³Der Zinssatz beträgt für das Jahr fünf Prozentpunkte über dem Basiszinssatz nach § 247 des Bürgerlichen Gesetzbuchs.

Übersicht

	Rn.		Rn.
I. Grundsätze	1–4	2. Zinsangabe in der Kostenberechnung	8–11
1. Rechtslage bis 14. 12. 2001 (Inkrafttreten des ERJuKoG)	1	3. Formulierung der Vollstreckungsklausel	12, 13
2. Rechtslage ab 15. 12. 2001 bis 1. 7. 2004	2	4. Vollstreckbare Kostenberechnung mit Zinsbestimmung	14, 15
3. Rechtslage ab 1. 7. 2004	3, 4		
II. Fälligkeit und Verzugsfall	5–15	III. Pflicht zur Geltendmachung der Verzugszinsen?	16, 17
1. Fälligkeit der zu verzinsenden Gebühren und Auslagen, Umsatzsteuer	5–7c		

Stichwortverzeichnis

Anforderungen 8
Anwendungsbereich 2
Bestimmbarkeit 8
Erhebungspflicht 16, 17
Erlass 17
Fälligkeit 4, 6, 7 ff.
Formulierungshinweise 10–15
Gebührenvereinbarung 16, 17
Geltendmachung 16
Kostenberechnung 8
Kostenvorschuss 1

Schadenersatzansprüche 1
Umsatzsteuer 7 b
Verzinsungsbeginn 3, 8
Verzinsungspflicht 2
Verzug 5
Verzugsregeln 1
Verzugsschaden 1
Verzugszinsen 1
Vollstreckungsklausel 12 ff.
Vorschusserhebungspflicht 1
Zinsangabe 8

I. Grundsätze

1. Rechtslage bis 14. 12. 2001 (Inkrafttreten des ERJuKoG)

1   Verzugszinsen und Verzugsschaden für nicht rechtzeitig entrichtete Notarkosten konnte der Notar nach der Rspr. des BGH[1] nicht beanspruchen. Der Kostenanspruch des Notars ist zweifelsfrei öffentlich-rechtlicher Natur (§ 17 Abs. 1 BNotO, §§ 140 ff.). Da die KostO bis zur Einfügung des § 154a mit Wirkung zum 1. 7. 2004 für die Regelung der Rechtsfolgen verzögerter Zahlung seitens des Kostenschuldners aber keine Bestimmungen enthielt (anders als andere öffentlich-rechtliche Erstattungsvorschriften wie § 104 Abs. 1 S. 2 ZPO; § 13a Abs. 2 FGG oder § 11 Abs. 2 Satz 4 RVG), konnten nach der Rspr. des BGH[2] und des BVerwG[3] die bürgerlich-rechtlichen Verzugsregeln (§§ 286 ff. BGB nF) nur dann angewendet werden, wenn eine Regelungslücke besteht, die die Analogie ausnahmsweise erforderlich macht. Der BGH[4] verneinte eine solche Gesetzeslücke in der KostO, insbesondere weil der Notar nicht nur die Möglichkeit habe, gemäß § 8 Abs. 1 einen Kostenvorschuss zu erheben, sondern weil er grundsätzlich verpflichtet ist, diesen Kostenvorschuss

---

* § 154a eingefügt durch Gesetz vom 5. 5. 2004 (BGBl. I S. 718), am 1. 7. 2004 in Kraft getreten.
[1] NJW 1989, 2615.
[2] NJW 1982, 1277.
[3] DÖV 1979, 761.
[4] NJW 1982, 1277.

Verzinsung des Kostenanspruchs § 154a

auch einzufordern. Der BGH hatte sich damit der bisherigen Mindermeinung[5] angeschlossen. Die hM[6] wandte die Bestimmungen des BGB über den Verzug und seine Folgen auf die Kostenforderung des Notars an.[7] Das die BGH-Entscheidung tragende Argument der Vorschusserhebungspflicht (§ 8 Abs. 1), bei deren Verletzung der Notar sogar pflichtwidrig handeln solle, war nicht zwingend[8] – und ging an den Praxis-Usancen der vergangenen Jahrzehnte vorbei. In vielen Fällen war es dem Notar schon aus faktischen Gründen mangels erforderlicher Bewertungsunterlagen gar nicht möglich, einen zutreffenden Kostenvorschuss zu errechnen.[9] Dies galt vor allem dann, wenn Bilanzen, Brandversicherungspolicen usw. nicht vorlagen oder wenn während der Beurkundung kostenrelevante Änderungen vorgenommen wurden. Der Ausnahmetatbestand des § 8 Abs. 2 S. 2 war längst zum Regelfall geworden, soweit es die Notargebühren betraf. Für das Gericht hingegen ist die Ermittlung des Kostenvorschusses stets dadurch erleichtert, weil es zufolge der Auskunftspflicht des Notars gemäß § 31a regelmäßig den konkreten Geschäftswert mitgeteilt erhält. Auch sind die Verfahren der Kostenerhebung und Beitreibung für Gerichts- und Notarkosten anders geregelt; nicht berücksichtigt hatte der BGH ferner, dass bei Erlass der KostO die Anwendung der Verzugsvorschriften auf Kostenforderungen eines Notars unumstritten war und jahrzehntelang als geltendes Recht angesehen wurde, so dass eine gesonderte Aufnahme in die KostO überflüssig erscheinen musste.[10] Ferner sprach für die bisher hM: a) der 1957 in § 104 ZPO eingefügte Abs. 1 S. 2, wonach im Kostenfestsetzungsverfahren die Verzinsung anzuordnen ist; b) die Anwendbarkeit dieser Vorschrift auf die Festsetzung der Anwaltsvergütung gegen den Auftraggeber (§ 11 Abs. 2 S. 4 RVG); c) die heutige Auffassung, dass im Verfahren gemäß § 156 auch weitgehend über zur Aufrechnung gestellte Schadensersatzansprüche zu entscheiden ist[11] und es widersinnig erschien, für Verzugszinsen daneben einen besonderen Rechtsstreit zu erzwingen; d) dass über Zinsen als Schadensersatz gemäß § 157 schon immer im Verfahren nach § 156 zu entscheiden war; e) die Prozessökonomie, die überall zu einer rationellen – und nicht dogmatischen – Abgrenzung vereinfachter Verfahren nötigte.[12] Zur Verzinsungspflicht von Rückerstattungen zu viel erhobener Gebühren durch das Grundbuchamt (6% pro Jahr ab dem Zeitpunkt der Überzahlung) s. Beschluss des BayObLG.[13] Im Übrigen wird zu diesem Problemkreis auf die Kommentierungen zu § 14 verwiesen.

2. Rechtslage ab 15. 12. 2001 bis 1. 7. 2004[14]

Durch Art. 9 des Gesetzes über elektronische Register- und Justizkosten für Telekommunikation – ERJuKoG – welches am 15. 12. 2001 in Teilen, sonst am 1. 1. 2002 in Kraft getreten ist, wurde § 17 ein neuer Abs. 4 eingefügt. Danach sind Ansprüche auf Zahlung und Rückerstattung von Kosten nicht zu verzinsen. Durch Ergänzung des § 143 Abs. 1 wird diese neue Vorschrift aus dem Anwendungsbereich für Notare, denen die Gebühren für ihre Tätigkeit selbst zufließen (sog. Gebührennotare) herausgenommen. Damit wurde klargestellt, dass der Ausschluss der Verzinsung nur auf Gerichtskosten anzuwenden ist und nicht auf Notarkosten der Gebührennotare. Die KostO enthält in § 157 ausschließlich Regelungen zur Frage eines Schadenersatzanspruchs im Falle eines Rückerstattungsanspruchs. Daran hatte sich durch die Einfügung des Abs. 4 in § 17 zum 1. 1. 2002 nichts geändert. Der Ausschluss der Verzinsungspflicht dahingehend, dass § 17 Abs. 4 nicht für freiberufliche Notare gelten sollte, bedeutete im Umkehrschluss, dass der Notar von seinem säu-

2

---

[5] OLG Düsseldorf DNotZ 1981, 76; *Hansens* DNotZ 1983, 541; *Lappe* KostRsp. § 155 Nr. 28, 36.
[6] OLG Schleswig JurBüro 1970, 184; BayObLG DNotZ 1970, 375; OLG München DNotZ 1984, 121; MünchKommBGB/*Thode* 3. Aufl. § 284 Rn. 13; *Schmidt* DNotZ 1984, 122.
[7] S. auch ausführlich 13. Aufl. § 154 Rn. 3.
[8] *Bengel* DNotZ 1990, 313.
[9] Vgl. *Reimann* EWiR § 140 KostO 1/89.
[10] *Schmidt* DNotZ 1984, 183.
[11] S. etwa OLG Düsseldorf DNotZ 1976, 251 = Rpfleger 1975, 411.
[12] Vgl. zB *Lappe* KostRsp. ZPO § 103 (B) Nr. 9 Anm.
[13] BayObLG NJW 1999, 1194; OLG Hamm Rpfleger 1999, 99 = JurBüro 2001, 102.
[14] Ausführlich *Hüttinger/Wudy* NotBZ 2002, 41.

§ 154a

migen Kostenschuldner Verzugszinsen nach den Grundsätzen der allgemeinen bürgerlich-rechtlichen Verzugsregeln fordern konnte.[15] S. iÜ bei § 17.

3. Rechtslage ab 1. 7. 2004

3   Durch die Einfügung des § 154a mit Wirkung zum 1. 7. 2004 ist nunmehr ausdrücklich angeordnet, dass notarielle Kostenforderungen durch den Zahlungspflichtigen im Grundsatz zu verzinsen sind.

4   Voraussetzung für das Entstehen des Anspruchs auf Verzugszinsen ist nunmehr nach § 154a, dass dem Kostenschuldner eine vollstreckbare Ausfertigung der Kostenrechnung zugestellt wird, die Angaben über die Höhe der zu verzinsenden Forderung, den Verzinsungsbeginn und den Zinssatz enthält. Die Verzinsung beginnt dann einen Monat nach Zustellung der entsprechenden Ausfertigung.

II. Fälligkeit und Verzugsfall

1. Fälligkeit der zu verzinsenden Gebühren und Auslagen, Umsatzsteuer

5   Nach allgemeinen bürgerlich-rechtlichen Grundsätzen, die auch auf Kostenforderungen der Notare anzuwenden sind, tritt ein Verzugsfall ein, wenn der Schuldner auf eine fällige Schuld keine Leistung erbringt (§ 286 Abs. 1 S. 1 BGB). Eine Geldschuld ist (nur) während des Verzugs zu verzinsen (§ 288 Abs. 1 S. 1 BGB).

6   Bei Kostenforderungen des Notars tritt die Fälligkeit einer Gebühr nicht mit Rechnungsstellung ein, sondern gemäß § 7 mit der Beendigung des konkreten gebührenpflichtigen Geschäfts, Auslagen werden sofort nach ihrer Entstehung fällig. Auch wenn durch das Erstellen einer (Gesamt-)Kostenberechnung für mehrere Gebühren auslösende Tätigkeiten nach außen der Eindruck entstehen könnte, für alle Rechnungsbeträge sei von einem einheitlichen Fälligkeitszeitpunkt auszugehen, muss nach dem System der KostO die Fälligkeit jeder einzelnen Gebühr nach ihrem Tatbestandsmerkmal bestimmt werden.

7   Der kostenrechtliche Begriff der „Beendigung" ist mit der *Erfüllung* eines in der KostO bestimmten Gebührentatbestandes gleichzusetzen.[16] Danach werden beispielsweise fällig:
– Beurkundungsgebühren mit Unterzeichnung der Niederschrift,
– Beschlussgebühr mit Unterzeichnung der Beschlussniederschrift,
– Beglaubigungsgebühren nach § 45 mit Unterzeichnung des Beglaubigungsvermerks,
– Vollzugsgebühren mit Beendigung der Vollzugstätigkeiten, wenn mehrere Vollzugstätigkeiten durchzuführen sind, mit Anforderung der letzten Genehmigung oder Bescheinigung,
– Betreuungsgebühren nach § 147 Abs. 2 mit Beendigung der gebührenpflichtigen Tätigkeit, zB die Gebühr für die Überwachung der Kaufpreisfälligkeit mit Absendung der Fälligkeitsmitteilung, die Gebühr für die Überwachung der Auflassung mit der Vorlage der Urkunde an das Grundbuchamt zum Vollzug der Auflassung,
– Entwurfsgebühren nach § 145 Abs. 1 mit Fertigstellung des Entwurfs, solche nach § 145 Abs. 3 nach Aushändigung und endgültigem Unterbleiben der beabsichtigten Beurkundung.

7a   Für die Praxis werden diese Grundsätze insbesondere relevant für die Vollzugs- und Betreuungsgebühren, denn diese werden zB bei der Berechnung der Kosten für einen Grundstückskaufvertrag gemäß § 8 (Vorschuss) mit Hilfe eine Gesamtkostenberechnung eingefordert. Nach der Rechtslage vor Einführung des § 154a richtete sich der Anspruch auf Verzugszinsen nach dem BGB, Verzugszinsen konnten somit nicht vor Fälligkeit der Hauptforderung entstehen. Vieles spricht dafür, dass nach neuer Rechtslage der Beginn der Zinserhebung unabhängig von den bürgerlich-rechtlichen Vorschriften entsteht.[17] Folgt man dieser Auffassung, können Zinsen auch auf noch nicht fällige Gebühren und Auslagen erhoben werden. Voraussetzung ist jedoch, dass die Tätigkeit, für die die Kosten berechnet

---

[15] BT-Drucks. 14/6855 S. 37.
[16] Streifzug Rn. 658 ff.
[17] S. insbesondere *Wudy* ZNotP 2005, 340.

wurden, beantragt worden ist und die Voraussetzungen des § 154a erfüllt sind (Zustellung der vollstreckbaren Ausfertigung der Kostenberechnung mit Zinsklausel, Ablauf der Monatsfrist).

Problematisch ist auch die Frage der Zinserhebung auf die im Gesamtbetrag der Kosten- **7b** forderung enthaltene **Umsatzsteuer** (§ 151a).[18] Einerseits wird diese Frage verneint mit der Begründung, dass die Umsatzsteuer vom Notar zwar vereinnahmt wird, von ihm aber erst nach Vereinnahmung abzuführen ist. Andererseits wird ohne nähere Begründung die Auffassung vertreten, dass der Gesamtkostenbetrag, also inkl. Umsatzsteuer zu verzinsen sei.[19] Beide Auffassungen sind vertretbar. Gleichwohl ist in der Praxis festzustellen, dass Notarkosten wegen ihres öffentlich-rechtlichen Charakters im Regelfall erst nach Eintritt der (kostenrechtlichen) Fälligkeit beigetrieben werden.

§ 154a unterwirft die „Kosten" der Verzinsungspflicht, wenn alle Voraussetzungen erfüllt **7c** sind. Kosten sind nach § 1 Gebühren und Auslagen. Hierunter fallen die Verzugszinsen nicht. Für die Verzugszinsen besteht somit keine Umsatzsteuerpflicht gemäß § 151a, Zinsen sind dem Schadensersatz zuzuordnen.[20]

2. Zinsangabe in der Kostenberechnung

Für die Vollstreckung der Zinsforderungen (§ 155 S. 1 nF), die der Notar nach § 154a **8** zu erheben hat, stellt sich das allgemeine vollstreckungsrechtliche Problem, welche Anforderungen an die inhaltliche Bestimmtheit des vollstreckbaren Anspruchs zu stellen sind. Grundsätzlich gilt, dass ein Geldbetrag zum Zwecke der Zwangsvollstreckung genau bestimmt sein muss, bloße Bestimmbarkeit soll nicht ausreichen.[21] Dies ist bei Zinsforderungen begrifflich nur bis zu einem bestimmten Zeitpunkt nach Verzinsungsbeginn möglich, nicht jedoch bis zum Zeitpunkt des Verzugsendes, da dieses unbestimmt ist und daher der Zinsbetrag nicht genau zahlenmäßig bestimmt im Titel angegeben werden kann. Daher reicht es für Zinsforderungen aus, wenn der Betrag sich ohne weiteres aus den Angaben der Urkunde bzw. im Fall des § 154a der vollstreckbaren Kostenberechnung berechnen lässt.[22]

Die vollstreckbare Kostenberechnung hat im Hinblick auf die Zinsen somit folgende **9** Angaben zu beinhalten: die genaue Bezeichnung des zu verzinsenden Rechnungsbetrags; Angabe des Zinssatzes; Angabe des Verzinsungsbeginns, der nach der gesetzlichen Regelung einen Monat nach Zustellung liegt. Die Zustellung ließe sich dann durch das entsprechende Vollstreckungsprotokoll (Zustellungsprotokoll) des Gerichtsvollziehers nachweisen.

Formulierungshinweis – Die Zinsklausel auf der Kostenberechnung könnte wie folgt lauten: **10**

„Es fallen folgende Zinsen an (§ 154a KostO):
Aus der Gesamtforderung von ..... Euro,[23] beginnend einen Monat nach der Zustellung,[24] fünf Prozentpunkte über dem Basiszinssatz nach § 247 BGB jährlich,[25] das sind derzeit ...%[26] jährlich, entspricht Tageszins von *derzeit ... Euro.*
Musterstadt, den ....
Dr. Mustermann, Notar (Siegel)"

Sind nicht alle Gebühren und Auslagen fällig, die im Gesamtrechnungsbetrag enthalten **11** sind, ist der zu verzinsende Betrag um die noch nicht fälligen Beträge zu verringern. Werden einzelne Gebühren erst nach der Zustellung der vollstreckbaren (Ausfertigung der)

---

[18] Vgl. zur gesamten Problematik *Tiedtke* ZNotP 2005, 253; *Wudy* ZNotP 2005, 340.
[19] *Rohs/Wedewer* § 155 Rn. 4.
[20] § 3 Abs. 3 USt-Richtlinien 2000 (BStBl. I Sonder-Nr. 2/1999); *Wudy* ZNotP 2005, 340.
[21] *Zöller/Stöber* § 794 ZPO Rn. 26b; anders *Thomas/Putzo* Vor § 704 ZPO Rn. 16, die auch „Bestimmbarkeit" genügen lassen, sofern sich diese aus dem Titel selbst ergibt; *Tiedtke/Fembacher* ZNotP 2004, 256 = MittBayNot 2004, 317.
[22] *Thomas/Putzo* Vor § 704 ZPO Rn. 20 weisen darauf hin, dass Zinsen nach Höhe und Laufzeit bestimmt sein müssten; BGHZ 122, 16, 22 lässt die Bestimmung von Zinsen auf der Grundlage des Diskont- bzw. Basiszinssatzes ausreichen.
[23] Bezeichnung des zu verzinsenden Rechnungsbetrages.
[24] Angabe des Zinsbeginns.
[25] Angabe des Zinssatzes.
[26] Seit 1. 1. 2008 beträgt der Basiszinssatz gemäß § 247 BGB 3,32%, Verzugszinsen: 8,32%.

§ 154a

Kostenberechnung fällig, müsste wegen der auf die später fällig werdenden Beträge entfallenden Zinsen erneut zugestellt werden.[27]

3. Formulierung der Vollstreckungsklausel

12 Der Notar treibt seine Kosten und die darauf entfallenden Zinsen auf Grund einer mit der Vollstreckungsklausel, die er sich selbst erteilt, versehenen Ausfertigung der Kostenberechnung gemäß § 154 nach den Vorschriften der ZPO bei (§ 155 S. 1).[28]

13 Eine solche Klausel könnte nach Ergänzung der Kostenberechnung durch die Zinsberechnung folgenden **Wortlaut** haben (§ 725 ZPO):

„Vorstehende Ausfertigung, die bis auf die Bestimmungen über die Zinsen mit der Urschrift übereinstimmt, erteile ich mir, Notar Dr. Alfons Mustermann, Notar in Musterstadt, zum Zwecke der Zwangsvollstreckung gegen den Kostenschuldner ....
Musterstadt, den ....
Dr. Mustermann, Notar (Siegel)"

4. Vollstreckbare Kostenberechnung mit Zinsbestimmung

14 Entspricht die dem Kostenschuldner erteilte Kostenberechnung nicht den Anforderungen des § 154, ist die Betreibung auf Grund einer vollstreckbaren Ausfertigung der ursprünglichen Kostenberechnung nicht möglich, jedoch können Formmängel dadurch beseitigt werden, indem sich der Notar eine vollstreckbare Kostenberechnung erteilt. Der Notar erstellt also eine neue, nunmehr formgerechte Kostenberechnung, die auch die Zinsberechnung enthält und erteilt sich darauf die Vollstreckungsklausel.

15 Die Vollstreckungsklausel könnte in diesem Fall wie folgt lauten:

„Vorstehende Kostenberechnung erteile ich mir, Notar Dr. Alfons Mustermann, Notar in Musterstadt, zum Zwecke der Zwangsvollstreckung gegen den Kostenschuldner ....
Musterstadt, den ....
Dr. Mustermann, Notar (Siegel)".

III. Pflicht zur Geltendmachung der Verzugszinsen?

16 Fraglich ist, ob der Notar verpflichtet ist, die gesetzlich vorgesehenen Verzugszinsen geltend zu machen bzw. ob ein Verzicht darauf einen Verstoß gegen das Verbot der Gebührenvereinbarung nach § 140 darstellen würde. Nach § 140 Satz 2 sind Vereinbarungen „über die Höhe der Kosten" unwirksam. Da nach der Legaldefinition des § 1 unter Kosten „Gebühren und Auslagen" zu verstehen sind, würde ein Verzicht auf die Geltendmachung von Zinsen nach dem Wortlaut der Vorschrift noch nicht gegen § 140 Satz 2 verstoßen. Denn Zinsforderungen fallen weder unter Gebühren, die für die Amtstätigkeit des Notars erhoben werden, noch unter den Begriff der Auslagen, sondern stellen Ansprüche dar, die erst als Folge der Nichtzahlung fälliger Kosten entstehen.

17 Allerdings geht die ratio legis des § 140 Satz 2 über diese enge Wortlautbetrachtung hinaus (§ 140 Rn. 8). Das Verbot der Gebührenvereinbarung soll die berufliche Unabhängigkeit des Notars sichern und verhindern, dass Notare in einen Wettbewerb um das kostengünstigste Angebot ihrer Amtstätigkeit treten. Für dieses weite teleologische Verständnis des § 140 spricht u. a. auch, dass die vertragliche Abrede einer Stundung bzw. einer Ratenzahlung ohne Vorlage besonderer Gründe (zB wirtschaftliche Schwierigkeiten des Kostenschuldners, bei Vollstreckungsmaßnahmen geringe Erfolgsaussichten) eine unzulässige Gebührenvereinbarung darstellen soll (§ 140 Rn. 8). Dies muss auch für den Erlass von Verzugszinsen gelten, da hier nicht nur die Fälligkeit einer Forderung des Notars hinausgeschoben würde wie etwa bei der Stundung, sondern gänzlich auf die Erfüllung einer gesetzlichen Forderung verzichtet würde. Der Erlass von Zinsen unterfällt somit dem Verbot des § 140 Satz 2.[29]

---

[27] *Tiedtke/Fembacher* ZNotP 2004, 256 = MittBayNot 2004, 317.
[28] AA *Wudy* ZNotP 2005, 340: Zinsklausel sei in die Original-Kostenberechnung aufzunehmen; ausnahmsweise könne aber eine erstmalige Tenorierung auch mit der vollstreckbaren Ausfertigung erfolgen.
[29] *Tiedtke/Fembacher* ZNotP 2004, 256 = MittBayNot 2004, 317; *Wudy* ZNotP 2005, 340.

§ 155* Beitreibung der Kosten und Zinsen

¹Die Kosten und die auf diese entfallenden Zinsen werden auf Grund einer mit der Vollstreckungsklausel des Notars versehenen Ausfertigung der Kostenberechnung (§ 154) nach den Vorschriften der Zivilprozeßordnung beigetrieben; § 798 der Zivilprozeßordnung gilt entsprechend. ²Die Vollstreckungsklausel, die zum Zwecke der Zwangsvollstreckung gegen einen zur Duldung der Zwangsvollstreckung Verpflichteten erteilt wird, hat den Ausspruch der Duldungspflicht zu enthalten.

I. Vollstreckungsklausel

Der Notar, dem die Kosten selbst zufließen, **erteilt sich** zu seiner Kostenanforderung (§ 154) einschließlich der im Rahmen des § 154a anfallenden Verzugszinsen die Vollstreckungsklausel (entsprechend § 725 ZPO) **selbst**. Ein Vermerk in den Akten, gegen wen und zu welcher Zeit die Vollstreckungsklausel erteilt wurde, ist entsprechend § 734 ZPO geboten. Eine Verzinsungspflicht ist in die Vollstreckungsklausel aufzunehmen (vgl. § 154a). 1

Einer den Formerfordernissen des § 154 entsprechenden vollstreckbaren Ausfertigung haftet nicht der Mangel der zunächst übersandten Kostenberechnung an.¹ Die Behebung formeller Mängel ist auch im Rahmen der Erteilung der vollstreckbaren Ausfertigung zulässig.² 2

Zwischen Kosteneinforderung und Erteilung hat eine angemessene Frist zu liegen, da die Herstellung eines Vollstreckungstitels die Gewährung des rechtlichen Gehörs für den Schuldner voraussetzt (vgl. § 14 Rn. 11). 3

Eine **Rechtsnachfolgeklausel** (§§ 727 ff. ZPO) kommt nicht in Betracht. Der Erbe beispielsweise haftet dem Notar gemäß § 3 Nr. 3 für die Kosten des Erblassers. Der Notar richtet, auch wenn der Erblasser bereits in Anspruch genommen war, gegen ihn seine Kosteneinforderung und erteilt dazu dann die Vollstreckungsklausel. 4

Hingegen ist eine **weitere vollstreckbare Ausfertigung** entsprechend § 733 ZPO zulässig. 5

Zur Vollstreckung der Verzugszinsen und zu den Angaben auf der Kostenberechnung s. § 154a. 6

II. Mehrere Kostenschuldner

Sind **mehrere Kostenschuldner** vorhanden, so kann der Notar die Klausel gegen alle (als Gesamtschuldner) erteilen oder sie zunächst auf einzelne (Gesamtschuldner) beschränken und später entweder weitere vollstreckbare Ausfertigungen gegen die anderen Schuldner erteilen oder die erste Klausel durch eine neue auf die übrigen Schuldner ausdehnen. Allerdings haften die weiteren Schuldner nicht für Kosten, die durch fruchtlose Vollstreckung gegen einen anderen Schuldner („Erstschuldner") entstanden sind.³ 7

Ist der vom Notar in Anspruch Genommene **Gesamtschuldner** (§ 5), so geht im Falle der Zahlung der Anspruch des Notars auf ihn insoweit über, als er von den übrigen Gesamtschuldnern Ausgleichung verlangen kann (§ 426 Abs. 2 BGB). S. Vor §§ 154–157 Rn. 14, 15.⁴ 8

Das bedeutet vor allem, dass das Beitreibungsrecht gemäß §§ 154, 155 dem Notar persönlich zusteht, die Übertragung des „Titels" auf einen Dritten – etwa durch Rechtsnachfolgeklausel (§ 727 ZPO) – ist grundsätzlich ausgeschlossen⁵ (s. iÜ Vor §§ 154–157 Rn. 6). 9

---

* § 155 Überschrift neu gefasst, Satz 1 geändert durch Gesetz vom 5. 5. 2004 (BGBl. I S. 718).
[1] OLG Hamm DNotZ 1988, 458; aA LG Hannover JurBüro 1996, 316.
[2] LG München I MittBayNot 1985, 220.
[3] LG Wuppertal MittRhNotK 1985, 128.
[4] AA *Schmidt* JurBüro 1962, 209, der jedoch nicht auf den Rechtsweg eingeht.
[5] *Heinemann* MittBayNot 2004, 160; *Bengel/Tiedtke* DNotZ 2004, 258, 297; OLG Düsseldorf MittRhNotK 2000, 37 = NJW-RR 2000, 1596; *Assemacher/Mathias* Stichwort „Beitreibung" 1.3. S. 126; aA *Preisler* Berliner AnwBl. 2003, 379.

III. Vollstreckungsmaßnahmen im Ausland

10 Die vollstreckbare notarielle Kostenberechnung wird im Ausland nicht als Vollstreckungstitel anerkannt, auch nicht in den Vertragsländern der VO (EG) Nr. 44/2001 des Rates über die gerichtliche Zuständigkeit und die Anerkennung und Vollstreckung von Entscheidungen in Zivil- und Handelssachen.[6] Der Notar ist damit auf das jeweils geltende Auslandsrecht und die im jeweiligen Ausland geltenden Vorschriften angewiesen. Von daher ist dem Notar bei Kostenschuldnern mit Wohnsitz oder Sitz im Ausland zu empfehlen, einen Kostenvorschuss nach § 8 zu verlangen, falls kein Übernahmeschuldner gemäß § 3 Nr. 2 mit Wohnsitz oder Sitz im Inland vorhanden ist.

IV. Verfahren, Kosten, Einwendungen

11 Kostenberechnung (ggf. Duldungsaufforderung, § 154 Rn. 5) und Vollstreckungsklausel stehen einem **Vollstreckungstitel** iS des § 724 ZPO nicht gleich (vgl. aber Vor §§ 154–157 Rn. 6). Sie müssen die in § 750 ZPO geforderten Angaben enthalten; vor Beginn der Zwangsvollstreckung bedarf es der **Zustellung** (§ 166 ZPO) der Kostenberechnung (§ 750), mit Vollstreckungsklausel (arg. § 157 Abs. 1 S. 2); die zweiwöchige Wartefrist des § 798 ZPO muss eingehalten werden. Die Vollstreckung erfolgt im Parteibetrieb der ZPO. Der Notar ist als Gläubiger ggf. kosten- und vorschusspflichtig.

12 Für die **Kosten der Zwangsvollstreckung** gilt § 788 ZPO. Sie können ggf. vom Vollstreckungsgericht festgesetzt werden. Für diese Kosten haftet nur der Schuldner, gegen den vollstreckt wird. Weitere Schuldner haften nur dann, wenn diese vom Notar bereits in Anspruch genommen worden sind (die weiteren Schuldner können in diesem Fall die Zwangsvollstreckung durch Selbstzahlung abwenden, § 788 Abs 1 S. 3 ZPO).[7] Der Notar vollstreckt selbst; Anwaltskosten des Anwaltsnotars sind – § 91 Abs. 2 S. 4 ZPO – nach allgM nicht erstattungsfähig.

13 Einwendungen gegen die Kostenberechnung und Vollstreckungsklausel richten sich alleine nach § 156; die Vollstreckungsgegenklage (§ 767 ZPO) findet nicht statt.[8] Hingegen richtet sich das Verfahren bei Einwendungen gegen die Vollstreckungskosten im Falle des § 788 ZPO nach § 766 ZPO, im Falle der Festsetzung nach § 104 Abs. 3 ZPO iVm. §§ 21, 11 RPflG.

IV. Amtsnachfolge

14 Bzgl. des **aus dem Amt geschiedenen Notars** gilt das in Vor §§ 154–157 Rn. 11ff. Aufgeführte. Die vollstreckbare Ausfertigung erteilt die aktenverwahrende Stelle (Amtsnachfolger des Notars) in sinngemäßer Anwendung des § 797 Abs. 2 ZPO. Hinsichtlich des **Notariatsverwalters** ist dies für Kostenforderungen des ausgeschiedenen Notars oder dessen Rechtsnachfolger ausdrücklich bestimmt in § 58 Abs. 3 BNotO, unbeschadet der Befugnis des Notars, dem ein anderer Amtssitz angewiesen ist, sie auch selbst zu erteilen. Kostenforderungen des Notariatsverwalters zieht nach Beendigung der Notariatsverwaltung die **Notarkammer** (in Bayern und Pfalz die Notarkasse, in den neuen Bundesländern die Ländernotarkasse, § 113 BNotO) ein. Dem Notar, dessen Amtssitz verlegt ist, steht gegen die Weigerung seines Amtsnachfolgers, die vollstreckbare Ausfertigung einer Kostenberechnung für eine von ihm am früheren Amtssitz vorgenommene Beurkundung zu erteilen, die Beschwerde nach § 156 nicht zu, denn der versetzte Notar kann ja selbst diese vollstreckbare Ausfertigung erteilen; nur der ganz aus dem Amt geschiedene, nicht aber der bloß versetzte Notar, braucht den Notariatsverwalter oder Amtsnachfolger.[9]

---

[6] *Thomas/Putzo/Hüßtege* Art. 1 EuGVVO Rn. 2; *Heinze* NotBZ 2007, 311.
[7] *Lappe* NotBZ 2002, 59.
[8] OLG Oldenburg JurBüro 1997, 265.
[9] BayObLG DNotZ 1964, 53.

§ 156* Einwendungen gegen die Kostenberechnung

(1) ¹Einwendungen gegen die Kostenberechnung (§ 154), einschließlich solcher gegen die Verzinsungspflicht (§ 154a), die Zahlungspflicht und gegen die Erteilung der Vollstreckungsklausel, sind bei dem Landgericht, in dessen Bezirk der Notar den Amtssitz hat, im Wege der Beschwerde geltend zu machen. ²Das Gericht soll vor der Entscheidung die Beteiligten und die vorgesetzte Dienstbehörde des Notars hören. ³Beanstandet der Zahlungspflichtige dem Notar gegenüber die Kostenberechnung, so kann der Notar die Entscheidung des Landgerichts beantragen.

(2) ¹Gegen die Entscheidung des Landgerichts findet binnen der Notfrist von einem Monat seit der Zustellung die weitere Beschwerde statt. ²Sie ist nur zulässig, wenn das Beschwerdegericht sie wegen der grundsätzlichen Bedeutung der zur Entscheidung stehenden Frage zulässt. ³Die weitere Beschwerde kann nur darauf gestützt werden, dass die Entscheidung auf einer Verletzung des Rechts beruht.

(3) ¹Nach Ablauf des Kalenderjahrs, das auf das Jahr folgt, in dem die vollstreckbare Ausfertigung der Kostenberechnung zugestellt ist, können neue Beschwerden (Absatz 1) nicht mehr erhoben werden. ²Soweit die Einwendungen gegen den Kostenanspruch auf Gründen beruhen, die nach der Zustellung der vollstreckbaren Ausfertigung entstanden sind, können sie auch nach Ablauf dieser Frist geltend gemacht werden.

(4) ¹Die Beschwerden können in allen Fällen zu Protokoll der Geschäftsstelle oder schriftlich ohne Mitwirkung eines Rechtsanwalts eingelegt werden. ²Sie haben keine aufschiebende Wirkung. ³Der Vorsitzende des Beschwerdegerichts kann auf Antrag oder von Amts wegen die aufschiebende Wirkung ganz oder teilweise anordnen. ⁴Im Übrigen sind die für die Beschwerde geltenden Vorschriften des Gesetzes über die Angelegenheiten der freiwilligen Gerichtsbarkeit anzuwenden.

(5) ¹Das Verfahren vor dem Landgericht ist gebührenfrei. ²Die Kosten für die weitere Beschwerde bestimmen sich nach den §§ 131, 136 bis 139. ³Die gerichtlichen Auslagen einer für begründet befundenen Beschwerde können ganz oder teilweise dem Gegner des Beschwerdeführers auferlegt werden.

(6) ¹Die dem Notar vorgesetzte Dienstbehörde kann den Notar in jedem Fall anweisen, die Entscheidung des Landgerichts herbeizuführen (Absatz 1) und gegen die Entscheidung des Landgerichts die weitere Beschwerde zu erheben (Absatz 2). ²Die hierauf ergehende gerichtliche Entscheidung kann auch auf eine Erhöhung der Kostenberechnung lauten. ³Gebühren und Auslagen werden in diesem Verfahren von dem Notar nicht erhoben.

Übersicht

	Rn.		Rn.
I. Geltungsbereich	1–7a	IV. Anrufung des LG auf Weisung der vorgesetzten Dienstbehörde (Abs. 6)	41–46
II. Behelfe des Kostenschuldners	8–34a		
1. Die Beschwerde des Kostenschuldners	9–32	V. Beschwerdeverfahren	47–69
a) Zuständigkeit	11, 12	1. Verfahren vor dem LG	49–67a
b) Beschwerdeberechtigung	13, 14	a) Aussetzung des Verfahrens	50
c) Frist und Form	15–21	b) Rechtliches Gehör	51–57
d) Einwendungen	22–32	c) Bindung an Anträge	58–61a
2. Beanstandung beim Notar (Abs. 1 S. 3)	33–34a	d) Entscheidung des LG	62–67a
		2. Zustellung	68, 69
III. Behelfe des Notars (Notarverwalters, ausgeschiedenen Notars, verstorbenen Notars)	35–40	VI. Weitere Beschwerde	70–93
		1. Zuständigkeit	71–71c

---

* § 156 neu gefasst durch Gesetz vom 27. 7. 2001 (BGBl. I S. 1887), Abs. 1 Satz 1 geändert durch Gesetz vom 5. 5. 2004 (BGBl. I S. 718).

§ 156

	Rn.		Rn.
2. Frist und Form	72–75	VIII. Kosten des Verfahrens	109–124
3. Beschwerdeberechtigte	76–79	1. Kosten des Verfahrens vor dem LG	110–116
4. Zulässigkeit	80–88	a) Gebührenfreiheit	110
5. Rechtsbeschwerde	89	b) Gerichtliche Auslagen	111–112
6. Entscheidung	90–93	c) Außergerichtliche Auslagen	113–116
VII. Rechtskraftwirkung der Entscheidung	94–108	2. Kosten der weiteren Beschwerde (Abs. 4 S. 3)	117–121
1. Persönliche Rechtskraftwirkung	94–97	3. Sofortige Beschwerde gegen einen Kostenfestsetzungsbeschluss	122, 123
2. Sachliche Rechtskraftwirkung	98–102	4. Wert	124
3. Neuerliche Beschwerde	103–106	IX. FG-Reform	125
4. Auswirkung der Entscheidung (Vollstreckungsverfahren)	107, 108		

Schrifttum: *E. Schneider,* Die Notarkostenbeschwerde, Flensburg 1966; *Wudy,* Reaktionsmöglichkeiten des Notars im Kostenbeschwerdeverfahren, NotBZ 2006, 69; *Heinze,* Die notarielle Kostenberechnung als Einziehungs- und Vollstreckungsgrundlage, NotBZ 2007, 119 und 311.

Stichwortverzeichnis

Amtsnachfolger 79
Amtspflichtverletzung 50
Anrufung des Landgerichts 41
Antrag des Kostenschuldners 21
Anschlussbeschwerderecht 36, 75
Anwaltszwang 74
Aufrechnung 100
Ausscheiden des Notars 44
Aussetzen des Verfahrens 50
Auswirkungen (der Entscheidung bei Vollstreckungsverfahren) 107
Außergerichtliche Auslagen 113
Beanstandung beim Notar 33
Begründung 21
Beitreibungsverfahren 30
Beschwerdeberechtigung 13
Beschwerdesumme 9
Beschwerdeverfahren 47
BGH 71 a
Bindung an Anträge 58
Dienstaufsichtsbehörde 41 ff.
Divergenzvorlage 71 a
Einwendungen 22
Entscheidung (bei weiterer Beschwerde) 90
Erbenhaftung 29
Erledigterklärung 63
Erstbeschwerderecht (keines des Notars) 35
Frist und Form 15
Gebührenbestimmung 60
Gebührenfreiheit 110
Gemeinschaftliche Kostenberechnung 60
Hemmung der Verjährung 7 a
Insolvenz 50
Kosten der weiteren Beschwerde 117 ff.
Kosten des Verfahrens 109 ff.

Ländernotarkasse 53 a
Nachforderungsrecht 35, 36
Notarkasse 53 a
Ordentlicher Rechtsweg 2
Präsident des Landgerichts 67
Privatangelegenheiten des Notars 26
Rechtliches Gehör 51
Rechtsbeschwerde 89
Rechtskraftwirkung der Entscheidung 94 ff.
– persönliche 94
– sachliche 98
Rechtsnachfolger 2
Rückzahlungsanspruch 5
Schadensersatz 100
Sofortige Beschwerde 123 f.
Standpunkt der Dienstbehörde 43
Unanfechtbarkeit 18
Untersuchungsgrundsatz 61
Verfahren vor dem Landgericht 49
Verhältnis Notar zu Kostenschuldner 6
Verjährung 7
Verjährungsfrist 18
Verjährungshemmung 7 a
Verjährungsneubeginn 7, 18
Vollstreckungsverfahren 107
Vollstreckungsgegenklage 3, 24
Vollstreckungsklausel 28
Vorschusskostenrechnung 7
Weitere Beschwerde 70 ff., 80 ff.
Wert (bei Kostenberechnung) 124
Zahlungspflicht (Einwendungen) 27
Zitiergebot 10
Zulässigkeit (der weiteren Beschwerde) 80
Zuständigkeit 11, 12, 71
Zustellung 17, 68

I. Geltungsbereich

1 Der Geltungsbereich deckt sich mit dem der §§ 154, 154a, 155, s. § 154.

2 Der **ordentliche Rechtsweg** ist für Ansprüche nach der KostO ausgeschlossen. Daher können auch gegen den Kostenanspruch des ausgeschiedenen Notars oder von Rechtsnachfolgern eines verstorbenen Notars Einwendungen gegen die Kostenberechnung nur im Verfahren des § 156 verfolgt werden;[1] s. auch Vor §§ 154–157 Rn. 12 ff.

Da im Verfahren des § 156 alle Einwendungen gegen die Kostenberechnung zu prüfen sind, sind Einwendungen, die sonst mit der **Vollstreckungsgegenklage** (§ 767 ZPO) geltend gemacht werden, auch nur im Verfahren des § 156 zu verfolgen.[2] **3**

Selbst wenn die Kostenforderung des Notars **abgetreten** oder zugunsten eines Dritten **gepfändet** ist, können Einwendungen nur im Verfahren des § 156 erledigt werden (vgl. Vor §§ 154–156 Rn. 7 ff.). **4**

Für die Entscheidung über den **Rückzahlungsanspruch** von Notarkosten mit der Begründung der Amtspflichtverletzung durch den Notar ist nicht das Prozessgericht zuständig, vielmehr ist hierüber nach § 156 zu entscheiden.[3] **5**

Das Verfahren nach § 156 betrifft nur das **Verhältnis Notar zu Kostenschuldner**; die Frage, wem die vom Notar vereinnahmten Gebühren zustehen, ob ganz dem Notar oder teils der Staatskasse, ist nicht im Verfahren des § 156 zu entscheiden, dies ist innerdienstliche Angelegenheit zwischen Fiskus und Notar.[4] Dasselbe muss für die Frage gelten, ob im Bereich der Notarkasse/Ländernotarkasse eine Gebühr der Ablieferung unterfällt; maßgebend dürfte hier § 111 BNotO sein. **6**

§ 156 gilt für die **Vorschusskostenrechnung** wie für die endgültige Kostenberechnung; bei ersterer wird mit der endgültigen Kostenberechnung das Verfahren gegenstandslos, über die außergerichtlichen Kosten ist gemäß § 13 a FGG iVm. § 91 a ZPO zu entscheiden.[5] Zum **Verjährungsneubeginn** bei Einwendungen nach § 156 s. § 154 Rn. 13. **7**

Die Verjährung wird **gehemmt** (§ 17 Abs. 3 S. 1, § 203 BGB), wenn der Geschäftswert noch zu ermitteln ist und der **Kostenschuldner Unterlagen** zur Wertermittlung vorzulegen hat (zB Bilanz, Grundlagen und Angaben zur Bewertung von Gesellschaftsbeteiligungen, Brandversicherungsurkunde usw.). Im Übrigen wird die Verjährung weder durch Beschwerde des Kostenschuldners gegen die Kostenberechnung des Notars noch seinen Antrag auf die Zurückweisung der Beschwerde gehemmt (§ 17 Rn. 28). **7 a**

II. Behelfe des Kostenschuldners

Dem Kostenschuldner stehen zwei Behelfe zur Verfügung: die Beschwerde nach Abs. 1 S. 1 und die Beanstandung gegenüber dem Notar nach Abs. 1 S. 3. **8**

1. Die Beschwerde des Kostenschuldners

Einwendungen gegen die Kostenberechnung des Gebührennotars (Abs. 1 S. 1) sind im Gegensatz zur Regelung nach § 14 unmittelbar beim Landgericht im Wege der Beschwerde geltend zu machen. Sie setzen eine **Beschwer** voraus; diese liegt in der Kostenberechnung. Drohende Zwangsvollstreckung oder Zustellung der Kostenberechnung sind nicht Voraussetzung; **Zahlung** der Kosten ohne Vorbehalt schließt die Beschwerde nicht aus. Eine **Beschwerdesumme** von bestimmter Höhe braucht nicht vorzuliegen. **9**

Voraussetzung ist aber nach hM, dass dem Zahlungspflichtigen eine ordnungsgemäße, den Anforderungen des § 154 entsprechende (insbesondere vom Notar eigenhändig unterschriebene) **Kostenberechnung mitgeteilt** ist. Fehlt es hieran, so ist die Kostenberechnung ohne Sachprüfung aufzuheben[6] (s. auch § 154 Rn. 8 ff.). *Lappe*[7] will hier § 46 VwVfG mit beachtlichen Gründen anwenden, da der öffentlich-rechtliche Gebührenanspruch des Notars wie durch einen Verwaltungsakt gemäß §§ 154, 155 geltend gemacht wird. Die Anwendung des § 46 VwVfG hätte zur Folge, dass die Aufhebung der Kostenbe- **10**

---

[1] OLG Düsseldorf JurBüro 1996, 379.
[2] OLG Oldenburg MDR 1997, 394 = JurBüro 1997, 265.
[3] BGH MDR 1961, 395; DNotZ 1967, 323 = NJW 1967, 931.
[4] OLG Stuttgart Justiz 1963, 281.
[5] OLG Braunschweig KostRsp. Nr. 82.
[6] ZB OLG Hamm JurBüro 1992, 343 = KostRsp. Nr. 180; MittBayNot 2000, 59 = JurBüro 2000, 152; BayObLGZ 1981, 348.
[7] Anm. zu OLG Hamm KostRsp. § 156 Nr. 180.

§ 156

rechnung nicht alleine wegen eines Verstoßes gegen das Zitiergebot verlangt werden kann. Vielmehr käme es darauf an, ob eine andere Entscheidung in der Sache getroffen werden muss, die Kostenberechnung also auch sachlich falsch ist. Für die Ansicht *Lappe* spricht in der Tat der extreme Formalismus der hM. Das OLG Düsseldorf[8] war noch vor der BGH-Entscheidung[9] der Auffassung, dass die Kostenberechnung insgesamt ohne Sachprüfung selbst dann aufzuheben ist, wenn sich der Formmangel nur auf die fehlerhafte Bezeichnung der Auslagen bezieht (Dokumentenpauschale, sonstige Auslagen). Eine Beschränkung der Formunwirksamkeit auf die betroffene Auslagenposition hielt des OLG für nicht geboten. In jedem Fall jedoch muss man zulassen, dass Mängel der Kostenberechnung (insbesondere fehlende Unterschrift) durch **nachträgliche Übersendung** einer ordnungsgemäßen Kostenberechnung bis zur Entscheidung des LG[10] behoben werden können. Noch weiter geht das OLG Düsseldorf[11] und hält das LG für verpflichtet, den Notar auf Formmängel hinzuweisen und ihm Gelegenheit zur Erteilung einer formell ordnungsgemäßen Kostenberechnung zu geben. Andernfalls läge ein Verfahrensfehler vor. Hat der Notar während des Verfahrens die Kostenberechnung **berichtigt,** so ist die neue Kostenberechnung Grundlage des Verfahrens.[12] Die Berichtigung kann auch schon in der vollstreckbaren Kostenberechnung nach § 155 enthalten sein (§ 155 Rn. 2). Wenn der Notar **ausgeschieden** oder **verstorben** ist, obliegt die Behebung des Mangels der Stelle, die die Urkunden des ausgeschiedenen oder verstorbenen Notars verwahrt (s. aber Vor §§ 154–157 Rn. 13 ff.).[13]

11   a) **Zuständigkeit.** Für Notarkostenbeschwerden ist **sachlich** zuständig das Landgericht, in dessen Bezirk der Notar seinen Amtssitz hat. Die Entscheidung hierüber fällt in die Zuständigkeit der Zivilkammer, die mit drei Richtern besetzt ist (§ 30 Abs. 1 S. 1 FGG).[14] § 568 Abs. 1 ZPO regelt zwar den Grundsatz, dass das Beschwerdegericht durch eines seiner Mitglieder als **Einzelrichter** entscheidet. Dieser überträgt jedoch das Verfahren dem Beschwerdegericht zur Entscheidung wenn, wie häufig bei Notarkostenbeschwerden, die Rechtssache grundsätzliche Bedeutung hat (§ 568 Abs. 1 S. 2 Nr. 2 ZPO). Bei Verstoß gegen diesen Rechtsgrundsatz ist die Entscheidung des Einzelrichters aufzuheben, denn sie ist unter Verletzung des Verfassungsgebots des gesetzlichen Richters (Art. 101 Abs. 1 S. 2 GG) ergangen.[15]

12   **Örtlich** zuständig ist das für den Amtssitz des Notars bei Fälligkeit der Kostenschuld zuständige LG. Durch Amtssitzwechsel des Notars vor Einleitung oder im Laufe des Beschwerdeverfahrens, Ausscheiden oder Ableben des Notars, wird die örtliche Zuständigkeit nicht berührt. Sie ist eine ausschließliche; Zuständigkeitsvereinbarungen sind nicht möglich.

13   b) **Beschwerdeberechtigung.** Ist die Kostenberechnung nur einem von **mehreren Kostenschuldnern** mitgeteilt, so können nach überkommener Auffassung auch die anderen noch nicht in Anspruch genommenen Kostenschuldner Beschwerde einlegen, soweit sich diese gegen den Anspruch überhaupt oder seine Höhe richtet.[16] Denn Zahlungspflichtiger iS des Abs. 1 S. 3 ist auch der noch nicht in Anspruch genommene Kostenschuldner; den gleichen Sinn hat dieser Begriff auch in Abs. 1 S. 1. Andernfalls wäre der Kosten-

---

[8] RNotZ 2001, 174 m. abl. Anm. *Grauel* = ZNotP 2001, 206 m. krit. Anm. *Tiedtke*.
[9] DNotZ 2007, 546; s. iÜ § 154 Rn. 8 a.
[10] OLG Hamm MittBayNot 1994, 470, auch im Verfahren der weiteren Beschwerde, OLG Hamm KostRsp. Nr. 187, wenn das LG den Formmangel übergangen hat.
[11] RNotZ 2001, 174 m. Anm. *Grauel* = ZNotP 2001, 206.
[12] OLG Hamm DNotZ 1967, 571; KG DNotZ 1971, 116 = Rpfleger 1971, 35.
[13] OLG München JFGErg. 18, 203 = JVBl. 1938, 294 = DNotZ 1938, 623.
[14] BGH DNotZ 1972, 243 = JurBüro 1971, 618; OLG Jena NotBZ 2005, 296.
[15] S. auch BGHZ 154, 200; vgl. auch OLG Köln FGPrax 2005, 233, das einen absoluten Beschwerdegrund in der Mitwirkung eines ehrenamtlichen Richters sieht; wegen Verstoßes gegen § 14 Abs. 7 S. 3 ist die Entscheidung aufzuheben; OLG Hamm FGPrax 2006, 36: ein Richter des LG ist für die Dauer seiner nebenamtlichen Tätigkeit in der Justizverwaltung als Notarprüfer von der Wahrnehmung seines richterlichen Richteramtes in Beschwerdesachen nach § 156 ausgeschlossen; OLG Frankfurt JurBüro 2007, 659.
[16] BayObLG MittBayNot 1985, 48; OLG Hamm Rpfleger 1997, 85.

schuldner in seiner Beschwerdeberechtigung vom Notar abhängig.[17] Hat ein **Dritter** dem Kostenschuldner gegenüber die Kosten des Notars übernommen, so enthält diese Vereinbarung regelmäßig das Einverständnis des Kostenschuldners, dass das Beanstandungsrecht in seinem Namen vom Kostenübernehmer ausgeübt wird.[18]

Soweit Einwendungen sich allein gegen die **Zahlungspflicht** oder die **Vollstreckungsklausel** richten, ist beschwerdeberechtigt nur der Kostenschuldner, der vom Notar in Anspruch genommen wird. 14

c) Frist und Form. Die (einfache) Beschwerde ist **unbefristet** (§ 567 ZPO), auch nach Zahlung oder begonnener Vollstreckung möglich. Das Recht des Kostenschuldners zur Anrufung des Gerichts kann auch nicht **verwirkt** werden.[19] Eine Befristung ergibt sich aber aus **Abs. 3 S. 1**, wonach mit dem Ablauf des Jahres, das auf das Jahr folgt, in dem die vollstreckbare Kostenberechnung zugestellt wurde, die Beschwerde unzulässig ist. Diese Befristung gilt jedoch nur für die Beschwerdegründe, die im Zeitpunkte der Zustellung der vollstreckbaren Kostenberechnung bestehen, gleichviel, ob sie dem Beschwerdeführer bekannt sind oder nicht. Später entstandene Beschwerdegründe (Zahlung, Aufrechnung, Verjährung usw.) können auch weiterhin, und zwar unbefristet, geltend gemacht werden. Abs. 3 S. 1 spricht von „neuen Beschwerden", aber auch die erstmalige Beschwerde ist nach Ablauf der Frist ausgeschlossen. 15

Nach OLG Celle[20] gilt die Frist des Abs. 3 S. 1 auch dann, wenn der Kostenschuldner die Kostenrechnung **bezahlt** hat (erweiternde Auslegung zur Wahrung des Rechtsfriedens). Dieser Ansicht kann jedoch nicht zugestimmt werden, da Abs. 3 S. 1 eine echte Ausnahmevorschrift darstellt, also eng auszulegen ist.[21] Die Frist wird auch nicht dadurch in Lauf gesetzt, dass der Notar sich durch Verrechnung befriedigt.[22] 16

Die Frist ist Ausschlussfrist, sie beginnt für den einzelnen Kostenschuldner mit der **Zustellung** der vollstreckbaren Kostenberechnung (§§ 154, 155) an ihn. Die Zustellung ist auch bewirkt, wenn dem Kostenschuldner eine beglaubigte Abschrift der zum Zwecke der Zwangsvollstreckung gefertigten und mit Vollstreckungsklausel versehenen Ausfertigung übermittelt wird.[23] Auf die weitere Beschwerde findet Abs. 3 S. 1 keine Anwendung. 17

Bis zum 1. 1. 2002 war umstritten, ob nach Ablauf der in Abs. 3 S. 1 bestimmten Frist die Kostenforderung des Notars entsprechend § 218 BGB erst nach 30 Jahren **verjährt**.[24] Dies galt auch, wenn die Kostenberechnung im Verfahren nach § 156 bestätigt worden ist. Auch in diesem Fall war umstritten, ob die Frist zumindest in entsprechender Anwendung des § 218 Abs. 1 BGB 30 Jahre beträgt oder es bei der zweijährigen Verjährungsfrist verbleiben soll.[25] Durch das am 1. 1. 2002 in Kraft getretene Gesetz zur Modernisierung des Schuldrechts vom 26. 11. 2001 (BGBl. I S. 3138) wurden § 17 Abs. 1, 2, 3 S. 1 (Verjährung) aus dem Nichtanwendbarkeitskatalog des § 143 gestrichen. Damit wurde das Auseinanderfallen der Verjährungsregelungen für Gerichtskosten und Kosten der verbeamteten Notare einerseits und der Notarkosten der freiberuflichen Notare andererseits aufgehoben. Es gelten nunmehr auch für Gebührennotare ausschließlich die Verjährungsvorschriften der KostO. Damit verjähren Kostenforderungen der Gebührennotare in vier Jahren. Gleiches 18

---

[17] So KG JFGErg. 18, 60 = DNotZ 1938, 122 = JVBl. 1938, 155; JFGErg. 18, 205 = DNotZ 1938, 105 = JVBl. 1938, 92; *Müller* DNotZ 1939, 102; OLG Braunschweig Rpfleger 1956, 116; OLG Bremen KostRsp. Nr. 58; s. dagegen *Lappe* in § 14 Rn. 46 ff. und NJW 1983, 1467, 1472.
[18] BayObLG DNotZ 1972, 244 = JurBüro 1971, 618.
[19] OLG Hamm Rpfleger 1980, 243 = KostRsp. Nr. 118; zur unzulässigen Rechtsausübung s. auch LG Aachen JurBüro 1984, 458.
[20] DNotZ 1961, 216; Nds.Rpfl. 1972, 219; NJW-RR 2004, 70 = RNotZ 2004, 102.
[21] So auch *Lappe* KostRsp. Nr. 2 Anm.; OLG Frankfurt DNotZ 1964, 310 = Rpfleger 1963, 128 m. zust. Anm. *Rohs*; OLG Bremen KostRsp. Nr. 57; OLG Hamm Rpfleger 1980, 243; OLG Schleswig JurBüro 1983, 1694; BayObLG DNotZ 1987, 175.
[22] OLG Frankfurt DNotZ 1965, 317; 1966, 569; OLG Schleswig JurBüro 1968, 818.
[23] OLG Hamm JurBüro 1989, 666.
[24] OLG Zweibrücken MittBayNot 2000, 578; OLG Hamburg MittBayNot 1996, 450; OLG München DNotZ 1992, 114 m. zust. Anm. *Lappe*; aA BGH ZNotP 2004, 492; OLG Köln JurBüro 1982, 1555; KG RNotZ 2003, 626 = FGPrax 2003, 291; vgl. auch § 143 Rn. 10.
[25] OLG Schleswig DNotZ 1983, 578, 580; *Rohs/Wedewer* § 143 Rn. 9.

§ 156

gilt für Ansprüche aus der Rückerstattung von Kosten (§ 17 Abs. 2 S. 1). Die Verjährung beginnt unverändert mit Ablauf des Kalenderjahres, in welchem der Kostenanspruch oder der Erstattungsanspruch fällig geworden ist (§ 17 Abs. 1, Abs. 2 S. 1). Die Verjährung beginnt nach § 17 Abs. 3 S. 2 erneut auch durch Übersendung einer dem Zitiergebot des § 154 Abs. 2 genügenden Kostenberechnung[26] sowie durch eine dem Kostenschuldner mitgeteilte Stundung oder durch Vollstreckungshandlungen.[27] Voraussetzung für einen Verjährungsneubeginn durch Stundung ist jedoch, dass dem Kostenschuldner eine Kostenberechnung nach § 154 zugegangen ist oder gleichzeitig übersandt wird.[28] Die Verjährung kann durch Übersendung einer formgerechten Kostenberechnung nur einmal neu beginnen. Eine wiederholte Zahlungsaufforderung führt daher nicht zu einem wiederholten Verjährungsneubeginn.[29] Mit der am 1. 2. 2002 in Kraft getretenen Änderung des § 17 iVm. § 143 sind auch die Verjährungsregelungen für Notargebühren ausschließlich in der KostO und nicht mehr im BGB geregelt. Kostenansprüche des Notars, sofern sie nach dem 1. 1. 2002 fällig geworden sind, wie auch Rückerstattungsansprüche der Kostenschuldner, verjähren in vier Jahren. Daran ändert auch die Unanfechtbarkeit der Kostenberechnung nach § 156 Abs. 3 S. 1 nichts.[30]

19 Keine Befristung, wohl aber ein Anreiz zu alsbaldiger Beschwerdeeinlegung, ergibt sich aus dem Umstand, dass der etwaige Schadenersatzanspruch des Kostenschuldners nach § 157 Abs. 2 S. 2 entfällt, wenn die Beschwerde mehr als einen Monat nach Zustellung erhoben wird.

20 Die Beschwerde unterliegt nicht dem Anwaltszwang; sie kann **schriftlich** oder zur Niederschrift der **Geschäftsstelle des LG** eingelegt werden. Eine von der Geschäftsstelle des AG entgegengenommene Beschwerde ist dem LG zuzuleiten; für die Frist nach Abs. 3 S. 1 ist maßgebend der Zeitpunkt des Einlaufs beim LG (Wiedereinsetzung, wenn das AG aus unzureichenden Gründen nicht weiterleitet).

21 Einen **bestimmten Antrag** braucht die Beschwerde nicht zu enthalten, insbesondere nicht eine bestimmte Summe anzugeben, um die die Kostenberechnung ermäßigt werden soll. Sie muss aber erkennen lassen, wogegen der Beschwerdeführer sich wendet, ob gegen die Kostenhöhe, den Geschäftswert, den Gebührensatz, die Auslagen, die Zusatzgebühr, seine Inanspruchnahme usw.; dies ist deshalb notwendig, um die Beschwer feststellen zu können. Ist der Umfang der Beanstandung des Kostenschuldners zweifelhaft, so ist er in erster Linie durch Rückfrage aufzuklären, iÜ im Wege der Auslegung des Beschwerdevorbringens zu ermitteln.[31] Der Kostenschuldner muss seine Einwendungen konkretisieren, nur allgemeine Beanstandung reicht nicht.[32] Vom Notar dürfte man Entsprechendes verlangen. Einer **Begründung** bedarf die Beschwerde nicht, jedoch ergibt sie sich regelmäßig aus der Angabe des Beschwerdeführers, wogegen er sich wendet.

22 d) **Einwendungen.** Als Einwendungen können vorgebracht werden, wobei das LG in Erfüllung der ihm nach § 12 FGG obliegenden Pflicht dahin zu wirken hat, dass sich der Kostenschuldner über die für seine Einwendungen erheblichen Tatsachen vollständig erklärt und ungenügende Angaben ergänzt:[33]

23 Einwendungen gegen Grund und Höhe des **Kostenansatzes** oder einzelne Ansätze, gegen den Geschäftswert, gegen Anwendung einer bestimmten Gebührenvorschrift, gegen Ansatz einer Zusatzgebühr, gegen die Auslagen usw.;

---

[26] OLG Düsseldorf DNotZ 1976, 253 = MittBayNot 1995, 191; OLG Frankfurt DNotZ 1987, 180; OLG Schleswig DNotZ 1996, 474; OLG Hamm zuletzt ZNotP 2000, 40.
[27] BGH ZNotP 2004, 492 noch zur Verjährungsunterbrechung.
[28] § 143 Rn. 7; KG DNotZ 1962, 428; ZNotP 2004, 37; BayObLG MittBayNot 1991, 31.
[29] OLG Celle DNotZ 1976, 759 = MittBayNot 1976, 234; OLG Frankfurt JurBüro 1983, 1245; aA OLG Düsseldorf MittBayNot 1976, 235 = JurBüro 1976, 810, 811.
[30] KG ZNotP 2004, 37; BGH ZNotP 2004, 492 schon zur früheren Rechtslage.
[31] KG JFGErg. 19, 31 = DNotZ 1939, 137 = JVBl. 1939, 13.
[32] OLG Düsseldorf DNotZ 1972, 121 = Rpfleger 1971, 373; OLG Frankfurt DNotZ 1970, 123 = Rpfleger 1969, 403.
[33] OLG Hamm JurBüro 1962, 238.

Einwendungen, die sonst mit der **Vollstreckungsklage** geltend gemacht werden (Zah- 24
lung, Aufrechnung);[34]
Einwendungen wegen **unrichtiger Sachbehandlung**[35] und Aufrechnung mit **Schadens-** 25
ersatzansprüchen auf Grund Amtspflichtverletzung (§§ 16 Abs. 1 KostO; § 19 Abs. 1
BNotO).[36]

Rspr. und Lit. vertreten die Auffassung, dass nur solche Einwendungen geltend gemacht 26
werden können, die entweder den Kostenanspruch unmittelbar **betreffen**[37] oder aus typischen mit der Notartätigkeit **zusammenhängenden** Tatbeständen erwachsen, wobei es
beim Einwand der Amtspflichtverletzung ohne Bedeutung ist, ob die Pflichtwidrigkeit des
Notars in einer unrichtigen Sachbehandlung oder in einem sonstigen der Beurkundungstätigkeit vorgehenden pflichtwidrigen Verhalten des Notars (unterbliebene Belehrung)
liegt. Gegenansprüche aus **Privatangelegenheiten** des Notars (zB Forderung gegen den
Notar aus Werkvertrag, Privatkauf) können im Verfahren des § 156 nicht geltend gemacht
werden, sondern sind im ordentlichen Rechtsweg durchzusetzen.[38] Aufrechnung ist
auch zulässig mit einer mit der Amtstätigkeit zusammenhängenden Forderung, die nicht
Gegenstand der Kostenberechnung ist;[39] nicht aber mit einer streitigen, noch nicht rechtskräftig festgestellten Forderung, wenn diese nicht typisch mit der Amtstätigkeit zusammenhängt.[40]

Weiter sind zulässig: 27
Einwendungen gegen die **Zahlungspflicht,** d. h. Bestreiten der Schuldner- oder Mitschuldnerschaft nach § 2 oder § 3; dies gilt auch für den Duldungsschuldner.
Einwendungen gegen die **Vollstreckungsklausel.** Sie richten sich regelmäßig auch gegen 28
die Zahlungspflicht, es sei denn, dass nicht der KostO unterstehende Vergütungsansprüche
in die vollstreckbare Kostenberechnung aufgenommen sind.
Die Einwendungen der beschränkten **Erbenhaftung** bleibt im Verfahren des § 156 unbe- 29
rücksichtigt. Erfolgt die Zwangsvollstreckung aus der Kostenberechnung in Gegenstände,
die nicht zum Nachlass gehören, so hat der Erbe seine Einwendungen im Wege der Klage
(§§ 781, 785 ZPO) zu verfolgen. Auch kann nicht einwendungsweise ein Anspruch aus
§ 888 BGB auf Löschung einer Sicherungshypothek geltend gemacht werden.[41]
Nicht im Verfahren des § 156 werden ferner Einwendungen erledigt, die sich gegen das 30
Beitreibungsverfahren richten (§ 766 ZPO).
Der Kostenschuldner kann rechtswirksam dem Notar gegenüber auf Beschwerde gegen die 31
Kostenrechnung **verzichten,** auch eine bereits eingelegte Beschwerde unter Verzicht auf
Wiederholung des Rechtsmittels zurücknehmen, da er über die Geltendmachung von
Einwendungen frei bestimmen kann. Erfolgt allerdings der Verzicht auf Grund einer Vereinbarung mit dem Notar, wonach dieser in Gegenleistung auf eine Erhöhung seiner Kostenrechnung verzichtet, so ist diese Vereinbarung unwirksam, wenn und soweit darin ein
unzulässiger Gebührenverzicht des Notars liegt (§ 140).[42] Auf keinen Fall hindert eine derartige Vereinbarung eine Anweisung der Dienstaufsichtsbehörde des Notars nach Abs. 5 auf
Erhöhung der Kostenrechnung.[43]

Übernimmt jemand die vom Kostenschuldner bereits bezahlten Notarkosten und erstat- 32
tet sie ihm, so ist zwar damit nicht das Beanstandungsrecht auf den **Übernehmer** überge-

---

[34] BayObLGZ 1955, 197; aA LG Halle NotBZ 2003, 316 m. Anm. *Lappe.*
[35] OLG Hamm MittBayNot 1977, 243; DNotZ 1979, 57.
[36] Vgl. OLG Düsseldorf DNotZ 1976, 251; BayObLG MittBayNot 1979, 89; OLG Hamm DNotZ 1979, 57.
[37] Vgl. OLG Hamm KostRsp. Nr. 122.
[38] OLG Frankfurt Rpfleger 1958, 288; 1963, 128; OLG Celle MittRhNotK 1958, 815; Rpfleger 1964, 293; *Rohs* Rpfleger 1954, 355; BGH MDR 1961, 395; OLG Oldenburg Rpfleger 1968, 350; KG Rpfleger 1972, 272.
[39] OLG Düsseldorf DNotZ 1976, 251 = Rpfleger 1975, 411.
[40] KG DNotZ 1973, 634; OLG Hamm DNotZ 1977, 49 = Rpfleger 1975, 449.
[41] OLG Düsseldorf AnwBl. 1989, 239.
[42] AA offenbar KG DNotZ 1942, 8, 9, 279.
[43] Insoweit richtig KG DNotZ 1942, 8, 9, 279.

§ 156

gangen, doch zu schließen, dass der Kostenschuldner damit einverstanden ist, dass das Beanstandungsrecht in seinem Namen vom Übernehmer ausgeübt wird.[44]

2. Beanstandung beim Notar (Abs. 1 S. 3)

33   Der Kostenschuldner kann seine Beanstandung der Kostenberechnung auch formlos beim Notar vorbringen. Dabei handelt es sich noch nicht um eine Kostenbeschwerde im eigentlichen Sinne. Der Notar kann dem gerügten Mangel selbst **abhelfen** (die Kostenberechnung ermäßigen, jedoch nur, wenn er eine Unrichtigkeit seiner Kostenberechnung erkennt) oder den Schuldner auf den Weg der Beschwerde verweisen, nach Abs. 1 S. 3 aber auch die Entscheidung des LG anrufen. Tut er letzteres, so handelt es sich um die Weiterleitung der Beanstandung des Kostenschuldners, sachlich also um eine **Beschwerde des Kostenschuldners;** daher kann der Notar die Anrufung auch nicht einseitig zurücknehmen. Soweit das LG dem Antrag nicht stattgibt, weist es nicht den Antrag des Notars zurück, sondern die Beanstandung des Kostenschuldners. Der Notar ist nicht verpflichtet, auf Beanstandung des Kostenschuldners hin das LG anzurufen, er kann ihn auf die Beschwerde nach Abs. 1 S. 1 verweisen. Regelmäßig wird er aber, wenn der Schuldner trotz Belehrung auf seinem Standpunkt beharrt, die Beanstandung an das LG weiterleiten. Er darf jedoch nicht untätig bleiben, um den Ablauf der Ausschlussfrist des § 156 Abs. 3 S. 1 abzuwarten.[45]

34   Ist der **Notar ausgeschieden** oder verstorben, so kann er bzw. sein Erbe nicht nach Abs. 1 S. 3 das LG anrufen, da die Anrufung Ausfluss der notariellen Amtsstellung ist;[46] dies obliegt der Stelle, die die Akten des ausgeschiedenen oder verstorbenen Notars verwahrt. Diese kann nicht ohne Einverständnis des ausgeschiedenen Notars bzw. der Erben des verstorbenen Notars auf Beanstandung hin die Kostenschuld ermäßigen, da Kostengläubiger der Notar blieb.[47] Weigert sich diese Stelle, so bleibt dem Schuldner die Beschwerde nach Abs. 1 S. 1 (s. iÜ Vor §§ 154–157). Der Rechtsnachfolger eines verstorbenen Notars, dem die Kostenforderung während des Beschwerdeverfahrens von dessen Erben abgetreten worden ist, kann entsprechend § 265 ZPO mit Zustimmung des Kostenschuldners und Einwilligung der Erben des Notars in das Verfahren eintreten.[48]

34a   Zur Beendigung des Verfahrens durch Vergleich s. § 140 Rn. 9 ff.

III. Behelfe des Notars (Notarverwalters, ausgeschiedenen Notars, verstorbenen Notars)

35   Der Notar hat **kein Erstbeschwerderecht,** da er eines solchen nicht bedarf. Er kann, wenn er seine Kostenberechnung als zu niedrig erkennt, die Mehrkosten durch Ergänzung seiner Kostenberechnung **nachfordern.**[49] Dieses Nachforderungsrecht ist allerdings zeitlich beschränkt bis zum Erlass der LG-Entscheidung; denn da gegen diese nur Rechtsbeschwerde möglich ist, können Tatsachen, die nach Erlass der Entscheidung eintreten, nicht mehr berücksichtigt werden, daher auch nach diesem Zeitpunkt keine Nachforderungen mehr erfolgen. Anders bei Rückverweisung, wenn sich diese nicht auf einzelne Punkte der Kostenrechnung beschränkt, dann zeitlich beschränkt, bis zum Erlass des neuen Beschlusses des LG.[50]

36   Bis zum Erlass der LG-Entscheidung kann der Notar selbst dann nachfordern, wenn ein Verfahren beim LG anhängig ist, sei es auf Beschwerde des Kostenschuldners oder auf Anweisung der vorgesetzten Dienstbehörde. Gegenstand der Beschwerdeentscheidung ist dann die berichtigte Kostenberechnung. Er hat und braucht daher auch **kein Anschlussbeschwerderecht.** Eine Ausnahme von der Befristung des Nachforderungsrechts muss für den Fall gelten, dass der Notar im Verfahren vor dem LG entgegen Abs. 1 S. 2 nicht gehört

---

[44] KG DNotZ 1944, 80; BayObLG DNotZ 1972, 243.
[45] *Wudy* NotBZ 2006, 69 mit Formulierungsvorschlägen für die Vorlage zum LG.
[46] OLG München DNotZ 1940, 89.
[47] OLG München DNotZ 1940, 89.
[48] KG DNotZ 1995, 788.
[49] OLG München DNotZ 1940, 249; OLG Hamm FGPrax 2003, 236 = JurBüro 2003, 484.
[50] *Schneider* DNotZ 1968, 19.

worden ist; hier endet das Nachforderungsrecht erst mit Rechtskraft der LG-Entscheidung gegenüber dem Notar.

Während der im Amte befindliche Notar niemals ein Erstbeschwerderecht hat und braucht, steht ein solches ausnahmsweise nach § 58 Abs. 3 BNotO dem **ausgeschiedenen Notar** bzw. **Rechtsnachfolger** des verstorbenen Notars für den Fall zu, dass der Notarverwalter es ablehnt, eine vollstreckbare Ausfertigung der Kostenberechnung überhaupt oder in der Form zu erteilen, wie der ausgeschiedene Notar sie begehrt. Zweck dieses Verfahrens ist die Verschaffung eines Vollstreckungstitels für die Kostenforderung, den die von der verwahrenden Stelle versagte Kostenberechnung darstellen würde.[51] Beschwerdegegner ist der Schuldner, doch können ihm keine Auslagen aufgebürdet werden, da er das Verfahren nicht veranlasst hat. 37

Während eines laufenden Beschwerdeverfahrens kann der ausgeschiedene Notar im Wege der Anschlussbeschwerde beitreten und dem Beschwerdeantrag entgegen Erhöhung seiner Kostenberechnung zum Zwecke der Erlangung eines Vollstreckungstitels beantragen (§ 58 Abs. 3 BNotO). 38

Nach Rechtskraft der LG-Entscheidung ist die Beschwerde unzulässig, es sei denn, dass der ausgeschiedene Notar im Verfahren vor dem LG nicht gehört ist. Gleiches gilt für den Rechtsnachfolger eines verstorbenen Notars. Wegen der Kostenforderungen eines Notarverwalters nach Beendigung der Notarverwaltung s. § 64 Abs. 4 BNotO.[52] 39

Normalerweise hat der ausgeschiedene Notar bzw. Erbe des verstorbenen Notars ebenfalls kein Erstbeschwerderecht, da er eines solchen nicht bedarf. Erstreben diese Erteilung einer Kostenberechnung oder Erhöhung einer solchen, so müssen sie sich hierwegen an die die Urkunde verwahrende Stelle wenden mit dem Ziele der Erteilung einer Kostenberechnung oder Nachforderungsrechnung und bei Weigerung der Stelle die Dienstaufsichtsbehörde anrufen.[53] 40

IV. Anrufung des LG auf Weisung der vorgesetzten Dienstbehörde (Abs. 6)

Die vorgesetzte Dienstbehörde des Notars kann dessen Kostenberechnung nicht von sich aus ändern, sie hat zur Richtigstellung nur den Behelf des Abs. 6, bei dem sie erkennen lassen muss, mit welchem Ziel die Entscheidung des LG herbeigeführt werden soll.[54] Der Zweck der Weisungsbeschwerde ist somit nicht nur die Erzielung höherer Notarkosten, sondern die Erhebung der gesetzmäßigen Kosten.[55] **Beanstandet** sie die Kostenberechnung als zu hoch, so weist sie den Notar an, die Berechnung unter Erstattung des zu viel erhobenen Betrags zu ermäßigen oder die Entscheidung des LG herbeizuführen; beanstandet sie sie als zu niedrig, so weist sie ihn an, die Mehrkosten nachzufordern oder ebenfalls die Entscheidung des LG herbeizuführen. Für die Anrufung des LG ist eine **Frist** nicht vorgesehen. Die Frist des Abs. 3 S. 1 gilt für sie nicht. 41

Die Anrufung wird nur ausgeschlossen durch Rechtskraft einer Entscheidung über die Kostenberechnung. Hingegen wird sie nicht dadurch ausgeschlossen, dass der Gebührenanspruch bereits der Verjährung unterliegt.[56] Eine **Beschwerde** der vorgesetzten Dienstbehörde ist nicht Zulässigkeitsvoraussetzung.[57] 42

Der Notar braucht vor dem LG nicht den **Standpunkt der Dienstbehörde** zu vertreten; diese wird gehört und kann ihren Standpunkt selbst vertreten. Sachlich entscheidet das LG über die Berechtigung der Anweisung der vorgesetzten Dienstbehörde. Ein Rechtsschutzbedürfnis besteht auch bei eigener Beschwerde des Notars und Weisungsbeschwerde.[58] 43

---

[51] DNotZ 1940, 249.
[52] DNotZ 1967, 712.
[53] OLG München DNotZ 1940, 249.
[54] KG DNotZ 1943, 17; OLG Celle Nds.Rpfl. 1960, 179; BayObLG FGPrax 1997, 197.
[55] BVerfG NotBZ 2005, 401.
[56] OLG Hamm JurBüro 1963, 34 = KostRsp. Nr. 12.
[57] BayObLG DNotZ 1994, 703.
[58] BayObLG DNotZ 1970, 505 = JurBüro 1970, 510.

§ 156

44   Die Dienstaufsichtsbehörde kann nur Anweisungen geben, welche sich gegen den **Kostenansatz** richten, nicht solche, die auf **materiellem Recht** beruhen, zB Verjährung, Stundung, Aufrechnung mit Schadensersatzansprüchen wegen schuldhafter Amtspflichtverletzung des Notars. Die Geltendmachung solcher Einwendungen steht allein dem Kostenschuldner zu.[59] Die Aufsichtsbehörde kann nur Weisung nach Abs. 6 geben, nicht verlangen, dass der Notar eine bestimmte **Rechtsansicht** vertritt.[60] Anweisung bezüglich des Kostenansatzes kann sie aber selbst dann geben, wenn Notar und Kostenschuldner sich über die Rücknahme einer Beschwerde des Schuldners gegen den Kostenansatz geeinigt haben. Auch wenn der Kostenschuldner bei einer Anweisung mit dem Ziele der Kostenherabsetzung erklärt, auf die Verfolgung der Angelegenheit keinen Wert zu legen, ist das Verfahren nach Abs. 6 durchzuführen,[61] da dieses Verfahren weder durch den Notar, noch durch den Schuldner soll beeinflusst werden können. Erhebt der Notar gegen die Anweisungsverfügung Dienstaufsichtsbeschwerde, so fehlt das Rechtsschutzbedürfnis.[62] Auch nach dem **Ausscheiden des Notars** (Ableben, Amtsniederlegung, Altersgrenze) kann Überprüfung seiner Kostenberechnung erfolgen, ferner Beschwerde des Kostenschuldners und Weisung nach Abs. 6, auch Herabsetzung der Kostenberechnung ist möglich, doch ist der Berechtigte der Notarkostenforderung zu hören.[63]

45   Ist der Notar ausgeschieden oder verstorben, so kann er bzw. sein Erbe nicht von der Dienstbehörde nach Abs. 6 angewiesen werden; die Anweisung hat an die Stelle zu gehen, die die Akten des ausgeschiedenen Notars verwahrt.[64] Diese hat das Verfahren beim LG einzuleiten; sie kann der Anweisung auf Ermäßigung der Kostenberechnung nicht ohne Anhörung des ausgeschiedenen Notars bzw. der Erben des verstorbenen Notars nachkommen, da diese Kostengläubiger sind.[65] Weigert sich diese Stelle, so gibt es nur dienstaufsichtliches Einschreiten, kein unmittelbares Beschwerderecht der vorgesetzten Dienstbehörde.

46   Hat der Kostenschuldner Beschwerde eingelegt, so kann die vorgesetzte Dienstbehörde den Notar anweisen, mit dem Ziele der Erhöhung der Kostenberechnung der Beschwerde sich **anzuschließen**. Der Notar hat der Weisung des LG-Präsidenten unverzüglich Folge zu leisten, er muss die Sache somit dem LG oder dem OLG, ggf. dem BGH vorlegen; über die Vorlage hat der Notar keine besonderen Anträge zu stellen. Die Stellung weiterer Anträge steht ihm jedoch frei.

V. Beschwerdeverfahren

47   Nach § 156 Abs. 4 S. 4 ist die Beschwerde seit 1. 1. 2002 „nach den Vorschriften der FGG geltend zu machen". Die frühere Verweisung auf die ZPO in Bezug auf die Zulässigkeit der Beschwerde und das Verfahren selbst ist mit Wirkung vom 1. 1. 2002 aufgehoben worden. Das bedeutete aber schon in der Vergangenheit nicht, dass das Verfahren in allen Punkten der **ZPO** unterstellt war.[66] Das aus einer Angelegenheit der freiwilligen Gerichtsbarkeit sich ergebende Kostenverfahren, und also auch das Verfahren nach § 156, ist ebenfalls eine Angelegenheit der freiwilligen Gerichtsbarkeit.[67] Zur Form, Frist, Zulässigkeit, Wirkung auf die Zwangsvollstreckung usw. gelten daher die Vorschriften des **FGG**, insbesondere § 12 (Amtsbetrieb).[68] Das Beschwerdeverfahren ist als Verfahren erster Instanz und

---

[59] LG Berlin DNotZ 1941, 506 = JVBl. 1940, 173 m. Anm. *Müller*.
[60] BGH NJW 1972, 541 = Rpfleger 1972, 129; DNotZ 1975, 60; 1988, 254.
[61] KG DNotZ 1943, 116 = JVBl. 1943, 65.
[62] OLG Düsseldorf DNotZ 1967, 444.
[63] AA OLG Stuttgart DNotZ 1972, 117 = KostRsp. Nr. 80 m. abl. Anm. *Lappe*.
[64] OLG München DNotZ 1940, 89.
[65] OLG München DNotZ 1940, 89; OLG Stuttgart DNotZ 1972, 117.
[66] S. 15. Aufl. Rn. 47.
[67] OLG München JFGErg. 18, 77 = DNotZ 1937, 160; JFGErg. 17, 51 = JVBl. 1938, 42; KG JFGErg. 15, 41 = JVBl. 1936, 301; Rpfleger 1962, 456; BayObLGZ 1952, 192; 1955, 79, 102; aA OLG Frankfurt Rpfleger 1960, 258.
[68] OLG Bremen Rpfleger 1957, 273.

Einwendungen gegen die Kostenberechnung **§ 156**

nicht als Rechtsmittelverfahren anzusehen, die Kostenentscheidung richtet sich infolgedessen nach § 13a Abs. 1 S. 1 FGG.[69]

Die **Kostentragung** in § 156 und in § 13a FGG sind selbständig geregelt. Zu den Kosten des Beschwerdeverfahrens und zum Verfahren über die weitere Beschwerde s. Rn. 109 ff. **48**

1. Verfahren vor dem LG

Voraussetzung ist das Vorliegen einer ordnungsgemäßen Kostenberechnung (s. Rn. 10). Es hat keine **aufschiebende Wirkung,** doch kann das LG nach § 572 Abs. 3 ZPO von Amts wegen eine einstweilige Anordnung erlassen, zB mit oder ohne Sicherheitsleistung eine Vollstreckung einstellen (unanfechtbar).[70] Aufgabe des Verfahrens ist die Nachprüfung der vom Beschwerdeführer vorgebrachten Einwendungen oder der von der Dienstbehörde gegebenen Anweisungen. Der im Verfahren beteiligte Notar ist von der **Verschwiegenheitspflicht** befreit, soweit er ohne Offenbarung ihm anvertrauter Tatsachen seinen Gebührenanspruch nicht durchsetzen könnte.[71] **49**

a) Aussetzung des Verfahrens. Sie ist möglich, zB bei dem Einwand der Amtspflichtverletzung, wenn hierüber bereits ein Zivilrechtsstreit anhängig ist. Keine Aussetzung hingegen, um eine Entscheidung des bisher vom Kostenschuldner nicht angerufenen Prozessgerichts herbeizuführen; anders dann, wenn mit einer im Verfahren des § 156 nicht geltend zu machenden Forderung (Forderung aus privatem Rechtsgeschäft) aufgerechnet ist. In ersterem Fall wird das Gericht dem Kostenschuldner Gelegenheit geben, binnen bestimmter Frist die Erhebung der Klage wegen der privatrechtlichen Forderung nachzuweisen, bei Nachweis aussetzen, bei Nichtnachweis entscheiden.[72] Die **Eröffnung des Insolvenzverfahrens** über das Vermögen des Kostenschuldners unterbricht nicht entsprechend § 240 ZPO das Verfahren,[73] hat jedoch zur Folge, dass Zustellungen nicht mehr an den Gemeinschuldner vorgenommen werden können. **50**

b) Rechtliches Gehör. Nach Abs. 1 S. 2 soll das LG vor der Entscheidung die Beteiligten und die vorgesetzte Dienstbehörde hören. Art. 103 Abs. 1 GG ist Mussvorschrift. Die Beteiligten sind selbst dann zu hören, wenn das LG im Verfahren über die Weisungsbeschwerde die Weisung der Dienstaufsichtsbehörde für unbegründet hält.[74] **51**

Zu den **Beteiligten** gehören außer dem Notar (uU Notariatsverwalter) der beschwerdeführende Kostenschuldner, aber auch alle sonstigen Kostenschuldner nach §§ 2 und 3 oder den Vorschriften bürgerlichen Rechts.[75] War der Schuldner bei der Beurkundung vertreten, so ist er selbst zu hören, wenn nicht der Vertretende Vollmacht für das Verfahren nach § 156 hat;[76] ist ein Beteiligter in der Insolvenz, so ist der Insolvenzverwalter zu hören.[77] Auch der ausgeschiedene Notar sowie die Rechtsnachfolger des verstorbenen Notars gehören zu den Beteiligten.[78] **52**

Die **vorgesetzte Dienstbehörde** ist in jedem Fall (kein Ermessen des Gerichts!) zu hören, auch wenn sie selbst nach Abs. 6 zur Anrufung des LG angewiesen hat;[79] denn sie soll in jedem Fall ihren Standpunkt vertreten und uU auch den Notar anweisen können, seinerseits Anschlussbeschwerde mit dem Ziele der Erhöhung einzulegen. **53**

---

[69] LG Braunschweig KostRsp. Nr. 5.
[70] BayObLG DNotZ 1969, 120.
[71] OLG Düsseldorf DNotZ 1972, 443 = Rpfleger 1971, 412.
[72] So *Rohs* Rpfleger 1958, 291; *Schneider* S. 92/93; s. dazu KG Rpfleger 1972, 272; OLG Düsseldorf DNotZ 1976, 251 = Rpfleger 1975, 411.
[73] KG DNotZ 1988, 454.
[74] OLG Oldenburg JurBüro 1997, 376.
[75] Vgl. die neuen Erläuterungen *Lappes* über die Beiladung § 14 Rn. 101 ff.; BayObLG DNotZ 1991, 400 = JurBüro 1990, 896 = MittRhNotK 1990, 138.
[76] JFGErg. 18. 46 = JVBl. 1938, 61.
[77] DNotZ 1939, 734.
[78] OLG München DNotZ 1940, 89; OLG Hamm DNotZ 1950, 44; OLG Frankfurt MittBayNot 2006, 360; *Bengel/Tiedtke* DNotZ 2006, 440.
[79] OLG München JFGErg. 19, 195; BayObLGZ 1963, 141, 148; JurBüro 1988, 1533; OLG Hamm DNotZ 1971, 562.

§ 156　　　　　　　　　　　　　　　　　　　　　　　　2. Teil. Kosten der Notare

53 a　In Bezug auf die Notarkasse (Bayern, Pfalz) und die Ländernotarkasse (neue Bundesländer) wird teilweise der Standpunkt vertreten, sie seien nicht vorgesetzte Dienstbehörde.[80] Sie seien auch nicht deshalb der vorgesetzten Dienstbehörde zuzurechnen, weil sie die Kostenprüfung in deren Auftrag durchführen (§ 113 Abs. 17 BNotO). Nach nunmehr gefestigter Rspr.[81] darf eine Entscheidung in einem Notarkostenbeschwerdeverfahren nicht ohne Stellungnahme der jeweils zuständigen Notarkasse ergehen. Im gerichtlichen Verfahren, das eine Überprüfung der Kostenberechnung des Notars zum Gegenstand hat, muss der jeweiligen Notarkasse also Gelegenheit zur Stellungnahme gegeben werden, wenn sie vorher keine Gelegenheit hatte, zu der zur Überprüfung stehenden Angelegenheit Stellung zu nehmen. Die Gewährung des rechtlichen Gehörs der jeweiligen Notarkasse wird damit begründet, dass sie gemäß § 113 Abs. 1 S. 1 und Abs. 17 BNotO Abgaben erhebt und deshalb befugt ist, die zugrunde liegenden Kostenberechnungen nachzuprüfen (§ 113 Abs. 17 S. 9 BNotO). Der Notar ist der Notarkasse gegenüber zur Offenlegung verpflichtet. Gebührenerlasse und Ermäßigungen ohne gesetzliche Grundlage sind nur mit ihrer Zustimmung zulässig (§ 17 Abs. 1 S. 2 und 3 BNotO). Soweit die Notarkasse die Kostenberechnungen geprüft hat, ist eine Prüfung durch die vorgesetzte Dienstbehörde des Notars nicht erforderlich (§ 93 Abs. 3 S. 4 BNotO). Diese gesetzlichen Befugnisse legen es nahe, dass der Notarkasse in gerichtlichen Verfahren, die eine Überprüfung der Kostenberechnung zum Gegenstand haben, Gelegenheit zur Stellungnahme gegeben werden muss. Dadurch wird im Rahmen der Ermittlung der entscheidungserheblichen Umstände (§ 12 FGG, § 156 Abs. 4 S. 4) die besondere Sachkompetenz der Notarkasse in Kostenfragen, die ihre Grundlage auf langjähriger Prüfungserfahrung hat, nutzbar gemacht wird.

53 b　Nach dem OLG Hamm[82] braucht das Gericht die Stellungnahme der vorgesetzten Dienstbehörde des Notars den Beteiligten nicht bekannt zu geben; unhaltbar.[83]

54　Die Stellungnahmen können schriftlich oder mündlich (selten) erfolgen; geht innerhalb der Frist keine Stellungnahme ein, ist dem Erfordernis der Anhörung genügt. Ist ein Beteiligter oder die Dienstbehörde nicht gehört, so muss wegen der Rechtskraftwirkung, wenn weitere Beschwerde eingelegt wird, die Entscheidung aufgehoben und die Sache an das LG verwiesen werden.[84]

55　Steht nur die Zahlungspflicht des Beschwerdeführers zur Entscheidung, so bedarf es der Anhörung der übrigen Kostenschuldner nicht, da die Entscheidung diesen gegenüber keine Rechtskraftwirkung hat.

56　Zur Vorlage der **Eröffnungsbilanz** oder Vernehmung über diese können die Gesellschafter nicht gezwungen werden; im Weigerungsfalle ist ähnlich § 466 ZPO nach freier Überzeugung zu entscheiden.[85]

57　Nach OLG München[86] steht den Beteiligten kein Recht zu, einer **Beweisaufnahme** beizuwohnen; folgt man dem – insbesondere beim Freibeweis –, muss aber zum Ergebnis der Beweisaufnahme rechtliches Gehör gewährt werden (Art. 103 Abs. 1 GG).

58　**c) Bindung an Anträge.** Der Gegenstand der Entscheidung wird durch die **Beanstandung** des (Erst-)Beschwerdeführers bestimmt.[87] Was nicht beanstandet wird, darf auch nicht gerichtlich nachgeprüft werden. Das LG ist an die gestellten Anträge **gebunden;**[88] es kann bei Beschwerde des Kostenschuldners oder Anrufung auf Beanstandung des Kosten-

---

[80] Wir in der 15. Aufl. § 156 Rn. 53, die wir nunmehr aufgeben.
[81] OLG Brandenburg NJW-RR 2000, 1380; OLG Jena FGPrax 2000, 251; OLG Rostock NotBZ 2003, 38 m. Anm. *Lappe* für den Bereich der Ländernotarkasse und BayObLG MittBayNot 2003, 500 = ZNotP 2003, 359 für den Bereich der Notarkasse.
[82] Rpfleger 1952, 498.
[83] OLG Stuttgart KostRsp. Nr. 31.
[84] KG JFGErg. 15, 52 = DNotZ 1936, 816, 901 = JVBl. 1936, 324.
[85] LG Hof DNotZ 1954, 504.
[86] DNotZ 1944, 82.
[87] BayObLGZ 1987, 341; JurBüro 1989, 227.
[88] KG DNotZ 1942, 266; allgM.

schuldners gegenüber dem Notar oder auf Weisung der Dienstbehörde mit dem Ziele der Herabsetzung der Kosten keine Erhöhung vornehmen, selbst wenn es erkennt, dass die Kostenberechnung zu niedrig ist; hat aber der Notar auf Weisung der Dienstbehörde Anschlussbeschwerde mit dem Ziel der Erhöhung eingelegt, so ist im Rahmen der zur Anschlussbeschwerde ergangenen Anweisung eine Erhöhung möglich. Hat der Notar auf Weisung der Dienstbehörde mit dem Ziele der Erhöhung das LG angerufen, so ist keine Herabsetzung möglich, es sei denn, dass der Schuldner Anschlussbeschwerde mit diesem Ziele eingelegt hat.[89]

Auch bezüglich des Maßes der Erhöhung oder Ermäßigung ist das LG an die gestellten Anträge gebunden, kann also nicht mehr zusprechen oder abstreichen, als mit Beschwerde, bzw. Anschlussbeschwerde beantragt ist.[90] **59**

Hat der Notar entgegen § 154 eine **gemeinschaftliche Kostenberechnung** über mehrere selbständige Geschäfte erteilt und wendet sich der Schuldner nur gegen die Gebühren aus einem der Geschäfte, so sind die Gebühren der übrigen Geschäfte nicht nachprüfbar. Nur wenn die Einwendungen sich gegen die Kostenberechnung im vollen Umfange richten, kann eine Gesamtnachprüfung erfolgen, doch ist auch dann eine Änderung zuungunsten des Beschwerdeführers nicht möglich. Bestreitet der Schuldner die Anwendbarkeit einer bestimmten **Gebührenbestimmung,** so hat das Gericht die richtige anzuwenden, selbst wenn der Schuldner eine andere als anzuwenden bezeichnet. Hat die Dienstbehörde den Notar angewiesen, so unterliegen nur die in der Anweisungsverfügung beanstandeten Punkte der Nachprüfung durch das LG.[91] **60**

Innerhalb der gestellten Anträge ermittelt das LG jedoch von Amts wegen, es ist auf das begründende Vorbringen nicht beschränkt (**Untersuchungsgrundsatz,** § 12 FGG).[92] Die Ermittlungspflicht des Gerichts ist jedoch durch die Darlegungs- und Förderungslast der Beteiligten begrenzt. Diese eingeschränkte Ermittlungspflicht besteht nur insoweit, als der Vortrag der Beteiligten oder der iÜ dem Gericht bekannte Sachverhalt zu Ermittlungen Anlass gibt. Im Allgemeinen ist davon auszugehen, dass jeder Beteiligte die für ihn vorteilhaften Umstände von sich aus vorträgt. Das glaubhafte Vorbringen des Beteiligten kann der Entscheidung zu Grunde gelegt werden, wenn der Gegner nicht widerspricht. Das Freibeweisverfahren ist jedoch nicht ausgeschlossen.[93] **61**

Setzt sich der **Geschäftswert** aus mehreren Wertteilen zusammen, so kann das Gericht den einen herabsetzen, den anderen erhöhen, wenn der Wertansatz insoweit zu Unrecht erfolgte (s. auch Rn. 65); jedoch darf der Gesamtwert bei Einwendungen des Kostenschuldners nicht höher sein als in der Kostenberechnung des Notars.[94] Das Gericht hat jedoch das Beweisaufnahmeverbot des § 19 Abs. 2 S. 1 zu beachten.[95] **61a**

d) Entscheidung des LG. Bei Unzulässigkeit erfolgt Verwerfung, bei Unbegründetheit Zurückweisung, sachlich ist der gewählte Ausdruck ohne Bedeutung. Der Tenor hängt von der Lage des Einzelfalles ab, bei Beschwerde des Schuldners also Aufhebung der Kostenberechnung oder Abänderung, wobei nach KG in der Beschlussformel zum Ausdruck zu bringen ist, dass aus der Kostenberechnung in der bisherigen Form nicht mehr vollstreckt werden kann.[96] **62**

Sind die Kosten bereits **bezahlt,** so ist auf Rückzahlung der zu viel erhobenen Kosten zu erkennen, soweit der Kostenschuldner Beschwerde eingelegt hat (§ 157 Abs. 2).[97] **62a**

---

[89] KG DNotZ 1937, 769.
[90] KG JFGErg. 18, 146 = DtRpfl. 1938 Nr. 548; DNotZ 1940, 284; BayObLG Rpfleger 1955, 337; OLG Hamm Rpfleger 1957, 26; JVBl. 1963, 202.
[91] KG DNotZ 1940, 206.
[92] BayObLG NotBZ 2004, 196 = NJW-RR 2003, 1295 = FGPrax 2003, 97; OLG Hamm NotBZ 2004, 197 = FGPrax 2003, 97.
[93] So mit Recht *Denk* NotBZ 2004, 185.
[94] BayObLG MittBayNot 1977, 1407.
[95] BayObLG DNotZ 1988, 451.
[96] DNotZ 1943, 16 = JVBl. 1942, 177, 181.
[97] OLG München DNotZ 1944, 72.

§ 156

Im Verfahren auf Anweisung der vorgesetzten Dienstbehörde (Abs. 6) ist ein Antrag des Kostenschuldners nach § 157 Abs. 1 S. 1 erforderlich (§ 157 Rn. 16, 18).[98] Bei Anrufung auf Weisung der Dienstbehörde Bestätigung der Kostenberechnung oder Änderung, bei Erlöschen der Kostenschuld oder Einwendung gegen die Inanspruchnahme auf Unzulässigerklärung der Zwangsvollstreckung.

63 Erklärt der Notar in einem Verfahren über die Zahlungspflicht eines Schuldners, dass dessen Haftung durch Zahlung eines anderen Schuldners erloschen sei, so ist der Streit[99] gegenstandslos; wird statt der gebotenen **Erledigterklärung** der Hauptsache die Beschwerde gleichwohl aufrechterhalten, so ist sie mangels Rechtsschutzinteresses als unzulässig zu verwerfen. Verwerfung als unzulässig auch, wenn der Kostenschuldner nicht zur Förderung des Sachverhaltes ihm bekannte Tatsachen vorträgt.[100]

64 Das Verfahren des § 156 ist nur gegen den gerichtet, der als Kostenschuldner vom Notar in Anspruch genommen ist und die Kostenrechnung beanstandet hat; das Beschwerdegericht ist gehindert, in einem solchen Verfahren **Mithaftung** einer nach seiner Ansicht gesamtschuldnerisch haftenden anderen Person, die der Notar nicht als Zahlungspflichtiger in Anspruch genommen hat, förmlich im Beschlusstenor auszusprechen.[101]

65 Das LG muss das auf Grund der Änderung errechenbare Ergebnis **selbst festsetzen,** bei Änderung des Geschäftswertes also die Gebühr nach dem richtigen Wert berechnen;[102] nur ausnahmsweise wird es unter Aufhebung der Kostenberechnung die erforderliche Neuberechnung dem Notar übertragen.[103] Das Beschwerdegericht kann auch den Wert anders **schätzen** als der Notar.[104] Soweit dem Notar echtes **Ermessen** (§ 30 Abs. 2, 3) zukommt, kann das LG nur eventuelle Ermessensfehler (Über- oder Unterschreitung, Missbrauch) überprüfen. Erst nach Feststellung eines Ermessensfehlers ist das Gericht zur eigenen Ermessensentscheidung befugt.[105] Nach neuerer Rspr. gelten diese Grundsätze auch für § 30 Abs. 1, obwohl hier ein wirtschaftlicher (und nicht fiktiver Wert wie bei § 30 Abs. 2) geschätzt wird. Auch bei Wertschätzung nach § 30 Abs. 1 gilt nur dann etwas anderes, wenn der Notar sein Ermessen fehlerhaft ausgeübt hat.[106] Ficht der Kostenschuldner die Gebühren an, kann das Gericht den Gebührensatz und den Geschäftswert bis zur Grenze des ursprünglich vom Notar berechneten Betrags verändern (kein Verstoß gegen das Verbot der Schlechterstellung).[107] Dies gilt jedoch nicht, wenn Gegenstand der Kostenberechnung mehrere (selbständige) Geschäfte sind.[108]

66 Über welche Einwendungen befunden ist, muss in der Beschlussformel zum Ausdruck kommen;[109] doch kann nach allgemeiner Lehre ein unvollständiger Tenor aus den Gründen ausgelegt werden.

67 Der **Präsident des Landgerichts** ist aus verfassungsrechtlichen Gründen daran gehindert, im Notarkostenbeschwerdeverfahren als Richter mitzuwirken, wenn er einen Notar angewiesen hat, wegen seiner Kostenberechnung die gerichtliche Entscheidung herbeizuführen.[110] Gleiches gilt, bei der gesetzlich gebotenen Anhörung des Präsidenten im Beschwerdeverfahren, wobei unbeachtlich ist, ob der Präsident sich auf die Aktenvorlage hin zur Sache äußert oder nicht, da er sich, um zu einer entsprechenden Entscheidung zu

---

[98] LG Würzburg MittBayNot 1984, 96.
[99] BayObLG Rpfleger 1955, 337.
[100] OLG Frankfurt DNotZ 1970, 123 = Rpfleger 1969, 403; s. auch OLG Düsseldorf DNotZ 1972, 121 = Rpfleger 1971, 373.
[101] OLG Frankfurt DNotZ 1962, 434.
[102] OLG München DNotZ 1944, 82; BayObLG NJW 1961, 676; Rpfleger 1955, 337.
[103] KG JFGErg. 22, 61 = JVBl. 1941, 54; OLG Zweibrücken MittBayNot 1981, 208.
[104] OLG Düsseldorf Rpfleger 1987, 219 m. abl. Anm. *Baumann*; *Lappe* NJW 1988, 3136.
[105] KG KostRsp. Nr. 184 m. Anm. *Lappe*.
[106] BayObLG 1982, 1385; JurBüro 1997, 487; OLG Köln MittRhNotK 1991, 226; OLG Düsseldorf JurBüro 1996, 101 = NJW-RR 1996, 126.
[107] OLG Hamm JurBüro 1992, 343 = KostRsp. Nr. 160 m. Anm. *Lappe*.
[108] *Lappe* (vorige Fn.).
[109] KG JFGErg. 18, 197 = DNotZ 1938, 399 = JVBl. 1938, 258.
[110] BayObLG Rpfleger 1987, 478 = DNotZ 1988, 260; OLG Hamm MittBayNot 1998, 202 = ZNotP 1998, 254 = JurBüro 1998, 153.

Einwendungen gegen die Kostenberechnung § 156

kommen, vorher mit der Sache befassen muss.[111] Für den Vizepräsidenten als ständiger Vertreter des Präsidenten des Landgerichts s. OLG Brandenburg.[112]

Gegen die Zurückweisung eines Antrags auf Ablehnung eines Mitglieds der Beschwerdekammer besteht das Rechtsmittel der weiteren Beschwerde jedoch nur, wenn sie das Landgericht zugelassen hat.[113] 67a

2. Zustellung

Die Entscheidung ist allen, die nach Abs. 1 S. 2 zu hören waren, zuzustellen, sowohl wegen der Rechtskraftwirkung, als auch um die Frist zur weiteren Beschwerde in Lauf zu setzen;[114] bei bloßer formloser Mitteilung beginnt die Beschwerdefrist nicht zu laufen. Für den Notar selbst genügt nach § 212a ZPO das mit Datum und Unterschrift versehene schriftliche Empfangsbekenntnis. 68

Wegen der Vorlage von Beschwerdeentscheidungen des LG an die Dienstaufsichtsbehörde s. § 56 Abs. 3 KostVfg. 69

VI. Weitere Beschwerde

Die weitere Beschwerde ist wesentlich abweichend von den Bestimmungen der ZPO geregelt. Sie findet in Notarkostensachen selbst dann nur bei Zulassung statt, wenn den Rechtsmitteln auch die Verletzung des rechtlichen Gehörs geltend gemacht wird.[115] 70

1. Zuständigkeit

Zuständig sind nicht mehr (wie nach der VO vom 23. 3. 1936) das KG und das OLG München, sondern alle **Oberlandesgerichte.** Zur Zentralisierung s. § 14 Rn. 192. 71

Ausnahmsweise ist nach § 28 Abs. 3 FGG für die weitere Beschwerde der **BGH** zuständig. Dies ist der Fall, wenn das OLG bei Auslegung einer bundesgesetzlichen Vorschrift (hier: KostO) von der auf weitere Beschwerde ergangenen Entscheidung eines anderen Oberlandesgerichts, falls über die Rechtsfrage aber bereits eine Entscheidung des BGH ergangen ist, von dieser abweichen will (**Divergenzvorlage,** § 28 Abs. 2 FGG). 71a

Die Zuständigkeit des BGH als Rechtsbeschwerdegericht wurde durch Streichung der früheren Ausnahmeregelung des § 156 Abs. 4 S. 4 geschaffen.[116] Damit wird in der langjährigen Geschichte der KostO erstmalig eine Vereinheitlichung der bislang von OLG zu OLG unterschiedlichen Rspr. in Notarkostensachen ermöglicht. 71b

Das OLG ist zur Vorlage an den BGH **verpflichtet,** wenn die Voraussetzungen vorliegen.[117] Die Voraussetzungen der Divergenzvorlage prüft das OLG; die Beteiligten können selbst nicht unmittelbar den BGH anrufen. Der Beschluss (mit Begründung der Rechtsauffassung des Gerichts) ist dem Beschwerdeführer (§ 28 Abs. 2 S. 2 FGG) **und** den weiteren Beteiligten (Wahrung des rechtlichen Gehörs!) bekannt zu machen.[118] 71c

2. Frist und Form

Sie ist an eine **Frist** von einem Monat gebunden. Die Frist beginnt je mit der Zustellung an die einzelnen Verfahrensbeteiligten. 72

Die Frist ist Notfrist, daher die Beschwerde eine sofortige;[119] das LG kann daher seine Entscheidung nicht selbst ändern. 73

Anwaltszwang besteht nicht; die Einlegung kann schriftlich oder zur Niederschrift des Rechtspflegers (§ 24 Abs. 1 Nr. 1 RPflG) des LG oder OLG erfolgen. 74

---

[111] BayObLGZ 1987, 228 = DNotZ 1988, 260; s. auch OLG Stuttgart KostRsp. Nr. 42.
[112] NotBZ 2000, 128 = MDR 2000, 665; ebenso OLG Hamm MittBayNot 1998, 202 = JurBüro 1998, 153 = MittRhNotK 1998, 182 = ZNotP 1998, 254.
[113] BayObLGZ 2003 Nr. 3.
[114] JFGErg. 18, 208.
[115] OLG Frankfurt JurBüro 1992, 545.
[116] Art. 33 Nr. 3 Zivilprozessreformgesetz vom 27. 7. 2001 (BGBl. I S. 1887).
[117] *Keidel/Kuntze/Winkler/Kahl* § 28 FGG Rn. 10.
[118] *Keidel/Kuntze/Winkler/Kahl* § 28 FGG Rn. 30 mwN.
[119] JFGErg. 16, 53.

75　Auch eine **Anschlussbeschwerde** des Kostenschuldners oder des Notars ist an die Frist gebunden. Die frühere hM hat die unselbständige Anschlussbeschwerde im Verfahren nach § 156 als unzulässig erachtet.[120] Da im Verfahren nach § 156 das Verbot der Schlechterstellung des Beschwerdeführers gilt, ist aus Gründen der Einheitlichkeit der Rechtsanwendung und Rechtssicherheit im Einklang mit der Rspr. zur unselbständigen Anschlussbeschwerde in der freiwilligen Gerichtsbarkeit die Zulässigkeit zu bejahen.[121]

3. Beschwerdeberechtigte

76　Während Erstbeschwerde nur der **Kostenschuldner** einlegen kann, kann weitere Beschwerde auch der **Notar** von sich aus (also auch ohne Anweisung der Dienstbehörde) einlegen, sofern die sonstigen Voraussetzungen gegeben sind. Beschwerdeberechtigt sind weiter alle Kostenschuldner, auch soweit sie nicht Erstbeschwerde eingelegt haben,[122] im Falle des § 58 Abs. 3 BNotO und dem entsprechenden Falle, dass die die Urkunden verwahrende Stelle sich weigert, auf Verlangen weitere Beschwerde gegen die Entscheidung des LG einzulegen, auch der ausgeschiedene Notar oder Rechtsnachfolger des verstorbenen Notars.

77　Die vorgesetzte Dienstbehörde kann den Notar zur Einlegung der weiteren Beschwerde anweisen. Die **Anweisung** darf aber nicht so allgemein gehalten sein, dass sie nicht erkennen lässt, in welcher Richtung die ergangene Entscheidung angefochten werden soll,[123] wenngleich die Beschwerde keiner Begründung bedarf;[124] andererseits genügt eine allgemeine Bezeichnung, die unter Berücksichtigung der späteren Stellungnahme der Dienstbehörde auszulegen ist, nur die Richtung muss erkennbar sein;[125] auf die Anträge des Notars kommt es bei der Weisungsbeschwerde nicht an.

78　Die weitere Beschwerde nach § 156 Abs. 2 kann nur der Beteiligte des Verfahrens einlegen, der durch die Entscheidung des LG zur Rechtsfrage, wegen der die weitere Beschwerde zugelassen ist, **beschwert** ist.[126] Hat das LG bei gleichzeitiger Entscheidung über mehrere Kostenberechnungen des Notars weitere Beschwerde nur bezüglich einer der Kostenberechnungen **zugelassen,** so ist weitere Beschwerde nur bezüglich dieser Kostenberechnungen möglich.[127]

79　Dem Notar, dessen **Amtssitz verlegt** ist, steht gegen die Weigerung seines Amtsnachfolgers, die vollstreckbare Ausfertigung einer Kostenberechnung für eine von ihm am früheren Amtssitz vorgenommene Beurkundung zu erteilen, die Beschwerde nach § 156 nicht zu.[128]

4. Zulässigkeit

80　Die weitere Beschwerde gegen die Entscheidung des Landgerichts ist zulässig, wenn das Landgericht sie in der Entscheidung wegen der grundsätzlichen Bedeutung ausdrücklich zugelassen hat.[129] Eine Nachholung der Zulassung ist nicht möglich.[130] Hat das Landgericht den Grundsatz des rechtlichen Gehörs verletzt und die weitere Beschwerde nicht zugelassen, so ist die weitere Beschwerde ebenfalls nicht möglich. Sie ist ohne Sachprüfung zu verwerfen.[131] Hat das Landgericht die weitere Beschwerde nicht zugelassen, unterbleibt jegliche Nachprüfung. Vor in Kraft treten des Zivilprozessreformgesetzes vom 27. 7. 2001

---

[120] OLG Schleswig Rpfleger 1956, 325; KG Rpfleger 1972, 269; 12. Aufl. Rn. 75.
[121] KG DNotZ 1988, 200 mwN.
[122] KG JVBl. 1939, 60.
[123] OLG Düsseldorf DNotZ 1959, 328 = JVBl. 1959, 36; BayObLG FGPrax 1997, 197.
[124] OLG Celle DNotZ 1961, 87.
[125] OLG Celle DNotZ 1961, 87.
[126] OLG Hamburg Rpfleger 1958, 37.
[127] OLG Hamm JurBüro 1956, 305.
[128] BayObLG DNotZ 1964, 53.
[129] OLG Hamm DNotZ 1974, 507 = Rpfleger 1974, 276; OLG Jena NotBZ 2001, 70 = FGPrax 2000, 251.
[130] BayObLG Rpfleger 1955, 337; KG Rpfleger 1962, 126; OLG Frankfurt DNotZ 1955, 274.
[131] BayObLG JurBüro 1984, 95; 1988, 362; OLG Frankfurt Beschluss vom 18. 11. 2002, 20 W 393/02; Beschluss vom 15. 1. 2003, 20 W 498/02; Beschluss vom 6. 2. 2003, 20 W 39/03.

Einwendungen gegen die Kostenberechnung **§ 156**

hat der BGH[132] die weitere Beschwerde für möglich gehalten bei Vorlage einer **greifbaren Gesetzwidrigkeit**. Diese wurde dann angenommen, wenn die Entscheidung schlechthin mit der Rechtsordnung nicht vereinbar war (Fehlen jeglicher gesetzlicher Grundlage und wenn eine Entscheidung dieser Art oder dieses Inhalts oder dieser Stelle oder auf Grund eines derartigen Verfahrens im Gesetz überhaupt nicht vorgesehen ist). Ein außerordentliches im Gesetz nicht vorgesehenes Rechtsmittel besteht nach der Neuregelung des Beschwerderechts durch das Zivilprozessreformgesetz nicht mehr.

Die in Ausnahmefällen nach der früheren Rspr. zulässige **außerordentliche Beschwerde**[133] ist nach Einfügung des § 29a FGG (BGBl. 2004 I S. 3221) auch im Verfahren der freiwilligen Gerichtsbarkeit **nicht mehr statthaft**. In entsprechender Anwendung des § 156 Abs. 4 S. 4 gilt dies auch für ein Beschwerdeverfahren über Notarkosten. Das Verfahren ist auf Rüge eines durch eine gerichtliche Entscheidung beschwerten Beteiligten fortzuführen, wenn ein Rechtsmittel oder eine andere Abänderungsmöglichkeit nicht mehr gegeben ist (§ 29a Abs. 1 Nr. 1 FGG) und das Gericht den Anspruch dieses Beteiligten auf rechtliches Gehör in entscheidungserheblicher Weise verletzt hat (§ 29a Abs. 1 Nr. 2 FGG). Damit hat der Gesetzgeber für das Verfahren der freiwilligen Gerichtsbarkeit eine dem Zivilverfahren entsprechende Regelung (§ 321a ZPO) geschaffen. Deshalb ist die vom BGH[134] zum Zivilverfahren vertretene Auffassung,[135] wonach eine **Fehlerkorrektur innerhalb der Instanz** der Eröffnung eines außerordentlichen Rechtsmittels zum übergeordneten Gericht vorzuziehen ist, auch auf das Verfahren der freiwilligen Gerichtsbarkeit zu übertragen.[136] Hilft das angerufene Gericht dem Grundrechtsverstoß nicht ab, ist nach Auffassung des BGH allein die Verfassungsbeschwerde gegeben.[137] Auch in dem vom OLG Zweibrücken[138] entschiedenen Fall (hier rügt der Beteiligte Verletzung rechtlichen Gehörs) hätte nur das LG das Verfahren fortsetzen können (§ 29a Abs. 1 FGG). Die Eröffnung eines außerordentlichen Rechtsmittels zum übergeordneten Gericht hat das OLG mit Recht abgelehnt. Mit Wirkung zum 1.1.2005 wurde § 157a in die KostO eingefügt. Dadurch wird dem LG die Möglichkeit eingeräumt, seine sonst unanfechtbare Entscheidung selbst zu korrigieren, wenn der Anspruch eines Beteiligten auf rechtliches Gehör in entscheidungserheblicher Weise verletzt worden ist. Gemäß § 157a Abs. 2 S. 1 ist die Rüge innerhalb von zwei Wochen nach Kenntnis von der Verletzung des rechtlichen Gehörs zu erheben, wobei der Zeitpunkt der Kenntnisnahme glaubhaft darzulegen ist. Mit Hilfe dieses Rechtsmittels soll dem LG die Möglichkeit gegeben werden, sog. **„Pannen-Fälle"** korrigieren zu können.[139]

80a

Eine **Einschränkung** der Zulassung (nur für einen Beteiligten, nur für eine bestimmte Rechtsfrage usw.) gilt als nicht gesetzt und macht die weitere Beschwerde unbeschränkt zulässig,[140] sie kann aber auf einen selbständigen, abtrennbaren Teil des Kostenstreits, auf einen von mehreren Kostenansprüchen oder auf die Entscheidung darüber, ob der Kostenberechnung der richtige Geschäftswert zugrunde liegt, beschränkt werden.[141] Eine Beschränkung auf einzelne Teile des Geschäftswerts ist jedoch unzulässig,[142] ebenso die Vorgabe, zwischen zwei Gebührensätzen zu entscheiden.[143]

81

---

[132] NJW-RR 1986, 1264.
[133] BGHZ 109, 41, 43; 130, 97, 99; BayObLG FGPrax 1999, 160; OLG Jena FGPrax 2000, 251.
[134] NJW 2002, 1577 = MDR 2002, 901.
[135] S. auch OLG Celle ZIP 2002, 2058; KG MDR 2002, 2086.
[136] OLG Zweibrücken Beschluss vom 2.6.2004, 3 W 99/04; OLG Frankfurt NJOZ 2003, 3475; BayObLG MDR 2003, 410 = FGPrax 2003, 25; KG FGPrax 2005, 66, jeweils für die Zeit vor Inkrafttreten des § 29a FGG.
[137] BGH NJW 2002, 1577; OLG Rostock NotBZ 2003, 122 m. Anm. *Lappe*.
[138] MittBayNot 2006, 75 = FGPrax 2005, 233 = MDR 2005, 1245.
[139] Hierzu iE *Wudy* NotBZ 2006, 69.
[140] DNotZ 1939, 281.
[141] OLG Düsseldorf DNotZ 1970, 611; OLG Frankfurt DNotZ 1978, 118; BayObLG JurBüro 1984, 915; OLG Düsseldorf JurBüro 1992, 551 = KostRsp. Nr. 183 m. Anm. *Lappe*; aA OLG München DNotZ 1944, 83.
[142] BayObLG MittBayNot 1977, 140.
[143] *Lappe* KostRsp. Nr. 183 Anm.

82 Hat das LG den Grundsatz **rechtlichen Gehörs** verletzt und die weitere Beschwerde nicht zugelassen, so ist weitere Beschwerde nicht zulässig. Sie ist ohne Sachprüfung zu verwerfen;[144] jedoch kann das LG dies zum Anlass nehmen, die Anhörung nachzuholen und ggf. den ergangenen (bereits unanfechtbaren) Beschluss zu ändern;[145] s. § 14 Rn. 173, 194.

83 Eine bestimmte **Beschwerdesumme** ist nicht vorgesehen,[146] doch muss eine **Beschwer** überhaupt vorliegen. Ist dies der Fall, so kann nur der Beteiligte des Verfahrens weitere Beschwerde einlegen, der durch die Entscheidung des LG beschwert ist.[147] Demnach kann der Notar nicht von sich aus weitere Beschwerde zugunsten des Kostenschuldners einlegen,[148] auch auf Anweisung der vorgesetzten Dienstbehörde nicht, wenn diese mit ihrer auf Erhöhung zielenden Anweisungsverfügung beim LG durchgedrungen ist.[149]

84 Hat der Notar auf Anweisung der vorgesetzten Dienstbehörde weitere Beschwerde eingelegt, so kommt es nicht darauf an, ob die vorgesetzte Dienstbehörde beschwert ist, weil Beschwer derselben begrifflich nicht möglich ist.[150]

85 Die Bestimmung in Abs. 6 S. 2, dass die Beschwerdeentscheidung auch auf eine Erhöhung lauten könne, gilt nur für den Fall, dass der Notar bereits Erstbeschwerde mit dem Ziele der Erhöhung auf Weisung der Dienstbehörde eingelegt hatte; ist allerdings die vorgesetzte Dienstbehörde vor dem LG nicht gehört worden, so ist ihre zur weiteren Beschwerde gegebene Anweisung maßgebend.

86 Der zur weiteren Beschwerde gestellte Antrag eines anderen Kostenschuldners kann den zur Erstbeschwerde gestellten nicht **erweitern,** es sei denn, dass dieser Kostenschuldner vom LG nicht gehört wurde. Auch die von der Dienstbehörde zur weiteren Beschwerde gegebene Anweisung kann die zur Erstbeschwerde gegebene nur einengen, nicht erweitern, sofern die Dienstbehörde vom LG gehört worden ist.[151]

87 Einer **Begründung** bedarf es trotz des entgegenstehenden Wortlautes bei der weiteren Beschwerde in Kostensachen ebenso wenig wie bei § 27 FGG, gleichgültig, ob die weitere Beschwerde vom Kostenschuldner, vom Notar oder von diesem auf Weisung der Dienstbehörde eingelegt ist.[152]

88 Auch das Gericht der weiteren Beschwerde ist an die gestellten Anträge gebunden.[153]

5. Rechtsbeschwerde

89 Die weitere Beschwerde ist Rechtsbeschwerde. Das Beschwerdegericht ist daher an die **tatsächlichen** Feststellungen gebunden. Auf neue Tatsachen kann die weitere Beschwerde nicht gestützt werden.[154] Das Beschwerdegericht hat nur zu prüfen, ob das LG das Gesetz auf den festgestellten Sachverhalt richtig angewendet hat. Bei **Rahmengebühren** ist nur zu prüfen, ob das LG die maßgeblichen Gesichtspunkte herangezogen und gewürdigt hat, hingegen hat das OLG nicht sein eigenes Ermessen an die Stelle eines fehlerfrei zustande gekommenen Ermessens des LG zu setzen.[155]

6. Entscheidung

90 Die Entscheidung lautet, wenn die weitere Beschwerde unbegründet ist, auf Zurückweisung. Ist sie auf Grund eines Verfahrensmangels begründet, so ist die LG-Entscheidung

---

[144] BayObLG JurBüro 1984, 95; 1988, 362.
[145] OLG Schleswig JurBüro 1984, 101.
[146] BayObLG Rpfleger 2000, 471 m. Anm. *Waldner.*
[147] OLG Hamburg DNotZ 1955, 660.
[148] DNotZ 1937, 646; BayObLG MittBayNot 1981, 210.
[149] KG JFGErg. 19, 192 = DNotZ 1938, 757; OLG Stuttgart DNotZ 1974, 500; OLG Zweibrücken JurBüro 1988, 1054.
[150] BayObLG Rpfleger 1966, 154; OLG Bremen DNotZ 1966, 116; KG Rpfleger 1968, 368; *Lappe* Anm. zu KostRsp. Nr. 29, 59.
[151] KG JVBl. 1939, 60; DNotZ 1940, 250.
[152] OLG Celle DNotZ 1961, 87; Rpfleger 1964, 293; OLG Schleswig Rpfleger 1962, 397.
[153] JFGErg. 18, 205; OLG Stuttgart Rpfleger 1974, 332.
[154] BayObLG DNotZ 1988, 451.
[155] KG JFGErg. 21, 79; OLG München DNotZ 1944, 83; OLG Frankfurt DNotZ 1970, 522.

aufzuheben und zurückzuverweisen; ist sie sachlich unbegründet, so kann das OLG unter Aufhebung der Entscheidung des LG selbst endgültig entscheiden; sofern aber weitere Aufklärung tatsächlicher Art notwendig ist, ist aufzuheben und zur weiteren Klärung mit Anweisung zurückzuverweisen. Beruhte die Kostenberechnung bzw. die Beschwerdeentscheidung auf einer Wertschätzung gemäß § 30 Abs. 2, so kann diese nur rechtlich, nicht jedoch tatsächlich überprüft werden.[156]

Hat das LG den Kostenschuldner nicht gehört, so ist wegen Art. 103 Abs. 1 GG zurückzuverweisen. **91**

Zur Frage der weiteren Beschwerde, wenn sich die **Hauptsache erledigt** hat, vgl. OLG Neustadt.[157] **92**

Die Entscheidung wird wirksam mit der Bekanntgabe; **Zustellung** ist nicht notwendig, da – mit Ausnahme vielleicht bzgl. der Verfassungsbeschwerde – keine Frist in Lauf gesetzt wird. **93**

VII. Rechtskraftwirkung der Entscheidung

1. Persönliche Rechtskraftwirkung

War Beschwerdegegenstand die **Zahlungspflicht** oder die Erteilung der **Vollstreckungsklausel,** so wirkt die Entscheidung nur im Verhältnis dieses Kostenschuldners zum Notar. Beschwerden weiterer Kostenschuldner schließt sie nicht aus, selbst wenn dort über dieselbe Tat- oder Rechtsfrage zu entscheiden ist. **94**

Richtet sich hingegen die Beschwerde bzw. weitere Beschwerde gegen den **Grund oder die Höhe der Kosten,** so wirkt die Entscheidung nicht nur zwischen dem beschwerdeführenden Kostenschuldner und dem Notar, sondern auch gegenüber den anderen Kostenschuldnern und der Dienstbehörde; deshalb müssen diese im Verfahren vor dem LG gehört werden.[158] **95**

Sind sie dort nicht gehört, so gebietet der Grundsatz des **rechtlichen Gehörs** (Art. 103 Abs. 1 GG), dass die Entscheidung ihnen gegenüber nicht rechtskräftig wird.[159] Entgegen KG[160] und OLG Hamm[161] muss dem vor dem LG nicht gehörten Beteiligten die Erstbeschwerde zustehen, da „die weitere Beschwerde für den anderen Kostenschuldner keinen hinreichenden Ersatz für das unterbliebene Gehör in der Tatsacheninstanz darstellt, weil sie nur Rechtsbeschwerde ist".[162] Mangels rechtlichen Gehörs eines Beteiligten in der Tatsacheninstanz vor dem LG verbleibt dem dort nicht gehörten Beteiligten in jedem Falle das Erstbeschwerderecht.[163] **96**

Ist gegen den Kostenschuldner bereits rechtskräftig entschieden, ergeht aber auf neuerliche (unzulässige) Anrufung nach Weisung der Dienstbehörde eine neuerliche kostenerhöhende Entscheidung des LG und legt der Schuldner keine Beschwerde hiergegen ein, so soll[164] die Rechtskraft dieses Beschlusses die des früheren aufheben. **97**

2. Sachliche Rechtskraftwirkung

Bei Einwendungen gegen die **Zahlungspflicht** oder die **Vollstreckungsklausel** ergreift sie den gesamten Kostenanspruch, allerdings nur im Verhältnis des Notars zum beschwerdeführenden Kostenschuldner. **98**

Bei Einwendungen gegen **Grund oder Höhe der Kosten** erstreckt sich die Rechtskraft auf das, was die Entscheidung ausspricht, unter Berücksichtigung des Umstandes, dass alle bis zum Erlass der LG-Entscheidung objektiv gegebenen Einwendungen geltend zu **99**

---

[156] *Lappe* NJW 1988, 3136.
[157] MDR 1960, 936
[158] OLG Hamm DNotZ 1950, 44.
[159] So *Pohle* in der Besprechung unserer 5. Aufl. FamRZ 1960, 82.
[160] JFGErg. 18, 205 = DNotZ 1938, 304.
[161] DNotZ 1950, 44.
[162] So *Pohle* in der Besprechung unserer 5. Aufl. FamRZ 1960, 82.
[163] OLG Saarbrücken DNotZ 1967, 769.
[164] KG JFGErg. 18, 205 = DNotZ 1938, 304.

§ 156

machen sind, gleichviel, ob sie dem Beschwerdeführer seinerzeit bekannt waren oder nicht.[165] Eine Bestätigung oder Änderung der Kostenberechnung schließt daher Einwendungen, die erst nach Erlass der LG-Entscheidung entstanden sind, nicht aus. Auch kann eine wiederholte Beschwerde nicht darauf gestützt werden, dass der Kostenschuldner erst nach Rechtskraft von einer bei der Beurkundung begangenen Amtspflichtverletzung des Notars Kenntnis erlangt hat.[166] Soweit über den Kostenanspruch nach Grund und Höhe rechtskräftig entschieden ist, ist neuerliche Entscheidung hierüber ebenso wenig zulässig, wie Nachforderung durch den Notar, auch auf Weisung der vorgesetzten Dienstbehörde nicht.[167]

99a Die materielle Rechtskraft der im Verfahren nach § 156 ergangenen gerichtlichen Entscheidung hindert den Notar, für dasselbe gebührenpflichtige Geschäft Kosten nachzuerheben, etwa wegen Annahme eines höheren Geschäftswertes.[168] Der Notar ist jedoch nicht gehindert, weitere Ansprüche aus gebührenrechtlich selbständigen Geschäften zu erheben, selbst bei Geschäften, die mit der geprüften Kostenberechnung im Zusammenhang stehen und die Gebühr dafür vor der Entscheidung des LG in dem vorausgegangenen Verfahren entstanden ist.[169] Das KG[170] hat aber in einer neueren Entscheidung ausdrücklich offen gelassen, ob möglicherweise anders zu entscheiden gewesen wäre, wenn der Notar seine Kostenberechnung unmissverständlich als Teilforderung bezeichnet hätte. Hat das Beschwerdegericht gegen den Grund oder die Höhe der Kosten rechtskräftig entschieden, so wirkt die Entscheidung auch gegenüber weiteren Kostenschuldnern und der Dienstbehörde. Dadurch ist auch deren Anhörung im Verfahren vor dem LG begründet.[171]

100 Soweit über die **Aufrechnung** mit einer Schadensersatzforderung gegen den Notar entschieden ist, ist auch über den aufgerechneten Betrag des Schadensersatzanspruchs rechtskräftig befunden.[172] Der Aufrechnungseinwand des Schuldners einer notariellen Kostenforderung ist nach Ablauf der Beschwerdefrist des § 156 Abs. 3 S. 1 unzulässig, wenn die Aufrechnungslage bereits vor Fristablauf entstanden ist. Hat der Schuldner rechtzeitig innerhalb der Frist des § 156 Abs. 3 S. 1 die Kostenberechnung beanstandet, so wird die dagegen gerichtete Beschwerde nicht wegen Fristablaufs unzulässig, wenn der Notar sich auf die Beanstandung hin passiv verhält, also weder die Kostenberechnung korrigiert oder zurücknimmt, noch den Kostenschuldner auf den Beschwerdeweg verweist oder selbst die Entscheidung des LG beantragt.[173]

101 Die Besonderheit der Rechtskraftwirkung hinsichtlich der Gerichtskosten für den Fall, dass nachträglich ein bisher nicht geprüfter Rechnungsposten beanstandet wird, kommt im Verfahren des § 156 nicht in Betracht, da § 154 eine **gemeinschaftliche Kostenberechnung** nicht kennt. Hat dennoch ein Notar eine gemeinsame Kostenberechnung über mehrere selbständige Geschäfte aufgestellt, so wirkt die Rechtskraft der auf Einwendung eines Kostenschuldners ergangenen Entscheidung, selbst wenn die Einwendungen nur gegen einen der mehreren selbständigen Ansätze erhoben wurden, auf die ganze Kostenberechnung, da im Verfahren des § 156 alle gegen die zur Entscheidung stehende Kostenberechnung gegebenen Einwendungen bei Verlust der Geltendmachung vorzubringen sind.

102 Durch die materielle Rechtskraft einer Entscheidung über eine Kostenberechnung des Notars wird der Notar aber nicht gehindert, **weitere Kostenansprüche** für gebührenrechtlich selbständige Geschäfte zu erheben, mögen diese Geschäfte auch mit den Geschäften, die Gegenstand der bereits rechtskräftig überprüften Kostenberechnung waren, in Zu-

---

[165] HM, OLG Zweibrücken DNotZ 1988, 193; s. auch *Mümmler* JurBüro 1985, 837.
[166] OLG Zweibrücken DNotZ 1988, 193.
[167] KG DNotZ 1943, 17; 1963, 346; OLG Oldenburg DNotZ 1965, 447.
[168] KG DNotZ 1963, 346 = Rpfleger 1962, 456; JurBüro 2002, 601 = ZNotP 2003, 118.
[169] KG DNotZ 1963, 346 = Rpfleger 1962, 456.
[170] JurBüro 2002, 601 = ZNotP 2003, 118.
[171] OLG Hamm DNotZ 1950, 44; § 156 Rn. 94, 95.
[172] KG DNotZ 1940, 29.
[173] OLG Düsseldorf NotBZ 2001, 36.

3. Neuerliche Beschwerde

Die rechtskräftige Entscheidung bestimmt endgültig über die Höhe der Gebühr des Notars; eine spätere **Nachforderung** für die gleiche Tätigkeit ist ausgeschlossen.[175] 103

Neuerliche Erstbeschwerde des Kostenschuldners oder ausgeschiedenen Notars bzw. neuerliche Anweisung der vorgesetzten Dienstbehörde ist aber zulässig, soweit nicht die sachliche Rechtskraftwirkung sie ausschließt; daher kommen regelmäßig neuerliche Erstbeschwerden nur bei Einwendungen in Betracht, die sonst mit der Vollstreckungsgegenklage verfolgt werden müssten (Zahlung, Aufrechnung usw.). 104

Ferner ist Nachforderung bzw. neuerliche Erstbeschwerde zulässig, soweit nicht die persönliche Rechtskraftwirkung entgegensteht, also nur bei Nichtanhörung eines Verfahrensbeteiligten im Verfahren vor dem LG und vor dem OLG und Nichtzustellung der Entscheidung des LG. 105

Ein nachträgliches erneutes Beschwerdeverfahren ist ferner statthaft im Sonderfall des § 157 (s. dort). 106

4. Auswirkung der Entscheidung (Vollstreckungsverfahren)

Die Vollstreckung der Kostenforderung erfolgt grundsätzlich aus der vollstreckbaren **Kostenberechnung** des Notars (§ 155). Sind die Kosten wegen Weigerung des Notariatsverwalters oder der die Urkunden verwahrenden Stelle im Beschwerdeverfahren festgesetzt worden, so ist die Entscheidung des Gerichts mit der Vollstreckungsklausel zu versehen, die Vollstreckung findet aus der **Entscheidung** statt; ebenso im Sonderfall des § 157 (s. dort). 107

In allen anderen Fällen erteilt nach Rechtskraft einer kostenerhöhenden Entscheidung der Notar sich selbst die Klausel bezüglich des Erhöhungsbetrages, während er bei einer Herabsetzung der Kosten seine Berechnung berichtigt oder die bereits erteilte Klausel mit einem entsprechenden einschränkenden Vermerk versieht oder einen beschränkenden Vollstreckungsauftrag erteilt. 108

VIII. Kosten des Verfahrens

Die Kosten des Verfahrens sind selbständig und wesentlich abweichend von den Vorschriften der ZPO geregelt. Es ist jeweils zu unterscheiden zwischen gerichtlichen Gebühren, gerichtlichen Auslagen und außergerichtlichen Auslagen. Für das **Kostenfestsetzungsverfahren** gilt § 156 Abs. 2 S. 2 nicht. Es richtet sich nach § 13a Abs. 3 FGG, § 104 Abs. 3 ZPO, §§ 11 Abs. 2, 21 RPflG, der Beschwerdewert nach § 567 Abs. 2 ZPO. 109

1. Kosten des Verfahrens vor dem LG

a) Gebührenfreiheit. Das Verfahren ist in jedem Fall gebührenfrei (Abs. 4 S. 2). 110

b) Gerichtliche Auslagen. Wird die Beschwerde des Schuldners zurückgewiesen, so trägt er allein die Auslagen (§ 2 Nr. 1); hat sie Erfolg, so kann das Gericht nach Abs. 4 S. 4 die Auslagen ganz oder teilweise dem Notar aufbürden; macht es davon keinen Gebrauch, so bleiben die Auslagen unerhoben. Erledigt sich die Beschwerde in der Hauptsache – zB durch Rücknahme der Kostenrechnung –, schuldet die Auslagen der Beschwerdeführer (§ 2 Nr. 1); entsprechende Anwendung von Abs. 4 S. 4 – nach den zu § 91a ZPO entwickelten Grundsätzen.[176] 111

Ruft der Notar auf Beanstandung des Kostenschuldners das LG an (Abs. 1 S. 3) und wird die Anrufung zurückgewiesen, so haftet für die Auslagen der Kostenschuldner allein (§ 2 Nr. 1); wird ihr stattgegeben, so können sie ganz oder teilweise dem Notar aufgebürdet werden, sonst bleiben sie unerhoben. 111a

---

[174] KG DNotZ 1963, 346 = Rpfleger 1962, 456.
[175] KG DNotZ 1943, 17, 33.
[176] *Lappe* KostRsp. Nr. 134 Anm.; aA LG Berlin JurBüro 1983, 1247.

112 Erfolgt die Anrufung auf Weisung der vorgesetzten Dienstbehörde des Notars (Abs. 5), so bleiben die Auslagen unerhoben; weder der Notar noch der Kostenschuldner kann damit belastet werden, gleich wie die Entscheidung lautet.

113 **c) Außergerichtliche Auslagen.** Ob und wieweit eine Erstattungspflicht besteht, bestimmt sich nach § 13a FGG.[177] Nach § 13a Abs. 1 S. 2 FGG hat das Gericht einem Beteiligten, der Kosten durch ein unbegründetes Rechtsmittel oder grobes Verschulden veranlasst hat, diese ihm aufzulegen. Nach § 13a Abs. 1 S. 1 kann das Gericht anordnen, dass die Kosten, die zur zweckentsprechenden Erledigung einer Angelegenheit notwendig waren, von einem Beteiligten ganz oder teilweise zu erstatten sind; § 91 Abs. 1 S. 2 ZPO ist entsprechend anzuwenden.

114 Wegen Grundsätzen s. *Schneider* S. 97–104; *Rohs/Wedewer* Rn. 85 ff.; *Zimmermann* Rpfleger 1958, 69; *Stöber* Rpfleger 1967, 75. Sie ergeben:

115 Für das **Verfahren vor dem LG**: Bei Zurückweisung der Beschwerde des Kostenschuldners wären die außergerichtlichen Auslagen nach § 13a Abs. 1 S. 2 FGG dem Kostenschuldner aufzulegen, was jedoch praktisch selten ist, weil dem Notar im Allgemeinen keine solchen Auslagen entstehen zB die Kosten aus einer Konsultation eines Rechtsanwalts zur Durchsetzung eines Gebührenrückforderungsanspruchs, vorausgesetzt, der Notar hat die Gebühren schuldhaft zu hoch festgesetzt.[178] Auch bei der auf Weisung eingelegten unbegründeten Beschwerde können die außergerichtlichen Kosten dem Notar auferlegt werden.[179] Wird der Beschwerde des Kostenschuldners stattgegeben, so steht es nach § 13a Abs. 1 S. 1 FGG im Ermessen des Gerichts, die außergerichtlichen Auslagen ganz oder teilweise dem Notar aufzuerlegen, insbesondere, wenn dem Notar ein offensichtlicher Fehler unterlaufen ist, ohne den das Verfahren nach § 156 vermieden worden wäre.

116 Für das **Verfahren beim OLG**: Auch bei Weisungsbeschwerde kommt eine Erstattung der Auslagen in Betracht.[180] Bei Zurückweisung der vom Notar oder Kostenschuldner eingelegten weiteren Beschwerde greift § 13a Abs. 1. S. 2 FGG ein, d. h. Auferlegung der Auslagen des Gegners. Hat die weitere Beschwerde ganz oder teilweise Erfolg, so kann das OLG nach § 13a Abs. 1 S. 1 die Erstattung der Auslagen nach Ermessen anordnen. Haben mehrere Kostenschuldner weitere Beschwerde eingelegt und werden alle zurückgewiesen, so haften die Kostenschuldner nach BayObLG[181] für die außergerichtlichen Auslagen des Notars nur als Teilschuldner, doch werden meist nur Portoauslagen entstanden sein. Haben Notar und Kostenschuldner weitere Beschwerde eingelegt und werden beide zurückgewiesen, so findet § 13a Abs. 1 S. 1 Anwendung;[182] regelmäßig trägt jeder seine Auslagen selbst, so dass Anlass zur Entscheidung nach § 13a Abs. 1 S. 1 FGG kaum besteht.[183]

2. Kosten der weiteren Beschwerde (Abs. 4 S. 3)

117 Sie bestimmen sich nach §§ 131, 136 bis 138. Hat die weitere Beschwerde Erfolg, so erwächst keine Gebühr; bei Verwerfung oder Zurückweisung erwächst die Hälfte der vollen Gebühr, bei Rücknahme ein Viertel der vollen Gebühr. Sie fällt dem beschwerdeführenden Kostenschuldner zur Last (§ 2 Nr. 1). Bei teilweiser Verwerfung oder Zurückweisung wird sie nur insoweit erhoben, als sich die Beschwerdegebühr erhöht haben würde, wenn die Entscheidung auf den zurückgenommenen Teil erstreckt worden wäre. Auslagen werden in dem Verfahren der weiteren Beschwerde kaum entstehen (Rechtsbeschwerde).

118 Wegen der außergerichtlichen Auslagen s. Rn. 113.

119 Bei weiterer Beschwerde auf Anweisung der vorgesetzten Dienstbehörde des Notars erwachsen keine Kosten und keine Auslagen, gleich wie die Entscheidung lautet.

---

[177] BayObLG Rpfleger 1960, 166; 1961, 302; OLG Köln Rpfleger 1967, 98; OLG Frankfurt DNotZ 1966, 702; OLG Oldenburg Rpfleger 1968, 101; LG Berlin JurBüro 1983, 1247.
[178] OLG Brandenburg DNotZ 1997, 248 m. Anm. *Waldner*; BayObLG FGPrax 1999, 77.
[179] BayObLG DNotZ 1979, 430.
[180] BayObLG DNotZ 1979, 430
[181] NJW 1960, 32 = Rpfleger 1960, 167.
[182] NJW 1960, 32 = Rpfleger 1960, 167.
[183] NJW 1960, 32 = Rpfleger 1960, 167.

Durch die Entscheidung des OLG kann die Entscheidung des LG bezüglich der Auslagen eine Änderung erfahren. Maßgebend ist die endgültige Entscheidung. Wird die des LG aufgehoben, so entfällt die durch sie begründete Auslagentragungspflicht.

Hält das Beschwerdegericht die vom LG zurückgewiesene Beschwerde des Kostenschuldners für begründet, so hat der Kostenschuldner keine Auslagen zu tragen; nach Abs. 4 S. 4 können die Auslagen dann ganz oder teilweise dem Notar aufgebürdet werden. Hat umgekehrt das LG der Beschwerde des Kostenschuldners stattgegeben, das OLG sie aber abgewiesen, so fallen dem Schuldner die Auslagen der Erstbeschwerde zur Last; die Haftung des Notars entfällt.

3. Sofortige Beschwerde gegen einen Kostenfestsetzungsbeschluss

Bei Auferlegung der außergerichtlichen Kosten des Beschwerdeverfahrens nach § 13a Abs. 1 S. 1 oder S. 2 FGG iVm. § 156 Abs. 4 S. 4 kann der Notar die Kostenfestsetzungsentscheidung nur zusammen mit der Hauptsache anfechten (Voraussetzung: Zulassung der weiteren Beschwerde durch das LG).[184] Hat sich das Verfahren ohne Entscheidung des LG in der Hauptsache erledigt (zB durch Rücknahme der Beschwerde), hängt die Möglichkeit der weiteren Beschwerde ebenfalls von der Zulassung ab (§ 156 Abs. 2 S. 1 und S. 2, Abs. 4 S. 4 iVm. § 20a Abs. 2, § 27 Abs. 2, § 29 Abs. 2 FGG).[185]

Bei Unanfechtbarkeit des LG-Beschlusses ist dem Notar jedoch bei Zweifel über die Richtigkeit anzuraten, die außergerichtlichen Auslagen zu überprüfen und ggf. Einwendungen gegen den Kostenfestsetzungsbeschluss zu erheben. Zwar besteht nicht die Möglichkeit der Aufhebung des Kostenfestsetzungsbeschlusses, da eine Überprüfung der Richtigkeit der LG-Entscheidung bei Nichtzulassung der weiteren Beschwerde ausgeschlossen ist, jedoch können zB die Rechtsanwaltskosten selbst einer Überprüfung unterzogen werden. Rechtsanwaltskosten sind nicht schlechthin erstattungsfähig (§ 139 Abs. 3 FGG verweist nicht auf § 91 Abs. 2 ZPO), Anwaltskosten sind nur insoweit erstattungsfähig, soweit sie im Einzelfall zur zweckentsprechenden Erledigung der Angelegenheit notwendig waren, worüber im Kostenfestsetzungsverfahren zu befinden ist.[186]

4. Wert

Der Wert bestimmt sich nach § 30 Abs. 2. Hierbei ist in erster Linie die Höhe des strittigen Kostenbetrags zu berücksichtigen, weniger das Verhältnis des strittigen Kostenbetrags zu den Gesamtkosten, auf keinen Fall der Geschäftswert der Urkunde, zu welcher die Kosten beanstandet wurden.[187]

IX. FG-Reform

§ 156 soll wie folgt neu gefasst werden: „(1) Gegen die Kostenberechnung (§ 154), einschließlich der Verzinsungspflicht (§ 154a), die Zahlungspflicht und gegen die Erteilung der Vollstreckungsklausel kann die Entscheidung des Landgerichts, in dessen Bezirk der Notar den Amtssitz hat, beantragt werden. Das Gericht soll vor der Entscheidung die Beteiligten und die vorgesetzte Dienstbehörde des Notars hören. Beanstandet der Zahlungspflichtige dem Notar gegenüber die Kostenberechnung, so kann der Notar die Entscheidung des Landgerichts beantragen.

(2) Nach Ablauf des Kalenderjahrs, das auf das Jahr folgt, in dem die vollstreckbare Ausfertigung der Kostenberechnung zugestellt ist, können neue Anträge nach Absatz 1 nicht mehr gestellt werden. Soweit die Einwendung gegen den Kostenanspruch auf Gründen beruhen, die nach der Zustellung der vollstreckbaren Ausfertigung entstanden sind, können sie auch nach Ablauf dieser Frist geltend gemacht werden.

---

[184] *Keidel/Kuntze/Winkler/Zimmermann* § 20a FGG Rn. 9.
[185] OLG Frankfurt KostRspr. Nr. 195; KG FGPrax 2003, 188 = MittBayNot 2004, 141.
[186] *Wudy* NotBZ 2006, 69, 79 mit Hinweis auf KG Beschluss vom 6. 2. 2001, 1 W 3891/00, 1 W 5509/00 (n. v.) und Formulierungsvorschlägen für die Beschwerde.
[187] Vgl. OLG München JFGErg. 17, 140; OLG Schleswig JurBüro 1965, 822 = SchlHA 1966, 113.

(3) Gegen die Entscheidung des Landgerichts findet ohne Rücksicht auf den Wert des Beschwerdegegenstands die Beschwerde statt.

(4) Gegen die Entscheidung des Oberlandesgerichts findet die Rechtsbeschwerde statt. § 10 Abs. 4 des Gesetzes über das Verfahren in Familiensachen und in den Angelegenheiten der Freiwilligen Gerichtsbarkeit findet auf den Notar keine Anwendung.

(5) Der Antrag auf Entscheidung des Landgerichts, die Beschwerde und die Rechtsbeschwerde haben keine aufschiebende Wirkung. Der Vorsitzende des für die Entscheidung zuständigen Gerichts kann auf Antrag oder von Amts wegen die aufschiebende Wirkung ganz oder teilweise anordnen. Im Übrigen sind die Vorschriften des Gesetzes über das Verfahren in Familiensachen und in den Angelegenheiten der freiwilligen Gerichtsbarkeit anzuwenden.

(6) Das Verfahren vor dem Landgericht ist gebührenfrei. Die Kosten für die Beschwerde und die Rechtsbeschwerde bestimmen sich nach den §§ 131, 136 bis 139. Die gerichtlichen Auslagen einer für begründet befundenen Beschwerde können ganz oder teilweise dem Gegner des Beschwerdeführers auferlegt werden.

(7) Die dem Notar vorgesetzte Dienstbehörde kann den Notar in jedem Fall anweisen, die Entscheidung des Landgerichts herbeizuführen, Beschwerde oder Rechtsbeschwerde zu erheben. Die hierauf ergehenden gerichtlichen Entscheidungen können auch auf eine Erhöhung der Kostenberechnung lauten. Gebühren und Auslagen werden in diesen Verfahren von dem Notar nicht erhoben. Außergerichtliche Kosten anderer Beteiligter, die der Notar in diesen Verfahren zu tragen hätte, sind der Landeskasse aufzuerlegen."

§ 157* Zurückzahlung, Schadensersatz

(1) ¹Wird die Kostenberechnung abgeändert oder ist der endgültige Kostenbetrag geringer als der erhobene Vorschuß, so hat der Notar die zuviel empfangenen Beträge zu erstatten. ²Hatte der Kostenschuldner seine Einwendungen gegen die Kostenberechnung innerhalb eines Monats seit der Zustellung der vollstreckbaren Ausfertigung im Wege der Beschwerde (§ 156 Abs. 1 Satz 1) erhoben, so hat der Notar darüber hinaus den Schaden zu ersetzen, der dem Kostenschuldner durch die Vollstreckung oder durch eine zur Abwendung der Vollstreckung erbrachte Leistung entstanden ist. ³Im Fall des Satzes 2 hat der Notar den zu viel empfangenen Betrag vom Tag des Eingangs der Beschwerde bei dem Landgericht an mit jährlich fünf Prozentpunkten über dem Basiszinssatz nach § 247 des Bürgerlichen Gesetzbuchs zu verzinsen; die Geltendmachung eines weitergehenden Schadens ist nicht ausgeschlossen. ⁴Im Übrigen kann der Kostenschuldner eine Verzinsung des zu viel gezahlten Betrags nicht fordern.

(2) ¹Über die Verpflichtungen gemäß Absatz 1 wird auf Antrag des Kostenschuldners in dem Verfahren nach § 156 entschieden. ²Die Entscheidung ist nach den Vorschriften der Zivilprozeßordnung vollstreckbar.

Übersicht

	Rn.		Rn.
I. Rückzahlung zu viel erhobener Beträge	1–8	II. Schadensersatzpflicht bei vorzeitiger Vollstreckung (Abs. 1 S. 2)	9–13
1. Allgemeines	1	III. Die gerichtliche Entscheidung	14–28
2. Zinsanspruch – Rechtslage vor dem 1. 7. 2004	2	1. Allgemeines	14–18
3. Zinsanspruch – Rechtslage ab 1. 7. 2004	2a, 2b	2. Besonderheiten des Verfahrens	19–28
4. Verjährung, Erstattungsgrund	3–8	IV. FG-Reform	29

---

* § 157 Abs. 1 Sätze 3 und 4 geändert durch Gesetz vom 5. 5. 2004 (BGBl. I S. 718).

Zurückzahlung, Schadensersatz **§ 157**

Stichwortverzeichnis

Amtspflichtverletzung 11
Außergerichtliche Kosten 26
Aussetzung der Vollziehung 28
Basiszinssatz 2 a
Beschwerde 11
Erstattungsanspruch 2 b, 14
Gerichtliche Entscheidung 14 ff.
Kostenerstattungsanspruch 6
Notfrist 10
Prozesszinsen 2

Rechtshängigkeit 3
Rechtskraftwirkung 20
Rückzahlung 1
Schadensersatzpflicht 2 a, 9 ff.
Verjährungsfrist 4
Verwirkung 7
Verzinsungspflicht 2 a
Verzugszinsen 2, 25
Vollstreckungskosten 12
Vorschuss 1, 2 b
Zinsbeginn 2 a, 2 b

I. Rückzahlung zu viel erhobener Beträge

1. Allgemeines

Die Pflicht zur Rückzahlung zu viel erhobener Beträge oder eines übersetzten Vorschusses (Abs. 1 S. 1) besteht unabhängig davon, ob die Kosten oder der Vorschuss **freiwillig** gezahlt oder **beigetrieben** wurden oder ob der Notar noch „bereichert" ist. Sie entfällt, soweit der Notar den zu viel erhobenen Betrag gegen fällige Gebühren für eine andere Amtshandlung aufrechnen kann.   **1**

2. Zinsanspruch – Rechtslage vor dem 1. 7. 2004

Verzugszinsen aus dem zu viel erhobenen Betrag kann der Kostenschuldner nach der bis 31. 12. 2001 geltenden Rechtslage **nicht** verlangen. Im Hinblick auf die öffentlich-rechtliche Natur des Kostenanspruches des Notars war eine analoge Anwendung der §§ 286 ff. BGB unzulässig.[1] Da der Erstattungsanspruch dieselbe Rechtsnatur wie der Kostenanspruch des Notars hat, war § 291 BGB entsprechend anzuwenden.[2] Es konnten also **Prozesszinsen** (s. §§ 291, 288 Abs. 1 BGB) verlangt werden. Zur Verzinsung von Erstattungen zu viel erhobener Grundbuchkosten s. § 154 Rn. 4, § 14. Zur Rechtslage im Hinblick auf die Verzinsung der Kostenforderungen des Notars, die ab 1. 1. 2002 fällig werden, s. bei § 17; zur Verzinsung ab 1. 7. 2004 s. § 154 a Rn. 2 a.   **2**

3. Zinsanspruch – Rechtslage ab 1. 7. 2004

Mit Wirkung zum 1. 7. 2004 wurde erstmals das Recht des Kostenschuldners, Zinsen auf zu viel gezahlte Kostenbeträge verlangen zu können, durch Einfügung der Sätze 3 und 4 in Abs. 1 in der KostO geregelt. § 157 bestimmte in Abs. 1 S. 2 schon bisher das Recht des Kostenschuldners Schadensersatz verlangen zu können, wenn Einwendungen gegen die Kostenberechnung innerhalb eines Monats seit der Zustellung der vollstreckbaren Ausfertigung der Kostenberechnung im Wege der Beschwerde gemäß § 156 Abs. 1 S. 1 erhoben wurden und der Notar ungeachtet dessen trotzdem die Zwangsvollstreckung betrieb. Da auch Zinsen zu dem zu ersetzenden Schaden zählen, traf den Notar in diesem Fall bereits nach früherer Rechtslage eine Verzinsungspflicht. Nach Rechtslage ab 1. 7. 2004 hat der Notar im Falle des Satzes 2 den zu viel empfangenen Betrag vom Tag des Eingangs der Beschwerde bei dem Landgericht an mit jährlich fünf Prozentpunkten über dem Basiszinssatz nach § 247 des Bürgerlichen Gesetzbuchs zu verzinsen hat. Im Übrigen kann der Kostenschuldner eine Verzinsung des zu viel gezahlten Betrags nicht fordern, jedoch ist die Geltendmachung eines weitergehenden Schadens, wie bisher, nicht ausgeschlossen.   **2 a**

Mit Ergänzung der Zinsregelung auf Erstattungsansprüche des Kostenschuldners wird die Zinshöhe damit auf die Höhe des Zinsanspruchs des Notars nach § 154 a angeglichen. Darüber hinaus erfolgt eine klare Regelung über den Zinsbeginn (ab dem Tag des Eingangs der Beschwerde beim Landgericht). Eine Verzinsung des Erstattungsanspruchs aus Gründen der Rückzahlung eines Vorschusses, weil etwa die beantragte Amtstätigkeit durch Antragsrücknahme nicht durchgeführt wird, ist durch die nunmehr klare Regelung in   **2 b**

---

[1] BGH NJW 1989, 2615 = DNotZ 1990, 313.
[2] BGH NJW 1970, 1637; OLG Hamm KostRsp. Nr. 9 = MittRhNotK 1992, 157.

§ 157

§ 157 Abs. 1 ausgeschlossen. Eine Verzinsung ist nur für den Fall des § 157 Abs. 1 S. 2 vorgesehen und iÜ ausgeschlossen (s. auch Rn. 9).[3]

4. Verjährung, Erstattungsgrund

3 Rechtshängigkeit tritt ein mit dem Antrag nach Abs. 2 oder dem selbständigen Rückzahlungsantrag des Schuldners.

4 Die **Verjährungsfrist** beträgt für Rückzahlungsansprüche, die vor dem 1. 1. 2002 entstanden sind, 30 Jahre.[4] Für Rückzahlungsansprüche, die nach dem 1. 1. 2002 fällig werden, tritt die vierjährige Verjährungsfrist gemäß § 17 Abs. 2 an die Stelle der 30-jährigen Verjährungsfrist (s. iÜ bei § 17).

5 Dem Rückzahlungsanspruch – auch soweit er sich nicht auf § 157 gründet –, steht § 817 Abs. 2 BGB nicht entgegen.[5]

6 Der Kostenerstattungsanspruch des § 157 besteht insoweit, als die Kosten sachlichrechtlich nicht berechtigt sind; sind sie ohne **ordnungsmäßige Kostenberechnung** (Nichtunterzeichnung) bezahlt und wird wegen dieses Mangels die Kostenberechnung aufgehoben, so kann nicht wegen dieser Aufhebung Rückforderung nach § 157 erfolgen, wenn die Kosten materiellrechtlich geschuldet sind, weil der Kostenanspruch unabhängig von der Kostenrechnung nach § 154 ist.[6]

7 Auch wenn der Anspruch auf Rückgewähr sachlich-rechtlich der **Verwirkung** unterliegt, kann das Gericht nach Abs. 2 angerufen werden und im Verfahren nach § 156 darüber entscheiden.[7]

8 Nach OLG Hamm[8] soll bei „**Gesamthonorar**"-Vereinbarung eines Anwaltsnotars der Erstattungsanspruch bezüglich der Notarkosten nicht im Verfahren nach §§ 156, 157 geltend gemacht werden können. Der Kostenschuldner wird hier auf den Zivilprozess verwiesen. Im Hinblick auf den öffentlich-rechtlichen Erstattungsanspruch (Rn. 2) kann dem OLG Hamm nicht zugestimmt werden.[9] Zum „Gesamthonorar" s. § 140 Rn. 4.

II. Schadensersatzpflicht bei vorzeitiger Vollstreckung (Abs. 1 S. 2)

9 Macht der Schuldner seine Einwendungen gegen die Kostenberechnung innerhalb eines Monats seit Zustellung der vollstreckbaren Kostenberechnung im Wege der Beschwerde geltend, so hat der Notar über den zu viel erhobenen Betrag hinaus den Schaden zu ersetzen, der dem Schuldner durch die Vollstreckung oder eine zur Abwendung der Vollstreckung gemachte Leistung entstanden ist. Hinzu kommen nunmehr die in Abs. 1 S. 3 und 4 gesetzlich geregelten Zinsansprüche, s. hierzu Rn. 2a und 2b.

10 Die Frist ist nicht als **Notfrist** bezeichnet, wirkt aber wie eine solche, d. h. sie ist unabänderlich; gegen ihre Versäumung ist Wiedereinsetzung in den vorigen Stand zulässig. Für die Berechnung der Frist gelten die §§ 187 ff. BGB. Der Grund der Regelung ist folgender: Die Vollstreckung vorläufig vollstreckbarer Titel geht auf Gefahr des Gläubigers (§ 717 Abs. 1 ZPO). Bei bürgerlich-rechtlichen Ansprüchen findet die Gefahr eine Korrektur in der Begrenzung der Einspruchs-, Berufungs- oder Revisionsfrist. § 156 Abs. 3 S. 1 gibt dem Kostenschuldner mehr als ein Jahr Zeit zur Einlegung der Beschwerde. Da ein so langes Zuwarten dem Notar nicht zugemutet werden kann, zumal seine Kostenforderung in vier Jahren verjährt, bestimmt Abs. 1 S. 2, dass die Gefahr vorzeitiger Vollstreckung entfällt, wenn der Schuldner nicht innerhalb eines Monats seit Zustellung der vollstreckbaren Kostenberechnung Beschwerde erhoben hat.

11 Schadensersatzpflicht (einschließlich Verzinsungspflicht) tritt aber nur ein, wenn auf **Beschwerde des Schuldners** hin die Kostenberechnung herabgesetzt wird (Hinweis auf

---

[3] *Fembacher/Tiedtke* ZNotP 2004, 256 = MittBayNot 2004, 317; *Otto/Wudy* NotBZ 2004, 215.
[4] KG DNotZ 1938, 59; OLG Bremen KostRsp. Nr. 3.
[5] KG Rpfleger 1960, 347.
[6] BayObLG DNotZ 1964, 562; KG Rpfleger 1972, 272 = DNotZ 1973, 42.
[7] KG Rpfleger 1968, 80.
[8] KostRsp. Nr. 10.
[9] *Lappe* Anm. KostRsp. Nr. 10.

§ 156 Abs. 1 S. 1), nicht wenn die Änderung auf Anrufung des LG zufolge Beanstandung des Kostenschuldners beim Notar oder auf Weisung der vorgesetzten Dienstbehörde erfolgt. Wurde aber die rechtzeitige Einlegung infolge unrichtiger Belehrung des während der Frist die Kostenforderung beim Notar beanstandenden Kostenschuldners versäumt, so haftet der Notar wegen Amtspflichtverletzung. Ob die Herabsetzung durch das LG oder das OLG erfolgt, ist unerheblich; maßgebend ist die endgültige Entscheidung.

Neben der Verzinsung ist dem Schuldner der erwachsene **Schaden** (Vollstreckungskosten, Aufwendungen zur Behebung fehlerhafter Vollstreckungsmaßnahmen, Aufwendungen zur Abwendung der Vollstreckung mit etwaigen Kosten einer Geldbeschaffung) zu ersetzen; vgl. hierzu die Kommentare zu § 717 Abs. 2 ZPO, ferner Rn. 25. 12

Da die Zustellung die Vollstreckung androht, dient eine nach ihr gemachte Leistung immer der Abwendung der Vollstreckung. 13

III. Die gerichtliche Entscheidung

1. Allgemeines

Wie im Zivilprozess über den Schadensanspruch des Beklagten aus der Vollstreckung eines für vorläufig vollstreckbar erklärten Urteils (§ 717 Abs. 2 ZPO) oder über den Erstattungsanspruch im Falle des § 717 Abs. 3 auf Antrag in dem anhängigen Rechtsstreit (in dem Verfahren infolge des Einspruchs oder in der Berufungs- oder Revisionsinstanz) entschieden wird (§ 717 Abs. 2 S. 2, Abs. 3 S. 2 ZPO), so wird auch **über die Verpflichtungen des Notars** gemäß Abs. 1 S. 1 (Erstattung) und S. 2 (Schadensersatz) auf Antrag des Kostenschuldners **in dem Verfahren nach § 156 entschieden** (Abs. 2 S. 1).[10] Der ordentliche Rechtsweg ist ausgeschlossen. 14

Im Falle des **Abs. 1 S. 2** ist immer ein solches Verfahren anhängig, weil ja die Schadensersatzpflicht nur eintritt, wenn die Kostenberechnung auf (eigene, § 156 Abs. 1 S. 1) Beschwerde (auch weitere Beschwerde) des Kostenschuldners geändert wird. Der Antrag kann schon mit der Beschwerde gegen die Höhe der Kosten usw., aber auch im Laufe des Verfahrens gestellt werden. 15

Im Falle des **Abs. 1 S. 1** kann der Kostenschuldner den Antrag stellen in dem Verfahren auf eigene Beschwerde (§ 156 Abs. 1 S. 1), in dem Verfahren auf Antrag des Notars auf Entscheidung infolge Beanstandung der Kostenberechnung seitens des Kostenschuldners ihm gegenüber (§ 156 Abs. 1 S. 3) oder auf Anweisung der vorgesetzten Dienstbehörde (§ 156 Abs. 6). 16

Abs. 2 findet aber auch Anwendung, wenn der Notar seine Kostenberechnung selbst geändert hat oder wenn der erhobene Vorschuss den entstandenen Kostenbetrag übersteigt. Dann ist allerdings immer ein besonderes Verfahren erforderlich; aber auch in diesen Fällen ist es das Verfahren des § 156. Denn so ist Abs. 2 S. 1 zu verstehen, dass über die Verpflichtungen gemäß Abs. 1 unter Ausschluss des ordentlichen Rechtsweges **nur** in einem Verfahren nach § 156 entschieden wird. Deshalb kann auch der Kostenschuldner, der in einem Verfahren nach § 156 über die Höhe der Kosten usw. den Antrag auf Verurteilung des Notars (oder dessen Erben) zur Erstattung überhobener Beträge oder zum Schadensersatz nicht gestellt hat, seine Ansprüche nur in einem neuen Verfahren bei dem Landgericht gemäß § 156 geltend machen, nicht im Wege der Klage. 17

Die Entscheidung geht auf Verurteilung des Notars (oder seiner Erben) zur Erstattung der durch die frühere Entscheidung abgesetzten Beträge oder auf Ersatz des Schadens wegen frühzeitiger Vollstreckung. 18

2. Besonderheiten des Verfahrens

Über den Antrag auf Verurteilung des Notars entscheidet das LG. Auch für dieses Verfahren gelten die Vorschriften des **§ 156,** und zwar Abs. 1 S. 2, Abs. 2 S. 4, nicht hingegen Abs. 1 S. 2, soweit er die übrigen Kostenschuldner und die vorgesetzte Dienstbehörde betrifft, und nicht Abs. 1 S. 3, Abs. 3, Abs. 5 und 6. 19

---

[10] LG München I MittBayNot 1985, 220.

20 Die **Rechtskraftwirkung** beschränkt sich in persönlicher Hinsicht auf den Notar und den Antragsteller. Die **weitere Beschwerde** ist auch hier an die Voraussetzungen des Abs. 2 S. 2 gebunden (Zulässigkeitsausspruch).

21 Auch hier ist das Verfahren vor dem LG **gebührenfrei,** selbst wenn der Schuldner bereits im Verfahren des § 156 hätte Rückerstattungsanspruch stellen können, dies aber in Erwartung freiwilliger Erstattung oder aus einem sonstigen Grunde unterließ.

22 Im Verfahren nach § 157 bedarf es nicht der Anhörung der **vorgesetzten Dienstbehörde** des Notars.

23 Das Verfahren ist auch dann zulässig, wenn die Kostenrechnung des Notars nicht abgeändert, sondern ganz aufgehoben ist. Auch nach rechtskräftigem Abschluss des Verfahrens nach § 156 kann das Verfahren nach § 157 eingeleitet werden. In diesem Verfahren ist jedoch nach Rechtskraft des Beschlusses gemäß § 156 eine sachlich-rechtliche Überprüfung der Kostenberechnung nicht mehr möglich.[11] Der Erfolg der Rückzahlungsforderung hängt also nicht davon ab, ob der Gebührenanspruch ursprünglich sachlich-rechtlich begründet war.

24 Ist die Kostenrechnung des Notars auf Beschwerde des Kostenschuldners im Verfahren nach § 156 deshalb ganz aufgehoben worden, weil der Notar nur **als Rechtsanwalt** tätig geworden ist und entsprechend liquidieren muss, und verlangt alsdann der Kostenschuldner die als Notargebühren bezahlten Beträge im Verfahren nach § 157 zurück, so ist die Aufrechnung des Notars, der nun als Rechtsanwalt liquidiert, mit seinen Anwaltsgebühren gegenüber dem Rückgewähranspruch des Kostenschuldners in diesem Verfahren zu berücksichtigen und zu prüfen.[12]

25 Nach früherer Rechtslage gehörten zu dem vom Notar zu ersetzenden Schaden auch angemessene Zinsen von dem Betrag, den der Kostenschuldner vor Aufhebung oder Änderung der Kostenberechnung (vollstreckbar) zu Unrecht zur Abwendung der Zwangsvollstreckung an den Notar bezahlt hatte. Die Verzinsung begann mit dem Tag der Zahlung. Mit Wirkung ab 1. 7. 2004 kann der Schuldner Zinsen nur noch im engen Rahmen des § 157 Abs. 1 S. 3 beanspruchen; ein darüber hinausgehender Zinsanspruch ist durch Abs. 1 S. 4 ausgeschlossen. Die Geltendmachung eines weitergehenden Schadens ist aber nach wie vor nicht ausgeschlossen.

26 Im Verfahren nach § 157 ist über die **außergerichtlichen Kosten** ausschließlich nach § 13a Abs. 1 S. 1 FGG zu entscheiden. S. 2 kommt nicht in Betracht. Dem Notar sind im Verfahren nach § 157 grundsätzlich die Kosten eines von ihm hinzugezogenen Anwalts nicht zu erstatten, selbst wenn es in tatsächlicher oder rechtlicher Hinsicht schwierig ist. Es bedarf daher keiner Entscheidung über diese Kosten.[13]

27 Die Entscheidung ist nach den Vorschriften der ZPO **vollstreckbar.** Aus ihr findet also „die Zwangsvollstreckung statt". Sie erfolgt auf Grund einer von dem Urkundsbeamten der Geschäftsstelle des Landgerichts erteilten vollstreckbaren Ausfertigung des Beschlusses auf Betreiben des Kostenschuldners.

28 Erhebt der Notar die vom Landgericht zugelassene weitere Beschwerde, so kann schon das Landgericht, wenn sie bei ihm eingelegt ist, die **Aussetzung der Vollziehung** anordnen, aber auch das Oberlandesgericht (vgl. § 572 Abs. 2, 3 ZPO).

IV. FG-Reform

29 Abs. 1 soll wie folgt geändert werden: In Satz 2 werden die Wörter „seine Einwendungen gegen die Kostenberechnung innerhalb eines Monats seit der Zustellung der vollstreckbaren Ausfertigung im Wege der Beschwerde (§ 156 Abs. 1 Satz 1) erhoben" durch die Wörter „einen Antrag auf Entscheidung des Landgerichts nach § 156 Abs. 1 innerhalb eines Monats seit der Zustellung der vollstreckbaren Ausfertigung gestellt" ersetzt. In Satz 3 werden die Wörter „der Beschwerde" durch die Wörter „des Antrags" ersetzt.

---

[11] OLG Schleswig JurBüro 1981, 916; LG München I MittBayNot 1985, 220.
[12] KG Rpfleger 1965, 353; *Rohs* Rpfleger 1967, 196; OLG Hamm Rpfleger 1975, 449, 451.
[13] LG Berlin KostRsp. Nr. 1, vom KG bestätigt.

Dritter Teil.
Schluß- und Übergangsvorschriften*

§ 157 a** Abhilfe bei Verletzung des Anspruchs auf rechtliches Gehör

(1) Auf die Rüge eines durch die Entscheidung nach diesem Gesetz beschwerten Beteiligten ist das Verfahren fortzuführen, wenn
1. ein Rechtsmittel oder ein anderer Rechtsbehelf gegen die Entscheidung nicht gegeben ist und
2. das Gericht den Anspruch dieses Beteiligten auf rechtliches Gehör in entscheidungserheblicher Weise verletzt hat.

(2) [1]Die Rüge ist innerhalb von zwei Wochen nach Kenntnis von der Verletzung des rechtlichen Gehörs zu erheben; der Zeitpunkt der Kenntniserlangung ist glaubhaft zu machen. [2]Nach Ablauf eines Jahres seit Bekanntmachung der angegriffenen Entscheidung kann die Rüge nicht mehr erhoben werden. [3]Formlos mitgeteilte Entscheidungen gelten mit dem dritten Tage nach Aufgabe zur Post als bekannt gemacht. [4]Die Rüge ist bei dem Gericht zu erheben, dessen Entscheidung angegriffen wird; § 14 Abs. 6 Satz 1 und 2 gilt entsprechend. [5]Die Rüge muss die angegriffene Entscheidung bezeichnen und das Vorliegen der in Absatz 1 Nr. 2 genannten Voraussetzungen darlegen.

(3) Den übrigen Beteiligten ist, soweit erforderlich, Gelegenheit zur Stellungnahme zu geben.

(4) [1]Das Gericht hat von Amts wegen zu prüfen, ob die Rüge an sich statthaft und ob sie in der gesetzlichen Form und Frist erhoben ist. [2]Mangelt es an einem dieser Erfordernisse, so ist die Rüge als unzulässig zu verwerfen. [3]Ist die Rüge unbegründet, weist das Gericht sie zurück. [4]Die Entscheidung ergeht durch unanfechtbaren Beschluss. [5]Der Beschluss soll kurz begründet werden.

(5) Ist die Rüge begründet, so hilft ihr das Gericht ab, indem es das Verfahren fortführt, soweit dies aufgrund der Rüge geboten ist.

(6) Kosten werden nicht erstattet.

Entsprechend: § 69a GKG, § 13 Abs. 2 JVKostO, § 5 Abs. 2 GvKostG, § 4a JVEG.

Übersicht

	Rn.		Rn.
I. Kommentare	1	V. Rüge und Beschwerde	23–25
II. Anwendungsbereich	2–4	VI. Rügeverfahren	26–28
III. Statthaftigkeit	5–13	1. Entscheidung über die Rüge	26
1. Entscheidung	5–7	2. Fortführung des Verfahrens	27, 28
2. Beteiligter, Beschwer	8	VII. Kosten	29–33
3. Unanfechtbarkeit	9–12	1. Rügeverfahren	29–31
4. Rügegegenstand	13	2. Fortgeführtes Verfahren	32, 33
IV. Zulässigkeit	14–22		
1. Frist	14–19		
2. Rügeschrift	20–22		

Schrifttum: *Desens,* Die subsidiäre Verfahrensbeschwer und ihr Verhältnis zu fachgerechten Anhörungsrügen, NJW 2006, 1243; *Lappe,* Neues zum Rechtspfleger als Erinnerungs- und Wertfestsetzungsrichter, Rpfleger 2005, 306; *Sangmeister* NJW 2007, 2363.

---

* Überschrift des Dritten Teils neu gefasst durch Gesetz vom 9. 12. 1986 (BGBl. I S. 2326).
** § 157a eingefügt durch Gesetz vom 9. 12. 2004 (BGBl. I S. 3220) Abs. 2 Satz 4 geändert durch Gesetz vom 12. 12. 2007 (BGBl. I S. 2840).

§ 157a

I. Kommentare

1 Das Anhörungsrügengesetz vom 9. 12. 2004 (BGBl. I S. 3220) hat gleiche Vorschriften in alle Verfahrensgesetze eingefügt, insbesondere in die ZPO (Neufassung des § 321a), in das FGG (§ 29a), in das Arbeitsgerichtsgesetz (§ 78a ArbGG), in die Verwaltungsgerichtsordnung (§ 152a VwGO) und in das Gerichtskostengesetz (§ 69a GKG). Auf ihre Kommentierungen wird verwiesen. Die nachstehenden Erläuterungen stellen vor allem auf die Besonderheiten der KostO ab.

II. Anwendungsbereich

2 § 157a gilt für alle Verfahren der KostO, **vor allem:** Kostenansatz, Erinnerung, Beschwerde (§ 14), Festsetzung des Geschäftswerts (§ 31), Einwendungen gegen die Kostenberechnung des Notars (§ 156);

3 aber **auch:** Abhängigmachung des Geschäfts von der Vorschusszahlung (§ 8 Abs. 2, 3), Absehen von der Zurückbehaltung (§ 10 Abs. 2, 3), Nichterhebung wegen unrichtiger Sachbehandlung (§ 16 Abs. 2), Bestimmung des Zahlungspflichtigen (§ 94 Abs. 3 S. 2), Festsetzung der Rechnungsgebühren (§ 139 Abs. 3), Entscheidung durch das Amtsgericht in Baden-Württemberg (§ 142), Verpflichtung des Notars zur Zurückzahlung und zum Schadensersatz (§ 157 Abs. 2), Entscheidung bei anderen Behörden und Dienststellen (§ 159 S. 2);

4 schließlich: Verfahren nach **Separatgesetzen,** die die KostO für anwendbar erklären, beispielsweise Absehen von der Kostenerhebung in Landwirtschaftssachen (§§ 33, 42 Abs. 1 LwVG).

III. Statthaftigkeit

1. Entscheidung

5 Die Rüge richtet sich gegen eine „Entscheidung". Sie ergeht in gerichtlichen Verfahren, durch ein **Gerichtsorgan** (Richter, Rechtspfleger, Urkundsbeamter der Geschäftsstelle). Ein Verwaltungsakt des **Kostenbeamten** – auch wenn er zugleich Rechtspfleger oder Urkundsbeamter ist – genügt nicht: Es geht um die Gewährung des rechtlichen Gehörs (Art. 103 Abs. 1 GG), das es im Verwaltungsverfahren nicht gibt, in ihm findet „nur" eine Anhörung statt (§ 28 VwVfG). Die anzugreifende Entscheidung muss erlassen: wirksam sein (Einf. Rn. 58).

6 Entscheidung iS von Rn. 5 ist auch eine **Teilentscheidung,** etwa über eine mehrerer Gebühren.

7 Während die gleichen Vorschriften (§ 29a Abs. 1 S. 2 FGG, § 321a Abs. 1 S. 2 ZPO, usw.) ausdrücklich „eine der Endentscheidung vorausgehende Entscheidung": also eine **Zwischenentscheidung,** von der Rüge ausnehmen, fehlt eine solche Bestimmung in § 157a. Sie ist in seinem Anwendungsbereich zwar selten, kann aber vorkommen, etwa gemäß § 156 Abs. 4 S. 4 (vgl. § 19 FGG). Für eine „Sonderbehandlung" fehlt jede Begründung, die genannten Vorschriften sind mithin entsprechend anzuwenden (Rechtsanalogie). Das Analogieverbot (§§ 1, 140 S. 1) steht nicht entgegen, es betrifft die Kosten materiell, nicht Kostenverfahren.

2. Beteiligter, Beschwer

8 Die Rüge setzt weiter voraus, dass der Rügende Beteiligter und als solcher beschwert ist. Es gilt das Gleiche wie für die Statthaftigkeit des Rechtsbehelfs (Rechtsmittels), s. dazu die Kommentierung der Rn. 2, 3 genannten Verfahren. Die Verletzung des Gehöranspruchs allein stellt mit anderen Worten keine Beschwer dar.

3. Unanfechtbarkeit

9 Die Verletzung des Anspruchs auf rechtliches Gehör ist grundsätzlich mit dem Rechtsmittel oder Rechtsbehelf geltend zu machen, den das Verfahrensrecht vorsieht. Nur „wenn

ein Rechtsmittel oder ein Rechtsbehelf nicht gegeben" (Abs. 1 Nr. 1), also nicht statthaft ist, steht die Rüge zur Verfügung. Die Unzulässigkeit im Einzelfall, etwa wegen Ablaufs der Rechtmittelfrist, genügt nicht. Die Rechtskraft spielt keine Rolle. Als unstatthaftes Rechtsmittel kommt insbesondere die **Beschwerde** gegen Richterentscheidungen (Rechtspfleger: § 11 Abs. 2 RPflG) in Betracht, als sonstiger Rechtsbehelf der Antrag auf Wiedereinsetzung in den vorigen Stand (§ 31 Abs. 3). Die allgemeine **Gegenvorstellung** scheidet aus, an ihre Stelle tritt die Anhörungsrüge als spezielle, als besonderer Rechtsbehelf.

Die Beschwerde gegen Kostenansatz und Streitwertfestsetzung findet statt, „wenn der Wert des Beschwerdegegenstandes **200 Euro übersteigt**" (§ 14 Abs. 3 S. 1; dazu die dortigen Erl.). Ob diese Voraussetzung erfüllt ist, entscheidet nach eingelegter Beschwerde das Beschwerdegericht. Bis dahin bleibt die Statthaftigkeit der Rüge offen. **10**

Sie findet ferner bei **Zulassung** durch das Erstgericht statt (§ 14 Abs. 3 S. 2; dazu ebenfalls die dortigen Erl.). Und zwar „in dem Beschluss" zur Hauptsache oder nach Einlegung der Beschwerde im Abhilfebeschluss (entgegen dem Gesetzeswortlaut[?])[1]. **11**

In vielen Fällen ist in diesem Bereich bei der Erhebung der Rüge ihre Statthaftigkeit also noch offen. Lösung: Rn. 23 ff. **12**

4. Rügegegenstand

Die Anhörungsrüge richtet sich gegen die Verletzung des Anspruchs auf **rechtliches Gehör** (Abs. 1 Nr. 2; Art. 103 Abs. 1 GG; und geht der Verfassungsbeschwerde vor), nur insoweit ist sie statthaft. Es bezieht sich auf **Tatsachen** (-behauptungen) und „**wesentliche rechtliche Erwägungen**" eines Beteiligten.[2] Die Abgrenzung kann meist dahinstehen, weil iÜ die allgemeine Gegenvorstellung (vgl. Rn. 9) in Betracht kommt (dazu § 14 Rn. 195, 196). **13**

IV. Zulässigkeit

1. Frist

Die Rüge ist innerhalb von zwei Wochen „nach **Kenntnis von der Verletzung des rechtlichen Gehörs**", dem „Zeitpunkt der Kenntniserlangung" zu erheben (Abs. 2 S. 1 Halbs. 1). Ein ungeeigneter Fristbeginn; denn er erfordert sowohl das Kennen der Tatsache der gerichtlichen Nichtbeachtung des Vorbringens als auch das rechtliche Erkennen der darin liegenden Anspruchsverletzung. Es handelt sich mithin nicht um eine Beweistatsache unseres Verfahrensrechts, auch nicht als juristische oder Rechtstatsache, weil die Verletzung des rechtlichen Gehörs kein „ganz einfacher, allen geläufiger Rechtsbegriff"[3] ist. **14**

Der genannte Zeitpunkt ist **glaubhaft** zu machen (Abs. 2 S. 1 Halbs. 2). Diesem Beweismittel unterliegen Tatsachen (§ 294 ZPO), nicht Rechtsfolgen. Es eignet sich also, „wenn überhaupt", nur für die Kenntnis der **Nichtbeachtung;** doch ist diese Tatsache in vielen Fällen nicht „einfach eine solche", sie setzt sich vielmehr aus mehreren Tatsachen zusammen: dem Vorbringen des Beteiligten, seiner Nichtberücksichtigung in den Entscheidungsgründen und bei der Entscheidungsformel; und erfordert Kenntnis des Verfahrens- oder gar des materiellen Rechts. **15**

Glaubhaft machen lässt sich hingegen nicht die (Er-)Kenntnis der **Anspruchsverletzung.** Sie vollzieht sich praktisch ohnehin „in Raten": Ärgern über die Nichtbeachtung des Vorbringens, Gedanke einer Rechtsverletzung, (richtige!) Auskunft eines Rechtskundigen über den Grundgesetzartikel. **16**

Frühest möglicher Zeitpunkt ist der **Zugang** der Entscheidung (vgl. Abs. 2 S. 3, 5). Wird die Rüge binnen zwei Wochen danach erhoben, kommt es auf die vorstehenden Erörterungen nicht an. Bei einer späteren Einlegung darf die gesetzliche Unzulänglichkeit nicht zu Lasten des Rügenden gehen. Aus dem Gesetz ergibt sich der Normzweck, die Rüge auch noch später zu ermöglichen; daher „im Zweifel zugunsten des Beteiligten". **17**

---

[1] Dazu *Lappe* NJW 2004, 2409, 2410.
[2] BVerfG NJW-RR 1993, 383.
[3] Deutsches Rechts-Lexikon, 3. Aufl., Stichwort „Tatsache".

Zumal zur Glaubhaftmachung die „überwiegende Wahrscheinlichkeit" genügt, es eines vollen Beweises also nicht bedarf.

18 Nach **Ablauf eines Jahres** ist die Rüge nicht mehr zulässig (Abs. 2 S. 2). Diese Ausschlussfrist beginnt nicht mit der „Kenntniserlangung", sondern der Bekanntmachung an den Beteiligten (Abs. 2 S. 2), also der Verkündung oder sonstigen Mitteilung im Gericht, der Zustellung oder drei Tage nach der Aufgabe zur Post (Abs. 2 S. 3; eine widerlegbare Vermutung, vgl. § 41 Abs. 2 S. 2 VwVfG).

19 Bei Vertretung des Beteiligten durch einen **Rechtsanwalt** kommt es sowohl für die Bekanntmachung als auch die „Kenntniserlangung" auf ihn an (entsprechend § 85 Abs. 1 ZPO, § 166 BGB). Letzteres auch deswegen, weil das Erkennen der Anspruchsverletzung zu seinen Aufgaben gehört.

2. Rügeschrift

20 Die Rügeschrift (zu ihr auch § 1 a) nennt die angegriffene Entscheidung, legt Unanfechtbarkeit (Abs. 1 Nr. 1; Rn. 5 ff.) und Gehörsverletzung (Abs. 1 Nr. 2; Rn. 13) dar, zu Letzterer, dass sie „in entscheidungserheblicher Weise" erfolgt ist. Bei Einlegung später als zwei Wochen nach Bekanntmachung bedarf es ferner der Glaubhaftmachung des Zeitpunkts der Kenntniserlangung (Abs. 2 S. 1 Halbs. 2; Rn. 14 ff.).

21 **Anwaltszwang** besteht nicht (Abs. 2 S. 4 Halbs. 2, § 14 Abs. 6 S. 1).

22 „**Rügegericht**" ist das Gericht, dessen Entscheidung „angegriffen" (nicht: angefochten!) wird (Abs. 2 S. 4 Halbs. 1).

V. Rüge und Beschwerde

23 Ist die Statthaftigkeit der Beschwerde fraglich und damit die der Rüge ungewiss, legt der Beteiligte **beide Rechtsbehelfe** ein. Sie stehen in einem natürlichen Alternativ-, Eventualverhältnis, über beide kann nicht sachlich zu entscheiden sein, weil die Statthaftigkeit der Rüge von der Unstatthaftigkeit der Beschwerde abhängt.

24 Erweist sich die **Beschwerde als statthaft**, etwa weil das Erstgericht sie im Wege der Abhilfe zulässt, wird die Rüge nicht nur unstatthaft, sondern auf Grund des Eventualverhältnisses und nach dem Prinzip der „Meistbegünstigung" gegenstandslos.

25 Ergibt sich, dass die **Beschwerde nicht statthaft** ist, wird aus der bedingten Rüge eine unbedingte. Allerdings folgt daraus nicht ohne weiteres die Gegenstandslosigkeit der Beschwerde, denn sie kann nicht auf einen Rechtsgrund beschränkt werden, sondern nur auf den einer Teilentscheidung zugänglichen Teil; mithin nicht auf das rechtliche Gehör als Gegenstand der Rüge. Über sie muss mithin entschieden oder sie zurückgenommen werden, auch für die Kostenfolgen ist dies von Belang.

VI. Rügeverfahren

1. Entscheidung über die Rüge

26 Das Gericht entscheidet, erforderlichenfalls nach Anhörung der Beteiligten (Abs. 3), über die Rüge: Verwerfung als unzulässig (Abs. 4 S. 1, 2), Zurückweisung als unbegründet (Abs. 4 S. 3) oder Fortführung des Verfahrens (Abs. 5; aus der Begründetheit der Rüge ergibt sich also noch nicht der von ihr erstrebte Erfolg in der Hauptsache!). In den beiden ersten Fällen „soll die Entscheidung kurz begründet werden" (Abs. 4 S. 5); „soll" gewährt kein Ermessen, verhindert vielmehr einen absoluten Verfahrensmangel durch eine Nichtbegründung.

2. Fortführung des Verfahrens

27 Das Verfahren wird nicht **insgesamt** fortgeführt, sondern nur „soweit dies auf Grund der Rüge geboten ist" (Abs. 5), soweit also „das Gericht den Anspruch auf rechtliches Gehör in entscheidungserheblicher Weise verletzt hat" (Abs. 1 Nr. 2). Das kann zu einer Beschränkung auf einen Teil des Verfahrensgegenstands führen, aber auch die tatsächliche oder rechtliche Begründung der angegriffenen Entscheidung. „Fortführung" bedeutet mündliche oder schriftliche Verhandlung, rechtliche Erörterung, Beweisaufnahme.

Die durch die Fortführung in Frage gestellte bisherige (End-)**Entscheidung** (vgl. 28
§ 321a Abs. 1 S. 2 ZPO, § 29a Abs. 1 S. 2 FGG; Rn. 7) wird sodann inhaltlich bestätigt,
ergänzt (etwa um die Zulassung der weiteren Beschwerde), ganz oder teilweise durch eine
andere ersetzt.

VII. Kosten

1. Rügeverfahren

Das Rügeverfahren ist **gebührenfrei**, § 131d nicht anwendbar. **Auslagen** fallen wie im 29
Ausgangsverfahren an (s. im Einzelnen dort). Bleibt die Rüge erfolglos, **schuldet** sie der
Rügende als Antragsteller (§ 2 Nr. 1).

Einer **Kostenentscheidung** bedarf es für die Gerichtskosten nicht, für die außergericht- 30
lichen Kosten erübrigt sie sich durch Abs. 6.

Die Nichterstattung ist in Parteiverfahren, etwa dem des § 156, wegen der **Abwei-** 31
chung vom Prinzip (= Kostenerstattung nach § 13a FGG) nicht unproblematisch. Denn
der Anwalt des Gegners erhält die 0,5 Verfahrensgebühr (RVG-VV Nr. 3330), zwar neben
der Vertretung im Ausgangsverfahren nicht gesondert (§§ 15 Abs. 2, 19 Abs. 1 S. 2 Nr. 5
RVG), jedoch belastet sie bei alleiniger Anwaltsbeiziehung im erfolglosen Rügeverfahren:
Hinweis des Gerichts auf Abs. 6 mit der „Gelegenheit zur Stellungnahme" (Abs. 3)?

2. Fortgeführtes Verfahren

Wird das Verfahren fortgeführt (Abs. 5), gehören zu seinen Kosten auch die **Auslagen** 32
des Rügeverfahrens. Für sie gelten die Erläuterungen bei den einzelnen Verfahren. Zusätzlicher **Schuldner** ist insoweit der Rügende als Antragsteller (§ 2 Nr. 1). Hat er **Erfolg**,
so dass das Verfahren gebührenfrei bleibt, gilt dies auch für die Auslagen (§ 131 Abs. 5, auf
Antragsverfahren entsprechend anzuwenden).

Der Erfolg der Anhörungsrüge begründet die Vermutung einer **unrichtigen Sachbe-** 33
handlung durch das Gericht, Mehrkosten des Rügeverfahrens bleiben deshalb außer Ansatz (§ 16).

§ 158 Landesrechtliche Vorschriften

(1) Unberührt bleiben die landesrechtlichen Kostenvorschriften für
1. Verfahren zwecks anderweitiger Festsetzung von Altenteils- und ähnlichen Bezügen;
2. die in landesrechtlichen Vorschriften vorgesehenen Geschäfte der freiwilligen Gerichtsbarkeit.

(2) Ist für ein in landesrechtlichen Vorschriften vorgesehenes Geschäft der freiwilligen Gerichtsbarkeit wegen der Gebühren nichts bestimmt, so wird die Hälfte der vollen Gebühr erhoben.

I. Landesrechtliche Kostenvorschriften (Abs. 1)

Der Geltungsbereich der KostO ist in § 1 geregelt: Soweit bundesrechtlich nichts ande- 1
res bestimmt ist, richten sich die Kosten in den Angelegenheiten der freiwilligen Gerichtsbarkeit nach der KostO. Die bundesrechtlichen „Ausnahmevorschriften" sind bei § 1 behandelt und im Anhang B wiedergegeben. § 158 gibt weitere Ausnahmebestimmungen für
landesrechtliche Kostenvorschriften (s. auch dazu Anhang B).

Durch das Gesetz über die anderweitige Festsetzung von Geldbezügen aus **Altenteils-** 2
verträgen vom 18. 8. 1923 (RGBl. I S. 815) ist den obersten Landesbehörden Ermächtigung zur Regelung des Verfahrens erteilt worden. Die in diesen Vorschriften enthaltenen
Kostenbestimmungen gelten weiter; weil sie „unberührt" bleiben, können die Länder sie
auch ändern. Eine praktische Bedeutung ist nicht erkennbar.

§ 158

3 Landesrechtliche Kostenvorschriften bleiben unberührt, soweit sie sich auf in **landesrechtlichen Vorschriften geregelte Geschäfte der freiwilligen Gerichtsbarkeit** beziehen (Abs. 1 Nr. 2). Aufgrund von Vorbehalten im EGBGB und einigen anderen Reichsgesetzen blieben vom FGG abweichende Verfahrensvorschriften der Länder bestehen mit der Befugnis, sie künftig neu zu regeln. Insoweit konnten die Länder auch die Kosten bestimmen. Die KostO von 1935 hob diese landesgesetzlichen Kostenbestimmungen auf, „soweit nicht ein anderes bestimmt ist" (§ 158 aF), und unterstellte die gesamte freiwillige Gerichtsbarkeit der KostO. Die aufgehobenen Landeskostenvorschriften leben nicht wieder auf.

4 Die Vorschrift erlaubt den Ländern heute den Erlass von Kostenvorschriften, soweit sie durch Landesrecht zusätzliche Geschäfte der freiwilligen Gerichtsbarkeit vorsehen und die KostO dafür keine Gebührenvorschrift enthält (Beispiel: § 125) oder das Geschäft ausdrücklich gebührenfrei stellt (Beispiel: § 105). Die praktische Bedeutung ist gering, s. die im Anhang B wiedergegebenen landesrechtlichen Vorschriften.

5 Wegen des besonders geregelten Gebührenbefreiungsrechts s. § 11 Abs. 2 S. 2.

II. Bundesrechtliche Hilfsvorschrift (Abs. 2)

6 Abs. 2 enthält eine bundesrechtliche Hilfsvorschrift. In Rn. 4, 5 ist dargelegt, dass die Länder die Kosten für vorbehaltene landesrechtliche Verfahren der freiwilligen Gerichtsbarkeit selbständig regeln können. Abs. 2 will verhindern, dass ein in einem Land vorgesehenes selbständiges Geschäft gebührenfrei bleibt, solange das Land von seinem Vorbehalt keinen Gebrauch macht. Er bestimmt deshalb dafür die Hälfte der vollen Gebühr des § 32.

7 Die **Verfassungsmäßigkeit** der Vorschrift ist fraglich: Liegt die Kompetenz zur Regelung des Verfahrens bei den Ländern, so kann der Bund wohl kaum nur bzgl. der Kosten eingreifen. Dies gilt auch – insbesondere – für die §§ 53, 77, 78, 118, 125, soweit sie die Kosten landesrechtlicher Angelegenheiten der freiwilligen Gerichtsbarkeit regeln. In allen Fällen lässt sich jedoch eine Fortgeltung der RKostO von 1935 als Landesrecht annehmen (Art. 123, nicht Art. 125 GG).

8 Die Gebühr ist aber nur zu erheben, wenn wegen der Gebühr „**nichts bestimmt ist**". Besteht bereits eine bundesrechtliche Kostenvorschrift, so ist diese anzuwenden. Im Übrigen braucht es sich nicht um eine ausdrückliche Bestimmung zu handeln. Vielfach ergibt sich aus dem Zusammenhang, dass für ein in landesrechtlichen Vorschriften vorgesehenes Geschäft der freiwilligen Gerichtsbarkeit, für welches auch in der KostO eine Gebühr nicht bestimmt ist, eine solche nicht zu erheben ist; insbesondere gilt dies für sog. Nebengeschäfte, die durch die Gebühr für das Hauptgeschäft mitabgegolten sind. Mitunter ergibt sich auch aus der Bestimmung über einen Ausnahmefall, dass der Regelfall gebührenfrei ist. Dass die Tätigkeit des Vormundschaftsgerichts gebührenfrei ist, soweit nicht in §§ 92 bis 98 eine Gebühr ausdrücklich bestimmt ist, wird in § 91 besonders hervorgehoben. Dies gilt aber auch in anderen Fällen, in welchen es zwar an einer solchen besonderen Hervorhebung fehlt, aber aus der Art der kostenrechtlichen Regelung die Absicht des Gesetzes erkennbar ist, dass über die besonders geregelten Kosten hinaus für den Gesamtbereich des betreffenden Geschäfts keine sonstigen Kosten erhoben werden sollen. Ist zB ein bestimmtes Geschäft oder ein bestimmter Kreis von Geschäften bis ins einzelne kostenrechtlich geregelt, so ist damit grundsätzlich auch der Teil des Geschäfts bzw. Geschäftskreises erfasst, der normalerweise zu Geschäften solcher Art gehört.

9 Für die Anwendung des § 158 Abs. 2 ist wenig Raum. Er ist zB anzuwenden für **landesrechtliche Unschädlichkeitszeugnisse,** die von Gerichten ausgestellt werden, wie zB nach dem Bayerischen Unschädlichkeitszeugnis vom 7. 8. 2003 (GVBl. S. 512) und nach dem Hamburgischen AGBGB (§§ 35 ff.) idF vom 7. 7. 1958 (GVBl. S. 195). Soweit nach den landesgesetzlichen Bestimmungen die Katasterämter zuständig sind, sind für die Rechtsmittel (Antrag auf gerichtliche Entscheidung, sofortige Beschwerde) die Gebühren teils besonders bestimmt, so zB in § 13 des Landesgesetzes über Unschädlichkeitszeugnisse für Rheinland-Pfalz vom 24. 3. 1965 (GVBl. S. 53), teils durch Verweisung auf die KostO, so in § 8 des Gesetzes über Unschädlichkeitszeugnisse für Niedersachsen idF vom 7. 6. 1990 (GVBl. S. 155), in § 14 des Gesetzes für Nordrhein-Westfalen vom 29. 3. 1966 (GVBl. S. 136) und § 8 des Gesetzes des Saarlandes vom 25. 1. 1967 (ABl. S. 206); erhoben werden die Gebühren der §§ 130, 131. S. im Einzelnen Anhang B → Unschädlichkeitszeugnisse.

Angesicht des gleichen Gebührensatzes für alle in Betracht kommenden Geschäfte kann die angemessene Gebühr des § 158 Abs. 2 nur über den **Wert** erzielt werden, er ist also nach § 30 zu bemessen.[1] 10

III. Notare

§ 141 erfasst nicht § 158, es bedarf also ggf. einer besonderen landesrechtlichen Regelung für Notare. 11

§ 159 Andere Behörden und Dienststellen

[1] Soweit andere Stellen als Gerichte, Notare oder Gerichtsvollzieher in bestimmten Angelegenheiten der freiwilligen Gerichtsbarkeit zuständig sind oder als gerichtliche Hilfsbeamte tätig werden, bleiben die landesrechtlichen Kostenvorschriften unberührt. [2] Sind jedoch diesen Stellen die Aufgaben des Grundbuchamts, des Vormundschaftsgerichts oder des Nachlaßgerichts übertragen, so finden auf ihre Tätigkeit die Vorschriften des Ersten Teils dieses Gesetzes Anwendung; in den Fällen des § 14 Abs. 2 und des § 31 (Erinnerung gegen den Kostenansatz, Festsetzung des Geschäftswerts) entscheidet das Amtsgericht, in dessen Bezirk die Stelle ihren Sitz hat.

Während § 158 die nicht bundesrechtlich geregelten Angelegenheiten der freiwilligen 1
Gerichtsbarkeit betrifft, erfasst § 159 sowohl die bundesrechtlich als auch die landesrechtlich geregelten, soweit sie anderen Behörden und Dienststellen übertragen sind. Für sie gelten in **Grundbuchsachen, Vormundschaftssachen und Nachlasssachen** die Vorschriften der KostO, wobei für Erinnerung gegen den Kostenansatz und Geschäftswertfestsetzung das Amtsgericht zuständig ist. In allen **anderen Angelegenheiten** gehen landesrechtliche Vorschriften denen der KostO vor. Dabei verstößt es nicht gegen Verfassungsrecht, wenn das Landesrecht für die Unterschriftsbeglaubigung durch gemeindliche Stellen – so in Rheinland-Pfalz – generell die Mindestgebühr des § 33 S. 1 vorsieht.[1*]

Die praktische Bedeutung der Vorschrift liegt in den **Gemeinden und Gemeinde-** 2
oder Ortsgerichten zugewiesenen Geschäften (Beispiel: hessische Gebührenordnung für die Ortsgerichte vom 6. 7. 1952, GVBl. S. 124, geändert). S. iÜ **Anhang B**.

In **Baden-Württemberg** treten zwar in weitem Umfang die staatlichen Notariate und 3
Grundbuchämter (einschl. der Ratschreiber und Amtsboten) an die Stelle der Gerichte (Neuregelung durch das LFGG von 1975), jedoch enthält das Landesjustizkostengesetz (idF vom 15. 1. 1993, GBl. S. 109, 244, geändert) besondere Gebührenvorschriften nur „für Tätigkeiten im Gemeindebereich" (vor allem § 15: Aufnahme von Nottestamenten), iÜ ist dort auf die KostO verwiesen (§ 18; vgl. auch § 158 Rn. 4). Wegen des Rechtswegs gegen Entscheidungen des Ratschreibers s. § 33 LFGG (gebührenfreie Erinnerung an den Notar, dagegen Rechtsmittel nach den allgemeinen Verfahrensvorschriften, hier also § 14; eine Beschwerdegebühr wird nicht erhoben, wenn die Beschwerde vor einer gerichtlichen Verfügung zurückgenommen wird – mit § 131 Abs. 1 Nr. 2 vereinbar?). Im Übrigen folgt aus S. 2 die Zuständigkeit des Amtsgerichts für Geschäftswertfestsetzung und Erinnerung gegen den Kostenansatz, gleich ob Notar oder Rechtspfleger tätig geworden ist.[2]

---

[1] Vgl. *Lappe* DNotZ 1981, 411.
[1*] BVerfG NJW 1981, 2401.
[2] OLG Karlsruhe Rpfleger 1997, 57.

4 **FG-Reform:** In § 159 S. 2 soll das Betreuungsgericht an die Stelle des Vormundschaftsgerichts treten, weil in Baden-Württemberg auch Tätigkeiten des Betreuungsgerichts von den Notariaten wahrgenommen werden.

§ 160 Gerichtstage, Sprechtage

¹Die zur Abhaltung eines Gerichtstags (auswärtigen Amtstags) bestimmten Räumlichkeiten gelten als Gerichtsstelle im Sinne dieses Gesetzes. ²Hält ein Notar außerhalb seiner Geschäftsstelle regelmäßige Sprechtage ab, so gilt dieser Ort als Amtssitz im Sinne dieses Gesetzes.

1 Die Vorschrift hat Bedeutung für die gerichtlichen und notariellen **Reisekosten** (§§ 137 Abs. 1 Nr. 6, 153) sowie für die **Zusatzgebühren** des § 58. Soweit es danach auf die „Gerichtsstelle" oder „Geschäftsstelle" ankommt, stellt § 160 ihnen auswärtige Amts- und Sprechtage (§ 3 GVVO vom 20. 3. 1935, RGBl. I S. 403; § 10 Abs. 4 S. 2 BNotO; auch §§ 16, 30 des baden-württembergischen LFGG und ähnliche landesrechtliche Vorschriften) gleich. Gerichtliche Zweigstellen (§ 3 GVVO) sind ohnehin „Gerichtsstelle".

2 Besteht ein **Bedürfnis** für die Einrichtung von Gerichts- oder Amtstagen, was sich insbesondere an regelmäßigen Auswärtsterminen des Gerichts oder Notars in mehreren Sachen zeigt, und richtet die Justizverwaltung gleichwohl keine Gerichts- bzw. Amtstage ein, so müssen die Reisekosten wegen unrichtiger Sachbehandlung unerhoben bleiben (§ 16).[1]

§ 161* Übergangsvorschrift

¹**Für Kosten, die vor dem Inkrafttreten einer Gesetzesänderung fällig geworden sind, gilt das bisherige Recht.** ²**Werden Gebühren für ein Verfahren erhoben, so werden die Kosten für die jeweilige Instanz nach bisherigem Recht erhoben, wenn die Instanz vor dem Inkrafttreten einer Gesetzesänderung eingeleitet worden ist.** ³**Die Sätze 1 und 2 gelten auch, wenn Vorschriften geändert werden, auf die dieses Gesetz verweist.**

Übersicht

	Rn.		Rn.
I. Normzweck	1	VI. Gebührensatz, Geschäftswert	16
II. Gebühren für ein Verfahren	2–7	VII. Auslagen	17–20
III. Einleitung der Instanz	8–11	VIII. Notare	21–23
IV. Verweisungen	12–14	IX. Ermäßigungs-Anpassung	24
V. Zurückverweisung	15	X. DM – Euro	25–30

I. Normzweck

1 § 161 bringt eine „ewige", eine „Dauerübergangsvorschrift:" für alle Änderungen seit dem 1. 1. 1987, soweit der Gesetzgeber nicht eine Sonderregelung trifft (wie mit den §§ 162 bis 164). Dabei hat S. 1 nur deklaratorische Bedeutung, denn eine **Rückwirkung** bedarf der ausdrücklichen Anordnung, die Nicht-Rückwirkung ergibt sich maW auch ohne eine solche Bestimmung aus dem Inkrafttreten des neuen Rechts. S. 2 hingegen verlängert die Geltung des bisherigen Rechts aus Gründen des Vertrauensschutzes: In ein **laufendes Verfahren** soll jedenfalls in der Instanz nicht mit einer Erhöhung der Kosten eingegriffen werden. Diesem Normzweck ist bei der Auslegung Rechnung zu tragen, zumal eine Rückwirkung an verfassungsrechtliche Grenzen stößt.[1*]

---

[1] Vgl. *Lappe* NJW 1987, 1860, 1863.
* § 161 angefügt durch Gesetz vom 9. 12. 1986 (BGBl. I S. 2326), geändert durch Gesetz vom 24. 6. 1994 (BGBl. I S. 1325).
[1*] Vgl. *Lappe* Rpfleger 1980, 454 mN.

II. Gebühren für ein Verfahren

„Gebühren für ein Verfahren" iS des S. 2 sind entsprechend dem Normzweck (Rn. 1) **2** alle Gebühren der KostO, die ein Verfahren abgelten, nicht nur solche, deren Gebührentatbestand das Verfahren bildet. Die Vorschrift erfasst damit nahezu alle Gerichtsgebühren der KostO, auch wenn erst die das Verfahren in der Instanz beendende Entscheidung oder Maßnahme die Gebühr auslöst.[2] Für diese Auslegung spricht zunächst, dass es den Gebührentatbestand „Verfahren" in der KostO an sich überhaupt nicht gibt (vgl. Einf. Rn. 54), sie vielmehr vom System her auf die Maßnahme oder Entscheidung abstellt; lediglich vom späteren Gesetzgeber eingefügte Vorschriften, die das System verfehlen, nennen das Verfahren als Gebührentatbestand (so §§ 99 Abs. 1 S. 1, 125). Wollte man also nur Verfahrensgebühren – mit dem Gebührentatbestand „Verfahren" – als „Gebühren für ein Verfahren" verstehen, liefe die Vorschrift praktisch leer.

Für diese Auslegung spricht weiter ein Vergleich mit der parallelen Vorschrift des § 71 **3** Abs. 1 GKG, die auf „Rechtsstreitigkeiten, die vor dem Inkrafttreten einer Gesetzesänderung anhängig gemacht worden sind", abstellt und damit auch Urteils- und andere Entscheidungsgebühren der Instanz dem alten Recht unterwirft (vgl. auch Rn. 5). S. auch Einigungsvertrag BGBl. 1990 II S. 885, Anlage I, Kapitel III, Sachgebiet B, Abschnitt III Nr. 1 Buchstabe f, dessen Regelung mit einer anderen Auslegung des § 161 nur schwer zu bewältigen wäre.

Ausgenommen sind einerseits Gebühren, die **kein „Instanz-Verfahren"** abgelten, was **4** sich insbesondere daran zeigt, dass eine zweite Instanz nicht denkbar ist; so vor allem die Gebühren der §§ 73, 89, 112;

und andererseits Gebühren für „Dauerverfahren", die sich ihrer Natur nach einer sol- **5** chen Übergangsregelung entziehen. Dies sind vor allem die Jahresgebühren des § 92 für Dauerfürsorgemaßnahmen. Auch hier hilft wieder unter dem Postulat der „sinnvollen Einheit der Rechtsordnung" (BVerfG) die parallele Vorschrift des § 71 Abs. 3 GKG, die ebenfalls Dauerverfahren: Insolvenzverfahren, Verteilungsverfahren, Zwangsversteigerung und Zwangsverwaltung, aus der Instanzenregelung herausnimmt und die Fälligkeit der einzelnen Gebühren maßgebend sein lässt.

Die Vorschrift ist der Übergangsvorschrift des **KostÄndG 1975** (vom 20. 8. 1975, **6** BGBl. I S. 2189) nachgebildet. Zu ihr wurde weithin zwischen Verfahrens- und Entscheidungsgebühren unterschieden.[3] Zum einen war diese Rspr. bereits seinerzeit nicht unangefochten.[4] Vor allem aber wendet sich der Gesetzgeber erklärtermaßen[5] von der Übergangsvorschrift des Jahres 1975 dahin ab, dass er das alte Recht nur noch für die Instanz gelten lässt. Damit fallen jetzt alle Verfahren der KostO unter die Vorschrift, die ihrer Natur nach mehrere Rechtszüge durchlaufen können.

Letztlich spricht auch ein Vergleich mit **§ 60 RVG** für die hier vertretene Auffassung, **7** zumal er sogar spätere Werterhöhungen zufolge einer Klageerweiterung oder Widerklage nach dem Inkrafttreten des neuen Rechts noch den alten Gebühren unterwirft (Abs. 2). Es gibt nun wirklich keinen Sinn, etwa in einem Verfahren zur Änderung einer Sorgerechtsübertragung den Anwalt auf die „alten" Gebühren zu verweisen, bei Gericht hingegen die erhöhten Gebühren anzusetzen; erst recht nicht, wenn Geschäftswerte angehoben werden: Anwaltsgebühren nach dem früheren (§ 23 Abs. 1 S. 1 RVG), Gerichtsgebühren nach dem jetzigen Wert?

---

[2] Anders für Grundbucheintragungen LG Hannover JurBüro 1988, 219; LG Wuppertal 1989, 279; AG Braunschweig Nds.Rpfl. 1987, 157; für Handelsregistereintragungen LG Koblenz Rpfleger 1999, 105 (LS); der Begriff „Aktgebühr" ist mit dem heutigen Verständnis der freiwilligen Gerichtsbarkeit nicht mehr zu vereinbaren.
[3] So BayObLG Rpfleger 1978, 194; OLG Hamm Rpfleger 1978, 37; OLG Stuttgart Justiz 1979, 140; OLG Schleswig JurBüro 1977, 1371.
[4] Vgl. KostRsp. KostÄndG 1957 Art. 5 § 2.
[5] BT-Drucks. 10/5113 S. 35.

§ 161

III. Einleitung der Instanz

8   Die Instanz wird „eingeleitet" (S. 2) in **Antragsverfahren** durch den Eingang des Antrags bei Gericht, in **Amtsverfahren** durch die Erste auf Durchführung des Verfahrens zielende, nach außen wirkende Maßnahme des Gerichts; beispielsweise durch die Herausgabe eines Ersuchens an das Jugendamt um Erstattung eines Berichts; durch die Herausgabe der Aufforderung an die Beteiligten, zur behaupteten Unrichtigkeit eines Erbscheins Stellung zu nehmen; durch die Herausgabe der Verfügung auf Androhung eines Zwangsgeldes.

9   Die **Rechtsmittelinstanz** beginnt mit dem Eingang der Beschwerdeschrift bei Gericht (§ 14 Abs. 6 S. 2, 3).

10 Da die freiwillige Gerichtsbarkeit grundsätzlich **Gegenstands- und Beteiligtenhäufung** nicht kennt und die KostO folglich Einzelgebühren aus Einzelwerten vorsieht, ist die Einleitung des einzelnen Verfahrens maßgebend, selbst wenn mehrere Verfahren in derselben Akte unter demselben Aktenzeichen geführt werden. So bilden Sorgerecht und Umgangsrecht gesonderte Verfahren. Greifen verschiedene Beteiligte dieselbe Entscheidung mit der Beschwerde an, liegen mehrere Beschwerdeverfahren vor.

11 Werden allerdings für mehrere Gegenstände **einheitliche Gebühren** erhoben, etwa für mehrere Kinder nach § 94 Abs. 2 S. 2, so kann diese Gebühr nicht teils nach alten und teils nach neuem Recht berechnet werden. Analog § 60 Abs. 2 RVG ist hier das erste Verfahren maßgebend: Gesamtgebühr nach altem Recht.

IV. Verweisungen

12 Die Übergangsvorschrift gilt nicht nur für Änderungen der KostO, sondern auch von Vorschriften, **auf die die KostO verweist** (S. 3); Beispiele: §§ 127 Abs. 1, 134. Wird beispielsweise während eines Zwangsvollstreckungsverfahrens auf Abgabe der eidesstattlichen Versicherung (§ 33 Abs. 2 S. 5, 6 FGG) die Gebühr GKG KostVerz. 2113 angehoben, ist gemäß § 134 noch die Gebühr anzusetzen, die vor Einleitung des Versicherungsverfahrens galt.

13 Soweit Separatgesetze der freiwilligen Gerichtsbarkeit **auf die KostO verweisen,** erfassen sie auch § 161. In einem Landpachtverkehrsverfahren richten sich also die Gebühren des § 35 LwVG nach der alten KostO-Tabelle, wenn der Antrag vor dem Inkrafttreten des neuen Rechts eingegangen ist.

14 Verfahren in derselben prozessualen Instanz werden meist vor und nach **Abgabe oder Verweisung** als Einheit behandelt (§ 1 Rn. 14, 15), so dass der Verfahrensbeginn auch für die Gebühren nach der Verweisung maßgebend bleibt.

V. Zurückverweisung

15 Verfahren nach der Zurückverweisung bilden eine neue Instanz (sonst hätte es zB des § 37 GKG nicht bedurft). Sie beginnt mit der Verkündung oder Herausgabe der zurückverweisenden Entscheidung des Rechtsmittelgerichts. Die danach anfallenden Gebühren richten sich also ggf. nach neuem Recht.

VI. Gebührensatz, Geschäftswert

16 Die Gebühr wird durch Gebührensatz, Geschäftswert und Tabelle bestimmt. S. 2 betrifft folglich Änderungen aller drei Komponenten. Wird also der Gebührensatz, wird der Geschäftswert von Gesetzes wegen während der Instanz erhöht, bleibt es bei Gebührensatz und Wert, die vor Instanzbeginn galten.

VII. Auslagen

17 Für Auslagen, die **isoliert** erhoben werden, kommt es allein auf ihre Fälligkeit an (S. 1); also beispielsweise bei Ablichtungen, die auf Antrag erteilt werden.

Übergangsvorschrift § 161

Gehören die Auslagen hingegen zu einem **gerichtlichen Verfahren** und wird in ihm 18
die „alte" Gebühr angesetzt, so sind auch die Auslagen nach dem vor Verfahrenseinleitung
geltenden Recht zu erheben (S. 2). Die Rechnungsgebühren (§ 139) richten sich in einem
Verfahren mithin nur dann nach neuem Recht, wenn die „Haupt"-Gebühr unter S. 2 fällt
und nach neuem Recht erhoben wird.

Da in **Vormundschaftssachen** S. 2 keine Anwendung findet (Rn. 5), entscheidet in 19
ihnen allein die Fälligkeit der Rechnungsgebühren über die Anwendung neuen Rechts
(S. 1).

All dies gilt auch für Auslagen (S. 3), die sich aus einer **Verweisung** ergeben, zB aus 20
§ 137 Abs. 1 Nr. 6. Selbst wenn also während einer Instanz die Reisekosten der Richter
und Beamten angehoben worden sind, werden sie als Auslagen nur in der Höhe angesetzt,
die vor dem Beginn der Instanz maßgebend war.

VIII. Notare

§ 161 gilt aus sich auch für Notare. **Beurkundungen** stellen zwar nach heutiger Auffas- 21
sung ebenfalls ein „Verfahren" dar, so dass sich die Maßgeblichkeit des Beurkundungsansu-
chens vertreten ließe. Jedoch fehlt es an einer zuverlässigen Abgrenzung einer „Instanz",
etwa bei getrennter Beurkundung der Verpflichtungs- und Erfüllungserklärungen und den
folgenden Betreuungsgeschäften, zudem gelten die in Betracht kommenden Gebühren
eben nicht das „Verfahren" ab, und es fehlt an der Möglichkeit einer weiteren Instanz. Daher ist allein auf die **Fälligkeit** der Notargebühren abzustellen (S. 1).

Anderes gilt jedoch für einem **gerichtlichen Verfahren gleichstehende** Notarverfah- 22
ren, zB im Falle des § 148.

Für **Auslagen** des Notars kommt es somit in aller Regel auf die Fälligkeit an, zB bei 23
den Reisekosten (§ 153). Die **Verzinsung** von Notarkosten war vor Inkrafttreten des
§ 154a zweifelhaft. Bejaht man sie, gilt auch für sie § 161. Allerdings „bestätigt" sein Erlass
eher die verneinende Auffassung. Wegen der Zinsen des § 157 s. § 163.

IX. Ermäßigungs-Anpassung

§ 161 ist auf die Herabsetzung der Ermäßigung der KostO-Gebühren in den neuen 24
Ländern von 20% nach dem Einigungsvertrag auf 10% zum 1. 7. 1996 anzuwenden; dazu
Anhang A I. S. iÜ § 162.

X. DM – Euro

Vor dem 1. 1. 2002 fällig (§ 7 mit Erläuterungen) gewordene Gebühren und Ausla- 25
gen werden von DM in Euro umgerechnet: ... DM: 1,95583, Rundung auf den nächstliegenden Cent, 0,5 Cent aufrunden. Umzurechnen ist von Rechts wegen die einzelne Gebühr oder Auslage, nicht der Endbetrag der Kosten(be)rechnung, doch mag sich das im
Alltagsfall der Geringfügigkeit wegen erübrigen.

Die **ab dem 1. 1. 2002 fällig** gewordenen Gebühren und Auslagen entstehen nach 26
dem KostREuroUG in Euro.

Tritt in einem Verfahren an die Stelle des DM-Geschäftswerts ein anderer – also nicht 27
der gesetzlichen Umrechung entsprechende – **Euro-Geschäftswert**, so ist letzterer maßgebend, wenn die Gebühr ab dem 1. 2. 2002 fällig wird.

DM-Geschäftswertgrundlagen (Preise, Bilanzen, Vermögensmassen) sind gemäß 28
Rn. 25 in Euro umzurechnen, nach ihm wird der Wert bestimmt. Umgekehrt: Legt man
einen Euro-Wert vor dem 1. 1. 2002 in DM zugrunde: ... DM x 1,95583.

Treffen bei einer **Werteaddition** (typisch § 44 Abs. 2) DM- und Euro-Werte zusam- 29
men, sind die DM-Werte vorher in Euro umzurechnen (Rn. 25),

Gezahlte **DM-Vorschüsse** werden nach Rn. 25 in Euro umgerechnet und danach auf 30
Euro-Gebühren angerechnet (§ 9).

§ 162* Aufhebung des Ermäßigungssatzes

¹In dem Teil des Landes Berlin, in dem das Grundgesetz vor dem 3. Oktober 1990 nicht galt, sind die Maßgaben in Anlage I Kapitel III Sachgebiet A Abschnitt III Nr. 20 Buchstabe a und in Anlage I Kapitel III Sachgebiet A Abschnitt IV Nr. 3 Buchstabe g des Einigungsvertrages vom 31. August 1990 (BGBl. 1990 II S. 885, 935, 940) ab 1. März 2002 nicht mehr anzuwenden. ²In dem in Artikel 1 Abs. 1 des Einigungsvertrages genannten Gebiet sind die Maßgaben in Anlage I Kapitel III Sachgebiet A Abschnitt III Nr. 20 Buchstabe a des Einigungsvertrages vom 31. August 1990 (BGBl. II S. 885, 935, 940) ab 1. Juli 2004 nicht mehr anzuwenden.

I. EV-Ermäßigung in Berlin (S. 1)

1   S. 1 beseitigte die zuletzt 10%ige Ermäßigung durch Gerichte und Notare im Beitrittsgebiet, ausnahmsweise auch im alten Bundesgebiet, „in" Ost-Berlin, also **für die Gerichte und Notare** dort.
2   Nicht aber für **Kostenschuldner** mit Wohnsitz (Sitz, Hauptniederlassung) in Ost-Berlin gegenüber Gerichten und Notaren, die die Ermäßigung weiter für Schuldner im Beitrittsgebiet zu gewähren hatten.
3   Die Ermäßigung entfiel bei Gebühren, die am 1. 3. 2002 und danach **fällig** wurden, nach Maßgabe des § 161.
4   Wegen der **Einzelheiten der** EV-Ermäßigung s. 15. Aufl. Anhang A I.

II. EV-Ermäßigung im Beitrittsgebiet (S. 2)

5   S. 2 beseitigt die Ermäßigung generell ab 1. 7. 2004 (**Fälligkeit,** wie Rn. 3).
6   „Natürlich" nicht nur „im" Beitrittsgebiet, also durch die dortigen Gerichte und Notare, sondern auch insoweit, als die Gebühren als „Folgerecht" von **Gerichten im alten Bundesgebiet und West-Berlin** gegenüber Schuldnern im Beitrittsgebiete zu ermäßigen waren.

§ 163** Übergangsvorschrift zum Kostenrechtsmodernisierungsgesetz

Für die Beschwerde und die Erinnerung finden die vor dem 1. Juli 2004 geltenden Vorschriften weiter Anwendung, wenn die Kosten vor dem 1. Juli 2004 angesetzt oder die anzufechtende Entscheidung vor dem 1. Juli 2004 der Geschäftsstelle übermittelt worden ist.

I. Verfahrensrecht

1   § 163 ergänzt § 161 für das Inkrafttreten des KostRMoG um eine Regelung für das Verfahrensrecht. Sie betrifft in erster Linie die **Beschwerde** der §§ 14 und 31, aber auch die **Erinnerung** sowie alle geänderten Verfahrensvorschriften, zumal mit ihrer Verweisung auf § 14: §§ 8, 10, 139, sowie die Ergänzungen der §§ 156 und 157 (einschließlich der Verzinsung).
2   Das neue Verfahrensrecht findet ab dem 1. 7. 2004 „aus sich" Anwendung, die Übergangsvorschrift **schränkt dies ein,** indem sie „für die Beschwerde und die Erinnerung ... die vor dem 1. 7. geltenden Vorschriften" weiter gelten lässt. Sie stellt damit (abweichend von § 161) nicht auf die **Instanz** ab, sondern auf den gesamten **Rechtsweg;** zum Kosten-

---

* § 162 eingefügt durch Gesetz vom 22. 2. 2002 (BGBl. I S. 981), Satz 2 angefügt durch Gesetz vom 5. 5. 2004 (BGBl. I S. 718), Überschrift geändert durch Gesetz vom 3. 7. 2004 (BGBl. I S. 1410.
** § 163 eingefügt durch Gesetz vom 5. 5. 2004 (BGBl. I S. 718).

ansatz vor dem 1. 7. 2004 also Erinnerung, Beschwerde, weitere Beschwerde („Beschwerde" im Gesetzestext ist Oberbegriff!),[6] Zurückverweisung, erneute Beschwerde nach altem Recht.

II. Zeitpunkt

Für die **Beschwerde** bildet die Übergabe des anzufechtenden Beschlusses an die Geschäftsstelle den maßgebenden Zeitpunkt, also nicht erst seine Wirksamkeit (Einf Rn. 58). Das ist unbedenklich, weil es sich „nur" um das Verfahrenrecht, nicht die Höhe der Kosten handelt und der Zeitpunkt in der Vergangenheit liegt, also nicht mehr „manipuliert" werden kann. 3

Für die Erinnerung gegen den **Kostenansatz** fehlt eine solche Regelung. Hier nach allgemeinen Regeln auf die Wirksamkeit (vorstehend) statt das Unterschreiben abzustellen, erscheint „formal überzogen", vielmehr liegt es nahe, ebenfalls die Übergabe an die Geschäftsstelle genügen zuzulassen. 4

Auf die **Einlegung** des Rechtsmittels oder Rechtsbehelfs kommt es in beiden Fällen also nicht an. 5

III. Besserungen

Soweit das neue Recht Besserungen für die Beteiligten, insbesondere den Beschwerdeführer, bringt, kann es in das anzuwendende bisherige Recht eingreifen. So sieht § 31 Abs. 4 die Wiedereinsetzung in den vorigen Stand vor. Diese gesetzgeberische Entscheidung lässt sich auch im Rahmen der nach altem Recht heranzuziehenden FGG- und ZPO verwirklichen. 6

§ 164* Zusätzliche Übergangsvorschriften aus Anlass des Inkrafttretens des Handelsregistergebühren-Neuordnungsgesetzes

(1) ¹Die vor dem Tag des Inkrafttretens einer Rechtsverordnung nach § 79a fällig gewordenen Gebühren für alle eine Gesellschaft oder Partnerschaft betreffenden Eintragungen in das Handels- und das Partnerschaftsregister sind der Höhe nach durch die in dieser Rechtsverordnung bestimmten Gebührenbeträge begrenzt, soweit diese an ihre Stelle treten. ²Dabei sind die Maßgaben in Anlage I Kapitel III Sachgebiet A Abschnitt III Nr. 20 Buchstabe a des Einigungsvertrages vom 31. August 1990 (BGBl. 1990 II S. 885, 935, 940) in Verbindung mit der Ermäßigungssatz-Anpassungsverordnung vom 15. April 1996 (BGBl. I S. 604) in dem in Artikel 3 des Einigungsvertrages genannten Gebiet bis zum 28. Februar 2002 und in dem in Artikel 1 Abs. 1 des Einigungsvertrages genannten Gebiet bis zum 30. Juni 2004 entsprechend anzuwenden. ³Die Sätze 1 und 2 gelten nicht, soweit Ansprüche auf Rückerstattung von Gebühren zum Zeitpunkt des Inkrafttretens dieser Rechtsverordnung bereits verjährt sind.

(2) ¹Rückerstattungsansprüche, die auf der Gebührenbegrenzung nach Absatz 1 beruhen, können nur im Wege der Erinnerung geltend gemacht werden, es sei denn, die dem Rückerstattungsanspruch zugrunde liegende Zahlung erfolgte aufgrund eines vorläufigen Kostenansatzes. ²Eine gerichtliche Entscheidung über den Kostenansatz steht der Einlegung der Erinnerung insoweit nicht entgegen, als der Rückerstattungsanspruch auf der Gebührenbegrenzung nach Absatz 1 beruht.

(3) ¹§ 17 Abs. 2 findet in der ab 1. Juli 2004 geltenden Fassung auf alle Rückerstattungsansprüche Anwendung, die auf der Gebührenbegrenzung nach Absatz 1 beru-

---

[6] AA OLG Brandenburg KostRsp. Nr. 1 m. abl. Anm. *Lappe*.
* § 164 eingefügt durch Gesetz vom 3. 7. 2004 (BGBl. I S. 1410).

§ 164   3. Teil. Schluß- und Übergangsvorschriften

hen. ²Rückerstattungsansprüche nach Absatz 1, die auf Zahlungen beruhen, die aufgrund eines vorläufigen Kostenansatzes geleistet worden sind, verjähren frühestens in vier Jahren nach Ablauf des Kalenderjahrs, in dem der endgültige Kostenansatz dem Kostenschuldner mitgeteilt worden ist.

I. Rückwirkung, Rückzahlung

1. HRegGebV statt EG-Richtlinie

1   Die HRegGebV ist am 1. 12. 2004 in Kraft getreten, gilt damit für die an diesem Tag und danach **fällig** gewordenen Gebühren; für die voraufgehenden bleibt es beim bisherigen Recht (§ 161 S. 1). Die Vorschriften der KostO, insbesondere § 79, waren jedoch mit der EG-Gesellschaftssteuer-Richtlinie von 1969 nicht vereinbar, wie der EuGH Ende 1997 entschieden hat. Abs. 1 S. 1 gibt der HRegGebV deshalb Rückwirkung, er betrifft alle ihre Gegenstände, mithin auch den VVaG (vgl. Nr. 2102 usw.)¹, sie tritt an die Stelle der bisher nicht geregelten Aufwandsgebühren; allerdings nur, soweit ihre Gebühren niedriger sind als die der KostO, eine **Nachforderung** scheidet aus.

2. EV-Ermäßigung

2   In den neuen Bundesländern und Ost-Berlin werden die Gebühren der HRegGebV für jene Zeit nach dem Einigungsvertrag ermäßigt (Abs. 1 S. 2); dazu § 162.

3. Zeit

3   Die Rückwirkung zielt auf die „europarechtswidrige Zeit" (Rn. 1). Zwar fehlt eine solche ausdrückliche Begrenzung, sie folgt aus Normzweck und System. Doch erübrigt sie sich, weil **verjährte** Ansprüche auf Rückzahlung zuviel gezahlter Gebühren von der Rückwirkung ausgenommen sind (Abs. 1 S. 2). Und zwar solche, die „bereits verjährt sind"; auf die **Verjährungseinrede** kommt es mithin nicht an, um so mehr, als öffentlich-rechtliche Ansprüche ohnehin grundsätzlich mit der Verjährung erlöschen.²

4. Verjährung generell

4   Rückzahlungsansprüche verjähren nach **vier Jahren** (§ 17 Abs. 1 S. 1). Umstritten war der Beginn. Die Erstfassung des Gesetzes nannte den „Ablauf des Kalenderjahres, in dem der **Anspruch entstanden** ist". 2001 trat an die Stelle der Entstehung die „**erfolgte Zahlung**", seit 2004 jedoch nicht vor **Fälligkeit** (Abs. 1 S. 2). Die Änderungen verstehen sich als Klärung einer Streitfrage. Deshalb erstreckt Abs. 3 S. 1 die Maßgeblichkeit der **jetzigen** Fassung auf **alle** Rückzahlungsansprüche. Die Begründung nennt das Vertrauen in die Mindermeinung, die zur genannten Erstfassung den Rückzahlungsanspruch erst mit der Aufhebung des fehlerhaften Kostenrechnung entstehen ließ, nicht schutzwürdig.³ Die Richtigkeit dieser Auffassung und damit die Verfassungsmäßigkeit der Regelung ist fraglich, weil jene Meinung der allgemein für öffentlich-rechtliche Rückzahlungsansprüche vertretenen entsprach. Außerdem stellt sie den grob falsch in Anspruch genommenen Kostenschuldner schlechter als den „einigermaßen rechtmäßigen" (nachstehend).

5. Verjährung nach vorläufigem Kostenansatz

5   Beruht die Zahlung auf einem vorläufigen Kostenansatz, beginnt die Verjährungsfrist – erst – mit der Mitteilung des endgültigen Kostenansatzes (Abs. 3 S. 2). Von Rechts wegen gibt es ihn nicht, er beruht auf Verwaltungsvorschriften (15. Aufl. S. 1223 ff.) und bezieht sich auf den **Inhalt**, die Kostenforderung, es handelt sich also nicht um eine vorläufige Kostenberechnung, einen vorläufigen Verwaltungsakt.

---

¹ OLG Hamm OLGR 2007, 447.
² Vgl. *Lappe* NJW 2004, 2409, 2412.
³ BR-Drucks. 622/03 S. 17.

II. Verfahren

1. Berichtigung von Amts wegen

Der gerichtliche Kostenansatz ist ein Amtsverfahren (§ 14 Abs. 1), insbesondere sind Fehler von Amts wegen zu berichtigen, auch dann, wenn sie auf späteren rechtlichen Erkenntnissen beruhen. Dabei belässt es Abs. 2 S. 1 im Falle eines **vorläufigen Kostenansatzes** (vorstehend). 6

2. Erinnerung

Sind die Kosten **vorbehaltslos** angesetzt worden, kann die „Überzahlung" nur mit der Erinnerung (§ 14 Abs. 2) geltend gemacht werden (Abs. 2 S. 1). Die Abweichung von der gesetzlichen Regel ist weder sachgerecht – sie führt zu Zufallsergebnissen – noch mit der Gesetzmäßigkeit der Verwaltung (Art. 20 Abs. 3 GG) vereinbar. Sie will wohl der Justiz die Durchsicht von Aktenmengen auf überhobene Kosten ersparen. 7

Eine gerichtliche **Entscheidung** über die Gebühren steht weder der Erinnerung noch – so muss man ergänzen – ihrer Abhilfe oder einer anderen Entscheidung auf Grund der Rückwirkung der HRegGebV entgegen (Abs. 2 S. 2). 8

Ein **Rückzahlungsantrag** ist als Erinnerung zu verstehen. Der Kostenbeamte kann allen Erinnerungen **abhelfen**. Der **Rechtspfleger** ist zwar als Erinnerungsrichter ausgeschlossen, wenn er im jetzigen Verfahren als Kostenbeamter tätig geworden ist, nicht aber als „ursprünglicher" Kostenberechner.[4] 9

---

[4] *Lappe* Rpfleger 2005, 306, 307.

Anhang

Übersicht

	Seite
A. Justizverwaltungskosten	1113
I. Justizverwaltungskostenordnung (JVKostO)	1113
II. Grundbuchverfügung (GBV)	1119
III. Verordnung über Grundbuchabrufverfahrengebühren (GBAbVfV)	1120
B. Gerichtskosten nach FG-Nebengesetzen	1121
I. Lexikon der Bundes- und Landesrechts	1121
II. Auslandskostengesetz (AKostG), Auslandskostenverordnung (AKostV)	1140
C. Gerichtskostenbefreiungen nach FG-Nebengesetzen	1161
I. Lexikon des Bundes- und Landesrechts	1161
II. Gebührenbefreiungsgesetze der Länder	1193
D. Verwaltungsvorschriften	1215
I. Kostenverfügung (mit Zusatzbestimmungen der Länder und Anlagen)	1215
II. Reiseentschädigung mitteloser Personen, Vorschusszahlungen an Zeugen und Sachverständige usw.	1234
III. Prozesskostenhilfe-Durchführungsbestimmungen	1236
IV. Ermittlung des Nachlasswertes (Formblatt)	1241
V. Gebäudebrandversicherungswert (zur Bewertung von Gebäuden gemäß § 19 KostO)	1243
E. Gebührentabellen	1249
I. Gerichts- und Notargebühren (§§ 32, 144 KostO)	1250
II. Hebegebühren des Notars (§ 149 KostO)	1263
III. Jahresgebühren des Vormundschaftsgerichts (§ 92 KostO)	1265

Anhang A

Justizverwaltungskosten

Vorbemerkung

Das bis zur 16. Auflage hier kommentierte **Beitrittsrecht** hat kaum noch praktische Bedeutung, seine Aufnahme ist deshalb unterblieben. Für den Ausnahmefall verweisen wir auf die 16., zum D-Markbilanzgesetz auf die 13. Auflage.

Die **elektronischen Abfragen aus dem Grundbuch und dem Handelsregister** und anderen Registern sind Justizverwaltungsgeschäfte. Ihre Gebühren und Auslagen richten sich folglich nicht mehr nach der KostO, sondern der Justizverwaltungskostenordnung bzw. der Grundbuchverfügung und der Grundbuchabrufverfahrengebührenverordnung. Sie treten praktisch neben die KostO und die Handelsregistergebührenverordnung. Wir geben sie deshalb wieder, die erste nur, soweit sie die freiwillige Gerichtsbarkeit betrifft.

I. Justizverwaltungskostenordnung (JVKostO)

vom 14. Februar 1940 (RGBl. S. 357),
zuletzt geändert durch Gesetz vom 12. Dezember 2007 (BGBl. I S. 2840)

Artikel I. Allgemeine Vorschriften

§ 1 [Anwendungsbereich]

(1) ¹Soweit nichts anderes bestimmt ist, werden
1. in Justizverwaltungsangelegenheiten,
2. ..., 3. ...

von den Justizbehörden des Bundes und in Angelegenheiten nach Nummer 203 und den Abschnitten 3 und 4 des Gebührenverzeichnisses von den Justizbehörden der Länder Kosten (Gebühren und Auslagen) nach diesem Gesetz erhoben. ²§ 7b gilt für die Justizbehörden der Länder.

(2) § 4 Abs. 8, § 5 Abs. 2 bis 4, § 6 Abs. 3 und 13 sind auch dann anzuwenden, wenn von Justizbehörden der Länder Kosten in den in Absatz 1 Satz 1 Nr. 1 bis 3 genannten Angelegenheiten erhoben werden.

§ 2 [Gebührenverzeichnis, Rahmengebühren]

(1) Die Gebühren bestimmen sich nach dem anliegenden Gebührenverzeichnis.

(2) ¹Bei Rahmengebühren setzt die Behörde, die die gebührenpflichtige Amtshandlung vornimmt, die Höhe der Gebühr fest. ²Sie hat dabei insbesondere die Bedeutung der Angelegenheit für die Beteiligten, die mit der Vornahme der Amtshandlung verbundene Mühewaltung und die wirtschaftlichen Verhältnisse des Kostenschuldners zu berücksichtigen.

§ 3 [Ablehnung oder Zurücknahme eines Antrags]

¹Bei der Ablehnung oder Zurücknahme eines Antrags auf Vornahme einer gebührenpflichtigen Amtshandlung kann die Behörde dem Antragsteller eine Gebühr bis zur Hälfte der für die Vornahme der Amtshandlung bestimmten Gebühr – bei Rahmengebühren je-

doch nicht weniger als den Mindestbetrag – auferlegen. ²Das gleiche gilt, wenn die Ablehnung von der übergeordneten Behörde bestätigt wird.

§ 4 [Dokumentenpauschale]

(1) Für Ausfertigungen, Ablichtungen oder Ausdrucke, die auf besonderen Antrag erteilt, angefertigt oder per Telefax übermittelt werden, wird eine Dokumentenpauschale erhoben.

(2) § 136 Abs. 2 der Kostenordnung ist anzuwenden.

(3) Für einfache Ablichtungen und Ausdrucke gerichtlicher Entscheidungen, die zur Veröffentlichung in Entscheidungssammlungen oder Fachzeitschriften beantragt werden, beträgt die Dokumentenpauschale höchstens 2,50 Euro je Entscheidung.

(4) Für die Überlassung von elektronisch gespeicherten Dateien anstelle der in den Absätzen 1 und 3 genannten Ausfertigungen, Ablichtungen und Ausdrucke beträgt die Dokumentenpauschale je Datei 2,50 Euro.

(5) ¹Bei der Übermittlung elektronisch gespeicherter Daten auf Datenträgern wird daneben eine Datenträgerpauschale erhoben. ²Sie beträgt
1. bei einer Speicherkapazität des Datenträgers von bis zu 2,0 Megabytes 2,50 Euro,
2. bei einer Speicherkapazität von bis zu 500,0 Megabytes 25 Euro,
3. bei einer höheren Speicherkapazität 50 Euro.

(6) Die Behörde kann vom Ansatz der Dokumenten- und Datenträgerpauschale ganz oder teilweise absehen, wenn gerichtliche Entscheidungen für Zwecke verlangt werden, deren Verfolgung überwiegend im öffentlichen Interesse liegt, oder wenn Ablichtungen oder Ausdrucke amtlicher Bekanntmachungen anderen Tageszeitungen als den amtlichen Bekanntmachungsblättern auf Antrag zum unentgeltlichen Abdruck überlassen werden.

(7) Keine Kosten werden erhoben, wenn Daten im Internet zur nichtgewerblichen Nutzung bereitgestellt werden.

(8) Im Rechtshilfeverkehr mit dem Ausland in strafrechtlichen Angelegenheiten und in der Zusammenarbeit mit dem Internationalen Strafgerichtshof wird eine Dokumentenpauschale nicht erhoben.

§ 5 [Sonstige Auslagen]

(1) ¹Für die Erhebung sonstiger Auslagen gilt § 137 Abs. 1 Nr. 1 bis 6, 9 bis 11 und 13 bis 15 der Kostenordnung entsprechend. ²Die Auslagen sind auch dann zu erheben, wenn eine Gebühr für die Amtshandlung nicht zum Ansatz kommt.

(2) ... (3) ... (4) ...

§ 6 [Kostenschuldner]

(1) ¹Zur Zahlung der Gebühren und Auslagen, soweit nichts anderes bestimmt ist, ist verpflichtet:
1. derjenige, der die Amtshandlung veranlaßt oder zu dessen Gunsten sie vorgenommen wird;
2. derjenige, der die Kosten durch eine vor der Behörde abgegebene oder ihr mitgeteilte Erklärung übernommen hat;
3. derjenige, der nach den Vorschriften des bürgerlichen Rechts für die Kostenschuld eines anderen kraft Gesetzes haftet;
4. derjenige, dem durch eine Entscheidung der Justizbehörde die Kosten auferlegt sind.

²Die Jahresgebühr für die Führung des Unternehmensregisters schuldet jedes Unternehmen, das seine Rechnungslegungsunterlagen im elektronischen Bundesanzeiger bekannt zu machen hat, und jedes Unternehmen, das in dem betreffenden Kalenderjahr nach § 8b Abs. 2 Nr. 9 und 10, Abs. 3 Satz 1 Nr. 2 des Handelsgesetzbuchs selbst oder durch einen von ihm beauftragten Dritten Daten an das Unternehmensregister übermittelt hat.

(2) Mehrere Kostenschuldner haften als Gesamtschuldner.

(3) Im Rechtshilfeverkehr mit dem Ausland in strafrechtlichen Angelegenheiten und in der Zusammenarbeit mit dem Internationalen Strafgerichtshof haftet der Verfolgte oder Verurteilte nicht nach Absatz 1 Nr. 1.

§ 7 [Fälligkeit, Vorschuss]

(1) [1] Die Gebühren werden, soweit nichts anderes bestimmt ist, mit der Beendigung der gebührenpflichtigen Amtshandlung, Auslagen sofort nach ihrer Entstehung fällig. [2] Wenn eine Kostenentscheidung der Justizbehörde ergeht, werden entstandene Kosten mit deren Erlass, später entstehende Kosten sofort fällig.

(2) [1] Die Behörde kann die Zahlung eines Kostenvorschusses verlangen. [2] Sie kann die Vornahme der Amtshandlung von der Zahlung oder Sicherstellung des Vorschusses abhängig machen.

(3) Bescheinigungen, Ausfertigungen, Ablichtungen und Ausdrucke sowie zurückzugebende Urkunden, die aus Anlaß der Amtshandlung eingereicht sind, können zurückbehalten werden, bis die in der Angelegenheit erwachsenen Kosten bezahlt sind.

§ 7a [Übermittlung gerichtlicher Entscheidungen auf Datenträgern]

(1) Für die Übermittlung gerichtlicher Entscheidungen in Form elektronisch auf Datenträgern gespeicherter Daten kann anstelle der zu erhebenden Auslagen durch öffentlich-rechtlichen Vertrag eine andere Art der Gegenleistung vereinbart werden, deren Wert den ansonsten zu erhebenden Auslagen entspricht.

(2) Werden neben der Übermittlung gerichtlicher Entscheidungen zusätzliche Leistungen beantragt, insbesondere eine Auswahl der Entscheidungen nach besonderen Kriterien, und entsteht hierdurch ein nicht unerheblicher Aufwand, so ist eine Gegenleistung durch öffentlich-rechtlichen Vertrag zu vereinbaren, die zur Deckung der anfallenden Aufwendungen ausreicht.

(3) Werden Entscheidungen für Zwecke verlangt, deren Verfolgung überwiegend im öffentlichen Interesse liegt, so kann auch eine niedrigere Gegenleistung vereinbart oder auf eine Gegenleistung verzichtet werden.

§ 7b [Abrufkosten-Schuldner]

[1] Zur Zahlung der in Abschnitt 4 des Gebührenverzeichnisses bestimmten Gebühren ist derjenige verpflichtet, der den Abruf tätigt. [2] Erfolgt der Abruf unter einer Kennung, die aufgrund der Anmeldung zum Abrufverfahren vergeben worden ist, ist Schuldner der Kosten derjenige, der sich zum Abrufverfahren angemeldet hat.

§ 7c [Wissenschaftliche Forschung] (nicht abgedruckt)

§ 8 [Gebührenfreiheit]

(1) Von der Zahlung der Gebühren sind befreit der Bund und die Länder sowie die nach den Haushaltsplänen des Bundes und der Länder für Rechnung des Bundes oder eines Landes verwalteten öffentlichen Anstalten und Kassen.

(2) Die sonstigen Vorschriften, durch die eine sachliche oder persönliche Kostenfreiheit gewährt wird, bleiben unberührt.

(3) Die Gebührenfreiheit entbindet, soweit nichts anderes bestimmt ist, nicht von der Verpflichtung zur Zahlung der Auslagen.

§ 9 [Nichterhebung von Gebühren und Auslagen]

Weder Gebühren noch Auslagen – ausgenommen Schreibauslagen nach § 4 – werden erhoben

1. ...; 2. ...; 3. ...;
4. in Gewerbezentralregisterangelegenheiten, ausgenommen für die Erteilung von Auskünften nach § 150 der Gewerbeordnung;
5. ...;
6. für die Tätigkeit der Staatsanwaltschaft im Aufgebotsverfahren.

§ 10 (aufgehoben)

§ 11 [Unrichtige Sachbehandlung]

Gebühren und Auslagen, die bei richtiger Behandlung der Sache nicht entstanden wären, werden nicht erhoben.

§ 12 [Gebührenermäßigung, Kostenerlass]

Die Behörde kann ausnahmsweise, wenn dies mit Rücksicht auf die wirtschaftlichen Verhältnisse des Zahlungspflichtigen oder sonst aus Billigkeitsgründen geboten erscheint, die Gebühren unter die Sätze des Gebührenverzeichnisses ermäßigen oder von der Erhebung der Kosten absehen.

§ 13 [Einwendungen]

(1) [1]Über Einwendungen gegen die Festsetzung und den Ansatz der Kosten oder gegen Maßnahmen gemäß § 7 Abs. 2, 3 entscheidet das Amtsgericht, in dessen Bezirk die Behörde ihren Sitz hat. [2]Die §§ 1a und 14 Abs. 3 bis 10 der Kostenordnung gelten entsprechend.

(2) Auf gerichtliche Entscheidungen ist § 157a der Kostenordnung entsprechend anzuwenden.

§ 14 [Verjährung]

(1) Für die Verjährung der Kostenforderungen und der Ansprüche auf Rückzahlung zuviel gezahlter Kosten gilt § 17 der Kostenordnung entsprechend.

(2) Ansprüche auf Zahlung und Rückerstattung von Kosten werden nicht verzinst.

§ 15 (aufgehoben)

Artikel II. Schlußbestimmungen. Außerkrafttreten landesrechtlicher Vorschriften

§ 16 [Gesetzesänderungen]

[1]Für Kosten, die vor dem Inkrafttreten einer Gesetzesänderung fällig geworden sind, gilt das bisherige Recht. [2]Dies gilt auch, wenn Vorschriften geändert werden, auf die die Justizverwaltungskostenordnung verweist.

§ 17 [Beschwerden vor dem KostRMoG]

Für die Beschwerde finden die vor dem 1. Juli 2004 geltenden Vorschriften weiter Anwendung, wenn die anzufechtende Entscheidung vor dem 1. Juli 2004 der Geschäftsstelle übermittelt worden ist.

§§ 18–21 (nicht abgedruckt)

Anlage (zu § 2 Abs. 1)

Gebührenverzeichnis

Nr.	Gebührentatbestand	Gebührenbetrag
1. Beglaubigungen		
100	Beglaubigung von amtlichen Unterschriften für den Auslandsverkehr auf Urkunden, die keine rechtsgeschäftliche Erklärung enthalten, z. B. Patentschriften, Handelsregisterauszüge, Ernennungsurkunden Die Gebühr wird nur einmal erhoben, auch wenn eine weitere Beglaubigung durch die übergeordnete Justizbehörde erforderlich ist.	13,00 EUR
101	Beglaubigung von amtlichen Unterschriften für den Auslandsverkehr auf sonstigen Urkunden Die Gebühr wird nur einmal erhoben, auch wenn eine weitere Beglaubigung durch die übergeordnete Justizbehörde erforderlich ist.	in Höhe der Gebühr nach § 45 Abs. 1 der Kostenordnung
102	Beglaubigung von Ablichtungen, Ausdrucken, Auszügen und Dateien Die Gebühr wird nur erhoben, wenn die Beglaubigung beantragt ist; dies gilt nicht für Ausdrucke aus dem Unternehmensregister und für an deren Stelle tretende Dateien. Wird die Ablichtung oder der Ausdruck von der Behörde selbst hergestellt, so kommt die Dokumentenpauschale (§ 4) hinzu. Die Behörde kann vom Ansatz absehen, wenn die Beglaubigung für Zwecke verlangt wird, deren Verfolgung überwiegend im öffentlichen Interesse liegt.	0,50 EUR für jede angefangene Seite, mindestens 5,00 EUR
2. Sonstige Justizverwaltungsangelegenheiten mit Auslandsbezug		
(1) Gebühren nach den Nummern 200 bis 202 werden nur in Zivilsachen und in Angelegenheiten der freiwilligen Gerichtsbarkeit erhoben. Die Gebühren nach den Nummern 201 und 202 werden auch dann erhoben, wenn die Zustellung oder Rechtshilfehandlung wegen unbekannten Aufenthalts des Empfängers oder sonst Beteiligten oder aus ähnlichen Gründen nicht ausgeführt werden kann. In den Fällen der Nummern 201 und 202 werden Gebühren und Auslagen nicht erhoben, wenn die Gegenseitigkeit verbürgt ist. Die Bestimmungen der Staatsverträge bleiben unberührt. (2) Gebühren nach den Nummern 204 bis 206 werden auch erhoben, wenn die Bundeszentralstelle entsprechende Tätigkeiten aufgrund einer Rechtsverordnung nach § 2a Abs. 4 Satz 2 AdVermiG wahrnimmt.		
200	Prüfung von Rechtshilfeersuchen nach dem Ausland	10,00 bis 50,00 EUR
201	Erledigung von Zustellungsanträgen in ausländischen Rechtsangelegenheiten	10,00 bis 20,00 EUR
202	Erledigung von Rechtshilfeersuchen in ausländischen Rechtsangelegenheiten	10,00 bis 250,00 EUR
203	Befreiung von der Beibringung des Ehefähigkeitszeugnisses (§ 1309 BGB)	10,00 bis 300,00 EUR
204	Mitwirkung der Bundeszentralstelle für Auslandsadoption (§ 1 Abs. 1 AdÜbAG, § 2a Abs. 4 Satz 1 AdVermiG) bei Übermittlungen an die zentrale Behörde des Heimatstaates (§ 4 Abs. 6 AdÜbAG, § 2a Abs. 4 Satz 2 AdVermiG) Die Gebühr wird in einem Adoptionsvermittlungsverfahren nur einmal erhoben.	10,00 bis 150,00 EUR

205	Bestätigungen nach § 9 AdÜbAG	40,00 bis 100,00 EUR
206	Bescheinigungen nach § 7 Abs. 4 AdVermiG	40,00 bis 100,00 EUR
207	Unterstützungsleistungen der Zentralen Behörde nach Kapitel V des Haager Übereinkommens vom 13. Januar 2000 über den internationalen Schutz von Erwachsenen und nach dem Erwachsenenschutzübereinkommens-Ausführungsgesetz	10,00 bis 300,00 EUR

3. ...

4. Abruf von Daten in Handels-, Partnerschafts-, Genossenschafts- und Vereinsregisterangelegenheiten

(1) Dieser Abschnitt gilt für den Abruf von Daten und Dokumenten aus dem vom Registergericht geführten Datenbestand. Für den Abruf von Daten in der Geschäftsstelle des Registergerichts bleibt § 90 KostO unberührt.

(2) Neben den Gebühren werden keine Auslagen erhoben.

(3) Die Gebühren für den Abruf werden am 15. Tag des auf den Abruf folgenden Monats fällig, sofern sie nicht über ein elektronisches Bezahlsystem sofort beglichen werden.

(4) Von den in § 126 FGG genannten Stellen werden Gebühren nach diesem Abschnitt nicht erhoben, wenn die Abrufe zum Zwecke der Erstattung eines vom Gericht geforderten Gutachtens erforderlich sind.

400	Abruf von Daten aus dem Register: je Registerblatt	4,50 EUR
401	Abruf von Dokumenten, die zum Register eingereicht wurden: für jede abgerufene Datei	4,50 EUR

5. Unternehmensregister

Mit der Jahresgebühr nach den Nummern 500 bis 502 wird der gesamte Aufwand zur Führung des Unternehmensregisters entgolten. Sie umfasst jedoch nicht den Aufwand für die Erteilung von Ausdrucken oder Ablichtungen, die Überlassung von elektronisch gespeicherten Dokumenten und die Beglaubigung von Ablichtungen, Ausdrucken, Auszügen und Dateien. Die Jahresgebühr wird jeweils am 31. Dezember des abgelaufenen Kalenderjahres fällig.

500	Jahresgebühr für die Führung des Unternehmensregisters für jedes Kalenderjahr, wenn das Unternehmen bei der Offenlegung der Rechnungslegungsunterlagen die Erleichterungen nach § 326 HGB in Anspruch nehmen kann (1) Die Gebühr entsteht für jedes Kalenderjahr, für das ein Unternehmen die Rechnungsunterlagen im elektronischen Bundesanzeiger bekannt zu machen hat. Dies gilt auch, wenn die bekannt zu machenden Unterlagen nur einen Teil des Kalenderjahres umfassen. (2) Die Gebühr wird nicht erhoben, wenn für das Kalenderjahr eine Gebühr nach Nummer 502 entstanden ist.	5,00 EUR
501	Das Unternehmen kann die Erleichterungen nach § 325 HGB nicht in Anspruch nehmen: Die Gebühr 500 beträgt	10,00 EUR
502	Jahresgebühr für die Führung des Unternehmensregisters für jedes Kalenderjahr, in dem das Unternehmen nach § 8b Abs. 2 Nr. 9 und 10, Abs. 3 Satz 1 Nr. 2 HGB selbst oder durch einen von ihm beauftragten Dritten Daten an das Unternehmensregister übermittelt hat	30,00 EUR
503	Übertragung von Unterlagen der Rechnungslegung, die in Papierform zum Register eingereicht wurden, in ein elektronisches	

	Dokument (§ 8b Abs. 4 Satz 2, § 9 Abs. 2 HGB und Artikel 61 Abs. 3 EGHGB): für jede angefangene Seite Die Gebühr wird für die Dokumente eines jeden Unternehmens gesondert erhoben. Mit der Gebühr wird auch die einmalige elektronische Übermittlung der Dokumente an den Antragsteller abgegolten.	3,00 EUR – mindestens 30,00 EUR
6. Ordnungsgeldverfahren des Bundesamtes für Justiz		
Wird ein Ordnungsgeldverfahren gegen mehrere Personen durchgeführt, werden die Gebühren für jede Person gesondert erhoben.		
600	Durchführung eines Ordnungsgeldverfahrens nach § 335 HGB	50,00 EUR
601	Festsetzung eines zweiten und eines jeden weiteren Ordnungsgeldes jeweils	50,00 EUR
7. Bescheinigung, Zeugnisse und Auskünfte		
700	Bescheinigungen und schriftliche Auskünfte aus Akten und Büchern	10,00 EUR
701	Bescheinigungen über die Beurkundungsbefugnis eines Justizbeamten, die zum Gebrauch einer Urkunde im Ausland verlangt werden. Die Gebühr wird nicht erhoben, wenn eine Beglaubigungsgebühr nach Nummer 100 oder Nummer 101 zum Ansatz kommt.	10,00 EUR
702	Zeugnisse über das im Bund oder in den Ländern geltende Recht	10,00 bis 250,00 EUR
703	Führungszeugnis nach § 30 BZRG	13,00 EUR
704	Auskunft nach § 150 der Gewerbeordnung	13,00 EUR

II. Grundbuchverfügung (GBV)

vom 24. Januar 1991 (BGBl. I S. 114),
zuletzt geändert durch Verordnung vom 18. März 1999 (BGBl. I S. 497)
– Auszug –

§ 85 Gebühren, Entgelte

(1) ¹Für die Einrichtung und Nutzung des automatisierten Abrufverfahrens werden von dem Empfänger für die Einrichtung eine einmalige Einrichtungsgebühr und für die Nutzung eine monatlich fällig werdende Grundgebühr sowie Abrufgebühren erhoben. ²Die Abrufgebühren sind zu berechnen

1. bei dem Abruf von Daten aus dem Grundbuch für jeden Abruf aus einem Grundbuchblatt,
2. bei dem Abruf von Daten aus Verzeichnissen nach § 12a der Grundbuchordnung für jeden einzelnen Suchvorgang.

(2) ¹Wird eine Vereinbarung zwischen der zuständigen Behörde der Landesjustizverwaltung und dem Empfänger über die Einrichtung und Nutzung geschlossen, so ist ein Entgelt zu verabreden, das sich an dem Umfang der im Falle einer Genehmigung anfallenden Gebühren ausrichtet. ²Mit Stellen der öffentlichen Verwaltung können abweichende Vereinbarungen geschlossen werden.

(2a) § 8 der Justizverwaltungskostenordnung ist anzuwenden.

(3) Die Höhe der in Absatz 1 bestimmten Gebühren wird durch besondere Rechtsverordnung des Bundesministeriums der Justiz mit Zustimmung des Bundesrates festgelegt.

III. Verordnung über Grundbuchabrufverfahrengebühren (GBAbVfV)

vom 30. November 1994 (BGBl. I S. 3585),
zuletzt geändert durch Gesetz vom 27. April 2001 (BGBl. I S. 751)

§ 1 Gebührenhöhe

(1) Von den nach § 85 Abs. 1 Satz 1 der Grundbuchverfügung zu erhebenden Gebühren betragen
1. die Einrichtungsgebühr 500 Euro;
2. die Grundgebühr 50 Euro für jeden vollen Kalendermonat, in dem das Abrufverfahren eingerichtet ist; bei kürzeren Zeiträumen ist die Gebühr anteilig zu erheben;
3. die Abrufgebühren
   a) bei jedem Abruf von Daten aus einem Grundbuchblatt (§ 85 Abs. 1 Satz 2 Nr. 1 der Grundbuchverfügung) 5 Euro,
   b) bei dem Abruf von Daten aus Verzeichnissen nach § 12a der Grundbuchordnung (§ 85 Abs. 1 Satz 2 Nr. 2 der Grundbuchverfügung) 2,50 Euro für jeden einzelnen Suchvorgang.

(2) ¹Ruft ein Teilnehmer in einer Angelegenheit innerhalb von sechs Monaten mehrmals Daten aus demselben Grundbuchblatt ab, so ermäßigt sich die Abrufgebühr für Folgeabrufe auf jeweils 2,50 Euro. ²Die Einrichtungsgebühr wird nur einmal und die Grundgebühr monatlich nur einmal erhoben, wenn die Grundbuchblätter der betreffenden Grundbuchämter auf einer gemeinsamen Datenverarbeitungsanlage in maschineller Form geführt werden.

§ 2 Gebührenschuldner

Gebührenschuldner ist derjenige, dem die Einrichtung eines automatisierten Abrufverfahrens nach § 133 der Grundbuchordnung genehmigt worden ist (Empfänger).

§ 3 Fälligkeit

Die Gebühren werden wie folgt fällig:
1. die Einrichtungsgebühr nach Herstellung des Anschlusses;
2. die monatliche Grundgebühr am 15. des jeweiligen Monats; wird das Abrufverfahren nach dem 15. eines Monats eingerichtet, wird die erste Gebühr mit der Einrichtung fällig;
3. die Abrufgebühren am 15. des auf den Abruf folgenden Monats.

§ 4 Erhebung der Gebühren

Für die Erhebung der Gebühren durch die Landesjustizverwaltung gelten im übrigen § 7 Abs. 2 und 3 und § 14 der Justizverwaltungskostenordnung.

§ 5 Überleitungsregelung

§ 1 Satz 3 ist auch auf Genehmigungen und Vereinbarungen anzuwenden, die vor dem 23. Juli 1997 erlassen oder abgeschlossen worden sind.

Anhang B

Gerichtskosten nach FG-Nebengesetzen

I. Lexikon des Bundes- und Landesrechts

Vorbemerkung. Die KostO kodifiziert das Gerichtskostenrecht der freiwilligen Gerichtsbarkeit **nicht abschließend,** wie das FGG nicht alle ihre Angelegenheiten regelt. Die Gerichtskosten einiger Verfahren solcher Separatgesetze finden sich **in der KostO** (Beispiel: § 128 für die Todeserklärung usw. des VerschG), sie gilt also „aus sich". Überwiegend wird jedoch die KostO für **anwendbar erklärt,** sei es durch eine ausdrückliche Verweisung **auf sie,** sei es – nur oder auch – durch Zuordnung des Verfahrens zur **freiwilligen Gerichtsbarkeit,** sie schließt die KostO ein (§ 1 KostO). 1

Weithin enthalten die Separatgesetze eigene Gebühren- und Wertvorschriften, so dass nur die **allgemeinen Vorschriften** der KostO anzuwenden sind. Teils findet man aber auch weitergehende Regelungen, etwa über den Kostenschuldner; sie werfen regelmäßig die Frage auf, ob sie die entsprechenden Bestimmungen der KostO **ergänzen oder ersetzen.** Schließlich gibt es Normen, die überflüssigerweise wort- oder inhaltsgleiche der KostO wiederholen, manchmal aber auch geringfügig abändern. Mit **systematischer** Auslegung kommt man einer Lösung selten näher, weil die Separatvorschriften von den verschiedensten „Verfassern" – Ministerialbeamten, Parlamentariern – stammen, wie sich schon an ihrem Erlassdatum zeigt, ihr Verhältnis zur KostO also nicht einheitlich gestaltet ist, nicht denselben Prinzipien folgt. 2

Für alle Vorschriften gilt – wie auch sonst in der KostO –, dass eine gerichtliche Entscheidung oder Verfügung – zum Beispiel eine Terminsbestimmung – erst **existent** ist, wenn das Gericht sie verkündet oder aus seinem Bereich herausgegeben hat, nicht also bereits mit ihrem Unterschreiben durch den Richter oder Rechtspfleger; dass der **Gebührentatbestand** jedoch erst mit der **Wirksamkeit** der Entscheidung (Verfügung) erfüllt ist (Einf. Rn. 53 ff.). 3

Des Weiteren kann § 130 KostO über die **Zurückweisung und Zurücknahme** von Anträgen ebenfalls nur angewandt werden, wenn das beantragte Geschäft gebührenpflichtig ist (§ 130 Abs. 3 KostO). Selbst wenn die Separatvorschrift Zurückweisung und Zurücknahme eigenständig regelt und damit § 130 Abs. 1–4 KostO verdrängt, bleibt § 130 Abs. 5 über den Kostenabstand bei **unverschuldeter Unkenntnis** anwendbar (§ 130 Rn. 24). 4

§ 130 KostO erfasst den **Antrag auf gerichtliche Entscheidung nach einem Verwaltungsverfahren,** wenn die KostO auf dieses anzuwenden ist (Rn. 1; vgl. § 131 Abs. 4 S. 3 KostO). Und zwar selbst dann, wenn das Vornahmegeschäft gebührenfrei bleibt; denn zum einen bezieht sich § 130 Abs. 3 KostO auf die Gebühren des 1. Abschnitts der KostO, er greift mithin ein, wenn § 130 KostO „aus sich" anzuwenden ist; zum anderen aber liegt in der Anwendbarerklärung der KostO regelmäßig die Absicht, das die Klage zum Verwaltungsgericht ersetzende Verfahren bei Erfolglosigkeit des Antrags einer Gebühr zu unterwerfen, und sie würde unterlaufen, wenn man § 130 Abs. 3 anwenden würde; mit anderen Worten: § 130 KostO ist in diesen Fällen nicht wörtlich, sondern sinngemäß anzuwenden. 5

Die immer wiederkehrende Bestimmung, dass die Gebühr auch bei einer **erfolgreichen Beschwerde** anfällt, ist zurückzuführen auf die gegenteilige Regelung des § 131 Abs. 1 S. 2 KostO, sie wird mithin ausdrücklich ausgeschaltet. 6

Schließlich stellt sich insbesondere in den Streitverfahren die Frage des Gebührenanfalls nach **Zurückverweisung;** sie ist weder in den Separatvorschriften noch in der KostO geregelt, die Gesetzeslücke lässt sich durch entsprechende Anwendung der §§ 35, 37 GKG nF füllen: keine neue Gebühr in der fortgesetzten ersten – oder zweiten – Instanz, wohl aber bei einem Rechtsmittel gegen die erneute Entscheidung in ihr. 7

8 Angesichts der unübersichtlichen Rechtslage steht die **Vollständigkeit** der nachfolgenden Übersicht in Frage; das gilt vor allem für das Landesrecht der 16(!) Bundesländer, zumal es teils noch aus der Zeit vor 1949 stammt.

Übersicht über die Stichworte

Abfindung (AktG)
Abrufverfahren (GBO, GBV, HGB, GenG, BGB, SchiffsRegO)
Abschlussprüfer (HGB)
Anerkennung ausländischer Entscheidungen in Ehesachen (FamRÄndG)
Aufsichtsrat (AktG, MitbestG, EGAktG)
Auskunftsrecht des Aktionärs (AktG), des GmbH-Gesellschafters (GmbHG)
Bauerngericht (Baden-Württemberg, Bremen)
Beglaubigung (Rhld-Pfalz)
Beitreibung (JBeitrO)
Beratungshilfe (BerHG)
DDR-Güterstand (§ 39 FGB)
Ehefähigkeitszeugnis (JVKostO)
Grundbucharchiv (Berlin)
Grundstücksverkehr (GrdstVG, LwVG)
Güterstand von Vertriebenen und Flüchtlingen (VFGüterstandsG)
Hausrat bei Aufhebung der Ehe, beim Getrenntleben, bei der Scheidung (HausratsV)
Hinterlegung (HinterlO, EGGVG)
Höfeausschuss (Rheinland-Pfalz)
Höferolle (Bremen, Rheinland-Pfalz)
Höfesachen (Hamburg, Niedersachsen, Nordrhein-Westfalen, Schleswig-Holstein; Bremen; Rheinland-Pfalz)
Hofgut (Baden-Württemberg)
Internationale Familienrechtsverfahren (IntFamRVG)
Justizverwaltungsakte (EGGVG)
Katasterfortführungsgebühr (Bayern)
Konsularbeamte (AuslKostG)

Kontaktsperre (EGGVG)
Kosten-Verwaltungsakte (KostÄndG 1957)
Landgüterrolle (Hessen)
Landpacht (BGB, LPachtVG, LwVG)
Landwirtschaftsanpassung (LwAnpG, LwVG)
Landwirtschaftsbeschwerden (LwVG, HöfeVfO)
Landwirtschaftssachen (LwVG)
Luftfahrtregister (LuftfzRG)
Montan-Mitbestimmung (MitbestErgG)
Notar-Verwaltungsakte (BNotO, NotVO)
Nottestament (Baden-Württemberg)
Patentanwalt (PatAnwO)
Prozesskostenhilfe (ZPO)
Ratschreiber (Baden-Württemberg)
Rechtsanwaltskammerbeschlüsse (BRAO)
Rechtsanwaltszulassung (BRAO)
Rechtspfleger-Erinnerung (RPflG)
Siedlung (Pachtkündigung, Vorkaufsrecht)
Sonderprüfer (AktG)
Spruchverfahren (SpruchG)
Umstellung (GBMaßnG, GBBerG)
Umwandlung (UmwG)
Unschädlichkeitszeugnisse (Landesrecht)
Unterbringung (FreihEntzG)
Vaterschaftsanfechtung (NEhelG)
Vereinigungen (DDR-VereinG)
Vertriebene (BVG)
Verweisung (GVG, HausratsV, LwVG, WEG, GKG)
Vorläufige Anordnung (LwVG)
Wohnungseigentum (WEG)
Zuweisung (LwVG)

Abfindung. Beim Abschluss von Beherrschungs- und Gewinnabführungsverträgen erhalten außenstehende Aktionäre eine Ausgleichszahlung und eine Abfindung (§§ 304, 305 AktG, Schönfelder Nr. 51). Das gerichtliche Verfahren bestimmt sich nach dem Spruchverfahrensgesetz (SpruchG) → Spruchverfahren.

Abrufverfahren. Die Daten aus dem maschinell geführten Grundbuch können im Wege eines besonderen Abrufverfahrens an Dritte übermittelt werden (§ 133 GBO). Die „Gebühren, Entgelte" sind in der GBV und der GBAbVfV geregelt (abgedruckt in Anhang A II und III). Die Gebühren werden offenbar als Justizverwaltungskosten und nicht als Gerichtskosten angesehen. Der Frage kommt jedoch kaum praktische Bedeutung zu, weil § 13 JVKostO die Einwendungen ziemlich gleich regelt, weithin durch Verweisung auf § 14 KostO; entsprechendes gilt auch für die Beitreibung (§ 1 Abs. 1 Nr. 4 JBeitrO, Schönfelder Nr. 122).
Das Abrufverfahren ist auch für maschinell geführte andere Register vorgesehen, nämlich das Handelsregister (§ 9a HGB), das Partnerschaftsregister (§ 5 PartGG), das Genossenschaftsregister (§ 161 GenG), das Vereinsregister (§ 79 BGB) und das Schiffsregister (§ 93 SchiffsRegO).
Zu den Gebühren iE s. die Anlage zur JVKostO (abgedruckt in Anhang A I).

Abschlussprüfer. Bei Meinungsverschiedenheiten zwischen dem Abschlussprüfer (§§ 316 ff. HGB) und der Kapitalgesellschaft über die Auslegung und Anwendung der gesetzlichen Vorschriften sowie von Bestimmungen des Gesellschaftsvertrags oder der Satzung über den Jahresabschluss, Lagebericht, Konzernabschluss oder Konzernlagebericht entscheidet auf Antrag das Landgericht (§ 324 Abs. 1 HGB). Gegen seinen Beschluss findet – bei Zulassung – die sofortige Beschwerde zum Oberlandesgericht statt, eine weitere Beschwerde ist ausgeschlossen (§ 324 Abs. 2 S. 4 ff. HGB). Für die Kosten des Verfahrens gilt die KostO (§ 324 Abs. 2 S. 1, Abs. 3 S. 1 HGB). „[2]Für das Verfahren des ersten Rechtszugs wird das Doppelte der vollen Gebühr erhoben. [3]Für den zweiten Rechtszug

I. Lexikon des Bundes- und Landesrechts **Anh. B**

wird die gleiche Gebühr erhoben [dem Gebührensatz nach; der Geschäftswert kann anders sein]; dies gilt auch dann, wenn die Beschwerde Erfolg hat. ⁴Wird der Antrag oder die Beschwerde zurückgenommen, bevor es zu einer Entscheidung kommt, so ermäßigt sich die Gebühr auf die Hälfte [also die volle Gebühr]. ⁵Der Geschäftswert ist von Amts wegen festzusetzen. ⁶Er bestimmt sich nach § 30 Abs. 2 der Kostenordnung. ⁷Der Abschlußprüfer ist zur Leistung eines Gebührenvorschusses nicht verpflichtet [wohl aber der außer ihm antragsberechtigte gesetzliche Vertreter der Kapitalgesellschaft – also die Kapitalgesellschaft –, obgleich sie nicht Kostenschuldner nach § 2 Nr. 1 KostO ist, nachstehend]. ⁸Schuldner der Kosten ist die Kapitalgesellschaft. ⁹Die Kosten können jedoch ganz oder zum Teil dem Abschlußprüfer auferlegt werden, wenn dies der Billigkeit entspricht" (§ 324 Abs. 3 S. 2–9 HGB).
Die Vorschrift gilt auch für Kreditinstitute, die keine Kapitalgesellschaft sind (§§ 340a, 340k HGB), sowie für Versicherungsunternehmen (§ 341k HGB).

Anerkennung ausländischer Entscheidungen in Ehesachen. Zuständig ist die Justizverwaltung, gegen deren Entscheidung findet der Antrag auf gerichtliche Entscheidung zum Oberlandesgericht statt (Art. 7 § 1 FamRÄndG vom 11. 8. 1961, BGBl. I S. 1221, zuletzt geändert am 19. 2. 2007, BGBl. I S. 122). „Für die Feststellung, daß die Voraussetzungen für die Anerkennung einer ausländischen Entscheidung vorliegen oder nicht vorliegen, wird eine Gebühr von 10 bis 310 Euro erhoben" (§ 2 Abs. 1). „¹Für das Verfahren des Oberlandesgerichts werden Kosten nach der Kostenordnung erhoben. ²Weist das Oberlandesgericht den Antrag nach § 1 Abs. 4, 5, 7 zurück, so wird eine Gebühr von 10 bis 310 Euro erhoben. ³Wird der Antrag zurückgenommen, so wird die Hälfte dieser Gebühr erhoben. ⁴Die Gebühr wird vom Oberlandesgericht bestimmt. ⁵Hebt das Oberlandesgericht die Entscheidung der Verwaltungsbehörde auf und entscheidet in der Sache selbst, so bestimmt es auch die von der Verwaltungsbehörde zu erhebende Gebühr" (§ 2 Abs. 2). Die Gebühr des Abs. 1 ist eine Verwaltungsgebühr, sie wird – bei Erfolg des Antrags auf Feststellung des Vorliegens bzw. Nichtvorliegens der Anerkennungsvoraussetzungen – von der Justizverwaltung nach der JVKostO (Anhang A I) erhoben. Zurückweisung und Zurücknahme des Antrags: § 3 JVKostO. Die Gebühren des Abs. 2 sind Gerichtsgebühren nach der KostO (S. 1) für das Verfahren über den Antrag auf gerichtliche Entscheidung. Zurückweisung dieses Antrags: 10–310 Euro (ggf. zusätzlich zur Verwaltungsgebühr des Abs. 1). Zurücknahme des Antrags: Hälfte dieser Gebühr (S. 3; iÜ wie vor). Erfolg des Antrags: keine Gerichtsgebühr; bei Zurückverweisung an die Justizverwaltung verfährt diese nach Abs. 1; bei eigener Sachentscheidung bestimmt das Gericht die Verwaltungsgebühr des Abs. 1 oder des § 3 JVKostO der Höhe nach, Erhebung durch die Justizverwaltung.

Aufsichtsrat. Bei Streit oder Ungewissheit über die Zusammensetzung des Aufsichtsrats entscheidet das Landgericht (§§ 98, 99 AktG, Schönfelder Nr. 51). Gegen seinen Beschluss findet die sofortige Beschwerde zum Oberlandesgericht statt (§ 99 Abs. 3 S. 2–6 AktG), eine weitere Beschwerde ist ausgeschlossen (S. 7). Die Kosten des gerichtlichen Verfahrens richten sich nach der Kostenordnung (§ 99 Abs. 1, 6 S. 1 AktG). „²Für das Verfahren des ersten Rechtszugs [vor dem Landgericht] wird das Vierfache der vollen Gebühr erhoben. ³Für den zweiten Rechtszug [Beschwerdeverfahren vor dem Oberlandesgericht] wird die gleiche Gebühr [dem Gebührensatz nach; der Geschäftswert kann anders sein] erhoben; dies gilt auch dann, wenn die Beschwerde Erfolg hat. ⁴Wird der Antrag oder die Beschwerde zurückgenommen, bevor es zu einer Entscheidung kommt, so ermäßigt sich die Gebühr auf die Hälfte [also die doppelte Gebühr]. ⁵Der Geschäftswert ist von Amts wegen festzusetzen. ⁶Er bestimmt sich nach § 30 Abs. 2 KostO mit der Maßgabe, daß der Wert regelmäßig auf 50 000 Euro anzunehmen ist. ⁷Schuldner der Kosten ist die Gesellschaft. ⁸Die Kosten können jedoch ganz oder zum Teil dem Antragsteller auferlegt werden, wenn dies der Billigkeit entspricht" (§ 99 Abs. 6 S. 2–8 AktG). Der Antragsteller (§ 98 Abs. 2 AktG) schuldet also nicht nach § 2 Nr. 1 KostO. Damit trifft auch die Vorschusspflicht (Aufhebung des früheren Abs. 6 S. 7 AktG) nicht ihn, sondern die Gesellschaft.
Die Vorschriften sind für entsprechend anwendbar erklärt (§ 6 Abs. 2 S. 1 MitbestG, Schönfelder ErgBd. Nr. 81a), sie gelten auch für GmbH und bergrechtliche Gewerkschaft (§ 27 EGAktG, Schönfelder Nr. 51a).

Auskunftsrecht des Aktionärs. Über das Auskunftsrecht des Aktionärs (§ 131 AktG, Schönfelder Nr. 51) entscheidet auf Antrag das Landgericht, gegen seine Entscheidung findet die – der Zulassung bedürfende – sofortige Beschwerde zum Oberlandesgericht statt (§ 132 AktG). „¹Für die Kosten des Verfahrens gilt die Kostenordnung" (§§ 132 Abs. 3 S. 1, 99 Abs. 1, 132 Abs. 5 S. 1 AktG). „²Für das Verfahren des ersten Rechtszugs [vor dem Landgericht] wird das Doppelte der vollen Gebühr erhoben. ³Für den zweiten Rechtszug [vor dem Oberlandesgericht] wird die gleiche Gebühr [dem Gebührensatz nach; der Geschäftswert kann anders sein] erhoben; dies gilt auch dann, wenn die Beschwerde Erfolg hat. ⁴Wird der Antrag oder die Beschwerde zurückgenommen, bevor es zu einer Entscheidung oder einer vom Gericht vermittelten Einigung kommt, so ermäßigt sich die Gebühr auf die Hälfte [also die volle Gebühr]. ⁵Der Geschäftswert ist von Amts wegen festzusetzen. ⁶Er bestimmt sich nach § 30 Abs. 2 KostO mit der Maßgabe, daß der Wert regelmäßig auf 5 000 Euro anzunehmen ist. ⁷Das mit dem Verfahren befaßte Gericht bestimmt nach billigem Ermessen, welchem Beteiligten die Kosten des Verfahrens aufzuerlegen sind" (§ 132 Abs. 5 S. 2–7 AktG). Der Antragsteller schuldet also

nicht nach § 2 Nr. 1 KostO, so dass von ihm auch kein Vorschuss (§ 8 KostO) erhoben werden kann. Vgl. → Aufsichtsrat.
Über das Auskunfts- und Einsichtsrecht des GmbH-Gesellschafters (§ 51a GmbHG, Schönfelder Nr. 52) entscheidet das Gericht entsprechend § 132 AktG (§ 51b GmbHG), auch seine Kostenvorschrift findet Anwendung (s. vorstehend).

Bauerngericht. Soweit das Landesrecht – in *Baden-Württemberg* und *Bremen* – Verfahren des „Bauerngerichts" vorsieht, ist an seine Stelle das „gerichtliche Verfahren in Landwirtschaftssachen" vor den Landwirtschaftsgerichten getreten (§ 1 Nr. 5 LwVG), → Landwirtschaftssachen.

Beglaubigung. Zur amtlichen Beglaubigung von Abschriften, Vervielfältigungen und Negativen sowie zur öffentlichen Beglaubigung von Unterschriften und Handzeichen sind in *Rheinland-Pfalz* auch Behörden, darunter die Direktoren und Präsidenten der Gerichte, zuständig (§ 1 des Landesgesetzes über die Beglaubigungsbefugnis vom 21. 7. 1978, GVBl. S. 597, geändert durch Gesetz vom 21. 7. 2003, GVBl. S. 155). „¹Für die öffentliche Beglaubigung einer Unterschrift wird eine Gebühr in Höhe des Mindestbetrages einer Gebühr nach § 33 Satz 1 der KostO in der jeweils geltenden Fassung erhoben. ²Werden mehrere Unterschriften unter einer Urkunde gleichzeitig beglaubigt, so wird die Gebühr nur einmal erhoben" (§ 5 Abs. 1 des Gesetzes). „Für die amtliche Beglaubigung nach § 1 werden Kosten nach dem Landesgebührengesetz für Rheinland-Pfalz erhoben" (§ 5 Abs. 3 des Gesetzes). Für beide Gebühren ist auch iÜ das Landesgebührengesetz – und nicht die KostO – maßgebend. S. auch § 159 KostO Rn. 1.

Beitreibung. „Einwendungen, die den beizutreibenden Anspruch selbst, die Haftung für den Anspruch oder die Verpflichtung zur Duldung der Vollstreckung betreffen, sind vom Schuldner gerichtlich geltend zu machen bei Ansprüchen nach § 1 Nr. 4 [= Gerichtskosten] nach den Vorschriften über die Erinnerung gegen den Kostenansatz ..." (§ 8 Abs. 1 S. 1 JBeitrO, Schönfelder Nr. 122). Mithin findet auch § 14 Abs. 5 S. 1 KostO über die Gebührenfreiheit Anwendung; s. dort Rn. 115ff., 159, 182.

Beratungshilfe. „Bedürftige" erhalten Beratungshilfe durch das Amtsgericht oder einen Rechtsanwalt. Über den Antrag entscheidet das Amtsgericht (BerHG, Schönfelder ErgBd. Nr. 98b). Die Kosten richten sich nach der KostO (§ 5 BerHG). Mangels einer Gebührenvorschrift fällt keine Gebühr an, auch nicht bei Zurückweisung des Antrags (§ 130 Abs. 3 KostO). Die – ohnehin nur selten entstehenden – Auslagen (§§ 136 bis 139 KostO) werden in aller Regel nicht erhoben (wegen § 1 Abs. 1 Nr. 1 BerHG, § 10 KostV, Anhang D I). Eine Beschwerdegebühr (§ 131 KostO) kommt ebenfalls nicht in Betracht, weil gegen den den Antrag zurückweisenden Beschluss des Rechtspfle-

gers (§ 24a RPflG, Schönfelder Nr. 96) nur die Erinnerung stattfindet (§ 6 Abs. 2 BerHG; BayObLG Rpfleger 1985, 406; → Rechtspfleger-Erinnerung).

DDR-Güterstand. Bei gerichtlicher Verteilung des gemeinschaftlichen Eigentums und Vermögens nach § 39 des DDR-Familiengesetzbuchs (Art. 234 § 4 Abs. 2, 4, § 4a Abs. 2 EGBGB) richten sich die Gerichtskosten nach den §§ 164ff. DDR-ZPO; es handelt sich also formell um Zivilprozess und nicht um – dem DDR-Recht unbekannte – freiwillige Gerichtsbarkeit (OLG Naumburg JurBüro 1994, 348). Wert = halber Wert der Sachen, Forderungen und Rechte (§ 172 Abs. 1 Nr. 3), bei der Wohnung Jahresbetrag der Miete, jedoch nur außerhalb eines Eheverfahrens (§ 172 Abs. 1 Nr. 4); Herabsetzung unter Berücksichtigung des Gegenstands des Verfahrens oder der wirtschaftlichen Verhältnisse der Parteien bis auf 102,26 Euro möglich (§ 172 Abs. 5); daraus bei einer Sachentscheidung (§ 166 Abs. 1) Gebühr von 5% bis 51129,19 Euro Wert, darüber bis 1 Million Wert 2%, darüber 1%, mindestens 5,11 Euro (§ 165 Abs. 1, 2); bei gerichtlicher Einigung die Hälfte (§ 166 Abs. 3), desgleichen bei Zurückweisung einer Beschwerde (§ 167 Abs. 3). Hinzu kommen die Auslagen, soweit sie (DDR-„Kostenhandbuch": insgesamt) 2,56 Euro übersteigen (§ 164 Abs. 2). Gebühren und Auslagen sind grundsätzlich vorauszuzahlen (§ 169 Abs. 1), Befreiung möglich (§ 170); wenn und soweit nicht: Ansatz gegen den Entscheidungsschuldner (§§ 173ff.).

Ehefähigkeitszeugnis. Die Befreiung vom Ehefähigkeitszeugnis für Ausländer (§ 1309 Abs. 2 BGB) erteilt der Präsident des Oberlandesgerichts; Justizverwaltungsgebühr: Nr. 203 GebVerz. zur JVKostO (10 bis 300 Euro). Die Ablehnung ist als → Justizverwaltungsakt anfechtbar.

Grundbucharchiv. Für *Ost-Berlin* ist das „Zentrale Grundbucharchiv" eingerichtet worden (AV Berl. ABl. 1992, 11; 1995, 3). Es untersteht der Aufsicht des Präsidenten des Amtsgerichts und ist auch für Einsichtnahme und Abschriften zuständig. Die Vorschriften der KostO finden Anwendung (§ 6 Abs. 1 S. 1 AV), es werden mithin (Abs. 2) die gleichen Gebühren wie bei den entsprechenden Geschäften des Grundbuchamts erhoben (s. § 73 Abs. 1 KostO). Die §§ 55, 132, 136 KostO „bleiben unberührt" (Abs. 3). Zwar kann die AV wegen des Gesetzesvorbehalts für öffentlich-rechtliche Gebühren dies nicht konstitutiv bestimmen, doch bildet § 159 S. 2 KostO die erforderliche gesetzliche Grundlage. Die AV trat mit Ablauf des 31. 12. 2001 außer Kraft (§ 7 AV).

Grundstücksverkehr. Bestimmte Rechtsgeschäfte über land- und forstwirtschaftliche Grundstücke bedürfen der Genehmigung nach dem GrdstVG (Schönfelder ErgBd. Nr. 40). Die Versagung der Genehmigung oder ihre Be-

schränkung durch Bedingungen und Auflagen sind mit dem Antrag auf gerichtliche Entscheidung zum Landwirtschaftsgericht (Amtsgericht) anfechtbar (§ 22 GrdstVG, § 1 Nr. 2 LwVG). Eine Auflage kann in einem späteren Verfahren geändert werden (§ 22 Abs. 4 GrdstVG). Die Kosten aller Verfahren richten sich nach der KostO (§§ 9, 33 LwVG). Bei der Genehmigung eines Übergabevertrags nach der Höfeordnung gehen jedoch den nachstehend wiedergegebenen Vorschriften die der HöfeVfO vor, → Höfesachen. § 131 KostO ist nicht ergänzend heranzuziehen, weil er für den Antrag auf gerichtliche Entscheidung nicht gilt (§ 131 Abs. 4 S. 3 KostO).
Der Geschäftswert „bestimmt sich nach dem Werte, der für die Gebührenberechnung im Falle der Beurkundung des Rechtsverhältnisses maßgebend sein würde, auf das sich das Verfahren bezieht" (§ 36 Abs. 1 S. 1 LwVG); es kommt mithin nicht auf die konkrete Beurkundung, sondern auf den Verfahrensgegenstand (§ 18 Abs. 1 KostO) an, so dass – beispielsweise – die im Kaufvertrag mitbeurkundeten nichtlandwirtschaftlichen Grundstücke unberücksichtigt bleiben. Die Verweisung führt vor allem zu den §§ 20 Abs. 1, 39 Abs. 2 KostO. Fehlt eine Gegenleistung, kommt allein § 19 KostO in Betracht (§ 39 Abs. 1 S. 1 KostO). Für den Wert eines Vorkaufsrechts gilt das Gleiche wie beim siedlungsrechtlichen Vorkaufsrecht, → Siedlung. „Es wird die Hälfte der vollen Gebühr, bei Übergabeverträgen ein Viertel der vollen Gebühr erhoben" (§ 36 Abs. 1 S. 2 LwVG). Ein Übergabevertrag liegt in aller Regel bei vorweggenommener Erbfolge vor (vgl. § 19 Abs. 4 KostO und dazu § 19 KostO Rn. 92), er pflegt Gegenleistungen – „Altenteil" – zu enthalten.
„In Verfahren auf Erteilung eines Zeugnisses oder einer Bescheinigung oder auf Änderung oder Aufhebung einer Auflage (§ 22 Abs. 1, 4 des GrdstVG [wozu auch das Negativattest gehört, § 5 LwVG]) bestimmt sich der Geschäftswert nach § 30 der Kostenordnung" (§ 36 Abs. 2 S. 1 LwVG), er ist also auf das wirtschaftliche „Interesse" des Antragstellers zu schätzen (§ 30 Abs. 1 KostO) oder, wenn Anhaltspunkte dafür fehlen, fiktiv zu bestimmen (§ 30 Abs. 2 KostO). Entgegen einer verbreiteten Praxis sollte nach § 30 KostO auch dann bewertet werden, wenn nur die Beschränkung oder Bedingung oder Auflage angefochten wird, obwohl sich der Antrag förmlich gegen die Genehmigung ohne Vorbehalt richtet, denn weiter geht das „Interesse" des Antragstellers in diesen Fällen meist nicht. „Es wird die volle Gebühr erhoben" (§ 36 Abs. 2 S. 2 KostO).
„Wird ein Antrag … zurückgenommen, bevor der Gegner zur Äußerung aufgefordert oder Termin zur mündlichen Verhandlung bestimmt ist oder wird ein Antrag als unzulässig zurückgewiesen, so wird die Gebühr nur zur Hälfte erhoben" [also viertel bzw. achtel bzw. halbe Gebühr] (§ 41 S. 1 LwVG); die Aufforderung zur Äußerung braucht nicht ausdrücklich zu erfolgen, sie liegt regelmäßig in der Übersendung eines Antrags mit Begründung. „Die nach Landesrecht zuständige Behörde und die Genehmigungsbehörde sowie die übergeordnete Behörde (§ 32 Abs. 2 [LwVG]) und die Siedlungsbehörde" sind nicht Gegner im Sinne dieser Vorschrift" (§ 41 S. 2 LwVG); das bedeutet praktisch, dass diese Gebührenermäßigung in Grundstücksverkehrssachen bis zur Terminsbestimmung oder zur schriftlichen Entscheidung wirkt. Bei verspäteter Rücknahme wegen Unzulässigkeit darf die Gebühr nicht höher sein als bei der Verwerfung (Auslegung gemäß dem Normzweck). Die Erledigung der Hauptsache ist grundsätzlich keine Antragsrücknahme (vgl. GKG KostVerz. 1221, 1231 usw.).
Bei einer Häufung von Rechtsgeschäften in derselben Urkunde, im selben Bescheid oder im selben gerichtlichen Verfahren werden gleichwohl, dem System der KostO gemäß (Einf. Rn. 61 ff.), Einzelgebühren aus Einzelwerten erhoben. Die Verweisung auf die Beurkundungsvorschriften (§ 36 Abs. 1 S. 1 LwVG, oben) schließt § 44 KostO, insbesondere seinen Abs. 2, nicht ein, denn das wäre eine zufällige und damit willkürliche Begünstigung der Häufung von Verfahren, deren Wert das LwVG nicht selbst formuliert, sondern durch Verweisung bestimmt.
Kostenschuldner sind der Antragsteller (§ 2 Nr. 1 KostO) und der Entscheidungsschuldner (§ 3 Nr. 1 KostO, §§ 34 Abs. 1, 44 Abs. 1 LwVG), letzterer, solange die Entscheidung Bestand hat (§ 30 GKG nF). Bei Erfolg des Antrags werden die Kosten regelmäßig der unterlegenen Behörde auferlegt (§ 42 Abs. 2 LwVG steht nicht entgegen: § 47 Abs. 2 LwVG), es sei denn, er beruht auf verspätetem Vorbringen – erst während des gerichtlichen Verfahrens statt im Verwaltungsverfahren, wenn dort bereits möglich –. „Aus besonderen Gründen kann das Gericht anordnen, dass von der Erhebung von Gerichtskosten ganz oder teilweise abgesehen wird" (§ 42 Abs. 1 S. 1 LwVG); Beispiel: Das gerichtliche Verfahren erledigt sich dadurch, dass die Behörde „doch noch" genehmigt. Zwar „kann die Entscheidung nur gleichzeitig mit der Entscheidung in der Hauptsache ergehen" (§ 42 Abs. 1 S. 2 LwVG), doch folgt aus dieser Verfahrensregelung nicht, dass die Nichterhebung materiell unmöglich wird, wenn es einer solchen nicht mehr bedarf. Die Genehmigungsbehörde ist kostenbefreit (§ 42 Abs. 2 LwVG). Da die Gerichtskosten erst bei Beendigung des Rechtszugs fällig und Gebührenvorschüsse nicht erhoben werden (§ 43 LwVG; zu Abs. 1 vgl. § 9 Abs. 1 GKG nF), kommt es nicht zu einer – auch nur vorübergehenden – Belastung – des Antragstellers, allenfalls trifft ihn ein Auslagenvorschuss (§ 8 KostO). Denn: „Soweit einem Beteiligten Kosten durch gerichtliche Entscheidung auferlegt oder von ihm durch eine vor dem Gericht abgegebene oder dem Gericht mitgeteilte Erklärung übernommen sind, sollen die anderen Beteiligten wegen der Kosten erst in Anspruch genommen werden, wenn die Zwangsvollstreckung in das bewegliche Vermögen des ersteren Beteiligten erfolglos geblieben ist oder aussichtslos erscheint" (§ 47 Abs. 1 LwVG; die Regelung folgt § 31 Abs. 2 S. 1 GKG nF; s. ihre Kommentierungen). „Soweit Kosten einem Beteiligten, dem

Gebührenfreiheit zusteht, auferlegt oder von einem solchen Beteiligten übernommen werden, sind Gerichtsgebühren nicht zu erheben und erhobene zurückzuzahlen" (§ 47 Abs. 2 LwVG; die Regelung ersetzt § 13 KostO und folgt § 2 Abs. 5 GKG, s. ihre Kommentierungen; sie ist ihrem Normzweck gemäß – wie er – auf die Kosten bei Kostenfreiheit zu erstrecken, also insbesondere im Verhältnis zur Genehmigungsbehörde, § 42 Abs. 2 LwVG, s. oben).
Für das Zwangsgeldverfahren gemäß § 24 GrdstVG, § 1 Nr. 2 LwVG sieht das LwVG keine eigenen Gebühren vor, sie ergeben sich (§ 33 LwVG) aus § 119 KostO. § 31 LwVG führt zu keinem anderen Ergebnis, es sich dabei nicht nur um die Vollstreckung eines gerichtlichen Beschlusses handelt (vgl. die von § 888 ZPO abweichende Regelung des GrdstVG). Anzuwenden sind jedoch neben den allgemeinen Vorschriften der KostO die speziellen der §§ 33 ff. LwVG, insbesondere über Fälligkeit und Kostentragungspflicht (s. oben).
Zu den Beschwerdegebühren → Landwirtschaftsbeschwerden, zur Geschäftswertfestsetzung und zum Kostenansatz → Landwirtschaftssachen.

Güterstand von Vertriebenen und Flüchtlingen. Das VFGüterstandsG vom 4. 8. 1969 (BGBl. I S. 1067) sieht – auch jetzt noch (§ 3 S. 3 des Gesetzes) – eine Güterstandserklärung der Ehegatten vor. „Für die Beurkundung der Erklärung..., für die Aufnahme der Anmeldung zum Güterrechtsregister und für die Eintragung in das Güterrechtsregister beträgt der Geschäftswert 3000 DM (1533,88 Euro)" (§ 5 des Gesetzes). „[1]Haben die Ehegatten die Erklärung nicht gemeinsam abgegeben, so hat das Amtsgericht sie dem anderen Ehegatten nach den für Zustellungen von Amts wegen geltenden Vorschriften der ZPO bekanntzumachen. [2]Für die Zustellung werden Auslagen nach § 137 Nr. 2 der KostO nicht erhoben" (§ 4 Abs. 2 des Gesetzes). S. auch → DDR-Güterstand.

Hausrat. Können sich die Ehegatten bei der Scheidung nicht einigen, regelt das Familiengericht die Rechtsverhältnisse an Wohnung und Hausrat (HausratsV, Schönfelder Nr. 44). Das Gleiche gilt bei Aufhebung der Ehe (§ 1318 Abs. 4 BGB). Ebenso bei Aufhebung der Lebenspartnerschaft (§§ 17 ff. LPartG, §§ 661 Abs. 1 Nr. 5, Abs. 2, 621 Abs. 1 Nr. 7, 621a Abs. 1 ZPO) und bei Getrenntleben der Lebenspartner (§§ 13, 12 LPartG, §§ 661 Abs. 1 Nr. 5, Abs. 2, 621 Abs. 1 Nr. 7, 621 a Abs. 1 ZPO). Gegen seine Entscheidung findet Beschwerde zum Oberlandesgericht statt (§ 14 HausratsV). Die Kosten richten sich nach § 100 KostO.

Hinterlegung. Die Hinterlegung nach der Hinterlegungsordnung (Schönfelder Nr. 121) ist eine Angelegenheit der Justizverwaltung, ihre Kosten sind in der Justizverwaltungskostengesetzen der Länder geregelt. Der Rechtsweg richtet sich nach den §§ 23 ff. EGGVG (§ 3 Abs. 2 HinterlO), wegen seiner Kosten → Justizverwaltungsakte.

Höfeausschuss. In *Rheinland-Pfalz* ist bei jedem Landkreis ein Höfeausschuss gebildet (§ 28 des Landesgesetzes über die Höfeordnung idF vom 18. 4. 1967, GVBl. S. 138). Seine Zuständigkeit ergibt sich aus dem Gesetz und der LandesVO zu seiner Durchführung, wobei teils an die Stelle des Ausschusses der Vorsitzende tritt; insbesondere ist der Höfeausschuss vom Landwirtschaftsgericht vor der Entscheidung über die Löschung des Hofs in der Höferolle und die gesetzliche Hoferbfolge zu hören. „Das Verfahren vor dem Höfeausschuß oder dem Vorsitzenden des Höfeausschusses ist gebührenfrei" (§ 21 Abs. 1 DVO). „[1]Die bei dem Höfeausschuß oder dessen Vorsitzenden entstandenen Auslagen werden im Verfahren nach § 1 Abs. 1 und 3 vom dem Antragsteller, im Verfahren nach § 1 Abs. 2 [Anhörung durch das Landwirtschaftsgericht] als Teil der Gerichtskosten mit diesen erhoben. [2]Für die Erhebung der Auslagen gelten die entsprechenden Bestimmungen über die Kosten in Angelegenheiten der freiwilligen Gerichtsbarkeit. Während sich die Verweisung in Abs. 2 S. 2 nur auf die Art und Höhe der Auslagen beziehen kann und iÜ das Verwaltungskostenrecht des Landes, insbesondere für die Einziehung, maßgebend ist, unterwirft sie zusammen mit S. 1 – „als Gerichtskosten" – die Auslagen dem Kostenansatz nach der KostO und dem LwVG, → Landwirtschaftssachen.

Höferolle. In *Bremen* wird beim Grundbuchamt eine Höferolle geführt (VOen vom 19. 7. 1948, GBl. S. 119, 128). „Für jede Eintragung in die Höferolle und jede Löschung in derselben, einschließlich der darüber dem Eigentümer zu machenden Anzeige, wird eine Gebühr von 1,50 Euro erhoben" (§ 30 S. 1 Bremisches Höfegesetz vom 18. 7. 1899 idF vom 19. 7. 1948, GBl. S. 124). Diese Gebühr geht der Mindestgebühr des § 33 KostO vor (s. dort), obwohl die KostO iÜ anzuwenden ist (§§ 1 Nr. 5, 33, 60 Abs. 3 S. 2 Buchst. a LwVG, → Landwirtschaftssachen. Schuldner ist der Antragsteller (§ 3 Höfegesetz). Die Eintragungen von Amts wegen (§ 19 VO GBl. S. 128) bleiben gebührenfrei (entsprechend § 69 Abs. 1 KostO). Das bremische Höfegesetz und die VO vom 19. 7. 1948 treten nach Nr. 20 und 21 des Gesetzes vom 22. 3. 2005 (GVBl. S. 91) mit Ablauf des 31. 12. 2009 außer Kraft.
In *Hessen* wird eine → Landgüterrolle geführt.
In *Rheinland-Pfalz* wird beim Grundbuchamt eine Höferolle geführt (§ 5 des Landesgesetzes über die Höfeordnung, § 3 der LandesVO über die Höferolle). „[1]Die Eintragungen in die Höferolle und die Löschungen, die von dem Höfeausschuss gemäß § 6 Abs. 2 Buchst. b des Landesgesetzes über die Höfeordnung beantragt, oder die zur Durchführung eines den Strukturverbesserung des Hofes dienenden Grundstückstausches erforderlich werden, sind gebühren- und auslagenfrei; der Nachweis, daß das Tauschgeschäft dem Hofinteresse dient, wird dem Grundbuchamt gegenüber durch einen gebührenfrei zu erteilenden Bescheid der unteren Landwirtschaftsbehörde geführt. [2]Im übrigen wird für die

Löschung ein Viertel der vollen Gebühr der Anlage zu § 32 KostO nach dem Einheitswert der in der Höferolle gelöschten Grundstücke erhoben" (§ 11 LandesVO). Antragsberechtigt sind im Fall des S. 2 der Eigentümer, bei einem Ehegattenhof jeder Ehegatte. Die Entscheidung trifft das Landwirtschaftsgericht (§ 6 Abs. 3 des Landesgesetzes) oder der Höfeausschuss (§ 7 Abs. 2 des Gesetzes). Der Antragsteller ist Schuldner der Gebühr des § 11 S. 2 (§ 2 Nr. 1 KostO), selbst wenn Landwirtschaftsgericht oder Höfeausschuss das Grundbuchamt um die Löschung ersuchen. S. iÜ → Landwirtschaftssachen.
Wegen des Hofgut-Vermerks im *Baden-Württemberg* → Hofgut, wegen des Hofvermerks in *Hamburg, Niedersachsen, Nordrhein-Westfalen* und *Schleswig-Holstein* → Höfesachen.

Höfesachen. Abweichend vom allgemeinen Erbrecht des BGB gilt in einigen Ländern ein besonderes „Anerbenrecht" für land- und forstwirtschaftliche Grundstücke (Art. 64 EGBGB), die zu „Höfen, Hofgütern, Landgütern oder Anerbengütern" (§ 1 Nr. 5 LwVG) zusammengefasst sind. Das Verfahren richtet sich nach dem LwVG (so die genannte Vorschrift des LwVG), als Angelegenheit der freiwilligen Gerichtsbarkeit (§ 9 LwVG), womit auch die KostO Anwendung findet (§ 33 LwVG). Das LwVG sieht jedoch für diese Höfesachen keine Gebühren und Geschäftswerte vor (§ 60 Abs. 3 S. 2 Buchst. a LwVG), insoweit gilt also Landesrecht (→ Höfeausschuss, Höferolle, Hofgut, Landgüterrolle) oder – als Folge der geschichtlichen Entwicklung über das nationalsozialistische Erbhofrecht und das alliierte Nachkriegsrecht – partielles Bundesrecht (nachstehend).
Für die Höfesachen (Höfeordnung: BGBl. 1976 I S. 1933) der Länder *Hamburg, Niedersachsen, Nordrhein-Westfalen und Schleswig-Holstein* – also der ehemaligen britischen Besatzungszone – enthält die Verfahrensordnung für Höfesachen (HöfeVfO, vom 29. 3. 1976, BGBl. I S. 885, berichtigt 1977 I S. 1082, zuletzt geändert BGBl. 2000 I S. 897) in den §§ 18 bis 24 Kostenvorschriften. Nach ihnen wird für die Verfahren grundsätzlich die volle Gebühr erhoben (§ 21 HöfeVfO) „für a) Feststellungsverfahren nach § 11 Abs. 1 Buchstabe g [Paragraphen ohne Benennung im zitierten Text sind solche der HöfeVfO], b) Verfahren zur Regelung und Entscheidung der mit dem Hofübergang zusammenhängenden Fragen im Fall des § 14 Abs. 3 der Höfeordnung, c) Verfahren über sonstige Anträge und Streitigkeiten nach § 18 Abs. 1 der Höfeordnung und nach § 25" die doppelte Gebühr (§ 22 HöfeVfO); „für das Verfahren über die Genehmigung der Übergabe eines Hofes, b) die Aufnahme der Erklärung zur Niederschrift der Geschäftsstelle [jetzt richtig: des Gerichts] im Fall des § 9 Abs. 2 Satz 1 der Höfeordnung, c) die Entgegennahme der Erklärung im Fall des § 9 Abs. 2 Satz 1 und des § 11 der Höfeordnung, und zwar gegebenenfalls neben der unter b) bestimmten Gebühr, d) das Fristsetzungsverfahren nach § 9 Abs. 2 Satz 2 der Höfeordnung" ein Viertel der vollen Gebühr (§ 23 HöfeVfO).

Der Geschäftswert bestimmt sich grundsätzlich nach § 30 KostO, also – wie auch sonst bei einer solchen Regelung in der KostO – ohne Bindung an bezifferte Anträge und Angaben nach „freiem Ermessen" (§ 19 HöfeVfO), für andere Verfahren nimmt das Gesetz den Brutto- oder Nettowert des Hofes als Wertmaßstab: „[1]Der Geschäftswert bestimmt sich bei a) Verfahren über die Genehmigung eines Übergabevertrages nach dem Wert des zu übergebenden Hofes, b) Feststellungsverfahren nach § 11 Abs. 1 Buchstabe g nach dem Wert des Hofes nach Abzug der Schulden, c) Wahlverfahren (§ 9 Abs. 2 Satz 1 Höfeordnung) nach dem Wert des gewählten Hofes nach Abzug der Schulden, d) Fristsetzungsverfahren (§ 9 Abs. 2 Satz 2 der Höfeordnung) nach der Hälfte des Wertes des wertvollsten der noch zur Wahl stehenden Höfe nach Abzug der Schulden, e) Ausschlagung des Anfalls des Hofes (§ 11 der Höfeordnung) nach dem Wert des Hofes nach Abzug der Schulden. [2]Der Wert des Hofes bestimmt sich nach § 19 Abs. 2 bis 5 der KostO" (§ 20 HöfeVfO). In den Fällen des § 19 Abs. 4 KostO wird sich angesichts der geringen Hofwerte durch den Schuldenabzug häufig nach dem Abzug der Schulden, c) der Mindest-Gebührenwert ergeben (vgl. hierzu § 107 KostO Rn. 51).
Ausdrücklich kostenfrei stellt die HöfeVfO gegen § 67 Abs. 1 S. 2 Nr. 4 KostO „die Vereinigung der zu einem Hof gehörenden Grundstücke in einem Grundstück sowie die Eintragung und Löschung eines Hofvermerks" (§ 18 HöfeVfO). Wegen der Gebühr für die Ausstellung des Hoffolgezeugnisses und ihren Geschäftswert s. § 107 KostO Rn. 3 ff., 51 ff. sowie → Landwirtschaftsbeschwerden. „Im Beschwerdeverfahren erhöhen sich die in den §§ 21 bis 23 [HöfeVfO] bestimmten Gebührensätze auf das Eineinhalbfache, im Rechtsbeschwerdeverfahren auf das Doppelte" (§ 24 HöfeVfO), s. → Landwirtschaftsbeschwerden.
Im Übrigen finden also die §§ 33 ff. LwVG Anwendung (→ Grundstücksverkehr). Das bedeutet insbesondere, dass sich bei Zurücknahme des Antrags oder der Beschwerde die Gebühren nach § 41 LwVG ermäßigen (OLG Oldenburg Nds.Rpfl 1977, 124). Soweit die Regelungen der HöfeO und der HöfeVfO von denen des GrdstVG abweichen, insbesondere – wie für die Genehmigung von Übergabeverträgen – die Zuständigkeit des Landwirtschaftsgerichts statt der Behörde vorsehen (§ 17 Abs. 3 HöfeO), gehen die Kostenvorschriften der HöfeVfO als spezielle denen des LwVG vor.
In *Bremen* sind Höfesachen im Bremischen Höfegesetz vom 18. 7. 1899 idF vom 19. 7. 1948 (GBl. S. 124, tritt außer Kraft mit Ablauf des 31. 12. 2009 nach Art. 1 Nr. 20 des Gesetzes vom 22. 3. 2005, GVBl. S. 91) geregelt. Das Verfahren und die Kosten richten sich nach dem LwVG (§§ 1 Nr. 5, 33 LwVG), jedoch ergeben sich (§ 60 Abs. 3 S. 2 Buchst. a LwVG) „die Höhe des Geschäftswertes und der gerichtlichen Kosten" aus der landesrechtlichen VO vom 19. 7. 1948 (GBl. S. 129). Sie verweist ebenfalls zunächst auf die KostO (§ 1) und bestimmt dann zum Geschäftswert: „Bei Verfahren 1. betreffend

Streitigkeiten über die Ansprüche von Versorgungsberechtigten usw. (§ 2 DurchfVO vom 19. 7. 1948, GBl. S. 119, tritt außer Kraft mit Ablauf des 31. 12. 2009 nach Art. 1 Nr. 20 des Gesetzes vom 22. 3. 2005, GVBl. S. 91), 2. auf Grund des § 3 DurchfVO, 3. auf Grund § 5 DurchfVO, 4. gemäß § 24 Abs. 3 DurchfVO [jetzt § 18 LwVG], 5. betreffend die Genehmigung zur Abgabe von Geboten in der Zwangsversteigerung, 6. [gegenstandslos] bestimmt sich der Geschäftswert nach § 30 der Kostenordnung" (§ 2 VO). „Der Geschäftswert bestimmt sich 1. bei Verfahren betreffend die Genehmigung der Veräußerung oder Belastung eines landwirtschaftlichen Grundstücks und die Bestellung eines Nießbrauchs an einem solchen Grundstücke sowie die Genehmigung eines hierauf gerichteten Verpflichtungsgeschäfts nach der Hälfte des Wertes, der gemäß §§ 18 bis 20, 23 bis 25 der Kostenordnung für die Gebührenberechnung maßgebend ist" (§ 3 VO).
Für die Gebührensätze gilt: „Die volle Gebühr wird erhoben für Verfahren betreffend die Genehmigung der Veräußerung oder Belastung eines landwirtschaftlichen Grundstücks und die Bestellung eines Nießbrauchs an einem solchen Grundstück sowie die Genehmigung eines hierauf gerichteten Verpflichtungsgeschäfts, die Genehmigung zur Abgabe von Geboten in der Zwangsversteigerung eines solchen Grundstücks" (§ 5 VO). „⁵/₁₀ der vollen Gebühr werden erhoben für Verfahren betreffend a) Streitigkeiten in den Fällen des § 3 DurchfVO, b) Streitigkeiten in den Fällen des § 5 DurchfVO, c) Anordnungen gemäß § 24 Abs. 3 DurchfVO [jetzt § 18 LwVG], d) [gegenstandslos]" (§ 6 VO). „Für das Verfahren bei Streitigkeiten über die Ansprüche von Versorgungsberechtigten usw. (§ 2 DurchfVO) werden folgende Gebühren erhoben: 1. ¼ der vollen Gebühr, wenn der Streit durch Vergleich beendet wird oder wenn die Beteiligten vor dem Erlaß der Entscheidung auf diese durch Rücknahme des Antrags oder in sonstiger Weise verzichten. 2. Die volle Gebühr, wenn eine das Verfahren abschließende Entscheidung ergeht" (§ 7 VO). „In dem Verfahren vor dem Beschwerdegericht gilt § 131 Abs. 1 KostO entsprechend" (§ 10 VO).
Vorgesehen sind dann noch eine „Verteilung der Kosten in besonderen Fällen" (§ 11 VO) sowie „Kostenfreiheit in besonderen Fällen" (§ 12 VO), doch betreffen diese Vorschriften nicht „die Höhe des Geschäftswertes und der gerichtlichen Kosten", so dass sie nicht mehr gelten; praktische Bedeutung kommt dieser Rechtsfrage – die amtliche bremische Gesetzessammlung enthält sie noch – jedoch wegen der inhaltsgleichen §§ 44 Abs. 1, 42 LwVG nicht zu. S. iÜ → Landwirtschaftssachen.

In *Rheinland-Pfalz* sind die Höfesachen im Landesgesetz über die Höfeordnung geregelt. „Soweit in diesem Gesetz die Zuständigkeit der Landwirtschaftsgerichte, des Oberlandesgerichts in Koblenz und des Bundesgerichtshofs [nach dem LwVG] gegeben ist [§ 29 des Landesgesetzes], richten sich Besetzung und Verfahren dieser Gerichte nach den Vorschriften über das gerichtliche Verfahren in Landwirtschaftssachen" (§ 31 Abs. 1 des Landesgesetzes), womit auch die §§ 33 ff. LwVG über die Kosten maßgebend sind, → Landwirtschaftssachen. Ergänzend bestimmt das Landesgesetz: „Für die Höhe des Geschäftswertes und der gerichtlichen Gebühren gilt folgendes: a) Der Geschäftswert ist im Fall des § 6 Abs. 3 [Löschung des Hofs in der Höferolle] nach dem Einheitswert des Hofes, in den Fällen des § 21 Abs. 5 [Herabsetzung usw. der Ansprüche der Miterben gegen den Hoferben], § 23 Abs. 1 [Änderung der Verwaltung und Nutznießung des überlebenden Ehegatten] und 4 [Versorgungsregelung für den überlebenden Ehegatten] nach § 24 KostO, iÜ nach den Umständen des Einzelfalles festzusetzen. b) Im ersten Rechtszug wird eine volle Gebühr erhoben; sie ermäßigt sich auf die Hälfte, wenn das Verfahren ohne gerichtliche Entscheidung beendet wird. Die Gebühr erhöht sich im Beschwerdeverfahren auf das Eineinhalbfache und wird in den Fällen des § 21 Abs. 5, § 23 Abs. 1 und 4 sowie des § 30 Abs. 2 [Streitigkeit über die gesetzliche Hoferbfolge] auch erhoben, wenn die Beschwerde Erfolg hat" (§ 31 Abs. 2 des Landesgesetzes).
Die Erteilung des Erbscheins ist ebenfalls Höfesache (BGH MDR 1995, 178), es gilt also das Gleiche wie in der ehemaligen britischen Zone (s. oben).

Hofgut. In *Baden* gibt es „geschlossene Hofgüter" (Gesetz vom 20. 8. 1898, wieder anzuwenden gemäß Gesetz vom 12. 7. 1949, GVBl. S. 288; zuletzt geändert am 19. 11. 1991, GBl. S. 681). „Die Eigenschaft als geschlossenes Hofgut" wird auf Ersuchen des Landwirtschaftsgerichts als Verfügungsbeschränkung im Grundbuch eingetragen (§ 2 Abs. 1 des Gesetzes von 1949). Als Gebühr kommt mangels einer landesrechtlichen Regelung die § 158 Abs. 2 KostO in Betracht, doch kann sie wegen der Kostenfreiheit des Landwirtschaftsgerichts nicht erhoben werden (§ 2 KostO Rn. 63).

Internationale Familienrechtsverfahren. Das Internationale Familienrechtsverfahrensgesetz (IntFamRVG) vom 26. 1. 2005 (BGBl. I S. 162, zuletzt geändert am 17. 4. 2007, BGBl. I S. 529, Schönfelder ErgBd. Nr. 103n) dient 1. der Durchführung der VO (EG) Nr. 2201/2003 des Rates vom 27. 11. 2003 über die Zuständigkeit und die Anerkennung und Vollstreckung von Entscheidungen in Ehesachen und in Verfahren betreffend die elterliche Verantwortung und zur Aufhebung der VO (EG) Nr. 1347/2000, 2. der Ausführung des Haager Kindesentführungsübereinkommen und 3. der Ausführung des Europäischen Sorgerechtsübereinkommens (§ 1). Das Verfahren gilt als Justizverwaltungsverfahren, das vor der Zentralen Behörde (das Bundesamt für Justiz) geführt wird (§ 3). Nimmt die Zentrale Behörde einen Antrag nicht an oder lehnt sie es ab, tätig zu werden, so kann die Entscheidung des Oberlandesgerichts beantragt werden, das, abweichend von den §§ 23 ff. EGGVG im Verfahren der freiwilligen Gerichtsbarkeit entscheidet (§ 8).

I. Lexikon des Bundes- und Landesrechts **Anh. B**

Von den gerichtlichen Verfahren nach Art. 21 Abs. 3 und Art. 48 Abs. 1 der VO (EG) Nr. 2201/2003 sowie für die Zwangsvollstreckung nach den Art. 41 und 42 der VO (EG) Nr. 2201/2003 und dem Europäischen Sorgerechtsübereinkommen (§ 10), den Verfahren nach dem Haager Kindesentführungsübereinkommen (§ 11) sowie in Verfahren über die Vollstreckbarerklärung nach Art. 28 der VO (EG) Nr. 2201/2003 (§ 12) entscheidet das Gericht in den §§ 10 und 12 bezeichneten Ehesachen nach den Vorschriften der ZPO und über die übrigen in den §§ 10, 11, 12 und 47 bezeichneten Angelegenheiten als Familiensachen im Verfahren der freiwilligen Gerichtsbarkeit; § 621a Abs. 1, §§ 621c und 621f ZPO geltend entsprechend (§ 14).
Für die Gerichtskosten sind die Vorschriften der KostO anzuwenden, soweit das Gesetz nichts anderes bestimmt hat (§ 50 S. 1). Bei der Anordnung von Ordnungshaft gilt § 119 Abs. 6 KostO entsprechend (§ 50 S. 2). „Für ein erstinstanzliches Verfahren nach diesem Gesetz über Anträge auf 1. Erlass einer gerichtlichen Anordnung auf Rückgabe des Kindes oder über das Recht zum persönlichen Umgang, 2. Erteilung der Vollstreckungsklausel zu ausländischen Titeln, 3. Feststellung, ob Entscheidungen aus einem anderen Staat anzuerkennen sind, einschließlich der Anordnungen nach § 33 zur Wiederherstellung des Sorgeverhältnisses, 4. Aufhebung oder Änderung einer Entscheidung in den in den Nummern 2 und 3 genannten Verfahren wird eine Gebühr von 200 Euro erhoben" (§ 51 Abs. 1). „Für ein Verfahren über ein Rechtsmittel in der Hauptsache wird eine Gebühr von 300 Euro erhoben" (§ 51 Abs. 2). „Für das Verfahren über den Antrag auf Ausstellung einer Bescheinigung nach § 48 wird eine Gebühr von 10 Euro erhoben" (§ 51 Abs. 3).
Die Gebühren sind als Festbetragsgebühren ausgestaltet und gelten das jeweilige Verfahren ab, unabhängig von der Art der Verfahrenserledigung. Es gibt keine Ermäßigungstatbestände für die vorzeitige Verfahrensbeendigung (wie KostVerz. GKG Nr. 1510, 1511; 1520, 1521, 1522).
Der Kostenschuldner bestimmt sich in Antragsverfahren nach § 2 Nr. 1 KostO. In Amtsverfahren haftet derjenige für die Kosten, dessen Interesse wahrgenommen wird. In den Fällen, in denen ein Kind nicht zur zum Zwecke des Umgangs heraus- oder zurückzugeben ist (§ 44 Abs. 6) ist eine Haftung des Kindes für die Kosten der Vollstreckung ausgeschlossen (§ 52 S. 1). In den Fällen des § 52 Abs. 1 Nr. 1 (Erlass einer gerichtlichen Anordnung auf Rückgabe des Kindes oder über das Recht zum persönlichen Umgang) ist abweichend von § 2 KostO nur der Beteiligte zur Zahlung der Gerichtskosten verpflichtet, den das Gericht nach billigem Ermessen bestimmt; das Kind darf nicht zur Zahlung der Kosten verpflichtet werden (§ 52 S. 2). Wird ein Verfahren vom Bundesamt für Justiz als zentrale Behörde (§ 3) betrieben, so dürfen Gerichtskosten vom Antragsteller nicht erhoben werden (§ 53 Abs. 1; Art. 26 Abs. 2 Haager Übereinkommen, Art. 5 Abs. 3 Europäisches Sorgerechtsübereinkommen). Vorschüsse werden nicht erhoben (§ 53 Abs. 2).

Justizverwaltungsakte. Gegen Verwaltungsakte der Justizbehörden zur Regelung einzelner Angelegenheiten auf dem Gebiet der freiwilligen Gerichtsbarkeit sowie gegen einen abgelehnten oder unterlassenen Verwaltungsakt ist der Antrag auf gerichtliche Entscheidung zum Oberlandesgericht gegeben (§§ 23 ff. EGGVG, Schönfelder Nr. 95a). „Für die Kosten des Verfahrens vor dem Oberlandesgericht gelten die Vorschriften der KostO entsprechend" (§§ 29 Abs. 2, 30 Abs. 1 S. 1 EGGVG). „Abweichend von § 130 KostO wird jedoch ohne Begrenzung durch einen Höchstbetrag bei Zurückweisung [wozu auch die Verwerfung als unzulässig gehört] das Doppelte der vollen Gebühr, bei Zurücknahme des Antrags eine volle Gebühr erhoben" (§ 30 Abs. 1 S. 2 EGGVG). Der erfolgreiche Antrag ist also gebührenfrei. „[1]Der Geschäftswert bestimmt sich nach § 30 KostO. [2]Er wird von dem Oberlandesgericht durch unanfechtbaren Beschluß festgesetzt" (§ 30 Abs. 3 EGGVG). Eine Vorschusspflicht (§ 8 KostO) besteht nicht (arg. §§ 1 Nr. 2, 12 GKG nF; OLG Hamm JVBl. 1964, 35; aA OLG Celle, zitiert vom OLG Hamm; OLG Hamburg Rpfleger 1966, 27 = KostRsp. EGGVG § 30 Nr. 2 m. abl. Anm. *Lappe*).

Katasterfortführungsgebühr. Diese landesrechtliche Gebühr wird in *Bayern* und *Bremen* neben der Gebühr des § 60 KostO für die Eintragung des Eigentümers erhoben. S. dort Rn. 75 ff.

Konsularbeamte. Konsularbeamte (Berufs- und Honorarkonsuln) nehmen Angelegenheiten der freiwilligen Gerichtsbarkeit wahr (Konsulargesetz vom 11. 9. 1974, BGBl. I S. 2317, geändert). Die Kosten regelt das Auslandskostengesetz (s. Anhang B II), es enthält insbesondere die allgemeinen Vorschriften und die Auslagen. Aufgrund der Ermächtigung seines § 2 ist die Auslandskostenverordnung (§ 1 KostO Rn. 5) erlassen worden. In ihrem Gebührenverzeichnis finden sich die Gebühren für Beglaubigungen, Beurkundungen, Nachlassfürsorge, Nachlassverzeichnisse, Schifffahrtssachen, Vermögensverzeichnisse und Verwahrungen.

Kontaktsperre. Gegen Straf- oder Untersuchungsgefangene kann im Zusammenhang mit der Bildung einer terroristischen Vereinigung eine Kontaktsperre verhängt werden (§§ 31 ff. EGGVG). Die erforderlichen Einzelmaßnahmen treffen die Behörden der Länder (§ 33 EGGVG). Sie können wie Justizverwaltungsakte angefochten werden (§ 37 EGGVG), die Kosten richten sich nach dem für sie geltenden § 30 EGGVG (§ 37 Abs. 4 EGGVG), → Justizverwaltungsakte.

Kosten-Verwaltungsakte. Verwaltungsakte beim Vollzug von Kostenvorschriften werden durch einen Antrag auf gerichtliche Entscheidung zum Amtsgericht angefochten, dagegen Beschwerde und ggf. weitere Beschwerde (§ 30a EGGVG). „Das Verfahren über den Antrag [entsprechende Anwendung!] und die Beschwerde [wozu auch die weitere Beschwerde gehört] ist

Hellstab 1129

gebührenfrei" (Abs. 2 S. 3; § 14 Abs. 9 KostO; s. dort Rn. 115 ff., 168, 182).

Landgüterrolle. In *Hessen* wird beim Landwirtschaftsgericht eine Landgüterrolle geführt (Landgüterordnung vom 1. 12. 1947 idF vom 13. 8. 1970, GVBl. S. 548). Eintragungen und Löschungen erfolgen auf Antrag des Eigentümers (§ 3). „Für jede auf Antrag bewirkte Eintragung oder Löschung in der Rolle einschließlich der darüber dem Eigentümer zu machenden Mitteilung wird ein Zehntel der vollen Gebühr des § 32 KostO, mindestens aber drei Deutsche Mark [1,53 Euro] erhoben" (§ 28). Zuschreibungen, Vermerke der Rollennummer auf dem Grundbuchblatt sowie Anlegung des Blattes und Löschung bei der Abschreibung erfolgen von Amts wegen gebührenfrei (§§ 5 Abs. 2 S. 3, Abs. 5, 6 Abs. 2). Voraussetzung der Eintragung in die Landgüterrolle ist die „Größe einer Ackernahrung" (§ 1 Abs. 2). Der Nachweis wird durch eine Bescheinigung der Landwirtschaftsbehörde geführt. „Gegen deren ablehnenden Bescheid kann der Antragsteller innerhalb einer Frist von einem Monat Antrag auf Entscheidung durch das Landwirtschaftsgericht stellen" (§ 1 Abs. 6 S. 2). Auf ihn lässt sich § 130 KostO wohl nicht anwenden, weil er „aus sich" nicht gilt und das Landesrecht keine Verweisung auf ihn enthält. Der Weg über die §§ 1 Nr. 5, 9, 33 LwVG erscheint nicht gangbar, weil das LwVG insoweit keine Gebührenregelung treffen will (§ 60 Abs. 3 S. 2 Buchst. a LwVG), vgl. → Höfesachen. § 131 KostO ist ebenfalls nicht anwendbar (Abs. 4 S. 3).

Landpacht. Die Landpacht ist in den §§ 585 ff. BGB sowie in einigen Nebengesetzen geregelt. Sie erfasst auch forstwirtschaftliche Grundstücke (§ 585 Abs. 3 BGB). Landpachtverträge sind der zuständigen Behörde anzuzeigen und können von ihr beanstandet werden (LPachtVG, Schönfelder ErgBd. Nr. 39); das gilt auch für die Fischereipacht (§ 11 LPachtVG). Das Landwirtschaftsgericht (Amtsgericht) entscheidet privatrechtliche Streitigkeiten zwischen den Parteien, außerdem über den Antrag auf gerichtliche Entscheidung in Beanstandungssachen (§ 8 Abs. 1 LPachtVG, § 1 Nr. 1 LwVG). Das Verfahren ist das gleiche wie beim → Grundstücksverkehr, es gilt die KostO (§§ 9, 33 LwVG).
„In gerichtlichen Verfahren auf Grund der Vorschriften des LPachtVG und der §§ 588, 590, 591, 593, 594 d, 595 und 595 a des BGB bestimmt sich der Geschäftswert 1. im Falle des § 8 Abs. 1 des LPachtVG [Beanstandung, s. vorstehend] nach dem Wert, der für die Gebührenberechnung im Falle der Beurkundung des Rechtsverhältnisses maßgebend sein würde, auf das sich das Verfahren bezieht [insbesondere § 25 Abs. 1 KostO mit § 18 Abs. 2 KostO bzgl. der Nebenleistungen]; 2. im Falle des § 539 des BGB, a) soweit es sich um die Neufestsetzung der Leistungen des Pächters handelt, nach dem Wertunterschied zwischen den bisherigen und den neu beantragten Leistungen des Pächters, berechnet auf die Zeit, für die die Neufestsetzung beantragt wird, höchstens jedoch auf drei Jahre, und b) soweit es sich nicht um eine Neufestsetzung der Leistungen des Pächters handelt, nach freiem Ermessen mit der Maßgabe, daß der Höchstwert 4 000 Euro beträgt; 3. in den Fällen des § 595 Abs. 6, des § 595 a Abs. 2 des BGB und des § 8 Abs. 2 Satz 1 des LPachtVG nach dem Wert der in dem Pachtvertrag vereinbarten Leistungen des Pächters während zweier Jahre; ist nach den Anträgen ein kürzerer Zeitraum Gegenstand des Verfahrens, so ist dieser maßgebend; 4. in den übrigen Fällen nach § 30 der KostO" (§ 35 Abs. 1 LwVG). „[1]Ergibt die Entscheidung nur für einen Teil des Pachtgegenstandes, so ist der Festsetzung des Geschäftswertes der entsprechende Teil der Leistungen des Pächters zugrunde zu legen. [2]Die Neufestsetzung des Pachtzinses bleibt in diesem Fall außer Betracht, soweit über die Höhe kein Streit besteht" (§ 35 Abs. 2 LwVG). Diese Vorschrift bereitet deshalb Schwierigkeiten, weil sie nicht, wie Abs. 1, auf das Verfahren, sondern auf die Entscheidung abstellt. Aus ihr kann man wohl nicht folgern, dass eine zurückgewiesener Antrag unbewertet bleiben soll, vielmehr scheint die Regelung darauf zurückzuführen sein, dass es nicht – oder doch nicht immer – eines Sachantrags bedarf, und bei einem Verfahrensantrag kommt es, wie auch sonst in der KostO, auf die Entscheidung an.
„[1]In den in Absatz 1 bezeichneten Verfahren, wird für das Verfahren im allgemeinen und für eine den Rechtszug beendende Entscheidung erhoben 1. im Falle des § 8 Abs. 1 des LPachtVG die Hälfte der vollen Gebühr; 2. in den übrigen Fällen das Doppelte der vollen Gebühr. [2]Stellt das Gericht im Falle des Absatz 1 Nr. 1 [Beanstandungsverfahren] fest, daß der Vertrag nicht zu beanstanden ist, so wird eine Gebühr nicht erhoben" (§ 35 Abs. 4 LwVG). „Eine den Rechtszug beendende Entscheidung" orientiert sich an den Gebühren im GKG-KostVerz., also am „Urteil, das die Instanz abschließt"; das scheidet vor allem eine Zwischenentscheidung im Gegensatz zur Endentscheidung aus. Verwirft die Entscheidung einen Antrag oder eine Beschwerde als unzulässig, werden die genannten Gebühren nur zur Hälfte erhoben (§ 41 S. 1 LwVG). Dem nicht zu beanstandenden Vertrag (§ 35 Abs. 4 S. 2 LwVG) steht die unwirksame Beanstandung gleich (BGH Rpfleger 1959, 57). Soweit § 35 Abs. 4 LwVG keine Gebühr bestimmt, ist das gerichtliche Verfahren gerichtsgebührenfrei; nicht jedoch das des § 585 b Abs. 2 BGB, s. Beschreibung der Pachtsache, unten.
Im Übrigen gilt das Gleiche wie beim → Grundstücksverkehr. Zu den Beschwerdegebühren s. → Landwirtschaftsbeschwerden, zur Geschäftswertfestsetzung und zum Kostenansatz → Landwirtschaftssachen, dort auch zur „Landpacht im übrigen" (§ 1 Nr. 1 a LwVG).
Die Beschreibung der Pachtsache durch einen Sachverständigen (§ 585 b Abs. 2 BGB) erfordert zwar ein landwirtschaftsgerichtliches Verfahren (§ 1 Nr. 1 LwVG), seine Gebühr richtet sich jedoch mangels einer Regelung im LwVG (§ 33; § 35 erfasst § 585 b Abs. 2 BGB nicht) nach der

I. Lexikon des Bundes- und Landesrechts **Anh. B**

KostO, und zwar § 120 Nr. 1 (s. dort), ihr Wert mithin nach § 30 KostO. Gleiches gilt für die Zurückweisung und Zurücknahme des Antrags: § 130 KostO, sowie für die Beschwerde: § 131 KostO, nicht §§ 40, 41 LwVG. Jedoch gehen die übrigen „allgemeinen" Kostenvorschriften des LwVG (§§ 42 ff.) denen der KostO und des FGG vor (zu ihnen → Grundstücksverkehr, → Landwirtschaftsbeschwerden und → Landwirtschaftssachen). Insbesondere bestimmt das Gericht nach billigem Ermessen den Kostenschuldner (§ 44 Abs. 1 LwVG, § 3 Nr. 1 KostO); nach dieser für alle Landwirtschaftssachen getroffene Regelung sind bei Bestellung des Sachverständigen – also nicht bei Zurückweisung des Antrags –, der materiellen Vorschrift des § 585 b Abs. 2 S. 2 BGB folgend, die Kosten jedem Vertragsteil zur Hälfte aufzuerlegen. Zwar gilt die Vorschrift nicht unmittelbar, sie begründet vielmehr einen materiellen Kostenerstattungsanspruch zwischen den Parteien; doch gibt gerade seinetwegen eine andere Verteilung keinen Sinn, weil die materielle Regelung „stärker" ist und der Partei, die prozessual mehr Gerichtskosten zahlen muss, einen – nicht im Wege der Kostenfestsetzung durchsetzbaren – Anspruch gegen den Gegner eröffnet.

Landwirtschaftsanpassung. Das Gesetz über die strukturelle Anpassung der Landwirtschaft an die soziale und ökologische Marktwirtschaft in der DDR – Landwirtschaftsanpassungsgesetz – vom 29. 6. 1990 (DDR-GBl. I S. 642) ist mit dem Einigungsvertrag aufrechterhalten worden (Anl. II Kap. VI Sachgeb. A Abschn. II Nr. 1; Neubek. vom 3. 7. 1991, BGBl. I S. 1418; zuletzt geändert am 19. 6. 2001, BGBl. I S. 1149). Das Verfahren richtet sich, auch in bürgerlichen Rechtsstreitigkeiten, nach dem LwVG (§ 65 Abs. 1, 2 LwAnpG). Es „finden für die Bemessung des Geschäftswertes und die Gebührenerhebung die Vorschriften des § 35 Abs. 4, Abs. 2 Nr. 2 des LwVG auch für andere als Angelegenheiten der Landpachtverhältnisse entsprechende Anwendung" (§ 65 Abs. 3 LwAnpG); s. → Landpacht. Die Kostenbefreiungsvorschrift des § 67 LwVG (s. Anhang C I → Landwirtschaftsanpassung) erfasst nicht das gerichtliche Verfahren (BGH MDR 1994, 102).

Landwirtschaftsbeschwerden. In allen gerichtlichen Landwirtschaftsverfahren (§ 1 LwVG) ist die sofortige Beschwerde zum Oberlandesgericht und die Rechtsbeschwerde zum Bundesgerichtshof vorgesehen, allerdings nur „gegen die in der Hauptsache erlassenen Beschlüsse" (§§ 22, 24 LwVG). Bei Zwischen- und Nebenentscheidungen kommt die Beschwerde nach den §§ 19 ff. FGG in Betracht (§ 9 LwVG, §§ 19 ff. FGG), s. auch § 18 Abs. 2 LwVG für die vorläufige Anordnung. Die Kosten der Beschwerden richten sich nach der KostO (§ 33 LwVG) und damit grundsätzlich nach § 131 KostO. Er wird jedoch teilweise durch die Sonderregelung der §§ 40, 41 verdrängt, wobei § 40 Abs. 2 LwVG zeigt, dass der Gesetzgeber trotz seines Abs. 1 von der Anwendbarkeit des § 131 Abs. 1 S. 2 KostO ausgeht. Wegen der Höfesachen s. unten.

„Im Beschwerdeverfahren erhöhen sich die in den §§ 35 bis 39 bestimmten Gebührensätze auf das Eineinhalbfache, im Rechtsbeschwerdeverfahren auf das Doppelte" (§ 40 Abs. 1 LwVG). Diese Regelung ersetzt den Gebührensatz des § 131 Abs. 1 S. 1 Nr. 1 KostO für die im LwVG geregelten Beschwerden gegen Beschlüsse in der Hauptsache (BGH MDR 1989, 737) und vorläufige Anordnungen (§ 18 Abs. 2 LwVG), soweit sich die Gebühren des ersten Rechtszugs aus den §§ 35 bis 39 ergeben. Die Erhöhung erfolgt auf das Eineinhalbfache bzw. Doppelte des jeweiligen Gebührensatzes, nicht etwa generell auf die eineinhalbfache oder doppelte Gebühr des § 32 KostO. Beschwerden gegen isolierte Kostenentscheidungen „passen" besser unter § 131 KostO als unter § 40 LwVG.

„In Verfahren nach § 588 Abs. 4, 590 Abs. 2, 591 Abs. 2 und 3, §§ 593, 594d Abs. 2, § 595 Abs. 6 und § 595a Abs. 2 und 3 des BGB sowie nach § 8 Abs. 2 S. 3 des LPachtVG [Schönfelder Nr. 39] werden für das Verfahren über die Beschwerde Gebühren auch dann erhoben, wenn die Beschwerde Erfolg hat" (§ 40 Abs. 2 LwVG). In den übrigen Fällen bleibt es bei § 131 Abs. 1 S. 2 KostO, wonach nur die Verwerfung (als unzulässig) und die Zurückweisung (als unbegründet) die Gebühr auslöst, nicht aber die erfolgreiche Beschwerde, die erste allerdings statt mit dem Eineinhalbfachen bzw. Doppelten des § 40 Abs. 1 LwVG nur mit der Hälfte davon (§ 41 S. 1 LwVG), also mit Dreiviertel der Gebühr der §§ 35 bis 39 LwVG bzw. der gleichen Gebühr. Dabei genügt die Zurückverweisung; selbst wenn danach dieselbe Entscheidung wie die zunächst aufgehobene ergeht und die Kosten des Verfahrens dem letztlich erfolglosen Beschwerdeführer auferlegt werden, entsteht keine Gebühr.

„Der Wert ist in allen Fällen nach § 30 [KostO] zu bestimmen" (§ 131 Abs. 2 KostO); die Werte der §§ 35 bis 39 für den ersten Rechtszug gelten mithin nicht unmittelbar, vielmehr ist von ihnen entsprechend dem Gegenstand des Beschwerdeverfahrens, dem „Interesse" des Beschwerdeführers und der Bedeutung der Beschwerde nach unten abzuweichen.

Auslagen sind grundsätzlich anzusetzen, bei einer erfolgreichen Beschwerde neben der nach § 40 Abs. 2 LwVG zu erhebenden Gebühr; lediglich in den übrigen Fällen findet § 131 Abs. 5 KostO Anwendung, wonach die Gebührenfreiheit wegen des Erfolgs der Beschwerde (§ 131 Abs. 1 S. 2 KostO) auch die Auslagenfreiheit bewirkt.

„[1]Wird ... eine Beschwerde zurückgenommen, bevor der Gegner zur Äußerung aufgefordert oder Termin ist oder wird ... eine Beschwerde als unzulässig zurückgewiesen, so wird die Gebühr nur zur Hälfte erhoben. [2]Die nach Landesrecht zuständige Behörde und die Genehmigungsbehörde sowie die übergeordnete Behörde (§ 32 Abs. 2 [LwVG]) und die Siedlungsbehörde sind nicht Gegner im Sinne dieser Vorschrift" (§ 41 LwVG). Diese Regelung ergänzt § 40 LwVG, während bei den Beschwerden, für die „voll" § 131 KostO gilt, dessen Abs. 1 S. 1 Anwendung

findet: also keine Begünstigung der Verwerfung als unzulässig (Nr. 1), Rücknahmegebühr nach Nr. 2. Bei der Teilrücknahme ist immer – sowohl zu den §§ 40, 41 LwVG als auch zu § 131 Abs. 1 S. 1 Nr. 2 KostO – nach § 131 Abs. 1 S. 1 Nr. 2 Halbs. 2 KostO zu berechnen; seine entsprechende Anwendung bietet sich bei teilweiser Zurückweisung und teilweiser Verwerfung der Beschwerde an. Bei verspäteter Rücknahme wegen Unzulässigkeit darf die Gebühr des § 41 LwVG nicht höher sein als bei der Verwerfung (Auslegung gemäß dem Normzweck). Die Aufforderung zur Äußerung (§ 41 S. 1 LwVG) braucht nicht ausdrücklich zu erfolgen, sie liegt in der Zustellung der Beschwerdebegründung (§ 26 Abs. 2 S. 1 LwVG), nicht aber schon der Beschwerdeschrift (§ 26 Abs. 1 LwVG). Bei einer Häufung von Beschwerden gilt das in § 131 KostO Rn. 19 ff. Ausgeführte.
Schuldner der Beschwerdekosten sind der Beschwerdeführer (§ 2 Nr. 1 KostO) und der Entscheidungsschuldner (§ 3 Nr. 1 KostO, § 44 LwVG).
Für Höfesachen trifft § 24 HöfeVfO eine gleiche Regelung wie § 40 Abs. 1 LwVG für die Gebühren der §§ 21 bis 23 der HöfeVfO, → Höfesachen. Im Übrigen gelten jedoch die Vorschriften der §§ 33 ff. LwVG, was insbesondere bedeutet, dass § 41 über die Zurücknahme und die Verwerfung als unzulässig die Gebührensätze des § 24 HöfeVfO so ermäßigt wie die § 40 Abs. 1 LwVG. Eine dem § 40 Abs. 2 LwVG entsprechende Regelung über erfolgreiche Beschwerden fehlt, sie sind also gebührenfrei (§ 131 Abs. 1 S. 2 KostO). Gehört zum Nachlass ein Hof, so ist das Landwirtschaftsgericht sowohl für die Ausstellung des Erbscheins als auch des Hoffolgezeugnisses = eines auf den Hof beschränkten Erbscheins zuständig (§ 18 Abs. 2 HöfeO); Gebühr in beiden Fällen § 21 Buchstabe g HöfeVfO, was zur Folge hat, dass sich das Beschwerdeverfahren statt nach § 131 KostO nach § 24 HöfeVfO richtet.

Landwirtschaftssachen. Die gerichtlichen Verfahren in Landwirtschaftssachen (LwVG) sind vor allem Angelegenheiten der freiwilligen Gerichtsbarkeit (§§ 9 ff. LwVG). Für sie gilt die KostO (§§ 9, 33 LwVG), soweit die §§ 34 ff. LwG nichts anderes vorsehen. Die Besonderheiten sind hier dargestellt, s. für den ersten Rechtszug die Stichworte → Grundstücksverkehr, Höfeausschuss, Höferolle, Höfesachen, Hofgut, Landgüterrolle, Landpacht, Landwirtschaftsanpassung, Siedlung (Pachtkündigung, Vorkaufsrecht), Vertriebene, Verweisung, Vorläufige Anordnung, Zuweisung, für die zweiten und dritten Rechtszüge → Landwirtschaftsbeschwerden. Im Übrigen findet die KostO Anwendung, und zwar nicht nur mit ihren allgemeinen Vorschriften einschließlich der Tabelle, sondern auch mit einzelnen Gebührenvorschriften, zB § 133 über die Erteilung vollstreckbarer Ausfertigungen. Insbesondere verlangt das Prinzip der KostO „Einzelgebühren aus Einzelwerten" Beachtung.
„Die Landpacht im übrigen" (§ 1 Nr. 1a LwVG) ist Zivilprozess (§ 48 LwVG) mit der Folge, dass für ihre Kosten das GKG gilt (§ 1 Abs. 1 Nr. 1a GKG).
Die Zwangsvollstreckung erfolgt ausnahmslos nach der ZPO, auch von Entscheidungen in FGG-Verfahren (§ 31 LwVG). Mithin findet auch insoweit das GKG Anwendung (vgl. die Erl. zu § 134 KostO). Dies bedeutet insbesondere, dass das Zwangsgeld gemäß § 24 GrdstVG nach der ZPO vollstreckt wird, womit sich die Gebühren nicht nach § 119 KostO richten (s. dort Rn. 7). Das Zwangsgeldverfahren gemäß § 24 GrdstVG (Schönfelder Nr. 40) ist nicht Zwangsvollstreckung in diesem Sinn, wie sich schon aus seiner besonderen, von § 888 ZPO abweichenden Verfahrensgestaltung zeigt. Seine Gebühren ergeben sich folglich (§ 33 LwVG) aus § 119 KostO.
Geschäftswertfestsetzung und Kostenansatz sowie die Anfechtung beider richten sich ebenfalls nach der KostO (§ 33 LwVG), das LwVG wirkt sich lediglich auf die Besetzung des über eine Erinnerung oder Beschwerde entscheidenden Gerichts aus (mit oder ohne Landwirtschaftsrichter, vgl. §§ 2, 20 LwVG). Der Geschäftswert wird „von Amts wegen festgesetzt" (§ 34 Abs. 2 LwVG). Entscheidungen der Oberlandesgerichte können mit der Beschwerde zum BGH angefochten werden (§§ 14, 31 KostO, § 24 Abs. 3 LwVG).

Luftfahrtregister. Das Register für Pfandrechte an Luftfahrzeugen wird von dem Amtsgericht, in dessen Bezirk das Luftfahrt-Bundesamt seinen Sitz hat, als Registergericht geführt (§ 98 Gesetz über Rechte an Luftfahrzeugen – LuftfzRG – vom 26. 2. 1959, BGBl. I S. 57, zuletzt geändert am 26. 3. 2007, BGBl. I S. 370), also vom Amtsgericht Braunschweig (Gesetz über das Luftfahrt-Bundesamt vom 30. 11. 1954, BGBl. I S. 354, zuletzt geändert am 31. 10. 2006, BGBl. I S. 2407). Register und Registerverfahren sind dem Schiffsregister nachgebildet. Die Kosten richten sich nach der KostO: „Die Vorschriften in §§ 23, 38 Abs. 1 [jetzt: 2] Nr. 5, §§ 86, 87 Nr. 1, 89, 90, 111 und 122 der KostO gelten sinngemäß mit der Maßgabe, daß an die Stelle des Schiffes das Luftfahrzeug, an die Stelle der Schiffshypothek das Registerpfandrecht an einem Luftfahrzeug und an die Stelle des Schiffsregisters das Register für Pfandrechte an Luftfahrzeugen tritt" (§ 102 Abs. 1 LuftfzRG). „Die Eintragung und die Löschung des Luftfahrzeugs oder des Ersatzteillagers sowie Eintragungen auf Grund der §§ 90 bis 92 und die Löschung einer solchen Eintragung im Register für Pfandrechte an Luftfahrzeugen sind gebührenfrei" (§ 102 Abs. 2 LuftfzRG). „[1]Für die Eintragung oder Löschung des Registerpfandrechts und für die Eintragung von Veränderungen, die sich auf das Registerpfandrecht beziehen, ferner für die Eintragung oder Löschung von Vormerkungen, Widersprüchen und Verfügungsbeschränkungen gelten die für die entsprechenden Eintragungen im Grundbuch gegebenen Vorschriften sinngemäß mit der Maßgabe, daß in jedem Fall nur ein Viertel der vollen Gebühr erhoben wird. [2]Für die Eintragung oder Löschung eines Schutzvermerks nach § 77 gelten die für die Eintragung

I. Lexikon des Bundes- und Landesrechts **Anh. B**

oder Löschung einer Vormerkung nach Satz 1 geltenden Vorschriften sinngemäß" (§ 102 Abs. 3 LuftfzRG). „[1] Für die Eintragung der Erweiterung des Registerpfandrechts auf Ersatzteile oder die Löschung dieser Eintragung wird ein Viertel der vollen Gebühr nach dem Nennbetrag der Schuld erhoben; der von dem Gebührenschuldner glaubhaft gemachte Wert der Ersatzteile, auf die sich nach § 71 das Registerpfandrecht erstreckt, ist maßgebend, wenn er geringer ist. [2] Wird gleichzeitig mit dem Antrag auf Eintragung oder Löschung des Registerpfandrechts die Eintragung oder Löschung der Erweiterung beantragt, so wird die Gebühr nach Satz 1 nicht erhoben" (§ 102 Abs. 4 LuftfzRG).

Montan-Mitbestimmung. Über die Berechtigung der Ablehnung der Wahl eines Aufsichtsratmitglieds entscheidet auf Antrag des Vermittlungsausschusses das Oberlandesgericht (§ 8 Abs. 3 S. 4 MontanMitbestG). Auf das Verfahren des Oberlandesgerichts „sind die Vorschriften des FGG entsprechend anzuwenden. [2] Gegen die Entscheidung des Oberlandesgerichts findet ein Rechtsmittel nicht statt" (§ 18 Abs. 1 MitbestErgG vom 7. 8. 1956, BGBl. I S. 707, zuletzt geändert am 19. 4. 2006, BGBl. I S. 866). „[1] Für das Verfahren des Oberlandesgerichts werden von dem Unternehmen Gebühren nach § 121 der KostO erhoben. [2] § 8 der KostO ist nicht anzuwenden" (§ 18 Abs. 2 MitbestErgG).

Notar-Verwaltungsakte. Verwaltungsakte nach der BNotO und einer nach ihr erlassenen RechtsVO oder Satzung können mit dem Antrag auf gerichtliche Entscheidung zum Oberlandesgericht angefochten werden (§ 111 BNotO). Für Verfahren und Kosten gelten die Vorschriften der BRAO, für die Kosten deren §§ 200 bis 203, → Rechtsanwaltszulassung. Zum Übergangsrecht für die neuen Bundesländer s. Art. 13 Abs. 6 Gesetz vom 31. 8. 1998 (BGBl. I S. 2585).

Nottestament. In *Baden-Württemberg* wird „für die Errichtung eines Nottestaments (§§ 2249 und 2250 Abs. 1 BGB) die Hälfte der in § 46 KostO bestimmten Gebühr erhoben. Die zur Beurkundung hinzugezogenen Zeugen erhalten eine Vergütung von 2,50 Euro für jede angefangene Stunde. Die Gebühren und Auslagen fließen in die Gemeindekasse" (§ 17 Abs. 1–3 LJKG). Die Vorschriften der KostO gelten entsprechend (§ 20 Abs. 1 LJKG). Über Erinnerungen gegen den Kostenansatz und die Festsetzung des Geschäftswerts (§§ 14 Abs. 2, 31 KostO) entscheidet das Amtsgericht (§ 20 Abs. 2 LJKG). Die Reisekosten sind die gleichen wie beim → Ratschreiber.

Patentanwalt. Für das Verfahren auf gerichtliche Entscheidung gilt das Gleiche wie für Rechtsanwälte, die §§ 152 bis 154 PatAnwO vom 7. 9. 1966 (BGBl. I S. 557, zuletzt geändert am 26. 3. 2007, BGBl. I S. 358) treffen die gleichen Kostenregelungen wie die §§ 200 bis 202 BRAO, → Rechtsanwaltskammerbeschlüsse, → Rechts-anwaltszulassung. Eine dem § 203 BRAO entsprechende Vorschrift zur Erinnerung gegen den Kostenansatz fehlt, weil es keinen Berufsgerichtshof für Patentanwälte gibt, zuständig ist insoweit das Oberlandesgericht (§§ 33 ff. PatAnwO), womit § 14 KostO unverändert gilt (§ 152 PatAnwO).

Prozesskostenhilfe. Die §§ 114 ff. ZPO finden entsprechende Anwendung (§ 14 FGG). Die PKH-Verfahren sind Angelegenheiten der freiwilligen Gerichtsbarkeit, sie unterliegen der KostO (§ 1). Eine Gebühr ist lediglich in § 131 b KostO vorgesehen (s. dort), iÜ sind die Verfahren gebührenfrei. Es fallen jedoch die Auslagen (§§ 136 ff. KostO) an. Schuldner ist im Antragsverfahren (§ 118 ZPO) der Antragsteller (§ 2 Nr. 1); zu ihm sind auch Änderungsverfahren (§ 120 Abs. 3, 4 ZPO) zu rechnen. Amtsverfahren (§ 124 ZPO) finden nicht im Interesse eines Beteiligten, sondern im öffentlichen Interesse statt, so dass eine Schuldnerschaft gemäß § 2 Nr. 2 KostO ausscheidet. Die Schuldnerschaft des § 118 Abs. 1 S. 5 ZPO ist wohl als eine ergänzende zu verstehen.
Die Bewilligung der Prozesskostenhilfe wirkt auf den Kostenansatz ein. Die Gerichtskosten können vom Begünstigten nur nach § 122 Abs. 1 Nr. 1 Buchst. a ZPO erhoben werden, also nicht oder aus den Zahlungen gemäß § 120 ZPO. Die Befreiung des Gegners (§ 122 Abs. 2 ZPO) kommt im FGG-Beschwerdeverfahren nicht vor, weil § 8 KostO keine dem § 17 GKG nF gleiche Vorschusspflicht begründet; damit erlangt auch § 125 Abs. 2 ZPO keine Bedeutung. Hingegen verhindert § 125 Abs. 1 ZPO den Kostenansatz gegen andere Beteiligte nach Fälligkeit in den Angelegenheiten, in denen die Entscheidung formell rechtskräftig werden kann, vielmehr ist die Rechtskraft abzuwarten. Tritt in einem Verfahren keine Rechtskraft ein, insbesondere deshalb, weil die Beschwerde nicht befristet ist, muss – als Folge der nur entsprechenden Anwendung – der Kostenansatz möglich sein, sobald die Entscheidung wirksam geworden ist; allerdings hängt dann ihr Bestand, wie auch sonst, vom Bestand der Kostenentscheidung ab.

Ratschreiber. In *Baden-Württemberg* nimmt der Ratschreiber, ein Gemeindebeamter mit der Befähigung zum gehobenen oder mittleren Justiz- oder Verwaltungsdienst, Beurkundungen und Geschäfte des Grundbuchamts wahr (§§ 3 Abs. 3, 32 LFGG). Die Kosten werden zur Staatskasse erhoben und richten sich nach der KostO (§ 159 S. 2 KostO, § 20 Abs. 1 S. 1 LJKG). „[1] Als Reisekosten werden jedoch nur die notwendigen Fahrtauslagen erhoben. [2] Sie betragen bei Benutzung eines Kraftwagens 0,15 Euro für jeden angefangenen Kilometer, wobei Hin- und Rückweg als ein Weg gelten. [3] Die Entschädigung wird aus der Gemeindekasse gezahlt und von dem Auftraggeber eingezogen" (§ 20 Abs. 3 LJKG).

Rechtsanwaltskammerbeschlüsse. „Wahlen oder Beschlüsse des Vorstands, des Präsidiums oder der Versammlung der Kammer" können auf

Hellstab 1133

Antrag vom Anwaltsgerichtshof beim Oberlandesgericht für ungültig oder nichtig erklärt werden; gegen seine Entscheidung findet Beschwerde zum Bundesgerichtshof statt (§§ 90, 91 BRAO, Schönfelder ErgBd. Nr. 98). Die Kosten richten sich nach der KostO (§§ 91 Abs. 7, 40 Abs. 4, 200 S. 1 BRAO), es gilt das Gleiche wie bei der → Rechtsanwaltszulassung. An die Stelle von § 201 Abs. 2 über die Kosten eines erfolgreichen Antrags tritt Abs. 3: „Wird einem Antrag, eine Wahl für ungültig oder einen Beschluß für nichtig zu erklären (§§ 91, 191), stattgegeben, so sind die Kosten des Verfahrens der Rechtsanwaltskammer aufzuerlegen."
Handelt es sich um die Rechtsanwaltskammer beim Bundesgerichtshof, wird der Antrag zum Bundesgerichtshof gestellt, eine Beschwerde gegen seine Entscheidung gibt es nicht (§ 191 BRAO). Für die Kosten gilt das Gleiche wie bei anderen Kammern – vorstehend –, in § 201 Abs. 3 BRAO tritt an die Stelle von § 91 der § 191.

Rechtsanwaltszulassung. Über die Zulassung zur Rechtsanwaltschaft entscheidet die Rechtsanwaltskammer, ihr Bescheid kann mit dem Antrag auf gerichtliche Entscheidung zum Anwaltsgerichtshof beim Oberlandesgericht angefochten werden; Gleiches gilt für Rücknahme und Widerruf (§§ 6 Abs. 2, 14 Abs. 2, 16 Abs. 2, 5, 37 ff. BRAO, Schönfelder ErgBd. Nr. 98). Gegen seine Entscheidung findet Beschwerde zum Bundesgerichtshof statt (§ 42 BRAO). Die Kosten richten sich nach der KostO (§§ 40 Abs. 4, 42 Abs. 6, 200 S. 1 BRAO). „Für das gerichtliche Verfahren des ersten Rechtszuges wird die volle Gebühr erhoben" (§ 202 Abs. 1 BRAO). „[1]Wird ein Antrag oder eine Beschwerde zurückgenommen, bevor das Gericht entschieden hat, so ermäßigt sich die Gebühr auf die Hälfte der vollen Gebühr. [2]Das gleiche gilt, wenn der Antrag als unzulässig zurückgewiesen wird" (§ 202 Abs. 4 BRAO). „[1]Der Geschäftswert bestimmt sich nach § 30 Abs. 2 KostO. [2]Er wird von Amts wegen festgesetzt" (§ 202 Abs. 2 BRAO). Maßgebend sollen die Einnahmen sein, „die der Bewerber nach den Verhältnissen des Einzelfalls insgesamt aus der Anwaltspraxis im Laufe der etwa 5 bis 10 Jahren voraussichtlich erzielen kann oder hätte erzielen können" (BGHZ 39, 110 = NJW 1963, 1007). Hintergrund dieser Auffassung ist die niedrige Gebührenstaffel der KostO, sie zielt also auf angemessene Gerichtsgebühren, bedenkt aber nicht, dass sich auch die Anwaltsgebühren nach diesen hohen Werten richten (§ 8 Abs. 1 S. 1 BRAGO/§ 23 Abs. 1 S. 1 RVG) und sie der wesentlich höheren Staffel der BRAGO/des RVG zu entnehmen sind. Außerdem stehen solche Werte in keinem vertretbaren Verhältnis zu den Streitwerten vergleichbarer Gegenstände in der ordentlichen und vor allem der Verwaltungsgerichtsbarkeit (vgl. §§ 52 Abs. 5, § 42 Abs. 3 GKG nF). „Wird ein Antrag auf gerichtliche Entscheidung zurückgenommen, zurückgewiesen oder als unzulässig verworfen, so sind die Kosten des Verfahrens dem Antragsteller aufzuerlegen" (§ 201 Abs. 1 BRAO). „Wird einem Antrag auf gerichtliche Entscheidung stattgegeben, so sind im Fall des § 38 [= Rechtsanwaltskammer als Antragsgegner] die Kosten des Verfahrens der Rechtsanwaltskammer aufzuerlegen; im Fall des § 39 [= Justizverwaltung als Antragsgegner] werden Gebühren und Auslagen nicht erhoben" (§ 201 Abs. 2 BRAO). Diese Regelung soll die Schuldnerschaft insbesondere des § 2 Nr. 1 KostO verdrängen; ob das gelungen ist, erscheint zweifelhaft, doch kommt der Frage kaum praktische Bedeutung zu (*Lappe* JVBl. 1960, 1, 5), zumal „§ 8 Abs. 2 und 3 KostO nicht anzuwenden ist" (§ 200 S. 2 BRAO), das Verfahren also nicht von der Vorschusszahlung abhängt.
„Für das Beschwerdeverfahren wird die gleiche Gebühr wie im ersten Rechtszug erhoben" (§ 202 Abs. 3 BRAO, was sich nur auf den Gebührensatz bezieht, der Geschäftswert kann anders sein). § 202 Abs. 4 BRAO über die Zurücknahme und die Zurückweisung als unzulässig – s. oben – gilt auch für die Beschwerde, desgleichen § 202 Abs. 2 BRAO über den Geschäftswert – s. oben –. Die gesetzliche Regelung über die Kostenschuldnerschaft ist unklar (*Lappe* JVBl. 1960, 1, 6). Das systemgerechte Ergebnis der rechtlichen Überlegungen kann nur sein: Wird die Beschwerde zurückgenommen oder zurückgewiesen, ist Schuldner der Beschwerdeführer (§ 2 Nr. 1 KostO). Hat die Beschwerde Erfolg, so gilt auch für die Kosten des Beschwerdeverfahrens § 201 Abs. 1 BRAO, § 2 KostO – s. oben –, es kommt also auf das Endergebnis des Verfahrens an, bei Zurückverweisung ergibt es sich erst aus der neuerlichen Entscheidung des Anwaltsgerichtshofs.
„Über Einwendungen und Erinnerungen gegen den Kostenansatz entscheidet stets der Anwaltsgerichtshof" (§ 203 Abs. 1 BRAO). „Die Entscheidung des Anwaltsgerichtshofs kann nicht angefochten werden" (§ 203 Abs. 2 BRAO). Diese Zuständigkeitsregelung gilt auch dann, wenn der Bundesgerichtshof den Kostenansatz vorgenommen hat (BGH BRAK-Mitt. 1999, 41).
Die §§ 200 bis 203 BRAO sind auch auf die Anfechtung sonstiger Anwalts-Verwaltungsakte anzuwenden (§ 223 Abs. 4 BRAO, § 35 Gesetz über die Tätigkeit europäischer Rechtsanwälte (EuRAG) vom 9. 3. 2000 (BGBl. I S. 182, zuletzt geändert am 26. 3. 2007, BGBl. I S. 358).

Rechtspfleger-Erinnerung. Entscheidet der Rechtspfleger anstelle des Richters (Urkundsbeamten der Geschäftsstelle), ist das Rechtsmittel gegeben, das nach den allgemeinen verfahrensrechtlichen Vorschriften zulässig ist (§ 11 Abs. 1 RPflG, Schönfelder Nr. 96). Ist gegen die Entscheidung nach den allgemeinen verfahrensrechtlichen Vorschriften ein Rechtsmittel nicht gegeben, so findet binnen der für die sofortige Beschwerde geltenden Frist die Erinnerung statt (§ 11 Abs. 2 RPflG). Das Erinnerungsverfahren ist gerichtsgebührenfrei (§ 11 Abs. 4 RPflG). In Rechtsmittelverfahren nach § 11 Abs. 1 RPflG richtet sich die Kostenpflicht nach § 131 KostO

I. Lexikon des Bundes- und Landesrechts **Anh. B**

(s. § 131 KostO Rn. 1 ff.), zur Rechtspfleger-Erinnerung s. § 131 KostO Rn. 42–43.

Siedlung. Pachtkündigung: Nach § 7 Abs. 2 des Gesetzes zur Ergänzung des Reichssiedlungsgesetzes (vom 4. 1. 1935, RGBl. I S. 1, zuletzt geändert am 28. 7. 1961, BGBl. I S. 1091; Fundstelle des Reichssiedlungsgesetzes unten) entscheidet die Siedlungsbehörde über Ersatzanspruch und Entschädigung nach einer Pachtkündigung. Dagegen findet der Antrag auf gerichtliche Entscheidung entsprechend §§ 20, 22 Abs. 2 GrdstVG statt (→ Grundstücksverkehr). Bezieht sich dieses landwirtschaftsgerichtliche Verfahren nur auf die Fälle des Bundesvertriebenengesetzes (§ 1 Nr. 4 LwVG), ist es gegenstandslos, → Vertriebene. Findet es jedoch auch in sonstigen Fällen statt, „bestimmt sich der Geschäftswert nach § 30 der KostO. [2] Es wird die volle Gebühr erhoben" (§ 38 S. 1 Halbs. 2, S. 3 LwVG). Die Verweisung auf § 30 KostO bedeutet – wie auch sonst in der KostO –, dass nicht zwingend der bezifferte Betrag den Wert bildet, das Gericht vielmehr das „Interesse" auch geringer bewerten kann. S. iÜ → Grundstücksverkehr, → Landwirtschaftsbeschwerden und → Landwirtschaftssachen.

Vorkaufsrecht: Das Reichssiedlungsgesetz (vom 11. 8. 1919, RGBl. I S. 1429, zuletzt geändert am 19. 6. 2001, BGBl. I S. 1149) begründet an bestimmten landwirtschaftlichen und anderen Grundstücken ein siedlungsrechtliches Vorkaufsrecht (§ 4 RSG). Übt es die Siedlungsbehörde aus, ist dagegen der Antrag auf gerichtliche Entscheidung entsprechend § 22 GrdstVG gegeben (§ 10 RSG), die Gebühr des landwirtschaftsgerichtlichen Verfahrens (§ 1 Nr. 3 LwVG) richtet sich deshalb nach § 36 Abs. 1 LwVG (§ 37 LwVG; → Grundstücksverkehr). Er bestimmt den Geschäftswert auf den Wert, „der für die Gebührenberechnung im Falle der Beurkundung des Rechtsverhältnisses maßgebend sein würde" (§ 36 Abs. 1 S. 1 LwVG). Das wird in der Rspr. dahin verstanden, dass der volle Kaufpreis (§ 20 Abs. 1 KostO) und nicht nur der halbe Grundstückswert (§ 20 Abs. 2 KostO) maßgeblich ist (OLG Celle Rpfleger 1978, 341; OLG Frankfurt AnwBl. 1978, 312). Dem kann man jedoch nicht folgen. Gegenstand des gerichtlichen Verfahrens ist das Vorkaufsrecht, und wenn seine Begründung beurkundet wird, richtet sich der Wert nach § 20 Abs. 2 KostO. § 36 Abs. 1 S. 1 LwVG verweist mithin nicht auf den konkreten Kaufvertrag, sondern – fiktiv – auf das streitige Vorkaufsrecht, wenn seine Begründung beurkundet würde. Richtig ist allerdings, dass der (halbe) Regelwert des § 20 Abs. 2 KostO für den bedingten Kauf darauf beruht, dass im Standardfall die Ausübung des Vorkaufsrechts, also der Eintritt der Bedingung, unsicher ist. Hier hat es die Siedlungsbehörde bereits ausgeübt, mithin kann der Wert höher, bis zum Kaufpreis, angenommen werden; abzustellen ist auf die Bedeutung der Ausübung des Vorkaufsrechts im konkreten Fall.
S. iÜ → Landwirtschaftsbeschwerden und → Landwirtschaftssachen.

Sonderprüfer. Hat bei der Aktiengesellschaft eine Sonderprüfung (§§ 258, 259 AktG, Schönfelder Nr. 51) stattgefunden, so kann gegen abschließende Feststellungen der Sonderprüfer Antrag auf Entscheidung durch das Landgericht gestellt werden (§ 260 Abs. 1, 2 AktG). Gegen seinen Beschluss findet die sofortige Beschwerde zum Oberlandesgericht statt (§§ 260 Abs. 3 S. 1, 99 Abs. 3 S. 2–6 AktG), eine weitere Beschwerde ist ausgeschlossen (S. 7). Für die Kosten des Verfahrens gilt die KostO (§§ 260 Abs. 3 S. 1, 99 Abs. 1, 260 Abs. 4 S. 1 AktG). „[2] Für das Verfahren des ersten Rechtszugs wird das Doppelte der vollen Gebühr erhoben. [3] Für die zweite Rechtszug wird die gleiche Gebühr erhoben [dem Gebührensatz nach; der Geschäftswert kann anders sein]; dies gilt auch dann, wenn die Beschwerde Erfolg hat. [4] Wird der Antrag oder die Beschwerde zurückgenommen, bevor es zu einer Entscheidung kommt, so ermäßigt sich die Gebühr auf die Hälfte [also die volle Gebühr]. [5] Der Geschäftswert ist von Amts wegen festzusetzen. [6] Die Kosten sind, wenn dem Antrag stattgegeben wird, der Gesellschaft, sonst dem Antragsteller aufzuerlegen" (§ 260 Abs. 4 S. 2–6 AktG). Die Kostenschuldnerschaft des § 2 Nr. 1 KostO bleibt unberührt, desgleichen die Vorschusspflicht gemäß § 8 KostO. Der Geschäftswert bestimmt sich wie bei Streitwert der Anfechtungsklage (§ 260 Abs. 4 S. 7 AktG), er wird also von Gericht „unter Berücksichtigung aller Umstände des einzelnen Falles, insbesondere der Bedeutung der Sache für die Beteiligten, nach billigem Ermessen bestimmt. [2] Er darf jedoch ein Zehntel des Grundkapitals oder, wenn dies Zehntel mehr als 500 000 Euro beträgt, 500 000 Euro nur insoweit übersteigen, als die Bedeutung der Sache für den – oder die – Antragsteller höher zu bewerten ist (§ 247 Abs. 1 AktG in entsprechender Anwendung).
Weil nach § 247 Abs. 1 AktG im Einzelfall ein sehr hoher Geschäftswert ergibt und nach ihm nicht nur die – verhältnismäßig niedrigen – Gerichtsgebühren, sondern auch die Anwaltsgebühren berechnet werden (§ 23 Abs. 1 RVG, § 8 Abs. 1 S. 1 BRAGO aF) kann neben dem objektiven Wert für jeden Beteiligten ein „persönlicher" (Teil-)Geschäftswert festgesetzt werden (§§ 260 Abs. 4 S. 7, 247 Abs. 2 S. 1 AktG): „Macht ein Beteiligter glaubhaft, daß die Belastung mit den Gerichts- und den außergerichtlichen Kosten nach dem gemäß § 247 Abs. 1 AktG bestimmten Geschäftswert seine wirtschaftliche Lage gefährden würde, so kann das Landgericht auf seinen Antrag hin anordnen, daß seine Verpflichtung zur Zahlung von Gerichtskosten, sich nach einem seiner Wirtschaftslage angepaßten Teil des Geschäftswert bemißt." ...
„[1] Der Antrag nach Absatz 2 kann vor der Geschäftsstelle des Gerichts zur Niederschrift erklärt werden. [2] Er ist vor einer Verhandlung zur Hauptsache anzubringen. [3] Später ist er nur zulässig, wenn der [vom Kostenbeamten] angenommene oder durch das Gericht festgesetzte Geschäftswert heraufgesetzt wird. [4] Vor der Entscheidung über den Antrag ist der Gegner zu hören" (§ 247 Abs. 3 AktG). Die Festsetzung

durch das Landgericht gilt nur für den ersten Rechtszug (BGH NJW-RR 1992, 222), im Beschwerdeverfahren bedarf es also eines erneuten Antrags. Anderes wird nach einer Zurückverweisung zu gelten haben, zumal die Gebühren des § 260 Abs. 4 S. 3 AktG nicht erneut anfallen (entsprechend §§ 33, 27 GKG). Eine erneute Beschwerde führt hingegen zu neuen Gebühren, und damit bedarf es einer erneuten Wertherabsetzung.

Spruchverfahren. Das Spruchverfahrensgesetz (SpruchG) vom 12. 6. 2003 (BGBl. S. 838, zuletzt geändert am 19. 4. 2007, BGBl. I S. 2542) ist nach § 1 anzuwenden auf das gerichtliche Verfahren für die Bestimmung 1. des Ausgleichs für außenstehende Aktionäre und der Abfindung solcher Aktionäre bei Beherrschungs- und Gewinnabführungsverträgen (§§ 304, 305 AktG); 2. der Abfindung von ausgeschiedenen Aktionären bei der Eingliederung von Aktiengesellschaften (§ 320b AktG); 3. der Barabfindung von Minderheitsaktionären, der Aktien durch Beschluss der Hauptversammlung auf den Hauptaktionär übertragen worden sind (§§ 327a bis 327f AktG); 4. der Zuzahlung an Anteilsinhaber oder Barabfindung von Anteilsinhabern anlässlich der Umwandlung von Rechtsträgern (§§ 15, 34, 176 bis 181, 184, 186, 196 oder § 212 UmwG); 5. der Zuzahlung an Anteilsinhaber oder der Barabfindung von Anteilsinhabern bei der Gründung oder Sitzverlegung einer SE (§§ 6, 7, 9, 11 und 12 des SE-Ausführungsgesetzes) und 6. der Zuzahlung an Mitglieder bei der Gründung einer Europäischen Genossenschaft (§ 7 des SCE-Ausführungsgesetzes).
Der Antrag ist beim Landgericht einzureichen. Gegen seine Entscheidung findet die sofortige Beschwerde an das Oberlandesgericht statt (§§ 2 Abs. 1, 12). Eine weitere Beschwerde ist ausgeschlossen (§ 12 Abs. 2 S. 2).
Für die Gerichtskosten sind nach § 15 SpruchG die Vorschriften der Kostenordnung anzuwenden. Als Geschäftswert ist der Betrag anzunehmen, der von allen in § 3 SpruchG genannten Antragsberechtigten nach der Entscheidung des Gerichts zusätzlich zu dem ursprünglich gebotenen Betrag insgesamt gefordert werden kann; er beträgt mindestens 200 000 und höchstens 7,5 Millionen Euro. Maßgeblicher Zeitpunkt für die Bestimmung des Werts ist der Tag nach Ablauf der Antragsfrist (§ 4 Abs. 1 SpruchG). Der Geschäftswert ist von Amts wegen festzusetzen. Für das Verfahren des ersten Rechtszuges wird die volle Gebühr erhoben. Kommt es in der Hauptsache zu einer gerichtlichen Entscheidung, erhöht sich die Gebühr auf das Vierfache der vollen Gebühr; dies gilt nicht, wenn lediglich ein Beschluss nach § 11 Abs. 4 SpruchG ergeht, wenn die Beteiligten einen schriftlichen Vergleichsvorschlag annehmen und das Gericht dies durch Beschluss feststellt. Für den zweiten Rechtszug wird die gleiche Gebühr erhoben; dies gilt auch dann, wenn die Beschwerde Erfolg hat.
Schuldner der Gerichtskosten ist nur der Antragsgegner. Diese Kosten können ganz oder zT den Antragstellern auferlegt werden, wenn dies der Billigkeit entspricht; die Haftung des Antragsgegners für die Gerichtskosten bleibt hiervon unberührt (§ 15 Abs. 2 SpruchG).
Der Antragsgegner hat einen zur Deckung der Auslagen hinreichenden Vorschuss zu zahlen. § 8 KostO ist nicht anzuwenden (§ 15 Abs. 3 SpruchG). Das Gericht ordnet an, dass die Kosten der Antragsteller, die zur zweckentsprechenden Erledigung der Angelegenheit notwendig waren, ganz oder zT vom Antragsgegner zu erstatten sind, wenn dies unter Berücksichtigung des Ausgangs des Verfahrens der Billigkeit entspricht (§ 15 Abs. 4 SpruchG).

Umstellung. Wegen der Umstellung von Grundpfandrechten s. Anhang C I → Auslandsschulden und → Umstellung. Das GBMaßG ist in den neuen Bundesländern nur beschränkt anzuwenden (§ 36a GBMaßG idF des Art. 4 des Gesetzes vom 4. 7. 1995, BGBl. I S. 895). Für sie trifft das GBBerG (= Art. 2 RegVBG) eine Umstellungsregelung (§§ 1 ff.); wegen der Kosten der Eintragung s. Anhang C I → Grundbuchbereinigung.

Umwandlung → Spruchverfahren.

Unschädlichkeitszeugnisse. Die Erteilung von Unschädlichkeitszeugnissen ist dem Landesrecht überlassen (Art. 120 EGBGB). Die Länder haben diese Aufgabe teils Behörden, insbesondere den Katasterämtern, teils den Amtsgerichten übertragen (bei denen dann statt des Richters der Rechtspfleger zuständig sein kann, so nach § 1 Nr. 1 HmbRPflG, § 47 SächsJG; s. iÜ *Klaus Weber*, Unschädlichkeitszeugnisse in den neuen Ländern, NJW 1998, 1673, 1675 mit Fn. 27). Im ersten Fall führt der Rechtsweg meist – statt zum Verwaltungsgericht – mit dem Antrag auf gerichtliche Entscheidung zum Amtsgericht, gegen sie ist regelmäßig Beschwerde zum Landgericht gegeben. Letzteres gilt teils auch bei gerichtlicher Zuständigkeit für die Erteilung. Die gerichtlichen Verfahren sind allgemein der freiwilligen Gerichtsbarkeit zugeordnet, weithin erklärt das Landesrecht zudem die KostO ausdrücklich für anwendbar.
Die Erteilung des Zeugnisses oder die Ablehnung des Antrags durch das Katasteramt könnte eine landesrechtliche Verwaltungsgebühr auslösen (sie gehört nicht hierher). Entsprechendes gilt für Erteilung und Ablehnung durch das Gericht, doch handelt es sich dann um eine „Gerichtsgebühr". Solche Gebühren sind bestimmt in *Baden-Württemberg*: „[1] Für das Verfahren nach §§ 22 bis 27 [des Grundbuchamts über den Antrag auf Erteilung des Unschädlichkeitszeugnisses sowie die Beschwerde dagegen] gelten die Vorschriften der KostO. [2] Im ersten Rechtszug werden zwei volle Gebühren erhoben. [3] Maßgebender Wert ist entweder der Wert des Trennstücks oder Grundstücks, für welches das Unschädlichkeitszeugnis beantragt ist, oder der Wert der Belastung, von der befreit werden soll, sofern dieser geringer ist" (Art. 28 AGBGB). Weil Gebührentatbestand „das Verfahren" ist, kommt

§ 130 KostO an sich trotz der pauschalen Verweisung in S. 1 nicht zur Anwendung. Ergibt sich allerdings eine unverhältnismäßige Gebühr, insbesondere bei Zurücknahme des Antrags, ist seine Anwendung unbedenklich (§ 130 KostO Rn. 19; s. auch unten).
Sieht das Landesrecht keine Gebühr vor, fällt für die Erteilung durch das Gericht die Gebühr des § 158 Abs. 2 KostO an. Wird der Antrag zurückgewiesen oder zurückgenommen, so ist § 130 KostO „aus sich" nicht anwendbar, weil er sich nur auf den 1. Teil der KostO bezieht und nicht auf den 3. Teil, in dem § 158 KostO steht; auch fehlt seine Anwendbarerklärung nach dem Vorbild des § 141 KostO. Man könnte die Zurückweisung ebenfalls als „Geschäft" ansehen und sie so dem § 158 Abs. 2 KostO unterwerfen. Näher liegt jedoch eine entsprechende Anwendung des § 130 KostO; da sie zu einer Begünstigung gegenüber § 158 Abs. 2 führt, ist die Analogie unbedenklich. So kommt man zu systemgerechten, verhältnismäßigen Gebühren.
Wird gegen die Verwaltungsbehörde das Gericht angerufen und weist es den Antrag zurück, so richtet sich die Gebühr nach § 130 KostO, wenn und weil die KostO auf Grund landesrechtlicher Verweisung anzuwenden ist. Gleiches gilt bei der Zurücknahme des Antrags. Hat der Antrag Erfolg, fällt nach der KostO keine Gebühr an. Es könnte jedoch dann die Erteilungs-Verwaltungsgebühr von der Behörde zu erheben sein.
Für *Rheinland-Pfalz* bestimmt das Landesgesetz über Unschädlichkeitszeugnisse vom 26. 9. 2000 (GVBl. S. 397, zuletzt geändert am 16. 10. 2003, (GVBl. S. 293): „¹Die Kosten des gerichtlichen Verfahrens bestimmen sich nach der Kostenordnung. ²Im Falle der Zurückweisung des Antrags werden jedoch zwei volle Gebühren, im Falle der Zurücknahme des Antrags wird eine volle Gebühr erhoben. ³Der Geschäftswert bestimmt sich nach dem Wert des zu veräußernden Trennstücks oder Grundstücks; ist der Wert der Belastung, von der befreit werden soll, niedriger, so ist dieser maßgebend" (§ 9 Abs. 4). Die Gebührenregelung tritt an die Stelle der Gebühren des § 130 KostO.
Für *Thüringen* bestimmt das Gesetz über Unschädlichkeitszeugnisse vom 3. 1. 1994 (GVBl. S. 10): „¹Für das gerichtliche Verfahren gelten die Vorschriften der KostO. ²Im ersten Rechtszug werden zwei volle Gebühren erhoben. ³Der Wert richtet sich nach dem Wert des Trennstücks oder des Grundstücks, für welches das Unschädlichkeitszeugnis beantragt ist, oder des Entschädigungsanspruchs; sofern jedoch der Wert der Belastung, von der befreit oder die verteilt werden soll, geringer ist, nach diesem" (§ 10). Die doppelte Gebühr tritt an die Stelle der Gebühren des § 130 KostO. Eine problematische Rechtslage ergibt sich bei Erfolg des Antrags. Wollte man die Erhebung der genannten Gebühr auch dann bejahen, müsste eine Kostenentscheidung gegen die unterlegene Behörde ergehen, um den Antragsteller von ihr zu befreien (§§ 2 Nr. 1, 11, 13 KostO), sie ist aber nirgends vorgesehen. Sie lässt sich allerdings über § 13 des Gesetzes lösen: „Für die Erteilung eines Unschädlichkeitszeugnisses werden Gebühren nicht erhoben"; jedenfalls dann, wenn man ihn nicht nur auf die Erteilung durch das Katasteramt, sondern auch durch das Amtsgericht im Verfahren über den Antrag auf gerichtliche Entscheidung bezieht, was wohl der Gleichbehandlung wegen zwingend ist. Es bleibt dann nur die Frage nach der richtigen Rücknahmegebühr; hier ebenfalls die doppelte Gebühr anzusetzen, wäre verfassungswidrig (vgl. BVerfGE 50, 217).
Für das *Saarland* bestimmt § 6 S. 2 des Gesetzes Nr. 842 über Unschädlichkeitszeugnisse vom 25. 1. 1967 (ABl. S. 206): Die Kosten des gerichtlichen Verfahrens bestimmen sich nch dem Gesetz für die Kosten in Angelegenheiten der freiwilligen Gerichtsbarkeit (Kostenordnung).
Für die Beschwerde gegen die amtsgerichtliche Entscheidung gilt immer § 131 KostO; im Landesrecht finden sich keine abweichenden Regelungen.
Für *Bayern* → auch Anhang C I.

Unterbringung. Die zivilrechtliche Unterbringung und die öffentlich-rechtliche Unterbringung psychisch Kranker (nach Landesrecht) sind kostenfrei (§ 128b KostO). Kostenpflichtig ist die öffentlich-rechtliche Unterbringung nach dem Gesetz über das gerichtliche Verfahren bei Freiheitsentziehungen vom 29. 6. 1956 (BGBl. I S. 599, zuletzt geändert am 19. 8. 2007, BGBl. I S. 1970), insbesondere von Geschlechtskranken und Seuchenverdächtigen sowie die Abschiebehaft von Ausländern (vgl. § 128b KostO Rn. 1).
„¹Für die Gerichtskosten gelten, soweit nichts anderes bestimmt ist, die Vorschriften der Kostenordnung. ²Gebühren werden nur für die in Abs. 2 genannten Entscheidungen und für das Beschwerdeverfahren (Abs. 3) erhoben" (§ 14 Abs. 1 FreihEntzG). „¹Für die Entscheidung, die eine Freiheitsentziehung (§ 6 [FreihEntzG]) oder ihre Fortdauer (§ 12) anordnet oder einen vom Untergebrachten selbst gestellten Antrag, die Freiheitsentziehung aufzuheben (§ 10), zurückweist, wird eine Gebühr von 18 Euro erhoben. ²Das Gericht kann jedoch unter Berücksichtigung der wirtschaftlichen Verhältnisse des Zahlungspflichtigen und der Bedeutung und des Umfanges des Verfahrens die Gebühr bis auf die Mindestgebühr (§ 33 der Kostenordnung) ermäßigen oder bis auf 130 Euro erhöhen" (§ 14 Abs. 2 FreihEntzG). „Für das Beschwerdeverfahren wird bei Verwerfung oder Zurückweisung der Beschwerde eine Gebühr von 18 Euro, bei Zurücknahme der Beschwerde eine Gebühr in Höhe der Mindestgebühr (§ 33 der Kostenordnung) erhoben" (§ 14 Abs. 3 FreihEntzG). „Kostenvorschüsse werden nicht erhoben" (§ 14 Abs. 4 FreihEntzG). „Schuldner der Gebühren sind in den Fällen des § 14 Abs. 2 [FreihEntzG] der Untergebrachte und im Rahmen ihrer gesetzlichen Unterhaltspflicht die zu seinem Unterhalt Verpflichteten, in den Fällen des § 14 Abs. 3 [FreihEntzG] der Beschwerdeführer; sie haben, soweit sie gebührenpflichtig sind, auch die baren Auslagen [die also effektiv aus der Staatskasse gezahlt werden], nicht aber die pauschalen Aufwendungen wie die Dokumenten-

pauschale] des gerichtlichen Verfahrens zu tragen" (§ 15 Abs. 1 FreihEntzG). „Die Verwaltungsbehörden sind zur Zahlung von Gerichtsgebühren und zur Erstattung der Auslagen des gerichtlichen Verfahrens nicht verpflichtet" (§ 15 Abs. 2 FreihEntzG).

Vaterschaftsanfechtung. Das NEhelG vom 19. 8. 1969 (BGBl. I S. 1243, zuletzt geändert am 19. 4. 2006, BGBl. I S. 866) ermöglicht die Anfechtung von Vaterschaften, die aus Unterhaltsverpflichtungen vor seinem Inkrafttreten folgen. „Für das Verfahren über die Anfechtung der Vaterschaft durch Antrag beim Vormundschaftsgericht gilt § 94 Abs. 1 Nr. 7 der KostO entsprechend" (Art. 12 § 3 Abs. 2 S. 6 NEhelG); s. die dortige Erl.

Vereinigungen. Rechtsfähige Vereinigungen, die nach dem Vereinigungsgesetz der DDR vom 21. 2. 1990 (GBl. I S. 75, 470, 546) vor dem Wirksamwerden des Beitritts entstanden sind, bestehen als Vereine im Sinne des BGB fort (Art. 231 § 2 EGBGB). Damit sind sie im Vereinsregister eingetragen (s. auch Aufhebung des früheren Art. 231 § 2 EGBGB durch das RpflAnpG vom 26. 6. 1992, BGBl. I S. 1147), selbst wenn es das fortbestehende oder fortgeführte Vereinigungsregister ist, so dass die Vorschriften der KostO, insbesondere § 80, anzuwenden sind und nicht mehr § 10 der Ersten DVO zum Vereinigungsgesetz vom 8. 3. 1990 (GBl. I S. 159); s. auch 13. Aufl. Anhang A I Anlage I Rn. 33.

Vertriebene. Die §§ 30 bis 93 und damit die §§ 59 und 63 des Bundesvertriebenengesetzes sind weggefallen (s. Bek. vom 2. 6. 1993, BGBl. I S. 829), mithin sind das in § 1 Nr. 4 LwVG vorgesehene landwirtschaftliche Verfahren und seine Wert- und Gebührenvorschrift § 38 LwVG insoweit gegenstandslos. S. auch → Güterstand von Vertriebenen und Flüchtlingen.

Verweisung. Zu § 17b Abs. 2 GVG, § 23 HausratsV, § 12 Abs. 3 LwVG, § 50 WEG, § 4 Abs. 1 GKG s. § 1 KostO Rn. 14ff.

Vorläufige Anordnung. Vorläufige (einstweilige) Anordnungen sind in der freiwilligen Gerichtsbarkeit grundsätzlich gerichtsgebührenfrei, weil weder die KostO – abgesehen von § 92 Abs. 4, s. dort – noch die Separatgesetze eine Gebührenvorschrift enthalten. Eine Ausnahme bilden die Verfahren in Landwirtschaftssachen (§ 1 LwVG), hier bestimmt § 39 LwVG: „Für die Entscheidung über den Erlaß einer vorläufigen Anordnung während eines schwebenden Verfahrens wird die Hälfte der vollen Gebühr erhoben". Die Rücknahme eines „Antrags" ist gebührenfrei, § 41 LwVG nicht anzuwenden (§ 18 Abs. 1 LwVG; s. unten). Gegen die vorläufige Anordnung findet Beschwerde statt (§ 18 Abs. 2 LwVG). Sie löst eine einundhalbfache Gebühr aus (§ 40 Abs. 1 LwVG), allerdings nur, wenn sie zurückgewiesen wird (§ 131 Abs. 1 KostO, vgl. § 40 Abs. 2 LwVG). Der Geschäftswert richtet sich mangels einer ausdrücklichen Regelung und einer Anwendbarerklärung der Wertvorschriften des jeweiligen Verfahrens nach § 30 KostO (§ 33 LwVG), ist also geringer als in der Hauptsache anzunehmen. Der Schuldner der Gebühr des § 39 LwVG kann sich nur aus der Kostenentscheidung (§ 44 LwVG, § 3 Nr. 1 KostO) ergeben, weil die vorläufige Anordnung keinen Antrag erfordert (§ 18 Abs. 1 LwVG) und § 2 Nr. 1 KostO mithin nicht anwendbar ist (selbst wenn im Einzelfall ein Antrag gestellt wird); Antragsteller-Schuldner ist jedoch der Beschwerdeführer.
Die Änderung einer vorläufigen Anordnung (vgl. § 18 Abs. 3 LwVG) löst keine Gebühr aus, wohl aber eine erneute Anordnung – „Zweitentscheidung" –, selbst mit gleichem Inhalt.
Im Übrigen finden die §§ 33 ff. LwVG Anwendung, → Grundstücksverkehr, → Landwirtschaftsbeschwerden und → Landwirtschaftssachen.

Wohnungseigentum. Das Gesetz über das Wohnungseigentum und das Dauerwohnrecht (WEG, Schönfelder Nr. 37) ist mit Wirkung ab 1. 7. 2007 (Gesetz vom 26. 3. 2007, BGBl. I S. 370) dahin geändert worden, dass das Gericht künftig in Verfahren in Wohnungseigentumssachen nach den Vorschriften der ZPO entscheidet. Die Gerichtskosten richten sich nach dem GKG. Nach § 62 WEG sind für die am 1. 7. 2007 bei Gericht anhängigen Verfahren die bisherigen Vorschriften weiter anzuwenden. Insoweit haben die nachfolgenden Ausführungen noch Bestand.
Über die meisten gemeinschaftsrechtlichen Fragen einschließlich der Verwaltung entscheidet bisher auf Antrag das Amtsgericht im Verfahren der freiwilligen Gerichtsbarkeit – statt im Zivilprozess –. Gegen seine Entscheidung findet sofortige Beschwerde zum Landgericht und sofortige weitere Beschwerde zum Oberlandesgericht statt (§ 45 Abs. 1 WEG aF). Die Kosten richten sich nach der KostO (§ 43 Abs. 1 WEG aF). „[1]Für das gerichtliche Verfahren [des Amtsgerichts] wird die volle Gebühr erhoben. [2]Kommt es zur gerichtlichen Entscheidung, so erhöht sich die Gebühr auf das Dreifache der vollen Gebühr. [3]Wird der Antrag zurückgenommen, bevor es zu einer Entscheidung oder einer vom Gericht vermittelten Einigung gekommen ist, so ermäßigt sich die Gebühr auf die Hälfte der vollen Gebühr" (§ 48 Abs. 1 S. 1–3 WEG aF). „Gerichtliche Entscheidung" (S. 2) ist – wie nach allen vergleichbaren Vorschriften – nur die Sachentscheidung über den Antrag (vgl. BayObLGZ 1994, 188 = KostRsp. WEG § 48 Nr. 37 m. Anm. *Lappe;* BGH LM-LVR § 13 Nr. 1), nicht seine Zurückweisung als unbegründet oder unzulässig; wird die Entscheidung vom Rechtsmittelgericht aufgehoben, fällt die Erhöhung weg (*Lappe* aaO gegen BayObLG). „Entscheidung" (S. 3) ist auch die vorstehend ausgenommene, weil es nach ihrem Erlass keine Rücknahme mehr gibt. Einstweilige Anordnungen (§ 44 Abs. 3 WEG aF) bleiben gebührenfrei. „Sind für Teile

des Gegenstands verschiedene Gebührensätze anzuwenden, so sind die Gebühren für die Teile gesondert zu berechnen; die aus dem Gesamtbetrag der Wertteile nach dem höchsten Gebührensatz berechnete Gebühr darf jedoch nicht überschritten werden" (§ 48 Abs. 2 WEG aF).

„[1] Der Richter setzt den Geschäftswert nach dem Interesse der Beteiligten an der Entscheidung von Amts wegen fest. [2] Der Geschäftswert ist niedriger festzusetzen, wenn die nach Satz 1 berechneten Kosten des Verfahrens zu dem Interesse eines Beteiligten nicht in einem angemessenen Verhältnis stehen" (§ 48 Abs. 3 WEG aF). Grundsätzlich orientiert sich die Praxis am wirtschaftlichen Wert (dem Preis, den Kosten) des Verfahrensgegenstands, etwa der Baumaßnahme, der Verwaltertätigkeit (entsprechend § 25 Abs. 2 KostO) usw., wobei jedoch – zumal bei großen Gemeinschaften – nicht ohne weiteres der Gesamtbetrag genommen werden kann (BayObLGZ 1988, 319 = NJW-RR 1989, 79 bereits vor der Einfügung des S. 2 durch das KostRÄndG 1994). Das „Interesse" des Einzelfalls wird oft nur mit einem Bruchteil des wirtschaftlichen Gegenstands angesetzt (Beispiel: BayObLGZ 1992, 285, weil der Eigentümerbeschluss nichtig und nicht „bloß anfechtbar" war).

„Im Verfahren über die Beschwerde [sowohl vor dem Land- als auch dem Oberlandesgericht] gegen eine den Rechtszug beendende Entscheidung werden die gleichen Gebühren wie im ersten Rechtszug erhoben" (§ 48 Abs. 4 WEG aF), wobei sich das nur auf die generellen Gebührensätze bezieht (volle Gebühr); bei Sachentscheidung (s. oben) – auch durch Bestätigung der vorinstanzlichen (BayObLG Rpfleger 1972, 176), nicht aber bei Aufhebung und Zurückverweisung (*Lappe* KostRsp. WEG § 48 Nr. 37; aA BayObLG aaO) – dreifache Gebühr; bei Zurücknahme des Antrags oder der Beschwerde halbe Gebühr, der Wert kann mithin anders sein. Er muss nicht mit der verfahrensrechtlichen Beschwerdesumme (§ 45 Abs. 1 WEG aF) übereinstimmen (BGH MDR 1992, 1777). In Nebenverfahren, etwa über die Richterablehnung, treten an die Stelle der Gebühren des Abs. 4 des § 131 KostO (OLG Düsseldorf Rpfleger 1983, 370; *Haecker* JurBüro 1983, 113; *Lappe* KostRsp. WEG § 48 Nr. 10 Anm.; aA BayObLG JurBüro 1989, 243; OLG Köln JurBüro 1980, 1107; *Tschakert* JurBüro 1983, 905); ebenso – § 131 KostO – für die Wiedereinsetzung BayObLG JurBüro 1994, 554.

Schuldner sind der Antragsteller oder Beschwerdeführer (§ 2 Nr. 1 KostO; BayObLG JurBüro 1989, 1581 m. Anm. *Lappe* KostRsp. WEG § 47 Nr. 13) und der Entscheidungsschuldner (§ 3 Nr. 1 KostO; § 47 S. 1 WEG aF), wobei die Kosten nicht nur einem formell, sondern auch einem materiell Beteiligten auferlegt werden können (BayObLG NJW 1973, 2212; sehr problematisch).

Zahlungsansprüche lassen sich auch im ZPO-Mahnverfahren geltend machen (§ 46a WEG aF). Seine Kosten ergeben sich aus dem GKG. Nach Widerspruch und Einspruch geht das Verfahren in das der §§ 43 ff. WEG aF über. Dabei wird die GKG-Gebühr auf die Gebühr des § 48 Abs. 1 S. 1–3 WEG aF angerechnet, wobei die Anmerkung zu GKG-KostVerz. 1210 entsprechend gilt (§ 48 Abs. 1 S. 4 WEG aF); bleibt die letztere dahinter zurück, wird die „Zuviel-GKG-Gebühr" nicht zurückgezahlt.

Zuweisung. Der einer gesetzlichen Erbengemeinschaft gehörende landwirtschaftliche Betrieb kann einem oder geteilt mehreren Miterben zugewiesen werden; die übrigen Miterben erhalten eine Abfindung. Folgeverfahren sind zur Änderung einer Stundung und über einen Vorteilsausgleich vorgesehen (§§ 13 ff. GrdstVG, Schönfelder Nr. 40). Die Kosten des landwirtschaftsgerichtlichen Verfahrens (§ 1 Nr. 2 LwVG) richten sich nach der KostO (§§ 9, 33 LwVG). Der Geschäftswert „bestimmt sich nach § 18 Abs. 3 und § 19 der KostO [in aller Regel nach § 19 Abs. 4, OLG Bamberg JurBüro 1994, 235, einschließlich dem Anteil des Antragstellers; es sei denn, der Gegenstand des Verfahrens beschränkt sich auf einen Erb- oder Bruchteil o. ä.]. [2] Es wird das Vierfache der vollen Gebühr erhoben" (§ 36a Abs. 1 LwVG). „[1] Endet das Verfahren ohne Zuweisung des Betriebes, so bestimmt sich der Geschäftswert nach § 30 der KostO [also – wie immer bei dieser Verweisung in der KostO – auf einen Teil des Wertes des Abs. 1]. [2] Es wird das Doppelte der vollen Gebühr erhoben" (§ 36a Abs. 2 LwVG). Im Beschwerdeverfahren erhöhen sich die Gebührensätze auf das Eineinhalbfache, im Rechtsbeschwerdeverfahren auf das Doppelte (§ 40 Abs. 1 LwVG; → Landwirtschaftsbeschwerden). Die Beendigung des „Verfahrens ohne Zuweisung des Betriebes" (§ 36a Abs. 2 S. 1 LwVG) bezieht sich entgegen dem vom Begriff „Verfahren" vermittelten Eindruck auf den Rechtszug, wie sich daraus ergibt, dass der gesamte § 36a die Gebühren des „Verfahrens" regelt, aber nur die Instanz betrifft. Die vierfache Gebühr wird mithin nur in den Rechtszügen erhoben, in denen eine Zuweisung angeordnet oder bestätigt wird, nicht aber in den Instanzen, in denen sie abgelehnt wird, mögen diese Entscheidungen auch keinen Bestand haben. Wird die Entscheidung auf Zuweisung aufgehoben, fällt die Erhöhung auf die vierfache Gebühr wieder weg, es gilt hier das Gleiche wie bei der Streitwerterhöhung zufolge Hilfsaufrechnung, wenn die Aufrechnungsentscheidung vom Rechtsmittelgericht aufgehoben wird (BGH KostRsp. GKG § 19 aF Nr. 92).

Für die Folgeverfahren bestimmt § 36a Abs. 3 LwVG: „In Verfahren über Ansprüche nach § 17 sowie in Verfahren nach § 16 Abs. 3 Satz 4 des GrdstVG bestimmt sich der Geschäftswert nach § 30 der KostO. Es wird die volle Gebühr erhoben."

Im Übrigen gelten die §§ 33 ff. LwVG, → Grundstücksverkehr, → Landwirtschaftsbeschwerden und → Landwirtschaftssachen.

II. Auslandskostengesetz (AKostG) – Auslandskostenverordnung (AKostV)

I. Allgemeiner Überblick

1. Gesetzesstand

Das AKostG ist am 1. 1. 1980 in Kraft getreten. Zum gleichen Zeitpunkt ist das Gebührengesetz für das Auswärtige Amt und die Auslandsbehörden nebst Tarif vom 8. 3. 1936 und der im BGBl. III-27-2, veröffentlichten bereinigten Fassung, geändert durch Art. 2 Nr. 11 des Gesetzes vom 21. 6. 1972 (BGBl. I S. 966; 1973 I S. 266) außer Kraft getreten.

Nach § 2 ist der Bundesminister des Auswärtigen ermächtigt, im Einvernehmen mit dem Bundesminister des Innern und dem Bundesminister der Finanzen durch Rechtsverordnung die gebührenpflichtigen Tatbestände und die Gebührensätze unter Berücksichtigung der §§ 3 und 4 zu bestimmen. Diese Rechtsverordnung wurde am 7. 1. 1980 (BGBl. I S. 21) erlassen. Sie ist am 1. 1. 1980 in Kraft getreten und wurde durch Verordnung vom 20. 12. 2001 (BGBl. I S. 4161) neu verkündet, s. nachfolgend 3.).

2. Anwendungsbereich

Der Anwendungsbereich ist in § 1 AKostG geregelt. Danach gilt das AKostG für Amtshandlungen nach den §§ 1 bis 17 des Konsulargesetzes vom 11. 9. 1974 (BGBl. I S. 2317) von den Vertretungen des Bundes im Ausland (Auslandsvertretungen) und den Honorarkonsularbeamten. Der Begriff „Kosten" umfasst Gebühren und Auslagen, wie in § 1 KostO. Für Amtshandlungen des Auswärtigen Amtes werden ebenfalls Kosten erhoben, Gebühren jedoch nur für die Beglaubigungen und Echtheitsbestätigungen (§ 1 Abs. 2 AKostG). Gebührenregelungen für Amtshandlungen im Ausland in anderer Rechtsvorschrift bleiben durch das AKostG unberührt.

Kostengläubiger ist die Bundesrepublik Deutschland (§ 12 S. 1 AKostG). Wird jedoch die Amtshandlung von einem Honorarkonsularbeamten vorgenommen, so ist dieser der Kostengläubiger (§ 12 S. 2 AKostG).

3. Auslandskostenverordnung (AKostV)

Aufgrund Ermächtigung in § 2 AKostG ist die Auslandskostenverordnung durch BGBl. 1980 I S. 21 ff. erlassen worden. Die Verordnung ist mit Wirkung vom 1. 1. 1980 in Kraft getreten. Die AKostV ist mehrfach geändert worden:
- Durch die 1. ÄndVO der AKostV (BGBl. vom 11. 12. 1987, BGBl. I S. 2682);
- durch die 2. ÄndVO der AKostV (BGBl. vom 13. 10. 1994, BGBl. I S. 2849);
- durch die 3. ÄndVO der AKostV (BGBl. vom 14. 3. 1996, BGBl. I S. 373);
- durch die 4. ÄndVO der AKostV (BGBl. vom 6. 9. 2001, BGBl. I S. 2290),
- durch VO vom 20. 12. 2001 (BGBl. I S. 4151, ber. BGBl. 2002 I S. 750), in welcher auch die Euro-Umstellung berücksichtigt worden ist.
- durch Art. 3 Abs. 1 des Gesetzes vom 21. 12. 2007 (BGBl. I S. 3089).

II. Regelungsumfang

1. AKostG

Das AKostG regelt in 23 Paragrafen u. a. sachliche und persönliche Gebührenbefreiungstatbestände (§§ 3 und 9), Kostenermäßigungs- und -befreiungstatbestände (§ 10), Gebührengrundsätze (§ 4), Rahmenzusätze für die Gebührenbemessung (§ 5), Ermächtigung zur Erhebung von Zuschlägen (§ 6), Auslagentatbestände (§ 7), in den §§ 8 ff. über Kosten bei Amtshilfe und Bestimmungen über Kostengläubiger, Kostenschuldner, Fälligkeit, Säumniszuschläge, Stundung, Niederschlagung und Erlass, Verjährungsvorschriften, Erstattungsbestimmungen bezüglich zu Unrecht erhobener Kosten und Regelungen zum Rechtsbehelf gegen Sach- und Kostenentscheidungen.

2. AKostV

Die AKostV regelt:
- Die Gebühren für die gebührenpflichtigen Amtshandlungen der Auslandsvertretungen, der Honorarkonsularbeamten und des Auswärtigen Amtes nach einem Gebührenverzeichnis (Anlage 1 der AKostV);
- Wertermittlungsvorschriften, die zu den einzelnen Tatbeständen im Wesentlichen inhaltsgleich mit den entsprechenden Bestimmungen der Kostenordnung sind (Anlage 2 der AKostV);
- Wertgebühren, die sich nach einer Wertgebührentabelle bestimmen (Anlage 3 der AKostV);
- die Höhe der Gebühren, die von Sprachgruppen abhängig ist, entsprechend der Einteilung der Sprachenliste (Anlage 4 der AKostV).

Beispiele für parallele Vorschriften in der AKostV und der KostO (Anlage 2 zu § 2 Abs. 1 – Wertermittlungsvorschriften):

- Ziff. 2 AKostV – Sachen = § 19 KostO;
- Ziff. 3 AKostV – Kauf, Vorkaufs- und Wiederkaufsrecht = § 20 KostO;
- Ziff. 4 AKostV – Erbbaurecht, Wohnungseigentum; Wohnungserbbaurecht = § 21 KostO;
- Ziff. 5 AKostV – Grunddienstbarkeiten = § 22 KostO;
- Ziff. 6 AKostV – Pfandrechte und sonstige Sicherheiten, Rangänderungen = § 23 KostO;
- Ziff. 7 AKostV – Wiederkehrende Nutzungen oder Leistungen = § 24 KostO;
- Ziff. 8 AKostV – Miet- und Pachtrechte, Dienstverträge = § 25 KostO;
- Ziff. 9 AKostV – Anmeldungen zum Handelsregister = § 41a KostO;
- Ziff. 10 AKostV – Beschlüsse von Organen bestimmter Gesellschaften = § 41c KostO; Anmerkung: Die Höchstgebühr für Beschlüsse nach Ziff. 10 AKostV beträgt nach Ziff. 162 des Gebührenverzeichnisses 10 000,00 Euro. Die Höchstgebühr für Beschlüsse beträgt demgegenüber nach § 47 KostO lediglich 5 000,00 Euro
- Ziff. 11 AKostV – Anmeldung zu einem Register, Beurkundung von Beschlüssen = § 29 KostO;
- Ziff. 12 AKostV – Anmeldungen zum Güterrechtsregister = § 28 KostO;
- Ziff. 13 AKostV – Beurkundung von Veränderungen eines Rechtsverhältnisses, von Austauschverträgen, Eheverträgen oder Satzungen = § 39 KostO;
- Ziff. 14 AKostV – Wert bei zustimmenden Erklärungen einzelner Mitberechtigter = § 40 KostO;
- Ziff. 15 AKostV – Wert bei Vollmachten = § 41 KostO;
- Ziff. 16 AKostV – Mehrere Erklärungen in einer Urkunde = § 44 mit Einschränkungen;
- Ziff. 17 AKostV – Verfügungen von Todeswegen = § 46 KostO;
- Ziff. 18 AKostV – Erbschein = entsprechende Bestimmungen in §§ 49, 107–108 ff. KostO;
- Ziff. 19 AKostV – Zeugnis über die Fortsetzung der Gütergemeinschaft = § 109 Abs. 1 Nr. 1 KostO;
- Ziff. 20 AKostV – Testamentsvollstreckerzeugnis § 109 Abs. 1 Nr. 2 KostO;
- Ziff. 21 AKostV – Vermögensverzeichnisse = § 52 KostO;
- Ziff. 22 AKostV – Angelegenheiten ohne bestimmten Wert, nichtvermögensrechtliche Angelegenheiten = § 30 KostO.

Für Unterschriftsbeglaubigungen ist wie bei § 45 KostO eine $^{1}/_{4}$ Gebühr aus dem entsprechend festzusetzenden Geschäftswert zu berechnen, höchstens 250,00 Euro, bei § 45 KostO höchstens 130,00 Euro.

Anh. B *Gerichtskosten nach FG-Nebengesetzen*

Bei Vornahme einer gebührenpflichtigen Amtshandlung außerhalb der Diensträume oder außerhalb der Dienstzeit, entsteht, sofern die Erhebung der Zusatzgebühr nicht ausgeschlossen ist, für jede angefangene halbe Stunde 25,00 Euro, für einen Kalendertag höchstens 200,00 Euro. Zusatzgebühren sind für notarielle Amtshandlungen in § 58 KostO geregelt. Die Gebühr beträgt $5/10$ und höchstens 30,00 Euro.

III. Gesetzestexte

Auslandskostengesetz (AKostG)

vom 21. Februar 1978 (BGBl. I S. 301),
zuletzt geändert am 5. Mai 2004 (BGBl. I S. 718)

§ 1 Anwendungsbereich

(1) Für Amtshandlungen nach den §§ 1 bis 17 des Konsulargesetzes vom 11. September 1974 (BGBl. I S. 2317) werden von den Vertretungen des Bundes im Ausland (Auslandsvertretungen) und den Honorarkonsularbeamten Kosten (Gebühren und Auslagen) erhoben.

(2) Für Amtshandlungen des Auswärtigen Amtes werden ebenfalls Kosten erhoben.

(3) Gebührenregelungen für Amtshandlungen im Ausland in anderen Rechtsvorschriften bleiben unberührt.

§ 2 Kostenverordnung

(1) Der Bundesminister des Auswärtigen wird ermächtigt, im Einvernehmen mit dem Bundesminister des Innern und dem Bundesminister der Finanzen durch Rechtsverordnung die gebührenpflichtigen Tatbestände und die Gebührensätze unter Berücksichtigung der §§ 3 und 4 zu bestimmen.

(2) In der Rechtsverordnung können auch die Fälle bestimmt werden, in denen Auslagen nicht erhoben werden, weil der mit der Erhebung verbundene Verwaltungsaufwand außer Verhältnis zur Höhe der Auslagen steht.

§ 3 Sachliche Gebührenfreiheit

Gebühren sind nicht vorzusehen für
1. mündliche und einfache schriftliche Auskünfte,
2. Amtshandlungen in Gnadensachen und bei Dienstaufsichtsbeschwerden,
3. Amtshandlungen, die sich aus einem bestehenden oder früheren Dienst- oder Arbeitsverhältnis von Bediensteten im öffentlichen Dienst oder aus einem bestehenden oder früheren öffentlich-rechtlichen Amtsverhältnis ergeben,
4. Amtshandlungen, die sich aus einer bestehenden oder früheren gesetzlichen Dienstpflicht oder einer Tätigkeit ergeben, die an Stelle der gesetzlichen Dienstpflicht geleistet werden kann.

§ 4 Gebührengrundsätze

(1) Die Gebührensätze sind so zu bemessen, daß zwischen der den Verwaltungsaufwand berücksichtigenden Höhe der Gebühr einerseits und der Bedeutung, dem wirtschaftlichen Wert oder dem sonstigen Nutzen der Amtshandlung andererseits ein angemessenes Verhältnis besteht.

(2) Die Gebühren sind durch feste Sätze, Rahmensätze oder nach dem Wert des Gegenstandes zu bestimmen.

§ 5 Gebührenbemessung

(1) Sind Rahmensätze für Gebühren vorgesehen, so sind bei der Festsetzung der Gebühr im Einzelfall zu berücksichtigen
1. der mit der Amtshandlung verbundene Verwaltungsaufwand, soweit Aufwendungen nicht als Auslagen gesondert berechnet werden, und
2. die Bedeutung, der wirtschaftliche Wert oder der sonstige Nutzen der Amtshandlung für den Gebührenschuldner sowie dessen wirtschaftliche Verhältnisse.

(2) Ist eine Gebühr nach dem Wert des Gegenstandes zu berechnen, so ist der Wert zum Zeitpunkt der Beendigung der Amtshandlung für die Berechnung maßgebend. Der Antragsteller ist verpflichtet, die zur Feststellung des Wertes erforderlichen Angaben zu machen.

§ 6 Zuschläge

Der Bundesminister des Auswärtigen kann durch Rechtsverordnung auf Gebühren, die von den Auslandsvertretungen und den Honorarkonsularbeamten für Amtshandlungen nach der auf Grund des § 2 erlassenen Gebührenverordnung erhoben werden, zum Ausgleich von Kaufkraftunterschieden oder zur Anpassung an höhere Gebührensätze für vergleichbare Amtshandlungen im Gastland einen Zuschlag festsetzen, der bis zu 200 v. H. der Gebühren betragen kann.

§ 7 Auslagen

(1) Auslagen der Auslandsvertretungen und der Honorarkonsularbeamten, die im Zusammenhang mit den in § 1 Abs. 1 genannten Amtshandlungen entstehen, sind zu erstatten.

(2) Für Amtshandlungen des Auswärtigen Amtes werden folgende Auslagen erhoben:
1. Fernsprechgebühren im Fernverkehr, Telegrafen- und Fernschreibgebühren,
2. Schreibauslagen für Ausfertigungen, Abschriften und Auszüge, die auf besonderen Antrag erteilt werden; die Höhe der Schreibauslagen bestimmt sich nach § 136 Abs. 3 bis 5 der Kostenordnung,
3. Aufwendungen für Übersetzungen, die auf besonderen Antrag gefertigt werden,
4. Kosten, die durch öffentliche Bekanntmachung entstehen, mit Ausnahme der hierbei erwachsenden Postgebühren,
5. die in entsprechender Anwendung des Justizvergütungs- und Entschädigungsgesetzes zu zahlenden Beträge; erhält ein Sachverständiger auf Grund des § 1 Abs. 2 Satz 2 jenes Gesetzes keine Vergütung, so ist der Betrag zu erheben, der ohne diese Vorschrift nach dem Gesetz zu zahlen wäre,
6. die bei Geschäften außerhalb der Dienststelle den Verwaltungsangehörigen auf Grund gesetzlicher oder vertraglicher Bestimmungen gewährten Vergütungen (Reisekostenvergütung, Auslagenersatz) und die Kosten für die Bereitstellung von Räumen,
7. die Beträge, die anderen in- und ausländischen Behörden, öffentlichen Einrichtungen oder Beamten zustehen; und zwar auch dann, wenn aus Gründen der Gegenseitigkeit, der Verwaltungsvereinfachung und dergleichen an die Behörden, Einrichtungen oder Beamten keine Zahlungen zu leisten sind,
8. die Kosten für die Beförderung von Sachen, mit Ausnahme der hierbei erwachsenden Postgebühren, und die Verwahrung von Sachen.

(3) Die Erstattung von Auslagen kann auch verlangt werden, wenn für eine Amtshandlung eine Gebühr nicht vorgesehen ist, Gebührenfreiheit besteht oder von der Gebührenerhebung abgesehen wird.

(4) Auslagen werden nicht erhoben, soweit sie bereits in die Gebühr einbezogen sind.

§ 8 Kosten der Amtshilfe

(1) Im Falle der Amtshilfe hat die ersuchende Behörde keine Verwaltungsgebühr zu entrichten. Auslagen hat sie auf Anforderung zu erstatten, wenn sie im Einzelfall fünfzig Deut-

sche Mark* übersteigen. Wird die Amtshilfe für eine Bundesbehörde geleistet, so werden die Auslagen nicht erstattet.

(2) Nehmen die in § 1 Abs. 1 und 2 bezeichneten Stellen zur Durchführung der Amtshilfe eine kostenpflichtige Amtshandlung vor, so stehen ihnen die von einem Dritten hierfür geschuldeten Kosten zu.

§ 9 Persönliche Gebührenfreiheit

(1) Von der Zahlung der Gebühren für Amtshandlungen sind befreit;
1. die Bundesrepublik Deutschland und die bundesunmittelbaren juristischen Personen des öffentlichen Rechts, deren Ausgaben ganz oder teilweise auf Grund gesetzlicher Verpflichtung aus dem Haushalt des Bundes getragen werden,
2. die Länder und die juristischen Personen des öffentlichen Rechts, die nach den Haushaltsplänen eines Landes für Rechnung eines Landes verwaltet werden,
3. die Gemeinden und Gemeindeverbände, sofern die Amtshandlungen nicht ihre wirtschaftlichen Unternehmen betreffen.

(2) Die Befreiung tritt nicht ein, soweit die in Absatz 1 Genannten berechtigt sind, die Gebühren Dritten aufzuerlegen,

(3) Gebührenfreiheit nach Absatz 1 besteht nicht für Sondervermögen und Bundesbetriebe im Sinne des Artikels 110 Abs. 1 des Grundgesetzes, für gleichartige Einrichtungen der Länder sowie für öffentlich-rechtliche Unternehmen, an denen der Bund oder ein Land beteiligt ist.

§ 10 Kostenermäßigung und -befreiung

(1) Befindet sich der Kostenschuldner in einer wirtschaftlichen Notlage oder stellen die Kosten für eine wegen einer Notlage erforderlich gewordenen Amtshandlung eine besondere Härte dar, können der Bundesminister des Auswärtigen, die Leiter der Auslandsvertretungen und die Honorarkonsularbeamten nach Lage des Einzelfalles von der Erhebung der Kosten ganz oder teilweise absehen.

(2) Soweit es zur Wahrung außenpolitischer oder sonstiger erheblicher Belange der Bundesrepublik Deutschland erforderlich ist, kann der Bundesminister des Auswärtigen über die Fälle des Absatzes 1 hinaus von der Erhebung der Kosten ganz oder teilweise absehen.

(3) Anderweitige gesetzliche Vorschriften, die eine Kostenermäßigung oder -befreiung vorsehen, bleiben unberührt.

§ 11 Entstehung der Kostenschuld

(1) Die Gebührenschuld entsteht, soweit ein Antrag notwendig ist, mit dessen Eingang bei der zuständigen Behörde, im übrigen mit der Beendigung der gebührenpflichtigen Amtshandlung.

(2) Die Verpflichtung zur Erstattung von Auslagen entsteht mit der Aufwendung des zu erstattenden Betrages, in den Fällen des § 7 Abs. 2 Nr. 5 zweiter Halbsatz und Nummer 7 zweiter Halbsatz mit der Beendigung der kostenpflichtigen Amtshandlung.

§ 12 Kostengläubiger

Kostengläubiger ist die Bundesrepublik Deutschland. Wird die Amtshandlung von einem Honorarkonsularbeamten vorgenommen, so ist dieser der Kostengläubiger.

§ 13 Kostenschuldner

(1) Zur Zahlung der Kosten ist verpflichtet,
1. wer die Amtshandlung veranlaßt oder zu wessen Gunsten sie vorgenommen wird,

---

* Eine Umstellung auf Euro durch den Gesetzgeber ist bislang nicht erfolgt.

2. wer die Kosten durch eine vor der zuständigen Behörde abgebebene oder ihr mitgeteilte Erklärung übernommen hat,
3. wer für die Kostenschuld eines anderen kraft Gesetzes haftet.

(2) Mehrere Kostenschuldner haften als Gesamtschuldner.

§ 14 Kostenentscheidung

(1) Die Kosten werden von Amts wegen festgesetzt. Die Entscheidung über die Kosten soll, soweit möglich, zusammen mit der Sachentscheidung ergehen. Aus der Kostenentscheidung müssen mindestens hervorgehen
1. die kostenerhebende Behörde,
2. der Kostenschuldner,
3. die kostenpflichtige Amtshandlung,
4. die als Gebühren und Auslagen zu zahlenden Beträge sowie
5. wo, wann und wie die Gebühren und die Auslagen zu zahlen sind.

Die Kostenentscheidung kann mündlich ergehen; sie ist auf Antrag schriftlich zu bestätigen. Soweit sie schriftlich ergeht oder schriftlich bestätigt wird, ist auch die Rechtsgrundlage für die Erhebung der Kosten sowie deren Berechnung anzugeben.

(2) Kosten, die bei richtiger Behandlung der Sache durch die Behörde nicht entstanden wären, werden nicht erhoben. Das gleiche gilt für Auslagen, die durch eine von Amts wegen veranlaßte Verlegung eines Termins oder Vertagung einer Verhandlung entstanden sind.

§ 15 Gebühren in besonderen Fällen

(1) Wird ein Antrag ausschließlich wegen Unzuständigkeit der Behörde abgelehnt, so wird keine Gebühr erhoben.

(2) Wird ein Antrag auf Vornahme einer Amtshandlung zurückgenommen, nachdem mit der sachlichen Bearbeitung begonnen, die Amtshandlung aber noch nicht beendet ist, oder wird ein Antrag aus anderen Gründen als wegen Unzuständigkeit abgelehnt, oder wird eine Amtshandlung zurückgenommen oder widerrufen, so ermäßigt sich die vorgesehene Gebühr um ein Viertel; sie kann bis zu einem Viertel der vorgesehenen Gebühr ermäßigt oder es kann von ihrer Erhebung abgesehen werden, wenn dies der Billigkeit entspricht.

§ 16 Vorschußzahlung und Sicherheitsleistung

Eine Amtshandlung, die auf Antrag vorzunehmen ist, kann von der Zahlung eines angemessenen Vorschusses oder von einer angemessenen Sicherheitsleistung bis zur Höhe der voraussichtlich entstehenden Kosten abhängig gemacht werden.

§ 17 Fälligkeit

Kosten werden mit der Bekanntgabe der Kostenentscheidung an den Kostenschuldner fällig, wenn nicht die Behörde einen späteren Zeitpunkt bestimmt.

§ 18 Säumniszuschlag

(1) Werden bis zum Ablauf eines Monats nach dem Fälligkeitstag Gebühren oder Auslagen nicht entrichtet, so kann für jeden angefangenen Monat der Säumnis ein Säumniszuschlag von eins vom Hundert des rückständigen Betrages erhoben werden, wenn dieser 100 Deutsche Mark* übersteigt.

(2) Absatz 1 gilt nicht, wenn Säumniszuschläge nicht rechtzeitig entrichtet werden.

(3) Für die Berechnung des Säumniszuschlages wird der rückständige Betrag auf volle 100 Deutsche Mark* nach unten abgerundet.

---

* Eine Umstellung auf Euro durch den Gesetzgeber ist bislang nicht erfolgt.

(4) Als Tag, an dem eine Zahlung entrichtet worden ist, gilt
1. bei Übergabe oder Übersendung von Zahlungsmitteln an die für den Kostengläubiger zuständige Kasse der Tag des Eingangs;
2. bei Überweisung oder Einzahlung auf ein Konto der für den Kostengläubiger zuständigen Kasse und bei Einzahlung mit Zahlkarte oder Postanweisung der Tag, an dem der Betrag der Kasse gutgeschrieben wird.

§ 19 Stundung, Niederschlagung und Erlaß

Für die Stundung, die Niederschlagung und den Erlaß von Forderungen auf Zahlung von Gebühren, Auslagen und sonstigen Nebenleistungen gelten die Vorschriften der Bundeshaushaltsordnung.

§ 20 Verjährung

(1) Der Anspruch auf Zahlung von Kosten verjährt nach drei Jahren, spätestens mit dem Ablauf des vierten Jahres nach der Entstehung. Die Verjährung beginnt mit Ablauf des Kalenderjahres, in dem der Anspruch fällig geworden ist. Mit dem Ablauf dieser Frist erlischt der Anspruch.

(2) Die Verjährung ist gehemmt, solange der Anspruch innerhalb der letzten sechs Monate der Frist wegen höherer Gewalt nicht verfolgt werden kann.

(3) Die Verjährung wird unterbrochen durch schriftliche Zahlungsaufforderung, durch Zahlungsaufschub, durch Stundung, durch Aussetzen der Vollziehung, durch Sicherheitsleistung, durch eine Vollstreckungsmaßnahme, durch Vollstreckungsaufschub, durch Anmeldung im Insolvenzverfahren und durch Ermittlungen des Kostengläubigers über Wohnsitz oder Aufenthalt des Zahlungspflichtigen.

(4) Mit Ablauf des Kalenderjahres, in dem die Unterbrechung endet, beginnt eine neue Verjährung.

(5) Die Verjährung wird nur in Höhe des Betrages unterbrochen, auf den sich die Unterbrechungshandlung bezieht.

(6) Wird eine Kostenentscheidung angefochten, so erlöschen Ansprüche aus ihr nicht vor Ablauf von sechs Monaten, nachdem die Kostenentscheidung unanfechtbar geworden ist oder das Verfahren sich auf andere Weise erledigt hat.

§ 21 Erstattung

(1) Überzahlte oder zu Unrecht erhobene Kosten sind unverzüglich zu erstatten, zu Unrecht erhobene Kosten jedoch nur, soweit eine Kostenentscheidung noch nicht unanfechtbar geworden ist; nach diesem Zeitpunkt können zu Unrecht erhobene Kosten nur aus Billigkeitsgründen erstattet werden.

(2) Der Erstattungsanspruch erlischt durch Verjährung, wenn er nicht bis zum Ablauf des dritten Kalenderjahres geltend gemacht wird, das auf die Entstehung des Anspruchs folgt; die Verjährung beginnt jedoch nicht vor der Unanfechtbarkeit der Kostenentscheidung.

§ 22 Rechtsbehelf

(1) Die Kostenentscheidung kann zusammen mit der Sachentscheidung oder selbständig angefochten werden; der Rechtsbehelf gegen eine Sachentscheidung erstreckt sich auf die Kostenentscheidung.

(2) Wird eine Kostenentscheidung selbständig angefochten, so ist das Rechtsbehelfsverfahren kostenrechtlich als selbständiges Verfahren zu behandeln.

§ 23 Verwaltungsvorschriften

Der Bundesminister des Auswärtigen wird ermächtigt, zur Durchführung dieses Gesetzes allgemeine Verwaltungsvorschriften zu erlassen.

§ 24 Berlin-Klausel

Dieses Gesetz gilt nach Maßgabe des § 13 Abs. 1 des Dritten Überleitungsgesetzes auch im Land Berlin. Rechtsverordnungen, die auf Grund dieses Gesetzes erlassen werden, gelten im Land Berlin nach § 14 des Dritten Überleitungsgesetzes.

§ 25

Dieses Gesetz tritt am 1. Januar 1980 in Kraft. Zum gleichen Zeitpunkt tritt das Gebührengesetz für das Auswärtige Amt und die Auslandsbehörden nebst Tarif vom 8. März 1936 in der im Bundesgesetzblatt Teil III, Gliederungsnummer 27–2, veröffentlichten bereinigten Fassung, geändert durch Artikel 2 Nr. 11 des Gesetzes vom 21. Juni 1972 (BGBl. I S. 966; 1973 I S. 266), außer Kraft.

Auslandskostenverordnung (AKostV)
vom 20. Dezember 2001 (BGBl. I S. 4161, ber. 2002 I S. 750),
geändert am 21. Dezember 2007 (BGBl. I S. 3189)

Auf Grund des § 2 des Auslandskostengesetzes vom 21. Februar 1978 (BGBl. I S. 301) verordnet das Auswärtige Amt im Einvernehmen mit dem Bundesministerium des Inneren und dem Bundesministerium der Finanzen:

§ 1 Gebührenverzeichnis

Die gebührenpflichtigen Amtshandlungen der Auslandsvertretungen, der Honorarkonsularbeamten und des Auswärtigen Amts sowie die zu erhebenden Gebühren bestimmen sich nach dem Gebührenverzeichnis (Anlage 1).

§ 2 Wertgebühr

(1) Wird die Gebühr nach dem Wert des Gegenstandes der Amtshandlung erhoben, so ist dieser nach den Wertermittlungsvorschriften (Anlage 2) zu ermitteln.

(2) Die Wertgebühr bestimmt sich nach der Wertgebührentabelle (Anlage 3).

§ 3 Auslagen

(1) Auslagen von weniger als 5 Euro werden nur erhoben, wenn der damit verbundene Verwaltungsaufwand gering ist. Eine Pauschalierung ist zulässig.

(2) Auslagen für die Übermittlung fernmündlicher, fernschriftlicher und einfacher schriftlicher Auskünfte oder Mitteilungen von weniger als 10 Euro werden nicht erhoben.

(3) Kosten für Ferngespräche und Fernschreiben in Visaangelegenheiten gelten nicht als Auslagen im Sinne des Absatzes 2.

§ 4 Sprachengruppen

Ist die Höhe der Gebühr nach dem Gebührenverzeichnis von der Sprachengruppe abhängig, so gilt hierfür die Einteilung der Sprachenliste (Anlage 4).

§ 5 Inkrafttreten, Außerkrafttreten

Diese Verordnung tritt am Tag nach der Verkündung in Kraft. Gleichzeitig tritt die Auslandskostenverordnung vom 7. Januar 1980 (BGBl. I S. 21), zuletzt geändert durch die Verordnung vom 29. August 2001 (BGBl. I S. 2290), außer Kraft.

Anlage 1 (zu § 1)

Gebührenverzeichnis (GebV)
A Gebühren des Auswärtigen Dienstes

100	**Ausfertigung** (§ 10 Abs. 3 Nr. 5 Konsulargesetz)	Gebühr nach Nr. 124–126
110	**Auskunft** (§ 1 Konsulargesetz) schriftlich, nicht einfach	25–300 Euro
	Beglaubigung, öffentliche (Vermerk) (§ 10 Abs. 1 Nr. 2 Konsulargesetz)	
121	Unterschrift oder Handzeichen unter einer Erklärung, Einwilligung oder Zustimmung zur Namensführung auf Grund familienrechtlicher Vorschriften	20 Euro
122	Unterschrift oder Handzeichen in sonstigen Angelegenheiten	$1/4$ Wertgebühr mindestens 15 Euro, höchstens 250 Euro
123	Mehrere Unterschriften oder Handzeichen werden in einem Vermerk beglaubigt	Gebühr nach Nr. 121–122 nur einmal
124	Abschrift eines Schriftstücks in deutscher Sprache oder einer Fremdsprache mit lateinischen Schriftzeichen	je angefangene Seite 50 Cents, mindestens 5 Euro
125	Abschrift eines Schriftstücks in einer Fremdsprache mit nichtlateinischen Schriftzeichen	je angefangene Seite 1 Euro, mindestens 10 Euro
126	Jede weitere gleiche Abschrift – unabhängig von der Sprache und Seitenzahl – vorausgesetzt, dass sie von der beglaubigenden Dienststelle angefertigt worden ist, sich noch nicht in Händen Außenstehender befunden hat und gleichzeitig beglaubigt werden kann	2,50 Euro
	Beschaffung (§ 1 Konsulargesetz)	
130	Beschaffung einer Bescheinigung, Urkunde oder eines sonstigen Schriftstücks, sofern sie nicht Teil einer anderen gebührenpflichtigen Amtshandlung ist	15–100 Euro
130.1	Werden mehrere Bescheinigungen, Urkunden oder sonstige Schriftstücke für einen Antragsteller bei einer Stelle gleichzeitig beschafft, so ist die Gebühr nur einmal zu erheben.	
131	Beschaffung sonstiger beweglicher Sachen	15–100 Euro
140	**Bescheinigung, konsularische** (Vermerk) (§ 10 Abs. 1 Nr. 2 Konsulargesetz)	20–100 Euro
	Bestätigung der Echtheit inländischer öffentlicher Urkunden (§ 14 Konsulargesetz)	

150	Inländische Personenstandsurkunde oder inländisches Ehefähigkeitszeugnis	20 Euro
151	Sonstige inländische öffentliche Urkunde	30 Euro
	Beurkundung, öffentliche (Niederschrift) (§§ 10 bis 12 Konsulargesetz)	
160	Einseitige Erklärung (von einer oder mehreren Personen abgegeben); Ergänzung oder Änderung einer einseitigen Erklärung; Tatsache oder Vorgang	Einfache Wertgebühr
160.1	Die Aufnahme von Eiden oder eidesstattlichen Versicherungen, die Teil einer anderen gebührenpflichtigen Amtshandlung ist, wird mit der jeweiligen Gebühr abgegolten.	
160.2	Die Aufnahme einer eidesstattlichen Versicherung zwecks Erlangung eines Erbscheins, eines Testamentsvollstreckerzeugnisses oder eines Zeugnisses über die Fortsetzung der Gütergemeinschaft ist ein selbständiger Gebührentatbestand. Die Mitbeurkundung der jeweiligen Anträge wird mit der Gebühr abgegolten.	
161	Die zu beurkundende Erklärung wird in einer Fremdsprache abgegeben, gleichgültig ob die Niederschrift in der deutschen oder der fremden Sprache erfolgt	Zusätzlich eine halbe Wertgebühr, höchstens 50 Euro
162	Beschluss einer Hauptversammlung, eines Aufsichtsrats oder eines sonstigen Organs einer Kapitalgesellschaft, einer anderen Vereinigung oder Stiftung	Doppelte Wertgebühr, höchstens 10 000 Euro
162.1	Bei Änderung eines Gesellschaftsvertrags oder einer Satzung wird die für die Anmeldung zum Handelsregister erforderliche Bescheinigung des neuen vollständigen Wortlauts des Gesellschaftsvertrags oder der Satzung mit dieser Gebühr abgegolten.	
163	Vertrag; gemeinschaftliches Testament	Doppelte Wertgebühr
164	Die zu beurkundenden Erklärungen werden in einer Fremdsprache abgegeben, gleichgültig ob die Niederschrift in der deutschen oder in einer fremden Sprache erfolgt	Zusätzlich je Fremdsprache eine halbe Wertgebühr, höchstens 100 Euro
165	Ergänzung oder Änderung eines Vertrags oder eines gemeinschaftlichen Testaments	Einfache Wertgebühr
166	Ein Erbvertrag wird gleichzeitig mit einem Ehevertrag beurkundet	Gebühr nach Nr. 163–164 nur einmal nach dem Vertrag mit dem höheren Wert
	Gemeinsame Vorschriften zu den Nummern 160–166	
170	Für die Beurkundung des Widerrufs einer letztwilligen Verfügung, der Aufhebung oder Anfechtung eines Erbvertrags oder des Rücktritts von einem Erbvertrag wird eine Gebühr nicht erhoben, wenn gleichzeitig eine neue letztwillige Verfügung oder ein neuer Erbvertrag beurkundet wird	
171	Beurkundung der Anerkennung des Inhalts einer schriftlich abgegebenen Erklärung einschließlich der Beurkundung ergänzender oder ändernder Erklärungen	Gebühr wie für die Beurkundung der Erklärung

172	Mit der Gebühr für die Beurkundung wird die Erteilung einer Ausfertigung oder beglaubigten Abschrift für jeden Beteiligten abgegolten	
180	Entwurf einer Urkunde	Gebühr wie für die Beurkundung
180.1	Die Entwurfsgebühr, nicht aber eine etwaige zusätzliche Gebühr (z. B. 161, 164, 700), wird bei einer nachfolgenden Beurkundung angerechnet, wenn der Entwurf vom beurkundenden Konsularbeamten, seinem Vertreter oder Vorgänger im Amt gefertigt wurde.	
200	**Dolmetschen** (§ 1 Konsulargesetz) sofern diese Amtshandlung nicht zur ersten Klärung eines Notfalls erfolgt, für jede angefangene halbe Stunde	30 Euro
	Forderungsangelegenheit (§ 1 Konsulargesetz)	
210	Erstes Mahnschreiben	10–50 Euro
211	Jedes weitere Mahnschreiben	5 Euro
212	Persönliche Besprechung mit dem Schuldner auf Ersuchen des Gläubigers, für jede angefangene halbe Stunde	25 Euro
	Hilfeleistung (§ 5 Konsulargesetz)	
220	Gesamtheit der verwaltungsmäßig erforderlichen Amtshandlungen im Rahmen der Gewährung einer finanziellen Hilfe oder Hilfe zur Ermöglichung der Reise an den Ort des gewöhnlichen Aufenthalts oder an einen anderen Ort	15–50 Euro
220.1	Werden mehrere Stellen (Auslandsvertretungen oder Honorarkonsularbeamte) mit demselben Hilfeleistungsfall befasst, so erhebt die zuerst in Anspruch genommene Stelle die Gebühr.	
225	Anweisung zur Mitnahme eines hilfsbedürftigen Seemanns (§ 1 des Gesetzes betreffend die Verpflichtung der Kauffahrteischiffe zur Mitnahme heimzuschaffender Seeleute in der im Bundesgesetzblatt Teil III, Gliederungsnummer 9510–3, veröffentlichten bereinigten Fassung, geändert durch Artikel 278 des Gesetzes vom 2. März 1974, BGBl. I S. 469)	10–20 Euro
	Legalisation ausländischer öffentlicher Urkunden I. Legalisation nach § 13 Abs. 2 Konsulargesetz	
230	Ausländische Personenstandsurkunde, ausländisches Ehefähigkeitszeugnis gemäß § 1309 Abs. 1 Bürgerliches Gesetzbuch	20 Euro
231	Sonstige ausländische öffentliche Urkunde	40 Euro
	II. Legalisation nach § 13 Abs. 4 Konsulargesetz	
235	Ausländische Personenstandsurkunde, ausländisches Ehefähigkeitszeugnis gemäß § 1309 Abs. 1 Bürgerliches Gesetzbuch	40 Euro
236	Sonstige ausländische öffentliche Urkunde	80 Euro

Schifffahrtssachen
(§§ 2,17 Konsulargesetz)

300	Prüfung der Ausrüstung eines Kauffahrteischiffes mit Arznei und anderen Hilfsmitteln der Krankenfürsorge einschließlich Ausstellung der Prüfungsbescheinigung (§ 4 Abs. 5 der Verordnung über die Krankenfürsorge auf Kauffahrteischiffen vom 25. April 1972, BGBl. I S. 734, zuletzt geändert durch Artikel 438 der Verordnung vom 29. Oktober 2001, BGBl. I S. 2785)	30 Euro
301	Änderung eines Schiffspapiers außer Musterrollen und Beilagen zur Musterrolle	20 Euro
310	Verklarung; einschließlich Beweisaufnahme nach dem Vierten Buch des Handelsgesetzbuchs	Doppelte Wertgebühr
311	Nachträgliche Ergänzung der Verklarung	Einfache Wertgebühr

Todesfälle
(§ 9 Abs. 1 und 2 Konsulargesetz)

400	Leichenpass (§ 9 Abs. 1 Konsulargesetz) einschließlich der Beschaffung erforderlicher Unterlagen	20 Euro
400.1	Neben der Gebühr wird die Zusatzgebühr für ein Tätigwerden außerhalb der Diensträume oder außerhalb der Dienstzeit nicht erhoben.	
401	Mitwirkung bei einer verlangten Überführung einer verstorbenen Person	15–50 Euro
410	Nachlassfürsorge (§ 9 Abs. 2 und 3 Konsulargesetz)	15–500 Euro
410.1	Neben der Gebühr wird die Zusatzgebühr für ein Tätigwerden außerhalb der Diensträume nicht erhoben.	
410.2	Gebühren für Amtshandlungen, die besonders geregelt sind, bleiben unberührt.	
411	Nachlassverzeichnis (§ 10 Abs. 1 Konsulargesetz)	Halbe Wertgebühr
411.1	Nimmt die Amtshandlung einen Zeitaufwand von mehr als einer Stunde in Anspruch, so erhöht sich die Gebühr für jede weitere angefangene Stunde um	50 Euro
411.2	Neben der Gebühr wird die Zusatzgebühr für eine Vornahme außerhalb der Diensträume oder außerhalb der Dienstzeit nicht erhoben.	
500	**Übersendung** (§§ 1, 9 Abs. 2 und 3 Konsulargesetz) ausgenommen Sendungen, die in sachlichem Zusammenhang mit einer anderen gebührenpflichtigen Amtshandlung stehen oder die für deutsche Behörden oder Gerichte bestimmt sind	10–25 Euro
500.1	Neben der Gebühr wird die Zusatzgebühr für eine Vornahme außerhalb der Diensträume nicht erhoben.	

510	**Überweisung** (§§ 1, 9 Abs. 2 und 3 Konsulargesetz) ausgenommen Überweisungen, die in sachlichem Zusammenhang mit einer anderen gebührenpflichtigen Amtshandlung stehen oder auf amtlichem Wege vorgenommen werden	10 Euro
510.1	Neben der Gebühr wird die Zusatzgebühr für eine Vornahme außerhalb der Diensträume nicht erhoben.	
520	**Übersetzungen,** die auf besonderen Antrag gefertigt werden (§ 1 Konsulargesetz) für jede Zeile des fremdsprachigen Textes einer Übersetzung oder Rohübersetzung (nicht überprüfte Übersetzung)	
	520.1 Sprachengruppe A	1,50 Euro
	520.2 Sprachengruppe B	2 Euro
	520.3 Sprachengruppe C	2,50 Euro
	520.4 Sprachengruppe D	3 Euro mindestens 15 Euro
520.5	Sind beide Sprachen Fremdsprachen, so bestimmen sich Zeilenzahl und -gebühr nach dem Text in der höherbewerteten Sprache.	
520.6	Gehören beide Sprachen derselben Sprachgruppe an, so bestimmt sich die Zeilenzahl nach dem längeren Text.	
520.7	Überschriften und angefangene Zeilen werden zu vollen Zeilen zusammengerechnet.	
521	Sinngemäße Übersetzung oder Inhaltsangabe	Die Hälfte der Gebühr nach Nr. 520, mindestens 10 Euro
522	Bestätigung der Richtigkeit und ggf. der Vollständigkeit einer Übersetzung, einer Rohübersetzung, einer sinngemäßen Übersetzung oder einer Inhaltsangabe, die nicht durch die Auslandsvertretung oder den Honorarkonsularbeamten angefertigt worden ist.	Die Hälfte der Gebühr nach Nr. 520, mindestens 10 Euro
530	**Veräußerung** (§§ 1, 9 Abs. 2 und 3 Konsulargesetz)	Einfache Wertgebühr
530.1	Neben der Gebühr wird die Zusatzgebühr für eine Vornahme außerhalb der Diensträume nicht erhoben.	
535	**Vermögensverzeichnis** (§ 10 Abs. 1 Konsulargesetz)	Halbe Wertgebühr
535.1	Nimmt die Amtshandlung einen Zeitaufwand von mehr als einer Stunde in Anspruch, so erhöht sich die Gebühr für jede weitere angefangene Stunde um	20 Euro
535.2	Neben der Gebühr wird die Zusatzgebühr für eine Vornahme außerhalb der Diensträume nicht erhoben.	
	Verwahrung (§ 1 Konsulargesetz)	
550	Verwahrung von Geld, Wertpapieren und Kostbarkeiten in den Diensträumen einschließlich Auszahlung, Rückzahlung, Aushändigung oder Rückgabe,	

II. AKostG und AKostV Anh. B

	für jeweils angefangene sechs Monate vom Tag der Annahme an	Einfache Wertgebühr
551	Verwahrung von sonstigen beweglichen Sachen – ausgenommen Zeitungen, Zeitschriften, Briefe, die weder eingeschrieben noch mit Wertangabe ersehen sind, und Postkarten sowie Urkunden oder Schriftstücke juristischer Personen des öffentlichen Rechts – in den Diensträumen einschließlich Aushändigung oder Rückgabe,	
	für jeweils angefangene sechs Monate vom Tag der Annahme an	10–50 Euro
	Zusatzgebühr	
700	Vornahme einer gebührenpflichtigen Amtshandlung außerhalb der Diensträume oder außerhalb der Dienstzeit, sofern die Erhebung der Zusatzgebühr nicht ausgeschlossen ist,	
	für jede angefangene halbe Stunde	25 Euro für einen Kalendertag, höchstens 200 Euro
700.1	Hält ein Konsularbeamter außerhalb seiner Diensträume Sprechtage ab, so gelten die hierfür benutzten Räumlichkeiten als Diensträume im Sinne dieser Verordnung	

B Gebühren nur des Auswärtigen Amts

900	**Bestätigung der Echtheit** der von einem deutschen Konsularbeamten errichteten öffentlichen Urkunde	15 Euro
910	**Endbeglaubigung** als Voraussetzung für die Legalisation einer inländischen öffentlichen Urkunde durch einen ausländischen Konsularbeamten	10 Euro

Anlage 2 (zu § 2 Abs. 1)

Wertermittlungsvorschriften

1. Grundsatz

(1) Für die Berechnung der Gebühr ist der Wert des Gegenstandes maßgebend, auf den sich die Amtshandlung bezieht. Bei der Beurkundung einer Erklärung ist Gegenstand das Rechtsverhältnis, auf das sich die Erklärung bezieht.

(2) Maßgebend ist der Hauptgegenstand der Amtshandlung. Früchte, Nutzungen, Zinsen, Vertragsstrafen und Kosten werden nur berücksichtigt, wenn sie Gegenstand einer besonderen Amtshandlung sind.

(3) Verbindlichkeiten, die auf dem Gegenstand lasten, werden bei Ermittlung des Werts nicht abgezogen; dies gilt auch dann, wenn Gegenstand der Amtshandlung ein Nachlass oder eine sonstige Vermögensmasse ist.

2. Sachen

(1) Der Wert einer Sache ist der gemeine Wert. Er wird durch den Preis bestimmt, der im gewöhnlichen Geschäftsverkehr nach der Beschaffenheit der Sache unter Berücksichtigung aller den Preis beeinflussenden Umstände bei der Veräußerung zu erzielen wäre; ungewöhnliche oder nur persönliche Verhältnisse bleiben außer Betracht.

(2) Bei der Bewertung von Grundbesitz im Inland ist der letzte Einheitswert maßgebend, der zur Zeit der Fälligkeit der Gebühr bereits festgestellt ist, sofern sich nicht aus dem Inhalt des Geschäfts, den Angaben der Beteiligten, Grundstücksbelastungen, amtlich bekannten oder aus den Grundakten ersichtlichen Tatsachen oder Vergleichswerten oder aus sonstigen ausreichenden Anhaltspunkten ein höherer Wert ergibt. Wird ein Einheitswert nicht nachgewiesen, so ist das Finanzamt um Auskunft über die Höhe des Einheitswertes zu ersuchen.

3. Kauf-, Vorkaufs- und Wiederkaufsrecht

(1) Beim Kauf von Sachen ist der Kaufpreis maßgebend. Ist der Kaufpreis niedriger als der Wert der Sache (Nummer 2), so ist dieser maßgebend; beim Kauf eines Grundstücks bleibt eine für Rechnung des Erwerbers vorgenommene Bebauung bei der Ermittlung des Werts außer Betracht.

(2) Als Wert eines Vorkaufs- oder Wiederkaufsrechts ist der halbe Wert der Sache anzunehmen.

4. Erbbaurecht, Wohnungseigentum, Wohnungserbbaurecht

(1) Bei der Bestellung eines Erbbaurechts beträgt der Wert achtzig vom Hundert des Werts des belasteten Grundstücks (Nummer 2 Abs. 2). Eine für Rechnung des Erbbauberechtigten erfolgte Bebauung des Grundstücks bleibt bei der Ermittlung des Grundstückswerts außer Betracht. Ist als Entgelt für die Bestellung des Erbbaurechts ein Erbbauzins vereinbart, dessen nach Nummer 7 errechneter Wert den nach Satz 1 und 2 berechneten Wert übersteigt, so ist der Wert des Erbbauzinses maßgebend; Entsprechendes gilt, wenn statt des Erbbauzinses ein fester Kapitalbetrag vereinbart ist.

(2) Bei der Begründung von Wohnungseigentum (Teileigentum) sowie bei Geschäften, die die Aufhebung oder das Erlöschen von Sondereigentum betreffen, ist als Geschäftswert die Hälfte des Werts des Grundstücks (Nummer 2 Abs. 2) anzunehmen.

(3) Bei Wohnungserbbaurechten (Teilerbbaurechten) gilt Absatz 2 entsprechend mit der Maßgabe, dass an die Stelle des Werts des Grundstücks der Einheitswert des Erbbaurechts oder, wenn ein solcher nicht festgestellt ist, der nach Absatz 1 zu bestimmende Wert des Erbbaurechts tritt.

5. Grunddienstbarkeiten

Der Wert einer Grunddienstbarkeit bestimmt sich nach dem Wert, den sie für das herrschende Grundstück hat; ist der Betrag, um den sich der Wert des dienenden Grundstücks durch die Dienstbarkeit mindert, größer, so ist dieser höhere Betrag maßgebend.

6. Pfandrechte und sonstige Sicherheiten, Rangänderungen

(1) Der Wert eines Pfandrechts oder der sonstigen Sicherstellung einer Forderung durch Bürgschaft, Sicherungsübereignung oder dgl. bestimmt sich nach dem Betrag der Forderung und, wenn der als Pfand oder zur Sicherung dienende Gegenstand einen geringeren Wert hat, nach diesem.

(2) Als Wert einer Hypothek, Schiffshypothek oder Grundschuld gilt der Nennbetrag der Schuld, als Wert einer Rentenschuld der Nennbetrag der Ablösungssumme; bei der Einbeziehung in die Mithaft und bei der Entlassung aus der Mithaft ist jedoch der Wert des Grundstücks (Schiffs, Schiffsbauwerks) maßgebend, wenn er geringer ist.

(3) Bei Einräumung des Vorrangs oder des gleichen Rangs ist der Wert des vortretenden Rechts, höchstens jedoch der Wert des zurücktretenden Rechts maßgebend. Die Vormerkung gemäß § 1179 des Bürgerlichen Gesetzbuchs zugunsten eines nach- oder gleichstehenden Berechtigten steht der Vorrangseinräumung gleich. Der Ausschluss des Löschungsanspruchs nach § 1179a Abs. 5 des Bürgerlichen Gesetzbuchs ist wie ein Rangrücktritt des Rechts zu behandeln, als dessen Inhalt der Ausschluss vereinbart wird.

7. Wiederkehrende Nutzungen oder Leistungen

(1) Der Wert des Rechts auf wiederkehrende oder dauernde Nutzungen oder Leistungen wird unter Zugrundelegung des einjährigen Bezugswerts nach Maßgabe folgender Vorschriften berechnet:

a) Der Wert von Nutzungen oder Leistungen, die auf bestimmte Zeit beschränkt sind, ist die Summe der einzelnen Jahreswerte, höchstens jedoch das Fünfundzwanzigfache des Jahreswerts; ist die Dauer des Rechts außerdem durch das Leben einer oder mehrerer Personen bedingt, so darf der nach Absatz 2 zu berechnende Wert nicht überschritten werden;

b) Bezugsrechte von unbeschränkter Dauer sind mit dem Fünfundzwanzigfachen, Nutzungen oder Leistungen von unbestimmter Dauer – vorbehaltlich der Vorschriften des Absatzes 2 – mit dem Zwölfeinhalbfachen des Jahreswerts zu bewerten.

(2) Ist die Nutzung oder Leistung auf die Lebensdauer einer Person beschränkt, so gilt als Geschäftswert bei einem Lebensalter

von 15 Jahren oder weniger	der 22fache Betrag,
über 15 Jahren bis zu 25 Jahren	der 21fache Betrag,
über 25 Jahren bis zu 35 Jahren	der 20fache Betrag,
über 35 Jahren bis zu 45 Jahren	der 18fache Betrag,
über 45 Jahren bis zu 55 Jahren	der 15fache Betrag,
über 55 Jahren bis zu 65 Jahren	der 11fache Betrag,
über 65 Jahren bis zu 75 Jahren	der 7 ½ fache Betrag,
über 75 Jahren bis zu 80 Jahren	der 5fache Betrag,
über 80 Jahren	der 3fache Betrag

der einjährigen Nutzung oder Leistung. Hängt die Dauer der Nutzung oder Leistung von der Lebensdauer mehrerer Personen ab, so entscheidet, je nachdem ob das Recht mit dem Tode des zuerst oder des zuletzt Sterbenden erlischt, das Lebensalter des Ältesten oder des Jüngsten.

(3) Der Wert ist höchstens das Fünffache des einjährigen Bezugs, wenn das Recht dem Ehegatten oder einem früheren Ehegatten des Verpflichteten oder einer Person zusteht, die mit dem Verpflichteten in gerader Linie verwandt, verschwägert oder durch Annahme als Kind verbunden oder in der Seitenlinie bis zum dritten Grad verwandt oder bis zum zweiten Grad verschwägert ist, auch wenn die die Schwägerschaft begründende Ehe nicht mehr besteht.

(4) Der Geschäftswert für Unterhaltsansprüche nach den §§ 1612a bis 1612c des Bürgerlichen Gesetzbuchs bestimmt sich nach dem Betrag des einjährigen Bezugs. Dem Wert nach Satz 1 ist der Monatsbetrag des Unterhalts nach dem Mindestunterhalt nach § 1612a Abs. 1 des Bürgerlichen Gesetzbuchs und der Altersstufe zugrunde zu legen, die im Zeitpunkt der Beurkundung maßgebend sind.

(5) Der einjährige Wert von Nutzungen wird zu vier vom Hundert des Werts des Gegenstands, der die Nutzungen gewährt, angenommen, sofern nicht ein anderer Wert festgestellt werden kann.

(6) Für die Berechnung des Werts ist der Beginn des Bezugsrechts maßgebend. Bildet das Recht später den Gegenstand einer gebührenpflichtigen Amtshandlung, so ist der spätere Zeitpunkt maßgebend. Steht im Zeitpunkt der Amtshandlung der Beginn des Bezugsrechts noch nicht fest oder ist das Recht in anderer Weise bedingt, so ist der Wert nach den Umständen des Falles niedriger anzusetzen.

8. Miet- und Pachtrechte, Dienstverträge

(1) Der Wert eines Miet- oder Pachtrechts bemisst sich nach dem Wert aller Leistungen des Mieters oder Pächters während der ganzen Vertragszeit. Bei Miet- oder Pachtrechten von unbestimmter Vertragsdauer ist der Wert dreier Jahre maßgebend; ist jedoch die Auflösung des Vertrags erst nach einem längeren Zeitraum zulässig, so ist dieser maßgebend. In keinem Fall darf der Wert den fünfundzwanzigfachen Betrag der einjährigen Leistung übersteigen.

(2) Der Wert eines Dienstvertrags bemisst sich nach dem Wert aller Bezüge des zur Dienstleistung Verpflichteten während der ganzen Vertragszeit, höchstens jedoch nach dem dreifachen Jahresbetrag der Bezüge.

9. Anmeldungen zum Handelsregister

(1) Bei den folgenden Anmeldungen zum Handelsregister ist der Geschäftswert der in das Handelsregister einzutragende Geldbetrag, bei Änderung bereits eingetragener Geldbeträge der Unterschiedsbetrag:

1. erste Anmeldung einer Kapitalgesellschaft; ein in der Satzung einer Aktiengesellschaft oder einer Kommanditgesellschaft auf Aktien bestimmtes genehmigtes Kapital ist dem Grundkapital hinzuzurechnen;
2. erste Anmeldung eines Versicherungsvereins auf Gegenseitigkeit;
3. Erhöhung oder Herabsetzung des Stammkapitals einer Gesellschaft mit beschränkter Haftung;
4. Beschluss der Hauptversammlung einer Aktiengesellschaft oder einer Kommanditgesellschaft auf Aktien über
    a) Maßnahmen der Kapitalbeschaffung (§§ 182 bis 221 des Aktiengesetzes); dem Beschluss über die genehmigte Kapitalerhöhung steht der Beschluss über die Verlängerung der Frist, innerhalb derer der Vorstand das Kapital erhöhen kann, gleich;
    b) Maßnahmen der Kapitalherabsetzung (§§ 222 bis 240 des Aktiengesetzes);
5. erste Anmeldung einer Kommanditgesellschaft; maßgebend ist die Summe der Kommanditeinlagen; hinzuzurechnen sind 25 000 Euro für den ersten und 12 500 Euro für jeden weiteren Gesellschafter;
6. Eintritt eines Kommanditisten in eine bestehende Personenhandelsgesellschaft oder Ausscheiden eines Kommanditisten; ist ein Kommanditist als Nachfolger eines anderen, ein bisher persönlich haftender Gesellschafter als Kommanditist oder ein bisheriger Kommanditist als persönlich haftender Gesellschafter einzutragen, ist die einfache Kommanditeinlage, höchstens ein Betrag von 500 000 Euro maßgebend;

(2) Bei sonstigen Anmeldungen bestimmt sich der Geschäftswert nach den Absätzen 3 bis 7.

(3) Der Geschäftswert beträgt bei der ersten Anmeldung

1. eines Einzelkaufmanns 25 000 Euro;
2. einer offenen Handelsgesellschaft mit zwei Gesellschaftern 37 500 Euro; hat die Gesellschaft mehr als zwei Gesellschafter, erhöht sich der Wert für den dritten und jeden weiteren Gesellschafter um jeweils 12 500 Euro;
3. einer juristischen Person (§ 33 des Handelsgesetzbuchs) 50 000 Euro.

(4) Bei einer späteren Anmeldung beträgt der Geschäftswert, wenn die Anmeldung

1. eine Kapitalgesellschaft betrifft, 1 vom Hundert des eingetragenen Grund- oder Stammkapitals, mindestens 25 000 Euro und höchstens 500 000 Euro;
2. einen Versicherungsverein auf Gegenseitigkeit betrifft, 50 000 Euro;
3. eine Personenhandelsgesellschaft betrifft, 25 000 Euro; bei Eintritt oder Ausscheiden von mehr als zwei persönlich haftenden Gesellschaftern sind als Wert 12 500 Euro für jeden eintretenden und ausscheidenden Gesellschafter anzunehmen;
4. einen Einzelkaufmann oder eine juristische Person (§ 33 des Handelsgesetzbuchs) betrifft, 25 000 Euro.

(5) Betrifft die Anmeldung eine Zweigniederlassung, so beträgt der Geschäftswert die Hälfte des nach den vorstehenden Absätzen bestimmten Wertes. Hat das Unternehmen mehrere Zweigniederlassungen, so ist der Wert für jede Zweigniederlassung durch Teilung des nach Satz 1 bestimmten Betrages durch die Anzahl der eingetragenen Zweigniederlassungen zu ermitteln; bei der ersten Eintragung von Zweigniederlassungen sind diese mitzurechnen. Der Wert nach den vorstehenden Sätzen beträgt mindestens 12 500 Euro und höchstens 2,5 Millionen Euro. Die Sätze 2 und 3 sind für Prokuren nicht anzuwenden.

(6) Ist eine Anmeldung nur deshalb erforderlich, weil sich der Ortsname geändert hat, oder handelt es sich um eine ähnliche Anmeldung, die für das Unternehmen keine wirtschaftliche Bedeutung hat, so beträgt der Geschäftswert 2500 Euro.

(7) Bei der Beurkundung von Anmeldungen beträgt der Wert, auch wenn mehrere Anmeldungen in derselben Verhandlung beurkundet werden, in keinem Fall mehr als 500 000 Euro.

10. Beschlüsse von Organen bestimmter Gesellschaften

(1) Nummer 9 Abs. 4 gilt entsprechend für Beschlüsse von Organen von Kapital- oder Personenhandelsgesellschaften, Versicherungsvereinen auf Gegenseitigkeit oder juristischen Personen (§ 33 des Handelsgesetzbuchs), deren Gegenstand keinen bestimmten Geldwert hat.

(2) Beschlüsse nach dem Umwandlungsgesetz sind mit dem Wert des Aktivvermögens des übertragenden oder formwechselnden Rechtsträgers anzusetzen. Bei Abspaltungen oder Ausgliederungen ist der Wert des übergehenden Aktivvermögens maßgebend.

(3) Werden in einer Verhandlung mehrere Beschlüsse beurkundet, so gilt Nummer 16 entsprechend. Dies gilt auch, wenn Beschlüsse, deren Gegenstand keinen bestimmten Geldwert hat, und andere Beschlüsse zusammentreffen. Mehrere Wahlen oder Wahlen zusammen mit Beschlüssen über die Entlastung der Verwaltungsträger gelten als ein Beschluss.

(4) Der Wert von Beschlüssen der in Absatz 1 bezeichneten Art beträgt, auch wenn in einer Verhandlung mehrere Beschlüsse beurkundet werden, in keinem Falle mehr als 500 000 Euro.

11. Anmeldung zu einem Register, Beurkundung von Beschlüssen

Für sonstige Anmeldungen zu einem Register und bei der Beurkundung von Beschlüssen bestimmt sich der Geschäftswert, wenn der Gegenstand keinen bestimmten Geldwert hat, nach Nummer 22 Abs. 2.

12. Anmeldungen zum Güterrechtsregister

Bei Anmeldungen zum Güterrechtsregister bestimmt sich der Wert nach Nummer 22 Abs. 2.

13. Beurkundung von Veränderungen eines Rechtsverhältnisses, von Austauschverträgen, Eheverträgen oder Satzungen

(1) Betrifft die beurkundete Erklärung die Veränderung eines Rechtsverhältnisses, so darf der Wert des von der Veränderung betroffenen Rechtsverhältnisses nicht überschritten werden, und zwar auch dann nicht, wenn es sich um mehrere Veränderungen desselben Rechtsverhältnisses handelt.

(2) Bei Verträgen, die den Austausch von Leistungen zum Gegenstand haben, ist nur der Wert der Leistungen des einen Teils und, wenn der Wert der Leistungen verschieden ist, der höhere maßgebend.

(3) Bei Eheverträgen bestimmt sich der Wert nach dem zusammengerechneten Wert der gegenwärtigen Vermögen beider Ehegatten und, wenn der Ehevertrag nur das Vermögen eines Ehegatten betrifft, nach diesem. Bei Ermittlung des Vermögens werden die Schulden abgezogen. Betrifft der Ehevertrag nur bestimmte Gegenstände, so ist deren Wert maßgebend.

(4) Bei der Beurkundung von Gesellschaftsverträgen, Satzungen und Statuten sowie von Plänen und Verträgen nach dem Umwandlungsgesetz ist der Wert höchstens auf 5 Millionen Euro anzunehmen.

14. Wert bei zustimmenden Erklärungen einzelner Mitberechtigter

Bei zustimmenden Erklärungen einzelner Mitberechtigter bestimmt sich der Wert nach dem Anteil an dem Gegenstand. Bei Gesamthandverhältnissen ist der Anteil entsprechend der Beteiligung an dem Gesamthandvermögen zu bemessen.

15. Wert bei Vollmachten

(1) Bei Vollmachten zum Abschluss eines bestimmten Rechtsgeschäfts ist der für dieses maßgebende Wert zugrunde zu legen.

(2) Der Wert einer allgemeinen Vollmacht ist nach freiem Ermessen zu bestimmen; dabei ist der Umfang der erteilten Ermächtigung und das Vermögen des Vollmachtgebers angemessen zu berücksichtigen.

(3) Bei der von einem Mitberechtigten ausgestellten Vollmacht bestimmt sich der Wert nach dem Anteil des Mitberechtigten. Nummer 14 Satz 2 gilt entsprechend.

(4) In allen Fällen ist der Wert mit höchstens 500 000 Euro anzunehmen.

(5) Auf den Widerruf einer Vollmacht finden die vorstehenden Vorschriften entsprechende Anwendung.

16. Mehrere Erklärungen in einer Urkunde

(1) Werden in einer Verhandlung mehrere Erklärungen beurkundet, die denselben Gegenstand haben (z. B. der Kauf und die Auflassung, die Schulderklärung und die zur Hypothekenbestellung erforderlichen Erklärungen), so wird die Gebühr nur einmal von dem Wert dieses Gegenstands nach dem höchsten in Betracht kommenden Gebührensatz berechnet. Dies gilt auch dann, wenn von mehreren Erklärungen die einen den ganzen Gegenstand, die anderen nur einen Teil davon betreffen (z. B. das Schuldversprechen und die Bürgschaft für einen Teil der Schuld).

(2) Haben die in einer Verhandlung beurkundeten Erklärungen einen verschiedenen Gegenstand, so gilt folgendes:

a) Unterliegen alle Erklärungen dem gleichen Gebührensatz, so wird dieser nur einmal nach den zusammengerechneten Werten berechnet.

b) Sind verschiedene Gebührensätze anzuwenden, so wird jede Gebühr für sich berechnet; soweit mehrere Erklärungen dem gleichen Gebührensatz unterliegen, werden die Werte zusammengerechnet.

(3) Treffen Erklärungen, die sich auf eine Rangänderung beziehen, mit anderen Erklärungen in einer Urkunde zusammen, so gilt als Gegenstand der Rangänderung das vortretende oder das zurücktretende Recht, je nachdem es für den Kostenschuldner nach den vorstehenden Vorschriften günstiger ist. Die Vormerkung gemäß § 1179 des Bürgerlichen Gesetzbuchs zugunsten eines nach- oder gleichstehenden Berechtigten steht der Rangänderung gleich. Das gleiche gilt für den Ausschluss des Löschungsanspruchs nach § 1179a Abs. 5 des Bürgerlichen Gesetzbuchs.

17. Verfügungen von Todes wegen

(1) Wird über den ganzen Nachlass oder einen Bruchteil davon verfügt, so ist der Gebührenberechnung der Wert des nach Abzug der Verbindlichkeiten verbleibenden reinen Vermögens oder der Wert des entsprechenden Bruchteils des reinen Vermögens zugrunde zu legen. Vermächtnisse, Pflichtteilsrechte und Auflagen werden nicht abgezogen.

(2) Der Berechnung der Gebühren sind in der Regel die Angaben des Verfügenden über den Wert zugrunde zu legen.

18. Erbschein

(1) Bei einer eidesstattlichen Versicherung zur Erlangung eines Erbscheins ist der Wert des nach Abzug der Nachlassverbindlichkeiten verbleibenden reinen Nachlasses im Zeitpunkt des Erbfalls maßgebend.

(2) Wird ein Erbschein nur über das Erbrecht eines Miterben beantragt, so bestimmt sich der Wert für die Berechnung der Gebühr für die Abnahme der eidesstattlichen Versicherung nach dessen Erbteil. Wird die Erteilung eines beschränkten Erbscheins beantragt, so ist für die Berechnung der Gebühr für die Abnahme der eidesstattlichen Versicherung der Wert der im Inland befindlichen Gegenstände maßgebend.

19. Zeugnis über Fortsetzung der Gütergemeinschaft

Bei einer eidesstattlichen Versicherung zur Erlangung eines Zeugnisses über die Fortsetzung der Gütergemeinschaft ist der halbe Wert des Gesamtgutes der Gebührenberechnung zugrunde zu legen.

20. Testamentsvollstreckerzeugnis

Bei einer eidesstattlichen Versicherung zur Erlangung eines Zeugnisses über die Ernennung eines Testamentsvollstreckers bestimmt sich der Wert nach Nummer 22 Abs. 2.

21. Vermögensverzeichnisse

Für die Aufnahme von Vermögensverzeichnissen wird die Gebühr nach dem Wert der verzeichneten Gegenstände erhoben.

22. Angelegenheiten ohne bestimmten Wert, nichtvermögensrechtliche Angelegenheiten

(1) Soweit sich in einer vermögensrechtlichen Angelegenheit der Wert nicht aus diesen Vorschriften ergibt und auch sonst nicht feststeht, ist er nach freiem Ermessen zu bestimmen; insbesondere ist bei Änderungen bestehender Rechte, sofern die Änderung nicht einen bestimmten Geldwert hat, sowie bei Verfügungsbeschränkungen der Wert nach freiem Ermessen festzusetzen.

(2) In Ermangelung genügender tatsächlicher Anhaltspunkte für eine Schätzung ist der Wert regelmäßig auf 2 500 Euro anzunehmen. Er kann nach der Lage des Falles niedriger oder höher, jedoch nicht unter 100 Euro und nicht über 500 000 Euro angenommen werden.

In nichtvermögensrechtlichen Angelegenheiten ist der Wert nach Absatz 2 zu bestimmen. In Angelegenheiten, die die Annahme eines Minderjährigen betreffen, beträgt der Wert stets 2 500 Euro.

Anlage 3 (zu § 2 Abs. 2)

Wertgebührentabelle

bis zu 500 Euro einschließlich	15,– Euro
bis zu 2 500 Euro einschließlich	30,– Euro
bis zu 5 000 Euro einschließlich	45,– Euro
bis zu 10 000 Euro einschließlich	55,– Euro
bis zu 15 000 Euro einschließlich	65,– Euro
bis zu 20 000 Euro einschließlich	75,– Euro
bis zu 25 000 Euro einschließlich	85,– Euro
bis zu 30 000 Euro einschließlich	95,– Euro
bis zu 35 000 Euro einschließlich	105,– Euro
bis zu 40 000 Euro einschließlich	115,– Euro
bis zu 45 000 Euro einschließlich	125,– Euro
bis zu 50 000 Euro einschließlich	135,– Euro
von dem Mehrbetrag bis 2,5 Mio. Euro für je angefangene 5 000,– Euro	10,– Euro
von dem Mehrbetrag bis 15 Mio. Euro für je angefangene 10 000,– Euro	10,– Euro
von dem Mehrbetrag bis 25 Mio. Euro für je angefangene 20 000,– Euro	10,– Euro
von dem Mehrbetrag bis 30 Mio. Euro für je angefangene 25 000,– Euro	10,– Euro
von dem Mehrbetrag bis 35 Mio. Euro für je angefangene 40 000,– Euro	10,– Euro
von dem Mehrbetrag bis 40 Mio. Euro für je angefangene 50 000,– Euro	10,– Euro
von dem Mehrbetrag bis 50 Mio. Euro für je angefangene 100 000,– Euro	10,– Euro
von dem Mehrbetrag bis 100 Mio. Euro für je angefangene 200 000,– Euro	10,– Euro
von dem Mehrbetrag bis 250 Mio. Euro für je angefangene 500 000,– Euro	10,– Euro
von dem Mehrbetrag über 250 Mio. Euro für je angefangene 1 Mio. Euro	10,– Euro

Anlage 4 (zu § 4)

Sprachenliste

Gruppe A:
1. Afrikaans
2. Dänisch
3. Englisch
4. Französisch
5. Isländisch
6. Italienisch
7. Katalanisch
8. Letzeburgisch
9. Niederländisch
10. Norwegisch
11. Portugiesisch/Brasilianisch
12. Schwedisch
13. Spanisch

Gruppe B:
1. Bulgarisch/Makedonisch
2. Griechisch
3. Irisch
4. Lettisch
5. Litauisch
6. Madagassisch
7. Polnisch
8. Rumänisch
9. Russisch
10. Serbokroatisch
11. Slowenisch
12. Somali
13. Tschechisch/Slowakisch
14. Ukrainisch
15. Weißrussisch

Gruppe C:
1. Albanisch
2. Amharisch
3. Aseri
4. Bengalisch
5. Estnisch
6. Finnisch
7. Georgisch
8. Haussa/Sudan-Amtssprachen
9. Hindi
10. Kasachisch
11. Kirgisisch
12. Malaiisch/Indonesisch
13. Mongolisch
14. Nepalesisch
15. Paschtu
16. Persisch/Dari
17. Philippino/Tagalog
18. Singhalesisch
19. Suaheli/Bantu-Amtssprachen
20. Tadschikisch
21. Tamilisch
22. Türkisch
23. Turkmenisch
24. Ungarisch
25. Urdu
26. Usbekisch
27. Vietnamesisch

Gruppe D:
1. Arabisch
2. Birmanisch
3. Chinesisch
4. Hebräisch (Iwrith)
5. Japanisch
6. Kambodschanisch (Khmer)
7. Koreanisch
8. Laotisch
9. Thailändisch.

Anhang C

Gerichtskostenbefreiungen nach FG-Nebengesetzen

I. Lexikon des Bundes- und Landesrechts

Vorbemerkung. S. § 11 KostO mit Erläuterungen und die im Anhang C II zusammen- 1
gestellten Texte.
Allgemein ist für die nachfolgende Übersicht zu beachten: Gebühren- oder Kostenfreiheit nach **Bundesrecht** gilt für alle Gerichte (Justizbehörden) in Bund und Ländern. Befreiung durch **Landesrecht** hingegen erstreckt sich nicht auf die Gerichte des Bundes (BGH MDR 1972, 308 = Rpfleger 1972, 53; Rpfleger 1978, 305; MDR 1998, 680; KostRsp. GKG § 2 Nr. 23 und 27). Die Gebührenbefreiungsgesetze der Länder (s. Anhang C II) setzen überwiegend nicht voraus, dass der Befreite seinen Sitz im betreffenden Land hat (*Höver* JVBl. 1972, 41; *Jürgensen/Reichle,* KostO und baden-württembergisches LJKG, 6. Aufl., § 5 LJKG Anm. 4; *Klässel* Rpfleger 1972, 433). Damit ist insoweit auch die Gegenseitigkeit verbürgt, die § 8 Abs. 2 Nr. 2 des bremischen JKG für Gemeinden und Gemeindeverbände sowie die Gesetze Brandenburgs (§ 7 Abs. 1), Hessens (§ 7 Abs. 2), Mecklenburg-Vorpommerns (§ 7 Abs. 5), Sachsen-Anhalts (§ 7 Abs. 2) und Thüringens (§ 6 Abs. 2) ganz allgemein voraussetzen; im Übrigen hängt nach diesen landesrechtlichen Regelungen die Gebührenbefreiung noch vom Sitz des Schuldners in Bremen (Umkehrschluss aus § 8 Abs. 2 JKG) bzw. in den genannten Ländern ab.

Treffen **mehrere Befreiungen** zusammen, so gilt die weitergehende; insbesondere die 2
Kostenfreiheit vor der Gebührenfreiheit. Dies selbst dann, wenn das sachlich gebührenfreie Geschäft nach dem Verfahrensrecht nur auf Antrag eines persönlich Kostenbefreiten vorgenommen werden kann. Solche „Konkurrenzen" finden sich in den Gesetzen der letzten Jahre und beruhen wohl auf begrifflichen Schwächen der Gesetzesverfasser; jedenfalls fehlen Anhaltspunkte für eine gewollte Einschränkung des Systems des § 11 KostO: Grundsatz Abs. 1, sonstige, weitere Befreiungen Abs. 2.

§ 11 KostO gilt auch für die **Notare im Landesdienst** Baden-Württembergs, insbeson- 3
dere im badischen Rechtsgebiet (§ 141 KostO), soweit ihnen die Gebühren nicht selbst zufließen. Auf **Gebührennotare** ist er nicht anwendbar (§ 143 Abs. 1 KostO), für sie treffen die §§ 143 Abs. 2, 144 KostO besondere Regelungen.

Die Aufhebung des § 11 Abs. 3 KostO (Gesetz vom 15. 6. 1989, BGBl. I S. 1082) be- 4
wirkt, dass Befreiungen ohne weiteres **Beurkundungen** der Gerichte und Nichtgebührennotare erfassen – Beurkundungsgebühren sind „Gerichtsgebühren" –, es sei denn, die konkrete Regelung nimmt sie ausdrücklich aus.

Abfallentsorgungs- und Altlastensanierungsverband Nordrhein-Westfalen – Entsorgungsverband –. Nach *nordrhein-westfälischem* Landesrecht (§ 11 Abs. 2 S. 2 KostO, § 44 Gesetz über die Gründung des Abfallentsorgungs- und Altlastensanierungsverbandes Nordrhein-Westfalen vom 21. 6. 1988, GVBl. S. 268) werden für den Grunderwerb sowie für Rechtsgeschäfte und Maßnahmen des Verbandes zur Durchführung seiner Verbandsunternehmen nach § 2 des Gesetzes Kosten der Gerichte und der Verwaltungsbehörden nicht erhoben; insbesondere werden Grundbuch- und Katasterauszüge und ähnliche Urkunden gebührenfrei erteilt. Die Befreiung ist ohne Nachprüfung zuzugestehen, wenn die Aufsichtsbehörde dem Verband bescheinigt, dass der Grunderwerb, das Rechtsgeschäft oder die Maßnahme der Durchführung seiner Aufgaben dient.

Abgeltungshypothek. Nach Bundesrecht (§ 11 Abs. 2 S. 1 KostO; § 9 Abs. 6 Gebäudeentschuldungssteuer-DVO vom 31. 7. 1942, RGBl. I S. 503; § 24 Abs. 5 S. 2 Grundbuchmaßnahmengesetz vom 20. 12. 1963, BGBl. I S. 986, zuletzt geändert am 19. 4. 2006, BGBl. I

S. 866) sind Veränderungen und Löschung kostenfrei. Die Kostenfreiheit erstreckt sich auch auf die Verfügungsbeschränkung, dass die Hypothek zum Deckungsstock eines Versicherungsunternehmens gehört, welches das der Hypothek zugrunde liegende Darlehen gewährt hat (ebenso JBl. Rh.-Pf. 1949, 23). Die Erteilung der vollstreckbaren Ausfertigung gemäß § 11 Abs. 3 der DVO unterliegt den allgemeinen Kostenvorschriften, insbesondere § 133 KostO. Nach § 36a GBMaßnG gelten die §§ 18 bis 20, 22 bis 26 und 28 des Grundbuchmaßnahmengesetzes auch im Beitrittsgebiet (vgl. zum Rechtsstand nach dem Änderungsgesetz *Böhringer* DtZ 1995, 432).

Abwasserverband → Wasser- und Bodenverbände.

Agrarstruktur → Flurbereinigung.

Akademien → Hochschulen.

Allgemeiner Hannoverscher Klosterfonds. Nach *niedersächsischem* Landesrecht (§ 11 Abs. 2 S. 2 KostO; § 1 Abs. 1 Nr. 4 LGebBefrG) gebührenbefreit.

Alterssicherung für Landwirte. Nach Bundesrecht (§ 11 Abs. 2 S. 1 KostO; Gesetz über die Alterssicherung der Landwirte (ALG) vom 29. 7. 1994 (BGBl. I S. 1890, mehrfach geändert) sind die landwirtschaftlichen Alterskassen für die gesetzliche Rentenversicherung der Landwirte und ihrer mitarbeitenden Familienangehörigen zuständig (vormals Altershilfe für Landwirte). → Sozialrechtliche Verfahren.

Amt zur Regelung offener Vermögensfragen. Nach Bundesrecht (§ 11 Abs. 1 KostO; § 23 Abs. 1 VermG idF vom 9. 2. 2005, BGBl. I S. 3230, mehrfach geändert) persönlich kostenbefreit. → auch Bundesamt, Landesamt zur Regelung offener Vermögensfragen.

Ämter sind wie → Gemeinden gebührenbefreit.

Amtshilfe → Sozialrechtliche Verfahren.

Angestelltenversicherung → Sozialrechtliche Verfahren.

Anteilsbestimmung. Nach Bundesrecht für das Gebiet der *ehemaligen DDR* (§ 11 Abs. 2 S. 1 KostO; § 14 GBBerG idF des Art. 2 § 6 Nr. 5 S. 2 SachenRÄndG vom 21. 9. 1994, BGBl. I S. 2457) ist die Berichtigung des Grundbuchs in allen Fällen des Art. 234 § 4a EGBGB, also insbesondere zufolge Bestimmung anderer als gleicher Anteile, gebührenfrei (vgl. *Böhringer* Jur-Büro 1994, 514).

Ausländische Staaten. Nach *bremischem* Landesrecht (§ 11 Abs. 2 S. 2 KostO; § 8 Abs. 2 Nr. 1 JKG) sind ausländische Staaten gebührenbefreit, wenn die Gegenseitigkeit verbürgt ist.

Auslandsschulden. Nach Bundesrecht (§ 11 Abs. 2 S. 1 KostO; § 108a Gesetz zur Ausführung des Abkommens vom 27. 2. 1953 über deutsche Auslandsschulden idF vom 9. 2. 1955, BGBl. I S. 57, mehrfach geändert) wird „für die Eintragung der Begründung, Verlängerung oder Aufhebung von Hypotheken, Grundschulden oder Rentenschulden in das Grundbuch ... nur die Hälfte der in der KostO bestimmten Gebühren erhoben, wenn diese Geschäfte aufgrund des Abkommens vom 27. 2. 1953 über deutsche Auslandsschulden veranlaßt werden oder mit dieser Regelung zusammenhängen. § 26 Abs. 3 – jetzt § 33 – KostO [= Mindestgebühr] bleibt unberührt". „Der Höchstbetrag der vollen Gebühr ist 5000 DM (2556,46 Euro). Dies gilt auch, wenn der Umstellungsbetrag in das Grundbuch eingetragen wird ..." Die Gebühr für die Erteilung des Hypothekenbriefs ist entsprechend zu ermäßigen (§ 71 KostO: $^1/_8$ statt $^1/_4$, LG München DNotZ 1958, 440). Wegen des Zusammentreffens von begünstigten und nichtbegünstigten Geschäften s. § 32 KostO Rn. 7.

Aussiedlung → Flurbereinigung.

Badische Stiftungen. Nach *baden-württembergischem* Landesrecht (§ 11 Abs. 2 S. 2 KostO, § 38 Stiftungsgesetz vom 4. 10. 1977, GBl. S. 408, geändert) werden für Rechtshandlungen, die bei Durchführung des fünften Teiles des Gesetzes (Sonderregelung für den ehemals badischen Landesteil) notwendig werden, Abgaben und Kosten des Landes ..., insbesondere Kosten nach dem GKG und der KostO, nicht erhoben.

Badischer Gemeindeversicherungsverband. Nicht befreit (OLG Karlsruhe Justiz 1973, 394).

Baugesetzbuch. Nach Bundesrecht (§ 11 Abs. 2 S. 1 KostO; § 79 Abs. 1 BauGB idF vom 23. 9. 2004, BGBl. I S. 2415, geändert) sind „Geschäfte und Verhandlungen, die der Durchführung oder Vermeidung der Umlegung dienen, einschließlich der Berichtigung der öffentlichen Bücher" kostenfrei. Entsprechendes gilt für die Grenzregelung (§ 84 Abs. 2 BauGB). „Die Abgabenfreiheit ist von der zuständigen Behörde ohne Nachprüfung anzuerkennen, wenn die Umlegungsstelle versichert, daß ein Geschäft oder eine Verhandlung der Durchführung oder Vermeidung der Umlegung dient" (§ 79 Abs. 2 BauGB). Die Voraussetzungen der Kostenfreiheit

I. Lexikon des Bundes- und Landesrechts **Anh. C**

können jedoch auch auf andere Weise nachgewiesen werden (BayObLG Rpfleger 1970, 221). Die Kostenfreiheit hat in erster Linie für Grundbuchsachen praktische Bedeutung, sodann für das in § 65 BauGB vorgesehene Verteilungsverfahren; sie gilt aber auch für die Bestellung eines rechts- und sachkundigen Vertreters durch das Vormundschaftsgericht (§ 207 BauGB).
Im Übrigen sind die Befreiungsvorschriften weit auszulegen. Das BayObLG (aaO) hat sie angewandt für den Erwerb von Grundstücken durch die Gemeinde auf Anregung des Umlegungsausschusses und vor Einleitung der Umlegung, weil die Grundstücke den von der Umlegung betroffenen Grundstückseigentümern mit deren Einverständnis als Abfindung zugeteilt werden sollen. Das OLG Karlsruhe (KostRsp. KostO § 11 Nr. 20) hat in einem derartigen Fall sogar die Löschung einer Grundschuld in die Befreiung einbezogen, weil die Gemeinde den Kauf des Grundstücks von ihrer Löschung abhängig machte. Die Beurkundungs- und Beglaubigungskosten können in *Baden-Württemberg* erlassen werden (Justiz 1961, 240; 1969, 154). → auch Städtebauförderung.

Beamten-Siedlung. Nach als Bundesrecht fortgeltendem früheren Reichsrecht (§ 11 Abs. 2 S. 1 KostO; § 11 Abs. 1 Beamten-Siedlungsverordnung vom 11. 2. 1924, RGBl. I S. 53) sind gebührenfrei „der Erwerb von Grundeigentum und Verträge über die Bebauung von Grundeigentum gemäß § 1 der VO sowie die Verfügung über die Renten gemäß § 6 der VO. Die Befreiung aus Anlaß des Erwerbs oder der Bebauung des Grundstücks tritt jedoch nur dann ein, wenn zum Erwerb oder zur Bebauung von Grundeigentum eine nach § 2 der VO festgesetzte Rente verwendet wird".

Bergrechtliche Gewerkschaften. Die Gebührenbefreiung nach § 163 Abs. 3 Bundesberggesetz vom 13. 8. 1980, BGBl. I S. 1310, zuletzt geändert am 9. 12. 2006, BGBl. I S. 2833, ist grundsätzlich infolge Zeitablaufs gegenstandslos, sie kann jedoch in Einzelfällen noch eintreten; s. 16. Aufl. Anhang I unter diesem Stichwort.

Berlin. Nach Bundesrecht gilt das gleiche wie für die anderen → Länder, es wird nicht zwischen Landes- und Gemeindeangelegenheiten unterschieden (BGHZ 14, 305 = Rpfleger 1955, 157).

Berliner Bäder Betriebe. Nach *Berliner* Landesrecht (§ 11 Abs. 2 S. 2 KostO; § 19 S. 2 Gesetz über die Errichtung der Anstalt öffentlichen Rechts Berliner Bäder Betriebe vom 25. 9. 1995, GVBl. S. 617, zuletzt geändert am 10. 5. 2007, GVBl. S. 195) werden für Rechtsänderungen im Vollzug dieses Gesetzes Steuern oder Gebühren aufgrund landesrechtlicher Bestimmungen nicht erhoben. Dies gilt auch für die Eintragung von Rechtsänderungen in öffentliche Register sowie die damit im Zusammenhang stehenden gerichtlichen Handlungen.

Berliner Sparkasse → Landesbank Berlin – Girozentrale.

Berliner Verkehrsbetriebe, Berliner Stadtreinigungsbetriebe → Eigenbetriebe.

Berufsständische Kammern. Industrie- und Handelskammern, Handwerkskammern und Landwirtschaftskammern genießen nach Bundesrecht (§§ 11 Abs. 2 S. 1, 87 Nr. 2 KostO) in den in § 126 FGG genannten Verfahren persönliche Gebührenfreiheit. Das Gleiche gilt für berufsständische Kammern in Partnerschaftsregistersachen (s. § 87 KostO Rn. 4).

Beschlagnahme → Vereinsverbot.

Beweissicherung. Nach Bundesrecht (§ 11 Abs. 2 S. 1 KostO; § 29 Abs. 2 Gesetz über die Beweissicherung und Feststellung von Vermögensschäden in der sowjetischen Besatzungszone Deutschlands und im Sowjetsektor von Berlin vom 22. 5. 1965 idF vom 1. 10. 1969, BGBl. I S. 1897) wird „für die Erteilung eines Erbscheins einschließlich des vorausgegangenen Verfahrens eine Gebühr nicht erhoben, wenn der Erbschein nur für Zwecke des Feststellungs- oder des besonderen Beweisverfahrens nach dem Beweissicherungsgesetz verwendet werden soll; § 107 Abs. 1 S. 2 KostO bleibt unberührt". Wegen des Geschäftswerts → Entschädigung.
Hessen (JMBl. 1972, 1, 6) hat dazu die Amtsrichter ermächtigt, die Gebühr für die Beurkundung der eidesstattlichen Versicherung zu erlassen, soweit sie 5 (2,56 Euro) bzw. 10 DM (5,11 Euro) übersteigt; weiter ist ein Kostenerlass für Zeugnisse über den Güterstand, für die Ernennung eines Testamentsvollstreckers usw. und die Anordnung einer Abwesenheitspflegschaft vorgesehen. → auch Feststellung.

Bezirke. Nach *bayerischem* Landesrecht (§ 11 Abs. 2 S. 2 KostO; Art. 10 Bezirksordnung idF vom 22. 8. 1998, GVBl. S. 851, mehrfach geändert) werden „für Rechtshandlungen, die aus Anlaß der Änderung der Bezirke erforderlich werden", landesrechtliche geregelte Abgaben (Katasterfortführungsgebühr, § 60 KostO Rn. 75) nicht erhoben.

Blinde. Die Deutsche Blindenbücherei, Gemeinnützige GmbH in Marburg (Lahn) und der Verein der blinden Geistesarbeiter Deutschlands

Hellstab 1163

e. V. in Marburg sind als → milde Stiftungen anerkannt (HessJMBl. 1966, 23, 42).

Bodenreform. Nach Bundesrecht für das Gebiet der *ehemaligen DDR* (§ 11 Abs. 2 S. 1 KostO, Art. 233 § 11 Abs. 3 EGBGB) kann der nach Art. 233 § 12 EGBGB Berechtigte von demjenigen, dem das Bodenreformgrundstück nach Art. 233 § 11 Abs. 2 EGBGB übertragen worden ist, die unentgeltliche Auflassung des Grundstücks verlangen. Die Eintragung im Grundbuch ist gebührenfrei (S. 2). Nach Art. 233 § 15 Abs. 2 EGBGB ist der Eigentümer zur Aufgabe des Bodenreformgrundstücks berechtigt. Das Recht zur Aneignung des Grundstücks ist in einer bestimmten Reihenfolge festgelegt (Art. 233 § 15 Abs. 3 EGBGB). Übt der Fiskus sein Aneignungsrecht aus, ist die Eintragung im Grundbuch schon nach § 11 Abs. 1 KostO kostenfrei. Übt der nach Art. 233 § 12 EGBGB Berechtigte das Aneignungsrecht aus, dürfte die Eintragung entsprechend Art. 233 § 11 Abs. 3 S. 2 EGBGB (oben) vom Zweck der Vorschrift her wie bei der Auflassung gebührenfrei sein (ebenso *Böhringer* JurBüro 1994, 200). Anders verhält es sich bei dem aneignungsberechtigten Gläubiger grundstücksbezogener Verbindlichkeiten; er ist gebührenpflichtig gemäß § 60 KostO, sofern nicht andere Gebührenbefreiungsvorschriften eingreifen (*Böhringer* aaO). Der Berechtigte kann seinen Eigentumsübertragungsanspruch im Wege der einstweiligen Verfügung sichern lassen. Die Eintragung eines Verfügungsverbots oder einer Vormerkung aufgrund der einstweiligen Verfügung ist entsprechend Art. 233 § 11 Abs. 3 S. 2 EGBGB (oben) gebührenfrei.
Widerspricht die Gemeinde oder der Fiskus gemäß Art. 233 § 13 EGBGB einer Verfügung (Auflassung, Eintragungsbewilligung), wird zugunsten der Bevorrechtigten eine Eigentumsvormerkung im Vorrang vor der Verfügung im Grundbuch eingetragen. Die Eintragung ist gebührenfrei entsprechend § 69 Abs. 2 KostO, da Widerspruch einem gerichtlichen Ersuchen gleichsteht. Die Löschung der Vormerkung erfolgt von Amts wegen und ist gebührenfrei (vgl. auch *Böhringer* JurBüro 1992, 785).
Der Vermerk über die Beschränkungen des Eigentümers nach den Vorschriften über die Bodenreform kann gemäß Art. 233 § 16 Abs. 3 EGBGB von Amts wegen gelöscht werden: gebührenfrei (§ 70 KostO).
Nach *hessischem* Landesrecht (§ 11 Abs. 2 S. 2 KostO; Art. 3 der Verordnung über die Aufhebung von Durchführungsverordnungen zum Gesetz zur Beschaffung von Siedlungsland und zur Bodenreform vom 18. 11. 1986, GVBl. S. 471) werden für die Löschung gegenstandsloser Eintragungen iS des § 13 der 2. DVO zum Gesetz zur Beschaffung von Siedlungsland und zur Bodenreform (G.S.B.) und des § 5 Abs. 3 der Vierten Durchführungsverordnung zum G.S.B. im Grundbuch Kosten nicht erhoben.

Bodensonderung. Nach Bundesrecht für das Gebiet der *ehemaligen DDR* (§ 11 Abs. 2 S. 1 KostO; Bodensonderungsgesetz vom 20. 12. 1993, BGBl. I S. 2182, mehrfach geändert) können in einem besonderen Verfahren Grundstücksgrenzen durch einen Sonderungsbescheid festgelegt sowie neue Eigentümer und Rechtsinhaber bestimmt werden; der Rechtsübergang erfolgt kraft Gesetzes. Die Grundbuchberichtigung ist kostenfrei (§ 17 S. 4 BoSoG). Nach § 6 Abs. 4 BoSoG kann als Verfügungsbeschränkung auf Ersuchen der Sonderungsbehörde ein Zustimmungsvorbehalt im Grundbuch eingetragen werden. Für die Eintragung und Löschung des Zustimmungsvorbehalts werden keine Gebühren erhoben, weil sie der Berichtigung des Grundstücks dienen (vorstehend), zudem ist die ersuchende Behörde (§ 10 BoSoG) idR persönlich befreit (§ 11 Abs. 1 KostO oder Landesgebührenbefreiungsgesetz, s. Anhang C II; vgl. auch *Böhringer* JurBüro 1994, 514).
Im Übrigen gilt § 108 Abs. 1 und 2 FlurbG sinngemäß, → Flurbereinigung.

Bodenverbände → Wasser- und Bodenverbände.

Brandenburgische Provinzialbank und Girozentrale, Brandenburgischer Sparkassen- und Giroverband. Nach *Berliner* Landesrecht (§ 11 Abs. 2 S. 2 KostO; § 1 Gesetz über die Verwendung des Vermögens öffentlichrechtlicher Altbanken und Verbände des Kreditwesens vom 13. 5. 1983, GVBl. S. 758) werden für den Rechtsübergang auf die Berliner Pfandbrief-Bank gerichtliche Gebühren erhoben. → auch Kur- und Neumärkische Ritterschaftliche Darlehenskasse, Märkische Landschaft, Preußische Staatsbank (Seehandlung).

Braunschweigische Landessparkasse. Nicht befreit (OLG Braunschweig KostRsp. GKG aF § 2 Nr. 12).

Braunschweigische Staatsbank. Nicht befreit (OLG Braunschweig KostRsp. GKG aF § 2 Nr. 13; AG Alfeld JVBl. 1965, 142; AG Neukölln JVBl. 1964, 197).

Braunschweigischer Vereinigter Kloster- und Studienfonds. Nach *niedersächsischem* Landesrecht (§ 11 Abs. 2 S. 2 KostO; § 1 Abs. 1 Nr. 4 LGebBefrG) gebührenbefreit.

Braunschweig-Stiftung. Nach *niedersächsischem* Landesrecht (§ 11 Abs. 2 S. 2 KostO; § 1 Abs. 1 Nr. 4 LGebBefrG) gebührenbefreit.

I. Lexikon des Bundes- und Landesrechts **Anh. C**

Bremen. Nach Bundesrecht (§ 11 Abs. 1 KostO) kostenbefreit, jedoch nur in Landesangelegenheiten (BGHZ 3, 148 = Rpfleger 1951, 510 und BGH Rpfleger 1953, 758 iVm. BGHZ 13, 207 = Rpfleger 1955, 106 und BGHZ 14, 305 = Rpfleger 1955, 107). Nach *bremischem* Landesrecht (§ 11 Abs. 2 S. 2 KostO; §§ 8 Abs. 1 Nr. 1, 11 JKG) sind „die Stadtgemeinden Bremen und Bremerhaven sowie die nach Haushaltsplänen der Stadtgemeinden für deren Rechnung verwalteten öffentliche Kassen und Anstalten" kostenbefreit; desgleichen die Gemeinden und Gemeindeverbände anderer deutscher Länder bei Verbürgung der Gegenseitigkeit (§ 8 Abs. 2 Nr. 2 JKG, s. dazu Vorbemerkung zu diesem Anhang). Diese Befreiung gilt jedoch nicht für Beurkundungs- und Beglaubigungsgebühren (§ 10 JKG). Aufgrund § 4 Abs. 2 Zweites Gesetz zur Änderung der Gemeindegrenzen zwischen *Bremen* und *Bremerhaven* vom 20. 12. 1976 (GBl. 1977 S. 1) sind „Rechtshandlungen, die aus Anlaß der Gebietsänderungen erforderlich werden, frei von öffentlichen Abgaben und Gebühren. Das gleiche gilt für Berichtigungen, Eintragungen und Löschungen ins Grundbuch und anderen öffentlichen Büchern".

Bund. Nach Bundesrecht (§ 11 Abs. 1 KostO) ist der Bund kostenbefreit. Für *Hessen* s. § 6 Abs. 1 Nr. 1, 2 JKG. → auch Darlehen sowie Öffentliche Anstalten und Kassen.

Bundesagentur für Arbeit. Nicht befreit, da sie einen eigenen Haushalt hat (§ 11 Abs. 1 KostO; § 367 SGB III vom 24. 3. 1997, BGBl. I S. 594, mehrfach geändert; BJM DGVZ 1973, 70; s. § 11 KostO Rn. 15).

Bundesamt zur Regelung offener Vermögensfragen. Nach Bundesrecht (§ 11 Abs. 1 KostO; § 29 Abs. 1 VermG idF vom 21. 12. 1998, BGBl. I S. 4026, mehrfach geändert) persönlich kostenbefreit. → Amt, Landesamt zur Regelung offener Vermögensfragen.

Bundesanstalt für Finanzdienstleistungsaufsicht (BAFin). Nicht befreit, da sie einen eigenen Haushalt hat (§ 11 Abs. 1 KostO; § 12 Finanzdienstleistungsaufsichtsgesetz vom 22. 4. 2002, BGBl. I S. 1310).

Bundesanstalt für Landwirtschaft und Ernährung (BLE). Durch Art. 1 § 2 des Gesetzes vom 2. 8. 1994 – BLEG – (BGBl. I S. 2018) hat die BLE die Aufgaben der bisherigen Bundesanstalt für landwirtschaftliche Marktordnung und des Bundesamts für Ernährung und Forstwirtschaft übernommen. Die Bundesanstalt ist mangels Aufnahme ihrer Einnahmen und Ausgaben in den Bundeshaushalt nicht gebührenbefreit (§ 11 Abs. 1 KostO; Art. 1 § 9 BLEG; vgl. auch BFHE 113, 496 = BB 1975, 165 zur Vorgängereinrichtung, den Einfuhr- und Vorratsstellen).

Bundesanstalt für Post und Telekommunikation, Deutsche Bundespost. Nach Bundesrecht (§ 11 Abs. 2 S. 1 KostO; § 30 BAPostG vom 14. 9. 1994, BGBl. I S. 2325, mehrfach geändert) ist die Bundesanstalt von Gerichtsgebühren, die bei ihrer Errichtung entstehen, befreit; Auslagen sind von ihr zu erstatten. Keine persönliche Befreiung (vgl. § 19 des Gesetzes; § 11 KostO Rn. 15).

Bundesanstalt für vereinigungsbedingte Sonderaufgaben (BvS). Die am 1. 1. 1995 an die Stelle der → Treuhandanstalt getretene Bundesanstalt (TreuhUmbenV vom 20. 12. 1994, BGBl. I S. 3913) ist mangels Aufnahme ihrer Einnahmen und Ausgaben in den Bundeshaushalt (§ 2a Treuhandgesetz idF vom 9. 8. 1994, BGBl. I S. 2062) nicht persönlich befreit (§ 11 KostO Rn. 15; OLG München MDR 1998, 1502; KG JurBüro 1997, 149). Dass sie durch Zuwendungen aus dem Bundeshaushalt finanziert wird, reicht nicht aus; § 11 KostO knüpft an formale Kriterien an, die Rechtspraxis wäre überfordert, wenn sie für den einzelnen Kostenschuldner wirtschaftliche Untersuchungen anstellen müsste. Die BvS ist durch das BvS-Abwicklungsgesetz vom 28. 10. 2003 (BGBl. I S. 2081) mit Wirkung ab 1. 1. 2004 aufgelöst.

Bundesautobahnen. Nach Bundesrecht (§ 11 Abs. 2 S. 1 KostO; § 10 Gesetz über die vermögensrechtlichen Verhältnisse der Bundesautobahnen und sonstigen Bundesstraßen des Fernverkehrs vom 2. 3. 1951, BGBl. I S. 157, zuletzt geändert am 30. 8. 1971, BGBl. I S. 1426) werden Gerichtsgebühren, die aus Anlass und in Durchführung dieses Gesetzes entstehen, nicht erhoben. Bare Auslagen werden nicht erstattet.

Bundesbahn. S. § 11 KostO Rn. 16. Nach Bundesrecht (§ 11 Abs. 2 S. 1 KostO; Art. 1 § 23 Abs. 4 S. 5 ENeuOG vom 27. 12. 1993, BGBl. I S. 2378, geändert) werden bei dem Vermögensübergang auf die Deutsche Bahn AG Gebühren für die Grundbuchberichtigung nicht erhoben; desgleichen nicht für die Eintragung und Löschung von Vormerkungen für Zuordnungsberechtigte. → auch Vermögenszuordnung.

Bundesbank und Landeszentralbanken. Nicht befreit, da sie einen eigenen Haushalt haben (§ 11 Abs. 1 KostO; Gesetz vom 26. 7. 1957, BGBl. I S. 745, mehrfach geändert). Die Stellung als oberste Bundesbehörde bzw. Bundesbehörde (§ 29 Gesetz vom 26. 7. 1957) begründet keine Gebührenbefreiung.

Bundeseisenbahnvermögen → Bundesbahn.

Bundesgerichtshof. Im Verfahren vor dem Bundesgerichtshof ist die VO vom 24. 12. 1883 (RGBl. 1984 S. 1 = BGBl. III 364–1) anzuwenden (§ 11 Abs. 2 S. 1 KostO; Art. 8 III Nr. 88 Gesetz vom 12. 9. 1950, BGBl. I S. 455; BGHR 2007, 584 = NJW-RR 2007, 644; vgl. auch *Schmidt-Räntsch* ZfIR 2006, 360). Sie sieht dem § 8 Abs. 1 Nr. 2–4 Preuß. GKG (Anhang II) entsprechende persönliche Befreiung vor, mit Ausnahme der „Gemeinden in Armenangelegenheiten".

Bundesoberseeamt. Nach Bundesrecht (§ 11 Abs. 1 KostO; Art. 87 Abs. 1 GG; AnO vom 28. 11. 1950, BGBl. I S. 768) kostenbefreit.

Bundespost. Zur Kostenbefreiung beim Vollzug des PostUmwG s. 16. Aufl.

Bundessozialhilfe → Sozialrechtliche Verfahren. Die Eröffnung eines Testaments ist nur insoweit kostenfrei, als der Unterstützte in seinem Testament bestimmt hat, dass ein Betrag der Sozialhilfe zur Verfügung gestellt werden soll (KG 1a X 1669/34), nicht aber in anderen Fällen, weil die Eröffnung ohnehin hätte stattfinden müssen (KG JVBl. 1934, 70).
Örtliche Träger der Sozialhilfe (§ 3 SGB XII idF vom 27. 12. 2003, BGBl. I S. 3022) sind im Allgemeinen die Gemeinden; zu deren persönlicher Gebührenfreiheit → Gemeinden.

Bundesstraßen → Bundesautobahnen.

Bundesvermögensamt. Nach Bundesrecht (§ 11 Abs. 1 KostO; § 1 Finanzverwaltungsgesetz idF vom 30. 8. 1971, BGBl. I S. 1426, geändert) persönlich kostenbefreit.

Bundesversicherungsanstalt für Angestellte → Sozialversicherung und Sozialrechtliche Verfahren.

Bundesvertriebenengesetz → Flüchtlinge und Vertriebene.

Bundeswasserstraßen. Nach Bundesrecht (§ 11 Abs. 2 S. 1 KostO; § 9 Gesetz über die vermögensrechtlichen Verhältnisse der Bundeswasserstraßen vom 21. 5. 1951, BGBl. I S. 352) werden Gerichtskosten, die aus Anlass der Durchführung dieses Gesetzes entstehen, nicht erhoben. Bare Auslagen bleiben außer Ansatz.

Dammausbaumaßnahmen → Gewässerausbaumaßnahmen.

Darlehen. *Niedersachsen* hat im Verwaltungswege die Gemeinden und Landkreise von den Kosten befreit, die bei der Verwaltung von Darlehen aus Bundes- oder Landesmitteln entstehen; die verwaltenden Stellen sollen so gestellt werden, als ob Bund oder Land selbst Kostenschuldner wären (Nds.Rpfl. 1972, 58).

Denkmalschutz. Nach *schleswig-holsteinischem* Landesrecht (§ 11 Abs. 2 S. 2 KostO; § 4 Nr. 2 LGebBefrG; § 37 Denkmalschutzgesetz idF vom 21. 11. 1996, GVOBl. S. 676, geändert) sind „Entscheidungen und Eintragungen nach dem Denkmalschutzgesetz gebührenfrei".
Nach *saarländischem* Landesrecht (§ 34 Denkmalschutzgesetz vom 12. 10. 1977, ABl. S. 993) sind Amtshandlungen nach diesem Gesetz kostenfrei, also zB die Eintragung einer beschränkt persönlichen Dienstbarkeit nach § 8 des Gesetzes.

Deutsche Blindenbücherei → Blinde.

Deutsche Bundesbahn → Bundesbahn, → Vermögenszuordnung.

Deutsche Bundespost → Bundespost, → Vermögenszuordnung.

Deutsche Genossenschaftsbank (früher Deutsche Genossenschaftskasse). Nicht befreit (vgl. Gesetz vom 5. 5. 1964 idF vom 22. 12. 1975, BGBl. I S. 3171, geändert; so bereits das KG in einem PrJMBl. 1914 S. 531 erwähnten Gutachten). Mit Wirkung vom 1. 8. 1998 in eine Aktiengesellschaft umgewandelt. → DG-BANK Deutsche Genossenschaftsbank AG.

Deutsche Post → Vermögenszuordnung.

Deutsche Reichsbahn → Vermögenszuordnung.

Deutsches Rotes Kreuz. Nach Bundesrecht (§ 11 Abs. 2 S. 1 KostO; § 18 Gesetz über das Deutsche Rote Kreuz vom 9. 12. 1937, RGBl. I S. 1330) persönlich gebührenbefreit (KG NJW 1955, 1524 = Rpfleger 1956, 88; OLG Hamburg MDR 2007, 432 = OLGR 2006, 849; OLG Köln Rpfleger 1957, 91; OLG Stuttgart NJW 1958, 1193 = Rpfleger 1958, 355; OLG Frankfurt Rpfleger 1958, 356; aA OLG Koblenz KostRsp. GKG § 2 Nr. 51; OLG München MDR 1998, 184 = NJW-RR 1998, 719; BayObLG Rpfleger 1968, 199; *Bink* JurBüro 1971, 97, 395; *Höver* Rpfleger 1957, 91; aA auch die Verwaltungsregelung in *Rheinland-Pfalz* (JBl. 1955, 11; 1987, 283), die jedoch „in geeigneten

I. Lexikon des Bundes- und Landesrechts **Anh. C**

Fällen auf Antrag" Kostenerlass ermöglicht. In den Ländern, die Landesgebührenbefreiungsgesetze erlassen haben, dürfte die Streitfrage dadurch gegenstandslos geworden sein, dass das Rote Kreuz als → milde Stiftung (→ auch Wohlfahrtsverbände) nach Landesrecht Gebührenfreiheit genießt; vgl. auch für *Hessen* JMBl. 1953, 27 und spätere Runderlasse.
Das Gesetz vom 9. 12. 1937 ist durch Art. 7 des G vom 23. 11. 2007 (BGBl. I S. 2614) gemäß Art. 80 mit Wirkung vom 1. 12. 2010 aufgehoben worden.

Deutschlandfunk. Nicht befreit (OLG Köln JurBüro 1987, 560).

DG-BANK Deutsche Genossenschaftskasse Aktiengesellschaft (früher Deutsche Genossenschaftsbank). Nicht befreit (DG-Bank-Umwandlungsgesetz vom 13. 8. 1998, BGBl. I S. 2102).

Domstrukturfonds Verden. Nach *niedersächsischem* Landesrecht (§ 11 Abs. 2 S. 2 KostO; § 1 Abs. 1 Nr. 4 LGebBefrG) gebührenbefreit.

Eifel-Rur-Verband. Nach *nordrhein-westfälischem* Landesrecht (§ 11 Abs. 2 S. 2 KostO; § 39 Gesetz über den Wasserverband Eifel-Rur vom 7. 2. 1990, GVBl. S. 106) werden für den Grunderwerb sowie für Geschäfte und Unternehmen des Verbandes zur unmittelbaren Durchführung seiner Aufgaben Gebühren nicht erhoben. Die Befreiung ist ohne Nachprüfung zuzugestehen, wenn die Aufsichtsbehörde des Verbandes bescheinigt, dass der Grunderwerb, das Geschäft oder das Unternehmen der unmittelbaren Durchführung seiner Aufgaben dient.

Eigenbetriebe. Nicht rechtsfähige Anstalten des öffentlichen Rechts, die als Eigenbetriebe eines Landes nach einem eigenen haushaltsrechtlich selbständigen Wirtschaftsplan verwaltet werden, sind nicht befreit, und zwar auch dann nicht, wenn das Land „für sie" Partei oder Beteiligter ist (BGH KostRsp. GKG § 2 Nr. 13 = Rpfleger 1982, 81; KG Rpfleger 1982, 487; OLG Bremen NJW-RR 1999, 1517: Zentralkrankenhäuser der Stadtgemeinde Bremen). Eigenbetriebe von Gemeinden können an deren Befreiung teilnehmen (KG VersR 1989, 816; vgl. auch LG Koblenz KostRsp. KostO § 11 Nr. 54: Eigenbetrieb einer Verbandsgemeinde = wirtschaftliches Unternehmen). → Gemeinden. Für die Eintragung von Eigenbetrieben ins Handelsregister gilt das für → Sparkassen Ausgeführte.

Einfuhr- und Vorratsstellen → Bundesanstalt für Landwirtschaft und Ernährung.

Eisenbahn-Bundesamt. Als Bundesoberbehörde (Gesetz über die Eisenbahnverkehrsverwaltung vom 27. 12. 1993, BGBl. I S. 2378) persönlich befreit (§ 11 KostO Rn. 16).

Emschergenossenschaft. Nach *nordrhein-westfälischem* Landesrecht (§ 11 Abs. 2 S. 2 KostO; § 39 Gesetz über die Emschergenossenschaft vom 7. 2. 1990, GVBl. S. 144) werden für den Grunderwerb sowie für Geschäfte und Unternehmen der Genossenschaft zur unmittelbaren Durchführung seiner Aufgaben Gebühren nicht erhoben. Die Befreiung ist ohne Nachprüfung zuzugestehen, wenn die Aufsichtsbehörde der Genossenschaft bescheinigt, dass der Grunderwerb, das Geschäft oder das Unternehmen der unmittelbaren Durchführung seiner Aufgaben dient.

Energieversorgungsdienstbarkeit → Leitungsrechte.

Enteignung. Das Bundesrecht gewährt Befreiung nur in Spezialvorschriften, → Baugesetzbuch, Energiewirtschaft, Flurbereinigung, Landbeschaffung, Schutzbau, Siedlung, Wassersicherstellung, Zivilluftfahrt.
Nach im *Saarland* (§ 8 Nr. 1 LJKG) fortgeltendem preußischem Landesrecht (§ 11 Abs. 2 S. 2 KostO; § 43 Abs. 4 Preuß. Gesetz über die Enteignung von Grundeigentum vom 11. 6. 1874) sind „sämtliche übrigen Verhandlungen vor den Gerichten und Grundbuchbehörden einschließlich der nach § 17 eintretenden freiwilligen Veräußerungsgeschäfte über Grundeigentum innerhalb des vorgelegten Planes sowie einschließlich der Quittungen und Konsense der Hypothekengläubiger und sonstigen Beteiligten" gebührenfrei. Unter die Befreiung fällt auch die Beurkundung von Verhandlungen, die der Vorwegnahme der geplanten Enteignung dienen; die Planfeststellung nach dem BauGB steht dabei der Planfeststellung nach dem Preuß. Enteignungsgesetz gleich (LG Duisburg KostRsp. KostO § 11 Nr. 4).

Entschädigung. Zur Kostenbefreiung im Verfahren auf Erteilung des Erbscheins für den Entschädigungsanspruch einschließlich des vorausgegangenen Verfahrens (§ 11 Abs. 2 S. 1 KostO; § 181 Abs. 3 S. 1 BEG idF vom 29. 6. 1956, BGBl. I S. 559) wird auf die 16. Aufl. verwiesen.

Entschädigungsfonds. Der Fonds (§ 9 Gesetz über die Entschädigung nach dem VermG vom 27. 9. 1994, BGBl. I S. 2624) ist nicht persönlich befreit, weil seine Einnahmen und Ausgaben nicht Teil des Bundeshaushalts sind (§ 11

Hellstab 1167

G; § 11 KostO Rn. 15). Daran ändert nichts die Verwaltung des Sondervermögens durch das → Bundesamt zur Regelung offener Vermögensfragen, es sei denn, dieses handelt im eigenen Namen (§ 11 KostO Rn. 15).
Für die Durchführung des Gesetzes gelten die Bestimmungen des VermG entsprechend (§ 12 Abs. 1 S. 1 des Gesetzes). Soweit nach ihm sachliche Befreiung eintritt, ist das auch hier der Fall, → Vermögensgesetz.

Entschuldung → Landwirtschaftliche Entschuldung.

Entsorgungsverband → Abfallentsorgungs- und Altlastensanierungsverband Nordrhein-Westfalen.

Erbbaurecht. Nach Bundesrecht (§ 11 Abs. 2 S. 1 KostO; § 39 ErbbauVO) bleiben Gebühren „insoweit außer Ansatz, als sie schon bei Begründung des Erbbaurechts entrichtet worden sind," wenn „ein Erbbauberechtigter aufgrund eines Vorkaufsrechts oder einer Kaufberechtigung iS des § 27 Nr. 7 ErbbauVO das mit dem Erbbaurecht belastete Grundstück erwirbt oder ein bestehendes Erbbaurecht erneuert wird" (ebenso *H. Schmidt* JurBüro 1962, 313, 321). Der Erneuerung steht eine Verlängerung des Erbbaurechts gemäß § 27 Abs. 3 ErbbauVO gleich (OLG Hamm Rpfleger 1966, 380 m. abl. Anm. *Rohs*).

Erftverband. Nach *nordrhein-westfälischem* Landesrecht (§ 11 Abs. 2 S. 2 KostO; § 5 Nr. 13 LGebBefrG; § 59 Gesetz über den Erftverband idF vom 15. 12. 1992, GVBl. S. 62) werden für den Grunderwerb sowie für Geschäfte und Unternehmen des Verbandes zur Durchführung seiner Aufgaben Gebühren der Gerichte nicht erhoben. Die Befreiung ist ohne Nachprüfung zuzugestehen, wenn die Aufsichtsbehörde dem Verband bescheinigt, dass der Grunderwerb, das Geschäft oder das Unternehmen der unmittelbaren Durchführung seiner Aufgaben dient.

Erloschene dingliche Rechte → Überholte dingliche Rechte.

Ersetzung von durch Kriegseinwirkung abhanden gekommenen oder zerstörten gerichtlichen Urkunden. Zur Gebührenfreiheit und -ermäßigung s. 16. Aufl.

Ersuchen → Öffentliches Interesse.

Erziehungsbeistandschaft und Freiwillige Erziehungshilfe → Sozialrechtliche Verfahren.

Euro-Einführung. Die rechtliche Umstellung von DM auf Euro erfolgte automatisch und ist durch den europäischen Gesetzgeber durch folgende EG-Verordnungen geregelt:
Nr. 1103/97 des Rates vom 17. 6. 1997 über bestimmte Vorschriften im Zusammenhang mit der Einführung des Euro – Euro-Verordnung I – (ABl. EG Nr. L 162 S. 1), die Bestimmungen zu Vertragskontinuität, Umrechnung und Rundung enthält; Nr. 974/98 des Rates vom 3. 5. 1998 über die Einführung des Euro – Euro-Verordnung II – (ABl. EG Nr. L 139 S. 1), die die wesentlichen währungs- und umstellungsrechtlichen Regelungen zum 1. 1. 2002 enthält und Nr. 2866/98 des Rates vom 31. 12. 1998 – Euro-Verordnung III – (ABl. EG Nr. L 359 S. 1), die die Umrechnungskurse enthält. Mit der Euro-Verordnung II erfolgte zum 1. 1. 2002 automatisch die Umstellung auf den Euro. Soweit der nationale Gesetzgeber in gesetzlichen Vorschriften die DM-Beträge nicht gesondert umgestellt hat, gelten ohne weitere Bestimmung Bezugnahmen auf die nationale Währung als Bezugnahmen auf den Euro. Dies geschieht durch die Verwendung des Umrechnungskurses von 1,95583 DM für 1 Euro.
Für die Eintragung der Umstellung im Grundbuch eingetragener Rechte und sonstiger Vermerke auf Euro gilt nach dem 31. 12. 2001 Folgendes: Nach diesem Zeitpunkt kann das Grundbuchamt die Umstellung von Amts wegen bei der nächsten anstehenden Eintragung vornehmen. Für die Eintragung werden keine Gebühren erhoben (§ 26a Abs. 2 S. 3 Grundbuchmaßnahmengesetz vom 20. 12. 1963 (BGBl. I S. 986) idF vom 27. 6. 2000 (BGBl. I S. 897). § 72 KostO bleibt unberührt. Dies gilt auch für Eintragungen in das Schiffsregister, das Schiffsbauregister und das Register für Pfandrechte an Luftfahrzeugen sinngemäß (§ 26a Abs. 3 GB-MaßnG).

Fachhochschulen → Hochschulen.

Fernsehanstalten. Nicht befreit (AG Hannover KostRsp. KostO § 11 Nr. 1; OLG Köln Rpfleger 1968, 131).

Fernstraßen → Bundesautobahnen.

Feuerversicherungsanstalten. Nach in *Nordrhein-Westfalen* (§ 5 Nr. 3 LGebBefrG) und *Rheinland-Pfalz* (Entwurf § 5 Nr. 4 JGebBefrG) fortgeltendem preußischem Landesrecht (§ 11 Abs. 2 S. 2 KostO; § 3 Abs. 2 Nr. 1 Gesetz betreffend die öffentlichen Feuerversicherungsanstalten vom 25. 6. 1910) sind die öffentlichen Feuerversicherungsanstalten gebührenbefreit, „soweit ihr Geschäftsbetrieb die Versicherung unbeweglicher Sachen gegen Feuer betrifft". Im Rahmen des „Geschäftsbetriebs" liegt die Anlage des Vermögens, insbesondere der Prämienzahlungen, ohne Rücksicht auf die Form der Anlage (OLG Schleswig Rpfleger 1956, 325). Im Rahmen des „Geschäftsbetriebs" liegt jedoch nicht die Durchsetzung von nach § 67 VVG übergegangener Schadensersatzansprüche (OLG Frankfurt JurBüro 1982, 1535). Betreibt eine Feuerversicherungsanstalt auch Fahrnisversicherung, so hat sie Gebühren nur von dem Hundertsatz zu zahlen, der nach dem Verhältnis des Umfangs der Versicherungszweige auf den sonstigen Versicherungszweig entfällt (RGZ 85, 265). Die Schleswig-Holsteinische Landesbrandkasse kann demgemäß zu 75% Gebührenfreiheit beanspruchen (OLG Schleswig Rpfleger 1956, 325).

Fideikommisse. Nach als Bundesrecht fortgeltendem Reichsrecht (§ 11 Abs. 2 S. 1 KostO; §§ 51, 63, 64 VO zur Durchführung und Ergänzung des Gesetzes über das Erlöschen der Familienfideikommisse und sonstiger gebundener Vermögen vom 20. 3. 1939, RGBl. I S. 509; aufgehoben in *Baden-Württemberg* durch Gesetz vom 21. 11. 1983, GBl. S. 693 und in *Niedersachsen* durch Gesetz vom 19. 9. 1989, GVBl. S. 345) sind im Zusammenhang mit der Auflösung von Fideikommissen usw. Beurkundungsgebühren auf die Hälfte und Pflegschaftsgebühren auf ein Viertel zu ermäßigen. Bestimmte Eintragungen und Löschungen im Grundbuch erfolgen gebührenfrei.
Baden-Württemberg hat durch das Gesetz zur Aufhebung des Fideikommißauflösungsrechts und anderer Vorschriften vom 21. 11. 1983 (GBl. S. 693) die bundesrechtlichen und landesrechtlichen Vorschriften über das Fideikommißauflösungsrecht außer Kraft gesetzt, insbesondere auch die reichsrechtliche VO vom 20. 3. 1939. Nach dem Übergangsrecht (Art. 4 § 2 Abs. 5) erforderlich werdende Verfahren, wie die Genehmigung von Vereinbarungen über die Änderung oder Aufhebung von Sicherheiten, soweit diese zugunsten bestimmter Personen bestellt sind und nach Beschlüssen des Fideikommissgerichts dessen Genehmigung erforderlich war, und die Entscheidungen im Zusammenhang mit der im Interesse der Berechtigten erfolgten Einsetzung von Treuhändern, insbesondere deren Bestellung und Abberufung, über die der Richter im Verfahren der freiwilligen Gerichtsbarkeit entscheidet, sind vor dem Amtsgericht gerichtskostenfrei; iÜ gelten die Vorschriften der KostO entsprechend.

Filmvermögen. Nach Bundesrecht (§ 11 Abs. 2 S. 1 KostO; § 21 Abs. 1 Gesetz zur Abwicklung und Entflechtung des ehemaligen reichseigenen Filmvermögens vom 5. 6. 1953, BGBl. I S. 276; KG KostRsp. KostO § 11 Nr. 3) werden Gerichtsgebühren „für die durch das genannte Gesetz oder aufgrund dieses Gesetzes vorgenommenen Übertragungen von Vermögensgegenständen nicht erhoben".

Fischereibezirke. Nach *baden-württembergischem* Landesrecht (§ 11 Abs. 2 S. 2 KostO, § 29 Abs. 4 Fischereigesetz vom 14. 11. 1979, GBl. S. 466, mehrfach geändert) werden für Rechtshandlungen, „die aus Anlaß der Änderung der Einteilung der Fischereibezirke notwendig werden, Abgaben (insbesondere auch die Kosten nach dem GKG und der KostO) des Landes ... nicht erhoben".

Fischereigenossenschaften. Nach in *Berlin* (§ 4 Nr. 2 LGebBefrG) fortgeltendem preußischem Landesrecht (§ 11 Abs. 2 S. 2 KostO; § 81 Abs. 1 Preuß. Fischereigesetz vom 11. 5. 1916) sind „alle Verhandlungen und Geschäfte" zur Bildung von Fischereigenossenschaften, „namentlich auch die Anfertigung und Beglaubigung von Grundbuchauszügen" gebührenfrei.

Flüchtlinge und Vertriebene. S. 16. Aufl.

Flurbereinigung. Nach Bundesrecht (§ 11 Abs. 2 S. 1 KostO); § 108 Abs. 1 Flurbereinigungsgesetz vom 14. 7. 1953 idF vom 16. 3. 1976, BGBl. I S. 546, mehrfach geändert) sind „Geschäfte und Verhandlungen, die der Durchführung der Flurbereinigung dienen, einschließlich der Berichtigung der öffentlichen Bücher" kostenfrei. Der Kostenbefreiung unterliegen nur Vorgänge, bei denen ein unmittelbarer Zusammenhang mit der Flurbereinigung gegeben ist (BGH HFR 1990, 386). Die Befreiung „ist von der zuständigen Behörde ohne Nachprüfung anzuerkennen, wenn die Flurbereinigungsbehörde versichert, daß ein Geschäft oder eine Verhandlung der Durchführung der Flurbereinigung dient" (Abs. 2). Das Verteilungsverfahren ist von der Kostenbefreiung ausgenommen (§ 74 Nr. 2 FlurberG). Amts- und Rechtshilfe ist den Flurbereinigungsbehörden jedoch grundsätzlich kostenfrei zu leisten (s. dazu und wegen der Ausnahmen bzgl. der Auslagen § 135 FlurberG).
Die Länder *Baden-Württemberg:* Justiz 2000, 121; *Hamburg:* JVBl. 1972, 52; 1973, 265; *Hessen:* JMBl. 2002, 305; *Niedersachsen:* Nds. Rpfl. 1975, 209; 1983, 249; 1989, 7; *Nordrhein-Westfalen:* JMBl. 1976, 244; vgl. auch § 4 Abs. 2 der VO vom 6. 12. 1982, GVBl. 1983, 2; *Rheinland-Pfalz:* JBl. 1963, 170; 1987, 75; Sachsen: JMBl. 2001, 76; *Schleswig-Holstein:* SchlHA 1983, 123 haben die Amtsgerichte ermächtigt, in Angelegenheiten der freiwilligen Gerichtsbarkeit, die der Verbesserung der Agrarstruktur (und des Küstenschutzes), d. h. Förderung der Aussied-

lung (mit oder ohne Aufstockung) von bäuerlichen Betrieben im Rahmen der jeweils geltenden Richtlinien außerhalb eines behördlichen Verfahrens dienen, die Gerichtsgebühren in dem Umfang zu erlassen, in dem die Kosten im Falle der gesetzlichen Gebührenbefreiung nicht erhoben würden. In *Baden-Württemberg, Hessen* und *Nordrhein-Westfalen* gilt die Ermächtigung auch für die freiwillige Zusammenlegung bzw. den freiwilligen Landtausch. Zum Nachweis, dass es sich um eine förderungswürdige Maßnahme handelt, genügt eine Bescheinigung des Landwirtschaftsamtes bzw. des Forstamtes, der Hamburgischen Behörde für Ernährung und Landwirtschaft bzw. des Hessischen Amts für Land- und Wasserwirtschaft bzw. des Landesamtes für Agrarordnung bzw. der Landsiedlung Rheinland-Pfalz GmbH oder des Kreditinstituts, aus der hervorgeht, dass aufgrund der geltenden Richtlinien für die vorgenannten Maßnahmen Förderungsmittel bewilligt werden. Bei der freiwilligen Zusammenlegung bzw. dem freiwilligen Landtausch muss aus der Bescheinigung hervorgehen, dass es sich um eine förderungswürdige Maßnahme handelt. Nach OLG Stuttgart (Justiz 1982, 269) „liegt eine freiwillige Zusammenlegung nur dann vor, wenn es sich um Maßnahmen handelt, die auch Inhalt eines Flurbereinigungsverfahrens sein können und durch welche die Zwecke eines Flurbereinigungsverfahrens (iwS) verfolgt werden. Die Bescheinigung des Landwirtschaftsamtes bzw. des Forstamtes kann nur dann den Nachweis der Voraussetzungen des Gebührenerlasses erbringen, wenn in ihr diese Voraussetzungen konkret, substantiiert und auf den Einzelfall bezogen in nachprüfbarer Weise dargetan sind". In *Baden-Württemberg* sind die Grundbuchämter ferner ermächtigt, in Angelegenheiten der freiwilligen Gerichtsbarkeit die Gerichtsgebühren für folgende der Verbesserung der Agrarstruktur außerhalb eines behördlichen Verfahrens, jedoch unter Einsatz von Bundes- und/oder Landesmitteln dienende Maßnahmen zu erlassen: a) Aussiedlung (einschließlich Teilaussiedlung und Betriebszweigaussiedlung) von landwirtschaftlichen Betrieben; b) bauliche Erweiterungen von Aussiedlungen und Neusiedlungen; c) Baumaßnahmen in Altgehöften und d) Aufstockung der landwirtschaftlichen Betriebsfläche. Bundes- oder Landesmittel sind alle Finanzierungshilfen des Bundes und des Landes, die für die unter a–d genannten Maßnahmen gewährt werden. Zum Nachweis, dass eine förderungswürdige Maßnahme vorliegt, genügt die Vorlage des Bewilligungsbescheides.
→ auch Wasser- und Bodenverbände, → Bodensonderung.

Flurneuordnung → Landwirtschaftsanpassung.

Forschungseinrichtungen. Es gilt das Gleiche wie für die → Hochschulen.

Forstangelegenheiten. Nach *rheinland-pfälzischem* Landesrecht (§ 11 Abs. 2 S. 2 KostO; Entwurf § 5 Nr. 9 JGebBefrG; § 60 Landesforstgesetz vom 16. 11. 1950 idF vom 2. 2. 1977, GVBl. S. 21) sind „Amtshandlungen, die zur Durchführung des Landesforstgesetzes dienen", gebührenfrei, „soweit das Gesetz und seine Durchführungsbestimmungen nichts anderes anordnen".

Forstgrundbücher. Nach *niedersächsischem* Landesrecht (§ 11 Abs. 2 S. 2 KostO: § 5 Nr. 27 LGebBefrG; § 5 VO über die Umschreibung der Forstgrundbücher vom 6. 7. 1970) werden für die Umschreibung der Forstgrundbücher Kosten nicht erhoben.

Gebäudeentschuldungssteuer → Abgeltungshypothek.

Gebäudefeuerversicherung → Feuerversicherungsanstalten.

Gebietskörperschaften → Gemeinden. Für die Eintragung von Unternehmen der Gebietskörperschaften ins Handelsregister gilt das für → Sparkasse Ausgeführte.

Gebietsreform. Nach *bayerischem* Landesrecht (§ 11 Abs. 2 S. 2 KostO; Art. 19 Gesetz über Maßnahmen zur kommunalen Gebietsreform vom 25. 5. 1972, GVBl. S. 169) werden „für Rechtshandlungen, die bei der Durchführung der Neugliederung Bayerns in Landkreise und kreisfreie Städte und der Neuabgrenzung der Regierungsbezirke notwendig werden, Abgaben (insbesondere auch die Kosten nach der KostO) nicht erhoben". In *Nordrhein-Westfalen* sind die Amtsgerichte ermächtigt, Gerichtskosten, die bei Eintragung im Grundbuch oder in öffentlichen Registern allein aus Anlass der kommunalen Neugliederung entstehen, zu erlassen. Eintragungen aus Anlass der kommunalen Neugliederung, die gemeinsam mit anderen Eintragungen vorgenommen werden, sind bei der Gebührenberechnung unberücksichtigt zu lassen (§ 4 Abs. 3 VO vom 6. 12. 1982, GVBl. 1983, 2; RV des JM. NW vom 25. 1. 1983 – 5062 – I B. 24). Nach *sächsischem* Landesrecht (§ 24 Kreisgebietsreformgesetz vom 24. 6. 1993, GVBl. S. 549) erheben das Land Sachsen und seiner Aufsicht unterstehende Körperschaften des öffentlichen Rechts für Rechtshandlungen, die bei der Durchführung dieses Gesetzes notwendig werden, keine Abgaben, insbesondere nicht die Kosten nach der KostO einschließlich der Beurkundungs- und Beglaubigungsgebühren

I. Lexikon des Bundes- und Landesrechts **Anh. C**

(wegen der Notargebühren s. § 144 KostO). Nach *thüringischem* Landesrecht (§ 30 Neugliederungsgesetz vom 16. 8. 1993, GVBl. S. 345) erheben das Land Thüringen und die seiner Aufsicht unterstehenden Körperschaften für Rechtshandlungen, die bei der Durchführung dieses Gesetzes notwendig werden, keine Kosten (Gebühren und Auslagen), insbesondere nicht die Kosten nach der KostO einschließlich Beurkundungs- und Beglaubigungsgebühren (wegen der Notargebühren s. § 144 KostO). Nach *sachsen-anhaltinischem* Landesrecht (§ 32 Gesetz zur Kreisgebietsreform vom 13. 7. 1993, GVBl. S. 352) erheben das Land Sachsen-Anhalt und die seiner Aufsicht unterstehenden Körperschaften des öffentlichen Rechts für Rechtshandlungen, die bei der Durchführung des Gesetzes notwendig werden, keine Abgabe (insbesondere nicht die Kosten nach der KostO); Auslagen werden nicht ersetzt.

Gemeindegrenzen. Nach *bayerischem* Landesrecht (§ 11 Abs. 2 S. 2 KostO; Art. 14 Abs. 2 Gemeindeordnung vom 25. 1. 1952 idF vom 22. 8. 1998, GVBl. S. 796, mehrfach geändert) werden für Änderungen des Gemeindegebiets gemäß Art. 11 Gemeindeordnung und Rechtshandlungen, die aus Anlass solcher Änderungen erforderlich sind, Abgaben (insbesondere auch die Kosten nach der KostO) nicht erhoben („soweit eine Befreiung landesrechtlich zulässig ist"; also von Gerichtskosten, § 11 Abs. 2 S. 2 KostO, nicht aber von Notarkosten, § 144 KostO). Es werden ferner für Rechtsgeschäfte, die aus Anlass der Bildung, Erweiterung oder Auflösung einer Verwaltungsgemeinschaft oder der Entlassung von Mitgliedsgemeinden aus einer Verwaltungsgemeinschaft erforderlich werden, Abgaben (insbesondere auch die Kosten nach dem Gerichtskostengesetz und der Kostenordnung einschließlich der Beurkundungs- und Beglaubigungsgebühren) nicht erhoben, soweit eine Befreiung landesrechtlich zulässig ist (Art. 11 der Verwaltungsgemeinschaftsordnung vom 27. 7. 1971, GVBl. S. 247, mehrfach geändert). Nach *hessischem* Landesrecht (§ 18 Abs. 4 Gemeindeordnung idF vom 1. 4. 2005, GVBl. S. 142) sind „Rechtshandlungen, die aus Anlaß der Änderung des Gemeindegebietes erforderlich werden, frei von Gebühren". Nach *niedersächsischem* Landesrecht (§ 5 Nr. 28 LGebBefrG; § 20 Abs. 2 Gemeindeordnung idF vom 28. 10. 2006, GVBl. S. 473) sind „Rechtshandlungen, die aus Anlaß der Gebietsänderung erforderlich werden", gebührenfrei. „Das gleiche gilt für Berichtigungen, Eintragungen und Löschungen" auf Ersuchen der Aufsichtsbehörde. Nach *rheinland-pfälzischem* Landesrecht (§ 12 Abs. 2 Gemeindeordnung vom 14. 12. 1973 idF vom 31. 1. 1994, GVBl. S. 153) werden für die im Zusammenhang mit der Gebietsänderung stehenden Eintragungen der Rechtsänderungen in das Grundbuch und die sonstigen gerichtlichen Geschäfte Gebühren und Auslagen nach der KostO nicht erhoben. Nach *saarländischem* Landesrecht (§ 17 Kommunalselbstverwaltungsgesetz idF vom 27. 6. 1997, ABl. S. 682) sind Rechtshandlungen, die aus Anlass der Änderung des Gemeindegebietes erforderlich werden, frei von öffentlichen Abgaben. Das gilt auch für Berichtigungen, Löschungen und sonstigen Eintragungen im Grundbuch. Nach *sachsen-anhaltinischem* Landesrecht (§ 19 Abs. 2 Gemeindeordnung vom 5. 10. 1993, GVBl. S. 568 idF vom 21. 12. 1998, GVBl. S. 499) sind Rechtshandlungen, die aus Anlass einer Gebietsänderung erforderlich werden, frei von öffentlichen Abgaben und Gebühren. Das Gleiche gilt für Berichtigungen, Eintragungen und Löschungen im Grundbuch und in anderen öffentlichen Büchern. Nach *sächsischem* Landesrecht (§ 35 Gesetz über kommunale Zusammenarbeit vom 19. 8. 1993, GVBl. S. 815) werden für Rechtshandlungen, die wegen der Umwandlung eines Verwaltungsverbandes in eine kreisangehörige Gemeinde notwendig werden, Abgaben nicht erhoben. Dies gilt insbesondere für Kosten, die nach … der KostO … erhoben werden. Auslagen werden nicht erstattet. Nach *schleswig-holsteinischem* Landesrecht (§ 16 Abs. 4 Gemeindeordnung idF vom 28. 2. 2003, GVOBl. S. 57) sind die durch die Gebietsänderung erforderlichen Rechtshandlungen frei von öffentlichen Abgaben. Nach *thüringischem* Landesrecht (§ 47 Gemeindeneugliederungsgesetz vom 23. 12. 1996, GVBl. S. 333) erhebt „das Land und die seiner Aufsicht unterstehenden Körperschaften keine Kosten (Gebühren und Auslagen) für Rechtshandlungen, die bei der Durchführung dieses Gesetzes notwendig werden". Die Positivkataloge der übrigen LGebBefrG (vgl. § 11 KostO Rn. 19 ff. iVm. Anhang C II) sehen eine Weitergeltung der entsprechenden landesrechtlichen Regelungen nicht vor, allerdings fehlt auch eine ausdrückliche Aufhebung, so dass sie nur von den generellen Aufhebungsklauseln wie etwa § 6 Abs. 2 des nordrhein-westfälischen LGebBefrG erfasst werden. Im Hinblick auf die jetzige Gebührenfreiheit der Gemeinden ist die praktische Bedeutung der Vorschrift allerdings gering.

Baden-Württemberg (Justiz 1972, 28) hat die Amtsgerichte usw. ermächtigt, Gerichtskosten, die allein aus Anlass der kommunalen Neugliederung (Gemeindeneugliederungen, -neubildungen und dgl.) entstehen, zu erlassen.

→ auch Bezirke, Bremen, Gebietsreform und Landkreise.

Gemeinden. Nach *baden-württembergischem* (§ 5 Abs. 1 Nr. 2 LJKG), *Berliner* (§ 1 Abs. 1 Nr. 2 LJKG), *brandenburgischem* (§ 6 Abs. 1 Nr. 2

Hellstab 1171

JKG), *mecklenburg-vorpommerischem* (§ 7 Abs. 1 Nr. 2 LJKG), *niedersächsischem, nordrhein-westfälischem, rheinland-pfälzischem* (jeweils § 1 Abs. 1 Nr. 2 LGebBefrG), *saarländischem* (§ 4 Abs. 1 Nr. 2 LJKG) und *sachsen-anhaltinischem* (§ 7 Abs. 1 Nr. 2 JKostG) Landesrecht (§ 11 Abs. 2 S. 2 KostO) sind die Gemeinden gebührenbefreit, soweit die Angelegenheit nicht ihre wirtschaftlichen Unternehmen betrifft. *Baden-Württemberg* gewährt darüber hinaus Auslagenfreiheit (§ 5 Abs. 4 LJKG).

Unter „wirtschaftlichen Unternehmen" werden in *Niedersachsen* entsprechend den Ausführungsbestimmungen zu § 108 Gemeindeordnung solche Einrichtungen und Anlagen der Gemeinde verstanden, die auch von einem Privatunternehmen mit der Absicht der Gewinnerzielung betrieben werden können, zB Versorgungsbetriebe, Verkehrsbetriebe, Industrie- und Handwerksbetriebe (vgl. OLG Oldenburg Nds.Rpfl. 1988, 26). Dabei ist immer zu untersuchen, welchen Charakter ein Unternehmen tatsächlich hat. In *Nordrhein-Westfalen* werden als wirtschaftlich Unternehmen angesehen, die „in der Rechtsform einer privatrechtlichen Kapitalgesellschaft oder in der eines Eigenbetriebs nach § 74 der Gemeindeordnung betrieben werden" (*Höver* JVBl. 1970, 121, 122; deshalb wohl falsch AG Achim DGVZ 1975, 16, das die zinsgünstige Gewährung von Baudarlehen im Rahmen des sozialen Wohnungsbaues als wirtschaftliches Unternehmen der Verwaltung ansieht); nach OLG Düsseldorf JurBüro 2007, 432 ist das als Eigenbetrieb ausgegliederte Gebäudemanagement ein wirtschaftliches Unternehmen der Gemeinde und daher nicht gebührenbefreit. Nach AG Solingen (KostRsp. KostO § 11 Nr. 43 = JurBüro 1979, 1696) zählen kommunale Krankenhäuser selbst dann nicht zu den wirtschaftlichen Unternehmen der Gemeinden, wenn sie wie Eigenbetriebe nach wirtschaftlichen Gesichtspunkten geführt werden. Für *Rheinland-Pfalz* ist ebenfalls auf die Gemeindeordnung zurückzugreifen (§ 92 Abs. 1 GO). Danach sind die Gemeinden verpflichtet, für Versorgungsbetriebe wirtschaftliche Unternehmen als Eigenbetriebe zu gründen. Diese sind so zu führen und zu organisieren, dass sie zumindest kostendeckend arbeiten. Der Eigenbetrieb einer Verbandsgemeinde-Verwaltung stellt daher ein wirtschaftliches Unternehmen dar, für das die Gebührenbefreiung nicht gilt (LG Koblenz KostRsp. KostO § 11 Nr. 54). Unerheblich ist, ob die wirtschaftlichen Unternehmen eigene Rechtspersönlichkeit besitzen oder nicht; nicht befreit sind beispielsweise öffentliche Sparkassen (→ aber unter Sparkassen) sowie Versorgungs- und Verkehrsbetriebe (*Jürgensen* Justiz 1971, 190, 191), wohl aber Krankenhausbetriebe des Landes *Berlin* (KG VersR 1989, 816). Privatrechtliche Tätigkeiten der Gemeinden, die zum Bereich der gewöhnlichen Verwaltung des Gemeindevermögens gehören, stellen grundsätzlich nicht schon wirtschaftliche Unternehmen dar (LG Heidelberg Justiz 1975, 231 = KostRsp. GKG aF § 2 Nr. 34; OLG Stuttgart Justiz 1977, 459; 1983, 122). Die Gebührenbefreiung umfasst kommunale Stiftungen (OLG Stuttgart Justiz 1999, 203).

Nach *thüringischem* Landesrecht (§ 6 Abs. 1 Nr. 2 JKG) sind die Gemeinden gebührenbefreit „in Angelegenheiten der Fürsorge, des Schulwesens, der Jugendwohlfahrt (Jugendfürsorge und Jugendpflege) und der Gesundheitsfürsorge sowie in kirchlichen Angelegenheiten". Außerdem werden in Thüringen (§ 5 Abs. 1 Nr. 3 JKG) keine Gebühren erhoben für „die überwiegend im öffentlichen Interesse vorgenommenen Geschäfte für Angelegenheiten, die den Gemeinden zur Erfüllung nach Weisung übertragen sind".

→ auch Berlin, Bremen, Hamburg, ferner Bundessozialhilfe, Eigenbetriebe, Gebietsreform, Gemeindegrenzen, Gemeindeverbände, Darlehen und Verwaltungsgemeinschaften.

Gemeindeneugliederung → Gemeindegrenzen.

Gemeindeverbände sind wie Gemeinden gebührenbefreit, → Gemeinden und die dort genannten Vorschriften. Gemeindeverbände sind die kommunalen Zweckverbände und sonstigen kommunalen Zusammenschlüsse öffentlichen Rechts, wie zB die Landschaftsverbände (KGJ 25 B 16); in *Baden-Württemberg* auch die im LJKG ausdrücklich genannten „anerkannten regionalen Planungsgemeinschaften"; ferner der Landeskommunalverband der Hohenzollerischen Lande (*Jürgensen* Justiz 1971, 190, 191; *Jürgensen/Reichle*, KostO und baden-württembergisches LJKG, 6. Aufl., § 5 LJKG Anm. 6); in *Niedersachsen* der Verband Großraum Hannover (OLG Celle Nds.Rpfl. 1976, 133); weiter die im LGebBefrG von *Niedersachsen* ausdrücklich aufgeführten Kreise und → Landkreise (*Jürgensen* aaO).

Der Begriff der „kommunalen Zusammenschlüsse" ist nach dem Gesetzeszweck zu bestimmen: Er umfasst alle Zusammenschlüsse, die der Wahrnehmung öffentlicher Interessen, dem Versehen von Aufgaben der kommunalen Selbstverwaltung dienen. Kreiskrankenhäuser sind keine wirtschaftlichen Unternehmen der Landkreise (in *Baden-Württemberg*), sie genießen also auch insoweit Gebührenfreiheit (OLG Karlsruhe Justiz 1973, 394). → auch Badischer Gemeindeversicherungsverband und Umlandverband Frankfurt.

Nach *rheinland-pfälzischem* Landesrecht (§ 11 Abs. 2 S. 2 KostO; § 15 Zweckverbandsgesetz vom 22. 12. 1982, GVBl. 476) „sind Rechtshandlungen aus Anlass oder Auflösung von Zweckverbänden und des Abschlusses oder der Aufhebung von Zweckvereinbarungen frei von öffentlichen Abgaben und Auslagen, soweit diese auf Landesrecht beruhen. Für die hiermit in Zusammenhang stehenden Eintragungen der Rechtsänderungen in das Grundbuch und die sonstigen gerichtlichen Geschäfte werden Gebühren und Auslagen nach der KostO nicht erhoben. Nach *sächsischem* Landesrecht (§ 68 Gesetz über kommunale Zusammenarbeit vom 19. 8. 1993, GVBl. S. 815) werden für Rechtshandlungen, die wegen einer Vereinbarung von Zweckverbänden notwendig werden, Abgaben nicht erhoben. Dies gilt insbesondere für Kosten, die nach ... der KostO ... erhoben werden. Auslagen werden nicht erstattet.

Gemeinheitsteilung. Nach *nordrhein-westfälischem* Landesrecht (§ 11 Abs. 2 S. 2 KostO; § 5 Nr. 15 LGebBefrG; §§ 2, 16 Nr. 6 Gesetz über die Gemeinheitsteilung und Reallastenablösung vom 28. 11. 1961) finden die für die → Flurbereinigung geltenden Kostenvorschriften Anwendung. „Verfahrenskosten werden nicht erhoben" für Gemeinheitsteilungen im Rentenübernahme- und Rentengutsverfahren.

Gemeinnützige Vereinigungen → Milde Stiftungen.

Genossenschaft. Eine privatrechtliche Genossenschaft ist auch dann nicht nach § 2 Abs. 1 S. 1 GKG oder dem *Berliner* LGebBefrG befreit, wenn einziger Genossenschafter der Bund ist (LG Berlin Rpfleger 1983, 503).

Gewalttaten. Nach Bundesrecht (§ 11 Abs. 2 S. 1 KostO; § 6 Abs. 3 Gesetz über die Entschädigung für Opfer von Gewalttaten idF vom 7. 1. 1985, BGBl. I S. 1, geändert) ist das Gesetz über das Verwaltungsverfahren der Kriegsopferversorgung anzuwenden, → Sozialrechtliche Verfahren.

Gewässerausbaumaßnahmen. *Baden-Württemberg* (Justiz 2006, 193) hat die Ermächtigung erteilt, a) Beurkundungs-, Beglaubigungs- und Eintragungskosten, die durch die Veräußerung von Restflächen an Anlieger entstehen, zu erlassen, sofern der Kaufpreis im Einzelfall 1000 Euro nicht übersteigt, b) die für die Vollmachterteilung beim Grunderwerb sowie der Veräußerung von Restflächen anfallenden Beurkundungs- und Beglaubigungskosten zu erlassen, c) die durch Tauschverträge anfallenden Beurkundungs-, Beglaubigungs- und Eintragungskosten zu erlassen, wenn der Wert des Ersatzlandes den Betrag von 4000 Euro im Einzelfall nicht übersteigt, d) die durch die Freistellung von Belastungen in Abt. II und III anfallenden Beurkundungs-, Beglaubigungs- und Eintragungskosten zu erlassen, e) die bei Bau, Unterhaltung, Ausbau oder Verbesserung von Straßen bzw. baulichen Anlagen an Straßen durch die Bestellung beschränkt persönlicher Dienstbarkeiten zugunsten der Träger der Baumaßnahme anfallenden Beglaubigungs- und Eintragungskosten zu erlassen. Bei mehreren Grundstücken im Rechtssinne kommt es auf den Wert jedes Einzelgrundstücks an; eine Zusammenrechnung findet nicht statt.

Gräbergesetz → Kriegsgräber.

Grenzbereinigung. Nach *hessischem* Landesrecht (§ 11 Abs. 2 S. 2 KostO; § 15 Gesetz über die vereinfachte Bereinigung der Rechts- und Grenzverhältnisse bei Baumaßnahmen für öffentliche Straßen vom 13. 6. 1979, GVBl. S. 108) ist die Berichtigung der öffentlichen Bücher kostenfrei.

Grenzregelung → Baugesetzbuch, Gemeindegrenzen, Landkreise, Sparkassen und Staatsgrenze.

Grundbuchabschriften. In *Bayern* haben die Stellen, denen Gebührenfreiheit zusteht, grundsätzlich nur unbeglaubigte Abschriften aus dem Grundbuch zu beantragen (BayJMBl. 1976, 304).

Grundbuchbereinigung im Beitrittsgebiet → Anteilsbestimmung, Kohleabbaugerechtigkeit, Landwirtschaftsanpassung, Rückübertragung von Eigentumsrechten, überholte dingliche Rechte, Umstellung, Wiederherstellung von Grundbüchern.

Grundbuchgeschäfte. Nach Bundesrecht sind bestimmte Grundbuchgeschäfte gebührenfrei, s. §§ 60 Abs. 4, 69, 70 KostO mit Erl. → ferner die einzelnen Stichworte dieses Anhangs.
In *Baden-Württemberg* (AV vom 22. 2. 2006, Justiz 2006, 193) werden nach § 69 Abs. 1 Nr. 4 KostO für die Eintragung der Vereinigung mehrerer Grundstücke zu einem Grundstück und für die Zuschreibung eines oder mehrerer Grundstücke zu einem anderen Grundstück als dessen Bestandteil, einschließlich hierzu notwendiger Grundstücksteilungen keine Gebühren erhoben, sofern die das amtliche Verzeichnis (§ 2 Abs. 2 GBO) führende Behörde bescheinigt, dass die Grundstücke örtlich und wirtschaftlich ein einheitliches Grundstück darstellen.
In *Bayern* (BayJMBl. 1979, 244) sind die Amtsgerichte ermächtigt, die Gebühren niederzuschlagen, die bei der Umschreibung von Grundbuchblättern (wegen der Kostenfreiheit der

allgemeinen Umschreibung s. BayBSVJu. III 95) entstehen, und zwar für a) Vereinigung und Bestandzuschreibung oder deren Aufhebung, b) Pfandunterstellungen oder Pfandfreigaben, Ausdehnungen oder Beschränkungen von Rechten und ähnliche Geschäfte, die dazu dienen, die Übertragung von Rechten auf das neue Blatt zu erleichtern, c) die Berichtigung der nach § 15 GBV zur Bezeichnung der Berechtigten notwendigen Angaben im Grundbuch.

Nach *hessischem* (§ 6 Abs. 1 Nr. 5 JKG) und *thüringischem* (§ 5 Abs. 1 Nr. 6 JKG) Landesrecht (§ 11 Abs. 2 S. 2 KostO) ist die „Eintragung im Grundbuch in den Fällen, in denen die Beteiligten im öffentlichen Interesse gesetzlich verpflichtet sind, sich den Rechtsänderungen zu unterwerfen", gebührenfrei.

In *Niedersachsen* (Nds.Rpfl. 1987, 5) sind die Amtsgerichte ermächtigt, in Grundbuch- und Pachtkreditsachen, die im Zusammenhang mit einer Förderung nach dem Stufeninvestitionsplan oder dem Sozialen Ergänzungsplan des Landes Niedersachsen stehen, die Gerichtsgebühren zu erlassen. Der Nachweis, dass es sich um eine förderungswürdige Maßnahme handelt, wird durch eine Bescheinigung der für die Bewilligung der Förderungsmittel zuständigen Behörde (Bezirksregierung) erbracht. Die Ermächtigung umfasst auch den Erlass von Auslagen in Grundbuchsachen, die der Vorbereitung oder Durchführung von Landankäufen nach dem RdErl. Nds.MBl. S. 443 dienen, zu deren Zahlung die Niedersächsische Landgesellschaft m. b. H. (NLG) mangels Auslagenfreiheit verpflichtet ist. Als Nachweis genügt die Versicherung der NLG, dass ein Verfahren nach dem bezeichneten Runderlass vorliegt.

In *Nordrhein-Westfalen* (JMBl. 1963, 102; § 4 Abs. 1 VO vom 6. 12. 1982, GVBl. 1983, 2) sind die Amtsgerichte ermächtigt, die Gebühren bis zur Höhe von 20 DM ganz und darüber hinaus zur Hälfte zu erlassen für die einzelnen Eintragungen (Löschungen), die nicht gemäß § 82 GBO erzwungen werden können, wenn die Eintragung zur Berichtigung, Vereinfachung oder übersichtlichen Gestaltung des Grundbuchs angezeigt erscheint, die Eintragung auf Antrag vorzunehmen ist und das Grundbuchamt den Antrag schriftlich angeregt oder vor Antragstellung in sonstiger Weise als der Grundbuchbereinigung dienlich bezeichnet hat. Wird ein Amtslöschungsverfahren (§§ 84 ff. GBO) erspart, so kann die Eintragungsgebühr in voller Höhe erlassen werden. Für die Gebühren des § 72 KostO gilt dies entsprechend.

In *Rheinland-Pfalz* (JBl. 1990, 26) werden Gebühren und Auslagen bei Zurückführung des Grundbuchs auf das Liegenschaftskataster nicht erhoben. Dies gilt auch für das Verfahren bei Aufklärung von Unstimmigkeiten zwischen Grundbuch und Katasteramt.

Die fortgeltende reichsrechtliche AV DJ 1937, 482 (= BayBSVJu. V 345) weist darauf hin, dass sich bei Umschreibungen jeglicher Art die Kostenfreiheit auch auf die Berichtigung des Auszuges auf den Hypothekenbriefen (usw.) erstreckt.

Grundschuldbrief → Hypothekenbrief.

Häftlingshilfe. *Hessen* (JMBl. 2002, 305) hat die Amtsgerichte ermächtigt, Gerichtskosten für die Erteilung von Erbscheinen und Zeugnissen über die Ernennung von Testamentsvollstreckern, die zur Geltendmachung von Ansprüchen nach § 9a Abs. 1 Häftlingshilfegesetz idF vom 2. 6. 1993 (BGBl. I S. 838, geändert) erforderlich sind, auf Antrag unter bestimmten Voraussetzungen ganz oder teilweise zu erlassen; dies gilt auch für die Gebühr für die Beurkundung der eidesstattlichen Versicherung.

Hamburg. Nach Bundesrecht gilt das Gleiche wie für die anderen → Länder, es wird nicht zwischen Landes- und Gemeindeangelegenheiten unterschieden (BGHZ 13, 207 = Rpfleger 1955, 156).

Handwerkskammern. → Berufsständische Kammern.

Hauszinssteuer → Abgeltungshypothek.

Heimstätte. Nach Aufhebung der §§ 34, 35 Reichsheimstättengesetz durch Art. 21 § 5 Abs. 3 Steuerreformgesetz vom 25. 7. 1988 (BGBl. I S. 1093) ist das Reichsheimstättengesetz durch das Gesetz vom 17. 6. 1993 (BGBl. I S. 912) insgesamt aufgehoben worden. Nach den Übergangsregelungen (Art. 6 § 2 des Aufhebungsgesetzes) ist der Reichsheimstättenvermerk im Grundbuch (§§ 4 und 6 Reichsheimstättengesetz) unbeschadet des Abs. 4 (s. unten) bis zum 31. 12. 1998 von Amts wegen kostenfrei zu löschen. Das Grundbuchamt soll jedoch die Löschung nur vornehmen, wenn ein besonderer Anlass besteht, zum Beispiel die Anregung eines Beteiligten, die Vornahme einer anderen Eintragung auf dem Grundbuchblatt oder eine Umschreibung des Grundbuchblatts. Sind mehrere Grundstücke auf dem Grundbuchblatt gebucht, deren Zusammenschreibung nach § 4 GBO nicht mehr zulässig wäre, so soll insoweit mit der Löschung des Reichsheimstättenvermerkes die Zusammenschreibung aufgelöst werden. Nach Art. 6 § 2 Abs. 2 sind die Löschung und die Auflösung einer Zusammenschreibung bereits vor dem 1. 1. 1999 kostenfrei vorzunehmen, wenn der Eigentümer nach Art. 6 § 1 Abs. 2 auf die Anwendung des

I. Lexikon des Bundes- und Landesrechts

§ 20 Reichsheimstättengesetz verzichtet hat. Ist bei Löschung des Reichsheimstättenvermerks aus der Zeit vor Inkrafttreten des Aufhebungsgesetzes (1. 10. 1993) eine Hypothek oder Grundschuld im Grundbuch eingetragen, so ist bei dieser von Amts wegen kostenfrei im Grundbuch zu vermerken, dass sie weiterhin den Regeln des § 17 Abs. 2 S. 2 des früheren Reichsheimstättengesetzes unterliegt (Art. 6 § 2 Abs. 3). Eine Fortgeltung als Landesrecht kann sich nur auf landesrechtliche Gebühren beziehen, für *Bayern* (vgl. BayBSErG B 141) also auf die Katasterfortführungsgebühr (§ 60 KostO R n. 75); iÜ, insbesondere für *Berlin* (§ 4 Nr. 4 GebBefrG), „bricht" die bundesrechtliche Aufhebung entgegenstehendes Landesrecht (Art. 31 GG).
In Grundbüchern für Grundstücke in der *ehemaligen DDR* sind vor dem 3. 10. 1990 eingetragene Reichsheimstättenvermerke vom Inkrafttreten des Aufhebungsgesetzes an (1. 10. 1993) von Amts wegen kostenfrei zu löschen (Art. 6 § 2 Abs. 4). Auf Erbfälle vor dem 1. 10. 1993 sind die hierzu ergangenen Vorschriften der VO zur Ausführung des Reichsheimstättengesetzes (s. 11. und frühere Auflagen) sowie des § 117 KostO weiter anzuwenden.

Hochschulen. Nach *baden-württembergischem* (§ 5 Abs. 1 Nr. 5 LJKG), *Berliner* (§ 1 Abs. 1 Nr. 3 LGebBefrG), *brandenburgischem* (§ 6 Abs. 1 Nr. 3 JKG), *hamburgischem* (§ 11 Abs. 1 Nr. 2 JKG), *mecklenburg-vorpommerschem* (§ 7 Abs. 1 Nr. 3 LJKG), *niedersächsischem* (§ 1 Abs. 1 Nr. 3 LGebBefrG), *nordrhein-westfälischem* (§ 1 Abs. 1 Nr. 3 LGebBefrG), *rheinland-pfälzischem* (§ 1 Abs. 1 Nr. 3 JGebBefrG), *saarländischem* (§ 4 Abs. 1 Nr. 3 LJKG), *sachsen-anhaltischem* (§ 7 Abs. 1 Nr. 3 JKostG) und *thüringischem* (§ 6 Abs. 1 Nr. 3 JKG) Landesrecht (§ 11 Abs. 2 S. 2 KostO) sind Universitäten, Hochschulen, Fachhochschulen (in *Brandenburg, Sachsen-Anhalt* und *Thüringen* auch die Studentenwerke, in *Thüringen* ferner die Studentenschaften), Akademien und Forschungseinrichtungen, die die Rechtsstellung einer Körperschaft, Anstalt oder Stiftung des öffentlichen Rechts haben, gebührenbefreit. In *Schleswig-Holstein* sind die staatlichen Hochschulen als nach den Haushaltsplänen des Landes verwaltete öffentliche Anstalten von der Zahlung der Kosten befreit (OLG Schleswig JurBüro 1995, 209 = SchlHA 1995, 196). → Studentenwerke, Klinikum Johannes Gutenberg-Universität Mainz.

Hof. Nach (partiellem) Bundesrecht (§ 11 Abs. 2 S. 1 KostO; § 18 HöfeVfO; § 39 Abs. 2 Nr. 2 GrdstVG) werden „für die Vereinigung der zu einem Hof – im Sinne der Höfeordnung – gehörenden Grundstücke zu einem Grundstück sowie für die Eintragung und Löschung des Hofvermerks Gebühren und Auslagen nicht erhoben".

Höferolle. Nach *rheinland-pfälzischem* Landesrecht (§ 11 Abs. 2 S. 2 KostO; Entwurf § 5 Nr. 18 JGebBefrG; § 11 S. 1 LVO über die Höferolle vom 3. 11. 1958 idF vom 14. 3. 1967, GVBl. S. 143) sind „die Eintragungen in die Höferolle und die Löschungen, die von dem Höfeausschuss gemäß § 6 Abs. 2 Buchst. b der HöfeO Rh-Pf. beantragt oder die zur Durchführung eines der Strukturverbesserung des Hofes dienenden Grundstückstausches erforderlich werden", kostenfrei; „der Nachweis, daß das Tauschgeschäft dem Hofinteresse dient, wird dem Grundbuchamt gegenüber durch einen gebührenfrei zu erteilenden Bescheid der unteren Landwirtschaftsbehörde geführt". Im Übrigen wird für die Löschungen ein Viertel der vollen Gebühr nach dem Einheitswert der in der Höferolle gelöschten Grundstücke erhoben.

Hospitalfonds St. Benedikt in Lüneburg. Nach *niedersächsischem* Landesrecht (§ 11 Abs. 2 S. 2 KostO; § 1 Abs. 1 Nr. 4 LGebBefrG) gebührenbefreit.

„Hunderteinunddreißiger". S. 16. Aufl.

Hypothekenbrief. Nach Bundesrecht (§ 11 Abs. 2 S. 1 KostO; § 26 Grundbuchmaßnahmengesetz vom 20. 12. 1963, BGBl. I S. 986, zuletzt geändert am 20. 12. 1993, BGBl. I S. 2182, anzuwenden in der *ehemaligen DDR*, § 36a; dazu *Böhringer* JurBüro 1994, 201) ist die Neuerteilung eines durch Kriegseinwirkung vernichteten oder abhanden gekommenen Hypotheken-, Grundschuld- oder Rentenschuldbriefes kostenfrei, desgleichen die entsprechende Feststellung des Grundbuchamts, wenn die Erteilung des Briefs nachträglich ausgeschlossen oder die Hypothek usw. gelöscht werden soll. Ebenfalls ist nach Bundesrecht (§ 11 Abs. 2 S. 1, § 13 Gesetz über die Kraftloserklärung von Hypotheken-, Grundschuld- und Rentenschuldbriefen in besonderen Fällen vom 18. 4. 1950, BGBl. I S. 88) die Neuerteilung gebührenfrei, wenn der erste Brief nach dem genannten Gesetz vom 18. 4. 1950 für kraftlos erklärt worden ist.

Hypothekengewinnabgabe → Öffentliche Last.

Industrie- und Handelskammern → Berufsständische Kammern.

Industriekreditbank AG in Düsseldorf als Rechtsnachfolgerin der Bank für Deutsche Industrieobligationen, der späteren Deutschen Industriebank. Keine persönliche Befreiung (vgl. Gesetz vom 15. 7. 1971, BGBl. I S. 447). Die Bank ist jedoch nach Bundesrecht (§ 11 Abs. 2 S. 1 KostO; § 2 der 1. DVO zum Industriebankgesetz idF vom 8. 4. 1935, RGBl. II S. 411) „im Verfahren mit den Grundbuchämtern und Registerbehörden von allen Gebühren und sonstigen Kosten befreit". Weiter sind „Löschungen, die sich auf die öffentliche Last des Industriebankgesetzes beziehen", kostenfrei (§ 3 Abs. 2 der 1. DVO vom 21. 4. 1931, RGBl. II S. 401; KG BBl. 1932, 104).

Investitionsbank Berlin. Nach *Berliner* Landesrecht (§ 11 Abs. 2 S. 2 KostO; § 19 Gesetz zur rechtlichen Verselbständigung der Investitionsbank Berlin vom 25. 5. 2004, GVBl. S. 226) sind Rechtshandlungen, die aus Anlass der Abspaltung der IBB und Errichtung der Investitionsbank erforderlich werden, gebührenfrei. Dies gilt auch für Beurkundungs- und Beglaubigungsvorgänge. Letztere Befreiungsvorschrift geht nach Aufhebung des früheren § 11 Abs. 3 KostO ins Leere; die Bestimmung gilt wegen § 144 KostO nur noch für gerichtliche Beurkundungen, diese können aber kaum vorkommen.

Jüdische Gemeinden. Nach *mecklenburgisch-vorpommerschem* Landesrecht (§ 11 Abs. 2 S. 2 KostO; Art. 11 des Vertrages zwischen dem Land Mecklenburg-Vorpommern mit dem Landesverband der Jüdischen Gemeinden in Mecklenburg-Vorpommern vom 14. 6. 1996, GVBl. S. 556) gelten die auf Landesrecht beruhenden Befreiungen und Ermäßigungen von Steuern und Gebühren für das Land auch für den Landesverband der Jüdischen Gemeinden.

Jugendhilfe → Sozialrechtliche Verfahren.

Kapitalgesellschaften → Vermögenszuordnung.

Kindergeld → Sozialrechtliche Verfahren.

Kirchen. Nach Bundesrecht nicht befreit. Aus Art. 3 Abs. 1 GG folgt lediglich, dass, soweit „Kirchen" befreit sind, die Befreiung für alle Religionsgemeinschaften gilt, die Körperschaften des öffentlichen Rechts sind (BVerfG DNotZ 1966, 52 = NJW 1965, 1427 = bzgl. der Neuapostolischen Kirche).
Nach *baden-württembergischem* (§ 5 Abs. 1 Nr. 1 LJKG), *Berliner* (§ 1 Abs. 1 Nr. 1 LGebBefrG), *brandenburgischem* (§ 6 Abs. 1 Nr. 1 JKG), *bremischem* (§ 8 Abs. 1 Nr. 2 JKG), *hamburgischem* (§ 11 Abs. 1 Nr. 1 LJKG), *mecklenburgisch-vorpommerschem* (§ 7 Nr. 1 LJKG), *niedersächsischem* (§ 1 Abs. 1 Nr. 1 LGeBefrG), *nordrhein-westfälischem* (§ 1 Abs. 1 Nr. 1 LGebBefrG), *rheinland-pfälzischem* (§ 1 Abs. 1 Nr. 1 JGebBefrG), *saarländischem* (§ 4 Abs. 1 Nr. 1 LJKG), *sachsen-anhaltinischem* (§ 7 Abs. 1 Nr. 1 JKG), *schleswig-holsteinischem*

(§ 1 Abs. 1 Nr. 1 LGebBefrG) und *thüringischem* (§ 6 Abs. 1 Nr. 1 JKG) Landesrecht (§ 11 Abs. 2 S. 2 KostO) sind gebührenbefreit die „Kirchen, sonstigen Religionsgesellschaften und Weltanschauungsvereinigungen, die die Rechtsstellung einer Körperschaft des öffentlichen Rechts haben"; welche das im Einzelnen sind, ergibt sich für *Hamburg* aus der VO vom 14. 5. 1974 (GVBl. S. 151).
Nach der *bremischen* und *thüringischen* Vorschrift ist weitere Voraussetzung, dass „sie die zur Bestreitung ihrer Bedürfnisse erforderlichen Mittel ganz oder teilweise durch Abgaben ihrer Mitglieder aufbringen". Während die *baden-württembergische* Regelung die Gebührenfreiheit ausdrücklich auf die „Unterverbände, Anstalten und Stiftungen" der Kirchen usw. erstreckt, „soweit sie juristische Personen des öffentlichen Rechts sind", und die *bremische* Regelung ausdrücklich die „Gemeinden und Gemeindeverbände" der Kirchen einschließt, die *hessische* Regelung schließlich eine Ergänzung durch Art. 22 des Vertrags des Landes Hessen mit der Evangelischen Landeskirche in Hessen (GVBl. 1960 S. 54) dahin erfährt, dass die Gebührenfreiheit auch für die „öffentlich-rechtlichen Verbände, Anstalten und Stiftungen" der Kirchen gilt, fehlt es im übrigen an einer solchen ausdrücklichen Erstreckung. Gleichwohl ist jedoch in allen Ländern keine Beschränkung auf die „Dachorganisationen" anzunehmen, zumal auch bisher schon die Unterverbände begünstigt waren und vielfach Kirchenverträge diese Begünstigung absichern, folglich eine Beschränkung nicht gewollt sein kann. So stellt denn auch *Haecker* (SchlHA 1970, 45, 46) zum *schleswig-holsteinischen* LGebBefrG fest: „Die den Kirchen gewährte Gebührenfreiheit steht den einzelnen Kirchengemeinden zu." Ähnlich *Höver* (JVBl. 1970, 121, 122) zum *nordrhein-westfälischen* LGebBefrG: „Die Gebührenfreiheit gilt daher nicht nur für die Gesamtkirche oder die Bistümer, sondern steht auch den einzelnen Kirchengemeinden zu." Und zur „perfekten" *baden-württembergischen* Regelung *Jürgensen* (Justiz 1971, 191): „Der Begriff Unterverbände hat praktische Bedeutung vor allem für die Kirchen, bei denen durch diese Fassung auch den einzelnen Kirchengemeinden, ihren Zusammenschlüssen, den Kirchenbezirken und den Landkapiteln die Gebührenfreiheit zugestanden wird." In *Bremen* gilt die Gebührenfreiheit auch für außerbremische Kirchengemeinden (OLG Bremen KostRsp. GKG aF § 2 Nr. 28; s. auch die Vorbemerkungen). Dort erstreckt sie sich jedoch nicht auf die Beurkundungs- und Beglaubigungsgebühren (§ 10 JKG).
Nach Art. 17 Abs. 2 des Evangelischen Kirchenvertrages *Brandenburg* vom 8. 11. 1996 (GVBl. 1997 S. 4) sind auch die von den Kirchen gebil-

I. Lexikon des Bundes- und Landesrechts **Anh. C**

deten juristischen Personen des Privatrechts, die unmittelbar kirchliche Zwecke verfolgen, von der Zahlung der Gebühren nach der KostO befreit. Nach dem Schlussprotokoll zu dem vorgenannten Kirchenvertrag (GVBl. 1997 S. 13) zu Art. 17 gilt die Gebührenbefreiung für die vertragschließenden Kirchen, ihre Kirchengemeinden, Kirchenkreise und Verbände sowie ihre sonstigen öffentlichen-rechtlichen Körperschaften, Anstalten und Stiftungen mit eigener Rechtspersönlichkeit.
In *Bayern* sind die Kirchen nicht gebührenbefreit; in Einzelfällen hilft man durch Kostenerlass im Verwaltungsweg.
Nach Art. 12 des Vertrages zwischen dem Heiligen Stuhl und *der Freien und Hansestadt Hamburg*, dem Land *Mecklenburg-Vorpommern* und dem Land *Schleswig-Holstein* über die Errichtung von Erzbistum und Kirchenprovinz Hamburg vom 18. 10. 1994 (GVOBl. Schl.-Holst. S. 486) sind die zur Durchführung des Vertrages im staatlichen Rechtskreis erforderlichen Maßnahmen frei von Gebühren und sonstigen Abgaben. Nach der im Schlussprotokoll zu Art. 12 in Abs. 1 getroffenen Übergangsregelung kann der Erzbischof von Hamburg aus Anlass der Errichtung des Erzbistums innerhalb einer Frist von fünf Jahren ab Inkrafttreten des Vertrages durch Gesetz, das jeweils in Einzelnen im Umfang bezeichnet, Vermögen unter den kirchlichen Körperschaften neu ordnen. Für die nach Abs. 2 der Übergangsregelung zu Art. 12 auch nach Ablauf der Fünfjahresfrist zulässigen Veränderungen im Vermögensbereich unter den kirchlichen Körperschaften entfällt jedoch die Gebührenfreiheit.
Nach Art. 19 des Vertrages mit den evangelischen Landeskirchen im *Freistaat Sachsen* vom 24. 3. 1994 (Gesetz vom 24. 6. 1994, GVBl. S. 1252) bleiben den Kirchen und ihren Gliederungen sowie ihren öffentlich-rechtlichen Anstalten, Stiftungen und Verbänden die auf Landesrecht beruhenden Gebührenbefreiungen erhalten. Nach Art. 25 des Vertrages zwischen dem Heiligen Stuhl und dem Freistaat Sachsen (Gesetz vom 24. 1. 1997, GVBl. S. 17) bleiben der katholischen Kirche sowie ihren öffentlich-rechtlichen Anstalten, Stiftungen und Verbänden die auf Landesrecht beruhenden Gebührenbefreiungen erhalten.
Nach Art. 21 des Vertrages zwischen dem Heiligen Stuhl und dem Land *Sachsen-Anhalt* (Gesetz vom 31. 3. 1998, GVBl. S. 169) erstrecken sich die auf Landesrecht beruhenden und für das Land geltenden Gebührenbefreiungen auf die Bistümer, die Bischöflichen Stühle, die Kathedralkapitel, die Kirchengemeinden und die aus ihnen gebildeten Verbände sowie auf ihre öffentlich-rechtlichen Anstalten, Stiftungen und Verbände.

Nach Art. 24 des Staatsvertrages zwischen dem Heiligen Stuhl und dem *Freistaat Thüringen* (Gesetz vom 18. 7. 1997, GVBl. S. 266) gelten die auf Landesrecht beruhenden Gebührenbefreiungen für den Staat auch für die Bistümer, die Bischöflichen Stühle, die Kathedralkapitel, die Kirchengemeinden bzw. Pfarreien und Gesamtverbände sowie für die öffentlich-rechtlichen Anstalten, Stiftungen und Verbände der Kirche.
Nach Art. 17 des Staatsvertrages zwischen dem *Freistaat Thüringen* und den Evangelischen Kirchen in Thüringen vom 15. 3. 1994 (Gesetz vom 17. 5. 1994, GVBl. S. 509) gelten auf Landesrecht beruhende Gebührenbefreiungen für den Staat auch für die Kirchen, ihre Kirchengemeinden sowie ihre öffentlich-rechtlichen Anstalten, Stiftungen und Verbände.
Wegen kirchlicher Stiftungen usw. → Milde Stiftungen und Wohlfahrtsverbände, s. auch → Jüdische Gemeinde.

Kirchenaustritt. Nach teilweise in *Hessen* fortgeltendem preußischen Landesrecht (§ 11 Abs. 2 S. 2 KostO; § 3 Preuß. Gesetz betreffend den Austritt aus den Religionsgesellschaften öffentlichen Rechts vom 30. 11. 1920) werden „für das Verfahren Gerichtskosten nicht erhoben". Gleiches gilt nach *hessischem* Landesrecht (Art. 3 Abs. 5 Gesetz die bürgerlichen Wirkungen des Austritts aus einer Kirche oder Religionsgemeinschaft betreffend vom 10. 9. 1878 idF des Gesetzes vom 31. 5. 1974, GVBl. S. 281), nach *Berliner* Landesrecht (§ 1 Abs. 3 Kirchenaustrittsgesetz vom 30. 1. 1979, GVBl. S. 183).
Zum „Verfahren" gehört u. E. nicht die neben der Erklärung zu Protokoll der Geschäftsstelle zugelassene Einreichung „als Einzelerklärung in öffentlich beglaubigter Form", so dass sich die Kostenfreiheit nach § 3 nicht auf sie erstreckt. Die Erklärung zu Protokoll ist wiederum keine Beurkundung iS des BeurkG und damit der KostO (§ 61 Abs. 1 Nr. 12 BeurkG, vgl. *Zimmermann* Rpfleger 1970, 189, 197), so dass insoweit durch § 3 keine Befreiung bewilligt ist.

Kleingärten. Nach als Bundesrecht fortgeltendem Reichsrecht (§ 11 Abs. 2 S. 1 KostO; Art. 4 VO zur Kleinsiedlung und Bereitstellung von Kleingärten vom 23. 12. 1931/15. 1. 1937, RGBl. I S. 17; vgl. auch BayBSErgB 140) findet auf die Bereitstellung von Kleingärten § 29 RSG entsprechende Anwendung, → Siedlung. Erfasst wird von der Befreiung auch der Erwerb von Land durch eine Gemeinde zwecks Verpachtung als Kleingärten (KG JFErg. 15, 9). Das Bundeskleingartengesetz vom 28. 2. 1983 (BGBl. I S. 210, mehrfach geändert) – BKleinG –, das die bisher geltenden materiellen kleingartenrechtlichen Bestimmungen ersetzt, hat die Gebühren-

Hellstab 1177

befreiungsvorschrift des Art. 4 VO vom 23. 12. 1931/15. 1. 1937 unberührt gelassen. Nach § 20 Abs. 1 BKleinG traten – soweit hier von Interesse – außer Kraft die Kleingarten- und Kleinpachtlandordnung vom 31. 7. 1919 (RGBl. I S. 1371), die Bestimmungen über die Förderung von Kleingärten vom 22. 3. 1938 (RAnz. 1938 Nr. 74) und teilweise das *schleswig-holsteinische* Kleingartengesetz vom 3. 2. 1948 (GVOBl. S. 59). Durch die teilweise Aufhebung des schleswig-holsteinischen Kleingartengesetzes erlöschen nach § 20 Abs. 2 BKleinG die nach § 5 Abs. 1 S. 5 des schleswig-holsteinischen Kleingartengesetzes im Grundbuch eingetragenen beschränkten persönlichen Dienstbarkeiten kraft Gesetzes. Für die Grundbuchberichtigung werden Kosten nicht erhoben. Nach den meisten Landesrechten sind die gemäß § 5 der Kleingarten- und Kleinpachtlandordnung als gemeinnützig anerkannten Siedler- und Kleingartenvereine gebührenbefreit, → Milde Stiftungen, so dass die *baden-württembergische* Erlassregelung Justiz 1956, 99 überholt ist. Das BKleinG hat in § 2 den Begriff der kleingärtnerischen Gemeinnützigkeit – der sich von dem nach den Vorschriften der Abgabenordnung richtende Begriff der steuerlichen Gemeinnützigkeit unterscheidet – neu definiert. Mit der Anerkennung der kleingärtnerischen Gemeinnützigkeit ist die steuerliche Gemeinnützigkeit nicht verbunden. Nach den Vorschriften der Abgabenordnung wird eine Steuervergünstigung gewährt, wenn eine Körperschaft ausschließlich und unmittelbar gemeinnützige, mildtätige oder kirchliche (steuerbegünstigte) Zwecke verfolgt. Ob diese Voraussetzungen bei einer Kleingärtnerorganisation vorliegen, ist von Fall zu Fall durch die für die steuerliche Gemeinnützigkeit zuständigen Behörden zu prüfen.

Kleinsiedlung. S. 16. Aufl.

Klinikum Johannes Gutenberg-Universität Mainz. Nach rheinland-pfälzischem Landesrecht (§ 11 Abs. 2 S. 2 KostO, § 1 Abs. 1 Nr. 3 JGebBefrG) gebührenbefreit.

Knappschaft → Sozialrechtliche Verfahren und Sozialversicherung.

Kohleabbaugerechtigkeit. Nach § 5 Abs. 2 GBBerG idF des Art. 2 RegVGB vom 20. 12. 1993 (BGBl. I S. 2182, 2192) erlöschen im Gebiet der *ehemaligen DDR* die im Grundbuch eingetragenen Kohleabbaugerechtigkeiten und dem Inhaber dieser Gerechtigkeiten zu deren Ausübung eingeräumten Dienstbarkeiten mit dem 25. 12. 1993. Die Grundbuchberichtigung kann von Amts wegen vorgenommen werden; sie ist nach § 70 Abs. 1 S. 1 KostO gebührenfrei (vgl. *Böhringer* JurBüro 1994, 198, 200; 513; DtZ 1994, 130).

Kommunale Wohnungsgesellschaften → Wohnungsgesellschaften.

Kommunale Zweckverbände → Gemeindeverbände.

Kommunen → Gemeinden.

Kreditanstalt für den Wiederaufbau. Nicht befreit (Gesetz vom 23. 6. 1969, BGBl. I S. 573).

Kreise → Landkreise.

Kreisgebietsreform → Gebietsreform.

Kriegsfolgen. Nach Bundesrecht (§ 11 Abs. 2 S. 1 KostO; § 108 Allgemeines Kriegsfolgengesetz vom 5. 11. 1957, BGBl. I S. 1747, geändert; nicht anzuwenden im Gebiet der *ehemaligen DDR*, EV Anl. I Kap. IV Sachgeb. A Abschn. I Nr. 12; § 164 GVG) haben die Gerichte den mit der Durchführung des genannten Gesetzes befassten Behörden kostenfrei Amts- und Rechtshilfe zu leisten.
Baden-Württemberg (Justiz 1953, 81) hat die Amtsgerichte ermächtigt, die Gerichtskosten für die Bestellung von Grundpfandrechten zum Zwecke des Wiederaufbaus kriegszerstörter Gebäude durch den kriegsgeschädigten Eigentümer zu erlassen.
→ auch Ersetzung, Feststellung, Hypothekenbrief und Pflegschaften.

Kriegsgräber. Nach Bundesrecht (§ 11 Abs. 2 S. 1 KostO, § 11 Abs. 1 des Gesetzes über die Erhaltung der Gräber der Opfer von Krieg und Gewaltherrschaft – Gräbergesetz – idF vom 9. 1. 2005, BGBl. I S. 2426, geändert) werden für Amtshandlungen, die bei Durchführung des Gesetzes erforderlich werden, Gebühren und Auslagen nicht erhoben. Dies gilt auch für die in der KostO bestimmten Gerichtskosten einschließlich der Beurkundungs- und Beglaubigungskosten. Das Gräbergesetz ist nach § 17 Abs. 1 Gräbergesetz idF vom 21. 12. 1992 (BGBl. I S. 2145) abweichend von EV Anl. I Kap. X Sachgeb. H Abschn. III Nr. 11 bereits am 1. 1. 1993 in den neuen Bundesländern in Kraft getreten.

Kriegsopferfürsorge. Nach *hessischem* Landesrecht (§ 8 Gesetz zur Durchführung der Kriegsopferfürsorge vom 9. 10. 1962, GVBl. S. 429) sind „Geschäfte und Verhandlungen, die aus Anlaß der Beantragung oder Gewährung einer Leistung der Kriegsopferfürsorge nötig werden, kostenfrei; dies gilt auch für die in der Kostenordnung bestimmten Gerichtskosten einschließlich

I. Lexikon des Bundes- und Landesrechts   **Anh. C**

der Beurkundungs- und Beglaubigungskosten." Nach dem Rundschreiben des Bundesministers für Arbeit und Sozialordnung vom 5. 11. 1982 (VI a 4–54 072) sind Eintragungen und Löschungen im Grundbuch, die bisher nach § 34 Abs. 1 des Gesetzes über das Verwaltungsverfahren der Kriegsopferversorgung alter Fassung vorgenommen worden sind, auch nach § 64 SGB X kostenfrei. → Sozialrechtliche Verfahren.

Kriegsopferversorgung → Sozialrechtliche Verfahren. § 64 Abs. 2 SGB X erfasst auch die Geschäfte, die eine Rangänderung der zur Sicherung einer Kapitalabfindung (§§ 72, 75 Bundesversorgungsgesetz) eingetragenen Hypothek zum Gegenstand haben (BayObLG JurBüro 1965, 147 = KostRsp. KostO § 11 Nr. 9 zum früheren § 34 Abs. 1 KOVVerfG), selbst wenn die begünstigte Hypothek hinter andere Rechte zurücktritt (KG JFGErg. 14, 22 = JVBl. 1935, 166), ferner die Löschung einer aus einer Hypothek entstandenen Eigentümergrundschuld, wenn die Valuta aus einer Kapitalabfindung zurückgezahlt wurde (BayJMBl. 1959, 15).

Kriegstod. S. 16. Aufl. → auch Todeserklärung.

Kur- und Neumärkische Ritterschaftliche Darlehns-Kasse. Nach *Berliner* Landesrecht (§ 11 Abs. 2 S. 2 KostO; § 1 Gesetz über die Verwendung des Vermögens öffentlichrechtlicher Altbanken und Verbände des Kreditwesens vom 13. 5. 1983, GVBl. S. 758) werden für den Rechtsübergang auf die Berliner Pfandbrief-Bank gerichtliche Gebühren nicht erhoben. → auch Brandenburgische Provinzialbank und Girozentrale, Brandenburgischer Sparkassen- und Giroverband, Märkische Landschaft, Preußische Staatsbank (Seehandlung).

Küstenschutz → Flurbereinigung (für Hamburg und Schleswig-Holstein).

Landbeschaffung. Nach Bundesrecht (§ 11 Abs. 2 S. 1 KostO; § 71 Abs. 2 Landbeschaffungsgesetz vom 23. 2. 1957, BGBl. I S. 134, geändert) sind „Geschäfte und Verhandlungen, die der Durchführung des Gesetzes über die Landbeschaffung für Aufgaben der Verteidigung dienen", kostenfrei. „Die Kostenfreiheit ist von der zuständigen Behörde ohne Nachprüfung anzuerkennen, wenn die Enteignungsbehörde bestätigt, daß ein Geschäft oder eine Verhandlung der Durchführung der Landbeschaffung dient" (§ 71 Abs. 3).
Auch der Erwerb von Ersatzland durch den Enteigneten wird von der Befreiung erfasst, und zwar entgegen der früheren Rechtsprechung (OLG München DNotZ 1939, 440 = JVBl. 1939, 196; KG JFErg. 20, 4 = JVBl. 1940, 61; vgl. auch KG JFErg. 19, 21 = JVBl. 1939, 104) auch dann, wenn die Landbeschaffungsbehörde nicht beteiligt ist, jedoch die in § 71 Abs. 3 Landbeschaffungsgesetz vorgesehene Bescheinigung vorgelegt wird (OLG Neustadt KostRsp. LandbeschaffG § 71 Nr. 1). Unter die Befreiung fallen weiter die Bestellung eines Vertreters durch das Vormundschaftsgericht (§ 29 a Landbeschaffungsgesetz) und das Verteilungsverfahren im Falle der Hinterlegung der Entschädigung (§§ 53 ff. Landbeschaffungsgesetz).

Länder. Nach Bundesrecht (§ 11 Abs. 1 KostO) kostenbefreit. Sonderregelung für → Bremen; → ferner Berlin und Hamburg. → auch Darlehen, Öffentliche Anstalten und Kassen sowie Öffentliches Interesse.

Landesamt zur Regelung offener Vermögensfragen. Nach Bundesrecht (§ 11 Abs. 1 KostO; § 23 Abs. 1 VermG idF vom 21. 12. 1998, BGBl. I S. 4026, mehrfach geändert) persönlich kostenbefreit. → auch Amt, Bundesamt zur Regelung offener Vermögensfragen.

Landesbank Berlin – Girozentrale. Nach Landesrecht (§ 11 Abs. 2 S. 2 KostO, § 14 des Gesetzes vom 28. 6. 2005, GVBl. S. 346) werden für die bei der identitätswahrenden Umwandlung der Landesbank Berlin (LBB) in eine Aktiengesellschaft und der Organisation der bisher als Abteilung der LBB geführten „Berliner Sparkasse" in eine teilrechtsfähige Anstalt des öffentlichen Rechts erforderlichen Eintragungen von Rechtsänderungen im Grundbuch und andere öffentliche Register sowie für die damit im Zusammenhang stehenden gerichtlichen Geschäfte Gebühren nicht erhoben.

Landesbank Sachsen Girozentrale (Sachsen LB). Nach Landesrecht (§ 11 Abs. 2 S. 2 KostO, § 7 Gesetz vom 4. 7. 2007, GVBl. S. 303) sind Rechtsänderungen aufgrund der formwechselnden Umwandlung in eine AG frei von landesrechtlich geregelten öffentlichen Abgabe und Auslagen. Für die im Zusammenhang mit den Rechtsänderungen stehenden Eintragungen in das Grundbuch und die sonstigen gerichtlichen Geschäfte werden Gebühren und Auslagen nach der KostO nicht erhoben.

Landeskreditbank Baden-Württemberg. Nach Landesrecht (§ 11 Abs. 2 S. 2 KostO, § 17 Gesetz vom 11. 11. 1998, GBl. S. 581, geändert) werden für die aus Anlass der Errichtung der Bank erforderlichen Rechtshandlungen Kosten, einschließlich der Beurkundungs- und Beglaubigungskosten nach der KostO nicht erhoben.

Landeswohlfahrtsverbände → Wohlfahrtsverbände.

Landeszentralbanken → Bundesbank.

Landgüterrolle. Nach *hessischem* Landesrecht (§ 11 Abs. 2 S. 2 KostO; § 6 Abs. 2 Landgüterordnung vom 1. 12. 1947 idF vom 13. 8. 1970, GVBl. S. 548) erfolgen bei Teilveräußerung und Abschreibung im Grundbuch „die Anlegung (des neuen Blattes der Landgüterrolle) und die Löschung gebührenfrei".

Landkreise sind in *Baden-Württemberg* → Gemeindeverbände (*Jürgensen* Justiz 1971, 190, 191).
Nach *bayerischem* Landesrecht (§ 11 Abs. 2 S. 2 KostO; Art. 10 Abs. 2 Landkreisordnung vom 16. 2. 1952 idF vom 22. 8. 1998, GVBl. S. 827, geändert) werden für Änderungen des Kreisgebietes und für Rechtshandlungen, die aus Anlass solcher Änderungen erforderlich sind, landesrechtlich geregelte Abgaben (Katasterfortführungsgebühr, § 60 KostO Rn. 75) nicht erhoben.
Nach *hessischem* Landesrecht (§ 15 Abs. 4 LKrO idF vom 1. 4. 2005, GVBl. S. 183) sind „Rechtshandlungen, die aus Anlaß der Änderung des Kreisgebiets erforderlich werden, frei von Gebühren".
Nach *mecklenburg-vorpommerschem* Landesrecht (§ 7 Abs. 1 Nr. 2 LJKG) sind Landkreise gebührenbefreit, soweit die Angelegenheit nicht ihre wirtschaftlichen Unternehmen betrifft; s. dazu → Gemeinden.
Nach *niedersächsischem* Landesrecht (§ 5 Nr. 29 LGebBefrG; § 16 Abs. 2 LKrO idF vom 30. 10. 2006, GVBl. S. 511) sind Rechtshandlungen, die aus Anlass von Gebietsänderungen erforderlich werden, sowie Grundbuch- und andere Berichtigungen aus Anlass von Gebietsänderungen gebührenfrei.
Nach *rheinland-pfälzischem* Landesrecht (§ 8 Abs. 2 LKrO idF vom 31. 1. 1994, GVBl. S. 188) werden für die im Zusammenhang mit der Gebietsänderung stehenden Eintragungen der Rechtsänderungen in das Grundbuch und die sonstigen gerichtlichen Geschäfte Gebühren und Auslagen nach der KostO nicht erhoben.
Nach *sachsen-anhaltinischem* Landesrecht (§ 13 Abs. 2 LKrO vom 5. 10. 1993, GVBl. S. 598; § 19 des Gesetzes zur Kreisgebietsneugliederung vom 11. 11. 2005, GVBl. S. 692) sind Rechtshandlungen, die aus Anlass der Gebietsänderung erforderlich werden, frei von öffentlichen Abgaben und Gebühren. Das Gleiche gilt für Berichtigungen, Eintragungen und Löschungen im Grundbuch und anderen öffentlichen Büchern.
Nach *schleswig-holsteinischem* Landesrecht (§ 16 Abs. 4 KrO idF vom 28. 2 2003 GVOBl. S. 94) sind die durch die Gebietsänderung erforderlichen Rechtshandlungen frei von öffentlichen Abgaben.
Nach *thüringischem* Landesrecht (§ 30 des Neugliederungsgesetzes vom 16. 6. 1993, GVBl. S. 545) erheben das Land Thüringen und die seiner Aufsicht unterstehenden Körperschaften für Rechtshandlungen, die bei der Durchführung des Gesetzes notwendig werden, keine Kosten, insbesondere nicht die Kosten nach der KostO einschließlich der Beurkundungs- und Beglaubigungsgebühren.
→ auch Darlehen und Gebietsreform.

Landschaftsverbände sind wie → Gemeindeverbände gebührenbefreit; nach dem *nordrhein-westfälischen* LGebBefrG selbst dann nicht kostenbefreit, wenn sie Aufgaben des Landes erfüllen (OLG Hamm Rpfleger 1983, 503).

Landwirtschaftliche Entschuldung. Nach Bundesrecht (§ 11 Abs. 2 S. 1 KostO; Art. 10 VO über die Löschung des Entschuldungsvermerke vom 31. 1. 1962, BGBl. I S. 67) sind „das Verfahren vor dem Entschuldungsamt und die Löschung des Entschuldungsvermerkes kostenfrei. Für das Beschwerdeverfahren gilt die KostO". Die übrigen Befreiungsvorschriften (s. Anhang bis zur 7. Aufl.) dürften – wie auch *Bink* JurBüro 1971, 97, 389 meint – nicht mehr von praktischer Bedeutung sein (vgl. Gesetz zur Abwicklung der landwirtschaftlichen Entschuldung vom 25. 3. 1952, BGBl. I S. 203, geändert).
Im Gebiet der *ehemaligen DDR* können die aufgrund des Gesetzes über die Entschuldung der Klein- und Mittelbauern beim Eintritt in die LPG vom 17. 2. 1954 (GBl. I S. 224) gelöschten Rechte aufleben und wieder eingetragen werden. Die Löschung erfolgt aufgrund einer Bewilligung des Bundesvermögensamts (§ 105 Abs. 1 Nr. 6 GBV); stellt es auch den Antrag, ist sie kostenfrei (vgl. *Böhringer* JurBüro 1994, 513, 516).

Landwirtschaftliche Produktionsgenossenschaften → Landwirtschaftsanpassung.

Landwirtschaftliche Rentenbank. Als Rechtsnachfolgerin der Deutschen Rentenbank und der Deutschen Rentenbank-Kreditanstalt (Gesetz über die Landwirtschaftliche Rentenbank idF vom 15. 7. 1963, BGBl. I S. 465, geändert) genießt die Landwirtschaftliche Rentenbank nach Bundesrecht (§ 11 Abs. 2 S. 1 KostO; § 10 Gesetz zur Abwicklung der landwirtschaftlichen Entschuldung vom 25. 3. 1952, BGBl. I S. 203; § 57 Gesetz zur Regelung der landwirtschaftlichen Schuldverhältnisse vom 1. 6. 1933, RGBl. I S. 331) Gebührenfreiheit.

I. Lexikon des Bundes- und Landesrechts   **Anh. C**

Landwirtschaftsanpassung. Nach Bundesrecht für das Gebiet der *ehemaligen DDR* (§ 11 Abs. 2 S. 1 KostO; § 67 Abs. 1 Landwirtschaftsanpassungsgesetz idF vom 3. 7. 1991 BGBl. I S. 1418, mehrfach geändert) sind die zur Durchführung des Gesetzes vorgenommenen Handlungen, einschließlich der Auseinandersetzung nach § 49 frei von Gebühren, Steuern, Kosten und Abgaben. Die Kostenbefreiung umfasst auch die von den Grundbuchämtern erhobenen Gebühren (LG Erfurt AgrarR 1998, 118).
Nach Abs. 2 ist die Gebühren-, Kosten-, Steuer- und Abgabenfreiheit von der zuständigen Behörde ohne Nachprüfung anzuerkennen, wenn die Landwirtschaftsbehörde, in Verfahren nach den §§ 54, 56 und 64 die zuständige Flurneuordnungsbehörde bestätigt, dass eine Handlung der Durchführung dieses Gesetzes dient. Unter den Befreiungstatbestand fallen nur solche Handlungen, bei denen ein unmittelbarer Zusammenhang mit den im LwAnpG geregelten Maßnahmen gegeben ist. Die Bestimmung gilt nicht für die Durchführung eines Rechtsstreits (BGH AgrarR 1993, 48 = MDR 1994, 102). Nach § 68 LwAnpG ist § 67 LwAnpG auch auf gärtnerische Genossenschaften sowie auf andere auf der Grundlage des LPG-Gesetzes gebildete Genossenschaften (zB Produktionsgenossenschaften der Binnenfischer) entsprechend anzuwenden.
Nach § 13 GBBerG kann als Verfügungsbeschränkung auf behördliches Ersuchen ein Zustimmungsvorbehalt im Grundbuch eingetragen werden. Für die Eintragung und Löschung des Zustimmungsvorbehalts werden keine Gebühren erhoben, weil sie der Richtigkeit des Grundbuchs dienen, zudem ist die ersuchende Behörde in aller Regel persönlich befreit (§ 11 Abs. 1 KostO oder Landesgebührenbefreiungsgesetz, s. Anhang C II; vgl. auch *Böhringer* JurBüro 1994, 514).

Landwirtschaftsbehörden. Nach Bundesrecht (§ 11 Abs. 2 S. 1 KostO; § 42 Abs. 2 LwVG) in Landwirtschaftssachen kostenbefreit, desgl. Siedlungsbehörden.

Landwirtschaftskammern → Berufsständische Kammern.

Lastenausgleich. Nach Bundesrecht (§ 11 Abs. 2 S. 1 KostO; § 139 LAG idF vom 2. 6. 1993, BGBl. I S. 845, mehrfach geändert) sind die an die Stelle der Finanzämter tretenden beauftragten Stellen „bei der Durchführung der ihnen übertragenen Aufgaben in gleichem Umfang wie die Finanzämter von der Zahlung der in der KostO bestimmten Gebühren befreit", sie genießen also Gebührenfreiheit (§ 11 Abs. 1 KostO). *Baden-Württemberg* (Justiz 1955, 19), *Hamburg* (JVBl. 1972, 36) und *Schleswig-Holstein* (SchlHA 1983, 123) haben die Amtsgerichte ermächtigt, die Auslagen zu erlassen.
Nach Bundesrecht (§ 317 Abs. 5 LAG) wird ferner „für die Erteilung eines Erbscheins, einschließlich des voraufgegangenen Verfahrens, eine Gebühr nicht erhoben, wenn der Erbschein nur für Zwecke des Lastenausgleichs verwendet werden soll. § 107 Abs. 1 S. 2 KostO bleibt unberührt. Ein danach gebührenfrei erteilter Erbschein kann auch in Verfahren verwendet werden, die der Rückgabe, Freigabe oder Entschädigung weggenommener Wirtschaftsgüter dienen." § 317 LAG gewährt jedoch keine Gebührenfreiheit für eine zu einem Erbschein im Entschädigungsverfahren benötigte Todeserklärung (LG Koblenz FamRZ 1995, 1370). *Hessen* (JMBl. 2002, 305) hat die Amtsgerichte ermächtigt, die Gebühr für die Beurkundung der eidesstattlichen Versicherung zu erlassen, soweit sie 2,50 bzw. 5 Euro übersteigt; weiter ist ein Kostenerlass auch für Zeugnisse über den Güterstand, für die Ernennung eines Testamentsvollstreckers usw. und die Anordnung einer Abwesenheitspflegschaft vorgesehen. *Nordrhein-Westfalen* hat die Amtsgerichte ermächtigt, die Gebühr für die Beurkundung einer eidesstattlichen Versicherung zur Erlangung von Erbscheinen für Zwecke des Lastenausgleichs nur nach dem Wert des Ausgleichsanspruchs zu berechnen (§ 4 Abs. 4 VO vom 6. 12. 1982, GVBl. 1983 S. 2).
Nach Bundesrecht (§§ 117 Abs. 1, 153 LAG) werden weiterhin für die Eintragung des Vermerks über das Befriedigungsvorrecht im Grundbuch Gebühren und Auslagen nicht erhoben. Dazu gehört die Miteintragung einer Löschungsvormerkung zugunsten der Bundesrepublik als unselbständiges Nebengeschäft gemäß § 35 KostO (OLG Frankfurt ZivSen. Kassel NJW 1954, 1248 = Rpfleger 1954, 537; OLG Karlsruhe DNotZ 1957, 331).
Die Gerichte haben den Ausgleichsbehörden unentgeltlich Amts- und Rechtshilfe zu leisten (§ 317 Abs. 1 LAG); dazu gehören auch die eidliche Vernehmung von Zeugen und Sachverständigen sowie die Erteilung von Grundbuchblatt-Abschriften an auswärtige Ausgleichsbehörden (BayJMBl. 1958, 57).
→ auch Feststellung und Öffentliche Last.

Leitungsrechte. Die Löschung gemäß § 9 GBBerG ist sachlich nicht befreit; anderes gilt bei der Löschung von Amts wegen (§ 70 Abs. 1 S. 1 KostO; vgl. *Böhringer* JurBüro 1994, 514).

Linksniederrheinische Entwässerungsgenossenschaft (LINEG). Nach *nordrhein-westfälischem* Landesrecht (§ 11 Abs. 2 S. 2 KostO; § 39 Gesetz über die Linksniederrheinische Entwässerungsgenossenschaft vom 7. 2. 1990, GVBl. S. 210) werden für den Grunderwerb sowie für

Geschäfte und Unternehmen der Genossenschaft zur unmittelbaren Durchführung ihrer Aufgaben Gebühren der Gerichte nicht erhoben. Die Befreiung ist ohne Nachprüfung zuzugestehen, wenn die Aufsichtsbehörde der Genossenschaft bescheinigt, dass der Grunderwerb, das Geschäft oder dass Unternehmen der unmittelbaren Durchführung ihrer Aufgaben dient.

Lippeverband. Nach *nordrhein-westfälischem* Landesrecht (§ 11 Abs. 2 S. 2 KostO; § 39 Gesetz über den Lippeverband vom 7. 2. 1990, GVBl. S. 162) werden für den Grunderwerb sowie für Geschäfte und Unternehmen des Verbandes zur unmittelbaren Durchführung seiner Aufgaben Gebühren nicht erhoben. Die Befreiung ist ohne Nachprüfung zuzugestehen, wenn die Aufsichtsbehörde des Verbandes bescheinigt, dass der Grunderwerb, das Geschäft oder das Unternehmen der unmittelbaren Durchführung seiner Aufgaben dient.

Londoner Schuldenabkommen → Auslandsschulden.

Löschung unredlicher Rechte. Die Löschung unredlich erworbener dinglicher Rechte (§ 16 Abs. 3 VermG) und die Eintragung von Pfandrechten an Sicherungshypotheken (§§ 7, 7a VermG) erfolgen gebührenfrei (s. *Böhringer* JurBüro 1992, 783), → Vermögensgesetz.

Luftschutz → Schutzbau.

Luftverkehrsgesetz → Zivilluftfahrt.

Märkische Landschaft. Nach *Berliner* Landesrecht (§ 11 Abs. 2 S. 2 KostO; § 1 Gesetz über die Verwendung des Vermögens öffentlich-rechtlicher Altbanken und Verbände des Kreditwesens vom 13. 5. 1983, GVBl. 758) werden für den Rechtsübergang auf die Berliner Pfandbrief-Bank gerichtliche Gebühren nicht erhoben. → auch Brandenburgische Provinzialbank und Girozentrale, Brandenburgischer Sparkassen- und Giroverband, Kur- und Neumärkische Ritterschaftliche Darlehns-Kasse, Preußische Staatsbank (Seehandlung).

Marksteine. Nach in *Nordrhein-Westfalen* (§ 5 Nr. 2 LGebBefrG) und im *Saarland* (§ 8 Nr. 2 LJKG) fortgeltendem preußischen Landesrecht (§ 11 Abs. 2 S. 2 KostO; § 1 Abs. 3 Gesetz zur Ergänzung des Gesetzes über die Errichtung von Marksteinen vom 24. 5. 1901) werden bei der Rückübertragung von dem Staat für die Festlegung trigonometrischer Punkte und die Sicherstellung der Marksteine überlassenen Grundstücken auf den Eigentümer „für die Eintragung Kosten nicht erhoben".

Milde Stiftungen. Nach *baden-württembergischem* (§ 5 Abs. 2 LJKG), *Berliner* (§ 1 Abs. 2 LGebBefrG), *hamburgischem* (§ 11 Abs. 2 LJKG), *hessischem* (§ 7 Abs. 1 JKG), *niedersächsischem* und *nordrhein-westfälischem* (§ 2 LGebBefrG), *rheinland-pfälzischem* (§ 1 Abs. 2 JGebBefrG), *saarländischem* (§ 4 Abs. 2 LJKG) und *schleswig-holsteinischem* (§ 1 Abs. 2 LGebBefrG) Landesrecht (§ 11 Abs. 2 S. 2 KostO) sind gebührenbefreit „Körperschaften, Vereinigungen und Stiftungen, die gemeinnützigen und mildtätigen Zwecken iS des Steuerrechts dienen, soweit die Angelegenheit nicht einen steuerpflichtigen wirtschaftlichen Geschäftsbetrieb betrifft. Die steuerrechtliche Behandlung als gemeinnützig oder mildtätig ist durch eine Bescheinigung des Finanzamts (Freistellungsbescheid oder sonstige Bestätigung) nachzuweisen". Liegt im Zeitpunkt der Fälligkeit der Gebühren die Bescheinigung des Finanzamts noch nicht vor, ist nach der *nordrhein-westfälischen* AV vom 29. 10. 1987 (JMBl. NW 1987, 270) vom Gebührenansatz zunächst abzusehen, wenn eine vorläufige Bescheinigung des Finanzamts beigebracht wird oder die vertretungsberechtigten Personen versichern, dass die Voraussetzungen vorliegen und sich aus den vorgelegten Unterlagen (zB Satzung) konkrete Anhaltspunkte hierfür ergeben. Die Gebühren sind anzusetzen, wenn die Bescheinigung nicht binnen einer Frist von drei Jahren seit Beendigung des gebührenpflichtigen Geschäfts vorgelegt wird. Eine vorläufige Bescheinigung dürfte auch in den anderen Ländern genügen (für *Niedersachsen*: LG Verden (Nds.Rpfl. 1989, 180).

Die steuerlichen Begriffsbestimmungen der Gemeinnützigkeit und der Mildtätigkeit finden sich in den §§ 51ff. AO. Die Prüfung, ob die danach erforderlichen Voraussetzungen erfüllt sind, ist jedoch den Gerichten (Notaren) entzogen: Die Gebührenbefreiung *kann* einerseits nur gewährt werden, wenn die finanzamtliche Bescheinigung vorgelegt wird; andererseits *muss* sie ohne weiteres gewährt werden, wenn dies geschieht. In Zweifelsfällen ergeht die Entscheidung im finanzgerichtlichen Rechtsmittelverfahren und nicht nach § 14 oder § 156 KostO.

Auch die Prüfung, ob „die Angelegenheit nicht einen steuerpflichtigen wirtschaftlichen Geschäftsbetrieb betrifft", obliegt hinsichtlich der Steuerpflichtigkeit des wirtschaftlichen Geschäftsbetriebes dem Finanzamt (vgl. *Haecker* SchlHA 1970, 45, 46); im Kostensatzverfahren hingegen ist festzustellen, ob „die Angelegenheit", für die Gebührenfreiheit begehrt wird, diesem „wirtschaftlichen Geschäftsbetrieb" zuzurechnen ist.

Das *bremische* (§ 8 Abs. 1 Nr. 4 JKG) und das *thüringische* (§ 6 Abs. 1 Nr. 5 JKG) Landesrecht enthalten noch dem früheren PrGKG nachgebil-

I. Lexikon des Bundes- und Landesrechts **Anh. C**

dete Regelungen, wonach befreit sind „die von dem Minister der Justiz im Einvernehmen mit dem Minister der Finanzen als mildtätig oder gemeinnützig anerkannten Vereine und Stiftungen, mit Ausnahme solcher, die einzelne Familien oder bestimmte Personen betreffen oder in bloßen Studienstipendien bestehen" (Wortlaut der thüringischen Regelung). Die Grundsätze für die Anerkennung danach sind enger als die des Steuerrechts (*Haecker* aaO). In *Hessen* ist Voraussetzung für die Gewährung der Gebührenfreiheit, dass der Befreite im Lande Hessen seinen Sitz hat; darüber hinaus ist die Gebührenfreiheit nur zu gewähren, wenn die Gegenseitigkeit verbürgt ist. In *Bremen* werden Beurkundungs- und Beglaubigungsgebühren der Befreiung nicht erfasst (§ 10 LJKostG). Nach bayerischem Landesrecht (Art. 8 LJKostG) werden Gebühren nach der Kostenordnung nicht erhoben für Geschäfte, die aus Anlass einer unentgeltlichen Zuwendung an einer Körperschaft, Vereinigung oder Stiftung erforderlich werden, die ausschließlich und unmittelbar mildtätige oder wissenschaftliche Zwecke iS des Steuerrechts erfolgt. Eine unentgeltliche Zuwendung liegt auch bei einem Erwerb von Todes wegen iS des § 3 ErbStG vor.
→ auch Blinde, Deutsches Rotes Kreuz, Kleingärten, Museumsstiftung Post und Telekommunikation und Wohlfahrtsverbände.

Museumsstiftung Post und Telekommunikation. S. 16. Aufl.

Niersverband. Nach *nordrhein-westfälischem* Landesrecht (§ 11 Abs. 2 S. 2 KostO; § 39 Abs. 1 Niersverbandsgesetz vom 15. 12. 1992, GVBl. 1993, 8) werden für den Grunderwerb sowie für Geschäfte und Unternehmen des Verbandes zur unmittelbaren Durchführung seiner Aufgaben Gebühren der Gerichte nicht erhoben. Die Befreiung ist ohne Nachprüfung zuzugestehen, wenn die Aufsichtsbehörde des Verbandes bescheinigt, dass der Grunderwerb, das Geschäft oder das Unternehmen der unmittelbaren Durchführung seiner Aufgaben dient.

Öffentliche Anstalten und Kassen. Nach Bundesrecht (§ 11 Abs. 1 KostO) sind „die nach den Haushaltsplänen des Bundes und der Länder für Rechnung des Bundes oder eines Landes verwalteten öffentlichen Anstalten und Kassen" kostenbefreit; s. § 11 KostO Rn. 15.
Nach *bremischem* Landesrecht (§ 11 Abs. 2 S. 2 KostO; §§ 8 Abs. 1 Nr. 2, 11 JKG) sind in Bremen und Bremerhaven auch „die nach Haushaltsplänen der Stadtgemeinden für deren Rechnung verwalteten öffentlichen Kassen und Anstalten" kostenbefreit.

Öffentliche Last der Hypothekengewinnabgabe. Nach Bundesrecht (§ 11 Abs. 2 S. 1 KostO; § 111d Abs. 3 LAG idF vom 2. 6. 1993, BGBl. I S. 845, mehrfach geändert) sind Eintragung und Löschung des Vermerks kostenfrei.
→ Lastenausgleich.

Öffentliches Interesse. Nach *hessischem* (§ 6 Abs. 1, insbesondere Nr. 2, 3, 5 JKG) und *thüringischem* (§ 5 Abs. 1 Nr. 2, 3, 6 JKG) Landesrecht (§ 11 Abs. 2 S. 2 KostO) kann öffentliches Interesse Gebührenfreiheit begründen.

Pachtkreditsachen → Grundbuchgeschäfte.

Planungsgemeinschaften. Nach *baden-württembergischem* Landesrecht (§ 11 Abs. 2 S. 2 KostO; § 5 Abs. 1 Nr. 2 LJKG) sind „anerkannte regionale Planungsgemeinschaften" gebührenbefreit.

Preußische Staatsbank (Seehandlung). Nach *Berliner* Landesrecht (§ 11 Abs. 2 S. 2 KostO; § 1 Gesetz über die Verwendung des Vermögens öffentlich-rechtlicher Altbanken und Verbände des Kreditwesens vom 13. 5. 1983, GVBl. S. 758) werden für den Rechtsübergang auf die Berliner Pfandbrief-Bank gerichtliche Gebühren nicht erhoben. → auch Brandenburgische Provinzialbank und Girozentrale, Brandenburgischer Sparkassen- und Giroverband, Kur- und Neumärkische Ritterschaftliche Darlehns-Kasse, Märkische Landschaft.

Preußischer Kulturbesitz. Nach Bundesrecht (§ 11 Abs. 2 S. 1 KostO; § 24 Gesetz zur Errichtung einer Stiftung „Preußischer Kulturbesitz" und der Übertragung von Vermögenswerten des ehemaligen Landes Preußen auf die Stiftung vom 25. 7. 1957, BGBl. I S. 841) „werden Gerichtsgebühren, die aus Anlass und in Durchführung des Gesetzes vom 25. 7. 1957 entstehen, nicht erhoben. Bare Auslagen bleiben außer Ansatz".

Produktionsgenossenschaften → Landwirtschaftsanpassung.

Programm-Nord GmbH. *Schleswig-Holstein* (SchlHA 1983, 123) hat die Amtsgerichte ermächtigt, die dieser Gesellschaft (Sitz Kiel) „im Rahmen ihrer Aufgaben durch Eintragungen in das Handelsregister entstehenden Gerichtskosten" zu erlassen.

Regionalverbände → Gemeindeverbände.

Reichsheimstätten → Heimstätten.

Reichsvermögen. Nach Bundesrecht (§ 11 Abs. 2 S. 1 KostO; § 18 Abs. 1 Reichsvermö-

Hellstab

gen-Gesetz vom 16. 5. 1961, BGBl. I S. 597) werden „Gerichtsgebühren, die aus Anlass und in Durchführung des Gesetzes durch Regelung der Rechtsverhältnisse des Reichsvermögens und der preußischen Beteiligung entstehen, nicht erhoben. Bare Auslagen bleiben außer Ansatz".
Nach *bayerischem* Landesrecht (§ 11 Abs. 2 S. 2 KostO; Art. 2 Abs. 2 Gesetz zur Ausführung des Reichsvermögen-Gesetzes vom 11. 7. 1962, GVBl. S. 103) gilt ein Gleiches für Gerichtskosten „aus Anlaß und in Durchführung des Art. 1" des bayerischen Ausführungsgesetzes. Die entsprechende *niedersächsische* Regelung (Gesetz vom 30. 12. 1965, GVBl. S. 279) ist durch das LGebBefrG nicht ausdrücklich aufrechterhalten, mithin aufgehoben worden (§ 6 Abs. 3 LGebBefrG).

Religionsgemeinschaften → Kirchen.

Reparationsschäden. Nach Bundesrecht (§ 11 Abs. 2 S. 1 KostO; § 49 Gesetz zur Abgeltung von Reparations-, Restitutions-, Zerstörungs- und Rückerstattungsschäden vom 12. 2. 1969, BGBl. I S. 105, geändert, nicht anzuwenden im Gebiet der *ehemaligen DDR*, EV Anl. I Kap. IV Sachgeb. A Abschn. I Nr. 15) sind § 317 LAG (→ Lastenausgleich) und § 26 Feststellungsgesetz (→ Feststellung) entsprechend anzuwenden.

Rotes Kreuz → Deutsches Rotes Kreuz.

Rückerstattung. Nach Bundesrecht (§ 11 Abs. 2 S. 1 KostO; § 7a Abs. 3 Bundesrückerstattungsgesetz idF vom 2. 10. 1964, BGBl. I S. 809, zuletzt geändert am 26. 3. 2007, BGBl. I S. 358) gilt für die Erteilung eines Erbscheins das Gleiche wie bei der → Entschädigung.
Im Übrigen werden nach früherem Besatzungsrecht und entsprechendem *Landesrecht* (britische Zone: ABl. AHK Nr. 13 vom 25. 3. 1950, S. 144; amerikanische Zone: Bay. GVBl. 1951, 194, auch BayBSVJu. V 349, 351; RegBl. für Württemberg-Baden 1951, 87; Hess. GVBl. 1951, 48; französische Zone: Journ. Office 1219) Kosten für Amtshandlungen von Gerichten und anderen Behörden der freiwilligen Gerichtsbarkeit, die aus Anlass der Rückerstattung zu Unrecht entzogener Vermögenswerte entstehen, nicht erhoben. Die Vorschriften werden weit ausgelegt (BayObLGZ 1952, 17: Todeserklärung; OLG Düsseldorf NJW 1954, 116: Beschwerdeverfahren). *Hessen* (JMBl. 2002, 305) hat die Amtsgerichte ermächtigt, Gerichtskosten von Amts wegen zu erlassen, die durch die Beschaffung von Unterlagen für einen Rückerstattungsantrag entstehen.
Die deutschen Auslandsbehörden erheben für die Erledigung von Rechtshilfeersuchen in Rückerstattungsangelegenheiten keine Gebühren (Hess. JMBl. 1970, 461).
→ Reparationsschäden und Wiedergutmachung.

Rückgabe. Die Berichtigung des Grundbuches bei der Rückgabe von Vermögen und ihrer Entflechtung erfolgt gebührenfrei, → Vermögensgesetz.

Rückübertragung. Die Berichtigung des Grundbuchs bei der Rückübertragung von Eigentums- und sonstigen Rechten erfolgt gebührenfrei, → Vermögensgesetz.

Ruhrkohle AG. S. 16. Aufl. → auch Steinkohlenbergbau.

Ruhrverband. Nach *nordrhein-westfälischem* Landesrecht (§ 11 Abs. 2 S. 2 KostO; § 39 Gesetz über den Ruhrverband vom 7. 2. 1990, GVBl. S. 178) werden für den Grunderwerb sowie für Geschäfte und Unternehmen des Verbandes zur unmittelbaren Durchführung seiner Aufgaben Gebühren nicht erhoben. Die Befreiung ist ohne Nachprüfung zuzugestehen, wenn die Aufsichtsbehörde des Verbandes bescheinigt, dass der Grunderwerb, das Geschäft oder das Unternehmen der unmittelbaren Durchführung seiner Aufgaben dient.

Rundfunkanstalten. Nicht befreit (AG Hannover KostRsp. KostO § 11 Nr. 1; OLG Köln Rpfleger 1968, 131).

Schiffsregister, Schiffsbauregister. Die Berichtigung der Register erfolgt bei der Rückgabe (Rückübertragung) gebührenfrei (§ 34 Abs. 5, 1 VermG), → Vermögensgesetz. → auch Vermögenszuordnung.

Schiffsurkunde. Nach Bundesrecht (§ 11 Abs. 2 S. 1 KostO; EV Anl. Kap. III Sachgeb. B Abschn. III Nr. 6 Buchst. c S. 2) werden für die erstmalige Ausstellung einer neuen Schiffsurkunde keine Kosten erhoben.

Schulen. Nach *hessischem* Landesrecht (§ 11 Abs. 2 S. 2 KostO; § 141 Schulgesetz idF vom 14. 6. 2005, GVBl. S. 378, mehrfach geändert) werden für die bei dem Wechsel der Schulträgerschaft erforderlichen Rechtshandlungen vom Lande Hessen und von den Gemeinden Gerichtskosten, Steuern und sonstige Abgaben nicht erhoben. Das gilt auch bei Übergang von Schulvermögen auf einen anderen Schulträger.
Nach *mecklenburg-vorpommerschem* Landesrecht (§ 105 Schulgesetz idF vom 13. 2. 2006, GVBl. S. 41) sind „die mit einem Wechsel der Schulträgerschaft verbundenen Rechtshandlungen frei von öffentlichen Abgaben." Dies gilt auch bei einer Rückübertragung nach Maßgabe des § 105 Abs. 3 Schulgesetz.
Nach *rheinland-pfälzischem* Landesrecht (§ 80 Abs. 3 Schulgesetz idF vom 30. 3. 2004, GVBl.

S. 239, mehrfach geändert) werden bei Übergang des Schulvermögens zufolge Änderung der Schulträgerschaft „für die Eintragung einer Rechtsänderung im Grundbuch und sonstige mit dem Übergang verbundene gerichtliche Geschäfte Gebühren und Auslagen nach der KostO nicht erhoben".
Nach *saarländischem* Landesrecht (§ 59 Abs. 5 Schulordnungsgesetz idF vom 21. 8. 1996, ABl. S. 846, mehrfach geändert) sind Rechtshandlungen, die aus Anlass des Wechsels der Schulträgerschaft erforderlich werden, gebührenfrei. Die Vorschrift dürfte jedoch zufolge Aufhebung bereits in ihrer früheren Fassung (§ 77 Abs. 5) durch § 9 Abs. 2 LJKG am 1. 8. 1971 außer Kraft getreten sein; die Neubek. ist insoweit irrig.
Zum Bau einer privaten Sonderschule nach *bayerischem* Landesrecht s. BayObLGZ 1975, 23.
→ auch Gemeinden und Schulverbände.

Schulverbände. Nach *mecklenburg-vorpommerischem* Landesrecht (§ 11 Abs. 2 S. 2 KostO; § 7 Abs. 1 Nr. 3 LJKG) sind Schulverbände, die die Rechtsstellung einer Körperschaft, Anstalt oder Stiftung des öffentlichen Rechts haben, gebührenbefreit.

Schwerbehinderte → Sozialrechtliche Verfahren.

Siedlung. Nach als Bundesrecht fortgeltendem Reichsrecht (§ 11 Abs. 2 S. 1 KostO; § 29 Abs. 1 RSG idF vom 18. 8. 1923, RGBl. I S. 805, zuletzt geändert durch Gesetz vom 19. 6. 2001, BGBl. I S. 1149), im Gebiet der *ehemaligen DDR* anzuwenden, EV Anl. I Kap. VI Sachgeb. E Abschn. III; die ausdrückliche Aufrechterhaltung durch § 4 Nr. 2 des *Berliner* und § 5 Nr. 8 des *niedersächsischen* LGebBefrG, vgl. auch BayBS ErgB S. 139, kann sich wohl nur darauf beziehen, dass die Vorschrift auch landesrechtlich geworden ist – „Doppelrechtsqualität" –, soweit sie nämlich Befreiung von landesrechtlichen Gebühren gewährt; zur landesrechtlichen Regelung in *Rheinland-Pfalz* s. unten) sind „alle Geschäfte, die zur Durchführung von Siedlungsverfahren iS des Reichssiedlungsgesetzes dienen", gebührenfrei. Die Vorschrift wird weit ausgelegt (*Bink* JurBüro 1971, 97, 382; dort ausführliche Darstellung dieser Gebührenbefreiung), sie gilt auch für den Erwerb eines Grundstücks zu Siedlungszwecken im Wege der Zwangsversteigerung (§ 8 Gesetz vom 4. 1. 1935, RGBl. I S. 1 = BayBS ErgB S. 139; in *Niedersachsen* durch § 5 Nr. 17 LGebBefrG ausdrücklich aufrecht erhalten) und der Enteignung (KG JVBl. 1941, 90). Es genügt, dass die Anträge zur Einleitung des Siedlungsverfahrens vor dem Geschäft gestellt worden sind (LG Hildesheim KostRsp. KostO § 144 aF Nr. 32). Nach Errichtung der Siedlung erfolgende Veränderungen und Löschungen werden grundsätzlich von der Gebührenfreiheit nicht erfasst (AG Lüneburg Nds.Rpfl. 1983, 229), es sei denn, durch sie „wird der Bestand der Stelle gefestigt" (*Bink* aaO) oder es handelt sich nur um die Ausführung einer Löschungsverpflichtung, die bereits im Rahmen der Finanzierung des Siedlungsvorhabens eingegangen worden ist (OLG Oldenburg KostRsp. KostO § 11 Nr. 14). „Die Gebührenfreiheit ist durch die zuständigen Behörden ohne weitere Nachprüfung zuzugestehen, wenn das gemeinnützige Siedlungsunternehmen versichert, daß ein Siedlungsverfahren im Sinne des RSG vorliegt und daß der Antrag oder die Handlung zur Durchführung dieses Verfahrens erfolgt" (§ 29 Abs. 2 RSG; vgl. dazu RGZ 128, 160; BayObLGZ 1965, 111 = Rpfleger 1956, 170; BayObLG MittBayNot 1965, 115 = Rd L 1965, 144; OLG Celle JurBüro 1972, 557; die neuere Rspr. verneint eine gerichtliche Nachprüfung der Versicherung in tatsächlicher und rechtlicher Hinsicht: OLG Celle JurBüro 1973, 320; OLG Düsseldorf DNotZ 1974, 634 = Rpfleger 1973, 447; OLG Oldenburg Rpfleger 1975, 149; KG KostRsp. KostO § 144 aF Nr. 58 m. Anm. *Lappe*; auch OVG Lüneburg Rd L 1975, 165). In *Nordrhein-Westfalen* wird die Kostenbeamten angewiesen, dass die Löschung der aus Anlass eines Siedlungsverfahrens im Grundbuch eingetragenen Belastungen ohne weitere Nachprüfung in tatsächlicher und rechtlicher Hinsicht vorzunehmen, sofern eine Versicherung der zuständigen Behörde nach § 29 Abs. 2 RSG vorgelegt wird (RV des JM vom 4. 12. 1984 (5603 – I B 83).
Nach *rheinland-pfälzischem* Landesrecht (§ 3 Gesetz zur Ausführung des RSG vom 2. 11. 1993, GVBl. S. 517 idF des Gesetzes vom 12. 10. 1995, GVBl. S. 421) sind „Geschäfte und Verhandlungen, die der Durchführung von Siedlungsverfahren im Sinne des RSG dienen, von Gebühren und Steuern befreit, die aufgrund landesrechtlicher Vorschriften oder nach dem Gesetz über die Kosten in Angelegenheiten der freiwilligen Gerichtsbarkeit vom Land oder von den öffentlich-rechtlichen Körperschaften des Landes erhoben werden. Die Gebührenfreiheit gilt auch, wenn ein Grundstück im Wege der Zwangsversteigerung für Siedlungszwecke erworben wird. Die Gebührenfreiheit ist von den zuständigen Behörden ohne weitere Nachprüfung anzuerkennen, wenn das gemeinnützige Siedlungsunternehmen oder die Siedlungsbehörde bestätigt, daß ein Siedlungsverfahren im Sinne des RSG vorliegt und der Antrag oder die Handlung der Durchführung eines solchen Verfahrens dient."

In Siedlungssachen können, soweit Gebührenfreiheit besteht, gerichtliche Auslagen in Grundbuchsachen niedergeschlagen werden (*Baden-Württemberg:* Justiz 1954, 247; *Hamburg:* JVBl. 1972, 36; *Hessen:* JMBl. 2002, 305; *Niedersachsen:* Nds.Rpfl. 1969, 222; *Nordrhein-Westfalen:* § 4 Abs. 5 VO vom 6. 12. 1982, GVBl. 1983, 2; *Rheinland-Pfalz:* JBl. 1954, 33 – wenn die Auslagen 5 DM nicht übersteigen –; *Schleswig-Holstein:* SchlHA 1983, 123).
→ auch Kleingärten und Kleinsiedlung.

Soldatenversorgung. Nach Bundesrecht (§ 11 Abs. 2 S. 1 KostO; § 35 Abs. 1 Soldatenversorgungsgesetz idF vom 9. 4. 2002, BGBl. I S. 1258, 1909, geändert) sind „alle gerichtlichen und außergerichtlichen Beurkundungen, Urkunden, Vollmachten, amtlichen Bescheinigungen, Eintragungen und Löschungen im Grundbuch, die zur Durchführung des § 31 – d. h. zur Sicherung einer Kapitalabfindung – erforderlich sind, kostenfrei". „Die Vorschriften über die Gebühren und Auslagen der Notare werden hierdurch nicht berührt" (§ 35 Abs. 2 Soldatenversorgungsgesetz), für Nichtgebührennotare gilt also § 141 KostO, für Gebührennotare § 143 Abs. 2 S. 1 KostO. → auch Kriegsopferversorgung.

Sozialhilfe → Bundessozialhilfe.

Sozialrechtliche Verfahren. Nach Bundesrecht (§ 11 Abs. 2 S. 1 KostO, § 64 Abs. 2 SGB X – Sozialverwaltungsverfahren und Sozialdatenschutz – idF vom 18. 1. 2001, BGBl. I S. 130, zuletzt geändert durch Gesetz vom 31. 10. 2006, BGBl. I S. 2407) sind Geschäfte und Verhandlungen, die aus Anlass der Beantragung, Erbringung oder Erstattung einer Sozialleistung nötig werden, kostenfrei. Dies gilt auch für die in der KostO bestimmten Gerichtskosten sowie für gerichtliche Verfahren, auf die das FGG anzuwenden ist (§ 64 Abs. 3 SGB X). „Von Beurkundungs- und Beglaubigungskosten sind befreit Urkunden, die 1. in der Sozialversicherung bei den Versicherungsträgern und Versicherungsbehörden erforderlich werden, um die Rechtsverhältnisse zwischen den Versicherungsträger einerseits und den Arbeitgebern, Versicherten oder ihren Hinterbliebenen andererseits abzuwickeln, 2. im Sozial- und im Kinder- und Jugendhilferecht sowie im Recht der Kriegsopferfürsorge aus Anlaß der Beantragung, Erbringung oder Erstattung einer nach dem Bundessozialhilfegesetz, dem Achten Buch oder dem Bundesversorgungsgesetz vorgesehenen Leistung benötigt werden, 3. im Schwerbehindertenrecht von der zuständigen Stelle im Zusammenhang mit der Verwendung der Ausgleichsabgabe für erforderlich gehalten werden, 4. im Recht der sozialen Entschädigung bei Gesundheitsschäden für erforderlich gehalten werden, 5. im Kindergeldrecht für erforderlich gehalten werden" (§ 64 Abs. 2 S. 3 SGB X; wegen der Gebührennotare s. § 143 Abs. 2 S. 2 KostO). Die Kostenfreiheit bezieht sich auf alle Arten der Beantragung, Erbringung oder Erstattung von Sozialleistungen. Die Erbringung muss nach allgemeiner Auslegung nicht unmittelbar an den Berechtigten erfolgen, es genügt, dass ihm die Leistung zugute kommt, so dass sie auch das Grundpfandrecht für ein Darlehen an eine Behindertenwerkstatt erfasst (BayObLGZ 1990, 209 = Rpfleger 1990, 407), desgleichen alle Eintragungen, die den Zweck einer solchen Leistung über eine Rückzahlungsverpflichtung bei Verstößen sichern. Die Erstattung betrifft nicht nur die Rückgewähr, sondern alle Formen, in denen ein Sozialleistungsberechtigter die Aufwendungen des Sozialleistungsträgers ersetzt oder mindert (*Giese* SGB Anm. 3 zu § 64 SGB X); des weiteren einen – etwa nach § 116 SGB X übergegangenen – Ersatzanspruch gegen einen Dritten (OLG Köln Rpfleger 1990, 64). Sie erfasst ferner Erstattungen von Leistungsträgern untereinander, insoweit stellt die Vorschrift eine Erweiterung der Kostenfreiheit dar (so Begr. BT-Drucks. 8/2034). Vermögensübertragungen von einem Sozialversicherungsträger auf einen anderen fallen jedoch nicht unter § 64 SGB X (BayObLGZ 1994, 63 = KostRsp. KostO § 11 Nr. 55 mit zust. Anm. *Lappe* für den Übergang von der LVA auf den Medizinischen Dienst aufgrund von Art. 72 Gesundheits-Reformgesetz vom 20. 12. 1988, BGBl. I S. 2477), doch ist eine landesrechtliche – persönliche – Befreiung denkbar. Der einem Sozialversicherungsträger erteilte Handelsregisterauszug zur Realisierung einer Beitragsforderung ist nicht kostenfrei (AG Osnabrück Nds.Rpfl. 1995, 353). Ob Amtshilfe nach § 3 SGB X gemäß § 7 SGB X durch Gerichte kostenfrei zu gewähren ist, hängt von dem Vorliegen sämtlicher Voraussetzungen des § 3 SGB X ab. Amtshilfe ist die im Rahmen der Erfüllung von öffentlichen Aufgaben von einer Behörde auf Ersuchen einer anderen Behörde geleistete ergänzende Hilfe. Daher handelt es sich nicht um Amtshilfe nach § 3 Abs. 2 Nr. 2 SGB X, wenn die Hilfeleistung in Handlungen besteht, die der ersuchten Behörde als eigene Aufgabe obliegen. Dies ist zB bei der Erteilung von Auszügen aus dem Handelsregister (AG Dorsten Rpfleger 1982, 240), bei der Erteilung von Grundbuchblattabschriften (AG Dannenberg JurBüro 1983, 468) oder bei Eintragung von Sicherungshypotheken auf Antrag einer Kassenärztlichen Vereinigung (OLG Karlsruhe Justiz 1989, 353) der Fall.

I. Lexikon des Bundes- und Landesrechts

Die Einziehung von Beiträgen und ähnlichen Forderungen der Behörden der Sozialversicherung fällt nicht unter die sachliche Befreiung des § 64 SGB X. Hier kann sich nur eine persönliche Befreiung, insbesondere nach § 11 Abs. 1, ergeben; s. jedoch → Sozialversicherung. Sie tritt auch dann ein, wenn die Behörde eines befreiten Rechtsträgers die Forderung eines nicht befreiten Sozialversicherungsträgers, zB das Hauptzollamt die einer gesetzlichen Krankenkasse, vollstreckt (§ 66 SGB X), weil der Rechtsträger Vollstreckungsgläubiger ist (§ 5 Abs. 1 VwVG iVm. § 252 AO; *Krauthausen* Rpfleger 1989, 344 gegen AG Osnabrück; dagegen AG Bersenbrück DGVZ 1991, 15, ferner *Harenberg* DGVZ 1990, 49; s. § 11 KostO Rn. 34 a). Das Streichen des § 1 Abs. 1 Nr. 2 des *schleswig-holsteinischen* Gebührenbefreiungsgesetzes durch Art. 15 des Haushaltsbegleitgesetzes vom 24. 2. 1994 (GVBl. S. 129), das den Gemeinden, Ämtern, Kreisen Gebührenbefreiung gewährte, ist auf die Kostenfreiheit nach § 64 Abs. 3 S. 2 SGB X ohne Einfluss (OLG Schleswig JurBüro 1995, 210 = SchlHA 1995, 195).

Sozialversicherung. → Sozialrechtliche Verfahren. Die Träger der Sozialversicherung sind nicht persönlich befreit (vgl. KGJ 43, 320; 45, 338).
→ auch Altershilfe für Landwirte und Landwirtschaftliche Krankenkasse.

Sparkassen. Weder nach Bundesrecht noch nach Landesrecht, etwa als gemeindliche Zweckverbände (vgl. *Jürgensen* Justiz 1971, 190, 191), persönlich gebührenbefreit.
Nach *baden-württembergischem* Landesrecht (§ 11 Abs. 2 S. 2 KostO; § 3 Abs. 5 Sparkassengesetz idF vom 19. 7. 2005, GBl. S. 587) werden „für die aus Anlass der Vereinigung von Sparkassen erforderlichen Rechtshandlungen Abgaben (insbesondere auch die Kosten nach der KostO einschl. der Beurkundungs- und Beglaubigungsgebühren) des Landes nicht erhoben, Auslagen werden nicht ersetzt". Entsprechendes gilt für Rechtshandlungen, die aus Anlass der Übertragung von Zweigstellen bei Gebietsänderungen der Gewährträger notwendig werden (§ 4 Abs. 8 Sparkassengesetz).
Nach *brandenburgischem* Landesrecht (§ 28 Abs. 6 Sparkassengesetz vom 26. 6. 1996, GVBl. S. 210) werden Kosten (Gebühren und Auslagen), die für Rechtshandlungen aus Anlass der Vereinigung von Sparkassen anfallen, von den Behörden und Gerichten des Landes Brandenburg nicht erhoben.
Nach *hessischem* Landesrecht (§ 17 Abs. 3 Sparkassengesetz idF vom 24. 2. 1991, GVBl. S. 78, mehrfach geändert) sind „Rechtsänderungen bei Vereinigung von Sparkassen von Gebühren befreit, die das Land erhebt". Die Vorschrift ist auf Gebietsänderungen entsprechend anzuwenden (§ 18 Abs. 4 Sparkassengesetz).
Nach *rheinland-pfälzischem* Landesrecht (§ 24 Sparkassengesetz vom 1. 4. 1982, GVBl. S. 113, zuletzt geändert 2006 S. 349) werden bei der Vereinigung und Auflösung von Sparkassen, bei der Errichtung neuer Sparkassen durch kommunale Gebietskörperschaften oder Zweckverbände für die im Zusammenhang mit den Rechtsänderungen stehenden Eintragungen in das Grundbuch und die sonstigen gerichtlichen Geschäfte Gebühren und Auslagen nach der KostO nicht erhoben. Nach *sächsischem* Landesrecht (§ 28 des Gesetzes über das öffentlich-rechtliche Kreditwesen im Freistaat Sachsen vom 13. 12. 2002, GVBl. S. 333) werden für Amtshandlungen, die bei der Vereinigung von Sparkassen notwendig werden, Kosten des Freistaates Sachsen un der seiner Aufsicht unterstehenden Körperschaften des öffentlichen Rechts nicht erhoben.
Nach *thüringischem* Landesrecht (§ 22 Abs. 5 Sparkassengesetz vom 19. 7. 1994, GVBl. S. 911) sind bei der Vereinigung von Sparkassen Rechtsänderungen und Rechtshandlung von Gebühren und Steuern befreit, die das Land oder seine öffentlich-rechtlichen Körperschaften erheben.
→ auch Braunschweigische Landessparkasse und Landesbank, Landesbank Berlin – Girozentrale, Landesbank Sachsen Girozentrale.

Staatsgrenze. Nach *rheinland-pfälzischem* Landesrecht (§ 11 Abs. 2 S. 2 KostO; § 4 Landesgesetz zur Ausführung des Vertrags zwischen der Bundesrepublik Deutschland und dem Großherzogtum Luxemburg über den Verlauf der gemeinsamen Staatsgrenze vom 22. 11. 1988, GVBl. S. 269) werden für die im Zusammenhang mit Gebietsänderungen stehenden Eintragungen der Rechtsänderungen in das Grundbuch und die sonstigen gerichtlichen Geschäfte Gebühren und Auslagen nach der KostO nicht erhoben.

Städtebauförderung. Nach Bundesrecht (§ 11 Abs. 2 S. 1 KostO; § 79 Baugesetzbuch – BauGB – idF vom 23. 9. 2004, BGBl. I S. 2415, mehrfach geändert) sind kostenfrei „Geschäfte und Verhandlungen, die der Durchführung oder Vermeidung der Umlegung dienen, einschließlich der Berichtigung der öffentlichen Bücher. Die Abgabenfreiheit ist von der zuständigen Behörde ohne Nachprüfung anzuerkennen, wenn die Umlegungsstelle versichert, dass ein Geschäft oder eine Verhandlung der Durchführung oder Vermeidung der Umlegung dient." Gleiches gilt für den Vorhaben- und Erschließungsplan und die Grenzregelung (§§ 12 Abs. 3 S. 2, 84 Abs. 2 BauGB). Nach § 151 Abs. 1

BauGB sind kostenfrei „Geschäfte und Verhandlungen 1. zur Vorbereitung oder Durchführung von städtebaulichen Sanierungsmaßnahmen, 2. zur Durchführung von Erwerbsvorgängen, 3. zur Gründung oder Auflösung eines Unternehmens, dessen Geschäftszweck ausschließlich darauf gerichtet ist, als Sanierungsträger tätig zu werden". Nach § 151 Abs. 3 BauGB sind Erwerbsvorgänge iS von § 151 Abs. 1 Nr. 2 BauGB: „1. der Erwerb eines Grundstücks durch eine Gemeinde oder durch einen Rechtsträger im Sinne der §§ 157 und 205 BauGB zur Vorbereitung oder Durchführung von städtebaulichen Sanierungsmaßnahmen. Hierzu gehört auch der Erwerb eines Grundstücks zur Verwendung als Austausch- oder Ersatzland im Rahmen von städtebaulichen Sanierungsmaßnahmen; 2. der Erwerb eines Grundstücks durch eine Person, die zur Vorbereitung oder Durchführung von städtebaulichen Sanierungsmaßnahmen oder zur Verwendung als Austausch- oder Ersatzland ein Grundstück übereignet oder verloren hat (vgl. LG Bamberg JurBüro 1992, 339). Die Abgabenbefreiung wird nur gewährt a) beim Erwerb eines Grundstücks im Sanierungsgebiet, in dem das übereignete oder verlorene Grundstück liegt, bis zum Abschluß der städtebaulichen Sanierungsmaßnahme, b) in anderen Fällen bis zum Ablauf von zehn Jahren, gerechnet von dem Zeitpunkt ab, in dem das Grundstück übereignet oder verloren wurde; 3. der Erwerb eines im förmlich festgelegten Sanierungsgebiet gelegenen Grundstücks, soweit die Gegenleistung in der Hingabe eines in demselben Sanierungsgebiet gelegenen Grundstücks besteht; 4. der Erwerb eines Grundstücks, der durch die Begründung, das Bestehen oder die Auflösung eines Treuhandverhältnisses im Sinne der §§ 160 oder 161 BauGB bedingt ist." Gleiches gilt im städtebaulichen Entwicklungsbereich (§ 169 Abs. 1 Nr. 5 BauGB). Unter iS dieser Vorschriften sind sowohl Grundstücksteile als auch grundstücksgleiche Rechte (§ 200 Abs. 1, 2 BauGB). Die Eintragung einer Grundschuld zur Finanzierung eines Sanierungsvorhabens ist gebührenfrei (LG Bamberg aaO; LG Berlin Rpfleger 1996, 217). Die Gebührenfreiheit ist jedoch zu verneinen, wenn im Zusammenhang mit dem Erwerb einer in einem förmlichen Sanierungsgebiet liegenden Eigentumswohnung eine Grundschuld bestellt wird (OLG Karlsruhe Justiz 2000, 402).

Stadtreinigungsbetriebe → Eigenbetriebe.

Steinkohlenbergbau. Nach Bundesrecht (§ 11 Abs. 2 S. 1 KostO; § 35a Gesetz zur Anpassung und Gesundung des deutschen Steinkohlenbergbaues und der deutschen Steinkohlenbergbaugebiete vom 15. 5. 1968, BGBl. I S. 365, eingefügt durch das BeurkG) „sind Geschäfte und Verhandlungen, die der Übertragung von Grundstücken zur Erlangung von Prämien für die Stillegung von Steinkohlenbergwerken dienen, von den in der KostO bestimmten Gebühren befreit, wenn der Bundesbeauftragte für den Steinkohlenbergbau eine entsprechende Bescheinigung erteilt. Die Befreiung schließt Eintragungen und Löschungen in öffentlichen Büchern ein. Sie gilt auch für Beurkundungs- und Beglaubigungsgebühren (nicht jedoch der Gebührennotare, § 143 Abs. 2 S. 1 KostO).
→ auch Ruhrkohle AG.

Stiftungen → Milde Stiftungen, ferner Badische Stiftungen, Braunschweig-Stiftung.

Straßen. Nach *baden-württembergischem* (§ 11 Abs. 2 Straßengesetz idF vom 11. 5. 1992, GBl. S. 330, geändert), *brandenburgischem* (§ 12 Abs. 4 Straßengesetz idF vom 31. 3. 2005, GVBl. I S. 218), *sächsischen* (§ 12 Abs. 2 Straßengesetz idF vom 24. 9. 1980, GVBl. S. 359), *nordrhein-westfälischem* (§ 13 Abs. 4 Straßen- und Wegegesetz idF vom 23. 9. 1995, GVBl. S. 1028), *sachsen-anhaltinischen* (§ 11 Abs. 2 Straßengesetz vom 6. 7. 1993, GVBl. S. 334) und *thüringischem* (§ 12 Abs. 2 Straßengesetz vom 7. 5. 1993, GVBl. S. 273) Landesrecht (§ 11 Abs. 2 S. 2 KostO) werden bei Wechsel der Straßenbaulast und bei Rückübertragung von Grundstücken an den früheren Eigentümer im Falle der Einziehung von Straßen für die Eintragung des Eigentumsübergangs in das Grundbuch Gebühren und Auslagen nach der KostO nicht erhoben.
Nach *thüringischem* (§ 5 Abs. 1 Nr. 5 JKG) Landesrecht sind „Rechtsvorgänge beim Erwerb von Grundstücken zur Schaffung oder Erweiterung öffentlicher Straßen, Plätze, Erholungs-, Wald- und anderer Grünanlagen" gebührenfrei. Parkhochhäuser können den „öffentlichen Plätzen" in diesem Sinne gleichstehen (OLG Frankfurt JVBl. 1965, 210), Sportplätze den „Grünanlagen" (AG Bensheim KostRsp. HessJKG § 6 Nr. 2). Wird jedoch „das Grundstück innerhalb einer Frist von fünf Jahren nach Abschluß des Veräußerungsgeschäfts für andere Zwecke verwendet, sind die Gebühren nachzuentrichten" (§ 6 Abs. 2 JKG).
Nach *rheinland-pfälzischem* Landesrecht (Entwurf § 5 Nr. 11 JGebBefrG; § 32 Abs. 4 Straßengesetz vom 15. 2. 1963 idF vom 1. 8. 1977, GVBl. S. 274) hingegen ist für die genannten Fälle – Wechsel der Straßenbaulast, Einziehung einer Straße – die Grundbucheintragung nicht besonders gebührenfrei gestellt, jedoch werden „für die Beurkundung des Eigentumsübergangs die Kosten nach der KostO nicht erhoben" (gilt nicht für Gebührennotare, § 144 KostO).
Die *reichsrechtliche* AV DJ 1940, 649 ermächtigte die Amtsgerichte, die bei der Rückübertragung

I. Lexikon des Bundes- und Landesrechts

nicht mehr für Straßen benötigter Trennstücke an die Anlieger entstehenden Gerichtsgebühren niederzuschlagen. Sie stellt auch heute zumindest noch einen Hinweis dar, von der allgemeinen Niederschlagungsermächtigung von Amts wegen Gebrauch zu machen.

Baden-Württemberg (Justiz 2006, 193) hat die Ermächtigung erteilt, beim Bau von Bundesautobahnen, Bundes-, Landes-, Kreis- und Gemeindestraßen a) Beurkundungs-, Beglaubigungs- und Eintragungskosten (Gebühren und Auslagen), die durch die Veräußerung von Restflächen an Anlieger entstehen, zu erlassen, sofern der Kaufpreis im Einzelfall 1000 Euro nicht übersteigt (dies gilt entsprechend bei Tauschverträgen), b) die für die Vollmachterteilung beim Grunderwerb sowie der Veräußerung von Restflächen anfallenden Beurkundungs- und Beglaubigungsgebühren zu erlassen, c) die durch Tauschverträge anfallenden Beurkundungs-, Beglaubigungs- und Eintragungskosten zu erlassen, wenn der Wert des Ersatzlandes den Betrag von 4000 Euro im Einzelfall nicht übersteigt, d) die durch die Freistellung von Belastungen in Abt. II und III anfallenden Beurkundungs-, Beglaubigungs- und Eintragungskosten zu erlassen, e) die bei Bau, Unterhaltung, Ausbau oder Verbesserung von Straßen bzw. baulichen Anlagen an Straßen durch die Bestellung beschränkt persönlicher Dienstbarkeiten zugunsten der Träger der Baumaßnahme anfallenden Beglaubigungs- und Eintragungskosten zu erlassen. Bei mehreren Grundstücken im Rechtssinne kommt es auf den Wert jedes Einzelgrundstücks an; eine Zusammenrechnung findet nicht statt.
→ auch Bundesautobahnen, → Gewässerausbaumaßnahmen, → Vermögenszuordnung.

Studentenschaften → Hochschulen.

Studentenwerke sind in *Baden-Württemberg* nicht gebührenbefreit (OLG Stuttgart Justiz 1984, 367). → auch Hochschulen.

Sturmflut. *Hamburg* (HambJVBl. 1976, 2) hat die Amtsgerichte ermächtigt, die Gerichtskosten für alle Tätigkeiten des Grundbuchamts im Zusammenhang mit der dinglichen Sicherung von Darlehen von Kreditinstituten zu erlassen, die an durch die Sturmflut vom 3. 1. 1976 geschädigte kleine und mittlere Unternehmen der gewerblichen Wirtschaft, landwirtschaftliche Betriebe oder Angehörige der freien Berufe zur Wiederherstellung und Fortführung der Betriebe oder der Berufstätigkeit gewährt werden, soweit die Bundesrepublik Deutschland oder die Freie und Hansestadt Hamburg für diese Darlehen Bürgschaften übernimmt oder Zinszuschüsse leistet. Die Geschädigten haben die Übernahme der Bürgschaft oder die Gewährung des Zinszuschusses durch Vorlage entsprechender Bescheinigungen oder Unterlagen nachzuweisen. Hamburg hat ferner bei privaten Maßnahmen zur Verbesserung des Sturmflutschutzes (HambJVBl. 1977, 58) ebenfalls die Amtsgerichte ermächtigt, von Amts wegen die Gerichtskosten für alle Tätigkeiten des Grundbuchamts zu erlassen, wenn und soweit sie im Zusammenhang mit geförderten privaten Maßnahmen zur Verbesserung des Sturmflutschutzes in Hamburg beantragt werden und ihnen dienen. Die Kostenschuldner haben die Förderung der Maßnahmen durch Vorlage des Bewilligungsbescheides der zuständigen Behörde nachzuweisen.

Todeserklärung. Nach Bundesrecht (§ 11 Abs. 2 S. 1 KostO; § 6 Verschollenheitsänderungsgesetz vom 15. 1. 1951, BGBl. I S. 59) sind Todeserklärungen aus Anlass des Krieges 1939 bis 1945 und entsprechende Feststellungen der Todeszeit kostenfrei. Ausgenommen sind Beschwerdeverfahren (§ 6 Verschollenheitsänderungsgesetz) und Verfahren auf Änderung des rechtskräftig festgestellten Todeszeitpunkts (KG Rpfleger 1962, 125). → auch Kriegstod, Nachlassverfahren, ferner Entschädigung.

Treuhandanstalt. S. 16. Aufl.

Überholte dingliche Rechte. Sie können, insbesondere im Gebiet der *ehemaligen DDR*, von Amts wegen gelöscht werden (§ 5 Abs. 3 GBBerG), gebührenfrei (§ 70 Abs. 1 S. 1 KostO; s. *Böhringer* JurBüro 1994, 198, 200; DtZ 1994, 130).

Überleitung ehelichen Vermögens → Anteilsbestimmung.

Umlandverband Frankfurt. Nach *hessischem* Landesrecht (§ 11 Abs. 2 S. 2 KostO; § 3 Abs. 3 Gesetz über den Umlandverband Frankfurt vom 11. 9. 1974, GVBl. I S. 427) werden für die bei Einbringung in den Verband erforderlichen Rechtshandlungen keine Gerichtskosten erhoben.

Umlegung → Baugesetzbuch.

Umstellung. Nach Bundesrecht (§ 11 Abs. 2 S. 1 KostO; §§ 12, 13 Grundbuchmaßnahmengesetz vom 20. 12. 1963, BGBl. I S. 986, zuletzt geändert am 27. 6. 2000, BGBl. I S. 897, nicht anzuwenden im Gebiet der *ehemaligen DDR*, § 36a; § 5 Abs. 3 der 40. DVO zum UmstG) wird für die Eintragung des Umstellungsbetrages von Hypotheken, Grund- und Rentenschulden sowie Reallasten in das Grundbuch „die Hälfte der nach § 64 KostO zu entrichtenden Gebühr erhoben. Geschäftswert ist der Umstellungsbetrag. Wird die Berichtigung von Amts wegen vorgenommen oder hätte sie auch von Amts wegen vorgenommen werden können, so ist nur der Eigentümer Kostenschuldner. Die Eintragung und die Löschung des Umstellungsschutzvermerks sind kostenfrei". Wegen der Umstellung im *Saarland* s. § 4 VO vom 26. 6. 1959 (BGBl. I S. 403). → auch Auslandsschulden. Nach Bundesrecht für das Gebiet der *ehemaligen DDR* (§ 4 S. 3 GBBerG) werden Gebühren für die Grundbuchberichtigung zufolge Umstellung wertbeständiger und ähnlicher Rechte nicht erhoben (s. auch § 68 KostO Rn. 5).

Umstellungsgrundschuld. Nach Bundesrecht (§ 11 Abs. 2 S. 1 KostO; § 15 Grundbuchmaßnahmengesetz vom 20. 12. 1963, BGBl. I S. 988, zuletzt geändert am 27. 6. 2000, BGBl. I S. 897, nicht anzuwenden im Gebiet der *ehemaligen DDR,* § 36 a) ist die Löschung kostenfrei.

Unfallkasse Post und Telekom. Nach Bundesrecht (§ 11 Abs. 2 S. 1 KostO; § 5 a Postsozialversicherungsorganisationsgesetz vom 14. 9. 1994 (BGBl. I S. 2325, mehrfach geändert) ist die Unfallkasse Post und Telekom von Gerichtsgebühren, die aus Anlass ihrer Errichtung entstehen, befreit; Auslagen sind zu erstatten. Nicht persönlich befreit (§ 11 KostO Rn. 15).

Universitäten → Hochschulen.

Unschädlichkeitszeugnis. Nach *bayerischem* Landesrecht (§ 11 Abs. 2 S. 2 KostO; Art. 21 Gesetz das Unschädlichkeitszeugnis betreffend vom 15. 6. 1898, BayRS 403-2-J, zuletzt geändert durch Gesetz vom 7. 8. 2003, GVBl. S. 512) ist „das Verfahren gebührenfrei, wenn die Veräußerung oder Aufhebung eines Rechts unentgeltlich zu einem öffentlichen Zweck erfolgt". S. auch Anhang B → Unschädlichkeitszeugnisse.

Unterhaltsansprüche. Nach Bundesrecht (§ 11 Abs. 2 S. 1 KostO; Art. 9 Abs. 3 Übereinkommen vom 20. 6. 1956 über die Geltendmachung von Unterhaltsansprüchen im Ausland; Art. 3 Abs. 2 des Ratifizierungsgesetzes vom 26. 2. 1959, BGBl. II S. 149) erheben die Übermittlungs- und Empfangsstellen des genannten Übereinkommens keine Gebühren. → auch Vaterschaftsanerkenntnis.

Unterstützungskassen der Bundespost. S. 16. Aufl.

Urkunden → Ersetzung.

Vaterschaftsanerkenntnis. Beurkundungen und Beglaubigungen in Kindschafts- und Unterhaltssachen sind gebührenfrei, s. Erl. zu § 55 a KostO.

Verein. Nach Art. 5 des *Berliner* AGBGB vom 20. 9. 1899 idF vom 30. 10. 1984 (GVBl. S. 1541) kann ein privatrechtlicher Verein, der vor dem 1. 1. 1900 durch staatliche Verleihung Rechtsfähigkeit erlangt hat und dessen Zweck nicht auf einen wirtschaftlichen Geschäftsbetrieb gerichtet ist, auf Antrag in das Vereinsregister eingetragen werden, wenn er mindestens drei Mitglieder hat und seine Satzung den Erfordernissen des BGB über eingetragene Vereine entspricht. Die Eintragung erfolgt gebührenfrei.

Vereinsverbot. Nach Bundesrecht (§ 11 Abs. 2 S. 1 KostO; § 2 VereinsGDVO vom 28. 7. 1966, BGBl. I S. 457) sind die Eintragung und die Löschung der Beschlagnahme in Grundbuch, Schiffs- und Schiffsbauregister gebührenfrei.

Verkehrsbetriebe → Eigenbetriebe.

Vermittlungsverfahren. Nach Bundesrecht für das Gebiet der *ehemaligen DDR* (§ 11 Abs. 2 S. 1 KostO; § 91 S. 3 Sachenrechtsbereinigungsgesetz vom 21. 9. 1994, BGBl. I S. 2457, mehrfach geändert) werden für Auskünfte und Abschriften von dem das Vermittlungsverfahren (§§ 87 ff. SachenRBerG) führenden Notar keine Gebühren erhoben. Der Vermerk über die Eröffnung des Vermittlungsverfahrens wird auf Ersuchen des Notars im Grundbuch oder Gebäudegrundbuch gebührenfrei eingetragen (§ 92 Abs. 5 S. 4 SachenRBerG). Gleiches muss für die Löschung des Vermerks nach einer Einigung (§ 98 Abs. 2 S. 2 SachenRBerG) gelten (§ 35 KostO), zumal der Notar den Antrag stellt und die Löschungskosten von ihm nicht als Auslagen angesetzt werden können.

Vermögensgesetz. Nach Bundesrecht (§ 11 Abs. 2 S. 1 KostO; § 34 Abs. 2 VermG idF vom 9. 2. 2005, BGBl. I S. 205, mehrfach geändert) ersucht bei der Rückübertragung von Eigentums- oder sonstigen dinglichen Rechten an Grundstücken und Gebäuden sowie bei der Aufhebung der staatlichen Verwaltung die Behörde um die Berichtigung des Grundbuchs. Dies gilt auch für die in § 1287 S. 2 BGB bezeichnete Sicherungshypothek. „Gebühren für das Grundbuchverfahren in den durch dieses Gesetz vorgesehenen Fällen werden nicht erhoben." Die Vorschrift ist von ihrem Normzweck her auf alle „Nebeneintragungen" anzuwenden, die durch die Rückübertragung erforderlich

I. Lexikon des Bundes- und Landesrechts **Anh. C**

werden (Rechtsgedanke des § 35 KostO). Das kommt in der Ergänzung ihres S. 1 (vorstehend) durch den 1994 angefügten S. 2 zum Ausdruck. Mithin erfasst sie ebenfalls den Zustimmungsvorbehalt gemäß § 11c VermG (vgl. *Böhringer* JurBüro 1994, 514). Anderes gilt für Eintragungen und Löschungen auf Antrag des Berechtigten, etwa von Vormerkungen und Widersprüchen, hier fehlt es an dem behördlichen Ersuchen als Voraussetzung der sachlichen Befreiung. § 34 Abs. 2 ist nicht – auch nicht entsprechend – anzuwenden, wenn die Grundbuchberichtigung nicht aufgrund eines Rückübertragungsbescheids, sondern aufgrund einer Berichtigungsbewilligung des eingetragenen Eigentümers vorgenommen wird (KG Rpfleger 1997, 189). Gebührenfrei ist auch nicht die Eintragung eines Vorkaufsrechts nach § 20 VermG zugunsten des Nutzers eines im Beitrittsgebiet belegenen Grundstücks (KG Rpfleger 1996, 479). § 34 Abs. 2 ist bei der Rückgabe von Unternehmen und deren Entflechtung (Abs. 4) und auf das Schiffs- und Schiffsbauregister Abs. 5) entsprechend anzuwenden. S. auch Vorbem. 2 zu diesem Anhang. → auch Löschung unredlicher Rechte, → Rückgabe, → Rückübertragung, → Schiffsregister, Schiffsbauregister.

Vermögenszuordnung. Nach Bundesrecht für das Gebiet der *ehemaligen DDR* (§ 11 Abs. 2 S. 1 KostO; § 3 Abs. 3 Vermögenszuordnungsgesetz idF vom 29. 3. 1994, BGBl. I S. 709, mehrfach geändert) werden für die in Vollzug eines Zuordnungsbescheids auf behördliches Ersuchen erfolgende Grundbuchberichtigung oder Eintragung im Grundbuch Gebühren nicht erhoben. Das gilt auch für die Eintragung desjenigen, der das Grundstück oder Gebäude von dem in dem Zuordnungsbescheid ausgewiesenen Berechtigten erwirbt, sofern der Erwerber eine juristische Person des öffentlichen Rechts oder eine juristische Person des Privatrechts ist, deren Anteile mehrheitlich einer juristischen Person des öffentlichen Rechts gehören. Für den Umfang der Befreiung gilt das Gleiche wie beim → Vermögensgesetz (vgl. *Böhringer* JurBüro 1994, 202). Dem behördlichen Ersuchen steht ein Ersuchen des Präsidenten der Treuhandanstalt bei der Zuordnung des Grundvermögens von Kapitalgesellschaften gleich (§ 4 VZOG). Diese Regelung sind auf das Schiffs- und Schiffsbauregister entsprechend anzuwenden sowie auf die Zuweisung von Grundstücken oder Gebäuden an eine Gemeinde, Stadt oder einen Landkreis nach § 3 Abs. 1 Investitionsvorranggesetz (§ 9 VZOG) und Zuweisungen aus dem Vermögen der Reichsbahn und der Deutschen Post (§§ 17ff. VZOG); des weiteren in allen Fällen, in denen die genannten Regelungen des VZOG kraft Verweisung gelten (so nach § 2 Wohnungsgenossenschafts-Vermögensgesetz idF vom 26. 6. 1994, BGBl. I S. 1437).

Versorgungsanstalt des Bundes und der Länder. Nach Bundesrecht (§ 11 Abs. 1 KostO) keine Kostenfreiheit, da die Anstalt einen eigenen Haushalt hat.

Verteidigung → Landbeschaffung und Schutzbau.

Verwaltungsverband → Gemeindegrenzen.

Wasser- und Bodenverbände. Nach Bundesrecht (§ 11 Abs. 2 S. 1 KostO; § 69 Wasserverbandsgesetz vom 12. 2. 1991, BGBl. I S. 405 sind „(1) Geschäfte und Verhandlungen, die der Durchführung des Wasserverbandsgesetzes dienen, frei von Kosten der Gerichte ... (2) Die Befreiung ist ohne Nachprüfung anzuerkennen, wenn die Aufsichtsbehörde bestätigt, daß ein Geschäft oder eine Verhandlung der Durchführung dieses Gesetzes dient." Zu den befreiten Geschäften s. die ausführlichere Regelung in den §§ 39, 172 Abs. 2, 175 Abs. 3 der Ersten VO über Wasser- und Bodenverbände vom 3. 9. 1937, RGBl. I S. 933, deren Inhalt § 69 übernimmt („wie bisher", BT-Drucks. 11/6764 S. 34), zur Bindungswirkung vgl. → Siedlung. In *Rheinland-Pfalz* sind die Wasser- und Bodenverbände wie → Gemeinden persönlich befreit (§ 11 Abs. 2 S. 2 KostO, § 1 Abs. 1 Nr. 2 JGebBefrG). Die in weiteren Landesgebührenbefreiungsgesetzen (*Niedersachsen*: § 5 Nr. 19; Nr. 8 auch BayBSErgG 95) enthaltenen Verweisungen auf die VO von 1937 beruht darauf, dass diese als Landesrecht fortgeltendes Reichsrecht angesehen wurde (vgl. BVerfGE 58, 45); sie sind durch die Aufhebung der VO (§ 78 Wasserverbandsgesetz) gegenstandslos. Der Einschränkung im *Saarland* (§ 13 Abs. 3 Abwasserverbandsgesetz vom 1. 2. 1978, ABl. S. 209) geht § 39 Wasserverbandsgesetz vor (Art. 31 GG).

Wassersicherstellung. Nach Bundesrecht (§ 11 Abs. 2 S. 1 KostO; § 20 Abs. 2 Wassersicherstellungsgesetz vom 24. 8. 1965, BGBl. I S. 1225, 1817) gilt in Bezug auf die Enteignung auf Verlangen für die „Sicherstellung von Leistungen auf dem Gebiet der Wasserwirtschaft für Zwecke der Verteidigung" das Gleiche wie bei der → Landbeschaffung.

Wasserstraßen → Bundeswasserstraßen.

Weltanschauungsvereinigungen → Kirchen.

Anh. C

Wiedergutmachung. Soweit sich das Verfahren nach dem BEG richtet (§ 27a Gesetz zur Wiedergutmachung nationalsozialistischen Unrechts für Angehörige des öffentlichen Dienstes idF vom 15. 12. 1965, BGBl. I S. 2073; § 1 des entsprechenden Gesetzes für die im Ausland lebenden Angehörigen des öffentlichen Dienstes idF vom 15. 12. 1965, BGBl. I S. 2073), gelten auch dessen Kostenbefreiungsvorschriften, → Entschädigung. Den zuständigen Behörden ist kostenfrei Rechts- und Amtshilfe zu leisten (§ 25a Wiedergutmachungsgesetz, § 191 Abs. 3 BEG). *Hessen* (JMBl. 2002, 305) hat die Amtsgerichte ermächtigt, Gerichtskosten von Amts wegen zu erlassen, die durch die Beschaffung von Unterlagen für einen Rückerstattungsantrag entstehen.

Wiederherstellung. Nach als Bundesrecht fortgeltendem Reichsrecht (§ 11 Abs. 2 S. 1 KostO; § 13 VO vom 26. 7. 1940, RGBl. I S. 1048) ist die Wiederherstellung zerstörter oder abhanden gekommener Grundbücher und Urkunden kostenfrei. → auch Ersetzung.

Wohlfahrtsverbände. Nach *baden-württembergischem* Landesrecht (§ 11 Abs. 2 S. 2 KostO; § 5 Abs. 1 Nr. 3 LJKG) sind „die Landeswohlfahrtsverbände" und (§ 5 Abs. 1 Nr. 4 LKJG) „die in der Liga der freien Wohlfahrtsverbände zusammengeschlossenen Verbände der freien Wohlfahrtspflege einschließlich ihrer Bezirks- und Ortsstellen sowie der ihnen angehörenden Mitgliedsverbände und Mitgliedseinrichtungen" gebührenbefreit; das sind das → Deutsche Rote Kreuz, der Caritasverband, die Arbeiterwohlfahrt, der Deutsche Paritätische Wohlfahrtsverband, die israelitischen Religionsgemeinschaften und das Diakonische Werk der Evangelischen Kirche *(Jürgensen* Justiz 1971, 190, 191). Außerdem (§ 32 Gesetz über die Landeswohlfahrtsverbände vom 23. 4. 1963, GBl. S. 35, mehrfach geändert) sind „die aus Anlaß des Vermögensübergangs auf die Landeswohlfahrtsverbände erforderlichen Rechtshandlungen" kostenfrei.
Nach *sachsen-anhaltinischem* Landesrecht (§ 7 Abs. 1 Nr. 4 JKG) sind – ähnlich wie in Baden-Württemberg – die Landeswohlfahrtsverbände sowie die in der Liga der freien Wohlfahrtsverbände zusammengeschlossenen Träger der freien Wohlfahrtspflege einschließlich ihrer Bezirks- und Ortsstellen sowie der ihnen angeschlossenen Mitgliedsverbände und Mitgliedseinrichtungen gebührenbefreit.
Nach *bremischem* (§ 8 Abs. 1 Nr. 3 JKG) und *thüringischem* (§ 6 Abs. 1 Nr. 4 JKG) Landesrecht sind gleichfalls die freien Wohlfahrtsverbände absolut gebührenbefreit. Einer gemeinnützigen Gesellschaft mit beschränkter Haftung als Mitglied eines freien Wohlfahrtsverbandes kann keine Gebührenfreiheit gewährt werden (VG Weimar ThürVBl. 2000, 90).
Nach *Berliner* (§ 1 Abs. 2 LGebBefrG), *hamburgischem* (§ 11 Abs. 2 LJKG), *niedersächsischem* (§ 1 Abs. 2 LGebBefrG), *nordrhein-westfälischem* (§ 1 Abs. 2 LGebBefrG), *rheinland-pfälzischem* (§ 1 Abs. 2 JGebBefrG), *saarländischem* (§ 4 Abs. 2 LJKG) und *schleswig-holsteinischem* (§ 1 Abs. 2 LGebBefrG) Landesrecht hängt die Befreiung davon ab, daß die Verbände „gemeinnützigen oder mildtätigen Zwecken im Sinne des Steuerrechts dienen" und „die Angelegenheit nicht einen steuerpflichtigen wirtschaftlichen Geschäftsbetrieb betrifft. Die steuerrechtliche Behandlung als gemeinnützig oder mildtätig ist durch eine Bescheinigung des Finanzamts (Freistellungsbescheid oder sonstige Bestätigung) nachzuweisen". → Milde Stiftungen. In *Bremen* erstreckt sich die Befreiung nicht auf die Beurkundungs- und Beglaubigungsgebühren (§ 10 LJKG).

Wohnungsbau-Kreditanstalt Berlin → Investitionsbank Berlin.

Wohnungsgenossenschaften → Vermögenszuordnung.

Wohnungsgesellschaften. Nach *mecklenburg-vorpommerschem* Landesrecht (§ 11 Abs. 2 S. 2 KostO; § 7 Abs. 1 Nr. 4 LJKG) sind kommunale Wohnungsbaugesellschaften gebührenbefreit in Grundbuchangelegenheiten beim Erwerb eines Grundstücks, das nach Art. 22 Abs. 4 EV in das Eigentum einer Kommune übergegangen ist, wenn der Erwerb durch eine Wohnungsbaugesellschaft erfolgt, deren Anteile ausschließlich der übertragenden Kommune gehören. Eine ähnliche Regelung gilt in *Thüringen* (§ 5 Abs. 1 Nr. 4 JKG).

Zinssenkung. Nach Bundesrecht (§ 11 Abs. 2 S. 1 KostO; Art. 5 VO vom 26. 3. 1932, RGBl. S. 171; § 10 Gesetz vom 24. 1. 1935, RGBl. I S. 45; § 11 Abs. 2 Gesetz vom 27. 2. 1935, RGBl. I S. 286; VO vom 28. 9. 1936, RGBl. I S. 852; § 12 Abs. 3 VO vom 8. 12. 1941, RGBl. I S. 746; § 10 VO vom 28. 3. 1942, RGBl. I S. 150) sind die Eintragung bestimmter Zinssenkungen ins Grundbuch und die damit zusammenhängenden Geschäfte gebührenfrei. Die Amtsgerichte sind ermächtigt (DJ 1938, 369), auch die Auslagen niederzuschlagen.

Zweckverbände → Gemeindeverbände.

II. Gebührenbefreiungsgesetze der Länder*

(vgl. § 11 KostO Rn. 19 ff.)

Länderübersicht

A. Baden-Württemberg
B. Bayern
C. Berlin
D. Brandenburg
E. Bremen
F. Hamburg
G. Hessen
H. Mecklenburg-Vorpommern
I. Niedersachsen
J. Nordrhein-Westfalen
K. Rheinland-Pfalz
L. Saarland
M. Sachsen
N. Sachsen-Anhalt
O. Schleswig-Holstein
P. Thüringen
Q. Preußen

A. Baden-Württemberg

Das Landesjustizkostengesetz idF vom 15. 1. 1993 (GBl. S. 109, 244), zuletzt geändert durch Gesetz vom 28. 7. 2005 (GBl. S. 580), enthält folgenden „Zweiten Abschnitt. Gebührenbefreiungen, Stundung und Erlaß von Kosten":

§ 7 Gebührenfreiheit

(1) Von der Zahlung der Gebühren, die die ordentlichen Gerichte in Zivilsachen, die Behörden der freiwilligen Gerichtsbarkeit sowie die Behörden der Justiz- und der Arbeitsgerichtsverwaltung erheben, sind befreit:

1. Kirchen, andere Religions- und Weltanschauungsgemeinschaften sowie ihre Unterverbände, Anstalten und Stiftungen, jeweils soweit sie juristische Personen des öffentlichen Rechts sind;
2. Gemeinden, Gemeindeverbände und Zweckverbände, soweit die Angelegenheit nicht ihre wirtschaftlichen Unternehmen betrifft, sowie die anerkannten regionalen Planungsgemeinschaften;
3. die Landeswohlfahrtsverbände;
4. die in der Liga der freien Wohlfahrtspflege zusammengeschlossenen Verbände der freien Wohlfahrtspflege einschließlich ihrer Bezirks- und Ortsstellen sowie der ihnen angehörenden Mitgliedsverbände und Mitgliedseinrichtungen;
5. Universitäten, Hochschulen, Fachhochschulen, Akademien und Forschungseinrichtungen, die die Rechtsstellung einer Körperschaft, Anstalt oder Stiftung des öffentlichen Rechts haben.

(2) ¹Von der Zahlung der Gebühren nach der Kostenordnung und der Gebühren in Justizverwaltungsangelegenheiten sind Körperschaften, Vereinigungen und Stiftungen befreit, die gemeinnützigen oder mildtätigen Zwecken im Sinne des Steuerrechts dienen, soweit die Angelegenheit nicht einen steuerpflichtigen wirtschaftlichen Geschäftsbetrieb betrifft. ²Die steuerrechtliche Behandlung als gemeinnützig oder mildtätig ist durch eine Bescheinigung des Finanzamts (Freistellungsbescheid oder sonstige Bestätigung) nachzuweisen.

(3) ¹Die Gebührenfreiheit nach den Absätzen 1 und 2 gilt auch für Beurkundungs- und Beglaubigungsgebühren. ²Die Gebührenfreiheit nach Abs. 1 gilt ferner für die Gebühren der Gerichtsvollzieher; Gebühren, die nicht beim Schuldner beigetrieben werden können, sind vom Gläubiger zu erstatten.

(4) Die in Absatz 1 Nr. 2 genannten Körperschaften sind auch von der Zahlung der Auslagen nach der Kostenordnung befreit.

---

* Die Paragrafenüberschriften in [ ] sind nicht in den Gesetzen enthalten, sondern vom Bearbeiter eingefügt.

§ 8 Sonstige Gebührenbefreiungsvorschriften

Die sonstigen landesrechtlichen Vorschriften, die Kosten- oder Gebührenfreiheit gewähren, bleiben unberührt.

§ 9 Stundung und Erlaß von Kosten

(1) ¹Gerichtskosten, nach § 59 Abs. 1 des Rechtsanwaltsvergütungsgesetzes auf die Landeskasse übergegangene Ansprüche und sonstige Ansprüche nach § 1 Abs. 1 Nr. 5 bis 9 der Justizbeitreibungsordnung können gestundet werden, wenn ihre sofortige Einziehung mit besonderen Härten für den Zahlungspflichtigen verbunden wäre und der Anspruch durch die Stundung nicht gefährdet wird. ²Das gilt auch für Kosten, die bei den Gerichten für Arbeitssachen und den Behörden der Arbeitsgerichtsverwaltung entstehen.

(2) ¹Ansprüche der in Absatz 1 genannten Art können ganz oder zum Teil erlassen werden,
1. wenn es zur Förderung öffentlicher Zwecke geboten erscheint;
2. wenn die Einziehung mit besonderen Härten für den Zahlungspflichtigen verbunden wäre;
3. wenn es sonst aus besonderen Gründen der Billigkeit entspricht.

²Entsprechendes gilt für die Erstattung oder Anrechnung bereits entrichteter Beträge.

(3) ¹Die Entscheidungen nach Absätzen 1 und 2 trifft das zuständige Ministerium. ²Es kann diese Befugnis ganz oder teilweise oder für bestimmte Arten auf nachgeordnete Behörden übertragen.

B. Bayern

Das Landesjustizkostengesetz idF vom 19. 5. 2005 (GVBl. S. 159) enthält folgenden „Zweiten Abschnitt. Gebührenbefreiungen":

Art. 9

¹Gebühren nach der Kostenordnung werden nicht erhoben für Geschäfte, die aus Anlass einer unentgeltlichen Zuwendung an einer Körperschaft, Vereinigung oder Stiftung erforderlich werden, die ausschließlich und unmittelbar mildtätige oder wissenschaftliche Zwecke im Sinn des Steuerrechts verfolgt. ²Eine unentgeltliche Zuwendung nach Satz 1 liegt auch bei einem Erwerb von Todes wegen im Sinn des § 3 des Erbschaftsteuer- und Schenkungsteuergesetzes vor. ³Die Gebührenbefreiung wird nur gewährt, wenn die steuerrechtliche Voraussetzung nach Satz 1 Halbsatz 3 durch einen Freistellungs- oder Körperschaftsteuerbescheid oder durch eine sonstige Bescheinigung des Finanzamts nachgewiesen und dargelegt wird, dass die Angelegenheit nicht einen steuerpflichtigen wirtschaftlichen Geschäftsbetrieb betrifft.

Art. 10

Die sonstigen landesrechtlichen Vorschriften, die Kosten- oder Gebührenfreiheit gewähren, bleiben unberührt.

C. Berlin

Das Gesetz über Gebührenbefreiung, Stundung und Erlaß von Kosten vom 24. 11. 1970 (GVBl. S. 1934), zuletzt geändert durch Gesetz vom 4. 3. 2005 (GVBl. S. 125), bestimmt:

§ 1 Gebührenfreiheit

(1) Von der Zahlung der Gebühren, welche die ordentlichen Gerichte in Zivilsachen und die Justizverwaltungsbehörden erheben, sind befreit:

II. Gebührenbefreiungsgesetze der Länder **Anh. C**

1. Kirchen, sonstige Religionsgemeinschaften und Weltanschauungsvereinigungen, die die Rechtsstellung einer Körperschaft des öffentlichen Rechts haben;
2. Gemeinden und Gemeindeverbände, soweit die Angelegenheit nicht ihre wirtschaftlichen Unternehmen betrifft;
3. Universitäten, Hochschulen, Fachhochschulen, Akademien und Forschungseinrichtungen, die die Rechtsstellung einer Körperschaft, Anstalt oder Stiftung des öffentlichen Rechts haben.

(2) ¹Von der Zahlung der Gebühren nach der Kostenordnung und der Gebühren in Justizverwaltungsangelegenheiten sind Körperschaften, Vereinigungen und Stiftungen befreit, die gemeinnützigen oder mildtätigen Zwecken im Sinne des Steuerrechts dienen, soweit die Angelegenheit nicht einen steuerpflichtigen wirtschaftlichen Geschäftsbetrieb betrifft. ²Die steuerrechtliche Behandlung als gemeinnützig oder mildtätig ist durch eine Bescheinigung des Finanzamts (Freistellungsbescheid oder sonstige Bestätigung) nachzuweisen.

(3) Die Gebührenfreiheit nach den Absätzen 1 und 2 gilt auch für Beurkundungs- und Beglaubigungsgebühren, die Gebührenfreiheit nach Absatz 1 ferner für die Gebühren der Gerichtsvollzieher.

§ 2 Stundung und Erlaß von Kosten

(1) Gerichtskosten, nach *§ 130 Abs. 1 der Bundesgebührenordnung für Rechtsanwälte [jetzt § 59 Abs. 1 des Rechtsanwaltsvergütungsgesetzes]* auf die Landeskasse übergegangene Ansprüche und sonstige Ansprüche nach § 1 Abs. 1 Nr. 5 bis 9 der Justizbeitreibungsordnung in ihrer jeweils geltenden Fassung, die bei den ordentlichen Gerichten sowie bei den Gerichten der Verwaltungs-, Finanz- und Sozialgerichtsbarkeit entstehen, können gestundet werden, wenn ihre sofortige Einziehung mit besonderen Härten für den Zah. lungspflichtigen verbunden wäre und der Anspruch durch die Stundung nicht gefährdet wird.

(2) ¹Ansprüche der in Absatz 1 genannten Art können ganz oder zum Teil erlassen werden,
1. wenn es zur Förderung öffentlicher Zwecke geboten erscheint;
2. wenn die Einbeziehung mit besonderen Härten für den Zahlungspflichtigen verbunden wäre;
3. wenn es sonst aus besonderen Gründen der Billigkeit entspricht.

²Entsprechendes gilt für die Erstattung oder Anrechnung bereits entrichteter Beträge.

(3) ¹Zuständig für die Entscheidung ist der Senator für Justiz. ²Er kann diese Befugnis ganz oder teilweise oder für bestimmte Arten von Fällen auf nachgeordnete Behörden übertragen.

§ 4 Fortbestehen von Rechtsvorschriften

Folgende Vorschriften, durch die in den Verfahren und Angelegenheiten vor den ordentlichen Gerichten und in Justizverwaltungsangelegenheiten Kosten- und Gebührenfreiheit gewährt wird, bleiben aufrechterhalten:
1. (aufgehoben);
2. (aufgehoben);
3. § 29 des Reichssiedlungsgesetzes vom 11. August 1919 (RGBl. I S. 1429), zuletzt geändert durch Gesetz vom 23. Dezember 1966 (BGBl. I S. 702/GVBl. 1967 S. 15);
4. (aufgehoben);
5. (aufgehoben);
6. (aufgehoben);
7. (aufgehoben);

8. § 1 des Gesetzes über Kosten im Bereich der Justizverwaltung vom 27. Februar 1958 (GVBl. S. 233), zuletzt geändert durch Gesetz vom 22. März 1968 (GVBl. S. 396);
9. (aufgehoben);

D. Brandenburg

Das Justizkostengesetz vom 3. 6. 1994 (GVBl. I S. 172), zuletzt geändert durch Gesetz vom 18. 12. 2001 (GVBl. I S. 300), bestimmt:

§ 6 Gebührenbefreiung

(1) Von der Zahlung von Gebühren, die die ordentlichen Gerichte in Angelegenheiten der streitigen und freiwilligen Gerichtsbarkeit mit Ausnahme der Arbeitsgerichtsbarkeit, die Gerichtsvollzieher, die Justizverwaltungsbehörden und die Behörden der Arbeitsgerichtsverwaltung erheben, sind befreit:
1. Kirchen, Religionsgemeinschaften und Vereinigungen zur gemeinschaftlichen Pflege einer Weltanschauung, jeweils soweit sie die Rechtsstellung einer juristischen Person des öffentlichen Rechts haben;
2. Gemeinden und Gemeindeverbände, sonstige Gebietskörperschaften oder Zusammenschlüsse von Gebietskörperschaften, Regional-, Zweckverbände und Ämter, jeweils soweit die Angelegenheit nicht ihre wirtschaftlichen Unternehmen im Sinne des Kommunalrechts betrifft;
3. Hochschulen (§ 1 Satz 1 des Hochschulrahmengesetzes), Akademien und Forschungseinrichtungen, jeweils soweit sie die Rechtsstellung einer juristischen Person des öffentlichen Rechts haben, sowie Studentenwerke (§ 101 des Gesetzes über die Hochschulen des Landes Brandenburg).

(2) Von der Zahlung der Gebühren nach der Kostenordnung und der Gebühren in Justizverwaltungsangelegenheiten sind Kostenschuldner befreit, die ausschließlich und unmittelbar steuerbegünstigte Zwecke (§ 51 der Abgabenordnung) verfolgen, diese Voraussetzung durch einen Freistellungs- oder Körperschaftsteuerbescheid oder durch eine vorläufige Bescheinigung des Finanzamtes nachweisen und darlegen, daß die Angelegenheit nicht einen steuerpflichtigen wirtschaftlichen Geschäftsbetrieb betrifft.

§ 7 Voraussetzungen, Umfang

(1) Voraussetzung für die Gebührenbefreiung ist, daß der Kostenschuldner im Land Brandenburg ansässig ist, es sei denn, die Gegenseitigkeit ist verbürgt.

(2) Die Gebührenbefreiung entbindet nicht von der Verpflichtung zur Zahlung von Kosten, zu deren Zahlung der Befreite sich Dritten gegenüber vertraglich verpflichtet hat, sowie zur Zahlung der auf die Landeskasse übergegangenen Ansprüche gemäß § 130 der Bundesgebührenordnung für Rechtsanwälte.

(3) § 13 der Kostenordnung gilt entsprechend.

§ 8 Kostenerlaß

(1) Folgende Ansprüche können ganz oder zum Teil erlassen werden:
1. Gerichtskosten;
2. Justizverwaltungskosten, soweit nicht bereits nach den entsprechenden Kostenbestimmungen eine Kostenbefreiung, insbesondere nach § 12 der Verordnung über Kosten im Bereich der Justizverwaltung und § 194 Abs. 2 der Bundesrechtsanwaltsordnung, möglich ist;
3. Übergangsansprüche nach § 130 der Bundesgebührenordnung für Rechtsanwälte [jetzt § 59 Abs. 1 des Rechtsanwaltsvergütungsgesetzes];
4. Ansprüche gegen Rechtsanwälte, Sachverständige, Zeugen, ehrenamtliche Richter und mittellose Personen sowie gegen Beschuldigte und Nebenbeteiligte auf Erstattung von Beträgen, die ihnen in einem gerichtlichen Verfahren zuviel gezahlt worden sind.

II. Gebührenbefreiungsgesetze der Länder Anh. C

(2) ¹Ein Erlaß ist möglich, wenn
1. es zur Förderung öffentlicher Zwecke geboten erscheint,
2. die Einziehung mit besonderen Härten für den Zahlungspflichtigen verbunden wäre,
3. es sonst aus besonderen Gründen der Billigkeit entspricht.
²Entsprechendes gilt für die Erstattung oder Anrechnung bereits entrichteter Beträge. ³Im Kostenerlaßverfahren können die Ansprüche gestundet werden, wenn ihre sofortige Einziehung mit besonderen Härten für den Zahlungspflichtigen verbunden wäre und der Anspruch durch die Stundung nicht gefährdet wird.

(3) ¹Zuständig für die Entscheidung ist der Minister, der die Dienstaufsicht über die jeweilige Gerichtsbarkeit ausübt. ²Er kann diese Befugnis ganz oder teilweise oder für bestimmte Arten von Fällen auf nachgeordnete Behörden übertragen.

§ 9 Weitere Befreiungen

Sonstige landesrechtliche Vorschriften, durch die Kosten- oder Gebührenfreiheit gewährt wird, bleiben unberührt.

E. Bremen

Das Justizkostengesetz vom 11. 3. 1958 idF vom 4. 8. 1992 (GBl. S. 257), zuletzt geändert durch Gesetz vom 4. 12. 2001 (GBl. S. 407), bestimmt:

§ 8 [Gebührenfreiheit]

(1) Von der Zahlung der Gebühren, die die ordentlichen Gerichte, die Gerichtsvollzieher und die Justizverwaltungsbehörde erheben, sind befreit:
1. Die Stadtgemeinden Bremen und Bremerhaven sowie die nach Haushaltsplänen der Stadtgemeinden für deren Rechnung verwalteten öffentlichen Kassen und Anstalten;
2. Kirchen, einschließlich ihrer Gemeinden und Gemeindeverbände sowie Religions- und Weltanschauungsgemeinschaften, wenn sie die Rechtsstellung einer Körperschaft des öffentlichen Rechts haben und wenn sie die zur Bestreitung ihrer Bedürfnisse erforderlichen Mittel ganz oder teilweise durch Angaben ihrer Mitglieder aufbringen;
3. freie Wohlfahrtsverbände;
4. die als mildtätig oder gemeinnützig anerkannten Stiftungen mit Ausnahme solcher, die einzelne Familien oder bestimmte Personen betreffen oder in bloßen Studienstipendien bestehen.

(2) Wenn die Gegenseitigkeit verbürgt ist, sind von der Zahlung der Gebühren ferner befreit:
1. ausländische Staaten;
2. Gemeinden und Gemeindeverbände anderer deutscher Länder.

§ 9 [Umfang]

(1) Die einem Beteiligten zustehende Gebührenfreiheit darf einem anderen Beteiligten nicht zum Nachteil gereichen.

(2) ¹Die Gebührenfreiheit entbindet nicht von der Verpflichtung zur Zahlung von Beträgen, zu deren Entrichtung der Befreite sich Dritten gegenüber vertragsmäßig verpflichtet hat. ²Sie hat keinen Einfluß auf die Ersatzpflicht des in die Kosten verurteilten Gegners.

§ 10 [Beurkundungsgebühren]

Die Gebührenfreiheit erstreckt sich nicht auf die Beurkundungs- und Beglaubigungsgebühren.

Hellstab 1197

Anh. C   *Gerichtskosten nach FG-Nebengesetzen*

§ 11 [Auslagen]

¹Die Stadtgemeinden Bremen und Bremerhaven sowie die nach den Haushaltsplänen der Stadtgemeinden für deren Rechnung verwalteten öffentlichen Kassen und Anstalten sind, soweit ihnen Gebührenfreiheit zusteht, auch von der Zahlung von Auslagen befreit. ²Im übrigen entbindet die Gebührenfreiheit nicht von der Verpflichtung zur Zahlung von Auslagen.

§ 12 [Stundung und Erlaß von Kosten]

(1) ¹Gerichtskosten, nach § 59 des Rechtsanwaltsvergütungsgesetzes auf die Landeskasse übergegangene Ansprüche und Ansprüche nach § 1 Abs. 1 Nr. 4a bis 9 der Justizbeitreibungsordnung in der jeweils geltenden Fassung können ganz oder zum Teil erlassen oder gestundet werden:
1. wenn es zur Förderung öffentlicher, gemeinnütziger oder mildtätiger Zwecke angezeigt erscheint;
2. wenn die Einziehung mit besonderen Härten für den Zahlungspflichtigen verbunden wäre;
3. wenn es sonst aus besonderen Gründen der Billigkeit entspricht.

²Unter den gleichen Voraussetzungen können bereits entrichtete Beträge erstattet oder angerechnet werden.

(2) ¹Zuständig für die Entscheidung ist der Senator für Justiz und Verfassung. ²Für den Erlaß von Ansprüchen sowie die Erstattung oder Anrechnung bereits entrichteter Beträge von mehr als 10 000 Euro bedarf es der Zustimmung des Senators für Finanzen. ³Soweit der Senator für Justiz und Verfassung allein entscheiden kann, kann er die Befugnis ganz oder teilweise oder für bestimmte Arten von Fällen auf nachgeordnete Behörden übertragen.

F. Hamburg

Das Landesjustizkostengesetz vom 18. 10. 1957 idF vom 5. 3. 1986 (GVBl. S. 48), zuletzt geändert durch Gesetz vom 18. 7. 2001 (GVBl. S. 251), enthält folgenden „III. Abschnitt. Gebührenfreiheit, Stundung und Erlaß von Kosten":

§ 11 [Gebührenfreiheit]

(1) Von der Zahlung der Gebühren, die die ordentlichen Gerichte in Angelegenheiten der streitigen und freiwilligen Zivilgerichtsbarkeit und die Justizverwaltungsbehörden erheben, sind befreit
1. Kirchen, sonstige Religionsgesellschaften und Weltanschauungsvereinigungen, die die Rechtsstellung einer Körperschaft des öffentlichen Rechts haben;
2. Hochschulen, Akademien und Forschungseinrichtungen, die die Rechtsstellung einer Körperschaft, Anstalt oder Stiftung des öffentlichen Rechts haben.

(2) ¹Von der Zahlung der Gebühren, die die ordentlichen Gerichte in Angelegenheiten der freiwilligen Gerichtsbarkeit und die Justizverwaltungsbehörden erheben, sind Körperschaften, Vereinigungen und Stiftungen befreit, die gemeinnützigen oder mildtätigen Zwecken im Sinne des Steuerrechts dienen, soweit die Angelegenheit nicht einen steuerpflichtigen wirtschaftlichen Geschäftsbetrieb betrifft. ²Die steuerrechtliche Behandlung als gemeinnützig oder mildtätig ist durch eine Bescheinigung des Finanzamts nachzuweisen.

(3) Die Gebührenfreiheit nach den Absätzen 1 und 2 gilt auch für Beurkundungs- und Beglaubigungsgebühren, die Gebührenfreiheit nach Absatz 1 ferner für die Gebühren der Gerichtsvollzieher.

§ 12 [Stundung und Erlaß von Kosten]

Gerichtskosten, nach § 130 Abs. 1 der Bundesgebührenordnung für Rechtsanwälte vom 26. Juli 1957 (Bundesgesetzblatt III 368–1, zuletzt geändert am 17. 12. 1990, BGBl. I

II. Gebührenbefreiungsgesetze der Länder **Anh. C**

S. 2847) *[jetzt § 59 Abs. 1 des Rechtsanwaltsvergütungsgesetzes]* auf die Landeskasse übergegangene Ansprüche und sonstige Ansprüche nach § 1 Absatz 1 Nummern 4a bis 9 der Justizbeitreibungsordnung können aus Gründen der Billigkeit oder des öffentlichen Interesses ganz oder teilweise gestundet oder erlassen werden.

§ 13 [Unberührt bleibendes Recht]

Weitergehende Kostenfreiheitsvorschriften in anderen Gesetzen bleiben unberührt.

G. Hessen

Das Justizkostengesetz vom 15. 5. 1958 (GVBl. S. 60), zuletzt geändert durch Gesetz vom 18. 12. 2003 (GVBl. I S. 513), enthält folgenden Art. 2 „Gebührenbefreiungen":

§ 6 [Sachliche Gebührenfreiheit]

(1) Die ordentlichen Gerichte und die Justizverwaltungsbehörden erheben keine Gebühren für:
1. Geschäfte, die auf Ersuchen von Gerichten des Bundes oder eines Landes vorgenommen werden;
2. Geschäfte, die auf Ersuchen von Verwaltungsbehörden des Bundes oder eines Landes überwiegend im öffentlichen Interesse vorgenommen werden;
3. (aufgehoben);
4. (aufgehoben);
5. Eintragungen im Grundbuch in den Fällen, in denen die Beteiligten im öffentlichen Interesse gesetzlich verpflichtet sind, sich den Rechtsänderungen zu unterwerfen.

(2) aufgehoben.

§ 7 [Persönliche Gebührenfreiheit]

(1) [1]Von der Zahlung der Gebühren, die die ordentlichen Gerichte und die Justizverwaltungsbehörden erheben, sind die im Sinne des Steuerrechts als mildtätig oder gemeinnützig anerkannten Vereine und Stiftungen, mit Ausnahme solcher, die einzelne Familien oder bestimmte Personen betreffen oder nur in Studienstipendien bestehen, befreit, soweit die Angelegenheit nicht einen steuerpflichtigen wirtschaftlichen Geschäftsbetrieb betrifft. [2]Die steuerrechtliche Behandlung als gemeinnützig oder mildtätig ist durch eine Bescheinigung des Finanzamts (Freistellungsbescheid oder sonstige Bestätigung) nachzuweisen.

(2) Voraussetzung für die Gewährung der Gebührenfreiheit ist, daß der Befreite im Lande Hessen seinen Sitz hat; darüber hinaus ist die Gebührenfreiheit nur zu gewähren, wenn die Gegenseitigkeit verbürgt ist.

(3) Die einem Beteiligten zustehende Gebührenfreiheit darf einem anderen Beteiligten nicht zum Nachteil gereichen.

(4) Die Gebührenfreiheit entbindet nicht von der Verpflichtung zur Zahlung von Beträgen, zu deren Entrichtung der Befreite sich Dritten gegenüber vertragsmäßig verpflichtet hat; sie hat keinen Einfluß auf die Ersatzpflicht des in die Kosten verurteilten Gegners.

§ 8 [Beurkundungsgebühren, Auslagen]

(1) Die §§ 6 und 7 gelten auch für Beurkundungs- und Beglaubigungsgebühren.

(2) Die Gebührenfreiheit entbindet nicht von der Verpflichtung zur Zahlung der Auslagen.

§ 9 [Unberührt bleibendes Recht]

Die sonstigen landesrechtlichen Vorschriften, durch die Kosten- und Gebührenfreiheit gewährt ist, bleiben unberührt.

H. Mecklenburg-Vorpommern

Das Gesetz über die Kosten im Bereich der Justizverwaltung und über Gebührenbefreiung (Landesjustizkostengesetz) vom 7. 10. 1993 (GVOBl. S. 843), zuletzt geändert durch Gesetz vom 22. 11. 2001 (GVOBl. S. 438), bestimmt im Dritten und Vierten Abschnitt:

§ 7 Gebührenfreiheit

(1) Von der Zahlung der Gebühren, welche die ordentlichen Gerichte in der streitigen und freiwilligen Gerichtsbarkeit sowie die Justizverwaltungsbehörden erheben, sind befreit:
1. Kirchen, sonstige Religionsgesellschaften und Weltanschauungsvereinigungen, die die Rechtsstellung einer Körperschaft des öffentlichen Rechts haben;
2. Gemeinden, Ämter, Landkreise und kommunale Zweckverbände, soweit die Angelegenheit nicht ihre wirtschaftlichen Unternehmen betrifft;
3. Universitäten, Hochschulen Fachhochschulen, Akademien, Schulverbände und Forschungseinrichtungen, die die Rechtsstellung einer Körperschaft, Anstalt oder Stiftung des öffentlichen Rechts haben;
4. Kommunale Wohnungsgesellschaften in Grundbuchangelegenheiten beim Erwerb eines Grundstücks, das nach Artikel 22 Abs. 4 des Einigungsvertrages in das Eigentum einer Kommune übergegangen ist, wenn der Erwerb durch eine Wohnungsgesellschaft erfolgt, deren Anteile ausschließlich der übertragenden Kommune gehören.

(2) Die Gebührenfreiheit nach Absatz 1 besteht ferner für die Gebühren der Gerichtsvollzieher.

(3) Haftet der Befreite für die Kosten mit anderen Beteiligten als Gesamtschuldner und kann von ihm aufgrund gesetzlicher Vorschriften Ausgleich verlangt werden, so erstreckt sich die Befreiung auch auf die anderen Beteiligten.

(4) Die Gebührenfreiheit entbindet nicht von der Verpflichtung zur Zahlung der Auslagen.

(5) Voraussetzung für die Gewährung der Gebührenfreiheit ist, daß der Befreite im Land Mecklenburg-Vorpommern belegen ist oder seinen Sitz hat; darüber hinaus ist Gebührenfreiheit nur zu gewähren, wenn die Gegenseitigkeit verbürgt ist.

§ 8 Stundung und Erlaß von Kosten

(1) Gerichtskosten, Ansprüche, die nach § 130 Abs. 1 der Bundesgebührenordnung für Rechtsanwälte in der im Bundesgesetzblatt Teil III, Gliederungsnummer 368-1, veröffentlichten bereinigten Fassung, zuletzt geändert durch Artikel 11 Nr. 2 des Gesetzes vom 11. Januar 1993 (BGBl. I S. 50) [jetzt § 59 Abs. 1 des Rechtsanwaltsvergütungsgesetzes], auf die Landeskasse übergegangen sind, und sonstige Ansprüche nach § 1 Abs. 1 Nr. 5 bis 9 der Justizbeitreibungsordnung können gestundet werden, wenn ihre sofortige Einziehung mit besonderen Härten für den Zahlungspflichtigen verbunden wäre und der Anspruch durch die Stundung nicht gefährdet wird.

(2) [1] Ansprüche der in Absatz 1 genannten Art können ganz oder zum Teil erlassen werden, wenn
1. es zur Förderung öffentlicher Zwecke geboten erscheint;
2. die Einziehung mit besonderen Härten für den Zahlungspflichtigen verbunden wäre;
3. es sonst aus besonderen Gründen der Billigkeit entspricht.
[2] Entsprechendes gilt für die Erstattung oder Anrechnung bereits entrichteter Beträge.

(3) [1] Zuständig für die Entscheidung ist der Minister für Justiz, Bundes- und Europaangelegenheiten. [2] Er kann diese Befugnis ganz oder für bestimmte Arten von Fällen auf nachgeordnete Behörden übertragen.

§ 9 Übergangsvorschriften

[1] Die Vorschriften dieses Gesetzes gelten für Kosten, die nach seinem Inkrafttreten fällig werden. [2] Abweichend hiervon finden die §§ 7 und 8 auf die nach bisherigem Recht erhobenen Kosten auch Anwendung, soweit diese noch nicht beigetrieben worden sind.

§ 10 Nichtanwendbarkeit früheren Rechts

Soweit Vorschriften des Rechts der ehemaligen Deutschen Demokratischen Republik, die als Landesrecht weitergelten, eine weitergehende als nach § 7 dieses Gesetzes vorgesehene Befreiung von Gebühren und Auslagen gewähren, sind diese Vorschriften nicht anzuwenden.

I. Niedersachsen

Das Gesetz über Gebührenbefreiung, Stundung und Erlaß von Kosten in der Gerichtsbarkeit vom 10. 4. 1973 (GVBl. S. 111), zuletzt geändert durch Gesetz vom 23. 11. 2004 (GVBl. S. 512), bestimmt:

§ 1 Gebührenfreiheit

(1) Von der Zahlung der Gebühren, welche die ordentlichen Gerichte in Zivilsachen, die Justizverwaltungsbehörden und die Behörden der Arbeitsgerichtsverwaltung erheben, sind befreit

1. Kirchen, sonstige Religionsgemeinschaften und Weltanschauungsvereinigungen, die die Rechtsstellung einer Körperschaft des öffentlichen Rechts haben;
2. Gemeinden, Landkreise und kommunale Zusammenschlüsse des öffentlichen Rechts, soweit die Angelegenheit nicht ihre wirtschaftlichen Unternehmen betrifft;
3. Universitäten, Hochschulen, Fachhochschulen, Akademien und Forschungseinrichtungen, die die Rechtsstellung einer Körperschaft, Anstalt oder Stiftung des öffentlichen Rechts haben;
4. der Allgemeine Hannoversche Klosterfonds, der Braunschweigische Vereinigte Kloster- und Studienfonds, die Braunschweig-Stiftung, der Domstrukturfonds Verden, der Hospitalfonds St. Benedikt in Lüneburg.

(2) [1] Von der Zahlung der Gebühren nach der Kostenordnung und der Gebühren in Justizverwaltungsangelegenheiten sind Körperschaften, Vereinigungen und Stiftungen befreit, die gemeinnützigen oder mildtätigen Zwecken im Sinne des Steuerrechts dienen, soweit die Angelegenheit nicht einen steuerpflichtigen wirtschaftlichen Geschäftsbetrieb betrifft. [2] Die steuerrechtliche Behandlung als gemeinnützig oder mildtätig ist durch eine Bescheinigung des Finanzamts (Freistellungsbescheid oder sonstige Bestätigung) nachzuweisen.

(3) Gebührenfreiheit nach den Absätzen 1 und 2 gilt auch für Beurkundungs- und Beglaubigungsgebühren, die Gebührenfreiheit nach Absatz 1 ferner für Gebühren der Gerichtsvollzieher.

§ 2 Stundung und Erlaß von Kosten

(1) Gerichtskosten, nach § 59 Abs. 1 des Rechtsanwaltsvergütungsgesetzes auf die Landeskasse übergegangene Ansprüche und Ansprüche nach § 1 Abs. 1 Nr. 4a bis 9 der Justizbeitreibungsordnung können gestundet werden, wenn ihre sofortige Einziehung mit erheblichen Härten für den Zahlungspflichtigen verbunden wäre und der Anspruch durch die Stundung nicht gefährdet wird.

(2) [1] Ansprüche der in Abs. 1 genannten Art können ganz oder zum Teil erlassen werden,

1. wenn es zur Förderung öffentlicher Zwecke geboten erscheint;
2. wenn die Einziehung mit besonderen Härten für den Zahlungspflichtigen verbunden wäre;
3. wenn es sonst aus besonderen Gründen der Billigkeit entspricht.

²Entsprechendes gilt für die Erstattung oder Anrechnung bereits entrichteter Beträge.

(3) ¹Zuständig für die Entscheidung ist das für den Gerichtszweig zuständige Ministerium. ²Es kann diese Befugnis innerhalb seines Geschäftsbereichs ganz oder teilweise oder für bestimmte Arten von Fällen auf nachgeordnete Behörden übertragen.

§ 5 Unberührt bleibendes Recht

Folgende Vorschriften, durch die in den Verfahren und Angelegenheiten vor den ordentlichen Gerichten und den Gerichten für Arbeitssachen sowie in Justizverwaltungsangelegenheiten und in Angelegenheiten der Arbeitsgerichtsverwaltung Kosten- oder Gebührenfreiheit gewährt wird, bleiben aufrechterhalten:

1., 2. (aufgehoben);
3. Artikel 40 des preußischen Ausführungsgesetzes zum Reichsgesetz über die Zwangsversteigerung und die Zwangsverwaltung vom 23. September 1899 (Nieders. GVBl. Sb. III S. 172);
4.–7. (aufgehoben);
8. § 29 des Reichssiedlungsgesetzes vom 11. August 1919 (Nieders. GVBl. Sb. II S. 420);
9.–16. (aufgehoben);
17. § 8 des Gesetzes zur Ergänzung des Reichssiedlungsgesetzes vom 4. Januar 1935 (Nieders. GVBl. Sb. II S. 420);
18. (aufgehoben);
19. (gegenstandslos; s. Anhang C I, Wasser- und Bodenverbände);
20. (aufgehoben);
21. § 7 des Niedersächsischen Ausführungsgesetzes zum Flurbereinigungsgesetz vom 20. Dezember 1954 (Nieders. GVBl. Sb. I S. 642), zuletzt geändert durch § 60 Abs. 2 Nr. 6 des Realverbandsgesetzes vom 4. November 1969 (Nieders. GVBl. S. 187);
22. (aufgehoben);
23. § 1 des Gesetzes über Kosten im Bereich der Justizverwaltung vom 18. November 1957 (Nieders. GVBl. Sb. I S. 490), zuletzt geändert durch Gesetz vom 6. April 1972 (Nieders. GVBl. S. 177);
24. §§ 5 und 7 des Niedersächsischen Gesetzes zur Durchführung der Kriegsopferfürsorge vom 5. April 1963 (Nieders. GVBl. S. 389)*;
25., 26. (aufgehoben);
27. § 5 der Verordnung über die Umschreibung der Forstgrundbücher vom 6. Juli 1970 (Nieders. GVBl. S. 288);
28. § 20 Abs. 2 der Niedersächsischen Gemeindeordnung in der Fassung vom 27. Oktober 1971 (Nieders. GVBl. S. 321), zuletzt geändert durch § 20 Abs. 2 des Niedersächsischen Kommunalabgabengesetzes vom 8. Februar 1973 (Nieders. GVBl. S. 41)**;
29. § 16 Abs. 2 der Niedersächsischen Landkreisordnung in der Fassung vom 27. Oktober 1971 (Nieders. GVBl. S. 343), zuletzt geändert durch § 20 Abs. 3 des Niedersächsischen Kommunalabgabengesetzes vom 8. Februar 1973 (Nieders. GVBl. S. 41)***;
30. (aufgehoben)†.

---

* Vgl. jetzt § 64 des Sozialgesetzbuches – Sozialverwaltungsverfahren und Sozialdatenschutz – (SGB X) idF vom 18. 1. 2001 (BGBl. I S. 130).
** Jetzt idF vom 22. 8. 1996 (GVBl. S. 382).
*** Jetzt idF vom 22. 8. 1996 (GVBl. S. 365).
† Aufgehoben durch Art. 39 Rechtsvereinfachungsgesetz vom 22. 3. 1990 (GVBl. S. 101); s. jetzt § 39 Sparkassengesetz idF vom 20. 8. 1990 (GVBl. S. 422), eingefügt als früherer § 42 durch Art. 19 Nr. 18 Rechtsvereinfachungsgesetz.

J. Nordrhein-Westfalen

Das Gesetz über Gebührenbefreiung, Stundung und Erlaß von Kosten im Bereich der Rechtspflege (Gerichtsgebührenbefreiungsgesetz) vom 21. 10. 1969 (GVBl. S. 725), zuletzt geändert durch Gesetz vom 3. 11. 1992 (GVBl. S. 434), bestimmt:

§ 1 Gebührenfreiheit

(1) Von der Zahlung von Gebühren, welche die ordentlichen Gerichte in Zivilsachen, die Justizverwaltungsbehörden und die Behörden der Arbeitsgerichtsverwaltung erheben, sind befreit:
1. Kirchen, sonstige Religionsgemeinschaften und Weltanschauungsvereinigungen, die die Rechtsstellung einer Körperschaft des öffentlichen Rechts haben;
2. Gemeinden und Gemeindeverbände, soweit die Angelegenheit nicht ihre wirtschaftlichen Unternehmen betrifft;
3. Universitäten, Hochschulen, Fachhochschulen, Akademien und Forschungseinrichtungen, die die Rechtsstellung einer Körperschaft, Anstalt oder Stiftung des öffentlichen Rechts haben.

(2) [1]Von der Zahlung der Gebühren nach der Kostenordnung und der Gebühren in Justizverwaltungsangelegenheiten sind Körperschaften, Vereinigungen und Stiftungen befreit, die gemeinnützigen oder mildtätigen Zwecken im Sinne des Steuerrechts dienen, soweit die Angelegenheit nicht einen steuerpflichtigen wirtschaftlichen Geschäftsbetrieb betrifft. [2]Die steuerrechtliche Behandlung als gemeinnützig oder mildtätig ist durch eine Bescheinigung des Finanzamts (Freistellungsbescheid oder sonstige Bestätigung) nachzuweisen.

(3) Die Gebührenfreiheit nach den Absätzen 1 und 2 gilt auch für Beurkundungs- und Beglaubigungsgebühren, die Gebührenfreiheit nach Absatz 1 ferner für die Gebühren der Gerichtsvollzieher.

§ 2 Stundung und Erlaß von Kosten

(1) Gerichtskosten, nach *§ 130 Abs. 1 der Bundesgebührenordnung für Rechtsanwälte* vom 26. Juli 1957 (BGBl. I S. 861), zuletzt geändert durch Gesetz vom 20. Dezember 1991 (BGBl. I S. 2317) *[jetzt § 59 Abs. 1 des Rechtsanwaltsvergütungsgesetzes]*, auf die Landeskasse übergegangene Ansprüche und sonstige Ansprüche nach § 1 Abs. 1 Nrn. 5 bis 9 der Justizbeitreibungsordnung vom 11. März 1937 (RGBl. I S. 298), zuletzt geändert durch Gesetz vom 17. Dezember 1990 (BGBl. I S. 2847), können gestundet werden, wenn ihre sofortige Einziehung mit besonderen Härten für den Zahlungspflichtigen verbunden wäre und der Anspruch durch die Stundung nicht gefährdet wird.

(2) [1]Ansprüche der in Absatz 1 genannten Art können ganz oder zum Teil erlassen werden,
1. wenn es zur Förderung öffentlicher Zwecke geboten erscheint;
2. wenn die Einbeziehung mit besonderen Härten für den Zahlungspflichtigen verbunden wäre;
3. wenn es sonst aus besonderen Gründen der Billigkeit entspricht.

[2]Entsprechendes gilt für die Erstattung oder Anrechnung bereits entrichteter Beträge.

(3) [1]Zuständig für die Entscheidung ist bei Kosten der ordentlichen Gerichte, der Gerichte der Verwaltungsgerichtsbarkeit, der Finanzgerichte und der Justizverwaltungsbehörden der Justizminister, bei Kosten der Gerichte für Arbeitssachen, der Gerichte der Sozialgerichtsbarkeit sowie der Gerichtsverwaltungsbehörden der Arbeitsgerichtsbarkeit und der Sozialgerichtsbarkeit der Minister für Arbeit, Gesundheit und Soziales. [2]Sie können diese Befugnis ganz oder teilweise oder für bestimmte Arten von Fällen auf nachgeordnete Behörden übertragen.

§ 5 Fortbestehen von Rechtsvorschriften

Folgende Vorschriften, durch die in den Verfahren und Angelegenheiten vor den ordentlichen Gerichten sowie in Justizverwaltungsangelegenheiten und in Angelegenheiten der Arbeitsgerichtsverwaltung Kosten- und Gebührenfreiheit gewährt wird, bleiben aufrechterhalten:

1. (gestrichen);
2. § 1 Abs. 4 des Preußischen Gesetzes betreffend die Ergänzung der Gesetze über die Errichtung von Marksteinen vom 7. Oktober 1865 und vom 7. April 1869 vom 24. Mai 1901 (PrGS. NW. S. 161);
3. § 3 Abs. 2 Nr. 1 des Gesetzes betreffend die öffentlichen Feuerversicherungsanstalten vom 25. Juli 1910 (PrGS. NW. S. 200);
4. (aufgehoben);
5. (gestrichen);
6. (aufgehoben);
7. (gestrichen);
8. (aufgehoben);
9. (gestrichen);
10. (gestrichen);
11. § 10 des Gesetzes über die Änderung beamtenrechtlicher Vorschriften und zur Anpassung des Landesrechts an die Vorschriften des Bundesgesetzes zur Regelung der Rechtsverhältnisse der unter Artikel 131 des Grundgesetzes fallenden Personen vom 11. Mai 1951 (BGBl. I S. 307) (Änderungs- und Anpassungsgesetz) vom 15. Dezember 1952 (GS. NW. S. 222), zuletzt geändert durch das Beamtengesetz für das Land Nordrhein-Westfalen vom 15. Juni 1954 (GS. NW. S. 225);
12. (gestrichen);
13. (gestrichen);
14. (gestrichen);
15. § 2 des Gesetzes über die Gemeinheitsteilung und Reallastenablösung vom 28. November 1961 (GV. NW. S. 319);
16. (gestrichen);
17. (aufgehoben).

K. Rheinland-Pfalz

Das Landesgesetz über Gebührenbefreiung im Bereich der Justiz (Justizgebührenbefreiungsgesetz) vom 5. 10. 1990 (GVBl. S. 281), zuletzt geändert durch Gesetz vom 1. 7. 1997 (GVBl. S. 169) bestimmt:

§ 1 [Gebührenfreiheit]

(1) ¹Von der Zahlung der Gebühren, welche die ordentlichen Gerichte in Angelegenheiten der streitigen und freiwilligen Gerichtsbarkeit und die Justizverwaltungsbehörden erheben, sind befreit:

1. Kirchen, sonstige Religions- und Weltanschauungsgemeinschaften, jeweils soweit sie die Rechtsstellung einer juristischen Person des öffentlichen Rechts haben;
2. Gemeinden, Gemeindeverbände, Zweckverbände sowie Wasser- und Bodenverbände, soweit die Angelegenheit nicht ihre wirtschaftlichen Unternehmen betrifft;
3. wissenschaftliche Hochschulen, Fachhochschulen, Forschungseinrichtungen, das Klinikum der Johannes-Gutenberg-Universität Mainz, Akademien und Schulverbände, die die Rechtsstellung einer juristischen Person des öffentlichen Rechts haben.

²Die Gebührenfreiheit nach Satz 1 gilt auch für die Gebühren der Gerichtsvollzieher.

(2) ¹Von der Zahlung der Gebühren nach der Kostenordnung und der Gebühren in Justizverwaltungsangelegenheiten sind Körperschaften, Vereinigungen und Stiftungen be-

II. Gebührenbefreiungsgesetze der Länder **Anh. C**

freit, die gemeinnützige oder mildtätige Zwecke im Sinne der Abgabenordnung verfolgen, soweit die Angelegenheit nicht einen steuerpflichtigen wirtschaftlichen Geschäftsbetrieb betrifft. ²Die steuerrechtliche Behandlung als gemeinnützig oder mildtätig ist durch eine Bescheinigung des Finanzamts (Freistellungsbescheid oder sonstige Bestätigung) nachzuweisen.

(3) Sonstige landesrechtliche Vorschriften, die Gebührenfreiheit gewähren, bleiben unberührt.

§ 2 [Übergangsrecht]

Die Gebührenfreiheit nach § 1 gilt für die Gebühren, die nach dem Inkrafttreten dieses Gesetzes fällig werden.

§ 3 [Inkrafttreten, Aufhebung]

(1) Dieses Gesetz tritt am 1. Januar 1991 in Kraft.

(2) Gleichzeitig treten außer Kraft:
1. das Gesetz, die Gerichtskosten betreffend (für den ehemaligen Regierungsbezirk Rheinhessen) vom 30. Dezember 1904 (GVBl. 1970, Sondernummer S. 69, BS Anhang II H 34),
2. das Preußische Gerichtskostengesetz (für die Regierungsbezirke Koblenz, Trier und Montabaur) vom 28. Oktober 1922 (GVBl. 1968, Sondernummer S. 60, BS Anhang II P 34).

Ein früherer Entwurf (Drucks. 7/9) enthielt einen Katalog des fortgeltenden Rechts. Er ist zwar nicht Gesetz geworden, gibt jedoch nach wie vor einen guten Überblick über die „unberührt bleibenden sonstigen landesrechtlichen Vorschriften" (§ 1 Abs. 3 JGebBefrG):

§ 5 Fortbestehen von Rechtsvorschriften

Folgende Vorschriften bleiben aufrechterhalten:
1. *Artikel 3 Abs. 5 des Gesetzes, die bürgerlichen Wirkungen des Austritts aus einer Kirche oder Religionsgemeinschaft betreffend (für den ehemaligen Regierungsbezirk Rheinhessen) vom 10. September 1878 in der Fassung der Bekanntmachung vom 11. Mai 1970 (GVBl. 1970, Sondernummer Rheinhessen S. 25)*;*
2. *Artikel 66 des Gesetzes, die Brandversicherungsanstalt für Gebäude betreffend, (für den ehemaligen Regierungsbezirk Rheinhessen) vom 28. September 1890 (RegBl. S. 197) in der Fassung der Bekanntmachung vom 30. September 1899 (RegBl. S. 677, 699), zuletzt geändert durch § 14 des Landesgesetzes über Unschädlichkeitszeugnisse vom 24. März 1965 (GVBl. S. 53, BS 3212-3);*
3. *§ 1 Abs. 4 des Gesetzes, betreffend die Ergänzung der Gesetze über die Einrichtung von Marksteinen vom 7. Oktober 1865 und 7. April 1869 (für die Regierungsbezirke Koblenz, Trier und Montabaur) vom 24. Mai 1901 in der Fassung der Bekanntmachung vom 27. November 1968 (GVBl. 1968, Sondernummer Koblenz, Trier, Montabaur S. 15)**;*
4. *§ 3 Abs. 2 Nr. 1 des Gesetzes, betreffend die öffentlichen Feuerversicherungsanstalten (für die Regierungsbezirke Koblenz, Trier und Montabaur) vom 25. Juli 1910 (GS. S. 241), geändert durch Artikel VI § 10 Nr. 6 des Gesetzes zur Umgestaltung des Dienststrafrechts der nichtrichterlichen Beamten vom 11. Januar 1932 (GS. S. 9)***;*
5. *§ 81 Abs. 2 des Fischereigesetzes (für die Regierungsbezirke Koblenz, Trier und Montabaur) vom 11. Mai 1916 (GS. S. 55), zuletzt geändert durch Landesgesetz über den Fischereischein vom 6. Juli 1961 (GVBl. S. 155, BS 793-1)†;*

---

* Aufgehoben durch Art. 1 Abs. 3 Nr. 1 des 8. RBerG vom 12. 10. 1995 (GVBl. S. 421).
** Aufgehoben durch Art. 1 Abs. 2 Nr. 3 des 8. RBerG vom 12. 10. 1995 (GVBl. S. 421).
*** Aufgehoben durch Gesetz zum Staatsvertrag zwischen dem Land Hessen und dem Land Rheinland-Pfalz vom 27. 7. 1993 (GVBl. S. 352).
† Aufgehoben durch das Landesfischereigesetz vom 9. 12. 1974 (GVBl. S. 601).

6. § 3 des Gesetzes, betreffend den Austritt aus den Religionsgesellschaften öffentlichen Rechts (für die Regierungsbezirke Koblenz, Trier und Montabaur), vom 30. November 1920 in der Fassung der Bekanntmachung vom 27. November 1968 (GVBl. 1968, Sondernummer Koblenz, Trier, Montabaur S. 16)*;
7. § 9 des Gesetzes zur Erhaltung des Baumbestandes und Erhaltung und Freigabe von Uferwegen im Interesse der Volksgesundheit (für die Regierungsbezirke Koblenz, Trier und Montabaur) vom 29. Juli 1922 in der Fassung der Bekanntmachung vom 27. November 1968 (GVBl. 1968, Sondernummer Koblenz, Trier, Montabaur S. 197), geändert durch Artikel 32 des Zweiten Landesgesetzes zur Änderung strafrechtlicher Vorschriften (2. LStrafÄndG) vom 5. März 1970 (GVBl. S. 96, BS 452/11)**;
8. § 25 des Reichsnaturschutzgesetzes vom 26. Juni 1935 (RGBl. I S. 821), zuletzt geändert durch Artikel 34 des Zweiten Landesgesetzes zur Änderung strafrechtlicher Vorschriften (2. LStrafÄndG) vom 5. März 1970 (GVBl. S. 96, BS 452/11);
9. § 55 des Landesforstgesetzes von Rheinland-Pfalz in der Fassung vom 19. März 1971 (GVBl. S. 115, BS 790–1);
10. § 4 des Landesgesetzes zur Ausführung des Flurbereinigungsgesetzes vom 14. Juli 1953 (BGBl. I S. 591) (Ausführungsgesetz zum Flurbereinigungsgesetz) vom 26. März 1954 (GVBl. S. 49), geändert durch § 8 des Ersten Landesgesetzes über die Verwaltungsvereinfachung im Lande Rheinland-Pfalz vom 28. Juli 1966 (GVBl. S. 203), BS 7815–1***;
11. § 32 Abs. 4 des Landesstraßengesetzes für Rheinland-Pfalz (LStrG) vom 15. Februar 1963 (GVBl. S. 57), zuletzt geändert durch Landesgesetz vom 22. April 1970 (GVBl. S. 142), BS 91–1†;
12. § 9 des Landesgesetzes zur Durchführung der Kriegsopferfürsorge (DGKOF) vom 8. März 1963 (GVBl. S. 82), geändert durch § 9 des Elften Landesgesetzes über die Verwaltungsvereinfachung im Lande Rheinland-Pfalz vom 24. Februar 1971 (GVBl. S. 68), BS 83–1††;
13. § 13 Abs. 2 der Gemeindeordnung (Selbstverwaltungsgesetz für Rheinland-Pfalz, Teil A) in der Fassung vom 25. September 1964 (GVBl. S. 145), zuletzt geändert durch § 12 des Landesgesetzes über die Unvereinbarkeit von Amt und Mandat vom 2. November 1970 (GVBl. S. 395), BS 2020–1†††;
14. § 1 des Landesgesetzes über Kosten im Bereich der Justizverwaltung vom 10. Dezember 1957 (GVBl. S. 209), geändert durch Artikel II Nr. 2 des Landesgesetzes zur Änderung der Schiedsmannsordnung vom 4. Februar 1965 (GVBl. S. 13), BS 34–1, in Verbindung mit §§ 8 bis 12 der Verordnung über Kosten im Bereich der Justizverwaltung (JVKostO) vom 14. Februar 1940 (RGBl. I S. 357) zuletzt geändert durch Artikel 10 des Gesetzes zur Änderung von Kostenermächtigungen, sozialversicherungsrechtlichen und anderen Vorschriften (Kostenermächtigungs-Änderungsgesetz) vom 23. Juni 1970 (BGBL. I S. 805);
15. § 27 Abs. 2 des Landesgesetzes über die Neuordnung des Sparkassenwesens (Sparkassengesetz) in der Fassung vom 17. Juli (GVBl. S. 316, BS 76–2)††††;
16. § 34a des Dritten Landesgesetzes über die Verwaltungsvereinfachung im Lande Rheinland-Pfalz vom 12. November 1968 (GVBl. S. 231), zuletzt geändert durch § 7 des Siebenten Landesgesetzes über Verwaltungsvereinfachung im Lande Rheinland-Pfalz vom 28. Juli 1970 (GVBl. S. 288), BS 14–3;
17. § 132a des Vierten Landesgesetzes über die Verwaltungsvereinfachung im Lande Rheinland-Pfalz vom 10. Januar 1969 (GVBl. S. 5), zuletzt geändert durch § 10 des Neunten Landesge-

---

* Aufgehoben durch Art. 1 Abs. 2 Nr. 4 des 8. RBerG vom 12. 10. 1995 (GVBl. S. 421).
** Nr. 7 und Nr. 8 aufgehoben durch LandespflegeG vom 14. 12. 1973 (GVBl. 147 S. 284).
*** Nr. 10 aufgehoben durch das Landesgesetz zur Ausführung des Flurbereinigungsgesetzes vom 18. 5. 1978 (GVBl. 1978, S. 271) und ersetzt durch die inhaltlich gleichlautende Bestimmung des § 6 dieses Gesetzes.
† Jetzt idF vom 1. 8. 1977 (GVBl. S. 274).
†† Nr. 12 aufgehoben durch Art. 24 Nr. 19 Gesetz vom 7. 2. 1983 (GVBl. S. 17).
††† Jetzt § 12 Gemeindeordnung vom 31. 1. 1994 (GVBl. S. 153).
†††† Jetzt § 24 Abs. 2 des Sparkassengesetzes vom 1. 4. 1982 (GVBl. S. 113).

II. Gebührenbefreiungsgesetze der Länder **Anh. C**

gesetzes über die Verwaltungsvereinfachung im Lande Rheinland-Pfalz vom 28. Juli 1970 (GVBl. S. 302); BS 14–4;

18. *§ 11 Satz 1 der Landesverordnung über die Höferrolle in der Fassung vom 14. März 1967 (GVBl. S. 143), geändert durch Landesverordnung vom 29. Oktober 1968 (GVBl. S. 246), BS 7811–1–2.*

L. Saarland

Das Landesjustizkostengesetz vom 30. 6. 1971 (ABl. S. 473), zuletzt geändert durch Gesetz vom 31. 3. 2004 (ABl. S. 1037), bestimmt:

§ 4 Gebührenfreiheit

(1) Von der Zahlung der Gebühren, welche die ordentlichen Gerichte in Zivilsachen, die Gerichte für die Arbeitssachen, die Justizverwaltungsbehörden und die Behörden der Arbeitsgerichtsverwaltung erheben, sind befreit

1. Kirchen, Religionsgemeinschaften und Weltanschauungsvereinigungen, die die Rechtsstellung einer Körperschaft des öffentlichen Rechts haben;
2. Gemeinden, Gemeindeverbände und kommunale Zweckverbände, soweit die Angelegenheit nicht ihre wirtschaftlichen Unternehmen betrifft;
3. Hochschulen und Forschungseinrichtungen, die die Rechtsstellung einer Körperschaft, Anstalt oder Stiftung des öffentlichen Rechts haben.

(2) [1]Von der Zahlung der Gebühren nach der Kostenordnung und der Gebühren in Justizverwaltungsangelegenheiten sind Körperschaften, Vereinigungen und Stiftungen befreit, die gemeinnützigen und mildtätigen Zwecken im Sinne des Steuerrechts dienen, soweit die Angelegenheit nicht einen steuerpflichtigen wirtschaftlichen Geschäftsbetrieb betrifft. [2]Die steuerrechtliche Behandlung als gemeinnützig und mildtätig ist durch eine Bescheinigung des Finanzamts (Freistellungsbescheid oder sonstige Bestätigung) nachzuweisen.

(3) Die Gebührenfreiheit nach den Absätzen 1 und 2 gilt auch für Beurkundungs- und Beglaubigungsgebühren, die Gebührenfreiheit nach Absatz 1 ferner für die Gebühren der Gerichtsvollzieher.

§ 6 Stundung und Erlaß von Kosten

(1) [1]Gerichtskosten, nach *§ 130 Abs. 1 der Bundesgebührenordnung für Rechtsanwälte vom 26. Juli 1957 (BGBl. I S. 861, 907), zuletzt geändert durch Gesetz vom 17. Dezember 1990 (BGBl. I S. 2847) [jetzt § 59 Abs. 1 des Rechtsanwaltsvergütungsgesetzes],* auf die Landeskasse übergegangene Ansprüche und sonstige Ansprüche nach § 1 Abs. 1 Nrn. 5 bis 9 der Justizbeitreibungsordnung vom 11. März 1937 (RGBl. I S. 298), zuletzt geändert durch Gesetz vom 17. Dezember 1990 (BGBl. I S. 2847), in der jeweils geltenden Fassung können gestundet werden, wenn ihre sofortige Einziehung mit besonderen Härten für den Zahlungspflichtigen verbunden wäre und der Anspruch durch die Stundung nicht gefährdet wird.

(2) [1]Ansprüche der in Absatz 1 genannten Art können ganz oder teilweise erlassen werden, wenn

1. die Einziehung mit besonderen Härten für den Zahlungspflichtigen verbunden wäre,
2. dies zur Förderung öffentlicher Zwecke oder aus besonderen Gründen der Billigkeit geboten erscheint.

[2]Entsprechendes gilt für die Erstattung oder Anrechnung bereits entrichteter Beträge.

(3) [1]Zuständig für die Entscheidung ist das Ministerium, das die Dienstaufsicht über die jeweilige Gerichtsbarkeit ausübt. [2]Es kann diese Befugnisse ganz oder teilweise oder für bestimmte Arten von Fällen auf nachgeordnete Behörden übertragen.

§ 8 Unberührt bleibendes Recht

Folgende Vorschriften, durch die in den Verfahren und Angelegenheiten vor den ordentlichen Gerichten sowie in Justizverwaltungsangelegenheiten Kosten- oder Gebührenfreiheit gewährt wird, bleiben aufrechterhalten:

1. § 38 Abs. 3 des Gesetzes über die Enteignung von Grundeigentum vom 11. Juni 1874 (PrGS S. 221), zuletzt geändert durch Artikel 7 Abs. 1 des Gesetzes vom 5. Februar 1997 (Amtsbl. S. 258);
2. (aufgehoben);
3. § 14 des Saarländischen Ausführungsgesetzes zum Flurbereinigungsgesetz vom 17. Juli 1959 (Amtsbl. S. 1255), zuletzt geändert durch Gesetz vom 26. Januar 1994 (Amtsbl. S. 509).

M. Sachsen

Das Sächsische Justizgesetz (SächsJG) vom 24. 11. 2000 (GVBl. S. 482), zuletzt geändert durch Gesetz vom 4. 7. 2007 (GVBl. S. 303), enthält in Teil 7 folgenden „Abschnitt 3. Stundung und Erlass von Kosten, Gebührenbefreiungen":

§ 68 Stundung und Erlass von Kosten

(1) Gerichtskosten, nach § 130 Abs. 1 der Bundesgebührenordnung für Rechtsanwälte auf die Landeskasse übergegangene Ansprüche und sonstige Ansprüche nach § 1 Abs. 1 Nr. 5 bis 9 der Justizbeitreibungsordnung können gestundet werden, wenn ihre sofortige Einziehung mit besonderen Härten für den Zahlungspflichtigen verbunden wäre und der Anspruch durch die Stundung nicht gefährdet wird.

(2) Ansprüche der in Absatz 1 genannten Art können ganz oder zum Teil erlassen werden,
1. wenn es zur Förderung öffentlicher Zwecke geboten erscheint;
2. wenn die Einziehung mit besonderen Härten für den Zahlungspflichtigen verbunden wäre;
3. wenn es sonst aus besonderen Gründen der Billigkeit entspricht.

(3) ¹Die Entscheidungen nach den Absätzen 1 und 2 trifft das zuständige Staatsministerium. ²Es kann diese Befugnis ganz oder teilweise oder für bestimmte Arten von Fällen auf nachgeordnete Behörden übertragen.

§ 69 Gebührenbefreiungsvorschriften

Die landesrechtlichen Vorschriften im Bereich der Justizverwaltung, die Kosten- oder Gebührenfreiheit gewähren, bleiben unberührt.

N. Sachsen-Anhalt

Das Justizkostengesetz vom 23. 8. 1993 (GVBl. S. 449), zuletzt geändert durch Gesetz vom 7. 12. 2001 (GVBl. S. 540), enthält folgenden Abschnitt „3. Gebührenbefreiungen, Stundung und Erlaß von Kosten":

§ 7 Gebührenfreiheit

(1) Von der Zahlung der Gebühren, die die ordentlichen Gerichte sowie die Landesjustizverwaltungsbehörden erheben, sind befreit:
1. Kirchen, sonstige Religions- und Weltanschauungsgemeinschaften, soweit sie die Rechtsstellung einer juristischen Person des öffentlichen Rechts haben, einschließlich ihrer Gemeinden und Gliederungen sowie öffentlich-rechtlichen Verbänden, Anstalten und Stiftungen;

II. Gebührenbefreiungsgesetze der Länder **Anh. C**

2. Kommunen und Gemeindeverbände, soweit die Angelegenheit nicht ihre wirtschaftlichen Unternehmungen betrifft;
3. Universitäten, Hochschulen, Fachhochschulen und Studentenwerke, die die Rechtsstellung einer Körperschaft, Anstalt oder Stiftung des öffentlichen Rechts haben;
4. die Landeswohlfahrtsverbände sowie die in der Liga der freien Wohlfahrtspflege zusammengeschlossenen Träger der freien Wohlfahrtspflege einschließlich ihrer Bezirks- und Ortsstellen sowie der ihnen angehörenden Mitgliedsverbände und Mitgliedseinrichtungen.

(2) Voraussetzung für die Gewährung der Gebührenfreiheit ist, daß der Befreite im Lande Sachsen-Anhalt seinen Sitz hat; darüber hinaus ist Gebührenfreiheit nur zu gewähren, wenn die Gegenseitigkeit verbürgt ist.

(3) Die Gebührenfreiheit entbindet nicht von der Verpflichtung zur Zahlung der Auslagen.

(4) Haftet der Befreite für die Kosten mit anderen Beteiligten als Gesamtschuldner und kann von ihm aufgrund gesetzlicher Vorschriften Ausgleich verlangt werden, so erstreckt sich die Befreiung auch auf die anderen Beteiligten.

(5) Die Gebührenfreiheit entbindet nicht von der Verpflichtung zur Zahlung von Beträgen, zu denen der Befreite sich Dritten gegenüber vertragsmäßig verpflichtet hat; sie hat keinen Einfluß auf die Ersatzpflicht des in die Kosten verurteilten Gegners.

§ 8 Stundung und Erlaß von Kosten

(1) [1]Gerichtskosten, nach § 130 Abs. 1 der Bundesgebührenordnung für Rechtsanwälte *[jetzt § 59 Abs. 1 des Rechtsanwaltsvergütungsgesetzes]* auf die Landeskasse übergegangene Ansprüche und sonstige Ansprüche nach § 1 Abs. 1 Nrn. 4a bis 9 der Justizbeitreibungsordnung können gestundet werden, wenn ihre sofortige Einziehung mit erheblichen Härten für den Zahlungspflichtigen verbunden wäre und der Anspruch durch die Stundung nicht gefährdet wird. [2]Dies gilt entsprechend für Kosten, die bei den Gerichten der Verwaltungsgerichtsbarkeit, der Finanzgerichtsbarkeit, der Arbeitsgerichtsbarkeit und der Sozialgerichtsbarkeit sowie bei den Justizverwaltungsbehörden entstehen.

(2) [1]Die in Absatz 1 genannten Ansprüche können ganz oder zum Teil erlassen werden,
1. wenn es zur Förderung öffentlicher Zwecke geboten erscheint;
2. wenn die Einziehung mit besonderen Härten für den Zahlungspflichtigen verbunden wäre;
3. wenn es aus besonderen Gründen der Billigkeit entspricht.

[2]Entsprechendes gilt für die Erstattung oder Anrechnung bereits entrichteter Beträge.

(3) [1]Zuständig für die Entscheidung ist das Ministerium der Justiz. [2]Diese Befugnis kann ganz oder teilweise oder für bestimmte Arten von Fällen auf nachgeordnete Behörden übertragen werden.

O. Schleswig-Holstein

Das Gesetz über Gebührenfreiheit, Stundung und Erlaß von Kosten im Bereich der Gerichtsbarkeiten vom 23. 12. 1969 (GVOBl. 1970 S. 4), zuletzt geändert durch Gesetz vom 15. 3. 2006 (GVOBl. S. 52), bestimmt:

§ 1 Gebührenfreiheit

(1) Von der Zahlung der Gebühren, die die ordentlichen Gerichte in Zivilsachen und die Justizverwaltungsbehörden erheben, sind befreit
1. Kirchen, sonstige Religionsgesellschaften und Weltanschauungsvereinigungen, die die Rechtsstellung einer Körperschaft des öffentlichen Rechts haben;
2. (gestrichen);
3. (gestrichen).

(2) ¹Von der Zahlung der Gebühren nach dem Gesetz über Kosten in Angelegenheiten der freiwilligen Gerichtsbarkeit (Kostenordnung) und der Gebühren in Justizverwaltungsangelegenheiten sind Körperschaften, Vereinigungen und Stiftungen befreit, die gemeinnützigen oder mildtätigen Zwecken im Sinne des Steuerrechts dienen, soweit die Angelegenheit nicht einen steuerpflichtigen wirtschaftlichen Geschäftsbetrieb betrifft. ²Die steuerrechtliche Behandlung als gemeinnützig oder mildtätig ist durch eine Bescheinigung des Finanzamts (Freistellungsbescheid oder sonstige Bestätigung) nachzuweisen.

(3) Die Gebührenfreiheit nach den Abs. 1 und 2 gilt auch für Beurkundungs- und Beglaubigungsgebühren, die Gebührenfreiheit nach Abs. 1 ferner für die Gebühren der Gerichtsvollzieher.

§ 2 Stundung und Erlaß von Kosten

(1) ¹Gerichtskosten, nach § 59 Abs. 1 des Rechtsanwaltsvergütungsgesetzes vom 5. Mai 2004 (BGBl. I S. 718), zuletzt geändert durch Artikel 2 Abs. 6 des Gesetzes vom 22. September 2005 (BGBl. I S. 718, 788), auf die Landeskasse übergegangene Ansprüche und sonstige Ansprüche nach § 1 Abs. 1 Nr. 5 bis 9 der Justizbeitreibungsordnung vom 11. März 1937 (RGBl. I S. 298), zuletzt geändert durch Artikel 4 Abs. 32 des Gesetzes vom 5. Mai 2004 (BGBl. I S. 718), können gestundet werden, wenn ihre sofortige Einziehung mit besonderen Härten für die Zahlungspflichtige oder den Zahlungspflichtigen verbunden wäre und der Anspruch durch die Stundung nicht gefährdet wird.

(2) ¹Ansprüche der in Abs. 1 genannten Art können ganz oder zum Teil erlassen werden, wenn
1. es zur Förderung öffentlicher Zwecke geboten erscheint;
2. die Einziehung mit besonderen Härten für den Zahlungspflichtigen verbunden wäre;
3. es sonst aus besonderen Gründen der Billigkeit entspricht.
²Entsprechendes gilt für die Erstattung oder Anrechnung bereits entrichteter Beträge.

(3) ¹Zuständig für die Entscheidung ist der die Dienstaufsicht über die jeweilige Gerichtsbarkeit führende Minister. ²Er kann diese Befugnis ganz oder teilweise oder für bestimmte Arten von Fällen auf nachgeordnete Behörden übertragen.

§ 4 Fortbestehen von Rechtsvorschriften

Folgende Vorschriften, durch die in den Verfahren und Angelegenheiten vor den Gerichten sowie in Justizverwaltungsangelegenheiten Kosten- oder Gebührenfreiheit gewährt wird, bleiben aufrechterhalten:
1. § 1 des Gesetzes über Kosten im Bereich der Justizverwaltung in der Fassung der Bekanntmachung vom 8. Juli 1992 (GVBl. Schl.-H. S. 439);
2. § 36 des Denkmalschutzgesetzes in der Fassung der Bekanntmachung vom 18. September 1972 (GVOBl. Schl.-H. S. 164), zuletzt geändert durch Gesetz vom 20. Februar 1983 (GVOBl. Schl.-H. S. 136).

P. Thüringen

Das Justizkostengesetz vom 7. 8. 1991 (GVBl. S. 285), idF vom 22. 10. 1992 (GVBl. S. 527), zuletzt geändert durch Gesetz vom 24. 10. 2001 (GVBl. S. 265), bestimmt:

§ 5 [Sachliche Gebührenfreiheit]

(1) Die ordentlichen Gerichte und die Justizverwaltungsbehörden erheben keine Gebühr für:
1. Geschäfte, die auf Ersuchen von Gerichten des Bundes oder eines Landes vorgenommen werden;

II. Gebührenbefreiungsgesetze der Länder **Anh. C**

2. Geschäfte, die auf Ersuchen von Verwaltungsbehörden des Bundes oder eines Landes überwiegend im öffentlichen Interesse vorgenommen werden;
3. die überwiegend im öffentlichen Interesse vorgenommenen Geschäfte in Angelegenheiten, die den Gemeinden und Gemeindeverbänden zur Erfüllung nach Weisung übertragen sind;
4. Rechtsvorgänge beim Erwerb eines Grundstückes, das nach Artikel 1 Satz 1 des Einigungsvertragsgesetzes vom 23. September 1990 (BGBl. II S. 885–896) in Verbindung mit Artikel 22 Abs. 4 des Einigungsvertrages in das Eigentum einer Kommune übergegangen sind, wenn der Erwerb durch eine Wohnungsgesellschaft erfolgt, deren Anteile ausschließlich der übertragenden Kommune gehören, sowie die Erteilung von beglaubigten Abschriften aus dem Grundbuch im Zusammenhang mit dem Nachweis von Restitutionsansprüchen der Kommunen nach dem Kommunalvermögensgesetz vom 6. Juli 1990 (GBl. I Nr. 42 S. 660), geändert durch Artikel 1 Satz 1 des Einigungsvertragsgesetzes vom 23. September 1990 (BGBl. II S. 885–1199) in Verbindung mit Anlage II Kapitel IV Abschnitt III Nr. 2 zum Einigungsvertrag;
5. Rechtsvorgänge beim Erwerb von Grundstücken zur Schaffung und Erweiterung öffentlicher Straßen, Plätze, Erholungs-, Wald- und anderer Grünanlagen;
6. Eintragungen im Grundbuch in den Fällen, in denen die Beteiligten im öffentlichen Interesse gesetzlich verpflichtet sind, sich den Rechtsänderungen zu unterwerfen.

(2) Soweit in den Fällen des Absatzes 1 Nr. 5 das Grundstück innerhalb einer Frist von fünf Jahren nach Abschluß des Veräußerungsgeschäfts für andere Zwecke verwendet wird, sind die Gebühren nachzuentrichten.

§ 6 [Persönliche Gebührenfreiheit]

(1) Von der Zahlung der Gebühren, die die ordentlichen Gerichte und die Justizverwaltungsbehörden erheben, sind befreit:
1. Kirchen, sonstige Religionsgesellschaften und Weltanschauungsvereinigungen, die die Rechtsstellung einer Körperschaft des öffentlichen Rechts haben und die zur Bestreitung ihrer Bedürfnisse erforderlichen Mittel ganz oder teilweise durch Abgaben ihrer Mitglieder aufbringen;
2. Gemeinden und Gemeindeverbände in Angelegenheiten der Fürsorge, des Schulwesens, der Jugendwohlfahrt (Jugendfürsorge und Jugendpflege) und der Gesundheitspflege sowie in kirchlichen Angelegenheiten;
3. Hochschulen, Studentenschaften, Forschungseinrichtungen und Studentenwerke, die die Rechtsstellung einer Körperschaft, Anstalt oder Stiftung des öffentlichen Rechts haben;
4. freie Wohlfahrtsverbände;
5. die von dem Minister der Justiz im Einvernehmen mit dem Minister der Finanzen als mildtätig oder gemeinnützig anerkannten Vereine und Stiftungen, mit Ausnahme solcher, die einzelne Familien oder bestimmte Personen betreffen oder in bloßen Studienstipendien bestehen.

(2) Voraussetzung für die Gewährung der Gebührenfreiheit ist, daß der Befreite im Lande Thüringen seinen Sitz hat; darüber hinaus ist Gebührenfreiheit nur zu gewähren, wenn die Gegenseitigkeit verbürgt ist.

(3) Die einem Beteiligten zustehende Gebührenfreiheit darf einem anderen Beteiligten nicht zum Nachteil gereichen.

(4) Die Gebührenfreiheit entbindet nicht von der Verpflichtung zur Zahlung von Beträgen, zu deren Einrichtung der Befreite sich Dritten gegenüber vertragsmäßig verpflichtet hat; sie hat keinen Einfluß auf die Ersatzpflicht des in die Kosten verurteilten Gegners.

§ 7 [Beurkundungsgebühren, Auslagen]

(1) Die §§ 5 und 6 gelten auch für Beurkundungs- und Beglaubigungsgebühren.

(2) Die Gebührenfreiheit entbindet nicht von der Verpflichtung zur Zahlung der Auslagen.

§ 8 [Unberührt bleibendes Recht]

Die sonstigen landesrechtlichen Vorschriften, durch die Kosten- oder Gebührenfreiheit gewährt ist, bleiben unberührt.

§ 9 [Übergangsrecht]

(1) Kosten sind nach den §§ 1 bis 4b zu erheben, wenn sie nach dem Inkrafttreten dieser Vorschriften fällig werden.

(2) Soweit vor der Verkündung dieses Gesetzes Kosten der in Absatz 1 bezeichneten Art nach den bisherigen Vorschriften erhoben worden sind, behält es hierbei sein Bewenden.

§ 10 [Übergangsrecht]

In Verfahren und Angelegenheiten, die bei Inkrafttreten [am 8. 8. 1991] der §§ 5 und 8 anhängig sind, gelten die bisherigen Vorschriften über die Gebührenfreiheit.

Q. Aus dem Preußischen Gerichtskostengesetz*

§ 7 [Sachliche Gebührenfreiheit]

(1) Gebührenfrei sind:
1. die auf Ersuchen der Verwaltungsbehörden auszuführenden Geschäfte, die ein öffentliches Interesse betreffen;
2. die auf Ersuchen von Verwaltungsgerichten oder Auseinandersetzungsbehörden vorzunehmenden Geschäfte;
3. die Vereidigung von Personen, die mit dem Forstschutze betraut sind;
4. (gegenstandslos);
5. (gegenstandslos);
6. alle Rechtsvorgänge beim Erwerbe von Grundstücken zwecks Schaffung oder Erweiterung öffentlicher Erholungs-, Wald- oder sonstiger Grünanlagen sowie für Zwecke öffentlicher Straßen und Plätze. Falls und insoweit das Grundstück innerhalb einer Frist von fünfzehn Jahren seit Abschluß des Veräußerungsgeschäfts für andere Zwecke verwendet wird, sind die Gebühren nachzuentrichten;
7. (gegenstandslos).

(2) Bei den besonderen Anordnungen, durch welche außerdem für gewisse Rechtssachen eine gänzliche oder teilweise Gebührenfreiheit bewilligt ist, behält es sein Bewenden.

(3) Die Vorschriften des § 43 des Gesetzes v. 11. Juni 1874 über die Enteignung von Grundeigentum (Ges-S. S. 221) finden auf alle Besitzveränderungen, denen sich die Beteiligten aus Gründen des öffentlichen Wohles zu unterwerfen gesetzlich verpflichtet sind (Enteignungen), entsprechende Anwendung.

§ 8 [Persönliche Gebührenfreiheit]

(1) Von der Zahlung der Gerichtsgebühren sind befreit:
1. (jetzt § 11 Abs. 1 KostO nF, s. dazu Erl. zu § 11);
2. alle öffentlichen Armen-, Kranken-, Arbeits- und Besserungsanstalten und Waisenhäuser; ferner milde Stiftungen, insofern nicht solche einzelne Familien oder bestimmte Personen betreffen oder in bloßen Studienstipendien bestehen sowie endlich die Ge-

---

* Gilt in einigen Ländern oder Landesteilen fort, vgl. § 11 KostO Rn. 19 ff. S. auch 7. Aufl. Anh. I a S. 759.

meinden in Armenangelegenheiten. Darüber, ob den milden Stiftungen Befreiung zu bewilligen ist, wird von den Ministern der Justiz und der Finanzen gemeinschaftlich entschieden;
3. alle öffentlichen Volksschulen;
4. alle öffentlich gelehrten Anstalten und Schulen, Kirchen, Pfarreien, Kaplaneien, Vikarien und Küstereien, jedoch nur insoweit, als nach dem Zeugnisse der zuständigen Staatsbehörde die Einnahmen derselben die etatsmäßige Ausgabe, einschließlich der Besoldung oder des statt dieser überlassenen Nießbrauchs, nicht übersteigen; insoweit jedoch eine Angelegenheit zugleich solche Ansprüche betrifft, welche lediglich das zeitige Interesse der für ihre Person zur Nutzung des betreffenden Vermögens Berechtigten berühren, haben letztere die auf ihren Teil verhältnismäßig fallenden Kosten zu tragen;
5. (gegenstandslos);
6. Unternehmen zur Förderung des Kleingartenwesens, die aufgrund des § 5 des Gesetzes vom 31. Juli 1919 (RGBl. S. 1371) als gemeinnützig anerkannt sind, und Körperschaften oder Anstalten des öffentlichen Rechts bei Erfüllung der ihnen durch das erwähnte Gesetz zugewiesenen Aufgaben;
7. andere als die in Nr. 5 und 6 bezeichneten Privatunternehmungen, welche nicht auf einen besonderen Geldgewinn der Unternehmer gerichtet sind, sondern einen gemeinnützigen, nicht auf einzelne Familien oder Korporationen beschränkten Zweck haben, sofern denselben durch besondere gesetzliche Bestimmung Gebührenfreiheit bewilligt ist. Die bisher solchen Unternehmungen, z. B. Pensions- und Versicherungsanstalten, Bürgerrettungsinstituten usw. bereits bewilligten Befreiungen bleiben in Kraft. Wenn in einzelnen Fällen die Befreiung zweifelhaft ist, so ist darüber gemeinschaftlich von den Ministern der Finanzen und der Justiz zu entscheiden.

(2) und (3) gegenstandslos.

Anhang D

Verwaltungsvorschriften

I. Kostenverfügung

Die Kostenverfügung (KostVfg.) ist eine bundeseinheitliche Verwaltungsvorschrift des Bundes und der Länder, in der Fassung der Bekanntmachung vom 1. 3. 1976. Sie wird nachstehend insoweit wiedergegeben, als sie für die Anwendung der KostO Bedeutung hat. Angefügt sind die wichtigsten Zusatzbestimmungen der Länder.

Die KostVfg. ist – ggf. mit Zusatzbestimmungen – in Kraft gesetzt: **Bund:** BAnz. 2004, 19765; **Baden-Württemberg:** Justiz 1976, 163, zuletzt geändert 2007, 153; **Bayern:** JMBl. 1976, 41, zuletzt geändert 2007, 36; **Berlin:** ABl. 1976, 351, zuletzt geändert 2007, 143; **Brandenburg:** JMBl. 1991, 45, zuletzt geändert 2007, 34; **Hamburg:** JVBl. 1976, 36, zuletzt geändert 2007, 11; **Hessen:** JMBl. 1995, 709, zuletzt geändert 2007, 329; **Mecklenburg-Vorpommern:** ABl. 1991, 406, zuletzt geändert 2007, 192; **Niedersachsen:** Nds.Rpfl. 1976, 49, zuletzt geändert 2007, 10; **Nordrhein-Westfalen:** JMBl. 1976, 61, zuletzt geändert 2007, 43; **Rheinland-Pfalz:** JBl. 1976, 73, zuletzt geändert 2007, 38; **Saarland:** GMBl. 1976, 327, zuletzt geändert 2002, 8; **Sachsen:** JMBl. 2007, 209; **Sachsen-Anhalt:** MBl. 1994, 2299, zuletzt geändert JMBl. 2007, 59; **Schleswig-Holstein:** SchlHA 1976, 56, zuletzt geändert 2007, 87; **Thüringen:** JMBl. 1991, 64, zuletzt geändert 2004, 54.

Abschnitt I. Allgemeine Bestimmungen

§ 1 Kostenbeamter

Die Aufgaben Kostenbeamten werden nach den darüber ergangenen allgemeinen Anordnungen von den Beamten des gehobenen oder mittleren Justizdienstes oder vergleichbaren Angestellten wahrgenommen.

Zu § 1. Bayern: Die Zuständigkeit zur Wahrnehmung der Aufgaben des Kostenbeamten bestimmt sich nach der Verordnung über die Geschäftsstellen der Gerichte und der Staatsanwaltschaften (BayRS 300–1-1–2 J), geändert durch Verordnung vom 7. 12. 1984 (GVBl. S. 541) und vom 27. 10. 1999 (GVBl. S. 454).

Baden-Württemberg: Beamte im Vorbereitungsdienst für den gehobenen oder für den mittleren Justizdienst, die mit der selbständigen Wahrnehmung von Dienstaufgaben des gehobenen oder mittleren Justizdienstes beauftragt sind, können auch die entsprechenden Aufgaben des Kostenbeamten wahrnehmen. Sie haben dies bei ihrer Unterschrift unter dem Kostenansatz zu vermerken. Inwieweit Justizangestellte Aufgaben des Kostenbeamten wahrnehmen können, richtet sich nach den hierzu ergangenen besonderen Bestimmungen.

Brandenburg: Die Aufgaben des Kostenbeamten kann auch ein Mitarbeiter der Justiz wahrnehmen, der nicht Beamter ist (Art. 20 Abs. 2 des Vertrages zwischen der Bundesrepublik Deutschland und der Deutschen Demokratischen Republik über die Herstellung der Einheit Deutschlands, BGBl. 1990 II S. 885).

Mecklenburg-Vorpommern: wie Brandenburg.

Nordrhein-Westfalen: Inwieweit Justizangestellte Aufgaben des Kostenbeamten wahrnehmen können, richtet sich nach den hierzu ergangenen besonderen Bestimmungen.

Rheinland-Pfalz: Die Aufgaben des Kostenbeamten werden von den Beamten des mittleren Justizdienstes wahrgenommen, soweit diese Aufgaben nicht durch allgemeine Anordnung den Beamten des gehobenen Justizdienstes vorbehalten sind.

Sachsen: Die Aufgaben eines Kostenbeamten können gemäß Art. 20 Abs. 2 des Einigungsvertrages iVm. Art. 1 des Gesetzes vom 23. 9. 1990 (BGBl. II S. 885) und den hierzu ergangenen besonderen Bestimmungen auch von Justizangestellten wahrgenommen werden.

Thüringen: Die Aufgaben des Kostenbeamten werden von den von den Präsidenten des Bezirksgerichts bestimmten Mitarbeitern wahrgenommen, solange eine allgemeine Anordnung im Sinne des § 1 KostVfg. nicht ergangen ist.

§ 2 Pflichten des Kostenbeamten im allgemeinen

(1) Der Kostenbeamte ist für die Erfüllung der ihm übertragenen Aufgaben, insbesondere für den rechtzeitigen, richtigen und vollständigen Ansatz der Kosten verantwortlich.

(2) ¹Der Kostenbeamte bescheinigt zugleich mit Aufstellung der Schlußrechnung den vollständigen Ansatz der Kosten auf den Akten (Blattsammlungen) unter Bezeichnung der geprüften Blätter und unter Angabe von Tag und Amtsbezeichnung. ²Bei Grundakten, Registerakten, Vormundschaftsakten, Betreuungsakten und ähnlichen Akten, die regelmäßig für mehrere gebührenpflichtigen Angelegenheiten geführt werden, erfolgt die Bescheinigung für jede einzelne Angelegenheit. ³Die Bescheinigung ist auch zu erteilen, wenn die Einziehung von Kleinbeträgen vorbehalten bleibt.

§ 3 Mitwirkung des Registraturbeamten

(1)–(5) betreffen Aktenvorlage und Aktenführung.

(6) Bei der Aufbewahrung von Auskünften des Finanzamts über den Einheitswert ist § 24 Abs. 6 AktO zu beachten (vgl. § 15 Abs. 2).

Abschnitt II. Kostenansatz

§ 4 Begriff und Gegenstand

(1) ¹Der Kostenansatz besteht in der Aufstellung der Kostenrechnung (§§ 27 ff.). Er hat die Berechnung der Gerichtskosten und Justizverwaltungskosten sowie die Feststellung der Kostenschuldner zum Gegenstand. ²Zu den Kosten gehören alle für die Tätigkeit des Gerichts und der Justizverwaltung zu erhebenden Gebühren, Auslagen und Vorschüsse.

(2) ¹Ist die berechnete Kostenforderung noch nicht beglichen, so verfügt der Kostenbeamte in der Kostenrechnung, dass die Kosten der Gerichtskasse zur Einziehung zu überweisen (§ 29) oder mit Kostennachricht (§ 31) anzufordern sind. ²Hierzu genügt die Verfügung: „Zur Kasse mit Reinschrift nach Muster ..." oder „Kostennachricht nach Muster ...".

(3) ¹Handelt es sich um Kosten, die durch den Antrag einer Gerichtskasse auf Vollstreckung in das unbewegliche Vermögen entstanden sind, so wird zwar eine Kostenrechnung aufgestellt, aber nicht nach Absatz 2 verfahren. ²Die entstandenen Kosten sind der Gerichtskasse vielmehr lediglich zur etwaigen späteren Einziehung als Nebenkosten mitzuteilen.

(4) betrifft Zwangsversteigerung und Zwangsverwaltung.

(5) Für die Behandlung von kleinen Kostenbeträgen gelten die hierfür erlassenen besonderen Bestimmungen.

(6) Sind Kosten zugleich mit einem Geldbetrag im Sinne des § 1 Abs. 1 der Einforderungs- und Beitreibungsanordnung einzuziehen, so richtet sich das Verfahren nach der Einforderungs- und Beitreibungsanordnung.

Zu § 4 Abs. 1. Baden-Württemberg: Gerichtskosten sind auch die Kosten für die Tätigkeit der Notare im Landesdienst und der Ratschreiber in den Fällen, in denen die Kosten zur Staatskasse erhoben werden.

§ 5 Zuständigkeit zum Kostenansatz

(1) ¹Der Kostenansatz richtet sich, soweit Kosten nach dem Gerichtskostengesetz erhoben werden, nach § 19 GKG, in Angelegenheiten der freiwilligen Gerichtsbarkeit nach § 14 KostO. ²Kosten der Vollstreckung von freiheitsentziehenden Maßregeln der Besserung und Sicherung werden bei der nach § 19 Abs. 2 GKG zuständigen Behörde angesetzt, soweit nicht die Landesregierungen durch Rechtsverordnung andere Zuständigkeiten begründet haben (§ 138 Abs. 2 StVollzG).

I. Kostenverfügung **Anh. D**

(2)–(6) betreffen Strafsachen, Mahnverfahren.

(7) ¹Die Gebühr für die Eröffnung einer Verfügung von Todes wegen und die Gebühr für die Beurkundung einer eidesstattlichen Versicherung zwecks Erwirkung eines Erbscheins werden stets beim Nachlaßgericht angesetzt (§ 103 Abs. 3, § 107 Abs. 1 Satz 2 KostO). ²Erfolgt die Eröffnung oder die Beurkundung bei einem anderen Gericht, so ist das Nachlaßgericht zu verständigen. ³Diese Bestimmungen gelten auch dann, wenn die beiden Gerichte in verschiedenen Ländern der Bundesrepublik liegen. ⁴Soweit das Landwirtschaftsgericht an die Stelle des Nachlaßgerichts tritt, wird auch die Gebühr nach § 107 Abs. 1 Satz 2 KostO beim Landwirtschaftsgericht angesetzt.

(8) gestrichen.

(9) ¹Die Gebühren bei Eintragungen in das Register einer Zweigniederlassung (§ 79 KostO), die nicht die Errichtung oder Aufhebung einer Zweigniederlassung betreffen, sind ausschließlich beim Gericht der Hauptniederlassung (des Sitzes) anzusetzen. ²Wird gleichzeitig mit der Eintragung der Errichtung einer Zweigniederlassung eine Prokura in das Register des Gerichts der Zweigniederlassung eingetragen, so wird die anfallende Gebühr beim Gericht der Zweigniederlassung angesetzt. ³Im übrigen setzen die Gerichte der Zweigniederlassungen nur die bei ihnen entstehenden Auslagen (Bekanntmachungskosten) an. ⁴Die Geschäftsstelle des Gerichts der Hauptniederlassung vermerkt auf der für die Zweigniederlassung bestimmten Anmeldung, dass die Eintragungsgebühren berechnet sind. ⁵Diese Bestimmungen gelten auch dann, wenn die Niederlassungen in verschiedenen Ländern der Bundesrepublik liegen.

Zu § 5. Bayern: § 5 Abs. 7 Satz 4 ist nur im Geltungsbereich der Höfeordnung, also nicht in Bayern anzuwenden.

Baden-Württemberg: Zu § 5 Abs. 7: Sofern die beurkundenden Notare im Landesdienst an den Gebühren für die Abnahme der eidesstattlichen Versicherung (§ 49 Abs. 2 KostO) beteiligt sind, weil es sich nicht um einen Fall der Rechtshilfe handelt, ist das zuständige Nachlassgericht darauf hinzuweisen, dass die Gebühren bereits erhoben worden sind.

§ 6 Kostenansatz bei Verweisung eines Rechtsstreits an ein Gericht eines anderen Landes*

(1) Wird ein Rechtsstreit an ein Gericht eines anderen Landes der Bundesrepublik verwiesen, so ist für den Kostenansatz der Kostenbeamte des Gerichts zuständig, das nach der Ländervereinbarung (vgl. Anlage) die Kosten einzuziehen hat.

(2) Einzuziehende Beträge, die nach § 59 RVG auf die Staatskasse übergegangen sind, werden im Falle der Verweisung eines Rechtsstreits an ein Gericht eines anderen Landes bei dem Gericht angesetzt, an das der Rechtsstreit verwiesen worden ist (vgl. Anlage).

§ 7 Voraussetzungen des Kostenansatzes und Feststellung der Kostenschuldner im allgemeinen

(1) ¹Wer Kostenschuldner ist und in welchem Umfang er haftet, stellt der Kostenbeamte fest. ²Dabei ist zu beachten, dass nach § 29 Nr. 3 GKG auch Dritte, die kraft Gesetzes, und nach § 3 Nr. 3 KostO sowie nach § 6 Abs. 1 Nr. 3 JVKostO auch Dritte, die nach den Vorschriften des bürgerlichen Rechts kraft Gesetzes für die Kostenschuld eines anderen haften (z.B. Erben, Ehegatten, Vermögensübernehmer usw.), als Kostenschuldner auf Leistung oder Duldung der Zwangsvollstreckung in Anspruch genommen werden können. ³Sind Ehefrauen Kostenschuldner, so ist insbesondere auch festzustellen, ob der Ehemann als Gesamtschuldner für die Kosten haftet (vgl. dazu § 27 Abs. 2 Satz 1).

(2) Haften mehrere Kostenschuldner als Gesamtschuldner, so bestimmt der Kostenbeamte unter Beachtung der Grundsätze in § 8, wer zunächst in Anspruch genommen werden soll.

---

* S. die Anlage am Ende der KostVfg.

(3) Die Ermittlung und Feststellung von Personen, die nicht der Staatskasse für die Kostenschuld haften, sondern nur dem Kostenschuldner gegenüber zur Erstattung der Kosten verpflichtet sind, ist nicht Sache des Kostenbeamten.

§ 8 Kostengesamtschuldner

(1) ¹Soweit in Angelegenheiten, für die das Gerichtskostengesetz gilt, einer gesamtschuldnerisch haftenden Partei die Kosten durch gerichtliche Entscheidung auferlegt oder von ihr durch eine vor Gericht abgegebene oder ihm mitgeteilte Erklärung übernommen sind, soll die Haftung der anderen gesamtschuldnerisch haftenden Partei (des Zweitschuldners) nur geltend gemacht werden, wenn eine Zwangsvollstreckung in das bewegliche Vermögen der erstgenannten Partei (des Erstschuldners) erfolglos geblieben ist oder aussichtslos erscheint (§ 31 Abs. 2 Satz 1, § 18 GKG). ²Das gleiche gilt in Verfahren in Landwirtschaftssachen (§ 47 Abs. 1 des Gesetzes über das gerichtliche Verfahren in Landwirtschaftssachen vom 21. 7. 1953 – Bundesgesetzbl. I S. 667). ³Dass die Zwangsvollstreckung aussichtslos sei, kann regelmäßig angenommen werden, wenn ein Erstschuldner mit bekanntem Wohnsitz oder Sitz oder Aufenthaltsort im Ausland der Zahlungsaufforderung nicht nachkommt und gegen ihn ggf. im Ausland vollstreckt werden müsste. ⁴Dies gilt insbesondere dann, wenn die Zwangsvollstreckung im Ausland erfahrungsgemäß lange Zeit in Anspruch nimmt oder mit unverhältnismäßig hohen Kosten verbunden wäre.

(2) Soweit einem Kostenschuldner, der aufgrund von § 29 Nr. 1 GKG haftet (Entscheidungsschuldner), Prozesskostenhilfe bewilligt worden ist, darf die Haftung eines anderen Kostenschuldners nicht geltend gemacht werden; von diesem bereits erhobenen Kosten sind zurückzuzahlen. Die Haftung eines anderen Kostenschuldners darf auch nicht geltend gemacht werden, soweit dem Entscheidungsschuldner ein Betrag für die Reise zum Ort einer Verhandlung, Vernehmung oder Untersuchung und für die Rückreise gewährt worden ist (§ 31 Abs. 3 GKG).

(3) ¹In allen sonstigen Fällen der gesamtschuldnerischen Haftung für die Kosten bestimmt der Kostenbeamte nach pflichtmäßigem Ermessen, ob der geschuldete Betrag von einem Kostenschuldner ganz oder von mehreren nach Kopfteilen angefordert werden soll. ²Soweit die Sicherheit der Staatskasse keine andere Art der Inanspruchnahme geboten erscheinen läßt, sollen die Kosten regelmäßig zunächst angefordert werden
1. von dem Schuldner, dem sie durch gerichtliche Entscheidung auferlegt sind oder der sie durch Erklärung gegenüber dem Gericht übernommen hat;
2. in Ermangelung einer solchen Entscheidung oder Übernahmeerklärung von dem Schuldner, der sie im Verhältnis zu den übrigen endgültig zu tragen hat;
3. wenn dieses Innenverhältnis dem Kostenbeamten nicht bekannt ist oder wenn mehrere Schuldner auch im Verhältnis zueinander gleichmäßig haften, von sämtlichen Kostenschuldnern nach Kopfteilen.

³Ist anzunehmen, einer dieser Gesamtschuldner zur Zahlung überhaupt nicht oder nur in Teilbeträgen in der Lage wäre, so sind die gesamte Kosten zunächst nur von den übrigen anzufordern.

Zu § 8 Abs. 3 Satz 2 Nr. 3. Bayern: Ist eine Verteilung der Kostenschuld nach Kopfteilen wegen der großen Zahl der Gesamtschuldner oder aus sonstigen Gründen nicht angezeigt, so kann abweichend von § 8 Abs. 3 Satz 2 Nr. 3 nur ein Schuldner für den gesamten Betrag in Anspruch genommen werden.

§ 9 Kosten bei Bewilligung von Prozesskostenhilfe

Bei Bewilligung von Prozesskostenhilfe sind die Durchführungsbestimmungen zum Gesetz über die Prozesskostenhilfe und zur Stundung der Kosten des Insolvenzverfahrens (DB-PKHG/DB-InsO)* zu beachten.

---

* Anhang D III.

§ 10 Unvermögen des Kostenschuldners in anderen Fällen

(1) ¹In anderen als den in § 8 Abs. 2 und in der Nr. 3.1 der Durchführungsbestimmungen zum Gesetz über die Prozeßkostenhilfe und zur Stundung der Kosten des Insolvenzverfahrens (DB-PKHG/DB-InsO) bezeichneten Fällen darf der Kostenbeamte vom Ansatz der Kosten nur dann absehen, wenn das dauernde Unvermögen des Kostenschuldners zur Zahlung offenkundig oder ihm aus anderen Vorgängen bekannt ist, oder wenn sich der Kostenschuldner dauernd an einem Ort aufhält, an dem eine Beitreibung keinen Erfolg verspricht. ²Das dauernde Unvermögen des Kostenschuldners ist nicht schon deshalb zu verneinen, weil er möglicherweise später einmal in die Lage kommen könnte, die Schuld ganz oder teilweise zu bezahlen. ³Wenn dagegen bestimmte Gründe vorliegen, die dies mit einiger Sicherheit erwarten lassen, liegt dauerndes Unvermögen nicht vor.

(2) Ohne Rücksicht auf das dauernde Unvermögen des Kostenschuldners sind die Kosten anzusetzen,
1. wenn ein zahlungsfähiger Kostenschuldner für die Kosten mithaftet;
2. wenn anzunehmen ist, dass durch Ausübung des Zurückbehaltungsrechts (§ 25) die Zahlung der Kosten erreicht werden kann, insbesondere dann, wenn ein anderer Empfangsberechtigter an der Aushändigung der zurückbehaltenen Schriftstücke ein Interesse hat;
3. wenn die Kosten zugleich mit einem Geldbetrag im Sinne des § 1 Abs. 1 der Einforderungs- und Beitreibungsanordnung einzuziehen sind (§ 4 Abs. 6);
4. wenn es sich um Gebühren oder Vorschüsse handelt, von deren Entrichtung die Vornahme einer Amtshandlung abhängt (§ 31).

(3) ¹Angaben im Verfahren über die Prozeßkostenhilfe, Feststellungen im Strafverfahren über die Einkommens- und Vermögensverhältnisse des Beschuldigten (Nr. 14 der Richtlinien für das Strafverfahren und das Bußgeldverfahren) oder Mitteilungen der Gerichtskasse können dem Kostenbeamten einen Anhalt für seine Entschließung bieten. ²Er wird dadurch aber nicht von der Verpflichtung entbunden, selbständig zu prüfen und zu entscheiden, ob tatsächlich Unvermögen zur Zahlung anzunehmen ist. ³Nötigenfalls stellt er geeignete Ermittlungen an. ⁴In Strafsachen sind an Stellen außerhalb der Justizverwaltung Anfragen nach den wirtschaftlichen Verhältnissen des Kostenschuldners nur ausnahmsweise und nur dann zu richten, wenn nicht zu befürchten ist, dass dem Kostenschuldner aus diesen Anfragen Schwierigkeiten erwachsen könnten. ⁵Bei der Fassung etwaiger Anfragen ist jeder Hinweis darauf zu vermeiden, dass es sich um Kosten aus einer Strafsache handelt.

(4) Der Kostenbeamte vermerkt in den Akten, dass er die Kosten nicht angesetzt hat; er gibt dabei die Gründe kurz an und verweist auf die Aktenstelle, aus der sie ersichtlich sind.

(5) Nach Absatz 1 außer Ansatz gelassene Kosten sind anzusetzen, wenn Anhaltspunkte dafür bekannt werden, dass eine Einziehung Erfolg haben wird.

§ 10 a Nichterhebung von Auslagen für von Amts wegen veranlaßte Terminsverlegungen und Vertagungen

– zu § 21 Abs. 1 Satz 2 GKG, § 16 Abs. 1 Satz 2 KostO –

¹Der Kostenbeamte ist befugt, die in § 21 Abs. 1 Satz 2 GKG und § 16 Abs. 1 Satz 2 KostO genannten Auslagen außer Ansatz zu lassen. ²Er legt die Akten aber dem Gericht mit der Anregung einer Entscheidung vor, wenn dies mit Rücksicht auf rechtliche oder tatsächliche Schwierigkeiten erforderlich erscheint. ³Die Entscheidung des Kostenbeamten nach Satz 1 ist keine das Gericht bindende Anordnung im Sinne von § 21 Abs. 2 Satz 2 GKG und § 16 Abs. 2 Satz 2 KostO.

§ 10 b Absehen von Wertermittlungen

In den Fällen des § 92 KostO kann von Wertermittlungen abgesehen werden, wenn nicht Anhaltspunkte dafür bestehen, dass das reine Vermögen des Fürsorgebedürftigen mehr als 25 000 Euro beträgt.

§ 11 Kostenansatz bei gegenständlich beschränkter Gebührenfreiheit

(1) ¹Bei Erbscheinen und ähnlichen Zeugnissen (§§ 107, 109, 111 KostO), die zur Verwendung in einem bestimmten Verfahren gebührenfrei oder zu ermäßigten Gebühren zu erteilen sind, hat der Kostenbeamte die Urschrift und Ausfertigung der Urkunde mit dem Vermerk „Zum ausschließlichen Gebrauch für das ...... – verfahren gebührenfrei – zu ermäßigten Gebühren – erteilt" zu versehen. ²Die Ausfertigung ist der Behörde oder Dienststelle, bei der das Verfahren anhängig ist, mit dem Ersuchen zu übersenden, den Beteiligten weder die Ausfertigung auszuhändigen noch eine Abschrift zu erteilen.

(2) Auf § 107a Abs. 2 Satz 2 KostO wird hingewiesen.

§ 12 (betrifft Haftkosten; nicht abgedruckt)

§ 13 Zeit des Kostenansatzes im allgemeinen

(1) Soweit nichts anderes bestimmt oder zugelassen ist, werden Kosten alsbald nach Fälligkeit angesetzt (z. B. § 6 Abs. 1 und 3; §§ 7 bis 9 GKG, § 7 KostO) und Kostenvorschüsse berechnet, sobald sie zu leisten sind (z. B. §§ 15 bis 18 GKG, § 8 KostO).

(2) ¹Auslagen sind in der Regel erst bei Beendigung des Rechtszuges anzusetzen, wenn kein Verlust für die Staatskasse zu befürchten ist. ²Das gleiche gilt für die Abrechnung der zu ihrer Deckung erhobenen Vorschüsse. ³Werden jedoch im Laufe des Verfahrens Gebühren fällig, so sind mit ihnen auch die durch Vorschüsse nicht gedeckten Auslagen anzusetzen.

(3) Absatz 2 gilt nicht
1. für Auslagen, die in Verfahren vor einer ausländischen Behörde entstehen,
2. für Auslagen, die in Verfahren vor einer ausländischen Behörde entstehen,

(4) ¹Steht zu dem in Absatz 1 bezeichneten Zeitpunkt der den Gebühren zugrunde zu legende Wert noch nicht endgültig fest, so werden die Gebühren unter dem Vorbehalt späterer Berichtigung nach einer vorläufigen Wertannahme angesetzt. ²Auf rechtzeitige Berichtigung ist zu achten (vgl. § 20 GKG, § 15 KostO); in Angelegenheiten, auf die die Kostenordnung Anwendung findet, ist erforderlichenfalls dem Kostenschuldner mitzuteilen, dass ein Wertermittlungsverfahren eingeleitet ist (§ 15 Satz 2 KostO).

§ 14 Zeit des Kostenansatzes in besonderen Fällen

I. betrifft Insolvenzverfahren.

II. Auslagen in Genossenschaftssachen
In Genossenschaftssachen sind die Auslagen in der Regel am Schluß eines jeden Kalenderjahres anzusetzen.

III. Kosten in Vormundschafts-, Dauerbetreuungs-, Dauerpflegschaftssachen
¹Die nach § 92 KostO bei Vormundschaften und Dauerbetreuungen und -pflegschaften zu Beginn eines jeden Kalenderjahres fällig werdenden Gebühren können, wenn kein Verlust für die Staatskasse zu besorgen ist, gelegentlich der Prüfung der jährlichen Rechnungslegung angesetzt werden. ²Zur Sicherstellung des rechtzeitigen Ansatzes dieser Gebühren sind die in Betracht kommenden Akten von dem Kostenbeamten in ein Verzeichnis einzutragen, das mindestens folgende Spalten enthält: 1. Lfd. Nr. 2. Aktenzeichen 3. Bezeichnung der Sache 4. Jahresgebühr berechnet am:

IV. gestrichen.

V. gestrichen.

VI. Gebühren in Familiensachen und Lebenspartnerschaftssachen
Gebühren in Scheidungsfolgesachen und in Folgesachen eines Verfahrens über die Aufhebung der Lebenspartnerschaft werden erst angesetzt, wenn eine unbedingte Entscheidung über die Kosten ergangen ist oder das Verfahren oder die Instanz durch Vergleich, Zurücknahme oder anderweitige Erledigung beendet ist (§ 6 Abs. 2, § 9 Abs. 1 GKG).

I. Kostenverfügung **Anh. D**

Zu § 14 Abschnitt III. **Bayern:** In Vormundschafts- und Dauerpflegschaftssachen, in denen jährlich Rechnung zu legen ist und in denen die nach §§ 92, 93 Abs. 2 KostO zu Beginn eines jeden Kalenderjahres fällig werdenden Gebühren bei der Prüfung der Rechnungslegung angesetzt werden, kann von der Eintragung der in Betracht kommenden Akten in das nach § 14 Abschnitt III zu führende Verzeichnis abgesehen werden. In diesen Fällen ist anlässlich der Prüfung der Rechnungslegung jeweils auch sorgfältig darauf zu achten, dass die Gebühren angesetzt werden.

§ 15 Feststellung des letzten Einheitswertes
– zu § 19 Abs. 2 KostO –

(1) Ist der Einheitswert von Grundbesitz festzustellen (§ 19 Abs. 2 KostO), so genügt als Nachweis die Vorlage des Steuerbescheides (Feststellungsbescheides, Einheitswertbescheides), sofern sich der Einheitswert des Grundbesitzes nicht schon aus der steuerlichen Unbedenklichkeitsbescheinigung ergibt.

(2) [1]Das Finanzamt ist um Auskunft über die Höhe des Einheitswertes oder um Erteilung einer Abschrift des Einheitswertbescheides nur zu ersuchen, wenn der Kostenschuldner den Steuerbescheid nicht vorlegt, ausnahmsweise auch dann, wenn die Wertermittlung besonders schwierig ist. [2]§ 24 Abs. 6 AktO ist zu beachten.

Zu § 15 Abs. 1. **Rheinland-Pfalz:** In den Fällen des § 26 Abs. 2 KostO soll der Kostenbeamte feststellen, ob in dem Einheitswert des Betriebsvermögens Grundstücke mitbewertet sind.
Thüringen: wie Rheinland-Pfalz.

§ 16 Gebührenansatz bei gleichzeitiger Belastung mehrerer Grundstücke
– zu § 63 Abs. 3, § 64 Abs. 6, § 65 Abs. 2, § 67 KostO –

[1]Wird die Belastung mehrerer Grundstücke mit einem und demselben Recht gleichzeitig beantragt und wird das Grundbuch über die mehreren Grundstücke bei verschiedenen Grundbuchämtern geführt (§ 63 Abs. 3 KostO), so haben sich die Kostenbeamten der beteiligten Grundbuchämter wegen des Gebührenansatzes durch Mitteilung einer Abschrift der Kostenrechnung miteinander zu verständigen. [2]Das gleiche gilt in den Fällen der § 64 Abs. 6, § 65 Abs. 2 und § 67 KostO.

§§ 17–20 (aufgehoben)

§ 21 Gerichtsvollzieherkosten
– zu § 13 Abs. 3 GVKostG –

Hat der Gerichtsvollzieher bei Aufträgen, die ihm vom Gericht erteilt werden, die Gerichtsvollzieherkosten (Gebühren und Auslagen) zu den Akten mitgeteilt und nicht angezeigt, dass er sie eingezogen hat, so sind sie als Auslagen des gerichtlichen Verfahrens anzusetzen (vgl. § 3 Abs. 3 GVKostG, § 27 Abs. 8 Satz 3).

§ 22 Kostensicherung

(1) Zur Sicherung des Kosteneingangs sehen die Kostengesetze vor
1. die Erhebung von Kostenvorschüssen, von denen die Vornahme einer Amtshandlung nicht abhängt (z. B. §§ 15, 17 Abs. 3 GKG, § 8 Abs. 1 KostO);
2. die Zurückstellung von Amtshandlungen bis zur Entrichtung bestimmter Gebühren oder Kostenvorschüsse (z. B. § 17 Abs. 2, §§ 12, 13 GKG, § 8 Abs. 2 KostO, § 7 Abs. 2 Satz 2 JVKostO);
3. die Zurückhaltung von Urkunden bis zur Bezahlung der Kosten (§ 25).

(2) [1]Die Erhebung eines Kostenvorschusses, von dessen Zahlung die Amtshandlung nicht abhängt (Absatz 1 Nr. 1), ordnet der Kostenbeamte selbständig an. [2]Das gleiche gilt in den Fällen des §§ 12, 13 GKG, jedoch ist der Eingang zunächst dem Richter (Rechtspfleger) vorzulegen, wenn sich daraus ergibt, dass die Erledigung der Sache ohne Vorauszahlung angestrebt wird.

(3) Wenn nach gesetzlicher Vorschrift die Vornahme des Geschäfts von der Vorauszahlung der Kosten abhängig gemacht werden soll (z. B. §§ 379a, 390 Abs. 4 StPO, § 17 Abs. 1 Satz 2 GKG, § 8 Abs. 2 KostO), hat der Kostenbeamte vor der Einforderung des Vorschusses die Entscheidung des Richters (Rechtspflegers) einzuholen; dies gilt nicht in den Fällen des §§ 12, 13 GKG (vgl. oben Absatz 2 Satz 2).

(4) betrifft Justizverwaltungsangelegenheiten.

(5) Ist die Vornahme einer Amtshandlung nicht von der Zahlung eines Auslagenvorschusses abhängig, so soll dieser regelmäßig nur erfordert werden, wenn die Auslagen mehr als 25 Euro betragen oder ein Verlust für die Staatskasse zu befürchten ist.

(6) In den Fällen des Absatzes 1 Nr. 1 und 3 sowie des § 17 Abs. 2 GKG und in gleichartigen Fällen ist ein Vorschuß nicht zu erheben, wenn eine Gemeinde, ein Gemeindeverband oder eine sonstige Körperschaft des öffentlichen Rechts Kostenschuldner ist.

Zu § 22. Hessen: Falls das Verlangen nach vorheriger Zahlung der Kosten nicht angebracht erscheint, kann nach § 8 Abs. 2 Satz 2 KostO davon abgesehen werden, die Vornahme des Geschäfts von der Zahlung eines Vorschusses abhängig zu machen. Es erscheint vertretbar, diese Ausnahmevoraussetzung in Grundbuchangelegenheiten dann anzunehmen, wenn der Kosteneingang mit Sicherheit zu erwarten ist und außerdem der mit der Vorauszahlung verbundene Arbeitsaufwand sowie die Verzögerung der Erledigung in keinem angemessenen Verhältnis zu dem Risiko eines Einnahmeausfalls stehen. Die Entscheidung, ob diese Voraussetzungen vorliegen und deshalb von der Erhebung eines Vorschusses abgesehen werden kann, trifft das Gericht. Wird wegen bestehender Eintragungshindernisse eine Zwischenverfügung getroffen (§ 18 GBO) oder führt das Absehen von der Vorauszahlung aus anderen Gründen nicht zu einer Vereinfachung oder Beschleunigung der Sachbearbeitung, ist die Erhebung eines Vorschusses anzuordnen. Macht das Gericht seine Tätigkeit nicht von der Vorauszahlung abhängig, sind die Kosten unabhängig von der sachlichen Bearbeitung anzusetzen und gemäß § 4 Abs. 2 und § 29 KostVfg. der Gerichtskasse zur Einziehung zu überweisen.

§ 23 Sicherstellung nach § 8 Abs. 2 KostO

[1] Wird Sicherstellung zugelassen, so wird der Vorschuß zwar berechnet, aber nicht nach § 4 Abs. 2 angefordert. [2] Die Sicherheit kann vorbehaltlich anderer Anordnungen des Richters (Rechtspflegers) in der in den §§ 232 bis 240 BGB vorgesehenen Weise geleistet werden. [3] Die Verwertung der Sicherheit ist Sache der Gerichtskasse, nachdem ihr die aus Anlaß des Geschäfts erwachsenen Kosten zur Einziehung überwiesen sind.

§ 24 (betrifft Zwangsverwaltung; nicht abgedruckt)

§ 25 Zurückbehaltungsrecht

– zu § 10 KostO, § 17 Abs. 2 GKG, § 7 Abs. 3 JVKostO –

(1) [1] In Angelegenheiten, auf die die Kostenordnung anzuwenden ist, und in Justizverwaltungsangelegenheiten sind Bescheinigungen, Ausfertigungen, Abschriften sowie zurückzugebende Urkunden, die aus Anlaß des Geschäfts von einem Kostenschuldner oder von einer sonstigen Person eingereicht sind, regelmäßig bis zur Zahlung der in der Angelegenheit erwachsenden Kosten zurückzubehalten. [2] § 10 Abs. 2 KostO ist im Falle des § 17 Abs. 2 GKG und in Justizverwaltungsangelegenheiten entsprechend anzuwenden. [3] Die Entscheidung trifft der Kostenbeamte.

(2) [1] Kosten, von deren Entrichtung die Herausgabe abhängig gemacht wird, sind so bald wie möglich anzusetzen. [2] Können sie noch nicht endgültig berechnet werden, so sind sie vorbehaltlich späterer Berichtigung vorläufig anzusetzen.

(3) [1] Ist ein anderer als der Kostenschuldner zum Empfang des Schriftstücks berechtigt, so hat ihn der Kostenbeamte von der Ausübung des Zurückbehaltungsrechts zu verständigen. [2] Erhält der Empfangsberechtigte in derselben Angelegenheit eine sonstige Mitteilung, so ist die Nachricht, dass das Schriftstück zurückbehalten wird, nach Möglichkeit damit zu verbinden.

(4) Wegen des Vermerks der Ausübung des Zurückbehaltungsrechts und der Aufführung des dritten Empfangsberechtigten in der Kostenrechnung wird auf § 27 Abs. 7 verwiesen.

I. Kostenverfügung **Anh. D**

(5) Für die sichere Verwahrung von Wertpapieren, Sparkassenbüchern, Hypothekenbriefen und sonstigen Urkunden von besonderem Wert ist Sorge zu tragen.

(6) ¹Die zurückbehaltenen Schriftstücke sind an den Empfangsberechtigten herauszugeben,
1. wenn die Gerichtskasse anzeigt, dass die Kosten gezahlt sind (vgl. § 27 Abs. 7),
2. wenn die Anordnung, dass Schriftstücke zurückbehalten sind, vom Kostenbeamten oder durch gerichtliche Entscheidung aufgehoben wird.

²Der Kostenbeamte hat in den Fällen der Nr. 2 die Gerichtskasse von der Herausgabe zu verständigen.

§ 26 (aufgehoben)

§ 27 Inhalt der Kostenrechnung

(1) Die Kostenrechnung enthält
1. die Bezeichnung der Sache und die Geschäftsnummer,
2. die einzelnen Kostenansätze und die Kostenvorschüsse unter Hinweis auf die angewendete Vorschrift, bei Wertgebühren auch den der Berechnung zugrunde gelegten Wert,
3. den Gesamtbetrag der Kosten,
4. Namen, Anschrift und ggf. Geschäftszeichen der Kostenschuldner.

(2) ¹Haften mehrere als Gesamtschuldner oder hat ein Kostenschuldner die Zwangsvollstreckung in ein bestimmtes Vermögen zu dulden, so ist dies zu vermerken. ²Bei der anteilmäßigen Inanspruchnahme des Kostenschuldners (z. B. § 8 Abs. 3) ist ein eindeutiger Vorbehalt über die Möglichkeit einer weiteren Inanspruchnahme in die Kostenrechnung aufzunehmen. ³Unter Beachtung der Grundsätze in § 8 Abs. 3 ist weiter anzugeben, wie die einzelnen Gesamtschuldner zunächst in Anspruch genommen werden sollen. ⁴Erst- und Zweitschuldner (§ 8 Abs. 1) sind ausdrücklich als solche zu bezeichnen. ⁵Wird der Zweitschuldner vor dem Erstschuldner in Anspruch genommen (§ 8 Abs. 1), so sind die Gründe hierfür kurz anzugeben.

(3) Ist bei mehreren Kostengesamtschuldnern damit zu rechnen, dass der zunächst in Anspruch Genommene die Kosten bezahlen wird, so kann im Verfahren des ersten Rechtszuges die Aufführung der weiteren Gesamtschuldner durch ausdrücklichen Vermerk vorbehalten werden.

(4) Ein Abweichen vom Regelwert (z. B. § 20 Abs. 2, § 30 Abs. 2 und 3 KostO) ist kurz zu begründen.

(5) ¹ Sind Kosten in Kostenmarken oder durch Verwendung von Gerichtskostenstemplern entrichtet oder durch Aktenausdrucke nach § 696 Abs. 2 Satz 1 ZPO mit Gerichtskostenrechnungen nachgewiesen, so ist zu vermerken, wo sich diese Zahlungshinweise befinden. ²Sind Kosten bei der Gerichtskasse gebucht, so ist die Buchungsnummer anzugeben.

(6) Ergeben sich aus den Akten Anhaltspunkte dafür, dass noch weitere Kosten geltend gemacht werden können, die vom Kostenschuldner als Auslagen zu erheben sind (z. B. Pflichtverteidigervergütung, Sachverständigenvergütung), so ist ein eindeutiger Vorbehalt über die Möglichkeit einer Inanspruchnahme für die weiteren, nach Art oder voraussichtlicher Höhe zu bezeichnenden Kosten in die Kostenrechnung aufzunehmen.

(7) ¹Die Ausübung des Zurückbehaltungsrechts (§ 25) ist mit kurzer Begründung zu vermerken. ²Durch einen rot zu unterstreichenden Vermerk „ZA" ist die Gerichtskasse um Zahlungsanzeige zu ersuchen. ³Ist ein anderer als der Kostenschuldner zum Empfang des Schriftstücks berechtigt (§ 25 Abs. 3), so wird er gleichfalls in der Kostenrechnung aufgeführt.

(8) ¹Enthält die Kostenrechnung Beträge, die anderen Berechtigten als der Staatskasse zustehen und nach der Einziehung an sie auszuzahlen sind (durchlaufende Gelder), so ist in Fällen, in denen sie der Gerichtskasse zur Einziehung überwiesen werden, die Gerichtskasse gleichfalls durch rot zu unterstreichenden Vermerk „ZA" um Zahlungsanzeige zu ersu-

chen. ²Der Empfangsberechtigte ist in der Kostenrechnung aufzuführen. ³Im Falle des § 21 ist der Gerichtsvollzieher als empfangsberechtigt zu bezeichnen.

(9) Wenn für einen Vorschuß Sicherheit geleistet ist (§ 23), so ist dies durch rot zu unterstreichenden Vermerk anzugeben.

(10) ¹Der Kostenbeamte vermerkt weiter, was ihm über die Zahlungsfähigkeit, die Einkommens- und Vermögensverhältnisse eines Kostenschuldners sowie über sonstige Umstände (z.B. drohende Verjährung) bekannt ist, die für die Einziehungsmaßnahmen der Gerichtskasse von Bedeutung sein können. ²Falls der Gerichtskasse in derselben Angelegenheit bereits Kosten zur Einziehung bei demselben Kostenschuldner überwiesen worden sind, vermerkt der Kostenbeamte die Nummern des Kostensollbuchs (Kostenüberwachungsbuchs) dieser früheren Sollstellungen. ³Die Vermerke sind rot zu unterstreichen.

(11) Ist der Kostenschuldner im Hinblick auf die Höhe der Kostenschuld zur Zahlung innerhalb der regelmäßigen Zahlungsfrist offensichtlich nicht in der Lage, so hat der Kostenbeamte durch den Vermerk „Stundungshinweis" die Aufnahme eines entsprechenden Hinweises in die Reinschrift der Kostenrechnung sicherzustellen.

(12) Der Kostenbeamte hat die Kostenrechnung unter Angabe von Ort, Tag und Amtsbezeichnung zu unterschreiben.

Zu § 27 Abs. 1 Nr. 4, Abs. 5, Abs. 10. Sachsen-Anhalt: In der Kostenrechnung ist eindeutig anzugeben, wer Kostenschuldner und wer nur Empfangsbevollmächtigter der Kostenrechnung ist. § 27 Abs. 5 S. 2, Abs. 10 S. 2 und 3 KostVfg. gelten nicht.

Zu § 27 Abs. 10. Hessen: Die Kostenbeamtin oder der Kostenbeamte vermerkt auch das Geburtsdatum der die Kosten schuldenden Person auf der Urschrift der Kostenrechnung, sofern es aus den Akten ersichtlich ist.

§ 28 (aufgehoben)

§ 29 Reinschriften der Kostenrechnung

(1) Hat der Kostenbeamte die Überweisung der Kosten verfügt (§ 4 Abs. 2), so läßt die Geschäftsstelle für jeden Kostenschuldner, der in Anspruch genommen werden soll, eine Reinschrift der Kostenrechnung anfertigen.

(2) Aus der Kostenrechnung werden in die Reinschrift übertragen
1. die den Kostenschuldner betreffenden Kostenansätze und die Hinweise auf die angewendeten Vorschriften,
2. bei Wertgebühren der der Berechnung zugrunde gelegte Wert,
3. die Einzelbeträge und der Gesamtbetrag der Kosten, die von dem Kostenschuldner erhoben werden sollen,
4. der Vermerk über die Ausübung des Zurückbehaltungsrechts,
5. der Vermerk über einen Vorbehalt nach § 27 Abs. 2 Satz 2 oder Abs. 6,
6. der Vermerk nach § 27 Abs. 2 Satz 5 über die Gründe der Inanspruchnahme des Zweitschuldners.

(3) ¹Der Vermerk, dass der Kostenschuldner die Zwangsvollstreckung in ein bestimmtes Vermögen zu dulden habe (§ 27 Abs. 2 Satz 1), ist gleichfalls in die Reinschrift zu übertragen. ²Die in der Reinschrift enthaltene Zahlungsaufforderung ist in diesen Fällen durch die Aufforderung zu ersetzen, die Zwangsvollstreckung in das betreffende Vermögen zu dulden; ist der Kostenschuldner zugleich zahlungspflichtig, so ist er sowohl zur Zahlung als auch zur Duldung aufzufordern.

(4) Die Gründe für ein Abweichen vom Regelwert (§ 27 Abs. 4) werden nur auf ausdrückliche Anordnung des Kostenbeamten in die Reinschrift übertragen.

(5) ¹Die in der Reinschrift enthaltene Aufforderung zur Zahlung wird von der Gerichtskasse unterschriftlich vollzogen oder mit dem Abdruck des Dienststempels versehen. ²Die in Absatz 3 vorgesehene Aufforderung zur Duldung der Zwangsvollstreckung ist in jedem

I. Kostenverfügung **Anh. D**

Fall unterschriftlich zu vollziehen. ³Der Beamte der Geschäftsstelle ist für die Richtigkeit und Vollständigkeit der Reinschrift verantwortlich.

Zu §§ 27, 29. Bayern: Wird in den Fällen des § 8 Abs. 3 Satz 2 Nr. 3 gemäß Nr. 7a nur ein Kostenschuldner für den vollen Betrag in Anspruch genommen, so ist dieser über seine Heranziehung für den Gesamtbetrag der Gerichtskosten, die Mithaft der anderen Kostenschuldner (soweit erforderlich mit namentlicher Bezeichnung) und darüber zu informieren, dass etwaige Ausgleichsansprüche unberührt bleiben.

Zu § 29 Abs. 5. Hessen: Die in der Reinschrift der Kostenrechnung enthaltene Zahlungsaufforderung wird nicht unterschrieben.

§ 30 (betrifft Übersendung der Kostenrechnung an die Gerichtskasse; nicht abgedruckt)

§ 31 Einforderung der Kosten durch die Geschäftsstelle mit Kostennachricht

– zu §§ 379a, 390 Abs. 4 StPO, §§ 12, 13, § 17 Abs. 1 Satz 2, Abs. 2 GKG, § 8 Abs. 2 KostO –

(1) ¹Vorweg zu erhebende Gebühren und Kostenvorschüsse, von deren Entrichtung die Vornahme einer Amtshandlung oder die Einleitung oder der Fortgang eines Verfahrens abhängig ist, fordert die Geschäftsstelle ohne vorherige Überweisung an die Gerichtskasse unmittelbar von dem Zahlungspflichtigen mit Kostennachricht an; das gleiche gilt im Falle der Ausübung des Zurückbehaltungsrechts. ²§ 27 Abs. 1 ist zu beachten.

(2) Steht der Wert des Streitgegenstandes oder der Geschäftswert noch nicht endgültig fest, so sind der Berechnung vorläufig die Angaben des Klägers oder Antragstellers zugrunde zu legen, sofern sie nicht offenbar unrichtig sind.

(3) Hat das Gericht den Betrag des Vorschusses und die Zahlungsfrist selbst bestimmt (z. B. in den Fällen der §§ 379, 402 ZPO), so unterbleibt eine Kostennachricht; mit der Entscheidung ist ein nach § 32 Abs. 1 vorbereiteter Überweisungsträger zu übersenden.

(4) ¹Hat der Zahlungspflichtige auf die Gebühren oder Vorschüsse (Absatz 1) Beträge bezahlt, die zur Deckung nicht völlig ausreichen, so ist er auf den Minderbetrag hinzuweisen; hat er noch keine Kostennachricht erhalten, so ist der Minderbetrag mit Kostennachricht anzufordern. ²Ist der Minderbetrag nur gering, so führt der Kostenbeamte zunächst eine Entscheidung des Richters (Rechtspflegers) darüber herbei, ob der Sache gleichwohl Fortgang zu geben sei. ³Wird der Sache Fortgang gegeben, so wird der fehlende Betrag der Gerichtskasse zur Einziehung überwiesen, falls er nicht nach den bestehenden Bestimmungen wegen Geringfügigkeit außer Ansatz bleibt; besteht der Richter (Rechtspfleger) dagegen auf der Zahlung des Restbetrages, so ist nach Satz 1 zu verfahren.

(5) Wird in den Fällen der §§ 379a, 390 Abs. 4 StPO der angeforderte Betrag nicht voll gezahlt, so sind die Akten alsbald dem Gericht (Vorsitzenden) zur Entscheidung vorzulegen.

Zu § 31 Abs. 1. Baden-Württemberg: Der Gesamtbetrag der Kosten ist auf volle 0,10 Euro nach unten abzurunden, sofern die Gerichtskosten in Gerichtskostenmarken oder mittels Gerichtskostenstempler entrichtet worden sind. Die Gebühren nach §§ 73, 89 KostO fordert die Geschäftsstelle unmittelbar von dem Zahlungspflichtigen mit Kostennachricht an, sofern nicht eine Kostensollstellung mittels Datenträgeraustausch möglich ist.

§ 32 Behandlung von Kostennachrichten

(1) ¹Allen Kostennachrichten ist ein auf ein Konto der Gerichtskasse oder, falls sich bei dem Gericht eine Gerichtszahlstelle befindet, auf deren Konto lautender Überweisungsträger beizufügen. ²Im Feld für die Angabe des Verwendungszweckes sind die Angelegenheit und das Aktenzeichen so zu bezeichnen, dass danach die Zahlungsanzeige zu den Sachakten erstattet werden kann.

(2) ¹Die Kostennachricht soll dem Bevollmächtigten, insbesondere dem Prozessbevollmächtigten oder Notar, nur dann zugesandt werden, wenn er sich zur Vermittlung der

Zahlung erboten hat oder die genaue Anschrift des Zahlungspflichtigen unbekannt ist. ²In sonstigen Fällen wird die Kostennachricht dem Zahlungspflichtigen selbst zugesandt.

(3) ¹Ist die Zahlung des Vorschusses an eine Frist geknüpft (z.B. in den Fällen der §§ 379a, 390 Abs. 4 StPO, § 18 GBO), so ist die Kostennachricht von Amts wegen zuzustellen. ²In sonstigen Fällen wird sie regelmäßig als Brief abgesandt.

(4) ¹Wird der in der Kostennachricht enthaltenen Zahlungsaufforderung keine Folge geleistet, so hat der Kostenbeamte die in der Sache etwa entstandenen oder noch entstehenden Kosten zu berechnen und an die Gerichtskasse zur Einziehung zu überweisen. ²Das gleiche gilt, wenn die Anordnung, durch welche die Vornahme eines Geschäfts von der Vorauszahlung abhängig gemacht war, wieder aufgehoben oder wenn von der gesetzlich vorgesehenen Vorwegleistungspflicht eine Ausnahme bewilligt wird (z.B. nach § 14 GKG). ³Kommt der zur Vorwegleistung Verpflichtete in den Fällen des § 12 Abs. 1 und Abs. 3 Satz 3 GKG der Zahlungsaufforderung nicht nach, so werden die § 12 Abs. 1 und Abs. 3 Satz 3 GKG genannten Gebühren nur insoweit angesetzt, als sich der Zahlungspflichtige nicht durch Rücknahme der Klage oder des Antrags von der Verpflichtung zur Zahlung befreien kann.

(5) ¹War der Vorschuß mit Kostennachricht eingefordert, so ist dem Kostenschuldner eine Schlußkostenrechnung nur dann zu übersenden, wenn sich die endgültig festgestellte Kostenschuld mit dem Betrag des Vorschusses nicht deckt. ²Die Schlußkostenrechnung ist dann unverzüglich, jedenfalls vor Ablauf eines Monats nach Abschluß der Angelegenheit, zu übersenden.

Zu §§ 31, 32. Bayern: Die Präsidenten der Oberlandesgerichte und die Generalstaatsanwälte können genehmigen, dass auch hinsichtlich der Kosten für Ablichtungen von Grundbuchblättern, Registerblättern oder sonstigen Schriftstücken nach §§ 31, 32 KostVfg. verfahren wird. Die Zahlungsaufforderung ist in diesen Fällen möglichst zusammen mit dem beantragten Schriftstück zu übersenden. Beträge über 5 Euro sind von der Geschäftsstelle anzumahnen, sofern sie nicht fristgerecht bezahlt werden. Kosten von 25 Euro und mehr sind gemäß § 32 Abs. 4 KostVfg. der Kasse zur Einziehung zu überweisen, wenn auch die Mahnung erfolglos bleibt.

Abschnitt III. Aufgaben nach Absendung der Kostenrechnung oder Kostennachricht

§ 33 Behandlung von Ersuchen und Mitteilungen der Gerichtskasse

(1) ¹Ersucht die Gerichtskasse um Auskunft darüber, ob die Sachakten Näheres über die Einkommens- und Vermögensverhältnisse eines Kostenschuldners, insbesondere über das Vorhandensein pfändbarer Ansprüche, ergeben, so hat der Kostenbeamte die notwendigen Feststellungen zu treffen. ²Befinden sich die Akten beim Rechtsmittelgericht, so trifft diese Verpflichtung den Kostenbeamten dieses Gerichts.

(2) ¹Gibt die Gerichtskasse die Kostenrechnung zurück, weil der darin genannte Kostenschuldner nach ihrer Kenntnis zahlungsunfähig ist, so hat der Kostenbeamte diese Beurteilung seiner weiteren Prüfung zugrunde zu legen, wenn ihm nicht Tatsachen bekannt sind, die der Auffassung der Gerichtskasse entgegenstehen, insbesondere Tatsachen, aus denen sich ergibt, dass der Kostenschuldner nur vorübergehend zahlungsunfähig ist. ²Schließt sich der Kostenbeamte der Auffassung der Gerichtskasse an, so prüft er, ob weitere Kostenschuldner vorhanden sind, und stellt gegebenenfalls eine neue Kostenrechnung auf. ³Bleibt der Kostenbeamte dagegen bei der Auffassung, dass der ursprüngliche Kostenschuldner zahlungsfähig ist, so gibt er die Kostenrechnung der Gerichtskasse mit einer kurzen Begründung seiner Auffassung zurück.

(3) ¹Ersucht die Gerichtskasse um eine Änderung oder Ergänzung der Kostenrechnung, weil sie eine andere Heranziehung von Gesamtschuldnern oder eine Erstreckung der Kostenrechnung auf bisher nicht in Anspruch genommene Kostenschuldner für geboten hält, so hat der Kostenbeamte aufgrund der Ermittlungen der Gerichtskasse die Voraussetzungen für die Heranziehung dieser Kostenschuldner festzustellen (vgl. § 7 Abs. 1) und gegebenen-

I. Kostenverfügung **Anh. D**

falls die Umschreibung des Kostensolls durch Aufstellung einer neuen oder Ergänzung der bisherigen Kostenrechnung zu veranlassen. ²Die Gründe für die Inanspruchnahme des weiteren Kostenschuldners sind in der Reinschrift der Kostenrechnung anzugeben. ³Soweit hierbei Kosten eines bereits erledigten Rechtsmittelverfahrens zu berücksichtigen sind, sind die dem Kostenbeamten obliegenden Dienstverrichtungen von dem Kostenbeamten des Gerichts des ersten Rechtszuges zu erledigen; dies gilt auch für die Beantwortung einer Zweitschuldneranfrage der Gerichtskasse.

(4) Die Bestimmungen des Absatzes 3 gelten entsprechend, wenn ein Kostenschuldner vorhanden ist, der wegen der Kostenschuld lediglich die Zwangsvollstreckung in ein bestimmtes Vermögen (z. B. der Grundstückseigentümer bei dinglich gesicherten Forderungen, für die er nicht persönlich haftet) zu dulden hat.

(5) ¹Wird dem Kostenbeamten eine Nachricht der Gerichtskasse über die Löschung des Kostensolls vorgelegt, so hat er die Löschung auf der Kostenrechnung zu vermerken, den Vermerk rot zu unterstreichen und zu prüfen, ob nach den Akten noch Einziehungsmöglichkeiten bestehen (z. B. durch Pfändung einer mit Rechtsstreit zuerkannten Forderung, Heranziehung eines der Gerichtskasse bisher noch nicht benannten Mithaftenden); gegebenenfalls ist die Gerichtskasse zu verständigen. ²Das Ergebnis der Prüfung ist auf der Löschungsnachricht kurz zu vermerken.

(6) ¹Eine Zahlungsanzeige, die sich auf einen der Gerichtskasse zur Einziehung überwiesenen Betrag bezieht und nicht bei den Sachakten zu verbleiben hat, ist von dem Kostenbeamten an die Gerichtskasse (Gerichtszahlungsstelle) zurückzusenden. ²Der Grund der Rückgabe ist auf der Zahlungsanzeige zu vermerken oder in einem Begleitschreiben mitzuteilen. ³Ferner hat der Kostenbeamte die für die Abwicklung des Betrages bei der Gerichtskasse (Gerichtszahlstelle) erforderlichen Hinweise zu geben. ⁴Die Rücksendung einer Zahlungsanzeige hat er auf der vorderen Innenseite des Aktenumschlags zu vermerken. ⁵Der Vermerk muß den Einzahler, den Betrag der Einzahlung, die Buchungsnummer und den Grund der Rückgabe enthalten.

(7) Die Rücksendung einer Zweitschuldneranfrage und das mitgeteilte Ergebnis hat der Kostenbeamte auf der Urschrift der Kostenrechnung zu vermerken.

§ 34 Prüfung der Kostenrechnung nach Rückgabe

¹Nach Rückgabe der Kostenrechnungen durch die Gerichtskasse prüft die Geschäftsstelle, ob die Kostenrechnungen mit dem vorgeschriebenen Buchungsvermerk versehen sind. ²Kostenrechnungen, auf denen die Sollstellung in anderer Weise als vorgeschrieben (z. B. handschriftlich) bescheinigt ist, sind unverzüglich dem Behördenvorstand vorzulegen, der das Erforderliche zu veranlassen hat.

§ 35 Berichtigung des Kostenansatzes

(1) Der Kostenbeamte hat bei jeder Änderung der Kostenforderung den Kostenansatz zu berichtigen und, wenn hierdurch auch die Kosten eines anderen Rechtszuges berührt werden, den Kostenbeamten dieses Rechtszuges zu benachrichtigen, soweit er nicht selbst für den Kostenansatz des anderen Rechtszuges zuständig ist (z. B. § 5 Abs. 3).

(2) ¹Solange eine gerichtliche Entscheidung oder eine Anordnung im Dienstaufsichtsweg nicht ergangen ist, hat er auf Erinnerung oder auch von Amts wegen unrichtige Kostenansätze richtigzustellen. ²Will er einer Erinnerung des Kostenschuldners nicht oder nicht in vollem Umfange abhelfen oder richtet sich die Erinnerung gegen Kosten, die aufgrund einer Beanstandung des Prüfungsbeamten angesetzt sind, so hat er sie mit den Akten dem Prüfungsbeamten vorzulegen.

Zu § 35 Abs. 2 S. 2. Rheinland-Pfalz: § 35 Abs. 2 S. 2 ist mit der Maßgabe anzuwenden, dass Erinnerungen, auch wenn sie sich gegen den Kostenansatz aufgrund von Prüfungsmitteilungen richten, dem Bezirksrevisor als Vertreter der Staatskasse vorzulegen sind.

Thüringen: wie Rheinland-Pfalz.

§ 36 Nachträgliche Änderung der Kostenforderung

(1) Ändert sich nachträglich die Kostenforderung, so stellt der Kostenbeamte eine neue Kostenrechnung auf, es sei denn, dass die Kostenforderung völlig erlischt.

(2) Erhöht sich die Kostenforderung, so veranlaßt er die Nachforderung des Mehrbetrages nach §§ 29 ff.

(3) ¹Vermindert sie sich oder erlischt sie ganz, so ordnet er durch eine Kassenanordnung die Löschung im Soll oder die Rückzahlung an. ²Sind Kosten aus einem höheren Rechtszug zu löschen oder zurückzuzahlen, so erläßt, wenn die Sache noch bei dem mit dem Rechtsmittel befaßten Gericht anhängig ist, der Kostenbeamte dieses Gerichts, im übrigen der Kostenbeamte des ersten Rechtszuges die Kassenanordnung. ³Handelt es sich jedoch um die Kosten eines obersten Gerichtshofes des Bundes, so ist der Kostenbeamte dieses Gerichts zuständig. ⁴In der Kassenanordnung sind sämtliche in derselben Rechtssache zum Soll gestellten oder eingezahlten Beträge, für die der Kostenschuldner haftet, anzugeben; dabei hat der Kostenbeamte, wenn mehrere Beträge zum Soll stehen, diejenigen Beträge zu bezeichnen, für die weitere Kostenschuldner vorhanden sind. ⁵Die Anordnung der Löschung oder Rückzahlung ist unter Angabe des Betrages auf der Urschrift der Kostenrechnung in auffälliger Weise zu vermerken; der Vermerk ist rot zu unterstreichen. ⁶Die Kassenanordnung ist der Gerichtskasse zusammen mit den erforderlichen Reinschriften der neuen Kostenrechnung zuzuleiten. ⁷Eine Reinschrift der neuen Kostenrechnung ist nicht erforderlich, wenn der Grund der Rückzahlung bei der Auszahlung im unbaren Zahlungsverkehr auf dem für den Empfänger bestimmten Postabschnitt ausreichend bezeichnet werden kann. ⁸Die Sachakten sind regelmäßig nicht beizufügen.

(4) ¹Wird eine Partei durch einen Bevollmächtigten vertreten, so ist die Rückzahlung an ihn anzuordnen,

a) wenn er eine Vollmacht seines Auftraggebers zu den Akten einreicht, die ihn allgemein zum Geldempfang oder zum Empfang der im Verfahren etwa zurückzuzahlenden Kosten ermächtigt, und wenn keine Zweifel bezüglich der Gültigkeit der Vollmacht bestehen, oder

b) wenn es sich bei dem Bevollmächtigten um einen Rechtsanwalt, Notar oder Rechtsbeistand handelt und dieser rechtzeitig vor Anordnung der Rückzahlung schriftlich erklärt, dass er die Kosten aus eigenen Mitteln bezahlt hat.

²In der Kassenanordnung ist zu vermerken, dass die Voraussetzung zu a) oder b) vorliegt.

(5) Im Falle der Berichtigung wegen irrtümlichen Ansatzes muß aus der Kostenrechnung und aus der Kassenanordnung hervorgehen, inwiefern der ursprüngliche Ansatz unrichtig war.

(6) Hat die Dienstaufsichtsbehörde oder der Kostenprüfungsbeamte (§ 42) die Berichtigung angeordnet, so ist dies zu vermerken.

(7) Im Falle des Kostenerlasses die den Kostenerlass anordnende Verfügung zu bezeichnen.

(8) Beruht die Berichtigung oder Änderung auf einer mit Beschwerde anfechtbaren gerichtlichen Entscheidung, so ist anzugeben, dass die Entscheidung dem zur Vertretung der Staatskasse zuständigen Beamten vorgelegen hat.

(9) Die Vermerke nach Absatz 5, 6 und 7 sind auch in die Reinschrift der Kostenrechnung zu übertragen.

(10) ¹Wird die Rückzahlung von Kosten veranlaßt, die durch Verwendung von Kostenmarken oder Gerichtskostenstemplern entrichtet oder sonst ohne Sollstellung eingezahlt sind oder deren Zahlung durch Aktenausdruck nach § 696 Abs. 2 Satz 1 ZPO mit Gerichtskostenrechnungen nachgewiesen ist, so hat ein zweiter Beamter oder Angestellter der Geschäftsstelle in der Kassenanordnung zu bescheinigen, dass die Beträge nach den angegebenen Zahlungsnachweisen entrichtet und die Buchungsangaben aus den Zahlungsanzeigen über die ohne Sollstellung eingezahlten Beträge richtig übernommen sind. ²Die An-

I. Kostenverfügung   **Anh. D**

ordnung der Rückzahlung ist bei oder auf dem betroffenen Zahlungsnachweis in auffälliger Weise zu vermerken; der Vermerk ist rot zu unterstreichen.

(11) Sind infolge der nachträglichen Änderung der Kostenrechnung nur Kleinbeträge nachzufordern, im Soll zu löschen oder zurückzuzahlen, so sind die für die Behandlung solcher Beträge getroffenen besonderen Bestimmungen zu beachten.

(12) Wird eine neue Kostenrechnung aufgestellt (Absatz 1), so ist in ihr die frühere Kostenrechnung zu bezeichnen; die frühere Kostenrechnung ist mit einem rot zu unterstreichenden Hinweis auf die neue Kostenrechnung zu versehen.

Zu § 36 Abs. 4. Niedersachsen: Sofern der Rückzahlungsbetrag 500 Euro nicht übersteigt, kann an einen Bevollmächtigten auch zurückgezahlt werden, wenn
a) es sich bei ihm um einen Rechtsanwalt, Notar oder Rechtsbeistand handelt,
b) sich aus den Akten zweifelsfrei ergibt, dass die Kosten von ihm einbezahlt wurden und
c) keine besonderen Umstände vorliegen, welche die Rückzahlung an ihn nicht angezeigt erscheinen lassen.

Zu § 36 Abs. 10. Hessen: § 36 Abs. 10 Satz 1 ist in Hessen nicht anzuwenden.

§ 37 Nachträgliche Änderung der Kostenhaftung

(1) [1]Tritt zu dem bisher in Anspruch genommenen Kostenschuldner ein neuer hinzu, der vor jenem in Anspruch zu nehmen ist (vgl. § 8), so stellt der Kostenbeamte zunächst fest, ob die eingeforderten Kosten bereits entrichtet sind. [2]Erforderlichenfalls richtet er eine kurze Anfrage an die Gerichtskasse und ersucht gleichzeitig um Auskunft, ob ihr über die Zahlungsfähigkeit des nunmehr in Anspruch zu nehmenden Schuldners Näheres bekannt ist. [3]Soweit bezahlt ist, behält es dabei sein Bewenden. [4]Sind die Kosten dagegen noch nicht oder noch nicht ganz bezahlt und ist auch nicht anzunehmen, dass der nunmehr in Anspruch zu nehmende Kostenschuldner zahlungsunfähig sein werde, so berichtigt der Kostenbeamte die Kostenrechnung oder stellt, wenn es zur Vermeidung von Unklarheiten angezeigt erscheint, eine neue Kostenrechnung auf. [5]Er veranlaßt sodann die Ausstellung der erforderlichen neuen Reinschriften und ersucht die Gerichtskasse um entsprechende Umschreibung des Kostensolls, soweit die Kosten nicht bis zur Umschreibung noch bezahlt werden sollten. [6]Wird die Umschreibung des Kostensolls auf mehrere neue Schuldner erforderlich, so hat der Kostenbeamte die Löschung der gegen den bisherigen Schuldner geltend gemachten Forderung durch Kassenanordnung anzuordnen und die Sollstellung der neuen Kostenbeträge zu veranlassen.

(2) Erlischt nachträglich die Haftung eines Gesamtschuldners ganz oder teilweise, so berichtigt der Kostenbeamte die Kostenrechnung, veranlaßt die Ausstellung der erforderlichen neuen Reinschriften und ersucht die Gerichtskasse, das Kostensoll entsprechend umzuschreiben und bereits bezahlte Beträge insoweit zurückzuzahlen, als nunmehr keinerlei Haftungsgrund vorliegt.

§ 37a Einrede der Verjährung

– zu § 5 Abs. 2 GKG, § 17 Abs. 2 KostO, § 14 Abs. 1 JVKostO –

[1]Ist der Anspruch auf Erstattung von Kosten verjährt, so hat der Kostenbeamte die Akten dem zur Vertretung der Staatskasse zuständigen Beamten vorzulegen. [2]Soll nach dessen Auffassung die Verjährungseinrede erhoben werden, so ist hierzu die Einwilligung des unmittelbar vorgesetzten Präsidenten einzuholen. [3]Von der Erhebung der Verjährungseinrede kann mit Rücksicht auf die Umstände des Falles abgesehen werden. [4]Hat der zur Vertretung der Staatskasse zuständige Beamte dem Kostenbeamten mitgeteilt, dass die Verjährungseinrede nicht erhoben werden soll, so ist dies in der Kassenanordnung zu vermerken.

§ 38 (betrifft durchlaufende Gelder; nicht abgdruckt)

§ 39 Berichtigung des Gebührenansatzes nach Eröffnung einer Verfügung von Todes wegen

– zu §§ 15, 46 Abs. 5, §§ 101, 103 Abs. 4 KostO –

[1] Nach Eröffnung einer in amtliche Verwahrung genommenen Verfügung von Todes wegen prüft der Kostenbeamte, ob Anlaß besteht, die bei der Annahme zur amtlichen Verwahrung berechnete Gebühr (§ 101 KostO) neu zu berechnen. [2] Die dazu erforderlichen Erhebungen über den Wert des reinen Vermögens zur Zeit der Fälligkeit der Gebühr sind mit den Erhebungen über den Wert des reinen Nachlasses nach Möglichkeit zu verbinden. [3] Hat ein Notar die Verfügung von Todes wegen beurkundet, so soll er von der Feststellung einer beträchtlichen Erhöhung oder Verminderung des der Berechnung der Gerichtsgebühr (§ 101 KostO) zugrunde gelegten Wertes verständigt werden.

Abschnitt IV. Kostenerlass

§ 40

Für die Stundung, den Erlass, die Erstattung und die Anrechnung von Kosten aus Billigkeitsgründen gelten die darüber ergangenen besonderen Bestimmungen.

Abschnitt V. Kostenprüfung

§ 41 Aufsicht über den Kostenansatz

(1) Die Vorstände der Justizbehörden überwachen im Rahmen ihrer Aufsichtspflichten die ordnungsmäßige Erledigung des Kostenansatzes durch den Kostenbeamten.

(2) Die besondere Prüfung des Kostenansatzes ist Aufgabe der Kostenprüfungsbeamten (§ 42).

(3) Die dem Rechnungshof zustehenden Befugnisse bleiben unberührt.

§ 42 Kostenprüfungsbeamte

Kostenprüfungsbeamte sind

1. der Bezirksrevisor,
2. die weiter bestellten Prüfungsbeamten.

§ 43 Berichtigung des Kostenansatzes im Verwaltungsweg

– zu § 19 Abs. 5 GKG, § 14 Abs. 10 KostO –

[1] Solange eine gerichtliche Entscheidung nicht ergangen ist, sind die Vorstände der Justizbehörden und die Kostenprüfungsbeamten befugt, den Kostenansatz zu beanstanden und den Kostenbeamten zur Berichtigung des Kostenansatzes anzuweisen. [2] Der Kostenbeamte hat der Weisung Folge zu leisten; er ist nicht berechtigt, deshalb die Entscheidung des Gerichts herbeizuführen.

§ 44 Nichterhebung von Kosten wegen unrichtiger Sachbehandlung

– zu § 21 GKG, § 16 KostO –

[1] Die Präsidenten der Gerichte und die Leiter der Staatsanwaltschaften sind für die ihrer Dienstaufsicht unterstellten Behörden zuständig, im Verwaltungsweg anzuordnen, dass Kosten wegen unrichtiger Sachbehandlung nicht zu erheben sind. [2] Über Beschwerden gegen den ablehnenden Bescheid einer dieser Stellen wird im Aufsichtsweg entschieden.

I. Kostenverfügung **Anh. D**

§ 45 Erinnerungen und Beschwerden der Staatskasse

– zu § 66 GKG, § 14 Abs. 2 bis 9 KostO, § 13 JVKostO –

(1) Der Vertreter der Staatskasse soll Erinnerungen gegen den Kostenansatz nur dann einlegen, wenn es wegen der grundsätzlichen Bedeutung der Sache angezeigt erscheint, von einer Berichtigung im Verwaltungsweg (§ 43) abzusehen und eine gerichtliche Entscheidung herbeizuführen.

(2) [1] Alle beschwerdefähigen gerichtlichen Entscheidungen einschließlich der Wertfestsetzungen, durch die der Kostenansatz zuungunsten der Staatskasse geändert wird, hat der Kostenbeamte des entscheidenden Gerichts dem zur Vertretung der Staatskasse zuständigen Beamten mitzuteilen. [2] Legt der Kostenbeamte eine Erinnerung des Kostenschuldners dem zur Vertretung der Staatskasse zuständigen Beamten vor (§ 35 Abs. 2), so prüft dieser, ob der Kostenansatz im Verwaltungsweg zu ändern ist oder ob Anlaß besteht, für die Staatskasse ebenfalls Erinnerung einzulegen. [3] Soweit der Erinnerung nicht abgeholfen wird, veranlaßt er, dass die Akten unverzüglich dem Gericht vorgelegt werden.

§ 46 (betrifft besondere Prüfung des Kostenansatzes; nicht abgedruckt)

§ 47 (betrifft Aufgaben und Befugnisse des Prüfungsbeamten; nicht abgedruckt)

§ 48 (betrifft Umfang der Kostenprüfung; nicht abgedruckt)

§ 49 (betrifft Verfahren bei der Kostenprüfung; nicht abgedruckt)

§ 50 (betrifft Beanstandungen; nicht abgedruckt)

§ 51 (betrifft Niederschrift über die Kostenprüfung; nicht abgedruckt)

§ 52 (betrifft Jahresberichte; nicht abgedruckt)

Abschnitt VI. Justizverwaltungskosten

§§ 53–55 (nicht abgedruckt)

Abschnitt VII. Notarkosten

§ 56

– zu § 156 KostO –

(1) [1] Gibt der Kostenansatz eines Notars, dem die Kosten selbst zufließen, der Dienstaufsichtsbehörde zu Beanstandungen Anlaß, so fordert sie den Notar auf, den Ansatz zu berichtigen, gegebenenfalls zuviel erhobene Beträge zu erstatten oder zuwenig erhobene Beträge nachzufordern und, falls er die Beanstandungen nicht als berechtigt anerkennt, die Entscheidung des Landgerichts herbeizuführen. [2] Die Aufforderung soll unterbleiben, wenn es sich um Kleinbeträge handelt, von deren Erstattung oder Nachforderung nach den für Gerichtskosten im Verkehr mit Privatpersonen getroffenen Bestimmungen abgesehen werden darf. [3] Die Dienstaufsichtsbehörde kann es darüber hinaus dem Notar im Einzelfall gestatten, von der Nachforderung eines Betrages bis zu 25 Euro abzusehen.

(2) Hat der Kostenschuldner Beschwerde gegen den Kostenansatz eingelegt, so kann die Aufsichtsbehörde, wenn sie den Kostenansatz für zu niedrig hält, den Notar anweisen, sich der Beschwerde mit dem Ziel der Erhöhung des Kostenansatzes anzuschließen.

(3) Beschwerdeentscheidungen des Landgerichts, gegen die das Rechtsmittel der weiteren Beschwerde zulässig ist, hat der Kostenbeamte des Landgerichts mit den Akten alsbald

der Dienstaufsichtsbehörde des Notars zur Prüfung vorzulegen, ob der Notar angewiesen werden soll, weitere Beschwerde zu erheben.

Vereinbarung über den Ausgleich von Kosten

Die Anlagen 1 und 2 zu § 6 Abs. 1 und Abs. 2 KostVfg. wurden mehrfach neu gefasst. Sie sind zuletzt am 2. 1. 2002 in Kraft getreten und wie folgt veröffentlicht: **Baden-Württemberg:** Justiz 2002, 45; **Bayern:** JMBl. 2002, 22; **Berlin:** ABl. 2001, 4474; **Brandenburg:** JMBl. 2001, 188; **Hamburg:** JVBl. 2001, 107; **Hessen:** JMBl. 2001, 506; **Mecklenburg-Vorpommern:** ABl. 2001, 892; **Niedersachen:** Nds.Rpfl. 2001, 290; **Nordrhein-Westfalen:** JMBl. 2001, 191; **Rheinland-Pfalz:** JBl. 2001, 253; **Saarland:** GMBl. 2001, 295; **Sachsen:** JMBl. 2001, 130; **Sachsen-Anhalt:** JMBl. 2001, 296; **Schleswig-Holstein:** SchlHA 2001, 180; **Thüringen:** JMBl. 2002, 140.

I. Kosten in Verfahren vor den ordentlichen Gerichten, den Gerichten für Arbeitssachen und in Angelegenheiten der freiwilligen Gerichtsbarkeit bei der Verweisung eines Verfahrens an ein anderes Gericht

1. Wird ein Verfahren an ein anderes Gericht verwiesen, so werden die Kosten (Gebühren und Auslagen), die vor der Verweisung fällig geworden sind, bei dem verweisenden Gericht angesetzt und eingezogen. Kostenvorschüsse werden bei dem verweisenden Gericht eingezogen, wenn sie bereits vor der Verweisung angesetzt waren oder das Gericht eine Amtshandlung von ihrer Zahlung abhängig gemacht hatte.
2. Die nach der Verweisung fällig werdenden Kosten werden stets bei dem Gericht angesetzt und eingezogen, an das das Verfahren verwiesen worden ist. Dies gilt auch für Kostenvorschüsse, die zwar vor der Verweisung fällig geworden sind, im Zeitpunkt der Verweisung bei dem verweisenden Gericht aber noch nicht angesetzt waren.
3. Sind nach der Verweisung eines Verfahrens Kosten zurückzuzahlen, so wird die Rückzahlung bei dem Gericht angeordnet, an das das Verfahren verwiesen worden ist, auch wenn die Kosten bei dem verweisenden Gericht eingezogen worden sind. Die Zurückzahlung der Kosten erfolgt aus den Haushaltsmitteln des Gerichts, an das das Verfahren verwiesen worden ist.
4. Die Nummern 1 bis 3 gelten auch bei der Abgabe eines Verfahrens.
5. Die Länder verzichten gegenseitig auf die Erstattung von Beträgen, die nach den Nummern 1 bis 4 eingezogen oder ausgezahlt werden sowie auf den Ausgleich von Zahlungen, die aufgrund der Bewilligung von Prozesskostenhilfe geleistet werden.

II. Vergütung der in Verfahren vor den ordentlichen Gerichten, den Gerichten für Arbeitssachen und in Angelegenheiten der freiwilligen Gerichtsbarkeit im Wege der Prozesskostenhilfe, nach § 625 ZPO oder nach § 11a ArbGG beigeordneten Rechtsanwälte bei Verweisung eines Verfahrens an ein Gericht

1. Wird ein Verfahren an ein anderes Gericht verwiesen, so setzt der Urkundsbeamte der Geschäftsstelle dieses Gerichts die Vergütung des von dem verweisenden Gericht beigeordneten Rechtsanwalts fest; er erteilt auch Auszahlungsanordnung. Die Vergütung des beigeordneten Rechtsanwalts wird aus den Haushaltsmitteln des Gerichts gezahlt, an das das Verfahren verwiesen worden ist.
2. Nummer 1 gilt nicht, wenn bereits vor der Versendung der Akten der Anspruch fällig geworden und der Festsetzungsantrag bei dem verweisenden Gericht eingegangen ist. Die Geschäftsstelle des verweisenden Gerichts hat Festsetzungsanträge, die nach der Aktenversendung bei ihr eingehen, an die nach Nummer 1 zuständige Geschäftsstelle weiterzugeben.
3. Die Nummern 1 und 2 gelten auch bei der Abgabe eines Verfahrens.
4. Die Länder verzichten gegenseitig auf die Erstattung der Ausgaben, die nach den Nummern 1 und 3 für ein anderes Land geleistet werden sowie auf die Abführung der Einnahmen, die sich aufgrund des *§ 130 der Bundesgebührenordnung für Rechtsanwälte* ergeben.

III. Auslagen bei Inanspruchnahme der Amtshilfe von Behörden

Nimmt ein Gericht oder eine Staatsanwaltschaft die Amtshilfe einer anderen Behörde bei der Vernehmung von Zeugen oder Sachverständigen in Anspruch, so zahlt die in Anspruch genommene Behörde die den Zeugen, Sachverständigen oder Dolmetschern zu gewährenden Entschädigungen nur aus, wenn die Barzahlung erforderlich ist; die Zahlung ist unverzüglich zu den Sachakten mitzuteilen. Es genügt die Übersendung einer Durchschrift der Auszahlungsanordnung. Auf der Urschrift der Auszahlungsanordnung ist zu bescheinigen, dass die Anzeige zu den Sachakten erstattet ist.

IV. Abgabe eines Verfahrens, Erstattungsverzicht

1. Die Abschnitte I und II gelten auch bei Abgabe eines Verfahrens.
2. Die Länder verzichten gegenseitig auf die Erstattung von Beträgen, die nach den Abschnitten I bis III eingezogen oder ausgezahlt werden, auf den Ausgleich von Zahlungen, die aufgrund der Bewilligung von Prozesskostenhilfe geleistet werden, sowie auf die Abführung von Einnahmen, die sich aufgrund des *§ 130 der Bundesgebührenordnung für Rechtsanwälte* ergeben.

V. Reiseentschädigungen und Vorschüsse

Die Länder verzichten gegenseitig auf die Erstattung von Reiseentschädigungen, die an mittellose Personen oder als Vorschüsse an Zeugen und Sachverständige gezahlt werden.

VI. Gerichtsvollzieherkosten

Wird ein Gerichtsvollzieher aufgrund der Bewilligung von Prozesskostenhilfe eines anderen Gerichts unentgeltlich tätig, so verzichten die Länder gegenseitig auf die Erstattung der Auslagen, die dem Gerichtsvollzieher aus der Landeskasse ersetzt werden. Dies gilt auch, wenn die Gerichtsvollzieherkosten bei dem Gericht, das die Prozesskostenhilfe bewilligt hat, später eingezogen werden.

VII. Geltungsbereich

Die Abschnitte I bis III gelten nicht im Verhältnis zum Bund; die Länder verzichten jedoch auch zugunsten des Bundesgerichtshofs, des Bundesarbeitsgerichts, des Deutschen Patent- und Markenamts und des Bundespatentgerichts auf die Erstattung der in den Abschnitten V und VI genannten Beträge.

VIII. Schlussbestimmungen

Diese Vereinbarung tritt mit dem 1. des Monats in Kraft, der auf den Tag folgt, an dem die letzte unterzeichnete Vereinbarung beim Bayerischen Staatsministerium der Justiz eingegangen ist. Das Bayerische Staatsministerium der Justiz teilt den anderen Beteiligten den Zeitpunkt des Eingangs der letzten unterzeichneten Vereinbarung mit. Gleichzeitig treten die Vereinbarung der obersten Arbeitsbehörden der Länder über den Ausgleich von Kosten in Verfahren vor den Gerichten für Arbeitssachen der Länder, in Kraft getreten am 1. Juli 1961, die Vereinbarung des Bundesministers für Arbeit und Sozialordnung und der obersten Arbeitsbehörden der Länder sowie der Landesjustizverwaltungen über die Bewilligung von Reiseentschädigungen an mittellose Personen und von Vorschusszahlungen an Zeugen und Sachverständige in Verfahren vor den Gerichten in Arbeitssachen, in Kraft getreten am 1. April 1961, in der Fassung der Anlage vom 1. April 1978, das Verwaltungsabkommen des Bundes und der Länder über den Ausgleich von Kosten in Verfahren vor den Gerichten für Arbeitssachen und den ordentlichen Gerichten, in Kraft getreten am 1. Januar 1967 sowie die Vereinbarung des Bundes und der Länder über den Ausgleich von Kosten, in Kraft getreten am 1. August 1994, außer Kraft.

Die Vereinbarung kann von jedem Beteiligten zum Ende eines Kalenderjahres mit einer Frist von 6 Monaten gekündigt werden. Die Kündigung ist allen anderen Beteiligten gegenüber schriftlich zu erklären. Die Kündigung durch einen Beteiligten lässt die Gültigkeit der Vereinbarung zwischen den anderen Beteiligten unberührt.

II. Gewährung von Reiseentschädigungen an mittellose Personen und Vorschusszahlungen für Reiseentschädigungen an Zeuginnen, Zeugen, Sachverständige, Dolmetscherinnen, Dolmetscher, Übersetzerinnen und Übersetzer, ehrenamtliche Richterinnen, ehrenamtliche Richter und Dritte

Die Reiseentschädigung mittelloser Personen ist eine Leistung im Rahmen der Prozesskostenhilfe; über ihre Bewilligung entscheidet das Gericht, der Rechtsweg richtet sich nach § 127 ZPO (BGHZ 64, 139 = NJW 1975, 1124 = Rpfleger 1975, 258).

Bund und Länder haben die nachstehende Vereinbarung im Verwaltungsweg getroffen: Bund BAnz 2006, 6601; **Baden-Württemberg:** Justiz 2006, 245; **Bayern:** JMBl. 2006, 90; **Berlin:** ABl. 2006, 2063; **Brandenburg:** JMBl. 2006, 73; **Hamburg:** JVBl. 2006, 71; **Hessen:** JMBl. 2006, 427; **Mecklenburg-Vorpommern:** ABl. 1991, 400; **Niedersachen:** Nds.Rpfl. 2006,177; **Nordrhein-Westfalen:** JMBl. 2006, 145; **Rheinland-Pfalz:** JBl. 2006, 91; **Saarland:** GMBl. 1977, 596; **Sachsen:** JMBl. 2006, 58; **Sachsen-Anhalt:** MBl. 1992, 1129; **Schleswig-Holstein:** SchlHA 2006, 231; **Thüringen:** JMBl. 2006, 45. Nachfolgend ist die nordrhein-westfälische Fassung abgedruckt.

Die Landesjustizverwaltungen haben die folgende bundeseinheitliche Neufassung der Bestimmungen über die Gewährung von Reiseentschädigungen an mittellose Personen und Vorschusszahlungen für Reiseentschädigungen an Zeuginnen, Zeugen, Sachverständige, Dolmetscherinnen, Dolmetscher, Übersetzerinnen und Übersetzer, ehrenamtliche Richterinnen, ehrenamtliche Richter und Dritte beschlossen:

1 Mittellosen Parteien, Beschuldigten oder anderen Beteiligten können auf Antrag Mittel für die Reise zum Ort einer Verhandlung, Vernehmung oder Untersuchung und für die Rückreise gewährt werden. Hierauf soll in der Ladung oder in anderer geeigneter Weise hingewiesen werden. Die gewährten Mittel gehören zu den Kosten des Verfahrens (vgl. Nrn. 9008 Nr. 2 und 9015 der Anlage 1 zu § 3 Abs. 2 GKG, § 137 Abs. 1 Nr. 11 KostO). Als mittellos im Sinne dieser Vorschrift sind Personen anzusehen, die nicht in der Lage sind, die Kosten der Reise aus eigenen Mitteln zu bestreiten. Die Vorschriften über die Bewilligung von Prozesskostenhilfe bleiben unberührt.

1.1 Über die Bewilligung entscheidet das Gericht, bei staatsanwaltschaftlichen Verhandlungen, Vernehmungen oder Untersuchungen die Staatsanwaltschaft. Nach Bewilligung verfährt die Geschäftsstelle, soweit in der Bewilligung nichts anderes bestimmt ist, wie folgt:

1.1.1 Die Reiseentschädigung wird durch die für den Erlass der Auszahlungsanordnung zuständige Anweisungsstelle zur Zahlung angewiesen.

1.1.2 Die Reiseentschädigung ist so zu bemessen, dass sie die notwendigen Kosten der Hin- und Rückreise deckt. Zu den Reisekosten gehören entsprechend den Vorschriften des JVEG neben den Fahrtkosten gegebenenfalls auch unvermeidbare Tagegelder (entsprechend § 6 Abs. 1 JVEG) und Übernachtungskosten (entsprechend § 6 Abs. 2 JVEG), ferner gegebenenfalls Reisekosten für eine notwendige Begleitperson sowie Kosten für eine notwendige Vertretung (entsprechend § 7 Abs. 1 Satz 2 JVEG). Eine Erstattung von Verdienstausfall kommt nicht in Betracht.

1.1.3 Regelmäßig sind Fahrkarten der zweiten Wagenklasse der Deutschen Bahn oder eines anderen Anbieters im öffentlichen Personenverkehr zur Verfügung zu stellen. Eine Auszahlung kommt nur im Ausnahmefall in Betracht.

II. Reiseentschädigung mittelloser Personen usw.

1.1.4 Eine Durchschrift der Kassenanordnung oder ein Nachweis über die Gewährung von Reiseentschädigung ist zu den Sachakten zu nehmen. Auf der Kassenanordnung ist dies zu bescheinigen.

1.1.5 Wird eine Reiseentschädigung bewilligt, bevor die Ladung abgesandt worden ist, ist dies nach der Art und, soweit möglich, auch nach der Höhe in auffallender Form in der Ladung zu vermerken. Wird schon vor dem Termin eine Kassenanordnung vorbereitet, so ist der Betrag, sofern er aktenkundig ist, auffällig zu vermerken.

1.1.6 Fällt der Grund der Reise weg oder erscheint der Antragsteller nicht zu dem Termin, ist die zur Verfügung gestellte Fahrkarte oder die Reiseentschädigung zurückzufordern. Gegebenenfalls ist dafür zu sorgen, dass der Fahrpreis für nicht benutzte Fahrkarten erstattet wird.

1.2 Ist in Eilfällen die Übermittlung einer Fahrkarte oder die Auszahlung des Betrages an die Antragstellerin oder den Antragsteller durch die zuständige Anweisungsstelle nicht mehr möglich, kann die Geschäftsstelle des Amtsgerichts, in dessen Bezirk sich der Antragsteller aufhält, ersucht werden, die Beschaffung der Fahrkarte oder die Auszahlung des Betrages für die Hin- und Rückreise zu veranlassen. Die gewährte Reiseentschädigung ist auf der Ladung auffällig zu vermerken. Die ladende Stelle ist unverzüglich von der Gewährung der Reiseentschädigung zu benachrichtigen.

1.3 Der Anspruch erlischt, wenn er nicht binnen drei Monaten nach der Verhandlung, Vernehmung oder Untersuchung geltend gemacht wird.

2 Ist es in Eilfällen nicht möglich, die Entscheidung des zuständigen Gerichts oder der zuständigen Staatsanwaltschaft einzuholen, kann die Präsidentin oder der Präsident bzw. die Direktorin oder der Direktor des Amtsgerichts, in dessen Bezirk sich der Antragsteller aufhält, im Verwaltungsweg eine Reiseentschädigung bewilligen. Abschnitt l. Nr. 1 Nrn. 1.1.1 bis 1.1.3 und 1.1.6 gelten entsprechend. Die gewährte Reiseentschädigung ist auf der Ladung auffällig zu vermerken; die ladende Stelle ist unverzüglich von der Bewilligung und der Gewährung der Reiseentschädigung zu benachrichtigen.

3 Zeugen, Sachverständigen, Dolmetschern, Übersetzern, ehrenamtlichen Richtern und Dritten ist nach § 3 JVEG auf Antrag ein Vorschuss für Reiseentschädigungen zu bewilligen, wenn der oder dem Berechtigten voraussichtlich erhebliche Fahrtkosten oder sonstige Aufwendungen entstehen werden. Hierauf soll in der Ladung oder in anderer geeigneter Weise hingewiesen werden.

3.1 Für die Bewilligung und Anweisung gelten folgende Bestimmungen:

3.1.1 Die Vorschüsse werden von der zum Erlass der Auszahlungsanordnung zuständigen Anweisungsstelle bewilligt und zur Zahlung angewiesen.

3.1.2 Nrn. 1.1.2 bis 1.1.6 gelten entsprechend mit der Maßgabe, dass Fahrtkosten bis zur Höhe der Kosten für die Benutzung der ersten Wagenklasse gewährt werden können.

3.1.3 Bei der Vorbereitung der Anweisung für die Entschädigung von Zeugen, ehrenamtlichen Richtern und Dritten sowie für die Vergütung von Sachverständigen, Dolmetschern und Übersetzern vor dem Termin ist die Vorschusszahlung, sofern sie aktenkundig ist, in auffälliger Weise zu vermerken.
Wird die Berechnung der Entschädigung oder Vergütung nicht schriftlich eingereicht, sind die Antragsteller in jedem Falle zu befragen, ob und gegebenenfalls in welcher Höhe sie Vorschüsse erhalten haben, um deren Anrechnung sicherzustellen. Die Befragung ist in der Auszahlungsanordnung zu vermerken.

3.2 Ist in Eilfällen die Übermittlung einer Fahrkarte oder die Auszahlung des Betrages nicht mehr möglich, kann auch die Geschäftsstelle des Amtsgerichts, in dessen Bezirk sich der Antragsteller aufhält, einen Vorschuss nach § 3 JVEG bewilligen und zur Zahlung anweisen. Ist ein Antrag auf gerichtliche Festsetzung des Vorschusses gestellt oder wird eine Festsetzung für angemessen erachtet, kann in dringenden Fällen auf Ersuchen des für die Entscheidung nach § 4 Abs. 1 JVEG zuständigen Gerichts eine Fahrkarte für ein bestimmtes Beförderungsmittel zur Verfügung gestellt und/oder ein festgesetzter Vorschuss ausgezahlt werden. Die Auszahlung des Vorschusses ist in der Ladung auffällig zu vermerken. Die ladende Stelle ist von der Gewährung des Vorschusses unverzüglich zu benachrichtigen.

III. Durchführungsbestimmungen zum Gesetz über die Prozesskostenhilfe und zur Stundung der Kosten des Insolvenzverfahrens (DB-PKHG/DB-InsO)

Die Durchführungsbestimmungen zum Gesetz über die Prozesskostenhilfe und zur Stundung der Kosten des Insolvenzverfahrens (DB-PKHG/DB-InsO) sind eine bundeseinheitlich beschlossene Verwaltungsvorschrift. Die nachfolgende Fassung ist zum 1. 1. 2002 in Kraft getreten und ist mit nachfolgenden Erlassen eingeführt, geändert bzw. ergänzt worden:

Baden-Württemberg: Justiz 2007, 155; **Bayern:** JMBl. 2002, 10, geändert 2007, 3; Berlin: ABl. 2001, 5331, geändert 2004, 2726; **Brandenburg:** JMBl. 2002, 31, geändert 2006, 71; Hamburg: HmbJVBl. 2006, 125; **Hessen:** JMBl. 2002, 313; geändert 2004, 615; **Mecklenburg-Vorpommern:** ABl. 2002, 14, geändert 2007, 42; **Niedersachsen:** Nds.Rpfl. 2001, 445, geändert 2004, 173; **Nordrhein-Westfalen:** JMBl. 2001, 271, geändert 2006, 133; **Rheinland-Pfalz:** JBl. 2001, 319, geändert 2006, 92; **Saarland:** ABl. 2004, 1378; **Sachsen:** JMBl. 2001, 164, geändert 2006, 65; **Sachsen-Anhalt:** JMBl. 2006, 235; **Schleswig-Holstein:** SchlHA 2002, 33; **Thüringen:** JMBl. 2007, 16. Nachfolgend ist die nordrhein-westfälische Fassung abgedruckt.

Hinsichtlich des Verfahrens bei der Gerichtskasse haben Bayern (BayJMBl. 1985, 263), Hamburg (HambJVBl. 1985, 197) und Sachsen (Sächs. ABl. 1993, 209) abweichende Regelungen erlassen.

Der nachstehende Auszug gibt die für den Kostenansatz wichtigen Vorschriften wieder.

1. Antrag auf Prozesskostenhilfe

1.1 Einem Antrag auf Bewilligung der Prozesskostenhilfe ist grundsätzlich der Vordruck „Erklärung über die persönlichen und wirtschaftlichen Verhältnisse bei Prozesskostenhilfe" beizufügen (§ 117 Abs. 2 bis 4 ZPO in Verbindung mit den Bestimmungen der PKH-Vordruckverordnung). Wird der Antrag zu Protokoll der Geschäftsstelle erklärt, soll die Partei durch Aushändigung des Hinweisblattes zum Vordruck auf die Bedeutung der Prozesskostenhilfe hingewiesen werden.

1.2 Hat eine Partei die Bewilligung von Prozesskostenhilfe beantragt, so sind die Akten dem Gericht vorzulegen.

1.3 Dieser Verwaltungsvorschrift liegt eine Tabelle als **Anlage** an. Der Tabelle können die der PKH-Partei voraussichtlich entstehenden Verfahrenskosten in Klageverfahren der ordentlichen Gerichtsbarkeit sowie in Ehesachen, bestimmten Lebenspartnerschaftssachen und Folgesachen (Teil 1 Hauptabschnitt 3 KV-GKG) entnommen werden. Die Kosten setzen sich aus den bei einem normalen Verfahrensablauf entstehenden Gerichtsgebühren (Gebühr für das Verfahren im Allgemeinen) sowie den Gebühren für die Vertretung durch einen Prozessbevollmächtigten (Nrn. 3100 und 3104 bzw. Nrn. 3200 und 3202 VV-RVG) zuzüglich Auslagenpauschale und Umsatzsteuer zusammen. Voraussichtlich entstehende weitere Auslagen sind dem jeweiligen Kostenbetrag der Tabelle hinzuzurechnen.

2. Mitwirkung der Geschäftsstelle

2.1 betrifft Beiheft

2.2 betrifft Aktendeckelvermerk

III. Prozesskostenhilfe-Durchführungsbestimmungen   **Anh. D**

2.3   Der Geschäftsstelle des Gerichts, bei dem sich das Beiheft befindet, obliegen die Anforderungen der Zahlungen mit Kostennachricht (Nr. 4.1) und die Überwachung des Eingangs dieser Beträge.
Ist der Zahlungspflichtige mit einem angeforderten Betrag länger als einen Monat im Rückstand, so hat ihn die Geschäftsstelle einmal unter Hinweis auf die Folgen des § 124 Nr. 4 ZPO an die Zahlung zu erinnern.

2.4   betrifft Aktenvorlage an Kostenbeamten

2.5   betrifft Aktenvorlage an Rechtspfleger

3. Bewilligung von Prozesskostenhilfe ohne Zahlungsbestimmung

3.1   Soweit und solange ein Kostenschuldner nach den Vorschriften der Zivilprozessordnung von der Entrichtung der Kosten deshalb befreit ist, weil ihm oder seinem Gegner Prozesskostenhilfe ohne Zahlungsbestimmung bewilligt ist, wird wegen dieser Kosten eine Kostenrechnung (§ 27 KostVfg) auf ihn nicht ausgestellt.

3.2   Waren Kosten bereits vor der Bewilligung angesetzt und der Gerichtskasse zur Einziehung überwiesen, so ersucht der Kostenbeamte die Gerichtskasse, die Kostenforderung zu löschen, soweit die Kosten noch nicht gezahlt sind.
Die Rückzahlung bereits entrichteter Kosten ist nur dann anzuordnen, wenn sie nach dem Zeitpunkt gezahlt sind, in dem die Bewilligung wirksam geworden ist. Wird die Partei, der Prozesskostenhilfe ohne Zahlungsbestimmung bewilligt ist, rechtskräftig in die Prozesskosten verurteilt (Entscheidungsschuldner nach § 29 Nr. 1 GKG), sind vom Gegner bereits entrichtete Kosten zurück zu zahlen (§ 31 Abs. 3 Satz 1 zweiter Halbsatz GKG).

3.3   Der Kostenbeamte hat den Eintritt der gesetzlichen Voraussetzungen, unter denen die Kosten von der Partei, der Prozesskostenhilfe ohne Zahlungsbestimmung bewilligt ist, und dem Gegner eingezogen werden können, genau zu überwachen. Zu beachten ist dabei Folgendes:

3.3.1   Zu Lasten der Partei dürfen die außer Ansatz gelassenen Beträge nur aufgrund einer gerichtlichen Entscheidung angesetzt werden, durch die die Bewilligung aufgehoben worden ist (§ 124 ZPO).

3.3.2   Zu Lasten des Gegners sind die Kosten, von deren Entrichtung die Partei befreit ist, erst anzusetzen, wenn der Gegner rechtskräftig in die Prozesskosten verurteilt ist oder sie durch eine vor Gericht abgegebene oder dem Gericht mitgeteilte Erklärung übernommen hat oder sonst für die Kosten haftet (§ 125 Abs. 1 ZPO, § 29 GKG); dies gilt auch für die Geltendmachung von Ansprüchen, die nach § 59 RVG auf die Bundes- oder Landeskasse übergegangen sind. Die Gerichtskosten, von deren Zahlung der Gegner einstweilen befreit ist (§ 122 Abs. 2 ZPO), sind zu seinen Lasten anzusetzen, wenn er rechtskräftig in die Prozesskosten verurteilt ist oder der Rechtsstreit ohne Urteil über die Kosten durch Vergleich oder in sonstiger Weise beendet ist (§ 125 Abs. 2 ZPO). Wird ein Rechtsstreit, in dem dem Kläger, Berufungskläger oder Revisionskläger Prozesskostenhilfe ohne Zahlungsbestimmung bewilligt ist, mehr als sechs Monate nicht betrieben, ohne dass das Ruhen des Verfahrens (§ 251 ZPO) angeordnet ist, so stellt der Kostenbeamte durch Anfrage bei den Parteien fest, ob der Rechtsstreit beendet ist. Gibt keine der Parteien binnen angemessener Zeit eine Erklärung ab, so setzt er auf den Gegner die diesem zur Last fallenden Kosten an. Das gleiche gilt, wenn die Parteien den Rechtsstreit trotz der Erklärung, dass er nicht beendet sei, auch jetzt nicht weiter betreiben oder wenn der Gegner erklärt, der Rechtsstreit ruhe oder sei beendet.

4. Bewilligung von Prozesskostenhilfe mit Zahlungsbestimmung

4.1   Der Kostenbeamte behandelt die festgesetzten Monatsraten und die aus dem Vermögen zu zahlenden Beträge (§ 120 Abs. 1 ZPO) wie Kostenforderungen. Sie wer-

Anh. D

den von der Geschäftsstelle ohne vorherige Überweisung an die Gerichtskasse unmittelbar von dem Zahlungspflichtigen mit Kostennachricht (§ 31 KostVfg) angefordert. Monatsraten, Teilbeträge und einmalige Zahlungen sowie deren Fälligkeitstermine sind sowohl in der Urschrift der Kostenrechnung als auch in der Kosennachricht besonders anzugeben.

4.2 Sind vor Bewilligung der Prozesskostenhilfe Gerichtskosten angesetzt und der Gerichtskasse zur Einziehung überwiesen, so ist zu prüfen, ob und ggf. wann diese bezahlt worden sind. Ist eine Zahlung noch nicht erfolgt, so veranlasst der Kostenbeamte die Löschung des Kostensolls.

4.3 Zahlungen vor Wirksamwerden der Prozesskostenhilfe sollen erst bei der Prüfung nach § 120 Abs. 3 Nr. 1 ZPO berücksichtigt werden, spätere Zahlungen sind auf die nach § 120 Abs. 1 ZPO zu leistenden anzurechnen.

4.4 Bestimmt das Rechtsmittelgericht andere Zahlungen als das Gericht der Vorinstanz, so ist von dem Kostenbeamten des Rechtsmittelgerichts eine entsprechende Änderung der Zahlungen zu veranlassen (Nr. 4.1). Dabei ist darauf hinzuweisen, dass die Kostennachricht der Vorinstanz gegenstandslos ist. Die Geschäftsstelle des Gerichts der Vorinstanz hat noch eingehende Zahlungsanzeigen zu dem an das Rechtsmittelgericht abgegebenen Beiheft weiterzuleiten.

Nach Abschluss in der Rechtsmittelinstanz sendet die Geschäftsstelle des Rechtsmittelgerichts das Beiheft mit den Akten an das Gericht der Vorinstanz zur weiteren Bearbeitung zurück.

4.4.1 Jedoch gilt für Zahlungen, die während der Anhängigkeit des Verfahrens vor einem Gerichtshof des Bundes an die Landeskasse zu leisten sind (§ 120 Abs. 2 ZPO), Folgendes:

Die Zahlungen werden (abweichend von Nr. 2.3 Satz 1) nach den Hinweisen des Kostenbeamten des Gerichtshofs von der Geschäftsstelle des Gerichts des ersten Rechtszuges angefordert und überwacht. Dabei werden der Geschäftsstelle die Entscheidungen des Gerichtshofes, soweit sie die Prozesskostenhilfe betreffen, in beglaubigter Abschrift mitgeteilt. Der Zahlungsverzug (Nr. 2.5.2) ist dem Gerichtshof anzuzeigen. Nach Rückkehr der Akten vom Rechtsmittelgericht (Nr. 4.4 Satz 4) werden die angefallenen Vorgänge mit dem Beiheft vereinigt.

4.4.2 Zahlungen, die nach § 120 Abs. 2 ZPO an die Bundeskasse zu leisten sind, werden von der Geschäftsstelle des Gerichtshofs des Bundes angefordert und überwacht.

4.5 Für die Behandlung der Kostennachricht gilt § 32 Abs. 1 und 2 KostVfg entsprechend.

4.6 Sieht der Rechtspfleger im Falle einer Vorlage nach Nr. 2.5.2 davon ab, die Bewilligung der Prozesskostenhilfe aufzuheben, so hat der Kostenbeamte die zu diesem Zeitpunkt rückständigen Beträge der Gerichtskasse zur Einziehung zu überweisen. Die Gerichtskasse ist durch einen rot zu unterstreichenden Vermerk „ZA" um Zahlungsanzeige zu ersuchen.

4.7 Zu Lasten des Gegners der Partei, der Prozesskostenhilfe bewilligt ist, sind die unter die Bewilligung fallenden Kosten erst anzusetzen, wenn er rechtskräftig in die Prozesskosten verurteilt ist oder sie durch eine vor Gericht abgegebene oder dem Gericht mitgeteilte Erklärung übernommen hat oder sonst für die Kosten haftet (§ 125 Abs. 1 ZPO, § 29 GKG). Nr. 3.3.2 Satz 1 letzter Halbsatz gilt entsprechend.

4.8 Wird dem Kostenbeamten eine Zweitschuldneranfrage der Gerichtskasse vorgelegt, so prüft er, ob die Partei, der Prozesskostenhilfe mit Zahlungsbestimmung bewilligt ist, für die gegen den Gegner geltend gemachten Gerichtskosten als Zweitschuldner ganz oder teilweise haftet. Liegen diese Voraussetzungen vor, so unterrichtet er die Gerichtskasse hiervon und legt die Akten mit einer Berechnung der Kosten, für die die Partei nach § 31 Abs. 2 GKG in Anspruch genommen werden kann, unverzüglich dem Rechtspfleger vor.

III. Prozesskostenhilfe-Durchführungsbestimmungen **Anh. D**

5.   Gemeinsame Bestimmungen bei Bewilligung von Prozesskostenhilfe

5.1   Werden dem Kostenbeamten Tatsachen über die persönlichen oder wirtschaftlichen Verhältnisse bekannt, die eine Änderung oder Aufhebung der Bewilligung der Prozesskostenhilfe rechtfertigen könnten (§ 120 Abs. 4, § 124 Nrn. 2, 3 ZPO), hat er die Akten dem Rechtspfleger vorzulegen.

5.2   Hat der Gerichtsvollzieher Berechnungen über Kosten für Amtshandlungen, die er aufgrund der Prozesskostenhilfe unentgeltlich erledigt hat, zu den Akten mitgeteilt, so sind diese Kosten beim Ansatz wie sonstige Gerichtskosten zu behandeln.

5.3   Wenn bei einem obersten Gerichtshof des Bundes Kosten der Revisionsinstanz außer Ansatz geblieben sind, weil dem Kostenschuldner oder seinem Gegner Prozesskostenhilfe bewilligt ist, hat der Kostenbeamte diesem Gericht Nachricht zu geben, sobald sich ergibt, dass Beträge durch die Bundeskasse einzuziehen sind.
Dieser Fall kann eintreten,

5.3.1 wenn das Revisionsgericht die Sache zur anderweitigen Verhandlung und Entscheidung, auch über die Kosten des Revisionsverfahrens, zurückverwiesen hat und nach endgültigem Abschluss des Verfahrens zu Lasten des Gegners der Partei, der Prozesskostenhilfe bewilligt ist, Kosten des Revisionsverfahrens gemäß Nr. 3.3.2 oder 4.5 anzusetzen sind;

5.3.2 wenn der für die Revisionsinstanz beigeordnete Rechtsanwalt seinen Anspruch auf Vergütung gegen die Bundeskasse geltend macht, nachdem die Prozessakten zurückgesandt sind; in diesem Fall teilt der Urkundsbeamte der Geschäftsstelle des obersten Gerichtshofes des Bundes eine beglaubigte Abschrift des Beschlusses, durch den die Vergütung festgesetzt worden ist, zu den Prozessakten mit;

5.3.3 wenn nach Beendigung des Revisionsverfahrens ein Beschluss ergeht, durch den die Bewilligung der Prozesskostenhilfe aufgehoben wird.

5.4   In der Nachricht teilt der Kostenbeamte mit, ob und ggf. in welcher Höhe etwaige Zahlungen, die nach § 120 Abs. 2 ZPO an die Landeskasse entrichtet worden sind, auf die Kosten des Revisionsverfahrens zu verrechnen sind. Sind die Zahlungen nach § 120 Abs. 2 ZPO an die Bundeskasse zu leisten, so sind dem obersten Gerichtshofes des Bundes alle die bewilligte Prozesskostenhilfe betreffenden Entscheidungen, die Kostenentscheidungen und eine Kostenrechnung unter Angabe der Beträge mitzuteilen, die in dem Verfahren von der Landeskasse vereinnahmt worden sind.

6.   Verfahren bei Verweisung und Abgabe

6.1   Wird ein Verfahren an ein anderes Gericht verwiesen oder abgegeben, so hat der Kostenbeamte des übernehmenden Gerichts erneut eine Kostennachricht zu übersenden (Nrn. 4.1, 4.5). Dabei ist darauf hinzuweisen, dass die Kostennachricht des verweisenden oder abgebenden Gerichts gegenstandslos ist.

6.2   Die Geschäftsstelle des verweisenden oder abgebenden Gerichts hat noch eingehende Zahlungsanzeigen an das übernehmende Gericht weiterzuleiten.

7.   Kostenansatz nach Entscheidung oder bei Beendigung des Verfahrens

7.1   Ergeht im Verfahren eine Kostenentscheidung, wird ein Vergleich geschlossen oder wird das Verfahren in dieser Instanz auf sonstige Weise beendet, setzt der Kostenbeamte die Kosten an und stellt die Kostenschuldner fest. In die Kostenrechnung sind die Gerichtskosten und die nach § 59 RVG auf die Staatskasse übergegangenen Ansprüche aufzunehmen.
Sämtliche Zahlungen der Partei sind – erforderlichenfalls nach Anfrage bei der Kasse – zu berücksichtigen.
Ist Prozesskostenhilfe mit Zahlungsbestimmung bewilligt worden, so sind die Akten nach Aufstellung der Kostenrechnung unverzüglich dem Rechtspfleger vorzulegen.

Hellstab

7.2 Die Kosten der Rechtsmittelinstanz werden von dem Kostenbeamten des Rechtsmittelgerichts angesetzt (§ 19 Abs. 1 Satz 1 Nr. 2 GKG).
Kann dieser die Zahlungen, die von der Partei geleistet worden sind, der Prozesskostenhilfe bewilligt wurde, noch nicht abrechnen, weil zu diesem Zeitpunkt die Vergütungen der Rechtsanwälte noch nicht bezahlt sind (§§ 50, 55 RVG) oder noch Zahlungen der Partei ausstehen, so hat die endgültige Abrechnung der Kostenbeamte der ersten Instanz vorzunehmen.

7.3 Der Partei, die Zahlungen zu leisten hat, ist eine Abschrift der Kostenrechnung zu erteilen verbunden mit einem Nachforderungsvorbehalt, wenn eine Inanspruchnahme über den in der Kostenrechnung enthaltenen Betrag hinaus in Betracht kommt.

8. Weiteres Verfahren nach Aufstellung der Kostenrechnung

8.1 Nach Vorlage der Akten (Nrn. 4.8, 7.1 Abs. 3) prüft der Rechtspfleger, welche Entscheidungen zur Wiederaufnahme oder Einstellung der Zahlung zu treffen sind.

8.2 Ergibt sich eine Restschuld der Partei, der Prozesskostenhilfe bewilligt ist, so soll der Zeitpunkt der Einstellung der Zahlungen bestimmt werden. War vorher eine vorläufige Einstellung verfügt, so ist ihre Wiederaufnahme anzuordnen. Bei diesen Entscheidungen wird auch die zu den Akten mitgeteilte Vergütung des beigeordneten Rechtsanwalts (§ 50 Abs. 2 RVG) zu berücksichtigen sein, soweit die Vergütung noch nicht aus der Staatskasse beglichen ist und der Partei ein Erstattungsanspruch gegen den Gegner nicht zusteht. Teilt der Rechtsanwalt seine gesetzliche Vergütung (mit den Gebühren nach § 13 Abs. 1 RVG) nicht mit oder wird eine notwendige Kostenausgleichung nach § 106 ZPO nicht beantragt, so wird der Rechtspfleger seine Bestimmung ohne Rücksicht auf die Vergütungsansprüche des Rechtsanwalts treffen.

8.3 Ebenfalls zu berücksichtigen sind bereits bekannte Gerichtsvollzieherkosten (§ 122 Abs. 1 Nr. 1a ZPO).

8.4 Ergibt sich keine Restschuld der Partei, so ist – unter Berücksichtigung der Vergütung des Rechtsanwalts oder der Kosten des Gerichtsvollziehers – die Einstellung der Zahlungen anzuordnen. Zu beachten ist, dass eine endgültige Einstellung der Zahlung unter Umständen erst nach Rechtskraft der Entscheidung verfügt werden kann, weil bei Einlegung eines Rechtsmittels durch die Partei die Raten bis zur 48. Monatsrate weiter zu zahlen sind. Gleiches gilt, wenn die Partei bei Rechtsmitteleinlegung des Prozessgegners Prozesskostenhilfe beantragt.

9. Aufhebung und Änderung der Bewilligung der Prozesskostenhilfe

9.1 Hat das Gericht die Bewilligung der Prozesskostenhilfe aufgehoben (§ 124 ZPO), so berechnet der Kostenbeamte die bis zu diesem Zeitpunkt angefallenen Kosten (ggf. unter Einbeziehung der nach § 59 RVG auf die Staatskasse übergegangenen Ansprüche der Rechtsanwälte) und überweist sie der Gerichtskasse zur Einziehung; § 10 Kostenverfügung bleibt unberührt. Soweit erforderlich, ist der beigeordnete Rechtsanwalt zur Einreichung seiner Kostenrechnung aufzufordern (§§ 50 Abs. 2, 55 Abs. 6 RVG). Die aufgrund der Bewilligung der Prozesskostenhilfe bezahlten Beträge sind abzusetzen. Die Löschung der Sollstellung über die vom Gericht gemäß § 120 Abs. 1 ZPO festgesetzten Zahlungen ist zu veranlassen.

9.2 Setzt das Gericht andere Zahlungen fest, so berichtigt der Kostenbeamte den Ansatz nach Nr. 4.1.

10. Verfahren bei der Verwaltungs-, der Sozial- und der Finanzgerichtsbarkeit

11. Stundung der Kosten des Insolvenzverfahrens

12. Inkrafttreten

IV. Ermittlung des Nachlasswertes
(Formblatt, s. § 103 KostO Rn. 35, 11 ff.)

Geschäftsnummer

_____

Nachlasssache (Name des/der Verstorbenen)   Todestag

_____   _____

Angaben zum Wert des Nachlasses
für die Kostenberechnung bei Gericht

I. Nachlassmasse

1	**Grundstück** (bebaut, unbebaut, Wohnungseigentum, Teileigentum, Erbbaurecht, Anteil an Waldgenossenschaften usw.)		Hier bitte nichts eintragen. Diese Spalte dient Berechnungen des Gerichts
	Lage und Nutzungsart		
	eingetragen im Grundbuch von Blatt Amtsgericht		
	Anteil des Erblassers (z. B. Alleineigentümer, Anteil zu $1/2$, $1/3$ ...)		
	Letzter Einheitswert (Feststellung vom)	EUR	
	Verkehrswert (= Verkaufswert), falls nicht bekannt, bitte selbst schätzen, Einholung eines Gutachtens ist nicht erforderlich	EUR	
	Bei bebautem Grundeigentum bitte zusätzlich angeben: Baujahr (Fertigstellung) des Gebäudes Bau- oder Kaufpreis im Jahre	EUR	
	Brandversicherungssumme 1914 (aus der Feuerversicherungspolice zu entnehmen)	EUR	
	Falls zum Nachlass weitere Grundstücke oder grundstücksgleiche Rechte gehören, machen Sie bitte die entsprechenden Angaben auf einem besonderen Blatt. Gehört zum Nachlass landwirtschaftlicher Besitz, dann machen Sie bitte die entsprechenden Angaben ebenfalls auf einem besonderen Blatt, und zwar insbesondere über Gesamtgröße in ha, Ackerland in ha, Grünland in ha, forstwirtschaftliche Flächen, Hofflächen, Bodenqualität/Bodenklasse, Verkehrswert = Verkaufswert der Grundstücke, der Gebäude, des Viehbestandes und des Zubehörs, Baujahr der Gebäude, Brandversicherungssumme 1914		

Anh. D

Verwaltungsvorschriften

2	**Falls der Erblasser Inhaber oder Teilhaber eines Unternehmens/ einer Firma war:**		
	Name und Anschrift des Unternehmens/der Firma		
	Handelsregister Amtsgericht, Geschäfts-Nr. ☐ nein ☐ ja		
	Anteil des Erblassers am Unternehmen (z. B. Alleininhaber, Teilhaber zu ...)		
	Wert (Verkaufswert des Unternehmens, der Teilhaberschaft)	EUR	
	Fügen Sie bitte eine Ablichtung des letzten Betriebseinheitswertbescheides und der letzten Bilanz bei und geben sie bei Firmengrundstücken das Grundbuchblatt an.		
3	Gegenstände des persönlichen Gebrauchs (Bekleidung, Wäsche usw. – sofern verwertbar –)	EUR	
4	Kunstgegenstände, Schmucksachen, Gold, Silber, Sammlungen (Briefmarken, Münzen, Waffen usw.)	EUR	
5	Wert der Möbel, Teppiche und sonstigen wertvollen Einrichtungsgegenstände (bei Ehegatten: waren die Gegenstände während der Ehe gemeinsam erworben, bitte nur den halben Wert angeben)	EUR	
6	Guthaben bei Banken, Sparkassen und Postgiroämtern, Bargeld am Todestag (Anteil des Erblassers angeben, z. B. $^1/_1$, $^1/_2$ ...)	EUR	
7	Kurswert von Wertpapieren (Anteil des Erblassers angeben, z. B. $^1/_1$, $^1/_2$ ...) Depotauszüge (Kopien) bitte beifügen. a) am Todestag	EUR	
	b) am Tag der Eröffnung des Testaments bzw. Erbvertrages	EUR	
8	Forderungen gegen Dritte (z. B. aus Darlehen, Bürgschaften, Genossenschaftsanteilen, sonstigen Verträgen usw. – bitte einzeln angeben und erläutern –) (Anteil des Erblassers angeben, z. B. $^1/_1$, $^1/_2$ ...)	EUR	
9	Sterbegeld (der Krankenkasse/des Betriebes)	EUR	
10	Beiträge aus Lebensversicherungen, soweit sie in den Nachlass fallen (Der Auszahlungsbetrag einer vor dem Erblasser zugunsten einer dritten – nicht unbedingt namentlich benannten – Person abgeschlossenen Versicherung gehört nicht zum Nachlass)	EUR	
11	Sonstige Nachlassgegenstände (bitte näher bezeichnen, z. B. Pkw, Modell, Baujahr, Kilometerstand)	EUR	

II. Verbindlichkeiten (Schulden)

1	Hypotheken, Grundschulden, Rentenschulden (eingetragen auf dem Grundeigentum nach Abschnitt I. 1)	EUR	
	Höhe der durch sie abgesicherten Verbindlichkeiten a) am Todestag b) am Tag der Eröffnung des Testamentes bzw. Erbvertrages (Anteil des Erblassers angeben, z. B. $^1/_1$, $^1/_2$ ...)	EUR	
2	Sonstige Verbindlichkeiten (die nicht durch Grundbucheintragung gesichert sind) – auch schon zu Lebzeiten des Erblassers fällige Steuerschulden – bitte einzeln angeben und erläutern	EUR	
3	Beerdigungskosten (ohne Grabstein)	EUR	
4	Vermächtnisse, Pflichtteilsrechte, Auflagen (Bitte erläutern! Sind die Ansprüche geltend gemacht?)	EUR	

Die Richtigkeit und Vollständigkeit der vorstehenden – und beigefügten – Angaben versichere ich.
Ich bin damit einverstanden, dass die Erbschaftssteuerakten beigezogen werden.

Ort und Tag   Unterschrift

V. Gebäudebrandversicherungswert zur Bewertung von Gebäuden

(§ 19 KostO; MittBayNot 2006, 88; 2007, 80; 2008, 80)

Nach Mitteilung des Bayerischen Staatsministeriums der Justiz hat die Bayerische Landesbrandversicherung AG zum 1. 10. 2007 die Baukostenrichtzahl für Brandversicherungssummen geändert. Die neue Richtzahl lautet 14,3.

Nach wie vor ist die Baukostenrichtzahl dem Euro-Umrechnungskurs angepasst. Nicht auf Euro umgestellt wurden die Stammversicherungssummen 1914. Bei der Berechnung der Brandversicherungswerte ist daher die Versicherungssumme 1914 weiterhin in DM mit der Baukostenrichtzahl zu vervielfältigen. Das Ergebnis ist bereits der Euro-Betrag, es hat keine Umrechnung auf Euro zu erfolgen (dies ist bereits durch die Umstellung der Richtzahl geschehen).

Gleiches gilt für die Richtzahl für Betriebseinrichtungen. Diese beträgt seit 1. 10. 2003 (ebenfalls nach Euro-Umstellung) unverändert 7,3.

Nach der Rechtsprechung des BayObLG (BayObLGZ 1976, 89 = Rpfleger 1976, 375; Rpfleger 1987, 161; JurBüro 1984, 904; JurBüro 1985, 434; DNotZ 1988, 451; BayObLGZ 1993, 173) stellt insbesondere die Verwendung der Bodenrichtwerte nach § 196 BauGB (für Grund und Boden – regelmäßiger Abschlag darauf 25%) und der Brandversicherungswerte (für das Gebäude) eine brauchbare und mit dem Gesetz zu vereinbarende Art der Wertermittlung bei bebauten Grundstücken dar.

Im Hinblick auf etwa vorzunehmende Abschläge im Einzelfall wird auf § 19 Rn. 58a verwiesen. Auch wenn heute Brandversicherungen überwiegend durch Selbstveranlagung (nicht Schätzung durch den Versicherer) erfolgen, wird man im Regelfall von einer sachgerechten Wertermittlung ausgehen können (§ 19 Rn. 58a aE).

Anh. D

Damit eine möglichst einheitliche Bewertung von Grundbesitz durch die Gerichte und Notare erreicht wird, ist nunmehr nach der neuen Tabelle zur Berechnung des Gebäudebrandversicherungswertes zu verfahren.

Das Bayerische Staatsministerium der Justiz hat die Präsidenten der Oberlandesgerichte München, Nürnberg und Bamberg gebeten, die Kostenprüfungsbeamten und die Kostenbeamten zu unterrichten und zu veranlassen, dass auch bei den Gerichten nach dieser Tabelle verfahren wird. Es wurden mit Schreiben vom 24. 11. 2005 (Az. 5604-VI-4032/04) folgende Bewertungshinweise gegeben:

1. Der Brandversicherungswert (= Versicherungssumme 1914 x Richtzahl der Bayerischen Landesbrandversicherung AG) ist um die altersbedingte technische Wertminderung, die nach der linearen Abschreibung (Anlage 8b zu den Wertermittlungsrichtlinien – WertR – 2006) zu bestimmen ist, zu kürzen. Dabei ist zu berücksichtigen, dass die Versicherungssumme 1914 nicht in Euro umzurechnen ist, weil die Richtzahl entsprechend des Euro-Wertes umgestellt worden ist. Der danach verbleibende Gebäuderestwert soll regelmäßig 30% des Brandversicherungswertes nicht unterschreiten (vgl. BayObLG JurBüro 1984, 904). Eine andere Behandlung ist dann geboten, wenn glaubhaft gemacht wird, dass eine Nutzung nicht mehr möglich ist oder bei einer Verwertung des Grundstücks für das Gebäude ein Erlös nicht mehr zu erzielen wäre.
2. Von dem Gebäuderestwert (Mindestrestwert) sind im Allgemeinen die vom BayObLG (BayObLGZ 1976, 89 = Rpfleger 1976, 375) festgelegten Sicherheitsabschläge in Höhe von insgesamt 20% vorzunehmen. Von einem solchen Abschlag sollte (auch in Gebieten mit starker Bautätigkeit) nur abgewichen werden, wenn hierfür konkrete Erkenntnisse vorliegen.
3. Weitere wertändernde Umstände (insbesondere Baumängel, Bauschäden, Umbau- und Modernisierungsmaßnahmen, wirtschaftliche Wertminderungen wie zB ungünstige zeitbedingte Raumgestaltung und Baugestaltung) sind im Einzelfall zu berücksichtigen, wenn sie bekannt sind oder glaubhaft dargelegt werden.

Sofern in den beim Kostenansatz zur Verfügung stehenden Unterlagen (Kopie der Brandversicherungsurkunde oder des Versicherungsscheines, Angaben der Beteiligten usw.) ein anderer Basiswert als die Versicherungssumme 1914 oder nur der Neuwert des versicherten Objektes ausgewiesen ist, ist die Versicherungssumme 1914 dadurch festzustellen, dass auf der Grundlage der zum jeweiligen Zeitpunkt maßgebenden Richtzahl der Bayerischen Landesbrandversicherung AG auf das Jahr 1914 zurückgerechnet wird. Auf das Berechnungsbeispiel der PrüfAbt. Notarkasse in MittBayNot 1996, 457 wird hingewiesen.

Die Feststellung des Gebäudewertes nach den vorgenannten Grundsätzen ist in aller Regel auch dann möglich, wenn eine entsprechende Brandversicherung bei einer anderen Versicherungsgesellschaft als der Bayerischen Landesbrandversicherung AG besteht. Aus der Praxis wurde hierzu mitgeteilt, dass die Versicherungsbedingungen dieser privaten Versicherer, soweit sie für die Kostenberechnung relevant sind (insbesondere die Richtzahl), im Wesentlichen denjenigen der Bayerischen Landesbrandversicherung AG entsprechen. In Fällen, in denen kein geeigneter Brandversicherungswert zur Verfügung steht, ist der Wert des Grundbesitzes aufgrund der anderen in § 19 Abs. 2 KostO genannten Anhaltspunkte zu ermitteln, zB nach den Preisindizes für Wohngebäude (vgl. § 19 Rn. 31 ff.; PrüfAbt. Notarkasse MittBayNot 2000, 156; Streifzug Anhang III).

Aus Gründen der Verwaltungsvereinfachung und zur Gewährleistung einer einheitlichen Sachbehandlung ist es nach Auffassung des Bayerischen Staatsministeriums der Justiz angezeigt, wie bisher eine einheitliche Tabelle zur Berechnung des Verkehrswertes von Gebäuden nach dem Brandversicherungswert zur Verfügung zu stellen, die nach den vorgenannten Grundsätzen zu erstellen ist; dabei berücksichtigen die Wertmultiplikatoren bereits die altersbedingte Wertminderung und den Abschlag.

Die Richtzahltabellen wurden im Hinblick auf die Bewertung von Eigentumswohnungen ergänzt, wobei sowohl eine Berechnung nach dem Brandversicherungswert als auch durch Hochrechnung eines zu einem früheren Zeitpunkt bekannten Wohnungswertes (zB

V. Gebäudebrandversicherungswert zur Bewertung von Gebäuden **Anh. D**

Kaufpreis, Herstellungskosten) nach dem Baupreisindex möglich ist. Damit können auch Eigentumswohnungen, für die ein eigener Brandversicherungswert gebildet wurde, unter Anwendung der Wertermittlungsgrundsätze des BayObLG (BayObLGZ 1976, 89 = DNotZ 1977, 434 = Rpfleger 1976, 375 = JurBüro 1976, 1236; Rpfleger 1967, 161; Jur-Büro 1984, 904; JurBüro 1985, 434; DNotZ 1988, 451; BayObLGZ 1993, 173) für Wohngebäude durch Multiplikation der entsprechenden Richtzahl mit der Stammversicherungssumme 1914 bewertet werden. Entsprechend den Grundsätzen für Wohngebäude wird auch für Eigentumswohnungen die Annahme einer Gesamtnutzungsdauer mit 100 Jahren (Anlage 4 der WertR 2006) angenommen.

Folgende Formeln sind für die **Berechnung nach dem Brandversicherungswert** anzuwenden:

Für **Wohngebäude** gilt: Versicherungssumme 1914 x Richtzahl der Bayer. Landesbrandversicherung AG (Gleiches gilt für andere private Versicherer, da die Versicherungen im Wesentlichen denjenigen der Bayer. Landesbrandversicherung AG entsprechen), abzüglich altersbedingte technische Wertminderung, die nach der Tabelle zur Berechnung der Wertminderung wegen Alters bei linearer Abschreibung (Anlage 8b zu den Wertermittlungsrichtlinien – WertR – 2006) zu bestimmen ist. Von diesen Abschlägen (insgesamt 20%) sollte auch in Gebieten mit starker Bautätigkeit nur abgewichen werden, wenn hierfür konkrete Erkenntnisse vorliegen. Die Wertminderungsabschläge von insgesamt 20% sind in die nachstehende Tabelle bereits eingearbeitet.

Beispielsberechnungen:

Einfamilienwohnhaus: Einfamilienwohnhaus, Baujahr 1990, Stammversicherungssumme 1914 = 19000,00 DM, Grundstücksgröße: 1000 m², Vergleichswert des Gutachterausschusses 200,00 Euro/m².

Berechnung:
Gebäude: Stammversicherungssumme 1914 – keine Umrechnung auf Euro –
19000 DM x 9,724 (Richtzahl bei Gebäudealter von 15 Jahren) =   184756,00 Euro
Grundstück: m²-Preis 200,00 Euro, hierauf Abschlag von 25%
= 150,00 Euro x 1000 m² =   150000,00 Euro
Verkehrswert gemäß § 19 Abs. 2 =   334756,00 Euro

Eigentumswohnung: Für die Berechnung des Gebäudewertes auf der Grundlage der Brandversicherung gilt die Besonderheit, dass sich die Höhe der altersbedingten technischen Wertminderung bei Eigentumswohnungen nach Tabelle der Anlage 8a der WertR 2006 richtet, so dass sich in Abweichung der Werte für Gebäude mit einer Gesamtnutzungsdauer mit 100 Jahren (für die die Wertminderung entsprechend der Tabelle nach der Anlage 8b der WertR 2006 zu berücksichtigen ist), höhere Werte ergeben. Die Tabelle zur Berechnung des Verkehrswertes von Gebäuden nach dem Brandversicherungswert wurde entsprechend um eine Spalte für Eigentumswohnungen ergänzt. Die Abschläge für die Wertminderungen sind in die Tabelle bereits eingearbeitet.

Berechnung:
Eigentumswohnung, Baujahr 1990, Stammversicherungssumme 1914 = 19000,00 DM, Grundstücksgröße 1000 qm, hieran Miteigentumsanteil $^{150}/_{1000}$, Vergleichswert des Gutachterausschusses 200,00 Euro/m².

Gebäudewert für die Eigentumswohnung: Stammversicherungssumme 1914 – keine Umrechnung auf Euro 19000,00 DM x 10,410 (Richtzahl bei Gebäudealter von 15 Jahren) =   197790,00 Euro
Grundstück: m²-Preis 200,00 Euro x 1000,
hierauf Abschlag von 25%
= 150,00 Euro x $^{150}/_{1000}$ m² =   22.500,00 Euro
Verkehrswert gemäß § 19 Abs. 2 =   220.290,00 Euro

Anh. D

Tabelle zur Berechnung des Verkehrswertes von Gebäuden nach dem Brandversicherungswert

Richtzahl (Teuerungszahl) – **diese auf Eurowert umgestellt** –: 14,3
Allgemeiner Abschlag (Sicherheitsabschlag): 20%
Technische Wertminderung: Abschlag je nach Alter des Gebäudes

Die Zuordnung der Gebäudearten stellt auf den Regelfall ab. Sofern im konkreten Einzelfall von einer anderen Lebensdauer auszugehen ist, ist die altersbedingte Wertminderung gemäß Anlagen 4 und 8b WertR 2006 (BAnz Nr. 121 vom 1. 7. 2006 S. 4798) festzulegen. Nach Auffassung der PrüfAbt. der Notarkasse gehören auch Eigentumswohnungen, sofern diese nach der Brandversicherung bewertet werden können, zur Gebäudeart mit einer Lebensdauer von 100 Jahren.

Gebäudeart	Einfamilienhäuser, Reihenhäuser	Eigentumswohnungen	Gemischt genutzte Wohn- und Geschäftshäuser, Verwaltungs- und Bürogebäude, Mietwohngebäude ab 4 Wohnungen, Fertighäuser, Veranstaltungsgebäude, Schulen, Hotels, Einkaufsmärkte	Industriegebäude, Werkstätten, Lagergebäude, Scheunen ohne Stallteil, Kauf- und Warenhäuser, Garagen in Massivbauweise	Landwirtschaftliche Wirtschaftsgebäude, Reithallen, Ställe, Fertiggaragen
Lebensdauer	100 Jahre	100 Jahre	80 Jahre	50 Jahre	30 Jahre
Gebäudealter in Jahren					
1	11,326	11,326	11,326	11,211	11,097
2	11,211	11,326	11,097	10,982	10,639
3	11,097	11,211	10,982	10,754	10,296
4	10,982	11,211	10,868	10,525	9,953
5	10,868	11,097	10,754	10,296	9,495
6	10,754	11,097	10,525	10,067	9,152
7	10,639	10,982	10,410	9,838	8,809
8	10,525	10,982	10,296	9,610	8,351
9	10,410	10,868	10,182	9,381	8,008
10	10,296	10,754	9,953	9,152	7,665
11	10,182	10,754	9,838	8,923	7,207
12	10,067	10,639	9,724	8,694	6,864
13	9,953	10,639	9,610	8,466	6,521
14	9,838	10,525	9,381	8,237	6,063
15	9,724	10,410	9,266	8,008	5,720
16	9,610	10,410	9,152	7,779	5,377
17	9,495	10,296	9,038	7,550	4,919
18	9,381	10,182	8,809	7,322	4,576
19	9,266	10,182	8,694	7,093	4,233
20	9,152	10,067	8,580	6,864	3,775
21	9,038	9,953	8,466	6,635	und darüber (Restwert = 30%): 3,432
22	8,923	9,953	8,237	6,406	
23	8,809	9,838	8,122	6,178	

V. Gebäudebrandversicherungswert zur Bewertung von Gebäuden **Anh. D**

Gebäudeart	Einfamilienhäuser, Reihenhäuser	Eigentumswohnungen	Gemischt genutzte Wohn- und Geschäftshäuser, Verwaltungs- und Bürogebäude, Mietwohngebäude ab 4 Wohnungen, Fertighäuser, Veranstaltungsgebäude, Schulen, Hotels, Einkaufsmärkte	Industriegebäude, Werkstätten, Lagergebäude, Scheunen ohne Stallteil, Kauf- und Warenhäuser, Garagen in Massivbauweise	Landwirtschaftliche Wirtschaftsgebäude, Reithallen, Ställe, Fertiggaragen
Lebensdauer	100 Jahre	100 Jahre	80 Jahre	50 Jahre	30 Jahre
Gebäudealter in Jahren					
24	8,694	9,724	8,008	5,949	
25	8,580	9,610	7,894	5,720	
26	8,466	9,610	7,665	5,491	
27	8,351	9,495	7,550	5,262	
28	8,237	9,381	7,436	5,034	
29	8,122	9,266	7,322	4,805	
30	8,008	9,152	7,093	4,576	
31	7,894	9,152	6,978	4,347	
32	7,779	9,038	6,864	4,118	
33	7,665	8,923	6,750	3,890	
34	7,550	8,809	6,521	3,661	
35	7,436	8,694	6,406	und darüber (Restwert = 30%): 3,432	
36	7,322	8,694	6,292		
37	7,207	8,580	6,178		
38	7,093	8,466	5,949		
39	6,978	8,351	5,834		
40	6,864	8,237	5,720		
41	6,750	8,122	5,606		
42	6,635	8,008	5,377		
43	6,521	7,894	5,262		
44	6,406	7,779	5,148		
45	6,292	7,665	5,034		
46	6,178	7,550	4,805		
47	6,063	7,436	4,690		
48	5,949	7,322	4,576		
49	5,834	7,207	4,462		
50	5,720	7,093	4,233		
51	5,606	6,978	4,118		
52	5,491	6,864	4,004		
53	5,377	6,750	3,890		
54	5,262	6,635	3,661		
55	5,148	6,521	3,546		

Anh. D

Gebäudeart	Einfamilien-häuser, Reihenhäuser	Eigentums-wohnungen	Gemischt genutzte Wohn- und Geschäftshäuser, Verwaltungs- und Bürogebäude, Mietwohngebäude ab 4 Wohnungen, Fertighäuser, Veranstaltungsgebäude, Schulen, Hotels, Einkaufsmärkte
Lebensdauer	100 Jahre	100 Jahre	80 Jahre
Gebäudealter in Jahren			
56	5,034	6,406	und darüber (Restwert = 30%): 3,432
57	4,919	6,292	
58	4,805	6,178	
59	4,690	6,063	
60	4,576	5,949	
61	4,462	5,834	
62	4,347	5,720	
63	4,233	5,606	
64	4,118	5,491	
65	4,004	5,262	
66	3,890	5,148	
67	3,775	5,034	
68	3,661	4,919	
69	3,546	4,805	
70	und darüber (Restwert = 30%): 3,432	4,576	
71		4,462	
72		4,347	
73		4,233	
74		4,118	
75		3,890	
76		3,775	
77		3,661	
78		und darüber (Restwert = 30%): 3,546	

Anhang E. Gebührentabellen

Übersicht

	Seite
I. Gerichts- und Notargebühren (§§ 32, 144 KostO)	1250
II. Hebegebühren des Notars (§ 149 KostO)	1263
III. Jahresgebühren des Vormundschaftsgerichts (§ 92 KostO)	1265

I. Gerichts- und Notargebühren
(§§ 32, 144 KostO)

Wert bis	0,25 (viertel)	0,5 (halb)	1,0 (voll)	1,5 (eineinhalb)	2 (doppelt)	§ 144 (voll)
1 000	10,00	10,00	10,00	15,00	20,00	10,00
2 000	10,00	10,00	18,00	27,00	36,00	18,00
3 000	10,00	13,00	26,00	39,00	52,00	26,00
4 000	10,00	17,00	34,00	51,00	68,00	34,00
5 000	10,50	21,00	42,00	63,00	84,00	42,00
8 000	12,00	24,00	48,00	72,00	96,00	48,00
11 000	13,50	27,00	54,00	81,00	108,00	54,00
14 000	15,00	30,00	60,00	90,00	120,00	60,00
17 000	16,50	33,00	66,00	99,00	132,00	66,00
20 000	18,00	36,00	72,00	108,00	144,00	72,00
23 000	19,50	39,00	78,00	117,00	156,00	78,00
26 000	21,00	42,00	84,00	126,00	168,00	84,00
29 000	22,50	45,00	90,00	135,00	180,00	84,00
32 000	24,00	48,00	96,00	144,00	192,00	84,00
35 000	25,50	51,00	102,00	153,00	204,00	84,00
38 000	27,00	54,00	108,00	162,00	216,00	84,00
41 000	28,50	57,00	114,00	171,00	228,00	84,00
44 000	30,00	60,00	120,00	180,00	240,00	84,00
47 000	31,50	63,00	126,00	189,00	252,00	88,20
50 000	33,00	66,00	132,00	198,00	264,00	92,40
60 000	36,75	73,50	147,00	220,50	294,00	102,90
70 000	40,50	81,00	162,00	243,00	324,00	113,40
80 000	44,25	88,50	177,00	265,50	354,00	123,90
90 000	48,00	96,00	192,00	288,00	384,00	134,40
100 000	51,75	103,50	207,00	310,50	414,00	144,90
110 000	55,50	111,00	222,00	333,00	444,00	144,90
120 000	59,25	118,50	237,00	355,50	474,00	144,90
130 000	63,00	126,00	252,00	378,00	504,00	151,20
140 000	66,75	133,50	267,00	400,50	534,00	160,20
150 000	70,50	141,00	282,00	423,00	564,00	169,20
160 000	74,25	148,50	297,00	445,50	594,00	178,20
170 000	78,00	156,00	312,00	468,00	624,00	187,20
180 000	81,75	163,50	327,00	490,50	654,00	196,20
190 000	85,50	171,00	342,00	513,00	684,00	205,20
200 000	89,25	178,50	357,00	535,50	714,00	214,20
210 000	93,00	186,00	372,00	558,00	744,00	223,20
220 000	96,75	193,50	387,00	580,50	774,00	232,20
230 000	100,50	201,00	402,00	603,00	804,00	241,20
240 000	104,25	208,50	417,00	625,50	834,00	250,20
250 000	108,00	216,00	432,00	648,00	864,00	259,20
260 000	111,75	223,50	447,00	670,50	894,00	268,20
270 000	115,50	231,00	462,00	693,00	924,00	268,20
280 000	119,25	238,50	477,00	715,50	954,00	268,20
290 000	123,00	246,00	492,00	738,00	984,00	268,20
300 000	126,75	253,50	507,00	760,50	1 014,00	268,20
310 000	130,50	261,00	522,00	783,00	1 044,00	268,20
320 000	134,25	268,50	537,00	805,50	1 074,00	268,50
330 000	138,00	276,00	552,00	828,00	1 104,00	276,00
340 000	141,75	283,50	567,00	850,50	1 134,00	283,50
350 000	145,50	291,00	582,00	873,00	1 164,00	291,00
360 000	149,25	298,50	597,00	895,50	1 194,00	298,50
370 000	153,00	306,00	612,00	918,00	1 224,00	306,00
380 000	156,75	313,50	627,00	940,50	1 254,00	313,50
390 000	160,50	321,00	642,00	963,00	1 284,00	321,00

I. Gerichts- und Notargebühren Anh. E

Wert bis	0,25 (viertel)	0,5 (halb)	1,0 (voll)	1,5 (eineinhalb)	2 (doppelt)	§ 144 (voll)
400 000	164,25	328,50	657,00	985,50	1 314,00	328,50
410 000	168,00	336,00	672,00	1 008,00	1 344,00	336,00
420 000	171,75	343,50	687,00	1 030,50	1 374,00	343,50
430 000	175,50	351,00	702,00	1 053,00	1 404,00	351,00
440 000	179,25	358,50	717,00	1 075,50	1 434,00	358,50
450 000	183,00	366,00	732,00	1 098,00	1 464,00	366,00
460 000	186,75	373,50	747,00	1 120,50	1 494,00	373,50
470 000	190,50	381,00	762,00	1 143,00	1 524,00	381,00
480 000	194,25	388,50	777,00	1 165,50	1 554,00	388,50
490 000	198,00	396,00	792,00	1 188,00	1 584,00	396,00
500 000	201,75	403,50	807,00	1 210,50	1 614,00	403,50
510 000	205,50	411,00	822,00	1 233,00	1 644,00	411,00
520 000	209,25	418,50	837,00	1 255,50	1 674,00	418,50
530 000	213,00	426,00	852,00	1 278,00	1 704,00	426,00
540 000	216,75	433,50	867,00	1 300,50	1 734,00	433,50
550 000	220,50	441,00	882,00	1 323,00	1 764,00	441,00
560 000	224,25	448,50	897,00	1 345,50	1 794,00	448,50
570 000	228,00	456,00	912,00	1 368,00	1 824,00	456,00
580 000	231,75	463,50	927,00	1 390,50	1 854,00	463,50
590 000	235,50	471,00	942,00	1 413,00	1 884,00	471,00
600 000	239,25	478,50	957,00	1 435,50	1 914,00	478,50
610 000	243,00	486,00	972,00	1 458,00	1 944,00	486,00
620 000	246,75	493,50	987,00	1 480,50	1 974,00	493,50
630 000	250,50	501,00	1 002,00	1 503,00	2 004,00	501,00
640 000	254,25	508,50	1 017,00	1 525,50	2 034,00	508,50
650 000	258,00	516,00	1 032,00	1 548,00	2 064,00	516,00
660 000	261,75	523,50	1 047,00	1 570,50	2 094,00	523,50
670 000	265,50	531,00	1 062,00	1 593,00	2 124,00	531,00
680 000	269,25	538,50	1 077,00	1 615,50	2 154,00	538,50
690 000	273,00	546,00	1 092,00	1 638,00	2 184,00	546,00
700 000	276,75	553,50	1 107,00	1 660,50	2 214,00	553,50
710 000	280,50	561,00	1 122,00	1 683,00	2 244,00	561,00
720 000	284,25	568,50	1 137,00	1 705,50	2 274,00	568,50
730 000	288,00	576,00	1 152,00	1 728,00	2 304,00	576,00
740 000	291,75	583,50	1 167,00	1 750,50	2 334,00	583,50
750 000	295,50	591,00	1 182,00	1 773,00	2 364,00	591,00
760 000	299,25	598,50	1 197,00	1 795,50	2 394,00	598,50
770 000	303,00	606,00	1 212,00	1 818,00	2 424,00	606,00
780 000	306,75	613,50	1 227,00	1 840,50	2 454,00	613,50
790 000	310,50	621,00	1 242,00	1 863,00	2 484,00	621,00
800 000	314,25	628,50	1 257,00	1 885,50	2 514,00	628,50
810 000	318,00	636,00	1 272,00	1 908,00	2 544,00	636,00
820 000	321,75	643,50	1 287,00	1 930,50	2 574,00	643,50
830 000	325,50	651,00	1 302,00	1 953,00	2 604,00	651,00
840 000	329,25	658,50	1 317,00	1 975,50	2 634,00	658,50
850 000	333,00	666,00	1 332,00	1 998,00	2 664,00	666,00
860 000	336,75	673,50	1 347,00	2 020,50	2 694,00	673,50
870 000	340,50	681,00	1 362,00	2 043,00	2 724,00	681,00
880 000	344,25	688,50	1 377,00	2 065,50	2 754,00	688,50
890 000	348,00	696,00	1 392,00	2 088,00	2 784,00	696,00
900 000	351,75	703,50	1 407,00	2 110,50	2 814,00	703,50
910 000	355,50	711,00	1 422,00	2 133,00	2 844,00	711,00
920 000	359,25	718,50	1 437,00	2 155,50	2 874,00	718,50
930 000	363,00	726,00	1 452,00	2 178,00	2 904,00	726,00
940 000	366,75	733,50	1 467,00	2 200,50	2 934,00	733,50
950 000	370,50	741,00	1 482,00	2 223,00	2 964,00	741,00
960 000	374,25	748,50	1 497,00	2 245,50	2 994,00	748,50
970 000	378,00	756,00	1 512,00	2 268,00	3 024,00	756,00
980 000	381,75	763,50	1 527,00	2 290,50	3 054,00	763,50
990 000	385,50	771,00	1 542,00	2 313,00	3 084,00	771,00

Anh. E

Wert bis	0,25 (viertel)	0,5 (halb)	1,0 (voll)	1,5 (eineinhalb)	2 (doppelt)	§ 144 (voll)
1 000 000	389,25	778,50	1 557,00	2 335,50	3 114,00	778,50
1 010 000	393,00	786,00	1 572,00	2 358,00	3 144,00	778,50
1 020 000	396,75	793,50	1 587,00	2 380,50	3 174,00	778,50
1 030 000	400,50	801,00	1 602,00	2 403,00	3 204,00	778,50
1 040 000	404,25	808,50	1 617,00	2 425,50	3 234,00	778,50
1 050 000	408,00	816,00	1 632,00	2 448,00	3 264,00	778,50
1 060 000	411,75	823,50	1 647,00	2 470,50	3 294,00	778,50
1 070 000	415,50	831,00	1 662,00	2 493,00	3 324,00	778,50
1 080 000	419,25	838,50	1 677,00	2 515,50	3 354,00	778,50
1 090 000	423,00	846,00	1 692,00	2 538,00	3 384,00	778,50
1 100 000	426,75	853,50	1 707,00	2 560,50	3 414,00	778,50
1 110 000	430,50	861,00	1 722,00	2 583,00	3 444,00	778,50
1 120 000	434,25	868,50	1 737,00	2 605,50	3 474,00	778,50
1 130 000	438,00	876,00	1 752,00	2 628,00	3 504,00	778,50
1 140 000	441,75	883,50	1 767,00	2 650,50	3 534,00	778,50
1 150 000	445,50	891,00	1 782,00	2 673,00	3 564,00	778,50
1 160 000	449,25	898,50	1 797,00	2 695,50	3 594,00	778,50
1 170 000	453,00	906,00	1 812,00	2 718,00	3 624,00	778,50
1 180 000	456,75	913,50	1 827,00	2 740,50	3 654,00	778,50
1 190 000	460,50	921,00	1 842,00	2 763,00	3 684,00	778,50
1 200 000	464,25	928,50	1 857,00	2 785,50	3 714,00	778,50
1 210 000	468,00	936,00	1 872,00	2 808,00	3 744,00	778,50
1 220 000	471,75	943,50	1 887,00	2 830,50	3 774,00	778,50
1 230 000	475,50	951,00	1 902,00	2 853,00	3 804,00	778,50
1 240 000	479,25	958,50	1 917,00	2 875,50	3 834,00	778,50
1 250 000	483,00	966,00	1 932,00	2 898,00	3 864,00	778,50
1 260 000	486,75	973,50	1 947,00	2 920,50	3 894,00	778,80
1 270 000	490,50	981,00	1 962,00	2 943,00	3 924,00	784,80
1 280 000	494,25	988,50	1 977,00	2 965,50	3 954,00	790,80
1 290 000	498,00	996,00	1 992,00	2 988,00	3 984,00	796,80
1 300 000	501,75	1 003,50	2 007,00	3 010,50	4 014,00	802,80
1 310 000	505,50	1 011,00	2 022,00	3 033,00	4 044,00	808,80
1 320 000	509,25	1 018,50	2 037,00	3 055,50	4 074,00	814,80
1 330 000	513,00	1 026,00	2 052,00	3 078,00	4 104,00	820,80
1 340 000	516,75	1 033,50	2 067,00	3 100,50	4 134,00	826,80
1 350 000	520,50	1 041,00	2 082,00	3 123,00	4 164,00	832,80
1 360 000	524,25	1 048,50	2 097,00	3 145,50	4 194,00	838,80
1 370 000	528,00	1 056,00	2 112,00	3 168,00	4 224,00	844,80
1 380 000	531,75	1 063,50	2 127,00	3 190,50	4 254,00	850,80
1 390 000	535,50	1 071,00	2 142,00	3 213,00	4 284,00	856,80
1 400 000	539,25	1 078,50	2 157,00	3 235,50	4 314,00	862,80
1 410 000	543,00	1 086,00	2 172,00	3 258,00	4 344,00	868,80
1 420 000	546,75	1 093,50	2 187,00	3 280,50	4 374,00	874,80
1 430 000	550,50	1 101,00	2 202,00	3 303,00	4 404,00	880,80
1 440 000	554,25	1 108,50	2 217,00	3 325,50	4 434,00	886,80
1 450 000	558,00	1 116,00	2 232,00	3 348,00	4 464,00	892,80
1 460 000	561,75	1 123,50	2 247,00	3 370,50	4 494,00	898,80
1 470 000	565,50	1 131,00	2 262,00	3 393,00	4 524,00	904,80
1 480 000	569,25	1 138,50	2 277,00	3 415,50	4 554,00	910,80
1 490 000	573,00	1 146,00	2 292,00	3 438,00	4 584,00	916,80
1 500 000	576,75	1 153,50	2 307,00	3 460,50	4 614,00	922,80
1 510 000	580,50	1 161,00	2 322,00	3 483,00	4 644,00	928,80
1 520 000	584,25	1 168,50	2 337,00	3 505,50	4 674,00	934,80
1 530 000	588,00	1 176,00	2 352,00	3 528,00	4 704,00	940,80
1 540 000	591,75	1 183,50	2 367,00	3 550,50	4 734,00	946,80
1 550 000	595,50	1 191,00	2 382,00	3 573,00	4 764,00	952,80
1 560 000	599,25	1 198,50	2 397,00	3 595,50	4 794,00	958,80
1 570 000	603,00	1 206,00	2 412,00	3 618,00	4 824,00	964,80
1 580 000	606,75	1 213,50	2 427,00	3 640,50	4 854,00	970,80
1 590 000	610,50	1 221,00	2 442,00	3 663,00	4 884,00	976,80

I. Gerichts- und Notargebühren Anh. E

Wert bis	0,25 (viertel)	0,5 (halb)	1,0 (voll)	1,5 (eineinhalb)	2 (doppelt)	§ 144 (voll)
1 600 000	614,25	1 228,50	2 457,00	3 685,50	4 914,00	982,80
1 610 000	618,00	1 236,00	2 472,00	3 708,00	4 944,00	988,80
1 620 000	621,75	1 243,50	2 487,00	3 730,50	4 974,00	994,80
1 630 000	625,50	1 251,00	2 502,00	3 753,00	5 004,00	1 000,80
1 640 000	629,25	1 258,50	2 517,00	3 775,50	5 034,00	1 006,80
1 650 000	633,00	1 266,00	2 532,00	3 798,00	5 064,00	1 012,80
1 660 000	636,75	1 273,50	2 547,00	3 820,50	5 094,00	1 018,80
1 670 000	640,50	1 281,00	2 562,00	3 843,00	5 124,00	1 024,80
1 680 000	644,25	1 288,50	2 577,00	3 865,50	5 154,00	1 030,80
1 690 000	648,00	1 296,00	2 592,00	3 888,00	5 184,00	1 036,80
1 700 000	651,75	1 303,50	2 607,00	3 910,50	5 214,00	1 042,80
1 710 000	655,50	1 311,00	2 622,00	3 933,00	5 244,00	1 048,80
1 720 000	659,25	1 318,50	2 637,00	3 955,50	5 274,00	1 054,80
1 730 000	663,00	1 326,00	2 652,00	3 978,00	5 304,00	1 060,80
1 740 000	666,75	1 333,50	2 667,00	4 000,50	5 334,00	1 066,80
1 750 000	670,50	1 341,00	2 682,00	4 023,00	5 364,00	1 072,80
1 760 000	674,25	1 348,50	2 697,00	4 045,50	5 394,00	1 078,80
1 770 000	678,00	1 356,00	2 712,00	4 068,00	5 424,00	1 084,80
1 780 000	681,75	1 363,50	2 727,00	4 090,50	5 454,00	1 090,80
1 790 000	685,50	1 371,00	2 742,00	4 113,00	5 484,00	1 096,80
1 800 000	689,25	1 378,50	2 757,00	4 135,50	5 514,00	1 102,80
1 810 000	693,00	1 386,00	2 772,00	4 158,00	5 544,00	1 108,80
1 820 000	696,75	1 393,50	2 787,00	4 180,50	5 574,00	1 114,80
1 830 000	700,50	1 401,00	2 802,00	4 203,00	5 604,00	1 120,80
1 840 000	704,25	1 408,50	2 817,00	4 225,50	5 634,00	1 126,80
1 850 000	708,00	1 416,00	2 832,00	4 248,00	5 664,00	1 132,80
1 860 000	711,75	1 423,50	2 847,00	4 270,50	5 694,00	1 138,80
1 870 000	715,50	1 431,00	2 862,00	4 293,00	5 724,00	1 144,80
1 880 000	719,25	1 438,50	2 877,00	4 315,50	5 754,00	1 150,80
1 890 000	723,00	1 446,00	2 892,00	4 338,00	5 784,00	1 156,80
1 900 000	726,75	1 453,50	2 907,00	4 360,50	5 814,00	1 162,80
1 910 000	730,50	1 461,00	2 922,00	4 383,00	5 844,00	1 168,80
1 920 000	734,25	1 468,50	2 937,00	4 405,50	5 874,00	1 174,80
1 930 000	738,00	1 476,00	2 952,00	4 428,00	5 904,00	1 180,80
1 940 000	741,75	1 483,50	2 967,00	4 450,50	5 934,00	1 186,80
1 950 000	745,50	1 491,00	2 982,00	4 473,00	5 964,00	1 192,80
1 960 000	749,25	1 498,50	2 997,00	4 495,50	5 994,00	1 198,80
1 970 000	753,00	1 506,00	3 012,00	4 518,00	6 024,00	1 204,80
1 980 000	756,75	1 513,50	3 027,00	4 540,50	6 054,00	1 210,80
1 990 000	760,50	1 521,00	3 042,00	4 563,00	6 084,00	1 216,80
2 000 000	764,25	1 528,50	3 057,00	4 585,50	6 114,00	1 222,80
2 010 000	768,00	1 536,00	3 072,00	4 608,00	6 144,00	1 228,80
2 020 000	771,75	1 543,50	3 087,00	4 630,50	6 174,00	1 234,80
2 030 000	775,50	1 551,00	3 102,00	4 653,00	6 204,00	1 240,80
2 040 000	779,25	1 558,50	3 117,00	4 675,50	6 234,00	1 246,80
2 050 000	783,00	1 566,00	3 132,00	4 698,00	6 264,00	1 252,80
2 060 000	786,75	1 573,50	3 147,00	4 720,50	6 294,00	1 258,80
2 070 000	790,50	1 581,00	3 162,00	4 743,00	6 324,00	1 264,80
2 080 000	794,25	1 588,50	3 177,00	4 765,50	6 354,00	1 270,80
2 090 000	798,00	1 596,00	3 192,00	4 788,00	6 384,00	1 276,80
2 100 000	801,75	1 603,50	3 207,00	4 810,50	6 414,00	1 282,80
2 110 000	805,50	1 611,00	3 222,00	4 833,00	6 444,00	1 288,80
2 120 000	809,25	1 618,50	3 237,00	4 855,50	6 474,00	1 294,80
2 130 000	813,00	1 626,00	3 252,00	4 878,00	6 504,00	1 300,80
2 140 000	816,75	1 633,50	3 267,00	4 900,50	6 534,00	1 306,80
2 150 000	820,50	1 641,00	3 282,00	4 923,00	6 564,00	1 312,80
2 160 000	824,25	1 648,50	3 297,00	4 945,50	6 594,00	1 318,80
2 170 000	828,00	1 656,00	3 312,00	4 968,00	6 624,00	1 324,80
2 180 000	831,75	1 663,50	3 327,00	4 990,50	6 654,00	1 330,80
2 190 000	835,50	1 671,00	3 342,00	5 013,00	6 684,00	1 336,80

Anh. E

Gebührentabellen

Wert bis	0,25 (viertel)	0,5 (halb)	1,0 (voll)	1,5 (eineinhalb)	2 (doppelt)	§ 144 (voll)
2 200 000	839,25	1 678,50	3 357,00	5 035,50	6 714,00	1 342,80
2 210 000	843,00	1 686,00	3 372,00	5 058,00	6 744,00	1 348,80
2 220 000	846,75	1 693,50	3 387,00	5 080,50	6 774,00	1 354,80
2 230 000	850,50	1 701,00	3 402,00	5 103,00	6 804,00	1 360,80
2 240 000	854,25	1 708,50	3 417,00	5 125,50	6 834,00	1 366,80
2 250 000	858,00	1 716,00	3 432,00	5 148,00	6 864,00	1 372,80
2 260 000	861,75	1 723,50	3 447,00	5 170,50	6 894,00	1 378,80
2 270 000	865,50	1 731,00	3 462,00	5 193,00	6 924,00	1 384,80
2 280 000	869,25	1 738,50	3 477,00	5 215,50	6 954,00	1 390,80
2 290 000	873,00	1 746,00	3 492,00	5 238,00	6 984,00	1 396,80
2 300 000	876,75	1 753,50	3 507,00	5 260,50	7 014,00	1 402,80
2 310 000	880,50	1 761,00	3 522,00	5 283,00	7 044,00	1 408,80
2 320 000	884,25	1 768,50	3 537,00	5 305,50	7 074,00	1 414,80
2 330 000	888,00	1 776,00	3 552,00	5 328,00	7 104,00	1 420,80
2 340 000	891,75	1 783,50	3 567,00	5 350,50	7 134,00	1 426,80
2 350 000	895,50	1 791,00	3 582,00	5 373,00	7 164,00	1 432,80
2 360 000	899,25	1 798,50	3 597,00	5 395,50	7 194,00	1 438,80
2 370 000	903,00	1 806,00	3 612,00	5 418,00	7 224,00	1 444,80
2 380 000	906,75	1 813,50	3 627,00	5 440,50	7 254,00	1 450,80
2 390 000	910,50	1 821,00	3 642,00	5 463,00	7 284,00	1 456,80
2 400 000	914,25	1 828,50	3 657,00	5 485,50	7 314,00	1 462,80
2 410 000	918,00	1 836,00	3 672,00	5 508,00	7 344,00	1 468,80
2 420 000	921,75	1 843,50	3 687,00	5 530,50	7 374,00	1 474,80
2 430 000	925,50	1 851,00	3 702,00	5 553,00	7 404,00	1 480,80
2 440 000	929,25	1 858,50	3 717,00	5 575,50	7 434,00	1 486,80
2 450 000	933,00	1 866,00	3 732,00	5 598,00	7 464,00	1 492,80
2 460 000	936,75	1 873,50	3 747,00	5 620,50	7 494,00	1 498,80
2 470 000	940,50	1 881,00	3 762,00	5 643,00	7 524,00	1 504,80
2 480 000	944,25	1 888,50	3 777,00	5 665,50	7 554,00	1 510,80
2 490 000	948,00	1 896,00	3 792,00	5 688,00	7 584,00	1 516,80
2 500 000	951,75	1 903,50	3 807,00	5 710,50	7 614,00	1 522,80
2 510 000	955,50	1 911,00	3 822,00	5 733,00	7 644,00	1 528,80
2 520 000	959,25	1 918,50	3 837,00	5 755,50	7 674,00	1 534,80
2 530 000	963,00	1 926,00	3 852,00	5 778,00	7 704,00	1 540,80
2 540 000	966,75	1 933,50	3 867,00	5 800,50	7 734,00	1 546,80
2 550 000	970,50	1 941,00	3 882,00	5 823,00	7 764,00	1 552,80
2 560 000	974,25	1 948,50	3 897,00	5 845,50	7 794,00	1 558,80
2 570 000	978,00	1 956,00	3 912,00	5 868,00	7 824,00	1 564,80
2 580 000	981,75	1 963,50	3 927,00	5 890,50	7 854,00	1 570,80
2 590 000	985,50	1 971,00	3 942,00	5 913,00	7 884,00	1 576,80
2 600 000	989,25	1 978,50	3 957,00	5 935,50	7 914,00	1 582,80
2 610 000	993,00	1 986,00	3 972,00	5 958,00	7 944,00	1 588,80
2 620 000	996,75	1 993,50	3 987,00	5 980,50	7 974,00	1 594,80
2 630 000	1 000,50	2 001,00	4 002,00	6 003,00	8 004,00	1 600,80
2 640 000	1 004,25	2 008,50	4 017,00	6 025,50	8 034,00	1 606,80
2 650 000	1 008,00	2 016,00	4 032,00	6 048,00	8 064,00	1 612,80
2 660 000	1 011,75	2 023,50	4 047,00	6 070,50	8 094,00	1 618,80
2 670 000	1 015,50	2 031,00	4 062,00	6 093,00	8 124,00	1 624,80
2 680 000	1 019,25	2 038,50	4 077,00	6 115,50	8 154,00	1 630,80
2 690 000	1 023,00	2 046,00	4 092,00	6 138,00	8 184,00	1 636,80
2 700 000	1 026,75	2 053,50	4 107,00	6 160,50	8 214,00	1 642,80
2 710 000	1 030,50	2 061,00	4 122,00	6 183,00	8 244,00	1 648,80
2 720 000	1 034,25	2 068,50	4 137,00	6 205,50	8 274,00	1 654,80
2 730 000	1 038,00	2 076,00	4 152,00	6 228,00	8 304,00	1 660,80
2 740 000	1 041,75	2 083,50	4 167,00	6 250,50	8 334,00	1 666,80
2 750 000	1 045,50	2 091,00	4 182,00	6 273,00	8 364,00	1 672,80
2 760 000	1 049,25	2 098,50	4 197,00	6 295,50	8 394,00	1 678,80
2 770 000	1 053,00	2 106,00	4 212,00	6 318,00	8 424,00	1 684,80
2 780 000	1 056,75	2 113,50	4 227,00	6 340,50	8 454,00	1 690,80
2 790 000	1 060,50	2 121,00	4 242,00	6 363,00	8 484,00	1 696,80

I. Gerichts- und Notargebühren — Anh. E

Wert bis	0,25 (viertel)	0,5 (halb)	1,0 (voll)	1,5 (eineinhalb)	2 (doppelt)	§ 144 (voll)
2 800 000	1 064,25	2 128,50	4 257,00	6 385,50	8 514,00	1 702,80
2 810 000	1 068,00	2 136,00	4 272,00	6 408,00	8 544,00	1 708,80
2 820 000	1 071,75	2 143,50	4 287,00	6 430,50	8 574,00	1 714,80
2 830 000	1 075,50	2 151,00	4 302,00	6 453,00	8 604,00	1 720,80
2 840 000	1 079,25	2 158,50	4 317,00	6 475,50	8 634,00	1 726,80
2 850 000	1 083,00	2 166,00	4 332,00	6 498,00	8 664,00	1 732,80
2 860 000	1 086,75	2 173,50	4 347,00	6 520,50	8 694,00	1 738,80
2 870 000	1 090,50	2 181,00	4 362,00	6 543,00	8 724,00	1 744,80
2 880 000	1 094,25	2 188,50	4 377,00	6 565,50	8 754,00	1 750,80
2 890 000	1 098,00	2 196,00	4 392,00	6 588,00	8 784,00	1 756,80
2 900 000	1 101,75	2 203,50	4 407,00	6 610,50	8 814,00	1 762,80
2 910 000	1 105,50	2 211,00	4 422,00	6 633,00	8 844,00	1 768,80
2 920 000	1 109,25	2 218,50	4 437,00	6 655,50	8 874,00	1 774,80
2 930 000	1 113,00	2 226,00	4 452,00	6 678,00	8 904,00	1 780,80
2 940 000	1 116,75	2 233,50	4 467,00	6 700,50	8 934,00	1 786,80
2 950 000	1 120,50	2 241,00	4 482,00	6 723,00	8 964,00	1 792,80
2 960 000	1 124,25	2 248,50	4 497,00	6 745,50	8 994,00	1 798,80
2 970 000	1 128,00	2 256,00	4 512,00	6 768,00	9 024,00	1 804,80
2 980 000	1 131,75	2 263,50	4 527,00	6 790,50	9 054,00	1 810,80
2 990 000	1 135,50	2 271,00	4 542,00	6 813,00	9 084,00	1 816,80
3 000 000	1 139,25	2 278,50	4 557,00	6 835,50	9 114,00	1 822,80
3 010 000	1 143,00	2 286,00	4 572,00	6 858,00	9 144,00	1 828,80
3 020 000	1 146,75	2 293,50	4 587,00	6 880,50	9 174,00	1 834,80
3 030 000	1 150,50	2 301,00	4 602,00	6 903,00	9 204,00	1 840,80
3 040 000	1 154,25	2 308,50	4 617,00	6 925,50	9 234,00	1 846,80
3 050 000	1 158,00	2 316,00	4 632,00	6 948,00	9 264,00	1 852,80
3 060 000	1 161,75	2 323,50	4 647,00	6 970,50	9 294,00	1 858,80
3 070 000	1 165,50	2 331,00	4 662,00	6 993,00	9 324,00	1 864,80
3 080 000	1 169,25	2 338,50	4 677,00	7 015,50	9 354,00	1 870,80
3 090 000	1 173,00	2 346,00	4 692,00	7 038,00	9 384,00	1 876,80
3 100 000	1 176,75	2 353,50	4 707,00	7 060,50	9 414,00	1 882,80
3 110 000	1 180,50	2 361,00	4 722,00	7 083,00	9 444,00	1 888,80
3 120 000	1 184,25	2 368,50	4 737,00	7 105,50	9 474,00	1 894,80
3 130 000	1 188,00	2 376,00	4 752,00	7 128,00	9 504,00	1 900,80
3 140 000	1 191,75	2 383,50	4 767,00	7 150,50	9 534,00	1 906,80
3 150 000	1 195,50	2 391,00	4 782,00	7 173,00	9 564,00	1 912,80
3 160 000	1 199,25	2 398,50	4 797,00	7 195,50	9 594,00	1 918,80
3 170 000	1 203,00	2 406,00	4 812,00	7 218,00	9 624,00	1 924,80
3 180 000	1 206,75	2 413,50	4 827,00	7 240,50	9 654,00	1 930,80
3 190 000	1 210,50	2 421,00	4 842,00	7 263,00	9 684,00	1 936,80
3 200 000	1 214,25	2 428,50	4 857,00	7 285,50	9 714,00	1 942,80
3 210 000	1 218,00	2 436,00	4 872,00	7 308,00	9 744,00	1 948,80
3 220 000	1 221,75	2 443,50	4 887,00	7 330,50	9 774,00	1 954,80
3 230 000	1 225,50	2 451,00	4 902,00	7 353,00	9 804,00	1 960,80
3 240 000	1 229,25	2 458,50	4 917,00	7 375,50	9 834,00	1 966,80
3 250 000	1 233,00	2 466,00	4 932,00	7 398,00	9 864,00	1 972,80
3 260 000	1 236,75	2 473,50	4 947,00	7 420,50	9 894,00	1 978,80
3 270 000	1 240,50	2 481,00	4 962,00	7 443,00	9 924,00	1 984,80
3 280 000	1 244,25	2 488,50	4 977,00	7 465,50	9 954,00	1 990,80
3 290 000	1 248,00	2 496,00	4 992,00	7 488,00	9 984,00	1 996,80
3 300 000	1 251,75	2 503,50	5 007,00	7 510,50	10 014,00	2 002,80
3 310 000	1 255,50	2 511,00	5 022,00	7 533,00	10 044,00	2 008,80
3 320 000	1 259,25	2 518,50	5 037,00	7 555,50	10 074,00	2 014,80
3 330 000	1 263,00	2 526,00	5 052,00	7 578,00	10 104,00	2 020,80
3 340 000	1 266,75	2 533,50	5 067,00	7 600,50	10 134,00	2 026,80
3 350 000	1 270,50	2 541,00	5 082,00	7 623,00	10 164,00	2 032,80
3 360 000	1 274,25	2 548,50	5 097,00	7 645,50	10 194,00	2 038,80
3 370 000	1 278,00	2 556,00	5 112,00	7 668,00	10 224,00	2 044,80
3 380 000	1 281,75	2 563,50	5 127,00	7 690,50	10 254,00	2 050,80
3 390 000	1 285,50	2 571,00	5 142,00	7 713,00	10 284,00	2 056,80

Anh. E

Gebührentabellen

Wert bis	0,25 (viertel)	0,5 (halb)	1,0 (voll)	1,5 (eineinhalb)	2 (doppelt)	§ 144 (voll)
3 400 000	1 289,25	2 578,50	5 157,00	7 735,50	10 314,00	2 062,80
3 410 000	1 293,00	2 586,00	5 172,00	7 758,00	10 344,00	2 068,80
3 420 000	1 296,75	2 593,50	5 187,00	7 780,50	10 374,00	2 074,80
3 430 000	1 300,50	2 601,00	5 202,00	7 803,00	10 404,00	2 080,80
3 440 000	1 304,25	2 608,50	5 217,00	7 825,50	10 434,00	2 086,80
3 450 000	1 308,00	2 616,00	5 232,00	7 848,00	10 464,00	2 092,80
3 460 000	1 311,75	2 623,50	5 247,00	7 870,50	10 494,00	2 098,80
3 470 000	1 315,50	2 631,00	5 262,00	7 893,00	10 524,00	2 104,80
3 480 000	1 319,25	2 638,50	5 277,00	7 915,50	10 554,00	2 110,80
3 490 000	1 323,00	2 646,00	5 292,00	7 938,00	10 584,00	2 116,80
3 500 000	1 326,75	2 653,50	5 307,00	7 960,50	10 614,00	2 122,80
3 510 000	1 330,50	2 661,00	5 322,00	7 983,00	10 644,00	2 128,80
3 520 000	1 334,25	2 668,50	5 337,00	8 005,50	10 674,00	2 134,80
3 530 000	1 338,00	2 676,00	5 352,00	8 028,00	10 704,00	2 140,80
3 540 000	1 341,75	2 683,50	5 367,00	8 050,50	10 734,00	2 146,80
3 550 000	1 345,50	2 691,00	5 382,00	8 073,00	10 764,00	2 152,80
3 560 000	1 349,25	2 698,50	5 397,00	8 095,50	10 794,00	2 158,80
3 570 000	1 353,00	2 706,00	5 412,00	8 118,00	10 824,00	2 164,80
3 580 000	1 356,75	2 713,50	5 427,00	8 140,50	10 854,00	2 170,80
3 590 000	1 360,50	2 721,00	5 442,00	8 163,00	10 884,00	2 176,80
3 600 000	1 364,25	2 728,50	5 457,00	8 185,50	10 914,00	2 182,80
3 610 000	1 368,00	2 736,00	5 472,00	8 208,00	10 944,00	2 188,80
3 620 000	1 371,75	2 743,50	5 487,00	8 230,50	10 974,00	2 194,80
3 630 000	1 375,50	2 751,00	5 502,00	8 253,00	11 004,00	2 200,80
3 640 000	1 379,25	2 758,50	5 517,00	8 275,50	11 034,00	2 206,80
3 650 000	1 383,00	2 766,00	5 532,00	8 298,00	11 064,00	2 212,80
3 660 000	1 386,75	2 773,50	5 547,00	8 320,50	11 094,00	2 218,80
3 670 000	1 390,50	2 781,00	5 562,00	8 343,00	11 124,00	2 224,80
3 680 000	1 394,25	2 788,50	5 577,00	8 365,50	11 154,00	2 230,80
3 690 000	1 398,00	2 796,00	5 592,00	8 388,00	11 184,00	2 236,80
3 700 000	1 401,75	2 803,50	5 607,00	8 410,50	11 214,00	2 242,80
3 710 000	1 405,50	2 811,00	5 622,00	8 433,00	11 244,00	2 248,80
3 720 000	1 409,25	2 818,50	5 637,00	8 455,50	11 274,00	2 254,80
3 730 000	1 413,00	2 826,00	5 652,00	8 478,00	11 304,00	2 260,80
3 740 000	1 416,75	2 833,50	5 667,00	8 500,50	11 334,00	2 266,80
3 750 000	1 420,50	2 841,00	5 682,00	8 523,00	11 364,00	2 272,80
3 760 000	1 424,25	2 848,50	5 697,00	8 545,50	11 394,00	2 278,80
3 770 000	1 428,00	2 856,00	5 712,00	8 568,00	11 424,00	2 284,80
3 780 000	1 431,75	2 863,50	5 727,00	8 590,50	11 454,00	2 290,80
3 790 000	1 435,50	2 871,00	5 742,00	8 613,00	11 484,00	2 296,80
3 800 000	1 439,25	2 878,50	5 757,00	8 635,50	11 514,00	2 302,80
3 810 000	1 443,00	2 886,00	5 772,00	8 658,00	11 544,00	2 308,80
3 820 000	1 446,75	2 893,50	5 787,00	8 680,50	11 574,00	2 314,80
3 830 000	1 450,50	2 901,00	5 802,00	8 703,00	11 604,00	2 320,80
3 840 000	1 454,25	2 908,50	5 817,00	8 725,50	11 634,00	2 326,80
3 850 000	1 458,00	2 916,00	5 832,00	8 748,00	11 664,00	2 332,80
3 860 000	1 461,75	2 923,50	5 847,00	8 770,50	11 694,00	2 338,80
3 870 000	1 465,50	2 931,00	5 862,00	8 793,00	11 724,00	2 344,80
3 880 000	1 469,25	2 938,50	5 877,00	8 815,50	11 754,00	2 350,80
3 890 000	1 473,00	2 946,00	5 892,00	8 838,00	11 784,00	2 356,80
3 900 000	1 476,75	2 953,50	5 907,00	8 860,50	11 814,00	2 362,80
3 910 000	1 480,50	2 961,00	5 922,00	8 883,00	11 844,00	2 368,80
3 920 000	1 484,25	2 968,50	5 937,00	8 905,50	11 874,00	2 374,80
3 930 000	1 488,00	2 976,00	5 952,00	8 928,00	11 904,00	2 380,80
3 940 000	1 491,75	2 983,50	5 967,00	8 950,50	11 934,00	2 386,80
3 950 000	1 495,50	2 991,00	5 982,00	8 973,00	11 964,00	2 392,80
3 960 000	1 499,25	2 998,50	5 997,00	8 995,50	11 994,00	2 398,80
3 970 000	1 503,00	3 006,00	6 012,00	9 018,00	12 024,00	2 404,80
3 980 000	1 506,75	3 013,50	6 027,00	9 040,50	12 054,00	2 410,80
3 990 000	1 510,50	3 021,00	6 042,00	9 063,00	12 084,00	2 416,80

I. Gerichts- und Notargebühren Anh. E

Wert bis	0,25 (viertel)	0,5 (halb)	1,0 (voll)	1,5 (eineinhalb)	2 (doppelt)	§ 144 (voll)
4 000 000	1 514,25	3 028,50	6 057,00	9 085,50	12 114,00	2 422,80
4 010 000	1 518,00	3 036,00	6 072,00	9 108,00	12 144,00	2 428,80
4 020 000	1 521,75	3 043,50	6 087,00	9 130,50	12 174,00	2 434,80
4 030 000	1 525,50	3 051,00	6 102,00	9 153,00	12 204,00	2 440,80
4 040 000	1 529,25	3 058,50	6 117,00	9 175,50	12 234,00	2 446,80
4 050 000	1 533,00	3 066,00	6 132,00	9 198,00	12 264,00	2 452,80
4 060 000	1 536,75	3 073,50	6 147,00	9 220,50	12 294,00	2 458,80
4 070 000	1 540,50	3 081,00	6 162,00	9 243,00	12 324,00	2 464,80
4 080 000	1 544,25	3 088,50	6 177,00	9 265,50	12 354,00	2 470,80
4 090 000	1 548,00	3 096,00	6 192,00	9 288,00	12 384,00	2 476,80
4 100 000	1 551,75	3 103,50	6 207,00	9 310,50	12 414,00	2 482,80
4 110 000	1 555,50	3 111,00	6 222,00	9 333,00	12 444,00	2 488,80
4 120 000	1 559,25	3 118,50	6 237,00	9 355,50	12 474,00	2 494,80
4 130 000	1 563,00	3 126,00	6 252,00	9 378,00	12 504,00	2 500,80
4 140 000	1 566,75	3 133,50	6 267,00	9 400,50	12 534,00	2 506,80
4 150 000	1 570,50	3 141,00	6 282,00	9 423,00	12 564,00	2 512,80
4 160 000	1 574,25	3 148,50	6 297,00	9 445,50	12 594,00	2 518,80
4 170 000	1 578,00	3 156,00	6 312,00	9 468,00	12 624,00	2 524,80
4 180 000	1 581,75	3 163,50	6 327,00	9 490,50	12 654,00	2 530,80
4 190 000	1 585,50	3 171,00	6 342,00	9 513,00	12 684,00	2 536,80
4 200 000	1 589,25	3 178,50	6 357,00	9 535,50	12 714,00	2 542,80
4 210 000	1 593,00	3 186,00	6 372,00	9 558,00	12 744,00	2 548,80
4 220 000	1 596,75	3 193,50	6 387,00	9 580,50	12 774,00	2 554,80
4 230 000	1 600,50	3 201,00	6 402,00	9 603,00	12 804,00	2 560,80
4 240 000	1 604,25	3 208,50	6 417,00	9 625,50	12 834,00	2 566,80
4 250 000	1 608,00	3 216,00	6 432,00	9 648,00	12 864,00	2 572,80
4 260 000	1 611,75	3 223,50	6 447,00	9 670,50	12 894,00	2 578,80
4 270 000	1 615,50	3 231,00	6 462,00	9 693,00	12 924,00	2 584,80
4 280 000	1 619,25	3 238,50	6 477,00	9 715,50	12 954,00	2 590,80
4 290 000	1 623,00	3 246,00	6 492,00	9 738,00	12 984,00	2 596,80
4 300 000	1 626,75	3 253,50	6 507,00	9 760,50	13 014,00	2 602,80
4 310 000	1 630,50	3 261,00	6 522,00	9 783,00	13 044,00	2 608,80
4 320 000	1 634,25	3 268,50	6 537,00	9 805,50	13 074,00	2 614,80
4 330 000	1 638,00	3 276,00	6 552,00	9 828,00	13 104,00	2 620,80
4 340 000	1 641,75	3 283,50	6 567,00	9 850,50	13 134,00	2 626,80
4 350 000	1 645,50	3 291,00	6 582,00	9 873,00	13 164,00	2 632,80
4 360 000	1 649,25	3 298,50	6 597,00	9 895,50	13 194,00	2 638,80
4 370 000	1 653,00	3 306,00	6 612,00	9 918,00	13 224,00	2 644,80
4 380 000	1 656,75	3 313,50	6 627,00	9 940,50	13 254,00	2 650,80
4 390 000	1 660,50	3 321,00	6 642,00	9 963,00	13 284,00	2 656,80
4 400 000	1 664,25	3 328,50	6 657,00	9 985,50	13 314,00	2 662,80
4 410 000	1 668,00	3 336,00	6 672,00	10 008,00	13 344,00	2 668,80
4 420 000	1 671,75	3 343,50	6 687,00	10 030,50	13 374,00	2 674,80
4 430 000	1 675,50	3 351,00	6 702,00	10 053,00	13 404,00	2 680,80
4 440 000	1 679,25	3 358,50	6 717,00	10 075,50	13 434,00	2 686,80
4 450 000	1 683,00	3 366,00	6 732,00	10 098,00	13 464,00	2 692,80
4 460 000	1 686,75	3 373,50	6 747,00	10 120,50	13 494,00	2 698,80
4 470 000	1 690,50	3 381,00	6 762,00	10 143,00	13 524,00	2 704,80
4 480 000	1 694,25	3 388,50	6 777,00	10 165,50	13 554,00	2 710,80
4 490 000	1 698,00	3 396,00	6 792,00	10 188,00	13 584,00	2 716,80
4 500 000	1 701,75	3 403,50	6 807,00	10 210,50	13 614,00	2 722,80
4 510 000	1 705,50	3 411,00	6 822,00	10 233,00	13 644,00	2 728,80
4 520 000	1 709,25	3 418,50	6 837,00	10 255,50	13 674,00	2 734,80
4 530 000	1 713,00	3 426,00	6 852,00	10 278,00	13 704,00	2 740,80
4 540 000	1 716,75	3 433,50	6 867,00	10 300,50	13 734,00	2 746,80
4 550 000	1 720,50	3 441,00	6 882,00	10 323,00	13 764,00	2 752,80
4 560 000	1 724,25	3 448,50	6 897,00	10 345,50	13 794,00	2 758,80
4 570 000	1 728,00	3 456,00	6 912,00	10 368,00	13 824,00	2 764,80
4 580 000	1 731,75	3 463,50	6 927,00	10 390,50	13 854,00	2 770,80
4 590 000	1 735,50	3 471,00	6 942,00	10 413,00	13 884,00	2 776,80

Anh. E

Gebührentabellen

Wert bis	0,25 (viertel)	0,5 (halb)	1,0 (voll)	1,5 (eineinhalb)	2 (doppelt)	§ 144 (voll)
4 600 000	1 739,25	3 478,50	6 957,00	10 435,50	13 914,00	2 782,80
4 610 000	1 743,00	3 486,00	6 972,00	10 458,00	13 944,00	2 788,80
4 620 000	1 746,75	3 493,50	6 987,00	10 480,50	13 974,00	2 794,80
4 630 000	1 750,50	3 501,00	7 002,00	10 503,00	14 004,00	2 800,80
4 640 000	1 754,25	3 508,50	7 017,00	10 525,50	14 034,00	2 806,80
4 650 000	1 758,00	3 516,00	7 032,00	10 548,00	14 064,00	2 812,80
4 660 000	1 761,75	3 523,50	7 047,00	10 570,50	14 094,00	2 818,80
4 670 000	1 765,50	3 531,00	7 062,00	10 593,00	14 124,00	2 824,80
4 680 000	1 769,25	3 538,50	7 077,00	10 615,50	14 154,00	2 830,80
4 690 000	1 773,00	3 546,00	7 092,00	10 638,00	14 184,00	2 836,80
4 700 000	1 776,75	3 553,50	7 107,00	10 660,50	14 214,00	2 842,80
4 710 000	1 780,50	3 561,00	7 122,00	10 683,00	14 244,00	2 848,80
4 720 000	1 784,25	3 568,50	7 137,00	10 705,50	14 274,00	2 854,80
4 730 000	1 788,00	3 576,00	7 152,00	10 728,00	14 304,00	2 860,80
4 740 000	1 791,75	3 583,50	7 167,00	10 750,50	14 334,00	2 866,80
4 750 000	1 795,50	3 591,00	7 182,00	10 773,00	14 364,00	2 872,80
4 760 000	1 799,25	3 598,50	7 197,00	10 795,50	14 394,00	2 878,80
4 770 000	1 803,00	3 606,00	7 212,00	10 818,00	14 424,00	2 884,80
4 780 000	1 806,75	3 613,50	7 227,00	10 840,50	14 454,00	2 890,80
4 790 000	1 810,50	3 621,00	7 242,00	10 863,00	14 484,00	2 896,80
4 800 000	1 814,25	3 628,50	7 257,00	10 885,50	14 514,00	2 902,80
4 810 000	1 818,00	3 636,00	7 272,00	10 908,00	14 544,00	2 908,80
4 820 000	1 821,75	3 643,50	7 287,00	10 930,50	14 574,00	2 914,80
4 830 000	1 825,50	3 651,00	7 302,00	10 953,00	14 604,00	2 920,80
4 840 000	1 829,25	3 658,50	7 317,00	10 975,50	14 634,00	2 926,80
4 850 000	1 833,00	3 666,00	7 332,00	10 998,00	14 664,00	2 932,80
4 860 000	1 836,75	3 673,50	7 347,00	11 020,50	14 694,00	2 938,80
4 870 000	1 840,50	3 681,00	7 362,00	11 043,00	14 724,00	2 944,80
4 880 000	1 844,25	3 688,50	7 377,00	11 065,50	14 754,00	2 950,80
4 890 000	1 848,00	3 696,00	7 392,00	11 088,00	14 784,00	2 956,80
4 900 000	1 851,75	3 703,50	7 407,00	11 110,50	14 814,00	2 962,80
4 910 000	1 855,50	3 711,00	7 422,00	11 133,00	14 844,00	2 968,80
4 920 000	1 859,25	3 718,50	7 437,00	11 155,50	14 874,00	2 974,80
4 930 000	1 863,00	3 726,00	7 452,00	11 178,00	14 904,00	2 980,80
4 940 000	1 866,75	3 733,50	7 467,00	11 200,50	14 934,00	2 986,80
4 950 000	1 870,50	3 741,00	7 482,00	11 223,00	14 964,00	2 992,80
4 960 000	1 874,25	3 748,50	7 497,00	11 245,50	14 994,00	2 998,80
4 970 000	1 878,00	3 756,00	7 512,00	11 268,00	15 024,00	3 004,80
4 980 000	1 881,75	3 763,50	7 527,00	11 290,50	15 054,00	3 010,80
4 990 000	1 885,50	3 771,00	7 542,00	11 313,00	15 084,00	3 016,80
5 000 000	1 889,25	3 778,50	7 557,00	11 335,50	15 114,00	3 022,80
5 025 000	1 893,25	3 786,50	7 573,00	11 359,50	15 146,00	3 029,20
5 050 000	1 897,25	3 794,50	7 589,00	11 383,50	15 178,00	3 035,60
5 075 000	1 901,25	3 802,50	7 605,00	11 407,50	15 210,00	3 042,00
5 100 000	1 905,25	3 810,50	7 621,00	11 431,50	15 242,00	3 048,40
5 125 000	1 909,25	3 818,50	7 637,00	11 455,50	15 274,00	3 054,80
5 150 000	1 913,25	3 826,50	7 653,00	11 479,50	15 306,00	3 061,20
5 175 000	1 917,25	3 834,50	7 669,00	11 503,50	15 338,00	3 067,60
5 200 000	1 921,25	3 842,50	7 685,00	11 527,50	15 370,00	3 074,00
5 225 000	1 925,25	3 850,50	7 701,00	11 551,50	15 402,00	3 080,40
5 250 000	1 929,25	3 858,50	7 717,00	11 575,50	15 434,00	3 086,80
5 275 000	1 933,25	3 866,50	7 733,00	11 599,50	15 466,00	3 093,20
5 300 000	1 937,25	3 874,50	7 749,00	11 623,50	15 498,00	3 099,60
5 325 000	1 941,25	3 882,50	7 765,00	11 647,50	15 530,00	3 106,00
5 350 000	1 945,25	3 890,50	7 781,00	11 671,50	15 562,00	3 112,40
5 375 000	1 949,25	3 898,50	7 797,00	11 695,50	15 594,00	3 118,80
5 400 000	1 953,25	3 906,50	7 813,00	11 719,50	15 626,00	3 125,20
5 425 000	1 957,25	3 914,50	7 829,00	11 743,50	15 658,00	3 131,60
5 450 000	1 961,25	3 922,50	7 845,00	11 767,50	15 690,00	3 138,00
5 475 000	1 965,25	3 930,50	7 861,00	11 791,50	15 722,00	3 144,40

I. Gerichts- und Notargebühren Anh. E

Wert bis	0,25 (viertel)	0,5 (halb)	1,0 (voll)	1,5 (eineinhalb)	2 (doppelt)	§ 144 (voll)
5 500 000	1 969,25	3 938,50	7 877,00	11 815,50	15 754,00	3 150,80
5 525 000	1 973,25	3 946,50	7 893,00	11 839,50	15 786,00	3 157,20
5 550 000	1 977,25	3 954,50	7 909,00	11 863,50	15 818,00	3 163,60
5 575 000	1 981,25	3 962,50	7 925,00	11 887,50	15 850,00	3 170,00
5 600 000	1 985,25	3 970,50	7 941,00	11 911,50	15 882,00	3 176,40
5 625 000	1 989,25	3 978,50	7 957,00	11 935,50	15 914,00	3 182,80
5 650 000	1 993,25	3 986,50	7 973,00	11 959,50	15 946,00	3 189,20
5 675 000	1 997,25	3 994,50	7 989,00	11 983,50	15 978,00	3 195,60
5 700 000	2 001,25	4 002,50	8 005,00	12 007,50	16 010,00	3 202,00
5 725 000	2 005,25	4 010,50	8 021,00	12 031,50	16 042,00	3 208,40
5 750 000	2 009,25	4 018,50	8 037,00	12 055,50	16 074,00	3 214,80
5 775 000	2 013,25	4 026,50	8 053,00	12 079,50	16 106,00	3 221,20
5 800 000	2 017,25	4 034,50	8 069,00	12 103,50	16 138,00	3 227,60
5 825 000	2 021,25	4 042,50	8 085,00	12 127,50	16 170,00	3 234,00
5 850 000	2 025,25	4 050,50	8 101,00	12 151,50	16 202,00	3 240,40
5 875 000	2 029,25	4 058,50	8 117,00	12 175,50	16 234,00	3 246,80
5 900 000	2 033,25	4 066,50	8 133,00	12 199,50	16 266,00	3 253,20
5 925 000	2 037,25	4 074,50	8 149,00	12 223,50	16 298,00	3 259,60
5 950 000	2 041,25	4 082,50	8 165,00	12 247,50	16 330,00	3 266,00
5 975 000	2 045,25	4 090,50	8 181,00	12 271,50	16 362,00	3 272,40
6 000 000	2 049,25	4 098,50	8 197,00	12 295,50	16 394,00	3 278,80
6 025 000	2 053,25	4 106,50	8 213,00	12 319,50	16 426,00	3 285,20
6 050 000	2 057,25	4 114,50	8 229,00	12 343,50	16 458,00	3 291,60
6 075 000	2 061,25	4 122,50	8 245,00	12 367,50	16 490,00	3 298,00
6 100 000	2 065,25	4 130,50	8 261,00	12 391,50	16 522,00	3 304,40
6 125 000	2 069,25	4 138,50	8 277,00	12 415,50	16 554,00	3 310,80
6 150 000	2 073,25	4 146,50	8 293,00	12 439,50	16 586,00	3 317,20
6 175 000	2 077,25	4 154,50	8 309,00	12 463,50	16 618,00	3 323,60
6 200 000	2 081,25	4 162,50	8 325,00	12 487,50	16 650,00	3 330,00
6 225 000	2 085,25	4 170,50	8 341,00	12 511,50	16 682,00	3 336,40
6 250 000	2 089,25	4 178,50	8 357,00	12 535,50	16 714,00	3 342,80
6 275 000	2 093,25	4 186,50	8 373,00	12 559,50	16 746,00	3 349,20
6 300 000	2 097,25	4 194,50	8 389,00	12 583,50	16 778,00	3 355,60
6 325 000	2 101,25	4 202,50	8 405,00	12 607,50	16 810,00	3 362,00
6 350 000	2 105,25	4 210,50	8 421,00	12 631,50	16 842,00	3 368,40
6 375 000	2 109,25	4 218,50	8 437,00	12 655,50	16 874,00	3 374,80
6 400 000	2 113,25	4 226,50	8 453,00	12 679,50	16 906,00	3 381,20
6 425 000	2 117,25	4 234,50	8 469,00	12 703,50	16 938,00	3 387,60
6 450 000	2 121,25	4 242,50	8 485,00	12 727,50	16 970,00	3 394,00
6 475 000	2 125,25	4 250,50	8 501,00	12 751,50	17 002,00	3 400,40
6 500 000	2 129,25	4 258,50	8 517,00	12 775,50	17 034,00	3 406,80
6 525 000	2 133,25	4 266,50	8 533,00	12 799,50	17 066,00	3 413,20
6 550 000	2 137,25	4 274,50	8 549,00	12 823,50	17 098,00	3 419,60
6 575 000	2 141,25	4 282,50	8 565,00	12 847,50	17 130,00	3 426,00
6 600 000	2 145,25	4 290,50	8 581,00	12 871,50	17 162,00	3 432,40
6 625 000	2 149,25	4 298,50	8 597,00	12 895,50	17 194,00	3 438,80
6 650 000	2 153,25	4 306,50	8 613,00	12 919,50	17 226,00	3 445,20
6 675 000	2 157,25	4 314,50	8 629,00	12 943,50	17 258,00	3 451,60
6 700 000	2 161,25	4 322,50	8 645,00	12 967,50	17 290,00	3 458,00
6 725 000	2 165,25	4 330,50	8 661,00	12 991,50	17 322,00	3 464,40
6 750 000	2 169,25	4 338,50	8 677,00	13 015,50	17 354,00	3 470,80
6 775 000	2 173,25	4 346,50	8 693,00	13 039,50	17 386,00	3 477,20
6 800 000	2 177,25	4 354,50	8 709,00	13 063,50	17 418,00	3 483,60
6 825 000	2 181,25	4 362,50	8 725,00	13 087,50	17 450,00	3 490,00
6 850 000	2 185,25	4 370,50	8 741,00	13 111,50	17 482,00	3 496,40
6 875 000	2 189,25	4 378,50	8 757,00	13 135,50	17 514,00	3 502,80
6 900 000	2 193,25	4 386,50	8 773,00	13 159,50	17 546,00	3 509,20
6 925 000	2 197,25	4 394,50	8 789,00	13 183,50	17 578,00	3 515,60
6 950 000	2 201,25	4 402,50	8 805,00	13 207,50	17 610,00	3 522,00
6 975 000	2 205,25	4 410,50	8 821,00	13 231,50	17 642,00	3 528,40

Lappe

Anh. E

Gebührentabellen

Wert bis	0,25 (viertel)	0,5 (halb)	1,0 (voll)	1,5 (eineinhalb)	2 (doppelt)	§ 144 (voll)
7 000 000	2 209,25	4 418,50	8 837,00	13 255,50	17 674,00	3 534,80
7 025 000	2 213,25	4 426,50	8 853,00	13 279,50	17 706,00	3 541,20
7 050 000	2 217,25	4 434,50	8 869,00	13 303,50	17 738,00	3 547,60
7 075 000	2 221,25	4 442,50	8 885,00	13 327,50	17 770,00	3 554,00
7 100 000	2 225,25	4 450,50	8 901,00	13 351,50	17 802,00	3 560,40
7 125 000	2 229,25	4 458,50	8 917,00	13 375,50	17 834,00	3 566,80
7 150 000	2 233,25	4 466,50	8 933,00	13 399,50	17 866,00	3 573,20
7 175 000	2 237,25	4 474,50	8 949,00	13 423,50	17 898,00	3 579,60
7 200 000	2 241,25	4 482,50	8 965,00	13 447,50	17 930,00	3 586,00
7 225 000	2 245,25	44 90,50	8 981,00	13 471,50	17 962,00	3 592,40
7 250 000	2 249,25	4 498,50	8 997,00	13 495,50	17 994,00	3 598,80
7 275 000	2 253,25	4 506,50	9 013,00	13 519,50	18 026,00	3 605,20
7 300 000	2 257,25	4 514,50	9 029,00	13 543,50	18 058,00	3 611,60
7 325 000	2 261,25	4 522,50	9 045,00	13 567,50	18 090,00	3 618,00
7 350 000	2 265,25	4 530,50	9 061,00	13 591,50	18 122,00	3 624,40
7 375 000	2 269,25	4 538,50	9 077,00	13 615,50	18 154,00	3 630,80
7 400 000	2 273,25	4 546,50	9 093,00	13 639,50	18 186,00	3 637,20
7 425 000	2 277,25	4 554,50	9 109,00	13 663,50	18 218,00	3 643,60
7 450 000	2 281,25	4 562,50	9 125,00	13 687,50	18 250,00	3 650,00
7 475 000	2 285,25	4 570,50	9 141,00	13 711,50	18 282,00	3 656,40
7 500 000	2 289,25	4 578,50	9 157,00	13 735,50	18 314,00	3 662,80
7 525 000	2 293,25	4 586,50	9 173,00	13 759,50	18 346,00	3 669,20
7 550 000	2 297,25	4 594,50	9 189,00	13 783,50	18 378,00	3 675,60
7 575 000	2 301,25	4 602,50	9 205,00	13 807,50	18 410,00	3 682,00
7 600 000	2 305,25	4 610,50	9 221,00	13 831,50	18 442,00	3 688,40
7 625 000	2 309,25	4 618,50	9 237,00	13 855,50	18 474,00	3 694,80
7 650 000	2 313,25	4 626,50	9 253,00	13 879,50	18 506,00	3 701,20
7 675 000	2 317,25	4 634,50	9 269,00	13 903,50	18 538,00	3 707,60
7 700 000	2 321,25	4 642,50	9 285,00	13 927,50	18 570,00	3 714,00
7 725 000	2 325,25	4 650,50	9 301,00	13 951,50	18 602,00	3 720,40
7 750 000	2 329,25	4 658,50	9 317,00	13 975,50	18 634,00	3 726,80
7 775 000	2 333,25	4 666,50	9 333,00	13 999,50	18 666,00	3 733,20
7 800 000	2 337,25	4 674,50	9 349,00	14 023,50	18 698,00	3 739,60
7 825 000	2 341,25	4 682,50	9 365,00	14 047,50	18 730,00	3 746,00
7 850 000	2 345,25	4 690,50	9 381,00	14 071,50	18 762,00	3 752,40
7 875 000	2 349,25	4 698,50	9 397,00	14 095,50	18 794,00	3 758,80
7 900 000	2 353,25	4 706,50	9 413,00	14 119,50	18 826,00	3 765,20
7 925 000	2 357,25	4 714,50	9 429,00	14 143,50	18 858,00	3 771,60
7 950 000	2 361,25	4 722,50	9 445,00	14 167,50	18 890,00	3 778,00
7 975 000	2 365,25	4 730,50	9 461,00	14 191,50	18 922,00	3 784,40
8 000 000	2 369,25	4 738,50	9 477,00	14 215,50	18 954,00	3 790,80
8 025 000	2 373,25	4 746,50	9 493,00	14 239,50	18 986,00	3 797,20
8 050 000	2 377,25	4 754,50	9 509,00	14 263,50	19 018,00	3 803,60
8 075 000	2 381,25	4 762,50	9 525,00	14 287,50	19 050,00	3 810,00
8 100 000	2 385,25	4 770,50	9 541,00	14 311,50	19 082,00	3 816,40
8 125 000	2 389,25	4 778,50	9 557,00	14 335,50	19 114,00	3 822,80
8 150 000	2 393,25	4 786,50	9 573,00	14 359,50	19 146,00	3 829,20
8 175 000	2 397,25	4 794,50	9 589,00	14 383,50	19 178,00	3 835,60
8 200 000	2 401,25	4 802,50	9 605,00	14 407,50	19 210,00	3 842,00
8 225 000	2 405,25	4 810,50	9 621,00	14 431,50	19 242,00	3 848,40
8 250 000	2 409,25	4 818,50	9 637,00	14 455,50	19 274,00	3 854,80
8 275 000	2 413,25	4 826,50	9 653,00	14 479,50	19 306,00	3 861,20
8 300 000	2 417,25	4 834,50	9 669,00	14 503,50	19 338,00	3 867,60
8 325 000	2 421,25	4 842,50	9 685,00	14 527,50	19 370,00	3 874,00
8 350 000	2 425,25	4 850,50	9 701,00	14 551,50	19 402,00	3 880,40
8 375 000	2 429,25	4 858,50	9 717,00	14 575,50	19 434,00	3 886,80
8 400 000	2 433,25	4 866,50	9 733,00	14 599,50	19 466,00	3 893,20
8 425 000	2 437,25	4 874,50	9 749,00	14 623,50	19 498,00	3 899,60
8 450 000	2 441,25	4 882,50	9 765,00	14 647,50	19 530,00	3 906,00
8 475 000	2 445,25	4 890,50	9 781,00	14 671,50	19 562,00	3 912,40

I. Gerichts- und Notargebühren — Anh. E

Wert bis	0,25 (viertel)	0,5 (halb)	1,0 (voll)	1,5 (eineinhalb)	2 (doppelt)	§ 144 (voll)
8 500 000	2 449,25	4 898,50	9 797,00	14 695,50	19 594,00	3 918,80
8 525 000	2 453,25	4 906,50	9 813,00	14 719,50	19 626,00	3 925,20
8 550 000	2 457,25	4 914,50	9 829,00	14 743,50	19 658,00	3 931,60
8 575 000	2 461,25	4 922,50	9 845,00	14 767,50	19 690,00	3 938,00
8 600 000	2 465,25	4 930,50	9 861,00	14 791,50	19 722,00	3 944,40
8 625 000	2 469,25	4 938,50	9 877,00	14 815,50	19 754,00	3 950,80
8 650 000	2 473,25	4 946,50	9 893,00	14 839,50	19 786,00	3 957,20
8 675 000	2 477,25	4 954,50	9 909,00	14 863,50	19 818,00	3 963,60
8 700 000	2 481,25	4 962,50	9 925,00	14 887,50	19 850,00	3 970,00
8 725 000	2 485,25	4 970,50	9 941,00	14 911,50	19 882,00	3 976,40
8 750 000	2 489,25	4 978,50	9 957,00	14 935,50	19 914,00	3 982,80
8 775 000	2 493,25	4 986,50	9 973,00	14 959,50	19 946,00	3 989,20
8 800 000	2 497,25	4 994,50	9 989,00	14 983,50	19 978,00	3 995,60
8 825 000	2 501,25	5 002,50	10 005,00	15 007,50	20 010,00	4 002,00
8 850 000	2 505,25	5 010,50	10 021,00	15 031,50	20 042,00	4 008,40
8 875 000	2 509,25	5 018,50	10 037,00	15 055,50	20 074,00	4 014,80
8 900 000	2 513,25	5 026,50	10 053,00	15 079,50	20 106,00	4 021,20
8 925 000	2 517,25	5 034,50	10 069,00	15 103,50	20 138,00	4 027,60
8 950 000	2 521,25	5 042,50	10 085,00	15 127,50	20 170,00	4 034,00
8 975 000	2 525,25	5 050,50	10 101,00	15 151,50	20 202,00	4 040,40
9 000 000	2 529,25	5 058,50	10 117,00	15 175,50	20 234,00	4 046,80
9 025 000	2 533,25	5 066,50	10 133,00	15 199,50	20 266,00	4 053,20
9 050 000	2 537,25	5 074,50	10 149,00	15 223,50	20 298,00	4 059,60
9 075 000	2 541,25	5 082,50	10 165,00	15 247,50	20 330,00	4 066,00
9 100 000	2 545,25	5 090,50	10 181,00	15 271,50	20 362,00	4 072,40
9 125 000	2 549,25	5 098,50	10 197,00	15 295,50	20 394,00	4 078,80
9 150 000	2 553,25	5 106,50	10 213,00	15 319,50	20 426,00	4 085,20
9 175 000	2 557,25	5 114,50	10 229,00	15 343,50	20 458,00	4 091,60
9 200 000	2 561,25	5 122,50	10 245,00	15 367,50	20 490,00	4 098,00
9 225 000	2 565,25	5 130,50	10 261,00	15 391,50	20 522,00	4 104,40
9 250 000	2 569,25	5 138,50	10 277,00	15 415,50	20 554,00	4 110,80
9 275 000	2 573,25	5 146,50	10 293,00	15 439,50	20 586,00	4 117,20
9 300 000	2 577,25	5 154,50	10 309,00	15 463,50	20 618,00	4 123,60
9 325 000	2 581,25	5 162,50	10 325,00	15 487,50	20 650,00	4 130,00
9 350 000	2 585,25	5 170,50	10 341,00	15 511,50	20 682,00	4 136,40
9 375 000	2 589,25	5 178,50	10 357,00	15 535,50	20 714,00	4 142,80
9 400 000	2 593,25	5 186,50	10 373,00	15 559,50	20 746,00	4 149,20
9 425 000	2 597,25	5 194,50	10 389,00	15 583,50	20 778,00	4 155,60
9 450 000	2 601,25	5 202,50	10 405,00	15 607,50	20 810,00	4 162,00
9 475 000	2 605,25	5 210,50	10 421,00	15 631,50	20 842,00	4 168,40
9 500 000	2 609,25	5 218,50	10 437,00	15 655,50	20 874,00	4 174,80
9 525 000	2 613,25	5 226,50	10 453,00	15 679,50	20 906,00	4 181,20
9 550 000	2 617,25	5 234,50	10 469,00	15 703,50	20 938,00	4 187,60
9 575 000	2 621,25	5 242,50	10 485,00	15 727,50	20 970,00	4 194,00
9 600 000	2 625,25	5 250,50	10 501,00	15 751,50	21 002,00	4 200,40
9 625 000	2 629,25	5 258,50	10 517,00	15 775,50	21 034,00	4 206,80
9 650 000	2 633,25	5 266,50	10 533,00	15 799,50	21 066,00	4 213,20
9 675 000	2 637,25	5 274,50	10 549,00	15 823,50	21 098,00	4 219,60
9 700 000	2 641,25	5 282,50	10 565,00	15 847,50	21 130,00	4 226,00
9 725 000	2 645,25	5 290,50	10 581,00	15 871,50	21 162,00	4 232,40
9 750 000	2 649,25	5 298,50	10 597,00	15 895,50	21 194,00	4 238,80
9 775 000	2 653,25	5 306,50	10 613,00	15 919,50	21 226,00	4 245,20
9 800 000	2 657,25	5 314,50	10 629,00	15 943,50	21 258,00	4 251,60
9 825 000	2 661,25	5 322,50	10 645,00	15 967,50	21 290,00	4 258,00
9 850 000	2 665,25	5 330,50	10 661,00	15 991,50	21 322,00	4 264,40
9 875 000	2 669,25	5 338,50	10 677,00	16 015,50	21 354,00	4 270,80
9 900 000	2 673,25	5 346,50	10 693,00	16 039,50	21 386,00	4 277,20
9 925 000	2 677,25	5 354,50	10 709,00	16 063,50	21 418,00	4 283,60
9 950 000	2 681,25	5 362,50	10 725,00	16 087,50	21 450,00	4 290,00
9 975 000	2 685,25	5 370,50	10 741,00	16 111,50	21 482,00	4 296,40

Anh. E

Gebührentabellen

Wert bis	0,25 (viertel)	0,5 (halb)	1,0 (voll)	1,5 (eineinhalb)	2 (doppelt)	§ 144 (voll)
10 Mio.	2 689,25	5 378,50	10 757,00	16 135,50	21 514,00	4 302,80
bis 25 Mio.: + 25 000	+ 4,00	+ 8,00	+ 16,00	+ 24,00	+ 32,00	+ 6,40
bis 50 Mio.: + 50 000	+ 2,75	+ 5,50	+ 11,00	+ 16,50	+ 22,00	+ 4,40
darüber: + 250 000	+ 1,75	+ 3,50	+ 7,00	+ 10,50	+ 14,00	+ 2,80

Gebührenberechnung: Werte

über 10 Millionen bis 25 Millionen auf volle 25 000 aufrunden;
durch 10 000 teilen (= Komma 4 Stellen nach links)

× 1,6 + 1 089,25	× 3,2 + 2 178,50	× 6,4 + 4 357,00	× 9,6 + 6 535,50	× 12,8 + 8 714,00	× 2,56 + 1 742,80

über 25 Millionen bis 50 Millionen auf volle 50 000 aufrunden;
durch 10 000 teilen (= 4 Nullen [vor dem Komma] streichen)

× 0,55 + 3 714,25	× 1,1 + 7 428,50	× 2,2 + 14 857,00	× 3,3 + 22 285,50	× 4,4 + 29 714,00	× 0,88 + 5 942,80

über 50 Millionen auf volle 250 000 aufrunden, „Höchstwert"* 60 Millionen;
durch 10 000 teilen (= 4 Nullen [vor dem Komma] streichen)

× 0,07 + 6 114,25	× 0,14 + 12 228,50	× 0,28 + 24 457,00	× 0,42 + 36 685,50	× 0,56 + 48 914,00	× 0,112 + 9 782,80

Einige hohe Werte mit der vollen Gebühr (1,0)

Wert	1,0	Wert	1,0	Wert	1,0
11 Mio.	11 397,00	35 Mio.	22 557,00	59 Mio.	26 109,00
12 Mio.	12 037,00	36 Mio.	22 777,00	60 Mio.	26 137,00
13 Mio.	12 677,00	37 Mio.	22 997,00	70 Mio.	26 417,00
14 Mio.	13 317,00	38 Mio.	23 217,00	80 Mio.	26 697,00
15 Mio.	13 957,00	39 Mio.	23 437,00	90 Mio.	26 977,00
16 Mio.	14 597,00	40 Mio.	23 657,00	100 Mio.	27 257,00
17 Mio.	15 237,00	41 Mio.	23 877,00	110 Mio.	27 537,00
18 Mio.	15 877,00	42 Mio.	24 097,00	120 Mio.	27 817,00
19 Mio.	16 517,00	43 Mio.	24 317,00	130 Mio.	28 097,00
20 Mio.	17 157,00	44 Mio.	24 537,00	140 Mio.	28 377,00
21 Mio.	17 797,00	45 Mio.	24 757,00	150 Mio.	28 657,00
22 Mio.	18 437,00	46 Mio.	24 977,00	160 Mio.	28 937,00
23 Mio.	19 077,00	47 Mio.	25 197,00	170 Mio.	29 217,00
24 Mio.	19 717,00	48 Mio.	25 417,00	180 Mio.	29 497,00
25 Mio.	20 357,00	49 Mio.	25 637,00	190 Mio.	29 777,00
26 Mio.	20 577,00	50 Mio.	25 857,00	200 Mio.	30 057,00
27 Mio.	20 797,00	51 Mio.	25 885,00	300 Mio.	32 857,00
28 Mio.	21 017,00	52 Mio.	25 913,00	400 Mio.	35 657,00
29 Mio.	21 237,00	53 Mio.	25 941,00	500 Mio.	38 457,00
30 Mio.	21 457,00	54 Mio.	25 969,00	1 Mrd.	52 457,00
31 Mio.	21 677,00	55 Mio.	25 997,00	2 Mrd.	80 457,00
32 Mio.	21 897,00	56 Mio.	26 025,00	3 Mrd.	108 457,00
33 Mio.	22 117,00	57 Mio.	26 053,00	5 Mrd.	164 457,00
34 Mio.	22 337,00	58 Mio.	26 081,00	(„Höchstwert"*)	

---

* Zum Höchstwert s. § 18 Rn. 3 c, § 32 Rn. 5.

II. Hebegebühren des Notars
(§ 149 KostO)

Berechnung der Hebegebühr

Zahlbetrag/Wert durch 1000 teilen (= Komma drei Stelle nach links rücken); Ergebnis (= Quotient)

Zahlbetrag/Wert	Hebegebühr
bis **2 500**	× 10
bis **10 000**	× 5 + 12,50
darüber	× 2,5 + 37,50

Alle Gebühren werden auf den nächstliegenden Cent auf- oder abgerundet; 0,5 Cent werden aufgerundet. Mindestgebühr 1,0.
Bei Zahlung in **Teilbeträgen** wird die Gebühr von jedem Betrag gesondert berechnet.

Glatte Zahlbeträge/Werte mit Hebegebühr

100	1,00	450 000	1 162,50	15 Mio.	37 537,50
500	5,00	500 000	1 287,50	16 Mio.	40 037,50
1 000	10,00	550 000	1 412,50	17 Mio.	42 537,50
1 500	15,00	600 000	1 537,50	18 Mio.	45 037,50
2 000	20,00	650 000	1 662,50	19 Mio.	47 537,50
2 500	25,00	700 000	1 787,50	20 Mio.	50 037,50
3 000	27,50	750 000	1 912,50	21 Mio.	52 537,50
4 000	32,50	800 000	2 037,50	22 Mio.	55 037,50
5 000	37,50	850 000	2 162,50	23 Mio.	57 537,50
6 000	42,50	900 000	2 287,50	24 Mio.	60 037,50
7 000	47,50	950 000	2 412,50	25 Mio.	62 537,50
8 000	52,50	1 000 000	2 537,50	26 Mio.	65 037,50
9 000	57,50	1 500 000	3 787,50	27 Mio.	67 537,50
10 000	62,50	2 000 000	5 037,50	28 Mio.	70 037,50
20 000	87,50	2 500 000	6 287,50	29 Mio.	72 537,50
30 000	112,50	3 000 000	7 537,50	30 Mio.	75 037,50
40 000	137,50	3 500 000	8 787,50	31 Mio.	77 537,50
50 000	162,50	4 000 000	10 037,50	32 Mio.	80 037,50
60 000	187,50	4 500 000	11 287,50	33 Mio.	82 537,50
70 000	212,50	5 Mio.	12 537,50	34 Mio.	85 037,50
80 000	237,50	6 Mio.	15 037,50	35 Mio.	87 537,50
90 000	262,50	7 Mio.	17 537,50	36 Mio.	90 037,50
100 000	287,50	8 Mio.	20 037,50	37 Mio.	92 537,50
150 000	412,50	9 Mio.	22 537,50	38 Mio.	95 037,50
200 000	537,50	10 Mio.	25 037,50	39 Mio.	97 537,50
250 000	662,50	11 Mio.	27 537,50	40 Mio.	100 037,50
300 000	787,50	12 Mio.	30 037,50	41 Mio.	102 537,50
350 000	912,50	13 Mio.	32 537,50	42 Mio.	105 037,50
400 000	1 037,50	14 Mio.	35 037,50	43 Mio.	107 537,50

Glatte Zahlbeträge/Werte mit Hebegebühr

44 Mio.	110 037,50	66 Mio.	165 037,50	88 Mio.	220 037,50
45 Mio.	112 537,50	67 Mio.	167 537,50	89 Mio.	222 537,50
46 Mio.	115 037,50	68 Mio.	170 037,50	90 Mio.	225 037,50
47 Mio.	117 537,50	69 Mio.	172 537,50	91 Mio.	227 537,50
48 Mio.	120 037,50	70 Mio.	175 037,50	92 Mio.	230 037,50
49 Mio.	122 537,50	71 Mio.	177 537,50	93 Mio.	232 537,50
50 Mio.	125 037,50	72 Mio.	180 037,50	94 Mio.	235 037,50
51 Mio.	127 537,50	73 Mio.	182 537,50	95 Mio.	237 537,50
52 Mio.	130 037,50	74 Mio.	185 037,50	96 Mio.	240 037,50
53 Mio.	132 537,50	75 Mio.	187 537,50	97 Mio.	242 537,50
54 Mio.	135 037,50	76 Mio.	190 037,50	98 Mio.	245 037,50
55 Mio.	137 537,50	77 Mio.	192 537,50	99 Mio.	247 537,50
56 Mio.	140 037,50	78 Mio.	195 037,50	100 Mio.	250 037,50
57 Mio.	142 537,50	79 Mio.	197 537,50	200 Mio.	500 037,50
58 Mio.	145 037,50	80 Mio.	200 037,50	300 Mio.	750 037,50
59 Mio.	147 537,50	81 Mio.	202 537,50	400 Mio.	1 000 037,50
60 Mio.	150 037,50	82 Mio.	205 037,50	500 Mio.	1 250 037,50
61 Mio.	152 537,50	83 Mio.	207 537,50	600 Mio.	1 500 037,50
62 Mio.	155 037,50	84 Mio.	210 037,50	700 Mio.	1 750 037,50
63 Mio.	157 537,50	85 Mio.	212 537,50	800 Mio.	2 000 037,50
64 Mio.	160 037,50	86 Mio.	215 037,50	900 Mio.	2 250 037,50
65 Mio.	162 537,50	87 Mio.	217 537,50	1 Milliarde	2 500 037,50

III. Jahresgebühren des Vormundschaftsgerichts
(§ 92 KostO)

a) **Wertgebühren** (Abs. 1 S. 1–3, 5, 6, Abs. 2):

Wert bis	Gebühr mit Freibetrag	Gebühr ohne Freibetrag*	Wert bis	Gebühr mit Freibetrag	Gebühr ohne Freibetrag*
10 000	0,00	10,00	150 000	125,00	150,00
15 000	0,00	15,00	155 000	130,00	155,00
20 000	0,00	20,00	160 000	135,00	160,00
25 000	0,00	25,00	165 000	140,00	165,00
30 000	50,00	30,00	170 000	145,00	170,00
35 000	50,00	35,00	175 000	150,00	175,00
40 000	50,00	40,00	180 000	155,00	180,00
45 000	50,00	45,00	185 000	160,00	185,00
50 000	50,00	50,00	190 000	165,00	190,00
55 000	50,00	55,00	195 000	170,00	195,00
60 000	50,00	60,00	200 000	175,00	200,00
65 000	50,00	65,00	205 000	180,00	205,00
70 000	50,00	70,00	210 000	185,00	210,00
75 000	50,00	75,00	215 000	190,00	215,00
80 000	55,00	80,00	220 000	195,00	220,00
85 000	60,00	85,00	225 000	200,00	225,00
90 000	65,00	90,00	230 000	205,00	230,00
95 000	70,00	95,00	235 000	210,00	235,00
100 000	75,00	100,00	240 000	215,00	240,00
105 000	80,00	105,00	245 000	220,00	245,00
110 000	85,00	110,00	250 000	225,00	250,00
115 000	90,00	115,00	+ 5 000	+ 5,00	+ 5,00
120 000	95,00	120,00	Bei Werten über 250 000: Wert auf volle 5 000 aufrunden, durch 5 000 teilen (= 4 Nullen [vor dem Komma] streichen)		
125 000	100,00	125,00			
130 000	105,00	130,00			
135 000	110,00	135,00			
140 000	115,00	140,00		× 5 − 25,00	× 5
145 000	120,00	145,00			

b) **Festgebühr** (Abs. 1 S. 4)**:

200,00, höchstens die obige Wertgebühr mit Freibetrag

---

* Bei Dauerpflegschaften, die nicht Minderjährige betreffen (§ 92 Abs. 2).
** Wenn der Aufgabenkreis nicht unmittelbar das Vermögen erfasst.

Sachverzeichnis Gerichtskosten

Die fetten Zahlen verweisen auf die Paragraphen, die weiteren auf die Randnummern

A

Abberufung von Vorstandsmitgliedern, Aufsichtsratmitgliedern, Liquidatoren, Prüfern, besonderen Vertretern, Sachverständigen u. a., Gebührentatbestand **121** 1–25, Schuldner **121** 28–29, Wert **121** 26–27

Abfallentsorgungs- und Altlastensanierungsverband Nordrhein-Westfalen Anh. C 1

Abgabenordnung s. Besteuerungsverfahren

Abgeltungshypothek Anh. C 1

Abhängigmachung 8 10–19

Abkömmlinge, Eintragung im Grundbuch **60** 28–38

Abrufverfahren aus dem Grundbuch und Registern Anh. B

Abschlussprüfer (HGB) Anh. B

Abschriften aus Handels-, Vereins-, Güterrechts-, Partnerschafts-, Muster-, Genossenschafts-, Schiffs- und Schiffsbauregister **89**

Abtretung eines Rechts 64 17, 18, 52, 54, 56, 58, 60, 63 ff., 70, 74

Abwasserverband s. Wasser- und Bodenverbände Anh. C 1

Adoption s. Annahme als Kind

Ämter s. Gemeinden Anh. C 1

Änderung bestehender Rechte, andere dingliche Rechte, Grundbucheintragung **64** 1 ff.; Grundpfandrechte, Wert **30** 91–95

Änderung der Fälligkeit, Zins- und Zahlungsbestimmungen, Eintragungsgebühr **64**, Wert **30**

Änderung der Vornamen in besonderen Fällen, Gebührentatbestand **128 a** 1–4, Schuldner **128 a** 7; Wert **128 a** 5, Beschwerde **128 a** 8

Äquivalenzprinzip Einf. 20

Ärztliche Maßnahmen, vormundschaftsgerichtliche Genehmigung der Einwilligung des Bevollmächtigten **97** 38, Wert **97** 3–6, Schuldner **97** 7

Agrarstruktur s. Flurbereinigung Anh. C 1

Akademien s. Hochschulen Anh. C 1

Aktenversendung, Auslagen **137** 6–8; s. a. Auslagen

Aktiengesellschaft, Eintragung im Grundbuch **60** 8 ff., 40, 60; Eintragung in das Handelsregister, Gebühr **79, 79 a**, Fälligkeit **79, 79 a** 61, Schuldner **79, 79 a** 62; Eintragungen ohne wirtschaftliche Bedeutung **79, 79 a** 60; Löschung einer Aktiengesellschaft, Eintragung **79, 79 a**; spätere Anmeldungen und Eintragungen **79, 79 a**; gerichtliche Entscheidungen nach §§ 35 Abs. 2, 73 Abs. 1, 122 Abs. 3, 270 Abs. 3, 273 Abs. 3, 278 Abs. 3 AktG, gerichtliche Entscheidung über die Auflösung einer – wegen Satzungsmangels, Gebührentatbestand **121** 1–25, Schuldner **121** 28–29, Wert **121** 26–27; Verfahren zur Auflösung der – **88** 20, 21; Kostenschuldner **2** 64, 65

Allgemeiner Hannoverscher Klosterfonds Anh. C I

Altenteil, Eintrag eines –, Gebühr **62** 1–3, Schuldner **2** 50 ff., Wert **62** 10

Altershilfe für Landwirte Anh. C I

Altlastensanierungsverband Nordrhein-Westfalen Anh. C I

Amt zur Regelung offener Vermögensfragen Anh. C I

Amtliche Beglaubigung Anh. B

Amtshilfe s. Sozialrechtliche Verfahren Anh. C I

Amtsverfahren Einf. 54, Kostenschuldner **2** 7, 22–23; Vorschuss **8** 5

Amtsvormerkungen, Eintragung und Löschung im Grundbuch **69** 5–7, 21

Amtswiderspruch, Eintragung und Löschung im Grundbuch **69** 5–7, 21

Anerkennung ausländischer Entscheidungen (Ehesachen) Anh. B

Anerkennung der Vaterschaft, Genehmigung der Anerkennung durch VormG, Auslagen **95** 20, Gebühr **95** 1–2 d, 14–18, 59, Schuldner **95** 19, 53, Wert **95** 3–13, 59; Genehmigung der Anfechtung der Anerkennung **95** 62; Genehmigung des Widerrufs **95** 60; Genehmigung der Zustimmung des Ehemanns der Mutter zur Anerkennung **95** 61

Anfechtung der Anerkennung der Vaterschaft, vormundschaftsgerichtliche Genehmigung, Auslagen **95** 20, Gebühr **95** 1–2 d, 14–18, 59, Schuldner **95** 19, 53, Wert **95** 3–13

Anfechtung der Annahme der Erbschaft, Entgegennahme der Anfechtungserklärung **112** 1, 24, Schuldner **2** 95–97, Wert **38** 67, **112** 8–11, 24

Anfechtung der Ausschlagung der Erbschaft, Entgegennahme der Anfechtungserklärung **112** 1, 24, Schuldner **2** 95–97, Wert **38** 67, **112** 8–11, 24

1267

Anfechtung der Vaterschaft, Gebühr **94** 98, Schuldner **94** 101, 111, Wert **94** 100

Anfechtung der Versäumung der Ausschlagungsfrist, Entgegennahme der Anfechtungserklärung, Gebühr **112** 1, 24, Schuldner **2** 95–97, Wert **38** 67, **112** 8–11, 24

Anfechtung einer Verfügung von Todes wegen, Entgegennahme durch das Nachlassgericht, Gebühr **112** 1–3, 26, **115,** Schuldner **2** 13, Wert **112** 26

Anfechtung eines Erbvertrages, Beurkundung **38** 66, **112** 4; Entgegennahme der Anfechtungserklärung durch das Nachlassgericht **112** 1–3, 27, Schuldner **2** 95–97, Wert **38** 67, **112** 8–11, 27

Angelegenheit, Begriff **Einf.** 45; Angelegenheiten der freiwilligen Gerichtsbarkeit **1** 1–3

Angestelltenversicherung s. Sozialrechtliche Verfahren Anh. C I

Anhörung des Jugendamtes, einstweilige Anordnungen **91** 52

Anhörungsrüge 131 d

Anlegung eines Grundbuchblattes, Gebühr **67** 11, Schuldner **2** 59–67, Wert **67** 26

Anmeldungszwangsverfahren, Kostenschuldner **2** 85

Annahme als Kind, Annahme eines Minderjährigen Gebühr **98** 1–8, Annahme eines Volljährigen, Gebühr **98** 20, Schuldner **98** 25, Wert **98** 21; Aufhebung des Annahmeverhältnisses von Amts wegen **91** 31; Aufhebung des Annahmeverhältnisses bei Minderjährigen **91** 30, **98** 9–19, nach Volljährigkeit des Angenommenen **97** 35, **98** 29 ff.; Befreiung von Eheverboten bzw. vom Erfordernis der Volljährigkeit, Gebührentatbestand **97 a** 1–3, Schuldner **97 a** 6, Wert **97 a** 4–5; Beibehaltung des Familiennamens des minderjährigen Kindes **91** 41; Beibehaltung des Familiennamens des volljährigen Kindes **97** 36; Beschluss über die Annahme als Kind **91** 27; Bestellung eines Pflegers für das Verfahren auf Aufhebung des Kindesannahmeverhältnisses **91** 25; Ersetzung der Einwilligung/Zustimmung des Vormunds/Pflegers des Minderjährigen zur Annahme als Kind **91** 25, **98** 28, bei Volljährigen **91** 33; Ersetzung der Einwilligung des Ehegatten des Annehmenden, Gebühr **97** 2, 26, **98** 27, Schuldner **97** 7, 26, Wert **97** 3–6, 26; Ersetzung der Einwilligung eines Elternteils zur Annahme als Kind **91** 26; Genehmigung der Einwilligung zur Annahme als Kind **91** 24; Namensänderung bei der Annahme als Kind **91** 28; Offenbarungs- und Ausforschungsverbot **91** 29; vormundschaftsgerichtliche Tätigkeiten **95** 70

Anstalten s. öffentliche Anstalten und Kassen

Anteilsbestimmung Anh. C I

Antennenrecht 64 29

Antrag Einf. 54

Anträge, Aufnahme von – **129** 1–2; Beurkundung von – **129** 3–8; Zurücknahme von Anträgen, Gebührentatbestand **130** 15–19, Schuldner **130** 28, Wert **130** 20; Zurückweisung von Anträgen, Gebührentatbestand **130** 5–14 b, Schuldner **130** 28, Wert **130** 20

Antragsteller, Kostenschuldner **2** 13–17

Arbeitsverhältnis, Ersetzung der Ermächtigung in Arbeit zu treten, Gebühr **95** 1–2 d, 14–18, 56, Auslagen **95** 20, Schuldner **95** 19, Wert **95** 3–13, 55

Arrest, dinglicher, Eintragung im Grundbuch auf Ersuchen des Gerichts/der Staatsanwaltschaft (§§ 111 d, 111 f StPO) **69** 22, Eintragungen im Schiffsregister **84** 15–17

Asylverfahren, Entscheidung des Vormundschaftsgerichts über die Vertretung eines Kindes im – **95** 73, Schuldner **95** 53, Wert **95** 73

Auffindungsverzeichnisse s. Grundbuchabschriften

Aufgebot der Nachlassgläubiger, Anmeldung der Forderung, Entgegennahme der Erklärung durch das Nachlassgericht, Gebühr **112** 1–4, 25, Schuldner **112** 25, Wert **112** 25

Aufhebung der staatlichen Verwaltung s. Regelung offener Vermögensfragen Anh. C I

Auflage, Fristbestimmung gemäß §§ 2151, 2153 bis 2155 BGB, Gebührentatbestand **114** 20, **115,** Schuldner **114** 27, Wert **114** 21 ff.

Auflösung einer Gesellschaft (AG, KGaA, GmbH) **88** 20–25

Auflösung einer Kapitalgesellschaft mit Eintritt der Liquidation, Eintragungsgebühr **79, 79 a**

Aufrundung 33 4

Aufsichtsrat Anh. B

Aufsichtsentscheidungen des Gerichts (Entziehung der Rechtsfähigkeit, Auflösung), Gebührentatbestand **121** 1–25, Schuldner **121** 28–29, Wert **121** 26–27

Ausbeuterecht, Wert **24** 15, 32, 36

Auseinandersetzungszeugnis, Auslagen **94** 37–38, 54, Gebührentatbestand **94** 1–11, 48–54, Schuldner **94** 26–36, 53, Wert **94** 12–20, 51–52

Auseinandersetzungszeugnis nach §§ 36, 37 GBO, § 42 SchiffsRegO 111 1–7

Ausgleichsforderung, Stundung der –, Gebührentatbestände **97** 2, 17, 19, Schuldner **97** 7, Wert **97** 3–6, 17, 19; – Sicherheitsleistung für die gestundete Forderung, Gebührentatbestände **97** 2, 18, 19, Schuldner **97** 7, 18, Wert **97** 3–6, 18, 19; Aufhebung oder Änderung der Stundungs- und Sicherheitsleistungsentscheidung **97** 19

Ausgleichszahlung s. Abfindung Anh. B

Auskünfte über Rentenanwartschaften und Versorgungsansprüche 91 16

Auskunftsrecht des Aktionärs Anh. B

Ausländische Staaten Anh. C I

Auslage, Begriff **Einf. 43, 1** 12–13
Auslagen, Aktenversendung **137** 12–14; – inländischer Behörden **137** 49–51; – ausländischer Behörden **137** 52, 53; Auswärtsgeschäfte **137** 25–30, **160**; Beförderung von Personen **137** 33–35; Beförderung von Tieren und Sachen **137** 39–43; Begriff **Einf. 43, 1** 12–13; Durchsuchung von Räumen und Sachen **137** 40 a; Eintragung im Grundbuch **60** 64; Fälligkeit **7** 11–13; Haftauslagen **137** 44–47; in- und ausländische Behörden **137** 49–53; Klarstellung der Rangverhältnisse **70** 8; Löschung gegenstandsloser Eintragungen **70** 2; Mittellose Personen **137** 36–38; Öffentliche Bekanntmachung **137** 15–18; Rechnungsgebühren **137** 32; Schuldner **2** 9–12, **137** 57, 58; Telekommunikationsdienstleistungen **137** 1; Untersuchung von Räumen und Sachen **137** 39–43; Verfahrenspfleger **137** 54; Zahlungen an Rechtsanwälte **137** 31; Zeugen- und Sachverständigenentschädigung **137** 19–24; Zustellungsauslagen **137** 3–9; s. a. Dokumentenpauschale
Auslandsschulden Anh. C I
Ausscheidung eines Grundstücks aus dem Grundbuch, Gebühr **67** 13, Schuldner **2** 59–67, Wert **67** 26
Ausschlagung der Erbschaft, Beurkundung **38** 65, 66, **112** 4, Schuldner **2** 95–97; Entgegennahme der Erklärung **112** 20–24, **115**, Schuldner **2** 95–97, **112** 16, Wert **38** 67, **44** 57, **112** 8 ff., 20 ff.; s. a. Anfechtung der Ausschlagung der Erbschaft
Außerordentliche Beschwerde gegen Beschwerdeentscheidung über den Kostenansatz **14** 194–195
Aussiedlung s. Flurbereinigung Anh. C I
Auswärtige Geschäfte, Auslagen **137** 21–27

B

Badische Stiftungen Anh. C I
Badischer Gemeindeversicherungsverband Anh. C I
Bahn s. Bundesbahn
Bahneinheit, Bahngrundbuch 78 1 ff.; Zugehörigkeit eines Grundstücks zu einer Bahneinheit, Grundbucheintragung **65** 14
Bauerngericht Anh. B
Baugesetzbuch, Bestellung eines sach- und rechtskundigen Vertreters **91** 42; s. a. Anh. C I
Baumbestand s. Uferwege Anh. C I
Beamtensiedlung Anh. C I
Bedingte Rechte, Wert **18** 30
Beeidigung von Sachverständigen s. Sachverständige
Beförderung von Personen, Auslagen **137** 30–32; s. a. Auslagen

Beförderung von Tieren und Sachen, Auslagen **137** 39–43; s. a. Auslagen
Beglaubigte Ablichtungen oder Ausdrucke von gerichtlichen Beschlüssen, Verfügungen, Protokollen, Urkunden **132**
Beglaubigte Abschriften aus Registerakten 89 22
Beitreibung, Einwendungen gegen die –, Gebührenfreiheit Anh. B
Belastungen, Eintragung von –, s. Grundpfandrechte
Belastung des Rechts, Eintragung **64** 7, Wert **64** 7
Benutzungsdienstbarkeiten, Geschäftwert **24** 32 ff.
Benutzungs- und Verwaltungsregelung, Aufhebungsausschluss, Eintragung **65**, Schuldner **2** 59–67
Beratungshilfe Anh. B
Berechtigtenwechsel 64 3–5
Bergrechtliche Gewerkschaften 77 1; Anh. C I
Bergwerke 77 8 ff.; Eintragung des Rechtsübergangs, Gebühr **60** 71, Schuldner **60** 73, 74, 50 ff., Wert **19** 20, **60** 71, **77**; Teilung eines Bergwerks, Grundbucheintragung **67** 9
Berichtigter Kostenansatz 15 18–21
Berlin Anh. C I
Berliner Bäder Betriebe Anh. C I
Berliner Sparkasse Anh. C I
Berliner Stadtreinigungsbetriebe s. Eigenbetriebe Anh. C I
Berliner Verkehrsbetriebe s. Eigenbetriebe Anh. C I
Berufsständische Kammern 87 4–5; s. Anh. C I
Bescheinigungen in Grundbuchsachen 73 18
Bescheinigungen nach den Staatsschuldbuchgesetzen 111
Beschränkte persönliche Dienstbarkeit, Gesamtrecht, Gebühr **63** 1–5, 10, Wert **22** 5–10, **24** 14, 44, **30** 29; s. a. Fremdenverkehrsdienstbarkeit, Getränkedienstbarkeit, Gewerbebetriebsbeschränkung, Tankstellendienstbarkeit, Wohnungsrechte
Beschwerde, Antrag auf gerichtliche Entscheidung **131** 39–41; Auslagen **131** 44–47; Betragsgebühr **131** 25; erfolgreiche Beschwerde **131** 14–18; familienrechtliche Beschwerden **131** 37, 38; mehrere Beschwerden **131** 19–24; Prozesskostenhilfesachen **131 b**; Rechtspfleger-Erinnerung **131** 42–43; Unkenntnis **131** 48; Versorgungsausgleichssachen **131 a**; Verwerfung **131** 6–11, Vorschuss **8** 4; Schuldner **131** 36, Wert **131** 26–35; Zurücknahme der Beschwerde **131** 12–13; Zurückweisung **131** 6–11, Schuldner **131** 36, Wert **131** 26–35

Beschwerde gegen Entscheidung über Erinnerung gegen Kostenansatz **14** 131–166; außerordentliche Beschwerde, Gegenvorstellung **14** 194–195; weitere Beschwerde **14** 167–194
Beschwerden in Ehewohnungssachen, Hausratssachen, Versorgungsausgleichssachen 131 a
Beschwerden in Nebenverfahren 1 2 a
Beschwerden in Prozesskostenhilfesachen 131 b
Besitzeinräumung, Wert **30** 26
Beseitigung von Doppelbuchungen im Grundbuch 69 13
Besitzbescheinigung durch Nachlassgericht **109** 37
Bestellung eines Vertreters des Grundstücks – oder Schiffseigentümers, Gebührentatbestand **122** 1, 4, Wert **122** 5
Bestellung von Vorstandsmitgliedern, Aufsichtsratmitgliedern, Liquidatoren, Prüfern, besonderen Vertretern, Sachverständigen u. a., Gebührentatbestand **121** 1–25, Schuldner **121** 28–29, Wert **121** 26–27
Bestellung eines Betreuers oder Pflegers für das Disziplinarverfahren 91 43
Bestellung eines rechts- und sachkundigen Vertreters 91 46
Bestellung eines Verwahrers s. Verwahrer
Besteuerungsverfahren, Bestellung eines Vertreters **91** 41
Beteiligungsverhältnis, nachträgliche Grundbucheintragung **67** 16, Wert **67** 26
Betreuung für einzelne Rechtshandlungen, Gerichtsgebühren **93** 1–7, 9–10, 12–22, Fälligkeit, Schuldner, Auslagen **93** 51–54, Wert **93** 23–50
Betreuungsverfahren, Bestellung eines Pflegers für das Betreuungsverfahren **91** 56; Beurkundung der Anerkennung der Schlussrechnung **91** 40; für einzelne Rechtshandlungen, Gerichtsgebühren **93** 1–8, 12–22, Fälligkeit, Schuldner, Auslagen **93** 52–55, Wert **93** 23–51; Nichterhebung von Auslagen **96**; Tätigkeit bei Eheschließung des Betreuers **91** 39; Verfahren über die Herausgabe des Betreuten und den Umgang mit ihm **91** 38
Betrieb eines Erwerbsgeschäftes, vormundschaftliche Genehmigung der Ermächtigung zum –, Rücknahme der Ermächtigung **95** 1, 2, 92–94, Auslagen **95** 20, Schuldner **95** 37, Wert **95** 3–13
Beweisaufnahme, Kostenschuldner **2** 14
Beweissicherung Anh. C I
Bewertungszeitpunkt, Geschäftswert 18 5, 17
Bezirke Anh. C I
BGB-Gesellschaft, Eintragung im Grundbuch **60** 8 ff., 35, 40, 58
Bild- und Datenträger s. Grundbuchabschriften

Blattwechsel, Übertragung des Grundstücks auf neues Grundbuchblatt **60** 69
Blinde Anh. C I
Bodenreform Anh. C I
Bodensonderung Anh. C I
Bodenverbände s. Wasser- und Bodenverbände Anh. C I
Brandenburgische Provinzialbank und Girozentrale Anh. C I
Brandenburgischer Sparkassen- und Giroverband Anh. C I
Braunschweigische Landessparkasse Anh. C I
Braunschweigische Staatsbank Anh. C I
Braunschweigischer Vereinigter Kloster- und Studienfonds Anh. C I
Braunschweig-Stiftung Anh. C I
Bremen Anh. C I
Briefausschluss, gebührenfreies Nebengeschäft bei Grundbucheintragung **62** 18, nachträgliche Ausschließung **67** 3, Aufhebung der Ausschließung **67** 3, Wert **67** 26
Brieferteilung 71 1
Briefvermerke, Eintragungsgebühr **72** 1–3, Gesamtbrief **72** 5, mehrere Vermerke **72** 4; Beglaubigungsgebühr **72** 7; Dokumentenpauschale **72** 6
Büdnerrechte 77 11
Bund, Kostenbefreiung **11** 13; Anh. C I
Bundesamt zur Regelung offener Vermögensfragen Anh. C I
Bundesanstalt für Arbeit Anh. C I
Bundesanstalt für Finanzdienstleistungsaufsicht Anh. C I
Bundesanstalt für Landwirtschaft und Ernährung (BLE) Anh. C I
Bundesanstalt für landwirtschaftliche Marktordnung Anh. C I
Bundesanstalt für Post und Telekommunikation, Deutsche Bundespost Anh. C I
Bundesanstalt für vereinigungsbedingte Sonderaufgaben (Treuhandanstalt) Anh. C I
Bundesaufsichtsamt für das Kreditwesen Anh. C I
Bundesaufsichtsamt für das Versicherungswesen Anh. C I
Bundesbahn, Kostenbefreiung **11** 13; Anh. C I
Bundesbank Anh. C I
Bundeseisenbahnvermögen Anh. C I
Bundesgerichtshof Anh. C I
Bundesoberseeamt Anh. C I
Bundespost s. Vermögenszuordnung Anh. C I
Bundessozialhilfe s. Sozialrechtliche Verfahren Anh. C I
Bundesvermögensamt Anh. C I
Bundesversicherungsanstalt Anh. C I
Bundesvertriebenengesetz s. Flüchtlinge und Vertriebene Anh. C 1

D

Dammausbaumaßnahmen s. Gewässerausbaumaßnahmen Anh. C I
Darlehen Anh. C I
Dateipauschale s. Dokumentenpauschale
Dauerbetreuung, Gebührentatbestand **92** 1–2, 15, Gebühren **92** 38–50, Wert **92** 51–96, Häufung **92** 97–101, Fälligkeit **92** 102–103, Schuldner **92** 104–108, Auslagen **92** 109, 110; vorläufige Betreuung **92** 16, 17
Dauerpflegschaft, Gebührentatbestand **92** 18–37, Auslagen **92** 109, 110, Gebühren **92** 38–50, Fälligkeit **92** 102–103, Häufung **92** 97–101, Schuldner **92** 104–108, Wert **92** 51–96; s. a. Pflegschaft
Dauernde Last, Wert **24** 25, 79
Dauernutzungsrecht, Eintragung eines –, Gebühr **62** 1–3, Schuldner **2** 59 ff., Wert **62** 6; Eintragung mehrerer Rechte, Belastung mehrerer Grundstücke **63** 1–16, Gebühren/Werte **63** 17–24, Gesamtrechte **63** 25–34; Gebührenermäßigung bei Eintragung auf Grund Gutsüberlassung, Erbauseinandersetzung, Gesamtgutsauseinandersetzung **62** 12–17
Dauerwohnrecht, Eintragung eines –, Gebühr **62** 1–3, 6, Schuldner **2** 59 ff., Wert **62** 6; Eintragung mehrerer Rechte, Belastung mehrerer Grundstücke **63** 1–16, Gebühren/Werte **63** 17–24, Gesamtrechte **63** 25–34; Gebührenermäßigung bei Eintragung auf Grund Gutsüberlassung, Erbauseinandersetzung, Gesamtgutsauseinandersetzung **62** 12–17; gebührenfreie Nebengeschäfte **62** 18; Veränderungen **64** 29
DDR-Güterstand Anh. B
Denkmalschutz Anh. C I
Deutsche Blindenbücherei s. Blinde Anh. C I
Deutsche Bundesbahn Anh. C I
Deutsche Bundespost 11 16 a
Deutsche Genossenschaftsbank Anh. C I
Deutsche Post s. Vermögenszuordnung Anh. C I
Deutsche Postbank AG 11 16 a; Anh. C I
Deutsche Reichsbahn s. Vermögenszuordnung Anh. C I
Deutsches Rotes Kreuz Anh. C I
Deutsche Telekom AG 11 16 a; Anh. C I
Deutschlandfunk Anh. C I
Dienstbarkeit, Eintragung einer –, Gebühr **62** 1–3, Schuldner **2** 59 ff., Wert **62** 5; Gebührenermäßigung bei Eintragung auf Grund Gutsüberlassung, Erbauseinandersetzung, Gesamtgutsauseinandersetzung **62** 12–17; Eintragung mehrerer Rechte, Belastung mehrerer Grundstücke **63** 1–16, Gebühren/Werte **63** 17–24, Gesamtrechte **63** 25–34; gebührenfreie Nebengeschäfte **62** 18
Dienstverhältnis, Ersetzung der Ermächtigung in Arbeit zu treten, Auslagen **95** 20, Gebührentatbestand **95** 1–2 d, 14–18, 56, Schuldner **95** 19, 55, Wert **95** 3–13
Dienstverträge, Geschäftswert **25**
Dispache 123
Disziplinarverfahren, Bestellung eines Betreuers oder Pflegers **91** 43
D-Markbilanzgesetz Anh. A II, Aufrundung, Mindestgebühr **56** 33; Auslagen **56** 14; Auswärtsgebühr **56** 30; Beurkundungen **56** 13; Einreichung zum Handelsregister **56** 5; Feststellung der Eröffnungsbilanz **56** 4; Fremdsprachengebühr **56** 32; Gebührenermäßigung **56** 15–21; Gegenstandshäufung **56** 23–29; Kapitalentwertungskonto **56** 12; Neufestsetzung der Kapitalverhältnisse **56** 7; Umwandlung **56** 8–11; Unzeitgebühr **56,** 31; Zwangsgeldverfahren **56** 6; s. a. Anh. C I
Dokumentenpauschale, Begriff, Anwendungsbereich **136** 1–8; Auslagentatbestände **136** 9–21; Auslagenbetrag **136** 22–34; Auslagenfreiheit **136** 35–44; eingereichte Schriftstücke **136** 18–21; Entwürfe **136** 45–46; gerichtliche Entscheidungen, Sitzungsniederschriften **136** 37–44; Anlagen **136** 30; Schuldner **136** 47–48
Domstrukturfonds Verden Anh. C I
Doppelbuchungen, Beseitigung von – im Grundbuch **69** 13
Doppelsitz Anh. C I

E

EG-Gesellschaftssteuerrichtlinie 79, 79 a 1
Ehefähigkeitszeugnis Anh. B
Ehegatte, Eintragung im Grundbuch **60** 28–49; Haftungsschuldner **3** 40
Ehenamen, Anordnung der Führung des Geburtsnamens durch die Ehegatten, Gebührentatbestände **97** 2, 37, Schuldner **97** 7, 37, Wert **97** 3–6, 37; Erteilung des Ehenamens durch das Vormundschaftsgericht **95** 77
Eheschließung, Ersetzung der Zustimmung des gesetzlichen Vertreters, Auslagen **94** 37–38, 107, Gebührentatbestand **94** 1–11, 103, 104, Schuldner **94** 26–36, 105, 106, Wert **94** 12–20; Genehmigung der Eheschließung durch das Familiengericht, Gebührentatbestand **97** 2, 12, 14, Schuldner **97** 7, Wert **97** 3–5
Ehesachen, Genehmigung des Scheidungsantrags, der Aufhebungs- oder Anfechtungsklage, Auslagen **95** 20, Gebührentatbestand **95** 1–2 d, 14–18, 82, Schuldner **95** 19, 55, Wert **95** 3–13, 82
Eheschließung des Vormunds 91 43
Eheverbot, Befreiung vom – der durch die Annahme als Kind begründeten Verwandtschaft, Gebührentatbestand **97 a** 1–4, Schuldner **97 a** 6, Wert **97 a** 4–5

Ehevertrag, vormundschaftsgerichtliche Genehmigung eines Ehevertrages, Gebührentatbestand **95** 1–2 d, 14–18, 55, Wert **95** 3–13, Schuldner **95** 19, 53, Auslagen **95** 20

Eidesstattliche Versicherung, Gebührentatbestand **125** 5, 6, Schuldner **125** 9–11, Wert **125** 7, 8; Vollstreckungsschuldner **3** 46

Eifel-Rur-Verband Anh. C I

Eigenbetriebe Anh. C I

Einberufung einer Mitgliederversammlung, Ermächtigung zur –, Gebührentatbestand **121** 9, 24–25, Schuldner **121** 29, 30, Wert **121** 26

Einfuhr- und Vorratsstellen Anh. C I

Einheitshypothek, Bildung einer – **64** 28

Einigungsvertrag, Maßgaben (15. Aufl.) Anh. A I, Anfechtung von Verwaltungsakten Anlage I, 34; Einheitswerte Anh. A I 31–32; Gebührenermäßigung Anh. A I 1–22; Gebührenfreiheit Anh. A I 29–30; Übergangsvorschrift Anh. A I 33

Einrede der Verjährung Anh. D I § 37 a

Einschreiben, Auslagen für Zustellung durch – **137** 2 d; s. a. Auslagen

Einstweilige Anordnung s. Vorläufige Anordnung Anh. B

Eintragung des Eigentümers/Miteigentümers im Grundbuch, Gebühr **60** 1–16, Schuldner **60** 73–74, Wert **60** 19–27; Eintragung bei mehreren Grundstücken **60** 65–67; Eintragung desselben Eigentümers/Miteigentümer bei mehreren Grundstücken **67** 19; Eintragung von Amts wegen **60** 68–68 a; Gebührenermäßigung für Ehegatten/Lebenspartner/Abkömmlinge **60** 28–49; Gebührenermäßigung bei Erbauseinandersetzung/Gütergemeinschaft **60** 39–45; Gebührenfreiheit bei Eintragung von Erben **60** 50–64; gebührenfreie Nebengeschäfte **60** 69–70; Gesamthandsgemeinschaften **61** 1–24; Gesellschaft, Gesellschafterwechsel **60** 8–10; grundstücksgleiche Rechte **60** 71–72; Katasterfortführungsgebühr **60** 75; Verzicht auf das Eigentum **67** 2 19; Voreintragung **60** 17–18

Eintragungen in das Handelsregister, Aufnahme von Anmeldungen **86** 1; Auslagen **136**, **137**; Fälligkeit der Gebühr **7**; Gebührentatbestand **79, 79 a** 5–13, EG-Gesellschaftssteuerrichtlinie **79, 79 a** 1; Löschung nichtiger Gesellschaften und Beschlüsse **88** 16; Löschung unzulässiger Eintragungen **88** 11–14; Prokura **79, 79 a** 33–39; Schuldner **79, 79 a** 62; Sitzverlegung **79, 79 a** 56–59; Umwandlung **79, 79 a** 40–45; Zweigniederlassung **79, 79 a** 46–55

Eintragungsersuchen an das Grundbuchamt durch das Beschwerdegericht in Grundbuchsachen **69** 20; – durch das Insolvenzgericht **69** 16; – durch das Landwirtschaftsgericht **69** 22, Anh. B, Höfesachen; – durch das Nachlassgericht **69** 22; – durch das Strafgericht **69** 21; – durch das Vollstreckungsgericht **69** 17–19; Verwaltungszwangsverfahren **69** 25; Zwischenverfügung **69** 26–28

Einvernehmensverfahren, einstweilige Anordnung bei der Aussetzung im – **91** 48

Einwilligungsvorbehalt, vorläufiger **91** 57

Einzelkaufmann, Eintragung in das Handelsregister **79, 79, 79 a,** Gebührentatbestand **79, 79 a** 5–13, Sitzverlegung **79, 79 a** 56–59, Umwandlung **79, 79 a** 40–45; Fälligkeit **79, 79 a** 61, Schuldner **79, 79 a** 62

Einzelprokura s. Prokura

Einziehung des Erbscheins 108; s. a. Erbschein

Eisenbahn-Bundesamt s. Bundesbahn Anh. C I

Elektronisches Dokument 1 a 1–5

Elektronische Signatur 1 a 6–11

Elterliche Sorge, Änderungsentscheidungen, Auslagen **94** 37–38, Gebührentatbestand **94** 1–11, 69, Schuldner **94** 26–36, 46–47, Wert **94** 12–20, 74–79; Aufhebung und Überprüfung von Maßnahmen der elterlichen Sorge **91** 23; Ausbildung und Beruf, vormundschaftsgerichtliche Entscheidung über Ausbildung und Beruf, Auslagen **94** 37–38, Gebührentatbestand **94** 1–11, 55, 56, Schuldner **94** 26–36, 46–47, Wert **94** 12–20, 56; Auskunftsrecht, Entscheidungen über das –, Auslagen **94** 37–38, Gebührentatbestand **94** 1–11, 68, Schuldner **94** 26–36, 80–85, Wert **94** 12–20, 74–79; Ersetzung der Zustimmung bei elterlicher Sorge, Gebührentatbestände **97** 2, 24, Schuldner **97** 7, Wert **97** 3–6, 24; Feststellung des Ruhens der –, Feststellung des Wiederauflebens der –, Auslagen **95** 20, Gebührentatbestand **95** 1–2 d, 14–18, 43, 44, Schuldner **95** 19, 37, Wert **95** 3–13, 43, 44; Gefährdung des Kindeswohls, gerichtliche Entscheidungen, Auslagen **94** 37–38, 59, Gebührentatbestand **94** 1–11, 59, Schuldner **94** 26–36, 46–47, Wert **94** 12–20, 59; Maßregeln des Gerichts bei Verhinderung der Eltern, Auslagen **95** 20, Gebührentatbestand **95** 1–2 d, 14–18, 45, Schuldner **95** 19, 37, Wert **95** 3–13, 47; Meinungsverschiedenheiten bei Pflegschaft, Auslagen **95** 20, Gebührentatbestand **95** 1–2 d, 14–18, 66, Schuldner **95** 19, 55, Wert **95** 3–13; Übertragung der elterlichen Sorge, der Ausübung der elterlichen Sorge, Auslagen **94** 37–38, 83, Gebührentatbestand **94** 1–11, 62, 63, 70, Schuldner **94** 26–36, 80–85, Wert **94** 12–20, 74–79; Übertragung der Entscheidungsbefugnis, Gebührentatbestand **94** 3–11, 86, Schuldner **94** 26–36, Wert **94** 12–20, 87; Übertragung der Personensorge, Vermögenssorge, Auslagen **94** 37–38, 83, Gebührentatbestand **94** 1–11, 64, 65, Schuldner **94** 26–36, 80–85, Wert **94** 12–20, 74–79; Verbleib in der Familienpflege **94** 17, Schuldner

94 26–36, 2, 19, Wert 94 12–20; vormundschaftsgerichtliche Genehmigung von Rechtsgeschäften, Auslagen 95 20, Gebührentatbestand 95 1–2 d, 14–18, 21–23, Schuldner 95 19, 34, Wert 95 3–13, 24–33; s. a. Familienpflege, Entziehung der Vertretungsmacht, Herausgabe des Kindes, Personensorge, Umgangsrecht, Vermögenssorge
Emschergenossenschaft Anh. C I
Energieleitungsrecht, Energieversorgungsdienstbarkeit, Wert 24 15, 32 ff.; s. a. Anh. C I
Energiewirtschaft Anh. C I
Enteignung s. Verteilungsverfahren bei –, s. a. Anh. C I
Entlassung aus der Staatsbürgerschaft, vormundschaftsgerichtliche Genehmigungen, Auslagen 95 20, Gebührentatbestand 95 1–2 d, 14–18, 79, 80, Schuldner 95 19, 37, Wert 95 3–13, 79, 80
Entschädigung Anh. C I
Entschädigungsfonds Anh. C I
Entscheidungsschuldner 3 2–8
Entschuldung s. Landwirtschaftliche Entschuldung Anh. C I
Entschuldungsvermerk, Löschung im Grundbuch 70 6
Entsorgungsverband Anh. C I
Entziehung der Vertretungsmacht, Auslagen 95 20, Gebührentatbestand 95 1–2 d, 14–18, 40, Schuldner 95 19, 37, Wert 95 3–13, 40
Erbauseinandersetzung, Eintragung der Erben nach Erbauseinandersetzung im Grundbuch 60 39–40, 50–64; Eintragung von Belastungen auf Grund eines – 62 14; s. a. Auseinandersetzungsvertrag
Erbausgleich, einstweilige Anordnung 91 54; Beurkundung eines Vergleichs 91 53
Erbausgleichsanspruch, Stundung des – 106 a
Erbausschlagung s. Ausschlagung der Erbschaft
Erbbaurecht, Genehmigung für den bestellten Vertreter, Gebührentatbestände 97 2, 42, Schuldner 97 7, 34, Wert 97 3–6, Wert für Aufhebung 21 31, Wert für Bestellung 21 1–31, 30 32, Wert für Kauf 20 4, 37, Rangrücktritt des Eigentümers 30 32, Wertsicherungsklausel 24 25, Wohnungserbbaurecht 21 38; Eintragung des Eigentümers im Grundbuch, Gebühr 77 3, 60 71, Schuldner 60 73, 74, 2 50 ff., Wert 19, 20, 60 71; Eintragung eines neuen Berechtigten 77 3, 64 1; Eintragung des Erbbaurechts 77 3, 62 9, Wert 21; Eintragung von Belastungen 77 12–13; Eintragung von Veränderungen des Erbbaurechts, Gebühr 77 3, 64 29; Löschung des Erbbaurechts 77 6; Teilung des Erbbaurechts, Grundbucheintragung 77 3, 67 9; Vermerk beim berechtigten Grundstück 77 3; s. a. Anh. C I

Erbbegräbnisrechte 77 11
Erben, Haftung für die Kosten 6 1–13, Gebührenfreiheit bei Eintragung von Erben im Grundbuch 60 50–64
Erbenermittlung 105
Erbengemeinschaft, Eintragung der Erbengemeinschaft im Grundbuch 60 13, 39 ff.; Eintragung des Rechtsnachfolgers eines Miterben 60 14, Schuldner 60 73, 74, 2 50 ff., Wert 60 19–27
Erbenhaftung 6
Erbvertrag, amtliche Verwahrung 101 4–20, Fälligkeit 101 22, 23, Schuldner 101 24–25, Wert 101 21; Eröffnung eines Erbvertrages, Gebühr 102 1–11, Schuldner 102 13, 6 1–13, Schuldner bei persönlicher Gebührenfreiheit 12 2, Wert 102 12, 103 1–38; Kostenansatz 103 39; vormundschaftsgerichtliche Genehmigung des Abschlusses, der Anfechtung, der Aufhebung eines –, Gebührentatbestand 95 1–2 d, 14–18, 46, 47, 72, Auslagen 95 20, Schuldner 95 19, 53, Wert 95 3–13, 46; s. Anfechtung des Erbvertrages, Verfügung von Todes wegen
Erbeserben, Eintragung des – im Grundbuch 60 53
Erbpachtrechte 77 11
Erbrecht des Fiskus, Feststellung des – 110
Erbschaft s. Ausschlagung der –, Anfechtung der Annahme der –, Ausschlagung der –, Anfechtung der Versäumung der Ausschlagungsfrist
Erbschaftkauf, Eintragung von Erbschaftskäufer im Grundbuch 60 37; Entgegennahme der Anzeige durch das Nachlassgericht, Gebühr 112 1–3, 33, Schuldner 112 16, Wert 112 8–10, 33
Erbschein, Gebühr, Gebührentatbestand 107 1–10, Schuldner 107 61–63, 2 85, Wert 107 11–39; beschränkter Erbschein 107 51–54; eidesstattliche Versicherung, Beurkundung des Erbscheinsantrages Gebühr 49 9–10, Schuldner 49 12, Wert 49 11; Einziehung des Erbscheins 108; Erbenmehrheit 107 40–45; Erbschein für bestimmte Zwecke 107 55–60, 107 a; Fremdrechtserbschein 107 54; Hoffolgezeugnis 107 51–54; mehrere Erbscheine 107 46–50
Erbteil, Wert 18 29
Erbteilkauf, Eintragung des Erbteilserwerbers im Grundbuch 60 37, 58; Entgegennahme der Anzeige durch das Nachlassgericht, Gebühr 112 1–3, 33, Schuldner 112 16, Wert 112 8–10, 33
Erbvertrag, amtliche Verwahrung 101 4–20, Wert 101 21, Fälligkeit 101 22, 23, Schuldner 101 24–25; Eröffnung eines Erbvertrages, Gebühr 102 1–11, Wert 102 12, 103 1–38, Schuldner 102 13, 6 1–13, Schuldner bei persönlicher Gebührenfreiheit 12 2; Kostenansatz

1273

103 39; vormundschaftsgerichtliche Genehmigung des Abschlusses, der Anfechtung, der Aufhebung eines –, Auslagen **95** 20, Gebührentatbestand **95** 1–2 d, 14–18, 48–49, 71, Schuldner **95** 19, 37, Wert **95** 3–13, 48–49; s. Anfechtung des Erbvertrages, Verfügung von Todes wegen

Erbverzicht, vormundschaftsgerichtliche Genehmigung des Erbverzichts, – der Aufhebung des Erbverzichts, Auslagen **95** 20, Gebührentatbestand **95** 1–2 d, 14–18, 48, 49, Schuldner **95** 19, 37, Wert **95** 3–13, 48–49

Erfolgsgebühr Einf. 21

Erftverband Anh. C I

Erinnerung gegen Kostenansatz **14** 33–130; Beschwerde, weitere Beschwerde **14** 131–194

Erlass eines Offenbarungs- und Ausforschungsverbots 91 38

Erloschene dingliche Rechte s. überholte dingliche Rechte Anh. C I

Ermächtigung zum selbständigen Betrieb eines Erwerbsgeschäfts, Genehmigung des Vormundschaftsgerichts, Auslagen **95** 20, Gebührentatbestand **95** 1–2 d, 14–18, 35, 36, 38, 39, Schuldner **95** 19, 37, Wert **95** 3–13, 38; ebenso Genehmigung der Rücknahme der Ermächtigung **95** 39

Ermittlung des Erben 105

Ernennung und Beeidigung von Sachverständigen 120

Eröffnungsbilanz s. D-Markbilanzgesetz 13. Aufl. Anh. A II

Ersetzung von Urkunden Anh. C I

Ersteher, Eintragung des –, Schuldner **4** 1

Ersuchen s. Öffentliches Interesse Anh. C I

Erteilung vollstreckbarer Ausfertigungen s. Vollstreckbare Ausfertigung

Erwerbsgeschäft, Genehmigung zum Beginn eines neuen –, Auslagen **95** 20, Gebührentatbestand **95** 1–2 d, 14–18, 42, Schuldner **95** 19, 37, Wert **95** 3–13, 42

Erziehungsbeistandschaft s. Sozialrechtliche Verfahren Anh. C I

Erziehungsmaßregeln, Auswahl und Anordnung **91** 61

EuGH-Handelsregistereintragungsgebühren 79, 79 a 1

Euro 32 10–13; Einführung Anh. B

EWIV, Grundbucheintragung **61** 15–20; Haftungsschuldner **3** 29

F

Fachhochschulen s. Hochschulen Anh. C I

Fährgerechtigkeiten 77 11

Fälligkeit, Gebühren, Auslagen **7** 1–15; Vorverlegung der Fälligkeit **8** 1

Familienname, Anordnung, dass das minderjährige Kind den – behält **91** 41

Familiengerichtliche Genehmigung von Rechtsgeschäften, Auslagen **95** 20, Gebührentatbestand **95** 1–2 d, 14–18, 21–23, Schuldner **95** 19, 34, Wert **95** 3–13, 24–33

Familienpflege, Verbleib in der –, Auslagen **2** 19; **94** 37–38, Gebührentatbestand **94** 1–11, 57, Schuldner **94** 26–36, 57, Wert **94** 12–20, 45

Familiensachen 1 3

Familienrechtliche Genehmigung von Rechtsgeschäften s. Genehmigung von Rechtsgeschäften der Eltern für das Kind

Familienrechtssachen, Fälligkeit **7** 8, Schuldner **2** 92–94

Familienregister 127

Familienstiftungen, Genehmigung, Aufsicht, Gebührentatbestand **118** 1–4, Wert **118** 5; Genehmigung des Auflösungsbeschlusses, Gebührentatbestand **121** 1–25, Schuldner **121** 28–29, Wert **121** 26–27

Fernsehanstalten Anh. C I

Festgebühr Einf. 33, 37

Festsetzung des Werts s. Wertfestsetzung

Feststellung des Erbrechts des Fiskus s. Erbrecht des Fiskus

Feststellung der Geschlechtszugehörigkeit, Gebührentatbestand **128 a** 1–4, Schuldner **128 a** 7, Wert **128 a** 5; Änderung der Vornamen **128 a** 1–4, Schuldner **128 a** 7, Wert **128 a** 5

Feststellung der Todeszeit 128 2, Schuldner **128** 10–12, Wert **128** 9; Aufhebung, Änderung der Entscheidungen **128** 3–6

Feststellung der Vaterschaft, Gebühr **94** 98, Schuldner **94** 101, Wert **94** 100

Feuerversicherungsanstalten Anh. C I

FG-Reform 2 107–109; **3** 58; **8** 39; **15** 39; **17** 49; **70** 9; **Vor 91–100 a** 17; **91** 74; **92** 112; **93** 55; **94** 109; **95** 83; **97** 47; **97 a** 10; **98** 35; **99** 79; **100** 28; **100 a** 17; **106**, 48; **107** 66; **119** 54; **124** 13; **128** 8; **130** 36,37; **131** 50; **131 a** 15; **131 b** 28; **131 d** 14; **134** 13; **136** 57

Fideikommisse Anh. C I

Filmvermögen Anh. C I

Firma, Eintragung im Grundbuch **60** 11 30

Firmenlöschungsverfahren, Gebührentatbestände, Gebühr **88** 1 a–6, Schuldner **88** 7, **2** 76, Auslagen **88** 8; Registereintragung **88** 10

Firmenmissbrauchsverfahren, Gebühr **119**, Schuldner **2** 68–91

Fischereibezirke Anh. C I

Fischereigenossenschaften Anh. C I

Fischereigerechtigkeiten 77 11

Fiskus s. Erbrecht des Fiskus

Flaggenzeugnis s. Schiffsurkunde

Flüchtlinge und Vertriebene Anh. C I; s. a. Vertriebene Anh. B

Flurbereinigung, Bestellung eines Pflegers für das Verwaltungsverfahren **91** 59; Verteilungsverfahren bei Enteignung **125** s. a. Anh. C I

Flurneuordnung s. Landwirtschaftsanpassung Anh. C I
Formwechsel, Eintragung im Grundbuch **60** 11, 15 ff.; s. a. Umwandlung
Forschungseinrichtungen Anh. C I
Forstangelegenheiten Anh. C I
Forstgrundbücher Anh. C I
Forstwirtschaftlicher Betrieb, Geschäftswert 19 78–97
Fortgesetzte Gütergemeinschaft, Ablehnung der –, vormundschaftsgerichtliche Genehmigung, Auslagen **95** 20, Gebührentatbestand **95** 1–2 d, 14–18, 56, Schuldner **95** 19, 56, Wert **95** 3–13, 56; Ablehnung, Aufhebung der fortgesetzten –, Gebühr für Entgegennahme der Erklärung **112** 17, 19, Schuldner **112** 16, Wert **112** 8–11, 19; Aufhebung der fortgesetzten –, vormundschaftsgerichtliche Genehmigung, Auslagen **95** 20, Gebührentatbestand **95** 1–2 d, 14–18, 58, Schuldner **95** 19, Wert **95** 3–13, 58; Eintragung des überlebenden Ehegatten/der gemeinsamen Kinder im Grundbuch **60** 55; Ersetzung der Zustimmung zu Gesamtgutsgeschäften, Fälligkeit **7,** Gebührentatbestände **97** 2, 27, Schuldner **97** 7, Wert **97** 3–6, 27; Genehmigung der Ablehnung der – durch den Betreuer **91** 13; Verzicht auf Anteil am Gesamtgut, Gebühr für Entgegennahme der Erklärung **112** 18, Schuldner **112** 16, Wert **112** 8–11, 18; Verzicht auf Anteil am Gesamtgut, vormundschaftsgerichtliche Genehmigung, Auslagen **95** 20, Gebührentatbestand **95** 1–2 d, 14–18, 55, Schuldner **95** 19, 55, Wert **95** 3–13; Zeugnis über die Fortsetzung der Gütergemeinschaft **109**
Freiheitsentziehung, Bestellung eines Verfahrenspflegers **91** 60; Genehmigung der Freiheitsentziehung **91,** 21, Rücknahme der Genehmigung **91** 22; s. a. Unterbringung Anh. B
Fremdenverkehrsdienstbarkeit, Wert **30** 37
Fremdrechtserbschein s. Erbschein

G

Gasversorgungsdienstbarkeit s. Energieleitungsrecht
Gebäudeeigentum (DDR), Eintragung im Grundbuch, Gebühr **77** 15, 16, **62** 1–3, Schuldner **77** 18, **2** 50 ff., Wert **77** 17, **62** 10 a; Sachenrechtsbereinigungs-Vermerk **77** 21
Gebäudeentschuldungssteuer s. Abgeltungshypothek Anh. C I
Gebäudefeuerversicherung s. Feuerversicherungsanstalten Anh. C I
Gebietskörperschaften Anh. C I
Gebietsreform Anh. C I
Gebühr, Aufrundung 33; Begriff **Einf.** 42, **1** 10–11; Fälligkeit **7;** Mindestgebühr 33; Nebengeschäfte **35;** Rahmengebühr **34;** volle Gebühr **32**
Gebührenbefreiung, Gebührenbefreiungsgesetze der Länder **11** 19–31; Anh. C II; s. a. Kostenbefreiung
Gebührenfreie Nebengeschäfte, bei Eintragungen im Grundbuch **62** 18
Gebührenfreiheit für einzelne Gesamtschuldner 13 1–26
Gebührentatbestände Einf. 53–60
Gebührenvereinbarungsverbot Einf. 32
Gegenständlich beschränkter Erbschein s. Erbschein
Gegenstand, Begriff **Einf.** 46
Gegenstandshäufung, Begriff **Einf.** 61–63
Gegenstandslose Rechte, Löschung im Grundbuch **68** 1–3, Wert **68** 8
Gegenvorstellung gegen Beschwerdeentscheidung im Kostenansatzverfahren **14** 194–195
Gehörsrüge 131 d
Gemeindegerichte 159
Gemeindegrenzen Anh. C I
Gemeinden Anh. C I
Gemeindeneugliederung s. Gemeindegrenzen Anh. C I
Gemeindeverbände Anh. C I
Gemeinheitsteilung Anh. C I
Gemeinnützige Vereinigungen s. Milde Stiftungen Anh. C I
Genehmigung von Rechtsgeschäften der Eltern für das Kind, Gebührentatbestand **95** 21–23, Schuldner **95** 34, Wert **95** 24–33
Genossenschaft, Eintragung im Grundbuch **60** 8 ff.; gerichtliche Anordnung über die Aufbewahrung der Bücher und Schriften nach Liquidation, Gebührentatbestand **121** 1–25, Schuldner **121** 28–29, Wert **121** 26–27; gerichtliche Ermächtigung zur Einberufung der Generalversammlung, Gebührentatbestand **121** 1–25, Schuldner **121** 28–29, Wert **121** 26–27; s. a. Anh. C I
Genossenschaftsregister, Ablichtungen und Ausdrucke aus dem – 89; Beglaubigte Abschriften aus Registerakten **88** 22, **136** 55; Eintragungen **79, 79 a,** Gebührentatbestand **79, 79 a** 5–13, Sitzverlegung **79, 79 a** 56–59, Umwandlung **79, 79 a** 77–82, Zweigniederlassung **79, 79 a** 46–55, Fälligkeit **79, 79 a** 61, Schuldner **79, 79 a** 62; Eintragungen in Insolvenz- und Zwangsvollstreckungssachen **87** 1; Löschung nichtiger Genossenschaften und Beschlüsse **88** 17; Löschung unzulässiger Eintragungen **88** 15; Registerbescheinigungen **89** 9 ff.; Registereinsicht **90**
Gerichtliche Vermittlung der Auseinandersetzung s. Nachlassauseinandersetzung
Gesamtgut, Eintragung des Eigentümers infolge der Auseinandersetzung des – einer Gütergemeinschaft, Gebühr **60** 1 ff., Wert **18** 27; Eintragung von Belastungen auf Grund einer

Gesamtgutsauseinandersetzung **62** 15–17; Ersetzung der Zustimmung zu Gesamtgutsgeschäften, Gebührentatbestände **97** 2, 21, Schuldner **97** 7, Wert **97** 3–6, 21; Ersetzung der Zustimmung des anderen Ehegatten, des Verwalters, Gebührentatbestände **97** 2, 22, 23, Schuldner **97** 7, 22, 23, Wert **97** 3–6, 22, 23; Verzicht auf den Gesamtgutsanteil, vormundschaftsgerichtliche Genehmigung **95** 57, Auslagen **95** 20, Schuldner **95** 19, Wert **95** 1–2 d
Gesamtgutsauseinandersetzung, Gebührenermäßigung bei Eintragung einer Belastung auf Grund eines Gutüberlassungsvertrags **62** 15–17
Gesamtgutsverwaltung, Fälligkeit **106** 27, Gebühr **106** 2, 5, Schuldner **106** 28–34, Wert **106** 6–19; Zurückweisung oder Zurücknahme eines Antrags **106** 35–47
Gesamthandsgemeinschaft, Eintragung des Eigentums der – im Grundbuch **61** 1 ff.; Veränderungen im Gemeinschafterbestand **61** 6–14; Eintragung von OHG, KG, EWIV, Partnerschaft **61** 15–20; Voreintragung **61** 21–24
Gesamtprokura s. Prokura
Gesamtrechte, Eintragung von – 63 15 ff.; Verteilung einer Gesamthypothek, – Grundschuld, – Rentenschuld **64** 21; Löschung eines Gesamtrechts **68** 14
Gesamtschuldner 5 1–15, Ausgleichsanspruch **5** 2–3; Gebührenfreiheit für einzelne Gesamtschuldner **13**; als Nachforderungsschuldner **15** 12–13; Prozesskostenhilfe **5** 4–5; Teilgesamtschuldner **5** 6–12
Geschäft, Begriff **Einf.** 44; Wert, Begriff **Einf.** 44, 64–66
Geschäftsfähigkeit, Kostenschuldner **2** 28
Geschäftswert, Begriff **Einf.** 64–68, Einzelfälle: Aktie **18** 24; Ankaufsrecht **20** 42, 43; Anteilsbewertung **30** 10; bedingte Rechte **18** 31; Belastungen (kein Abzug) **19** 4; Beschränkte persönliche Dienstbarkeit **22** 5–10; Besitzeinräumung **30** 26; betagte Rechte **18** 31; bewegliche Sachen **19** 5–8; Bewertungszeitpunkt **18** 5, 17, **19** 7, 70–72; Bewertungszustand **18** 4; BGB-Gesellschaft **18** 29; Bodenrichtwert **19** 33; Bürgschaft **30** 27, 28; Dauerwohnrecht **20** 39; Dienstverträge **25**; Eigentümergrundpfandrechte **19** 30; Einheitswert **19** 69, 73–77; Erbbaurecht **19** 2, 20 38; **21** 1–44; Erbbauzins **19** 63; Erbteil **18** 30; Erklärungen gegenüber dem Nachlassgericht **112** 8–10; Gesamtgut **18** 22; Gesamthandsgemeinschaft, Anteilsbewertung **30** 10; Geschäftsanteil an einer GmbH **18** 25, 26; Grundbesitz **19** 9–77, s.a. Verkehrswert; Grunddienstbarkeiten **22**; Grundpfandrechte **23** 10–17; Grundschulden **23** 10–13; Grundstücksbelastungen **19** 25–29; grundstücksgleiche Rechte **19** 2, **20** 4–5, 37–39; Hauptgegenstand **18** 6–8; Höchstwert **18** 3 a–3 g;
Hypotheken **23** 10–13; Inhalt des Geschäfts **19** 17–18; Kaufpreissammlungen **19** 34; landwirtschaftlicher Betrieb **19** 78–97, im Beitrittsgebiet **19** 97; Landwirtschaftlicher Grundbesitz **19** 39; Land- und forstwirtschaftlicher Betrieb **19** 78–97; Lastenausgleich **18** 33; Löschungsvormerkungen **23** 23–30; Preisindex **19** 35–35 g; Mietverträge **25**; Mietwohngrundstücke **19** 20; Nebengegenstand **18** 6–8; öffentliche Grundstücke **19** 67; Pachtverträge **25**; Pfandrechte **23** 6–9; Pfandunterstellung **23** 14–16; Rechte, bedingte und betagte – **18** 30–31; Rentenschulden **23** 10–13; Sachen **19**; Tankstellendienstbarkeit **21** 6, **24** 40; Teileigentum **20** 37 a, **21** 37–43; Teilgegenstände **32** 6; Verbindlichkeiten **18** 9–18; Verkehrswert **19** 10–16; Vermögensabgabe **18** 33; Vermögensmassen **18** 19–30; Vorkaufsrecht **20** 40–41 a, **21** 24, 25; Vorrangseinräumung **23** 18–22; Währung **18** 32; Wert der Sache **20** 6; Werteaddition **32** 5; Wiederkaufsrecht **20** 44–47; wiederkehrende Nutzungen oder Leistungen **24**, s. wiederkehrende Nutzungen und Leistungen; Wohnungsbesetzungsrecht **22** 8–9; Wohnungseigentum **19** 2, 20, 37a; **21** 1–20, 37–43, **39** 46; Wohnungserbbaurecht **19** 2, **21** 1–20, 44
Geschäftswertbegrenzung Einf. 38
Geschäftswertfestsetzung, Antragsverfahren/Amtsverfahren **31** 8–19, Beweis im Festsetzungsverfahren **31** 30–34, Entscheidung **31** 27–39, Bindungswirkung **31** 45–46, Kosten des Festsetzungsverfahren **31** 40–44, rechtliches Gehör **31** 35–36, Verfahrensgrundsätze **31** 26–29, Zuständigkeit **31** 20–25; Änderung der Festsetzung **31** 47–54; Beschwerde gegen Festsetzung **31** 55–71, Beschwer **31** 57, 58, Beschwerdewert **31** 59, 60, Verböserung **31** 69, weitere Beschwerde **31** 72–73; Rechtsanwälte **31** 74–76; Zulassung der Beschwerde **31** 61
Geschlechtszugehörigkeit s. Feststellung der –
Gesellschaft bürgerlichen Rechts, Eintragung im Grundbuch **60** 8 ff., 35, 40, 58; Haftungsschuldner **3** 30
Gesellschafterwechsel, Eintragung im Grundbuch **60** 10
Gesuche, Aufnahme von – **129** 1–2; Beurkundung von – **129** 3–8
Getränkedienstbarkeit, Grundbucheintragung **62**; Wert **24** 15
Gewalttaten Anh. C I
Gewässerbaumaßnahmen Anh. C I
Gewaltschutz, Auslagen **100 a** 12, Gebührentatbestände **100 a** 2–6, Schuldner **100 a** 9–11, Wert **100 a** 7, 8; Beschwerdeverfahren **100 a** 13, einstweilige Anordnung **91** 55 a, **100 a** 15, 16
Gewerkschaften 77 14
GmbH, Eigentumseintragung im Grundbuch **60** 8–11; Eintragung in das Handelsregister,

Gebühr 79, 79a, Schuldner **79, 79a** 62; Löschung einer GmbH, Eintragung **79, 79a**; gerichtliche Anordnung über die Aufbewahrung der Bücher und Schriften nach Liquidation, Gebührentatbestand **121** 1–25, Schuldner **121** 28–29, Wert **121** 26–27; gerichtliche Befreiung von der Prüfung des Jahresabschlusses durch einen Abschlussprüfer, Gebührentatbestand **121** 1–25, Schuldner **121** 28–29, Wert **121** 26–2; gerichtliche Entscheidung über die Auflösung einer – wegen Satzungsmangels, Gebührentatbestand **121** 1–25, Schuldner **121** 28–29, Wert **121** 26–27; Verfahren zur Auflösung einer – GmbH **88** 20–25, Kostenschuldner **2** 64

Gräbergesetz s. Kriegsgräber Anh. C I

Grenzbereinigung Anh. C I

Grenzregelung Anh. C I

Grundbuch, Eintragungen von Amts wegen **69** 5–7; Eintragungen zur Erhaltung der Übereinstimmung zwischen – und Kataster **69** 8; Löschungen von Amts wegen **69** 5–7

Grundbuchabschriften, Grundbuchauszüge, Gebühr **73** 6–12; Abschriften von Grundakten, Urkunden **73** 15; Auffindungsverzeichnisse **73** 13; Bild- und Datenträger **73** 17; bei der Zwangsversteigerung, Zwangsverwaltung **73** 19; Anh. C I

Grundbucharchiv Anh. B

Grundbuchbereinigung im Beitrittsgebiet Anh. C I

Grundbuchberichtigung 60 1, 19, 29, 68, 73

Grundbucheinsicht 74

Grundbuchgeschäfte Anh. C I

Grunddienstbarkeit, Eintragung einer –, Gebühr **62** 1–3, Schuldner **2** 59ff., Wert **62** 5; Gebührenermäßigung bei Eintragung auf Grund Gutsüberlassung, Erbauseinandersetzung, Gesamtgutsauseinandersetzung **62** 12–17

Grunddienstbarkeit, Geschäftswert 22

Grundpfandrechte, Eintragung im Grundbuch, Gebühr **62** 4; Eintragung eines Rechts auf mehreren Grundstücken **63** 15 **67** 20; Eintragung mehrerer Rechte (Grundschuld, Hypothek, Rentenschuld), Gebühr **63** 1–14, 17; Gesamtrechte **63** 15–16, 18ff., **67** 20; Geschäftswert bei Bestellung von Hypotheken, Grund- und Rentenschulden **23** 10–13; Geschäftswert bei Löschung von – **23** 17; Geschäftswert bei Pfandunterstellung, Freigabe, Verteilung **23** 14–16; Löschung von Grundpfandrechten **68** 1–3, Wert **23** 17, **68** 5; Löschung eines Gesamtrechts **68** 14; mehrere Veränderungen desselben Rechts **64** 56–70; Rangänderung, Grundbucheintragung **64** 32–39, Wert **23** 18; Umwandlung von Grundpfandrechten, Eintragung **64** 8–14; Veränderung der Hypothek, Eintragungsgebühr **64** 15–22; Bestellung eines Vertreters des jeweiligen Gläubigers **64** 27, (Einheits-) Hypothek **64** 28; Veränderung eines Rechts an mehreren Grundstücken **64** 71–85, **67** 21; Veränderungen mehrerer Rechte **64** 52–55, **67** 21; s.a. Briefausschluss

Grundschuld s. Grundpfandrechte

Grundschuldbrief s. Hypothekenbrief; s.a. Anh. C I

Grundstücksgleiche Rechte 77

Grundstücksteilung, Grundstücksvereinigung 67 7, 19; Wert **67** 26

Grundstücksverkehr (GrdstVG, LwVG), Antrag auf gerichtliche Entscheidung, Anh. B

Gütergemeinschaft, Genehmigung der Ablehnung der fortgesetzten – durch den Betreuer **91** 13; Grundbucheintragung der Erben nach Auseinandersetzung des Gesamtguts **60** 42–45

Güterrechtsregister, Ablichtungen und Ausdrucke aus dem – **89**; Aufnahme von Anmeldungen **86** 1; beglaubigte Abschriften aus Registerakten **88** 22, **136** 55; Eintragung **81**, Wert 29, **81** 3; Löschung unzulässiger Eintragungen **88** 11–14; Registerablichtungen, -auszüge **89**, Zwangsversteigerung **89** 24; Registerbescheinigungen **89** 9ff.; Registereinsicht **90**

Güterstand, Güterstand von Vertriebenen und Flüchtlingen Anh. B; DDR-Güterstand Anh. B

Güterstandserklärungen 81 3, Entgegennahme der Güterstandserklärung **91** 69

Gutsüberlassungsvertrag, Gebührenermäßigung bei Eintragung einer Belastung auf Grund eines – **62** 12–13

H

Haager Übereinkommen s. Sorgerechtsübereinkommen

Häftlingshilfe Anh. C I

Häuslerrechte 77 11

Haftkosten, Auslagen **137** 44–47

Haftungsbeschränkung, Kostenschuldner **2** 37

Haftungsschuldner 3 26–42; – als Nachforderungsschuldner **15** 15

Hamburg Anh. C I

Handelsregister, Ablichtungen und Ausdrucke aus dem – **89**; Aufnahme von Anmeldungen **86** 1; Auslagen **136, 137**; EG-Gesellschaftssteuerrichtlinie **79, 79a** 1; Einreichung von Unterlagen **79, 79a** 65–83; Elektronisches Handelsregister **79, 79a** 4–5, 90–97; Gebührentatbestand **79, 79a** 7–16, Gebühr **79, 79a**, Schuldner **79, 79a** 64, Fälligkeit **79, 79a** 63; Insolvenzsachen **87** 1; Jahresabschluss **86** 2–15, Gebühr **86** 10, 11, Fälligkeit, Schuldner **86** 12, 13; Kommanditeinlage (Rechtsnachfolge, Beteiligungsumwandlung) **79, 79a**; Löschung der Registereintragung **79, 79a**; Löschung nichtiger Gesellschaften und Beschlüsse **88** 16;

1277

Löschung unzulässiger Eintragungen **88** 11–14; Prokura **79, 79 a** 37–43; Registereinsicht **90**; Rotunterstreichung **79, 79 a** 9; Sitzverlegung **79, 79 a** 58–61; Umwandlung **79, 79 a** 44–49, 84–89; Zwangsvollstreckungssachen **87** 1; Zweigniederlassung **79, 79 a** 50–57

Handwerkskammern, persönliche Gebührenfreiheit **87** 4; s. a. Berufsständische Kammern Anh. C I

Hausratsverfahren, Fälligkeit **100** 25, Gebührentatbestände **100** 1–8, Gebühr **100** 9, 15, Schuldner **100** 26, Wert **100** 16–24; Beschwerden in Hausratssachen **131 a**; s. a. Anh. B

Hauszinssteuer s. Abgeltungshypothek Anh. C I

Heilbehandlung, vormundschaftsgerichtliche Genehmigung der Einwilligung des Bevollmächtigten **97** 38, Schuldner **97** 7, Wert **97** 3–6

Heimsstätte, Gebührenfreiheit Anh. C I

Heirat eines Elternteils s. Wiederheirat eines Elternteils

Herausgabe eines Kindes, Auslagen **94** 37–38, Gebührentatbestand **94** 1–11, 88, Schuldner **94** 26–36, Wert **94** 12–20, 89; einstweilige Anordnungen **91** 47

Herrschvermerk 67 6; Wert **67** 26

Hinterlegung Anh. B

Hinterlegungsgeschäfte 1 5

Hinterlegung von Pfändern, Gebührentatbestand **120** 1; Wert **120** 2

Hochschulen Anh. C I

Hochspannungsleitungs-Dienstbarkeit s. Energieversorgungsdienstbarkeit

Höchstbetrag des Ersatzrechtes, nachträgliche Eintragung **67** 15; Wert **67** 26

Höchstbetragshypothek s. Grundpfandrechte

Höchstgebühren Einf. 38

Höchstwert 18 3 a–3 g

Höfeausschuss Anh. B

Höfeordnung, Erklärung des Hofeigentümers nach § 4 Abs. 1 HöfeVfO, Gebühr **36**; Wert **30** 42

Höferolle Anh. B; Anh. C I

Höfesachen Anh. B

Hof, Gebührenfreiheit bei Grundbucheintragung von Erben **60** 56; s. a. Anh. C I

Hoffolgezeugnis 107 51–54

Hofgut Anh. B

HofV, Eintragung von Ersatznachweisen nach der – **69** 8

Hospitalfonds St. Benedikt Anh. C I

Hunderteinunddreißiger Anh. C I

Hypotheken s. Grundpfandrechte, Veränderungen eines Rechts

Hypothekenbrief, Brieferteilung **71** 1 ff., Wert **23, 70** 1; Berichtigung des Grundbuchauszuges **69** 3; Briefvordruck (Auslagen) **71** 1; Briefvermerke **72**; Eintritt in die Mithaft **71** 6–7; gemeinschaftlicher Brief **71** 13–15; Gesamtbrief **71** 4–5, Wert **71** 5; maschinelles Grundbuch **71** 16; Teilbrief **71** 9–12; Urkundenverbindung **71** 2–3; Verteilung einer Gesamthypothek **71** 8; s. a. Briefausschluss, Briefvermerke, Anh. C I

Hypothekengewinnabgabe s. Öffentliche Last Anh. C I

I

Immobiliarklausel 79, 79 a 32

Individualgebühr Einf. 35

Industrie- und Handelskammern, persönliche Gebührenfreiheit **87** 4; s. a. Berufsständische Kammern Anh. C I

Industriekreditbank AG Anh. C I

Inländische Behörden, Erstattung von Auslagen – **137** 49–51; s. a. Auslagen

Insolvenzordnung, Eintragungen auf Ersuchen des Insolvenzgerichts **69** 16

Insolvenzvermerk 65 17; **69** 17–18

Insolvenzverwalter, Kostenschuldner **2** 35–36

Interesseschuldner 2 19–21

Internationale Familienverfahren Anh. B

Investitionsbank Berlin Anh. C I

J

Jahresabschluss, Aufbewahrung und Prüfung, Gebührentatbestand **86** 2–9, Gebühr **86** 10, 11, Fälligkeit, Schuldner **86** 12, 13; Abschriften eingereichter Abschlüsse **86** 15

Jüdische Gemeinde Anh. C I

Jugendhilfe s. Sozialrechtliche Verfahren Anh. C I

Justizgewährungsanspruch Einf. 20

Justizverwaltungsakte, Anfechtung von – Zusatz zu **14**; Anh. B

Justizverwaltungsgeschäfte 1 5

K

Kapitalerhöhung, -herabsetzung, Eintragung im Handelsregister **79, 79 a**, Schuldner **79, 79 a** 62; s. a. Doppelsitz Anh. C I

Kapitalgesellschaften s. Aktiengesellschaft, GmbH, KGaA, Umwandlung, Verschmelzung, s. a. Vermögenszuordnung Anh. C I

Kapitalkreditbeschaffung für landwirtschaftliche Pächter s. Pachtkreditsachen

Kapitalneufestsetzung s. D-Markbilanzgesetz 13. Aufl. Anh. A II

Kataster, Eintragung zur Erhaltung der Übereinstimmung zwischen Grundbuch und Kataster **69** 8

Katasterfortführungsgebühr 60 75–77; Anh. B
KG, Grundbucheintragung 61 15–20
KGaA, Eintragung in das Handelsregister, Gebühr 79, 79a, Fälligkeit 79, 79a 61, Schuldner 79, 79a 62, Verfahren zur Auflösung einer – 88 10–25; Haftungsschuldner 3 31
Kindergeld, Bestimmung des Anspruchsberechtigten 91 45, 46; s. a. Sozialrechtliche Verfahren Anh. C I
Kindeswohl, Gefährdung des – s. Elterliche Sorge
Kindesunterhalt, Bestimmung über Art der Unterhaltsgewährung, Auslagen 94 37–38, Gebührentatbestand 94 1–11, 43–47, Schuldner 94 26–36, 46–47, Wert 94 12–20, 45, 45 a
Kindschafts- und Unterhaltssachen, Gebührenfreiheit 55 a
Kirchen Anh. C I
Kirchenaustritt Anh. C I
Kirchenbücher 127
Kirchstuhlrechte 77 11
Klarstellung der Rangverhältnisse s. Rangverhältnisse
Kleingärten Anh. C I
Kleinsiedlung Anh. C I
Knappschaft s. Sozialrechtliche Verfahren, Sozialversicherung Anh. C I
Kohleabbaugerechtigkeit Anh. C I
Kommanditgesellschaft, Eigentumseintragung im Grundbuch 60 8 ff., 40, 48, 66, 61 14 a; Eintragung in das Handelsregister 79, 79 a; gerichtliche Anordnung nach § 166 Abs. 3 HGB, Gebührentatbestand 121 1–25, Schuldner 121 28–29, Wert 121 26–27; Haftungsschuldner 3 29
Kommunale Wohnungsgesellschaften s. Wohnungsgesellschaften Anh. C I
Kommunale Zweckverbände s. Gemeindeverbände Anh. C I
Kommunen s. Gemeinden Anh. C I
Konkursverfahren, gebührenfreie Eintragungen des Registergerichts 87 1–3
Konsularbeamte Anh. B
Kontaktsperre Anh. B
Kosten, Begriff **Einf.** 41
Kostenansatz 14 1–32; Berichtigung im Verwaltungswege 14 197–201, 15 18–21; Beschwerde 14 131–173, weitere Beschwerde 14 174–193, außerordentliche Beschwerde 14 194–196; Bindung an gerichtliche Entscheidungen 14 26–32; Erinnerung 14 33–130; Gegenvorstellung 14 124, 144, 195; Justizverwaltungsakt, Verfahren 14 1–15, Anfechtung von Justizverwaltungsakten Zusatz zu 14; Kostenansatz bei Verwahrung und Eröffnung einer Verfügung von Todes wegen 103 39, s. a. Nachforderung; Kostenansatz nach Vorschuss 14 17–18; zum Kostenansatz durch Gericht s. a. Anh. D I; Unterbleiben des Kostenansatzes 14 16; zuständige Behörde 14 19–25
Kostenbefreiung 11; Einschränkungen 12; Gebührenfreiheit für einzelne Gesamtschuldner 13
Kostenberechnung s. Kostenansatz
Kostendeckungsgrundsatz Einf. 21
Kostenerlass 11 37–38
Kostenerstattung 3 8
Kostenfestsetzung 135; vollstreckbare Ausfertigung eines Kostenfestsetzungsbeschlusses 133 19
Kostengesamtschuldner Anh. D I § 8
Kostenprüfung Anh. D I §§ 41 ff.
Kostenschuldner, Begriff **Einf.** 71; Aktiengesellschaft 2 75–79; Amtsverfahren 2 7, 22–23; Antragsteller 2 13–18; Antragsverfahren 2 8, 22, 24; Auslagen 2 9–12; Beweisaufnahme 2 14; Beurkundungen 2 40–58, Einzelfirma 2 69, 79, 79 a 62; BGB-Gesellschaft 2 26, Entscheidungsschuldner 3 2–8; Erbenhaftung 6; Haftungsbeschränkung 6 10; Ermächtigung 2 33–34; Ersteher 4 1; EWIV 2 75; Familienrechtsachen 2 92–94; Feststellung der Schuldnerschaft 2 33; FG-Reform, Kostenschuldner 2 107–109; Firmenmissbrauchsverfahren 2 86; Firmenlöschungsverfahren von Amts wegen 2 87; Gesamtschuldner 5 1–12; Geschäftsfähigkeit 2 28; Grundbuchsachen 2 59–67; Haftung des Vertreters 2 29–32; Haftungsbeschränkung 2 37; Haftungsschuldner 3 26–42; Insolvenzverwaltung 2 31; Interessenschuldner 2 19–21; Juristische Personen 2 75–79; mehrere Schuldner 5 1–15; Mitschuldner 3 23; Nachlasssachen 2 84–86; öffentlich-rechtliches Kostenschuldverhältnis 2 1–5; Partnerschaft 2 74; Personengesellschaften 2 70–73, 79, 79 a 62; Prokura 2 80, 79, 79 a 62; Prozesskostenhilfe 2 33; Rechtsfähigkeit 2 25, 26; Registersachen 2 68–91, 79, 79 a 68–91; Sequester 2 55; Testamentsvollstrecker 2 35; Übernahmeschuldner 3 9–25; Umfang 2 22–24, Verein 2 75; Verfahrensstandschafter 2 33; Vertretung 2 29–32; Verwalter fremden Vermögens 2 35–36; Vollstreckungsschuldner 3 43–57; Vorgesellschaft 2 48, 77; Wohnungseigentumsverwalter 2 34
Kostenverfahren, Begriff **Einf.** 72–74
Kostenverfügung Anh. D I
Kosten-Verwaltungsakte, Anfechtung Zusatz zu 14; s. a. Anh. B
Kostenvorschuss s. Vorschuss
Kraftloserklärung von Vollmachten, gerichtliche Bewilligung der –, Gebührentatbestand 122 2, 4, Wert 122 5
Kreditanstalt für den Wiederaufbau Anh. C I
Kreise Anh. C I
Kreisgebietsreform s. Gebietsreform Anh. C I

Kriegsfolgen Anh. C I
Kriegsgräber Anh. C I
Kriegsopferfürsorge s. Sozialrechtliche Verfahren Anh. C I
Kriegsopferversorgung Anh. C I
Kriegstod Anh. C I
Kur- und Neumärkische Ritterschaftliche Darlehens-Kasse Anh. C I
Küstenschutz s. Flurbereinigung Anh. C I

L

Landbeschaffung Anh. C I
Länder, Kostenbefreiung **11** 14; Anh. C I
Landesamt zur Regelung offener Vermögensfragen Anh. C I
Landesbank Berlin – Girozentrale – Anh. C I
Landesbank Sachsen Girozentrale Anh. C I
Landesgebührenbefreiungsgesetze 11 19–36, Anh. C II
Landesrechtliche Kostenvorschriften 11; 158 1–5
Landeswohlfahrtsverbände s. Wohlfahrtsverbände Anh. C I
Landeszentralbanken s. Bundesbank Anh. C I
Landgüterrolle Anh. B; Anh. C I
Landkreise Anh. C I
Landpacht Anh. B
Landschaftsverbände Anh. C I
Landwirtschaftlicher Betrieb, Geschäftswert **19** 78–97
Landwirtschaftliche Entschuldung Anh. C I
Landwirtschaftliche Produktionsgenossenschaften s. Landwirtschaftsanpassung Anh. C I
Landwirtschaftliche Rentenbank Anh. C I
Landwirtschaftsanpassung Anh. B; Anh. C I
Landwirtschaftsbehörden Anh. C I
Landwirtschaftsbeschwerden Anh. B
Landwirtschaftskammern, persönliche Gebührenfreiheit **87** 4; s. a. Berufsständische Kammern Anh. C I
Landwirtschaftssachen Anh. B
Lastenausgleich, Wert **18** 32; Anh. C I; **107a** 2
Laufzeitverlängerung, Veränderung eines Rechts **64** 30
Lebenspartner, Eintragung im Grundbuch **60** 28–38; Eintragung in das Partnerschaftsregister **79, 79a;** vormundschaftsgerichtliche Entscheidungen **97** 43–46
Lebenspartnerschaftssachen 1 3, Beschwerden in Wohnungssachen, Hausratssachen und Versorgungsausgleichssachen **131a**
Leibrente, Wert **24** 16, 25
Leitungsrechte Anh. C I
Linksniederrheinische Entwässerungsgenossenschaft (LINEG) Anh. C I

Lippeverband Anh. C I
Londoner Schuldenabkommen s. Auslandsschulden Anh. C I
Löschung unredlicher Rechte Anh. C I
Löschung von Grundbucheintragungen **68** 1–3, 9, 14, Schuldner **2** 59–67, Wert **68** 4–8a; Löschung gegenstandsloser Rechte **68** 8; Löschung eines Gesamtrechts **68** 14; Löschung mehrerer Rechte **68** 9
Löschung gegenstandsloser Eintragungen 70 1–6; Auslagenschuldner **70** 2
Löschungsanträge, Aufnahme von – im Grundbuch **75**
Löschungsverfahren, Firma **88** 1–10; Gesellschaft **88** 22–27; nichtige Gesellschaften, Beschlüsse **88** 20–21; Partnerschaft **88** 11; Schiff **88** 28; vermögenslose Gesellschaft **88** 12–14; unzulässige Eintragungen **88** 15–19; Schuldner **2** 77
Löschungsvormerkung, 23 23–27; Eintragung einer –, Gebühr **64** 40ff., 69, 75, Wert **64** 40; gebührenfreies Nebengeschäft **62** 19–23
Luftfahrtregister Anh. B

M

Märkische Landschaft Anh. C I
Marksteine Anh. C I
Mehrere Antragsteller, Schuldner **2** 15
Mehrere Grundstücke, Eigentumseintragung **60** 65ff.
Mehrere Kostenschuldner 5 1–18
Mehrere Veränderungen desselben Rechts, Grundbucheintragung **64** 56–70
Meinungsverschiedenheiten, Entscheidung von – zwischen Eltern und Pfleger durch das Familiengericht, Auslagen **95** 20, Gebührentatbestand **95** 1–2d, 14–18, 66, Schuldner **95** 19, 55, Wert **95** 3–13, 66
Mietverträge, Geschäftswert **25**
Milde Stiftungen Anh. C I
Mindestgebühr 33
Mitbenutzungsrechte, Eintragung als Belastung im Grundbuch, Gebühr **62** 1–3, Schuldner **2** 50ff., Wert **62** 10a
Miteigentum, Eintragung des Eigentums im Grundbuch **60** 6, 7, 25ff., 40, 66
Miteigentümer, Belastung des Anteils eines –, Gebühr, Wert **65** 9
Mithaft, Entlassung aus der Mithaft **68** 10–12, **64** 20, Schuldner **2** 59–67, Wert **68** 13; Pfandauswechslung **63** 34, Schuldner **2** 59–67, Wert **63** 28–31
Mittellose Personen, Erstattung von Auslagen **137** 36–38
Montan-Mitbestimmung Anh. B
Museumsstiftung Post und Telekommunikation Anh. C I

N

Nacherbenvermerk, Eintragung des –, Gebühr 65, 60 62, 65

Nacherbfolge, Eintritt der –, Anzeige der Nacherbfolge, Gebühr **112** 1–3, 28, Schuldner **112** 16, 28, Wert **112** 8–10; Eintragung im Grundbuch **60** 38, 54

Nacherbschaft, Anwartschaft, Wert **18** 29, 30 56; Pflegschaft für Nacherben, Gebühr, Schuldner **6** 1–13, bei persönlicher Gebührenfreiheit **12** 2

Nachforderung der Kosten wegen unrichtigen Ansatzes **15**; Justizverwaltungsakt **15** 18–21; Nachforderung bei Verwahrung und Eröffnung einer Verfügung von Todes wegen **103** 40, 42; Nachforderungsschuldner **15** 12–17; Rechtsweg **15** 32–33

Nachlass, Wert **18** 27, 29

Nachlassauseinandersetzung, gerichtliche Vermittlung der –, Gebührentatbestand **116** 1–26, Schuldner **116** 43–51, bei persönlicher Gebührenfreiheit **12** 3, Wert **116** 32–38; Zwangsvollstreckung **116** 52; Nachtragsvermittlung **116** 27

Nachlassinventar, Entgegennahme eines –, Gebührentatbestand **114** 1 ff., **115** 17, Schuldner **114** 8, Wert **114** 7; Bestimmung einer Inventarfrist, Gebührentatbestand **114** 10, **115** 17, Schuldner **114** 12, Wert **114** 11; Bestimmung einer neuen Inventarfrist, Gebührentatbestand **114** 14, **115** 17, Schuldner **114** 14, Wert **114** 15; Verlängerung der Inventarfrist, Gebührentatbestand **114** 17, **115** 17, Schuldner **114** 17, Wert **114** 18

Nachlasspflegschaft, Fälligkeit **106** 27, Gebühr **106** 5, **115**, Schuldner **106** 28–34, **2** 95, **6** 1–13, bei persönlicher Gebührenfreiheit **12** 2, Wert **106** 6–19; Zusammenhang mit Nachlasssicherung **104** 14–15

Nachlasssachen 101–116, Schuldner **2** 95–97; **7** 9; Erledigung durch andere Behörden und Dienststellen **159**

Nachlasssicherung, Gebühr **104** 1–3, **115** 27, Fälligkeit **104** 12, Schuldner **104** 13, **6** 1–13, bei persönlicher Gebührenfreiheit **12** 2, Wert **104** 4–7; Siegelung **104** 16–18; Vermögensverzeichnis **104** 16–18

Nachlassverwaltung, Gebühr **106** 1, 5, Wert **106** 6–19, Fälligkeit **106** 27, Schuldner **106** 28–34, **6** 1–13, bei persönlicher Gebührenfreiheit **12** 2; Grundbucheintragung, Gebühr **65** 10, 11, **69** 23, Schuldner **2** 59–67, Wert **30**, **65** 10; Zurückweisung oder Zurücknahme eines Antrags **106** 35–47

Nachlasswert, Formblatt Anh. D IV

Nachträgliche Ausscheidung eines Grundstücks aus dem Grundbuch, Gebühr **67** 13, Wert **67** 26

Namensänderung, Eintragung im Grundbuch, Gebühr **60** 3, 4, 76, **67** 15, Wert **67** 26, Schuldner **2** 59–67; vormundschaftsgerichtliche Genehmigung des Namensänderungsantrags, der Anschließung an die –, Auslagen **95** 20, Gebührentatbestand **95** 1–2 d, 14–18, 75, 76, Schuldner **95** 19, 53, Wert **95** 3–13, 75, 76

Namensänderung bei der Annahme als Kind 91 37

Namenserteilung, Ersetzung der Einwilligung zur – durch das Familiengericht, Auslagen **95** 20, Gebührentatbestand **95** 1–2 d, 14–18, 64 a, Schuldner **95** 19, 55, Wert **95** 3–13, 64

Nebengeschäfte 35

NEhelG, Genehmigung der Erbrechtsvereinbarung eines unter Einwilligungsvorbehalt stehenden Betreuten **91** 62

Nichteheliches Kind, Eintragung im Grundbuch **60** 28

Nichterhebung der Kosten durch unrichtige Sachbehandlung **16** 1–61; Gegenstand der Nichterhebung **16** 62–67; gerichtliche Entscheidung **16** 68–73; Justizverwaltung **16** 74–76

Niersverband Anh. C I

Nießbrauch, Eintragung eines –, Gebühr **62** 1–3, Schuldner **2** 59 ff., Wert **62** 5; Gebührenermäßigung bei Eintragung auf Grund Gutsüberlassung, Erbauseinandersetzung, Gesamtgutsauseinandersetzung **62** 12–17; Löschung der Eintragung **68** 1–3, Wert **68** 7; Schiffsregister **84** 15

Nießbraucher, Haftungsschuldner **3** 36

Nottestament Anh. B

Notwegrente, Wert **24** 38

O

Öffentliche Anstalten und Kassen, Kostenbefreiung **11** 15; Anh. C I

Öffentliche Bekanntmachungen, Auslagen **137** 15–18; s. a. Auslagen

Öffentliches Interesse Anh. C I

Öffentliche Last Anh. C I

Öffentlich-rechtliches Kostenschuldverhältnis 2 1–5

Öffentliche Zustellung einer Willenserklärung, gerichtliche Bewilligung der –, Gebührentatbestand **122** 2, 4, Wert **122** 5

Offenbarungs- und Ausforschungsverbot 91 38

Offene Handelsgesellschaft, Eintragung im Grundbuch **60** 8 ff., 40, 58, 66, **61** 15–20; Eintragung im Handelsregister, Gebühr **79**, **79 a**, Fälligkeit **79**, **79 a** 61, Schuldner **79**, **79 a** 62; Haftungsschuldner **3** 29

Ordnungsgeldfestsetzung 119; s. a. **134** 1

Ortsgerichte 159

P

Pachtkreditsachen, Niederlegung des Verpfändungsvertrages, Entgegennahme der Anzeige über die Abtretung der pfandgesicherten Forderung, Herausgabe des Verpfändungsbetrages, Erteilung beglaubigter Abschriften **126**; s. a. Grundbuchgeschäfte Anh. C I
Pachtkündigung s. Siedlung Anh. B
Pachtrechte, Pachtverträge, Geschäftswert **25**
Partnerschaft, Grundbucheintragung **61** 15–20; Haftungsschuldner **3** 29; Kostenschuldner **2** 63a
Partnerschaftsregister, Ablichtungen und Ausdrucke aus dem – **89**; Eintragung in das –, Gebühr/Gebührentatbestand **79, 79 a** 5–13, Fälligkeit **79, 79 a** 61, Schuldner **79, 79 a** 62; Eintragungen in Insolvenz- und Zwangsvollstreckungssachen **87** 1; Registereinsicht **90**; Sitzverlegung **79, 79 a** 56–59; Zweigniederlassung **79, 79 a** 46–55
Patentanwalt, gerichtliche Verfahren Anh. B
Pauschalgebühr Einf. **35**
Personengesellschaften s. Offene Handelsgesellschaft, Kommanditgesellschaft, EWIV
Personensorge, Übertragung der –, Auslagen **94** 37–38, Gebührentatbestand **94** 1–11, 68, Schuldner **94** 26–36, 85–90, Wert **94** 12–20, 79–84; Unterstützung der Eltern bei der Ausübung der –, Auslagen **95** 20, Gebührentatbestand **95** 1–2 d, 14–18, 41, Schuldner **95** 19, 37, Wert **95** 3–13, 41
Personenstandsangelegenheiten, aufbewahrte Register **127**; gerichtliche Anordnungen, Zurückweisung von Anträgen, Verwerfung oder Zurückweisung von Beschwerden **127** 4, Auslagen **127** 5, Schuldner **127** 5
Pfänder, Verkauf oder Hinterlegung, Gebührentatbestand **120** 1, Wert **120** 2
Pfandrecht, Wert **23** 1–9
Pfarrpfründestiftungen s. Milde Stiftungen Anh. C I
Pflegschaft für einzelne Rechtshandlungen, Gerichtgebühren **93** 1–7, 9–10, 12–22, Fälligkeit, Schuldner, Auslagen **93** 51–54, Wert **93** 23–50; vorläufige Maßregeln **95** 74; s. a. Dauerpflegschaft; Abwesenheitspflegschaft des § 88 FGG **116** 16
Pflichtteilsanspruch, Stundung des –, Gebührentatbestand **106 a** 1–3, mehrere Ansprüche, Zusammenhang mit anderen Geschäften **106 a** 4–5, Schuldner **106 a** 8–9, Wert **106 a** 6–7; Übergangsrecht **106 a** 10
Planungsgemeinschaften Anh. C I
Postdienst, Postbank 11 16a
Preußische Staatsbank (Seehandlung) Anh. C I
Preußischer Kulturbesitz Anh. C I
Preußisches Gerichtskostengesetz Anh. C II

Produktionsgenossenschaften s. Landwirtschaftsanpassung Anh. C I
Programm-Nord GmbH Anh. C I
Prokura, Eintragung in das Handelsregister **79, 79 a** 33–39, Kostenschuldner **79, 79 a** 80
Prozesskostenhilfe, Beschwerde in Prozesskostenhilfesachen, Anwendungsbereich **131 b** 1–7, Gebührentatbestand **131 b** 8–20, Schuldner **131 b** 21, Auslagen **131 b** 24, 25; familienrechtliche Beschwerden **131 b** 22; Rechtspfleger-Erinnerung **131 b** 23; Unkenntnis **131 b** 26; s. a. Anh. B; Durchführungsbestimmungen Anh. D III
Publizitätspflicht, gerichtliche Entscheidung nach § 12 Abs. 3 RechnlegG, Gebührentatbestand **121** 24, 25, Schuldner **121** 28, 29, Wert **121** 26, 27

R

Rahmengebühren 34
Rangbereinigungsverfahren 70 7; Schuldner der Auslagen **70** 8
Rangänderungen, Grundbucheintragung **64** 23, 32 ff.
Rangverhältnisse, Klarstellung der –, Gebührenfreiheit **70** 7, Schuldner der Auslagen **70** 8
Rangvermerk 63 33; gebührenfreies Nebengeschäft **62** 18
Rangvorbehalt, Eintragung des – als gebührenfreies Nebengeschäft **62** 18, 23, **64** 23; nachträgliche Eintragung **64** 23; nachträgliche Änderung **67** 16, Schuldner **2** 50–57, Wert **67** 26
Ratschreiber als Grundbuchbeamter Anh. B; s. a. **159** 3
Raumeigentum s. Wohnungseigentum
Raumerbbaurecht, Raumuntererbbaurecht s. Wohnungserbbaurecht
Reallast, Eintragung im Grundbuch, Gebühr **62** 1–3, Schuldner **2** 59 ff., Wert **62** 8; Gebührenermäßigung bei Eintragung auf Grund Gutsüberlassung, Erbauseinandersetzung, Gesamtgutsauseinandersetzung **62** 12–17; gebührenfreie Nebengeschäfte **62** 18; Vermerk der Rechte, die dem jeweiligen Eigentümer zustehen **67** 6, 20, Wert **24** 16
Rechnungsgebühren, Auslagen **137** 32; Rechnungsarbeiten **139** 1, 2; Rechnungsgebühren **139** 3, 4; Vormundschafts-, Betreuungs- und Pflegschaftssachen **139** 5; Festsetzung **139** 6, 7
Rechtsanwaltskammerbeschlüsse, Anfechtung Anh. B
Rechtsanwaltszulassung, gerichtliche Verfahren Anh. B
Rechtliches Gehör, Rüge 131 d; Abhilfe bei Verletzung des Anspruchs auf – 157 a
Rechtsgeschäfte, Genehmigung von –, s. Genehmigung von Rechtsgeschäften

Rechtskraftzeugnis 135
Rechtspflegegeschäfte 1 4
Rechtspfleger-Erinnerung Anh. B
Reederei s. Schiffsregister
Regionalverbände s. Gemeindeverbände Anh. C I
Registereinsicht 90
Registersachen, Kostenschuldner **79, 79a** 68–91
Reichsheimstätten s. Heimstätten Anh. C I
Reichsvermögen Anh. C I
Reiseentschädigung mittelloser Personen Anh. D II, Erstattung Anh. D I
Religiöse Kindererziehung, Genehmigung der Bestimmung über die –, Auslagen **95** 20, Gebührentatbestand **95** 1–2d, 14–18, 78, Schuldner **95** 19, 55, Wert **95** 3–13, 78; Vermittlung und Entscheidung des VormG **91** 63
Religionsgemeinschaften s. Kirchen Anh. C I
Renten, Wert **24** 16
Rentenanwartschaften, Auskunft über – **91** 16
Rentenschuld, Eintragung einer –, Gebühr **62** 1–3, Schuldner **2** 59ff., Wert **62** 4; Eintragung mehrerer Rechte, Belastung mehrerer Grundstücke **63** 1–16, Gebühren/Werte **63** 17–24, Gesamtrechte **63** 25–34
Rentenschuldbrief s. Hypothekenbrief
Reparationsschäden Anh. C I
Rotes Kreuz s. Deutsches Rotes Kreuz Anh. C I
Rückerstattung Anh. C I
Rückerstattungsanspruch von Vollstreckungskosten **3** 51
Rückgabe s. Vermögensgesetz Anh. C I
Rückübertragung s. Vermögensgesetz Anh. C I
Ruhrkohle AG Anh. C I
Ruhrverband Anh. C I
Rundfunkanstalten Anh. C I

S

Sachenrechtsbereinigung, Vermittlungsverfahren Anh. A III; Vermittlung zwischen den Beteiligten, Abgeltungsbereich der Gebühren **100** 38–41, Auslagen **100** 43–44, Beschwerden **100** 42, Erörterungstermin **100** 15, Fälligkeit **100** 45; **101** 2–3; Gebührenermäßigung nach dem Einigungsvertrag **100** 19; Gebührentatbestand, Gebühr **100** 7–9; Kostenpflicht **101** 1; Rechtsweg gegen Kostenansatz **101** 9; Schuldner **100** 45; **101** 4–6; Vermittlungsvorschlag **100** 11–13; Vorschuss **100** 45; **101** 7–8; vorzeitige Beendigung/Erledigung des Verfahrens **100** 10–21; Wert **100** 22–35, Gegenstandshäufung **100** 36–37, Zwangsvollstreckung **100** 46; Vermittlung mit einem Dritten, Abgeltungsbereich der Gebühren **100** 55, Auslagen **100** 56, Fälligkeit **101** 2–3, Gebührentatbestand, Gebühr **100** 48–51, Kostenpflicht **101** 1, Rechtsweg gegen Kostenansatz **101** 9, Schuldner, Fälligkeit, Vorschuss **100** 57–58 **101** 4–8, Wert **100** 52–54; Prozesskostenhilfe **102** 1; vormundschaftsgerichtliche Genehmigung von Erbbaurechtsoder Kaufverträgen des nach dem VermG oder EGBGB bestellten Vertreters **97** 42, Schuldner **97** 7, Wert **97** 3–6
Sachenrechtsbereinigungs-Vermerk 77 21
Sachsen LB s. Landesbank Sachsen Girozentrale Anh. C I
Sachverständige, Ernennung und Beeidigung von –, Gebührentatbestand **120** 1, Wert **120** 2
Salzabbaugerechtigkeiten 77 10
Samtgutsverwalter, Zeugnis für – 109 37
Schätzungen (Aufnahme durch Gericht), Gebühr **50** 26, **58** 4
Schenkung auf den Todesfall, Eintragung des Eigentümers im Grundbuch **60** 57a
Schiffsbauregister, Ablichtungen und Ausdrucke aus dem – **89**; Aufnahme von Anmeldungen **86** 1; Beglaubigte Abschriften aus Registerakten **88** 22, **136** 55; Eintragungsgebühr **85** 2, Wert **85** 2; Eintragung in das Schiffsregister **85** 6; Eintragungen in Insolvenz- und Zwangsvollstreckungssachen **87** 1; Löschung des Schiffbauwerks **85** 3; Registerabschriften, -auszüge **89**, für Zwangsversteigerung **89** 24; Registereinsicht **90**; Anh. C I
Schiffsbrief s. Schiffsurkunde
Schiffshypothek 84 15
Schiffsmühlengerechtigkeiten 77 11
Schiffsregister, Ablichtungen und Ausdrucke aus dem – **89**; Aufnahme von Anmeldungen **86** 1; Beglaubigte Abschriften aus Registerakten **88** 22, **136** 55; Bescheinigungen **89**, Ersteintragung **84** 1–3; Eintragung von Belastungen **84** 15–17, Veränderungen **84** 19; Eintragung des Eigentümers **84** 12–14; Eintragungen in Insolvenz- und Zwangsvollstreckungssachen **87** 1; Löschung eines Schiffs nach § 21 SchiffsRegO **88** 26; Löschungen **84** 9–10; Nießbrauch **84** 15; Reederei **84** 22–24; Registerablichtungen, -auszüge **89**, für Zwangsversteigerung **89** 24; Schiffshypothek **84** 15; Veränderungen **84** 4–8; Verfügungsbeschränkungen **84** 21; Vormerkungen, Widersprüche **84** 20; s. a. Anh. C I
Schiffsurkunde, Erteilung von Schiffsurkunden, Eintragung von Vermerken **84** 25–31; Dokumentenpauschale **84** 30, 31; s. a. Anh. C I
Schiffszertifikat s. Schiffsurkunde
Schlüsselgewalt, Aufhebung einer Beschränkung der –, Ausschließung der –, Gebührentatbestände **97** 2, 14a, Schuldner **97** 7, Wert **97** 3–6, 14a

Schreibauslagen s. Dokumentenpauschale
Schulen Anh. C I
Schulverbände Anh. C I
Schwerbehinderte s. Sozialrechtliche Verfahren Anh. C I
Schwimmdocks 85 7
Sicherungshypothek, Eintragung der – für die Forderung gegen den Ersteher **69** 24; Eintragung im Verwaltungszwangsverfahren **69** 26; Umwandlung in eine Buch- oder Briefhypothek **64** 9
Sicherungshypotheken gegen den Ersteher, Gebührenschuldner **4** 2
Siedlung Anh. B; Anh. C I
Siegelung, Entsiegelung, Gebühr **52** 6–7, 10–12, **58** 4, Wert **52** 9; Zusammenhang mit Nachlasssicherung **104** 16–18
Sitzverlegung, Eintragung im Handelsregister, Gebühr **79, 79 a** 56–59, Fälligkeit **79, 79 a** 61, Schuldner **79, 79 a** 68
Soldatenversorgung Anh. C I
Sonderprüfer (AktG) Anh. B
Sorgeerklärung, Ersetzung der Einwilligung zur – durch das Familiengericht, Auslagen **95** 20, Gebührentatbestand **95** 1–2 d, 14–18, 65, Schuldner **95** 19, 55, Wert **95** 3–13, 65
Sorgerechtsübereinkommen 94 108
Sozialhilfe s. Bundessozialhilfe Anh. C I
Sozialrechtliche Verfahren, Bestellung eines Vertreters für das Verwaltungsverfahren **91** 63; s. a. Anh. C I
Sozialstaatsgebot Einf. 20, 28
Sozialversicherung Anh. C I
Spaltung, Eigentumseintragung bei Umwandlung durch – im Grundbuch **60** 15; s. Umwandlung
Sparkassen Anh. C I
Staatsgrenze Anh. C I
Stadtreinigungsbetriebe s. Eigenbetriebe Anh. C I
Städtebauförderung Anh. C I
Standesregister 127
StAngRegG, Entscheidung zwischen Mutter und Vormund **91** 63 a
Steinkohlenbergbau Anh. C I
Stellplatzbenutzungsdienstbarkeit, Wert **24** 15, 32 ff.
Stockwerkseigentum Anh. C I
Straßen Anh. C I
Straßenbaulast s. Straßen Anh. C I
Studentenschaften s. Hochschulen Anh. C I
Studentenwerke Anh. C I
Sturmflut Anh. C I

T

Tankstellendienstbarkeit, Gebühr **63** 1–5, 10, Wert **22** 6, **24** 15, 33, 40

Teileigentum s. Wohnungseigentum
Teilerbbaurecht s. Wohnungseigentum
Teilgegenstände 32 6
Teilgesamtschuldner 5 6–12
Teilung eines Grundstücks, Gebühr **67** 7, 19, Schuldner **2** 59–67, Wert **67** 26; Teilung eines Bergwerks **67** 9; reale Teilung eines Erbbaurechts **67** 9
Telegramme, sonstige Auslagen **137** 1
Telekom s. Deutsche Telekom AG
Telekommunikationsdienstleistungen, sonstige Auslagen **137** 1
Testament s. Verfügung von Todes wegen
Testamentsvollstrecker, Annahme des Testamentsvollstreckeramtes, Entgegennahme der Erklärung durch das Nachlassgericht, Gebühr **112** 1–3, 31, **115**, Schuldner **6, 112** 31, Wert **112** 8–10, 30; Ablehnung des Testamentsvollstreckeramtes – wie Annahme –; Anordnungen anlässlich einer Testamentsvollstreckung **113**; Bestimmung des – durch Dritten, Entgegennahme der Erklärung durch das Nachlassgericht **112** 1–3, 29, Schuldner **112** 16, Wert **112** 8–11, 29; Bestimmung von Mitvollstreckern **112** 4, 29–32, Schuldner **2** 84–86, 89, **112** 16; Entgegennahme der Erklärung durch das Nachlassgericht **112** 1–3, 30, **115** Schuldner **112** 16, Wert **38** 67, **112** 8–11, 30; Entlassung von Testamentsvollstreckern Gebührentatbestand **113** 16–22, **115**, Schuldner **113** 25, 26, Wert **113** 23; Ernennung von Testamentsvollstreckern Gebührentatbestand **113** 1–8, **115**, Wert **113** 9, Schuldner **113** 15; Fristsetzung gegenüber einem Dritten zur Bestimmung eines – Gebührentatbestand **113** 27–28, Wert **113** 34, Schuldner **113** 37–40; Haftungsschuldner **3** 38; Kündigung des Testamentsvollstreckeramtes, Entgegennahme der Erklärung durch das Nachlassgericht **112** 1–3, 31, Schuldner **6, 112** 31; Schuldner, allgemein **2** 31, Wert **112** 8–10, 30
Testamentsvollstreckervermerk, Eintragung des – im Grundbuch, Gebühr **65, 60** 62
Testamentsvollstreckerzeugnis, Gebühr **109** 14 ff., 28 ff., Schuldner **109** 34, **2** 97, **6** 1–13, Wert **109** 16
Todeserklärung 128 1, Wert **128** 9, Schuldner **128** 10–12, Aufhebung, Änderung der Entscheidung **128** 3–6; Genehmigung des Antrags auf –, Auslagen **95** 20, Gebührentatbestand **95** 1–2 d, 14–18, 81, Schuldner **95** 19, 55, Wert **95** 3–13, 81; s. a. Anh. C I
Todeszeit, Feststellung der –, Genehmigung des Antrags auf –, Auslagen **95** 20, Gebührentatbestand **95** 1–2 d, 14–18, 76, Schuldner **95** 19, 55, Wert **95** 3–13, 76
Treuhandanstalt Anh. C I; s. a. Bundesanstalt für vereinigungsbedingte Sonderaufgaben

U

Überbaurecht, Gebühr **63** 1–5, 10, Wert **24** 38
Übergangsvorschrift 161
Überholte dingliche Rechte Anh. C I
Überlassung von Vermögen an das Kind, Genehmigung durch das Familiengericht, Auslagen **95** 20, Gebührentatbestand **95** 1–2 d, 14–18, 69, Schuldner **95** 19, 55, Wert **95** 3–13, 69
Überleitung ehelichen Vermögens s. Anteilsbestimmung Anh. C I
Übernahmeschuldner 3 9–25; Abgrenzung **3** 15–21; als Nachforderungsschuldner **15** 14–15; bei persönlicher Gebührenbefreiung **3** 24, **12** 4; sachliche Gebührenfreiheit **3** 23; Übernahme durch Befreiten **3** 25
Übertragung von Vermögensgegenständen, Gebührentatbestände **97** 2, 20, Schuldner **97** 7, 20, Wert **97** 3–6, 204
Umgangsrecht, Auslagen **94** 37–38, Gebührentatbestand **94** 1–11, 67, Schuldner **94** 26–36, 80–85, Wert **94** 12–20, 74–79; Vermittlungsverfahren im Umgangsstreit **91** 53
Umlandverband Frankfurt Anh. C I
Umlegung s. Baugesetzbuch Anh. C I
Umschreibung unübersichtlicher Grundbuchblätter 69 2–4
Umstellung als Veränderung des Rechts, Grundbucheintragung **64** 31; s. a. Anh. B; Anh. C I
Umstellungsgrundschuld, Löschung im Grundbuch **70** 6; s. a. Umstellung Anh. C I
Umwandlung, Eigentumseintragung im Grundbuch **60** 15 ff.; Eintragung in das Handelsregister **79, 79 a** 40–45, Bekanntmachung **79, 79 a** 77–82; s. a. Anh. B
Unfallkasse Post und Telekom Anh. C I
Universitäten s. Hochschulen Anh. C I
Unkenntnis, Beschwerde beruht auf –, **130** 47
Unrichtiger Kostenansatz 15 3–11
Unrichtige Sachbehandlung s. Nichterhebung der Kosten
Unschädlichkeitszeugnis 158 9; Anh. B; Anh. C I
Unterbringung, Kostenfreiheit **91** 58, **128 b** 1–6, Auslagen **128 b** 7; s. a. Anh. B
Unterbringung des Kindes, vormundschaftsgerichtliche Genehmigung der Freiheitsentziehung **91** 22 a, Rücknahme der Genehmigung **91** 22 b
Unterhalt s. Kindesunterhalt
Unterhaltsansprüche Anh. C I
Unterhaltssachen, Gebührenfreiheit **55 a**
Unterhaltsvereinbarung, vormundschaftsgerichtliche Genehmigung einer –, Auslagen **95** 20, Gebührentatbestand **95** 1–2 d, 14–18, 63, Schuldner **95** 19, 55, Wert **95** 3–13, 63
Unternehmensspaltung s. Umwandlung

Unterstützungskassen der Bundespost Anh. C I
Untersuchung, vormundschaftsgerichtliche Genehmigung der Einwilligung des Bevollmächtigten **97** 38, Schuldner **97** 7, Wert **97** 3–6
Unterwerfung unter die sofortige Zwangsvollstreckung, Grundbucheintragung **67** 14, Schuldner **2** 50–57, Wert **67** 26; gebührenfreies Nebengeschäft **62** 18
Unzulässige Eintragungen, Löschung **69** 5
Urkunden s. Ersetzung Anh. C I

V

VAHRG 99 70–76; Abänderung einer Entscheidung des Familiengerichts **91** 67; Auskunft über Versorgungsanwartschaften **91** 68; Verlängerung des schuldrechtlichen Versorgungsausgleichs **91** 66
Vaterschaft s. Feststellung der Vaterschaft
Vaterschaftsanerkenntnis, Gebührenfreiheit **55 a**; s. a. Anh. C I
Vaterschaftsanfechtung Anh. B
VEB-Umwandlung, Eintragung der Rechtsänderung im Grundbuch **60** 16 b
Veränderungen eines Rechts, Änderung der Zahlungsbedingungen **64** 25; Antennenrecht **64** 29; Belastung des Rechts **64** 7; Bestellung eines Vertreters bei einer Hypothek **64** 27; Dauerwohnrecht **64** 29; Einheitshypothek **64** 28; Entlassung aus der Mithaft **64** 20; Erbbaurecht **64** 29; Ersetzung der Forderung **64** 15; Gebührenbefreiung **64** 87; Gebührenermäßigungen **64** 86; mehrere Veränderungen desselben Rechts **64** 56–70; Rangänderung, Rangvorbehalt **64** 23, 32 ff.; Teilung einer Hypothek **64** 17; Umwandlung von Grundpfandrechten **64** 8–14; Veränderung eines Rechts an mehreren Grundstücken **64** 71–85, **67** 21; Veränderung mehrerer Rechte **64** 52–55; Verteilung einer Gesamthypothek, Grundschuld, Rentenschuld **64** 21; Verzicht des Gläubigers auf die Hypothek **64** 19; Wechsel des Berechtigten **64** 3–5; Wohnungseigentum, Wohnungserbbaurecht **64** 29; Zinssatz **64** 24
Veräußerungsverbot, Grundbucheintragung (Gebühr, Wert, Schuldner) **65** 12
Verbleibensanordnung des Familiengerichts, Auslagen **95** 20, Gebührentatbestand **95** 1–2 d, 14–18, 70, Schuldner **95** 19, 55, Wert **95** 3–13, 70
Verein, Ablichtungen und Ausdrucke aus dem Vereinsregister **89**; Eigentumseintragung im Grundbuch **60** 8–11; Eintragung in das Vereinsregister, Gebühr **80** 1–10 a, Schuldner **80** 27, **2** 64–76, Wert **80** 11–26; Eintragungen in Insolvenz- und Zwangsvollstreckungssachen **87** 1; gerichtliche Ermächtigung zur Einberu-

fung einer Mitgliederversammlung, Gebührentatbestand **121** 1–25, Schuldner **121** 28–29, Wert **121** 26–27; Haftungsschuldner **3** 34; Kostenschuldner allgemein **2** 64; Löschung unzulässiger Eintragungen **88** 11–14; s. a. Anh. C I

Vereinigung von Grundstücken, Grundbucheintragung ohne Eigentumswechsel, Gebühr **67** 7 ff., Wert **30 67** 26; gebührenfreie Grundbucheintragung **69** 9

Vereinigungen (DDR-VereinG) Anh. B

Vereinsregister s. Verein

Verfahrensstandschafter, Kostenschuldner **2** 30 a

Verfahrenspflegschaft 92 21–22, **93** 5, **93 a**, Vergütung für den Verfahrenspfleger aus der Staatskasse, Auslagen **137** 44 a

Verfügungsbeschränkungen an mehreren Rechten **65** 18; an Gesamtrechten **65** 19, 20; mehrere Verfügungsbeschränkungen an einem Recht **65** 21, 22; Eintragung des Nacherben von Amts wegen **65** 3, mit Testamentsvollstreckervermerk **65** 7, Schuldner **65** 5, Wert **65** 4; einstweilige Verfügung **65** 12; Grundbucheintragung **65** 1 ff.; Miteigentümer **65** 9; Miterbe **65** 15; Nachlassverwalter **65** 10; Testamentsvollstrecker **65** 8; Treuhänder einer Versicherung **65** 13; – an mehreren Rechten **65** 18; – an Gesamtrechten **65** 19–20; mehrere – an einem Recht **65** 21–22; Veränderung von – **67** 24

Verfügung von Todes wegen, amtliche Verwahrung, Fälligkeit **101** 22, 23, Gebühr **101** 4–20, Schuldner **101** 24–25, Wert **101** 21 **103** 1–38; Eröffnung einer –, Gebühr **102** 1–11, Schuldner **102** 13, **6** 1–13, Schuldner bei persönlicher Gebührenfreiheit **12** 2, Wert **102** 12, **103** 1–38; Kostenansatz **103** 39; Nachforderung, Verjährung **103** 40–42; s. a. Anfechtung einer –; Schenkungsversprechen auf den Todesfall, Ehegattenzustimmung nach § 1516 BGB, Erbverzicht

Verfügung über das Vermögen, Ersetzung der Zustimmung zur –, Gebührentatbestände **97** 2, 15, Schuldner **97** 7, Wert **97** 3–6, 15

Verfügung über Haushaltsgegenstände, Ersetzung der Zustimmung zur –, Gebührentatbestände **97** 2, 16, Schuldner **97** 7, Wert **97** 3–6, 16

Vergleichsverfahren, gebührenfreie Geschäfte des Registergerichts **87** 1–3

Vergleichsvermerk im Grundbuch **69** 16

Vergütung von Vorstandsmitgliedern, Aufsichtsratmitgliedern, Liquidatoren, Prüfern, besonderen Vertretern, Sachverständigen, gerichtliche Entscheidung über die –, Gebührentatbestand **121** 1–25, Schuldner **121** 28–29, Wert **121** 26–27

Verjährung des Kostenanspruchs **17** 1–22; des Kostenrückerstattungsanspruchs **17** 23–31; bei Eröffnung und Verwahrung einer Verfügung von Todes wegen **103** 40; Übergangsrecht zur Verjährung **17** 41–44; s. a. Anh. D I § 37 a

Verkauf von Pfändern s. Pfänder

Verkaufserlaubnis für den gesetzlichen Vertreter des Eigentümers (§ 7 GBBerG), Gebührentatbestände **97** 2, 41, Schuldner **97** 7, Wert **97** 3–6

Verkehrsbetriebe s. Eigenbetriebe Anh. C I

Verkehrshypothek, Umwandlung in eine Tilgungshypothek **64** 8

Verlängerung der Laufzeit von Rechten, Grundbucheintragung **64** 30

Vermächtnis, Eintragung im Grundbuch **60** 36; Fristbestimmung gemäß §§ 2151, 2153 bis 2155 BGB, Gebührentatbestand **114** 20, **115**, Wert **114** 21 ff., Schuldner **114** 27

Vermittlung der Nachlassauseinandersetzung, gerichtliche –, s. Nachlassauseinandersetzung

Vermittlungsverfahren Anh. C I; s. Sachenrechtsbereinigungsgesetz

Vermögensabgabe, Wert **18** 32

Vermögensbeschlagnahme (§ 111 c StPO), Eintragung im Grundbuch auf Ersuchen des Gerichts / der Staatsanwaltschaft **69** 22

Vermögensgesetz Anh. C I

Vermögenssorge, Abweichung von Vermögensverwaltungsanordnungen, Genehmigung, Auslagen **95** 20, Gebührentatbestand **95** 1–2 d, 14–18, 67, Schuldner **95** 19, 55, Wert **95** 3–13, 67; Abweichung von Vermögensverwaltungsanordnungen, Ersetzung der Zustimmung eines Dritten **95** 68; Aufhebung der Übertragung der – auf den Beistand **91** 25; Entziehung der Vermögenssorge, Auslagen **94** 37–38, Gebührentatbestand **94** 1–11, 60, 65, Schuldner **94** 26–36, 46–47, Wert **94** 12–20, 60; Gefährdung des Kindesvermögens, gerichtliche Maßnahmen, Auslagen **94** 37–38, Gebührentatbestand **94** 1–11, 63, Schuldner **94** 26–36, 46–47, Wert **94** 12–20, 63; Übertragung der Vermögenssorge, Auslagen **94** 37–38, Gebührentatbestand **94** 1–11, 69, Schuldner **94** 26–36, 85–90, Wert **94** 12–20, 79–84; Vermögensüberlassung an das Kind, Genehmigung, Auslagen **95** 20, Gebührentatbestand **95** 1–2 d, 14–18, 68, Schuldner **95** 19, 55, Wert **95** 3–13, 68; Vermögensverzeichnis, Aufnahme eines –, Auslagen **94** 37–38, Gebührentatbestand **94** 1–11, 59, Schuldner **94** 26–36, 46–47, Wert **94** 12–20, 59; Verwaltung von Todes wegen erworbenen Vermögens, Verwaltung unentgeltlich zugewendeten Vermögens, Auslagen **94** 37–38, Gebührentatbestand **94** 1–11, 58, Schuldner **94** 26–36, 46–47, Wert **94** 12–20, 58

Vermögensübernehmer, Haftungsschuldner **3** 35

Vermögensübertragung, Eintragung des Eigentums bei Umwandlung durch – **60** 15 ff.

Vermögensverwaltungsanordnungen, Anordnungen zur Vermögensverwaltung, Auslagen **94** 37, 38, 60, Gebührentatbestand **94** 3–11, 60, Schuldner **94** 26–36, 60, Wert **94** 12–20, 60; Genehmigung zu Abweichungen zu – durch das Familiengericht, Auslagen **95** 20, Gebührentatbestand **95** 1–2 d, 14–18, 66, Schuldner **95** 19, 55, Wert **95** 3–13, 66; Ersetzung der Zustimmung eines Dritten zu – **95** 67

Vermögensverzeichnis, Aufnahme von –, Gebühr **52** 3–5, 10–12, **58** 4, Wert **52** 9; Zusammenhang mit Nachlasssicherung **104** 16–18; s. a. Vermögenssorge

Vermögenszuordnung Anh. C I

Verschmelzung s. Umwandlung

Versetzung in den Ruhestand, Bestellung eines Pflegers **91** 49

Versorgungsanstalt des Bundes und der Länder Anh. C I

Versorgungsansprüche, Auskunft über – **91** 16

Versorgungsausgleich, Abänderung einer Entscheidung des Familiengerichts **91** 67; Abfindungsverfahren, Gebühr **99** 49, 51, Schuldner **99** 52, Wert **99** 53, Ratenzahlung für die Abfindung **99** 50, 51, Schuldner **99** 52, Wert **99** 56; Abtretung von Versorgungsansprüchen Gebühr **99** 48, 51, Schuldner **99** 52, Wert **99** 55, Änderungsentscheidungen **99** 57–63; Aufhebung der Einzahlungsverpflichtung bei schuldrechtlichem Versorgungsausgleich **91** 54; Auskunft über Versorgungsanwartschaften **91** 68; Auskunftsanspruch der Ausgleichsberechtigten **99** 22–26; Beschwerden nach § 621 e ZPO **131 a**; Genehmigung der Vereinbarung über den Versorgungsausgleich **97** 1–2, 25, Schuldner **97** 7, 25, Wert **97** 3–5, 25; Ratenzahlung, Gewährung von –, **99** 47, 51, Schuldner **99** 52, Wert **99** 56, Änderungsentscheidungen **99** 57–63; Ruhen der Verpflichtung **99** 47, 51, Schuldner **99** 52, Wert **99** 54, Änderungsentscheidungen **99** 57–63; Verbund **99** 41 ff.; Vereinbarung über den – **91** 52, **99** 27–40, Festsetzung des zu zahlenden Betrages **91** 36 **99** 39, gerichtliche Genehmigung, Gebührentatbestände **97** 2, 11, 25, **99** 30–40, Schuldner **97** 7, Wert **97** 3–6, 25; Verfahren, Anwendungsbereich **99** 1–9, öffentlich-rechtlicher Versorgungsausgleich **99** 10–14, schuldrechtlicher Versorgungsausgleich **99** 15–21, Änderungsentscheidungen **99** 57–63; Verlängerung des schuldrechtlichen Versorgungsausgleichs **91** 66; Verweisung **99** 41 ff.; VAHRG **99** 70–76; Wechsel Amts-/Antragsverfahren **99** 45

Versorgungsausgleichssachen, Beschwerde in – **131 a**

Verteidigung s. Landbeschaffung Anh. C I

Verteilungsverfahren bei Enteignung, Flurbereinigung, Beschädigung von Grundstücken im Bergbau 125

Vertreters des Grundstücks – oder Schiffseigentümers, Bestellung eines –, Gebührentatbestand **122** 1, 4, Wert **122** 5

Vertretung, Kostenschuldner **2** 29–32

Vertretungsmacht s. Entziehung der Vertretungsmacht

Vertriebene Anh. B I; s. a. Flüchtlinge und Vertriebene Anh. C I

Verwahrer, Bestellung eines –, Gebührentatbestand **120** 1, Wert **120** 2

Verwalter fremden Vermögens, Kostenschuldner **2** 31

Verwaltungsakte s. Justizverwaltungsakte Anh. B, Kosten-Verwaltungsakte Anh. B; s. a. Zurückweisung und Zurücknahme bei Anfechtung von Verwaltungsakten **130** 29

Verwaltungsverband s. Gemeindegrenzen Anh. C I

Verwaltungsverfahren, Bestellung eines Vertreters im – nach § 119 FlurbG **91** 59; nach § 15 SGB X **91** 64, nach § 16 VwVfG **91** 70

Verwaltungszwangsverfahren, Eintragung einer Sicherungshypothek **69** 25

Verweisung, Kosten bei – **1** 14 ff.; Übergangsvorschriften **161** 12–14; Anh. B; Anh. D I

Verzicht auf das Eigentum, Grundbucheintragung **67** 2, 19, 25, Wert **67** 26

Verzinsung des Kostenanspruchs, – des Kostenrückerstattungsanspruchs 17 45–48

Vollmacht, Kraftloserklärung von –, gerichtliche Bewilligung der –, Gebührentatbestand **122** 2, 4, Wert **122** 5

Vollstreckbare Ausfertigungen, Erteilung vollstreckbarer Ausfertigungen **133**

Vollstreckung, Begriff **Einf. 75**

Vollstreckungshandlungen, gerichtliche **134**

Vollstreckungsschuldner 3 43–57, eidesstattliche Versicherung **3** 46; Rückerstattungsanspruch **3** 51; Zwangsgeld- und Zwangshaftverfahren **3** 44

Vorauszahlung s. Vorschuss

Voreintragung des Veräußerers 60 17

Vorerbschaft, Eintragung des Vorerben im Grundbuch **60** 38; Wert des Vermögens des Vorerben **24** 21

Vorgesellschaft, Kostenschuldner **2** 66, **3** 33

Vorkaufsrecht, Eintragung eines –, Gebühr **62** 1–3, Schuldner **2** 59 ff., Wert **62** 7; Gebührenermäßigung bei Eintragung auf Grund Gutsüberlassung, Erbauseinandersetzung, Gesamtgutsauseinandersetzung **62** 12–17; mehrere Rechte **63** 1–4, 13; gebührenfreie Nebengeschäfte **62** 18; Gesamtrechte **63** 15–16, 18 ff.; Löschung eines Vorkaufsrechts **68** 1–3, Wert **68** 6; Vermerk der Rechte, die dem jeweiligen Eigentümer zustehen **67** 6, 20; s. Siedlung Anh. B

Vorläufige Anordnung Anh. B

Vormerkungen, Grundbucheintragung **66** 1–4, 12–15, Löschungen **66** 17–19, Veränderungen

66 16, Schuldner **2** 59 ff., Wert **66** 5–8; nachträgliche Änderung **67** 15, Wert **67** 26

Vormundschaft, Ersetzung der Zustimmung bei Vormundschaft, Auslagen **92** 109, 110, Gebührentatbestände **97** 2, 24, Schuldner **97** 7, Wert **97** 3–6, 24; Gerichtskosten, Fälligkeit **92** 102–103, Gebührentatbestand **92**1–14, Gebühren **92** 38–50, Häufung **92** 97–101, Schuldner **92** 104–108, Wert **92** 51–96; Personensorgeentscheidungen bei Vormundschaft **91** 34; Tätigkeit bei Eheschließung des Vormunds **91** 35; vorläufige Maßregeln des Vormundschaftsgerichts **91** 36, **95** 73

Vormundschaftsgerichtliche Genehmigungen, Ablehnung der fortgesetzten Gütergemeinschaft durch den Betreuer **91** 13; Abschluss eines Ehevertrages durch den Betreuer **91** 12; ärztliche Maßnahmen, Genehmigung der Einwilligung des Bevollmächtigten **97** 38, Schuldner **97** 7, Wert **97** 3–6; Anerkennung der Vaterschaft eines Betreuten **91** 17, Genehmigung des Widerrufs der Anerkennung eines Betreuten **91** 18; Anfechtung der Anerkennung der Vaterschaft, Auslagen **95** 20, Gebührentatbestand **95** 1–2 d, 14–18, 63, Schuldner **95** 19, 55, Wert **95** 3–13; Anfechtung der Ehelichkeit durch gesetzlichen Vertreter, Auslagen **95** 20, Gebührentatbestand **95** 1–2 d, 14–18, 56, Schuldner **95** 19, 55, Wert **95** 3–13, 61; Antrag des Betreuers des volljährigen Vaters auf Ehelicherklärung **91** 31; Aufhebung der fortgesetzten Gütergemeinschaft durch den Betreuer **91** 15; Auskunft über Rentenanwartschaften und Versorgungsansprüche **91** 16; **99** 22, 23; Entziehung der elterlichen Sorge, abweichende Entscheidung bei – **91** 23; Ermächtigung zum selbständigen Betrieb eines Erwerbsgeschäftes, Rücknahme der Ermächtigung **95** 1, 2 38, 39, Auslagen **95** 20, Schuldner **95** 37, Wert **95** 3–13; Freiheitsentziehung **91** 22 a, Rücknahme der Genehmigung zur Freiheitsentziehung **91** 22; von Rechtsgeschäften, Auslagen **95** 20, Gebührentatbestand **95** 1–2 d, 14–18, 21–23, Schuldner **95** 19, 34, Wert **95** 3–13, 24–33; Unterhaltsvereinbarung bei einem Betreuer **91** 20; Verzicht auf den Anteil am Gesamtgut durch den Betreuer **91** 14; s. a. Erbvertrag, Erbverzicht, Ermächtigung zum selbständigen Betrieb eines Erwerbsgeschäfts

Vormundschaftsgerichtliche Maßnahmen, Anordnung, dass das minderjährige Kind den Familiennamen behält **91** 32; Aufhebung und Überprüfung von – **91** 26; Bestellung eines Vertreters für das Besteuerungsverfahren **91** 45; Beurkundung der Anerkennung der Schlussrechnung des Vormunds **91** 37; Ersetzung der Einwilligung eines Elternteils zur Annahme als Kind **91** 26; Ersetzung der Einwilligung oder Zustimmung des Betreuers oder Pflegers zur Annahme als Kind **91** 33; Beschluss über Annahme als Kind **91** 36; Erlass eines Offenbarungs- und Ausforschungsverbots **91** 38; Namensänderung bei der Annahme als Kind **91** 37; Tätigkeit bei Eheschließung des Vormunds **91** 43; vorläufige Maßregeln des Vormundschaftsgericht **91** 43 a

Vornahmeentscheidung Einf. 54

Vorname s. Änderung der Vornamen

Vorschuss 8; Verfahren **8** 20–35; Beteiligung der Staatskasse **8** 28; Folgen der Nichtzahlung **8** 33; Prüfungsrecht des Beschwerdegerichts **8** 29; weitere Beschwerde **8** 31; Zurückzahlung von V **9**; an Zeugen und Sachverständige Anh. D II; Erstattung Anh. D I

VVaG, Eintragung in das Register **79**

W

Währung, Wert **18** 31

Währungsumstellung s. Umstellung Anh. C I

Wasser- und Bodenverbände Anh. C I

Wassersicherstellung Anh. C I

Wechsel des Berechtigten, Eintragungsgebühr **64** 3, Wert **64** 4–6, 7

Wechsel der Straßenbaulast s. Straßen Anh. C I

Weltanschauungsvereinigungen s. Kirchen Anh. C I

Wert s. Geschäftswert

Werteaddition 32 5

Wertgebühr Einf. 20, 28, 29; **Vor 18–30** 1, 1 a; **32** 1–8

Widerspruch, Grundbucheintragung **66** 9 ff.; Löschungen **66** 17; Schuldner **2** 55 ff.; Veränderungen **66** 16; Wert **66** 5–8

Wiedergutmachung Anh. C I

Wiederheirat eines Elternteils 94 48–49, Gebührentatbestand **94** 3–11, 48, 49, Schuldner **94** 53, Schuldner der Auslagen **94** 54, Wert **94** 12–20, 51, 52

Wiederherstellung Anh. C I

Wiederkaufsrecht, dingliches, Eintragung im Grundbuch **62** 1–3, Schuldner **2** 59 ff., Wert **62** 10; Gebührenermäßigung bei Eintragung auf Grund Gutsüberlassung, Erbauseinandersetzung, Gesamtgutsauseinandersetzung **62** 12–17

Wiederkehrende Nutzungen und Leistungen, Wert 24; s. a. Dauerwohnrecht, Dauernutzungsrecht, Erbbaurecht, Leibrente, Nießbrauch, Reallast; Löschung von Grundbucheintragungen **68** 1–3, Wert **68** 7

Wirksamkeitsvermerk 62 18

Wirtschaftsprüfer, Bestellung eines Vertreters für das Rücknahme- und Widerspruchsverfahren **91** 71

Wohlfahrtsverbände Anh. C I

Wohnungsbau-Kreditanstalt Berlin s. Investitionsbank Berlin Anh. C I
Wohnungsbesetzungsrecht, Wert **22** 8–9, **30** 84
Wohnungseigentum, Anlegung der Wohnungsgrundbücher (§ 8 WEG) **76**; Aufhebung von Sondereigentum **76** 26 ff.; Belastung von – **76** 20–21; Begründung von – **76** 10–17; Eintragung im Grundbuch **76** 14; Eintragung von Belastungen **76** 20, 21; Eintragung des Eigentumsübergangs, Gebühr **60** 71, **76** 18, 19, Schuldner **60** 73, **2** 50 ff., Wert **19**, **20**, **60** 71; Inhaltsänderung des Sondereigentums **64** 1, 29, **76** 23; Eintragung von Veränderungen **76** 22 ff.; Eintragung der vertraglichen Einräumung von Sondereigentum **76** 4, 5, 11, Wert **76** 6–9; gerichtliches Verfahren: Gebühren, Wert, Anh. B; Schuldner **2** 35–49; Veräußerung von – **76** 18–19; Veräußerungsbeschränkung, Grundbucheintragung **65** 2, 16
Wohnungserbbaurecht, Grundbuchgebühren **76** 34 ff., Wert **76** 39, 40; s. a. Erbbaurecht, Wohnungseigentum
Wohnungsgenossenschaften s. Vermögenszuordnung Anh. C I
Wohnungsgesellschaften Anh. C I
Wohnungsrecht, Wert **24** 15

Z

Zahlungsbedingungen, Änderung **64** 25
Zeugen- und Sachverständigenentschädigung, Auslagen **137** 14–20
Zeugnis über Fortsetzung der Gütergemeinschaft s. Fortgesetzte Gütergemeinschaft
Zinssatz, Änderung des –, Grundbucheintragung, Gebühr **64** 24, Wert **24**
Zinssenkung Anh. C I
Zugewinnausgleich, Ausgleichsforderung, Stundung der –, Gebührentatbestände **97** 2, 17, 19, Schuldner **97** 7, Wert **97** 3–6, 17, 19; – Sicherheitsleistung für die gestundete Forderung, Gebührentatbestände **97** 2, 18, 19, Schuldner **97** 7, 18, Wert **97** 3–6, 18, 19; Aufhebung oder Änderung der Stundungs- und Sicherheitsleistungsentscheidung **97** 19; Beurkundung eines Vergleichs **91** 50; einstweilige Anordnung **91** 51; Übertragung von Vermögensgegenständen **97** 3–6, 20, Schuldner **97** 7, 20, Wert **97** 3–6, 20

Zurückbehaltungsrecht, Absehen von der Zurückbehaltung **10** 13; Angelegenheit **10** 10–12; Anwendungsbereich **10** 1–2; Kostenschuldner, Dritter **10** 8, 9; Verfahren, Rechtsweg **10** 14–20
Zurücknahme von Anträgen Einf. 54, **130** 1–11, Schuldner **130** 28, Wert **130** 20
Zurückverweisung, Übergangsvorschriften **161** 15; s. a. Anh. B Vorbemerkung 7
Zurückweisung von Anträgen Einf. 54, **130** 1–11, Schuldner **130** 28, Wert **130** 20
Zurückzahlung von Vorschüssen 9
Zusammenschreibung mehrerer Grundstücke **69** 12
Zuschreibung eines Grundstücks, Grundbucheintragung, Gebühr **67** 8, Schuldner **2** 50–57, Wert **67** 26 30; Gebührenfreiheit **69** 12; – zu einem anderen Grundstück als dessen Bestandteil **69** 9
Zustellungsauslagen 137 3–11; s. a. Auslagen
Zuweisung eines landwirtschaftlichen Betriebes an Miterben Anh. B
Zwangsgeldfestsetzungen 119; s. a. **134** 1
Zwangshaft 119 33–60; **134** 2
Zwangshypothek 1 2
Zwangsversteigerungsvermerk 65 17, **69** 17–18
Zwangsverwaltung, Grundbucheintragungen **69** 16, 19
Zwangsvollstreckungsunterwerfung, Gebühr **67** 14, Schuldner **2** 50–57, Wert **67** 26
Zweckverbände, Gebührenermäßigung durch Notar **144** 10, 13 ff.; s. Gemeindeverbände Anh. C I
Zwischenverfügung (§ 18 GBO) **69** 26–28

Sachverzeichnis Notarkosten

Die fetten Zahlen verweisen auf die Paragraphen, die weiteren auf die Randnummern

A

Abänderung, Änderung der Teilungserklärung **21** 7; Anerkennung einer Schrift **43** 6, 7; bauliche Veränderungen **21** 12; Bruchteilsveränderung 4, 38; Definition Änderung **42** 5 ff.; Entwurf **45** 16–33; **145** 28 ff.; Erklärungen unter Lebenden **42** 2; Verfügungen von Todes wegen **46** 4; Wertveränderungen **18** 5; bei Kauf **20** 3; s. a. Änderungen, Ergänzungen

Abänderungsangebot durch den Antragenden **37** 13–15

Abberufung von Organen, Vorstandsmitgliedern, Aufsichtsratmitgliedern, Liquidatoren, Prüfern, besonderen Vertretern, Sachverständigen u. a.; Wert **41 a** 56, 63; Antrag auf Abberufung von Verwaltungsorganen, Wert **30** 110; Beschluss zur Abberufung **30** 110; **41 c** 102; Gebühr **38** 63; s. a. Anmeldungen, Beschlüsse

Abbruchreife Gebäude, Gebäuderest **20** 36; bei Erbbaurecht **21** 21

Abfindungen, Erbansprüche **18** 21 30; **39** 26; Abfindungsverträge **39** 30; Ausscheiden aus Gesellschaft gegen Abfindung **39** 46, 63; Erbauseinandersetzungen **44** 41; Erb- und Pflichtteilsverzicht **39** 30; Pachtvertrag **25** 1, Unterhaltsverzicht **39** 129, 129 a; Versorgungsausgleich **39** 141; Zugewinn **39** 140

Ablehnungsbeschluss 41 c 26

Ablieferung von Geld Wertpapieren und Kostbarkeiten s. Verwahrgeschäfte

Ablieferung von Testamenten zum Nachlassgericht **46** 7; bei Erbscheinsantrag **147** 69, 133; Urkundensammlung bei Erbvertrag **152** 26

Ablösungsvertrag, Erschließungskosten **20** 28 a–28 c

Abmarkungen, Gebühr **50** 24; erfolglos **57** 5; Zusatzgebühr **58** 4; Wert **50** 22, 23

Abnahme von Eiden s. eidesstattliche Versicherung

Abschreibungsgesellschaft Wert **39** 61

Abspaltung s. Umwandlungsvorgänge

Abtretung s. sonstige Sicherstellung **23** 7; Rechte des Meistbietenden **36** 20; aus Miet/Pachtverträgen **25** 3; der Rechte aus einem Angebot **37** 19; der Eigentümerrechte **38** 39; Offenlegung der Abtretung **30** 46; s. a. Auszahlungsansprüche

Abtretung einer Briefgrundschuld, Gebühr **36** 11, 15; **38** 38, 41; Wert **23** 12

Abtretung einer Buchgrundschuld, Gebühr **38** 38, 41; mit persönlichen Ansprüchen, Gebühr **36** 11; Wert **23** 12

Abtretung einer Forderung, Gebühr **36** 11; von Miet- und Pachtzinsen **25** 3; Mitteilung an den Schuldner **147** 77; Nebenleistungen **24** 18; Vertrag **36** 15; Wert **23** 7

Abtretung von Geschäftsanteilen, Wert **18** 22 ff.; **30** 12; **39** 11; Gebühr für Einigung **38** 54; Gebühr Vertrag **36** 14; Nachtrag **42** 19; Verkaufsangebot Gebühr **37** 1, 2, 8; Zustimmungsbeschluss **41 c** 31; s. a. GmbH; s. a. Anteilsbewertung

Abtretung einer Hypothek, Gebühr **36** 11, 38, 39; Wert **23** 12

Abwahl 41 c 11, 102

Abwesenheitsgeld s. Reisekosten

Abzugsverbot, Schulden **18** 9; Ausnahmen 10

Adoption s. Annahme als Kind

Agenturvertrag – Kommissionsvertrag, Gebühr **36** 14; Wert **39** 36;

Akteneinsicht und Mitteilung über deren Inhalt **147** 6–13

Aktenversendung, Auslagen **137** 12–14; s. a. Auslagen

Aktie, Wert **18** 24; Aktienhinterlegung nach § 123 AktG: Bescheinigung, Gebühr **50** 15; Wert 22, 23, Wertpapierhinterlegung 16

Aktiengesellschaft, Aktienwert **18** 24; Anmeldung zum Handelsregister, Gebühr **38** 58 ff., Wert **41 a** 16; Beurkundung des Gesellschaftsvertrages, Gebühr **36** 14, Wert **39** 58; Einpersonen-AG **36** 6; Höchstwert **39** 142; Kapitalmaßnahmen **41 a** 24–32; s. a. Anmeldungen/Beschlüsse, Aktie

Altersvorsorgevollmacht, Wert und Gebühr **30** 112; **38** 35, auch mit Betreuungsverfügung, Zentrales Vorsorgeregister **145** 43 a

Alternativgeschäfte, Wert **18** 20, **44** 31

Amtshandlung, auswärtige Geschäfte **58** 1 ff.; Kosten der Notare **Vor 140** 1, 5; Kostenschuldner **2** 21

Amtsnotar, Begriff **Einf. 51**; **142**; **143** 1–4, **153** 16

Amtstag, allgemein **160** 1, 2

Änderung bestehender Rechte, Änderung **30** 92 ff.; Änderung anderer dinglicher Rechte 106; bestimmter Wert der Änderung **39** 96; ohne bestimmten Wert 97–101; Eigentum **30** 93, u. a. Grundstückteilung, Vereinigung, Zu-

1291

schreibung; Dienstbarkeiten u. a. 106; Grundpfandrechte 94–97, u. a. Umwandlung, Verteilung, Bildung, Einheitsrecht; Hypothekenumwandlung 98; mehrere Veränderungen 102 ff.; Namens- oder Firmenänderung **30** 58, 111; Veränderung mehrerer Rechte **39** 107–108; Zins- und Zahlungsbestimmung **30** 94

Änderung beurkundeter Erklärungen, Anwendungsbereich **42** 2 ff.; Änderung des Gemeinschaftsverhältnisses 26; Änderung Güterstand in einzelnen Beziehungen (Vorbehaltsgut) 15; Auswechslung des Vertragsobjektes 27; Auswechslung Vertragspartner 23; Begriff der Änderung 5–10; bei Anerkennung Privatschrift **43** 6; bei mehrfachen Änderungen **42** 35; Beispiele Änderungen 11 ff.; Erbbauzinsänderung 17; Fälligkeit, Zins- und Zahlungsbestimmung 14; Gemeinschaftsordnung 16; Messungsanerkennung/Auflassung oder Nachtrag zum Kaufvertrag 20; nachträgliche Rangänderung 18; Neuabschluss nach Rücktritt 30; Neufassung mit Änderungen 13; Umwandlung in dauernde Last 29

Änderung der Fälligkeit, und Zins- und Zahlungsbestimmungen, Beurkundung **42** 14; Wert **30** 94

Anerkennung der Vaterschaft, Gebühr **38** 68; Gebühr Einwilligung **38** 70; Gebührenfreiheit **55 a** 1; Geschäftswert jeweils **30** 111–113; mit Unterhaltsverpflichtung 5, **44** 242; Zustimmung des gesetzlichen Vertreters und des Kindes, Gebühr **38** 70; Gebührenbefreiung **55** 1

Anerkennung einer schriftlichen Erklärung, Gebühr **43** 1–4; Wert 5; mit selbständige Erklärungen 7

Anfechtung, allgemein **36** 3; **46** 16–17; der Annahme der Erbschaft **38** 66; der Ausschlagung der Erbschaft **38** 66; eines Erbvertrages **46** 16

Angebot, Feststellungen über Eröffnung, Gebühr **50** 17; Wert 22, 23; s. a. Vertragsangebot

Angebotsannahme s. Vertragsangebot

Angelegenheiten der freiwilligen Gerichtsbarkeit 1 1

Angelegenheiten ohne bestimmten Wert s. Geschäftswert

Ankaufsrecht, Ausübung **38** 10; Gebühr **36** 4, 15; **37** 18; Wert **20** 42; s. a. Optionsrechte, Wiederkaufsrecht

Anliegerbeiträge s. Erschließungskosten

Anmeldungen zum Handelsregister, allgemein **41 a** 2–4; bestimmter Geldbetrag 14–41; Erstanmeldungen 16–41; Euroumstellung 119; Gebühr **38** 58 ff.; mehrere – **41 a** 111; Höchstwert **39** 103; – ohne wirtschaftliche Bedeutung **41 a** 86–89; spätere – 55–68; sonstige – 42; bei Umwandlungen, Verschmelzung 90–98; bei Spaltung 99–104; bei Vermögensübertragung 105–107; bei Formwechsel 108–110; Mehrheit von – 111–113, derselbe Rechtsvorgang 112, 113; verschiedene Rechtsvorgänge 114; Wertermittlung 115; Zeichnungen 124, s. a. Zweigniederlassung

Anmeldungen zum Güterrechtsregister, Gebühr **38** 58; Wert **28** 1

Anmeldungen zu einem Register (sonstige), Anwendungsbereich **29** 1–4; Gebühr **38** 58 ff.; Vereinsregister, Musterregister, Kartellregister, Genossenschaftsregister, Schiffs- und Schiffsbauregister; Geschäftswert **29** 5–8; s. a. Beschlüsse

Annahme als Kind, Gebühr **36** 3; **38** 69, Wert **30** 112; Zustimmungserklärungen: Gebühr **38** 70; Wert **30** 112

Annahme eines Angebotes s. Vertragsangebot

Anrechnung Entwurfsgebühr **145** 34–43

Anteilsbewertung, Aktien **18** 24; BGB-Gesellschaft 29; Erbteil 30; GmbH-Anteil 25, **30** 12; **39** 11; Personengesellschaft **18** 27; **30** 10; **39** 14; stille Beteiligung 11; Unterbeteiligung **30** 11; **39** 65; Vermögensmassen **18** 21 ff.

Antrag im Grundbuch, Beurkundung **38** 36 ff., s. a. Grundbuchberichtigung

Anwaltsvergleich, allgemein **148 a** 1–4, Auslagen 15, Ermäßigung 16; Gebühr 5–10; Schuldner 17, Wert 11, vollstreckbare Ausfertigung 13, Urkunde nach AVAG 18, 19

Anweisungen an den Notar, bei Grundpfandrechten **147** 75–85; bei Grundstücksveräußerungen 61, 90–110; bei Hinterlegungsgeschäften **149** 7; s. a. Nebengeschäfte

Anzeigen, auf Grund gesetzlicher Verpflichtung **146** 19; **152** 7; der Abtretung **147** 77; Verpfändungsanzeige 77, der Abtretung von Auszahlungsansprüchen **30** 46; einer Geschäftsanteilsabtretung **147** 128; der Schuldübernahme 76

Architektenvertrag, im Kaufvertrag **20** 23

Arbeitsplatzgarantie s. Kauf **20** 27a; **30** 14, **39** 18

Arbeitsvertrag s. Dienstvertrag

Aufgabe einer Sicherheit s. Pfandfreigabe

Aufhebungsausschluss, Miteigentümergemeinschaft **30** 25

Aufhebung, Anwendung **38** 28 ff.; Aufhebung eines Aufhebungsvertrages **36** 18a; Erbverzichtsvertrag **46** 13; ganz oder teilweise erfüllter Vertrag **36** 18a; Verfügung von Todes wegen **46** 12

Auflassung, allgemein **36** 19; **38** 49 ff.; Wert 53, zu einer Urkunde eines ausländischen Notars **50** a; mit Änderung des Verpflichtungsgeschäftes 52; Vermächtniserfüllung 50, s. a. Identitätsfeststellung; s. a. Messungsanerkennung/Auflassung

Auflösung einer Gesellschaft, Beschluss **41 c** 49; Gebühr für Anmeldung **38** 58; s. a. Liquidation

Auflösung eines Vertrages s. Aufhebung

Aufrundung der Gebühren **33** 4
Aufsichtsrat 47 3, 7
Aufspaltung s. Umwandlungsvorgänge
Aufsuchung von Urkunden **147** 39
Aufzahlungsverpflichtung, Wert **30** 47; s. Nachbewertungsklausel
Augenscheinseinnahme, Mitwirkung bei –, Anwendungsbereich **49** 3–6; Gebühr, Wert **6**; Schuldner **12**
Ausbeuterecht, Wert **24** 15, 35 a; **25** 9; bei Kauf vorbehalten **20** 16
Ausbietungsgarantie, Gebotsgarantie Gebühr **36** 22; Wert **23** 7
Auseinandersetzungsvertrag, Beurkundung **36** 14; Wert **39** 47 ff.; mehrere Erklärungen **44** 41–47, 142–147; Zustimmungserklärung eines Mitberechtigten **40** 14; landwirtschaftliches Anwesen **19** 79, im Beitrittsgebiet **19** 97; mit Erbvertrag **46** 47; nach SachenRBerG s. Anh. A (s. Vorauflage); Vermittlung von – **148** 1 ff.; s. a. Scheidungsvereinbarungen
Ausgleichsgemeinschaft, allgemein **39** 126; s. gleichgeschlechtliche Lebensgemeinschaften
Ausgliederung s. Umwandlungsvorgänge
Auskunftspflicht des Notars über Wert **31 a** 1–8
Auslagen, Anwendung für Notare **137** 59 ff.; auswärtige Geschäfte 25–30; auswärtige Sprechtage 62; Begriff **1** ff.; **1** 12; Erstattung Haftpflichtprämien 40; Kostenschuldner 57; mehrere Geschäfte 55; Postzustellung 2–2 e; Schuldner 45; Telekommunikation 1–4; für zweiten Notar oder Zeugen 59; s. Reisekosten; s. Dokumentenpauschale
Auslagen des Notars nach § 152, Anlagen 22; Anwendungsbereich 1; dieselbe Angelegenheit 8; Dokumentenpauschale 2 ff.; Dolmetscher 28 a; Entwürfe 20; Gebührenfreiheit 4; gegenständliche Beschränkung 9; Grundbuchabrufungsverfahren 35; mehrere Beteiligte 11; mehrere Erklärungen 9 b; selbständige Anträge 13, 14; Tarifspaltung 6; Unterschriftsbeglaubigung 21; Veräußerungsanzeige 24; Vertretungsvergütung 29–32; zeitlicher Umfang 10; Durchlaufposten **150** 34
Auslandskostengesetz s. Anh. B. II
Ausländischer Notar, Auflassung zu Urkunde eines – **38** 50
Auslosung, Auswärts-/Unzeitgebühr **48** 13; Gebühr 7; Höchstwert 11; Mitbeurkundung mehrerer Geschäfte 13; – von Wertpapieren und Vernichtung 9 ff.; Wert 8; s. a. Verlosung
Ausschlagung der Erbschaft, Beurkundung **38** 66; Wert 67, **112** 8; Schuldner **112** 16
Ausschließung des Rechtes der Aufhebung, Wert **30** 25, 93; s. a. Gemeinschaftsregelungen
Ausschluss Auseinandersetzung s. Aufhebungsausschluss
Ausschluss Löschungsanspruch, Wert, Gebühr **23** 28–30

Außergerichtliche Auslagen bei Beschwerdeverfahren **156** 113
Ausscheiden eines Gesellschafters, Wert Anteil **18** 22
Austausch von Leistungen, Austauschverträge; Begriff **39** 5 ff.; Beispiele **39** 11 ff.
Ausübung von Vor-, An- oder Wiederkaufsrechten s. Ankaufsrecht, s. Vorkaufsrecht, s. Wiederkaufsrecht
Auswärtige Geschäfte, Auslagen **137** 25–30; s. a. Zusatzgebühr
Auswärtsgebühr, Anrechnung Abwesenheitsgeld **58** 27; Art des Geschäftes 11; Ausnahmen des Ansatzes 4; Auswärtige Besprechung Entwurf 7; bei Unterschriftsbeglaubigungen 8, 21; eine Urkunde mit mehreren Erklärungen 17; Erledigung nach Antritt des Weges 12; Ermäßigung 28; Gebührenhöhe 25; mehrere Beteiligte 10 a; mehrere Urkunden 18; Schuldner 29; Voraussetzungen 5–11, s. a. Unzeitgebühr
Auswechslung des Vertragsobjekts bei Veräußerungsgeschäften **42** 23
Auswechslung des Vertragspartners, Aufhebung/Teilaufhebung **42** 13; Änderung Gemeinschaftsverhältnis 26; von Rechten 29
Auszahlungsansprüche, bei Grundpfandrechtsbestellung **16** 46, 53; **44** 79; bei Hinterlegung **149** 7; Abtretung bei Kauf **44** 79
AVAG, Vollstreckbarkeitserklärung **148 a** 18

B

Baubeschreibung s. Grundlagenurkunde
Baubetreuungsvertrag, Wert **30** 15; **39** 42
Baugesetzbuch s. Vollzugsgebühr, Vorkaufsrechtsanfrage
Bauherrengemeinschaft s. Bauherrenmodell
Bauherrenmodell, Mutterurkunde **37** 11; Vollmacht **41** 7; Wert **39** 43 ff.
Bauherstellungsvertrag, Beurkundung **36** 14; – des Verkäufers bei Kauf **20** 34, 35; Wert **30** 16; **39** 41
Baulandumlegung, Wert **39** 21
Bauträgervertrag, Wert **20** 32; s. a. Kaufvertrag
Bauverpflichtung bei Kauf **20** 24, 27 b; Erbbaurecht **21** 21; Gesellschaftsvertrag **39** 44; Vollzugsgebühr **146** 64, 64 a; Wert **30** 17–21; **39** 17; s. a. Investitionsverpflichtung; s. a. Kaufvertrag
Bauvertrag s. Bauherstellungsvertrag
Beanstandung wegen Kosten s. Einwendungen
Bebauung auf eigene Rechnung bei Erbbaurecht **21** 13, 14, 21; bei Grundstücksveräußerung **20** 30–36; bei Wohnungseigentumsbegründung **21** 17–20
Bebauungsbeschränkungen, Bewilligung **38** 36; Vertrag **36** 14; Wert **22** 1–3; **30** 23, 29

Bedingter Kaufpreis, Wert **30** 47; s.a. Kaufvertrag
Bedingter Kaufvertrag, Wert **30** 48; Kaufoption 49; s.a. Kaufvertrag
Bedingte Rechte, Wert **18** 31
Bedingte Verpflichtungen, Wert **30** 24
Bedingte Verträge, bei Kauf **20** 9; Wert **18** 31
Bedingte und betagte Rechte, Wert **18** 31
Beendigung des Geschäfts s. Fälligkeit
Befreiung von Notargebühren s. Gebührenbefreiung
Beglaubigte Abschriften für Urkundensammlung **55** 4; **152** 25, 26, allgemein **132** 1, 13
Beglaubigung von Abschriften, allgemein **55** 1 ff.; Gebühr 12, 13; nur Dokumentenpauschale 3, 4; von Vertretungsnachweisen (Vollmachten) 5–10
Beglaubigung von Unterschriften, Abgeltung der Gebühr **45** 11; Abgrenzung 17–21; allgemein 1–4; Änderung des vorgelegten Entwurfes, allgemein 16; Anwendung § 145 Abs. 1 S. 2, Beispiele 20; Anwendung § 145 Abs. 1 S. 1, Beispiele 21; Belehrungen 14, 15; Dokumentenpauschale 39; Ermäßigung 40; Gebühr 1; Gegenstand 5; Grundbucheinsicht 13, inhaltliche Überprüfung 12, mehrere Erklärungen 8–10; Nebengebühren 36 ff.; Rechtsfolgen Änderungen 22 ff.; Schuldner 40; Überprüfung Identität 11, Vollzugstätigkeit 34–35; weitergehende Überprüfung 13; Wert 6–7; Zeugenhinzuziehung 41; s.a. Abänderung; s.a. Entwurf
Begründung von Wohnungseigentum s. Wohnungseigentum
Beherrschungsvertrag s. Gewinnabführungsvertrag
Belastungsvollmacht s. Vollmacht
Belehrung Geschäftsführer 147 123
Beitreibung der Kosten, Amtsnachfolge **155** 10; Kosten der Zwangsvollstreckung 8; mehrere Kostenschuldner 5–6; Notariatsverwalter 10; Verzugszinsen 4b; Vollstreckungsklausel 1–4; s.a. Einfordern der Kosten
Beitritt in Gesellschaft **39** 46; **44** 46; **45** 6; Angebot **37** 2; Schuldbeitritt **18** 16, 17; **23** 7; **24** 65; **30** 6, 107; **44** 99; in Vertragsverhältnis **36** 18; **38** 14; Vollmacht zum Beitritt **41** 4
Beitrittsgebiet, Gebührenermäßigung für Geschäfte im – 15. Aufl. Anh. A; **144a** 36; Grundstücke im – 14; Grundstücksgeschäft im – 7–9, s.a. Gebührenermäßigung, ab 1.1. 2004 gegenstandslos, s. **162**
Belastungsbeschränkung/verbot s. Verfügungsbeschränkung
Belastungszustimmung s. Zustimmung des Eigentümers
Benachrichtigung s. Anzeigen
Benennung aufgrund Angebot **44** 38; s. Vertragsangebot

Benutzungsregelung, getrennte Beurkundung, Gebühr **36** 14; Wert **30** 25, 93; s.a. Kaufvertrag
Benutzungsdienstbarkeiten, Geschäftswert **22** 1 ff.; **24** 32–36
Beratung s. Nebengeschäfte
Berichtigungsantrag s. Grundbuchberichtigung
Beschäftigungsverpflichtung s. Arbeitsplatzgarantie
Bescheinigungen, allgemein **50** 1–23; Aktienhinterlegung 15; Bezugswert 23, Eröffnung von Angeboten 17; Gebühr 1; über Feuerbestattung 11, Geltungsbereich 2 ff.; Identitätsbescheinigung 3b, Legitimationsprüfung 21a, Lebensbescheinigung 3a; Messungsergebnis 8, Namensänderung 3c, über Vorlage bestimmter Gegenstände, Urkunden 10; Wert 22, 23; s.a. Rangbescheinigung
Beschlüsse von Gesellschaftsorganen, allgemein **41c** 1–17; Ermäßigung **47** 10; Geltungsbereich 1 ff., Gebühr für Beschlüsse 7, 9; Höchstgebühr 9; Nebengeschäfte 11–13; Satzungsbescheinigung 16–18; unvollendetes Geschäft 14, 15; s.a. Umwandlungsvorgänge
Beschränkte persönliche Dienstbarkeit, Wert **22** 5 ff.; **24** 14, 44; **30** 29; Gebühr Grundbuchantrag **38** 38; vertragliche Einräumung **36** 14; s.a. Fremdenverkehrsdienstbarkeit; Getränkedienstbarkeit; Gewerbebetriebsbeschränkung; Tankstellendienstbarkeit; Wohnungsrechte; Bebauungsbeschränkungen
Beschwerde wegen Amtsverweigerung **131** 49; FG-Reform 50
Bestandteilserklärung s. Vereinigung von Grundstücken
Bestätigungen s. Bescheinigungen
Bestellung eines Verwalters s. Verwalterbestellung
Bestellung von Organen, Vorstandsmitgliedern, Aufsichtsratmitgliedern; Liquidatoren, Prüfern, besonderen Vertretern; Sachverständigen u.a.; s. Beschlüsse, Anmeldungen
Betagte Rechte, Wert **18** 31; s.a. Löschung gegenstandsloser Rechte
Betreuungsgeschäfte, Gebühren **146**; **147**; s.a. Nebengeschäfte; s.a. Vollzugsgebühr
Betreuungsverfügung s. Altersvorsorgevollmacht
Betriebsgrundstücke, Anlagen **19** 76
Beurkundung des Gesellschaftsvertrages, BGB-Gesellschaft **38** 11; Gebühr **36** 14; Kapitalgesellschaft Wert **18** 25–26; Personengesellschaft, Wert 27–29; **39** 142; s.a. Einbringung von Sacheinlagen
Beurkundungen, Begriffe **Einf.** 69
Beurkundungsentwurf s. Entwurf
Bewegliche Sachen, allgemein **19** 1, 5–8; freiwillige Versteigerung **54** 1–6; Kauf **20** 4, 6; Mietkauf **44** 88

1294

Bewilligung s. Löschungsbewilligung
Bewertungszeitpunkt s. Geschäftswert
Beziehungswert s. Geschäftswert
Bezirksnotare, allgemein **142**; **143** 1
Bezugsrechte s. wiederkehrende Leistungen
Bezugsurkunde s. Grundlagenurkunde
BGB-Gesellschaft s. Gesellschaft bürgerlichen Rechts
Briefausschluss, Wert **30** 95; s. Umwandlung Grundpfandrechte
Briefhypotheken s. Grundpfandrechte
Bruchteilseigentum, Umwandlung (Realteilung) **39** 53; Ehegatten-Auseinandersetzung **139**
Buchhypothek s. Grundpfandrechte
Bundesamt für Wirtschaft (Preisangaben- und Preisklauselgesetz), Genehmigung **147** 57, Genehmigungspflicht inzwischen entfallen
Bund, Gebührenermäßigung **144** 9; **144 a** 6, ab 1. 1. 2004 gegenstandslos, s. **162**; s. a. Gebührenermäßigung
Bundesanstalt für vereinigungsbedingte Sonderaufgaben − früher Treuhandanstalt; besondere Gebührenermäßigung **144 a**; s. a. Bund, ab 1. 1. 2004 gegenstandslos, s. **162**
Bürgschaft, Bürgschaftserklärung, Beurkundung **36** 15; Entgegennahme/Verwahrung **30** 28, 50; **147** 93; Gebühr **36** 11, 15; **37** 4; im Darlehensvertrag **44** 235; im Kaufvertrag **44** 76, 187; im Mietvertrag 96; als Nachlassverbindlichkeit **107** 34; als Sicherungsgeschäft **44** 99; Umwandlung einer − **23** 5; **30** 107, Verpflichtung zur Befreiung von − **18** 16ff.; Wert **30** 27; Wert bei Sicherstellung einer Forderung **23** 3

C

Caritative Zwecke s. Gebührenermäßigung

D

Darlehen, Abtretung, Darlehensanspruch **16** 46; **44** 228; Beispiele **44** 30; Disagio **23** 13; Ermäßigung **144** 45; Gebühr **36** 11, 15; im Gesellschaftsvertrag **44** 160; im Kaufvertrag 187; mit Verkaufsverpflichtung 114; mit weiteren Vereinbarungen 235; mit Wohnungsbesetzungsrecht **22** 9; **30** 87; Treuhandauftrag **147** 95 a, 159; Verwahrgeschäft **149** 7; Wert **18** 12 ff.; s. a. Schuldanerkenntnis
Dauernde Last, Umwandlung, Ablösung **42** 29; **44** 220; Wert **24** 26
Dauerwohn-, Dauernutzungsrecht, alternative Einräumung mit Wohnungseigentumsbegründung **44** 251; Änderung der Bedingungen **30** 106; Anwendung **24** 17; als Austauschvertrag **24** 5; bei unbeschränkter Dauer

38; für Verwandte **24** 67; Vollzugsgeschäfte **146** 8, 15; Wert 58ff.; Wert bei Kauf eines −, **20** 4
Derselbe Gegenstand 44 34–134; allgemein **44** 1–13; s. a. Gegenstandshäufung, verschiedener Gegenstand; s. a. mehrere Erklärungen
Dienstbarkeiten s. beschränkt persönliche Dienstbarkeit; s. Grunddienstbarkeit
Dienstgang s. Reisekosten
Dienstreise s. Reisekosten
Dienstvertrag, Beurkundung **36** 14; Geschäftsführervertrag **25** 12
Markbilanzgesetz s. 15. Aufl. Anh. A II
Dokumentenpauschale, Begriff **136** 1–6; Anwendungsbereich 7–8; für Notare 49–56; freie Abschriften 35; **152** 5; Gebührenhöhe 22–34; Mitteilungen an Behörden 23; Mitteilungen an Standesamt 25; Schuldner **136** 47; Veräußerungsanzeige **152** 24; Vermerkblätter 26; Vollmachten, Vertretungsnachweise **136** 50, Elektronische Datei, zB E-Mail 33, Seitenpauschale 22–32, Zusammentreffen Seiten/Datei 34
Dolmetscher, Beeidigung durch Notar **49** 3; Zuziehung **59** 5; Gebühr, Wert 6, Schuldner 8, 9
Doppelsitz, Wert **41 a** 76
Durchführungserklärung, allgemein **44** 9, 17ff.; Begriff 22ff.; Beispiele 30; Einzelfälle 34ff.
Durchlaufende Posten 152 34

E

Ehe- und Erbvertrag, allgemein **46** 38ff.; Landwirtschaft 32ff.; mit weiteren Erklärungen **46**; unterschiedlicher Gebührensatz 45; Wert 43; s. a. Ehevertrag, Erbvertrag; s. a. Scheidungsvereinbarung
Ehegattenzustimmung, Gebühr **38** 18, 20, **36** 3; Entwurfsergänzung **45** 16 ff.; Kostenschuldner 2 44; nach § 1516 BGB **46** 8; nach § 1365 BGB **36** 3; im Vertrag **44** 25, 86; Vollmacht zur − **41** 2; Wert **30** 89, **40** 1, 9
Ehelicherklärung, Gebühr für Zustimmung der Beteiligten **38** 70; Wert **30** 111
Ehevertrag, Änderung des Güterstandes **42** 15, Wert **39** 111; Ausschluss des Versorgungsausgleiches **39** 141; Gebühr **36** 14; mit anderen Erklärungen **39** 123, mit Auseinandersetzung **44** 47, 49; mit Erbvertrag **46** 38ff.; landwirtschaftlicher Betrieb **19** 78ff.; Schuldenabzug **18** 10; Vorbehaltsgut **39** 111, **42** 25; Wert **39** 108 ff.; s. a. Scheidungsvereinbarungen, Rechtswahl; s. a. Ehe- und Erbvertrag
Ehewohnung s. Scheidungsvereinbarungen
Eide, Eidesstattliche Versicherungen, allgemein **49** 1, 2; Anwendungsbereich 3; Beschaffung von Urkunden 10; Gebühr 6; Kosten-

schuldner 12; mehrere – 5; mehrere Erben 8; mehrere Erbfälle 9; Nebentätigkeiten 10, Wert 30 30; 49 6, 11; zur Erlangung eines Erbscheines 7, Wert 11; s a. Erbschein
Eigentümerbeschränkungen s. Verfügungsbeschränkungen
Eigentümergrundschuld s. Grundpfandrechte
Eigentümerzustimmung s. Zustimmungserklärungen
Eigenurkunde Gebühr **147** 91; Wert **30** 43; s. a. Identitätserklärungen
Einbeziehung in die Mithaft s. Pfandunterstellung, -erstreckung
Einbringung von Grundstücken, Kapitalerhöhung durch – **41 c** 33; Sacheinbringung **36** 6, **44** 61, 65, 147, 161; Vollzugsgebühr **146** 7; s. a. Sacheinlage
Einfordern der Kosten s. Kostenansatz
Eingetragene Lebenspartnerschaft, Allgemein und Bewertung **39** 125–126
Einheimischen-Modell s. Wiederkaufsrecht
Einheitswert, allgemein **19** 14–16; Abweichung vom – 73–77, s. a. Geschäftswert
Einheitshypothek Zusammenfassung s. Grundpfandrechte
Einholung von Genehmigungen, behördliche **146** 21; private **147** 87, 88, 112; sonstige **147** 86, Gemeinderatsbeschlüsse **147** 96
Einigungsvertrag 15. Aufl. Anh. A I
Ein-Mann-Gesellschaft 36 6; **41 c** 13
Einseitige Erklärungen, allgemein **36** 1–13; einseitige **36** 3–13; ermäßigter Gebührensatz **38** 13
Einsicht in öffentliche Register s. Grundbucheinsicht; s. Registerbescheinigung
Eintragungsantrag Eintragungsbewilligung, Anträge zum Schiffsregister **38** 45; Beurkundung 36 ff.; Grundbuchberichtigungen 44; bei Grundschulden 36 ff.; löschungsfähige Quittung 41; Rücknahme des – 43; Vereinigung, Zuschreibung 42; Wert **18** 15
Einscannen, elektronische Abschrift **38** 62
Einwendungen gegen Kostenberechnung, Beanstandung beim Notar **156** 33, 34; Behelfe des Kostenschuldners 8–34; Behelfe des Notars 35–40; Beschwerde 9–21; Beschwerdeverfahren 47–49; Einwendungen 9–32; Geltungsbereich 1–7; Kosten des Verfahrens 109–121; Rechtswirkung 94–108; vorgesetzte Dienststelle 41–46; Weisung weitere Beschwerde 70–93
Einwilligungserklärung, Gebühr, familienrechtliche – **38** 68–71; Wert **30** 6, 111
Einzelkaufmann, Erstanmeldung **41 a** 47 ff.; Gebühr **38** 58; Höchstwert **39** 149; Kostenschuldner **2** 69; spätere Anmeldung **41 a** 55 ff.; Übergang 44; Wert **3**, 47, 48
Einzelrechtsnachfolge im Erbrecht **46** 22, 34
Elektronisches Dokument, Begriff **1 a** 1–5; **38** 62

Elektronische Handelsregisteranmeldung 136 56
Elektronische Signatur 1 a 6
Elterliche Sorge s. Scheidungsvereinbarungen, **39** 131
E-Mail s. Dokumentenpauschale
Energieleitungsrecht, Wert **24** 15, 34; **30** 29
Entgegennahme der Genehmigung einer Genehmigung nach § 177 Abs. 1 BGB **147** 56; durch Beteiligte, Gebühr **36** 3; vormundschaftliche Genehmigung durch Notar **147** 64; Wert **30** 6
Entlassung eines Grundstückes s. Pfandfreigabe
Entschuldungsverpflichtung, Wert **39** 19, **30** 13
Entwürfe, Abgrenzung **145** 15–17; Allgemein 7 ff.; keine Anwendung 8–14, Versammlungsbeschlüsse 8, Vollzugstätigkeiten 17 d, Vertragsmuster 15–17, Entwürfe für Verwahrgeschäfte 14; Genehmigungserklärungen 17 d–17 h
Entwurf im Rahmen des § 17 a Abs. 2 BeurkG 145 17 a–17 c
Entwurf nach Abs. 1 S. 1, Anfertigung des Entwurfs **145** 18–27, Zusammenstellung der Satzung einer GmbH **147** 131, bei Beurkundungsauftrag **145** 24 ff., Entwurf für weitere Verhandlungen 26, 27
Entwurfsüberprüfung nach Abs. 1 S. 2, Überprüfung eines Entwurfs 28–36, unerhebliche Änderungen 30; erhebliche Änderungen 31, 32, Änderung Eigenentwurf 33; Anrechnung 39–43
Entwurf nach Abs. 2, Voraussetzungen **145** 44–48
Entwurf nach Abs. 3, Beurkundungsgeschäft **145** 50, Auftrag 51–52, Aushändigung 53, Unterbleiben der Beurkundung 55; Zur Vorlage bei einer Behörde 44–48
Entwurf allgemein, Wert **145** 58, Dokumentenpauschale 59, Verhältnis zu § 45 KostO 60–65, Nebengeschäft 66, Mehrheit von Erklärungen 67, Grundbucheinsicht 69 a; Mehrheit von Entwürfen 68, unvollendetes Geschäft 69, Schuldner 71, Fälligkeit 73, Ermäßigung 74; s. a. Unterschriftsbeglaubigung
Erbauseinandersetzungsvertrag, Gebühr **36** 14; mit weiteren Erklärungen **44** 41 ff., 142 ff.; Wert **39** 47 ff.
Erbausschlagung s. Ausschlagung der Erbschaft
Erbbaurecht, Einigungserklärung **38** 49; Erbbauzinsänderungen **42** 17; Gebühr, Bestellung **36** 14; Übernahme eines – **20** 20; Verlängerung **42** 17; Verwandterbbaurecht **24** 67; Vollzugsgebühr **146** 6, 6 a; Wert **21** 21; Wert für Kauf eines – **20** 38; s. a. SachenRBerG
Erbbauzins, Erhöhung **42** 17; Mehrwertsteuer **21** 21; Übernahme im Kauf **20** 20; Wertsicherungsklausel **21** 21; s. Erbbaurecht

Erbenermittlung, selbständige **147** 166; s. a. Erbschein

Erbengemeinschaft s. Erbauseinandersetzung

Erbschaft s. Ausschlagung der Erbschaft

Erbschaftskauf, Beurkundung **36** 14; Wert **18** 19; **39** 47

Erbschein, Beschaffung von Personenstandsurkunden durch Notar **49** 10; **147** 166, 68; s. a. eidesstattliche Versicherung

Erbteil, Wert **18** 30

Erbteilskauf, Beurkundung **36** 14; Wert **39** 28;

Erbteilsübertragung s. Erbteilskauf; Vollzugsgebühr **146** 9

Erbteilsverpfändung s. Verpfändung

Erbvertrag, Anfechtung des Erbvertrages **46**, 16, 17; Gebühr **46**, 1 ff.; landwirtschaftlicher Betrieb 32 ff.; Wert 19 ff.; Widerruf, Rücktritt 18; s. Ehe- und Erbvertrag

Erbverzichtsvertrag, als Austauschvertrag **39** 6, 11; Aufhebung **46** 13; Gebühr **36** 14; **46** 9; mit Ehevertrag **39** 124; **44** 150; Wert **30** 33; **39** 30; s. a. Pflichtteilsverzicht

Erfolglose Verhandlung, Abgrenzung **57** 10–12; Anwendungsbereich 1 ff.; Gebühr 1; Schuldner, Fälligkeit 13, 14; Voraussetzungen 6–9; Wert 4

Ergänzung beurkundeter Erklärungen, Anwendungsbeispiele **42** 11–21; bei mehrfachen Änderungen 33; Beispiele für Nichtanwendung 22–32; Gebühr 1–4; Wert **39** 92 ff.; s. a. Abänderung, Änderung

Erhebung von Geld, Wertpapieren s. Verwahrgeschäfte

Erklärungen s. mehrere, derselbe Gegenstand; s. verschiedener Gegenstand; s. einseitige Erklärungen, Vertrag

Erklärungen in fremder Sprache, Anwendungsbereich **59** 1–4; Dolmetscher 5; Gebühr und Wert 6; mehrere Rechtsgeschäfte 7; Schuldner 8–10

Erlass, Gebühren, Gebührenvergleich **140** 7 ff.; Stundung 18–19

Erloschene dingliche Rechte, s. Löschung gegenstandsloser Rechte

Ermäßigung s. Gebührenermäßigung, Aufhebung der Ermäßigung im Beitrittsgebiet **162** 1–6

Erschließungskosten, Übernahme bei Erbbaurecht **21** 26, 28; Vorausleistungen **20** 28 ff.; **30** 34 a

Erschließungsverpflichtung im Kauf **20** 28

Erschließungsverträge, Beurkundung **36** 14; Ermäßigung **144** 45; Wert **39** 37, **30** 34

Erstanmeldungen s. Anmeldungen

Erteilung von vollstreckbaren Ausfertigungen s. vollstreckbare Ausfertigung

Erwerbsrecht Erwerbsverpflichtung s. Optionen, Ankaufsrecht, Erbbaurecht

EuGH, Rechtsprechung des EuGH für Kosten bei Registerangelegenheiten; Anwendung für Notar **41 a** 2–4; s. a. AVAG **148 a** 18, 19; s. a. Anh. B; Vorauf. Anh. D V

Europäische Aktiengesellschaft 41 c 52 a

Euro, allgemein **32** 10–14; Gebührenumstellung **161** 25–28

Euro-Umstellung, Beschlüsse **41 c** 103–106 a; GmbH **41 a** 119–123, Glättung 120

EWIG, allgemein **41 a** 53; s. Anmeldungen/ Beschlüsse

F

Fahrtkosten s. Reisekosten

Fälligkeit der Gebühren und Auslagen allgemein **7** 1, 2–10a; Auslagen **7** 11; Sonderregelungen **7** 15; Entwürfe **145** 74; Nebentätigkeiten **7** 16; Verwahrgeschäft **149** 41–44; Vollzugsgeschäft **146** 67–70; s. a. Vorschüsse

Falsche Sachbearbeitung, allgemein **16** 1–4; Belehrung über Kosten **16** 47–56; Notarsachen **16** 29–58

Familienrechtliche Verträge s. Eheverträge; s. Scheidungsvereinbarungen

Familienrechtliche Zustimmungen, Gebühr **38** 68–71; Wert **30** 111–114

Feiertag s. Zusatzgebühr

Festgebühren, Grundbucheinsicht isoliert und Mitteilung **147** 8; Registerbescheinigung **150** 2; Tage- und Abwesenheitsgeld **153** 11; Wegegebühr **51** 6, 7

Festwerte, Anmeldungen **41 a** 47 ff.

FG-Reform, vorgesehene Änderungen sind am Schluss der betroffenen Bestimmungen vermerkt

Finanzierungsvermittlung, Wert **39** 45

Firma, Änderung im Grundbuch **30** 35; Registeranmeldung **41 a** 87

Fördernde Tätigkeiten s. Nebengeschäfte

Forderung, Kauf einer unsicheren –, Wert **18** 20; **30** 36; **39** 15; Sicherstellung einer –, Wert **23** 7–8

Forderungsabtretung, Mitteilung der Forderungsabtretung **147** 159; s. a. Abtretung

Formwechsel s. Umwandlungsvorgänge

Fortgesetzte Gütergemeinschaft, Ablehnung oder Aufhebung **38** 65, 66; **46** 30

Freies Ermessen, allgemein **30** 6 ff.

Freigabe s. Pfandfreigabe

Freiwillige Versteigerung von Grundstücken s. Versteigerung

Fremde Sprache s. Erklärungen in fremder Sprache

Fremde Währung, Umrechnung **18** 32

Fremdenverkehrsdienstbarkeit, Wert **22** 7; **30** 37

Fristverlängerung, Angebotsfrist **37** 13; **42** 12

G

Garantieübernahme, Mitteilung der –, **147** 159; s. a. Bürgschaft

Garantieversprechen, zur Sicherstellung einer Forderung; Wert **23** 6–7; s. a. Bürgschaft

Gasversorgungsdienstbarkeit s. Energieleitungsrecht

Gebäudewert, s. Geschäftswert; s. a. Anh. D V

Gebietskörperschaften, Gebührenermäßigung **144** 10, wirtschaftliches Unternehmen 13 ff.; **144 a** 16; nach Einigungsvertrag Anh. A I 13 a (s. Vorauflage), ab 1. 1. 2004 gegenstandslos, s. **162**

Gebühr, Aufrundung **33** 4–6; Begriff **Einf.** 29; **1** 10–11; Mindestgebühr **33** 1–3; Rahmengebühren **34; 56;** volle Gebühr **32**; s. a. Festgebühren

Gebührenanspruch des Notars **1** 11; allgemein **Vor 154** 1 ff.

Gebührenbefreiung, Anwendung für Gebührennotare **11** 41, 42; **143** 13, 14; **144** 6; s. Prozesskostenhilfe, Bundessozialhilfegesetz; s. Kindschafts- und Unterhaltssachen

Gebührenermäßigung 144 (144 a ab 1. 1. 2004 gegenstandslos, s. **162**)

Gebührenermäßigung nach Einigungsvertrag Anh. A I (s. Vorauflage); **144 a** ab 1. 1. 2004 gegenstandslos, s. **162**

Gebührennotar, Begriff **Einf.** 51, **Vor 140** 2 **Vor 154** 4

Gebührentabellen s. Anh. E I, Hebegebühren II

Gebührentatbestand, Begriffe **Einf.** 53

Gebührenvereinbarung, Auskunft über Gebührenhöhe **140** 3; bei Ermäßigung **144** 35; Erlass, Vergleich **140** 6, 6 b; Prozesskostenhilfe 10; Nichterhebung von Kostenvorschuss 9; Stundung 8, Umfang 2; Verbot allgemein 1

Gegenstand, Bedeutung für Gebührenberechnung **44** 14; Begriff **Einf.** 46; des Geschäftes **18** 1; Grundbesitz **19** 9 ff.; Haupt- und Nebengegenstand **18** 6, 7; Sachen **19** 1; Sachen, bewegliche 5–8; Wert **Einf.** 64

Gegenstandshäufung, Begriff **Einf.** 61; **Vor 36** 5; **44** 1–4; s. a. derselbe/verschiede 15 ff.; derselbe Gegenstand: Fallgruppen 34 ff.; verschiedene Gegenstände: Fallgruppen 135 ff.; Gebührenberechnung 265 ff.

Gegenstandslose Rechte, betagte Rechte **18** 31; s. a. Löschung gegenstandsloser Rechte

Geldforderung, Wert **18** 18; s. a. Forderungen

Geltungsbereich der KostO **1** 1

Gemeinden, Gebührenermäßigung **144** 10, 18, **144 a** 16; Einigungsvertrag Anh. A I 13 a (s. Vorauflage); s. a. Gebührenermäßigung, ab 1. 1. 2004 gegenstandslos, s. **162**

Gemeinderatsbeschlüsse, Einholen und Entwurf von – **147** 96

Gemeindeverbände s. Gebührenermäßigung

Gemeinnützigkeit, Ermäßigung **144** 12; **143** 13

Gemeinschaftsordnung, Änderung **21** 7; **30** 93; **42** 16; mit weiteren Geschäften **44** 131, 132; s. a. Wohnungseigentum

Gemeinschaftsregelung, Regelung nach § 1010 BGB **30** 25; **44** 205

Gemeinschaftliches Testament s. Verfügung von Todes wegen

Gemischte Verfügungen 46 23

Genehmigung, Entwurf **145** 17 d–17 h; behördliche **146** 21, **147** 57; der Schuldübernahme **30** 77, **147** 75; mehrere **146** 24; durch mittelbare/unmittelbare Beteiligte 22; ohne Auftrag **16** 39; rechtsgeschäftliche, Gebühr **38** 14 ff.; bei Unterschriftsbeglaubigung **147** 70 ff.; vormundschaftliche Genehmigung **36** 13, **147** 64, **146** 21; Wert **38** 25; s. Vollzugsgebühr; s. Zustimmung; s. Entgegennahme

Generalübernehmervertrag, Wert **30** 16; **39** 45; s. a. Bauherrenmodel, Baubetreuungsvertrag

Genossenschaft, Anmeldung Wert **29** 4, 6, **41 a** 98, Gebühr **38** 58; Gründung **36** 14; Beschlüsse Gebühr **41 c** 19; **47** 4; Höchstwert **29** 5

Gerichtskosten nach FG-Nebengesetzen s. Anh. B I

Gesamtgut, Wert **18** 22, 108 ff., 86; Auseinandersetzung **19** 94; landwirtschaftlicher Betrieb **19** 94; s. a. Ehevertrag, Scheidungsvereinbarungen

Gesamthypothek s. Grundpfandrechte

Gesamtschuldner, allgemein **5** 1, **44** 284 ff.; Entwurf **145** 70; bei Ermäßigung **144** 35 ff.; gesetzliche Kostenschuld **144** 36 ff.; mehrere Antragsteller **2** 15; Teilgesamtschuldner **5** 6–12

Geschäft, Begriff **Einf.** 44, **2** 6; die einzelnen Geschäfte 35 ff.; gebührenfreie 35 ff.; gebührenpflichtige 75 ff.; Geschäftsgegenstand **18** 1; Nebengeschäfte **147** 1, 6, 19, 44; Notargeschäfte **141** 1; Verwahrgeschäfte **149** 1 ff.; s. auswärtige Geschäfte und Zusatzgebühr

Geschäftsbesorgungsvertrag bei Kauf **20** 34; s. a. Dienstvertrag **25** 12–14

Geschäftsreisen, Anrechnung **153** 14; Auftrag 6–7; Begriff 4; Dienstgang 5; Hilfspersonen 2, Tage- und Abwesenheitsgeld 11–13; Übernachtung 15

Geschäftsanteil s. Anteilsbewertung

Geschäftswert, Änderungen Rechtsverhältnisse **39** 92 ff.; allgemein **Einf.,** 29, **18, 19, 39; Vor 18** 3; Beziehungswert **30** 8; Minus- und Nullwerte **32** 2; nichtvermögensrechtliche Angelegenheiten **30** 111–113; Wert Rechtsverhältnisse **39** 1–4

Geschmacksmuster, Gebühr **38** 60; **50** 7; Prioritätsbescheinigung für Anmeldungen im Ausland 7; Wert 22, 23

Gesellschaft, Änderung **36** 23; Auseinandersetzung **39** 47; Bauherrengemeinschaft **39** 44; Errichtung, Änderung, Gebühr **36** 14; Höchstwert **39** 142; mehrere Erklärungen **44** 61; 160 ff.; Wert **39** 56; s. a. AG, KG, GmbH u. a.

Gesellschaftsbeteiligung s. Anteilsbewertung

Gesellschaft bürgerlichen Rechts, Ausscheiden **30** 35; Beschlüsse **29** 4 b; **47** 5; BGB-Vertrag mit Wohnungseigentumsbegründung **38** 11; Errichtung, Gebühr **36** 14, 47; Grundstückseinbringung **20** 32; Höchstwert 142; Innengesellschaft **39** 44; Umwandlung/Auseinandersetzung **39** 47; Wert **39** 57; Wert, Anteil **18** 22, 27, 28; s. a. Bauherrenmodell; s. a. Konsortialvertrag, Poolvertrag

Gesellschafterwechsel s. Gesellschaft

Gesellschaftsversammlung, Mitwirkung bei Vorbereitung **147** 118; s. a. Beschlüsse

Getränkedienstbarkeit, Wert **24** 15, 29

Getränkelieferungsvertrag im Kauf **20** 20

Gewerbebetriebsbeschränkung, Wert **22** 1; **24** 15; **30** 38

Gewinnabführungsvertrag, Wert **24** 20; Zustimmungsbeschluss **41 c** 30

Gewinnverwendung 30 63; **41 c** 40

Gleichgeschlechtliche Lebenspartnerschaft, allgemein und Bewertung **39** 125, 125 a, 126

Gleichrangeinräumung s. Rangänderungen

GmbH, Abtretung eines Geschäftsanteils, Gebühr **36** 14; Wert **18** 25, s. a. **44** 173 ff.; Anteilsbewertung **18** 22, 28; **30** 12; Beschlüsse, Gebühr **47** 3; Wert **41 c** 1 ff., s. Beschlüsse; Beurkundung des Gesellschaftsvertrages, Gebühr **36** 14; Wert **39** 56; Einmann-GmbH; Gebühr **36** 6; Erstanmeldung: Wert **41 a** 16; Gebühr **38** 58; Geschäftsführervertrag **25** 12, 14; Höchstwert **39** 142–144; Kapitaländerungen Anmeldung **41 a** 21–22; Liquidation, Fortsetzung, Satzungsänderungen, Änderung der Vertretungsorgane- und Befugnis, Sitzverlegung u. a.; Höchstwert für Anmeldungen **41 a** 13, **39** 149; mehrere Erklärungen in einer Urkunde, Wert **44** 61–69 a; Nebengeschäfte **147** 113 ff.; Notarbescheinigung gemäß § 54 GmbHG, Gebühr **50** 6; spätere Anmeldungen **41 a** 55, 56; Wert **22**, 23; Zeichnungen **41 a** 124; s. a. Umwandlungsvorgänge

Grundbuchberichtigungsantrag, Beurkundung **38** 44; Wert **30** 39

Grundbucheinsicht und Mitteilung über deren Inhalt **147** 6–12; Gebühren für EDV-Grundbuch **152** 35–39

Grunddienstbarkeiten, Begriff **22** 1; Bewilligung **38** 36; vertragliche Einräumung **36** 14; Wert **22** 1–4; s. a. Dienstbarkeiten

Grunderwerbsteuer, Hinterlegung **149** 31; Übernahme durch Käufer **20** 27; Überprüfung Grunderwerbsteuerbescheid **147** 164

Grundlagenurkunde, Gebühr **36** 9; **37** 11; s. auch Verweisungs- oder Mutterurkunde

Grundpfandrechte, Anweisung über G-Brief 81; Beurkundung **36** 3; **38** 38, 39; behördliche Genehmigungen 57; Beschaffung von Gläubigererklärungen 60, 82; Löschungsvormerkung; Wert 23–30; Nebentätigkeiten **147** 75–88; Rangbescheinigung 14–18; Überwachung 80; Wert bei Bestellung 23 10–13; Wert bei Löschung 17; Wert Pfandunterstellung, Freigabe, Verteilung, Vereinigung 23 14–16; s. a. Briefausschluss; s. a. Abtretung; s. a. Umwandlung

Grundschuld s. Grundpfandrechte

Grundschuldübernahme, im Kauf **44** 74 ff.; Genehmigung Gläubiger **147** 75, **146** 31; mit Gläubigervereinbarungen **44** 194; nicht valutierte Grundschuld **44** 192

Grundschuldverteilung s. Verteilung

Grundstücksgleiche Rechte, allgemein **19** 2; Kauf **20** 4

Grundstückskauf, gebührenpflichtige Nebengeschäfte **147** 90 ff.; Vollzugsgebühr **146** 6; s. a. Kauf

Grundstücksteilung- Vereinigung s. Vereinigung eines Grundstücks

Grundstückswert, Begriff **19** 9; Betriebsgrundstücke 76; öffentliche Grundstücke 67; Schätzwert, Verkehrswert; Einheitswert 10; s. a. Geschäftswert

Gütergemeinschaft, Auseinandersetzung Gesamtgut; Gebühr **36** 14, Wert **39** 47 ff.; s. Ehe- und Erbvertrag

Güterrecht s. Ehevertrag

Güterrechtsregister, Anmeldung: Gebühr **38** 58 ff.; Wert **28** 2

Gütertrennung s. Ehevertrag

Gutsübertragung s. Übergabeverträge

H

Haftpflichtprämien Erstattung von – **152** 40

Haftungsauflage s. Anweisungen, Nebengeschäfte

Haftungsbeschränkung, Kostenschuld **2** 37

Haupt- und Nebengegenstand, allgemein **18** 6; Geschäft über Nebengegenstand 8

Hauptversammlung, Mitwirkung bei Vorbereitung **147** 118; Raterteilung bei – 119

Hauptversammlungsniederschrift, Nebengeschäft zu Beschlüssen **50** 21; Wert **22**, 23

Heimstätte, Löschung des Vermerkes **30** 41

Hilfswert, allgemein **30** 108–110

Hinterlegung s. Verwahrung

Hinzurechnung, Zurechnung s. Kauf **20** 13–29

Hochspannungsleitungs-Dienstbarkeit, Wert **24** 15; **30** 29

Höchstbetragshypothek s. Grundpfandrechte

Höchstgebühren, Beschlüsse **47** 9; erfolglose Verhandlung **57** 1; Erklärungen in fremder Sprache **59** 6; bei Ermäßigungen **144** 26, Unterschriftsbeglaubigung **45** 1; Unzeit- und Auswärtsgebühr **58** 26; Zurücknahme Beurkundungsauftrag **130** 7

Höchstwerte, Angelegenheiten ohne bestimmten Geldwert **30** 108; Beschlüsse mit unbestimmten Geldwert **41 c** 8, 109; Beurkundung von Satzungen, Pläne und Verträge nach dem UmwG, Anmeldungen **39** 142, 149; bei Ermäßigungen **144** 26, eidesstattliche Versicherungen für Testamentsvollstreckerzeugnis **49** 11 mit **109** 16; Verlosung, Auslosung, Wahlversammlung etc. **48** 8; Vollmachten **41** 17

Hypotheken s. Grundpfandrechte

I

Identitätsbescheinigungen, Gebühr **50** 3b; Wert 22, 23

Identitätserklärungen, Gebühr **42** 20; Wert **30** 43

Identitätsfeststellung, Wert **30** 44

Immerwährende Dauer s. wiederkehrende Leistungen

Immobilien s. Geschäftswert

Inventar s. Vermögensverzeichnis; s. Kauf

Investitionsverpflichtung, Wert **30** 45, **39** 17; s. a. Bauverpflichtung

J

Jahreswert s. wiederkehrende Leistungen

Jugendwohlfahrtsgesetz, Gebührenbefreiung, Umfang **55 a** 1–5, s. nun Kindschafts- und Unterhaltssachen

Juristische Person, Begriff **41 a** 52; Erstanmeldung 47 ff.; spätere Anmeldung 55 ff.; Kostenschuldner 2 48 ff.

K

Kapitalerhöhung -herabsetzung, Anmeldung zum Handelsregister **38** 58; Beschluss, Gebühr und Wert **47** 7, 8; Höchstgebühr 9; Übernahmeerklärung, Sacheinlage **41 c** 33; Wert 32–38

Kapitalgesellschaften s. AG, GmbH, KGaA; Löschung **41 a** 19, 58 ff.; s. Umwandlung

Kapitalmaßnahmen einer Kapitalgesellschaft gegen Einlagen **41 a** 26; aus Gesellschaftsmitteln 27; bedingte Erhöhung 28; s. AG, GmbH, AGaA

Kapitalneufestsetzung, Euroumstellung **41 a** 119, s. a. D-Markbilanzgesetz 13. Aufl. Anh. A II

Kartellregister, Anmeldung, Gebühr **38** 58; Wert 29 4, 5–6

Kaufangebot s. Angebot; s. Vertragsangebot

Kaufpreis, bedingter Kaufpreis **20** 9; **30** 47; günstiger Kaufpreis **20** 1; Kaufpreissammlungen **19** 34; Nennbetrag **20** 7; niedriger Kaufpreis **20** 10; Verrentung **20** 11

Kaufpreisüberwachung, Fälligkeitsmitteilung Gebühr **147** 61, 90; Vorlagehaftung 91; Wert **30** 50

Kaufvertrag, Gebühr **36** 14; Aufhebungsausschluss **30** 25; Bauverpflichtung **20** 24, 27 b **30** 17–21; Bebauung für Rechnung des Erwerbers **20** 30–36; bedingter Kaufpreis **20** 9; **30** 47; bedingter Kaufvertrag 9; **30** 48; bedingte Verpflichtungen 24; Benutzungs- und Verwaltungsregelung; 25, BGB-Vertrag **44** 167; Dauerwohnrecht **20** 4, 39; Einheimischen-Modell 45; Eintritt in Architektenvertrag 23; Hinzurechnungen 13–29; Inventar 6; Kauf Erbbaurecht 37; Kaufpreis 7–12; Maklerklauseln 29; Mehrwertsteuer **18** 6, **20** 7; Nebentätigkeiten **147** 90 ff., dingliches Vorkaufsrecht 98, Kaufpreisfälligkeit 90; Lastenfreistellung 95, Offenlegung von Abtretungen **30** 46; Schuldübernahme **147** 75, 76; Vorkaufsrechtsanfrage 107; Vorlagehaftung 91; Parzellierungsverträge **20** 25; Übernahme der Erschließung 28–28 d; Übernahme von Verbindlichkeiten 19–22; Übernahme von Verpflichtungen 24; Übertragung einer Kaufoption **30** 49; Verkauf mit Inventar **20** 6; Vermessungskosten 27 a; Verrentung Kaufpreis 11; Vollzugstätigkeit s. Vollzugsgebühr; vom Käufer übernommene Leistungen 17–28; vorbehaltene Nutzungen 13, 16; vorbehaltene Vorkaufs-, Rückkaufsrechte 9; Wert der Sache 1; Wert Rechtskauf **39** 11–15; Wert Sachkauf **20** 6 ff.; Wiederkaufs- oder Optionsrechte 26; Wohnungs- und Teileigentum Kauf 37

KG-Vollmacht, Wert **41** 3, **40** 15 a

Kindesunterhalt, allgemein **24** 75, Freistellungsvereinbarung **24** 67, **39** 130 a; Unterhaltsvereinbarungen zwischen Eltern **39** 130; gegenüber Kind Gebührenbefreiung **55 a** 1

Kindschafts- und Unterhaltssachen, Anerkennung der Vaterschaft **55 a** 1; Anwendung 1; Auslagen 5; elterliche Sorgeerklärungen 3; bei Scheidungsvereinbarungen 4; Gebührenbefreiung 2; Unterhaltsregelungen 1

Kirchen, öffentlichen Zwecken dienende Kirchengrundstücke, Wert **30** 51; Gebührenermäßigung **144** 11; s. a. Gebührenermäßigung

Kirchenaustrittserklärung, Gebühr **36** 3; Wert **30** 52

Körperschaften (mildtätige oder kirchliche), Gebührenermäßigung **144** 12, 13 ff.; gemeinnützige Zwecke 12; s. a. Gebührenermäßigung

Kleinstbeträge, Verwaltungsvorschrift **33** 5, s. a. Anh. D I § 56

Kommanditgesellschaft auf Aktien, Erstanmeldung **41 a** 16; Kapitalmaßnahmen 24–32; spätere Anmeldungen 55–57; s. a. Beschlüsse; s. a. Anmeldung

Kommanditgesellschaft, Abschreibungsgesellschaft **39** 61; Anteilsbewertung **30** 10; Aufnahme weiterer Kommanditisten; Beteiligungsumwandlung **41 a** 39; Beurkundung des Gründungsvertrages, Gebühr **36** 14, Wert **18** 27–28; Erstanmeldung Gebühr **38** 58, Wert **41 a** 33–36; Wert spätere Anmeldungen 37–40; Höchstwert Gründungsvertrag **39** 142; Beschlüsse, Gebühr **47** 3, 9, Eintritt/Austritt eines Gesellschafters **41 a** 37–40; Gesamt- und Sonderrechtsnachfolge 38, 39; Kommanditistenwechsel (isoliert) 40; Kommanditistenwechsel und Herabsetzung der Kommanditeinlage **44** 171; Löschung Wert **41 a** 63; Umwandlung in OHG 51; s. KG-Vollmacht; s. Euro-Umstellung

Kommissionsvertrag, Gebühr **36** 14; Geschäftswert **39** 36; s. Dienstvertrag

Konsortialvertrag, Gebühr **36** 14; Wert **30** 53

Kooperationsvertrag, Wert **30** 62; s. a. Poolvereinbarungen

Kopien s. Dokumentenpauschale

Kostbarkeiten s. Verwahrgeschäfte

Kosten, Begriff **Einf.** 7

Kostenansatz der Notare **Vor 140** 8; Amtsnachfolge **154** 12; Gegenstand 1–4; Inhalt der Kostenberechnung 8; Nachforderung 16; Rechnungsnummer 7 c–7 g; Schuldner 5–7; Unterschrift 8–9; Umsatzsteuer 7 a; Wirkungen der Kostenaufforderung 13–15; Zahlungsaufforderung 10; Zitiergebot; Verzinsung **154 a**; s. a. Einforderung der Kosten

Kostenberechnung s. Kostenansatz

Kostengläubiger, Notarsozietät **154** 6

Kostenschuldner, Angebot/Annahme **2** 101; Begriff **Einf.** 71; Betreuungsgeschäfte **2** 102, 90–91; Beurkundungen **2** 40–97; Familienrechtssachen **2** 92–94; Grundbuchsachen; 59–67; Haftung des Vertreters 29–36; Haftungsbeschränkung 37; Haftungsschuldner **3** 26–42; Interesseschuldner **2** 19–21; mehrere Schuldner **5** 1–15; Nachlasssachen **2** 95–97; Registersachen 68–91; Übernahmeschuldner **3** 52, 53; s. a. Gesamtschuldner

Kostenvorschuss s. Vorschuss

Kraftloserklärung, Hypotheken-/Grundschuldbrief; Versicherung **49** 1; Gebühr und Wert 6

Kreditbeschaffungsverpflichtung, Wert **30** 54

Kündigungs- und Zahlungsbestimmungen, Änderung der –, Gebühr **42** 14; Wert **30** 94

L

Land- und Forstwirtschaft, Betriebsgröße **19** 83; Fortführung 79 ff., 87; nicht begünstigtes Vermögen 82; Personenkreis 86; privilegierte Geschäfte 91 ff.; Obergrenze 83; stillgelegte Betriebe 89; verpachtete Betriebe 90; Wert Hofübergabe 39, 78 ff.; Wohngebäude 85; s. Übergabe

Landeszentralbank, nun zust. Bundesanstalt für Wirtschaft; Genehmigung nach WährG **147** 57 (Genehmigungspflicht weggefallen)

Landkreis s. Gebietskörperschaften

Landwirtschaftlicher Betrieb, Privilegierung **19** 78 ff.; s. Land- und Forstwirtschaft; s. Geschäftswert

Lasten (öffentliche), Abzug **18** 9

Lastenfreistellungserklärung, Beschaffen der – durch Notar **147** 95

Leasingvertrag, Gebühr **36** 14; Wert **25** 4, **44** 95

Lebensbescheinigung, Gebühr **50** 3 a; Wert 22, 23

Lebenspartnerschaft, Wert **30** 55 a; **39** 108 ff.

Legalisation, Gebühr, Wert **147** 40

Legitimationsprüfung, Gebühr **50** 3 b, Wert **30** 44; s. a. Identitätsfestellung

Leibgeding s. Reallast; s. wiederkehrende Leistungen

Leibrente, Wert **24** 16, Wertsicherungsklausel 25; s. a. wiederkehrende Leistungen

Leihvertrag, Wert **25** 11; **30** 56

Lieferverträge, langfristige –, Wert **30** 55;

Liegenlassungserklärung, Vertrag **36** 21; Wert **23** 15 a; s. a. Erbbaurecht

Liquidation, Anmeldung, Gebühr **38** 58, Wert **41 a** 56; Beschluss **41 c** 49, Bestellung, Abberufung eines Liquidators 100; Fortsetzung 56, 63; s. a. Beschlüsse

Liste der Gesellschafter, Wert **147** 113

Lizenzvertrag, Beurkundung **36** 14; Wert **39** 35

Löschung gegenstandsloser Rechte bei Ableben Wert **24** 80; Wieder- und Vorkaufrechte **20** 44

Löschungsantrag – Zustimmung, Gebühr **38** 36 ff.; Grundpfandrechte **23** 17

Löschungsbewilligung, Gebühr **38** 36 ff.; Grundpfandrechte **23** 17

Löschungsfähige Quittung, Gebühr **36** 3, **38** 41; Wert **23** 17

Löschungsvormerkung, Wert **23** 23–27; Wert 8

Lotterie, Gebühr **48** 4, 7, Einzählung Lose 7, Höchstwert 8; Nebengebühren 13; Trommel- und Brieflotterien 4; Wert 8

M

Maklerklausel im Kauf **20** 29
Maklervertrag s. Dienstvertrag, **25** 13
Marke, Beurkundung der Anmeldung **38** 60
Mehrere Antragsteller, Schuldner **2** 15
Mediation 147 30 b
Mehrere Erklärungen in einer Urkunde, Anwendungsbereiche **44** 5–13 a; derselbe/verschiedener Gegenstand/Abgrenzung 10; Beispiele derselbe Gegenstand 34 ff., Beispiele verschiedener Gegenstand 135 ff.; s. a. Gegenstandshäufung
Mehrheit von Beschlüssen 41 c 68, 73, 87 ff.
Mehrwertsteuer des Notars **151 a**; Aufbewahrungspflicht 11, 12; Auslandsberührung 13 ff.; Pflichtangaben 6–10; Rechnungsausweis 5; Steuerpflicht 1; steuerpflichtige Umsätze 3–4; Steuersatz 2
Mehrwertsteuerübernahme als Gegenleistung **18** 6; s. a. Kauf
Meistgebot, Eröffnung durch Notar **50** 17
Messungsanerkennung/Auflassung, Gebühr, Wert **42** 20; mit Änderungen, Zukauf; Teilaufhebung 20; Auswechslung Vertragspartner 23; Änderung zum Vorbehaltsgut 25; Änderung des Gemeinschaftsverhältnisses 26; s. a. Identitätsfeststellung
Mietgarantie, Wert **39** 45
Mietvertrag, Gebühr **36** 14–18; Leistungen **25** 5; bestimmte Dauer 6; unbestimmte Dauer 7; unterschiedliche Leistungen 10; Wert 4–11; s. a. Leihvertrag; s. a. Leasingvertrag
Mietkauf s. Leasing, **44** 88, 95
Mildtätigkeit s. Gebührenermäßigung
Mindestgebühren, allgemein **33** 1–3; Aufrundung **33** 4, 5; Beglaubigung von Abschriften **55** 12; Hinterlegungsgebühr **149** 24
Mindestwerte, Anmeldungen **41 a** 13 ff., 47 ff.; geringste Wertstufe **32** 2; s. Anmeldungen
Miteigentümerregelung s. Gemeinschaftsregelung; s. a. Aufhebungsausschluss
Mithaftübernahme s. Schuldbeitritt
Mitteilung an Standesamt s. Standesamt
Modifizierte Zugewinngemeinschaft, Wert **39** 111, 122; bei gleichgeschlechtlichen Lebenspartnern 125; s. a. Ehevertrag
Musterentwurf s. Vertragsmuster
Musterregister, Anmeldung, Gebühr **38** 60; Wert **29** 4–6
Mutterurkunde s. Grundlagenurkunde

N

Nachbewertungsklausel, Wert **30** 47; **39** 19 a, 20; s. a. Spekulationsklausel
Nacherbe, Übertragung Anwartschaftsrechte; Wert **18** 30
Nachlass, Erbteil Wert **18** 30, Erbschaftskauf **39** 28

Nachlassauseinandersetzung bei Vermittlung durch Notar **148** 3; Gebühren 4–10; Wert 21; SachenRBerG Anh. A III (s. Vorauflage); s. Erbauseinandersetzung
Nachlassverzeichnis s. Vermögensverzeichnis
Nachschuss 41 c 37
Nachtrag s. Ergänzungen
Nachzahlungsverpflichtung, Wert **30** 47; **39** 19 a, 20
Namensänderung, Bescheinigung über –, Gebühr **50** 3 c; Wert **30** 58; 35; **50** 22, 23; s. a. Grundbuchberichtigung
Nebengeschäfte, allgemein **35** 7–9; Gebühr, Wert **147** 184 ff.; gebührenfreie 35 ff.; gebührenpflichtige 75 ff.; Gesellschaften 113–132; Grundpfandrechte 75–89; Grundstücksgeschäfte 90–112; isolierte Tätigkeiten 140–175; Mehrheit von Geschäften 176–183; Nichtnotargeschäfte 193; Schuldner 190; sonstige Fälle 133–139; Rechtsgutachten 194; Testamentsvollstreckung 195; Ermäßigung 192; Zusatzgebühren 191
Nebentätigkeiten s. Nebengeschäfte
Nichtanwendung I. Teil der KostO, allgemein **143** 4; Gebührenbefreiung **143** 13–15; Verjährung **143** 6; **17** 47–48
Nichterhebung Vorschuss 140 8, 9
Nichterhebung der Kosten, Beispiele **16** 29 ff.; Belehrungspflicht über Kosten 49–58; durch unrichtige Sachbehandlung, Definition **16** 1–4
Nichtvaluierungserklärung, Einholung **30** 59
Nichtvermögensrechtliche Angelegenheiten, Wert **30** 111–113
Niedrigste Gebühr, allgemein **33** 1
Niedrigste Wertstufe, Null- und Minuswerte **32** 2
Nießbrauch, Bewilligung **38** 36; Vertrag **36** 14; Wert **24** 13, 44; mehrere Erklärungen **44** 219, 220; s. a. Übergabe
Notarbestätigung Rangbestätigung, Gebühr, Wert **30** 60; **147** 14–18
Notarielles Vermittlungsverfahren s. SachenRBerG Anh. A III (s. Vorauflage); s. a. Vermittlungsverfahren
Notariatsverwalter, Behelfe **156** 37; Rechnungsstellung, Amtsnachfolge **154** 12; vollstreckbare Ausfertigung bei Amtsnachfolge **156** 35–40
Notarkosten, Anwendung Erster Teil der KostO auf Notare **141** 1
Notwegrente, Wert **24** 38

O

Offene Handelsgesellschaft, Anmeldung Gebühr **38** 58; Anteilsbewertung **30** 10; Ausscheiden/Eintritt eines Gesellschafters; Eintritt eines stillen Gesellschafters; Auflösung, Löschung, Fortsetzung; Sitzverlegung u. a. **41 a** 63; Gründungsvertrag Gebühr **36** 14; Eintritt eines Gesellschafters, Übergang Einzelfirma, Umwandlung in OHG; mehrere spätere Anmeldungen **41 a** 65; mehrere Erklärungen in einer Urkunde **44** 160–177; Vertrag über Aufnahme eines Gesellschafters, Gebühr Wert **39** 49; Wert **18** 27–28; Wert Erstanmeldung **41 a** 49–51; Wert spätere Anmeldungen 60–63; s. a. Anmeldungen/Beschlüsse

Öffentliche Anstalten und Kassen, Gebührenermäßigung **144** 9, 13 ff.

Öffentliche Grundstücke s. Geschäftswert; s. öffentliche Sachen

Öffentliche Körperschaften s. Gebührenermäßigung

Öffentliche Lasten s. Kauf

Öffentliche Sachen, öffentliche Grundstücke **19** 67; Wert **30** 61

Öffentlich-rechtlicher Gebührenanspruch Vor 140; 1 22

Offenlegung von Abtretungen **30** 46

Optionsrechte, Gebühr **36** 18; **38** 10; Wert **20** 42; Kauf von – **37** 10

P

Pachtvertrag, Gebühr **36** 14–18; Wert **25** 4–11

Partnerschaftsregister, Beschlüsse **47** 5; Gebühr **38** 58; **47** 5, 1; Wert **47** 8; mögliche Anmeldungen **41 b** 4–5, Wert Erstanmeldung 8; Wert späterer Anmeldung 9; Umwandlung 10, Zeichnung 11

Partnerschaftsvertrag s. Gesellschaft, s. Partnerschaftsregister, – der Lebensgemeinschaft **46** 42

Parzellierungsverträge 20 25

Patentrolle, Anmeldung Gebühr **38** 60

Patientenverfügung, Wert **41** 11 c; s. a. Altersvorsorgevollmacht

Personenhandelsgesellschaft s. OHG, KG, EWIV; s. a. Anmeldungen

Personenstandsurkunden, Beglaubigung von – **55** 1; Beschaffung von – **49**, 10

Persönliche Dienstbarkeit s. Dienstbarkeiten

Pfandfreigabe/-entlassung, Gebühr **38** 36; 38, Wert **23** 14

Pfandrecht, Wert **23** 1–9; s. a. Grundpfandrechte; s. a. Verpfändungen

Pfandunterstellung, Gebühr **38** 38, 40; Wert **23** 14

Pfarrpfründestiftungen, Ermäßigung **144** 12, 13 ff.

Pflichtteilsverzichtsvertrag, Gebühr **36** 14; Wert **39** 30, **30** 33; Verzicht des Übernehmers **39** 26; gegenseitiger Verzicht 30 b

Poolvereinbarungen, Wert **30** 62

Postdienstleistungen, Ansatz **152** 27

Preisindex für Wohngebäude **19** 35; s. a. Leibrente; s. a. Bundesanstalt für Wirtschaft

Privaturkunde s. Anerkennung einer schriftlichen Erklärung

Prokura, Anmeldung **38** 58–64; Wert **41 a** 69 ff., bei Zweigniederlassungen 72 ff.

Proteste s. Scheckproteste; s. Wechselproteste

Proteste im Schiffsfrachtverkehr, Gebühr, Wert **50** 25

Prozesskostenhilfe für Notartätigkeit **Vor 140** 9, 10

Prüfung eines fremden Entwurfs s. Entwurf

Publikationsgesetz, Erklärungen nach dem –, Wert, Gebühr **30** 63

Q

Quittungen s. löschungsfähige Quittung

R

Rahmengebühren 34; Anwendung 6

Rangänderung mit anderen Erklärung **44** 258 ff.; s. Rangrücktritt

Rangrücktritt, Gebühr **38** 38; nachträgliche Rangbestimmung **42** 18; Wert **23** 18–22

Rangbeschaffung, Einholung Rangrücktritt **147** 82

Rangbestätigung durch Notar **147** 14–18; Wert 17, 18; keine Anwendung **50** 28

Rangüberprüfung, isolierte – **147** 153

Rangvorbehalt, Ausnutzung **44** 109; Vorbehalt **44** 108, 259

Raterteilung, gebührenfrei **147** 49; gebührenpflichtig 75 ff.

Reallast, auf Lebensdauer **24** 47; bestimmte Dauer 37; Beispiele 58 ff.; Eintragungsantrag 38 36; Gesamtrechte **24** 52 ff.; Jahreswert 14; Mindestdauer 42; Reallast für Angehörige 67 ff.; unbeschränkte Dauer 38; unbestimmte Dauer 39; Unterhaltsansprüche 75; Wert Beispiele 16; Wertsicherungsklausel 25; s. a. Übergabe

Realteilung, Wert **39** 53; s. Bruchteilseigentum

Rechnungsgebühren, Anwendung für Notare **139** 8

Rechtsauskünfte, gebührenpflichtig **147** 143

Rechtsgutachten, Gebühr **147** 194

Rechtsverhältnis, Wert **39** 1–4

Rechtswahl im Erbrecht, Gebühr **46** 20, Wert **30** 69–72; mit anderen Erklärungen **30** 73; im Familienrecht **30** 64–67, **39** 108 ff., mit anderen Erklärungen 68; im Kaufvertrag **44** 200

Regionalverbände, Gebührenermäßigung **144** 10, 13 ff.; (**144 a** 16; ab 1. 1. 2004 gegenstandslos, s. **162**) s. a. Gebührenermäßigung

Registerbescheinigung s. Vertretungsbescheinigung

Registereinsicht und Mitteilung über deren Inhalt **147** 6–13
Registervollmacht s. Vollmacht
Reichsmark s. Währung
Reisekosten, allgemein **153** 1–3; Anrechnung auf Zusatzgebühr 14; Auftrag 6; Dienstgang 5; Geschäftsreise 4; Hilfspersonen 2; Nebenkosten 10; Parkgebühren 10; Sprechtag **58** 5, **153** 4; Tage- und Abwesenheitsgeld 11–13; Übernachtungsgeld 15; Verkehrsmittel 8–10
Renten, Wert **24** 16; s. Reallast
Rentenschulden, Ablösung Wert **23** 12; s. Grundpfandrechte
Ringtausch, Wert **39** 21
Rückkaufsrecht s. Wiederkaufsrecht; s. Einheimischenmodell
Rückkauf s. Wiederkaufsrecht
Rücklagen 41 c 46
Rücknahme aus amtlicher Verwahrung 46 10 a
Rücktrittsrecht im Kauf **20** 9, 26
Rücktrittserklärung, Gebühr **36** 3; s. a. Erbvertrag
Rückübertragungsverpflichtung s. Wiederkaufsrecht
Rückzahlung zuviel erhobener Beträge durch Notar **157** 1–8; gerichtliche Entscheidung 14–28; Schadensersatzpflicht 9–13; Verjährungsfrist 4; Verzugszinsen 2–2 b

S

Sachen, allgemein **19** 1; bewegliche Sachen 5–8; Grundbesitz 9; grundstücksgleiche Rechte 2
Sacheinlage 41 c 33
Sachenrechtsbereinigungsgesetz, notarielles Vermittlungsverfahren **Anh. A III** (s. Vorauflage): Anwendungsbereich **101** 1; Auslagen **100** 43–44; Fälligkeit **101** 2, 3; Gebührenabgeltung **100** 38–41; Gebührentatbestand **100** 6–9; Gegenstandshäufung **100** 36, 37; gesetzliche Regelungen **100**; Kostenpflicht **101**; Prozesskostenhilfe **102**; Prozesskostenhilfe, Auswirkungen **102** 1–4; Schuldner **100** 45; **101** 4, 5; Vermittlung mit einem Dritten **100** 47; Vorschuss **101** 7; Wert **100** 22–35
Sachgründungsbericht, Entwurf **147** 122
Satzungen, allgemein **41 c** 11 ff.; Bescheinigung **47** 16; Höchstwert **41 c** 109
Satzungsänderungsbeschluss, Entwurf **147** 131, Wert und Gebühr **47** 9, s. Beschlüsse
Satzungsbescheinigung, Gebühr **47** 16–18; **147** 131
Schadensersatz bei vorzeitiger Vollstreckung **157** 9–13; gerichtliche Entscheidung 14–28
Schätzungen, Aufnahme von –, Gebühr **50** 26; s. a. Vermögensverzeichnis
Scheckprotest, Anrechnung auf Reisekosten **51** 7; Dokumentenpauschale 10; Hinterlegung **149** 19; keine Zusatzgebühr **58** 4; Notadresse **51** 8; Protestgebühr 1–3; Scheck-Wechselzahlungsgebühr 4–5; Wegegebühr 6; Zeugnis über Protesterhebung 9; s. a. Wechselprotest
Scheidungsvereinbarung, Gebühr **36** 14, **39** 127, Wert **30** 74, **39** 129 ff.; Ehewohnung 135; Elterliche Sorge 131; Getrenntleben, Vereinbarungen 137; Kindesunterhalt 130; Scheidungsbegehren 133; Scheidungskosten 134; Schuldenfreistellung 138; Umgangsrecht 132; Unterhaltsvereinbarungen 129; Vermögensauseinandersetzung 139; Verteilung des Hausrates 136; Versorgungsausgleich 141; Zugewinnausgleich/Gütertrennung 140; s. a. Ehevertrag
Schenkung/Schenkungsversprechen als Austauschvertrag **39** 6, 30; mit anderen Geschäften **44** 119–122 a; mit Ehevertrag **39** 124; Gebühr **36** 15; **37** 4; **44** 28; Wert landwirtschaftlicher Betrieb **19** 92; Widerruf **36** 3
Schenkungsversprechen auf den Todesfall **46** 5
Schiedsvertrag, Gebühr **36** 14; Wert **30** 75; Schiedsgerichtsklauseln **18** 6
Schiffsregister, Eintragungsantrag, -bewilligung; Gebühr **38** 36, 45; Wert **29** 4, 5
Schlichtung 147 30 c
Schlichtungsverfahren, Wert **30** 75 a, Streitbeilegung nach BaySchlG
Schreibauslagen s. Dokumentenpauschale
Schreibfehler, Berichtigung von –, Gebühr **42** 21; Wert **30** 76
Schuldanerkenntnis, Beurkundung **36** 11, Wert **18** 9 ff.; mit Sicherungsgeschäften **23** 6 ff.; s. a. Darlehen
Schuldbeitritt, Sicherstellung einer Forderung durch –; Wert **23** 6–7
Schuldübernahme, Anzeige der –, **147** 76; als Käuferleistung **20** 19, 22; Wert **18** 9 ff.
Schuldübernahmegenehmigung, Einholen der –, **147** 75; Geschäftswert **30** 77
Schuldversprechen s. Schuldanerkenntnis
Serienentwürfe 145 17
Sicherstellung der Zeit **56**
Sicherheiten, Aufgabe von –, **23** 9; s. Grundpfandrechte
Sicherstellung einer Forderung, Wert **23** 6 ff.; Pfandrecht 6; dingliche Sicherstellung 8; sonstige Sicherstellung; s. a. Grundpfandrechte
Sicherungshypothek s. Grundpfandrechte
Sicherungsübereignung, Sicherstellung einer Forderung durch –; Wert **23** 6–7
Siegelung Entsiegelung, Gebühr **52** 6–7, 10–12; Wert 9; keine Zusatzgebühr 12
Sitzverlegung, ausländisches Unternehmen **41 a** 75; Doppelsitz 76; s. Anmeldung, Beschlüsse
Sonstige Betreuung der Beteiligten **147** 19–33
Sorgeerklärungen, elterliche – **55 a** 3
Sozialgesetzbuch XII, Sozialhilfe, Gebührenbefreiung **143** 14

Spannungsklausel s. Wertsicherungsklausel
Spaltung s. Umwandlungsvorgänge
Spätere Anmeldungen s. Anmeldungen
Spekulationsklausel im Kauf **20** 8 a; Wert **39** 20, **30** 47
Sprechtage 160 1, 2; s. a. Reisekosten
Stammeinlagen, Liste der Übernehmer neuer –, **147** 113; nicht einbezahlte – **30** 12
Städtebaulicher Vertrag s. Erschließungsvertrag
Standesamt, Mitteilung **152** 25
Stellungnahme IHK, Einholung **147** 129
Stellplatzbenutzungsdienstbarkeit, Wert **24** 15, 32 ff.; s. a. Dienstbarkeit
Stiftung, Beschlüsse **41 c** 18, Erstanmeldung **41 a** 52; Gebühr **47** 1, 2; Gründung **36** 3, 6; Höchstwert **39** 142; spätere Anmeldung **41 a** 66; durch Verfügung von Todes wegen **46** 2
Stiftungen mildtätige/kirchliche Zwecke, Ermäßigung **144** 12, 13 ff.
Stille Beteiligung, Auseinandersetzung **39** 64, 65, Wert **30** 11
Stillhalteerklärung, Wert **23** 15 a
Stimmrechtsvollmacht, Stimmpooling **39** 89; Wert **41** 2 a
Straßengrundabtretung, Ermäßigung **144** 56–58, (**144 a** 16, ab 1. 1. 2004 gegenstandslos, s. 162)
Stundung der Kosten 140 8, 9; s. a. Gebührenvereinbarung

T

Tage- und Abwesenheitsgeld s. Reisekosten
Tankstellendienstbarkeit, Löschung **24** 40; Wert **22** 6, **24** 15, 33
Tatsachenbescheinigungen, Gebühr **50** 1–21; Wert **22**, 23; s. a. Bescheinigungen
Tatsachenprotokolle 145 8
Tauschvertrag, Gebühr **36** 14; Wert **39** 21; s. a. Realteilung; s. a. Ringtausch 16
Teileigentum s. Wohnungseigentum
Teilerbbaurecht s. Wohnungseigentum; s. Erbbaurecht
Teilermäßigung s. Gebührenermäßigung
Teilgewinnabführungsvertrag 41 c 30 a
Teilungsanordnung, Erfüllung **38** 50; Wert bei Privilegierung landwirtschaftlicher Betriebe **46** 33; s. Verfügungen von Todes wegen
Teilung eines Grundstückes, Antrag auf –, Gebühr **38** 42; Wert **39** 100
Teilungserklärung, Entwurf **145** 50; Gebühr **36** 3; Wert **21** 9; s. a. Wohnungs- und Teileigentum
Teilungsgenehmigung, Einholung der – **146** 14, 21
Testament s. Verfügung von Todes wegen
Testamentsvollstrecker, Benennung Gebühr **38** 66

Testamentsvollstreckung durch Notar **147** 195
Tilgungshypothek, Umwandlung, Wert **30** 98
Treuhandanstalt, besondere Gebührenermäßigung s. **144 a**; ab 1. 1. 2004 gegenstandslos, s. 162, s. a. Bund
Treuhandauftragauflagen, Gebühr, Wert **147** 95 a, 182; zu Freistellungen 183; s. a. Nebengeschäfte; s. a. Kauf
Treuhandverträge, Gebühr **36** 14, Wert **39** 34; s. a. Bauherrenmodell

U

Überbaurecht Überbaurente, Wert **24** 38
Übergabe Landwirtschaftsbetrieb, Gebühr **36** 14; Wert **19** 78 ff., **39** 22 ff.; s. Land- und Forstwirtschaft
Übergabe mit Gewerbeunternehmen, Wert **39** 22, **18** 19 ff.
Übergabeverträge, Gebühr **36** 14; Wert **39** 22 ff.
Übergabeverpflichtung, Wert **30** 79
Übergangsrecht, allgemein **161** 1; Anwendung auf Notare 21–23; Ermäßigungsanpassung 24; Euroumstellung 25 ff.; Verweisungen 12–14
Überlassungsverträge s. Übergabeverträge
Übernachtungsgeld s. Reisekosten
Übernahmeschuldner, Übernahme gegenüber Notar **3** 52 ff.
Überprüfung von Schriftstücken **147** 155
Überwachungstätigkeit s. Nebentätigkeiten; s. Kauf
Umgangsrecht s. Sorgeerklärungen
Umlegung von Grundstücken s. Ringtausch **39** 21
Umschreibung Vollstreckungsklausel allgemein **133** 1–8, Prüfung einer Tatsache 9, 10, Prüfung einer Rechtsnachfolge 11–17, Namens- und Firmenänderung 16, weitere Vollstreckbare Ausfertigung 18, Nachlass-, Zwangs- und Insolvenzverwalter 13, mehrere Rechtsnachfolgen 15, Mehrheit von Parteien und Klauseln 25, Mehrere vollstreckbare Ausfertigungen 18, Wert der Umstellung 20–24, Gebührenbefreiung 7, Dokumentenpauschale 8, bei Abtretung einer Eigentümergrundschuld 12, s. a. vollstreckbare Ausfertigungen
Umsatzsteuer des Notars s. Mehrwertsteuer
Umsatzsteuer als Gegenleistung s. Kauf **18** 6
Umwandlung Grundpfandrechte, Wert **30** 95–96, Gebühr **38** 36; Umwandlung Sicherungshypothek **39** 99; Buch/Briefrecht Wert **30** 95; s. a. Verteilung
Umwandlungsbeschlüsse 41 c 53, 57 ff.
Umwandlungsvorgänge, Beschluss Wert **41 c** 2, 57 ff.; Maßnahmen 67; Zusammenfassung **39** 66 ff.

1305

Umwandlungserklärungen, Gebühr **36** 5; Zustimmungen **36** 7; s. Umwandlungsvorgänge
Unbedenklichkeitsbescheinigung s. Dokumentenpauschale
Unbeschränkte Dauer, Wert **24** 38; s. wiederkehrende Leistungen
Unbestimmte Dauer, Wert **24** 39
Unrichtige Sachbehandlung, Nichterhebung der Kosten **16**; Beispiele **16** 29 ff.; Belehrung über Kosten **16** 49 ff.; Gegenstand der Nichterhebung **16** 62 ff.
Unschädlichkeitszeugnis, Erwirkung durch Notar **146** 21
Unterbeteiligung, Wert **30** 11, **39** 52
Unterbleiben der Beurkundung s. erfolglose Verhandlung
Unterhaltsansprüche Rückstände **24** 11; Wert 74–77; s. a. Scheidungsvereinbarung; s. a. Kindschafts- und Unterhaltssachen
Unterhaltsvereinbarungen, Beurkundung **36** 14, Wert **24** 19; s. a. Scheidungsvereinbarung; s. a. Kindschafts- und Unterhaltssachen
Unternehmen nach § 36 HGB s. Einzelunternehmen
Unternehmensspaltung s. Umwandlung
Unternehmensverträge, Beschluss **41 c** 30; Wert **24** 20; s. a. Beherrschungs- und Gewinnabführungsvertrag
Unterschriftsbeglaubigung s. Beglaubigung von Unterschriften
Unterwerfung unter die Zwangsvollstreckung, Beurkundung **36** 3; Wert **30** 99 ff.
Unzeitgebühr, Anrechnung auf Reisekosten **58** 27; Begriff 3; Ermäßigung 28; Gebühr und Wert 25, 26; mehrere Erklärungen 17; mehrere Urkunden 18; Schuldner 29; bei Unterschriftsbeglaubigung 21; Voraussetzungen 13 ff.; s. a. Auswärtsgebühr; s. a. Zusatzgebühr
Urkunden, Einholen von – und Aushändigung an Käufer **147** 149; s. a. Zurückbehaltungsrecht

V

Vaterschaftsanerkenntnis, Gebühr **38** 68; Gebührenfreiheit **55 a** 1; Wert **30** 111–113; s. a. Kindschafts- und Unterhaltssachen
Veränderung von Rechtsverhältnissen, Änderungen mit bestimmten Geldwert **39** 96, ohne bestimmten Geldwert 97; Gebühr **42** 1–4; mehrere – desselben Rechts **39** 102 ff.; Wert allgemein 92 ff.
Veräußerungsanzeige s. Dokumentenpauschale
Veräußerungsverpflichtung bei Auseinandersetzung **39** 47; im Rahmen eines Erschließungsvertrages 38
Verbindlichkeiten, Abzugsposten **18** 13; Wert 9, 15; Zurechnungsposten 14

Verbrauchervertrag, Entwurf 145 17 a, 17 b
Verein, Anmeldung **38** 58 ff.; Beschlüsse **29** 4 b; Wert und Höchstwert 5–8; s. wirtschaftliche Vereine
Vereinigung von Grundstücken, Antrag Gebühr **38** 42; Wert **30** 93; **39** 100
Vereinigungen mit mildtätigen oder kirchlichen Zwecken, Gebührenermäßigung durch Notar **144** 12, 13 ff.; s. a. Gebührenermäßigung
Vereinsregister s. Verein
Verfügung von Todes wegen, allgemeine Beratung **147** 161; Bescheinigung über eigenhändige Abfassung einer privatschriftlichen Verfügung; Gebühr **50** 9; Wert 22, 23; s. a. Anfechtung einer –; s. a. Erb- und Ehe- und Erbvertrag; s. a. Schenkungsversprechen
Verfügungsbeschränkungen bei Übergabe **39** 27; Wert **30** 91
Vergleich, Beurkundung **36** 14; Wert **39** 29; s. a. Anwaltsvergleich
Verjährung der Notarkosten, Geltung für Notare **17** 47–48; **143** 5 ff.
Verklarung, Gebühr, Wert **50** 27; **30** 81
Verlosung, Gebühr **48** 1–7; Höchstwert 8; Nebengebühren 13; Wert 8
Verlosung von Studienplätzen, Gebühr **48** 5, 7; Wert 8
Verlust, Beschluss über Deckung **41 c** 47
Verkehrswert, allgemein **19** 10–13
Verkehrsflächenbereinigung Anh. A IV (s. Vorauflage)
Vermächtnis, Anordnung **46** 22; Vermächtniserfüllung **38** 50
Vermessungsantrag durch Notar **146** 21
Vermessungskosten, Übernahme durch Käufer **20** 27 a; s. Kaufvertrag
Vermittlung der Auseinandersetzung eines Nachlasses/Gesamtgutes **148**, allgemein 1–3; Gebühren **148** 4–10, Ermäßigung 21; Schuldner 21; Übertragung durch das Gericht **148** 8; außerhalb Vermittlungsverfahren 11–18; Wert 21, Schlichtungen/Mediationen 19, 20
Vermittlungsprovision s. Maklerklausel
Vermittlungsverfahren s. SachenRberG; s. Vermittlung Auseinandersetzung
Vermögensmassen, Wert **18** 19 ff.
Vermögensrechtliche Angelegenheiten ohne bestimmten Wert **30** 6, 108–110
Vermögensübertragung, Beurkundung **36** 14; Wert **39** 31, **18** 19 ff.; s. a. Umwandlungsvorgänge
Vermögensverzeichnis, allgemein **52** 1–5, Gebühr **52** 3–5, 10–12; Wert 9; Zusammenhang mit Nachlasssicherung 8, **104** 16–18; Zusatzgebühr **52** 12, **58** 4
Vernichtung von Wertpapieren s. Auslosung von Wertpapieren
Verpfändungen, Wert **23** 1, mit Forderungsbegründung/abstr. Schuldanerkenntnis **23** 4;

Gebühr, vor Auflassung **36** 3, nach Auflassung **36** 14; weitere Pfandrechte **23** 6, s. a. Erbteilsverpfändung, Geschäftsanteile
Verpfändungsanzeige 147 77
Verrentung, Kaufpreis **20** 11
Verschiedener Gegenstand, allgemein **44** 1–33; Beispiele **44** 135–257; s. a. derselbe Gegenstand; s. a. Gegenstandshäufung
Verschmelzung s. Umwandlung
Versicherung an Eides Statt s. Eide
Versicherung Geschäftsführer, Belehrung durch Notar **147** 123
Versicherungsverein s. VVaA
Versorgungsausgleich s. Ehevertrag, Scheidungsvereinbarungen
Versteigerung, freiwillige – von Grundstücken **53**; Abhaltung Versteigerungstermin 8; Anwendungsbereich 1; Gebühren 3; Gebührenfreiheit 16–18; neuer Versteigerungstermin 10; Schätzung 7; Schuldner 15; Verfahrensgebühr 5; Wert 12–14; Zuschlagsgebühr 11
Verteilung von Grundpfandrechten **23** 15; Wert **30** 97
Versteigerung beweglichen Sachen und Rechten, Anwendungsbereich **54** 1; Entgegennahme Erlös 5; Entnahme Kosten aus Erlös 6; Gebühr und Wert 2; Vorwegnahme 5; vorzeitige Erledigung 4; Zusatzgebühr 3;
Verträge, allgemein **36** 1–2, 14–18; Auseinandersetzungsverträge **39** 47 ff.; Austauschverträge **39** 11 ff.; Gebühr **36** 1; Gesellschaftsverträge **39** 56; Neufassung mit Änderungen Gebühr **42** 5 ff.; Verträge nach dem UmwG **39** 66 ff.; s. a. Anerkennung eines privatschriftlichen Vertrages; s. a. Aufhebung
Vertragsangebot/Annahme, Abtretung der Rechte **37** 19; Annahme eines Vertragsangebotes, Gebühr **38** 26; Annahme mit Änderungen, Gebühr **37** 13; Gebühr **37** 1, 2; mehrere Erklärungen **44** 34–39, 135–140; mit Vollstreckungsunterwerfung **38** 26; Vertrag auf Abgabe eines Angebotes **37** 10; Wert **37** 9; s. a. Bauherrenmodell
Vertragsaufhebung s. Änderung, Nachtrag; s. Vertrag
Vertragsbeitritt, Gebühr **36** 18
Vertragsentwürfe s. Entwurf
Vertragsmuster, Gebühr **145** 15–16; Wert 17
Vertragsrahmen, Entwurf eines –, Gebühr **145** 15–17; Wert **30** 84
Vertragsstrafe, Nebengegenstand **18** 6
Vertretung vor Behörden, allgemein **147** 137 ff.
Vertretungsbescheinigungen, ähnliche Bescheinigungen **150** 8; Anwendungsbereich 1; Gebühr 2; Kostenschuldner 7; mehrere 3; neben anderen Geschäften 4; Registereinsicht 5; Reisekosten 6
Vertretungsorgan, Bestellung oder Abberufung, s. Anmeldungen/Beschlüsse

Verwahrgeschäfte, allgemein **149** 1–4; sonstige Verwahrungen **147** 136
Verwahrung von Geld, Wertpapieren und Kostbarkeiten s. Verwahrgeschäfte
Verwalterbestellung, Beglaubigung Protokoll **29** 4 b; Wert **30** 88
Verwalterzustimmung s. Zustimmung
Verwaltungsregelung s. Benutzungsregelung
Verwandtengeschäfte, allgemein **39** 12, 22; Erbbaurecht **21** 21; Kauf **20** 1, 22; Pacht-Mietvertrag **25** 11; Wert **18** 5, **19** 86; wiederkehrende Leistungen **24** 64, 67; s. a. Geschäftswert; s. a. wiederkehrende Leistungen
Verweisungsurkunde, Gebühr **36** 9; Entwurf **145** 11; s. auch Grundlagenurkunde
Verweser s. Notariatsverwalter
Verzicht auf Rechte nach UmwG s. Umwandlungsvorgänge
Verzicht auf Eigentum, Aufgabe **36** 3
Verzicht auf Rechte, Wert **30** 85
Verzinsung der Kosten **154 a**; allgemein 1–4; Fälligkeit und Verzugsfall 5–7; Pflicht zur Geltendmachung 16–17; vollstreckbare Ausfertigung mit Zinsbestimmung 12–15; Zinsangabe 8
Verzugsschaden, Verzugszinsen **154 a**, Fälligkeit und Verzugsfall 5–7 c, Zinsangabe 8–11, Verzicht auf Verzugszinsen 16; **157** 2, 25; Prozesszinsen 2, Basiszinssatz 2 a
Verzugszinsen, Nebengegenstand **18** 6
Vollmacht durch Beschluss, Gebühr **38** 35, **47** 7 e
Vollmacht, allgemeine Vollmacht **38** 34, 35; Höchstwert **41** 9 ff.; Verbindung mit einem anderen Geschäft 16; zu Bauherrenmodell 7; Finanzierungsvollmacht, 8, gegenseitige 15, Stimmrechtsvollmacht 2, Verkaufsvollmacht 2, Widerruf Wert 13; s. a. Altersvorsorgevollmacht, Patientenverfügung
Vollmachtsbestätigung s. Vollmacht
Vollstreckbare Ausfertigungen, allgemein **133** 1–6; Wert 20–24, Dokumentenpauschale 8, Gebührenbefreiung 7, Gebühr für Umstellung 9 ff.; s. a. Umstellung Vollstreckungsklausel
Vollstreckbarkeitserklärung nach AVAG, allgemein **148 a** 18; Gebühren 19
Vollstreckbarerklärung eines Anwaltsvergleichs s. Anwaltsvergleich **148 a**; s. AVAG
Vollstreckung der Kosten Einf. 38; s. a. Vollstreckungsklausel für Notare
Vollstreckungsklausel s. vollstreckbare Ausfertigungen, Umschreibung einer Vollstreckungsklausel
Vollstreckungsklausel für Notare, allgemein **155** 1; Amtsnachfolge 14; Einwendungen 13; Form 2; Frist 3; Kosten der Vollstreckung 12; mehrere Kostenschuldner 7–9; Nachfolgeklausel 4; Vollstreckungsmaßnahmen im Ausland 10; weitere vollstreckbare Ausfertigung 5; s. a. **Vor 154** 6

Vollstreckungstitel einer Kostenrechnung **Vor 154** 6–10
Vollzug, Begriff **Einf.** 48
Vollzugsgebühr, allgemein **146** 1–4 e; nach Abs. 1 5 ff.; nach Abs. 2 45 ff.; nach Abs. 3 **146** 53 ff.; Gebühr 56, 57; Wert 58 ff.; Ermäßigung 71; Schuldner **2** 103; **145** 72–73; Notar- oder Anwaltstätigkeit 74–76
Vollzugsgeschäft, Begriff **Einf.** 48; Vollzugstätigkeit **146** 1–4
Vollzugsüberwachung s. Vorlagehaftung
Vorauszahlung s. Vorschuss
Vorbehaltsgut s. Ehevertrag; s. Kauf
Vorentwurf 147 147; s. a. Muster 15–17
Vorgesellschaft, Schuldner **2** 77
Vorkaufsrecht, Beurkundung **36** 14, **38** 10; Wert **20** 40; im Kauf 26; Löschung 40 a; im Mietvertrag 40 b; bei Erbbaurechten **21** 24, 25, Nichtausübungserklärung **36** 3; Auflassung nach Ausübung **38** 50 b; mit anderen Geschäften **44** 124, 244
Vorkaufsrechtsanfrage, Gebühr **147** 107–110; s. a. Vollzugsgebühr
Vorlagebestätigung s. Bescheinigungen
Vorlagehaftung, Gebühr **147** 91; bei Verwahrgeschäften **149** 9; s. Kauf
Vormiet-/Vorpachtrecht, Geschäftswert **30** 86
Vormundschaftsgerichtliche Genehmigung, Einholung **146** 21, **147** 57
Vorrangseinräumung, Gebühr **38** 38, 48; Wert **23** 18–22; s. a. Rangrücktritt
Vorschuss, Notar **8** 37, Zurückzahlung, Aufrechnung **9** 9
Vorsorgevollmacht s. Altersvorsorgevollmacht
Vorvertrag, Beurkundung **36** 18, **37** 18; Wert **39** 39
VVaG, Erstanmeldung **41 a** 20; Kapitalmaßnahmen 23; spätere Anmeldung 59; s. Anmeldungen/Beschlüsse

W

Währung, Wert **18** 31; s. a. fremde Währung und Euroumstellung
Wandelschuldverschreibung 41 c 35
Wahlen 41 c 11, 100
Wechselprotest, Dokumentenpauschale **51** 10; Empfangsgebühr 5; keine Zusatzgebühr 58 4; Protestgebühr **51** 1–3; Notadresse 8; Wechselzahlungsgebühr 4–5; Wegegebühr 6; Wert 3; Zeugnis über Protesterhebung 9; s. a. Scheckprotest
WEG-Beschluss 41 c 19
Wegegebühr s. Wechselprotest **51** 6
Weitere Beschwerde im Kostenverfahren **156** 70–93
Werkvertrag, Gebühr **36** 14; Wert **39** 41; s. a. Bauherstellungsvertrag
Wert s. Geschäftswert

Wertermittlungen, amtlich bekannte Tatsachen **19** 31; Angaben der Beteiligten 19; Bewertungszeitpunkt **18** 5; Brandversicherungswert **19** 56 ff.; Grundstücksbelastungen 26–30; Grundakten 44–48; Inhalt des Geschäftes 17; öffentliche Grundstücke 67; Schätzwert 9; sonstige Anhaltspunkte 54 ff.; Vergleichswerte 51; Verkehrswert 10
Werte von Gebäuden s. Tabelle Anh. D V
Wertveränderungen, Bewertungszeitpunkt **18** 5
Wertpapierhinterlegung, Bescheinigung, Gebühr **50** 16; Wert 22, 23; s. a. Verwahrgeschäfte
Wertsicherungsklausel, Wert **24** 25
Widerruf s. Erbvertrag
Wiederkaufsrecht, „Einheimischen"-Modell **20** 45; **37** 9 a; Gebühr **36** 14, **38** 10; Wert **30** 22; **20** 44
Wiederkehrende Nutzungen und Leistungen, Anerkennung, Begründung, Feststellung von – **24** 9; Austauschverträge 3–5; beschränkte persönliche Dienstbarkeiten 14, 15; Beteiligte von OHG, BGB-Gesellschaft und Erbengemeinschaft 69, 70; Dauerwohnrecht, Dauernutzungsrecht, Erbbaurecht 17; Einzelrechte 50, 51, 57–59, 61; Gesamtrechte 52, 60; Leibrente 16, mit Wertsicherungsklausel 25; mehrere Berechtigte 49, 51, 52, 57; Mehrwertsteuer 24; Mindestlaufzeit 48; Nießbrauch 13; Reallast 16; Rechte auf Lebenszeit 47; Rechte von bestimmter Dauer 37; Rechte von unbeschränkter Dauer 38; Rechte von unbestimmter Dauer 39–46; Wertermittlung 24; wiederkehrende Rechte für Angehörige 67 ff.; Wohnrecht 15; Zeitpunkt der Wertermittlung 78 ff.
Willenserklärungen, Begriff **39** 1
Wirtschaftliches Unternehmen, Begriff **144** 13–16; s. a. Gebührenermäßigung
Wirtschaftliche Vereine (§ 22 HGB), Erstanmeldung **41 a** 52
Wohlfahrtsverbände s. Gebührenermäßigung
Wohngeldübernahme bei Kauf **20** 37 a
Wohnungsbesetzungsrecht, Wert **22** 8–10, **30** 87
Wohnungseigentum, Änderung der Gemeinschaftsordnung **42** 16; Begründung von Sondereigentum nach Miteigentumserwerb **42** 31, bei Kauf **20** 4, 37 a; Bestellung des Verwalters **30** 88; Einigung über Wohnungseigentumseinräumung **38** 49; Einräumung nach § 3 WEG, Gebühr **36** 14; Teilung nach § 8 WEG, Gebühr 3; **38** 36, Wert **21** 1–20, 9 ff., **39** 55; Unterwerfungserklärung wegen des Wohngeld 24 22; Veräußerung **39** 33, **20** 4, 37; Zustimmung des Verwalters **38** 25, **30** 88; Wert Aufhebung **21** 43
Wohnungserbbaurecht, Begründung **21** 1–20, 44, **39** 55; Veräußerung 55, Wert bei Kauf

20 4, 37, 38; s.a. Erbbaurecht, s.a. Wohnungseigentum
Wohnungsrecht, Angehörige 24 67 ff.; Gesamtrechte 52–56; Wert 15, 47

Z

Zahlungsbedingungen, Änderung der –, 42, 14
Zeichnungen, Gebühr 38 62; Wert 41a 124, nun Erfordernis weggefallen
Zentrales Vorsorgeregister 147 43a
Zeugenentschädigung, allgemein 151 9; Auslagen 152 33
Zinsen bei Kauf 20 7; Nebengegenstand 18 6
Zitiergebot bei Kostenrechnung 154 8
Zugewinnausgleich s. Ehevertrag, Scheidungsvereinbarungen
Zug-um-Zug-Leistungen, Einschaltung des Notars 147 156
Zurechnungsposten, allgemein 20 13 ff.
Zurückbehaltungsrecht von Urkunden/Anträgen 10 21–29
Zurücknahme von Anträgen, Geltung für Notare 130 31 ff., FG-Reform 36–37
Zusatzgebühr, allgemeine Voraussetzungen 58 5–11; Anrechnung auf Reisekosten 27; Auswärtsgebühr 3, 4; Ermäßigung 28; Gebührenhöhe 25; Höchstbetrag 26; mehrere Geschäfte oder Erklärungen 58 17–22; Schuldner 29; Unterschriftsbeglaubigung 21–22; Unzeitgebühr 13–16
Zusatzkauf, Mehrfläche bei Messung 42 20; Nachtrag 27
Zuschreibung eines Grundstücks s. Vereinigungen von –
Zustimmungsbeschlüsse s. Beschlüsse
Zustellung fremder Erklärungen 147 149
Zustimmung zu beurkundeten Erklärungen; Gebühr 38 14 ff.; Wert 40 1; 30 89, 38 25; einzelner Mitberechtigter 38 17, Wert 40 1, 13; bei Gesamthandsverhältnissen 38 15–18; bei Grundpfandrechten 19, familienrechtliche Zustimmungen 19, 68–72; Zustimmung nach UmwG, Gebühr 36 7, 38 23; s. auch Zustimmung durch Ehegatten, Eigentümer, gesetzlicher Vertreter, Insolvenzverwalter, Nachlassverwalter, Nacherben, Vertretenen, Verfügungsberechtigten, Verwalter, Wohnungseigentümer, Vorstandsmitglieder
Zustimmung Eigentümer zur Belastung und Veräußerung von Erbbaurechten 38 19; zur Löschung von Grundpfandrechten 19, 46; zum Rangrücktritt 19, 48; Wert 25
Zustimmung Verwalter 38 18; Wert 25, 30 88
Zustimmungserklärungen zur Löschung bei Grundpfandrechten, Gebühr 38 36; Wert 23 9, 17
Zwangsversteigerung, Abtretung der Rechte des Meistbietenden; Gebühr, Wert 36 20
Zwangsvollstreckung wegen Notarkosten, Amtsnachfolge, Notariatsverwaltung 155 10; mehrere Schuldner 5; Rechtsnachfolgeklausel 4; Verfahren 7–9; Vollstreckungsklausel 1; s. Beitreibung der Kosten
Zwangsvollstreckungsunterwerfung, Gebühr 36 3; als Nebengeschäft 35 5; bei Annahme Angebot 44 37; Verzicht auf – 36 17
Zweckbestimmungserklärung, isolierte –; Wert 30 90
Zweckverbände s. Gemeindeverbände
Zweigniederlassung, Anwendungsbereich 41a 71 ff.; Doppelsitz 76; gleichzeitig mit Erstanmeldung 80; Löschung 81; Spätere Anmeldungen 83; Umwandlung 84; Verlegung 82; Wert 72–85; s. Anmeldungen
Zweiter Notar, allgemein 151 1; auf Verlangen 151 2–4; ohne Verlangen 151 5–7; ohne rechtlichen Anlass 151 8; sonstige Zeugenentschädigung 151 9
Zweitschuldner s. Kostenschuldner
Zwischenverfügungen, Erledigung durch Notar 147 41–43

Buchanzeigen

Der neue WEG-Kommentar für alle Praktiker

Schmid/Kahlen
Wohnungseigentumsgesetz

2007. XII, 454 Seiten. Kartoniert € 32,–
ISBN 978-3-8006-3476-7

Neues Recht – neues Werk

Die Pluspunkte dieses neuen Kommentars nach der Reform des Wohnungseigentumsgesetzes 2007 sind:
- ein umfassender Ratgeber in Kommentarform
- handlich im Taschenformat
- völlig neu geschrieben – sofort und aktuell nach der Reform
- allgemeinverständlich unter Verzicht auf ungebräuchliche Abkürzungen
- mit Übersichten und
- mit alphabetischen Stichwortlisten

Fazit: Der neue Kommentar bringt juristisches und praktisches Knowhow gut verständlich auf den Punkt.

Der Neue überzeugt durch Aktualität!

Eingearbeitet sind gesetzliche Änderungen wie
- Erweiterte Möglichkeit von Mehrheitsentscheidungen durch die Wohnungseigentümer, beispielsweise über die Verteilung der Betriebskosten
- Das neue Verfahrensrecht nach der ZPO statt wie bisher nach dem FGG
- Einführung einer Beschluss-Sammlung beim Verwalter
- Das begrenzte Vorrecht für Hausgeldforderungen der Wohnungseigentümer vor Grundpfandrechten in der Zwangsversteigerung
- Gesetzliche Festschreibung des BGH-Beschlusses vom 2.6.2005 zur Teilrechtsfähigkeit der Wohnungseigentümergemeinschaft

Zu den Autoren

Richter am Oberlandesgericht Dr. Michael Schmid sowie Dipl.-Finanzwirt Hermann Kahlen, Rechtsanwalt und Fachanwalt für Steuerrecht, sind bereits durch mehrere Veröffentlichungen zum Wohnungseigentumsrecht sowie zum Mietrecht hervorgetreten. Ihr neues Werk ist für alle Praktiker geeignet, insbesondere für Wohnungsverwalter, Richter, Rechtsanwälte und Notare.

Verlag Franz Vahlen · 80791 München

Standard-Kommentar in Neuauflage

Feuerich/Weyland
Bundesrechtsanwaltsordnung

7. Aufl. 2008. XVIII, 1688 Seiten. In Leinen. € 160,–
ISBN 978-3-8006-3503-0

Berufsrecht für Anwälte

Schwerpunkt des Kommentars ist die ausführliche Erläuterung der BRAO. Auch die **Berufsordnung für Rechtsanwälte** und die **Fachanwaltsordnung** sind praxisgerecht erläutert. Enthalten ist ferner eine Kommentierung zum **Partnerschaftsgesellschaftsgesetz** sowie zur **Patentanwaltsordnung**. Daneben informiert der Kommentar über das Recht der Anwälte aus dem Gebiet der EU. Kommentiert ist das **Gesetz über die Tätigkeit europäischer Rechtsanwälte in Deutschland** (EuRAG).

Jetzt mit Reform der BRAO!

Die **7. Auflage** erfasst neben der Einarbeitung neuer Rechtsprechung und Literatur die gesetzlichen Änderungen seit der Vorauflage, insbesondere

- **Gesetz zur Stärkung der Selbstverwaltung der Rechtsanwaltschaft.** Wichtige Neuerungen sind die Übertragung aller im Zusammenhang mit der Zulassung zur Rechtsanwaltschaft stehenden Aufgaben einschließlich der Vereidigung auf die Rechtsanwaltskammer, die Aufgabe des Lokalisationsprinzips sowie die Ermächtigung der Rechtsanwaltskammer, bei Vorliegen eines berechtigten Interesses Dritten Auskunft über die Haftpflichtversicherung eines Rechtsanwalts zu erteilen.
- **Gesetz zur Neuregelung des Rechtsberatungsrechts** mit Ablösung des Rechtsberatungsgesetzes durch ein Rechtsdienstleistungsgesetz, die Neuregelung der gerichtlichen Vertretung, die Erleichterung der Zusammenarbeit von Anwälten mit anderen Berufen sowie die Erweiterung der Möglichkeiten zur Erbringung von außergerichtlichen Rechtsdienstleistungen durch Nichtanwälte.
- ferner berücksichtigt: 2. Justizmodernisierungsgesetz, 1. Rechtsbereinigungsgesetz, Gesetz zur Vereinfachung und Vereinheitlichung der Verfahrensvorschriften zur Wahl und Berufung ehrenamtlicher Richter, Gesetz zur Anpassung von Verjährungsvorschriften an das Schuldrechtsmodernisierungsgesetz, Kostenrechtsmodernisierungsgesetz.
- Die geplanten Änderungen zum **Erfolgshonorar** sind behandelt.

Zu den Autoren

Von Wilhelm E. Feuerich, Oberstaatsanwalt a. D., Dr. Dag Weyland, Rechsanwalt, Geschäftsführer der Rechtsanwaltskammer Hamm, und Dr. Albert Vossebürger, Rechtsanwalt, Geschäftsführer der Rechtsanwaltskammer Köln.

Verlag Franz Vahlen · 80791 München